Langenscheidt

Schulwörterbuch Französisch

Französisch – Deutsch
Deutsch – Französisch

Herausgegeben von der
Langenscheidt-Redaktion

Langenscheidt

Berlin · München · Wien · Zürich · New York

Lexikografische Bearbeitung: Dr. Birgit Klausmann
Muttersprachliche Bearbeitung: Fabienne Schreitmüller
Projektleitung: Karin Löscher

Info-Fenster: Dr. Günter Jehle
in Zusammenarbeit mit der Langenscheidt-Redaktion

Umschlagfoto: PhotoDisc

Neue deutsche Rechtschreibung
(Stand 1. 8. 2006)

Ergänzende Hinweise, für die wir jederzeit dankbar sind,
bitten wir zu richten an:
Langenscheidt Verlag, Postfach 40 11 20, 80711 München
redaktion.wb@langenscheidt.de

Druck: Graph. Betriebe Langenscheidt, Berchtesgaden/Obb.
Printed in Germany
ISBN 978-3-468-13216-2

3. 4. 5. 6. 7. 12 11 10 09 08

ABC-Griffleiste

Die ABC-Griffleiste am Rand dieser Seite hilft dir, den gesuchten Buchstaben im französisch-deutschen oder deutsch-französischen Teil schnell zu finden.

Du „greifst“ den gesuchten Buchstaben hier am Rand und blätterst mit dem Daumen, bis der gesuchte Buchstabe auf dem Rand der betreffenden Seite auftaucht. Er kommt zweimal vor – einmal im französisch-deutschen und einmal im deutsch-französischen Teil.

Wenn du Linkshänder bist, benutze bitte in gleicher Weise die ABC-Griffleiste am Ende des Buches.

A B C D E F G H IJ K L M NO P QR S T UV W Z

Inhaltsverzeichnis

Vorwort 5
Abkürzungen und Symbole 6
Erklärung der Lautschriftzeichen 8

Wie benutzt du das Schulwörterbuch? 11
Wie und wo findest du ein Wort? 11
Was bedeuten die verschiedenen Schriftarten? 12
Was sagen bestimmte Zeichen und Abkürzungen? 12
Wie sprichst du ein Wort aus? 14
    Betonung 14
    Bindung 15
    h muet und *h aspiré* 16
    Die Aussprache des französischen Alphabets 16
Welche Übersetzung in welchem Fall? 16
Grammatik auch im Wörterbuch? 17

Französisch – Deutsch 21
Deutsch – Französisch 359

Anhang 691
Verbtabellen 692
Großschreibung im Französischen 707
Zeichensetzung im Französischen 708
Silbentrennung im Französischen 709
Empfohlene neue Schreibweisen im Französischen 710
Die französischen Departements 713
Zahlwörter 716
Verzeichnis der Info-Fenster 720

Vorwort

Das vorliegende ***Langenscheidt Schulwörterbuch Französisch*** wurde völlig neu bearbeitet. Der komplette Inhalt wurde aktualisiert und dabei noch übersichtlicher und schülergerechter gestaltet.

Das ***Schulwörterbuch*** bietet rund 55.000 Stichwörter und Wendungen. Im Mittelpunkt steht der lebendige Sprachgebrauch in Schule und Alltag. Gebiete wie Sport, Spiel, Computer, Umwelt usw. sind dabei ebenso berücksichtigt wie der österreichische und der schweizerische Sprachgebrauch.

Seine Attraktivität und schülerfreundliche Gestaltung erreicht das ***Schulwörterbuch*** besonders durch folgende Elemente:

1. **Blaue Stichwörter** erleichtern die Stichwortsuche.
2. Der französische Grundwortschatz ist durch schwarze Dreiecke ► hervorgehoben, damit man sich diese wichtigen Wörter und Wendungen besonders gut einprägen kann.
3. Zahlreiche **blau unterlegte Info-Fenster** bieten wichtige zusätzliche Informationen zu Wortschatz, Sprachgebrauch und Landeskunde.

Bewährte Merkmale wie die schülerspezifischen Benutzerhinweise, die Symbole zur Warnung vor typischen Fehlerquellen und die Angaben zur Grammatik beim französischen Stichwort wurden natürlich beibehalten.

Damit ist das ***Langenscheidt Schulwörterbuch Französisch*** auch weiterhin das ideale Werk zum Nachschlagen und Lernen in der Schule und zu Hause.

LANGENSCHEIDT VERLAG

Abkürzungen und Symbole

a.	auch	GEOM	Geometrie
Abk.	Abkürzung	GR	Grammatik
abw.	abwertend	HIST	Geschichte, historisch
Adj.	Adjektiv	*hum.*	humorvoll
Adv.	Adverb	*imparf.*	*imparfait*
allg.	allgemein	*impér.*	*impératif*
ANAT	Anatomie	*Ind.*	Indikatif
ARCH	Architektur	*Inf.*	Infinitiv
ASTR	Astronomie, Astrologie	*iron.*	ironisch
AUTO	Kraftfahrzeuge	IT	Computer, Informations-technologie
bes.	besonders		
BIOL	Biologie		
BOT	Botanik	j-m	jemandem
bzw.	beziehungsweise	j-n	jemanden
CHEM	Chemie	j-s	jemandes
d.h.	das heißt	JUR	Rechtswesen
dt.	deutsch	*Kinder-spr.*	Kindersprache
e-e	eine		
ELEK	Elektrotechnik	LANDW	Landwirtschaft
e-m	einem	*lit.*	literarisch
e-n	einen	*m*	maskulin, männlich
e-r	einer	MAL	Malerei
e-s	eines	MATH	Mathematik
etw	etwas	MED	Medizin
f	feminin, weiblich	MIL	Militär
fig.	im übertragenen Sinn, figürlich	MUS	Musik
		n	Neutrum, sächlich
FLUG	Luftfahrt	*od.*	oder
FOTO	Fotografie	OPT	Optik
frz., Frz.	französisch, Französisch	PHILOS	Philosophie
		PHYS	Physik
fut.	Futur	*Pl*	Plural, Mehrzahl
GASTR	Gastronomie	POL	Politik
GEOG	Geographie	*p/p*	*participe passé*

p/pr	*participe présent*	TV	Fernsehen
Präp.	Präposition	*u.*	und
prés.	*présent*	*umg.*	umgangssprachlich
p/s	*passé simple*	UNI	Universität
PSYCH	Psychologie	*unv.*	unveränderlich
qc	*quelque chose*, etwas	VERW	Verwaltung
		vulg.	vulgär
qn	*quelqu'un*, jemand	WIRTSCH	Wirtschaft
RAD	Radio	ZO	Zoologie
REL	Religion	≈	ist in etwa gleich
SCHIFF	Schifffahrt	→	Verweis auf
Sg	Singular, Einzahl	↔	Gegenteil von
Subj., *subj.*	*Subjonctif*	⚠	Achtung, aufgepasst!
Subst.	Substantiv	Ⓐ	Österreich
TECH	Technik	(CH)	Schweiz
TEL	Telefon	®	eingetragene Marke
THEAT	Theater	*	Zeichen für *h aspiré*

Erklärung der Lautschriftzeichen

Lautschriftzeichen	Französische Beispielwörter	Wie wird das ausgesprochen?
	Vokale	
a	**balle** [bal], **noix** [nwa]	ein helles **a** wie in **Ball** oder in **Wasser**
ɑ	**pâte** [pɑt], **âme** [ɑm]	ein etwas dunklerer und längerer a-Laut, eher wie **ah** in **Bahn** oder **a** in **Kram**
ɑ̃	**dans** [dɑ̃], **lampe** [lɑ̃p], **entrer** [ɑ̃tʀe], **trembler** [tʀɑ̃ble]	ein nasal gesprochenes **a**
e	**léger** [leʒe], **dessin** [desɛ̃]	ein geschlossenes **e** wie in **wedeln** oder **See**, nur nicht ganz so lang
ɛ	**sec** [sɛk], **mère** [mɛʀ], **tête** [tɛt], **lait** [lɛ], **neige** [nɛʒ]	ein offenes **e**, wie in **Welt**, **Erbse** oder wie **ä** in **hätte**
ɛ̃	**vin** [vɛ̃], **impair** [ɛ̃pɛʀ], **plainte** [plɛ̃t], **faim** [fɛ̃]	ein offenes, nasal gesprochenes **e**
ə	**que** [kə], **autrefois** [otʀəfwa], **petit** [p(ə)ti]	ein ***sehr kurzes*** **ö**, ähnlich wie **e** am Wortende, z. B. in **bitte**, **Rabe** – oft kaum zu hören
i	**ici** [isi], **vivre** [vivʀ]	wie **i** in **nie** oder in **Mine**, nur nicht ganz so lang
o	**pot** [po], **rose** [ʀoz], **dôme** [dom], **taupe** [top]	ein geschlossenes **o** wie in **Boot** oder **Rohr**, nur nicht ganz so lang
ɔ	**sort** [sɔʀ], **poche** [pɔʃ], **Laure** [lɔʀ]	ein offenes **o** wie in **Mord** oder in **Gong**
õ	**mon** [mõ], **rond** [ʀõ], **compte** [kõt]	ein nasal gesprochenes **o**
ø	**peu** [pø], **nœud** [nø], **yeux** [jø], **Europe** [øʀɔp]	ein geschlossenes **ö** wie in **böse** oder **hören**, nicht ganz so lang

Laut-schrift-zeichen	Französische Beispielwörter	Wie wird das ausgesprochen?
œ	**seul** [sœl], **heure** [œʀ], **cœur** [kœʀ]	ein offenes **ö**, etwa wie in Hölle, Mörder
œ̃	**lundi** [lœ̃di], parf**um** [paʀfœ̃], oft auch: [lɛ̃di], [paʀfɛ̃]	ein nasales **ö**, oft auch wie [ɛ̃] ausgesprochen (s.o.)
u	s**ou**lier [sulje], am**our** [amuʀ]	ein geschlossenes **u** wie in M**u**t oder in K**u**h
y	s**u**d [syd], m**û**re [myʀ]	ein geschlossenes **ü** wie in m**ü**de
Halbvokale		
j	abe**ill**e [abej], b**i**en [bjɛ̃], **y**eux [jø], pa**y**er [peje]	wie deutsches **j** in **j**etzt oder wie **i** in Ei**e**r und Ha**i**
w	**ou**i [wi], tr**oi**s [tʀwa], v**oy**ez [vwaje]	ein kurzes, ***gleitendes*** **u**, immer vor anderen Vokalen
ɥ	n**u**it [nɥi], n**u**age [nɥaʒ], l**u**ire [lɥiʀ]	ein kurzes, ***gleitendes*** **ü**, immer vor anderen Vokalen
Konsonanten		
p	**p**ont [põ], a**pp**orter [apɔʀte]	stimmloses **p**, aber ***ohne Behauchung***, fast wie deutsch b
t	**t**irer [tiʀe], na**tt**e [nat], **th**é [te]	stimmloses **t**, aber ***ohne Behauchung***, fast wie deutsch d
k	**c**ou [ku], na**c**re [nakʀ], **qu**oi [kwa], **k**aya**k** [kajak]	stimmloses **k**, aber ***ohne Behauchung***, fast wie deutsch g
b	**b**ain [bɛ̃], a**bb**é [abe]	weicher **b**-Laut wie in ge**b**en
d	**d**ans [dɑ̃], mon**d**e [mõd]	weicher **d**-Laut wie in mü**d**e
g	**g**arant [gaʀɑ̃], ra**g**oût [ʀagu], **gu**eule [gœl]	weicher **g**-Laut wie in flie**g**en
f	neu**f** [nœf], **ph**oto [fɔto]	wie deutsches **f**
v	**v**ent [vɑ̃], ri**v**e [ʀiv]	wie deutsches **w**
s	**s**on [sõ], ta**ss**e [tas], **c**es [se], gla**ç**on [glasõ], na**t**ion [nasjõ]	stimmloser **s**-Laut wie in Wa**ss**er oder in Ma**s**t

Laut-schrift-zeichen	Französische Beispielwörter	Wie wird das ausgesprochen?
ʃ	**ch**ou [ʃu], mâ**ch**er [mɑʃe]	wie **sch** in **Sch**olle, Fi**sch**
z	ro**s**e [ʀoz], **z**éro [zeʀo]	stimmhaftes **s** wie in **S**onne, rei**s**en
ʒ	**j**aune [ʒon], ma**j**eur [maʒœʀ], ran**g**er [ʀɑ̃ʒe], **g**ilet [ʒilɛ]	stimmhafter **sch**-Laut wie **g** in **G**enie oder Eta**g**e
l	**l**ong [lõ], a**ll**er [ale]	wie deutsches **l**
m	**m**ère [mɛʀ], co**mm**ent [kɔmɑ̃]	wie deutsches **m**
n	**n**ez [ne], a**nn**ée [ane]	wie deutsches **n**
ɲ	ga**gn**er [gaɲe], vi**gne** [viɲ]	**nj**-Laut wie in Kampa**gne**
ŋ	campi**ng** [kɑ̃piŋ]	wie deutsch -**ng** in Di**ng**
ʀ	**r**ouge [ʀuʒ], mo**r**d**r**e [mɔʀdʀ]	wie deutsches, im Rachen gesprochenes **r**, ***kein*** gerolltes **r**!

Wie benutzt du das Schulwörterbuch?

Damit du von deinem Wörterbuch den bestmöglichen Gebrauch machen kannst, solltest du wissen, wie und wo du all die Informationen finden kannst, die du für deine Übersetzungen in der Schule, deinen Brief an einen französischsprachigen Freund, eine französischsprachige Freundin oder zum Sprechen brauchst. Die folgenden Seiten sollen dir dabei helfen.

Wie und wo findest du ein Wort?

Alle französischen Stichwörter des französisch-deutschen Teils und alle deutschen Stichwörter des deutsch-französischen Teils sind streng **alphabetisch geordnet** und erscheinen **in blauer Farbe**.
Wenn du ein französisches oder deutsches Wort suchst, kannst du dich an den fett gedruckten **Leitwörtern** in der oberen Ecke jeder Seite orientieren. Angegeben werden hier jeweils (links) das erste blau gedruckte Wort auf der linken Seite bzw. (rechts) das letzte blau gedruckte Wort auf der rechten Seite.

Im französisch-deutschen Teil ist zu beachten: Auch französische Wörter, die mit Bindestrich geschrieben werden, stehen als eigene Stichwörter an alphabetischer Stelle, wie z.B. ***chauve-souris, rez-de-chaussée, sans-abri***. Wird übrigens ein solches Wort an der Stelle des Bindestrichs getrennt, so wiederholt unser Wörterbuch, entgegen der üblichen Rechtschreibung, den Bindestrich am Anfang der nächsten Zeile:

chauve- ***sans-***
-souris ***-abri*** usw.

Im deutsch-französischen Teil ist zu beachten: Bei manchen Zusammensetzungen, in denen der erste Teil des deutschen Worts im Französischen immer gleich übersetzt wird, wie z. B. ***Ferien...***, sind die betreffenden Wörter in einem gemeinsamen Wörterbucheintrag zusammengefasst, dort aber ebenfalls alphabetisch geordnet:

Ferien... de vacances; ***Ferienhaus*** maison *f* de vacances, chalet *m*; ***Ferienjob*** job *m* de vacances; ***Ferienlager*** camp *m* de vacances

Was bedeuten die verschiedenen Schriftarten?

In einem Stichwortartikel können fünf verschiedene Schriftarten vorkommen, wobei jede Schriftart eine ganz bestimmte Funktion hat:

fett gedruckt	sind alle französischen und deutschen Stichwörter,
fette Kursivschrift	kennzeichnet die Wendungen,
normale Schrift	wird für die Übersetzungen verwendet,
BLOCKSCHRIFT	kennzeichnet die Sachgebietsangaben,
kursiv	sind alle anderen erklärenden Zusätze gedruckt.

tilt *m* [tilt] ***ça a fait ~*** der Groschen ist gefallen, es hat gefunkt
timbale *f* [tɛ̃bal] **1** MUS Pauke *f* **2** *zum Trinken*: Becher *m* **3** *für Pasteten*: Pastetenform *f* **4** GASTR Pastete *f*

Bügel *m* **1** (*Kleiderbügel*) cintre *m* **2** *e-r Brille*: branche *f* **3** (*Steigbügel*) étrier *m*

Was sagen bestimmte Zeichen und Abkürzungen?

~, ~ Die **Tilde** ist ein Wiederholungszeichen.
In den angehängten Stichwörtern steht sie für den Teil des Anfangsstichworts, der vor dem senkrechten Strich (|) steht:

cultur|el, ~elle (= culturelle)

Interessen|gruppe ...; **~konflikt** (= Interessenkonflikt)

Innerhalb des Artikels vertritt sie das Stichwort:

caprice ... ***elle fait des ~s*** (= caprices)

▶ Im französisch-deutschen Teil steht vor einigen Stichwörtern und Wendungen ein schwarzes Dreieck. Dieses Zeichen bedeutet, dass die so gekennzeichneten Wörter und Wendungen zum französischen Grundwortschatz gehören und man sie sich deshalb besonders gut einprägen sollte:

▸ **salle** *f* [sal] (⚠ la salle) **1** Saal *m*, Halle *f*; ▸ ***la salle d'attente*** *im Bahnhof*: die Wartehalle, der Wartesaal; ...

⚠ Dieses Symbol warnt vor häufig gemachten Fehlern, die du unbedingt vermeiden solltest:

amygdale *f* [⚠ amidal] ANAT Mandel *f*

ananas *m* [anana(s)] (⚠ un ananas) Ananas *f*

xxx Manche Wörter bzw. Wortteile sind unterstrichen, um die Andersartigkeit und die Eigenheiten der französischen Wendungen und Übersetzungen deutlich zu machen:

battre ... ***~ des mains*** klatschen, applaudieren

Treppe ... ***auf der ~*** dans l'escalier

→ Verweise auf andere Stichwörter haben den Verweispfeil. Im Teil Französisch–Deutsch steht der Verweispfeil z. B. immer bei unregelmäßigen Wortformen, wenn diese nicht direkt auf das Hauptstichwort folgen:

eu [y] → ***avoir***[1]

≈ Dieses Symbol steht vor der Übersetzung, wenn es für ein Stichwort oder eine Wendung keine direkte Entsprechung in der anderen Sprache gibt, sondern nur eine annähernd „richtige“ Übersetzung:

nationale *f* [nasjɔnal] ≈ Bundesstraße *f*

↔ Dieses Symbol steht vor Antonymen (= Wörtern mit gegensätzlicher Bedeutung):

▸ **homme** *m* [ɔm] **1** Mensch *m* **2** (↔ *Frau*) Mann *m*

umg. Diese Abkürzung weist dich darauf hin, dass du das Wort oder die Wendung nur in der Umgangssprache gebrauchen solltest:

kif-kif [kifkif] ⟨*unv.*⟩ *umg.* ***c'est ~*** das ist egal, das ist Jacke wie Hose

vulg. Diese Abkürzung warnt vor einem Tabuwort, dass du selbst möglichst nicht verwenden solltest:

enculé *m* [ɑ̃kyle] ⚠ *vulg.* Arschloch *n*, Arsch *m*

Wie sprichst du ein Wort aus?

Da die normale Schrift oft keinen Hinweis auf die Aussprache gibt – wie wird z. B. ***ch*** in ***psychologie*** und in ***psychique*** gesprochen, wie ***x*** und ***en*** in ***examen***, wie ***t*** in ***diplomatie***? – hat man sich international auf eine Lautschrift geeinigt, die einem Zeichen eine ganz bestimmte Aussprache zuordnet. Mithilfe der **Internationalen Lautschrift** kann man jedes Wort in jeder Sprache aussprechen.
Im Wörterbuch steht die Lautschrift in eckigen Klammern direkt hinter dem französischen Stichwort. Eine Übersicht über die in diesem Wörterbuch verwendeten Zeichen und deren Aussprache findest du auf den Seiten 8–10.

Betonung

In der französischen Lautschrift wird nie ein Betonungszeichen angegeben, da im Französischen die Betonung beim einzeln gesprochenen Wort immer auf der letzten Silbe liegt, während sie sich im Satzzusammenhang auf die letzte Silbe einer Sinneinheit verlagert: vergleiche z. B. ***rembourser*** [ʀɑ̃buʀ'se] und ***rembourser ses dettes*** [ʀɑ̃buʀsese'dɛt].

Bindung

Unter Bindung (***liaison***) versteht man im Französischen die Aussprache eines normalerweise stummen, d. h. nicht gesprochenen Konsonanten am Ende eines Wortes, wenn das folgende Wort mit einem Vokal oder einem stummen ***h*** beginnt. Die so gebundenen Wörter müssen dem Sinn nach zusammengehören.
Man unterscheidet zwischen Bindungen, die unbedingt gemacht werden müssen, und Bindungen, die auch weggelassen werden können. Letztere werden vor allem im gehobenen Französisch, also z. B. bei öffentlichen Reden, verwendet.

Beispiele für Bindungen, die unbedingt gemacht werden müssen:

les amis [lezami]
son habit [sõnabi]
vous avez [vuzave]
chez eux [ʃezø]

Beispiele für Bindungen, die auch weggelassen werden können:

c'est utile [se(t)ytil]
ils sont amoureux [ilsõ(t)amuʀø]

Es gibt auch Fälle, in denen gar nicht gebunden werden darf, z. B. zwischen Substantiv und Adjektiv, nach ***et*** oder beim so genannten ***h aspiré***:

un prix élevé [œ̃pʀielve]
et il dit [eildi]
en haut [ɑ̃o]
les héros [leeʀo]

h muet und *h aspiré*

Im Französischen wird das ***h*** normalerweise nicht ausgesprochen. Trotzdem unterscheidet man zwischen ***h aspiré*** und ***h muet*** („stummem" ***h***), was sich auf Apostrophierung und Bindung auswirkt:

(h aspiré) ***la hanche, les hanches*** [leɑ̃ʃ]
(h muet) ***l'habit, les habits*** [lezabi]

In der Schrift werden die beiden ***h*** nicht unterschieden. Zum leichteren Lernen haben wir aber in diesem Wörterbuch bei ***h aspiré*** immer das Sternchen (*) gesetzt:

harpe [*aʀp], **homard** [*ɔmaʀ] usw.
Hecke *f* *haie *f*

Die Aussprache des französischen Alphabets

a [a]	**h** [aʃ]	**o** [o]	**v** [ve]
b [be]	**i** [i]	**p** [pe]	**w** [dubləve]
c [se]	**j** [ʒi]	**q** [ky]	**x** [iks]
d [de]	**k** [ka]	**r** [ɛʀ]	**y** [igʀɛk]
e [ø]	**l** [ɛl]	**s** [ɛs]	**z** [zɛd]
f [ɛf]	**m** [ɛm]	**t** [te]	
g [ʒe]	**n** [ɛn]	**u** [y]	

Welche Übersetzung in welchem Fall?

Im einfachsten Fall gibt es zu einem Stichwort eine einzige Übersetzung. Häufig hat ein Stichwort aber zwei oder mehr Übersetzungsmöglichkeiten. Zwischen Übersetzungen, die dasselbe bedeuten, steht einfach ein **Komma**:

cancans *m Pl* [kɑ̃kɑ̃] Klatsch *m*, Tratsch *m*

Gibt es zu einem Stichwort mehrere, von der Bedeutung her deutlich unterschiedliche Übersetzungen, so werden diese durch **arabische Ziffern** untergliedert und der Unterschied durch *kursiv* gedruckte Hinweise erklärt:

hésitant(e) [ezitɑ̃(t)] **1** (*Person*) zögernd **2** (*Stimme*) stockend

Unterscheidet sich eine Übersetzungsvariante nur leicht von der vorhergehenden, so wird die zweite Variante durch einen **Strichpunkt** abgetrennt und der Unterschied auch durch eine *kursive* Bemerkung verdeutlicht:

> **épi** *m* [epi] **1** *von Getreide*: Ähre *f*; *von Mais*: Kolben *m* **2** *beim Haar*: Wirbel *m*

Hochzahlen stehen bei gleich geschriebenen Stichwörtern. Hierbei handelt es sich entweder um unterschiedliche Wortarten, um Wörter derselben Wortart mit **sehr** unterschiedlicher Bedeutung oder um Wörter derselben Wortart mit unterschiedlicher Betonung:

> **sinistre**[1] [sinistʀ] unheimlich; (*Atmosphäre, Blick*) düster
> **sinistre**[2] *m* [sinistʀ] Katastrophe *f*

> **Bank**[1] *f* **1** (*Sitzbank*) banc *m*; *gepolsterte*: banquette *f* **2** (*Werkbank*) établi *m*
> **Bank**[2] *f* (*Geldinstitut, in der Spielbank*) banque *f*

> **übertreten**[1] **1** *im Weitsprung*: mordre sur la ligne **2** ***zu e-r anderen Partei ~*** changer de parti
> **übertreten**[2] enfreindre (*Gesetz*)

Grammatik auch im Wörterbuch?

Eine Grammatik leitet aus typischen Fällen Regeln ab. Sie kann nicht jeden Einzelfall erfassen. Diese Möglichkeit hat nur ein Wörterbuch. Das vorliegende Werk bietet deshalb über die Wort-für-Wort-Gleichung hinaus viele grammatische Informationen, die dir helfen, das Wort in einem Satz richtig zu verwenden.

Jedes französische und deutsche Substantiv, ob Stichwort oder Übersetzung, ist mit einer **Genusangabe** für *männlich* = *m*, *weiblich*, *feminin* = *f* oder *sächlich*, *Neutrum* = *n* versehen.

Bei unregelmäßigen Verben werden **Hinweise zur Konjugation** gegeben. Das sind z. B. wichtige Verbformen, aus denen sich die anderen Formen ableiten lassen:

► **dire** [diʀ] ⟨*prés.*: ***je dis, il dit, nous disons, vous dites, ils disent*** *imparf.*: ***je disais***; *p/s*: ***je dis***; *fut.*: ***je dirai***; *subj.*: ***je dise***; *p/pr*: ***disant***; *p/p*: ***dit***⟩ …

Bei Verben, die zwar unregelmäßig sind, aber wie ein anderes Verb konjugiert werden, verweisen wir auf ein Musterverb:

comparaître [kõpaʀɛtʀ] ⟨*wie* ***connaître***⟩ erscheinen

Bei bestimmten Verben auf -er wird auf Besonderheiten in der Konjugation hingewiesen:

Kurzhinweis im Eintrag:	bedeutet:	Beispiele:
⟨***-ç-***⟩	vor Endungen, die mit ***-a*** oder ***-o*** beginnen, steht ***ç***	***avancer***, aber ***nous avançons, il avançait*** usw.
⟨***-ge-***⟩	vor Endungen, die mit ***-a*** oder ***-o*** beginnen, steht ***-ge-***	***diriger***, aber ***nous dirigeons, elle dirigeait*** usw.
⟨***-è-***⟩	stammbetonte Formen mit ***-è-***	***peser***, aber ***elle pèse*** usw. ***céder***, aber ***il cède*** usw.
⟨***-tt-***⟩	stammbetonte Formen mit ***-tt-***	***projeter***, aber ***il projette*** usw.
⟨***-ll-***⟩	stammbetonte Formen mit ***-ll-***	***épeler***, aber ***j'épelle*** usw.
⟨***-oi-***⟩	vor stummem ***-e-*** wird ***-y-*** zu ***-i-***	***employer***, aber ***il emploie*** usw.
⟨***-ui-***⟩	vor stummem ***-e-*** wird ***-y-*** zu ***-i-***	***appuyer***, aber ***il appuie*** usw.
⟨***-ay-*** *od.* ***-ai-***⟩	vor stummem ***-e-*** kann ***-y-*** zu ***-i-*** werden	***essayer***, aber ***j'essaye*** oder ***j'essaie*** usw.

Jedes französische Adjektiv-Stichwort erscheint in der maskulinen und **femininen Form**:

persévérant(e) [pɛʀseveʀɑ̃(t)] ausdauernd, beharrlich

saoud|ien, ~ienne [saudjɛ̃, -jɛn] saudiarabisch

Auch **unregelmäßige** oder schwierige **Pluralformen** werden angegeben:

▸ **amical(e)** [amikal] ⟨*m Pl* ***-aux***⟩ freundschaftlich, freundlich

sapeur-pompier *m* [sapœʀpɔ̃pje] ⟨*Pl* ***sapeurs-pompiers***⟩ Feuerwehrmann *m*

Der Gebrauch der **Präpositionen** wird ebenfalls gezeigt. Sie werden entweder im Beispiel oder, zusammen mit der deutschen Entsprechung bzw. Konstruktion, in Klammern nach der Übersetzung angegeben:

▸ **frapper** [fʀape] ... ~ ***à la porte*** an die Tür klopfen

frauder [fʀode] **1** ... **2** täuschen (***à*** bei)

Französisch – Deutsch

A

a [a] → ***avoir***[1]

▸ **à** [a] (⚠ „à le" *wird zu* **au**, „à les" *zu* **aux** *zusammengezogen*) **1** (⚠ *wo?*) ***elle vit ~ Paris, au Canada*** sie lebt in Paris, in Kanada; ***elle est ~ la fenêtre, ~ la gare, ~ l'hôtel, ~ la maison*** sie ist am Fenster, auf dem Bahnhof, im Hotel, zu Hause; ***~ Madagascar*** auf Madagaskar **2** (⚠ *wohin?*) ***je vais ~ Paris, au Canada, ~ la campagne, ~ l'étranger*** ich fahre nach Paris, nach Kanada, aufs Land, ins Ausland **3** *Zeitangabe*: ***~ six heures*** um sechs Uhr; ***au mois de janvier*** im Januar; ***~ Noël*** (zu *od.* an) Weihnachten; ***~ demain!*** bis morgen! **4** *beim indirekten Objekt*: ***donner qc ~ qn*** j-m etw geben; ***penser ~ qn*** an j-n denken **5** *vor Inf.*: ***j'ai beaucoup ~ faire*** ich habe viel zu tun; ***la machine ~ écrire*** die Schreibmaschine **6** *Zugehörigkeit*: ***ce livre est ~ moi*** dieses Buch gehört mir; ***un ami ~ moi*** ein Freund von mir **7** ***une tasse ~ café*** e-e Kaffeetasse; ***un verre ~ vin*** ein Weinglas **8** *Art u. Weise*: ***~ pied*** zu Fuß; ***~ bicyclette*** mit dem Rad; ***la femme aux yeux bleus*** die Frau mit den blauen Augen; ***~ la française*** auf französische Art **9** *bei Zahlen u. Maßen*: ***~ deux euros*** zu zwei Euro; ***au kilo*** pro Kilo; ***~ cinq*** zu fünft; ***~ dix kilomètres d'ici*** zehn Kilometer von hier (entfernt) **10** ***au secours!*** Hilfe!

abaissement *m* [abɛsmɑ̃] Senkung *f*, Herabsetzung *f*

abaisser [abɛse] **1** (*herabsetzen*) senken (*Preise, Niveau usw.*) **2** (*demütigen*) erniedrigen **3** ***s'~*** sich erniedrigen

abandon *m* [abɑ̃dɔ̃] **1** Verlassen *n*; *von Kindern, Tieren a.*: Aussetzung *f* **2** *meist ungern*: Verzicht *m* (**de** auf) **3** SPORT *usw.* Aufgabe *f*, Aufgeben *n* **4** (*Vernachlässigung*) Verwahrlosung *f*; ***laisser à l'~*** verwahrlosen lassen

abandonné(e) [abɑ̃dɔne] **1** verlassen; (*Kind, Tier*) ausgesetzt **2** (*heruntergekommen*) verwahrlost

▸ **abandonner** [abɑ̃dɔne] **1** verlassen, im Stich lassen **2** aussetzen (*Tiere, Kinder*) **3** aufgeben (*Hoffnung, Beruf, Kampf usw.*); ***j'abandonne!*** ich geb's auf! **4** ***s'~ à un sentiment*** sich e-m Gefühl überlassen

abats *m Pl* [aba] *von Tieren*: Innereien *Pl*

abattoir *m* [abatwaʀ] Schlachthof *m*

abattre [abatʀ] ⟨*wie* **battre**⟩ **1** fällen (*Baum*) **2** abreißen (*Haus*) **3** töten; schlachten (*Tier*); *auf der Jagd*: erlegen; *mit e-m Gewehr*: erschießen (*Menschen*); abschießen (*Flugzeug*) **4** (*Krankheit*) schwächen **5** (*Misserfolg*) entmutigen **6** ***s'~*** umstürzen, einstürzen **7** ***s'~ sur …*** auf … herunterstürzen; (*Unglück*) über … hereinbrechen; (*Unwetter, Regen*) auf … herunterkommen

abattu(e) [abaty] niedergeschlagen

abbaye *f* [abei] Abtei *f*

abbé *m* [abe] **1** *in der Pfarrei*: Pfarrer *m* **2** *im Kloster*: Abt *m*

abbesse *f* [abɛs] Äbtissin *f*

abc *m* [abese] (*Grundlagen*) Abc *n*, Einmaleins *n* (⚠ Abc *als Alphabet* = ***alphabet*** *m*)

abdiquer [abdike] (*Herrscher*) abdanken

abdomen *m* [⚠ abdɔmɛn] Bauch *m*, Unterleib *m*

▸ **abeille** *f* [abɛj] Biene *f*

aberrant(e) [abɛʀɑ̃(t)] abwegig, absurd

abîme *m* [abim] Abgrund *m*

▸ **abîmer** [abime] **1** beschädigen, kaputt machen (*Dinge*) **2** ***s'~*** kaputtgehen; (*Lebensmittel*) schlecht werden, verderben **3** ***s'~ les yeux*** sich die Augen verderben

aboiement *m* [abwamɑ̃] Gebell *n*, Bellen *n*

abolir [abɔliʀ] abschaffen

abolition *f* [abɔlisjɔ̃] Abschaffung *f*

abominable [abɔminabl] scheußlich, abscheulich

abondamment [abɔ̃damɑ̃] reichlich

abondance *f* [abɔ̃dɑ̃s] Fülle *f*, Über-

fluss *m*
abondant(e) [abõdɑ̃(t)] reichlich
abonder [abõde] reichlich vorhanden sein
abonné(e) *m(f)* [abɔne] Abonnent(in) *m(f)*; ***les abonnés au téléphone*** die Fernsprechteilnehmer
abonnement *m* [abɔnmɑ̃] Abonnement *n*; ***la carte d'~*** die Zeitkarte, die Dauerkarte
abonner [abɔne] **1** ***elle m'a abonné à un journal*** sie hat e-e Zeitung für mich abonniert **2** ***je me suis abonné à un journal*** ich habe e-e Zeitung abonniert
abord *m* [abɔʀ] **1** ***les ~s*** die (unmittelbare) Umgebung **2** ***au premier ~*** zunächst, auf den ersten Blick **3** ***d'~*** zuerst
abordable [abɔʀdabl] erschwinglich
aborder [abɔʀde] **1** entern (*Schiff*) **2** ansprechen (*Thema, Person*) **3** ***~ qc*** an etw herankommen, -gehen, -fahren **4** (*Schiff*) anlegen
aboutir [abutiʀ] **1** (*Fluss*) münden (***à*** in); (*Weg*) enden (***à*** in) **2** (*Maßnahmen usw.*) führen (***à*** zu) **3** ***l'enquête a abouti*** die Untersuchung war erfolgreich
▸**aboyer** [abwaje] ⟨***-oi-***⟩ bellen
abrégé *m* [abʀeʒe] Kurzfassung *f*, (kurzer) Abriss; ***en ~*** abgekürzt
abréger [abʀeʒe] ⟨***-ge-, -è-***⟩ **1** kürzen (*Text, Rede*) **2** abkürzen (*Wort, Weg*)
s'abreuver [sabʀœve] (*Tiere*) trinken
abreuvoir *m* [abʀœvwaʀ] Tränke *f*
abréviation *f* [abʀevjasjõ] Abkürzung *f*
abri *m* [abʀi] **1** Schutz *m* **2** *an Gebäuden usw.*: Schutzdach *n*, Unterstand *m* **3** *an Haltestellen*: Wartehäuschen *n* **4** (*Zuflucht*) Unterschlupf *m* **5** ***être à l'~*** in Sicherheit sein; ***à l'~ de qc*** vor etw sicher, gegen etw geschützt; ***se mettre à l'~*** sich unterstellen **6** ***sans ~*** obdachlos
abribus® *m* [abʀibys] Wartehäuschen *n* (an Bushaltestellen)
abricot *m* [abʀiko] Aprikose *f*, Ⓐ Marille *f*
abriter [abʀite] **1** (*Schutz bieten*) schützen **2** (*aufnehmen*) beherbergen **3** ***s'~*** sich schützen, sich unterstellen
abrupt(e) *beide* [⚠ abʀypt] **1** (*Abhang*) steil **2** (*Antwort*) schroff; (*Frage*) direkt (⚠ *dt.* abrupt = ***brusque***)
abruti(e)[1] [abʀyti] *umg.* verblödet
abruti(e)[2] *m(f)* [abʀyti] *Schimpfwort*: Blödmann *m*, blöde Kuh
abrutir [abʀytiʀ] **1** (*Lärm, Müdigkeit usw.*) benommen machen **2** ***s'~*** verblöden
absence *f* [apsɑ̃s] (*Nichtdasein*) Abwesenheit *f*, Fehlen *n*
▸**absent(e)** [apsɑ̃(t)] **1** *konkret*: abwesend, nicht da; ***il est absent*** er fehlt **2** *geistig*: zerstreut, geistesabwesend
s'absenter [sapsɑ̃te] (kurz) weggehen
absolu(e) [apsɔly] absolut
▸**absolument** [apsɔlymɑ̃] unbedingt, absolut; ***~!*** sicher!, genau!
absolutisme *m* [apsɔlytism] Absolutismus *m*
absorber [apsɔʀbe] **1** aufsaugen (*Flüssigkeit*); (in sich) aufnehmen **2** zu sich nehmen (*Essen*) **3** einnehmen (*Medizin*) **4** (stark) in Anspruch nehmen (*Personen, Aufmerksamkeit*) **5** ***s'~ dans qc*** sich in etw vertiefen **6** ***absorbé dans ses pensées*** in Gedanken versunken; ***absorbé dans sa lecture*** in seine Lektüre vertieft
s'abstenir [sapstəniʀ] ⟨*wie* ***venir***⟩ **1** *bei Abstimmungen*: sich (der Stimme) enthalten **2** ***~ de qc*** etw nicht tun, etw unterlassen
abstention *f* [apstɑ̃sjõ] Enthaltung *f*
abstraction *f* [apstʀaksjõ] **1** Abstraktion *f* **2** ***~ faite de ...*** von ... abgesehen
abstrait *m* [apstʀɛ] ***l'~*** das Abstrakte
▸**abstrait(e)** [apstʀɛ(t)] abstrakt
absurde [apsyʀd] absurd, unsinnig
abus *m* [aby] Missbrauch *m*
abuser [abyze] **1** ***~ de l'alcool, du tabac*** *usw.* zu viel trinken, rauchen *usw.* **2** ***~ de son pouvoir*** seine Macht missbrauchen; ***elle a abusé de ma gentillesse*** sie hat meine Freundlichkeit ausgenutzt
abus|if, ~ive [abyzif, -iv] ***l'usage m abusif de médicaments*** der Arzneimittelmissbrauch
académic|ien *m*, **~ienne** *f* [akademisjɛ̃, -jɛn] Mitglied *n* der Académie française (⚠ *nicht Akademiker!*)
académie[1] *f* [akademi] Akademie *f*
académie[2] *f* [akademi] *frz. Schulaufsichtsbezirk*
acajou *m* [akaʒu] *Holz*: Mahagoni *n*
acarien *m* [akaʀjɛ̃] Milbe *f*
accablant(e) [akablɑ̃(t)] **1** (*Hitze*) drü-

ckend **2** (*Nachricht*) deprimierend **3** (*Beweise*) erdrückend
accabler [akable] **1** (*Hitze*) unerträglich sein **2** (*Sorgen*) bedrücken **3** (schwer) belasten (*Angeklagte*) **4** *mit Arbeit, Fragen usw.*: überschütten, überhäufen; ***accablé de travail*** (mit Arbeit) überlastet
accaparer [akapaʀe] **1** mit Beschlag belegen (*Zimmer, Platz, Personen*) **2** ***~ l'attention*** die Aufmerksamkeit auf sich ziehen **3** (*Sorgen, Arbeit*) in Anspruch nehmen
accéder [aksede] ⟨**-è-**⟩ ***~ à …*** zu … gelangen, zu … kommen
accélérateur *m* [akseleʀatœʀ] Gaspedal *n*
accélération *f* [akseleʀasjõ] Beschleunigung *f*
▸**accélérer** [akseleʀe] ⟨**-è-**⟩ **1** beschleunigen **2** Gas geben **3** ***s'~*** schneller werden
▸**accent** *m* [aksɑ̃] **1** *Zeichen*: Akzent *m* **2** (*Tonfall*) Akzent *m* **3** Betonung *f*; ***mettre l'~ sur qc*** etw betonen, etw hervorheben
accentuer [aksɑ̃tɥe] betonen
acceptable [aksɛptabl] akzeptabel, annehmbar
▸**accepter** [aksɛpte] **1** (*gelten lassen*) akzeptieren **2** annehmen (*Geschenk usw.*) **3** ***elle a accepté de le faire*** sie hat zugesagt *od.* sich bereit erklärt, es zu tun
accès[1] *m* [aksɛ] **1** Zugang *m* (*a. fig.*); ***d'un ~ facile*** leicht zugänglich **2** *für Fahrzeuge*: Zufahrt *f* **3** *für Personen*: Zutritt *m*; ***~ interdit!*** Zutritt verboten! **4** *auf Daten*: Zugriff *m*; ***avoir ~ à Internet*** e-n Internetzugang haben
accès[2] *m* [aksɛ] MED Anfall *m*
accessible [aksɛsibl] zugänglich
accessoire[1] *m* [⚠ aksɛswaʀ] **1** TECH Zubehörteil *n* **2** MODE Accessoire *n* **3** THEAT *usw.* Requisit *n*
accessoire[2] [⚠ aksɛswaʀ] nebensächlich
▸**accident** *m* [aksidɑ̃] **1** Unfall *m*, Unglück *n*; ***dans un ~*** bei e-m Unfall **2** ***par ~*** zufällig
accidenté(e) [aksidɑ̃te] verunglückt; ***la voiture accidentée*** der Unfallwagen
accident|el, ~elle [aksidɑ̃tɛl] zufällig
acclamation *f* [aklamasjõ] Beifallsruf *m*
acclamer [aklame] ***~ qn*** j-m zujubeln
s'acclimater [saklimate] sich eingewöhnen, sich akklimatisieren
accommoder [akɔmɔde] **1** zubereiten (*Gericht*) **2** ***s'~ de qc*** sich mit etw abfinden
accompagna|teur *m*, **~trice** *f* [akõpaɲatœʀ, -tʀis] Begleiter(in) *m(f)*
accompagnement *m* [akõpaɲmɑ̃] Begleitung *f* (*a.* MUS)
▸**accompagner** [akõpaɲe] begleiten (*a.* MUS); ***il m'a accompagné au cinéma*** er ist mit mir ins Kino gegangen
accompli(e) [akõpli] vollendet
accomplir [akõpliʀ] **1** erfüllen (*Aufgabe*); ausführen (*Aktion*); erledigen (*Formalitäten*) **2** ***s'~*** (*Wunsch*) in Erfüllung gehen
accord *m* [akɔʀ] **1** (*Gleichheit*) Übereinstimmung *f*; ***d'un commun ~*** in gegenseitigem Einvernehmen **2** (*Einigung*) Vereinbarung *f*, Abkommen *n* **3** MUS Akkord *m* **4** GR Übereinstimmung *f* **5** → ***d'accord***
accordéon *m* [akɔʀdeõ] Akkordeon *n*
accorder [akɔʀde] **1** (*geben*) gewähren, bewilligen **2** in Übereinstimmung bringen (***avec*** mit), abstimmen (***avec*** auf) **3** ***~ un instrument*** ein Instrument stimmen **4** ***je me suis accordé une glace, une pause*** ich habe mir ein Eis genehmigt, e-e Pause gegönnt
accoster [akɔste] **1** ansprechen (*Person*) **2** (*Schiff*) anlegen
accotement *m* [akɔtmɑ̃] Randstreifen *m*, Seitenstreifen *m*
accouchement *m* [akuʃmɑ̃] Entbindung *f*, Geburt *f*
accoucher [akuʃe] **1** (*Frau*) entbunden werden; ***elle a accouché d'une fille*** sie hat ein Mädchen bekommen **2** *als Arzt*: entbinden
s'accouder [sakude] sich mit den Ellbogen aufstützen
accoudoir *m* [akudwaʀ] Armlehne *f*
accoupler [akuple] **1** TECH koppeln **2** paaren (*Tiere*)
accourir [akuʀiʀ] ⟨*wie* ***courir***; *meist mit* ***être***⟩ angerannt *od.* angelaufen kommen
accoutumance *f* [akutymɑ̃s] Gewöhnung *f*
accoutumé(e) [akutyme] gewohnt

accoutumer [akutyme] gewöhnen (**à** an)
accro[1] [akʀo] *umg.* **1** (*drogenabhängig*) süchtig **2** *fig.* verrückt (**de** nach, auf)
accro[2] *m,f* [akʀo] *umg.* **1** Drogensüchtige(r) *f(m)* **2** ***un ~ du vélo*** *usw.* ein richtiger Fahrradfan *od.* Fahrradfreak *usw.*
accroc *m* [⚠ akʀo] **1** *im Stoff*: Riss *m* **2** *fig.* Schwierigkeit *f*, Hindernis *n*
accrochage *m* [akʀɔʃaʒ] Zusammenstoß *m*
▸ **accrocher** [akʀɔʃe] **1** *an e-m Haken*: aufhängen **2** *allg.*: befestigen, festmachen **3** ***rester accroché*** hängen bleiben (**à** an) **4** *bei e-m Unfall*: ***~ une voiture*** mit e-m Auto zusammenstoßen **5** ***s'~*** durchhalten **6** ***s'~ à …*** sich an … festhalten; *fig.* sich an … klammern; *an e-m Nagel usw.*: an … hängen bleiben **7** *umg.* ***j'ai tout de suite accroché avec lui*** ich habe mich sofort mit ihm verstanden **8** ***s'~ avec qn*** sich mit j-m anlegen **9** *umg.* ***les maths? j'accroche pas!*** Mathe? Das ist nicht mein Ding!
accroissement *m* [akʀwasmɑ̃] Zunahme *f*, Anstieg *m*
accroître [akʀwatʀ] ⟨*prés.*: ***j'accrois, nous accroissons***; *imparf.*: ***j'accroissais***; *p/s*: ***j'accrus***; *p/p*: ***accru***; *Vorgang mit* ***avoir***, *Zustand mit* ***être***⟩ **1** vermehren, steigern **2** ***s'~*** zunehmen, wachsen
s'accroupir [sakʀupiʀ] sich hinhocken
accru [akʀy] → ***accroître***
accueil *m* [akœj] Information *f*, Auskunft *f*
accueillant(e) [akœjɑ̃(t)] **1** (*Mensch*) freundlich, gastfreundlich **2** (*Haus*) einladend, gastlich
accueillir [akœjiʀ] ⟨*wie* ***cueillir***⟩ **1** aufnehmen (*Menschen, Nachricht usw.*) **2** empfangen (*Gäste*)
accumuler [akymyle] **1** anhäufen, aufhäufen, ansammeln **2** ***s'~*** sich ansammeln; (*Fehler*) sich häufen
accusa|teur, ~trice [akyzatœʀ, -tʀis] anklagend
accusatif *m* [akyzatif] Akkusativ *m*
accusation *f* [akyzasjɔ̃] **1** JUR Anklage *f* **2** (*Vorwurf*) Anschuldigung *f*, Beschuldigung *f*
accusé(e) *m(f)* [akyze] Angeklagte(r) *f(m)*
▸ **accuser** [akyze] **1** *bes.* JUR anklagen **2** (*anschuldigen*) beschuldigen

acharné(e) [aʃaʀne] verbissen, hartnäckig
s'acharner [saʃaʀne] **1** hartnäckig an etw arbeiten **2** ***~ contre le terrorisme*** erbittert gegen den Terrorismus kämpfen **3** ***~ sur une traduction difficile*** sich an e-r schwierigen Übersetzung festbeißen
▸ **achat** *m* [aʃa] Kauf *m*, Einkauf *m*
acheminer [aʃ(ə)mine] befördern, weiterleiten
▸ **acheter** [aʃ(ə)te] ⟨**-è-**⟩ kaufen
achet|eur *m*, **~euse** *f* [aʃ(ə)tœʀ, -øz] Käufer(in) *m(f)*
achèvement *m* [aʃɛvmɑ̃] Beendigung *f*, Abschluss *m*
achever [aʃ(ə)ve] ⟨**-è-**⟩ **1** beenden, abschließen **2** töten (*Tiere*) **3** fertigmachen (*Menschen*)
acide[1] [asid] **1** (*Geschmack*) sauer **2** (*Bemerkung*) bissig; (*Kritik*) scharf
acide[2] *m* [asid] Säure *f*
▸ **acier** *m* [asje] Stahl *m*
acné *f* [akne] Akne *f*
acompte *m* [akɔ̃t] Anzahlung *f*
acoustique *f* [akustik] Akustik *f*
acquérir [akeʀiʀ] ⟨*prés.*: ***j'acquiers, ils acquièrent***; *p/s*: ***j'acquis***; *fut.*: ***j'acquerrai***; *p/p*: ***acquis***⟩ **1** (*kaufen*) erwerben **2** erlangen (*Ruhm, Gewissheit*); sammeln (*Erfahrungen*); erwerben (*Kenntnisse*)
acquiers [akjɛʀ] → ***acquérir***
acquiescer [akjɛse] seine Einwilligung geben (**à** zu), einwilligen (**à** in)
acquis(e) [aki(z)] **1** → ***acquérir*** **2** (*Dinge, Kenntnisse usw.*) erworben **3** (*Tatsachen*) gesichert, feststehend
acquisition *f* [akizisjɔ̃] Anschaffung *f*, Erwerbung *f*
acquittement *m* [akitmɑ̃] Freispruch *m*
acquitter [akite] **1** JUR freisprechen **2** bezahlen (*Rechnung, Schulden, Steuern*) **3** ***s'~ d'une dette*** seine Schulden begleichen
âcre [ɑkʀ] **1** (*Geschmack*) herb, scharf **2** (*Rauch*) beißend
acrobate *m,f* [akʀɔbat] Akrobat(in) *m(f)*, Artist(in) *m(f)*
acrobatie *f* [⚠ akʀɔbasi] Akrobatik *f*
acrobatique [akʀɔbatik] akrobatisch
acte[1] *m* [akt] **1** Handlung *f*, Tat *f* **2** THEAT Akt *m* **3** ***l'~ sexuel*** der Geschlechtsakt **4** ***faire ~ de présence***

sich kurz blicken lassen

acte[2] *m* [akt] Urkunde *f*; ***l'~ de mariage*** die Heiratsurkunde, der Trauschein (⚠ Akte = ***dossier*** *m*)

▸ **acteur** *m* [aktœʀ] Schauspieler *m*

▸ **act|if**[1], **~ive** [aktif, -iv] **1** aktiv **2** (*Mittel*) wirksam **3** ***la population active*** die arbeitende Bevölkerung

actif[2] *m* [aktif] GR Aktiv *n*

▸ **action**[1] *f* [aksjõ] **1** Handlung *f*, Tat *f*, Aktion *f*; ***il passe à l'~*** er schreitet zur Tat; ***il aime l'~*** er mag es, wenn viel los ist **2** FILM *usw.* Handlung *f*; ***le film d'~*** der Actionfilm **3** *von Medikamenten, Sonne usw.*: Wirkung *f*, Einwirkung *f* **4** JUR ***une ~ (en justice)*** e-e Klage

action[2] *f* [aksjõ] Aktie *f*

actionnaire *m,f* [aksjɔnɛʀ] Aktionär(in) *m(f)*

actionner [aksjɔne] betätigen, in Gang setzen

activer [aktive] **1** vorantreiben, beschleunigen (*Arbeiten usw.*) **2** IT, CHEM *usw.* aktivieren **3** anfachen (*Feuer*) **4** *umg.* sich beeilen, voranmachen **5** ***s'~*** sehr geschäftig sein

▸ **activité** *f* [aktivite] **1** Tätigkeit *f*, Beschäftigung *f*; ***l'~ professionnelle*** die Berufstätigkeit **2** (↔ *Passivität*) Aktivität *f*

▸ **actrice** *f* [aktʀis] Schauspielerin *f*

▸ **actualité** *f* [aktɥalite] **1** Aktualität *f* **2** (*Ereignisse*) Tagesgeschehen *n*; ***l'~ sportive*** das Neuste aus dem Sport **3** RAD, TV ***les ~s*** die Nachrichten

▸ **actu|el**, **~elle** [aktɥɛl] **1** (*momentan*) gegenwärtig, augenblicklich **2** (*zeitgemäß*) aktuell

acuponcture *f* [akypõktyʀ] Akupunktur *f*

adaptation *f* [adaptasjõ] **1** Anpassung *f* (***à*** an) **2** *von e-m Roman usw.*: Bearbeitung *f*, Verfilmung *f*

adapter [adapte] **1** anpassen, passend machen (*a.* TECH) **2** bearbeiten (*Buch usw.*); *bes.* verfilmen **3** ***s'~ à qc*** (*Gegenstand*) zu etw passen; (*Mensch*) sich an etw anpassen, sich auf etw umstellen

▸ **addition** *f* [adisjõ] **1** MATH Addition *f*; ***faire une ~*** addieren **2** *im Restaurant usw.*: Rechnung *f* **3** (*Ergänzung*) Zusatz *m*, Hinzufügung *f*

additionner [adisjɔne] **1** zusammenzählen, addieren **2** ***s'~*** sich summieren

adepte *m,f* [adɛpt] Anhänger(in) *m(f)*

adéquat(e) [⚠ adekwa(t)] passend, angemessen

adhérent(e) *m(f)* [adeʀɑ̃(t)] Mitglied *n*

adhérer [adeʀe] ⟨**-è-**⟩ **1** haften, kleben (***à*** an) **2** ***~ à un parti*** in e-e Partei eintreten **3** ***~ à un idéal*** e-m Ideal anhängen

adhés|if, **~ive** [adezif, -iv] klebend, Klebe…

adieu[1] [adjø] ***~!*** leb wohl!, leben Sie wohl!

adieu[2] *m* [adjø] Abschied *m*, Lebewohl *n*; ***il m'a fait ses ~x*** er hat von mir Abschied genommen

▸ **adjectif** *m* [adʒɛktif] Adjektiv *n*

adjoint(e)[1] [adʒwɛ̃(t)] stellvertretend

adjoint(e)[2] *m(f)* [adʒwɛ̃(t)] Stellvertreter(in) *m(f)*

▸ **admettre** [admɛtʀ] ⟨*wie* ***mettre***⟩ **1** hereinlassen; *als Mitglied*: aufnehmen; ***les mineurs ne sont pas admis*** kein Zutritt für Minderjährige **2** ***~ que …*** zugeben, dass … **3** anerkennen, gelten lassen (*Gründe usw.*) **4** (*vermuten*) annehmen **5** (*erlauben*) zulassen, dulden

administrateur *m* [administʀatœʀ] Verwalter *m*

administration *f* [administʀasjõ] Verwaltung *f*

administratrice *f* [administʀatʀis] Verwalterin *f*

administrer [administʀe] **1** verwalten; führen, leiten (*Unternehmen usw.*) **2** geben (*Medikament*); spenden (*Sakrament*) **3** *umg.* verpassen (*Schläge*)

admirable [admiʀabl] bewundernswert

admirateur *m* [admiʀatœʀ] Bewunderer *m*, Verehrer *m*

admiration *f* [admiʀasjõ] Bewunderung *f*

admiratrice *f* [admiʀatʀis] Bewunderin *f*, Verehrerin *f*

▸ **admirer** [admiʀe] bewundern

admis [admi] → ***admettre***

admissible [admisibl] **1** (*Kandidat*) zur mündlichen Prüfung zugelassen **2** (*annehmbar*) akzeptabel

admission *f* [admisjõ] *zur Prüfung usw.*: Zulassung *f*; *in e-n Verein usw.*: Aufnahme *f*; *in e-n Raum usw.*: Zutritt *m*

ADN *m* [adeɛn] (*Abk. für* acide désoxyribonucléique) DNS *f*

ado *m,f* [ado] *umg.* Jugendliche(r) *f(m)*

adolescence *f* [adɔlɛsɑ̃s] Jugend *f*

adolescent(e) *m(f)* [adɔlɛsɑ̃(t)] Jugendliche(r) *f(m)*
adopter [adɔpte] **1** adoptieren (*Kind*) **2** einnehmen (*Haltung, Standpunkt*); annehmen (*Einstellung, Ton*); übernehmen (*Methode*) **3** verabschieden (*Gesetz*)
adopt|if, ~ive [adɔptif, -iv] Adoptiv…
adoption *f* [adɔpsjõ] **1** *e-s Kindes*: Adoption *f* **2** ***un Parisien*** *usw.* ***d'~*** ein Wahlpariser *usw.* **3** *e-s Gesetzes*: Verabschiedung *f* **4** *e-r Methode usw.*: Annahme *f*, Übernahme *f*
adorable [adɔRabl] süß, entzückend
adoration *f* [adɔRasjõ] Anbetung *f*
▸ **adorer** [adɔRe] **1** für … schwärmen, sehr gern mögen (*Personen*) **2** anbeten (*Gott*)
adosser [adose] **1** lehnen, stellen (***à*** an, ***contre*** gegen) **2** ***s'~ au mur*** sich (mit dem Rücken) an die Wand lehnen
adoucir [adusiR] **1** *im Geschmack*: milder machen **2** weich machen; enthärten (*Wasser*); geschmeidig machen (*Haut*) **3** ***s'~*** milder werden, weich werden
adoucissant *m* [adusisɑ̃] Weichspüler *m*
▸ **adresse**[1] *f* [adRɛs] Anschrift *f*, Adresse *f*; ***l'~ e-mail*** die E-Mail-Adresse; ***l'~ Internet*** die Internetadresse
adresse[2] *f* [adRɛs] Geschicklichkeit *f*
▸ **adresser** [adRɛse] **1** ***~ la parole à qn*** das Wort an j-n richten **2** adressieren (*Brief*) **3** ▸ ***s'adresser à qn*** sich an j-n wenden
Adriatique *f* [adRijatik] Adria *f*
▸ **adroit(e)** [adRwa(t)] geschickt
adulte[1] *m,f* [adylt] Erwachsene(r) *f(m)*
▸ **adulte**[2] [adylt] erwachsen
adultère *m* [adyltɛR] Ehebruch *m*
advenir [advəniR] ⟨*wie **venir**; mit **être***⟩ geschehen
▸ **adverbe** *m* [advɛRb] Adverb *n*
▸ **adversaire** *m,f* [advɛRsɛR] Gegner(in) *m(f)*
adverse [advɛRs] gegnerisch
aération *f* [aeRasjõ] Lüftung *f*, Belüftung *f*
aérer [aeRe] ⟨**-è-**⟩ **1** lüften, durchlüften (*Zimmer*) **2** TECH belüften **3** ***s'~*** (frische) Luft schnappen
aér|ien, ~ienne [aeRjɛ̃, -jɛn] Luft…; ***la ligne aérienne*** die Fluglinie
aéro… [aeRɔ] Flug…, Luft…
aérobic *f* [aeRɔbik] (⚠ a̲érobic) Aerobic *n*
aérodrome *m* [aeRɔdRom] Flugplatz *m*
aérogare *f* [aeRɔgaR] FLUG Terminal *n*
aéronautique[1] *f* [aeRɔnotik] Luftfahrt *f*
aéronautique[2] [aeRɔnotik] Luftfahrt…, Flugzeug…
▸ **aéroport** *m* [aeRɔpɔR] Flughafen *m*
aérosol *m* [aeRɔsɔl] Sprühdose *f*, Spraydose *f*
affaiblir [afɛbliR] **1** schwächen **2** ***s'~*** schwächer werden
affaiblissement *m* [afɛblismɑ̃] Schwächung *f*
▸ **affaire** *f* [afɛR] **1** Angelegenheit *f*, Sache *f*; ***une ~ d'État*** e-e Staatsangelegenheit; *fig.* e-e Staatsaffäre; ***c'est (une) ~ de goût*** das ist Geschmackssache **2** (*Skandal*) Affäre *f*, Geschichte *f* **3** JUR Fall *m*, Sache *f* **4** *beruflich*: Geschäft *n*; ▸ ***les affaires*** die Geschäfte; ▸ ***un homme d'affaires*** ein Geschäftsmann; ***le voyage d'~s*** die Geschäftsreise **5** ***les A̲ffaires étrangères*** das Außenministerium **6** ***prends tes ~s!*** nimm deine Sachen! **7** *Wendungen*: ***avoir ~ à qn*** mit j-m zu tun haben; ***cette robe fera l'~*** dieses Kleid tut es (auch); ***j'en fais mon ~*** ich kümmere mich darum
s'affaler [safale] ***~ dans un fauteuil*** sich in e-n Sessel fallen lassen
affamé(e) [afame] hungrig, ausgehungert
affectation[1] *f* [afɛktasjõ] **1** Verwendung *f*, Bestimmung *f* **2** *an e-e andere Arbeitsstelle*: Versetzung *f* **3** (*Stelle*) Posten *m*
affectation[2] *f* [afɛktasjõ] Affektiertheit *f*
affecté(e) [afɛkte] affektiert, gekünstelt
affecter[1] [afɛkte] **1** verwenden, bereitstellen (***à*** für) **2** ***être affecté à un poste*** (auf e-e Stelle) versetzt werden
affecter[2] [afɛkte] **1** vortäuschen, heucheln (*Gefühle*) **2** (*betrüben*) bewegen, betroffen machen **3** (*einwirken auf*) treffen, in Mitleidenschaft ziehen
affect|if, ~ive [afɛktif, -iv] Gefühls…; ***sur le plan affectif*** gefühlsmäßig
affection[1] *f* [afɛksjõ] Liebe *f*, Zuneigung *f*; ***prendre en ~*** lieb gewinnen
affection[2] *f* [afɛksjõ] Erkrankung *f*,

Leiden *n*

affectionner [afɛksjɔne] e-e Vorliebe für … haben

affectu|eux, ~euse [afɛktɥø, -øz] liebevoll, zärtlich

affichage *m* [afiʃaʒ] **1** *an Wänden*: Plakatankleben *n* **2** TECH Anzeige *f*, Display *n*; ***l'~ numérique*** die Digitalanzeige

▸ **affiche** *f* [afiʃ] **1** Plakat *n* **2** *zur Bekanntgabe*: Aushang *m* **3** ***ce film est resté trois mois à l'~*** dieser Film lief drei Monate

afficher [afiʃe] **1** anschlagen (*Plakat*); ***défense d'~!*** Plakatankleben verboten! **2** (durch Aushang) bekannt geben **3** (*zeigen*) zur Schau tragen **4** TECH anzeigen **5** ***s'~ avec qn*** sich mit j-m (in der Öffentlichkeit) zeigen

afficheur *m* [afiʃœʀ] Display *n*, Anzeige *f*

affiler [afile] schleifen

affinité *f* [afinite] Ähnlichkeit *f*, Gemeinsamkeit *f*

affirmat|if, ~ive [afiʀmatif, -iv] **1** (*Antwort*) positiv, bejahend **2** (*Ton*, *Person*) entschieden, bestimmt

affirmation *f* [afiʀmasjõ] Behauptung *f*

affirmative *f* [afiʀmativ] ***répondre par l'~*** mit Ja antworten

▸ **affirmer** [afiʀme] **1** behaupten **2** *stärker*: beteuern, versichern **3** (*beweisen*) unter Beweis stellen **4** ***s'~*** (*Eigenschaft usw.*) (deutlich) sichtbar werden

affliger [afliʒe] ⟨***-ge-***⟩ traurig machen, betrüben

affluence *f* [aflyɑ̃s] **1** Andrang *m* **2** ***les heures*** *f Pl* ***d'~*** die Stoßzeiten

affluent *m* [aflyɑ̃] Nebenfluss *m*

affluer [aflye] (*Blut*, *Personen*) strömen

afflux *m* [⚠ afly] **1** *von Blut*, *Personen*: Andrang *m* **2** *von Geld*: Zustrom *m*, Zufluss *m*

affolant(e) [afɔlɑ̃(t)] beängstigend, erschreckend

affolé(e) [afɔle] aufgeregt, in Panik

affoler [afɔle] **1** aufregen, in Panik versetzen **2** ***s'~*** sich aufregen, in Panik geraten

▸ **affranchir**[1] [afʀɑ̃ʃiʀ] frankieren (*Briefe*)

affranchir[2] [afʀɑ̃ʃiʀ] **1** befreien, freilassen (*Sklaven*) **2** *umg.* aufklären

affréter [afʀete] ⟨***-è-***⟩ chartern

▸ **affr|eux, ~euse** [afʀø, -øz] **1** hässlich, scheußlich **2** (*furchtbar*) entsetzlich, schrecklich

affront *m* [afʀõ] Beleidigung *f*

affrontement *m* [afʀõtmɑ̃] Konfrontation *f*

affronter [afʀõte] **1** ***~ qn*** j-m gegenübertreten **2** ***~ une situation*** mit e-r Situation konfrontiert werden **3** ***s'~*** aufeinandertreffen

affûter [afyte] schärfen, schleifen

afin [afɛ̃] **1** ***~ de lire, dormir*** *usw.* um zu lesen, schlafen *usw.* **2** ***~ qu'il le fasse*** (⚠ *mit Subj.*) damit er es tut

africain(e) [afʀikɛ̃(-ɛn)] afrikanisch

Africain(e) *m(f)* [afʀikɛ̃(-ɛn)] Afrikaner(in) *m(f)*

Afrique [afʀik] ***l'~*** *f* Afrika *n*

agaçant(e) [agasɑ̃(t)] lästig, ärgerlich

agacer [agase] ⟨***-ç-***⟩ **1** ärgern **2** ***il m'agace*** er geht mir auf die Nerven, er nervt (mich)

▸ **âge** *m* [ɑʒ] **1** Alter *n*; ***quel ~ as-tu?*** wie alt bist du?; ***à l'~ de six ans*** im Alter von sechs Jahren, mit sechs Jahren; ***un enfant en bas ~*** ein Kleinkind; ***d'un certain ~*** schon etwas älter; ***il ne fait pas son ~*** man sieht ihm sein Alter nicht an **2** (*Epoche*) Zeit *f*, Zeitalter *n*; ***le Moyen Âge*** das Mittelalter; ***l'~ de la pierre*** die Steinzeit **3** ***l'~ bête*** (*od.* ***ingrat***) die Pubertät

▸ **âgé(e)** [ɑʒe] **1** alt **2** ***âgé de douze ans*** zwölf Jahre (alt)

agence *f* [aʒɑ̃s] **1** Agentur *f*, Büro *n*; ***l'~ de presse, de publicité*** die Presse-, Werbeagentur; ▸ ***l'agence de voyages*** das Reisebüro **2** *e-r Bank*: Zweigstelle *f*, Filiale *f*

agenda *m* [⚠ aʒɛ̃da] Terminkalender *m*

s'agenouiller [saʒnuje] sich knien

▸ **agent**[1] *m* [aʒɑ̃] **1** VERW Angestellte(r) *f(m)*, Beamte(r) *m*, Beamtin *f* **2** ***un ~ (de police)*** ein(e) Polizist(in) **3** WIRTSCH Vertreter(in) *m(f)*; ***un ~ immobilier*** ein(e) Immobilienmakler(in) **4** (*Spion*[*in*]) Agent(in) *m(f)*; ***un ~ secret*** ein(e) Geheimagent(in)

agent[2] *m* [aʒɑ̃] **1** Wirkstoff *m*, Substanz *f* **2** ***un ~ pathogène*** ein Krankheitserreger

agglomération *f* [aglɔmeʀasjõ] **1** (geschlossene) Ortschaft **2** *Großraum e-r Stadt*: Ballungsgebiet *n* **3** *von Din-*

gen: Zusammenballung *f*
s'agglutiner [saglytine] sich zusammendrängen, sich zusammenballen
aggravation *f* [agʀavasjõ] Verschlimmerung *f*, Verschlechterung *f*
▸ **aggraver** [agʀave] verschlimmern, verschlechtern
agile [aʒil] schnell, wendig, beweglich
agilité *f* [aʒilite] Gewandtheit *f*, Geschmeidigkeit *f*, Beweglichkeit *f*
▸ **agir** [aʒiʀ] **1** (*Personen*) handeln **2** (*Medikament*) wirken (***sur*** bei) **3** ***il s'agit d'un …*** es handelt sich um ein …, es geht um ein …; ***de quoi s'agit-il?*** worum geht es? **4** ***il s'agit de réussir*** man muss es schaffen
agitation *f* [aʒitasjõ] **1** (heftige) Bewegung **2** (*Nervosität*) Unruhe *f*; *stärker*: Aufregung *f* **3** POL Unruhe *f* **4** (*Geschäftigkeit*) Hektik *f*, Hin und Her *n*
agité(e) [aʒite] unruhig
agiter [aʒite] **1** schwenken (*Tuch*, *Arm usw.*); ***~ avant usage!*** vor Gebrauch schütteln! **2** ***s'~*** unruhig sein, unruhig werden; *stärker*: sich aufregen; ***arrête de t'~ comme ça!*** hör auf so herumzulaufen!
▸ **agneau** *m* [aɲo] ⟨*Pl* ***~x***⟩ Lamm *n*
agonie *f* [agɔni] Todeskampf *m*
agrafe *f* [agʀaf] **1** *am Rock usw.*: Haken *m* **2** *für Papier*: Heftklammer *f* **3** MED Klammer *f*
agrafer [agʀafe] **1** zuhaken (*Rock usw.*) **2** zusammenheften (*Papier*)
agrafeuse *f* [agʀaføz] Heftmaschine *f*, Hefter *m*
agrandir [agʀɑ̃diʀ] vergrößern
agrandissement *m* [agʀɑ̃dismɑ̃] Vergrößerung *f*
▸ **agréable** [agʀeabl] angenehm, nett
agréer [agʀee] **1** annehmen (*Entschuldigung*, *Dank*) **2** zulassen (*Telefon usw.*)
agrémenter [agʀemɑ̃te] verzieren; ausschmücken (*Erzählung usw.*)
agrès *m Pl* [agʀɛ] Turngeräte *n Pl*, Geräte *n Pl*
agresser [agʀɛse] **1** überfallen **2** *mit Worten*: angreifen **3** *unangenehm*: belästigen
agresseur *m* [agʀɛsœʀ] Angreifer(in) *m(f)*, Täter(in) *m(f)*
agress|if, **~ive** [agʀɛsif, -iv] (⚠ *nur ein* g) aggressiv
agression *f* [agʀɛsjõ] (⚠ *nur ein* g) **1** Überfall *m* **2** MIL Angriff *m* **3** PSYCH Aggression *f*
agressivité *f* [agʀɛsivite] (⚠ *nur ein* g) Aggressivität *f*
▸ **agricole** [agʀikɔl] landwirtschaftlich, Landwirtschafts…, Land…
▸ **agricul|teur** *m*, **~trice** *f* [agʀikyltœʀ, -tʀis] Landwirt(in) *m(f)*
▸ **agriculture** *f* [agʀikyltyʀ] Landwirtschaft *f*
agripper [agʀipe] **1** packen, greifen **2** ***s'~*** sich festklammern
agrumes *m Pl* [agʀym] Zitrusfrüchte *f Pl*
aguets [agɛ] ***il est aux ~*** er liegt auf der Lauer
ah [ɑ] **1** *erstaunt od. bewundernd*: ah, oh **2** *enttäuscht*: ach **3** *iron.*: ***~ ~!*** aha?, ach ja? **4** ***~ oui!*** natürlich!; ***~ non!*** ach nein!; *empört*: oh nein!; ***~ bon!*** ach so!; ***~ là là!*** ach je!
ahuri(e)[1] [ayʀi] verblüfft, sprachlos
ahuri(e)[2] *m(f)* [ayʀi] *Schimpfwort*: blöder Kerl, dumme Kuh
ahurissant(e) [ayʀisɑ̃(t)] verblüffend, unglaublich
ai [e] → ***avoir***[1]
▸ **aide**[1] *f* [ɛd] **1** (*Unterstützung*) Hilfe *f*; ***à l'~ de*** mit Hilfe von; ***il m'est venu en ~*** er ist mir zu Hilfe gekommen **2** *Geld*: Hilfe *f*, Beihilfe *f*
aide[2] *f* [ɛd] *Person*: Aushilfe *f*, Helfer(in) *m(f)*; ***l'~ familiale*** (*od.* ***ménagère***) die Haushaltshilfe
▸ **aider** [ɛde] **1** helfen **2** ***~ qn*** (***à faire qc***) j-m helfen (etw zu tun) **3** ***s'~ de ses mains*** *usw.* seine Hände *usw.* zu Hilfe nehmen
▸ **aïe** [aj] ***~!*** au!, aua!
aïeux *m Pl* [ajø] Vorfahren *m Pl*, Ahnen *m Pl*
aigle *m* [ɛgl] Adler *m*
aigre [ɛgʀ] sauer
aigre|-doux, **~-douce** [ɛgʀədu, -dus] süßsauer
aigreur *f* [ɛgʀœʀ] **1** Säure *f*, saurer Geschmack **2** *e-r Bemerkung*: Bissigkeit *f* **3** ***les ~s*** (***d'estomac***) das Sodbrennen
aigri(e) [ɛgʀi] verbittert
s'aigrir [sɛgʀiʀ] **1** (*Milch*, *Wein*) sauer werden **2** (*Mensch*) verbittert werden
aigu, **aiguë** [ɛgy] **1** (*Form*, *Winkel*, *Schrei*) spitz **2** (*Ton*) schrill; (*Stimme*) hoch **3** (*Schmerz*) stark, heftig **4** (*Verstand*) scharf **5** (*Krise*) zugespitzt **6**

l'accent aigu [-tegy] der Accent aigu
aiguillage *m* [egɥijaʒ] BAHN Weiche *f*
▸ **aiguille** *f* [egɥij] **1** Nadel *f* (*a.* BOT) **2** *e-r Uhr*: Zeiger *m*
aiguiser [egize] schleifen, schärfen (*Messer*)
ail *m* [⚠ aj] Knoblauch *m*
▸ **aile** *f* [ɛl] **1** Flügel *m* (*a.* ARCH) **2** AUTO Kotflügel *m* **3** FLUG Tragfläche *f*
ailier *m* [ɛlje] Außenstürmer(in) *m(f)*
aille [aj] → ***aller***[1]
▸ **ailleurs** [ajœʀ] **1** woanders, anderswo; ***regarder, aller ~*** woandershin sehen, gehen; ***nulle part ~*** sonst nirgends **2** ***par ~*** sonst, andererseits **3** ***il est ~*** er ist mit seinen Gedanken ganz woanders **4** ***d'~*** übrigens
▸ **aimable** [ɛmabl] freundlich, liebenswürdig (***avec*** zu); ***c'est bien ~ à vous*** das ist sehr freundlich von Ihnen
aimant *m* [ɛmɑ̃] Magnet *m*
▸ **aimer** [ɛme] **1** lieben **2** (*nett, schön finden*) gernhaben, mögen; ***je n'aime pas les chiens*** ich mag keine Hunde **3** *mit Verben*: ***j'aime aller au cinéma*** ich gehe gern ins Kino; ***j'aimerais faire un voyage*** ich würde gern verreisen

aimer

Pierre aime écouter la techno.
Pierre hört gern Techno.
Anne aime faire du ski.
Anne fährt gern Ski.

In Verbindung mit einem Verb wird **aimer** also meistens mit ‚gern' übersetzt.

▸ **aîné(e)**[1] [ɛne] **1** *von zweien*: ältere(r, -s) **2** *von mehreren*: älteste(r, -s)
aîné(e)[2] *m(f)* [ɛne] **1** *von zweien*: Ältere(r) *(f)m*; *von mehreren*: Älteste(r) *(f)m* **2** ***elle est mon aînée (de deux ans)*** sie ist (zwei Jahre) älter als ich
▸ **ainsi** [ɛ̃si] **1** so **2** ***pour ~ dire*** sozusagen **3** ***~ que*** *in Vergleichen*: (so) wie; *in Aufzählungen*: sowie **4** ***~ (donc) tu pars?*** dann gehst du also? **5** ***~ soit-il!*** amen!
▸ **air**[1] *m* [ɛʀ] **1** Luft *f*; ***au grand ~*** an der frischen Luft, im Freien; ***en plein ~*** im Freien, unter freiem Himmel; ***prendre l'~*** (frische) Luft schnappen **2** ***à ~ conditionné*** klimatisiert, mit Klimaanlage **3** ***tête en l'~*** zerstreut, gedankenverloren **4** *umg.* ***foutre en l'~*** wegschmeißen
air[2] *m* [ɛʀ] **1** Aussehen *n*; ***ça en a tout l'~*** das sieht ganz danach aus; ***ça n'a l'~ de rien*** das sieht nach nichts aus **2** (*Miene*) Gesichtsausdruck *m*, Gesicht *n*; ***d'un ~ embarrassé*** verlegen **3** ▸ ***avoir l'air*** (+ *Adj.*) aussehen, wirken; ▸ ***avoir l'air de*** (+ *Inf.*) so aussehen, als ob …
air[3] *m* [ɛʀ] **1** Melodie *f* **2** Lied *n*
airbag *m* [⚠ ɛʀbag] Airbag *m*
aire *f* [ɛʀ] **1** MATH Flächeninhalt *m* **2** Fläche *f*, Platz *m*; ***l'~ de repos*** der Rastplatz
aisance *f* [ɛzɑ̃s] **1** (*Problemlosigkeit*) Leichtigkeit *f* **2** (*Reichtum*) Wohlstand *m*
aise *f* [ɛz] **1** ***je suis à l'~*** ich fühle mich wohl; ***je suis mal à l'~*** ich fühle mich nicht wohl **2** ***mets-toi à l'~!*** mach es dir bequem!, leg doch ab!
aisé(e) [eze] **1** (*reich*) wohlhabend **2** (*Ton*) ungezwungen; (*Stil*) flüssig
aisselle *f* [ɛsɛl] Achselhöhle *f*
Aix-la-Chapelle [ɛkslaʃapɛl] Aachen *n*
ajourner [aʒuʀne] **1** verschieben, verlegen (*Termin*) **2** zurückstellen (*Kandidat*)
▸ **ajouter** [aʒute] **1** hinzufügen **2** dazuzählen (*Zahlen*) **3** ***cela s'ajoute*** (*od.* ***vient s'~***) ***à …*** das kommt zu … noch dazu
ajuster [aʒyste] **1** passend machen (***à*** für); anpassen **2** TECH einpassen, einstellen **3** ***s'~*** passen (***à*** zu, auf, in *usw.*)
alarmant(e) [alaʀmɑ̃(t)] beunruhigend, besorgniserregend
alarme *f* [alaʀm] (⚠ une alarme) **1** Alarm *m*; ***donner l'~*** Alarm schlagen **2** *Vorrichtung*: Alarmanlage *f*
alarmer [alaʀme] beunruhigen
album *m* [⚠ albɔm] **1** Album *n* **2** (*Buch*) Band *m*, Bildband *m*
▸ **alcool** *m* [⚠ alkɔl] **1** *Substanz*: Alkohol *m* **2** *Getränk*: Schnaps *m*
alcoolique[1] [⚠ alkɔlik] **1** (*Getränk*) alkoholisch **2** (*Person*) alkoholabhängig
alcoolique[2] *m,f* [⚠ alkɔlik] Alkoholiker(in) *m(f)*
alcoolisé(e) [⚠ alkɔlize] (*Getränk*) alkoholisch, alkoholhaltig; ***non alcoolisé*** alkoholfrei

aléatoire [aleatwaʀ] zufallsbedingt
alentours *m Pl* [alɑ̃tuʀ] **1** *(Gegend)* Umgebung *f* **2** *ungefähre Angabe*: ***aux ~ de cent euros*** (so) um die hundert Euro
alerte[1] [alɛʀt] flink, munter; *(älterer Mensch)* rüstig
alerte[2] *f* [alɛʀt] Alarm *m*
alerter [alɛʀte] alarmieren
algèbre *f* [alʒɛbʀ] Algebra *f*
Algérie [alʒeʀi] ***l'~*** *f* Algerien *n*
algér|ien, ~ienne [alʒeʀjɛ̃, -jɛn] algerisch
Algér|ien *m*, **~ienne** *f* [alʒeʀjɛ̃, -jɛn] Algerier(in) *m(f)*
algue *f* [alg] Alge *f*
alibi *m* [alibi] Alibi *n*
aliéné(e) *m(f)* [aljene] Geistesgestörte(r) *f(m)*, Geisteskranke(r) *f(m)*
aligner [aliɲe] **1** in e-r Reihe aufstellen **2** aneinanderreihen *(Sätze, Zahlen usw.)* **3** *auf etw Bestimmtes hin*: ausrichten (***sur*** nach) **4** ***s'~*** *(Personen)* sich in e-r Reihe aufstellen; *(Dinge)* in e-r Reihe stehen
aliment *m* [alimɑ̃] Nahrungsmittel *n*, Lebensmittel *n*
alimentaire [alimɑ̃tɛʀ] Nahrungs…, Ernährungs…; ***des produits*** *m Pl* ***~s*** Lebensmittel, Nahrungsmittel
alimentation *f* [alimɑ̃tasjõ] **1** Ernährung *f* **2** *(Essen)* Nahrung *f*; ***un magasin d'~*** ein Lebensmittelgeschäft **3** TECH Versorgung *f* (***en*** mit)
alimenter [alimɑ̃te] **1** *mit Essen*: ernähren **2** *sonst*: versorgen **3** ***~ la conversation*** für Gesprächsstoff sorgen **4** ***s'~*** sich ernähren; *momentan*: Nahrung zu sich nehmen
alinéa *m* [alinea] *in Texten*: Absatz *m*
alité(e) [alite] bettlägerig
s'aliter [salite] sich ins Bett legen
allaiter [alɛte] **1** stillen *(Baby)* **2** säugen *(Tier)*
alléchant(e) [aleʃɑ̃(t)] verlockend
allée *f* [ale] **1** Allee *f* **2** KINO Gang *m*
allégé(e) [aleʒe] kalorienarm, light
alléger [aleʒe] ⟨-è-⟩ **1** *im Gewicht*: leichter machen **2** verringern, senken *(Steuern usw.)*
allégresse *f* [alegʀɛs] Freude *f*, Jubel *m*
Allemagne [almaɲ] ***l'~*** *f* Deutschland *n*
allemand(e) [almɑ̃(d)] deutsch
Allemand(e) *m(f)* [almɑ̃(d)] Deutsche(r) *f(m)*
▸ **aller**[1] [ale] ⟨*prés.*: ***je vais, tu vas, il va, nous allons, ils vont***; *imparf.*: ***j'allais***; *p/s*: ***j'allai***; *fut.*: ***j'irai***; *subj.*: ***j'aille, nous allions***; *impér.*: ***va!***, *aber*: ***vas-y!*** [vazi]; *p/pr*: ***allant***; *p/p*: ***allé***; *mit* ***être***⟩ **1** gehen; ***~ à pied*** zu Fuß gehen **2** *Fahrzeug, im Fahrzeug*: fahren **3** ***~ en avion*** mit dem Flugzeug fliegen **4** ~

aller: Zukunft und Sicherheit

Um zukünftiges Geschehen auszudrücken, wird oft die Konstruktion **aller** + Infinitiv verwendet:

Alice est allée au supermarché, mais elle va revenir tout de suite.	Alice ist zum Supermarkt gegangen, aber sie wird gleich zurückkommen.

Mit **aller** + Infinitiv wird vor allem betont, dass der künftige Vorgang unmittelbar bevorsteht. Deshalb heißt diese Konstruktion auch **futur proche** (nahe Zukunft):

L'avion va décoller dans quelques minutes.	Das Flugzeug wird in einigen Minuten starten.

Man gebraucht das **futur proche** aber auch, um eine feste Absicht oder ein mit Sicherheit eintretendes Geschehen zum Ausdruck zu bringen:

Pendant les grandes vacances, je vais aller en Bretagne.	In den großen Ferien werde ich in die Bretagne fahren.

à cheval reiten **5** ▸ ***aller se coucher*** schlafen gehen; ***~ se promener*** spazieren gehen; ***~ voir qn*** j-n besuchen; ***~ chercher qn*** j-n holen *od.* abholen **6** ***se laisser ~*** sich gehen lassen **7** ***ces deux couleurs vont bien ensemble*** diese beiden Farben passen gut zusammen **8** *Kleidungsstück* ▸ ***aller bien à qn*** j-m (gut) stehen **9** ***huit heures, ça me va*** acht Uhr, das geht *od.* das passt mir gut **10** **(*comment*) *ça va?*** wie geht's?; ***comment allez-vous?*** wie geht es Ihnen?; ***ça va*** es geht; ***ça va bien, je vais bien*** es geht (mir) gut **11** ▸ ***s'en aller*** weggehen **12** ***il y va de ...*** es geht um ... **13** ***cela va de soi*** *od.* ***cela va sans dire*** das ist (doch) klar *od.* selbstverständlich **14** *in Ausrufen u. Fragen*: ***allez!*** los!, vorwärts!; ***allez*** (*od.* ***allons***) ***donc, ne fais pas tant de manières!*** komm, stell dich nicht so an!; ***vas-y!*** *bzw.* ***allez-y!*** los!, nur zu!; ***on y va!*** auf geht's!; ***on y va?*** kann es losgehen?, seid ihr *bzw.* sind wir so weit?

aller² *m* [ale] **1** Hinweg *m*; *mit dem Fahrzeug*: Hinfahrt *f*; FLUG Hinflug *m* **2** *Fahrkarte*: einfache Fahrt; ▸ ***un aller*** **(*et*)** ***retour*** e-e Rückfahrkarte

allergie *f* [alɛʀʒi] Allergie *f* (***à*** gegen)

allergique [alɛʀʒik] allergisch (***à*** gegen)

alliance¹ *f* [aljɑ̃s] **1** *bes.* POL Bündnis *n*, Allianz *f* **2** ***une tante par ~*** e-e angeheiratete Tante

alliance² *f* [aljɑ̃s] Ehering *m*, Trauring *m*

allié(e) [alje] verbündet, alliiert

allier [alje] **1** (*vereinen*) verbinden (***à*** mit) **2** ***s'~*** sich verbünden (***à*** mit)

▸**allô** [alo] ***~!*** hallo!

allocation *f* [alɔkasjõ] Beihilfe *f*, Unterstützung *f*; ***les ~s familiales*** das Kindergeld; ***l'~*** **(*de*)** ***logement*** das Wohngeld

allocution *f* [alɔkysjõ] Ansprache *f*

allonger [alõʒe] ⟨***-ge-***⟩ **1** verlängern, länger machen **2** ***~ un blessé*** e-n Verletzten hinlegen; ***il est allongé*** er liegt (ausgestreckt) **3** ***~ les jambes*** die Beine ausstrecken; ***~ le cou*** den Hals recken **4** ***s'~*** länger werden **5** ***elle s'est allongée sur le lit*** sie hat sich aufs Bett gelegt

allumage *m* [alymaʒ] Zündung *f*

▸**allumer** [alyme] **1** anzünden (*Feuer, Kerze*) **2** anschalten, einschalten (*Apparat, Lampe*); ***~*** **(*la lumière*)** Licht machen **3** *umg.* (*erregen*) anmachen **4** ***s'~*** (*Papier usw.*) Feuer fangen; (*Licht*) angehen

▸**allumette** *f* [alymɛt] Streichholz *n*

allure *f* [alyʀ] **1** Tempo *n*, Geschwindigkeit *f*; ***à toute ~*** mit voller Geschwindigkeit, im Eiltempo **2** Aussehen *n*; ***il a une drôle d'~*** er sieht unmöglich aus **3** ***elle a de l'~*** sie hat Stil

▸**allusion** *f* [alyzjõ] Anspielung *f*

▸**alors** [alɔʀ] **1** (*früher*) damals, da; ***jusqu'~*** bis dahin **2** (*also*) da **3** (*in diesem Fall*) (ja) dann **4** *in Fragen u. Ausrufen*: ***~, ça va?*** na, wie geht's?; ***et ~?*** na und?; *erstaunt*: und jetzt?; *gespannt*: und dann?; ***ça ~!*** na so was!, also wirklich! **5** ▸ ***alors que*** obwohl; *zeitlich, gegensätzlich*: während

alouette *f* [alwɛt] ZO Lerche *f*

alourdir [aluʀdiʀ] schwer *od.* schwerer machen

Alpes *f Pl* [alp] Alpen *Pl*

alphabet *m* [alfabɛ] Alphabet *n*

alphabétique [alfabetik] alphabetisch

alpinisme *m* [alpinism] Bergsteigen *n*

alpiniste *m,f* [alpinist] Bergsteiger(in) *m*(*f*)

Alsace *f* [alzas] Elsass *n*

alsac|ien, ~ienne [alzasjɛ̃, -jɛn] elsässisch

Alsac|ien *m*, **~ienne** *f* [alzasjɛ̃, -jɛn] Elsässer(in) *m*(*f*)

altercation *f* [altɛʀkasjõ] Streit *m*

alternance *f* [altɛʀnɑ̃s] Wechsel *m*, Abfolge *f*

alternat|if, ~ive [altɛʀnatif, -iv] **1** (regelmäßig) wechselnd **2** (*Lösung, Politik, Medizin usw.*) alternativ

alternative *f* [altɛʀnativ] Alternative *f*

alterner [altɛʀne] wechseln, abwechseln

altesse *f* [altɛs] Hoheit *f*

▸**altitude** *f* [altityd] **1** Höhe *f* (über dem Meeresspiegel) **2** ***en ~*** in großer Höhe

amabilité *f* [amabilite] Freundlichkeit *f*

amaigri(e) [amɛgʀi] abgemagert

amaigrissement *m* [amɛgʀismɑ̃] Abmagerung *f*

amande *f* [amɑ̃d] BOT Mandel *f*

amant *m* [amɑ̃] **1** Geliebte(r) *m* **2** ***les ~s*** die Liebenden

amas *m* [ama] Haufen *m*

amasser [amase] **1** anhäufen, horten **2** ***s'~*** sich häufen, sich ansammeln

amateur *m* [amatœʀ] **1** (*Fan*) ***un ~ d'art, de musique*** *usw.* ein(e) Kunst-, Musikliebhaber(in) *usw.* **2** (↔ *Profi*) Amateur(in) *m(f)* **3** (*Stümper[in]*) Amateur(in) *m(f)*, Dilettant(in) *m(f)*

ambassade *f* [ɑ̃basad] Botschaft *f*

ambassadeur *m* [ɑ̃basadœʀ] Botschafter(in) *m(f)*

▸ **ambiance** *f* [ɑ̃bjɑ̃s] Stimmung *f*, Atmosphäre *f*; *umg.* ***il y a de l'~ ici*** hier ist richtig Stimmung

ambigu, **ambiguë** [ɑ̃bigy] **1** (*Antwort, Ausdruck*) zweideutig **2** (*nicht korrekt*) zwielichtig, undurchsichtig

ambiguïté *f* [ɑ̃bigɥite] Zweideutigkeit *f*

ambiti|eux, **~euse** [ɑ̃bisjø, -øz] ehrgeizig

ambition *f* [ɑ̃bisjõ] **1** Ehrgeiz *m* **2** ***les ~s*** die Ambitionen

ambre *m* [ɑ̃bʀ] ***l'~ (jaune)*** der Bernstein

▸ **ambulance** *f* [ɑ̃bylɑ̃s] Krankenwagen *m*, Ⓐ Rettung *f* (⚠ Ambulanz *als Abteilung im Krankenhaus* = ***consultations*** *f Pl* ***externes***)

▸ **âme** *f* [ɑm] **1** Seele *f* **2** *Wendungen*: ***c'est un artiste dans l'~*** er ist mit Leib und Seele Künstler; ***en mon ~ et conscience*** nach bestem Wissen und Gewissen **3** ***il a rendu l'~*** (*Mensch*) er hat seine Seele ausgehaucht; (*Apparat*) er hat seinen Geist aufgegeben

amélioration *f* [ameljɔʀasjõ] Verbesserung *f*

▸ **améliorer** [ameljɔʀe] verbessern

aménagement *m* [amenaʒmɑ̃] **1** (*Ausstattung*) Einrichtung *f* **2** (*Änderung*) Anpassung *f*, Umstellung *f* **3** (*Änderung im Haus*) Umbau *m*, Ausbau *m*

aménager [amenaʒe] ⟨***-ge-***⟩ **1** (*ausstatten*) einrichten; (*umgestalten*) umbauen, ausbauen **2** *für den Tourismus*: erschließen **3** anlegen (*Park*) **4** (*ändern*) anpassen, umstellen

▸ **amende** *f* [amɑ̃d] Geldstrafe *f*, Bußgeld *n*

amener [amne] ⟨***-è-***⟩ **1** bringen, mitbringen **2** (*zur Folge haben*) mit sich bringen **3** *umg.* ***s'~*** aufkreuzen

s'amenuiser [samənɥize] sich verringern

▸ **am|er**, **~ère** [⚠ amɛʀ] bitter

américain(e) [ameʀikɛ̃(-ɛn)] amerikanisch

Américain(e) *m(f)* [ameʀikɛ̃(-ɛn)] Amerikaner(in) *m(f)*

Amérique [ameʀik] ***l'~*** *f* Amerika *n*; ***l'~ du Nord, du Sud*** Nord-, Südamerika; ***l'~ centrale*** Mittelamerika

amertume *f* [amɛʀtym] **1** bitterer Geschmack **2** (*Enttäuschung*) Verbitterung *f*

ameublement *m* [amœbləmɑ̃] Einrichtung *f*

▸ **ami** *m* [ami] Freund *m*; ***c'est son petit ~*** das ist ihr (fester) Freund (⚠ *a. bei Erwachsenen*)

ami(e) [ami] befreundet

amiable [amjabl] ***à l'~*** gütlich

amiante *m* [amjɑ̃t] Asbest *m*

amibe *f* [amib] Amöbe *f*

▸ **amical(e)** [amikal] ⟨*m Pl* ***-aux***⟩ freundschaftlich, freundlich

amicale *f* [amikal] Verein *m*

amicalement [amikalmɑ̃] **1** freundschaftlich **2** *am Briefschluss*: herzliche Grüße, herzlich

▸ **amie** *f* [ami] Freundin *f*; ***c'est sa petite ~*** das ist seine (feste) Freundin (⚠ *a. bei Erwachsenen*)

amiral *m* [amiʀal] ⟨*Pl* ***-aux***⟩ Admiral *m*

▸ **amitié** *f* [amitje] **1** Freundschaft *f* **2** *Wendungen*: ***~s*** (herzliche) Grüße; ***mes ~s à ta sœur!*** viele Grüße an deine Schwester!; ***fais-lui toutes mes ~s!*** bestell ihm *od.* ihr viele Grüße!

amnésie *f* [amnezi] Gedächtnisschwund *m*

amnistie *f* [amnisti] (⚠ amnistie) Amnestie *f*

amont [amõ] **1** ***en ~*** flussaufwärts **2** *fig.* ***en ~ de …*** oberhalb von …

amorce *f* [amɔʀs] **1** *beim Angeln*: Köder *m* **2** (*Anfang*) Auftakt *m*, Beginn *m*

amorcer [amɔʀse] ⟨***-ç-***⟩ **1** *beim Angeln*: ködern **2** (*anbahnen*) in die Wege leiten **3** ***~ un virage*** in die Kurve gehen

amortir [amɔʀtiʀ] **1** dämpfen (*Stoß, Geräusch*) **2** tilgen (*Schulden*)

amortisseur *m* [amɔʀtisœʀ] Stoßdämpfer *m*

▸ **amour** *m* [amuʀ] **1** Liebe *f*; ***l'~ de son métier, de la nature*** *usw.* die Liebe zu seinem Beruf, zur Natur *usw.* **2** ▸ ***faire l'amour*** miteinander schlafen, Sex haben **3** ***mon ~!*** mein Liebling! **4** *umg.*

quel ~ d'enfant! so ein süßes Kind!
▸ **amour|eux, ~euse** [amuʀø, -øz] verliebt (***de*** in); ***elle est tombée amoureuse de lui*** sie hat sich in ihn verliebt
amour-propre *m* [amuʀpʀɔpʀ] ⟨*Pl* ***amours-propres***⟩ Selbstwertgefühl *n*
amovible [amɔvibl] (*Futter*) herausnehmbar; (*Kapuze*) abknöpfbar
amphithéâtre *m* [ɑ̃fiteɑtʀ] **1** Hörsaal *m* **2** *römisches*: Amphitheater *n*
ample [ɑ̃pl] **1** (*Kleidung*) weit **2** (*Bewegung*) weit ausholend **3** ***de plus ~s renseignements*** *m Pl* nähere Auskünfte
amplement [ɑ̃pləmɑ̃] reichlich; ***c'est ~ suffisant*** das reicht vollkommen
ampleur *f* [ɑ̃plœʀ] **1** *von Kleidung*: Weite *f* **2** (*Größe*) Ausmaß *n*, Umfang *m*; ***prendre de l'~*** sich ausweiten
ampli *m* [ɑ̃pli] *umg*. TECH Verstärker *m*
amplificateur *m* [ɑ̃plifikatœʀ] TECH Verstärker *m*
amplifier [ɑ̃plifje] **1** verstärken (*Ton*) **2** (*ausdehnen*) ausweiten, erweitern **3** ***s'~*** sich ausweiten; (*Ton*) lauter werden
▸ **ampoule** *f* [ɑ̃pul] **1** ELEK Glühbirne *f* **2** *Fläschchen*: Ampulle *f* **3** *auf der Haut*: Blase *f*
amputer [ɑ̃pyte] amputieren; ***ils l'ont amputé d'une jambe*** sie haben ihm ein Bein amputiert *od*. abgenommen
▸ **amusant(e)** [amyzɑ̃(t)] lustig, unterhaltsam, amüsant
amuse-gueule *m* [amyzgœl] ⟨*Pl* ***amuse-gueule(s)***⟩ Appetithäppchen *n*
amusement *m* [amyzmɑ̃] Vergnügen *n*, Spaß *m*
▸ **amuser** [amyze] **1** unterhalten, amüsieren; ***cela ne m'amuse pas*** das macht mir keinen Spaß **2** ▸ ***s'amuser*** sich unterhalten, sich amüsieren; ***elle s'amuse à le mettre en colère*** es macht ihr Spaß, ihn wütend zu machen **3** ***elle s'amuse avec sa poupée*** sie spielt mit ihrer Puppe **4** ***pour s'~*** nur (so) zum Spaß
amygdale *f* [⚠ amidal] ANAT Mandel *f*
▸ **an** *m* [ɑ̃] **1** Jahr *n*; ***par ~*** jährlich, im Jahr **2** *Alter*: ***un enfant de sept ~s*** ein siebenjähriges Kind; ***à vingt ~s*** mit zwanzig Jahren; ***il a dix ~s*** er ist zehn Jahre (alt) **3** ***le jour de l'An*** Neujahr *n*
analogie *f* [analɔʒi] Entsprechung *f*, Ähnlichkeit *f*
analphabète *m,f* [analfabɛt] Analphabet(in) *m(f)*
analyse *f* [⚠ analiz] **1** Analyse *f* **2** MED Untersuchung *f*
analyser [⚠ analize] **1** analysieren **2** MED untersuchen
analyste *m,f* [analist] Analytiker(in) *m(f)*
ananas *m* [anana(s)] (⚠ un ananas) Ananas *f*
anarchie *f* [anaʀʃi] Anarchie *f*
anarchiste[1] [anaʀʃist] anarchistisch
anarchiste[2] *m,f* [anaʀʃist] Anarchist(in) *m(f)*
ancêtre *m,f* [ɑ̃sɛtʀ] **1** Vorfahr(in) *m(f)* **2** *fig*. Vorläufer(in) *m(f)*
anchois *m* [ɑ̃ʃwa] Sardelle *f*
▸ **anc|ien, ~ienne** [ɑ̃sjɛ̃, -jɛn] **1** (↔ *neu*) alt **2** (↔ *modern*) antik **3** (*einstig*) ehemalig, früher

ancien (*Stellung*)

Dieses Adjektiv kann dem Substantiv folgen – oder vorangehen. Von der Stellung vor oder nach dem Substantiv hängt die Bedeutung ab:

1. **ancien** vor dem Substantiv: ‚ehemalig'

Ce bâtiment est une ancienne prison. Aujourd'hui, c'est le commissariat de police.
Dieses Gebäude ist ein ehemaliges Gefängnis. Heute ist es die Polizeistation.

2. **ancien** nach dem Substantiv: ‚alt'

Michèle a beaucoup de livres anciens.
Michèle hat viele alte Bücher.

ancre *f* [ɑ̃kʀ] (⚠ une ancre) Anker *m*
Andorre [ɑ̃dɔʀ] ***l'~*** *f* Andorra *n*
andouille *f* [ɑ̃duj] **1** *Wurstsorte* **2** ***espèce d'~!*** *umg*. Trottel!
▸ **âne** *m* [ɑn] Esel *m*
anéantir [aneɑ̃tiʀ] **1** vernichten, zerstören (*a. Hoffnung*) **2** erschüttern, am

Boden zerstören (*Personen*)
anéantissement *m* [aneɑ̃tismɑ̃] Vernichtung *f*
ânerie *f* [ɑnʀi] Blödsinn *m*, dummes Zeug
ânesse *f* [ɑnɛs] Eselin *f*
anesthésie *f* [anɛstezi] Narkose *f*; ***une ~ générale*** e-e Vollnarkose
anesthésier [anɛstezje] betäuben
▸ **ange** *m* [ɑ̃ʒ] **1** Engel *m*; ***un ~ gardien*** ein Schutzengel **2** *fig.* ***il est aux ~s*** er ist im siebten Himmel
angine *f* [ɑ̃ʒin] Angina *f*, Mandelentzündung *f*
anglais(e) [ɑ̃glɛ(z)] englisch
Anglais(e) *m(f)* [ɑ̃glɛ(z)] Engländer(in) *m(f)*
angle *m* [ɑ̃gl] **1** GEOM Winkel *m*; ***un ~ aigu, droit, obtus*** ein spitzer, rechter, stumpfer Winkel **2** *a. von Straßen*: Ecke *f* **3** ***(vu) sous cet ~*** unter diesem Aspekt
Angleterre [ɑ̃glətɛʀ] ***l'~*** *f* England *n*
anglophone [ɑ̃glɔfɔn] englischsprechend, englischsprachig
angoissant(e) [ɑ̃gwasɑ̃(t)] beängstigend
angoisse *f* [ɑ̃gwas] Angst *f*
angoissé(e) [ɑ̃gwase] angsterfüllt; ***il est angoissé*** er hat Angst
angoisser [ɑ̃gwase] ***elle m'a angoissé*** sie hat mir Angst gemacht *od.* eingejagt
anguille *f* [ɑ̃gij] Aal *m*
▸ **animal** *m* [animal] ⟨*Pl* ***-aux***⟩ Tier *n*
animateur *m* [animatœʀ] **1** TV Moderator *m* **2** *in den Ferien*: Animateur *m*
animation *f* [animasjɔ̃] **1** (viel) Betrieb *m* **2** (*Temperament*) Lebhaftigkeit *f* **3** ***un film d'~*** ein Trickfilm
animatrice *f* [animatʀis] **1** TV Moderatorin *f* **2** *in den Ferien*: Animateurin *f*
animé(e) [anime] **1** (*Stadt*) belebt **2** (*Diskussion*, *Miene*) lebhaft **3** ***le dessin animé*** der Zeichentrickfilm
animer [anime] **1** beleben, mit Leben erfüllen **2** ***~ une émission*** e-e Sendung moderieren; ***~ un débat*** e-e Debatte leiten **3** ***s'~*** (*Straße*) sich beleben; (*Gespräch*) lebhaft werden
anneau *m* [ano] ⟨*Pl* ***~x***⟩ Ring *m*
▸ **année** *f* [ane] **1** Jahr *n*; ***l'~ scolaire*** das Schuljahr; ***les ~s soixante*** die Sechzigerjahre **2** *bei Wein*: Jahrgang *m* **3** ***bonne ~!*** ein gutes neues Jahr!
annexe *f* [anɛks] **1** Nebengebäude *n* **2** *bei e-m Brief*: Anlage *f* **3** *in e-m Buch, Vertrag*: Anhang *m*
▸ **anniversaire** *m* [anivɛʀsɛʀ] **1** Geburtstag *m*; ***bon ~!*** herzlichen Glückwunsch zum Geburtstag! **2** ***l'~ de mariage*** der Hochzeitstag
▸ **annonce** *f* [anɔ̃s] **1** Bekanntgabe *f*, Mitteilung *f* **2** *vorausschauend*: Ankündigung *f* **3** RAD Ansage *f* **4** PRESSE Anzeige *f*, Annonce *f*
▸ **annoncer** [anɔ̃se] ⟨**-ç-**⟩ **1** bekannt geben, mitteilen **2** *vorausschauend*: ankündigen **3** RAD ansagen **4** ***s'~*** sich ankündigen **5** ***ça s'annonce bien*** das fängt ja gut an
annotation *f* [anɔtasjɔ̃] Anmerkung *f*, Notiz *f*
annoter [anɔte] mit (kritischen) Anmerkungen versehen
▸ **annuaire** *m* [anɥɛʀ] **1** Jahrbuch *n* **2** ***l'~ téléphonique*** das Telefonbuch
annu|el, ~elle [anɥɛl] jährlich, Jahres…
annulaire *m* [anylɛʀ] Ringfinger *m*
annuler [anyle] (⚠ *nur ein* l) **1** annullieren, rückgängig machen **2** absagen (*Verabredung*) **3** stornieren (*Reise*) **4** ***s'~*** sich (gegenseitig) aufheben
anodin(e) [anɔdɛ̃(-in)] **1** (*ungefährlich*) harmlos **2** (*unwichtig*) unbedeutend
anonymat *m* [anɔnima] Anonymität *f*
anonyme [⚠ anɔnim] **1** anonym **2** (*Einrichtung usw.*) unpersönlich
anorak *m* [anɔʀak] Anorak *m*
anorexie *f* [anɔʀɛksi] Magersucht *f*
anorexique [anɔʀɛksik] magersüchtig
anormal(e) [anɔʀmal] ⟨*m Pl* ***-aux***⟩ **1** (*unnormal*) anormal, nicht normal **2** *geistig*: nicht (ganz) normal
ANPE *f* [aɛnpeə] (*Abk. für* Agence nationale pour l'emploi) ≈ Arbeitsamt *n*
anse *f* [ɑ̃s] Griff *m*, Henkel *m*
Antarctique *m* [ɑ̃taʀktik] Antarktis *f*
antécédent *m* [ɑ̃tesedɑ̃] **1** GR Beziehungswort *n* **2** ***les ~s*** *e-r Krankheit*: die Vorgeschichte; *e-r Person*: das Vorleben
antenne *f* [ɑ̃tɛn] **1** TECH Antenne *f* **2** RAD, TV Sendung *f*; ***les heures*** *f Pl* ***d'~*** die Sendezeit **3** ZO Fühler *m* **4** *e-r Organisation*: Außenstelle *f*
antérieur(e) [ɑ̃teʀjœʀ] **1** *zeitlich*: frühere(r, -s); ***c'est antérieur à …*** das liegt vor … **2** *räumlich*: vordere(r, -s) **3** (*Pfoten usw.*) Vorder…

antibiotique *m* [ɑ̃tibjɔtik] Antibiotikum *n*
anticipation *f* [ɑ̃tisipasjɔ̃] (gedankliche) Vorwegnahme, Vorgriff *m*
anticiper [ɑ̃tisipe] vorgreifen
anticyclone *m* [ɑ̃tisiklon] Hochdruckgebiet *n*, Hoch *n*
antidopage [ɑ̃tidɔpaʒ] ***le contrôle ~*** die Dopingkontrolle
antidote *m* [ɑ̃tidɔt] Gegenmittel *n*, Gegengift *n*
antilope *f* [ɑ̃tilɔp] Antilope *f*
antipathie *f* [ɑ̃tipati] Antipathie *f*, Abneigung *f*
antipathique [ɑ̃tipatik] unsympathisch
antiquaire *m,f* [⚠ ɑ̃tikɛʀ] Antiquitätenhändler(in) *m(f)*
antique [ɑ̃tik] **1** (sehr) alt **2** (*aus der Antike*) antik (⚠ antik *bei Antiquitäten* = ***ancien***)
Antiquité *f* [ɑ̃tikite] Antike *f*
antiquités *f Pl* [ɑ̃tikite] Antiquitäten *f Pl*
antisémitisme *m* [ɑ̃tisemitism] Antisemitismus *m*
antivirus [⚠ ɑ̃tiviʀys] IT ***le programme ~*** das Virensuchprogramm
antivol *m* [ɑ̃tivɔl] **1** AUTO Lenkradschloss *n* **2** *am Fahrrad*: Fahrradschloss *n*
Anvers [ɑ̃vɛʀ] Antwerpen *n*
anxiété *f* [ɑ̃ksjete] Angst *f*; (innere) Unruhe
anxi|eux, ~euse [ɑ̃ksjø, -øz] ängstlich; (*besorgt*) unruhig
août *m* [⚠ u] *od.* [⚠ ut] August *m*; ***en ~, au mois d'~*** im August; ***ils se sont mariés le 30 ~*** sie haben am 30. August geheiratet
apaiser [apeze] **1** beruhigen (*Menschen*) **2** lindern (*Schmerzen*) **3** stillen (*Durst, Schmerzen*) **4** ***s'~*** (*Mensch*) sich beruhigen; (*Schmerz, Sturm*) nachlassen, sich legen
apatride *m,f* [apatʀid] Staatenlose(r) *f(m)*
apercevoir [apɛʀsəvwaʀ] ⟨*wie* ***recevoir***⟩ **1** erkennen **2** ***s'~ de qc*** etw bemerken
aperçu *m* [apɛʀsy] (kurzer) Überblick
apéritif *m* [apeʀitif] Aperitif *m*
apéro *m* [apeʀo] *umg.* Aperitif *m*
apesanteur *f* [apəzɑ̃tœʀ] Schwerelosigkeit *f*
apeuré(e) [apœʀe] erschrocken
aphone [afɔn] ohne Stimme
apicul|teur *m*, **~trice** *f* [apikyltœʀ, -tʀis] Imker(in) *m(f)*, Bienenzüchter(in) *m(f)*
apitoyer [apitwaje] ⟨**-oi-**⟩ ***elle s'apitoie sur lui*** sie hat Mitleid mit ihm
aplatir [aplatiʀ] **1** abflachen, platt *od.* flach machen **2** glatt streichen (*Falte, Haare*) **3** *fig.* ***s'~ devant qn*** vor j-m kriechen
aplomb *m* [aplɔ̃] **1** Lotrechte *f*, Senkrechte *f*; ***d'~*** lotrecht, senkrecht **2** *von Personen*: Frechheit *f*, Unverschämtheit *f*; ***elle a de l'~*** sie ist (ganz schön) frech
apogée *m* [apɔʒe] Höhepunkt *m*, Gipfel *m*
apostrophe *f* [apɔstʀɔf] (⚠ une apostrophe) Apostroph *m*, Auslassungszeichen *n*
apothéose *f* [apɔteoz] Höhepunkt *m*, Krönung *f*
apôtre *m* [apotʀ] **1** BIBEL Apostel *m*, Jünger *m* **2** *fig.* Verfechter(in) *m(f)*
▸ **apparaître** [apaʀɛtʀ] ⟨*wie* ***connaître***; *mit* ***etre***⟩ **1** erscheinen, auftauchen **2** (*Probleme*) auftreten; (*Wahrheit*) ans Licht kommen **3** (*scheinen*) vorkommen, erscheinen
▸ **appareil** *m* [apaʀɛj] **1** (*Gerät, Telefon*) Apparat *m* **2** (*Flugzeug*) Maschine *f* **3** *zur Zahnkorrektur*: Spange *f*, Klammer *f* **4** (*Zahnersatz*) Gebiss *n* **5** Hörgerät *n*
appareiller [apaʀeje] (*Schiff*) in See stechen, auslaufen
apparemment [⚠ apaʀamɑ̃] anscheinend
apparence *f* [apaʀɑ̃s] **1** (*Anblick*) Aussehen *n* **2** (*Eindruck*) Anschein *m*, (äußerer) Schein; ***en ~*** scheinbar; ***selon toute ~*** allem Anschein nach
apparent(e) [apaʀɑ̃(t)] **1** (*erkennbar*) sichtbar; ***sans raison apparente*** ohne ersichtlichen Grund **2** (*nur äußerlich*) scheinbar
apparenté(e) [apaʀɑ̃te] verwandt (***à*** mit)
apparition *f* [apaʀisjɔ̃] **1** Erscheinen *n*, Auftauchen *n*; ***faire son ~*** erscheinen, auftauchen **2** (*Vision*) Erscheinung *f*
▸ **appartement** *m* [apaʀtəmɑ̃] Wohnung *f* (⚠ Appartement = ***studio*** *m*)
appartenance *f* [apaʀtənɑ̃s] Zugehörigkeit *f*

▸ **appartenir** [apaʀtəniʀ] ⟨*wie* ***venir***⟩ **1** *als Besitz*: gehören **2** *als Mitglied*: angehören **3** ***il ne m'appartient pas d'en décider*** es steht mir nicht zu, darüber zu entscheiden
apparu [apaʀy] → ***apparaître***
appât *m* [apɑ] Köder *m*
appâter [apɑte] ködern
appauvrir [apovʀiʀ] **1** arm machen **2** ***s'~*** verarmen, arm werden
▸ **appel** *m* [apɛl] (⚠ *nur ein* l) **1** Ruf *m*, Zuruf *m*; ***un ~ au secours*** ein Hilferuf **2** TEL Anruf *m* **3** *mit Namen, von Daten*: Aufruf *m*; ***faire l'~*** die Namen aufrufen *od.* vorlesen **4** (*Aufforderung*) Appell *m*, Aufruf *m*; ***faire ~ à qc*** an etw appellieren **5** MIL Einberufung *f* **6** JUR Berufung *f*; ***faire ~*** Berufung einlegen **7** ***ma décision est sans ~*** meine Entscheidung ist unwiderruflich
▸ **appeler** [aple] ⟨***-ll-***⟩ **1** rufen **2** *mit Namen*: nennen **3** TEL anrufen **4** *auf e-n Posten*: berufen **5** aufrufen (*Daten*) **6** ***en ~ à qc*** an etw appellieren **7** ▸ ***s'appeler*** heißen; ***tu t'appelles comment?*** wie heißt du?; ***je m'appelle Anne*** ich heiße Anne
appellation *f* [apɛlasjõ] Bezeichnung *f*
appendice *m* [⚠ apɛ̃dis] Blinddarm *m*
appendicite *f* [⚠ apɛ̃disit] Blinddarmentzündung *f*
appétissant(e) [apetisɑ̃(t)] appetitlich
▸ **appétit** *m* [⚠ apeti] Appetit *m*; ***bon ~!*** guten Appetit!
▸ **applaudir** [aplodiʀ] applaudieren, (Beifall) klatschen; ***~ qn*** j-m applaudieren *od.* Beifall klatschen
applaudissements *m Pl* [aplodismɑ̃] Applaus *m*, Beifall *m*
application *f* [aplikasjõ] **1** *von Farbe, Creme usw.*: Auftragen *n* **2** *von Methoden, Regeln usw.*: Anwendung *f* **3** ***mettre en ~*** praktisch anwenden, in die Praxis umsetzen **4** (*Eifer*) Fleiß *m*
appliqué(e) [aplike] **1** (*eifrig*) fleißig **2** sorgfältig
appliquer [aplike] **1** auftragen (*Farbe, Creme usw.*) **2** anlegen (*Verband*) **3** anwenden (*Methode, Regel usw.*) **4** ***s'~*** (*Personen*) sich Mühe geben, fleißig sein
apport *m* [apɔʀ] Beitrag *m* (***à*** zu)
▸ **apporter** [apɔʀte] **1** bringen, herbringen **2** (*dabeihaben*) mitbringen **3** überbringen (*Nachricht*) **4** mit sich bringen (*Änderungen, Probleme*) **5** aufbringen (*Energie, Sorgfalt*)
apposition *f* [apozisjõ] Apposition *f*
appréciation *f* [apʀesjasjõ] **1** Einschätzung *f*, Beurteilung *f* **2** *von Werten*: Schätzung *f*
apprécier [apʀesje] **1** schätzen, abschätzen **2** (*beurteilen*) einschätzen **3** (*mögen*) schätzen, zu schätzen wissen
appréhender [apʀeɑ̃de] **1** fürchten, vor … Angst haben **2** festnehmen (*Verbrecher*)
appréhension *f* [apʀeɑ̃sjõ] Befürchtung *f*
▸ **apprendre** [apʀɑ̃dʀ] ⟨*wie* ***prendre***⟩ **1** lernen; ***~ à lire*** lesen lernen **2** (*lehren*) beibringen; ***elle m'a appris à lire*** sie hat mir das Lesen beigebracht **3** (*hören*) erfahren **4** (*sagen*) mitteilen; ***il m'a appris la nouvelle*** er hat mir die Nachricht mitgeteilt
▸ **apprenti(e)** *m(f)* [apʀɑ̃ti] Lehrling *m*, Azubi *m,f*
apprentissage *m* [apʀɑ̃tisaʒ] **1** *für Lehrlinge*: Lehre *f* **2** Lernen *n*, Erlernen *n*
apprêter [apʀɛte] **1** ***je m'apprêtais à partir*** ich wollte gerade gehen **2** ***s'~*** sich zurechtmachen
appris [apʀi] → ***apprendre***
apprivoiser [apʀivwaze] zähmen, zahm machen
approbation *f* [apʀɔbasjõ] **1** Zustimmung *f*, Einverständnis *n* **2** (*Lob*) Anerkennung *f*, Beifall *m*
approche *f* [apʀɔʃ] **1** Näherkommen *n* **2** (*Betrachtungsweise*) Ansatz *m*
approcher [apʀɔʃe] **1** ***~ la chaise de la table*** den Stuhl näher an den Tisch rücken **2** ***~ qn*** (näher) an j-n herankommen **3** ***s'~*** sich nähern, näher kommen (***de*** an) **4** ▸ ***approcher de qc*** näher an etw herankommen; (*ähneln*) e-r Sache nahekommen; ***~ de la trentaine*** auf die Dreißig zugehen
approfondir [apʀɔfõdiʀ] vertiefen
approprié(e) [apʀɔpʀije] geeignet, passend
s'approprier [sapʀɔpʀije] sich (unrechtmäßig) aneignen
▸ **approuver** [apʀuve] **1** ***~ qc*** etw gut finden **2** ***~ qn*** j-m zustimmen
approvisionnement *m* [apʀɔvizjɔnmɑ̃] **1** Versorgung *f* (***en*** mit); *mit Waren usw.*: Belieferung *f* (***en*** mit) **2** (*Reser-

ve) Vorrat *m*
approvisionner [apʀɔvizjɔne] **1** versorgen (**en** mit) (*Personen, Stadt usw.*) **2** *mit Waren*: beliefern (**en** mit) **3** ***s'~*** sich versorgen, sich eindecken (**en** mit)
approximativement [apʀɔksimativmɑ̃] etwa, schätzungsweise
appui *m* [apɥi] **1** Stütze *f*, Halt *m* **2** (*Hilfe*) Unterstützung *f* **3** *am Balkon, Fenster*: Brüstung *f*
appui-tête *m* [apɥitɛt] ⟨*Pl* ***appuis-tête***⟩ Kopfstütze *f*
▸ **appuyer** [apɥije] ⟨***-ui-***⟩ **1** stützen, abstützen, lehnen (***contre*** gegen, an); stützen, aufstützen (***sur*** auf) **2** (*helfen*) unterstützen **3** ***~ sur un bouton*** auf e-n Knopf drücken **4** ***~ sur un aspect*** e-n Aspekt besonders hervorheben *od.* betonen **5** ***s'~ sur qn*** sich auf j-n verlassen
âpre [ɑpʀ] **1** (*Geschmack*) sauer; scharf **2** (*Kampf*) erbittert; (*Diskussion*) heiß **3** (*Kälte*) bitter; (*Wind*) scharf
▸ **après** [apʀɛ] **1** *zeitlich*: nach; (*hinterher*) danach, später, nachher; ***~ avoir lu le journal, il est parti*** nachdem er die Zeitung gelesen hatte, ging er **2** ***la semaine d'~*** in der Woche darauf **3** ***~ quoi il se mit à pleurer*** worauf er zu weinen anfing **4** *räumlich*: (da)hinter, (da)nach **5** ***~ tout*** schließlich, im Grunde genommen **6** ***d'~*** (*entsprechend*) nach, gemäß; ***d'~ lui*** seiner Meinung nach **7** ***et*** (***puis***) ***~!*** na und?
▸ **après-demain** [apʀɛd(ə)mɛ̃] übermorgen
▸ **après-midi** *m od. f* [apʀɛmidi] ⟨*unv.*⟩ Nachmittag *m*
après-ski *m* [⚠ apʀɛski] ⟨*Pl* ***après-ski(s)***⟩ Schneestiefel *m*
après-vente [apʀɛvɑ̃t] ▸ ***le service après-vente*** der Kundendienst
apte [apt] geeignet (***à*** für), fähig (***à*** zu)
aptitude *f* [aptityd] Eignung *f* (***à*** für), Fähigkeit *f* (***à*** zu)
aquarelle *f* [akwaʀɛl] (⚠ une aquarelle) Aquarell *n*
aquarium *m* [⚠ akwaʀjɔm] Aquarium *n*
arabe [aʀab] arabisch
Arabe *m,f* [aʀab] Araber(in) *m(f)*
Arabie [aʀabi] ***l'~*** *f* Arabien *n*; ***l'~*** *f* ***Saoudite*** Saudi-Arabien *n*
arachide *f* [aʀaʃid] Erdnuss *f*
▸ **araignée** *f* [aʀɛɲe] Spinne *f*
arbitraire [aʀbitʀɛʀ] willkürlich
▸ **arbitre** *m* [aʀbitʀ] **1** Schiedsrichter(in) *m(f)* **2** (*Vermittler*[*in*]) Schlichter(in) *m(f)*
arbitrer [aʀbitʀe] **1** ***~ un match*** Schiedsrichter(in) bei e-m Spiel sein, ein Spiel pfeifen **2** ***~ une dispute*** e-n Streit schlichten
▸ **arbre** *m* [aʀbʀ] **1** Baum *m* **2** ***l'~ généalogique*** der Stammbaum
arbuste *m* [aʀbyst] Strauch *m*, Busch *m*
arc *m* [aʀk] Bogen *m*
arc-en-ciel *m* [aʀkɑ̃sjɛl] ⟨*Pl* ***arcs-en-ciel***⟩ Regenbogen *m*
archange *m* [⚠ aʀkɑ̃ʒ] Erzengel *m*
arche *f* [aʀʃ] ***l'~ de Noé*** die Arche Noah
archéologie *f* [⚠ aʀkeɔlɔʒi] Archäologie *f*
archéologue *m,f* [⚠ aʀkeɔlɔg] Archäologe *m*, -login *f*
archevêque *m* [aʀʃəvɛk] Erzbischof *m*
archiconnu(e) [aʀʃikɔny] *umg.* ganz bekannt; ***c'est archiconnu!*** das weiß doch jedes Kind!
archi|faux, ~fausse [aʀʃifo, -fos] *umg.* total falsch
archiplein(e) [aʀʃiplɛ̃(-ɛn)] *umg.* brechend voll
architecte *m,f* [aʀʃitɛkt] Architekt(in) *m(f)*
architecture *f* [aʀʃitɛktyʀ] Architektur *f*
archiver [aʀʃive] archivieren
archives *f Pl* [aʀʃiv] (⚠ *Plural*) Archiv *n*
Arctique *m* [aʀktik] Arktis *f*
ardent(e) [aʀdɑ̃(t)] brennend, glühend (*beides a. fig.*)
ardeur *f* [aʀdœʀ] **1** *für die Arbeit usw.*: Begeisterung *f*, Feuereifer *m* **2** Leidenschaft *f*
ardoise *f* [aʀdwaz] **1** *Gestein*: Schiefer *m* **2** *zum Schreiben*: Schiefertafel *f*
ardu(e) [aʀdy] schwierig
are *m* [aʀ] Ar *n*
arène *f* [aʀɛn] **1** Arena *f* **2** ***les ~s*** die Stierkampfarena
arête *f* [aʀɛt] **1** *beim Fisch*: Gräte *f* **2** (*Rand*) Kante *f*; *von Bergen*: Kamm *m*, Grat *m*
▸ **argent**[1] *m* [aʀʒɑ̃] Geld *n*; ***l'~ de poche*** das Taschengeld
argent[2] *m* [aʀʒɑ̃] Silber *n*

L'argot

Das Argot ist eine besondere Variante des gesprochenen Französisch. Früher war es eine Art Umgangs- und Geheimsprache der Kleinkriminellen. Heute bezeichnet der Begriff **argot** sämtliche Sondersprachen bestimmter Berufs- und Gesellschaftsgruppen. So sprechen z.B. Schüler das **argot scolaire**, Soldaten das **argot militaire**, Sportler das **argot sportif** usw.
Immer mehr Argotausdrücke gehen in die Umgangssprache, **le langage familier**, über. Die Grenzen sind fließend.
Beispiele:

argot	Übersetzung	Standardsprache
les godasses	die Latschen	**les chaussures**
la clope	der Glimmstängel	**la cigarette**
la came	der Stoff (Droge)	**la drogue**
la taule	der Knast	**la prison**
être crevé	kaputt sein	**être épuisé**

argenté(e) [aʀʒɑ̃te] **1** (*mit Silber überzogen*) versilbert **2** *Farbe*: silbern
argentin(e)[1] [aʀʒɑ̃tɛ̃(-in)] argentinisch
argentin(e)[2] [aʀʒɑ̃tɛ̃(-in)] (*Klang*) silberhell
Argentin(e) *m(f)* [aʀʒɑ̃tɛ̃(-in)] Argentinier(in) *m(f)*
Argentine [aʀʒɑ̃tin] ***l'~*** *f* Argentinien *n*
argile *f* [aʀʒil] Ton *m*, Lehm *m*
argot *m* [aʀgo] **1** *speziell im Frz.*: Argot *n od. m* **2** *Gruppensprache*: Jargon *m*
▸ **argument** *m* [aʀgymɑ̃] Argument *n*
argumentation *f* [aʀgymɑ̃tasjõ] Argumentation *f*
aride [aʀid] trocken
aridité *f* [aʀidite] Trockenheit *f*
aristocrate *m,f* [aʀistɔkʀat] Aristokrat(in) *m(f)*
aristocratie *f* [⚠ aʀistɔkʀasi] Aristokratie *f*
arithmétique *f* [aʀitmetik] **1** Rechnen *n* **2** *Gebiet der Mathematik*: Arithmetik *f*
armateur *m* [aʀmatœʀ] Reeder(in) *m(f)*
armature *f* [aʀmatyʀ] **1** *an Gebäuden*: Gerüst *n* **2** *am BH*: Bügel *m* **3** (*Stütze*) Halt *m*
▸ **arme** *f* [aʀm] **1** Waffe *f*; ▸ ***une arme à feu*** e-e Schusswaffe **2** ***rendre les ~s*** sich ergeben
armé(e) [aʀme] **1** bewaffnet **2** *mit Geduld usw.*: gewappnet (***de*** mit)
▸ **armée** *f* [aʀme] **1** Armee *f*, Heer *n*, Militär *n*; ***l'~ de l'air*** die Luftwaffe; ***l'~ de terre*** das Heer **2** ***l'Armée du Salut*** die Heilsarmee **3** *fig.* ***une ~ de ...*** Scharen von ...
armement *m* [aʀməmɑ̃] **1** *e-s Landes*: Waffen *f Pl*, Aufrüstung *f* **2** *e-s Soldaten*: Bewaffnung *f* **3** *e-s Schiffs*: Ausrüstung *f*
armer [aʀme] **1** bewaffnen (*Personen*) **2** aufrüsten (*Land*) **3** ausrüsten (*Schiff*) **4** laden (*Gewehr*); spannen (*Fotoapparat*) **5** ***s'~*** *mit Waffen*: sich bewaffnen; *mit Geduld usw.*: sich wappnen (***contre*** gegen)
armistice *m* [aʀmistis] Waffenstillstand *m*
▸ **armoire** *f* [aʀmwaʀ] Schrank *m*; *bes.* Kleiderschrank *m*
armure *f* [aʀmyʀ] Rüstung *f*
armurier *m* [aʀmyʀje] Waffenhändler *m*
arnaque *f* [aʀnak] *umg.* Betrug *m*, Schwindel *m*
arobase *f* [aʀɔbɑz] IT Klammeraffe *m*
aromate *m* [aʀɔmat] Gewürzkraut *n*
aromatique [aʀɔmatik] aromatisch; ***la plante ~*** die Gewürzpflanze
aromatisé(e) [aʀɔmatize] ***aromatisé au chocolat*** mit Schokogeschmack
arôme *m* [aʀom] Aroma *n*, Duft *m*
arqué(e) [aʀke] gebogen; ***il a les jambes arquées*** er hat O-Beine

▸**arracher** [aʀaʃe] **1** ausreißen (*Haar, Pflanze usw.*); herausreißen (*Seite*); herausziehen (*Nagel*); ziehen (*Zahn*) **2** ***elle lui a arraché la clé*** sie hat ihm den Schlüssel aus der Hand gerissen **3** ***ils se le sont arraché*** sie haben sich darum *od.* um ihn gerissen

arrangeant(e) [aʀɑ̃ʒɑ̃(t)] entgegenkommend

arrangement *m* [aʀɑ̃ʒmɑ̃] **1** (*Zusammenstellung*) Anordnung *f* **2** *mit Möbeln*: Einrichtung *f* **3** (*Übereinkunft*) Abmachung *f*, Vereinbarung *f*

▸**arranger** [aʀɑ̃ʒe] ⟨***-ge-***⟩ **1** (*zusammenstellen*) anordnen **2** einrichten (*Wohnung*) **3** (*in die Wege leiten*) organisieren (*Reise, Fest*); arrangieren (*Treffen*) **4** (*regeln*) in Ordnung bringen **5** (*instand setzen*) reparieren **6** ***cela m'arrange*** das passt mir (gut) **7** ***s'~*** sich zurechtmachen **8** ***s'~ avec qn*** sich mit j-m einigen **9** ***s'~ pour rester deux jours*** es so einrichten, dass man zwei Tage bleiben kann **10** ***s'~ de qc*** sich mit etw abfinden

▸**arrestation** *f* [aʀɛstasjõ] Festnahme *f*, Verhaftung *f*

▸**arrêt** *m* [aʀɛ] **1** (*Stopp*) Halten *n*, Anhalten *n* **2** BAHN Halt *m*, Aufenthalt *m* **3** *von Maschinen*: Abstellen *n*, Ausschalten *n* **4** *vom Herz*: Stillstand *m* **5** ▸ ***sans arrêt*** pausenlos, ständig, ununterbrochen **6** *für Busse usw.*: Haltestelle *f* **7** JUR Urteil *n*

arrêté *m* [aʀɛte] Erlass *m*

arrêté(e) [aʀɛte] (***bien***) ***arrêté*** (*Idee, Meinung*) fest

arrêter [aʀɛte] **1** (*stehen bleiben*) halten, anhalten **2** (*zum Stehen bringen*) anhalten; ausschalten, abstellen (*Maschine usw.*); aufhalten (*Entwicklung, Personen*) **3** beenden, abbrechen (*Verhandlungen, Spiel*) **4** festlegen, festsetzen (*Termin usw.*) **5** verhaften, festnehmen (*Verbrecher*) **6** (***s'***)***~*** aufhören; ***arrête!*** hör auf! **7** ▸ ***s'arrêter*** anhalten; (*Fußgänger, Fahrzeug, Uhr*) stehen bleiben; (*Lärm*) aufhören

arrière[1] [aʀjɛʀ] ▸ ***en arrière*** rückwärts, zurück, nach hinten

arrière[2] [aʀjɛʀ] ⟨*unv.*⟩ Hinter…, Rück…; ***la roue ~*** das Hinterrad; ***le siège ~*** der Rücksitz

arrière[3] *m* [aʀjɛʀ] **1** hintere(r) Teil; AUTO Heck *n*; ***à l'~*** hinten **2** SPORT Verteidiger(in) *m*(*f*), Abwehrspieler(in) *m*(*f*)

arriéré(e) [aʀjeʀe] **1** (*Mensch*) (geistig) zurückgeblieben **2** (*Land, Ansichten*) rückständig

arrière-goût *m* [aʀjɛʀgu] ⟨*Pl* ***arrière-goûts***⟩ Nachgeschmack *m*

arrière-grand-mère *f* [aʀjɛʀgʀɑ̃mɛʀ] ⟨*Pl* ***arrière-grands-mères***⟩ Urgroßmutter *f*

arrière-grand-père *m* [aʀjɛʀgʀɑ̃pɛʀ] ⟨*Pl* ***arrière-grands-pères***⟩ Urgroßvater *m*

arrière-grands-parents *m Pl* [aʀjɛʀgʀɑ̃paʀɑ̃] Urgroßeltern *Pl*

arrière-pays *m* [aʀjɛʀpei] ⟨*unv.*⟩ Hinterland *n*

arrière-pensée *f* [aʀjɛʀpɑ̃se] ⟨*Pl* ***arrière-pensées***⟩ Hintergedanke *m*

arrière-petite-fille *f* [aʀjɛʀpətitfij] ⟨*Pl* ***arrière-petites-filles***⟩ Urenkelin *f*

arrière-petit-fils *m* [aʀjɛʀpətifis] ⟨*Pl* ***arrière-petits-fils***⟩ Urenkel *m*

arrière-petits-enfants *m Pl* [aʀjɛʀpətizɑ̃fɑ̃] Urenkel *m Pl*

arrière-plan *m* [aʀjɛʀplɑ̃] ⟨*Pl* ***arrière-plans***⟩ Hintergrund *m*

arrière-saison *f* [aʀjɛʀsɛzõ] ⟨*Pl* ***arrière-saisons***⟩ **1** *Jahreszeit*: Spätherbst *m* **2** *beim Urlaub*: Nachsaison *f*

arrière-train *m* [aʀjɛʀtʀɛ̃] ⟨*Pl* ***arrière-trains***⟩ Hinterteil *n*

arrivage *m* [aʀivaʒ] Lieferung *f*

▸**arrivée** *f* [aʀive] **1** (*Eintreffen*) Ankunft *f* **2** SPORT Ziel *n* **3** TECH Zufuhr *f*

▸**arriver** [aʀive] ⟨*mit* ***être***⟩ **1** ankommen; ***~ en courant*** angelaufen kommen; ***j'arrive!*** ich komme (schon)! **2** ***~ à un but*** ein Ziel erreichen; ***l'eau m'arrive aux genoux*** das Wasser reicht *od.* geht mir bis an die Knie **3** ▸ ***arriver à faire qc*** es schaffen, etw zu tun; ***j'y arrive*** ich schaffe es **4** (*sich ereignen*) passieren, geschehen; ***ça m'arrive souvent*** das passiert mir oft; ***il arrive que …*** es passiert *od.* kommt (schon einmal) vor, dass … **5** ***qu'est-ce qui t'arrive?*** was ist denn mit dir los?

arrogance *f* [aʀɔgɑ̃s] Arroganz *f*

arrogant(e) [aʀɔgɑ̃(t)] arrogant

arrondi(e) [aʀõdi] **1** (*Kante*) abgerundet **2** (*Gesicht*) rund, rundlich

arrondir [aʀõdiʀ] **1** abrunden (*Kante*) **2** ***~ une somme*** e-e Summe ab- *bzw.*

aufrunden **3 s'~** rund werden

arrondissement *m* [aʀɔ̃dismɑ̃] Bezirk *m*

▸ **arroser** [aʀoze] **1** gießen (*Pflanze*); sprengen (*Rasen*) **2** nass spritzen (*Person*) **3** begießen (*Braten*) **4** *umg.* begießen (*freudiges Ereignis*); ***ça s'arrose!*** das müssen wir begießen!

arrosoir *m* [aʀozwaʀ] Gießkanne *f*

arsenic *m* [aʀsənik] Arsen *n*

▸ **art** *m* [aʀ] **1** Kunst *f*; ***une œuvre d'~*** ein Kunstwerk **2** ***le septième ~*** der Film, die Filmkunst

artère *f* [aʀtɛʀ] **1** Arterie *f* **2** *Straße*: Hauptverkehrsader *f*

artichaut *m* [aʀtiʃo] Artischocke *f*

▸ **article** *m* [aʀtikl] **1** GR Artikel *m* **2** PRESSE Artikel *m*; ***l'~ de fond*** der Leitartikel **3** (*Ware*) Artikel *m* **4** JUR Paragraph *m*, Artikel *m*

articulation *f* [aʀtikylasjɔ̃] **1** Gelenk *n* (*a.* TECH) **2** (*Aussprache*) Artikulation *f*

articulé(e) [aʀtikyle] beweglich (verbunden), Gelenk…

articuler [aʀtikyle] **1** deutlich (aus-) sprechen **2** TECH ***cela s'articule à*** (*od.* ***sur*** *od.* ***avec***) ***qc*** das ist durch ein Gelenk mit etw verbunden

artifice *m* [aʀtifis] **1** Trick *m*, Kunstgriff *m* **2** ***le feu d'~*** das Feuerwerk

▸ **artifici|el, ~elle** [aʀtifisjɛl] künstlich

▸ **artisan** *m* [aʀtizɑ̃] **1** *Beruf*: Handwerker(in) *m(f)* **2** *von Ereignissen usw.*: Urheber(in) *m(f)*

artisanal(e) [aʀtizanal] ⟨*m Pl* ***-aux***⟩ **1** handwerklich; (*Betrieb*) Handwerks… **2** (*Produkt*) handgearbeitet

artisanat *m* [aʀtizana] Handwerk *n*

▸ **artiste** *m,f* [aʀtist] Künstler(in) *m(f)* (⚠ Artist *im Zirkus* = ***acrobate*** *m*)

artistique [aʀtistik] künstlerisch, Kunst… (⚠ artistisch = ***acrobatique***)

as¹ *m* [as] **1** *Spielkarte*: Ass *n* **2** *Wendungen*: *umg.* ***passer à l'~*** (*Plan*) ins Wasser fallen; (*Person*) nichts abkriegen; *umg.* ***ils sont pleins aux ~*** sie sind steinreich

as² [a] → ***avoir¹***

ascendance *f* [asɑ̃dɑ̃s] Abstammung *f*

ascendant *m* [asɑ̃dɑ̃] **1** (*Macht*) (starker) Einfluss **2** ASTR Aszendent *m* **3** ***les ~s*** die Vorfahren

ascendant(e) [asɑ̃dɑ̃(t)] an-, aufsteigend, Aufwärts…

▸ **ascenseur** *m* [asɑ̃sœʀ] Aufzug *m*, Lift *m*

ascension *f* [asɑ̃sjɔ̃] **1** *von Ballons, Personen usw.*: Aufstieg *m* **2** *e-s Bergs*: Besteigung *f* **3** ***l'Ascension*** Christi Himmelfahrt *f*

aseptisé(e) [asɛptize] steril

asiatique [azjatik] asiatisch

Asiatique *m,f* [azjatik] Asiat(in) *m(f)*

Asie [azi] ***l'~*** *f* Asien *n*; ***l'~ Mineure*** Kleinasien *n*

asile *m* [azil] **1** POL Asyl *n*; ***le droit d'~*** das Asylrecht **2** (*Unterschlupf*) Zuflucht *f* **3** (*Heim*) ***un ~*** (***d'aliénés***) e-e Irrenanstalt

aspect *m* [⚠ aspɛ] **1** Aussehen *n*, Anblick *m* **2** (*Blickwinkel*) Gesichtspunkt *m*, Aspekt *m*

asperge *f* [aspɛʀʒ] Spargel *m*

asperger [aspɛʀʒe] ⟨***-ge-***⟩ bespritzen, besprühen

asphalte *m* [asfalt] Asphalt *m*

asphyxie *f* [asfiksi] Ersticken *n*, Erstickung *f*

asphyxier [asfiksje] **1** ersticken (lassen); ***il est mort asphyxié*** er ist erstickt **2** ***s'~*** ersticken

▸ **aspirateur** *m* [aspiʀatœʀ] Staubsauger *m*; ***passer l'~*** Staub saugen

aspiration *f* [aspiʀasjɔ̃] **1** Einatmen *n* **2** TECH Ansaugen *n*, Absaugen *n* **3** (*Verlangen*) Wunsch *m*, Bestreben *n*

aspiré(e) [aspiʀe] behaucht, aspiriert

aspirer [aspiʀe] **1** einatmen **2** TECH ansaugen, absaugen **3** ***~ à qc*** sich nach etw sehnen **4** ***~ un h*** ein h aussprechen *od.* aspirieren

s'assagir [sasaʒiʀ] ruhiger werden; *bes.* (*Kind*) vernünftiger werden

assaillir [asajiʀ] ⟨*prés.*: ***j'assaille, nous assaillons***; *impér.*: ***assaille!, assaillez!***⟩ **1** angreifen, überfallen **2** *mit Fragen usw.*: überfallen, bestürmen

assainir [asɛniʀ] **1** sanieren (*Gebäude, Wirtschaft*) **2** reinigen (*Fluss, Luft*)

assainissement *m* [asɛnismɑ̃] Sanierung *f*

assaisonnement *m* [asɛzɔnmɑ̃] Würze *f*; *für Salat*: Salatsoße *f*, Dressing *n*

assaisonner [asɛzɔne] würzen

assassin *m* [asasɛ̃] Mörder(in) *m(f)*

assassinat *m* [asasina] Mord *m* (***de*** an)

▸ **assassiner** [asasine] ermorden, umbringen

assaut *m* [aso] **1** MIL, SPORT Angriff *m*,

Sturm *m* (**de** auf) **2** ***les magasins ont été pris d'~*** es gab e-n Ansturm auf die Geschäfte

assemblage *m* [asɑ̃blaʒ] **1** *von Elementen*: Zusammenfügen *n*, Zusammenbau *m* **2** *von Dokumenten usw.*: Sammlung *f*, Zusammenstellung *f* **3** TECH Verbindung *f*

assemblée *f* [asɑ̃ble] Versammlung *f*; ▸ ***l'Assemblée nationale*** die französische Nationalversammlung

assembler [asɑ̃ble] **1** zusammensetzen, zusammenbauen (*Elemente*) **2** zusammenstellen (*Dokumente usw.*) **3** ***s'~*** (*Personen*) sich versammeln

assermenté(e) [asɛʀmɑ̃te] vereidigt

▸ **s'asseoir** [saswaʀ] ⟨*prés.*: ***je m'assieds*** *od.* ***m'assois, il s'assied*** *od.* ***s'assoit, nous nous asseyons, ils s'asseyent*** *od.* ***s'assoient***; *imparf.*: ***je m'asseyais*** *od.* ***m'assoyais***; *p/s*: ***je m'assis***; *fut.*: ***je m'assiérai*** *od.* ***m'assoirai***; *subj.*: ***je m'asseye*** *od.* ***m'assoie***; *p/pr*: ***asseyant*** *od.* ***assoyant***; *p/p* ***assis***⟩ sich setzen

asservir [asɛʀviʀ] ⟨*wie* ***servir***⟩ unterwerfen

asseyez [aseje], **asseyons** [asejõ] → ***s'asseoir***

▸ **assez** [ase] **1** (*reichlich*) genug, genügend; ***~ d'argent*** genug Geld **2** (*einigermaßen*) ziemlich; ***~ grand*** ziemlich groß **3** ***c'est ~!*** jetzt reicht's!, Schluss jetzt! **4** ▸ ***en avoir assez de qn, de qc*** j-n, etw satthaben, genug von j-m, etw haben

assidu(e) [asidy] (*Mensch*) gewissenhaft, fleißig

assiduité *f* [asidɥite] **1** Gewissenhaftigkeit *f* **2** *in der Schule, am Arbeitsplatz*: regelmäßige Anwesenheit

assieds [asje] → ***s'asseoir***

assiéger [asjeʒe] ⟨**-è-, -ge-**⟩ belagern

▸ **assiette** *f* [asjɛt] Teller *m*

assigner [asiɲe] **1** (*geben*) zuweisen, zuteilen **2** versetzen (*Personen*)

assimilation *f* [asimilasjõ] **1** (*Gleichberechtigung*) Gleichsetzung *f*, Gleichstellung *f* **2** *geistig*: Verarbeitung *f*, Aufnahme *f*

assimiler [asimile] **1** (*gleichberechtigen*) gleichsetzen, gleichstellen **2** *geistig*: aufnehmen, verarbeiten

assis(e) [asi(z)] **1** → ***s'asseoir*** **2** sitzend; ▸ ***être assis*** sitzen; ***rester assis*** sitzen bleiben **3** ***une place assise*** ein Sitzplatz **4** *zu e-m Hund*: ***assis!*** Platz!

assistance *f* [asistɑ̃s] **1** (*Anwesende*) Publikum *n* **2** (*Unterstützung*) Hilfe *f*

assistant(e) *m(f)* [asistɑ̃(t)] **1** Assistent(in) *m(f)*; ***une assistante médicale*** e-e Arzthelferin **2** ***une assistante sociale*** e-e Sozialarbeiterin

assister [asiste] **1** ***~ qn*** j-m helfen **2** ▸ ***assister à qc*** bei etw dabei sein

▸ **association** *f* [asɔsjasjõ] **1** *Organisation*: Verein *m*, Vereinigung *f* **2** *von Wörtern, Bildern usw.*: Verbindung *f*, Verknüpfung *f*

associé(e) *m(f)* [asɔsje] Geschäftspartner(in) *m(f)*, Teilhaber(in) *m(f)*

associer [asɔsje] **1** (*teilhaben lassen*) beteiligen (**à** an) **2** (*vereinigen*) verbinden **3** ***s'~*** sich zusammenschließen **4** ***elle s'est associée à mon point de vue*** sie hat sich meiner Meinung angeschlossen

assoiffé(e) [aswafe] (sehr) durstig

assombrir [asõbʀiʀ] **1** verdunkeln (*Himmel*); dunkel machen (*Raum usw.*) **2** (*bedrücken*) trübsinnig machen **3** ***s'~*** sich verdunkeln, dunkel werden

assommant(e) [asɔmɑ̃(t)] *umg.* todlangweilig

assommer [asɔme] **1** bewusstlos schlagen; (*töten*) erschlagen **2** (*Film, Person usw.*) anöden, zu Tode langweilen

assorti(e) [asɔʀti] **1** passend (**à** zu) **2** ***assorti de ...*** mit ... (versehen)

assortiment *m* [asɔʀtimɑ̃] **1** *von Waren*: Sortiment *n* **2** ***un ~ de couleurs*** e-e Farbzusammenstellung

assortir [asɔʀtiʀ] **1** *farblich, in der Form usw.*: abstimmen (**à** auf); aufeinander abstimmen **2** *passend*: zusammenstellen **3** ***s'~*** passen (**à** zu)

s'assoupir [sasupiʀ] einnicken, dösen

assouplir [asupliʀ] **1** geschmeidig *od.* weich machen (*Leder, Stoff*) **2** gelenkig machen (*Körper*) **3** lockern (*Regeln*) **4** ***s'~*** geschmeidig *od.* weich werden; *im Charakter*: nachgiebig werden

assouplissant *m* [asuplisɑ̃] Weichspüler *m*

assouplissement *m* [asuplismɑ̃] Lockerung *f*, Weich-, Geschmeidigwerden *n*

assourdir [asuʀdiʀ] **1** dämpfen (*Geräusch, Lärm*) **2** betäuben, benommen machen (*Menschen*)

assourdissant(e) [asuʀdisɑ̃(t)] ohrenbetäubend
assouvir [asuviʀ] stillen (*Hunger, Neugier*)
assujetti(e) [asyʒɛti] **1** (*abhängig*) unterworfen **2** ***assujetti à l'impôt*** steuerpflichtig
assujettir [asyʒɛtiʀ] **1** (*verpflichten*) unterwerfen **2** (*befestigen*) festmachen
assumer [asyme] **1** übernehmen (*Verantwortung, Aufgabe, Kosten*) **2** akzeptieren, annehmen (*Bedingungen usw.*) **3** bewältigen (*Vergangenheit*)
▸**assurance** *f* [asyʀɑ̃s] **1** *im Charakter*: Selbstbewusstsein *n*, Selbstsicherheit *f* **2** (*Garantie*) Zusicherung *f* **3** *Vertrag, Gesellschaft*: Versicherung *f*; ***l'~ auto, maladie, vie*** die Kraftfahrzeug-, Kranken-, Lebensversicherung
assuré(e) [asyʀe] **1** (*Einkommen, Erfolg usw.*) gesichert, sicher **2** (*Person, Auftreten*) selbstsicher, sicher **3** *bei e-r Versicherung*: versichert
assurément [asyʀemɑ̃] sicher, gewiss
▸**assurer** [asyʀe] **1** (*beteuern*) versichern **2** (*sichern*) garantieren, gewährleisten **3** *bei e-r Versicherung*: versichern (***contre*** gegen) **4** ***s'~*** sich vergewissern, sich überzeugen **5** ***s'~ qc*** sich etw sichern **6** *umg.* ***il assure*** er weiß, wo's langgeht, er hat was drauf
astérisque *m* [asteʀisk] *Symbol*: Sternchen *n*
asthmatique *m,f* [⚠ asmatik] Asthmatiker(in) *m(f)*
asthme *m* [⚠ asm] Asthma *n*
asticot *m* [astiko] Made *f*
asticoter [astikɔte] *umg.* ärgern
astiquer [astike] polieren, blank putzen
astre *m* [astʀ] Gestirn *n*
astreindre [astʀɛ̃dʀ] ⟨*wie* ***peindre***⟩ zwingen
astrologie *f* [astʀɔlɔʒi] Astrologie *f*
astrologue *m,f* [astʀɔlɔg] Astrologe *m*, -login *f*
▸**astronaute** *m,f* [astʀonot] Astronaut(in) *m(f)*
astronautique *f* [astʀonotik] Raumfahrt *f*
astronomie *f* [astʀɔnɔmi] Astronomie *f*
astronomique [astʀɔnɔmik] astronomisch
astuce *f* [astys] **1** Schlauheit *f* **2** (*Kniff*) Trick *m*, List *f* **3** (*Spaß*) Witz *m*
astuci|eux, ~euse [astysjø, -øz] schlau, raffiniert, pfiffig
asymétrique [asimetʀik] (⚠ *nur ein* m) asymmetrisch
atchoum [atʃum] ***~!*** hatschi!
▸**atelier** *m* [atəlje] **1** *e-s Handwerkers*: Werkstatt *f* **2** *e-s Künstlers*: Atelier *n* **3** SCHULE Arbeitsgruppe *f*, Workshop *m*; ***un ~ d'écriture*** e-e Schreibwerkstatt
athée[1] *m,f* [ate] Atheist(in) *m(f)*
athée[2] [ate] atheistisch
Athènes [atɛn] Athen *n*
▸**athlète** *m,f* [atlɛt] SPORT Leichtathlet(in) *m(f)*
athlétique [atletik] athletisch
▸**athlétisme** *m* [atletism] Leichtathletik *f*
atlantique [atlɑ̃tik] atlantisch, Atlantik…
Atlantique *m* [atlɑ̃tik] Atlantik *m*
atlas *m* [atlas] Atlas *m*
atmosphère *f* [atmɔsfɛʀ] Atmosphäre *f*
atmosphérique [atmɔsfeʀik] **1** atmosphärisch **2** Wetter…; ***les conditions*** *f Pl* ***~s*** die Wetterlage **3** ***la pression ~*** der Luftdruck
atome *m* [atom] Atom *n*
▸**atomique** [atɔmik] Atom…, atomar
atomiseur *m* [atɔmizœʀ] Zerstäuber *m*
atout *m* [atu] Trumpf *m*
atroce [atʀɔs] grauenhaft, furchtbar
atrocité *f* [atʀɔsite] **1** Grauenhaftigkeit *f*, Abscheulichkeit *f* **2** ***les ~s de la guerre*** die Kriegsgräuel
atrophié(e) [atʀɔfje] verkümmert
s'attabler [satable] sich zu Tisch setzen
attachant(e) [ataʃɑ̃(t)] **1** (*jemand*) anziehend **2** (*Film usw.*) spannend
attache *f* [ataʃ] **1** Befestigung *f*, Halterung *f*; *an Kleidern, Bildern*: Aufhänger *m* **2** ***les ~s*** die (innere) Bindung, die Beziehung
attaché(e) [ataʃe] ***elle est attachée à sa famille*** sie hängt an ihrer Familie
attaché-case *m* [⚠ ataʃekɛz] ⟨*Pl* ***attaché-cases***⟩ Aktenkoffer *m*
attachement *m* [ataʃmɑ̃] Zuneigung *f*
▸**attacher** [ataʃe] **1** (*befestigen*) festmachen, anbinden, festbinden **2** *miteinander*: zusammenbinden **3** zubinden, zumachen (*Schuhriemen, Schürze*) **4** *gefühlsmäßig*: binden (***à*** an); verbin-

den (**à** mit) **5 ~ *de l'importance à qc*** e-r Sache Bedeutung beimessen **6 *le gâteau a attaché*** der Kuchen ist angebacken *od.* festgeklebt **7** AUTO, FLUG ***s'~*** sich anschnallen **8 *elle s'est attachée à lui*** sie hat ihn lieb gewonnen

attaquant *m* [atakɑ̃] Angreifer *m*

▸ **attaque** *f* [atak] **1** Angriff *m* (*a. als Kritik*, SPORT) **2** *e-r Krankheit*: Anfall *m*, Attacke *f* **3** *umg.* ***elle est d'~*** sie ist topfit

▸ **attaquer** [atake] **1** angreifen (*a. durch Kritik*, SPORT) **2** *Raub, Diebstahl usw.*: überfallen; ***elle s'est fait ~*** sie wurde angegriffen *od.* überfallen **3** (*Rost, Säure*) angreifen; (*Ungeziefer, Krankheit*) befallen **4 ~ *en justice*** verklagen **5 *s'~ à qc*** etw angreifen, gegen etw kämpfen **6 (*s'*)*~* (*à*) *un travail*** e-e Arbeit in Angriff nehmen

attardé(e) [ataʀde] **1** (*unpünktlich*) verspätet **2** *in der Entwicklung*: (geistig) zurückgeblieben

s'attarder [sataʀde] **1** sich verspäten **2 ~ *à*** (*od.* ***sur***) ***qc*** sich mit etw aufhalten

▸ **atteindre** [atɛ̃dʀ] ⟨*wie* ***peindre***⟩ **1** erreichen (*Ort*) **2** (*Schuss, Schlag, Kritik*) treffen **3** (*Krankheit*) befallen

atteinte *f* [atɛ̃t] **1 *hors d'~*** außer Reichweite **2 *porter ~ à qc*** e-r Sache schaden

atteler [at(ə)le] ⟨**-ll-**⟩ anspannen (*Pferde usw.*)

attelle *f* [atɛl] MED Schiene *f*

attenant(e) [at(ə)nɑ̃(t)] angrenzend

attendant [atɑ̃dɑ̃] ***en ~*** inzwischen

▸ **attendre** [atɑ̃dʀ] ⟨*wie* ***rendre***⟩ **1** warten, abwarten **2 ~ *le bus, les invités, une occasion*** auf den Bus, die Gäste, e-e Gelegenheit warten **3** erwarten; **~ *un bébé*** ein Kind erwarten **4** ▸ ***s'attendre à qc*** mit etw rechnen, auf etw gefasst sein

attendrir [atɑ̃dʀiʀ] **1** (*mitleidig machen*) rühren **2** mürbe machen (*Fleisch*) **3 *s'~ sur …*** Mitleid mit … haben

attendrissant(e) [atɑ̃dʀisɑ̃(t)] rührend

attendrissement *m* [atɑ̃dʀismɑ̃] Rührung *f*

attentat *m* [⚠ atɑ̃ta] Attentat *n*, Anschlag *m*

attente *f* [atɑ̃t] **1** Warten *n* (***de*** auf) **2 *dans l'~ de qc*** in Erwartung e-r Sache **3 *contre toute ~*** wider Erwarten

attenter [atɑ̃te] **~ *à la sûreté, liberté*** *usw.* die Sicherheit, Freiheit *usw.* gefährden; ***ils ont attenté à sa vie*** sie trachteten ihm *od.* ihr nach dem Leben

attent|if, ~ive [atɑ̃tif, -iv] aufmerksam

▸ **attention** *f* [atɑ̃sjõ] **1** Aufmerksamkeit *f* **2 *~!*** Achtung!, Vorsicht!; ***~ à la marche!*** Vorsicht Stufe! **3** ▸ ***faire attention*** aufpassen (***à*** auf), achten (***à*** auf); ***fais ~ à ne pas tomber!*** pass auf, dass du nicht fällst!

attentionné(e) [atɑ̃sjɔne] (sehr) aufmerksam (***pour*** gegenüber)

atténuer [atenɥe] **1** abschwächen; lindern (*Schmerz*); dämpfen (*Licht*); mildern (*Strafe*) **2 *s'~*** (*Schmerz usw.*) nachlassen

atterrer [atɛʀe] (völlig) niederschmettern

▸ **atterrir** [atɛʀiʀ] landen

atterrissage *m* [atɛʀisaʒ] Landung *f*; ***un ~ forcé*** e-e Notlandung; ***un ~ en catastrophe*** e-e Bruchlandung

attestation *f* [atɛstasjõ] Bescheinigung *f*

attester [atɛste] bezeugen, bestätigen; *schriftlich*: bescheinigen

attirail *m* [atiʀaj] **1** *fürs Hobby usw.*: Ausrüstung *f* **2** *abw.* Kram *m*

attirance *f* [atiʀɑ̃s] Anziehungskraft *f*

attirant(e) [atiʀɑ̃(t)] anziehend

▸ **attirer** [atiʀe] **1** anziehen (*a.* PHYS) **2** locken, ködern **3** (*einbringen*) verschaffen **4 ~ *l'attention sur qc*** die Aufmerksamkeit auf etw lenken **5 *s'~ des ennemis*** sich Feinde machen

attiser [atize] anfachen, schüren

attitude *f* [atityd] **1** *äußerlich*: Körperhaltung *f*, Haltung *f* **2** *innerlich*: Einstellung *f*, Haltung *f*

attraction *f* [atʀaksjõ] **1** Anziehungskraft *f* **2** *im Zirkus usw.*: Attraktion *f*

attrait *m* [atʀɛ] (*Faszination*) Reiz *m*

▸ **attraper** [atʀape] **1** fangen (*Ball, Tier, Menschen*) **2** bekommen (*Zug, Bus*) **3** bekommen (*Krankheit*); ***~ froid*** sich erkälten **4** *umg.* (*tadeln*) zusammenstauchen **5 *cette maladie s'attrape facilement*** diese Krankheit ist sehr ansteckend

attrapes *f Pl* [atʀap] (***farces f Pl et***) **~** Scherzartikel *m Pl* (⚠ Attrappe = ***imitation f***)

attrayant(e) [atʀɛjɑ̃(t)] reizvoll, anziehend

attribuer [atʀibɥe] **1** (*geben*) zuteilen; gewähren (*Kredit*); verleihen (*Preis*) **2** (*begründen*) zurückführen (**à** auf) **3** ~ ***une faute à qn*** j-m e-n Fehler unterstellen

attribut *m* [atʀiby] **1** (*Merkmal*) Attribut *n* **2** GR prädikative Ergänzung (⚠ Attribut *in der Grammatik* = ***épithète*** *m*)

attribution *f* [atʀibysjõ] (*Vergabe*) Zuteilung *f*, Zuweisung *f*; *e-s Kredits*: Gewährung *f*; *von Preisen*: Verleihung *f*

attrister [atʀiste] **1** traurig machen **2** ***s'~*** traurig werden

s'attrouper [satʀupe] zusammenströmen

au [o] (= *à* + *le*) → ***à***

aubaine *f* [obɛn] Glücksfall *m*, Geschenk *n* des Himmels

aube *f* [ob] Morgengrauen *n*

aubépine *f* [obepin] Weißdorn *m*

auberge *f* [obɛʀʒ] **1** Gasthof *m* **2** *früher*: Herberge *f* **3** ▸ ***l'auberge de jeunesse*** die Jugendherberge

aubergine *f* [obɛʀʒin] Aubergine *f*; ***des ~s*** Ⓐ Melanzani

▸ **aucun(e)** [okœ̃(-yn)] (*m a. oft* [okɛ̃]) **1** ***aucun(e) élève n'a réussi*** kein(e) Schüler(in) hat es geschafft **2** ***en aucun cas*** auf keinen Fall; ***sans aucun effort*** ohne jede Anstrengung

aucunement [okynmɑ̃] keineswegs

audace *f* [odas] **1** (*Mut*) Waghalsigkeit *f* **2** (*Dreistigkeit*) Unverschämtheit *f*

audaci|eux, ~euse [odasjø, -øz] **1** (*Mensch*) mutig, waghalsig **2** (*Projekt*) gewagt

au-dedans [od(ə)dɑ̃] **1** innen, drinnen **2** ~ ***de …*** innerhalb von …

au-dehors [odəɔʀ] **1** außen, draußen **2** ~ ***de …*** außerhalb von …

au-delà[1] [od(ə)la] **1** darüber hinaus **2** ~ ***de …*** über … hinaus, weiter als …

au-delà[2] *m* [od(ə)la] Jenseits *n*

▸ **au-dessous** [od(ə)su] **1** darunter **2** ▸ ***au-dessous de …*** unter…, unterhalb von …

▸ **au-dessus** [od(ə)sy] **1** darüber **2** weiter oben **3** ▸ ***au-dessus de …*** über …, oberhalb von …

au-devant [od(ə)vɑ̃] ***aller ~ de qn*** j-m entgegengehen

audible [odibl] hörbar

audience[1] *f* [odjɑ̃s] **1** *beim Papst, König*: Audienz *f* **2** JUR Verhandlung *f*

audience[2] *f* [odjɑ̃s] **1** Zuhörer *m Pl*, Zuschauer *m Pl* **2** Einschaltquote *f* **3** (*Aufmerksamkeit*) Beachtung *f*

▸ **auditeur** *m* [oditœʀ] Zuhörer *m*; RAD Hörer *m*

audit|if, ~ive [oditif, -iv] Hör…, Gehör…; ***l'appareil m auditif*** das Hörgerät

audition *f* [odisjõ] **1** Hören *n* **2** THEAT *usw.* Vorsprechen *n*, Vorsingen *n*

auditoire *m* [oditwaʀ] Publikum *n*, Zuhörer *m Pl*

▸ **auditrice** *f* [oditʀis] Zuhörerin *f*; RAD Hörerin *f*

▸ **augmentation** *f* [ɔgmɑ̃tasjõ] **1** Zunahme *f*; ***l'~ des prix*** die Preiserhöhung **2** Gehaltserhöhung *f*

▸ **augmenter** [ɔgmɑ̃te] **1** zunehmen, größer werden; (*Preise*) steigen (**de** um) **2** (*Waren*) teurer werden **3** (*steigern*) vermehren, vergrößern; erhöhen (*Preise*, *Gehalt*, *Geschwindigkeit*) **4** (*Angestellter usw.*) ***il a été augmenté*** er hat e-e Gehaltserhöhung bekommen

augure *m* [ogyʀ] ***c'est de bon*** (*bzw.* ***de mauvais***) ~ das ist ein gutes (*bzw.* schlechtes) Omen

▸ **aujourd'hui** [oʒuʀdɥi] heute

aulne *m* [⚠ on] BOT Erle *f*

aumône *f* [omon] Almosen *n*

aumônier *m* [omonje] Geistliche(r) *m*, Pfarrer *m*

auparavant [opaʀavɑ̃] vorher

auprès de [opʀɛd(ə)] bei

auquel [okɛl] (= *à* + *lequel*) → ***lequel***

aura [ɔʀa] → ***avoir***[1]

auréole *f* [ɔʀeɔl] **1** Heiligenschein *m* **2** *bei e-m Fleck*: Rand *m*, Kranz *m*

auriculaire *m* [ɔʀikylɛʀ] kleine(r) Finger

aurore *f* [ɔʀɔʀ] Morgenrot *n*

ausculter [ɔskylte] MED abhorchen

▸ **aussi** [osi] **1** auch; ***lui ~*** er auch; ***merci, vous ~!*** danke, gleichfalls! **2** *in Vergleichen*: ▸ ***aussi … que …*** so … wie …; ~ ***vite que possible*** so schnell wie möglich **3** ~ ***riche qu'il soit*** so reich er auch sein mag **4** ***je peux*** (***tout***) ~ ***bien rester ici*** ich kann genauso gut hierbleiben **5** *Grund*: daher, deshalb

▸ **aussitôt** [osito] **1** sofort **2** ~ ***dit***, ~ ***fait*** gesagt, getan

austère [ostɛʀ] streng, nüchtern

austérité *f* [osteRite] Strenge *f*, Einfachheit *f*
austral(e) [ostRal] südlich, Süd…
Australie [ostRali] ***l'~*** *f* Australien *n*
austral|ien, ~ienne [ostRaljɛ̃, -jɛn] australisch
Austral|ien *m*, **~ienne** *f* [ostRaljɛ̃, -jɛn] Australier(in) *m(f)*
▸ **autant** [otɑ̃] **1** so viel(e); ***~ de garçons que de filles*** genauso viel(e) Jungen wie Mädchen **2** ***il travaille ~ qu'il peut*** er arbeitet, so viel er kann **3** ***elle en fait ~*** sie macht es genauso **4** ***(pour) ~ que je sache*** soviel ich weiß **5** ***d'~ (plus) qu'il n'a aucune expérience*** zumal er keine Erfahrung hat
autel *m* [otɛl] Altar *m*
▸ **auteur** *m* [otœR] **1** Urheber(in) *m(f)*; *von e-m Unfall*: Verursacher(in) *m(f)*; ***l'~ du crime*** der Täter, die Täterin; ***l'~ de l'attentat*** der Attentäter, die Attentäterin **2** (*Verfasser[in]*) Autor(in) *m(f)*
authenticité *f* [otɑ̃tisite] Echtheit *f*
authentifier [otɑ̃tifje] beglaubigen
authentique [otɑ̃tik] echt
▸ **auto** *f* [oto] (⚠ une auto) Auto *n*
▸ **autobus** *m* [otobys] Autobus *m*, Omnibus *m*
▸ **autocar** *m* [otokaR] Reisebus *m*
autochtone *m,f* [⚠ ɔtɔktɔn] Ureinwohner(in) *m(f)*, Eingeborene(r) *f(m)*
autocollant *m* [otokɔlɑ̃] Aufkleber *m*, Ⓐ Pickerl *n*
autodéfense *f* [otodefɑ̃s] Selbstverteidigung *f*
auto-école *f* [otoekɔl] ⟨*Pl* ***auto-écoles***⟩ Fahrschule *f*
autogestion *f* [otoʒɛstjõ] Selbstverwaltung *f*
autographe *m* [otogRaf] (⚠ autographe) Autogramm *n*
automate *m* [ɔtɔmat] Automat *m* (⚠ Automat *für Geld, Zigaretten, Kaugummi usw.* = ***distributeur*** *m*)
▸ **automatique** [ɔtɔmatik] automatisch
▸ **automne** *m* [⚠ otɔn] Herbst *m*
automobile[1] *f* [otomɔbil] (⚠ une automobile) Auto *n*, Kraftfahrzeug *n*
automobile[2] [otomɔbil] Auto…, Kraftfahrzeug…
▸ **automobiliste** *m,f* [otomɔbilist] Autofahrer(in) *m(f)*, Kraftfahrer(in) *m(f)*
autonome [otonom] *od.* [ɔtɔnɔm] eigenständig, selbstständig
autonomie *f* [otonomi] *od.* [ɔtɔnɔmi] Autonomie *f*, Selbstständigkeit *f*
autoradio *m* [otoRadjo] Autoradio *n*
autorisation *f* [ɔtɔRizasjõ] Erlaubnis *f*, Genehmigung *f*
autorisé(e) [ɔtɔRize] **1** (*Quelle, Meinung*) maßgeblich **2** (*gestattet*) erlaubt **3** (*Person*) befugt, berechtigt
autoriser [ɔtɔRize] (*gestatten*) erlauben, genehmigen; ***~ qn à faire qc*** j-m erlauben, etw zu tun
autorité *f* [ɔtɔRite] **1** (*Befugnis*) Macht *f*, Gewalt *f* **2** (*Einfluss*) Autorität *f* **3** (*Experte*) Autorität *f*, Kapazität *f* **4** ***les ~s*** die Behörden **5** ***faire ~*** maßgebend sein
▸ **autoroute** *f* [otoRut] Autobahn *f*
auto-stop *m* [otostɔp] Trampen *n*; ***faire de l'~*** per Anhalter fahren, trampen
auto-stopp|eur *m*, **~euse** *f* [otostɔpœR, -øz] ⟨*Pl* ***auto-stoppeurs, auto-stoppeuses***⟩ Anhalter(in) *m(f)*, Tramper(in) *m(f)*
▸ **autour** [otuR] **1** *räumlich*: darum (herum) **2** ***tout ~*** rundherum **3** ***~ de l'église*** um die Kirche (herum) **4** (*ungefähr*) etwa; ***~ de cent euros*** (so) um die hundert Euro (herum)
▸ **autre** [otR] **1** andere(r, -s); ▸ ***autre chose*** etwas anderes; ***d'~s*** andere **2** (*neu*) noch ein(e), weitere(r, -s); ***un ~ essai*** *usw.* noch ein Versuch *usw.* **3** *meist nicht übersetzt bei*: ***nous ~s Français*** wir Franzosen (dagegen) **4** ***personne d'~*** niemand anders, sonst niemand; ***quelqu'un d'~*** jemand anders; ***rien d'~*** nichts anderes, sonst nichts **5** ***l'~ jour*** neulich, vor kurzem **6** ***entre ~s*** unter anderem
▸ **autrefois** [otRəfwa] früher
▸ **autrement** [otRəmɑ̃] **1** *tun, sagen usw.*: anders **2** (*andernfalls*) sonst, wenn nicht
Autriche [otRiʃ] ***l'~*** *f* Österreich *n*
autrich|ien, ~ienne [otRiʃjɛ̃, -jɛn] österreichisch
Autrich|ien *m*, **~ienne** *f* [otRiʃjɛ̃, -jɛn] Österreicher(in) *m(f)*
autruche *f* [otRyʃ] zo Strauß *m*
autrui [otRɥi] die anderen; ***l'opinion f d'~*** die Meinung der anderen
auvent *m* [ovɑ̃] Vordach *n*
aux [o] (= *à* + *les*) → ***à***
auxiliaire[1] [oksiljɛR] Hilfs…; ***un verbe ~*** ein Hilfsverb

auxiliaire[2] *m* [oksiljɛʀ] Hilfsverb *n*; ***un ~ de mode*** ein Modalverb
auxiliaire[3] *m,f* [oksiljɛʀ] *Person*: Hilfskraft *f*
auxquel(le)s [okɛl] (= *à* + *lesquel(le)s*) → ***lequel***
av. (*Abk. für* avenue) Straße, Allee
avachi(e) [avaʃi] **1** (*Schuhe*) ausgetreten; (*Kleidung*) ausgebeult **2** (*Person*) schlaff, lahm
aval [aval] **1** ***en ~*** flussabwärts **2** *fig.* ***en ~ de ...*** unterhalb von ...
avalanche *f* [avalɑ̃ʃ] Lawine *f*
avaler [avale] **1** schlucken, herunterschlucken (*Essen*) **2** verschlucken (*Wörter*) **3** (*glauben, ertragen*) schlucken
avance *f* [avɑ̃s] **1** (*Vormarsch*) Vorrücken *n* **2** SPORT *usw.* Vorsprung *m* (***sur*** vor); ***il a pris de l'~*** er hat Vorsprung gewonnen **3** *zeitlich*: ▸ ***être en avance*** zu früh dran sein; ***il est très en ~ pour son âge*** er ist sehr weit für sein Alter **4** ▸ ***à l'avance*** *od.* ***d'avance*** im Voraus **5** *Geld*: Vorschuss *m*
avancé(e) [avɑ̃se] **1** fortgeschritten; ***à une heure avancée*** zu vorgerückter Stunde; ***d'un âge avancé*** in vorgerücktem Alter **2** (*Ideen*) fortschrittlich
avancement *m* [avɑ̃smɑ̃] **1** *in der Karriere*: Aufstieg *m*, Beförderung *f* **2** (*Vorankommen*) Fortschritt *m*
▸ **avancer** [avɑ̃se] ⟨***-ç-***⟩ **1** *weiter*: vorankommen, vorwärtskommen **2** *nach vorn*: vorwärtsgehen *bzw.* -fahren **3** (*besser werden*) Fortschritte machen, vorankommen **4** (*Uhr*) vorgehen **5** (*überstehen*) vorspringen **6** vorschieben, vorrücken (*Stuhl*) **7** ausstrecken (*Hand*) **8** vorantreiben (*Arbeit*) **9** vorstrecken (*Geld*) **10** vorstellen (*Uhr*) **11** vorverlegen (*Termin*) **12** ***s'~ vers qn*** auf j-n zugehen
▸ **avant**[1] [avɑ̃] **1** vor; ***~ tout*** vor allem, vor allen Dingen **2** *räumlich*: vorn; ▸ ***en avant*** nach vorn, vorwärts **3** *zeitlich*: vorher; *in der Reihenfolge*: zuerst; ▸ ***avant de*** (+ *Inf.*) bevor **4** ▸ ***avant que*** (+ *Subj.*) bevor; ***~ qu'il (ne) pleuve*** bevor es regnet
avant[2] [avɑ̃] ⟨*unv.*⟩ Vorder...; ***la roue ~*** das Vorderrad; ***le siège ~*** der Vordersitz
avant[3] *m* [avɑ̃] **1** vordere(r) Teil, Vorderteil *n* **2** ***à l'~*** vorn **3** SPORT Stürmer(in) *m(f)*
▸ **avantage** *m* [avɑ̃taʒ] **1** Vorteil *m*; ***à mon ~*** zu meinem Vorteil, vorteilhaft für mich **2** Überlegenheit *f*; ***il a pris l'~ sur elle*** er hat die Oberhand über sie gewonnen
avantager [avɑ̃taʒe] ⟨***-ge-***⟩ vorteilhaft für ... sein
avantag|eux, ~euse [avɑ̃taʒø, -øz] **1** vorteilhaft, günstig **2** (*eitel*) eingebildet
avant-bras *m* [avɑ̃bʀa] ⟨*unv.*⟩ Unterarm *m*
avant-centre *m* [avɑ̃sɑ̃tʀ] ⟨*Pl* ***avants-centres***⟩ Mittelstürmer(in) *m(f)*
avant-dern|ier, ~ière [avɑ̃dɛʀnje, -jɛʀ] vorletzte(r, -s)
avant-goût *m* [avɑ̃gu] Vorgeschmack *m* (***de*** auf)
▸ **avant-hier** [⚠ avɑ̃tjɛʀ] vorgestern
avant-propos *m* [avɑ̃pʀɔpo] ⟨*unv.*⟩ Vorwort *n*
▸ **avare**[1] [avaʀ] geizig
avare[2] *m,f* [avaʀ] Geizige(r) *f(m)*, Geizhals *m*
avarice *f* [avaʀis] Geiz *m*
avarié(e) [avaʀje] (*Nahrungsmittel*) verdorben
avatar *m* [avataʀ] Unglück *n*, Missgeschick *n*
▸ **avec** [avɛk] **1** mit **2** *im Laden*: ***et ~ ça?*** darf es sonst noch etwas sein? **3** bei; ***~ le temps qu'il fait*** bei diesem Wetter **4** *umg.* ***elle est parti ~*** sie ist damit weggegangen **5** *umg.* ***faire ~*** das Beste daraus machen
avènement *m* [avɛnmɑ̃] **1** Thronbesteigung *f*, Machtergreifung *f* **2** *fig.* Beginn *m*, Durchbruch *m*
▸ **avenir** *m* [avniʀ] Zukunft *f*; ***à l'~*** in Zukunft, künftig
avent *m* [avɑ̃] (⚠ avent) Advent *m*
▸ **aventure** *f* [avɑ̃tyʀ] **1** Abenteuer *n* **2** ***à l'~*** auf gut Glück **3** ***dire la bonne ~ à qn*** j-m die Zukunft voraussagen
s'aventurer [savɑ̃tyʀe] ***~ dans une forêt*** sich in e-n Wald wagen
aventur|eux, ~euse [avɑ̃tyʀø, -øz] **1** (*Mensch*) abenteuerlustig **2** (*Leben, Projekt*) abenteuerlich
aventur|ier *m*, **~ière** *f* [avɑ̃tyʀje, -jɛʀ] Abenteurer *m*, Abenteuerin *f*
▸ **avenue** *f* [avny] Avenue *f*, breite Straße

avéré(e) [aveʀe] erwiesen
s'avérer [saveʀe] ⟨-è-⟩ **~ *juste*** *usw.* sich als richtig *usw.* herausstellen, sich als richtig *usw.* erweisen
averse *f* [avɛʀs] Regenschauer *m*
aversion *f* [avɛʀsjõ] Abneigung *f* (***pour*** gegen)
averti(e) [avɛʀti] erfahren, versiert (***de*** in)
▸ **avertir** [avɛʀtiʀ] **1** informieren, benachrichtigen **2** *vor schlechten Dingen*: warnen (***de*** vor)
avertissement *m* [avɛʀtismɑ̃] **1** Warnung *f* **2** (*Wink*) Hinweis *m* **3** *zur Strafe*: Verwarnung *f*, Verweis *m* **4** *in e-m Buch*: (kurzes) Vorwort
avertisseur *m* [avɛʀtisœʀ] **1** Alarmanlage *f* **2** AUTO Hupe *f*; *bei Krankenwagen usw.*: Alarmsignal *n*
aveu *m* [avø] ⟨*Pl* **~x**⟩ Geständnis *n*
aveuglant(e) [avœglɑ̃(t)] (*Licht*) grell, blendend
▸ **aveugle**[1] [avœgl] blind
aveugle[2] *m,f* [avœgl] Blinde(r) *f*(*m*)
aveugler [avœgle] **1** (*Licht*) blenden **2** (*Liebe, Hass usw.*) blind machen
aviateur *m* [avjatœʀ] Flieger *m*
aviation *f* [avjasjõ] **1** *zivil*: Luftfahrt *f* **2** *im Krieg*: Luftwaffe *f*
aviatrice *f* [avjatʀis] Fliegerin *f*
avide [avid] **1** gierig (***de*** auf, nach) **2** **~ *d'apprendre*** lernbegierig
avidité *f* [avidite] Gier *f*, Begierde *f*
▸ **avion** *m* [avjõ] **1** Flugzeug *n* **2** ▸ ***par avion*** per Luftpost

En avion	**Im Flugzeug**
l'appareil *m*	die Maschine
le charter	das Charterflugzeug
l'avion *m* **supersonique**	das Überschallflugzeug
le commandant de bord	der Flugkapitän
le pilote	der Pilot
l'hôtesse *f* **de l'air**	die Stewardess
le steward	der Steward
le passager	der Passagier
la passagère	die Passagierin

décoller	abheben
voler	fliegen
survoler une montagne	einen Berg überfliegen
atterrir	landen

aviron *m* [aviʀõ] **1** *am Boot*: Ruder *n* **2** *als Sport*: Rudern *n*
▸ **avis** *m* [avi] **1** Meinung *f*, Ansicht *f*; ***à mon ~*** meiner Meinung nach; ***je suis d'~ que …*** ich bin der Ansicht, dass …; ***changer d'~*** seine Meinung ändern **2** (*Benachrichtigung*) Mitteilung *f*; ***l'~ au public*** die Bekanntmachung; ***l'~ de recherche*** die Suchmeldung
avisé(e) [avize] klug
aviser [avize] **1 *~ qn de qc*** j-m etw mitteilen **2 *s'~ de qc*** etw bemerken **3 *ne t'avise pas de le faire!*** untersteh dich (ja) nicht, das zu tun!
av. J.-C. (*Abk. für* avant Jésus-Christ) v. Chr.
▸ **avocat**[1] *m* [avɔka] Anwalt *m*, Rechtsanwalt *m*
avocat[2] *m* [avɔka] BOT Avocado *f*
▸ **avocate** *f* [avɔkat] Anwältin *f*, Rechtsanwältin *f*
avoine *f* [avwan] Hafer *m*
▸ **avoir**[1] [avwaʀ] ⟨*prés.*: ***j'ai, tu as, il a, nous avons, vous avez, ils ont***; *imparf.*: ***j'avais***; *p/s*: ***j'eus***; *fut.*: ***j'aurai***; *subj.*: ***j'aie, il ait, nous ayons***; *impér.*: ***aie!, ayons!, ayez!***; *p/pr*: ***ayant***; *p/p*: ***eu***⟩ **1** haben **2** (*erhalten*) bekommen, kriegen **3** *als Hilfsverb*: ***j'ai dormi*** ich habe geschlafen; ***j'ai couru*** ich bin gelaufen **4** *bei Alters- u. Maßangaben*: ***elle a seize ans*** sie ist sechzehn Jahre (alt); ***la tour a cent mètres de haut*** der Turm ist hundert Meter hoch **5** *umg.* **~ *qn*** j-n reinlegen; *umg.* ***se faire*** (*od.* ***se laisser***) **~** reinfallen **6 *~ à faire qc*** etw tun müssen; ***j'ai à faire*** ich habe zu tun **7 *il y a*** es gibt; *zeitlich*: vor, seit
avoir[2] *m* [avwaʀ] Guthaben *n*
avoisinant(e) [avwazinɑ̃(t)] benachbart, angrenzend
avortement *m* [avɔʀtəmɑ̃] Abtreibung *f*
avorter [avɔʀte] **1** (*Arzt*) abtreiben **2** (*Frau*) (***se faire***) **~** abtreiben (lassen) **3** (*Projekt usw.*) scheitern, fehlschla-

B

gen
▸ **avouer** [avwe] **1** *(Angeklagter)* gestehen **2** zugeben *(Fehler, Delikt)*; gestehen *(Liebe)* **3** ***s'~ coupable*** sich schuldig bekennen
▸ **avril** *m* [avʀil] April *m*; ***en ~, au mois d'~*** im April; ***ils se sont mariés le 21 ~*** sie haben am 21. April geheiratet
axe *m* [aks] (⚠ un axe) **1** Achse *f* **2** *Straße*: ***les (grands) ~s*** die Hauptverkehrsachsen **3** *fig.* Zielrichtung *f*, Ausrichtung *f*
axer [akse] ausrichten (***sur*** auf)
ayant [ɛjɑ̃] → ***avoir***[1]
azimut [⚠ azimyt] ***tous ~s*** allseitig, umfassend
azur *m* [azyʀ] Himmelblau *n*, Azurblau *n*

B

baba[1] [baba] ⟨*unv.*⟩ *umg.* baff, platt; ***il en est resté ~*** da blieb ihm die Spucke weg
baba[2] *m,f* [baba], **baba cool** *m,f* [babakul] Alternative(r) *f(m)*, Aussteiger(in) *m(f)*
babiller [babije] plappern
babiole *f* [babjɔl] Kleinigkeit *f*
bâbord *m* [bɑbɔʀ] Backbord *n*
babouin *m* [babwɛ̃] Pavian *m*
baby-foot® *m* [⚠ babifut] ⟨*unv.*⟩ Kicker *m*, Tischfußball *m*
baby-sitter *m,f* [⚠ babisitœʀ] ⟨*Pl* ***baby-sitters***⟩ Babysitter(in) *m(f)*
▸ **bac**[1] *m* [bak] *umg.* *(Abitur)* Abi *n*
bac[2] *m* [bak] Fähre *f*
bac[3] *m* [bak] **1** Behälter *m*, Schale *f* **2** *für Pflanzen*: Kübel *m* **3** ***le ~ à sable*** der Sandkasten
baccalauréat *m* [bakalɔʀea] Abitur *n*, Ⓐ, Ⓒⓗ Matura *f*
bachel|ier *m*, **~ière** *f* [baʃəlje, -jɛʀ] Abiturient(in) *m(f)*, Ⓐ, Ⓒⓗ Maturant(in) *m(f)*
bachoter [baʃɔte] *umg.* büffeln, pauken
bacille *m* [basil] Bazillus *m*
bâcler [bɑkle] *umg.* pfuschen, schludern
bactérie *f* [bakteʀi] Bakterie *f*
badaud *m* [bado] Schaulustige(r) *m*
badge *m* [badʒ] Button *m*
badigeonner [badiʒɔne] **1** *mit Farbe*: tünchen, anstreichen **2** *mit Jod usw.*: einpinseln
badiner [badine] scherzen, spaßen
badminton *m* [⚠ badmintɔn] Federball *m*, Badminton *n*
baffe *f* [baf] *umg.* Ohrfeige *f*
baffle *m* [bafl] Lautsprecherbox *f*, Box *f*
bafouer [bafwe] verspotten, lächerlich machen
bafouiller [bafuje] stammeln, stottern
▸ **bagages** *m Pl* [bagaʒ] Gepäck *n*; ***les ~ à main*** das Handgepäck
▸ **bagarre** *f* [bagaʀ] Schlägerei *f*
bagarrer [bagaʀe] *umg.* ***se ~*** sich schlagen, sich prügeln
bagatelle *f* [bagatɛl] **1** Kleinigkeit *f* (*a.*

Le baccalauréat – le bac

Häufig verwendete Wörter werden in der gesprochenen Sprache oft abgekürzt:

le baccalauréat	**le bac**	das Abi(tur)
la faculté	**la fac**	die Uni(versität)
la manifestation	**la manif**	die Demo(nstration)
le football	**le foot**	der Fußball
la motocyclette	**la moto**	das Motorrad
la diapositive	**la diapo**	das Dia(positiv)
sympathique	**sympa**	sympathisch

Summe) **2** *(Lappalie)* Bagatelle *f*

bagnole *f* [baɲɔl] *umg.* Auto *n*

▸ **bague** *f* [bag] Ring *m*

▸ **baguette**[1] *f* [bagɛt] (⚠ la baguette) Baguette *n od. f*, Stangenweißbrot *n*

La baguette

ist das Weißbrot in Stangenform, das zu jeder französischen Mahlzeit gehört. Am besten schmeckt es frisch; daher konnte man es schon immer auch am Sonntagmorgen beim Bäcker kaufen.
La baguette ist ca. 80cm lang und 250g schwer. Daneben gibt es noch weitere Stangenbrote:

la flûte	(die Flöte): kleiner als das Baguette
la ficelle	(der Bindfaden): am kürzesten und am dünnsten
le bâtard	(der Bastard): ca. 40 cm lang und doppelt so dick wie das Baguette

baguette[2] *f* [bagɛt] **1** Stab *m*, Stock *m* **2** ***la ~ magique*** der Zauberstab **3** ***la ~ (du chef d'orchestre)*** der Taktstock **4** *Essgerät*: Stäbchen *n*

bah [bɑ] ***~!*** ach was!, ach komm!

bahut *m* [bay] **1** *Möbel*: Anrichte *f*, Büfett *n* **2** *umg.* *(Schule)* Penne *f*

baie[1] *f* [bɛ] Bucht *f*, Meeresbucht *f*

baie[2] *f* [bɛ] ***la ~ vitrée*** das große Fenster

baie[3] *f* [bɛ] BOT Beere *f*

baignade *f* [bɛɲad] **1** Baden *n*; ***~ interdite!*** Baden verboten! **2** *Ort*: Badeplatz *m*

baigner [bɛɲe] **1** baden; ***elle baigne le bébé*** sie badet das Baby **2** ▸ ***se baigner*** baden; *im Meer, Schwimmbad a.*: schwimmen **3** ***~ dans de l'huile*** in Öl schwimmen

baign|eur *m*, **~euse** *f* [bɛɲœʀ, -øz] Schwimmer(in) *m(f)*

▸ **baignoire** *f* [bɛɲwaʀ] Badewanne *f*

bail *m* [baj] ⟨*Pl* ***baux***⟩ Pacht *f*, Miete *f*

bâiller [bɑje] **1** gähnen **2** ***le col bâille*** der Kragen steht ab

bâillon *m* [bɑjõ] Knebel *m*

bâillonner [bɑjɔne] knebeln

▸ **bain** *m* [bɛ̃] **1** Bad *n*, Baden *n*; ***le ~ de soleil*** das Sonnenbad; ***le ~ de foule*** das Bad in der Menge **2** ***la salle de ~s*** das Bad, das Badezimmer **3** CHEM Bad *n* **4** *fig.* ***il est dans le ~*** er weiß Bescheid; *im negativen Sinn*: er ist in die Sache verwickelt

▸ **baiser**[1] *m* [beze] Kuss *m*

baiser[2] [beze] **1** *umg.* ***~ qn*** j-n ficken *od.* bumsen (⚠ j-n küssen = ***embrasser qn***) **2** *umg.* ***il s'est fait ~*** er ist beschissen worden

baiser

1. Mit dem *Verb* **baiser** muss man äußerst vorsichtig umgehen, da seine Bedeutung sich grundlegend verändert hat. In der ursprünglichen Bedeutung ‚küssen' kommt es nur noch in einigen Wendungen vor, wie z.B. **baiser la main d'une dame** (einer Frau einen Handkuss geben).
Ansonsten wird **baiser quelqu'un** heute nur noch in der vulgären Bedeutung ‚jemanden bumsen, ficken' verwendet.
Für ‚jemanden küssen' sagt man auf Französisch **embrasser quelqu'un** oder, wenn es sich um Begrüßungsküsschen handelt, **donner des bises à quelqu'un.**

2. Als *Substantiv* kann **le baiser** mit der Bedeutung ‚der Kuss' problemlos verwendet werden.

▸ **baisse** *f* [bɛs] **1** Sinken *n*, Fallen *n*; ***une ~ de température*** ein Temperaturrückgang **2** ***être en ~*** fallen, sinken; *(Temperatur)* zurückgehen

▸ **baisser** [bese] **1** sinken, fallen **2** herunterlassen; senken; leiser *od.* niedriger stellen **3** ▸ ***se baisser*** sich bücken **4** ***ses forces baissent*** seine Kräfte lassen nach

bal *m* [bal] *zum Tanzen*: Ball *m* (⚠ Ball *zum Spielen* = ***ballon*** *m*, *kleiner*: ***balle*** *f*)

balade *f* [balad] *umg.* **1** Spaziergang *m*,

Bummel *m* **2** *weiter weg*: Ausflug *m*
se balader [səbalade] *umg.* spazieren gehen, spazieren fahren
baladeur *m* [baladœʀ] Walkman® *m*
▸ **balai** *m* [balɛ] **1** Besen *m*; ***il donne un coup de ~ dans la pièce*** er kehrt *od.* fegt das Zimmer schnell durch **2** *umg.* ***il a cinquante ~s*** er ist fünfzig
▸ **balance** *f* [balɑ̃s] **1** Waage *f* **2** ***la ~ commerciale*** die Handelsbilanz (⚠ Balance *im Sinne von* Gleichgewicht = ***équilibre*** *m*)
Balance *f* [balɑ̃s] ASTR Waage *f*
balancer [balɑ̃se] ⟨**-ç-**⟩ **1** ***se ~*** *auf e-r Schaukel*: schaukeln; *auf e-r Wippe*: wippen; (*Gegenstand*) hin und her schwingen, schaukeln (⚠ balancieren = ***se tenir en équilibre***) **2** ***~ qc*** etw (hin und her) schwingen; ***~ les jambes, les bras*** mit den Beinen baumeln, mit den Armen schlenkern **3** *umg.* schmeißen, werfen **4** *umg.* wegwerfen (*Abfall usw.*) **5** feuern, rauswerfen (*j-n*); ***il s'est fait ~ de l'école*** er ist von der Schule geflogen **6** *umg.* ***je m'en balance*** das ist mir egal
balançoire *f* [balɑ̃swaʀ] **1** Schaukel *f* **2** Wippe *f*
▸ **balayer** [balɛje] ⟨**-ay-** *od.* **-ai-**⟩ **1** *mit e-m Besen*: kehren, fegen **2** ELEK scannen, abtasten
balayette *f* [balɛjɛt] Handfeger *m*
balay|eur *m*, **~euse** *f* [balɛjœʀ, -øz] Straßenkehrer(in) *m(f)*
balbutier [⚠ balbysje] **1** stammeln **2** (*undeutlich sprechen*) nuscheln
▸ **balcon** *m* [balkõ] Balkon *m*
Bâle [bɑl] Basel *n*
▸ **baleine** *f* [balɛn] Wal *m*
balise *f* [baliz] **1** SCHIFF, FLUG Bake *f* **2** *an der Straße*: Leitpfosten *m* **3** *an e-m Weg, e-r Piste usw.*: Markierung *f*
ballade *f* [balad] Ballade *f*
▸ **balle** *f* [bal] (⚠ la balle) **1** (kleiner) Ball **2** *bei e-r Pistole usw.*: Kugel *f*
ballet *m* [balɛ] (⚠ *nur ein* t) Ballett *n*
▸ **ballon** *m* [balõ] **1** (großer) Ball; ***le ~ de foot*** der Fußball **2** Luftballon *m* **3** *Fluggerät*: Ballon *m* **4** *beim Alkoholtest*: ***souffler dans le ~*** (ins Röhrchen) blasen
ballonné(e) [balɔne] aufgebläht
ballottage *m* [balɔtaʒ] Stichwahl *f*
ballotter [balɔte] **1** ***être ballotté*** hin und her geworfen werden, durchgerüttelt werden **2** *fig.* ***elle est ballottée entre les deux*** sie ist zwischen den beiden hin und her gerissen
balnéaire [balneɛʀ] ***la station ~*** das Seebad
balourd(e) [baluʀ(d)] plump, unbeholfen
Baltique [baltik] ***la mer ~*** die Ostsee
balustrade *f* [balystʀad] Geländer *n*, Brüstung *f*
bambin *m* [bɑ̃bɛ̃] Knirps *m*, kleiner Junge
bambou *m* [bɑ̃bu] Bambus *m*
ban *m* [bɑ̃] **1** ***les ~s*** *m Pl* ***du mariage*** das Aufgebot **2** *vom Publikum*: rhythmischer Applaus
banal(e) [banal] banal, alltäglich, gewöhnlich
banalité *f* [banalite] Banalität *f*, Alltäglichkeit *f*
▸ **banane** *f* [banan] **1** Banane *f* **2** *Tasche*: Gürteltasche *f*
▸ **banc** *m* [bɑ̃] *zum Sitzen*: Bank *f* (⚠ le banc; la banque *ist das* Geldinstitut)
bancaire [bɑ̃kɛʀ] Bank…; ***le chèque ~*** der Bankscheck
bancal(e) [bɑ̃kal] (*Möbel*) wacklig
bandage *m* [bɑ̃daʒ] (⚠ le bandage) **1** *für Wunden*: Verband *m* **2** *zum Stützen*: Bandage *f*
bande[1] *f* [bɑ̃d] **1** Gruppe *f*, Schar *f* **2** *von Verbrechern*: Bande *f*
bande[2] *f* [bɑ̃d] **1** *aus Stoff, Metall, Papier usw.*: Band *n*, Streifen *m* **2** *auf der Autobahn*: ***la ~ d'arrêt d'urgence*** die Standspur **3** ▸ ***la bande dessinée*** der Comic **4** *zum Verbinden*: Binde *f*
bandeau *m* [bɑ̃do] ⟨*Pl* **~x**⟩ **1** Haarband *n* **2** Stirnband *n* **3** Augenbinde *f*
bander [bɑ̃de] **1** verbinden (*Wunde, Augen*) **2** bandagieren (*Arm, Bein*) **3** *umg.* (*Mann*) e-n Ständer haben
banderole *f* [bɑ̃dʀɔl] Spruchband *n*, Transparent *n*
bandit *m* [⚠ bɑ̃di] Gangster *m*, Bandit *m*
bandoulière *f* [bɑ̃duljɛʀ] Schulterriemen *m*
▸ **banlieue** *f* [bɑ̃ljø] Vororte *m Pl*, Stadtrand *m*
banlieusard(e) *m(f)* [bɑ̃ljøzaʀ(d)] Vorortbewohner(in) *m(f)*, Pendler(in) *m(f)*
bannir [baniʀ] verbannen
▸ **banque** *f* [bɑ̃k] **1** (*Geldinstitut*) Bank *f*

(⚠ Sitzbank = ***banc** m*) **2** ***la ~ de données*** die Datenbank **3** ***la ~ d'organes*** die Organbank

banqueroute *f* [bɑ̃kʀut] Bankrott *m*

banquette *f* [bɑ̃kɛt] Sitzbank *f*; AUTO Sitz *m*

banquier *m* [bɑ̃kje] Bankier *m*

baptême *m* [⚠ batɛm] Taufe *f*

baptiser [⚠ batize] taufen

► **bar** *m* [baʀ] **1** Kneipe *f*, Stehkneipe *f* **2** (*Tresen*) Theke *f*, Bar *f* (⚠ le bar; Nachtbar = ***boîte** f **de nuit***)

baraque *f* [baʀak] Baracke *f*, Bude *f*

baratin *m* [baʀatɛ̃] *umg.* Geschwätz *n*

baratiner [baʀatine] *umg.* (viel) Schmus machen

barbant(e) [baʀbɑ̃(t)] *umg.* stinklangweilig, nervtötend

barbare[1] *m,f* [baʀbaʀ] Barbar(in) *m(f)*

barbare[2] [baʀbaʀ] barbarisch

► **barbe** *f* [baʀb] **1** Bart *m* **2** ***la ~ à papa*** die Zuckerwatte

barbecue *m* [baʀbəkju] **1** Holzkohlegrill *m* **2** Grillfest *n*

barbelé *m* [baʀbəle] Stacheldraht *m*

barber [baʀbe] *umg.* langweilen, anöden

barboter [baʀbɔte] **1** planschen **2** *umg.* (*stehlen*) klauen

barbouiller [baʀbuje] **1** *mit Schmutz*: beschmieren, vollschmieren **2** *mit Farbe*: anmalen, anpinseln; ***~ du papier*** Papier vollkritzeln *od.* vollschmieren **3** ***j'ai l'estomac barbouillé*** ich habe mir den Magen verdorben

barbu(e) [baʀby] bärtig, mit Bart

barda *m* [baʀda] *umg.* Krempel *m*, Kram *m*

barder [baʀde] **1** GASTR mit Speck umwickeln **2** *umg.* ***ça va ~!*** dann setzt's was!

barème *m* [baʀɛm] **1** Tabelle *f* **2** SCHULE Benotungsschema *n*

baril *m* [baʀil] Fass *n*, Fässchen *n*

bariolé(e) [baʀjɔle] (sehr) bunt

barjo [baʀʒo] *umg.* verrückt

barman *m* [⚠ baʀman] Barkeeper *m*

baromètre *m* [baʀɔmɛtʀ] Barometer *n*

bar|on *m*, **~onne** *f* [baʀõ, -ɔn] Baron(in) *m(f)*

baroque[1] [baʀɔk] (*Stil*) barock, Barock…

baroque[2] *m* [baʀɔk] Barock *n od. m*

barque *f* [baʀk] Boot *n*, Kahn *m*

barrage *m* [baʀaʒ] **1** Sperre *f*, Sperrung *f* **2** TECH Staudamm *m*, Staumauer *f* **3** SPORT ***le match de ~*** das Ausscheidungsspiel

barre *f* [baʀ] **1** Stange *f*, Stab *m* **2** *am Tor, beim Hochsprung*: Latte *f*; *am Barren*: Holm *m* **3** *geschrieben*: Strich *m* **4** IT ***la ~ d'espacement*** die Leertaste **5** *am Boot*: Ruderpinne *f* **6** ***une ~ de chocolat*** ein Schokoriegel **7** *umg.* ***il a un coup de ~*** er ist total fertig **8** JUR ***la ~ des témoins*** der Zeugenstand

barreau *m* [baʀo] ⟨*Pl* ***~x***⟩ **1** *an e-m Gitter, Käfig*: Stab *m*, Gitterstab *m* **2** *an e-r Leiter, e-m Fenster*: Sprosse *f*

barrer [baʀe] **1** sperren (*Straße*); versperren (*Weg, Aussicht, Durchfahrt*) **2** streichen, durchstreichen (*Wort usw.*) **3** *umg.* ***se ~*** abhauen, verduften

barrette *f* [baʀɛt] Haarspange *f*

barricade *f* [baʀikad] Barrikade *f*

barricader [baʀikade] verbarrikadieren

barrière *f* [baʀjɛʀ] **1** Barriere *f* **2** *von Straßen usw.*: Absperrung *f*, Sperre *f* **3** BAHN Schranke *f*

barrique *f* [baʀik] Fass *n*

barrir [baʀiʀ] (*Elefant*) trompeten

► **bas**[1], **basse** [bɑ, bɑs] **1** niedrig, tief; (*Küste*) flach **2** ***parler à voix basse*** leise sprechen (⚠ mit tiefer Stimme = ***d'une voix grave***) **3** ► ***en bas*** unten; *in e-m Text*: ***plus bas*** weiter unten **4** ***notre chienne a mis bas*** unsere Hündin hat geworfen *od.* Junge bekommen **5** ***à bas le racisme!*** nieder mit dem Rassismus!

bas[2] *m* [bɑ] **1** untere(r) Teil; ***au ~ de la page trois*** auf Seite drei unten **2** ***de haut en ~*** von oben nach *od.* bis unten

bas[3] *m* [bɑ] Strumpf *m*; ***les ~ (nylon)*** die Nylonstrümpfe

basané(e) [bazane] braungebrannt

bas-côté *m* [bakote] ⟨*Pl* ***bas-côtés***⟩ *an der Straße*: Seitenstreifen *m*

bascule *f* [baskyl] **1** *zum Wiegen*: Waage *f* **2** *Spielzeug*: Wippe *f* **3** ***le fauteuil à ~*** der Schaukelstuhl

basculer [baskyle] kippen, umkippen

base *f* [bɑz] **1** Basis *f*, Grundlage *f* **2** *e-r Statue*: Sockel *m* **3** MATH Grundzahl *f*; GEOM Grundfläche *f*; *e-s Dreiecks*: Grundlinie *f* **4** MIL Basis *f*, Stützpunkt *m*

baser [bɑze] **1** stützen (*Theorie usw.*) (***sur*** auf) **2** (*Soldat*) ***il est basé à Brest***

B

er ist in Brest stationiert
basilic *m* [bazilik] Basilikum *n*
basilique *f* [bazilik] Basilika *f*
basket *m* [baskɛt] **1** *Sport*: Basketball *m* **2** Sportschuh *m*
basket-ball *m* [⚠ baskɛtbol] *Sport*: Basketball *m*
basque[1] [bask] baskisch, Basken…; ***le Pays ~*** das Baskenland
basque[2] *m,f* [bask] Baske *m*, Baskin *f*
basse *f* [bɑs] (⚠ la basse) *Stimme, Sänger*: Bass *m*
basse-cour *f* [bɑskuʀ] ⟨*Pl* ***basses-cours***⟩ Hühnerhof *m*
bassin *m* [bɑsɛ̃] **1** Schüssel *f*, Becken *n* **2** *im Park usw.*: Bassin *n*, Wasserbecken *n* **3** *im Hafen*: Hafenbecken *n* **4** *im Schwimmbad*: Becken *n*, Schwimmbecken *n*; ***le grand ~*** das Schwimmerbecken; ***le petit ~*** das Nichtschwimmerbecken **5** GEOG, ANAT Becken *n*
bassine *f* [bɑsin] Wanne *f*, große Schüssel
bassiner [bɑsine] *umg.* ***tu me bassines*** du gehst mir auf den Geist *od.* Wecker
bassiste *m,f* [bɑsist] Bassist(in) *m(f)*
basson *m* [bɑsõ] Fagott *n*
bastringue *m* [bastʀɛ̃g] *umg.* Kram *m*, Krempel *m*
bas-ventre *m* [bɑvɑ̃tʀ] ⟨*Pl* ***bas-ventres***⟩ Unterleib *m*
bataclan *m* [bataklɑ̃] *umg.* Kram *m*, Krempel *m*; ***et tout le ~*** und was sonst noch so dazugehört, und so weiter und so fort
▸ **bataille** *f* [bataj] **1** Schlacht *f* **2** ***elle a les cheveux en ~*** sie hat zerzaustes Haar
batailler [bataje] kämpfen, sich einsetzen
bataill|eur, ~euse [batajœʀ, -øz] ***il est batailleur*** er ist ein Raufbold
bâtard *m* [bɑtaʀ] **1** *kurzes frz. Stangenbrot* **2** *Hund*: Mischling *m*, Promenadenmischung *f* **3** uneheliches Kind
▸ **bateau** *m* [bato] ⟨*Pl* ***~x***⟩ Schiff *n*, Boot *n*; ***un ~ à voiles*** ein Segelschiff
bateau-mouche *m* [batomuʃ] ⟨*Pl* ***bateaux-mouches***⟩ (kleiner) Ausflugsdampfer (*auf der Seine*)
▸ **bâtiment**[1] *m* [bɑtimɑ̃] **1** Gebäude *n* **2** *Sektor, Fach*: Bau *m*, Bauwesen *n*
bâtiment[2] *m* [bɑtimɑ̃] großes Schiff
bâtir [bɑtiʀ] **1** bauen (*Haus, Brücke usw.*) **2** bebauen (*Gelände*)
bâtisse *f* [bɑtis] *oft abw.* Gebäude *n*, Kasten *m*
▸ **bâton** *m* [bɑtõ] **1** Stock *m*, Stab *m*, (CH) Stecken *m* **2** ***un ~ de craie*** ein Stück Kreide **3** ***le ~ de rouge à lèvres*** der Lippenstift; ***le ~ de colle*** der Klebestift **4** (senkrechter) Strich
bâtonnet *m* [bɑtɔnɛ] **1** Stäbchen *n* **2** ***le ~ de poisson*** das Fischstäbchen
batracien *m* [batʀasjɛ̃] Amphibie *f*, Lurch *m*
battant *m* [batɑ̃] **1** *e-r Tür od. e-s Fensters*: Flügel *m* **2** Glockenschwengel *m*
battant(e) *m(f)* [batɑ̃(t)] Kämpfernatur *f*, Kämpfer(in) *m(f)*
battement *m* [batmɑ̃] **1** Schlag *m*, Schlagen *n* **2** *vom Regen*: Prasseln *n* **3** ***les ~s du cœur*** der Herzschlag **4** *zeitlich*: Unterbrechung *f*, Spielraum *m*; (*Zwischenzeit*) Pause *f*
batterie *f* [batʀi] **1** MUS Schlagzeug *n* **2** AUTO *usw.* Batterie *f*
batteur[1] *m* [batœʀ] GASTR Handmixer *m*
batteur[2] *m* [batœʀ] MUS Schlagzeuger(in) *m(f)*
▸ **battre** [batʀ] ⟨*prés.*: ***je, tu bats, il bat***; *impér.*: ***bats!***⟩ **1** schlagen (*a. Trommel, Takt, Eier, Sahne usw.*); klopfen (*Teppich*) **2** verprügeln, schlagen **3** besiegen, schlagen (*Gegner*) **4** ***~ un record*** e-n Rekord brechen **5** ▸ ***se battre*** sich schlagen *bzw.* sich prügeln (***avec qn*** mit j-m); ▸ ***se battre contre qn*** gegen j-n kämpfen; ***se ~ pour qc*** für etw kämpfen **6** ***~ des mains*** klatschen, applaudieren
battu(e) [baty] → ***battre***
baume *m* [bom] Balsam *m*
bavard(e) [bavaʀ(d)] geschwätzig
▸ **bavarder** [bavaʀde] **1** sich unterhalten **2** schwätzen (*a.* SCHULE) **3** (*etw ausplaudern*) nicht dichthalten, reden
bavarois(e) [bavaʀwa(z)] bayrisch
Bavarois(e) *m(f)* [bavaʀwa(z)] Bayer(in) *m(f)*
bave *f* [bav] **1** Speichel *m* **2** *vom Hund usw.*: Geifer *m* **3** *von der Schnecke*: Schleim *m*
baver [bave] **1** (*Baby, Betrunkener*) sabbern **2** (*Hund*) geifern **3** (*Farbe usw.*) auslaufen
Bavière [bavjɛʀ] ***la ~*** Bayern *n*

bavoir *m* [bavwaʀ] *für Babys*: Lätzchen *n*

bazar *m* [bazaʀ] **1** *im Orient*: Basar *m* **2** *bei uns*: Kramladen *m* **3** *umg.* (*Unordnung*) Durcheinander *n*, Kuddelmuddel *m od. n*

bazarder [bazaʀde] *umg.* wegschmeißen

BCBG [besebeʒe] (*Abk. für* bon chic bon genre) schick, gestylt

BD *f* [bede] *umg.* (*Abk. für* bande dessinée) Comic *m*

béant(e) [beɑ̃(t)] **1** (*Wunde, Abgrund*) klaffend **2** (*Mund, Augen*) weit aufgerissen

béat(e) [bea(t)] **1** dümmlich **2** (*glücklich*) selig

beau[1] *m* [bo] **1** ***le ~*** das Schöne **2** ***faire le ~*** (*Hund*) Männchen machen

▸ **beau**[2], **belle** [bo, bɛl] ⟨*m Pl* ***beaux***⟩ **1** schön (*a. iron.*) **2** (*Stück, Appetit, Ohrfeige, Schnupfen usw.*) ordentlich, tüchtig **3** ***au beau milieu de la nuit*** mitten in der Nacht **4** ***il fait beau*** es ist schönes Wetter

Die Formen von beau

Die Formen von **beau** sind unregelmäßig:

im Singular	im Plural
un beau garçon	**de beaux garçons**
une belle fille	**de belles filles**

Vor Vokal oder stummem **h** wird **beau** zu **bel**:

un bel avenir
un bel homme

▸ **beaucoup** [boku] **1** viel; ***lire, travailler*** *usw.* ***~*** viel lesen, arbeiten *usw.*; ***~ mieux*** viel besser **2** ***elle a ~ changé*** sie hat sich sehr verändert **3** ***on l'a ~ vue sur la plage*** sie wurde viel *od.* oft am Strand gesehen **4** ▸ ***beaucoup de*** (+ *Subst.*) viel(e) (+ *Subst.*); ***j'ai ~ de choses à faire*** ich habe viel zu tun **5** ***~ le font*** das tun viele

beauf *m* [bof] *umg.* **1** Schwager *m* **2** *abw.* Spießer *m*

beau-fils *m* [⚠ bofis] ⟨*Pl* ***beaux-fils***⟩ **1** Schwiegersohn *m* **2** Stiefsohn *m*

▸ **beau-frère** *m* [bofʀɛʀ] ⟨*Pl* ***beaux-frères***⟩ Schwager *m*

▸ **beau-père** *m* [bopɛʀ] ⟨*Pl* ***beaux-pères***⟩ **1** Schwiegervater *m* **2** Stiefvater *m*

▸ **beauté** *f* [bote] Schönheit *f*

beaux-arts *m Pl* [bozaʀ] ***les ~*** die bildende Kunst, die schönen Künste

▸ **beaux-parents** *m Pl* [bopaʀɑ̃] Schwiegereltern *Pl*

▸ **bébé** *m* [bebe] Baby *n*

bébé-éprouvette *m* [bebeepʀuvɛt] ⟨*Pl* ***bébés-éprouvette***⟩ Retortenbaby *n*

bec *m* [bɛk] **1** Schnabel *m* **2** *umg.* ***un ~ fin*** ein Feinschmecker **3** *umg.* ***il lui a cloué le ~*** er hat ihm den Mund gestopft **4** MUS Mundstück *n*

bécasse *f* [bekas] **1** ZO Schnepfe *f* **2** *umg.* dumme Gans

bêche *f* [bɛʃ] Spaten *m*

bêcher [bɛʃe] umgraben

bedaine *f* [bədɛn] *umg.* (*Bauch*) Wampe *f*

bédé *f* [bede] *umg.* Comic *m*

bégayer [begɛje] ⟨***-ay-*** *od.* ***-ai-***⟩ stottern

bègue *m,f* [bɛg] Stotterer *m*, Stotterin *f*

beignet *m* [bɛɲɛ] Krapfen *m*

bel [bɛl] **1** → ***beau***[2] **2** ***~ et bien*** tatsächlich, wirklich

bêler [bɛle] (*Schaf*) blöken; (*Ziege*) meckern

belge [bɛlʒ] belgisch

Belge *m,f* [bɛlʒ] Belgier(in) *m(f)*

Belgique [bɛlʒik] ***la ~*** Belgien *n*

bélier *m* [belje] ZO Widder *m*

Bélier *m* [belje] ASTR Widder *m*

belle[1] [bɛl] **1** → ***beau***[2] **2** ***j'en apprends de ~s sur toi*** ich höre ja schöne Sachen über dich **3** ***il pleut de plus ~*** es regnet noch mehr *od.* stärker

belle[2] *f* [bɛl] Schöne *f*, schöne Frau

belle[3] *f* [bɛl] SPORT Entscheidungsspiel *n*

▸ **belle-fille** *f* [bɛlfij] ⟨*Pl* ***belles-filles***⟩ **1** Schwiegertochter *f* **2** Stieftochter *f*

▸ **belle-mère** *f* [bɛlmɛʀ] ⟨*Pl* ***belles-mères***⟩ **1** Schwiegermutter *f* **2** Stiefmutter *f*

▸ **belle-sœur** *f* [bɛlsœʀ] ⟨*Pl* ***belles-sœurs***⟩ Schwägerin *f*

belligérant(e) [beliʒeʀɑ̃(t)] Krieg führend

belvédère *m* [bɛlvedɛʀ] Aussichtspunkt *m*, Aussichtsturm *m*

B

bénédiction *f* [benediksjõ] Segen *m*
▸ **bénéfice** *m* [benefis] **1** Gewinn *m*, Profit *m* **2** *fig.* Vorteil *m*, Nutzen *m*
bénéficiaire *m,f* [benefisjɛʀ] **1** *von Rechten, Privilegien*: Begünstigte(r) *f(m)*, Nutznießer(in) *m(f)* **2** *e-s Schecks*: Empfänger(in) *m(f)*
bénéficier [benefisje] **~ *de qc*** von etw profitieren
bénéfique [benefik] wohltuend; (*vorteilhaft*) günstig
Benelux *m* [benelyks] Beneluxländer *n Pl*
bénévole[1] [benevɔl] **1** freiwillig **2** (*Amt, Tätigkeit*) ehrenamtlich
bénévole[2] *m,f* [benevɔl] **1** Freiwillige(r) *f(m)* **2** ehrenamtlicher Helfer, ehrenamtliche Helferin
bénin, bénigne [benɛ̃, beniɲ] (*Tumor*) gutartig; (*Unfall, Krankheit*) harmlos
bénir [beniʀ] segnen
bénitier *m* [benitje] Weihwasserbecken *n*
benzine *f* [bɛ̃zin] Waschbenzin *n* (⚠ la benzine; Benzin *als Kraftstoff* = ***essence*** *f*)
BEP *m* [beəpe] (*Abk. für* brevet d'études professionnelles) ≈ Berufsfachschulabschluss *m*
BEPC *m* [beəpese] (*Abk. für* brevet d'études du premier cycle) *früher* ≈ mittlere Reife
béquille *f* [bekij] **1** Krücke *f* **2** *am Rad, Mofa usw.*: Ständer *m*
berceau *m* [bɛʀso] ⟨*Pl* **~x**⟩ Wiege *f*
bercer [bɛʀse] ⟨**-ç-**⟩ (*schaukeln*) wiegen
berceuse *f* [bɛʀsøz] Wiegenlied *n*
béret *m* [beʀɛ] Mütze *f*, Kappe *f*; ***le ~ basque*** die Baskenmütze
berge[1] *f* [bɛʀʒ] Böschung *f*
berge[2] *f* [bɛʀʒ] *umg.* Jahr *n*
berger *m* [bɛʀʒe] **1** Schäfer *m* **2** zo Schäferhund *m*
bergère *f* [bɛʀʒɛʀ] Schäferin *f*
berk [bɛʀk] *umg.* **~!** bäh!, pfui!
berline *f* [bɛʀlin] Limousine *f*
berlingot *m* [bɛʀlɛ̃go] **1** Fruchtbonbon *m od. n* **2** Milchtüte *f*; *für Saft*: Trinkpäckchen *n*
berne [bɛʀn] ***en ~*** (*Fahne*) auf halbmast
berner [bɛʀne] zum Narren halten
bésef [bezɛf] *umg.* ***c'est pas ~*** das ist ganz schön wenig
besogne *f* [bəzɔɲ] Arbeit *f*; ***aller vite en ~*** es überstürzen, voreilig sein
▸ **besoin** *m* [bəzwɛ̃] **1** ▸ ***avoir besoin de*** brauchen, benötigen; ***j'ai ~ de lait*** ich brauche Milch; ***j'ai ~ de manger*** ich muss essen **2** Bedürfnis *n*, Bedarf *m*; ***le ~ de repos*** das Ruhebedürfnis **3** ***au ~ je te le prêterai*** bei Bedarf leihe ich es dir **4** ***subvenir aux ~s de qn*** für j-s Unterhalt aufkommen **5** ***il est dans le ~*** er leidet Not, er lebt in Armut
bestial(e) [bɛstjal] ⟨*m Pl* **-aux**⟩ bestialisch, brutal
bestiaux *m Pl* [bɛstjo] Vieh *n*
bestiole *f* [bɛstjɔl] kleines Tier; *oft*: Insekt *n*
best-seller *m* [⚠ bɛstsɛlœʀ] ⟨*Pl* ***best-sellers***⟩ Bestseller *m*
bétail *m* [betaj] Vieh *n*
▸ **bête**[1] *f* [bɛt] **1** Tier *n* **2** *umg.* ***grosse*** (*od.* ***grande***) ***~!*** du Dummerchen! **3** ***chercher la petite ~*** an allem etwas auszusetzen haben **4** ***faire la ~*** sich dumm stellen
▸ **bête**[2] [bɛt] **1** dumm **2** ***suis-je ~ de l'avoir oublié!*** wie konnte ich nur so dumm sein und das vergessen!
▸ **bêtise** *f* [bɛtiz] **1** Dummheit *f* **2** ***dire des ~s*** dummes Zeug *od.* Unsinn reden; ***faire des ~s*** Dummheiten machen
▸ **béton** *m* [betõ] Beton *m*
bétonner [betɔne] **1** betonieren **2** FUSSBALL mauern
betterave *f* [bɛtʀav] Rübe *f*
beugler [bøgle] **1** (*Kuh*) muhen; (*Stier*) brüllen **2** (*Mensch*) brüllen, grölen
beur *m,f* [bœʀ] *in Frankreich geborene(r) Nordafrikaner(in)*
▸ **beurre** *m* [bœʀ] **1** Butter *f* **2** ***le petit ~*** der Butterkeks
beurré(e) [bœʀe] **1** *umg.* blau, besoffen **2** ***la tartine beurrée*** das Butterbrot
beurrer [bœʀe] mit Butter bestreichen
bévue *f* [bevy] (peinlicher, dicker) Fehler
biais *m* [bjɛ] **1** ***de*** (*od.* ***en***) **~** schräg **2** *fig.* ***de ~*** auf Umwegen, indirekt; ***par le ~ de …*** auf dem Umweg über … **3** (*Aspekt*) Seite *f*, Weg *m*
bibelot *m* [biblo] Nippsache *f*
biberon *m* [bibʀõ] Flasche *f*, Fläschchen *n*
▸ **Bible** *f* [bibl] Bibel *f*
bibliothécaire *m,f* [biblijɔtekɛʀ] Bibliothekar(in) *m(f)*
▸ **bibliothèque** *f* [biblijɔtɛk] **1** Biblio-

thek *f*, Bücherei *f* **2** *Möbel*: Bücherschrank *m*; *offen*: Bücherregal *n*

Les beurs

Der Begriff **beur** ist aus dem Wort **arabe** entstanden und bezeichnet die in Frankreich geborenen und aufgewachsenen Kinder nordafrikanischer Einwanderer (besonders aus Algerien, Tunesien und Marokko). Da sie auf französischem Boden geboren sind, haben sie die französische Staatsangehörigkeit. Die **beurs** haben durch ihre Verbundenheit mit zwei Kulturen ein eigenes Selbstverständnis entwickelt und haben großen Einfluss auf die französische (Jugend)Kultur. Ein Beispiel hierfür ist die Musikrichtung **le raï**.

biblique [biblik] aus der Bibel, biblisch
bic® *m* [bik] *umg.* (*Kugelschreiber*) Kuli *m*
bicentenaire *m* [bisɑ̃t(ə)nɛʀ] Zweihundertjahrfeier *f*
biche *f* [biʃ] **1** Hirschkuh *f* **2** *fig.* ***ma ~!*** mein Schätzchen!
bichonner [biʃɔne] **1** fein machen, herausputzen **2** (*verwöhnen*) verhätscheln
bicolore [bikɔlɔʀ] zweifarbig
bicross *m* [bikʀɔs] BMX-Rad *n*
▸ **bicyclette** *f* [bisiklɛt] Fahrrad *n*; ***aller à*** (*od.* ***en***) ***~*** (mit dem) Fahrrad fahren
bide *m* [bid] *umg.* **1** (dicker) Bauch, Wampe *f* **2** FILM, THEAT *usw.* Flop *m*, Reinfall *m*; ***ça a fait un ~*** das war ein Flop *od.* Reinfall
bidon *m* [bidõ] **1** Kanister *m* **2** ***le ~ de lait*** die Milchkanne **3** *am Fahrrad usw.*: Trinkflasche *f* **4** *umg.* Bauch *m*, Wampe *f* **5** *umg.* ***c'est du ~*** das ist Bluff *od.* Schwindel
bidonville *m* [bidõvil] Slum *m*
bidule *m* [bidyl] *umg.* Dings *n*, Dingsbums *n*
▸ **bien**[1] [bjɛ̃] ⟨*unv.*⟩ **1** gut (*a. als Schulnote*) **2** ***elle est ~*** es geht ihr gut, sie sieht gut aus; ***tu es ~ dans ce fauteuil?*** sitzt du gut in diesem Sessel? **3** *mengenmäßig*: sehr, viel; ***~ du monde, des années*** *usw.* viele Leute, Jahre *usw.*; ***~ des fois*** sehr oft **4** ***je t'aime ~*** ich mag dich (gern) **5** *verstärkend*: wohl, doch, schon; ***j'irais ~ avec vous*** ich würde gern mit euch gehen; ***je pense ~*** ich denke schon; ***je veux ~!*** gern! **6** wirklich, tatsächlich; ***c'est ~ lui*** das ist er wirklich; ***c'est ~ de lui*** das ist typisch für ihn; ***cette fois, c'est ~ fini*** diesmal ist es wirklich aus **7** ▸ ***bien que …*** (+ *Subj.*) obwohl …
bien[2] *m* [bjɛ̃] **1** Wohl *n* **2** (↔ *Böses*) Gute(s) *n*; ***ça lui fait du ~*** das tut ihm gut **3** (*Besitz*) Eigentum *n*, Hab und Gut *n*; ***les ~s de consommation*** die Konsumgüter
bien-être *m* [bjɛ̃nɛtʀ] **1** Wohlbehagen *n*, Wohlbefinden *n* **2** (*Reichtum*) Wohlstand *m*
bienfait *m* [bjɛ̃fɛ] **1** Wohltat *f* **2** *e-r Behandlung, Kur*: wohltuende Wirkung
bienfai|teur *m*, **~trice** *f* [bjɛ̃fɛtœʀ, -tʀis] Wohltäter(in) *m(f)*
bienheur|eux, ~euse [bjɛ̃nøʀø, -øz] selig, glückselig
bienséance *f* [bjɛ̃seɑ̃s] Anstand *m*, Schicklichkeit *f*
▸ **bientôt** [bjɛ̃to] bald; ***à ~!*** bis bald!
bienveillance *f* [bjɛ̃vɛjɑ̃s] Wohlwollen *n*
bienvenu(e) [bjɛ̃vny] willkommen
bienvenu(e) *m(f)* [bjɛ̃vny] ***être le bienvenu*** (*bzw.* ***la bienvenue***) willkommen sein
▸ **bienvenue** *f* [bjɛ̃vny] Willkommen *n*; ***souhaiter la ~ à qn*** j-n (herzlich) willkommen heißen
▸ **bière** *f* [bjɛʀ] Bier *n*
biffer [bife] streichen, durchstreichen
▸ **bifteck** *m* [biftɛk] Steak *n*, Beefsteak *n*
bifurcation *f* [bifyʀkasjõ] Gabelung *f*, Abzweigung *f*
bifurquer [bifyʀke] **1** (*Straße*) sich gabeln **2** (*Fahrzeug*) abbiegen (**vers** nach) **3** *beruflich usw.*: umsatteln (**vers** auf)
bigarré(e) [bigaʀe] bunt
bigophone *m* [bigɔfɔn] *umg.* Telefon *n*
bigoudi *m* [bigudi] Lockenwickler *m*
▸ **bijou** *m* [biʒu] ⟨*Pl* ***~x***⟩ Schmuckstück *n*; ***des ~x*** Schmuck *m*, Schmuckstücke
bijouterie *f* [biʒutʀi] Schmuckgeschäft *n*, Juweliergeschäft *n*

B

bijout|ier *m*, **~ière** *f* [biʒutje, -jɛʀ] Juwelier(in) *m(f)*
bikini *m* [bikini] Bikini *m*
bilan *m* [bilɑ̃] **1** *in der Buchführung*: Bilanz *f* **2** ***déposer son ~*** Konkurs anmelden **3** *fig.* Fazit *n*, Bilanz *f*; ***faire le ~*** das Fazit ziehen (***de*** aus) **4** ***un ~ de santé*** ein Gesundheits-Checkup
bile *f* [bil] Galle *f*
▸ **bilingue** [bilɛ̃g] zweisprachig
billard *m* [⚠ bijaʀ] **1** Billard *n* **2** Billardtisch *m*
bille *f* [bij] **1** (kleine) Kugel **2** *Spielzeug*: Murmel *f* **3** *umg.* Gesicht *n*, Visage *f*
▸ **billet** *m* [bijɛ] **1** KINO, THEAT *usw.* Eintrittskarte *f* **2** BAHN *usw.* Fahrkarte *f*, Fahrschein *m*; ***le ~ d'avion*** das Flugticket **3** ▸ ***le billet*** (***de banque***) der Geldschein; ***un ~ de cent euros*** ein Hundert-Euro-Schein **4** *bei der Lotterie*: Los *n*
billetterie *f* [bijɛtʀi] **1** Geldautomat *m* **2** Fahrkartenautomat *m*
bimensu|el, ~elle [bimɑ̃sɥɛl] (*Zeitschrift*) zweimal im Monat erscheinend
bimestri|el, ~elle [bimɛstʀijɛl] zweimonatlich; (*Zeitschrift*) alle zwei Monate erscheinend
bimoteur [bimɔtœʀ] zweimotorig
biochimie *f* [bjoʃimi] Biochemie *f*
biodégradable [bjodegʀadabl] biologisch abbaubar
biographie *f* [bjɔgʀafi] Biographie *f*
▸ **biologie** *f* [bjɔlɔʒi] Biologie *f*
biologique [bjɔlɔʒik] biologisch
biologiste *m,f* [bjɔlɔʒist] Biologe *m*, -login *f*
biorythme *m* [bjoʀitm] Biorhythmus *m*
biotechnologie *f* [bjotɛknɔlɔʒi] Biotechnik *f*
bip *m* [bip] **1** Piepton *m*, Pfeifton *m* **2** *umg. Apparat*: Piepser *m*
biplace [biplas] FLUG, AUTO zweisitzig
bis [bis] **1** *bei Hausnummern usw.*: ***6 ~*** 6 a **2** *bei Straßen*: ***un itinéraire ~*** c-c Ausweichstrecke **3** *im Konzert*: ***~!*** Zugabe!
bis(e) [bi(z)] **1** graubraun **2** ***le pain bis*** das Graubrot
biscotte *f* [biskɔt] Zwieback *m*
biscuit *m* [biskɥi] Keks *m*, (CH) Biscuit *n*
bise *f* [biz], **bisou** *m* [bizu] *umg.* Küsschen *n*

> **Faire la bise**
>
> Begrüßungen unter Verwandten, Freunden oder Bekannten fallen in Frankreich meist sehr herzlich aus. Man gibt sich ein, zwei oder mehr Küsschen auf die Wange. Das nennt man **faire la bise**. Unter jungen Leuten gehören die Küsschen zur üblichen Begrüßung, auch wenn man sich gerade erst kennenlernt.
> Unter Männern sind **bises** nicht üblich. Sie geben sich in der Regel nur die Hand.

bisque *f* [bisk] ***la ~ d'écrevisses, de homard*** die Krebs-, Hummersuppe
bissextile [bisɛkstil] ***une année ~*** ein Schaltjahr
bistouri *m* [bistuʀi] Skalpell *n*
▸ **bistro(t)** *m* [bistʀo] *umg.* Kneipe *f*
bit *m* [bit] IT Bit *n*
bitume *m* [bitym] Asphalt *m*
▸ **bizarre** [bizaʀ] komisch, merkwürdig
bizutage *m* [bizytaʒ] *Mutproben für Neulinge an e-r Grande École*
blafard(e) [blafaʀ(d)] blass, bleich
blague *f* [blag] **1** Spaß *m*, Witz *m*; ***sans ~!*** im Ernst? **2** Streich *m*; ***il nous a fait une ~*** er hat uns e-n Streich gespielt **3** (*Dummheit*) Fehler *m*
blaguer [blage] Witze machen
blagu|eur *m*, **~euse** *f* [blagœʀ, -øz] Witzbold *m*, Spaßvogel *m*
blaireau *m* [blɛʀo] ⟨*Pl* ***~x***⟩ **1** Dachs *m* **2** Rasierpinsel *m*
blâmable [blɑmabl] tadelnswert (⚠ *dt.* blamabel = *frz.* ***honteux, -euse***)
blâme *m* [blɑm] **1** Tadel *m*, Zurechtweisung *f* **2** *offiziell*: Verweis *m*, Verwarnung *f*
blâmer [blɑme] **1** tadeln, zurechtweisen **2** *offiziell*: ***~ qn*** j-m e-n Verweis erteilen (⚠ (sich) blamieren = (***se***) ***ridiculiser***)
▸ **blanc**[1], **blanche** [blɑ̃, blɑ̃ʃ] **1** weiß **2** (*Haut*) hell; (*Mensch*) weiß **3** (*Blatt, Seite*) leer, unbeschrieben **4** (↔ *schmutzig*) sauber, rein **5** ***un examen blanc*** ein Probeexamen **6** ***une nuit blanche*** e-e schlaflose Nacht

blanc² *m* [blɑ̃] **1** Weiß *n* **2** ***le ~ (d'œuf)*** das Eiweiß **3** ***le ~ de poulet*** die Hähnchenbrust **4** *in e-m Text*: Zwischenraum *m*, Lücke *f* **5** Weißwein *m*
Blanc *m* [blɑ̃] *Mann*: Weiße(r) *m*
blanche [blɑ̃ʃ] → ***blanc***¹
Blanche *f* [blɑ̃ʃ] *Frau*: Weiße *f*
blancheur *f* [blɑ̃ʃœʀ] Weiß *n*
blanchir [blɑ̃ʃiʀ] **1** weiß machen; *mit Farbe*: weiß anstreichen **2** GASTR blanchieren **3** waschen (*Schwarzgeld*) **4** (*Haare*) weiß werden
blanchisserie *f* [blɑ̃ʃisʀi] Wäscherei *f*
blasé(e) [blaze] gelangweilt, blasiert
blason *m* [blazõ] Wappen *n*
▸ **blé** *m* [ble] **1** Weizen *m* **2** *umg*. (*Geld*) Kohle *f*, Knete *f*
bled *m* [⚠ blɛd] *umg*. Kaff *n*, Nest *n*
blême [blɛm] bleich, blass
blêmir [blɛmiʀ] bleich *od*. blass werden
blessé(e) [blɛse] verletzt; *im Krieg*: verwundet
blessé(e) *m(f)* [blɛse] Verletzte(r) *f(m)*; *im Krieg*: Verwundete(r) *f(m)*
▸ **blesser** [blɛse] **1** verletzen; *im Krieg*: verwunden **2** (*kränken*) beleidigen, verletzen **3** ***ça blesse l'oreille, les yeux*** *usw*. das tut in den Ohren, Augen *usw*. weh
▸ **blessure** *f* [blɛsyʀ] **1** Verletzung *f*; *im Krieg a*.: Verwundung *f* **2** Wunde *f* **3** *durch Worte usw*.: Kränkung *f*, Beleidigung *f*
bleu *m* [blø] **1** *Farbe*: Blau *n* **2** (*Bluterguss*) blauer Fleck **3** (*Arbeitsanzug*) ***le ~ (de travail)*** der Overall, der Blaumann **4** Blauschimmelkäse *m* **5** *Mensch*: Anfänger *m*, Neuling *m* **6** MIL Rekrut *m* **7** FUSSBALL ***les Bleus*** die französische Nationalmannschaft
▸ **bleu(e)** [blø] **1** blau **2** (*Steak*) blutig, englisch (⚠ blau *im Sinn von* betrunken = ***gris***)
bleuet *m* [bløɛ] Kornblume *f*
bleuir [bløiʀ] **1** blau werden, blau anlaufen **2** blau machen, blau anlaufen lassen
blindé *m* [blɛ̃de] MIL Panzer *m*
blindé(e) [blɛ̃de] gepanzert
bloc *m* [blɔk] **1** Block *m* (*a. zum Schreiben*, POL, TECH *usw*.) **2** ***il refuse tout en ~*** er lehnt es glatt *od*. rundweg ab
blocage *m* [blɔkaʒ] **1** Blockierung *f*, Sperre *f* **2** ***le ~ des prix*** der Preisstopp **3** *beim Ballspiel*: Abstoppen *n*
bloc-notes *m* [blɔknɔt] ⟨*Pl* ***blocs-notes***⟩ Notizblock *m*
blocus *m* [blɔkys] Blockade *f*
blond *m* [blõ] **1** *Farbe*: Blond *n* **2** *Mann*: Blonde(r) *m*
▸ **blond(e)** [blõ(d)] **1** blond **2** (*Bier, Zigarette*) hell
blonde *f* [blõd] **1** Blondine *f* **2** *Bier*: Helle(s) *n* **3** helle Zigarette
▸ **bloquer** [blɔke] **1** blockieren, versperren (*Straße*); sperren (*Konto*) **2** TECH feststellen **3** ***~ le ballon*** den Ball abstoppen **4** ***~ les prix*** die Preise einfrieren **5** zusammenlegen (*Stunden, Kurse*) **6** ***être bloqué*** stecken bleiben, festsitzen **7** ***se ~*** klemmen; (*Bremsen*) blockieren
se blottir [səblɔtiʀ] sich ducken, sich zusammenkauern; ***~ contre qn*** sich an j-n kuscheln
blouse *f* [bluz] *Arbeitskleidung*: Kittel *m* (⚠ Bluse *für Frauen* = ***chemisier*** *m*)
blouson *m* [bluzõ] **1** Blouson *m*, Jacke *f* **2** *fig*. ***le ~ noir*** der Rocker, der Halbstarke
bobard *m* [bɔbaʀ] Lügenmärchen *n*
bobine *f* [bɔbin] Spule *f*, Rolle *f*
bobsleigh *m* [⚠ bɔbslɛg] Bob *m*
bocal *m* [bɔkal] ⟨*Pl* ***-aux***⟩ Glas *n*, Einmachglas *n*
Boche *m* [bɔʃ] *Schimpfwort für Deutsche*
▸ **bœuf** *m* [bœf] (⚠ *der Plural* bœufs *wird* [bø] *ausgesprochen*) **1** Ochse *m* **2** Rindfleisch *n*
bof [bɔf] ***~!*** pah!, ach was!, na ja!
bohém|ien *m*, **~ienne** *f* [bɔemjɛ̃, -jɛn] Zigeuner(in) *m(f)*
▸ **boire** [bwaʀ] ⟨*prés*.: ***je bois, il boit, nous buvons, ils boivent***; *imparf*.: ***je buvais***; *p/s*: ***je bus***; *fut*.: ***je boirai***; *subj*.: ***je boive, nous buvions***; *p/pr*: ***buvant***; *p/p*: ***bu***⟩ **1** trinken; ***~ dans une tasse, un verre*** *usw*. aus e-r Tasse, e-m Glas *usw*. trinken; ***~ à qc*** auf etw trinken **2** aufsaugen (*Tinte, Flüssigkeit usw*.)
▸ **bois** *m* [bwa] **1** Holz *n* **2** *Gebiet*: Wald *m* **3** *e-s Hirschs usw*.: ***les ~*** das Geweih **4** MUS ***les ~*** die Holzblasinstrumente **5** ***un chèque en ~*** ein ungedeckter Scheck **6** ***je touche du ~!*** toi, toi, toi!
boisé(e) [bwaze] bewaldet
▸ **boisson** *f* [bwasõ] Getränk *n*
▸ **boîte** *f* [bwat] **1** Schachtel *f*, Karton

m; *aus Metall a.*: Dose *f*, Büchse *f*; ***des petits pois** m Pl* ***en ~*** Erbsen aus der Dose, Dosenerbsen **2** ▸ ***la boîte aux lettres*** der Briefkasten **3** ***la ~ postale*** das Postfach **4** ***la ~ de vitesses*** das Getriebe **5** ***la ~ noire*** der Flugschreiber **6** *zum Tanzen*: Disko *f*; ***la ~ de nuit*** das Nachtlokal, die Bar **7** *umg.* (*Arbeitsstelle*) Laden *m*

boiter [bwate] hinken, humpeln

boit|eux, ~euse [bwatø, -øz] **1** (*Person*) hinkend, humpelnd **2** (*Überlegung*) schief; (*Kompromiss*) faul

boîtier *m* [bwatje] Gehäuse *n*

▸ **bol** *m* [bɔl] **1** Schälchen *n* **2** *für Kaffee usw.*: Trinkschale *f* **3** *umg.* ***tu as du ~!*** du hast Glück *od.* Schwein! **4** *umg.* ***j'en ai ras le ~*** ich habe die Nase voll

bolide *m* [bɔlid] Rennwagen *m*

▸ **bombarder** [bõbaʀde] bombardieren; ***une ville bombardée*** e-e zerbombte Stadt

▸ **bombe** *f* [bõb] **1** Bombe *f* **2** *für Farbe, Haarspray usw.*: Spraydose *f*, Spray *n* **3** *Kopfbedeckung*: Reitkappe *f*

bombé(e) [bõbe] gewölbt; (*Glas*) bauchig

bomber [bõbe] **1** wölben **2** *umg.* sprühen (*Graffiti*) **3** *umg.* (*flitzen*) rasen

▸ **bon**[1], **bonne** [bõ, bɔn] **1** gut **2** ***une bonne heure*** e-e gute Stunde; ***un bon moment*** e-e ganze Weile **3** (↔ *falsch*) richtig; ***la bonne clé*** der richtige Schlüssel **4** (*kräftig*) ordentlich, anständig; ***un bon rhume*** ein ordentlicher Schnupfen **5** ▸ ***bon marché*** billig, preiswert **6** ***ce livre est bon à jeter*** das Buch kann man wegwerfen **7** ***il fait bon*** es ist angenehm (warm) **8** *umg.* ***la bonne femme*** die (gute) Frau **9** *umg.* ***tu en as de bonnes!*** du bist vielleicht gut!; *umg.* ***elle est bien bonne!*** das ist wirklich gut!, das ist ja köstlich! **10** ***à quoi bon?*** wozu?, was nützt das? **11** ***ah bon?*** ach was?, ach ja?

bon[2] *m* [bõ] **1** ***le ~*** das Gute **2** ***les ~s*** die Guten **3** ***le ~ à rien*** der Nichtsnutz

bon[3] *m* [bõ] Gutschein *m* (⚠ Kassenbon = ***ticket** m* ***de caisse***)

▸ **bonbon** *m* [bõbõ] Bonbon *n od. m*, Ⓐ Zuckerl *n*

bond *m* [bõ] **1** Sprung *m*, Satz *m* **2** ***les prix ont fait un ~*** die Preise sind sprunghaft angestiegen

bonde *f* [bõd] **1** *Öffnung*: Abfluss *m* **2** *Verschluss*: Stöpsel *m*

bondé(e) [bõde] überfüllt

bondir [bõdiʀ] **1** springen, hochspringen **2** ***cela me fait ~*** das macht mich wütend

▸ **bonheur** *m* [bɔnœʀ] **1** Glück *n*; ***par ~*** zum Glück **2** *umg.* ***au petit ~*** (***la chance***) auf gut Glück

bonhomme *m* [⚠ bɔnɔm] *umg.* **1** Mann *m* **2** *als Zeichnung usw.*: Männchen *n* **3** ***le ~ de neige*** der Schneemann

bonjour *m* [bõʒuʀ] **1** ***~!*** guten Tag! *bzw.* guten Morgen! **2** ***donne le ~ à ta sœur*** (***de ma part***)***!*** grüß deine Schwester (von mir)!, bestell deiner Schwester schöne Grüße (von mir)!

bonne *f* [bɔn] Dienstmädchen *n*

▸ **bonnet** *m* [bɔnɛ] **1** Mütze *f*, Kappe *f* **2** *beim BH*: Körbchen *n* **3** *Mensch*: ***un gros ~*** ein hohes Tier

bonsoir *m* [bõswaʀ] ***~!*** guten Abend!

bonté *f* [bõte] Güte *f*

▸ **bord** *m* [bɔʀ] **1** Rand *m* **2** Kante *f*; ***le ~ du trottoir*** die Bordsteinkante **3** Ufer *n*; ***au ~ de la mer*** am Meer, an der See **4** SCHIFF, FLUG Bord *m*; ▸ ***à bord*** an Bord; ***monter à ~*** an Bord gehen

bordel *m* [bɔʀdɛl] **1** *umg.* (*Durcheinander*) Chaos *n*, Saustall *m* **2** ⚠ *vulg.* Bordell *n*, Puff *m*

bordelais(e) [bɔʀdəlɛ(z)] aus Bordeaux

bordélique [bɔʀdelik] *umg.* schlampig

border [bɔʀde] **1** einsäumen, einfassen **2** ***~ le lit*** Bettlaken und Decke unter die Matratze einschlagen **3** ***~ qn*** j-n zudecken

bordure *f* [bɔʀdyʀ] **1** Rand *m*; ***en ~ de la route*** am Straßenrand **2** *von Stoffen, Gärten usw.*: Einfassung *f*, Umrandung *f* **3** *als Verzierung*: Bordüre *f*, Borte *f*

borgne [bɔʀɲ] einäugig

borne *f* [bɔʀn] **1** Grenzstein *m* **2** ***les ~s*** die Grenzen; ***sans ~s*** grenzenlos; ***dépasser les ~s*** zu weit gehen **3** *umg.* Kilometer *m*

borné(e) [bɔʀne] **1** (*dumm*) beschränkt **2** (*engstirnig*) kleinkariert

borner [bɔʀne] **1** begrenzen (*Gelände*) **2** beschränken (*Aktionen*) **3** ***il se borne à attendre*** *usw.* er beschränkt sich darauf zu warten *usw.*

bosquet *m* [bɔskɛ] Baumgruppe *f*, Wäldchen *n*

bosse *f* [bɔs] **1** *von e-m Stoß usw.*: Beule *f* **2** *Missbildung*: Buckel *m* **3** *beim Kamel*: Höcker *m* **4** *in der Landschaft*: Hügel *m*, Buckel *m* **5** *umg.* ***il a roulé sa ~*** er ist weit herumgekommen **6** *umg.* ***elle a la ~ des maths*** Mathematik liegt ihr

bosser [bɔse] *umg.* **1** schuften **2** ***~ son examen*** für seine Prüfung büffeln

bossu(e) [bɔsy] bucklig

botanique[1] [bɔtanik] botanisch

botanique[2] *f* [bɔtanik] Botanik *f*

▸ **botte**[1] *f* [bɔt] Stiefel *m*

botte[2] *f* [bɔt] *von Gemüse, Blumen*: Bund *n*

bottin® *m* [bɔtɛ̃] Telefonbuch *n*

bottine *f* [bɔtin] Stiefelette *f*

bouc *m* [buk] **1** Ziegenbock *m* **2** ***le ~ émissaire*** der Sündenbock **3** Spitzbart *m*

boucan *m* [bukɑ̃] *umg.* Krach *m*, Radau *m*

▸ **bouche**[1] *f* [buʃ] **1** Mund *m*; *von Tieren*: Maul *n* **2** ***le ~ à oreille*** die Mund-zu-Mund-Propaganda **3** ***il fait la fine ~*** er ist sehr wählerisch **4** ***rester ~ bée*** Mund und Augen aufreißen

bouche[2] *f* [buʃ] Öffnung *f*; ***la ~ de métro*** der U-Bahn-Eingang

bouché(e) [buʃe] **1** (*Flasche*) verkorkt **2** (*Rohr, Abfluss, Toilette, Straße*) verstopft **3** (*Wetter*) trüb; (*Himmel*) bedeckt **4** *umg.* dumm, beschränkt

bouche-à-bouche *m* [buʃabuʃ] ⟨*unv.*⟩ Mund-zu-Mund-Beatmung *f*

bouchée *f* [buʃe] **1** Bissen *m* **2** *Wendungen*: ***pour une ~ de pain*** für ein Butterbrot, für e-n Apfel und ein Ei; ***il met les ~s doubles*** er legt e-n Zahn zu

▸ **boucher**[1] [buʃe] **1** zustopfen (*Loch usw.*) **2** verkorken (*Flasche*) **3** versperren (*Aussicht, Straße*) **4** ***se ~*** verstopfen **5** ***se ~ le nez*** sich die Nase zuhalten

▸ **boucher**[2] *m* [buʃe] Fleischer *m*, Metzger *m*

▸ **boucherie** *f* [buʃʀi] **1** Fleischerei *f*, Metzgerei *f* **2** (*Gemetzel*) Blutbad *n*

▸ **bouchon** *m* [buʃõ] **1** Verschluss *m* **2** *bei e-r Flasche*: Stöpsel *m*, Korken *m* **3** *im Verkehr*: Stau *m* **4** *an der Angel*: Schwimmer *m*

boucle *f* [bukl] **1** *am Gürtel, Schuh usw.*: Schnalle *f* **2** ***la ~ d'oreille*** der Ohrring **3** *im Haar*: Locke *f* **4** *in e-m Band, Fluss, PC-Programm*: Schleife *f*

bouclé(e) [bukle] lockig, gelockt

boucler [bukle] **1** zuschnallen (*Gürtel usw.*) **2** ***~ sa valise*** seine Koffer packen **3** (*Haare*) sich kringeln **4** abschließen, zu Ende bringen (*Arbeit*) **5** *umg.* zumachen; ***la police a bouclé le quartier*** die Polizei hat das Viertel abgeriegelt **6** *umg.* einsperren

bouclier *m* [buklije] *beim Kampf*: Schild *m*

bouder [bude] schmollen

boudin *m* [budɛ̃] Blutwurst *f*

▸ **boue** *f* [bu] Schlamm *m*, Schmutz *m*

bouée *f* [bwe] **1** Boje *f* **2** *Schwimmhilfe*: Schwimmreifen *m*; ***la ~ de sauvetage*** der Rettungsring

bou|eux, ~euse [bwø, -øz] schlammig, schmutzig

bouffe *f* [buf] *umg.* Essen *n*, Fressen *n*

bouffée *f* [bufe] **1** *beim Einatmen*: Zug *m*; *beim Ausatmen*: Hauch *m* **2** ***une ~ d'air*** ein Luftschwall; ***une ~ de vent*** ein Windstoß

bouffer [bufe] *umg.* mampfen

bouffi(e) [bufi] aufgedunsen, geschwollen

bouffon *m* [bufõ] **1** Spaßvogel *m* **2** *früher*: ***le ~ du roi*** der Hofnarr

bougeoir *m* [buʒwaʀ] Kerzenleuchter *m*

▸ **bouger** [buʒe] ⟨***-ge-***⟩ **1** sich bewegen; ***je ne bouge pas*** *a.* ich rühre mich nicht vom Fleck **2** ***~ le bras*** *usw.* den Arm *usw.* bewegen **3** ***ma dent bouge*** mein Zahn wackelt **4** in Bewegung geraten, sich verändern; *umg.* ***ça bouge*** da rumort es, da ist was in Bewegung **5** *umg.* ***se ~*** sich bewegen, etw tun *od.* unternehmen

▸ **bougie** *f* [buʒi] **1** Kerze *f* **2** AUTO Zündkerze *f*

boug|on, ~onne [bugõ, -ɔn] mürrisch, brummig

bougonner [bugɔne] murren, brummen

bouillie *f* [buji] Brei *m*

▸ **bouillir** [bujiʀ] ⟨*prés.*: ***je, tu bous, il bout***; *impér.*: ***bous!***⟩ **1** kochen **2** ***faire ~*** kochen, abkochen (*Wasser*); *zum Sterilisieren*: auskochen **3** ***je bous d'impatience*** ich sterbe vor Ungeduld

bouilloire *f* [bujwaʀ] Wasserkessel *m*, Teekessel *m*

B

bouillon *m* [bujõ] (⚠ le bouillon) Brühe *f*, Bouillon *f*
bouillonner [bujɔne] sprudeln, brodeln
bouillotte *f* [bujɔt] Wärmflasche *f*
▸ **boulang|er** *m*, **~ère** *f* [bulɑ̃ʒe, -ɛʀ] Bäcker(in) *m(f)*
▸ **boulangerie** *f* [bulɑ̃ʒʀi] Bäckerei *f*
▸ **boule** *f* [bul] **1** Kugel *f* **2** *Wendungen*: *umg.* ***elle s'est mise en ~*** sie ist in die Luft gegangen; *umg.* ***elle a perdu la ~*** sie ist ausgerastet; *umg.* ***j'ai les ~s*** ich habe Schiss **3** ***le jeu de ~s*** das Boulespiel; ***jouer aux ~s*** Boule spielen **4** ***la ~ de neige*** der Schneeball
bouleau *m* [bulo] ⟨*Pl* **~x**⟩ Birke *f*
boulette *f* [bulɛt] **1** kleine Kugel, Kügelchen *n* **2** GASTR Fleischbällchen *n* **3** *umg.* ***faire une ~*** e-n Fehler machen
▸ **boulevard** *m* [bulvaʀ] große Straße, Boulevard *m*; *um Paris*: ***le ~ périphérique*** die Ringautobahn
bouleversant(e) [bulvɛʀsɑ̃(t)] erschütternd, überwältigend
bouleversement *m* [bulvɛʀsəmɑ̃] **1** *gesellschaftlich usw.*: (grundlegende) Veränderung, Umwälzung *f* **2** *Gefühl*: Erschütterung *f*, Bestürzung *f*
bouleverser [bulvɛʀse] **1** völlig durcheinanderbringen, auf den Kopf stellen **2** (grundlegend) verändern (*Leben, Programm*) **3** (tief) erschüttern (*Person*)
▸ **boulot** *m* [bulo] *umg.* Arbeit *f*, Job *m*; ***le petit ~*** der Gelegenheitsjob
boum *f* [bum] *umg.* Fete *f*, Party *f*
▸ **bouquet** *m* [bukɛ] **1** Strauß *m*, Blumenstrauß *m* **2** *umg.* ***c'est le ~!*** das ist doch die Höhe!
bouquetin *m* [buktɛ̃] Steinbock *m*
bouquin *m* [bukɛ̃] *umg.* Buch *n*
bouquiner [bukine] *umg.* schmökern
bouquiniste *m,f* [bukinist] *Straßenbuchhändler(in) am Pariser Seine-Ufer*
bourde *f* [buʀd] Fehler *m*, Schnitzer *m*
bourdon *m* [buʀdõ] **1** Hummel *f* **2** *umg.* ***j'ai le ~*** ich bin down *od.* deprimiert
bourdonnement *m* [buʀdɔnmɑ̃] **1** *von Insekten*: Summen *n* **2** *e-s Motors*: Brummen *n*, Dröhnen *n* **3** *von Menschen*: Stimmengewirr *n*
bourdonner [buʀdɔne] **1** (*Insekten*) summen, brummen **2** (*Motor*) brummen, dröhnen; (*Ventilator*) surren
bourgeois(e) [buʀʒwa(z)] **1** bürgerlich; ***la classe bourgeoise*** das Bürgertum **2** *im negativen Sinn* spießig, kleinbürgerlich
bourgeois(e) *m(f)* [buʀʒwa(z)] **1** Bürgerliche(r) *f(m)* **2** *früher*: Bürger(in) *m(f)* **3** *im negativen Sinn* Spießer(in) *m(f)*
bourgeoisie *f* [buʀʒwazi] Bürgertum *n*
bourgeon *m* [buʀʒõ] Knospe *f*
bourgeonner [buʀʒɔne] **1** (*Bäume*) ausschlagen **2** ***son visage bourgeonne*** er hat Pickel im Gesicht
bourguign|on, ~onne [buʀgiɲõ, -ɔn] aus Burgund, Burgunder …
bourrade *f* [buʀad] Stoß *m*
bourrasque *f* [buʀask] Windstoß *m*, Windbö *f*
bourré(e) [buʀe] **1** (*Saal, Zug usw.*) überfüllt, gerammelt voll **2** (*Koffer usw.*) vollgestopft, randvoll **3** ***bourré de fautes, complexes*** *usw.* voller Fehler, Komplexe *usw.* **4** *umg.* (*betrunken*) voll, besoffen
bourreau *m* [buʀo] ⟨*Pl* **~x**⟩ **1** Henker *m*, Scharfrichter *m* **2** *fig.* ***le ~ des cœurs*** der Herzensbrecher
bourrer [buʀe] **1** vollstopfen **2** stopfen (*Pfeife*) **3** füllen (*Kissen*) **4** (*Essen*) sättigen
bourrique *f* [buʀik] Esel *m* (*a. fig.*)
bourru(e) [buʀy] mürrisch, unwirsch
bourse *f* [buʀs] **1** Portemonnaie *n*, Geldbeutel *m* **2** ***la ~ (d'études)*** die Studienbeihilfe, das Stipendium
Bourse *f* [buʀs] Börse *f*
bours|ier *m*, **~ière** *f* [buʀsje, -jɛʀ] Stipendiat(in) *m(f)*
boursouflé(e) [buʀsufle] (*Gesicht, Stil*) geschwollen
bousculade *f* [buskylad] **1** Gedränge *n* **2** (*Drängeln*) Drängelei *f* **3** (*Hetze*) Eile *f*, Hektik *f*
bousculer [buskyle] **1** (*stoßen*) schubsen, anrempeln **2** *zu Boden*: umstoßen, umwerfen **3** (*antreiben*) hetzen, drängen **4** (*ändern*) auf den Kopf stellen **5** umstoßen (*Traditionen, Ideen usw.*) **6** ***se ~*** drängeln, sich drängen
bouse *f* [buz] Kuhfladen *m*
bousiller [buzije] **1** schlampig machen (*Arbeit*) **2** abmurksen (*j-n*)
boussole *f* [busɔl] **1** Kompass *m* **2** *umg.* ***je perds la ~*** ich drehe durch
▸ **bout**[1] *m* [bu] **1** Ende *n* **2** Spitze *f*; ***le ~***

du doigt, de la langue, du nez die Finger-, Zungen-, Nasenspitze **3** (*Teil*) Stück *n* **4** ***à ~ de bras*** mit ausgestreckten Armen **5** ***à tout ~ de champ*** andauernd, alle naselang **6** ***de ~ en ~, d'un ~ à l'autre*** von Anfang bis Ende, von A bis Z **7** ***je suis à ~ de ...*** ich bin mit ... am Ende, ich habe kein(e) ... mehr; ***pousser qn à ~*** j-n auf die Palme bringen **8** ***venir à ~ de qc*** mit etw fertig werden **9** ▸ ***au bout de*** nach; ***au ~ de six jours*** nach sechs Tagen

bout² [bu] → ***bouillir***

boutade *f* [butad] Scherz *m*, lustiger Spruch

boute-en-train *m* [butɑ̃tʀɛ̃] ⟨*unv.*⟩ Stimmungskanone *f*

▸ **bouteille** *f* [butɛj] Flasche *f*; ***la ~ consignée*** die Pfandflasche

▸ **boutique** *f* [butik] Laden *m*, Geschäft *n* (⚠ *nicht nur* Boutique, *sondern a.*: la boutique de l'épicier, du boulanger *usw.*)

▸ **bouton** *m* [butõ] **1** Knopf *m* **2** BOT Knospe *f* **3** *auf der Haut*: Pickel *m* **4** IT ***le ~ gauche*** (*bzw.* ***droit***) ***de la souris*** die linke (*bzw.* rechte) Maustaste

bouton-d'or *m* [butõdɔʀ] ⟨*Pl* ***boutons-d'or***⟩ Butterblume *f*

boutonner [butɔne] **1** zuknöpfen **2** ***je me boutonne*** ich mache meine Knöpfe zu **3** ***la robe se boutonne dans le dos*** das Kleid wird auf dem Rücken geknöpft

boutonnière *f* [butɔnjɛʀ] Knopfloch *n*

bouton-pression *m* [butõpʀɛsjõ] ⟨*Pl* ***boutons-pression***⟩ Druckknopf *m*

bovin(e) [bɔvɛ̃(-in)] Rinder...

bovins *m Pl* [bɔvɛ̃] Rinder *n Pl*

boxe *f* [bɔks] (⚠ la boxe) Boxen *n*

boxer [bɔkse] boxen

boxeur *m* [bɔksœʀ] Boxer *m*

boyau *m* [bwajo] ⟨*Pl* ***~x***⟩ **1** Darm *m* **2** TECH Schlauch *m*

BP [bepe] (*Abk. für* boîte postale) Postfach *n*

bracelet *m* [bʀaslɛ] Armband *n*, Armreif *m*

bracelet-montre *m* [bʀaslɛmõtʀ] ⟨*Pl* ***bracelets-montres***⟩ Armbanduhr *f*

braconner [bʀakɔne] wildern

braconnier *m* [bʀakɔnje] Wilddieb *m*

brader [bʀade] zu Sonderpreisen verkaufen, verschleudern

braderie *f* [bʀadʀi] Straßenverkauf *m* zu Sonder-, Schleuderpreisen

braguette *f* [bʀagɛt] Hosenschlitz *m*

braillard(e) *m(f)* [bʀɑjaʀ(d)] *umg.* Schreihals *m*

brailler [bʀɑje] **1** brüllen, schreien **2** (*Baby*) plärren **3** (*Betrunkener*) grölen

braire [bʀɛʀ] ⟨*manche Formen mit* -y-: ***il brayait, brayant*** *usw.*⟩ **1** ***l'âne brait*** der Esel macht iah **2** *umg.* brüllen, schreien

braise *f* [bʀɛz] Glut *f*

braiser [bʀeze] schmoren

bramer [bʀame] (*Hirsch*) röhren

brancard *m* [bʀɑ̃kaʀ] Tragbahre *f*, Trage *f*

▸ **branche** *f* [bʀɑ̃ʃ] **1** Ast *m*, Zweig *m* **2** (*Sparte*) Branche *f*, Zweig *m* **3** *an der Brille*: Bügel *m*

branché(e) [bʀɑ̃ʃe] *umg.* **1** (↔ *out*) in, im Trend **2** ***il est branché moto*** er ist ein Motorradfan *od.* Motorradfreak

branchement *m* [bʀɑ̃ʃmɑ̃] TECH Anschluss *m*

brancher [bʀɑ̃ʃe] **1** *an Strom*: anschließen **2** (*einschalten*) anschalten, anstellen **3** ***il m'a branché sur ce sujet*** er hat mich auf dieses Thema gebracht **4** *umg.* (*gefallen*) antörnen, anmachen; ***être branché sur qc*** (*sehr mögen*) auf etw abfahren, auf etw stehen

branchies *f Pl* [bʀɑ̃ʃi] Kiemen *f Pl*

brandir [bʀɑ̃diʀ] schwingen, schwenken

branlant(e) [bʀɑ̃lɑ̃(t)] wacklig

branle *m* [bʀɑ̃l] ***(se) mettre en ~*** (sich) in Bewegung setzen

branle-bas *m* [bʀɑ̃lbɑ] ⟨*unv.*⟩ Durcheinander *n*, Aufregung *f*

branler [bʀɑ̃le] **1** wackeln **2** *vulg.* tun, machen **3** *vulg.* ***se ~*** (*onanieren*) sich einen runterholen

braquage *m* [bʀakaʒ] **1** AUTO Einschlagen *n* **2** *Argot* bewaffneter Raubüberfall

braquer [bʀake] **1** ***~ une arme*** *usw.* ***sur qn*** e-e Waffe *usw.* auf j-n richten **2** *Argot* überfallen, ausrauben **3** einschlagen (*Lenkrad*); ***la voiture braque mal*** das Auto hat e-n zu großen Wendekreis **4** ***se ~ contre qc*** sich gegen etw sperren, etw stur ablehnen

▸ **bras** *m* [bʀa] *od.* [bʀɑ] **1** Arm *m*; ***~ dessus, ~ dessous*** Arm in Arm **2** *Person*: Arbeitskraft *f* **3** *bei Möbeln*: Armlehne *f* **4** ***elle est le ~ droit du pa-***

B

tron sie ist die rechte Hand des Chefs **5** ***dépenser à tour de ~*** mit vollen Händen ausgeben **6** ***baisser les ~*** sich geschlagen geben

brassard *m* [bʀasaʀ] Armbinde *f*

brasse *f* [bʀas] Brustschwimmen *n*

brassée *f* [bʀase] ***une ~ (de bois)*** ein Armvoll (Holz)

brasser [bʀase] **1** ***~ la bière*** Bier brauen **2** (*mischen*) umrühren, durchrühren

brasserie *f* [bʀasʀi] **1** Brauerei *f* **2** *Gaststätte*: Kneipe *f*, Bierlokal *n*

brassière *f* [bʀasjɛʀ] Hemdchen *n*, Jäckchen *n*

▸ **brave** [bʀav] **1** tapfer, mutig **2** (*gut*) anständig, ehrlich; ***un ~ type*** ein netter Kerl

braver [bʀave] sich hinwegsetzen über

break *m* [⚠ bʀɛk] AUTO Kombi *m*

brebis *f* [bʀəbi] **1** Schaf *n* **2** *fig*. ***la ~ galeuse*** das schwarze Schaf

brèche *f* [bʀɛʃ] Loch *n*, Öffnung *f*

bredouille [bʀəduj] ***rentrer ~*** mit leeren Händen zurückkommen

bredouiller [bʀəduje] **1** nuscheln **2** (*stottern*) stammeln

bref, brève [bʀɛf, bʀɛv] **1** kurz **2** (***enfin***) ***bref, il a …*** kurz und gut, er hat …

breloque *f* [bʀəlɔk] *Schmuck*: Anhänger *m*

Brésil [bʀezil] ***le ~*** Brasilien *n*

brésil|ien, ~ienne [bʀeziljɛ̃, -jɛn] brasilianisch

Brésil|ien *m*, **~ienne** *f* [bʀeziljɛ̃, -jɛn] Brasilianer(in) *m*(*f*)

Bretagne *f* [bʀətaɲ] Bretagne *f* (*Region in Westfrankreich*)

bretelle *f* [bʀətɛl] **1** *an Kleidung*: Träger *m*; *an Taschen*: Riemen *m*, Gurt *m* **2** ***les ~s*** die Hosenträger **3** *an der Autobahn*: ***la ~ (d'accès)*** die Auffahrt

bret|on, ~onne [bʀətõ, -ɔn] bretonisch

Bret|on *m*, **~onne** *f* [bʀətõ, -ɔn] Bretone *m*, Bretonin *f*

brève [bʀɛv] → ***bref***

brevet *m* [bʀəvɛ] **1** Abschlusszeugnis *n*, Diplom *n* **2** ***le ~ (des collèges)*** ≈ die mittlere Reife **3** ***le ~ de pilotage*** der Flugschein **4** ***le ~ (d'invention)*** das Patent

breveter [bʀəvte] ⟨*-tt-*⟩ patentieren

bribes *f Pl* [bʀib] **1** *e-s Gesprächs*: Fetzen *m Pl* **2** *e-r Sprache*: Brocken *m Pl*

bric-à-brac *m* [bʀikabʀak] ⟨*unv.*⟩ Gerümpel *n*

bricolage *m* [bʀikɔlaʒ] **1** Basteln *n*, Heimwerken *n* **2** (*Stümperei*) Pfusch *m*

bricole *f* [bʀikɔl] Kleinigkeit *f*

bricoler [bʀikɔle] **1** basteln, heimwerken **2** *abw*. herumwerkeln **3** *beruflich*: jobben, herumjobben

▸ **bricol|eur** *m*, **~euse** *f* [bʀikɔlœʀ, -øz] Bastler(in) *m*(*f*), Heimwerker(in) *m*(*f*)

bride *f* [bʀid] **1** Zaumzeug *n*, Zügel *m Pl* **2** *beim Knoten*: Schlinge *f* **3** *beim Gürtel*: Schlaufe *f*

bridé(e) [bʀide] ***elle a les yeux bridés*** sie hat Schlitzaugen

brider [bʀide] zäumen (*Pferd*)

brièvement [bʀijɛvmɑ̃] kurz

brièveté *f* [bʀijɛvte] Kürze *f*

brigade *f* [bʀigad] **1** *bei der Polizei*: Abteilung *f*, Dezernat *n* **2** MIL Brigade *f* **3** *von Arbeitern*: Kolonne *f*, Trupp *m*

brigand *m* [bʀigɑ̃] **1** *früher*: Räuber *m* **2** (*Betrüger*) Halsabschneider *m*

brillamment [bʀijamɑ̃] glänzend

brillant *m* [bʀijɑ̃] **1** *Edelstein*: Brillant *m* **2** (*Schimmer*) Glanz *m*

brillant(e) [bʀijɑ̃(t)] **1** glänzend; (*Farben*) leuchtend **2** (*hervorragend*) glänzend, brillant

▸ **briller** [bʀije] **1** (*Stern, Blitz, Augen*) leuchten; (*Diamant, Stern*) funkeln **2** ***le soleil brille*** die Sonne scheint **3** glänzen; ***faire ~*** polieren **4** (*Person*) glänzen, brillant sein

brimade *f* [bʀimad] Schikane *f*

brimer [bʀime] schikanieren

brin *m* [bʀɛ̃] **1** Halm *m*, Stängel *m* **2** *von Wolle usw.*: Fädchen *n*, Faser *f* **3** ***un ~ de …*** ein bisschen …

brio *m* [bʀijo] ***avec ~*** mit Bravour

brioche *f* [bʀijɔʃ] *Hefegebäck*

brique *f* [bʀik] **1** Ziegelstein *m*, Backstein *m* **2** *für Getränke*: Tüte *f*, Tetrapak *m*

▸ **briquet** *m* [bʀikɛ] Feuerzeug *n* (⚠ Brikett = ***briquette*** *f*)

brisé(e) [bʀize] **1** (*Dinge*) zerbrochen **2** ***d'une voix brisée*** mit gebrochener Stimme

brise-glace(s) *m* [bʀizglas] ⟨*unv.*⟩ Eisbrecher *m*

brise-lames *m* [bʀizlam] ⟨*unv.*⟩ Wellenbrecher *m*

briser [bʀize] **1** zerbrechen, kaputt machen **2** *fig*. ***~ la grève, le cœur, le silence*** den Streik, das Herz, das

Schweigen brechen; **~ *une carrière, une illusion*** e-e Karriere, Illusion zerstören **3 ~ *qn*** j-n fertigmachen **4 *le verre s'est brisé*** das Glas ist zerbrochen
broc *m* [⚠ bʀo] Krug *m*, Kanne *f*
brocante *f* [bʀɔkɑ̃t] **1** *Dinge*: Trödel *m* **2** Trödelmarkt *m* **3** *Geschäft*: Trödelladen *m*
brocant|eur *m*, **~euse** *f* [bʀɔkɑ̃tœʀ, -øz] Trödler(in) *m(f)*, Ⓐ Tandler(in) *m(f)*
broche *f* [bʀɔʃ] **1** Brosche *f*, Anstecknadel *f* **2** GASTR Spieß *m*, Bratspieß *m*
brochet *m* [bʀɔʃɛ] Hecht *m*
brochette *f* [bʀɔʃɛt] Spieß *m*
brochure *f* [bʀɔʃyʀ] Broschüre *f*
broder [bʀɔde] **1** sticken **2 ~ *un mouchoir*** ein Taschentuch besticken **3** *fig.* fabulieren; **~ *sur qc*** etw ausschmücken
broderie *f* [bʀɔdʀi] Stickerei *f*
broncher [bʀõʃe] aufmucken; ***sans*** **~** ohne e-n Mucks
bronches *f Pl* [bʀõʃ] Bronchien *f Pl*
bronchite *f* [bʀõʃit] Bronchitis *f*
bronzage *m* [bʀõzaʒ] **1** *in der Sonne*: Bräunen *n*, Braunwerden *n* **2** *Hautfarbe*: Bräune *f*, Sonnenbräune *f*
bronze *m* [bʀõz] (⚠ le bronze) Bronze *f*
bronzé(e) [bʀõze] braun gebrannt
▸ **bronzer** [bʀõze] **1 *il a bronzé*** er ist braun geworden **2 *elle se fait*** **~** sie sonnt sich
brosse *f* [bʀɔs] Bürste *f*; ▸ ***la brosse à dents*** die Zahnbürste
▸ **brosser** [bʀɔse] **1** bürsten (*Haare, Zähne*) **2** abbürsten, ausbürsten (*Kleid, Teppich*)
brouette *f* [bʀuɛt] Schubkarre *f*
brouhaha *m* [bʀuaa] Stimmengewirr *n*
▸ **brouillard** *m* [bʀujaʀ] Nebel *m*
brouille *f* [bʀuj] Streit *m*, Krach *m*
brouillé(e) [bʀuje] **1 *des œufs brouillés*** Rühreier *n Pl* **2** (*Menschen*) verkracht, zerstritten
brouiller [bʀuje] **1** durcheinanderbringen; **~ *les pistes*** die Spuren verwischen **2 *se* ~ *avec qn*** sich mit j-m verkrachen **3 *ma vue se brouille*** mir verschwimmt alles vor den Augen
brouillon[1] *m* [bʀujõ] Konzept *n*, Entwurf *m*
brouill|on[2], **~onne** [bʀujõ, -ɔn] unordentlich, chaotisch
broussailles *f Pl* [bʀusaj] Gestrüpp *n*, Dickicht *n*
brousse *f* [bʀus] GEOG Busch *m*
brouter [bʀute] **1** (*Tier*) weiden, grasen **2** abweiden, abgrasen (*Weide*)
broutille *f* [bʀutij] Lappalie *f*, Belanglosigkeit *f*
broyer [bʀwaje] ⟨**-oi-**⟩ **1** zerkleinern, zermahlen, zerdrücken **2** *fig.* ***il broie du noir*** er bläst Trübsal
bru *f* [bʀy] Schwiegertochter *f*
Bruges [bʀyʒ] Brügge *n*
brugnon *m* [bʀyɲõ] Nektarine *f*
bruine *f* [bʀɥin] Nieselregen *m*
bruiner [bʀɥine] nieseln
bruire [bʀɥiʀ] **1** (*Blätter, Wind, Wasser*) (leise) rauschen **2** (*Papier, Stoff*) rascheln
▸ **bruit** *m* [bʀɥi] **1** Geräusch *n* **2** *stärker*: Lärm *m*; ***faire du*** **~** Krach machen; *fig.* Aufsehen erregen **3** (*Gerede*) Gerücht *n*
brûlant(e) [bʀylɑ̃(t)] glühend heiß
brûlé *m* [bʀyle] Angebrannte(s) *n*; ***ça sent le*** **~** es riecht angebrannt
▸ **brûler** [bʀyle] **1** brennen; *ganz*: verbrennen; (*Haus, Wald usw.*) abbrennen **2 ~ *qc*** etw verbrennen **3** ▸ ***se brûler*** sich verbrennen **4** (*wehtun*) brennen **5** (*Essen*) anbrennen **6** glühend heiß sein **7 ~ *le feu rouge*** bei Rot über die Ampel fahren **8 *tu brûles!*** *bei Suchspielen*: heiß!; *bei Ratespielen*: du bist ganz nah dran!
brûlure *f* [bʀylyʀ] **1** Verbrennung *f*, Brandwunde *f* **2** *auf der Tischdecke usw.*: Brandfleck *m*, Brandloch *n* **3 *des ~s d'estomac*** Sodbrennen *n*
brume *f* [bʀym] Dunst *m*, (leichter) Nebel
brum|eux, **~euse** [bʀymø, -øz] **1** (*Wetter*) dunstig, diesig **2** (*Angelegenheit*) unklar, nebulös
▸ **brun(e)** [bʀœ̃ (bʀyn)] (*m oft a.* [bʀɛ̃]) **1** braun **2** (*Mensch*) braun-, dunkelhaarig **3** (*Bier, Tabak*) dunkel
brunch *m* [⚠ bʀœnʃ] ⟨*Pl* ***brunches***⟩ Brunch *m*
brunir [bʀyniʀ] **1** bräunen **2** braun werden
brusque [bʀysk] **1** barsch, schroff **2** (*plötzlich*) jäh, abrupt
brusquement [bʀyskəmɑ̃] plötzlich
brusquer [bʀyske] **1 *il m'a brusqué*** er hat mich angefahren *od.* angeherrscht **2 ~ *une décision*** e-e Entscheidung

B

überstürzen *od.* übers Knie brechen

brut(e) *beide* [⚠ bRyt] **1** roh; ***le pétrole brut*** das Rohöl **2** ***du (champagne) brut*** sehr trockener Champagner **3** WIRTSCH Brutto..., brutto

brutal(e) [bRytal] ⟨*m Pl* **-aux**⟩ **1** (*Mensch*) brutal **2** (*Wahrheit*) schonungslos **3** (*Stoß*) heftig, schwer

brutaliser [bRytalize] grob behandeln

brutalité *f* [bRytalite] Brutalität *f*

brute *f* [bRyt] brutaler Mensch, Rohling *m*

Bruxelles [bRy(k)sɛl] Brüssel *n*

bruyamment [bRɥijamɑ̃] laut

▸ **bruyant(e)** [bRɥijɑ̃(t)] laut

bruyère *f* [bRɥijɛR] Heidekraut *n*, Erika *f*

BTS *m* [beteɛs] (*Abk. für* Brevet de Technicien Supérieur) ≈ Fachhochschulabschluss *m*

bu [by] → ***boire***

bûche *f* [byʃ] **1** Holzscheit *n* **2** ***la ~ de Noël*** *traditioneller frz. Weihnachtskuchen*

bûcher [byʃe] *umg.* pauken, büffeln

budget *m* [bydʒɛ] Budget *n*

buée *f* [bɥe] *an Fensterscheiben usw.*: Beschlag *m*; ***se couvrir de ~*** beschlagen

buffet *m* [byfɛ] (⚠ buffet) **1** *Essen*: Büfett *n* **2** *Möbel*: Büfett *n*, Wohnzimmerschrank *m* **3** ***le ~ de la gare*** das Bahnhofsrestaurant

buffle *m* [byfl] Büffel *m*

▸ **buisson** *m* [bɥisõ] Gebüsch *n*

buissonnière [bɥisɔnjɛR] ***faire l'école ~*** die Schule schwänzen

bulbe *f* [bylb] **1** Blumenzwiebel *f* **2** *auf Türmen*: Zwiebeldach *n*

bulgare [bylgaR] bulgarisch

Bulgare *m,f* [bylgaR] Bulgare *m*, Bulgarin *f*

Bulgarie [bylgaRi] ***la ~*** Bulgarien *n*

bulle *f* [byl] **1** Blase *f* **2** *in Comics*: Sprechblase *f*

▸ **bulletin** *m* [byltɛ̃] **1** Bericht *m* **2** SCHULE Zeugnis *n* **3** (*Zettel*) Schein *m*; ***le ~ de vote*** der Stimmzettel **4** TV, RAD ***le ~ d'information*** die Nachrichten; ***le ~ météorologique*** der Wetterbericht

buraliste *m,f* [byRalist] Tabakwarenhändler(in) *m(f)*, Ⓐ Trafikant(in) *m(f)*

▸ **bureau** *m* [byRo] ⟨*Pl* **~x**⟩ **1** Schreibtisch *m*; SCHULE Schulbank *f* **2** *Raum, Arbeitsstelle*: Büro *n* **3** ▸ ***le bureau de poste*** das Postamt **4** ***le ~ de change*** die Wechselstube **5** ***le bureau de tabac*** das Tabakwarengeschäft, Ⓐ die Tabaktrafik **6** *e-r Partei, Gewerkschaft*: Vorstand *m*

bureaucratie *f* [⚠ byRokRasi] Bürokratie *f*

bureautique *f* [byRotik] Bürokommunikation *f*

▸ **bus** *m* [bys] *umg.* Bus *m*

buse *f* [byz] Bussard *m*

buste *m* [byst] **1** Oberkörper *m* **2** *von Frauen*: Brust *f* **3** *Skulptur*: Büste *f* (⚠ le buste)

▸ **but**[1] *m* [by] *od.* [byt] **1** (*Bestimmung*) Ziel *n* **2** (*Zweck*) Absicht *f*; ***dans le ~ de le faire*** in der Absicht *od.* mit dem Ziel, es zu tun; ***dans un ~ scientifique*** für e-n wissenschaftlichen Zweck **3** SPORT Tor *n*, Treffer *m*; ***marquer un ~*** ein Tor schießen **4** ***de ~ en blanc*** mir nichts, dir nichts

but[2] [by] → ***boire***

buté(e) [byte] stur, bockig, eigensinnig

buter [byte] **1** ***~ contre qc*** gegen etw stoßen **2** ***~ sur une difficulté*** auf e-e Schwierigkeit stoßen; ***~ sur un mot*** über ein Wort stolpern **3** ***se ~*** bockig *od.* eigensinnig werden

buteur *m* [bytœR] Torjäger *m*

butin *m* [bytɛ̃] **1** Beute *f* **2** Diebesgut *n* **3** *fig.* Ausbeute *f*

butiner [bytine] (*Bienen*) Honig sammeln

butte *f* [byt] Hügel *m*

buvable [byvabl] trinkbar

buvais [byvɛ], **buvant** [byvɑ̃] → ***boire***

buvard *m* [buvaR] Löschblatt *n*

buvette *f* [byvɛt] Bar *f*, Ausschank *m*

buv|eur *m*, **~euse** *f* [byvœR, -øz] **1** ***un buveur de thé, de vin*** *usw.* ein Tee-, Weintrinker *usw.* **2** (*Alkoholiker[in]*) Trinker(in) *m(f)* **3** *in e-m Lokal*: Gast *m*

buvez [byve], **buvons** [byvõ] → ***boire***

C

c' [s] → ***ce¹***

▸ **ça** [sa] *umg.* **1** es, das **2** ***c'est ~!*** ja!, stimmt!, (ganz) genau! **3** **(*comment*)** ***~ va?*** wie geht's? **4** ***~ y est?*** wird's bald?, bist du so weit? **5** ***~ alors!, ~ par exemple!*** na so was!; ***ah, ~ non!*** auf keinen Fall! **6** *mit Präp.*: ***comme ~*** so; ***j'ai dit ~ comme ~*** das hab ich nur so gesagt **7** *im Laden*: ***et avec ~?*** was darf es sonst noch sein? **8** *zur Verstärkung in Fragen*: denn; ***comment, où, pourquoi, quand, qui*** *usw.* ***~?*** wie, wo, warum, wann, wer *usw.* denn?

çà [sa] ***~ et là*** hier und da

cabane *f* [kaban] **1** Hütte *f*, Schuppen *m* **2** *umg.* (*Gefängnis*) Knast *m*, Bau *m*

cabaret *m* [kabaʀɛ] Nachtlokal *n*, Nachtbar *f*

cabas *m* [kaba] Einkaufstasche *f*

cabillaud *m* [kabijo] Kabeljau *m*

cabine *f* [kabin] **1** Kabine *f*; ***la ~ d'essayage*** die Umkleidekabine **2** ***la ~ de pilotage*** das Cockpit **3** ▸ ***la cabine téléphonique*** die Telefonzelle

cabinet *m* [kabinɛ] **1** *vom Arzt*: Praxis *f*; ***le ~ de consultation*** das Sprechzimmer **2** *vom Anwalt*: Kanzlei *f* **3** ***le ~ de toilette*** der Waschraum

cabinets *m Pl* [kabinɛ] Toilette *f*, WC *n*

▸ **câble** *m* [kɑbl] **1** Seil *n*, Tau *n* **2** (*Leitung*) Kabel *n* **3** Kabelfernsehen *n*

câblé(e) [kɑble] verkabelt

cabossé(e) [kabɔse] verbeult

se cabrer [səkɑbʀe] **1** (*Pferd*) sich aufbäumen **2** (*Mensch*) sich sträuben

cabri *m* [kabʀi] Zicklein *n*

cabriole *f* [kabʀijɔl] **1** Luftsprung *m* **2** Purzelbaum *m*

cabriolet *m* [kabʀijɔlɛ] Kabrio *n*

cacah(o)uète *f* [kakawɛt] Erdnuss *f*

cacao *m* [kakao] Kakao *m*

cache-cache *m* [kaʃkaʃ] ***ils jouent à ~*** sie spielen Verstecken

cache-pot *m* [kaʃpo] ⟨*unv.*⟩ Übertopf *m*

▸ **cacher** [kaʃe] **1** verstecken **2** verdecken; ***~ la vue*** den Blick versperren **3** (*geheim halten*) verheimlichen, verschweigen

cachet *m* [kaʃɛ] **1** Tablette *f* **2** *auf Briefen*: Stempel *m*; *früher*: Siegel *n* **3** (*Honorar*) Gage *f*

cacheter [kaʃte] ⟨***-tt-***⟩ zukleben; *früher*: versiegeln

cachette *f* [kaʃɛt] **1** Versteck *n* **2** ***en ~*** heimlich

cachot *m* [kaʃo] **1** *früher*: Kerker *m* **2** *heute*: Einzelhaft *f*

cachotterie *f* [kaʃɔtʀi] Geheimniskrämerei *f*

cachott|ier *m*, **~ière** *f* [kaʃɔtje, -jɛʀ] Geheimniskrämer(in) *m(f)*

cactus *m* [kaktys] Kaktus *m*

c.-à-d. (*Abk. für* c'est-à-dire) d. h.

cadavre *m* [kadavʀ] **1** Leiche *f*, Leichnam *m* **2** *von Tieren*: Kadaver *m* **3** *umg.* (ganz) leere Flasche

▸ **cadeau** *m* [kado] ⟨*Pl* ***~x***⟩ Geschenk *n*; ***ce livre, il m'en a fait ~*** das Buch, das hat er mir geschenkt

cadenas *m* [kadnɑ] Vorhängeschloss *n*

cadence *f* [kadɑ̃s] **1** Rhythmus *m*, Takt *m* **2** (*Geschwindigkeit*) Tempo *n*

cadencé(e) [kadɑ̃se] rhythmisch

cad|et¹, **~ette** [kadɛ, -ɛt] *von zweien*: jüngere(r, -s); *von mehreren*: jüngste(r, -s); ***c'est mon frère cadet*** das ist mein jüngerer *bzw.* jüngster Bruder

cadet² *m* [kadɛ] **1** *von zweien*: Jüngere(r) *m*, jüngerer Sohn; *von mehreren*: Jüngste(r) *m*, jüngster Sohn **2** ***il est mon ~*** (***de cinq ans***) er ist (fünf Jahre) jünger als ich

cadette *f* [kadɛt] **1** *von zweien*: Jüngere *f*, jüngere Tochter; *von mehreren*: Jüngste *f*, jüngste Tochter **2** ***elle est ma ~*** (***de deux ans***) sie ist (zwei Jahre) jünger als ich

cadran *m* [kadʀɑ̃] **1** *e-r Uhr*: Zifferblatt *n* **2** *e-s Messinstruments*: Skala *f* **3** TEL Wählscheibe *f* **4** ***le ~ solaire*** die Sonnenuhr **5** ***j'ai fait le tour du ~*** ich habe zwölf Stunden am Stück geschlafen

cadre *m* [kɑdʀ] **1** Rahmen *m* (*a. e-s Fahrrads*) **2** *landschaftlich*: Umgebung *f*, Lage *f* **3** (*Bereich*) Rahmen *m* **4** ***le ~ de vie*** die Umgebung, der Lebensbereich **5** *im Beruf*: ***le ~ moyen*** (*bzw.* ***supérieur***) der mittlere (*bzw.* leitende) Angestellte; ***le jeune ~*** der Jungmanager; ***les ~s*** die Führungskräfte

C

cadrer [kadʀe] übereinstimmen (***avec*** mit), passen (***avec*** zu)
cafard *m* [kafaʀ] **1** Küchenschabe *f*, Kakerlake *f* **2** *fig.* ***j'ai le ~*** ich bin deprimiert
cafard(e) *m(f)* [kafaʀ(d)] SCHULE *usw.* Petze *f*
cafarder [kafaʀde] *umg.* SCHULE *usw.* petzen
▸ **café** *m* [kafe] **1** Kaffee *m*; ***le ~ au lait*** der Milchkaffee **2** Lokal *n*, Bar *f*
caféine *f* [kafein] (⚠ la caféine) Koffein *n*
cafetière *f* [kaftjɛʀ] **1** Kaffeekanne *f* **2** ***la ~ (électrique)*** die Kaffeemaschine
cage *f* [kaʒ] **1** Käfig *m* **2** ***la ~ d'ascenseur*** der Aufzugschacht; ***la ~ d'escalier*** das Treppenhaus
cagibi *m* [kaʒibi] Abstellkammer *f*, Rumpelkammer *f*
cagoule *f* [kagul] **1** *von Gangstern*: Strumpfmaske *f* **2** Kapuzenmütze *f*
▸ **cahier** *m* [kaje] Heft *n*, Schulheft *n*; ***le ~ de textes*** das Aufgabenheft
caïd *m* [kaid] *umg.* **1** Gangsterboss *m* **2** (*hohes Tier*) Boss *m*, Bonze *m*
caille *f* [kaj] Wachtel *f*
cailler [kaje] **1** (*Blut, Milch*) gerinnen **2** *umg.* ***ça caille ici*** *od.* ***on (se) caille ici*** hier erfriert man ja
caillot *m* [kajo] ***un ~ (de sang)*** ein Blutgerinnsel
caillou *m* [kaju] 〈*Pl* ***~x***〉 Kiesel *m*, Kieselstein *m*
Caire [kɛʀ] ***le ~*** Kairo *n*
▸ **caisse** *f* [kɛs] **1** Kiste *f*, Kasten *m* **2** *für Geld*: Kasse *f*, Ⓐ Kassa *f*; ***la ~ d'épargne*** die Sparkasse **3** *umg.* (*Auto*) Karre *f*, Kiste *f*
caiss|ier *m*, **~ière** *f* [kɛsje, -jɛʀ] Kassierer(in) *m(f)*, Ⓐ Kassier(in) *m(f)*
cajoler [kaʒɔle] liebkosen, mit … schmusen
cake *m* [kɛk] (englischer) Teekuchen
calamar *m* [kalamaʀ] Tintenfisch *m*
calamité *f* [kalamite] Katastrophe *f*, Unheil *n*
calcaire[1] [kalkɛʀ] kalkhaltig, Kalk…
calcaire[2] *m* [kalkɛʀ] Kalkstein *m*
calcium *m* [⚠ kalsjɔm] Kalzium *n*
calcul[1] *m* [kalkyl] **1** Rechnen *n*; ***le ~ mental*** das Kopfrechnen **2** *Vorgang*: Rechnung *f*, Berechnung *f* **3** *geschäftlich*: Kalkulation *f* **4** *fig.* (*Kalkül*) Berechnung *f*; ***il a fait un mauvais ~*** er hat sich verrechnet *od.* verkalkuliert
calcul[2] *m* [kalkyl] MED Stein *m*; ***le ~ rénal*** der Nierenstein
calculatrice *f* [kalkylatʀis] **1** Rechenmaschine *f* **2** ***la ~ de poche*** der Taschenrechner
▸ **calculer** [kalkyle] **1** rechnen **2** berechnen, ausrechnen **3** *geschäftlich*: kalkulieren **4** (*bedenken*) einkalkulieren; ***tout bien calculé*** alles in allem
calculette *f* [kalkylɛt] Taschenrechner *m*
cale[1] *f* [kal] SCHIFF Laderaum *m*
cale[2] *f* [kal] *zum Unterlegen usw.*: Keil *m*
calé(e) [kale] *umg.* (*bewandert*) beschlagen (***en*** in)
▸ **caleçon** *m* [kalsõ] **1** *für Männer*: Unterhose *f*; ***le ~ de bain*** die Badehose **2** *für Frauen*: Leggings *Pl*
calembour *m* [kalɑ̃buʀ] Wortspiel *n*
calendrier *m* [kalɑ̃dʀije] Kalender *m*
calepin *m* [kalpɛ̃] Notizbuch *n*
caler [kale] **1** ***~ une chaise*** e-n Keil unter e-n Stuhl legen **2** (*Motor*) ausgehen **3** ***~ (le moteur)*** den Motor abwürgen **4** *umg. beim Essen*: ***je cale*** ich kann nicht mehr **5** ***se ~*** es sich bequem machen
calfeutrer [kalføtʀe] **1** abdichten (*Fenster, Tür usw.*) **2** ***se ~*** sich verkriechen
calibre *m* [kalibʀ] Kaliber *n*
Californie [kalifɔʀni] ***la ~*** Kalifornien *n*
califourchon [kalifuʀʃõ] ***à ~*** rittlings
câlin *m* [kɑlɛ̃] ***faire un ~ à qn*** mit j-m schmusen
câlin(e) [kɑlɛ̃(-in)] zärtlich, verschmust
câliner [kɑline] ***elle le câline*** sie ist zärtlich zu ihm, sie schmust mit ihm
calmant *m* [kalmɑ̃] **1** Beruhigungsmittel *n* **2** Schmerzmittel *n*
▸ **calme**[1] [kalm] ruhig
calme[2] *m* [kalm] Ruhe *f*
calmer [kalme] **1** beruhigen (*Menschen*) **2** lindern (*Schmerz, Husten*) **3** stillen (*Durst, Hunger*) **4** ***se ~*** (*Sturm, Fieber, Schmerzen usw.*) nachlassen, aufhören **5** ***calme-toi!*** beruhige dich!
calomnie *f* [kalɔmni] Verleumdung *f*
calorie *f* [kalɔʀi] Kalorie *f*
calotte *f* [kalɔt] *umg.* Ohrfeige *f*
calque *m* [kalk] Durchzeichnung *f*, Pause *f*
calvaire *m* [kalvɛʀ] Leidensweg *m*,

C

Martyrium *n*
calvitie *f* [⚠ kalvisi] Glatze *f*
▸ **camarade** *m,f* [kamaʀad] (⚠ camarade) Kamerad(in) *m(f)*
camaraderie *f* [kamaʀadʀi] (⚠ camaraderie) Kameradschaft *f*
cambriolage *m* [kɑ̃bʀijɔlaʒ] Einbruch *m*
cambrioler [kɑ̃bʀijɔle] **~ une maison** in e-m Haus einbrechen; ***j'ai été cambriolé*** bei mir wurde eingebrochen
▸ **cambrioleur** *m* [kɑ̃bʀijɔlœʀ] Einbrecher *m*
came *f* [kam] *umg.* (*Rauschgift*) Stoff *m*
camelot *m* [kamlo] Straßenhändler *m*
camelote *f* [kamlɔt] *umg.* Ramsch *m*, Schund *m*
se camer [səkame] *Argot* fixen
▸ **caméra** *f* [kameʀa] Kamera *f*
caméraman *m* [⚠ kameʀaman] ⟨*Pl* ***caméramans*** *od.* ***caméramen***⟩ Kameramann *m*, Kamerafrau *f*
Cameroun [kamʀun] ***le ~*** Kamerun *n*
caméscope® *m* [kameskɔp] Camcorder *m*, Videorekorder *m*
▸ **camion** *m* [kamjõ] Lastwagen *m*, Lkw *m*
camion-citerne *m* [kamjõsitɛʀn] ⟨*Pl* ***camions-citernes***⟩ Tankwagen *m*
camionnette *f* [kamjɔnɛt] Lieferwagen *m*, Kleintransporter *m*
camionneur *m* [kamjɔnœʀ] Lastwagenfahrer *m*
camomille *f* [kamɔmij] (⚠ camomille) Kamille *f*
camouflage *m* [kamuflaʒ] Tarnung *f*
camoufler [kamufle] tarnen
camp *m* [kɑ̃] **1** *für Gefangene, Flüchtlinge, Urlauber usw.*: Lager *n* **2** *umg.* ***ficher*** (*od.* ***foutre***) ***le ~*** abhauen, verduften
campagnard(e)¹ [kɑ̃paɲaʀ(d)] ländlich, Land…
campagnard(e)² *m(f)* [kɑ̃paɲaʀ(d)] Landbewohner(in) *m(f)*
▸ **campagne¹** *f* [kɑ̃paɲ] (↔ *Stadt*) Land *n*
campagne² *f* [kɑ̃paɲ] **1** MIL Feldzug *m* **2** *fig.* Kampagne *f*, Feldzug *m*; ***la ~ électorale*** der Wahlkampf; ***une ~ publicitaire*** e-e Werbekampagne
campement *m* [kɑ̃pmɑ̃] Lager *n*
camper [kɑ̃pe] **1** campen, zelten **2** MIL kampieren, lagern
camp|eur *m*, **~euse** *f* [kɑ̃pœʀ, -øz] Camper(in) *m(f)*
▸ **camping** *m* [⚠ kɑ̃piŋ] **1** Camping *n*, Campen *n* **2** ***le*** (***terrain de***) **~** der Campingplatz
camping-car *m* [⚠ kɑ̃piŋkaʀ] ⟨*Pl* ***camping-cars***⟩ Wohnmobil *n*
Canada [kanada] ***le ~*** Kanada *n*
canad|ien, ~ienne [kanadjɛ̃, -jɛn] kanadisch
Canad|ien *m*, **~ienne** *f* [kanadjɛ̃, -jɛn] Kanadier(in) *m(f)*
canadienne *f* [kanadjɛn] **1** Lammfelljacke *f* **2** (kleines) Firstzelt
canaille *f* [kanaj] Halunke *m*, Schurke *m*
▸ **canal** *m* [kanal] ⟨*Pl* ***-aux***⟩ Kanal *m*
canalisation *f* [kanalizasjõ] **1** *von Gas usw.*: Leitung *f* **2** *von Abwässern*: Kanalisation *f*
canaliser [kanalize] kanalisieren
▸ **canapé** *m* [kanape] **1** Couch *f*, Sofa *n* **2** GASTR Kanapee *n*, pikant belegtes Brötchen
▸ **canard** *m* [kanaʀ] **1** Ente *f* **2** *umg.* Zeitung *f*, Blatt *n*
canari *m* [kanaʀi] Kanarienvogel *m*
cancaner [kɑ̃kane] klatschen, tratschen
cancans *m Pl* [kɑ̃kɑ̃] Klatsch *m*, Tratsch *m*
▸ **cancer** *m* [⚠ kɑ̃sɛʀ] MED Krebs *m*
Cancer *m* [⚠ kɑ̃sɛʀ] ASTR Krebs *m*
cancér|eux, ~euse [kɑ̃seʀø, -øz] **1** (*Tumor*) Krebs…, bösartig **2** (*Mensch*) krebskrank
cancérigène [kɑ̃seʀiʒɛn] krebserregend
cancre *m* [kɑ̃kʀ] *umg.* fauler und schlechter Schüler
candeur *f* [kɑ̃dœʀ] Naivität *f*, Treuherzigkeit *f*
▸ **candidat(e)** *m(f)* [kɑ̃dida(t)] Kandidat(in) *m(f)* (***à*** für); ***se porter candidat*** kandidieren, sich bewerben
▸ **candidature** *f* [kɑ̃didatyʀ] Kandidatur *f*; ***poser sa ~*** kandidieren, sich bewerben
candide [kɑ̃did] treuherzig, naiv
caneton *m* [kantõ] Entenküken *n*
canette *f* [kanɛt] *für Bier*: (kleine) Flasche; ***une ~*** e-e Bierflasche
caniche *m* [kaniʃ] Pudel *m*
canicule *f* [kanikyl] **1** Gluthitze *f* **2** *Zeit im Sommer*: Hundstage *m Pl*
canif *m* [kanif] Taschenmesser *n*

C

canin(e) [kanɛ̃(-in)] Hunde…

canine *f* [kanin] Eckzahn *m*

caniveau *m* [kanivo] ⟨*Pl* **~x**⟩ Rinnstein *m*

▸ **canne** *f* [kan] **1** Stock *m*, Spazierstock *m* **2** ***la ~ à pêche*** die Angelrute **3** ***la ~ à sucre*** das Zuckerrohr

cannelle *f* [kanɛl] Zimt *m*

cannibale *m,f* [kanibal] Kannibale *m*, Kannibalin *f*

canoë *m* [⚠ kanɔe] Kanu *n*

canon[1] *m* [kanõ] **1** Kanone *f* **2** *am Gewehr*: Lauf *m*

canon[2] *m* [kanõ] MUS Kanon *m*

canot *m* [kano] Boot *n*, Kahn *m*; ***le ~ pneumatique*** das Schlauchboot; ***le ~ de sauvetage*** das Rettungsboot

cantatrice *f* [kɑ̃tatʀis] Opernsängerin *f*

cantine *f* [kɑ̃tin] Kantine *f*

canton *m* [kɑ̃tõ] **1** *in der Schweiz*: Kanton *m* **2** *in Frankreich*: Landkreis *m*

cantonner [kɑ̃tɔne] **1** unterbringen, einquartieren **2** ***se ~ dans qc*** sich auf etw beschränken

caoutchouc *m* [⚠ kautʃu] Gummi *m od. n*

cap *m* [kap] **1** Kap *n* **2** *fig.* ***il a passé le ~*** er hat es überstanden **3** (*Richtung*) Kurs *m*; ***le bateau a mis le ~ sur Marseille*** das Schiff hat Kurs auf Marseille genommen

▸ **capable** [kapabl] fähig

capacité *f* [kapasite] **1** Fähigkeit *f* **2** *von Behältern*: Fassungsvermögen *n*, Kapazität *f*; IT ***la ~ de mémoire*** die Speicherkapazität

cape *f* [⚠ kap] Umhang *m*, Cape *n*

▸ **capitaine** *m* [kapitɛn] **1** MIL Hauptmann *m* **2** SCHIFF Kapitän *m* **3** SPORT Mannschaftsführer *m*, Kapitän *m*

capital *m* [kapital] ⟨*Pl* **-aux**⟩ **1** Kapital *n* **2** (*Besitz*) Vermögen *n*

capital(e) [kapital] ⟨*m Pl* **-aux**⟩ **1** wesentlich, Haupt…; ***une erreur capitale*** ein schwerer Fehler **2** ***la peine capitale*** die Todesstrafe **3** ***les péchés capitaux*** die Todsünden

▸ **capitale**[1] *f* [kapital] Hauptstadt *f*

capitale[2] *f* [kapital] Großbuchstabe *m*

capitalisme *m* [kapitalism] Kapitalismus *m*

capitaliste[1] [kapitalist] kapitalistisch

capitaliste[2] *m,f* [kapitalist] Kapitalist(in) *m(f)*

capitonné(e) [kapitɔne] gepolstert, Polster…

capitulation *f* [kapitylasjõ] Kapitulation *f*

capituler [kapityle] kapitulieren

caporal *m* [kapɔʀal] ⟨*Pl* **-aux**⟩ MIL Gefreite(r) *m*

capot *m* [kapo] Motorhaube *f*

capote *f* [kapɔt] **1** AUTO Verdeck *n* **2** *für Soldaten*: Mantel *m* **3** *umg.* ***la ~ (anglaise)*** das Kondom, der Pariser

capoter [kapɔte] *umg.* schiefgehen

câpre *f* [kɑpʀ] Kaper *f*

caprice *f* [kapʀis] Laune *f*; ***elle fait des ~s*** sie ist launisch *od.* eigensinnig

capric|ieux, ~euse [kapʀisjø, -øz] **1** launisch **2** (*starrköpfig*) eigensinnig

Capricorne *m* [kapʀikɔʀn] ASTR Steinbock *m*

capsule *f* [kapsyl] **1** Kapsel *f* **2** *an Flaschen*: Kronkorken *m*

capter [kapte] **1** auffangen (*Signal, Wasser, Energie*); empfangen, hereinbekommen (*Sender*) **2** ***~ l'attention*** die Aufmerksamkeit fesseln

capteur *m* [kaptœʀ] ***le ~ solaire*** der Sonnenkollektor

captivant(e) [kaptivɑ̃(t)] **1** spannend **2** (*Person*) faszinierend

captiver [kaptive] faszinieren, fesseln

captivité *f* [kaptivite] Gefangenschaft *f*

capture *f* [kaptyʀ] **1** Fangen *n* **2** (*Fang*) Beute *f* **3** *von Verbrechern*: Festnahme *f*

capturer [kaptyʀe] **1** fangen (*Tier*) **2** festnehmen (*Verbrecher*) **3** gefangen nehmen (*Soldat*) **4** erbeuten (*Dinge*)

capuche *f* [kapyʃ] Kapuze *f*

capuchon *m* [kapyʃõ] **1** Kapuze *f* **2** *am Füller*: Kappe *f*

caqueter [kakte] ⟨**-tt-**⟩ **1** (*Huhn*) gackern **2** (*Mensch*) klatschen, tratschen

car[1] [kaʀ] denn

▸ **car**[2] *m* [kaʀ] Bus *m*, Reisebus *m*; ***le ~ de ramassage scolaire*** der Schulbus

carabiné(e) [kaʀabine] *umg.* gewaltig, stark; (*Strafe*) saftig; ***un rhume carabiné*** ein Mordsschnupfen

▸ **caractère** *m* [kaʀaktɛʀ] **1** Charakter *m*; ⚠ ***il a mauvais ~*** er ist schwierig **2** (*Kennzeichen*) Merkmal *n*, Eigenschaft *f* **3** Buchstabe *m*; ***les ~s d'imprimerie*** die Druckschrift; ***en gros ~s*** mit großen Buchstaben; (*Buch*) *a.* groß gedruckt

caractéri|el, ~elle [kaʀaktɛʀjɛl] ver-

haltensauffällig, schwierig
caractérisé(e) [karakterize] **1** eindeutig **2** (*Krankheit*) ausgeprägt
caractériser [karakterize] charakterisieren, kennzeichnen
caractéristique[1] [karakteristik] charakteristisch, kennzeichnend (***de*** für)
caractéristique[2] *m* [karakteristik] **1** Merkmal *n*, Kennzeichen *n* **2** ***les ~s*** die technischen Daten
carafe *f* [karaf] (⚠ *nur ein* f) Karaffe *f*
Caraïbes *m Pl* [karaib] ***les ~*** die Karibischen Inseln; ***la mer des ~*** die Karibik
carambolage *m* [karɑ̃bɔlaʒ] (⚠ le carambolage) Auffahrunfall *m*, Massenkarambolage *f*
caramel *m* [karamɛl] (⚠ *nur ein* l) **1** *Masse*: Karamell *m* **2** Karamellbonbon *n od. m*
carapace *f* [karapas] ZO Panzer *m*
▸ **caravane**[1] *f* [karavan] Wohnwagen *m*
caravane[2] *f* [karavan] *in der Wüste*: Karawane *f*
carbone *m* [karbɔn] **1** CHEM Kohlenstoff *m* **2** ***le (papier) ~*** das Kohlepapier
carbonisé(e) [karbɔnize] verkohlt
carburant *m* [karbyrɑ̃] Kraftstoff *m*, Treibstoff *m*
carburateur *m* [karbyratœr] Vergaser *m*
carcasse *f* [karkas] **1** *von Tieren, Flugzeugen*: Gerippe *n*, Skelett *n* **2** *von Apparaten*: Gehäuse *n* **3** *von Gebäuden*: Gerüst *n*
cardiaque [kardjak] **1** ANAT, MED Herz... **2** (*Person*) herzkrank
cardinal *m* [kardinal] ⟨*Pl* ***-aux***⟩ *Geistlicher*: Kardinal *m*
cardinal(e) [kardinal] ⟨*m Pl* ***-aux***⟩ **1** ***le nombre cardinal*** die Grundzahl **2** ***les (quatre) points*** *m Pl* ***cardinaux*** die (vier) Himmelsrichtungen
carême *m* [karɛm] Fastenzeit *f*
carence *f* [karɑ̃s] **1** Mangel *m*; ***la ~ en vitamines*** der Vitaminmangel **2** *der Regierung usw.*: Versagen *n*
caresse *f* [karɛs] Streicheln *n*, Liebkosung *f*
caresser [karɛse] streicheln
cargaison *f* [kargɛzɔ̃] Ladung *f*, Fracht *f*
cargo *m* [kargo] Frachtschiff *n*, Frachter *m*
caricature *f* [karikatyr] Karikatur *f*
carie *f* [kari] Karies *f*
carillon *m* [karijɔ̃] **1** Glockenspiel *n* **2** *von Glocken*: Läuten *n* **3** *an der Uhr*: Schlagwerk *n*
carillonner [karijɔne] (*Glocken*) läuten
carnage *m* [karnaʒ] Blutbad *n*, Gemetzel *n*
carnaval *m* [karnaval] (⚠ carnaval) Karneval *m*, Fasching *m*
▸ **carnet** *m* [karnɛ] **1** (kleines) Heft; ***le ~ d'adresses*** das Adressbuch **2** Notizbuch *n* **3** ***le ~ (de notes)*** das Zeugnis **4** ***le ~ de chèques*** das Scheckheft **5** ***le ~ (de métro)*** der Fahrkartenblock für die U-Bahn (*meist 10 Fahrkarten*) **6** ***le ~ de timbres*** das Briefmarkenheftchen
carnivore[1] *m* [karnivɔr] Fleischfresser *m*
carnivore[2] [karnivɔr] fleischfressend
carotide *f* [karɔtid] Halsschlagader *f*
▸ **carotte** *f* [karɔt] Möhre *f*, Karotte *f*
carpe *f* [karp] Karpfen *m*
▸ **carré** *m* [kare] **1** Quadrat *n*; ***cinq au ~*** fünf im Quadrat **2** *von Schokolade*: Stückchen *n*
carré(e) [kare] **1** quadratisch, viereckig (⚠ kariert = ***à carreaux***) **2** ***le mètre carré*** der Quadratmeter **3** (*Gesicht*) eckig; (*Schultern*) breit
carreau *m* [karo] ⟨*Pl* ***~x***⟩ **1** Fensterscheibe *f* **2** *auf dem Boden, an der Wand*: Fliese *f*, Platte *f*, (CH) Plättli *n* **3** *Muster, Spielkartenfarbe*: Karo *n* **4** ***à ~x*** kariert
▸ **carrefour** *m* [karfur] **1** *von Straßen*: Kreuzung *f* **2** (*Schnittstelle*) Treffpunkt *m* **3** *e-r Entscheidung*: Scheideweg *m* **4** (*Tagung*) Konferenz *f*
carrelage *m* [karlaʒ] Fliesen *f Pl*, Fliesenbelag *m*
carrelé(e) [karle] gefliest, gekachelt
carreleur *m* [karlœr] Fliesenleger *m*
carrément [karemɑ̃] **1** geradeheraus; ***je lui ai dit ~ que ...*** ich habe ihm klipp und klar gesagt, dass ... **2** *umg.* (*ohne weiteres*) einfach, glatt
carrière[1] *f* [karjɛr] Laufbahn *f*, Beruf *m*; ***faire ~*** Karriere machen
carrière[2] *f* [karjɛr] Steinbruch *m*
carrosserie *f* [karɔsri] (⚠ carrosserie) AUTO Karosserie *f*
carrure *f* [karyr] **1** Schulterbreite *f* **2**

C

(*Bedeutung*) Format *n*
cartable *m* [kaʀtabl] Schultasche *f*
▸ **carte** *f* [kaʀt] **1** Karte *f* **2** ▸ ***la carte postale*** die Postkarte **3** *im Restaurant*: Karte *f*, Speisekarte *f* **4** ***ils jouent aux ~s*** sie spielen Karten **5** *Ausweise usw.*: ▸ ***la carte d'identité*** der Personalausweis; ***la ~ d'étudiant*** der Studentenausweis; ▸ ***la carte de crédit*** die Kreditkarte; ▸ ***la carte grise*** der Kfz-Schein **6** ***la ~ de visite*** die Visitenkarte **7** ***la ~ à puce*** die Chipkarte **8** IT ***la ~ sonore*** die Soundkarte **9** *Wendungen*: ***il joue ~s sur table*** er spielt mit offenen Karten; ***elle a eu ~ blanche*** sie hatte freie Hand
cartilage *m* [kaʀtilaʒ] Knorpel *m*
cartomancienne *f* [kaʀtɔmɑ̃sjɛn] Kartenlegerin *f*
▸ **carton** *m* [kaʀtõ] **1** *Material*: Karton *m*, Pappe *f* **2** *Behälter*: Karton *m*, Schachtel *f* **3** FUSSBALL ***le ~ jaune, rouge*** die Gelbe, Rote Karte **4** ***faire un ~*** *fig.* Erfolg haben
cartouche *f* [kaʀtuʃ] **1** *beim Füller, Gewehr*: Patrone *f* **2** ***une ~ de cigarettes*** e-e Stange Zigaretten
▸ **cas** *m* [kɑ] **1** (*Eventualität*) Fall *m*; ▸ ***au*** (*od.* ***dans le***) ***cas où*** (+ *conditionnel*) falls, wenn **2** GR Fall *m*, Kasus *m* **3** ***un ~ social*** ein Sozialfall; *Erziehung*: ein Problemfall **4** *Wendungen*: ***en aucun ~*** auf keinen Fall, keinesfalls; ▸ ***en tout cas*** auf jeden Fall, jedenfalls; ***en ~ de doute*** im Zweifelsfall; ***en ~ de pluie*** bei Regen; ***en ~ d'urgence*** in dringenden Fällen
casan|ier, ~ière [kazanje, -jɛʀ] häuslich
cascade *f* [kaskad] **1** (kleiner) Wasserfall **2** *von Dingen*: Schwall *m*, Flut *f*
cascad|eur *m*, **~euse** *f* [kaskadœʀ, -øz] Stuntman *m*, Stuntgirl *n*
case[1] *f* [kɑz] **1** *auf dem Schachbrett, Formular*: Feld *n*; *im Kreuzworträtsel a.*: Kästchen *n* **2** *im Schrank usw.*: Fach *n* **3** *umg.* ***il a une ~ de vide*** er hat nicht alle Tassen im Schrank, er ist nicht ganz dicht
case[2] *f* [kɑz] *von Eingeborenen*: Hütte *f*
caser [kɑze] *umg.* **1** verstauen, unterbringen (*Dinge*) **2** unterbringen (*Personen*); *zum Heiraten*: unter die Haube bringen **3** ***se ~*** unterkommen; (*heiraten*) sich e-n Mann *bzw.* e-e Frau angeln
caserne *f* [kazɛʀn] Kaserne *f*
casier *m* [kɑzje] **1** Regal *n*, Ständer *m* **2** *in e-m Regal usw.*: Fach *n*, Ablage *f* **3** ***le ~ judiciaire*** das Strafregister; ***il a un ~ judiciaire*** er ist vorbestraft
▸ **casque** *m* [kask] **1** Helm *m* **2** *beim Friseur*: Trockenhaube *f* **3** Kopfhörer *m*
casquette *f* [kaskɛt] Schirmmütze *f*
cassant(e) [kasɑ̃(t)] **1** (*Material, Haar*) spröde, brüchig **2** (*Worte*) schroff
casse[1] *f* [kɑs] **1** ***il y a de la ~*** es gibt Scherben **2** *umg.* ***il va y avoir de la ~*** gleich gibt's Prügel **3** ***j'ai mis ma voiture à la ~*** ich habe mein Auto verschrotten lassen
casse[2] *m* [kɑs] *umg.* Einbruch *m*, Bruch *m*
cassé(e) [kɑse] **1** zerbrochen, kaputt **2** (*Arm, Bein usw.*) gebrochen **3** (*Stimme*) heiser, rau
casse-cou *m,f* [kɑsku] ⟨*unv.*⟩ Draufgänger(in) *m*(*f*)
casse-croûte *m* [kɑskʀut] ⟨*unv.*⟩ Imbiss *m*, Vesper *f od. n*, Ⓐ Jause *f*
casse-noix *m* [kɑsnwa] ⟨*unv.*⟩ Nussknacker *m*
casse-pieds *m,f* [kɑspje] ⟨*unv.*⟩ *umg.* Nervensäge *f*
▸ **casser** [kɑse] **1** *ganz*: zerbrechen, kaputt machen; *teilweise*: abbrechen, durchbrechen; zerreißen (*Seil*) **2** (***se***) ***~*** *ganz*: zerbrechen, kaputtgehen; *teilweise*: brechen, abbrechen, durchbrechen; (*Glas*) zerspringen; (*Seil*) reißen **3** ***se ~ le bras*** sich den Arm brechen **4** aufschlagen (*Eier*); knacken (*Nüsse*) **5** hacken (*Holz*) **6** ***~ les prix*** die Preise radikal senken **7** ***se ~ la figure*** (*hinfallen*) auf die Nase fallen **8** *umg.* ***tu me casses les pieds*** *od.* ***tu me les casses*** du gehst mir auf die Nerven *od.* den Geist **9** *umg.* ***casse-toi!*** hau ab!
▸ **casserole** *f* [kasʀɔl] Stieltopf *m*
casse-tête *m* [kɑstɛt] ⟨*unv.*⟩ **1** ***le ~*** (***chinois***) das Geduldspiel **2** *fig.* ***ce problème est un vrai ~ pour moi*** dieses Problem macht mir viel Kopfzerbrechen
▸ **cassette** *f* [kasɛt] Kassette *f*
casseur *m* [kɑsœʀ] *bei Demonstrationen*: Chaot *m*, Randalierer *m*
cassis *m* [⚠ kasis] Schwarze Johannis-

beere, Ⓐ Ribisel *f*
cassoulet *m* [kasulɛ] *Eintopf aus Fleisch, Wurst und weißen Bohnen*
cassure *f* [kasyʀ] Bruch *m*, Bruchstelle *f*
castor *m* [kastɔʀ] Biber *m*
cataclysme *m* [kataklism] Naturkatastrophe *f*
catacombes *f Pl* [katakɔ̃b] Katakomben *f Pl*
catalogue *m* [katalɔg] Katalog *m*
catalyseur *m* [katalizœʀ] Katalysator *m*
catamaran *m* [katamaʀɑ̃] Katamaran *m*
catapulter [katapylte] katapultieren
▸ **catastrophe** *f* [katastʀɔf] **1** Katastrophe *f* **2** (schweres) Unglück; ***une ~ aérienne, ferroviaire*** ein Flugzeug-, Zugunglück **3** ***en ~*** überstürzt, Hals über Kopf; ***atterrir en ~*** notlanden, e-e Bruchlandung machen
catastrophique [katastʀɔfik] katastrophal
catéchisme *m* [kateʃism] Religionsunterricht *m*, Religionslehre *f*
catégorie *f* [kategɔʀi] Kategorie *f*, Klasse *f*, Gruppe *f*
catégorique [kategɔʀik] kategorisch, sehr bestimmt *od.* entschieden
▸ **cathédrale** *f* [katedʀal] Kathedrale *f*, Dom *m*
▸ **catholique**[1] [katɔlik] **1** katholisch **2** *umg.* ***pas très ~*** nicht ganz geheuer
catholique[2] *m,f* [katɔlik] Katholik(in) *m(f)*
catimini [katimini] ***en ~*** heimlich
cauchemar *m* [koʃmaʀ] Albtraum *m*
causant(e) [kozɑ̃(t)] *umg.* gesprächig
▸ **cause** *f* [koz] **1** Ursache *f*, Grund *m* **2** ▸ ***à cause de*** wegen **3** (*Angelegenheit*) Sache *f*; ***pour la bonne ~*** für den guten Zweck **4** JUR Sache *f*, Fall *m*; ***plaider la ~ de qn*** *a. fig.*: j-n verteidigen **5** ***remettre en ~*** infrage stellen
▸ **causer**[1] [koze] verursachen
causer[2] [koze] **1** sich unterhalten **2** (*reden*) sprechen
caution *f* [kosjɔ̃] *Summe*: Kaution *f*; ***sous ~*** gegen Kaution
cavalier[1] *m* [kavalje] *beim Schach*: Pferd *n*, Springer *m*
caval|ier[2] *m*, **~ière** *f* [kavalje, -jɛʀ] **1** Reiter(in) *m(f)* **2** Begleiter(in) *m(f)* **3** *beim Tanzen*: Tanzpartner(in) *m(f)* (⚠ Kavalier = ***homme** m **galant, gentleman** m*)
caval|ier[3], **~ière** [kavalje, -jɛʀ] unverschämt
▸ **cave** *f* [kav] Keller *m*
caveau *m* [kavo] ⟨*Pl* ***~x***⟩ Gruft *f*, Grab *n*
caverne *f* [kavɛʀn] Höhle *f*
cavité *f* [kavite] **1** Hohlraum *m* **2** ***la ~ nasale, abdominale*** die Nasen-, Bauchhöhle
CD *m* [sede] (⚠ le CD) CD *f*; ***le double ~*** die Doppel-CD; ***le maxi ~*** die Maxi-CD
CDI *m* [sedei] (*Abk. für* centre de documentation et d'information) *Bibliothek u. Dokumentationszentrum e-r frz. Schule*
▸ **CD-ROM** *m* [sedeʀɔm] ⟨*unv.*⟩ (⚠ le CD-ROM) CD-ROM *f*; ***sur ~*** auf CD-ROM
▸ **ce**[1] [sə] (⚠ *vor Vokal u. stummem* h *steht* ***c'***) **1** es, das; ***c'est …*** das ist …, es ist … **2** *zur Betonung*: ***c'est maintenant qu'il faut le faire*** gerade jetzt muss man es tun; ***c'est toi qui l'as dit!*** das hast d u gesagt! **3** ***~ que tu fais*** was du tust; ***~ qui me gêne*** was mich stört; *umg.* ***~ que c'est laid!*** ist das hässlich! **4** ***sur ~ il est parti*** daraufhin ging er
▸ **ce**[2] [sə] (⚠ *vor Vokal u. stummem* h: ***cet***, *Plural*: ***ces***) **1** diese(r, -s); ***~ cas*** dieser Fall; ***cet homme*** dieser Mann; ***ces mots*** diese Wörter **2** ***~ livre-ci …, ~ livre-là …*** dieses Buch (hier) …, das Buch (da) … **3** *bei Zeitangaben*: ***~ matin, soir*** heute Morgen, Abend
ceci [səsi] **1** das (hier), dieses; ***~ ou cela*** dies oder das **2** ***~ dit il n'a pas tort*** abgesehen davon hat er nicht unrecht
cécité *f* [sesite] Blindheit *f*
▸ **céder** [sede] ⟨**-è-**⟩ **1** (*Person, Material*) nachgeben **2** (*überlassen*) geben, abgeben; ***il m'a cédé sa voiture*** er hat mir seinen Wagen abgetreten *od.* überlassen **3** verkaufen, abgeben **4** ***cédez le passage!*** Vorfahrt achten!
cédérom *m* [sedeʀɔm] (⚠ le cédérom) CD-ROM *f*; ***sur ~*** auf CD-ROM
Cedex [sedɛks] (*Abk. für* courrier d'entreprise à distribution exceptionnelle) *Postleitzahl für Großkunden*
cédille *f* [sedij] Cedille *f*

C

La cédille ist das Häkchen unter dem **c** bei **ç** (**c cédille**), das bewirkt, dass der Buchstabe **c** vor **a**, **o** und **u** nicht wie [k], sondern wie [s] ausgesprochen wird, zum Beispiel:

le glaçon [glasõ] der Eiswürfel
aber
le faucon [fokõ] der Falke

▸ **ceinture** *f* [sɛ̃tyʀ] **1** Gürtel *m* **2** AUTO, FLUG Gurt *m*; ▸ ***la ceinture de sécurité*** der Sicherheitsgurt; ***attacher sa ~*** sich anschnallen **3** Taille *f* **4** *umg.* ***se serrer la ~*** den Gürtel enger schnallen
▸ **cela** [s(ə)la] das (da), dieses
célébration *f* [selebʀasjõ] Feier *f*
▸ **célèbre** [selɛbʀ] berühmt
célébrer [selebʀe] ⟨**-è-**⟩ feiern
célébrité *f* [selebʀite] Berühmtheit *f*
céleri *m* [⚠ sɛlʀi] Sellerie *m od. f*
céleste [selɛst] **1** Himmels... **2** (*wunderbar*) himmlisch (*a.* REL)
célibat *m* [seliba] Ehelosigkeit *f*; *bei Geistlichen*: Zölibat *m od. n*
▸ **célibataire**[1] [selibatɛʀ] ledig
célibataire[2] *m,f* [selibatɛʀ] Junggeselle *m*, Junggesellin *f*
celle [sɛl] → ***celui***
cellier *m* [sɛlje] Vorratsraum *m*, Vorratskeller *m*
cellophane® *f* [sɛlɔfan] Cellophan® *n*
cellulaire [sɛlylɛʀ] BIOL Zell..., Zellen...
cellule *f* [sɛlyl] Zelle *f*
▸ **celui**, **celle** [səlɥi, sɛl] ⟨*m Pl* ***ceux***⟩ **1** der-, die-, dasjenige **2** diese(r, -s), der, die, das **3** ▸ ***celui-ci*** der *od.* die *od.* das (hier); ▸ ***celle-ci*** der *od.* die *od.* das (hier); ***ceux-ci, celles-ci*** die (hier) **4** ▸ ***celui-là*** der *od.* die *od.* das (da); ▸ ***celle-là*** der *od.* die *od.* das (da); ***ceux-là, celles-là*** die (da)
▸ **cendre** *f* [sɑ̃dʀ] Asche *f*
▸ **cendrier** *m* [sɑ̃dʀije] Aschenbecher *m*
censé(e) [sɑ̃se] ***elle est censée faire ses devoirs*** sie wird wohl ihre Aufgaben machen; ***je ne suis pas censé le savoir*** man kann von mir nicht verlangen, dass ich das weiß
censure *f* [sɑ̃syʀ] *für Bücher, Filme*: Zensur *f* (⚠ Zensur *in der Schule* = ***note*** *f*)
censurer [sɑ̃syʀe] zensieren (*Filme, Bücher*) (⚠ zensieren *in der Schule* = ***noter***)
cent[1] [sɑ̃] hundert, einhundert (⚠ *Pl*: cents, *aber wenn danach noch e-e Zahl steht*: cent: ***deux ~s ans***, *aber* ***deux ~ un***)
cent[2] *m* [sɑ̃] (⚠ le cent) **1** *Zahl, Nummer usw.*: Hundert *f* **2** ▸ ***pour cent*** Prozent *n*; ***six pour ~*** sechs Prozent
cent[3] *m* [sɑ̃] (*Eurocent*) Cent *m*; ***le ~ d'euro*** der Eurocent
▸ **centaine** *f* [sɑ̃tɛn] **1** ***une ~ (de personnes)*** ungefähr hundert (Personen) **2** ***des ~s*** Hunderte **3** *in Zahlen*: Hunderter *m*
centenaire[1] [sɑ̃t(ə)nɛʀ] hundertjährig
centenaire[2] *m,f* [sɑ̃t(ə)nɛʀ] Hundertjährige(r) *f(m)*
centenaire[3] *m* [sɑ̃t(ə)nɛʀ] **1** hundertster Jahrestag **2** *Feier*: Hundertjahrfeier *f*
centième[1] [sɑ̃tjɛm] hundertste(r, -s)
centième[2] *m* [sɑ̃tjɛm] Hundertstel *n*
▸ **centime** *m* [sɑ̃tim] **1** (*Eurocent*) Cent *m*; ***le ~ d'euro*** der Cent, der Eurocent **2** *frühere frz. Währung*: Centime *m* **3** *in der Schweiz*: Rappen *m*
▸ **centimètre** *m* [sɑ̃timɛtʀ] **1** Zentimeter *m* **2** *Gerät*: Maßband *n*, Zentimetermaß *n*
central *m* [sɑ̃tʀal] ⟨*Pl* ***-aux***⟩ Telefonzentrale *f*, Vermittlung *f*
▸ **central(e)** [sɑ̃tʀal] ⟨*m Pl* ***-aux***⟩ zentral (gelegen), Zentral...; ***l'Europe*** *f* ***centrale*** Mitteleuropa *n*
centrale *f* [sɑ̃tʀal] **1** ***une ~ (électrique)*** ein Elektrizitätswerk, ein Kraftwerk; ▸ ***une centrale nucléaire*** ein Kernkraftwerk **2** Zentralgefängnis *n*
centralisation *f* [sɑ̃tʀalizasjõ] Zentralisierung *f*
centraliser [sɑ̃tʀalize] zentralisieren
centre *m* [sɑ̃tʀ] **1** Zentrum *n* **2** (*Mittelpunkt*) Mitte *f* **3** ***le Centre*** Mittelfrankreich *n* **4** ▸ ***le centre ville*** die Stadtmitte, die Innenstadt **5** POL Mitte *f* **6** SPORT Mittelstürmer(in) *m(f)* **7** ***le ~ des affaires*** das Geschäftsviertel **8** ▸ ***le centre commercial*** das Einkaufszentrum **9** ***le ~ de loisirs*** das Freizeitzentrum
centrer [sɑ̃tʀe] **1** (*in die Mitte stellen*) zentrieren **2** ***centré sur qc*** auf etw aus-

gerichtet
cep *m* [sɛp] Weinstock *m*, Rebstock *m*
cèpe *m* [sɛp] Steinpilz *m*
▸ **cependant** [s(ə)pɑ̃dɑ̃] doch, dennoch
céramique *f* [seʀamik] Keramik *f*
cerceau *m* [sɛʀso] ⟨*Pl* **~x**⟩ Reifen *m*
▸ **cercle** *m* [sɛʀkl] Kreis *m*; ***le ~ vicieux*** der Teufelskreis
cercueil *m* [sɛʀkœj] Sarg *m*
▸ **céréales** *f Pl* [seʀeal] **1** Getreide *n*, Getreidearten *f Pl* **2** *zum Frühstück*: Getreideflocken *f Pl*
cérébral(e) [seʀebʀal] ⟨*m Pl* **-aux**⟩ **1** Gehirn…, Hirn… **2** (*verstandesmäßig*) intellektuell, geistig
▸ **cérémonie** *f* [seʀemɔni] Zeremonie *f*
▸ **cerf** *m* [⚠ sɛʀ] Hirsch *m*
cerf-volant *m* [⚠ sɛʀvɔlɑ̃] ⟨*Pl* ***cerfs--volants***⟩ *Spielzeug*: Drachen *m*
▸ **cerise** *f* [s(ə)ʀiz] Kirsche *f*
cerisier *m* [s(ə)ʀizje] Kirschbaum *m*
cerne *m* [sɛʀn] *unter den Augen*: Ring *m*
cerner [sɛʀne] **1** umzingeln, einkreisen **2** klar erfassen, ausleuchten (*Problem*)
▸ **certain(e)** [sɛʀtɛ̃(-ɛn)] **1** sicher; ***j'en suis certain*** dessen bin ich (mir) sicher **2** gewisse(r, -s), bestimmte(r, -s) **3** ***certains le font*** einige *od.* manche (Leute) tun es
▸ **certainement** [sɛʀtɛnmɑ̃] sicher, bestimmt
certes [sɛʀt] gewiss, sicher; ***il a raison, ~, mais …*** er hat zwar recht, aber …
certificat *m* [⚠ sɛʀtifika] **1** Bescheinigung *f* **2** Zeugnis *n*, Zertifikat *n*
certifier [sɛʀtifje] **1** bestätigen, versichern **2** *notariell*: beglaubigen
certitude *f* [sɛʀtityd] Gewissheit *f*
▸ **cerveau** *m* [sɛʀvo] ⟨*Pl* **~x**⟩ Hirn *n*, Gehirn *n*
cervelas *m* [sɛʀvəla] ≈ Fleischwurst *f* (⚠ Zervelatwurst = *eher*: ***saucisson m sec***)
cervelle *f* [sɛʀvɛl] Hirn *n*
ces [se] *Pl von* → ***ce²***, ***cette***
C.E.S. *m* [seøɛs] (*Abk. für* collège d'enseignement secondaire) ***le ~*** ≈ die Sekundarstufe I
césarienne *f* [sezaʀjɛn] Kaiserschnitt *m*
cesse *f* [sɛs] ***sans ~*** ständig, unaufhörlich
▸ **cesser** [sɛse] aufhören
cessez-le-feu *m* [sɛselfø] ⟨*unv.*⟩ Waffenruhe *f*
c'est [sɛ] → ***ce¹***
▸ **c'est-à-dire** [sɛtadiʀ] das heißt, nämlich
▸ **cet** [sɛt] → ***ce²***
▸ **cette** [sɛt] ⟨*Pl* ***ces***⟩ **1** diese(r, -s); ***~ chaise*** dieser Stuhl; ***ces maisons*** diese Häuser **2** ***~ femme-ci …, ~ femme--là …*** diese Frau (hier) …, die Frau (da) … **3** *bei Zeitangaben*: ***~ année*** dieses Jahr
ceux [sø] → ***celui***
chacal *m* [ʃakal] Schakal *m*
▸ **chacun(e)** [ʃakœ̃(-yn)] (*m oft a.* [ʃakɛ̃]) jede(r, -s) (einzelne)
chagrin *m* [ʃagʀɛ̃] Kummer *m*, Leid *n*
chagriner [ʃagʀine] bekümmern, betrüben
chahut *m* [ʃay] Krach *m*, Radau *m*
chahuter [ʃayte] Krach *od.* Radau machen
chahut|eur, ~euse [ʃaytœʀ, -øz] (*Schüler usw.*) laut, wild
▸ **chaîne** *f* [ʃɛn] **1** Kette *f* (*a. Schmuck*) **2** (*Reihe*) Kette *f*; ***une ~ de magasins*** e-e Ladenkette **3** RAD, TV Sender *m*, Programm *n*; ***sur la première ~*** im ersten Programm **4** *am Fahrrad*: Kette *f* **5** ▸ ***la chaîne*** (***hi-fi*** *od.* ***stéréo***) die Stereoanlage **6** ***la ~ de montage*** das Fließband; ***travailler à la ~*** am Fließband arbeiten **7** ***la ~ alimentaire*** die Nahrungskette
chaînon *m* [ʃɛnõ] *e-r Kette*: Glied *n*
chair *f* [ʃɛʀ] **1** Fleisch *n* **2** ***j'ai la ~ de poule*** ich habe e-e Gänsehaut
chaire *f* [ʃɛʀ] **1** *in der Kirche*: Kanzel *f* **2** UNI Lehrstuhl *m*, Professur *f*
▸ **chaise** *f* [ʃɛz] Stuhl *m*
châle *m* [ʃɑl] Tuch *n*, Schultertuch *n* (⚠ Schal = ***écharpe*** *f*)
▸ **chaleur** *f* [ʃalœʀ] **1** Wärme *f*; *stärker*: Hitze *f* **2** (*Herzlichkeit*) Wärme *f*
chaleur|eux, ~euse [ʃaløʀø, -øz] herzlich, warm
chalumeau *m* [ʃalymo] ⟨*Pl* **~x**⟩ TECH Schneidbrenner *m*
se chamailler [səʃamaje] *umg.* sich zanken
chamarré(e) [ʃamaʀe] bunt gemustert, bunt verziert
chambarder [ʃɑ̃baʀde] *umg.* **1** auf den Kopf stellen (*Haus, Zimmer*) **2** umstürzen (*Gesellschaft*) **3** über den Haufen werfen (*Pläne*)

C

▸ **chambre** *f* [ʃɑ̃bʀ] **1** Zimmer *n*; ***la ~ à coucher*** das Schlafzimmer; ***la ~ d'amis*** das Gästezimmer **2** JUR, POL, TECH Kammer *f* **3** ***la ~ à air*** *beim Reifen*: der Schlauch

chameau *m* [ʃamo] ⟨*Pl* **~x**⟩ **1** Kamel *n* **2** *umg*. Biest *n*, Ekel *n*

chamois *m* [ʃamwa] Gämse *f*

▸ **champ** *m* [ʃɑ̃] **1** Feld *n* (*a. fig.*); ***le ~ de bataille*** das Schlachtfeld **2** ***le ~ d'action*** der Wirkungskreis, -bereich **3** ***aller à travers ~s*** querfeldein gehen **4** ***à tout bout de ~*** andauernd, alle naselang **5** ***je te laisse le ~ libre*** ich lasse dir freie Hand

▸ **champagne** *m* [ʃɑ̃paɲ] (⚠ champagne) Champagner *m*

Champagne *f* [ʃɑ̃paɲ] Champagne *f* (*frz. Region*)

champêtre [ʃɑ̃pɛtʀ] ländlich

▸ **champignon** *m* [ʃɑ̃piɲõ] **1** Pilz *m*, Ⓐ Schwammerl *n*; ⚠ ***le ~ de Paris*** der Champignon **2** *umg*. Gaspedal *n*; ***appuyer sur le ~*** auf die Tube drücken

▸ **champion** *m* [ʃɑ̃pjõ] SPORT Meister *m*, Champion *m*; ***le ~ du monde*** der Weltmeister

▸ **championnat** *m* [ʃɑ̃pjɔna] Meisterschaft *f*

▸ **championne** *f* [ʃɑ̃pjɔn] SPORT Meisterin *f*; ***la ~ de France*** die französische Meisterin

Champs-Élysées *m Pl* [ʃɑ̃zelize] *berühmte Straße in Paris, die zum „Arc de Triomphe" führt*

▸ **chance** *f* [ʃɑ̃s] **1** Glück *n*; ***tu as de la ~*** du hast Glück; ***porter ~*** Glück bringen; ***par ~*** glücklicherweise; ***bonne ~!*** viel Glück!; ***pas de ~!*** Pech (gehabt)! **2** ***un coup de ~*** ein Glücksfall, ein glücklicher Zufall **3** (*Möglichkeit*) Chance *f* (**de** für), Aussicht *f* (**de** auf)

chanceler [ʃɑ̃sle] ⟨**-ll-**⟩ schwanken

▸ **chancelier** *m* [ʃɑ̃səlje] Kanzler *m*

chanc|eux, ~euse [ʃɑ̃sø, -øz] ***il est chanceux*** er hat Glück, er ist ein Glückspilz

chandail *m* [ʃɑ̃daj] Pullover *m*

chandelier *m* [ʃɑ̃dəlje] Kerzenleuchter *m*

chandelle *f* [ʃɑ̃dɛl] **1** Kerze *f* **2** *Wendungen*: ***il en a vu trente-six ~s*** er sah nur noch Sternchen; ***je lui dois une fière ~*** ich habe ihm viel zu verdanken; ***ça n'en vaut pas la ~*** das lohnt sich nicht

change *m* [ʃɑ̃ʒ] **1** Tausch *m*; ***il a gagné*** (*bzw.* ***perdu***) ***au ~*** er hat e-n guten (*bzw.* schlechten) Tausch gemacht **2** Geldwechsel *m*

changeant(e) [ʃɑ̃ʒɑ̃(t)] **1** (*Wetter*) unbeständig, wechselhaft **2** (*Person*) launisch **3** (*Farben*) schillernd

▸ **changement** *m* [ʃɑ̃ʒmɑ̃] **1** Änderung *f*, Veränderung *f*, Wechsel *m*; ***j'aime le ~*** ich liebe die Abwechslung **2** BAHN Umsteigen *n* **3** *beruflich*: Versetzung *f* **4** ***le ~ de vitesse*** die Gangschaltung **5** ***le ~ de décors*** THEAT der Szenenwechsel; *fig*. der Tapetenwechsel

▸ **changer** [ʃɑ̃ʒe] ⟨**-ge-**⟩ **1** **~ (de) qc** etw ändern *od.* verändern; ***~ d'avis*** seine Meinung ändern; ***~ de médecin, de métier*** den Arzt, den Beruf wechseln; ***~ de professeur, de voiture*** e-n neuen Lehrer, ein neues Auto bekommen **2** (*anders werden*) sich ändern *od.* verändern; ***il n'a pas changé*** er hat sich nicht verändert **3** ▸ ***se changer*** sich umziehen **4** ***~ de chemise*** ein frisches Hemd anziehen; ***~ un bébé*** ein Baby neu wickeln **5** wechseln (*a. Geld*); auswechseln **6** tauschen, um-, ein-, austauschen; ***~ avec qn*** mit j-m tauschen **7** verwandeln, umwandeln; ***se ~ en …*** sich in … verwandeln **8** **~ (*de bus, de train* *usw.*)** umsteigen **9** ***~ un meuble de place*** ein Möbel an e-n anderen Platz stellen, umstellen

▸ **chanson** *f* [ʃɑ̃sõ] (⚠ la chanson) **1** Lied *n* **2** *von Jacques Brel, Edith Piaf usw.*: Chanson *n*

chant *m* [ʃɑ̃] **1** Gesang *m* **2** *Stück*: Lied *n* **3** *von Vögeln*: Singen *n*, Gesang *m*; *vom Hahn*: Krähen *n*

chantage *m* [ʃɑ̃taʒ] Erpressung *f*

▸ **chanter** [ʃɑ̃te] **1** (*Mensch*) singen **2** (*Vogel*) singen; (*Hahn*) krähen; (*Grille*) zirpen **3** ***faire ~ qn*** j-n erpressen **4** (*preisen*) besingen

▸ **chant|eur** *m*, **~euse** *f* [ʃɑ̃tœʀ, -øz] Sänger(in) *m(f)*

▸ **chantier** *m* [ʃɑ̃tje] **1** Baustelle *f* **2** ***le ~ naval*** die Werft **3** *fig*. ***mettre en ~*** in Angriff nehmen

chantilly *f* [ʃɑ̃tiji] ***la*** (***crème***) ***~*** die Schlagsahne, Ⓐ das Schlagobers, Ⓒⓗ der Schlagrahm

chantonner [ʃɑ̃tɔne] summen, trällern

chanvre *m* [ʃɑ̃vʀ] Hanf *m*

chaos *m* [⚠ kao] Chaos *n*

chaotique [kaɔtik] chaotisch, wirr
chaparder [ʃapaʀde] *umg.* klauen, mitgehen lassen
▸ **chapeau** *m* [ʃapo] ⟨*Pl* **~x**⟩ **1** Hut *m* **2** **~** (**bas**)**!** Hut ab!, alle Achtung!
chapelet *m* [ʃaplɛ] **1** Rosenkranz *m* **2** (*mehrere Dinge*) Reihe *f*, Kette *f*
chapelle *f* [ʃapɛl] *Kirche*: Kapelle *f*
chapelure *f* [ʃaplyʀ] Paniermehl *n*
chapiteau *m* [ʃapito] ⟨*Pl* **~x**⟩ **1** ARCH Kapitell *n* **2** Zirkuszelt *n*
chapitre *m* [ʃapitʀ] Kapitel *n*
▸ **chaque** [ʃak] jede(r, -s)
char *m* [ʃaʀ] **1** MIL ***le ~*** (***d'assaut***) der Panzer **2** *allg.*: Wagen *m* **3** *in der Antike*: Wagen *m*, Streitwagen *m*
charabia *m* [ʃaʀabja] *umg.* Kauderwelsch *n*
▸ **charbon** *m* [ʃaʀbõ] Kohle *f*; ***le ~ de bois*** die Holzkohle
▸ **charcuterie** *f* [ʃaʀkytʀi] **1** Wurst *f* (*bes. aus Schweinefleisch*) **2** *Laden*: Fleischerei *f od.* Metzgerei *f* (*für Schweinefleisch*)
charcut|ier *m*, **~ière** *f* [ʃaʀkytje, -jɛʀ] Fleischer(in) *m*(*f*) *od.* Metzger(in) *m*(*f*) (*für Schweinefleisch*)
chardon *m* [ʃaʀdõ] Distel *f*
▸ **charge** *f* [ʃaʀʒ] **1** Last *f* **2** (*Fracht*) Ladung *f* **3** ELEK, *von Waffen*: Ladung *f* **4** (*Verantwortung*) Aufgabe *f*, Verpflichtung *f*; *öffentlich*: Amt *n* **5** (*Sorge*) Belastung *f*, Last *f* **6** JUR ***de lourdes ~s pèsent sur lui*** er ist dringend tatverdächtig **7** ***les ~s*** *bei der Miete usw.*: die Nebenkosten **8** ***prendre en ~*** übernehmen; ***les frais sont à la ~ des clients*** die Kosten gehen zu Lasten der Kunden **9** ***avoir qn à ~*** für j-s Unterhalt aufkommen müssen **10** (*Attacke*) Angriff *m*
chargé(e) [ʃaʀʒe] **1** beladen (***de*** mit) **2** (*Gewehr*) geladen **3** (*Batterie*) aufgeladen **4** (*Person*) zuständig, verantwortlich (***de*** für), beauftragt (***de*** mit); ***il est chargé de famille*** er muss für e-e Familie sorgen **5** (*Zunge*) belegt **6** ***trop chargé*** (*Dekoration usw.*) überladen **7** (*Zeit*) ausgefüllt, (*Programm*) voll
chargement *m* [ʃaʀʒəmɑ̃] **1** *von Fahrzeugen*: Beladen *n*; *von e-r Ladung*: Einladen *n*, Verladen *n*; *von Batterien*: Aufladen *n*; *vom Gewehr*: Laden *n* **2** (*Fracht*) Ladung *f*
▸ **charger** [ʃaʀʒe] ⟨***-ge-***⟩ **1** beladen, bepacken **2** ein-, auf-, verladen (*Ladung*) **3** belasten (*a. Angeklagte, Gewissen*) **4** (*betrauen*) beauftragen **5** laden (*Gewehr*), aufladen (*Batterie*); ***~ l'appareil photo*** e-n Film in den Fotoapparat einlegen **6** ▸ ***se charger de …*** sich um … kümmern **7** (*attackieren*) angreifen
chariot *m* [ʃaʀjo] Wagen *m*; *im Supermarkt*: Einkaufswagen *m*; *für Gepäck*: Kofferkuli *m*, Gepäckwagen *m*
charitable [ʃaʀitabl] mildtätig, barmherzig
charité *f* [ʃaʀite] **1** Nächstenliebe *f* **2** (*Mildtätigkeit*) Barmherzigkeit *f*; ***faire la ~*** (ein) Almosen geben
charivari *m* [ʃaʀivaʀi] Krach *m*, Spektakel *m*
charlatan *m* [ʃaʀlatɑ̃] Scharlatan *m*, Quacksalber *m*
Charlemagne *m* [ʃaʀləmaɲ] Karl der Große
charmant(e) [ʃaʀmɑ̃(t)] **1** charmant **2** (*Mädchen, Kleid usw.*) reizend, entzückend (*a. iron.*) **3** ***le prince charmant*** der Märchenprinz
▸ **charme** *m* [ʃaʀm] **1** *von Menschen*: Charme *m* **2** *von Dingen*: Zauber *m*, Reiz *m* **3** (*Bann*) Zauber *m* **4** ***elle lui fait du ~*** sie versucht ihn zu bezirzen **5** ***il se porte comme un ~*** es geht ihm blendend
charmer [ʃaʀme] bezaubern, faszinieren
charn|el, ~elle [ʃaʀnɛl] körperlich, sinnlich
charnière *f* [ʃaʀnjɛʀ] **1** Scharnier *n* **2** *fig.* Nahtstelle *f*, Übergang *m*; *Person*: Bindeglied *n*
charnu(e) [ʃaʀny] (*Lippen, Obst usw.*) fleischig
charognard *m* [ʃaʀɔɲaʀ] *Mensch*: Aasgeier *m*
charogne *f* [ʃaʀɔɲ] Aas *n*
charpente *f* [ʃaʀpɑ̃t] Gerüst *n*
charpentier *m* [ʃaʀpɑ̃tje] Zimmermann *m*
charpie *f* [ʃaʀpi] ***en ~*** in Fetzen
charrette *f* [ʃaʀɛt] Karren *m*, Wagen *m*
charrue *f* [ʃaʀy] Pflug *m*
charts *m Pl* [ʃaʀts] Charts *Pl*
▸ **chasse**[1] *f* [ʃas] **1** Jagd *f* (***à*** auf) **2** ***la ~ gardée*** das Jagdrevier; *fig.* das Revier **3** ***la ~ à l'homme*** die Verfolgungsjagd
chasse[2] *f* [ʃas] ***la ~ d'eau*** die Wasser-

C

spülung
chasse-neige *m* [ʃasnɛʒ] ⟨*unv.*⟩ Schneepflug *m*
▸ **chasser** [ʃase] **1** jagen **2** (*wegjagen*) verjagen, fortjagen **3** (*verscheuchen*) vertreiben
chasseur *m* [ʃasœʀ] Jäger *m*
châssis *m* [ʃɑsi] **1** *für Bilder, von Fenstern usw.*: Rahmen *m* **2** AUTO Fahrgestell *n*, Chassis *n*
chasteté *f* [ʃastəte] Keuschheit *f*
▸ **chat**[1] *m* [ʃa] **1** Katze *f* **2** *männliches Tier*: Kater *m* **3** *Wendungen*: ***il n'y a pas un ~ ici*** es ist keine Menschenseele hier; ***j'ai un ~ dans la gorge*** ich habe e-n Frosch im Hals; ***appeler un ~ un ~*** das Kind beim Namen nennen
chat[2] *m* [⚠ tʃat] INTERNET Chat *m*
châtaigne *f* [ʃɑtɛɲ] Kastanie *f*, Esskastanie *f*
châtain [ʃɑtɛ̃] kastanienbraun, hellbraun
▸ **château** *m* [ʃɑto] ⟨*Pl* ***~x***⟩ **1** (*Palast*) Schloss *n* **2** ***le ~ fort*** die Burg **3** ***le ~ de cartes*** das Kartenhaus **4** ***le ~ d'eau*** der Wasserturm
châtelain(e) *m(f)* [ʃɑtlɛ̃(-ɛn)] Schlossherr(in) *m(f)*
châtiment *m* [ʃɑtimɑ̃] Strafe *f*, Züchtigung *f*
chaton *m* [ʃatõ] ZO, BOT Kätzchen *n*
chatouiller [ʃatuje] kitzeln
chatouilles *f Pl* [ʃatuj] *umg.* ***faire des ~ à qn*** j-n kitzeln
chatouill|eux, ~euse [ʃatujø, -øz] kitzlig
châtrer [ʃɑtʀe] kastrieren
chatte *f* [ʃat] *weibliches Tier*: Katze *f*
chatter [⚠ tʃate] INTERNET chatten
chaud *m* [ʃo] **1** Wärme *f*; *stärker*: Hitze *f* **2** ▸ ***j'ai chaud*** mir ist warm *bzw.* heiß; ***il fait ~*** es ist warm *bzw.* heiß **3** ***tenir le riz au ~*** den Reis warm stellen **4** *fig.* ***j'ai eu ~*** mir war ziemlich mulmig
▸ **chaud(e)** [ʃo(d)] **1** warm; (*sehr warm*) heiß **2** (*Farbe, Stimme*) warm; (*Temperament*) hitzig; (*Kampf, Diskussion*) heiß **3** (*Nachricht*) brandaktuell **4** ***il n'est pas très chaud pour ce projet*** er kann sich für diesen Plan nicht erwärmen
chaudière *f* [ʃodjɛʀ] Heizkessel *m*
chaudron *m* [ʃodʀõ] Kessel *m*
▸ **chauffage** *m* [ʃofaʒ] Heizung *f*
chauffard *m* [ʃofaʀ] Verkehrsrowdy *m*
chauffe-plats *m* [ʃofpla] ⟨*unv.*⟩ Warmhalteplatte *f*
▸ **chauffer** [ʃofe] **1** erwärmen; *stärker*: erhitzen **2** heizen (*Raum, Haus*) **3** warm werden; *stärker*: heiß werden; ***mettre de l'eau à ~*** Wasser aufsetzen **4** ***faire ~*** warm *bzw.* heiß machen, aufwärmen (*Essen*) **5** (*Motor usw.*) warm laufen; *zu sehr*: heiß laufen
chauffeur *m* [ʃofœʀ] **1** Fahrer(in) *m(f)* **2** *als Beruf*: Chauffeur(in) *m(f)*
chaume *m* [ʃom] **1** *von Getreide*: Stoppel *f* **2** *bes. auf Dächern*: Stroh *n*
chaussée *f* [ʃose] Fahrbahn *f*
chausse-pied *m* [ʃospje] ⟨*Pl* ***chausse-pieds***⟩ Schuhlöffel *m*
chausser [ʃose] **1** anziehen (*Schuhe*) **2** ***~ qn*** j-m die Schuhe anziehen **3** ***je chausse du 39*** ich habe Schuhgröße 39
▸ **chaussette** *f* [ʃosɛt] **1** Socke *f* **2** *länger*: Kniestrumpf *m*
chausson *m* [ʃosõ] **1** Hausschuh *m* **2** ***le ~ de danse*** der Ballettschuh **3** ***le ~ aux pommes*** die Apfeltasche
▸ **chaussure** *f* [ʃosyʀ] Schuh *m*
chauve [ʃov] kahl, kahlköpfig
chauve-souris *f* [ʃovsuʀi] ⟨*Pl* ***chauves-souris***⟩ Fledermaus *f*
chaux *f* [ʃo] Kalk *m*
chavirer [ʃaviʀe] **1** (*Schiff*) kentern **2** *fig.* ***j'en suis tout chaviré*** das hat mich ganz aufgewühlt
▸ **chef** *m* [ʃɛf] **1** Führer(in) *m(f)*, Anführer(in) *m(f)* **2** (*Vorgesetzte[r]*) Chef(in) *m(f)*; (*Vorsteher[in]*) Leiter(in) *m(f)* **3** *e-r Familie, e-s Staats usw.*: Oberhaupt *n*; *e-s Stamms*: Häuptling *m*; ***le ~ d'État*** das Staatsoberhaupt **4** ***de son propre ~*** eigenmächtig, auf eigene Faust
chef-d'œuvre *m* [⚠ ʃɛdœvʀ] ⟨*Pl* ***chefs-d'œuvre***⟩ Meisterwerk *n*
chef-lieu *m* [ʃɛfljø] ⟨*Pl* ***chefs-lieux***⟩ Hauptstadt *f*, Hauptort *m*
▸ **chemin** *m* [ʃ(ə)mɛ̃] **1** Weg *m* (***de*** nach, zu) **2** IT Pfad *m* **3** ***en ~*** unterwegs **4** ▸ ***le chemin de fer*** die Eisenbahn, die Bahn **5** ***il passe son ~*** er geht weiter
▸ **cheminée** *f* [ʃ(ə)mine] **1** *außen*: Kamin *m*, Schornstein *m* **2** *innen*: (offener) Kamin
cheminer [ʃ(ə)mine] **1** dahinziehen, wandern **2** (*Idee*) sich allmählich durchsetzen

cheminot *m* [ʃ(ə)mino] Eisenbahner *m*

▸ **chemise** *f* [ʃ(ə)miz] **1** Hemd *n* **2** ***la ~ de nuit*** das Nachthemd **3** *für Unterlagen*: Aktenmappe *f*

chemisette *f* [ʃ(ə)mizɛt] kurzärmeliges Hemd

▸ **chemisier** *m* [ʃ(ə)mizje] Bluse *f*, Hemdbluse *f*

▸ **chêne** *m* [ʃɛn] Eiche *f*

chêne-liège *m* [ʃɛnljɛʒ] ⟨*Pl* ***chênes-lièges***⟩ Korkeiche *f*

chenil *m* [ʃ(ə)nil] Hundezwinger *m*

chenille *f* [ʃ(ə)nij] ZO, *Fahrzeug*: Raupe *f*

▸ **chèque** *m* [ʃɛk] Scheck *m*; ***faire un ~*** e-n Scheck ausstellen

chèque-cadeau *m* [ʃɛkkado] ⟨*Pl* ***chèques-cadeau***⟩ Geschenkgutschein *m*

chèque-restaurant *m* [ʃɛkʀɛstɔʀɑ̃] ⟨*Pl* ***chèques-restaurant***⟩ Essensgutschein *m*

chéquier *m* [ʃekje] Scheckheft *n*, Scheckbuch *n*

▸ **cher, chère** [ʃɛʀ] **1** teuer; ***moins cher*** billiger; ***ça coûte cher*** das ist teuer; *umg.* ***je l'ai eu pour pas cher*** ich hab es billig gekriegt **2** (*Freund usw.*) lieb; **(*ma*) *chère Caroline!*** (meine) liebe Caroline!

▸ **chercher** [ʃɛʀʃe] **1** suchen (nach) **2** ***~ à faire qc*** versuchen etw zu tun, etw tun wollen **3** *umg.* ***tu me cherches!*** willst du Streit mit mir anfangen? **4** *umg.* ***ça va ~ dans les cent euros*** das sind um die hundert Euro

> **chercher**
>
> **chercher** in Verbindung mit **aller** oder **venir** bedeutet ‚(ab)holen' bzw. ‚holen gehen'.
>
> **Je vais chercher le gâteau.**
> Ich hole den Kuchen.
> **Je viens te chercher à cinq heures à la gare.**
> Ich hole dich um fünf Uhr am Bahnhof ab.

cherch|eur *m*, **~euse** *f* [ʃɛʀʃœʀ, -øz] Forscher(in) *m(f)*

chéri(e)[1] *m(f)* [ʃeʀi] Liebling *m*, Schatz *m*

chéri(e)[2] [ʃeʀi] geliebt, lieb

chérir [ʃeʀiʀ] lieben

chét|if, ~ive [ʃetif, -iv] **1** (*Mensch*) schmächtig, schwach **2** (*Pflanze*) kümmerlich

▸ **cheval** *m* [ʃ(ə)val] ⟨*Pl* ***-aux***⟩ **1** Pferd *n*; ***aller à ~*** reiten **2** ***le ~ à bascule*** das Schaukelpferd **3** *Sport*: Reiten *n*; ***faire du ~*** reiten (gehen) **4** *Spiel*: **(*le jeu de*) *petits chevaux*** Mensch-ärgere-dich-nicht *n* **5** AUTO ***chevaux*** Pferdestärken *f Pl*, PS *n Pl*

chevalet *m* [ʃ(ə)valɛ] **1** (*Gestell*) Bock *m* **2** MAL Staffelei *f*

chevalier *m* [ʃ(ə)valje] Ritter *m*

chevalière *f* [ʃ(ə)valjɛʀ] Siegelring *m*

chevalin(e) [ʃ(ə)valɛ̃(-in)] Pferde…; ***la boucherie chevaline*** die Pferdemetzgerei

cheval-vapeur *m* [ʃ(ə)valvapœʀ] ⟨*Pl* ***chevaux-vapeur***⟩ Pferdestärke *f*

chevauchée *f* [ʃ(ə)voʃe] Ausritt *m*

chevaucher [ʃ(ə)voʃe] **1** ***~ un cheval*** auf e-m Pferd reiten **2** **(*se*) ~** übereinander stehen *od.* liegen; *fig.* sich überschneiden

chevelu(e) [ʃəvly] mit langem *od.* dichtem Haar

chevelure *f* [ʃəvlyʀ] Haar *n*, Haare *n Pl*

chevet *m* [ʃ(ə)vɛ] **1** *am Bett*: Kopfende *n* **2** ***au ~ de qn*** an j-s Krankenbett

▸ **cheveu** *m* [ʃ(ə)vø] ⟨*Pl* ***~x***⟩ **1** *auf dem Kopf*: Haar *n*; ***il a les ~x courts*** er hat kurzes Haar; ***aux ~x blonds*** blond, blondhaarig **2** *Wendungen*: ***il se fait des ~x*** er macht sich große Sorgen; ***c'est tiré par les ~x*** das ist an den Haaren herbeigezogen

▸ **cheville** *f* [ʃ(ə)vij] **1** ANAT Knöchel *m* **2** TECH Dübel *m*

▸ **chèvre**[1] *f* [ʃɛvʀ] **1** Ziege *f* **2** ***il veut ménager la ~ et le chou*** er will es allen recht machen

chèvre[2] *m* [ʃɛvʀ] Ziegenkäse *m*

chevreau *m* [ʃəvʀo] ⟨*Pl* ***~x***⟩ (*kleine Ziege*) Zicklein *n*

▸ **chevreuil** *m* [ʃəvʀœj] Reh *n*

chevronné(e) [ʃəvʀɔne] erfahren, routiniert

chewing-gum *m* [⚠ ʃwiŋgɔm] ⟨*Pl* ***chewing-gums***⟩ Kaugummi *m od. n*

▸ **chez** [ʃe] **1** ***je suis ~ Alain, ~ le coiffeur*** ich bin bei Alain, beim Friseur; ***je vais ~ Thierry, ~ le boulanger*** ich gehe zu Thierry, zum Bäcker **2** ***~ moi*** bei mir (zu Hause); ***je suis ~***

C

moi ich bin zu Hause; ***je rentre ~ moi*** ich gehe *od.* komme nach Hause

chialer [ʃjale] *umg.* heulen, flennen

chiant(e) [ʃjɑ̃(t)] *umg.* beschissen

▸ **chic**[1] [ʃik] **1** schick, Ⓐ fesch **2** (*vornehm*) fein **3** *umg.* ~ (***alors***)***!*** super!, toll! **4** *umg.* nett, freundlich

chic[2] *m* [ʃik] **1** (*Eleganz*) Schick *m*; ***bon ~ bon genre*** schick, gestylt **2** *meist iron.* ***il a le ~ pour tout renverser*** er hat das seltene Talent, alles umzuwerfen

chicane *f* [ʃikan] **1** Streiterei *f* **2** *auf der Straße*: Hindernis *n*, Schikane *f*

chiche[1] [ʃiʃ] ***le pois ~*** die Kichererbse

chiche[2] [ʃiʃ] *umg.* **1** ***tu n'es pas ~ de le faire*** du traust dich nicht, das zu tun **2** ***~!*** wetten (dass)?

chichi *m* [ʃiʃi] Getue *n*; ***faire des ~s*** Umstände machen

chicorée *f* [ʃikɔʀe] **1** ***la*** ~ (***frisée***) die Endivie (⚠ *u. umgekehrt* Chicorée = ***endive*** *f*) **2** Kaffee-Ersatz *m* (*aus Zichorien*)

▸ **chien** *m* [ʃjɛ̃] **1** Hund *m* **2** *am Gewehr*: Hahn *m* **3** *Wendungen*: *umg.* ***j'ai eu un mal de ~*** es war unheimlich schwer; *umg.* ***j'ai été malade comme un ~*** mir war hundeelend **4** ***entre ~ et loup*** in der Abenddämmerung

chienne *f* [ʃjɛn] Hündin *f*

chier [ʃje] **1** *vulg.* scheißen **2** *umg.* ***tu me fais ~*** du gehst mir auf den Geist; *umg.* ***ça me fait ~*** das kotzt mich an

▸ **chiffon** *m* [ʃifɔ̃] **1** Lumpen *m*, Fetzen *m* **2** *bes. zum Putzen*: Lappen *m*, Putzlappen *m*

chiffonné(e) [ʃifɔne] zerknittert

chiffonner [ʃifɔne] **1** zerknittern **2** ***ça me chiffonne*** das geht mir gegen den Strich

chiffonnier *m* [ʃifɔnje] Lumpensammler *m*

▸ **chiffre**[1] *m* [ʃifʀ] (⚠ le chiffre) **1** Ziffer *f*; ***un nombre de dix ~s*** e-e zehnstellige Zahl **2** (*Summe*) Zahl *f* **3** ***le ~ d'affaires*** der Umsatz

chiffre[2] *m* [ʃifʀ] Kode *m*, Geheimschrift *f*

chiffrer [ʃifʀe] **1** beziffern (*Betrag*) **2** ***se ~ par millions*** sich auf Millionen belaufen **3** ***ça finit par ~*** das summiert *od.* läppert sich

chignon *m* [ʃiɲɔ̃] *Frisur*: Knoten *m*

Chili [ʃili] ***le ~*** Chile *n*

chimère *f* [ʃimɛʀ] Hirngespinst *n*

▸ **chimie** *f* [ʃimi] (⚠ chimie) Chemie *f*

▸ **chimique** [ʃimik] chemisch

chimiste *m,f* [ʃimist] Chemiker(in) *m*(*f*)

chimpanzé *m* [ʃɛ̃pɑ̃ze] Schimpanse *m*

Chine [ʃin] ***la ~*** China *n*

chiner [ʃine] (*ärgern, necken*) aufziehen

chinois(e) [ʃinwa(z)] chinesisch

Chinois(e) *m*(*f*) [ʃinwa(z)] Chinese *m*, Chinesin *f*

chiot *m* [ʃjo] Welpe *m*, junger Hund

chiottes *f Pl* [ʃjɔt] *umg.* Klo *n*

chiper [ʃipe] *umg.* klauen

chipie *f* [ʃipi] Biest *n*, Luder *n*

chipolata *f* [ʃipɔlata] Paprikawürstchen *n*

chipoter [ʃipɔte] **1** nörgeln (***sur*** an) **2** (im Essen) herumstochern

chips *f Pl* [⚠ ʃips] Chips *m Pl*, Kartoffelchips *m Pl*

chirurgical(e) [ʃiʀyʀʒikal] ⟨*m Pl* ***-aux***⟩ chirurgisch

chirurgie *f* [ʃiʀyʀʒi] Chirurgie *f*

▸ **chirurgien** *m* [ʃiʀyʀʒjɛ̃] Chirurg(in) *m*(*f*)

chlore *m* [klɔʀ] Chlor *n*

▸ **choc** *m* [ʃɔk] **1** (*Schlag*) Stoß *m*, Erschütterung *f*; *vom Ball usw.*: Aufprall *m* **2** *seelisch*, MED Schock *m* **3** (*Konfrontation*) Zusammenstoß *m* (*a. von Fahrzeugen*) **4** ***un prix ~*** ein sensationeller Preis; ***une formule ~*** e-e treffende Formulierung

▸ **chocolat** *m* [ʃɔkɔla] (⚠ le chocolat) **1** *zum Essen*: Schokolade *f* **2** *zum Trinken*: Schokolade *f*, Kakao *m* **3** (*Konfekt*) Praline *f*; ***une boîte de ~s*** e-e Schachtel Pralinen

chœur *m* [⚠ kœʀ] Chor *m*

choir [ʃwaʀ] ⟨*prés.*: ***je, tu chois, il choit***; *p/p*: ***chu***⟩ *lit.* fallen

▸ **choisir** [ʃwaziʀ] **1** wählen, sich entscheiden (***entre*** zwischen) **2** ***~ qc*** (sich) etw aussuchen

▸ **choix** *m* [ʃwa] **1** Wahl *f*, Auswahl *f*; ***au ~*** (frei) nach Wahl; ***je n'ai pas le ~*** ich habe keine andere Wahl; ***faire son ~*** seine Wahl treffen **2** (*Angebot*) Auswahl *f* **3** *bes. zwischen zwei Dingen*: Entscheidung *f* **4** ***de*** (***premier***) ***~*** erster Güte, erstklassig

cholestérol *m* [kɔlɛsteʀɔl] (⚠ *Endung*) Cholesterin *n*

C

▸ **chômage** *m* [ʃomaʒ] Arbeitslosigkeit *f*; ***il est au ~*** er ist arbeitslos
chômer [ʃome] nicht arbeiten; *umg.* ***on ne chôme pas*** wir haben genug zu tun
▸ **chôm|eur** *m*, **~euse** *f* [ʃomœʀ, -øz] Arbeitslose(r) *f(m)*
chope *f* [ʃɔp] *bes. für Bier*: Krug *m*, Seidel *n*
choper [ʃɔpe] *umg.* **1** ***~ un rhume*** sich e-n Schnupfen holen **2** ***le voleur s'est fait ~*** der Dieb wurde geschnappt
choquant(e) [ʃɔkɑ̃(t)] schockierend
choquer [ʃɔke] **1** schockieren **2** ***~ la vue*** in den Augen wehtun
chorale *f* [kɔʀal] Chor *m*, Gesangverein *m*
chorégraphie *f* [kɔʀegʀafi] (⚠ chor<u>é</u>graphie) Choreographie *f*
choriste *m,f* [kɔʀist] Chorsänger(in) *m(f)*
▸ **chose** *f* [ʃoz] **1** Sache *f*, Ding *n* **2** ***avant toute ~*** vor allem, vor allen Dingen **3** ***la même ~*** dasselbe; ***autre ~*** etwas anderes **4** ***quelque ~*** etwas; → *a.* ***quelque chose*** **5** ***elles parlent de ~s et d'autres*** sie reden von diesem und jenem
▸ **chou** *m* [ʃu] ⟨*Pl* ***~x***⟩ **1** Kohl *m*, Kraut *n*; ***le ~ de Bruxelles*** der Rosenkohl, Ⓐ die Kohlsprossen **2** ***le ~ à la crème*** der Windbeutel
chouchou *m*, **chouchoute** *f* [ʃuʃu, ʃuʃut] *umg.* Liebling *m*
chouchouter [ʃuʃute] *umg.* verhätscheln
▸ **choucroute** *f* [ʃukʀut] Sauerkraut *n*
chouette[1] *f* [ʃwɛt] Eule *f*
chouette[2] [ʃwɛt] *umg.* toll, super, klasse
▸ **chou-fleur** *m* [ʃuflœʀ] ⟨*Pl* ***choux-fleurs***⟩ Blumenkohl *m*, Ⓐ Karfiol *m*
chou-rave *m* [ʃuʀav] ⟨*Pl* ***choux-raves***⟩ Kohlrabi *m*
▸ **chrét|ien**[1], **~ienne** [kʀetjɛ̃, -jɛn] christlich
▸ **chrét|ien**[2] *m*, **~ienne** *f* [kʀetjɛ̃, -jɛn] Christ(in) *m(f)*
christianisme *m* [kʀistjanism] Christentum *n*
chrome *m* [kʀom] Chrom *n*
chromé(e) [kʀome] verchromt
chromosome *m* [kʀomozom] Chromosom *n*
chronique[1] [kʀɔnik] chronisch
chronique[2] *f* [kʀɔnik] **1** *bes.* HIST Chronik *f* **2** PRESSE Bericht *m*; ***la ~ sportive*** der Sportteil **3** TV Magazin *n*
chroniqueur *m* [kʀɔnikœʀ] TV, PRESSE Redakteur(in) *m(f)*; ***le ~ sportif*** der Sportredakteur
chronométrage *m* [kʀɔnometʀaʒ] SPORT Zeitmessung *f*, Zeitnahme *f*
chronomètre *m* [kʀɔnɔmɛtʀ] Stoppuhr *f*
chronométrer [kʀɔnɔmetʀe] ⟨**-è-**⟩ stoppen, die Zeit von … nehmen
chuchotement *m* [ʃyʃɔtmɑ̃] **1** Flüstern *n*, Geflüster *n* **2** *bei Gerüchten*: Getuschel *n*
▸ **chuchoter** [ʃyʃɔte] **1** flüstern **2** *bei Gerüchten*: tuscheln, munkeln
chut [⚠ ʃyt] ***~!*** pst!, still!
▸ **chute** *f* [ʃyt] **1** Sturz *m*, Fall *m*; ***<u>faire</u> une ~*** stürzen, fallen **2** *von Dingen*: Fall *m*, Fallen *n* **3** *e-r Regierung*: Sturz *m* **4** ***les ~s de neige, de pluie*** die Schnee-, Regenfälle **5** ***la ~ d'eau*** der Wasserfall **6** ***une ~ des prix, de température*** ein Preis-, Temperatursturz **7** ***la ~ des cheveux*** der Haarausfall
chuter [ʃyte] **1** *umg.* stürzen, fallen **2** *umg.* (*Kandidat*) durchfallen, scheitern **3** (*zurückgehen*) sinken, fallen
Chypre [ʃipʀ] Zypern *n*
ci [si] **1** ***ce livre-~*** dieses Buch (hier) **2** ***ces jours-~*** dieser Tage, in diesen Tagen **3** *umg.* ***comme ~ comme ça*** so lala
cible *f* [sibl] **1** *beim Schießen usw.*: Ziel *n*, Zielscheibe *f* **2** *in der Werbung usw.*: Zielgruppe *f* **3** *für Spott usw.*: Zielscheibe *f*
ciboulette *f* [sibulɛt] Schnittlauch *m*
cicatrice *f* [sikatʀis] Narbe *f*
cicatriser [sikatʀize] ***(se) ~*** vernarben, verheilen
ci-dessous [sid(ə)su] weiter unten
ci-dessus [sid(ə)sy] weiter oben
cidre *m* [sidʀ] Cidre *m*, Apfelwein *m*
Cie (*Abk. für* compagnie) Co.
▸ **ciel** *m* [sjɛl] ⟨*Pl* ***~s*** *od.* ***cieux***⟩ **1** Himmel *m*; ***<u>dans</u> le ~*** am Himmel **2** (*Paradies*) ***<u>au</u> ~*** im Himmel
cierge *m* [sjɛʀʒ] *bes. in der Kirche*: Kerze *f*
cieux [sjø] *Pl von* → ***ciel***
cigale *f* [sigal] ZO Grille *f*, Zikade *f*
▸ **cigare** *m* [sigaʀ] (⚠ <u>le</u> ciga<u>r</u>e) Zigarre *f*
▸ **cigarette** *f* [sigaʀɛt] Zigarette *f*

C

ci-gît [siʒi] *auf Grabsteinen*: hier ruht
cigogne *f* [sigɔɲ] Storch *m*
ci-inclus(e) [siɛ̃kly(z)] beiliegend, in der Anlage
ci-joint(e) [siʒwɛ̃(t)] beiliegend, in der Anlage
cil *m* [sil] Wimper *f*
cime *f* [sim] **1** *vom Baum*: Krone *f*, Wipfel *m* **2** *vom Berg*: Spitze *f*, Gipfel *m*
ciment *m* [simɑ̃] Zement *m*
cimenter [simɑ̃te] zementieren
▸**cimetière** *m* [simtjɛʀ] Friedhof *m*
ciné *m* [sine] *umg.* Kino *n*
cinéaste *m,f* [sineast] Filmemacher(in) *m(f)*
▸**cinéma** *m* [sinema] **1** Kino *n*; ***la salle de ~*** das Kino **2** *Kunst*, *Branche*: Film *m*; ***un acteur de ~*** ein Filmschauspieler
cinglé(e) [sɛ̃gle] *umg.* bescheuert; ***il est cinglé*** er spinnt, er hat e-n Vogel
cinq[1] [⚠ sɛ̃k], *vor Konsonant a.* [sɛ̃] **1** fünf **2** ***le ~ octobre*** der fünfte Oktober, am fünften Oktober **3** ***à ~*** zu fünft **4** *bei der Uhrzeit*: *umg.* ***il est ~*** es ist fünf nach
cinq[2] *m* [sɛ̃k] (⚠ le cinq) Fünf *f*
cinquantaine *f* [sɛ̃kɑ̃tɛn] **1** ***une ~ (d'enfants)*** ungefähr fünfzig (Kinder) **2** ***il a la ~*** er ist um die fünfzig
cinquante [sɛ̃kɑ̃t] fünfzig
cinquième[1] [sɛ̃kjɛm] fünfte(r, -s)
cinquième[2] *m* [sɛ̃kjɛm] Fünftel *n*
cinquième[3] *f* [sɛ̃kjɛm] SCHULE ≈ siebte Klasse
cintre *m* [sɛ̃tʀ] Kleiderbügel *m*, Kleiderhaken *m*
cintré(e) [sɛ̃tʀe] (*Kleidung*) tailliert
cirage *m* [siʀaʒ] **1** Schuhcreme *f* **2** *umg.* ***il est dans le ~*** (*er ist ohnmächtig*) er ist weggetreten; (*er versteht nichts*) er blickt nicht durch
circoncision *f* [siʀkɔ̃sizjɔ̃] *bei Jungen*: Beschneidung *f*
circonférence *f* [siʀkɔ̃feʀɑ̃s] Kreisumfang *m*
circonflexe [siʀkɔ̃flɛks] ***l'accent m ~*** der Accent circonflexe
circonscription *f* [siʀkɔ̃skʀipsjɔ̃] **1** VERW Bezirk *m* **2** ***la ~ (électorale)*** der Wahlkreis
circonscrire [siʀkɔ̃skʀiʀ] ⟨*wie* ***écrire***⟩ **1** umschreiben (*Kreis*, *Thema*) **2** eindämmen (*Brand*, *Epidemie*)
▸**circonstance** *f* [siʀkɔ̃stɑ̃s] **1** Umstand *m*; ***les ~s*** *a.* die Situation, die Verhältnisse; ***dans ces ~s*** unter diesen Umständen **2** ***pour la ~*** bei dieser Gelegenheit, aus diesem Anlass **3** JUR ***des ~s atténuantes*** mildernde Umstände
▸**circuit** *m* [siʀkɥi] **1** ***le ~ (touristique)*** die Rundreise, die Rundfahrt **2** ***le ~ (électrique)*** der Stromkreis; ***hors ~*** ausgeschaltet **3** *Rennstrecke*: Rundkurs *m*, Ring *m* **4** WIRTSCH *usw.* Kreislauf *m*
circulaire[1] [siʀkylɛʀ] kreisförmig, rund
circulaire[2] *f* [siʀkylɛʀ] Rundschreiben *n*
▸**circulation** *f* [siʀkylasjɔ̃] **1** Verkehr *m*; ***une route à grande ~*** e-e Hauptverkehrsstraße **2** *von Blut usw.*: Kreislauf *m*; *a. von Luft*: Zirkulation *f*; ***les troubles*** *m Pl* ***de la ~*** die Kreislaufstörungen **3** *von Geld usw.*: Umlauf *m*, Verkehr *m*
▸**circuler** [siʀkyle] **1** (*Fahrzeuge*) fahren; (*Fußgänger*) gehen, weitergehen **2** (*Geld*) im Umlauf sein **3** (*Blut*, *Brief*) zirkulieren **4** (*Gerücht*) kursieren, umgehen
cire *f* [siʀ] Wachs *n*
ciré *m* [siʀe] Ölzeug *n*, Öljacke *f*
ciré(e) [siʀe] **1** (*Schuhe*) geputzt; (*Möbel*) poliert; (*Boden*) gebohnert **2** (*Stoff*) gewachst
cirer [siʀe] **1** (blank) putzen (*Schuhe*) **2** polieren (*Möbel*) **3** bohnern (*Parkett*)
▸**cirque** *m* [siʀk] Zirkus *m*
cisaille(s) *f* (*Pl*) [sizaj] (große) Schere, Blechschere *f*
ciseau *m* [sizo] ⟨*Pl* ***~x***⟩ Meißel *m*
▸**ciseaux** *m Pl* [sizo] Schere *f*; ***une paire de ~*** e-e Schere
citadin(e) *m(f)* [sitadɛ̃(-in)] Stadtbewohner(in) *m(f)*, Städter(in) *m(f)*
citation *f* [sitasjɔ̃] **1** Zitat *n* **2** JUR Vorladung *f*
cité *f* [site] **1** Stadt *f* **2** (*City*) Altstadt *f*, Innenstadt *f* **3** Wohnsiedlung *f*; ***la ~ universitaire*** das Studentenwohnheim; *größer*: die Studentenstadt
cité-dortoir *f* [sitedɔʀtwaʀ] ⟨*Pl* ***cités-dortoirs***⟩ Schlafstadt *f*
▸**citer** [site] **1** zitieren (*Worte*, *Autor*) **2** nennen, aufzählen **3** JUR vorladen
citerne *f* [sitɛʀn] **1** (*Behälter*) Tank *m* **2** *für Regenwasser*: Zisterne *f* (⚠ ci-

terne)

▸ **citoyen** *m*, **citoyenne** *f* [sitwajɛ̃, sitwajɛn] Bürger(in) *m(f)*, Staatsbürger(in) *m(f)*

citoyenneté *f* [sitwajɛnte] Staatsbürgerschaft *f*

▸ **citron** *m* [sitʀõ] (⚠ le citron) **1** Zitrone *f* **2** *umg.* (*Kopf*) Birne *f*, Rübe *f*

citrouille *f* [sitʀuj] Kürbis *m*

civière *f* [sivjɛʀ] *für Verletzte usw.*: Bahre *f*, Trage *f*

civil *m* [sivil] **1** Zivilist *m* **2** ***en ~*** in Zivil; ***dans le ~*** im Zivilleben

civil(e) [sivil] **1** bürgerlich, Bürger…; ***le droit civil*** das Zivilrecht; ***le mariage civil*** die standesamtliche Trauung; ***la guerre civile*** der Bürgerkrieg **2** (↔ *militärisch*) zivil, Zivil…

▸ **civilisation** *f* [sivilizasjõ] Zivilisation *f*, Kultur *f*

civilisé(e) [sivilize] zivilisiert

clair *m* [klɛʀ] **1** ***le ~ de lune*** der Mondschein **2** ***en ~*** im Klartext, eigentlich **3** ***le plus ~ de mon temps*** die meiste Zeit

▸ **clair(e)** [klɛʀ] **1** hell **2** *bei Farben*: ***bleu, vert clair*** ⟨*unv.*⟩ hellblau, hellgrün **3** (*Wasser usw.*) klar **4** (*deutlich*) klar; ***je commence à y voir clair*** jetzt blicke ich langsam durch

clairement [klɛʀmɑ̃] klar, deutlich

clairière *f* [klɛʀjɛʀ] *im Wald*: Lichtung *f*

clairon *m* [klɛʀõ] Horn *n*, Signalhorn *n*

claironner [klɛʀɔne] ausposaunen

clairsemé(e) [klɛʀsəme] **1** spärlich, vereinzelt **2** (*Haar*) schütter, licht

clamer [klame] (laut) hinausschreien

clandestin(e) [klɑ̃dɛstɛ̃(-in)] **1** heimlich, geheim **2** (*Einwanderung usw.*) illegal; ***un travailleur clandestin*** ein illegal eingereister Arbeiter **3** ***un passager clandestin*** ein blinder Passagier

clandestinité *f* [klɑ̃dɛstinite] Heimlichkeit *f*; ***il vit dans la ~*** er lebt im Untergrund, er ist untergetaucht

clapet *m* [klapɛ] **1** Ventil *n*, Klappe *f* **2** *umg.* ***ferme ton ~!*** halt die Klappe!

clapier *m* [klapje] Kaninchenstall *m*

clapoter [klapɔte] plätschern

claque *f* [klak] **1** Ohrfeige *f* **2** *umg.* ***j'en ai ma ~*** mir reichts

claqué(e) [klake] *umg.* kaputt, k.o.

claquer [klake] **1** (*Schuss, Peitsche*) knallen; (*Absätze*) klappern; (*Tür, Klappe*) (zu)schlagen; ***~ des dents*** mit den Zähnen klappern **2** *umg.* (*erschöpfen*) schlauchen, fertigmachen **3** *umg.* auf den Kopf hauen (*Geld*) **4** *umg.* (*sterben*) abkratzen **5** ***se ~ un muscle*** sich e-n Muskel zerren

claquettes *f Pl* [klakɛt] Stepptanz *m*

clarifier [klaʀifje] klären (*Flüssigkeit, Frage usw.*)

clarté *f* [klaʀte] **1** Helligkeit *f*; ***la ~ du jour*** das Tageslicht **2** *von Wasser usw.*: Klarheit *f* **3** (*Verständlichkeit*) Klarheit *f*

▸ **classe** *f* [klɑs] **1** Klasse *f*; ***la ~ ouvrière*** die Arbeiterklasse **2** SCHULE Klasse *f* **3** (*Schulstunden*) Schule *f*, Unterricht *m*; ***en ~*** im Unterricht; ***aller en ~*** zur Schule gehen; ***j'ai ~*** ich habe Schule; ***faire (la) ~*** unterrichten **4** ***la ~ verte*** das Schullandheim; ***la ~ de neige*** das Skilager **5** (*Kategorie*) Gruppe *f*, Klasse *f* **6** (*Niveau*) Klasse *f*, Format *n* **7** *umg.* ***c'est ~*** *od.* ***ça fait ~*** das ist todschick; *umg.* ***c'est la ~!*** nicht übel!

classement *m* [klɑsmɑ̃] **1** *beim Sortieren*: Anordnen *n*, Einordnen *n* **2** (*Klassifizierung*) Einteilung *f* **3** (*Rangfolge*) Platz *m* **4** SCHULE Bewertung *f* **5** SPORT Wertung *f*; FUSSBALL Tabelle *f*

classer [klɑse] **1** (*sortieren*) ordnen, anordnen, einordnen **2** (*klassifizieren*) einteilen; ***~ parmi …*** zu … zählen; ***cette église est classée monument historique*** diese Kirche steht unter Denkmalschutz **3** ablegen (*Dokument*); schließen (*Akte*); ad acta legen (*Angelegenheit*) **4** ***elle s'est classée cinquième*** sie ist Fünfte (geworden); ***il se classe parmi …*** er zählt *od.* gehört zu …

classeur *m* [klɑsœʀ] **1** Aktenordner *m*, Ordner *m* **2** SCHULE *usw.* Ringbuch *n*

classicisme *m* [klasisism] Klassik *f*; *bes.* MAL *u.* ARCH Klassizismus *m*

classique[1] [klasik] **1** klassisch; *bes.* MAL *u.* ARCH klassizistisch **2** (*traditionell*) klassisch, konventionell **3** typisch; *umg.* ***c'est (le coup) ~*** das ist immer so, das ist (ganz) typisch

classique[2] *m* [klasik] Klassiker *m* (⚠ Klassik *als Epoche* = ***classicisme*** *m*)

clause *f* [kloz] Klausel *f*, Bestimmung *f*

clavicule *f* [klavikyl] Schlüsselbein *n*

▸ **clavier** *m* [klavje] **1** Tastatur *f* **2** *am*

C

Klavier: Klaviatur *f* (⚠ Klavier = ***piano** m*)

▸ **clé** *f* [kle] **1** Schlüssel *m*; ***fermer à ~*** abschließen, zuschließen; ***sous ~*** unter Verschluss **2** TECH Schraubenschlüssel *m* **3** MUS Notenschlüssel *m* **4** *zu Geheimnissen usw.*: Schlüssel *m* (**de** zu) **5** ⚠ *nach Subst.*: Schlüssel…; ***le personnage ~*** die Schlüsselfigur

clef *f* [⚠ kle] → ***clé***

clémence *f* [klemɑ̃s] *lit.* Milde *f*

clément(e) [klemɑ̃(t)] mild

clémentine *f* [klemɑ̃tin] Klementine *f*

clergé *m* [klɛʀʒe] (*Geistlichkeit*) Klerus *m*

Clermont-Ferrand [klɛʀmɔ̃fɛʀɑ̃] *frz. Stadt*

clic *m* [klik] IT ***le ~*** (***de la souris***) der Mausklick; ***en un ~ de souris*** per Mausklick; ***le double ~*** der Doppelklick

clic-clac *m* [klikklak] ⟨*unv.*⟩ Schlafcouch *f*, Bettcouch *f*

cliché *m* [kliʃe] **1** *Foto*: Abzug *m*; *von Fotos*: Negativ *n* **2** *Vorstellung*: Klischee *n*

▸ **client(e)** *m(f)* [klijɑ̃(t)] Kunde *m*, Kundin *f*; *im Hotel, Restaurant usw.*: Gast *m*; *beim Arzt*: Patient(in) *m(f)*; *beim Anwalt*: Klient(in) *m(f)*; *im Taxi*: Fahrgast *m*

clientèle *f* [klijɑ̃tɛl] Kundschaft *f*; *im Hotel, Restaurant usw.*: Gäste *m Pl*; *beim Arzt*: Patienten *m Pl*; *beim Anwalt*: Klienten *m Pl*

cligner [kliɲe] ***~ des yeux*** blinzeln, die Augen zusammenkneifen

▸ **clignotant** *m* [kliɲɔtɑ̃] AUTO Blinker *m*

clignoter [kliɲɔte] blinken

▸ **climat** *m* [klima] (⚠ clima<u>t</u>) Klima *n*

climatique [klimatik] klimatisch, Klima…

climatisation *f* [klimatizasjɔ̃] **1** Klimatisierung *f* **2** *Vorrichtung*: Klimaanlage *f*

climatisé(e) [klimatize] klimatisiert

clin d'œil *m* [klɛ̃dœj] ⟨*Pl* ***clins d'œil***⟩ **1** Augenzwinkern *n*; ***elle m'a fait un ~*** sie hat mir zugezwinkert **2** ***en un ~*** im Nu

▸ **clinique** *f* [klinik] Klinik *f*

cliquer [klike] IT klicken; ***~ sur qc*** etw anklicken

cliqueter [klikte] ⟨***-tt-***⟩ klirren, klappern

cliquetis *m* [klikti] Klirren *n*, Klappern *n*

clochard(e) *m(f)* [klɔʃaʀ(d)] Stadtstreicher(in) *m(f)*, Penner(in) *m(f)*

▸ **cloche** *f* [klɔʃ] Glocke *f*

cloche-pied [klɔʃpje] ***sauter à ~*** (auf e-m Bein) hüpfen

▸ **clocher** *m* [klɔʃe] Kirchturm *m*, Glockenturm *m*

clochette *f* [klɔʃɛt] Glöckchen *n*, Schelle *f*

cloison *f* [klwazɔ̃] **1** Zwischenwand *f*, Trennwand *f* **2** *in der Nase*: Scheidewand *f*

cloître *m* [klwatʀ] **1** Kloster *n* **2** *in Kirchen, Klöstern usw.*: Kreuzgang *m*

se cloîtrer [səklwatʀe] sich zurückziehen

clonage *m* [klonaʒ] Klonen *n*; ***le ~ humain*** das Klonen von Menschen

cloner [klone] klonen

clope *f* [klɔp] *umg.* (*Zigarette*) Kippe *f*

cloque *f* [klɔk] *auf der Haut*: Blase *f*

clore [klɔʀ] ⟨*prés.*: ***je clos, il clôt, ils closent***; *fut.*: ***je clorai***; *subj.*: ***je close***; *p/p*: ***clos***⟩ schließen

clos(e) [klo(z)] **1** → ***clore*** **2** geschlossen **3** (*abgeschlossen*) erledigt

clôture *f* [klotyʀ] **1** Zaun *m* **2** (*Ende*) Abschluss *m*, Schluss *m*

clôturer [klotyʀe] **1** einzäunen (*Gelände*) **2** schließen (*Sitzung*)

▸ **clou** *m* [klu] **1** Nagel *m* **2** (*Höhepunkt*) Clou *m* **3** ***le ~ de girofle*** die Gewürznelke **4** *umg.* ***les ~s*** der Fußgängerüberweg **5** *Wendungen*: ***ça ne vaut pas un ~*** das ist nichts wert; *umg.* ***des ~s!*** von wegen!

clouer [klue] festnageln, zusammennageln

clouté(e) [klute] **1** mit Nägeln beschlagen **2** ***les pneus*** *m Pl* ***cloutés*** die Spikereifen **3** ***le passage clouté*** der Fußgängerüberweg

clown *m* [⚠ klun] Clown *m*

clowneries *f Pl* [⚠ klunʀi] ***faire des ~*** Faxen machen

▸ **club** *m* [⚠ klœb] Klub *m*, Verein *m*

coaguler [kɔagyle] (***se***) ***~*** gerinnen

coasser [kɔase] quaken

cobaye *m* [⚠ kɔbaj] **1** Meerschweinchen *n* **2** *fig.* Versuchskaninchen *n*

cocaïne *f* [kɔkain] (⚠ <u>la</u> cocaïne) Kokain *n*

cocasse [kɔkas] *umg.* lustig, ulkig
coccinelle *f* [kɔksinɛl] **1** Marienkäfer *m* **2** *umg.* AUTO Käfer *m*
coche *m* [kɔʃ] **1** Kutsche *f* **2** *umg.* ***j'ai raté le ~*** ich habe die Gelegenheit verpasst
cocher[1] [kɔʃe] abhaken, ankreuzen
cocher[2] *m* [kɔʃe] Kutscher *m*
▸ **cochon**[1] *m* [kɔʃõ] **1** Schwein *n* **2** ***le ~ d'Inde*** das Meerschweinchen **3** ***la tête de ~*** der Dickkopf
coch|on[2] *m*, **~onne** *f* [kɔʃõ, -ɔn] *umg. Mensch*: Schwein *n*, Ferkel *n*
coch|on[3], **~onne** [kɔʃõ, -ɔn] *umg.* **1** schmutzig **2** (*Witz usw.*) schweinisch
cochonnerie *f* [kɔʃɔnʀi] Schweinerei *f*; (*Schund*) Mist *m*; (*Schmutz*) Dreck *m*
coco[1] *m* [koko] ***la noix de ~*** die Kokosnuss
coco[2] *m* [koko] **1** *Kosewort*: ***mon ~*** mein Schatz **2** *umg.* ***un drôle de ~*** ein sauberes Früchtchen
cocorico [kɔkɔʀiko] kikeriki
cocotier *m* [kɔkɔtje] Kokospalme *f*
cocotte[1] *f* [kɔkɔt] **1** *Kinderspr.* Huhn *n* **2** ***une ~ en papier*** ein Papiervogel **3** *Kosewort*: ***ma ~*** mein Liebling
cocotte[2] *f* [kɔkɔt] Schmortopf *m*; ***la ~ minute®*** der Schnellkochtopf
cocu(e) *m(f)* [kɔky] betrogener Ehemann, betrogene Ehefrau
code *m* [kɔd] **1** Gesetze *n Pl*, Gesetzbuch *n*; ▸ ***le code de la route*** die Straßenverkehrsordnung **2** *aus Symbolen, Zahlen*: Kode *m*, Code *m* **3** ***le code postal*** die Postleitzahl **4** ***le ~*** die Verkehrsregeln; *a.* die theoretische Fahrprüfung **5** AUTO ***les ~s*** das Abblendlicht
code-barres *m* [kɔdbaʀ] ⟨*Pl* ***codes-barres***⟩ Strichkode *m*
coder [kɔde] kodieren, verschlüsseln
▸ **cœur** *m* [kœʀ] **1** ANAT Herz *n* **2** (*Mitte*) Mittelpunkt *m*, Kern *m*; *beim Salat*: Herz *n*; ***au ~ de la ville, de l'hiver*** *usw.* mitten in der Stadt, im Winter *usw.* **3** ***j'ai mal au ~*** mir ist übel, mir ist schlecht **4** ▸ ***par cœur*** auswendig **5** ***de bon*** (*od.* ***de grand***) ***~*** herzlich gern **6** *Spielkartenfarbe*: Herz *n* **7** *Wendungen*: ***j'ai le ~ gros*** mir ist schwer ums Herz; ***je veux en avoir le ~ net*** ich möchte ganz sicher sein; ***il a le ~ sur la main*** er ist sehr großzügig
coffre *m* [kɔfʀ] **1** Truhe *f* **2** AUTO Kofferraum *m* (⚠ Koffer = ***valise*** *f*)
coffre-fort *m* [kɔfʀəfɔʀ] ⟨*Pl* ***coffres-forts***⟩ Tresor *m*, Safe *m*
coffret *m* [kɔfʀɛ] Kästchen *n*, Kassette *f*
Cognac [kõɲak] *frz. Stadt*
cogner [kɔɲe] **1** ***~ qc*** an etw stoßen; ***~ qn*** (***du coude***) j-n (mit dem Ellbogen) anstoßen *od.* anrempeln **2** ***se ~*** stoßen (***à, contre*** an, gegen); ***se ~ la tête*** sich den Kopf stoßen **3** klopfen (***à, contre*** an, gegen) **4** *umg.* verprügeln
cohabitation *f* [kɔabitasjõ] Zusammenleben *n*
cohabiter [kɔabite] zusammenleben, zusammenwohnen
cohérent(e) [kɔeʀɑ̃(t)] zusammenhängend, kohärent
cohue *f* [kɔy] **1** Gedränge *n* **2** *Ansammlung*: Menschenmenge *f*
coiffe *f* [kwaf] Haube *f*
coiffé(e) [kwafe] frisiert
▸ **coiffer** [kwafe] frisieren
▸ **coiffeur** *m* [kwafœʀ] Friseur *m*
▸ **coiffeuse**[1] *f* [kwaføz] Friseuse *f*
coiffeuse[2] *f* [kwaføz] Frisierkommode *f*
▸ **coiffure** *f* [kwafyʀ] **1** Frisur *f* **2** *Hut usw.*: Kopfbedeckung *f*
▸ **coin** *m* [kwɛ̃] **1** Ecke *f*, Winkel *m*; ***au ~ de la rue*** an der Straßenecke **2** ***aux quatre ~s du monde*** überall auf der Welt **3** (*Stelle*) Plätzchen *n*, Fleckchen *n*; ***vous êtes du ~?*** sind Sie von hier? **4** *umg.* ***le petit ~*** (*Toilette*) das stille Örtchen, das Klo
coincé(e) [kwɛ̃se] **1** eingeklemmt **2** (*gehemmt*) verklemmt
coincer [kwɛ̃se] ⟨**-ç-**⟩ **1** einklemmen, klemmen (*Finger usw.*) **2** ***le tiroir est coincé*** die Schublade klemmt **3** ***se ~*** sich verklemmen **4** *umg.* in die Enge treiben, festnageln **5** *umg.* erwischen, schnappen (*Dieb*)
coïncidence *f* [kɔɛ̃sidɑ̃s] Zufall *m*
coïncider [kɔɛ̃side] **1** (zeitlich) zusammenfallen **2** (*übereinstimmen*) sich decken
coing *m* [kwɛ̃] BOT Quitte *f*
▸ **col** *m* [kɔl] **1** Kragen *m*; ***le ~ roulé*** der Rollkragen **2** *e-r Flasche usw.*: Hals *m* **3** *im Gebirge*: Pass *m*
coléoptère *m* [kɔleɔptɛʀ] Käfer *m*
▸ **colère** *f* [kɔlɛʀ] **1** Zorn *m*, Wut *f*; ***en ~*** zornig, wütend **2** Wutanfall *m*

C

colér|eux, ~euse [kɔleʀø, -øz] jähzornig, aufbrausend
colimaçon *m* [kɔlimasõ] **1** Schnecke *f* **2** ***un escalier en ~*** e-e Wendeltreppe
colin *m* [kɔlɛ̃] Seehecht *m*
colin-maillard *m* [kɔlɛ̃majaʀ] ***jouer à ~*** Blindekuh spielen
colique *f* [kɔlik] Durchfall *m*
colis *m* [kɔli] Paket *n*; ***un petit ~*** ein Päckchen
collaborateur *m* [kɔlabɔʀatœʀ] **1** Mitarbeiter *m* **2** POL Kollaborateur *m*
collaboration *f* [kɔlabɔʀasjõ] **1** Zusammenarbeit *f*, Mitarbeit *f* (***à*** an) **2** *mit dem Feind*: Kollaboration *f*
collaboratrice *f* [kɔlabɔʀatʀis] **1** Mitarbeiterin *f* **2** POL Kollaborateurin *f*
collaborer [kɔlabɔʀe] **1** mitarbeiten (***à*** an); zusammenarbeiten (***avec*** mit) **2** *mit dem Feind*: kollaborieren
▸ **collant** *m* [kɔlɑ̃] **1** Strumpfhose *f* **2** Gymnastikanzug *m*, Trikot *n*
collant(e) [kɔlɑ̃(t)] **1** klebrig **2** (*Kleidung*) eng anliegend, hauteng **3** *umg.* (*Mensch*) aufdringlich
collation *f* [kɔlasjõ] Imbiss *m*, Snack *m*
▸ **colle** *f* [kɔl] **1** Klebstoff *m* **2** *umg.* SCHULE Nachsitzen *n* **3** *umg.* knifflige Frage
collecte *f* [kɔlɛkt] (*Einsammeln*) Sammlung *f*
collecter [kɔlɛkte] sammeln, einsammeln
collect|if, ~ive [kɔlɛktif, -iv] **1** gemeinsam, Gemeinschafts… **2** ***le billet collectif*** der Sammelfahrschein
▸ **collection** *f* [kɔlɛksjõ] **1** Sammlung *f* **2** MODE Kollektion *f* **3** *von Büchern*: Reihe *f*
▸ **collectionner** [kɔlɛksjɔne] sammeln
collectionn|eur *m*, **~euse** *f* [kɔlɛksjɔnœʀ, -øz] Sammler(in) *m(f)*
collectivité *f* [kɔlɛktivite] Gemeinschaft *f*
▸ **collège** *m* [kɔlɛʒ] *vierklassige Ganztagsschule der Sekundarstufe I*

Le collège

Diese französische Ganztagsschule baut auf der **école primaire** (Grundschule) auf und umfasst vier Klassen. Sie entspricht ungefähr der Sekundarstufe I in Deutschland und bereitet auf das **lycée** (weitere Infos bei **lycée**), auf eine Lehre oder den Beruf vor.
Der Unterricht beginnt meistens um 8 Uhr und endet zwischen 16 und 17 Uhr (Mittagspause: 2 Stunden). Ein Nachmittag in der Woche ist unterrichtsfrei.

collég|ien *m*, **~ienne** *f* [kɔleʒjɛ̃, -jɛn] Schüler(in) *m(f)* in e-m „collège“
▸ **collègue** *m,f* [kɔlɛg] Kollege *m*, Kollegin *f*
▸ **coller** [kɔle] **1** kleben (***à*** an) **2** aufkleben; zusammenkleben (*mehrere Dinge*); zukleben (*Umschlag*) **3** drücken, pressen (***contre*** gegen, ***à*** an) **4** *umg.* verpassen, aufbrummen (*Strafe*) **5** *umg.* ***il m'a collé*** er hat mir e-e knifflige Frage gestellt; *bei e-r Prüfung*: ***je me suis fait ~*** ich bin durchgefallen **6** SCHULE ***je suis collé*** ich muss nachsitzen
▸ **collier** *m* [kɔlje] **1** *Schmuck*: Kette *f*, Kollier *n* **2** *für Tiere*: Halsband *n* **3** ***donner un coup de ~*** sich sehr anstrengen
▸ **colline** *f* [kɔlin] Hügel *m*
collision *f* [kɔlizjõ] Zusammenstoß *m*
colmater [kɔlmate] abdichten (*Leck usw.*)
Cologne [kɔlɔɲ] Köln *n*
colombage *m* [kɔlõbaʒ] ARCH Fachwerk *n*
colombe *f* [kɔlõb] Taube *f*
colonel *m* [kɔlɔnɛl] Oberst *m*
▸ **colonie** *f* [kɔlɔni] **1** HIST Kolonie *f* **2** ▸ ***la colonie*** (***de vacances***) das Ferienlager **3** *von Bienen, Ameisen*: Volk *n*
colonisation *f* [kɔlɔnizasjõ] Kolonisierung *f*
coloniser [kɔlɔnize] kolonisieren, besiedeln
colonne *f* [kɔlɔn] **1** Säule *f*; ***la ~ Morris*** die Litfaßsäule **2** *in e-r Zeitung*: Spalte *f* **3** *von Autos, Zahlen*: Kolonne *f*; *von Personen*: Reihe *f* **4** ▸ ***la colonne vertébrale*** die Wirbelsäule
colorant *m* [kɔlɔʀɑ̃] Farbstoff *m*
coloration *f* [kɔlɔʀasjõ] **1** Färbung *f*, Farbe *f* **2** *beim Friseur*: ***elle s'est fait faire une ~*** sie hat sich die Haare fär-

ben lassen
coloré(e) [kɔlɔʀe] **1** gefärbt **2** (*bunt, anschaulich*) farbig
colorer [kɔlɔʀe] färben
colorier [kɔlɔʀje] ausmalen, malen
coloris *m* [kɔlɔʀi] Farbe *f*, Färbung *f*
colossal(e) [kɔlɔsal] ⟨*m Pl* **-aux**⟩ riesig, immens, kolossal
colosse *m* [kɔlɔs] (*Riese*) Koloss *m*
colza *m* [kɔlza] BOT Raps *m*
▸ **combat** *m* [kõba] Kampf *m*
combat|if, ~ive [kõbatif, -iv] kämpferisch
combativité *f* [kõbativite] Kampfgeist *m*
combattant *m* [kõbatɑ̃] **1** Kämpfer *m* **2** ***un ancien ~*** ein Kriegsveteran
▸ **combattre** [kõbatʀ] ⟨*wie* **battre**⟩ **1** kämpfen **2** ***~ qn*** gegen j-n kämpfen; ***~ qc*** gegen etw kämpfen, etw bekämpfen
▸ **combien** [kõbjɛ̃] **1** *in Fragen*: wie viel, wie viele; ***~ de mètres, de personnes*** *usw.*? wie viel Meter, Personen *usw.*?; ***~ de fois?*** wie oft?; ***~ de temps?*** wie lange? **2** *in Aussagesätzen u. Ausrufen*: wie (sehr) **3** ***tu es le ~?*** der Wievielte bist du?; *umg.* ***le ~ sommes-nous?*** den Wievielten haben wir heute?
combinaison *f* [kõbinɛzõ] **1** (*Zusammenstellung*) Kombination *f* **2** CHEM Verbindung *f* **3** (*Kniff*) Trick *m*, Mittel *n* **4** *Anzug*: Overall *m*; ***la ~ de ski*** der Skianzug **5** *für Frauen*: Unterrock *m*
combine *f* [kõbin] *umg.* **1** (*Trick*) Dreh *m*, Masche *f* **2** ***elle est dans la ~*** sie weiß Bescheid
combiné *m* [kõbine] TEL Hörer *m*
combiner [kõbine] **1** (*zusammenstellen*) kombinieren **2** (*vorbereiten*) organisieren, arrangieren
comble[1] *m* [kõbl] **1** Gipfel *m*, Höhepunkt *m*; ***c'est le ~!*** das ist doch die Höhe! **2** *am Haus*: ***sous les ~s*** unter dem Dach, im Dachgeschoss
comble[2] [kõbl] brechend voll, voll besetzt
combler [kõble] **1** auffüllen, zuschütten (*Graben*) **2** füllen, schließen (*Lücke*) **3** aufholen (*Verspätung*) **4** erfüllen (*Wunsch*) **5** ***~ qn de cadeaux*** j-n mit Geschenken überschütten
combustible[1] *m* [kõbystibl] Brennstoff *m*
combustible[2] [kõbystibl] brennbar
combustion *f* [kõbystjõ] Verbrennung *f*
▸ **comédie** *f* [kɔmedi] **1** Komödie *f* **2** (*Getue*) Theater *n*
coméd|ien *m*, **~ienne** *f* [kɔmedjɛ̃, -jɛn] Schauspieler(in) *m(f)*
comestible [kɔmɛstibl] essbar, genießbar
comète *f* [kɔmɛt] (⚠ la comète) Komet *m*
▸ **comique**[1] [kɔmik] **1** komisch **2** ***un acteur ~*** ein Komiker **3** ***une pièce ~*** e-e Komödie
comique[2] *m* [kɔmik] Komiker(in) *m(f)*
comité *m* [kɔmite] **1** Komitee *n*, Ausschuss *m* **2** ***le ~ d'entreprise*** der Betriebsrat
commandant *m* [kɔmɑ̃dɑ̃] **1** MIL Major *m*, Kommandant *m* **2** SCHIFF Kapitän *m* **3** FLUG ***le ~ de bord*** der Flugkapitän
▸ **commande** *f* [kɔmɑ̃d] **1** Bestellung *f*; ***sur ~*** auf Bestellung; *fig.* auf Kommando **2** TECH Steuerung *f*
commandement *m* [kɔmɑ̃dmɑ̃] **1** MIL Kommando *n*, Befehl *m* **2** BIBEL ***les dix ~s*** die Zehn Gebote
▸ **commander** [kɔmɑ̃de] **1** bestellen (*Waren, Taxi, Essen*) **2** kommandieren (*Personen, Truppen*) **3** (*anordnen*) befehlen **4** (*erforderlich machen*) erfordern, verlangen **5** TECH steuern, betätigen
▸ **comme** [kɔm] **1** *in Vergleichen*: wie; ***~ autrefois*** wie früher **2** ▸ ***comme ça*** so **3** ▸ ***comme si*** als ob **4** ***~ tu veux*** wie du willst **5** *in Ausrufen*: ***~ c'est laid!*** wie hässlich (das ist)! **6** *in der Funktion*: als; ***elle travaille ~ secrétaire*** sie arbeitet als Sekretärin **7** *zeitlich*: als; ***~ nous partions*** als wir aufbrachen **8** *als Begründung*: da, weil
commémoration *f* [kɔmemɔʀasjõ] **1** Gedenken *n*; ***en ~ de …*** zum Gedenken an … **2** Gedenkfeier *f*
commémorer [kɔmemɔʀe] ***~ qc*** e-r Sache gedenken
▸ **commencement** *m* [kɔmɑ̃smɑ̃] Anfang *m*, Beginn *m*
▸ **commencer** [kɔmɑ̃se] ⟨**-ç-**⟩ anfangen, beginnen (***par*** mit)
▸ **comment** [kɔmɑ̃] **1** wie **2** *wenn man etwas nicht verstanden hat*: ***~?*** wie bitte? **3** ***~ ça?*** wie denn das?, wieso? **4** ***et ~!*** und ob!

C

commentaire *m* [kɔmɑ̃tɛʀ] **1** Kommentar *m* **2** SCHULE ***le ~ (de texte)*** die Textinterpretation
commenter [kɔmɑ̃te] **1** kommentieren **2** SCHULE interpretieren
commérages *f Pl* [kɔmeʀaʒ] Gerede *n*, Klatsch *m*
commerçant(e)[1] *m(f)* [kɔmɛʀsɑ̃(t)] Geschäftsmann *m*, Geschäftsfrau *f*, Händler(in) *m(f)*
▸ **commerçant(e)**[2] [kɔmɛʀsɑ̃(t)] **1** ***cette rue est très commerçante*** in dieser Straße gibt es viele Geschäfte **2** ***il est très commerçant*** er ist sehr geschäftstüchtig
▸ **commerce** *m* [kɔmɛʀs] **1** Handel *m*; ***faire du ~*** Handel treiben, handeln **2** (*Laden*) Geschäft *n* **3** ***le ~ de détail*** der Einzelhandel; ***le ~ en gros*** der Großhandel
▸ **commercial(e)** [kɔmɛʀsjal] ⟨*m Pl* ***-aux***⟩ **1** Handels…, Geschäfts… **2** ***le centre commercial*** das Einkaufszentrum **3** *oft abw.* kommerziell
commercialiser [kɔmɛʀsjalize] **1** (*verkaufen*) auf den Markt bringen **2** *durch Werbung usw.*: vermarkten
commère *f* [kɔmɛʀ] Klatschbase *f*
commettre [kɔmɛtʀ] ⟨*wie* ***mettre***⟩ begehen (*Verbrechen, Irrtum usw.*)
commis *m* [kɔmi] Gehilfe *m*, Angestellte(r) *m*
commissaire *m* [kɔmisɛʀ] **1** Kommissar(in) *m(f)* **2** SPORT Kampfrichter(in) *m(f)*
commissaire-priseur *m* [kɔmisɛʀpʀizœʀ] ⟨*Pl* ***commissaires-priseurs***⟩ *bei Versteigerungen*: Auktionator(in) *m(f)*
▸ **commissariat** *m* [kɔmisaʀja] Polizeirevier *n*, Kommissariat *n*
commission *f* [kɔmisjɔ̃] **1** Auftrag *m* **2** (*Mitteilung*) Nachricht *f* **3** ***faire les ~s*** einkaufen gehen **4** (*Ausschuss*) Kommission *f*; ***la ~ d'enquête*** der Untersuchungsausschuss; ***la ~ d'examen*** die Prüfungskommission; ***la Commission européenne*** die Europäische Kommission **5** (*Vermittlungsgebühr*) Provision *f*
commode[1] *f* [kɔmɔd] Kommode *f*
commode[2] [kɔmɔd] **1** (*Lösung usw.*) bequem; (*Mittel, Werkzeug usw.*) praktisch **2** (↔ *schwierig*) leicht **3** (*Person*) ***elle n'est pas ~*** sie ist schwierig
commodité *f* [kɔmɔdite] **1** Bequemlichkeit *f*; ***pour plus de ~*** aus praktischen Gründen **2** ***les ~s*** der Komfort, die Annehmlichkeiten
commun *m* [kɔmœ̃], *a. oft* [kɔmɛ̃] ***hors du ~*** außergewöhnlich
▸ **commun(e)** [kɔmœ̃(-yn)] (*m oft a.* [kɔmɛ̃]) **1** gemeinsam; ***la salle commune*** der Gemeinschaftsraum; ***la vie commune*** das Zusammenleben; ***en commun*** zusammen, gemeinsam **2** (*alle angehend*) allgemein **3** (*alltäglich*) üblich, weit verbreitet; ***peu commun*** nicht alltäglich, außergewöhnlich **4** *oft abw.* gewöhnlich, ordinär
communal(e) [kɔmynal] ⟨*m Pl* ***-aux***⟩ Gemeinde…, kommunal
communautaire [kɔmynotɛʀ] **1** gemeinschaftlich, Gemeinschafts… **2** ***la politique ~*** die EU-Politik
▸ **communauté** *f* [kɔmynote] **1** *Gruppe*: Gemeinschaft *f* **2** (*Übereinstimmung*) Gemeinsamkeit *f*
▸ **commune** *f* [kɔmyn] Gemeinde *f*, Kommune *f*
communément [kɔmynemɑ̃] (für) gewöhnlich
communicat|if, ~ive [kɔmynikatif, -iv] **1** (*Lachen*) ansteckend **2** (*Mensch*) kontaktfreudig
▸ **communication** *f* [kɔmynikasjɔ̃] **1** Kommunikation *f* **2** (*Verbindung*) Kontakt *m* **3** (*Nachricht*) Mitteilung *f* **4** TEL, *im Verkehr*: Verbindung *f*; ***les voies de ~*** die Verkehrsverbindungen **5** TEL Gespräch *n*
communion *f* [kɔmynjɔ̃] Kommunion *f*
communiqué *m* [kɔmynike] Mitteilung *f*
communiquer [kɔmynike] **1** mitteilen **2** (*kommunizieren*) sich verständigen **3** übertragen (*Krankheit, Bewegung usw.*) **4** (*Räume usw.*) verbunden sein
communisme *m* [kɔmynism] Kommunismus *m*
▸ **communiste**[1] *m,f* [kɔmynist] Kommunist(in) *m(f)*
communiste[2] [kɔmynist] kommunistisch
compact *m* [kɔ̃pakt] CD *f*
compact(e) [kɔ̃pakt] fest, kompakt; (*Nebel*) dicht
compagne *f* [kɔ̃paɲ] Lebensgefährtin *f*

▸ **compagnie** *f* [kõpaɲi] **1** (*Vereinigung, Firma*) Gesellschaft *f* **2** (*Begleitung*) Gesellschaft *f*; ***elle m'a tenu ~*** sie hat mir Gesellschaft geleistet **3** THEAT Ensemble *n* **4** MIL Kompanie *f*

compagnon *m* [kõpaɲõ] **1** Kamerad *m*, Gefährte *m* **2** Lebensgefährte *m* **3** *im Handwerk*: Geselle *m* (⚠ Kompagnon *im Geschäft* = ***associé*** *m*)

comparable [kõpaʀabl] vergleichbar

▸ **comparaison** *f* [kõpaʀɛzõ] **1** Vergleich *m*; ***en ~ de*** *od.* ***par ~ à*** im Vergleich zu **2** GR Steigerung *f*

comparaître [kõpaʀɛtʀ] ⟨*wie* ***connaître***⟩ erscheinen

comparatif *m* [kõpaʀatif] GR Komparativ *m*

comparat|if, ~ive [kõpaʀatif, -iv] vergleichend

comparativement [kõpaʀativmɑ̃] vergleichsweise

▸ **comparer** [kõpaʀe] vergleichen (***à*** mit)

▸ **compartiment** *m* [kõpaʀtimɑ̃] **1** *in Schränken, Koffern usw.*: Fach *n* **2** BAHN Abteil *n*

compas *m* [⚠ kõpa] Zirkel *m* (⚠ Kompass = ***boussole*** *f*)

compassion *f* [kõpasjõ] Mitgefühl *n*, Mitleid *n*

compatible [kõpatibl] **1** (miteinander) vereinbar **2** TECH kompatibel

compatriote *m,f* [kõpatʀijɔt] Landsmann *m*, Landsmännin *f*

compensation *f* [kõpɑ̃sasjõ] Kompensation *f*, Ausgleich *m*; ***en ~*** zum Ausgleich, dafür

compenser [kõpɑ̃se] kompensieren, ausgleichen; ***pour ~*** zum Ausgleich

compère *m* [kõpɛʀ] Kumpan *m*, Komplize *m*

compétence *f* [kõpetɑ̃s] **1** (*Kenntnisse*) Sachverstand *m*, Kompetenz *f* **2** (*Verantwortungsbereich*) Zuständigkeit *f*

compétent(e) [kõpetɑ̃(t)] **1** (*sachkundig*) fähig, kompetent **2** (*Gericht usw.*) zuständig

compétit|if, ~ive [kõpetitif, -iv] konkurrenzfähig, wettbewerbsfähig

▸ **compétition** *f* [kõpetisjõ] Wettbewerb *m*; *geschäftlich a.*: Konkurrenz *f*; ***la ~ sportive*** der Wettkampf

compilation *f* [kõpilasjõ] *CD usw.*: Sampler *m*

complainte *f* [kõplɛ̃t] Klagelied *n*

se complaire [səkõplɛʀ] ⟨*wie* ***plaire***⟩ ***il se complaît à dire cela*** er gefällt sich darin, das zu sagen

complaisance *f* [kõplɛzɑ̃s] **1** Liebenswürdigkeit *f*; *übertrieben*: Nachgiebigkeit *f* **2** *im negativen Sinn* Selbstgefälligkeit *f*

complaisant(e) [kõplɛzɑ̃(t)] **1** liebenswürdig; *übertrieben*: zu weich, zu nachgiebig **2** *im negativen Sinn*: selbstgefällig

complément *m* [kõplemɑ̃] **1** Ergänzung *f*, Zusatz *m* **2** *Geld*: restliche *od.* fehlende Summe **3** GR ***le ~ circonstanciel*** die adverbiale Bestimmung

complémentaire [kõplemɑ̃tɛʀ] **1** ergänzend, zusätzlich **2** ***les couleurs*** *f Pl* ***~s*** die Komplementärfarben

▸ **compl|et, ~ète** [kõplɛ, -ɛt] **1** komplett, vollständig **2** (*total*) ganz, vollkommen **3** (*voll*) besetzt; (*Hotel*) belegt; (*Theater*) ausverkauft **4** *bei Lebensmitteln*: Vollwert…; ***le pain complet*** das Vollkornbrot

▸ **complètement** [kõplɛtmɑ̃] völlig

compléter [kõplete] ⟨**-è-**⟩ vervollständigen, ergänzen

complexe[1] [kõplɛks] komplex, kompliziert

complexe[2] *m* [kõplɛks] Komplex *m*

complexé(e) [kõplɛkse] gehemmt, verklemmt

complication *f* [kõplikasjõ] **1** Schwierigkeit *f* **2** MED Komplikation *f*

complice *m,f* [kõplis] Komplize *m*, Komplizin *f*

complicité *f* [kõplisite] **1** geheimes Einverständnis **2** *bei Verbrechen*: Mittäterschaft *f*, Beihilfe *f*

compliment *m* [kõplimɑ̃] Kompliment *n*

complimenter [kõplimɑ̃te] ***~ qn*** j-m Komplimente machen

▸ **compliqué(e)** [kõplike] kompliziert

compliquer [kõplike] **1** komplizieren **2** ***se ~*** kompliziert werden

complot *m* [⚠ kõplo] Komplott *n*

comploter [kõplɔte] **1** ein Komplott schmieden **2** *umg.* aushecken, ausbrüten

comportement *m* [kõpɔʀtəmɑ̃] Verhalten *n*

comporter [kõpɔʀte] **1** enthalten **2** (*sich zusammensetzen*) aus … bestehen **3** (*zur Folge haben*) mit sich brin-

gen
▸**se comporter** [sɔ̃kɔ̃pɔʀte] sich verhalten

C

composant *m* [kɔ̃pozɑ̃] Bestandteil *m*
composante *f* [kɔ̃pozɑ̃t] Komponente *f*
composé(e) [kɔ̃poze] **1** zusammengesetzt; ***un mot composé*** ein Kompositum **2** GR ***les temps composés*** die zusammengesetzten Zeiten; ***le passé composé*** das Perfekt **3** ***une salade composée*** ein gemischter Salat
▸**composer** [kɔ̃poze] **1** (*bilden*) zusammenstellen **2** TEL **~ *un numéro*** e-e Nummer wählen **3** verfassen (*Gedicht*); komponieren (*Musik*) **4** SCHULE *usw.* e-e Prüfungsarbeit schreiben **5** (*darstellen*) bilden, ausmachen **6** ▸ ***se composer*** bestehen *od.* sich zusammensetzen (***de*** aus)
▸**compositeur** *m* [kɔ̃pozitœʀ] Komponist(in) *m(f)*
composition *f* [kɔ̃pozisjɔ̃] **1** Zusammenstellung *f*; *aus Einzelteilen*: Zusammensetzung *f* **2** MUS Komposition *f* **3** SCHULE Klassenarbeit *f*
▸**composter** [kɔ̃pɔste] entwerten
▸**compote** *f* [kɔ̃pɔt] (⚠ la compote) Kompott *n*, Mus *n*
compréhensible [kɔ̃pʀeɑ̃sibl] verständlich, nachvollziehbar
compréhens|if, ~ive [kɔ̃pʀeɑ̃sif, -iv] verständnisvoll
compréhension *f* [kɔ̃pʀeɑ̃sjɔ̃] Verständnis *n*
▸**comprendre**[1] [kɔ̃pʀɑ̃dʀ] ⟨*wie* ***prendre***⟩ **1** verstehen, begreifen; ***je n'y comprends rien*** ich verstehe das nicht **2** ***faire ~*** verständlich machen
▸**comprendre**[2] [kɔ̃pʀɑ̃dʀ] ⟨*wie* ***prendre***⟩ **1** (*umfassen*) aus … bestehen, enthalten **2** (*einschließen*) mitrechnen, mitzählen
compression *f* [kɔ̃pʀɛsjɔ̃] **1** TECH Kompression *f*, Verdichtung *f* **2** *von Kosten*: Senkung *f* **3** *von Personal*: Abbau *m*
▸**comprimé** *m* [kɔ̃pʀime] Tablette *f*
comprimer [kɔ̃pʀime] **1** zusammendrücken, zusammenpressen **2** TECH verdichten, komprimieren **3** senken (*Kosten*)
compris(e) [kɔ̃pʀi(z)] **1** → ***comprendre***[1], ***comprendre***[2] **2** ***y compris le dimanche*** einschließlich sonntags; ***100 euros, tout compris*** 100 Euro, alles inklusive; ***service non compris*** zuzüglich Bedienung
compromettre [kɔ̃pʀɔmɛtʀ] ⟨*wie* ***mettre***⟩ **1** gefährden, aufs Spiel setzen **2** (*bloßstellen*) kompromittieren **3** ***il s'est compromis dans cette affaire*** er ist in diese Sache verwickelt
compromis *m* [⚠ kɔ̃pʀɔmi] Kompromiss *m*
comptabilité *f* [kɔ̃tabilite] Buchführung *f*, Buchhaltung *f*
comptable *m,f* [kɔ̃tabl] Buchhalter(in) *m(f)*
comptant [kɔ̃tɑ̃] ▸ ***payer au comptant*** bar bezahlen
▸**compte** *m* [kɔ̃t] **1** Zählung *f*, Berechnung *f*; ***faire le ~ de qc*** etw abzählen *od.* zusammenzählen **2** *geschäftlich*: Rechnung *f*; ***il fait ses ~s*** er rechnet ab; ***pour le ~ de*** im Auftrag von, auf Rechnung von **3** *bei der Bank*: Konto *n*; ***le ~ courant*** das Girokonto **4** (*Erklärung*) Rechenschaft *f* **5** ***le ~ à rebours*** der Countdown **6** ***le ~ rendu*** der Bericht; *schriftlich*: das Protokoll; SCHULE die Nacherzählung **7** ▸ ***se rendre compte de qc*** sich über etw klar werden, etw bemerken; ***tu te rends ~!*** stell dir (das mal) vor! **8** ***tenir ~ de qc*** etw berücksichtigen **9** ***elle travaille à son ~*** sie ist selbstständig **10** ***il y a trouvé son ~*** er ist auf seine Kosten gekommen **11** ***en fin de ~*** schließlich, im Endeffekt; ***tout ~ fait*** genau genommen, alles in allem
▸**compter** [kɔ̃te] **1** zählen **2** MATH rechnen **3** *in e-r Rechnung*: ausrechnen, berechnen **4** ***il compte parmi …*** er zählt zu … **5** ***je compte sur toi*** ich zähle *od.* verlasse mich auf dich; ***j'y compte*** ich rechne damit, ich verlasse mich darauf **6** (*vorhaben*) beabsichtigen; ***je compte partir demain*** ich habe vor, morgen zu fahren **7** ***à ~ d'aujourd'hui*** von heute an
compteur *m* [kɔ̃tœʀ] **1** *für Gas, Wasser*: Zähler *m* **2** AUTO ***le ~ (de vitesse)*** der Tacho(meter) **3** *im Taxi*: Fahrpreisanzeiger *m*, Taxameter *m*
comptine *f* [kɔ̃tin] Abzählvers *m*
comptoir *m* [kɔ̃twaʀ] Theke *f*
comte *m* [kɔ̃t] Graf *m*
comté *m* [kɔ̃te] Grafschaft *f*
comtesse *f* [kɔ̃tɛs] Gräfin *f*

▸ **con**[1] *m* [kõ] *umg.* **1** Blödmann *m* **2** *Schimpfwort*: Arschloch *n*
con[2], **conne** [kõ, kɔn] *umg.* saublöd, doof
concasser [kõkase] zerkleinern, zerstoßen (*Pfeffer*)
concéder [kõsede] ⟨**-è-**⟩ **1** zugestehen, gewähren (*Recht*) **2** ***je concède que …*** ich gebe zu, dass …
concentration *f* [kõsɑ̃tʀasjõ] Konzentration *f*
concentré *m* [kõsɑ̃tʀe] Konzentrat *n*; ***le ~ de tomates*** das Tomatenmark
concentré(e) [kõsɑ̃tʀe] **1** (*Person, Lösung usw.*) konzentriert **2** ***le lait concentré*** die Dosenmilch
concentrer [kõsɑ̃tʀe] konzentrieren
conception *f* [kõsɛpsjõ] **1** (*Idee*) Vorstellung *f*, Auffassung *f* **2** (*Entwurf*) Konzeption *f* **3** BIOL Empfängnis *f*
concernant [kõsɛʀnɑ̃] bezüglich, hinsichtlich
▸ **concerner** [kõsɛʀne] **1** betreffen, angehen **2** ***en ce qui concerne …*** was … betrifft *od.* angeht **3** ***il est concerné par cette mesure*** er ist von dieser Maßnahme betroffen
▸ **concert** *m* [kõsɛʀ] Konzert *n*
concertation *f* [kõsɛʀtasjõ] Absprache *f*, Verständigung *f*
se concerter [səkõsɛʀte] sich (miteinander) absprechen *od.* abstimmen
concerto *m* [kõsɛʀto] *Musikstück*: Konzert *n*
concession *f* [kõsɛsjõ] **1** Zugeständnis *n*, Konzession *f* **2** *für Händler*: Konzession *f*
concessionnaire *m* [kõsɛsjɔnɛʀ] Vertragshändler *m*
concevable [kõs(ə)vabl] denkbar, vorstellbar
concevoir [kõs(ə)vwaʀ] ⟨*wie* ***recevoir***⟩ **1** verstehen, begreifen **2** *in der Phantasie*: sich vorstellen **3** (*planen*) entwerfen, konzipieren **4** empfangen (*Kind*) **5** empfinden (*Gefühl*)
▸ **concierge** *m,f* [kõsjɛʀʒ] Hausmeister(in) *m(f)*, Pförtner(in) *m(f)*
conciliant(e) [kõsiljɑ̃(t)] entgegenkommend, umgänglich
concilier [kõsilje] (miteinander) vereinbaren, in Einklang bringen
concis(e) [kõsi(z)] **1** (*Worte*) kurz und bündig **2** (*Stil usw.*) prägnant
concito|yen *m*, **~yenne** *f* [kõsitwajɛ̃, -jɛn] Mitbürger(in) *m(f)*
concluant(e) [kõklyɑ̃(t)] (*Argument*) schlüssig, stichhaltig; (*Ergebnis*) überzeugend
conclure [kõklyʀ] ⟨*prés.*: ***je conclus***; *imparf.*: ***je concluais***; *p/s*: ***je, tu conclus, il conclut***; *subj.*: ***je conclusse, il conclût***⟩ **1** abschließen (*Handel, Angelegenheit*); schließen (*Vertrag*) **2** (*beenden, folgern*) schließen; ***j'en conclus que …*** ich schließe daraus, dass …
▸ **conclusion** *f* [kõklyzjõ] **1** Schlussfolgerung *f*, Schluss *m* **2** *e-s Vertrags*: Abschluss *m* **3** (*Ende*) Schluss *m*, Abschluss *m*
concombre *m* [kõkõbʀ] Gurke *f*, Salatgurke *f*
concordance *f* [kõkɔʀdɑ̃s] **1** Übereinstimmung *f* **2** GR ***la ~ des temps*** die Zeitenfolge
concorder [kõkɔʀde] **1** übereinstimmen, zusammenpassen **2** ***faire ~*** in Einklang bringen
concourir [kõkuʀiʀ] ⟨*wie* ***courir***⟩ **1** SPORT *usw.* an e-m Wettbewerb teilnehmen; ***~ pour un titre*** um e-n Titel kämpfen **2** ***~ à qc*** zu etw beitragen
concours *m* [kõkuʀ] **1** Wettbewerb *m*; SPORT Wettkampf *m* **2** *in Zeitschriften usw.*: Preisausschreiben *n* **3** (*Unterstützung*) Hilfe *f*, Mitwirkung *f* **4** ***le ~ d'entrée*** die Aufnahmeprüfung (⚠ Konkurs = ***faillite*** *f*)
▸ **concr|et**, **~ète** [kõkʀɛ, -ɛt] konkret
concrétiser [kõkʀetize] konkretisieren, veranschaulichen
conçu(e) [kõsy] → ***concevoir***
concubin *m* [kõkybɛ̃] Lebensgefährte *m*
concubinage *m* [kõkybinaʒ] Zusammenleben *n* ohne Trauschein
concubine *f* [kõkybin] Lebensgefährtin *f*
▸ **concurrence** *f* [kõkyʀɑ̃s] Konkurrenz *f*
concurrent(e) *m(f)* [kõkyʀɑ̃(t)] **1** Konkurrent(in) *m(f)* **2** SPORT Wettkampfteilnehmer(in) *m(f)*
condamnation *f* [⚠ kõdanasjõ] **1** Verurteilung *f* **2** Strafe *f*
condamné(e) *m(f)* [⚠ kõdane] Verurteilte(r) *f(m)*
▸ **condamner** [⚠ kõdane] **1** verurteilen **2** aufgeben (*Kranke*) **3** zumauern, zu-

stellen *usw.* (*Tür*)

condiment *m* [kõdimɑ̃] Gewürz *n*, Gewürzmischung *f*

C

▸ **condition** *f* [kõdisjõ] **1** Bedingung *f*, Voraussetzung *f* (**de** für); ***à ~ que tu viennes*** unter der Voraussetzung, dass du kommst; ***dans ces ~s*** unter diesen Umständen **2** (*Situation*) Lage *f*; ***les ~s*** die Verhältnisse, die Umstände **3** *körperlich*: Verfassung *f*; SPORT Kondition *f*; ***en bonne ~*** fit, in Form **4** (*Rang*) Stellung *f*

conditionnel *m* [kõdisjɔnɛl] Konditional *n*

condoléances *f Pl* [kõdɔleɑ̃s] Beileid *n*

▸ **conduc|teur** *m*, **~trice** *f* [kõdyktœʀ, -tʀis] Fahrer(in) *m(f)*

▸ **conduire** [kõdɥiʀ] ⟨*prés.*: ***je, tu conduis, il conduit, nous conduisons***; *imparf.*: ***je, tu conduisais***; *subj.*: ***je conduise***; *p/p*: ***conduit***⟩ **1** *als Fahrer*: fahren, Auto fahren **2** (*begleiten*) bringen **3** (*leiten*) führen **4** ***se ~*** sich benehmen, sich betragen

conduit *m* [kõdɥi] Leitung *f*, Rohr *n*

▸ **conduite** *f* [kõdɥit] **1** AUTO Fahren *n*, Steuern *n*; ***~ en état d'ivresse*** Trunkenheit *f* am Steuer; ***prendre des leçons de ~*** Fahrstunden nehmen **2** *von Personen*: Benehmen *n*, Verhalten *n*; SCHULE Betragen *n*; *von Gefangenen*: Führung *f* **3** *von Unternehmen usw.*: Leitung *f*, Führung *f* **4** *von Wasser, Gas*: Leitung *f*, Zuleitung *f*

cône *m* [kon] GEOM Kegel *m*

confection *f* [kõfɛksjõ] **1** Anfertigung *f*; *von Essen*: Zubereitung *f* **2** (*Kleidung*) Konfektion *f*

confectionner [kõfɛksjɔne] anfertigen; zubereiten (*Essen*)

conférence *f* [kõfeʀɑ̃s] **1** Konferenz *f*, Besprechung *f* **2** ***la ~ de presse*** die Pressekonferenz **3** (*Referat*) Vortrag *m*

conférenc|ier *m*, **~ière** *f* [kõfeʀɑ̃sje, -jɛʀ] Redner(in) *m(f)*, Referent(in) *m(f)*

confesser [kofɛse] **1** ***~ qc*** etw beichten **2** zugeben, gestehen **3** ***se ~*** beichten

confession *f* [kõfɛsjõ] **1** Beichte *f* **2** (*Glaube*) Konfession *f*, Bekenntnis *n*

confessional *m* [kõfɛsjɔnal] ⟨*Pl* ***-aux***⟩ Beichtstuhl *m*

▸ **confiance** *f* [kõfjɑ̃s] Vertrauen *n*; ***je te fais ~*** ich vertraue dir

confiant(e) [kõfjɑ̃(t)] **1** vertrauensvoll; (*selbstsicher*) selbstbewusst **2** (*Tier*) zutraulich

confidence *f* [kõfidɑ̃s] vertrauliche Mitteilung

confident(e) *m(f)* [kõfidɑ̃(t)] Vertraute(r) *f(m)*

confidenti|el, **~elle** [kõfidɑ̃sjɛl] vertraulich

confier [kõfje] anvertrauen

confiné(e) [kõfine] stickig; (*Luft*) verbraucht

confirmation *f* [kõfiʀmasjõ] **1** Bestätigung *f* **2** *protestantisch*: Konfirmation *f*; *katholisch*: Firmung *f*

confirmer [kõfiʀme] **1** bestätigen **2** *protestantisch*: konfirmieren; *katholisch*: firmen

confiserie *f* [kõfizʀi] **1** Süßigkeit *f* **2** Süßwarengeschäft *n*

confisquer [kõfiske] beschlagnahmen, konfiszieren

confit(e) [kõfi(t)] (*Frucht*) kandiert

▸ **confiture** *f* [kõfityʀ] Konfitüre *f*, Marmelade *f*

▸ **conflit** *m* [kõfli] (⚠ confli̲t) Konflikt *m*

confluent *m* [kõflyɑ̃] Zusammenfluss *m*

▸ **confondre** [kõfõdʀ] ⟨*wie* ***rendre***⟩ **1** verwechseln **2** verwirren, verblüffen

conforme [kõfɔʀm] ***~ à qc*** e-r Sache entsprechend; ***~ au règlement*** vorschriftsmäßig

conformément [kõfɔʀmemɑ̃] ***~ à qc*** e-r Sache gemäß *od.* entsprechend

conformiste [kõfɔʀmist] konformistisch, angepasst

conformité *f* [kõfɔʀmite] Übereinstimmung *f*

▸ **confort** *m* [kõfɔʀ] (⚠ con̲fort) Komfort *m*

▸ **confortable** [kõfɔʀtabl] (⚠ con̲fortable) **1** (*Wohnung, Auto usw.*) komfortabel **2** (*Sessel usw.*) bequem **3** (*Situation usw.*) angenehm

confrère *m* [kõfʀɛʀ] Kollege *m*

confrontation *f* [kõfʀõtasjõ] **1** *von Zeugen, Texten*: Gegenüberstellung *f* **2** (*Aufeinanderprallen*) Konfrontation *f*

confronter [kõfʀõte] **1** gegenüberstellen **2** ***confronté*** konfrontiert (***à*** mit)

confus(e) [kõfy(z)] **1** undeutlich, vage **2** (*verworren*) konfus, unklar **3** (*Per-*

C

son) verlegen, beschämt

confusion *f* [kõfyzjõ] **1** Verwirrung *f*, Durcheinander *n* **2** *von Personen*: Verlegenheit *f* **3** *(Irrtum)* Verwechslung *f*

▸ **congé** *m* [kõʒe] **1** Urlaub *m*; ***le ~ de maternité*** der Mutterschaftsurlaub **2** *(Entlassung)* Kündigung *f* **3** ***elle a pris ~*** sie hat sich verabschiedet

congédier [kõʒedje] entlassen

▸ **congélateur** *m* [kõʒelatœʀ] Tiefkühltruhe *f*

congelé(e) [kõʒle] tiefgekühlt, Tiefkühl…

congeler [kõʒle] ⟨-è-⟩ einfrieren

congrès *m* [⚠ kõgʀɛ] Kongress *m*, Tagung *f*

conique [kɔnik] kegelförmig

conjoint *m* [kõʒwɛ̃] Ehegatte *m*, Ehegattin *f*

conjonction *f* [kõʒõksjõ] Konjunktion *f*

conjoncture *f* [kõʒõktyʀ] **1** *(Situation)* Lage *f* **2** WIRTSCH Konjunktur *f*

conjugaison *f* [kõʒygɛzõ] Konjugation *f*

conjugal(e) [kõʒygal] ⟨*m Pl* ***-aux***⟩ ehelich, Ehe…

conjuguer [kõʒyge] konjugieren

conjurer [kõʒyʀe] anflehen, beschwören; ***je vous en conjure!*** ich flehe Sie an!

▸ **connaissance** *f* [kɔnɛsɑ̃s] **1** Kenntnis *f*; ***mes ~s d'anglais*** meine Englischkenntnisse; ***à ma ~*** soviel ich weiß; ***prendre ~ d'une lettre*** e-n Brief zur Kenntnis nehmen **2** Bewusstsein *n*; ***sans ~*** bewusstlos, ohnmächtig; ***perdre ~*** bewusstlos *od.* ohnmächtig werden **3** *(Kennen)* Bekanntschaft *f*; ***faire la ~ de qn*** j-n kennenlernen **4** *Person*: Bekannte(r) *f(m)*

connaisseur *m* [kɔnɛsœʀ] Kenner(in) *m(f)*

▸ **connaître** [kɔnɛtʀ] ⟨*prés.*: ***je, tu connais, il connaît, nous connaissons***; *imparf.*: ***je connaissais***; *p/s*: ***je connus***; *subj.*: ***je connaisse***; *p/p*: ***connu***⟩ **1** kennen; ***~ plusieurs langues*** mehrere Sprachen können **2** ***faire ~ qn*** j-n bekannt machen; ***se faire ~*** bekannt werden **3** ***s'y ~*** sich auskennen (***en*** in, mit) **4** kennenlernen; ***quand je l'ai connu*** als ich ihn kennenlernte **5** ***ce livre a connu un grand succès*** das Buch hat großen Erfolg gehabt

connecter [kɔnɛkte] **1** ELEK anschließen **2** IT ***se ~*** sich einloggen

▸ **connerie** *f* [kɔnʀi] *umg.* Schwachsinn *m*

connexion *f* [kɔnɛksjõ] **1** *(Zusammenhang)* Verbindung *f* **2** ELEK Verbindung *f*, Anschluss *m* **3** ***la ~ Internet*** der Internet-Anschluss

connivence *f* [kɔnivɑ̃s] heimliches Einverständnis

▸ **connu(e)** [kɔny] **1** → ***connaître*** **2** bekannt

conquérant(e) *m(f)* [kõkeʀɑ̃(t)] Eroberer *m*, Eroberin *f*

conquérir [kõkeʀiʀ] ⟨*wie* ***acquérir***⟩ erobern

conquête *f* [kõkɛt] Eroberung *f*

conquis [kõki] → ***conquérir***

consacrer [kõsakʀe] **1** widmen *(Zeit, Leben usw.)* **2** REL weihen

consciemment [⚠ kõsjamɑ̃] bewusst

▸ **conscience** *f* [kõsjɑ̃s] **1** *moralisch*: Gewissen *n* **2** *psychisch usw.*: Bewusstsein *n*; ***elle en a pris ~*** sie ist sich dieser Sache bewusst geworden **3** *bei der Arbeit usw.*: Gewissenhaftigkeit *f*

conscienci|eux, ~euse [kõsjɑ̃sjø, -øz] gewissenhaft

conscient(e) [kõsjɑ̃(t)] **1** bewusst; ***être conscient d'une chose*** sich e-r Sache bewusst sein **2** (↔ *bewusstlos*) bei Bewusstsein

consécration *f* [kõsekʀasjõ] **1** Weihe *f*; *in der Messe*: Wandlung *f* **2** *fig.* Bestätigung *f*, Anerkennung *f*

consécut|if, ~ive [kõsekytif, -iv] **1** aufeinanderfolgend; ***pendant trois jours consécutifs*** drei Tage hintereinander **2** ***consécutif à*** als Folge von

▸ **conseil** *m* [kõsɛj] **1** Ratschlag *m*, Rat *m* **2** *Person*: Berater *m* **3** *Gremium*: Rat *m*; ▸ ***le conseil municipal*** der Stadtrat **4** ***le ~ de classe*** die Klassenkonferenz

▸ **conseiller**[1] [kõsɛje] **1** ***~ qc*** etw raten **2** ***~ qn*** j-n beraten

conseill|er[2] *m*, **~ère** *f* [kõsɛje, -ɛʀ] **1** Ratgeber(in) *m(f)*; *beruflich*: Berater(in) *m(f)*; ***le conseiller d'orientation*** *für Schüler*: der Berufsberater **2** *in e-m Gremium*: Rat *m*, Rätin *f*

consentement *m* [kõsɑ̃tmɑ̃] Einwilligung *f*

consentir [kõsɑ̃tiʀ] ⟨*wie* ***sentir***[1]⟩ ein-

C

willigen (*à* in); zustimmen (*à* zu)
▸ **conséquence** *f* [kõsekɑ̃s] **1** Konsequenz *f*, Folge *f* **2** ***en ~*** dementsprechend, infolgedessen **3** (*Folgerung*) Schluss *m*
conséquent(e) [kõsekɑ̃(t)] **1** konsequent **2** (*bedeutend*) wichtig **3** ***par ~*** folglich, infolgedessen
conservateur[1] *m* [kõsɛʀvatœʀ] **1** *e-s Museums*: Verwalter *m*, Konservator *m* **2** POL Konservative(r) *m*
conservateur[2] *m* [kõsɛʀvatœʀ] Konservierungsstoff *m*
conserva|teur[3], **~trice** [kõsɛʀvatœʀ, -tʀis] konservativ (⚠ *Endung*)
conservation *f* [kõsɛʀvasjõ] **1** *von Gebäuden usw.*: Erhaltung *f* **2** *von Lebensmitteln*: Konservierung *f*
conservatoire *m* [kõsɛʀvatwaʀ] *für Musik, Schauspiel usw.*: Konservatorium *n*
conservatrice *f* [kõsɛʀvatʀis] **1** *e-s Museums*: Verwalterin *f*, Konservatorin *f* **2** POL Konservative *f*
conserve *f* [kõsɛʀv] Konserve *f*; ***des petits pois*** *m Pl* ***en ~*** Dosenerbsen *f Pl*
conserver [kõsɛʀve] **1** (↔ *verlieren*) behalten, bewahren **2** (*aufheben*) aufbewahren **3** konservieren, einlegen (*Lebensmittel*)
considérable [kõsideʀabl] beachtlich
considération *f* [kõsideʀasjõ] **1** Überlegung *f*, Erwägung *f* **2** ***prendre en ~*** in Erwägung ziehen, berücksichtigen **3** (*Wertschätzung*) Ansehen *n*
considérer [kõsideʀe] ⟨**-è-**⟩ **1** berücksichtigen, bedenken; ***tout bien considéré*** alles in allem **2** ***je considère que ...*** ich finde, dass ... **3** (*ansehen*) (eingehend) mustern
consigne *f* [kõsiɲ] **1** Anweisung *f*, Vorschrift *f* **2** *im Bahnhof usw.*: Gepäckaufbewahrung *f*; ***la ~ automatique*** das Schließfach **3** *für Flaschen usw.*: Pfand *n*
consigner [kõsiɲe] **1** ***cette bouteille est consignée*** das ist e-e Pfandflasche **2** abgeben (*Gepäck*)
consistance *f* [kõsistɑ̃s] Konsistenz *f*, Beschaffenheit *f*
consistant(e) [kõsistɑ̃(t)] **1** (*Soße*) dick **2** (*Gericht*) nahrhaft
consister [kõsiste] ***~ en*** (*od.* ***dans***) ***...*** aus ... bestehen; ***~ à ...*** darin bestehen zu ...
consœur *f* [kõsœʀ] Kollegin *f*
consola|teur, ~trice [kõsɔlatœʀ, -tʀis] tröstlich, tröstend
consolation *f* [kõsɔlasjõ] Trost *m*
console *f* [kõsɔl] *Möbel*, IT Konsole *f*
▸ **consoler** [kõsɔle] trösten
▸ **consommateur** *m* [kõsɔmatœʀ] **1** Verbraucher *m*, Konsument *m* **2** *im Lokal*: Gast *m*
▸ **consommation** *f* [kõsɔmasjõ] **1** Verbrauch *m* **2** (*Kauf*) Konsum *m* **3** *im Lokal*: Getränk *n*, Verzehr *m*
▸ **consommatrice** *f* [kõsɔmatʀis] **1** Verbraucherin *f*, Konsumentin *f* **2** *im Lokal*: Gast *m*
consommé *m* [kõsɔme] Kraftbrühe *f*
consommer [kõsɔme] **1** verbrauchen **2** (*kaufen*) konsumieren **3** (*essen, trinken*) verzehren
consonne *f* [kõsɔn] Konsonant *m*
conspirateur *m* [kõspiʀatœʀ] Verschwörer *m*
conspiration *f* [kõspiʀasjõ] Verschwörung *f*
conspiratrice *f* [kõspiʀatʀis] Verschwörerin *f*
conspirer [kõspiʀe] sich verschwören
constamment [kõstamɑ̃] ständig, dauernd
constance *f* [kõstɑ̃s] Ausdauer *f*, Beständigkeit *f*
constant(e) [kõstɑ̃(t)] **1** ständig, dauernd **2** (*unverändert*) konstant, gleichbleibend
constat *m* [kõsta] Protokoll *n*
constatation *f* [kõstatasjõ] Feststellung *f*
▸ **constater** [kõstate] feststellen
constellation *f* [kõstɛlasjõ] Sternbild *n*
consternation *f* [kõstɛʀnasjõ] Bestürzung *f*
consterner [kõstɛʀne] bestürzen
constipation *f* [kõstipasjõ] Verstopfung *f*
constipé(e) [kõstipe] **1** ***je suis constipé*** ich habe Verstopfung **2** *umg.* (*gehemmt*) verklemmt
constituant *m* [kõstitɥɑ̃] Bestandteil *m*
constituer [kõstitɥe] **1** (*sein*) bilden, darstellen **2** (*schaffen*) bilden **3** anlegen (*Akte, Sammlung*)
constitution *f* [kõstitysjõ] **1** POL Ver-

fassung *f* **2** (*Schaffung*) Bildung *f*, Gründung *f* **3** *körperlich*: Konstitution *f* **4** (*Struktur*) Zusammensetzung *f*, Aufbau *m*
constitutionn|el, ~elle [kõstitysjɔnɛl] verfassungsgemäß
constructeur *m* [kõstʀyktœʀ] Konstrukteur *m*
construct|if, ~ive [kõstʀyktif, -iv] konstruktiv
▸ **construction** *f* [kõstʀyksjõ] Konstruktion *f*, Bau *m*
▸ **construire** [kõstʀɥiʀ] ⟨*wie* ***conduire***⟩ **1** bauen (*Häuser usw.*) **2** TECH konstruieren **3** ***il fait ~*** er baut, er baut ein Haus **4** bilden (*Satz*)
consultant(e) *m(f)* [kõsyltɑ̃(t)] Berater(in) *m(f)*
consultation *f* [kõsyltasjõ] **1** Beratung *f* **2** (*Ratsuche*) Befragung *f* **3** *beim Arzt*: Sprechstunde *f* **4** *in e-m Buch*: Nachschlagen *n*; *auf e-m Plan usw.*: Nachsehen *n*
consulter [kõsylte] **1** um Rat fragen; zu Rate ziehen (*Experten*); ***~ un médecin*** zu e-m Arzt gehen **2** ***~ l'horaire*** *usw.* auf dem Fahrplan *usw.* nachsehen; ***~ un dictionnaire*** in e-m Wörterbuch nachschlagen **3** (*Arzt*) Sprechstunde haben
se consumer [səkõsyme] abbrennen
▸ **contact** *m* [kõtakt] **1** Berührung *f*, Kontakt *m* **2** ELEK Kontakt *m* **3** AUTO ***mettre le ~*** die Zündung einschalten **4** *zwischen Personen*: Kontakt *m*, Verbindung *f*; ***se mettre en ~ avec qn*** sich mit j-m in Verbindung setzen **5** ***les lentilles*** *f Pl* (*od.* ***les verres*** *m Pl*) ***de ~*** die Kontaktlinsen
contacter [kõtakte] ***~ qn*** sich mit j-m in Verbindung setzen
▸ **contagi|eux, ~euse** [kõtaʒjø, -øz] ansteckend
contagion *f* [kõtaʒjõ] Ansteckung *f*
contaminer [kõtamine] **1** (*infizieren*) anstecken **2** (*vergiften*) verseuchen
conte *m* [kõt] **1** Erzählung *f* **2** ***le ~ de fées*** das Märchen
contempler [kõtɑ̃ple] betrachten
contemporain(e)[1] [kõtɑ̃pɔʀɛ̃(-ɛn)] zeitgenössisch
contemporain(e)[2] *m(f)* [kõtɑ̃pɔʀɛ̃(-ɛn)] Zeitgenosse *m*, Zeitgenossin *f*
contenance *f* [kõt(ə)nɑ̃s] **1** *von Gefäßen*: Inhalt *m*, Fassungsvermögen *n* **2** *von Menschen*: Fassung *f*, Haltung *f*
conteneur *m* [kõt(ə)nœʀ] Container *m*
▸ **contenir** [kõt(ə)niʀ] ⟨*wie* ***venir***⟩ **1** enthalten **2** (*Platz haben für*) fassen **3** zurückhalten (*Tränen, Personen*) **4** ***se ~*** sich beherrschen
▸ **content(e)** [kõtɑ̃(t)] **1** zufrieden (***de*** mit) **2** *stärker*: froh, erfreut (***de*** über); ***je suis très contente*** ich freue mich (sehr)
contentement *m* [kõtɑ̃tmɑ̃] Zufriedenheit *f*
contenter [kõtɑ̃te] **1** zufriedenstellen (*Menschen*); befriedigen (*Neugier usw.*) **2** ***se ~ de qc*** sich mit etw begnügen *od.* zufriedengeben
▸ **contenu** *m* [kõt(ə)ny] Inhalt *m*
contestable [kõtɛstabl] strittig, zweifelhaft
contestataire *m,f* [kõtɛstatɛʀ] Protestler(in) *m(f)*; *bes.* POL Regimekritiker(in) *m(f)*
contestation *f* [kõtɛstasjõ] **1** Einwand *m*; JUR Anfechtung *f* **2** (*Diskussion*) Disput *m* **3** POL Protest *m*
contesté(e) [kõtɛste] umstritten
contester [kõtɛste] **1** bestreiten, abstreiten (*Wahrheit usw.*); bezweifeln, anzweifeln (*Behauptung*); anfechten (*Recht, Testament*) **2** POL protestieren
cont|eur *m*, **~euse** *f* [kõtœʀ, -øz] Erzähler(in) *m(f)*
contexte *m* [kõtɛkst] Kontext *m*, Zusammenhang *m*
continent *m* [kõtinɑ̃] Kontinent *m*, Erdteil *m*
continental(e) [kõtinɑ̃tal] ⟨*m Pl* ***-aux***⟩ Kontinental…
continu(e) [kõtiny] ununterbrochen
continu|el, ~elle [kõtinɥɛl] ständig
▸ **continuer** [kõtinɥe] **1** weitermachen, fortfahren; ***~ à marcher, à travailler*** *usw.* weitergehen, weiterarbeiten *usw.* **2** (*Regen usw.*) andauern; (*Straße, Vorführung*) weitergehen **3** fortsetzen, weiterführen (*Arbeit usw.*)
contorsion *f* [kõtɔʀsjõ] Verrenkung *f*
se contorsionner [səkõtɔʀsjɔne] sich verrenken
contorsionniste *m,f* [kõtɔʀsjɔnist] Schlangenmensch *m*
contour *m* [kõtuʀ] (⚠ le contour) Umriss *m*, Kontur *f*
contourner [kõtuʀne] **1** ***~ qc*** um etw

C

herumgehen *bzw.* herumfahren **2** (*vermeiden*) umgehen

contraceptif *m* [kõtʀasɛptif] Verhütungsmittel *n*

contraception *f* [kõtʀasɛpsjõ] Empfängnisverhütung *f*

contracté(e) [kõtʀakte] **1** verkrampft **2** ***les articles contractés «du» et «au»*** die zusammengezogenen Artikel „du" und „au"

contracter [kõtʀakte] **1** abschließen (*Versicherung, Vertrag*); schließen, eingehen (*Bündnis, Ehe*) **2** zusammenziehen, anspannen (*Muskeln*) **3** zusammenziehen (*Wörter*) **4** ***se ~*** sich zusammenziehen

contraction *f* [kõtʀaksjõ] Zusammenziehung *f*

contractu|el[1], **~elle** [kõtʀaktɥɛl] vertraglich

contractu|el[2] *m*, **~elle** *f* [kõtʀaktɥɛl] Hilfspolizist(in) *m(f)*; Politesse *f*

contradiction *f* [kõtʀadiksjõ] Widerspruch *m*

contradictoire [kõtʀadiktwaʀ] widersprüchlich

contraindre [kõtʀɛ̃dʀ] ⟨*wie* ***craindre***⟩ zwingen

contraint(e) [kõtʀɛ̃(t)] gezwungen, unnatürlich

contrainte *f* [kõtʀɛ̃t] Zwang *m*

contraire[1] [kõtʀɛʀ] **1** gegensätzlich, entgegengesetzt **2** ***~ à*** gegen, entgegen

▸ **contraire**[2] *m* [kõtʀɛʀ] **1** Gegenteil *n*; ▸ ***au contraire*** im Gegenteil **2** Gegensatz *m* (***de*** zu)

contrairement [kõtʀɛʀmɑ̃] ***~ à …*** im Gegensatz zu …

contrariant(e) [kõtʀaʀjɑ̃(t)] **1** ärgerlich **2** (*Person*) zickig, unausstehlich

contrarié(e) [kõtʀaʀje] verärgert

contrarier [kõtʀaʀje] **1** behindern, durchkreuzen (*Plan*) **2** ***il me contrarie*** er ärgert mich

contrariété *f* [kõtʀaʀjete] Ärger *m*

contraste *m* [kõtʀast] Kontrast *m*

contraster [kõtʀaste] im Kontrast stehen (***avec*** zu)

▸ **contrat** *m* [kõtʀa] Vertrag *m*

contravention *f* [kõtʀavɑ̃sjõ] Strafzettel *m*

▸ **contre** [kõtʀ] **1** gegen **2** ***je suis en colère ~ lui*** ich bin zornig <u>auf</u> ihn **3** ***joue ~ joue*** Wange <u>an</u> Wange **4** ***je suis ~*** ich bin <u>dagegen</u> **5** ***par ~*** dagegen, jedoch

contre-attaque *f* [kõtʀatak] ⟨*Pl* ***contre-attaques***⟩ Gegenangriff *m*

contrebalancer [kõtʀəbalɑ̃se] ⟨**-ç-**⟩ aufwiegen, ausgleichen

contrebande *f* [kõtʀəbɑ̃d] Schmuggel *m*; ***faire de la ~*** schmuggeln

contreband|ier *m*, **~ière** *f* [kotʀəbɑ̃dje, -jɛʀ] Schmuggler(in) *m(f)*

contrebasse *f* [kõtʀəbɑs] (⚠ <u>la</u> contre<u>basse</u>) Kontrabass *m*

contrecœur [kõtʀəkœʀ] ***à ~*** widerwillig

▸ **contredire** [kõtʀədiʀ] ⟨*wie* ***dire***, *aber:* ***vous contredisez***⟩ **1** ***~ qn*** j-m widersprechen **2** ***se ~*** sich widersprechen

contrée *f* [kõtʀe] Gegend *f*

contrefaçon *f* [kõtʀəfasõ] Fälschung *f*

contrefaire [kõtʀəfɛʀ] ⟨*wie* ***faire***⟩ **1** fälschen (*Dinge, Unterschrift*) **2** verstellen (*Stimme, Schrift*)

contre-jour *m* [kõtʀəʒuʀ] Gegenlicht *n*

contre|maître *m*, **~maîtresse** *f* [kõtʀəmɛtʀ, -mɛtʀɛs] Vorarbeiter(in) *m(f)*; *auf dem Bau:* Polier *m*

contrepartie *f* [kõtʀəpaʀti] Ausgleich *m* (***de*** für); ***en ~*** zum Ausgleich

contrepoison *m* [kõtʀəpwazõ] Gegengift *n*

contrer [kõtʀe] kontern

contresens[1] *m* [kõtʀəsɑ̃s] **1** Fehldeutung *f*, Sinnwidrigkeit *f* **2** ***à ~*** falsch, missverständlich

contresens[2] [kõtʀəsɑ̃s] ***rouler à ~*** in der entgegengesetzten Richtung fahren

contretemps *m* [kõtʀətɑ̃] widriger Umstand; ***j'ai eu un ~*** mir ist etwas dazwischengekommen

contribuer [kõtʀibɥe] beitragen (***à*** zu)

contribution *f* [kõtʀibysjõ] **1** Beitrag *m* (***à*** zu) **2** ***mettre qn à ~*** (*j-s Hilfe in Anspruch nehmen*) j-n einspannen **3** ***des ~s*** (*Abgaben*) Steuern *f Pl*

▸ **contrôle** *m* [kõtʀol] (⚠ <u>le</u> contrôle) **1** Kontrolle *f*; ***le ~ d'identité*** die Ausweiskontrolle **2** SCHULE Klassenarbeit *f*, Test *m*

▸ **contrôler** [kõtʀole] **1** kontrollieren, überprüfen **2** (*beherrschen*) unter Kontrolle haben

▸ **contrôl|eur** *m*, **~euse** *f* [kõtʀolœʀ, -øz] BAHN *usw.* Kontrolleur(in) *m(f)*

controverse *f* [kõtʀɔvɛʀs] Meinungsverschiedenheit *f*

controversé(e) [kõtʀɔvɛʀse] umstritten
contusion *f* [kõtyzjõ] MED Prellung *f*
convaincant(e) [kõvɛ̃kɑ̃(t)] überzeugend
▸ **convaincre** [kõvɛ̃kʀ] ⟨*wie* ***vaincre***⟩ **1** überzeugen **2** überführen (*Verbrecher*)
convaincu(e) [kõvɛ̃ky] überzeugt
convalescence *f* [kõvalesɑ̃s] Genesung *f*
convenable [kõvnabl] **1** (*angemessen*) passend **2** (*zufriedenstellend*) ordentlich, anständig **3** (*korrekt*) anständig
convenance *f* [kõvnɑ̃s] **1** ***une chose à ma ~*** e-e Sache, die meinen Vorstellungen entspricht **2** ***les ~s*** die Konventionen, die Anstandsregeln
▸ **convenir** [kõvniʀ] ⟨*wie* ***venir***⟩ **1** ***~ à qc*** zu etw passen **2** ***~ à qn*** j-m zusagen *od.* passen **3** ***ils ont convenu de partir*** sie haben vereinbart zu gehen **4** ***il a convenu de son erreur*** er hat seinen Irrtum zugegeben **5** ***il convient de le faire*** es ist angebracht das zu tun, es empfiehlt sich das zu tun
convention *f* [kõvɑ̃sjõ] Abkommen *n*, Vereinbarung *f*
conventionn|el, ~elle [kõvɑ̃sjɔnɛl] konventionell, herkömmlich
convenu(e) [kõvny] vereinbart
converger [kõvɛʀʒe] ⟨***-ge-***⟩ **1** (*Linien, Wege*) (in e-m Punkt) zusammenlaufen **2** (*Ideen*) übereinstimmen
▸ **conversation** *f* [kõvɛʀsasjõ] Gespräch *n*, Unterhaltung *f*; ***la ~ téléphonique*** das Telefongespräch
conversion *f* [kõvɛʀsjõ] **1** REL Bekehrung *f*, Übertritt *m* **2** Umwandlung *f*; *von Maßeinheiten*: Umrechnung *f*
convertir [kõvɛʀtiʀ] **1** REL bekehren **2** umwandeln; *bei Maßeinheiten*: umrechnen **3** ***se ~*** REL konvertieren, übertreten
conviction *f* [kõviksjõ] Überzeugung *f*
convier [kõvje] einladen (*Gäste*)
convive *m,f* [kõviv] Gast *m*
convivial(e) [kõvivjal] ⟨*m Pl* ***-aux***⟩ **1** gesellig **2** IT benutzerfreundlich
convocation *f* [kõvɔkasjõ] **1** *e-r Sitzung*: Einberufung *f* **2** JUR Vorladung *f* **3** *zu e-r Prüfung usw.*: Einladung *f*
convoi *m* [⚠ kõvwa] **1** *von Fahrzeugen*: Kolonne *f*, Konvoi *m* **2** *von Gefangenen usw.*: Transport *m* **3** BAHN Zug *m*
convoiter [kõvwate] begehren
convoitise *f* [kõvwatiz] Begehren *n*
convoquer [kõvɔke] **1** (*bestellen*) kommen lassen; JUR vorladen **2** einberufen (*Sitzung*)
convulsion *f* [kõvylsjõ] Krampf *m*, Zuckung *f*
coopérant(e) *m(f)* [kɔɔpeʀɑ̃(t)] Entwicklungshelfer(in) *m(f)*
coopération *f* [kɔɔpeʀasjõ] **1** Mitarbeit *f*, Zusammenarbeit *f* **2** *in Entwicklungsländern*: Entwicklungshilfe *f*
coopérative *f* [kɔ(ɔ)peʀativ] Genossenschaft *f*
coopérer [kɔɔpeʀe] ⟨***-è-***⟩ **1** zusammenarbeiten, kooperieren **2** ***~ à qc*** an etw mitarbeiten
coordonnée *f* [kɔɔʀdɔne] **1** MATH, GEOG Koordinate *f* **2** *umg.* ***les ~s*** Adresse *f*, Telefonnummer *f usw.*
coordonner [kɔɔʀdɔne] aufeinander abstimmen, koordinieren
▸ **copain** *m* [kɔpɛ̃] Freund *m*
copeau *m* [kɔpo] ⟨*Pl* ***~x***⟩ *aus Holz, Stahl usw.*: Span *m*
Copenhague [kɔpɛnag] Kopenhagen *n*
▸ **copie** *f* [kɔpi] **1** Kopie *f* **2** *für Schüler*: Blatt *n* (Papier) **3** *Schultest*: Klassenarbeit *f*, Arbeit *f*
copier [kɔpje] **1** abschreiben; ***~ sur qn*** von j-m abschreiben **2** (*imitieren*) nachmachen, kopieren
copi|eux, ~euse [kɔpjø, -øz] reichlich
copilote *m,f* [kopilɔt] Kopilot(in) *m(f)*
▸ **copine** *f* [kɔpin] Freundin *f*
copropriétaire *m,f* [kopʀɔpʀijetɛʀ] Miteigentümer(in) *m(f)*
▸ **coq** *m* [kɔk] **1** zo Hahn *m* **2** *fig.* ***elle passe du ~ à l'âne*** sie kommt von e-m Thema aufs andere
coque *f* [kɔk] **1** *von Nüssen*: Schale *f* **2** ***un œuf à la ~*** ein weich gekochtes Ei **3** *e-s Schiffs*: Rumpf *m* **4** zo Herzmuschel *f*
coquelicot *m* [kɔkliko] Klatschmohn *m*
coqueluche *f* [kɔklyʃ] **1** Keuchhusten *m* **2** ***il est la ~ de toutes les filles*** er ist der Schwarm aller Mädchen
coqu|et, ~ette [kɔkɛ, -ɛt] **1** nett, hübsch **2** (*eitel*) kokett
coquetier *m* [kɔktje] Eierbecher *m*
coquetterie *f* [kɔkɛtʀi] **1** Eleganz *f*, Geschmack *m* **2** (*Eitelkeit*) Koketterie *f*

C

coquillage *m* [kɔkijaʒ] Muschel *f*
coquille *f* [kɔkij] **1** *von Eiern, Nüssen, Muscheln*: Schale *f* **2** *von Schnecken*: Haus *n*
coquin(e)[1] [kɔkɛ̃(-in)] schelmisch
coquin(e)[2] *m(f)* [kɔkɛ̃(-in)] Schelm *m*, Schlingel *m*
cor *m* [kɔʀ] MUS Horn *n*
corail *m* [kɔʀaj] ⟨*Pl* **-aux**⟩ Koralle *f*
Coran *m* [kɔʀɑ̃] Koran *m*
corbeau *m* [kɔʀbo] ⟨*Pl* **~x**⟩ Rabe *m*
▸ **corbeille** *f* [kɔʀbɛj] Korb *m*; **la ~ (à papier)** der Papierkorb
corbillard *m* [kɔʀbijaʀ] Leichenwagen *m*
cordage *m* [kɔʀdaʒ] **1** (*Seil*) Tau *n* **2** *am Tennisschläger*: Bespannung *f*
▸ **corde** *f* [kɔʀd] **1** Leine *f*, Seil *n*; *dünner*: Schnur *f*; **la ~ à sauter** das Springseil **2** *am Bogen*: Sehne *f* **3** MUS, *e-s Tennisschlägers*: Saite *f* **4 les ~s** die Streichinstrumente **5 les ~s vocales** die Stimmbänder **6** *fig*. **il pleut des ~s** es regnet Bindfäden
cordial(e) [kɔʀdjal] ⟨*m Pl* **-aux**⟩ herzlich
cordialité *f* [kɔʀdjalite] Herzlichkeit *f*
cordon *m* [kɔʀdõ] **1** Schnur *f* **2** *von Polizisten usw*.: Kette *f*
cordonnier *m* [kɔʀdɔnje] Schuster *m*
Corée [kɔʀe] **la ~** Korea *n*
coriace [kɔʀjas] zäh (*a. Mensch*)
▸ **corne** *f* [kɔʀn] *von Tieren, a. Material*: Horn *n*
cornée *f* [kɔʀne] *am Auge*: Hornhaut *f*
corneille *f* [kɔʀnɛj] Krähe *f*
cornemuse *f* [kɔʀnəmyz] Dudelsack *m*
corner[1] [kɔʀne] umknicken (*Seite*)
corner[2] *m* [⚠ kɔʀnɛʀ] Eckball *m*, Eckstoß *m*
cornet *m* [kɔʀnɛ] **un ~ de frites** e-e Tüte Pommes; **un ~ de glace** e-e Eistüte
corniche *f* [kɔʀniʃ] **1** *am Schrank usw*.: Sims *m od. n*, Gesims *n* **2** *in den Bergen*: Küstenstraße *f*
cornichon *m* [kɔʀniʃõ] **1** Essiggürkchen *n* **2** *umg*. Blödmann *m*
corporation *f* [kɔʀpɔʀasjõ] Berufsverband *m*
corpor|el, ~elle [kɔʀpɔʀɛl] körperlich
▸ **corps** *m* [kɔʀ] **1** Körper *m* **2** Leiche *f* **3** (*Vereinigung*) Körperschaft *f*; MIL, *diplomatisch*: Korps *n*; **le ~ médical** die Ärzteschaft **4** (*Element*) Hauptteil *m*, Hauptbestandteil *m*
▸ **correct(e)** *beide* [⚠ kɔʀɛkt] korrekt
▸ **correction** *f* [kɔʀɛksjõ] **1** Verbesserung *f*, Korrektur *f* **2** *Strafe*: Schläge *m Pl*, Prügel *Pl* **3** (*Richtigkeit*) Korrektheit *f*
correctionnelle *f* [kɔʀɛksjɔnɛl] *Gericht*: Strafkammer *f*
▸ **correspondance** *f* [kɔʀɛspõdɑ̃s] **1** *zwischen Ansichten, Dingen*: Entsprechung *f*, Übereinstimmung *f* **2** BAHN Anschluss *m* (**pour** nach) **3** Briefwechsel *m*, Korrespondenz *f*
▸ **correspondant(e)**[1] *m(f)* [kɔʀɛspõdɑ̃(t)] **1** Briefpartner(in) *m(f)*; *privat a*.: Brieffreund(in) *m(f)* **2** (*Berichterstatter[in]*) Korrespondent(in) *m(f)* **3** TEL Gesprächspartner(in) *m(f)*
correspondant(e)[2] [kɔʀɛspõdɑ̃(t)] entsprechend
▸ **correspondre** [kɔʀɛspõdʀ] ⟨*wie* **rendre**⟩ **1** (*Dinge, Ansichten*) entsprechen; übereinstimmen (**à** mit) **2** (*Personen*) in Briefwechsel stehen
▸ **corriger** [kɔʀiʒe] ⟨**-ge-**⟩ **1** korrigieren, verbessern **2** *als Strafe*: schlagen, verprügeln **3 se ~** sich bessern; *beim Sprechen usw*.: sich verbessern
corrompre [kɔʀõpʀ] ⟨*wie* **rompre**⟩ *mit Geld*: bestechen
corrompu(e) [kɔʀõpy] korrupt
corros|if, ~ive [kɔʀozif, -iv] ätzend
corruption *f* [kɔʀypsjõ] **1** (*Bestechung*) Korruption *f* **2** *im Charakter*: Korruptheit *f*
corsaire *m* [kɔʀsɛʀ] Korsar *m*, Freibeuter *m*
corse [kɔʀs] korsisch
Corse[1] [kɔʀs] **la ~** Korsika *n*
Corse[2] *m,f* [kɔʀs] Korse *m*, Korsin *f*
corsé(e) [kɔʀse] **1** (*Wein*) vollmundig; (*Essen*) pikant, scharf; (*Kaffee*) stark **2** (*Geschichte*) deftig; (*Preis*) gepfeffert, gesalzen
corset *m* [kɔʀsɛ] Korsett *n*, Mieder *n*
cortège *m* [kɔʀtɛʒ] **1** Zug *m*, Umzug *m* **2** *von e-m König usw*.: Gefolge *n*
corvée *f* [kɔʀve] lästige Arbeit *od*. Aufgabe; **quelle ~!** wie lästig!
cosmétique[1] *m* [kɔsmetik] **les ~s** die Kosmetika (⚠ Kosmetik = **soins** *m Pl* **de beauté**)
cosmétique[2] [kɔsmetik] kosmetisch
cosmique [kɔsmik] kosmisch
cosmonaute *m,f* [kɔsmɔnot] Raum-

fahrer(in) *m(f)*

cosmos *m* [kɔsmɔs] Kosmos *m*, Weltraum *m*

costaud(e) [kɔsto(d)] *umg.* **1** kräftig, robust **2** (*haltbar*) stabil, solide

▸ **costume** *m* [kɔstym] **1** Anzug *m* **2** *Verkleidung*: Kostüm *n* **3** ***le ~ régional*** die Tracht (⚠ Kostüm *für Frauen* = ***tailleur*** *m*)

cote *f* [kɔt] **1** Wert *m*, Bewertung *f*; ***la ~ de popularité*** der Beliebtheitsgrad **2** *an der Börse*: Kursnotierung *f* **3** GEOG Höhenangabe *f* **4** ***la ~ d'alerte*** die Hochwassermarke; *fig.* der kritische Punkt

▸ **côte**[1] *f* [kot] **1** Küste *f*; ***sur la ~*** an der Küste; an die Küste (⚠ *wenn die Franzosen von* ***la Côte*** *sprechen, meinen sie die* ***Côte d'Azur***) **2** *e-s Berges*: Hang *m*; *e-r Straße usw.*: Steigung *f*

côte[2] *f* [kot] **1** ANAT Rippe *f* **2** ***~ à ~*** nebeneinander **3** *Fleisch*: Kotelett *n*, Rippenstück *n*

▸ **côté** *m* [kote] **1** Seite *f* **2** ▸ ***à côté*** nebenan; ▸ ***à côté de*** neben **3** (*Aspekt*) Hinsicht *f*; ***d'un ~ …, de l'autre ~ …*** einerseits …, andererseits …; ***de mon ~*** was mich betrifft **4** ***du ~ maternel*** (*bzw.* ***paternel***) mütterlicherseits (*bzw.* väterlicherseits)

coté(e) [kɔte] **1** angesehen, geschätzt **2** *an der Börse*: notiert

coteau *m* [kɔto] ⟨*Pl* ***~x***⟩ Hang *m*, Hügel *m*

Côte-d'Ivoire *f* [kotdivwaʀ] Elfenbeinküste *f*

▸ **côtelette** *f* [kɔtlɛt] (⚠la côtelette) Kotelett *n*

côt|ier, ~ière [kotje, -jɛʀ] Küsten…

cotisation *f* [kɔtizasjõ] Mitgliedsbeitrag *m*

cotiser [kɔtize] **1** (seinen) Beitrag zahlen **2** ***ils se sont cotisés pour le cadeau*** sie haben für das Geschenk zusammengelegt

▸ **coton** *m* [kɔtõ] **1** Baumwolle *f* **2** ***le ~ (hydrophile)*** die Watte

coton-tige® *m* [kɔtõtiʒ] ⟨*Pl* ***cotons-tiges***⟩ Wattestäbchen *n*

côtoyer [kotwaje] ⟨***-oi-***⟩ mit … Kontakt haben, mit … in Berührung kommen

▸ **cou** *m* [ku] Hals *m*

couchant [kuʃɑ̃] ***le soleil ~*** die untergehende Sonne, der Sonnenuntergang

couche *f* [kuʃ] **1** *von Farbe usw.*: Schicht *f*; *von Schnee a.*: Decke *f* **2** *für Babys*: Windel *f* **3** ***elle a fait une fausse ~*** sie hatte e-e Fehlgeburt

couché(e) [kuʃe] ▸ ***être couché*** im Bett liegen

coucher[1] [kuʃe] **1** schlafen **2** ▸ ***se coucher*** schlafen gehen, ins Bett gehen **3** ***se ~ dans l'herbe*** sich ins Gras legen **4** ***le soleil s'est couché*** die Sonne ist untergegangen **5** ***elle couche les enfants*** sie bringt die Kinder ins Bett

coucher[2] *m* [kuʃe] ▸ ***le coucher du soleil*** der Sonnenuntergang

▸ **couchette** *f* [kuʃɛt] Liegewagenplatz *m*

coucou *m* [kuku] **1** ZO Kuckuck *m* **2** Kuckucksuhr *f* **3** Schlüsselblume *f*

▸ **coude** *m* [kud] **1** Ellbogen *m* **2** ***~ à ~*** Seite an Seite **3** (*Knick*) Biegung *f*

▸ **coudre** [kudʀ] ⟨*prés.*: ***nous cousons***; *imparf.*: ***je cousais***; *subj.*: ***je, il couse***; *impér.*: ***cousez!***; *p/pr*: ***cousant***; *p/p*: ***cousu***⟩ **1** nähen **2** annähen (*Knopf usw.*)

couenne *f* [⚠ kwan] Speckschwarte *f*

couette[1] *f* [kwɛt] Steppdecke *f*, Daunendecke *f*

couette[2] *f* [kwɛt] *Frisur*: Rattenschwanz *m*

coulant(e) [kulɑ̃(t)] *umg.* nett, locker; *geschäftlich*: kulant

coulée *f* [kule] *von Lava, Schlamm usw.*: Strom *m*, Lawine *f*

▸ **couler** [kule] **1** (*Flüssigkeit, Fluss*) fließen **2** ***faire ~ le sang*** Blut vergießen **3** (*Käse, Butter*) weich werden, zerlaufen **4** (*Kerze, Wasserhahn*) tropfen; (*Füller*) klecksen; ***mon nez coule*** meine Nase läuft **5** gießen (*Metall usw.*) **6** (*Schiff*) untergehen, sinken **7** ***~ un navire*** ein Schiff versenken

▸ **couleur** *f* [kulœʀ] **1** Farbe *f*; ***une photo en ~s*** ein Farbfoto **2** ***un homme de ~*** ein Farbiger **3** POL Richtung *f*, Schattierung *f* **4** *fig.* ***annoncer la ~*** Farbe bekennen

Les couleurs

blanc, blanche	weiß
bleu, bleue	blau
brun, brune	braun
gris, grise	grau

C

jaune	gelb
marron	braun
mauve	lila
noir, noire	schwarz
orange	orangefarben
rose	rosa
rouge	rot
turquoise	türkis
vert, verte	grün
violet, violette	violett
bleu clair	hellblau
bleu foncé	dunkelblau

Achtung: Verbindungen von Farben mit **clair** und **foncé** bleiben in der weiblichen Form und im Plural unverändert:

une voiture vert foncé	ein dunkelgrünes Auto
des yeux bleu clair	hellblaue Augen

Wendungen:

rire jaune	gezwungen lachen
être gris	beschwipst sein
être noir	besoffen sein
passer une nuit blanche	die ganze Nacht kein Auge zutun

couleuvre *f* [kulœvʀ] zo Natter *f*

coulissant(e) [kulisɑ̃(t)] Schiebe…; ***la porte coulissante*** die Schiebetür

coulisses *f Pl* [kulis] **1** THEAT Seiten- und Hinterbühne *f* **2** ***dans les ~*** *a. fig.* hinter den Kulissen

▸ **couloir** *m* [kulwaʀ] **1** (*Flur*) Gang *m*, Korridor *m* **2** SPORT Bahn *f* **3** ***le ~ d'autobus*** die Busspur

▸ **coup** *m* [ku] **1** Schlag *m*, Stoß *m*; *mit e-m Messer*: Stich *m*; *mit e-r Pistole*: Schuss *m*; SPORT ***le ~ franc*** der Freistoß **2** **coup** + **de** + *Subst.*: ***le ~ d'État*** der Staatsstreich; ▸ ***le coup de feu*** der Schuss; ▸ ***le coup de fil*** der Anruf; ***le ~ de foudre*** *fig.* Liebe *f* auf den ersten Blick; ▸ ***le coup d'œil*** der Blick; ***le ~ de pied*** der Fußtritt, der Tritt; ***le ~ de poing*** der Faustschlag; ***le ~ de sifflet*** der Pfiff; ▸ ***le coup de soleil*** der Sonnenbrand; ***le ~ de téléphone*** der Telefonanruf; ***donner un ~ de main à qn*** j-m helfen **3** (*Aktion*) Coup *m*, Ding *n* **4** *beim Trinken*: Schluck *m*; *umg.* ***boire un ~*** einen trinken **5** *beim Schach*: Zug *m* **6** *umg.* ***ça vaut le ~*** das lohnt sich

▸ **coupable**[1] [kupabl] schuldig

coupable[2] *m,f* [kupabl] Schuldige(r) *f(m)*

coupant(e) [kupɑ̃(t)] scharf

coupe *f* [kup] **1** *Glas*: Schale *f* **2** SPORT Pokal *m*; ***la ~ Davis*** der Daviscup (⚠ la coupe); ***la Coupe du monde*** die Fußballweltmeisterschaft

coupe-papier *m* [kuppapje] ⟨*unv.*⟩ Brieföffner *m*

▸ **couper** [kupe] **1** schneiden; *in mehrere Teile*: durchschneiden, zerschneiden, klein schneiden; (*wegschneiden*) abschneiden; zuschneiden (*Stoff*) **2** *beim Sprechen usw.*: unterbrechen; ***elle m'a coupé la parole*** sie hat mir das Wort abgeschnitten; TEL ***nous avons été coupés*** wir sind unterbrochen worden **3** versperren (*Straße*) **4** abstellen (*Gas*, *Strom usw.*) **5** senken (*Fieber*) **6** abhalten (*Wind*) **7** (*isolieren*) ***ils sont coupés du monde*** sie sind von der Außenwelt abgeschnitten **8** abkürzen (*Weg*); ***~ à travers les champs*** die Abkürzung über die Felder nehmen **9** streichen (*Textstelle*) **10** schneiden (*Kurve*, *Linie*); anschneiden (*Ball*) **11** mit Wasser verdünnen **12** *beim Kartenspiel*: abheben; *mit e-m Trumpf*: stechen **13** *umg* ***ça te la coupe!*** da bist du platt!

coupe-vent *m* [kupvɑ̃] ⟨*unv.*⟩ Windjacke *f*

▸ **couple** *m* [kupl] **1** Paar *n* **2** Ehepaar *n*

couplet *m* [kuplɛ] Strophe *f*

coupole *f* [kupɔl] Kuppel *f*

coupon *m* [kupõ] **1** Stoffrest *m* **2** *von e-r Eintritts-, Fahrkarte usw.*: Abschnitt *m*

coupure *f* [kupyʀ] **1** Schnitt *m* **2** (*Änderung*) Einschnitt *m* **3** ***la ~ de courant*** der Stromausfall **4** *in e-m Text, Film*: Kürzung *f* **5** ***la ~ de journal*** der Zeitungsausschnitt **6** (*Banknote*) Geldschein *m*

▸ **cour** *f* [kuʀ] Hof *m*

▸ **courage** *m* [kuʀaʒ] (⚠ le courage)

Mut *m*; ***bon ~!*** mach's gut!, halt die Ohren steif!

▸ **courag|eux, ~euse** [kuʀaʒø, -øz] **1** mutig **2** (*tatkräftig*) energisch, entschlossen

couramment [kuʀamɑ̃] **1** ***il parle ~ le français*** er spricht fließend Französisch **2** (*häufig*) oft, üblicherweise

▸ **courant** *m* [kuʀɑ̃] **1** ELEK Strom *m* **2** *beim Fluss*: Strömung *f* **3** ***le ~ d'air*** der Luftzug; *störend*: der Durchzug; ***il y a un ~ d'air ici*** hier zieht es **4** ***dans le ~ de la semaine*** im Laufe der Woche **5** *von Ideen usw.*: Strömung *f*, Richtung *f* **6** ▸ ***il est au courant*** er ist auf dem Laufenden

▸ **courant(e)** [kuʀɑ̃(t)] **1** üblich, geläufig; ***c'est courant*** das kommt häufig vor **2** (*Ausgaben, Monat, Jahr usw.*) laufend **3** (*Artikel*) gängig

courbature *f* [kuʀbatyʀ] Muskelkater *m*, Gliederschmerzen *m Pl*

courbe[1] [kuʀb] **1** (*krumm*) gebogen, gekrümmt **2** (*rund*) gewölbt

courbe[2] *f* [kuʀb] Kurve *f*, Bogen *m*

courber [kuʀbe] **1** biegen, krümmen **2** beugen (*Kopf usw.*)

cour|eur *m*, **~euse** *f* [kuʀœʀ, -øz] **1** Läufer(in) *m(f)* **2** ***le coureur automobile*** der Rennfahrer **3** *abw.* ***un coureur (de jupons)*** ein Schürzenjäger

courgette *f* [kuʀʒɛt] Zucchini *f*

▸ **courir** [kuʀiʀ] ⟨*prés.*: ***je, tu cours, il court***; *p/s*: ***il courut***; *fut.*: ***je courrai***; *impér.*: ***cours!***; *p/p*: ***couru***⟩ **1** laufen, rennen **2** ***faire ~ un bruit*** ein Gerücht in die Welt setzen **3** (*Wasser*) fließen **4** ***~ un danger*** sich e-r Gefahr aussetzen **5** ***~ les magasins*** die Geschäfte abklappern; ***~ les filles*** den Mädchen nachlaufen

▸ **couronne** *f* [kuʀɔn] **1** Krone *f* (*a. am Zahn*) **2** *aus Blumen usw.*: Kranz *m*

couronné(e) [kuʀɔne] **1** (*König*) gekrönt **2** (*Werk, Autor*) preisgekrönt

couronnement *m* [kuʀɔnmɑ̃] Krönung *f*

couronner [kuʀɔne] **1** krönen (*König, Kaiser*) **2** (mit e-m Preis) auszeichnen (*Autor, Werk*)

courriel *m* [kuʀjɛl] **1** E-Mail *f* **2** E-Mail-Adresse *f*

▸ **courrier** *m* [kuʀje] **1** *Briefe*: Post *f* **2** PRESSE ***le ~ des lecteurs*** die Leserbriefe **3** ***le ~ électronique*** die E-Mail

courroie *f* [kuʀwa] Riemen *m*, Gurt *m*

▸ **cours**[1] *m* [kuʀ] **1** Kurs *m*; SCHULE Unterricht *m*, Stunde *f*; ***le ~ d'histoire*** die Geschichtsstunde; ***en ~*** im Klassenzimmer **2** UNI Seminar *n*, Vorlesung *f* **3** (*Stufe*) Klasse *f*; ***le ~ préparatoire*** die erste Grundschulklasse **4** Lehrbuch *n*

cours[2] *m* [kuʀ] **1** *bei e-m Fluss*: Lauf *m*; ***le ~ d'eau*** der Wasserlauf **2** *von Ereignissen*: Verlauf *m*, Lauf *m*; ***être en ~*** im Gange sein, laufen; ***au ~ de …*** während …, im Laufe von …; ***en ~ de route*** unterwegs **3** *von Geld*: Kurs *m*; *an der Börse*: Notierung *f*

▸ **course** *f* [kuʀs] **1** Lauf *m* (*a.* SPORT), Laufen *n*; *von Autos, Pferden usw.*: Rennen *n* **2** ▸ ***les courses*** die Einkäufe, die Besorgungen; ***faire les ~s*** einkaufen gehen (*bes. Lebensmittel*)

court *m* [kuʀ] ***le ~ (de tennis)*** der Tennisplatz, der Court

▸ **court(e)** [kuʀ(t)] **1** *räumlich*: kurz **2** *zeitlich*: plötzlich, schnell **3** *Wendungen*: ***prendre de court*** überrumpeln; ***couper court à qc*** e-r Sache schnell ein Ende machen **4** ***je suis à court d'argent*** (*bzw.* ***d'arguments***) mir ist das Geld (*bzw.* mir sind die Argumente) ausgegangen

court-circuit *m* [kuʀsiʀkɥi] ⟨*Pl* ***courts-circuits***⟩ Kurzschluss *m*

courtois(e) [kuʀtwa(z)] **1** höflich **2** *im Mittelalter*: höfisch

courtoisie *f* [kuʀtwazi] Höflichkeit *f*

couscous *m* [kuskus] GASTR Kuskus *m*

▸ **cousin** *m* [kuzɛ̃] Cousin *m*, Vetter *m*

▸ **cousine** *f* [kuzin] Cousine *f*, Kusine *f*

▸ **coussin** *m* [kusɛ̃] Kissen *n*

cousu [kuzy] → ***coudre***

coût *m* [ku] Kosten *Pl*

▸ **couteau** *m* [kuto] ⟨*Pl* ***~x***⟩ Messer *n*

▸ **coûter** [kute] **1** kosten **2** ***ça lui a coûté la vie*** das hat ihn *od.* sie das Leben gekostet **3** ***ça coûte cher*** das ist teuer

coût|eux, ~euse [kutø, -øz] kostspielig

coutume *f* [kutym] **1** Brauch *m*, Sitte *f* **2** *von einzelnen*: Gewohnheit *f*

couture *f* [kutyʀ] **1** Nähen *n* **2** Naht *f* **3** *Sektor*: Modebranche *f*, Bekleidungsindustrie *f*

couturier *m* [kutyʀje] ***un (grand) ~*** ein Modeschöpfer

couturière *f* [kutyʀjɛʀ] Schneiderin *f*

couvée *f* [kuve] *Vögel, Kinder*: Brut *f*

couvent *m* [kuvɑ̃] Kloster *n*
couver [kuve] **1** (*Vögel*) brüten **2** ausbrüten (*Eier, Krankheit, Pläne*) **3** verhätscheln (*Kinder*) **4** (*Feuer*) schwelen
▸ **couvercle** *m* [kuvɛʀkl] Deckel *m*
▸ **couvert** *m* [kuvɛʀ] **1** *Teller, Serviette usw.*: Gedeck *n*; ***mettre le ~*** den Tisch decken **2** *Messer, Gabel, Löffel*: Besteck *n* (⚠ Kuvert = ***enveloppe** f*)
couvert(e) [kuvɛʀ(t)] **1** → ***couvrir*** **2** bedeckt, zugedeckt **3** (*Markt usw.*) überdacht; ***la piscine couverte*** das Hallenbad **4** (*Himmel*) bedeckt; (*Wetter*) trübe **5** ***couvert de …*** mit … bedeckt, voll(er) … **6** ***elle est (bien) couverte*** sie ist warm angezogen
▸ **couverture** *f* [kuvɛʀtyʀ] **1** *zum Zudecken*: Decke *f* **2** *e-s Buchs*: Deckel *m*, Einband *m*; *e-s Hefts*: Umschlag *m*
couveuse *f* [kuvøz] Brutkasten *m*
couvre-feu *m* [kuvʀəfø] ⟨*Pl* ***couvre-feux***⟩ Sperrstunde *f*
couvreur *m* [kuvʀœʀ] Dachdecker *m*
▸ **couvrir** [kuvʀiʀ] ⟨*prés.*: ***je couvre***; *impér.*: ***couvre!***; *p/p*: ***couvert***⟩ **1** zudecken (*Dinge, Menschen*); bedecken (***de*** mit); abdecken (*Dinge*) **2** *mit Kleidern*: warm anziehen **3** einbinden (*Buch*) **4** decken (*Dach*) **5** (*überhäufen*) überschütten (***de*** mit) **6** (*Deckung geben*) decken **7** ***~ une distance*** e-e Entfernung zurücklegen **8** decken (*Kosten*); abdecken (*Risiko*) **9** ***se ~*** sich warm anziehen **10** ***le ciel se couvre*** es bewölkt sich, es zieht sich zu
covoiturage *m* [kovwatyʀaʒ] Fahrgemeinschaft *f*
CP *m* [sepe] (*Abk. für* cours préparatoire) erste Grundschulklasse
C.P.E. *m,f* [sepeə] (*Abk. für* conseiller, conseillère principal(e) d'éducation) SCHULE Beauftragte(r) *f(m)* für Disziplin, Verwaltung und Beratung
crabe *m* [kʀab] (⚠ le crabe) Krabbe *f*
crachat *m* [kʀaʃa] Spucke *f*, Auswurf *m*
cracher [kʀaʃe] **1** spucken **2** ausspucken
crade [kʀad] *umg.* dreckig
▸ **craie** *f* [kʀɛ] Kreide *f*
▸ **craindre** [kʀɛ̃dʀ] ⟨*prés.*: ***je crains, il craint, nous craignons***; *imparf.*: ***je craignais***; *subj.*: ***je craigne***; *impér.*: ***craignez!***; *p/pr.*: ***craignant***; *p/p*: ***craint***⟩ **1** sich vor … fürchten, vor … Angst haben **2** ***~ que …*** fürchten, dass … **3** ***cette plante craint la gelée*** diese Pflanze verträgt keinen Frost **4** *umg.* ***ça ne craint rien*** da kann nichts passieren
▸ **crainte** *f* [kʀɛ̃t] Furcht *f*, Angst *f*
craint|if, ~ive [kʀɛ̃tif, -iv] ängstlich
cramoisi(e) [kʀamwazi] leuchtend rot; *bes.* (*Gesicht*) hochrot, puterrot
crampe *f* [kʀɑ̃p] Krampf *m*
crampon *m* [kʀɑ̃pɔ̃] **1** TECH Klammer *f* **2** *am Schuh*: Stollen *m*; *zum Bergsteigen*: Steigeisen *n* **3** *umg.* ***quel ~!*** so e-e Klette!
se cramponner [səkʀɑ̃pɔne] sich klammern (***à*** an)
cran[1] *m* [kʀɑ̃] **1** Einschnitt *m*, Kerbe *f* **2** (*Raste*) Stufe *f* **3** *bei e-m Gürtel*: Loch *n*
cran[2] *m* [kʀɑ̃] *umg.* Mut *m*, Mumm *m*
▸ **crâne** *m* [kʀɑn] Schädel *m*
crâner [kʀɑne] *umg.* angeben
crân|eur *m*, **~euse** *f* [kʀɑnœʀ, -øz] *umg.* Angeber(in) *m(f)*
crapaud *m* [kʀapo] Kröte *f*
crapule *f* [kʀapyl] Lump *m*, Halunke *m*
craquant(e) [kʀakɑ̃(t)] *umg.* **1** toll, super **2** (*niedlich*) süß
craquelé(e) [kʀakle] rissig
craquement *m* [kʀakmɑ̃] Knacken *n*, Krachen *n*, Knarren *n*
craquer [kʀake] **1** knacken, krachen, knarren **2** (*Naht*) reißen, platzen **3** *umg.* schwach werden; *umg.* ***je craque pour lui*** ich stehe auf ihn **4** ***il a craqué*** er hat die Nerven verloren **5** ***plein à ~*** brechend voll
crasse *f* [kʀas] Schmutz *m*, Dreck *m*
crass|eux, ~euse [kʀasø, -øz] schmutzig, dreckig
cratère *m* [kʀatɛʀ] Krater *m*
cravache *f* [kʀavaʃ] Reitpeitsche *f*
▸ **cravate** *f* [kʀavat] Krawatte *f*
crawl *m* [⚠ kʀol] SPORT Kraulen *n*
▸ **crayon** *m* [kʀɛjɔ̃] Bleistift *m*; ***le ~ de couleur*** der Buntstift
créanc|ier *m*, **~ière** *f* [kʀeɑ̃sje, -jɛʀ] Gläubiger(in) *m(f)*
créateur[1] *m* [kʀeatœʀ] Schöpfer *m*
créa|teur[2], **~trice** [kʀeatœʀ, -tʀis] schöpferisch, kreativ
créat|if, ~ive [kʀeatif, -iv] kreativ, erfinderisch
création *f* [kʀeasjɔ̃] **1** Schaffung *f*; *e-s Künstlers*: Schaffen *n*; *Werk*: Schöpfung *f* **2** ***la ~ du monde*** die Erschaffung der Welt; ***la Création*** die Schöp-

fung **3** MODE Kreation *f*
créativité *f* [kreativite] Kreativität *f*
créatrice *f* [kreatris] Schöpferin *f*
créature *f* [kreatyr] Geschöpf *n*, Kreatur *f*
crèche *f* [krɛʃ] Krippe *f* (*a. Kinderkrippe*)
crédible [kredibl] glaubwürdig
▸ **crédit** *m* [kredi] **1** Kredit *m*; ***à ~*** auf Kredit; ***faire ~*** Kredit geben **2** (*Prestige*) Ansehen *n* **3** *in der Buchführung*: Haben *n*
crédule [kredyl] leichtgläubig
crédulité *f* [kredylite] Leichtgläubigkeit *f*
▸ **créer** [kree] **1** schaffen, erschaffen; *bes.* MODE kreieren **2** (*errichten*) gründen **3** ***~ des ennuis*** Ärger bereiten
crémaillère *f* [kremajɛr] ***pendre la ~*** e-e Einweihungsparty feiern
▸ **crème**[1] *f* [krɛm] **1** Sahne *f*; ***la ~ chantilly, la ~ fouettée*** die Schlagsahne, Ⓐ das Schlagobers, ⒸⒽ der Schlagrahm **2** ***le café ~*** der Milchkaffee **3** *für die Haut, als Süßspeise*: Creme *f*; ***la ~ solaire*** die Sonnencreme
crème[2] [krɛm] ⟨*unv.*⟩ cremefarben
crémerie *f* [⚠ krɛmri] Milchgeschäft *n*
crém|eux, ~euse [kremø, -øz] sahnig
créneau *m* [kreno] ⟨*Pl* ***~x***⟩ **1** *e-r Burg*: Zinne *f*, Schießscharte *f* **2** AUTO Parklücke *f*; ***faire un ~*** einparken **3** WIRTSCH Marktlücke *f*
crêpe[1] *f* [krɛp] *Pfannkuchen*: Crêpe *f*
crêpe[2] *m* [krɛp] *Material*: Krepp *m*
crépi *m* [krepi] *am Haus*: Putz *m*, Verputz *m*
crépiter [krepite] **1** (*Feuer*) knistern, prasseln **2** (*Beifall*) tosen **3** (*Maschinengewehr*) knattern
crépu(e) [krepy] (*Haar*) kraus
crépuscule *m* [krepyskyl] Dämmerung *f*
cresson *m* [kresõ] Kresse *f*
crête *f* [krɛt] **1** *vom Hahn*: Kamm *m* **2** *bei e-m Berg, e-r Welle*: Kamm *m* **3** *beim Dach*: First *m*
crétin(e) *m(f)* [kretɛ̃(-in)] Idiot(in) *m(f)*
creuser [krøze] **1** graben **2** ausheben (*Graben*); bohren (*Loch*) **3** aushöhlen (*Fels usw.*) **4** vertiefen (*Thema*) **5** ***se ~*** hohl werden **6** ***se ~ (la cervelle)*** sich den Kopf zerbrechen
▸ **creux**[1], **creuse** [krø, krøz] **1** hohl **2** (*Teller*) tief **3** (*Magen*) leer **4** SCHULE ***une heure creuse*** e-e Freistunde; ***les heures*** *f Pl* ***creuses*** die ruhigen *od.* verkehrsarmen Zeiten
creux[2] *m* [krø] **1** Vertiefung *f*, Loch *n* **2** ***j'ai un ~ (à l'estomac)*** mir knurrt der Magen **3** ***le ~ de la main*** die hohle Hand **4** WIRTSCH Flaute *f*
crevaison *f* [krəvɛzõ] Reifenpanne *f*
crevant(e) [krəvɑ̃(t)] *umg.* **1** anstrengend **2** (*komisch*) zum Schießen
crevasse *f* [krəvas] Riss *m*, Spalt *m*
crevé(e) [krəve] **1** (*Blase, Ballon*) geplatzt; (*Reifen*) platt **2** *umg.* (*Tier, Pflanze*) eingegangen **3** *umg.* (*erschöpft*) kaputt, fertig
crever [krəve] ⟨**-è-**⟩ **1** (*Blase, Ballon usw.*) platzen **2** *umg.* (*Tier, Pflanze*) eingehen; (*Mensch*) sterben, krepieren **3** kaputt machen, platzen lassen; zerstechen (*Reifen*); ausstechen (*Auge*) **4** *umg.* ***j'ai crevé*** ich habe e-n Platten **5** *fig.* ***ça crève les yeux*** das sieht doch ein Blinder **6** *umg.* ***elle se crève (au boulot)*** sie arbeitet sich tot
▸ **crevette** *f* [krəvɛt] Garnele *f*, Krabbe *f*
▸ **cri** *m* [kri] Schrei *m*; ***pousser un ~*** e-n Schrei ausstoßen
criard(e) [krijar(d)] **1** (*Ton*) schrill **2** (*Farbe*) grell
crible *m* [kribl] **1** Sieb *n* **2** *fig.* ***passer au ~*** unter die Lupe nehmen
cric *m* [krik] Wagenheber *m*
▸ **crier** [krije] **1** schreien **2** *umg.* ***il a crié après moi*** er hat mich angeschrien
▸ **crime** *m* [krim] **1** Verbrechen *n* **2** Mord *m*
▸ **crimin|el**[1] *m*, **~elle** *f* [kriminɛl] Verbrecher(in) *m(f)*
crimin|el[2], **~elle** [kriminɛl] kriminell; ***un acte criminel*** ein Verbrechen
crin *m* [krɛ̃] Rosshaar *n*
crinière *f* [krinjɛr] Mähne *f*
crique *f* [krik] kleine Bucht
criquet *m* [krikɛ] Heuschrecke *f*
▸ **crise** *f* [kriz] **1** Krise *f* **2** MED Anfall *m*; ***une ~ cardiaque*** ein Herzanfall; *tödlich*: ein Herzschlag
crispant(e) [krispɑ̃(t)] unerträglich, nervtötend
crisper [krispe] **1** verkrampfen, anspannen; verzerren (*Gesicht*) **2** *umg.* nerven, auf die Palme bringen
crisser [krise] **1** (*Kies, Schnee*) knir-

schen **2** (*Reifen*) quietschen

cristal *m* [kʀistal] ⟨*Pl* **-aux**⟩ **1** Kristall *n*, Kristallglas *n* **2** CHEM, *Mineral*: Kristall *m*

critère *m* [kʀitɛʀ] Kriterium *n*

critique[1] [kʀitik] kritisch

▸ **critique**[2] *f* [kʀitik] Kritik *f*

critique[3] *m,f* [kʀitik] Kritiker(in) *m(f)*

▸ **critiquer** [kʀitike] **1** kritisieren **2** besprechen, rezensieren (*Buch, Film*)

croasser [kʀɔase] (*Rabe*) krächzen

croc *m* [⚠ kʀo] Fangzahn *m*

croche-pied *m* [kʀɔʃpje] ⟨*Pl* **croche--pieds**⟩ **elle m'a fait un ~** sie hat mir ein Bein gestellt

crochet *m* [kʀɔʃɛ] **1** *zum Aufhängen usw.*: Haken *m* **2** Häkelnadel *f*; **faire du ~** häkeln **3** *beim Boxen*: Haken *m* **4** *in e-m Text*: **des ~s** eckige Klammern **5** **faire un ~** e-n Umweg machen

crochu(e) [kʀɔʃy] krumm, gebogen

crocodile *m* [kʀɔkɔdil] Krokodil *n*

▸ **croire** [kʀwaʀ] ⟨*prés.*: **je crois, il croit, nous croyons**; *imparf.*: **je croyais**; *p/s*: **je crus**; *fut.*: **je croirai**; *subj.*: **je croie**; *p/pr*: **croyant**; *p/p*: **cru**⟩ **1** glauben; **~ en Dieu** an Gott glauben; **~ aux revenants** an Gespenster glauben; **je crois que oui** ich glaube ja **2** **~ qn** j-m glauben **3** **je l'ai cru mort** ich hielt ihn für tot **4** **on croirait que …** man könnte meinen, dass …; **je n'en crois pas mes yeux** ich traue meinen Augen nicht **5** **il se croit intelligent** er hält sich für schlau

croisade *f* [kʀwazad] Kreuzzug *m*

croisé *m* [kʀwaze] Kreuzritter *m*

croisement *m* [kʀwazmɑ̃] *von Straßen*, BIOL Kreuzung *f*

croiser [kʀwaze] **1** kreuzen, überkreuzen **2** **~ qn** j-n treffen **3** kreuzen (*Tiere, Pflanzen*) **4** (*Schiff*) kreuzen **5** **se ~** (*Briefe, Straßen*) sich kreuzen; (*Menschen, Blicke*) sich treffen

▸ **croisière** *f* [kʀwazjɛʀ] Kreuzfahrt *f*

croissance *f* [kʀwasɑ̃s] Wachstum *n*

▸ **croissant** *m* [kʀwasɑ̃] **1** Croissant *n*, Blätterteighörnchen *n* **2** **le ~ de lune** die Mondsichel **3** *Form*: Halbmond *m*

croissant(e) [kʀwasɑ̃(t)] steigend, zunehmend, wachsend

croître [kʀwatʀ] ⟨*prés.*: **nous croissons**; *imparf.*: **je, tu croissais**; *p/s*: **il crût**; *subj.*: **je croisse**; *impér.*: **croissons!**; *p/pr*: **croissant**; *p/p*: **crû**⟩ **1** (*Lebewesen*) wachsen **2** (*anwachsen*) steigen, zunehmen

▸ **croix** *f* [kʀwa] **1** Kreuz *n* **2** **cocher** (*od.* **marquer**) **d'une ~** ankreuzen **3** *umg.* **tu peux faire une ~ dessus** das kannst du vergessen

Croix-Rouge [kʀwaʀuʒ] **la ~** das Rote Kreuz

croquant(e) [kʀɔkɑ̃(t)] **1** knusprig **2** (*Apfel*) knackig (⚠ Krokant = **nougatine** *f*)

croquer [kʀɔke] **1** knacken, krachen **2** (*essen*) knabbern; (laut) zerbeißen (*Bonbon*); **~ (dans) une pomme** herzhaft in e-n Apfel beißen **3** (*zeichnen*) skizzieren

croquette *f* [kʀɔkɛt] Krokette *f*

croquis *m* [kʀɔki] Skizze *f*

cross *m* [kʀɔs] Geländelauf *m*

crosse *f* [kʀɔs] **1** *für Hockey usw.*: Schläger *m* **2** Bischofsstab *m* **3** *am Gewehr*: Kolben *m*

crotte *f* [kʀɔt] Kot *m*, Haufen *m*

crotté(e) [kʀɔte] dreckig

crottin *m* [kʀɔtɛ̃] **1** *Mist*: Pferdeapfel *m* **2** *kleiner runder Ziegenkäse*

crouler [kʀule] einstürzen, zusammenbrechen

croustillant(e) [kʀustijɑ̃(t)] knusprig, Ⓐ resch

croûte *f* [kʀut] **1** Kruste *f*; *von Käse*: Rinde *f* **2** *umg.* **gagner sa ~** seine Brötchen verdienen **3** *umg.* **casser la ~** etwas (zwischendurch) essen, Brotzeit machen

croûton *m* [kʀutɔ̃] **1** (*Endstück*) Brotkanten *m* **2** (*Brotwürfel*) Croûton *m*

croyable [kʀwajabl] glaubwürdig; **à peine ~** kaum zu glauben

croyance *f* [kʀwajɑ̃s] Glaube *m*

croyant(e)[1] [kʀwajɑ̃(t)] gläubig

croyant(e)[2] *m(f)* [kʀwajɑ̃(t)] Gläubige(r) *f(m)*

cru[1] *m* [kʀy] **1** Weinanbaugebiet *n*, Lage *f* **2** **un grand ~** ein berühmter Wein

cru[2] [kʀy] → **croire**

▸ **cru(e)** [kʀy] **1** (↔ *gekocht*) roh **2** (*Material*) Roh… **3** (*Licht*) grell **4** (*Worte*) roh, brutal; (*direkt*) schonungslos, ungeschminkt

crû [kʀy] → **croître**

cruauté *f* [kʀyote] Grausamkeit *f*

cruche *f* [kʀyʃ] **1** Krug *m* **2** *umg.* dumme Gans

C

crucial(e) [kʀysjal] ⟨*m Pl* ***-aux***⟩ entscheidend, ausschlaggebend
crucifier [kʀysifje] kreuzigen
crudités *f Pl* [kʀydite] Rohkost *f*
crue *f* [kʀy] Hochwasser *n*
▸ **cru|el, ~elle** [kʀyɛl] grausam
crûment [kʀymɑ̃] direkt, unverblümt
crustacés *m Pl* [kʀystase] Krustentiere *n Pl*
cube *m* [kyb] **1** Würfel *m* **2** MATH Kubikzahl *f*; ***le mètre ~*** der Kubikmeter; ***deux au ~*** zwei hoch drei **3** *zum Spielen*: Bauklotz *m* **4** *für Suppe*: Suppenwürfel *m*
cubique [kybik] würfelförmig, kubisch
cubisme *m* [kybism] KUNST Kubismus *m*
cueillette *f* [kœjɛt] Ernte *f*
▸ **cueillir** [kœjiʀ] ⟨*prés.*: ***je cueille***; *fut.*: ***je cueillerai***; *impér.*: ***cueille!***⟩ **1** pflücken (*Blumen, Pflanzen, Obst usw.*); ernten (*Obst*) **2** *umg.* schnappen (*Übeltäter*)
cuiller *f* [⚠ kɥijɛʀ] → ***cuillère***
▸ **cuillère** *f* [kɥijɛʀ] Löffel *m*; ***la petite ~*** der Teelöffel; ***la ~ à soupe*** der Esslöffel
cuillerée *f* [⚠ kɥij(e)ʀe] ***une ~ de sucre*** *usw.* ein Löffel (voll) Zucker *usw.*
▸ **cuir** *m* [kɥiʀ] **1** Leder *n* **2** ***le ~ chevelu*** die Kopfhaut
cuirasse *f* [kɥiʀas] **1** *Schutz*: Panzer *m* **2** *beim Ritter*: Harnisch *m*
▸ **cuire** [kɥiʀ] ⟨*wie* ***conduire***⟩ kochen; *im Ofen*: backen; *in der Pfanne*: braten; *im Bräter*: schmoren; *mit Dampf*: dünsten, dämpfen
▸ **cuisine** *f* [kɥizin] **1** Küche *f* **2** ***faire la ~*** kochen
cuisiné(e) [kɥizine] ***un plat cuisiné*** ein Fertiggericht
cuisiner [kɥizine] **1** kochen (*Essen*) **2** *umg.* ***~ qn*** j-n ausquetschen
▸ **cuisinier** *m* [kɥizinje] Koch *m*
▸ **cuisinière**[1] *f* [kɥizinjɛʀ] Köchin *f*
cuisinière[2] *f* [kɥizinjɛʀ] Herd *m*
cuisse *f* [kɥis] **1** Schenkel *m*, Oberschenkel *m* **2** ***la ~ de poulet*** die Hühnerkeule
cuisson *f* [kɥisõ] **1** Garen *n*; *im Wasser*: Kochen *n*; *im Ofen*: Backen *n*; *in der Pfanne*: Braten *n*; *im Bräter*: Schmoren *n*; *mit Dampf*: Dünsten *n*, Dämpfen *n* **2** ***le temps de ~*** die Garzeit
cuit(e) [kɥi(t)] **1** *je nach Zubereitungsart*: gekocht, gebraten, gebacken, geschmort *usw.*; ***un steak bien cuit*** ein gut durchgebratenes Steak **2** *umg.* ***c'est du tout cuit*** das kann gar nicht schiefgehen
▸ **cuivre** *m* [kɥivʀ] **1** Kupfer *n* **2** *im Orchester*: ***les ~s*** die Blechblasinstrumente
cul *m* [⚠ ky] **1** *umg.* Hintern *m*, Arsch *m* **2** *von e-r Flasche usw.*: Boden *m*; ***faire ~ sec*** ex trinken **3** *umg.* ***ils sont comme ~ et chemise*** sie sind unzertrennlich
culbute *f* [kylbyt] ***faire une ~*** e-n Purzelbaum machen
culbuter [kylbyte] **1** (*fallen*) umkippen; (*Auto*) sich überschlagen **2** umstoßen, umwerfen; *mit e-m Fahrzeug*: umfahren
cul-de-sac *m* [⚠ kydsak] ⟨*Pl* ***culs-de-sac***⟩ Sackgasse *f*
culot *m* [kylo] *umg.* Frechheit *f*, Unverschämtheit *f*
▸ **culotte** *f* [kylɔt] **1** (kurze) Hose **2** *Unterwäsche*: Schlüpfer *m*, Unterhose *f*
culotté(e) [kylɔte] *umg.* frech, unverschämt
culpabiliser [kylpabilize] Schuldgefühle haben, sich schuldig fühlen
culpabilité *f* [kylpabilite] Schuld *f*
culte *m* [kylt] **1** (*Verehrung*) Kult *m* **2** Gottesdienst *m* **3** (*Religion*) Konfession *f*
cultiva|teur *m*, **~trice** *f* [kyltivatœʀ, -tʀis] Landwirt(in) *m(f)*
cultivé(e) [kyltive] gebildet, kultiviert
▸ **cultiver** [kyltive] **1** bebauen (*Land*); bestellen (*Feld*) **2** anbauen (*Gemüse, Getreide*); züchten (*Blumen*) **3** pflegen (*Beziehungen usw.*) **4** ***se ~*** sich bilden
▸ **culture** *f* [kyltyʀ] **1** Kultur *f* (*a.* BIOL) **2** *von e-m Feld*: Bebauen *n*, Bestellen *n* **3** *von Gemüse, Getreide*: Anbau *m*; *von Blumen*: Zucht *f* **4** ***les ~s*** die Felder **5** (*Wissen*) Bildung *f*, Kultur *f*; ***la ~ générale*** die Allgemeinbildung
cultur|el, ~elle [kyltyʀɛl] kulturell, Kultur…; ***le voyage culturel*** die Bildungsreise
culturisme *m* [kyltyʀism] Bodybuilding *n*
cure *f* [kyʀ] MED Kur *f*
curé *m* [kyʀe] (katholischer) Pfarrer
cure-dent *m* [kyʀdɑ̃] ⟨*Pl* ***cure-dents***⟩ Zahnstocher *m*

D

curer [kyʀe] reinigen, sauber machen
curieusement [kyʀjøzmɑ̃] seltsamerweise
▸ **curi|eux, ~euse** [kyʀjø, -øz] **1** interessiert, wissbegierig; ***je suis curieux de savoir si ...*** ich bin gespannt, ob ... **2** (*vorwitzig*) neugierig **3** (*sonderbar*) merkwürdig, seltsam
curiosité *f* [kyʀjozite] **1** Interesse *n*, Wissbegier *f* **2** (*Vorwitz*) Neugier *f* **3** *in e-r Stadt usw.*: ***les~s*** die Sehenswürdigkeiten **4** (*Kuriosität*) Eigenartigkeit *f*; *Ding*: Rarität *f*
curiste *m,f* [kyʀist] Kurgast *m*
curriculum (vitae) *m* [kyʀikylɔm (-vite)] Lebenslauf *m*
curry *m* [kyʀi] Curry *n od. m*
curseur *m* [kyʀsœʀ] **1** TECH Schieber *m*, Regler *m* **2** IT Cursor *m*
cuve *f* [kyv] Bottich *m*; *für Öl*: Tank *m*
cuvée *f* [kyve] Jahrgang *m*
cuvette *f* [kyvɛt] **1** Waschschüssel *f* **2** *beim WC*: Becken *n* **3** *in der Landschaft*: Kessel *m*
▸ **CV** *m* [seve] (*Abk. für* curriculum vitae) Lebenslauf *m*
cyanure *m* [sjanyʀ] Zyankali *n*
cybercafé *m* [sibɛʀkafe] Internetcafé *n*
cyberespace *m* [sibɛʀɛspas] Cyberspace *m*
cybernaute *m,f* [sibɛʀnot] Internetsurfer(in) *m(f)*
cycle[1] *m* [sikl] Zyklus *m*, Kreislauf *m*
cycle[2] *m* [sikl] **1** SCHULE ***le premier ~*** *die vier Klassen des frz. „collège"*; ***le second ~*** *die drei Klassen des frz. „lycée"* **2** UNI ***le premier ~*** ≈ Grundstudium *n*; ***le second ~*** ≈ Hauptstudium *n*; ***le troisième ~*** ≈ Aufbaustudium *n*; Promotionsstudium *n*
cyclisme *m* [siklism] Radsport *m*
▸ **cycliste**[1] *m,f* [siklist] Radfahrer(in) *m(f)*
cycliste[2] *m* [siklist] Radlerhose *f*
cyclomoteur *m* [siklomɔtœʀ] Mofa *n*
cyclone *m* [siklon] Wirbelsturm *m*
cygne *m* [siɲ] Schwan *m*
cylindre *m* [silɛ̃dʀ] GEOM, TECH Zylinder *m* (⚠ Zylinder *als Hut* = ***haut-de-forme*** *m*)
cylindrée *f* [silɛ̃dʀe] **1** AUTO Hubraum *m* **2** ***la petite ~*** der Kleinwagen
cymbale [sɛ̃bal] *f* MUS Becken *n*
cynique [sinik] zynisch
cynisme *m* [sinism] Zynismus *m*
cyprès *m* [sipʀɛ] (⚠ le cyprès) Zypresse *f*
cystite *f* [sistit] Blasenentzündung *f*

D

d' [d] → ***de***[1], ***de***[3]
▸ **d'abord** [dabɔʀ] zuerst; ***tout ~*** zuallererst
d'accord [dakɔʀ] **1** ▸ ***être d'accord*** sich einig sein; ***se mettre ~*** sich einig werden **2** ***~!*** einverstanden!, o.k.!
dactylo *f* [daktilo] **1** *Mensch*: Schreibkraft *f* **2** Maschinenschreiben *n*
d'affilée [dafile] hintereinander, ununterbrochen
daigner [deɲe] ***elle n'a pas daigné répondre*** sie ließ sich zu keiner Antwort herab
▸ **d'ailleurs** [dajœʀ] übrigens, im Übrigen
daim *m* [dɛ̃] **1** Damhirsch *m* **2** Wildleder *n*
dalle *f* [dal] **1** Platte *f*, Fliese *f* **2** *umg.* ***je comprends que ~*** ich verstehe rein gar nichts
dalmatien *m* [dalmasjɛ̃] ZO Dalmatiner *m*
dalton|ien, ~ienne [daltɔnjɛ̃, -jɛn] farbenblind
▸ **dame** *f* [dam] **1** Dame *f* (*a. im Schach, Kartenspiel*) **2** ***une ~*** e-e Frau
damer [dame] präparieren (*Piste*)
damier *m* [damje] **1** *zum Spielen*: Damebrett *n* **2** *Muster*: Schachbrettmuster *n*
damner [⚠ dane] verdammen
dancing *m* [⚠ dɑ̃siŋ] Tanzlokal *n*
se dandiner [sədɑ̃dine] watscheln
Danemark [danmaʀk] ***le ~*** Dänemark *n*
▸ **danger** *m* [dɑ̃ʒe] Gefahr *f*; ***~ de mort!*** Lebensgefahr!
▸ **danger|eux, ~euse** [dɑ̃ʒʀø, -øz] gefährlich
danois(e) [danwa(z)] dänisch
Danois(e) *m(f)* [danwa(z)] Däne *m*,

Dänin *f*

▸ **dans** [dɑ̃] **1** in **2** **~ *la rue*** auf der Straße **3** **~ *un accident*** bei e-m Unfall; **~ *mes voyages*** auf meinen Reisen; **~ *ces circonstances*** unter diesen Umständen **4** *bei Autoren*: **~ *Sartre*** bei Sartre **5** **~ *les trente personnes*** um die *od.* etwa dreißig Leute

▸ **danse** *f* [dɑ̃s] (⚠ la danse) **1** Tanz *m* **2** ***la ~ classique*** das Ballett

▸ **danser** [dɑ̃se] tanzen

dans|eur *m*, **~euse** *f* [dɑ̃sœʀ, -øz] Tänzer(in) *m(f)*

d'antan [dɑ̃tɑ̃] aus vergangener Zeit

Danube *m* [danyb] Donau *f*

▸ **d'après** [dapʀɛ] nach, gemäß; **~ *lui*** seiner Meinung nach

dard *m* [daʀ] Stachel *m*

▸ **date** *f* [dat] (⚠ la date) **1** Datum *n* **2** *allg.*: Zeitpunkt *m*, Termin *m* **3** ***de longue ~*** seit langem, langjährig

dater [date] **1** datieren (*Brief usw.*) **2** ***le château date du 14ᵉ siècle*** das Schloss stammt aus dem 14. Jahrhundert **3** ***à ~ d'aujourd'hui*** von heute an

datif *m* [datif] Dativ *m*

datte *f* [dat] Dattel *f*

dauphin *m* [dofɛ̃] Delphin *m*, Delfin *m*

davantage [davɑ̃taʒ] **1** *in der Menge*: (noch) mehr **2** *in der Zeit*: (noch) länger

▸ **de¹** [də] (⚠ *vor Vokal u. stummem* h *steht* **d'**, *außerdem wird* „de le" *zu* **du**, „de les" *zu* **des** *zusammengezogen*) **1** *Zugehörigkeit*: von; ***le fils du professeur*** der Sohn des Lehrers; ***la mère des enfants*** die Mutter der Kinder **2** *Ort*: von, aus; ▸ ***de … à …*** von … nach …; ***je viens ~ Bordeaux, du Portugal*** ich komme aus Bordeaux, Portugal; ***il sort ~ la maison*** er geht aus dem Haus; ***d'où?*** woher? (⚠ ***le train ~ Paris*** *kann* der Zug aus Paris, *aber a.* der Zug nach Paris *sein*) **3** *Zeit*: **~ *… à …*** von … bis … **4** *Ursache*: wegen, aus; **~ *colère,* ~ *froid*** *usw.* vor Zorn, Kälte *usw.* **5** *Material*: aus, von **6** *Inhalt*: ***un paquet ~ cigarettes*** e-e Schachtel Zigaretten; ***trois verres d'eau*** drei Gläser Wasser **7** *Mittel*: ***montrer du doigt*** mit dem Finger zeigen **8** *Thema*: über, von **9** *unübersetzt*: ***le mois ~ mai*** der Monat Mai; ***la ville ~ Cologne*** die Stadt Köln; ***qc ~ beau*** etwas Schönes **10** *bei Maßangaben*: ***beaucoup d'argent*** viel Geld; ***un litre ~ lait*** ein Liter Milch; ***un garçon ~ dix ans*** ein zehnjähriger Junge

▸ **de²** [də] (⚠ „de le" *wird zu* **du**, „de les" *zu* **des** *zusammengezogen*) *als Teilungsartikel u. als unbestimmter Artikel im Plural nicht übersetzt*: **~ *l'eau*** Wasser *n*; **~ *la salade*** Salat *m*; ***du pain*** Brot *n*; ***des épinards*** Spinat *m*

▸ **de³** [də] (⚠ *vor Vokal u. stummem* h *steht* **d'**) *vor Adj. im Plural nicht übersetzt*: **~ *belles fleurs*** schöne Blumen

dé¹ *m* [de] Würfel *m*; ***jouer aux ~s*** würfeln

dé² *m* [de] **~ (*à coudre*)** *beim Nähen*: Fingerhut *m*

déambuler [deɑ̃byle] umhergehen, umherschlendern

déballer [debale] auspacken

débardeur *m* [debaʀdœʀ] Trägerhemd *n*, Top *n*; *aus Wolle*: Pullunder *m*

débarquement *m* [debaʀkmɑ̃] **1** *von Personen*: Anlandgehen *n* **2** *e-r Ladung*: Ausladen *n* **3** *von Truppen*: Landung *f*

débarquer [debaʀke] **1** an Land gehen **2** *umg.* ***il a débarqué chez moi*** er schneite bei mir herein **3** ausladen (*Ladung*) **4** an Land setzen (*Passagiere*)

débarras *m* [debaʀa] **1** *umg.* ***bon ~!*** den *bzw.* die *bzw.* das wären wir los! **2** Abstellraum *m*, Rumpelkammer *f*

débarrasser [debaʀase] **1** befreien **2** frei machen, räumen (*Platz*); ausräumen (*Raum*); abräumen (*Tisch*) **3** ▸ ***se débarrasser de qn, de qc*** j-n, etw loswerden, sich j-n, etw vom Halse schaffen

débat *m* [deba] Debatte *f*

débattre [debatʀ] ⟨*wie* **battre**⟩ **1** **~ *une question*** über e-e Frage diskutieren **2** *in Kleinanzeigen*: ***prix à ~*** Preis nach Vereinbarung **3** ***se ~*** sich wehren, um sich schlagen

débauche *f* [deboʃ] *unmoralisch*: Ausschweifung *f*

débaucher [deboʃe] **1** von der Arbeit abbringen **2** entlassen (*Personal*) **3** *durch die Konkurrenz*: abwerben

débile [debil] schwachsinnig

débit¹ *m* [debi] **1** *von Waren*: Umsatz *m*, Absatz *m* **2** *beim Reden*: Sprechweise *f*; *schnell*: Redefluss *m* **3** *e-r Maschine*:

D

Ausstoß *m*
débit[2] *m* [debi] *in e-r Bilanz*: Soll *n*
débiter[1] [debite] **1** verkaufen (*Waren*) **2** ~ ***des sottises*** Unsinn reden
débiter[2] [debite] belasten (*Konto*)
débi|teur *m*, **~trice** *f* [debitœʀ, -tʀis] Schuldner(in) *m(f)*

D

déblayer [deblɛje] ⟨**-ay-** *od.* **-ai-**⟩ **1** (↔ *versperren*) frei machen **2** wegschaffen (*Hindernisse*) **3** abtragen (*Erde*)
débloquer [deblɔke] **1** lösen (*Bremse*); wieder gängig machen (*Schloss*) **2** *umg.* Unsinn reden
déboiser [debwaze] abholzen
déboîter [debwate] **1** ***je me suis déboîté l'épaule*** ich habe mir die Schulter ausgerenkt **2** (*Auto*) ausscheren
débordant(e) [debɔʀdɑ̃(t)] **1** (*Phantasie*) blühend **2** (*Freude*) überschwänglich **3** (*Tätigkeit*) rastlos
débordé(e) [debɔʀde] überlastet
déborder [debɔʀde] **1** (*Flüssigkeit, Behälter*) überlaufen **2** (*Fluss*) über die Ufer treten, CH überborden **3** ***elle déborde de vie*** sie sprüht vor Temperament
débouché *m* [debuʃe] **1** *bei e-r Straße*: Einmündung *f* **2** *für Waren*: Absatzmarkt *m* **3** ***les ~s*** die Berufsaussichten
déboucher[1] [debuʃe] **1** entkorken, aufmachen (*Flasche*) **2** frei machen (*Abfluss*)
déboucher[2] [debuʃe] **1** herauskommen (***de*** aus) **2** (*Fluss, Straße*) münden
débourser [debuʀse] ausgeben
debout [d(ə)bu] **1** stehend, aufrecht; ▸ ***être debout*** stehen; ***il mange ~*** er isst im Stehen; ***il reste ~*** er bleibt stehen **2** (*wach*) auf, aufgestanden; ***il est ~*** er ist auf; ***il reste ~*** er bleibt auf
déboutonner [debutɔne] **1** aufknöpfen **2** ***il se déboutonne*** er macht seine Knöpfe auf
débrancher [debʀɑ̃ʃe] ~ ***la radio, la lampe*** *usw.* den Stecker vom Radio, von der Lampe *usw.* herausziehen
débrayer [debʀɛje] ⟨**-ay-** *od.* **-ai-**⟩ AUTO die Kupplung treten, auskuppeln
débris *m Pl* [debʀi] **1** Scherben *f Pl* **2** *vom Flugzeug usw.*: Trümmer *Pl*
débrouillard(e) [debʀujaʀ(d)] *umg.* pfiffig, gewitzt
débrouiller [debʀuje] **1** entwirren (*Fäden usw.*) **2** (*Mensch*) ▸ ***se débrouiller*** zurechtkommen, klarkommen

▸ **début** *m* [deby] Anfang *m*, Beginn *m*
débutant(e) *m(f)* [debytɑ̃(t)] Anfänger(in) *m(f)*
débuter [debyte] anfangen, beginnen
déca *m* [deka] *umg.* koffeinfreier Kaffee
décaféiné *m* [dekafeine] koffeinfreier Kaffee
décalage *m* [dekalaʒ] **1** *räumlich, zeitlich*: Verschiebung *f*, Abstand *m*; ***le ~ horaire*** der Zeitunterschied **2** (*Unterschied*) Abweichung *f*
décalcomanie *f* [dekalkɔmani] Abziehbild *n*
décaler [dekale] verschieben (*Möbel, Treffen usw.*)
décalquer [dekalke] abpausen
décamper [dekɑ̃pe] *umg.* abhauen
décaper [dekape] abbeizen
décapiter [dekapite] enthaupten, köpfen
décapotable *f* [dekapɔtabl] Kabrio *n*
décapsuler [dekapsyle] aufmachen, öffnen
décapsuleur *m* [dekapsylœʀ] Flaschenöffner *m*
décathlon *m* [dekatlõ] Zehnkampf *m*
décédé(e) [desede] *förmlich* verstorben
déceler [des(ə)le] ⟨**-è-**⟩ **1** (*herausfinden*) entdecken; (*feststellen*) nachweisen **2** (*zeigen*) erkennen lassen, auf … schließen lassen
décembre *m* [desɑ̃bʀ] Dezember *m*; ***en ~, au mois de ~*** im Dezember; ***il est né le 11 ~*** er ist <u>am</u> 11. Dezember geboren
décemment [⚠ desamɑ̃] anständig
décennie *f* [deseni] Jahrzehnt *n*
décent(e) [desɑ̃(t)] **1** anständig **2** (*Bedingungen, Gehalt*) annehmbar, akzeptabel (⚠ dezent = ***discret, discrète***)
déception *f* [desɛpsjõ] Enttäuschung *f*
décerner [desɛʀne] verleihen (*Preis*)
décès *m* [desɛ] *förmlich* Tod *m*, Todesfall *m*
décevant(e) [des(ə)vɑ̃(t)] enttäuschend
▸ **décevoir** [des(ə)vwaʀ] ⟨*wie* ***recevoir***⟩ enttäuschen
déchaîner [deʃɛne] **1** auslösen, hervorrufen (*Gefühle, Gelächter*) **2** ***se ~*** (*Unwetter*) losbrechen, toben; (*Gefühle*) ausbrechen; (*Mensch*) wüten

▸ **décharge** *f* [deʃaʀʒ] **1** ***une ~ électrique*** ein elektrischer Schlag **2** ***la ~ publique*** die Mülldeponie **3** *aus e-m Gewehr usw.*: Ladung *f*, Schüsse *m Pl*
décharger [deʃaʀʒe] ⟨***-ge-***⟩ **1** ausladen (*Wagen, Ladung*) **2** entladen (*Waffe, Batterie*) **3** (*schießen*) abfeuern **4** JUR, *bei der Arbeit*: entlasten **5** erleichtern (*Gewissen*) **6** ***il a déchargé sa colère sur moi*** er hat seine Wut an mir ausgelassen
se déchausser [sədeʃose] **1** sich die Schuhe ausziehen **2** (*Zahn*) locker werden
déchéance *f* [deʃeɑ̃s] **1** Verfall *m*, Untergang *m* **2** *von Rechten usw.*: Aberkennung *f*
▸ **déchets** *m Pl* [deʃɛ] Abfall *m*, Müll *m*; ***les ~ radioactifs*** der Atommüll; ***les ~ toxiques*** der Giftmüll
déchetterie *f* [deʃɛtʀi] Müllverwertungsanlage *f*
déchiffrer [deʃifʀe] **1** entziffern (*Schrift*) **2** entschlüsseln, dechiffrieren (*Kode*)
déchiqueter [deʃikte] ⟨***-tt-***⟩ zerfetzen, in Stücke reißen
déchirer [deʃiʀe] **1** zerreißen; ***~ en morceaux*** in Stücke reißen **2** ***se ~*** *ganz*: reißen; *teilweise*: einreißen
déchirure *f* [deʃiʀyʀ] Riss *m*
déchu(e) [deʃy] (*Herrscher*) gestürzt, abgesetzt
▸ **décidé(e)** [deside] **1** (*Person*) entschlossen **2** (*Haltung*) entschieden, bestimmt **3** (*Sache*) entschieden, beschlossen
décidément [desidemɑ̃] **1** (*bestimmt*) wirklich, entschieden **2** ***~, il n'a pas de chance!*** also wirklich, er hat überhaupt kein Glück!
▸ **décider** [deside] **1** ***se ~ pour qc*** sich für etw entscheiden **2** ▸ ***se décider à*** (+ *Inf.*) beschließen zu (+ *Inf.*), sich entschließen zu (+ *Inf.*) **3** ***~ qc*** etw beschließen **4** ***~ de qc*** über etw entscheiden
décis|if, ~ive [desizif, -iv] entscheidend
▸ **décision** *f* [desizjõ] **1** *Wahl*: Entscheidung *f* **2** *Ergebnis*: Entschluss *m*, Beschluss *m* **3** *Eigenschaft*: Entschiedenheit *f*, Bestimmtheit *f*
▸ **déclaration** *f* [deklaʀasjõ] Erklärung *f*
▸ **déclarer** [deklaʀe] **1** (*äußern*) erklären **2** (*mitteilen*) eröffnen; *öffentlich*: bekannt geben **3** *beim Amt*: melden, anmelden, angeben **4** verzollen (*Waren*) **5** ***se ~*** sich äußern, Stellung nehmen **6** ***une maladie, un incendie se déclare*** e-e Krankheit, ein Brand bricht aus
déclasser [deklase] **1** *in bestimmte Kategorien*: zurückstufen, niedriger einstufen **2** in Unordnung bringen
déclencher [deklɑ̃ʃe] **1** (*verursachen*) auslösen **2** auslösen (*Mechanismus*) **3** ***se ~*** ausgelöst werden; (*Krieg*) ausbrechen
déclencheur *m* [deklɑ̃ʃœʀ] FOTO Auslöser *m*
déclic *m* [deklik] **1** TECH Auslösemechanismus *m* **2** *Geräusch*: Klicken *n*
déclin *m* [deklɛ̃] **1** (*Niedergang*) Verfall *m* **2** (*Abnehmen*) Nachlassen *n*
déclinaison *f* [deklinɛzõ] Deklination *f*
décliner[1] [dekline] GR deklinieren
décliner[2] [dekline] **1** ablehnen (*Angebot*) **2** ***~ son identité*** seine Personalien angeben **3** (*Kräfte*) nachlassen
décoder [dekɔde] dekodieren
décoiffer [dekwafe] **1** ***elle l'a décoiffé*** sie hat seine Haare durcheinandergebracht **2** *umg.* ***ça décoiffe!*** (das ist) Wahnsinn!
décollage *m* [dekɔlaʒ] Start *m*
décollé(e) [dekɔle] (*Ohr*) abstehend
▸ **décoller**[1] [dekɔle] **1** (*Flugzeug*) starten, abheben **2** (*Wirtschaft usw.*) e-n Aufschwung erleben **3** *umg.* ***il ne décolle pas*** er kommt nicht von der Stelle
décoller[2] [dekɔle] ablösen, abmachen (*Geklebtes*)
décolleté *m* [dekɔlte] (tiefer) Ausschnitt
décolleté(e) [dekɔlte] (*Kleid, Pullover*) ausgeschnitten
décolorer [dekɔlɔʀe] **1** bleichen **2** ***se ~*** (*Stoff*) ausbleichen, verschießen
décombres *m Pl* [dekõbʀ] Trümmer *Pl*, Schutt *m*
décommander [dekɔmɑ̃de] **1** abbestellen (*Waren*) **2** absagen (*Einladung*) **3** ausladen (*Gäste*) **4** ***se ~*** absagen
décomposer [dekõpoze] **1** (in seine Bestandteile) zerlegen **2** ***se ~*** sich zersetzen; (*Kadaver*) verwesen

décomposition *f* [dekõpozisjõ] **1** *in Einzelteile*: Zerlegung *f* **2** *organisch*: Zersetzung *f*; *e-s Kadavers*: Verwesung *f*

décompresser [dekõpʀese] *umg.* sich entspannen

déconcerter [dekõsɛʀte] verunsichern, irritieren

décongeler [dekõʒ(ə)le] ⟨**-è-**⟩ (wieder) auftauen

déconnecter [dekɔnɛkte] **1** unterbrechen **2** IT ***se ~*** sich ausloggen

déconner [dekɔne] *umg.* **1** Stuss erzählen **2** Mist machen **3** durchdrehen, spinnen

déconseiller [dekõsɛje] ***~ qc*** von etw abraten

décontaminer [dekõtamine] entgiften, entseuchen

décontenancer [dekõt(ə)nɑ̃se] aus der Fassung bringen

▸ **décontracté(e)** [dekõtʀakte] **1** entspannt, locker **2** (*selbstsicher*) unbekümmert

se décontracter [sədekõtʀakte] sich entspannen

décor *m* [dekɔʀ] **1** Ausstattung *f* **2** (*Muster*) Dekor *m od. n* **3** THEAT ***les ~s*** das Bühnenbild **4** (*Umfeld*) Umgebung *f*, Rahmen *m*

décorateur *m* [dekɔʀatœʀ] **1** Dekorateur *m* **2** THEAT Bühnenbildner *m*

décorat|if, ~ive [dekɔʀatif, -iv] dekorativ

décoration *f* [dekɔʀasjõ] **1** Verzierung *f*, Dekoration *f* **2** *als Ehrung*: Auszeichnung *f*, Orden *m*

décoratrice *f* [dekɔʀatʀis] **1** Dekorateurin *f* **2** THEAT Bühnenbildnerin *f*

▸ **décorer** [dekɔʀe] **1** verzieren, dekorieren **2** ***~ qn*** j-m e-n Orden verleihen

décortiquer [dekɔʀtike] schälen

découcher [dekuʃe] nicht zu Hause schlafen

découdre [dekudʀ] ⟨*wie* ***coudre***⟩ **1** auftrennen **2** ***se ~*** (*Naht*) aufgehen

découper [dekupe] **1** zerschneiden **2** ausschneiden (***dans*** aus)

découragement *m* [dekuʀaʒmɑ̃] Niedergeschlagenheit *f*, Mutlosigkeit *f*

▸ **décourager** [dekuʀaʒe] ⟨***-ge-***⟩ **1** entmutigen **2** (*abbringen*) abhalten, abschrecken **3** ***se ~*** den Mut verlieren, aufgeben

décousu(e) [dekuzy] (*wirr*) unzusammenhängend

découvert(e) [dekuvɛʀ(t)] **1** unbedeckt **2** (*Gelände*) offen, frei **3** ***à découvert*** offen; (*ungeschützt*) ohne Deckung; (*Scheck*) ungedeckt; (*Konto*) überzogen

découverte *f* [dekuvɛʀt] Entdeckung *f*

▸ **découvrir** [dekuvʀiʀ] ⟨*wie* ***couvrir***⟩ **1** entdecken **2** (*die Decke wegnehmen von*) aufdecken **3** den Deckel von … abnehmen (*Topf usw.*) **4** (*enthüllen*) verraten **5** entblößen (*Körperteil*) **6** ***se ~*** den Hut abnehmen; *beim Schlafen*: sich aufdecken

décrasser [dekʀase] sauber machen

décret *m* [dekʀɛ] Verordnung *f*, Erlass *m*

décréter [dekʀete] ⟨**-è-**⟩ **1** (*verfügen*) anordnen **2** (*beschließen*) bestimmen

▸ **décrire** [dekʀiʀ] ⟨*wie* ***écrire***⟩ beschreiben

▸ **décrocher** [dekʀɔʃe] **1** *von e-m Haken*: loshaken **2** abhängen, abnehmen (*Vorhang usw.*) **3** TEL (den Hörer) abheben **4** *umg.* (*kriegen*) ergattern **5** *umg.* (*nicht durchhalten*) aufgeben **6** *umg.* (*nicht zuhören*) abschalten

décroissant(e) [dekʀwasɑ̃(t)] abnehmend; (*Tendenz*) rückläufig

décroître [dekʀwatʀ] ⟨*wie* ***accroître***⟩ abnehmen, zurückgehen

décrue *f* [dekʀy] Rückgang *m*

déçu(e) [desy] enttäuscht

dédaigner [dedɛɲe] **1** verachten **2** (*nicht wollen*) verschmähen

dédaign|eux, ~euse [dedɛɲø, -øz] verächtlich, herablassend

dédain *m* [dedɛ̃] Verachtung *f*

dédale *m* [dedal] Gewirr *n*, Labyrinth *n*

▸ **dedans** [dədɑ̃] **1** (*dort drin*) darin **2** (*drinnen*) innen; ***de ~*** von innen; ***en ~*** nach innen **3** *Richtung*: hinein

dédicace *f* [dedikas] Widmung *f*

dédier [dedje] widmen

dédommagement *m* [dedɔmaʒmɑ̃] Entschädigung *f*

dédommager [dedɔmaʒe] ⟨***-ge-***⟩ entschädigen (***de*** für)

dédoubler [deduble] halbieren, teilen

déduction *f* [dedyksjõ] **1** *von e-r Summe*: Abzug *m*; ***~ faite des frais*** abzüglich der Kosten **2** (*Folgerung*) Rückschluss *m*, Schlussfolgerung *f*

déduire [dedɥiʀ] ⟨*wie* ***conduire***⟩ **1** abziehen (*Summe*) **2** (*folgern*) schließen

déesse *f* [deɛs] Göttin *f*
défaillance *f* [defajɑ̃s] **1** Schwächeanfall *m* **2** (*Nichtfunktionieren*) Versagen *n*; TECH Defekt *m*, Ausfall *m*
défaillant(e) [defajɑ̃(t)] schwach
défaillir [defajiʀ] e-n Schwächeanfall haben
défaire [defɛʀ] ⟨*wie* ***faire***⟩ **1** aufmachen (*Koffer*, *Knoten*) **2** (*entfernen*) abmachen, wegmachen **3** ***se ~*** (*Knoten*, *Paket*, *Saum*) aufgehen **4** ***se ~ de qc*** etw loswerden
▸ **défaite** *f* [defɛt] Niederlage *f*
▸ **défaut** *m* [defo] **1** (*Mangel*) Fehler *m* **2** *im Charakter*: Laster *n*, Fehler *m* **3** ***à ~ de glace je prendrai des fruits*** wenn es kein Eis gibt, nehme ich Obst **4** ***qc fait ~*** etw fehlt
défavorable [defavɔʀabl] **1** ungünstig **2** (*Mensch*) ablehnend (***à*** gegenüber)
défavoriser [defavɔʀize] benachteiligen
défectu|eux, **~euse** [defɛktɥø, -øz] fehlerhaft; (*Apparat*) defekt
▸ **défendre**[1] [defɑ̃dʀ] ⟨*wie* ***rendre***⟩ **1** verteidigen **2** ***~ une théorie, une idée*** e-e Theorie, e-e Idee verfechten **3** ***se ~*** sich verteidigen; *umg.* ganz gut klarkommen
défendre[2] [defɑ̃dʀ] ⟨*wie* ***rendre***⟩ verbieten
▸ **défense**[1] *f* [defɑ̃s] **1** *a.* JUR Verteidigung *f* **2** *a.* SPORT Abwehr *f* **3** ***la ~ de l'environnement*** der Umweltschutz **4** ***en état de légitime ~*** in Notwehr **5** *gegen Krankheiten*: Abwehrkräfte *f Pl*
défense[2] *f* [defɑ̃s] Verbot *n*; ***~ d'entrer!*** Zutritt verboten!
défense[3] *f* [defɑ̃s] zo Stoßzahn *m*
défenseur *m* [defɑ̃sœʀ] **1** *a.* JUR Verteidiger(in) *m(f)* **2** SPORT Abwehrspieler(in) *m(f)* **3** *von Thesen usw.*: Verfechter(in) *m(f)*, Anhänger(in) *m(f)*
défens|if, **~ive** [defɑ̃sif, -iv] Verteidigungs…; (*Haltung*, *Spiel*) defensiv
défensive *f* [defɑ̃siv] Defensive *f*
déferlement *m* [defɛʀləmɑ̃] Brandung *f*
déferler [defɛʀle] **1** (*Wellen*) sich brechen **2** (*Meer*) branden **3** (*Menge*) strömen
défi *m* [defi] Herausforderung *f*; ***il m'a lancé un ~*** er hat mich herausgefordert
déficience *f* [defisjɑ̃s] Schwäche *f*
déficient(e) [defisjɑ̃(t)] schwach
déficit *m* [⚠ defisit] Defizit *n*
défier [defje] **1** herausfordern **2** ***il m'a défié de le faire*** er hat gewettet, dass ich es nicht tue **3** ***le prix défie toute concurrence*** der Preis ist konkurrenzlos niedrig
défigurer [defigyʀe] entstellen
défilé *m* [defile] **1** Parade *f*, Aufmarsch *m* **2** ***le ~ de mode*** die Modenschau **3** GEOG Engpass *m*, Schlucht *f* **4** (lange) Reihe
défiler [defile] **1** vorbeiziehen, vorbeimarschieren **2** (*Kunden*) sich die Klinke in die Hand geben **3** *umg.* ***se ~*** kneifen, sich drücken
défini(e) [defini] **1** bestimmt, festgelegt **2** ***l'article** m **défini*** der bestimmte Artikel
définir [definiʀ] **1** (*erklären*) definieren **2** (*festlegen*) bestimmen
▸ **définit|if**, **~ive** [definitif, -iv] endgültig, definitiv
définition *f* [definisjɔ̃] **1** Definition *f* **2** (*Charakterisierung*) Beschreibung *f*
définitive [definitiv] ***en ~*** schließlich, letzten Endes
défoncé(e) [defɔ̃se] voller Schlaglöcher
défoncer [defɔ̃se] ⟨**-ç-**⟩ **1** einschlagen, eindrücken **2** *umg.* ***se ~ beim Arbeiten***: sich abrackern; *Argot* (*Drogensüchtige*) sich zudröhnen
déformation *f* [defɔʀmasjɔ̃] Verformung *f*
déformer [defɔʀme] **1** verformen **2** austreten (*Schuhe*) **3** verzerren (*Bild*, *Wahrheit*)
se défouler [sədefule] *umg.* **1** sich abreagieren **2** *stärker*: sich austoben
défunt(e) *m(f)* [defœ̃(t)], *a. oft* [defɛ̃(t)] *lit.* Verstorbene(r) *f(m)*
dégagé(e) [degaʒe] **1** (*Blick*, *Stirn*) frei **2** (*Himmel*) klar **3** ***d'un air dégagé*** lässig
dégagement *m* [degaʒmɑ̃] **1** Befreiung *f*; *von Verletzten*: Bergung *f* **2** *e-r Straße*: Räumung *f* **3** *von Wärme*, *Gas usw.*: Entwicklung *f*, Abgabe *f*
dégager [degaʒe] ⟨**-ge-**⟩ **1** befreien (*Menschen*, *Tiere*); bergen (*Verletzte*, *Verschüttete*); ***se ~*** sich befreien **2** herausziehen, herausholen (*Dinge*) **3** frei machen, räumen (*Durchgang*) **4** frei lassen (*Körperteil*) **5** abgeben, entwi-

D

ckeln (*Energie, Rauch*); **se ~** frei werden, entweichen **6** herausstellen, herausarbeiten (*Idee*); **se ~** sich zeigen, sich abzeichnen **7 *le ciel se dégage*** es klart auf

dégarnir [degaʀniʀ] **1** ausräumen, abräumen **2 se ~** (*Baum, Kopf*) kahl werden

D

▸ **dégâts** *m Pl* [dega] Schaden *m*, Schäden *m Pl*

dégeler [deʒ(ə)le] ⟨**-è-**⟩ **1 *il dégèle*** es taut **2** auftauen (*Eis usw.*) **3** aus der Reserve locken (*Menschen*) **4 se ~** (*Menschen*) auftauen

dégénérer [deʒeneʀe] ⟨**-è-**⟩ **1** (*Arten usw.*) entarten, degenerieren **2** (*Situation usw.*) ausarten (**en** in)

dégivrer [deʒivʀe] abtauen

dégonfler [degɔ̃fle] **1 ~ *un pneu*** die Luft aus e-m Reifen lassen **2 *le pneu s'est dégonflé*** der Reifen hat die Luft verloren **3** *umg.* **se ~** kneifen, e-n Rückzieher machen

dégourdi(e) [deguʀdi] aufgeweckt, clever

dégourdir [deguʀdiʀ] **1** bewegen, lockern (*Arme, Beine*) **2 *elle s'est dégourdie*** sie ist sicherer geworden

dégoût *m* [degu] Ekel *m*, Abscheu *m*

dégoûtant(e) [degutɑ̃(t)] ekelhaft, widerlich

dégoûté(e) [degute] angeekelt, angewidert

dégoûter [degute] **1** anekeln, anwidern **2 *ça m'a dégoûté de ce travail*** das hat mir diese Arbeit verleidet

dégradant(e) [degʀadɑ̃(t)] erniedrigend

dégradation *f* [degʀadasjɔ̃] Beschädigung *f*

dégradé *m* [degʀade] Abstufung *f*

dégrader [degʀade] **1** *im Rang*: degradieren **2** (*beleidigen*) erniedrigen **3** beschädigen (*Gebäude usw.*) **4 se ~** sich verschlechtern; (*Haus*) verfallen

dégrafer [degʀafe] aufhaken

▸ **degré** *m* [dəgʀe] **1** *Maßangabe*: Grad *m* (*a. fig.*) **2** *in e-r Hierarchie, Steigerung*: Stufe *f* **3** *bei Alkohol*: Prozent *n*

dégringoler [degʀɛ̃gɔle] **1** ⟨*mit* **être** *od.* **avoir**⟩ **~ *dans l'escalier*** die Treppe herunterfallen **2 ~ *l'escalier*** die Treppe herunterlaufen

dégrossir [degʀɔsiʀ] grob bearbeiten

déguenillé(e) [deg(ə)nije] zerlumpt

déguerpir [degɛʀpiʀ] verschwinden

dégueulasse [degœlas] *umg.* **1** (*schmutzig*) dreckig **2** (*widerlich*) zum Kotzen **3** (*gemein*) fies, eklig

déguisement *m* [degizmɑ̃] Verkleidung *f*

déguiser [degize] **1** verkleiden (*Mensch*) **2** verstellen (*Stimme, Schrift*)

dégustation *f* [degystasjɔ̃] Probieren *n*; ***la ~ de vins*** die Weinprobe

déguster [degyste] **1** kosten, probieren (*bes. Wein*) **2** genießen

▸ **dehors** [dəɔʀ] **1** *Position, Lage*: draußen **2** *Richtung*: hinaus, heraus **3** ▸ ***en dehors de*** außerhalb, außer **4 *en ~ de cela*** abgesehen davon

▸ **déjà** [deʒa] schon

▸ **déjeuner**[1] *m* [deʒœne] **1** Mittagessen *n* **2 *le petit ~*** das Frühstück

déjeuner[2] [deʒœne] **1** zu Mittag essen **2** frühstücken

délabré(e) [delabʀe] **1** (*Haus*) verfallen, baufällig **2** (*Gesundheit*) ruiniert

▸ **délai** *m* [delɛ] **1** (*Termin*) Frist *f*, Zeit *f*; ***dans les ~s*** fristgerecht, termingerecht **2** (*Verschiebung*) Aufschub *m*

délaisser [delɛse] **1** im Stich lassen (*Menschen*) **2** vernachlässigen (*Tätigkeit*); aufgeben (*Hobby*)

délassant(e) [delɑsɑ̃(t)] entspannend, erholsam

délassement *m* [delɑsmɑ̃] Entspannung *f*, Erholung *f*

délasser [delɑse] entspannen

délavé(e) [delave] verwaschen

délayer [deleje] ⟨**-ay-** *od.* **-ai-**⟩ **1** *in Flüssigkeit*: anrühren, auflösen **2** breittreten (*Thema, Idee*)

se délecter [sədelɛkte] **~ à** (*od.* **de**) **qc** etw genießen

délégué(e) *m(f)* [delege] **1** Delegierte(r) *f(m)*, Vertreter(in) *m(f)* **2 *le délégué des élèves*** der Klassensprecher **3 *la déléguée du personnel*** die Betriebsrätin

déléguer [delege] ⟨**-è-**⟩ delegieren

délester [delɛste] **1** *von Arbeit usw.*: entlasten **2** (*bestehlen*) erleichtern (**de** um)

délibération *f* [delibeʀasjɔ̃] **1** *e-r Jury usw.*: Beratung *f* **2** Überlegung *f*

délibérer [delibeʀe] ⟨**-è-**⟩ beraten, beratschlagen

délicat(e) [delika(t)] **1** fein **2** zart, empfindlich **3** (*Situation, Frage*) heikel, delikat **4** (*taktvoll*) feinfühlig **5** (*anspruchsvoll*) wählerisch (⚠ das Essen war delikat = ***le repas était délicieux***)

délicatesse *f* [delikatɛs] **1** Feinheit *f* **2** Zartheit *f*, Empfindlichkeit *f* **3** (*Rücksichtnahme*) Feingefühl *n* (⚠ Delikatesse = ***mets*** *m* ***très fin***)

délice *m* [delis] Genuss *m*, Wonne *f* (⚠ ***les délices*** *ist im Plural feminin*)

délici|eux, ~euse [delisjø, -øz] **1** köstlich **2** (*entzückend*) reizend **3** (*Gefühl*) sehr angenehm

délier [delje] losbinden

délimiter [delimite] abgrenzen, eingrenzen

délinquance *f* [delɛ̃kɑ̃s] Kriminalität *f*

délinquant(e) *m(f)* [delɛ̃kɑ̃(t)] Straftäter(in) *m(f)*

délirant(e) [deliʀɑ̃(t)] **1** (*groß*) ungeheuer, unbändig **2** *umg.* (*unvernünftig*) verrückt, wahnsinnig

délire *m* [deliʀ] **1** Wahn *m*, Delirium *n* **2** (*Toben*) Raserei *f*

délirer [deliʀe] **1** (*Kranker*) phantasieren, im Delirium sein **2** *umg.* ***il délire*** er spinnt

▸ **délit** *m* [deli] Vergehen *n*, Delikt *n*; ***prendre en flagrant ~*** auf frischer Tat erwischen

délivrance *f* [delivʀɑ̃s] **1** *von Gefangenen usw.*: Befreiung *f* **2** *gefühlsmäßig*: Erleichterung *f*, Erlösung *f* **3** *von Papieren*: Ausstellung *f*, Ausfertigung *f*

délivrer [delivʀe] **1** befreien (*Gefangene*) **2** ***~ un passeport, une ordonnance*** e-n Pass, ein Rezept ausstellen

déloger [delɔʒe] ⟨***-ge-***⟩ **1** *aus der Wohnung*: ausquartieren **2** verjagen

déloyal(e) [delwajal] ⟨*m Pl* ***-aux***⟩ unfair

deltaplane® *m* [dɛltaplan] **1** *Gerät*: Flugdrachen *m* **2** *Sport*: Drachenfliegen *n*

déluge *m* [delyʒ] **1** BIBEL Sintflut *f* **2** *von Worten*: Flut *f*; *von Tränen*: Strom *m*

▸ **demain** [d(ə)mɛ̃] morgen; ***à ~!*** bis morgen!

▸ **demande** *f* [d(ə)mɑ̃d] **1** Bitte *f*, Wunsch *m* **2** Anfrage *f*; *beim Amt*: Antrag *m*, Gesuch *n*; ***une ~ d'emploi*** ein Stellengesuch; ***la ~ en mariage*** der Heiratsantrag **3** WIRTSCH Nachfrage *f* **4** JUR Klage *f*

demandé(e) [d(ə)mɑ̃de] gefragt, begehrt

▸ **demander** [d(ə)mɑ̃de] **1** ***~ qc (à qn)*** (j-n) um etw bitten; (*fordern*) etw (von j-m) verlangen **2** fragen; ***~ qc à qn*** j-n (nach) etw fragen **3** *bei e-m Amt*: beantragen; ***~ le divorce*** die Scheidung einreichen **4** (*Personen*) brauchen, benötigen; (*Dinge*) erfordern, verlangen **5** ***on te demande au téléphone*** du wirst am Telefon verlangt **6** ***je me demande s'il vient*** ich frage mich, ob er kommt

démangeaison *f* [demɑ̃ʒɛzõ] Jucken *n*, Juckreiz *m*

démanger [demɑ̃ʒe] ⟨***-ge-***⟩ jucken

démanteler [demɑ̃t(ə)le] ⟨***-è-***⟩ **1** zerstören **2** zerschlagen (*Organisation*)

démaquillant *m* [demakijɑ̃] Reinigungsmilch *f*, Make-up-Entferner *m*

démaquiller [demakije] abschminken

démarche *f* [demaʀʃ] **1** (*Gehen*) Gang *m* **2** ***faire des ~s*** Schritte unternehmen **3** *im Denken usw.*: Gang *m*, Weg *m*

démarrage *m* [demaʀaʒ] **1** *vom Fahrzeug*: Anfahren *n*, Start *m* **2** *vom Motor*: Starten *n*, Anlassen *n* **3** *von Aktionen*: Beginn *m*, Start *m*

▸ **démarrer** [demaʀe] **1** (*Fahrzeug*) anfahren, starten **2** (*Motor*) anspringen **3** (*beginnen*) anlaufen, in Gang kommen **4** ***faire ~*** starten, beginnen

démarreur *m* [demaʀœʀ] Anlasser *m*

démasquer [demaske] entlarven

d'emblée [dɑ̃ble] auf Anhieb

démêlé *m* [⚠ demele] Streit *m*, Auseinandersetzung *f*

démêler [⚠ demele] **1** auskämmen, ausbürsten (*Haare*) **2** entwirren (*Fäden*) **3** aufklären (*Angelegenheit*) **4** (*unterscheiden*) auseinanderhalten

déménagement *m* [demenaʒmɑ̃] **1** *in e-e andere Wohnung*: Umzug *m* **2** (*Wegzug*) Auszug *m*

▸ **déménager** [demenaʒe] ⟨***-ge-***⟩ **1** *in e-e andere Wohnung*: umziehen, (CH) zügeln **2** (*wegziehen*) ausziehen **3** umräumen (*Möbel*)

démence *f* [demɑ̃s] Wahnsinn *m*, Irrsinn *m*

se démener [sədemne] ⟨***-è-***⟩ **1** um sich schlagen, toben **2** *fig.* sich sehr bemühen

démentir [demɑ̃tiʀ] ⟨*wie* ***partir***⟩ **1** ***~ qn***

j-m widersprechen **2** dementieren (*Gerücht*) **3** widerlegen, entkräften (*Argument*)

démesuré(e) [deməzyʀe] **1** immens, riesig **2** (*Forderung, Stolz*) maßlos

démettre[1] [demɛtʀ] ⟨*wie* ***mettre***⟩ ***se ~ le bras*** sich den Arm ausrenken

démettre[2] [demɛtʀ] ⟨*wie* ***mettre***⟩ ***~ de son poste*** entlassen; ***~ de ses fonctions*** absetzen

demeure *f* [d(ə)mœʀ] **1** *förmlich* Wohnsitz *m* **2** ***mettre en ~*** auffordern, mahnen

demeurer [d(ə)mœʀe] **1** ⟨*mit* ***être***⟩ bleiben **2** wohnen

demi *m* [d(ə)mi] **1** Hälfte *f* **2** SPORT Mittelfeldspieler(in) *m(f)*

▸ **demi(e)** [d(ə)mi] **1** halb **2** ***une heure et demie*** eineinhalb *od.* anderthalb Stunden; ***à une heure et demie*** um halb zwei **3** ***à demi*** halb, zur Hälfte

demie *f* [d(ə)mi] **1** Hälfte *f* **2** halbe Stunde; ***à la ~*** um halb

demi-finale *f* [d(ə)mifinal] ⟨*Pl* ***demi-finales***⟩ Halbfinale *n*

demi-frère *m* [d(ə)mifʀɛʀ] ⟨*Pl* ***demi-frères***⟩ Halbbruder *m*

▸ **demi-heure** *f* [d(ə)mijœʀ] ⟨*Pl* ***demi-heures***⟩ halbe Stunde

demi-litre *m* [d(ə)militʀ] ⟨*Pl* ***demi-litres***⟩ halbe(r) Liter

demi-mot *m* [d(ə)mimo] ***à ~*** ohne viel Worte

demi-pension *f* [d(ə)mipɑ̃sjõ] ⟨*Pl* ***demi-pensions***⟩ Halbpension *f*

demi-pensionnaire *m,f* [d(ə)mipɑ̃sjɔnɛʀ] ⟨*Pl* ***demi-pensionnaires***⟩ Ganztagsschüler(in) *m(f)* (*der/die mittags in der Schulkantine isst*)

démis [demi] → ***démettre***[1], ***démettre***[2]

demi-saison *f* [d(ə)misɛzõ] ⟨*Pl* ***demi-saisons***⟩ Übergangszeit *f*

demi-sœur *f* [d(ə)misœʀ] ⟨*Pl* ***demi-sœurs***⟩ Halbschwester *f*

▸ **démission** *f* [demisjõ] **1** *von seinem Amt*: Rücktritt *m* **2** (*Aufgabe*) Verzicht *m*

▸ **démissionner** [demisjɔne] *von seinem Amt*: zurücktreten

demi-tour *m* [d(ə)mituʀ] ⟨*Pl* ***demi-tours***⟩ Kehrtwendung *f*; ▸ ***faire demi-tour*** umkehren; (*Fahrzeug*) wenden

démocrate[1] [demɔkʀat] demokratisch

démocrate[2] *m,f* [demɔkʀat] Demokrat(in) *m(f)*

▸ **démocratie** *f* [⚠ demɔkʀasi] Demokratie *f*

démocratique [demɔkʀatik] demokratisch

démodé(e) [demɔde] altmodisch

demoiselle *f* [d(ə)mwazɛl] Fräulein *n*

▸ **démolir** [demɔliʀ] **1** abreißen (*Gebäude*) **2** kaputt machen (*Spielzeug usw.*)

démolition *f* [demɔlisjõ] **1** *von Gebäuden*: Abbruch *m*, Abriss *m* **2** Zerstörung *f*

démon *m* [demõ] Dämon *m*, Teufel *m*

démonstrat|if, ~ive [demõstʀatif, -iv] **1** (*Person*) mitteilsam, überschwänglich **2** ***un pronom démonstratif*** ein Demonstrativpronomen

démonstration *f* [demõstʀasjõ] **1** *von Gefühlen*: Äußerung *f*, Bekundung *f* **2** Beweis *m*; (*Argumentation*) Beweisführung *f* **3** (*Vorführung*) Demonstration *f* (⚠ Demonstration *als* Kundgebung = ***manifestation*** *f*)

démonter [demõte] **1** zerlegen, auseinandernehmen; abbauen (*Gerüst, Zelt*) **2** TECH abmontieren, abbauen, ausbauen **3** (*verwirren*) aus der Fassung bringen; ***il s'est démonté*** er hat die Fassung verloren

▸ **démontrer** [demõtʀe] **1** beweisen **2** (*zeigen*) demonstrieren

démoraliser [demɔʀalize] entmutigen

démordre [demɔʀdʀ] ⟨*wie* ***rendre***⟩ ***il n'en démord pas*** er lässt sich nicht davon abbringen, er besteht darauf

démuni(e) [demyni] **1** ohne Geld **2** hilflos, machtlos **3** ***démuni de*** ohne

se démunir [sədemyniʀ] ***~ de qc*** etw abgeben

dénaturer [denatyʀe] entstellen, verfälschen

dénicher [deniʃe] **1** aus dem Nest nehmen (*Vögel, Eier*) **2** (*finden*) auftreiben

dénier [denje] verweigern (*Recht usw.*)

dénombrer [denõbʀe] zählen

dénomination *f* [denɔminasjõ] Bezeichnung *f*

dénommé(e) [denɔme] ***le dénommé …*** der besagte …

dénommer [denɔme] bezeichnen

dénoncer [denõse] ⟨**-ç-**⟩ **1** verraten; *bei der Polizei*: anzeigen **2** aufdecken (*Skandal*) **3** anprangern (*Missstände*

usw.) **4** kündigen *(Vereinbarung)*
dénonciateur *m* [denõsjatœʀ] Denunziant *m*
dénonciation *f* [denõsjasjõ] **1** *bei der Polizei*: Anzeige *f* **2** *von Missständen usw.*: Anprangerung *f*
dénonciatrice *f* [denõsjatʀis] Denunziantin *f*
dénouement *m* [denumɑ̃] Ausgang *m*, Auflösung *f*
dénouer [denwe] **1** aufknoten, aufbinden **2** lösen *(Krise)*; entwirren *(Situation)* **3** ***se ~*** *(Knoten)* aufgehen; *(Krise)* sich lösen
denrée *f* [dɑ̃ʀe] **1** ***les ~s (alimentaires)*** die Lebensmittel, die Nahrungsmittel **2** ***une ~ rare*** e-e Seltenheit
dense [dɑ̃s] dicht
densité *f* [dɑ̃site] Dichte *f*
▸ **dent** *f* [dɑ̃] (⚠ la dent) **1** Zahn *m*; ***le bébé fait*** *(od.* ***perce)*** ***ses ~s*** das Baby bekommt Zähne; ***se laver les ~s*** sich die Zähne putzen **2** *fig.* ***j'ai une ~ contre lui*** ich bin böse auf ihn **3** *an e-m Kamm, e-r Briefmarke*: Zahn *m*; *an e-r Gabel*: Zinke *f*
dentaire [dɑ̃tɛʀ] **1** Zahn… **2** zahnärztlich
dentelé(e) [dɑ̃t(ə)le] gezackt
dentelle *f* [dɑ̃tɛl] Spitze *f*
dentier *m* [dɑ̃tje] *künstlich*: Gebiss *n*
▸ **dentifrice** *m* [dɑ̃tifʀis] Zahnpasta *f*, Zahncreme *f*
▸ **dentiste** *m,f* [dɑ̃tist] Zahnarzt *m*, Zahnärztin *f*
dénuder [denyde] **1** entblößen *(Körper, Haut)* **2** freilegen *(Kabel usw.)*
dénué(e) [denɥe] ***dénué de …*** ohne …
déodorant *m* [deɔdɔʀɑ̃] Deodorant *n*
dépannage *m* [depanaʒ] Reparatur *f*; ***le service de ~*** der Abschleppdienst
dépanner [depane] **1** reparieren **2** abschleppen *(Auto)* **3** *umg.* ***~ qn*** j-m aus der Verlegenheit helfen
dépanneuse *f* [depanøz] Abschleppwagen *m*
dépareillé(e) [depaʀeje] einzeln, nicht komplett, nicht zusammenpassend
▸ **départ** *m* [depaʀ] **1** Abfahrt *f*, Abreise *f*; *(Weggehen)* Aufbruch *m*; ***elle est sur le ~*** sie ist im Begriff zu gehen *bzw.* zu fahren *usw.* **2** *(Beginn)* Anfang *m* **3** SPORT Start *m*; ***donner le ~*** das Startzeichen geben
département *m* [depaʀtəmɑ̃] Departement *n*; ***le ~ d'outre-mer*** das überseeische Departement
dépassé(e) [depɑse] **1** *(altmodisch)* überholt **2** *durch Arbeit, durch ein Thema usw.*: überfordert
▸ **dépasser** [depɑse] **1** *(schneller sein)* überholen **2** *(größer sein)* überragen **3** *(mehr sein)* übersteigen, überschreiten **4** *(besser sein)* übertreffen **5** *(zu viel sein)* überfordern; ***cela me dépasse*** das geht über meinen Verstand; ***je suis dépassé (par les événements)*** die Dinge wachsen mir über den Kopf **6** *(zu groß sein)* überstehen, herausschauen **7** ***se ~*** sich selbst übertreffen
dépecer [depəse] ⟨**-ç-, -è-**⟩ **1** zerlegen *(Fleisch)* **2** in Stücke reißen *(Beute)*
▸ **se dépêcher** [sədepɛʃe] sich beeilen
dépeindre [depɛ̃dʀ] ⟨*wie* ***peindre***⟩ beschreiben, schildern
dépendance *f* [depɑ̃dɑ̃s] **1** Abhängigkeit *f* **2** Nebengebäude *n*
dépendant(e) [depɑ̃dɑ̃(t)] abhängig
▸ **dépendre** [depɑ̃dʀ] ⟨*wie* ***rendre***⟩ **1** *(Dinge)* abhängen (***de*** von) **2** *(Personen)* abhängig sein (***de*** von); angewiesen sein (***de*** auf) **3** *als Teil*: gehören (***de*** zu) **4** ***ça dépend*** das kommt darauf an, je nachdem
dépense *f* [depɑ̃s] *finanziell*: Ausgabe *f*, Auslage *f*
▸ **dépenser** [depɑ̃se] **1** ausgeben *(Geld)* **2** aufwenden *(Zeit, Mühe)* **3** verbrauchen *(Strom usw.)* **4** ***se ~*** sich verausgaben
déperdition *f* [depɛʀdisjõ] *von Kraft, Energie usw.*: Verlust *m*
dépérir [depeʀiʀ] **1** *(Tier, Pflanze)* (langsam) eingehen **2** *(Mensch)* dahinvegetieren; *(krank sein)* dahinsiechen
dépeupler [depœple] entvölkern
dépistage *m* [depistaʒ] ***le ~ du cancer*** die Krebsvorsorge
dépister [depiste] **1** *(feststellen)* erkennen **2** *(finden)* aufspüren
dépit *m* [depi] **1** Enttäuschung *f*, Wut *f*; ***par ~*** aus Trotz **2** ***en ~ de mes conseils*** trotz meiner Ratschläge
dépité(e) [depite] enttäuscht, wütend
déplacé(e) [deplase] unangebracht
déplacement *m* [deplasmɑ̃] **1** *von Möbeln usw.*: Umstellen *n*, Verrücken *n* **2** *dienstlich*: Dienstreise *f*, Geschäftsreise *f*

D

déplacer [deplase] ⟨**-ç-**⟩ **1** umstellen, verrücken (*Möbel usw.*) **2** *am Arbeitsplatz*: versetzen **3** ***se ~*** sich fortbewegen; *bes. dienstlich*: reisen, verreisen
déplaire [deplɛʀ] ⟨*wie* ***plaire***⟩ nicht gefallen, missfallen

D

déplaisant(e) [deplɛzɑ̃(t)] unangenehm; (*Bemerkung*) unfreundlich
dépliant *m* [deplijɑ̃] Prospekt *m*, Faltblatt *n*
déplier [deplije] auseinander falten
déplorable [deplɔʀabl] **1** (*Mensch*) bedauernswert; (*Ereignis*) bedauerlich **2** (*schlecht*) miserabel, erbärmlich
déplorer [deplɔʀe] bedauern, beklagen
déployer [deplwaje] ⟨**-oi-**⟩ **1** ausbreiten (*a. Flügel*) **2** entfalten (*Eigenschaften*); aufbringen (*Mut, Energie*) **3** zur Schau stellen (*Macht, Luxus*) **4** ***se ~*** sich entfalten; (*Truppen*) aufmarschieren
dépolluer [depɔlɥe] sanieren, reinigen
déporter [depɔʀte] **1** abdrängen (*Fahrzeug*) **2** (*verschleppen*) deportieren **3** ***se ~*** (*Fahrzeug*) aus der Spur kommen
déposer [depoze] **1** ab-, hinstellen, ab-, hinlegen **2** absetzen (*Passagier, Herrscher*) **3** *zur Aufbewahrung*: abgeben, deponieren **4** einzahlen (*Geld*) **5** anmelden (*Patent, Konkurs*) **6** *vor Gericht*: aussagen; ***~ plainte*** Anzeige erstatten **7** ***se ~*** sich ablagern, sich absetzen
déposition *f* [depozisjõ] Zeugenaussage *f*
dépôt *m* [depo] **1** (*Lager*) Depot *n* **2** *e-r Summe usw.*: Hinterlegung *f*; *bei der Bank*: Einzahlung *f*; (*Guthaben*) Einlage *f* **3** *von Kalk usw.*: Ablagerung *f*; *von Flüssigkeiten*: Bodensatz *m* **4** ***le ~ de bilan*** der Konkurs
dépouiller [depuje] **1** ausrauben **2** (*prüfen*) (genau) durchsehen; auswerten (*Fragebogen*); ***~ le scrutin*** die Stimmen auszählen
dépourvu(e) [depuʀvy] **1** ***dépourvu d'argent*** *usw.* ohne Geld *usw.* **2** ***j'ai été pris au dépourvu*** das traf mich unvorbereitet
dépress|if, ~ive [depʀɛsif, -iv] depressiv
dépression *f* [depʀɛsjõ] **1** GEOG Senke *f*, Mulde *f* **2** *beim Wetter*: Tief *n* **3** *nervlich*: Depression *f*
déprimant(e) [depʀimɑ̃(t)] deprimierend
déprimer [depʀime] **1** deprimieren **2** *umg.* ***elle déprime*** sie ist (ganz) down
▸ **depuis** [dəpɥi] **1** *zeitlich*: seit; *alleinstehend*: seitdem; ***~ peu*** seit kurzem; ***~ toujours*** schon immer **2** *räumlich*: ***~ Paris*** von Paris ab *od.* aus
▸ **député(e)** *m(f)* [depyte] Abgeordnete(r) *f(m)*, Ⓐ Mandatar(in) *m(f)*
déraciner [deʀasine] **1** entwurzeln (*Bäume, Menschen*) **2** ausrotten (*Vorurteile*)
dérailler [deʀɑje] **1** (*Zug, Metro usw.*) entgleisen **2** *umg.* dummes Zeug faseln
déraisonnable [deʀɛzɔnabl] unvernünftig
dérangement *m* [deʀɑ̃ʒmɑ̃] **1** Störung *f*; ***la ligne est en ~*** die Leitung ist gestört **2** (*Durcheinander*) Unordnung *f*
▸ **déranger** [deʀɑ̃ʒe] ⟨**-ge-**⟩ **1** stören **2** (*durcheinander machen*) in Unordnung bringen **3** ***se ~*** kommen, sich bemühen; ***ne vous dérangez pas!*** machen Sie sich keine Umstände!
déraper [deʀape] **1** rutschen; (*Fahrzeug*) ins Schleudern kommen **2** *fig.* außer Kontrolle geraten
déréglé(e) [deʀegle] **1** (*gestört*) nicht in Ordnung **2** (*Puls*) unregelmäßig
dérégler [deʀegle] ⟨**-è-**⟩ **1** verstellen (*Apparat*) **2** (*ändern*) stören, durcheinanderbringen
dérision *f* [deʀizjõ] Spott *m*
dérisoire [deʀizwaʀ] lächerlich; ***à un prix ~*** spottbillig
dérive *f* [deʀiv] ***aller à la ~*** (*Boot*) abtreiben; (*Mensch*) abdriften
dériver [deʀive] **1** ableiten (*Fluss, Wort, Formel usw.*); ***ce mot est dérivé du latin*** dieses Wort stammt aus dem Lateinischen **2** (*Schiff*) abgetrieben werden
dermato *m,f* [dɛʀmato] *umg.* Hautarzt *m*, Hautärztin *f*
dermatologue *m,f* [dɛʀmatɔlɔg] Hautarzt *m*, Hautärztin *f*
▸ **dern|ier**[1], **~ière** [dɛʀnje, -jɛʀ] letzte(r, -s); ***au dernier étage*** im obersten Stockwerk
dern|ier[2] *m*, **~ière** *f* [dɛʀnje, -jɛʀ] **1** Letzte(r, -s) *f(m, n)* **2** ***le petit dernier*** das Nesthäkchen **3** ***le dernier de mes soucis*** meine geringste Sorge
dernièrement [dɛʀnjɛʀmɑ̃] vor kurzem
dérober [deʀɔbe] **1** stehlen **2** *fig.* weg-

nehmen, entziehen
déroger [derɔʒe] ⟨*-ge-*⟩ abweichen (*à* von); verstoßen (*à* gegen)
déroulant(e) [derulɑ̃(t)] IT ***le menu déroulant*** das Pull-down-Menü
déroulement *m* [derulmɑ̃] Verlauf *m*, Ablauf *m*
dérouler [derule] **1** abrollen, auseinander rollen **2** ***se ~*** ablaufen, verlaufen; (*Drama*) sich abspielen; (*Handlung*) spielen
dérouter [derute] **1** verwirren, verunsichern **2** umleiten (*Flugzeug*)
▸ **derrière**[1] [dɛrjɛr] **1** hinter; ***~ la porte*** hinter der *bzw.* die Tür **2** hinten **3** ***de ~*** Hinter…; ***la patte de ~*** die Hinterpfote
derrière[2] *m* [dɛrjɛr] Hintern *m*, Po *m*, Hinterteil *n*
des[1] [de] (= *de* + *les*) → **de**[1], **de**[2]
des[2] [de] (*unbestimmter Artikel*) *nicht übersetzt*: ***~ amis, ~ fleurs, ~ enfants*** *usw.* Freunde, Blumen, Kinder *usw.*
▸ **dès** [dɛ] **1** ***~ cette époque*** schon seit dieser Zeit, schon von dieser Zeit an; ***~ mon retour*** gleich bei meiner Rückkehr **2** ▸ ***dès que*** sobald
désaccord *m* [dezakɔr] Uneinigkeit *f*; ***en ~*** nicht einer Meinung, uneins
désaffecté(e) [dezafɛkte] (*Gebäude*) leer stehend; (*Fabrik*) stillgelegt
▸ **désagréable** [dezagreabl] unangenehm
désagréger [dezagreʒe] ⟨*-è-, -ge-*⟩ **1** zersetzen **2** ***se ~*** zerfallen, sich zersetzen
désagrément *m* [dezagremɑ̃] Unannehmlichkeit *f*
désaltérer [dezaltere] ⟨*-è-*⟩ **1** (*Getränk*) den Durst löschen **2** ***il se désaltère*** er löscht seinen Durst
désamorcer [dezamɔrse] ⟨*-ç-*⟩ entschärfen
désapprobation *f* [dezaprɔbasjõ] Missbilligung *f*
désapprouver [dezapruve] nicht richtig *od.* nicht gut finden, missbilligen
désarmement *m* [dezarməmɑ̃] Abrüstung *f*
désarmer [dezarme] **1** abrüsten (*Land*) **2** entwaffnen (*Personen*) **3** sichern (*Gewehr*) **4** *fig.* ***nous ne désarmons pas*** wir geben nicht auf
désarroi *m* [dezarwa] Verwirrung *f*, Bestürzung *f*
désastre *m* [dezastr] Katastrophe *f*
désastr|eux, ~euse [dezastrø, -øz] katastrophal
désavantage *m* [dezavɑ̃taʒ] Nachteil *m*
désavantager [dezavɑ̃taʒe] ⟨*-ge-*⟩ benachteiligen
désavantag|eux, ~euse [dezavɑ̃taʒø, -øz] ungünstig, nachteilig
descendant(e) *m(f)* [desɑ̃dɑ̃(t)] Nachkomme *m*
▸ **descendre** [desɑ̃dr] ⟨*wie* ***rendre***; *1 u. 3-7 mit* ***être***⟩ **1** herunterkommen, -gehen, -fahren, hinunterkommen, -gehen, -fahren **2** (*nach unten transportieren*) herunterbringen, -tragen, -holen, hinunterbringen, -tragen, -holen **3** (*Straße*) abwärts führen **4** (*Preis, Thermometer*) fallen **5** *vom Pferd*: steigen, absteigen; *aus dem Fahrzeug*: steigen, aussteigen **6** *im Hotel*: absteigen **7** *als Nachkomme*: abstammen **8** *umg.* (*erschießen*) abknallen
▸ **descente** *f* [desɑ̃t] **1** Abstieg *m* **2** *e-s Berges*: Abhang *m*, Gefälle *n* **3** ***à la ~*** beim Aussteigen (*aus dem Zug usw.*) **4** *beim Skifahren*: Abfahrt *f*, Abfahrtslauf *m* **5** ***la ~ de police*** die Polizeirazzia
▸ **description** *f* [dɛskripsjõ] Beschreibung *f*
désemparé(e) [dezɑ̃pare] hilflos, ratlos
déséquilibre *m* [dezekilibr] **1** Ungleichgewicht *n* **2** (*Missverhältnis*) Unausgewogenheit *f* **3** *seelisch*: Störung *f*
déséquilibré(e) *m(f)* [dezekilibre] Psychopath(in) *m(f)*
déséquilibrer [dezekilibre] aus dem Gleichgewicht bringen
▸ **désert** *m* [dezɛr] Wüste *f*
désert(e) [dezɛr(t)] einsam, unbewohnt; (*Straße*) menschenleer
déserter [dezɛrte] **1** verlassen **2** MIL desertieren
désespérant(e) [dezɛsperɑ̃(t)] hoffnungslos
▸ **désespéré(e)** [dezɛspere] **1** verzweifelt (*a. Versuch*) **2** (*Fall, Situation*) hoffnungslos
désespérer [dezɛspere] ⟨*-è-*⟩ **1** ***(se) ~*** verzweifeln **2** ***il me désespère*** er bringt mich zur Verzweiflung **3** ***je désespère de la revoir*** ich habe die Hoffnung aufgegeben, sie wieder zu

D

sehen
désespoir *m* [dezɛspwaʀ] Verzweiflung *f*
déshabiller [dezabije] **1** ausziehen **2** ▸ ***se déshabiller*** sich ausziehen
se déshabituer [sədezabitɥe] **~ *de fumer*** sich das Rauchen abgewöhnen
désherbant *m* [dezɛʀbɑ̃] Unkrautvernichtungsmittel *n*
déshérité(e) *m(f)* [dezeʀite] Bedürftige(r) *f(m)*
déshériter [dezeʀite] enterben
désignation *f* [deziɲasjɔ̃] **1** Bezeichnung *f* **2** *für ein Amt*: Ernennung *f*
désigner [deziɲe] **1** (*benennen*) bezeichnen **2** *mit der Hand usw.*: zeigen **3** (*bestimmen*) ernennen
désillusion *f* [dezilyzjɔ̃] Enttäuschung *f*
désinfectant *m* [dezɛ̃fɛktɑ̃] Desinfektionsmittel *n*
désinfecter [dezɛ̃fɛkte] desinfizieren
désinfection *f* [dezɛ̃fɛksjɔ̃] Desinfektion *f*
désintégration *f* [dezɛ̃tegʀasjɔ̃] Zerfall *m*, Auflösung *f*
désintégrer [dezɛ̃tegʀe] ⟨**-è-**⟩ **1** zertrümmern **2** spalten (*Atome*) **3** ***se ~*** zerfallen, sich auflösen
désintéressé(e) [dezɛ̃teʀɛse] uneigennützig, selbstlos (⚠ desinteressiert = ***peu intéressé*** *od.* ***indifférent***)
se désintéresser [sədezɛ̃teʀɛse] das Interesse verlieren (***de*** an)
désintoxiquer [dezɛ̃tɔksike] entgiften; ***il s'est fait ~*** er hat e-e Entziehungskur gemacht
désir *m* [deziʀ] **1** Wunsch *m*, Verlangen *n* **2** *sexuell*: Lust *f*
désirer [deziʀe] **1** wünschen **2** *sexuell*: begehren **3** ***ça laisse à ~*** das lässt zu wünschen übrig
se désister [sədeziste] von seiner Kandidatur zurücktreten
désobéir [dezɔbeiʀ] nicht gehorchen
désobéissance *f* [dezɔbeisɑ̃s] Ungehorsam *m*
désobéissant(e) [dezɔbeisɑ̃(t)] ungehorsam
▸ **désolé(e)** [dezɔle] **1** sehr traurig **2** ***je suis désolé*** es tut mir leid
désoler [dezɔle] **1** traurig machen **2** ***se ~*** traurig sein
désordonné(e) [dezɔʀdɔne] unordentlich
▸ **désordre** *m* [dezɔʀdʀ] Unordnung *f*
désorganiser [dezɔʀganize] durcheinanderbringen
désorienter [dezɔʀjɑ̃te] verunsichern, verwirren
désormais [dezɔʀmɛ] von nun an
desquel(le)s [dekɛl] (= *de* + *lesquel*[-*le*]*s*) → ***lequel***
dessécher [deseʃe] ⟨**-è-**⟩ **1** (*Boden, Haut*) austrocknen **2** *gefühlsmäßig*: abstumpfen **3** ***se ~*** austrocknen, vertrocknen
desserrer [deseʀe] **1** lockern; lösen (*Bremse*) **2** ***il n'a pas desserré les dents*** er hat keinen Ton gesagt
▸ **dessert** *m* [desɛʀ] Nachtisch *m*, Dessert *n*
desservir [desɛʀviʀ] ⟨*wie* ***servir***⟩ **1** anfahren (*Haltestelle*); anfliegen (*Flughafen*); anlaufen (*Hafen*); ***le train dessert Avignon*** der Zug hält in Avignon **2 ~** (***la table***) den Tisch abräumen **3** (*schaden*) nicht gut für … sein
▸ **dessin** *m* [desɛ̃] **1** Zeichnung *f* **2** Zeichnen *n* **3** *auf Stoff usw.*: Muster *n* **4** ▸ ***le dessin animé*** der Zeichentrickfilm
dessina|teur *m*, **~trice** *f* [desinatœʀ, -tʀis] Zeichner(in) *m(f)*; ***le dessinateur industriel*** der technische Zeichner
▸ **dessiner** [desine] **1** zeichnen **2** (*hervortreten lassen*) betonen **3** ***se ~*** sich abzeichnen
dessous[1] [d(ə)su] **1** (***en***) **~** darunter, unten **2** ***en ~ de …*** unter … **3** ***de ~ …*** unter … hervor
dessous[2] *m* [d(ə)su] **1** Unterseite *f* **2** ***l'étage*** *m* ***du ~*** das untere Stockwerk **3** ***les ~*** (*Unterwäsche*) die Dessous **4** ***les ~*** *e-r Angelegenheit*: die Hintergründe
dessus[1] [d(ə)sy] **1** (***en***) **~** darauf, oben **2** ***de ~ …*** von … herunter
dessus[2] *m* [d(ə)sy] **1** Oberseite *f* **2** ***l'étage*** *m* ***du ~*** das obere Stockwerk **3** *fig.* ***il a le ~*** er behält die Oberhand
destin *m* [dɛstɛ̃] Schicksal *n*
destinataire *m,f* [dɛstinatɛʀ] Empfänger(in) *m(f)*
destination *f* [dɛstinasjɔ̃] **1** Ziel *n*, Bestimmungsort *m* **2** Verwendungszweck *m*
destinée *f* [dɛstine] Schicksal *n*
destiner [dɛstine] **1** bestimmen (***à*** für,

zu) 2 ***elle se destine à la médecine*** sie will Ärztin werden

destituer [destitɥe] absetzen (*Herrscher*)

destruc|teur, ~trice [destʀyktœʀ, -tʀis] 1 zerstörerisch 2 (*Kritik usw.*) destruktiv

▸ **destruction** *f* [destʀyksjõ] 1 Zerstörung *f* 2 *von Ungeziefer usw.*: Vernichtung *f*

désu|et, ~ète [dezɥe, -ɛt] altmodisch

désunion *f* [dezynjõ] Zerstrittenheit *f*

désunir [dezyniʀ] entzweien

détachant *m* [detaʃɑ̃] Fleckentferner *m*

détaché(e) [detaʃe] 1 ***la pièce détachée*** das Ersatzteil 2 (*Person*) gleichgültig, uninteressiert

▸ **détacher**[1] [detaʃe] 1 abmachen, losmachen; losbinden (*Hund*) 2 abreißen (*Blatt*); abtrennen (*Abschnitt*) 3 *beruflich*: (vorübergehend) versetzen; MIL abkommandieren 4 ***se ~*** abgehen; *a. gefühlsmäßig*: sich lösen; (*Hund*) sich losreißen 5 ***se ~*** *auf e-m Hintergrund*: sich abheben

détacher[2] [detaʃe] ***~ un pull*** die Flecken aus e-m Pulli entfernen

▸ **détail** *m* [detaj] 1 ***le commerce de ~*** der Einzelhandel; ***vendre au ~*** in kleinen Mengen *od.* einzeln verkaufen 2 *in Berichten usw.*: Detail *n*, Einzelheit *f* 3 (*Unwichtigkeit*) Kleinigkeit *f*

détartrer [detaʀtʀe] entkalken

détecter [detɛkte] entdecken, ausfindig machen

détective *m,f* [detɛktiv] Detektiv(in) *m(f)*

déteindre [detɛ̃dʀ] ⟨*wie* ***peindre***⟩ 1 (*Stoff*) ausbleichen 2 (*Farbe, Einfluss*) abfärben (***sur*** auf)

détendre [detɑ̃dʀ] ⟨*wie* ***rendre***⟩ 1 lockern, entspannen (*a. Situation*) 2 ▸ ***se détendre*** locker werden; (*Mensch, Situation*) sich entspannen

détendu(e) [detɑ̃dy] entspannt

détenir [det(ə)niʀ] ⟨*wie* ***venir***⟩ 1 besitzen 2 gefangen halten (*Menschen*) 3 haben, hüten (*Geheimnis*) 4 ***~ un record*** e-n Rekord halten

détente *f* [detɑ̃t] 1 SPORT Sprung-, Wurfvermögen *n* 2 *an e-r Waffe*: Abzug *m* 3 *körperlich*, POL Entspannung *f*

détention *f* [detɑ̃sjõ] 1 *von Waffen, Dokumenten usw.*: Besitz *m* 2 *im Gefängnis*: Haft *f*

détenu(e) *m(f)* [det(ə)ny] Häftling *m*

détergent *m* [detɛʀʒɑ̃] Reinigungsmittel *n*

détérioration *f* [deteʀjɔʀasjõ] 1 Beschädigung *f* 2 *in Beziehungen, gesundheitlich usw.*: Verschlechterung *f*

détériorer [deteʀjɔʀe] 1 beschädigen 2 ***se ~*** sich verschlechtern

déterminant *m* [detɛʀminɑ̃] GR Begleiter *m*

déterminant(e) [detɛʀminɑ̃(t)] entscheidend, bestimmend

détermination *f* [detɛʀminasjõ] 1 (*Festlegung*) Bestimmung *f* 2 (*Entscheidung*) Entschluss *m* 3 *Haltung*: Entschlossenheit *f*

déterminer [detɛʀmine] 1 bestimmen, festlegen 2 (*ermitteln*) feststellen 3 veranlassen, bewegen (*Personen*) 4 hervorrufen (*Reaktion usw.*); bewirken

déterrer [deteʀe] ausgraben

▸ **détester** [detɛste] hassen, verabscheuen

▸ **détour** *m* [detuʀ] 1 Umweg *m* 2 *von Flüssen, Wegen*: Biegung *f*, Krümmung *f* 3 *fig.* ***sans ~*** offen, ohne Umschweife

détournement *m* [detuʀnəmɑ̃] 1 *für den Verkehr*: Umleitung *f* 2 ***un ~ d'avion*** e-e Flugzeugentführung

détourner [detuʀne] 1 umleiten (*Verkehr*) 2 ***~ un avion*** ein Flugzeug entführen 3 abwenden (*Kopf, Blick*) 4 ablenken (*Aufmerksamkeit, Personen*); ***~ la conversation*** vom Thema ablenken 5 (*nicht tun lassen*) abbringen (***de*** von) 6 unterschlagen, veruntreuen (*Geld*) 7 ***se ~*** sich abwenden

détraquer [detʀake] 1 kaputt machen 2 ***se ~*** kaputtgehen; (*Wetter*) schlecht werden 3 ***se ~ l'estomac*** sich den Magen verderben

détrempé(e) [detʀɑ̃pe] aufgeweicht

détresse *f* [detʀɛs] 1 Not *f*, Notlage *f* 2 ***en ~*** in Not; (*Schiff*) in Seenot

détriment *m* [detʀimɑ̃] ***à mon ~*** zu meinem Nachteil

détritus *m Pl* [⚠ detʀitys] Abfall *m*, Müll *m*

détroit *m* [detʀwa] Meerenge *f*

détromper [detʀõpe] 1 eines Besseren belehren 2 ***détrompe-toi!*** glaub das nicht!

détrôner [detrone] entthronen
▸ **détruire** [detrɥir] ⟨*wie* ***conduire***⟩ **1** zerstören **2** vernichten (*Ungeziefer*)
▸ **dettes** *f Pl* [dɛt] Schulden *f Pl*
deuil *m* [dœj] **1** Trauer *f* **2** (*Todesfall*) Trauerfall *m*

D

deux[1] [dø] **1** zwei **2** ***le ~ avril*** der zweite April, am zweiten April **3** ▸ ***les deux*** beide **4** ***à ~*** zu zweit **5** ***les ~ points*** *m Pl* der Doppelpunkt
deux[2] *m* [dø] (⚠ le deux) Zwei *f*
deux[3] *f* [dø] TV zweite(s) Programm; ***sur la ~*** im Zweiten
deuxième [døzjɛm] zweite(r, -s)
deuxièmement [døzjɛmmɑ̃] zweitens
deux-pièces *m* [døpjɛs] ⟨*unv.*⟩ **1** *Bikini, Kleid*: Zweiteiler *m* **2** Zweizimmerwohnung *f*
deux-points *m Pl* [døpwɛ̃] Doppelpunkt *m*
dévaler [devale] hinunter-, heruntersausen
dévaliser [devalize] ausrauben
dévaloriser [devalɔrize] **1** entwerten **2** (*herabsetzen*) abwerten **3** ***se ~*** wertlos werden
dévaluation *f* [devalɥasjõ] Abwertung *f*
dévaluer [devalɥe] abwerten
devancer [d(ə)vɑ̃se] ⟨**-ç-**⟩ **1** früher *od.* schneller sein als … **2** ***~ un concurrent*** e-m Konkurrenten überlegen sein
▸ **devant**[1] [d(ə)vɑ̃] **1** vor; ***~ la maison*** vor dem *bzw.* das Haus **2** vorn, vorne **3** ***aller, courir ~*** vorausgehen, -laufen **4** ***de ~*** Vorder…
devant[2] *m* [d(ə)vɑ̃] Vorderseite *f*, vordere(r) Teil
dévaster [devaste] verwüsten
▸ **développement** *m* [dev(ə)lɔpmɑ̃] **1** Entwicklung *f* **2** *e-s Themas*: Ausführung *f*; *beim Aufsatz*: Hauptteil *m*
▸ **développer** [dev(ə)lɔpe] entwickeln
▸ **devenir** [dəv(ə)nir] ⟨*wie* ***venir***; *mit* ***être***⟩ werden
déverser [devɛrse] **1** ausleeren, ausschütten **2** ***se ~*** abfließen
dévêtir [devɛtir] ⟨*wie* ***se vêtir***⟩ ausziehen, entkleiden
▸ **déviation** *f* [devjasjõ] **1** *für den Verkehr*: Umleitung *f* **2** *der Wirbelsäule*: Verkrümmung *f*
dévier [devje] umleiten (*Verkehr*)
▸ **deviner** [d(ə)vine] **1** raten (*Rätsel*); erraten (*Geheimnis*) **2** (*vorhersehen*) ahnen
devinette *f* [d(ə)vinɛt] Rätsel *n*, Scherzfrage *f*
devis *m* [d(ə)vi] Kostenvoranschlag *m*
dévisager [devizaʒe] ⟨**-ge-**⟩ anstarren
devise *f* [d(ə)viz] Motto *n*, Devise *f*
devises *f Pl* [d(ə)viz] *Geld*: Devisen *f Pl*
dévisser [devise] **1** abschrauben (*Deckel*) **2** aufschrauben (*Glas*) **3** (*Bergsteiger*) abstürzen
dévoiler [devwale] **1** enthüllen (*Statue*) **2** verraten, enthüllen (*Geheimnis*)
▸ **devoir**[1] [d(ə)vwar] ⟨*prés.*: ***je dois, il doit, nous devons, ils doivent***; *imparf.*: ***je devais***; *p/s*: ***je dus***; *fut.*: ***je devrai***; *subj.*: ***je doive***; *p/pr*: ***devant***; *p/p*: ***dû, due***⟩ **1** ***~ faire qc*** etw tun müssen **2** *verneint*: ***tu ne dois pas faire cela*** das darfst *od.* sollst du nicht tun **3** *Annahme*: ***tu as dû te tromper*** du musst dich geirrt haben
▸ **devoir**[2] [d(ə)vwar] ⟨*wie* ***devoir***[1]⟩ **1** schulden (*Geld*) **2** schuldig sein, schulden (*Erklärung, Respekt, Dank usw.*) **3** ***c'est à lui que je le dois*** das habe ich ihm zu verdanken
▸ **devoir**[3] *m* [d(ə)vwar] **1** Pflicht *f* **2** SCHULE Aufgabe *f*; ***les ~s*** die Hausaufgaben; ***le ~ sur table*** die Klassenarbeit
dévorer [devɔre] verschlingen
dévoué(e) [devwe] ergeben
dévouement *m* [devumɑ̃] Ergebenheit *f*, Hingabe *f*
se dévouer [sədevwe] sich (auf)opfern
dextérité *f* [dɛksterite] Geschicklichkeit *f*
▸ **d'habitude** [dabityd] normalerweise, gewöhnlich; ***comme ~*** wie immer
diabète *m* [djabɛt] (⚠ le diabète) MED Diabetes *m*
▸ **diable** *m* [djɑbl] Teufel *m*
diabolique [djabɔlik] teuflisch, diabolisch
diabolo [djabɔlo] *Erfrischungsgetränk aus Limonade u. e-r Sirupsorte*
diagnostic *m* [djagnɔstik] MED Diagnose *f*
diagonale *f* [djagɔnal] **1** Diagonale *f* **2** ***en ~*** diagonal
dialecte *m* [djalɛkt] Dialekt *m*
dialogue *m* [djalɔg] Dialog *m*
dialoguer [djalɔge] INTERNET chatten
diamant *m* [djamɑ̃] Diamant *m*

diamètre *m* [djamɛtʀ] Durchmesser *m*
diapason *m* [djapazõ] **1** MUS Stimmgabel *f* **2** *fig.* ***se mettre au ~*** sich anpassen (***de*** an); sich einstellen (***de*** auf)
diapo *f* [djapo] *umg.* Dia *n*
diapositive *f* [djapozitiv] Dia *n*
diarrhée *f* [djaʀe] Durchfall *m*
dico *m* [diko] *umg.* Wörterbuch *n*
dictateur *m* [diktatœʀ] Diktator *m*
▸ **dictature** *f* [diktatyʀ] Diktatur *f*
▸ **dictée** *f* [dikte] (⚠ la dictée) Diktat *n*
dicter [dikte] diktieren
▸ **dictionnaire** *m* [diksjɔnɛʀ] Wörterbuch *n*
dicton *m* [diktõ] (volkstümlicher) Spruch
didactique [didaktik] didaktisch
dièse *m* [djɛz] MUS Kreuz *n*
diète *f* [djɛt] Diät *f*, Schonkost *f*
diététique *f* [djetetik] **1** Ernährungswissenschaft *f* **2** *Essen*: gesunde Ernährung **3** ***le magasin de ~*** das Reformhaus
▸ **dieu** *m* [djø] ⟨*Pl* ***~x***⟩ **1** Gott *m*, Gottheit *f* **2** ***Dieu*** Gott *m* (*einziger Gott e-r großen Religion*); *umg.* ***le bon Dieu*** der liebe Gott
diffamation *f* [difamasjõ] Verleumdung *f*
diffamer [difame] diffamieren, verleumden
différemment [⚠ difeʀamɑ̃] anders
▸ **différence** *f* [difeʀɑ̃s] **1** Unterschied *m* **2** *zwischen Summen*: Differenz *f*
différencier [difeʀɑ̃sje] unterscheiden, differenzieren
différend *m* [difeʀɑ̃] Meinungsverschiedenheit *f*, Differenzen *f Pl*
▸ **différent(e)** [difeʀɑ̃(t)] **1** verschieden, unterschiedlich **2** ⚠ *vor Subst. im Plural*: mehrere, verschiedene; ***différentes personnes*** mehrere Leute
différer [difeʀe] ⟨**-è-**⟩ **1** verschieben (*Termin*) **2** (*verschieden sein*) sich unterscheiden; (*Meinungen*) auseinandergehen
▸ **difficile** [difisil] **1** schwierig, schwer **2** *im Charakter*: schwierig; *beim Essen usw.*: wählerisch
▸ **difficulté** *f* [difikylte] Schwierigkeit *f*
difforme [difɔʀm] unförmig, missgebildet
diffuser [difyze] **1** RAD, TV senden, übertragen **2** verbreiten (*Ideen usw.*)
diffusion *f* [difyzjõ] **1** RAD, TV Übertragung *f*, Ausstrahlung *f* **2** *von Ideen usw.*: Verbreitung *f*
digérer [diʒeʀe] ⟨**-è-**⟩ verdauen
digestion *f* [diʒɛstjõ] Verdauung *f*
digital(e) [diʒital] ⟨*m Pl* ***-aux***⟩ **1** IT digital **2** ***les empreintes*** *f Pl* ***digitales*** die Fingerabdrücke
digne [diɲ] **1** (*Person, Sache*) würdig **2** (*Aussehen, Verhalten*) würdevoll **3** ***~ d'admiration*** bewundernswert; ***~ de confiance*** vertrauenswürdig
dignité *f* [diɲite] Würde *f*
digue *f* [dig] Deich *m*, Damm *m*
dilater [dilate] erweitern, ausdehnen
diluer [dilɥe] **1** verdünnen (***avec*** mit) **2** auflösen (***dans*** in)
dimanche *m* [dimɑ̃ʃ] **1** Sonntag *m* **2** ***le ~*** sonntags
dimension *f* [dimɑ̃sjõ] **1** Größe *f*, Maß *n* **2** (*Umfang*) Ausmaß *n*, Dimension *f* **3** ***à trois ~s*** dreidimensional
▸ **diminuer** [diminɥe] **1** verringern; senken (*Preise*); schwächen (*Kraft*) **2** schlechtmachen (*Person*) **3** (*weniger werden*) sich verringern, abnehmen; (*Preise*) sinken; (*Ware*) billiger werden; (*Hitze, Regen, Kraft*) nachlassen; (*Tage*) kürzer werden
diminutif *m* [diminytif] **1** *von Wörtern*: Verkleinerungsform *f* **2** *von Namen*: Koseform *f*
diminution *f* [diminysjõ] Verringerung *f*, Rückgang *m*, Abnahme *f*
▸ **dinde** *f* [dɛ̃d] **1** ZO Pute *f* **2** GASTR Puter *m*, Truthahn *m* **3** *abw.* dumme Gans
dindon *m* [dɛ̃dõ] Truthahn *m*, Puter *m*
▸ **dîner**[1] *m* [dine] Abendessen *n*, Ⓐ Nachtmahl *n*
dîner[2] [dine] zu Abend essen, Ⓐ nachtmahlen
dingue [dɛ̃g] *umg.* **1** übergeschnappt, bescheuert **2** (*toll*) super, Wahnsinns…
dinosaure *m* [dinɔzɔʀ] Dinosaurier *m*
diplomate[1] *m,f* [diplɔmat] Diplomat(in) *m(f)*
diplomate[2] [diplɔmat] diplomatisch
diplomatie *f* [⚠ diplɔmasi] Diplomatie *f*
diplomatique [diplɔmatik] diplomatisch
▸ **diplôme** *m* [diplom] Diplom *n*, Abschlusszeugnis *n*
diplômé(e) [diplome] staatlich geprüft
▸ **dire** [diʀ] ⟨*prés.*: ***je dis, il dit, nous di-***

sons, vous dites, ils disent; *imparf.*: ***je disais***; *p/s*: ***je dis***; *fut.*: ***je dirai***; *subj.*: ***je dise***; *p/pr*: ***disant***; *p/p*: ***dit***⟩ **1** sagen; ***il a dit que oui*** er hat Ja gesagt; ***qu'est-ce que tu en dis?*** was sagst du dazu?; ***disons ...*** sagen wir (mal) ...; ***dis donc!*** sag mal! **2** ***cela ne se dit pas*** das sagt man nicht; ***comment ça se dit en allemand?*** wie heißt das auf Deutsch? **3** ***~ la messe*** die Messe lesen **4** *Wendungen*: ***pour ainsi ~*** sozusagen, gewissermaßen; ***à vrai ~*** eigentlich, offen gestanden; ***cela va sans ~*** das versteht sich von selbst **5** bedeuten; ***qu'est-ce que ça veut ~?*** was bedeutet das?; *überrascht, empört*: was soll das heißen? **6** meinen, denken; ***(et) ~ que ...*** wenn man bedenkt, dass ...; ***on dirait un abricot*** man könnte meinen, das ist e-e Aprikose **7** ***est-ce que cela te dit?*** hast du Lust dazu?; ***cela ne me dit rien de sortir*** ich habe keine Lust auszugehen

direct *m* [⚠ diʀɛkt] **1** *beim Boxen*: Gerade *f* **2** ▸ ***une émission en direct*** e-e Live-Sendung, e-e Direktübertragung

direct(e) *beide* [⚠ diʀɛkt] **1** direkt **2** (*Verkehrsmittel*) durchgehend; ***le train direct*** der Eilzug **3** TEL ***la ligne directe*** die Durchwahl

▸ **directeur** *m* [diʀɛktœʀ] Direktor *m*, Leiter *m*

▸ **direction**[1] *f* [diʀɛksjõ] **1** Führung *f*, Leitung *f* **2** (*Geschäftsleitung*) Direktion *f* **3** TECH Lenkung *f*, Steuerung *f*; ***la ~ assistée*** die Servolenkung

▸ **direction**[2] *f* [diʀɛksjõ] Richtung *f*

▸ **directrice** *f* [diʀɛktʀis] Direktorin *f*, Leiterin *f*

dirigeable *m* [diʀiʒabl] Zeppelin *m*

dirigeant(e) *m(f)* [diʀiʒɑ̃(t)] Führer(in) *m(f)*; *e-r Partei*: Chef(in) *m(f)*; ***les dirigeants*** die Führungskräfte (⚠ Dirigent = ***chef*** *m* ***d'orchestre***)

▸ **diriger** [diʀiʒe] ⟨***-ge-***⟩ **1** (*führen*) leiten **2** regieren (*Land*) **3** *als Dirigent*: dirigieren **4** ***~ un journal*** e-e Zeitung herausgeben **5** steuern, lenken (*Auto usw.*) **6** *in e-e Richtung*: richten (***vers*** auf) **7** ***se ~ vers la porte*** auf die Tür zugehen *od.* zusteuern

discerner [disɛʀne] **1** erkennen **2** unterscheiden (***de*** *od.* ***d'avec*** von)

disciple *m,f* [disipl] **1** (*Anhänger[in]*) Schüler(in) *m(f)* **2** *von Jesus*: Jünger *m*

discipline *f* [disiplin] Disziplin *f*

discipliné(e) [disipline] diszipliniert

disc-jockey *m* [diskʒɔkɛ] ⟨*Pl* ***disc-jockeys***⟩ Diskjockey *m*

discontinu(e) [diskõtiny] **1** (*Linie usw.*) unterbrochen **2** (*Arbeit usw.*) nicht kontinuierlich

discorde *f* [diskɔʀd] Streit *m*, Unfrieden *m*

discothèque *f* [diskɔtɛk] **1** Diskothek *f* **2** Schallplattensammlung *f*

▸ **discours** *m* [diskuʀ] **1** Rede *f* **2** *abw.* Geschwätz *n*, Gerede *n* **3** GR ***le ~ direct*** die wörtliche *od.* direkte Rede; ***le ~ indirect*** die indirekte Rede

discréditer [diskʀedite] in Verruf bringen

discr|et, ~ète [diskʀɛ, -ɛt] **1** diskret **2** (*schlicht*) dezent

discrétion *f* [diskʀesjõ] **1** Diskretion *f* **2** (*Unauffälligkeit*) Schlichtheit *f*

discrimination *f* [diskʀiminasjõ] **1** Unterscheidung *f* **2** (*Benachteiligung*) Diskriminierung *f*

disculper [diskylpe] **1** entlasten (*Angeklagte usw.*) **2** ***se ~*** seine Unschuld beweisen

▸ **discussion** *f* [diskysjõ] **1** Diskussion *f* **2** ***pas de ~!*** keine Widerrede! **3** (*Streit*) Auseinandersetzung *f*

discutable [diskytabl] fragwürdig, zweifelhaft

▸ **discuter** [diskyte] **1** diskutieren **2** besprechen, erörtern (*Problem usw.*) **3** (*nicht glauben*) anzweifeln, in Frage stellen

disjoncter [disʒõkte] *umg.* ausrasten, durchdrehen

disloquer [dislɔke] **1** verrenken; *ganz*: ausrenken (*Arm usw.*) **2** *in Einzelteile*: auseinandernehmen, zerlegen **3** ***se ~*** (*Mensch*) sich verrenken; (*Möbel*) auseinanderbrechen

▸ **disparaître** [dispaʀɛtʀ] ⟨*wie* ***connaître***⟩ **1** verschwinden **2** (*Arten*) aussterben; (*Kulturen*) untergehen

▸ **disparition** *f* [dispaʀisjõ] **1** Verschwinden *n* **2** *von Arten*: Aussterben *n*; *von Kulturen*: Untergang *m*; ***en voie de ~*** vom Aussterben bedroht

disparu(e) [dispaʀy] **1** → ***disparaître*** **2** vermisst, verschollen, Ⓐ abgängig

dispense *f* [dispɑ̃s] **1** Ausnahmegenehmigung *f* **2** ***une ~ d'éducation physique*** e-e Befreiung vom Sportunter-

richt
dispenser [dispɑ̃se] **1** **~ *qn de qc*** j-n von etw befreien, j-m etw erlassen **2** geben; spenden (*Licht*); schenken (*Lächeln*) **3** ***je m'en dispenserais bien*** ich würde gern darauf verzichten
disperser [dispɛʀse] **1** zerstreuen (*Personen*); verstreuen (*Dinge*) **2** zersplittern (*Sammlung usw.*) **3** ***la foule s'est dispersée*** die Menge zerstreute sich
disponible [dispɔnibl] **1** (*Dinge*) verfügbar; (*Waren*) vorrätig **2** (*Platz*) frei **3** (*Person*) abkömmlich; ***je suis ~*** ich habe Zeit, ich habe nichts vor
disposé(e) [dizpoze] **1** ***bien*** (*bzw.* ***mal***) ***disposé*** gut (*bzw.* schlecht) gelaunt **2** ***il est disposé à le faire*** er ist bereit es zu tun
disposer [dispoze] **1** anordnen **2** ***je dispose d'une voiture*** ich habe ein Auto
dispositif *m* [dispozitif] **1** TECH Vorrichtung *f*, Anlage *f* **2** ***le ~ policier*** das Polizeiaufgebot
disposition *f* [dispozisjõ] **1** Anordnung *f* **2** ***j'ai une voiture à ma ~*** ich habe ein Auto (zur Verfügung); ***il est à ma ~*** es *bzw.* er *bzw.* sie steht mir zur Verfügung **3** (*Regelung*) Bestimmung *f*, Vorschrift *f* **4** ***j'ai pris des ~s*** ich habe Vorkehrungen getroffen
dispute *f* [dispyt] Streit *m*
disputer [dispyte] **1** streitig machen (*Sieg, Stellung usw.*) **2** SPORT **~ *un match*** ein Spiel austragen **3** *umg.* ausschimpfen (*Person*) **4** ▸ ***se disputer*** sich streiten
disqualifier [diskalifje] disqualifizieren
▸ **disque**[1] *m* [disk] **1** Schallplatte *f*, CD *f*; ***le ~ compact*** die CD; ***le ~ optique compact*** die CD-ROM **2** ▸ ***le disque dur*** IT die Festplatte **3** *meist* TECH Scheibe *f*
disque[2] *m* [disk] SPORT Diskus *m*
▸ **disquette** *f* [diskɛt] Diskette *f*
disséminer [disemine] **1** ausstreuen, verstreuen (*Körner usw.*) **2** verstreuen (*Menschen*); verteilen (*Menschen, Dinge*)
dissertation *f* [disɛʀtasjõ] Aufsatz *m*
dissimulation *f* [disimylasjõ] **1** Heuchelei *f* **2** (*Nichtsagen*) Verheimlichung *f*
dissimuler [disimyle] **1** verheimlichen, verbergen (***à*** vor) **2** verstecken (*Dinge*) **3** (*Personen*) sich verstellen **4** ***se ~*** sich verstecken
dissipé(e) [disipe] unkonzentriert, unruhig
dissiper [disipe] **1** vertreiben, auflösen (*Nebel, Wolken*) **2** zerstreuen (*Sorgen, Zweifel*); aufklären (*Missverständnis*) **3** verschwenden (*Geld*) **4** ablenken (*Person*) **5** ***le brouillard s'est dissipé*** der Nebel hat sich aufgelöst; ***mes soucis se sont dissipés*** meine Sorgen sind verflogen **6** ***les élèves se dissipent*** die Schüler werden unruhig
dissocier [disɔsje] voneinander trennen
dissolution *f* [disɔlysjõ] **1** (*Zerfallen*) Auflösung *f* **2** *Flüssigkeit*: Lösung *f*
dissolvant *m* [disɔlvɑ̃] **1** Lösungsmittel *n* **2** Nagellackentferner *m*
dissoudre [disudʀ] ⟨*prés.*: ***nous dissolvons***; *imparf.*: ***je, tu dissolvais***; *subj.*: ***je dissolve***; *impér.*: ***dissolvez!***; *p/pr*: ***dissolvant***⟩ auflösen
dissous [disu] → ***dissoudre***
dissuader [disɥade] ***elle m'en a dissuadé*** sie hat es mir ausgeredet
dissuasion *f* [disɥazjõ] Abschreckung *f*
▸ **distance** *f* [distɑ̃s] Entfernung *f*, Abstand *m*, Distanz *f*
distancer [distɑ̃se] ⟨**-ç-**⟩ SPORT abhängen
distant(e) [distɑ̃(t)] **1** (*weiter weg*) entfernt **2** (*Personen*) distanziert, reserviert
distiller [distile] (⚠ di̲stiller) destillieren
distinct(e) [distɛ̃(kt)] **1** (*verschieden*) unterschiedlich **2** (*klar*) deutlich
distinct|if, ~ive [distɛ̃ktif, -iv] Unterscheidungs…; ***le signe distinctif*** das Kennzeichen
distinction *f* [distɛ̃ksjõ] **1** Unterscheidung *f* **2** (*Anderssein*) Unterschied *m* **3** (*Ehrung*) Auszeichnung *f* **4** (*Eleganz*) Vornehmheit *f*
distingué(e) [distɛ̃ge] vornehm
▸ **distinguer** [distɛ̃ge] **1** unterscheiden **2** (*wahrnehmen*) erkennen
▸ **distraction** *f* [distʀaksjõ] **1** (*Unaufmerksamkeit*) Zerstreutheit *f* **2** (*Abwechslung, Ablenkung*) Zerstreuung *f* **3** *Hobby usw.*: Freizeitbeschäftigung *f*

D

distraire [distʀɛʀ] ⟨*wie* ***traire***⟩ **1** *von Sorgen usw.*: ablenken **2** *zum Vergnügen*: unterhalten **3** ▸ ***se distraire*** sich unterhalten, sich amüsieren
distrait(e) [distʀɛ(t)] zerstreut, geistesabwesend
distrayant(e) [distʀɛjɑ̃(t)] unterhaltsam
▸ **distribuer** [distʀibɥe] **1** verteilen, austeilen **2** ***~ le courrier*** die Post austragen **3** liefern (*Wasser, Gas*) **4** vertreiben (*Waren*) **5** *mit Schauspielern*: besetzen
distributeur *m* [distʀibytœʀ] **1** Automat *m*; ***le ~ de billets*** der Geldautomat **2** AUTO Verteiler *m*
distribution *f* [distʀibysjõ] **1** Verteilung *f* **2** *von Post*: Zustellung *f* **3** *mit Schauspielern*: Besetzung *f* **4** *von Waren*: Vertrieb *m*
district *m* [distʀikt] Bezirk *m*, Distrikt *m*
dit(e) [di(t)] **1** → ***dire*** **2** ***autrement dit*** anders gesagt, anders ausgedrückt; ***soit dit en passant*** nebenbei gesagt; ***cela dit*** abgesehen davon, trotzdem **3** (*namens*) genannt **4** (*Termin*) festgesetzt
divaguer [divage] Unsinn reden
divan *m* [divɑ̃] Liege *f*, Sofa *n*
diverger [divɛʀʒe] ⟨***-ge-***⟩ **1** (*Linien, Straßen*) auseinander laufen **2** (*Meinungen*) auseinandergehen, voneinander abweichen
divers(e) [divɛʀ(s)] **1** verschieden **2** ***faits m Pl divers*** PRESSE Lokalnachrichten *f Pl*, Verschiedenes *n*
diversion *f* [divɛʀsjõ] Ablenkung *f*
diversité *f* [divɛʀsite] **1** Verschiedenheit *f* **2** *in der Auswahl*: Vielfalt *f*
divertir [divɛʀtiʀ] unterhalten, amüsieren
divertissant(e) [divɛʀtisɑ̃(t)] unterhaltsam
divertissement *m* [divɛʀtismɑ̃] **1** Unterhaltung *f*, Vergnügen *n* **2** *in der Freizeit*: Beschäftigung *f*
divin(e) [divɛ̃(-in)] göttlich, Gottes…
diviser [divize] **1** teilen, einteilen; (*gliedern*) unterteilen **2** MATH dividieren, teilen **3** *durch Streit*: entzweien
division *f* [divizjõ] **1** Teilung *f* **2** (*Gliederung*) Einteilung *f* (*a. beim Thermometer*) **3** MATH Division *f*, Teilen *n* **4** MIL Division *f* **5** (*Streit*) Uneinigkeit *f* **6** SPORT Liga *f*
▸ **divorce** *m* [divɔʀs] Scheidung *f*
divorcé(e) [divɔʀse] geschieden
▸ **divorcer** [divɔʀse] ⟨***-ç-***⟩ sich scheiden lassen (***d'avec*** von); ***elle a divorcé*** sie hat sich scheiden lassen
divulguer [divylge] verbreiten
dix[1] (⚠ [dis] *alleinstehend*, [diz] *vor Vokal u. stummem* h, [di] *vor Konsonant*) **1** zehn **2** ***le ~ mars*** der zehnte März, am zehnten März **3** ***à ~*** zu zehnt **4** *bei der Uhrzeit*: *umg.* ***il est ~*** es ist zehn nach; ***il est moins ~*** es ist zehn vor
dix[2] *m* [dis] (⚠ le dix) Zehn *f*
dix-huit [⚠ dizɥit], *vor Konsonant* [dizɥi] achtzehn
dixième[1] [dizjɛm] zehnte(r, -s)
dixième[2] *m* [dizjɛm] Zehntel *n*
dix-neuf [diznœf] neunzehn
dix-sept [⚠ di(s)sɛt] siebzehn
▸ **dizaine** *f* [dizɛn] **1** ***une ~ (de personnes)*** ungefähr zehn (Personen) **2** ***des ~s*** Dutzende *n Pl* **3** *in Zahlen*: Zehner *m*
do *m* [do] MUS C, c *n*
docile [dɔsil] folgsam, gelehrig
▸ **docteur** *m* [dɔktœʀ] Doktor *m*, Arzt *m*, Ärztin *f*
▸ **document** *m* [dɔkymɑ̃] Dokument *n*
documentaire[1] [dɔkymɑ̃tɛʀ] dokumentarisch; (*Film, Bericht usw.*) Dokumentar…
documentaire[2] *m* [dɔkymɑ̃tɛʀ] Dokumentarfilm *m*
documentation *f* [dɔkymɑ̃tasjõ] Informationsmaterial *n*, Dokumentation *f*
se documenter [sədɔkymɑ̃te] sich Informationsmaterial beschaffen
dodo *m* [dodo] *Kinderspr.* **1** (*Bett*) Heia *f* **2** ***faire ~*** heia machen
dodu(e) [dɔdy] rund, pummelig
▸ **doigt** *m* [dwa] **1** Finger *m*; ***elle lève le ~*** sie meldet sich; ***compter sur les ~s*** mit den Fingern rechnen **2** ▸ ***le doigt de pied*** der Zeh **3** *Menge*: ***un ~ de*** ein Fingerbreit … **4** *Wendungen*: ***il obéit au ~ et à l'œil*** er gehorcht aufs Wort; *umg.* ***il se met le ~ dans l'œil*** da ist er schiefgewickelt; ***j'étais à deux ~s de tout dire*** ich war nah dran *od.* kurz davor, alles zu sagen; *umg.* ***il a gagné les ~s dans le nez*** er hat spielend gewonnen
dois [dwa] → ***devoir***[1], ***devoir***[2]

doléances *f Pl* [dɔleɑ̃s] Beschwerden *f Pl*

DOM *m* [dɔm] (*Abk. für* département d'outre-mer) überseeisches Departement

▸ **domaine** *m* [dɔmɛn] (⚠ le domaine) **1** Gut *n*, Landgut *n*; ***les ~s*** die Ländereien **2** (*Bereich*) Gebiet *n*, Domäne *f*

dôme *m* [dom] Kuppel *f* (⚠ Dom = ***cathédrale*** *f*)

domestique[1] [dɔmɛstik] Haus…; ▸ ***un animal domestique*** ein Haustier

domestique[2] *m,f* [dɔmɛstik] Diener(in) *m(f)*

domestiquer [dɔmɛstike] zähmen

▸ **domicile** *m* [dɔmisil] **1** Wohnsitz *m* **2** ***livrer à ~*** nach Hause liefern; ***travailler à ~*** zu Hause arbeiten **3** ***un sans ~ fixe*** ein Obdachloser

domicilié(e) [dɔmisilje] wohnhaft

dominant(e) [dɔminɑ̃(t)] **1** vorherrschend, dominierend **2** BIOL dominant

domination *f* [dɔminasjɔ̃] Herrschaft *f*

dominer [dɔmine] **1** (*überwiegen*) vorherrschen **2** (*herrschen über*) beherrschen **3** ***~ un adversaire*** e-m Gegner überlegen sein **4** (*höher sein als*) überragen

dominical(e) [dɔminikal] ⟨*m Pl* ***-aux***⟩ Sonntags…

dommage *m* [dɔmaʒ] **1** Schaden *m*; ***~s et intérêts*** Schadenersatz *m* **2** ***(c'est) ~*** (das ist) schade; ***quel ~!*** wie schade!

dommages-intérêts *m Pl* [dɔmaʒ(z)ɛ̃terɛ] Schadenersatz *m*

dompter [dɔ̃(p)te] bändigen, dressieren

DOM-TOM *m Pl* [dɔmtɔm] (*Abk. für* départements [d'outre-mer] et territoires d'outre-mer) überseeische Departements und Gebiete *Pl*

don *m* [dɔ̃] **1** *von Geld, Blut, Organen usw.*: Spende *f* **2** *von Häusern, Kunstwerken usw.*: Schenkung *f* **3** (*Talent*) Begabung *f*

dona|teur *m*, **~trice** *f* [dɔnatœr, -tris] Spender(in) *m(f)*

▸ **donc** [dɔ̃k] **1** (*folglich*) also **2** *in Fragesätzen*: denn; ***qui ~?*** wer denn? **3** *beim Imperativ*: doch; *umg.* ***dis ~!*** sag (doch) mal!

donné(e) [dɔne] **1** (*festgelegt*) bestimmt **2** ***étant donné qu'elle est malade, elle ne viendra pas*** weil sie krank ist, kommt sie nicht

▸ **données** *f Pl* [dɔne] **1** Angaben *f Pl* **2** IT *usw.* Daten *n Pl* **3** (*Fakten*) Gegebenheiten *f Pl*

▸ **donner** [dɔne] **1** geben; ***~ des devoirs*** Hausaufgaben aufgeben **2** ***~ de l'appétit, de la joie*** Appetit, Freude machen **3** ***l'arbre donne des fruits*** der Baum trägt Früchte **4** RAD *usw.* ***~ des nouvelles*** Nachrichten bringen **5** ***les recherches n'ont rien donné*** die Ermittlungen haben nichts ergeben **6** ***on lui donne vingt ans*** er *od.* sie sieht aus wie zwanzig **7** ***ma fenêtre donne sur la cour*** mein Fenster geht auf den Hof **8** ***se ~ à qc*** sich e-r Sache widmen

donn|eur *m*, **~euse** *f* [dɔnœr, -øz] ***le donneur de sang*** der Blutspender

▸ **dont** [dɔ̃] **1** ***un homme*** *bzw.* ***une femme ~ je connais le nom*** ein Mann, von dem *bzw.* e-e Frau, von der ich den Namen kenne, ein Mann, dessen *bzw.* e-e Frau, deren Namen ich kenne **2** ***elle a six enfants, ~ cinq filles*** sie hat sechs Kinder, davon fünf Mädchen

dopage *m* [dɔpaʒ] Doping *n*

dopant *m* [dɔpɑ̃] Dopingmittel *n*

doper [dɔpe] dopen

doré(e) [dɔre] **1** (*mit Gold*) vergoldet, Gold… **2** (*wie Gold*) golden **3** *von der Sonne*: braun **4** (*Schnitzel*) goldbraun

dorénavant [dɔrenavɑ̃] von nun an

dorer [dɔre] **1** vergolden **2** *im Ofen usw.*: goldbraun werden **3** ***se ~ au soleil*** sich von der Sonne bräunen lassen

d'ores et déjà [⚠ dɔrzedeʒa] jetzt schon

dorloter [dɔrlɔte] verhätscheln

dorm|eur *m*, **~euse** *f* [dɔrmœr, -øz] Schlafende(r) *f(m)*

▸ **dormir** [dɔrmir] ⟨*prés.*: ***je, tu dors, il dort***; *impér.*: ***dors!***⟩ schlafen

dortoir *m* [dɔrtwar] Schlafsaal *m*

▸ **dos** *m* [do] **1** Rücken *m*; ***le chat fait le gros ~*** die Katze macht e-n Buckel **2** ***~ d'âne*** Bodenwelle *f* **3** *Wendungen*: ***il s'est mis tout le monde à ~*** er hat alle gegen sich aufgebracht; *umg.* ***j'en ai plein le ~*** ich habe die Nase voll

dosage *m* [dozaʒ] MED Dosierung *f*

dose *f* [doz] **1** Menge *f* **2** MED Dosis *f* **3** *umg.* ***j'ai ma ~*** ich habe genug

doser [doze] dosieren (*Arznei, Kritik usw.*)

dossard *m* [dosar] Startnummer *f*

▸ **dossier**[1] *m* [dosje] Akten *f Pl*, Unter-

lagen *f Pl*
dossier² *m* [dosje] Rückenlehne *f*
doter [dɔte] ausstatten (***de*** mit)
▸ **douane** *f* [dwan] Zoll *m*
douanier¹ *m* [dwanje] Zollbeamte(r) *m*
douan|ier², **~ière** [dwanje, -jɛʀ] Zoll…
doublage *m* [dublaʒ] FILM Synchronisation *f*
▸ **double¹** *m* [dubl] **1** ***le ~*** das Doppelte, doppelt so viel **2** ***avoir en ~*** doppelt haben **3** SPORT Doppel *n* **4** (*Zweitausfertigung*) Duplikat *n*
double² [dubl] doppelt, Doppel…
double-clic *m* [dubləklik] ⟨*Pl* ***double-clics***⟩ IT Doppelklick *m*
double-cliquer [dubləklike] IT doppelklicken (***sur*** auf)
doubler [duble] **1** verdoppeln **2** füttern (*Kleidungsstück*) **3** (*schneller sein als*) überholen **4** ***~ un film*** e-n Film synchronisieren; ***~ un acteur*** e-n Schauspieler doubeln
doublure *f* [dublyʀ] **1** *bei Kleidung*: Futter *n* **2** *Schauspieler*: Double *n*
douce [dus] **1** → ***doux*** **2** *umg.* ***en ~*** heimlich; *umg.* ***filer en ~*** klammheimlich verschwinden
▸ **doucement** [dusmɑ̃] **1** sanft, behutsam **2** (↔ *laut*) leise **3** (↔ *schnell*) langsam
douceur *f* [dusœʀ] **1** *im Geschmack*: Süße *f* **2** (↔ *Härte*) Weichheit *f*; *der Haut usw.*: Zartheit *f* **3** *vom Wetter, im Charakter*: Milde *f* **4** *der Stimme, von Personen, Berührungen*: Sanftheit *f* **5** *des Lebens usw.*: Annehmlichkeit *f* **6** *zum Essen*: Süßigkeit *f* **7** ***atterrir en ~*** weich landen; ***démarrer en ~*** sanft anfahren
▸ **douche** *f* [duʃ] **1** Dusche *f* **2** (*Enttäuschung*) kalte Dusche
doucher [duʃe] **1** duschen **2** ***se ~*** (sich) duschen **3** *umg.* (*enttäuschen*) wie e-e kalte Dusche sein
doudoune *f* [dudun] *umg.* Daunenjacke *f*
▸ **doué(e)** [dwe] **1** begabt (***pour*** für) **2** ausgestattet (***de*** mit)
douille *f* [duj] **1** *e-r Glühbirne*: Fassung *f* **2** Patronenhülse *f*
douill|et, **~ette** [dujɛ, -ɛt] **1** wehleidig **2** (*weich*) kuschelig, mollig **3** (*komfortabel*) gemütlich
▸ **douleur** *f* [dulœʀ] Schmerz *m*
doulour|eux, **~euse** [duluʀø, -øz] **1** (*Wunde*) schmerzhaft **2** (*Verlust*) schmerzlich
▸ **doute** *m* [dut] Zweifel *m*; ▸ ***sans doute*** ⚠ wahrscheinlich; ***sans aucun ~*** zweifellos, sicher
▸ **douter** [dute] **1** zweifeln (***de*** an) **2** ***je doute qu'il soit sincère*** ich bezweifle, dass er ehrlich ist **3** ▸ ***se douter de qc*** etw ahnen *od.* vermuten; ***je m'en doute*** das kann ich mir denken
dout|eux, **~euse** [dutø, -øz] **1** (*ungewiss*) fraglich **2** (*fragwürdig*) dubios, zweifelhaft **3** (↔ *sauber*) schmuddelig
▸ **doux**, **douce** [du, dus] **1** *im Geschmack*: süß; ***l'eau*** *f* ***douce*** das Süßwasser **2** (*Musik, Stimme, Charakter*) sanft **3** (*Klima, Seife*) mild **4** (*Haut*) zart **5** (*Bett, Fell*) weich **6** (*Energie, Medizin*) alternativ **7** ***à feu doux*** auf kleiner Flamme
▸ **douzaine** *f* [duzɛn] **1** Dutzend *n*; ***une ~ d'œufs*** zwölf Eier **2** ***une ~ (d'enfants)*** ungefähr zwölf (Kinder)
douze¹ [duz] **1** zwölf **2** ***le ~ mars*** der zwölfte März, am zwölften März
douze² *m* [duz] (⚠ le douze) Zwölf *f*
doyen *m*, **doyenne** *f* [dwajɛ̃, dwajɛn] Älteste(r) *f(m)*
dragée *f* [dʀaʒe] (⚠ la dragée) **1** Mandelbonbon *n* **2** (*Pille*) Dragee *n*
dragon *m* [dʀagõ] *Ungeheuer*: Drachen *m*
draguer [dʀage] **1** ausbaggern **2** *umg.* anbaggern, aufreißen (*Mann, Frau*)
dramatique [dʀamatik] **1** dramatisch **2** Theater…, Bühnen…; ***l'art*** *m* ***~*** die Schauspielkunst
dramatiser [dʀamatize] dramatisieren
drame *m* [dʀam] Drama *n*
▸ **drap** *m* [⚠ dʀa] **1** ***le ~ (de lit)*** das Betttuch, das Bettlaken **2** ***le ~ de bain*** das Badetuch **3** *fig.* ***nous sommes dans de beaux ~s*** wir sitzen schön in der Tinte
▸ **drapeau** *m* [dʀapo] ⟨*Pl* ***~x***⟩ Fahne *f*, Flagge *f*
se draper [sədʀape] sich einhüllen
drap-housse *m* [dʀaus] ⟨*Pl* ***draps-housses***⟩ Spannbetttuch *n*
dresser¹ [dʀɛse] **1** aufstellen (*Leiter, Gerüst, Falle usw.*); errichten (*Monument*) **2** ***~ l'oreille*** die Ohren spitzen **3** aufstellen (*Liste*); aufsetzen (*Ver-*

trag); aufnehmen (*Protokoll*); ausstellen (*Rechnung*) **4** aufhetzen (***contre*** gegen) **5** ***se ~*** (*Mensch, Tier*) sich aufrichten; (*Turm usw.*) sich erheben **6** ***se ~ contre qn*** sich gegen j-n auflehnen

dresser[2] [dʀɛse] dressieren (*Tier*)

▸ **drogue** *f* [dʀɔg] Droge *f*, Rauschgift *n*

drogué(e) *m(f)* [dʀɔge] Drogensüchtige(r) *f(m)*, Rauschgiftsüchtige(r) *f(m)*

se droguer [sədʀɔge] Drogen nehmen

droguerie *f* [dʀɔgʀi] (⚠ droguerie) Drogerie *f*

▸ **droit** *m* [dʀwa] **1** Recht *n*; ▸ ***les droits de l'homme*** die Menschenrechte **2** *Studium usw.*: Jura **3** (*Abgabe*) Gebühr *f* **4** ***elle n'a pas le ~ de sortir seule*** sie darf nicht allein ausgehen

▸ **droit(e)**[1] [dʀwa(t)] rechte(r, -s)

▸ **droit(e)**[2] [dʀwa(t)] **1** (↔ *krumm*) gerade **2** (*Mensch*) ehrlich, aufrichtig **3** ***un angle droit*** ein rechter Winkel **4** ***tout droit*** geradeaus

▸ **droite**[1] *f* [dʀwat] **1** rechte Seite; ***à ~*** (nach) rechts **2** POL ***la ~*** die Rechte

droite[2] *f* [dʀwat] MATH Gerade *f*

droit|ier *m*, **~ière** *f* [dʀwatje, -jɛʀ] Rechtshänder(in) *m(f)*

▸ **drôle** [dʀol] **1** lustig, komisch **2** (*merkwürdig*) seltsam, komisch

drôlement [dʀolmɑ̃] **1** komisch **2** *umg.* (*sehr*) ganz schön, unheimlich

dromadaire *m* [dʀɔmadɛʀ] (⚠ dromadaire) Dromedar *n*

dru(e) [dʀy] dicht

▸ **du** [dy] (= *de* + *le*) → ***de***[1], ***de***[2]

dû, due [dy] **1** → ***devoir***[1], ***devoir***[2] **2** ***la somme due*** die geschuldete Summe **3** ***dû à la pollution*** wegen der Umweltverschmutzung

duc *m*, **duchesse** *f* [dyk, dyʃɛs] Herzog(in) *m(f)*

duel *m* [dɥɛl] (⚠ duel) Duell *n*

dune *f* [dyn] Düne *f*

duo *m* [dyo] Duett *n*, Duo *n*

dupe *f* [dyp] (⚠ *immer* la dupe, *a. für Männer*) **1** Betrogene(r) *f(m)*; ***il est ~ de son frère*** er wird von seinem Bruder betrogen *od.* übers Ohr gehauen **2** ***je ne suis pas ~*** darauf falle ich nicht herein

duper [dype] betrügen, täuschen

duplex *m* [dyplɛks] **1** Maisonnettewohnung *f* **2** TV *usw.* Konferenzschaltung *f*

duquel [dykɛl] (= *de* + *lequel*) → ***lequel***

▸ **dur(e)** [dyʀ] **1** hart **2** (*Fleisch*) zäh **3** (*schwierig*) schwer **4** ***dur d'oreille*** schwerhörig **5** ***travailler dur*** hart arbeiten

durable [dyʀabl] dauerhaft

durant [dyʀɑ̃] während; ***~ l'été*** den Sommer über

durcir [dyʀsiʀ] **1** hart machen, verhärten **2** (***se***) ***~*** hart werden, sich verhärten

durcissement *m* [dyʀsismɑ̃] **1** Hartwerden *n* **2** *von Positionen, Meinungen*: Verhärtung *f*

▸ **durée** *f* [dyʀe] Dauer *f*

▸ **durer** [dyʀe] **1** dauern **2** (*Wetter*) anhalten **3** (*Mode*) sich halten **4** (*Material, Gegenstand*) halten **5** ***faire ~*** in die Länge ziehen

dureté *f* [dyʀte] Härte *f*

durillon *m* [dyʀijɔ̃] Schwiele *f*

duvet *m* [dyvɛ] **1** *Federn*: Daunen *f Pl* **2** *Haare*: Flaum *m* **3** Schlafsack *m*

DVD *m* [devede] DVD *f*

dynamique[1] [dinamik] dynamisch

dynamique[2] *f* [dinamik] Dynamik *f*

dynamisme *m* [dinamism] Dynamik *f*, Energie *f*

dynamite *f* [dinamit] (⚠ la dynamite) Dynamit *n*

E

▸ **eau** *f* [o] ⟨*Pl* ***~x***⟩ (⚠ *feminin*) **1** Wasser *n* **2** ***les ~x*** die Gewässer; *in Heilbädern*: die Heilquellen **3** ***une ville d'~*** ein Heilbad **4** ***mes bottes prennent l'~*** meine Stiefel sind nicht wasserdicht **5** *fig.* ***cela me met l'~ à la bouche*** dabei läuft mir das Wasser im Mund zusammen **6** ***les ~x usées*** die Abwässer **7** ***l'~ de Javel*** der Chlorreiniger **8** ***l'~ de Cologne*** kölnisch Wasser

eau-de-vie *f* [⚠ odvi] ⟨*Pl* ***eaux-de-vie***⟩ Schnaps *m*

eau-forte *f* [ofɔʀt] ⟨*Pl* ***eaux-fortes***⟩

Bild: Radierung *f*
ébahi(e) [ebai] sprachlos, verblüfft
ébauche *f* [eboʃ] **1** Skizze *f*, Entwurf *m* **2** *fig*. Andeutung *f*
éblouir [ebluiʀ] **1** (*Licht*) blenden **2** *fig*. beeindrucken, faszinieren
éblouissant(e) [ebluisɑ̃(t)] **1** (*Licht*) grell, blendend **2** *vor Schönheit usw.*: strahlend **3** (*brillant*) glänzend
éblouissement *m* [ebluismɑ̃] *durch Licht*: Blendung *f*
éboueur *m* [ebwœʀ] Müllmann *m*
ébouillanter [ebujɑ̃te] **1** abbrühen **2** ***s'~*** sich verbrühen
éboulement *m* [ebulmɑ̃] **1** Erdrutsch *m* **2** *e-r Felswand usw.*: Einsturz *m*
ébouriffé(e) [ebuʀife] zerzaust
ébranler [ebʀɑ̃le] **1** erschüttern, erzittern lassen (*Boden, Scheiben usw.*) **2** erschüttern (*Menschen, Vertrauen*); unsicher machen (*Menschen*) **3** zerrütten (*Gesundheit*) **4** ***s'~*** sich in Bewegung setzen
ébréché(e) [ebʀeʃe] (*Porzellan usw.*) angeschlagen
ébriété *f* [ebʀijete] Trunkenheit *f*
ébruiter [ebʀɥite] **1** ausplaudern **2** ***s'~*** sich herumsprechen
ébullition *f* [ebylisjõ] **1** Kochen *n*, Sieden *n* **2** *fig*. ***en ~*** in Aufruhr
écaille *f* [ekaj] **1** zo Schuppe *f* **2** *von Schildkröten*: Schildpatt *n*
écailler [ekaje] **1** ***s'~*** (*Farbe usw.*) abblättern **2** abschuppen (*Fisch*)
écarlate [ekaʀlat] scharlachrot, feuerrot
écarquiller [ekaʀkije] aufreißen (*Augen*)
écart *m* [ekaʀ] **1** Abstand *m* **2** *von Preisen, Temperatur usw.*: Unterschied *m*; *von Preisen, in der Zeit*: Spanne *f* **3** *im Verhalten usw.*: Verfehlung *f* **4** ***faire un ~*** zur Seite springen **5** SPORT ***faire le grand ~*** e-n Spagat machen **6** ***à l'~*** abseits (***de*** von); ***tenir à l'~*** fernhalten; ***vivre à l'~*** zurückgezogen leben
écarté(e) [ekaʀte] **1** (*Augen*) auseinanderstehend; (*Beine*) gegrätscht; (*Arme*) ausgebreitet **2** (*Ort*) abgelegen
écartement *m* [ekaʀtəmɑ̃] **1** Abstand *m*, Entfernung *f* **2** *von Schienen*: Spurweite *f*
écarter [ekaʀte] **1** ausbreiten (*Arme*); grätschen (*Beine*); spreizen (*Finger*) **2** wegrücken, zur Seite rücken *od*. schieben (*Möbel usw.*) **3** ausklammern (*Problem*); verwerfen (*Idee*) **4** abwenden (*Gefahr*) **5** ***s'~*** sich entfernen, zur Seite rücken
ecclésiastique[1] *m* [eklezjastik] Geistliche(r) *m*
ecclésiastique[2] [eklezjastik] kirchlich, geistlich
échancrure *f* [eʃɑ̃kʀyʀ] *am Kleid, Pulli usw.*: Ausschnitt *m*; *tiefer*: Dekolleté *n*
▸**échange** *m* [eʃɑ̃ʒ] **1** Tausch *m*, Austausch *m*; ***l'~ scolaire*** der Schüleraustausch **2** *im Geschäft*: Umtausch *m* **3** ***en ~ de qc*** (als Ersatz) für etw
▸**échanger** [eʃɑ̃ʒe] ⟨***-ge-***⟩ **1** tauschen, austauschen **2** wechseln (*Worte, Blicke*) **3** umtauschen (*Waren*)
échangeur *m* [eʃɑ̃ʒœʀ] Verkehrsknoten *m*; *von Autobahnen*: Kreuz *n*, Dreieck *n*
échantillon *m* [eʃɑ̃tijõ] **1** *von Produkten*: Probe *f*, Muster *n* **2** *vom Können usw.*: Kostprobe *f* **3** *statistisch*: Stichprobe *f*
échappatoire *f* [eʃapatwaʀ] **1** Ausrede *f* **2** Ausweg *m*
échappement *m* [eʃapmɑ̃] Auspuff *m*
échapper [eʃape] **1** ***~ à la police*** der Polizei entkommen *od*. entwischen; ***~ à une peine*** e-r Strafe entgehen **2** ***il l'a échappé belle*** er ist noch einmal (mit dem Schrecken) davongekommen **3** ***ce mot m'a échappé*** dieses Wort ist mir herausgerutscht **4** ***son nom m'a échappé*** sein Name ist mir entfallen **5** (*Gelegenheit, Fehler, Detail usw.*) entgehen **6** ***le verre m'a échappé des mains*** das Glas ist mir aus der Hand gefallen **7** ***s'~*** entkommen, entwischen; (*Tier*) entlaufen; (*Gas, Rauch usw.*) entweichen, ausströmen
écharde *f* [eʃaʀd] Splitter *m*
écharpe *f* [eʃaʀp] **1** Schal *m* **2** *an Uniformen usw.*: Schärpe *f* **3** *bei Brüchen usw.*: Armbinde *f*, Schlinge *f*
échasse *f* [eʃas] Stelze *f*
s'échauffer [seʃofe] **1** SPORT sich warm machen, sich warm laufen **2** *beim Diskutieren usw.*: sich ereifern
échéance *f* [eʃeɑ̃s] **1** *Termin*: Fälligkeitsdatum *n* **2** *fig*. ***à brève*** (*bzw*. ***longue***) ***~*** auf kurze (*bzw*. lange) Sicht, kurzfristig (*bzw*. langfristig)

E

échéant [eʃeɑ̃] ***le cas ~*** gegebenenfalls

▸ **échec**[1] *m* [eʃɛk] **1** Misserfolg *m*, Fehlschlag *m* **2** *bei e-r Prüfung*: Durchfallen *n*

échec[2] *m* [eʃɛk] **1** ***les ~s*** *od.* ***le jeu d'~s*** das Schachspiel; ***ils jouent aux ~s*** sie spielen Schach **2** ***~ et mat*** schachmatt

▸ **échelle** *f* [eʃɛl] **1** Leiter *f*; ***la grande ~*** die Feuerwehrleiter **2** ***faire la courte ~*** e-e Räuberleiter machen **3** *bei Landkarten usw.*: Maßstab *m*; ***à l'~ de 1/100*** (⚠ *gesprochen*: … de un centième) im Maßstab 1:100 **4** (*Abstufung*) Skala *f*; ***l'~ de Richter*** die Richterskala **5** *fig.* Maßstab *m*; ***à l'~ nationale*** auf nationaler Ebene

échelon *m* [eʃlõ] **1** *e-r Leiter*: Sprosse *f* **2** *fig.* Stufe *f*, Ebene *f*; ***à tous les ~s*** auf allen Ebenen **3** Rang *m*, Dienstgrad *m*

échelonner [eʃlɔne] **1** staffeln (*Preise, Gehalt usw.*) **2** (regelmäßig) verteilen (*Gegenstände, Arbeit usw.*)

échevelé(e) [eʃəvle] zerzaust

échine *f* [eʃin] Rückgrat *n*, Wirbelsäule *f*

échiquier *m* [eʃikje] Schachbrett *n*

écho *m* [⚠ eko] Echo *n*

▸ **échouer** [eʃwe] **1** scheitern; *bei e-r Prüfung*: durchfallen **2** ***le bateau a*** (*od.* ***s'est***) ***échoué*** das Schiff ist auf Grund gelaufen **3** *an e-m Ort*: landen

éclabousser [eklabuse] bespritzen

éclaboussure *f* [eklabusyʀ] Spritzer *m*

▸ **éclair** *m* [eklɛʀ] **1** Blitz *m*; ***il y a des ~s*** es blitzt **2** ***en un ~*** blitzschnell **3** *Gebäck*: Eclair *n*, Liebesknochen *m*

éclairage *m* [eklɛʀaʒ] Beleuchtung *f*

éclaircie *f* [eklɛʀsi] **1** *beim Wetter*: Aufheiterung *f* **2** *fig.* Lichtblick *m*

éclaircir [eklɛʀsiʀ] **1** aufhellen, heller machen (*Farbe*) **2** aufklären (*Angelegenheit*) **3** ***s'~*** (*Himmel*) sich aufhellen; (*Wetter*) sich aufheitern; (*Haare*) sich lichten **4** ***s'~ la voix*** sich räuspern

éclaircissement *m* [eklɛʀsismɑ̃] *e-r Angelegenheit*: Klärung *f*, Aufklärung *f*

▸ **éclairer** [eklɛʀe] **1** beleuchten, erleuchten (*Zimmer usw.*) **2** (*Lampe usw.*) leuchten, Licht geben **3** *fig.* aufklären (*Angelegenheit, Person*) **4** ***s'~*** (*Zimmer*) hell werden; (*Problem*) klar werden; (*Gesicht*) aufleuchten

éclat[1] *m* [ekla] **1** Helligkeit *f*; *von Metall usw.*: Glanz *m*; *von Farben, Sonne*: Leuchten *n*, Strahlen *n* **2** ***un ~ de rire*** ein schallendes Gelächter; ***rire aux ~s*** schallend lachen **3** (*Aufsehen*) Skandal *m*, Eklat *m* **4** (*Prunk*) Pracht *f*, Glanz *m*

éclat[2] *m* [ekla] Splitter *m*

éclatant(e) [eklatɑ̃(t)] **1** (*Lachen*) schallend; (*Lärm*) durchdringend **2** (*hell*) strahlend; (*Farbe*) leuchtend **3** (*Erfolg usw.*) glänzend, strahlend

éclatement *m* [eklatmɑ̃] **1** *von Reifen usw.*: Platzen *n* **2** *e-r Gruppe, Partei*: Aufspaltung *f*

▸ **éclater** [eklate] **1** (*Reifen usw.*) platzen; (*Bombe*) explodieren; (*Fensterscheibe*) zerspringen **2** (*Schuss, Donner usw.*) krachen; (*Gewitter*) losbrechen; (*Applaus*) aufbranden; ***~ de rire*** in Gelächter ausbrechen **3** *vor Wut*: explodieren **4** (*Krankheit, Krieg*) ausbrechen **5** (*sich zeigen*) zum Ausdruck kommen **6** *umg.* ***s'~*** sich austoben, sich amüsieren

éclipse *f* [eklips] ***l'~ de Lune, de Soleil*** die Mond-, Sonnenfinsternis

s'éclipser [eklipse] *umg.* sich verdrücken

éclore [eklɔʀ] ⟨*prés.*: ***il éclôt*** *od.* ***il éclot, ils éclosent***; *p/p*: ***éclos***; *mit* ***être*** *od.* ***avoir***⟩ **1** (*Ei*) aufbrechen **2** (*Küken*) ausschlüpfen **3** (*Blume*) aufblühen; (*Knospe*) sich öffnen

écluse *f* [eklyz] Schleuse *f*

écœurant(e) [ekœʀɑ̃(t)] **1** widerlich, ekelhaft **2** *im Geschmack bes.*: widerlich süß **3** (*schlimm*) empörend; (*Ungerechtigkeit*) himmelschreiend

écœurement *m* [ekœʀmɑ̃] **1** Übelkeit *f* **2** (*Abscheu*) Ekel *m*, Widerwillen *m* **3** *bei Misserfolgen usw.*: Mutlosigkeit *f*

écœurer [ekœʀe] **1** anekeln, anwidern **2** (*Misserfolg usw.*) entmutigen

▸ **école** *f* [ekɔl] **1** Schule *f* **2** ***l'~ primaire*** die Grundschule **3** ***l'~ maternelle*** der Kindergarten; die Vorschule

▸ **écol|ier** *m*, **~ière** *f* [ekɔlje, -jɛʀ] Schüler(in) *m(f)*

écolo[1] *m, f* [ekɔlo] *umg.* Grüne(r) *f(m)*, Öko *m*

écolo[2] [ekɔlo] *umg.* Öko…, grün

▸ **écologie** *f* [ekɔlɔʒi] **1** *Wissenschaft*: Ökologie *f* **2** Umweltschutz *m*

▸ **écologique** [ekɔlɔʒik] **1** ökologisch, Umwelt… **2** (*Maßnahme usw.*) Umweltschutz… **3** (*Produkt*) umwelt-

E

freundlich **4** (*Person*) umweltbewusst
▸ **écologiste** *m*, *f* [ekɔlɔʒist] **1** *Wissenschaftler(in)*: Ökologe *m*, -login *f* **2** Umweltschützer(in) *m(f)*
économe [ekɔnɔm] sparsam
▸ **économie** *f* [ekɔnɔmi] **1** *System*: Wirtschaft *f* **2** Wirtschaftswissenschaft *f* **3** *Eigenschaft*: Sparsamkeit *f* **4** (*Geld*) ▸ ***les économies*** die Ersparnisse; ***faire des ~s*** sparen **5** *von Energie, Raum, Zeit*: Einsparung *f*, Ersparnis *f*

E

▸ **économique** [ekɔnɔmik] **1** Wirtschafts…, wirtschaftlich **2** *im Verbrauch*: sparsam
▸ **économiser** [ekɔnɔmize] **1** sparen, einsparen **2** ***~ sur qc*** ⚠ an etw sparen
économiseur *m* [ekɔnɔmizœʀ] IT ***l'~ d'écran*** der Bildschirmschoner
écorce *f* [ekɔʀs] **1** BOT Rinde *f* **2** *von Orangen*: Schale *f*
écorcher [ekɔʀʃe] **1** aufschürfen (*Knie usw.*); abschürfen (*Haut*) **2** falsch aussprechen (*Wort, Satz*)
écorchure *f* [ekɔʀʃyʀ] Hautabschürfung *f*
écossais(e) [ekɔsɛ(z)] schottisch
Écossais(e) *m(f)* [ekɔsɛ(z)] Schotte *m*, Schottin *f*
Écosse [ekɔs] ***l'~*** *f* Schottland *n*
écoulement *m* [ekulmɑ̃] **1** *von Flüssigkeiten*: Abfluss *m*, Abfließen *n* **2** *im Verkehr*: Fluss *m* **3** WIRTSCH Absatz *m*, Vertrieb *m* **4** *vom Körper*: Absonderung *f*, Ausscheidung *f*
écouler [ekule] **1** absetzen (*Waren*) **2** ***l'eau s'écoule*** das Wasser läuft ab *od.* fließt ab **3** ***le temps s'écoule*** die Zeit vergeht **4** ***les marchandises s'écoulent facilement*** die Waren finden guten Absatz
écourter [ekuʀte] kürzen, verkürzen
écoute *f* [ekut] **1** Hören *n*; RAD ***vous êtes à l'~ de France Inter*** Sie hören France Inter **2** TEL Abhören *n*
▸ **écouter** [ekute] **1** hören **2** ***~ qc*** etw hören *od.* anhören **3** ***~ qn*** j-m zuhören; (*gehorchen*) auf j-n hören **4** *heimlich*: horchen **5** ***s'~ trop*** übertrieben auf seine Gesundheit achten, sehr empfindlich sein
écouteur *m* [ekutœʀ] **1** TEL Hörer *m* **2** *für Musik usw.*: Kopfhörer *m*
▸ **écran** *m* [ekʀɑ̃] **1** *zum Schutz*: Abschirmung *f* **2** Schutzwand *f*, Sichtblende *f* **3** KINO Leinwand *f*; ***le grand ~*** das Kino, der Film; ***à l'~*** im Kino **4** TV, IT Bildschirm *m*; ***le petit ~*** das Fernsehen **5** *gegen die Sonne*: ***l'~ total*** der Sunblocker
écrasant(e) [ekʀazɑ̃(t)] enorm, gewaltig; (*Mehrheit*) erdrückend; (*Niederlage*) vernichtend; (*Hitze*) drückend
▸ **écraser** [ekʀaze] **1** zerdrücken, zerquetschen **2** ausdrücken (*Zigarette*) **3** *bei e-m Unfall*: überfahren; ***se faire ~*** überfahren werden **4** zertreten (*Wurm usw.*) **5** niederschlagen (*Revolte*); MIL vernichten; SPORT haushoch schlagen **6** (*Verantwortung, Arbeit*) (fast) erdrücken **7** (*übertreffen*) ausstechen **8** ***l'avion s'est écrasé (au sol)*** das Flugzeug ist abgestürzt; ***la voiture s'est écrasée contre le mur*** der Wagen ist gegen die Mauer geprallt
écrevisse *f* [ekʀəvis] Flusskrebs *m*
s'écrier [sekʀije] ausrufen
écrin *m* [ekʀɛ̃] Etui *n*, Schatulle *f*
▸ **écrire** [ekʀiʀ] ⟨*prés.*: ***j'écris, nous écrivons***; *imparf.*: ***j'écrivais***; *p/s*: ***j'écrivis***; *subj.*: ***j'écrive***; *impér.*: ***écris!, écrivez!***; *p/pr*: ***écrivant***; *p/p*: ***écrit***⟩ schreiben
écrit *m* [ekʀi] **1** *Werk*: Schrift *f* **2** schriftliche Prüfung, Schriftliche(s) *n* **3** ***par ~*** schriftlich
écrit(e) [ekʀi(t)] **1** geschrieben; ***c'est écrit dans ce livre*** das steht in diesem Buch **2** (*Prüfung usw.*) schriftlich **3** (*Zettel*) beschrieben
écriteau *m* [ekʀito] ⟨*Pl* ***~x***⟩ Schild *n*, Hinweisschild *n*
▸ **écriture** *f* [ekʀityʀ] **1** Schrift *f* **2** *bes.* SCHULE Schreiben *n*
▸ **écrivain** *m* [ekʀivɛ̃] Schriftsteller(in) *m(f)*
écrou *m* [ekʀu] *für Schrauben*: Mutter *f*
écrouer [ekʀue] inhaftieren
écroulement *m* [ekʀulmɑ̃] **1** Einsturz *m* **2** *nervlich, körperlich usw.*: Zusammenbruch *m*
s'écrouler [sekʀule] **1** einstürzen **2** (*Mensch, System usw.*) zusammenbrechen **3** *umg. in e-n Sessel usw.*: sich fallen lassen
écru(e) [ekʀy] naturfarben
écuelle *f* [ekɥɛl] Napf *m*
écume *f* [ekym] Schaum *m*
écureuil *m* [ekyʀœj] Eichhörnchen *n*
écurie *f* [ekyʀi] **1** Pferdestall *m* **2** SPORT Stall *m*, Rennstall *m*

eczéma *m* [⚠ ɛgzema] Ekzem *n*
édenté(e) [edɑ̃te] zahnlos
édifiant(e) [edifjɑ̃(t)] erbaulich
édifice *m* [edifis] Gebäude *n*
édifier [edifje] (*bauen*) erbauen, errichten
édit *m* [edi] (⚠ edit) Edikt *n*, Erlass *m*
éditer [edite] herausgeben, verlegen
éditeur *m* [editœʀ] **1** Verleger *m*, Herausgeber *m* **2** IT Editor *m*
édition *f* [edisjõ] **1** *Buch, Zeitschrift*: Ausgabe *f* **2** (*Veröffentlichung*) Herausgabe *f* **3** *von Büchern*: Auflage *f*; ***une nouvelle ~*** e-e Neuauflage **4** *Unternehmen*: ***la maison d'~*** der Verlag; ***les ~s XY*** der Verlag XY
éditorial *m* [editɔʀjal] ⟨*Pl* **-aux**⟩ PRESSE Leitartikel *m*
éditrice *f* [editʀis] Verlegerin *f*, Herausgeberin *f*
édredon *m* [edʀədõ] Federbett *n*
éducateur[1] *m* [edykatœʀ] Erzieher *m*
éduca|teur[2], **~trice** [edykatœʀ, -tʀis] erzieherisch
éducat|if, ~ive [edykatif, -iv] (*Spielzeug usw.*) pädagogisch (wertvoll); ***des jeux éducatifs*** Lernspiele
▸ **éducation** *f* [edykasjõ] **1** Erziehung *f* **2** ▸ ***l'éducation physique et sportive*** der Sportunterricht
éducatrice *f* [edykatʀis] Erzieherin *f*
éduquer [edyke] erziehen
▸ **effacer** [efase] ⟨**-ç-**⟩ **1** löschen (*Geschriebenes, Tonband usw.*); *mit Radiergummi*: ausradieren; *von der Tafel*: auswischen, abwischen **2** verwischen (*Spuren*) **3** auslöschen (*Erinnerung*) **4** ***s'~*** (*Farbe, Erinnerung usw.*) verblassen **5** ***s'~*** (*Person*) zur Seite treten, zurücktreten
effaceur *m* [efasœʀ] Tintenkiller *m*
effarant(e) [efaʀɑ̃(t)] erschreckend, ungeheuer
effaré(e) [efaʀe] fassungslos, entsetzt
effarement *m* [efaʀmɑ̃] Entsetzen *n*
effect|if[1], **~ive** [efɛktif, -iv] tatsächlich (vorhanden), effektiv
effectif[2] *m* [efɛktif] (*Anzahl*) Stärke *f*
effectivement [efɛktivmɑ̃] wirklich, tatsächlich
effectuer [efɛktɥe] **1** ausführen, durchführen, vornehmen; ***~ des paiements*** Zahlungen leisten **2** ***s'~*** erfolgen, vor sich gehen
efféminé(e) [efemine] unmännlich, verweichlicht
effervescence *f* [efɛʀvesɑ̃s] **1** *von Flüssigkeiten*: Aufwallen *n*, Sprudeln *n* **2** *fig.* (*Stadt usw.*) ***en ~*** in Aufruhr
effervescent(e) [efɛʀvesɑ̃(t)] **1** sprudelnd **2** ***un comprimé effervescent*** e-e Brausetablette
▸ **effet** *m* [efɛ] (⚠ effet) **1** Wirkung *f*, Effekt *m*; ***l'~ de serre*** der Treibhauseffekt **2** ***faire de l'~*** wirken (***à*** auf); ***le médicament a fait son ~*** das Mittel hat gewirkt **3** ***en ~*** wirklich, in der Tat **4** ***à cet ~*** zu diesem Zweck **5** ***avoir pour ~*** zur Folge haben
▸ **efficace** [efikas] **1** wirksam **2** (*Person*) fähig, kompetent
s'effilocher [sefilɔʃe] ausfransen
effleurer [eflœʀe] **1** leicht berühren, streifen (*a. Problem*) **2** ***cette idée m'a effleuré*** mir kam diese Idee in den Sinn
effondré(e) [efõdʀe] am Boden zerstört
effondrement *m* [efõdʀəmɑ̃] **1** Einsturz *m* **2** *fig.* Zusammenbruch *m*
s'effondrer [sefõdʀe] **1** einstürzen **2** (*Personen, Preise usw.*) zusammenbrechen
▸ **s'efforcer** [sefɔʀse] ⟨**-ç-**⟩ sich bemühen, sich anstrengen
▸ **effort** *m* [efɔʀ] **1** Anstrengung *f*, Bemühung *f* **2** TECH Beanspruchung *f*
effraction *f* [efʀaksjõ] Einbruch *m*; ***pénétrer par ~ dans un appartement*** in e-e Wohnung einbrechen
effrayant(e) [efʀɛjɑ̃(t)] schrecklich
effrayer [efʀɛje] ⟨**-ay-** *od.* **-ai-**⟩ erschrecken
effréné(e) [efʀene] wild, hemmungslos
s'effriter [sefʀite] bröckeln, abbröckeln
effroi *m* [efʀwa] *lit.* Entsetzen *n*
effronté(e) [efʀõte] unverschämt
effroyable [efʀwajabl] entsetzlich
▸ **égal(e)**[1] [egal] ⟨*m Pl* **-aux**⟩ **1** gleich **2** (*konstant*) gleichmäßig, gleichbleibend **3** (*Charakter, Spiel*) ausgeglichen **4** ***cela m'est égal*** das ist mir egal *od.* gleich
égal(e)[2] *m(f)* [egal] ⟨*m Pl* **-aux**⟩ **1** ***il est mon égal*** er ist mir ebenbürtig; ***il est sans égal*** er ist unvergleichlich **2** ***traiter d'égal à égal*** gleichberechtigt behandeln
▸ **également** [egalmɑ̃] **1** (*genauso*)

E

gleich **2** (*ebenfalls*) auch

égaler [egale] **1** **~ *qc*** e-r Sache gleichkommen **2** ***deux plus deux égalent quatre*** zwei plus zwei sind vier **3** **~ *un record*** e-n Rekord einstellen

égalisation *f* [egalizasjõ] Ausgleich *m*

égaliser [egalize] **1** ausgleichen (*a.* SPORT) **2** ebnen, einebnen (*Boden*) **3** gleich lang schneiden (*Haare*)

▸ **égalité** *f* [egalite] **1** Gleichheit *f*; ***l'~ des droits*** die Gleichberechtigung **2** TENNIS Einstand *m*; SPORT ***à ~*** punktgleich **3** (*Regelmäßigkeit*) Gleichmäßigkeit *f*

égard *m* [egaʀ] **1** ***les ~s*** die Rücksicht, die Aufmerksamkeit **2** ***à cet ~*** in dieser Beziehung; ***à tous ~s*** in jeder Beziehung **3** ***sois gentil à l'~ de ta sœur!*** sei nett zu deiner Schwester!

égaré(e) [egaʀe] **1** (*verlaufen*) verirrt **2** *geistig*: verstört, verwirrt

égarement *m* [egaʀmɑ̃] ***dans un moment d'~*** in e-m Anfall geistiger Umnachtung

égarer [egaʀe] **1** verlegen (*Dinge*) **2** in die Irre führen (*Menschen*) **3** ***s'~*** (*Menschen*) sich verirren, sich verlaufen *bzw.* verfahren; (*Dinge*) wegkommen, verloren gehen; *vom Thema*: abschweifen

▸ **église** *f* [egliz] Kirche *f*

égoïsme *m* [egɔism] Egoismus *m*

▸ **égoïste**[1] [egɔist] egoistisch

égoïste[2] *m,f* [egɔist] Egoist(in) *m(f)*

égorger [egɔʀʒe] ⟨**-ge-**⟩ **~ *qn*** j-m die Kehle durchschneiden

égout *m* [egu] Abwasserkanal *m*; ***les ~s*** die Kanalisation

égouttoir *m* [egutwaʀ] Abtropfgestell *n*

égratigner [egʀatiɲe] **1** zerkratzen **2** (*kritisieren*) gegen … sticheln

égratignure *f* [egʀatiɲyʀ] Kratzer *m*, Schramme *f*

Égypte [eʒipt] ***l'~*** *f* Ägypten *n*

égypt|ien, ~ienne [⚠ eʒipsjɛ̃, -jɛn] ägyptisch

Égypt|ien *m*, **~ienne** *f* [⚠ eʒipsjɛ̃, -jɛn] Ägypter(in) *m(f)*

eh [e] **1** ***~!*** he!, hallo!; *erstaunt*: ach!, ah! **2** ***~ bien!*** nun (gut)!, na (schön)!

éhonté(e) [eõte] unverschämt

éjecter [eʒɛkte] **1** herausschleudern **2** *umg.* hinauswerfen; ***il s'est fait ~*** er ist rausgeflogen

La tour Eiffel

Der Eiffelturm, auf Französisch **la tour Eiffel** [ɛfɛl], ist das Wahrzeichen von Paris. Er wurde nach einem Entwurf des Ingenieurs **Gustave Eiffel** für die Weltausstellung 1889 in Paris errichtet. Die drei Plattformen des 320 m hohen Turms sind täglich für die Besucher geöffnet. Weitere Informationen unter www.tour-eiffel.fr. Lohnenswert ist übrigens auch der Besuch des 210 m hohen **tour Montparnasse**. In dem am Bahnhof **Montparnasse** gelegenen Büro- und Geschäftshaus gibt es eine Aussichtsplattform und ein Panoramarestaurant, von denen man ebenfalls einen schönen Blick über Paris hat.

élaboration *f* [elabɔʀasjõ] Ausarbeitung *f*

élaborer [elabɔʀe] ausarbeiten

élan *m* [elɑ̃] **1** *Bewegung*: Schwung *m*; *beim Laufen*: Anlauf *m*; ***il prend son ~*** er holt Schwung; *beim Laufen*: er nimmt Anlauf **2** (*Energie*) Schwung *m* **3** ***un ~ de générosité*** e-e Anwandlung von Großzügigkeit

élancé(e) [elɑ̃se] schlank (und groß)

s'élancer [selɑ̃se] ⟨**-ç-**⟩ sich stürzen (***sur*** auf)

élargir [elaʀʒiʀ] **1** breiter *od.* weiter machen, verbreitern, erweitern (*Loch, Öffnung*) **2** **~ *ses connaissances*** seine Kenntnisse erweitern **3** ***s'~*** breiter *od.* weiter werden, sich verbreitern

élargissement *m* [elaʀʒismɑ̃] Verbreiterung *f*, Erweiterung *f*

élastique[1] [elastik] **1** elastisch **2** (*Bewegung*) geschmeidig **3** (*Regelung*) flexibel

élastique[2] *m* [elastik] Gummi *n*, Gummiband *n*

▸ **électeur** *m* [elɛktœʀ] Wähler *m*

▸ **élection** *f* [elɛksjõ] Wahl *f*

électoral(e) [elɛktɔʀal] ⟨*m Pl* **-aux**⟩ Wahl…, Wähler…

▸ **électrice** *f* [elɛktʀis] Wählerin *f*
▸ **électricien** *m* [elɛktʀisjɛ̃] Elektriker *m*
▸ **électricité** *f* [elɛktʀisite] Elektrizität *f*, Strom *m*
▸ **électrique** [elɛktʀik] elektrisch
électrochoc *m* [elɛktʀoʃɔk] Elektroschock *m*
électrocution *f* [elɛktʀɔkysjõ] elektrischer Schlag, Stromstoß *m*
électroménager [elɛktʀomenaʒe] ***des (appareils) ~s*** Elektrogeräte *n Pl*
électronique[1] [elɛktʀɔnik] elektronisch
électronique[2] *f* [elɛktʀɔnik] Elektronik *f*
élégamment [elegamɑ̃] elegant
élégance *f* [elegɑ̃s] **1** Eleganz *f* **2** *im Verhalten*: Takt *m*, Korrektheit *f*
▸ **élégant(e)** [elegɑ̃(t)] elegant
élément *m* [elemɑ̃] **1** Element *n* (*a.* CHEM) **2** Einzelteil *n*; *bei Möbeln*: Anbauteil *n* **3** *e-s Wissensgebiets*: ***les ~s*** die Grundzüge, die Grundbegriffe **4** (*Komponente*) Einzelheit *f*, Moment *n*
élémentaire [elemɑ̃tɛʀ] grundlegend, Grund…
éléphant *m* [elefɑ̃] Elefant *m*
▸ **élevage** *m* [el(ə)vaʒ] *von Tieren*: Zucht *f*; (*Aufzucht*) Haltung *f*; ***l'~ industriel*** die Massentierhaltung
▸ **élève** *m,f* [elɛv] Schüler(in) *m(f)*
élevé(e)[1] [el(ə)ve] **1** hoch **2** (*Stil usw.*) erhaben, edel **3** ***un poste élevé*** ein leitender Posten
élevé(e)[2] [el(ə)ve] ***bien, mal élevé*** gut, schlecht erzogen
▸ **élever**[1] [el(ə)ve] ⟨***-è-***⟩ **1** aufziehen (*Tier, Kind*); züchten (*Tier*) **2** *pädagogisch*: erziehen
élever[2] [el(ə)ve] ⟨***-è-***⟩ **1** errichten (*Gebäude*) **2** erhöhen (*Temperatur*) **3** erheben (*Protest, Stimme*) **4** ***s'~*** sich erheben; (*Flugzeug, Temperatur*) steigen **5** ***la facture s'élève à cent euros*** die Rechnung beläuft sich auf 100 Euro
élev|eur *m*, **~euse** *f* [el(ə)vœʀ, -øz] Züchter(in) *m(f)*
élimé(e) [elime] abgewetzt
élimination *f* [eliminasjõ] **1** Beseitigung *f*; *von Abfall a.*: Entsorgung *f* **2** *bei e-m Wettbewerb*: Ausscheiden *n*, Ausschluss *m*; *wegen Doping usw.*: Sperrung *f*; *von Konkurrenten*: Ausschaltung *f* **3** ***procéder par ~*** alles Überflüssige unberücksichtigt lassen
éliminatoire [eliminatwaʀ] (*Note, Fehler usw.*) zum Ausschluss führend
éliminatoires *f Pl* [eliminatwaʀ] Ausscheidungswettkämpfe *m Pl*, Ausscheidungsspiele *n Pl*
éliminer [elimine] **1** beseitigen; entsorgen (*Abfall*) **2** *bei Wettbewerben*: ausschließen; *wegen Doping usw.*: sperren; ausschalten (*Konkurrenten*); *bei Prüfungen*: durchfallen lassen; ***il a été éliminé*** er ist ausgeschieden, er ist durchgefallen
▸ **élire** [eliʀ] ⟨*wie* ***lire***⟩ wählen
élite *f* [elit] Elite *f*
▸ **elle** [ɛl] **1** ***~ dort*** sie schläft (⚠ *aber a.*: ***~ est chère, la voiture*** er ist teuer, der Wagen; ***~ est belle, la maison*** es ist schön, das Haus) **2** ***avec ~*** mit ihr; ***pour ~*** für sie **3** ***elle ne pense qu'à ~*** sie denkt nur an sich
elle-même [ɛlmɛm] **1** (sie) selbst **2** sich (selbst)
▸ **elles** [ɛl] **1** ***~ mangent*** sie essen **2** ***avec ~*** mit ihnen; ***pour ~*** für sie **3** ***~ ne pensent qu'à ~*** sie denken nur an sich
elles-mêmes [ɛlmɛm] **1** (sie) selbst **2** sich (selbst)
élocution *f* [elɔkysjõ] Aussprache *f*
éloge *m* [elɔʒ] Lob *n*
éloigné(e) [elwaɲe] (weit) entfernt
éloignement *m* [elwaɲmɑ̃] Entfernung *f*
▸ **éloigner** [elwaɲe] **1** entfernen, fernhalten **2** *fig.* abhalten, abbringen **3** wegrücken; (weiter) wegstellen (*Möbel usw.*) **4** ***s'~*** sich entfernen
éloquence *f* [elɔkɑ̃s] Wortgewandtheit *f*
éloquent(e) [elɔkɑ̃(t)] **1** (*Person*) wortgewandt **2** (*Blick, Geste*) vielsagend
élu(e) [ely] **1** → ***élire*** **2** *bes.* POL gewählt **3** *fig.* auserwählt
élucider [elyside] **1** aufklären (*Rätsel, Angelegenheit*) **2** erläutern (*Text, Problem*)
élucubrations *f Pl* [elykybʀasjõ] Hirngespinste *n Pl*
éluder [elyde] ***~ une question*** e-r Frage (geschickt) ausweichen
Élysée *m* [elize] Élysée *n* (*Sitz des frz. Präsidenten in Paris*)
émail *m* [emaj] ⟨*Pl* ***émaux***⟩ **1** Email *n*; ***en ~*** emailliert, Email… **2** Zahnschmelz *m*

E

E

e-mail *m* [⚠ imɛl] ⟨*Pl* ***e-mails***⟩ E-Mail *f*; ***envoyer un ~ à qn*** j-m e-e E-Mail schicken; ***par ~*** per E-Mail
émancipation *f* [emɑ̃sipasjõ] **1** Befreiung *f* **2** *bes. von Frauen*: Emanzipation *f* **3** *von Ländern*: Unabhängigkeit *f*
émanciper [emɑ̃sipe] **1** befreien **2** ***s'~*** sich emanzipieren; (*Land*) unabhängig werden
emballage *m* [ɑ̃balaʒ] Verpackung *f*
emballement *m* [ɑ̃balmɑ̃] Begeisterung *f*
▸ **emballer** [ɑ̃bale] **1** einpacken, verpacken **2** *umg.* begeistern **3** *umg.* ***s'~*** (*Pferd*) durchgehen; (*Motor*) aufheulen; (*Mensch*) durchdrehen
embarcadère *m* [ɑ̃baʀkadɛʀ] Landungssteg *m*, Anlegestelle *f*
embarcation *f* [ɑ̃baʀkasjõ] (kleines) Boot
embarquement *m* [ɑ̃baʀkəmɑ̃] **1** *in ein Schiff*: Einsteigen *n*, Anbordgehen *n* **2** *von Waren usw.*: Verschiffung *f*, Verladen *n*
embarquer [ɑ̃baʀke] **1** **(*s'*)*~*** einsteigen; *bes.* SCHIFF, FLUG an Bord gehen **2** verladen, einladen; *bes.* SCHIFF, FLUG an Bord nehmen **3** *umg.* schnappen, verhaften (*Verbrecher*) **4** *umg.* ***s'~ dans une affaire*** sich in e-e Sache hineinziehen lassen
embarras *m* [ɑ̃baʀa] **1** Unannehmlichkeit *f*, Schwierigkeit *f* **2** *von Personen*: Verlegenheit *f*, Verwirrung *f* **3** ***il n'a que l'~ du choix*** er muss sich nur entscheiden
embarrassant(e) [ɑ̃baʀasɑ̃(t)] unangenehm, peinlich
embarrassé(e) [ɑ̃baʀase] verlegen, verwirrt
embarrasser [ɑ̃baʀase] **1** stören, behindern **2** ***~ qn*** j-n in Verlegenheit bringen, j-m Unannehmlichkeiten machen **3** ***s'~ de qc*** sich mit etw belasten
embauche *f* [ɑ̃boʃ] *beruflich*: Anstellung *f*
▸ **embaucher** [ɑ̃boʃe] einstellen, anstellen (*Arbeiter usw.*)
embellir [ɑ̃bɛliʀ] **1** schöner machen, verschönern **2** schöner werden
embêtant(e) [ɑ̃bɛtɑ̃(t)] *umg.* **1** (*ärgerlich*) blöd **2** langweilig, öde **3** (*Mensch*) lästig
embêter [ɑ̃bete] *umg.* **1** ärgern **2** ***tu m'embêtes*** du gehst mir auf die Nerven **3** ***ça m'embête*** das stinkt mir **4** langweilen, anöden **5** ***s'~*** sich langweilen
emblée [ɑ̃ble] ***d'~*** auf Anhieb
embobiner [ɑ̃bɔbine] *umg.* belabern, beschwatzen
emboîter [ɑ̃bwate] **1** zusammenstecken, ineinander stecken (*Rohre usw.*) **2** *in e-e Öffnung*: stecken (***dans*** in) **3** ***s'~*** ineinander passen
embonpoint *m* [ɑ̃bõpwɛ̃] Korpulenz *f*; ***prendre de l'~*** füllig werden
embouchure *f* [ɑ̃buʃyʀ] **1** Mündung *f* **2** MUS Mundstück *n*
▸ **embouteillage** *m* [ɑ̃butɛjaʒ] Stau *m*, Verkehrsstau *m*
emboutir [ɑ̃butiʀ] **1** eindrücken, verbeulen **2** ***je me suis fait ~ par une voiture*** mir ist jemand hinten reingefahren
embranchement *m* [ɑ̃bʀɑ̃ʃmɑ̃] Abzweigung *f*, Gabelung *f*
embrassades *f Pl* [ɑ̃bʀasad] *zur Begrüßung*: Umarmungen *f Pl*, Küsse *m Pl*
▸ **embrasser** [ɑ̃bʀase] **1** küssen **2** *zur Begrüßung*: umarmen (und küssen) **3** *am Briefschluss*: ***je t'embrasse bien fort*** herzliche Grüße und Küsse **4** umfassen (*Epoche, Gebiet usw.*)
embrayage *m* [ɑ̃bʀɛjaʒ] Kupplung *f*
embrayer [ɑ̃bʀɛje] ⟨***-ay-*** *od.* ***-ai-***⟩ **1** AUTO kuppeln, einkuppeln **2** *fig.* ***~ sur qc*** auf etw zu sprechen kommen
embrocher [ɑ̃bʀɔʃe] *zum Braten*: auf den Spieß stecken; *a. fig.* aufspießen
embrouillé(e) [ɑ̃bʀuje] verworren, konfus
embrouiller [ɑ̃bʀuje] **1** durcheinanderbringen (*Dinge, Menschen, Situation*) **2** verheddern (*Fäden*) **3** ***s'~*** aus dem Konzept kommen (***dans*** bei)
embryon *m* [ɑ̃bʀijõ] (⚠ embryo<u>n</u>) Embryo *m*
embuscade *f* [ɑ̃byskad] Hinterhalt *m*, Falle *f*
éméché(e) [emeʃe] *umg.* angeheitert, beschwipst
émeraude *f* [emʀod] Smaragd *m*
émerger [emɛʀʒe] ⟨***-ge-***⟩ **1** auftauchen **2** *fig.* zum Vorschein kommen; *bes. positiv*: sich herausheben **3** *umg.* (*wach werden*) zu sich kommen
émerveillement *m* [emɛʀvɛjmɑ̃] Be-

wunderung *f*, Entzücken *n*
émerveiller [emɛʀveje] begeistern
émetteur[1] *m* [emɛtœʀ] RAD, TV Sender *m*
émetteur[2] *m* [emɛtœʀ] *e-s Schecks*: Aussteller *m*
émettre [emɛtʀ] ⟨*wie* ***mettre***⟩ **1** RAD, TV senden **2** ausgeben (*Aktien*) **3** aussenden (*Strahlen*); von sich geben (*Töne*); abgeben (*Licht*) **4** äußern (*Meinung*)
émeute *f* [emøt] Aufruhr *m*, Tumult *m*
émietter [emjɛte] **1** zerbröckeln, zerkrümeln **2** ***s'~*** zerbröckeln
émigrant(e) *m(f)* [emigʀɑ̃(t)] Auswanderer *m*, Auswanderin *f*
émigration *f* [emigʀasjɔ̃] Auswanderung *f*, Emigration *f*
émigré(e) *m(f)* [emigʀe] Emigrant(in) *m(f)*
émigrer [emigʀe] auswandern, emigrieren
éminence *f* [eminɑ̃s] **1** (*Hügel*) Anhöhe *f* **2** *am Körper*: Höcker *m*, Wölbung *f* **3** *Titel*: ***Son Éminence*** Seine Eminenz
▸ **émission** *f* [emisjɔ̃] **1** RAD, TV Sendung *f* **2** *von Aktien*: Ausgabe *f* **3** *von Strahlen usw.*: Aussendung *f*, Abgabe *f*
emmagasiner [ɑ̃magazine] **1** lagern (*Waren*) **2** speichern (*a. im Gedächtnis*)
emmêler [ɑ̃mɛle] durcheinanderbringen
emménager [ɑ̃menaʒe] ⟨***-ge-***⟩ einziehen
▸ **emmener** [ɑ̃mne] ⟨***-è-***⟩ mitnehmen
emmerdant(e) [ɑ̃mɛʀdɑ̃(t)] *umg.* **1** saublöd **2** stinklangweilig
emmerder [ɑ̃mɛʀde] *umg.* **1** ***je l'emmerde!*** der kann mich mal! **2** ***je m'emmerde*** ich langweile mich zu Tode
emmerdes *f Pl* [ɑ̃mɛʀd] *umg.* Mordsärger *m*
emmerd|eur *m*, **~euse** *f* [ɑ̃mɛʀdœʀ, -øz] *umg.* Nervensäge *f*
émoi *m* [emwa] *lit.* Aufregung *f*
émot|if, ~ive [emɔtif, -iv] **1** (*Person*) empfindlich, sensibel **2** (*Reaktion usw.*) Gefühls…
émotion *f* [emɔsjɔ̃] **1** Rührung *f*, Ergriffenheit *f* **2** *stärker*: Aufregung *f*; *umg.* ***tu m'as donné des ~s!*** du hast mir aber e-n Schreck eingejagt! **3** ***des ~s fortes*** Nervenkitzel *m*
émotivité *f* [emɔtivite] Empfindlichkeit *f*
émouvant(e) [emuvɑ̃(t)] rührend, ergreifend
émouvoir [emuvwaʀ] ⟨*wie* ***mouvoir***, *aber*: ***cela m'a ému***⟩ **1** (*Gefühl*) rühren, ergreifen **2** ***s'~*** ergriffen werden
empailler [ɑ̃pɑje] ausstopfen
s'emparer [sɑ̃paʀe] **1** ***~ de qn*** j-n in seine Gewalt bringen **2** ***~ de qc*** *illegal*: etw an sich bringen; *mit Gewalt*: etw an sich reißen
s'empâter [sɑ̃pɑte] dick werden, in die Breite gehen
empêchement *m* [ɑ̃pɛʃmɑ̃] Hindernis *n*; ***j'ai eu un ~*** mir ist etwas dazwischengekommen
▸ **empêcher** [ɑ̃peʃe] **1** verhindern (*Dinge*) **2** hindern (*Personen*); ***~ qn de travailler*** j-n daran hindern zu arbeiten **3** (***il***) ***n'empêche que …*** trotzdem …, immerhin … **4** ***je n'ai pas pu m'~ de le faire*** ich musste es einfach tun, ich konnte nicht anders
▸ **empereur** *m* [ɑ̃pʀœʀ] Kaiser *m*
empester [ɑ̃pɛste] stinken; ***ici, ça empeste le tabac*** hier stinkt es nach Tabak
s'empêtrer [sɑ̃petʀe] **1** (*hängen bleiben*) sich verfangen **2** *in Lügen usw.*: sich verstricken
s'empiffrer [sɑ̃pifʀe] *umg.* sich den Bauch vollschlagen (***de*** mit)
empiler [ɑ̃pile] stapeln
empire *m* [ɑ̃piʀ] **1** Kaiserreich *n* **2** *fig.* Weltreich *n*, Imperium *n*
empirer [ɑ̃piʀe] sich verschlimmern, sich verschlechtern
emplacement *m* [ɑ̃plasmɑ̃] Stelle *f*, Standort *m*
▸ **emploi** *m* [ɑ̃plwa] **1** (*Anwendung*) Gebrauch *m* **2** (*Arbeitsplatz*) Stelle *f*; ***l'~ à mi-temps*** die Halbtagsstelle; ***l'~ à plein temps*** die Vollzeitstelle; die Ganztagsstelle **3** ▸ ***l'emploi du temps*** der Zeitplan; SCHULE der Stundenplan
▸ **employé(e)** *m(f)* [ɑ̃plwaje] Angestellte(r) *f(m)*
▸ **employer** [ɑ̃plwaje] ⟨***-oi-***⟩ **1** benutzen, verwenden **2** *in e-r Firma*: beschäftigen **3** ***ce mot s'emploie souvent*** dieses Wort wird oft gebraucht
▸ **employ|eur** *m*, **~euse** *f* [ɑ̃plwajœʀ, -øz] Arbeitgeber(in) *m(f)*
empocher [ɑ̃pɔʃe] einstecken (*Geld*)
empoigner [ɑ̃pwaɲe] **1** packen, ergrei-

E

fen **2** ***s'~*** aneinandergeraten

empoisonner [ɑ̃pwazɔne] **1** vergiften **2** *mit Gestank*: verpesten

▸ **emporter** [ɑ̃pɔʀte] **1** mitnehmen; ***à ~*** zum Mitnehmen **2** wegbringen (*Verletzte usw.*) **3** (*Wasser*) fortschwemmen; (*Strömung*) mitreißen; (*Wind*) wegwehen **4** ***l'~*** siegen (***sur*** über) **5** ***~ l'affaire*** das Geschäft machen **6** ***s'~*** zornig werden

E

empoté(e) [ɑ̃pɔte] *umg.* schwerfällig, tollpatschig

empreinte *f* [ɑ̃pʀɛ̃t] Abdruck *m*; ***l'~ digitale*** der Fingerabdruck

empressé(e) [ɑ̃pʀese] eifrig, diensteifrig

empressement *m* [ɑ̃pʀesmɑ̃] Diensteifer *m*

s'empresser [sɑ̃pʀese] ***il s'empresse de le faire*** er tut es sofort

emprisonnement *m* [ɑ̃pʀizɔnmɑ̃] Haft *f*

emprisonner [ɑ̃pʀizɔne] einsperren, inhaftieren

emprunt *m* [ɑ̃pʀœ̃], *oft a.* [ɑ̃pʀɛ̃] **1** (*Kredit*) Anleihe *f* **2** *sprachlich*: Lehnwort *n*, Entlehnung *f* (***à*** aus)

▸ **emprunter** [ɑ̃pʀœ̃te], *oft a.* [ɑ̃pʀɛ̃te] **1** ***j'ai emprunté le livre à mon frère*** ich habe das Buch von meinem Bruder geliehen **2** benutzen (*Weg*)

▸ **ému(e)** [emy] **1** → ***émouvoir*** **2** gerührt, bewegt, ergriffen

▸ **en**[1] [ɑ̃] **1** *Ort*: in; ***~ ville*** in der Stadt; ***~ France*** in Frankreich; ***~ Corse*** auf Korsika **2** *Richtung*: nach; in; ***aller ~ France, ~ Corse*** *usw.* nach Frankreich, nach Korsika *usw.* gehen *od.* fahren; ***aller ~ ville*** in die Stadt gehen *od.* fahren **3** *Zeit*: ***~ janvier*** im Januar; ***~ été*** im Sommer; ***~ 2001*** (im Jahr) 2001 **4** *Material*: aus; ***~ bois*** aus Holz, hölzern; ***~ or*** aus Gold, golden **5** *Art u. Weise*: ***~ rouge*** in Rot; ***~ allemand*** auf Deutsch; ***aller ~ voiture, ~ train*** *usw.* mit dem Auto, Zug *usw.* fahren; ***~ trois volumes*** in drei Bänden **6** ***croire ~ Dieu*** an Gott glauben

▸ **en**[2] [ɑ̃] *Pronomen* **1** davon, darauf, dazu *usw.* **2** welche; *verneint*: keine

en[3] [ɑ̃] *beim Gerundium*: beim; ***il parle ~ mangeant*** er redet beim Essen; ⚠ *oft a. unübersetzt*: ***elle répondit ~ souriant*** sie antwortete lächelnd

ENA *f* [ena] (*Abk. für* École nationale d'administration) *frz. Elitehochschule*

encadré *m* [ɑ̃kadʀe] *in Texten*: Kasten *m*

encadrement *m* [ɑ̃kadʀəmɑ̃] **1** *für Bilder, von Türen*: Rahmen *m* **2** *für Menschen*: Betreuung *f*

encadrer [ɑ̃kadʀe] **1** einrahmen (*Bild*) **2** umranden (*Text*) **3** betreuen (*Person*)

encaisser [ɑ̃kese] **1** kassieren (*Geld*); einlösen (*Scheck*) **2** *umg.* kassieren, einstecken (*Prügel usw.*) **3** *umg.* ***il ne peut pas l'~*** er kann ihn nicht leiden

en-cas *m* [ɑ̃kɑ] <*unv.*> kleiner Imbiss

encastrer [ɑ̃kastʀe] **1** einbauen **2** ***s'~*** sich einfügen, eingelassen sein

▸ **enceinte**[1] [ɑ̃sɛ̃t] schwanger; ***elle est ~ de trois mois*** sie ist im vierten Monat (schwanger)

enceinte[2] *f* [ɑ̃sɛ̃t] **1** Stadtmauer *f*; *bei e-r Festung*: Ringmauer *f* **2** *fig.* Bereich *m*, Raum *m* **3** *bei der Stereoanlage*: ***l'~ (acoustique)*** die Lautsprecherbox

encens *m* [ɑ̃sɑ̃] Weihrauch *m*

encercler [ɑ̃sɛʀkle] einkreisen, umzingeln

enchaînement *m* [ɑ̃ʃɛnmɑ̃] **1** Verbindung *f*, Verknüpfung *f*; ***un ~ de circonstances malheureuses*** e-e Verkettung unglücklicher Umstände **2** (*Übergang*) Überleitung *f*

enchaîner [ɑ̃ʃene] **1** in Ketten legen (*Gefangene*) **2** anketten (*Hund*) **3** verbinden, verknüpfen (*Ideen*) **4** *beim Gespräch*: schnell weiterreden **5** FILM überblenden **6** ***s'~*** ineinandergreifen, aufeinanderfolgen

enchanté(e) [ɑ̃ʃɑ̃te] **1** verzaubert **2** (*begeistert*) entzückt **3** *wenn man j-m vorgestellt wird*: ***enchanté!*** sehr erfreut!, angenehm!

enchanter [ɑ̃ʃɑ̃te] **1** (*begeistern*) entzücken **2** *durch Charme usw.*: bezaubern **3** (*Zauberer*) verzaubern

enchanteur *m* [ɑ̃ʃɑ̃tœʀ] Zauberer *m*

enchère *f* [ɑ̃ʃɛʀ] ***la vente aux ~s*** die Versteigerung, die Auktion; ***vendre aux ~s*** versteigern

enchevêtré(e) [ɑ̃ʃ(ə)vetʀe] **1** (*Fäden*) verwickelt; (*Wege, Zweige*) verschlungen **2** (*Gedanken, Angelegenheit*) verworren; (*Problem*) verwickelt

enchevêtrement *m* [ɑ̃ʃ(ə)vetʀəmɑ̃] Wirrwarr *m*, Gewirr *n*

enclencher [ɑ̃klɑ̃ʃe] **1** einlegen (*Gang im Auto*) **2** in Gang bringen (*Angele-*

genheit) **3** ***s'~*** *(Mechanismus)* einrasten
enclos *m* [ɑ̃klo] **1** eingezäuntes Grundstück **2** *(Einfriedung)* Umzäunung *f*
encoche *f* [ɑ̃kɔʃ] Kerbe *f*, Einschnitt *m*
encombrant(e) [ɑ̃kõbʀɑ̃(t)] **1** sperrig, unhandlich **2** *(Mensch, Besuch)* störend, lästig
encombre [ɑ̃kõbʀ] ***sans ~*** ohne Zwischenfälle, glatt
encombré(e) [ɑ̃kõbʀe] **1** *(Straße, Autobahn)* verstopft; *(Durchgang)* versperrt **2** *mit Dingen*: vollgestellt, überladen **3** *von Menschen*: überlaufen, überfüllt **4** *(Telefonleitung)* überlastet
encombrement *m* [ɑ̃kõbʀəmɑ̃] **1** *auf der Straße*: Stau *m* **2** *von Telefonleitungen*: Überlastung *f*
encombrer [ɑ̃kõbʀe] **1** versperren *(Durchgang)*; verstopfen *(Straße)* **2** *mit Dingen*: überladen **3** ***s'~*** sich belasten
▸ **encore** [ɑ̃kɔʀ] **1** *zeitlich*: noch; immer noch; ***pas ~*** noch nicht **2** *(noch einmal)* (schon) wieder; ***~ une fois*** noch einmal **3** noch, (noch) mehr; ***~ plus grand*** noch größer; ***veux-tu ~ du thé?*** möchtest du noch Tee? **4** ***si ~ il s'était excusé!*** wenn er sich wenigstens entschuldigt hätte! **5** ***et ~!*** höchstens!, wenn überhaupt! **6** ***~ faut-il ...*** erst einmal *od.* allerdings muss man ... **7** ***non seulement ..., mais ~ ...*** nicht nur ..., sondern auch ...
encourageant(e) [ɑ̃kuʀaʒɑ̃(t)] ermutigend
encouragement *m* [ɑ̃kuʀaʒmɑ̃] Ermutigung *f*, Aufmunterung *f*
▸ **encourager** [ɑ̃kuʀaʒe] ⟨***-ge-***⟩ **1** ermutigen, ermuntern; anfeuern *(bes. Sportler)* **2** fördern *(Talent, Projekt usw.)*
encourir [ɑ̃kuʀiʀ] ⟨*wie* ***courir***⟩ mit ... rechnen müssen; ***~ une peine*** sich strafbar machen
encrasser [ɑ̃kʀase] **1** verschmutzen, verdrecken **2** ***s'~*** schmutzig werden
▸ **encre** *f* [ɑ̃kʀ] Tinte *f*
encrier *m* [ɑ̃kʀije] Tintenfass *n*
enculé *m* [ɑ̃kyle] ⚠ *vulg.* Arschloch *n*, Arsch *m*
encyclopédie *f* [ɑ̃siklɔpedi] Enzyklopädie *f*, Lexikon *n*
endettement *m* [ɑ̃dɛtmɑ̃] Verschuldung *f*
s'endetter [sɑ̃dɛte] sich verschulden
endiablé(e) [ɑ̃djable] wild, rasend
endiguer [ɑ̃dige] **1** eindeichen *(Fluss)* **2** *fig.* eindämmen, zurückdrängen *(Gefühle, Menschenmenge usw.)*
endimanché [ɑ̃dimɑ̃ʃe] festlich gekleidet
endive *f* [ɑ̃div] Chicorée *m* (⚠ *u. umgekehrt* Endivie = ***chicorée*** *f*)
endommager [ɑ̃dɔmaʒe] ⟨***-ge-***⟩ beschädigen
endormi(e) [ɑ̃dɔʀmi] **1** schlafend **2** ***encore tout endormi*** noch ganz verschlafen **3** *(müde)* schläfrig **4** *(lahm)* träge, verschlafen **5** *(Bein, Arm usw.)* eingeschlafen
endormir [ɑ̃dɔʀmiʀ] ⟨*wie* ***dormir***⟩ **1** ▸ ***s'endormir*** *(Mensch, Gefühl)* einschlafen; *(Schmerz usw.)* nachlassen **2** zum Schlafen bringen *(Kind usw.)* **3** *(Hitze, Musik usw.)* müde machen; ***ce film m'endort*** bei diesem Film schlafe ich ein **4** *mit e-r Narkose*: betäuben **5** vertreiben, einschläfern *(Sorgen, Bedenken)*
endosser [ɑ̃dose] **1** anziehen, überziehen *(Mantel)* **2** auf der Rückseite ausfüllen *(Scheck)* **3** ***~ la responsabilité*** die Verantwortung übernehmen
▸ **endroit**[1] *m* [ɑ̃dʀwa] **1** Stelle *f*, Platz *m* **2** ***par ~s*** stellenweise
endroit[2] *m* [ɑ̃dʀwa] *von Stoff usw.*: Oberseite *f*, rechte Seite
enduire [ɑ̃dɥiʀ] ⟨*wie* ***conduire***⟩ **1** *mit Butter usw.*: bestreichen **2** *mit Creme usw.*: einreiben
enduit *m* [ɑ̃dɥi] Putz *m*, Verputz *m*
endurance *f* [ɑ̃dyʀɑ̃s] Ausdauer *f*
endurant(e) [ɑ̃dyʀɑ̃(t)] ausdauernd, zäh
endurcir [ɑ̃dyʀsiʀ] **1** *körperlich*: abhärten **2** *gefühlsmäßig*: hart machen, verhärten **3** ***s'~*** *körperlich*: sich abhärten; *gefühlsmäßig*: hart werden, abstumpfen
endurer [ɑ̃dyʀe] aushalten, ertragen
▸ **énergie** *f* [enɛʀʒi] Energie *f*
énergique [enɛʀʒik] **1** energisch **2** *(Mittel)* sehr wirksam
énervant(e) [enɛʀvɑ̃(t)] nervenaufreibend, nervig
énervé(e) [enɛʀve] aufgeregt, nervös
énervement *m* [enɛʀvəmɑ̃] Unruhe *f*, Nervosität *f*
énerver [enɛʀve] **1** nervös machen,

nerven **2** ▸ ***s'énerver*** sich aufregen, nervös werden

▸ **enfance** *f* [ɑ̃fɑ̃s] Kindheit *f*

▸ **enfant** *m,f* [ɑ̃fɑ̃] **1** Kind *n* **2** ***un ~ unique*** ein Einzelkind **3** ***un ~ prodige*** ein Wunderkind **4** ***un ~ de chœur*** ein Messdiener

enfantillage *m* [ɑ̃fɑ̃tijaʒ] Kinderei *f*

enfantin(e) [ɑ̃fɑ̃tɛ̃(-in)] **1** kindlich, Kinder… **2** (*einfach*) kinderleicht **3** *im negativen Sinn* kindisch

▸ **enfer** *m* [ɑ̃fɛʀ] **1** Hölle *f* **2** ***d'~*** höllisch, Höllen…; ***un bruit d'~*** ein Höllenlärm

▸ **enfermer** [ɑ̃fɛʀme] einschließen

enfiler [ɑ̃file] **1** aufreihen (*Perlen*) **2** ***~ l'aiguille*** die Nadel *od.* den Faden einfädeln **3** überziehen (*Kleidung*); überstreifen (*Ring*) **4** *umg.* ***s'~ une pizza*** sich e-e Pizza reinziehen

▸ **enfin** [ɑ̃fɛ̃] **1** endlich, schließlich **2** *als Schlussfolgerung*: **~ (*bref*)** kurz (gesagt), kurz und gut **3** *resigniert*: na ja **4** (*genauer gesagt*) das heißt, beziehungsweise **5** doch, aber (doch); ***~, ce n'est pas grave!*** das ist doch nicht schlimm!

enflammé(e) [ɑ̃flame] **1** brennend **2** (*Wunde usw.*) entzündet **3** (*leidenschaftlich*) glühend

enflammer [ɑ̃flame] **1** in Brand stecken (*Gebäude, Holz usw.*) **2** anzünden (*Papier, Zigarette*) **3** begeistern, mitreißen (*Menschen*) **4** ***s'~*** Feuer fangen, sich entzünden (*a. Wunde usw.*)

enflé(e) [ɑ̃fle] geschwollen

enfler [ɑ̃fle] **(*s'*)~** anschwellen

enflure *f* [ɑ̃flyʀ] Schwellung *f*

enfoncer [ɑ̃fɔ̃se] ⟨**-ç-**⟩ **1** ein-, hineindrücken; *stärker*: hinein-, einrammen; einschlagen (*Tür*); ***~ un clou dans le mur*** e-n Nagel in die Wand schlagen **2** ***~ son bonnet jusqu'aux oreilles*** die Mütze bis über die Ohren ziehen **3** (*versinken*) einsinken **4** *umg.* ***s'~*** einsinken, versinken

enfouir [ɑ̃fwiʀ] vergraben

enfourcher [ɑ̃fuʀʃe] ***~ un vélo, un cheval*** aufs Fahrrad, aufs Pferd steigen

enfourner [ɑ̃fuʀne] **1** in den Ofen schieben **2** *umg.* hineinschaufeln (*Essen*)

enfreindre [ɑ̃fʀɛ̃dʀ] ⟨*wie **peindre***⟩ gegen … verstoßen, übertreten (*Regel*)

▸ **s'enfuir** [sɑ̃fɥiʀ] ⟨*wie **fuir***⟩ fliehen, flüchten

enfumer [ɑ̃fyme] verräuchern (*Zimmer*); einräuchern (*Leute*)

engageant(e) [ɑ̃gaʒɑ̃(t)] einladend; (*Lächeln*) gewinnend; (*Angebot*) verlockend

engagement *m* [ɑ̃gaʒmɑ̃] **1** Verpflichtung *f*, Zusage *f* **2** *beruflich*: Einstellung *f*, Anstellung *f*; *von Künstlern*: Engagement *n* **3** ***sans ~ (de notre part)*** unverbindlich

engager [ɑ̃gaʒe] ⟨**-ge-**⟩ **1** *beruflich*: anstellen, einstellen; engagieren (*Künstler*) **2** *in etw*: einlegen, hineinlegen, hineinstecken *usw.* **3** anfangen (*Gespräch*); aufnehmen (*Verhandlungen*); eröffnen (*Diskussion, Kampf*) **4** verpflichten (**à** zu); ***je me suis engagé à l'aider*** ich habe mich verpflichtet, ihm *od.* ihr zu helfen **5** (*auffordern*) veranlassen (**à** zu) **6** ***s'~ dans une rue*** in e-e Straße gehen *bzw.* fahren **7** ***s'~ dans une aventure*** sich auf ein Abenteuer einlassen

engendrer [ɑ̃ʒɑ̃dʀe] (*verursachen*) erzeugen

engin *m* [ɑ̃ʒɛ̃] **1** Gerät *n*, Maschine *f* **2** *umg.* Ding *n*, Dingsbums *n*

englober [ɑ̃glɔbe] (*umfassen*) einschließen, einbeziehen

engloutir [ɑ̃glutiʀ] verschlingen

engouffrer [ɑ̃gufʀe] **1** *umg.* hinunterschlingen, verputzen **2** ***s'~ dans un magasin*** in ein Geschäft stürzen

engourdir [ɑ̃guʀdiʀ] **1** gefühllos *od.* taub machen; (*Kälte*) steif werden lassen **2** träge *od.* schlaff machen (*Personen*) **3** ***s'~*** (*Finger usw.*) einschlafen

engourdissement *m* [ɑ̃guʀdismɑ̃] **1** *von Fingern usw.*: Taubheit *f* **2** *von Personen*: Trägheit *f*, Schlaffheit *f*

engrais *m* [ɑ̃gʀɛ] Dünger *m*

engraisser [ɑ̃gʀɛse] **1** dick werden; ***il a engraissé*** er ist dick geworden **2** mästen (*Tiere*) **3** düngen (*Boden*)

engrenage *m* [ɑ̃gʀənaʒ] **1** TECH Getriebe *n* **2** *fig.* Maschinerie *f*; ***l'~ de la violence*** die Spirale der Gewalt

engueulade *f* [ɑ̃gœlad] *umg.* Anpfiff *m*, Anschiss *m*

engueuler [ɑ̃gœle] *umg.* anschnauzen

énième [⚠ ɛnjɛm] *fig.* ***pour la ~ fois*** zum x-ten Mal

énigmatique [enigmatik] geheimnisvoll, rätselhaft

énigme *f* [enigm] Rätsel *n*

enivrer [ɑ̃nivʀe] **1** betrunken machen **2** berauschen **3** ***s'~*** sich betrinken
enjamber [ɑ̃ʒɑ̃be] **1** über … springen, steigen, gehen *usw.* **2** ***le pont enjambe la rivière*** die Brücke führt über den Fluss
enjeu *m* [ɑ̃ʒø] 〈*Pl* **~x**〉 **1** *beim Spiel*: Einsatz *m* **2** (*Thema*) Gegenstand *m*, Sache *f*
enjoliveur *m* [ɑ̃ʒɔlivœʀ] Radkappe *f*
enjoué(e) [ɑ̃ʒwe] fröhlich
enlacer [ɑ̃lase] 〈**-ç-**〉 **1** (*Ranken, Ornament usw.*) umschlingen **2** umarmen (*Person*) **3** ***s'~*** sich umarmen, sich umschlingen
enlaidir [ɑ̃lɛdiʀ] **1** hässlich machen, verunstalten, verschandeln **2** hässlich werden, unansehnlich werden
enlèvement *m* [ɑ̃lɛvmɑ̃] **1** *von Dingen*: Abtransport *m*, Abholen *n* **2** *von Menschen*: Entführung *f*
▸ **enlever** [ɑ̃l(ə)ve] 〈**-è-**〉 **1** wegbringen, abholen, mitnehmen **2** (*beseitigen*) wegnehmen, abmachen; entfernen (*a. Fleck*); abziehen (*Haut*) **3** ausziehen (*Kleidung*) **4** entführen (*Menschen*) **5** *im Krieg*: einnehmen (*Stadt*) **6** erringen (*Sieg*) **7** ***s'~*** (*Farbe*) abgehen; (*Fleck*) herausgehen
s'enliser [sɑ̃lize] stecken bleiben
enneigé(e) [ɑ̃nɛʒe] verschneit
▸ **ennemi(e)**¹ *m(f)* [ɛnmi] Feind(in) *m(f)*
ennemi(e)² [ɛnmi] feindlich
▸ **ennui** *m* [ɑ̃nɥi] **1** ***des ~s*** Probleme *n Pl*, Ärger *m*; ***des ~s de santé*** Gesundheitsprobleme *n Pl* **2** Langeweile *f*
ennuyé(e) [ɑ̃nɥije] **1** (*verärgert*) ärgerlich **2** (***bien***) ***ennuyé*** besorgt
▸ **ennuyer** [ɑ̃nɥije] 〈**-ui-**〉 **1** (*lästig sein*) stören, ärgern **2** (*Sorgen machen*) beunruhigen **3** langweilen **4** ▸ ***s'ennuyer*** sich langweilen
▸ **ennuy|eux, ~euse** [ɑ̃nɥijø, -øz] **1** (*unangenehm*) ärgerlich, lästig **2** (*uninteressant*) langweilig
▸ **énorme** [enɔʀm] enorm, ungeheuer, riesig
énormément [enɔʀmemɑ̃] sehr, unheimlich
énormité *f* [enɔʀmite] **1** *von Verbrechen usw.*: Ungeheuerlichkeit *f* **2** *von Dingen*: ungeheure Größe **3** Riesendummheit *f*, haarsträubender Unsinn
▸ **enquête** *f* [ɑ̃kɛt] **1** Umfrage *f*, Untersuchung *f* **2** *polizeilich*: Ermittlungen *f Pl*
enquêter [ɑ̃kete] **1** *polizeilich*: ermitteln **2** e-e Umfrage durchführen
enquiquiner [ɑ̃kikine] *umg.* **1** nerven (*j-n*) **2** ***s'~*** sich langweilen **3** ***s'~ à faire qc*** sich mit etw herumschlagen
enraciné(e) [ɑ̃ʀasine] verwurzelt
enragé(e) [ɑ̃ʀaʒe] **1** (*Hund*) tollwütig **2** (*Mensch*) leidenschaftlich, fanatisch **3** ***enragé de …*** von … besessen
enrager [ɑ̃ʀaʒe] 〈**-ge-**〉 ***j'enrage de devoir y aller*** es macht mich wütend, dass ich dahin muss; ***il me fait ~*** er macht mich wütend, er ärgert mich
enregistrement *m* [ɑ̃ʀ(ə)ʒistʀəmɑ̃] **1** *auf Band*: Aufnahme *f*, Aufzeichnung *f* **2** *amtlich, von Angaben*: Registrierung *f* **3** ***l'~ des bagages*** die Gepäckabfertigung; ***se présenter à l'~*** FLUG einchecken
▸ **enregistrer** [ɑ̃ʀ(ə)ʒistʀe] **1** *auf Band*: aufnehmen, aufzeichnen **2** registrieren, verzeichnen (*Angaben*) **3** *im Gedächtnis*: sich merken, registrieren **4** abfertigen (*Gepäck*); FLUG einchecken; ▸ ***faire enregistrer les bagages*** das Gepäck aufgeben
enrhumé(e) [ɑ̃ʀyme] erkältet
s'enrhumer [sɑ̃ʀyme] sich erkälten
enrichir [ɑ̃ʀiʃiʀ] **1** reich machen (*Menschen*) **2** bereichern (*Sprache usw.*); erweitern (*Sammlung*) **3** anreichern (*Boden usw.*) **4** ***s'~*** reich werden; *unrechtmäßig*: sich bereichern
enrober [ɑ̃ʀɔbe] umhüllen, überziehen; ***enrobé de chocolat*** mit Schokoladenüberzug
enrôler [ɑ̃ʀole] **1** anwerben (*Soldaten*) **2** ***s'~ dans un parti*** in e-e Partei eintreten
enroué(e) [ɑ̃ʀwe] heiser
enrouler [ɑ̃ʀule] **1** ein-, auf-, zusammenrollen (*Papier, Teppich usw.*) **2** aufwickeln (*Faden usw.*) **3** wickeln (***autour de*** um, ***dans*** in) **4** ***s'~*** sich aufrollen *od.* zusammenrollen
ensanglanté(e) [ɑ̃sɑ̃glɑ̃te] blutverschmiert, blutig
▸ **enseignant(e)** *m(f)* [ɑ̃sɛ̃ɲɑ̃(t)] Lehrer(in) *m(f)*
enseigne *f* [ɑ̃sɛ̃ɲ] Schild *n*, Ladenschild *n*
▸ **enseignement** *m* [ɑ̃sɛɲmɑ̃] **1** Unterricht *m* **2** *Bereich*: Schulwesen *n* **3** Leh-

rerberuf *m*

▸ **enseigner** [ãsɛɲe] **1** SCHULE unterrichten; ***il enseigne le français*** er unterrichtet Französisch; ***il enseigne le français aux élèves*** er unterrichtet die Schüler in Französisch **2** beibringen (*Regeln, Spiele, Fähigkeiten usw.*)

▸ **ensemble**[1] [ãsãbl] **1** zusammen; ▸ ***aller ensemble*** zusammenpassen **2** (*zugleich*) gleichzeitig

E

ensemble[2] *m* [ãsãbl] **1** Gesamtheit *f*, Ganze(s) *n*; ***l'impression d'~*** der Gesamteindruck; ***dans l'~*** insgesamt, alles in allem **2** *Musikgruppe, Kleidungsstück*: Ensemble *n* **3** *von Gebäuden*: Komplex *m*, Gruppe *f*; ***un grand ~*** e-e Hochhaussiedlung **4** *von Möbeln*: Garnitur *f*, Gruppe *f* **5** MATH ***la théorie des ~s*** die Mengenlehre

ensevelir [ãsəv(ə)liʀ] **1** *lit.* bestatten **2** *fig.* (*Lawine usw.*) verschütten, unter sich begraben

▸ **ensoleillé(e)** [ãsɔlɛje] sonnig

ensorceler [ãsɔʀsəle] ⟨***-ll-***⟩ verzaubern, verhexen (*a. fig.*)

▸ **ensuite** [ãsɥit] **1** *zeitlich*: dann, danach, darauf **2** *räumlich*: dahinter, danach

s'ensuivre [sãsɥivʀ] ⟨*wie* ***suivre****, aber nur Inf. u. 3. Person*⟩ **1** daraus folgen, sich daraus ergeben; ***et tout ce qui s'ensuit*** und alles, was damit zusammenhängt **2** *danach, dahinter*: darauf folgen

entaille *f* [ãtaj] **1** (tiefe) Schnittwunde **2** *in Holz usw.*: Kerbe *f*, Einschnitt *m*

entamer [ãtame] **1** anbrechen (*Vorräte*) **2** anschneiden (*Brot, Braten*) **3** (*Rost usw.*) angreifen **4** erschüttern (*Optimismus usw.*) **5** (*beginnen*) anfangen

entasser [ãtase] **1** stapeln, anhäufen (*Dinge*); zusammenpferchen (*Personen*) **2** ***s'~*** (*Dinge*) sich stapeln; (*Personen*) dicht gedrängt sein

▸ **entendre** [ãtãdʀ] ⟨*wie* ***rendre***⟩ **1** hören; ***j'ai mal entendu*** ich habe mich verhört; ***à l'~*** wenn man hört, was er *od.* sie sagt; ***j'ai entendu dire que c'est bon*** ich habe gehört, dass es gut ist; ***il se fait ~*** er verschafft sich Gehör **2** vernehmen, verhören (*Zeugen*) **3** erhören (*Gebet*) **4** (*begreifen*) verstehen; ***qu'est-ce que tu entends par ce mot?*** was verstehst du unter diesem Wort?, was meinst du mit diesem Wort? **5** wollen, beabsichtigen; ***qu'entendez-vous faire maintenant?*** was gedenkt ihr jetzt zu tun? **6** ***s'~*** sich verstehen (***avec*** mit, ***à*** auf) **7** ***s'~ avec qn sur qc*** sich mit j-m über etw einigen **8** ***ce bruit s'entend de loin*** diesen Lärm hört man von weitem

entendu(e) [ãtãdy] **1** beschlossen, abgemacht; **(*c'est*) *entendu!*** einverstanden!, abgemacht! **2** ▸ ***bien entendu*** natürlich

entente *f* [ãtãt] **1** (*Einvernehmen*) Einigkeit *f* **2** (*Absprache*) Einigung *f*, Abmachung *f*

▸ **enterrement** *m* [ãtɛʀmã] Beerdigung *f*

▸ **enterrer** [ãteʀe] **1** beerdigen, begraben **2** vergraben (*Schatz usw.*) **3** (*aufgeben*) begraben (*Plan, Hoffnungen*)

en-tête *m* [ãtɛt] ⟨*Pl* ***en-têtes***⟩ Briefkopf *m*

entêté(e) [ãtɛte] eigensinnig, dickköpfig

entêtement *m* [ãtɛtmã] Eigensinn *m*, Dickköpfigkeit *f*

s'entêter [sãtɛte] ***il s'entête à partir*** er will unbedingt gehen; ***elle s'entête dans son refus*** sie besteht auf ihrer Weigerung

enthousiasme *m* [ãtuzjasm] Begeisterung *f*

enthousiasmer [ãtuzjasme] begeistern

enthousiaste [ãtuzjast] begeistert

entier[1] *m* [ãtje] Ganze(s) *n*

▸ **ent|ier**[2], **~ière** [ãtje, -jɛʀ] **1** ganz **2** ***du lait entier*** Vollmilch **3** ***en entier*** ganz, vollständig **4** (*total*) völlig **5** (*unbeschädigt*) ganz **6** *im Charakter*: bestimmt, unnachgiebig

entièrement [ãtjɛʀmã] völlig, ganz

entonnoir *m* [ãtɔnwaʀ] Trichter *m*

entorse *f* [ãtɔʀs] Verstauchung *f*

entortiller [ãtɔʀtije] **1** wickeln (***dans*** in, ***autour de*** um) **2** (*beschwatzen*) einwickeln

entourage *m* [ãtuʀaʒ] Umgebung *f*, Umfeld *n*

▸ **entourer** [ãtuʀe] umgeben (***de*** mit)

entracte *m* [ãtʀakt] THEAT *usw.* Pause *f*

entraide *f* [ãtʀɛd] (gegenseitige) Hilfe

s'entraider [sãtʀede] sich (gegenseitig) helfen

entrailles *f Pl* [ãtʀaj] Eingeweide *Pl*

entrain *m* [ãtʀɛ̃] Schwung *m*, Temperament *n*

entraînant(e) [ɑ̃tʀɛnɑ̃(t)] schwungvoll, mitreißend

▸ **entraînement** *m* [ɑ̃tʀɛnmɑ̃] **1** Schulung *f*, Übung *f* **2** *bes.* SPORT Training *n* **3** TECH Antrieb *m*

entraîner [ɑ̃tʀene] **1** mitreißen (*a. fig.*) **2** TECH antreiben **3** ~ ***qn dans une affaire*** j-n in e-e Sache hineinziehen; ~ ***qn à faire qc*** j-n dazu bringen, etw zu tun **4** (*zur Folge haben*) mit sich bringen, nach sich ziehen **5** schulen; *bes.* SPORT trainieren **6** ▸ ***s'entraîner*** *bes.* SPORT trainieren

entraîneur *m* [ɑ̃tʀɛnœʀ] Trainer(in) *m(f)*

entrave *f* [ɑ̃tʀav] Hindernis *n*, Beeinträchtigung *f*

entraver [ɑ̃tʀave] **1** (am Fuß) fesseln (*Tier*) **2** *fig.* behindern, beeinträchtigen

▸ **entre** [ɑ̃tʀ] **1** zwischen **2** *bei e-r Gruppe von Personen, Dingen*: unter; ~ ***nous*** unter uns; ~ ***amis*** unter Freunden; ***qui d'~ vous?*** wer von euch? **3** ~ ***autres*** unter anderem **4** ~ ***parenthèses*** in Klammern

entrebâiller [ɑ̃tʀəbɑje] e-n Spaltbreit öffnen, anlehnen (*Tür*)

entrecôte *f* [ɑ̃tʀəkot] Zwischenrippenstück *n*, Entrecote *n*, Ⓐ Rostbraten *m*

entrecouper [ɑ̃tʀəkupe] unterbrechen

s'entre-déchirer [sɑ̃tʀədeʃiʀe] sich (gegenseitig) zerfleischen *od.* in Stücke reißen

entre-deux-guerres *m* [ɑ̃tʀədøgɛʀ] ⟨*unv.*⟩ *Zeit zwischen den beiden Weltkriegen*

▸ **entrée** *f* [ɑ̃tʀe] **1** Eintritt *m*; *von Fahrzeugen*: Einfahrt *f*; *auf die Bühne*: Auftritt *m*; *in ein Land*: Einreise *f* **2** (↔ *Ausgang*) Eingang *m*; *für Fahrzeuge*: Einfahrt *f*; *beim Bus usw.*: Einstieg *m* **3** Eintrittskarte *f*, Eintrittsgeld *n* **4** (*Vorraum*) Diele *f*, Halle *f* **5** *beim Essen*: Vorspeise *f* **6** IT Eingabe *f* **7** *im Wörterbuch*: Eintrag *m* **8** ***l'~ en fonction*** der Amtsantritt **9** ***l'~ en matière*** die Einleitung, die Einführung **10** ***l'~ en vigueur*** das Inkrafttreten

entrelacer [ɑ̃tʀəlase] ⟨**-ç-**⟩ verflechten, ineinander schlingen

entremêler [ɑ̃tʀəmɛle] vermischen

entremets *m* [ɑ̃tʀəmɛ] Süßspeise *f*, Nachtisch *m*, Ⓐ Mehlspeise *f*

entremise *f* [ɑ̃tʀəmiz] Vermittlung *f*

entreposer [ɑ̃tʀəpoze] lagern, unterstellen

entrepôt *m* [ɑ̃tʀəpo] Lager *n*, Lagerhalle *f*

entreprenant(e) [ɑ̃tʀəpʀənɑ̃(t)] **1** unternehmungslustig **2** (*lästig*) aufdringlich, zudringlich

entreprendre [ɑ̃tʀəpʀɑ̃dʀ] ⟨*wie* ***prendre***⟩ unternehmen, in Angriff nehmen

entrepreneur *m* [ɑ̃tʀəpʀənœʀ] Unternehmer *m*; *bes.* Bauunternehmer *m*

▸ **entreprise** *f* [ɑ̃tʀəpʀiz] **1** Unternehmen *n*, Firma *f* **2** (*Plan*) Vorhaben *n*

▸ **entrer** [ɑ̃tʀe] ⟨*1 u. 2 mit* ***être***⟩ **1** eintreten, hereinkommen, hineingehen; *mit dem Fahrzeug*: hinein-, hereinfahren; *in ein Land*: einreisen; ~ ***dans …*** in … gehen *bzw.* kommen; ***entrez!*** herein!; ***défense d'~!*** Eintritt verboten! **2** (*Dinge*) hineinpassen, hineingehen; ***je n'arrive pas à faire ~ la clé dans la serrure*** ich kriege den Schlüssel nicht ins Schloss **3** IT eingeben (*Daten*)

entre-temps [ɑ̃tʀətɑ̃] inzwischen

entretenir [ɑ̃tʀət(ə)niʀ] ⟨*wie* ***venir***⟩ **1** unterhalten (*Beziehungen usw.*) **2** in Ordnung halten (*Haus, Kleidung usw.*); warten (*Maschinen*); ***bien entretenu*** gut erhalten, gepflegt **3** (*versorgen*) unterhalten (*Familie usw.*) **4** ***s'~*** sich unterhalten (***avec*** mit, ***de*** über)

entretien *m* [ɑ̃tʀətjɛ̃] **1** Pflege *f*, Instandhaltung *f*; *von Maschinen*: Wartung *f* **2** *finanziell*: Unterhalt *m*, Lebensunterhalt *m* **3** (*Gespräch*) Unterredung *f*

entrevoir [ɑ̃tʀəvwaʀ] ⟨*wie* ***voir***⟩ **1** *nicht genau*: undeutlich *od.* flüchtig sehen **2** (*ahnen*) vermuten, vorhersehen

entrevue *f* [ɑ̃tʀəvy] Unterredung *f*, Treffen *n*

entrouvrir [ɑ̃tʀuvʀiʀ] ⟨*wie* ***couvrir***⟩ e-n Spaltbreit öffnen, anlehnen

énumération *f* [enymeʀasjõ] Aufzählung *f*

énumérer [enymeʀe] ⟨**-è-**⟩ aufzählen

▸ **envahir** [ɑ̃vaiʀ] **1** ~ ***un pays*** in ein Land einfallen **2** *fig.* (*Menschen, Dinge*) überfluten; (*Unkraut*) überwuchern; (*Waren den Markt*) überschwemmen; (*Insekten*) heimsuchen, plagen; ***la place était envahie par les touristes*** der Platz war von Touris-

E

ten überlaufen **3** (*Müdigkeit, Zweifel usw.*) überkommen
envahissant(e) [ɑ̃vaisɑ̃(t)] **1** (*Mensch*) aufdringlich **2** (*Unkraut*) wuchernd
▸ **enveloppe** *f* [ɑ̃v(ə)lɔp] **1** Briefumschlag *m*; ***mettre sous ~*** in e-n Umschlag stecken **2** (*Umhüllung*) Hülle *f*
envelopper [ɑ̃v(ə)lɔpe] **1** einwickeln, einpacken (*Geschenk usw.*) (***dans*** in) **2** (*Verpackung, Tuch*) hüllen (***autour de*** um) **3** (*verstecken*) verhüllen **4** ***s'~ dans une couverture*** sich in e-e Decke wickeln *od.* hüllen
envenimer [ɑ̃v(ə)nime] **1** infizieren (*Wunde*) **2** *fig.* verschärfen, verschlimmern
envergure *f* [ɑ̃vɛʀgyʀ] **1** ZO, FLUG Spannweite *f* **2** ***un homme politique d'~*** ein Politiker von Format **3** (*Umfang*) Ausmaß *n*, Tragweite *f*
enverrai [ɑ̃vɛʀe] → ***envoyer***
envers[1] [ɑ̃vɛʀ] gegenüber, gegen, zu
envers[2] *m* [ɑ̃vɛʀ] Rückseite *f*; *von Stoff usw.*: linke Seite; ▸ ***à l'envers*** verkehrt (herum); (*Stoff usw.*) auf links
enviable [ɑ̃vjabl] beneidenswert
envie *f* [ɑ̃vi] **1** Neid *m* **2** Lust *f* (***de*** auf); *auf Essen a.*: Appetit *m* (***de*** auf); ***ce pull me faisait ~*** (***depuis longtemps***) diesen Pulli wollte ich schon lange **3** (*Drang*) Bedürfnis *n*; ▸ ***avoir envie de qc*** auf etw Lust haben; ***j'ai ~ de vomir*** mir wird schlecht; ***j'ai ~ de pleurer*** ich muss gleich weinen; *umg.* ***j'ai ~*** (***de faire pipi***) ich muss mal (aufs Klo)
envier [ɑ̃vje] beneiden; ***je t'envie ton vélo*** ich beneide dich um dein Rad
envi|eux, ~euse [ɑ̃vjø, -øz] neidisch (***de*** auf)
▸ **environ** [ɑ̃viʀõ] ungefähr, etwa
environnant(e) [ɑ̃viʀɔnɑ̃(t)] umliegend, (in) der Umgebung
▸ **environnement** *m* [ɑ̃viʀɔnmɑ̃] **1** Umwelt *f* **2** (*Milieu*) Umfeld *n*
environs *m Pl* [ɑ̃viʀõ] **1** Umgebung *f* **2** *Zeit*: ***aux ~ de Noël*** um Weihnachten (herum)
envisageable [ɑ̃vizaʒabl] denkbar
envisager [ɑ̃vizaʒe] ⟨***-ge-***⟩ **1** beabsichtigen; ***j'envisage de déménager*** ich habe vor umzuziehen **2** (*in Betracht ziehen*) berücksichtigen
envoi *m* [ɑ̃vwa] **1** *Tätigkeit*: Versenden *n*, Zusenden *n* **2** *Gegenstand*: Sendung *f* **3** SPORT ***le coup d'~*** der Anstoß
envol *m* [ɑ̃vɔl] Wegfliegen *n*, Abflug *m*
s'envoler [sɑ̃vɔle] **1** (*Vogel*) wegfliegen; (*Flugzeug*) abfliegen **2** *umg.* (*verschwinden*) sich in Luft auflösen
envoûtement *m* [ɑ̃vutmɑ̃] Verzauberung *f*
envoûter [ɑ̃vute] verzaubern
envoyé(e) *m(f)* [ɑ̃vwaje] **1** Abgesandte(r) *f(m)* **2** ***l'envoyé spécial*** der Sonderberichterstatter
▸ **envoyer** [ɑ̃vwaje] ⟨***-oi-***, *fut.*: ***j'enverrai***⟩ **1** schicken (*Brief, Paket, Person*) **2** geben (*Schlag, Tritt*) **3** werfen *bzw.* schießen (*Ball*) **4** *umg.* ***il l'a envoyé promener*** er hat ihn zum Teufel gejagt **5** *umg.* ***s'~ un sandwich*** sich ein Sandwich reinziehen
▸ **épais, épaisse** [epɛ, epɛs] **1** dick **2** (*Haar, Nebel, Rauch*) dicht **3** (*Augenbrauen*) buschig **4** (*Witz*) plump, derb
épaisseur *f* [epɛsœʀ] **1** Dicke *f* **2** *von Nebel*: Dichte *f*
épanoui(e) [epanwi] **1** (*Blume*) aufgeblüht **2** (*Gesicht*) strahlend **3** (*Mensch, Charakter*) ausgeglichen
s'épanouir [sepanwiʀ] **1** (*Blumen*) aufgehen, aufblühen **2** (*Gesicht*) strahlen
épanouissement *m* [epanwismɑ̃] **1** (*Aufblühen*) Blüte *f* (*a. fig.*) **2** *von Talenten*: Entfaltung *f*
épargne *f* [epaʀɲ] **1** *Tätigkeit*: Sparen *n* **2** *Geld*: Ersparnisse *f Pl*
épargne-logement *f* [epaʀɲəlɔʒmɑ̃] Bausparen *n*
épargner [epaʀɲe] **1** sparen (*Geld*) **2** ersparen (*Unangenehmes*) **3** verschonen (*Menschen*); ***nous avons été épargnés*** wir sind verschont geblieben **4** ***s'~ des ennuis*** sich Ärger ersparen
éparpiller [epaʀpije] **1** (*verteilen*) verstreuen **2** ***s'~*** *an verschiedene Orte*: sich zerstreuen, sich verstreuen; *in der Aufmerksamkeit*: sich verzetteln
épatant(e) [epatɑ̃(t)] *umg.* super, toll
épaté(e) [epate] **1** *umg.* (*verblüfft*) baff, platt **2** (*Nase*) platt
épater [epate] *umg.* verblüffen
▸ **épaule** *f* [epol] Schulter *f*
épaulette *f* [epolɛt] **1** Schulterpolster *n* **2** *an Uniformen usw.*: Schulterstück *n*
épave *f* [epav] Wrack *n* (*a. Person*)
épée *f* [epe] Schwert *n*; *bes.* SPORT Degen *m*

▸ **épeler** [eple] ⟨-ll-⟩ buchstabieren
éperdument [epɛʀdymɑ̃] **1** *~ **amoureux*** unsterblich verliebt **2** ***je m'en moque ~*** das ist mir völlig egal
éperon *m* [epʀõ] *zum Reiten*: Sporn *m*
éphémère [efemɛʀ] vergänglich, kurz
éphéméride *f* [efemeʀid] Abreißkalender *m*
épi *m* [epi] **1** *von Getreide*: Ähre *f*; *von Mais*: Kolben *m* **2** *beim Haar*: Wirbel *m*
épice *f* [epis] Gewürz *n*
épicé(e) [epise] **1** gewürzt **2** (*scharf*) pikant; ***trop épicé*** (zu) scharf
épicer [epise] ⟨-ç-⟩ würzen
▸ **épicerie** *f* [episʀi] **1** Lebensmittelladen *m*; ***l'~ fine*** das Feinkostgeschäft **2** *im Kaufhaus*: Lebensmittelabteilung *f* **3** Lebensmittel *n Pl*
▸ **épic|ier** *m*, **~ière** *f* [episje, -jɛʀ] Lebensmittelhändler(in) *m(f)*
épidémie *f* [epidemi] Epidemie *f*, Seuche *f*
épier [epje] heimlich beobachten; ***~ qn*** j-m nachspionieren
épiler [epile] **1** enthaaren (*Beine usw.*) **2** zupfen (*Brauen usw.*)
épinard *m* [epinaʀ] Spinat *m*; ***manger des ~s*** Spinat essen
épine *f* [epin] **1** BOT Dorn *m*, Stachel *m* **2** ***l'~ dorsale*** das Rückgrat
épin|eux, **~euse** [epinø, -øz] **1** stachlig, dornig **2** (*Problem*) heikel
épingle *f* [epɛ̃gl] **1** Stecknadel *f* **2** ***l'~ de nourrice*** (*od.* ***de sûreté***) die Sicherheitsnadel **3** ***l'~ à cheveux*** die Haarnadel **4** *fig.* ***elle est tirée à quatre ~s*** sie ist wie aus dem Ei gepellt
épingler [epɛ̃gle] **1** feststecken **2** abstecken (*Saum*) **3** *umg.* schnappen (*Dieb*)
Épiphanie *f* [epifani] Dreikönigsfest *n*
épisode *m* [epizɔd] (⚠ un épisode) Episode *f*
épisodique [epizɔdik] **1** (*Besuch usw.*) gelegentlich **2** (*unwichtig*) nebensächlich
épithète *f* [epitɛt] Beiname *m*, Bezeichnung *f*; ***un adjectif ~*** ein attributives Adjektiv
éploré(e) [eplɔʀe] **1** (*Gesicht*) verweint; (*Stimme*) tränenerstickt **2** (*traurig*) untröstlich
éplucher [eplyʃe] **1** schälen (*Obst, Kartoffeln*); putzen (*Gemüse*) **2** (*prüfen*) (peinlich) genau durchgehen
épluchures *f Pl* [eplyʃyʀ] *von Obst, Kartoffeln usw.*: Schalen *f Pl*
éponge *f* [epõʒ] **1** Schwamm *m* **2** ***la serviette ~*** das Frotteehandtuch **3** *fig.* ***jeter l'~*** das Handtuch werfen
éponger [epõʒe] ⟨-ge-⟩ **1** abwischen **2** aufwischen (*Flüssigkeit*) **3** *fig.* begleichen (*Schulden*)
▸ **époque** *f* [epɔk] **1** HIST Epoche *f*, Zeit *f* **2** Zeit *f*, Zeitpunkt *m*; ***à cette ~ de l'année*** zu dieser Jahreszeit **3** ***d'~*** echt, Original… **4** ***à notre ~*** in der heutigen Zeit **5** ▸ ***à l'époque*** damals
épouse *f* [epuz] Gattin *f*, Ehefrau *f*
épouser [epuze] **1** heiraten **2** teilen (*Ideen, Ansichten*)
épousseter [epuste] ⟨-tt-⟩ abstauben
époustoufler [epustufle] *umg.* (*verblüffen*) umhauen
épouvantable [epuvɑ̃tabl] schrecklich, entsetzlich
épouvantail *m* [epuvɑ̃taj] **1** *auf dem Feld*: Vogelscheuche *f* **2** *fig.* Schreckgespenst *n*
épouvante *f* [epuvɑ̃t] Grauen *n*, Entsetzen *n*; ***le film d'~*** der Horrorfilm
épouvanter [epuvɑ̃te] erschrecken; ***épouvanté*** entsetzt
époux[1] *m* [epu] Gatte *m*, Ehemann *m*
époux[2] *m Pl* [epu] Eheleute *Pl*, Ehegatten *Pl*
▸ **épreuve** *f* [epʀœv] **1** Prüfung *f* **2** SPORT Wettkampf *m* **3** (*Test*) Probe *f*; ***mettre à l'~*** auf die Probe stellen **4** ***une ~ de force*** e-e Machtprobe **5** FOTO Abzug *m* **6** ***à toute ~*** sicher, bewährt; (*Gesundheit*) eisern **7** ***à l'~ du feu*** feuerfest
▸ **éprouver** [epʀuve] **1** (*testen*) prüfen, ausprobieren **2** (*Krankheit, Unglück usw.*) sehr mitnehmen, schwer treffen **3** (*spüren*) empfinden, fühlen
éprouvette *f* [epʀuvɛt] Reagenzglas *n*
EPS *f* [əpeɛs] (*Abk. für* éducation physique et sportive) Sportunterricht *m*, Sport *m*
épuisant(e) [epɥizɑ̃(t)] anstrengend
épuisé(e) [epɥize] **1** erschöpft **2** (*Reserven*) aufgebraucht **3** (*Ware*) ausverkauft; (*Buch*) vergriffen
épuisement *m* [epɥizmɑ̃] **1** Erschöpfung *f* **2** *von Waren*: ***jusqu'à l'~ des stocks*** solange der Vorrat reicht
épuiser [epɥize] **1** erschöpfen (*Personen*) **2** aufbrauchen (*Reserven*) **3** ausverkaufen (*Waren*) **4** auslaugen (*Bo-*

den) **5** ***s'~*** *(Vorräte)* zu Ende gehen; *(Kräfte)* nachlassen; *(Mensch)* schwach werden

équateur *m* [⚠ ekwatœʀ] Äquator *m*

Équateur [⚠ ekwatœʀ] ***l'~*** *m* Ecuador *n*

équation *f* [⚠ ekwasjõ] Gleichung *f*

équerre *f* [ekɛʀ] **1** *Gerät*: Winkel *m*; Zeichendreieck *n* **2** ***d'~*** rechtwinklig; ***en ~*** im rechten Winkel; ***les jambes en ~*** mit angewinkelten Beinen

▸ **équilibre** *m* [ekilibʀ] **1** *(Balance)* Gleichgewicht *n* **2** (seelisches) Gleichgewicht, Ausgeglichenheit *f*

équilibré(e) [ekilibʀe] **1** *(Mensch, Bilanz)* ausgeglichen **2** *(Ernährung, Mischung)* ausgewogen

équilibrer [ekilibʀe] **1** ausgleichen *(Bilanz usw.)* **2** *(ins Gleichgewicht bringen)* ausbalancieren; auswuchten *(Rad)* **3** ***s'~*** sich ausgleichen

équipage *m* [ekipaʒ] Besatzung *f*, Crew *f*

▸ **équipe** *f* [ekip] Team *n*; *bes.* SPORT Mannschaft *f*; *von Arbeitern usw.*: Kolonne *f*; *in der Fabrik*: Schicht *f*

équipement *m* [ekipmɑ̃] **1** *von Personen*: Ausrüstung *f* **2** *von Räumen*: Ausstattung *f*

équiper [ekipe] **1** ausrüsten *(Personen)* (***de*** mit) **2** ausstatten *(Räume usw.)* (***de*** mit) **3** versehen (***de*** mit)

équitable [ekitabl] gerecht, angemessen

équitation *f* [ekitasjõ] Reiten *n*, Reitsport *m*; ***elle fait de l'~*** sie reitet

équivalence *f* [ekivalɑ̃s] Gleichwertigkeit *f*

équivalent *m* [ekivalɑ̃] Entsprechung *f*, Entsprechende(s) *n*

équivalent(e) [ekivalɑ̃(t)] **1** gleich, gleichwertig (***à*** mit) **2** *sprachlich*: gleichbedeutend (***à*** mit)

équivaloir [ekivalwaʀ] ⟨*wie* ***valoir***⟩ entsprechen, gleichkommen

érafler [eʀɑfle] zerschrammen, verschrammen, aufschürfen *(Knie)*

éraflure *f* [eʀɑflyʀ] Schramme *f*, Kratzer *m*

ère *f* [ɛʀ] Zeitalter *n*, Ära *f*

érection *f* [eʀɛksjõ] **1** *von Bauten, Denkmälern*: Errichtung *f* **2** *beim Mann*: Erektion *f*

éreinté(e) [eʀɛ̃te] todmüde

érémiste *m,f* [eʀemist] ≈ Sozialhilfeempfänger(in) *m(f)*

ériger [eʀiʒe] ⟨***-ge-***⟩ errichten *(Bau)*

ermite *m* [ɛʀmit] Einsiedler *m*, Eremit *m*

érotique [eʀɔtik] erotisch

errant(e) [ɛʀɑ̃(t)] umherziehend; ***un chien errant*** ein streunender Hund

errer [ɛʀe] **1** umherirren **2** *(Tier)* streunen **3** *(Blick)* umherschweifen

▸ **erreur** *f* [ɛʀœʀ] (⚠ une erreur) **1** Fehler *m*, Irrtum *m*, Versehen *n*; ***une ~ de calcul*** ein Rechenfehler; ***une ~ judiciaire*** ein Justizirrtum **2** ***par ~*** aus Versehen **3** ***vous faites ~!*** Sie irren sich! **4** ***sauf ~*** wenn ich mich nicht irre; *in Verträgen usw.*: Irrtum vorbehalten

erroné(e) [ɛʀɔne] falsch

érudit(e) *m(f)* [eʀydi(t)] Gelehrte(r) *f(m)*

éruption *f* [eʀypsjõ] **1** *von e-m Vulkan*: Ausbruch *m* **2** MED Ausschlag *m*

es [ɛ] → ***être***[1]

ESB *f* [əɛsbe] *(Abk. für* encéphalopathie spongiforme bovine*)* BSE *f*, Rinderwahnsinn *m*

escalade *f* [ɛskalad] **1** *von Bergen*: Besteigung *f* **2** SPORT Klettern *n*; ***faire de l'~*** klettern **3** *(Zuspitzung)* Eskalation *f*

escalader [ɛskalade] ***~ un mur*** über e-e Mauer klettern

escalator® *m* [ɛskalatɔʀ] Rolltreppe *f*

escale *f* [ɛskal] Zwischenstopp *m*; FLUG Zwischenlandung *f*

▸ **escalier** *m* [ɛskalje] **1** Treppe *f*, Ⓐ Stiege *f*; ***dans l'~*** (*od.* ***les ~s***) auf der Treppe **2** ***l'~ roulant*** (*od.* ***mécanique***) die Rolltreppe

▸ **escalope** *f* [ɛskalɔp] Schnitzel *n*

escargot *m* [ɛskaʀgo] Schnecke *f*

escarpé(e) [ɛskaʀpe] steil

esclavage *m* [ɛsklavaʒ] Sklaverei *f*

esclave *m,f* [ɛsklav] Sklave *m*, Sklavin *f*

escrime *f* [ɛskʀim] Fechten *n*, Fechtsport *m*

escroc *m* [⚠ ɛskʀo] Betrüger(in) *m(f)*

escroquer [ɛskʀɔke] betrügen (***de*** um)

escroquerie *f* [ɛskʀɔkʀi] Betrug *m*

▸ **espace** *m* [ɛspas] **1** Raum *m*; ***l'~ aérien*** der Luftraum **2** *(freier Raum)* Platz *m*; ***nous n'avons pas assez d'~ pour jouer*** wir haben nicht genug Platz zum Spielen **3** *(All)* Weltraum *m* **4** Zwischenraum *m*, Abstand *m* **5**

(*Dauer*) Zeitraum *m* **6** ***les ~s verts*** die Grünflächen
espacement *m* [ɛspasmɑ̃] Abstand *m*
espacer [ɛspase] ⟨***-ç-***⟩ **1** auseinander rücken, zwischen … Abstand lassen **2** ***s'~*** immer seltener werden
espadrille *f* [ɛspadʀij] *leichter Leinenschuh mit geflochtener Sohle*
Espagne [ɛspaɲ] ***l'~*** *f* Spanien *n*
espagnol(e) [ɛspaɲɔl] spanisch
Espagnol(e) *m(f)* [ɛspaɲɔl] Spanier(in) *m(f)*
▸**espèce** *f* [ɛspɛs] **1** Art *f*, Sorte *f*; ***une ~ de …*** e-e Art …, etwas wie … **2** BIOL Gattung *f*, Spezies *f*; ***l'~ humaine*** die Menschen **3** *umg. bei Beschimpfungen*: ***~ d'imbécile, d'idiot*** *usw.!* (du) Blödmann *usw.*?! **4** ***payer en ~s*** (in) bar zahlen
espérance *f* [ɛspeʀɑ̃s] **1** Hoffnung *f* **2** ***l'~ de vie*** die Lebenserwartung
▸**espérer** [ɛspeʀe] ⟨***-è-***⟩ **1** ***~ qc*** (auf) etw hoffen **2** ***~ que …*** hoffen, dass … **3** ***espérons-le!*** hoffentlich!
espiègle [ɛspjɛgl] schelmisch
espion *m* [ɛspjõ] Spion *m*
espionnage *m* [ɛspjɔnaʒ] (⚠ *maskulin*) Spionage *f*
espionne *f* [ɛspjɔn] Spionin *f*
espionner [ɛspjɔne] bespitzeln, ausspionieren
▸**espoir** *m* [ɛspwaʀ] Hoffnung *f* (***de*** auf)
▸**esprit** *m* [ɛspʀi] **1** Geist *m*, Verstand *m*; ***plein d'~*** geistreich, witzig **2** ***esprit*** + ***de*** + *Subst.*: ***l'~ de compétition*** der Kampfgeist; ***l'~ d'équipe*** der Teamgeist; ***l'~ de famille*** der Familiensinn; ***avoir l'~ de …*** Sinn für … haben **3** ***dans mon ~*** in meinen Augen **4** ***une idée me vient à l'~*** mir kommt ein Gedanke **5** *Wendungen*: ***il n'a plus tous ses ~s*** er hat sie nicht mehr alle; ***elle a mauvais ~*** man kann ihr nichts recht machen **6** *Mensch*: Kopf *m*, Geist *m*
Esquim|au *m*, **~aude** *f* [ɛskimo, -od] ⟨*m Pl* ***~x***⟩ Eskimo(frau) *m(f)*
esquinter [ɛskɛ̃te] *umg.* **1** kaputtmachen; ruinieren (*bes. Gesundheit*) **2** *durch Kritik*: verreißen
esquisse *f* [ɛskis] Skizze *f*, Entwurf *m*
esquisser [ɛskise] **1** skizzieren, entwerfen **2** andeuten (*Lächeln usw.*) **3** ***s'~*** sich abzeichnen, sich andeuten
esquiver [ɛskive] **1** ***~ un coup*** e-m Schlag ausweichen; ***~ une difficulté*** e-m Problem aus dem Weg gehen **2** ***s'~*** sich wegstehlen
▸**essai** *m* [esɛ] **1** (*Bemühung*) Versuch *m* **2** *bes. wissenschaftlich*: Probe *f*, Test *m*, Versuch *m*; ***l'~ nucléaire*** der Atomtest **3** ***la période d'~*** die Probezeit **4** ***à l'~*** zur Probe, probeweise **5** *Text*: Essay *m od. n*
essayage *m* [esɛjaʒ] Anprobe *f*
▸**essayer** [eseje] ⟨***-ay-*** *od.* ***-ai-***⟩ **1** versuchen; *a.* es versuchen **2** probieren, versuchen; ***~ qc*** *a.* es mit etw versuchen **3** *bes.* TECH testen **4** Probe fahren (*Auto*) **5** anprobieren (*Kleider*)
▸**essence** *f* [esɑ̃s] **1** Benzin *n*; ***prendre de l'~*** tanken **2** (*Extrakt*) Essenz *f* **3** PHILOS Wesen *n*
essentiel [esɑ̃sjɛl] ***l'~*** *m* das Wesentliche, die Hauptsache
essenti|el, **~elle** [esɑ̃sjɛl] wesentlich, wichtigste(r, -s)
essentiellement [esɑ̃sjɛlmɑ̃] im Wesentlichen, in erster Linie
essor *m* [esɔʀ] Aufschwung *m*
essorer [esɔʀe] schleudern; *mit der Hand*: auswringen
essoufflé(e) [esufle] außer Atem
essouffler [esufle] **1** außer Atem bringen **2** ***s'~*** außer Atem kommen
▸**essuie-glace** *m* [esɥiglas] ⟨*Pl* ***essuie-glaces***⟩ Scheibenwischer *m*
essuie-mains *m* [esɥimɛ̃] ⟨*unv.*⟩ Handtuch *n*
▸**essuyer** [esɥije] ⟨***-ui-***⟩ **1** abwischen; aufwischen (*Boden, Flüssigkeit*); *mit e-m Handtuch*: abtrocknen **2** einstecken müssen (*Vorwürfe, Niederlage usw.*)
▸**est**[1] *m* [ɛst] **1** Osten *m* **2** ***à l'~ de …*** östlich von … **3** ***l'Europe f de l'Est*** Osteuropa *n*
est[2] [ɛst] ⟨*unv.*⟩ östlich, Ost…
est[3] [ɛ] → ***être***[1]
▸**est-ce que** [ɛskə] ***~ c'est bon?*** ist das gut?

Est-ce que oder die Kunst des Fragens

Eine Frage stellt man im Französischen am einfachsten, indem man einen Aussagesatz bildet und **est-ce que** davor setzt.

E

Il est là.
Er ist da
Est-ce qu'il est là?
Ist er da?

Oft wird **est-ce que** auch mit einem Fragepronomen kombiniert:

Qu'est-ce que ça veut dire?
Was bedeutet das?

esthéticienne *f* [ɛstetisjɛn] Kosmetikerin *f*
esthétique [ɛstetik] **1** ästhetisch **2** ***la chirurgie ~*** die Schönheitschirurgie
estimation *f* [ɛstimasjõ] **1** Schätzung *f*, Bewertung *f* **2** *bei Wahlen*: Hochrechnung *f*
estime *f* [ɛstim] Achtung *f*, Wertschätzung *f*
▸**estimer** [ɛstime] **1** (*bewerten*) schätzen (***à*** auf); veranschlagen (*Kosten*); *ungefähr*: überschlagen; einschätzen (*Person*) **2** (*hoch achten*) schätzen **3** ***j'estime que …*** ich glaube *od.* schätze, dass …
estival(e) [ɛstival] ⟨*m Pl* **-aux**⟩ sommerlich, Sommer…
estivant(e) *m(f)* [ɛstivɑ̃(t)] Sommergast *m*
▸**estomac** *m* [⚠ ɛstɔma] **1** Magen *m* **2** *fig.* ***cela m'est resté sur l'~*** das liegt mir (schwer) im Magen
estrade *f* [ɛstʀad] Podium *n*, Podest *n*
▸**et** [e] **1** und; ***toi ~ moi*** du und ich **2** *in Zeitangaben*: ***dix heures ~ demie*** halb elf; ***une heure ~ quart*** Viertel nach eins
étable *f* [etabl] Stall *m*
établi *m* [etabli] Werkbank *f*
établir [etabliʀ] **1** *an e-m Ort*: errichten, einrichten **2** herstellen (*Beziehung*); aufnehmen (*Kontakt*); aufstellen (*Rekord*, *Liste*, *Regeln*); ausstellen (*Papiere*, *Rechnung*); festsetzen (*Preis*) **3** (*ermitteln*) feststellen, nachweisen **4** ***s'~*** sich niederlassen
établissement *m* [etablismɑ̃] **1** *Gebäude*: Einrichtung *f* **2** *e-r Firma*, *von Personen*: Niederlassung *f* **3** ***les ~s XY*** die Firma XY **4** ***l'~ scolaire*** die Schule; ***le chef d'~*** der Schulleiter, die Schulleiterin **5** *von Beziehungen*: Herstellung *f*; *von Kontakt*: Aufnahme *f*; *von Rekorden*, *Regeln*: Aufstellung *f*; *von Papieren*: Ausstellung *f*
▸**étage** *m* [etaʒ] (⚠ un étage) Etage *f*, Stock *m*
▸**étagère** *f* [etaʒɛʀ] **1** Regalbrett *n*, Bücherbord *n* **2** *Möbel*: Regal *n*, Ⓐ Stellage *f*
étais, **était** [etɛ] → ***être***[1]
étaler [etale] **1** ausbreiten **2** ausstellen (*Waren*) **3** streichen; verstreichen (*Butter*, *Creme*, *Öl*) **4** *zeitlich*: staffeln, verteilen **5** (*zeigen*) zur Schau stellen **6** *zeitlich*, *räumlich*: ***s'~*** sich erstrecken **7** *umg.* ***s'~*** (*fallen*) sich hinlegen
étalon *m* [etalõ] Hengst *m*, Zuchthengst *m*
étanche [etɑ̃ʃ] dicht, wasserdicht, luftdicht
étancher [etɑ̃ʃe] löschen (*Durst*)
▸**étang** *m* [etɑ̃] Teich *m*
étant [etɑ̃] → ***être***[1]
▸**étape** *f* [etap] (⚠ *nur ein* p) **1** (*Strecke*) Etappe *f* **2** *Aufenthalt*: Zwischenstation *f* **3** (*Stufe*) Abschnitt *m*, Etappe *f*
▸**état** *m* [eta] **1** Zustand *m*; ***l'~ d'urgence*** der Ausnahmezustand **2** ***en ~ de marche*** betriebsbereit, fahrbereit **3** ***je ne suis pas en ~ de le faire*** ich bin nicht in der Lage, es zu tun **4** (*Liste*) Aufstellung *f* **5** *früher*: Stand *m* **6** *heute*: ***l'~ civil*** der Familienstand
▸**État** *m* [eta] Staat *m* (⚠ Etat, Haushaltsplan = ***budget*** *m*)
États-Unis [etazyni] ***les ~*** *m Pl* die Vereinigten Staaten; ***aux ~*** in den Vereinigten Staaten
etc. [ɛtseteʀa] usw., etc.
▸**été**[1] *m* [ete] Sommer *m*
été[2] [ete] → ***être***[1]
▸**éteindre** [etɛ̃dʀ] ⟨*wie* ***peindre***⟩ **1** löschen (*Feuer*); ausmachen (*Kerze*, *Gerät*, *Licht*); ***j'éteins*** (***la lumière***) ich mache das Licht aus **2** ***s'~*** (*Feuer*, *Licht*) ausgehen; (*Lärm*) verstummen
étendard *m* [etɑ̃daʀ] Fahne *f*
étendre [etɑ̃dʀ] ⟨*wie* ***rendre***⟩ **1** strecken, ausstrecken (*Arme*, *Beine*); ausbreiten (*Flügel*, *Decke usw.*) **2** hinlegen (*Personen*) **3** aufhängen (*Wäsche*) **4** ausrollen (*Teig*) **5** *mit Wasser*: verdünnen **6** (*vergrößern*) ausdehnen (***à*** auf) **7** ***s'~*** (*Epidemie*) sich ausbreiten; (*Landschaft*) sich ausdehnen, sich erstrecken **8** ***il s'est étendu sur le lit*** er hat sich auf dem Bett ausgestreckt **9** ***il***

s'étend sur un sujet er lässt sich über ein Thema aus

étendu(e) [etɑ̃dy] **1** (*Arme, Beine*) ausgestreckt **2** (*weit*) ausgedehnt **3** (*Kenntnisse*) umfassend

étendue *f* [etɑ̃dy] **1** (*Größe*) Ausdehnung *f*, Weite *f* **2** *e-r Katastrophe usw.*: Ausmaß *n*, Umfang *m*

▸**étern|el, ~elle** [etɛʀnɛl] ewig

s'éterniser [setɛʀnize] **1** sich endlos hinziehen **2** *umg.* (*Mensch*) endlos bleiben

éternité *f* [etɛʀnite] Ewigkeit *f*

éternuement *m* [etɛʀnymɑ̃] Niesen *n*

éternuer [etɛʀnɥe] niesen

Éthiopie [etjɔpi] ***l'~*** *f* Äthiopien *n*

étinceler [etɛ̃sle] ⟨**-ll-**⟩ funkeln, glitzern

étincelle *f* [etɛ̃sɛl] Funke *m*

étiqueter [etikte] ⟨**-tt-**⟩ **1** etikettieren, auszeichnen (*Waren*) **2** *fig.* abstempeln (***comme*** als, zu)

étiquette *f* [etikɛt] **1** Preisschild *n*; (*Markenzeichen*) Etikett *n* (⚠ une étiquette); *am Koffer usw.*: Anhänger *m* **2** POL ***sans ~*** parteilos **3** (*Verhaltensregeln*) ***l'~*** die Etikette

étirer [etiʀe] **1** dehnen, strecken **2** ***s'~*** (*Stoff usw.*) sich dehnen, (*Lebewesen*) sich recken

étoffe *f* [etɔf] (*Gewebe*) Stoff *m*

▸**étoile** *f* [etwal] **1** Stern *m* **2** ***une ~ filante*** e-e Sternschnuppe **3** ***l'~ de mer*** der Seestern **4** (*Berühmtheit*) Star *m* **5** ***dormir à la belle ~*** unter freiem Himmel schlafen

▸**étonnant(e)** [etɔnɑ̃(t)] erstaunlich

étonné(e) [etɔne] erstaunt

étonnement *m* [etɔnmɑ̃] Erstaunen *n*

▸**étonner** [etɔne] **1** erstaunen, wundern; ***ça m'étonnerait qu'il vienne*** es würde mich wundern, wenn er käme **2** ▸ ***s'étonner de*** sich wundern *od.* staunen über

étouffant(e) [etufɑ̃(t)] **1** (*Luft*) stickig **2** (*Hitze*) drückend **3** (*Atmosphäre*) bedrückend

étouffer [etufe] **1** (***s'***)~ ersticken; ***il est mort étouffé*** er ist erstickt **2** ersticken (*Feuer, Geräusch*); unterdrücken (*Gefühl, Lachen*); vertuschen (*Skandal*)

étourderie *f* [etuʀdəʀi] Gedankenlosigkeit *f*; ***une faute d'~*** ein Flüchtigkeitsfehler

étourdi(e)[1] [etuʀdi] zerstreut, vergesslich

étourdi(e)[2] *m(f)* [etuʀdi] gedankenloser *od.* zerstreuter Mensch

étourdir [etuʀdiʀ] betäuben, benommen machen

étourdissant(e) [etuʀdisɑ̃(t)] (*Lärm*) ohrenbetäubend

étourdissement *m* [etuʀdismɑ̃] Schwindel *m*, Schwindelanfall *m*

▸**étrange** [etʀɑ̃ʒ] komisch, merkwürdig

▸**étranger**[1] *m* [etʀɑ̃ʒe] Ausland *n*; ***à l'~*** im Ausland

▸**étrang|er**[2], **~ère** [etʀɑ̃ʒe, -ɛʀ] **1** fremd; ***une langue étrangère*** e-e Fremdsprache **2** ausländisch, Auslands…; ***la politique étrangère*** die Außenpolitik **3** ***il est étranger à cette affaire*** er hat mit dieser Sache nichts zu tun

▸**étrang|er**[3] *m*, **~ère** *f* [etʀɑ̃ʒe, -ɛʀ] **1** Fremde(r) *f(m)* **2** Ausländer(in) *m(f)*

étrangler [etʀɑ̃gle] **1** erwürgen, erdrosseln; *ohne zu töten*: würgen **2** ***il s'est étranglé*** er bekam keine Luft mehr, er erstickte

▸**être**[1] [ɛtʀ] ⟨*prés.*: ***je suis, tu es, il est, nous sommes, vous êtes, ils sont***; *imparf.*: ***j'étais***; *p/s*: ***je fus***; *fut.*: ***je serai***; *subj.*: ***je sois, il soit, nous soyons***; *impér.*: ***sois!, soyons!, soyez!***; *p/pr*: ***étant***; *p/p*: ***été***⟩ **1** sein **2** *beim Passiv*: werden; ***il est aimé*** er wird geliebt; ***elle a été critiquée*** sie wurde kritisiert **3** ▸ ***être à qn*** j-m gehören; ***ce livre est à moi*** dieses Buch gehört mir **4** ***je suis mieux aujourd'hui*** heute geht es mir besser; ***on est mal dans cette voiture*** in diesem Auto sitzt man nicht bequem **5** ***quel jour sommes-nous aujourd'hui?*** den Wievielten haben wir heute?; ***nous sommes lundi*** wir haben Montag, es ist Montag **6** ***n'est-ce pas?*** nicht wahr? **7** *mit y*: ***j'y suis!*** ich hab's!; ***je n'y suis pour rien*** ich kann nichts dafür **8** ***il n'est pas venu, c'est qu'il est malade*** er ist nicht gekommen, weil er krank ist

être[2] *m* [ɛtʀ] **1** Wesen *n*, Lebewesen *n*; ***un ~ vivant*** ein Lebewesen; ***un ~ humain*** ein Mensch **2** PHILOS Sein *n*

▸**étroit(e)** [etʀwa(t)] **1** eng (*a. Kleidung, Beziehung*) **2** schmal

▸**étude** *f* [etyd] **1** Lernen *n*, Studieren *n* **2** ▸ ***les études*** das Studium; ***elle fait***

ses ~s à Rennes sie studiert in Rennes; ***elle fait des ~s de médecine*** sie studiert Medizin **3** (*Erforschung*) Untersuchung *f*, Studie *f*; ***une ~ de marché*** e-e Marktanalyse **4** *Werk*: Studie *f* **5** MUS Etüde *f* **6** SCHULE (Zeit *f* für) Hausaufgaben *f Pl* **7** *Raum in der Schule*: Arbeitsraum *m*; *beim Notar*: Kanzlei *f*

E

▸**étudiant(e)** *m(f)* [etydjɑ̃(t)] Student(in) *m(f)*

▸**étudier** [etydje] **1** lernen; *an der Uni*: studieren **2** einstudieren (*Rolle*) **3** erforschen, untersuchen; SCHULE sich mit … beschäftigen **4** prüfen (*Vorschlag usw.*)

eu [y] → ***avoir***[1]

euh [ø] **1** *nach Worten suchend, verlegen*: äh **2** *unentschlossen, im Zweifel*: hm

▸**euro** *m* [øʀo] Euro *m*

eurochèque *m* [øʀoʃɛk] Eurocheque *m*

Europe [øʀɔp] ***l'~*** *f* Europa *n*

europé|en, ~enne [øʀɔpeɛ̃, -ɛn] europäisch

Europé|en *m*, **~enne** *f* [øʀɔpeɛ̃, -ɛn] Europäer(in) *m(f)*

eus, eut, eût [y] → ***avoir***[1]

▸**eux** [ø] **1** ***il court aussi vite qu'~*** er läuft so schnell wie sie **2** ***avec ~*** mit ihnen; ***pour ~*** für sie **3** ***ils ne pensent qu'à ~*** sie denken nur an sich

évacuation *f* [evakɥasjõ] **1** Evakuierung *f*; *von Räumen*: Räumung *f*; *von Verletzten*: Abtransport *m* **2** *vom Darm*: Ausscheidung *f* **3** *von Gas, Abwässern usw.*: Ableitung *f*

évacuer [evakɥe] **1** evakuieren (*Menschen*); räumen (*Räume*); abtransportieren (*Verletzte*) **2** (*Darm*) ausscheiden **3** ableiten (*Abwässer usw.*)

évadé *m* [evade] Ausbrecher *m*

s'évader [sevade] ausbrechen, fliehen

évaluation *f* [evalɥasjõ] **1** Bewertung *f* **2** *von Kosten usw.*: Schätzung *f*

évaluer [evalɥe] **1** (*einschätzen*) bewerten **2** schätzen, abschätzen (*Entfernung, Risiko*); überschlagen (*Preis*); veranschlagen (*Kosten*)

Évangile *m* [evɑ̃ʒil] Evangelium *n*

évanoui(e) [evanwi] ohnmächtig

▸**s'évanouir** [sevanwiʀ] **1** (*Mensch*) ohnmächtig werden **2** (*Erscheinung*) verschwinden; (*Gefühl, Glück*) vergehen

évaporation *f* [evapɔʀasjõ] Verdunstung *f*

s'évaporer [sevapɔʀe] **1** verdunsten, verdampfen **2** *umg.* (*verschwinden*) sich in Luft auflösen

évas|if, ~ive [evazif, -iv] (*Antwort*) ausweichend

évasion *f* [evazjõ] Flucht *f*

éveil *m* [evɛj] Erwachen *n*

éveillé(e) [evɛje] **1** (↔ *schlafend*) wach **2** *im Wesen*: aufgeweckt, lebhaft

éveiller [evɛje] **1** wecken (*Verdacht, Neugier usw.*) **2** ***s'~*** geweckt werden

▸**événement** *od.* **évènement** *m* [⚠ evɛnmɑ̃] Ereignis *n*

éventail *m* [evɑ̃taj] **1** Fächer *m* **2** *fig.* (*Auswahl*) Palette *f*, Spektrum *n*

éventrer [evɑ̃tʀe] **1** ***~ un animal*** e-m Tier den Bauch aufschlitzen **2** aufreißen; aufbrechen (*Koffer*); aufschlitzen (*Kissen*)

éventualité *f* [evɑ̃tɥalite] Möglichkeit *f*; ***dans l'~ d'une guerre*** im Falle e-s Krieges

éventu|el, ~elle [evɑ̃tɥɛl] eventuell, möglich

évêque *m* [evɛk] Bischof *m*

▸**évidemment** [⚠ evidamɑ̃] natürlich

évidence *f* [evidɑ̃s] **1** Offensichtlichkeit *f*; ***de toute ~*** ganz offensichtlich **2** ***mettre en ~*** gut sichtbar hinlegen; *fig.* deutlich hervorheben **3** Selbstverständlichkeit *f*, (klare) Tatsache; ***se rendre à l'~*** sich den Tatsachen beugen

▸**évident(e)** [evidɑ̃(t)] **1** (*offensichtlich, einleuchtend*) klar; ***c'est évident!*** das ist ganz klar! **2** *umg.* ***c'est pas évident*** das ist nicht so einfach

évier *m* [evje] Spüle *f*, Spülbecken *n*, (CH) Schüttstein *m*

▸**éviter** [evite] **1** vermeiden (*Dinge, Tätigkeiten usw.*) **2** meiden (*Personen, Orte usw.*) **3** ***~ un obstacle*** e-m Hindernis ausweichen **4** ***elle m'a évité une peine*** sie hat mir e-e Strafe erspart

évocation *f* [evɔkasjõ] **1** Erinnerung *f* (***de*** an) **2** *von Erinnerungen*: Wachrufen *n*

évolué(e) [evɔlɥe] (*Land*) hochentwickelt; (*Ideen*) fortschrittlich

évoluer [evɔlɥe] **1** *im Weltraum*: sich bewegen **2** (*Wissenschaft usw.*) sich weiterentwickeln; (*Krankheit*) fortschreiten **3** (*Situation*) sich verändern, sich wandeln

▸ **évolution** *f* [evɔlysjõ] **1** Entwicklung *f*, Weiterentwicklung *f*; *e-r Krankheit*: Fortschreiten *n*, Verlauf *m* **2** BIOL Evolution *f*

évoquer [evɔke] **1** an … erinnern (*Menschen*) **2** ins Gedächtnis rufen, wachrufen (*Erinnerungen*) **3** anschneiden (*Problem*)

ex… *Vorsilbe* Ex…, ex…; ***son ~-mari*** ihr Exmann; ***son ~-femme*** seine Exfrau

▸ **exact(e)** *beide* [⚠ ɛgzakt] **1** genau, exakt **2** (↔ *falsch*) richtig, korrekt; **(*c'est*) *exact!*** (das) stimmt!, genau! **3** *bei Verabredungen*: pünktlich

exactitude *f* [ɛgzaktityd] **1** *e-r Feststellung usw.*: Richtigkeit *f* **2** *e-r Rechnung, Methode usw.*: Genauigkeit *f*, Exaktheit *f* **3** *bei Verabredungen*: Pünktlichkeit *f*

exagération *f* [ɛgzaʒeʀasjõ] Übertreibung *f*

exagéré(e) [ɛgzaʒeʀe] übertrieben

▸ **exagérer** [ɛgzaʒeʀe] ⟨-è-⟩ **1** übertreiben **2** überschätzen, überbewerten

exalter [ɛgzalte] begeistern, mitreißen

▸ **examen** *m* [⚠ ɛgzamɛ̃] **1** Prüfung *f*, Examen *n* **2** (*Kontrolle*) Prüfung *f*, Überprüfung *f* **3** ***un ~ (médical)*** e-e (ärztliche) Untersuchung

examina|teur *m*, **~trice** *f* [ɛgzaminatœʀ, -tʀis] Prüfer(in) *m(f)*

examiner [ɛgzamine] **1** (*kontrollieren*) prüfen, überprüfen **2** untersuchen (*a. ärztlich*) **3** durchsehen (*Akten usw.*) **4** prüfen (*Kandidaten usw.*) **5** (*mustern*) (genau) ansehen

exaspérer [ɛgzaspeʀe] ⟨-è-⟩ zur Verzweiflung bringen

exaucer [ɛgzose] ⟨-ç-⟩ erhören (*Wunsch, Person*)

excédent *m* [ɛksedɑ̃] Überschuss *m*; ***un ~ de bagages*** Übergepäck

excéder [ɛksede] ⟨-è-⟩ **1** (*mehr sein als*) übersteigen, über … hinausgehen **2** (*ärgern*) nervös machen, reizen

excellence *f* [ɛksɛlɑ̃s] **1** Vorzüglichkeit *f* **2** *Titel*: ***Excellence*** Exzellenz *f*

▸ **excellent(e)** [ɛksɛlɑ̃(t)] ausgezeichnet, hervorragend, exzellent

excentrique [ɛksɑ̃tʀik] **1** (*Mensch*) exzentrisch; (*Kleidung*) ausgefallen, extravagant **2** (*Gegend*) abgelegen

excepté(e) [ɛksɛpte] **1** ***excepté le dimanche*** außer sonntags **2** ***les véhicules exceptés*** Fahrzeuge ausgenommen

▸ **exception** *f* [ɛksɛpsjõ] **1** Ausnahme *f*; ***une ~ à la règle*** e-e Ausnahme von der Regel **2** ***à l'~ des enfants*** *od.* ***~ faite des enfants*** die Kinder ausgenommen

exceptionn|el, ~elle [ɛksɛpsjɔnɛl] **1** außergewöhnlich **2** (*Urlaub, Maßnahme usw.*) Sonder…

exceptionnellement [ɛksɛpsjɔnɛlmɑ̃] **1** ausnahmsweise **2** ***~ joli, chaud*** *usw.* außergewöhnlich hübsch, heiß *usw.*

excès *m* [ɛksɛ] **1** Unmäßigkeit *f*; ▸ ***l'excès de vitesse*** die Geschwindigkeitsüberschreitung **2** (*Ausschweifung*) Exzess *m*

excess|if, ~ive [ɛksesif, -iv] **1** übermäßig, übertrieben **2** (*Mensch*) maßlos **3** (*Preis, Geschwindigkeit*) überhöht

▸ **excitant(e)** [ɛksitɑ̃(t)] **1** *a. sexuell*: erregend **2** (*Buch, Erlebnis*) aufregend, spannend **3** (*Lektüre, Kaffee*) anregend

excitation *f* [ɛksitasjõ] **1** *a. sexuell*: Erregung *f* **2** *stärker*: Aufregung *f*

exciter [ɛksite] **1** reizen; *a. sexuell*: erregen **2** anregen (*Appetit, Fantasie*) **3** ***s'exciter*** sich aufregen

exclamation *f* [ɛksklamasjõ] Ausruf *m*

exclu(e) [ɛkskly] ausgeschlossen

exclure [ɛksklyʀ] ⟨*wie* ***conclure***⟩ ausschließen

exclus|if, ~ive [ɛksklyzif, -iv] **1** ausschließlich, Exklusiv…; (*Vertreter*) Allein… **2** *bei Vorlieben*: einseitig

exclusion *f* [ɛksklyzjõ] *aus e-r Partei usw.*: Ausschluss *m*

exclusivité *f* [ɛksklyzivite] *für Produkte*: Alleinvertrieb *m*; *für Filme, Bücher usw.*: Alleinveröffentlichungsrecht *n*

excréments *m Pl* [ɛkskʀemɑ̃] Kot *m*, Exkremente *n Pl*

▸ **excursion** *f* [ɛkskyʀsjõ] Ausflug *m*

▸ **excuse** *f* [ɛkskyz] Entschuldigung *f*

excuser [ɛkskyze] **1** entschuldigen; ***excusez-moi!*** entschuldigen Sie!, Entschuldigung! **2** in Schutz nehmen **3** ▸ ***s'excuser*** sich entschuldigen (***de*** für, ***auprès de*** bei); ***je m'excuse!*** ent-

E

schuldigen Sie!
exécuter [ɛgzekyte] **1** ausführen, durchführen **2** hinrichten (*Mörder*) **3** vollstrecken (*Urteil, Testament*) **4** MUS vortragen, aufführen
exécution *f* [ɛgzekysjõ] **1** Ausführung *f*, Durchführung *f* **2** *des Urteils, Testaments*: Vollstreckung *f* **3** MUS Vortrag *m*, Aufführung *f*
E
exemplaire[1] *m* [ɛgzɑ̃plɛʀ] Exemplar *n*
exemplaire[2] [ɛgzɑ̃plɛʀ] **1** vorbildlich, beispielhaft **2** (*Strafe, Urteil*) exemplarisch
▸**exemple** *m* [ɛgzɑ̃pl] (⚠ *im Gegensatz zum Englischen mit* e *in der Mitte*: ***exemple***) Beispiel *n*; ▸ ***par exemple*** zum Beispiel; ***elle prend un ~ sur lui*** sie nimmt sich ein Beispiel an ihm
exempt(e) [ɛgzɑ̃(t)] befreit, frei (***de*** von)
exempter [ɛgzɑ̃te] befreien (***de*** von)
▸**exercer** [ɛgzɛʀse] ⟨***-ç-***⟩ **1** ausüben (*Beruf, Einfluss, Macht*) **2** üben, schulen (*Gedächtnis usw.*) **3** *als Arzt*: praktizieren **4** ***s'~*** üben; SPORT trainieren
▸**exercice** *m* [ɛgzɛʀsis] **1** SCHULE, SPORT Übung *f* **2** *der Macht, des Berufs usw.*: Ausübung *f*; ***le président en ~*** der amtierende Präsident; ***dans l'~ de ses fonctions*** in Ausübung seines Amtes **3** *körperlich*: Bewegung *f*
exigeant(e) [ɛgziʒɑ̃(e)] anspruchsvoll
exigence *f* [ɛgziʒɑ̃s] **1** *Eigenschaft*: anspruchsvolles Wesen **2** ***les ~s*** die Anforderungen, die Ansprüche
▸**exiger** [ɛgziʒe] ⟨***-ge-***⟩ **1** (*Menschen*) fordern, verlangen **2** (*Dinge*) erfordern, erforderlich machen; brauchen (*Wasser, Pflege usw.*); in Anspruch nehmen (*Zeit*)
exil *m* [ɛgzil] Exil *n*
exilé(e)[1] *m(f)* [ɛgzile] Emigrant(in) *m(f)*
exilé(e)[2] [ɛgzile] im Exil lebend, Exil…
exiler [ɛgzile] **1** ins Exil schicken, verbannen **2** ***s'~*** ins Exil gehen, emigrieren
existence *f* [ɛgzistɑ̃s] **1** Bestehen *n*, Existenz *f* **2** (*Leben*) Dasein *n*, Existenz *f*
▸**exister** [ɛgziste] **1** (*Lebewesen*) leben, existieren **2** (*Dinge*) vorhanden sein, existieren; ***il existe …*** es gibt …
exo *m* [ɛgzo] *Schülersprache* Aufgabe *f*
exonéré(e) [ɛgzɔneʀe] *bes. von Steuern*: befreit
exorbitant(e) [ɛgzɔʀbitɑ̃(t)] (*Preis*) horrend; (*Forderungen*) maßlos
exotique [ɛgzɔtik] exotisch
exp. (*Abk. für* expéditeur) Abs. (Absender)
expansion *f* [ɛkspɑ̃sjõ] **1** Ausdehnung *f* **2** *bes.* POL Expansion *f*
s'expatrier [sɛkspatʀije] auswandern
expédier [ɛkspedje] **1** verschicken, abschicken, wegschicken (*Post*) **2** zügig erledigen (*Arbeit*); *im negativen Sinn* hinschludern **3** hinunterschlingen (*Essen*) **4** kurz abfertigen (*Person*)
▸**expéditeur** *m* [ɛkspeditœʀ] Absender *m*
expédit|if, ~ive [ɛkspeditif, -iv] (*Mensch*) **1** zügig (arbeitend) **2** (*Methode usw.*) effektiv
expédition *f* [ɛkspedisjõ] **1** *Reise*: Expedition *f* **2** *von Post*: Versand *m*, Verschickung *f*
▸**expérience** *f* [ɛkspeʀjɑ̃s] **1** (*Kenntnis*) Erfahrung *f* (***de*** mit) **2** (*Versuch*) Experiment *n* (***sur*** mit); ***faire des ~s*** Experimente machen, experimentieren
expérimental(e) [ɛkspeʀimɑ̃tal] ⟨*m Pl* ***-aux***⟩ **1** (*Wissenschaft*) experimentell **2** (*Stadium usw.*) Versuchs…
expérimenté(e) [ɛkspeʀimɑ̃te] erfahren, routiniert
expérimenter [ɛkspeʀimɑ̃te] erproben (***sur*** an), ausprobieren (***sur*** an) (⚠ experimentieren = ***faire des expériences***)
expert(e)[1] *m(f)* [ɛkspɛʀ(t)] **1** Experte *m*, Expertin *f*, Fachmann *m*, Fachfrau *f* **2** *bes. bei Prozessen usw.*: Sachverständige(r) *f(m)*, Gutachter(in) *m(f)*
expert(e)[2] [ɛkspɛʀ(t)] sachkundig, erfahren
expertise *f* [ɛkspɛʀtiz] Gutachten *n*
expertiser [ɛkspɛʀtize] schätzen, begutachten
expier [ɛkspje] sühnen, büßen (für)
expiration *f* [ɛkspiʀasjõ] **1** Ausatmung *f* **2** *e-r Frist*: Ablauf *m*; ***le passeport est arrivé à ~*** der Pass ist abgelaufen
expirer [ɛkspiʀe] **1** ausatmen **2** ⟨*Ergebnis mit* ***être***⟩ (*Pass usw.*) ungültig werden; (*Garantie*) ablaufen
explicat|if, ~ive [ɛksplikatif, -iv] erklärend, erläuternd
▸**explication** *f* [ɛksplikasjõ] **1** Erklä-

rung *f* **2** SCHULE ***l'~ de texte*** die Textinterpretation **3** (*Diskussion*) Aussprache *f*

▸**expliquer** [ɛksplike] **1** erklären **2** interpretieren (*Text*) **3** ***s'~*** sich äußern (***sur*** über); *klärend*: sich aussprechen (***avec*** mit); *umg*. sich prügeln

exploit *m* [ɛksplwa] Glanzleistung *f*

exploitation *f* [ɛksplwatasjõ] **1** *von Rohstoffen*: Nutzung *f*, Erschließung *f*; *vom Boden*: Bewirtschaftung *f* **2** (*Unternehmen*) Betrieb *m* **3** *im negativen Sinn* Ausbeutung *f*

exploiter [ɛksplwate] **1** nutzen, erschließen (*Rohstoffe*); bewirtschaften (*Boden*) **2** betreiben (*Unternehmen*) **3** nutzen (*Vorteil*); ausnutzen (*Situation*) **4** *im negativen Sinn* ausbeuten

explorateur *m* [ɛksplɔʀatœʀ] Forscher *m*

exploration *f* [ɛksplɔʀasjõ] Erforschung *f*

exploratrice *f* [ɛksplɔʀatʀis] Forscherin *f*

explorer [ɛksplɔʀe] erforschen

▸**exploser** [ɛksploze] (⚠ explo*s*er) explodieren

explosif *m* [ɛksplozif] Sprengstoff *m*

▸**explosion** *f* [ɛksplozjõ] **1** Explosion *f* **2** *von Gefühlen*: Ausbruch *m*

expo *f* [ɛkspo] *umg*. Ausstellung *f*

exporta|teur[1], **~trice** [ɛkspɔʀtatœʀ, -tʀis] Ausfuhr…, Export…

exporta|teur[2] *m*, **~trice** *f* [ɛkspɔʀtatœʀ, -tʀis] Exporteur(in) *m(f)*

exportation *f* [ɛkspɔʀtasjõ] Export *m*, Ausfuhr *f*

▸**exporter** [ɛkspɔʀte] exportieren, ausführen

exposé *m* [ɛkspoze] **1** *in e-r Konferenz usw.*: Referat *n* **2** (*Beschreibung*) Bericht *m*

exposer [ɛkspoze] **1** ausstellen (*Waren, Kunstwerke*) **2** ***~ à la chaleur, au danger*** der Hitze, der Gefahr aussetzen **3** ***la pièce est exposée au sud*** das Zimmer liegt nach Süden; ***une maison bien exposée*** ein Haus in sonniger Lage **4** belichten (*Film*) **5** (*vortragen*) darlegen

▸**exposition** *f* [ɛkspozisjõ] **1** *von Kunstwerken, Waren*: Ausstellung *f* **2** ***l'~ au soleil*** die Sonnenbestrahlung **3** *von Gebäuden usw.*: Lage *f* **4** *vom Film*: Belichtung *f* **5** (*Präsentation*) Darlegung *f*, Vorstellung *f*

▸**exprès** [ɛkspʀɛ] **1** (*mit Absicht*) absichtlich, extra **2** (*eigens*) extra

▸**expression** *f* [ɛkspʀɛsjõ] Ausdruck *m*

▸**exprimer** [ɛkspʀime] **1** ausdrücken, zum Ausdruck bringen **2** äußern (*Meinung*) **3** ▸ ***s'exprimer*** sich ausdrücken

expulser [ɛkspylse] **1** *von der Schule*: verweisen **2** *aus e-m Land*: ausweisen; abschieben (*Asylbewerber*)

expulsion *f* [ɛkspylsjõ] **1** *von der Schule*: Verweisung *f* **2** *aus e-m Land*: Ausweisen *f*; *von Asylbewerbern*: Abschiebung *f* **3** *aus e-r Wohnung*: Zwangsräumung *f*

s'extasier [sɛkstɑzje] in Entzücken ausbrechen (***devant, sur*** über)

extension *f* [ɛkstɑ̃sjõ] **1** *von Armen, Beinen*: Strecken *n* **2** (*Größerwerden*) Ausdehnung *f*, Ausweitung *f*

extérieur *m* [ɛksteʀjœʀ] **1** Äußere(s) **2** ▸ ***à l'extérieur*** außen, draußen; SPORT auswärts; ▸ ***à l'extérieur de …*** außerhalb von …

▸**extérieur(e)** [ɛksteʀjœʀ] **1** äußere(r, -s), Außen… **2** äußerlich

extérieurement [ɛksteʀjœʀmɑ̃] äußerlich, nach außen (hin)

s'extérioriser [sɛksteʀjɔʀize] **1** (*Mensch*) aus sich herausgehen **2** (*Gefühle*) sich äußern

extermination *f* [ɛkstɛʀminasjõ] Ausrottung *f*, Vernichtung *f*

exterminer [ɛkstɛʀmine] ausrotten, vernichten

externe[1] [ɛkstɛʀn] äußere(r, -s), Außen…

externe[2] *m,f* [ɛkstɛʀn] Schüler(in), der (die) nicht im Internat wohnt, Externe(r) *f(m)*

extincteur *m* [ɛkstɛ̃ktœʀ] Feuerlöscher *m*

extinction *f* [ɛkstɛ̃ksjõ] **1** *von Feuer*: Löschen *n* **2** *e-r Rasse*: Aussterben *n* **3** *e-s Rechts*: Erlöschen *n*

extorquer [ɛkstɔʀke] erpressen (***à*** von)

extra[1] *m* [ɛkstʀa] ⟨*unv.*⟩ **1** ***un ~*** etwas Besonderes **2** *im Lokal*: Aushilfskellner(in) *m(f)*

extra[2] [ɛkstʀa] ⟨*unv.*⟩ *umg*. super, spitze, toll

extraire [ɛkstʀɛʀ] ⟨*wie* ***traire***⟩ **1** fördern (*Erz*); gewinnen (*Öl*); abbauen

E

(*Kohle*) **2** ziehen (*Zahn*) **3** entnehmen (*Texte*) **4** MATH ***~ la racine*** die Wurzel ziehen
extrait *m* [ɛkstʀɛ] **1** *aus e-m Buch, Register usw.*: Auszug *m* **2** CHEM Extrakt *m*
▸ **extraordinaire** [ɛkstʀaɔʀdinɛʀ] **1** außergewöhnlich, ungewöhnlich **2** (*Sitzung*) außerordentlich; (*Maßnahme*) Sonder…
extravagance *f* [ɛkstʀavagɑ̃s] **1** Extravaganz *f* **2** *stärker*: Verrücktheit *f*
extravagant(e) [ɛkstʀavagɑ̃(t)] **1** (*ausgefallen*) extravagant **2** (*Forderung*) übertrieben
extrême[1] [ɛkstʀɛm] extrem, äußerste(r, -s)
extrême[2] *m* [ɛkstʀɛm] Extrem *n*
extrêmement [ɛkstʀɛmmɑ̃] äußerst, extrem
Extrême-Orient [ɛkstʀɛmɔʀjɑ̃] ***l'~*** *m* der Ferne Osten
extrémiste[1] [ɛkstʀemist] POL extremistisch, radikal
extrémiste[2] *m,f* [ɛkstʀemist] POL Extremist(in) *m(f)*, Radikale(r) *f(m)*
extrémité *f* [ɛkstʀemite] **1** äußerstes Ende **2** (*Arme, Beine*) ***les ~s*** die Gliedmaßen

F

F

F (*Abk. für* franc) HIST F
fa *m* [fa] MUS F, f *n*
fable *f* [fabl] Fabel *f*
fabricant(e) *m(f)* [fabʀikɑ̃(t)] Fabrikant(in) *m(f)*, Hersteller(in) *m(f)*
fabrication *f* [fabʀikasjõ] Herstellung *f*, Fabrikation *f*
fabrique *f* [fabʀik] Fabrik *f*
▸ **fabriquer** [fabʀike] **1** (*herstellen*) anfertigen, produzieren **2** *abw.* fabrizieren **3** *umg.* (*tun*) machen, treiben
fabul|eux, ~euse [fabylø, -øz] **1** (*toll*) sagenhaft, fantastisch **2** ***un animal fabuleux*** ein Fabeltier
▸ **fac** *f* [fak] *umg.* (*Abk. für* faculté) Uni *f*
façade *f* [fasad] Fassade *f*
face *f* [fas] **1** Gesicht *n* **2** *bei Münzen*: Vorderseite *f* **3** GEOM Fläche *f* **4** *vom Mond, von Schallplatten*: Seite *f* **5** ***vu de ~*** von vorn gesehen **6** ▸ ***en face de*** gegenüber (von); ***le jardin d'en ~*** der Garten gegenüber **7** ***faire ~ à des difficultés*** mit Schwierigkeiten fertigwerden
face-à-face *m* [fasafas] ⟨*unv.*⟩ Interview *n*
facétie *f* [⚠ fasesi] Spaß *m*, Scherz *m*
facéti|eux, ~euse [⚠ fasesjø, -øz] spaßig, zu Späßen aufgelegt
facette *f* [fasɛt] *vom Edelstein, im Glas usw.*: Facette *f*
fâché(e) [fɑʃe] **1** (*verärgert*) böse (***contre*** auf) **2** ***ils sont fâchés*** sie haben Streit
▸ **fâcher** [fɑʃe] **1** ärgern **2** ▸ ***se fâcher*** böse werden, sich ärgern **3** ***elle s'est fâchée contre Max*** sie hat mit Max geschimpft **4** ***je me suis fâché avec mon frère*** ich habe mich mit meinem Bruder verkracht
fâch|eux, ~euse [fɑʃø, -øz] ärgerlich, unangenehm
▸ **facile** [fasil] **1** (↔ *schwierig*) leicht, einfach; ***c'est ~ à dire*** das ist leicht gesagt **2** (*Wesen, Mensch*) verträglich; ***il est ~ à vivre*** er ist umgänglich
facilement [fasilmɑ̃] **1** (*mühelos*) leicht **2** ***il faut compter ~ une heure*** man muss mindestens e-e Stunde rechnen
facilité *f* [fasilite] **1** (↔ *Schwierigkeit*) Leichtigkeit *f*; ***elle a des ~s*** sie lernt leicht **2** ***des ~s (de paiement)*** Zahlungserleichterungen
▸ **faciliter** [fasilite] erleichtern
▸ **façon** *f* [fasõ] **1** Art *f*, Weise *f*; ***à la ~ d'un professeur*** wie ein Lehrer; ***de ~ à ce qu'il le comprenne*** so, dass er es versteht **2** ▸ ***de toute façon*** auf jeden Fall, sowieso **3** ***faire des ~s*** sich anstellen **4** ***sans ~*** (*Einladung usw.*) zwanglos **5** *bei der Kleidung*: Verarbeitung *f*, Schnitt *m*
façonner [fasɔne] bearbeiten, formen
▸ **facteur**[1] *m* [faktœʀ] Briefträger *m*, Postbote *m*
facteur[2] *m* [faktœʀ] Faktor *m*
factice [faktis] **1** nachgemacht, künst-

lich; ***un objet ~*** e-e Attrappe **2** (*Gefühle usw.*) unecht, gekünstelt

▸**factrice** *f* [faktʀis] Briefträgerin *f*, Postbotin *f*

▸**facture** *f* [faktyʀ] Rechnung *f*

facturer [faktyʀe] **1** *bei Waren usw.*: e-e Rechnung für … ausstellen **2** *bei Beträgen*: berechnen, in Rechnung stellen

facultat|if, ~ive [fakyltatif, -iv] **1** (*nicht zwingend*) fakultativ, freiwillig **2** SCHULE ***une matière facultative*** ein Wahlfach

▸**faculté**[1] *f* [fakylte] **1** UNI Fakultät *f* **2** *oft a.*: Universität *f*

faculté[2] *f* [fakylte] **1** Fähigkeit *f* **2** ***il ne jouit plus de toutes ses ~s*** er ist nicht mehr im Vollbesitz seiner geistigen Kräfte

fada [fada] *umg.* übergeschnappt, verrückt

fade [fad] **1** (*ohne Geschmack*) fade; *fig. a.*: langweilig **2** (*Farbe*) matt

fagot *m* [fago] Reisigbündel *n* (⚠ Fagott = ***basson*** *m*)

fagoté(e) [fagɔte] ***mal fagoté*** geschmacklos angezogen *od.* ausstaffiert

▸**faible**[1] [fɛbl] **1** (↔ *stark*) schwach **2** ⚠; *vorangestellt*: (*Höhe, Kosten usw.*) gering

faible[2] *m* [fɛbl] **1** Schwache(r) *m* **2** ***un ~ d'esprit*** ein geistig Zurückgebliebener **3** *abw.* Schwächling *m*

faible[3] *m* [fɛbl] Schwäche *f*, Vorliebe *f*

faiblesse *f* [fɛblɛs] **1** Schwäche *f* **2** *plötzlich*: Schwächeanfall *m*

faiblir [fɛbliʀ] schwächer werden; (*Wind, Kraft usw.*) nachlassen

faïence *f* [fajɑ̃s] Steingut *n*, Fayence *f*

faille *f* [faj] **1** *in der Erdschicht*: Spalte *f* **2** *in e-r Überlegung usw.*: Schwachstelle *f*

faillir [fajiʀ] ⟨*p/s*: ***je faillis***; *p/pr*: ***faillant***; *p/p*: ***failli***⟩ **1** ***j'ai failli tomber*** ich wäre beinahe *od.* fast gefallen **2** *lit.* ***~ à son devoir*** seine Pflicht verletzen

faillite *f* [fajit] **1** Scheitern *n* **2** *finanziell*: Konkurs *m*, Bankrott *m*

▸**faim** *f* [fɛ̃] **1** Hunger *m*; ▸***avoir faim*** Hunger haben **2** ***manger à sa ~*** sich satt essen **3** ***mourir de ~*** verhungern; *fig.* vor Hunger sterben

fainéant(e) *m(f)* [fɛneɑ̃(t)] Faulenzer(in) *m(f)*, Nichtstuer(in) *m(f)*

▸**faire** [fɛʀ] ⟨*prés.*: ***je fais, il fait, nous faisons*** [fəzõ], ***vous faites, ils font***; *imparf.*: ***je faisais*** [fəzɛ]; *p/s*: ***je fis***; *fut.*: ***je ferai***; *subj.*: ***je fasse, nous fassions***; *p/pr*: ***faisant*** [fəzɑ̃]; *p/p*: ***fait***⟩ **1** machen, tun; ***~ qn président*** j-n zum Präsidenten machen; ***se ~ des ennemis*** sich Feinde machen; ***se ~ une opinion*** sich e-e Meinung bilden; ***je ne peux pas ~ autrement*** ich kann nicht anders; ***on ne peut rien y ~*** da kann man nichts machen; ***pour quoi ~?*** wozu? **2** ***que fait-il dans la vie?*** was ist er von Beruf?, was macht er beruflich? **3** *mit Inf.*: lassen; ***il fait lire un texte aux élèves*** er lässt die Schüler e-n Text lesen; ***~ manger le bébé*** das Baby füttern; ***elle me fait rire*** sie bringt mich zum Lachen; ***je me suis fait couper les cheveux*** ich habe mir die Haare schneiden lassen; ***il s'est fait renverser par une voiture*** er ist von e-m Auto überfahren worden **4** *mit Subst.*: ***~ la cuisine*** kochen; ***~ un gâteau*** e-n Kuchen backen; ***~ la paix*** Frieden schließen; ***~ des sacrifices*** Opfer bringen; ***~ sensation*** Aufsehen erregen; ***~ un songe*** träumen; ***~ surface*** auftauchen; ***~ sa valise*** den Koffer packen; ***~ la vaisselle*** das Geschirr spülen; ***~ les vitres*** die Fenster putzen **5** *mit **ne … que***: ***elle ne fait que lire*** sie liest nur *od.* bloß **6** *beim Wetter, beim Rechnen*: sein; ***il fait beau, chaud, froid*** *usw.* es ist schön, warm, kalt *usw.*; ***il fait trente degrés*** es ist dreißig Grad; ***quatre et trois font sept*** vier und drei ist sieben **7** *bei Maßen usw.*: ***il fait un mètre vingt*** er ist eins zwanzig (groß); *bei Kleider-, Schuhgrößen*: ***je fais du quarante*** ich habe Größe vierzig **8** ***~ deux kilomètres à pied*** zwei Kilometer zu Fuß laufen; ***la voiture fait du cent*** der Wagen fährt hundert **9** ***fais comme chez toi!*** mach's dir bequem! **10** ***ça fait*** seit; ***ça fait quinze jours que je ne l'ai pas vu*** seit vierzehn Tagen habe ich ihn nicht (mehr) gesehen **11** (*wirken*) ***elle fait jeune*** sie sieht jung aus; ***cela fait drôle*** das wirkt komisch; ***cela fait bien*** das macht sich gut **12** ***il ferait bien de travailler*** es wäre gut, wenn er arbeiten würde

se faire [səfɛʀ] **1** gemacht werden; (*Produkt*) hergestellt werden **2** ***ça ne***

F

se fait pas so was tut man nicht **3** (*Frieden usw.*) zustande kommen; (*Stille*) eintreten **4** werden; ~ ***vieux*** alt werden **5** ~ ***à qc*** sich an etw gewöhnen; ***elle s'y fait*** sie gewöhnt sich daran **6** *unpersönlich*: ***il se fait tard*** es wird spät **7** *umg.* **(*ne*)** ***t'en fais pas!*** mach dir nichts draus!, keine Sorge!

faire-part *m* [fɛʀpaʀ] ⟨*unv.*⟩ *als Brief*: Familienanzeige *f*, Anzeige *f*

fair-play *m* [⚠ fɛʀplɛ] Fairness *f*

faisable [⚠ fəzabl] machbar, möglich

faisan *m* [⚠ fəzɑ̃] Fasan *m*

faisceau *m* [fɛso] ⟨*Pl* ~***x***⟩ *von Zweigen, Strahlen usw.*: Bündel *n*

faisons [⚠ fəzõ] → ***faire***

▸ **fait** *m* [fɛ] **1** (*Handlung*) Tat *f*; ***prendre sur le*** ~ auf frischer Tat ertappen **2** (*Fakt*) Tatsache *f* **3** ***les*** ~***s*** der Sachverhalt **4** (*Geschehen*) Ereignis *n*, Vorfall *m* **5** PRESSE ▸ ***faits divers*** Verschiedenes *n*, Vermischtes *n* **6** *Wendungen*: ***au*** ~ [ofɛt] übrigens; ▸ ***en fait*** [ɑ̃fɛt] in Wirklichkeit, eigentlich; ***de*** ~ [dəfɛt] tatsächlich, in der Tat; ***tout à*** ~ ganz, völlig

fait(e) [fɛ(t)] **1** → ***faire*** **2** (*Arbeit usw.*) gemacht, erledigt **3** (*Käse*) reif, weich **4** (*Augen*) geschminkt; (*Nägel*) lackiert **5** ***il est fait pour ce métier*** er eignet sich für diesen Beruf **6** ***elle est bien faite*** sie ist gut gewachsen *od.* gebaut **7** ***c'est bien fait*** **(*pour lui*)** das geschieht ihm recht **8** ***une expression toute faite*** ein fester Ausdruck **9** *umg.* ***il est fait*** (*Dieb usw.*) er ist geliefert

faîte *m* [fɛt] **1** *vom Dach*: First *m* **2** *vom Berg*: Gipfel *m*; *vom Baum*: Wipfel *m* **3** *vom Ruhm usw.*: Höhepunkt *m*, Gipfel *m*

faites [fɛt] → ***faire***

faitout *m* [fɛtu] Kochtopf *m*, Henkeltopf *m*

falaise *f* [falɛz] Steilküste *f*, Klippe *f*

▸ **falloir** [falwaʀ] ⟨*prés.*: ***il faut***; *imparf.*: ***il fallait***; *fut.*: ***il faudra***; *subj.*: ***qu'il faille***⟩ **1** ***il faut du temps pour voyager*** man braucht Zeit, um zu reisen; ***il me faut de l'argent*** ich brauche Geld **2** ***il faut attendre*** man muss warten; ***il ne faut pas mentir*** man darf *od.* soll nicht lügen **3** ***il lui faut partir*** *od.* ***il faut qu'il parte*** er muss gehen **4** ***comme il faut*** wie es sich gehört

falsification *f* [falsifikasjõ] Fälschung *f*

falsifier [falsifje] **1** fälschen (*Unterschrift usw.*) **2** verfälschen (*Wahrheit*) **3** panschen (*Wein, Milch*) **4** frisieren (*Bilanz*)

famé(e) [fame] ***mal famé*** verrufen

famélique [famelik] ausgehungert

fam|eux, ~euse [famø, -øz] **1** berühmt, bekannt **2** ⚠ *vorangestellt*: hervorragend; (*Dummheit usw.*) gewaltig

familial(e) [familjal] ⟨*m Pl* ***-aux***⟩ Familien…, familiär

se familiariser [səfamiljaʀize] sich vertraut machen, sich gewöhnen **(*avec*** an)

familiarité *f* [familjaʀite] **1** Vertrautheit *f* **2** (*Ungezwungenheit*) Vertraulichkeit *f* **3** *abw.* ***des*** ~***s*** Aufdringlichkeit, Zudringlichkeit

famil|ier, ~ière [familje, -jɛʀ] **1** (*bekannt*) vertraut **2** *abw.* aufdringlich, zudringlich **3** (*Unterhaltung usw.*) ungezwungen, zwanglos **4** (*Wort, Ausdruck*) umgangssprachlich

▸ **famille** *f* [famij] Familie *f*; ***en*** ~ im (engsten) Familienkreis, unter sich

famine *f* [famin] Hungersnot *f*

fan *m,f* [⚠ fan] Fan *m*

fana[1] [fana] *umg.* ***il est*** ~ ***de moto*** er ist wild *od.* verrückt aufs Motorradfahren

fana[2] *m,f* [fana] *umg.* Fan *m*, Freak *m*

fanatique[1] [fanatik] fanatisch

fanatique[2] *m,f* [fanatik] **1** Fan *m* **2** *im negativen Sinn* Fanatiker(in) *m(f)*

fanatisme *m* [fanatism] Fanatismus *m*

se faner [səfane] verwelken, verblühen

fanfare *f* [fɑ̃faʀ] **1** *Orchester*: Blaskapelle *f* **2** *Signal*: Fanfare *f*

fanfaron *m* [fɑ̃faʀõ] Angeber *m*, Wichtigtuer *m*

fanfaronnade *f* [fɑ̃faʀɔnad] Angeberei *f*

fantaisie *f* [fɑ̃tezi] **1** Einfallsreichtum *m*; ***une vie qui manque de*** ~ ein Leben ohne Abwechslung **2** *momentan*: Laune *f*, Lust *f* **3** ***des bijoux*** *m Pl* ~ Modeschmuck (⚠ Fantasie = ***imagination*** *f*)

fantasque [fɑ̃task] exzentrisch, launisch

fantastique [fɑ̃tastik] **1** (*unwirklich*) Fantasie…, fantastisch **2** (*unglaublich*) unwahrscheinlich, fantastisch

▸**fantôme** *m* [fɑ̃tom] **1** (*Geist*) Gespenst *n*, Geist *m* **2** (*Fantasiegebilde*) Hirngespinst *n*
faon *m* [⚠ fɑ̃] Kitz *n*, Rehkitz *n*
faramin|eux, ~euse [faʀaminø, -øz] *umg.* **1** (*toll*) fantastisch **2** (*enorm*) sagenhaft, wahnsinnig
farce¹ *f* [faʀs] **1** *zum Ärgern*: Streich *m*; ***faire une ~*** e-n Streich spielen **2** ***~s et attrapes*** Scherzartikel **3** THEAT Farce *f*
farce² *f* [faʀs] GASTR Füllung *f*
farci(e) [faʀsi] (*Tomaten usw.*) gefüllt
farcir [faʀsiʀ] füllen (*Tomate, Fleisch usw.*)
fard *m* [faʀ] **1** Schminke *f*; ***le ~ à paupière*** der Lidschatten **2** *umg.* ***elle a piqué un ~*** sie kriegte e-n roten Kopf
fardeau *m* [faʀdo] ⟨*Pl* ***~x***⟩ Last *f*
se farder [səfaʀde] sich schminken
farfelu(e) [faʀfəly] *umg.* (*verrückt*) spinnert, schrullig
farfouiller [faʀfuje] *umg.* herumstöbern
▸**farine** *f* [faʀin] **1** Mehl *n* **2** *umg.* ***rouler dans la ~*** übers Ohr hauen, reinlegen
farin|eux, ~euse [faʀinø, -øz] (*Obst, Hände*) mehlig
farouche [faʀuʃ] **1** (*ängstlich*) scheu, schüchtern **2** (*Gefühl*) heftig; (*Blick*) wild; (*Gegner*) erbittert
fart *m* [⚠ faʀt] Skiwachs *n*, Wachs *n*
fascinant(e) [fasinɑ̃(t)] faszinierend
fascination *f* [fasinasjõ] Faszination *f*, Reiz *m*
fasciner [fasine] faszinieren
fascisme *m* [faʃism] Faschismus *m*
fasciste¹ [faʃist] faschistisch
fasciste² *m,f* [faʃist] Faschist(in) *m(f)*
fasse [fas] → ***faire***
faste *m* [fast] Prunk *m*, Pracht *f*
fast-food *m* [fastfud] ⟨*Pl* ***fast-foods***⟩ Fastfood-Restaurant *n*
fastidi|eux, ~euse [fastidjø, -øz] langweilig, eintönig, stumpfsinnig
fastu|eux, ~euse [fastɥø, -øz] prachtvoll, glanzvoll
fatal(e) [fatal] **1** (*Konsequenz usw.*) unvermeidlich, zwangsläufig **2** (*Irrtum*) verhängnisvoll **3** (*Schlag usw.*) tödlich
fatalité *f* [fatalite] Schicksal *n*, Verhängnis *n*
fatidique [fatidik] schicksalhaft
▸**fatigant(e)** [fatigɑ̃(t)] ermüdend, anstrengend
▸**fatigue** *f* [fatig] Müdigkeit *f*, Erschöpfung *f*
▸**fatigué(e)** [fatige] müde, erschöpft
fatiguer [fatige] **1** (*ermüden*) müde machen; (*erschöpfen*) anstrengen **2** langweilen, nerven **3** ***se ~*** müde werden **4** ***il se fatigue à tout ranger*** er müht sich damit ab, alles aufzuräumen
fatras *m* [fatʀɑ] Wust *m*, Durcheinander *n*
faubourg *m* [fobuʀ] Vorstadt *f*, Vorort *m*
fauché(e) [foʃe] *umg.* blank, pleite
faucher [foʃe] **1** mähen (*Heu*) **2** (*Schüsse*) niedermähen; (*Auto*) anfahren, erfassen; *meist tödlich*: überfahren **3** *umg.* klauen
faucheuse *f* [foʃøz] Mähmaschine *f*
faucille *f* [fosij] *Werkzeug*: Sichel *f*
faucon *m* [fokõ] Falke *m*
faudra [fodʀa] → ***falloir***
faufiler [fofile] **1** heften, reihen (*Naht*) **2** ***se ~*** (*Mensch*) sich einschleichen; sich durchschmuggeln
faune *f* [fon] Fauna *f*, Tierwelt *f*
faussaire *m,f* [fosɛʀ] Fälscher(in) *m(f)*
fausser [fose] **1** verfälschen (*Ergebnis, Sinn*) **2** verbiegen (*Schlüssel, Schloss*)
faut [fo] → ***falloir***
▸**faute** *f* [fot] **1** (*Irrtum*) Fehler *m*; ***la ~ de frappe*** der Tippfehler; ***la ~ d'inattention*** der Flüchtigkeitsfehler **2** FUSSBALL Foul *n* **3** (*Verschulden*) ***c'est (de) ma, ta*** *usw.* ***~*** das ist meine, deine *usw.* Schuld **4** ***~ de preuves*** aus Mangel an Beweisen **5** ***sans ~*** ganz sicher, ganz bestimmt
▸**fauteuil** *m* [fotœj] **1** Sessel *m* **2** ***le ~ roulant*** der Rollstuhl
faut|if, ~ive [fotif, -iv] **1** (*Mensch*) schuldig; ***il est fautif*** er ist schuld **2** (*Text*) fehlerhaft; (*Rechnung usw.*) falsch
fauve¹ [fov] **1** ***les bêtes ~s*** die Raubtiere, die wilden Tiere; *bes.* die Raubkatzen **2** *Farbe*: fahlgelb, fahlrot
fauve² *m* [fov] Raubtier *n*; ***les grands ~s*** die Raubkatzen
▸**faux¹, fausse** [fo, fos] **1** falsch; ***la fausse monnaie*** das Falschgeld **2** (*Klavier*) verstimmt **3** ***le faux départ*** der Fehlstart
faux² *m* [fo] **1** Falsche(s) *n* **2** *von Kunstwerken, Unterschriften usw.*: Fälschung *f*
faux³ *f* [fo] Sense *f*

F

faux-filet *m* [fofilɛ] ⟨*Pl* **faux-filets**⟩ Rinderlende *f*
faux-monnayeur *m* [fomɔnɛjœʀ] ⟨*Pl* **faux-monnayeurs**⟩ Geldfälscher(in) *m(f)*, Falschmünzer(in) *m(f)*
faveur *f* [favœʀ] **1** (*Gefälligkeit*) Gefallen *m* **2** (*Vorteil*) Vergünstigung *f*; ***de ~*** bevorzugt, Vorzugs…; ***le traitement de ~*** die Vorzugsbehandlung **3** Gunst *f*, Wohlwollen *n* **4** ***en ~ de son fils*** zugunsten seines Sohnes **5** ***à la ~ de l'obscurité*** im Schutz der Dunkelheit
favorable [favɔʀabl] **1** günstig **2** ***il est ~ à ce projet*** er ist für dieses Projekt
favori[1] *m*, **favorite** *f* [favɔʀi, favɔʀit] *bes.* SPORT Favorit(in) *m(f)*
favori[2], **favorite** [favɔʀi, favɔʀit] Lieblings…
favoris *m Pl* [favɔʀi] Koteletten *Pl*
favoriser [favɔʀize] **1** begünstigen, bevorzugen (*Person*) **2** fördern, unterstützen (*Plan usw.*)
▸ **fax** *m* [faks] **1** *Schreiben*: Fax *n* **2** *Apparat*: Faxgerät *n*
▸ **faxer** [fakse] faxen
fébrile [febʀil] **1** (*Hitze usw.*) fiebrig; (*Anfall usw.*) Fieber… **2** (*Person*) hektisch **3** (*Bewegung usw.*) fieberhaft
fébrilité *f* [febʀilite] Hektik *f*
fécond(e) [fekõ(d)] fruchtbar
fécondation *f* [fekõdasjõ] *von Tieren, Menschen*: Befruchtung *f*
féconder [fekõde] befruchten (*Eizelle*)
fécondité *f* [fekõdite] Fruchtbarkeit *f*
fédéral(e) [fedeʀal] ⟨*m Pl* **-x**⟩ Bundes…; *für die Schweiz*: eidgenössisch
fédération *f* [fedeʀasjõ] **1** *von Staaten*: Bündnis *n*, Föderation *f* **2** SPORT *usw.* Verband *m*, Bund *m*
fée *f* [fe] Fee *f*
feignant(e) [fɛɲɑ̃(t)] *umg.* faul
feindre [fɛ̃dʀ] ⟨*wie* **peindre**⟩ vortäuschen, heucheln; ***il feint de dormir*** er tut so, als ob er schläft
feinte *f* [fɛ̃t] Täuschungsmanöver *n*, Finte *f*
fêlé(e) [fɛle] **1** (*Glas usw.*) gesprungen **2** *umg.* ***il est fêlé*** er hat e-n Sprung in der Schüssel, er ist nicht ganz dicht
se fêler [səfɛle] (*Glas, Tasse usw.*) springen, e-n Sprung bekommen
▸ **félicitations** *f Pl* [felisitasjõ] Glückwunsch *m*, Glückwünsche *m Pl*
▸ **féliciter** [felisite] **1** ***~ qn*** j-n beglückwünschen, j-m gratulieren (***pour, de*** zu) **2** ***se ~ de qc*** über etw froh *od.* glücklich sein
félins *m Pl* [felɛ̃] *als Gattung*: Katzen *f Pl*
fêlure *f* [felyʀ] *im Glas usw.*: Sprung *m*, Riss *m*
femelle[1] *f* [fəmɛl] ZO Weibchen *n*
femelle[2] [fəmɛl] ZO, BOT weiblich
féminin *m* [feminɛ̃] GR Femininum *n*, Femininform *f*
▸ **féminin(e)** [feminɛ̃(-in)] **1** weiblich, feminin (*a.* GR) **2** (*Beruf usw.*) Frauen…
féministe[1] [feminist] feministisch
féministe[2] *m,f* [feminist] Feminist(in) *m(f)*
féminité *f* [feminite] Weiblichkeit *f*
▸ **femme** *f* [⚠ fam] **1** Frau *f* **2** ▸ ***la femme au foyer*** die Hausfrau **3** ▸ ***la femme de ménage*** die Putzfrau
fenaison *f* [fənɛzõ] Heuernte *f*
se fendiller [səfɑ̃dije] Risse bekommen, rissig werden; (*Haut usw.*) *a.* aufspringen
fendre [fɑ̃dʀ] ⟨*wie* **rendre**⟩ **1** spalten, hacken (*Holz*) **2** ***se ~*** sich spalten; Risse *od.* Sprünge bekommen
▸ **fenêtre** *f* [f(ə)nɛtʀ] (⚠ la fenêtre) Fenster *n*
fenouil *m* [fənuj] Fenchel *m*
fente *f* [fɑ̃t] Spalte *f*, Spalt *m*, Riss *m*, Schlitz *m*
féodal(e) [feɔdal] ⟨*m Pl* **-aux**⟩ (*feudalistisch*) Feudal…, Lehns…
féodalité *f* [feɔdalite] Feudalsystem *n*
▸ **fer** *m* [fɛʀ] **1** *Material*: Eisen *n*; ***en ~ forgé*** aus Schmiedeeisen **2** *im Haushalt*: ▸ ***le fer (à repasser)*** das Bügeleisen **3** ***le ~ à cheval*** das Hufeisen **4** ***de ~*** *fig.* eisern
fera [f(ə)ʀa] → **faire**
fer-blanc *m* [fɛʀblɑ̃] ⟨*Pl* **fers-blancs**⟩ Weißblech *n*, Blech *n*
férié(e) [feʀje] ▸ ***le jour férié*** der Feiertag
ferme[1] [fɛʀm] **1** fest, hart; (*Seil usw.*) straff **2** (*Schritt usw.*) sicher; (*Ton*) bestimmt **3** (*Mensch*) standhaft, unbeirrbar **4** ***ils discutent ~*** sie diskutieren heftig; ***il s'ennuie ~*** er langweilt sich gewaltig
▸ **ferme**[2] *f* [fɛʀm] **1** Bauernhof *m* **2** Bauernhaus *n*
▸ **fermé(e)** [fɛʀme] **1** geschlossen, zu **2** (*Mensch*) verschlossen **3** (*Straße*

usw.) gesperrt
fermement [fɛʀməmɑ̃] fest
fermentation *f* [fɛʀmɑ̃tasjɔ̃] Gärung *f*
fermenter [fɛʀmɑ̃te] gären
▸ **fermer** [fɛʀme] **1** schließen, zumachen; **~ *à clé*** abschließen **2** sperren (*Straße, Grenze*) **3** ausmachen, ausschalten (*Licht, Radio, Fernseher*) **4** abstellen, zudrehen (*Wasserhahn*) **5** (*Geschäft usw.*) schließen, geschlossen haben, zu sein **6 *se* ~** (*Tür usw.*) sich schließen, zugehen; (*Augen*) zufallen **7** *umg.* ***ferme-la!*** halt die Klappe!
fermeté *f* [fɛʀməte] **1** *von Dingen*: Festigkeit *f* **2** *von Personen*: Bestimmtheit *f*, Entschlossenheit *f*
fermeture *f* [fɛʀmətyʀ] **1** Verschluss *m*; ▸ ***la fermeture éclair®*** der Reißverschluss **2** *von Geschäften, Museen*: Schließung *f*; ***la ~ des magasins*** der Ladenschluss **3 *la ~ annuelle*** die Betriebsferien
ferm|ier *m*, **~ière** *f* [fɛʀmje, -jɛʀ] Bauer *m*, Bäuerin *f*, Landwirt(in) *m(f)*
fermoir *m* [fɛʀmwaʀ] Verschluss *m*
féroce [feʀɔs] **1** (*Tier*) wild **2** (*Mensch*) unerbittlich **3** (*Appetit*) unbändig
férocité *f* [feʀɔsite] **1** *von Tieren*: Wildheit *f* **2** (*Unerbittlichkeit*) Härte *f*
ferraille *f* [fɛʀɑj] Schrott *m*, Alteisen *n*
ferré(e) [fɛʀe] (mit Eisen) beschlagen
ferroviaire [fɛʀɔvjɛʀ] Eisenbahn…, Bahn…
▸ **ferry** *m* [⚠ feʀi], **ferry-boat** *m* [⚠ feʀibot] Fähre *f*
fertile [fɛʀtil] fruchtbar
fertiliser [fɛʀtilize] düngen
fertilité *f* [fɛʀtilite] Fruchtbarkeit *f*
fervent(e) [fɛʀvɑ̃(t)] **1** (*Gebet*) inbrünstig **2** (*Liebe usw.*) leidenschaftlich
ferveur *f* [fɛʀvœʀ] Eifer *m*
▸ **fesse** *f* [fɛs] Hinterbacke *f*; ***les ~s*** der Hintern, der Po
fessée *f* [fese] Tracht *f* Prügel
festin *m* [fɛstɛ̃] Festessen *n*, Festmahl *n*
festival *m* [fɛstival] Festspiele *n Pl*, Festival *n*
festivités *f Pl* [fɛstivite] Festlichkeiten *f Pl*
▸ **fête** *f* [fɛt] **1** Fest *n* **2** Feiertag *m*, Festtag *m*; ***la ~ des Mères*** (*bzw.* ***des Pères***) der Mutter- *bzw.* Vatertag **3** Namenstag *m* **4 *ils ont fait la ~*** sie haben ordentlich gefeiert
Fête-Dieu [fɛtdjø] ⟨*Pl* ***Fêtes-Dieu***⟩ ***la ~*** Fronleichnam *m*
▸ **fêter** [fɛte] **1** feiern (*Fest*) **2** feierlich empfangen (*Person*)
fétide [fetid] übel riechend, stinkend
▸ **feu** *m* [fø] ⟨*Pl* ***~x***⟩ **1** Feuer *n*; GASTR ***à ~ doux, vif*** bei schwacher, starker Hitze **2** *im Straßenverkehr*: ***le ~ (rouge), les ~x*** die Ampel; ***le ~ rouge, orange, vert*** das rote, gelbe, grüne Licht **3 *le ~ d'artifice*** das Feuerwerk **4 *un coup de ~*** ein Schuss **5** *zur Beleuchtung*: Licht *n*; *an Fahrzeugen a.*: Scheinwerfer *m*; ***le ~ arrière*** das Rücklicht
feuillage *m* [fœjaʒ] Laub *n*, Blätter *n Pl*
▸ **feuille** *f* [fœj] **1** Blatt *n* (*a. Papier*) **2 *les ~s*** das Laub **3** *aus Metall usw.*: Folie *f* **4 *la ~ d'impôt*** der Steuerbescheid; ***la ~ de paie*** der Lohn-, Gehaltszettel
feuillet *m* [fœjɛ] *im Buch, Heft*: Blatt *n*
feuilleter [fœjte] ⟨***-tt-***⟩ durchblättern, in … blättern
feuilleton *m* [fœjtɔ̃] **1** Fortsetzungsroman *m* **2** RAD, TV Serie *f*
feutre *m* [føtʀ] **1** Filz *m* **2** Filzstift *m* **3** Filzhut *m*
feutré(e) [føtʀe] **1** (*Geräusch*) gedämpft **2 *à pas feutrés*** auf leisen Sohlen
fève *f* [fɛv] **1** dicke Bohne, Saubohne *f* **2** *im Dreikönigskuchen versteckte kleine Figur*
février *m* [fevʀije] Februar *m*; ***en ~, au mois de ~*** im Februar; ***elle est née le 28 ~*** sie ist am 28. Februar geboren
FF (*Abk. für* franc français) HIST FF
fiable [fjabl] zuverlässig
fiançailles *f Pl* [fjɑ̃sɑj] Verlobung *f*
▸ **fiancé(e)** *m(f)* [fjɑ̃se] Verlobte(r) *f(m)*
se fiancer [səfjɑ̃se] ⟨***-ç-***⟩ sich verloben
fiasco *m* [fjasko] Fiasko *n*, Misserfolg *m*
fibre *f* [fibʀ] *aus Pflanzen, Glas usw.*: Faser *f*
fibr|eux, ~euse [fibʀø, -øz] faserig
ficeler [fis(ə)le] ⟨***-ll-***⟩ verschnüren, zuschnüren
▸ **ficelle** *f* [fisɛl] **1** Faden *m*, Schnur *f* **2** dünnes Stangenweißbrot **3 *des ~s*** Kniffe *m Pl*, Tricks *m Pl*
fiche[1] *f* [fiʃ] **1** Zettel *m*; ***la ~ de paie*** der Lohn-, Gehaltszettel **2** *für e-e Kartei usw.*: Karte *f*
fiche[2] [fiʃ] *umg.* → ***ficher***

ficher [fiʃe] *umg.* **1** machen, tun **2** geben, verpassen **3** (*werfen*) schmeißen, pfeffern **4** ***fiche-moi la paix!*** lass mich in Frieden! **5** ***je me fiche de l'école*** ich pfeif auf die Schule

▸**fichier** *m* [fiʃje] **1** Kartei *f* **2** *Behälter*: Karteikasten *m*, Zettelkasten *m* **3** IT Datei *f*; ***le ~ attaché*** das Attachment

▸**fichu** *m* [fiʃy] Schultertuch *n*, Tuch *n*

fichu(e) [fiʃy] *umg.* **1** → ***ficher*** **2** kaputt, hinüber **3** ***mal fichu*** (*Sache*) schlecht gemacht; (*Mensch*) schlecht drauf **4** verdammt, verflixt

F

fict|if, ~ive [fiktif, -iv] **1** (*Geschichte*) (frei) erfunden, fiktiv **2** (*falsch*) fingiert, Schein...

fiction *f* [fiksjõ] Fiktion *f*, Dichtung *f*

▸**fidèle¹** [fidɛl] **1** treu **2** (*Mensch, Gedächtnis*) zuverlässig; (*Bericht*) genau; (*Kopie*) originalgetreu; (*Übersetzung*) wortgetreu

fidèle² *m,f* [fidɛl] REL Gläubige(r) *f*(*m*)

fidélité *f* [fidelite] **1** Treue *f* **2** *von Übersetzungen, Berichten*: Genauigkeit *f*; *von Kopien*: Originaltreue *f*

fief *m* [fjɛf] **1** HIST Lehen *n* **2** POL ***un ~ électoral*** e-e Hochburg

fiel *m* [fjɛl] **1** *von Tieren*: Galle *f* **2** *fig.* ***plein de ~*** boshaft, gehässig

se fier [səfje] vertrauen, sich verlassen (***à*** auf)

▸**fier, fière** *beide* [⚠ fjɛʀ] stolz (***de*** auf)

▸**fierté** *f* [fjɛʀte] Stolz *m*

fiesta *f* [fjɛsta] *umg.* (super) Fete *f*, Fest *n*

▸**fièvre** *f* [fjɛvʀ] **1** Fieber *n* **2** *fig.* Aufregung *f*, Hektik *f*

fiévr|eux, ~euse [fjevʀø, -øz] **1** MED fiebrig **2** *fig.* fieberhaft

figé(e) [fiʒe] *vor Angst usw.*: starr

figer [fiʒe] ⟨***-ge-***⟩ **1** (***se***) **~** (*Öl, Soße*) fest werden **2** ***se ~*** (*Mensch, Blick*) erstarren; (*Lächeln*) *a.* gefrieren

fignoler [fiɲɔle] *umg.* ausfeilen (*Arbeit usw.*)

figue *f* [fig] Feige *f*

figuier *m* [figje] Feigenbaum *m*

figurant(e) *m*(*f*) [figyʀɑ̃(t)] Statist(in) *m*(*f*), Komparse *m*, Komparsin *f*

figuration *f* [figyʀasjõ] ***il a fait de la ~*** er hat als Statist gearbeitet

▸**figure** *f* [figyʀ] **1** Gesicht *n* **2** GEOM, *beim Tanz, Eiskunstlauf usw.*: Figur *f* **3** (bedeutende *od.* große) Persönlichkeit **4** *umg.* ***se casser la ~*** auf die Nase fallen

figuré(e) [figyʀe] ***au*** (***sens***) ***figuré*** im übertragenen *od.* bildlichen Sinn

figurer [figyʀe] **1** *auf Listen usw.*: stehen; (aufgeführt) sein, erscheinen **2** ***se ~ qc*** sich etw vorstellen; *im negativen Sinn* sich etw einbilden; ***figure--toi!*** stell dir das vor!, ob du's glaubst oder nicht! **3** (*symbolisieren*) darstellen

▸**fil** *m* [fil] **1** Faden *m*; *an der Angel usw.*: Schnur *f*; ***le ~ à coudre*** das Nähgarn **2** *aus Metall*: Draht *m*; ***le ~ de fer*** der Draht, der Eisendraht **3** ELEK Leitung *f*; TEL, *an Lampen a.*: Kabel *n*, Schnur *f* **4** *umg.* ***un coup de ~*** ein Anruf **5** *am Messer*: Schneide *f*

filandr|eux, ~euse [filɑ̃dʀø, -øz] faserig; (*Fleisch*) *a.* sehnig

filature *f* [filatyʀ] ***prendre en ~*** (*Detektiv usw.*) beschatten

file *f* [fil] **1** Reihe *f*; *von Autos, Menschen a.*: Schlange *f*; ***la ~ d'attente*** die Warteschlange **2** ***il prend la ~*** er stellt sich (hinten) an **3** ***en ~ indienne*** im Gänsemarsch **4** *auf der Straße*: Fahrspur *f*, Spur *f*

filer [file] **1** spinnen (*Wolle, Netz*) **2** beschatten (*Leute*) **3** *umg.* geben, herausrücken **4** *schnell*: rasen, sausen **5** *umg.* ***il file*** er zischt ab **6** ***mon collant a filé*** meine Strumpfhose hat e-e Laufmasche

filet¹ *m* [filɛ] *zum Fischfang, Einkaufen, beim Tennis usw.*: Netz *n*

filet² *m* [filɛ] GASTR Filet *n*

filet³ *m* [filɛ] (*kleine Menge*) Schuss *m*; ***un ~ d'eau*** ein dünner Wasserstrahl

filiale *f* [filjal] Tochtergesellschaft *f*, Tochterfirma *f* (⚠ Filiale = ***succursale*** *f*)

filière *f* [filjɛʀ] **1** SCHULE Zug *m*, Zweig *m*; UNI Studiengang *m* **2** *beruflich usw.*: Stufenleiter *f* **3** *von Drogenhändlern usw.*: Netz *n*, Ring *m*

filigrane *m* [filigʀan] *auf Geldscheinen usw.*: Wasserzeichen *n*

▸**fille** *f* [fij] **1** Tochter *f* **2** Mädchen *n* **3** ▸ ***la jeune fille*** das (junge) Mädchen, Ⓐ das Dirndl

fillette *f* [fijɛt] kleines Mädchen

filleul(e) *m*(*f*) [fijœl] Patenkind *n*

▸**film** *m* [film] **1** TV, FOTO, KINO Film *m*; ▸ ***le film policier*** der Krimi **2** (*dünne Schicht*) Film *m*; ***le ~ alimentaire***

(*od.* ***étirable***) die Frischhaltefolie
filmer [filme] filmen
filon *m* [filõ] *im Bergbau*: Ader *f*, Gang *m*
filou *m* [filu] Gauner *m*
▸**fils** *m* [⚠ fis] Sohn *m*
filtre *m* [filtʀ] Filter *m*
filtrer [filtʀe] **1** filtern (*Flüssigkeit, Licht*) **2** genau kontrollieren; sieben (*Information*) **3** (*Flüssigkeit, Information*) durchsickern; (*Licht*) durchkommen, durchscheinen **4** (*Kaffee*) durchlaufen
▸**fin** *f* [fɛ̃] **1** Ende *n*, Schluss *m*; ***la ~ de semaine*** das Wochenende **2** ***à la ~*** schließlich **3** ***en ~ de compte*** letzten Endes **4** Ziel *n*, Zweck *m*; ***arriver à ses ~s*** sein Ziel erreichen, seinen Willen durchsetzen **5** ***la ~ du monde*** der Weltuntergang **6** ***la ~ de série*** das Auslaufmodell **7** ***la ~ de siècle*** die Jahrhundertwende
▸**fin(e)** [fɛ̃ (fin)] **1** fein; (*Papier*) dünn; (*Hände, Taille*) schmal, schlank; (*Wein usw.*) erlesen **2** (*Mensch*) schlau; (*Bemerkung*) geistreich **3** ***fin prêt*** ganz fertig **4** ***un fin connaisseur*** ein hervorragender Kenner **5** ***les fines herbes*** die Gewürzkräuter, die Küchenkräuter
final(e) [final] ⟨*m Pl* ***~s*** *od.* ***-aux***⟩ **1** letzte(r, -s), End…; ***le point final*** der Schlusspunkt **2** GR ***la proposition finale*** der Finalsatz
▸**finale** *f* [final] **1** SPORT Finale *n*, Endspiel *n* (⚠ la finale) **2** GR Endsilbe *f*
▸**finalement** [finalmɑ̃] schließlich, am Ende
finance *f* [finɑ̃s] **1** ***les ~s*** die Finanzen, die Geldmittel **2** *Abschluss*: Geldgeschäft *n* **3** *Branche*: Finanzwelt *f*
financement *m* [finɑ̃smɑ̃] Finanzierung *f*
financer [finɑ̃se] ⟨**-ç-**⟩ finanzieren
financier[1] *m* [finɑ̃sje] Financier *m*
financ|ier[2], **~ière** [finɑ̃sje, -jɛʀ] **1** finanziell, Finanz… **2** (*Institut, Sorgen*) Geld…
finesse *f* [finɛs] **1** Feinheit *f* **2** *vom Verstand*: Schärfe *f*; ***la ~ d'esprit*** der Scharfsinn
▸**fini(e)** [fini] **1** (*zu Ende*) vorbei, aus **2** (*beendet*) fertig **3** (*Mensch*) erledigt **4** ***bien fini*** (*Kleidung*) gut gearbeitet **5** (↔ *unendlich*) endlich
▸**finir** [finiʀ] **1** aufhören, Schluss machen **2** beenden; ***~ de parler*** aufhören zu reden; ***il a fini son devoir*** er ist mit seinen Aufgaben fertig **3** aufessen (*Brot usw.*); leer essen (*Teller*); austrinken (*Glas, Getränk*) **4** zu Ende gehen, aufhören **5** ***il a fini par accepter*** er hat schließlich (doch) angenommen **6** ***en ~ avec qc*** etw (ein für alle Mal) erledigen *od.* regeln **7** ***ça n'en finit pas*** das nimmt kein Ende
finition *f* [finisjõ] **1** *Vorgang*: Fertigstellung *f*; ***les ~s*** der letzte Schliff **2** *Resultat*: Verarbeitung *f*
finlandais(e) [fɛ̃lɑ̃dɛ(z)] finnisch
Finlandais(e) *m(f)* [fɛ̃lɑ̃dɛ(z)] Finne *m*, Finnin *f*
Finlande [fɛ̃lɑ̃d] ***la ~*** Finnland *n*
finnois(e) [finwa(z)] finnisch
Finnois(e) *m(f)* [finwa(z)] Finne *m*, Finnin *f*
fioritures *f Pl* [fjɔʀityʀ] Schnörkel *m Pl*
firme *f* [fiʀm] Firma *f*
fisc *m* [fisk] Fiskus *m*, Steuerbehörde *f*
fiscal(e) [fiskal] ⟨*m Pl* ***-aux***⟩ Steuer…, steuerlich
fission *f* [fisjõ] Kernspaltung *f*
fissure *f* [fisyʀ] Riss *m*, Sprung *m*
se fissurer [səfisyʀe] rissig werden
fit [fi] → ***faire***
fixateur *m* [fiksatœʀ] Haarfestiger *m*
fixation *f* [fiksasjõ] **1** *Gegenstand, Vorrichtung*: Befestigung *f*, Halterung *f*; *am Ski*: Bindung *f* **2** *von Fristen, Preisen*: Festsetzung *f* **3** PSYCH Fixierung *f*; ***elle fait une ~ sur …*** sie ist auf … fixiert
fixe [fiks] **1** (*Termin, Einkommen*) fest; *zeitlich*: bestimmt, feststehend; (*Blick*) starr; ***à heure ~*** immer zur gleichen Zeit **2** ***une idée ~*** e-e fixe Idee
fixer [fikse] **1** befestigen, festmachen **2** *mit den Augen*: anstarren, fixieren **3** (*bestimmen*) festsetzen, festlegen **4** *schriftlich*: festhalten **5** FOTO, MAL fixieren **6** ***se ~*** (*Person*) sich niederlassen
flacon *m* [flakõ] Fläschchen *n*, Flakon *m od. n*
flagada [flagada] *umg.* fix und fertig
flageoler [flaʒɔle] (*Knie*) zittern, schlottern
flagrant(e) [flagʀɑ̃(t)] **1** (*klar*) offensichtlich, offenkundig **2** *erwischen*:

F

en flagrant délit auf frischer Tat
flair *m* [flɛʀ] **1** *beim Tier*: Geruchssinn *m*, Witterung *f* **2** *fig*. Gespür *n*, Spürsinn *m*; ***il a du ~*** er hat den richtigen Riecher
flairer [flɛʀe] **1** (*Tier*) an ... schnuppern *od*. riechen **2** wittern (*Falle, Verrat*)
flamand(e) [flamɑ̃(d)] flämisch
Flamand(e) *m(f)* [flamɑ̃(d)] Flame *m*, Flämin *f*
flamant *m* [flamɑ̃] Flamingo *m*
flambant [flɑ̃bɑ̃] ***~ neuf*** nagelneu
flambeau *m* [flɑ̃bo] ⟨*Pl* ***~x***⟩ Fackel *f*
flamber [flɑ̃be] **1** (*Feuer*) lodern; (*Haus*) lichterloh brennen **2** GASTR flambieren
flamboyant(e) [flɑ̃bwajɑ̃(t)] **1** (*Metall usw.*) blitzend, funkelnd **2** (*Farbe, Haarfarbe*) leuchtend (rot)
flamboyer [flɑ̃bwaje] ⟨***-oi-***⟩ **1** (*Feuer*) lodern, auflodern **2** (*Augen usw.*) funkeln
▸ **flamme** *f* [flam] **1** Flamme *f* **2** *im Blick, beim Sprechen usw.*: Feuer *n*, Glut *f*
flan *m* [flɑ̃] (gestürzter) Pudding
flanc *m* [flɑ̃] **1** Seite *f*; zo *a*. Flanke *f* **2** *vom Berg*: Abhang *m*, Hang *m*
flancher [flɑ̃ʃe] *umg*. aufgeben, kneifen
Flandre [flɑ̃dʀ] ***la ~*** *od*. ***les ~s*** Flandern *n*
flanelle *f* [flanɛl] (⚠ la flanelle) Flanell *m*
flâner [flɑne] schlendern, bummeln
flânerie *f* [flɑnʀi] Umherschlendern *n*
flân|eur *m*, **~euse** *f* [flɑnœʀ, -øz] Spaziergänger(in) *m(f)*
flanquer [flɑ̃ke] *umg*. **1** schmeißen; ***~ à la porte*** rausschmeißen **2** ***~ une gifle à qn*** j-m e-e knallen
flaque *f* [flak] Pfütze *f*, Lache *f*
flash *m* [⚠ flaʃ] **1** FOTO Blitzlicht *n*, Blitz *m* **2** RAD, TV ***le ~ info*** die Kurznachrichten; ***le ~ publicitaire*** der Werbespot
flash-back *m* [⚠ flaʃbak] ⟨*unv.*⟩ Rückblende *f*
flasher [flaʃe] *umg*. sich verlieben (***sur*** in)
flasque [flask] schlaff
flatter [flate] ***~ qn*** j-m schmeicheln
flatterie *f* [flatʀi] Schmeichelei *f*
flatt|eur¹ *m*, **~euse** *f* [flatœʀ, -øz] Schmeichler(in) *m(f)*
flatt|eur², ~euse [flatœʀ, -øz] schmeichelhaft
fléau *m* [fleo] ⟨*Pl* ***~x***⟩ Plage *f*
▸ **flèche** *f* [flɛʃ] **1** Pfeil *m* **2** ***monter en ~*** (*Preise, Temperatur*) schnell ansteigen **3** *am Glockenturm*: Turmspitze *f*, Spitze *f* **4** *am Kran*: Ausleger *m*
fléché(e) [fleʃe] mit Pfeilen markiert
fléchette *f* [fleʃɛt] Wurfpfeil *m*; ***jouer aux ~s*** Darts spielen
fléchir [fleʃiʀ] **1** beugen (*Knie usw.*) **2** (*Balken, Ast*) sich biegen **3** (*Preise*) fallen
fléchissement *m* [fleʃismɑ̃] **1** *vom Knie usw.*: Beugen *n* **2** *von Preisen usw.*: Rückgang *m*, Fallen *n*
flegmatique [flɛgmatik] gelassen, ruhig
flegme *m* [flɛgm] Gelassenheit *f*, Ruhe *f*
flemme *f* [flɛm] *umg*. ***j'ai la ~*** ich habe keinen Bock
flétrir [fletʀiʀ] **1** verwelken lassen **2** ***se ~*** verwelken, verblühen (*a. Schönheit*); welk werden (*a. Gesicht*)
▸ **fleur** *f* [flœʀ] **1** Blume *f* **2** Blüte *f*; ***les amandiers sont en ~s*** die Mandelbäume blühen **3** ***à ~s*** (*Stoff*) geblümt, mit Blumenmuster
fleuri(e) [flœʀi] **1** blühend **2** *geschmückt*: voller Blumen **3** (*Stoff*) geblümt **4** (*Stil*) blumig
▸ **fleurir** [flœʀiʀ] **1** (*Pflanzen*) blühen **2** (*dekorieren*) (mit Blumen) schmücken **3** *fig*. erblühen
fleuriste *m,f* [flœʀist] Blumenhändler(in) *m(f)*, Florist(in) *m(f)*
▸ **fleuve** *m* [flœv] Fluss *m*, Strom *m*
flexible [flɛksibl] **1** (*Ast usw.*) biegsam **2** *fig*. flexibel; (*Person*) anpassungsfähig
flexion *f* [flɛksjõ] Beugen *n*, Beugung *f*
flic *m* [flik] *umg*. Polizist *m*, Bulle *m*
flingue *m* [flɛ̃g] *umg*. Knarre *f*
flinguer [flɛ̃ge] *umg*. abknallen
flipper¹ *m* [⚠ flipœʀ] *Spielautomat*: Flipper *m*; ***jouer au ~*** flippern
flipper² [flipe] *umg*. **1** (*down sein*) durchhängen **2** (*durchdrehen*) ausflippen
flirt *m* [flœʀt] Flirt *m*
flirter [flœʀte] flirten
flocon *m* [flɔkõ] *Schnee, Getreide*: Flocke *f*
flonflons *m Pl* [flõflõ] Klänge *m Pl*
floraison *f* [flɔʀɛzõ] **1** Blüte *f*, Blütezeit

f **2** *fig.* Aufblühen *n*
floral(e) [flɔʀal] ⟨*m Pl* ***-aux***⟩ Blumen…, Blüten…
flore *f* [flɔʀ] Flora *f*
florin *m* [flɔʀɛ̃] HIST Gulden *m*
florissant(e) [flɔʀisɑ̃(t)] (*Gesundheit*) blühend; (*Handel*) florierend
flot *m* [flo] **1** *von Wasser*: Flut *f*, Welle *f* **2** *von Wasser, Lava, Menschen, Tränen*: Strom *m* **3** ***à ~*** (*Schiff usw.*) flott
flottant(e) [flɔtɑ̃(t)] **1** schwimmend; ***des glaces flottantes*** Treibeis *n* **2** *im Wind*: flatternd, wehend
flotte *f* [flɔt] SCHIFF, FLUG Flotte *f*
flottement *m* [flɔtmɑ̃] Zögern *n*, Schwanken *n*
flotter [flɔte] **1** *auf dem Wasser*: schwimmen, treiben **2** *im Wind*: flattern **3** *in der Luft*: hängen, schweben
flotteur *m* [flɔtœʀ] *Gegenstand*: Schwimmer *m*
flou(e) [flu] **1** (*Foto*) unscharf **2** (*Erinnerung usw.*) verschwommen, unklar
fluctuation *f* [flyktɥasjõ] Schwankung *f*
fluctuer [flyktɥe] schwanken
flu|et, ~ette [flyɛ, -ɛt] zart; (*Beine*) dünn
fluide [flɥid] flüssig
fluidité *f* [flɥidite] Flüssigkeit *f*; *bes. von Blut*: Dünnflüssigkeit *f*; ***la ~ de la circulation*** der Verkehrsfluss
flûte *f* [flyt] **1** Flöte *f* **2** *langes dünnes Stangenweißbrot*
flûtiste *m,f* [flytist] Flötist(in) *m(f)*
fluvial(e) [flyvjal] ⟨*m Pl* ***-aux***⟩ **1** Fluss… **2** ***le port fluvial*** der Binnenhafen
flux *m* [⚠ fly] Flut *f*; ***le ~ et le reflux*** Ebbe *f* und Flut *f*; *fig.* das Hin und Her
FN *m* [ɛfɛn] (*Abk. für* Front national) *rechtsextreme frz. Partei*
▸ **foi** *f* [fwa] **1** Glaube *m*; ***il a la ~*** er ist gläubig **2** *in Menschen, Dinge*: Vertrauen *n* **3** ***la bonne ~*** die Aufrichtigkeit; ***la mauvaise ~*** die Unaufrichtigkeit **4** ***ma ~, c'est vrai!*** ja, das stimmt!, das stimmt eigentlich!
▸ **foie** *m* [fwa] Leber *f*; ***~ gras*** Leberpastete *f*
▸ **foin** *m* [fwɛ̃] **1** Heu *n* **2** *umg.* ***elle fait du ~*** sie macht e-n Heidenlärm
foire *f* [fwaʀ] **1** Markt *m* **2** (*Ausstellung*) Messe *f* **3** *Volksfest*: Kirmes *f* **4** *umg.* Rummel *m*, Trubel *m*
▸ **fois** *f* [fwa] **1** Mal *n*; ▸ ***une fois*** einmal; ***une ~ sur deux*** jedes zweite Mal; ***cette ~-ci*** diesmal **2** *beim Multiplizieren*: ***trois ~ quatre (font) douze*** drei mal vier ist zwölf **3** ▸ ***à la fois*** gleichzeitig **4** ***c'est trois ~ rien*** das ist nicht der Rede wert
foison [fwazõ] ***à ~*** in Hülle und Fülle
foisonner [fwazɔne] **1** ***les fleurs foisonnent dans ce jardin*** in diesem Garten gibt es viele Blumen **2** ***ce livre foisonne de bonnes idées*** das Buch ist voll guter Ideen
fol [fɔl] → ***fou***[1]
folâtre [fɔlɑtʀ] ausgelassen
folâtrer [fɔlɑtʀe] sich tummeln
▸ **folie** *f* [fɔli] **1** Wahnsinn *m*; ***la ~ des grandeurs*** der Größenwahn; ***c'est de la ~!*** das ist doch Wahnsinn! **2** Verrücktheit *f* **3** ***je l'aime à la ~*** ich liebe ihn wahnsinnig
folklore *m* [fɔlklɔʀ] (⚠ le folklore) Folklore *f*
folklorique [fɔlklɔʀik] **1** folkloristisch, Folklore… **2** *umg.* (*Mensch*) komisch
folle[1] [fɔl] → ***fou***[1]
folle[2] *f* [fɔl] **1** Verrückte *f*, Wahnsinnige *f* **2** ***elle fait la ~*** sie macht Blödsinn **3** *umg.* (*Schwuler*) Tunte *f*
follement [fɔlmɑ̃] (*sehr*) wahnsinnig
▸ **foncé(e)** [fõse] **1** dunkel **2** *bei Farben*: ***bleu, vert*** *usw.* ***foncé*** ⟨*unv.*⟩ dunkelblau, dunkelgrün *usw.*
foncer[1] [fõse] ⟨***-ç-***⟩ **1** dunkler werden **2** dunkler machen *od.* färben
foncer[2] [fõse] ⟨***-ç-***⟩ **1** ***~ sur qn*** auf j-n losgehen, sich auf j-n stürzen **2** *schnell*: rasen
fonction *f* [fõksjõ] **1** Funktion *f* (*a.* IT, MATH) **2** *beruflich*: Amt *n*, Tätigkeit *f*; ***la voiture de ~*** der Dienstwagen **3** ***il fait ~ de chauffeur*** er fungiert als Fahrer; ***le canapé fait ~ de lit*** das Sofa dient als Bett
▸ **fonctionnaire** *m,f* [fõksjɔnɛʀ] Beamte(r) *m*, Beamtin *f*
fonctionn|el, ~elle [fõksjɔnɛl] zweckmäßig, funktionell
fonctionnement *m* [fõksjɔnmɑ̃] Funktionieren *n*, Arbeitsweise *f*
▸ **fonctionner** [fõksjɔne] funktionieren
fond *m* [fõ] **1** *von Behältern*: Boden *m*; *von Gewässern*: Grund *m*; *e-s Tals*: Sohle *f*; ***le ~ de tarte*** der Tortenboden;

F

au ~ du sac (ganz) unten in der Tasche **2** *vom Zimmer*: hinterer Teil; ***au ~ du couloir*** am Ende des Flurs **3** *in Flaschen, Gläsern*: Rest *m* **4** *bei Farben*: Untergrund *m*; *bei Stoffen*: Grund *m*; *in Gemälden*: Hintergrund *m*; ***le ~ sonore*** die musikalische Untermalung **5** Wesentliche(s) *n*, Grundlage *f*; *von Texten*: Inhalt *m*; ***le ~ du problème*** der Kern des Problems **6** ***faire à ~ qc*** etw gründlich machen; ***respirer à ~*** tief durchatmen **7** ***au ~ il est plutôt sympathique*** eigentlich ist er ganz nett **8** ***du ~ du cœur*** von (ganzem) Herzen **9** ***à ~ de train*** im Eiltempo **10** SPORT ***le ski de ~*** der Skilanglauf

fondamental(e) [fõdamɑ̃tal] ⟨*m Pl* ***-aux***⟩ **1** (*wichtig*) wesentlich, Haupt… **2** (*grundlegend*) Grund…, fundamental

fondamentalisme *m* [fõdamɑ̃talism] Fundamentalismus *m*

fondant(e) [fõdɑ̃(t)] (*Eis, Bonbon*) weich

fondateur *m* [fõdatœʀ] Gründer *m*, Stifter *m*

fondation *f* [fõdasjõ] **1** Gründung *f*; *e-s Preises*: Stiftung *f* **2** ***les ~s*** *bei Gebäuden*: die Fundamente, die Grundmauern

fondatrice *f* [fõdatʀis] Gründerin *f*, Stifterin *f*

fondé(e) [fõde] begründet, berechtigt

fondement *m* [fõdmɑ̃] **1** Grundlage *f* **2** ***sans ~*** unbegründet

▸ **fonder** [fõde] **1** gründen (*Stadt, Familie usw.*) **2** stiften (*Preis usw.*) **3** *fig.* ***se ~ sur qc*** (*sich berufen*) sich auf etw stützen

▸ **fondre** [fõdʀ] ⟨*wie* ***rendre***⟩ **1** (*Eis, Schnee*) schmelzen, tauen; (*Zucker*) sich auflösen, schmelzen; ***~ dans la bouche*** auf der Zunge zergehen **2** ***faire ~*** zum Schmelzen bringen (*Metall usw.*); auftauen (*Eis*); zergehen lassen (*Butter*) **3** ***~ sur qn*** sich auf j-n stürzen **4** schmelzen (*Metall*)

fonds *m* [fõ] **1** ***le ~ de commerce*** das Geschäft **2** ***les ~*** das Geld, die Gelder **3** *Organisation*: Fonds *m* **4** *in e-r Bibliothek*: Bestand *m*

fondue *f* [fõdy] (⚠ la fondue) Fondue *n*

font [fõ] → ***faire***

▸ **fontaine** *f* [fõtɛn] Brunnen *m*, Springbrunnen *m* (⚠ Fontäne = ***jet m d'eau***)

fonte *f* [fõt] **1** ***la ~ des neiges*** die Schneeschmelze **2** *Material*: Gusseisen *n* **3** *von Metall*: Gießen *n*

fonts *m Pl* [fõ] ***les ~ baptismaux*** das Taufbecken, der Taufstein

▸ **foot** *m* [fut] *umg.* Fußball *m*

▸ **football** *m* [⚠ futbol] Fußball *m*

Le football

siffler le coup d'envoi du match	das Spiel anpfeifen
avoir le ballon	in Ballbesitz sein
passer à l'offensive	angreifen
tirer au but	aufs Tor schießen
remettre le ballon en jeu	einwerfen
passer le ballon à l'ailier droit	den Ball zum Rechtsaußen spielen
feinter l'arrière	den Abwehrspieler austricksen
marquer le premier but	das erste Tor schießen
jouer la défensive	defensiv spielen
commettre une faute	foulen
sanctionner la faute d'un coup franc	das Foul mit einem Freistoß ahnden
égaliser	den Ausgleich erzielen
il y a main!	das war Hand!
transformer le penalty	den Elfmeter verwandeln
mener par 2 à 1	mit 2:1 führen
siffler la fin du match	das Spiel abpfeifen
remporter le championnat	die Meisterschaft gewinnen

football|eur *m*, **~euse** *f* [⚠ futbolœʀ, -øz] Fußballspieler(in) *m(f)*
footing *m* [futiŋ] Jogging *n*; ***faire du ~*** joggen
for *m* [fɔʀ] ***dans mon, ton, son*** *usw.* ***~ intérieur*** *fühlen, denken*: im Innersten
forage *m* [fɔʀaʒ] Bohren *n*, Bohrung *f*
forain(e)[1] [fɔʀɛ̃(-ɛn)] Jahrmarkts…; ***la fête foraine*** die Kirmes, der Jahrmarkt
forain(e)[2] *m(f)* [fɔʀɛ̃(-ɛn)] Schausteller(in) *m(f)*
forçat *m* [fɔʀsa] Sträfling *m*, Zwangsarbeiter *m*
▸ **force** *f* [fɔʀs] **1** Kraft *f*, Stärke *f*; ***la ~ de l'habitude*** die Macht der Gewohnheit **2** Zwang *m*, Gewalt *f*; ***c'était un cas de ~ majeure*** das war höhere Gewalt; ***avec ~*** mit Nachdruck; ***ils l'ont emmené de ~*** sie haben ihn mit Gewalt mitgenommen; ***accepter qc par ~*** etw gezwungenermaßen akzeptieren **3** ***les ~s*** (*das Militär*) die Streitkräfte; ***les ~s de l'ordre*** die Polizei, die Ordnungskräfte **4** ***la ~ de frappe*** die französische Atomstreitmacht **5** ▸ ***à force de*** mit, durch viel(es) (+ *Subst.*); ***à ~ de patience*** mit viel Geduld; ***à ~ de chercher, travailler*** *usw.* durch viel Suchen, Arbeiten *usw.*
forcé(e) [fɔʀse] **1** unfreiwillig; (*Arbeit usw.*) Zwangs… **2** (*Lächeln usw.*) gezwungen, unnatürlich
▸ **forcément** [fɔʀsemɑ̃] **1** zwangsläufig **2** ***pas ~*** nicht unbedingt
forcené(e) *m(f)* [fɔʀsəne] Wahnsinnige(r) *f(m)*
▸ **forcer** [fɔʀse] 〈**-ç-**〉 **1** zwingen (***à*** zu) **2** aufbrechen (*Tür, Schloss*); durchbrechen (*Polizeisperre*) **3** hervorrufen (*Bewunderung, Respekt*) **4** sich verausgaben, sich überanstrengen; ***sans ~*** mühelos
forer [fɔʀe] bohren (*Loch, Schacht usw.*)
forestier[1] *m* [fɔʀɛstje] Förster *m*
forest|ier[2], **~ière** [fɔʀɛstje, -jɛʀ] **1** Wald…, Forst… **2** ***le garde forestier*** der Förster
foret *m* [fɔʀɛ] Bohrer *m*
▸ **forêt** *f* [fɔʀɛ] (⚠ la forêt) **1** Wald *m* **2** ***la ~ vierge*** der Urwald
Forêt-Noire *f* [fɔʀɛnwaʀ] Schwarzwald *m*
forfait[1] *m* [fɔʀfɛ] Pauschale *f*, Pauschalpreis *m*
forfait[2] *m* [fɔʀfɛ] *bes.* SPORT ***déclarer ~*** aufgeben, ausscheiden
forfaitaire [fɔʀfɛtɛʀ] Pauschal…
forge *f* [fɔʀʒ] Schmiede *f*
forger [fɔʀʒe] 〈**-ge-**〉 **1** schmieden (*Metall, Pläne usw.*) **2** prägen (*Ausdruck*)
forgeron *m* [fɔʀʒəʀɔ̃] Schmied *m*
se formaliser [səfɔʀmalize] Anstoß nehmen (***de*** an); sich aufregen (***de*** über)
formalité *f* [fɔʀmalite] Formalität *f*; *fig.* ***une simple ~*** e-e reine Formsache
format *m* [⚠ fɔʀma] Format *n*
formatage *m* [fɔʀmataʒ] Formatierung *f*
formater [fɔʀmate] formatieren
▸ **formation** *f* [fɔʀmasjɔ̃] **1** (*Entwicklung*) Bildung *f*, Entstehung *f* **2** *beruflich*: Ausbildung *f*; ***la ~ permanente*** (*od.* ***continue***) die Weiterbildung; ***la ~ professionnelle*** die Berufsausbildung; ***suivre une ~*** e-e Ausbildung machen **3** POL Gruppierung *f* **4** *e-r Mannschaft*: Formation *f*, Aufstellung *f*
▸ **forme** *f* [fɔʀm] **1** Form *f*; ***en ~ de cœur*** herzförmig **2** (*Etikette*) ***en bonne et due ~*** ordnungsgemäß **3** *körperlich*: ▸ ***être en*** (***pleine***) ***forme*** (gut) in Form sein **4** ***prendre ~*** (*Plan usw.*) Gestalt annehmen
form|el, **~elle** [fɔʀmɛl] **1** (*Erklärung*) ausdrücklich; (*Befehl*) strikt; (*Weigerung*) entschieden; (*Beweis*) eindeutig **2** (*äußerlich*) förmlich, formell
formellement [fɔʀmɛlmɑ̃] ausdrücklich
▸ **former** [fɔʀme] **1** bilden, formen **2** aufstellen (*Mannschaft*); zusammenstellen, gründen (*Team*) **3** darstellen, bilden (*Kreis, Muster*) **4** ausbilden (*Lehrlinge, Personal*); formen (*Charakter*) **5** entwickeln (*Geschmack, Idee*) **6** ***se ~*** (*Wolken usw.*) sich bilden, entstehen
▸ **formidable** [fɔʀmidabl] **1** (*toll*) super, stark **2** (*Menge usw.*) gewaltig, ungeheuer
formulaire *m* [fɔʀmylɛʀ] Formular *n*
formulation *f* [fɔʀmylasjɔ̃] Formulierung *f*
formule *f* [fɔʀmyl] **1** Formel *f*; ***la ~ magique*** die Zauberformel; ***la ~ de politesse*** die Höflichkeitsfloskel **2** SPORT

***la ~* 1** die Formel 1 **3** (*Vorgehen*) Methode *f*

Auf französischen **formulaires** (Formularen) kann nach folgenden Personalien gefragt werden:

nom	Name
prénom	Vorname
née ...	geborene ...
date de naissance	Geburtsdatum
lieu de naissance	Geburtsort
né(e) le ...	geboren am ...
né(e) à ...	geboren in ...
sexe	Geschlecht
masculin	männlich
féminin	weiblich
profession	Beruf
nationalité	Staatsangehörigkeit
adresse	Anschrift
domicilié(e) à ...	wohnhaft in ...
rue	Straße
numéro (de la maison)	Hausnummer
code postal	Postleitzahl
ville	Stadt
pays	Land

formuler [fɔʀmyle] formulieren
forsythia *m* [fɔʀsisja] (⚠ le forsythia) Forsythie *f*
fort[1] *m* [fɔʀ] Stärke *f*, starke Seite
fort[2] *m* [fɔʀ] MIL Fort *n*
▸ **fort(e)** [fɔʀ(t)] **1** stark; (*Material, Druck*) fest **2** (*Stimme, Geräusch*) laut **3** (*Fieber*) hoch **4** (*Soße, Essen*) scharf **5** (*Währung*) hart **6** (*dick*) korpulent **7** (*bedeutend*) groß; (*Summe usw.*) hoch **8** SCHULE ***fort en maths, anglais*** *usw.* gut in Mathe, Englisch *usw.* **9** *umg.* ***c'est un peu fort!*** das ist ein starkes Stück! **10** ***fort bien, peu*** sehr gut, wenig
fortement [fɔʀtəmɑ̃] stark, sehr
forteresse *f* [fɔʀtəʀɛs] Festung *f*
fortifiant *m* [fɔʀtifjɑ̃] Stärkungsmittel *n*
fortifications *f Pl* [fɔʀtifikasjõ] Befestigungsanlagen *f Pl*
fortifier[1] [fɔʀtifje] kräftigen, stärken
fortifier[2] [fɔʀtifje] befestigen (*Stadt*)
fortuit(e) [fɔʀtɥi(t)] zufällig
▸ **fortune** *f* [fɔʀtyn] **1** (*Reichtum*) Vermögen *n*; ***faire ~*** reich werden **2** Schicksal *n*, Glück *n* **3** ***de ~*** Behelfs…; (*Lösung, Unterkunft*) Not…
fortuné(e) [fɔʀtyne] reich, vermögend
fosse *f* [fos] **1** Grube *f*, Graben *m* **2** ***la ~ commune*** das Massengrab
fossé *m* [fose] **1** Graben *m* **2** *fig.* Kluft *f*
fossette *f* [fosɛt] Grübchen *n*
fossile[1] *m* [fosil] Fossil *n*, Versteinerung *f*
fossile[2] [fosil] **1** versteinert, fossil **2** *umg.* (*Ansichten usw.*) verstaubt, veraltet
fossoyeur *m* [foswajœʀ] Totengräber *m*
▸ **fou**[1], **folle** [fu, fɔl] **1** wahnsinnig, verrückt **2** *fig.* ***il est fou de joie*** er ist außer sich vor Freude; ***elle est folle de colère*** sie rast vor Wut **3** ***il est fou d'elle*** er ist verrückt nach ihr; ***elle est folle de salsa*** sie ist wild auf Salsa **4** (*Hoffnung*) sinnlos **5** (⚠ *immer nachgestellt*) wahnsinnig, irrsinnig; ***il a un travail fou*** er hat wahnsinnig viel zu tun; ***il y avait un monde fou*** es waren irrsinnig viele Leute da
fou[2] *m* [fu] **1** Verrückte(r) *m*, Wahnsinnige(r) *m* **2** ***il fait le ~*** er macht Blödsinn **3** *früher*: Hofnarr *m*, Narr *m* **4** *beim Schach*: Läufer *m*
foudre *f* [fudʀ] **1** Blitz *m* **2** ***le coup de ~*** der Blitzschlag; *fig.* Liebe *f* auf den ersten Blick
foudroyant(e) [fudʀwajɑ̃(t)] **1** (*Krankheit, Gift usw.*) tödlich **2** (*Tod*) plötzlich
foudroyer [fudʀwaje] ⟨**-oi-**⟩ **1** ***il a été foudroyé*** er wurde vom Blitz erschlagen (*bzw.* getroffen) **2** (tödlich) treffen
fouet *m* [fwɛ] **1** Peitsche *f* **2** GASTR Schneebesen *m* **3** *fig.* ***de plein ~*** mit voller Wucht
fouetter [fwete] **1** peitschen, auspeitschen (*Menschen, Tiere*) **2** ***~ la crème*** die Sahne schlagen
fougère *f* [fuʒɛʀ] Farn *m*, Farnkraut *n*
fougue *f* [fug] Schwung *m*, Elan *m*
fougu|eux, ~euse [fugø, -øz] **1** heftig **2** (*Pferd*) feurig **3** (*Rede*) mitreißend
fouille *f* [fuj] **1** Durchsuchung *f* **2** *archä-*

ologisch: ***les ~s*** die Ausgrabungen
fouiller [fuje] **1** durchsuchen (*Haus, Personen, Gepäck usw.*) **2** *im Boden, in der Tasche usw.*: wühlen (***dans*** in); *in der Erinnerung a.*: kramen (***dans*** in)
fouillis *m* [fuji] Durcheinander *n*, Wust *m*
fouiner [fwine] *umg.* herumschnüffeln
foulard *m* [fulaʀ] Halstuch *n*, Tuch *n*, Schal *m*
▸ **foule** *f* [ful] **1** Menge *f*; *bes.* Menschenmenge *f* **2** ***la ~*** das Volk, die breite Masse **3** ***une ~ de choses*** e-e Menge Dinge
foulée *f* [fule] Schritt *m*; SPORT Laufstil *m*
fouler [fule] ***se ~ la cheville*** sich den Knöchel verstauchen
foulure *f* [fulyʀ] Verstauchung *f*
▸ **four** *m* [fuʀ] **1** Backofen *m*, Ⓐ Backrohr *n*; ***le ~ à micro-ondes*** der Mikrowellenherd **2** TECH Ofen *m* **3** ***des petits ~s*** *kleine, fein verzierte Gebäckstückchen*
fourbu(e) [fuʀby] erschöpft, müde
fourche *f* [fuʀʃ] **1** *für Mist, Heu, am Fahrrad, Ast*: Gabel *f* **2** *Weg*: Gabelung *f*
▸ **fourchette** *f* [fuʀʃɛt] *Besteck*: Gabel *f*
fourchu(e) [fuʀʃy] **1** gabelförmig **2** (*Zunge, Haarspitzen*) gespalten
fourgon *m* [fuʀgõ] **1** BAHN Gepäckwagen *m* **2** AUTO Kastenwagen *m*; ***le ~ mortuaire*** der Leichenwagen
fourgonnette *f* [fuʀgɔnɛt] Lieferwagen *m*
▸ **fourmi** *f* [fuʀmi] Ameise *f*
fourmilière *f* [fuʀmiljɛʀ] Ameisenhaufen *m*
fourmillement *m* [fuʀmijmɑ̃] **1** Gewimmel *n* **2** *Gefühl*: Kribbeln *n*
fourmiller [fuʀmije] wimmeln (***de*** von); ***les fautes fourmillent dans ce texte*** in dem Text wimmelt es von Fehlern
fournaise *f* [fuʀnɛz] **1** starkes Feuer **2** *fig.* (*heißer Ort*) Backofen *m*
fourneau *m* [fuʀno] ⟨*Pl* ***~x***⟩ **1** ***être aux ~x*** kochen **2** ***le haut ~*** der Hochofen
fournir [fuʀniʀ] **1** beliefern (*Kunden*) (***en*** mit), versorgen **2** beschaffen, besorgen (*Dinge*); liefern (*Waren, Beweis*) **3** leisten (*Hilfe*) **4** ***~ un effort*** sich anstrengen **5** ***se ~*** kaufen (***chez*** bei)
fournisseur *m* [fuʀnisœʀ] **1** Händler(in) *m(f)*; Lieferant(in) *m(f)* **2** *Betrieb*: Lieferfirma *f* **3** INTERNET ***~ d'accès*** Provider *m*
fourniture *f* [fuʀnityʀ] **1** Lieferung *f* **2** *Mittel*: ***des ~s scolaires*** Schulbedarf *m*
fourrage *m* [fuʀaʒ] Viehfutter *n*, Futter *n*
fourré *m* [fuʀe] Gestrüpp *n*, Dickicht *n*
fourré(e) [fuʀe] **1** (*Schuhe usw.*) gefüttert **2** (*Bonbons usw.*) gefüllt (***à*** mit)
fourreau *m* [fuʀo] ⟨*Pl* ***~x***⟩ *vom Schirm*: Hülle *f*; *vom Schwert*: Scheide *f*
fourrer [fuʀe] **1** *mit Gewalt*: stecken, stopfen (***dans*** in) **2** *umg.* hinlegen, hinstellen, hintun **3** *umg.* ***se ~*** sich verkriechen
fourre-tout *m* [fuʀtu] ⟨*unv.*⟩ *umg.* (große) Reisetasche
▸ **fourrure** *f* [fuʀyʀ] **1** zo Fell *n*, Pelz *m* **2** *Kleidung*: Pelz *m*
se fourvoyer [səfuʀvwaje] ⟨***-oi-***⟩ **1** *an e-m Ort*: sich verirren (***dans*** in) **2** (*sich täuschen*) sich irren
foutre [futʀ] *umg.* **1** tun, machen **2** (*geben*) verpassen; ***je te fous une baffe*** ich hau dir eine runter **3** (*werfen*) schmeißen; ***~ à la porte*** rausschmeißen **4** ***il se fout de nous*** er verarscht uns; ***je me fous de lui!*** der kann mich mal!; ***je m'en fous!*** das ist mir scheißegal! **5** ***fous le camp!*** hau ab!; ***fous-moi la paix!*** lass mich in Ruhe! **6** *sehr umg.* ***je n'en ai rien à ~*** das kümmert mich e-n Scheiß **7** *vulg.* ficken
foutu(e) [futy] *umg.* **1** → ***foutre*** **2** kaputt, hinüber **3** ***mal foutu*** (*Sache*) schlecht gemacht; (*Mensch*) schlecht drauf **4** verdammt, verflixt
foyer *m* [fwaje] **1** Heim *n*, Haushalt *m*; ***une femme au ~*** e-e Hausfrau **2** *für Studenten usw.*: Wohnheim *n* **3** THEAT Foyer *n* **4** *im Kamin*: Feuer *n*, Feuerstelle *f* **5** *fig.* (*Ausgangspunkt*) ***le ~ d'incendie*** der Brandherd **6** OPT, MATH Brennpunkt *m*
fracas *m* [fʀaka] Krach *m*, Getöse *n*
fracasser [fʀakase] **1** zertrümmern **2** ***se ~*** zerschellen (***contre*** an)
fraction *f* [fʀaksjõ] **1** MATH Bruch *m* **2** (*Stück*) Teil *m*; *e-r Summe, Sekunde*: Bruchteil *m* (⚠ Fraktion *im Parlament* = ***groupe*** *m* ***parlementaire***)
fractionner [fʀaksjɔne] zerlegen, auf-

F

teilen
▸ **fracture** *f* [fʀaktyʀ] MED Bruch *m*
fracturer [fʀaktyʀe] **1** aufbrechen (*Tür, Schloss*) **2** ***se ~ le bras*** sich den Arm brechen
▸ **fragile** [fʀaʒil] **1** zerbrechlich **2** *gesundheitlich*: empfindlich, anfällig
fragilité *f* [fʀaʒilite] **1** Zerbrechlichkeit *f* **2** *gesundheitlich*: Empfindlichkeit *f*, Anfälligkeit *f*
fragment *m* [fʀagmɑ̃] **1** Teil *m*, Bruchstück *n*; *bes. von Knochen*: Splitter *m* **2** *Text*: Auszug *m*, Stelle *f*
fragmentaire [fʀagmɑ̃tɛʀ] bruchstückhaft, unvollständig
fragmenter [fʀagmɑ̃te] aufteilen
fraîche [fʀɛʃ] → ***frais¹***
fraîchement [fʀɛʃmɑ̃] **1** (*soeben*) frisch **2** (*unfreundlich*) kühl, frostig
fraîcheur *f* [fʀɛʃœʀ] **1** Frische *f* **2** Kühle *f*
fraîchir [fʀɛʃiʀ] **1** (*Wetter*) frischer *od.* kühler werden **2** (*Wind*) auffrischen
▸ **frais¹**, **fraîche** [fʀɛ, fʀɛʃ] **1** (*neu*) frisch; ***peinture fraîche!*** frisch gestrichen! **2** (*Temperatur*) kühl; (*Wetter, Wind usw.*) frisch; ***il fait frais*** es ist frisch; ***servir frais*** kühl servieren **3** (*unfreundlich*) kühl
frais² *m* [fʀɛ] **1** ***mettre au ~*** kalt stellen **2** ***prendre le ~*** frische Luft schnappen
▸ **frais³** *m Pl* [fʀɛ] Kosten *Pl*; ***les faux ~*** die Nebenkosten
▸ **fraise¹** *f* [fʀɛz] Erdbeere *f*
fraise² *f* [fʀɛz] **1** TECH Fräse *f* **2** *beim Zahnarzt*: Bohrer *m*
fraiser [fʀɛze] fräsen, ausfräsen
▸ **framboise** *f* [fʀɑ̃bwaz] Himbeere *f*
franc¹ *m* [fʀɑ̃] **1** *in der Schweiz*: Franken *m* **2** HIST ***le ~ (français)*** der (französische) Franc
franc², **franche** [fʀɑ̃, fʀɑ̃ʃ] **1** (*Mensch*) offen, aufrichtig **2** ***le coup franc*** der Freistoß **3** *im Handel*: ***la zone franche*** die Freizone **4** ***franc de port*** portofrei
français *m* [fʀɑ̃sɛ] Französisch *n*
français(e) [fʀɑ̃sɛ(z)] französisch
Français(e) *m(f)* [fʀɑ̃sɛ(z)] Franzose *m*, Französin *f*
France [fʀɑ̃s] ***la ~*** Frankreich *n*
Francfort [⚠ fʀɑ̃kfɔʀ] Frankfurt *n*
▸ **franchement** [fʀɑ̃ʃmɑ̃] **1** offen, ehrlich; *beim Sprechen*: ehrlich gesagt, offen gestanden **2** (*eindeutig*) klar, deutlich
franchir [fʀɑ̃ʃiʀ] überschreiten (*Schwelle*); überwinden, übersteigen (*Hindernis*); überqueren (*Fluss*); passieren (*Grenze*)
franchise *f* [fʀɑ̃ʃiz] **1** *bei Menschen*: Offenheit *f* **2** *beim Zoll, Porto*: Gebührenfreiheit *f* **3** *bei Versicherungen*: Selbstbeteiligung *f*
franc-maçon *m* [fʀɑ̃masɔ] ⟨*Pl* ***francs-maçons***⟩ Freimaurer *m*
franco [fʀɑ̃ko] ***~ de port*** portofrei
franco-allemand(e) [fʀɑ̃koalmɑ̃(d)] deutsch-französisch
francophone [fʀɑ̃kɔfɔn] französischsprachig, frankophon
francophonie *f* [fʀɑ̃kɔfɔni] *Bezeichnung für alle Französischsprechenden*
franc-parler *m* [fʀɑ̃paʀle] *beim Reden*: Offenheit *f*; ***elle a son ~*** sie nimmt kein Blatt vor den Mund
frange *f* [fʀɑ̃ʒ] **1** Franse *f* **2** *Haare*: Pony *m* **3** *fig.* Randgruppe *f*, Minderheit *f*
frangin(e) *m(f)* [fʀɑ̃ʒɛ̃(-in)] *umg.* Bruder(herz) *m(n)*, Schwester(herz) *f(n)*
frangipane *f* [fʀɑ̃ʒipan] Mandelcreme *f*
franglais *m* [fʀɑ̃glɛ] *mit Englisch durchsetztes Französisch*
franquette [fʀɑ̃kɛt] ***à la bonne ~*** ohne Umstände, ganz einfach
frappant(e) [fʀapɑ̃(t)] auffallend, verblüffend, frappierend
frappe *f* [fʀap] **1** *beim Maschineschreiben*: Anschlag *m*; ***la faute de ~*** der Tippfehler **2** *von Münzen*: Prägung *f*
frappé(e) [fʀape] (*Getränk*) eisgekühlt
▸ **frapper** [fʀape] **1** schlagen; (*Schuss, Schlag usw.*) treffen **2** ***~ à la porte*** an die Tür klopfen; ***on frappe*** es klopft **3** prägen (*Münze*) **4** verblüffen (*Menschen*)
fratern|el, **~elle** [fʀatɛʀnɛl] brüderlich, Bruder…, Geschwister…
fraterniser [fʀatɛʀnize] sich verbrüdern
▸ **fraternité** *f* [fʀatɛʀnite] Brüderlichkeit *f*
fraude *f* [fʀod] **1** Betrug *m* **2** ***passer qc en ~*** etw schmuggeln
frauder [fʀode] **1** betrügen **2** täuschen (***à*** bei) **3** ***~ le fisc*** Steuern hinterziehen
fraud|eur *m*, **~euse** *f* [fʀodœʀ, -øz] **1** Betrüger(in) *m(f)* **2** Schmuggler(in) *m(f)*
fraudul|eux, **~euse** [fʀodylø, -øz] be-

trügerisch

frayer [fʀɛje] ⟨*-ay- od. -ai-*⟩ **1** ***(se) ~ un chemin*** (sich) e-n Weg bahnen **2** ***~ avec qn*** mit j-m verkehren

frayeur *f* [fʀɛjœʀ] Schreck *m*, Schrecken *m*

fredonner [fʀədɔne] (*leise singen*) summen

free-lance [⚠ fʀilɑ̃s] freiberuflich (tätig)

freezer *m* [⚠ fʀizœʀ] Gefrierfach *n*

▸ **frein** *m* [fʀɛ̃] **1** Bremse *f* **2** *lit.* ***mettre un ~ à qc*** (*verhindern*) e-r Sache e-n Riegel vorschieben

freinage *m* [fʀɛnaʒ] Bremsen *n*, Bremsung *f*

▸ **freiner** [fʀɛne] **1** bremsen **2** *fig.* behindern, bremsen (*Entwicklung, Fortschritt usw.*); drosseln (*Ausgaben usw.*)

frêle [fʀɛl] (*Mensch*) zart, zierlich

frelon *m* [fʀəlɔ̃] Hornisse *f*

frémir [fʀemiʀ] zittern, beben

frémissement *m* [fʀemismɑ̃] Zittern *n*, Beben *n*

frêne *m* [fʀɛn] Esche *f*

frénésie *f* [fʀenezi] Besessenheit *f*

frénétique [fʀenetik] (*Beifall usw.*) rasend

fréquemment [⚠ fʀekamɑ̃] oft, häufig

fréquence *f* [fʀekɑ̃s] **1** Häufigkeit *f* **2** PHYS Frequenz *f*

▸ **fréquent(e)** [fʀekɑ̃(t)] häufig

fréquentation *f* [fʀekɑ̃tasjɔ̃] **1** häufiger Besuch **2** ***il a de mauvaises ~s*** er hat schlechten Umgang

fréquenté(e) [fʀekɑ̃te] **1** (*Ort*) viel besucht **2** ***mal fréquenté*** verrufen

fréquenter [fʀekɑ̃te] **1** oft besuchen (*Ort*); ***~ les cafés, les cinémas*** *usw.* oft ins Café, ins Kino *usw.* gehen **2** ***~ une école*** e-e Schule besuchen **3** ***~ qn*** mit j-m verkehren *od.* Umgang haben

▸ **frère** *m* [fʀɛʀ] Bruder *m*

fresque *f* [fʀɛsk] (⚠ la fresque) MAL Fresko *n*

fret *m* [⚠ fʀɛ(t)] **1** Frachtkosten *Pl* **2** *Ladung*: Fracht *f*

frétiller [fʀetije] **1** (*Mensch, Fisch*) zappeln **2** ***~ de la queue*** (*Hund*) mit dem Schwanz wedeln

friable [fʀijabl] bröckelig, krümelig

friand(e) [fʀijɑ̃(d)] gierig (***de*** nach); versessen (***de*** auf)

friandises *f Pl* [fʀijɑ̃diz] Süßigkeiten *f Pl*

fric *m* [fʀik] *umg.* (*Geld*) Knete *f*, Kohle *f*

Le fric

Genauso wie es im Deutschen viele Ausdrücke für *Geld* gibt (*Knete, Kohle, Moneten* etc.), existiert auch im Französischen eine Reihe von umgangssprachlichen Begriffen für **argent** (Geld):

le fric	**le blé**
le pognon	**le flouze**
le pèze	**la galette**

friche *f* [fʀiʃ] ***être en ~*** brachliegen

friction *f* [fʀiksjɔ̃] **1** Abreiben *n*; *mit e-m Badehandtuch usw.*: Frottieren *n* **2** TECH Reibung *f* **3** (*Streit*) Reiberei *f*

frictionner [fʀiksjɔne] abreiben; *mit e-m Badehandtuch usw.*: frottieren

▸ **frigo** *m* [fʀigo] *umg.* Kühlschrank *m*

frigorifié(e) [fʀigɔʀifje] *umg.* ganz durchgefroren

fril|eux, ~euse [fʀilø, -øz] kälteempfindlich; ***il est frileux*** er friert leicht

frime *f* [fʀim] *umg.* Angeberei *f*

frimer [fʀime] *umg.* angeben

frim|eur *m*, **~euse** *f* [fʀimœʀ, -øz] *umg.* Angeber(in) *m(f)*

fringale *f* [fʀɛ̃gal] *umg.* Heißhunger *m*, Kohldampf *m*

fringues *f Pl* [fʀɛ̃g] *umg.* Klamotten *f Pl*

fripé(e) [fʀipe] zerknittert, zerknüllt

se friper [səfʀipe] knittern, knautschen

frip|on *m*, **~onne** *f* [fʀipɔ̃, -ɔn] *umg.* Schelm *m*

fripouille *f* [fʀipuj] *umg.* Schurke *m*, Halunke *m*

frire [fʀiʀ] **1** (***faire***) ***~ qc*** etw braten *od.* frittieren **2** (in schwimmendem Fett) braten

frise *f* [fʀiz] *Dekor*: Fries *m*

frisé(e) [fʀize] (*Haare*) kraus, lockig

frisée *f* [fʀize] Friséesalat *m*

friser [fʀize] **1** (*Haar usw.*) sich kräuseln, kraus werden **2** (*Mensch*) krauses Haar haben *bzw.* bekommen **3** in Locken legen (*Haar*) **4** (*nah an etw sein*) ***~ le ridicule*** ans Lächerliche grenzen; ***il***

F

frise la soixantaine er ist knapp sechzig
frisqu|et, ~ette [fʀiskɛ, -ɛt] (*Wind, Luft usw.*) frisch, kühl
frisson *m* [fʀisõ] Schauder *m*; ***cela me donne le ~*** dabei überläuft es mich kalt
frissonner [fʀisɔne] schaudern; *vor Angst, Kälte*: zittern
frit(e) [fʀi(t)] **1** *in der Pfanne*: gebraten **2** *in der Fritteuse*: frittiert
▸ **frites** *f Pl* [fʀit] Pommes frites *Pl*, Pommes *Pl*
F
friteuse *f* [fʀitøz] Fritteuse *f*
friture *f* [fʀityʀ] **1** Frittierfett *n* **2** *Gericht*: kleine frittierte Fische
frivole [fʀivɔl] leichtfertig, oberflächlich
frivolité *f* [fʀivɔlite] Leichtfertigkeit *f*, Oberflächlichkeit *f*
▸ **froid** *m* [fʀwa] **1** Kälte *f*; ***il fait ~*** es ist kalt; *umg.* ***il fait un ~ de canard*** es ist saukalt **2** ▸ ***j'ai froid*** mir ist kalt, ich friere **3** ***prendre ~*** sich erkälten
▸ **froid(e)** [fʀwa(d)] kalt
froideur *f* [fʀwadœʀ] Kälte *f*, Gefühlskälte *f*
froissement *m* [fʀwasmɑ̃] Rascheln *n*
froisser [fʀwase] **1** zerknittern (*Stoff*); zerknüllen (*Papier*) **2** kränken, verletzen (*Menschen*) **3** ***se ~*** beleidigt *od.* gekränkt sein
frôlement *m* [fʀolmɑ̃] leichte Berührung
frôler [fʀole] **1** streifen, leicht berühren **2** ***~ la mort*** knapp dem Tod entgehen
▸ **fromage** *m* [fʀɔmaʒ] Käse *m*
froment *m* [fʀɔmɑ̃] Weizen *m*
fronce *f* [fʀõs] Falte *f*, Kräuselfalte *f*
froncer [fʀõse] ⟨**-ç-**⟩ **1** kräuseln (*Stoff*) **2** ***~ le nez*** die Nase rümpfen; ***~ les sourcils*** die Stirn runzeln
fronde *f* [fʀõd] *Waffe*: Schleuder *f*
▸ **front** *m* [fʀõ] (⚠ le front) **1** Stirn *f* **2** MIL *usw.* Front *f*
frontal|ier[1], **~ière** [fʀõtalje, -jɛʀ] Grenz…
frontal|ier[2] *m*, **~ière** *f* [fʀõtalje, -jɛʀ] Grenzbewohner(in) *m(f)*
▸ **frontière** *f* [fʀõtjɛʀ] Grenze *f*
fronton *m* [fʀõtõ] *am Dach*: Giebel *m*
frottement *m* [fʀɔtmɑ̃] **1** Reiben *n*, Reibung *f* **2** ***des ~s*** (*Streit*) Reibereien *f Pl*
▸ **frotter** [fʀɔte] **1** reiben, scheuern (***contre*** an) **2** abreiben; schrubben (*Boden*); bohnern (*Parkett*) **3** anzünden (*Streichholz*) **4** ***se ~*** *mit e-m Handtuch usw.*: sich abfrottieren *od.* abrubbeln **5** *fig.* ***se ~ à qn*** (*streiten*) sich mit j-m anlegen
frottis *m* [fʀɔti] MED Abstrich *m*
froussard(e)[1] [fʀusaʀ(d)] *umg.* ängstlich
froussard(e)[2] *m(f)* [fʀusaʀ(d)] *umg.* Angsthase *m*
frousse *f* [fʀus] *umg.* Bammel *m*, Schiss *m*
fructifier [fʀyktifje] **1** (*Baum usw.*) Früchte tragen **2** ***faire ~*** gewinnbringend anlegen (*Geld usw.*)
fructu|eux, ~euse [fʀyktɥø, -øz] erfolgreich, fruchtbar, nützlich
frugal(e) [fʀygal] ⟨*m Pl* **-aux**⟩ (*Essen, Mensch*) einfach
▸ **fruit** *m* [fʀɥi] **1** Frucht *f*; ▸ ***des fruits*** Obst *n*; ***des ~s secs*** Trockenobst *n*, Backobst *n* **2** ▸ ***des fruits de mer*** Meeresfrüchte *f Pl*
fruité(e) [fʀɥite] (*Wein usw.*) fruchtig
fruit|ier, ~ière [fʀɥitje, -jɛʀ] Obst…
fruste [fʀyst] (*Mensch, Manieren*) grob
frustration *f* [fʀystʀasjõ] Frust *m*
frustrer [fʀystʀe] frustrieren, enttäuschen
FS (*Abk. für* franc suisse) Fr, sFr, sfr
fuel *m* [⚠ fjul] Heizöl *n*
fugace [fygas] flüchtig, vergänglich
fugit|if[1], **~ive** [fyʒitif, -iv] flüchtig
fugit|if[2] *m*, **~ive** *f* [fyʒitif, -iv] Flüchtige(r) *f(m)*
fugue *f* [fyg] ***faire une ~*** ausreißen
fugu|eur *m*, **~euse** *f* [fygœʀ, -øz] *Kind, Jugendliche(r)*: Ausreißer(in) *m(f)*
▸ **fuir** [fɥiʀ] ⟨*prés.*: ***nous fuyons, vous fuyez***; *imparf.*: ***je, tu fuyais***; *subj.*: ***que nous fuyions***; *impér.*: ***fuyez!***; *p/pr*: ***fuyant***; *p/p*: ***fui***⟩ **1** fliehen, flüchten **2** scheuen (*Verantwortung*); meiden (*Person*) **3** (*Flüssigkeit*) auslaufen; (*Gas*) ausströmen **4** (*Behälter*) undicht sein; (*Wasserhahn*) tropfen
▸ **fuite** *f* [fɥit] **1** Flucht *f*; ***en ~*** auf der Flucht; ***prendre la ~*** die Flucht ergreifen **2** *von Flüssigkeit*: Auslaufen *n*; *von Gas*: Ausströmen *n* **3** undichte Stelle, Leck *n*
fulgurant(e) [fylgyʀɑ̃(t)] **1** blitzschnell, rasant **2** (*Schmerz*) stechend
fulminer [fylmine] schimpfen, wettern

fumé(e) [fyme] geräuchert, Räucher…
▸ **fumée** *f* [fyme] **1** Rauch *m*, Qualm *m* **2** Dampf *m*
▸ **fumer** [fyme] **1** rauchen (*Zigarette usw.*) **2** (*Schornstein*) rauchen, qualmen; (*Suppe usw.*) dampfen **3** räuchern (*Schinken usw.*) **4** (mit Mist) düngen (*Feld*)
fumet *m* [fymɛ] Duft *m*
▸ **fum|eur** *m*, **~euse** *f* [fymœʀ, -øz] Raucher(in) *m(f)*
fum|eux, **~euse** [fymø, -øz] verworren
fumier *m* [fymje] Mist *m*, Dung *m*
funambule *m,f* [fynɑ̃byl] Seiltänzer(in) *m(f)*
funèbre [fynɛbʀ] **1** ***une cérémonie ~*** e-e Trauerfeier **2** ***les pompes ~s*** das Beerdigungsinstitut
funérailles *f Pl* [fyneʀɑj] Begräbnis *n*
funeste [fynɛst] verhängnisvoll, fatal
funiculaire *m* [fynikylɛʀ] Seilbahn *f*
fur [fyʀ] ***au ~ et à mesure*** nach und nach
fureter [fyʀte] ⟨-è-⟩ herumschnüffeln
fureur *f* [fyʀœʀ] **1** Wut *f* **2** ***ce film a fait ~*** dieser Film hat Furore gemacht
furibond(e) [fyʀibõ(d)] wütend
furie *f* [fyʀi] **1** helle Wut **2** *Frau*: Furie *f*
▸ **furi|eux**, **~euse** [fyʀjø, -øz] **1** wütend (***contre*** auf) **2** (*Angriff, Wind usw.*) heftig
furoncle *m* [fyʀõkl] Furunkel *m*
furt|if, **~ive** [fyʀtif, -iv] **1** (*Blick, Geste*) verstohlen **2** (*Erscheinung*) flüchtig
fusain *m* [fyzɛ̃] **1** *zum Zeichnen*: Kohle *f* **2** *Bild*: Kohlezeichnung *f*
fuseau *m* [fyzo] ⟨*Pl* **~x**⟩ **1** *am Spinnrad*: Spindel *f* **2** *Kleidung*: Steghose *f* **3** ***le ~ horaire*** die Zeitzone
▸ **fusée** *f* [fyze] Rakete *f*
fusible *m* [fyzibl] ELEK Sicherung *f*
▸ **fusil** *m* [⚠ fyzi] Gewehr *n*
fusillade *f* [fyzijad] Schießerei *f*
fusiller [fyzije] erschießen
fusion *f* [fyzjõ] **1** *von Metallen*: Schmelzen *n* **2** *von Unternehmen*: Fusion *f*; *a. von Parteien*: Zusammenschluss *m*
fusionner [fyzjɔne] sich zusammenschließen, fusionieren
fut [fy] → ***être¹***
fût *m* [fy] **1** *vom Baum*: Stamm *m* **2** *von Säulen, am Gewehr*: Schaft *m* **3** *Behälter*: Fass *n*
futaie *f* [fytɛ] Hochwald *m*
futé(e) [fyte] schlau, clever, raffiniert
futile [fytil] **1** belanglos, nichtssagend; (*Beschäftigung*) nutzlos **2** (*Mensch*) oberflächlich
futilité *f* [fytilite] **1** Belanglosigkeit *f*, Nutzlosigkeit *f*; *im Leben*: Inhaltslosigkeit *f* **2** *von Menschen*: Oberflächlichkeit *f* **3** ***des ~s*** Nichtigkeiten *f Pl*, belanglose Dinge
▸ **futur** *m* [fytyʀ] **1** Zukunft *f* **2** GR Futur *n*, Zukunft *f*
▸ **futur(e)** [fytyʀ] zukünftige(r, -s), kommende(r, -s); ***une future maman*** e-e werdende Mutter
futuriste [fytyʀist] futuristisch
fuyais [fɥijɛ] → ***fuir***
fuyant(e) [fɥijɑ̃(t)] **1** (*Blick*) ausweichend **2** (*Kinn, Stirn*) fliehend
fuyard(e) *m(f)* [fɥijaʀ(d)] Flüchtige(r) *f(m)*, Fliehende(r) *f(m)*

G

gabarit *m* [gabaʀi] **1** Größe *f*, Größenordnung *f* **2** (*Typ*) Art *f*, Sorte *f*; ***du même ~*** (*Menschen*) vom selben Schlag
▸ **gâcher** [gɑʃe] **1** vergeuden, verschwenden (*Geld, Talent, Zeit*) **2** verderben (*Spaß usw.*); verpfuschen (*Leben, Arbeit*)
gâchette *f* [gɑʃɛt] *an e-r Waffe*: Abzug *m*
gâchis *m* [gɑʃi] **1** Verschwendung *f* **2** *Situation*: Schlamassel *m*
gadget *m* [⚠ gadʒɛt] **1** (*Gegenstand*) Ding *n*, Teil *n* **2** (*unnütze Sache*) Spielerei *f*; ***des ~s*** Schnickschnack *m*
gadoue *f* [gadu] Schlamm *m*, Matsch *m*
gaffe¹ *f* [gaf] Bootshaken *m*
gaffe² *f* [gaf] *umg.* (*Ungeschicktheit*) Schnitzer *m*, Patzer *m*; ***j'ai fait une ~*** ich habe Mist gebaut
gaffe³ *f* [gaf] *umg.* ***fais ~!*** pass auf!
gaff|eur, **~euse** [gafœʀ, -øz] *umg.*

(*Mensch*) ungeschickt; ***il est gaffeur*** er tritt in jedes Fettnäpfchen
gag *m* [⚠ gag] Gag *m*
gaga [gaga] *umg.* verkalkt, vertrottelt
gage *m* [gaʒ] **1** Pfand *n*; ***mettre en ~*** verpfänden, versetzen (*Schmuck usw.*) **2** *von Freundschaft, Liebe usw.*: Beweis *m*, Zeichen *n* **3** *bei Gesellschaftsspielen*: Pfand *n*, Strafe *f* (⚠ Gage *von Künstlern* = ***cachet*** *m*)
gages *m Pl* [gaʒ] ***le tueur à ~*** der Killer
gagnant(e)[1] [gaɲɑ̃(t)] (*Los, Nummer usw.*) Gewinn…
gagnant(e)[2] *m(f)* [gaɲɑ̃(t)] Gewinner(in) *m(f)*, Sieger(in) *m(f)*
gagne-pain *m* [gaɲpɛ̃] ⟨*unv.*⟩ Broterwerb *m*
▸ **gagner** [gaɲe] **1** ***~ de l'argent*** Geld verdienen **2** *beim Spiel usw.*: gewinnen **3** gewinnen (*Vertrauen, Zeit usw.*) **4** erreichen, zu … kommen (*Ort*) **5** ***l'incendie a gagné le premier étage*** der Brand griff auf den ersten Stock über
gai(e) [ge] *od.* [gɛ] **1** fröhlich, vergnügt, lustig **2** (*Farbe, Zimmer usw.*) freundlich
gaieté *f* [gete] Fröhlichkeit *f*, Heiterkeit *f*
gaillard *m* [gajaʀ] kräftiger Kerl
gaillard(e) [gajaʀ(d)] **1** (*Mensch*) kräftig **2** (*alter Mensch*) rüstig
gain *m* [gɛ̃] **1** *finanziell*: Gewinn *m* **2** *fig.* Nutzen *m*, Gewinn *m*; ***le ~ de temps, de place*** die Zeit-, Raumersparnis
gaine *f* [gɛn] **1** *zum Schutz*: Hülle *f*; *vom Kabel*: Mantel *m*; *vom Schwert usw.*: Scheide *f* **2** *Damenunterwäsche*: Hüfthalter *m*
gaîté *f* [gete] → ***gaieté***
gala *m* [gala] (⚠ le gala) *Veranstaltung*: Gala *f*
galant(e) [galɑ̃(t)] höflich, galant; ***un homme galant*** ein Kavalier
galaxie *f* [galaksi] **1** ***la Galaxie*** die Milchstraße **2** Sternsystem *n*, Galaxie *f*
galère *f* [galɛʀ] **1** *Schiff*: Galeere *f* **2** *umg.* ***c'est la ~*** das ist echt ätzend
galérer [galeʀe] ⟨**-è-**⟩ *umg* (*sich anstrengen*) sich abstrampeln
galerie *f* [galʀi] **1** (*Passage*) Galerie *f*; Gang *m* (*a. unterirdisch*); *im Bergbau*: Stollen *m*; ***une ~ marchande*** e-e Einkaufspassage **2** Kunstgalerie *f*, Galerie *f* **3** AUTO Dachgepäckträger *m* **4** *fig.* ***amuser la ~*** e-e Schau abziehen
galet *m* [galɛ] Kiesel *m*, Kieselstein *m*
galette *f* [galɛt] **1** Buchweizenpfannkuchen *m* **2** Butterkeks *m* (*Spezialität aus der Bretagne*) **3** ***la ~ des Rois*** *traditioneller Dreikönigskuchen*
galipette *f* [galipɛt] *umg.* Purzelbaum *m*
Galles [gal] ***le pays de ~*** Wales *n*
galon *m* [galõ] **1** *an der Kleidung*: Borte *f*, Litze *f* **2** *an Uniformen*: Tresse *f*
galop *m* [⚠ galo] (⚠ *nur ein* p) **1** Galopp *m* **2** ***au ~!*** schnell!, dalli, dalli!
galoper [galɔpe] (⚠ *nur ein* p) **1** galoppieren **2** (*Leute*) rennen, herumrennen
galopin *m* [galɔpɛ̃] *umg.* Bengel *m*, Schlingel *m*
gambader [gɑ̃bade] springen, herumspringen
gamberger [gɑ̃bɛʀʒe] ⟨**-ge-**⟩ *umg.* grübeln
gamelle *f* [gamɛl] *für Soldaten, Camper*: Kochgeschirr *n*; *für Arbeiter*: Henkelmann *m*
gamin(e) *m(f)* [gamɛ̃(-in)] *umg.* Kind *n*, (kleiner) Junge, (kleines) Mädchen
gaminerie *f* [gaminʀi] Kinderei *f*
gamme *f* [gam] **1** Tonleiter *f* **2** (*Reihe*) Skala *f*; *von Produkten*: Sortiment *n*
gang *m* [⚠ gɑ̃g] Bande *f*, Gang *f*
ganglion *m* [gɑ̃glijõ] Lymphknoten *m*
gangster *m* [⚠ gɑ̃gstɛʀ] Gangster *m*
▸ **gant** *m* [gɑ̃] **1** Handschuh *m* **2** ▸ ***le gant de toilette*** der Waschlappen, der Waschhandschuh **3** *fig.* ***cela te va comme un ~*** das passt dir wie angegossen
▸ **garage** *m* [gaʀaʒ] (⚠ le garage) **1** Garage *f*; ***le ~ souterrain*** die Tiefgarage **2** Autowerkstatt *f*, Kfz-Werkstatt *f*
garagiste *m* [gaʀaʒist] (selbstständiger) Kfz-Mechaniker, Autowerkstattbesitzer *m*
garant(e) *m(f)* [gaʀɑ̃(t)] **1** Bürge *m*, Bürgin *f* **2** ***être*** (*od.* ***se porter***) ***garant*** bürgen (***de*** für)
garantie *f* [gaʀɑ̃ti] Garantie *f* (*a. für Waren*); ***ma montre est encore sous ~*** auf meiner Uhr ist noch Garantie
garantir [gaʀɑ̃tiʀ] **1** *rechtlich*: ***~ qc*** für etw bürgen **2** *im Handel*: ***~ une montre*** Garantie auf e-e Uhr geben; ***ma montre est garantie un an*** meine Uhr hat ein Jahr Garantie **3** (*zusichern*) garan-

tieren **4** *gegen Nässe, Kälte usw.*: schützen (**de** vor)

▸ **garçon** *m* [garsõ] **1** *Kind*: Junge *m*; Ⓐ Bub *m* **2** junger Mann **3** *im Restaurant*: **~!** Herr Ober!

garde[1] *f* [gard] **1** Bewachung *f*, Obhut *f*; ***mettre en ~ à vue*** in Polizeigewahrsam nehmen **2** *nach der Scheidung*: ***avoir la ~ d'un enfant*** das Sorgerecht für ein Kind haben **3** *Dienst, Mannschaft*: Wache *f*; ***être de ~*** (*Arzt, Apotheke*) Bereitschaftsdienst *od.* Notdienst haben; ***monter la ~*** Wache halten **4** ***il est sur ses ~s*** er ist auf der Hut

garde[2] *m* [gard] *Person*: Wächter *m*; *bes.* MIL Wache *f*; *im Gefängnis*: Aufseher *m*; ***le ~ du corps*** der Leibwächter

garde-à-vous [gardavu] MIL **~!** stillgestanden!

garde-boue *m* [gardəbu] ⟨*unv.*⟩ Schutzblech *n*

garde-chasse *m* [gardəʃas] ⟨*Pl* ***gardes-chasse(s)***⟩ Jagdaufseher *m*, Wildhüter *m*

garde-fou *m* [gardəfu] ⟨*Pl* ***garde-fous***⟩ Geländer *n*, Brüstung *f*

garde-malade *m,f* [gard(ə)malad] ⟨*Pl* ***gardes-malades***⟩ Krankenpfleger(in) *m(f)*

▸ **garder** [garde] **1** bewachen (*Gefangene, Gebäude usw.*); hüten (*Tiere, Kinder, Bett*); ***~ un enfant*** *a.* auf ein Kind aufpassen **2** (↔ *weggeben*) behalten, aufbewahren; aufheben (*Vorräte usw.*) **3** halten (*Gleichgewicht*); beibehalten (*Gewohnheit*); bewahren (*Stillschweigen*); ***~ un secret pour soi*** ein Geheimnis für sich behalten **4** ***~ son manteau*** seinen Mantel anbehalten *od.* anlassen **5** ***~ une place*** e-n Platz frei halten **6** ***se ~*** (*Lebensmittel*) sich halten **7** ***se ~ de faire qc*** sich hüten, etw zu tun

garderie *f* [gardəri] *für Kinder*: Hort *m*

garde-robe *f* [gardərɔb] ⟨*Pl* ***garde-robes***⟩ *Kleidung*: Garderobe *f* (⚠ Garderobe *im Theater* = ***vestiaire*** *m*, *im Flur* = ***portemanteau*** *m*, *von Künstlern* = ***loge*** *f*)

▸ **gard|ien** *m*, **~ienne** *f* [gardjɛ̃, -jɛn] **1** Aufseher(in) *m(f)*, Wärter(in) *m(f)* **2** *in großen Gebäuden*: Hausmeister(in) *m(f)* **3** ▸ ***le gardien de but*** der Torhüter

▸ **gare**[1] *f* [gar] **1** Bahnhof *m* **2** ***la ~ routière*** der Busbahnhof

gare[2] [gar] **1** ***~ à toi!*** nimm dich in Acht! **2** ***il est arrivé sans crier ~*** er kam völlig unerwartet

▸ **garer** [gare] **1** ***~ sa voiture*** sein Auto parken *od.* abstellen **2** ▸ ***se garer*** (*Auto, Fahrer*) parken **3** *im fließenden Verkehr*: ***se ~*** ausweichen

se gargariser [səgargarize] gurgeln

gargouille *f* [garguj] Wasserspeier *m*

gargouiller [garguje] **1** (*Wasser*) gurgeln, gluckern **2** (*Magen vor Hunger*) knurren

garnement *m* [garnəmɑ̃] Schlingel *m*, Bengel *m*

garni(e) [garni] GASTR mit Beilagen

À la gare	**Am Bahnhof**
l'arrivée *f*	die Ankunft
le départ	die Abfahrt
le guichet	der Schalter
le billet	die Fahrkarte
l'aller-retour *m*	die Rückfahrkarte
la consigne	die Gepäckaufbewahrung
la consigne automatique	die Schließfächer
le TGV	*frz. Hochgeschwindigkeitszug*
le wagon-lit	der Schlafwagen
acheter un billet	eine Fahrkarte kaufen
attendre le train	auf den Zug warten
Le train est en retard.	Der Zug hat Verspätung.
Vous devez changer de train à Lyon.	Sie müssen in Lyon umsteigen.

garnir [gaʀniʀ] **1** ausstatten (***de*** mit); füllen (*Taschen, Regale usw.*) **2** (*schmücken*) verzieren (***de*** mit) **3** GASTR garnieren

garniture *f* [gaʀnityʀ] **1** Ausstattung *f* **2** *zum Schmuck*: Verzierung *f* **3** GASTR Beilage *f* **4** ***une ~ de bureau*** e-e Schreibtischgarnitur

gars *m* [⚠ gɑ] *umg.* Bursche *m*, Kerl *m*

gaspillage *m* [gaspijaʒ] Verschwendung *f*

gaspiller [gaspije] verschwenden (*Geld, Material usw.*); vergeuden (*Zeit*); verschleudern (*Besitz usw.*)

gastronome *m,f* [gastʀɔnɔm] Feinschmecker(in) *m(f)* (⚠ Gastronom(in) = ***restaurateur*** *m*, ***-trice*** *f*)

gastronomie *f* [gastʀɔnɔmi] Kochkunst *f* (⚠ Gastronomie = ***restauration*** *f*)

gastronomique [gastʀɔnɔmik] Feinschmecker…; (*Führer*) Gastronomie…

gâté(e) [gɑte] **1** (*Zahn, Obst*) faul **2** (*Kind*) verwöhnt

▸ **gâteau** *m* [gɑto] ⟨*Pl* ***~x***⟩ **1** Kuchen *m*, Torte *f* **2** ***un ~ sec*** ein Keks, (CH) ein Biskuit; ***des petits ~x*** Gebäck *n* **3** *umg.* ***c'est du ~!*** das ist kinderleicht!

▸ **gâter**[1] [gɑte] verwöhnen

gâter[2] [gɑte] **1** verderben (*Urlaub, Freude usw.*) **2** ***le temps se gâte*** wir bekommen schlechtes Wetter

gâterie *f* [gɑtʀi] Süßigkeit *f*

gât|eux, ~euse [gɑtø, -øz] (*Mensch*) verkalkt, vertrottelt

▸ **gauche**[1] [goʃ] **1** linke(r, -s) **2** (*linkisch*) ungeschickt, unbeholfen

gauche[2] *f* [goʃ] **1** linke Seite; ***à ~*** (nach) links **2** POL ***la ~*** die Linke

gauch|er *m*, **~ère** *f* [goʃe, -ɛʀ] Linkshänder(in) *m(f)*

gaucherie *f* [goʃʀi] Unbeholfenheit *f*

gauchiste *m,f* [goʃist] Linksradikale(r) *f(m)*, Linksextreme(r) *f(m)*

gaufre *f* [gofʀ] Waffel *f*

gaufrette *f* [gofʀɛt] *Keks*: Waffel *f*, Eiswaffel *f*

gaufrier *m* [gofʀije] Waffeleisen *n*

Gaule [gol] ***la ~*** Gallien *n*

gaulois(e) [golwa(z)] **1** gallisch **2** (*Witz usw.*) derb, deftig

Gaulois(e) *m(f)* [golwa(z)] Gallier(in) *m(f)*

gaver [gave] **1** stopfen (*Gänse, Enten*) **2** ***se ~ de bonbons*** sich mit Bonbons vollstopfen

gay [gɛ] ⟨*unv.*⟩ schwul; (*Szene usw.*) Schwulen…

▸ **gaz** *m* [gɑz] **1** Gas *n* **2** ***le ~ carbonique*** das Kohlendioxid; *in Getränken*: die Kohlensäure **3** ***les ~ d'échappement*** die Abgase

gaze *f* [gɑz] **1** *Stoff*: Gaze *f* **2** Verbandmull *m*

gaz|eux, ~euse [gɑzø, -øz] **1** gasförmig **2** (*Mineralwasser*) mit Kohlensäure

gazinière *f* [gazinjɛʀ] Gasherd *m*

▸ **gazole** *m* [gazɔl] *Kraftstoff*: Diesel *m*

▸ **gazon** *m* [gɑzõ] Rasen *m*

gazouiller [gazuje] **1** (*Vögel*) zwitschern **2** (*Babys*) plappern **3** (*Bach*) murmeln

géant(e)[1] *m(f)* [ʒeɑ̃(t)] Riese *m*, Riesin *f*

géant(e)[2] [ʒeɑ̃(t)] **1** riesig, Riesen…, gigantisch **2** *umg.* (*toll*) genial, geil

geignard(e) [ʒɛɲaʀ(d)] *umg.* weinerlich, jammernd

▸ **gel**[1] *m* [ʒɛl] **1** Frost *m* **2** *von Löhnen*: Einfrieren *n* **3** *von Verhandlungen*: Abbruch *m*

gel[2] *m* [ʒɛl] *für die Haare usw.*: Gel *n*

gelé(e) [ʒ(ə)le] **1** (*Wasser, Erde*) gefroren; (*See*) zugefroren **2** (*Hände usw.*) eiskalt; *als Verletzung*: erfroren

gelée[1] *f* [ʒ(ə)le] (⚠ la gelée) **1** *von Fleisch*: Aspik *m* **2** *von Johannisbeeren usw.*: Gelee *n*

gelée[2] *f* [ʒ(ə)le] Frost *m*

▸ **geler** [ʒ(ə)le] ⟨***-è-***⟩ **1** ***il gèle*** es friert **2** (*Wasser*) gefrieren; (*See*) zufrieren; (*Blumen*) erfrieren (⚠ gelieren = ***se gélifier***) **3** (*Mensch*) frieren; ***on gèle ici*** hier ist es eiskalt **4** *fig.* einfrieren (*Löhne, Preise, Produktion usw.*)

Gémeaux *m Pl* [ʒemo] ASTR Zwillinge *m Pl*

gémir [ʒemiʀ] **1** stöhnen, jammern **2** (*Tür*) knarren; (*Wind*) heulen

gémissement *m* [ʒemismɑ̃] Stöhnen *n*

gênant(e) [ʒɛnɑ̃(t)] **1** (*Gegenstand*) hinderlich; (*Lärm*) störend **2** (*Frage, Lage*) peinlich **3** (*Mensch*) lästig

gencives *f Pl* [ʒɑ̃siv] Zahnfleisch *n*

▸ **gendarme** *m* [ʒɑ̃daʀm] Sicherheitspolizist *m*

gendarmerie *f* [ʒɑ̃daʀməʀi] Gendarmerie *f*

▸ **gendre** *m* [ʒɑ̃dʀ] Schwiegersohn *m*

gène *m* [ʒɛn] Gen *n*
gêne *f* [ʒɛn] **1** MED Beschwerden *f Pl* **2** Verlegenheit *f*, Gehemmtheit *f*; ***il est sans ~*** er hat keine Hemmungen
gêné(e) [ʒɛne] verlegen, gehemmt
généalogie *f* [ʒenealɔʒi] Abstammung *f*
▸ **gêner** [ʒɛne] **1** behindern (*Verkehr usw.*) **2** stören, belästigen (*Personen*) **3** verlegen machen; ***ça me gêne de te demander ça*** es ist mir peinlich, dich das zu fragen **4** ***se ~*** sich genieren
▸ **général** *m* [ʒeneʀal] 〈*Pl* ***-aux***〉 General *m*
▸ **général(e)** [ʒeneʀal] 〈*m Pl* ***-aux***〉 **1** allgemein, generell; (*Ansicht usw.*) Gesamt…; (*Bildung usw.*) Allgemein…; (*Amnestie, Probe usw.*) General… **2** ▸ ***en général*** im Allgemeinen, meistens
générale *f* [ʒeneʀal] Generalprobe *f*
▸ **généralement** [ʒeneʀalmɑ̃] **1** allgemein, generell **2** (*meistens*) im Allgemeinen
généraliser [ʒeneʀalize] **1** verallgemeinern **2** allgemein anwenden *od.* einführen (*Methode, Maßnahme usw.*) **3** ***se ~*** (*Krankheit usw.*) sich ausbreiten
généraliste *m,f* [ʒeneʀalist] praktischer Arzt, praktische Ärztin
généralités *f Pl* [ʒeneʀalite] Allgemeine(s) *n*
génération *f* [ʒeneʀasjõ] **1** Generation *f* **2** BIOL Fortpflanzung *f*
▸ **génér|eux, ~euse** [ʒeneʀø, -øz] **1** großzügig **2** großmütig
générique *m* [ʒeneʀik] FILM *am Anfang*: Vorspann *m*; *am Ende*: Nachspann *m*
générosité *f* [ʒeneʀozite] **1** Großzügigkeit *f* **2** Edelmut *m*, Großmut *f*
genèse *f* [ʒənɛz] **1** Entstehung *f* **2** ***la Genèse*** BIBEL die Schöpfungsgeschichte
genêt *m* [ʒ(ə)nɛ] Ginster *m*
génétique [ʒenetik] genetisch, Gen…; ***le test ~*** der Gentest
génétiquement [ʒenetikmɑ̃] gentechnisch; ***~ modifié*** gentechnisch verändert
Genève [ʒ(ə)nɛv] Genf *n*
génial(e) [ʒenjal] 〈*m Pl* ***-aux***〉 **1** genial **2** *umg.* (*toll*) super, genial
génie *m* [ʒeni] **1** Geist *m* (*a. im Märchen*) **2** (*Talent, genialer Mensch*) Genie *n*
genièvre *m* [ʒənjɛvʀ] Wacholder *m*
génital(e) [ʒenital] 〈*m Pl* ***-aux***〉 Geschlechts…; ***les organes génitaux*** die Geschlechtsorgane, die Genitalien
▸ **genou** *m* [ʒ(ə)nu] 〈*Pl* ***~x***〉 Knie *n*; ***se mettre à ~x*** sich hinknien; ***prendre un enfant sur ses ~x*** ein Kind auf den Schoß nehmen
▸ **genre** *m* [ʒɑ̃ʀ] **1** Art *f*; ***elle a mauvais ~*** sie hat e-e vulgäre Art **2** ***il n'est pas mon ~*** er ist nicht mein Typ **3** GR Geschlecht *n*, Genus *n* **4** BIOL, KUNST, LITERATUR Gattung *f* **5** ***le ~ humain*** das Menschengeschlecht
▸ **gens** *m Pl* [ʒɑ̃] (⚠ *vorangehendes Adj. steht im f Pl*: ***les vieilles gens***) Leute *Pl*, Menschen *m Pl*; ***des jeunes ~*** junge Leute; *als Plural für „jeune homme“*: junge Männer
gentiane *f* [ʒɑ̃sjan] Enzian *m*
▸ **gent|il, ~ille** [ʒɑ̃ti, -ij] **1** nett; (*Mensch*) *a.* freundlich, liebenswürdig; ***il est gentil avec moi*** er ist nett zu mir **2** (*Kind*) lieb, artig, brav
gentilhomme *m* [ʒɑ̃tijɔm] 〈*Pl* ***gentilshommes*** [⚠ ʒɑ̃tizɔm]〉 HIST Edelmann *m*
gentillesse *f* [ʒɑ̃tijɛs] Freundlichkeit *f*, Liebenswürdigkeit *f*
gentiment [ʒɑ̃timɑ̃] **1** (*freundlich*) nett **2** (↔ *ungezogen*) brav, artig
▸ **géographie** *f* [ʒeɔgʀafi] Geographie *f*; *als Schulfach*: Erdkunde *f*
géologie *f* [ʒeɔlɔʒi] Geologie *f*
géométrie *f* [ʒeɔmetʀi] Geometrie *f*
géométrique [ʒeɔmetʀik] geometrisch
gérance *f* [ʒeʀɑ̃s] **1** Geschäftsführung *f* **2** ***mettre en ~*** verpachten
géranium *m* [⚠ ʒeʀanjɔm] Geranie *f*
gérant(e) *m(f)* [ʒeʀɑ̃(t)] Geschäftsführer(in) *m(f)*; *von Häusern*: Verwalter(in) *m(f)*; *von e-m Geschäft*: Pächter(in) *m(f)*
gerbe *f* [ʒɛʀb] **1** *von Getreide*: Garbe *f* **2** ***une ~ de fleurs*** ein Blumenstrauß
gercer [ʒɛʀse] 〈***-ç-***〉 **(*se*) ~** (*Lippen, Haut*) aufspringen, rissig werden
gérer [ʒeʀe] 〈***-è-***〉 **1** führen, leiten (*Geschäfte, Unternehmen*); verwalten (*Vermögen usw.*) **2** *fig.* managen (*Karriere, Krise usw.*)
germanique [ʒɛʀmanik] **1** HIST germa-

G

nisch **2** deutsch
germe *m* [ʒɛʀm] Keim *m* (*a. fig.*)
germer [ʒɛʀme] keimen (*a. fig.*)
gérondif *m* [ʒeʀõdif] Gerundium *n*
gésier *m* [ʒezje] *von Vögeln*: Magen *m*
▸ **geste** *m* [ʒɛst] (⚠ le geste) **1** Geste *f* (*a. fig.*) **2** *der Hand usw.*: Bewegung *f*
gesticuler [ʒɛstikyle] gestikulieren
gestion *f* [ʒɛstjõ] **1** Geschäftsführung *f*; *von Vermögen*: Verwaltung *f* **2** ***la ~ d'entreprise*** *Fach*: die Betriebswirtschaft
gestionnaire *m,f* [ʒɛstjɔnɛʀ] **1** Betriebswirt(in) *m(f)* **2** *in e-m Betrieb*: Geschäftsführer(in) *m(f)*

G

gibet *m* [ʒibɛ] Galgen *m*
▸ **gibier** *m* [ʒibje] Wild *n*, Wildbret *n*
giboulée *f* [ʒibule] Regenschauer *m*
gicler [ʒikle] spritzen, herausspritzen
▸ **gifle** *f* [ʒifl] Ohrfeige *f*, Ⓐ Watsche(n) *f*
gifler [ʒifle] ohrfeigen, Ⓐ watschen
gigantesque [ʒigɑ̃tɛsk] riesig, Riesen…
gigaoctet *m* [⚠ gigaɔktɛ] Gigabyte *n*
gigot *m* [ʒigo] *vom Lamm*: Keule *f*
gigoter [ʒigɔte] *umg.* zappeln; (*Baby*) strampeln
gilet *m* [ʒilɛ] **1** Weste *f* **2** Strickjacke *f* **3** ***le ~ de sauvetage*** die Schwimmweste
gingembre *m* [ʒɛ̃ʒɑ̃bʀ] Ingwer *m*
girafe *f* [ʒiʀaf] (⚠ *nur ein* f) Giraffe *f*
giratoire [ʒiʀatwaʀ] Kreis…; ***le sens ~*** der Kreisverkehr
girolle *f* [ʒiʀɔl] Pfifferling *m*, Ⓐ Eierschwammerl *n*
gisement *m* [ʒizmɑ̃] *von Kohle, Erdöl usw.*: Vorkommen *n*
gitan(e) *m(f)*, [ʒitɑ̃(-an)] Zigeuner(in) *m(f)*
gîte *m* [ʒit] **1** Unterkunft *f* **2** ***le ~ rural*** das Ferienquartier auf dem Land
givre *m* [ʒivʀ] Raureif *m*, Reif *m*
givré(e) [ʒivʀe] **1** (*Bäume*) mit Raureif überzogen **2** (*Fensterscheiben*) vereist
▸ **glace¹** *f* [glas] **1** Spiegel *m* **2** *aus Glas*: Scheibe *f*, Fensterscheibe *f*
▸ **glace²** *f* [glas] **1** *aus Wasser, zum Essen usw.*: Eis *n*; ***une ~ au chocolat*** ein Schokoladeneis **2** *auf Kuchen usw.*: Glasur *f*, Zuckerguss *m* **3** ***du sucre ~*** Puderzucker *m*
glacé(e) [glase] **1** (*gefroren*) vereist **2** eiskalt, eisig (*a. fig.*) **3** (*Mensch*) durchgefroren **4** ***crème glacée*** Eiscreme *f* **5** (*Kuchen*) glasiert, (*Früchte, Kastanien*) kandiert
glacer [glase] ⟨**-ç-**⟩ **1** *vor Kälte, Angst*: erstarren lassen **2** GASTR glasieren
glaciaire [glasjɛʀ] Eis…, Gletscher…
glacial(e) [glasjal] ⟨*m Pl* **~s** *od. selten* **-aux**⟩ eisig (*a. Blick*); eiskalt (*a. Mensch*); (*Empfang*) frostig
glacier¹ *m* [glasje] Gletscher *m*
glacier² *m* [glasje] *Beruf*: Eiskonditor *m*, Eishersteller *m*
glacière *f* [glasjɛʀ] Kühlbox *f*, Kühltasche *f*
glaçon *m* [glasõ] Eiswürfel *m*
glaïeul *m* [glajœl] Gladiole *f*
glaise *f* [glɛz] Lehm *m*; *zum Töpfern*: Ton *m*
gland *m* [glɑ̃] **1** BOT, ANAT Eichel *f* **2** (*Troddel*) Quaste *f*
glande *f* [glɑ̃d] Drüse *f*
glander [glɑ̃de] *umg.* herumgammeln
glapir [glapiʀ] (*Hund*) kläffen
glauque [glok] **1** graugrün, meergrün **2** (*Licht*) düster
glissade *f* [glisad] **1** Ausrutschen *n*, Schlittern *n* **2** ***elle fait des ~s sur la glace*** *mit Schlittschuhen*: sie gleitet auf dem Eis
glissant(e) [glisɑ̃(t)] glatt; (*Weg usw.*) rutschig; (*Seife usw.*) glitschig
glissement *m* [glismɑ̃] **1** Gleiten *n*, Rutschen *n* **2** ***le ~ de terrain*** der Erdrutsch **3** POL ***le ~ à gauche*** (*bzw.* ***à droite***) der Linksruck (*bzw.* Rechtsruck)
▸ **glisser** [glise] **1** rutschen; ***le verre m'a glissé des mains*** das Glas ist mir aus der Hand gerutscht **2** (*Person*) ausrutschen **3** *auf Eis usw. a.*: gleiten **4** ***elle m'a glissé son nom à l'oreille*** sie hat mir seinen Namen zugeflüstert **5** ***il s'est glissé sous la couverture*** er schlüpfte unter die Decke
glissière *f* [glisjɛʀ] **1** *für Türen usw.*: Gleitschiene *f* **2** *auf der Autobahn*: ***la ~ de sécurité*** die Leitplanke
global(e) [glɔbal] ⟨*m Pl* **-aux**⟩ gesamt, Gesamt…
globe *m* [glɔb] **1** ***le ~*** (***terrestre***) die Erdkugel, der Globus **2** *Lampe*: Kugelleuchte *f* **3** *zum Schutz*: Glasglocke *f* **4** ***le ~ oculaire*** der Augapfel
globule *m* [glɔbyl] Blutkörperchen *n*
gloire *f* [glwaʀ] **1** Ruhm *m*; *beim Gebet*: ***~ à Dieu*** Ehre sei Gott **2** *Person*: Be-

La glace

1. Wenn das Thermometer unter null Grad fällt, wird aus Wasser Eis, auf Französisch **la glace**:

La couche de glace est encore très mince.	Die Eisdecke ist noch sehr dünn.

Les glaces sind die Eismassen der Polarmeere:

Le bateau est pris dans les glaces.	Das Schiff sitzt im Eis fest.

2. La glace kann auch das Speiseeis sein:

une glace à la vanille	ein Vanilleeis
une glace à l'italienne	ein Softeis
manger une glace	ein Eis essen

3. La glace ist auch die Fensterscheibe eines Autos:

la glace arrière	die Heckscheibe
baisser la glace	das Seitenfenster herunterkurbeln
monter la glace	das Seitenfenster hochkurbeln

4. La glace kann auch ‚der Spiegel' bedeuten:

se regarder dans une glace	sich im Spiegel betrachten
la galerie des Glaces au château de Versailles	der Spiegelsaal des Schlosses von Versailles

5. La glace ist auch die Glasur, der Zuckerguss:

le sucre glace	der Puderzucker

Achtung: *ein Glas* ist **un verre**.

rühmtheit *f*

glori|eux, ~euse [glɔʀjø, -øz] ruhmreich, glorreich, rühmenswert

glorifier [glɔʀifje] **1** rühmen, verherrlichen; preisen (*Gott*) **2** ***il se glorifie de l'avoir fait*** er ist stolz darauf, es getan zu haben

gloriole *f* [glɔʀjɔl] Selbstgefälligkeit *f*

glousser [gluse] **1** (*Huhn*) glucken **2** (*Menschen*) glucksend lachen, glucksen

glout|on¹, ~onne [glutõ, -ɔn] gefräßig

glout|on² *m*, ~onne *f* [glutõ, -ɔn] Vielfraß *m*

glu *f* [gly] Leim *m*

gluant(e) [glyɑ̃(t)] klebrig

gnon *m* [ɲõ] *umg.* Schlag *m*

goal *m* [⚠ gol] Torhüter *m*, Torwart *m*

gobelet *m* [gɔblɛ] Becher *m*

gober [gɔbe] **1** schlürfen; ausschlürfen (*Ei, Auster*) **2** *umg.* (*glauben*) schlucken

godasse *f* [gɔdas] *umg.* (*Schuh*) Latschen *m*

goéland *m* [gɔelɑ̃] große Möwe, Seemöwe *f*

gogo [gogo] *umg.* ***à ~*** massenhaft, in rauen Mengen

goguenard(e) [gɔg(ə)naʀ(d)] spöttisch, ironisch

goinfre¹ *m* [gwɛ̃fʀ] Vielfraß *m*, Fresssack *m*

goinfre² [gwɛ̃fʀ] gefräßig, verfressen

se goinfrer [səgwɛ̃fʀe] *umg.* sich vollfressen, sich den Bauch vollschlagen

goinfrerie *f* [gwɛ̃fʀəʀi] Gefräßigkeit *f*

goitre *m* [gwatʀ] MED Kropf *m*

golf *m* [gɔlf] SPORT Golf *n*

G

golfe *m* [gɔlf] Golf *m*, Meerbusen *m*; ***le ~ de Gascogne*** der Golf von Biskaya
gomme *f* [gɔm] **1** Radiergummi *m* **2** *Material*: Gummi *m*
gommer [gɔme] ausradieren (*Wörter usw.*)
gond *m* [gõ] **1** *an Tür, Fenster*: Angel *f* **2** *fig.* ***il est sorti de ses ~s*** er geriet vor Wut außer sich
gondole *f* [gõdɔl] *Schiff*: Gondel *f*
gonflable [gõflabl] aufblasbar
gonflé(e) [gõfle] **1** (*Augen, Gesicht*) geschwollen **2** *umg.* (*Person*) frech, dreist
gonfler [gõfle] **1** aufblasen (*Ball usw.*); aufpumpen (*Reifen usw.*) **2** (*Fluss, Fuß usw.*) anschwellen; (*Holz usw.*) aufquellen; (*Teig*) aufgehen **3** (*übertreiben*) aufbauschen **4** ***se ~*** schwellen; (*Segel*) sich blähen

G

gonzesse *f* [gõzɛs] *umg. abw.* Tussi *f*
▸ **gorge** *f* [gɔʀʒ] **1** Kehle *f*, Hals *m* **2** ***avoir mal à la ~*** Halsschmerzen haben
gorgée *f* [gɔʀʒe] Schluck *m*
gorges *f Pl* [gɔʀʒ] GEOG Schlucht *f*
gorille *m* [gɔʀij] **1** ZO Gorilla *m* **2** *umg.* Leibwächter *m*, Gorilla *m*
gosier *m* [gozje] **1** Kehle *f*, Schlund *m* **2** ***à plein ~*** *singen usw.*: aus vollem Hals
▸ **gosse** *m,f* [gɔs] *umg.* Kind *n*, Kleine(r) *f(m)*
gothique [gɔtik] gotisch
goudron *m* [gudʀõ] Teer *m*
gouffre *m* [gufʀ] Abgrund *m* (*a. fig.*)
goujat *m* [guʒa] Rüpel *m*, Flegel *m*
goulot *m* [gulo] Flaschenhals *m*; ***elle boit au ~*** sie trinkt aus der Flasche
goulu(e) [guly] gefräßig, gierig
goulûment [gulymɑ̃] gierig
gourd(e) [guʀ(d)] steif vor Kälte
gourde *f* [guʀd] **1** Feldflasche *f* **2** *umg.* (*Blödmann*) Dussel *m*, Trottel *m*
se gourer [səguʀe] *umg.* sich vertun
▸ **gourmand(e)**[1] [guʀmɑ̃(d)] ***il est gourmand*** er isst *od.* nascht gern
gourmand(e)[2] *m(f)* [guʀmɑ̃(d)] Schlemmer(in) *m(f)*, Leckermaul *n*
gourmandise *f* [guʀmɑ̃diz] **1** Esslust *f*; *bei Süßigkeiten*: Naschhaftigkeit *f* **2** ***des ~s*** Leckereien *f Pl*, Leckerbissen *m Pl*
gourmet *m* [guʀmɛ] Feinschmecker(in) *m(f)*
gousse *f* [gus] **1** BOT Schote *f* **2** ***une ~ d'ail*** e-e Knoblauchzehe
▸ **goût** *m* [gu] **1** Geschmack *m*, Geschmackssinn *m* **2** *von Essen, Getränken*: Geschmack *m*; ***qc a bon*** (*bzw.* ***mauvais***) ***~*** etw schmeckt gut (*bzw.* schlecht) **3** *in Bezug auf Kleidung usw.*: Geschmack *m*; ***de mauvais ~*** geschmacklos **4** (*Vorliebe*) Lust *f*, Sinn *m* (***de, pour*** zu, für); ***elle y a pris ~*** sie hat Gefallen daran gefunden
▸ **goûter**[1] [gute] **1** kosten, probieren (*Essen, Getränk*) **2** *nachmittags*: e-e kleine Zwischenmahlzeit essen
goûter[2] *m* [gute] *Zwischenmahlzeit am Nachmittag (z. B. Brot mit Marmelade, Kekse o. ä.), bes. für Kinder*
▸ **goutte**[1] *f* [gut] **1** Tropfen *m* **2** *fig.* ***une ~ de café*** *usw.* ein Schluck Kaffee *usw.* **3** ***ils*** *bzw.* ***elles se ressemblent comme deux ~s d'eau*** sie gleichen sich wie ein Ei dem anderen
goutte[2] *f* [gut] MED Gicht *f*
goutte-à-goutte *m* [gutagut] ⟨*unv.*⟩ MED Tropf *m*
goutter [gute] tropfen
gouttière *f* [gutjɛʀ] Dachrinne *f*, Rinne *f*
gouvernail *m* [guvɛʀnaj] SCHIFF, FLUG Ruder *n*
▸ **gouvernement** *m* [guvɛʀnəmɑ̃] Regierung *f*
gouvernemental(e) [guvɛʀnəmɑ̃tal] ⟨*m Pl* ***-aux***⟩ Regierungs…
▸ **gouverner** [guvɛʀne] **1** regieren (*Land, Volk*) **2** steuern (*Boot, Schiff*)
grâce[1] *f* [gʀɑs] **1** Anmut *f*, Grazie *f* **2** (*Gunst*) Gnade *f* (*a. von Gott*) **3** JUR Begnadigung *f*, Gnade *f*
grâce[2] [gʀɑs] ▸ ***grâce à …*** dank …, durch …; ***c'est ~ à toi que j'ai réussi*** dir verdanke ich, dass ich es geschafft habe
gracier [gʀasje] begnadigen
graci|eux, ~euse [gʀasjø, -øz] **1** freundlich **2** *bes. in den Bewegungen usw.*: anmutig, graziös **3** ***à titre gracieux*** unentgeltlich, gratis, kostenlos
gradation *f* [gʀadasjõ] Steigerung *f*; *von Farben usw.*: Abstufung *f*
grade *m* [gʀad] Dienstgrad *m*, Grad *m*; ***il est monté en ~*** er ist befördert worden
gradins *m Pl* [gʀadɛ̃] *im Stadion usw.*: Zuschauerränge *m Pl*
graduation *f* [gʀadɥasjõ] Gradeinteilung *f*

gradu|el, ~elle [gʀadɥɛl] stufenweise, schrittweise, allmählich
graduer [gʀadɥe] **1** mit e-r Gradeinteilung versehen (*Messgeräte*) **2** allmählich steigern (*Schwierigkeiten usw.*)
▸ **grain** *m* [gʀɛ̃] **1** *von Getreide*: Korn *n* **2** *von Sand, Pfeffer usw.*: Korn *n* **3** ***un ~ de café*** e-e Kaffeebohne **4** ***un ~ de raisin*** e-e (einzelne) Weintraube **5** ***le ~ de beauté*** der Leberfleck **6** Regenschauer *m* **7** *umg.* ***il a un ~*** er hat e-n Stich *od.* e-n Vogel **8** *umg.* ***elle met toujours son ~ de sel*** sie gibt immer ihren Senf dazu
graine *f* [gʀɛn] Samenkorn *n*, Samen *m*
graisse *f* [gʀɛs] Fett *n*
graisser [gʀɛse] einfetten (*Schuhe, Pfanne usw.*); schmieren (*Motor*)
graiss|eux, ~euse [gʀɛsø, -øz] fettig
▸ **grammaire** *f* [gʀamɛʀ] Grammatik *f*
grammatical(e) [gʀamatikal] ⟨*m Pl* ***-aux***⟩ grammatisch
▸ **gramme** *m* [gʀam] Gramm *n*
▸ **grand(e)** [gʀɑ̃(d)] **1** groß **2** *vorangestellt*: berühmt, groß, bedeutend **3** erwachsen, groß; ***les grandes personnes*** die Erwachsenen **4** (*stark, intensiv*) ***un grand choix*** e-e reiche Auswahl **5** ***le grand public*** das breite Publikum **6** ▸ ***une grande surface*** ein Einkaufszentrum **7** ***il est grand temps*** es ist höchste Zeit **8** SCHULE ***les grandes classes*** *f Pl* die oberen Klassen **9** ***grand ouvert*** (*Fenster, Augen*) weit geöffnet
grand-angle *m* [gʀɑ̃t͜ɑ̃gl] ⟨*Pl* ***grands-angles***⟩ Weitwinkelobjektiv *n*
grand-chose [gʀɑ̃ʃoz] ***pas ~*** nicht viel (⚠ gran<u>d</u>-chose)
Grande-Bretagne [gʀɑ̃dbʀətaɲ] ***la ~*** Großbritannien *n*
grandeur *f* [gʀɑ̃dœʀ] Größe *f*
grandiloquent(e) [gʀɑ̃dilɔkɑ̃(t)] (*Rede, Stil*) geschwollen
▸ **grandir** [gʀɑ̃diʀ] **1** wachsen, größer werden (***de*** um) **2** (*Lärm usw.*) zunehmen, (immer) größer *od.* stärker werden **3** größer machen *od.* erscheinen lassen
▸ **grand-mère** *f* [gʀɑ̃mɛʀ] ⟨*Pl* ***grands-mères***⟩ Großmutter *f* (⚠ la gran<u>d</u>-mère)
▸ **grand-père** *m* [gʀɑ̃pɛʀ] ⟨*Pl* ***grands-pères***⟩ Großvater *m*
▸ **grands-parents** *m Pl* [gʀɑ̃paʀɑ̃] Großeltern *Pl*
grange *f* [gʀɑ̃ʒ] Scheune *f*
graphique¹ *m* [gʀafik] (⚠ <u>le</u> graphique) *Darstellung*: Grafik *f* (*a.* IT)
graphique² [gʀafik] grafisch
grappe *f* [gʀap] **1** Traube *f* (*a. fig.*) **2** ***une ~ de raisin*** e-e Weintraube
▸ **gras**¹, **grasse** [gʀɑ, gʀɑs] **1** (*Nahrung, Tier usw.*) fett; ***les matières grasses*** das Fett **2** (*Haare, Haut usw.*) fettig **3** (*Schrift*) fett; ***en caractères gras*** fett gedruckt **4** (*Bleistift*) weich **5** (*Lachen*) ordinär
gras² *m* [gʀɑ] *vom Fleisch*: Fett *n*
grassouill|et, ~ette [gʀɑsujɛ, -ɛt] pummelig, mollig
gratifier [gʀatifje] (*geben*) zukommen lassen; ***il m'a gratifié d'un sourire*** er schenkte mir ein Lächeln
gratin *m* [gʀatɛ̃] **1** (mit Käse) überbackenes Gericht, Gratin *n* **2** *umg.* ***le ~*** die oberen Zehntausend
gratiner [gʀatine] (***faire***) **~** überbacken, gratinieren
gratis [gʀatis] *umg.* umsonst, gratis
gratitude *f* [gʀatityd] Dankbarkeit *f*
gratte-ciel *m* [gʀatsjɛl] ⟨*unv.*⟩ Wolkenkratzer *m*
grattement *m* [gʀatmɑ̃] Kratzen *n*, Scharren *n*
gratter [gʀate] **1** kratzen; ***se ~*** sich kratzen **2** (*entfernen*) abkratzen; (*leeren*) auskratzen **3** aufkratzen (*Wunde*) **4** schaben (*Möhren*) **5** (*Pulli usw.*) kratzen **6** ***~ le sable*** im Sand scharren
▸ **gratuit(e)** [gʀatɥi(t)] **1** kostenlos, Gratis…; ***un billet gratuit*** e-e Freikarte **2** (*unbegründet*) unmotiviert, willkürlich
gratuité *f* [gʀatɥite] **1** *bei öffentlichen Verkehrsmitteln*: Nulltarif *m*; ***la ~ de l'enseignement*** die Schulgeldfreiheit **2** *e-r Behauptung usw.*: Unbegründetheit *f*, Willkürlichkeit *f*
gratuitement [gʀatɥitmɑ̃] kostenlos, gratis
gravats *m Pl* [gʀavɑ] Bauschutt *m*, Schutt *m*
▸ **grave** [gʀav] **1** (*Problem, Zustand usw.*) ernst; (*Fehler*) schwer wiegend; (*Krankheit, Verletzung*) schwer; ***ce n'est pas ~*** das ist nicht schlimm **2** (*Mensch, Ton*) ernst **3** (*Ton, Stimme*) tief
graver [gʀave] **1** gravieren **2** *in Holz*

G

usw.: ritzen, einritzen
graveur *m* [gʀavœʀ] ***le ~ de CD*** der CD-Brenner
gravier *m* [gʀavje] **1** Kies *m* **2** *einzelner*: Kieselstein *m*
gravillon *m* [gʀavijõ] *Straßenbelag*: Splitt *m*
gravir [gʀaviʀ] erklimmen (*Berg, Stufen*)
gravité[1] *f* [gʀavite] Ernst *m* (*a. von Krankheiten usw.*)
gravité[2] *f* [gʀavite] PHYS Schwerkraft *f*
graviter [gʀavite] (*Sterne*) kreisen, sich drehen (***autour de*** um)
gravure *f* [gʀavyʀ] **1** *Technik*: Gravierung *f* **2** *Bild*: Kupferstich *m*; Holzschnitt *m*
gré *m* [gʀe] **1** ***à mon, ton*** *usw.* **~** nach meinem, deinem *usw.* Geschmack **2** ***faire qc de bon ~*** etw gern *od.* bereitwillig tun; ***je suis venu de mon plein ~*** ich bin freiwillig gekommen
grec, **grecque** [gʀɛk] griechisch
Grec *m* [gʀɛk] Grieche *m*
Grèce [gʀɛs] ***la ~*** Griechenland *n*
Grecque *f* [gʀɛk] Griechin *f*
greffe *f* [gʀɛf] **1** BOT Veredeln *n* **2** MED Transplantation *f*
greffer [gʀefe] **1** BOT pfropfen, veredeln **2** MED transplantieren
grêle[1] [gʀɛl] **1** (*Glieder usw.*) lang und dünn **2** (*Stimme, Ton*) dünn, zart
grêle[2] *f* [gʀɛl] Hagel *m*
grêler [gʀele] hageln; ***il grêle*** es hagelt
grêlon *m* [gʀɛlõ] Hagelkorn *n*
grelot *m* [gʀəlo] Schelle *f*, Glöckchen *n*
grelotter [gʀəlɔte] *vor Kälte, Angst*: zittern, schlottern
grenade[1] *f* [gʀənad] Granatapfel *m*
grenade[2] *f* [gʀənad] Granate *f*
grenadine *f* [gʀənadin] Granatapfelsirup *m*
▸**grenier** *m* [gʀənje] Speicher *m*, Dachboden *m*
grenouille *f* [gʀənuj] Frosch *m*
grès *m* [gʀɛ] **1** Sandstein *m* **2** (*Keramik*) Steingut *n*
grésil *m* [⚠ gʀezil] Graupeln *f Pl*
grésiller [gʀezije] **1** brutzeln **2** TEL, RAD knistern, rauschen
▸**grève** *f* [gʀɛv] Streik *m*; ***la ~ de la faim*** der Hungerstreik
gréviste *m,f* [gʀevist] Streikende(r) *f(m)*
gribouiller [gʀibuje] kritzeln, hinkritzeln
grief *m* [⚠ gʀijɛf] Klage *f*, Beschwerde *f*
grièvement [gʀijɛvmɑ̃] **~ *blessé*** schwer verletzt, schwer verwundet
griffe *f* [gʀif] **1** zo Kralle *f* **2** *an der Kleidung*: Markenzeichen *n*, Etikett *n*
▸**griffer** [gʀife] kratzen, zerkratzen
griffonner [gʀifɔne] kritzeln, hinkritzeln
grignoter [gʀiɲɔte] knabbern
gril *m* [gʀil] (⚠ *nur ein* l) Rost *m*, Grill *m*
grillade *f* [gʀijad] gegrilltes Fleisch
grillage *m* [gʀijaʒ] Drahtgitter *n*, Drahtzaun *m*
grille *f* [gʀij] **1** Gitter *n* **2** *Öffnung*: Gittertor *n* **3** ***une ~ de mots croisés*** ein Kreuzworträtsel **4** ***la ~ des salaires*** die Lohn- und Gehaltstabelle
grille-pain *m* [gʀijpɛ̃] ⟨*unv.*⟩ Toaster *m*
▸**griller** [gʀije] **1** grillen (*Fleisch usw.*); rösten (*Kastanien, Kaffee, Brot*); toasten (*Brot*); ***le pain grillé*** der Toast; ***des amandes grillées*** gebrannte Mandeln **2** (*Hitze, Sonne*) verbrennen **3** ***l'ampoule est grillée*** die Glühbirne ist durchgebrannt **4** **~ *un feu rouge*** ein Rotlicht überfahren
grillon *m* [gʀijõ] Grille *f*
grimace *f* [gʀimas] Grimasse *f*; ***elle fait une ~*** sie schneidet e-e Grimasse; ⚠ ***elle fait la ~*** sie zieht ein Gesicht
grimacer [gʀimase] ⟨**-ç-**⟩ das Gesicht verziehen
grimpant(e) [gʀɛ̃pɑ̃(t)] ***une plante grimpante*** e-e Kletterpflanze
grimper [gʀɛ̃pe] **1** klettern **2** **~ *les escaliers*** die Treppen hinaufsteigen
grimp|eur *m*, **~euse** *f* [gʀɛ̃pœʀ, -øz] Kletterer *m*, Kletterin *f*
grincer [gʀɛ̃se] ⟨**-ç-**⟩ **1** (*Tür usw.*) knarren; (*Bremsen usw.*) quietschen **2** **~ *des dents*** mit den Zähnen knirschen
grinch|eux, **~euse** [gʀɛ̃ʃø, -øz] mürrisch, griesgrämig; (*Kind*) quengelig
griotte *f* [gʀijɔt] Sauerkirsche *f*; *bes.* Ⓐ, Ⓒⓗ Weichsel *f*
grippe[1] *f* [gʀip] Grippe *f*
grippe[2] *f* [gʀip] ***il l'a pris en ~*** er kann ihn nicht mehr ausstehen
se gripper [səgʀipe] klemmen, festsitzen
grippe-sou *m* [gʀipsu] ⟨*Pl* ***grippe-sou(s)***⟩ Pfennigfuchser *m*

▸**gris(e)** [gʀi(z)] **1** grau **2** (*betrunken*) beschwipst
griser [gʀize] (*Erfolg usw.*) berauschen
Grisons [gʀizõ] ***les ~*** *m Pl* Graubünden *n*
grive *f* [gʀiv] zo Drossel *f*
grivois(e) [gʀivwa(z)] (*Witz*) schlüpfrig, anzüglich
grognement *m* [gʀɔɲmɑ̃] **1** *vom Schwein*: Grunzen *n*; *vom Bär*: Brummen *n*; *vom Hund*: Knurren *n* **2** *von Menschen*: Murren *n*, Brummen *n*
grogner [gʀɔɲe] **1** (*Schwein*) grunzen; (*Bär*) brummen; (*Hund*) knurren **2** (*Mensch*) murren; (*Kind*) quengeln
grognon [gʀɔɲõ] mürrisch, brummig; (*Kind*) quengelig (⚠ ***elle est grognon***)
groin *m* [gʀwɛ̃] *vom Schwein*: Rüssel *m*
grommeler [gʀɔm(ə)le] ⟨***-ll-***⟩ vor sich hin brummen *od.* murmeln
grondement *m* [gʀõdmɑ̃] *vom Donner*: Grollen *n*
gronder [gʀõde] **1** (*Donner*) grollen **2** (*Kanone*) donnern **3** (*Tier*) knurren **4** ***~ qn*** j-n ausschimpfen
▸**gros**[1], **grosse** [gʀo, gʀos] **1** *im Umfang*: groß, dick **2** (*Mensch*, *Bauch*) dick (⚠ groß *in der Länge* = ***grand***) **3** (*Schnupfen*, *Sturm*) stark; (*Fehler*, *Irrtum*) schwer, groß; (*Betrag usw.*) hoch; (*Stimme*) laut **4** (↔ *fein*) grob (*a. Lüge*) **5** ***un gros mot*** ein unanständiges Wort **6** ***en gros*** *erzählen*: in groben Zügen; *kaufen*: en gros, in großen Mengen; *kosten*: ungefähr
gros[2] *m*, **grosse** *f* [gʀo, gʀos] *Mensch*: Dicke(r) *f(m)*
gros[3] *m* [gʀo] **1** Großhandel *m* **2** Großteil *m*; ***le ~ du travail*** der größte Teil der Arbeit, die Hauptarbeit
▸**groseille** *f* [gʀozɛj] Rote Johannisbeere, Ⓐ Ribisel *f*
grossesse *f* [gʀosɛs] Schwangerschaft *f*
grosseur *f* [gʀosœʀ] **1** Größe *f*, Dicke *f* **2** MED Geschwulst *f*
gross|ier, **~ière** [gʀosje, -jɛʀ] **1** (↔ *fein*) grob **2** (*Fehler*) schwer, grob **3** (*Mensch*, *Benehmen*) grob, ungehobelt **4** (*Scherz*, *Worte*) derb, unanständig
grossièreté *f* [gʀosjɛʀte] Grobheit *f*, Flegelhaftigkeit *f*
▸**grossir** [gʀosiʀ] **1** (*Mensch*) dicker werden, zunehmen **2** (*Kleidung*) dick machen **3** *mit e-m Mikroskop usw.*: vergrößern **4** (*übertreiben*) aufbauschen
grossiste *m,f* [gʀosist] Großhändler(in) *m(f)*
grosso modo [gʀosomɔdo] ungefähr
grotesque [gʀɔtɛsk] grotesk, lächerlich
▸**grotte** *f* [gʀɔt] (große) Höhle, Grotte *f*
grouiller [gʀuje] **1** (*Würmer usw.*) wimmeln **2** ***la place grouille de monde*** der Platz wimmelt von Menschen **3** *umg.* ***grouille-toi!*** Beeilung!, mach schneller!
▸**groupe** *m* [gʀup] (⚠ le groupe) **1** Gruppe *f*; ***un ~ à risque*** e-e Risikogruppe; ***un voyage en ~*** e-e Gruppenreise **2** (*Musikgruppe*) Band *f*; ***un ~ de rock*** e-e Rockband **3** ***le ~ sanguin*** die Blutgruppe **4** ***le ~ scolaire*** das Schulzentrum **5** *im Parlament*: ***le ~ parlementaire*** die Fraktion
groupé(e) [gʀupe] (*Bestellung usw.*) Sammel…
groupement *m* [gʀupmɑ̃] Gruppierung *f*, Verband *m*, Zusammenschluss *m*
grouper [gʀupe] **1** zusammenstellen **2** gruppieren (***autour de*** um)
grue[1] *f* [gʀy] zo Kranich *m*
grue[2] *f* [gʀy] TECH Kran *m*
grumeau *m* [gʀymo] ⟨*Pl* ***~x***⟩ Klumpen *m*, Klümpchen *n*
Guadeloupe [gwad(ə)lup] ***la ~*** *karibische Insel, überseeisches Département Frankreichs*
guenilles *f Pl* [gənij] Lumpen *m Pl*
▸**guêpe** *f* [gɛp] Wespe *f*
guêpier *m* [gepje] Wespennest *n*
guère [gɛʀ] ***ne … ~*** kaum; ***je ne la vois ~*** ich sehe sie kaum
guéri(e) [geʀi] geheilt, wieder gesund
▸**guérir** [geʀiʀ] **1** (*Kranke*) wieder gesund werden **2** (*Wunde*) heilen, verheilen **3** heilen (*Kranke*, *Krankheit*)
guérison *f* [geʀizõ] Heilung *f*, Genesung *f*
guériss|eur *m*, **~euse** *f* [geʀisœʀ, -øz] *oft übersinnlich*: Heiler(in) *m(f)*
▸**guerre** *f* [gɛʀ] Krieg *m*; ***la Grande Guerre*** der Erste Weltkrieg; ***faire la ~*** Krieg führen (***à*** gegen)
guerrier[1] *m* [gɛʀje] Krieger *m*

G

guerr|ier[2], **~ière** [gɛʀje, -jɛʀ] kriegerisch
guet *m* [gɛ] ***faire le ~*** auf der Lauer sein; (*Komplize*) Schmiere stehen
guet-apens *m* [⚠ gɛt̮apɑ̃] ⟨*Pl* ***guets--apens***⟩ Hinterhalt *m*
guetter [gɛte] **1** ***~ une personne*** (*bzw.* ***un animal***) e-r Person (*bzw.* e-m Tier) auflauern **2** abwarten (*Gelegenheit*); mit Spannung erwarten (*Person, Ereignis*) **3** (*Krankheit, Gefahr*) bedrohen
▸ **gueule** *f* [gœl] **1** *von Tieren*: Maul *n* **2** *umg.* (*Mund*) Klappe *f*, Schnauze *f*, Maul *n*; *umg.* (***ferme***) ***ta ~!*** halt die Schnauze! **3** *umg.* Gesicht *n*, Visage *f*; *umg.* ***casser la ~ à qn*** j-m die Fresse polieren; *umg.* ***il s'est cassé la ~*** er ist auf die Schnauze gefallen (*a. fig.*) **4** *umg.* ***elle fait la ~*** sie mault, sie ist eingeschnappt
gueule-de-loup *f* [gœldəlu] ⟨*Pl* ***gueules-de-loup***⟩ BOT Löwenmäulchen *n*
gueuler [gœle] *umg.* brüllen, herumbrüllen
gui *m* [gi] Mistel *f*
▸ **guichet** *m* [giʃɛ] *bei der Bank, Post*: Schalter *m*
▸ **guide**[1] *m,f* [gid] *Person*: Führer(in) *m(f)*, Reiseführer(in) *m(f)*
▸ **guide**[2] *m* [gid] *Buch*: Führer *m*, Handbuch *n*
guide[3] *f* [gid] Pfadfinderin *f*
guider [gide] **1** führen (*Touristen*) **2** *fig.* lenken, leiten; *durch Funk*: steuern
guidon *m* [gidɔ̃] Lenkstange *f*, Lenker *m*
guigner [giɲe] ***~ qc*** nach etw schielen, es auf etw abgesehen haben
guignol *m* [giɲɔl] **1** ***le Guignol*** der Kasper **2** *Aufführung*: Kaspertheater *n*
guillemets *m Pl* [gijmɛ] Anführungszeichen *n Pl*; ***mettre entre ~*** in Anführungszeichen setzen
guillotine *f* [gijɔtin] Guillotine *f*, Fallbeil *n*
guillotiner [gijɔtine] durch die Guillotine hinrichten, guillotinieren
guindé(e) [gɛ̃de] **1** (*Mensch, Haltung*) steif **2** (*Stil*) gestelzt, geschraubt
guingois [gɛ̃gwa] *umg.* ***de ~*** schief
guirlande *f* [giʀlɑ̃d] (⚠ guirlande) **1** Girlande *f* **2** *zu Weihnachten usw.*: ***la ~ lumineuse*** die Lichterkette
guise *f* [giz] **1** ***à ma, ta*** *usw.* ***~*** wie es mir, dir *usw.* passt *od.* gefällt **2** ***en ~ de consolation*** *usw.* als Trost *usw.*
▸ **guitare** *f* [gitaʀ] (⚠ guitare) Gitarre *f*
guitariste *m,f* [gitaʀist] (⚠ guitariste) Gitarrist(in) *m(f)*, Gitarrenspieler(in) *m(f)*
Guyane française [gɥijanfʀɑ̃sɛz] ***la ~*** *überseeische Provinz Frankreichs in Südamerika*
gym *f* [ʒim] *umg.* Gymnastik *f*, Turnen *n*
gymnase *m* [ʒimnɑz] **1** Turnhalle *f* **2** *in der Schweiz*: Gymnasium *n* (⚠ *in Frankreich heißt* das Gymnasium ***le lycée***)
gymnaste *m,f* [ʒimnast] Turner(in) *m(f)*
gymnastique *f* [ʒimnastik] Gymnastik *f*; *vor allem als Schulfach*: Turnen *n*; ***faire de la ~*** Gymnastik machen, turnen
gynéco *m,f* [ʒineko] *umg.* Frauenarzt *m*, Frauenärztin *f*
gynécologue *m,f* [ʒinekɔlɔg] Frauenarzt *m*, Frauenärztin *f*
gyrophare *m* [ʒiʀɔfaʀ] Blaulicht *n*

H

h (*Abk. für* heure, heures) **1** Stunde(n) **2** ***à 5 h*** um fünf Uhr
habile [abil] (*gewandt*) geschickt
habileté *f* [abilte] Geschicklichkeit *f*
habilité(e) [abilite] (*Person*) befugt, ermächtigt
habillé(e) [abije] **1** angezogen, gekleidet **2** *zu Karneval usw.*: verkleidet (***en*** als) **3** (*Kleidungsstück*) festlich
habillement *m* [abijmɑ̃] Kleidung *f*
▸ **habiller** [abije] **1** anziehen (*Kind usw.*) **2** ▸ ***s'habiller*** sich anziehen; *in e-r bestimmten Art*: sich kleiden; *festlich*: sich fein machen; *zu Karneval usw.*: sich verkleiden (***en*** als)
habit *m* [abi] **1** ***les ~s*** die Kleider, die

Kleidung **2** *für Männer*: Frack *m*
habitable [abitabl] bewohnbar
habitacle *m* [abitakl] **1** AUTO Fahrgastraum *m* **2** FLUG Cockpit *n*
▸ **habitant(e)** *m(f)* [abitɑ̃(t)] Einwohner(in) *m(f)*; *e-s Gebäudes usw.*: Bewohner(in) *m(f)*
habitat *m* [abita] **1** Wohnverhältnisse *n Pl* **2** *von Tieren, Pflanzen*: Lebensraum *m*; *von Pflanzen a.*: Standort *m*
habitation *f* [abitasjõ] **1** Wohnen *n* **2** Wohnung *f*; ***une ~ à loyer modéré*** e-e Sozialwohnung
habité(e) [abite] bewohnt
▸ **habiter** [abite] **1** wohnen; ***~ à Paris*** in Paris wohnen; ***il habite 5, rue Voltaire*** er wohnt in der Rue Voltaire Nummer 5 **2** (*Mensch*) in … wohnen *od.* leben; (*Tier*) in … leben; ***~ Paris, la campagne*** in Paris, auf dem Land wohnen
▸ **habitude** *f* [abityd] **1** Gewohnheit *f*; *schlechte*: Angewohnheit *f*; ***elle a l'~ de voyager seule*** sie ist es gewohnt, allein zu reisen **2** (*Sitte*) Brauch *m* **3** ***d'~*** normalerweise, gewöhnlich; ***comme d'~*** wie immer
habitué(e) *m(f)* [abitɥe] **1** *im Lokal*: Stammgast *m* **2** *im Geschäft*: Stammkunde *m*, Stammkundin *f*
▸ **habitu|el, ~elle** [abitɥɛl] üblich, gewöhnlich
▸ **habituellement** [abitɥɛlmɑ̃] in der Regel, gewöhnlich
habituer [abitɥe] **1** gewöhnen (***à*** an) **2** ▸ ***s'habituer à qc*** sich an etw gewöhnen **3** ***je suis habitué à me lever tôt*** ich bin daran gewöhnt, früh aufzustehen
hache *f* [*aʃ] Axt *f*, Beil *n*
haché(e) [*aʃe] gehackt; ***un steak haché*** ein Hacksteak; ***la viande hachée*** das Hackfleisch, Ⓐ das Faschierte
hacher [*aʃe] hacken, zerkleinern
hachoir *m* [*aʃwaʀ] Fleischwolf *m*
hachurer [*aʃyʀe] schraffieren
hagard(e) [*agaʀ(d)] verstört, verängstigt
▸ **haie** *f* [*ɛ] **1** Hecke *f* **2** ***la course de ~s*** der Hürdenlauf; *von Pferden*: das Hürdenrennen **3** *von Personen*: Spalier *n*
haillons *m Pl* [*ɑjõ] Lumpen *m Pl*
haine *f* [*ɛn] Hass *m* (***pour, de*** gegen, auf)
hain|eux, ~euse [*ɛnø, -øz] hasserfüllt; (*boshaft*) gehässig
haïr [*aiʀ] ⟨*prés.*: ***je, tu hais*** [*ɛ], ***il hait*** [*ɛ]; *imparf.*: ***je haïssais*** *usw.*; *p/p*: ***haï***⟩ hassen
hâlé(e) [*ɑle] sonnengebräunt, braun
haleine *f* [alɛn] **1** Atem *m*; ***la mauvaise ~*** der Mundgeruch **2** ***courir, discuter*** *usw.* ***à perdre ~*** laufen, diskutieren *usw.* ohne aufzuhören **3** ***un travail de longue ~*** e-e langwierige Arbeit
haleter [*al(ə)te] ⟨***-è-***⟩ **1** (*Mensch*) keuchen **2** (*Hund*) hecheln
hall *m* [⚠ *ol] Eingangshalle *f*, Halle *f*
halle *f* [*al] Markthalle *f*

Les Halles

Bis Ende der 60er-Jahre befanden sich **les Halles**, die berühmten Großmarkthallen, mitten in Paris. Aus Platzgründen wurden sie 1968 in den Pariser Vorort **Rungis** verlegt. Das dort entstandene **Centre de distribution alimentaire** umfasst eine Fläche von 600 ha (die alten Hallen waren nur 15 ha groß!).
Auf dem Gelände der alten **Halles** steht jetzt das **Forum des Halles**, ein hochmodernes Einkaufszentrum mit eigener Metrostation.

hallucinant(e) [alysinɑ̃(t)] (*Ähnlichkeit usw.*) verblüffend
hallucination *f* [alysinasjõ] Halluzination *f*
halluciné(e) [alysine] **1** (*Mensch*) an Halluzinationen leidend **2** (*Blick usw.*) irr, wirr
halo *m* [*alo] *um Mond, Sterne usw.*: Hof *m*
halte¹ *f* [*alt] Halt *m*, Pause *f*, Rast *f*
halte² [*alt] ***~!*** halt!, stopp!
haltère *m* [altɛʀ] SPORT Hantel *f*
hamac *m* [*amak] Hängematte *f*
hamburger *m* [⚠ *ɑ̃buʀgœʀ] GASTR Hamburger *m*
hameau *m* [*amo] ⟨*Pl* ***~x***⟩ Weiler *m*
hameçon *m* [amsõ] Angelhaken *m*
hanche *f* [*ɑ̃ʃ] Hüfte *f*
▸ **handicapé(e)** *m(f)* [*ɑ̃dikape] Behinderte(r) *f(m)*
hangar *m* [*ɑ̃gaʀ] **1** Schuppen *m* **2** FLUG

Hangar *m*

hanneton *m* [*an(ə)tõ] Maikäfer *m*

hanter [*ɑ̃te] **1** ***un fantôme hante cette maison*** in diesem Haus spukt ein Geist **2** ***cette idée le hante*** er wird von dieser Idee verfolgt

hantise *f* [*ɑ̃tiz] (ständige) Angst, Zwangsvorstellung *f*

happer [*ape] *mit dem Maul, Schnabel usw.*: schnappen

haras *m* [*aʀɑ] Gestüt *n*

harassant(e) [*aʀasɑ̃(t)] ermüdend, anstrengend

harassé(e) [*aʀase] erschöpft

harcèlement *m* [*aʀsɛlmɑ̃] Belästigung *f*, Stören *n*; ***le ~ sexuel*** die sexuelle Belästigung

harceler [*aʀsəle] ⟨**-è-**⟩ *mit Fragen, Forderungen usw.*: bedrängen

hardi(e) [*aʀdi] (*Mensch, Plan*) kühn

hareng *m* [*aʀɑ̃] Hering *m*

hargne *f* [*aʀɲ] Gehässigkeit *f*, Bissigkeit *f*

hargn|eux, ~euse [*aʀɲø, -øz] gehässig, bissig

▸**haricot** *m* [*aʀiko] Bohne *f*; ▸ ***des haricots verts*** grüne Bohnen, Ⓐ Fisolen *f Pl*

harmonica *m* [aʀmɔnika] (⚠ un harmonica) Mundharmonika *f*

harmonie *f* [aʀmɔni] Harmonie *f*

harmoni|eux, ~euse [aʀmɔnjø, -øz] harmonisch

harmoniser [aʀmɔnize] **1** aufeinander abstimmen (*Farben usw.*) **2** ***s'~*** harmonieren (***avec*** mit), passen (***avec*** zu)

harnachement *m* [*aʀnaʃmɑ̃] **1** *von Pferden*: Geschirr *n* **2** *von Bergsteigern, Tauchern usw.*: (schwere) Montur

harnacher [*aʀnaʃe] anschirren (*Pferd*)

harnais *m* [*aʀnɛ] **1** *von Pferden*: Geschirr *n* **2** *von Bergsteigern, Tauchern usw.*: Gurte *m Pl*

harpe *f* [*aʀp] Harfe *f*

harpon *m* [*aʀpõ] Harpune *f*

▸**hasard** *m* [*azaʀ] **1** Zufall *m*; ▸ ***par hasard*** zufällig **2** ***prendre qc au ~*** etw auf gut Glück nehmen **3** ***des provisions à tout ~*** Vorräte *m Pl* für alle Fälle

hasarder [*azaʀde] **1** wagen, riskieren (*Aktion, Behauptung usw.*) **2** ***se ~ dans la rue*** sich auf die Straße wagen

hasard|eux, ~euse [*azaʀdø, -øz] gewagt, riskant

hâte *f* [*ɑt] **1** Eile *f*, Hast *f* **2** ***elle a ~ de partir*** sie kann es kaum erwarten wegzugehen

hâter [*ɑte] **1** beschleunigen (*Abfahrt, Schritt usw.*) **2** ***se ~*** sich beeilen

hât|if, ~ive [*ɑtif, -iv] **1** (*Entscheidung usw.*) übereilt **2** (*Obst usw.*) Früh…

hausse *f* [*os] *von Preisen, Temperatur usw.*: Anstieg *m*, Erhöhung *f*

hausser [*ose] **1** erhöhen (*Preise usw.*) **2** heben (*Stimme, Ton*) **3** ***~ les épaules*** mit den Achseln zucken

haut *m* [*o] **1** Höhe *f*; ***l'arbre a dix mètres de ~*** der Baum ist zehn Meter hoch **2** obere(r) Teil **3** ***le tiroir du ~*** die oberste Schublade **4** ***du ~ du balcon*** vom Balkon herunter

▸**haut(e)** [*o(t)] **1** *in der Größe*: hoch; ***un mur haut de deux mètres*** e-e zwei Meter hohe Mauer; ***la haute montagne*** das Hochgebirge **2** (*Note, Ton usw.*) hoch **3** ***à haute voix*** laut; ***chanter, parler, penser*** *usw.* (***tout***) ***haut*** laut singen, sprechen, denken *usw.* **4** *im Ausmaß, in der Qualität*: hoch **5** ***voir plus haut*** *im Text*: siehe oben **6** ▸ ***en haut*** (nach) oben; ▸ ***en haut de qc*** oben auf etw; ***d'en haut*** von oben **7** ***de haut en bas*** von oben bis unten

hautain(e) [*otɛ̃(-ɛn)] arrogant

hautbois *m* [*obwa] Oboe *f*

haut-de-forme *m* [*od(ə)fɔʀm] ⟨*Pl* ***hauts-de-forme***⟩ *Hut*: Zylinder *m*

haute-fidélité *f* [*otfidelite] ***la chaîne ~*** die Hi-Fi-Anlage

▸**hauteur** *f* [*otœʀ] **1** Höhe *f* **2** (*Hügel*) Anhöhe *f* **3** (*Hochmut*) Arroganz *f*

haut-le-cœur *m* [*ol(ə)kœʀ] ⟨*unv.*⟩ Übelkeit *f*

haut-le-corps *m* [*ol(ə)kɔʀ] ⟨*unv.*⟩ ***avoir un ~*** *vor Schreck*: hochfahren

haut-parleur *m* [*opaʀlœʀ] ⟨*Pl* ***haut-parleurs***⟩ Lautsprecher *m*

Le Havre [lə*avʀ] *frz. Hafenstadt an der Seine-Mündung*

La Haye [la*ɛ] Den Haag *n*

hebdo *m* [ɛbdo] *umg.* Wochenblatt *n*

hebdomadaire[1] [ɛbdɔmadɛʀ] wöchentlich; (*Zeitschrift usw.*) Wochen…

hebdomadaire[2] *m* [ɛbdɔmadɛʀ] Wochenzeitschrift *f*

héberger [ebɛʀʒe] ⟨**-ge-**⟩ beherbergen; aufnehmen (*Flüchtlinge*)

hébété(e) [ebete] stumpfsinnig
hébreu [ebʀø] ⟨*Pl* **~x**⟩ hebräisch
hécatombe *f* [ekatõb] **1** Blutbad *n*, Massaker *n* **2** *fig.* ***quelle ~!*** *bei Prüfungen usw.*: sie sind reihenweise durchgefallen; *bei Seuchen usw.*: sie sind massenweise gestorben
hectare *m* [ɛktaʀ] Hektar *n od. m*
hein [*ɛ̃] *od.* [hɛ̃] *umg.* **1 *~?*** *(wie bitte?)* hm?, was? **2 *c'est beau, ~?*** das ist schön, oder?, und, ist das schön?
hélas [⚠ *elɑs] ***~!*** ach!, leider!
héler [*ele] ⟨**-è-**⟩ rufen *(Taxi usw.)*
hélice *f* [elis] **1** Schiffsschraube *f* **2** FLUG Propeller *m*
▸ **hélicoptère** *m* [elikɔptɛʀ] Hubschrauber *m*
héliport *m* [elipɔʀ] Hubschrauberlandeplatz *m*
hématome *m* [ematom] Bluterguss *m*
hémisphère *m* [emisfɛʀ] **1** Halbkugel *f* **2** *der Erde a.*: Hemisphäre *f*
hémorragie *f* [emɔʀaʒi] Blutung *f*
henné *m* [*ene] *zum Färben*: Henna *f od. n*
hennir [*eniʀ] wiehern
▸ **herbe** *f* [ɛʀb] **1** Gras *n* **2** BOT Kraut *n*; ***les fines ~s*** die Küchenkräuter; ***les ~s médicinales*** die Heilkräuter **3** ▸ ***la mauvaise herbe*** das Unkraut **4** ***en ~*** *(Getreide)* noch grün
herbicide *m* [ɛʀbisid] Unkrautvernichtungsmittel *n*
herbivore *m* [ɛʀbivɔʀ] Pflanzenfresser *m*
héréditaire [eʀeditɛʀ] erblich (bedingt); *(Krankheit, Feind usw.)* Erb…
hérédité *f* [eʀedite] **1** Vererbung *f* **2** *(Erbgut)* Erbanlagen *f Pl*
hérésie *f* [eʀezi] Ketzerei *f*
hérétique *m,f* [eʀetik] Ketzer(in) *m(f)*
hérissé(e) [*eʀise] *(Federn usw.)* gesträubt; *(Haare) a.* hochstehend
hérisser [*eʀise] sträuben *(Haare usw.)*
hérisson *m* [*eʀisõ] Igel *m*
héritage *m* [eʀitaʒ] Erbschaft *f*, Erbe *n*
hériter [eʀite] erben; ***~ qc*** *od.* ***~ de qc*** etw erben
hérit|ier *m*, **~ière** *f* [eʀitje, -jɛʀ] Erbe *m*, Erbin *f*
hermaphrodite *m* [ɛʀmafʀɔdit] Zwitter *m*
hermétique [ɛʀmetik] **1** (hermetisch) verschlossen, luftdicht, wasserdicht **2** *(Text usw.)* schwer verständlich
hermine *f* [ɛʀmin] **1** *Tier*: Hermelin *n* **2** *Pelz*: Hermelin *m*
▸ **héroïne**[1] *f* [eʀɔin] Heldin *f*
héroïne[2] *f* [eʀɔin] (⚠ *feminin) Rauschgift*: Heroin *n*
héroïque [eʀɔik] heldenhaft, heroisch
héron *m* [*eʀõ] ZO Reiher *m*
▸ **héros** *m* [*eʀo] Held *m*
hésitant(e) [ezitɑ̃(t)] **1** *(Person)* zögernd **2** *(Stimme)* stockend
hésitation *f* [ezitasjõ] Zögern *n*, Unschlüssigkeit *f*
▸ **hésiter** [ezite] **1** zögern (**à** zu) **2** *beim Sprechen*: stocken
hétérogène [eteʀɔʒɛn] verschiedenartig
hêtre *m* [*ɛtʀ] BOT Buche *f*
▸ **heure** *f* [œʀ] **1** Stunde *f*; ▸ ***une heure supplémentaire*** e-e Überstunde **2** *Zeitangabe*: Uhrzeit *f*, Zeit *f* **3** *nach e-r Zahl*: Uhr; ***il est huit ~s*** es ist acht Uhr; ***une ~ et demie*** halb zwei; ***quelle ~ est-il?*** wie spät ist es?; ▸ ***à quelle heure?*** um wie viel Uhr? **4** *(Augenblick)* Zeitpunkt *m*, Zeit *f*; ***c'est l'~ de dormir*** es ist Zeit zu schlafen; ***à toute ~*** jederzeit **5** ***tout à l'~*** *vergangen*: soeben, gerade; *zukünftig*: gleich; ***à tout à l'~!*** bis gleich! **6** ***de bonne ~*** früh (am Morgen) **7** ▸ ***être à l'heure*** *(Person)* pünktlich sein; *(Uhr)* richtig gehen
▸ **heureusement** [øʀøzmɑ̃] **1** glücklicherweise, zum Glück **2** ***se terminer ~*** glücklich *od.* gut enden
▸ **heur|eux, ~euse** [øʀø, -øz] **1** glücklich; ***il est heureux de la revoir*** er freut sich, sie wieder zu sehen **2** *beim Spiel*: ***elle est heureuse au jeu*** sie hat Glück beim Spiel
heurt *m* [*œʀ] *(Konflikt)* Zusammenstoß *m*
heurter [*œʀte] **1** ***~ qc*** an *od.* gegen etw stoßen; *(Fahrzeug)* auf etw aufprallen **2** *fig.* verletzen *(Gefühl)*; vor den Kopf stoßen *(Person)* **3** ***se ~ à, contre qc*** an, gegen etw stoßen **4** *fig.* ***elle s'est heurtée à des difficultés*** sie ist auf Schwierigkeiten gestoßen **5** ***les deux voitures se sont heurtées*** die beiden Wagen sind zusammengestoßen
hexagone *m* [ɛgzagɔn] Sechseck *n*

L'Hexagone

Frankreich wird auch **l'Hexagone** genannt, weil es auf der Landkarte ungefähr die Form eines Sechsecks hat.

hibernation *f* [ibɛʀnasjõ] Winterschlaf *m*
hiberner [ibɛʀne] Winterschlaf halten
hibou *m* [*ibu] ⟨*Pl* **~x**⟩ Eule *f*
hic *m* [*ik] *umg.* (*Schwierigkeit*) Haken *m*
hid|eux, ~euse [*idø, -øz] scheußlich, abscheulich
▸ **hier** [jɛʀ] gestern
hiérarchie *f* [*jeʀaʀʃi] Hierarchie *f*, Rangordnung *f*
hiérarchique [*jeʀaʀʃik] hierarchisch
hilarant(e) [ilaʀɑ̃(t)] sehr lustig
hilare [ilaʀ] ausgelassen, lachend
hilarité *f* [ilaʀite] Heiterkeit *f*, Gelächter *n*
hip-hop *m* [*ipɔp] ⟨*unv.*⟩ Hip-Hop *m*
hippique [ipik] (*Sport usw.*) Pferde…; (*Turnier*) Reit…
hippocampe *m* [ipɔkɑ̃p] Seepferdchen *n*
hippodrome *m* [ipodʀom] Pferderennbahn *f*
hippopotame *m* [ipɔpɔtam] Nilpferd *n*, Flusspferd *n*
hirondelle *f* [iʀõdɛl] Schwalbe *f*
hirsute [iʀsyt] (*Haare, Bart*) struppig; (*Person*) mit struppigen Haaren
hisser [*ise] **1** hochziehen, hochhieven (*Last usw.*); hissen (*Fahne, Segel*) **2** ***se ~*** sich hochziehen; klettern (***sur*** auf)
▸ **histoire** *f* [istwaʀ] **1** (*Erzählung*) Geschichte *f* **2** (*Erfundenes*) ***il raconte des ~s*** er erzählt Märchen **3** (*Angelegenheit*) Geschichte *f*, Sache *f* **4** ***des ~s*** Scherereien *f Pl* **5** *Schulfach, Wissenschaft*: Geschichte *f*
histor|ien *m*, **~ienne** *f* [istɔʀjɛ̃, -jɛn] Historiker(in) *m(f)*, Geschichtsforscher(in) *m(f)*
historique [istɔʀik] historisch, geschichtlich, Geschichts…
▸ **hiver** *m* [⚠ ivɛʀ] Winter *m*
hivernal(e) [ivɛʀnal] ⟨*m Pl* **-aux**⟩ winterlich, Winter…
HLM *m od. f* [*aʃɛlɛm] (*Abk. für* habitation à loyer modéré) Sozialwohnung *f*
hoax *m* [oks] ⟨*unv.*⟩ INTERNET Hoax *m*
hochement *m* [*ɔʃmɑ̃] ***le ~ de tête*** *zustimmend*: das Kopfnicken; *ablehnend*: das Kopfschütteln
hocher [*ɔʃe] ***~ la tête*** *zustimmend*: nicken; *ablehnend*: den Kopf schütteln
hockey *m* [⚠ *ɔkɛ] Hockey *n*
▸ **hold-up** *m* [⚠ *ɔldœp] ⟨*unv.*⟩ Raubüberfall *m*
hollandais(e) [*ɔlɑ̃dɛ(z)] holländisch
Hollandais(e) *m(f)* [*ɔlɑ̃dɛ(z)] Holländer(in) *m(f)*
Hollande [*ɔlɑ̃d] ***la ~*** Holland *n*
homard *m* [*ɔmaʀ] Hummer *m*
homicide *m* [ɔmisid] Tötung *f*; ***l'~ involontaire*** Totschlag *m*; ***l'~ volontaire*** Mord *m*
hommage *m* [ɔmaʒ] Würdigung *f*, Ehre *f*
▸ **homme** *m* [ɔm] **1** Mensch *m* **2** (↔ *Frau*) Mann *m* **3** ▸ ***un homme politique*** ein Politiker
homme-grenouille *m* [ɔmgʀənuj] ⟨*Pl* ***hommes-grenouilles***⟩ Froschmann *m*
homogène [ɔmɔʒɛn] einheitlich, homogen
homogénéité *f* [ɔmɔʒeneite] Einheitlichkeit *f*, Gleichartigkeit *f*
homologue *m,f* [ɔmɔlɔg] Amtskollege *m*, Amtskollegin *f*
homonyme *m* [ɔmɔnim] **1** *Wort*: Homonym *n* **2** *Person*: Namensvetter *m*, Namensschwester *f*
homosexualité *f* [ɔmɔsɛksɥalite] Homosexualität *f*
▸ **homosexu|el¹, ~elle** [ɔmɔsɛksɥɛl] homosexuell
homosexu|el² *m*, **~elle** *f* [ɔmɔsɛksɥɛl] Homosexuelle(r) *f(m)*
Hongrie [*õgʀi] ***la ~*** Ungarn *n*
hongrois(e) [*õgʀwa(z)] ungarisch
Hongrois(e) *m(f)* [*õgʀwa(z)] Ungar(in) *m(f)*
▸ **honnête** [ɔnɛt] **1** (*Mensch*) ehrlich, anständig **2** (*Ergebnis, Arbeit usw.*) anständig, ordentlich; (*Preise usw.*) angemessen
honnêteté *f* [ɔnɛtte] Ehrlichkeit *f*
▸ **honneur** *m* [ɔnœʀ] Ehre *f*; ***en l'~ du président*** zu Ehren des Präsidenten
honorable [ɔnɔʀabl] **1** (*Verhalten*) ehrenhaft; (*Mensch, Beruf*) ehrenwert, achtbar **2** (*mittelmäßig*) ganz gut, passabel

honoraires *m Pl* [ɔnɔʀɛʀ] (⚠ *Plural*) Honorar *n*
honorer [ɔnɔʀe] ehren (*Person*)
honorifique [ɔnɔʀifik] (*Titel usw.*) Ehren…
▸ **honte** *f* [*õt] **1** Schande *f* **2** *Gefühl*: Scham *f*; ▸ ***avoir honte*** sich schämen (**de** für) **3** ***il m'a fait ~*** er hat mich blamiert; (*er hat mir Vorwürfe gemacht*) er hat mir ins Gewissen geredet
hont|eux, ~euse [*õtø, -øz] **1** (*Person*) ***il est honteux*** er schämt sich **2** (*Verhalten usw.*) beschämend; ***c'est honteux de voler*** es ist e-e Schande zu stehlen
▸ **hôpital** *m* [ɔpital] ⟨*Pl* ***-aux***⟩ Krankenhaus *n*, Klinik *f*, Ⓐ, ⒸⒽ Spital *n*
hoquet *m* [*ɔkɛ] Schluckauf *m*
▸ **horaire**[1] *m* [ɔʀɛʀ] **1** BAHN *usw.* Fahrplan *m*; FLUG Flugplan *m* **2** (*Zeiteinteilung*) Zeitplan *m*; ***elle a un ~ chargé*** sie hat e-n vollen Terminkalender **3** ***l'~ à la carte*** die gleitende Arbeitszeit, die Gleitzeit
horaire[2] [ɔʀɛʀ] (*Lohn, Geschwindigkeit usw.*) Stunden…
horde *f* [*ɔʀd] Horde *f*
▸ **horizon** *m* [ɔʀizõ] Horizont *m*
horizontal(e) [ɔʀizõtal] ⟨*m Pl* ***-aux***⟩ waagerecht, horizontal
horloge *f* [ɔʀlɔʒ] Uhr *f*
horlog|er *m*, **~ère** *f* [ɔʀlɔʒe, -ɛʀ] Uhrmacher(in) *m(f)*
horlogerie *f* [ɔʀlɔʒʀi] **1** Uhrenindustrie *f* **2** *Laden*: Uhrengeschäft *n*
hormone *f* [ɔʀmɔn] (⚠ *feminin*) Hormon *n*
▸ **horodateur** *m* [ɔʀɔdatœʀ] Parkscheinautomat *m*
horoscope *m* [ɔʀɔskɔp] Horoskop *n*
▸ **horreur** *f* [ɔʀœʀ] **1** Entsetzen *n*, Schrecken *m* **2** (*Abscheu*) Horror *m* (**de** vor); ***le film d'~*** der Horrorfilm **3** *Aktion*: Abscheulichkeit *f*, Gräueltat *f*; ***on raconte des ~s sur son compte*** man erzählt Horrorgeschichten über ihn **4** *umg.* ***quelle ~!*** wie schrecklich!
▸ **horrible** [ɔʀibl] abscheulich, schrecklich
horrifié(e) [ɔʀifje] entsetzt
hors [*ɔʀ] **1** außer; ***~ de danger*** außer Gefahr; ***~ d'usage*** außer Betrieb **2** ***~ de la ville*** außerhalb der Stadt **3** ***~ de prix*** unbezahlbar **4** ***il était ~ de lui*** er war außer sich
▸ **hors-d'œuvre** *m* [*ɔʀdœvʀ] ⟨*unv.*⟩ Vorspeise *f*
hors-jeu *m* [*ɔʀʒø] ⟨*unv.*⟩ SPORT Abseits *n*
hors-la-loi *m* [*ɔʀlalwa] ⟨*unv.*⟩ (*Verbrecher*) Gesetzlose(r) *m*
horticul|teur *m*, **~trice** *f* [ɔʀtikyltœʀ, -tʀis] Gärtner(in) *m(f)*
horticulture *f* [ɔʀtikyltyʀ] Gartenbau *m*
hospice *m* [ɔspis] *für arme Leute*: Altersheim *n*
hospital|ier[1], **~ière** [ɔspitalje, -jɛʀ] gastfreundlich, gastlich
hospital|ier[2], **~ière** [ɔspitalje, -jɛʀ] (*Personal usw.*) Krankenhaus…
hospitaliser [ɔspitalize] in ein Krankenhaus einliefern *od.* einweisen
hospitalité *f* [ɔspitalite] Gastfreundschaft *f*
hostile [ɔstil] feindlich; (*Blick usw.*) feindselig
hostilité *f* [ɔstilite] **1** Feindseligkeit *f*, Feindschaft *f* **2** *im Krieg*: ***des ~s*** Kampfhandlungen *f Pl*
hot-dog *m* [*ɔtdɔg] ⟨*Pl* ***hot-dogs***⟩ Hot Dog *m od. n*
hôte[1] *m,f* [ot] Gast *m*
hôte[2] *m* [ot] Gastgeber *m*
▸ **hôtel** *m* [otɛl] **1** Hotel *n* **2** ▸ ***l'hôtel de ville*** das Rathaus
hôtel|ier *m*, **~ière** *f* [otəlje, -jɛʀ] Hotelbesitzer(in) *m(f)*
hôtellerie *f* [otɛlʀi] Hotelgewerbe *n*
hôtesse *f* [otɛs] **1** Gastgeberin *f* **2** *auf e-r Ausstellung usw.*: Hostess *f*; *am Empfang usw.*: Empfangsdame *f* **3** ▸ ***l'hôtesse (de l'air)*** die Stewardess
hotte *f* [*ɔt] Tragkorb *m*
houblon *m* [*ublõ] Hopfen *m*
houe *f* [*u] *zum Gärtnern*: Hacke *f*
houille *f* [*uj] Steinkohle *f*
houl|eux, ~euse [*ulø, -øz] **1** (*See*) bewegt, stürmisch **2** (*Versammlung usw.*) turbulent, stürmisch
houppe *f* [*up] Haarbüschel *n*, Tolle *f*
housse *f* [*us] Schutzhülle *f*, Schonbezug *m*
houx *m* [*u] Stechpalme *f*
hublot *m* [*yblo] SCHIFF Bullauge *n*; FLUG Fenster *n*
huées *f Pl* [*ɥe] Buhrufe *m Pl*
huer [*ɥe] **1** ausbuhen, auspfeifen (*Redner usw.*) **2** (*Eule usw.*) schreien
huguenot(e) [ygno(-ɔt)] hugenottisch

H

▸**huile** *f* [ɥil] Öl *n*
huiler [ɥile] ölen, einölen
huil|eux, ~euse [ɥilø, -øz] ölig; (*Haut, Haare*) fettig
huis [ɥi] ***à ~ clos*** hinter verschlossenen Türen; (*Verhandlung*) unter Ausschluss der Öffentlichkeit
huissier *m* [ɥisje] **1** ***l'~ (de justice)*** der Gerichtsvollzieher **2** VERW Amtsdiener *m*
huit1 [⚠ *ɥit], *vor Konsonant* [*ɥi] **1** acht **2** ***le ~ août*** der achte August, am achten August **3** ***à ~*** zu acht **4** ***mardi en ~*** Dienstag in acht Tagen
huit2 *m* [*ɥit] (⚠ le huit) **1** Acht *f* **2** ***le grand ~*** die Achterbahn
huitième1 [*ɥitjɛm] achte(r, -s)
huitième2 *m* [*ɥitjɛm] Achtel *n*
huître *f* [ɥitʀ] Auster *f*
▸**humain(e)** [ymɛ̃(-ɛn)] **1** menschlich; ***la dignité humaine*** die Menschenwürde **2** (*Person*) human, menschlich
humanitaire [ymanitɛʀ] **1** (*Hilfe, Organisation usw.*) humanitär **2** (*Verhalten usw.*) menschenfreundlich, human
▸**humanité** *f* [ymanite] **1** Menschheit *f* **2** (*Güte*) Menschlichkeit *f*
humble [œ̃bl], *oft a.* [ɛ̃bl] **1** unterwürfig **2** (*schlicht*) einfach, bescheiden
humecter [ymɛkte] **1** anfeuchten, befeuchten **2** ***s'~*** (*Augen*) feucht werden
humer [*yme] einatmen, riechen
▸**humeur** *f* [ymœʀ] **1** Stimmung *f*, Laune *f*; ***il est de bonne*** (*bzw.* ***mauvaise***) ***~*** er ist gut (*bzw.* schlecht) gelaunt **2** *negativ*: schlechte Laune **3** (*Charakter*) Wesen *n* (⚠ Humor = ***humour*** *m*)
▸**humide** [ymid] feucht; *stärker*: nass
humidifier [ymidifje] befeuchten, anfeuchten
humidité *f* [ymidite] Feuchtigkeit *f*; *stärker*: Nässe *f*
humiliant(e) [ymiljɑ̃(t)] demütigend, erniedrigend
humiliation *f* [ymiljasjõ] Demütigung *f*
humilier [ymilje] demütigen, erniedrigen
humilité *f* [ymilite] Demut *f*, Bescheidenheit *f*
humoriste *m,f* [ymɔʀist] Humorist(in) *m(f)*
humoristique [ymɔʀistik] humoristisch
▸**humour** *m* [ymuʀ] Humor *m*
huppe *f* [*yp] *von Vögeln*: Haube *f*, Schopf *m*
huppé(e) [*ype] *umg.* stinkreich, stinkvornehm
hurlement *m* [*yʀləmɑ̃] **1** *von Wölfen, Sirenen usw.*: Heulen *n* **2** *von Menschen*: Schrei *m*
hurler [*yʀle] **1** (*Wolf, Sirene usw.*) heulen **2** (*Mensch*) brüllen, schreien (***de*** vor)
hurluberlu *m* [yʀlybɛʀly] Spinner(in) *m(f)*
hutte *f* [*yt] Hütte *f*
hydratant(e) [idʀatɑ̃(t)] (*Creme usw.*) Feuchtigkeits…
hydraulique [idʀolik] (*Bremse, Presse usw.*) hydraulisch
hydravion *m* [idʀavjõ] Wasserflugzeug *n*
hydrocarbure *m* [idʀokaʀbyʀ] Kohlenwasserstoff *m*
hydroélectrique [idʀoelɛktʀik] ***la centrale ~*** das Wasserkraftwerk
hydrogène *m* [idʀɔʒɛn] Wasserstoff *m*
hydroglisseur *m* [idʀoglisœʀ] Gleitboot *n*
hydrophile [idʀɔfil] ***le coton ~*** die Verbandwatte, die Watte
hyène *f* [jɛn] *od.* [*jɛn] Hyäne *f*
hygiène *f* [iʒjɛn] **1** Hygiene *f* **2** Körperpflege *f*
hygiénique [iʒjenik] **1** hygienisch **2** ***les soins ~s*** die Gesundheitspflege **3** ***le papier ~*** das Toilettenpapier
hymne *m* [imn] (⚠ un hymne) Hymne *f*; ***l'~ national*** die Nationalhymne
hyperlien *m* [ipɛʀljɛ̃] INTERNET Hyperlink *m*
hypermarché *m* [ipɛʀmaʀʃe] großer Supermarkt
hypermétrope [ipɛʀmetʀɔp] weitsichtig
hypertension *f* [ipɛʀtɑ̃sjõ] Bluthochdruck *m*
hypnose *f* [ipnoz] Hypnose *f*
hypnotiser [ipnɔtize] hypnotisieren (*a. fig.*); *fig.* ***il était hypnotisé par ce spectacle*** er war von diesem Anblick gebannt *od.* (wie) hypnotisiert
hypocrisie *f* [ipɔkʀizi] Heuchelei *f*, Scheinheiligkeit *f*
hypocrite1 [ipɔkʀit] heuchlerisch, scheinheilig
hypocrite2 *m,f* [ipɔkʀit] Heuchler(in) *m(f)*
hypothèse *f* [ipɔtɛz] **1** Annahme *f*, Ver-

mutung *f* **2** ***dans l'~ où il ne viendrait pas*** angenommen, er kommt nicht
hypothétique [ipɔtetik] **1** (*angenommen*) hypothetisch **2** (*unsicher*) fraglich
hystérie *f* [isteʀi] Hysterie *f*
hystérique [isteʀik] hysterisch

I

iceberg *m* [⚠ isbɛʀg] *od.* [⚠ ajsbɛʀg] Eisberg *m*
▸**ici** [isi] **1** hier; ***d'~ à la gare*** von hier bis zum Bahnhof; ***elle est d'~*** sie ist von hier; ***par ~*** hier entlang; ***c'est tout près d'~*** das ist ganz in der Nähe **2** *Richtung*: hierher; ***viens ~!*** komm hierher!, komm her! **3** *zeitlich*: ***d'~ demain*** bis morgen; ***d'~ à deux jours*** bis in zwei Tagen; ***d'~ là*** bis dahin; ***d'~ peu*** in Kürze, bald; ***jusqu'~*** bis jetzt
idéal *m* [ideal] ⟨⚠ *Pl* **~s** *od.* **-aux**⟩ **1** Ideal *n* **2** ***l'~ serait que vous m'aidiez*** das Beste wäre, wenn ihr mir helfen würdet
▸**idéal(e)** [ideal] ⟨⚠ *m Pl* **~s** *od.* **-aux**⟩ ideal, vollkommen
idéaliser [idealize] idealisieren
idéaliste[1] [idealist] idealistisch
idéaliste[2] *m,f* [idealist] Idealist(in) *m(f)*
▸**idée** *f* [ide] **1** (*Einfall*) Idee *f* **2** (*Denken*) Gedanke *m*; ***l'~ de son départ*** der Gedanke an seine Abreise **3** (*Ahnung, Konzept*) Vorstellung *f*, Idee *f*; ***agir à son ~*** nach seinen Vorstellungen handeln; ***avoir une ~ de qc*** e-e Vorstellung von etw haben; ***se faire une ~ de qc*** sich e-n Begriff von etw machen; ***elle se fait des ~s*** das bildet sie sich nur ein **4** (*Ansicht*) Meinung *f*; ***des ~s politiques*** politische Ansichten; ***avoir ses ~s*** seine eigenen Ansichten haben; ***changer d'~*** seine Meinung ändern
identifier [idɑ̃tifje] **1** identifizieren (*Person, Sache usw.*) **2** einordnen (*Geräusch usw.*) **3** ***s'~*** sich identifizieren (***à*** mit)
identique [idɑ̃tik] identisch (***à*** mit)
identité *f* [idɑ̃tite] **1** *von Personen*: Identität *f* **2** ***la carte d'~*** der Personalausweis
idéologie *f* [ideɔlɔʒi] Ideologie *f*
idiomatique [idjɔmatik] (*Ausdruck, Redewendung*) idiomatisch
▸**idiot(e)**[1] *m(f)* [idjo(-ɔt)] Idiot *m*, Idiotin *f*; ***espèce d'idiot!*** du Idiot!
idiot(e)[2] [idjo(-ɔt)] dumm, blöde; (*Frage usw.*) idiotisch
idole *f* [idɔl] **1** REL Götzenbild *n*, Götze *m* **2** *Person*: Idol *n* (⚠ <u>une</u> idole)
igloo *m*, **iglou** *m* [iglu] Iglu *m od. n*
ignare [iɲaʀ] ungebildet, völlig unwissend
ignoble [iɲɔbl] **1** widerlich, ekelhaft **2** (*Verhalten usw.*) gemein
ignorance *f* [iɲɔʀɑ̃s] Unkenntnis *f*, Unwissenheit *f*
ignorant(e)[1] [iɲɔʀɑ̃(t)] unwissend
ignorant(e)[2] *m(f)* [iɲɔʀɑ̃(t)] Ignorant(in) *m(f)*
▸**ignorer** [iɲɔʀe] **1** *unbewusst*: nicht wissen, nicht kennen **2** *bewusst*: ignorieren, nicht beachten; ***il n'ignore pas qu'il prend de grands risques*** er weiß genau, dass er ein großes Risiko eingeht
▸**il** [il] **1** ***~ lit*** <u>er</u> liest; ***~ est beau, le sapin*** <u>sie</u> ist schön, die Tanne; ***~ est intéressant, ce livre*** <u>es</u> ist interessant, dieses Buch **2** *unpersönlich*: ***~ fait froid*** <u>es</u> ist kalt; ▸ ***il y a ...*** <u>es gibt</u> ...; *zeitlich*: <u>vor</u> ..., <u>seit</u> ...

Il y a hat zwei wichtige Bedeutungen:

1. es gibt ...

Il y a des gens qui aiment les escargots.
Es gibt Leute, die gern Schnecken essen.

2. *zeitlich*: vor ..., seit ...

C'était il y a un an.
Das war vor einem Jahr.
Il y a un mois que je fais ça.
Ich mache das seit einem Monat.

▸ **île** *f* [il] Insel *f*
▸ **illégal(e)** [ilegal] ⟨*m Pl* **-aux**⟩ illegal, ungesetzlich
illégalité *f* [ilegalite] Illegalität *f*
illégitime [ileʒitim] **1** (*ungesetzlich*) unrechtmäßig **2** (*Sorgen usw.*) ungerechtfertigt **3** (*Kind*) unehelich
illettré(e) *m(f)* [iletʀe] Analphabet(in) *m(f)*
illicite [ilisit] unerlaubt, unzulässig
illimité(e) [ilimite] (*Macht, Dauer usw.*) unbegrenzt; (*Vertrauen*) grenzenlos
illisible [ilizibl] **1** (*Handschrift*) unleserlich **2** (*Buch*) unlesbar
illogique [ilɔʒik] unlogisch
illumination *f* [ilyminasjõ] **1** Beleuchtung *f* **2** *geistige*: Erleuchtung *f*
illuminer [ilymine] beleuchten; *mit Scheinwerfern*: anstrahlen
illusion *f* [ilyzjõ] **1** Täuschung *f*, Sinnestäuschung *f* **2** (*falsche Hoffnung*) Illusion *f*; ***elle se fait des ~s*** sie macht sich Illusionen
illusionniste *m,f* [ilyzjɔnist] Zauberkünstler(in) *m(f)*
illusoire [ilyzwaʀ] illusorisch
illustration *f* [ilystʀasjõ] Illustration *f*
illustre [ilystʀ] berühmt
illustré *m* [ilystʀe] Illustrierte *f*
illustrer [ilystʀe] **1** illustrieren (*Buch usw.*) **2** *durch Beispiele*: veranschaulichen
îlot *m* [ilo] **1** kleine Insel **2** Häuserblock *m*
▸ **ils** [il] sie *Pl*; ***~ mangent*** sie essen
▸ **image** *f* [imaʒ] **1** Bild *n* **2** *e-r Person, e-r Firma usw.*: ***l'~ (de marque)*** das Image
imaginaire [imaʒinɛʀ] erdacht; (*Krankheit usw.*) eingebildet
imaginat|if, ~ive [imaʒinatif, -iv] fantasievoll, fantasiebegabt
▸ **imagination** *f* [imaʒinasjõ] Fantasie *f*, Vorstellungskraft *f*
▸ **imaginer** [imaʒine] **1** sich vorstellen (können) **2** (*erfinden, sich einfallen lassen*) sich ausdenken **3** ▸ ***s'imaginer qc*** sich etw vorstellen; ***imagine-toi!*** stell dir das mal vor! **4** *zu Unrecht*: ***s'~ que ...*** sich einbilden, dass ...
imbattable [ɛ̃batabl] unschlagbar
imbécile *m,f* [ɛ̃besil] Dummkopf *m*, Idiot(in) *m(f)*
imbiber [ɛ̃bibe] durchtränken (***de*** mit)
imbuvable [ɛ̃byvabl] **1** (*Getränk*) ungenießbar, nicht trinkbar **2** (*Person*) unausstehlich
imitation *f* [imitasjõ] **1** *Handlung*: Nachahmung *f*, Imitation *f* **2** *Gegenstand*: Imitation *f*
▸ **imiter** [imite] **1** nachahmen, imitieren **2** (*zum Vorbild nehmen*) ***~ qn*** j-m nacheifern **3** ***~ qc*** (*Sache*) genauso aussehen wie etw
immangeable [ɛ̃mɑ̃ʒabl] ungenießbar
immatriculation *f* [imatʀikylasjõ] **1** *bei der Versicherung usw.*: Anmeldung *f* **2** AUTO Zulassung *f* **3** UNI Einschreibung *f*, Immatrikulation *f*
immatriculé(e) [imatʀikyle] ***la voiture est immatriculée dans ...*** das Auto ist in ... zugelassen
immédiat(e) [imedja(t)] unmittelbar, direkt; (*Wirkung usw.*) sofortig
▸ **immédiatement** [imedjatmɑ̃] sofort
▸ **immense** [imɑ̃s] **1** unendlich groß *od.* weit **2** (*Erfolg usw.*) enorm, riesig
immerger [imɛʀʒe] ⟨**-ge-**⟩ **1** *im Wasser*: versenken **2** ***s'~*** unter Wasser gehen
▸ **immeuble** *m* [imœbl] Gebäude *n*, Haus *n*
▸ **immigration** *f* [imigʀasjõ] Einwanderung *f*
▸ **immigré(e)** *m(f)* [imigʀe] Einwanderer *m*, Einwanderin *f*, Ⓒⓗ Zuzüger(in) *m(f)*
imminent(e) [iminɑ̃(t)] nahe bevorstehend; (*Gefahr*) drohend
s'immiscer [simise] ⟨**-ç-**⟩ sich einmischen (***dans*** in)
▸ **immobile** [imɔbil] unbeweglich
immobil|ier, ~ière [imɔbilje, -jɛʀ] (*Gesellschaft usw.*) Immobilien...
immonde [imõd] **1** dreckig **2** (*Mensch, Tat*) gemein
immondices *f Pl* [imõdis] Müll *m*
immoral(e) [imɔʀal] ⟨*m Pl* **-aux**⟩ unmoralisch, unsittlich
immortaliser [imɔʀtalize] unsterblich machen
immortalité *f* [imɔʀtalite] Unsterblichkeit *f*
immort|el, ~elle [imɔʀtɛl] unsterblich
impact *m* [ɛ̃pakt] **1** *von e-m Schuss usw.*: Einschlag *m* **2** *von Werbung usw.*: Einfluss *m*
impair(e) [ɛ̃pɛʀ] (*Zahl*) ungerade
imparfait *m* [ɛ̃paʀfɛ] GR Imperfekt *n*
imparfait(e) [ɛ̃paʀfɛ(t)] nicht perfekt, unvollkommen

impasse *f* [ɛ̃pas] Sackgasse *f* (*a. fig.*)
impassible [ɛ̃pasibl] (*Person*) unbewegt, gefasst; (*Gesicht*) unbewegt
impatiemment [⚠ ɛ̃pasjamɑ̃] ungeduldig
impatience *f* [ɛ̃pasjɑ̃s] Ungeduld *f*
▸**impatient(e)** [ɛ̃pasjɑ̃(t)] ungeduldig; ***il est impatient de revenir*** er brennt darauf wiederzukommen
impatienter [ɛ̃pasjɑ̃te] **1** ungeduldig machen **2** ***s'~*** ungeduldig werden
impeccable [ɛ̃pekabl] einwandfrei; tadellos (*a. Kleidung usw.*)
impensable [ɛ̃pɑ̃sabl] undenkbar
imper *m* [ɛ̃pɛʀ] *umg.* Regenmantel *m*
impératif[1] *m* [ɛ̃peʀatif] GR Imperativ *m*
impérat|if[2], **~ive** [ɛ̃peʀatif, -iv] **1** (*Befehl usw.*) zwingend, strikt **2** (*dringend*) vordringlich **3** (*autoritär*) gebieterisch; (*Ton usw.*) Befehls…
impératrice *f* [ɛ̃peʀatʀis] Kaiserin *f*
imperceptible [ɛ̃pɛʀsɛptibl] (*Geräusch usw.*) nicht *od.* kaum wahrnehmbar
imperfection *f* [ɛ̃pɛʀfɛksjɔ̃] Unvollkommenheit *f*
impérial(e) [ɛ̃peʀjal] ⟨*m Pl* ***-aux***⟩ kaiserlich, Kaiser…
impérissable [ɛ̃peʀisabl] unvergänglich
imperméable[1] [ɛ̃pɛʀmeabl] wasserdicht
imperméable[2] *m* [ɛ̃pɛʀmeabl] Regenmantel *m*
impersonn|el, **~elle** [ɛ̃pɛʀsɔnɛl] unpersönlich
impertinence *f* [ɛ̃pɛʀtinɑ̃s] Frechheit *f*, Unverschämtheit *f*
impertinent(e) [ɛ̃pɛʀtinɑ̃(t)] frech, unverschämt
imperturbable [ɛ̃pɛʀtyʀbabl] unerschütterlich
impétu|eux, **~euse** [ɛ̃petɥø, -øz] ungestüm, stürmisch
impitoyable [ɛ̃pitwajabl] unerbittlich
impliquer [ɛ̃plike] **1** (*heißen*) bedeuten **2** (*erfordern*) voraussetzen **3** (*hineinziehen*) verwickeln (***dans*** in)
implorer [ɛ̃plɔʀe] **1** anflehen (*Person*) **2** ***~ qc*** um etw flehen
▸**impoli(e)** [ɛ̃pɔli] unhöflich
impolitesse *f* [ɛ̃pɔlitɛs] Unhöflichkeit *f*
impopulaire [ɛ̃pɔpylɛʀ] unpopulär
▸**importance** *f* [ɛ̃pɔʀtɑ̃s] Bedeutung *f*, Wichtigkeit *f*; ***sans ~*** unwichtig
▸**important(e)** [ɛ̃pɔʀtɑ̃(t)] **1** wichtig **2** (*Summe usw.*) beträchtlich
importateur[1] *m* [ɛ̃pɔʀtatœʀ] (⚠ importateur) Importeur *m*
importa|teur[2], **~trice** [ɛ̃pɔʀtatœʀ, -tʀis] (*Land*) Einfuhr…, Import…
importation *f* [ɛ̃pɔʀtasjɔ̃] Einfuhr *f*, Import *m*
▸**importer**[1] [ɛ̃pɔʀte] importieren (*Waren*)
importer[2] [ɛ̃pɔʀte] wichtig sein; ***peu importe!*** egal!; → ***n'importe***
importuner [ɛ̃pɔʀtyne] belästigen
imposable [ɛ̃pozabl] steuerpflichtig
imposant(e) [ɛ̃pozɑ̃(t)] **1** (*beeindruckend*) imposant **2** (*Zahl usw.*) beträchtlich
imposer[1] [ɛ̃poze] **1** durchsetzen (*Maßnahmen*); vorschreiben (*Regeln*); auferlegen (*Bedingungen*); aufzwingen (*Willen*) **2** ***il m'en impose*** er imponiert mir **3** ***s'~*** sich durchsetzen, sich behaupten **4** ***une décision s'impose*** e-e Entscheidung ist nötig
imposer[2] [ɛ̃poze] besteuern (*Einkommen*); steuerlich veranlagen (*Steuerpflichtige*)
impossibilité *f* [ɛ̃pɔsibilite] Unmöglichkeit *f*
▸**impossible**[1] [ɛ̃pɔsibl] unmöglich
impossible[2] *m* [ɛ̃pɔsibl] ***faire l'~*** alles Menschenmögliche tun
imposteur *m* [ɛ̃pɔstœʀ] Betrüger(in) *m(f)*
▸**impôt** *m* [ɛ̃po] (*Abgabe*) Steuer *f*
impotent(e) [ɛ̃pɔtɑ̃(t)] unbeweglich, steif (⚠ *sexuell* impotent = ***impuissant***)
impraticable [ɛ̃pʀatikabl] (*Straße*) unbefahrbar; (*Sportfeld*) unbespielbar
imprécis(e) [ɛ̃pʀesi(z)] ungenau, undeutlich; (*Vorstellung*) unklar
imprécision *f* [ɛ̃pʀesizjɔ̃] Ungenauigkeit *f*
imprégner [ɛ̃pʀeɲe] ⟨***-è-***⟩ *mit Flüssigkeit*: tränken (***de*** mit)
▸**impression** *f* [ɛ̃pʀɛsjɔ̃] **1** (*Gefühl*) Eindruck *m* **2** *von Büchern usw.*: Druck *m*
impressionnable [ɛ̃pʀɛsjɔnabl] empfindlich, sensibel
impressionnant(e) [ɛ̃pʀɛsjɔnɑ̃(t)] eindrucksvoll, beeindruckend
▸**impressionner** [ɛ̃pʀɛsjɔne] beein-

drucken

impressionnisme *m* [ɛ̃pʀɛsjɔnism] Impressionismus *m*

imprévisible [ɛ̃pʀevizibl] unvorhersehbar

imprévu *m* [ɛ̃pʀevy] **1** Unvorhergesehene(s) *n* **2** ***sauf ~*** wenn nichts dazwischenkommt

▸**imprévu(e)** [ɛ̃pʀevy] unvorhergesehen, unerwartet

▸**imprimante** *f* [ɛ̃pʀimɑ̃t] IT Drucker *m*; ***l'~ couleur*** der Farbdrucker; ***l'~ (à) laser*** der Laserdrucker; ***l'~ à jet d'encre*** der Tintenstrahldrucker

imprimé *m* [ɛ̃pʀime] **1** *als Werbung usw.*: Drucksache *f* **2** (*Vordruck*) Formular *n*

▸**imprimer** [ɛ̃pʀime] **1** drucken (*Buch, Text usw.*) **2** bedrucken (*Stoff, Papier*)

imprimerie *f* [ɛ̃pʀimʀi] **1** *Technik*: Buchdruck *m* **2** *Ort*: Druckerei *f*, Buchdruckerei *f*

I

imprimeur *m* [ɛ̃pʀimœʀ] Buchdrucker *m*, Drucker *m*

improbable [ɛ̃pʀɔbabl] unwahrscheinlich

impropre [ɛ̃pʀɔpʀ] **1** (*Wort*) unpassend **2** ***~ à la consommation*** zum Verzehr ungeeignet

improviser [ɛ̃pʀɔvize] improvisieren; aus dem Stegreif halten (*Rede*)

improviste [ɛ̃pʀɔvist] ***à l'~*** unerwartet, überraschend

imprudence *f* [ɛ̃pʀydɑ̃s] Unvorsichtigkeit *f*

imprudent(e) [ɛ̃pʀydɑ̃(t)] unvorsichtig, leichtsinnig

impuissant(e) [ɛ̃pɥisɑ̃(t)] **1** machtlos **2** *sexuell*: impotent

impulsion *f* [ɛ̃pylsjɔ̃] Impuls *m*, Anstoß *m*

impureté *f* [ɛ̃pyʀte] ***des ~s*** Verunreinigungen *f Pl*; *auf der Haut*: Unreinheiten *f Pl*

inabordable [inabɔʀdabl] unerschwinglich

inacceptable [inaksɛptabl] (*Verhalten*) nicht akzeptabel; (*Plan*) unannehmbar

inaccessible [inaksesibl] unerreichbar; (*Ort*) unzugänglich; (*Person*) unnahbar

inachevé(e) [inaʃ(ə)ve] unfertig; (*Werk*) unvollendet

inact|if, ~ive [inaktif, -iv] untätig, nicht berufstätig

inadapté(e) [inadapte] verhaltensgestört

inadmissible [inadmisibl] unzulässig

inadvertance *f* [inadvɛʀtɑ̃s] ***par ~*** aus Versehen, versehentlich

inanimé(e) [inanime] **1** (*Gegenstand*) unbelebt **2** (*Person*) leblos

inaperçu(e) [inapɛʀsy] ***passer inaperçu*** unbemerkt bleiben, nicht auffallen

inapte [inapt] **1** *für den Wehrdienst*: untauglich **2** *zum Arbeiten usw.*: unfähig

inaptitude *f* [inaptityd] **1** *für den Wehrdienst*: Untauglichkeit *f* **2** *für die Arbeit usw.*: Unfähigkeit *f*

inattaquable [inatakabl] unangreifbar

inattendu(e) [inatɑ̃dy] unerwartet

inattent|if, ~ive [inatɑ̃tif, -iv] unaufmerksam, unachtsam

inattention *f* [inatɑ̃sjɔ̃] Unaufmerksamkeit *f*

inaudible [inodibl] **1** unhörbar, kaum hörbar **2** (*Musik usw.*) nicht anzuhören

inaugurer [inogyʀe] **1** einweihen (*Gebäude*) **2** (feierlich) eröffnen (*Ausstellung*)

incapable [ɛ̃kapabl] unfähig (***de*** zu)

incapacité *f* [ɛ̃kapasite] **1** Unfähigkeit *f* **2** ***l'~ (de travail)*** die Arbeitsunfähigkeit **3** ***il est dans l'~ de le faire*** er ist nicht in der Lage, es zu tun

incarcérer [ɛ̃kaʀseʀe] ⟨**-è-**⟩ inhaftieren, in Haft nehmen

incarner [ɛ̃kaʀne] verkörpern

incassable [ɛ̃kasabl] unzerbrechlich

▸**incendie** *m* [ɛ̃sɑ̃di] (⚠ un incendie) Feuer *n*, Brand *m*

incendier [ɛ̃sɑ̃dje] in Brand stecken

incertain(e) [ɛ̃sɛʀtɛ̃(-ɛn)] **1** (*ungewiss*) unsicher **2** (*Wetter*) unbeständig **3** (*Umrisse usw.*) unbestimmt

incertitude *f* [ɛ̃sɛʀtityd] Ungewissheit *f*

incessamment [ɛ̃sesamɑ̃] unverzüglich

incessant(e) [ɛ̃sesɑ̃(t)] unaufhörlich, andauernd, ständig

▸**incident** *m* [ɛ̃sidɑ̃] **1** Zwischenfall *m* **2** ***un ~ technique*** e-e Betriebsstörung

inciter [ɛ̃site] anregen, ermuntern (***à*** zu)

inclinaison *f* [ɛ̃klinɛzɔ̃] Gefälle *n*, Neigung *f*

incliner [ɛ̃kline] **1** beugen, schräg halten; neigen (*Kopf*) **2** *fig.* (*die Tendenz*

haben) neigen (**à** zu) **3 s'~** sich verneigen; (*resignieren*) sich beugen
inclus(e) [ɛ̃kly(z)] einschließlich; (*Kosten*) inbegriffen
incohérent(e) [ɛ̃kɔeʀɑ̃(t)] (*Worte usw.*) unzusammenhängend
incollable [ɛ̃kɔlabl] *umg.* unschlagbar (***en maths*** *usw.* in Mathe *usw.*)
incolore [ɛ̃kɔlɔʀ] farblos (*a. fig.*)
incommoder [ɛ̃kɔmɔde] belästigen, stören
incomparable [ɛ̃kõpaʀabl] unvergleichlich
incompatible [ɛ̃kõpatibl] **1** (*Gegensätze usw.*) unvereinbar **2** IT nicht kompatibel
incompétence *f* [ɛ̃kõpetɑ̃s] Unfähigkeit *f*, Inkompetenz *f*
incompétent(e) [ɛ̃kõpetɑ̃(t)] inkompetent
incompl|et, ~ète [ɛ̃kõplɛ, -ɛt] unvollständig; (*Wissen usw.*) lückenhaft
incompréhensible [ɛ̃kõpʀeɑ̃sibl] unverständlich, unbegreiflich
incompréhension *f* [ɛ̃kõpʀeɑ̃sjõ] Unverständnis *n*
inconfortable [ɛ̃kõfɔʀtabl] unbequem
►**inconnu(e)**[1] [ɛ̃kɔny] unbekannt
inconnu(e)[2] *m(f)* [ɛ̃kɔny] Unbekannte(r) *f(m)*
inconsciemment [⚠ ɛ̃kõsjamɑ̃] unbewusst
inconscience *f* [ɛ̃kõsjɑ̃s] **1** Leichtsinn *m* **2** MED Bewusstlosigkeit *f*
inconscient(e) [ɛ̃kõsjɑ̃(t)] **1** leichtsinnig **2** MED bewusstlos **3** (*Handlung usw.*) unbewusst
inconsidéré(e) [ɛ̃kõsideʀe] unüberlegt
inconsolable [ɛ̃kõsɔlabl] untröstlich
incontestable [ɛ̃kõtɛstabl] unbestreitbar
incontournable [ɛ̃kõtuʀnabl] **1** (*Problem*) unumgänglich, unvermeidlich **2** (*Kenntnisse usw.*) unentbehrlich, unverzichtbar **3** (*Person*) wichtig
inconvenant(e) [ɛ̃kõv(ə)nɑ̃(t)] (*Bemerkung usw.*) unpassend
►**inconvénient** *m* [ɛ̃kõvenjɑ̃] Nachteil *m*
incorrect(e) [ɛ̃kɔʀɛkt] **1** (*Ausdruck, Aussprache usw.*) nicht korrekt, unrichtig **2** (*Person, Verhalten*) unhöflich, unkorrekt
incorrigible [ɛ̃kɔʀiʒibl] unverbesserlich
incorruptible [ɛ̃kɔʀyptibl] unbestechlich
incriminer [ɛ̃kʀimine] beschuldigen
►**incroyable** [ɛ̃kʀwajabl] unglaublich
s'incruster [sɛ̃kʀyste] **1** (*Muscheln usw.*) sich festsetzen **2** (*Besucher usw.*) sich einnisten (***chez*** bei)
incubation *f* [ɛ̃kybasjõ] **1** zo Brüten *n* **2** MED Inkubationszeit *f*
inculpé(e) *m(f)* [ɛ̃kylpe] Angeklagte(r) *f(m)*
inculper [ɛ̃kylpe] beschuldigen, anklagen
incurable [ɛ̃kyʀabl] (*Krankheit*) unheilbar
incurvé(e) [ɛ̃kyʀve] gekrümmt, gebogen
Inde [ɛ̃d] ***l'~*** *f* Indien *n*
indécent(e) [ɛ̃desɑ̃(t)] unanständig
indéchiffrable [ɛ̃deʃifʀabl] unleserlich
indécis(e) [ɛ̃desi(z)] **1** (*Problem usw.*) unentschieden **2** (*Person*) unentschlossen **3** (*Umrisse*) unbestimmt
indécision *f* [ɛ̃desizjõ] Unentschlossenheit *f*
indéfini(e) [ɛ̃defini] **1** unbestimmt **2** (*Zeit usw.*) unbegrenzt
indéfiniment [ɛ̃definimɑ̃] auf unbegrenzte Zeit, unbegrenzt
indélébile [ɛ̃delebil] **1** (*Fleck*) nicht zu entfernen **2** (*Eindruck usw.*) unauslöschlich
indemne [ɛ̃dɛmn] unverletzt, unversehrt
indemniser [ɛ̃dɛmnize] entschädigen
indemnité *f* [ɛ̃dɛmnite] **1** Schadenersatz *m*, Entschädigung *f* **2** *bei e-r Entlassung*: Abfindung *f* **3** *zum Gehalt*: Zulage *f*
indéniable [ɛ̃denjabl] nicht zu leugnen
►**indépendance** *f* [ɛ̃depɑ̃dɑ̃s] Unabhängigkeit *f*
►**indépendant(e)** [ɛ̃depɑ̃dɑ̃(t)] unabhängig
indescriptible [ɛ̃dɛskʀiptibl] unbeschreiblich
indésirable [ɛ̃deziʀabl] unerwünscht
indestructible [ɛ̃dɛstʀyktibl] unzerstörbar
indéterminé(e) [ɛ̃detɛʀmine] (*Zeitpunkt usw.*) unbestimmt
index[1] *m* [ɛ̃dɛks] Zeigefinger *m*
index[2] *m* [ɛ̃dɛks] Verzeichnis *n*, Register *n*
indica|teur[1], **~trice** [ɛ̃dikatœʀ, -tʀis]

(*Schild, Tafel usw.*) Hinweis…
indicateur[2] *m* [ɛ̃dikatœʀ] *für Polizei*: Spitzel *m*
indicat|if[1]**, ~ive** [ɛ̃dikatif, -iv] ***à titre indicatif*** zur Information
indicatif[2] *m* [ɛ̃dikatif] **1** GR Indikativ *m* **2** TEL Vorwahl *f* **3** RAD, TV Erkennungsmelodie *f*
indication *f* [ɛ̃dikasjõ] Angabe *f*, Hinweis *m*
indice *m* [ɛ̃dis] **1** Anzeichen *n*; *a.* JUR Indiz *n* **2** *von Kosten usw.*: Index *m* **3** Zahl *f*, Anzahl *f* **4** *bei Sonnenschutzmitteln*: ***l'~ de protection*** der Lichtschutzfaktor
ind|ien, ~ienne [ɛ̃djɛ̃, -jɛn] **1** indisch **2** *aus Amerika*: indianisch
Ind|ien *m*, **~ienne** *f* [ɛ̃djɛ̃, -jɛn] **1** Inder(in) *m(f)* **2** *aus Amerika*: Indianer(in) *m(f)*
indifférence *f* [ɛ̃difeʀɑ̃s] Gleichgültigkeit *f*
indifférent(e) [ɛ̃difeʀɑ̃(t)] gleichgültig
indigène *m,f* [ɛ̃diʒɛn] Eingeborene(r) *f(m)*
indigeste [ɛ̃diʒɛst] unverdaulich, schwer verdaulich
indigestion *f* [ɛ̃diʒɛstjõ] Magenverstimmung *f*, verdorbener Magen
indignation *f* [ɛ̃diɲasjõ] Entrüstung *f*, Empörung *f*
indigne [ɛ̃diɲ] **1** (*Mensch*) unwürdig; ***elle est ~ de mon amitié*** sie hat meine Freundschaft nicht verdient **2** (*Verhalten*) schändlich, unwürdig **3** ***cela est ~ de toi*** das ist unter deiner Würde
indigner [ɛ̃diɲe] empören, entrüsten
▸ **indiquer** [ɛ̃dike] **1** auf … zeigen, auf … hinweisen (*a. fig.*); zeigen (*Weg usw.*); angeben, anzeigen (*Temperatur usw.*) **2** nennen, angeben (*Adresse usw.*)
indirect(e) [ɛ̃diʀɛkt] **1** indirekt **2** GR ***le style indirect*** die indirekte wörtliche Rede; ***le style indirect libre*** die erlebte Rede
indiscipliné(e) [ɛ̃disipline] undiszipliniert, disziplinlos
indiscr|et, ~ète [ɛ̃diskʀɛ, -ɛt] indiskret
indiscrétion *f* [ɛ̃diskʀesjõ] Indiskretion *f*
indiscutable [ɛ̃diskytabl] unbestreitbar (⚠ indiskutabel = ***inacceptable***)
▸ **indispensable** [ɛ̃dispɑ̃sabl] unbedingt notwendig; (*Person, Sache*) unentbehrlich
indistinct(e) [ɛ̃distɛ̃(kt)] undeutlich
individu *m* [ɛ̃dividy] Individuum *n* (*a. abw.*)
individu|el, ~elle [ɛ̃dividɥɛl] **1** persönlich **2** (*Fall, Zimmer usw.*) Einzel…
indolore [ɛ̃dɔlɔʀ] schmerzlos
indomptable [ɛ̃dõtabl] **1** (*Kind, Tier*) unbezähmbar, nicht zu bändigen **2** (*Wille usw.*) unbeugsam
indulgence *f* [ɛ̃dylʒɑ̃s] Nachsicht *f*, Milde *f*
indulgent(e) [ɛ̃dylʒɑ̃(t)] (*Person*) nachsichtig; (*Strafe usw.*) mild
industrialiser [ɛ̃dystʀijalize] **1** industrialisieren **2** ***s'~*** industrialisiert werden
▸ **industrie** *f* [ɛ̃dystʀi] Industrie *f*
▸ **industri|el**[1]**, ~elle** [ɛ̃dystʀijɛl] industriell; (*Gebiet, Produkt usw.*) Industrie…
industri|el[2] *m*, **~elle** *f* [ɛ̃dystʀijɛl] Industrielle(r) *f(m)*
inébranlable [inebʀɑ̃labl] unerschütterlich
inédit(e) [inedi(t)] **1** (*Werk*) unveröffentlicht **2** (*Mittel usw.*) ganz neu
inefficace [inefikas] unwirksam, wirkungslos
inefficacité *f* [inefikasite] Wirkungslosigkeit *f*; *von e-r Maßnahme*: Erfolglosigkeit *f*
inégal(e) [inegal] ⟨*m Pl* **-aux**⟩ **1** (*Bedingungen, Kampf usw.*) ungleich **2** (*Boden*) uneben **3** (*Puls usw.*) ungleichmäßig
inégalité *f* [inegalite] Ungleichheit *f*
inépuisable [inepɥizabl] unerschöpflich
inerte [inɛʀt] (*Körper usw.*) leblos, reglos
inespéré(e) [inɛspeʀe] unverhofft
inestimable [inɛstimabl] unschätzbar
inévitable [inevitabl] unvermeidlich
inexact(e) [inɛgzakt] **1** ungenau **2** (*Person*) unpünktlich
inexistant(e) [inegzistɑ̃(t)] **1** nicht vorhanden, nicht da **2** *umg* unnütz; (*Mensch*) bedeutungslos
inexpérimenté(e) [inɛkspeʀimɑ̃te] unerfahren, ungeübt
inexplicable [inɛksplikabl] unerklärlich
inexprimable [inɛkspʀimabl] unaussprechlich, unbeschreiblich
infaillible [ɛ̃fajibl] unfehlbar

infalsifiable [ɛ̃falsifjabl] fälschungssicher
infâme [ɛ̃fɑm] **1** niederträchtig, gemein **2** (*ekelhaft*) abscheulich
infantile [ɛ̃fɑ̃til] **1** (*Krankheit usw.*) Kinder… **2** (*Verhalten, Person*) kindisch
infarctus *m* [ɛ̃faʀktys] Infarkt *m*, Herzinfarkt *m*
infatigable [ɛ̃fatigabl] unermüdlich
infect(e) [ɛ̃fɛkt] **1** widerlich, ekelhaft **2** (*Person usw.*) gemein
s'infecter [sɛ̃fɛkte] (*Wunde*) sich infizieren
infection *f* [ɛ̃fɛksjõ] **1** MED Ansteckung *f*, Infektion *f* **2** Gestank *m*; ***c'est une ~*** es stinkt scheußlich
inférieur(e)[1] [ɛ̃feʀjœʀ] **1** *räumlich*: untere(r, -s), Unter… **2** (*Pflanzen usw.*) niedere(r, -s) **3** (*schlechter*) niedriger (***à*** als) **4** *zahlenmäßig*: geringer
inférieur(e)[2] *m(f)* [ɛ̃feʀjœʀ] Untergebene(r) *f(m)*
infériorité *f* [ɛ̃feʀjɔʀite] Unterlegenheit *f*, Minderwertigkeit *f* (*a.* PSYCH)
infernal(e) [ɛ̃fɛʀnal] ⟨*m Pl* ***-aux***⟩ **1** höllisch; (*Lärm usw.*) Höllen… **2** (*Person*) unausstehlich
infidèle [ɛ̃fidɛl] **1** untreu **2** (*Bericht usw.*) ungenau; (*Gedächtnis*) unzuverlässig
s'infiltrer [sɛ̃filtʀe] (*Wasser, Personen usw.*) eindringen; (*Flüssigkeit*) *a.* einsickern
infini(e) [ɛ̃fini] unendlich, endlos
infiniment [ɛ̃finimɑ̃] **1** unendlich; ***je regrette ~*** das tut mir unendlich leid **2** ***~ plus grand*** *usw.* viel größer *usw.*
infinité *f* [ɛ̃finite] **1** unendliche Menge **2** ***une ~ de …*** e-e Unmenge von …
infinitif *m* [ɛ̃finitif] Infinitiv *m*
infirme [ɛ̃fiʀm] körperbehindert
infirmerie *f* [ɛ̃fiʀməʀi] Krankenstation *f*; SCHULE *usw.* Krankenzimmer *n*
▸ **infirm|ier** *m*, **~ière** *f* [ɛ̃fiʀmje, -jɛʀ] Krankenpfleger *m*, Krankenschwester *f*
infirmité *f* [ɛ̃fiʀmite] *körperlich*: Behinderung *f*
inflammable [ɛ̃flamabl] feuergefährlich
infliger [ɛ̃fliʒe] ⟨***-ge-***⟩ **1** auferlegen (*Strafe*) **2** zufügen (*Niederlage, Verluste usw.*) **3** aufdrängen (*Gegenwart*)
influençable [ɛ̃flyɑ̃sabl] beeinflussbar
▸ **influence** *f* [ɛ̃flyɑ̃s] Einfluss *m* (***sur*** auf)
▸ **influencer** [ɛ̃flyɑ̃se] ⟨***-ç-***⟩ beeinflussen
influent(e) [ɛ̃flyɑ̃(t)] einflussreich
info *f* [ɛ̃fo] *umg.* **1** Information *f* **2** TV ***les ~s*** (***télévisées***) die Nachrichten
informatic|ien *m*, **~ienne** *f* [ɛ̃fɔʀmatisjɛ̃, -jɛn] Informatiker(in) *m(f)*
▸ **information** *f* [ɛ̃fɔʀmasjõ] **1** Information *f*, Auskunft *f* **2** PRESSE Meldung *f*; RAD, TV ***les ~s*** die Nachrichten **3** IT Information *f*, Daten *n Pl*
▸ **informatique** *f* [ɛ̃fɔʀmatik] (elektronische) Datenverarbeitung, Informatik *f*
informatiser [ɛ̃fɔʀmatize] auf EDV umstellen (*Betrieb usw.*)
▸ **informer** [ɛ̃fɔʀme] informieren (***de*** über)
infraction *f* [ɛ̃fʀaksjõ] Verstoß *m* (***à*** gegen)
infranchissable [ɛ̃fʀɑ̃ʃisabl] unüberwindbar, unüberwindlich (*a. fig.*)
infrarouge [ɛ̃fʀaʀuʒ] (*Strahlen*) infrarot
infructu|eux, **~euse** [ɛ̃fʀyktɥø, -øz] (*Versuch*) fruchtlos, erfolglos
infusion *f* [ɛ̃fyzjõ] Kräutertee *m* (⚠ Infusion = ***perfusion*** *f*)
▸ **ingénieur** *m* [ɛ̃ʒenjœʀ] Ingenieur(in) *m(f)*
ingrat(e) [ɛ̃gʀa(t)] **1** (*Person, Aufgabe usw.*) undankbar **2** (*Aussehen*) unattraktiv **3** (*Erde usw.*) unfruchtbar
ingratitude *f* [ɛ̃gʀatityd] Undankbarkeit *f*
ingrédient *m* [ɛ̃gʀedjɑ̃] Zutat *f*
ingurgiter [ɛ̃gyʀʒite] (gierig) verschlingen
inhabitable [inabitabl] unbewohnbar
inhabité(e) [inabite] unbewohnt
inhabitu|el, **~elle** [inabitɥɛl] ungewöhnlich, ungewohnt
inhumain(e) [inymɛ̃(-ɛn)] unmenschlich
inhumer [inyme] beerdigen, bestatten
inimaginable [inimaʒinabl] unvorstellbar
inimitable [inimitabl] unnachahmlich
ininterrompu(e) [inɛ̃teʀõpy] ununterbrochen; (*Lärm usw.*) ständig
initial(e) [inisjal] ⟨*m Pl* ***-aux***⟩ anfänglich; Anfangs…
initiale *f* [inisjal] Anfangsbuchstabe *m*

initiation *f* [inisjasjõ] *in ein unbekanntes Fachgebiet*: Einführung *f* (**à** in)
initiative *f* [inisjativ] Initiative *f*
injure *f* [ɛ̃ʒyʀ] Beleidigung *f*, Schimpfwort *n*
injurier [ɛ̃ʒyʀje] beleidigen, beschimpfen
▸**injuste** [ɛ̃ʒyst] ungerecht
injustice *f* [ɛ̃ʒystis] Ungerechtigkeit *f*
inné(e) [ine] angeboren
innocence *f* [inɔsɑ̃s] Unschuld *f*
▸**innocent(e)**[1] [inɔsɑ̃(t)] **1** unschuldig **2** (*leichtgläubig*) naiv, arglos
innocent(e)[2] *m(f)* [inɔsɑ̃(t)] Unschuldige(r) *f(m)*
innocenter [inɔsɑ̃te] entlasten (*Angeklagte*)
innombrable [inõbʀabl] zahllos, unzählig
innovation *f* [inɔvasjõ] Neuerung *f*, Innovation *f*
innover [inɔve] Neuerungen einführen
inoccupé(e) [inɔkype] **1** (*Person*) untätig **2** (*Haus usw.*) leer, unbewohnt
inodore [inɔdɔʀ] geruchlos
inoffens|if, ~ive [inɔfɑ̃sif, -iv] harmlos; (*Tier usw.*) ungefährlich
▸**inondation** *f* [inõdasjõ] Überschwemmung *f*
inonder [inõde] überschwemmen
inoubliable [inublijabl] unvergesslich
inouï(e) [inwi] unerhört, unglaublich
inoxydable [inɔksidabl] rostfrei
▸**inqui|et, ~ète** [ɛ̃kjɛ, -ɛt] beunruhigt, besorgt, ängstlich
inquiétant(e) [ɛ̃kjetɑ̃(t)] beunruhigend, besorgniserregend
inquiéter [ɛ̃kjete] ⟨-è-⟩ **1** beunruhigen **2** ▸ ***s'inquiéter*** sich Sorgen machen
inquiétude *f* [ɛ̃kjetyd] Unruhe *f*, Sorge *f*
insalubre [ɛ̃salybʀ] (*Klima usw.*) ungesund
insanité *f* [ɛ̃sanite] **1** Unsinnigkeit *f* **2** ***des ~s*** Unsinn *m*, Schwachsinn *m*
insatisfait(e) [ɛ̃satisfɛ(t)] **1** unzufrieden **2** (*Wunsch usw.*) unbefriedigt
inscription *f* [ɛ̃skʀipsjõ] **1** Inschrift *f*, Aufschrift *f* **2** *zu e-m Kurs*: Anmeldung *f*; UNI Einschreibung *f*
inscrire [ɛ̃skʀiʀ] ⟨*wie* ***écrire***⟩ **1** eintragen (*Namen usw.*) **2** ▸ ***s'inscrire*** *zu e-m Kurs usw.*: sich anmelden; UNI sich einschreiben
▸**insecte** *m* [ɛ̃sɛkt] Insekt *n*
insécurité *f* [ɛ̃sekyʀite] Unsicherheit *f*
insensé(e) [ɛ̃sɑ̃se] (*Plan*) verrückt
insensible [ɛ̃sɑ̃sibl] **1** *seelisch*: gefühllos, gleichgültig **2** *gegen Schmerzen, Kälte usw.*: unempfindlich **3** (*Bewegung usw.*) kaum wahrnehmbar, unmerklich
inséparable [ɛ̃sepaʀabl] unzertrennlich
insérer [ɛ̃seʀe] ⟨-è-⟩ *in e-n Text*: einfügen; *in e-r Zeitung*: veröffentlichen
insinuation *f* [ɛ̃sinɥasjõ] Andeutung *f*
insinuer [ɛ̃sinɥe] **1** andeuten, unterstellen (*Behauptung usw.*) **2** ***s'~*** sich einschleichen; *um etw zu erreichen*: sich einschmeicheln
insistance *f* [ɛ̃sistɑ̃s] Beharrlichkeit *f*
▸**insister** [ɛ̃siste] **1** nicht aufgeben **2** ▸ ***insister sur qc*** auf etw beharren
insolation *f* [ɛ̃sɔlasjõ] Sonnenstich *m*
insolence *f* [ɛ̃sɔlɑ̃s] Frechheit *f*
insolent(e) [ɛ̃sɔlɑ̃(t)] frech, unverschämt
insoluble [ɛ̃sɔlybl] (*Problem usw.*) unlösbar
insomnie *f* [ɛ̃sɔmni] Schlaflosigkeit *f*
insouciance *f* [ɛ̃susjɑ̃s] Sorglosigkeit *f*; *stärker*: Leichtsinn *m*
insouciant(e) [ɛ̃susjɑ̃(t)] sorglos; *stärker*: leichtsinnig
insoutenable [ɛ̃sut(ə)nabl] **1** (*Argument*) unhaltbar **2** (*Belastung usw.*) unerträglich, nicht auszuhalten
inspecter [ɛ̃spɛkte] **1** (*inspizieren*) kontrollieren **2** (*ansehen*) mustern
inspecteur *m* [ɛ̃spɛktœʀ] Inspektor *m*
inspection *f* [ɛ̃spɛksjõ] Kontrolle *f*, Prüfung *f*
inspectrice *f* [ɛ̃spɛktʀis] Inspektorin *f*
inspiration *f* [ɛ̃spiʀasjõ] **1** Einatmen *n* **2** (*Eingebung*) Anregung *f*; *von Künstlern usw.*: Inspiration *f* **3** (*Idee*) Einfall *m*
inspirer [ɛ̃spiʀe] **1** einatmen (*Luft usw.*) **2** inspirieren (*Künstler*) **3** ***~ confiance*** *usw.* Vertrauen *usw.* einflößen **4** ***s'~ de qc*** sich von etw inspirieren *od.* anregen lassen
instable [ɛ̃stabl] **1** (*Gegenstand*) unstabil **2** (*Wetter*) unbeständig **3** (*Person*) labil **4** (*Lage*) instabil, unsicher
installation *f* [ɛ̃stalasjõ] **1** (*Montage*) Installation *f* **2** ***les ~s électriques*** die elektrischen Anlagen **3** *in e-e neue Wohnung, in ein neues Haus*: Einzug

m

▸**installer** [ɛ̃stale] **1** (*montieren*) installieren **2** unterbringen (*Person an e-m Ort*) **3** ▸ ***s'installer*** sich niederlassen **4** ***s'~ confortablement*** es sich bequem machen

▸**instant** *m* [ɛ̃stɑ̃] **1** Augenblick *m*, Moment *m* **2** *genauere Zeitangaben*: ***il est venu à l'~*** er ist gerade *od.* eben gekommen; ***il me dérange à chaque*** (*od.* ***à tout***) ***~*** er stört mich dauernd *od.* ständig; ***à l'~ où j'arrivais*** in dem Moment, als ich kam; ***elle va revenir dans un ~*** sie kommt sofort zurück; ***en un ~ il a disparu*** er war im Nu verschwunden

instantané(e) [ɛ̃stɑ̃tane] augenblicklich, unmittelbar

instaurer [ɛ̃stɔʀe] einführen (*Reform, System usw.*); errichten (*Staat usw.*)

instiga|teur *m*, **~trice** *f* [ɛ̃stigatœʀ, -tʀis] Anstifter(in) *m(f)*, Anführer(in) *m(f)*

instinct *m* [⚠ ɛ̃stɛ̃] **1** Instinkt *m*, Trieb *m* **2** ***l'~ de …*** das Gespür *od.* der Sinn für …

instinct|if, **~ive** [ɛ̃stɛ̃ktif, -iv] instinktiv

institut *m* [ɛ̃stity] Institut *n*

▸**instituteur** *m* [ɛ̃stitytœʀ] Grundschullehrer *m*

institution *f* [ɛ̃stitysjɔ̃] **1** (*Einrichtung*) Institution *f* **2** Privatschule *f*

▸**institutrice** *f* [ɛ̃stitytʀis] Grundschullehrerin *f*

instruct|if, **~ive** [ɛ̃stʀyktif, -iv] lehrreich, informativ

instruction *f* [ɛ̃stʀyksjɔ̃] **1** Ausbildung *f* **2** *Unterrichtsfach*: ***~ civique*** Gemeinschaftskunde *f* **3** (*Kenntnisse*) Wissen *n* **4** ***les ~s*** die Anweisungen; IT die Befehle; *bei e-m Produkt*: die Gebrauchsanweisung

instruire [ɛ̃stʀɥiʀ] ⟨*wie* ***conduire***⟩ **1** *im Wissen*: bilden **2** ausbilden; unterrichten (*Schüler*) **3** ***s'~*** sich bilden

▸**instrument** *m* [ɛ̃stʀymɑ̃] **1** Gerät *n*, Werkzeug *n* **2** MUS Instrument *n*

▸**insuffisant(e)** [ɛ̃syfizɑ̃(t)] (*Zahl, Qualität*) ungenügend

▸**insulte** *f* [ɛ̃sylt] Beleidigung *f*, Beschimpfung *f*

▸**insulter** [ɛ̃sylte] beleidigen, beschimpfen

insupportable [ɛ̃sypɔʀtabl] unerträglich

insurmontable [ɛ̃syʀmɔ̃tabl] unüberwindlich

insurrection *f* [ɛ̃syʀɛksjɔ̃] Aufstand *m*

intact(e) [ɛ̃takt] unbeschädigt, intakt

intégrer [ɛ̃tegʀe] ⟨**-è-**⟩ **1** aufnehmen, integrieren (***dans, à*** in) **2** ***s'~*** sich eingliedern, sich integrieren (***dans, à*** in)

intellectu|el[1], **~elle** [ɛ̃telɛktɥɛl] intellektuell

intellectu|el[2] *m*, **~elle** *f* [ɛ̃telɛktɥɛl] Intellektuelle(r) *f(m)*

intelligemment [⚠ ɛ̃teliʒamɑ̃] intelligent

▸**intelligence** *f* [ɛ̃teliʒɑ̃s] Intelligenz *f*

▸**intelligent(e)** [ɛ̃teliʒɑ̃(t)] intelligent; (*Entscheidung usw.*) klug

intempéries *f Pl* [ɛ̃tɑ̃peʀi] schlechtes Wetter

intenable [ɛ̃t(ə)nabl] unerträglich

intendance *f* [ɛ̃tɑ̃dɑ̃s] *am frz. „lycée"*: Verwaltung(sbüro) *f(n)*

intendant(e) *m(f)* [ɛ̃tɑ̃dɑ̃(t)] **1** *am frz. „lycée"*: Verwaltungsdirektor(in) *m(f)* **2** *allg.*: Verwalter(in) *m(f)*

intense [ɛ̃tɑ̃s] intensiv; (*Hitze usw.*) stark

intens|if, **~ive** [ɛ̃tɑ̃sif, -iv] intensiv

intensité *f* [ɛ̃tɑ̃site] Intensität *f*; Stärke *f* (*a. von Licht, Strom usw.*)

▸**intention** *f* [ɛ̃tɑ̃sjɔ̃] Absicht *f*

intentionné(e) [ɛ̃tɑ̃sjɔne] ***il est bien*** (*bzw.* ***mal***) ***intentionné*** er meint es gut (*bzw.* schlecht)

intercalaire *m* [ɛ̃tɛʀkalɛʀ] *im Ordner*: Trennblatt *n*

intercéder [ɛ̃tɛʀsede] ⟨**-è-**⟩ sich einsetzen (***pour*** für, ***auprès de*** bei)

intercepter [ɛ̃tɛʀsɛpte] **1** abfangen (*Ball*) **2** abfangen (*Nachricht*); abhören (*Gespräch*)

interclasse *m* [ɛ̃tɛʀklɑs] SCHULE kleine Pause, Fünfminutenpause *f*

interconnecter [ɛ̃tɛʀkɔnɛkte] vernetzen (*Computeranlagen usw.*)

interdiction *f* [ɛ̃tɛʀdiksjɔ̃] Verbot *n*

▸**interdire** [ɛ̃tɛʀdiʀ] ⟨*wie* ***dire***, ⚠ *aber*: ***vous interdisez***⟩ verbieten

interdit(e) [ɛ̃tɛʀdi(t)] **1** verboten (***à*** für); ***interdit au public*** Zutritt verboten **2** (*Person*) sprachlos, verblüfft

▸**intéressant(e)** [ɛ̃teʀɛsɑ̃(t)] interessant

intéressé(e) [ɛ̃teʀɛse] **1** (*infrage kommend*) betroffen **2** (*auf seinen Vorteil bedacht*) eigennützig

▸ **intéresser** [ɛ̃teʀese] **1** (*interessant sein für*) interessieren **2** (*betreffen*) angehen **3** ▸ ***s'intéresser à qc*** sich für etw interessieren
▸ **intérêt** *m* [ɛ̃teʀɛ] **1** Interesse *n* **2** (*Wichtigkeit*) Bedeutung *f*, Interesse *n* **3** ***elle agit par ~*** sie handelt aus Eigennutz **4** *beim Geld*: ***les ~s*** die Zinsen; ***dix pour cent d'~*** zehn Prozent Zinsen
interface *f* [ɛ̃tɛʀfas] IT Schnittstelle *f*
intérieur *m* [ɛ̃teʀjœʀ] **1** Innere(s) *n* **2** ▸ ***à l'intérieur*** innen; (↔ *draußen*) drinnen **3** (*Wohnung*) Zuhause *n* **4** Landesinnere(s) *n*; ***le ministère de l'Intérieur*** das Innenministerium
▸ **intérieur(e)** [ɛ̃teʀjœʀ] **1** innere(r, -s), Innen… **2** ***le marché intérieur*** der Binnenmarkt **3** ***le vol intérieur*** der Inlandsflug
intérieurement [ɛ̃teʀjœʀmɑ̃] **1** innen **2** *lachen, schwören usw.*: innerlich
intermédiaire[1] [ɛ̃tɛʀmedjɛʀ] **1** (*Raum usw.*) Zwischen… **2** (*Zeit usw.*) Übergangs…
intermédiaire[2] *m,f* [ɛ̃tɛʀmedjɛʀ] **1** Vermittler(in) *m(f)* **2** *Kaufmann*: Zwischenhändler(in) *m(f)*
interminable [ɛ̃tɛʀminabl] endlos
internat *m* [⚠ ɛ̃tɛʀna] Internat *n*
▸ **international(e)** [ɛ̃tɛʀnasjɔnal] ⟨*m Pl* ***-aux***⟩ international
internaute *m,f* [ɛ̃tɛʀnot] Internetsurfer(in) *m(f)*
interne[1] [ɛ̃tɛʀn] innere(r, -s); (*Teil usw.*) Innen…; (*Probleme usw.*) intern
interne[2] *m,f* [ɛ̃tɛʀn] **1** Internatsschüler(in) *m(f)* **2** *im Krankenhaus*: Facharzt *m*, Fachärztin *f* in der Ausbildung
Internet *m* [⚠ ɛ̃tɛʀnɛt] Internet *n*
interpeller [⚠ ɛ̃tɛʀpəle] **1** laut rufen **2** *grob*: anfahren **3** *zur Überprüfung der Personalien*: (vorläufig) festnehmen
interphone *m* [ɛ̃tɛʀfɔn] Sprechanlage *f*
interprétation *f* [ɛ̃tɛʀpʀetasjɔ̃] **1** *e-s Textes usw.*: Interpretation *f* **2** *e-s Traums*: Deutung *f* **3** FILM *usw.* Darstellung *f*
▸ **interprète** *m,f* [ɛ̃tɛʀpʀɛt] **1** (*Übersetzer[in]*) Dolmetscher(in) *m(f)* **2** THEAT, FILM Darsteller(in) *m(f)* **3** (*Sänger[in]*) Interpret(in) *m(f)*
interpréter [ɛ̃tɛʀpʀete] ⟨***-è-***⟩ **1** verstehen, auslegen (*Text usw.*) **2** interpretieren, darstellen (*Rolle*)
interrogation *f* [ɛ̃tɛʀɔgasjɔ̃] **1** Befragung *f*, Abfrage *f* **2** ***le point d'~*** das Fragezeichen **3** SCHULE ***l'~ écrite*** der schriftliche Test
interrogatoire *m* [ɛ̃tɛʀɔgatwaʀ] Verhör *n*, Vernehmung *f*
▸ **interroger** [ɛ̃tɛʀɔʒe] ⟨***-ge-***⟩ **1** befragen; verhören, vernehmen (*Zeugen*); abfragen (*Schüler, Daten*); ***on peut nous ~ là-dessus à l'examen?*** kommt das in der Prüfung dran? **2** ***s'~*** sich Fragen stellen, sich fragen
▸ **interrompre** [ɛ̃tɛʀɔ̃pʀ] ⟨*wie* ***rompre***⟩ **1** unterbrechen (*a. Gespräch*) **2** abbrechen (*Reise usw.*) **3** ***s'~*** *in der Arbeit, im Gespräch*: innehalten
interrupteur *m* [ɛ̃tɛʀyptœʀ] ELEK Schalter *m*
interruption *f* [ɛ̃tɛʀypsjɔ̃] Unterbrechung *f*; *e-r Schwangerschaft*: Abbruch *m*
intervalle *m* [ɛ̃tɛʀval] **1** *räumlich*: Abstand *m* **2** *zeitlich*: Zeitspanne *f*; ***à dix minutes d'~*** im Abstand von zehn Minuten
▸ **intervenir** [ɛ̃tɛʀvəniʀ] ⟨*wie* ***venir***⟩ **1** (*Polizei usw.*) einschreiten, eingreifen **2** POL intervenieren **3** (*Ereignis*) eintreten **4** (*Abkommen*) zustande kommen
intervention *f* [ɛ̃tɛʀvɑ̃sjɔ̃] **1** *der Polizei usw.*: Einschreiten *n*, Eingreifen *n* **2** POL Intervention *f* **3** MED Eingriff *m*
▸ **interview** *f* [ɛ̃tɛʀvju] (⚠ une interview) Interview *n*
interviewer [⚠ ɛ̃tɛʀvjuve] interviewen
intestin *m* [ɛ̃tɛstɛ̃] Darm *m*
intime [ɛ̃tim] **1** intim (*a. Hygiene usw.*) **2** privat; (*Freunde*) eng; (*Feier usw.*) im engsten Kreis
intimider [ɛ̃timide] einschüchtern
intimité *f* [ɛ̃timite] **1** Vertrautheit *f*, Intimität *f* **2** ***dans la plus stricte ~*** im engsten Kreis **3** Intimsphäre *f*, Privatleben *n*
intituler [ɛ̃tityle] **1** betiteln (*Werk*) **2** ***le livre s'intitule ...*** das Buch trägt den Titel…
intolérable [ɛ̃tɔleʀabl] unerträglich
intolérance *f* [ɛ̃tɔleʀɑ̃s] Intoleranz *f*
intolérant(e) [ɛ̃tɔleʀɑ̃(t)] intolerant
intonation *f* [ɛ̃tɔnasjɔ̃] Ton *m*, Tonfall *m*
intoxication *f* [ɛ̃tɔksikasjɔ̃] Vergiftung *f*
intoxiquer [ɛ̃tɔksike] vergiften

intraduisible [ɛ̃tʀadɥizibl] unübersetzbar
intransigeant(e) [ɛ̃tʀɑ̃ziʒɑ̃(t)] unnachgiebig, kompromisslos
intrépide [ɛ̃tʀepid] unerschrocken, furchtlos
intrigant(e) *m(f)* [ɛ̃tʀigɑ̃(t)] Intrigant(in) *m(f)*
intrigue *f* [ɛ̃tʀig] **1** Intrige *f* **2** THEAT, FILM, LITERATUR Handlung *f*
intriguer [ɛ̃tʀige] **1** *(neugierig machen)* beschäftigen **2** *gegen j-n*: intrigieren
introduction *f* [ɛ̃tʀɔdyksjõ] **1** Einführen *n* **2** *von Besuchern*: Hereinführen *n* **3** *von Gesetzen*: Einführung *f* **4** *in Büchern usw.*: Einleitung *f*
introduire [ɛ̃tʀɔdɥiʀ] ⟨*wie* ***conduire***⟩ **1** einführen *(Mode, Regeln usw.)* **2** *in etw*: stecken *(Schlüssel)*; einwerfen *(Münze)* **3** *in e-n Raum*: führen *(Person)* **4** ***s'~ dans une maison*** in ein Haus eindringen
introuvable [ɛ̃tʀuvabl] unauffindbar
intrus(e) *m(f)* [ɛ̃tʀy(z)] Eindringling *m*
intrusion *f* [ɛ̃tʀyzjõ] Eindringen *n* (***dans*** in)
▸ **inutile** [inytil] unnütz *(a. Person)*, nutzlos, unnötig; *(Mühe)* vergeblich; *(Maßnahme usw.)* zwecklos, überflüssig
inutilisable [inytilizabl] unbrauchbar
inutilité *f* [inytilite] Nutzlosigkeit *f*
invalide *m,f* [ɛ̃valid] Invalide *m,f*
invariable [ɛ̃vaʀjabl] unveränderlich
invasion *f* [ɛ̃vazjõ] Invasion *f (a. fig.)*
inventaire *m* [ɛ̃vɑ̃tɛʀ] *(Verzeichnis)* Aufstellung *f*, Inventar *n*
▸ **inventer** [ɛ̃vɑ̃te] erfinden
inventeur *m* [ɛ̃vɑ̃tœʀ] Erfinder *m*
invent|if, ~ive [ɛ̃vɑ̃tif, -iv] erfinderisch
▸ **invention** *f* [ɛ̃vɑ̃sjõ] Erfindung *f*
inventrice *f* [ɛ̃vɑ̃tʀis] Erfinderin *f*
inverse[1] [ɛ̃vɛʀs] umgekehrt; *(Richtung usw.)* entgegengesetzt; ***venir en sens ~*** *(Fahrzeug)* entgegenkommen
inverse[2] *m* [ɛ̃vɛʀs] Gegenteil *n*
inversement [ɛ̃vɛʀsəmɑ̃] ***et ~*** und umgekehrt
inverser [ɛ̃vɛʀse] umkehren *(Reihenfolge)*; umstellen *(Wörter)*; tauschen *(Rollen)*
investir [ɛ̃vɛstiʀ] **1** investieren, anlegen *(Geld)* **2** belagern, umzingeln *(Stadt)* **3** ***s'~*** sich voll einsetzen
investissement *m* [ɛ̃vɛstismɑ̃] *finanziell*: Investition *f*, Anlage *f*
invincible [ɛ̃vɛ̃sibl] *(Gegner)* unbesiegbar
invisible [ɛ̃vizibl] unsichtbar
▸ **invitation** *f* [ɛ̃vitasjõ] Einladung *f* (***à*** zu)
▸ **invité(e)** *m(f)* [ɛ̃vite] Gast *m*
▸ **inviter** [ɛ̃vite] **1** *als Gast*: einladen **2** *(ermuntern)* auffordern (***à*** zu)
invivable [ɛ̃vivabl] **1** unerträglich **2** *umg. (Person)* unausstehlich
involontaire [ɛ̃vɔlõtɛʀ] **1** unfreiwillig **2** *(Fehler)* unabsichtlich; *(Bewegung)* unwillkürlich
invraisemblable [ɛ̃vʀɛsɑ̃blabl] unwahrscheinlich
invulnérable [ɛ̃vylneʀabl] unverwundbar
iode *m* [jɔd] Jod *n*
ira [iʀa] → ***aller***[1]
irlandais(e) [iʀlɑ̃dɛ(z)] irisch
Irlandais(e) *m(f)* [iʀlɑ̃dɛ(z)] Ire *m*, Irin *f*
Irlande [iʀlɑ̃d] ***l'~*** *f* Irland *n*
ironie *f* [iʀɔni] Ironie *f*
▸ **ironique** [iʀɔnik] ironisch
irradier [iʀadje] **1** MED bestrahlen **2** *radioaktiv*: verstrahlen
irréalisable [iʀealizabl] nicht realisierbar
irréaliste [iʀealist] unrealistisch
irrécusable [iʀekyzabl] *(Beweis usw.)* nicht anfechtbar, unwiderlegbar
irré|el, ~elle [iʀeɛl] irreal, unwirklich
irréfléchi(e) [iʀefleʃi] unüberlegt
irréfutable [iʀefytabl] unwiderlegbar
irrégularité *f* [iʀegylaʀite] **1** *in den Formen usw.*: Unregelmäßigkeit *f* **2** *rechtlich*: ***des ~s*** Verstöße *m Pl*
irrégul|ier, ~ière [iʀegylje, -jɛʀ] **1** (↔ *gleichmäßig*) unregelmäßig **2** *(ungesetzlich)* regelwidrig
irrémédiable [iʀemedjabl] *(Schaden usw.)* unabänderlich
irremplaçable [iʀɑ̃plasabl] unersetzbar
irréparable [iʀepaʀabl] *(Gegenstand)* nicht (mehr) zu reparieren
irréprochable [iʀepʀɔʃabl] einwandfrei, tadellos, mustergültig
irrésistible [iʀezistibl] unwiderstehlich; *(Lust usw.)* unbezähmbar
irrésolu(e) [iʀezɔly] unentschlossen
irresponsable [iʀɛspõsabl] verantwortungslos

I

irrévocable [iʀevɔkabl] unwiderruflich
irriguer [iʀige] bewässern (*Felder usw.*)
irritable [iʀitabl] reizbar, gereizt
irritation *f* [iʀitasjõ] **1** (*Ärger*) Gereiztheit *f* **2** MED leichte Entzündung, Reizung *f*
irrité(e) [iʀite] **1** verärgert **2** MED leicht entzündet, gereizt
irriter [iʀite] **1** verärgern, ärgerlich machen (*Person*) **2** reizen (*Haut, Hals usw.*)
irruption *f* [iʀypsjõ] Eindringen *n*; ***faire ~*** hereinplatzen, hereinstürmen
islam *m* [islam] Islam *m*
islamique [islamik] islamisch
Islande [islɑ̃d] ***l'~*** *f* Island *n*
isolé(e) [izɔle] **1** (*Ort*) abgelegen **2** (*Haus*) frei stehend **3** (*Person*) isoliert
isolement *m* [izɔlmɑ̃] **1** Isolation *f* (*a.* POL) **2** *e-s Menschen*: Einsamkeit *f*
isoler [izɔle] **1** isolieren (*a. Haus, Kranke usw.*) **2** abschneiden (*Ort von der Außenwelt*) **3** ***s'~*** (*Person*) sich zurückziehen; *meist negativ*: sich abkapseln
Israël [isʀaɛl] *m* (⚠ *ohne Artikel*) Israel *n*
israél|ien, ~ienne [isʀaeljɛ̃, -jɛn] israelisch
Israél|ien *m*, **~ienne** *f* [isʀaeljɛ̃, -jɛn] Israeli *m,f*
issu(e) [isy] (*Person*) ***elle est issue d'une vieille famille*** sie stammt aus e-r alten Familie
issue *f* [isy] **1** Ausgang *m*; ***l'~ de secours*** der Notausgang **2** ***la voie sans ~*** die Sackgasse **3** (*Lösung*) Ausweg *m*; ***sans ~*** (*Lage*) ausweglos **4** *e-r Handlung, Geschichte*: Ende *n*, Ausgang *m*
Italie [itali] ***l'~*** *f* Italien *n*
ital|ien, ~ienne [italjɛ̃, -jɛn] italienisch
Ital|ien *m*, **~ienne** *f* [italjɛ̃, -jɛn] Italiener(in) *m(f)*
italique *m* [italik] Kursivschrift *f*; ***en ~*** kursiv
itinéraire *m* [itineʀɛʀ] Route *f*, Strecke *f*, Weg *m*
IUT *m* [iyte] (*Abk. für* institut universitaire de technologie) ≈ TH *f* (Technische Hochschule)
IVG *f* [iveʒe] (*Abk. für* interruption volontaire de grossesse) Schwangerschaftsabbruch *m*
ivoire *m* [ivwaʀ] Elfenbein *n*
ivoir|ien, ~ienne [ivwaʀjɛ̃, -jɛn] von der Elfenbeinküste
▸**ivre** [ivʀ] betrunken
ivresse *f* [ivʀɛs] Trunkenheit *f*, Rausch *m*
ivrogne *m,f* [ivʀɔɲ] Trinker(in) *m(f)*, Säufer(in) *m(f)*

J

j' [ʒ] → ***je***
jabot *m* [ʒabo] ZO Kropf *m*
jacasser [ʒakase] **1** (*Personen*) schwatzen, schnattern **2** (*Elster*) schreien
jachère *f* [ʒaʃɛʀ] *Feld*: Brachland *n*
jacinthe *f* [ʒasɛ̃t] Hyazinthe *f*
jacuzzi® *m* [⚠ ʒakyzi] Whirlpool® *m*
jadis [⚠ ʒɑdis] früher, einst
jaguar *m* [⚠ ʒagwaʀ] Jaguar *m*
jaillir [ʒajiʀ] **1** (*Wasser*) herausschießen, hervorsprudeln; (*Flammen*) herausschlagen, emporschlagen **2** (*Ruf, Gelächter*) erschallen
jalon *m* [ʒalõ] Absteckpfahl *m*
jalonner [ʒalɔne] **1** abstecken, markieren (*Gelände, Weg*) **2** (*Bäume e-e Straße*) säumen **3** ***sa vie a été jalonnée d'échecs*** sein Leben war voller Niederlagen
jalouser [ʒaluze] beneiden, auf … neidisch sein
jalousie[1] *f* [ʒaluzi] **1** Neid *m* **2** *in der Liebe*: Eifersucht *f*
jalousie[2] *f* [ʒaluzi] *am Fenster*: Jalousie *f*
▸**jal|oux, ~ouse** [ʒalu, -uz] **1** neidisch (***de*** auf) **2** *in der Liebe*: eifersüchtig (***de*** auf)
jamais [ʒamɛ] **1** *als Verneinung*: nie, niemals; ▸ ***ne … jamais*** nie, niemals; ***ne … ~ plus*** *od.* ***ne … plus ~*** nie mehr, nie wieder **2** *nicht verneint, bes. im Fragesatz*: je, jemals; ***pire que ~*** schlimmer denn je; ***a-t-on ~ vu une chose pareille?*** hat man jemals so etwas gesehen?

▸**jambe** *f* [ʒɑ̃b] **1** Bein *n* **2** *an der Hose*: Hosenbein *n*, Bein *n*
▸**jambon** *m* [ʒɑ̃bõ] Schinken *m*; ***du ~ cru*** roher Schinken; ***du ~ de Paris*** *od.* ***du ~ cuit*** gekochter Schinken
jante *f* [ʒɑ̃t] *beim Rad*: Felge *f*
janvier *m* [ʒɑ̃vje] Januar *m*; Ⓐ Jänner *m*; ***en ~, au mois de ~*** im Januar; ***je suis né le 20 ~*** ich habe am 20. Januar Geburtstag
Japon [ʒapõ] ***le ~*** Japan *n*
japonais(e) [ʒapɔnɛ(z)] japanisch
Japonais(e) *m(f)* [ʒapɔnɛ(z)] Japaner(in) *m(f)*
japper [ʒape] kläffen
jaquette *f* [ʒakɛt] *für Bücher*: Schutzumschlag *m*, Hülle *f* (⚠ Jackett *für Herren* = ***veste*** *f*, ***veston*** *m*)
▸**jardin** *m* [ʒaʀdɛ̃] **1** Garten *m*; ***un ~ potager*** ein Gemüsegarten **2** ***un ~ public*** ein (öffentlicher) Park **3** ***le ~ d'enfants*** der Kindergarten
jardinage *m* [ʒaʀdinaʒ] Gartenarbeit *f*
jardiner [ʒaʀdine] gärtnern
▸**jardin|ier** *m*, **~ière** *f* [ʒaʀdinje, -jɛʀ] Gärtner(in) *m(f)*
jardinière *f* [ʒaʀdinjɛʀ] **1** Blumenkasten *m* **2** GASTR ***~ (de légumes)*** gemischtes Gemüse
jargon *m* [ʒaʀgõ] **1** Kauderwelsch *n* **2** (*Fachsprache*) Jargon *m*
jarre *f* [ʒaʀ] (großer) Tonkrug
jarret *m* [ʒaʀɛ] **1** ANAT Kniekehle *f* **2** GASTR Hachse *f*; Ⓐ Schlögel *m*
jaser [ʒɑze] (*reden*) klatschen (***sur*** über)
jauge *f* [ʒoʒ] **1** Messstab *m* **2** AUTO ***la ~ d'essence*** die Benzinuhr; ***la ~ (de niveau) d'huile*** der Ölstandanzeiger
jauger [ʒoʒe] ⟨***-ge-***⟩ **1** messen (*Ölstand usw.*) **2** (*einschätzen*) beurteilen (*Person, Lage*)
▸**jaune¹** [ʒon] **1** gelb **2** *fig.* ***elle riait ~*** sie lachte gezwungen
jaune² *m* [ʒon] **1** Gelb *n* **2** ***le ~ (d'œuf)*** das Eigelb, der Dotter
jaunir [ʒoniʀ] **1** gelb färben **2** gelb werden; (*Papier, Vorhänge usw.*) vergilben
jaunisse *f* [ʒonis] Gelbsucht *f*
javelot *m* [ʒavlo] *zum Werfen*: Speer *m*
jazz *m* [⚠ dʒɑz] Jazz *m*
▸**je** [ʒ(ə)] (⚠ *vor Vokal u. stummem* h *steht* ***j'***) ich; ***~ mange*** ich esse; ***j'écoute*** ich höre zu
▸**jean** *m* [dʒin] **1** *Hose*: ***le ~*** *od.* ***les ~s*** die Jeans **2** Jeansstoff *m*
jeep® *f* [(d)ʒip] (⚠ la jeep) Jeep® *m*
je-m'en-foutisme *m* [ʒ(ə)mɑ̃futism] *umg.* Gleichgültigkeit *f*, Leck-mich-am-Arsch-Haltung *f*
je-ne-sais-quoi *m* [ʒən(ə)sɛkwa] ⟨*unv.*⟩ ***avoir un ~*** ein gewisses Etwas haben
jérémiades *f Pl* [ʒeʀemjad] *umg.* Gejammer *n*
jerricane *m*, **jerrycan** *m* [(d)ʒeʀikan] Kanister *m*, Benzinkanister *m*
jersey *m* [⚠ ʒɛʀzɛ] *Stoff*: Jersey *m*
Jésus-Christ *m* [ʒezykʀi] *od.* [ʒezykʀist] Jesus Christus
jet¹ *m* [ʒɛ] **1** (*Werfen*) Wurf *m*; *von Angel, Netz*: Auswerfen *n* **2** *von Gas, Wasser usw.*: Strahl *m*; ***le ~ d'eau*** der Wasserstrahl; *nach oben*: die Fontäne **3** ***écrire d'un (seul) ~*** in e-m Zug schreiben
jet² *m* [dʒɛt] FLUG Jet *m*, Düsenflugzeug *n*
jetable [ʒ(ə)tabl] (*Feuerzeug usw.*) Wegwerf...
jetée *f* [ʒ(ə)te] Hafenmole *f*, Mole *f*
▸**jeter** [ʒ(ə)te] ⟨***-tt-***⟩ **1** werfen **2** auswerfen (*Angel, Netz, Anker*); zuwerfen (*Ball usw.*); ***elle leur jette des pierres*** sie wirft mit Steinen nach ihnen **3** wegwerfen, fortwerfen (*Müll usw.*); wegschütten, ausschütten (*Flüssigkeit*); abwerfen (*Ballast*) **4** hinauswerfen, hinausschmeißen (*Person*) **5** *umg.* ***se ~*** (*Person, Tier*) sich stürzen; ***se ~ de côté*** zur Seite springen; ***se ~ aux pieds de qn*** sich j-m zu Füßen werfen; ***se ~ par la fenêtre*** aus dem Fenster springen **6** ***se ~ dans la mer*** (*Fluss*) ins Meer münden
jeton *m* [ʒ(ə)tõ] **1** *zum Spielen*: Spielmarke *f*, Jeton *m*; *bei Glücksspielen*: Chip *m* **2** TEL Telefonmarke *f*, Jeton *m* **3** *umg.* ***un faux ~*** (*unehrlicher Mensch*) ein falscher Fuffziger
▸**jeu** *m* [ʒø] ⟨*Pl* ***~x***⟩ **1** *Tätigkeit*: Spiel *n*; Spielen *n*; ***le ~ de hasard*** das Glücksspiel **2** *zum Spielen*: Spiel *n* **3** (*Durchgang e-s Spiels*) Runde *f*, Partie *f*, Spiel *n* **4** ***les Jeux olympiques*** die Olympischen Spiele **5** ***un ~ de clés*** *usw.* ein Satz Schlüssel *usw.* **6** SPORT Spielfeld *n*, Spielplatz *m*; ***le ballon est hors ~*** der Ball ist im Aus; ***il remet le ballon en ~*** er wirft den Ball ein **7** *Wendun-*

gen: ***il joue franc ~*** er spielt mit offenen Karten; ***elle entre dans le ~*** sie macht mit; ***qc est en ~*** etw steht auf dem Spiel; ***les ~x sont faits*** die Würfel sind gefallen; ***être vieux ~*** altmodisch sein

jeudi *m* [ʒødi] **1** Donnerstag *m* **2** ***le ~*** donnerstags **3** ***le ~ saint*** der Gründonnerstag

jeun [ʒœ̃], *oft a.* [ʒɛ̃] ***à ~*** nüchtern

▸ **jeune**[1] [ʒœn] jung

jeune[2] *m,f* [ʒœn] Jugendliche(r) *f(m)*; ▸ ***les jeunes*** die jungen Leute, die Jugend

jeûne *m* [ʒøn] Fasten *n*

jeûner [ʒøne] fasten

▸ **jeunesse** *f* [ʒœnɛs] **1** *Zeit, Alter*: Jugend *f* **2** *Menschen*: junge Leute *Pl*, Jugend *f* **3** *Eigenschaft*: Jugendlichkeit *f*, Frische *f*

JO *m Pl* [ʒio] (*Abk. für* Jeux olympiques) Olympische Spiele *n Pl*

joaillerie *f* [ʒɔajʀi] **1** Juweliergeschäft *n* **2** *Kunst*: Juwelierhandwerk *n*

joaill|ier *m*, **~ière** *f* [ʒɔaje, -jɛʀ] Juwelier(in) *m(f)*

jockey *m* [⚠ ʒɔkɛ] Jockei *m*, Jockey *m*

jogging *m* [dʒɔgiŋ] **1** Jogging *n*; ***faire du ~*** joggen **2** *Sportkleidung*: Jogginganzug *m*

▸ **joie** *f* [ʒwa] Freude *f*

joignable [ʒwaɲabl] *am Telefon usw.*: erreichbar

joindre [ʒwɛ̃dʀ] ⟨*prés.*: ***je joins, nous joignons, vous joignez***; *imparf.*: ***je, tu joignais***; *p/s*: ***il joignit***; *subj.*: ***que je joigne***; *impér.*: ***joins!, joignez!***; *p/pr*: ***joignant***; *p/p*: ***joint***⟩ **1** aneinanderfügen, zusammenfügen, miteinander verbinden (*Dinge*) **2** *zum Beten*: ***~ les mains*** die Hände falten **3** *e-m Brief usw.*: beilegen, beifügen **4** ***~ qn*** TEL *usw.* j-n erreichen **5** (*Fenster, Tür usw.*) dicht sein, gut schließen **6** ***se ~ à qn*** sich j-m anschließen; ***elle s'est jointe à la discussion*** sie hat sich an der Diskussion beteiligt

joint[1] *m* [ʒwɛ̃] **1** *vom Wasserhahn usw.*: Dichtung *f* **2** *Zwischenraum*: Fuge *f*

joint[2] *m* [ʒwɛ̃] *umg.* Joint *m*

joint(e) [ʒwɛ̃(t)] **1** (*Hände*) gefaltet **2** ***sauter à pieds joints*** mit geschlossenen Füßen springen **3** ***la photo jointe à ma lettre*** das Foto, das meinem Brief beiliegt

▸ **joli(e)** [ʒɔli] **1** hübsch, nett **2** *umg.* (*Betrag usw.*) (ganz) beachtlich, prima; ***une jolie somme*** ein nettes Sümmchen **3** *iron.* ***c'est du joli!*** das ist ja reizend!

joliment [ʒɔlimɑ̃] **1** ***elle est ~ habillée*** sie ist hübsch angezogen **2** ***il s'est ~ trompé*** da hat er sich ganz schön getäuscht

jonc *m* [ʒɔ̃] BOT Binse *f*

joncher [ʒɔ̃ʃe] (*bestreuen*) bedecken, übersäen (***de*** mit)

jonction *f* [ʒɔ̃ksjɔ̃] **1** Verbindung *f*, Vereinigung *f* **2** *von Bahnlinien*: Anschlussstelle *f* **3** ELEK Verbindung *f*

jongler [ʒɔ̃gle] jonglieren (***avec*** mit)

jongl|eur *m*, **~euse** *f* [ʒɔ̃glœʀ, -øz] Jongleur(in) *m(f)*

jonquille *f* [ʒɔ̃kij] Osterglocke *f*

▸ **joue** *f* [ʒu] Wange *f*

▸ **jouer** [ʒwe] **1** spielen; ***~ à la poupée*** mit e-r Puppe spielen; ***~ au football, au tennis*** *usw.* Fußball, Tennis *usw.* spielen; ***~ aux cartes, aux échecs*** *usw.* Karten, Schach *usw.* spielen; ***~ de la flûte, du piano*** *usw.* Flöte, Klavier *usw.* spielen **2** spielen, ausspielen (*Karte*) **3** spielen, vorspielen (*Musikstück*) **4** (*Maßnahmen usw.*) gelten, sich auswirken **5** ***se ~*** (*Spiel usw.*) gespielt werden

▸ **jouet** *m* [ʒwɛ] Spielzeug *n*; ***des ~s*** Spielzeug *n*, Spielsachen *f Pl*

jou|eur[1], **~euse** [ʒwœʀ, -øz] verspielt

▸ **jou|eur**[2] *m*, **~euse** *f* [ʒwœʀ, -øz] Spieler(in) *m(f)*; ***il est mauvais joueur*** er ist ein schlechter Verlierer

joufflu(e) [ʒufly] pausbäckig

joug *m* [⚠ ʒu] Joch *n* (*a. fig.*)

jouir [ʒwiʀ] **1** ***~ de sa victoire*** sich an seinem Sieg erfreuen; ***~ d'avantages, de droits*** *usw.* Vorteile, Rechte *usw.* genießen **2** *beim Sex*: e-n Orgasmus haben, kommen

jouissance *f* [ʒwisɑ̃s] **1** Vergnügen *n*, Genuss *m* **2** JUR Nutzung *f*, Nutzungsrecht *n*; *von Rechten usw.*: Genuss *m* **3** *beim Sex*: Orgasmus *m*

joujou *m* [ʒuʒu] ⟨*Pl* **~x**⟩ *Kinderspr.* **1** Spielzeug *n* **2** ***faire ~*** spielen

▸ **jour** *m* [ʒuʀ] **1** Tag *m* **2** *Zeitangaben*: ***l'autre ~*** neulich; ***tous les ~s*** jeden Tag, täglich; ***un ~*** eines Tages; ***un ~ ou l'autre*** früher oder später; ***un de ces ~s*** demnächst; ***de nos ~s*** heutzutage; ***du ~ au lendemain*** von heute auf morgen; ***par ~*** täglich, pro Tag **3** Tageslicht *n*; ***au ~*** bei Tageslicht; *fig.* ***au grand ~*** in aller Öffentlichkeit; ***au petit ~*** bei Tagesanbruch, im Morgengrauen **4** ***le ~*** am Tag, tagsüber; ***de ~*** bei Tag, tagsüber; ***en plein ~*** mitten am Tag; ***il fait ~*** es ist hell **5** ***mettre à ~*** auf den neuesten Stand bringen (*Buch usw.*)

jour – oder etwa doch journée?

Elle prend le métro tous les jours.
Sie fährt jeden Tag mit der U-Bahn.

Wird der Tag als Zeiteinheit von 24 Stunden betrachtet, so verwendet man **le jour**.
Betont man bei einem Tag hingegen dessen Verlauf, so nimmt man **la journée**:

Vous avez passé une belle journée à Avignon?
Haben Sie einen schönen Tag in Avignon verbracht?

▸ **journal** *m* [ʒuʀnal] ⟨*Pl* ***-aux***⟩ **1** Zeitung *f*, Tageszeitung *f*; *wöchentlich usw.*: Zeitschrift *f* **2** RAD, TV Nachrichten *f Pl*; ***le ~ (télévisé)*** die Fernsehnachrichten **3** ***le ~ (intime)*** das Tagebuch

journal|ier, ~ière [ʒuʀnalje, -jɛʀ] täglich; (*Lohn usw.*) Tages…

journalisme *m* [ʒuʀnalism] Journalismus *m*

▸ **journaliste** *m,f* [ʒuʀnalist] Journalist(in) *m(f)*

▸ **journée** *f* [ʒuʀne] **1** Tag *m*; ***toute la ~*** den ganzen Tag (lang) **2** ***la ~ (de travail)*** der Arbeitstag; ***la ~ continue*** die durchgehende Arbeitszeit **3** ***la ~ portes ouvertes*** der Tag der offenen Tür

jovial(e) [ʒɔvjal] ⟨*m Pl* ***-aux***⟩ fröhlich, heiter (⚠ *dt.* jovial = ***affable***)

joyau *m* [ʒwajo] ⟨*Pl* ***~x***⟩ Juwel *n*

▸ **joy|eux, ~euse** [ʒwajø, -øz] **1** fröhlich, vergnügt, lustig **2** ***joyeuse fête!*** frohes Fest!

jubilation *f* [ʒybilasjõ] Jubel *m*

jubiler [ʒybile] *umg.* jubeln, sich wahnsinnig *od.* unheimlich freuen

judas *m* [ʒyda] *an der Tür*: Spion *m*, Guckloch *n*

judiciaire [ʒydisjɛʀ] richterlich, gerichtlich; (*Irrtum, Behörde usw.*) Justiz…

judici|eux, ~euse [ʒydisjø, -øz] klug, gescheit, vernünftig

judo *m* [ʒydo] Judo *n*

▸ **juge** *m,f* [ʒyʒ] **1** Richter(in) *m(f)*; ***la ~ d'instruction*** die Untersuchungsrichterin **2** SPORT ***le ~ de touche*** der Linienrichter

▸ **jugement** *m* [ʒyʒmɑ̃] **1** JUR Urteil *n* **2** (*Meinung*) Urteil *n*; ***porter un ~ sur qn*** über j-n urteilen **3** *Fähigkeit*: Urteilsvermögen *n*

jugeote *f* [ʒyʒɔt] *umg.* ***elle a de la ~*** sie hat Köpfchen *od.* Grips

juger [ʒyʒe] ⟨***-ge-***⟩ **1** JUR verurteilen; ***~ coupable*** für schuldig befinden; ***~ qc*** (*Gericht*) in e-r Sache entscheiden **2** (*beurteilen*) für … halten

▸ **juif**[1], **juive** [ʒɥif, ʒɥiv] jüdisch, Juden…

juif[2] *m* [ʒɥif] Jude *m*

juillet *m* [ʒɥijɛ] Juli *m*; ***en ~, au mois de ~*** im Juli; ***je suis né le 5 ~*** ich habe am 5. Juli Geburtstag

juin *m* [ʒɥɛ̃] Juni *m*; ***en ~, au mois de ~*** im Juni; ***il est né le 8 ~*** er hat am 8. Juni Geburtstag

juive *f* [ʒɥiv] Jüdin *f*

jules *m* [ʒyl] *umg.* ***mon ~*** (*mein Freund, Mann*) mein Macker, mein Typ

jum|eau[1], **~elle** [ʒymo, -ɛl] ⟨*m Pl* ***~x***⟩ **1** (*Bruder, Schwester*) Zwillings… **2** (*Haus usw.*) Doppel…

jumeau[2] *m* [ʒymo] ⟨*Pl* ***~x***⟩ Zwilling *m*, Zwillingsbruder *m*

jumeaux *m Pl* [ʒymo] Zwillinge *m Pl*; ***des vrais ~*** eineiige Zwillinge; ***des faux ~*** zweieiige Zwillinge

jumelage *m* [ʒym(ə)laʒ] Städtepartnerschaft *f*

jumeler [ʒym(ə)le] ⟨***-ll-***⟩ ***Düsseldorf est jumelée avec Nantes*** Nantes ist die Partnerstadt von Düsseldorf

jumelle[1] [ʒymɛl] → ***jumeau***[1]

jumelle[2] *f* [ʒymɛl] Zwilling *m*, Zwillingsschwester *f*; ***des vrais ~s*** eineiige Zwillinge

J

jumelles *f Pl* [ʒymɛl] Fernglas *n*
jument *f* [ʒymɑ̃] Stute *f*
jungle *f* [ʒœ̃gl] *od.* [ʒɔ̃gl] (△ la jungle) Dschungel *m*
junior[1] [ʒynjɔʀ] (*Mannschaft*) Junioren…
junior[2] *m,f* [ʒynjɔʀ] SPORT Junior(in) *m(f)*
▸**jupe** *f* [ʒyp] Rock *m*
jupe-culotte *f* [ʒypkylɔt] ⟨*Pl* ***jupes-culottes***⟩ Hosenrock *m*
jupon *m* [ʒypɔ̃] Unterrock *m*
juré(e) *m(f)* [ʒyʀe] JUR Schöffe *m*, Schöffin *f*, Geschworene(r) *f(m)*
▸**jurer**[1] [ʒyʀe] **1** schwören **2** *umg.* ***je te jure!*** also ehrlich!, also echt!
jurer[2] [ʒyʀe] fluchen (***contre, après*** über)
jurer[3] [ʒyʀe] (*Dinge*) nicht passen (***avec*** zu); sich nicht vertragen (***avec*** mit); (*Farben*) sich beißen
juridiction *f* [ʒyʀidiksjɔ̃] **1** Gerichtsbarkeit *f*, Rechtsprechung *f* **2** (*gerichtliche Instanz*) Gericht *n*
juridique [ʒyʀidik] **1** (*Klage usw.*) gerichtlich, vor Gericht **2** juristisch, rechtlich; (*Handlung, Sprache usw.*) Rechts…
jurisprudence *f* [ʒyʀispʀydɑ̃s] Rechtsprechung *f*
juriste *m,f* [ʒyʀist] Jurist(in) *m(f)*
juron *m* [ʒyʀɔ̃] Fluch *m*
jury *m* [ʒyʀi] (△ le jury) **1** *bei e-r Preisverleihung*: Jury *f* (*a.* SPORT) **2** *bei e-r Prüfung*: Prüfungskommission *f* **3** JUR Schöffen *m Pl*, Geschworene *m Pl*
jus *m* [ʒy] **1** Saft *m*; ▸ ***le jus de fruit*** der Fruchtsaft; ***le ~ d'orange*** der Orangensaft **2** *umg.* (*elektrischer Strom*) Saft *m* **3** *umg.* Kaffee *m*
▸**jusque** [ʒysk(ə)] (△ *vor Vokal u. stummem* h *steht* ***jusqu'***) **1** *zeitlich, örtlich*: bis; ***jusqu'à demain*** bis morgen; ***jusqu'à Paris*** bis nach Paris; ***jusqu'ici*** *zeitlich*: bis heute; *örtlich*: bis hierher; ***~-là*** *zeitlich, örtlich*: bis dahin **2** ▸ ***jusqu'à ce que*** (+ *Subj.*) bis **3** sogar; ***il vérifia ~ sous le lit*** er sah sogar unter dem Bett nach
justaucorps *m* [ʒystokɔʀ] Gymnastikanzug *m*
▸**juste**[1] [ʒyst] **1** richtig; (*Zeit usw.*) genau; (*Wort*) treffend; ***c'est ~*** das stimmt **2** (*Menge usw.*) knapp; (*Kleidung, Schuhe*) zu kurz, zu eng **3** (*gerade, genau*) ***~ le contraire*** genau das Gegenteil; ***~ à côté*** gleich nebenan; ***tout ~*** gerade noch; ***il vient ~ d'arriver*** er ist gerade angekommen
▸**juste**[2] [ʒyst] gerecht; (*Forderung usw.*) berechtigt; (*Bedingung usw.*) fair
justesse *f* [ʒystɛs] **1** Genauigkeit *f*, Richtigkeit *f* **2** ***arriver de ~*** gerade noch *od.* ganz knapp ankommen
▸**justice** *f* [ʒystis] **1** Gerechtigkeit *f*; ***avec ~*** gerecht **2** (*Gerichtsbarkeit*) Justiz *f* **3** ***en ~*** vor Gericht
justificat|if[1], **~ive** [ʒystifikatif, -iv] Beleg…, Beweis…
justificatif[2] *m* [ʒystifikatif] Beweis *m*, Beweisstück *n*
justification *f* [ʒystifikasjɔ̃] **1** Rechtfertigung *f* **2** (*Beweis*) Nachweis *m*, Beleg *m*
justifié(e) [ʒystifje] (*Vorwürfe, Befürchtungen usw.*) gerechtfertigt, berechtigt, begründet
justifier [ʒystifje] **1** rechtfertigen **2** ***se ~*** (*Person*) sich rechtfertigen (***de*** für) **3** ***se ~*** (*Befürchtungen usw.*) sich als begründet erweisen
jute *m* [ʒyt] (△ le jute) BOT Jute *f*
jut|eux, ~euse [ʒytø, -øz] **1** (*Frucht*) saftig **2** (*Geschäft*) lukrativ, einträglich
juvénile [ʒyvenil] jugendlich
juxtaposer [ʒykstapoze] nebeneinanderstellen, -setzen, -legen, nebeneinander hängen *usw.*

K

kangourou *m* [kɑ̃guʀu] Känguru *n*
karaoké *m* [kaʀaɔke] **1** Karaoke *n* **2** Karaokeanlage *f*
karaté *m* [kaʀate] Karate *n*
kart *m* [△ kaʀt] Gokart *m*, Kart *m*
karting *m* [kaʀtiŋ] Gokart-Fahren *n*
kayak *m* [kajak] Kajak *m*
képi *m* [kepi] *von Soldaten, Polizisten usw.*: Käppi *n*
kermesse *f* [kɛʀmɛs] **1** Wohltätigkeits-

basar *m* **2** *mit Karussellen usw.*: Kirmes *f*, Kirchweihfest *n*, Ⓐ Kirtag *m*
kérosène *m* [keʀozɛn] *Kraftstoff*: Kerosin *n*
ketchup *m* [⚠ kɛtʃœp] Ket(s)chup *m* *od. n*
kidnapper [kidnape] kidnappen, entführen
kidnapp|eur *m*, **~euse** *f* [kidnapœʀ, -øz] Kidnapper(in) *m(f)*, Entführer(in) *m(f)*
kif-kif [kifkif] ⟨*unv.*⟩ *umg.* ***c'est ~*** das ist egal, das ist Jacke wie Hose
▸**kilogramme** *m* [kilɔgʀam] Kilogramm *n*
kilométrage *m* [kilɔmetʀaʒ] Kilometerzahl *f*; *vom Zähler*: Kilometerstand *m*
▸**kilomètre** *m* [kilɔmɛtʀ] Kilometer *m*
kilo-octet *m* [kilɔɔktɛ] ⟨*Pl* ***kilo-octets***⟩ Kilobyte *n*
kinésithérapeute *m,f* [kineziteʀapøt] Krankengymnast(in) *m(f)*
kiosque *m* [kjɔsk] **1** Gartenpavillon *m*, Pavillon *m* **2** Kiosk *m*; ***le ~ à journaux*** der Zeitungskiosk, der Zeitungsstand
kirsch *m* [kiʀʃ] *Schnaps*: Kirschwasser *n*
kit *m* [⚠ kit] Bausatz *m*, Fertigteile *n Pl*; ***en ~*** als Bausatz, in Fertigteilen
kitchenette *f* [kitʃənɛt] Kochnische *f*, kleine Küche
kiwi *m* [kiwi] (⚠ le kiwi) BOT Kiwi *f*
klaxon® *m* [⚠ klaksɔn] Hupe *f*
klaxonner [klaksɔne] hupen
K.-O. [kao] ⟨*unv.*⟩ k. o. (*a. fig.*)

L

l' [l] → ***le, la¹***
▸**la¹** [la] (⚠ *vor Vokal u. stummem* h *steht* ***l'***) **1** ***~ femme*** die Frau (⚠ *aber a.*: ***~ dent*** der Zahn; ***~ maison*** das Haus) **2** ***je ~ connais*** ich kenne sie **3** ***~ pauvre!*** die Ärmste!
la² *m* [la] MUS A, a *n*
▸**là** [la] **1** *Ort*: da, dort; *Richtung*: dahin, dorthin; ***de ~*** von da *od.* dort (aus) **2** *Zeit*: da; ***jusque-~*** bis dahin **3** ***entrer par ~*** da hineingehen; ***passer par ~*** da entlanggehen *bzw.* entlangfahren **4** *mit Bindestrich*: ***ce garçon-~*** dieser Junge (da); ***cet été-~*** in diesem Sommer
▸**là-bas** [labɑ] *Ort*: da, dort; *Richtung*: dahin, dorthin
label *m* [⚠ labɛl] Warenzeichen *n*; ***le ~ de qualité*** das Gütezeichen
laboratoire *m* [labɔʀatwaʀ] **1** Labor *n* **2** ***le ~ de langues*** das Sprachlabor **3** ***des animaux de ~*** Versuchstiere *n Pl*
labori|eux, **~euse** [labɔʀjø, -øz] **1** (*Aufgabe, Forschungen usw.*) mühsam, langwierig **2** (*Person*) arbeitsam; (*Leben*) arbeitsreich **3** (*Stil, Humor usw.*) schwerfällig
labour *m* [labuʀ], **labourage** *m* [labuʀaʒ] Feldarbeit *f*; *mit dem Pflug*: Pflügen *n*
labourer [labuʀe] pflügen, umpflügen
labyrinthe *m* [labiʀɛ̃t] Labyrinth *n*
▸**lac** *m* [lak] See *m*
lacer [lase] ⟨**-ç-**⟩ zuschnüren, zubinden (*Schuhe usw.*)
lacet *m* [lasɛ] **1** Schnürsenkel *m* **2** *e-r Straße*: ***des ~s*** Serpentinen *f Pl*
▸**lâche¹** [lɑʃ] (*Person, Verhalten*) feige
lâche² *m,f* [lɑʃ] Feigling *m*, Angsthase *m*
lâche³ [lɑʃ] (*Knoten usw.*) locker
▸**lâcher** [lɑʃe] **1** loslassen (*Hand, Hunde usw.*); fallen lassen (*Geschirr usw.*) **2** fliegen lassen (*Tauben usw.*); steigen lassen (*Ballon*) **3** (*Seil usw.*) reißen **4** (*Bremsen usw.*) versagen **5** *umg.* fallen lassen (*Person*); sitzen lassen (*Freund[in]*)
lâcheté *f* [lɑʃte] Feigheit *f*
lâch|eur *m*, **~euse** *f* [lɑʃœʀ, -øz] *umg.* treulose Tomate
laconique [lakɔnik] (*Antwort usw.*) knapp, kurz und bündig
lacrymogène [lakʀimɔʒɛn] ***le gaz ~*** das Tränengas
lacté(e) [lakte] **1** (*Brei usw.*) Milch… **2** *Sterne*: ***la Voie lactée*** die Milchstraße
lacune *f* [lakyn] Lücke *f* (*a. fig.*)
là-dedans [ladədɑ̃] **1** darin; *umg.* da drin **2** *bei e-r Bewegung*: dahinein **3** ***il y a du vrai ~*** da ist etwas Wahres dran

là-dessous [lad(ə)su] darunter; *umg.* da drunter

là-dessus [lad(ə)sy] darauf; darüber; *umg.* da drauf; *umg.* da drüber; ***ils sont d'accord ~*** darüber sind sie sich einig

là-haut [lao] da oben

▸ **laid(e)** [lɛ(d)] hässlich

laideur *f* [lɛdœʀ] Hässlichkeit *f*

lainage *m* [lɛnaʒ] **1** Wollstoff *m*; ***en*** (*od.* ***de***) **~** Woll… **2** *Kleidung*: Strickjacke *f*, Wollpullover *m*

▸ **laine** *f* [lɛn] Wolle *f*; ***de*** (*od.* ***en***) **~** aus Wolle, Woll…; ***pure ~ vierge*** reine Schurwolle

laïque[1] [laik] **1** (↔ *kirchlich*) weltlich, Laien… **2** (*Schule*, *Unterricht*) nicht konfessionell *od.* kirchlich

laïque[2] *m,f* [laik] (↔ *Geistlicher*) Laie *m*

laisse *f* [lɛs] Leine *f*

▸ **laisser** [lɛse] **1** lassen **2** liegen lassen (*Gegenstand*); übrig lassen, stehen lassen (*Essensreste usw.*) **3** verlassen (*Menschen*) **4** hinterlassen (*Spuren*, *Adresse*, *Erbe usw.*) **5** *mit e-m Verb im Inf.*: lassen; ***~ aller*** gehen lassen; ***~ entrer*** hereinlassen; *umg.* ***laisse (tomber)!*** (*gib's auf!*) vergiss es! **6** ***se ~ aller*** sich gehen lassen **7** ***se ~ faire*** sich alles gefallen lassen

laisser-aller *m* [lɛseale] 〈*unv.*〉 *abw.* Nachlässigkeit *f*, Schlamperei *f*

laissez-passer *m* [lɛsepase] 〈*unv.*〉 Passierschein *m*

▸ **lait** *m* [lɛ] **1** Milch *f*; ***le ~ UHT*** die H-Milch; ***le ~ écrémé*** die Magermilch; ***le ~ entier*** die Vollmilch **2** ***le ~ démaquillant*** die Reinigungsmilch

laitages *m Pl* [lɛtaʒ] Milchprodukte *n Pl*

laiterie *f* [lɛtʀi] Molkerei *f*

lait|ier[1], **~ière** [lɛtje, -jɛʀ] Milch…, Molkerei…; ***la vache laitière*** die Milchkuh

lait|ier[2] *m*, **~ière** *f* [lɛtje, -jɛʀ] Milchhändler(in) *m(f)*, Milchmann *m*, Milchfrau *f*

laiton *m* [lɛtõ] Messing *n*

laitue *f* [lety] Kopfsalat *m*; Ⓐ Häuptelsalat *m*

lambeau *m* [lãbo] 〈*Pl* ***~x***〉 Fetzen *m*; ***en ~x*** in Fetzen, zerrissen

▸ **lame** *f* [lam] **1** *am Messer usw.*: Klinge *f*; ***la ~ de rasoir*** die Rasierklinge **2** *aus Metall usw.*: Plättchen *n* **3** *an der Jalousie*: Lamelle *f* **4** *im Meer*: Woge *f*, Welle *f*

lamelle *f* [lamɛl] **1** Lamelle *f* (*a. vom Pilz*) **2** *aus Glas*, *Metall usw.*: Plättchen *n*

lamentable [lamɑ̃tabl] erbärmlich, jämmerlich

lamentations *f Pl* [lamɑ̃tasjõ] Jammern *n*

se lamenter [səlamɑ̃te] jammern, klagen

lampadaire *m* [lɑ̃padɛʀ] **1** Straßenlaterne *f*, Straßenlampe *f* **2** *im Zimmer*: Stehlampe *f*

▸ **lampe** *f* [lɑ̃p] **1** Lampe *f*; ***la ~ de chevet*** die Nachttischlampe; ***la ~ de poche*** die Taschenlampe **2** *in der Lampe*: Glühbirne *f*

lampion *m* [lɑ̃pjõ] Lampion *m*, Laterne *f*

lance *f* [lɑ̃s] **1** *Waffe*: Lanze *f* **2** *für Wasser*: Spritzdüse *f*

lancée *f* [lɑ̃se] Schwung *m*

lancement *m* [lɑ̃smɑ̃] **1** *e-r Rakete*: Abschuss *m*; *e-s Satelliten*: Start *m* **2** SCHIFF Stapellauf *m* **3** *von e-m neuen Produkt*: Einführung *f*, Herausbringen *n*

lance-pierre *m* [lɑ̃spjɛʀ] 〈*Pl* ***lance-pierres***〉 Steinschleuder *f*

▸ **lancer**[1] [lɑ̃se] 〈***-ç-***〉 **1** werfen **2** zuwerfen (*Ball*) **3** abwerfen (*Bombe*); abschießen (*Rakete*) **4** ausstoßen (*Fluch*, *Schrei*); richten (*Aufruf*) (***à*** an) **5** anlassen, anwerfen (*Motor*) **6** vom Stapel lassen (*Schiff*) **7** (*bekannt machen*) herausbringen; einführen (*neues Produkt*) **8** ***se ~ dans l'aventure*** sich ins Abenteuer stürzen

lancer[2] *m* [lɑ̃se] Werfen *n*, Wurf *m*; ***le ~ du javelot*** das Speerwerfen; ***le ~ du marteau*** das Hammerwerfen; ***le ~ du poids*** das Kugelstoßen

lanc|eur *m*, **~euse** *f* [lɑ̃sœʀ, -øz] Werfer(in) *m(f)*

lancinant(e) [lɑ̃sinɑ̃(t)] **1** (*Schmerz*) stechend **2** (*Gedanke usw.*) quälend

landau *m* [lɑ̃do] Kinderwagen *m*

lande *f* [lɑ̃d] *Landschaft*: Heide *f*

▸ **langage** *m* [lɑ̃gaʒ] Sprache *f*; ***le ~ familier*** die Umgangssprache; ***le ~ technique*** die Fachsprache

langer [lɑ̃ʒe] 〈***-ge-***〉 wickeln (*Baby*)

langouste *f* [lɑ̃gust] Languste *f*

▸ **langue**[1] *f* [lɑ̃g] **1** Zunge *f* (*a. als Form*) **2** *fig.* ***il est mauvaise ~*** er ist ein Lästermaul **3** ***tirer la ~*** die Zunge herausstrecken; ***j'ai le mot sur le bout de la ~*** das Wort liegt mir auf der Zunge
▸ **langue**[2] *f* [lɑ̃g] Sprache *f*; ▸ ***la langue maternelle*** die Muttersprache; ***une ~ étrangère*** e-e Fremdsprache
languette *f* [lɑ̃gɛt] *an Schuhen usw.*: Zunge *f*
languir [lɑ̃giʀ] **1** (*Unterhaltung usw.*) stocken **2** ***elle m'a fait ~*** sie hat mich zappeln *od.* schmachten lassen
lanière *f* [lanjɛʀ] Riemen *m*
lanterne *f* [lɑ̃tɛʀn] (⚠ lanterne) **1** Laterne *f* **2** AUTO ***les ~s*** das Standlicht
laper [lape] (*Tier*) schlabbern (*Milch usw.*)
lapider [lapide] **1** *töten*: steinigen **2** mit Steinen bewerfen (*Tiere, Menschen*)
▸ **lapin** *m* [lapɛ̃] Kaninchen *n*
laps *m* [⚠ laps] ***le ~ de temps*** der Zeitraum, die Zeit
lapsus *m* [lapsys] ***faire un ~*** *beim Reden*: sich versprechen
laque *f* [lak] (⚠ la laque) **1** MAL Lack *m* **2** *für Haare*: Haarspray *m od. n*, Haarlack *m*
▸ **laquelle** [lakɛl] → ***lequel***
▸ **lard** *m* [laʀ] Speck *m*
lardon *m* [laʀdɔ̃] Speckwürfel *m*, Speckstreifen *m*
▸ **large**[1] [laʀʒ] **1** breit; ***~ de dix mètres*** zehn Meter breit **2** (*Kleidung usw.*) weit **3** (*wichtig*) groß; (*Anteil, Teil usw.*) *a.* beachtlich; (*Zugeständnisse*) weitgehend **4** ***avoir les idées ~s*** liberal denken **5** (*freigebig*) großzügig **6** ***calculer, compter*** *usw.* ***~*** großzügig kalkulieren, rechnen *usw.*
large[2] *m* [laʀʒ] **1** Breite *f*; ***faire dix mètres de ~*** zehn Meter breit sein **2** *im Zimmer, Auto usw.*: ***être au ~*** viel Platz haben **3** ***le ~*** das offene Meer, die offene See **4** *umg.* ***prendre le ~*** abhauen, sich verdrücken
▸ **largement** [laʀʒəmɑ̃] ***nous avons ~ le temps*** wir haben reichlich Zeit
▸ **largeur** *f* [laʀʒœʀ] Breite *f*
larguer [laʀge] **1** losmachen (*Schiffstaue*) **2** abwerfen (*Bombe usw.*) **3** *umg.* ***elle a largué son petit ami*** sie hat mit ihrem Freund Schluss gemacht **4** ***~ qc*** etw wegwerfen; (*aufgeben*) etw hinschmeißen
▸ **larme** *f* [laʀm] **1** Träne *f*; ***en ~s*** in Tränen aufgelöst **2** *umg.* ***une ~ de vin*** ein Schlückchen Wein
larmoyer [laʀmwaje] ⟨***-oi-***⟩ **1** (*Augen*) tränen **2** (*Mensch*) jammern
larve *f* [laʀv] ZO Larve *f*
larynx *m* [laʀɛ̃ks] Kehlkopf *m*
las, lasse [lɑ, lɑs] müde, abgespannt
laser *m* [⚠ lazɛʀ] **1** Laser *m* **2** ***l'imprimante*** *f* ***~*** der Laserdrucker **3** ***la platine ~*** der CD-Player, der CD-Spieler
lasser [lɑse] **1** ermüden, langweilen; überstrapazieren (*Geduld*) **2** ***il s'est vite lassé de son nouveau jouet*** er hatte schnell genug von seinem neuen Spielzeug
lassitude *f* [lɑsityd] **1** Müdigkeit *f*, Mattigkeit *f* **2** Überdruss *m*
latéral(e) [lateʀal] ⟨*m Pl* ***-aux***⟩ seitlich; (*Straße usw.*) Seiten…
latin *m* [latɛ̃] ***le ~*** Latein *n*
latin(e) [latɛ̃(-in)] **1** lateinisch, Latein… **2** (*Sprachen, Völker*) romanisch **3** ***L'Amérique*** *f* ***latine*** Lateinamerika *n*
latino-américain(e) [latinoameʀikɛ̃(-ɛn)] lateinamerikanisch
latitude *f* [latityd] GEOG Breite *f*
latte *f* [lat] Latte *f*
lauréat(e) *m(f)* [lɔʀea(t)] Preisträger(in) *m(f)*
laurier *m* [lɔʀje] Lorbeer *m*
laurier-rose *m* [lɔʀjeʀoz] ⟨*Pl* ***lauriers-roses***⟩ Oleander *m*
lavable [lavabl] **1** (*Farbe usw.*) abwaschbar **2** (*Stoff usw.*) waschecht; ***~ en machine*** waschmaschinenfest
▸ **lavabo** *m* [lavabo] Waschbecken *n*
lavage *m* [lavaʒ] **1** *von Kleidung usw.*: Wäsche *f*, Waschen *n* **2** *von Fenstern, Böden usw.*: Putzen *n*
lavande *f* [lavɑ̃d] (⚠ la lavande) Lavendel *m*
lave *f* [lav] Lava *f*
lave-glace *m* [lavglas] ⟨*Pl* ***lave-glaces***⟩ AUTO Scheibenwaschanlage *f*
lave-linge *m* [lavlɛ̃ʒ] ⟨*unv.*⟩ Waschmaschine *f*
▸ **laver** [lave] **1** waschen, abwaschen **2** wischen, aufwischen (*Boden*) **3** ***~ la vaisselle*** (das Geschirr) spülen **4** ▸ ***se laver*** sich waschen; ***se ~ les dents*** sich die Zähne putzen
laverie *f* [lavʀi] ***la ~ (automatique)*** der Waschsalon
lavette *f* [lavɛt] Spültuch *n*, Spüllappen

m

lav|eur *m*, **~euse** *f* [lavœʀ, -øz] ***le laveur de carreaux*** der Fensterputzer; ***le laveur de voitures*** der Autowäscher

▸ **lave-vaisselle** *m* [lavvɛsɛl] ⟨*unv.*⟩ Geschirrspülmaschine *f*

lavomatic *m* [lavɔmatik] Waschsalon *m*

laxatif[1] *m* [laksatif] Abführmittel *n*

laxat|if[1], **~ive** [laksatif, -iv] abführend; (*Mittel, Tee usw.*) Abführ…

layette *f* [lɛjɛt] Babywäsche *f*, Babykleidung *f*

▸ **le** [l(ə)] (⚠ *vor Vokal u. stummem h steht* ***l'****, außerdem wird* „de le" *zu* ***du****,* „à le" *zu* ***au*** *zusammengezogen*) **1** ***~ chien*** der Hund (⚠ *aber a.*: ***~ soleil*** die Sonne; ***~ livre*** das Buch) **2** ***je ~ connais*** ich kenne ihn **3** ***je ~ sais*** ich weiß es **4** *bei Zeitangaben*: ***~ jour*** am Tag; ***~ 20 juillet*** am 20. Juli; ***~ mardi*** dienstags **5** ***~ pauvre!*** der Ärmste!

leader *m* [⚠ lidœʀ] **1** POL Führer(in) *m(f)* **2** SPORT Spitzenreiter *m* **3** *im Handel*: Marktführer *m*

lécher [leʃe] ⟨**-è-**⟩ **1** lecken **2** auslecken (*Schüssel*); ablecken (*Teller*)

lèche-vitrine *m* [lɛʃvitʀin] ⟨*unv.*⟩ ***faire du ~*** e-n Schaufensterbummel machen

▸ **leçon** *f* [l(ə)sõ] **1** *beim Lernen*: Lektion *f* **2** SCHULE ***la ~ de français*** *usw.* die Französischstunde *usw.*; ***une ~ particulière*** e-e Nachhilfestunde **3** *fig.* Lehre *f*, Lektion *f*; ***il en a tiré la ~*** daraus hat er e-e Lehre gezogen

▸ **lecteur**[1] *m* [lɛktœʀ] **1** Leser *m* **2** *in e-m Verlag*: Lektor *m*

lecteur[2] *m* [lɛktœʀ] **1** Lesegerät *n* **2** ***le ~ de cassettes*** der Kassettenrekorder; ***le lecteur de CD*** der CD-Player; ***le ~ de DVD*** der DVD-Player **3** IT Laufwerk *n*; ***le ~ de CD*** das CD-Laufwerk; ***le ~ de DVD*** das DVD-Laufwerk; ***le ~ de disquettes*** das Diskettenlaufwerk

▸ **lectrice** *f* [lɛktʀis] **1** Leserin *f* **2** *in e-m Verlag*: Lektorin *f*

▸ **lecture** *f* [lɛktyʀ] **1** Lesen *n*; ***aimer la ~*** gern lesen **2** Vorlesen *n* **3** (*Lesestoff*) Lektüre *f*

▸ **légal(e)** [legal] ⟨*m Pl* ***-aux***⟩ (*Feiertag usw.*) gesetzlich; (*Mittel usw.*) legal

légaliser [legalize] legalisieren

légalité *f* [legalite] Legalität *f*, Gesetzlichkeit *f*

légendaire [leʒɑ̃dɛʀ] **1** (*Gestalt*) Sagen…; (*Geschichte*) sagenhaft; (*Tiere*) Fabel… **2** (*berühmt*) legendär

légende *f* [leʒɑ̃d] **1** Sage *f*, Legende *f* **2** *unter e-m Foto*: Text *m*; *unter e-r Landkarte usw.*: Legende *f*, Zeichenerklärung *f*

▸ **lég|er**, **~ère** [leʒe, -ɛʀ] **1** leicht **2** (*Schicht*) dünn **3** (*Geräusch*) leise, schwach **4** (*Unterschied*) fein **5** (*Verhalten, Person*) leichtfertig, leichtsinnig **6** (*Sitten usw.*) locker, lose **7** ***prendre qc à la légère*** etw auf die leichte Schulter nehmen

légèrement [leʒɛʀmɑ̃] **1** ***s'habiller ~*** sich leicht anziehen **2** ***~ blessé*** leicht verletzt

légèreté *f* [leʒɛʀte] **1** Leichtheit *f*, Leichtigkeit *f* **2** *vom Essen usw.*: Bekömmlichkeit *f* **3** *in den Bewegungen*: Anmut *f* **4** (*Leichtfertigkeit*) Leichtsinn *m*

légion *f* [leʒjõ] Legion *f*

législat|if, **~ive** [leʒislatif, -iv] **1** ***le pouvoir législatif*** die gesetzgebende Gewalt, die Legislative **2** ▸ ***les élections législatives*** die Parlamentswahlen

législation *f* [leʒislasjõ] Gesetzgebung *f*

légitime [leʒitim] **1** (*gesetzlich*) rechtmäßig; (*Kind*) ehelich **2** (*Sorgen*) berechtigt

léguer [lege] ⟨**-è-**⟩ vererben, hinterlassen

▸ **légume** *m* [legym] ***les ~s*** das Gemüse; ***des ~s secs*** Hülsenfrüchte *f Pl*

lendemain *m* [lɑ̃dmɛ̃] **1** ***le ~*** der folgende *od.* nächste Tag **2** *als Zeitangabe*: am Tag darauf; ***le ~ de son arrivée*** am Tag nach seiner Ankunft; ***le ~ matin, soir*** am nächsten Morgen, Abend

▸ **lent(e)** [lɑ̃(t)] langsam

lenteur *f* [lɑ̃tœʀ] **1** Langsamkeit *f* **2** ***des ~s*** Umständlichkeit *f*, Schwerfälligkeit *f*

lentille *f* [lɑ̃tij] **1** BOT, GASTR Linse *f* **2** OPT Linse *f*; ***porter des ~s (de contact)*** Kontaktlinsen tragen

léopard *m* [leɔpaʀ] Leopard *m*

lèpre *f* [lɛpʀ] Lepra *f*

lépr|eux *m*, **~euse** *f* [lepʀø, -øz] Leprakranke(r) *f(m)*

▸ **lequel**, **laquelle** [ləkɛl, lakɛl] ⟨*Pl* ***lesquels, lesquelles***⟩ **1** *in Relativsätzen*:

der, die, das; ***le milieu dans lequel il vit*** das Milieu, in dem er lebt; ***la femme avec laquelle il parle*** die Frau, mit der er spricht **2** *in Fragen*: welche(r, -s); ***parmi ces fleurs, lesquelles sont les plus belles?*** welche von diesen Blumen sind die schönsten?

les [le] (⚠ „de les" *wird zu* **des**, „à les" *zu* **aux** *zusammengezogen*) **1** ***~ gens*** die Leute; ***~ élèves*** die Schüler **2** ***je ~ ai rencontrés*** ich habe sie getroffen **3** *unübersetzt*: ***venez, ~ enfants!*** kommt mal, Kinder!; ***~ bananes sont bonnes pour la santé*** Bananen sind gesund

léser [leze] ⟨-è-⟩ benachteiligen

lésiner [lezine] ***~ sur qc*** an etw sparen, mit etw geizen

lésion *f* [lezjõ] Verletzung *f*

lesquel(le)s [dekɛl] → ***lequel***

lessive *f* [lesiv] **1** Waschmittel *n*; ***la ~ en poudre*** das Waschpulver **2** (*das Waschen*) Wäsche *f*; ***faire la ~*** (Wäsche) waschen **3** (gewaschene) Wäsche

lest *m* [⚠ lɛst] Ballast *m*

leste [lɛst] **1** flink **2** (*Worte usw.*) anzüglich, gewagt

léthargie *f* [letaʀʒi] (*Teilnahmslosigkeit*) Lethargie *f*

Lettonie [lɛtɔni] ***la ~*** Lettland *n*

▸**lettre**[1] *f* [lɛtʀ] Buchstabe *m*; ***en toutes ~s*** (*Name usw.*) ausgeschrieben; (*Zahl*) in Worten

▸**lettre**[2] *f* [lɛtʀ] Brief *m*; *amtlich*: Schreiben *n*

lettré(e) [lɛtʀe] (*Person*) gebildet

lettres *f Pl* [lɛtʀ] Geisteswissenschaften *f Pl*

leucémie *f* [⚠ løsemi] Leukämie *f*

▸**leur** [lœʀ] **1** ***je ~ ai donné ce livre*** ich habe ihnen dieses Buch gegeben **2** ***c'est ~ maison*** das ist ihr Haus; ***ils aiment ~ chien, ~ chat*** sie lieben ihren Hund, ihre Katze **3** ▸ ***le, la leur*** ihre(r, -s), der, die, das ihrige

leurrer [lœʀe] **1** täuschen **2** ***se ~*** sich Illusionen machen, sich etwas vormachen

leurs [lœʀ] **1** ***~ enfants sont déjà grands*** ihre Kinder sind schon groß **2** ***ce sont les ~*** das sind ihre

levain *m* [ləvɛ̃] *für Brot*: Sauerteig *m*

levant [ləvɑ̃] ***le soleil ~*** die aufgehende Sonne, der Sonnenaufgang

levée *f* [l(ə)ve] **1** *vom Briefkasten*: Leerung *f* **2** *von e-m Verbot, e-r Sitzung usw.*: Aufhebung *f*

▸**lever**[1] [l(ə)ve] ⟨-è-⟩ **1** heben (*a. Hand, Bein*), hochheben; erheben (*Glas*) **2** SCHULE ***~ le doigt*** sich melden **3** aufscheuchen (*Wild*) **4** aufheben (*Verbot, Sitzung usw.*) **5** einziehen (*Soldaten*) **6** (*Samen*) aufgehen **7** (*Teig*) gehen

lever[2] *m* [l(ə)ve] **1** ▸ ***le lever du soleil*** der Sonnenaufgang; ***le ~ du jour*** der Tagesanbruch **2** *aus dem Bett*: Aufstehen *n* **3** THEAT ***avant le ~ du rideau*** bevor der Vorhang aufgeht

▸**se lever** [səl(ə)ve] **1** (*Person*) aufstehen **2** (*Vorhang, Sonne, Mond*) aufgehen **3** (*Tag*) anbrechen **4** (*Wind*) aufkommen **5** ***le temps se lève*** es klart auf

levier *m* [ləvje] Hebel *m*; AUTO ***le ~ de changement de vitesse*** der Schalthebel; FLUG ***le ~ de commande*** der Schalthebel

▸**lèvre** *f* [lɛvʀ] Lippe *f*

lévrier *m* [levʀije] Windhund *m*

levure *f* [l(ə)vyʀ] Hefe *f*, Ⓐ Germ *m od. f*; ***la ~ chimique*** das Backpulver

lexique *m* [lɛksik] **1** (kleines) Wörterbuch **2** *e-r Person, Sprache*: Wortschatz *m*

lézard *m* [lezaʀ] Eidechse *f*

lézarde *f* [lezaʀd] *in der Mauer*: Riss *m*, Ritze *f*

lézardé(e) [lezaʀde] (*Mauer*) rissig

lézarder [lezaʀde] *umg.* sich in der Sonne aalen, sich sonnen

liaison *f* [ljɛzõ] **1** *von Straßen, Telefon, Funk usw.*: Verbindung *f*; ***être en ~ avec qn*** mit j-m in Verbindung stehen **2** *inhaltlich*: Zusammenhang *m* **3** ***ils ont une ~ (amoureuse)*** sie haben ein Verhältnis **4** *in der Aussprache*: Bindung *f*, Liaison *f*; ***faire la ~*** binden (*Laute, Wörter*)

liasse *f* [ljas] *von Geldscheinen*: Bündel *n*; *von Zeitungen usw.*: Stoß *m*

Liban *m* [libɑ̃] Libanon *m*

libeller [libɛle] **1** aufsetzen, abfassen (*Vertrag usw.*) **2** ausstellen (*Scheck usw.*)

libellule *f* [libɛlyl] Libelle *f*

libéral(e) [libeʀal] ⟨*m Pl* **-aux**⟩ **1** POL liberal; ***l'économie f libérale*** die freie Marktwirtschaft **2** (*Eltern usw.*) tolerant **3** (*Tätigkeit*) freiberuflich

libérateur *m* [libeʀatœʀ] Befreier *m*

libération *f* [libeʀasjõ] **1** Befreiung *f*; *aus der Haft*: Entlassung *f*; *von Geiseln usw.*: Freilassung *f* **2** ***la Libération*** *die Befreiung Frankreichs im 2. Weltkrieg*

libératrice *f* [libeʀatʀis] Befreierin *f*

libéré(e) [libeʀe] (*Frau*) emanzipiert

▸ **libérer** [libeʀe] ⟨**-è-**⟩ **1** befreien **2** freilassen, (aus der Haft) entlassen **3** entlassen (*Soldat*) **4** ***les élèves seront libérés à midi*** die Schüler haben um zwölf Uhr Schulschluss **5** frei machen (*Durchgang, Weg*) **6** freisetzen (*Energie, Gas*) **7** ***se ~*** *zeitlich*: sich frei machen

▸ **liberté** *f* [libɛʀte] **1** Freiheit *f* **2** ***la ~ d'expression*** die Meinungsfreiheit **3** ***en ~*** in Freiheit; (*Häftling*) auf freiem Fuß; ***il est en ~ surveillée*** (*Häftling*) er wurde auf Bewährung freigelassen **4** ***avoir toute ~*** völlig freie Hand haben

libraire *m,f* [libʀɛʀ] Buchhändler(in) *m(f)*

▸ **librairie** *f* [libʀɛʀi] Buchhandlung *f*

▸ **libre** [libʀ] **1** frei **2** (*Sitten usw.*) locker; (*Benehmen*) ungezwungen **3** ***le temps ~*** die Freizeit

libre-échange *m* [libʀeʃɑ̃ʒ] Freihandel *m*

▸ **libre-service** *m* [libʀəsɛʀvis] ⟨*Pl* ***libres-services***⟩ **1** Selbstbedienungsladen *m* **2** *System*: Selbstbedienung *f*

Libye [libi] ***la ~*** Libyen *n*

licence *f* [lisɑ̃s] **1** *in Frankreich akademischer Grad nach dreijährigem Studium*: Licence *f* (*z. B.*: ***ès sciences*** in Naturwissenschaften) **2** SPORT, *im Handel*: Lizenz *f*

licencié(e) *m(f)* [lisɑ̃sje] **1** ***il est licencié en droit*** er hat e-e Licence in Jura; → ***licence*** **2** SPORT Lizenzspieler(in) *m(f)*

▸ **licenciement** *m* [lisɑ̃simɑ̃] (*Kündigung*) Entlassung *f*

▸ **licencier** [lisɑ̃sje] (*kündigen*) entlassen

licorne *f* [likɔʀn] Einhorn *n*

liège *m* [ljɛʒ] Kork *m*

Liège [ljɛʒ] Lüttich *n*

lien *m* [ljɛ̃] **1** *zum Festbinden*: Band *n*, Fessel *f* **2** *inhaltlich*: Verbindung *f*, Zusammenhang *m* **3** INTERNET Link *m* **4** ***le ~ de parenté*** das Verwandtschaftsverhältnis

lier [lje] **1** binden, zusammenbinden; fesseln (*Hände usw.*) **2** verbinden (*Freunde, Ereignisse usw.*) **3** ***les deux crimes sont liés*** die beiden Verbrechen hängen zusammen **4** ***il est très lié avec Pierre*** er ist eng mit Pierre befreundet

lierre *m* [ljɛʀ] Efeu *m*

▸ **lieu** *m* [ljø] ⟨*Pl* **~x**⟩ **1** Ort *m*; ***le ~ de naissance*** der Geburtsort **2** ***sur les ~x du crime*** am Tatort **3** ***le ~ commun*** (*oberflächliche Redensart*) der Gemeinplatz **4** ▸ ***avoir lieu*** (*Ereignis, Aufführung*) stattfinden; (*Unfall*) sich ereignen **5** ***il n'y a pas ~ de s'alarmer*** es besteht kein Grund zur Beunruhigung **6** ▸ ***au lieu de*** (an)statt; ***au ~ de cela*** stattdessen **7** ***en premier, second, dernier ~*** an erster, zweiter, letzter Stelle

lieudit *m* [ljødi] *kleiner Ort auf dem Land*; ***ils habitent au ~ des «Trois-Ponts»*** sie wohnen in Trois-Ponts

lieutenant *m* [ljøt(ə)nɑ̃] Oberleutnant *m*

lièvre *m* [ljɛvʀ] Hase *m*

ligament *m* [ligamɑ̃] ANAT Band *n*

▸ **ligne** *f* [liɲ] **1** Linie *f*; ***la ~ droite*** die Gerade (*a.* SPORT); ***la ~ d'arrivée*** die Ziellinie **2** *beim Menschen*: (schlanke) Linie, Figur *f*; *bei e-m Gegenstand*: Form *f*, Linie *f* **3** *bei Bus usw.*: Linie *f*; BAHN Strecke *f*; ***grandes ~s*** BAHN Fernzüge *m Pl* **4** TEL Leitung *f*; ***je suis en ~*** ich spreche gerade **5** IT ***en ~*** online, Online…; ***hors ~*** offline **6** Angel *f*, Angelschnur *f* **7** *im Text*: Zeile *f*; ***à la ~!*** neue Zeile!

lignée *f* [liɲe] Nachkommenschaft *f*

ligoter [ligɔte] (*festbinden*) fesseln

ligue *f* [lig] *für Menschenrechte usw.*: Liga *f*

se liguer [səlige] sich verbünden

lilas[1] *m* [lilɑ] Flieder *m*

lilas[2] [lilɑ] (⚠ lilas) ⟨*unv.*⟩ lila, fliederfarben

limace *f* [limas] Nacktschnecke *f*, Schnecke *f*

lime *f* [lim] Feile *f*; ***la ~ à ongles*** die Nagelfeile

limer [lime] feilen (*a. Nägel*)

limitation *f* [limitasjõ] Einschränkung *f*; *von Geburten usw.*: Beschränkung *f*; ***la ~ de vitesse*** die Geschwindigkeitsbegrenzung, das Tempolimit

limite *f* [limit] **1** Grenze *f* **2** *zeitlich*: ***la dernière ~*** der äußerste Termin **3** ***à la ~*** (*notfalls*) im äußersten Fall **4** ***le cas ~*** der Grenzfall; ***le prix ~*** das Preislimit; ***la vitesse ~*** die Höchstgeschwindigkeit **5** *umg.* ***c'était ~*** (*das war gerade noch akzeptabel*) das war an der Grenze

limité(e) [limite] **1** begrenzt, beschränkt **2** *umg.* (*Mensch*) beschränkt

▸ **limiter** [limite] **1** einschränken; begrenzen (***à*** auf) **2** ***se ~*** sich einschränken (***dans*** bei); ***il se limite à l'essentiel*** er beschränkt sich auf das Wesentliche

limitrophe [limitʀɔf] (*Länder*) benachbart, Nachbar…; angrenzend (***de*** an)

limonade *f* [limɔnad] Limonade *f*

limpide [lɛ̃pid] **1** (*Wasser*) klar; (*Luft*) rein **2** (*Blick*) offen **3** (*Erklärung*) klar, verständlich

lin *m* [lɛ̃] **1** BOT Flachs *m* **2** *Stoff*: Leinen *n*

▸ **linge** *m* [lɛ̃ʒ] **1** Wäsche *f* **2** ***le ~ (de corps)*** die Unterwäsche **3** *einzelnes*: Tuch *n*

lingerie *f* [lɛ̃ʒʀi] Damenunterwäsche *f*

lingot *m* [lɛ̃go] **1** *aus Gold usw.*: Barren *m* **2** *aus Stahl, Eisen usw.*: Block *m*

linguistique *f* [lɛ̃gɥistik] Sprachwissenschaft *f*, Linguistik *f*

▸ **lion** *m* [ljõ] Löwe *m*

Lion *m* [ljõ] ASTR Löwe *m*

liquéfier [likefje] **1** verflüssigen (*Gas usw.*) **2** ***se ~*** (*Gas usw.*) flüssig werden; (*Eis, Butter usw.*) schmelzen

liqueur *f* [likœʀ] (⚠ la liqueur) Likör *m*

liquidation *f* [likidasjõ] **1** ***la ~ (du stock)*** der Räumungsverkauf, der Ausverkauf **2** *von Gegnern, Zeugen usw.*: Beseitigung *f*

▸ **liquide**[1] [likid] **1** flüssig **2** ***l'argent ~*** das Bargeld

liquide[2] *m* [likid] **1** Flüssigkeit *f* **2** ***du ~*** Bargeld *n*; ***en ~*** (in) bar

liquider [likide] **1** ausverkaufen (*Waren*) **2** *umg.* beseitigen (*Gegner*)

▸ **lire** [liʀ] ⟨*prés.*: ***je lis, il lit, nous lisons***; *imparf.*: ***je lisais***; *p/s*: ***je lus***; *fut.*: ***je lirai***; *subj.*: ***je lise***; *p/pr*: ***lisant***; *p/p*: ***lu***⟩ **1** lesen **2** *jemand anderem*: vorlesen **3** ***la peur se lit sur son visage*** man kann ihm die Angst vom Gesicht ablesen

lis *m* [⚠ lis] Lilie *f*

Lisbonne [lizbɔn] Lissabon *n*

lisible [lizibl] leserlich

lisière *f* [lizjɛʀ] **1** *am Stoff*: Webkante *f* **2** *vom Wald usw.*: Rand *m*; *vom Feld*: Rain *m*

lisse [lis] glatt

lisser [lise] glatt streichen, glätten

liste *f* [list] Liste *f*, Verzeichnis *n*

▸ **lit** *m* [li] **1** Bett *n*; ***elle va au ~*** sie geht ins *od.* zu Bett **2** *beim Fluss*: Bett *n*; ***sortir de son ~*** über die Ufer treten **3** *von e-m Material*: Schicht *f*

literie *f* [litʀi] Bettwäsche *f*, Bettzeug *n*

litière *f* [litjɛʀ] *für Tiere*: Streu *f*

litige *m* [litiʒ] Streit *m*; JUR Streitfall *m*

▸ **litre** *m* [litʀ] **1** Liter *m* **2** Literflasche *f*

littéraire [liteʀɛʀ] (⚠ littéraire) **1** literarisch; (*Sendung, Geschichte*) Literatur… **2** (*Studium usw.*) geisteswissenschaftlich

littéral(e) [liteʀal] ⟨*m Pl* ***-aux***⟩ (*Ähnlichkeit usw.*) wörtlich, wortgetreu

▸ **littérature** *f* [liteʀatyʀ] (⚠ littérature) **1** Literatur *f* **2** *Beruf*: Schriftstellerei *f*

littoral *m* [litɔʀal] ⟨*Pl* ***-aux***⟩ Küstenstreifen *m*, Küstengebiet *n*, Küste *f*

livide [livid] blass, bleich

living *m* [liviŋ] Wohnzimmer *n*

livraison *f* [livʀɛzõ] Lieferung *f*

▸ **livre**[1] *m* [livʀ] Buch *n*; ***le ~ de cuisine*** das Kochbuch; ***le ~ de poche*** das Taschenbuch

▸ **livre**[2] *f* [livʀ] **1** *Gewicht*: Pfund *n*; ***une ~ de tomates*** ein Pfund Tomaten **2** *Währung*: Pfund *n*

▸ **livrer** [livʀe] **1** liefern (*Waren*); *umg.* ***~ qn*** j-n beliefern **2** *der Polizei*: übergeben, ausliefern (*Schuldige*) **3** preisgeben, verraten (*Geheimnis usw.*) **4** ***se ~*** (*Person*) von sich reden, mitteilsam sein **5** ***se ~ à la police*** sich der Polizei stellen

livret *m* [livʀɛ] **1** Heft *n*; ***le ~ de famille*** das Familienstammbuch **2** *von e-r Oper*: Textbuch *n*, Libretto *n*

livreur *m* [livʀœʀ] Auslieferer *m*, Lieferant *m*

lobe *m* [lɔb] **1** *vom Gehirn usw.*: Lappen *m* **2** ***le ~ de l'oreille*** das Ohrläppchen

local *m* [lɔkal] ⟨*Pl* ***-aux***⟩ **1** Raum *m* **2** ***les locaux*** die Räumlichkeiten

local(e) [lɔkal] ⟨*m Pl* ***-aux***⟩ **1** (*Radio, Nachrichten usw.*) Lokal…; (*Bräuche usw.*) einheimisch; (*Schauer usw.*) örtlich **2** (*medizinische Betäubung*) örtlich

localiser [lɔkalize] **1** lokalisieren, ausfindig machen (*Geräusch usw.*) **2** eingrenzen (*Konflikt usw.*)

localité *f* [lɔkalite] Ort *m*, Ortschaft *f*

▸ **locataire** *m,f* [lɔkatɛʀ] Mieter(in) *m(f)*

location *f* [lɔkasjõ] **1** *von Booten, Fahrrädern usw.*: Verleih *m*; ***la voiture de ~*** der Mietwagen **2** Ferienhaus *n*, Ferienwohnung *f* **3** THEAT Vorverkauf *m*; BAHN, FLUG Platzreservierung *f*

locomotive *f* [lɔkɔmɔtiv] Lokomotive *f*, Lok *f*

locution *f* [lɔkysjõ] Redewendung *f*, Ausdruck *m*

loge *f* [lɔʒ] **1** *in großen Häusern*: Pförtnerloge *f* **2** *e-s Künstlers*: Garderobe *f* **3** THEAT Loge *f*

▸ **logement** *m* [lɔʒmɑ̃] Wohnung *f*

loger [lɔʒe] ⟨*-ge-*⟩ **1** wohnen **2** unterbringen (*Person*)

▸ **logiciel** *m* [lɔʒisjɛl] IT Software *f*

▸ **logique**[1] [lɔʒik] logisch

logique[2] *f* [lɔʒik] Logik *f*

▸ **loi** *f* [lwa] **1** Gesetz *n* **2** ***faire la ~*** befehlen

L

▸ **loin** [lwɛ̃] **1** *räumlich*: weit (weg *od.* entfernt); ▸ ***loin de*** weit (weg) von **2** *zeitlich*: (*vergangen*) lange her; (*zukünftig*) ***le printemps est encore ~*** der Frühling ist noch weit; ***il n'est pas ~ de midi*** es ist fast Mittag **3** *Wendungen*: ***elle ira ~*** sie wird es weit bringen; ***il revient de ~*** er ist noch einmal davongekommen **4** ***au ~*** in der (*bzw.* die) Ferne **5** ***de ~*** von weitem, aus der Ferne; *fig.* bei weitem, mit Abstand

lointain *m* [lwɛ̃tɛ̃] ***dans le*** (*od.* ***au***) ***~*** in der Ferne

lointain(e) [lwɛ̃tɛ̃(-ɛn)] **1** (*Land, Zeit usw.*) fern **2** (*Zusammenhang usw.*) lose; (*Ähnlichkeit usw.*) entfernt

loir *m* [lwaʀ] **1** ZO Siebenschläfer *m* **2** *umg.* ***il dort comme un ~*** er schläft wie ein Murmeltier

▸ **loisir** *m* [lwaziʀ] ***les ~s*** die Freizeit; (*Hobbys usw.*) die Freizeitbeschäftigungen

lombaire [lõbɛʀ] (*Wirbel usw.*) Lenden…

Londres [lõdʀ] London *n*

▸ **long**[1], **longue** [lõ, lõg] **1** lang; ***long de trois mètres*** drei Meter lang **2** (*Umweg*) groß **3** ***il est long à comprendre*** er braucht lange, um zu verstehen **4** ***ses commentaires en disent long sur ses opinions politiques*** seine Kommentare sagen viel über seine politische Einstellung aus **5** ***il en sait long sur cette affaire*** er weiß über diese Sache genau Bescheid

long[2] *m* [lõ] **1** ***avoir dix mètres de ~*** zehn Meter lang sein **2** *umg.* ***expliquer en ~ et en large*** lang und breit erklären; *umg.* ***en ~, en large et en travers*** in allen Einzelheiten

longer [lõʒe] ⟨*-ge-*⟩ ***~ qc*** **1** (*Person*) an etw entlanggehen *bzw.* entlangfahren **2** (*Weg usw.*) an etw entlangführen

longitude *f* [lõʒityd] GEOG Länge *f*

▸ **longtemps** [lõtɑ̃] lange (Zeit); ***je n'en ai pas pour ~*** ich brauche nicht lange; ***il y a ~ que je ne l'ai plus vu*** ich habe ihn lange nicht mehr gesehen

longue [lõg] **1** → ***long***[1] **2** ***à la ~*** mit der Zeit, auf (die) Dauer

longuement [lõgmɑ̃] (*sprechen*) lange; (*erklären usw.*) lang und breit

▸ **longueur** *f* [lõgœʀ] **1** Länge *f* **2** *zeitlich*: lange Dauer; ***à ~ de journée*** den ganzen Tag

longue-vue *f* [lõgvy] ⟨*Pl* ***longues-vues***⟩ Fernrohr *n*, Teleskop *n*

lopin *m* [lɔpɛ̃] ***un ~ de terre*** ein kleines Stück Land

loquace [lɔkas] gesprächig

loques *f Pl* [lɔk] Lumpen *m Pl*

lorgner [lɔʀɲe] ***~ qc*** nach etw schielen

lorrain(e) [lɔʀɛ̃(-ɛn)] lothringisch

Lorraine [lɔʀɛn] ***la ~*** Lothringen *n*

lors [lɔʀ] **1** ***~ du départ*** bei der Abfahrt **2** ***depuis ~*** *od.* ***dès ~*** seitdem

▸ **lorsque** [lɔʀsk(ə)] (⚠ *vor Vokal u. stummem* h *steht* ***lorsqu'***) **1** *in der Vergangenheit*: als **2** *im Präsens, Futur*: wenn

losange *m* [lɔzɑ̃ʒ] Raute *f*

lot *m* [lo] *in der Lotterie*: Gewinn *m*, Preis *m*; ***le gros ~*** das große Los, der Hauptgewinn

loterie *f* [lɔtʀi] (⚠ *nur ein* t) Lotterie *f*

lotissement *m* [lɔtismɑ̃] **1** *unbebaut*: Baugrund *m* **2** *bebaut*: Siedlung *f*

loto *m* [lɔto] (⚠ *nur ein* t) Lotto *n*; ***le ~ sportif*** das Fußballtoto, das Toto

lotte *f* [lɔt] ZO Seeteufel *m*

lotus *m* [lɔtys] Lotosblume *f*

louche[1] [luʃ] undurchsichtig, zweifelhaft, fragwürdig
louche[2] *f* [luʃ] Schöpflöffel *m*, Suppenkelle *f*
loucher [luʃe] schielen
▸ **louer**[1] [lwe] **1** *als Vermieter*: vermieten; *auf e-m Schild*: ***à ~*** zu vermieten **2** *als Mieter*: mieten
louer[2] [lwe] **1** loben (***de*** *od.* ***pour*** für) **2** preisen (*Gott*)
▸ **loup** *m* [lu] **1** Wolf *m* **2** ***j'ai une faim de ~*** ich habe e-n Bärenhunger **3** ***un vieux ~ de mer*** *Matrose*: ein alter Seebär **4** ***le ~*** (***de mer***) *Fisch*: der Seewolf
loupe *f* [lup] Lupe *f*, Vergrößerungsglas *n*
▸ **lourd(e)** [luʀ(d)] **1** schwer **2** (*Wetter, Luft*) schwül, drückend; ***il fait lourd*** es ist schwül **3** (*Atmosphäre, Schweigen usw.*) beklemmend **4** (*Person, Gang usw.*) schwerfällig; plump (*a. Scherz*) **5** ***les valises pèsent lourd*** die Koffer sind schwer
lourdement [luʀdəmɑ̃] **1** ***se tromper ~*** sich schwer täuschen **2** ***marcher ~*** schwerfällig gehen
lourdeur *f* [luʀdœʀ] **1** *in Bewegung, Stil usw.*: Schwerfälligkeit *f*, Plumpheit *f* **2** ***des ~s d'estomac*** Magendrücken *n*
loutre *f* [lutʀ] Fischotter *m*
louvoyer [luvwaje] ⟨***-oi-***⟩ **1** (*Schiff*) kreuzen **2** *fig.* geschickt lavieren
se lover [səlɔve] (*Katze usw.*) sich einrollen
loyal(e) [lwajal] ⟨*m Pl* ***-aux***⟩ loyal, fair; (*Freund usw.*) treu, aufrichtig
loyauté *f* [lwajote] Loyalität *f*, Fairness *f*
▸ **loyer** *m* [lwaje] Miete *f*, Ⓐ Zins *m*
lu [ly] → ***lire***
lubie *f* [lybi] Marotte *f*, Tick *m*, Eigenart *f*
lubrifiant *m* [lybʀifjɑ̃] Schmiermittel *n*
lucarne *f* [lykaʀn] Dachfenster *n*, Dachluke *f*
lucide [lysid] **1** (*Person*) scharfsinnig, hellsichtig **2** (*Kranke[r]*) bei Bewusstsein
lucidité *f* [lysidite] Scharfblick *m*
ludothèque *f* [lydɔtɛk] Spieleverleih *m*
lueur *f* [lɥœʀ] **1** *von Kerzen usw.*: Licht *n*, Schein *m* **2** *von Augen vor Wut usw.*: Funkeln *n* **3** ***une ~ d'espoir*** ein Funke Hoffnung, ein Hoffnungsschimmer
luge *f* [lyʒ] *zum Rodeln*: Schlitten *m*, Ⓐ Rodel *m*
lugubre [lygybʀ] düster; (*Gedanken usw.*) finster, trübsinnig; (*Person*) trübselig
▸ **lui** [lɥi] **1** ***c'est ~*** er ist es; ***~ non plus*** er auch nicht **2** ***je ~ ai fait lire cette lettre*** ich habe ihn *od.* sie *od.* es diesen Brief vorlesen lassen **3** ***je vais le ~ dire*** ich sage es ihm *od.* ihr **4** ***avec ~*** mit ihm; ***pour ~*** für ihn **5** ***il est content de ~*** er ist mit sich zufrieden
lui-même [lɥimɛm] **1** (er) selbst **2** sich (selbst) **3** ***de ~*** von selbst, von sich aus
luire [lɥiʀ] ⟨*wie* ***conduire***, ⚠ *aber p/p*: ***lui***⟩ glänzen; (*Sonne*) scheinen; (*Stern usw.*) leuchten
luisant(e) [lɥizɑ̃(t)] glänzend, schimmernd, leuchtend
lumbago *m* [lɔ̃bago] *od.* [lœ̃bago] MED Hexenschuss *m*
▸ **lumière** *f* [lymjɛʀ] **1** Licht *n* **2** HIST ***le siècle des ~s*** das Zeitalter der Aufklärung
luminaire *m* [lyminɛʀ] (*Lampe*) Leuchte *f*
lumin|eux, ~euse [lyminø, -øz] **1** leuchtend; (*Schild, Schrift*) Leucht…; (*Strahl usw.*) Licht… **2** (*Wohnung*) hell
luminosité *f* [lyminozite] **1** *vom Himmel usw.*: Leuchten *n* **2** *e-r Wohnung*: Helligkeit *f*
lunaire [lynɛʀ] (*Landschaft usw.*) Mond…
lunatique [lynatik] launisch
lundi *m* [lœ̃di], *oft a.* [lɛ̃di] **1** Montag *m* **2** ***le ~*** montags **3** ***le ~ de Pâques*** der Ostermontag
▸ **lune** *f* [lyn] Mond *m*
luné(e) [lyne] *umg.* ***bien*** (*bzw.* ***mal***) ***luné*** gut (*bzw.* schlecht) gelaunt
▸ **lunettes** *f Pl* [lynɛt] **1** Brille *f*; ***une paire de ~*** e-e Brille; ***les ~ de soleil*** die Sonnenbrille; ***les ~ de plongée*** die Taucherbrille **2** Fernrohr *n*, Teleskop *n*
lurette *f* [lyʀɛt] *umg.* ***il y a belle ~*** es ist schon ewig (lange) her
lustre *m* [lystʀ] Kronleuchter *m*
lustrer [lystʀe] **1** glänzend machen; polieren (*Auto usw.*) **2** (*Tier*) putzen (*Fell*) **3** (*abnutzen*) blank scheuern (*Hose usw.*)
lut [ly] → ***lire***
luth *m* [lyt] MUS Laute *f*

L

lutin *m* [lytɛ̃] Kobold *m*
lutte *f* [lyt] **1** Kampf *m* **2** SPORT Ringen *n*, Ringkampf *m*
▸ **lutter** [lyte] **1** kämpfen; ~ ***contre une maladie*** e-e Krankheit bekämpfen; ~ ***contre la mort*** mit dem Tod ringen **2** (*Ringer*) kämpfen, ringen
lutt|eur *m*, **~euse** *f* [lytœʀ, -øz] **1** Kämpfer(in) *m(f)* **2** SPORT ***le lutteur*** der Ringer, der Ringkämpfer
luxation *f* [lyksasjõ] Verrenkung *f*, Ausrenkung *f*
luxe *m* [lyks] **1** Luxus *m*; ***un hôtel de (grand)*** ~ ein Luxushotel **2** ***se payer le ~ de faire qc*** es sich erlauben, etw zu tun
Luxembourg [lyksɑ̃buʀ] **1** *Stadt*: Luxemburg *n* **2** *Land*: **le** ~ Luxemburg *n*
luxembourgeois(e) [lyksɑ̃buʀʒwa(z)] luxemburgisch
Luxembourgeois(e) *m(f)* [lyksɑ̃buʀʒwa(z)] Luxemburger(in) *m(f)*
luxer [lykse] ***se ~ le bras*** sich den Arm verrenken *od.* ausrenken
luxu|eux, **~euse** [lyksɥø, -øz] luxuriös, Luxus…
luxuriant(e) [lyksyʀjɑ̃(t)] (*Vegetation usw.*) üppig
▸ **lycée** *m* [lise] Gymnasium *n*; ~ ***d'enseignement général*** allgemeinbildendes Gymnasium; ~ ***technique*** technisches Gymnasium; ~ ***professionnel*** berufsbildendes Gymnasium

Le lycée

In Frankreich kommt jeder Schüler nach fünf Jahren Grundschule (**école primaire**) an das **collège**, wo er weitere vier Jahre absolvieren muss.
Nach dem obligatorischen neunten Schuljahr können die begabteren Schüler ans **lycée** wechseln und nach drei Schuljahren **le baccalauréat** (das Abitur), kurz **le bac**, machen. Das **lycée** entspricht also in etwa der gymnasialen Oberstufe in Deutschland. Der Leiter eines **lycée** wird **le proviseur** genannt.

▸ **lyc|éen** *m*, **~éenne** *f* [liseɛ̃, -eɛn] Gymnasiast(in) *m(f)*
lymphatique [lɛ̃fatik] (*Person*) träge
lyncher [lɛ̃ʃe] lynchen
lynx *m* [lɛ̃ks] Luchs *m*
lys *m* [⚠ lis] Lilie *f*

M

M. (*Abk. für* monsieur) Hr., Herr
m' [m] → ***me***
▸ **ma** [ma] mein(e)
macabre [makɑbʀ] makaber; (*Erzählung usw.*) unheimlich
macaron *m* [makaʀõ] **1** GASTR Makrone *f* **2** *Frisur*: Schnecke *f* **3** *umg.* Abzeichen *n*, Aufkleber *m*
macédoine *f* [masedwan] **1** ***la ~ de fruits*** der Obstsalat **2** ***de la ~ de légumes*** gemischtes Gemüse
macérer [maseʀe] ⟨**-è-**⟩ ***faire ~*** *in Flüssigkeit*: einlegen, ziehen lassen
mâche *f* [mɑʃ] Feldsalat *m*
mâcher [mɑʃe] **1** kauen (*a. Kaugummi*), zerkauen **2** *fig.* ***il n'a pas mâché ses mots*** er hat kein Blatt vor den Mund genommen
▸ **machin** *m* [maʃɛ̃] *umg.* Dings *n*, Dingsda *n*
machination *f* [maʃinasjõ] Komplott *n*, Intrige *f*
▸ **machine** *f* [maʃin] Maschine *f*; ***une ~ à sous*** ein Spielautomat
machinerie *f* [maʃinʀi] **1** Maschinen *f Pl*; THEAT Maschinerie *f* **2** Maschinenraum *m*
macho *m* [matʃo] *umg.* Macho *m*, Chauvi *m*
mâchoire *f* [mɑʃwaʀ] ANAT Kiefer *m*, ***la ~ supérieure*** (*bzw.* ***inférieure***) der Oberkiefer (*bzw.* Unterkiefer)
▸ **maçon** *m* [masõ] Maurer *m*
maçonnerie *f* [masɔnʀi] **1** *am Bau*: Maurerarbeit *f* **2** (*Gemauertes*) Mauerwerk *n*
▸ **madame** *f* [madam] ⟨⚠ *Pl* ***mesdames***⟩ **1** *mit Namen*: ***Madame Dubois***

Frau Dubois; *Anrede*: **Madame la Présidente** Frau Präsidentin **2 bonjour, ~!** guten Tag; *wenn man den Namen kennt*: guten Tag, Frau ...; **mesdames!** meine Damen!; **mesdames et messieurs!** meine Damen und Herren! **3** *am Briefanfang*: **Madame, ...** Sehr geehrte Frau (+ *Name*), ...

madeleine *f* [madlɛn] *kleines weiches Biskuitgebäck*

▸ **mademoiselle** *f* [mad(ə)mwazɛl] ⟨⚠ *Pl* **mesdemoiselles**⟩ **1** *mit Namen*: **Mademoiselle Blanc** Fräulein Blanc; *moderner*: Frau Blanc (⚠ *frz.* **mademoiselle** *ist üblicher als* Fräulein) **2 bonjour, ~!** guten Tag; *wenn man den Namen kennt*: guten Tag, Frau ...; **mesdemoiselles!** meine Damen! **3** *am Briefanfang*: **Mademoiselle, ...** Sehr geehrte Frau (+ *Name*), ...

▸ **magasin** *m* [magazɛ̃] **1** Geschäft *n*, Laden *m* **2** ▸ **le grand magasin** das Kaufhaus **3** *für Waren*: Lager *n*; **en ~** vorrätig

▸ **magazine** *m* [magazin] (*Zeitschrift, Sendung*) Magazin *n*

mage *m* [maʒ] **1** Magier *m* **2 les Rois ~s** die Heiligen Drei Könige

Maghreb [magʀɛb] **le ~** *Bezeichnung für die nordafrikanischen Länder Algerien, Marokko u. Tunesien*

maghrébin(e) [magʀebɛ̃(-in)] maghrebinisch, nordafrikanisch

magic|ien *m*, **~ienne** *f* [maʒisjɛ̃, -jɛn] Zauberer *m*, Zauberin *f*

magie *f* [maʒi] Magie *f*, Zauberei *f*

magique [maʒik] magisch, Zauber...

magistrat *m* [maʒistʀa] **1** hoher Staatsbeamter **2** *bes. vor Gericht*: Richter(in) *m(f) bzw.* Staatsanwalt *m*, Staatsanwältin *f*

magnétique [maɲetik] **1** magnetisch **2 la bande ~** das Tonband

magnétophone *m* [maɲetɔfɔn] **1** Tonband *n* **2** Kassettenrekorder *m*

▸ **magnétoscope** *m* [maɲetɔskɔp] Videorekorder *m*

▸ **magnifique** [maɲifik] herrlich, prachtvoll

magret *m* [magʀɛ] **le ~ de canard** das Entenbrustfilet

mai *m* [mɛ] Mai *m*; **en ~** im Mai; **il est né le 15 ~** er ist am fünfzehnten Mai geboren

▸ **maigre** [mɛgʀ] **1** mager; (*Mensch, Beine*) *a.* dünn **2** (*Ergebnis usw.*) dürftig, mager; (*Essen*) karg; (*Gehalt*) kümmerlich; (*Vegetation*) spärlich

maigreur *f* [mɛgʀœʀ] Magerkeit *f*

▸ **maigrir** [megʀiʀ] abnehmen; **il a maigri de six kilos** er hat sechs Kilo abgenommen

mail *m* [mɛl] (*E-Mail*) Mail *f*

maille *f* [maj] *beim Stricken, vom Netz usw.*: Masche *f*

maillon *m* [majõ] *e-r Kette, a. fig.*: Glied *n*

maillot *m* [majo] **1** ▸ **le maillot de bain** der Badeanzug **2** SPORT, *beim Tanzen*: Trikot *n*, Ⓒⓗ Leibchen *n*, Ⓐ Leiberl *n* **3 le ~ de corps** das Unterhemd; Ⓒⓗ das Leibchen, Ⓐ das Unterleibchen

▸ **main** *f* [mɛ̃] **1** Hand *f*; **prendre un enfant par la ~** ein Kind an die Hand nehmen; **haut les ~s!** Hände hoch!; SCHULE **lever la ~** sich melden; **écrire, coudre à la ~** mit der Hand schreiben, nähen **2 changer de ~s** in andere Hände übergehen (*Besitz*); **remettre en ~s propres** persönlich übergeben (*Brief, Paket*) **3 avoir sous la ~** bei der Hand *od.* griffbereit haben **4** *beim Kartenspiel*: Blatt *n*; **tu as la ~** du musst geben

▸ **main-d'œuvre** *f* [mɛ̃dœvʀ] ⟨*Pl* **mains-d'œuvre**⟩ **1** Arbeit *f* **2** *Menschen*: Arbeitskräfte *f Pl*

main-forte *f* [mɛ̃fɔʀt] **prêter ~ à qn** j-m Hilfe leisten

maint(e) [mɛ̃(t)] *lit.* **maintes fois** so manches Mal; **à maintes reprises** zu wiederholten Malen

maintenance *f* [mɛ̃t(ə)nɑ̃s] TECH Wartung *f*

▸ **maintenant** [mɛ̃t(ə)nɑ̃] jetzt, nun

maintenir [mɛ̃t(ə)niʀ] ⟨*wie* **venir**⟩ **1** halten (*Gegenstand usw.*) **2** (*bewahren*) aufrechterhalten; erhalten (*Frieden*); beibehalten (*Tradition*) **3 ~ son opinion** bei seiner Meinung bleiben; **je maintiens que c'était de sa faute** ich bleibe dabei, dass es seine Schuld war **4 se ~** (*Wetter, Zustand*) sich halten

maintien *m* [mɛ̃tjɛ̃] **1** (*Benehmen, Verhalten*) Haltung *f* **2** *der Ordnung usw.*: Aufrechterhaltung *f*; *des Friedens*: Erhaltung *f*, Wahrung *f*; *der Tradition*: Fortbestand *m*

▸ **maire** *m* [mɛʀ] Bürgermeister(in) *m(f)*

▸ **mairie** *f* [mɛʀi] Rathaus *n*

▸ **mais** [mɛ] **1** aber **2** *nach e-r Verneinung*: sondern

▸ **maïs** *m* [⚠ mais] Mais *m*

▸ **maison** *f* [mɛzõ] **1** Haus *n* **2** ***rentrer à la ~*** nach Hause gehen; ***rester à la ~*** zu Hause bleiben **3** ***du pâté ~*** hausgemachte Pastete **4** *Einrichtung, Anstalt*: ***la ~ d'arrêt*** das Gefängnis; ***la ~ de retraite*** das Altersheim; ***la ~ des jeunes et de la culture*** das Jugend- und Kulturzentrum **5** (*Unternehmen*) Firma *f*

maître *m* [mɛtʀ] **1** Herr *m* **2** *von Haustieren*: Herrchen *n* **3** *in der Grundschule*: Lehrer *m* **4** *Handwerker, Künstler usw.*: Meister *m*; ***le ~ nageur*** der Bademeister; ***le ~ d'hôtel*** der Oberkellner **5** *Titel*: ***Maître Dupont*** Rechtsanwalt *od.* Notar Dupont **6** ***il est resté ~ de lui-même*** er behielt die Selbstbeherrschung

maître, **maîtresse** [mɛtʀ, mɛtʀɛs] Haupt…, wichtigste(r, -s)

maîtresse *f* [mɛtʀɛs] **1** Herrin *f* **2** ***la ~ de maison*** die Hausherrin; ⚠ *aber*: ***c'est une parfaite ~ de maison*** sie ist e-e perfekte Hausfrau **3** *von e-m Mann*: Geliebte *f* **4** *von Haustieren*: Frauchen *n* **5** *in der Grundschule*: Lehrerin *f* **6** *Handwerkerin, Künstlerin usw.*: Meisterin *f*

maîtrise *f* [mɛtʀiz] **1** ***la ~ (de soi)*** die Selbstbeherrschung **2** UNI ≈ Magisterprüfung *f*

maîtriser [mɛtʀize] **1** bändigen (*Tier*); überwältigen (*Person*) **2** unter Kontrolle bringen (*Brand*); meistern (*Schwierigkeit*); bezähmen (*Gefühl*); beherrschen (*Sprache*) **3** ***se ~*** sich beherrschen

majesté *f* [maʒɛste] **1** *Titel*: ***Sa Majesté*** Seine *od.* Ihre Majestät **2** *im Verhalten, Gang usw.*: Erhabenheit *f*, Majestät *f*

majeur *m* [maʒœʀ] Mittelfinger *m*

▸ **majeur(e)** [maʒœʀ] **1** wichtigste(r, -s); (*Sorge, Interesse*) Haupt…; ***la majeure partie*** der größte Teil, die Mehrzahl **2** (*Person*) volljährig, mündig **3** MUS Dur…; ***en ré majeur*** in D-Dur

major *m* [maʒɔʀ] **1** MIL hoher Offizier **2** UNI ***le ~ de promotion*** der, die Jahrgangsbeste

majoration *f* [maʒɔʀasjõ] *von Preisen, Steuern usw.*: Erhöhung *f*, Aufschlag *m*

▸ **majorité** *f* [maʒɔʀite] **1** Mehrheit *f* (*a.* POL); Mehrzahl *f*; ***ils ont en ~ de douze à quinze ans*** sie sind überwiegend zwölf bis fünfzehn Jahre alt **2** Volljährigkeit *f*

majuscule *f* [maʒyskyl] Großbuchstabe *m*

▸ **mal**[1] [mal] **1** schlecht **2** ***elle s'y prend ~*** sie packt es falsch an **3** ▸ ***pas mal de …*** ganz schön viel(e) … **4** ***il n'a fait rien de ~*** er hat nichts Schlimmes getan **5** ***ça va ~*** es geht schlecht

▸ **mal**[2] *m* [mal] ⟨*Pl* **maux**⟩ **1** ***le ~*** das Böse **2** (*Leiden*) Krankheit *f*; ***le ~ de mer*** die Seekrankheit; ***le ~ du pays*** das Heimweh **3** Schmerz *m*, Schmerzen *m Pl*; ▸ ***avoir mal aux dents, à la tête*** *usw.* Zahnschmerzen, Kopfschmerzen *usw.* haben; ⚠ ***j'ai ~ au cœur*** mir ist übel; ▸ ***faire mal à qn*** j-m wehtun **4** Mühe *f* **5** Schaden *m*; ***faire du ~ à qn*** j-m schaden; ***il a dit du ~ d'elle*** er hat schlecht über sie geredet

▸ **malade**[1] [malad] krank; ***tomber ~*** krank werden

malade[2] *m,f* [malad] Kranke(r) *f*(*m*), Patient(in) *m*(*f*)

▸ **maladie** *f* [maladi] **1** Krankheit *f* **2** (*Manie*) krankhafte Angewohnheit

malad|if, ~ive [maladif, -iv] **1** (*Person*) kränkelnd; (*Blässe usw.*) kränklich **2** (*Angst, Neugier usw.*) krankhaft

maladresse *f* [maladʀɛs] **1** Ungeschicklichkeit *f* **2** *durch Worte usw.*: Taktlosigkeit *f*

▸ **maladroit(e)**[1] [maladʀwa(t)] ungeschickt, tollpatschig

maladroit(e)[2] *m*(*f*) [maladʀwa(t)] Tollpatsch *m*, Tölpel *m*

malaise *m* [malɛz] **1** *körperlich*: Unwohlsein *n*; ***il a eu un ~*** ihm wurde schlecht **2** *gefühlsmäßig*: Unbehagen *n*

malaxer [malakse] kneten

malbouffe *f* [malbuf] *umg.* Junkfood *n*, Fraß *m*

malchance *f* [malʃɑ̃s] Pech *n*, Missgeschick *n*

malchanc|eux, ~euse [malʃɑ̃sø, -øz] glücklos, vom Pech verfolgt

mâle[1] *m* [mɑl] männliches Tier, Männchen *n*

mâle[2] [mɑl] männlich

malédiction *f* [malediksjõ] **1** Verwünschung *f*, Fluch *m* **2** (*Unheil*) Fluch *m*

malentendu *m* [malɑ̃tɑ̃dy] Missver-

ständnis *n*
malfaiteur *m* [malfɛtœʀ] Übeltäter(in) *m(f)*
malformation *f* [malfɔʀmasjõ] Missbildung *f*
▸ **malgré** [malgʀe] **1** trotz; **~ *cela*** trotzdem; **~ *tout*** trotz allem **2 ~ *moi*** gegen meinen Willen
▸ **malheur** *m* [malœʀ] **1** Unglück *n* **2** *durch Ungeschicklichkeit usw.*: Missgeschick *n*
▸ **malheureusement** [maløʀøzmɑ̃] leider
▸ **malheur|eux, ~euse** [maløʀø, -øz] **1** unglücklich **2** (*Angelegenheit*) unglückselig; (*Irrtum usw.*) bedauerlich **3** *vorangestellt*: unbedeutend, läppisch
malhonnête [malɔnɛt] unehrlich
malhonnêteté *f* [malɔnɛtte] Unehrlichkeit *f*
malice *f* [malis] Schalkhaftigkeit *f*; ***sans ~*** ohne böse Absicht
malici|eux, ~euse [malisjø, -øz] schelmisch
▸ **malin, maligne** [malɛ̃, maliɲ] **1** clever, schlau **2** (*Freude usw.*) diebisch; (*Lächeln*) verschmitzt **3** (*Tumor*) bösartig
malle *f* [mal] großer Koffer, Überseekoffer *m*
malmener [malməne] ⟨**-è-**⟩ grob *od.* schlecht behandeln
malnutrition *f* [malnytʀisjõ] **1** Unterernährung *f* **2** falsche Ernährungsweise
malpoli(e) [malpɔli] *umg.* unhöflich, ungezogen
malsain(e) [malsɛ̃(-ɛn)] **1** ungesund **2** (*Neugier*) krankhaft
malt *m* [malt] Malz *n*
maltraiter [maltʀete] misshandeln
▸ **maman** *f* [mamɑ̃] Mutti *f*, Mama *f*, Mami *f*
▸ **mamie** *f* [mami] *Kinderspr.* Oma *f* (⚠ Mami = ***maman*** *f*)
mammifère *m* [mamifɛʀ] Säugetier *n*
mammouth *m* [mamut] Mammut *n*
▸ **manche**[1] *f* [mɑ̃ʃ] **1** Ärmel *m* **2** *beim Spiel*: Partie *f*, Runde *f*
manche[2] *m* [mɑ̃ʃ] Stiel *m*, Griff *m*; *an der Geige, Gitarre*: Hals *m*
Manche *f* [mɑ̃ʃ] Ärmelkanal *m*
manchette *f* [mɑ̃ʃɛt] **1** *am Hemd*: Manschette *f* **2** PRESSE Schlagzeile *f*
manchot *m* [mɑ̃ʃo] Pinguin *m*
manchot(e) [mɑ̃ʃo(-ɔt)] einarmig
mandarine *f* [mɑ̃daʀin] Mandarine *f*
mandat *m* [mɑ̃da] **1** Postanweisung *f* **2** POL, JUR Mandat *n* **3 *le ~ d'arrêt*** der Haftbefehl
manège *m* [manɛʒ] **1** Reitbahn *f* **2** *auf der Kirmes*: Karussell *n*, Ⓐ Ringelspiel *n* **3** *im Verhalten*: Tricks *m Pl*, Spielchen *n Pl* (⚠ Manege *im Zirkus* = ***piste*** *f*)
manette *f* [manɛt] Schalthebel *m*, Hebel *m*; IT Joystick *m*
mangeable [mɑ̃ʒabl] essbar, genießbar
▸ **manger** [mɑ̃ʒe] ⟨**-ge-**⟩ **1** (*Mensch*) essen; (*Tier*) fressen **2** *fig.* verschlingen (*Kosten*); vergeuden (*Geld, Zeit*)
mangue *f* [mɑ̃g] Mango *f*
maniable [manjabl] leicht zu handhaben; (*Werkzeug usw.*) handlich; (*Auto*) wendig
maniaque[1] [manjak] **1** (↔ *depressiv*) manisch **2** (*übergenau*) pedantisch
maniaque[2] *m,f* [manjak] **1** PSYCH manisch Kranke(r) *f(m)* **2** *in der Ordnung usw.*: Pedant(in) *m(f)*; ***c'est une ~ de la propreté*** sie ist e-e Sauberkeitsfanatikerin
manie *f* [mani] **1** (*Zwang*) Manie *f*; ***la ~ de la persécution*** der Verfolgungswahn **2** (*Eigenheit*) Tick *m*, Manie *f*
maniement *m* [manimɑ̃] *von Geräten usw.*: Handhabung *f*, Bedienung *f*
manier [manje] handhaben; bedienen (*Gerät*); mit … umgehen (*a. mit Geld usw.*)
▸ **manière** *f* [manjɛʀ] **1** Art *f*, Weise *f*, Art und Weise *f*; ***remuer de ~ à obtenir une pâte lisse*** rühren, um e-n glatten Teig zu bekommen; ▸ ***de toute manière*** auf jeden Fall **2** ▸ ***des manières*** Manieren *f Pl*, Benehmen *n* **3 *faire des ~s*** sich zieren, sich anstellen
maniéré(e) [manjeʀe] gekünstelt; (*Mensch*) *a.* affektiert; (*Stil*) geziert
manif *f* [manif] *umg.* Demo *f*
manifestant(e) *m(f)* [manifɛstɑ̃(t)] Demonstrant(in) *m(f)*
▸ **manifestation** *f* [manifɛstasjõ] **1** *von Gefühlen usw.*: Äußerung *f*, Bekundung *f* **2** POL Demonstration *f*, Kundgebung *f* **3** SPORT, *kulturell*: Veranstaltung *f*
manifeste[1] [manifɛst] offenkundig, offensichtlich
manifeste[2] *m* [manifɛst] Manifest *n*

▸ **manifester** [manifɛste] **1** *für od. gegen etw*: demonstrieren **2** äußern, kundtun (*Meinung usw.*); bekunden (*Sympathie usw.*) **3** ***se ~*** (*Krankheit, Gefühl*) sich äußern (***par*** durch, in); (*Person*) sich melden; (*Gott*) sich offenbaren

manipulation *f* [manipylasjõ] **1** Handhabung *f*; Umgehen *n* (***de*** mit) **2** *in der Wissenschaft*: ***des ~s*** Versuche *m Pl* **3** *im negativen Sinn*: Manipulation *f*

manipuler [manipyle] **1** handhaben (*Gerät usw.*); mit … umgehen *od.* hantieren **2** *im negativen Sinn*: manipulieren

manivelle *f* [manivɛl] Kurbel *f*

mannequin *m* [mankɛ̃] **1** Mannequin *n* **2** Schaufensterpuppe *f*, Schneiderpuppe *f*

manœuvre[1] *f* [manœvʀ] (⚠ la manœuvre) **1** *vom Schiff, Fahrzeug*: Manövrieren *n*, Lenken *n* **2** MIL Manöver *n*

manœuvre[2] *m* [manœvʀ] Hilfsarbeiter(in) *m*(*f*)

manœuvrer [manœvʀe] **1** manövrieren, lenken (*Fahrzeug*); steuern (*Boot*); bedienen (*Ruder*) **2** *fig.* manipulieren (*Menschen*) **3** *fig.* geschickt vorgehen

manquant(e) [mɑ̃kɑ̃(t)] fehlend

▸ **manque** *m* [mɑ̃k] **1** Mangel *m* (***de*** an); ***le ~ de calcium*** der Kalziummangel **2** *von Drogen*: Entzugserscheinungen *f Pl*

▸ **manquer** [mɑ̃ke] **1** fehlen; ***elle leur manque*** sie fehlt ihnen **2** verfehlen (*Ziel*); verpassen (*Bus, Zug, Gelegenheit*); versäumen (*Unterricht*); ***~ l'école*** (*od.* ***la classe***) in der Schule fehlen **3** ***il manque de calcium*** er hat Kalziummangel **4** ***je ne manquerai pas de vous informer*** ich vergesse nicht, euch Bescheid zu sagen **5** ***~ à sa parole*** sein Wort nicht halten **6** ***elle a manqué*** (***de***) ***se faire écraser*** sie wäre fast überfahren worden

▸ **manteau** *m* [mɑ̃to] ⟨*Pl* ***~x***⟩ **1** Mantel *m* **2** *fig.* ***sous le ~*** heimlich

manucure *f* [manykyʀ] (⚠ manucure) *Pflege, Person*: Maniküre *f*

manuel[1] *m* [manɥɛl] Handbuch *n*, Lehrbuch *n*

▸ **manu|el**[2], **~elle** [manɥɛl] (*Arbeit usw.*) Hand…, manuell; (*Beruf*) handwerklich

manuscrit *m* [manyskʀi] **1** (*handgeschriebener Text*) Manuskript *n* **2** *historisches Werk*: Handschrift *f*

manuscrit(e) [manyskʀi(t)] handgeschrieben, handschriftlich

maquereau *m* [makʀo] ⟨*Pl* ***~x***⟩ Makrele *f*

maquette *f* [makɛt] (verkleinertes) Modell

▸ **maquillage** *m* [makijaʒ] **1** *Ergebnis*: Make-up *n* **2** *Produkt*: Schminke *f* **3** *Tätigkeit*: Schminken *n* **4** *von Autos usw.*: Frisieren *n*

▸ **maquiller** [makije] **1** schminken **2** *fig.* frisieren (*Auto usw.*)

maquis *m* [maki] **1** *Buschwald am Mittelmeer*: Macchia *f* **2** *frz. Widerstandsgruppe im 2. Weltkrieg*

marais *m* [maʀɛ] Sumpf *m*, Moor *n*

marbre *m* [maʀbʀ] Marmor *m*

marbré(e) [maʀbʀe] marmoriert

marc *m* [⚠ maʀ] **1** *bei der Weinherstellung*: Trester *m Pl* **2** Tresterschnaps *m* **3** ***le ~ de café*** der Kaffeesatz

marchand *m* [maʀʃɑ̃] Händler *m*

marchand(e) [maʀʃɑ̃(d)] **1** Handels…; (*Passage*) Einkaufs… **2** ***la valeur marchande*** der Marktwert

marchandage *m* [maʀʃɑ̃daʒ] Handeln *n*, Feilschen *n*

marchande *f* [maʀʃɑ̃d] Händlerin *f*

marchander [maʀʃɑ̃de] ***~ le prix*** um den Preis handeln *od.* feilschen

▸ **marchandise** *f* [maʀʃɑ̃diz] Ware *f*

▸ **marche**[1] *f* [maʀʃ] Treppenstufe *f*, Stufe *f*

marche[2] *f* [maʀʃ] **1** Gehen *n* (*a.* SPORT), Laufen *n*; *in der Natur*: Wandern *n* **2** (⚠ la marche) Marsch *m* (*a.* MIL, MUS), Wanderung *f* **3** *von Fahrzeugen*: Fahrt *f* **4** *von Maschinen*: Gang *m*; ▸ ***la marche arrière*** der Rückwärtsgang; ***en état de ~*** (*Gerät*) betriebsbereit; ***mettre en ~*** anstellen (*Gerät*); anlassen (*Motor*) **5** *von Vorgängen*: Gang *m*, Verlauf *m*

marché *m* [maʀʃe] **1** Markt *m*, Wochenmarkt *m*; ***le ~ couvert*** die Markthalle; ***le ~ aux puces*** der Flohmarkt **2** WIRTSCH Markt *m*; ***le ~ unique*** der (Europäische) Binnenmarkt **3** (*Geschäftsabschluss*) Geschäft *n*, Handel *m* **4** ***bon ~*** ⟨*unv.*⟩ billig, preiswert; ***meilleur ~*** billiger

▸ **marcher** [maʀʃe] **1** gehen, laufen,

M

marschieren (*a.* MIL) **2 ~ sur, dans qc** auf, in etw treten **3** (*Gerät*) funktionieren, laufen; (*Uhr*) gehen **4** (*Geschäfte, Produkt*) gut gehen; (*Geschäfte, Film*) gut laufen **5** *umg.* **~ dans qc** auf etw reinfallen; *umg.* **ça marche!** okay!, (das) geht in Ordnung!
mardi *m* [maʀdi] **1** Dienstag *m* **2 le ~** dienstags **3 le ~ gras** der (*bzw.* am) Karnevals-, Faschingsdienstag
mare *f* [maʀ] **1** Tümpel *m* **2 une ~ de sang** e-e Blutlache
marécage *m* [maʀekaʒ] Sumpf *m*, Moor *n*
marécag|eux, ~euse [maʀekaʒø, -øz] sumpfig, Sumpf…, Moor…
maréchal *m* [maʀeʃal] ⟨*Pl* **-aux**⟩ Marschall *m*
marée *f* [maʀe] **1** Ebbe *f* und Flut *f*; **les ~s** die Gezeiten; **à ~ basse** (*bzw.* **haute**) bei Ebbe (*bzw.* Flut) **2 la ~ noire** die Ölpest
marge *f* [maʀʒ] **1** *vom Text*: Rand *m* **2** *zum Handeln usw.*: Spielraum *m*
marginal(e)[1] [maʀʒinal] ⟨*m Pl* **-aux**⟩ (*Gruppe usw.*) Rand…
marginal(e)[2] *m(f)* [maʀʒinal] ⟨*m Pl* **-aux**⟩ *der Gesellschaft*: Außenseiter(in) *m(f)*, Aussteiger(in) *m(f)*
marguerite *f* [maʀgəʀit] Margerite *f*
▸ **mari** *m* [maʀi] Ehemann *m*, Mann *m*
▸ **mariage** *m* [maʀjaʒ] **1** Ehe *f*, Heirat *f* **2** *Fest*: Trauung *f*, Hochzeit *f* **3** *von Farben usw.*: Zusammenstellung *f*, Verbindung *f*
▸ **marié(e)**[1] [maʀje] verheiratet
marié(e)[2] *m(f)* [maʀje] **1** Bräutigam *m*, Braut *f* **2 les jeunes mariés** das junge Paar
marier [maʀje] **1** verheiraten, trauen **2** ▸ **se marier** heiraten (⚠ **se ~ avec qn** j-n heiraten)
marin *m* [maʀɛ̃] Seemann *m*, Matrose *m*
marin(e) [maʀɛ̃(-in)] **1** Meer…, See… **2** (*Kragen, Anzug*) Matrosen…
▸ **marine**[1] *f* [maʀin] Marine *f*
marine[2] [maʀin] (**bleu**) **~** ⟨*unv.*⟩ marineblau, dunkelblau
mariner [maʀine] **1** marinieren, einlegen (*Fleisch, Früchte usw.*) **2** *umg.* *im Gefängnis usw.*: schmoren
marin|ier *m*, **~ière** *f* [maʀinje, -jɛʀ] Binnenschiffer(in) *m(f)*
marionnette *f* [maʀjɔnɛt] (⚠ marionnette) Marionette *f* (*a. fig.*)
maritime [maʀitim] (*Klima usw.*) See…; **le trafic ~** der Schiffsverkehr
mark *m* [maʀk] (⚠ le mark) HIST *Währung*: Mark *f*
marmelade *f* [maʀməlad] **1** Kompott *n*, Mus *n* **2** *aus Orangen*: Marmelade *f*
marmite *f* [maʀmit] Kochtopf *m*, Henkeltopf *m*
marmonner [maʀmɔne] (vor sich hin) murmeln *od.* brummen
marmotte *f* [maʀmɔt] Murmeltier *n*
Maroc [maʀɔk] **le ~** Marokko *n*
marocain(e) [maʀɔkɛ̃(-ɛn)] marokkanisch
Marocain(e) *m(f)* [maʀɔkɛ̃(-ɛn)] Marokkaner(in) *m(f)*
marquant(e) [maʀkɑ̃(t)] bedeutend, hervorstechend, markant
▸ **marque** *f* [maʀk] **1** Markierung *f*, Zeichen *n* **2** *der Freundschaft, Liebe usw.*: Beweis *m*, Zeichen *n* **3** *von Waren*: Marke *f*; **une ~ déposée** ein eingetragenes Warenzeichen **4** *von Fingern usw.*: Spur *f*, Abdruck *m* **5** SPORT **à vos ~s - prêts? - partez!** auf die Plätze - fertig - los!
▸ **marquer** [maʀke] **1** kennzeichnen, markieren; **~ d'un trait** anstreichen (*Textstelle*); **~ d'une croix** ankreuzen **2** *schriftlich*: aufschreiben, notieren **3** (*Epoche usw.*) prägen **4** zum Ausdruck bringen, zeigen (*Gefühl, Interesse usw.*) **5** (*Messinstrument*) anzeigen **6** SPORT **~ un but** ein Tor schießen; **~ un point** e-n Punkt erzielen **7** (*hervorheben*) betonen, unterstreichen
marqueur *m* [maʀkœʀ] *Stift*: Textmarker *m*
▸ **marraine** *f* [maʀɛn] Patin *f*, Patentante *f*
marrant(e) [maʀɑ̃(t)] *umg.* komisch
marre [maʀ] *umg.* ▸ **en avoir marre** es satthaben, die Nase voll haben
se marrer [səmaʀe] *umg.* sich kaputtlachen
marron[1] *m* [maʀõ] Esskastanie *f*, Ⓐ Maroni *f*
marron[2] [maʀõ] ⟨*unv.*⟩ braun, kastanienbraun
mars *m* [⚠ maʀs] März *m*; **en ~** im März; **il est né le 8 ~** er ist am achten März geboren
Marseillaise [maʀsɛjɛz] **la ~** die Marseillaise (*frz. Nationalhymne*)

▸ **marteau** *m* [maʀto] ⟨*Pl* **~x**⟩ Hammer *m* (*a.* SPORT)
marteau-piqueur *m* [maʀtopikœʀ] ⟨*Pl* **marteaux-piqueurs**⟩ Schlagbohrer *m*, Presslufthammer *m*
marteler [maʀtəle] ⟨**-è-**⟩ **1** hämmern (*Metall usw.*) **2** (*schlagen*) **~ qc** auf etw einhämmern
martial(e) [maʀsjal] ⟨*m Pl* **-aux**⟩ **1** (*Schritt*) stramm, zackig **2 les arts martiaux** die japanischen Kampfsportarten
Mart|ien *m*, **~ienne** *f* [maʀsjɛ̃, -jɛn] Marsmensch *m*
Martinique [maʀtinik] **la ~** *karibische Insel, überseeisches Département Frankreichs*
martyr(e)[1] *m(f)* [maʀtiʀ] Märtyrer(in) *m(f)*
martyr(e)[2] [maʀtiʀ] misshandelt
martyre *m* [maʀtiʀ] **1** Martyrium *n* **2** *fig.* **souffrir le ~** Qualen ausstehen
martyriser [maʀtiʀize] quälen, peinigen
mascara *m* [maskaʀa] Wimperntusche *f*
mascotte *f* [maskɔt] Maskottchen *n*
masculin *m* [maskylɛ̃] GR Maskulinum *n*, Maskulinform *f*
▸ **masculin(e)** [maskylɛ̃(-in)] **1** männlich **2** (*Beruf usw.*) Männer… **3** GR männlich, maskulin
maso [mazo] *umg.* masochistisch
masochiste [mazɔʃist] masochistisch
masque *m* [mask] (⚠ le masque) Maske *f*
masqué(e) [maske] **1** maskiert **2 le bal masqué** der Maskenball
masquer [maske] **1** verbergen (*Wahrheit usw.*) **2** verdecken (*Sicht usw.*)
massacrant(e) [masakʀɑ̃(t)] (*Laune*) unausstehlich
massacre *m* [masakʀ] **1** Massaker *n*, Blutbad *n* **2** *fig.* Verhunzung *f*, Pfusch *m*
massacrer [masakʀe] **1** niedermetzeln (*Menschen*); abschlachten (*Tiere*) **2** verpfuschen (*Arbeit usw.*)
massage *m* [masaʒ] Massage *f*
masse *f* [mas] Masse *f*, Menge *f*
masser[1] [mase] **1** zusammendrängen, versammeln **2 se ~** sich versammeln
masser[2] [mase] massieren
mass|eur *m*, **~euse** *f* [masœʀ, -øz] Masseur(in) *m(f)*
massif[1] *m* [masif] **1** Bergmassiv *n*; *in Frankreich*: **le Massif central** das Zentralmassiv **2** *von Blumen*: Beet *n*; *von Bäumen*: Gruppe *f*
mass|if[2], **~ive** [masif, -iv] **1** (*Holz, Gold*) massiv **2** (*Gestalt usw.*) massig; (*Möbel*) wuchtig **3** (*Bewegung usw.*) Massen… **4** (*Angriff*) massiv **5** (*Dosis*) stark
mat [⚠ mat] ⟨*unv.*⟩ *beim Schach*: matt
mat(e) *beide* [⚠ mat] **1** (↔ *glänzend*) matt **2** (*Geräusch*) dumpf
mât *m* [⚠ mɑ] SCHIFF *usw.* Mast *m*
▸ **match** *m* [⚠ matʃ] SPORT Spiel *n*; Ⓐ Match *n*; **le ~ nul** das Unentschieden; **le ~ retour** das Rückspiel
▸ **matelas** *m* [mat(ə)la] Matratze *f*; **le ~ pneumatique** die Luftmatratze
matelot *m* [mat(ə)lo] Matrose *m*
mater [mate] bändigen, bezwingen
matérialiser [mateʀjalize] **1** verwirklichen, realisieren **2 se ~** Wirklichkeit werden; (*Hoffnung*) sich erfüllen
matériau *m* [mateʀjo] ⟨*Pl* **~x**⟩ *zum Bauen usw.*: Material *n*, Werkstoff *m*
matériel[1] *m* [mateʀjɛl] **1** Material *n* **2 le ~ de bureau** der Bürobedarf; **le ~ de camping** die Campingausrüstung **3** IT Hardware *f*
matéri|el[2], **~elle** [mateʀjɛl] **1** (*Beweis*) konkret **2 les dégâts matériels** der Sachschaden **3** (*Hilfe usw.*) materiell
matériellement [mateʀjɛlmɑ̃] faktisch
matern|el, **~elle** [matɛʀnɛl] **1** mütterlich; (*Sprache usw.*) Mutter… **2** (*Großvater usw.*) mütterlicherseits **3 l'école maternelle** *Kindergarten mit Vorschulunterricht*
▸ **maternelle** *f* [matɛʀnɛl] *Kindergarten mit Vorschulunterricht*
maternité *f* [matɛʀnite] **1** Entbindungsklinik *f*, Entbindungsstation *f* **2** Mutterschaft *f*; **le congé de ~** der Mutterschaftsurlaub
mathématic|ien *m*, **~ienne** *f* [matematisjɛ̃, -jɛn] Mathematiker(in) *m(f)*
mathématique [matematik] mathematisch
▸ **mathématiques** *f Pl* [matematik] (⚠ *Plural*) Mathematik *f*
▸ **maths** *f Pl* [mat] (⚠ *Plural*) *umg.* Mathe *f*
▸ **matière** *f* [matjɛʀ] **1** PHYS, PHILOS Materie *f* **2** (*Substanz*) Material *n*, Stoff *m*; **des ~s grasses** Fett *n*; **la ~ premiè-**

M

re der Rohstoff **3** SCHULE Schulfach *n*, Fach *n*; ***une ~ facultative*** ein Wahlfach **4** (*Thema*) Gegenstand *m*, Stoff *m*; ***en ~ de …*** in Sachen …

▸ **matin** *m* [matɛ̃] **1** Morgen *m*, Vormittag *m* **2** ***ce ~*** heute früh, heute Morgen; ***demain ~*** morgen früh; ***le ~*** morgens; ***tous les ~s*** jeden Morgen

matinal(e) [matinal] ⟨*m Pl* ***-aux***⟩ **1** Morgen…, morgendlich **2** ***être matinal*** früh aufstehen

▸ **matinée** *f* [matine] **1** Morgen *m*, Vormittag *m* **2** ***faire la grasse ~*** lange schlafen, spät aufstehen **3** THEAT *usw.* Nachmittagsvorstellung *f*

matraque *f* [matʀak] Knüppel *m*

matrice *f* [matʀis] *zum Drucken*: Matrize *f*

matrimonial(e) [matʀimɔnjal] ⟨*m Pl* ***-aux***⟩ **1** ehelich; (*Probleme usw.*) Ehe… **2** ***une agence matrimoniale*** e-e Heiratsvermittlung

maturité *f* [matyʀite] **1** Reife *f* (*a. geistige*) **2** *in der Schweiz*: Matura *f*, Abitur *n*

maudire [modiʀ] ⟨*prés.*: ***il maudit, nous maudissons***; *p/p*: ***maudit***⟩ verfluchen, verwünschen

maussade [mosad] **1** (*Mensch*) griesgrämig **2** (*Wetter usw.*) unfreundlich, trist

mauvais(e) [mɔvɛ(z)] **1** schlecht; (*Lage usw.*) *a.* schlimm **2** (*Mensch, Blick usw.*) böse **3** (*Richtung, Moment usw.*) falsch, verkehrt **4** (*Meer*) bewegt, stürmisch **5** ***il fait mauvais*** es ist schlechtes Wetter

mauve[1] *f* [mov] Malve *f*

mauve[2] [mov] blasslila

maux [mo] *Pl von* → ***mal***[2]

maxima [maksima] → ***maximum***[1], ***maximum***[2]

maximal(e) [maksimal] ⟨*m Pl* ***-aux***⟩ maximal, Höchst…

maxime *f* [maksim] Maxime *f*, Grundsatz *m*

▸ **maximum**[1] *m* [⚠ maksimɔm] ⟨⚠ *Pl* ***~s*** *od.* ***maxima***⟩ **1** Maximum *n*; Höchstmaß *n* (***de*** an) **2** ***au ~*** höchstens **3** JUR Höchststrafe *f*

maximum[2] [⚠ maksimɔm] ⟨⚠ *Pl* ***~s*** *od.* ***maxima***⟩ maximal, Höchst…, höchste(r, -s) (⚠ *bei weiblichen Subst.*: ***la température ~*** *od.* ***maxima***)

mayonnaise *f* [majɔnɛz] Majonäse *f*

mazout *m* [⚠ mazut] Heizöl *n*, Öl *n*

▸ **me** [m(ə)] (*vor Vokal u. stummem* h *steht* ***m'***) **1** ***il ~ voit*** er sieht mich; ***je ~ lave*** ich wasche mich **2** ***elle ~ donne un livre*** sie gibt mir ein Buch; ***je ~ lave les mains*** ich wasche mir die Hände

méandre *m* [meɑ̃dʀ] *beim Fluss*: Windung *f*, Schleife *f*

mec *m* [mɛk] *umg.* Kerl *m*, Typ *m*

▸ **mécanic|ien** *m*, ***~ienne*** *f* [mekanisjɛ̃, -jɛn] **1** Mechaniker(in) *m(f)* **2** BAHN Lokführer(in) *m(f)*

mécanique[1] [mekanik] mechanisch

mécanique[2] *f* [mekanik] Mechanik *f*

mécanisme *m* [mekanism] Mechanismus *m*

méchamment [meʃamɑ̃] böse, boshaft

méchanceté *f* [meʃɑ̃ste] Bosheit *f*, Gemeinheit *f*

▸ **méchant(e)** [meʃɑ̃(t)] **1** (⚠ *nachgestellt*) böse (***avec*** zu); gemein; (*Tier*) bösartig, bissig; (*Kind*) unartig, ungezogen **2** (⚠ *vorangestellt*) schlimm, schlecht

mèche *f* [mɛʃ] **1** *der Kerze*: Docht *m*; *der Bombe*: Zündschnur *f* **2** *Werkzeug*: Bohrer *m* **3** *vom Haar*: Strähne *f* **4** *fig.* ***vendre la ~*** ein Geheimnis verraten

méconnaissable [mekɔnɛsabl] nicht wieder zu erkennen, unkenntlich

méconnu(e) [mekɔny] verkannt

mécontent(e) [mekõtɑ̃(t)] unzufrieden (***de*** mit)

mécontentement *m* [mekõtɑ̃tmɑ̃] Unzufriedenheit *f*

Mecque [mɛk] ***La ~*** Mekka *n*

médaille *f* [medaj] SPORT *usw.* Medaille *f*

▸ **médecin** *m* [med(ə)sɛ̃] Arzt *m*, Ärztin *f*; ***le ~ de famille*** der Hausarzt, die Hausärztin

médecine *f* [med(ə)sin] **1** *Wissenschaft*: Medizin *f* **2** *Beruf*: Arztberuf *m* (⚠ Medizin *als Arznei* = ***médicament*** *m*)

média *m* [medja] ▸ ***les médias*** die Medien, die Massenmedien

médian(e) [medjɑ̃(-an)] (*Linie usw.*) Mittel…, mittlere(r, -s)

médiateur *m* [medjatœʀ] Vermittler *m*; *bei Konflikten*: Schlichter *m*

médiation *f* [medjasjõ] Vermittlung *f*; *bei Konflikten*: Schlichtung *f*

médiatique [medjatik] **1** (*Ereignis, Kampagne usw.*) Medien… **2** (*Mensch, Thema usw.*) medienwirksam

M

médiatrice *f* [medjatʀis] Vermittlerin *f*; *bei Konflikten*: Schlichterin *f*
▸ **médical(e)** [medikal] ⟨*m Pl* ***-aux***⟩ medizinisch, ärztlich
▸ **médicament** *m* [medikamɑ̃] Medikament *n*
médiocre [medjɔkʀ] **1** (*Lohn usw.*) dürftig **2** (*Schüler usw.*) schwach, mittelmäßig
médiocrité *f* [medjɔkʀite] **1** Dürftigkeit *f* **2** *von Menschen, Arbeit*: Mittelmäßigkeit *f*
médire [mediʀ] ⟨*wie* ***dire***, *aber*: ***vous médisez***⟩ lästern
médisance *f* [medizɑ̃s] Lästerung *f*
méditation *f* [meditasjɔ̃] **1** Nachdenken *n* **2** Meditation *f*, Meditieren *n*
méditer [medite] **1** nachdenken **2** meditieren
Méditerranée *f* [mediteʀane] Mittelmeer *n*
méditerran|éen, ~éenne [mediteʀaneɛ̃, -eɛn] Mittelmeer…
méduse *f* [medyz] Qualle *f*
méfait *m* [mefɛ] **1** Missetat *f* **2** *vom Rauchen usw.*: ***les ~s*** die schädlichen Folgen
méfiance *f* [mefjɑ̃s] Misstrauen *n*
méfiant(e) [mefjɑ̃(t)] misstrauisch
▸ **se méfier** [səmefje] sich in Acht nehmen (***de*** vor)
mégaoctet *m* [megaɔktɛ] IT Megabyte *n*
▸ **meilleur(e)** [mɛjœʀ] **1** *Komparativ*: besser **2** *Superlativ*: beste(r, -s)
mélancolie *f* [melɑ̃kɔli] Melancholie *f*
mélancolique [melɑ̃kɔlik] melancholisch
▸ **mélange** *m* [melɑ̃ʒ] Mischung *f*, Gemisch *n*
▸ **mélanger** [melɑ̃ʒe] ⟨***-ge-***⟩ **1** vermischen, mischen **2** (*in Unordnung bringen, verwechseln*) durcheinanderbringen
mêlée *f* [mɛle] **1** Handgemenge *n*, Schlägerei *f* **2** *beim Rugby*: Gedränge *n*
mêler [mɛle] **1** mischen, vermischen **2** durcheinanderbringen, in Unordnung bringen **3** ***se ~ à la foule*** sich unter die Menge mischen **4** ***se ~ de qc*** sich in etw einmischen
mélodie *f* [melɔdi] Melodie *f*
mélodi|eux, ~euse [melɔdjø, -øz] melodisch
melon *m* [m(ə)lɔ̃] (⚠ le melon) Melone *f*
▸ **membre** *m* [mɑ̃bʀ] **1** ANAT Glied *n*; ***les ~s*** *a.* die Gliedmaßen **2** *im Verein, in der Gesellschaft usw.*: Mitglied *n*
▸ **même** [mɛm] **1** ***le ~ chapeau*** der gleiche *od.* derselbe Hut; ***la ~ maison*** das gleiche *od.* dasselbe Haus **2** *nachgestellt*: ***la bonté ~*** die Güte selbst **3** ▸ ***le, la même*** der, die, das gleiche; ***cela revient au ~*** das läuft auf dasselbe hinaus **4** sogar; ***~ si tu ne veux pas*** selbst wenn du nicht willst; ▸ ***même pas*** nicht einmal **5** genau; ***ici ~*** genau hier; ***aujourd'hui ~*** noch heute **6** ***je le ferai quand ~*** (*od.* ***tout de ~***) ich werde es trotzdem tun **7** ***de ~*** ebenso; *bei e-m Wunsch usw.*: ***de ~!*** gleichfalls!
mémé *f* [meme] *umg. Kinderspr.* Oma *f*
▸ **mémoire**[1] *f* [memwaʀ] **1** Gedächtnis *n*, Erinnerungsvermögen *n* **2** IT Speicher *m*; ***mettre en ~*** speichern, abspeichern **3** ***à la ~ de …*** zur Erinnerung *od.* zum Andenken an …
mémoire[2] *m* [memwaʀ] **1** Bericht *m* **2** *wissenschaftlich*: Abhandlung *f*, Arbeit *f*
mémorable [memɔʀabl] denkwürdig
mémoriser [memɔʀize] IT speichern
menaçant(e) [mənasɑ̃(t)] bedrohlich; (*Ton usw.*) drohend
menace *f* [mənas] **1** Drohung *f* **2** (*Gefahr*) Bedrohung *f*
▸ **menacer** [mənase] ⟨***-ç-***⟩ **1** ***~ qn*** j-m drohen, j-n bedrohen (***de*** mit) **2** ***la tour menace de s'écrouler*** der Turm droht einzustürzen
▸ **ménage** *m* [menaʒ] **1** Haushalt *m*; ***faire le ~*** putzen; aufräumen **2** ***la femme de ~*** die Putzfrau **3** Paar *n*, Ehepaar *n* **4** (*Personen, Dinge*) ***faire bon ~*** sich (gut) vertragen (***avec*** mit)
ménager[1] [menaʒe] ⟨***-ge-***⟩ **1** schonen, Rücksicht nehmen auf (*Kräfte, Gegner usw.*); ***se ~*** sich schonen **2** (*installieren*) anbringen **3** herbeiführen (*Treffen, Unterhaltung*)
ménag|er[2], **~ère** [menaʒe, -ɛʀ] Haushalts…; ***les travaux ménagers*** die Hausarbeit
ménagère *f* [menaʒɛʀ] **1** Hausfrau *f* **2** Besteckgarnitur *f*
▸ **mendiant(e)** *m(f)* [mɑ̃djɑ̃(t)] Bettler(in) *m(f)*
mendier [mɑ̃dje] betteln (***du pain*** um

Brot)

▸ **mener** [məne] ⟨**-è-**⟩ **1** (*Mensch, Weg, Treppe usw.*) führen (***à*** zu, nach) **2** anführen (*Zug*) **3** SPORT führen, in Führung liegen **4** leiten (*Untersuchung*); führen (*Leben, Prozess usw.*)

méninge *f* [menɛ̃ʒ] **1** Hirnhaut *f* **2** *umg.* ***se creuser les ~s*** sich das Hirn zermartern

menottes *f Pl* [mənɔt] Handschellen *f Pl*

▸ **mensonge** *m* [mɑ̃sɔ̃ʒ] Lüge *f*

mensu|el, ~elle [mɑ̃sɥɛl] monatlich; (*Zeitschrift usw.*) Monats…

mensurations *f Pl* [mɑ̃syʀasjɔ̃] Maße *n Pl*, Körpermaße *n Pl*

mental(e) [mɑ̃tal] ⟨*m Pl* ***-aux***⟩ **1** gedanklich; ***le calcul mental*** das Kopfrechnen **2** geistig

mentalité *f* [mɑ̃talite] Mentalität *f*

ment|eur[1] *m*, **~euse** *f* [mɑ̃tœʀ, -øz] Lügner(in) *m(f)*

ment|eur[2], **~euse** [mɑ̃tœʀ, -øz] verlogen

menthe *f* [mɑ̃t] **1** BOT Minze *f* **2** *Getränk*: Pfefferminzsirup *m*; ***une ~ à l'eau*** Pfefferminzsirup mit Wasser

mention *f* [mɑ̃sjɔ̃] **1** Erwähnung *f*; ***faire ~ de qc*** etw erwähnen **2** Vermerk *m* **3** *in e-r Prüfung*: Note *f*; ***avec ~*** mit Auszeichnung

mentionner [mɑ̃sjɔne] erwähnen

▸ **mentir** [mɑ̃tiʀ] ⟨*wie* ***partir***⟩ lügen; ***~ à qn*** j-n anlügen

▸ **menton** *m* [mɑ̃tɔ̃] Kinn *n*; ***le double ~*** das Doppelkinn

▸ **menu** *m* [məny] **1** *Essen*: Menü *n* **2** Speisekarte *f* **3** IT Menü *n*

menu(e) [məny] **1** (*Person*) zierlich, schmächtig **2** (*Stücke usw.*) klein **3** ***hacher menu*** fein hacken

menuiserie *f* [mənɥizʀi] Tischlerei *f*, Schreinerei *f*

menuisier *m* [mənɥizje] Tischler *m*, Schreiner *m*

se méprendre [səmepʀɑ̃dʀ] ⟨*wie* ***prendre***⟩ *lit.* sich täuschen (***sur*** in)

▸ **mépris** *m* [mepʀi] Verachtung *f*

méprise *f* [mepʀiz] Irrtum *m*, Versehen *n*

▸ **mépriser** [mepʀize] **1** verachten **2** missachten, nicht beachten (*Gefahr usw.*)

▸ **mer** *f* [mɛʀ] (⚠ la mer) Meer *n*, See *f*; ***la ~ du Nord*** die Nordsee

mercenaire *m* [mɛʀsənɛʀ] Söldner *m*

merci[1] [mɛʀsi] ***~!*** danke!; ***~ beaucoup*** (*od.* ***bien***)***!*** vielen Dank!

merci[2] *m* [mɛʀsi] Dank *m*, Dankeschön *n*

merci[3] *f* [mɛʀsi] Gnade *f*; ***ils sont à sa ~*** sie sind ihm *bzw.* ihr ausgeliefert

mercredi *m* [mɛʀkʀədi] **1** Mittwoch *m* **2** ***le ~*** mittwochs **3** ***le ~ des Cendres*** der Aschermittwoch

mercure *m* [mɛʀkyʀ] Quecksilber *n*

merde *f* [mɛʀd] *sehr umg.* Scheiße *f*, Kacke *f*

merder [mɛʀde] *umg.* **1** (*Person*) Mist bauen **2** (*Plan*) in die Hose gehen

▸ **mère** *f* [mɛʀ] Mutter *f*

meringue *f* [məʀɛ̃g] *Gebäck*: Baiser *n*

méritant(e) [meʀitɑ̃(t)] *a. iron.* verdienstvoll

mérite *m* [meʀit] *durch Anerkennung usw.*: Verdienst *n*

▸ **mériter** [meʀite] **1** verdienen (*Anerkennung, Lob usw.*) **2** ***~ le détour*** e-n Umweg wert sein *od.* lohnen

merveille *f* [mɛʀvɛj] Wunder *n*

merveill|eux, ~euse [mɛʀvɛjø, -øz] **1** (*Erzählung usw.*) fantastisch **2** wunderbar, wunderschön, wundervoll

mes [me] meine

mésaventure *f* [mezavɑ̃tyʀ] Missgeschick *n*

mesdames [medam] *Pl von* → ***madame***

mesdemoiselles [medmwazɛl] *Pl von* → ***mademoiselle***

▸ **message** *m* [mɛsaʒ] (⚠ le message) **1** Nachricht *f*, Mitteilung *f* **2** *e-s Kunstwerks usw.*: Aussage *f* **3** IT Meldung *f*; ***le ~ électronique*** die E-Mail **4** ***le ~ publicitaire*** der Werbespot

messager *m* [mɛsaʒe] *Mensch*: Bote *m*

messagère *f* [mɛsaʒɛʀ] Botin *f*

messagerie *f* [mɛsaʒʀi] IT Mailbox *f*

▸ **messe** *f* [mɛs] *in der Kirche*: Messe *f*

Messie *m* [mesi] Messias *m*

messieurs [⚠ mesjø] *Pl von* → ***monsieur***

▸ **mesure** *f* [məzyʀ] **1** *räumlich, inhaltlich, als Einheit*: Maß *n*; ***sur ~*** (*Kleidung*) nach Maß **2** (*das Messen*) Messung *f* **3** MUS Takt *m*; ***en ~*** im Takt **4** (*Mäßigung*) Maß *n* **5** (*Dimension*) Ausmaß *n*; ***dans la ~ du possible*** so weit möglich **6** (*Aktion*) Maßnahme *f*; ***prendre des ~s*** Maßnahmen ergrei-

M

fen **7** ***je suis en ~ de travailler*** ich bin in der Lage zu arbeiten

mesuré(e) [məzyʀe] (*Person*) maßvoll; (*Ton*) gemäßigt; (*Schritt*) gemessen

▸ **mesurer** [məzyʀe] **1** messen; abmessen, ausmessen (*Raum usw.*) **2** ***~ un mètre*** e-n Meter groß *bzw.* lang sein **3** abschätzen, einschätzen (*Risiko usw.*)

▸ **métal** *m* [metal] ⟨*Pl* **-aux**⟩ Metall *n*

métallique [metalik] **1** aus Metall, Metall… **2** (*Klang, Glanz*) metallisch

métallisé(e) [metalize] (*Autofarbe usw.*) metallic

métallurgie *f* [metalyʀʒi] **1** Metallindustrie *f* **2** Metallbearbeitung *f*

métamorphose *f* [metamɔʀfoz] **1** Verwandlung *f* **2** BIOL Metamorphose *f*

▸ **météo**[1] *f* [meteo] Wetterbericht *m*

météo[2] [meteo] ⟨*unv.*⟩ (*Karte usw.*) Wetter…

météorologie *f* [meteɔʀɔlɔʒi] **1** Wetterkunde *f* **2** *Amt*: Wetterdienst *m*, Wetteramt *n*

▸ **méthode** *f* [metɔd] (*Verfahren*) Methode *f*

méticul|eux, ~euse [metikylø, -øz] sorgfältig, peinlich genau

▸ **métier**[1] *m* [metje] Beruf *m*, Gewerbe *n*

métier[2] *m* [metje] ***le ~ à tisser*** der Webstuhl

M

métis *m*, **métisse** *f* *beide* [⚠ metis] Mischling *m*

métrage *m* [metʀaʒ] **1** *zum Schneidern*: Stoffmenge *f* **2** FILM ***le court ~*** der Kurzfilm; ***le long ~*** der Spielfilm

▸ **mètre** *m* [mɛtʀ] **1** *Maß*: Meter *m od. n*; ***un ~ carré*** ein Quadratmeter; ***un ~ cube*** ein Kubikmeter **2** *Gerät*: Metermaß *n*; ***le ~ pliant*** der Zollstock **3** *im Gedicht*: Versmaß *n*, Metrum *n*

▸ **métro** *m* [metʀo] (⚠ le métro) U-Bahn *f*, Metro *f*

Le métro

Le métro (Abkürzung für **chemin de fer métropolitain**) ist die U-Bahn in Paris, deren erste Linie anlässlich der Weltausstellung im Jahr 1900 eröffnet wurde. Heute verkehren 15 Linien auf rund 200 km Schienennetz. Hinzu kommen noch 92 km der Schnellbahnlinien **RER** (**réseau express régional**). Von jedem Punkt der Stadt aus ist eine der ca. 300 Metro-Stationen zu Fuß zu erreichen.
Einige Eingänge, **les bouches du métro**, sind mit schmiedeeisernen Elementen verziert und stehen unter Denkmalschutz.

metteur en scène *m* [mɛtœʀɑ̃sɛn] Regisseur(in) *m(f)*

▸ **mettre** [mɛtʀ] ⟨*prés.*: ***je mets, il met, nous mettons***; *imparf.*: ***je mettais***; *p/s*: ***je mis***; *fut.*: ***je mettrai***; *subj.*: ***je mette***; *p/pr*: ***mettant***; *p/p*: ***mis***⟩ **1** legen, stellen, setzen; ***se ~ à la fenêtre*** sich ans Fenster stellen; ***se ~ au lit*** sich ins Bett legen; ***se ~ au volant*** sich ans Steuer setzen; ***se ~ debout*** aufstehen; ***elle ne sait plus où se ~*** sie möchte sich am liebsten in ein Mauseloch verkriechen **2** *in etw*: (hinein)stecken, (hinein)tun; ***~ un rôti au four*** e-n Braten in den Backofen schieben **3** einlegen (*Film*); anbringen (*Vorhänge usw.*); ***~ le verrou*** den Riegel zuschieben **4** ***~ le couvert*** (*od.* ***la table***) den Tisch decken **5** anziehen (*Kleidung*); aufsetzen (*Hut, Brille*); anlegen (*Schmuck*); anstecken (*Ring*); ***se ~ en pantalon*** e-e Hose anziehen **6** ***se ~ du vernis à ongles*** sich die Nägel lackieren **7** ***~ la télé, la radio*** *usw.* den Fernseher, das Radio *usw.* anmachen *od.* anstellen **8** (*schreiben*) ***~ son nom sur une liste*** seinen Namen auf e-e Liste setzen *od.* schreiben **9** brauchen (*Zeitraum*); ***j'ai mis deux heures*** ich habe zwei Stunden gebraucht **10** *umg.* ***mettons qu'il ait raison*** (⚠ *subj.*) nehmen wir an, er hat recht **11** ▸ ***se mettre à faire qc*** anfangen etw zu tun; ***se ~ au travail*** sich an die Arbeit machen; ***s'y ~*** sich dranmachen; ***il se met à pleuvoir*** es fängt an zu regnen **12** ***se ~ en colère*** wütend werden

▸ **meuble** *m* [mœbl] Möbel *n*

▸ **meubler** [mœble] **1** möblieren, einrichten **2** *fig.* ausfüllen (*freie Zeit, Stile*)

meurs, meurt [mœʀ] → ***mourir***

▸ **meurtre** *m* [mœʀtʀ] Mord *m* (***de*** an)

meurtr|ier[1] *m*, **~ière** *f* [mœʀtʀije, -jɛʀ] Mörder(in) *m(f)*
meurtr|ier[2], **~ière** [mœʀtʀije, -jɛʀ] (*Kampf usw.*) mörderisch; (*Straße*) lebensgefährlich
meus, **meut** [mø] → ***mouvoir***
mexicain(e) [mɛksikɛ̃(-ɛn)] mexikanisch
Mexicain(e) *m(f)* [mɛksikɛ̃(-ɛn)] Mexikaner(in) *m(f)*
Mexique [mɛksik] ***le ~*** *Land*: Mexiko *n*
mi *m* [mi] MUS E, e *n*
mi-… [mi] *Vorsilbe* **1** halb, halb…, Halb…; ***à mi-hauteur*** auf halber Höhe **2** *vor Monatsnamen*: ***à la mi-avril, à la mi-mai*** *usw.* Mitte April, Mitte Mai *usw.*
mi-chemin [miʃ(ə)mɛ̃] ***à ~*** auf halbem Weg, auf halber Strecke
mi-clos(e) [miklo(z)] (*Augen, Vorhänge usw.*) halb geschlossen
▸ **micro** *m* [mikʀo] **1** (*Mikrofon*) Mikro *n* **2** *umg.* Mikrocomputer *m*
microbe *m* [mikʀɔb] (⚠ le microbe) Mikrobe *f*, Krankheitserreger *m*
micro-onde *f* [mikʀoɔ̃d] ⟨*Pl* ***micro-ondes***⟩ Mikrowelle *f*; ***le four à ~s*** der Mikrowellenherd
▸ **micro-ondes** *m* [mikʀoɔ̃d] ⟨*unv.*⟩ *Gerät*: Mikrowelle *f*
microphone *m* [mikʀɔfɔn] Mikrofon *n*
microprocesseur *m* [mikʀopʀɔsesœʀ] IT Mikroprozessor *m*
microscope *m* [mikʀɔskɔp] Mikroskop *n*
▸ **midi** *m* [midi] **1** *Tageszeit*: Mittag *m*; ***à ~*** mittags **2** *Uhrzeit*: zwölf Uhr (mittags); ***à ~*** um zwölf (Uhr); ***il est ~ et demi*** es ist halb eins
Midi [midi] ***le ~*** Südfrankreich *n*
mie *f* [mi] *vom Brot*: ***la ~*** das Weiche, das Innere
▸ **miel** *m* [mjɛl] Honig *m*
mien, **mienne** [mjɛ̃, mjɛn] **1** ▸ ***le mien, la mienne*** meine(r), meins; ***les miens, les miennes*** meine **2** ***les miens*** meine Familie **3** ***j'y mets du mien*** ich tue, was ich kann
miette *f* [mjɛt] **1** *vom Brot, Kuchen*: Krümel *m* **2** *umg.* ***ne pas en perdre une ~*** sich nichts entgehen lassen
▸ **mieux**[1] [mjø] **1** besser; ***je vais ~*** mir geht es besser; ***il va de ~ en ~*** es geht ihm immer besser; ***il ferait ~ de parler*** er würde besser reden **2** ***j'aime ~ rester à la maison*** ich bleibe lieber zu Hause **3** ***le ~*** am besten **4** ***mille euros, dans trois mois*** *usw.* ***au ~*** bestenfalls tausend Euro, in drei Monaten *usw.* **5** ***la femme la ~ habillée*** die bestgekleidete Frau **6** ***tant ~!*** umso besser!, wie schön!
mieux[2] *m* [mjø] **1** ***le ~*** das Bessere; *mehr*: das Beste; ***faire de son ~*** sein Bestes tun **2** Besserung *f*, Fortschritt *m*
▸ **mign|on**, **~onne** [miɲɔ̃, -ɔn] **1** niedlich, süß **2** *umg.* (*brav*) lieb, nett
migraine *f* [migʀɛn] Migräne *f*
migra|teur, **~trice** [migʀatœʀ, -tʀis] (*Tiere*) Wander…; (*Vögel*) Zug…
migration *f* [migʀasjɔ̃] *von Menschen, Tieren*: Wanderung *f*; ***la ~ des oiseaux*** der Vogelzug
mijoter [miʒɔte] **1** (***faire***) **~** bei schwacher Hitze kochen (lassen), köcheln (lassen) **2** liebevoll zubereiten (*Essen*) **3** *umg.* ausbrüten, aushecken (*Streich usw.*)
mil [mil] *in Jahreszahlen*: tausend
Milan [milɑ̃] Mailand *n*
milice *f* [milis] Miliz *f*
▸ **milieu** *m* [miljø] ⟨*Pl* ***~x***⟩ **1** Mitte *f*; ***au ~ de la route*** mitten auf der Straße **2** Mittelweg *m* **3** Umgebung *f*, Umwelt *f*; *gesellschaftlich*: Milieu *n*, Umfeld *n* **4** FUSSBALL ***le ~ de terrain*** der Mittelfeldspieler
▸ **militaire**[1] [militɛʀ] militärisch, Militär…
militaire[2] *m* [militɛʀ] Soldat(in) *m(f)*
militant(e) *m(f)* [militɑ̃(t)] *e-r Partei, Gewerkschaft*: aktives Mitglied
militer [milite] (politisch) aktiv sein; kämpfen (***pour*** für)
mille[1] [⚠ mil] tausend, eintausend
mille[2] *m* [⚠ mil] **1** Tausend *f* **2** ***cinq pour ~*** fünf Promille
mille[3] *m* [⚠ mil] *Längenmaß*: Seemeile *f*
millénaire[1] [milenɛʀ] tausendjährig
millénaire[2] *m* [milenɛʀ] **1** *Zeitraum*: Jahrtausend *n* **2** *Datum*: tausendster Jahrestag **3** Tausendjahrfeier *f*
▸ **milliard** *m* [miljaʀ] (⚠ le milliard) Milliarde *f*
millième[1] [miljɛm] tausendste(r, -s)
millième[2] *m* [miljɛm] Tausendstel *n*
▸ **millier** *m* [milje] **1** Tausend *n* **2** ***un ~***

(**de personnes**) ungefähr tausend (Personen) **3 des ~s** Tausende
millimètre *m* [milimɛtʀ] Millimeter *m*
▸ **million** *m* [miljõ] (⚠ le million) Million *f*
millionnaire *m,f* [miljɔnɛʀ] Millionär(in) *m(f)*
mime *m,f* [mim] Pantomime *m*, Pantomimin *f*
mimer [mime] **1** pantomimisch darstellen **2** (*nachahmen*) nachmachen
minable [minabl] *umg.* miserabel, erbärmlich
▸ **mince¹** [mɛ̃s] **1** dünn; (*Lippen*) schmal; (*Mensch, Figur*) schlank **2** gering; (*Rolle usw.*) klein, unbedeutend
mince² [mɛ̃s] *umg.* **~ (alors)!** verflixt (noch mal)!; *staunend*: Donnerwetter!
minceur *f* [mɛ̃sœʀ] **1** Dünnheit *f* **2** *von Mensch, Figur*: Schlankheit *f*
▸ **mine¹** *f* [min] (*Gesichtsausdruck*) Miene *f*; ***il a bonne*** (*bzw.* ***mauvaise***) **~** er sieht gut (*bzw.* schlecht) aus
mine² *f* [min] *vom Stift, im Bergwerk, Sprengkörper*: Mine *f*
miner¹ [mine] **1** angreifen (*Gesundheit usw.*) **2** (*Sorgen usw.*) zermürben
miner² [mine] verminen (*Gebiet usw.*)
minerai *m* [minʀɛ] Erz *n*
minéral *m* [mineʀal] ⟨*Pl* **-aux**⟩ Mineral *n*
minéral(e) [mineʀal] ⟨*m Pl* **-aux**⟩ mineralisch; (*Chemie*) anorganisch; ▸ ***de l'eau minérale*** Mineralwasser *n*
mineur¹ *m* [minœʀ] Bergarbeiter *m*
▸ **min|eur², ~eure** [minœʀ] **1** (*Jugendlicher*) minderjährig **2** (*nebensächlich*) zweitrangig; unbedeutend **3** MUS Moll…; ***en ut mineur*** in c-Moll
min|eur³ *m*, **~eure** *f* [minœʀ] Minderjährige(r) *f(m)*
miniature *f* [minjatyʀ] Miniatur *f*; ***en ~*** Miniatur…, im Kleinformat
minijupe *f* [miniʒyp] Minirock *m*, Mini *m*
minima [minima] → ***minimum¹***, ***minimum²***
minimal(e) [minimal] ⟨*m Pl* **-aux**⟩ minimal, Mindest…, Tiefst…
minime [minim] gering, unbedeutend
minimiser [minimize] herunterspielen, bagatellisieren, verharmlosen
▸ **minimum¹** *m* [⚠ minimɔm] ⟨⚠ *Pl* **~s** *od.* ***minima***⟩ **1** Mindestmaß *n*, Minimum *n* (**de** an); ***le ~ vital*** das Existenzminimum **2 au ~** mindestens
minimum² [⚠ minimɔm] ⟨⚠ *Pl* **~s** *od.* ***minima***⟩ Mindest…, Tiefst… (⚠ *bei weiblichen Subst.*: ***la température minimum*** *od.* ***minima***)
ministère *m* [ministɛʀ] **1** Ministerium *n* **2** (*Regierung*) Kabinett *n* **3** *in der Regierung*: Ministeramt *n* **4** *von Priestern*: Amt *n*
▸ **ministre** *m,f* [ministʀ] **1** Minister(in) *m(f)*, ⓒⓗ Bundesrat *m*, Bundesrätin *f* **2** ▸ ***le Premier ministre*** der Premierminister, der Ministerpräsident
minitel® *m* [minitɛl] ≈ Btx-Terminal *n*
▸ **minorité** *f* [minɔʀite] **1** Minderheit *f* **2** *Alter*: Minderjährigkeit *f*
▸ **minuit** *m* [minɥi] **1** Mitternacht *f*; ***à ~*** um Mitternacht **2** *Uhrzeit*: zwölf Uhr nachts; ***à ~ et demi*** nachts um halb eins
▸ **minuscule¹** [minyskyl] **1** winzig **2** ***une lettre ~*** ein kleiner Buchstabe
minuscule² *f* [minyskyl] Kleinbuchstabe *m*
▸ **minute** *f* [minyt] **1** Minute *f* **2** *fig.* Augenblick *m*; *umg.* **~!** Moment mal!
minutie *f* [minysi] Genauigkeit *f*, Sorgfalt *f*
minuti|eux, ~euse [minysjø, -øz] (peinlich) genau, sorgfältig, gründlich
▸ **miracle** *m* [miʀakl] Wunder *n*
miracul|eux, ~euse [miʀakylø, -øz] **1** wunderbar, außergewöhnlich **2** (*Mittel usw.*) Wunder…
mirage *m* [miʀaʒ] Fata Morgana *f*
miroir *m* [miʀwaʀ] Spiegel *m*
mis [mi] → ***mettre***
mise¹ *f* [miz] **1** *beim Spiel*: Einsatz *m* **2** Kleidung *f*
mise² *f* [miz] **1** ***la ~ à jour*** die Aktualisierung **2** ***la ~ en scène*** FILM, THEAT die Regie; THEAT *a.* die Inszenierung **3** ***la ~ en marche*** das Ingangsetzen **4** ***la ~ en garde*** die Warnung
miser [mize] *beim Pferderennen usw.*: setzen, wetten (***sur*** auf)
misérable [mizeʀabl] **1** (*Mensch*) sehr arm; (*Kleidung usw.*) ärmlich; (*Unterkunft usw.*) armselig, schäbig **2** (*Geldbetrag usw.*) armselig, lumpig
▸ **misère** *f* [mizɛʀ] (*Armut*) Elend *n*, Not *f*; *Ereignis*: Unglück *n*
missile *m* [misil] Rakete *f*, Flugkörper *m*
mission *f* [misjõ] **1** Auftrag *m*, Aufga-

M

be *f*; *bes. christlich*: Mission *f* **2** (*Gruppe*) Abordnung *f*, Delegation *f*
missionnaire *m,f* [misjɔnɛʀ] Missionar(in) *m(f)*
mit [mi] → ***mettre***
mite *f* [mit] Motte *f*
mi-temps¹ *f* [mitɑ̃] ⟨*unv.*⟩ SPORT Halbzeit *f*
mi-temps² *m* [mitɑ̃] ⟨*unv.*⟩ *bei der Arbeit*: Halbtagsstelle *f*; ***travailler à ~*** halbtags arbeiten
mit|eux, ~euse [mitø, -øz] (*Unterkunft usw.*) schäbig, armselig
mitigé(e) [mitiʒe] **1** (*Gefühle usw.*) gemischt **2** (*Eifer usw.*) mäßig
mitrailler [mitʀɑje] **1** *mit Gewehren*: beschießen **2** *umg. mit der Kamera*: Fotos schießen von …
mitraillette *f* [mitʀɑjɛt] Maschinenpistole *f*
mi-voix [mivwa] ***à ~*** halblaut
mixeur *m* [miksœʀ] GASTR Mixer *m*
mixte [mikst] **1** (*Klasse, Chor usw.*) gemischt; (*Schule*) für Jungen und Mädchen **2** (*Ehe, Haut usw.*) Misch…
mixture *f* [mikstyʀ] *Getränk*: Gebräu *n*
MJC *f* [ɛmʒise] (*Abk. für* maison de la jeunesse et de la culture) Jugendzentrum *n*
Mlle (*Abk. für* mademoiselle) Frl.
Mme (*Abk. für* madame) Fr., Frau
Mo *m* [ɛmo] (*Abk. für* méga-octet) MB (Megabyte)
mobile¹ [mɔbil] **1** beweglich (*a. Fest*) **2** (*Truppen, Arbeitskräfte*) mobil
mobile² *m* [mɔbil] **1** *zum Aufhängen*: Mobile *n* **2** *e-r Handlung*: Motiv *n*, Triebfeder *f*
mobilier *m* [mɔbilje] Mobiliar *n*, Einrichtung *f*
mobilisation *f* [mɔbilizasjõ] **1** MIL Mobilmachung *f* **2** *von Energien, Personen usw.*: Mobilisierung *f*
mobiliser [mɔbilize] **1** mobil machen (*Soldaten*) **2** mobilisieren (*Personen usw.*)
mobilité *f* [mɔbilite] **1** Beweglichkeit *f* **2** *von Arbeitskräften usw.*: Mobilität *f*
mobylette® *f* [mɔbilɛt] Mofa *n*
▸ **moche** [mɔʃ] *umg.* **1** hässlich **2** (*Verhalten*) fies, gemein
▸ **mode**¹ *f* [mɔd] **1** Mode *f*; ***à la ~*** modern, (in) Mode **2** (*Farben usw.*) Mode…, modisch **3** *bei Speisen*: ***à la ~ de …*** nach Art von …
mode² *m* [mɔd] **1** ▸ ***le mode d'emploi*** die Gebrauchsanweisung; *von Geräten*: die Bedienungsanleitung **2** (*Art*) Weise *f*, Form *f*; ***le ~ de vie*** die Lebensart **3** *von Verben*: Form *f*, Modus *m*; ***le ~ conditionnel*** der Konditional **4** MUS Tonart *f* **5** IT Modus *m*
▸ **modèle** *m* [mɔdɛl] **1** Muster *n*, Vorbild *n* (*a. Mensch*); ***un élève ~*** ein Musterschüler **2** KUNST, MODE, *in der Industrie usw.*: Modell *n*; ***le ~ hors série*** die Sonderanfertigung **3** ***un ~ réduit d'avion*** ein Modellflugzeug
modeler [mɔd(ə)le] ⟨**-è-**⟩ modellieren (*Ton usw.*); formen (*Teig usw.*)
modélisme *m* [mɔdelism] Modellbau *m*
modem *m* [mɔdɛm] IT Modem *n*
modération *f* [mɔdeʀasjõ] Mäßigung *f* (⚠ Moderation *e-r Sendung, Show usw.* = ***animation*** *f*, ***présentation*** *f*)
modéré(e) [mɔdeʀe] mäßig; (*Preis, Partei*) gemäßigt; (*Mensch*) maßvoll
modérément [mɔdeʀemɑ̃] maßvoll
modérer [mɔdeʀe] ⟨**-è-**⟩ **1** dämpfen (*Kosten*) **2** zügeln (*Eifer, Wut*) **3** ***~ ses expressions*** sich in seinen Worten mäßigen (⚠ *e-e Sendung, Show usw.* moderieren = ***animer, présenter***)
▸ **moderne** [mɔdɛʀn] **1** modern, neuzeitlich **2** ***les temps*** *m Pl* ***~s*** die Neuzeit
modernisation *f* [mɔdɛʀnizasjõ] Modernisierung *f*
moderniser [mɔdɛʀnize] modernisieren
modeste [mɔdɛst] bescheiden
modestie *f* [mɔdɛsti] Bescheidenheit *f*
modification *f* [mɔdifikasjõ] Änderung *f*
modifier [mɔdifje] ändern, verändern
modique [mɔdik] (*Preis usw.*) niedrig
modulation *f* [mɔdylasjõ] **1** MUS Modulation *f* **2** RAD ***la ~ de fréquence*** die Ultrakurzwelle
module *m* [mɔdyl] **1** TECH, IT Modul *n* **2** *e-s Ganzen*: Element *n*, Baustein *m* **3** SCHULE, UNI Kurs *m* **4** *Leistungsnachweis an der Uni*: Schein *m*
moduler [mɔdyle] **1** MUS modulieren **2** anpassen (*Tarife usw.*)
moelle *f* [⚠ mwal] Knochenmark *n*, Mark *n*; ***la ~ épinière*** das Rückenmark
moell|eux, ~euse [⚠ mwalø, -øz] (*Kis-*

sen, Teppich usw.) weich, flauschig

mœurs *f Pl* [mœʀ] *od.* [mœʀs] Sitten *f Pl* und Bräuche *m Pl*, Lebensgewohnheiten *f Pl*

▸**moi** [mwa] **1** ***c'est ~*** ich bin es; ***~, je travaille*** ich arbeite; ***~ non plus*** ich auch nicht **2** ***avec ~*** mit mir; ***pour ~*** für mich **3** ***c'est ~ que tu cherches?*** suchst du mich? **4** ***une photo de ~*** ein Foto von mir **5** ***rends-le-~!*** gib es mir zurück!

moi-même [mwamɛm] (ich) selbst

moindre [mwɛ̃dʀ] **1** geringer, kleiner, niedriger **2** ***le, la ~ …*** der, die, das geringste *od.* kleinste …; ***c'est la ~ des choses*** das ist das Mindeste

moine *m* [mwan] Mönch *m*

moineau *m* [mwano] ⟨*Pl* **~x**⟩ Spatz *m*

▸**moins** [mwɛ̃] **1** weniger; ***de ~ en ~*** immer weniger; ***~ de sel*** weniger Salz; ***~ de huit*** weniger als acht; ***dix euros de ~*** zehn Euro weniger **2** ***~ âgé, grand usw.*** jünger, kleiner *usw.* **3** ▸ ***le moins*** am wenigsten **4** ▸ ***au moins*** *od.* ***du moins*** wenigstens, zumindest **5** ***à ~ de ne rien faire du tout*** außer wenn man gar nichts tut **6** *umg.* ***en ~ de deux*** im Nu, in null Komma nichts **7** *beim Subtrahieren*: minus, weniger **8** *bei der Uhrzeit*: ***il est cinq heures ~ dix*** es ist zehn vor fünf **9** *bei der Temperatur*: ***il fait ~ dix*** es sind minus zehn Grad

M

▸**mois** *m* [mwa] **1** Monat *m*; ***au ~ de mai*** im Mai; ***par ~*** *od.* ***au ~*** monatlich, im Monat **2** *Geldsumme*: Monatsrate *f*, Monatsbeitrag *m*; (*Lohn*) Monatsgehalt *n*

moisi *m* [mwazi] *auf Brot usw.*: Schimmel *m*

moisi(e) [mwazi] schimmelig, verschimmelt

moisir [mwaziʀ] schimmeln, verschimmeln

moisissure *f* [mwazisyʀ] **1** Schimmelpilz *m* **2** *auf Brot usw.*: Schimmel *m*

moisson *f* [mwasõ] *von Getreide*: Ernte *f*

moissonn|eur *m*, **~euse** *f* [mwasɔnœʀ, -øz] Erntearbeiter(in) *m(f)*

moite [mwat] feucht

▸**moitié** *f* [mwatje] **1** Hälfte *f*; ***diminuer de ~*** um die Hälfte verringern **2** ***~ …, ~ …*** halb …, halb …

mol [mɔl] → ***mou***[1]

molaire *f* [mɔlɛʀ] Backenzahn *m*

molécule *f* [mɔlekyl] (⚠ la molécule) Molekül *n*

molle [mɔl] → ***mou***[1]

mollet *m* [mɔlɛ] Wade *f*

mollusques *m Pl* [mɔlysk] Weichtiere *n Pl*

môme *m* [mom] *umg.* kleines Kind, Kleine(r) *m*

▸**moment** *m* [mɔmɑ̃] **1** Augenblick *m*, Moment *m*; ***ce n'est pas le ~*** das ist nicht der richtige Zeitpunkt; ***un ~!*** (e-n) Moment, bitte!; ***au ~ où j'allais partir*** in dem Moment, als ich gehen wollte **2** ***du ~ que ça ne dérange personne, tu peux le faire*** wenn es niemanden stört, kannst du es machen

momentané(e) [mɔmɑ̃tane] vorübergehend, augenblicklich

momentanément [mɔmɑ̃tanemɑ̃] momentan, zurzeit

momie *f* [mɔmi] (⚠ momie) Mumie *f*

▸**mon** [mõ] mein(e)

monarchie *f* [mɔnaʀʃi] Monarchie *f*

monarque *m* [mɔnaʀk] Monarch *m*

monastère *m* [mɔnastɛʀ] Kloster *n*

mondain(e) [mõdɛ̃(-ɛn)] **1** (*extravagant*) mondän **2** (*Verpflichtungen usw.*) gesellschaftlich

▸**monde** *m* [mõd] **1** Welt *f*; ***au ~*** auf der Welt **2** ***mettre un enfant au ~*** ein Kind zur Welt bringen; ***venir au ~*** auf die Welt kommen **3** ***le beau ~*** die bessere Gesellschaft **4** ***un homme du ~*** ein Mann von Welt **5** (viele) Menschen *m Pl od.* Leute *Pl*; ***tout le ~*** jeder, alle; ***beaucoup de ~*** viele Leute

▸**mondial(e)** [mõdjal] ⟨*m Pl* **-aux**⟩ (*Verbreitung usw.*) weltweit; (*Rekord, Markt, Krieg usw.*) Welt…

mondialisation *f* [mõdjalizasjõ] Globalisierung *f*

monégasque [mɔnegask] monegassisch, aus Monaco

Monégasque *m,f* [mɔnegask] Monegasse *m*, Monegassin *f*

monétaire [mɔnetɛʀ] (*Einheit, Politik usw.*) Währungs…; (*Markt usw.*) Geld…

mongol|ien, ~ienne [mõgɔljɛ̃, -jɛn] (*Kind usw.*) mongoloid

moniteur[1] *m* [mɔnitœʀ] (*Bildschirm*) Monitor *m*

moni|teur[2] *m*, **~trice** *f* [mɔnitœʀ, -tʀis] **1** *im Ferienlager usw.*: Betreuer(in) *m(f)* **2** ***le moniteur d'auto-école*** der Fahrlehrer **3** ***la monitrice de ski*** die Skilehrerin

▸**monnaie** *f* [mɔnɛ] **1** Geld *n*, Währung *f*; ***la fausse ~*** das Falschgeld **2** Wechselgeld *n*; ***rendre la ~ (sur dix euros)*** (auf zehn Euro) herausgeben **3** Kleingeld *n*; ***faire de la ~*** (Geld) wechseln **4** *einzeln*: Münze *f*

monologue *m* [mɔnɔlɔg] Monolog *m*, Selbstgespräch *n*

monoparental(e) [mɔnopaʀɑ̃tal] ⟨*m Pl* ***-aux***⟩ ***une famille monoparentale*** e-e Familie mit e-m alleinerziehenden Elternteil

monopole *m* [mɔnɔpɔl] **1** WIRTSCH Monopol *n* (**de** auf) **2** *fig.* Exklusivrecht *n* (**de** auf)

monopoliser [mɔnɔpɔlize] *fig.* in Beschlag nehmen, mit Beschlag belegen

monotone [mɔnɔtɔn] monoton, eintönig

monotonie *f* [mɔnɔtɔni] Monotonie *f*, Eintönigkeit *f*, Gleichförmigkeit *f*

▸**monsieur** *m* [məsjø] ⟨⚠ *Pl* ***messieurs***⟩ **1** *mit Namen*: ***Monsieur Dubois*** Herr Dubois; *Anrede*: ***Monsieur le Maire*** Herr Bürgermeister **2** ***bonjour, ~!*** guten Tag; *wenn man den Namen kennt*: guten Tag, Herr …; *sehr förmlich*: guten Tag, mein Herr!; ***messieurs!*** meine Herren!; ***mesdames et messieurs!*** meine Damen und Herren!; *umg.* ***bonjour, messieurs dames!*** guten Tag(, die Herrschaften)! **3** *am Briefanfang*: ***Monsieur, …*** Sehr geehrter Herr (+ *Name*), … **4** Herr *m*; ***un vieux ~*** ein alter Herr

monstre[1] *m* [mõstʀ] **1** Monster *n*, Ungeheuer *n* **2** MED Missbildung *f*, Missgeburt *f* **3** *Mensch durch sein Verhalten*: Scheusal *n*

monstre[2] [mõstʀ] *umg.* (*viel, groß*) wahnsinnig, Riesen…

monstru|eux, ~euse [mõstʀyø, -øz] **1** (*Verbrechen usw.*) ungeheuerlich, abscheulich **2** (*groß*) riesig, ungeheuer

mont *m* [mõ] **1** (⚠ *meist + Namen*) Berg *m*; ***le ~ Blanc*** der Montblanc; ***le ~ Cervin*** das Matterhorn **2** *fig.* ***il m'a promis ~s et merveilles*** er hat mir das Blaue vom Himmel versprochen; ***elle est toujours par ~s et par vaux*** sie ist ständig auf Achse

montage *m* [mõtaʒ] (⚠ le montage) **1** TECH *usw.* Montage *f* **2** FILM Schnitt *m* **3** ELEK Schaltung *f*

montagnard(e) *m(f)* [mõtaɲaʀ(d)] Bergbewohner(in) *m(f)*

▸**montagne** *f* [mõtaɲ] **1** Berg *m* **2** ***la ~*** *od.* ***les ~s*** das Gebirge **3** *auf der Kirmes*: ***les ~s russes*** die Achterbahn

montagn|eux, ~euse [mõtaɲø, -øz] bergig, Berg…; (*Gegend*) Gebirgs…

montant *m* [mõtɑ̃] **1** *Geld*: Betrag *m*, Summe *f* **2** *am Bett usw.*: Pfosten *m*; *der Leiter*: Holm *m*

montant(e) [mõtɑ̃(t)] **1** (*Weg*) ansteigend **2** ***la marée montante*** die Flut **3** (*Kleid*) hochgeschlossen

▸**montée** *f* [mõte] **1** *vom Flugzeug, beim Wandern usw.*: Aufstieg *m*; *vom Aufzug*: Hinauffahren *n*; *von der Seilbahn*: Bergfahrt *f*; *vom Wasser*: Ansteigen *n* **2** *von Preisen usw.*: Anstieg *m* **3** *am Berg*: Steigung *f*

▸**monter** [mõte] ⟨*1, 6 u. 8 in der Regel mit* **être**⟩ **1** (*sich nach oben bewegen*) steigen (***à, sur*** auf); hinaufkommen, -gehen, -fahren, hochkommen, -gehen, -fahren; ***~ à bicyclette*** aufs Fahrrad steigen **2** (*nach oben transportieren*) hinaufbringen, -tragen, -holen, heraufbringen, -tragen, -holen **3** (*Weg*) ansteigen; (*Sonne usw.*) aufsteigen **4** (*Wasser, Temperatur, Preise usw.*) steigen **5** (*Stimme*) höher werden **6** ***~ à cheval*** reiten **7** ***~ un cheval*** ein Pferd reiten **8** ***~ en grade*** befördert werden **9** montieren; zusammenbauen (*Möbel*); aufstellen (*Zelt usw.*) **10** schneiden (*Film*) **11** gründen (*Geschäft usw.*) **12** ***la somme se monte à 100 euros*** die Summe beläuft sich auf 100 Euro

mont|eur *m*, **~euse** *f* [mõtœʀ, -øz] **1** Monteur(in) *m(f)* **2** FILM Cutter(in) *m(f)*

montgolfière *f* [mõgɔlfjɛʀ] Heißluftballon *m*

▸**montre** *f* [mõtʀ] **1** Uhr *f*, Armbanduhr *f* **2** ***dix minutes ~ en main*** auf die Minute genau zehn Minuten

montre-bracelet *f* [mõt(ʀə)bʀaslɛ] ⟨*Pl* ***montres-bracelets***⟩ Armbanduhr *f*

▸**montrer** [mõtʀe] **1** zeigen (*Fotos, Weg, Gefühle usw.*) **2** ***il l'a montré du doigt*** er hat mit dem Finger auf ihn gezeigt **3** ***se ~*** sich zeigen, sich sehen lassen; ***se ~ courageux*** sich als mutig erweisen

M

monture[1] *f* [mõtyʀ] **1** *für e-n Schmuckstein*: Fassung *f* **2** *an der Brille*: Gestell *n*

monture[2] *f* [mõtyʀ] Reittier *n*, Reitpferd *n*

▸ **monument** *m* [mɔnymɑ̃] **1** *Statue usw.*: Denkmal *n* **2** *Gebäude*: Baudenkmal *n*, Monument *n*; ***un ~ classé*** ein unter Denkmalschutz stehendes Bauwerk

monumental(e) [mɔnymɑ̃tal] ⟨*m Pl* ***-aux***⟩ **1** (*Bauwerk*) monumental, kolossal **2** *umg.* (*Fehler usw.*) gewaltig

▸ **se moquer** [səmɔke] **1** sich lustig machen (***de*** über) **2** ***~ de qn*** j-n an der Nase herumführen **3** ***il se moque de mes problèmes*** meine Probleme sind ihm egal; ***je m'en moque*** das ist mir egal, ich pfeife darauf

moquerie *f* [mɔkʀi] Spott *m*

▸ **moquette** *f* [mɔkɛt] Teppichboden *m*

moqu|eur, ~euse [mɔkœʀ, -øz] spöttisch

moral *m* [mɔʀal] (⚠ le moral) Stimmung *f*, (innere) Verfassung; ***il a le ~*** er ist gut drauf

moral(e) [mɔʀal] ⟨*m Pl* ***-aux***⟩ **1** (*Werte usw.*) moralisch **2** (*Kraft usw.*) seelisch, innere(r, -s)

morale *f* [mɔʀal] **1** Moral *f* (*a. bei der Fabel*) **2** ***faire la ~ à qn*** j-m e-e Strafpredigt halten

moralité *f* [mɔʀalite] **1** Sittlichkeit *f*, Moral *f* **2** *bei der Fabel usw.*: Moral *f*

▸ **morceau** *m* [mɔʀso] ⟨*Pl* ***~x***⟩ Stück *n* (*a.* MUS *usw.*); ***un ~ de pain*** ein Stück Brot

morceler [mɔʀsəle] ⟨***-ll-***⟩ aufteilen (*Erbe usw.*); zerstückeln (*Land usw.*)

mordant(e) [mɔʀdɑ̃(t)] (*Antwort usw.*) bissig; (*Ironie*) beißend, scharf

▸ **mordre** [mɔʀdʀ] ⟨*wie* ***rendre***⟩ **1** beißen **2** ***~*** (***à l'appât***) (*Fisch*) anbeißen **3** (*Säure*) ätzen; angreifen (*Metall*) **4** *bei räumlichen od. zeitlichen Begrenzungen*: ***~ sur le trottoir*** über den Bürgersteig treten *bzw.* fahren; ***~ sur les vacances*** die Ferien überschreiten **5** ***se ~ les lèvres*** sich auf die Lippen beißen

se morfondre [səmɔʀfõdʀ] ⟨*wie* ***rendre***⟩ vor Langeweile vergehen

morgue *f* [mɔʀg] Leichenschauhaus *n*

morne [mɔʀn] (*Tag usw.*) trist, trostlos

morose [mɔʀoz] missmutig, trübselig

morosité *f* [mɔʀozite] Trübseligkeit *f*

morse[1] *m* [mɔʀs] Walross *n*

morse[2] *m* [mɔʀs] Morsezeichen *n*

morsure *f* [mɔʀsyʀ] **1** *vom Hund usw.*: Biss *m*; *vom Insekt*: Stich *m* **2** Bisswunde *f*

▸ **mort**[1] *f* [mɔʀ] **1** Tod *m* **2** ***à ~*** *verletzt, sich langweilen*: tödlich **3** ***condamner à ~*** zum Tod verurteilen

mort[2] *m* [mɔʀ] **1** *Mann*: Tote(r) *m* **2** ***il fait le ~*** er stellt sich tot **3** ***l'accident a fait deux ~s*** der Unfall forderte zwei Todesopfer

▸ **mort(e)** [mɔʀ(t)] **1** → ***mourir*** **2** tot **3** (*Pflanze usw.*) abgestorben; (*Blätter*) welk; (*Holz*) dürr **4** (*Stadt*) ausgestorben **5** (*Wasser*) stehend **6** (*Batterie*) leer **7** ***je suis mort*** (***de fatigue***) ich bin todmüde

mortalité *f* [mɔʀtalite] Sterblichkeit *f*

morte *f* [mɔʀt] *Frau*: Tote *f*

mort|el, ~elle [mɔʀtɛl] **1** (*Lebewesen*) sterblich **2** (*Gift, Gefahr, Langeweile*) tödlich; ***le coup mortel*** der Todesstoß **3** (*Feind, Sünde*) Tod… **4** *umg.* sterbenslangweilig

mortellement [mɔʀtɛlmɑ̃] ***~ blessé*** tödlich verletzt

mort-né(e) [mɔʀne] tot geboren

morue *f* [mɔʀy] Kabeljau *m*

morve *f* [mɔʀv] Nasenschleim *m*

mosaïque *f* [mɔzaik] Mosaik *n*

Moscou [mɔsku] Moskau *n*

Moselle *f* [mozɛl] Mosel *f*

mosquée *f* [mɔske] Moschee *f*

▸ **mot** *m* [mo] **1** Wort *n*; *aus e-r anderen Sprache a.*: Vokabel *f*; ***traduire ~ à ~*** wörtlich übersetzen; ***en un ~*** mit e-m Wort **2** *e-r bestimmten Person*: Ausspruch *m* **3** ***les ~s croisés*** das Kreuzworträtsel **4** ***le ~ de passe*** IT das Passwort **5** *schriftlich*: ***un ~*** ein paar Zeilen, e-e kurze Nachricht **6** *Wendungen*: ***il est parti sans ~ dire*** er ist wortlos gegangen; ***elle a toujours le ~ pour rire*** sie ist immer zu Scherzen aufgelegt; ***ils se sont donné le ~*** sie haben sich abgesprochen; ***j'ai deux ~s à te dire*** ich habe ein Wörtchen mit dir zu reden; ***il n'en a pas soufflé*** (*od.* ***pipé***) ***~*** davon hat er kein Wort gesagt

motard(e) *m*(*f*) [mɔtaʀ(d)] Motorradfahrer(in) *m*(*f*)

mot-clé *m* [mokle] ⟨*Pl* ***mots-clés***⟩ **1**

M

Schlüsselwort *n* **2** *im Wörterbuch*: Stichwort *n*

▸ **moteur**[1] *m* [mɔtœʀ] **1** Motor *m* **2** INTERNET ***le ~ de recherche*** die Suchmaschine

mo|teur[2], **~trice** [mɔtœʀ, -tʀis] **1** (*Nerven usw.*) motorisch, Bewegungs… **2** (*Rad, Kraft usw.*) Antriebs…

motif *m* [mɔtif] (⚠ moti*f*) **1** Beweggrund *m*, Motiv *n* **2** MAL, MUS Motiv *n* **3** *auf Stoff usw.*: Muster *n*

motivation *f* [mɔtivasjõ] Motivation *f*; ***les ~s*** die Beweggründe

motivé(e) [mɔtive] motiviert

motiver [mɔtive] **1** begründen (*Handeln usw.*) **2** motivieren (*Personen*)

▸ **moto** *f* [moto] (⚠ la moto) Motorrad *n*

motocycliste *m,f* [mɔtɔsiklist] Motorradfahrer(in) *m(f)*

motorisé(e) [mɔtɔʀize] motorisiert

motrice *f* [mɔtʀis] BAHN Triebwagen *m*

▸ **mou**[1], **molle** [mu, mɔl] **1** (↔ *hart*) weich **2** (*Mensch*) willenlos, weich **3** (*Händedruck*) schlaff; (*Widerstand*) schwach; (*Stil usw.*) kraftlos

mou[2] *m* [mu] *umg.* ***c'est un ~*** er ist Weichei *od.* ein Schlappschwanz

mouchard(e) *m(f)* [muʃaʀ(d)] Denunziant(in) *m(f)*; *bei der Polizei*: Spitzel *m*; SCHULE *usw.* Petzer *m*, Petze *f*

moucharder [muʃaʀde] *umg.* **1** petzen **2** verpetzen (*Kind*); verpfeifen (*Komplizen*)

▸ **mouche** *f* [muʃ] **1** Fliege *f* **2** *Wendungen*: ***elle a pris la ~*** sie ist beleidigt *od.* eingeschnappt; ***quelle ~ t'a piqué?*** was ist denn in dich gefahren?; ***on aurait entendu une ~ voler*** man konnte e-e Stecknadel fallen hören **3** *beim Schießen*: ***faire ~*** ins Schwarze treffen (*a. fig.*)

se moucher [səmuʃe] sich die Nase putzen

▸ **mouchoir** *m* [muʃwaʀ] Taschentuch *n*; Ⓒⓗ Nastuch *n*

moudre [mudʀ] ⟨*prés.*: ***je mouds, nous moulons***; *imparf.*: ***je moulais, il moulait***; *p/s*: ***il moulut***; *subj.*: ***que je moule***; *impér.*: ***mouds!, moulez!***; *p/pr*: ***moulant***; *p/p*: ***moulu***⟩ mahlen

moue *f* [mu] ***elle fait la ~*** (*sie schmollt*) sie macht *od.* zieht ein Gesicht

mouette *f* [mwɛt] Möwe *f*

▸ **mouillé(e)** [muje] nass; *etwas weniger*: feucht

mouiller [muje] **1** nass machen; *weniger*: befeuchten **2** ***se ~*** nass werden **3** (*Schiff*) vor Anker gehen **4** ***~ l'ancre*** Anker werfen

moulage *m* [mulaʒ] *aus e-r Form*: Abguss *m*

moule[1] *m* [mul] **1** *zum Gießen, Backen usw.*: Form *f* **2** *für Kinder*: Sandförmchen *n*

moule[2] *f* [mul] Miesmuschel *f*

▸ **moulin** *m* [mulɛ̃] **1** *Gebäude*: Mühle *f*; ***le ~ à vent*** die Windmühle **2** *Gerät*: Mühle *f*; ***le ~ à café*** die Kaffeemühle

moulu(e) [muly] (*Kaffee, Pfeffer usw.*) gemahlen

mourant(e) *m(f)* [muʀɑ̃(t)] Sterbende(r) *f(m)*

▸ **mourir** [muʀiʀ] ⟨*prés.*: ***je meurs, il meurt, nous mourons, ils meurent***; *imparf.*: ***je mourais***; *p/s*: ***je mourus***; *fut.*: ***je mourrai***; *subj.*: ***je meure, nous mourions***; *p/pr*: ***mourant***; *p/p*: ***mort***; *mit* ***être***⟩ **1** sterben (**de** an); ***~ de froid*** erfrieren; ***~ dans un accident de voiture*** bei e-m Autounfall ums Leben kommen **2** *fig.* ***~ de soif, de faim*** vor Durst, Hunger umkommen *od.* sterben **3** ***s'ennuyer à ~*** sich zu Tode langweilen **4** (*Feuer*) (langsam) ausgehen

mousquetaire *m* [muskətɛʀ] Musketier *m*

mousse[1] *f* [mus] BOT Moos *n*

mousse[2] *f* [mus] **1** Schaum *m* **2** ***la ~ coiffante*** der Schaumfestiger; ***la ~ à raser*** der Rasierschaum **3** GASTR (schaumige) Creme, Mousse *f*; ***la ~ au chocolat*** die Schokoladencreme **4** *Material*: Schaumstoff *m*, Schaumgummi *m*

mousse[3] *m* [mus] Schiffsjunge *m*

mousser [muse] schäumen

mouss|eux[1], **~euse** [musø, -øz] schäumend

mousseux[2] *m* [musø] Schaumwein *m*

mousson *f* [musõ] *Wind*: Monsun *m*

moustache *f* [mustaʃ] **1** Schnurrbart *m*, Schnauzbart *m*; Ⓒⓗ Schnauz *m* **2** ***des ~s*** zo Schnurrhaare *n Pl*

moustachu(e) [mustaʃy] schnauzbärtig, mit Schnurrbart

moustiquaire *f* [mustikɛʀ] Moskitonetz *n*

▸ **moustique** *m* [mustik] Stechmücke *f*;

in tropischen Ländern: Moskito *m*
▸**moutarde** *f* [mutaʀd] Senf *m*
▸**mouton** *m* [mutõ] **1** Schaf *n*; ***le ~ bêle*** das Schaf blökt **2** *Fleisch*: Hammelfleisch *n* **3** *fig.* ***des ~s*** *auf Möbeln*: Staubflocken *f Pl*; *auf Wellen*: Schaumkronen *f Pl*; *am Himmel*: Schäfchenwolken *n Pl*
▸**mouvement** *m* [muvmɑ̃] **1** Bewegung *f* **2** *von Gefühlen*: Regung *f*, Reaktion *f*; *von Mitleid*: Anwandlung *f*; *von Wut*: Anfall *m* **3** MUS Tempo *n*; *als Teil e-s Werks*: Satz *m* **4** *auf der Straße usw.*: reges Treiben **5** *e-r Uhr*: Werk *n*
mouvementé(e) [muvmɑ̃te] (*Leben usw.*) stürmisch, bewegt
mouvoir [muvwaʀ] ⟨*prés.*: ***je meus, il meut, nous mouvons, ils meuvent***; *imparf.*: ***je mouvais***; *p/s*: ***je mus***; *fut.*: ***je mouvrai***; *subj.*: ***je meuve, nous mouvions***; *p/pr*: ***mouvant***; *p/p*: ***mû, mue***⟩ **1** ***se ~*** sich bewegen **2** *lit.* ***il est mû par la passion*** er wird von Leidenschaft getrieben
▸**moyen**[1], **moyenne** [mwajɛ̃, mwajɛn] **1** mittlere(r, -s), Mittel… **2** (*Geschwindigkeit, Alter usw.*) durchschnittlich, Durchschnitts… **3** (*Leistung, Schüler usw.*) mittelmäßig
▸**moyen**[2] *m* [mwajɛ̃] **1** Mittel *n*, Weg *m*; ***au ~ d'un couteau*** mit e-m Messer **2** ***le ~ de transport*** das Transportmittel **3** ***des ~s*** (*Talent*) Begabung *f*, Fähigkeiten *f Pl*; *körperlich*: Kräfte *f Pl*; *finanziell*: Mittel *n Pl*; *umg.* ***il a les ~s!*** er kann es sich leisten!; ***elle vit au-dessus de ses ~s*** sie lebt über ihre Verhältnisse
Moyen-Âge *m* [mwajɛnɑʒ] Mittelalter *n*
moyenâg|eux, ~euse [mwajɛnɑʒø, -øz] mittelalterlich
moyennant [mwajɛnɑ̃] **1** ~ (***une somme de***) ***cent euros*** für (e-e Summe von) hundert Euro; ***~ récompense*** gegen Belohnung **2** ***~ quoi*** womit, wodurch
moyenne *f* [mwajɛn] **1** Durchschnitt *m*; ***en ~*** im Durchschnitt, durchschnittlich **2** MATH Mittelwert *m*, Mittel *n* **3** ***il roule à une ~ de 60 km/heure*** er fährt mit e-r durchschnittlichen Geschwindigkeit von 60 Stundenkilometern
moyennement [mwajɛnmɑ̃] mittelmäßig
Moyen-Orient [mwajɛnɔʀjɑ̃] ***le ~*** der Mittlere Osten
MST *f* [ɛmɛste] (*Abk. für* maladie sexuellement transmissible) Geschlechtskrankheit *f*
mû [my] → ***mouvoir***
mue *f* [my] **1** *beim Menschen*: Stimmbruch *m* **2** *bei Vögeln*: Mauser *f* **3** *bei Schlangen*: Häutung *f*; *a.* abgestreifte Haut
muer [mɥe] **1** (*junge Männer*) im Stimmbruch sein **2** (*Vögel*) sich mausern **3** (*Schlangen*) sich häuten
muesli *m* [mysli] Müsli *n*
▸**muet, muette** [mɥɛ, mɥɛt] stumm
muguet *m* [mygɛ] Maiglöckchen *n*
mulâtre *m,f* [mylɑtʀ] Mulatte *m*, Mulattin *f*
mule[1] *f* [myl] *Schuh*: Pantoffel *m*
mule[2] *f* [myl] ZO weibliches Maultier
mulet *m* [mylɛ] Maultier *n*, Maulesel *m*
multicolore [myltikɔlɔʀ] mehrfarbig, bunt
multiple[1] *m* [myltipl] Vielfache(s) *n*
multiple[2] [myltipl] **1** mehrfach, vielfach; (*Gründe usw.*) vielfältig **2** ***une prise ~*** e-e Mehrfachsteckdose
multiplication *f* [myltiplikasjõ] MATH Multiplikation *f*, Malnehmen *n*
multiplicité *f* [myltiplisite] Vielfalt *f*
multiplier [myltiplije] **1** MATH multiplizieren, malnehmen (***par*** mit) **2** vervielfachen, wiederholen (*Fehler usw.*)
multitude *f* [myltityd] (große) Menge
muni(e) [myni] ausgestattet (***de*** mit)
Munich [⚠ mynik] München *n*
municipal(e) [mynisipal] ⟨*m Pl* ***-aux***⟩ (*Bad usw.*) städtisch; (*Rat usw.*) Stadt…; (*Wahlen*) Kommunal…
municipalité *f* [mynisipalite] Stadtrat *m*
se munir [səmyniʀ] ***~ d'un parapluie*** *usw.* e-n Schirm *usw.* mitnehmen
munitions *f Pl* [mynisjõ] (⚠ *Plural*) Munition *f*
▸**mur** *m* [myʀ] (⚠ le mur) **1** Mauer *f*, Wand *f* **2** ***le ~ du son*** die Schallmauer **3** *fig.* ***faire le ~*** *aus dem Internat, der Kaserne usw.*: heimlich weggehen; SPORT e-e Mauer bilden
▸**mûr(e)** [myʀ] reif
muraille *f* [myʀɑj] (dicke) Mauer; ***la Grande Muraille de Chine*** die Chinesische Mauer

M

mural(e) [myʀal] ⟨*m Pl* ***-aux***⟩ (*Uhr, Karte, Zeitung usw.*) Wand…
mûre *f* [myʀ] Brombeere *f*
mûrement [myʀmɑ̃] *überlegen*: reiflich
murer [myʀe] zumauern (*Fenster, Tür*)
mûrir [myʀiʀ] **1** (*Früchte usw.*) reifen, reif werden **2** (*Mensch*) reifer werden, reifen
murmure *m* [myʀmyʀ] Murmeln *n*
murmurer [myʀmyʀe] **1** murmeln; ***~ à l'oreille*** ins Ohr flüstern **2** ***obéir sans ~*** ohne Murren gehorchen
muscat *m* [myska] *Traube, Wein*: Muskateller *m*
▸ **muscle** *m* [myskl] Muskel *m*
musclé(e) [myskle] muskulös
musculaire [myskylɛʀ] (*Zerrung, Kraft usw.*) Muskel…
musculature *f* [myskylatyʀ] Muskulatur *f*
museau *m* [myzo] ⟨*Pl* ***~x***⟩ Schnauze *f*, Maul *n*
▸ **musée** *m* [myze] Museum *n*
museler [myz(ə)le] ⟨***-ll-***⟩ ***~ un chien*** e-m Hund e-n Maulkorb anlegen
muselière *f* [myzəljɛʀ] Maulkorb *m*
musical(e) [myzikal] ⟨*m Pl* ***-aux***⟩ **1** Musik… **2** ***une comédie musicale*** ein Musical **3** (*Stimme, Ton*) klangvoll
music-hall *m* [⚠ myzikol] ⟨*Pl* ***music--halls***⟩ Varietee *n*
▸ **music|ien**[1] *m*, **~ienne** *f* [myzisjɛ̃, -jɛn] Musiker(in) *m(f)*
music|ien[2], **~ienne** [myzisjɛ̃, -jɛn] (*Person, Gehör*) musikalisch
▸ **musique** *f* [myzik] Musik *f*
musulman(e)[1] [myzylmɑ̃(-an)] moslemisch, mohammedanisch
musulman(e)[2] *m(f)* [myzylmɑ̃(-an)] Moslem *m*, Moslime *f*
muter [myte] versetzen (*Beamte usw.*)
mutilé(e) *m(f)* [mytile] Versehrte(r) *f(m)*; ***le mutilé de guerre*** der Kriegsbeschädigte
mutiler [mytile] **1** verstümmeln (*Körper, a. Text usw.*) **2** ***il est mutilé du bras gauche*** er hat seinen linken Arm verloren
mutin *m* [mytɛ̃] Meuterer *m*
mutinerie *f* [mytinʀi] Meuterei *f*
mutisme *m* [mytism] Schweigen *n*
mutu|el, ~elle [mytɥɛl] **1** gegenseitig **2** (*Versicherung usw.*) auf Gegenseitigkeit
mygale *f* [migal] Vogelspinne *f*
myope [mjɔp] kurzsichtig
myosotis *m* [mjɔzɔtis] Vergissmeinnicht *n*
myrtille *f* [miʀtij] Heidelbeere *f*, Blaubeere *f*
▸ **mystère** *m* [mistɛʀ] Geheimnis *n*
▸ **mystéri|eux, ~euse** [misteʀjø, -øz] geheimnisvoll, mysteriös
mystifier [mistifje] täuschen, hereinlegen
mythe *m* [mit] Mythos *m*
mythique [mitik] (*Gestalt usw.*) mythisch
mythomane [mitɔman] ***être ~*** (krankhaft) lügen

N

n' [n] → ***ne***
nacre *f* [nakʀ] Perlmutt *n*
nage *f* [naʒ] **1** Schwimmen *n* **2** Schwimmstil *m* **3** ***il est en ~*** er ist in Schweiß gebadet
nageoire *f* [naʒwaʀ] zo Flosse *f*
▸ **nager** [naʒe] ⟨***-ge-***⟩ **1** schwimmen; ***~ la brasse*** brustschwimmen; ***~ le crawl*** kraulen **2** *umg.* (*unsicher sein*) ins Schwimmen kommen, schwimmen **3** *umg.* ***elle nage dans ce pull*** sie ertrinkt in diesem Pulli
nag|eur *m*, **~euse** *f* [naʒœʀ, -øz] Schwimmer(in) *m(f)*
naïf, naïve [naif, naiv] (⚠ naïf) naiv
nain(e)[1] *m(f)* [nɛ̃ (nɛn)] Zwerg(in) *m(f)*; ***le nain de jardin*** der Gartenzwerg
nain(e)[2] [nɛ̃ (nɛn)] Zwerg…; ***le lapin nain*** der Zwerghase
▸ **naissance** *f* [nɛsɑ̃s] **1** Geburt *f*; ***elle a donné ~ à une fille*** sie hat ein Mädchen zur Welt gebracht **2** *fig.* Entstehung *f* **3** ***la ~ des cheveux*** der Haaransatz
▸ **naître** [nɛtʀ] ⟨*prés.*: ***je nais, il naît, nous naissons***; *imparf.*: ***je naissais***; *p/s*: ***je naquis***; *fut.*: ***je naîtrai***; *subj.*:

je naisse; *p/pr*: **naissant**; *p/p*: **né**; *mit* **être**⟩ **1** geboren werden, zur Welt kommen **2** (*Gefühl, Industrie usw.*) entstehen
naïveté *f* [naivte] (⚠ naï̲ve̲té) Naivität *f*
nana *f* [nana] *umg.* **1** *meist positiv in der allg. Bedeutung*: Frau *f* **2** *manchmal negativ*: Tussi *f*
▸ **nappe** *f* [nap] **1** Tischdecke *f*, Tischtuch *n* **2** *von Öl usw.*: Schicht *f*; *auf dem Meer*: ***la ~ de mazout*** der Ölteppich **3** ***la ~ de brouillard*** die Nebelbank
naquit [naki] → ***naître***
narcisse *m* [naʀsis] (⚠ le narcisse) Narzisse *f*
narguer [naʀge] verspotten, verhöhnen
narine *f* [naʀin] Nasenloch *n*
narquois(e) [naʀkwa(z)] spöttisch
narrateur *m* [naʀatœʀ] Erzähler *m*
narration *f* [naʀasjõ] **1** Erzählung *f* **2** SCHULE Aufsatz *m*, Erlebnisaufsatz *m*
narratrice *f* [naʀatʀis] Erzählerin *f*
nasal(e) [nazal] ⟨*m Pl* **-aux**⟩ **1** Nasen… **2** (*Laut*) nasal, Nasal…
nasale *f* [nazal] (⚠ la nasale) Nasal *m*, Nasallaut *m*
naseau *m* [nazo] ⟨*Pl* **~x**⟩ Nüster *f*
natal(e) [natal] Geburts…, Heimat…; ***le pays natal*** die Heimat; ***la maison natale*** das Elternhaus, das Geburtshaus
natalité *f* [natalite] Geburtenziffer *f*
▸ **natation** *f* [natasjõ] Schwimmen *n*; ***faire de la ~*** schwimmen
nat|if, ~ive [natif, -iv] ***il est natif de Rome*** er ist gebürtiger Römer
▸ **nation** *f* [nasjõ] **1** Volk *n* **2** (*Staat*) Nation *f*
▸ **national(e)** [nasjɔnal] ⟨*m Pl* **-aux**⟩ **1** national, National…; ***la route nationale*** ≈ die Bundesstraße **2** inländisch, einheimisch
nationale *f* [nasjɔnal] ≈ Bundesstraße *f*
nationaliser [nasjɔnalize] verstaatlichen
▸ **nationalité** *f* [nasjɔnalite] Staatsangehörigkeit *f*, Nationalität *f*
natte *f* [nat] **1** Matte *f* **2** *Frisur*: Zopf *m*
naturaliser[1] [natyʀalize] einbürgern; ***il s'est fait ~ Allemand*** er hat die deutsche Staatsbürgerschaft erworben
naturaliser[2] [natyʀalize] ausstopfen, präparieren (*Tier*)
naturaliste[1] [natyʀalist] naturalistisch
naturaliste[2] *m,f* [natyʀalist] **1** *Wissenschaftler(in)*: Naturforscher(in) *m(f)* **2** *von Tieren*: Präparator(in) *m(f)* **3** KUNST Naturalist(in) *m(f)*
▸ **nature**[1] *f* [natyʀ] **1** Natur *f* **2** (*Wesen*) Natur *f*, Art *f*; ***de*** (*od.* ***par***) **~** von Natur (aus) **3** KUNST ***la ~ morte*** das Stillleben **4** ***grandeur ~*** in Lebensgröße **5** *umg.* ***payer en ~*** in Naturalien bezahlen
nature[2] [natyʀ] ⟨*unv.*⟩ Natur…; ***un yaourt ~*** ein Naturjoghurt; ***un café ~*** ein schwarzer Kaffee
▸ **natur|el**[1], **~elle** [natyʀɛl] **1** natürlich **2** Natur…; ***les sciences naturelles*** die Naturwissenschaften **3** (*Lebensmittel*) naturrein, naturbelassen
naturel[2] *m* [natyʀɛl] **1** (*Wesen*) Naturell *n* **2** (*Ungezwungenheit*) Natürlichkeit *f*
▸ **naturellement** [natyʀɛlmɑ̃] **1** natürlich **2** **~ *courageux*** *usw.* von Natur aus mutig *usw.*
naufrage *m* [nofʀaʒ] Schiffbruch *m*; ***faire ~*** Schiffbruch erleiden; (*Schiff*) sinken
naufragé(e) *m(f)* [nofʀaʒe] Schiffbrüchige(r) *f(m)*
nausée *f* [noze] **1** Übelkeit *f*, Brechreiz *m*; ***j'ai des ~s*** mir ist schlecht *od.* übel **2** (*Abscheu*) Ekel *m*
nautique [notik] **1** nautisch, See… **2** Wasser…; ***les sports*** *m Pl* ***~s*** der Wassersport
naval(e) [naval] Schiffs…, See…
navet *m* [navɛ] **1** weiße Rübe **2** *umg.* Kitschfilm *m*
navette *f* [navɛt] **1** Pendelbus *m*, Pendelzug *m*, Zubringerbus *m*; ***faire la ~*** pendeln **2** ▸ ***la navette spatiale*** die Raumfähre **3** *beim Weben*: Schiffchen *n*
navigateur *m* [navigatœʀ] INTERNET Browser *m*
navigation *f* [navigasjõ] **1** Schifffahrt *f* **2** *Fahren, Steuern*: Navigation *f* **3** ***la ~ aérienne*** die Luftfahrt **4** ***la ~ spatiale*** die Raumfahrt
naviguer [navige] **1** (*Schiff*) fahren; (*Segelschiff*) segeln **2** (*Flugzeug*) fliegen **3** (*Matrose*) zur See fahren **4** **~ *sur Internet*** im Internet surfen
navire *m* [naviʀ] Schiff *n*
navrant(e) [navʀɑ̃(t)] traurig, bedauerlich
navré(e) [navʀe] ***je suis navré mais …***

N

es tut mir leid, aber …
N.B. [ɛnbe] (*Abk. für* nota bene) Anm. (Anmerkung)
ne [n(ə)] (⚠ *vor Vokal u. stummem* h *steht* ***n'***) **1** ▸ ***ne … pas*** nicht; ***~ pas venir*** nicht kommen; ***il ~ vient pas*** er kommt nicht (⚠ *wenn man sehr förmlich spricht, kann* pas *a. fehlen*: ***je n'ose le dire*** ich wage es nicht zu sagen) **2** ***~ … pas de …*** (+ *Subst.*) kein(e); ***je n'ai pas de soucis*** ich habe keine Sorgen **3** *unübersetzt in Fällen wie*: ***il est plus riche qu'on ~ pense*** er ist reicher, als man denkt; ***je crains qu'elle ~ vienne*** ich befürchte dass sie kommt
né(e) [ne] **1** geboren; ***elle est née d'une mère française et d'un père allemand*** sie hat e-e französische Mutter und e-n deutschen Vater **2** *fig.* ***je ne suis pas né d'hier*** ich bin doch nicht von gestern
néanmoins [neɑ̃mwɛ̃] trotzdem, dennoch
néant *m* [neɑ̃] **1** Nichts *n* **2** ***réduire à ~*** zunichtemachen **3** *auf Formularen*: entfällt; ***signes particuliers: ~*** besondere Kennzeichen: keine
▸ **nécessaire**[1] [nesesɛʀ] nötig, notwendig
nécessaire[2] *m* [nesesɛʀ] Etui *n*, Necessaire *n*; ***le ~ à couture*** das Nähetui
nécessité *f* [nesesite] Notwendigkeit *f*; ***de première ~*** lebensnotwendig; ***par ~*** notgedrungen
nécessiter [nesesite] erfordern
nectarine *f* [nɛktaʀin] Nektarine *f*
néerlandais(e) [neɛʀlɑ̃dɛ(z)] niederländisch
Néerlandais(e) *m(f)* [neɛʀlɑ̃dɛ(z)] Niederländer(in) *m(f)*
nef *f* [⚠ nɛf] Kirchenschiff *n*
néfaste [nefast] verhängnisvoll; ***un jour ~*** ein Unglückstag
négat|if[1], **~ive** [negatif, -iv] **1** negativ **2** GR verneint, verneinend **3** ***le pôle négatif*** der Minuspol
négatif[2] *m* [negatif] FOTO Negativ *n*
négation *f* [negasjɔ̃] Verneinung *f*
négative *f* [negativ] ***dans la ~*** wenn nicht, bei e-r Absage
négligé *m* [negliʒe] Nachlässigkeit *f* (⚠ Negligee *für die Nacht* = ***déshabillé*** *m*)
négligé(e) [negliʒe] ungepflegt, schlampig
négligeable [negliʒabl] unbedeutend, unwesentlich
négligence *f* [negliʒɑ̃s] Nachlässigkeit *f*
négligent(e) [negliʒɑ̃(t)] **1** nachlässig, schlampig **2** (*Bewegung usw.*) lässig
▸ **négliger** [negliʒe] ⟨***-ge-***⟩ **1** vernachlässigen (*Personen, Interessen, Äußeres*) **2** außer Acht lassen (*Rat*) **3** ***~ de faire qc*** versäumen etw zu tun
négociant(e) *m(f)* [negɔsjɑ̃(t)] Händler(in) *m(f)*, Großhändler(in) *m(f)*
négociation *f* [negɔsjasjɔ̃] Verhandlung *f*
négocier [negɔsje] **1** verhandeln **2** ***~ un traité*** über e-n Vertrag verhandeln, e-n Vertrag aushandeln
nègre[1] *m* [nɛgʀ] *beleidigend* Neger *m*
nègre[2] *m* [nɛgʀ] ***petit ~*** Kauderwelsch *n*, gebrochenes Französisch
négresse *f* [negʀɛs] *beleidigend* Negerin *f*
▸ **neige** *f* [nɛʒ] Schnee *m*
▸ **neiger** [neʒe] ⟨***-ge-***⟩ schneien
nénuphar *m* [nenyfaʀ] Seerose *f*
▸ **nerf** *m* [⚠ nɛʀ] **1** Nerv *m* **2** *Wendungen*: ***il a des ~s d'acier*** er hat Nerven wie Drahtseile; ***je suis à bout de ~s*** ich bin fertig mit den Nerven; ***piquer une crise de ~s*** *vor Wut usw.*: e-n Anfall kriegen; *umg.* ***tu me tapes sur les ~s!*** du fällst *od.* gehst mir auf die Nerven! **3** *im Fleisch*: Sehne *f*
▸ **nerv|eux, ~euse** [nɛʀvø, -øz] **1** nervös **2** ANAT Nerven… **3** (*Fleisch*) sehnig **4** (*Auto*) spritzig
nervosité *f* [nɛʀvozite] Nervosität *f*
nervure *f* [nɛʀvyʀ] *im Blatt*: Rippe *f*, Ader *f*
n'est-ce pas [nɛspa] *in Fragen*: ***c'est bon, ~?*** das ist gut, nicht (wahr)?
net, nette *beide* [⚠ nɛt] **1** sauber, rein **2** klar, deutlich **3** (*Foto, Bild*) scharf **4** (*Summe, Gewicht*) netto; ***le poids net*** das Nettogewicht **5** *umg.* ***il n'est pas net*** (*mit ihm stimmt was nicht*) er ist nicht ganz sauber **6** ***s'arrêter net*** plötzlich anhalten; ***la balle l'a tué net*** die Kugel hat ihn auf der Stelle getötet; ***il a refusé tout net*** er hat glatt abgelehnt
▸ **nettement** [nɛtmɑ̃] deutlich, eindeutig
netteté *f* [nɛtte] **1** Klarheit *f*, Deutlichkeit *f* **2** FOTO Schärfe *f*

N

nettoyage *m* [nɛtwajaʒ] **1** Saubermachen *n*, Putzen *n*; ***le grand ~ de printemps*** der Frühjahrsputz **2** ***le ~ à sec*** die chemische Reinigung **3** *umg.* ***elle a fait le ~ par le vide*** sie hat (alles) ausgemistet

▸**nettoyer** [nɛtwaje] ⟨***-oi-***⟩ **1** sauber machen, putzen **2** *in der Reinigung*: reinigen **3** *umg.* (*leer machen*) ausräumen

▸**neuf**[1]**,neuve** [nœf, nœv] **1** neu **2** ***quoi de neuf?*** was gibt's Neues?

neuf[2] *m* [nœf] **1** Neue(s) *n* **2** ***du ~*** neue Sachen **3** ***refaire à ~*** renovieren

neuf[3] [nœf] **1** neun **2** ***le ~ mai*** der neunte Mai, am neunten Mai

neuf[4] *m* [nœf] (⚠ le neuf) Neun *f*

neutraliser [nøtʀalize] **1** ausschalten (*Gegner*); unschädlich machen (*Verbrecher, Feind*) **2** CHEM *usw.* neutralisieren

neutralité *f* [nøtʀalite] Neutralität *f*

neutre [nøtʀ] **1** neutral **2** GR sächlich; ***le genre ~*** das Neutrum

neuvième[1] [nœvjɛm] neunte(r, -s)

neuvième[2] *m* [nœvjɛm] Neuntel *n*

▸**neveu** *m* [n(ə)vø] ⟨*Pl* ***~x***⟩ Neffe *m*

névrose *f* [nevʀoz] Neurose *f*

▸**nez** *m* [ne] **1** Nase *f*; ***un ~ aquilin, busqué, retroussé*** e-e Adler-, Haken-, Stupsnase; ***il parle du ~*** er spricht durch die Nase **2** *Wendungen*: ***il a eu du ~*** er hat e-n guten Riecher gehabt; *umg.* ***je l'ai dans le ~*** ich kann ihn *od.* sie nicht riechen; ***aujourd'hui je n'ai pas mis le ~ dehors*** heute habe ich keinen Fuß vor die Tür gesetzt; ***il m'a ri au ~*** er hat mir (frech) ins Gesicht gelacht; ***elle le mène par le bout du ~*** sie tanzt ihm auf der Nase herum; ***je me suis trouvé ~ à ~ avec lui*** plötzlich stand ich ihm direkt gegenüber; ***l'avion a piqué du ~*** das Flugzeug machte e-n Sturzflug

ni [ni] ▸ ***ni … ni …*** weder … noch …; ⚠ *beim Verb immer mit* **ne**: ***il ne dit ~ oui ~ non*** er sagt weder ja noch nein

niais(e) [njɛ(z)] albern, kindisch

niaiserie *f* [njɛzʀi] Unsinn *m*

Nice [nis] Nizza *n*

niche *f* [niʃ] **1** *in e-r Wand*: Nische *f* **2** *für e-n Hund*: Hundehütte *f*

nichée *f* [niʃe] *von Vögeln*: Brut *f*

nicher [niʃe] **1** (*Vögel*) nisten **2** *umg.* (*Menschen*) hausen **3** ***se ~*** sich verstecken

nicotine *f* [nikɔtin] (⚠ la nicotine) Nikotin *n*

▸**nid** *m* [ni] Nest *n*

▸**nièce** *f* [njɛs] Nichte *f*

nième [⚠ ɛnjɛm] **1** MATH ***la ~ puissance*** die n-te Potenz **2** *fig.* ***pour la ~ fois*** zum x-ten Mal

▸**nier** [nje] leugnen, abstreiten

▸**n'importe** [nɛ̃pɔʀt] **1** ***~!*** (das ist mir) egal! **2** ***~ qui, quoi, où, comment, quand*** *usw.* irgendjemand, irgendwas, irgendwo, irgendwie, irgendwann *usw.* **3** ***il dit ~ quoi*** er sagt den größten Unsinn; ***je la suivrais ~ où*** ich würde ihr überallhin folgen **4** ***~ quel journal*** jede x-beliebige Zeitung; ***à ~ quel prix*** zu jedem Preis

niquer [nike] *Argot* **1** *vulg.* ficken **2** ***il s'est fait ~*** er ist beschissen worden **3** kaputt machen

▸**niveau** *m* [nivo] ⟨*Pl* ***~x***⟩ **1** Höhe *f*; *bei e-r Flüssigkeit*: Stand *m*; ***à 400 mètres au-dessus du ~ de la mer*** 400 Meter über dem Meeresspiegel; ***l'eau lui arrive au ~ des genoux*** das Wasser reicht ihm bis zu den Knien **2** ***le passage à ~*** der Bahnübergang **3** (*Stufe, Ebene*) Niveau *n*, Stand *m*; ▸ ***le niveau de vie*** der Lebensstandard **4** *fig.* ***à tous les ~x*** auf allen Ebenen **5** (*Stockwerk*) Etage *f*, Ebene *f*

noble[1] [nɔbl] **1** adlig **2** (*vornehm, großzügig*) edel

noble[2] *m,f* [nɔbl] Adlige(r) *f(m)*

noblesse *f* [nɔblɛs] **1** Adel *m* **2** (*Erhabenheit*) Würde *f* **3** (*Edelmut*) Großzügigkeit *f*

noce *f* [nɔs] **1** ***les ~s*** die Hochzeit, die Heirat; ***les ~s d'or*** die goldene Hochzeit **2** ***en secondes ~s*** in zweiter Ehe **3** *Feier*: Hochzeit *f* **4** *Gäste*: Hochzeitsgesellschaft *f*

noc|if, ~ive [nɔsif, -iv] schädlich

nocturne [nɔktyʀn] **1** nächtlich **2** ***un oiseau ~*** ein Nachtvogel **3** ***le match en ~*** das Flutlichtspiel **4** ***le magasin est ouvert en ~*** das Geschäft ist abends geöffnet

noël *m* [nɔɛl] **1** Weihnachtslied *n* **2** *umg.* ***c'est mon (petit) ~*** das ist mein Weihnachtsgeschenk

▸**Noël** *m* [nɔɛl] **1** Weihnachten *n* **2** ***le père ~*** der Weihnachtsmann

▸**nœud** *m* [nø] **1** Knoten *m* **2** *gebunden*:

Schleife *f* **3** ***le ~ papillon*** *für den Herrn*: die Fliege **4** *Geschwindigkeit*: Knoten *m* **5** *im Holz*: Ast *m* **6** *in e-m Roman, Drama*: Verwicklung *f*

noir[1] *m* [nwaʀ] **1** Schwarz *n*; ***une photo en ~ et blanc*** e-e Schwarzweißaufnahme **2** Dunkelheit *f*

noir[2] *m* [nwaʀ] *umg.* ***un (petit) ~*** ein Espresso

▸**noir(e)** [nwaʀ] **1** schwarz; ***du pain noir*** Schwarzbrot *n*; ***du raisin noir*** blaue Weintrauben **2** (*finster*) dunkel; ***il fait noir*** es ist dunkel **3** (*Stimmung, Ideen*) düster, trübe **4** ***travailler au noir*** schwarzarbeiten

Noir *m* [nwaʀ] *Mann*: Schwarze(r) *m*

noircir [nwaʀsiʀ] schwarz färben, schwärzen

noire *f* [nwaʀ] MUS Viertelnote *f*

Noire *f* [nwaʀ] *Frau*: Schwarze *f*

noisette *f* [nwazɛt] Haselnuss *f*

▸**noix** *f* [nwa] **1** Walnuss *f* **2** ***la ~ de coco*** die Kokosnuss

▸**nom** *m* [nõ] **1** Name *m*; ***quel est le ~ de ton prof?*** wie heißt dein Lehrer?; ***je le connais de ~*** ich kenne ihn dem Namen nach; ▸ ***le nom de famille*** der Familienname, der Nachname; ***le ~ de jeune fille*** der Mädchenname; *umg.* ***le petit ~*** der Vorname **2** (*Hauptwort*) Substantiv *n*, Nomen *n*; ***le ~ propre*** der Eigenname; ***le ~ commun*** der Gattungsname **3** ***le ~ déposé*** das Warenzeichen **4** *umg.* ***~ d'un chien!*** Donnerwetter!

▸**nombre** *m* [nõbʀ] **1** (*Ziffer*) Zahl *f* **2** (*Menge*) Anzahl *f*, Zahl *f*; ***(un) bon ~ de touristes*** ziemlich viele Touristen **3** ***en ~*** zahlreich; *im Verhältnis*: zahlenmäßig; ***sans ~*** zahllos, unzählig **4** GR Numerus *m*

nombr|eux, ~euse [nõbʀø, -øz] **1** zahlreich **2** ***une famille nombreuse*** e-e kinderreiche Familie

nombril *m* [nõbʀil] Nabel *m*, Bauchnabel *m*

nominal(e) [nɔminal] ⟨*m Pl* ***-aux***⟩ **1** namentlich; (*Liste usw.*) Namens… **2** GR Nominal…; ***la phrase nominale*** der Nominalsatz

nominatif *m* [nɔminatif] Nominativ *m*

nomination *f* [nɔminasjõ] Ernennung *f* (***à*** zu)

nommé(e) [nɔme] **1** mit Namen, namens; ***une femme nommée Marie*** e-e Frau namens Marie **2** ***un nommé Dubois*** ein gewisser Dubois **3** (*erwähnt*) genannt **4** ***à point nommé*** zur rechten Zeit **5** (↔ *gewählt*) ernannt

▸**nommer** [nɔme] **1** *mit Namen, in Aufzählungen usw.*: nennen **2** ***~ qc*** e-r Sache e-n Namen geben, etw benennen **3** (*berufen*) ernennen **4** ***se ~*** heißen

▸**non** [nõ] **1** *Antwort*: nein; ***~ merci!*** nein danke! **2** *Verneinung*: nicht; ***j'espère que ~*** ich hoffe nicht **3** ***moi ~ plus*** ich auch nicht **4** *umg.* ***~, mais!*** also wirklich! **5** *umg.* ***c'est vrai, ~?*** das stimmt, oder?

nonante [nɔnɑ̃t] neunzig (⚠ nonante *sagt man in Belgien u. in der Schweiz; sonst heißt es* quatre-vingt-dix)

non-fum|eur *m*, **~euse** *f* [nõfymœʀ, -øz] ⟨*Pl* ***non-fumeurs, non-fumeuses***⟩ Nichtraucher(in) *m(f)*

non-sens *m* [nõsɑ̃s] Unsinn *m*

non-violence *f* [nõvjɔlɑ̃s] Gewaltlosigkeit *f*

▸**nord**[1] *m* [nɔʀ] **1** Norden *m* **2** ***au ~ de …*** nördlich von … **3** ***l'Afrique f du Nord*** Nordafrika *n*; ***l'Allemagne f du Nord*** Norddeutschland *n* **4** ***la mer du Nord*** die Nordsee

nord[2] [nɔʀ] ⟨*unv.*⟩ nördlich, Nord…

nord-africain(e) [⚠ nɔʀafʀikɛ̃(-ɛn)] nordafrikanisch

nord-américain(e) [⚠ nɔʀameʀikɛ̃(-ɛn)] nordamerikanisch

nord-est *m* [⚠ nɔʀɛst] Nordosten *m*

nordique [nɔʀdik] nordisch

nord-ouest *m* [⚠ nɔʀwɛst] Nordwesten *m*

▸**normal(e)** [nɔʀmal] ⟨*m Pl* ***-aux***⟩ normal

normale *f* [nɔʀmal] ***la ~*** das Normale, das Übliche; ***au-dessus de la ~*** überdurchschnittlich; ***revenir à la ~*** sich (wieder) normalisieren

▸**normalement** [nɔʀmalmɑ̃] **1** normal **2** (*eigentlich*) normalerweise

normaliser [nɔʀmalize] standardisieren, normen

normand(e) [nɔʀmɑ̃(d)] normannisch, aus der Normandie

Normand(e) *m(f)* [nɔʀmɑ̃(d)] Normanne *m*, Normannin *f*

Normandie *f* [nɔʀmɑ̃di] Normandie *f* (*Region in Nordwestfrankreich*)

norme *f* [nɔʀm] Norm *f*, Regel *f*; ***les ~s***

N

de sécurité die Sicherheitsvorschriften

Norvège [nɔʀvɛʒ] ***la ~*** Norwegen *n*

norvég|ien, ~ienne [nɔʀveʒjɛ̃, -jɛn] norwegisch

Norvég|ien *m*, **~ienne** *f* [nɔʀveʒjɛ̃, -jɛn] Norweger(in) *m(f)*

nos [no] unsere

nostalgie *f* [nɔstalʒi] Sehnsucht *f*

nostalgique [nɔstalʒik] sehnsüchtig, wehmütig

notable[1] [nɔtabl] beachtlich, bemerkenswert

notable[2] *m* [nɔtabl] bekannte Persönlichkeit; ***les ~s d'une ville*** die Honoratioren e-r Stadt

notaire *m* [nɔtɛʀ] Notar(in) *m(f)*

notamment [nɔtamɑ̃] besonders

▸ **note** *f* [nɔt] **1** SCHULE Note *f*, Zensur *f* **2** MUS Note *f*, Ton *m* **3** *in e-m Text*: Anmerkung *f*; *unten auf der Seite*: Fußnote *f*; ***une ~ explicative*** e-e Erläuterung **4** (*Vermerk*) Notiz *f*; ***les ~s*** die Aufzeichnungen; ***j'ai pris des ~s*** ich habe mir Notizen gemacht; *fig.* ***j'en prends bonne ~!*** das werde ich mir merken! **5** *zum Bezahlen*: Rechnung *f*

▸ **noter** [nɔte] **1** notieren, aufschreiben **2** (*sehen, hören usw.*) bemerken, feststellen **3** (*markieren*) anstreichen **4** SCHULE zensieren, benoten; ***le professeur note l'élève*** der Lehrer gibt dem Schüler e-e Note

notice *f* [nɔtis] Hinweise *m Pl*; ***la ~ explicative*** die Bedienungsanleitung (⚠ Notiz = ***note*** *f*)

N

notion *f* [nosjõ] **1** (*Idee*) Begriff *m*, Vorstellung *f*; ***je n'en ai pas la moindre ~*** ich habe nicht die geringste Ahnung **2** (*Sinn*) Gefühl *n*; ***la ~ du temps*** das Zeitgefühl **3** ***des ~s d'anglais*** Grundkenntnisse *f Pl* in Englisch

notoriété *f* [nɔtɔʀjete] Bekanntheit *f*; ***de ~ publique*** allgemein bekannt

▸ **notre** [nɔtʀ] unser(e)

nôtre [notʀ] **1** ▸ ***le, la nôtre*** unsere(r, -s), der, die, das unsere; ***les ~s*** unsere **2** ***les ~s*** unsere Familie; ***elle est des ~s*** sie ist eine von uns; ***j'espère que vous serez des ~s dimanche*** ich hoffe, dass Sie am Sonntag zu uns kommen

nouer [nwe] **1** (*schließen*) zuknoten, zubinden **2** zusammenknoten, zusammenbinden **3** knoten, binden (*Krawatte, Schal*) **4** binden (*Blumenstrauß*) **5** anknüpfen (*Beziehungen*) **6** ***il avait la gorge nouée*** seine Kehle war wie zugeschnürt

nougat *m* [⚠ nuga] *frz. Süßigkeit aus weißer Mandelmasse, Pistazien und ganzen Mandeln*

nougatine *f* [nugatin] Krokant *m*

nouille *f* [nuj] **1** ***les ~s*** die Nudeln **2** *umg. Person*: Flasche *f*

nounours *m* [⚠ nunuʀs] *Kinderspr.* Teddybär *m*

nourrice *f* [nuʀis] **1** Tagesmutter *f*, Pflegemutter *f* **2** *früher*: Amme *f*

▸ **nourrir** [nuʀiʀ] **1** *mit Geld usw.*: ernähren, versorgen **2** *mit Essen*: zu essen geben; füttern (*bes. Kind, Tier*) **3** ***elle nourrit son bébé*** sie stillt ihr Baby

nourrisson *m* [nuʀisõ] Säugling *m*

▸ **nourriture** *f* [nuʀityʀ] **1** Nahrung *f*, Essen *n* **2** *für Tiere*: Futter *n*, Fressen *n*

▸ **nous** [nu] **1** wir; ***~ sommes heureux*** wir sind glücklich **2** uns; ***il ~ a écrit*** er hat uns geschrieben; ***~ ~ sommes acheté une nouvelle voiture*** wir haben uns ein neues Auto gekauft

nous-mêmes [numɛm] **1** (wir) selbst **2** ***de ~*** von selbst, von uns aus

▸ **nouveau**[1], **nouvelle** [nuvo, nuvɛl] ⟨*m Pl* ***~x***⟩ **1** neu **2** ***les nouveaux riches*** die Neureichen **3** ***à nouveau*** von neuem; ▸ ***de nouveau*** noch einmal, wieder

nouveau[2] *m* [nuvo] ⟨*Pl* ***~x***⟩ *Mann*: Neue(r) *m*

nouveau[3] *m* [nuvo] ***du ~*** Neue(s) *n*

nouveau-né *m* [nuvone] ⟨*Pl* ***nouveau-nés***⟩ Neugeborene(s) *n*

nouveauté *f* [nuvote] **1** Neuheit *f*, Neuartigkeit *f* **2** *Produkt*: Neuheit *f*; *Buch*: Neuerscheinung *f* **3** *Maßnahme*: Neuerung *f*

nouvel [nuvɛl] → ***nouveau***[1]

nouvelle[1] [nuvɛl] → ***nouveau***[1]

▸ **nouvelle**[2] *f* [nuvɛl] **1** Neuigkeit *f*, Nachricht *f* (*a. in den Medien*) **2** ***il n'a pas donné de ses ~s*** er hat nichts von sich hören lassen; *Drohung*: ***tu auras de mes ~s!*** du wirst noch von mir hören! **3** ***prendre des ~s de qn*** sich nach j-m erkundigen

nouvelle[3] *f* [nuvɛl] *Frau*: Neue *f*

nouvelle[4] *f* [nuvɛl] *Erzählung*: Novelle

f

Nouvelle-Calédonie [nuvɛlkaledɔni] ***la ~*** Neukaledonien *n (zu Frankreich gehörende Insel im Pazifik)*

Nouvelle-Zélande [nuvɛlzelɑ̃d] ***la ~*** Neuseeland *n*

novembre *m* [nɔvɑ̃bʀ] November *m*; ***en ~*** im November; ***il est né le 11 ~*** er ist am elften November geboren

novice *m,f* [nɔvis] **1** Neuling *m*, Anfänger(in) *m(f)* **2** *im Kloster*: Novize *m*, Novizin *f*

noyau *m* [nwajo] ⟨*Pl* ***~x***⟩ **1** Kern *m* (*a.* BIOL, PHYS) **2** *im Obst*: Stein *m*

noyé(e)[1] [nwaje] **1** ertrunken **2** *fig.* überfordert; ***il est complètement noyé*** er blickt überhaupt nicht mehr durch

noyé(e)[2] *m(f)* [nwaje] Ertrunkene(r) *f(m)*

noyer[1] [nwaje] ⟨***-oi-***⟩ **1** ▸ ***se noyer*** ertrinken **2** *töten*: ertränken **3** (*überfluten*) überschwemmen **4** ***il a noyé le carburateur*** er hat den Motor absaufen lassen

noyer[2] *m* [nwaje] Nussbaum *m*

nu *m* [ny] KUNST Akt *m*

▸ **nu(e)** [ny] **1** nackt; (***les***) ***pieds nus*** barfuß **2** ***à l'œil nu*** mit bloßem Auge **3** (*Zimmer, Wand, Baum*) kahl

▸ **nuage** *m* [nɥaʒ] **1** Wolke *f* **2** *fig.* ***elle est dans les ~s*** sie ist geistesabwesend

nuag|eux, ~euse [nɥaʒø, -øz] bewölkt

nuance *f* [nɥɑ̃s] **1** *von Farben, Unterschieden*: Nuance *f* **2** feiner Unterschied

▸ **nucléaire**[1] [nykleɛʀ] nuklear, atomar, Atom…, Kern…; ***une centrale ~*** ein Atomkraftwerk

nucléaire[2] *m* [nykleɛʀ] Atomkraft *f*, Kernkraft *f*; ***non au ~!*** Atomkraft nein danke!

nudisme *m* [nydism] FKK

nudiste[1] [nydist] FKK…

nudiste[2] *m,f* [nydist] FKK-Anhänger(in) *m(f)*

nue *f* [ny] **1** Wolke *f* **2** *Wendungen*: ***il l'a portée aux ~s*** er hat sie in den Himmel gelobt; ***elle est tombée des ~s*** sie fiel aus allen Wolken

nuée *f* [nɥe] **1** *von Tieren, Menschen*: Schwarm *m* **2** *am Himmel*: große Wolke

▸ **nuire** [nɥiʀ] ⟨*wie* ***conduire***, *aber*: ***il a nui***⟩ schaden, schädlich sein (***à*** für)

nuisance *f* [nɥizɑ̃s] **1** Umweltbelastung *f* **2** ***des ~s sonores*** Lärmbelästigung *f*

nuisible [nɥizibl] schädlich; ***des animaux ~s*** Schädlinge *m Pl*

▸ **nuit** *f* [nɥi] **1** Nacht *f*; ***une ~ blanche*** e-e schlaflose Nacht; ***je n'ai pas dormi de la ~*** ich habe die ganze Nacht kein Auge zugetan; ***la ~*** *od.* ***de ~*** nachts, bei Nacht; ***il fait ~*** es ist Nacht; *am Abend*: es wird dunkel **2** ***dans la ~ des temps*** in grauer Vorzeit

nul[1], **nulle** [nyl] **1** SPORT unentschieden; ***faire match nul*** unentschieden spielen **2** (*Vertrag usw.*) ungültig, nichtig **3** (*Arbeit usw.*) schlecht, wertlos **4** ▸ ***être nul*** (***en latin*** *usw.*) e-e Niete (in Latein *usw.*) sein **5** (*verschwindend klein*) gleich Null

nul[2], **nulle** [nyl] (⚠ *mit* ***ne*** *vor dem Verb*) **1** kein(e); ***nul autre que toi ne le sait*** das weiß kein(e) andere(r) als du **2** niemand; ***nul ne le sait*** das weiß niemand **3** ▸ ***nulle part*** nirgendwo

nullement [nylmɑ̃] überhaupt nicht

nullité *f* [nylite] **1** *e-s Vertrags usw.*: Ungültigkeit *f* **2** *e-r Person*: Unfähigkeit *f* **3** *Person*: Null *f*, Niete *f*

numérique [nymeʀik] **1** zahlenmäßig **2** MATH Zahlen…, numerisch **3** IT digital, Digital…

numéro *m* [nymeʀo] (⚠ le numéro) **1** Nummer *f*; TEL ***faire*** (*od.* ***composer***) ***un ~*** e-e Nummer wählen; ***le ~ vert*** *Service-Nummer, die man gebührenfrei anrufen kann*; ***le ~ de fax*** die Faxnummer; ▸ ***le numéro de téléphone*** die Telefonnummer **2** *in der Lotterie*: ***le ~ gagnant*** die Gewinnzahl **3** *beim Fahrzeug*: ***le ~ d'immatriculation*** das amtliche Kennzeichen, die Zulassungsnummer **4** *von Zeitschriften*: Nummer *f*, Ausgabe *f* **5** *umg.* ***un*** (***drôle de***) ***~*** *Mensch*: e-e komische Nummer

numéroter [nymeʀɔte] nummerieren

nu-pieds [nypje] barfuß

nuque *f* [nyk] Nacken *m*, Genick *n*

nurse *f* [⚠ nœʀs] Kindermädchen *n*, Kinderfrau *f*

nutrit|if, ~ive [nytʀitif, -iv] Nähr…; ***la valeur nutritive*** der Nährwert

nutrition *f* [nytʀisjɔ̃] Ernährung *f*

O

oasis *f* [ɔazis] Oase *f*
▸**obéir** [ɔbeiʀ] gehorchen
obéissance *f* [ɔbeisɑ̃s] Gehorsam *m*
obéissant(e) [ɔbeisɑ̃(t)] gehorsam
objecter [ɔbʒɛkte] **1** einwenden; ***je n'ai rien à ~ à cela*** dagegen habe ich nichts einzuwenden **2** ***~ qc à qn*** j-m etw entgegenhalten
objecteur *m* [ɔbʒɛktœʀ] ***l'~ de conscience*** der Wehrdienstverweigerer
objectif[1] *m* [ɔbʒɛktif] **1** Ziel *n* **2** FOTO Objektiv *n*; ***un ~ à grand angle*** ein Weitwinkelobjektiv
object|if[2], **~ive** [ɔbʒɛktif, -iv] objektiv
objection *f* [ɔbʒɛksjɔ̃] Einwand *m*
objectivité *f* [ɔbʒɛktivite] Objektivität *f*
▸**objet** *m* [ɔbʒɛ] **1** (*Ding*) Gegenstand *m*, Sache *f* **2** (*Thema*) Gegenstand *m* **3** Ziel *n*, Zweck *m* **4** GR ***le complément d'~ direct*** *od.* ***l'~ direct*** das direkte Objekt; ***le complément d'~ indirect*** *od.* ***l'~ indirect*** das indirekte Objekt **5** ***un ~ trouvé*** e-e Fundsache
obligation *f* [ɔbligasjɔ̃] **1** Verpflichtung *f* **2** Notwendigkeit *f* **3** *stärker*: Zwang *m*; ***sans ~ d'achat*** ohne Kaufzwang; ***je suis dans l'~ de le faire*** ich bin gezwungen es zu tun
▸**obligatoire** [ɔbligatwaʀ] **1** (*verpflichtend*) obligatorisch, Pflicht…; ***l'enseignement*** *m* **~** die Schulpflicht; ***c'est ~*** das ist Pflicht **2** *umg.* zwangsläufig, unvermeidlich
▸**obliger** [ɔbliʒe] ⟨***-ge-***⟩ **1** *gesetzlich, vertraglich usw.*: verpflichten **2** zwingen; ***je suis obligé de le faire*** ich bin gezwungen es zu tun, ich muss es tun **3** *verneint*: ***tu n'es pas obligé de venir*** du brauchst nicht zu kommen
oblique [ɔblik] schräg
obliquer [ɔblike] abbiegen
oblitérer [ɔbliteʀe] ⟨***-è-***⟩ abstempeln (*Briefmarken*)
obscène [ɔpsɛn] obszön, unanständig
obscur(e) [ɔpskyʀ] **1** dunkel **2** (*undeutlich*) unverständlich; (*Punkt, Frage*) unklar; (*Angelegenheit*) undurchsichtig, rätselhaft **3** (*unbestimmt*) vage, undefinierbar **4** (*Autor*) unbekannt
obscurité *f* [ɔpskyʀite] **1** Dunkelheit *f* **2** *fig.* Unverständlichkeit *f*, Unklarheit *f*
obsédé(e) *m(f)* [ɔpsede] Besessene(r) *f(m)*
obséder [ɔpsede] ⟨***-è-***⟩ (*Idee usw.*) verfolgen, nicht loslassen; ***il est obsédé par cette idée*** er ist von dieser Idee besessen
obsèques *f Pl* [ɔpsɛk] Trauerfeier *f*, Beisetzung *f*; ***des ~ nationales*** ein Staatsbegräbnis
observateur[1] *m* [ɔpsɛʀvatœʀ] Beobachter *m*
observa|teur[2], **~trice** [ɔpsɛʀvatœʀ, -tʀis] aufmerksam
observation *f* [ɔpsɛʀvasjɔ̃] **1** Beobachtung *f* **2** (*Feststellung*) (kritische) Bemerkung
observatoire *m* [ɔpsɛʀvatwaʀ] Observatorium *n*; ASTR Sternwarte *f*
observatrice *f* [ɔpsɛʀvatʀis] Beobachterin *f*
observer [ɔpsɛʀve] **1** beobachten **2** (*feststellen*) bemerken **3** ***elle m'a fait ~ que …*** sie hat mich darauf aufmerksam gemacht, dass … **4** einhalten, befolgen (*Gesetz, Regel*)
obsession *f* [ɔpsɛsjɔ̃] Zwangsvorstellung *f*, fixe Idee
▸**obstacle** *m* [ɔpstakl] **1** Hindernis *n* **2** ***la course d'~s*** das Hindernisrennen **3** ***il a fait ~ à mes projets*** er hat meine Pläne verhindert
obstination *f* [ɔpstinasjɔ̃] Eigensinn *m*
obstiné(e) [ɔpstine] **1** hartnäckig **2** (*stur*) eigensinnig
s'obstiner [sɔpstine] eigensinnig *od.* stur sein; ***il s'obstine à le faire*** er will es unbedingt tun
obtenir [ɔptəniʀ] ⟨*wie* ***venir***⟩ **1** (*erhalten*) bekommen **2** erzielen (*Erfolg, Ergebnis*) **3** ***~ qc (de qn)*** etw (bei j-m) erreichen *od.* durchsetzen
obtus(e) [ɔpty(z)] **1** ***un angle obtus*** ein stumpfer Winkel **2** (*Person*) schwer von Begriff, beschränkt
obus *m* [ɔby] Granate *f*
▸**occasion** *f* [ɔkazjɔ̃] **1** Gelegenheit *f*; ***à l'~*** bei Gelegenheit, gelegentlich **2** (*Grund*) Anlass *m*; ***à l'~ de son anniversaire*** anlässlich seines Geburts-

tags **3** Gelegenheitskauf *m*; ***une belle ~*** ein Schnäppchen **4** ***d'~*** gebraucht, Gebraucht…, (CH) Occasions…; ***une voiture d'~*** ein Gebrauchtwagen, (CH) e-e Occasion

Occident *m* [ɔksidɑ̃] **1** Westen *m* **2** (↔ *Orient*) Abendland *n*

occidental(e) [ɔksidɑ̃tal] ⟨*m Pl* ***-aux***⟩ **1** westlich, West… **2** (*europäisch*) abendländisch

occulte [ɔkylt] **1** (*verborgen*) geheim **2** (*Wissenschaft, Mächte*) okkult

occupant(e) *m(f)* [ɔkypɑ̃(t)] **1** *in e-r Wohnung*: Bewohner(in) *m(f)* **2** *in e-m Auto*: Insasse *m*, Insassin *f*

▸**occupation** *f* [ɔkypasjõ] **1** (*Tätigkeit*) Beschäftigung *f* **2** *im Krieg, Streik*: Besetzung *f*; ***l'Occupation*** die Besatzung (*der Deutschen in Frankreich im 2. Weltkrieg*)

▸**occupé(e)** [ɔkype] **1** (*Person*) beschäftigt **2** (*Wohnung*) bewohnt **3** (*Platz, Toilette, Telefonleitung*) besetzt; (*Hotelzimmer*) belegt **4** *im Krieg, Streik*: besetzt

▸**occuper** [ɔkype] **1** beschäftigen (*Person*) **2** ausfüllen, verbringen (*Zeit*) **3** (*Arbeit, Tätigkeit*) beschäftigen, in Anspruch nehmen **4** einnehmen (*Platz, Posten*) **5** ***~ un appartement*** in e-r Wohnung wohnen **6** besetzen (*Land, Haus, Fabrik*) **7** ***s'~*** sich beschäftigen **8** ▸ ***s'occuper de qc*** sich um etw kümmern, sich mit etw beschäftigen; ***je m'en occupe*** ich kümmere mich darum, ich erledige das; *umg.* ***t'occupe (pas de ça)!*** das geht dich nichts an! **9** *im Geschäft*: ***on s'occupe de vous?*** werden Sie schon bedient?

▸**océan** *m* [ɔseɑ̃] Ozean *m*; ***l'~ Atlantique*** der Atlantik

ocre [ɔkʀ] ocker, ockerfarben

octante [ɔktɑ̃t] *regional, bes.* (CH) achtzig (⚠ *sonst heißt es* quatre-vingt)

octet *m* [ɔktɛ] IT Byte *n*

octobre *m* [ɔktɔbʀ] Oktober *m*; ***en ~, au mois d'~*** im Oktober; ***il est né le 5 ~*** er ist am 5. Oktober geboren

octogénaire *m,f* [ɔktɔʒenɛʀ] Achtzigjährige(r) *f(m)*

oculiste *m,f* [ɔkylist] Augenarzt *m*, Augenärztin *f*

▸**odeur** *f* [ɔdœʀ] Geruch *m*

odi|eux, ~euse [ɔdjø, -øz] **1** scheußlich, entsetzlich **2** (*Person*) unausstehlich

odorat *m* [ɔdɔʀa] Geruchssinn *m*

▸**œil** *m* [œj] ⟨*Pl* ***yeux*** [jø]⟩ **1** Auge *n*; ***elle a les yeux bleus*** sie hat blaue Augen; ***un homme aux yeux bleus, verts*** *usw.* ein Mann mit blauen, grünen *usw.* Augen; ***les yeux fermés*** mit geschlossenen Augen; ***à mes yeux*** (*meiner Meinung nach*) in meinen Augen; ***il l'a fait sous mes yeux*** er hat es vor meinen Augen getan; ***elle ouvre de grands yeux*** sie macht große Augen **2** ***un coup d'~*** ein flüchtiger *od.* kurzer Blick; ***il a le coup d'~*** er hat ein gutes Augenmaß **3** *in e-r Tür*: Spion *m* **4** *auf der Suppe*: ***des yeux*** Fettaugen *n Pl* **5** ***elle grossit à vue d'~*** sie wird zusehends dicker **6** *Wendungen*: *umg.* ***c'était à l'~*** das war umsonst; ***il m'a à l'~*** er lässt mich nicht aus den Augen; *umg.* ***je m'en bats l'~*** das ist mir total egal; *umg.* ***elle lui fait de l'~*** sie zwinkert ihm zu; *umg.* ***mon ~!*** das kannst du deiner Oma erzählen!

œillère *f* [œjɛʀ] Scheuklappe *f*

œillet¹ *m* [œjɛ] *Blume*: Nelke *f*

œillet² *m* [œjɛ] Öse *f*; *im Schuh*: Schnürloch *n*

œsophage *m* [⚠ ezɔfaʒ] Speiseröhre *f*

▸**œuf** *m* [œf] (⚠ *der Plural* œufs *wird* [ø] *ausgesprochen*) **1** Ei *n* **2** ***l'~ sur le plat*** das Spiegelei **3** ***l'~ de Pâques*** das Osterei

œuvre¹ *f* [œvʀ] **1** *e-s Künstlers, Schriftstellers usw.*: Werk *n*; ***une ~ d'art*** ein Kunstwerk **2** *als Tätigkeit*: Arbeit *f*, Werk *n*; ***se mettre à l'~*** sich an die Arbeit machen **3** ***il a mis tout en ~ pour l'avoir*** er hat alle Hebel in Bewegung gesetzt, um es zu bekommen

œuvre² *m* [œvʀ] ***le gros ~*** der Rohbau

offense *f* [ɔfɑ̃s] Beleidigung *f*, Kränkung *f*

offenser [ɔfɑ̃se] beleidigen, kränken

offens|if, ~ive [ɔfɑ̃sif, -iv] **1** (*Waffe usw.*) Angriffs… **2** (*Vorgehen*) offensiv

offensive *f* [ɔfɑ̃siv] Angriff *m*, Offensive *f*

offert [ɔfɛʀ] → ***offrir***

office¹ *m* [ɔfis] **1** Amt *n*, Dienststelle *f*; ***l'~ du tourisme*** das Fremdenverkehrsamt **2** ***d'~*** von Amts wegen **3** ***cette pièce fait ~ de bureau*** dieses Zimmer dient als Arbeitszimmer **4** ***grâce à***

ses bons ~s mit seiner Hilfe

office[2] *m* [ɔfis] Messe *f*, Gottesdienst *m*

▸ **offici|el, ~elle** [ɔfisjɛl] offiziell, amtlich; ***la langue officielle*** die Amtssprache; ***la visite officielle*** der Staatsbesuch

▸ **officier** *m* [ɔfisje] **1** MIL Offizier *m* **2** ***un ~ de l'état civil*** ein Standesbeamter

offre *f* [ɔfʀ] **1** Angebot *n*; ***une ~ d'emploi*** ein Stellenangebot **2** *bei e-r Versteigerung*: Gebot *n*

▸ **offrir** [ɔfʀiʀ] ⟨*wie* ***couvrir***⟩ **1** schenken; *im Geschäft*: ***c'est pour ~?*** soll es als Geschenk verpackt werden? **2** anbieten **3** (*bezahlen*) spendieren (*Getränk usw.*) **4** bieten (*Vorteile, Anblick*) **5** ***s'~*** (*Gelegenheit, Anblick usw.*) sich bieten **6** ***s'~ qc*** sich etw leisten

ogive *f* [ɔʒiv] ARCH Spitzbogen *m*

ogre *m*, **ogresse** *f* [ɔgʀ, ɔgʀɛs] *im Märchen*: Menschenfresser(in) *m(f)*

oh [o] ***~!*** oh!, ach!; ***~ là là!*** oje!

ohé [oe] ***~!*** he!, hallo!; *auf See*: ahoi!

▸ **oie** *f* [wa] Gans *f*

▸ **oignon** *m* [⚠ ɔɲõ] **1** Zwiebel *f* **2** ***en rang d'~s*** in e-r Reihe **3** *umg.* ***aux petits ~s*** bestens **4** *umg.* ***occupe-toi de tes ~s!*** kümmere dich um deinen eigenen Kram!, das geht dich nichts an!

▸ **oiseau** *m* [wazo] ⟨*Pl* ***~x***⟩ Vogel *m*; ***l'~ de proie*** der Raubvogel

ois|if, ~ive [wazif, -iv] untätig, müßig

olive[1] *f* [ɔliv] Olive *f*

olive[2] [ɔliv] ⟨*unv.*⟩ olivfarben, olivgrün

olivier *m* [ɔlivje] Olivenbaum *m*

olympique [ɔlɛ̃pik] olympisch, Olympia…; ***les Jeux*** *m Pl* ***~s*** die Olympischen Spiele

ombragé(e) [õbʀaʒe] schattig

ombrag|eux, ~euse [õbʀaʒø, -øz] schnell beleidigt, empfindlich

▸ **ombre** *f* [õbʀ] **1** Schatten *m*; ***tu me fais de l'~*** du stehst mir im Licht **2** ***l'~ à paupières*** der Lidschatten **3** ***les ~s chinoises*** das Schattenspiel **4** ***il n'y a pas l'~ d'un doute*** es besteht nicht der geringste Zweifel

▸ **omelette** *f* [ɔmlɛt] (⚠ une omelette) Omelett *n*

omnibus *m* [ɔmnibys] Personenzug *m*, Nahverkehrszug *m* (⚠ Omnibus = ***bus*** *m*)

omnipotence *f* [ɔmnipɔtɑ̃s] Allmacht *f*

omnipotent(e) [ɔmnipɔtɑ̃(t)] allmächtig

OMS *f* [oɛmɛs] (*Abk. für* Organisation mondiale de la Santé) Weltgesundheitsorganisation *f*, WHO *f*

▸ **on** [õ] **1** man **2** jemand; ***~ frappe*** es klopft; ***~ te demande*** du wirst verlangt **3** *umg.* wir; ***alors, ~ y va?*** also, gehen wir hin?; ***nous, ~ n'y peut rien*** wir können doch nichts dafür

▸ **oncle** *m* [õkl] Onkel *m*

onctu|eux, ~euse [õktɥø, -øz] **1** (*Soße, Suppe*) sämig, cremig **2** (*Gerede usw.*) salbungsvoll

onde *f* [õd] Welle *f* (*a.* RAD); ***les grandes ~s*** die Langwelle; ***les petites ~s*** die Mittelwelle; ***les ~s courtes*** die Kurzwelle

ondée *f* [õde] Platzregen *m*, Regenguss *m*

on-dit *m* [õdi] ⟨*unv.*⟩ Gerücht *n*

ondulé(e) [õdyle] wellig, wellenförmig; *bes.* (*Haar*) gewellt; ***la tôle ondulée*** das Wellblech

onduler [õdyle] **1** (*Haare*) sich wellen **2** (*Wasseroberfläche*) sich kräuseln; (*Getreidefeld*) wogen

onér|eux, ~euse [ɔneʀø, -øz] teuer

▸ **ongle** *m* [õgl] **1** *am Finger, Zeh*: Nagel *m* **2** ZO Kralle *f*; *vom Raubvogel*: Klaue *f*

ont [õ] → ***avoir***[1]

▸ **ONU** *od.* **Onu** *f* [ɔny] (*Abk. für* Organisation des Nations Unies) UNO *f*

onze[1] [õz] **1** elf **2** ***le ~ septembre*** der elfte September, am elften September

onze[2] *m* [õz] (⚠ le onze) Elf *f* (*a.* SPORT)

opaque [ɔpak] undurchsichtig

opéra *m* [ɔpeʀa] (⚠ un opéra) Oper *f*

opérateur *m* [ɔpeʀatœʀ] **1** Techniker *m*; *e-r Maschine*: Bediener *m* **2** FILM Kameramann *m*

▸ **opération** *f* [ɔpeʀasjõ] **1** MED Operation *f*; ***subir une ~*** operiert werden **2** Aktion *f*; ***l'~ de sauvetage*** die Rettungsaktion **3** *finanziell, geschäftlich*: Geschäft *n* **4** (*Vorgang*) Prozess *m*

opérationn|el, ~elle [ɔpeʀasjɔnɛl] einsatzbereit

opératrice *f* [ɔpeʀatʀis] **1** Technikerin *f*; *e-r Maschine*: Bedienerin *f* **2** ***une ~ de saisie*** e-e Datentypistin

opérer [ɔpeʀe] ⟨**-è-**⟩ **1** MED operieren (***de*** an); ***se faire ~*** operiert werden **2** (*herbeiführen*) bewirken **3** durchführen (*Reform, Aktion*) **4** ***~ un choix***

e-e Wahl treffen **5** (*verfahren*) vorgehen **6** (*Medizin*) wirken **7** ***s'~*** sich vollziehen, vor sich gehen

ophtalmo *m,f* [ɔftalmo] *umg.* Augenarzt *m*, Augenärztin *f*

ophtalmologiste *m,f* [ɔftalmɔlɔʒist], **ophtalmologue** *m,f* [ɔftalmɔlɔg] Augenarzt *m*, Augenärztin *f*

opiniâtre [ɔpinjɑtʀ] hartnäckig, zäh

▸ **opinion** *f* [ɔpinjõ] **1** Meinung *f*, Ansicht *f*; ***à mon ~*** meiner Meinung nach **2** ***l'~ (publique)*** die öffentliche Meinung; ***l'~ française*** die öffentliche Meinung in Frankreich (⚠ *oft kann man es a. mit* die Franzosen *übersetzen*)

opium *m* [⚠ ɔpjɔm] Opium *n*

opportun(e) [ɔpɔʀtœ̃(-yn)] (*m oft a.* [ɔpɔʀtɛ̃]) günstig, angebracht

opposant(e) *m(f)* [ɔpozɑ̃(t)] Gegner(in) *m(f)*

opposé *m* [ɔpoze] **1** Gegenteil *n*; ***à l'~ de mon frère*** im Gegensatz zu meinem Bruder **2** *räumlich*: ***à l'~*** auf der gegenüberliegenden Seite

opposé(e) [ɔpoze] **1** (*Seite*) gegenüberliegend **2** (*Richtung*) entgegengesetzt **3** (*verschieden*) gegensätzlich **4** (*Person*) ***elle est opposée à cette décision*** sie ist gegen diese Entscheidung

opposer [ɔpoze] **1** *bes. zum Vergleich*: gegenüberstellen **2** entgegenhalten (*Argument*); ***il a opposé son refus à ma proposition*** er hat meinen Vorschlag abgelehnt **3** (*Konflikt usw.*) zu Gegnern machen **4** ***ce match oppose l'équipe de A à celle de B*** in diesem Spiel stehen sich die Mannschaften von A und B gegenüber **5** ***il s'oppose au mariage de sa fille*** er ist gegen die Hochzeit seiner Tochter

opposition *f* [ɔpozisjõ] **1** (*Kontrast*) Gegensatz *m* (**à** zu) **2** Widerstand *m* (**à** gegen); ***faire ~ à qc*** gegen etw sein **3** POL Opposition *f* **4** *bei der Bank*: ***faire ~ à un chèque*** e-n Scheck sperren lassen

oppresser [ɔpʀɛse] **1** beklemmen, bedrücken **2** ***la chaleur m'oppressait*** die Hitze nahm mir den Atem

oppresseur *m* [ɔpʀɛsœʀ] Unterdrücker *m*

oppression *f* [ɔpʀɛsjõ] Unterdrückung *f*

opprimer [ɔpʀime] unterdrücken

opter [ɔpte] **1** wählen (***entre*** zwischen) **2** ***~ pour qc*** sich für etw entscheiden, etw wählen

optic|ien *m*, **~ienne** *f* [ɔptisjɛ̃, -jɛn] Optiker(in) *m(f)*

optimal(e) [ɔptimal] ⟨*m Pl* ***-aux***⟩ optimal

optimiste[1] [ɔptimist] optimistisch

optimiste[2] *m,f* [ɔptimist] Optimist(in) *m(f)*

option *f* [ɔpsjõ] **1** Option *f*, Wahlmöglichkeit *f* **2** SCHULE Wahlfach *n* **3** AUTO ***les ~s*** die Extras

optique[1] [ɔptik] **1** optisch **2** (*Nerv usw.*) Seh… **3** ***la fibre ~*** die Glasfaser

optique[2] *f* [ɔptik] **1** *Lehre, Gebiet*: Optik *f* **2** (*Betrachtungsweise*) Sicht *f*, Perspektive *f*; ***dans cette ~*** unter diesem Gesichtspunkt

▸ **or**[1] *m* [ɔʀ] **1** Gold *n* **2** ***il roule sur l'~*** *od.* ***il est cousu d'~*** er hat Geld wie Heu

or[2] [ɔʀ] nun (aber)

oracle *m* [ɔʀakl] Orakel *n*

▸ **orage** *m* [ɔʀaʒ] **1** Gewitter *n* **2** *fig.* ***il y a de l'~ dans l'air*** hier ist dicke Luft

orag|eux, **~euse** [ɔʀaʒø, -øz] gewittrig, Gewitter…

▸ **oral** *m* [ɔʀal] ⟨*Pl* ***-aux***⟩ mündliche Prüfung, Mündliche(s) *n*

oral(e) [ɔʀal] ⟨*m Pl* ***-aux***⟩ **1** (↔ *schriftlich*) mündlich **2** (*den Mund betreffend*) Mund…, oral

▸ **orange**[1] *f* [ɔʀɑ̃ʒ] Orange *f*, Apfelsine *f*

▸ **orange**[2] [ɔʀɑ̃ʒ] ⟨*unv.*⟩ **1** orange **2** *bei der Ampel*: gelb

orange[3] *m* [ɔʀɑ̃ʒ] **1** *Farbe*: Orange *n* **2** *bei der Ampel*: Gelb *n*; ***le feu passe à l'~*** die Ampel schaltet auf Gelb

orangeade *f* [ɔʀɑ̃ʒad] (selbstgemachte) Orangenlimonade

oranger *m* [ɔʀɑ̃ʒe] Orangenbaum *m*; ***la fleur d'~*** die Orangenblüte

orang-outan *m* [ɔʀɑ̃utɑ̃] ⟨*Pl* ***orangs-outans***⟩ Orang-Utan *m*

ora|teur *m*, **~trice** *f* [ɔʀatœʀ, -tʀis] Redner(in) *m(f)*

orbite *f* [ɔʀbit] **1** ASTR, *Raumfahrt*: Umlaufbahn *f* **2** Augenhöhle *f* **3** *fig.* Einflussbereich *m*

▸ **orchestre** *m* [ɔʀkɛstʀ] Orchester *n*; ***un ~ de danse*** e-e Tanzkapelle; ***un ~ de jazz*** e-e Jazzband

orchidée *f* [⚠ ɔʀkide] Orchidee *f*

ordinaire[1] [ɔʀdinɛʀ] **1** (*gewöhnlich*) gewohnt, üblich **2** (*einfach*) normal **3** alltäglich (⚠ ordinär = ***vulgaire***)
ordinaire[2] *m* [ɔʀdinɛʀ] **1** Alltägliche(s) *n*; ***cela sort de l'~*** das ist außergewöhnlich **2** ***comme à l'~*** wie gewöhnlich; ▸ ***d'ordinaire*** normalerweise, (für) gewöhnlich
▸ **ordinateur** *m* [ɔʀdinatœʀ] Computer *m*
ordonnance *f* [ɔʀdɔnɑ̃s] **1** MED Rezept *n*; ***délivré seulement sur ~*** verschreibungspflichtig **2** *gesetzlich*: Verordnung *f*; *richterlich*: Verfügung *f*
ordonné(e) [ɔʀdɔne] ordentlich
ordonner[1] [ɔʀdɔne] ordnen, in Ordnung bringen
ordonner[2] [ɔʀdɔne] **1** befehlen, anordnen **2** MED verschreiben (*Medikament*); verordnen (*Behandlung*)
▸ **ordre**[1] *m* [ɔʀdʀ] **1** Ordnung *f*; ***en ~*** in Ordnung; ***j'ai de l'~*** ich bin ordentlich; ***rentrer dans l'~*** wieder in Ordnung kommen **2** ***l'~ du jour*** die Tagesordnung **3** Reihenfolge *f*, Anordnung *f*; ***dans l'~*** der Reihe nach, in der richtigen Reihenfolge; ***par ~ alphabétique*** in alphabetischer Reihenfolge **4** (*Kategorie*) Rang *m*, Art *f*; ***d'~ économique*** wirtschaftlicher Art; ***de second ~*** zweitrangig **5** ***dans le même ~ d'idées*** in diesem Zusammenhang
▸ **ordre**[2] *m* [ɔʀdʀ] **1** Befehl *m*; ***à vos ~s!*** zu Befehl!, zu Ihren Diensten! **2** Anordnung *f*, Anweisung *f*; ***sur ~ du médecin*** auf Anordnung des Arztes **3** ***jusqu'à nouvel ~*** bis auf Weiteres **4** (*Bestellung*) Auftrag *m*, Order *f* **5** *vor der Unterschrift am Briefende*: ***par ~*** im Auftrag
ordre[3] *m* [ɔʀdʀ] **1** *kirchlich*: Orden *m*; ***entrer dans les ~s*** in e-n Orden eintreten **2** *beruflich*: Verband *m*; *von Ärzten, Anwälten*: Kammer *f*
ordure *f* [ɔʀdyʀ] **1** ***les ~s*** (***ménagères***) der Abfall, der Müll **2** *Schimpfwort*: Mistvieh *n* **3** *Gerede, Aktion usw.*: Schweinerei *f*
▸ **oreille** *f* [ɔʀɛj] **1** Ohr *n* **2** ***dur d'~*** schwerhörig **3** ***il a l'~ fine*** er hat ein gutes Gehör **4** *Wendungen*: ***il fait la sourde ~*** er stellt sich taub; ***prêter l'~ à qc*** etw aufmerksam anhören; ***il s'est fait tirer l'~*** er ließ sich lange bitten; ***tu me casses les ~s!*** du gehst mir auf die Nerven!
▸ **oreiller** *m* [ɔʀeje] Kopfkissen *n*
oreillons *m Pl* [ɔʀɛjõ] Mumps *m*
orfèvre *m* [ɔʀfɛvʀ] Goldschmied(in) *m(f)*
organe *m* [ɔʀgan] Organ *n*
organique [ɔʀganik] organisch
▸ **organisation** *f* [ɔʀganizasjõ] **1** Organisation *f* **2** ***l'~ des loisirs*** die Freizeitgestaltung
organisé(e) [ɔʀganize] **1** organisiert **2** methodisch, systematisch; ***une personne organisée*** ein Mensch, der seine Zeit, Arbeit *usw.* gut einteilen kann
▸ **organiser** [ɔʀganize] **1** organisieren (*Reise, Veranstaltung*); veranstalten (*Fest, Treffen*); durchführen (*Programm, Aktion*) **2** sinnvoll einteilen (*Arbeit, Zeit*) **3** ***~ ses loisirs*** seine Freizeit gestalten **4** ***s'~*** sich seine Zeit, Arbeit *usw.* richtig einteilen
organisme *m* [ɔʀganism] **1** Organismus *m* **2** (*Institution*) Organisation *f*
organiste *m,f* [ɔʀganist] Organist(in) *m(f)*
orge *f* [ɔʀʒ] Gerste *f*
orgie *f* [ɔʀʒi] Orgie *f*
orgue *m* [ɔʀg] Orgel *f*; ***les grandes ~s*** *f Pl* die Kirchenorgel; ***un ~ de Barbarie*** e-e Drehorgel (⚠ un orgue *ist maskulin, aber* les orgues *feminin*)
orgueil *m* [ɔʀgœj] **1** Stolz *m* (***de*** auf) **2** *im negativen Sinn* Überheblichkeit *f*
orgueill|eux, ~euse [ɔʀgœjø, -øz] **1** stolz (***de*** auf) **2** (*überheblich*) eingebildet
Orient *m* [ɔʀjɑ̃] **1** Osten *m* **2** (*Morgenland*) Orient *m*
oriental(e) [ɔʀjɑ̃tal] ⟨*m Pl* ***-aux***⟩ **1** östlich, Ost… **2** (*aus dem Orient*) orientalisch
orientation *f* [ɔʀjɑ̃tasjõ] **1** Orientierung *f* **2** Beratung *f*; ***l'~ professionnelle*** die Berufsberatung **3** (*Tendenz*) Richtung *f*; POL Kurs *m* **4** (*Ausrichtung*) Lage *f*, Position *f*
orienter [ɔʀjɑ̃te] **1** ausrichten (*Antenne, Spiegel, Haus*) **2** (*leiten*) hinlenken (***vers*** auf) **3** beraten (*Schüler u. a.*) **4** ***s'~*** sich orientieren, sich zurechtfinden **5** ***s'~ vers qc*** sich e-r Sache zuwenden
orifice *m* [ɔʀifis] Öffnung *f*
origan *m* [ɔʀigɑ̃] Oregano *m*

O

originaire [ɔʀiʒinɛʀ] ***il est ~ du Canada*** er stammt aus Kanada
original *m* [ɔʀiʒinal] 〈*Pl* ***-aux***〉 *Dokument usw.*: Original *n*
original(e)[1] *m(f)* [ɔʀiʒinal] 〈*m Pl* ***-aux***〉 *Person*: Original *n*
original(e)[2] [ɔʀiʒinal] 〈*m Pl* ***-aux***〉 **1** original, Original… **2** (*ausgefallen*) originell; *im negativen Sinn* komisch, eigenartig
▸ **origine** *f* [ɔʀiʒin] **1** Ursprung *m*, Anfang *m*; ***à l'~*** ursprünglich **2** Herkunft *f*; *von Personen*: Abstammung *f*; ***le pays d'~*** das Ursprungsland, das Herkunftsland **3** (*Grund*) Ursache *f*
origin|el, ~elle [ɔʀiʒinɛl] **1** ursprünglich (⚠ *dt.* originell = ***original***) **2** ***le péché originel*** die Erbsünde
ORL *m,f* [oɛʀɛl] (*Abk. für* oto-rhino-laryngologiste) HNO-Arzt *m*, HNO-Ärztin *f*
orme *m* [ɔʀm] Ulme *f*
ornement *m* [ɔʀnəmɑ̃] (⚠ ornement) Verzierung *f*; *Muster*: Ornament *n*
orner [ɔʀne] schmücken, verzieren
ornière *f* [ɔʀnjɛʀ] Reifenspur *f*; *auf der Autobahn usw.*: Spurrille *f*
orphelin *m* [ɔʀfəlɛ̃] Waisenkind *n*, Waise *f*
orphelinat *m* [ɔʀfəlina] Waisenhaus *n*
orpheline *f* [ɔʀfəlin] Waisenkind *n*, Waise *f*
orteil *m* [ɔʀtɛj] Zeh *m*
orthodontiste *m,f* [ɔʀtɔdɔ̃tist] Kieferorthopäde *m*, Kieferorthopädin *f*
▸ **orthographe** *f* [ɔʀtɔgʀaf] (⚠ *Endung!*) **1** Rechtschreibung *f*, Orthographie *f* **2** (*Schreibweise*) Schreibung *f*; ***une faute d'~*** ein Rechtschreibfehler
orthographier [ɔʀtɔgʀafje] ***correctement*** (*bzw.* ***mal***) **~** richtig (*bzw.* falsch) schreiben
orthopédiste *m,f* [ɔʀtɔpedist] Orthopäde *m*, Orthopädin *f*
ortie *f* [ɔʀti] Brennnessel *f*
▸ **os** *m* [ɔs] (⚠ *der Plural* les os *wird* [lezo] *ausgesprochen*) **1** Knochen *m* **2** *Wendungen*: ***il est trempé jusqu'aux ~*** er ist nass bis auf die Haut; ***il n'a pas fait de vieux ~*** er ist nicht alt geworden **3** *umg.* ***il y a un ~*** die Sache hat e-n Haken
OS *m* [oɛs] (*Abk. für* ouvrier spécialisé) angelernter Arbeiter
osciller [ɔsile] **1** (*Pendel usw.*) schwingen **2** (*Person*) schwanken
osé(e) [oze] **1** (*Scherz usw.*) gewagt **2** (*Versuch*) riskant **3** (*Person*) frech
oseille *f* [ozɛj] Sauerampfer *m*
▸ **oser** [oze] wagen; ***il n'ose pas lui en parler*** er wagt es nicht, mit ihr *od.* ihm darüber zu sprechen; ***je voudrais bien, mais je n'ose pas*** ich würde gern, aber ich traue mich nicht
osier [ozje] **1** *Baum*: Weide *f* **2** ***le fauteuil en ~*** der Korbsessel
oss|eux, ~euse [ɔsø, -øz] **1** Knochen… **2** (*mager*) knochig
▸ **otage** *m* [ɔtaʒ] Geisel *f*
▸ **OTAN** *f* [ɔtɑ̃] NATO *f*
ôter [ote] **1** (*entfernen*) wegnehmen **2** ausziehen (*Kleider*); abnehmen (*Hut, Brille*) **3** MATH abziehen **4** ***ôte-toi de là!*** mach mal Platz!
otite *f* [ɔtit] Ohrenentzündung *f*
oto-rhino *m,f* [ɔtɔʀino] 〈*Pl* ***oto-rhinos***〉 HNO-Arzt *m*, HNO-Ärztin *f*
oto-rhino-laryngologiste *m,f* [ɔtɔʀinolaʀɛ̃gɔlɔʒist] 〈*Pl* ***oto-rhino-laryngologistes***〉 Hals-Nasen-Ohren-Arzt *m*, Hals-Nasen-Ohren-Ärztin *f*
▸ **ou** [u] **1** oder **2** ▸ ***ou … ou …*** entweder … oder …
▸ **où** [u] **1** wo; ***~ est-il?*** wo ist er? **2** wohin; ***~ vas-tu?*** wohin gehst du?, wo gehst du hin? **3** ***d'~?*** woher?; ***d'~ mon étonnement*** daher kam mein Erstaunen **4** ***par ~ est-il passé?*** welche Strecke *od.* wie ist er gefahren? **5** ***au moment ~ elle est arrivée*** in dem Augenblick, als sie ankam
ouais [*wɛ] *umg.* **1** ja **2** *skeptisch*: soso, was du nicht sagst
ouate *f* [wat] (⚠ *meist macht man keine Bindung*: la *ouate) Watte *f*
oubli *m* [ubli] **1** Vergessen *n* **2** Versäumnis *n*, Versehen *n* **3** ***tomber dans l'~*** in Vergessenheit geraten
▸ **oublier** [ublije] **1** (↔ *sich erinnern*) vergessen **2** (wieder) verlernen, vergessen **3** (*nicht mitnehmen*) vergessen, liegen *od.* stehen lassen **4** auslassen, übersehen (*Wort, Person usw.*) **5** übersehen (*Fehler*)
oubliettes *f Pl* [ublijɛt] **1** Verlies *n* **2** *fig.* ***tomber dans les ~*** in der Versenkung verschwinden
▸ **ouest**[1] *m* [wɛst] **1** Westen *m* (⚠ *dt.* Osten = *frz.* ***est*** *m*) **2** ***à l'~ de …*** west-

lich von … **3** ***l'Europe** f **de l'Ouest*** Westeuropa *n*
ouest² [wɛst] ⟨*unv.*⟩ westlich, West…
▸ **oui¹** [*wi] ja; ***mais ~!*** aber sicher!, na klar!; ***je crois que ~*** ich glaube ja; ***il semble que ~*** es scheint so
oui² *m* [*wi] ⟨*unv.*⟩ **1** Ja *n* **2** *bei Wahlen*: Jastimme *f*
ouï-dire *m* [*widiʀ] ***par ~*** vom Hörensagen
ouïe *f* [wi] **1** Gehör *n*, Gehörsinn *m* **2** ***les ~s*** *beim Fisch*: die Kiemen
ouragan *m* [uʀagɑ̃] Orkan *m*
ourlet *m* [uʀlɛ] Saum *m*
▸ **ours** *m* [⚠ uʀs] **1** Bär *m*; ***l'~ blanc*** (*od.* ***polaire***) der Eisbär **2** ***l'~ en peluche*** der Teddybär
ourse *f* [uʀs] **1** Bärin *f* **2** ASTR ***la Grande Ourse*** der Große Bär *od.* Wagen; ***la Petite Ourse*** der Kleine Bär *od.* Wagen (⚠ *im Frz. f*)
oursin *m* [uʀsɛ̃] Seeigel *m*
ourson *m* [uʀsɔ̃] kleiner Bär, Bärchen *n*
▸ **outil** *m* [⚠ uti] **1** Werkzeug *n* **2** *fig.* Hilfsmittel *n*, Handwerkszeug *n*
outrage *m* [utʀaʒ] (schwere) Beleidigung; ***~ public à la pudeur*** Erregung *f* öffentlichen Ärgernisses
outrager [utʀaʒe] ⟨***-ge-***⟩ beleidigen
outrance *f* [utʀɑ̃s] **1** Übertreibung *f* **2** ***à ~*** bis zum Gehtnichtmehr
outre [utʀ] **1** außer; ***pas ~ mesure*** nicht übermäßig, nicht besonders **2** ***passer ~ à qc*** sich über etw hinwegsetzen **3** ***en ~*** außerdem, darüber hinaus, Ⓐ weiters
outré(e) [utʀe] **1** (*Darstellung usw.*) übertrieben, überspitzt **2** (*Mensch*) entrüstet, empört
outre-mer [utʀəmɛʀ] ***d'~*** Übersee…, aus *od.* in Übersee
▸ **ouvert(e)** [uvɛʀ(t)] **1** offen, geöffnet **2** (*Wunde, Vokal*) offen **3** (*Person*) aufgeschlossen
ouverture *f* [uvɛʀtyʀ] **1** Öffnen *n*, Aufmachen *n*; ***les heures** f Pl **d'~*** die Öffnungszeiten **2** *e-r Sitzung, Ausstellung, e-s Kontos, Geschäfts usw.*: Eröffnung *f* **3** *von Arbeiten usw.*: Beginn *m* **4** (*Loch*) Öffnung *f* **5** MUS Ouvertüre *f*
ouvrable [uvʀabl] ***le jour ~*** der Werktag, der Wochentag
ouvrage *m* [uvʀaʒ] **1** Arbeit *f*; ***se mettre à l'~*** sich an die Arbeit machen **2** *Buch*: Werk *n* **3** Bauwerk *n*
▸ **ouvre-boîte** *m* [uvʀəbwat] ⟨*Pl* ***ouvre-boîtes***⟩ Dosenöffner *m*
▸ **ouvre-bouteille** *m* [uvʀəbutɛj] ⟨*Pl* ***ouvre-bouteilles***⟩ Flaschenöffner *m*
ouvr|eur *m*, **~euse** *f* [uvʀœʀ, -øz] KINO Platzanweiser(in) *m(f)*
▸ **ouvr|ier¹** *m*, **~ière** *f* [uvʀije, -jɛʀ] Arbeiter(in) *m(f)*
ouvr|ier², **~ière** [uvʀije, -jɛʀ] Arbeiter…
▸ **ouvrir** [uvʀiʀ] ⟨*wie* ***couvrir***⟩ **1** öffnen, aufmachen; *mit dem Schlüssel a.*: aufschließen **2** (*Geschäft usw.*) geöffnet haben, aufhaben **3** ***~ la radio, la télé, la lumière*** das Radio, den Fernseher, das Licht anmachen *od.* einschalten **4** ***~ l'appétit*** den Appetit anregen **5** ***~ à la circulation*** für den Verkehr frei geben **6** eröffnen (*Ausstellung, Geschäft, Restaurant, Konto usw.*) **7** ***~ la liste*** oben auf der Liste stehen **8** ***la fenêtre ouvre sur la rue*** das Fenster liegt an der Straßenseite **9** ***s'~*** sich öffnen; (*Tür, Fenster*) aufgehen; (*Ausstellung, Kongress usw.*) eröffnet werden; ***cette boîte s'ouvre facilement*** diese Dose lässt sich leicht öffnen **10** ***s'~ les veines*** sich die Pulsadern aufschneiden **11** (*Person*) ***s'~ à qn*** sich j-m anvertrauen
ovale¹ [ɔval] oval
ovale² *m* [ɔval] Oval *n*
overdose *f* [⚠ ɔvəʀdoz] Überdosis *f*
ovni *m* [ɔvni] (*Abk. für* objet volant non identifié) UFO *n*, Ufo *n*
oxygène *m* [ɔksiʒɛn] Sauerstoff *m*
ozone *m* [ozɔn] Ozon *n*; ***la couche d'~*** die Ozonschicht

O

P

p. (*Abk. für* page) S. (Seite)
pacifique [pasifik] friedlich
Pacifique *m* [pasifik] Pazifik *m*
pacifiste[1] [pasifist] pazifistisch
pacifiste[2] *m,f* [pasifist] Pazifist(in) *m(f)*
pacotille *f* [pakɔtij] Schund *m*
pacs *od.* **Pacs** *m* [paks] (*Abk. für* pacte civil de solidarité) *vom frz. Staat anerkannte Lebensgemeinschaft zweier nicht verheirateter Personen*
pacte *m* [pakt] Pakt *m*, Abkommen *n*
pagaie *f* [pagɛ] Paddel *n*
pagaïe *f* [pagaj] *umg.* Durcheinander *n*
pagaille *f* [pagaj] *umg.* Durcheinander *n*, Chaos *n*; ***en ~*** unaufgeräumt
▸ **page** *f* [paʒ] **1** Seite *f*, Blatt *n* **2** ***les ~s jaunes*** die gelben Seiten **3** ***tourner la ~*** e-n Schlussstrich ziehen **4** ***elle est à la ~*** sie ist auf dem Laufenden, sie geht mit der Mode **5** INTERNET ***la ~ d'accueil*** die Homepage
paiement *m* [pɛmɑ̃] Zahlung *f*, Bezahlung *f*
paillasson *m* [pajasõ] Fußmatte *f*
▸ **paille** *f* [pɑj] **1** Stroh *n* **2** Strohhalm *m*, Trinkhalm *m* **3** *umg.* ***une ~*** *Summe*: Peanuts *Pl* **4** ***tirer à la courte ~*** (mit Streichhölzern) knobeln
▸ **pain** *m* [pɛ̃] **1** Brot *n* **2** ***le petit ~*** das Brötchen, die Semmel, Ⓐ der Wecken **3** ***le ~ au chocolat*** ≈ das Schokocroissant
pair *m* [pɛʀ] **1** ***une jeune fille au ~*** ein Aupairmädchen **2** ***hors ~*** unvergleichlich, einzigartig **3** ***aller de ~*** nicht voneinander zu trennen sein
pair(e) [pɛʀ] (*Zahl*) gerade
▸ **paire** *f* [pɛʀ] (⚠ la paire) **1** Paar *n*; ***une ~ de chaussures*** ein Paar Schuhe **2** ***une ~ de ciseaux, de lunettes*** e-e Schere, e-e Brille
paisible [pezibl] friedlich
paître [pɛtʀ] ⟨*prés.*: ***ils paissent***; *imparf.*: ***il paissait***; *impér.*: ***paissez!***⟩ weiden, grasen
▸ **paix** *f* [pɛ] **1** Frieden *m*; ***faire la ~*** Frieden schließen **2** ***signer la ~*** den Friedensvertrag unterzeichnen **3** *umg.* ***fiche-moi la ~!*** lass mich in Frieden *od.* Ruhe!
palais[1] *m* [palɛ] **1** Palast *m*; ***le Palais de l'Élysée*** der Élyséepalast **2** ***le Palais de justice*** das Gericht, der Justizpalast
palais[2] *m* [palɛ] ANAT Gaumen *m*
▸ **pâle** [pɑl] **1** (*Mensch, Haut*) blass, bleich **2** (*Farben*) zart, blass; ***bleu, rose*** *usw.* ***~*** ⟨*unv.*⟩ blassblau, blassrosa *usw.* **3** *abw.* nichtssagend; (*Stil*) farblos **4** ***un ~ sourire*** ein schwaches Lächeln
Palestine [palɛstin] ***la ~*** Palästina *n*
palette *f* [palɛt] **1** *vom Maler, für Waren*: Palette *f* **2** *Fleisch*: Schulterstück *n*
palier *m* [palje] Treppenabsatz *m*; ***ils sont voisins de ~*** sie wohnen auf derselben Etage
pâlir [pɑliʀ] **1** (*Mensch*) blass *od.* bleich werden **2** (*Farbe, Erinnerung*) verblassen
palmarès *m* [⚠ palmaʀɛs] **1** Liste *f* der Preisträger; SPORT Siegerliste *f* **2** ***le ~ de la chanson*** die Hitparade
palmier *m* [palmje] Palme *f*
palpitant(e) [palpitɑ̃(t)] spannend, aufregend
palpiter [palpite] **1** (*Herz*) klopfen, höherschlagen (***de joie*** vor Freude) **2** (*verletztes Tier*) zucken **3** (*Nasenflügel*) zittern
pamplemousse *m* [pɑ̃plәmus] (⚠ le pamplemousse) Pampelmuse *f*, Grapefruit *f*
pan *m* [pɑ̃] **1** *e-s Kleidungsstücks*: Zipfel *m* **2** ***un ~ de mur*** ein Stück Mauer
panaché *m* [panaʃe] *Getränk*: Radler *m*, Alsterwasser *n*
panaché(e) [panaʃe] (*Eis, Früchte, Stil*) gemischt
pancarte *f* [pɑ̃kaʀt] **1** Schild *n*, Anschlagtafel *f* **2** *bei Demonstrationen*: Spruchband *n*, Transparent *n*
panda *m* [pɑ̃da] Panda *m*, Pandabär *m*
▸ **panier** *m* [panje] Korb *m* (*a. beim Basketball*); ***le ~ à provisions*** der Einkaufskorb
panique *f* [panik] Panik *f*
paniquer [panike] **1** (*die Nerven verlieren*) in Panik geraten **2** (*nervös machen*) in Panik versetzen
▸ **panne** *f* [pan] **1** Panne *f* **2** ***la ~ d'élec-***

tricité der Stromausfall **3** ***la machine est en ~*** die Maschine ist defekt **4** ***je suis en ~*** AUTO ich habe e-e Panne; *umg.* ich bin aufgeschmissen

▸ **panneau** *m* [pano] ⟨*Pl* **~x**⟩ **1** Tafel *f*, Schild *n*; ***le ~ d'affichage*** die Reklamefläche, die Anzeigetafel **2** ▸ ***le panneau de signalisation*** das Verkehrsschild **3** ***le ~ indicateur*** das Hinweisschild, der Wegweiser

panorama *m* [panɔʀama] **1** Panorama *n* **2** (*Übersicht*) Überblick *m*

panoramique [panɔʀamik] ***une vue ~ de …*** ein Rundblick über …

▸ **pansement** *m* [pɑ̃smɑ̃] **1** Verband *m* **2** ***un ~ adhésif*** ein Pflaster, ein Heftpflaster

▸ **pantalon** *m* [pɑ̃talɔ̃] (lange) Hose

panthère *f* [pɑ̃tɛʀ] (⚠ la panthère) Leopard *m*, Panther *m*

pantin *m* [pɑ̃tɛ̃] Hampelmann *m*

pantomime *f* [pɑ̃tɔmim] Pantomime *f*

pantouflard(e) *m(f)* [pɑ̃tuflaʀ(d)] *umg.* Stubenhocker(in) *m(f)*

pantoufle *f* [pɑ̃tufl] (⚠ la pantoufle) Hausschuh *m*, Pantoffel *m*

paon *m* [⚠ pɑ̃] Pfau *m*

▸ **papa** *m* [papa] Papa *m*, Papi *m*, Vati *m*

▸ **pape** *m* [pap] Papst *m*

paperasse *f* [papʀas] Papierkram *m*

▸ **papeterie** *f* [papɛtʀi] Schreibwarenhandlung *f*

papi *m* [papi] *Kinderspr.* Opa *m* (⚠ *dt.* Papi = *frz.* ***papa*** *m*)

▸ **papier** *m* [papje] **1** Papier *n*; ***le ~ à lettres*** das Briefpapier; ***le ~ d'emballage*** das Packpapier **2** ▸ ***les papiers*** die Papiere; ***les ~s d'identité*** die Ausweispapiere **3** ***le ~ hygiénique*** das Toilettenpapier **4** ***le ~ peint*** die Tapete **5** ***le ~ d'aluminium*** die Alufolie

▸ **papillon** *m* [papijɔ̃] **1** Schmetterling *m* **2** ***le nœud ~*** *zum Umbinden*: die Fliege **3** *umg.* Knöllchen *n*, Strafzettel *m*

papoter [papɔte] schwatzen, plappern

paprika *m* [papʀika] *Pulver*: Paprika *m* (⚠ Paprikaschote = ***poivron*** *m*)

▸ **papy** *m* [papi] *Kinderspr.* Opa *m* (⚠ *dt.* Papi = *frz.* ***papa*** *m*)

paquebot *m* [pak(ə)bo] Passagierschiff *n*

pâquerette *f* [pɑkʀɛt] Gänseblümchen *n*

▸ **Pâques** *f Pl od. m* [pɑk] Ostern *n*; ***joyeuses ~!*** frohe Ostern!

▸ **paquet** *m* [pakɛ] **1** Paket *n*; *für Zigaretten*: Schachtel *f*, Packung *f*; *für Kaffee usw.*: Päckchen *n* **2** *Mensch*: ***un ~ de nerfs*** ein Nervenbündel **3** ***un ~ de mer*** e-e Sturzwelle

▸ **par** [paʀ] **1** *Ort*: durch, über; ***~ la fenêtre*** zum Fenster hinaus; ***aller à Paris ~ Reims*** über Reims nach Paris fahren **2** *Zeit*: an, in, bei; ***~ moments*** zeitweise; ***~ temps de pluie*** bei Regen **3** *Mittel, Art u. Weise*: durch, mit, per; ***payer ~ chèque*** mit Scheck bezahlen; ***~ (le) train*** mit dem Zug; ***je l'ai su ~ le journal*** ich habe es aus der Zeitung erfahren **4** *Grund*: aus; ***~ amour*** aus Liebe **5** *im Passiv*: von, durch; ***être détruit ~ un incendie*** durch e-n Brand zerstört werden **6** ***deux fois ~ jour*** zweimal am *od.* pro Tag; ***~ personne*** pro Person **7** ***de ~ le monde*** überall auf der Welt

parabole *f* [paʀabɔl] **1** BIBEL Gleichnis *n* **2** MATH Parabel *f*

parachute *m* [paʀaʃyt] Fallschirm *m*

parachutisme *m* [paʀaʃytism] Fallschirmspringen *n*, Fallschirmsport *m*

parachutiste *m,f* [paʀaʃytist] Fallschirmspringer(in) *m(f)*

parade[1] *f* [paʀad] Parade *f*, Militärparade *f*

parade[2] *f* [paʀad] **1** *beim Fechten*: Parade *f* **2** *fig.* Abwehr *f*, Entgegnung *f*

▸ **paradis** *m* [paʀadi] Paradies *n*; ***aller au ~*** in den Himmel kommen

paradoxal(e) [paʀadɔksal] ⟨*m Pl* **-aux**⟩ paradox, widersinnig

paradoxe *m* [paʀadɔks] Paradox *n*

parages *m Pl* [paʀaʒ] ***dans les ~*** (irgendwo) in der Gegend *od.* Nähe

paragraphe *m* [paʀagʀaf] *im Text*: Abschnitt *m*, Absatz *m* (⚠ Paragraph *im Gesetz* = ***article*** *m*)

▸ **paraître** [paʀɛtʀ] ⟨*wie* ***connaître***⟩ **1** erscheinen, sich zeigen; ***laisser ~*** sich anmerken lassen (*Gefühle*) **2** ⟨*oft mit* ***être***⟩ (*Buch, Zeitschrift*) herauskommen, erscheinen **3** (*den Anschein haben*) scheinen, vorkommen; ***elle paraît intelligente*** sie sieht intelligent aus **4** ***il paraît qu'il va venir*** man sagt *od.* es scheint, dass er kommt

parallèle[1] [paʀalɛl] **1** parallel (***à*** zu); ***deux rues*** *f Pl* ***~s*** zwei Parallelstraßen **2** (*Medizin, Presse*) alternativ **3** ***la po-***

P

lice **~** die Geheimpolizei **4** ***les barres*** *f Pl* **~*s*** SPORT der Barren
parallèle² *f* [paralɛl] GEOM Parallele *f*
parallèle³ *m* [paralɛl] **1** GEOG Breitengrad *m* **2** (*Vergleich*) Parallele *f* (⚠ *hier* le parallèle)
paralysé(e) [paralize] gelähmt
paralyser [paralize] **1** lähmen (*Menschen, Bein usw.*) **2** lahmlegen (*Verkehr usw.*)
paralysie *f* [paralizi] Lähmung *f*
parapente *m* [parapɑ̃t] **1** *Sportgerät*: Gleitschirm *m* **2** *Sport*: Gleitschirmfliegen *n*, Paragliding *n*
▸ **parapluie** *m* [paraplɥi] Regenschirm *m*
parasite *m* [parazit] **1** Parasit *m*, Schmarotzer *m* **2** ***des ~s*** RAD, TV Störgeräusche *n Pl*
parasol *m* [parasɔl] **1** Sonnenschirm *m* **2** ***le pin ~*** die Pinie
paratonnerre *m* [paratɔnɛr] Blitzableiter *m*
paravent *m* [paravɑ̃] Wandschirm *m*
▸ **parc** *m* [⚠ park] **1** Park *m* **2** *für Kinder*: Laufstall *m*
▸ **parce que** [pars(ə)kə] (⚠ *vor Vokal u. stummem* h *steht* ***parce qu'***) **1** weil **2** *alleinstehend*: (eben) darum
parcmètre *m* [⚠ parkmɛtr] Parkuhr *f*
parcourir [parkurir] ⟨*wie* ***courir***⟩ **1** durchlaufen; *mit dem Auto*: durchfahren (*Stadt, Gegend*) **2** **~ *un pays*** kreuz und quer durch ein Land fahren **3** zurücklegen (*Strecke*) **4** überfliegen (*Zeitung*)
parcours *m* [parkur] **1** Strecke *f*; SPORT *a.* Parcours *m* **2** Durchgang *m*, Runde *f*
par-delà [pardəla] jenseits; **~ *les montagnes*** jenseits der Berge
par-derrière [pardɛrjɛr] von hinten, hinten (herum)
par-dessous [pardəsu] **1** unter **2** darunter
par-dessus [pardəsy] **1** über **2** darüber
▸ **pardon** *m* [pardɔ̃] **1** Verzeihung *f*, Vergebung *f*; ***demande ~ à ta sœur!*** bitte deine Schwester um Entschuldigung! **2** ***~!*** Entschuldigung!, Verzeihung! **3** ***~?*** wie bitte?
pardonnable [pardɔnabl] entschuldbar; ***tu es ~*** du kannst nichts dafür
▸ **pardonner** [pardɔne] **1** verzeihen (*Vergehen*); vergeben (*bes. Sünden*) **2** entschuldigen (*Person, Verhalten*) **3** ***cela ne se pardonne pas*** das ist unverzeihlich
▸ **pare-brise** *m* [parbriz] ⟨*unv.*⟩ Windschutzscheibe *f*
▸ **pare-chocs** *m* [parʃɔk] ⟨*unv.*⟩ Stoßstange *f*
▸ **par|eil¹**, **~eille** [parɛj] **1** gleich, ähnlich **2** ***ce n'est pas pareil*** das ist nicht das Gleiche **3** *umg.* ***faire pareil*** das Gleiche tun **4** solche(r, -s), so ein(e); ***une chose pareille*** so etwas
par|eil² *m*, **~eille** *f* [parɛj] **1** ***il n'a pas son pareil pour raconter des histoires drôles*** niemand kann so gut lustige Geschichten erzählen wie er **2** ***je lui ai rendu la pareille*** ich habe es ihm heimgezahlt **3** ***sans pareil*** unvergleichlich **4** *umg.* ***c'est du pareil au même*** das ist Jacke wie Hose
pareillement [parɛjmɑ̃] gleichfalls; ***merci, ~!*** danke gleichfalls!
▸ **parent** *m* [parɑ̃] Verwandte(r) *m*
▸ **parent(e)** [parɑ̃(t)] verwandt
parenté *f* [parɑ̃te] Verwandtschaft *f*
parenthèse *f* [parɑ̃tɛz] (runde) Klammer; ***mettre entre ~s*** einklammern; ***entre ~s*** *a.* nebenbei gesagt
▸ **parents** *m Pl* [parɑ̃] **1** Eltern *Pl* **2** Verwandte *m Pl*
parer [pare] abwehren (*Schlag, Angriff*)
se parer [səpare] sich schmücken (***de*** mit)
paresse *f* [parɛs] Faulheit *f*, Trägheit *f*
paresser [parɛse] faulenzen
▸ **paress|eux¹**, **~euse** [parɛsø, -øz] (*Mensch*) faul, bequem
paress|eux² *m*, **~euse** *f* [parɛsø, -øz] Faulenzer(in) *m(f)*, Faulpelz *m*
paresseux³ *m* [parɛsø] ZO Faultier *n*
parfait *m* [parfɛ] Perfekt *n*
▸ **parfait(e)** [parfɛ(t)] **1** perfekt, vollkommen; (*Arbeit usw.*) tadellos; *Kompliment*: ***parfait!*** großartig! **2** (*total*) völlig, vollkommen **3** (*Beispiel*) typisch; (*Idiot usw.*) richtig **4** **(*c'est*) *parfait!*** *resignierend*: na gut!; *iron.* na super!
▸ **parfaitement** [parfɛtmɑ̃] **1** völlig, ganz **2** ***~!*** natürlich!, sicher!
▸ **parfois** [parfwa] manchmal
parfum *m* [parfœ̃], *oft a.* [parfɛ̃] **1** Duft *m* **2** *Flüssigkeit*: Parfum *n* **3** *bei Eis usw.*: Geschmack *m*, Sorte *f*
parfumer [parfyme] parfümieren

▸ **pari** *m* [paʀi] **1** Wette *f*; ***tenir un*** **~** e-e Wette annehmen **2** ***le*** **~** ***mutuel*** die Rennwette

▸ **parier** [paʀje] wetten; ***je te parie qu'elle vient*** ich wette mit dir, dass sie kommt

Paris [⚠ paʀi] Paris *n*

paris|ien, ~ienne [paʀizjɛ̃, -jɛn] aus Paris, in Paris, Pariser

Paris|ien *m*, **~ienne** *f* [paʀizjɛ̃, -jɛn] Pariser(in) *m(f)*

▸ **parking** *m* [paʀkiŋ] **1** Parkplatz *m* **2** ***le*** **~** ***souterrain*** die Tiefgarage

parlant(e) [paʀlɑ̃(t)] **1** ***le cinéma parlant*** der Tonfilm **2** ***les chiffres sont parlants*** die Zahlen sprechen für sich **3** ***économiquement*** *usw.* ***parlant*** wirtschaftlich *usw.* gesehen

parlé(e) [paʀle] **1** gesprochen **2** RAD ***le journal parlé*** die Nachrichten

▸ **Parlement** *m* [paʀləmɑ̃] (⚠ Parlement) Parlament *n*

parlementaire[1] [paʀləmɑ̃tɛʀ] parlamentarisch, Parlaments…

parlementaire[2] *m,f* [paʀləmɑ̃tɛʀ] Parlamentarier(in) *m(f)*

parlementer [paʀləmɑ̃te] verhandeln

▸ **parler** [paʀle] **1** sprechen, reden; ***elle parle bien (le) français*** sie spricht gut französisch; ***il parle avec moi de son travail*** er unterhält sich mit mir über seine Arbeit **2** **~** ***de …*** *(Person)* von … erzählen; *(Buch, Film)* von … handeln **3** **~** ***affaires*** über Geschäfte reden **4** ***ils ne se parlent plus*** sie reden nicht mehr miteinander **5** *umg.* ***tu parles!*** von wegen!

P

▸ **parmi** [paʀmi] unter, von, bei; **~** ***tant d'autres*** unter *od.* von vielen

parodie *f* [paʀɔdi] Parodie *f* (***de*** auf)

paroi *f* [paʀwa] Wand *f*

paroisse *f* [paʀwas] Pfarrgemeinde *f*

paroiss|ien *m*, **~ienne** *f* [paʀwasjɛ̃, -jɛn] Gemeindemitglied *n*

▸ **parole** *f* [paʀɔl] **1** Wort *n* **2** ***les*** **~*s*** ***d'une chanson*** der Text e-s Lieds **3** *(Sprechen)* Sprache *f*; *fig.* ***perdre la*** **~** die Sprache verlieren **4** ***demander la*** **~** um das Wort bitten; ***prendre la*** **~** das Wort ergreifen; ***elle m'a coupé la*** **~** sie ist mir ins Wort gefallen **5** ***la*** **~** ***(d'honneur)*** das Ehrenwort

parquet *m* [paʀkɛ] **1** *Boden*: Parkett *n* **2** JUR Staatsanwaltschaft *f* (⚠ Parkett *im Theater* = ***parterre*** *m*)

▸ **parrain** *m* [paʀɛ̃] **1** Patenonkel *m*, Pate *m* *(a. bei der Mafia)* **2** *fig.* Schirmherr *m*, Sponsor *m*

parrainage *m* [paʀɛnaʒ] Schirmherrschaft *f*

parrainer [paʀɛne] sponsern

parsemé(e) [paʀsəme] ***parsemé de …*** übersät mit …, voll(er) …

▸ **part** *f* [paʀ] **1** *(Stück)* Teil *m*, Anteil *m*; ***une*** **~** ***de gâteau*** ein Stück Kuchen **2** ***pour une bonne*** **~** zum großen Teil **3** ***prendre*** **~** ***à qc*** an etw teilnehmen, sich an etw beteiligen **4** ***faire*** **~** ***de qc*** etw mitteilen **5** ***de ma, ta*** *usw.* **~** in meinem, deinem *usw.* Auftrag; ***tu lui diras bonjour de ma*** **~** grüß sie *od.* ihn von mir **6** ***pour ma*** **~** was mich betrifft **7** ***d'une*** **~** ***…, d'autre*** **~** ***…*** einerseits …, andererseits … **8** ***d'autre*** **~** außerdem, übrigens **9** ***prendre à*** **~** beiseite nehmen; ***traiter à*** **~** getrennt behandeln **10** ▸ ***à part*** außer, abgesehen von; *umg.* ▸ ***à part ça*** abgesehen davon

partage *m* [paʀtaʒ] **1** Aufteilung *f* **2** ***le*** **~** ***du travail*** das Jobsharing

▸ **partager** [paʀtaʒe] ⟨***-ge-***⟩ **1** teilen (***avec*** mit) *(a. Ansichten, Gefühle)* **2** *(verteilen)* aufteilen (***entre*** unter)

partance [paʀtɑ̃s] ***l'avion*** *m* ***en*** **~** ***pour Munich*** das Flugzeug nach München

partant *m* [paʀtɑ̃] SPORT Startende(r) *f(m)*, Teilnehmer(in) *m(f)*

partenaire *m,f* [paʀtənɛʀ] Partner(in) *m(f)*

parterre *m* [paʀtɛʀ] **1** Blumenbeet *n* **2** THEAT Parkett *n* (⚠ Parterre = ***rez-de--chaussée*** *m*)

▸ **parti** *m* [paʀti] (⚠ le parti) **1** POL Partei *f*; ***un*** **~** ***de gauche*** e-e Linkspartei **2** ***prendre le*** **~** ***de qn*** für j-n eintreten *od.* Partei ergreifen; ***il a pris le*** **~** ***d'y renoncer*** er hat sich entschlossen, darauf zu verzichten **3** ***le*** **~** ***pris*** die Voreingenommenheit; ***elle est de*** **~** ***pris*** sie ist voreingenommen **4** ***tirer*** **~** ***de qc*** aus etw Nutzen ziehen, etw verwerten

partial(e) [paʀsjal] ⟨*m Pl* ***-aux***⟩ *(Schiedsrichter)* parteiisch; *(Richter)* befangen

participant(e) *m(f)* [paʀtisipɑ̃(t)] Teilnehmer(in) *m(f)* (***à*** an)

participe *m* [paʀtisip] Partizip *n*; ***le*** **~** ***présent*** das Partizip Präsens; ***le*** **~** ***passé*** das Partizip Perfekt

▸ **participer** [paʀtisipe] teilnehmen, sich beteiligen (**à** an), mitmachen (**à** bei)

particule *f* [paʀtikyl] **1** PHYS Teilchen *n* **2** GR Partikel *f* **3** ***elle a un nom à ~*** sie hat e-n Namen mit „von"

▸ **particul|ier**[1], **~ière** [paʀtikylje, -jɛʀ] **1** besondere(r, -s), speziell; ***un cas particulier*** ein Sonderfall **2** ***des leçons*** *f Pl* ***particulières*** Nachhilfestunden *f Pl* **3** ***une voiture particulière*** ein Privatwagen **4** ▸ ***en particulier*** besonders; *sprechen*: unter vier Augen

particulier[2] *m* [paʀtikylje] Privatperson *f*

particulièrement [paʀtikyljɛʀmɑ̃] besonders, vor allem, speziell

▸ **partie** *f* [paʀti] **1** *von e-m Ganzen*: Teil *m*; ***en ~*** teilweise, zum Teil; ***en ~ …, en ~ …*** teils …, teils … **2** ***les ~s du discours*** die Wortarten **3** ***faire ~ de qc*** zu etw gehören **4** SPORT, *beim Spiel*: Partie *f* **5** *aufs Land usw.*: Ausflug *m*, Partie *f* **6** MUS Part *m*, Stimme *f* **7** JUR Partei *f*

parti|el[1], **~elle** [paʀsjɛl] **1** Teil… **2** ***le résultat partiel*** das Zwischenergebnis

partiel[2] *m* [paʀsjɛl] SCHULE Klausur *f*

partiellement [paʀsjɛlmɑ̃] teilweise

▸ **partir** [paʀtiʀ] ⟨*prés.*: ***je, tu pars, il part***; *impér.*: ***pars!***; *mit* ***être***⟩ **1** (*fortgehen*) gehen, weggehen; ***elle est déjà partie*** sie ist schon weg **2** (*aufbrechen*) losgehen, abreisen, abfahren (***pour Paris*** nach Paris, ***en France*** nach Frankreich); ***~ en vacances*** in Urlaub fahren **3** (*Auto, Zug, Bus usw.*) abfahren; (*Flugzeug*) abfliegen **4** (*Läufer*) starten **5** ***faire ~*** wegschicken (*Brief*); loswerden (*Person*); starten (*Motor*) **6** ***l'affaire est mal partie*** die Sache fängt schlecht an **7** (*Schuss*) fallen, losgehen **8** (*Fleck*) weggehen; (*Schmerz*) vergehen **9** ▸ ***à partir de*** ab, von … an **10** ***à vos marques! prêts? partez!*** auf die Plätze, fertig, los!

▸ **partisan** *m* [paʀtizɑ̃] **1** Anhänger *m*, Verfechter *m* **2** *im Krieg*: Partisan *m*

partition *f* [paʀtisjɔ̃] MUS Partitur *f*

▸ **partout** [paʀtu] **1** überall; ***de ~*** von überall her (⚠ *dt.* partout = ***à tout prix***) **2** TENNIS ***trente ~*** dreißig beide; FUSSBALL ***deux buts ~*** zwei zu zwei (unentschieden)

paru [paʀy] → ***paraître***

parure *f* [paʀyʀ] **1** Schmuck *m* **2** *von Wäsche usw.*: Garnitur *f*

parution *f* [paʀysjɔ̃] Erscheinen *n*

parvenir [paʀvəniʀ] ⟨*wie* ***venir***; *mit* ***être***⟩ ***~ à qn*** zu j-m gelangen, bei j-m ankommen, j-n erreichen

▸ **pas**[1] *m* [pɑ] **1** Schritt *m* **2** ***rouler au ~*** (im) Schritttempo fahren; ***marcher au ~*** im Gleichschritt marschieren **3** ***revenir sur ses ~*** umkehren **4** *im Schnee usw.*: ***des ~*** Tritte *m Pl*, Fußstapfen *m Pl* **5** ***sur le ~ de la porte*** in der Haustür **6** *Wendungen*: ***c'est à deux ~ d'ici*** das ist ganz in der Nähe; ***faire les cent ~*** auf und ab gehen

pas[2] [pɑ] **1** *mit* ***ne***: nicht; ***il ne vient ~*** er kommt nicht; ⚠ *in der gesprochenen Sprache meist ohne* ne: ***je l'ai ~ vu*** ich habe ihn nicht gesehen **2** ***ne … ~ de*** (+ *Subst.*) kein(e); ***je n'ai ~ d'argent*** ich habe kein Geld **3** ***ne … ~ non plus*** auch nicht; ***je ne viens ~ non plus*** ich komme auch nicht **4** *ohne* ***ne***: ***~ encore*** noch nicht; ***~ moi*** ich nicht; ▸ ***pas du tout*** überhaupt nicht

passable [pasabl] **1** annehmbar, passabel **2** *Schulnote*: ausreichend

passage *m* [pasaʒ] (⚠ le passage) **1** *an etw, j-m*: Vorbeigehen *n*, Vorbeikommen *n*, Vorbeifahren *n*; ***au ~*** im Vorbeigehen **2** *durch e-n Ort, ein Land usw.*: Durchreise *f*, Durchfahrt *f*; ***~ interdit!*** Durchfahrt verboten! **3** *e-s Flusses*: Überquerung *f*, Überfahrt *f*; *e-r Grenze*: Überschreiten *n*, Passieren *n*; *mit dem Schiff*: Passage *f* **4** ***elle est de ~ à Paris*** sie ist auf der Durchreise in Paris **5** ***l'examen de ~*** die Versetzungsprüfung **6** *Weg*: Durchgang *m*; *für Fahrzeuge*: Durchfahrt *f* **7** *bei Texten, Liedern usw.*: Stelle *f*, Passage *f*

▸ **passag|er**[1] *m*, **~ère** *f* [pasaʒe, -ɛʀ] **1** Passagier *m*, Fahrgast *m bzw.* Fluggast *m* **2** *im Auto*: Insasse *m*, Insassin *f*, Beifahrer(in) *m(f)*

passag|er[2], **~ère** [pasaʒe, -ɛʀ] vorübergehend, kurz; (*Schönheit*) vergänglich; (*Glück*) flüchtig

▸ **passant**[1] *m* [pasɑ̃] Passant *m*

passant[2] [pasɑ̃] ***en ~*** im Vorbeigehen

▸ **passante** *f* [pasɑ̃t] Passantin *f*

passe *f* [pɑs] (⚠ la passe) **1** FUSSBALL Pass *m*; ***elle m'a fait une ~*** sie hat mir den Ball zugespielt **2** ***le mot de***

~ das Kennwort, die Parole **3** ***je suis dans une mauvaise ~*** ich habe e-e Pechsträhne

▸ **passé** *m* [pase] **1** Vergangenheit *f* **2** GR ***le ~ composé*** das Perfekt; ***le ~ simple*** das Passé simple

▸ **passé(e)** [pase] **1** vergangen **2** ***il est onze heures passées*** es ist elf Uhr durch

passe-partout *m* [paspaʀtu] ⟨*unv.*⟩ **1** Hauptschlüssel *m* **2** *für Bilder*: Wechselrahmen *m*

▸ **passeport** *m* [paspɔʀ] Pass *m*, Reisepass *m*

▸ **passer** [pase] ⟨*1, 2, 5, 6, 9-14, 21 u. 22 mit* **être**, *seltener mit* **avoir**⟩ **1** *an j-m, etw*: vorbeikommen, vorbeigehen, vorbeifahren; ***pouvoir ~*** vorbeikönnen; ***vouloir ~*** vorbeiwollen **2** *durch ein Land, e-n Ort usw.*: durchkommen, durchgehen, durchreisen **3** ***laisser ~*** vorbeilassen, durchlassen; durchgehen lassen (*Fehler*); verstreichen lassen (*Frist*) **4** ***faire ~*** vorbeilassen, durchlassen; weiter-, herumreichen (*Dinge*); weitersagen, -geben (*Rat, Information*) **5** (*Zeit*) vergehen; (*Schmerz*) vorübergehen; (*Wut*) sich legen **6** (*Farben*) verblassen **7** ***~ un examen, son permis*** *usw.* e-e Prüfung, den Führerschein *usw.* machen **8** verbringen (*Zeit, Ferien*); ***je lis pour ~ le temps*** ich lese zum Zeitvertreib **9** (*besuchen*) vorbeikommen; ***il est passé me prendre*** er hat mich abgeholt; ***elle est passée me voir*** sie hat mich kurz besucht; ***le facteur vient de ~*** der Briefträger ist gerade da gewesen **10** (*Kaffee*) durchlaufen; (*Strom*) fließen; (*Gesetz*) durchkommen **11** (*Film*) laufen; ***~ à la télévision*** im Fernsehen kommen **12** ***il est passé dans la classe supérieure*** (*Schüler*) er ist versetzt worden **13** ***la voiture est passée au rouge*** der Wagen ist bei Rot gefahren **14** ***où est passé mon crayon?*** wo ist mein Bleistift hingekommen? **15** auflegen (*CD*); abspielen (*Kassette*); zeigen (*Film, Video*); aufführen (*Schauspiel*) **16** überqueren (*Fluss*); überschreiten (*Grenze*); *beim Alter*: ***il a passé la cinquantaine*** er ist über fünfzig **17** (*geben*) ***passe-moi le sel!*** reich mir mal das Salz!; ***~ le ballon*** den Ball zuspielen *od.* abgeben; TEL ***je te passe ma mère*** ich gebe dir meine Mutter **18** ***~ les tomates*** die Tomaten passieren **19** ***~ l'aspirateur*** Staub saugen **20** ***il passe pour avare*** er gilt als geizig; ***il l'a fait ~ pour un menteur*** er hat ihn als Lügner hingestellt; ***il se fait ~ pour un médecin*** er gibt sich als Arzt aus **21** ***y ~*** (*Geld*) draufgehen; (*Mensch*) dran glauben müssen **22** AUTO ***~ en seconde*** in den zweiten Gang schalten **23** *beim Kartenspiel*: ***je passe!*** ich passe!

▸ **se passer** [səpase] **1** passieren, geschehen **2** (*Szene*) spielen **3** (*Zeit*) vergehen **4** ***tout s'est bien passé*** alles ist gut gegangen **5** ▸ ***se passer de qc*** auf etw verzichten

passerelle *f* [pasʀɛl] **1** Steg *m*, Fußgängerbrücke *f* **2** SCHIFF, FLUG Gangway *f* **3** SCHIFF Brücke *f*

passe-temps *m* [pastɑ̃] ⟨*unv.*⟩ Zeitvertreib *m*

passeur *m* [pasœʀ] **1** *an der Grenze*: Fluchthelfer(in) *m*(*f*) **2** ***le ~ de drogue*** der Rauschgiftschmuggler

pass|if[1], **~ive** [pasif, -iv] **1** passiv **2** GR ***la voix passive*** das Passiv

passif[2] *m* [pasif] GR Passiv *n*

passion *f* [pasjõ] Leidenschaft *f*; ***il a la ~ des voyages*** er reist furchtbar gern

passionnant(e) [pasjɔnɑ̃(t)] spannend, aufregend

passionné(e)[1] [pasjɔne] leidenschaftlich; ***il est passionné de sport*** er ist sportbegeistert

passionné(e)[2] *m*(*f*) [pasjɔne] ***c'est une passionnée de musique*** sie ist ein großer Musikfan

passionner [pasjɔne] **1** begeistern, faszinieren **2** ***se ~ pour qc*** für etw schwärmen, sich für etw begeistern

passoire *f* [paswaʀ] Sieb *n*

pastel *m* [pastɛl] (⚠ *nur ein* l) **1** Pastellstift *m* **2** *Bild*: Pastellzeichnung *f* **3** ***des couleurs*** *f Pl* **~** Pastellfarben *f Pl*

pastèque *f* [pastɛk] Wassermelone *f*

▸ **pasteur** *m* [pastœʀ] (evangelischer) Pfarrer, Pastor *m*

pastille *f* [pastij] **1** *Süßigkeit*: Plätzchen *n*, Plättchen *n* **2** (*Tablette*) Pastille *f*

patate *f* [patat] **1** *umg.* Kartoffel *f* **2** ***la ~ douce*** die Süßkartoffel

pataud(e) [pato(d)] tollpatschig

▸ **pâte** *f* [pɑt] **1** Teig *m*; ***la ~ brisée*** (*od.* ***sablée***) der Mürbeteig; ***la ~ feuilletée***

P

der Blätterteig **2** ▸ ***les pâtes*** die Teigwaren, die Nudeln **3** (*breiige Masse*) Paste *f*; ***la ~ à modeler*** die Knetmasse **4** ***la ~ dentifrice*** die Zahnpasta **5** ***la ~ d'amandes*** das Marzipan

▸ **pâté** *m* [pɑte] **1** Pastete *f* **2** Tintenklecks *m* **3** ***le ~ de maisons*** der Häuserblock

patern|el, ~elle [patɛʀnɛl] väterlich

paternité *f* [patɛʀnite] **1** Vaterschaft *f* **2** *e-r Idee usw.*: Urheberschaft *f*

pât|eux, ~euse [pɑtø, -øz] breiig, pappig

pathétique [patetik] bewegend, ergreifend

patiemment [⚠ pasjamɑ̃] geduldig

▸ **patience** *f* [pasjɑ̃s] Geduld *f*

▸ **patient(e)**[1] [pasjɑ̃(t)] geduldig

patient(e)[2] *m(f)* [pasjɑ̃(t)] Patient(in) *m(f)*

patienter [pasjɑ̃te] sich gedulden, warten

patin *m* [patɛ̃] **1** ***les ~s à glace*** die Schlittschuhe; ***faire du ~ à glace*** Schlittschuh laufen **2** ***les ~s à roulettes*** die Rollschuhe; ***faire du ~ à roulettes*** Rollschuh laufen **3** ***les ~s en ligne*** die Inlineskates; ***faire du ~ en ligne*** inlineskaten

patinage *m* [patinaʒ] Eislauf *m*, Eislaufen *n*; ***le ~ artistique*** der Eiskunstlauf

patiner [patine] **1** Schlittschuh laufen **2** (*Person, Wagen*) rutschen, schlittern **3** (*Räder*) durchdrehen

patinette *f* [patinɛt] *für Kinder*: Roller *m*

patinoire *f* [patinwaʀ] Eisbahn *f*

pâtir [pɑtiʀ] leiden (***de*** unter)

▸ **pâtisserie** *f* [pɑtisʀi] **1** Kuchen *m*, Gebäck *n*, Ⓐ Mehlspeise *f* **2** *Geschäft*: Konditorei *f*

pâtiss|ier *m*, **~ière** *f* [pɑtisje, -jɛʀ] Konditor(in) *m(f)*

patois *m* [patwa] Mundart *f*, Dialekt *m*

▸ **patrie** *f* [patʀi] **1** *Land*: Heimat *f*, Vaterland *n* **2** *Stadt*: Geburtsort *m*, Geburtsstadt *f*

patrimoine *m* [patʀimwan] **1** Erbe *n* **2** *Geld*: Vermögen *n* **3** BIOL ***le ~ génétique*** das Erbgut, die Erbmasse

patriote[1] *m,f* [patʀijɔt] Patriot(in) *m(f)*

patriote[2] [patʀijɔt] patriotisch

patriotique [patʀijɔtik] patriotisch

patriotisme *m* [patʀijɔtism] Patriotismus *m*, Vaterlandsliebe *f*

▸ **patron**[1] *m* [patʀɔ̃] **1** Chef *m* **2** *in e-m Lokal*: Wirt *m* **3** *in e-m Krankenhaus*: Chefarzt *m* **4** *Heiliger*: Schutzpatron *m*

patron[2] *m* [patʀɔ̃] Schnittmuster *n*

patronage *m* [patʀɔnaʒ] **1** Schirmherrschaft *f* **2** *Organisation*: Jugendgruppe *f*

patronat *m* [patʀɔna] ***le ~*** die Arbeitgeber

▸ **patronne** *f* [patʀɔn] **1** Chefin *f* **2** *in e-m Lokal*: Wirtin *f* **3** *Heilige*: Schutzpatronin *f*

patrouille *f* [patʀuj] Streife *f*, Patrouille *f*

▸ **patte** *f* [pat] **1** Pfote *f*; *bei Löwen usw.*: Tatze *f*, Pranke *f*; *bei Vögeln, Pferden, Insekten*: Bein *n*, Fuß *m* **2** *umg. beim Menschen*: Bein *n*, Fuß *m*; (*Hand*) Pfote *f*; ***marcher à quatre ~s*** auf allen vieren gehen

pâturage *m* [pɑtyʀaʒ] Weide *f*, Viehweide *f*

paume *f* [pom] Handfläche *f*, Handteller *m*

paumé(e) [pome] *umg.* (*ratlos, hilflos*) aufgeschmissen

paupière *f* [popjɛʀ] Lid *n*, Augenlid *n*

▸ **pause** *f* [poz] Pause *f* (⚠ *nur bei der Arbeit*)

▸ **pauvre** [povʀ] **1** arm (***en*** an) **2** (*ärmlich*) schäbig **3** (*Boden*) karg **4** *vorangestellt*: ***un ~ homme*** ein armer Mann, ein bedauernswerter Mann

▸ **pauvreté** *f* [povʀəte] Armut *f*, Ärmlichkeit *f*

se pavaner [səpavane] umherstolzieren

pavé *m* [pave] **1** Pflasterstein *m* **2** *Bodenbelag*: Straßenpflaster *n* **3** *umg.* (*Buch*) Wälzer *m*

pavillon *m* [pavijɔ̃] **1** Einfamilienhaus *n* **2** *auf Ausstellungen, im Garten*: Pavillon *m* **3** SCHIFF Flagge *f*

pavot *m* [pavo] Mohn *m*

payable [pɛjabl] (*Betrag*) zahlbar, fällig

payant(e) [pɛjɑ̃(t)] **1** kostenpflichtig; (*Parkplatz*) gebührenpflichtig; ***l'entrée est payante*** das kostet Eintritt **2** (*Gast, Zuschauer*) zahlend

▸ **payer** [peje] ⟨***-ay-*** *od.* ***-ai-***⟩ **1** zahlen; bezahlen (*Geld, Person*); auszahlen (*Lohn*); ***~ la jupe cinquante euros***

P

für den Rock fünfzig Euro zahlen; ***tu l'as payé combien?*** wie viel hast du dafür bezahlt? **2** (*Arbeit*) etw einbringen; (*Mühe*) sich lohnen **3** ***~ une faute*** für e-n Fehler büßen müssen; ***il me le paiera*** (**cher**)! das soll er mir büßen! **4** *umg.* ***~ un coup*** einen ausgeben; *umg.* ***elle m'a payé un café*** sie hat mir e-n Kaffee spendiert **5** *umg.* ***se ~ qc*** sich etw leisten

▸ **pays** *m* [⚠ pei] **1** (*Staat, Nation*) Land *n*; ***un ~ en voie de développement*** ein Entwicklungsland **2** (*Region*) Gegend *f*, Landstrich *m*; ***les gens du ~*** die Einheimischen **3** (*Vaterland, Vaterstadt*) Heimat *f* **4** (*Dorf*) kleiner Ort **5** ***il a vu du ~*** er hat viel von der Welt gesehen

▸ **paysage** *m* [⚠ peizaʒ] Landschaft *f*; ***le ~ médiatique*** die Medienlandschaft

▸ **pays|an**[1] *m*, **~anne** *f* [⚠ peizɑ̃, -an] Bauer *m*, Bäuerin *f*

pays|an[2], **~anne** [⚠ peizɑ̃, -an] bäuerlich, Bauern…

Pays-Bas *m Pl* [⚠ peibɑ] Niederlande *n Pl*

▸ **PC** *m* [pese] IT PC *m*

PCF *m* [peseɛf] (*Abk. für* Parti communiste français) Kommunistische Partei Frankreichs

PDG *m* [pedeʒe] (*Abk. für* Président-Directeur Général) *umg.* **1** Generaldirektor *m* **2** *allg.*: Chef *m*

▸ **péage** *m* [peaʒ] **1** Straßen-, Autobahngebühr *f*, Ⓐ Maut *f*; ***à ~*** gebührenpflichtig **2** *auf der Autobahn*: Zahlstelle *f*, Ⓐ Mautstelle *f*

P

Le péage

Wenn man auf französischen Autobahnen fährt, muss man eine Benutzungsgebühr zahlen: **le péage**. Wie hoch die Gebühr ist, hängt von der Strecke ab, die man auf der Autobahn zurückgelegt hat. Zu entrichten ist die Gebühr an den jeweiligen Zahlstellen, die ebenfalls **le péage** heißen.

Ein Vorteil dieses Systems ist, dass auf den französischen Autobahnen weniger Verkehr herrscht als beispielsweise auf den deutschen.

Wer kein Geld für die Autobahngebühr ausgeben möchte, kann die **routes nationales** benutzen, die in etwa den deutschen Bundesstraßen entsprechen.

▸ **peau** *f* [po] ⟨*Pl* **~x**⟩ **1** Haut *f* **2** *von Tieren*: Fell *n*, Leder *n*; **de** (*od.* **en**) **~** Leder… **3** *von Obst*: Schale *f*; *von Pfirsichen usw.*: Haut *f*; *der Wurst*: Haut *f*, Pelle *f* **4** *Wendungen*: *umg.* ***risquer sa ~*** Kopf und Kragen riskieren; *umg.* ***j'aurai ta ~!*** dich krieg ich (noch)!

▸ **pêche**[1] *f* [pɛʃ] **1** Pfirsich *m* **2** *umg.* ***elle a la ~*** sie ist gut drauf

pêche[2] *f* [pɛʃ] Fischen *n*; ***la ~ à la ligne*** das Angeln; ***aller à la ~*** angeln gehen

▸ **péché** *m* [peʃe] Sünde *f*

pécher [peʃe] ⟨**-è-**⟩ sündigen

pêcher[1] *m* [pɛʃe] Pfirsichbaum *m*

pêcher[2] [pɛʃe] **1** fangen (*Fische usw.*); fischen; ***~ à la ligne*** angeln **2** *umg.* (*finden*) auftreiben, aufgabeln

pécheresse *f* [peʃʀɛs] Sünderin *f*

pécheur *m* [peʃœʀ] Sünder *m*

pêcheur *m* [pɛʃœʀ] Angler *m*; *Beruf*: Fischer *m*

pédagogie *f* [pedagɔʒi] Pädagogik *f*

pédagogique [pedagɔʒik] pädagogisch

pédagogue *m,f* [pedagɔg] Pädagoge *m*, Pädagogin *f*

pédale *f* [pedal] Pedal *n*

pédalo® *m* [pedalo] Tretboot *n*

pédé *m* [pede] *umg.* (*Schwuler*) Homo *m*

pédestre [pedɛstʀ] Fuß…; ***une randonnée ~*** e-e Wanderung

pédiatre *m,f* [pedjatʀ] Kinderarzt *m*, Kinderärztin *f*

▸ **peigne** *m* [pɛɲ] **1** Kamm *m* **2** ***passer au ~ fin*** unter die Lupe nehmen, durchkämmen (*Gegend*)

peigner [peɲe] kämmen

peignoir *m* [pɛɲwaʀ] Bademantel *m*

▸ **peindre** [pɛ̃dʀ] ⟨*prés.*: ***je, tu peins, nous peignons***; *imparf.*: ***je, tu peignais***; *subj.*: ***je peigne***; *impér.*: ***peignez!***; *p/pr*: ***peignant***; *p/p*: ***peint***⟩ **1** malen (*Bild usw.*) **2** *mit Anstrichfarbe*: streichen, anstreichen; *mit Lack*: lackieren **3** (*anmalen*) bemalen **4** (*schildern*) beschreiben

▸ **peine**[1] *f* [pɛn] **1** Strafe *f* **2** ***la ~ capitale*** (*od.* ***de mort***) die Todesstrafe
peine[2] *f* [pɛn] **1** (*Leid*) Schmerz *m*; (*Kummer*) Sorge(n) *f* (*Pl*) **2** (*Anstrengung*) Mühe *f*; ***se donner la ~ de venir*** sich die Mühe machen zu kommen; ***elle a*** (***de la***) ***~ à lire*** sie kann nur mit Mühe lesen **3** ***ce n'est pas la ~*** das ist nicht nötig; ***ce n'est pas la ~ de le répéter*** das braucht nicht wiederholt zu werden **4** ***cela vaut la ~*** das lohnt sich; ***cela vaut la ~ d'être vu*** das ist sehenswert **5** ▸ ***à peine*** kaum; ***j'ai à ~ commencé*** ich habe gerade erst angefangen
peiner [pene] **1** (*sich anstrengen*) Mühe *od.* Schwierigkeiten haben **2** (*betrüben*) traurig machen, wehtun
peins, **peint** [pɛ̃] → ***peindre***
▸ **peintre** *m* [pɛ̃tʀ] **1** Maler(in) *m*(*f*) **2** ***le ~ en bâtiment*** der Anstreicher
▸ **peinture** *f* [pɛ̃tyʀ] **1** *Material*: Farbe *f*, Anstrich *m*; AUTO Lack *m* **2** *Tätigkeit*: Malen *n*, Anstreichen *n* **3** (*Gemälde*) Bild *n* **4** *Kunst*: Malerei *f*
péjorat|if, **~ive** [peʒɔʀatif, -iv] abfällig, abwertend
pelage *m* [pəlaʒ] Fell *n*
pêle-mêle [pɛlmɛl] (bunt) durcheinander
peler [pəle] ⟨**-è-**⟩ **1** schälen (*Frucht*) **2** (*Haut*) sich schälen **3** *umg.* ~ (***de froid***) sich einen abfrieren
pèlerin *m* [pɛlʀɛ̃] Pilger(in) *m*(*f*)
pèlerinage *m* [pɛlʀinaʒ] Wallfahrt *f*
pelle *f* [pɛl] **1** Schaufel *f*, Schippe *f* **2** ***une ~ à tarte*** ein Tortenheber **3** ***des livres*** *usw.* ***à la ~*** haufenweise Bücher *usw.*
pellicule *f* [⚠ pelikyl] **1** FOTO Film *m* **2** (*Belag*) Film *m*, Schicht *f* **3** *in den Haaren*: ***des ~s*** Schuppen *f Pl*
pelote *f* [p(ə)lɔt] **1** Knäuel *n* **2** ***la ~ basque*** die Pelota (*baskisches Ballspiel*)
pelouse *f* [p(ə)luz] Rasen *m*
peluche *f* [p(ə)lyʃ] **1** *Material*: Plüsch *m* **2** *Spielzeug*: Plüschtier *n*, Stofftier *n* **3** *vom Pullover usw.*: Fussel *f od. m*
pénaliser [penalize] bestrafen
pénalité *f* [penalite] Strafe *f* (*a.* SPORT)
penalty *m* [⚠ penalti] Elfmeter *m*, Strafstoß *m*
penaud(e) [pəno(d)] beschämt
penchant *m* [pɑ̃ʃɑ̃] Hang *m*, Neigung *f*
pencher [pɑ̃ʃe] **1** neigen (*Kopf usw.*) **2** sich neigen, schief sein **3** ***~ pour qc*** zu etw tendieren **4** ▸ ***se pencher*** sich herunterbeugen (***vers*** zu) **5** ***se ~ au dehors*** sich hinauslehnen **6** ***se ~ sur un problème*** sich in ein Problem vertiefen
pendaison *f* [pɑ̃dɛzõ] Erhängen *n*, Hängen *n*
▸ **pendant** [pɑ̃dɑ̃] **1** während; ***~ trois heures*** drei Stunden (lang) **2** ▸ ***pendant que*** während
pendentif *m* [pɑ̃dɑ̃tif] Schmuckanhänger *m*
penderie *f* [pɑ̃dʀi] Kleiderschrank *m*
pendouiller [pɑ̃duje] *umg.* herumbaumeln
pendre [pɑ̃dʀ] ⟨*wie* ***rendre***⟩ **1** hängen (***à*** an) **2** (*töten*) erhängen, aufhängen
pendule[1] *f* [pɑ̃dyl] Pendeluhr *f*, Wanduhr *f*
pendule[2] *m* [pɑ̃dyl] Pendel *n*
pénétrant(e) [penetʀɑ̃(t)] **1** (*Blick*, *Kälte*) durchdringend **2** (*Regen*) bis auf die Haut durchgehend **3** (*Geruch*) penetrant
pénétrer [penetʀe] ⟨**-è-**⟩ **1** eindringen (***dans*** in) **2** ***~ qc*** in etw eindringen, durch etw dringen **3** ***~ un secret*** hinter ein Geheimnis kommen **4** *mit Freude*, *Mitleid usw.*: (ganz) erfüllen (***de*** mit)
▸ **pénible** [penibl] **1** (*Arbeit*, *Reise usw.*) mühsam, beschwerlich **2** (*Nachricht*, *Ereignis usw.*) traurig, schmerzlich **3** *umg.* (*Mensch*) schwierig, lästig (⚠ *dt.* penibel = ***méticuleux, -euse***)
péniblement [penibləmɑ̃] **1** (*mit Schwierigkeiten*) mühsam **2** (*fast nicht*) mit Müh und Not, kaum **3** ***~ affecté*** schmerzlich berührt
péninsule *f* [penɛ̃syl] Halbinsel *f*
pénis *m* [penis] Penis *m*
pénombre *f* [penõbʀ] Halbdunkel *n*
pensée *f* [pɑ̃se] **1** *Fähigkeit*: Denken *n*, Denkvermögen *n* **2** (*Einfall*, *Überlegung*) Gedanke *m* **3** (*Auffassung*) Meinung *f*, Ansicht *f*
▸ **penser** [pɑ̃se] **1** denken (***à*** an) **2** ▸ ***penser à faire qc*** daran denken, etw zu tun **3** ***~ faire qc*** beabsichtigen, etw zu tun **4** ***qu'en penses-tu?*** was hältst du davon? **5** *umg.* ***penses-tu!*** ach wo!, wo denkst du hin! **6** ***tu n'y penses pas!*** das ist doch nicht dein Ernst!; ***mais j'y pense …*** da fällt mir gerade ein …

P

pens|if, ~ive [pɑ̃sif, -iv] nachdenklich

pension[1] *f* [pɑ̃sjõ] **1** *Zahlung*: Rente *f* **2** ***la ~ alimentaire*** *z. B. nach der Scheidung*: der Unterhalt, die Unterhaltszahlung

pension[2] *f* [pɑ̃sjõ] **1** Unterkunft *f* und Verpflegung *f*; ***la ~ complète*** die Vollpension **2** *Hotel*: Pension *f*; ***une ~ de famille*** e-e Familienpension **3** SCHULE Internat *n*

pensionnaire *m,f* [pɑ̃sjɔnɛʀ] **1** Internatsschüler(in) *m(f)* **2** *in e-r Pension*: Pensionsgast *m* (⚠ Pensionär = ***retraité*** *m*)

pente *f* [pɑ̃t] **1** Gefälle *n*, Neigung *f*; ***en ~*** abfallend **2** *von e-m Berg*: Hang *m*, Abhang *m* **3** *fig.* ***il est sur la mauvaise ~*** er ist auf die schiefe Bahn geraten

▸ **Pentecôte** [pɑ̃tkot] ***la ~*** Pfingsten *n*

pénurie *f* [penyʀi] (großer) Mangel (***de*** an)

pépé *m* [pepe] *umg. Kinderspr.* Opa *m*

pépin *m* [pepɛ̃] *von Früchten*: Kern *m*

perçant(e) [pɛʀsɑ̃(t)] (*Blick*, *Schrei*, *Kälte*) durchdringend; (*Schrei*) *a.* gellend; (*Kälte*) *a.* schneidend

perce-neige *m od. f* [pɛʀsənɛʒ] ⟨*unv.*⟩ Schneeglöckchen *n*

perceptible [pɛʀsɛptibl] wahrnehmbar

perception *f* [pɛʀsɛpsjõ] Wahrnehmung *f*

percer [pɛʀse] ⟨**-ç-**⟩ **1** (*Zähne*) durchkommen **2** (*ans Licht kommen*) zum Vorschein kommen **3** (*Ton*) durchdringen **4** durchbohren (*Mauer usw.*); *mit e-r Nadel usw.*: durchstechen **5** anstechen (*Fass*) **6** bohren (*Loch*)

perceuse *f* [pɛʀsøz] Bohrmaschine *f*

percevoir [pɛʀsəvwaʀ] ⟨*wie* ***recevoir***⟩ **1** (*sehen, hören, fühlen*) wahrnehmen **2** *mit dem Verstand*: erkennen, erfassen

percher [pɛʀʃe] **1** (***se***) **~** (*Vogel*) sich setzen **2** *umg.* (*Mensch*) wohnen, hausen

perçu [pɛʀsy] → ***percevoir***

percuter [pɛʀkyte] **~** (***contre***) ***un arbre*** gegen e-n Baum prallen

perdant(e)[1] [pɛʀdɑ̃(t)] *bei der Lotterie*: ***un numéro*** (*od.* ***un billet***) ***perdant*** e-e Niete

perdant(e)[2] *m(f)* [pɛʀdɑ̃(t)] Verlierer(in) *m(f)*

▸ **perdre** [pɛʀdʀ] ⟨*wie* ***rendre***⟩ **1** verlieren (***au jeu*** beim Spiel, ***de sa valeur*** an Wert) **2** einbüßen (*Rechte usw.*) **3** versäumen, verpassen (*Gelegenheit*) **4** (*Behälter*) undicht *od.* leck sein **5** ***elle a perdu deux kilos*** sie hat zwei Kilo abgenommen **6** **~** ***connaissance*** ohnmächtig werden **7** ***se ~*** verloren gehen; (*Ansehen usw.*) schwinden; (*Menschen*) sich verirren *od.* verlaufen; *mit dem Auto*: sich verfahren; (*Lebensmittel*) verderben **8** ***j'y perds*** da zahle ich drauf **9** ***tu n'y perds rien!*** da hast du nichts verpasst!

perdu(e) [pɛʀdy] **1** verloren; (*Gegenstand*) verloren gegangen **2** (*Zeit*) vertan; (*Gelegenheit*) verpasst **3** (*Ort*) abgelegen **4** (*Kranker*) nicht mehr zu retten **5** ***un chien perdu*** ein streunender Hund

▸ **père** *m* [pɛʀ] **1** Vater *m* **2** *im Orden*: Pater *m* **3** ***le ~ Noël*** der Weihnachtsmann **4** *Gebet*: ***le Notre Père*** das Vaterunser

perfection *f* [pɛʀfɛksjõ] Vollkommenheit *f*, Perfektion *f*; ***faire qc à la ~*** etw meisterhaft machen

perfectionnement *m* [pɛʀfɛksjɔnmɑ̃] **1** Verbesserung *f* **2** ***un cours de ~*** ein Fortbildungskurs

perfectionner [pɛʀfɛksjɔne] **1** vervollkommnen, verbessern, weiterentwickeln **2** ***se ~ en français*** seine Französischkenntnisse verbessern

perfectionniste *m,f* [pɛʀfɛksjɔnist] (⚠ perfectionniste) Perfektionist(in) *m(f)*

perforer [pɛʀfɔʀe] **1** durchbohren **2** lochen, knipsen (*Fahr-, Eintrittskarte*)

perforeuse *f* [pɛʀfɔʀøz] Locher *m*

performance *f* [pɛʀfɔʀmɑ̃s] Leistung *f*

performant(e) [pɛʀfɔʀmɑ̃(t)] (*Maschine, Mensch*) leistungsfähig

perfusion *f* [pɛʀfyzjõ] Infusion *f*; ***être sous ~*** am Tropf hängen

péril *m* [⚠ peʀil] *lit.* Gefahr *f*

périmé(e) [peʀime] **1** (*Ausweis, Datum*) abgelaufen; (*Ticket*) verfallen, ungültig **2** (*Theorie*) überholt, veraltet

période *f* [peʀjɔd] Zeit *f*, Zeitraum *m*, Periode *f*; ***en ~ de crise*** in Krisenzeiten

périodique[1] [peʀjɔdik] periodisch, regelmäßig (wiederkehrend)

périodique[2] *m* [peʀjɔdik] Zeitschrift *f*

péripétie *f* [⚠ peʀipesi] **1** *im Drama*:

entscheidende Wendung **2** ***des ~s*** unvorhergesehene Ereignisse, Zwischenfälle *m Pl*

périphérie *f* [peʀifeʀi] *Gebiet*: Stadtrand *m*

périphérique[1] [peʀifeʀik] Stadtrand…

périphérique[2] *m* [peʀifeʀik] **1** *um Paris*: ***le ~*** die Ringautobahn **2** IT Peripheriegerät *n*, Endgerät *n*

périssable [peʀisabl] leicht verderblich

▸ **perle** *f* [pɛʀl] **1** Perle *f* **2** *Äußerung*: Stilblüte *f*

permanence *f* [pɛʀmanɑ̃s] **1** Bereitschaftsdienst *m*; ***il est de ~*** er hat Bereitschaftsdienst **2** SCHULE Aufenthaltsraum *m* (mit Aufsicht) **3** (*Dauerhaftigkeit*) Beständigkeit *f*, Fortdauer *f*; ***en ~*** ständig, dauernd

permanent(e) [pɛʀmanɑ̃(t)] **1** (*gleichbleibend*) beständig **2** (*ununterbrochen*) ständig, dauernd

permanente *f* [pɛʀmanɑ̃t] Dauerwelle *f*

▸ **permettre** [pɛʀmɛtʀ] ⟨*wie* ***mettre***⟩ **1** (↔ *verbieten*) erlauben **2** (*möglich machen*) ermöglichen, zulassen

permis[1] *m* [pɛʀmi] **1** Erlaubnis *f*, Genehmigung *f* **2** ▸ ***le permis*** (***de conduire***) der Führerschein **3** ***le ~ de travail*** die Arbeitserlaubnis

permis[2] [pɛʀmi] → ***permettre***

▸ **permission** *f* [pɛʀmisjõ] **1** Erlaubnis *f*, Genehmigung *f* **2** MIL Urlaub *m*

perpétu|el, ~elle [pɛʀpetɥɛl] dauernd, andauernd, ständig

perpétuer [pɛʀpetɥe] **1** fortführen (*Tradition usw.*) **2** ***se ~*** fortbestehen, fortleben; (*Arten*) sich erhalten

perpétuité *f* [pɛʀpetɥite] ***à ~*** lebenslänglich, auf Lebenszeit

perplexe [pɛʀplɛks] ratlos, hilflos, verlegen

perroquet *m* [pɛʀɔkɛ] Papagei *m*

perruche *f* [pɛʀyʃ] Wellensittich *m*, Sittich *m*

perruque *f* [pɛʀyk] (⚠ pe<u>rr</u>uque) Perücke *f*

persan(e) [pɛʀsɑ̃(-an)] **1** persisch **2** ***un tapis persan*** ein Perserteppich

persécuter [pɛʀsekyte] verfolgen

persécution *f* [pɛʀsekysjõ] Verfolgung *f*

persévérance *f* [pɛʀseveʀɑ̃s] Ausdauer *f*, Beharrlichkeit *f* (***dans*** bei, in)

persévérant(e) [pɛʀseveʀɑ̃(t)] ausdauernd, beharrlich

persévérer [pɛʀseveʀe] ⟨**-è-**⟩ **1** beharren (***dans*** auf); ***~ dans son opinion*** bei seiner Meinung bleiben **2** *im Leben, in seinen Bemühungen usw.*: nicht aufgeben (***dans*** bei)

persienne *f* [pɛʀsjɛn] Fensterladen *m*

persil *m* [⚠ pɛʀsi] Petersilie *f*

persistance *f* [pɛʀsistɑ̃s] **1** *von Menschen*: Hartnäckigkeit *f*; *auf seiner Meinung*: Beharren *n* (***dans*** auf) **2** *vom Wetter usw.*: Anhalten *n*, Andauern *n*

persister [pɛʀsiste] **1** beharren (***dans*** auf) **2** ***je persiste à croire que c'était lui*** ich bleibe dabei, dass er es war **3** (*Schmerzen, Fieber*) anhalten, andauern; (*Zweifel*) fortbestehen

▸ **personnage** *m* [pɛʀsɔnaʒ] **1** *bedeutende*: Persönlichkeit *f* **2** Mensch *m*, Person *f* **3** THEAT Rolle *f*; LITERATUR Figur *f*

▸ **personnalité** *f* [pɛʀsɔnalite] **1** Persönlichkeit *f* **2** ***les ~s*** die Prominenz

▸ **personne**[1] *f* [pɛʀsɔn] **1** Person *f* **2** ***le ministre en ~*** der Minister <u>persönlich</u>; ***il est le calme en ~*** er ist die Ruhe <u>selbst</u>

▸ **personne**[2] [pɛʀsɔn] **1** *mit* ***ne***: niemand, keiner, kein Mensch; ***il n'y a ~*** es ist niemand da; ***~ ne le sait*** keiner weiß es **2** *in Vergleichssätzen ohne* ***ne***: irgendjemand, irgendwer; ***il le sait mieux que ~*** er weiß es besser als jeder andere

▸ **personn|el**[1], **~elle** [pɛʀsɔnɛl] **1** persönlich, privat **2** ***le pronom personnel*** das Personalpronomen

▸ **personnel**[2] *m* [pɛʀsɔnɛl] Personal *n*

personnellement [pɛʀsɔnɛlmɑ̃] persönlich

perspective *f* [pɛʀspɛktiv] **1** MATH, KUNST *usw.* Perspektive *f*; ***en ~*** perspektivisch **2** *in der Zukunft*: Aussicht *f*; ***avoir en ~*** in Aussicht haben **3** (*Standpunkt*) Blickwinkel *m*, Sicht *f*

perspicace [pɛʀspikas] scharfsinnig

perspicacité *f* [pɛʀspikasite] Scharfblick *m*

persuader [pɛʀsɥade] **1** *mit Argumenten*: überzeugen **2** (*herumkriegen*) überreden **3** ***se ~ que …*** sich einreden, dass …

persuas|if, ~ive [pɛʀsɥazif, -iv] überzeugend

▸ **perte** *f* [pɛʀt] **1** Verlust *m*; ***vendre à ~*** mit Verlust verkaufen **2** (*Ruin*) Verderben *n*, Untergang *m* **3** ***à ~ de vue*** so weit das Auge reicht; ***discuter à ~ de vue*** endlos diskutieren

pertinemment [⚠ pɛʀtinamɑ̃] ***savoir ~*** (ganz) genau wissen

pertinent(e) [pɛʀtinɑ̃(t)] zutreffend, passend; (*Argument*) stichhaltig

perturbation *f* [pɛʀtyʀbasjõ] **1** (*Beeinträchtigung*) Störung *f* **2** *soziale*: Unruhe *f*

perturber [pɛʀtyʀbe] stören, beeinträchtigen, durcheinanderbringen

pervers(e) [pɛʀvɛʀ(s)] pervers

pesant(e) [pəzɑ̃(t)] **1** (*Gang*) schwerfällig **2** (*Schweigen*) bedrückend

▸ **peser** [pəze] ⟨-è-⟩ **1** *mit e-r Waage*: wiegen, abwiegen **2** ***~ deux kilos*** zwei Kilo wiegen **3** *durch Überlegen*: abwägen **4** (*belastend sein*) lasten (***sur*** auf); ***~ sur l'estomac*** schwer im Magen liegen; ***la solitude lui pesait*** die Einsamkeit machte ihm zu schaffen **5** ***cela a pesé sur ma décision*** das hat meine Entscheidung beeinflusst

pessimiste[1] [pesimist] pessimistisch

pessimiste[2] *m,f* [pesimist] Pessimist(in) *m(f)*

peste *f* [pɛst] MED Pest *f*

pester [pɛste] schimpfen (***contre*** auf)

pétanque *f* [petɑ̃k] ≈ Boulespiel *n*

La pétanque

Vor allem in Südfrankreich treffen sich Menschen aller Altersgruppen auf öffentlichen Plätzen, um sich mit großer Begeisterung einem Spiel mit Metallkugeln zu widmen. Die Rede ist von **la pétanque**, der südfranzösischen Variante des bocciaähnlichen Boulespiels.

Zwei Mannschaften, die aus zwei, drei oder vier Spielern bestehen können, spielen gegeneinander. Ziel der angreifenden Mannschaft (**les pointeurs**) ist es, ihre im hohen Bogen ausgeworfenen Metallkugeln möglichst nahe bei einer Holzkugel (**le cochonnet**) zu platzieren. Die gegnerische Mannschaft (**les tireurs**) versucht daraufhin, mit den eigenen Kugeln die Kugeln der **pointeurs** wegzuschießen. Wenn über eine relativ kurze Strecke (bis zu 10 m) gespielt wird, werden die Kugeln – im Unterschied zum Boulespiel – aus dem Stand geworfen.

Die Franzosen sind so begeistert von **la pétanque**, dass es seit 1946 sogar französische Meisterschaften gibt.

pétard *m* [petaʀ] **1** *an Silvester usw.*: Knaller *m*, Knallkörper *m* **2** *umg.* Krach *m*, Radau *m* **3** *Argot* (*Revolver*) Kanone *f* **4** *umg.* Po *m*, Hintern *m* **5** *umg. mit Haschisch*: Joint *m*

péter [pete] ⟨-è-⟩ *umg.* **1** furzen **2** (*Schuss, Knaller*) knallen **3** (*Luftballon*) platzen

pétiller [petije] **1** (*Feuer*) knistern, prasseln **2** (*Getränk*) sprudeln, prickeln, perlen **3** (*Augen*) funkeln, blitzen **4** (*Mensch*) ***elle pétille d'esprit*** sie sprüht vor Witz

petit *m* [p(ə)ti] **1** ***le ~*** *Kind*: der Kleine **2** *gesellschaftlich*: ***les ~s*** die kleinen Leute **3** zo ***le ~*** das Junge

▸ **petit(e)** [p(ə)ti(t)] **1** klein **2** (*Geräusch, Hunger usw.*) schwach, leicht **3** (*Menge*) gering, unbedeutend **4** SCHULE ***les petites classes*** *f Pl* die unteren Klassen **5** ***petit à petit*** allmählich, nach und nach

petit-bourgeois *m* [p(ə)tiburʒwa] ⟨*Pl* ***petits-bourgeois***⟩ Spießer *m*

▸ **petit-déjeuner** *m* [p(ə)tideʒœne] ⟨*Pl* ***petits-déjeuners***⟩ Frühstück *n*

petite *f* [p(ə)tit] ***la ~*** die Kleine

petite-bourgeoise *f* [p(ə)titburʒwaz] ⟨*Pl* ***petites-bourgeoises***⟩ Spießerin *f*

▸ **petite-fille** *f* [p(ə)titfij] ⟨*Pl* ***petites-filles***⟩ Enkelin *f*

▸ **petit-fils** *m* [⚠ p(ə)tifis] ⟨*Pl* ***petits-fils***⟩ Enkel *m*

petit-four *m* [p(ə)tifuʀ] ⟨*Pl* ***petits-fours***⟩ *kleines süßes od. salziges Feingebäck*

pétition *f* [petisjõ] Petition *f*, Bitt-

schrift *f*
▸ **petits-enfants** *m Pl* [⚠ p(ə)tizɑ̃fɑ̃] Enkelkinder *n Pl*, Enkel *m Pl*
pétrifié(e) [petʀifje] versteinert (*a. vor Angst*)
pétrin *m* [petʀɛ̃] **1** Backtrog *m* **2** *umg.* ***elle est dans le ~*** sie sitzt in der Klemme
pétrir [petʀiʀ] kneten
▸ **pétrole** *m* [petʀɔl] **1** Erdöl *n*, Öl *n* **2** *für Lampen, Kocher usw.*: Petroleum *n*
pétrolier[1] *m* [petʀɔlje] Tanker *m*, Öltanker *m*
pétrol|ier[2], **~ière** [petʀɔlje, -jɛʀ] Erdöl…, Öl…
▸ **peu** [pø] **1** wenig, wenige **2** ▸ ***à peu près*** ungefähr, etwa, beinahe, fast **3** ▸ ***peu de …*** wenig(e) …; ***~ de pain*** wenig Brot; ***~ de gens*** wenige Leute **4** ▸ ***un peu*** ein bisschen; ***un ~ de …*** ein bisschen …, etwas …; ***un ~ de fromage*** etwas Käse; ***un ~ moins*** etwas weniger **5** ***un ~ partout*** fast überall **6** ▸ ***peu à peu*** nach und nach **7** ***quelque ~*** einigermaßen **8** ***pour un ~*** fast, beinahe **9** ***écoute donc un ~ ce que je te dis!*** nun hör doch mal, was ich dir sage! **10** *umg.* ***très ~ pour moi!*** ich denk nicht dran!, ohne mich! **11** *umg.* ***un ~!*** und ob!
▸ **peuple** *m* [pœpl] Volk *n*
peuplé(e) [pœple] besiedelt, bevölkert
peuplement *m* [pœpləmɑ̃] Besiedelung *f*
peuplier *m* [pøplije] Pappel *f*
▸ **peur** *f* [pœʀ] **1** Angst *f* (***de*** vor); ▸ ***avoir peur*** Angst haben; ***il a ~ pour toi*** er hat Angst um dich; ***prendre ~*** Angst bekommen; ***de ~ qu'il ne vienne*** aus Angst, dass er kommt **2** *plötzlich*: Schreck *m*, Schrecken *m* **3** ***une ~ bleue*** e-e Heidenangst
peur|eux, **~euse** [pøʀø, -øz] ängstlich
peut [pø] → ***pouvoir***[1]
▸ **peut-être** [pøtɛtʀ] vielleicht, womöglich
peuvent [pœv], **peux** [pø] → ***pouvoir***[1]
p. ex. (*Abk. für* par exemple) z. B.
pharaon *m* [faʀaõ] (⚠ pharaon) Pharao *m*
phare *m* [faʀ] **1** Leuchtturm *m* **2** AUTO, *am Fahrrad*: Scheinwerfer *m*; ***mettre les ~s*** das Fernlicht einschalten, aufblenden
▸ **pharmacie** *f* [faʀmasi] **1** Apotheke *f* **2** (*Medikamente*) Arzneimittel *n Pl* **3** *Wissenschaft*: Pharmazie *f*
▸ **pharmac|ien** *m*, **~ienne** *f* [faʀmasjɛ̃, -jɛn] Apotheker(in) *m(f)*
phase *f* [fɑz] Phase *f*, Stadium *n*
phénomène *m* [fenɔmɛn] **1** Erscheinung *f*, Phänomen *n* **2** *umg.* komischer Typ
philatéliste *m,f* [filatelist] Briefmarkensammler(in) *m(f)*, Philatelist(in) *m(f)*
philo *f* [filo] *umg.* Philosophie *f*
philosophe *m,f* [filɔzɔf] Philosoph(in) *m(f)*
philosophie *f* [filɔzɔfi] **1** Philosophie *f* **2** *Eigenschaft*: Gelassenheit *f*
philosophique [filɔzɔfik] philosophisch
phonétique[1] [fɔnetik] **1** phonetisch **2** ***l'alphabet*** *m* ***~*** die Lautschrift
phonétique[2] *f* [fɔnetik] Phonetik *f*
phoque *m* [fɔk] Seehund *m*, Robbe *f*
▸ **photo** *f* [fɔto] (⚠ la photo) **1** Foto *n*, Bild *n*; ***une ~ d'identité*** ein Passfoto **2** ▸ ***un appareil photo*** ein Fotoapparat **3** *als Kunst*: Fotografie *f*; ***faire de la ~*** fotografieren
photocopie *f* [fɔtɔkɔpi] Fotokopie *f*
photocopier [fɔtɔkɔpje] fotokopieren
photocop|ieur *m*, **~ieuse** *f* [fɔtɔkɔpjœʀ, -jøz] Fotokopiergerät *n*, Kopierer *m*
▸ **photographe** *m,f* [fɔtɔgʀaf] Fotograf(in) *m(f)*
photographie *f* [fɔtɔgʀafi] Fotografie *f*
▸ **photographier** [fɔtɔgʀafje] fotografieren
▸ **phrase** *f* [fʀɑz] GR Satz *m*
physic|ien *m*, **~ienne** *f* [fizisjɛ̃, -jɛn] Physiker(in) *m(f)*
▸ **physique**[1] [fizik] **1** *aus der Physik*: physikalisch **2** (*körperlich*) physisch
▸ **physique**[2] *f* [fizik] Physik *f*
physique[3] *m* [fizik] **1** Äußere(s) *n*, äußere Erscheinung **2** ***le ~*** das Körperliche
physiquement [fizikmɑ̃] **1** körperlich, physisch **2** ***il est bien ~*** er sieht gut aus
piailler [pjaje] *umg.* **1** (*Vogel*) piepsen **2** (*Mensch*) schreien, kreischen
pianiste *m,f* [pjanist] Pianist(in) *m(f)*
▸ **piano** *m* [pjano] Klavier *n*; ***le ~ à queue*** der Flügel
pianoter [pjanɔte] **1** (auf dem Klavier)

klimpern **2** (mit den Fingern) trommeln
piaule *f* [pjol] *umg.* (*Zimmer*) Bude *f*
PIB *m* [peibe] (*Abk. für* produit intérieur brut) Bruttoinlandsprodukt *n*
pic[1] *m* [pik] **1** *Werkzeug*: Spitzhacke *f*, Pickel *m* **2** Bergspitze *f* **3** *bei Kurven*: Spitzenwert *m*
pic[2] [pik] **1** ***à ~*** senkrecht, steil **2** (*Boot*) ***couler à ~*** sofort untergehen **3** *umg.* ***ça tombe à ~*** das kommt wie gerufen
pickpocket *m* [⚠ pikpɔkɛt] Taschendieb *m*
picoler [pikɔle] *umg.* (*trinken*) picheln, bechern
picorer [pikɔʀe] (*Huhn*) picken
picoter [pikɔte] kribbeln, jucken
pie[1] *f* [pi] **1** zo Elster *f* **2** *umg.* (*Plaudertasche*) Quasselstrippe *f*
pie[2] [pi] ⟨*unv.*⟩ (*Pferd, Kuh*) gescheckt, scheckig
pièce[1] *f* [pjɛs] **1** Stück *n*; ▸ ***une pièce (de monnaie)*** ein Geldstück; ***la ~ de deux euros, de dix centimes*** *usw.* das Zwei-Euro-Stück, das Zehn-Cent-Stück *usw.*; ***sept euros la ~*** sieben Euro pro Stück **2** ▸ ***la pièce (de théâtre)*** das Theaterstück **3** Teil *n*; ***la ~ détachée*** das Einzelteil; ▸ ***la pièce de rechange*** das Ersatzteil **4** *genäht*: Flicken *m* **5** *beim Schach*: Figur *f* **6** (*Dokument*) Schriftstück *n*; ▸ ***la pièce d'identité*** der Ausweis; *am Briefende*: ***~s jointes*** Anlagen **7** ***la ~ à conviction*** das Beweisstück **8** *Kleidung*: ***deux ~s*** zweiteilig **9** ***c'est inventé de toutes ~s*** das ist von vorn bis hinten gelogen

P

▸ **pièce**[2] *f* [pjɛs] Zimmer *n*, Raum *m*; ***un appartement de trois ~s*** e-e Dreizimmerwohnung
▸ **pied**[1] *m* [pje] **1** Fuß *m*; ***à ~*** zu Fuß; ***~s nus*** barfuß **2** *beim Bett*: Fußende *n*; *am Tisch*: Bein *n*; *an der Lampe*: Fuß *m*; *am Glas*: Fuß *m*, Stiel *m*; *an der Kamera*: Stativ *n* **3** *vom Pilz*: Stiel *m* **4** BOT ***le ~ de salade*** die Salatpflanze; ***le ~ de vigne*** der Rebstock **5** ***un ~ de nez*** e-e lange Nase **6** ***au ~ des Alpes*** am Fuß der Alpen **7** *Wendungen*: ***au ~ levé*** unvorbereitet; ***sur le ~ de guerre*** (*Armee*) kampfbereit; *fig.* gut vorbereitet; ***il me traite sur un ~ d'égalité*** er behandelt mich wie seinesgleichen; ***de ~ en cap*** von Kopf bis Fuß; *umg.* ***comme un ~*** miserabel; ***avoir ~*** *im Wasser*: stehen können; ***avoir les ~s sur terre*** mit beiden Beinen fest auf der Erde stehen; ***faire des ~s et des mains*** Himmel und Hölle in Bewegung setzen; *umg.* ***c'est le ~*** das ist ganz toll; *umg.* ***c'est pas le ~*** das ist nicht das Wahre; *umg.* ***tu me casses les ~s!*** du gehst mir auf den Geist!, du nervst (mich)!
pied[2] *m* [pje] **1** *Längenmaß*: Fuß *m* **2** *in der Dichtung*: Versfuß *m*, Fuß *m*
pied-noir *m,f* [pjenwaʀ] ⟨*Pl* ***pieds-noirs***⟩ *umg.* Algerienfranzose *m*, Algerienfranzösin *f*
piège *m* [pjɛʒ] **1** Falle *f* **2** *fig.* ***elle m'a tendu un ~*** sie hat mir e-e Falle gestellt; ***tomber dans le ~*** in die Falle gehen
piégé(e) [pjeʒe] ***une lettre piégée*** e-e Briefbombe; ***une voiture piégée*** e-e Autobombe
piéger [pjeʒe] ⟨***-ge-, -è-***⟩ **1** mit e-r Falle fangen (*Tier*) **2** ***~ qn*** j-m e-e Falle stellen **3** ***se faire ~*** in die Falle gehen
piercing *m* [⚠ piʀsiŋ] Piercing *n*
▸ **pierre** *f* [pjɛʀ] **1** Stein *m* **2** *fig.* ***j'ai fait d'une ~ deux coups*** ich habe zwei Fliegen mit einer Klappe geschlagen
piétiner [pjetine] **1** kaum von der Stelle kommen **2** *fig.* auf der Stelle treten **3** zertrampeln, zertreten, niedertrampeln
▸ **piéton**[1] *m* [pjetõ] Fußgänger(in) *m*(*f*)
piét|on[2], **~onne** [pjetõ, -ɔn] ▸ ***la rue piétonne*** die Fußgängerzone
piétonn|ier, ~ière [pjetɔnje, -jɛʀ] Fußgänger…
▸ **pigeon** *m* [piʒõ] Taube *f*; ***le ~ voyageur*** die Brieftaube
piger [piʒe] ⟨***-ge-***⟩ *umg.* kapieren; ***tu piges?*** kapiert?
pile[1] *f* [pil] **1** Stapel *m*, Stoß *m* **2** *e-r Brücke*: Pfeiler *m*
pile[2] *f* [pil] **1** Batterie *f*; ***la ~ solaire*** die Solarzelle **2** ***la ~ atomique*** der Atomreaktor
pile[3] *f* [pil] *von Münzen*: ***le côté ~*** die Rückseite; ***~ ou face?*** Kopf oder Zahl?
pile[4] [pil] **1** ***s'arrêter ~*** plötzlich anhalten **2** ***à deux heures ~*** Punkt zwei Uhr
piler [pile] zerstoßen, zerkleinern
pilier *m* [pilje] Pfeiler *m*, Stütze *f* (*a. fig.*)

pillage *m* [pijaʒ] Plünderung *f*
piller [pije] ausplündern, plündern
pilote[1] *m* [pilɔt] **1** FLUG Pilot *m* **2** SCHIFF Lotse *m* **3** (*Autofahrer*) ***le ~ de course*** der Rennfahrer **4** ***le ~ automatique*** der Autopilot
pilote[2] [pilɔt] Muster…, Pilot…; ***une classe ~*** e-e Modellklasse
piloter [pilɔte] **1** steuern (*Flugzeug*); lenken (*Auto*) **2** führen, lotsen (*Reisende*)
▸ **pilule** *f* [pilyl] Pille *f*
piment *m* [pimɑ̃] **1** ***le ~*** (***rouge***) die Peperoni; ***le ~ doux*** der Paprika, die Paprikaschote **2** *als Pulver*: Paprika *m*; *schärfer*: Chili *m*
pin *m* [pɛ̃] **1** BOT Kiefer *f* **2** ***le ~ parasol*** die Pinie
pince *f* [pɛ̃s] **1** Zange *f*; ***la ~ à épiler*** die Pinzette **2** Klemme *f*, Klammer *f*; ***la ~ à linge*** die Wäscheklammer **3** *von Krebsen usw.*: Schere *f* **4** *an der Kleidung*: Abnäher *m*
pinceau *m* [pɛ̃so] ⟨*Pl* **~x**⟩ Pinsel *m*
pincée *f* [pɛ̃se] ***une ~ de poivre, de sel*** e-e Prise *od.* Messerspitze Pfeffer, Salz
pincer [pɛ̃se] ⟨**-ç-**⟩ **1** kneifen, zwicken **2** zusammenkneifen, zusammenpressen (*Lippen*) **3** zupfen (*Saiten*) **4** ***se ~ le doigt*** sich den Finger klemmen **5** ***un sourire pincé*** ein gezwungenes Lächeln
pincettes *f Pl* [pɛ̃sɛt] Feuerzange *f* (⚠ Pinzette = ***pince f à épiler***)
pingouin *m* [⚠ pɛ̃gwɛ̃] Pinguin *m*
ping-pong *m* [⚠ piŋpɔ̃g] ⟨*unv.*⟩ Tischtennis *n*
pinson *m* [pɛ̃sɔ̃] Buchfink *m*
pion[1] *m* [pjɔ̃] **1** *bei Brettspielen*: Stein *m* **2** *beim Schach*: Bauer *m*
pion[2] *m*, **pionne** *f* [pjɔ̃, pjɔn] *umg. Schülersprache* Aufsicht *f*, Aufsichtsperson *f*
pionn|ier *m*, **~ière** *f* [pjɔnje, -jɛʀ] (⚠ pionnier) Pionier(in) *m(f)*
▸ **pipe** *f* [pip] Pfeife *f*
pipi *m* [pipi] *umg. bes. Kinderspr.* Pipi *n*
piquant *m* [pikɑ̃] **1** *vom Igel, Kaktus*: Stachel *m* **2** *fig.* Reiz *m*, Witz *m*
piquant(e) [pikɑ̃(t)] **1** stachelig **2** (*Kälte*) schneidend **3** *im Geschmack*: pikant; *stärker*: scharf
pique *m* [pik] *Spielkarte*: Pik *n*
pique-nique *m* [piknik] ⟨*Pl* ***pique-niques***⟩ Picknick *n*
pique-niquer [piknike] picknicken
▸ **piquer** [pike] **1** stechen; ***je me suis fait ~ par un moustique*** e-e Mücke hat mich gestochen; ***se ~ le doigt*** sich in den Finger stechen **2** (*Bart*) kratzen; (*Rauch, Pfeffer*) brennen; (*Kälte*) schneiden **3** aufspießen (*Oliven usw.*) **4** wecken (*Neugier*) **5** mit der Maschine nähen, steppen **6** (*Arzt*) ***~ le bras*** e-e Spritze in den Arm geben; *umg.* ***on m'a piqué contre le tétanos*** ich bin gegen Tetanus geimpft worden **7** *umg.* ***~ une crise*** e-n Wutanfall kriegen, ausrasten **8** *umg.* klauen **9** ***se ~ à l'héroïne*** fixen, Heroin spritzen
piquet *m* [pikɛ] **1** Pflock *m*; *am Zelt*: Hering *m* **2** ***le ~ de grève*** der Streikposten
▸ **piqûre** *f* [pikyʀ] **1** *von Insekten*: Stich *m*; *von Brennnesseln*: Brennen *n*; ***la ~ de serpent*** der Schlangenbiss **2** Spritze *f*, Injektion *f* **3** *beim Nähen*: Steppstich *m*, Steppnaht *f*
piratage *m* [piʀataʒ] *von Produkten usw.*: Piraterie *f*; ***le ~ informatique*** das Hacken
pirate[1] *m* [piʀat] Seeräuber *m*, Pirat *m*
pirate[2] [piʀat] illegal; (*Kopie, Aufnahme usw.*) Raub…; ***une édition ~*** ein Raubdruck; ***une radio ~*** ein Piratensender
▸ **pire** [piʀ] **1** schlimmer **2** ***le ~*** ⚠ das Schlimmste **3** ***le, la ~ …*** der, die, das schlimmste …
pis[1] *m* [pi] Euter *n*
pis[2] [pi] **1** *lit.* schlimmer **2** *lit.* ***le ~*** ⚠ das Schlimmste **3** ***tant ~!*** (wie) schade!; ***tant ~ pour toi!*** Pech für dich! **4** ***elle va de mal en ~*** es geht ihr immer schlechter **5** ***au ~ aller*** schlimmstenfalls
▸ **piscine** *f* [pisin] Schwimmbad *n*; ***la ~ couverte*** das Hallenbad; ***la ~ en plein air*** das Freibad
pissenlit *m* [pisɑ̃li] Löwenzahn *m*
pistache *f* [pistaʃ] Pistazie *f*
piste *f* [pist] **1** Spur *f*, Fährte *f*; ***le jeu de ~*** die Schnitzeljagd **2** SPORT Rennbahn *f*; *beim Skifahren*: Piste *f*; ***la ~ de ski de fond*** die Langlaufloipe **3** FLUG ***la ~ d'atterrissage*** die Landebahn **4** ***la ~ cyclable*** der Radweg **5** *im Zirkus*: Manege *f*, Arena *f* **6** TECH ***la ~ sonore*** die Tonspur

P

pistolet *m* [pistɔlɛ] Pistole *f*
piston¹ *m* [pistõ] TECH Kolben *m*
piston² *m* [pistõ] (gute) Beziehungen *f Pl*
pistonner [pistɔne] **~ *qn*** j-m durch Beziehungen helfen; ***elle s'est fait ~ pour obtenir ce poste*** sie hat diese Stelle über Beziehungen bekommen
pit|eux, ~euse [pitø, -øz] erbärmlich
▸ **pitié** *f* [pitje] **1** Mitleid *n* (***de*** mit) **2** ***il me fait ~*** er tut mir leid
pitoyable [pitwajabl] **1** mitleiderregend **2** (*Ergebnis usw.*) erbärmlich, kläglich
pitre *m* [pitʀ] Hanswurst *m*
pittoresque [pitɔʀɛsk] **1** (*Ort usw.*) malerisch **2** (*Persönlichkeit*) originell **3** (*Sprache, Stil*) anschaulich, plastisch
pivoter [pivɔte] **1** sich drehen **2** (*Person*) ***~ sur ses talons*** sich auf dem Absatz herumdrehen
▸ **placard** *m* [plakaʀ] Wandschrank *m*
placarder [plakaʀde] anschlagen (*Plakat*)
▸ **place** *f* [plas] (⚠ la place) **1** Platz *m* (*a. in e-r Stadt usw.*) **2** *irgendwo*: Ort *m*, Stelle *f* **3** BAHN, THEAT *usw.* Sitzplatz *m*, Platz *m*; THEAT *a.* Karte *f*; ***la ~ assise*** der Sitzplatz; ***la ~ debout*** der Stehplatz **4** (*Anstellung*) Stelle *f*, Posten *m* **5** *in e-r Reihenfolge*: Rang *m*, Platz *m* **6** *Wendungen*: ***ne pas tenir en ~*** nicht still sitzen können; ***se rendre sur ~*** sich an Ort und Stelle begeben; ***je me mets à ta ~*** ich versetze mich in deine Lage **7** ***à la ~*** stattdessen, dafür; ***à la ~ de ...*** anstelle von ...; ***à ma, ta*** *usw.* **~** an meiner, deiner *usw.* Stelle
placé(e) [plase] **1** ***il est bien placé*** er hat e-n guten Platz **2** (*Pferd*) platziert
▸ **placer** [plase] ⟨**-ç-**⟩ **1** (hin)setzen, (hin)stellen, (hin)legen **2** setzen (*Gäste usw.*) **3** anbringen (*Bemerkung*); ***elle n'a pas pu ~ un mot*** sie kam nicht zu Wort **4** unterbringen (*Menschen*); *ins Krankenhaus usw.*: einweisen **5** anlegen (*Geld*) **6** absetzen (*Waren*) **7** ***se ~*** Platz nehmen; SPORT sich platzieren
▸ **plafond** *m* [plafõ] **1** Zimmerdecke *f*, Decke *f* **2** (*Limit*) Obergrenze *f*, Höchstsatz *m*
▸ **plage¹** *f* [plaʒ] **1** Strand *m* **2** *Ferienort*: Seebad *n*, Badeort *m*
plage² *f* [plaʒ] AUTO ***la ~ arrière*** die Heckablage
plage³ *f* [plaʒ] *bes. bei der Arbeit*: Zeitspanne *f*; ***la ~ fixe*** die Kernzeit; ***la ~ variable*** die Gleitzeit
plaider [plɛde] **1** ***~ la cause de qn*** j-n vor Gericht vertreten, j-n verteidigen **2** *fig.* sich einsetzen, plädieren (***pour*** für) **3** ***il a plaidé coupable*** er hat sich schuldig bekannt
plaie *f* [plɛ] **1** Wunde *f* **2** *umg. Person*: Ekel *n*; *Sache*: Plage *f*
plaindre [plɛ̃dʀ] ⟨*wie* ***craindre***⟩ **1** bedauern, bemitleiden; ***je te plains*** du tust mir leid; ***il n'est pas à ~*** er kann sich nicht beklagen **2** ▸ ***se plaindre*** sich beklagen; *bei Schmerzen*: klagen (***de*** über)
▸ **plaine** *f* [plɛn] Ebene *f*, Flachland *n*
plain-pied [plɛ̃pje] ***de ~*** auf gleicher Höhe *od.* Ebene; *fig.* direkt
plainte *f* [plɛ̃t] **1** (*Jammern*) Klage *f* **2** Beschwerde *f*, Klage *f* **3** JUR Strafantrag *m*; ***porter ~*** Anzeige erstatten (***contre*** gegen)
▸ **plaire** [plɛʀ] ⟨*prés.*: ***je plais, il plaît, nous plaisons***; *imparf.*: ***je plaisais***; *p/s*: ***je plus***; *fut.*: ***je plairai***; *subj.*: ***je plaise***; *p/pr*: ***plaisant***; *p/p*: ***plu*** (*unv.*)⟩ **1** ***ce film me plaît*** dieser Film gefällt mir, ich mag diesen Film **2** ***comme il vous plaira*** wie Sie wollen; ***quand il vous plaira*** wann Sie wollen **3** ***se ~*** sich gefallen, sich mögen **4** ***je me plais avec toi*** ich bin gern mit dir zusammen; ***je me plais ici*** es gefällt mir hier
▸ **plaisanter** [plɛzɑ̃te] **1** Spaß machen **2** ***il ne plaisante pas avec la discipline*** in puncto Disziplin versteht er keinen Spaß
plaisanterie *f* [plɛzɑ̃tʀi] Scherz *m*, Spaß *m*, Witz *m*
▸ **plaisir** *m* [plɛziʀ] **1** Vergnügen *n*, Freude *f*, Spaß *m*; ***prendre ~*** Vergnügen finden (***à*** an) **2** *a. sexuell*: Lust *f* **3** ***avec ~*** gern **4** ***par ~*** zum Spaß
plaît [plɛ] → ***plaire***
▸ **plan¹** *m* [plɑ̃] **1** *Zeichnung usw.*: Plan *m* **2** *bei e-m Aufsatz usw.*: Gliederung *f* **3** (*Planung*) Plan *m*, Programm *n* **4** *umg.* ***c'est un bon ~ (pour la soirée)*** das ist e-e gute Idee (für heute Abend) **5** *umg.* ***laisser en ~*** hängen lassen (*Freund usw.*); aufgeben (*Plan*)
plan² *m* [plɑ̃] **1** (ebene) Fläche, Ebene *f*

P

2 *au premier* ~ im Vordergrund **3 *de premier* ~** erstrangig **4 *sur le ~ de …*** in Bezug auf …; ***sur le ~ politique*** aus politischer Sicht, politisch gesehen **5** FILM Einstellung *f*

▸ **planche** *f* [plɑ̃ʃ] **1** Brett *n* **2** *in e-m Buch*: Bildtafel *f* **3** ▸ ***la planche à voile*** das Surfbrett **4** ▸ ***la planche à roulettes*** das Skateboard

▸ **plancher** *m* [plɑ̃ʃe] **1** Boden *m*, Fußboden *m* **2** (*Limit*) Mindestgrenze *f*

planer [plane] **1** *in der Luft*: schweben **2** *gedanklich*: träumen **3** *umg. durch Drogen*: ***elle plane*** sie ist high **4** ~ ***sur qn*** (*Gefahr*) j-m drohen

▸ **planète** *f* [planɛt] (⚠ la planète) Planet *m*

planification *f* [planifikasjõ] Planung *f*

planifier [planifje] planen

planning *m* [⚠ planiŋ] **1** Terminplan *m* **2 *le ~ familial*** die Familienplanung

plantation *f* [plɑ̃tasjõ] **1** Anpflanzung *f*, Pflanzung *f* **2** *von Obst, Tabak, Kaffee usw.*: Plantage *f*

▸ **plante** *f* [plɑ̃t] Pflanze *f*

▸ **planter** [plɑ̃te] **1** pflanzen (*Pflanze*); *zur Nutzung*: anpflanzen; *in den Boden*: einpflanzen; bepflanzen (*Feld*) **2** einschlagen (*Nagel*); aufschlagen (*Zelt*) **3 *il m'a planté là*** er hat mich einfach stehen lassen **4 *il s'est planté devant nous*** er hat sich vor uns aufgepflanzt; ***elle reste plantée devant le miroir*** sie steht wie angewurzelt vor dem Spiegel **5** *umg.* ***se ~*** sich vertun

plaque *f* [plak] **1** Platte *f* **2** *mit Aufschrift*: Schild *n*, Tafel *f*; ***la ~ minéralogique*** (*od.* ***d'immatriculation***) das Nummernschild **3** (*Abzeichen*) Marke *f*, Plakette *f*; ***la ~ d'identité*** die Erkennungsmarke **4 *une ~ de chocolat*** e-e Tafel Schokolade **5** *bei Hautausschlag*: Fleck *m*; *auf den Zähnen*: ***la ~ dentaire*** der Zahnbelag **6** *umg.* ***elle est à côté de la ~*** sie ist total daneben; *bei falschen Antworten*: sie liegt total daneben

plaqué(e) [plake] **1 *plaqué or*** vergoldet **2** (*Möbel*) furniert

plaquer [plake] **1** drücken, pressen (***contre*** gegen, ***sur*** an) **2** anschlagen (*Akkord*) **3** *umg.* (*im Stich lassen*) sitzen lassen; (*aufgeben*) sausen lassen

plaquette *f* [plakɛt] **1 *une ~ de beurre*** ein Viertelpfund Butter **2 *la ~ sanguine*** das Blutplättchen **3 *les ~s de frein*** die Bremsbeläge

▸ **plastique**[1] *m* [plastik] Kunststoff *m*, Plastik *n*

plastique[2] [plastik] **1** plastisch **2 *les arts*** *m Pl* **~s** die bildende Kunst **3 *la matière ~*** der Kunststoff

plat *m* [pla] **1** *Geschirr*: Platte *f*, Schüssel *f* **2** (*Essen*) Gericht *n*, Gang *m*; ***le ~ du jour*** das Tagesgericht **3** *umg.* ***il en fait tout un ~*** er macht viel Wind darum

▸ **plat(e)** [pla(t)] **1** (*eben*) flach, platt; ***mettre*** (*od.* ***poser***) ***à plat*** flach hinlegen **2** (*Haare*) glatt (gekämmt) **3** (*Wasser*) ohne Kohlensäure, still **4 *à plat*** (*Batterie*) leer; (*Reifen*) platt; ***je suis à plat*** *bei Reifenpanne*: ich habe e-n Platten; *umg.* (*ich bin erschöpft*) ich bin kaputt **5** (*Stil, Text usw.*) platt, nichtssagend

platane *m* [platan] (⚠ le platane) Platane *f*

plateau *m* [plato] ⟨*Pl* **~x**⟩ **1** Tablett *n* **2 *le ~ de fromage*** die Käseplatte **3** *von e-r Waage*: Waagschale *f* **4** THEAT Bühne *f*; FILM Set *n* **5** *Landschaft*: Hochebene *f*, Plateau *n*

plâtre *m* [plɑtʀ] **1** *Material*: Gips *m* **2** *vom Arzt*: Gips *m*, Gipsverband *m* **3** *e-s Künstlers usw.*: Gipsfigur *f*, Gipsabguss *m*

plâtrer [plɑtʀe] eingipsen, in Gips legen

plein *m* [plɛ̃] ***faire le ~*** (***d'essence***) volltanken

▸ **plein(e)** [plɛ̃(-ɛn)] **1** voll (***de*** von); gefüllt (***de*** mit); ***plein à craquer*** brechend voll; ***elle est pleine d'idées*** sie steckt voller Ideen **2** (*Holz*) massiv **3 *il travaille à plein temps*** er arbeitet ganztags **4** *umg.* ***plein de …*** viel …, e-e Menge …; ***il a plein d'argent*** er hat e-e Menge Geld

pleinement [plɛnmɑ̃] voll und ganz, völlig

▸ **pleurer** [plœʀe] **1** weinen (***de*** vor) **2** (*Baby*) schreien **3** (*Augen*) tränen **4 ~ *qn*** um j-n trauern **5 ~ *sur qc*** sich über etw beklagen **6 *elle pleure de rire*** sie lacht Tränen

pleurnich|eur, ~euse [plœʀniʃœʀ, -øz] weinerlich

▸ **pleuvoir** [pløvwaʀ] regnen; ***il pleut à torrents*** (*od.* ***à verse***) es gießt in Strö-

P

men; ***il pleut à sceaux*** es schüttet wie aus Eimern

pli *m* [pli] **1** Falte *f*; *im Papier*: Knick *m*; ***le (faux) ~*** die Knitterfalte; ***le ~ de pantalon*** die Bügelfalte **2** *beim Friseur*: ***la mise f en ~s*** Waschen und Legen *n* **3** Briefumschlag *m*; (*Brief*) Schreiben *n* **4** *im Kartenspiel*: Stich *m*

pliant(e) [plijɑ̃(t)] zusammenklappbar, Klapp…, Falt…; ***la chaise pliante*** der Klappstuhl; ***le mètre pliant*** der Zollstock

▸ **plier** [plije] **1** falten (*Stoff*); zusammenlegen (*Wäsche*) **2** zusammenklappen (*Klapptisch usw.*) **3** knicken (*Papier*) **4** beugen (*Arm, Knie*) **5** (*Ast*) sich biegen **6** (*Mensch*) nachgeben; ***se ~*** sich fügen (***à qc*** e-r Sache)

plisser [plise] **1** plissieren (*Stoff*) **2** runzeln (*Stirn*) **3** zusammenkneifen (*Augen*)

▸ **plomb** *m* [plõ] **1** Blei *n*; ***sans ~*** (*Benzin*) bleifrei **2** ELEK Sicherung *f* **3** *bei der Jagd*: Schrotkugel *f* **4** (*Siegel*) Plombe *f* **5** ***à ~*** senkrecht

▸ **plombier** *m* [plõbje] Installateur *m*, Klempner *m*

plongeant(e) [plõʒɑ̃(t)] **1** (*Blick*) von oben **2** (*Dekolleté*) tief

plongée *f* [plõʒe] **1** Tauchen *n* **2** ***la ~ sous-marine*** der Tauchsport **3** FILM Aufnahme *f* von oben

plongeoir *m* [plõʒwaʀ] Sprungbrett *n*; *höher*: Sprungturm *m*

plongeon *m* [plõʒõ] Kopfsprung *m*

plonger [plõʒe] ⟨**-ge-**⟩ **1** *ins Wasser*: tauchen, eintauchen **2** (*Schwimmer*) e-n Kopfsprung machen **3** (*Torhüter*) (nach dem Ball) hechten **4** ***se ~ dans l'eau*** ins Wasser tauchen *od.* eintauchen **5** *fig.* ***plongé dans un livre*** in ein Buch vertieft

P

plong|eur *m*, **~euse** *f* [plõʒœʀ, -øz] **1** Taucher(in) *m(f)* **2** *im Restaurant*: Tellerwäscher(in) *m(f)*

plu [ply] → ***plaire, pleuvoir***

▸ **pluie** *f* [plɥi] **1** Regen *m*; ***sous la ~*** im Regen **2** ***des ~s acides*** saurer Regen **3** *fig.* ***une ~ de …*** ein Hagel *od.* e-e Flut von …

▸ **plume** *f* [plym] Feder *f*

plumer [plyme] **1** rupfen (*Geflügel*) **2** *umg.* ausnehmen (*Menschen*)

plupart *f* [plypaʀ] **1** ▸ ***la plupart des*** (+ *Subst.*) die meisten (+ *Subst.*) (⚠ *das Verb steht im Plural*: ***la ~ le font*** die meisten tun es) **2** ***pour la ~*** zum größten Teil **3** ▸ ***la plupart du temps*** meistens

▸ **pluriel** *m* [plyʀjɛl] Plural *m*, Mehrzahl *f*

▸ **plus**¹ (⚠ [ply] *vor Konsonant*, [plyz] *vor Vokal u. stummem* h, [plys] *alleinstehend*) **1** mehr (***que, de*** als) **2** ***~ court, grand*** *usw.* kürzer, größer *usw.* **3** ▸ ***le plus*** am meisten **4** ***le ~ grand, la ~ grande*** *usw.* der, die, das Größte *usw.* **5** ***un de ~*** eins mehr, noch eins; ***une fois de ~*** wieder (einmal) **6** ▸ ***en plus*** noch dazu, extra **7** ***tout au ~*** höchstens **8** ***au ~ tard*** spätestens **9** ***il allait de ~ en ~ vite*** er ging immer schneller **10** ***~ je le connais, ~ je l'apprécie*** je mehr ich ihn kenne, desto mehr mag ich ihn

plus² [ply] **1** ▸ ***ne … plus*** nicht mehr; ***il ne fume ~*** er raucht nicht mehr; ***je ne vois ~ rien*** (*bzw.* ***personne***) ich sehe nichts (*bzw.* niemanden) mehr **2** (***ne …***) ***~ de …*** kein(e) … mehr **3** ▸ ***non plus*** auch nicht; ***je ne le sais pas non ~*** ich weiß es auch nicht **4** ***il ne nous reste ~ qu'à faire les valises*** wir müssen nur noch die Koffer packen

plus³ [plys] MATH plus, und

▸ **plusieurs** [plyzjœʀ] mehrere

plus-que-parfait *m* [⚠ plyskəpaʀfɛ] Plusquamperfekt *n*

plut [ply] → ***plaire, pleuvoir***

plutonium *m* [⚠ plytɔnjɔm] Plutonium *n*

▸ **plutôt** [plyto] **1** lieber, eher; ***il est ~ roux*** er ist eher rothaarig **2** ***~ que de dormir*** anstatt zu schlafen **3** ziemlich; ***elle est ~ jolie*** sie ist ganz hübsch

PNB *m* [peɛnbe] (*Abk. für* produit national brut) Bruttosozialprodukt *n*

▸ **pneu** *m* [pnø] Reifen *m*

pneumonie *f* [pnømɔni] Lungenentzündung *f*

p.o. (*Abk. für* par ordre) i. A. (im Auftrag)

▸ **poche**¹ *f* [pɔʃ] **1** Tasche *f* **2** *in e-r Tasche usw.*: Fach *n*, Innenfach *n* **3** *beim Känguru*: Beutel *m* **4** ***avoir des ~s sous les yeux*** Tränensäcke unter den Augen haben

poche² *m* [pɔʃ] *umg.* Taschenbuch *n*

pochette *f* [pɔʃɛt] **1** *fürs Jackett*: Einstecktuch *n* **2** *für Platten*: Hülle *f*, Cover *n*

▸ **poêle**¹ *f* [⚠ pwal] Pfanne *f*, Bratpfanne *f*

poêle² *m* [⚠ pwal] Ofen *m*

poème *m* [pɔɛm] Gedicht *n*

▸ **poésie** *f* [pɔezi] **1** *Kunst*: Dichtung *f*, Poesie *f* **2** *einzelnes*: Gedicht *n* **3** *fig.* Zauber *m*

▸ **poète** *m* [pɔɛt] Dichter(in) *m(f)*, Poet(in) *m(f)*

poétique [pɔetik] **1** (*Talent, Werk usw.*) dichterisch, poetisch **2** (*Film usw.*) poetisch, romantisch

▸ **poids** *m* [pwa] **1** Gewicht *n* **2** ***les ~ et haltères*** das Gewichtheben **3** *von Steuern, Sorgen usw.*: Last *f*; ***cela m'ôte un ~*** (***de la conscience***) da fällt mir ein Stein vom Herzen **4** *im Magen*: Druck *m* **5** ***j'ai pris du ~*** ich habe zugenommen; ***j'ai perdu du ~*** ich habe abgenommen **6** *fig.* ***il ne fait pas le ~*** dem ist er nicht gewachsen **7** ***un homme de ~*** ein einflussreicher Mann **8** ▸ ***le poids lourd*** der Lastwagen

poignard *m* [pwaɲaʀ] Dolch *m*

poignarder [pwaɲaʀde] erdolchen

poigne *f* [pwaɲ] Kraft *f* (in den Fäusten)

poignée *f* [pwaɲe] **1** *Menge*: Handvoll *f* **2** ***une ~ de main*** ein Händedruck **3** *am Fenster, Koffer usw.*: Griff *m*; *an der Tür*: Klinke *f*

▸ **poignet** *m* [pwaɲɛ] **1** Handgelenk *n* **2** *am Ärmel*: Bündchen *n*, Manschette *f*

▸ **poil** *m* [pwal] **1** *am Körper*: Haar *n* **2** *von Tieren*: Fell *n*, Haar *n* **3** *an Bürsten, Pinseln*: Borste *f*; *feiner*: Haar *n* **4** *vom Teppich*: Flor *m* **5** *umg.* ***à ~*** nackt; ***se mettre à ~*** sich (nackt) ausziehen **6** *umg.* ***au ~*** super, toll

poilu(e) [pwaly] behaart

poinçonner [pwɛ̃sɔne] **1** lochen (*Fahr-, Eintrittskarte*) **2** stempeln (*Schmuck*)

▸ **poing** *m* [pwɛ̃] Faust *f*

▸ **point**¹ *m* [pwɛ̃] **1** Punkt *m*; ***un bon ~*** ein Pluspunkt; ***un mauvais ~*** ein Minuspunkt **2** (*Ort*) Stelle *f*; ***le ~ faible*** die Schwachstelle; ***le ~ de vente*** die Verkaufsstelle **3** ▸ ***le point de vue*** *konkret*: der Aussichtspunkt, der Standort; *fig.* der Standpunkt, die Meinung **4** ***le ~ culminant*** der Höhepunkt **5** ***le ~ de départ*** der Ausgangspunkt **6** ***le ~ noir*** *auf der Haut*: der Mitesser; *fig.* der neuralgische Punkt **7** *beim Würfel*: Auge *n* **8** ***à ~*** (*Steak*) medium **9** ***tu viens à ~*** du kommst gerade richtig **10** ***à ce ~*** so (sehr); ***il ne fait pas froid au ~ de mettre un manteau*** es ist nicht so kalt, dass man e-n Mantel anziehen muss **11** ***mettre au ~*** einstellen (*Apparat*); entwickeln (*System*); *fig.* richtigstellen, klären **12** ***sur ce ~*** (*was das angeht*) in diesem Punkt **13** ***il est sur le ~ de partir*** er ist im Begriff zu gehen **14** ***au ~ du jour*** bei Tagesanbruch

point² [pwɛ̃] *lit.* **1** ***ne ... ~*** (gar) nicht **2** *ohne* ***ne***: ***~ de ...*** gar kein ...

▸ **pointe** *f* [pwɛ̃t] **1** Spitze *f*; ***se terminer en ~*** spitz zulaufen **2** *von Stacheldraht*: Stachel *m*; (*Nagel*) Drahtstift *m* **3** (*Ballerina*) ***faire des ~s*** Spitzentanz tanzen **4** (*Geschwindigkeit usw.*) ***de ~*** Spitzen..., Höchst...; ▸ ***les heures*** *f Pl* ***de pointe*** die Stoßzeiten **5** *Schuhe*: ***les ~s*** Ballettschuhe *m Pl*; FUSSBALL *usw.* Spikes *Pl*

pointer¹ [pwɛ̃te] **1** ***~ les oreilles*** die Ohren spitzen **2** (*Turm*) emporragen **3** (*Pflanzen*) sprießen

pointer² [pwɛ̃te] **1** *auf e-r Liste*: abhaken **2** ***~ vers ...*** auf ... richten (*Waffe usw.*) **3** *an der Stechuhr*: stempeln **4** *beim Boule*: die Zielkugel anspielen

pointillé *m* [pwɛ̃tije] **1** gestrichelte Linie **2** *fürs Abreißen*: Perforierung *f*

pointill|eux, ~euse [pwɛ̃tijø, -øz] übergenau, pingelig

▸ **pointu(e)** [pwɛ̃ty] spitz

pointure *f* [pwɛ̃tyʀ] *bes. bei Schuhen*: Nummer *f*, Größe *f*

point-virgule *m* [pwɛ̃viʀgyl] ⟨*Pl* ***points-virgules***⟩ Strichpunkt *m*

▸ **poire** *f* [pwaʀ] **1** Birne *f* **2** *umg.* (*Gesicht*) Visage *f* **3** *umg. Mensch*: Trottel *m*

poireau *m* [pwaʀo] ⟨*Pl* ***~x***⟩ Lauch *m*, Porree *m*

poirier *m* [pwaʀje] Birnbaum *m*

pois *m* [pwa] **1** Erbse *f*; ▸ ***des petits pois*** grüne Erbsen; ***des ~ chiches*** Kichererbsen *f Pl* **2** ***à ~*** (*Stoff usw.*) getüpfelt, gepunktet

▸ **poison** *m* [pwazõ] **1** Gift *n* **2** *umg. Person*: Nervensäge *f*, Giftzwerg *m*

poisse *f* [pwas] (↔ *Glück*) Pech *n*

poiss|eux, ~euse [pwasø, -øz] klebrig

▸ **poisson** *m* [pwasõ] **1** Fisch *m* **2** ***le ~***

d'avril der Aprilscherz
poissonnerie *f* [pwasɔnʀi] Fischgeschäft *n*
poissonn|ier *m*, **~ière** *f* [pwasɔnje, -jɛʀ] Fischhändler(in) *m(f)*
Poissons *m Pl* [pwasõ] ASTR Fische *m Pl*
▸ **poitrine** *f* [pwatʀin] **1** Brust *f* **2** *bei Frauen*: Busen *m*
▸ **poivre** *m* [pwavʀ] Pfeffer *m*
poivrer [pwavʀe] pfeffern
poivrière *f* [pwavʀijɛʀ] Pfefferstreuer *m*
poivron *m* [pwavʀõ] Paprika *m*, Paprikaschote *f*
polar *m* [pɔlaʀ] *umg.* Krimi *m*
▸ **pôle** *m* [pol] Pol *m*; ***le ~ Nord, Sud*** der Nord-, Südpol
▸ **poli(e)**[1] [pɔli] höflich
poli(e)[2] [pɔli] (*Stein, Metall usw.*) glatt, glänzend, poliert
▸ **police**[1] *f* [pɔlis] Polizei *f*; ***la ~ judiciaire*** die Kriminalpolizei; ***la ~ de la route*** die Verkehrspolizei; ***la ~ secours*** die Funkstreife, *a.* der Notruf
police[2] *f* [pɔlis] ***la ~ d'assurance*** die Versicherungspolice
polichinelle *m* [pɔliʃinɛl] **1** Hampelmann *m* **2** ***c'est le secret de Polichinelle*** die Spatzen pfeifen es von den Dächern
▸ **policier**[1] *m* [pɔlisje] Polizist(in) *m(f)*
policier[2] *m* [pɔlisje] Krimi *m*
polic|ier[3], **~ière** [pɔlisje, -jɛʀ] **1** polizeilich, Polizei… **2** ***le film, roman policier*** der Kriminalfilm, Kriminalroman
politesse *f* [pɔlitɛs] Höflichkeit *f*
politic|ien *m*, **~ienne** *f* [pɔlitisjɛ̃, -jɛn] Politiker(in) *m(f)*
▸ **politique**[1] [pɔlitik] **1** politisch **2** ***un homme ~*** ein Politiker
▸ **politique**[2] *f* [pɔlitik] Politik *f*
polluant *m* [pɔlɥɑ̃] Schadstoff *m*
polluant(e) [pɔlɥɑ̃(t)] **1** umweltverschmutzend, umweltschädlich **2** ***non polluant*** umweltfreundlich; (*Kraftstoff usw.*) schadstoffarm
▸ **polluer** [pɔlɥe] verschmutzen (*Umwelt*)
▸ **pollution** *f* [pɔlysjõ] Umweltverschmutzung *f*, Umweltbelastung *f*
Pologne [pɔlɔɲ] ***la ~*** Polen *n*
polonais(e) [pɔlɔnɛ(z)] polnisch
Polonais(e) *m(f)* [pɔlɔnɛ(z)] Pole *m*, Polin *f*
Polynésie [pɔlinezi] ***la ~*** Polynesien *n*; ***la ~ française*** Französisch-Polynesien *n*
pommade *f* [pɔmad] Salbe *f*
▸ **pomme** *f* [pɔm] **1** Apfel *m* **2** ⚠ ▸ ***la pomme de terre*** die Kartoffel; ***des ~s de terre frites*** Pommes frites *Pl*; ***des ~s de terre sautées*** Bratkartoffeln *f Pl*; ***des ~s de terre en robe des champs*** (*od.* ***de chambre***) Pellkartoffeln *f Pl*; ***des ~s vapeur*** Dampfkartoffeln *f Pl* **3** ***la ~ de pin*** der Tannenzapfen **4** *umg.* ***tomber dans les ~s*** in Ohnmacht fallen
▸ **pommier** *m* [pɔmje] Apfelbaum *m*
▸ **pompe** *f* [põp] **1** Pumpe *f*; *am Fahrrad*: Luftpumpe *f* **2** *an der Tankstelle*: ***la ~ à essence*** die Zapfsäule **3** *Schülersprache* Spickzettel *m* **4** *umg.* ***faire des ~s*** Liegestütze machen **5** *umg.* ***il est à côté de ses ~s*** er ist total daneben
pomper [põpe] **1** (ab)pumpen (*Wasser, Luft*) **2** (auf)saugen (*Blut usw.*) **3** *Schülersprache* abschreiben (***sur*** von, ***dans*** aus)
▸ **pompier** *m* [põpje] Feuerwehrmann *m*
pompiste *m* [põpist] Tankwart *m*
poncer [põse] ⟨**-ç-**⟩ schleifen, abschleifen
ponctualité *f* [põktɥalite] Pünktlichkeit *f*
ponctuation *f* [põktɥasjõ] Interpunktion *f*, Zeichensetzung *f*; ***les signes m Pl de ~*** die Satzzeichen
ponctu|el, **~elle** [põktɥɛl] **1** pünktlich **2** (*Eingreifen usw.*) punktuell
pondre [põdʀ] ⟨*wie* ***rendre***⟩ ***~ (des œufs)*** Eier legen
poney *m* [⚠ pɔnɛ] zo Pony *n*
▸ **pont**[1] *m* [põ] **1** Brücke *f* **2** *zwischen Feiertagen usw.*: ***faire le ~*** ein langes Wochenende machen
pont[2] *m* [põ] SCHIFF Deck *n*
pontage *m* [põtaʒ] Bypassoperation *f*
pop-corn *m* [pɔpkɔʀn] ⟨*unv.*⟩ Popcorn *n*
populace *f* [pɔpylas] *abw.* Pöbel *m*
▸ **populaire** [pɔpylɛʀ] **1** Volks…; (*Kunst usw.*) volkstümlich **2** (*Viertel usw.*) Arbeiter… **3** (*beliebt*) populär
popularité *f* [pɔpylaʀite] Beliebtheit *f*, Popularität *f*

P

▸ **population** *f* [pɔpylasjõ] Bevölkerung *f*
▸ **porc** *m* [⚠ pɔʀ] **1** Schwein *n* **2** Schweinefleisch *n* **3** Schweinsleder *n*
porcelaine *f* [pɔʀsəlɛn] Porzellan *n*
porcelet *m* [pɔʀsəlɛ] Ferkel *n*
porche *m* [pɔʀʃ] Portal *n*, Vorbau *m*
porcherie *f* [pɔʀʃəʀi] Schweinestall *m*
pornographie *f* [pɔʀnɔgʀafi] Pornographie *f*
▸ **port**[1] *m* [pɔʀ] **1** Hafen *m* **2** Hafenstadt *f*
port[2] *m* [pɔʀ] **1** *von Helmen usw.*: Tragen *n* **2** *auf Briefen*: Porto *n*; ***en ~ payé*** frankiert; ***en ~ dû*** unfrankiert
▸ **portable**[1] [pɔʀtabl] *(Radio usw.)* tragbar
portable[2] *m* [pɔʀtabl] **1** IT Laptop *m*, Notebook *n* **2** TEL Handy *n*
▸ **portail** *m* [pɔʀtaj] Portal *n*; *e-s Parks*: Tor *n*
portant(e) [pɔʀtɑ̃(t)] **1** *(Mauer)* tragend **2** ***il est bien portant*** er ist gesund
portat|if, ~ive [pɔʀtatif, -iv] *(Fernseher usw.)* tragbar
▸ **porte** *f* [pɔʀt] **1** Tür *f*; ***la ~ d'entrée*** die Haustür **2** ***la journée ~s ouvertes*** der Tag der offenen Tür **3** *e-r Stadt, beim Slalom*: Tor *n* **4** FLUG ***la ~ d'embarquement*** der Flugsteig **5** ***mettre à la ~*** vor die Tür setzen, hinauswerfen *(a. Angestellte)*
porte-avions *m* [pɔʀtavjõ] ⟨*unv.*⟩ Flugzeugträger *m*
porte-bagages *m* [pɔʀt(ə)bagaʒ] ⟨*unv.*⟩ **1** *am Fahrzeug*: Gepäckträger *m* **2** BAHN Gepäckablage *f*, Gepäcknetz *n*
porte-bonheur *m* [pɔʀt(ə)bɔnœʀ] ⟨*unv.*⟩ Glücksbringer *m*
porte-clés *m* [pɔʀtəkle] ⟨*unv.*⟩ Schlüsselanhänger *m*, Schlüsseletui *n*
porte-documents *m* [pɔʀt(ə)dɔkymɑ̃] ⟨*unv.*⟩ Mappe *f*, Aktentasche *f*
portée *f* [pɔʀte] **1** zo Wurf *m* **2** *(Entfernung)* Reichweite *f*; ***à ta ~*** erreichbar für dich; *fig.* verständlich für dich; ***à ~ de la main*** griffbereit **3** *(Wirkung)* Tragweite *f*, Bedeutung *f* **4** MUS Notenlinien *f Pl*
▸ **portefeuille** *m* [pɔʀtəfœj] **1** Brieftasche *f* **2** *e-s Ministers*: Geschäftsbereich *m*
portemanteau *m* [pɔʀt(ə)mɑ̃to] ⟨*Pl* ***~x***⟩ Garderobenständer *m*, Kleiderständer *m*
▸ **porte-monnaie** *m* [pɔʀt(ə)mɔnɛ] ⟨*unv.*⟩ Geldbeutel *m*, Portemonnaie *n*
porte-parole *m* [pɔʀt(ə)paʀɔl] ⟨*unv.*⟩ Sprecher(in) *m(f)*
▸ **porter** [pɔʀte] **1** tragen; ***~ une lettre à la poste*** e-n Brief zur Post bringen **2** tragen, anhaben *(Kleidung)* **3** tragen, führen *(Namen, Titel)* **4** ***~ un jugement*** ein Urteil abgeben (***sur*** über) **5** *in e-e Liste usw.*: eintragen (***sur*** in); ***il est porté disparu*** er ist als vermisst gemeldet; ***il s'est fait ~ malade*** er hat sich krankgemeldet **6** entgegenbringen *(Gefühle, Interesse)* **7** ***~ le regard sur qc*** den Blick auf etw richten **8** wirken; *(Bemerkung)* sitzen **9** ***tout porte à croire que c'était lui*** alles lässt darauf schließen, dass er es war **10** ***~ sur*** *(Diskussion usw.)* betreffen **11** ▸ ***il se porte bien, mal*** es geht ihm (gesundheitlich) gut, schlecht
porteur *m* [pɔʀtœʀ] **1** Gepäckträger(in) *m(f)*; *bei Expeditionen*: Träger(in) *m(f)* **2** *von Dokumenten usw.*: Inhaber(in) *m(f)*
portier *m* [pɔʀtje] Portier *m*
portière *f* [pɔʀtjɛʀ] Autotür *f*, Tür *f*
portion *f* [pɔʀsjõ] **1** *beim Essen*: Portion *f* **2** *e-s Ganzen*: Teil *n*, Stück *n*, Anteil *m*
porto *m* [pɔʀto] Portwein *m* (⚠ Porto = ***port*** *m*)
portrait *m* [pɔʀtʀɛ] Porträt *n*
portrait-robot *m* [pɔʀtʀɛʀɔbo] ⟨*Pl* ***portraits-robots***⟩ Phantombild *n*
portugais(e) [pɔʀtygɛ(z)] portugiesisch
Portugais(e) *m(f)* [pɔʀtygɛ(z)] Portugiese *m*, Portugiesin *f*
Portugal [pɔʀtygal] ***le ~*** Portugal *n*
pose *f* [poz] **1** Anbringen *n*; *von Teppichboden, Kabeln usw.*: Verlegen *n*; *(Einbau)* Installation *f* **2** *(Stellung)* Haltung *f*, Pose *f*
▸ **poser** [poze] **1** (hin)stellen, (hin)setzen, (hin)legen **2** stellen *(Frage, Bedingung)*; aufstellen *(Gleichung)*; ***cela pose un problème*** das stellt ein Problem dar **3** anbringen *(Vorhang usw.)*; einbauen, installieren; verlegen *(Kabel, Teppichboden)* **4** ***~ sa candidature*** sich bewerben, kandidieren **5** ***~ son regard sur qc*** seinen Blick auf etw richten **6** ***~ qn*** *(Prestigeobjekt usw.)*

P

j-m Ansehen verschaffen **7** (hin)schreiben (*Zahl*) **8** Modell stehen, posieren **9** ***se ~*** (*Flugzeug*) aufsetzen, landen

posit|if, ~ive [pozitif, -iv] positiv; (*Kritik*) *a.* konstruktiv

position *f* [pozisjõ] **1** (*Stellung*) Haltung *f*, Position *f* **2** (*Umstände*) Lage *f*, Situation *f* **3** *räumlich*: Standort *m*, Position *f* **4** *in e-r Reihenfolge*: Platz *m*, Stelle *f*, Position *f* **5** (*Meinung*) Standpunkt *m*, Ansicht *f* (***sur*** über); ***il a pris ~*** er hat Stellung genommen **6** Kontostand *m*

▸ **posséder** [pɔsede] ⟨**-è-**⟩ **1** besitzen **2** beherrschen (*Sprache*, *Thema*)

possesseur *m* [pɔsɛsœʀ] Besitzer *m*

possess|if, ~ive [pɔsesif, -iv] **1** ***le*** (***pronom***) ***possessif*** das Possessivpronomen **2** (*Person*, *Charakter*) Besitz ergreifend

possession *f* [pɔsɛsjõ] **1** (*Besitzen*) Besitz *m* **2** (*Wahn*) Besessenheit *f*

▸ **possibilité** *f* [pɔsibilite] Möglichkeit *f*

▸ **possible**[1] [pɔsibl] **1** möglich **2** ***le plus ~*** so viel wie möglich; ***le plus*** (*bzw.* ***le moins***) ***de fautes ~s*** so viel (*bzw.* so wenig) Fehler wie möglich

possible[2] *m* [pɔsibl] ***faire tout son ~*** sein Möglichstes tun

postal(e) [pɔstal] ⟨*m Pl* ***-aux***⟩ Post…; ***la boîte postale*** das Postfach

postdater [pɔstdate] vordatieren

▸ **poste**[1] *f* [pɔst] *Gebäude*, *Behörde*: Post *f*; ***par la ~*** mit der Post (⚠ Post *in der Bedeutung von* Briefe, Pakete *usw.* = ***courrier*** *m*)

▸ **poste**[2] *m* [pɔst] **1** Posten *m*; *beruflich a.*: Stelle *f*, Stellung *f*; ***le ~ de nuit*** die Nachtschicht **2** ***le ~ d'appel d'urgence*** die Notrufsäule **3** ***le ~ de pilotage*** das Cockpit **4** ▸ ***le poste de police*** die Polizeiwache **5** ▸ ***le poste de radio, de télévision*** der Radio-, Fernsehapparat

▸ **poster**[1] [pɔste] ***~ une lettre*** e-n Brief zur Post geben *od.* einwerfen

poster[2] [pɔste] postieren, aufstellen

poster[3] *m* [⚠ pɔstɛʀ] Poster *n*

postérieur *m* [pɔsteʀjœʀ] *umg.* Hintern *m*

post|ier *m*, **~ière** *f* [pɔstje, -jɛʀ] Postbeamte(r) *m*, Postbeamtin *f*

postuler [pɔstyle] ***~*** (***à*** *od.* ***pour***) ***un emploi*** sich um e-e Stelle bewerben

posture *f* [pɔstyʀ] **1** Körperhaltung *f*, Haltung *f*, Stellung *f* **2** (*Situation*) ***elle est en mauvaise ~*** sie ist in e-r schlechten Lage

▸ **pot** *m* [po] **1** Topf *m*; *für Flüssiges a.*: Kanne *f*, Krug *m*; ***le ~ de confiture*** das Marmeladenglas; ***le ~ de yaourt*** der Joghurtbecher **2** *fig.* ***il tourne autour du ~*** er redet um den heißen Brei herum **3** AUTO ▸ ***le pot catalytique*** der Katalysator; ***le ~ d'échappement*** der Auspuff **4** *umg.* Glück *n*; ***il a eu du ~*** er hat Schwein gehabt

potable [pɔtabl] ***l'eau*** *f* ***~*** das Trinkwasser

potage *m* [pɔtaʒ] (feine) Suppe, Cremesuppe *f*

potag|er, ~ère [pɔtaʒe, -ɛʀ] (*Garten*, *Pflanze usw.*) Gemüse…

pot-au-feu *m* [potofø] ⟨*unv.*⟩ **1** Eintopf *m* (*aus Suppenfleisch u. Gemüse*) **2** Suppenfleisch *n*

pot-de-vin *m* [pod(ə)vɛ̃] ⟨*Pl* ***pots-de-vin***⟩ Schmiergeld *n*

poteau *m* [pɔto] ⟨*Pl* ***~x***⟩ **1** Pfosten *m*, Pfahl *m* **2** ***le ~ électrique*** der Strommast

potelé(e) [pɔt(ə)le] pummelig

poterie *f* [pɔtʀi] **1** (*das Töpfern*) Töpferei *f* **2** *Gegenstand*: Töpferware *f*

potier *m* [pɔtje] Töpfer *m*

potins *m Pl* [pɔtɛ̃] Klatsch *m*, Tratsch *m*

potion *f* [posjõ] **1** *als Arznei*: Trank *m* **2** ***la ~ magique*** der Zaubertrank

potiron *m* [pɔtiʀõ] Riesenkürbis *m*

pou *m* [pu] ⟨*Pl* ***~x***⟩ Laus *f*

▸ **poubelle** *f* [pubɛl] **1** Mülleimer *m*, Abfalleimer *m* **2** *vom Haus*: Mülltonne *f*

▸ **pouce** *m* [pus] **1** Daumen *m* **2** *umg.* ***il se tourne les ~s*** er dreht Däumchen **3** *Längenmaß*: Zoll *m*

▸ **poudre** *f* [pudʀ] (⚠ la poudre) **1** Pulver *n* **2** *für die Haut*: Puder *m* **3** Schießpulver *n*

poudrer [pudʀe] pudern

poudr|eux, ~euse [pudʀø, -øz] **1** pulverig **2** ***la*** (***neige***) ***poudreuse*** der Pulverschnee

poudrier *m* [pudʀije] Puderdose *f*

pouffer [pufe] ***ils pouffent*** (***de rire***) sie lachen *od.* prusten los

poulailler *m* [pulaje] Hühnerstall *m*

poulain *m* [pulɛ̃] Fohlen *n*

P

▸ **poule** *f* [pul] **1** Huhn *n*, Henne *f* **2** ***la chair de*** ~ die Gänsehaut **3** ***une ~ mouillée*** ein Angsthase

▸ **poulet** *m* [pulɛ] **1** Hähnchen *n*; ***le ~ rôti*** das Brathähnchen, Ⓐ das Brathendl **2** *umg.* (*Polizist*) Polyp *m*, Bulle *m*

pouls *m* [⚠ pu] Puls *m*; ***prendre le ~*** den Puls messen

▸ **poumon** *m* [pumõ] Lunge *f*; ***il chante à pleins ~s*** er singt aus vollem Hals

▸ **poupée** *f* [pupe] Puppe *f*

▸ **pour**[1] [puʀ] **1** für; ***~ toi*** für dich; ***elle est ~*** sie ist dafür **2** *Medikament*: ***~ la grippe*** gegen Grippe **3** *zeitlich*: ***ce sera fait ~ samedi*** bis Samstag ist es fertig **4** *Bestimmungsort*: nach; ***un billet, le train ~ Lyon*** e-e Fahrkarte, der Zug nach Lyon; ***il est parti ~ la France*** er ist nach Frankreich gefahren **5** ***~ moi*** *od.* ***~ ma part*** was mich betrifft *od.* anbelangt **6** *Grund*: wegen **7** als; ***avoir ~ ami*** als *od.* zum Freund haben; ***il se fait passer ~ un Français*** er gibt sich als Franzose aus **8** *mit Inf.*: um zu …; ***~ ne pas le rencontrer*** um ihm nicht zu begegnen; ***~ quoi faire?*** wozu?, wofür? **9** ▸ ***pour que*** damit; ***~ que tout le monde soit content*** damit alle zufrieden sind

pour[2] *m* [puʀ] ***le ~ et le contre*** das Für und Wider

▸ **pourboire** *m* [puʀbwaʀ] Trinkgeld *n*

pourcentage *m* [puʀsɑ̃taʒ] **1** *Wert*: Prozentsatz *m* **2** *Teil*: prozentualer Anteil (***sur*** an)

pourchasser [puʀʃase] jagen, verfolgen

pourparlers *m Pl* [puʀpaʀle] Gespräche *n Pl*, Verhandlung(en) *f* (*Pl*)

pourpre *m* [puʀpʀ] Purpur *m*, Purpurrot *n*

▸ **pourquoi** [puʀkwa] **1** warum, weshalb; ***~ pas?*** warum nicht? **2** ***c'est*** (*od.* ***voilà***) ***~ …*** darum …, deshalb …

pourra [puʀa] → ***pouvoir***[1]

pourri(e) [puʀi] **1** (*Lebensmittel*) faul, verfault, verdorben **2** (*Gesellschaft usw.*) verdorben **3** (*Wetter*) verregnet

pourrir [puʀiʀ] **1** faulen, verfaulen; (*Blätter, Holz*) *a.* modern, vermodern **2** (*Situation*) sich verschlechtern **3** völlig verziehen (*Kind*)

pourriture *f* [puʀityʀ] Fäulnis *f*

poursuite *f* [puʀsɥit] **1** Verfolgung *f* **2** *im Radsport*: Verfolgungsrennen *n* **3** *der Arbeit, Verhandlungen usw.*: Fortsetzung *f*, Weiterführung *f* **4** JUR ***les ~s*** (***judiciaires***) die Strafverfolgung

▸ **poursuivre** [puʀsɥivʀ] ⟨*wie* ***suivre***⟩ **1** verfolgen (*Dieb, Tier usw.*) **2** fortsetzen (*Arbeit, Reise usw.*); weiterführen (*Verhandlungen, Politik usw.*) **3** ***~*** (***en justice***) gerichtlich belangen *od.* verfolgen **4** ***se ~*** (*Verhandlungen usw.*) weitergeführt werden

▸ **pourtant** [puʀtɑ̃] dennoch, trotzdem, doch

pourvoir [puʀvwaʀ] ⟨*wie* ***voir***, *aber*: *p/s* ***je pourvus***, *fut.* ***je pourvoirai***⟩ **1** versehen, ausstatten (***de*** mit) **2** *für Unterhalt usw.*: aufkommen, sorgen (***à*** für) **3** JUR ***se ~ en cassation*** Revision einlegen

pourvu[1] [puʀvy] ***~ qu'il fasse beau*** vorausgesetzt, dass es schön ist; ***~ qu'il vienne!*** hoffentlich kommt er!

pourvu[2] [puʀvy] → ***pourvoir***

poussée *f* [puse] **1** Stoß *m*; *im Gedränge*: Schieben *n*, Drängen *n* **2** TECH, PHYS Schub *m* **3** ***la ~ démographique*** die Bevölkerungsexplosion **4** POL ***une ~ vers la droite*** ein Rechtsruck

▸ **pousser**[1] [puse] **1** wachsen, sprießen **2** ***se faire*** (*od.* ***se laisser***) ***~ les cheveux*** sich die Haare wachsen lassen

▸ **pousser**[2] [puse] **1** (an)stoßen, schubsen (*Person*); schieben (*Fahrzeug, Möbel*); aufstoßen, zustoßen (*Tür*) **2** *auf e-r Tür*: ***poussez!*** drücken! **3** ***ne poussez pas!*** nicht drängeln! **4** ***~ à*** (***faire***) ***qc*** zu etw antreiben *od.* ermuntern; *negativ*: zu etw verleiten **5** vorantreiben (*Studien usw.*) **6** hochjagen (*Motor*); höherstellen (*Heizung*) **7** ausstoßen (*Schrei, Seufzer*) **8** *umg.* übertreiben; ***faut pas ~!*** nur nicht übertreiben! **9** ***se ~*** Platz machen; ***pousse-toi*** (***un peu***)***!*** rutsch mal (ein Stück)!

poussette *f* [pusɛt] *für Kinder*: Sportwagen *m*

▸ **poussière** *f* [pusjɛʀ] Staub *m*, Staubkorn *n*

poussiér|eux, ~euse [pusjeʀø, -øz] staubig, verstaubt

poussin *m* [pusɛ̃] Küken *n*

poutre *f* [putʀ] **1** *am Bau*: Balken *m*, Träger *m* **2** SPORT Schwebebalken *m*

▸ **pouvoir**[1] [puvwaʀ] ⟨*prés.*: ***je peux***

P

(*aber* **puis-je?**), **tu peux, il peut, nous pouvons, ils peuvent**; *imparf.*: **je pouvais**; *p/s*: **je pus**; *fut.*: **je pourrai**; *subj.*: **je puisse**; *p/pr.* **pouvant**; *p/p*: **pu** (*unv.*)⟩ **1** *Fähigkeit, Möglichkeit*: können; **on n'y peut rien** da kann man nichts machen; **je n'en peux plus** ich kann nicht mehr; **puis-je vous aider?** kann ich Ihnen helfen? **2** *Recht, Erlaubnis*: dürfen, können; **si l'on peut dire** wenn man so sagen darf **3** **il se peut qu'il vienne** es kann sein *od.* es ist möglich, dass er kommt; **ça se peut** das kann sein; **ça se pourrait bien!** (durchaus) möglich!

▸ **pouvoir**[2] *m* [puvwaʀ] **1** Macht *f*; (*Einfluss*) Gewalt *f* (**sur** über); **il est au ~** er ist an der Macht **2** *der Verwaltung usw.*: Staatsgewalt *f*; **les ~s publics** die Behörden, die Staatsorgane **3** (*Befugnis*) Vollmacht *f* **4** Fähigkeit *f*, Kraft *f* (*a.* PHYS, TECH) **5** **le ~ d'achat** die Kaufkraft

Prague [pʀag] Prag *n*

prairie *f* [pʀɛʀi] Wiese *f*

praline *f* [pʀalin] gebrannte Mandel (⚠ Praline = **chocolat** *m*)

praticable [pʀatikabl] (⚠ praticable) **1** (*Aktion, Plan*) durchführbar **2** (*Straße*) befahrbar; (*Weg*) begehbar **3** (*Sportgelände*) bespielbar

▸ **pratique**[1] [pʀatik] (⚠ pratique) praktisch

▸ **pratique**[2] *f* [pʀatik] (⚠ pratique) **1** (↔ *Theorie*) Praxis *f*; **mettre en ~** in die Tat umsetzen **2** (praktische) Erfahrung, Praxis *f* **3** *e-s Berufs, Sports*: Ausübung *f* **4** (*Gepflogenheit*) Brauch *m*, Praxis *f*

pratiquement [pʀatikmɑ̃] praktisch

pratiquer [pʀatike] (⚠ pratiquer) **1** machen, durchführen; ausüben (*a. Beruf*); betreiben (*a. Sport, Politik usw.*) **2** anwenden (*Methode*) **3** verlangen (*Preise*) **4** in die Kirche gehen **5** **se ~** üblich sein; (*Sport*) betrieben werden

▸ **pré** *m* [pʀe] Wiese *f*

préalable[1] [pʀealabl] vorhergehend

préalable[2] *m* [pʀealabl] **1** Vorbedingung *f* **2** **au ~** vorher, zuvor

préau *m* [pʀeo] ⟨*Pl* **~x**⟩ überdachter Schulhof

préavis *m* [pʀeavi] **1** Ankündigung *f* **2** *bei der Arbeit*: Kündigungsfrist *f*; **licencier sans ~** fristlos kündigen

précaire [pʀekɛʀ] bedenklich, unsicher

précaution *f* [pʀekosjɔ̃] **1** Vorsichtsmaßnahme *f* **2** **avec ~** vorsichtig

précédent(e) [pʀesedɑ̃(t)] vorhergehend, vorige(r, -s), Vor…

précéder [pʀesede] ⟨**-è-**⟩ **1** *zeitlich*: **~ qc** e-r Sache vorausgehen; **le jour qui a précédé mon départ** am Tag vor meiner Abreise **2** *räumlich*: **~ qn** vor j-m gehen, fahren *usw.*; **l'introduction précède le texte** die Einführung steht vor dem Text

prêcher [pʀɛʃe] predigen

précieusement [pʀesjøzmɑ̃] sorgfältig

▸ **préci|eux, ~euse** [pʀesjø, -øz] **1** wertvoll, kostbar; **une pierre précieuse** ein Edelstein **2** (*geziert*) affektiert

précipice *m* [pʀesipis] Abgrund *m*

précipitamment [pʀesipitamɑ̃] überstürzt

précipitation *f* [pʀesipitasjɔ̃] **1** (*Eile*) Hast *f* **2** (*Regen usw.*) **les ~s** die Niederschläge

précipité(e) [pʀesipite] **1** (*Schritt*) eilig, hastig **2** (*Abreise*) überstürzt

précipiter [pʀesipite] **1** **~ qn du haut d'une tour** j-n von e-m Turm stürzen **2** überstürzen, übereilen (*Abreise usw.*) **3** **se ~ dans le vide** sich in die Tiefe stürzen **4** **se ~ à la porte** zur Tür stürzen

▸ **précis(e)** [pʀesi(z)] **1** präzise, genau, exakt **2** **à dix heures précises** Punkt zehn Uhr

précisément [pʀesizemɑ̃] genau, gerade

préciser [pʀesize] **1** genauer angeben, präzisieren **2** **il a précisé qu'il ne le veut pas** er hat deutlich gemacht, dass er es nicht will **3** **se ~** klarer werden

précision *f* [pʀesizjɔ̃] **1** Genauigkeit *f*, Präzision *f*, Deutlichkeit *f* **2** **des ~s** nähere Angaben, Einzelheiten *f Pl*

précoce [pʀekɔs] **1** (*Obstsorte*) Früh… **2** (*Kind*) frühreif **3** (*Winter*) früh

préconiser [pʀekɔnize] empfehlen

précurseur [pʀekyʀsœʀ] **le signe ~** das Vorzeichen, der Vorbote

prédécesseur *m* [pʀedesesœʀ] Vorgänger(in) *m(f)*

prédiction *f* [pʀediksjɔ̃] Voraussage *f*

prédilection *f* [pʀedilɛksjɔ̃] Vorliebe *f*;

P

mon livre de ~ mein Lieblingsbuch
prédire [pʀediʀ] ⟨*wie* ***dire***, *aber*: ***vous prédisez***⟩ voraussagen, prophezeien
prédominant(e) [pʀedɔminɑ̃(t)] (*Meinung usw.*) vorherrschend; (*Sorge*) größte(r, -s), Haupt…
préfabriqué(e) [pʀefabʀike] ***une maison préfabriquée*** ein Fertighaus
préface *f* [pʀefas] Vorwort *n*
préfecture *f* [pʀefɛktyʀ] Präfektur *f* (*zentrale Verwaltung e-s frz. Departements*)
préférable [pʀefeʀabl] besser (***à*** als)
préféré(e) [pʀefeʀe] Lieblings…
préférence *f* [pʀefeʀɑ̃s] **1** (*Bevorzugung*) Vorzug *m*; ***de ~*** lieber, am besten **2** (*Neigung*) Vorliebe *f*; ***je n'ai pas de ~*** das ist mir egal
▸ **préférer** [pʀefeʀe] ⟨***-è-***⟩ lieber mögen, haben, tun *usw.*; ***je préfère le train à la voiture*** ich fahre lieber Zug als Auto; ***je préfère lire que d'aller au cinéma*** ich lese lieber als ins Kino zu gehen
préfet *m* [pʀefɛ] Präfekt *m* (*oberster Verwaltungsbeamter e-s frz. Departements*)
préfixe *m* [pʀefiks] Vorsilbe *f*, Präfix *n*
préhistoire *f* [pʀeistwaʀ] Vorgeschichte *f*, Urgeschichte *f*
préhistorique [pʀeistɔʀik] **1** vorgeschichtlich, urgeschichtlich **2** *fig.* (*Ideen, Maschine usw.*) vorsintflutlich
préjudice *m* [pʀeʒydis] Schaden *m*, Nachteil *m*
▸ **préjugé** *m* [pʀeʒyʒe] Vorurteil *n*
prélèvement *m* [pʀelɛvmɑ̃] **1** *von Proben usw.*: Entnahme *f*; ***le ~ de sang*** die Blutentnahme, die Blutprobe **2** *vom Gehalt*: Abzug *m* **3** *vom Konto*: Abbuchung *f*
prélever [pʀel(ə)ve] ⟨***-è-***⟩ **1** entnehmen (*Proben usw.*) **2** *vom Konto*: abbuchen (***sur*** von)
prématuré(e) [pʀematyʀe] **1** zu früh; (*Schritt*) verfrüht, voreilig **2** ***un enfant prématuré*** e-e Frühgeburt
préméditation *f* [pʀemeditasjɔ̃] *bei Verbrechen*: Vorsatz *m*; ***avec ~*** vorsätzlich
prémédité(e) [pʀemedite] (*Verbrechen*) vorsätzlich
préméditer [pʀemedite] planen
prem|ier¹, **~ière** [pʀəmje, -jɛʀ] **1** erste(r, -s); ***François Ier (François premier)*** Franz I. (Franz der Erste) **2** beste(r, -s) **3** ***le premier venu*** der Erstbeste **4** (*Zustand*) ursprünglich; ***la matière première*** der Rohstoff **5** ***le nombre premier*** die Primzahl
prem|ier² *m*, **~ière** *f* [pʀəmje, -jɛʀ] ***le premier, la première*** der, die, das Erste; *rangmäßig*: der, die, das Beste; ***arriver le premier*** als Erster ankommen
premier³ *m* [pʀəmje] **1** ***au ~*** im ersten Stock **2** ***le ~ de l'an*** der Neujahrstag **3** ***en ~*** zuerst
première *f* [pʀəmjɛʀ] **1** THEAT *usw.* Premiere *f*, Uraufführung *f* **2** BAHN erste Klasse **3** SCHULE ≈ elfte Klasse **4** AUTO erster Gang
premièrement [pʀəmjɛʀmɑ̃] erstens, zuerst
prenant(e) [pʀənɑ̃(t)] **1** (*Buch, Film*) fesselnd **2** (*Tätigkeit*) zeitraubend
▸ **prendre** [pʀɑ̃dʀ] ⟨*prés.*: ***je prends, il prend, nous prenons, ils prennent***; *imparf.*: ***je prenais***; *p/s*: ***je pris***; *fut.*: ***je prendrai***; *subj.*: ***je prenne, nous prenions***; *p/pr*: ***prenant***; *p/p*: ***pris***⟩ **1** nehmen; ***se ~ par la main*** sich an die Hand nehmen **2** wegnehmen **3** herausnehmen (***dans, de*** aus) **4** mitnehmen, abholen; ***passer ~ qn*** j-n abholen **5** aufnehmen (*Kredit*); abschließen (*Versicherung*) **6** nehmen, verlangen (*Geld*); *umg.* ***il prend cher*** er ist teuer **7** machen (*Foto*); ***je l'ai prise en photo*** ich habe ein Foto von ihr gemacht **8** einschlagen (*Richtung, Weg*); ***prenez la deuxième à droite!*** biegen Sie in die zweite Straße rechts ein! **9** zu sich nehmen (*Nahrung*) **10** MIL einnehmen **11** fangen (*Tier usw.*); fassen, schnappen (*Flüchtende*); ***~ qn sur le fait*** j-n (auf frischer Tat) ertappen *od.* erwischen **12** (*verstehen, akzeptieren*) aufnehmen; ***~ bien*** gut aufnehmen; ***~ mal*** übel nehmen; ***si vous le prenez comme ça*** wenn Sie das so sehen **13** ***la fatigue, la colère l'a pris*** ihn überkam Müdigkeit, Wut; ***qu'est-ce qui te prend?*** was ist denn in dich gefahren? **14** ***ça prend du temps*** das braucht *od.* kostet Zeit **15** ▸ ***prendre pour …*** für … halten; ***il se prend pour un génie*** er hält sich für ein Genie **16** (*Sahne usw.*) steif *od.* fest werden **17** (*Feuer*) angehen; (*Brand*) ausbrechen **18** (*Vorstellung, Mode usw.*) Anklang finden;

ne pas ~ nicht wirken; ***avec moi, ça ne prend pas*** das zieht bei mir nicht **19** ***~ sur soi*** sich zusammennehmen **20** ***il s'est pris le doigt dans la porte*** er hat sich den Finger in der Tür eingeklemmt **21** ***s'en ~ à qn*** j-m die Schuld geben **22** ***s'y ~ bien*** (*bzw.* ***mal***) sich geschickt (*bzw.* ungeschickt) anstellen **23** ***à tout ~*** alles in allem

preneur *m* [pʀənœʀ] **1** Abnehmer *m*, Käufer *m* **2** ***le ~ d'otages*** der Geiselnehmer

▸ **prénom** *m* [pʀenõ] Vorname *m*

préoccupant(e) [pʀeɔkypɑ̃(t)] besorgniserregend, beunruhigend

préoccupation *f* [pʀeɔkypasjõ] Sorge *f*, Besorgnis *f*

préoccupé(e) [pʀeɔkype] besorgt, beunruhigt

préoccuper [pʀeɔkype] **1** ***cela le préoccupe*** das macht ihm Sorgen **2** ***se ~ de qc*** sich über etw Gedanken machen

préparatifs *m Pl* [pʀepaʀatif] Vorbereitungen *f Pl* (**de** für)

préparation *f* [pʀepaʀasjõ] **1** Vorbereitung *f* **2** *von Essen*: Zubereitung *f* **3** *im Labor usw.*: Präparat *n*

préparatoire [pʀepaʀatwaʀ] vorbereitend, Vorbereitungs…

▸ **préparer** [pʀepaʀe] **1** vorbereiten (***à*** auf) **2** zubereiten (*Essen*) **3** (*Zukunft*) bereithalten (***à*** für) **4** bereiten (*Überraschung*) **5** ▸ ***se préparer à*** sich vorbereiten auf **6** ***je me préparais à partir*** ich wollte gerade gehen **7** ***qc se prépare*** etw bahnt sich an

prépondérant(e) [pʀepõdeʀɑ̃(t)] ausschlaggebend, entscheidend

préposition *f* [pʀepozisjõ] Präposition *f*

▸ **près** [pʀɛ] **1** ▸ ***près de …*** nah(e) bei …, in der Nähe von …; ***~ d'ici*** hier in der Nähe **2** ***~ de*** + *Zahl, Uhrzeit*: fast; ***il est ~ de dix heures*** es ist fast *od.* gleich zehn Uhr **3** ***être ~ de …*** nahe daran sein zu …; ***il est ~ de pleurer*** er ist den Tränen nahe **4** (***tout***) ***~*** (ganz) in der Nähe; ***vu de ~*** aus der Nähe betrachtet **5** ***à peu ~ dix minutes*** ungefähr zehn Minuten; ***à peu ~ vide*** fast leer **6** ***à un euro ~*** bis auf e-n Euro **7** ***à cela ~*** davon abgesehen

présager [pʀezaʒe] ⟨***-ge-***⟩ **1** ***ça ne présage rien de bon*** das bedeutet nichts Gutes **2** ***laisser ~*** vermuten lassen

préscolaire [pʀeskɔlɛʀ] Vorschul…

prescrire [pʀɛskʀiʀ] ⟨*wie* ***écrire***⟩ **1** (*anordnen*) vorschreiben **2** verordnen, verschreiben (*Medikament*)

▸ **présence** *f* [pʀezɑ̃s] **1** Anwesenheit *f* **2** ***la ~ d'esprit*** die Geistesgegenwart **3** ***être en ~*** sich gegenüberstehen

▸ **présent** *m* [pʀezɑ̃] **1** Gegenwart *f*; ***à ~*** zurzeit, jetzt; ***jusqu'à ~*** bis jetzt **2** GR Präsens *n*, Gegenwart *f*

▸ **présent(e)** [pʀezɑ̃(t)] **1** (*Person*) anwesend (***à*** bei) **2** (*augenblicklich*) gegenwärtig **3** (*Brief usw.*) vorliegend

présentable [pʀezɑ̃tabl] vorzeigbar

présentateur *m* [pʀezɑ̃tatœʀ] RAD, TV Moderator *m*, Ansager *m*

présentation *f* [pʀezɑ̃tasjõ] **1** Vorführung *f*; *von Büchern*: Vorstellung *f*; RAD, TV Moderation *f*, Ansage *f* **2** *von Waren*: Aufmachung *f*, Präsentation *f*; *von Texten*: Gestaltung *f* **3** *von Ideen*: Darlegung *f*, Darstellung *f* **4** *e-s Ausweises*: Vorzeigen *n*; *e-s Schecks*: Vorlage *f*; ***sur ~ de …*** gegen Vorlage von … **5** *von Personen*: Vorstellung *f*; ***il fait les ~s*** er stellt die Gäste einander vor

présentatrice *f* [pʀezɑ̃tatʀis] RAD, TV Moderatorin *f*, Ansagerin *f*

présente [pʀezɑ̃t] → ***présent(e)***

▸ **présenter** [pʀezɑ̃te] **1** vorstellen (*Person, Buch, Film*) **2** anbieten (*Kekse, Stuhl usw.*) **3** vorzeigen (*Ausweis, Ticket*); vorlegen (*Scheck*) **4** vorbringen (*Argument*) **5** aussprechen (*Glückwünsche*) **6** vorführen (*Kollektion usw.*) **7** ***bien présenté*** (*Geschenk usw.*) schön aufgemacht **8** moderieren, ansagen (*Sendung*) **9** darlegen, darstellen (*Fakten, Ideen*) **10** aufweisen (*Fehler usw.*) **11** ***se ~*** sich vorstellen; ***il se présente aux élections*** er kandidiert bei den Wahlen; ***elle se présente à un examen*** sie nimmt an e-r Prüfung teil

présentoir *m* [pʀezɑ̃twaʀ] Verkaufsständer *m*

préservatif *m* [pʀezɛʀvatif] Kondom *n*

préservation *f* [pʀezɛʀvasjõ] Schutz *m*, Erhalt *m*; ***la ~ des espèces en voie de disparition*** der Artenschutz

préserver [pʀezɛʀve] schützen (***de*** vor)

présidence *f* [pʀezidɑ̃s] **1** *e-r Ver-*

sammlung: Vorsitz *m* **2** POL Präsidentschaft *f*

▸ **président(e)** *m(f)* [pʀezidɑ̃(t)] **1** Vorsitzende(r) *f(m)*, Präsident(in) *m(f)* **2** ***le président-directeur général*** der Generaldirektor **3** *e-s Landes*: Staatspräsident(in) *m(f)*; ***le Président de la République*** der französische Staatspräsident

présidenti|el, ~elle [pʀezidɑ̃sjɛl] **1** Präsidenten… **2** ***les*** (***élections*** *f Pl*) ***présidentielles*** die Präsidentschaftswahlen

présider [pʀezide] den Vorsitz führen (***une réunion*** bei e-r Versammlung)

▸ **presque** [pʀɛsk] fast, beinahe

presqu'île *f* [pʀɛskil] Halbinsel *f*

▸ **presse** *f* [pʀɛs] **1** (*Zeitungswesen*) Presse *f*; ***la ~ féminine*** die Frauenzeitschriften; ***la ~ spécialisée*** die Fachzeitschriften, die Fachpresse **2** *Maschine*: Presse *f*; *zum Drucken*: Druckpresse *f*

▸ **pressé(e)**[1] [pʀese] **1** (*Arbeit, Brief*) eilig, dringend; ***c'est pressé*** es eilt **2** (*Person*) ***il est pressé*** er hat es eilig

pressé(e)[2] [pʀese] (*Orange usw.*) (frisch) gepresst

pressentiment *m* [pʀesɑ̃timɑ̃] Vorahnung *f*

pressentir [pʀesɑ̃tiʀ] ⟨*wie* ***sentir***[1]⟩ ahnen, vorausahnen

presse-papiers *m* [pʀɛspapje] ⟨*unv.*⟩ Briefbeschwerer *m*

presser[1] [pʀese] **1** beschleunigen (*Schritte usw.*) **2** drängen (*Person*); bedrängen (***de questions*** mit Fragen) **3** (*Angelegenheit*) eilen, eilig sein **4** ***se ~*** sich beeilen

presser[2] [pʀese] **1** pressen, auspressen (*Früchte*); ausdrücken (*Schwamm, Mitesser*) **2** ***se ~*** (*Menschenmenge*) (sich) drängen

pressing *m* [pʀesiŋ] *Geschäft*: Reinigung *f*

pression *f* [pʀesjõ] **1** Druck *m* (*a. fig.*) **2** Bier *n* vom Fass **3** Druckknopf *m*

prestigi|eux, ~euse [pʀɛstiʒjø, -øz] bemerkenswert; (*Ware*) anspruchsvoll

prêt *m* [pʀɛ] Darlehen *n*

▸ **prêt(e)** [pʀɛ(t)] **1** ***être prêt*** bereit *od.* fertig sein **2** ***prêt à partir*** startbereit

prêt-à-porter *m* [pʀɛtapɔʀte] ⟨*Pl* ***prêts-à-porter***⟩ Konfektionskleidung *f*

prétendre [pʀetɑ̃dʀ] ⟨*wie* ***rendre***⟩ **1** behaupten **2** ***que prétendez-vous faire?*** was haben Sie vor?

prétendu(e) [pʀetɑ̃dy] angeblich

prétenti|eux, ~euse [pʀetɑ̃sjø, -øz] **1** (*Mensch*) eingebildet **2** (*Stil*) protzig

prétention *f* [pʀetɑ̃sjõ] **1** (*Forderung*) Anspruch *m* **2** Ehrgeiz *m*; ***elle a la ~ de tout savoir*** sie bildet sich ein, alles zu wissen **3** (*Eitelkeit*) Überheblichkeit *f*

▸ **prêter** [pʀɛte] **1** leihen, ausleihen, verleihen, borgen **2** unterstellen (*Absicht*) **3** ***~ à …*** zu … Anlass geben; ***cela prête à rire*** das wirkt lächerlich; ***cela prête à confusion*** das ist verwirrend **4** ***se ~ à qc*** (*Person*) sich zu etw hergeben; (*Thema*) sich zu etw eignen

▸ **prétexte** *m* [pʀetɛkst] Vorwand *m*; ***sous aucun ~*** auf keinen Fall

▸ **prêtre** *m* [pʀɛtʀ] Priester *m*

▸ **preuve** *f* [pʀœv] **1** Beweis *m*; ***faire ~ de courage*** Mut beweisen **2** ***faire ses ~s*** sich bewähren **3** MATH Probe *f*

prévaloir [pʀevalwaʀ] ⟨*wie* ***valoir***, *aber*: ***que je prévale***⟩ **1** den Sieg davontragen (***contre*** über) **2** ***faire ~ ses droits*** seine Rechte durchsetzen

prévenant(e) [pʀev(ə)nɑ̃(t)] zuvorkommend, aufmerksam

▸ **prévenir** [pʀev(ə)niʀ] ⟨*wie* ***venir***, ⚠ *aber die zusammengesetzten Zeiten werden mit* ***avoir*** *gebildet*⟩ **1** benachrichtigen (***de*** von); verständigen **2** *vor negativen Dingen*: warnen (***de*** vor) **3** ***~ un accident*** e-n Unfall verhüten, e-m Unfall vorbeugen

prévent|if, ~ive [pʀevɑ̃tif, -iv] vorbeugend

prévention *f* [pʀevɑ̃sjõ] **1** *durch bestimmte Maßnahmen*: Verhütung *f*, Vorbeugung *f*; ***la ~ routière*** die Unfallverhütung **2** (*Vorurteil*) Voreingenommenheit *f*

prévisible [pʀevizibl] vorhersehbar

prévision *f* [pʀevizjõ] **1** Vorhersage *f*, Voraussage *f*, Prognose *f* **2** ***les ~s météorologiques*** die Wettervorhersage

▸ **prévoir** [pʀevwaʀ] ⟨*wie* ***voir***, *aber*: ***je prévoirai***⟩ **1** (*vorhersehen*) voraussehen **2** (*vorsehen*) planen, vorbereiten

prévoyant(e) [pʀevwajɑ̃(t)] **1** *in die Zukunft*: vorausschauend **2** (*planend*) vorsorgend

prévu(e) [pʀevy] vorgesehen, geplant

P

▸ **prier** [pʀije] **1** beten; **~ *Dieu*** zu Gott beten **2** *um etw*: bitten

▸ **prière** *f* [pʀijɛʀ] **1** Gebet *n* **2** Bitte *f*; **~ *de ne pas fumer!*** bitte nicht rauchen!

primaire [pʀimɛʀ] **1** ***l'école ~*** die Grundschule **2** primär, Primär…

prime *f* [pʀim] **1** (*Bonus*) Prämie *f* **2** *zum Gehalt usw.*: Zuschuss *m*, Zulage *f*; ***la ~ de fin d'année*** ≈ das Weihnachtsgeld **3** *beim Kauf*: Werbegeschenk *n*; ***en ~*** als Zugabe

primé(e) [pʀime] preisgekrönt

primer [pʀime] prämieren

primevère *f* [pʀimvɛʀ] Primel *f*

prince *m* [pʀɛ̃s] **1** Fürst *m* **2** Prinz *m* **3** ***le ~ charmant*** der Märchenprinz

princesse *f* [pʀɛ̃sɛs] **1** Fürstin *f* **2** Prinzessin *f*

▸ **principal** *m* [pʀɛ̃sipal] ⟨*Pl* ***-aux***⟩ Schulleiter *m*, Direktor *m*

▸ **principal(e)** [pʀɛ̃sipal] ⟨*m Pl* ***-aux***⟩ Haupt…, wichtigste(r, -s); ***le principal*** die Hauptsache, das Wichtigste

principale[1] *f* [pʀɛ̃sipal] Hauptsatz *m*

principale[2] *f* [pʀɛ̃sipal] Schulleiterin *f*, Direktorin *f*

principalement [pʀɛ̃sipalmɑ̃] hauptsächlich, vor allem

principauté *f* [pʀɛ̃sipote] Fürstentum *n*

principe *m* [pʀɛ̃sip] Prinzip *n*, Grundsatz *m*

printan|ier, ~ière [pʀɛ̃tanje, -jɛʀ] Frühlings…, Frühjahrs…

▸ **printemps** *m* [pʀɛ̃tɑ̃] Frühling *m*, Frühjahr *n*

prioritaire [pʀijɔʀitɛʀ] **1** vorrangig, bevorzugt **2** ***être ~*** Vorrang haben; (*Fahrzeug*) Vorfahrt haben

▸ **priorité** *f* [pʀijɔʀite] **1** Vorrang *m* (***sur*** vor); ***en ~*** vorrangig, zuerst **2** *im Straßenverkehr*: Vorfahrt *f*, (CH) Vortritt *m* (***sur*** vor, ***à droite*** von rechts)

pris(e) [pʀi(z)] **1** → ***prendre*** **2** (*Platz usw.*) besetzt **3** (*Person*) nicht frei, schon verabredet **4** (*Hals*) rau **5** (*Creme*) steif, fest **6** (*Fluss*) zugefroren

prise *f* [pʀiz] **1** Nehmen *n*; *von Medizin*: Einnahme *f* **2** ***une ~ d'otages*** e-e Geiselnahme **3** *e-r Stadt usw.*: Eroberung *f*; ***la ~ de la Bastille*** die Erstürmung der Bastille **4** ***la ~ de position*** die Stellungnahme **5** *von Tieren*: Fang *m*, Beute *f* **6** *beim Judo usw.*: Griff *m* **7** *beim Bergsteigen*: Halt *m*, Griff *m*; ***avoir ~*** Halt haben; ***lâcher ~*** loslassen **8** ▸ ***la prise (de courant)*** die Steckdose **9** *bei Schnupftabak*: Prise *f* (⚠ e-e Prise Salz = ***une pincée de sel***)

▸ **prison** *f* [pʀizõ] **1** Gefängnis *n* **2** Gefängnisstrafe *f*

▸ **prisonn|ier**[1] *m*, **~ière** *f* [pʀizɔnje, -jɛʀ] Gefangene(r) *f*(*m*), Häftling *m*

prisonn|ier[2], **~ière** [pʀizɔnje, -jɛʀ] gefangen, eingesperrt

privations *f Pl* [pʀivasjõ] Entbehrungen *f Pl*

▸ **privé(e)** [pʀive] **1** privat, Privat… **2** ***parler en privé*** privat sprechen **3** ***dans le privé*** im Privatleben, privat

priver [pʀive] **1** ***j'ai été privé de mes droits*** man hat mir meine Rechte entzogen *od.* nicht gegeben **2** ***se ~ de qc*** auf etw verzichten

privilège *m* [pʀivilɛʒ] Privileg *n*, Vorrecht *n*

privilégié(e) [pʀivileʒje] privilegiert

▸ **prix** *m* [pʀi] **1** Preis *m*; ***le ~ d'ami*** der Freundschaftspreis; ***à ~ coûtant*** zum Selbstkostenpreis; ***il m'a fait un ~*** er hat mir e-n guten Preis gemacht **2** ***de ~*** wertvoll, kostbar; ***hors de ~*** unerschwinglich; ***sans ~*** unbezahlbar **3** Wert *m* **4** ***à aucun ~*** um keinen Preis; ***à tout ~*** um jeden Preis **5** *Auszeichnung*: Preis *m*; ***le ~ Nobel*** der Nobelpreis; ⚠ *aber a.*: der Nobelpreisträger, die Nobelpreisträgerin

pro *m,f* [pʀo] *umg.* Profi *m*

probabilité *f* [pʀɔbabilite] Wahrscheinlichkeit *f*

▸ **probable** [pʀɔbabl] wahrscheinlich

▸ **probablement** [pʀɔbabləmɑ̃] wahrscheinlich

probant(e) [pʀɔbɑ̃(t)] überzeugend, stichhaltig

problématique [pʀɔblematik] **1** problematisch **2** (*ungewiss*) fragwürdig, fraglich

▸ **problème** *m* [pʀɔblɛm] **1** Problem *n*, Frage *f* **2** ***à ~s*** problematisch; (*Kind, Haut usw.*) Problem… **3** MATH Textaufgabe *f*

procédé *m* [pʀɔsede] Verfahren *n*, Methode *f*

procéder [pʀɔsede] ⟨**-è-**⟩ **1** ***~ à une étude*** *usw.* e-e Untersuchung *usw.* vornehmen *od.* durchführen **2** (*handeln*) verfahren, vorgehen

procédure *f* [pʀɔsedyʀ] **1** Verfahren *n*,

P

Vorgehen *n* **2** JUR Gerichtsverfahren *n*, Verfahren *n*

▸ **procès** *m* [pʀɔsɛ] JUR Prozess *m*

processus *m* [⚠ pʀɔsesys] Vorgang *m*; *e-r Krankheit usw.*: Prozess *m*, Verlauf *m*

prochain *m* [pʀɔʃɛ̃] Nächste(r) *m*

▸ **prochain(e)** [pʀɔʃɛ̃(-ɛn)] **1** nächste(r, -s); kommende(r, -s) **2** *umg.* ***à la prochaine!*** bis zum nächsten Mal!

prochainement [pʀɔʃɛnmɑ̃] demnächst

▸ **proche** [pʀɔʃ] **1** (↔ *entfernt*) nah **2** ***~ de la gare*** in der Nähe des Bahnhofs

Proche-Orient [pʀɔʃɔʀjɑ̃] ***le ~*** der Nahe Osten

proches *m Pl* [pʀɔʃ] **1** (*Verwandte*) Angehörige *m Pl* **2** Vertraute *m Pl*, (enge) Freunde *m Pl*

proclamer [pʀɔklame] **1** proklamieren, ausrufen (***empereur*** zum Kaiser) **2** erklären, verkünden; beteuern (*Unschuld*)

procuration *f* [pʀɔkyʀasjɔ̃] **1** Vollmacht *f* **2** ***par ~*** durch e-n Stellvertreter

procurer [pʀɔkyʀe] **1** verschaffen, besorgen **2** bereiten (*Vergnügen, Freude usw.*)

prodige *m* [pʀɔdiʒ] **1** Wunder *n* (***de*** an) **2** ***un enfant ~*** ein Wunderkind **3** *Person*: Genie *n*

produc|teur¹ *m*, **~trice** *f* [pʀɔdyktœʀ, -tʀis] Hersteller(in) *m(f)*; *bei Filmen*: Produzent(in) *m(f)*; LANDW Erzeuger(in) *m(f)*

produc|teur², **~trice** [pʀɔdyktœʀ, -tʀis] ***les pays producteurs de pétrole*** die Erdöl produzierenden Länder

product|if, ~ive [pʀɔdyktif, -iv] **1** (*Arbeit usw.*) produktiv **2** (*Boden*) ertragreich **3** *finanziell*: einträglich

▸ **production** *f* [pʀɔdyksjɔ̃] Produktion *f* (*a. von Filmen, Sendungen*); Herstellung *f*

▸ **produire** [pʀɔdɥiʀ] ⟨*wie* ***conduire***⟩ **1** herstellen; produzieren (*a. Film, Sendung*); erzeugen (*Energie usw.*); fördern (*Erdöl*) **2** ***un arbre produit des fruits*** ein Baum trägt Früchte **3** (*verursachen*) bewirken, hervorrufen **4** ***se ~*** (*Dinge*) sich ereignen; (*Änderungen*) eintreten; (*Künstler*) auftreten

▸ **produit** *m* [pʀɔdɥi] **1** (*Erzeugnis*) Produkt *n* **2** (*Gewinn*) Erlös *m*, Ertrag *m* **3** *zum Spülen, gegen Insekten usw.*: Mittel *n* **4** ***le ~ intérieur brut*** das Bruttoinlandsprodukt; ***le ~ national brut*** das Bruttosozialprodukt

▸ **prof** *m,f* [pʀɔf] *umg.* Lehrer(in) *m(f)*

▸ **professeur** *m, a. f* [pʀɔfɛsœʀ] **1** SCHULE Lehrer(in) *m(f)*; ***le ~ des écoles*** der Grundschullehrer **2** UNI Dozent(in) *m(f)*, Professor(in) *m(f)*

▸ **profession** *f* [pʀɔfɛsjɔ̃] **1** Beruf *m* **2** *Gruppe*: Berufsstand *m*

▸ **professionn|el**¹, **~elle** [pʀɔfɛsjɔnɛl] **1** beruflich, Berufs… **2** (*nicht als Amateur*) professionell

professionn|el² *m*, **~elle** *f* [pʀɔfɛsjɔnɛl] **1** Fachmann *m*, Fachfrau *f* **2** SPORT Profi *m*

profil *m* [pʀɔfil] **1** *vom Gesicht*, TECH Profil *n*; ***de ~*** im Profil **2** *von Gebäuden usw.*: Umrisse *m Pl*, Konturen *f Pl*

profit *m* [⚠ pʀɔfi] **1** *finanziell*: Profit *m*, Gewinn *m* **2** *fig.* Nutzen *m*, Vorteil *m*; ***au ~ des enfants*** zugunsten der Kinder; ***mettre à ~*** ausnutzen

profiter [pʀɔfite] **1** ▸ ***profiter de qc*** von etw profitieren; ***profitez-en!*** nutzt es aus! **2** ***~ à qn*** für j-n nützlich sein

▸ **profond(e)** [pʀɔfɔ̃(d)] **1** tief (*a. Stimme, Schlaf usw.*); ***profond de dix mètres*** zehn Meter tief **2** (*Einfluss*) stark; (*Unterschied, Irrtum*) groß; (*Änderung*) tief greifend **3** (*Sinn, Grund*) tiefere(r, -s); (*Absichten*) geheim **4** (*Geist, Gedanken*) tiefsinnig, tiefgründig

profondément [pʀɔfɔ̃demɑ̃] **1** tief **2** (*sehr*) zutiefst; ***aimer ~*** innig lieben; ***~ convaincu*** felsenfest überzeugt; ***~ malheureux*** todunglücklich

▸ **profondeur** *f* [pʀɔfɔ̃dœʀ] **1** Tiefe *f*; ***à mille mètres de ~*** in tausend Meter Tiefe **2** *e-s Gefühls*: Stärke *f*, Tiefe *f*

programmable [pʀɔgʀamabl] programmierbar

programmation *f* [pʀɔgʀamasjɔ̃] **1** RAD, TV, KINO Programmgestaltung *f* **2** IT Programmierung *f*

▸ **programme** *m* [pʀɔgʀam] **1** Programm *n* (*a. als Heft*) **2** SCHULE Lehrplan *m*

programmer [pʀɔgʀame] **1** ins Programm aufnehmen (*Sendung*) **2** programmieren (*PC, Gerät*) **3** *umg.* planen (*Aktion, Ferien usw.*)

▸ **progrès** *m* [pʀɔgʀɛ] **1** Fortschritt *m* **2** *e-r Seuche usw.*: Ausbreitung *f*; *der Kriminalität, Arbeitslosigkeit usw.*:

Zunahme *f*

progresser [pʀɔgʀese] **1** (*Schüler usw.*) Fortschritte machen **2** (*Arbeitslosigkeit usw.*) zunehmen, ansteigen; (*Krankheit*) fortschreiten; (*Seuche*) sich ausbreiten **3** vorankommen; (*Militär*) vorrücken

progress|if, ~ive [pʀɔgʀesif, -iv] fortschreitend; (*Verbesserung usw.*) allmählich (⚠ progressiv *im Sinne von* fortschrittlich = ***progressiste***)

progression *f* [pʀɔgʀɛsjõ] **1** *e-r Krankheit*: Fortschreiten *n*; *der Arbeitslosigkeit*: Zunahme *f*; *der Löhne*: Anstieg *m* **2** *Bewegung*: Vorankommen *n*, Vorrücken *n* **3** MATH Reihe *f*

proie *f* [pʀwa] **1** Beute *f* **2** *fig.* Opfer *n*

▸ **projet** *m* [pʀɔʒɛ] **1** (*Vorhaben*) Plan *m* **2** (*Skizze usw.*) Entwurf *m* **3** Projekt *n*; ***le ~ pilote*** das Pilotprojekt

projeter [pʀɔʒ(ə)te] ⟨***-tt-***⟩ **1** (*vorhaben*) planen **2** OPT, MATH, PSYCH projizieren **3** vorführen (*Film, Dias*) **4** (*werfen*) schleudern

prolétaire *m,f* [pʀɔletɛʀ] Proletarier(in) *m(f)*

prolongation *f* [pʀɔlõgasjõ] Verlängerung *f* (*bes.* SPORT)

prolonger [pʀɔlõʒe] ⟨***-ge-***⟩ verlängern

▸ **promenade** *f* [pʀɔm(ə)nad] **1** Spaziergang *m* **2** *im Auto usw.*: Spazierfahrt *f*

promener [pʀɔm(ə)ne] ⟨***-è-***⟩ **1** ▸ (***aller***) ***se promener*** spazieren gehen; *im Auto usw.*: spazieren fahren **2** ***~ qn*** mit j-m spazieren gehen *bzw.* fahren

promen|eur *m*, **~euse** *f* [pʀɔm(ə)nœʀ, -øz] Spaziergänger(in) *m(f)*

▸ **promesse** *f* [pʀɔmɛs] Versprechen *n*, Zusage *f*

promett|eur, ~euse [pʀɔmɛtœʀ, -øz] vielversprechend, verheißungsvoll

▸ **promettre** [pʀɔmɛtʀ] ⟨*wie* ***mettre***⟩ **1** versprechen **2** ***je me promets de le faire*** ich nehme mir fest vor, es zu tun **3** *umg.* ***ça promet!*** das fängt ja gut an!

promis(e) [pʀɔmi(z)] **1** → ***promettre*** **2** bestimmt, berufen (***à*** zu)

promotion *f* [pʀɔmosjõ] **1** *im Beruf*: Beförderung *f* **2** (*Waren*) ***en ~*** im Sonderangebot **3** *e-r „grande école“*: Jahrgang *m* (⚠ Promotion = ***doctorat*** *m*)

pronom *m* [pʀɔnõ] Pronomen *n*, Fürwort *n*; ***le ~ interrogatif*** das Fragepronomen; ***le ~ personnel*** das Personalpronomen; ***le ~ réfléchi*** das Reflexivpronomen

▸ **prononcer** [pʀɔnõse] ⟨***-ç-***⟩ **1** aussprechen (*Wort*) **2** halten (*Rede*) **3** ***se ~*** (*Mensch*) sich äußern

prononciation *f* [pʀɔnõsjasjõ] **1** *e-s Worts*: Aussprache *f* **2** *e-s Urteils*: Verkündung *f*

pronostic *m* [pʀɔnɔstik] Prognose *f*, Voraussage *f*

propagande *f* [pʀɔpagɑ̃d] Propaganda *f*

propager [pʀɔpaʒe] ⟨***-ge-***⟩ **1** verbreiten (*Mode, Nachricht usw.*) **2** ***se ~*** (*Nachricht*) sich verbreiten; (*Feuer*) sich ausbreiten; (*Gattung*) sich vermehren

propice [pʀɔpis] günstig (***à*** für)

proportion *f* [pʀɔpɔʀsjõ] Proportion *f*, Verhältnis *n*; ***les ~s*** die Größenverhältnisse; *fig. von Ereignissen usw.*: die Ausmaße

proportionn|el, ~elle [pʀɔpɔʀsjɔnɛl] proportional (***à*** zu), entsprechend

propos *m* [pʀɔpo] **1** ***des ~*** Worte *n Pl*, Äußerungen *f Pl* **2** (*Vorsatz*) Absicht *f* **3** ***arriver à ~*** gerade richtig kommen **4** ***à ~ de ton père*** was deinen Vater betrifft **5** *am Satzanfang*: ▸ ***à propos*** übrigens, was ich noch sagen wollte

▸ **proposer** [pʀɔpoze] **1** vorschlagen (*Lösung, Kandidat usw.*) **2** anbieten (*Hilfe, Waren usw.*) **3** ***se ~ de faire qc*** sich vornehmen, etw zu tun **4** ***il s'est proposé comme guide*** er hat sich als Führer angeboten

▸ **proposition** *f* [pʀɔpozisjõ] **1** Vorschlag *m* **2** ***une ~ de loi*** ein Gesetzentwurf **3** Angebot *n* **4** GR Satz *m*; ***la ~ principale*** der Hauptsatz; ***la ~ subordonnée*** der Nebensatz

▸ **propre**[1] [pʀɔpʀ] **1** sauber, rein **2** (*ehrlich*) anständig

▸ **propre**[2] [pʀɔpʀ] **1** eigen; ***je l'ai vu de mes ~s yeux*** das habe ich mit eigenen Augen gesehen **2** ***le nom ~*** der Eigenname **3** ***au sens ~*** im eigentlichen Sinn **4** ***de l'eau ~ à la consommation*** zum Trinken geeignetes Wasser

propre[3] *m* [pʀɔpʀ] ***mettre au ~*** ins Reine schreiben

propre[4] *m* [pʀɔpʀ] **1** ***posséder qc en ~*** etw besitzen **2** (*Besonderheit*) Eigenart *f*

proprement [pʀɔpʀəmɑ̃] **1** ordentlich **2**

P

~ (*dit*) eigentlich; ***à ~ parler*** genau genommen

propreté *f* [pʀɔpʀəte] Sauberkeit *f*

▸ **propriétaire** *m,f* [pʀɔpʀijetɛʀ] Eigentümer(in) *m(f)*, Besitzer(in) *m(f)*

▸ **propriété** *f* [pʀɔpʀijete] **1** JUR Eigentum *n* **2** *Haus usw.*: Besitz *m*, Grundbesitz *m* **3** PHYS, CHEM Eigenschaft *f*

prospectus *m* [⚠ pʀɔspɛktys] Prospekt *m*

prostituée *f* [pʀɔstitɥe] Prostituierte *f*

prostitution *f* [pʀɔstitysjõ] Prostitution *f*

protecteur[1] *m* [pʀɔtɛktœʀ] **1** Beschützer *m* **2** KUNST Förderer *m*, Gönner *m*

protec|teur[2], **~trice** [pʀɔtɛktœʀ, -tʀis] **1** Schutz..., schützend **2** (*Miene, Ton*) gönnerhaft

protection *f* [pʀɔtɛksjõ] **1** Schutz *m*; ***la ~ des données*** der Datenschutz; ***la ~ de l'environnement*** der Umweltschutz **2** (*Förderung e-r Person*) Protektion *f*

protectrice *f* [pʀɔtɛktʀis] **1** Beschützerin *f* **2** KUNST Förderin *f*, Gönnerin *f*

▸ **protéger** [pʀɔteʒe] ⟨***-ge-, -è-***⟩ **1** beschützen (*Person*) **2** schützen (*Dinge, Freiheit usw.*)

▸ **protestant(e)**[1] [pʀɔtɛstɑ̃(t)] protestantisch, evangelisch

protestant(e)[2] *m(f)* [pʀɔtɛstɑ̃(t)] Protestant(in) *m(f)*

protestation *f* [pʀɔtɛstasjõ] **1** Protest *m* **2** *seiner Gefühle usw.*: Beteuerung *f*

▸ **protester** [pʀɔtɛste] protestieren

prototype *m* [pʀɔtɔtip] Prototyp *m*

▸ **prouver** [pʀuve] beweisen

provenance *f* [pʀɔv(ə)nɑ̃s] **1** Herkunft *f* **2** ***le train en ~ de Paris, Rennes*** *usw.* der Zug aus Paris, Rennes *usw.*

provençal(e) [pʀɔvɑ̃sal] ⟨*m Pl* ***-aux***⟩ provenzalisch

Provence *f* [pʀɔvɑ̃s] Provence *f* (*Region in Südfrankreich*)

provenir [pʀɔv(ə)niʀ] ⟨*wie* ***venir***⟩ (*stammen*) kommen (***de*** von, aus)

proverbe *m* [pʀɔvɛʀb] Sprichwort *n*

▸ **province** *f* [pʀɔvɛ̃s] Provinz *f*

provincial(e)[1] [pʀɔvɛ̃sjal] ⟨*m Pl* ***-aux***⟩ Provinz..., provinziell

provincial(e)[2] *m(f)* [pʀɔvɛ̃sjal] ⟨*m Pl* ***-aux***⟩ Provinzbewohner(in) *m(f)*

▸ **proviseur** *m* [pʀɔvizœʀ] Schulleiter(in) *m(f)*, Direktor(in) *m(f)*

provision *f* [pʀɔvizjõ] **1** Vorrat *m* (***de*** an) **2** ***faire ses ~s*** Einkäufe machen **3** ***sans ~*** (*Scheck*) ungedeckt (⚠ Provision = ***commission*** *f*)

provisoire [pʀɔvizwaʀ] provisorisch

provocant(e) [pʀɔvɔkɑ̃(t)] provozierend, herausfordernd

provocateur *m* [pʀɔvɔkatœʀ] Provokateur *m*

provocation *f* [pʀɔvɔkasjõ] **1** (*Herausforderung*) Provokation *f* **2** *zu Verbrechen, Ungehorsam usw.*: Anstiftung *f* (***à*** zu)

▸ **provoquer** [pʀɔvɔke] **1** (*hervorrufen*) auslösen, verursachen **2** (*herausfordern*) provozieren **3** *zu Verbrechen*: anstiften

proximité *f* [pʀɔksimite] Nähe *f*

prudemment [⚠ pʀydamɑ̃] vorsichtig

prudence *f* [pʀydɑ̃s] Vorsicht *f*, Umsicht *f*

▸ **prudent(e)** [pʀydɑ̃(t)] **1** vorsichtig **2** (*vernünftig*) klug

▸ **prune** *f* [pʀyn] **1** Pflaume *f* **2** *umg.* ***pour des ~s*** vergeblich

pruneau *m* [pʀyno] ⟨*Pl* ***~x***⟩ **1** Backpflaume *f* **2** *in der Schweiz*: Zwetschge *f*

prunier *m* [pʀynje] Pflaumenbaum *m*

PS *m* [peɛs] (*Abk. für* Parti socialiste) Sozialistische Partei

P-S [peɛs] (*Abk. für* post-scriptum) PS

pseudonyme *m* [psødɔnim] Pseudonym *n*, Deckname *m*

psy *m,f* [psi] *umg.* Therapeut(in) *m(f)*

psychiatre *m,f* [⚠ psikjatʀ] Psychiater(in) *m(f)*

psychique [psiʃik] psychisch, seelisch

psychologie *f* [⚠ psikɔlɔʒi] **1** Psychologie *f* **2** *fig.* Menschenkenntnis *f*

psychologique [⚠ psikɔlɔʒik] **1** psychologisch **2** (*seelisch*) psychisch

psychologue *m,f* [⚠ psikɔlɔg] Psychologe *m*, -login *f*

pu [py] → ***pouvoir***[1]

pub *f* [pyb] *umg.* Werbung *f*

puberté *f* [pybɛʀte] Pubertät *f*

▸ **publ|ic**[1], **~ique** [pyblik] **1** öffentlich **2** staatlich

▸ **public**[2] *m* [pyblik] **1** (*alle Leute*) Öffentlichkeit *f*, Allgemeinheit *f*; ***en ~*** öffentlich **2** (*Zuhörer, Zuschauer*) Publikum *n*

publication *f* [pyblikasjõ] **1** *von Büchern*: Veröffentlichung *f* **2** *von Ergebnissen*: Bekanntgabe *f*

P

publicitaire [pyblisitɛʀ] Werbe…
▸ **publicité** *f* [pyblisite] Werbung *f*, Reklame *f*
▸ **publier** [pyblije] veröffentlichen
puce *f* [pys] **1** Floh *m* **2** ***aller aux ~s*** zum Flohmarkt gehen **3** IT Chip *m* **4** *fig.* ***cela nous a mis la ~ à l'oreille*** das hat uns hellhörig gemacht
puceron *m* [pys(ə)ʀõ] Blattlaus *f*
pudeur *f* [pydœʀ] **1** Schamgefühl *n*, Schamhaftigkeit *f* **2** (*Feingefühl*) Anstand *m*, Takt *m*
pudique [pydik] **1** schamhaft, Ⓐ gschamig **2** (*Worte, Anspielung*) diskret
puer [pɥe] stinken; ***elle pue l'alcool*** sie stinkt nach Alkohol
puéril(e) [pɥeʀil] kindisch
▸ **puis**[1] [pɥi] **1** dann, danach **2** ***et ~*** und außerdem **3** *umg.* ***et ~ après?*** na und?
puis[2] [pɥi] → ***pouvoir***[1]
puiser [pɥize] schöpfen (***à*** *od.* ***dans*** aus)
▸ **puisque** [pɥisk(ə)] (⚠ *vor Vokal u. stummem* h ***puisqu'***) **1** (*weil*) da (ja) **2** ***puisque je te le dis!*** wenn ich es dir doch sage!
puissance *f* [pɥisɑ̃s] **1** POL *usw.* Macht *f*; ***les grandes ~s*** die Großmächte **2** Stärke *f*, Kraft *f* **3** PHYS Leistung *f* **4** MATH Potenz *f*; ***deux ~ cinq*** zwei hoch fünf
▸ **puissant(e)** [pɥisɑ̃(t)] **1** (*Staat, Mensch*) mächtig **2** (*Mensch, Motor, Medikament usw.*) stark; (*Muskeln, Stimme*) kräftig
puits *m* [pɥi] **1** Brunnen *m* **2** *in e-r Zeche*: Schacht *m*; *für Erdöl*: Bohrloch *n*
▸ **pull** *m* [pyl] Pulli *m*
▸ **pull-over** *m* [⚠ pylɔvɛʀ] ⟨*Pl* ***pull-overs***⟩ Pullover *m*
pulpe *f* [pylp] Fruchtfleisch *n*
punaise[1] *f* [pynɛz] ZO Wanze *f*
punaise[2] *f* [pynɛz] Reißzwecke *f*, Heftzwecke *f*
punch *m* [⚠ pœnʃ] **1** *beim Boxen*: Schlag *m* **2** (*Energie*) Schwung *m*
▸ **punir** [pyniʀ] bestrafen (***de*** für)
punition *f* [pynisjõ] **1** Strafe *f* (***de*** für) **2** SCHULE Strafarbeit *f*
punk[1] *m,f* [⚠ pœ̃k] *od.* [⚠ pœnk] Punker(in) *m(f)*
punk[2] [⚠ pœ̃k] *od.* [⚠ pœnk] Punk…
pupitre *m* [pypitʀ] **1** Pult *n* **2** ***le ~*** (***à musique***) der Notenständer
▸ **pur(e)** [pyʀ] rein (*a. fig.*); (*Gold*) *a.* pur; (*Luft, Wasser*) *a.* sauber; (*Himmel, Profil*) klar
purée *f* [pyʀe] (⚠ la purée) Püree *n*, Brei *m*
purement [pyʀmɑ̃] **1** rein **2** ***~ et simplement*** schlicht und einfach
pureté *f* [pyʀte] Reinheit *f*; *von Wasser, Luft a.*: Sauberkeit *f*; *des Himmels*: Klarheit *f*
purgatoire *m* [pyʀgatwaʀ] Fegefeuer *n*
purger [pyʀʒe] ⟨***-ge-***⟩ **1** entleeren, entlüften (*Leitung*) **2** verbüßen (*Strafe*)
purifier [pyʀifje] reinigen
purin *m* [pyʀɛ̃] Jauche *f*, Gülle *f*
pur-sang *m* [pyʀsɑ̃] ⟨*unv.*⟩ Vollblutpferd *n*
purulent(e) [pyʀylɑ̃(t)] eitrig
pus *m* [py] Eiter *m*
put [py] → ***pouvoir***[1]
putain *f* [pytɛ̃] **1** *vulg.* Nutte *f* **2** *umg.* ***~!*** verdammt!, verflucht!
pute *f* [pyt] *vulg.* Nutte *f* (⚠ Pute = ***dinde*** *f*)
puzzle *m* [⚠ pœz(œ)l] Puzzle *n*
▸ **pyjama** *m* [piʒama] Schlafanzug *m*
pyramide *f* [piʀamid] Pyramide *f*
Pyrénées *f Pl* [piʀene] Pyrenäen *Pl*
pyrex® *m* [piʀɛks] feuerfestes Glas

Q

QCM *m* [kyseɛm] (*Abk. für* questionnaire à choix multiple) Multiplechoice-Test *m*
QI *m* [kyi] (*Abk. für* quotient intellectuel) I.Q. *m* (Intelligenzquotient)
qu' [k] → ***que***
quadragénaire *m,f* [⚠ k(w)adʀaʒenɛʀ] Vierzigjährige(r) *f(m)*
quadruplé(e)s *m(f) Pl* [⚠ k(w)adʀyple] Vierlinge *m Pl*
▸ **quai** *m* [ke] **1** Bahnsteig *m* **2** *am Hafen*: Kai *m*, Anlegestelle *f* **3** *in Paris*:

les ~s de la Seine die Seine-Ufer
qualificat|if[1], **~ive** [kalifikatif, -iv] ***un adjectif qualificatif*** ein Adjektiv
qualificatif[2] *m* [kalifikatif] Bezeichnung *f*
qualification *f* [kalifikasjõ] Qualifikation *f*
▸ **qualifié(e)** [kalifje] **1** qualifiziert, geeignet **2** ***un ouvrier qualifié*** ein Facharbeiter
qualifier [kalifje] **1** nennen, bezeichnen **2** *für, als etw*: befähigen, qualifizieren **3** ***se ~*** sich qualifizieren (*a.* SPORT)
▸ **qualité** *f* [kalite] **1** Eigenschaft *f* **2** (*Beschaffenheit*) Qualität *f* (*a. von Waren*)
▸ **quand** [kɑ̃], *vor Vokal* [kɑ̃t] **1** *in Fragen*: wann; ***~ est-ce que vous aurez fini?*** wann seid ihr fertig?; ***depuis ~?*** seit wann? **2** als; ***~ il est venu*** als er kam **3** wenn, immer wenn; ***~ j'y pense*** wenn ich daran denke **4** ▸ ***quand même*** trotzdem
quant à [kɑ̃ta] ***~ moi, mon frère*** *usw.* was mich, meinen Bruder *usw.* angeht *od.* betrifft; ***quant au travail*** was die Arbeit angeht, in puncto Arbeit
▸ **quantité** *f* [kɑ̃tite] **1** Menge *f*; ***des livres en ~*** unzählige Bücher **2** MATH Größe *f*
quarantaine *f* [karɑ̃tɛn] **1** ***une ~ (de personnes)*** ungefähr vierzig (Personen) **2** ***il a la ~*** er ist um die vierzig **3** MED Quarantäne *f*
quarante [karɑ̃t] vierzig
▸ **quart** *m* [kar] **1** Viertel *n*; ***les trois ~s*** drei Viertel **2** SPORT ***les ~s de finale*** das Viertelfinale **3** ***les trois ~s du temps*** die meiste Zeit **4** ▸ ***un quart d'heure*** e-e Viertelstunde; ***trois ~s d'heure*** e-e Dreiviertelstunde
▸ **quartier** *m* [kartje] **1** (*Stadtteil*) Viertel *n* **2** (*Teil*) Stück *n*; *vom Apfel usw.*: Viertel *n* **3** MIL ***le ~ général*** das Stabsquartier (⚠ Quartier *als Unterkunft* = ***logement*** *m*) **4** ***le Quartier latin*** *berühmtes altes Studentenviertel im Zentrum von Paris*
quasi [⚠ kazi] **1** fast, beinahe **2** *mit Bindestrich vor Subst.*: ***la ~-totalité des Français*** fast alle Franzosen; ***à la ~-unanimité*** fast einstimmig
quasiment [kazimɑ̃] *umg.* **1** (*fast*) beinahe **2** (*sozusagen*) quasi

quatorze[1] [katɔrz] **1** vierzehn **2** ***le ~ juillet*** der vierzehnte Juli, am vierzehnten Juli
quatorze[2] *m* [katɔrz] (⚠ le quatorze) Vierzehn *f*
quatre[1] [katr] **1** vier **2** ***le ~ janvier*** der vierte Januar, am vierten Januar **3** ***à ~*** zu viert
quatre[2] *m* [katr] (⚠ le quatre) Vier *f*
quatre-quarts *m* [kat(rə)kar] ⟨*unv.*⟩ Rührkuchen *m*, Sandkuchen *m*
quatre-quatre *m od. f* [kat(rə)katr] ⟨*unv.*⟩ (⚠ *man schreibt a.*: **4 x 4**) Wagen *m* mit Vierradantrieb, Geländewagen *m*
quatre-vingt [katrəvɛ̃] achtzig (⚠ *Pl*: quatre-vingts, *aber wenn danach noch e-e Zahl steht*: quatre-vingt: ***quatre-vingts ans***, *aber* ***quatre-vingt mille***)
quatre-vingt-dix neunzig (⚠ [katrəvɛ̃dis] *alleinstehend*, [katrəvɛ̃diz] *vor Vokal u. stummem* h, [katrəvɛ̃di] *vor Konsonant*)
quatre-vingt-un(e) [katrəvɛ̃œ̃(-yn)] (*m a. oft* [katrəvɛ̃ɛ̃]) einundachtzig
quatrième[1] [katrijɛm] vierte(r, -s)
quatrième[2] *f* [katrijɛm] SCHULE ≈ achte Klasse
▸ **que** [kə] (⚠ *vor Vokal u. stummem* h *steht* ***qu'***) **1** *in Fragen*: was; ***~ s'est-il passé?*** was ist passiert?; ***qu'en pensez-vous?*** was haltet ihr davon?; ***qu'y a-t-il?*** was gibt es? **2** → ***qu'est-ce que, qu'est-ce qui*** **3** *in Relativsätzen*: ***un professeur ~ je ne connais pas*** ein Lehrer, den ich nicht kenne; ***une fleur ~ j'ai cueillie*** e-e Blume, die ich gepflückt habe; ***le livre qu'il a lu*** das Buch, das er gelesen hat; ***les abricots qu'elle a mangés*** die Aprikosen, die sie gegessen hat; ***tout ce ~ j'ai vu*** alles, was ich gesehen habe **4** *in Ausrufen*: wie; ***~ c'est beau!*** wie schön (das ist)! **5** *als Konjunktion*: ***je crois qu'elle viendra*** ich glaube, dass sie kommt **6** *in Vergleichen*: ***aussi grand ~ son frère*** so groß wie sein Bruder; ***plus grand ~ sa sœur*** größer als seine Schwester **7** ▸ ***ne … que*** nur; *zeitlich*: erst
Québec [kebɛk] **1** *Stadt*: Quebec *n* (⚠ *ohne Artikel*) **2** ***le ~*** *Provinz*: Quebec *n*
▸ **quel, quelle** [kɛl] **1** welche(r, -s), was für ein(e); ***quels pays?*** welche Länder?, was für Länder?; ***quelle chance!***

Le Québec mit der Hauptstadt **Québec** ist eine Provinz im Osten Kanadas, in der seit 1977 Französisch die offizielle Amtssprache ist. Im übrigen Kanada wird Englisch gesprochen.
Das in Quebec gesprochene Französisch, **le québécois**, unterscheidet sich in der Aussprache und im Vokabular manchmal so deutlich vom Standardfranzösischen, dass mitunter sogar die Franzosen Probleme haben, die Einwohner Quebecs, **les Québécois**, zu verstehen. Deshalb werden im französischen Fernsehen Beiträge aus Quebec manchmal mit Untertiteln versehen.
Einige Beispiele zum Wortschatz:

québécois	Standardfranzösisch	Übersetzung
laveuse	**lave-linge**	Waschmaschine
avant-midi	**matinée**	Vormittag
magasiner	**faire des courses**	einkaufen gehen
faire du pouce	**faire de l'auto-stop**	trampen

Weitere Informationen zu Quebec unter www.bonjourquebec.com.

was für ein Glück! **2** ***quel âge a-t-il?*** wie alt ist er?; ***quelle heure est-il?*** wie spät ist es?

▸ **quelconque** [kɛlkõk] **1** irgendein(e); ***pour une raison ~*** aus irgendeinem Grund **2** mittelmäßig, durchschnittlich

quelque [kɛlk(ə)] **1** einige(r, -s) **2** ▸ ***quelques*** einige, ein paar

▸ **quelque chose** [kɛlkəʃoz] **1** etwas; ***~ de beau, de nouveau*** *usw.* etwas Schönes, Neues *usw.* **2** ***c'est déjà ~*** das ist immerhin etwas; ***c'est ~!*** das ist ja allerhand! **3** ***un petit ~*** e-e Kleinigkeit

▸ **quelquefois** [kɛlkəfwa] manchmal

▸ **quelque part** [kɛlkəpaʀ] **1** *Ort*: irgendwo **2** *Richtung*: irgendwohin

▸ **quelques-uns, quelques-unes** [kɛlkəzœ̃, kɛlkəzyn] (*m a. oft* [kɛlkəzɛ̃]) einige, manche

▸ **quelqu'un** [kɛlkœ̃], *a. oft* [kɛlkɛ̃] jemand, irgendjemand; ***~ d'autre*** jemand anders

quémander [kemɑ̃de] betteln (***qc*** um etw)

qu'en-dira-t-on *m* [kɑ̃diʀatõ] ⟨*unv.*⟩ Gerede *n* (der Leute)

quenelle *f* [kənɛl] Klößchen *n*, Ⓐ Nockerl *n*

querelle *f* [kəʀɛl] Streit *m*; ***chercher ~ à qn*** mit j-m Streit suchen

se quereller [səkəʀɛle] sich streiten

▸ **qu'est-ce que** [kɛskə] (⚠ *vor Vokal u. stummem* h: ***qu'est-ce qu'***) was; ***~ c'est?*** was ist das?; ***qu'est-ce qu'il veut?*** was will er?

▸ **qu'est-ce qui** [kɛski] was; ***~ se passe ici?*** was ist hier los?

▸ **question** *f* [kɛstjõ] **1** Frage *f* **2** (*Angelegenheit*) Problem *n*, Frage *f* **3** ***le livre en ~*** das Buch, um das es geht; ***remettre en ~*** infrage stellen **4** ***il est ~ de …*** es handelt sich um …, es ist die Rede von … **5** *umg.* ***~ salaire*** in puncto Gehalt **6** ***c'est hors de ~*** das kommt nicht in Frage; *umg.* ***pas ~!*** kommt nicht in Frage!

questionnaire *m* [kɛstjɔnɛʀ] Fragebogen *m*

questionner [kɛstjɔne] befragen, ausfragen

quête *f* [kɛt] **1** Geldsammlung *f*, *in der Kirche*: Kollekte *f* **2** Suche *f*; ***se mettre en ~*** sich auf die Suche machen (***de*** nach)

quêter [kɛte] sammeln (***pour*** für)

quetsche *f* [kwɛtʃ] Zwetsche *f*, Zwetschge *f*

▸ **queue** *f* [kø] **1** Schwanz *m* **2** *bei e-r Pfanne, Blume usw.*: Stiel *m*; *bei Kometen*: Schweif *m*; *bei Noten*: Hals *m* **3** (*hinterer Teil*) Ende *n*; ***à la ~*** *od.* ***en ~*** hinten, am Ende **4** (*lange Reihe*)

Q

Schlange *f*; ***faire la ~*** Schlange stehen **5** Billardstock *m*, Queue *n* **6** AUTO ***faire une ~ de poisson à qn*** j-n schneiden **7** *fig.* ***cela n'a ni ~ ni tête*** das hat weder Hand noch Fuß

▸ **qui** [ki] **1** *in Fragen*: ***~ est-ce?*** wer ist das?; ***~ sait?*** wer weiß?; ***~ cherches-tu?*** wen suchst du?; ***à ~ penses-tu?*** an wen denkst du?; ***de ~ parlez-vous?*** von wem sprecht ihr?; ***dis-moi ce ~ te plaît*** sag mir, was dir gefällt **2** ***~ est-ce ~*** (*umg.* ***~ c'est ~***) ***a fait cela?*** wer hat das gemacht? **3** → ***qu'est-ce qui*** **4** *in Relativsätzen*: ***l'homme ~ vient d'entrer*** der Mann, der gerade hereingekommen ist; ***une femme ~ s'appelle Anne*** e-e Frau, die Anne heißt; ***une voiture ~ consomme peu*** ein Auto, das wenig verbraucht; ***les pommes ~ sont sur la table*** die Äpfel, die auf dem Tisch sind; ***l'homme à ~ je parle*** der Mann, mit dem ich spreche **5** ***~ que tu sois*** egal, wer du bist, wer du auch sein magst

quiche *f* [kiʃ] ***une ~ (lorraine)*** *flacher herzhafter Kuchen mit Speck, Sahne u. Eiern*

quiconque [kikõk] **1** irgendjemand **2** jeder, der …

quille *f* [kij] Kegel *m*; ***ils jouent aux ~s*** sie kegeln

quincaillerie *f* [kɛ̃kɑjʀi] **1** Haushalts- und Eisenwarengeschäft *n* **2** *umg.* (*billiger, protziger Schmuck*) Klunker *m Pl*

quinquagénaire *m,f* [kɛ̃kaʒenɛʀ] Fünfzigjährige(r) *f(m)*

quinquennat *m* [kɛ̃kena] fünfjährige Amtszeit (*des frz. Präsidenten*)

quinte *f* [kɛ̃t] **1** ***la ~ (de toux)*** der Hustenanfall **2** MUS Quinte *f*

quintuple [kɛ̃typl] fünffach

quinzaine *f* [kɛ̃zɛn] **1** ***une ~ (de choses)*** ungefähr fünfzehn (Dinge) **2** zwei Wochen, vierzehn Tage; ***la première ~ de mai*** die erste Maihälfte

quinze[1] [kɛ̃z] **1** fünfzehn **2** ***le ~ mai*** der fünfzehnte Mai, am fünfzehnten Mai **3** ▸ ***quinze jours*** vierzehn Tage, zwei Wochen; ***demain en ~*** morgen in vierzehn Tagen

quinze[2] *m* [kɛ̃z] (⚠ le quinze) Fünfzehn *f*

quiproquo *m* [⚠ kipʀɔko] Verwechslung *f*

quittance *f* [kitɑ̃s] Quittung *f*, Beleg *m*

quitte *f* [kit] **1** ***je suis ~ envers lui*** ich bin mit ihm quitt **2** ***il en a été ~ pour la peur*** er ist mit dem Schrecken davongekommen **3** ***~ à être puni*** (auch) auf die Gefahr hin, bestraft zu werden

▸ **quitter** [kite] **1** verlassen (*Menschen, Orte*) **2** aufgeben (*Tätigkeit*) **3** TEL ***ne quittez pas!*** bleiben Sie am Apparat! **4** ***se ~*** sich trennen, auseinandergehen (⚠ *e-e Rechnung usw.* quittieren = ***acquitter***)

qui-vive *m* [kiviv] ***sur le ~*** auf der Hut, in Alarmbereitschaft

▸ **quoi** [kwa] **1** was; ***~ faire?*** was tun?; ***~ de neuf?*** was gibt's Neues? **2** *mit Präp.*: ***tu penses à ~?*** woran denkst du?; ***après ~ elle est partie*** worauf sie ging; ***de ~ parles-tu?*** wovon redest du?; ***de ~ s'agit-il?*** worum geht es?; ***je ne sais pas par ~ commencer*** ich weiß nicht, womit ich anfangen soll **3** ***à ~ bon?*** wozu? **4** ***sans ~*** sonst, andernfalls **5** *umg.* (*also*) eben, halt; *umg.* ***c'est pas facile, ~*** das ist halt nicht einfach **6** ***il n'a plus de ~ vivre*** er hat nicht mehr genug zum Leben **7** ***il n'y a pas de ~*** nichts zu danken, gern geschehen **8** ***~ qu'il arrive*** egal, was passiert; ***~ qu'il en soit*** wie dem auch sei

quoique [kwak(ə)] (⚠ *vor* il, elle, un, une *u.* on *steht* ***quoiqu'***) obwohl; ***quoiqu'il soit jeune*** obwohl er jung ist

quota *m* [k(w)ɔta] Quote *f*

quote-part *f* [kɔtpaʀ] ⟨*Pl* ***quotes-parts***⟩ Anteil *m*

quotid|ien[1], **~ienne** [kɔtidjɛ̃, -jɛn] täglich

quotidien[2] *m* [kɔtidjɛ̃] **1** Tageszeitung *f*; ***le ~ du soir*** die Abendzeitung **2** ***au ~*** im Alltag

quotidiennement [kɔtidjɛnmɑ̃] täglich

quotient *m* [⚠ kɔsjɑ̃] Quotient *m*

Q

R

rab *m* [rab] *umg. beim Essen*: Nachschlag *m*
rabâcher [rabɑʃe] **1** immer dasselbe reden **2** immer wieder erzählen, wiederkäuen
rabais *m* [rabɛ] Rabatt *m*
rabaisser [rabɛse] herabsetzen (*Preis, Verdienst usw.*)
rabat *m* [raba] Klappe *f*, Lasche *f* (⚠ Rabatt = ***rabais*** *m*)
rabat-joie *m* [rabaʒwa] ⟨*unv.*⟩ Spielverderber(in) *m(f)*
rabattre [rabatʀ] ⟨*wie* ***battre***⟩ **1** herunterklappen (*Sitz usw.*); umschlagen (*Kragen*); zurückschlagen (*Decke*) **2** *vom Preis*: ***~ dix euros*** zehn Euro nachlassen **3** ***en ~*** zurückstecken, Abstriche machen **4** ***se ~ sur qc*** sich mit etw begnügen **5** (*Fahrzeug*) ***se ~*** (plötzlich) aus- *bzw.* einscheren
rabot *m* [rabo] Hobel *m*
raboter [rabɔte] abhobeln, glatt hobeln
rabougri(e) [rabugʀi] **1** (*Pflanze*) verkümmert **2** (*Mensch*) verhutzelt
rabrouer [rabʀue] anfahren, anherrschen
racaille *f* [rakaj] Pack *n*, Gesindel *n*
raccommoder [rakɔmɔde] **1** flicken, ausbessern **2** *umg.* ***se ~*** sich wieder vertragen
raccompagner [rakõpaɲe] **1** zurückbringen **2** nach Hause bringen
raccord *m* [rakɔʀ] **1** ***il fait un ~ de peinture*** er bessert die Farbe aus **2** TECH Verbindungsstück *n*, Anschlussstück *n* **3** FILM Übergang *m*
raccorder [rakɔʀde] **1** verbinden **2** *an e-e Leitung*: anschließen
raccourci *m* [rakuʀsi] Abkürzung *f*
raccourcir [rakuʀsiʀ] **1** kürzer werden **2** kürzer machen, kürzen (*Text, Kleid*); abkürzen, verkürzen (*Zeitraum*)
▸ **raccrocher** [rakʀɔʃe] **1** wieder aufhängen **2** TEL auflegen, einhängen **3** ***se ~*** sich klammern (***à*** an)
▸ **race** *f* [ras] **1** Rasse *f*; ***un chien de ~*** ein reinrassiger Hund **2** *bei Menschen*: Schlag *m*, Menschenschlag *m*
racheter [raʃte] ⟨***-è-***⟩ **1** *noch einmal*: zurückkaufen, wiederkaufen; ***il lui a racheté sa montre*** er hat ihm seine Uhr wieder abgekauft **2** *mehr*: nachkaufen **3** ***~ un crime*** ein Verbrechen sühnen; ***~ une faute*** e-n Fehler wieder gutmachen **4** ***se ~*** sein Ansehen wieder herstellen
racial(e) [rasjal] ⟨*m Pl* ***-aux***⟩ Rassen…; ***les émeutes*** *f Pl* ***raciales*** die Rassenunruhen
▸ **racine** *f* [rasin] Wurzel *f*; ***prendre ~*** Wurzeln schlagen
▸ **racisme** *m* [rasism] Rassismus *m*
raciste[1] [rasist] rassistisch
raciste[2] *m,f* [rasist] Rassist(in) *m(f)*
racket *m* [⚠ rakɛt] *bes. von Schutzgeldern*: Erpressung *f*
racketter [rakɛte] erpressen (*bes. Schutzgelder*)
raclée *f* [rɑkle] *umg.* **1** Tracht *f* Prügel **2** *fig.* Niederlage *f*; ***il a pris une ~*** das war e-e Schlappe für ihn
racler [rɑkle] **1** abschaben, abkratzen **2** ***se ~ la gorge*** sich räuspern
racoler [rakɔle] werben, anwerben
racontars *m Pl* [rakõtaʀ] Tratsch *m*, Klatsch *m*
▸ **raconter** [rakõte] erzählen
radar *m* [radaʀ] Radaranlage *f*, Radargerät *n*
rade *f* [rad] **1** SCHIFF Reede *f* **2** *umg.* ***laisser en ~*** im Stich lassen (*Person*); liegen lassen (*Projekt*)
radeau *m* [rado] ⟨*Pl* ***~x***⟩ **1** Floß *n* **2** ***le ~ de sauvetage*** die Rettungsinsel
radiateur *m* [radjatœʀ] **1** Heizkörper *m* **2** AUTO Kühler *m*
radiation *f* [radjasjõ] **1** PHYS Strahlung *f* **2** *von e-r Liste*: Streichung *f*
radical *m* [radikal] ⟨*Pl* ***-aux***⟩ **1** GR Stamm *m* **2** MATH Wurzelzeichen *n* **3** CHEM Radikal *n*
radical(e) [radikal] ⟨*m Pl* ***-aux***⟩ radikal, grundlegend (⚠ *politisch* radikal = ***extrémiste***)
radier [radje] streichen
radi|eux, ~euse [radjø, -øz] strahlend; ***elle était radieuse*** sie strahlte
radin(e)[1] [radɛ̃(-in)] *umg.* knauserig
radin(e)[2] *m(f)* [radɛ̃(-in)] *umg.* Geizhals *m*, Geizkragen *m*
▸ **radio**[1] *f* [radjo] (⚠ la radio) **1** *Gerät*: Radio *n* **2** *System*: Rundfunk *m*, Radio

n; ***à la ~*** im Radio **3** *Station*: Sender *m*; ***une ~ libre*** ein Privatsender; ***une ~ pirate*** ein Piratensender **4** Funk *m*; ***par ~*** über Funk

radio² *f* [ʀadjo] Röntgenaufnahme *f*, Röntgenbild *n*; ***on lui a fait une ~ de la main*** ihm wurde die Hand geröntgt

radio³ *m* [ʀadjo] Funker(in) *m(f)*

radioact|if, ~ive [ʀadjoaktif, -iv] radioaktiv

radioactivité *f* [ʀadjoaktivite] Radioaktivität *f*

radiocassette *f* [ʀadjokasɛt] Radiorekorder *m*

radiographie *f* [ʀadjɔgʀafi] **1** Röntgenuntersuchung *f* **2** Röntgenbild *n*

radiographier [ʀadjɔgʀafje] röntgen

radioguidage *m* [ʀadjogidaʒ] **1** RAD Verkehrsfunk *m* **2** FLUG, SCHIFF *usw.* Funksteuerung *f*

radiologique [ʀadjɔlɔʒik] Röntgen…

radiophonique [ʀadjɔfɔnik] Rundfunk…; ***une pièce ~*** ein Hörspiel

radio-réveil *m* [ʀadjoʀevɛj] ⟨*Pl* ***radios-réveils***⟩ Radiowecker *m*

radio-taxi *m* [ʀadjotaksi] ⟨*Pl* ***radio-taxis***⟩ Funktaxi *n*

radiotéléphone *m* [ʀadjotelefɔn] Funktelefon *n*

radis *m* [ʀadi] Radieschen *n*; ***le ~ noir*** der (schwarze) Rettich

radoter [ʀadɔte] faseln, schwafeln

se radoucir [səʀadusiʀ] **1** (*Wetter*) milder *od.* besser werden **2** (*Person*) sanfter werden **3** (*Stimme*, *Ton*) weicher werden

rafale *f* [ʀafal] **1** Bö *f*, Windstoß *m* **2** ***la ~ de neige*** das Schneegestöber **3** *aus Gewehren*: Salve *f*

raffermir [ʀafɛʀmiʀ] **1** straffen, festigen (*Muskeln*) **2** stärken (*Autorität usw.*)

raffiné(e) [ʀafine] **1** (*Zucker*, *Öl*) raffiniert **2** (*erlesen*) fein, geschmackvoll **3** (*ausgeklügelt*) raffiniert

raffinement *m* [ʀafinmɑ̃] Raffinesse *f*

raffoler [ʀafɔle] ***elle raffole de chocolat*** sie schwärmt für Schokolade

raffut *m* [ʀafy] *umg.* Krach *m*, Radau *m*

rafistoler [ʀafistɔle] *umg.* zusammenflicken, zusammenschustern

rafle *f* [ʀafl] Razzia *f*

rafler [ʀafle] *umg.* **1** an sich raffen **2** (*Dieb*) klauen, mitgehen lassen **3** einheimsen (*Preise*)

rafraîchir [ʀafʀɛʃiʀ] **1** kühlen (*Getränke usw.*); abkühlen (*Luft*) **2** erfrischen (*Menschen*); ***je me suis rafraîchi*** ich habe mich erfrischt **3** auffrischen (*Farbe*, *Gedächtnis*) **4** ***le temps s'est rafraîchi*** es hat sich abgekühlt, es ist kühler geworden

rafraîchissant(e) [ʀafʀɛʃisɑ̃(t)] erfrischend

rafraîchissement *m* [ʀafʀɛʃismɑ̃] **1** Abkühlung *f* **2** Erfrischung *f* (*a. Getränk*)

ragaillardir [ʀagajaʀdiʀ] aufmuntern

rage *f* [ʀaʒ] **1** MED Tollwut *f* **2** (*Zorn*) Wut *f* **3** ***faire ~*** (*Feuer*, *Sturm*) wüten; (*Schlacht*) toben **4** ***j'ai une ~ de dents*** ich habe starke Zahnschmerzen

rageant(e) [ʀaʒɑ̃(t)] *umg.* ***c'est rageant*** ich könnte mich schwarzärgern

rager [ʀaʒe] ⟨***-ge-***⟩ *umg.* toben, wütend sein; ***ça m'a fait ~*** das brachte mich auf die Palme

ragots *m Pl* [ʀago] *umg.* Klatsch *m*, Tratsch *m*

ragoût *m* [ʀagu] Ragout *n*

ragoûtant(e) [ʀagutɑ̃(t)] appetitlich

raï *m* [ʀai] Rai *m* (*Musik aus Algerien, Marokko u. Tunesien*)

raide [ʀɛd] **1** steif **2** (*Haar*) glatt **3** (*Treppe*, *Abhang*) steil **4** *umg.* (*unglaublich*) stark; (*gewagt*) scharf, heiß; ***c'est un peu ~!*** das ist (ja) ein starkes Stück! **5** ~ (***mort***) mausetot **6** *umg.* ***je suis ~*** ich bin völlig pleite

raideur *f* [ʀɛdœʀ] **1** *körperlich, im Verhalten*: Steifheit *f* **2** *geistig*: Starrheit *f*, Unnachgiebigkeit *f*

raidir [ʀɛdiʀ] spannen, anspannen

raie *f* [ʀɛ] **1** *Muster*: Streifen *m* **2** *im Haar*: Scheitel *m*

raifort *m* [ʀɛfɔʀ] Meerrettich *m*, Ⓐ Kren *m*

rail *m* [⚠ ʀɑj] **1** Schiene *f* **2** ***le ~*** *a.* die Eisenbahn **3** *fig.* ***mettre sur les ~s*** in Gang *od.* Schwung bringen

railler [ʀɑje] verspotten

raillerie *f* [ʀɑjʀi] Spott *m*

raill|eur, ~euse [ʀɑjœʀ, -øz] spöttisch

▸ **raisin** *m* [ʀɛzɛ̃] **1** Traube *f*, Weintraube *f* **2** ***des ~s secs*** Rosinen *f Pl*; ***des ~s de Corinthe*** Korinthen *f Pl*

▸ **raison** *f* [ʀɛzɔ̃] **1** (*Einsicht*) Vernunft *f*; ***entendre ~*** Vernunft annehmen **2** (*Intellekt*) Verstand *m* **3** (*Ursache*)

Grund *m*; ***pour cette ~*** aus diesem Grund; ***pour ~ de santé*** aus Gesundheitsgründen; ***en ~ de ...*** wegen ..., auf Grund von ... **4** ▸ ***avoir raison*** recht haben; ***il m'a donné ~*** er hat mir recht gegeben **5** ***la ~ d'être*** die Daseinsberechtigung **6** ***il s'est fait une ~*** er hat sich damit abgefunden

▸ **raisonnable** [ʀɛzɔnabl] vernünftig

raisonné(e) [ʀɛzɔne] (gut) durchdacht, überlegt

raisonnement *m* [ʀɛzɔnmɑ̃] **1** (*Gedankengang*) Überlegung *f* **2** (*Beweisführung*) Argumentation *f* **3** *Fähigkeit*: Urteilsvermögen *n*

raisonner [ʀɛzɔne] **1** (logisch) denken, Überlegungen anstellen, argumentieren **2** ***~ avec qn*** mit j-m diskutieren **3** zur Vernunft bringen (*Person*) **4** ***se ~*** Vernunft annehmen

rajeunir [ʀaʒœniʀ] **1** jünger machen; ***je l'ai rajeunie de dix ans*** ich habe sie zehn Jahre jünger geschätzt **2** jünger werden; ***elle a rajeuni de dix ans*** sie sieht zehn Jahre jünger aus **3** (*überarbeiten*) erneuern

rajouter [ʀaʒute] **1** hinzufügen **2** *umg.* ***tu en rajoutes!*** du übertreibst (doch)!

rajuster [ʀaʒyste] **1** zurechtrücken (*Brille, Kleidung*) **2** anpassen, angleichen (*Löhne usw.*)

râle *m* [ʀɑl] Röcheln *n*

ralenti *m* [ʀalɑ̃ti] **1** *beim Motor*: Leerlauf *m* **2** FILM Zeitlupe *f*

▸ **ralentir** [ʀalɑ̃tiʀ] **1** langsamer werden, langsamer fahren **2** verlangsamen (*Bewegung*) **3** ***se ~*** langsamer werden

ralentissement *m* [ʀalɑ̃tismɑ̃] **1** Verlangsamung *f* **2** *im Verkehr*: ***des ~s*** zähflüssiger Verkehr

R

râler [ʀɑle] **1** (*Kranker, Erstickender usw.*) röcheln **2** *umg.* meckern, motzen

râl|eur *m*, **~euse** *f* [ʀɑlœʀ, -øz] *umg.* Meckerfritze *m*, Meckerziege *f*

rallier [ʀalje] **1** um sich versammeln *od.* scharen **2** ***il a rallié tous les suffrages*** er hat alle Stimmen auf sich vereinigt **3** ***se ~ à qn*** sich j-m anschließen

rallonge *f* [ʀalɔ̃ʒ] **1** *am Tisch*: Ausziehplatte *f* **2** *Kabel*: Verlängerungsschnur *f* **3** *finanziell*: Aufstockung *f*, Zuschuss *m*

rallonger [ʀalɔ̃ʒe] ⟨**-ge-**⟩ **1** länger machen (*Rock usw.*); verlängern, ausziehen (*Tisch*) **2** (*Tage*) länger werden

rallumer [ʀalyme] **1** wieder anzünden (*Feuer, Zigarette*) **2** wieder einschalten *od.* anmachen (*Licht, Radio, Fernseher*) **3** ***se ~*** wieder aufflackern

rallye *m* [ʀali] (⚠ le rallye) Rallye *f*

ramassage *m* [ʀamasaʒ] **1** Sammeln *n*, Einsammeln *n* **2** ***le ~ des ordures ménagères*** die Müllabfuhr **3** ***le car de ~ scolaire*** der Schulbus

▸ **ramasser** [ʀamase] **1** einsammeln, sammeln (*Pilze, Muscheln usw.*) **2** *vom Boden*: aufheben **3** auflesen (*Menschen, Tiere*) **4** kriegen (*Ohrfeige, Anzeige usw.*); sich holen (*Schnupfen usw.*) **5** ***le chat se ramasse*** die Katze rollt sich zusammen

rambarde *f* [ʀɑ̃baʀd] Geländer *n*; SCHIFF Reling *f*

rame[1] *f* [ʀam] *beim Boot*: Ruder *n*

rame[2] *f* [ʀam] *bes. bei der Metro*: Zug *m*

rameau *m* [ʀamo] ⟨*Pl* **~x**⟩ **1** Zweig *m* **2** ***les Rameaux*** der Palmsonntag

▸ **ramener** [ʀamne] ⟨**-è-**⟩ **1** wieder mitbringen, zurückbringen, wiederbringen **2** ***~ à la raison*** zur Vernunft bringen **3** ***se ~ à ...*** auf ... hinauslaufen **4** *umg.* ***il s'est ramené chez nous*** er ist wieder bei uns aufgekreuzt

ramer [ʀame] **1** rudern **2** *umg.* (*sich anstrengen*) sich abstrampeln

ram|eur *m*, **~euse** *f* [ʀamœʀ, -øz] Ruderer *m*, Ruderin *f*

se ramifier [səʀamifje] sich verzweigen

ramolli(e) [ʀamɔli] **1** aufgeweicht **2** *umg.* trottelig, vertrottelt

ramollir [ʀamɔliʀ] **1** weich machen, aufweichen **2** ***se ~*** weich werden, aufweichen

ramoneur *m* [ʀamɔnœʀ] Schornsteinfeger *m*, Kaminkehrer *m*

rampe *f* [ʀɑ̃p] **1** *für Fahrzeuge*: Rampe *f*; ***la ~ d'accès*** die Auffahrt **2** *an der Treppe*: Geländer *n* **3** THEAT Rampe *f*

ramper [ʀɑ̃pe] kriechen

rancard *m* [ʀɑ̃kaʀ] *umg.* Verabredung *f*, Treffen *n*

rancarder [ʀɑ̃kaʀde] *umg.* sich mit ... treffen *od.* verabreden

rancart *m* [ʀɑ̃kaʀ] *umg.* ***mettre au ~*** ausrangieren (*Dinge*)

rance [ʀɑ̃s] ranzig

rancir [ʀɑ̃siʀ] ranzig werden

rancœur *f* [ʀɑ̃kœʀ] Groll *m*, Verbitterung *f*

rançon *f* [Rɑ̃sɔ̃] **1** Lösegeld *n* **2** ***la ~ de la gloire, du progrès*** *usw.* der Preis des Ruhms, Fortschritts *usw.*

rançonner [Rɑ̃sɔne] erpressen

rancune *f* [Rɑ̃kyn] Groll *m*; ***sans ~!*** Schwamm drüber!; ***elle lui en garde ~*** das trägt sie ihm nach

rancun|ier, ~ière [Rɑ̃kynje, -jɛR] nachtragend

▸ **randonnée** *f* [Rɑ̃dɔne] Tour *f*, Wanderung *f*

randonn|eur *m*, **~euse** *f* [Rɑ̃dɔnœR, -øz] Wanderer *m*, Wanderin *f*

▸ **rang** *m* [Rɑ̃] **1** (*Linie*) Reihe *f*; ***se mettre en ~ par deux*** sich zu zweit aufstellen **2** (*Platz*) Stelle *f*; ***être au premier ~*** an erster Stelle stehen **3** (*Stufe*) Rang *m*, Stellung *f* **4** ***se mettre sur les ~s*** sich bewerben **5** ***par ~ d'âge, de taille*** *usw.* dem Alter, der Größe *usw.* nach

▸ **rangé(e)** [Rɑ̃ʒe] solide, anständig, ordentlich

rangée *f* [Rɑ̃ʒe] Reihe *f*

rangement *m* [Rɑ̃ʒmɑ̃] Aufräumen *n*; ***faire du ~*** Ordnung schaffen

▸ **ranger** [Rɑ̃ʒe] 〈***-ge-***〉 **1** aufräumen (*Zimmer, Dinge*) **2** ordnen (*Bücher, Papiere usw.*) **3** einordnen; ***c'est à ~ parmi …*** das gehört zu … **4** ***les élèves se sont rangés (par deux)*** die Schüler haben sich (zu zweit) aufgestellt **5** ***se ~*** zur Seite gehen *bzw.* fahren

ranimer [Ranime] **1** wieder beleben (*Menschen*) **2** neu entfachen (*Flamme, Gefühl*)

rap *m* [⚠ Rap] MUS Rap *m*

rapace[1] *m* [Rapas] Raubvogel *m*

rapace[2] [Rapas] habgierig, raffgierig

rapatrié(e) *m(f)* [RapatRije] Umsiedler(in) *m(f)*, Heimkehrer(in) *m(f)*

râpe *f* [Rɑp] **1** GASTR Reibe *f*, Raspel *f* **2** TECH Feile *f*, Raspel *f*

râpé(e) [Rɑpe] **1** (*Möhren, Käse usw.*) gerieben, geraspelt **2** (*Stoff*) abgewetzt

râper [Rɑpe] reiben, raspeln

rapetisser [Raptise] **1** kleiner machen **2** kleiner werden

râp|eux, ~euse [Rɑpø, -øz] rau

raphia *m* [Rafja] Bast *m*

▸ **rapide** [Rapid] schnell

rapidité *f* [Rapidite] Schnelligkeit *f*

rapiécer [Rapjese] 〈***-ç-, -è-***〉 flicken

rappel *m* [Rapɛl] **1** Erinnerung *f* **2** *zu etw Bestimmtem*: Aufruf *m*, Ermahnung *f* **3** (*Zahlungsaufforderung*) Mahnung *f* **4** *auf Verkehrsschildern*: Erinnerung *f* (*an ein vorhergehendes Verkehrszeichen*)

▸ **rappeler** [Raple] 〈***-ll-***〉 **1** ***~ qc à qn*** j-n an etw erinnern; ***cela me rappelle notre maison*** das erinnert mich an unser Haus; ***rappelle-moi ton nom*** sag mir noch mal deinen Namen **2** ▸ ***se rappeler qc*** sich an etw erinnern **3** (*wieder kommen lassen*) zurückrufen **4** TEL zurückrufen

rapper [Rape] rappen

rapp|eur *m*, **~euse** *f* [RapœR, -øz] Rapper(in) *m(f)*

rapport *m* [RapɔR] **1** *zwischen Dingen*: Zusammenhang *m*, Beziehung *f*; ***ça n'a aucun ~!*** das hat nichts damit zu tun!; ***le ~ qualité-prix*** das Preis-Leistungs-Verhältnis **2** *zwischen Personen*: ***les ~s*** das Verhältnis, die Beziehungen; ***les ~s (sexuels)*** der Geschlechtsverkehr **3** *e-s Geschehens*: Bericht *m* **4** ***je me suis mis en ~ avec elle*** ich habe mich mit ihr in Verbindung gesetzt **5** ***par ~ à …*** im Verhältnis zu …; ***sous tous les ~s*** in jeder Hinsicht **6** *finanziell*: Einnahmen *f Pl*, Ertrag *m*

rapporter [RapɔRte] **1** mitbringen **2** *zurück*: wiederbringen **3** *von e-m Ereignis usw.*: berichten **4** SCHULE *usw.* petzen **5** *finanziell*: einträglich sein; ***ça rapporte gros*** das bringt viel ein **6** ***se ~ à …*** sich auf … beziehen **7** ***je m'en rapporte à toi*** ich verlasse mich auf dich

rapport|eur *m*, **~euse** *f* [RapɔRtœR, -øz] **1** Berichterstatter(in) *m(f)* **2** SCHULE *usw.* Petze *f*

rapproché(e) [RapRɔʃe] **1** *räumlich*: nah beieinanderliegend **2** *zeitlich*: kurz aufeinanderfolgend

rapprocher [RapRɔʃe] **1** *räumlich*: ***~ qc*** etw (näher) heranrücken; ***~ deux choses*** zwei Dinge zusammenrücken **2** *zeitlich*: näherbringen; ***chaque jour nous rapproche des vacances*** die Ferien rücken jeden Tag näher **3** (einander) näherbringen (*Personen*) **4** *zum Vergleich*: nebeneinander stellen **5** ***se ~*** näher kommen (***de*** an), sich nähern

rapt *m* [Rapt] Entführung *f*

▸ **raquette** *f* [Rakɛt] **1** TENNIS *usw.* Schläger *m* **2** Schneeschuh *m* (⚠ Rakete = ***roquette** f*)

▸ **rare** [ʀɑʀ] **1** selten **2** (*ungewöhnlich*) außergewöhnlich **3** (*spärlich*) knapp

▸ **rarement** [ʀɑʀmɑ̃] selten

rareté *f* [ʀɑʀte] **1** Seltenheit *f* **2** *Gegenstand*: Rarität *f* (⚠ rarеté)

rarissime [ʀɑʀisim] äußerst selten

ras(e) [ʀɑ(z)] **1** (*Haar, Gras*) kurz (geschnitten) **2** (*Löffel, Maß usw.*) gestrichen voll; ***plein à ras bord*** randvoll **3** ***en rase campagne*** auf freiem Feld **4** ***au ras du sol*** dicht über dem Boden **5** *umg.* ***j'en ai ras le bol*** ich hab die Nase voll

rasage *m* [ʀɑzaʒ] Rasur *f*

rasant(e) [ʀɑzɑ̃(t)] *umg.* langweilig, öde (⚠ *nicht* rasant!)

raser [ʀɑze] **1** rasieren; ▸ ***se raser*** sich rasieren **2** abrasieren (*Bart usw.*) **3** abreißen (*Gebäude*) **4** *~* ***le mur*** *usw.* (ganz) dicht an der Wand *usw.* vorbeifahren, -fliegen, -laufen; ***la balle a rasé le filet*** der Ball flog ganz dicht über das Netz **5** *umg.* langweilen, anöden

ras|eur *m*, **~euse** *f* [ʀɑzœʀ, -øz] *umg.* **1** Nervensäge *f* **2** Langweiler(in) *m(f)*

ras-le-bol *m* [ʀɑl(ə)bɔl] *umg.* Unzufriedenheit *f*; ***~!*** mir reicht's!

▸ **rasoir** *m* [ʀɑzwaʀ] Rasierapparat *m*

rassasié(e) [ʀasazje] satt

rassasier [ʀasazje] **1** satt machen, sättigen **2** stillen (*Neugier, Verlangen*)

rassembler [ʀasɑ̃ble] **1** ▸ ***se rassembler*** sich versammeln **2** versammeln, um sich scharen (*Menschen*) **3** zusammenstellen, zusammentragen (*Dinge*) **4** *~* ***son courage*** seinen Mut zusammennehmen; *~* ***ses esprits*** sich sammeln

se rasseoir [səʀaswaʀ] ⟨*wie **s'asseoir***⟩ sich wieder hinsetzen

rassis(e) [ʀasi(z)] (*Brot*) alt

rassurant(e) [ʀasyʀɑ̃(t)] beruhigend

▸ **rassurer** [ʀasyʀe] **1** beruhigen **2** ***se ~*** sich beruhigen; ***rassure-toi!*** sei unbesorgt!

▸ **rat** *m* [ʀa] **1** Ratte *f* **2** *fig.* ***il est fait comme un ~*** er sitzt in der Falle

ratatiner [ʀatatine] **1** zerquetschen **2** ***se ~*** zusammenschrumpfen; (*Apfel*) verschrumpeln

rate *f* [ʀat] Milz *f*

raté[1] *m* [ʀate] *Mensch*: Versager *m*

raté[2] *m* [ʀate] *beim Motor*: Fehlzündung *f*

râteau *m* [ʀɑto] ⟨*Pl* ***~x***⟩ Rechen *m*, Harke *f*

ratée *f* [ʀate] *Mensch*: Versagerin *f*

râtelier *m* [ʀɑtəlje] **1** Ständer *m*, Gestell *n* **2** *für Futter*: Raufe *f* **3** *umg.* Gebiss *n*

▸ **rater** [ʀate] **1** (*misslingen*) nicht klappen, schiefgehen **2** *~* ***le but*** das Ziel verfehlen; ***raté!*** daneben! **3** *~* ***un train, une occasion, un ami*** e-n Zug, e-e Gelegenheit, e-n Freund verpassen **4** (*verpatzen*) verhauen, versieben (*Klausur*); ***j'ai raté mon examen*** ich bin durch die Prüfung gefallen; ***la photo, la sauce est ratée*** das Foto, die Soße ist nichts geworden **5** *umg.* ***il n'en rate pas une*** er benimmt sich immer daneben **6** *umg.* ***ça n'a pas raté!*** das musste ja so kommen!

ration *f* [ʀasjõ] Ration *f*

rationn|el, ~elle [ʀasjɔnɛl] (⚠ ratio<u>nn</u>el) **1** (*vernunftgemäß*) rational **2** (*zweckmäßig*) rationell

rationner [ʀasjɔne] (⚠ ratio<u>nn</u>er) rationieren

ratisser [ʀatise] **1** *im Garten usw.*: harken, rechen **2** (*durchsuchen*) durchkämmen **3** *umg.* *~* ***large*** tüchtig absahnen

raton laveur *m* [ʀatõlavœʀ] Waschbär *m*

RATP *f* [ɛʀatepe] (*Abk. für* <u>R</u>égie <u>a</u>utonome des <u>t</u>ransports <u>p</u>arisiens) *die Pariser Verkehrsbetriebe*

rattacher [ʀataʃe] **1** wieder festbinden (*Bänder, Tier*) **2** POL anschließen, angliedern **3** *fig.* in Zusammenhang bringen (***à*** mit) **4** ***se ~ à qc*** mit etw zusammenhängen

rattrapage *m* [ʀatʀapaʒ] **1** ***les cours*** *m Pl* ***de ~*** der Nachhilfeunterricht **2** ***la session de ~*** die Nachprüfung

▸ **rattraper** [ʀatʀape] **1** wieder einfangen **2** (*festhalten*) auffangen **3** (wieder) einholen (*Person, Auto usw.*) **4** (wieder) aufholen (*Verspätung, Rückstand*); nachholen (*Versäumtes*) **5** *~* ***une erreur*** e-n Fehler wieder gutmachen **6** ***se ~ à …*** sich an … festhalten **7** ***se ~*** *bei Verspätungen*: (wieder) aufholen; *bei Fehlern*: es wieder gutmachen

rature *f* [ʀatyʀ] Streichung *f*

raturer [ʀatyʀe] streichen, durchstreichen

rauque [ʀok] rau, heiser

ravager [ʀavaʒe] ⟨**-ge-**⟩ **1** *teilweise*: verwüsten **2** *völlig*: vernichten, zerstören
ravages *m Pl* [ʀavaʒ] Verwüstung *f*
ravaler [ʀavale] **1** neu verputzen (*Gebäude*) **2** hinunterschlucken (*Spucke, Zorn, Tränen*) **3** (*herabsetzen*) erniedrigen
rave[1] *f* [ʀav] Rübe *f*
rave[2] *f* [⚠ ʀɛv] Rave *m*, Raveparty *f*
rav|eur *m*, **~euse** *f* [ʀɛvœʀ, -øz] Raver(in) *m(f)*
ravi(e) [ʀavi] entzückt, begeistert
ravin *m* [ʀavɛ̃] Schlucht *f*, (CH) Tobel *m od. n*
ravir [ʀaviʀ] begeistern, entzücken
se raviser [səʀavize] seine Meinung ändern
ravissant(e) [ʀavisɑ̃(t)] entzückend, hinreißend
raviss|eur *m*, **~euse** *f* [ʀavisœʀ, -øz] Entführer(in) *m(f)*
ravitaillement *m* [ʀavitajmɑ̃] **1** Versorgung *f* (**en** mit); Nachschub *m* (**en** an, von) **2** *mit Lebensmitteln*: Verpflegung *f*
ravitailler [ʀavitaje] **1** versorgen (**en** mit) **2** auftanken (*Flugzeug*)
raviver [ʀavive] **1** anfachen (*Feuer*) **2** auffrischen (*Farbe*) **3** wieder aufleben lassen (*Erinnerung, Gefühl*)
ravoir [ʀavwaʀ] wiederbekommen
rayé(e) [ʀɛje] **1** (*Muster*) gestreift **2** (*Möbel usw.*) verkratzt, zerkratzt
rayer [ʀɛje] ⟨**-ay-** *od.* **-ai-**⟩ **1** verkratzen, zerkratzen **2** streichen, durchstreichen (*Geschriebenes*)
▸ **rayon** *m* [ʀɛjõ] **1** *von Licht, Sonne usw.*: Strahl *m*; ***les ~s X*** die Röntgenstrahlen **2** *am Rad*: Speiche *f* **3** *von e-m Kreis*: Radius *m* **4** *in e-m Regal o. ä.*: Fach *n*, Brett *n* **5** *in e-m Warenhaus*: Abteilung *f* **6** *von Bienen*: Wabe *f* **7** ***dans un ~ de dix kilomètres*** in e-m Umkreis von zehn Kilometern
rayonnage *m* [ʀɛjɔnaʒ] Regal *n*
rayonnant(e) [ʀɛjɔnɑ̃(t)] strahlend
rayonnement *m* [ʀɛjɔnmɑ̃] **1** *von Wärme usw.*: Strahlung *f* **2** (*Wirkung*) Einfluss *m* **3** *e-r Person*: Ausstrahlung *f*
rayonner [ʀɛjɔne] **1** strahlen **2** (*Hitze, Schmerz usw.*) ausstrahlen **3** ***plusieurs rues rayonnent de ce point*** von diesem Punkt gehen mehrere Straßen strahlenförmig aus **4** (*Einfluss haben*) verbreitet sein, sich auswirken
rayure *f* [ʀɛjyʀ] **1** *Muster*: Streifen *m*; ***à ~s*** gestreift **2** (*Kratzer*) Schramme *f*
ré *m* [ʀe] MUS D, d *n*
réac [ʀeak] *umg.* **1** *bes.* POL reaktionär **2** altmodisch
▸ **réaction** *f* [ʀeaksjõ] Reaktion *f*
réactionnaire [ʀeaksjɔnɛʀ] (⚠ réactio<u>nn</u>aire) POL reaktionär
réadapter [ʀeadapte] wieder gewöhnen
réagir [ʀeaʒiʀ] **1** reagieren (***à*** auf) **2** ***~ contre qc*** sich gegen etw wehren **3** ***~ sur qc*** sich auf etw auswirken
réalisateur *m* [ʀealizatœʀ] Regisseur *m*
réalisation *f* [ʀealizasjõ] **1** *e-s Plans, e-r Idee usw.*: Verwirklichung *f*, Realisierung *f* **2** (*Werk*) Leistung *f* **3** FILM *usw.* Regie *f*
réalisatrice *f* [ʀealizatʀis] Regisseurin *f*
réaliser [ʀealize] **1** realisieren, verwirklichen **2** ***~ un bénéfice, le meilleur temps*** e-n Gewinn, die Bestzeit erzielen **3** ***~ un achat, une vente*** e-n Kauf, Verkauf tätigen **4** ***~ un film*** bei e-m Film Regie führen; ***~ un scénario*** ein Drehbuch verfilmen **5** (*begreifen*) erkennen **6** ***il veut se ~*** er will sich selbst verwirklichen
réalisme *m* [ʀealism] Realismus *m*
réaliste[1] [ʀealist] realistisch
réaliste[2] *m,f* [ʀealist] Realist(in) *m(f)*
▸ **réalité** *f* [ʀealite] Wirklichkeit *f*, Realität *f*
réanimer [ʀeanime] wieder beleben
réapparaître [ʀeapaʀɛtʀ] ⟨*wie* ***connaître***; *mit* ***être*** *od.* ***avoir***⟩ wieder erscheinen *od.* auftauchen
rébarbat|if, **~ive** [ʀebaʀbatif, -iv] unfreundlich, abweisend
rebelle[1] [ʀəbɛl] **1** rebellisch **2** (*Kind, Haar*) widerspenstig **3** (*Fieber usw.*) hartnäckig
rebelle[2] *m,f* [ʀəbɛl] Rebell(in) *m(f)*
se rebeller [səʀəbɛle] (⚠ *immer mit* se) rebellieren, sich auflehnen
rébellion *f* [ʀebɛljõ] Rebellion *f*, Aufstand *m*
se rebiffer [səʀəbife] *umg.* aufmucken
rebond *m* [ʀ(ə)bõ] Aufprall *m*
rebondi(e) [ʀ(ə)bõdi] prall, rund; ***des joues** f Pl **rebondies*** Pausbacken
rebondir [ʀ(ə)bõdiʀ] **1** (*Ball*) abprallen, zurückprallen, hochspringen **2**

R

(*Skandal*) wieder aufgerollt werden
rebondissement *m* [r(ə)bõdismɑ̃] neue Entwicklung
rebord *m* [r(ə)bɔr] **1** Rand *m*, Kante *f* **2** ***le ~ de la fenêtre*** die Fensterbank
rebours [r(ə)bur] **1** ***à ~*** verkehrt herum; (*Fell*) gegen den Strich **2** ***le compte à ~*** der Countdown
rebrousser [r(ə)bruse] **1** gegen den Strich streichen **2** ***~ chemin*** umkehren
rebut *m* [rəby] Abfall *m*
rebutant(e) [r(ə)bytɑ̃(t)] widerlich, eklig, abstoßend
rebuter [r(ə)byte] abstoßen, abschrecken
récalcitrant(e) [rekalsitrɑ̃(t)] widerspenstig, störrisch
recaler [r(ə)kale] *umg.* durchfallen lassen; ***il s'est fait ~*** er ist durchgefallen
récapituler [rekapityle] zusammenfassen
recel *m* [rəsɛl] Hehlerei *f*
receler [r(ə)səle] ⟨**-è-**⟩ **1** enthalten, bergen (*Schätze, Fossilien*) **2** *als Dieb*: verstecken; *als Hehler*: hehlen
receleur *m*, **~euse** *f* [rəs(ə)lœr, -øz] Hehler(in) *m(f)*
▸ **récemment** [⚠ resamɑ̃] kürzlich, vor kurzem
recensement *m* [r(ə)sɑ̃smɑ̃] Zählung *f*, Erfassung *f*; ***le ~ (de la population)*** die Volkszählung
recenser [r(ə)sɑ̃se] zählen, erfassen
▸ **récent(e)** [resɑ̃(t)] neu, kürzlich erfolgt
récépissé *m* [resepise] Empfangsbescheinigung *f*, Quittung *f*
récepteur *m* [resɛptœr] **1** (*Radio, Fernseher*) Empfangsgerät *n*, Empfänger *m* **2** ***le ~ (téléphonique)*** der Telefonhörer
▸ **réception** *f* [resɛpsjõ] **1** Empfang *m* (*a. Rundfunkempfang usw.*); ***accuser (la) ~ d'une lettre*** den Empfang e-s Briefs bestätigen **2** *im Hotel*: Rezeption *f* **3** *in e-n Verein usw.*: Aufnahme *f* **4** (*Fest*) Empfang *m*
▸ **recette** *f* [r(ə)sɛt] **1** Einnahme *f*, Erlös *m*; ***le film a fait ~*** der Film war ein Kassenschlager **2** GASTR, *a. fig.* Rezept *n* (⚠ Rezept *vom Arzt* = ***ordonnance*** *f*)
▸ **recevoir** [rəs(ə)vwar] ⟨*prés.*: ***je reçois, il reçoit, nous recevons, ils reçoivent***; *imparf.*: ***je recevais***; *p/s*: ***je reçus***; *fut.*: ***je recevrai***; *subj.*: ***je reçoive, nous recevions***; *p/pr*: ***recevant***; *p/p*: ***reçu***⟩ **1** (*erhalten*) bekommen **2** einladen (*Gäste*); empfangen (*Besucher*); ***elle aime ~*** sie hat gern Gäste **3** ***elle a été reçue à l'examen*** sie hat die Prüfung bestanden **4** RAD *usw.* empfangen
rechange *m* [r(ə)ʃɑ̃ʒ] ***... de ~*** Reserve..., Ersatz...; ***la pièce de ~*** das Ersatzteil
recharge *f* [r(ə)ʃarʒ] Nachfüllung *f*
recharger [r(ə)ʃarʒe] ⟨**-ge-**⟩ **1** wieder beladen (*Auto usw.*) **2** aufladen (*Batterie*) **3** wieder laden (*Gewehr*)
réchaud *m* [reʃo] Kocher *m*
réchauffement *m* [reʃofmɑ̃] Erwärmung *f*; ***le ~ de la planète*** die Erderwärmung
réchauffer [reʃofe] aufwärmen
rêche [rɛʃ] (*Stoff, Haut usw.*) rau
recherche *f* [r(ə)ʃɛrʃ] **1** Suche *f*; ***à la ~ de ...*** auf der Suche nach ... **2** ***les ~s*** die Nachforschungen, die Ermittlungen; *bei der Polizei*: die Fahndung **3** *in der Wissenschaft*: Forschung *f* **4** Geschmack *m*, Eleganz *f*
recherché(e) [r(ə)ʃɛrʃe] **1** (*begehrt*) gefragt, gesucht **2** (*fein*) ausgesucht, gewählt
rechercher [r(ə)ʃɛrʃe] **1** suchen **2** *polizeilich*: ***~ l'assassin*** nach dem Mörder fahnden **3** erforschen (*Ursache*)
rechute *f* [r(ə)ʃyt] Rückfall *m*
rechuter [r(ə)ʃyte] e-n Rückfall haben
récif *m* [resif] Riff *n*
récipient *m* [resipjɑ̃] Behälter *m*, Gefäß *n*
réciproque [resiprɔk] gegenseitig
réciproquement [resiprɔkmɑ̃] gegenseitig; ***et ~*** und umgekehrt
récit *m* [resi] Bericht *m*, Erzählung *f*
récital *m* [resital] Konzert *n*, Vorstellung *f*
récitation *f* [resitasjõ] **1** Text *m* zum Auswendiglernen **2** *von Gedichten usw.*: Aufsagen *n*
réciter [resite] aufsagen, vortragen
réclamation *f* [reklamasjõ] Reklamation *f*, Beschwerde *f*
réclame *f* [reklam] ***en ~*** im Sonderangebot (⚠ die Reklame *als* Werbung *ist meist* ***la publicité***)
réclamer [reklame] verlangen, fordern (⚠ reklamieren *im Geschäft* = ***faire une réclamation***)

R

réclusion *f* [ʀeklyzjõ] ***la ~ (criminelle)*** die Freiheitsstrafe
reçois [ʀ(ə)swa] → ***recevoir***
▸ **récolte** *f* [ʀekɔlt] Ernte *f*
récolter [ʀekɔlte] ernten
recommandable [ʀ(ə)kɔmɑ̃dabl] empfehlenswert
recommandation *f* [ʀ(ə)kɔmɑ̃dasjõ] **1** Empfehlung *f* **2** *der Eltern usw.*: Ermahnung *f*
recommandé(e) [ʀ(ə)kɔmɑ̃de] **1** (*Brief*) eingeschrieben; ***une lettre recommandée*** ein Einschreiben **2** *umg.* ***ce n'est pas très recommandé*** das ist nicht sehr ratsam
▸ **recommander** [ʀ(ə)kɔmɑ̃de] **1** empfehlen **2** ***se ~ de qn*** sich auf j-n berufen
▸ **recommencer** [ʀ(ə)kɔmɑ̃se] ⟨**-ç-**⟩ wieder anfangen, noch einmal von vorn anfangen
▸ **récompense** *f* [ʀekõpɑ̃s] Belohnung *f*
récompenser [ʀekõpɑ̃se] belohnen
réconciliation *f* [ʀekõsiljasjõ] Versöhnung *f*
réconcilier [ʀekõsilje] (wieder) versöhnen
réconfort *m* [ʀekõfɔʀ] Trost *m*
réconforter [ʀekõfɔʀte] **1** trösten, wieder aufbauen **2** (*Essen, Getränk*) stärken
reconnaissance *f* [ʀ(ə)kɔnɛsɑ̃s] **1** Dankbarkeit *f* **2** *von Rechten, Staaten, Tatsachen*: Anerkennung *f* **3** *e-s Ortes usw.*: Erkundung *f*; MIL Aufklärung *f*; ***partir en ~*** die Gegend auskundschaften **4** Erkennen *n*, Wiedererkennen *n*; ***un signe de ~*** ein Erkennungszeichen
reconnaissant(e) [ʀ(ə)kɔnɛsɑ̃(t)] dankbar (***de*** für)
▸ **reconnaître** [ʀ(ə)kɔnɛtʀ] ⟨*wie* ***connaître***⟩ **1** (wieder) erkennen; ***ils se sont reconnus*** sie haben sich wieder erkannt **2** einsehen, zugeben (*Fehler*) **3** zugestehen (*Rechte*) **4** anerkennen (*Kind, Tatsache, Staat*) **5** auskundschaften (*Ort*) **6** ***se ~*** sich zurechtfinden, sich auskennen **7** ***elle s'est reconnue coupable*** sie hat sich schuldig bekannt
reconnu [ʀ(ə)kɔny] → ***reconnaître***
reconsidérer [ʀ(ə)kõsideʀe] ⟨**-è-**⟩ (noch einmal) überdenken
reconstituer [ʀ(ə)kõstitɥe] **1** rekonstruieren **2** ***se ~*** sich neu bilden
reconstitution *f* [ʀ(ə)kõstitysjõ] Rekonstruierung *f*; ***une ~ historique*** e-e historisch getreue Nachbildung
reconstruire [ʀ(ə)kõstʀɥiʀ] ⟨*wie* ***conduire***⟩ wieder aufbauen
▸ **recopier** [ʀ(ə)kɔpje] **1** abschreiben **2** ins Reine schreiben
▸ **record** *m* [ʀ(ə)kɔʀ] Rekord *m*; ***il a battu le ~*** er hat den Rekord gebrochen; *iron.* ***il bat tous les ~s*** er schießt den Vogel ab
recouper [ʀ(ə)kupe] **1** (noch einmal) durchschneiden **2** (*übereinstimmen*) sich mit … decken
recourir [ʀ(ə)kuʀiʀ] ⟨*wie* ***courir***⟩ **1** ***~ à un expert*** sich an e-n Fachmann wenden **2** ***~ à la violence*** Gewalt anwenden
recours *m* [ʀ(ə)kuʀ] **1** Ausweg *m*, Mittel *n*; ***c'est notre dernier ~*** das ist unsere letzte Rettung **2** ***le ~ à la violence*** *usw.* Anwendung von Gewalt *usw.* **3** ***j'ai eu ~ à un expert*** ich habe mich an e-n Fachmann gewendet **4** *vor Gericht*: ***les voies*** *f Pl* ***de ~*** die Rechtsmittel
recouvrir [ʀ(ə)kuvʀiʀ] ⟨*wie* ***couvrir***⟩ **1** wieder bedecken, wieder zudecken **2** neu beziehen (*Möbel*) **3** *mit e-r Schicht usw.*: bedecken, überziehen
récré *f* [ʀekʀe] *umg.* Pause *f*
récréation *f* [ʀekʀeasjõ] (große) Pause
récriminations *f Pl* [ʀekʀiminasjõ] Klagen *f Pl*, Beschwerden *f Pl*
se recroqueviller [səʀəkʀɔkvije] **1** (*Personen*) sich zusammenkauern **2** (*Papier, Blätter usw.*) zusammenschrumpfen
recruter [ʀ(ə)kʀyte] **1** einstellen (*Personal*) **2** anwerben, rekrutieren (*Mitglieder, Kunden usw.*) **3** aufstellen (*Team*) **4** einziehen (*Soldaten*)
rectangle *m* [ʀɛktɑ̃gl] Rechteck *n*
rectangulaire [ʀɛktɑ̃gylɛʀ] rechteckig
rectification *f* [ʀɛktifikasjõ] **1** (*Korrektur*) Berichtigung *f*, Verbesserung *f* **2** *e-r Behauptung usw.*: Richtigstellung *f*
rectifier [ʀɛktifje] **1** (*korrigieren*) berichtigen, verbessern **2** richtigstellen (*Behauptung*)
recto *m* [ʀɛkto] Vorderseite *f*; ***~ verso*** beidseitig
reçu[1] *m* [ʀ(ə)sy] Quittung *f*, Empfangsbescheinigung *f*

reçu² [ʀ(ə)sy] → ***recevoir***
recueil *m* [ʀ(ə)kœj] Sammlung *f*
recueilli(e) [ʀ(ə)kœji] andächtig
recueillir [ʀ(ə)kœjiʀ] ⟨*wie* ***cueillir***⟩ **1** sammeln **2** auffangen (*Flüssigkeit*) **3** zusammenstellen (*Dokumente usw.*) **4** einholen, einziehen (*Auskünfte*) **5** (bei sich) aufnehmen (*Personen*) **6** erhalten (*Stimmen bei der Wahl*) **7** ***se*** **~** sich (innerlich) sammeln
recul *m* [ʀ(ə)kyl] **1** Zurückweichen *n*, Zurücktreten *n*; ***prendre du*** **~** zurücktreten; *innerlich*: Abstand gewinnen **2** (*Verminderung*) Rückgang *m*, Abnahme *f*
▸ **reculer** [ʀ(ə)kyle] **1** (*Person*) **(*se*) ~** zurückgehen, zurücktreten; ***il est trop tard pour*** **~** jetzt können wir nicht mehr zurück **2** (*Fahrzeug*) zurückfahren, rückwärts fahren **3** zurückweichen, zurückschrecken (***devant*** vor) **4** *mengenmäßig*: zurückgehen **5** **~** ***une chaise*** e-n Stuhl zurückschieben **6** **~** ***un rendez-vous*** ein Treffen verschieben
reculons [ʀ(ə)kylõ] ▸ ***à reculons*** rückwärts
récupération *f* [ʀekypeʀasjõ] *von Altmaterial*: Wiederverwertung *f*; ***le matériel de*** **~** das Altmaterial
récupérer [ʀekypeʀe] ⟨**-è-**⟩ **1** wiederbekommen **2** nachholen (*Arbeitszeit usw.*) **3** sammeln, wiederverwerten (*Altmaterial*) **4** *nach e-r Krankheit, Anstrengung*: sich erholen **5** *umg.* **~** ***qn*** j-n abholen **6** wieder eingliedern (*Straftäter, Drogensüchtige*)
récurer [ʀekyʀe] *zum Reinigen*: scheuern
récuser [ʀekyze] ablehnen
recyclable [ʀ(ə)siklabl] recycelbar, wiederverwertbar
▸ **recycler** [ʀ(ə)sikle] **1** recyceln, wiederverwerten; ***le papier recyclé*** das Recyclingpapier, das Umweltschutzpapier **2** ***se*** **~** sich weiterbilden, umschulen
rédacteur *m* [ʀedaktœʀ] Redakteur *m*
rédaction *f* [ʀedaksjõ] **1** (*Schreiben*) Verfassen *n* **2** SCHULE Aufsatz *m* **3** *Abteilung in e-m Verlag*: Redaktion *f*
rédactrice *f* [ʀedaktʀis] Redakteurin *f*
redescendre [ʀ(ə)desɑ̃dʀ] ⟨*wie* ***rendre***; *1 u. 3 mit* ***être***⟩ **1** (wieder) herunter-, hinuntergehen, -kommen, -fahren *usw.* **2** (wieder) nach unten tragen *od.* bringen **3** (*Flut, Hochwasser*) (wieder) zurückgehen; (*Temperatur, Barometer*) wieder fallen
redevable [ʀəd(ə)vabl] zu Dank verpflichtet (***de*** für)
redevance *f* [ʀəd(ə)vɑ̃s] Radio-, Fernsehgebühr *f*
rédiger [ʀediʒe] ⟨**-ge-**⟩ **1** (*schreiben*) verfassen, abfassen **2** (*überarbeiten*) redigieren
redire [ʀ(ə)diʀ] ⟨*wie* ***dire***⟩ **1** noch einmal sagen, wiederholen; ***redis-le après moi!*** sprich mir nach! **2** ***il trouve à*** **~** ***à tout*** er hat an allem etw auszusetzen
redonner [ʀ(ə)dɔne] **1** (wieder) zurückgeben **2** *erneut*: noch einmal geben
redoublé(e) [ʀ(ə)duble] **1** verdoppelt, Doppel… **2** (*stärker*) vermehrt, verstärkt; ***frapper à coups redoublés*** kräftig schlagen *od.* zuschlagen
▸ **redoubler** [ʀ(ə)duble] **1** **~** **(*de*)** ***qc*** etw verdoppeln **2** **~** **(*une classe*)** e-e Klasse wiederholen, sitzen bleiben **3** (*zunehmen*) (noch) stärker werden
redoutable [ʀ(ə)dutabl] furchterregend, (sehr) gefährlich
redouter [ʀ(ə)dute] fürchten, sich vor … fürchten
redresser [ʀ(ə)dʀɛse] **1** (wieder) aufrichten, (wieder) aufrecht hinstellen **2** ***redresse-toi!*** halt dich gerade! **3** (wieder) gerade biegen (*etw Krummes*) **4** **~** ***la situation*** die Sache wieder in Ordnung bringen **5** **~** ***l'économie*** die Wirtschaft wieder ankurbeln
▸ **réduction** *f* [ʀedyksjõ] **1** Verringerung *f*, Reduzierung *f*; *von Geld, Zeit usw.*: Kürzung *f* **2** *von Fotos usw.*: Verkleinerung *f* **3** *im Preis*: Nachlass *m*, Ermäßigung *f* **4** *bei der Bruchrechnung*: Kürzung *f*
réduire [ʀedɥiʀ] ⟨*wie* ***conduire***⟩ **1** *in der Menge*: verringern, reduzieren **2** *in der Größe*: verkleinern **3** kürzen (*Löhne*); senken (*Preise, Steuern*) **4** **~** ***au silence*** zum Schweigen bringen **5** **~** ***en …*** zu … machen *od.* verarbeiten; **~** ***en morceaux*** in Stücke schlagen **6** ***se*** **~** ***à qc*** sich auf etw beschränken
réduit *m* [ʀedɥi] kleine Kammer
réduit(e) [ʀedɥi(t)] **1** (*Modell, Format*) verkleinert **2** (*Preis*) ermäßigt
▸ **ré|el, ~elle** [ʀeɛl] wirklich, tatsäch-

R

lich; ***les faits*** *m Pl* ***réels*** die Tatsachen

refaire [ʀ(ə)fɛʀ] ⟨*wie* ***faire***⟩ **1** noch einmal machen, wieder machen; ***si c'était à ~*** wenn man noch einmal von vorn anfangen könnte **2** renovieren (*Zimmer*); (*reparieren*) (wieder) instand setzen **3** ***elle s'est fait ~ le nez*** sie hat sich die Nase korrigieren lassen **4** *umg.* ***je suis refait*** ich bin reingelegt worden **5** ***se ~ une santé*** sich erholen **6** ***on ne se refait pas!*** man kann nicht aus seiner Haut!

réfectoire *m* [ʀefɛktwaʀ] Speisesaal *m*

référence *f* [ʀefeʀɑ̃s] **1** Bezug *m*, Verweis *m*; ***faire ~ à*** sich auf … beziehen **2** *bei Zitaten*: Beleg *m*, Quellenangabe *f* **3** ***un ouvrage de ~*** ein Nachschlagewerk **4** *bei Geschäftsbriefen*: Zeichen *n* **5** *im Katalog*: Bestellnummer *f*, Artikelnummer *f* **6** *in Anzeigen*: Chiffre *f* **7** *bei Bewerbungen*: ***~s*** Referenzen

référendum *m* [⚠ ʀefeʀɛ̃dɔm] Volksabstimmung *f*, Volksentscheid *m*

référer [ʀefeʀe] ⟨**-è-**⟩ **1** sich beziehen (***à*** auf) **2** ***il en a référé au directeur*** er hat dem Direktor Bericht erstattet

refermer [ʀ(ə)fɛʀme] (wieder) schließen

réfléchi(e) [ʀefleʃi] **1** GR reflexiv, Reflexiv…; ***un verbe*** (***pronominal***) ***réfléchi*** ein reflexives Verb; ***un pronom réfléchi*** ein Reflexivpronomen **2** (*Entscheidung usw.*) durchdacht, (wohl) überlegt **3** (*Mensch*) besonnen

▸**réfléchir**[1] [ʀefleʃiʀ] **1** überlegen, nachdenken **2** ***c'est tout réfléchi*** das ist schon entschieden

réfléchir[2] [ʀefleʃiʀ] **1** reflektieren, widerspiegeln **2** ***se ~*** sich widerspiegeln, reflektiert werden

réflecteur *m* [ʀeflɛktœʀ] Reflektor *m*

reflet *m* [ʀ(ə)flɛ] **1** Spiegelbild *n* **2** Lichtreflex *m*; ***les ~s*** der Glanz, der Schimmer **3** *fig.* Abbild *n*, Spiegel *m*

refléter [ʀ(ə)flete] ⟨**-è-**⟩ widerspiegeln

réflexe *m* [ʀeflɛks] Reflex *m*

▸**réflexion** *f* [ʀeflɛksjõ] **1** (*Gedanke*) Überlegung *f*; ***~ faite*** wenn man es recht bedenkt, letztendlich **2** (spitze) Bemerkung *f* **3** PHYS Reflexion *f*

refluer [ʀ(ə)flye] zurückströmen

reflux *m* [⚠ ʀəfly] Ebbe *f*

▸**réforme** *f* [ʀefɔʀm] **1** Reform *f* **2** REL ***la R̲éforme*** die Reformation

réformer [ʀefɔʀme] reformieren

refoulé(e) [ʀ(ə)fule] *umg.* verklemmt

refouler [ʀ(ə)fule] **1** zurückdrängen (*Eindringlinge usw.*); *an der Grenze*: abweisen (*Asylsuchende*) **2** unterdrücken (*Gefühle, Wünsche*); PSYCH verdrängen

réfractaire [ʀefʀaktɛʀ] **1** (*Mensch*) unempfänglich (***à*** für); immun (***à*** gegen); ***il est ~ à la discipline*** er widersetzt sich jeder Disziplin **2** (*Material*) feuerfest

▸**réfrigérateur** *m* [ʀefʀiʒeʀatœʀ] Kühlschrank *m*

refroidir [ʀ(ə)fʀwadiʀ] **1** ⟨*Zustand mit* ***être***⟩ (*Essen usw.*) abkühlen, kalt werden **2** abkühlen (lassen), kalt werden lassen **3** *fig.* abschrecken; ernüchtern **4** *umg.* (*umbringen*) kaltmachen **5** ***le temps s'est refroidi*** es ist kühler geworden **6** ***je me suis refroidi*** ich habe mich erkältet *od.* verkühlt

refroidissement *m* [ʀ(ə)fʀwadismɑ̃] **1** *bes. Wetter*: Abkühlung *f* **2** *beim Motor*: Kühlung *f* **3** *Krankheit*: Erkältung *f*

refuge *m* [ʀ(ə)fyʒ] **1** Zuflucht *f* **2** *im Gebirge*: Hütte *f* **3** *auf der Straße*: Verkehrsinsel *f*

▸**réfugié(e)** *m(f)* [ʀefyʒje] Flüchtling *m*

se réfugier [səʀefyʒje] (sich) flüchten

▸**refus** *m* [ʀ(ə)fy] **1** Ablehnung *f*, Weigerung *f* **2** Absage *f*; ***essuyer un ~*** e-e Absage bekommen **3** ***le ~ de priorité*** die Nichtbeachtung der Vorfahrt **4** *umg.* ***ce n'est pas de ~!*** da sage ich nicht Nein!

▸**refuser** [ʀ(ə)fyze] **1** (*nicht wollen*) ablehnen **2** (*nicht geben*) verweigern **3** ***il refuse de le faire*** er weigert sich es zu tun **4** ***~ qn*** *bei e-r Prüfung*: j-n durchfallen lassen **5** ***il ne se refuse rien*** er verzichtet auf nichts

réfuter [ʀefyte] widerlegen (*These, Autor*)

regagner [ʀ(ə)gaɲe] **1** zurückgewinnen, wiedergewinnen **2** ***~ la maison, sa place*** *usw.* (wieder) ins Haus, an seinen Platz *usw.* zurückkehren

régal *m* [ʀegal] **1** Leckerbissen *m* **2** *fig.* ***c'était un ~*** es war ein Genuss

se régaler [səʀegale] ***je me suis régalé*** es hat mir sehr gut geschmeckt; *fig. a.* ich habe es sehr genossen

▸**regard** *m* [ʀ(ə)gaʀ] **1** Blick *m* **2** ***au ~***

R

de … im Hinblick auf … **3** ***la maison en ~*** das Haus gegenüber

regardant(e) [ʀ(ə)gaʀdɑ̃(t)] zu sparsam, kleinlich

▸ **regarder** [ʀ(ə)gaʀde] **1** sehen, schauen; ***~ par la fenêtre*** aus dem Fenster sehen; ***regarde!*** sieh mal!, guck mal!; *umg. meist entrüstet*: ***regarde-moi ça!*** nun sieh dir das mal an! **2** *als Zuschauer*: zusehen, zuschauen **3** *in e-e bestimmte Richtung*: hinsehen, hersehen; ***regarde par ici!*** sieh mal her! **4** *zur Kontrolle*: nachsehen, nachschauen **5** (*betrachten*) ansehen, anschauen; ***~ sa montre*** auf die Uhr sehen; ***~ la télé*** fernsehen; *umg.* ***tu ne t'es pas regardé!*** fass dir doch an deine eigene Nase! **6** (*halten für*) betrachten, ansehen (***comme*** als) **7** ***cela ne te regarde pas*** das geht dich nichts an

régates *f Pl* [ʀegat] (⚠ *Plural!*) Regatta *f*

reggae *m* [⚠ ʀege] Reggae *m*

régie *f* [ʀeʒi] **1** staatliches Unternehmen **2** FILM Regieassistenz *f* (⚠ Regie *als Arbeit e-s Regisseurs* = ***réalisation*** *f od.* ***mise*** *f* ***en scène***)

▸ **régime**[1] *m* [ʀeʒim] **1** Ernährung *f*, Ernährungsweise *f* **2** *zum Abnehmen, bei Krankheiten*: Diät *f*; ***le ~ amaigrissant*** die Abmagerungskur

régime[2] *m* [ʀeʒim] **1** Regierungsform *f*, politisches System; *abw.* Regime *n* **2** ***le ~ pénitentiaire*** der Strafvollzug

régiment *m* [ʀeʒimɑ̃] Regiment *n*

▸ **région** *f* [ʀeʒjõ] Gegend *f*, Region *f*

régional(e) [ʀeʒjɔnal] ⟨*m Pl* ***-aux***⟩ regional

registre *m* [ʀəʒistʀ] **1** (*Verzeichnis*) Register *n* **2** (*Stil*) Ton *m*

réglable [ʀeglabl] regulierbar, einstellbar; ***un siège ~*** ein verstellbarer Sitz

▸ **règle**[1] *f* [ʀɛgl] **1** (*Prinzip, Vorschrift*) Regel *f* **2** ***mes papiers sont en ~*** meine Papiere sind in Ordnung **3** ***en ~ générale*** in der Regel **4** ***c'est de ~*** das ist üblich **5** ***j'ai mes ~s*** ich habe meine Tage *od.* meine Periode **6** MATH ***la ~ de trois*** der Dreisatz

règle[2] *f* [ʀɛgl] Lineal *n*

règlement *m* [ʀɛgləmɑ̃] **1** Vorschrift *f*, Vorschriften *f Pl* **2** *e-r Angelegenheit*: Regelung *f*, Erledigung *f*; *e-s Streits*: Beilegung *f* **3** *e-r Rechnung*: Zahlung *f* **4** ***le ~ de comptes*** die Abrechnung

▸ **régler** [ʀegle] ⟨***-è-***⟩ **1** ***~ une affaire*** e-e Angelegenheit regeln *od.* erledigen; ***~ un conflit*** e-n Streit beilegen; ***~ la circulation*** den Verkehr regeln **2** *mit Geld*: bezahlen, zahlen **3** TECH einstellen, regulieren **4** (*bestimmen*) festlegen (*Programm usw.*); festsetzen (*Termin*) **5** ***se ~ sur qn*** sich nach j-m richten

réglisse *m od. f* [ʀeglis] Lakritze *f*, Lakritz *m od. n*

règne *m* [ʀɛɲ] **1** Herrschaft *f*, Regierungszeit *f* **2** ***le ~ animal*** das Tierreich; ***le ~ végétal*** das Pflanzenreich

▸ **régner** [ʀeɲe] ⟨***-è-***⟩ **1** herrschen, regieren **2** (*Stille, Frieden usw.*) herrschen; ***faire ~ l'ordre*** für Ordnung sorgen

régresser [ʀegʀese] (↔ *zunehmen*) zurückgehen

régression *f* [ʀegʀɛsjõ] **1** (↔ *Erhöhung*) Rückgang *m* **2** (↔ *Fortschritt*) Rückschritt *m*

regret *m* [ʀ(ə)gʀɛ] **1** (*Gewissensbisse*) Reue *f* **2** (↔ *Freude*) Bedauern *n* **3** ***à ~*** ungern, widerwillig **4** (*Nachtrauern*) Sehnsucht *f* (***de*** nach)

regrettable [ʀ(ə)gʀɛtabl] bedauerlich

▸ **regretter** [ʀ(ə)gʀɛte] **1** (*nachtrauern*) sich nach … sehnen, vermissen **2** bedauern; ***je regrette, mais …*** es tut mir leid, aber … **3** ***~ une faute*** *usw.* e-n Fehler *usw.* bereuen

regrouper [ʀ(ə)gʀupe] zusammenfassen, zusammenlegen

régularité *f* [ʀegylaʀite] **1** Regelmäßigkeit *f*, Gleichmäßigkeit *f* **2** *von Wahlen, Verfahren usw.*: Korrektheit *f*, ordnungsgemäßer Verlauf

régul|ier, ~ière [ʀegylje, -jɛʀ] **1** (*konstant*) regelmäßig, gleichmäßig **2** (*Zug usw.*) planmäßig, fahrplanmäßig **3** (*vorschriftsmäßig*) ordnungsgemäß **4** (*ehrlich*) korrekt **5** ***le service régulier*** der Linienverkehr; ***un vol régulier*** ein Linienflug

réhabiliter [ʀeabilite] **1** rehabilitieren (*Personen*) **2** sanieren, renovieren (*Gebäude*)

rein *m* [ʀɛ̃] **1** *Organ*: Niere *f* **2** ***les ~s*** der Rücken, das Kreuz

▸ **reine** *f* [ʀɛn] **1** Königin *f* **2** *beim Kartenspiel, Schach*: Dame *f*

rejeter [ʀəʒ(ə)te] ⟨***-tt-***⟩ **1** zurückwerfen (*Ball, Kopf*) **2** (*zurückweisen*) ablehnen **3** abgeben, ausstoßen (*Dampf*); abstoßen (*Organ*) **4** ausschließen, verstoßen (*Personen*) **5** ***elle en a rejeté la responsabilité sur moi*** sie hat mir die Verantwortung dafür zugeschoben

rejoindre [ʀ(ə)ʒwɛ̃dʀ] ⟨*wie* ***joindre***⟩ **1** ***~ qn*** j-n wieder treffen **2** *bes.* SPORT einholen; ***je te rejoindrai*** ich komme nach **3** ***se ~*** (*Personen, Straßen*) sich (wieder) treffen; (*Meinungen*) übereinstimmen

réjouir [ʀeʒwiʀ] **1** ▸ ***se réjouir*** sich freuen **2** ***~ qn*** j-n erfreuen

relâche *f* [ʀəlɑʃ] ***sans ~*** ununterbrochen, pausenlos

relâcher [ʀ(ə)lɑʃe] **1** lockern, locker machen, locker lassen (*Seil usw.*) **2** freilassen (*Gefangene*)

relais *m* [ʀ(ə)lɛ] **1** SPORT Staffel *f* **2** *fig.* ***prendre le ~ de qn*** j-n ablösen **3** ELEK Relais *n*

relancer [ʀ(ə)lɑ̃se] ⟨***-ç-***⟩ **1** zurückwerfen (*Ball usw.*) **2** wieder aufnehmen (*Projekt usw.*) **3** wieder anlassen (*Motor*)

relat|if, ~ive [ʀ(ə)latif, -iv] **1** relativ, verhältnismäßig **2** ***relatif à qc*** etw betreffend **3** GR Relativ…; ***le pronom relatif*** das Relativpronomen

▸ **relation** *f* [ʀ(ə)lasjõ] **1** Beziehung *f*; ***il a des ~s*** er hat Beziehungen **2** Verbindung *f*, Kontakt *m*; ***elle est en ~ avec lui*** sie steht mit ihm in Verbindung **3** ***les ~s publiques*** die Öffentlichkeitsarbeit; *Abteilung*: die PR-Abteilung **4** *Person*: Bekannte(r) *f(m)*

relativement [ʀ(ə)lativmɑ̃] verhältnismäßig, relativ

relaxation *f* [ʀ(ə)laksasjõ] Entspannung *f*

se relaxer [səʀəlakse] sich entspannen

relayer [ʀ(ə)lɛje] ⟨***-ay-*** *od.* ***-ai-***⟩ ablösen

relève *f* [ʀ(ə)lɛv] Ablösung *f*; ***prendre la ~*** j-n ablösen

relevé *m* [ʀ(ə)ləve] Aufstellung *f*, Verzeichnis *n*; ***le ~ de compte*** der Kontoauszug; ***le ~ d'identité bancaire*** die Bankverbindung

relever [ʀəl(ə)ve] ⟨***-è-***⟩ **1** (wieder) aufheben, hochheben, aufstellen **2** ***~ les cahiers*** die Hefte einsammeln **3** hochklappen (*Sitz*); hochkurbeln (*Fensterscheibe*); hochschlagen (*Kragen*) **4** erhöhen (*Preise, Niveau usw.*) **5** pikanter machen (*Essen*) **6** (*bemerken*) feststellen **7** notieren, aufschreiben; anstreichen (*Fehler*) **8** ***~ un compteur*** e-n Zähler ablesen **9** (*ersetzen*) ablösen **10** ***se ~*** wieder aufstehen **11** ***se ~*** sich erholen (***de*** von); ***il ne s'en est pas relevé*** davon hat er sich nicht wieder erholt

relief *m* [ʀəljɛf] **1** (*Oberfläche*) Relief *n* **2** ***mettre en ~*** hervorheben, betonen

relier [ʀəlje] **1** binden (*Buch*) **2** (miteinander) verbinden (*Dinge, Orte*)

religieuse *f* [ʀ(ə)liʒjøz] Nonne *f*, Schwester *f*

religi|eux, ~euse [ʀ(ə)liʒjø, -øz] **1** (*fromm*) religiös **2** kirchlich; ***le mariage religieux*** die kirchliche Trauung **3** (*Schweigen usw.*) andächtig, feierlich

▸ **religion** *f* [ʀ(ə)liʒjõ] Religion *f*

remarquable [ʀ(ə)maʀkabl] bemerkenswert, beachtlich

▸ **remarque** *f* [ʀ(ə)maʀk] Bemerkung *f*

▸ **remarquer** [ʀ(ə)maʀke] **1** bemerken **2** ***elle m'a fait ~ que …*** sie hat mich darauf aufmerksam gemacht, dass … **3** ***il s'est fait ~*** er fiel (unangenehm) auf **4** ***cela se remarque*** das fällt auf

rembarrer [ʀɑ̃baʀe] *umg.* abblitzen lassen

rembourrer [ʀɑ̃buʀe] **1** polstern (*Sessel*) **2** füllen (*Kissen*)

▸ **rembourser** [ʀɑ̃buʀse] **1** zurückzahlen, erstatten **2** ***elle m'a remboursé*** sie hat mir das Geld zurückgezahlt

remède *m* [ʀ(ə)mɛd] **1** Medikament *n*, Arzneimittel *n* **2** *fig.* Mittel *n*, Gegenmittel *n*

remédier [ʀ(ə)medje] ***~ à qc*** etw beheben *od.* abstellen

remerciement *m* [ʀ(ə)mɛʀsimɑ̃] Dank *m*

▸ **remercier** [ʀ(ə)mɛʀsje] **1** danken, sich bedanken; ***il la remercie*** er bedankt sich bei ihr **2** entlassen, kündigen (*Angestellte*)

remettre [ʀ(ə)mɛtʀ] ⟨*wie* ***mettre***⟩ **1** wieder setzen, stellen, legen; zurückstellen, zurücksetzen, zurücklegen; ***~ qc dans sa poche*** etw wieder in die Tasche stecken; ***~ en marche*** wieder in Gang setzen **2** wieder anziehen (*Kleider*) **3** wieder hinstellen, hinlegen (*Gegenstand*) **4** ***~ qc à qn*** j-m etw übergeben *od.* überreichen; etw bei j-m abgeben **5** ***~ sa montre à l'heure*** seine Uhr stellen **6** erlassen (*Schulden*); vergeben (*Sünden*) **7** ~ ***(à plus tard)*** (auf später) verschieben **8** ***le temps se remet (au beau)*** es wird wieder schön **9** ***se ~ à travailler*** *usw.* wieder anfangen zu arbeiten *usw.* **10** ▸ ***se remettre de qc*** sich von etw erholen

remis [ʀ(ə)mi] → ***remettre***

remise[1] *f* [ʀ(ə)miz] **1** Rabatt *m*, Ermäßigung *f* **2** (*Aushändigung*) Übergabe *f* **3** ***la ~ à neuf*** die Renovierung **4** SPORT ***la ~ en jeu*** der Einwurf

remise[2] *f* [ʀ(ə)miz] *Gebäude*: Schuppen *m*

remmener [⚠ ʀɑ̃mne] ⟨**-è-**⟩ zurückbringen, zurückfahren

remonte-pente *m* [ʀ(ə)mõtpɑ̃t] ⟨*Pl* ***remonte-pentes***⟩ Schlepplift *m*

remonter [ʀ(ə)mõte] **1** ⟨*mit* ***être***⟩ (wieder) hoch-, hinaufgehen, -kommen, -fahren *usw.*; ***~ dans la voiture*** wieder ins Auto steigen **2** (wieder) hochtragen *od.* hochbringen **3** (*schneller sein als*) überholen **4** hochziehen (*Hose, Strümpfe usw.*); hochkurbeln (*Fenster*); hochschlagen (*Kragen*) **5** *körperlich, geistig*: stärken **6** aufziehen (*Spielzeug, Wecker*) **7** TECH wieder montieren, zusammenbauen **8** (*Preise, Fieber, Meer usw.*) wieder steigen *od.* ansteigen **9** (*Erinnerung*) zurückreichen (**à** bis); ***le château remonte au 18e siècle*** das Schloss stammt aus dem 18. Jahrhundert

remords *m Pl* [ʀ(ə)mɔʀ] Gewissensbisse *m Pl*, Schuldgefühle *n Pl*

remorque *f* [ʀ(ə)mɔʀk] *an e-m Fahrzeug*: Anhänger *m*

remorquer [ʀ(ə)mɔʀke] abschleppen

rempart *m* [ʀɑ̃paʀ] **1** Schutzwall *m* **2** Stadtmauer *f*; *e-r Burg*: Festungsmauer *f*

remplaçant(e) *m(f)* [ʀɑ̃plasɑ̃(t)] *Person*: Vertretung *f*; SPORT Auswechselspieler(in) *m(f)*, Ersatzspieler(in) *m(f)*

▸**remplacer** [ʀɑ̃plase] ⟨**-ç-**⟩ **1** (*auswechseln*) ersetzen **2** *bei der Arbeit usw.*: vertreten

rempli(e) [ʀɑ̃pli] **1** voll; ***rempli de …*** voller …, voll von … **2** ***une journée bien remplie*** ein ausgefüllter Tag

▸**remplir** [ʀɑ̃pliʀ] **1** füllen (*Behälter*) **2** ausfüllen (*Raum, Zwischenraum, Formular usw.*) **3** erfüllen (*Bedingungen, Aufgabe*) **4** ***~ une fonction*** ein Amt ausüben

remporter [ʀɑ̃pɔʀte] **1** wieder mitnehmen **2** ***~ la victoire*** den Sieg erringen; ***~ un prix*** e-n Preis gewinnen

▸**remuer** [ʀəmɥe] **1** bewegen; ***le chien remue la queue*** der Hund wedelt mit dem Schwanz **2** sich bewegen, wackeln; ***cet enfant remue tout le temps*** das Kind zappelt die ganze Zeit **3** rücken, wegrücken (*Möbel*) **4** umrühren (*Salat*) **5** *gefühlsmäßig*: bewegen, rühren **6** (***se***) ~ sich bewegen **7** ***se ~*** sich einsetzen, sich Mühe geben

rémunération *f* [ʀemynеʀasjõ] Bezahlung *f*

rémunérer [ʀemyneʀe] ⟨**-è-**⟩ bezahlen

▸**renard** *m* [ʀ(ə)naʀ] Fuchs *m*

rencontre *f* [ʀɑ̃kõtʀ] **1** Treffen *n*, Begegnung *f*; ***il est allé à ma ~*** er ist mir entgegengegangen **2** SPORT Spiel *n*, Begegnung *f*

▸**rencontrer** [ʀɑ̃kõtʀe] ***~ qn*** j-n treffen; *zufällig*: j-m begegnen; *neu*: j-n kennenlernen; *absichtlich*: sich mit j-m treffen; SPORT auf j-n treffen

▸**rendez-vous** *m* [ʀɑ̃devu] ⟨*unv.*⟩ **1** Verabredung *f*; ***j'ai (un) ~*** ich bin verabredet; ***donner ~ à qn*** sich mit j-m verabreden; ***se donner ~*** sich (miteinander) verabreden **2** *beim Arzt usw.*: ***prendre ~*** sich e-n Termin geben lassen; ***avez-vous pris ~?*** sind Sie angemeldet?; ***j'ai (un) ~*** ich habe e-n Termin; ***sur ~*** nach Vereinbarung

se rendormir [s(ə)ʀɑ̃dɔʀmiʀ] ⟨*wie* ***dormir***⟩ wieder einschlafen

▸**rendre** [ʀɑ̃dʀ] ⟨*prés.*: ***je rends, il rend, nous rendons***; *imparf.*: ***je rendais***; *p/s*: ***il rendit***; *fut.*: ***je rendrai***; *subj.*: ***que je rende***; *p/pr*: ***rendant***; *p/p*: ***rendu***⟩ **1** (wieder) zurückgeben, wiedergeben; ***~ une invitation*** e-e Einladung erwidern **2** abgeben (*Klassenarbeit usw.*) **3** herausgeben (*Wechselgeld*) **4** *rendre + Adj.*: ***~ célèbre, fou, malade*** *usw.* berühmt, verrückt, krank *usw.* machen **5** (*sich übergeben*) erbrechen **6** *beim Sprechen, Schreiben*: wiedergeben **7** ***se ~*** (*kapitulieren*) sich ergeben **8** ***se ~ à Paris*** nach Paris gehen *bzw.* fahren

rêne *f* [ʀɛn] Zügel *m*

renfermé *m* [ʀɑ̃fɛʀme] ***ça sent le ~*** es riecht muffig

renfermé(e) [ʀɑ̃fɛʀme] (*Mensch*) ver-

R

schlossen
renfermer [rɑ̃fɛrme] **1** enthalten **2** ***il se renferme en lui-même*** er kapselt sich ab
renier [rənje] verleugnen
renifler [r(ə)nifle] **1** die Nase hochziehen **2 ~ *qc*** an etw schnuppern *od.* schnüffeln
renne *m* [rɛn] Ren *n*, Rentier *n*
renommée *f* [r(ə)nɔme] (⚠ la renommée) gute(r) Ruf
▸**renoncer** [r(ə)nõse] ⟨**-ç-**⟩ verzichten (***à*** auf)
renouveler [r(ə)nuv(ə)le] ⟨**-ll-**⟩ **1** (*ersetzen*) erneuern **2** verlängern (*Pass*, *Vertrag*) **3** (*noch einmal machen*) wiederholen **4 *se ~*** sich wiederholen
rénover [renɔve] **1** renovieren (*Wohnung*) **2** sanieren, renovieren (*Haus*)
▸**renseignement** *m* [rɑ̃sɛɲmɑ̃] Auskunft *f*, Information *f*
renseigner [rɑ̃sɛɲe] **1** ▸ ***se renseigner*** sich erkundigen, sich informieren **2 ~ *qn*** j-m Auskunft erteilen, j-n informieren
rentable [rɑ̃tabl] rentabel
rentrée *f* [rɑ̃tre] **1** Rückkehr *f* **2** *nach den Ferien*: ***la ~ (des classes)*** der Schulanfang **3** *als Künstler*: ***faire sa ~*** sein Comeback feiern **4 *une ~ d'argent*** e-e Einnahme
▸**rentrer** [rɑ̃tre] ⟨*1-3, 5 u. 6 mit* ***être***⟩ **1** (wieder) zurückkommen, (wieder) zurückgehen **2 *elle est rentrée (chez elle)*** sie ist nach Hause gekommen **3** *in e-n Raum*: hereinkommen, hineingehen; (*Regen*, *Geruch*) *a.* eindringen **4 ~ *qc*** etw hinein-, hereinbringen; etw hinein-, hereinholen; ***~ sa chemise dans son pantalon*** sein Hemd (wieder) in die Hose stecken; ***~ le ventre*** den Bauch einziehen **5 *~ dans ses frais*** seine Ausgaben wiederbekommen **6** *umg.* ***~ dans un arbre*** gegen e-n Baum fahren; *umg.* ***il va lui ~ dedans*** er geht gleich auf ihn los
renversant(e) [rɑ̃vɛrsɑ̃(t)] verblüffend, umwerfend
renversement *m* [rɑ̃vɛrsəmɑ̃] *bes.* POL Umsturz *m*; *e-r Regierung*: Sturz *m*
▸**renverser** [rɑ̃vɛrse] **1** umwerfen, umstoßen; *mit e-m Fahrzeug*: umfahren **2 *se ~*** umfallen; (*Auto*) sich überschlagen **3** verschütten (*Flüssigkeit*) **4 ~ *le gouvernement*** die Regierung stürzen **5** (ins Gegenteil) umkehren; ***~ les rôles*** die Rollen tauschen **6 ~ *la tête (en arrière)*** den Kopf zurückwerfen
renvoi *m* [rɑ̃vwa] **1** *in e-m Betrieb*: Entlassung *f*; *von der Schule*: Verweisung *f*, Verweis *m* **2** *in e-m Text*: Verweis *m* **3** *zeitlich*: Verschiebung *f* **4** Aufstoßen *n*, Rülpser *m*
▸**renvoyer** [rɑ̃vwaje] ⟨*wie* ***envoyer***⟩ **1** entlassen; *von der Schule*: verweisen **2** wegschicken (*Person*); zurückschicken (*Brief*, *Ware*) **3** zurückwerfen (*Ball*, *Bild*, *Ton*) **4** *im Text*: verweisen **5** *zeitlich*: verschieben
réouverture *f* [reuvɛrtyr] Wiedereröffnung *f*
repaire *m* [r(ə)pɛr] **1** *von Tieren*: Höhle *f* **2** *von Dieben usw.*: Schlupfwinkel *m*
répandre [repɑ̃dr] ⟨*wie* ***rendre***⟩ **1** verschütten, vergießen (*Flüssigkeit*) **2** verbreiten (*Geruch*, *Neuigkeit*) **3 *se ~*** (*Flüssiges*) auslaufen; (*Geruch*, *Gerücht*, *Epidemie*) sich verbreiten, sich ausbreiten
réparation *f* [reparasjõ] **1** Reparatur *f* **2** *von Fehlern*: Wiedergutmachung *f*
▸**réparer** [repare] **1** reparieren **2** wieder gutmachen (*Fehler*)
repartie *f* [⚠ reparti] ***elle a de la ~*** sie ist schlagfertig
repartir [r(ə)partir] ⟨*wie* ***partir***⟩ **1** wieder weggehen, wegfahren *usw.* **2** wieder zurückgehen, zurückfahren *usw.* **3** wieder abreisen **4** (*Motor*) wieder anspringen
répartir [repartir] **1** (*aufteilen*) verteilen **2** *zeitlich*, *in Gruppen usw.*: einteilen
▸**repas** *m* [r(ə)pɑ] **1** *generell*: Essen *n* **2** *einzeln*: Mahlzeit *f*
▸**repasser**[1] [r(ə)pase] bügeln, ⒸⒽ glätten
repasser[2] [r(ə)pase] **1** ⟨*mit* ***être***⟩ noch einmal *od.* wieder vorbeigehen, -kommen, -fahren **2 ~ *un fleuve, une frontière*** e-n Fluss, e-e Grenze wieder überqueren **3 ~ *un film*** e-n Film noch einmal zeigen **4 ~ *un examen*** e-e Prüfung wiederholen **5 *il repasse ses leçons*** er geht die Lektionen noch einmal durch
repêcher [r(ə)peʃe] **1** *aus dem Wasser*: (heraus)ziehen; (heraus)fischen **2** *umg.* *bei e-r Prüfung*: ***ils l'ont repê-***

R

chée sie haben sie (gerade) noch bestehen lassen

repentir *m* [ʀ(ə)pɑ̃tiʀ] Reue *f*

se repentir [səʀ(ə)pɑ̃tiʀ] ***~ de qc*** etw bereuen

répercussion *f* [ʀepɛʀkysjõ] Auswirkung *f*

répercuter [ʀepɛʀkyte] **1** ***~ un son*** e-n Ton zurückwerfen **2** ***se ~*** widerhallen **3** ***se ~ sur qc*** sich auf etw auswirken

repère *m* [ʀ(ə)pɛʀ] **1** Markierung *f*, Zeichen *n* **2** *fig.* Anhaltspunkt *m*

repérer [ʀ(ə)peʀe] ⟨*-è-*⟩ **1** ausfindig machen, ausmachen **2** *umg.* ***il s'est fait ~*** er hat sich verraten **3** ***se ~*** sich zurechtfinden

répertoire *m* [ʀepɛʀtwaʀ] **1** Register *n*, Verzeichnis *n* **2** *von Künstlern*: Repertoire *n*

▸ **répéter** [ʀepete] ⟨*-è-*⟩ **1** wiederholen **2** THEAT *usw.* proben

répétition *f* [ʀepetisjõ] **1** Wiederholung *f* **2** THEAT *usw.* Probe *f*

repiquer [ʀ(ə)pike] **1** *auf e-r Kassette*: überspielen **2** pikieren (*Pflanzen*)

répit *m* [ʀepi] Ruhe *f*, Ruhepause *f*; ***sans ~*** pausenlos

repl|et, ~ète [ʀəplɛ, -ɛt] rundlich

replier [ʀ(ə)plije] **1** wieder zusammenfalten **2** umknicken (*Ecke*); umschlagen (*Rand*) **3** ***se ~*** sich zurückziehen

réplique *f* [ʀeplik] **1** (*Antwort*) Erwiderung *f*, Entgegnung *f*; ***sans ~*** ohne Widerrede **2** THEAT Antwort *f*, Gegenrede *f*; *speziell*: Stichwort *n* **3** KUNST Replik *f*, Nachbildung *f*

répliquer [ʀeplike] **1** (*antworten*) entgegnen, erwidern **2** (*protestieren*) widersprechen

répondant *m* [ʀepõdɑ̃] Bürge *m*

répondeur *m* [ʀepõdœʀ] Anrufbeantworter *m*

R

▸ **répondre** [ʀepõdʀ] ⟨*wie* ***rendre***⟩ **1** ▸ ***répondre qc à qn*** j-m etw antworten; ▸ ***répondre à qc*** auf etw antworten, etw beantworten **2** ***~ au téléphone*** ans Telefon gehen; ***ça ne répond pas*** es meldet sich niemand **3** ***~ à un besoin, à une description*** e-m Bedürfnis, e-r Beschreibung entsprechen **4** (*Kind usw.*) widersprechen; ***il répond*** er gibt freche Antworten **5** (*Mechanismus usw.*) ansprechen, reagieren (***à*** auf) **6** (*garantieren*) bürgen, sich verbürgen (***de*** für)

réponse *f* [ʀepõs] **1** *mit Worten*: Antwort *f* **2** *des Körpers, von Maschinen*: Reaktion *f*

▸ **reportage** *m* [ʀ(ə)pɔʀtaʒ] (⚠ le reportage) Reportage *f*, Bericht *m*, Report *m*

reporter[1] [ʀ(ə)pɔʀte] **1** *zeitlich*: verschieben **2** *bei e-r Rechnung*: übertragen **3** zurücktragen, zurückbringen **4** ***se ~ à qc*** sich auf etw beziehen

reporter[2] *m,f* [⚠ ʀ(ə)pɔʀtɛʀ] Reporter(in) *m(f)*

▸ **repos** *m* [ʀ(ə)po] **1** Ruhe *f*, Erholung *f*; ***prendre du ~*** ausspannen **2** ***de tout ~*** sicher, risikolos; (*Arbeit*) ruhig, einfach **3** MIL ***~!*** rührt euch!

reposer[1] [ʀ(ə)poze] **1** ▸ ***se reposer*** sich ausruhen **2** ***je me repose sur lui*** ich verlasse mich auf ihn **3** ***~ sur …*** (*Verantwortung*) auf … ruhen; (*Annahme*) sich auf … stützen **4** ***cela repose les yeux*** das ist erholsam für die Augen **5** ***laisser ~ la pâte*** den Teig ruhen lassen **6** *auf Grabsteinen*: ***ici repose …*** hier ruht …

reposer[2] [ʀ(ə)poze] wieder hinstellen, -setzen, -legen

repoussant(e) [ʀ(ə)pusɑ̃(t)] widerlich

repousser[1] [ʀ(ə)puse] **1** weg-, zurückstoßen, weg-, zurückschieben **2** (*anekeln*) abstoßen **3** (*nicht wollen*) ablehnen; zurückweisen (*Rat*); abschlagen (*Bitte*); abweisen (*Person*) **4** *zeitlich*: verschieben

repousser[2] [ʀ(ə)puse] wieder wachsen, nachwachsen

reprendre [ʀ(ə)pʀɑ̃dʀ] ⟨*wie* ***prendre***⟩ **1** noch einmal nehmen, holen *usw.*; ***~ son souffle*** wieder Luft holen **2** wieder wegnehmen *usw.*, zurücknehmen *usw.* **3** wieder beginnen, wieder anfangen **4** (*weiterführen*) wieder aufnehmen, fortsetzen **5** ***~ un appartement, un programme*** e-e Wohnung, ein Programm übernehmen **6** verbessern; ***se ~*** sich verbessern **7** überarbeiten (*Text*); ändern (*Kleid*) **8** (*tadeln*) zurechtweisen; ***on ne m'y reprendra plus*** das passiert mir nicht noch einmal **9** *als Antwort*: erwidern **10** ***se ~*** sich (wieder) fangen **11** ***s'y ~ à plusieurs fois*** nochmals von vorn anfangen

▸ **représentant(e)** *m(f)* [ʀ(ə)pʀezɑ̃tɑ̃(t)] Vertreter(in) *m(f)*

représentat|if, ~ive [ʀ(ə)pʀezɑ̃tatif, -iv] repräsentativ (***de*** für)

▸ **représentation** *f* [ʀ(ə)pʀezɑ̃tasjõ] **1** Darstellung *f* **2** THEAT Aufführung *f*, Vorstellung *f* **3** *im Handel*: Vertretung *f*

▸ **représenter** [ʀ(ə)pʀezɑ̃te] **1** darstellen **2** aufführen (*Theaterstück*) **3** *als Vertreter*: vertreten **4** ***se ~ qc*** sich etw vorstellen

repris de justice *m* [ʀ(ə)pʀid(ə)ʒystis] Vorbestrafte(r) *m*

reprise *f* [ʀ(ə)pʀiz] **1** Wiederaufnahme *f*, Fortsetzung *f* **2** *beim Boxen*: Runde *f* **3** ***à plusieurs ~s*** mehrmals, wiederholt

▸ **reproche** *m* [ʀ(ə)pʀɔʃ] Vorwurf *m*

▸ **reprocher** [ʀ(ə)pʀɔʃe] vorwerfen

reproduction *f* [ʀ(ə)pʀɔdyksjõ] **1** Fortpflanzung *f* **2** (*Kopie*) Reproduktion *f*

reproduire [ʀ(ə)pʀɔdɥiʀ] ⟨*wie* ***conduire***⟩ **1** nachmachen, wiedergeben (*Realität, Töne usw.*) **2** nachdrucken (*Bücher*); vervielfältigen (*Text*) **3** ***se ~*** sich wiederholen; (*sich vermehren*) sich fortpflanzen

réprouver [ʀepʀuve] missbilligen

reptile *m* [ʀɛptil] Reptil *n*

▸ **république** *f* [ʀepyblik] Republik *f*; ***la République fédérale d'Allemagne*** die Bundesrepublik Deutschland

répugnant(e) [ʀepyɲɑ̃(t)] widerlich, widerwärtig

répugner [ʀepyɲe] **1** ***cela me répugne*** das ist mir zuwider **2** ***je répugne à le faire*** es widerstrebt mir, das zu tun

réputation *f* [ʀepytasjõ] (guter) Ruf; ***se faire une ~*** sich e-n Namen machen

réputé(e) [ʀepyte] berühmt, bekannt

requérir [ʀəkeʀiʀ] ⟨*wie* ***acquérir***⟩ **1** (*nötig machen*) erfordern **2** beantragen, fordern (*Strafe*)

requête *f* [ʀəkɛt] Antrag *m*, Gesuch *n*

requiert [ʀəkjɛʀ] → ***requérir***

▸ **requin** *m* [ʀəkɛ̃] Hai *m*

requis(e) [ʀəki(z)] erforderlich

réquisitionner [ʀekizisjɔne] beschlagnahmen

▸ **RER** *m* [ɛʀəɛʀ] (*Abk. für* réseau express régional) S-Bahn *f*

rescapé(e) *m(f)* [ʀɛskape] Überlebende(r) *f(m)*

rescousse *f* [ʀɛskus] ***venir à la ~ de qn*** j-m zu Hilfe kommen

réseau *m* [ʀezo] ⟨*Pl* ***~x***⟩ Netz *n*

▸ **réservation** *f* [ʀezɛʀvasjõ] Reservierung *f*

▸ **réserve** *f* [ʀezɛʀv] **1** Reserve *f*, Vorrat *m* **2** Schutzgebiet *n*; *bes. Indianergebiet*: Reservat *n*; ***la ~ naturelle*** das Naturschutzgebiet **3** *im Wesen*: Zurückhaltung *f*, Reserviertheit *f* **4** (*Einschränkung*) Bedenken *n Pl*, Vorbehalt *m*; ***sous toutes ~s*** unter Vorbehalt

réservé(e) [ʀezɛʀve] **1** (*Platz usw.*) reserviert **2** (*Mensch*) zurückhaltend, reserviert

▸ **réserver** [ʀezɛʀve] **1** (*zurückbehalten*) aufbewahren **2** (*vorbestellen*) reservieren; buchen (*Reise, Flug usw.*) **3** ***c'est réservé à …*** das ist für … bestimmt **4** ***~ une déception, surprise*** *usw.* ***à qn*** j-m e-e Enttäuschung, Überraschung *usw.* bereiten

réservoir *m* [ʀezɛʀvwaʀ] **1** Behälter *m*; ***le ~ d'essence*** der Benzintank **2** *Becken, Speicher*: Wasserreservoir *n*

résidence *f* [ʀezidɑ̃s] **1** *Ort*: Wohnsitz *m* **2** *Gebäude*: Wohnanlage *f* **3** *e-s Staatschefs*: Amtssitz *m*, Residenz *f*

résidenti|el, ~elle [ʀezidɑ̃sjɛl] ***un quartier résidentiel*** ein Wohngebiet, ein (vornehmes) Wohnviertel

résider [ʀezide] **1** (*Personen*) wohnhaft *od.* ansässig sein **2** (*Dinge*) sein; ***c'est là que réside la difficulté*** darin liegt die Schwierigkeit

résidu *m* [ʀezidy] Rest *m*, Rückstand *m*

se résigner [səʀeziɲe] (⚠ *immer mit* se) **1** resignieren **2** ***~ à faire qc*** sich damit abfinden etw zu tun

résilier [ʀezilje] kündigen

▸ **résistance** *f* [ʀezistɑ̃s] **1** Widerstand *m* (*a.* ELEK); ***elle n'a opposé aucune ~*** sie leistete keinen Widerstand **2** *gegen Krankheiten*: Widerstandsfähigkeit *f* **3** HIST ***la Résistance*** die Résistance (*frz. Widerstandsbewegung 1940 bis 1944*)

résistant(e)[1] [ʀezistɑ̃(t)] **1** (*Mensch*) ausdauernd, zäh; *gegen Krankheiten*: widerstandsfähig **2** (*Material*) strapazierfähig

résistant(e)[2] *m(f)* [ʀezistɑ̃(t)] POL Widerstandskämpfer(in) *m(f)*

▸ **résister** [ʀeziste] **1** Widerstand leisten (***à*** gegen) **2** ***~ à qc*** etw aushalten *od.* ertragen

R

résolu(e) [ʀezɔly] **1** → ***résoudre*** **2** entschlossen
résolution *f* [ʀezɔlysjõ] **1** Entschluss *m*, Vorsatz *m* **2** *auf e-r Versammlung*: Resolution *f*, Beschluss *m*
résolvais [ʀezɔlvɛ] → ***résoudre***
résonance *f* [ʀezɔnɑ̃s] Resonanz *f*
résonner [ʀezɔne] widerhallen
▸**résoudre** [ʀezudʀ] ⟨*prés.*: ***nous résolvons, vous résolvez, ils résolvent***; *imparf.*: ***je résolvais***; *passé composé*: ***il a résolu***⟩ **1** lösen (*Rätsel, Aufgabe*) **2** ***~ de faire qc*** *od.* ***se ~ à faire qc*** beschließen *od.* sich entschließen etw zu tun
▸**respect** *m* [⚠ ʀɛspɛ] **1** Respekt *m* **2** ***le ~ de la loi, des règles du jeu*** *usw.* die Einhaltung des Gesetzes, der Spielregeln *usw.*
▸**respecter** [ʀɛspɛkte] **1** respektieren, achten (*Person*) **2** ***~ la priorité*** die Vorfahrt beachten; ***~ les règles*** die Regeln einhalten **3** ***se faire ~*** sich Respekt verschaffen
respect|if, ~ive [ʀɛspɛktif, -iv] jeweilig
respectivement [ʀɛspɛktivmɑ̃] **1** beziehungsweise **2** jeweils; ***ils ont présenté ~ leur demande*** jeder von ihnen hat sein Gesuch eingereicht
respectu|eux, ~euse [ʀɛspɛktɥø, -øz] **1** respektvoll **2** ***il est respectueux de la loi, des formes*** er achtet das Gesetz, er wahrt die Form
respiration *f* [ʀɛspiʀasjõ] Atmung *f*; ***elle retient sa ~*** sie hält den Atem an
▸**respirer** [ʀɛspiʀe] **1** atmen **2** einatmen (*Geruch, Luft usw.*) **3** verschnaufen, Luft holen **4** *vor Erleichterung*: aufatmen
resplendir [ʀɛsplɑ̃diʀ] strahlen, glänzen
resplendissant(e) [ʀɛsplɑ̃disɑ̃(t)] strahlend
▸**responsabilité** *f* [ʀɛspõsabilite] **1** Verantwortung *f*; ***prendre ses ~s*** verantwortungsbewusst handeln **2** JUR Haftung *f*; *bei e-m Unfall usw.*: Schuld *f*, Mitschuld *f*
▸**responsable** [ʀɛspõsabl] **1** verantwortlich (***de*** für) **2** JUR haftbar **3** *in der Einstellung*: verantwortungsbewusst
se ressaisir [sɔʀ(ə)sɛziʀ] sich wieder fangen
ressemblance *f* [ʀ(ə)sɑ̃blɑ̃s] Ähnlichkeit *f*
ressemblant(e) [ʀ(ə)sɑ̃blɑ̃(t)] ähnlich
▸**ressembler** [ʀ(ə)sɑ̃ble] **1** ähneln, gleichen, ähnlich sein; ***il ressemble à son père*** er sieht seinem Vater ähnlich; ***regarde à quoi tu ressembles!*** du siehst vielleicht aus! **2** ***cela lui ressemble tout à fait*** das sieht ihm (wieder mal) ähnlich **3** *zornig, erstaunt*: ***à quoi ça ressemble?*** was soll das (denn)?
ressentir [ʀ(ə)sɑ̃tiʀ] ⟨*wie* ***sentir***[1]⟩ fühlen, spüren, merken
resserrer [ʀ(ə)seʀe] **1** fester ziehen, enger machen **2** ***se ~*** sich zusammenziehen, enger werden
ressort *m* [ʀ(ə)sɔʀ] Ressort *n*, Zuständigkeitsbereich *m*; ***cela n'est pas de mon ~*** dafür bin ich nicht zuständig
ressortir [ʀ(ə)sɔʀtiʀ] ⟨*wie* ***partir***; *1, 2, 4 u. 6 mit* ***être***⟩ **1** wieder hinausgehen **2** wieder herauskommen **3** wieder heraus-, hervorholen **4** (*Farbe usw.*) sich abheben **5** ***faire ~*** hervorheben, herausstellen **6** ***il en ressort que …*** daraus geht hervor, dass …
ressource *f* [ʀ(ə)suʀs] **1** Mittel *n*, Hilfsmittel *n* **2** ***les ~s*** die Möglichkeiten; *a. finanziell*: die Mittel; ***sans ~s*** mittellos **3** ***les ~s humaines*** das Personal **4** ***les ~s minières*** die Bodenschätze
ressusciter [ʀesysite] ⟨*mit* ***être***⟩ **1** (von den Toten) auferstehen **2** *fig.* wieder aufleben, wieder lebendig werden
restant *m* [ʀɛstɑ̃] Rest *m*
▸**restaurant** *m* [ʀɛstɔʀɑ̃] **1** Restaurant *n* **2** ***le ~ universitaire*** die Mensa
restaurateur[1] *m* [ʀɛstɔʀatœʀ] Restaurator *m*
restaurateur[2] *m* [ʀɛstɔʀatœʀ] Gastwirt *m*
restauration[1] *f* [ʀɛstɔʀasjõ] Gastronomie *f*; ***la ~ rapide*** das Fastfood
restauration[2] *f* [ʀɛstɔʀasjõ] *von Kunstwerken, als Epoche*: Restauration *f*
restauratrice *f* [ʀɛstɔʀatʀis] Gastwirtin *f*
restaurer [ʀɛstɔʀe] **1** restaurieren (*Kunstwerk*) **2** wiederherstellen (*Ordnung usw.*) **3** ***se ~*** sich stärken
▸**reste** *m* [ʀɛst] **1** Rest *m* **2** ***du ~*** übrigens **3** ***pour le ~*** sonst, ansonsten **4** ***et*** (***tout***) ***le ~*** und so weiter, und so fort
▸**rester** [ʀɛste] ⟨*mit* ***être***⟩ **1** bleiben; ***el-***

R

le reste des heures entières à travailler sie arbeitet stundenlang **2** *als Rest*: übrig bleiben; ***il ne reste plus de pain*** es ist kein Brot mehr da **3** ***il ne te reste qu'à signer*** du brauchst nur noch zu unterschreiben **4** *umg.* ***y ~*** (dabei) draufgehen; *umg.* ***il a failli y ~*** er wäre beinahe draufgegangen **5** ***où en sommes-nous restés?*** wo sind wir stehen geblieben?; ***restons-en là*** lassen wir es dabei (bewenden)

resto *m* [ʀɛsto] *umg.* Restaurant *n*; ***le ~ U*** die Mensa

restreindre [ʀɛstʀɛ̃dʀ] ⟨*wie* ***peindre***⟩ einschränken

restriction *f* [ʀɛstʀiksjõ] Einschränkung *f*

▸**résultat** *m* [ʀezylta] Ergebnis *n*, Resultat *n*

résulter [ʀezylte] ⟨*mit* ***avoir*** *od.* ***être***⟩ sich ergeben, folgen

résumé *m* [ʀezyme] Zusammenfassung *f*; ***en ~*** kurz (gesagt)

▸**résumer** [ʀezyme] zusammenfassen

résurrection *f* [ʀezyʀɛksjõ] Auferstehung *f*

rétablir [ʀetabliʀ] **1** wiederherstellen; ***le calme s'est rétabli*** es ist wieder Ruhe eingekehrt **2** wieder aufnehmen (*Beziehungen*) **3** *in ein Amt*: wieder einsetzen **4** wieder gesund machen; ***le malade s'est rétabli*** der Kranke hat sich wieder erholt

rétablissement *m* [ʀetablismɑ̃] **1** *e-s Zustands*: Wiederherstellung *f* **2** *von e-r Krankheit*: Genesung *f*; ***je te souhaite un prompt ~!*** gute Besserung!

retaper [ʀ(ə)tape] **1** wieder herrichten (*Haus*) **2** *umg.* wieder auf die Beine bringen (*Person*); ***elle s'est retapée*** sie hat sich wieder aufgerappelt **3** *auf der Schreibmaschine*: noch einmal abtippen

▸**retard** *m* [ʀ(ə)taʀ] **1** Verspätung *f*; ***je suis en ~*** ich habe mich verspätet, ich bin *od.* komme zu spät; ***le train est en ~*** der Zug hat Verspätung **2** ***ma montre a pris du ~*** meine Uhr geht nach **3** *bei der Arbeit, Zahlung usw.*: Rückstand *m*

▸**retarder** [ʀ(ə)taʀde] **1** aufhalten (*Person*) **2** verschieben (*Zeitpunkt*) **3** zurückstellen (*Uhr*); ***ma montre retarde (de dix minutes)*** meine Uhr geht (zehn Minuten) nach

retenir [ʀət(ə)niʀ] ⟨*wie* ***venir***⟩ **1** aufhalten (*Person*); ***j'ai été retenu*** ich bin aufgehalten worden **2** zurückhalten (*Person, Tränen*) **3** zusammenhalten (*Haare*) **4** ***~ son souffle*** die Luft anhalten **5** ***~ l'attention*** Aufmerksamkeit erregen **6** (im Gedächtnis) behalten, sich merken **7** reservieren, vorbestellen (*Platz, Tisch, Zimmer usw.*) **8** ***se ~*** sich beherrschen, sich zusammennehmen **9** ***se ~ à ...*** sich an ... festhalten

retentir [ʀ(ə)tɑ̃tiʀ] ertönen, erklingen

retentissant(e) [ʀ(ə)tɑ̃tisɑ̃(t)] **1** (*Stimme*) dröhnend, durchdringend **2** (*Ohrfeige*) schallend **3** (*Ereignis*) spektakulär, aufsehenerregend

retentissement *m* [ʀ(ə)tɑ̃tismɑ̃] Wirkung *f*; ***un grand ~*** (großes) Aufsehen

retenue *f* [ʀət(ə)ny] **1** SCHULE Nachsitzen *n* **2** *vom Gehalt usw.*: Abzug *m* **3** (*Zurückhaltung*) Beherrschung *f*

réticent(e) [ʀetisɑ̃(t)] zögernd, reserviert

retirer [ʀ(ə)tiʀe] **1** herausnehmen, herausholen **2** wegnehmen **3** abheben (*Geld*) **4** abholen (*Post, Gepäck, Vorbestelltes*) **5** entziehen (*Führerschein, Wort, Vertrauen*) **6** ausziehen (*Kleider*); abnehmen (*Hut, Brille*) **7** zurückziehen (*Hand, Kandidatur, Klage*) **8** zurücknehmen (*Gesagtes*) **9** ***se ~*** sich zurückziehen; ***la mer se retire*** das Meer geht zurück

retombées *f Pl* [ʀ(ə)tõbe] **1** ***des ~ radioactives*** radioaktiver Niederschlag **2** (*Folgen*) Auswirkungen *f Pl*

retomber [ʀ(ə)tõbe] ⟨*mit* ***être***⟩ **1** *von oben*: wieder herunterfallen **2** *nach dem Aufstehen*: wieder hinfallen **3** ***~ dans l'oubli*** wieder in Vergessenheit geraten **4** ***~ malade*** wieder krank werden **5** ***toute la responsabilité retombe sur lui*** er trägt die ganze Verantwortung

retouche *f* [ʀ(ə)tuʃ] **1** Änderung *f*, Überarbeitung *f* **2** FOTO Retusche *f*

retoucher [ʀ(ə)tuʃe] **1** ändern, überarbeiten **2** retuschieren (*Fotos*)

▸**retour** *m* [ʀ(ə)tuʀ] **1** Rückkehr *f*; ***elle est de ~*** sie ist zurück **2** *nach Hause*: Heimkehr *f* **3** *Reise*: Rückweg *m*, Rückfahrt *f*, Rückreise *f* **4** *erneut*: Wiederkehr *f*; ***il est parti en Australie sans ~*** er ist für immer nach Australien gegangen **5** FILM ***le ~ en arrière*** die Rückblende **6** ***en ~*** dafür, als Gegenleistung **7** ***le match ~*** das Rückspiel **8** *auf Briefen*: ***~ à l'expéditeur*** zurück an Absender **9** ***par ~ du courrier*** postwendend, umgehend

retourner [ʀ(ə)tuʀne] ⟨*1 u. 2 mit* ***être***⟩ **1** *zum Ausgangspunkt*: zurückkehren, zurückgehen, zurückfahren **2** *von neuem*: wieder gehen, wieder fahren **3** umdrehen, wenden (*Kleidung, Steak*); umgraben (*Erde*); mischen (*Salat*) **4** zurückschicken (*Brief*); zurückgeben (*Kompliment*) **5** *umg.* ***~ la maison*** das Haus auf den Kopf stellen **6** ***~ qn*** j-n durcheinanderbringen **7** ***~ une situation*** e-e Situation grundlegend ändern **8** ***se ~*** sich umdrehen; ***la voiture s'est retournée*** das Auto hat sich überschlagen **9** ***s'en ~*** wieder umkehren

retrait *m* [ʀ(ə)tʀɛ] **1** Abholung *f*; *von Geld*: Abheben *n* **2** Wegnahme *f*; *des Führerscheins*: Entzug *m* **3** *von Truppen*: Abzug *m*

▸ **retraite**[1] *f* [ʀ(ə)tʀɛt] *Zeit, Geld*: Rente *f*, Pension *f*; ***prendre sa ~*** in Rente gehen

retraite[2] *f* [ʀ(ə)tʀɛt] MIL Rückzug *m*

▸ **retraité(e)**[1] *m(f)* [ʀ(ə)tʀɛte] Rentner(in) *m(f)*

retraité(e)[2] [ʀ(ə)tʀɛte] im Ruhestand, pensioniert

retraitement *m* [ʀ(ə)tʀɛtmɑ̃] Wiederaufbereitung *f*

▸ **retransmettre** [ʀ(ə)tʀɑ̃smɛtʀ] ⟨*wie* ***mettre***⟩ RAD, TV übertragen

retransmission *f* [ʀ(ə)tʀɑ̃smisjõ] RAD, TV Übertragung *f*

rétrécir [ʀetʀesiʀ] **1** enger werden; *beim Waschen*: einlaufen **2** ***se ~*** sich verengen, enger werden

rétro[1] [ʀetʀo] ⟨*unv.*⟩ nostalgisch, Nostalgie…

rétro[2] *m* [ʀetʀo] *umg.* Rückspiegel *m*

rétrograder [ʀetʀɔgʀade] **1** AUTO zurückschalten **2** (*absteigen*) zurückfallen **3** *nach hinten usw.*: zurückweichen **4** zurückstufen (*Person, Team*)

rétroprojecteur *m* [ʀetʀɔpʀɔʒɛktœʀ] Overheadprojektor *m*

rétrospect|if, ~ive [ʀetʀɔspɛktif, -iv] **1** rückblickend **2** (*Angst, Eifersucht usw.*) nachträglich

retrousser [ʀ(ə)tʀuse] **1** hoch-, aufkrempeln (*Ärmel*) **2** ***le chien retrousse ses babines*** der Hund fletscht die Zähne

retrouvailles *f Pl* [ʀ(ə)tʀuvaj] *umg.* Wiedersehen *n*

retrouver [ʀ(ə)tʀuve] **1** wieder finden (*Dinge*) **2** wieder treffen (*Person*) **3** ***se ~*** sich wieder treffen **4** *umg.* ***on se retrouvera!*** wir sprechen uns noch! **5** ***je me retrouve seul, au chômage*** *usw.* ich bin wieder allein, arbeitslos *usw.* **6** ***s'y ~*** sich zurechtfinden; *umg.* auf seine Kosten kommen

rétroviseur *m* [ʀetʀɔvizœʀ] ***le ~ (intérieur)*** der Rückspiegel; ***le ~ extérieur*** der Außenspiegel

▸ **réunion** *f* [ʀeynjõ] **1** Versammlung *f*, Sitzung *f*; ***la ~ de parents d'élèves*** der Elternabend; ***la ~ de famille*** das Familientreffen **2** ***elle est en ~*** sie ist in e-r Besprechung

Réunion [ʀeynjõ] ***la ~*** *Insel im Indischen Ozean, frz. überseeisches Departement*

réunir [ʀeyniʀ] **1** ▸ ***se réunir*** sich versammeln; *mit Freunden usw.*: sich treffen **2** zusammenführen, vereinigen; ***~ la famille, les amis*** die Familie, die Freunde (um sich) versammeln **3** verbinden (*Dinge*) **4** zusammenstellen (*Dokumente*) **5** aufbringen (*Geld*)

réussi(e) [ʀeysi] gelungen

▸ **réussir** [ʀeysiʀ] **1** (*Person*) Erfolg haben; ***j'ai réussi*** ich hab's geschafft; ***~ qc*** etw schaffen, mit etw Erfolg haben; ***elle a réussi le gâteau*** der Kuchen ist ihr gut gelungen; ***il a réussi (à) son examen*** er hat seine Prüfung bestanden **2** (*Dinge*) gelingen, glücken; ***tout lui réussit*** ihm *bzw.* ihr gelingt alles

réussite *f* [ʀeysit] **1** Erfolg *m* **2** *Kartenspiel*: Patience *f*

revaloir [ʀ(ə)valwaʀ] ⟨*wie* ***valoir***⟩ ***je le lui revaudrai*** dafür revanchiere ich mich bei ihm; *negativ a.*: das zahle ich ihm heim

revanche *f* [ʀ(ə)vɑ̃ʃ] **1** Revanche *f*; ***il a pris sa ~*** er hat sich gerächt; SPORT er hat sich revanchiert **2** ***en ~*** dafür; ***elle est nulle en latin, en ~ elle est excellente en français*** sie ist schlecht in Latein, aber dafür sehr gut in Französisch

▸ **rêve** *m* [ʀɛv] Traum *m*; ***faire un ~*** e-n Traum haben

▸ **réveil**[1] *m* [ʀevɛj] Wecker *m*
réveil[2] *m* [ʀevɛj] Aufwachen *n*, Erwachen *n*
▸ **réveiller** [ʀeveje] **1** wecken, aufwecken; ***je suis réveillé*** ich bin wach **2** ▸ ***se réveiller*** aufwachen, wach werden **3** wecken (*Neugier*); wachrufen (*Erinnerung*); anregen (*Appetit*)
▸ **réveillon** *m* [ʀevɛjõ] **1** ***le ~ (de Noël)*** das Weihnachtsessen (am Heiligabend) **2** ***le ~ (du jour de l'An)*** das Silvesteressen
révéler [ʀevele] ⟨**-è-**⟩ **1** erkennen lassen, verraten **2** aufdecken (*Verbrechen*); enthüllen (*Geheimnis*)
revenant *m* [ʀəv(ə)nɑ̃] Geist *m*, Gespenst *n*
revendication *f* [ʀ(ə)vɑ̃dikasjõ] Forderung *f*
revendiquer [ʀ(ə)vɑ̃dike] **1** fordern, verlangen **2** ***~ un attentat*** sich zu e-m Anschlag bekennen
▸ **revenir** [ʀəv(ə)niʀ] ⟨*wie* ***venir***; *mit* ***être***⟩ **1** wiederkommen; (*Dinge*) *a.* wiederkehren **2** *an den Ausgangspunkt*: zurückkommen, zurückkehren **3** ***~ à*** (*od.* ***sur***) ***un sujet*** auf ein Thema zurückkommen **4** ***~ sur sa décision*** ⚠ seine Entscheidung rückgängig machen **5** ***cet argent me revient*** dieses Geld steht mir zu **6** ***son nom me revient*** mir fällt sein Name wieder ein **7** ***cela revient à …*** das läuft auf … hinaus; ***cela revient au même*** das läuft aufs Gleiche hinaus **8** ***elle est revenue à elle*** sie ist wieder zu sich gekommen; ***elle est revenue de sa surprise*** sie hat sich von ihrer Überraschung erholt; *umg.* ***je n'en reviens pas*** ich kann es gar nicht fassen **9** ***cela revient cher*** das ist teuer **10** ***faire ~ les oignons*** die Zwiebeln anbraten *od.* andünsten
▸ **revenu** *m* [ʀəv(ə)ny] Einkommen *n*
▸ **rêver** [ʀɛve] träumen
réverbère *m* [ʀevɛʀbɛʀ] Straßenlaterne *f*
rêverie *f* [ʀɛvʀi] Träumerei *f*
rêv|eur, ~euse [ʀɛvœʀ, -øz] **1** verträumt **2** ***cela m'a laissé rêveur*** das stimmte mich nachdenklich
réviser [ʀevize] **1** TECH überholen **2** (*ändern*) überarbeiten **3** (*durchsehen*) überprüfen **4** *für die Schule*: wiederholen **5** revidieren (*Urteil, Meinung*)
révision *f* [ʀevizjõ] **1** Revision *f* (*a.* JUR) **2** (*Änderung*) Überarbeitung *f* **3** (*Durchsicht*) Überprüfung *f* **4** *von e-m Motor*: Überholung *f*; *von e-m Auto*: Inspektion *f* **5** *für die Schule*: Wiederholung *f*; ***faire ses ~s*** den Stoff wiederholen
▸ **revoir**[1] [ʀ(ə)vwaʀ] ⟨*wie* ***voir***⟩ **1** wieder sehen **2** noch einmal ansehen **3** noch einmal durchsehen (*Text*) **4** wiederholen (*Lektion usw.*) **5** *im Geiste*: (noch) vor sich sehen
revoir[2] *m* [ʀ(ə)vwaʀ] ***au ~!*** auf Wiedersehen!
révolte *f* [ʀevɔlt] **1** *bes.* POL Revolte *f*, Aufstand *m* **2** *fig.* Empörung *f*
se révolter [səʀevɔlte] **1** *bes.* POL revoltieren, sich auflehnen **2** *fig.* sich empören (***contre*** über)
▸ **révolution** *f* [ʀevɔlysjõ] **1** Revolution *f* **2** *umg.* ***toute la famille est en ~*** die ganze Familie ist in Aufruhr **3** *von Himmelskörpern*: Umlauf *m* **4** MATH Rotation *f*, Umdrehung *f*
révolutionnaire[1] [ʀevɔlysjɔnɛʀ] (⚠ *mit zwei* n) revolutionär
révolutionnaire[2] *m,f* [ʀevɔlysjɔnɛʀ] (⚠ *mit zwei* n) Revolutionär(in) *m(f)*
revolver *m* [⚠ ʀevɔlvɛʀ] Revolver *m*
▸ **revue** *f* [ʀ(ə)vy] **1** Zeitschrift *f* **2** (*Show*) Revue *f* **3** *von Zeitungen, Unterlagen usw.*: Durchsicht *f* **4** MIL Truppenparade *f*
▸ **rez-de-chaussée** *m* [⚠ ʀedʃose] ⟨*unv.*⟩ Erdgeschoss *n*, Ⓐ Erdgeschoß *n*
RFA *f* [ɛʀɛfa] (*Abk. für* République fédérale d'Allemagne) BRD *f*
rhabiller [ʀabije] wieder anziehen
▸ **Rhin** *m* [ʀɛ̃] Rhein *m*
rhinocéros *m* [⚠ ʀinɔseʀɔs] Nashorn *n*
Rhône *m* [ʀon] (⚠ le Rhône) Rhone *f* (*frz. Fluss*)
rhubarbe *f* [ʀybaʀb] Rhabarber *m*
rhum *m* [⚠ ʀɔm] Rum *m*
▸ **rhume** *m* [ʀym] Erkältung *f*, Schnupfen *m*; ***le ~ des foins*** der Heuschnupfen
ri [ʀi] → ***rire***[1]
ricaner [ʀikane] **1** grinsen **2** kichern
▸ **riche**[1] [ʀiʃ] **1** reich **2** ***~ en vitamines*** vitaminreich **3** (*Ausstattung usw.*) kostbar, prächtig **4** (*Boden*) fruchtbar; (*Lebensmittel*) nahrhaft

R

riche2 *m,f* [ʀiʃ] Reiche(r) *f(m)*
▸**richesse** *f* [ʀiʃɛs] **1** Reichtum *m* **2** ***les ~s du sous-sol*** die Bodenschätze **3** (*Pracht*) Kostbarkeit *f* **4** *e-s Lebensmittels*: Nahrhaftigkeit *f*
ricocher [ʀikɔʃe] (*Geschoss usw.*) abprallen; *auf der Wasseroberfläche*: hüpfen
ride *f* [ʀid] Falte *f*
ridé(e) [ʀide] **1** (*Haut*) faltig, runzelig **2** (*Apfel*) schrumpelig
▸**rideau** *m* [ʀido] ⟨*Pl* **~x**⟩ **1** *innen*: Vorhang *m*; ***le ~ de douche*** der Duschvorhang **2** *außen*: Rollladen *m*
▸**ridicule**1 [ʀidikyl] lächerlich
ridicule2 *m* [ʀidikyl] Lächerlichkeit *f*
ridiculiser [ʀidikylize] lächerlich machen
▸**rien**1 [ʀjɛ̃] **1** (***ne …***) **~** nichts; ***il ne sait ~*** er weiß nichts **2** ▸ ***rien du tout*** gar nichts **3** **~ *que …*** nur …, nichts als …; **~ *que ça?*** so wenig?, nicht mehr?; **~ *que d'y penser*** schon (allein) der Gedanke daran **4** ***en ~*** in keiner Weise **5** *Wendungen*: ***ce n'est ~*** das macht nichts, das ist halb so schlimm; ***il n'en est ~*** das ist nicht der Fall **6** *als Antwort auf e-n Dank*: ***de ~!*** bitte!, nichts zu danken!
rien2 *m* [ʀjɛ̃] **1** Kleinigkeit *f*, Bagatelle *f* **2** ***un ~ de …*** (nur) ganz wenig …
rigolade *f* [ʀigɔlad] *umg.* Spaß *m*, Ulk *m*
rigoler [ʀigɔle] *umg.* **1** lachen **2** ***tu rigoles!*** du machst (wohl) Witze!; ***il ne faut pas ~ avec ça*** damit ist nicht zu spaßen
rigol|o, ~ote [ʀigɔlo, -ɔt] *umg.* lustig, ulkig
rigour|eux, ~euse [ʀiguʀø, -øz] streng
rigueur *f* [ʀigœʀ] **1** Strenge *f* **2** ***à la ~*** notfalls, zur Not **3** ***c'est de ~*** das ist erforderlich *od.* unerlässlich
rime *f* [ʀim] Reim *m*
rimer [ʀime] **1** sich reimen **2** *fig.* ***cela ne rime à rien*** das ist völlig sinnlos
rimmel® *m* [ʀimɛl] Wimperntusche *f*
rincer [ʀɛ̃se] ⟨**-ç-**⟩ abspülen, ausspülen
▸**rire**1 [ʀiʀ] ⟨*prés.*: ***je ris, nous rions***; *p/s*: ***il rit***; *subj.*: ***que je rie, que nous riions***; *p/p*: ***ri***⟩ **1** lachen **2** ***tu me fais ~!*** dass ich nicht lache! **3** scherzen, Spaß machen; ***c'était pour ~*** das war nur Spaß
rire2 *m* [ʀiʀ] Lachen *n*, Gelächter *n*; ***le fou ~*** *od.* ***la crise de fou ~*** der Lachkrampf
risée *f* [ʀize] Gespött *n*
▸**risque** *m* [ʀisk] Risiko *n*; ***à tes, ses*** *usw.* ***~s et périls*** auf eigene Gefahr; ***prendre un ~*** ein Risiko eingehen
risqué(e) [ʀiske] riskant
risquer [ʀiske] **1** **~ *qc*** etw riskieren **2** ***tu risques de tomber*** du könntest fallen; ***la maison risque de s'écrouler*** das Haus droht einzustürzen; ***ça risque de réussir*** das könnte vielleicht gelingen **3** ***il s'est risqué à le faire*** er hat sich darauf eingelassen, es zu tun
rissoler [ʀisɔle] ***faire ~*** goldbraun braten *od.* backen
ristourne *f* [ʀistuʀn] Rabatt *m*
rite *m* [ʀit] **1** REL Ritus *m* **2** (*feste Gewohnheit*) Ritual *n*
rivage *m* [ʀivaʒ] Küste *f*, Ufer *n*
rival(e)1 *m(f)* [ʀival] ⟨*m Pl* **-aux**⟩ Rivale *m*, Rivalin *f*
rival(e)2 [ʀival] ⟨*m Pl* **-aux**⟩ rivalisierend
rivaliser [ʀivalize] rivalisieren
rivalité *f* [ʀivalite] Rivalität *f*
▸**rive** *f* [ʀiv] Ufer *n*
riverain(e) *m(f)* [ʀivʀɛ̃(-ɛn)] Anlieger(in) *m(f)*, Anwohner(in) *m(f)*, Ⓐ Anrainer(in) *m(f)*, ⒸⒽ Anstößer(in) *m(f)*
▸**rivière** *f* [ʀivjɛʀ] Fluss *m*
▸**riz** *m* [ʀi] Reis *m*
RMI *m* [ɛʀɛmi] (*Abk. für* revenu minimum d'insertion) ≈ Sozialhilfe *f*
RNIS *m* [ɛʀɛniɛs] (*Abk. für* réseau numérique à intégration de services) ISDN *n*
▸**robe** *f* [ʀɔb] **1** Kleid *n* **2** *von Richtern usw.*: Robe *f*, Talar *m* **3** ***la ~ de chambre*** der Morgenrock
▸**robinet** *m* [ʀɔbinɛ] *für Wasser, Gas*: Hahn *m*; ***l'eau du ~*** das Leitungswasser
robot *m* [ʀɔbo] **1** Roboter *m* **2** Küchenmaschine *f*
robuste [ʀɔbyst] robust, widerstandsfähig
roc *m* [ʀɔk] Fels *m*
rocade *f* [ʀɔkad] Umgehungsstraße *f*
roche *f* [ʀɔʃ] **1** Fels *m*, Felsen *m* **2** Gestein *n*
▸**rocher** *m* [ʀɔʃe] Fels *m*, Felsen *m*
roch|eux, ~euse [ʀɔʃø, -øz] **1** felsig, Fels…, Felsen… **2** ***les montagnes Ro-***

R

cheuses die Rocky Mountains
rock|eur *m*, **~euse** *f* [ʀɔkœʀ, -øz] **1** Rocksänger(in) *m(f)* **2** Rockfan *m*
roder [ʀɔde] **1** einfahren (*Auto*) **2** einarbeiten (*Person*) **3** einstudieren (*Stück*)
rôder [ʀode] sich herumtreiben
rogner [ʀɔɲe] **1** beschneiden (*Flügel, Klauen usw.*) **2** ***~ sur la nourriture*** am Essen sparen
rognon *m* [ʀɔɲõ] GASTR Niere *f*
▸**roi** *m* [ʀwa] König *m*
Roi-Soleil *m* [ʀwasɔlɛj] ***le ~*** der Sonnenkönig (*Beiname Ludwigs XIV.*)
▸**rôle** *m* [ʀol] (⚠ le rôle) **1** Rolle *f* **2** ***le premier ~*** die Hauptrolle **3** ***il a le beau ~*** er hat das Richtige getroffen, er steht gut da
▸**rollers** *m Pl* [⚠ ʀɔlœʀ] Inline-Skates *m Pl*
romain(e) [ʀɔmɛ̃(-ɛn)] römisch
Romain(e) *m(f)* [ʀɔmɛ̃(-ɛn)] Römer(in) *m(f)*
▸**roman** *m* [ʀɔmɑ̃] Roman *m*; ***le ~ policier*** der Kriminalroman
roman(e) [ʀɔmɑ̃(-an)] romanisch
romand(e) [ʀɔmɑ̃(d)] ***la Suisse romande*** die französische Schweiz
romantique [ʀɔmɑ̃tik] romantisch
romantisme *m* [ʀɔmɑ̃tism] Romantik *f*
romarin *m* [ʀɔmaʀɛ̃] (⚠ romarin) Rosmarin *m*
Rome [ʀɔm] Rom *n*
rompre [ʀõpʀ] ⟨*prés.*: ***je, tu romps, il rompt***⟩ **1** brechen **2** unterbrechen (*Monotonie*); abbrechen (*Beziehung*); durchbrechen (*Schweigen*) **3** ***elle a rompu avec lui*** sie hat mit ihm Schluss gemacht **4** ***se ~*** brechen, reißen
ronce *f* [ʀõs] Brombeerstrauch *m*
rond *m* [ʀõ] **1** *Gegenstand*: Ring *m*; ***le ~ de serviette*** der Serviettenring **2** *Form*: Kreis *m*; ***tourner en ~*** sich im Kreis drehen **3** *umg.* ***des ~s*** Kohle *f*, Knete *f*
▸**rond(e)** [ʀõ(d)] **1** rund **2** (*dick*) rundlich, mollig **3** *umg.* betrunken, blau **4** ***le moteur tourne rond*** der Motor läuft gut; *fig.* ***ça ne tourne pas rond*** da stimmt etw nicht **5** ***ça fait cent euros tout rond*** das macht genau hundert Euro
ronde *f* [ʀõd] **1** Runde *f*; *von Polizisten*: Streife *f* **2** ***à la ~*** im Umkreis **3** MUS ganze Note **4** *Tanz*: Reigen *m*
rondel|et, ~ette [ʀõdlɛ, -ɛt] mollig, pummelig
rondelle *f* [ʀõdɛl] *von Wurst, Gemüse usw.*: Scheibe *f*, Scheibchen *n*
rondeur *f* [ʀõdœʀ] **1** *am Körper*: Rundung *f* **2** *im Charakter*: Offenheit *f*, Ehrlichkeit *f*
rond-point *m* [ʀõpwɛ̃] ⟨*Pl* ***ronds-points***⟩ **1** runder Platz **2** *bes.*: Kreisverkehr *m*
ronflement *m* [ʀõfləmɑ̃] Schnarchen *n*
ronfler [ʀõfle] **1** schnarchen **2** (*Motor*) brummen; (*Ofen*) bullern
ronger [ʀõʒe] ⟨***-ge-***⟩ **1** ***~ un os*** an e-m Knochen nagen **2** (*Rost usw.*) zerfressen, angreifen **3** ***se ~ les ongles*** Nägel kauen
ronron *m* [ʀõʀõ] Schnurren *n*
ronronner [ʀõʀɔne] schnurren
rosaire *m* [ʀɔzɛʀ] Rosenkranz *m*
rosbif *m* [ʀɔzbif] Roastbeef *n*, Ⓐ Beiried *n od. f*
▸**rose**[1] *f* [ʀoz] **1** Rose *f* **2** *umg.* ***elle l'a envoyé sur les ~s*** sie hat ihn abblitzen lassen
▸**rose**[2] [ʀoz] rosa
roseau *m* [ʀozo] ⟨*Pl* ***~x***⟩ Schilf *n*
rosée *f* [ʀoze] *am Morgen*: Tau *m*
rossignol *m* [ʀɔsiɲɔl] Nachtigall *f*
rotation *f* [ʀɔtasjõ] **1** Drehung *f*, Umdrehung *f* **2** (*Wechsel*) Rotation *f*, Turnus *m*
roter [ʀɔte] *umg.* rülpsen
▸**rôti** *m* [ʀoti] Braten *m*
rôti(e) [ʀoti] gebraten, Brat…
rôtir [ʀotiʀ] braten
rôtisserie *f* [ʀɔtisʀi] Grillrestaurant *n*
rotule *f* [ʀɔtyl] **1** Kniescheibe *f* **2** *umg.* ***je suis sur les ~s*** ich gehe auf dem Zahnfleisch
rouble *m* [ʀubl] *Währung*: Rubel *m*
roucouler [ʀukule] **1** (*Taube*) gurren **2** (*Verliebte*) turteln
▸**roue** *f* [ʀu] **1** Rad *n*; ***la grande ~*** das Riesenrad **2** ***la ~ libre*** *beim Fahrrad*: der Freilauf **3** ***pousser à la ~*** nachhelfen
▸**rouge**[1] [ʀuʒ] rot
rouge[2] *m* [ʀuʒ] **1** Rot *n* **2** ***le feu passe au ~*** die Ampel schaltet auf Rot **3** *Färbung*: Röte *f* **4** Rotwein *m* **5** *Kosmetik*: ***le ~ à lèvres*** der Lippenstift; ***le ~ à joues*** das Rouge
rouge-gorge *m* [ʀuʒgɔʀʒ] ⟨*Pl* ***rouges-***

-gorges⟩ Rotkehlchen *n*
rougeole *f* [ruʒɔl] Masern *Pl*
rougir [ruʒir] rot werden
rouille *f* [ruj] Rost *m*
rouiller [ruje] (***se***) ~ rosten, verrosten
roulant(e) [rulɑ̃(t)] fahrbar, Roll…; ***la table roulante*** der Servierwagen
rouleau *m* [rulo] ⟨*Pl* ***~x***⟩ **1** *aus Papier usw.*: Rolle *f* **2** *Maschine*: Walze *f* **3** Lockenwickler *m* **4** (große) Welle **5** ***il est au bout du ~*** er ist völlig am Ende
roulement *m* [rulmɑ̃] **1** *Bewegung*: Rollen *n* **2** *Geräusch*: Dröhnen *n*; *Donner*: Grollen *n*; ***un ~ de tambours*** ein Trommelwirbel **3** ***travailler par ~*** in Schichten arbeiten
▸ **rouler** [rule] **1** (*Ball usw.*) rollen **2** (*Fahrzeug*) fahren **3** (*Schiff*) schlingern **4** (*drehen*) rollen; ***~ un tapis, une crêpe*** e-n Teppich, e-e Crêpe zusammenrollen; ***~ une cigarette*** e-e Zigarette drehen; ***~ dans la farine*** in Mehl wälzen **5** *umg.* reinlegen, übers Ohr hauen **6** *umg.* ***ça roule!*** alles in Butter! **7** (*Donner*) grollen **8** ***se ~ par terre*** sich auf dem Boden wälzen; ***se ~ en boule*** sich zu e-r Kugel zusammenrollen
roulette[1] *f* [rulɛt] **1** (kleine) Rolle **2** *beim Zahnarzt*: Bohrer *m* **3** *umg.* ***ça marche comme sur des ~s*** es läuft wie geschmiert
roulette[2] *f* [rulɛt] (⚠ la roulette) *Spiel*: Roulette *n*
roulotte *f* [rulɔt] Wohnwagen *m*
roumain(e) [rumɛ̃(-ɛn)] rumänisch
Roumain(e) *m*(*f*) [rumɛ̃(-ɛn)] Rumäne *m*, Rumänin *f*
Roumanie [rumani] ***la ~*** Rumänien *n*
rouquin(e) [rukɛ̃(-in)] **1** (*Haar*) rot **2** (*Person*) rothaarig
roussi *m* [rusi] ***ça sent le ~*** es riecht angebrannt; *fig.* es wird brenzlig
▸ **route** *f* [rut] **1** Straße *f*, Landstraße *f*; ***la ~ de Paris*** die Straße nach Paris; ***la ~ à priorité*** die Vorfahrtsstraße **2** (*Route*) Strecke *f*, Weg *m* **3** (*Reise*) Fahrt *f*; ***dix heures de ~*** zehn Stunden Fahrt; ***bonne ~!*** gute Fahrt! **4** ***en ~*** unterwegs; ***se mettre en ~*** sich auf den Weg machen, aufbrechen; ***mettre en ~*** in Gang setzen; ***en ~!*** auf geht's!
routier[1] *m* [rutje] Fernfahrer *m*
rout|ier[2], **~ière** [rutje, -jɛr] Straßen…
routine *f* [rutin] Routine *f*
rouvrir [ruvrir] ⟨*wie* ***couvrir***⟩ wieder öffnen, wieder aufmachen
▸ **roux, rousse** [ru, rus] **1** (*Haare*) rot **2** (*Person*) rothaarig
royal(e) [rwajal] ⟨*m Pl* ***-aux***⟩ **1** königlich, Königs… **2** (*Geschenk, Gehalt, Essen usw.*) fürstlich
royaume *m* [rwajom] Königreich *n*, Reich *n*
Royaume-Uni [rwajomyni] ***le ~*** das Vereinigte Königreich (von Großbritannien)
ruban *m* [rybɑ̃] **1** Band *n* **2** ***le ~ adhésif*** das Klebeband **3** ***le ~ magnétique*** das Tonband
rubéole *f* [rybeɔl] Röteln *Pl*
rubis *m* [rybi] Rubin *m*
rubrique *f* [rybrik] Rubrik *f*; *e-r Zeitung a.*: Teil *m*
ruche *f* [ryʃ] Bienenstock *m*, Bienenkorb *m*
rude [ryd] **1** (*Person, Manieren*) grob, rüde **2** (*Probe, Beruf, Winter*) hart
rudiments *m Pl* [rydimɑ̃] Grundkenntnisse *f Pl*, Grundbegriffe *m Pl*
▸ **rue** *f* [ry] **1** Straße *f*; ***dans la ~*** auf der Straße; ***la grande ~*** die Hauptstraße **2** ***descendre dans la ~*** *als Demonstrant*: auf die Straße gehen; ***être à la ~*** *als Arbeitsloser*: auf der Straße stehen
ruelle *f* [rɥɛl] Sträßchen *n*, (enge) Gasse
rugu|eux, ~euse [rygø, -øz] rau
▸ **ruine** *f* [rɥin] **1** ***les ~s*** die Ruinen, die Trümmer **2** ***une maison en ~*** ein verfallenes Haus; ***tomber en ~*** verfallen
ruiner [rɥine] ruinieren
▸ **ruisseau** *m* [rɥiso] ⟨*Pl* ***~x***⟩ **1** Bach *m* **2** *a. fig.* Gosse *f*
rumeur *f* [rymœr] **1** Gerücht *n* **2** *von Stimmen*: Gemurmel *n*; *von Tönen u. a.*: (dumpfes) Geräusch
ruminer [rymine] **1** (*Kuh*) wiederkäuen **2** *fig.* ***~ qc*** über etw nachgrübeln *od.* brüten
rupture *f* [ryptyr] **1** (*Zerreißen*) Riss *m*, Bruch *m* **2** (*Trennung*) Bruch *m* **3** *von Beziehungen*: Abbruch *m*; ***ils sont en ~*** (***avec la société***) sie wollen mit der Gesellschaft nichts mehr zu tun haben **4** ***la ~ d'un contrat*** der Vertragsbruch
rural(e) [ryral] ⟨*m Pl* ***-aux***⟩ **1** ländlich; (*Leben*) Land… **2** (*Betrieb usw.*) landwirtschaftlich

R

ruse *f* [ʀyz] List *f*
rusé(e) [ʀyze] listig
russe [ʀys] russisch
Russe *m,f* [ʀys] Russe *m*, Russin *f*
Russie [ʀysi] ***la*** **~** Russland *n*
rustique [ʀystik] rustikal, bäuerlich
▸ **rythme** *m* [ʀitm] (⚠ rythme) Rhythmus *m*

S

s' [s] **1** → ***se*** **2** → ***si***[1]
▸ **sa** [sa] sein(e), ihr(e)
SA *f* [ɛsa] (*Abk. für* société anonyme) AG *f* (Aktiengesellschaft)
sabbat *m* [⚠ saba] Sabbat *m*
▸ **sable** *m* [sabl] Sand *m*
sabler [sable] **1** mit Sand bestreuen (*Straße usw.*) **2** sandstrahlen (*Fassade usw.*)
sablier *m* [sablije] Sanduhr *f*, Eieruhr *f*
sabot *m* [sabo] **1** Holzschuh *m* **2** zo Huf *m*
sabotage *m* [sabɔtaʒ] (⚠ le sabotage) Sabotage *f*
saboter [sabɔte] **1** hinschludern (*Arbeit*) **2** sabotieren (*Verhandlung, Politik usw.*)
sabre *m* [sabʀ] Säbel *m*
▸ **sac**[1] *m* [sak] **1** Tasche *f*, Handtasche *f* **2** *Behälter*: Sack *m*; *kleiner*: Tüte *f*, Beutel *m* **3** ***le ~ à dos*** der Rucksack; ***le ~ de plage*** die Badetasche; ***le ~ de voyage*** die Reisetasche **4** *Wendungen*: ***elle met tout dans le même ~*** sie wirft alles in einen Topf; *umg.* ***il a vidé son ~*** (*er hat die Wahrheit gesagt*) er hat ausgepackt

Le sac:
Sack, Tasche, Beutel oder Tüte?

le sac de sable	Sandsack
le sac à dos	Rucksack
le sac de couchage	Schlafsack
le sac à main	Handtasche
le sac de voyage	Reisetasche
le sac en papier	Papiertüte
le sac en plastique	Plastiktüte
le sac poubelle	Müllbeutel, Mülltüte

sac[2] *m* [sak] ***mettre à ~*** plündern
saccade *f* [sakad] **1** Ruck *m*, Stoß *m* **2** ***par ~s*** stoßweise, ruckweise
saccadé(e) [sakade] **1** (*Bewegung*) ruckartig **2** (*Stimme*) abgehackt
saccager [sakaʒe] ⟨**-ge-**⟩ **1** plündern (*Stadt usw.*) **2** verwüsten (*Felder usw.*)
sacerdoce *m* [sasɛʀdɔs] Priesteramt *n*
sachant [saʃɑ̃], **sache** [saʃ] → ***savoir***[1]
sachet *m* [saʃɛ] **1** Beutel *m*, Tüte *f* **2** ***le ~ de thé*** der Teebeutel
sacoche *f* [sakɔʃ] **1** Umhängetasche *f* **2** *fürs Fahr-, Motorrad*: Satteltasche *f*
▸ **sacré(e)** [sakʀe] **1** heilig **2** (*Kunst usw.*) sakral **3** *umg.* (⚠ *immer vorangestellt*) verdammt, verflucht; ***une sacrée chance*** verdammtes Glück
sacrement *m* [sakʀəmɑ̃] (⚠ sacrement) Sakrament *n*
sacrer [sakʀe] **~ *roi*** zum König salben
sacrifice *m* [sakʀifis] Opfer *n*
sacrifier [sakʀifje] **1** opfern **2** verschleudern (*Waren*); ***à prix sacrifiés*** zu Schleuderpreisen
sadique[1] [sadik] sadistisch
sadique[2] *m,f* [sadik] Sadist(in) *m(f)*
safari *m* [safaʀi] (⚠ le safari) Safari *f*
safran *m* [safʀɑ̃] Safran *m*
sagacité *f* [sagasite] Scharfsinn *m*
▸ **sage** [saʒ] **1** weise, klug **2** (*Kind*) brav, artig
sage-femme *f* [saʒfam] ⟨*Pl* ***sages-femmes***⟩ Hebamme *f*
sagesse *f* [saʒɛs] **1** Weisheit *f*, Klugheit *f* **2** *bes. von Kindern*: Artigkeit *f*, Bravheit *f*
Sagittaire *m* [saʒitɛʀ] ASTR Schütze *m*
saignant(e) [sɛɲɑ̃(t)] **1** blutig **2** (*Fleisch*) nicht durchgebraten; (*Steak*) englisch
saignement *m* [sɛɲmɑ̃] **1** Bluten *n* **2** ***les ~s de nez*** das Nasenbluten
▸ **saigner** [sɛɲe] bluten (***du nez*** aus der Nase)
▸ **sain(e)** [sɛ̃ (sɛn)] **1** gesund **2** ***sain et sauf*** wohlbehalten, heil **3** (*Ideen, Urteil usw.*) vernünftig

saindoux *m* [sɛ̃du] Schweineschmalz *n*
▸**saint** *m* [sɛ̃] Heilige(r) *m*
saint(e) [sɛ̃(t)] **1** heilig **2** ***saint Martin*** Sankt Martin, der heilige Martin
saint-bernard *m* [sɛ̃bɛʀnaʀ] ⟨*unv.*⟩ Bernhardiner *m*
▸**sainte** *f* [sɛ̃t] Heilige *f*
Saint-Esprit *m* [sɛ̃tɛspʀi] Heilige(r) Geist
Saint-Père *m* [sɛ̃pɛʀ] Heilige(r) Vater
Saint-Siège *m* [sɛ̃sjɛʒ] Heilige(r) Stuhl
sais [sɛ] → ***savoir***[1]
saisie *f* [sezi] **1** IT Erfassung *f* **2** JUR Pfändung *f* **3** *von Drogen usw.*: Beschlagnahmung *f*
▸**saisir** [seziʀ] **1** ergreifen, fassen, packen; auffangen (*Ball*) **2** ~ ***l'occasion*** die Gelegenheit ergreifen **3** (*erfassen*) verstehen, begreifen **4** (*Gefühl*) packen, überkommen; ***saisi d'horreur*** von Grauen gepackt **5** pfänden (*Güter*); beschlagnahmen (*Drogen usw.*) **6** ***le tribunal a été saisi de l'affaire*** die Sache wurde vor Gericht gebracht **7** IT erfassen (*Daten*) **8** ***se*** ~ ***du voleur*** den Dieb fassen
saisissant(e) [sezisɑ̃(t)] **1** (*Ähnlichkeit*) erstaunlich, frappierend **2** (*Kälte*) durchdringend, schneidend
▸**saison** *f* [sɛzõ] **1** Jahreszeit *f* **2** *für Tourismus, Handel usw.*: Saison *f* **3** ZO ***la*** ~ ***des amours*** die Paarungszeit
saisonn|ier, ~ière [sɛzɔnje, -jɛʀ] **1** der Jahreszeit entsprechend, jahreszeitlich **2** WIRTSCH *usw.* saisonbedingt; (*Arbeit usw.*) Saison…
sait [sɛ] → ***savoir***[1]
▸**salade** *f* [salad] (⚠ la salade) Salat *m*; ***une*** ~ ***composée*** ein gemischter Salat; ***une*** ~ ***de fruits*** ein Obstsalat; ***une*** ~ ***niçoise*** ein Nizza-Salat
▸**saladier** *m* [saladje] Salatschüssel *f*
▸**salaire** *m* [salɛʀ] Gehalt *n*, (CH) Salär *n*; *von Arbeitern a.*: Lohn *m*
salarié(e) *m(f)* [salaʀje] Arbeitnehmer(in) *m(f)*
salaud *m* [salo] *umg.* Dreckskerl *m*, Schwein *n*
▸**sale** [sal] **1** ⚠ *nachgestellt*: schmutzig, dreckig; ***j'ai les mains*** ~***s*** ich habe schmutzige Hände **2** ⚠ *vorangestellt*: gemein, mies, fies; ***quel*** ~ ***temps!*** so ein Sauwetter!
▸**salé(e)** [sale] **1** (*Meerwasser, Geschmack*) salzig; ***l'eau f salée*** das Salzwasser **2** (*Essen, Rechnung*) gesalzen; ***trop salé*** versalzen
saler [sale] **1** salzen (*Essen*) **2** ~ ***une route*** auf e-r Straße Salz streuen
▸**saleté** *f* [salte] **1** Schmutz *m*, Dreck *m*; ***faire des*** ~***s sur le tapis*** den Teppich schmutzig machen **2** Schmutzigkeit *f*, Unsauberkeit *f* **3** (*Unanständigkeit*) Schweinerei *f*
▸**salir** [saliʀ] schmutzig *od.* dreckig machen
salissant(e) [salisɑ̃(t)] **1** (*Stoff*) empfindlich **2** (*Arbeit*) schmutzig
salive *f* [saliv] Speichel *m*
saliver [salive] ***faire*** ~ ***qn*** j-m den Mund wässrig machen
▸**salle** *f* [sal] (⚠ la salle) **1** Saal *m*, Halle *f*; ▸ ***la salle d'attente*** *im Bahnhof*: die Wartehalle, der Wartesaal; ***la*** ~ ***de cinéma*** der Kinosaal; ***la*** ~ ***d'opération*** der OP-Raum **2** *in e-m Haus*: Zimmer *n*, Raum *m*; ▸ ***la salle à manger*** das Esszimmer; ▸ ***la salle de bains*** das Badezimmer; ▸ ***la salle de séjour*** das Wohnzimmer **3** SPORT ***football*** *usw.* ***en*** ~ Hallenfußball *m usw.*
▸**salon** *m* [salõ] **1** Wohnzimmer *n*, Salon *m* **2** ***le*** ~ ***de coiffure*** der Frisiersalon **3** ***le*** ~ ***de thé*** ⚠ das Café **4** ***le Salon de l'automobile*** die Automobilausstellung; ***le Salon du livre*** die Buchmesse
salopard *m* [salɔpaʀ] *umg.* Dreckskerl *m*, Schwein *n*
salope *f* [salɔp] *umg.* **1** Schlampe *f* **2** Miststück *n*
saloper [salɔpe] *umg.* versauen
salopette *f* [salɔpɛt] Latzhose *f*
salsa *f* [salsa] Salsa *m*
salsifis *m* [⚠ salsifi] Schwarzwurzel *f*
salubre [salybʀ] (*Klima usw.*) gesund
▸**saluer** [salɥe] **1** grüßen, begrüßen **2** MIL salutieren
salut[1] *m* [saly] Gruß *m*, Begrüßung *f*
salut[2] [saly] *umg.* ~**!** **1** *zur Begrüßung*: hallo!, gruß dich!, (A) servus!, (CH) grüezi! **2** *zum Abschied*: tschüs(s)!, tschau!
salut[3] *m* [saly] **1** Wohl *n* **2** *bes.* REL Rettung *f*, Heil *n*
salutaire [salytɛʀ] **1** (*Mittel usw.*) heilsam, wohltuend **2** (*Ratschlag usw.*) nützlich
salutations *f Pl* [salytasjõ] Grüße *m*

S

Pl; *am Briefende*: ***mes cordiales ~*** mit freundlichen Grüßen
samedi *m* [samdi] **1** Samstag *m*, Sonnabend *m* **2** ***le ~*** samstags
SAMU *m* [samy] (*Abk. für* Service d'aide médicale d'urgence) **1** Rettungsdienst *m*, Notdienst *m* **2** Rettungsarzt *m*, Notarzt *m*
sanction *f* [sɑ̃ksjõ] **1** Strafe *f*, Bestrafung *f*, Strafmaßnahme *f* **2** POL ***prendre des ~s*** Sanktionen verhängen
sanctionner[1] [sɑ̃ksjɔne] bestrafen
sanctionner[2] [sɑ̃ksjɔne] (*gutheißen*) billigen, sanktionieren
sandwich *m* [⚠ sɑ̃dwi(t)ʃ] Sandwich *n*, belegtes Brot
▸**sang** *m* [sɑ̃] **1** Blut *n* **2** *fig.* ***je me fais du mauvais ~*** ich mache mir Sorgen
sang-froid *m* [sɑ̃fʀwa] **1** Gelassenheit *f*, Beherrschung *f*; ***il garde son ~*** er bewahrt e-n kühlen Kopf, er bleibt gelassen **2** ***avec*** (*od.* ***de***) ***~*** kaltblütig
sanglant(e) [sɑ̃glɑ̃(t)] blutig; (*Waffe usw.*) *a.* blutbeschmiert
sanglier *m* [sɑ̃glije] Wildschwein *n*
sanglot *m* [sɑ̃glo] Schluchzer *m*
sangloter [sɑ̃glɔte] schluchzen
sangsue *f* [sɑ̃sy] Blutegel *m*
sanguin(e) [sɑ̃gɛ̃(-in)] Blut…
sanitaire [sanitɛʀ] **1** Gesundheits…, Sanitäts… **2** (*Einrichtungen, Anlagen*) sanitär
▸**sans** [sɑ̃] **1** ohne **2** ***~ valeur*** wertlos; ▸ ***sans plomb*** bleifrei **3** ***~ rien dire*** ohne etwas zu sagen **4** ***~ quoi*** sonst
sans-abri *m,f* [sɑ̃zabʀi] ⟨*unv.*⟩ Obdachlose(r) *f(m)*
sans-emploi *m,f* [sɑ̃zɑ̃plwa] ⟨*unv.*⟩ Arbeitslose(r) *f(m)*
sans-fil *m* [sɑ̃fil] ⟨*unv.*⟩ schnurloses Telefon
sans-gêne[1] [sɑ̃ʒɛn] ⟨*unv.*⟩ ungeniert, dreist
sans-gêne[2] *m* [sɑ̃ʒɛn] ⟨*unv.*⟩ Unverfrorenheit *f*
sans-papiers *m,f* [sɑ̃papje] ⟨*unv.*⟩ Illegale(r) *f(m)* (*ohne Aufenthaltsgenehmigung*)
▸**santé** *f* [sɑ̃te] **1** Gesundheit *f*; ***en bonne ~*** gesund; ***en mauvaise ~*** nicht gesund **2** ***meilleure ~!*** gute Besserung! **3** ***à ta ~!*** auf dein Wohl!
santon *m* [sɑ̃tõ] Krippenfigur *f* (*aus der Provence*)
saoud|ien, ~ienne [saudjɛ̃, -jɛn] saudi-arabisch
saper [sape] **1** unterhöhlen; (*Wasser usw.*) unterspülen **2** untergraben (*Autorität*)
se saper [səsape] *umg.* sich anziehen
sapeur-pompier *m* [sapœʀpõpje] ⟨*Pl* ***sapeurs-pompiers***⟩ Feuerwehrmann *m*
▸**sapin** *m* [sapɛ̃] **1** Tanne *f* **2** ***le ~ de Noël*** der Weihnachtsbaum
sarcasme *m* [saʀkasm] **1** Sarkasmus *m* **2** sarkastische Bemerkung
sarcastique [saʀkastik] sarkastisch
Sardaigne [saʀdɛɲ] ***la ~*** Sardinien *n*
sardine *f* [saʀdin] Sardine *f*
SARL *f* [ɛsaɛʀɛl] (*Abk. für* Société à Responsabilité Limitée) GmbH *f*
sarrasin *m* [saʀazɛ̃] Buchweizen *m*
Sarre *f* [saʀ] **1** *Fluss*: Saar *f* **2** *Region*: Saarland *n*
sas *m* [⚠ sɑs] **1** *Raumfahrt*: Luftschleuse *f* **2** *e-r Schleuse*: Schleusenkammer *f*
satané(e) [satane] *vorangestellt*: verflixt, verdammt
satanique [satanik] satanisch, teuflisch
▸**satellite** *m* [satelit] **1** TECH Satellit *m* **2** ASTR Trabant *m*, Satellit *m* **3** POL Satellitenstaat *m*
satin *m* [satɛ̃] Satin *m*
satiné(e) [satine] **1** seidig (glänzend) **2** (*Haut*) seidenweich **3** (*Papier*) satiniert
satire *f* [satiʀ] Satire *f*
satisfaction *f* [satisfaksjõ] **1** Zufriedenheit *f* **2** *von Bedürfnissen, Wünschen*: Befriedigung *f*
satisfaire [satisfɛʀ] ⟨*wie* ***faire***⟩ **1** zufriedenstellen (*Person*) **2** befriedigen (*Neugier*); erfüllen (*e-n Wunsch*); stillen (*Hunger, Durst*) **3** ***~ à une condition*** e-e Bedingung erfüllen
▸**satisfaisant(e)** [⚠ satisfəzɑ̃(t)] befriedigend, zufriedenstellend
▸**satisfait(e)** [satisfɛ(t)] zufrieden (***de*** mit)
saturé(e) [satyʀe] **1** gesättigt **2** *Straße usw.*: überlastet **3** ***la terre est saturée d'eau*** die Erde ist völlig durchtränkt **4** *fig.* ***je suis saturé de chocolats*** ich kann keine Schokolade mehr sehen
▸**sauce** *f* [sos] Soße *f*, Sauce *f*; ***la ~ tomate*** die Tomatensoße
▸**saucisse** *f* [sosis] Würstchen *n*, Brat-

wurst *f*
▸ **saucisson** *m* [sosisõ] **1** *Aufschnitt:* Wurst *f* **2** ~ ***sec*** Hartwurst *f*, Dauerwurst *f*
▸ **sauf**[1] [sof] außer, bis auf, abgesehen von
sauf[2], **sauve** [sof, sov] ***sain et sauf*** wohlbehalten, unversehrt
saugrenu(e) [sogʀəny] (*Ideen usw.*) ausgefallen, albern, unsinnig
saumon *m* [somõ] Lachs *m*
saumure *f* [somyʀ] Salzlake *f*, Lake *f*
sauna *m* [sona] (⚠ le sauna) Sauna *f*
saupoudrer [sopudʀe] bestreuen (***de*** mit)
saura [sɔʀa] → ***savoir***[1]
saut *m* [so] **1** Sprung *m*; ***le ~ périlleux*** der Salto **2** *Sportarten:* ***le ~ à la perche*** der Stabhochsprung; ***le ~ en hauteur*** der Hochsprung; ***le ~ en longueur*** der Weitsprung **3** ***au ~ du lit*** beim Aufstehen **4** ***il a fait un ~ chez moi*** er kam auf e-n Sprung bei mir vorbei
saute *f* [sot] plötzlicher Wechsel; ***une ~ d'humeur*** ein Stimmungsumschwung
sauté(e) [sote] gebraten
saute-mouton *m* [sotmutõ] Bockspringen *n*
▸ **sauter** [sote] **1** springen, hüpfen **2** ***~ à la corde*** seilspringen; ***~ en parachute*** mit dem Fallschirm abspringen **3** sich stürzen (***sur*** auf); ***il m'a sauté au cou*** er fiel mir um den Hals **4** in die Luft fliegen, explodieren; ***~ sur une mine*** auf e-e Mine fahren *bzw.* laufen; ***faire ~*** sprengen; aufbrechen (*Schloss*) **5** (*Knopf*) abspringen; (*Glasscheibe*) zerspringen; (*Korken*) knallen; ***les plombs ont sauté*** die Sicherung ist durchgebrannt **6** überspringen (*Hindernis*) **7** auslassen (*Wort, Mahlzeit*); überspringen (*Klasse*); überlesen (*Zeile*) **8** GASTR ***faire ~*** braten
sauterelle *f* [sotʀɛl] Heuschrecke *f*
saut|eur *m*, **~euse** *f* [sotœʀ, -øz] SPORT Springer(in) *m(f)*
sautiller [sotije] hüpfen
▸ **sauvage** [sovaʒ] **1** wild (*a. Camping usw.*) **2** (*Mensch*) scheu, ungesellig
sauvagement [sovaʒmɑ̃] brutal, grausam
sauvegarde *f* [sovgaʀd] **1** Schutz *m* **2** *von Daten:* Sichern *n*, Sicherung *f*
sauvegarder [sovgaʀde] **1** wahren (*Rechte*); schützen (*Freiheit*) **2** sichern (*Daten*)
sauve-qui-peut *m* [sovkipø] ⟨*unv.*⟩ Panik *f*
▸ **sauver** [sove] **1** retten (***de*** vor) **2** REL erlösen **3** ▸ ***se sauver*** sich davonmachen
sauvetage *m* [sov(ə)taʒ] Rettung *f*, Bergung *f*
sauveteur *m* [sov(ə)tœʀ] Retter(in) *m(f)*
sauvette [sovɛt] ***vendre à la ~*** schwarz verkaufen
▸ **savant(e)**[1] *m(f)* [savɑ̃(t)] Gelehrte(r) *f(m)*, Wissenschaftler(in) *m(f)*
savant(e)[2] [savɑ̃(t)] **1** gelehrt **2** (*sachkundig*) sehr bewandert (***en*** in) **3** (*Ausführung usw.*) gekonnt, geschickt **4** (*Tier*) dressiert
savate *f* [savat] (*Schuh*) Schlappen *m*, Latschen *m*
saveur *f* [savœʀ] Geschmack *m*
▸ **savoir**[1] [savwaʀ] ⟨*prés.*: ***je sais, il sait, nous savons***; *imparf.*: ***je savais***; *p/s*: ***je sus***; *fut.*: ***je saurai***; *subj.*: ***je sache, nous sachions***; *p/pr*: ***sachant***; *p/p*: ***su***⟩ **1** wissen; ***je sais ton nom*** ich weiß deinen Namen; ***on ne sait jamais*** man kann nie wissen **2** *durch Fähigkeit, Lernen*: können, kennen; ***elle sait l'anglais*** sie kann Englisch; ***il sait lire*** er kann lesen **3** (*informiert werden*) erfahren; ***j'ai su son nom par ...*** ich habe seinen Namen durch ... erfahren **4** ***faire ~*** mitteilen, wissen lassen **5** *in Aufzählungen*: ***à ~ ...*** nämlich ... **6** ***ça se sait*** das ist bekannt **7** ***il se sait malade*** er weiß, dass er krank ist
savoir[2] *m* [savwaʀ] Wissen *n*, Gelehrsamkeit *f*
savoir-faire *m* [savwaʀfɛʀ] ⟨*unv.*⟩ Know-how *n*
savoir-vivre *m* [savwaʀvivʀ] ⟨*unv.*⟩ Lebensart *f*
▸ **savon** *m* [savõ] **1** Seife *f* **2** *umg. fig.* ***elle lui a passé un ~*** sie hat ihm den Kopf gewaschen
savonner [savɔne] einseifen
savonnette *f* [savɔnɛt] Toilettenseife *f*
savonn|eux, ~euse [savɔnø, -øz] seifig; (*Wasser*) Seifen...
savourer [savuʀe] genießen
savour|eux, ~euse [savuʀø, -øz] köstlich, lecker
saxophone *m* [saksɔfɔn] Saxophon *n*
scabr|eux, ~euse [skabʀø, -øz] (*unan-*

S

ständig) anstößig, schlüpfrig
scandale *m* [skɑ̃dal] **1** Skandal *m* **2** (*Empörung*) Entrüstung *f*
scandal|eux, ~euse [skɑ̃dalø, -øz] skandalös, unerhört
scandaliser [skɑ̃dalize] empören
scandinave [skɑ̃dinav] skandinavisch
Scandinavie [skɑ̃dinavi] ***la ~*** Skandinavien *n*
scanner[1] [skane] scannen, einscannen
scanner[2] *m* [⚠ skanɛʀ] **1** TECH Scanner *m* **2** MED Computertomograph *m*
sceau *m* [so] ⟨*Pl* **~x**⟩ Siegel *n*; ***le garde des Sceaux*** der (französische) Justizminister
sceller [sele] **1** siegeln, versiegeln (*Brief*) **2** besiegeln (*Freundschaft*) **3** (*verschließen*) versiegeln
scénario *m* [senaʀjo] Drehbuch *n*
▸ **scène** *f* [sɛn] **1** Bühne *f*; ***sur ~*** auf der Bühne **2** ***mettre en ~*** inszenieren; ***le metteur en ~*** der Regisseur, die Regisseurin; ***la mise en ~*** THEAT die Inszenierung; KINO die Regie **3** *im Akt*: Szene *f* **4** (*Streit*) Szene *f*; ***la ~ de ménage*** der Ehekrach
sceptique [⚠ sɛptik] skeptisch
schéma *m* [ʃema] Schema *n*, Plan *m*
schématique [ʃematik] schematisch
▸ **scie** *f* [si] Säge *f*
sciemment [⚠ sjamɑ̃] wissentlich
▸ **science** *f* [sjɑ̃s] **1** Wissenschaft *f*; ***les ~s*** (***naturelles***) die Naturwissenschaften **2** (*Bildung*) Wissen *n* **3** (*Kennen*) Kenntnis *f*, Erkenntnis *f*
science-fiction *f* [⚠ sjɑ̃sfiksjõ] Sciencefiction *f*
▸ **scientifique**[1] [sjɑ̃tifik] wissenschaftlich
scientifique[2] *m,f* [sjɑ̃tifik] Wissenschaftler(in) *m*(*f*)
scier [sje] sägen, absägen, zersägen
scinder [sɛ̃de] spalten, aufspalten (***en*** in)
scintiller [sɛ̃tije] funkeln, glitzern
scission *f* [sisjõ] Spaltung *f*
scolaire [skɔlɛʀ] Schul…, schulisch
scolariser [skɔlaʀize] einschulen
scoop *m* [⚠ skup] Exklusivmeldung *f*
scooter *m* [skutœʀ] *od.* [skutɛʀ] **1** Motorroller *m* **2** ***le ~ des neiges*** der Motorschlitten **3** ***le ~ des mers*** der Jetski
score *m* [skɔʀ] **1** SPORT Spielstand *m*; ***le ~ final*** das Endergebnis **2** POL ***le ~ électoral*** das Wahlergebnis
scorpion *m* [skɔʀpjõ] ZO Skorpion *m*
Scorpion *m* [skɔʀpjõ] ASTR Skorpion *m*
scotch® *m* [skɔtʃ] Klebeband *n*, ≈ Tesafilm® *m*
scout *m* [⚠ skut] Pfadfinder(in) *m*(*f*)
script *m* [skʀipt] **1** ***en ~*** in Blockschrift **2** Drehbuch *n*, Regiebuch *n*
scrupule *m* [skʀypyl] Skrupel *m*
scrupul|eux, ~euse [skʀypylø, -øz] gewissenhaft, peinlich genau (⚠ skrupellos = ***sans scrupules***)
scruter [skʀyte] **1** genau prüfen **2** (mit den Augen) absuchen (*Horizont usw.*)
scrutin *m* [skʀytɛ̃] Abstimmung *f*, Wahl *f*
sculpter [⚠ skylte] **1** ***il sculpte*** er betätigt sich als Bildhauer **2** in Stein hauen (*Statue*) **3** schnitzen (*Holz*); behauen (*Stein*)
▸ **sculpteur** *m* [⚠ skyltœʀ] Bildhauer(in) *m*(*f*)
▸ **sculpture** *f* [⚠ skyltyʀ] **1** Bildhauerei *f*; ***la ~ sur bois*** die Holzschnitzerei **2** *Kunstwerk*: Skulptur *f*, Plastik *f*
SDF *m,f* [ɛsdeɛf] (*Abk. für* sans domicile fixe) Obdachlose(r) *f*(*m*), Nichtsesshafte(r) *f*(*m*)
▸ **se** [s(ə)] (⚠ *vor Vokal u. stummem* h *steht* ***s'***) **1** *reflexiv*: sich; ***elle ~ lave*** (***les mains***) sie wäscht sich (die Hände) **2** *als Passiv*: ***cela ne ~ fait pas*** das tut man nicht; ***ce plat ~ mange froid*** dieses Gericht wird kalt gegessen **3** *bei bestimmten Verben*: ***elle s'en va*** sie geht weg
▸ **séance** *f* [seɑ̃s] **1** Sitzung *f* **2** KINO Vorstellung *f*
séant *m* [seɑ̃] ***se mettre*** (*od.* ***se dresser***) ***sur son ~*** sich aufrecht setzen
▸ **seau** *m* [so] ⟨*Pl* **~x**⟩ Eimer *m*, Kübel *m*
▸ **sec**[1], **sèche** [sɛk, sɛʃ] **1** trocken; (*Haare, Haut*) *a.* spröde; (*Nahrungsmittel*) getrocknet **2** (*Mensch*) dürr, hager **3** (*Wein*) herb, trocken **4** (*Lärm, Schlag*) kurz (und heftig) **5** ***freiner sec*** scharf bremsen **6** (*Ton usw.*) schroff; (*Herz usw.*) hart **7** *umg.* ***aussi sec*** sofort **8** ***à sec*** (*Fluss*) ausgetrocknet **9** *umg.* ***il est à sec*** er ist pleite *od.* blank
sec[2] *m* [sɛk] **1** ***au ~*** im Trockenen **2** ***tenir au ~*** trocken aufbewahren
sèche [sɛʃ] → ***sec***[1]
sèche-cheveux *m* [sɛʃʃəvø] ⟨*unv.*⟩

S

Föhn *m*

sèche-linge *m* [sɛʃlɛ̃ʒ] ⟨*unv.*⟩ Wäschetrockner *m*

sèchement [sɛʃmɑ̃] (*antworten usw.*) schroff

sécher [seʃe] ⟨**-è-**⟩ **1** (*trocken werden*) trocknen, aus-, ein-, vertrocknen **2** (*trocken machen*) trocknen, abtrocknen **3** ***se ~*** sich abtrocknen **4** *umg.* ***~ un cours*** e-e Stunde schwänzen **5** *umg.* ***je sèche*** ich hab keine Ahnung

sécheresse *f* [seʃʀɛs] Trockenheit *f*, Dürre *f*

séchoir *m* [seʃwaʀ] **1** Trockengestell *n*, Wäschetrockner *m* **2** Haartrockner *m*

second *m* [⚠ s(ə)gõ] **1** ***au ~*** im zweiten Stock **2** ***en ~*** an zweiter Stelle

second(e)[1] [⚠ s(ə)gõ(d)] zweite(r, -s)

second(e)[2] *m(f)* [⚠ s(ə)gõ(d)] **1** ***le second, la seconde*** der, die, das Zweite; *rangmäßig*: der, die, das Zweitbeste; ***arriver le second*** als Zweiter ankommen **2** Stellvertreter(in) *m(f)*, Assistent(in) *m(f)*

secondaire [⚠ s(ə)gõdɛʀ] **1** nebensächlich, sekundär; (*Rolle usw.*) Neben… **2** ***l'enseignement*** *m* ***~*** der Unterricht an weiterführenden Schulen

▸**seconde**[1] *f* [⚠ s(ə)gõd] Sekunde *f*

seconde[2] *f* [⚠ s(ə)gõd] **1** BAHN zweite Klasse **2** SCHULE ≈ zehnte Klasse **3** AUTO zweiter Gang

seconder [⚠ s(ə)gõde] ***~ qn*** j-m helfen

▸**secouer** [s(ə)kwe] **1** schütteln, ausschütteln, abschütteln **2** *im Auto usw.*: ***être secoué*** durchgerüttelt werden **3** *umg.* ***~ qn*** j-n auf Trab bringen

secourir [s(ə)kuʀiʀ] ⟨*wie* ***courir***⟩ ***~ qn*** j-m Hilfe leisten

secourisme *m* [s(ə)kuʀism] Erste Hilfe

secouriste *m,f* [s(ə)kuʀist] Sanitäter(in) *m(f)*

▸**secours** *m* [s(ə)kuʀ] **1** Hilfe *f*; ***au ~!*** Hilfe!; ***il appelle au ~*** er ruft um Hilfe **2** ***les premiers ~*** die erste Hilfe **3** ***des ~*** Hilfsgüter *n Pl*

secousse *f* [s(ə)kus] **1** Stoß *m*; ***la ~ sismique*** der Erdstoß **2** *fig.* Schock *m*, Schlag *m*

▸**secr|et**[1]**, ~ète** [səkʀɛ, -ɛt] **1** geheim, Geheim… **2** (*Mensch*) verschlossen

▸**secret**[2] *m* [səkʀɛ] **1** Geheimnis *n* **2** ***en ~*** heimlich

▸**secrétaire**[1] *m,f* [s(ə)kʀetɛʀ] Sekretär(in) *m(f)*

secrétaire[2] *m* [s(ə)kʀetɛʀ] *Möbel*: Sekretär *m*

secrétariat *m* [s(ə)kʀetaʀja] Sekretariat *n*

secte *f* [sɛkt] Sekte *f*

secteur *m* [sɛktœʀ] **1** Sektor *m* (*a.* MATH, WIRTSCH); Bereich *m* **2** (*Gegend*) Bezirk *m*, Gebiet *n*; MIL Abschnitt *m* **3** Stromnetz *n*, Netz *n*

section *f* [sɛksjõ] **1** Abteilung *f*, Gruppe *f* **2** SCHULE Fachrichtung *f* **3** MIL Zug *m* **4** MATH Schnitt *m*; TECH Querschnitt *m* **5** *von Strecken*: Abschnitt *m*; *bei Buslinien usw.*: Teilstrecke *f*

sectionner [sɛksjɔne] **1** durchschneiden, abtrennen **2** ***se ~*** (*Kabel*) reißen

sécu *f* [seky] *umg.* (*Abk. für* Sécurité sociale) → ***sécurité***

▸**sécurité** *f* [sekyʀite] **1** Sicherheit *f*; ***la ~ routière*** die Verkehrssicherheit **2** TECH Sicherung *f* **3** ▸ ***la Sécurité sociale*** *staatliche Sozial- u. Krankenversicherung in Frankreich*

séduction *f* [sedyksjõ] **1** *e-r Person*: Verführungskunst *f*, Anziehungskraft *f* **2** *von Dingen*: Verlockung *f*, Reiz *m*

séduire [sedɥiʀ] ⟨*wie* ***conduire***⟩ verführen

séduisant(e) [sedɥizɑ̃(t)] verführerisch

segment *m* [sɛgmɑ̃] Segment *n*, Abschnitt *m*

ségrégation *f* [segʀegasjõ] ***la ~ raciale*** die Rassentrennung

seiche *f* [sɛʃ] Tintenfisch *m*

seigle *m* [sɛgl] Roggen *m*

seigneur *m* [sɛɲœʀ] **1** *früher*: Lehnsherr *m*, Herr *m* **2** (*Gott*) ***le Seigneur*** der Herr

▸**sein** *m* [sɛ̃] **1** *bei Frauen*: Brust *f*; ***les ~s*** der Busen; ***~s nus*** oben ohne **2** ***au ~ de l'équipe*** *usw.* innerhalb der Mannschaft *usw.*

Seine *f* [sɛn] Seine *f* (*frz. Fluss*)

séisme *m* [seism] Erdbeben *n*

seize[1] [sɛz] **1** sechzehn **2** ***le ~ novembre*** der sechzehnte November, am sechzehnten November

seize[2] *m* [sɛz] (⚠ le seize) Sechzehn *f*

seizième [sɛzjɛm] sechzehnte(r, -s)

▸**séjour** *m* [seʒuʀ] **1** Aufenthalt *m* **2** *Raum*: Wohnzimmer *n*

séjourner [seʒuʀne] sich aufhalten

▸**sel** *m* [sɛl] **1** Salz *n* **2** (*Witz*) Würze *f*,

Salz *n*
sélection *f* [selɛksjõ] **1** Auswahl *f* (*a. als Mannschaft*) **2** Auslese *f* (*a.* BIOL)
sélectionner [selɛksjɔne] auswählen
sélectionneur *m* [selɛksjɔnœʀ] SPORT Nationaltrainer(in) *m(f)*
self-service *m* [⚠ sɛlfsɛʀvis] ⟨*Pl* ***self-services***⟩ Selbstbedienungsrestaurant *n*; Selbstbedienungsladen *m* (⚠ *umg. sagt man a.*: ***le self***)
selle *f* [sɛl] **1** Sattel *m* **2** *Fleisch*: ***la ~ d'agneau*** der Lammrücken
selles *f Pl* [sɛl] Stuhlgang *m*
sellette *f* [sɛlɛt] ***être sur la ~*** im Gespräch sein, im Blickpunkt stehen
▸**selon** [s(ə)lõ] **1** gemäß, entsprechend; ***~ la taille, la date*** *usw.* je nach Größe, Datum *usw.* **2** ***~ le cas*** je nach Fall **3** ***~ moi*** meiner Meinung nach; ***~ les journaux*** den Zeitungen zufolge
▸**semaine** *f* [s(ə)mɛn] **1** Woche *f*; ***la ~ sainte*** die Karwoche **2** Wochenlohn *m*
semblable¹ [sɑ̃blabl] **1** ähnlich; ***un jean ~ au mien*** so e-e ähnliche Jeans wie meine **2** so ein(e), ein(e) solche(r, -s); ***une ~ bêtise*** so e-e Dummheit
semblable² *m* [sɑ̃blabl] **1** ***son ~*** seinesgleichen **2** ***ses ~s*** seine Mitmenschen
semblant *m* [sɑ̃blɑ̃] **1** ***un ~ de …*** so etwas wie … **2** ***il fait ~ de dormir*** er tut so, als ob er schläft; ▸ ***il fait semblant*** er tut nur so
▸**sembler** [sɑ̃ble] **1** scheinen; ***il semble riche*** er scheint reich zu sein **2** ***il me semble la voir*** mir scheint, als ob ich sie sehe; ***il (me) semble que …*** es scheint (mir), dass …
semelle *f* [s(ə)mɛl] Sohle *f*, Schuhsohle *f*
semence *f* [s(ə)mɑ̃s] Samen *m*, Saat *f*
▸**semer** [s(ə)me] ⟨***-è-***⟩ **1** säen, aussäen (*Samen*) **2** streuen (*Blumen, Konfetti usw.*) **3** verbreiten (*Schrecken, Gerüchte*); ***~ la discorde*** Zwietracht säen
semestre *m* [s(ə)mɛstʀ] Halbjahr *n*; UNI Semester *n*
séminaire *m* [seminɛʀ] Seminar *n*
semi-remorque *m* [səmiʀ(ə)mɔʀk] ⟨*Pl* ***semi-remorques***⟩ Sattelschlepper *m*, Sattelzug *m*
semoule *f* [s(ə)mul] Grieß *m*
sempitern|el, ~elle [sɑ̃pitɛʀnɛl] *od.* [sɛ̃pitɛʀnɛl] ewig, dauernd
Sénat *m* [sena] Senat *m*
sénateur *m* [senatœʀ] Senator(in) *m(f)*
sénile [senil] senil, altersschwach
senior *m,f* [senjɔʀ] SPORT Senior(in) *m(f)*
▸**sens¹** *m* [⚠ sɑ̃s] **1** *zur Wahrnehmung*: Sinn *m*; ***les cinq ~*** die fünf Sinne; ***le ~ de l'orientation*** der Orientierungssinn **2** ***le bon ~*** *od.* ***le ~ commun*** der gesunde Menschenverstand **3** (*Gespür, Veranlagung*) ***il a le ~ pratique*** er ist praktisch veranlagt; ***il a le ~ de …*** er hat Sinn *od.* ein Gespür für …; ***le ~ du devoir*** das Pflichtgefühl, das Pflichtbewusstsein
▸**sens²** *m* [⚠ sɑ̃s] **1** Bedeutung *f*, Sinn *m* **2** ***en un ~*** in gewissem Sinn; ***au ~ strict*** (*bzw.* ***large***) im engeren (*bzw.* weiteren) Sinn; ***à mon ~*** meines Erachtens **3** ***ce mot est à double ~*** dieses Wort ist doppeldeutig
sens³ *m* [⚠ sɑ̃s] **1** Richtung *f*; ***en ~ inverse*** in entgegengesetzter Richtung **2** *Straßenschild*: ▸ ***sens interdit*** Einfahrt verboten **3** ▸ ***le sens unique*** die Einbahnstraße **4** ***~ dessus dessous*** völlig durcheinander; ***tout va ~ dessus dessous*** alles geht drunter und drüber; ***ils ont mis tout ~ dessus dessous*** sie haben alles auf den Kopf gestellt
sens⁴ [sɑ̃] → ***sentir¹, sentir²***
sensation *f* [sɑ̃sasjõ] **1** Gefühl *n* **2** (*Aufsehen*) Sensation *f*; ***faire ~*** Aufsehen erregen
sensationn|el, ~elle [sɑ̃sasjɔnɛl] **1** (*aufsehenerregend*) sensationell **2** *umg.* toll, super, spitze
sensé(e) [sɑ̃se] vernünftig
sensibiliser [sɑ̃sibilize] sensibilisieren, empfänglich machen (***à*** für)
sensibilité *f* [sɑ̃sibilite] **1** Sensibilität *f* **2** *von Menschen*: Empfindsamkeit *f* **3** *von Geräten*: Empfindlichkeit *f*
sensible [sɑ̃sibl] **1** (*Gerät, Organ, Mensch usw.*) empfindlich; ***~ à la douleur*** schmerzempfindlich **2** (*Mensch*) sensibel, empfindsam; ***~ à …*** empfänglich für … **3** (*Fortschritt usw.*) spürbar, deutlich **4** (*Angelegenheit*) heikel
sensiblement [sɑ̃sibləmɑ̃] **1** ungefähr **2** (*spürbar*) deutlich, merklich
sensualité *f* [sɑ̃sɥalite] Sinnlichkeit *f*
sensu|el, ~elle [sɑ̃sɥɛl] sinnlich
sentence *f* [sɑ̃tɑ̃s] Urteil *n*, Urteils-

spruch *m*
senteur *f* [sɑ̃tœʀ] *lit.* Duft *m*
sentier *m* [sɑ̃tje] Fußweg *m*, Pfad *m*
▸ **sentiment** *m* [sɑ̃timɑ̃] Gefühl *n*, Empfindung *f*
sentimental(e) [sɑ̃timɑ̃tal] ⟨*m Pl* **-aux**⟩ **1** Gefühls…; (*Bindung*) gefühlsmäßig **2** (*Mensch*) gefühlsbetont **3** (*Film, Buch usw.*) sentimental, rührselig
▸ **sentir**[1] [sɑ̃tiʀ] ⟨*prés.*: ***je, tu sens, il sent***; *impér.*: ***sens!***⟩ **1** fühlen, spüren, merken **2** ***se faire ~*** sich bemerkbar machen **3** ▸ ***se sentir bien*** sich wohlfühlen; ***il ne se sent plus de joie*** er ist außer sich vor Freude **4** ***cela se sent*** das merkt man
▸ **sentir**[2] [sɑ̃tiʀ] ⟨*prés.*: ***je, tu sens, il sent***; *impér.*: ***sens!***⟩ riechen; ***ça sent bon*** (*bzw.* ***mauvais***) das riecht gut (*bzw.* schlecht); ***ça sent le café ici*** hier riecht es nach Kaffee
séparation *f* [sepaʀasjɔ̃] **1** Trennung *f* **2** (*Wand usw.*) Abtrennung *f* **3** POL ***la ~ des pouvoirs*** die Gewaltenteilung
séparément [sepaʀemɑ̃] getrennt, einzeln
▸ **séparer** [sepaʀe] **1** trennen (*Menschen, Dinge*) **2** abtrennen, auseinanderhalten (*Dinge*) **3** ▸ ***se séparer*** sich trennen (***de*** von); auseinandergehen **4** ***se ~ en …*** (*Fluss usw.*) sich in … teilen
sept[1] [⚠ sɛt] **1** sieben **2** ***le ~ juin*** der siebte Juni, am siebten Juni **3** ***à ~*** zu siebt
sept[2] *m* [⚠ sɛt] (⚠ le sept) Sieben *f*
septante [sɛptɑ̃t] siebzig (⚠ septante *sagt man in Belgien u. in der Schweiz*; *sonst heißt es* ***soixante-dix***)
septembre *m* [sɛptɑ̃bʀ] September *m*; ***en ~, au mois de ~*** im September; ***je suis né le 10 ~*** ich bin am 10. September geboren
septennat *m* [sɛptena] siebenjährige Amtszeit (*des frz. Präsidenten bis 2002*)
septième[1] [⚠ sɛtjɛm] siebte(r, -s)
septième[2] *m* [⚠ sɛtjɛm] Siebtel *n*
septuagénaire *m,f* [sɛptɥaʒenɛʀ] Siebzigjährige(r) *f(m)*
séquelles *f Pl* [sekɛl] Spätfolgen *f Pl*, Folgen *f Pl*
séquence *f* [sekɑ̃s] Sequenz *f*, Bildfolge *f*
séquestration *f* [sekɛstʀasjɔ̃] Freiheitsberaubung *f*
séquestrer [sekɛstʀe] (widerrechtlich) einsperren
sera [s(ə)ʀa] → ***être***[1]
serein(e) [səʀɛ̃(-ɛn)] **1** *lit.* (*Himmel*) heiter **2** (*Mensch*) gelassen
sérénité *f* [seʀenite] Gelassenheit *f*, Ruhe *f*
▸ **série** *f* [seʀi] **1** (*Folge*) Reihe *f* (*a.* MATH); Serie *f* (*a.* TV) **2** ***une ~ de timbres*** ein Satz Briefmarken **3** *in der Industrie*: ***une voiture de ~*** ein Serienwagen; ***fabriqué en ~*** serienmäßig hergestellt **4** SPORT Leistungsgruppe *f*
sérieusement [seʀjøzmɑ̃] **1** (*ohne Spaß*) im Ernst **2** (*arbeiten*) ernsthaft, gewissenhaft **3** (*krank*) ernstlich; (*verletzt*) schwer
▸ **séri|eux**[1], **~euse** [seʀjø, -øz] **1** ernst; (*Zweifel usw.*) ernstlich; (*Angebot usw.*) ernsthaft, ernst gemeint **2** (*wichtig*) bedeutend; (*Gründe*) gewichtig **3** zuverlässig, gewissenhaft; (*Schüler*) fleißig
sérieux[2] *m* [seʀjø] **1** *von Dingen, Personen*: Ernst *m* **2** *im Charakter*: Ernsthaftigkeit *f* **3** ***garder son ~*** ernst bleiben; ***prendre au ~*** ernst nehmen
seringue *f* [s(ə)ʀɛ̃g] Spritze *f*
serment *m* [sɛʀmɑ̃] Eid *m*, Schwur *m*; ***il a fait le ~ de ne plus le faire*** er hat geschworen, es nicht mehr zu tun; ***prêter ~*** e-n Eid leisten *od.* ablegen
sermon *m* [sɛʀmɔ̃] **1** Predigt *f* **2** *von Eltern usw.*: Strafpredigt *f*, Moralpredigt *f*
séroposit|if, ~ive [seʀopozitif, -iv] HIV-positiv, aidsinfiziert
▸ **serpent** *m* [sɛʀpɑ̃] Schlange *f*
serpentin *m* [sɛʀpɑ̃tɛ̃] Luftschlange *f*
serpillière *f* [sɛʀpijɛʀ] Scheuertuch *n*
serre *f* [sɛʀ] Gewächshaus *n*, Treibhaus *n*
serré(e) [sɛʀe] **1** (*Kleidungsstück*) eng; (*Knoten*) fest **2** (*Stoff, Regen*) dicht **3** (*Kaffee*) stark **4** ***être serrés*** (*Leute*) dicht gedrängt stehen **5** (*Konkurrenz, Diskussion*) hart **6** (*Ergebnis*) knapp
serrer [sɛʀe] **1** drücken, zusammendrücken; *in der Hand*: fest halten; *unter den Arm*: klemmen **2** zusammenbeißen (*Zähne*); zusammenkneifen (*Lippen*); ballen (*Faust*) **3** *fig.* zuschnüren (*Kehle, Herz*) **4** ***la jupe me serre*** der Rock ist mir zu eng; ***les chaussu-***

S

res me serrent die Schuhe drücken **5** ▸ ***serrer la main*** die Hand schütteln **6** zuziehen (*Knoten*); enger schnallen (*Gürtel*); anziehen (*Schraube, Bremse*) **7** ***~ à droite*** *auf der Straße*: sich rechts halten **8** *dicht*: ***se ~*** sich schmiegen (***contre*** an); ***les gens se serrent*** die Leute rücken zusammen

serrure *f* [seʀyʀ] *zum Schließen*: Schloss *n*

serrurier *m* [seʀyʀje] Schlosser *m*

sers, sert [sɛʀ] → ***servir***

sérum *m* [⚠ seʀɔm] Blutserum *n*, Serum *n*

servante *f* [sɛʀvɑ̃t] Dienstmädchen *n*

serveur *m* [sɛʀvœʀ] **1** Kellner *m* **2** TENNIS Aufschläger(in) *m(f)* **3** IT Server *m*

▸ **serveuse** *f* [sɛʀvøz] Kellnerin *f*, (CH) Serviertochter *f*

serviable [sɛʀvjabl] hilfsbereit, gefällig

▸ **service** *m* [sɛʀvis] **1** Dienst *m*; ***elle est de ~*** sie hat Dienst **2** (*Gefälligkeit*) Gefallen *m* **3** WIRTSCH Dienstleistung *f* **4** *im Restaurant*: Bedienung *f*, Service *m*; ***~ compris*** einschließlich Bedienung **5** ▸ ***le service militaire*** der Wehrdienst **6** ***le ~ religieux*** der Gottesdienst **7** TECH ***en*** (*bzw.* ***hors***) ***~*** in (*bzw.* außer) Betrieb **8** *Geschirr*: Service *n* **9** *e-s Unternehmens, Amtes*: Abteilung *f*; *im Krankenhaus*: Station *f*; ***le ~ du personnel*** die Personalabteilung **10** TENNIS Aufschlag *m*

▸ **serviette**[1] *f* [sɛʀvjɛt] **1** ***la ~*** (***de toilette***) das Handtuch; ***la ~ de bain*** das Badetuch **2** ***la ~*** (***de table***) die Serviette **3** ***la ~ hygiénique*** die Monatsbinde

serviette[2] *f* [sɛʀvjɛt] **1** Mappe *f*, Aktentasche *f* **2** Schultasche *f*

▸ **servir** [sɛʀviʀ] ⟨*prés.*: ***je, tu sers, il sert***; *impér.*: ***sers!***⟩ **1** bedienen (*Kunden usw.*); ***on vous sert, madame?*** werden Sie schon bedient? **2** servieren (*Essen usw.*) **3** TENNIS aufschlagen; *beim Kartenspiel*: geben **4** nützen; ***cela ne sert à rien*** das nützt nichts **5** *a.* MIL dienen **6** (*Werkzeug usw.*) dienen (***à*** zu, ***de*** als); ***cela sert de prétexte*** das dient als Vorwand; ***il lui sert de père*** er ersetzt ihm den Vater; ***il sert d'interprète*** er dolmetscht; ***je vais vous ~ de guide*** ich spiele für euch den Fremdenführer; ***ça lui servira de leçon*** das wird ihm e-e Lehre sein **7** ***se ~*** sich bedienen; ***sers-toi!*** bedien dich!, greif zu! **8** ***se ~ de qc*** etw benutzen **9** ***se ~ frais*** (*Getränk*) kühl serviert werden

serviteur *m* [sɛʀvitœʀ] Diener *m*

ses [se] seine, ihre

set *m* [sɛt] **1** SPORT Satz *m* **2** (*Deckchen*) ***le ~*** (***de table***) das Set

seuil *m* [sœj] **1** Türschwelle *f* **2** (*Grenze*) Schwelle *f*

▸ **seul(e)**[1] [sœl] **1** allein; ***tout seul*** von selbst, von allein; ***il parle tout seul*** er führt Selbstgespräche **2** ***seul à seul*** unter vier Augen **3** *vorangestellt*: einzige(r, -s); ***une seule fois*** ein einziges Mal; ***d'un seul coup*** mit einem Schlag **4** nur; ***elle seule le sait*** das weiß nur sie

seul(e)[2] *m(f)* [sœl] ***le seul, la seule*** der, die, das Einzige; ***il est le seul à travailler*** er ist der Einzige, der arbeitet

▸ **seulement** [sœlmɑ̃] nur, bloß; ***~ hier*** erst gestern

▸ **sévère** [sevɛʀ] **1** streng (*a. Frisur*); (*Kritik*) hart **2** (*Niederlage, Verluste*) schwer

sévérité *f* [seveʀite] Strenge *f*, Härte *f*

sévices *m Pl* [sevis] Misshandlungen *f Pl*; ***ils ont exercé des ~ sur elle*** sie haben sie misshandelt

sévir [seviʀ] hart durchgreifen

sexagénaire *m,f* [sɛksaʒenɛʀ] Sechzigjährige(r) *f(m)*

▸ **sexe** *m* [sɛks] **1** Geschlecht *n* **2** *Körperteil*: Geschlechtsteil *n*, Geschlechtsorgan *n* **3** (*Sexualität*) Sex *m*

sexiste[1] [sɛksist] sexistisch

sexiste[2] *m,f* [sɛksist] Sexist(in) *m(f)*

sexualité *f* [sɛksɥalite] Sexualität *f*

sexu|el, ~elle [sɛksɥɛl] sexuell, Sex…, Geschlechts…

seyant(e) [sɛjɑ̃(t)] (*Kleidung, Frisur*) passend, gut sitzend

▸ **shampo(o)ing** *m* [⚠ ʃɑ̃pwɛ̃] Shampoo *n*

shérif *m* [ʃeʀif] (⚠ shérif) Sheriff *m*

▸ **short** *m* [⚠ ʃɔʀt] Shorts *Pl*, kurze Hose

▸ **si**[1] [si] (⚠ *vor il, ils*: ***s'***) **1** (*falls*) wenn; ***s'il vous plaît*** *bzw.* ***s'il te plaît*** bitte **2** ob; ***je ne sais pas s'il viendra*** ich weiß nicht, ob er kommt; ***comme ~*** als ob; ***vous pensez s'il a été content!*** und ob er sich gefreut hat!

S

si² [si] **1** doch; ***vous ne venez pas? - ~!*** kommt ihr nicht? - doch! **2** (*dermaßen*) so; ***pas ~ vite!*** nicht so schnell!
si³ *m* [si] MUS H, h *n*
siamois(e) [sjamwa(z)] **1** ***un chat siamois*** e-e Siamkatze **2** ***des frères*** *m Pl* ***siamois*** *bzw.* ***des sœurs*** *f Pl* ***siamoises*** siamesische Zwillinge
Sibérie [sibeʀi] ***la ~*** Sibirien *n*
Sicile [sisil] ***la ~*** Sizilien *n*
▸**sida** *m* [sida] Aids *n*
sidérer [sideʀe] ⟨**-è-**⟩ *umg.* total verblüffen; ***il était sidéré*** er war sprachlos
▸**siècle** *m* [sjɛkl] Jahrhundert *n*, Zeitalter *n*
▸**siège** *m* [sjɛʒ] **1** *Möbel*: Sitz *m*, Sitzgelegenheit *f* **2** ***le ~ éjectable*** der Schleudersitz **3** *e-r Firma, im Parlament usw.*: Sitz *m* **4** MIL Belagerung *f*
siéger [sjeʒe] ⟨**-ge-**, **-è-**⟩ **1** (*Versammlung*) tagen **2** (*Abgeordnete*) e-n Sitz haben, sitzen (***à*** in)
sien, **sienne** [sjɛ̃, sjɛn] **1** ▸ ***le sien, la sienne*** seine(r) *bzw.* ihre(r), seins *bzw.* ihr(e)s; ***les siens, les siennes*** seine *bzw.* ihre **2** ***les siens*** seine *bzw.* ihre Familie **3** ***elle y met du sien*** sie tut, was sie kann **4** ***il a encore fait des siennes*** er hat sich wieder was geleistet, er hat wieder was angestellt
sieste *f* [sjɛst] Mittagsschlaf *m*
sifflement *m* [sifləmɑ̃] Pfeifen *n*, Pfiff *m*
▸**siffler** [sifle] **1** pfeifen (*a. als Schiedsrichter*); (*Amsel*) flöten; (*Schlange, Dampf*) zischen; ***~ son chien*** (nach) seinem Hund pfeifen **2** auspfeifen (*Rede, Stück*)
▸**sifflet** *m* [siflɛ] **1** *Instrument*: Pfeife *f*; ***un coup de ~*** ein Pfiff **2** ***les ~s*** die Pfiffe
siffloter [siflɔte] (leise) vor sich hin pfeifen
sigle *m* [sigl] Kürzel *n*, Abkürzung *f*
signal *m* [siɲal] ⟨*Pl* **-aux**⟩ **1** Signal *n*, Zeichen *n*; ***le ~ de détresse*** das Notsignal **2** ***le ~ d'alarme*** BAHN die Notbremse
signaler [siɲale] **1** (*anzeigen*) signalisieren **2** (*melden*) mitteilen, auf … hinweisen; ***rien à ~*** alles in Ordnung; MED ohne Befund **3** ***se ~*** sich hervortun (***par*** durch)
signalisation *f* [siɲalizasjõ] **1** Signalsystem *n* **2** *auf der Straße*: Beschilderung *f*; ***la ~ routière*** die Verkehrszeichen
▸**signature** *f* [siɲatyʀ] **1** Unterschrift *f*, Ⓒⓗ Visum *n* **2** *Handlung*: Unterzeichnung *f*
▸**signe** *m* [siɲ] **1** Zeichen *n*, Anzeichen *n* **2** (*Merkmal*) Kennzeichen *n* **3** (*Symbol*) Zeichen *n*; MATH, MUS Vorzeichen *n*; ***les ~s de ponctuation*** die Satzzeichen **4** ASTR Sternzeichen *n* **5** *Geste*: Zeichen *n*, Wink *m*; ***un ~ de tête*** *positiv*: Kopfnicken *n*; *negativ*: Kopfschütteln *n*; ▸ ***faire signe à qn*** j-m zuwinken; *fig.* sich bei j-m melden
▸**signer** [siɲe] **1** unterschreiben, unterzeichnen **2** signieren (*Buch usw.*)
se signer [səsiɲe] sich bekreuzigen
significat|if, **~ive** [siɲifikatif, -iv] bedeutsam, bezeichnend (***de*** für)
signification *f* [siɲifikasjõ] Bedeutung *f*
signifier [siɲifje] **1** bedeuten, heißen **2** (*mitteilen*) zu verstehen geben
▸**silence** *m* [silɑ̃s] **1** Schweigen *n*; ***~!*** Ruhe! **2** *an e-m Ort*: Stille *f*, Ruhe *f* **3** MUS Pause *f*
▸**silenci|eux¹**, **~euse** [silɑ̃sjø, -øz] **1** (*Mensch, Raum usw.*) still, ruhig **2** (*Schritte*) lautlos; (*Maschine*) geräuschlos **3** (*Mensch von Natur aus*) schweigsam
silencieux² *m* [silɑ̃sjø] Schalldämpfer *m*
silhouette *f* [silwɛt] Silhouette *f*, Umrisse *m Pl*
silicone *f* [silikon] (⚠ la silicone) Silikon *n*
sillonner [sijɔne] **1** durchziehen (*Land, Meere*) **2** (*Person*) durchwandern, reisen durch **3** ***un visage sillonné de rides*** ein zerfurchtes Gesicht
similaire [similɛʀ] gleichartig, ähnlich
similitude *f* [similityd] Ähnlichkeit *f*
▸**simple¹** [sɛ̃pl] **1** (↔ *schwierig*) einfach, leicht, simpel **2** (↔ *anspruchsvoll*) einfach, bescheiden; (*Kleidung usw.*) *a.* schlicht **3** *vorangestellt*: ***une ~ mesure de précaution*** e-e reine *od.* bloße Vorsichtsmaßnahme
simple² *m* [sɛ̃pl] TENNIS Einzel *n*
simplement [sɛ̃pləmɑ̃] einfach
simplicité *f* [sɛ̃plisite] Einfachheit *f*
simplification *f* [sɛ̃plifikasjõ] **1** Vereinfachung *f* **2** *bei der Bruchrechnung*:

S

Kürzung *f*

simplifier [sɛ̃plifje] **1** vereinfachen **2** *bei der Bruchrechnung*: kürzen

simpliste [sɛ̃plist] zu einfach, (zu) einseitig

simulation *f* [simylasjõ] **1** *von Gefühlen*: Vortäuschung *f*; *von Krankheiten*: Simulieren *n* **2** TECH Simulation *f*

simuler [simyle] **1** vortäuschen, heucheln (*Gefühle*) **2** TECH simulieren (*a. Krankheit*)

simultané(e) [simyltane] gleichzeitig; (*Übersetzung*) Simultan…

simultanéité *f* [simyltaneite] Gleichzeitigkeit *f*

sincère [sɛ̃sɛʀ] ehrlich, offen, aufrichtig

sincérité *f* [sɛ̃seʀite] Ehrlichkeit *f*, Offenheit *f*

▸ **singe** *m* [sɛ̃ʒ] Affe *m*

singeries *f Pl* [sɛ̃ʒʀi] Grimassen *f Pl*, Faxen *f Pl*

se singulariser [səsɛ̃gylaʀize] auffallen

singularité *f* [sɛ̃gylaʀite] Eigenart *f*

▸ **singulier**[1] *m* [sɛ̃gylje] Einzahl *f*, Singular *m*

singul|ier[2], **~ière** [sɛ̃gylje, -jɛʀ] seltsam, merkwürdig, eigenartig

singulièrement [sɛ̃gyljɛʀmɑ̃] **1** eigenartig, seltsam **2** (*sehr*) ungemein, überaus

sinistre[1] [sinistʀ] unheimlich; (*Atmosphäre*, *Blick*) düster

sinistre[2] *m* [sinistʀ] Katastrophe *f*

sinistré(e) *m*(*f*) [sinistʀe] Opfer *n*, Katastrophenopfer *n*

▸ **sinon** [sinõ] **1** ***travaille, ~ tu ne réussiras pas*** arbeite, sonst schaffst du es nicht **2** ***que faire ~ attendre?*** was tun außer warten? **3** ***fais-le, ~ aujourd'hui, du moins demain*** tu's, wenn nicht heute, dann wenigstens morgen

sirène *f* [siʀɛn] **1** *für Alarm*: Sirene *f* **2** *Gestalt*: Meerjungfrau *f*, Sirene *f*

sirop *m* [⚠ siʀo] Sirup *m*

siroter [siʀɔte] *umg.* (genüsslich) schlürfen, Ⓐ zuzeln

site[1] *m* [sit] **1** Landschaft *f*, Gegend *f* **2** (*Position*) Standort *m*; *e-r Stadt*: Lage *f* **3** ***le ~ touristique*** die Sehenswürdigkeit

site[2] *m* [sit] ***le ~*** (***Web***) die Website

sitôt [sito] **1** ***~ arrivé*** sobald er angekommen war **2** ***pas de ~*** nicht so bald

▸ **situation** *f* [sitɥasjõ] **1** Lage *f*, Situation *f* **2** ***la ~ de famille*** der Familienstand **3** *beruflich*: Stellung *f*, Position *f*

situé(e) [sitɥe] *bei Ortsangaben*: gelegen; ***être situé*** *a.* liegen

situer [sitɥe] **1** einordnen (*Ort*, *Ereignis usw.*) **2** ***se ~*** (*Ort*, *Sache*) liegen; (*Ereignis*) stattfinden

six[1] (⚠ [sis] *alleinstehend*, [siz] *vor Vokal u. stummem* h, [si] *vor Konsonant*) **1** sechs **2** ***le ~ mars*** der sechste März, am sechsten März **3** ***à ~*** zu sechst

six[2] *m* [sis] (⚠ le six) Sechs *f*

sixième[1] [sizjɛm] sechste(r, -s)

sixième[2] *m* [sizjɛm] Sechstel *n*

sixième[3] *f* [sizjɛm] ≈ sechste Klasse

skate-board *m* [⚠ skɛtbɔʀd] ⟨*Pl* ***skate-boards***⟩ Skateboard *n*

▸ **ski** *m* [ski] **1** Ski *m* **2** *Sport*: Skilaufen *n*, Skifahren *n* **3** ***faire du ~*** Ski laufen *od.* fahren **4** ***le ~ de fond*** der Langlauf

▸ **skier** [skje] Ski laufen *od.* fahren

ski|eur *m*, **~euse** *f* [skjœʀ, -øz] Skiläufer(in) *m*(*f*), Skifahrer(in) *m*(*f*)

skinhead *m* [⚠ skinɛd] Skinhead *m*

slalomer [slalɔme] Slalom fahren

▸ **slip** *m* [slip] Slip *m*

slogan *m* [⚠ slɔgɑ̃] Slogan *m*, Parole *f*

Slovaquie *f* [slɔvaki] Slowakei *f*

Slovénie [slɔveni] ***la ~*** Slowenien *n*

smash *m* [⚠ smaʃ] Schmetterball *m*

▸ **SMIC** *od.* **Smic** *m* [smik] (*Abk. für* salaire minimum interprofessionnel de croissance) gesetzlicher Mindestlohn

smicard(e) *m*(*f*) [smikaʀ(d)] *umg.* Mindestlohnempfänger(in) *m*(*f*)

▸ **snack** *m* [⚠ snak] Schnellimbiss *m*, Snackbar *f*

▸ **SNCF** *f* [ɛsɛnseɛf] (*Abk. für* Société nationale des chemins de fer français) *frz. staatliche Eisenbahngesellschaft*

snob[1] [snɔb] snobistisch

snob[2] *m,f* [snɔb] Snob *m* (⚠ le, la snob)

sobre [sɔbʀ] **1** (*Mensch*) maßvoll **2** (*Stil usw.*) nüchtern; (*Kleidung*) schlicht

sobriquet *m* [sɔbʀikɛ] Spitzname *m*

sociable [sɔsjabl] gesellig, umgänglich

social(e) [sɔsjal] ⟨*m Pl* ***-aux***⟩ **1** (*Maßnahmen usw.*) sozial, Sozial… **2** (*Wissenschaft*) Gesellschafts…, Sozial… **3** (*Aspekt*) sozial, gesellschaftlich

socialisme *m* [sɔsjalism] Sozialismus *m*

▸ **socialiste**[1] *m,f* [sɔsjalist] Sozialist(in) *m*(*f*)

S

socialiste[2] [sɔsjalist] sozialistisch
▸ **société** *f* [sɔsjete] **1** Gesellschaft *f*; ***la ~ d'abondance*** die Überflussgesellschaft; ***la ~ de consommation*** die Konsumgesellschaft; ***la ~ de loisirs*** die Freizeitgesellschaft **2** Verein *m*, Verband *m* **3** Firma *f*, Gesellschaft *f*
socle *m* [sɔkl] Sockel *m*
soda *m* [sɔda] Sodawasser *n*
▸ **sœur** *f* [sœʀ] Schwester *f* (*a.* REL)
SOFRES *f* [sɔfʀɛs] (*Abk. für* Société française d'enquêtes par sondage) *frz. Meinungsforschungsinstitut*
▸ **soi** [swa] **1** sich **2** ***chez ~*** zu Hause, daheim **3** ***sûr de ~*** selbstsicher, selbstbewusst **4** ***cela va de ~*** das versteht sich von selbst
▸ **soi-disant** [swadizɑ̃] ⟨*unv.*⟩ angeblich, sogenannt
▸ **soie** *f* [swa] Seide *f*
▸ **soif** *f* [⚠ swaf] Durst *m*; ▸ ***avoir soif*** Durst haben
soigné(e) [swaɲe] **1** (*Mensch, Hände usw.*) gepflegt **2** (*Arbeit usw.*) sorgfältig
▸ **soigner** [swaɲe] **1** pflegen (*Tier, Mensch, Blumen usw.*) **2** sorgfältig behandeln (*Kleidung usw.*) **3** behandeln (*Kranke*)
soign|eux, ~euse [swaɲø, -øz] **1** sorgfältig **2** ***soigneux de sa santé*** um seine Gesundheit besorgt
soi-même [swamɛm] **1** selbst **2** sich (selbst) **3** ***de ~*** von selbst, von sich aus
soin *m* [swɛ̃] **1** Sorgfalt *f*; ***avec ~*** sorgfältig; ***il prend ~ de ses affaires*** er kümmert sich um seine Sachen, er achtet auf seine Sachen **2** ***les ~s*** die Pflege **3** ***les ~s*** (***médicaux***) die Behandlung
▸ **soir** *m* [swaʀ] **1** Abend *m* **2** ***ce ~*** heute Abend; ***lundi ~*** (am) Montagabend; ***le ~*** abends; ***tous les ~s*** jeden Abend
▸ **soirée** *f* [swaʀe] **1** Abend *m*; ***dans la ~*** im Laufe des Abends **2** Abendgesellschaft *f* **3** THEAT, KINO Abendvorstellung *f*
sois [swa] → ***être***[1]
soit[1] [swa] **1** ***~ ..., ~ ...*** entweder ... oder ... **2** das heißt, nämlich
soit[2] [⚠ swat] ***~!*** meinetwegen!
soixantaine *f* [swasɑ̃tɛn] **1** ***une ~*** (***de personnes***) ungefähr sechzig (Personen) **2** ***il a la ~*** er ist um die sechzig
soixante [swasɑ̃t] sechzig
soixante-dix (⚠ [swasɑ̃tdis] *alleinstehend*, [swasɑ̃tdiz] *vor Vokal*, [swasɑ̃tdi] *vor Konsonant*) siebzig
soja *m* [sɔʒa] Soja *f*, Sojabohne *f*
▸ **sol**[1] *m* [sɔl] Boden *m*, Fußboden *m*
sol[2] *m* [sɔl] MUS G, g *n*
▸ **solaire** [sɔlɛʀ] Sonnen..., Solar...
▸ **soldat** *m* [⚠ sɔlda] Soldat *m*
solde[1] *f* [sɔld] (⚠ la solde) (*Lohn*) Sold *m*
solde[2] *m* [sɔld] **1** *auf dem Konto*: Saldo *m* **2** *beim Bezahlen*: Restbetrag *m*
solder [sɔlde] **1** billiger verkaufen, herabsetzen **2** ***se ~ par un échec*** mit e-m Misserfolg enden
▸ **soldes** *m Pl* [sɔld] ***les ~*** der Ausverkauf; ***les ~ d'été, d'hiver*** der Sommer-, Winterschlussverkauf
▸ **soleil** *m* [sɔlɛj] Sonne *f* (⚠ *auf Frz. heißt es* le soleil, *aber* la lune!)
solenn|el, ~elle [⚠ sɔlanɛl] feierlich
solennité *f* [⚠ sɔlanite] Feierlichkeit *f*
solidaire [sɔlidɛʀ] **1** solidarisch (**de** mit); ***ils sont ~s*** sie halten zusammen **2** TECH verbunden (**de** mit)
se solidariser [səsɔlidaʀize] sich solidarisch erklären, sich solidarisieren
solidarité *f* [sɔlidaʀite] Solidarität *f*
▸ **solide**[1] [sɔlid] **1** fest (*a. Nahrung, Freundschaft*); solide; (*Material*) *a.* haltbar; (*Möbelstück*) stabil **2** (*Mensch*) robust, kräftig; (*Nerven*) stark **3** (*Kenntnisse*) solide; (*Argument*) stichhaltig
solide[2] *m* [sɔlid] PHYS Festkörper *m*
solidité *f* [sɔlidite] Festigkeit *f*; *von Material a.*: Haltbarkeit *f*, Strapazierfähigkeit *f*
solitaire [sɔlitɛʀ] einsam
solitude *f* [sɔlityd] Einsamkeit *f*
solliciter [sɔlisite] **1** ***~ qc*** (***de qn***) (j-n) um etw bitten *od.* ersuchen **2** ***~ qn*** j-n bitten (**de** zu) **3** ***il est très sollicité*** er ist sehr gefragt **4** ***~ l'attention de qn*** j-s Aufmerksamkeit erregen
sollicitude *f* [sɔlisityd] Fürsorge *f*
solo *m* [sɔlo] Solo *n*; ***en ~*** solo
solstice *m* [sɔlstis] Sonnenwende *f*
soluble [sɔlybl] **1** *in Flüssigkeit*: löslich **2** (*Problem, Aufgabe*) lösbar, zu lösen(d)
▸ **solution** *f* [sɔlysjõ] Lösung *f*
sombre [sõbʀ] **1** dunkel (*a. Farbton*) **2** *fig.* düster; (*Miene, Zukunft*) finster
sombrer [sõbʀe] **1** (*Boot*) sinken **2** ***~ dans la folie*** dem Wahnsinn verfallen

sommaire[1] [sɔmɛʀ] **1** *(Bericht usw.)* kurz (gefasst), knapp **2** *(Hinrichtung)* ohne Gerichtsverfahren

sommaire[2] *m* [sɔmɛʀ] Inhaltsangabe *f*

▸ **somme**[1] *f* [sɔm] **1** Summe *f* **2** *bes. von Geld*: Betrag *m* **3** Menge *f* **4** ***en ~*** *od.* ***~ toute*** alles in allem

somme[2] *m* [sɔm] Schläfchen *n*, Nickerchen *n*

▸ **sommeil** *m* [sɔmɛj] **1** Schlaf *m* **2** ***il a ~*** er ist müde; ***elle tombe de ~*** sie ist zum Umfallen müde

sommeiller [sɔmɛje] schlummern

sommel|ier *m*, **~ière** *f* [sɔməlje, -jɛʀ] Kellermeister(in) *m(f)*

sommer [sɔme] auffordern (***de*** zu)

sommes [sɔm] → ***être***[1]

▸ **sommet** *m* [sɔmɛ] **1** *vom Berg*: Gipfel *m*; *vom Baum*: Wipfel *m*; *vom Turm usw.*: Spitze *f*; *vom Dach*: First *m* **2** *fig.* Höhepunkt *m*, Gipfel *m* **3** POL Gipfelkonferenz *f*

sommité *f* [sɔmite] *Mensch*: Kapazität *f*

somnambule[1] [sɔmnɑ̃byl] mondsüchtig

somnambule[2] *m,f* [sɔmnɑ̃byl] Schlafwandler(in) *m(f)*, Mondsüchtige(r) *f(m)*

somnifère *m* [sɔmnifɛʀ] Schlafmittel *n*

somnolent(e) [sɔmnɔlɑ̃(t)] schläfrig, dösig

somnoler [sɔmnɔle] halb schlafen, dösen

somptu|eux, ~euse [sõptɥø, -øz] prächtig, prachtvoll

▸ **son**[1] [sõ] sein(e), ihr(e)

▸ **son**[2] *m* [sõ] **1** *hörbar*: Ton *m* **2** *e-s Instruments, e-r Stimme*: Klang *m* **3** *in der Phonetik*: Laut *m* **4** PHYS Schall *m* **5** ***~ et lumière*** Licht- und Tonschau *f*

son[3] *m* [sõ] *von Getreide*: Kleie *f*

sondage *m* [sõdaʒ] **1** ***le ~ (d'opinion)*** die Meinungsumfrage, die Meinungsforschung **2** *nach Öl usw.*: Probebohrung *f*

sonde *f* [sõd] **1** SCHIFF Senkblei *n*, Lot *n* **2** MED, TECH Sonde *f*; ***la ~ spatiale*** die Raumsonde

sondé(e) *m(f)* [sõde] Befragte(r) *f(m)*

sonder [sõde] **1** ausloten *(Wassertiefe usw.)* **2** MED, TECH sondieren, untersuchen **3** aushorchen, ausforschen *(Person)*; erforschen *(Meinung)*

songer [sõʒe] ⟨**-ge-**⟩ **1** denken (***à*** an) **2** ***il songe à se marier*** er denkt daran zu heiraten

song|eur, ~euse [sõʒœʀ, -øz] nachdenklich, träumerisch

▸ **sonner** [sɔne] **1** *(Glocke)* läuten; *(Klingel, Telefon, Wecker) a.* klingeln; *(Uhr)* schlagen; ***trois heures sonnent*** es schlägt drei Uhr **2** *an der Tür*: klingeln, läuten **3** ***cela sonne bien*** *(bzw.* ***faux****)* das klingt gut *(bzw.* falsch)

sonnerie *f* [sɔnʀi] Klingeln *n*, Läuten *n*

sonnet *m* [sɔnɛ] Sonett *n*

▸ **sonnette** *f* [sɔnɛt] Klingel *f*, Glocke *f*

sonore [sɔnɔʀ] **1** *(Stimme)* klangvoll; *(Lachen)* schallend **2** PHYS Schall… **3** FILM Ton… **4** *beim Anrufbeantworter*: ***le bip ~*** der Signalton **5** *(Laut)* stimmhaft

sont [sõ] → ***être***[1]

sophistiqué(e) [sɔfistike] **1** *(Mensch)* gekünstelt, unnatürlich **2** *(Gerät usw.)* hoch entwickelt, ausgeklügelt

sorbet *m* [sɔʀbɛ] Fruchteis *n*

sorcellerie *f* [sɔʀsɛlʀi] Hexerei *f*, Zauberei *f*

sorcier *m* [sɔʀsje] Hexer *m*, Hexenmeister *m*

sorcière *f* [sɔʀsjɛʀ] Hexe *f*

sordide [sɔʀdid] **1** heruntergekommen, verwahrlost **2** *(widerwärtig)* gemein

▸ **sort** *m* [sɔʀ] **1** Schicksal *n*, Los *n* **2** *(Situation)* Lage *f* **3** ***tirer au ~*** losen, auslosen **4** ***jeter un ~ à qn*** j-n verhexen

sortable [sɔʀtabl] vorzeigbar

▸ **sorte** *f* [sɔʀt] **1** Art *f*, Sorte *f*; ***toutes ~s de gens*** alle möglichen Leute; ***une ~ de bateau*** e-e Art Schiff **2** Weise *f*, Art *f*, Art *f* und Weise *f*; ***de la ~*** so, auf diese Weise **3** ***nous allons faire en ~ qu'il puisse commencer en mai*** wir werden es so einrichten, dass er im Mai anfangen kann **4** ***en quelque ~*** gewissermaßen

▸ **sortie** *f* [sɔʀti] **1** Ausgang *m*; *für Fahrzeuge*: Ausfahrt *f*; *im Bus*: Ausstieg *m* **2** Hinausgehen *n*; *aus e-m Land*: Ausreise *f*; *von der Bühne*: Abgang *m*; *aus dem Krankenhaus usw.*: Entlassung *f*; ***à la ~*** beim Hinausgehen, bei der Ausreise *usw.* **3** Spaziergang *m*, Ausflug *m*; ***il est de ~*** er ist ausgegangen **4** *der Polizei usw.*: Einsatz *m* **5** *von Büchern*: Erscheinen *n*; *von Filmen*: Anlaufen *n* **6** IT Ausgabe *f*, Ausdruck *m*

▸**sortir** [sɔʀtiʀ] ⟨*wie* ***partir***; *1, 3-8, 10 u. 11 mit* ***être***⟩ **1** hinausgehen *bzw.* -fahren, herauskommen (***de*** aus); *von der Bühne*: abgehen; ***~ d'un pays*** ein Land verlassen; ***il sort à cinq heures*** (*Schüler, Arbeiter*) er hat um fünf Schluss; ***je sors de chez lui*** ich komme gerade von ihm **2** ***faire ~*** hinausschicken (*Menschen*); hinausjagen (*Tier*); ***je me suis fait ~*** ich bin hinausgeworfen worden **3** (*Flüssigkeit*) austreten; (*Gas*) ausströmen **4** (*Zähne*) kommen **5** vorstehen, herausragen **6** *bes. abends*: ausgehen **7** ***le ballon est sorti du terrain*** der Ball ist ins Aus gegangen **8** (*Produkt*) herauskommen, auf den Markt kommen; (*Film*) anlaufen **9** (*Losnummer*) gezogen werden **10** ***~ du sujet*** vom Thema abweichen; ***~ de la route*** von der Straße abkommen **11** *als Herkunft*: kommen, stammen (***de*** aus, von) **12** ***~ qn*** (*od.* ***son chien***) mit j-m *od.* mit seinem Hund spazieren gehen **13** ***~ qc*** etw herausholen *od.* herausnehmen **14** herausbringen, auf den Markt bringen (*neues Produkt*) **15** IT ausgeben, ausdrucken **16** ***s'en ~*** *bes. finanziell*: zurechtkommen; *mit dem Leben*: davonkommen (⚠ *dt.* sortieren = ***trier***)

sosie *m* [sɔzi] Doppelgänger(in) *m(f)*

sot, sotte [so, sɔt] *lit.* dumm, töricht

sottise *f* [sɔtiz] *lit.* Dummheit *f*

sou *m* [su] **1** *alte Geldmünze*: Sou *m* **2** *umg.* ***des ~s*** Geld *n*, Moneten *Pl*; ***je n'ai pas le ~*** ich habe keinen Pfennig (Geld)

souche *f* [suʃ] **1** Baumstumpf *m* **2** ***de vieille ~*** (*Familie usw.*) alteingesessen, alt **3** *von Karten usw.*: Kontrollabschnitt *m*

▸**souci**[1] *m* [susi] **1** Sorge *f* (***pour*** um) **2** ***par ~ de perfection*** im Bemühen perfekt zu sein

souci[2] *m* [susi] Ringelblume *f*

se soucier [səsusje] sich kümmern (***de*** um) (⚠ sich um … sorgen = ***se faire des soucis pour …***)

▸**souci|eux, ~euse** [susjø, -øz] besorgt

soucoupe *f* [sukup] **1** Untertasse *f* **2** ***la ~ volante*** die fliegende Untertasse

▸**soudain** [sudɛ̃] plötzlich

soudainement [sudɛnmɑ̃] plötzlich

souder [sude] **1** TECH schweißen, löten **2** *fig.* zusammenschweißen (*Menschen*) **3** ***se ~*** zusammenwachsen, verwachsen

▸**souffle** *m* [sufl] **1** Atem *m*, Atemzug *m*, Luft *f*; ***il retient son ~*** er hält den Atem *od.* die Luft an; ***à bout de ~*** außer Atem **2** (*leichter Wind*) Hauch *m*, Lufthauch *m*; ***il n'y a pas un ~*** es weht kein Lüftchen

soufflé *m* [sufle] GASTR Auflauf *m*, Soufflé *n*

soufflé(e) [sufle] *umg.* baff, platt

▸**souffler** [sufle] **1** blasen, hauchen, pusten **2** ***inspirez, soufflez!*** einatmen, ausatmen! **3** (*Wind*) wehen **4** ausblasen, auspusten (*Kerze*) **5** SCHULE vorsagen; THEAT soufflieren **6** *umg.* wegnehmen (*Spielstein usw.*); ausspannen (*Freundin*) **7** *vor Anstrengung*: schnaufen, keuchen **8** *in e-r Pause*: verschnaufen

souffrance *f* [sufʀɑ̃s] **1** Schmerz *m*, Leid *n* **2** ***en ~*** (*Akten*) unerledigt; (*Paket, Waren*) nicht abgeholt

souffrant(e) [sufʀɑ̃(t)] (leicht *od.* vorübergehend) erkrankt

souffre-douleur *m* [sufʀədulœʀ] ⟨*unv.*⟩ Opfer *n*, Prügelknabe *m*

▸**souffrir** [sufʀiʀ] ⟨*wie* ***couvrir***⟩ **1** leiden (***de*** an, unter) **2** (*ertragen*) ***~ qc*** etw erdulden

soufre *m* [sufʀ] Schwefel *m*

▸**souhait** *m* [swɛ] **1** Wunsch *m* **2** *beim Niesen*: ***à tes*** (*bzw.* ***vos***) ***~s!*** Gesundheit!

souhaitable [swɛtabl] wünschenswert

▸**souhaiter** [swete] wünschen

soûl(e) [⚠ su(l)] *umg.* betrunken

soulagement *m* [sulaʒmɑ̃] Erleichterung *f*

soulager [sulaʒe] ⟨***-ge-***⟩ **1** *von Sorgen usw.*: erleichtern **2** lindern (*Schmerz usw.*) **3** *bei der Arbeit usw.*: entlasten

se soûler [səsule] sich betrinken

soulèvement *m* [sulɛvmɑ̃] Aufstand *m*

▸**soulever** [sul(ə)ve] ⟨***-è-***⟩ **1** heben, hochheben; *ein wenig*: anheben **2** aufwirbeln (*Staub*) **3** hervorrufen (*Begeisterung usw.*); aufwerfen (*Probleme usw.*) **4** ***se ~*** (*Volk*) sich erheben

soulier *m* [sulje] Schuh *m*

souligner [suliɲe] **1** unterstreichen (*Wort*) **2** (*betonen*) hervorheben, unterstreichen

soumettre [sumɛtʀ] ⟨*wie* ***mettre***⟩ **1** *mit Gewalt*: unterwerfen **2** ***~ à un examen*** e-r Prüfung unterziehen; ***être soumis à un contrôle*** e-r Kontrolle unterliegen **3** vorlegen, unterbreiten (*Plan, Projekt*)

soumis(e) [sumi(z)] **1** → ***soumettre*** **2** gefügig, ergeben

soupçon *m* [supsõ] **1** Verdacht *m* **2** ***un ~ de …*** e-e Spur *od.* ein Hauch von …

▸**soupçonner** [supsɔne] **1** verdächtigen, im Verdacht haben (*Täter*) **2** vermuten, ahnen (*List, Falle usw.*)

soupçonn|eux, ~euse [supsɔnø, -øz] misstrauisch, argwöhnisch

▸**soupe** *f* [sup] Suppe *f*

souper[1] [supe] (zu Abend) essen

souper[2] *m* [supe] Abendessen *n*

soupeser [supəze] ⟨**-è-**⟩ **1** mit der Hand abwiegen **2** abwägen (*Argumente*)

soupir *m* [supiʀ] **1** Seufzer *m* **2** MUS Viertelpause *f*

soupirer [supiʀe] seufzen

▸**souple** [supl] **1** geschmeidig, biegsam; (*Material*) *a.* weich; (*Körper*) *a.* gelenkig **2** (*Charakter*) anpassungsfähig

souplesse *f* [suplɛs] **1** (*Weichheit*) Geschmeidigkeit *f* **2** *im Wesen*: Anpassungsfähigkeit *f*, Flexibilität *f*

▸**source** *f* [suʀs] Quelle *f* (*a. fig.*); ***prendre sa ~*** (*Fluss*) entspringen

sourcil *m* [⚠ suʀsi] Augenbraue *f*; ***froncer les ~s*** die Stirn runzeln

▸**sourd(e)**[1] [suʀ(d)] **1** (*Mensch, Tier*) schwerhörig, taub **2** (*Geräusch, Schmerz, Wut*) dumpf **3** (*Laut*) stimmlos

sourd(e)[2] *m(f)* [suʀ(d)] **1** Schwerhörige(r) *f(m)* **2** *ganz*: Taube(r) *f(m)*, Gehörlose(r) *f(m)*

sourde-muette *f* [suʀd(ə)mɥɛt] ⟨*Pl* ***sourdes-muettes***⟩ Taubstumme *f*

sourd-muet *m* [suʀmɥɛ] ⟨*Pl* ***sourds-muets***⟩ Taubstumme(r) *m*

souriant(e) [suʀjɑ̃(t)] freundlich

▸**sourire**[1] [suʀiʀ] ⟨*wie* ***rire***[1]⟩ **1** lächeln **2** ***la chance leur sourit*** das Glück lacht ihnen **3** ***~ à qn*** j-m zulächeln; (*Plan, Idee*) j-m passen

sourire[2] *m* [suʀiʀ] Lächeln *n*

▸**souris** *f* [suʀi] (⚠ la souris) ZO, IT Maus *f*

▸**sous** [su] unter; ***~ terre*** unter der Erde

sous-alimenté(e) [suzalimɑ̃te] unterernährt

sous-bois *m* [subwa] Unterholz *n*

sous-développé(e) [sudev(ə)lɔpe] unterentwickelt

sous-entendu *m* [suzɑ̃tɑ̃dy] ⟨*Pl* ***sous-entendus***⟩ Anspielung *f*

sous-estimer [suzɛstime] unterschätzen

sous-marin *m* [sumaʀɛ̃] ⟨*Pl* ***sous-marins***⟩ U-Boot *n*

sous-préfecture *f* [supʀefɛktyʀ] ⟨*Pl* ***sous-préfectures***⟩ (Sitz *m* e-r) Unterpräfektur *f*; → ***sous-préfet***

sous-préfet *m* [supʀefɛ] ⟨*Pl* ***sous-préfets***⟩ Unterpräfekt *m* (*oberster Verwaltungsbeamter e-s frz. Arrondissements*)

sous-pull *m* [supyl] ⟨*Pl* ***sous-pulls***⟩ Unterziehrolli *m*, Rolli *m*

sous-sol *m* [susɔl] ⟨*Pl* ***sous-sols***⟩ **1** *im Haus*: Untergeschoss *n* **2** *im Boden*: Untergrund *m*

sous-titre *m* [sutitʀ] ⟨*Pl* ***sous-titres***⟩ Untertitel *m*

soustraction *f* [sustʀaksjõ] Subtraktion *f*

soustraire [sustʀɛʀ] ⟨*wie* ***traire***⟩ **1** abziehen, subtrahieren (***de*** von) **2** ***se ~ à l'obligation*** sich der Verantwortung entziehen

sous-vêtements *m Pl* [suvɛtmɑ̃] Unterwäsche *f*

soutenir [sut(ə)niʀ] ⟨*wie* ***venir***⟩ **1** stützen (*a. Kranke, Währung*); stärken (*Menschen*) **2** *fig.* ***~ qn*** j-n unterstützen; *bei e-m Streit*: zu j-m halten **3** ***~ que …*** behaupten, dass … **4** fesseln (*Aufmerksamkeit*); aufrechterhalten (*Gespräch, Standpunkt*) **5** aushalten (*Angriff, Blick*)

soutenu(e) [sut(ə)ny] **1** (*Mühe*) anhaltend, beständig **2** (*Stil*) gehoben

souterrain *m* [sutɛʀɛ̃] unterirdischer Gang (⚠ Souterrain = ***sous-sol*** *m*)

souterrain(e) [sutɛʀɛ̃(-ɛn)] unterirdisch

soutien *m* [sutjɛ̃] **1** (*Hilfe*) Unterstützung *f* **2** *Person, Sache*: Stütze *f* **3** ***le cours de ~*** der Förderunterricht

soutien-gorge *m* [sutjɛ̃gɔʀʒ] ⟨*Pl* ***soutiens-gorge***⟩ BH *m*

▸**souvenir** *m* [suv(ə)niʀ] **1** *Gedanke*: Erinnerung *f* (***de*** an) **2** *Gegenstand*:

Andenken *n*, Souvenir *n* **3** ***meilleurs ~s de Paris!*** viele Grüße aus Paris!
▸ **se souvenir** [səsuv(ə)niʀ] ⟨*wie* ***venir***⟩ sich erinnern (***de*** an)
▸ **souvent** [suvɑ̃] **1** oft, häufig **2** ***assez ~*** öfter **3** ▸ ***le plus souvent*** meistens
souverain(e) [suv(ə)ʀɛ̃(-ɛn)] **1** souverän **2** (*Mittel*) unfehlbar **3** (*völlig*) vollkommen **4** (*extrem*) höchste(r, -s); (*Verachtung*) tiefste(r, -s)
souveraineté *f* [suv(ə)ʀɛnte] Souveränität *f*
soy|eux, ~euse [swajø, -øz] seidig
soyez [swaje], **soyons** [swajõ] → ***être***[1]
spaci|eux, ~euse [spasjø, -øz] geräumig
sparadrap *m* [⚠ spaʀadʀa] Heftpflaster *n*
spatial(e) [spasjal] ⟨*m Pl* ***-aux***⟩ Weltraum…, Raum…
spatule *f* [spatyl] **1** *Werkzeug*: Spachtel *m*, Spatel *m*; *beim Backen*: Teigschaber *m*; *beim Braten*: Pfannenwender *m* **2** *vom Ski*: Spitze *f*
▸ **spécial(e)** [spesjal] ⟨*m Pl* ***-aux***⟩ **1** besondere(r, -s), speziell, Sonder…, Spezial… **2** ***rien de spécial*** nichts Besonderes **3** (*eigenartig*) merkwürdig
spécialement [spesjalmɑ̃] **1** besonders, speziell **2** (*extra*) eigens
spécialisation *f* [spesjalizasjõ] Spezialisierung *f*
spécialisé(e) [spesjalize] spezialisiert (***dans*** auf); (*Arbeiter*) angelernt
se spécialiser [səspesjalize] sich spezialisieren (***dans*** auf)
▸ **spécialiste** *m,f* [spesjalist] Spezialist(in) *m(f)* (***de*** für)
spécialité *f* [spesjalite] **1** (*Fach*) Spezialgebiet *n*, Fachgebiet *n* **2** *Essen*: Spezialität *f*
spécifier [spesifje] genau angeben
spécifique [spesifik] spezifisch, eigen
spécimen *m* [⚠ spesimɛn] **1** Exemplar *n*, Stück *n* **2** *e-r Zeitschrift*: Probeheft *n*
▸ **spectacle** *m* [spɛktakl] **1** Anblick *m*, Bild *n* **2** THEAT, KINO *usw* Vorstellung *f* (⚠ Spektakel = *umg.* ***raffût*** *m*, ***tapage*** *m*)
spectaculaire [spɛktakylɛʀ] spektakulär
▸ **specta|teur** *m*, **~trice** *f* [spɛktatœʀ, -tʀis] Zuschauer(in) *m(f)*
spectre *m* [spɛktʀ] Gespenst *n*
spéculation *f* [spekylasjõ] Spekulation *f*
spéculer [spekyle] spekulieren (***sur*** auf)
spermatozoïde *m* [spɛʀmatɔzɔid] Samenzelle *f*, Spermium *n*
sperme *m* [spɛʀm] Samen *m*, Sperma *n*
sphère *f* [sfɛʀ] **1** GEOM Kugel *f* **2** *fig*. Bereich *m*, Sphäre *f*
spirale *f* [spiʀal] Spirale *f*
spiritu|el, ~elle [spiʀitɥɛl] **1** (↔ *körperlich*) geistig **2** REL geistlich **3** (*Person*, *Bemerkung usw.*) geistreich
splendeur *f* [splɑ̃dœʀ] Glanz *m*, Pracht *f*
splendide [splɑ̃did] prächtig, herrlich, wunderschön; (*Fest usw.*) glänzend
sponsor *m* [spõsɔʀ] Sponsor(in) *m(f)*
sponsoriser [spõsɔʀize] sponsern
spontané(e) [spõtane] **1** spontan (*a. Wesen*, *Mensch*) **2** freiwillig
spontanéité *f* [spõtaneite] Spontaneität *f*
spontanément [spõtanemɑ̃] spontan
▸ **sport**[1] *m* [spɔʀ] **1** Sport *m* **2** Sportart *f*
sport[2] [spɔʀ] ⟨*unv.*⟩ sportlich, Sport…
▸ **sport|if**[1], **~ive** [spɔʀtif, -iv] **1** (*Verein usw.*) Sport… **2** (*Mensch*) sportlich **3** *im Verhalten*: fair
sport|if[2] *m*, **~ive** *f* [spɔʀtif, -iv] Sportler(in) *m(f)*
spot *m* [spɔt] **1** *Lampe*: Strahler *m*, Spot *m* **2** ***le ~ publicitaire*** der Werbespot
sprint *m* [spʀint] Spurt *m*, Endspurt *m*, Sprint *m*
square *m* [skwaʀ] kleine Grünanlage
squash *m* [⚠ skwaʃ] Squash *n*
squatter[1] [skwate] besetzen (*Haus usw.*)
squatter[2] *m* [⚠ skwatœʀ] Hausbesetzer(in) *m(f)*
squelette *m* [skəlɛt] Skelett *n*, Gerippe *n*
stabiliser [stabilize] stabilisieren, festigen
stabilité *f* [stabilite] Stabilität *f*, Festigkeit *f*
stable [stabl] **1** (*dauerhaft*) beständig **2** (*Preis*, *Situation*, *Persönlichkeit usw.*) stabil **3** (*Leiter*) standsicher
▸ **stade**[1] *m* [stad] SPORT Stadion *n*
stade[2] *m* [stad] *zeitlich*: Stadium *n*, Phase *f*
▸ **stage** *m* [staʒ] **1** Praktikum *n* **2** *für Lehrer usw*: Referendarzeit *f* **3** (*Semi-*

nar) Lehrgang *m*, Kurs *m*

▸ **stagiaire** *m,f* [staʒjɛʀ] **1** Praktikant(in) *m(f)* **2** ***le professeur ~*** der Referendar, die Referendarin

stagnation *f* [stagnasjõ] Flaute *f*, Stillstand *m*

stagner [stagne] **1** *(Wasser usw.)* stehen **2** *(Wirtschaft usw.)* stagnieren, stocken

stand *m* [⚠ stɑ̃d] Messestand *m*

standard[1] *m* [stɑ̃daʀ] *(Norm)* Standard *m*; ***le ~ de vie*** der Lebensstandard

standard[2] [stɑ̃daʀ] ⟨*unv.*⟩ Standard…; ***le prix ~*** der Standardpreis

standard[3] *m* [stɑ̃daʀ] Telefonzentrale *f*

standardiser [stɑ̃daʀdize] standardisieren, normen

standardiste *m,f* [stɑ̃daʀdist] Telefonist(in) *m(f)*

standing *m* [⚠ stɑ̃diŋ] **1** Lebensstandard *m* **2** ***de grand ~*** Luxus…, Komfort…

star *f* [staʀ] (⚠ la star) Star *m*, Filmstar *m*

▸ **station** *f* [stasjõ] **1** *(Haltestelle, Anlage)* Station *f* **2** Ferienort *m*, Urlaubsort *m*, Kurort *m*

stationnaire [stasjɔnɛʀ] unverändert

▸ **stationnement** *m* [stasjɔnmɑ̃] Parken *n*

▸ **stationner** [stasjɔne] **1** parken **2** ***être stationné*** *(Auto)* geparkt sein; *(Person)* geparkt haben; *(Truppen)* stationiert sein

▸ **station-service** *f* [stasjõsɛʀvis] ⟨*Pl* ***stations-service***⟩ Tankstelle *f*

statistique[1] *f* [statistik] Statistik *f*

statistique[2] [statistik] statistisch

▸ **statue** *f* [staty] Statue *f*, Standbild *n*

statut *m* [staty] **1** Status *m*, Stellung *f* **2** *von Vereinen*: ***les ~s*** die Satzung

▸ **steak** *m* [⚠ stɛk] Steak *n*

Le steak

saignant	englisch
à point	medium
bien cuit	gut durchgebraten

sténographie *f* [stenɔgʀafi] Stenografie *f*

stéréo [steʀeo] ⟨*unv.*⟩ Stereo…; ***la chaîne ~*** die Stereoanlage

stérile [steʀil] **1** unfruchtbar **2** *(keimfrei)* steril **3** *(Diskussion)* fruchtlos

stérilet *m* [steʀilɛ] *zur Empfängnisverhütung*: Spirale *f*

stériliser [steʀilize] sterilisieren

stérilité *f* [steʀilite] Unfruchtbarkeit *f*

stimulant *m* [stimylɑ̃] **1** *Medikament*: Anregungsmittel *n* **2** *fig.* Anreiz *m*, Ansporn *m*

stimulant(e) [stimylɑ̃(t)] anregend, stimulierend

stimulateur *m* [stimylatœʀ] ***le ~ cardiaque*** der Herzschrittmacher

stimuler [stimyle] **1** anspornen *(Person)* **2** anregen *(Appetit, Verdauung)*

stipuler [stipyle] **1** ***l'annonce stipule que …*** in der Anzeige steht ausdrücklich, dass … **2** *in e-m Vertrag*: ***il est stipulé que …*** es ist festgelegt, dass …

stock *m* [stɔk] **1** *von Waren*: Lagerbestand *m*; ***les ~s*** das Warenlager; ***en ~*** vorrätig, auf Lager **2** *a. privat*: Vorrat *m* (⚠ Stock = ***bâton*** *m*)

stockage *m* [stɔkaʒ] Lagerung *f*; ***le ~ des déchets*** die Atommülllagerung

stocker [stɔke] lagern, einlagern *(Waren)*; speichern *(a. Daten)*

stop[1] [stɔp] ***~!*** stopp!, halt!

stop[2] *m* [stɔp] **1** Stoppschild *n* **2** AUTO Bremslicht *n* **3** *umg.* Trampen *n*; ***en ~*** per Anhalter; ▸ ***faire du stop*** trampen, per Anhalter fahren

stopper [stɔpe] anhalten, stoppen

store *m* [stɔʀ] **1** *innen*: Rollo *n* **2** *außen*: Rollladen *m*; *gegen Sonne*: Markise *f* **3** ***un ~ vénitien*** e-e Jalousie

strapontin *m* [stʀapõtɛ̃] Klappsitz *m*, Notsitz *m*

Strasbourg [stʀazbuʀ] Straßburg *n*

stratagème *m* [stʀataʒɛm] List *f*

stratégie *f* [stʀateʒi] Strategie *f*

stratégique [stʀateʒik] strategisch (wichtig)

stress *m* [stʀɛs] Stress *m*

stressant(e) [stʀɛsɑ̃(t)] stressig

stresser [stʀɛse] stressen

strict(e) *beide* [⚠ stʀikt] **1** streng, strikt **2** *vorangestellt*: ***la stricte vérité*** die reine Wahrheit; ***le strict nécessaire*** das Allernötigste

strophe *f* [stʀɔf] Strophe *f*

structure *f* [stʀyktyʀ] Struktur *f*, Aufbau *m*

studi|eux, ~euse [stydjø, -øz] fleißig

studio *m* [stydjo] **1** Einzimmerappartement *n* **2** TV *usw.* Studio *n* **3** *von Künstlern, Fotografen*: Atelier *n*

stupéfaction *f* [stypefaksjõ] Verblüffung *f*
stupéfait(e) [stypefɛ(t)] verblüfft
stupéfiant *m* [stypefjɑ̃] **1** Rauschgift *n* **2** Betäubungsmittel *n*
stupéfiant(e) [stypefjɑ̃(t)] verblüffend
stupéfier [stypefje] **1** verblüffen **2** (*betroffen machen*) bestürzen
stupeur *f* [stypœʀ] **1** Verblüffung *f* **2** (*Betroffenheit*) Bestürzung *f*
stupide [stypid] **1** (*Mensch*) dumm, stupide **2** (*Arbeit usw.*) stumpfsinnig **3** (*absurd*) sinnlos
stupidité *f* [stypidite] **1** Dummheit *f* **2** ***des ~s*** dummes Zeug
▸**style** *m* [stil] **1** *von Sprache, Kunst usw.*: Stil *m*; *von Menschen a.*: Art *f* **2** GR ***le ~ direct*** *bzw.* ***indirect*** die direkte *bzw.* indirekte Rede
styliste *m,f* [stilist] Designer(in) *m(f)*, Stylist(in) *m(f)*
▸**stylo** *m* [stilo] **1** ***le ~ (à encre)*** der Füller **2** ▸ ***le stylo (à) bille*** der Kugelschreiber
stylo-feutre *m* [stiloføtʀ] ⟨*Pl* ***stylos-feutres***⟩ Filzstift *m*
su [sy] → ***savoir¹***
subdiviser [sybdivize] unterteilen (***en*** in)
subdivision *f* [sybdivizjõ] Unterteilung *f*
▸**subir** [sybiʀ] **1** erleiden (*Verlust, Unrecht usw.*); ertragen (*Menschen*) **2** über sich ergehen lassen (*Prüfung, Verhör*); ***~ un interrogatoire, une opération*** *usw. a.*: verhört, operiert *usw.* werden
subit(e) [sybi(t)] plötzlich
subject|if, ~ive [sybʒɛktif, -iv] subjektiv, persönlich
subjonctif *m* [sybʒõktif] Subjonctif *m*
subjuguer [sybʒyge] faszinieren, fesseln
sublime [syblim] **1** (*Schönheit usw.*) erhaben **2** (*Mensch*) bewunderungswürdig
submerger [sybmɛʀʒe] ⟨***-ge-***⟩ **1** (*Wasser*) überschwemmen, überfluten **2** ***être submergé de travail*** mit Arbeit überlastet *od.* überhäuft sein
subordonné(e) *m(f)* [sybɔʀdɔne] Untergebene(r) *f(m)*
subordonnée *f* [sybɔʀdɔne] Nebensatz *m*
subordonner [sybɔʀdɔne] **1** unterordnen, unterstellen **2** ***être subordonné à ...*** von ... abhängen
subsidiaire [sybzidjɛʀ] zusätzlich
subsistance *f* [sybzistɑ̃s] Lebensunterhalt *m*
subsister [sybziste] **1** (*Sache*) bestehen, (noch) vorhanden sein **2** (*Mensch*) seinen Lebensunterhalt bestreiten
substance *f* [sypstɑ̃s] **1** Substanz *f*, Stoff *m* **2** *e-s Buchs, e-r Rede usw.*: wesentlicher Inhalt
substanti|el, ~elle [sypstɑ̃sjɛl] **1** (*Essen*) nahrhaft **2** (*wichtig*) wesentlich, bedeutend
substantif *m* [sypstɑ̃tif] Substantiv *n*, Nomen *n*
substituer [sypstitɥe] **1** ***~ A à B*** B durch A ersetzen, B gegen A austauschen **2** ***se ~ à qn*** sich an j-s Stelle setzen
substitution *f* [sypstitysjõ] Austausch *m*
subterfuge *m* [syptɛʀfyʒ] List *f*, Trick *m*
subtil(e) [syptil] **1** (*Mensch*) feinsinnig **2** (*Unterschied, Duft*) fein
subtilité *f* [syptilite] **1** *von Menschen*: Feinsinnigkeit *f* **2** *von Dingen*: Feinheit *f*
subvenir [sybvəniʀ] ⟨*wie* ***venir***, *aber*: ***il a subvenu*** *usw.*⟩ *finanziell*: aufkommen (***à*** für)
subvention *f* [sybvɑ̃sjõ] Subvention *f*, Zuschuss *m*
subventionner [sybvɑ̃sjɔne] subventionieren, bezuschussen
▸**succéder** [syksede] ⟨***-è-***⟩ **1** ***~ à qc*** auf etw folgen **2** *in e-r Firma usw.*: ***il a succédé à son père*** er hat die Nachfolge seines Vaters angetreten **3** ***se ~*** aufeinanderfolgen, nacheinander kommen
▸**succès** *m* [syksɛ] **1** Erfolg *m* **2** ***avec ~*** erfolgreich; ***sans ~*** erfolglos **3** ***à ~*** Erfolgs..., zugkräftig, (CH) zügig
successeur *m* [syksesœʀ] Nachfolger(in) *m(f)*
success|if, ~ive [syksesif, -iv] aufeinanderfolgend, wiederholt
succession *f* [syksesjõ] **1** (*Nacheinanderkommen*) Aufeinanderfolge *f*, Folge *f* **2** *nach dem Tod*: Erbfolge *f*, Erbschaft *f* **3** *bei Ämtern, Aufgaben usw.*: Nachfolge *f*; ***elle a pris sa ~*** sie hat seine Nachfolge angetreten

S

successivement [syksesivmɑ̃] nacheinander
succomber [sykɔ̃be] **1** sterben **2 ~ *à la tentation*** der Versuchung erliegen
succursale *f* [sykyʀsal] Filiale *f*, Ⓒⓗ Ablage *f*
sucer [syse] ⟨*-ç-*⟩ **1** saugen, aussaugen (*Wunde, Frucht*) **2** lutschen (*Bonbon usw.*)
sucette *f* [sysɛt] Lutscher *m*
▸ **sucre** *m* [sykʀ] **1** Zucker *m*; ***le ~ en morceaux, en poudre*** der Würfel-, Streuzucker **2 *un ~*** ein Stück Zucker
▸ **sucré(e)** [sykʀe] **1** süß, gezuckert **2** *abw.* honigsüß, süßlich
sucrer [sykʀe] zuckern, süßen
sucrerie *f* [sykʀəʀi] **1** Zuckerfabrik *f* **2 *des ~s*** Süßigkeiten *f Pl*
sucrette® *f* [sykʀɛt] Süßstoff *m*
▸ **sud[1]** *m* [syd] Süden *m*
sud[2] [syd] ⟨*unv.*⟩ südlich, Süd…
sud-est[1] *m* [sydɛst] Südosten *m*
sud-est[2] [sydɛst] südöstlich, Südost…
sud-ouest[1] *m* [sydwɛst] Südwesten *m*
sud-ouest[2] [sydwɛst] südwestlich, Südwest…
Suède [sɥɛd] ***la ~*** Schweden *n*
suédois(e) [sɥedwa(z)] schwedisch
Suédois(e) *m(f)* [sɥedwa(z)] Schwede *m*, Schwedin *f*
suer [sɥe] schwitzen
sueur *f* [sɥœʀ] **1** Schweiß *m* **2 *en ~*** *od.* ***trempé de ~*** schweißgebadet
▸ **suffire** [syfiʀ] ⟨*p/p*: ***suffi***⟩ genügen, ausreichen, reichen
suffisamment [syfizamɑ̃] genügend, genug
▸ **suffisant(e)** [syfizɑ̃(t)] ausreichend, genügend
suffixe *m* [syfiks] Nachsilbe *f*, Suffix *n*
suffoquer [sufɔke] fast ersticken
suffrage *m* [syfʀaʒ] **1** Wahl *f* **2 *le ~ universel*** das allgemeine Wahlrecht **3** (abgegebene) Stimme
suggérer [sygʒeʀe] ⟨*-è-*⟩ **1** vorschlagen **2** (*assoziieren*) ***~ qc*** an etw denken lassen **3** (*beeinflussen wollen*) einreden, suggerieren
suggestion *f* [sygʒɛstjɔ̃] Vorschlag *m*
suicide *m* [sɥisid] Selbstmord *m*
se suicider [səsɥiside] Selbstmord begehen, sich das Leben nehmen
suis [sɥi] → ***être[1]***, ***suivre***
suisse [sɥis] schweizerisch, Schweizer …
Suisse[1] *m,f* [sɥis] Schweizer(in) *m(f)*
Suisse[2] *f* [sɥis] Schweiz *f*
▸ **suite** *f* [sɥit] **1** (*Konsequenz*) Folge *f* **2 *prendre la ~*** die Nachfolge antreten **3** (*Abfolge*) Folge *f*; *von Ereignissen usw.*: Reihe *f*, Serie *f* **4** *beim Roman usw.*: Fortsetzung *f* **5** *Diener usw.*: Gefolge *n* **6** MUS, *im Luxushotel*: Suite *f* **7 *tout de ~*** sofort, gleich **8 *et ainsi de ~*** und so weiter **9 *à la ~*** *od.* ***de ~*** nacheinander, hintereinander **10** *zeitlich*: ***à la ~ d'un événement*** nach e-m Ereignis; *Grund*: ***à la ~ d'un accident*** infolge e-s Unfalls **11 *par la ~*** (*danach*) später
▸ **suivant** [sɥivɑ̃] **1** nach, gemäß; ***~ le temps*** je nach dem Wetter **2 *~ qu'on est malade ou non*** je nachdem, ob man krank ist oder nicht
suivant(e) [sɥivɑ̃(t)] **1** folgende(r, -s), nächste(r, -s) **2** *beim Arzt usw.*: ***au suivant!*** der Nächste, bitte!
suivi(e) [sɥivi] **1** beständig, regelmäßig, fortgesetzt **2** (*Überlegung*) zusammenhängend, folgerichtig
▸ **suivre** [sɥivʀ] ⟨*prés.*: ***je, tu suis, il suit***; *impér.*: ***suis!***; *p/p*: ***suivi***⟩ **1** folgen; ***~ qn, qc*** j-m, e-r Sache folgen **2 *~ un chemin*** e-n Weg gehen **3** verfolgen (*Idee, Spur, Sendung usw.*) **4** befolgen (*Rat*) **5 *~ un cours*** e-n Kurs besuchen **6** betreuen (*Patienten, Kunden*) **7** *im Unterricht*: mitkommen **8** *im Geschäft*: dauernd führen (*Artikel*) **9 *se ~*** aufeinanderfolgen **10 *à ~*** Fortsetzung folgt **11 *faire ~*** nachsenden, nachschicken (*Post, Brief*)
▸ **sujet[1]** *m* [syʒɛ] **1** Thema *n*; ▸ ***au sujet de*** hinsichtlich, über; ***il est resté muet à ce ~*** darüber wollte er nicht sprechen; ***c'est à quel ~?*** worum geht es? **2** (*Motiv*) Anlass *m*, Grund *m* (**de** zu) **3** GR Subjekt *n* **4** (*Individuum*) Person *f*
suj|et[2], **~ette** [syʒɛ, -ɛt] ***elle est sujette aux migraines*** sie ist anfällig für Migräne
▸ **super[1]** [sypɛʀ] ⟨*unv.*⟩ *umg.* super, Ⓐ bärig
super[2] *m* [sypɛʀ] *Benzin*: Super *n*
superbe [sypɛʀb] herrlich, fantastisch; ***il a une mine ~*** er sieht blendend aus
superficie *f* [sypɛʀfisi] Fläche *f*
superfici|el, **~elle** [sypɛʀfisjɛl] oberflächlich
superflu(e) [sypɛʀfly] überflüssig

S

supérieur(e)[1] [sypeʀjœʀ] **1** *räumlich*: obere(r, -s), Ober…; ***supérieur à …*** höher als …, über … **2** *rangmäßig*: höhere(r, -s) **3** (*besser*) überlegen **4** (*sehr gut*) hervorragend; (*Qualität usw.*) Spitzen…, erstklassig

supérieur(e)[2] *m(f)* [sypeʀjœʀ] Vorgesetzte(r) *f(m)*; *im Kloster*: Superior(in) *m(f)*

supériorité *f* [sypeʀjɔʀite] Überlegenheit *f*

superlatif *m* [sypɛʀlatif] Superlativ *m*

▸ **supermarché** *m* [sypɛʀmaʀʃe] Supermarkt *m*

superposer [sypɛʀpoze] **1** übereinanderlegen, -stellen, -stapeln, übereinander setzen **2** ***se ~*** sich überlagern

superproduction *f* [sypɛʀpʀɔdyksjõ] Monumentalfilm *m*

superstiti|eux, **~euse** [sypɛʀstisjø, -øz] abergläubisch

superstition *f* [sypɛʀstisjõ] Aberglaube *m*

superviser [sypɛʀvize] überwachen

▸ **supplément** *m* [syplemɑ̃] **1** Zusatz *m* **2** Aufpreis *m*, Aufschlag *m*; BAHN Zuschlag *m*; ***c'est en ~*** das geht extra **3** PRESSE Beilage *f*

supplémentaire [syplemɑ̃tɛʀ] **1** zusätzlich, Zusatz…, Extra… **2** ***une heure ~*** e-e Überstunde

supplice *m* [syplis] **1** *körperlich*: Folter *f* **2** *seelisch*: Qual *f*

supplier [syplije] anflehen (**de** zu)

support *m* [sypɔʀ] **1** Ständer *m*, Halterung *f*, Gestell *n* **2** ***le ~ de données*** der Datenträger

supportable [sypɔʀtabl] erträglich

▸ **supporter**[1] [sypɔʀte] **1** (*halten*) tragen, stützen **2** ertragen (*Schmerzen, Kummer usw.*) **3** vertragen (*Kritik, Hitze, Alkohol usw.*) **4** leiden, ausstehen (*Person*)

supporter[2] *m* [⚠ sypɔʀtɛʀ] SPORT Fan *m*

▸ **supposer** [sypoze] **1** annehmen, vermuten; ***supposons qu'il vienne*** nehmen wir mal an, dass er kommt **2** ***à ~*** (*od.* ***en supposant***) ***qu'elle le fasse*** angenommen, sie macht es **3** (*bedingen*) voraussetzen

supposition *f* [sypozisjõ] Vermutung *f*, Annahme *f*

▸ **supprimer** [sypʀime] **1** (*entfernen*) beseitigen **2** streichen (*Text usw.*) **3** löschen (*Daten*)

suprématie *f* [⚠ sypʀemasi] Vorherrschaft *f*

suprême [sypʀɛm] **1** ***l'autorité ~*** die oberste Gewalt **2** ***au ~ degré*** im höchsten Maß **3** ***dans un ~ effort*** mit äußerster Anstrengung

▸ **sur** [syʀ] **1** auf; ***s'asseoir ~ une chaise*** sich auf e-n Stuhl setzen; ***la fenêtre ~ la rue*** das Fenster zur Straße (hin); ***cette ville est située ~ un fleuve*** die Stadt liegt an e-m Fluss; ***surfer ~ internet*** im Internet surfen **2** ***un livre ~ Sartre*** ein Buch über Sartre **3** ***je n'ai pas d'argent ~ moi*** ich habe kein Geld bei mir **4** ***neuf fois ~ dix*** neun- von zehnmal; SCHULE ***elle a douze ~ vingt*** sie hat zwölf von zwanzig Punkten; ***un Français ~ deux*** jeder zweite Franzose **5** *zeitlich*: ***~ ce il est parti*** und damit ging er; ***~ le moment*** im ersten Augenblick **6** *Folge*: ***coup ~ coup*** Schlag auf Schlag; ***il fait bêtise ~ bêtise*** er macht e-e Dummheit nach der anderen **7** ***~ mesure*** nach Maß **8** ***croire qn ~ parole*** j-m aufs Wort glauben

sur(e) [syʀ] (*Apfel usw.*) sauer

▸ **sûr(e)** [syʀ] **1** (*gewiss*) sicher; ***je suis sûr de le rencontrer*** ich bin sicher ihn zu treffen **2** (*Auskunft, Person*) zuverlässig **3** ***il n'est pas très sûr de lui*** er ist nicht sehr selbstsicher **4** (*ungefährlich*) sicher **5** ▸ ***bien sûr!*** natürlich!, selbstverständlich!

surcharge *f* [syʀʃaʀʒ] Überlastung *f*

surcharger [syʀʃaʀʒe] ⟨**-ge-**⟩ **1** überladen (*Fahrzeug usw.*) **2** *mit Arbeit usw.*: überlasten

surclasser [syʀklase] weit übertreffen

surdité *f* [syʀdite] **1** Taubheit *f* **2** Schwerhörigkeit *f*

surdoué(e) [syʀdwe] hoch begabt

▸ **sûrement** [syʀmɑ̃] sicherlich, bestimmt

sûreté *f* [syʀte] Sicherheit *f*

surf *m* [⚠ sœʀf] *Gerät*: Surfbrett *n*; *Sportart*: Surfen *n*

▸ **surface** *f* [syʀfas] **1** Oberfläche *f* **2** *a.* MATH Fläche *f* **3** ***une grande ~*** ein Verbrauchermarkt, ein großer Supermarkt

surfer [⚠ sœʀfe] **1** surfen (*a.* INTERNET) **2** *im Winter*: Snowboard fahren

surf|eur *m*, **~euse** *f* [⚠ sœʀfœʀ, -øz] **1** Surfer(in) *m(f)* **2** Snowboardfah-

S

rer(in) *m(f)*
surgelé(e) [syʀʒəle] tiefgefroren
surgelés *m Pl* [syʀʒəle] Tiefkühlkost *f*
surgir [syʀʒiʀ] (plötzlich) auftauchen
surmener [syʀməne] ⟨**-è-**⟩ **1** überanstrengen **2** ***se*** ~ sich übernehmen
surmonter [syʀmõte] **1** *räumlich*: überragen **2** überwinden (*Angst usw.*)
surnom *m* [syʀnõ] Spitzname *m*, Beiname *m*
surnombre [syʀnõbʀ] ***en*** ~ zu viel(e), überzählig
surpasser [syʀpase] übertreffen (**en** an)
surpeuplé(e) [syʀpœple] überbevölkert, übervölkert
surplus *m* [syʀply] Überschuss *m*, Überhang *m*
surpopulation *f* [syʀpɔpylasjõ] Überbevölkerung *f*
surprenant(e) [syʀpʀənɑ̃(t)] überraschend, erstaunlich
▸ **surprendre** [syʀpʀɑ̃dʀ] ⟨*wie* ***prendre***⟩ **1** überraschen **2** *auf frischer Tat*: ertappen
surpris(e) [syʀpʀi(z)] **1** → ***surprendre*** **2** überrascht
▸ **surprise** *f* [syʀpʀiz] Überraschung *f*
surproduction *f* [syʀpʀɔdyksjõ] Überproduktion *f*
surréaliste [syʀʀealist] surrealistisch
sursaut *m* [syʀso] ***se réveiller en*** ~ aus dem Schlaf hochfahren
sursauter [syʀsote] zusammenzucken, aufschrecken
sursis *m* [syʀsi] **1** Aufschub *m*; *vom Wehrdienst*: Zurückstellung *f* **2** (*Gefängnisstrafe*) ***avec*** ~ mit Bewährung
▸ **surtout** [syʀtu] vor allem, besonders
surveillance *f* [syʀvɛjɑ̃s] Aufsicht *f* (**de** über)
▸ **surveillant(e)** *m(f)* [syʀvɛjɑ̃(t)] Aufsicht *f*, Aufsichtsperson *f*
▸ **surveiller** [syʀveje] **1** überwachen (*Person*); beaufsichtigen (*Kind, Arbeit*) **2** ~ ***sa santé*** auf seine Gesundheit achten **3** ***se*** ~ aufpassen; *um nicht zuzunehmen*: auf seine Linie achten
survêtement *m* [syʀvɛtmɑ̃] Trainingsanzug *m*
survie *f* [syʀvi] Überleben *n*
survivant(e) *m(f)* [syʀvivɑ̃(t)] Überlebende(r) *f(m)*, Hinterbliebene(r) *f(m)*
survivre [syʀvivʀ] ⟨*wie* ***vivre***[1]⟩ **1** überleben **2** ▸ ***survivre à*** überleben (*Unfall, j-n*)
survoler [syʀvɔle] überfliegen (*a. Text*)
susceptible [sysɛptibl] **1** (*reizbar*) empfindlich **2** ~ ***d'être amélioré*** verbesserungsfähig
susciter [sysite] hervorrufen, erregen
▸ **suspect(e)** [syspɛ(kt)] verdächtig
suspecter [syspɛkte] verdächtigen
suspendre[1] [syspɑ̃dʀ] ⟨*wie* ***rendre***⟩ aufhängen (*Gegenstand*)
suspendre[2] [syspɑ̃dʀ] ⟨*wie* ***rendre***⟩ **1** unterbrechen (*Sitzung, Zahlung usw.*) **2** *vom Dienst*: beurlauben, suspendieren
suspens [syspɑ̃] ***en*** ~ (*Frage usw.*) offen; (*Arbeit*) nicht abgeschlossen
suspense *m* [⚠ syspɛns] Spannung *f*
sut [sy] → ***savoir***[1]
svelte [svɛlt] schlank
S.V.P. [ɛsvepe] (*Abk. für* s'il vous plaît) bitte
SVT *f Pl* [ɛsvete] (*Abk. für* sciences de la vie et de la Terre) SCHULE ≈ Biologie *f* und Erdkunde *f*
sweat-shirt *m* [⚠ switʃœʀt] *od.* [⚠ swɛtʃœʀt] ⟨*Pl* ***sweat-shirts***⟩ Sweatshirt *n*
syllabe *f* [sil(l)ab] Silbe *f*
▸ **symbole** *m* [sɛ̃bɔl] Symbol *n*
symbolique [sɛ̃bɔlik] symbolisch
symboliser [sɛ̃bɔlize] symbolisieren
symétrie *f* [simetʀi] (⚠ *nur ein* m) Symmetrie *f*
symétrique [simetʀik] (⚠ *nur ein* m) symmetrisch (**de** zu)
▸ **sympa** [sɛ̃pa] *umg.* nett, sympathisch
sympathie *f* [sɛ̃pati] Sympathie *f*
▸ **sympathique** [sɛ̃patik] **1** (*Mensch, Gesicht*) sympathisch **2** (*Empfang usw.*) freundlich; (*Abend usw.*) gemütlich, nett
sympathiser [sɛ̃patize] sympathisieren
symphonie *f* [sɛ̃fɔni] Sinfonie *f*
symptôme *m* [sɛ̃ptom] **1** MED Symptom *n* **2** *fig.* Anzeichen *n*
syncope *f* [sɛ̃kɔp] ***il a une*** ~ *od.* ***il tombe en*** ~ er wird ohnmächtig
syndical(e) [sɛ̃dikal] ⟨*m Pl* ***-aux***⟩ gewerkschaftlich, Gewerkschafts…
▸ **syndicat** *m* [sɛ̃dika] **1** Gewerkschaft *f* **2** ▸ ***le syndicat d'initiative*** ⚠ das Fremdenverkehrsamt
syntaxe *f* [sɛ̃taks] Syntax *f*, Satzlehre *f*
synthèse *f* [sɛ̃tɛz] **1** CHEM Synthese *f* **2**

S

(*Überblick*) Zusammenfassung *f* ▸**synthétique** [sɛ̃tetik] synthetisch
synthétiseur *m* [sɛ̃tetizœʀ] Synthesizer *m*
systématique [sistematik] systematisch
système *m* [sistɛm] **1** System *n* **2** *umg.* ***le ~ D*** die Improvisationskunst, alle Kniffe, um sich aus der Affäre zu ziehen *usw.* **3** *umg.* ***il me tape sur le ~*** er geht mir auf den Geist *od.* auf den Wecker

T

t' [t] → ***te, tu¹***
▸**ta** [ta] dein(e)
▸**tabac** *m* [⚠ taba] **1** Tabak *m* **2** Tabakladen *m*, Ⓐ Trafik *f* **3** *umg.* ***ça a fait un ~*** das war ein Bombenerfolg
tabagisme *m* [tabaʒism] Rauchen *n*, Nikotinsucht *f*
▸**table** *f* [tabl] **1** Tisch *m*; ***être à ~*** bei Tisch sitzen; ***se mettre à ~*** sich zu Tisch setzen; ▸***mettre la table*** den Tisch decken **2** (*Übersicht*) Tafel *f*, Tabelle *f*; ***la ~ des matières*** das Inhaltsverzeichnis **3** ***la ~ ronde*** die Gesprächsrunde
▸**tableau** *m* [tablo] ⟨*Pl* ***~x***⟩ **1** Gemälde *n*, Bild *n* **2** (*Anblick, Schilderung*) Bild *n* **3** SCHULE ***le ~*** (***noir***) die Tafel **4** (*Platte*) Brett *n*, Tafel *f* **5** (*Übersicht*) Tabelle *f* **6** ***le ~ de bord*** das Armaturenbrett
tablette *f* [tablɛt] **1** *als Brett usw.*: Ablage *f*, Brettchen *n* **2** ***une ~ de chewing-gum*** ein Streifen Kaugummi; ***une ~ de chocolat*** e-e Tafel Schokolade **3** *früher aus Wachs o. ä.*: Schreibtafel *f* (⚠ Tablette = ***comprimé*** *m*, Tablett = ***plateau*** *m*)
tablier *m* [tablije] **1** Schürze *f* **2** *für Schüler usw.*: Kittel *m*
tabou *m* [tabu] Tabu *n*
tabou(e) [tabu] tabu
tabouret *m* [tabuʀɛ] Hocker *m*, Schemel *m*
tac *m* [tak] ***elle m'a répondu du ~ au ~*** sie hat mir schlagfertig geantwortet
▸**tache** *f* [taʃ] **1** Fleck *m* **2** ***les ~s de rousseur*** die Sommersprossen
▸**tâche** *f* [tɑʃ] **1** Aufgabe *f* **2** Arbeit *f*
tacher [taʃe] fleckig machen
tâcher [tɑʃe] versuchen (***de*** zu), sich bemühen (***de*** zu)
tacite [tasit] stillschweigend
taciturne [tasityʀn] schweigsam
tacot *m* [tako] *umg.* ***un vieux ~*** *Auto*: e-e Klapperkiste, e-e Karre
tact *m* [takt] **1** (*Feingefühl*) Takt *m* **2** *Sinn*: Tastsinn *m*, Gefühl *n* (⚠ Takt *in der Musik* = ***mesure*** *f*, ***temps*** *m*)
tactile [taktil] ***l'écran ~*** der Touchscreen, der Berührungsbildschirm
tactique *f* [taktik] Taktik *f*
taffetas *m* [tafta] *Stoff*: Taft *m*
tag *m* [tag] ***des ~s*** *auf Wänden usw.*: Graffiti *Pl*
tagueur *m* [tagœʀ] Sprayer *m*
taie *f* [tɛ] ***la ~*** (***d'oreiller***) der Kopfkissenbezug
▸**taille¹** *f* [taj] **1** Größe *f* **2** *bei Kleidung*: Größe *f*, Konfektionsgröße *f*; ***la ~ au-dessus*** (*bzw.* ***en dessous***) e-e Nummer größer (*bzw.* kleiner); ***quelle ~ fais-tu?*** welche Größe hast du?
taille² *f* [taj] Taille *f*
taille³ *f* [taj] *bei Bäumen usw.*: Schnitt *m*; *bei Diamanten*: Schliff *m*
taillé(e) [taje] **1** geschnitten; (*Diamant*) geschliffen; (*Stein*) behauen **2** ***taillé en athlète*** athletisch gebaut
taille-crayon *m* [tajkʀɛjõ] ⟨*Pl* ***taille-crayons***⟩ Bleistiftspitzer *m*
tailler [taje] **1** zuschneiden (*Stoff*) **2** spitzen (*Stift*) **3** behauen (*Stein*) **4** schleifen (*Diamant*) **5** schneiden (*Hecke*) **6** ***cette jupe taille grand*** (*bzw.* ***petit***) dieser Rock fällt groß (*bzw.* klein) aus **7** *umg.* ***se ~*** abhauen, verduften
tailleur¹ *m* [tajœʀ] **1** Schneider *m* **2** ***le ~ de diamants*** der Diamantschleifer **3** ***en ~*** im Schneidersitz
tailleur² *m* [tajœʀ] *Kleidung*: Kostüm *n*
▸**se taire** [sətɛʀ] ⟨*wie* ***plaire***, *aber*: ***il se tait***⟩ schweigen, still sein
talent *m* [talɑ̃] Talent *n*, Begabung *f*; ***une jeune fille de*** (***grand***) ***~*** ein (sehr) begabtes *od.* talentiertes Mädchen
talentu|eux, ~euse [talɑ̃tɥø, -øz] ta-

T

lentiert, begabt
talkie-walkie *m* [tokiwoki] ⟨*Pl* **talkies-walkies**⟩ Walkie-Talkie *n* (⚠ *im Frz. umgekehrt zum Deutschen*)
▸**talon** *m* [talõ] **1** *am Fuß, Strumpf*: Ferse *f* **2** *am Schuh*: Absatz *m* **3** (*Abschnitt*) Coupon *m* **4** *im Kartenspiel*: Stock *m*
talonner [talɔne] **~ qn** (*j-n verfolgen*) j-m auf den Fersen sein; *fig.* j-n bedrängen
talus *m* [taly] Böschung *f*
tambour *m* [tãbuʀ] **1** MUS Trommel *f* **2** *in der Waschmaschine, bei der Bremse*: Trommel *f* **3** *Person*: Trommler *m*
tambouriner [tãbuʀine] trommeln
tamis *m* [tami] Sieb *n*
Tamise *f* [tamiz] Themse *f*
tamiser [tamize] **1** sieben (*Mehl usw.*) **2** dämpfen (*Licht*)
▸**tampon** *m* [tãpõ] **1** **le ~ hygiénique** der Tampon **2** **le ~ d'ouate** der Wattebausch **3** *beim Arzt*: Tupfer *m*, Tampon *m* **4** *im Büro*: Stempel *m* **5** *auf Flaschen usw.*: Stöpsel *m*; *zum Verstopfen*: Pfropfen *m* **6** *am Waggon*: Puffer *m*
tamponner [tãpɔne] **1** abtupfen, abwischen **2** **~ un passeport** e-n Pass abstempeln **3** **se ~** zusammenstoßen
tandis que [tãdik(ə)] (⚠ *vor Vokal u. stummem* h *steht* **tandis qu'**) während
tanière *f* [tanjɛʀ] *von Tieren*: Höhle *f*, Bau *m*
tank *m* [tãk] **1** *Behälter*: großer Tank **2** MIL Panzer *m* **3** *umg. Auto*: Straßenkreuzer *m*
▸**tant** [tã] **1** so, so sehr, so viel; **~ de fois** so oft **2** *unbestimmt*: soundso viel **3** ▸ **tant que ...** solange ...; **~ que vous y êtes** wenn ihr schon dabei seid **4** **en ~ que médecin, professeur** *usw.* als Arzt, Lehrer *usw.* **5** **~ filles que garçons** sowohl Mädchen als auch Jungen **6** **~ qu'à faire!** wennschon - dennschon!
▸**tante** *f* [tãt] Tante *f*
tantôt [tãto] heute Nachmittag
taon *m* [⚠ tã] zo Bremse *f*
tapage *m* [⚠ tapaʒ] **1** Krach *m* **2** *fig.* Aufsehen *n*, Wirbel *m*
tapag|eur, ~euse [tapaʒœʀ, -øz] auffällig, aufdringlich
tape *f* [tap] Klaps *m*
tape-à-l'œil [tapalœj] ⟨*unv.*⟩ protzig, kitschig
▸**taper** [tape] **1** schlagen **2** *in die Hände*: klatschen; *mit den Füßen*: stampfen, trampeln; *an die Tür*: klopfen **3** *auf der Schreibmaschine*: tippen; *am PC*: eingeben **4** *umg.* **~ qn** j-n anpumpen **5** *umg.* **se ~ une bonne glace** sich ein dickes Eis genehmigen **6** *umg.* **se ~ un travail, la famille** e-e Arbeit, die Familie am Hals haben
tapette *f* [tapɛt] **1** Teppichklopfer *m* **2** Fliegenklatsche *f* **3** *umg.* (*Schwuler*) Tunte *f*
se tapir [sətapiʀ] sich verkriechen
▸**tapis** *m* [tapi] **1** Teppich *m* **2** SPORT Matte *f* **3** IT Mauspad *n* **4** **le ~ roulant** das Laufband
tapisser [tapise] **1** tapezieren (*Wände*) **2** *fig.* bedecken; *von innen*: auskleiden
tapisserie *f* [tapisʀi] Wandteppich *m*
tapis-souris *m* [tapisuʀi] ⟨*unv.*⟩ IT Mauspad *n*
tapoter [tapɔte] auf ... klopfen, tätscheln
taquin(e) [takɛ̃(-in)] schelmisch
taquiner [takine] ärgern, necken
taquinerie *f* [takinʀi] Neckerei *f*
tarabiscoté(e) [taʀabiskɔte] (*Wohnung, Muster usw.*) überladen
▸**tard** [taʀ] spät; **plus ~** später; **au plus ~** spätestens
tarder [taʀde] **1** auf sich warten lassen, (lange) dauern; **ça ne va pas ~** es dauert nicht mehr lange; **il ne va pas ~ à pleuvoir** es wird gleich regnen **2** **sans ~** unverzüglich
tard|if, ~ive [taʀdif, -iv] spät, verspätet
▸**tarif** *m* [taʀif] Tarif *m*, Gebühr *f*, Preis *m*
tarir [taʀiʀ] (*Quelle*) (**se**) **~** versiegen
▸**tarte**[1] *f* [taʀt] **1** Kuchen *m*, Obstkuchen *m*, (CH) Wähe *f*; **la ~ aux pommes** der Apfelkuchen **2** *umg.* Ohrfeige *f* **3** *umg.* **c'est pas de la ~** (*Problem usw.*) das ist nicht ohne
tarte[2] [taʀt] *umg.* **1** doof, blöd **2** hässlich
▸**tartine** *f* [taʀtin] (belegtes) Brot (*meist Weißbrot mit süßem Aufstrich*); **une ~ beurrée** ein Butterbrot
tartiner [taʀtine] **1** streichen, bestreichen (*Brot*) **2** streichen (*Butter, Käse usw.*) (**sur** auf)
tartre *m* [taʀtʀ] **1** Kesselstein *m* **2** Zahnstein *m*

tartuf(f)e *m* [taʀtyf] Heuchler *m*, Scheinheilige(r) *m* (⚠ ***Tartuffe*** *ist e-e bekannte Komödie von Molière aus dem Jahr 1664*)
▸ **tas** *m* [tɑ] Haufen *m*
t'as [ta] *umg.* = ***tu as***
▸ **tasse** *f* [tas] Tasse *f*

Unterscheide:

une tasse de café, de thé	eine Tasse Kaffee, Tee
une tasse à café, à thé	eine Kaffeetasse, Teetasse

tasser [tase] **1** feststampfen, zusammenpressen **2** ***se ~*** (*Boden*) sich senken; *umg.* (*Sache*) sich wieder einrenken
tâter [tɑte] **1** tasten, abtasten, fühlen **2** ***~ de qc*** etw ausprobieren **3** *umg.* ***je me tâte*** das muss ich mir noch überlegen
tatill|on, ~onne [tatijõ, -ɔn] pedantisch, pingelig
tâtonner [tɑtɔne] **1** herumtappen **2** herumprobieren, herumexperimentieren
tâtons [tɑtõ] ***à ~*** tastend
tatouage *m* [tatwaʒ] Tätowierung *f*
tatouer [tatwe] tätowieren
taudis *m* [todi] **1** Elendsquartier *n* **2** *abw.* Saustall *m*
taupe *f* [top] Maulwurf *m*, (CH) Schermaus *f*
taureau *m* [tɔʀo] ⟨*Pl* ***~x***⟩ Stier *m*, Bulle *m*
Taureau *m* [tɔʀo] ⟨*Pl* ***~x***⟩ ASTR Stier *m*
tauromachie *f* [tɔʀɔmaʃi] Stierkampf *m*
▸ **taux** *m* [to] **1** *von Prozenten, Zinsen*: Satz *m*; ***le ~ de change*** der Wechselkurs **2** *in der Statistik*: Rate *f*, Quote *f*; ***le ~ de chômage*** die Arbeitslosenquote; ***le ~ de mortalité, de natalité*** die Sterbe-, Geburtenziffer
taxe *f* [taks] **1** Steuer *f*; ***la ~ sur la valeur ajoutée*** die Mehrwertsteuer **2** (*Abgabe*) Gebühr *f*
taxer [takse] **1** amtlich festsetzen (*Preis*) **2** besteuern (*Waren*)
▸ **taxi** *m* [taksi] **1** Taxi *n* **2** *umg.* Taxifahrer(in) *m(f)*
tchèque [tʃɛk] tschechisch
Tchèque *m,f* [tʃɛk] Tscheche *m*, Tschechin *f*

T

T.D. *m Pl* [tede] (*Abk. für* travaux dirigés) SCHULE freies Arbeiten unter Aufsicht
▸ **te** [t(ə)] (⚠ *vor Vokal u. stummem* h *steht* ***t'***) **1** ***elle ~ trompe*** sie betrügt dich; ***tu t'es lavé?*** hast du dich gewaschen? **2** ***je ~ remercie*** ich danke dir
▸ **technic|ien** *m*, **~ienne** *f* [⚠ tɛknisjɛ̃, -jɛn] **1** Techniker(in) *m(f)* **2** (*Spezialist[in]*) Fachmann *m*, Fachfrau *f*
▸ **technique¹** *f* [⚠ tɛknik] Technik *f*
▸ **technique²** [⚠ tɛknik] **1** technisch **2** fachlich, Fach...; ***le terme ~*** der Fachausdruck **3** ***le baccalauréat ~*** das Fachabitur; ***le lycée ~*** die Fachoberschule
techno *f* [tɛkno] (⚠ la techno) MUS Techno *n od. m*
▸ **tee-shirt** *m* [⚠ tiʃœʀt] ⟨*Pl* ***tee-shirts***⟩ T-Shirt *n*
teindre [tɛ̃dʀ] ⟨*wie* ***peindre***⟩ färben
teint *m* [tɛ̃] Gesichtsfarbe *f*, Teint *m*
teinte *f* [tɛ̃t] Farbton *m*, Farbe *f*
teinturier *m* [tɛ̃tyʀje] chemische(r) Reiniger; ***porter une robe chez le ~*** ein Kleid in die Reinigung bringen
▸ **tel, telle** [tɛl] **1** solche(r, -s), so ein(e); ***une telle conduite*** so ein *od.* ein solches Verhalten; ***je n'ai rien vu de tel*** so etwas habe ich noch nicht gesehen; ***telle est mon opinion*** das ist meine Meinung **2** ***comme tel*** *od.* ***en tant que tel*** als solcher **3** ***un homme tel que mon père*** ein Mann wie mein Vater **4** ***ça se mange tel quel*** das wird so gegessen, wie es ist **5** *unbestimmt*: ***tel jour*** an dem und dem Tag; ***telle heure*** um soundso viel Uhr
▸ **télé** *f* [tele] *umg.* **1** Fernsehen *n*; ***regarder la ~*** fernsehen **2** *Gerät*: Fernseher *m*
téléachat *m* [teleaʃa] Teleshopping *n*

In den meisten Telefonzellen in Frankreich braucht man eine Telefonkarte, **une télécarte**. Diese kann man auf der Post oder im Tabakladen kaufen.
So lautet die automatische Ansage in französischen Telefonzellen:

Décrochez	Nehmen Sie den Hörer ab.

Insérez votre carte	Führen Sie Ihre Karte ein.
Patientez	Warten Sie.
Composez votre numéro	Wählen Sie.

▸ **télécarte** *f* [telekaʀt] Telefonkarte *f*
télécharger [teleʃaʀʒe] ⟨**-ge-**⟩ herunterladen (*Daten*)
télécommande *f* [telekɔmɑ̃d] Fernbedienung *f*, Fernsteuerung *f*
télécommunications *f Pl* [telekɔmynikasjõ] Fernmeldewesen *n*
télécopie *f* [telekɔpi] Telefax *n*
télégramme *m* [telegʀam] Telegramm *n*
télégraphier [telegʀafje] telegrafieren
téléguidé(e) [telegide] ferngesteuert, ferngelenkt
téléinformatique *f* [teleɛ̃fɔʀmatik] Datenfernverarbeitung *f*
télématique *f* [telematik] elektronische Datenfernübertragung
téléobjectif *m* [teleɔbʒɛktif] Teleobjektiv *n*
téléphérique *m* [telefeʀik] Seilbahn *f*
▸ **téléphone** *m* [telefɔn] Telefon *n*
▸ **téléphoner** [telefɔne] **1** telefonieren; ***je téléphone à ma mère*** ich rufe meine Mutter an, ich telefoniere mit meiner Mutter **2** ***on se téléphone demain!*** wir telefonieren morgen!
téléphonique [telefɔnik] telefonisch, Telefon…
télescopage *m* [teleskɔpaʒ] Zusammenstoß *m*
télescope *m* [teleskɔp] Teleskop *n*, Fernrohr *n*
télescoper [teleskɔpe] **1** mit … zusammenstoßen **2** ***se ~*** zusammenstoßen
télésiège *m* [telesjɛʒ] Sessellift *m*
téléski *m* [teleski] Schlepplift *m*
▸ **téléspecta|teur** *m*, **~trice** *f* [telespɛktatœʀ, -tʀis] Fernsehzuschauer(in) *m(f)*
télétexte *m* [teletɛkst] Videotext *m*, Teletext *m*
télévisé(e) [televize] Fernseh…
téléviseur *m* [televizœʀ] Fernseher *m*, Fernsehgerät *n*
▸ **télévision** *f* [televizjõ] **1** Fernsehen *n* **2** *Gerät*: Fernseher *m*
télex *m* [telɛks] Telex *n*, Fernschreiben *n*
▸ **tellement** [tɛlmɑ̃] **1** so, so sehr **2** ***~ de*** … so viel(e) … **3** ***pas ~*** nicht besonders
téméraire [temeʀɛʀ] waghalsig, tollkühn
témérité *f* [temeʀite] Waghalsigkeit *f*, Tollkühnheit *f*
témoignage *m* [temwaɲaʒ] **1** Aussage *f* **2** JUR Zeugenaussage *f* **3** *für Zuneigung, Dankbarkeit usw.*: Zeichen *n* (**de** für); Beweis *m* (**de** für)
témoigner [temwaɲe] **1** JUR (als Zeuge) aussagen **2** ***~ de qc*** (*Mensch*) etw bezeugen; (*Sache*) von etw zeugen
▸ **témoin** *m* [temwɛ̃] **1** JUR Zeuge *m*, Zeugin *f* **2** *bei e-r Hochzeit*: Trauzeuge *m*, Trauzeugin *f* **3** SPORT Staffelstab *m*
tempe *f* [tɑ̃p] Schläfe *f*
tempérament *m* [tɑ̃peʀamɑ̃] Veranlagung *f*, Temperament *n*
▸ **température** *f* [tɑ̃peʀatyʀ] Temperatur *f*
tempéré(e) [tɑ̃peʀe] gemäßigt
tempérer [tɑ̃peʀe] ⟨**-è-**⟩ mäßigen, bremsen (*Zorn*); lindern (*Schmerz*)
▸ **tempête** *f* [tɑ̃pɛt] Sturm *m*, Unwetter *n*
temple *m* [tɑ̃pl] **1** Tempel *m* **2** *protestantisch*: Kirche *f*
temporaire [tɑ̃pɔʀɛʀ] vorübergehend, zeitweilig
tempor|el, ~elle [tɑ̃pɔʀɛl] **1** zeitlich, vergänglich **2** REL irdisch, weltlich **3** GR Temporal…
temporiser [tɑ̃pɔʀize] *vor Entscheidungen usw.*: versuchen, Zeit zu gewinnen
▸ **temps**[1] *m* [tɑ̃] **1** Zeit *f*; ***j'ai le ~*** ich habe Zeit; ***je n'ai pas le ~*** ich habe keine Zeit; ***tu as tout ton ~*** du hast noch viel Zeit; ***il est grand ~*** es ist höchste Zeit **2** ***le ~ libre*** die Freizeit **3** IT ***le ~ d'accès*** die Zugriffszeit **4** *bei der Arbeit*: ***le ~ partiel*** die Teilzeitbeschäftigung; ***elle travaille à plein ~*** sie arbeitet ganztags **5** GR Tempus *n*, Zeit *f* **6** MUS, TECH Takt *m*; ***une pièce à trois ~*** ein Stück im Dreivierteltakt **7** ***il est de son ~*** er geht mit der Zeit **8** ***cette robe a fait son ~*** dieses Kleid hat ausgedient **9** ***tout le ~*** die ganze Zeit, ständig **10** *Wendungen*: ▸ ***à temps*** rechtzeitig; ***ces ~-ci*** zurzeit; ***ces derniers ~*** in letzter Zeit; ***de mon ~*** zu meiner Zeit;

T

▸ ***de temps en temps*** *od.* ***de temps à autre*** von Zeit zu Zeit, hin und wieder; ***en même ~*** zur gleichen Zeit; ***en ce ~-là*** damals; ***en peu de ~*** in kurzer Zeit

▸**temps**² *m* [tɑ̃] Wetter *n*; ***par beau ~*** bei schönem Wetter; ***quel ~ fait-il?*** wie ist das Wetter?

tenace [tənas] hartnäckig, zäh

ténacité *f* [tenasite] Hartnäckigkeit *f*

tenailler [tənɑje] quälen

tenailles *f Pl* [t(ə)nɑj] Zange *f*

tenant(e) *m(f)* [tənɑ̃(t)] SPORT ***le tenant du titre*** der Titelverteidiger; ***la tenante du titre*** die Titelverteidigerin

tendance *f* [tɑ̃dɑ̃s] **1** Neigung *f* **2** (*Richtung*) Tendenz *f*, Trend *m*

tendon *m* [tɑ̃dõ] Sehne *f*

▸**tendre**¹ [tɑ̃dʀ] **1** (↔ *hart*) weich **2** (*Gemüse, Farbe, Alter*) zart **3** (*liebevoll*) zärtlich

tendre² [tɑ̃dʀ] ⟨*wie **rendre***⟩ **1** spannen (*Seil, Bogen*); anspannen (*Muskeln*) **2** hinhalten, reichen (*Hand, Gegenstand, Wange usw.*) **3** ***~ le bras, la main*** den Arm, die Hand ausstrecken; ***~ le cou*** den Hals recken; ***~ l'oreille*** die Ohren spitzen **4** ***~ un piège*** e-e Falle aufstellen **5** ***elle tend à la perfection*** sie strebt nach Vollkommenheit

tendresse *f* [tɑ̃dʀɛs] Zärtlichkeit *f*

tendu(e) [tɑ̃dy] **1** (*Beziehungen, Seil*) gespannt **2** (*Mensch, Gesicht*) angespannt

ténèbres *f Pl* [tenɛbʀ] Dunkelheit *f*, Finsternis *f*

ténébr|eux, ~euse [tenebʀø, -øz] dunkel, finster

teneur *f* [tənœʀ] **1** *von Texten*: Inhalt *m*, Wortlaut *m* **2** (*Anteil*) Gehalt *m*

▸**tenir** [t(ə)niʀ] ⟨*wie **venir***⟩ **1** halten; festhalten; ***se ~*** sich halten; sich festhalten; *fig.* ***tiens-toi bien!*** jetzt halt dich fest! **2** ***~ debout*** stehen bleiben **3** haben; (gefasst) haben (*Dieb*); (bekommen) haben (*Nachricht*) **4** führen (*Geschäft, Liste, Kasse usw.*) **5** halten (*Versprechen, Wort, Rede*) **6** ***tiens!*** da (nimm)!; *fig.* ach (sieh an)! **7** (*standhalten*) durchhalten; ***~ bon*** (*od.* ***ferme***) standhaft bleiben; ***je ne peux plus (y) ~*** ich kann es nicht mehr aushalten **8** (*betrachten*) ***je le tiens pour coupable*** ich halte ihn für schuldig **9** ***~ à qc*** Wert auf etw legen; ***j'y tiens beaucoup*** darauf lege ich großen Wert **10** (*abhängen*) zurückzuführen sein (***à*** auf); liegen (***à*** an); ***s'il ne tenait qu'à moi*** wenn es (nur) nach mir ginge; ***qu'à cela ne tienne*** daran soll es nicht liegen **11** Platz haben, in … passen; ***tous ces couteaux ne tiennent pas dans le tiroir*** die Messer passen *od.* gehen nicht alle in die Schublade; ***cette armoire tient trop de place*** dieser Schrank braucht zu viel Platz **12** ***il tient de son père*** er kommt nach seinem Vater **13** ***cela tient du miracle*** das grenzt an ein Wunder **14** ▸ ***se tenir*** sich benehmen, sich verhalten; ***tiens-toi bien!*** benimm dich! **15** ***se ~ tranquille*** sich ruhig verhalten; ***se ~ caché*** sich versteckt halten **16** ***s'en ~ à qc*** sich an etw halten; ***je sais à quoi m'en ~*** ich weiß, woran ich bin; ***tenons-nous-en là*** lassen wir es dabei

▸**tennis** *m* [tenis] **1** Tennis *n* **2** *Platz*: Tennisplatz *m* **3** *Schuhe*: ***les ~*** die Turnschuhe

tension *f* [tɑ̃sjõ] **1** Spannung *f* **2** MED ***la ~ (artérielle)*** der Blutdruck **3** *nervlich usw.*: Anspannung *f*

tentation *f* [tɑ̃tasjõ] Versuchung *f*

▸**tentative** *f* [tɑ̃tativ] Versuch *m*

▸**tente** *f* [tɑ̃t] Zelt *n*; ***sous la ~*** im Zelt

tenter¹ [tɑ̃te] **1** in Versuchung führen **2** (*verlocken*) verführen, reizen

tenter² [tɑ̃te] ***~ de faire qc*** versuchen, etw zu tun

tenu(e) [t(ə)ny] **1** → ***tenir*** **2** ***bien tenu*** gepflegt, ordentlich

ténu(e) [teny] fein, dünn

tenue *f* [t(ə)ny] **1** *von Geschäften, Haushalt, Heften, Rechnungen usw.*: Führung *f* **2** (*Verhalten*) Benehmen *n*, Betragen *n* **3** Haltung *f*, Körperhaltung *f* **4** Kleidung *f*; *für Soldaten*: Uniform *f* **5** ***la ~ de route*** die Straßenlage

ter [tɛʀ] *bei Hausnummern usw.*: ***7 ~*** 7 b

tergiversations *f Pl* [tɛʀʒivɛʀsasjõ] Herumgerede *n*, Ausreden *f Pl*

terme¹ *m* [tɛʀm] **1** Ende *n* **2** *für Zahlungen, Lieferungen usw.*: Termin *m*, Frist *f* **3** ***à court ~*** kurzfristig; ***à long ~*** langfristig

terme² *m* [tɛʀm] **1** Wort *n*, Ausdruck *m*; ***le ~ technique*** das Fachwort, der Fachausdruck; ***en d'autres ~s*** mit anderen Worten **2** ***il est en bons*** (*bzw.* ***en mauvais***) ***~s avec sa voisine*** er kommt gut (*bzw.* nicht) mit seiner Nachbarin aus **3** GR, MATH Glied *n*

terminaison *f* [tɛʀminɛzõ] Endung *f*

terminal *m* [tɛʀminal] ⟨*Pl* **-aux**⟩ FLUG, IT Terminal *n*

terminal(e) [tɛʀminal] ⟨*m Pl* **-aux**⟩ End…, Schluss…

terminale *f* [tɛʀminal] Abiturklasse *f*

▸ **terminer** [tɛʀmine] **1** beenden, abschließen; ***pour ~*** zum Abschluss **2** ***se ~*** enden (***par*** mit); zu Ende gehen; ***le film se termine bien*** (*bzw.* ***mal***) der Film geht gut (*bzw.* schlecht) aus

▸ **terminus** *m* [△ tɛʀminys] Endstation *f*

terne [tɛʀn] **1** (*Haar*) glanzlos; (*Farbe, Gesicht*) blass; (*Metall usw.*) stumpf **2** *fig.* uninteressant, farblos

ternir [tɛʀniʀ] matt machen (*Spiegel usw.*); ausbleichen (*Stoff, Farbe*)

▸ **terrain** *m* [tɛʀɛ̃] **1** Boden *m*, Gelände *n* **2** (*Platz*) Grundstück *n* **3** *von Aufgaben, Interessen usw.*: Gebiet *n*, Bereich *m*; ***le ~ d'entente*** die Verständigungsbasis **4** *für Sport, Camping usw.*: Platz *m*; ***le ~ de camping*** der Campingplatz; ***le ~ de jeu(x)*** der Spielplatz

▸ **terrasse** *f* [tɛʀas] Terrasse *f*

terrasser [tɛʀase] niederschmettern

▸ **terre** *f* [tɛʀ] **1** *Planet, Oberfläche, Substanz*: Erde *f* (△ *als Planet großgeschrieben*: la Terre) **2** *Untergrund*: Erde *f*, Boden *m*; ▸ ***par terre*** auf dem *bzw.* den Boden **3** *Besitz*: Grund *m*, (Stück *n*) Land *n*; ***les ~s*** die Ländereien **4** (*Region*) Gebiet *n*, Land *n*; *biblisch*: ***la Terre promise*** das Gelobte Land **5** (↔ *Meer*) Land *n*; ***la ~ ferme*** das Festland; ***aller*** (*od.* ***descendre***) ***à ~*** an Land gehen; ***toucher ~*** landen, anlegen **6** ***la ~ cuite*** die Terrakotta; ***en ~*** Ton…, aus Ton **7** *fig.* ***~ à ~*** nüchtern, realistisch **8** ELEK Erde *f*; ***mettre à la ~*** erden

se terrer [sətɛʀe] sich verkriechen

terrestre [tɛʀɛstʀ] **1** Erd… **2** Land… **3** REL irdisch

terreur *f* [tɛʀœʀ] (△ la terreur) **1** panische Angst; (Angst *f* und) Schrecken *m* **2** *bes.* POL Terror *m* **3** *umg.* ***il est la ~ du quartier*** er ist der Schrecken des ganzen Viertels

▸ **terrible** [tɛʀibl] **1** schrecklich, furchtbar **2** *umg.* (*großartig*) toll, super

terr|ien[1], **~ienne** [tɛʀjɛ̃, -jɛn] ***le propriétaire terrien*** der Grundbesitzer

terr|ien[2] *m*, **~ienne** *f* [tɛʀjɛ̃, -jɛn] Erdbewohner(in) *m(f)*

terrifiant(e) [tɛʀifjɑ̃(t)] erschreckend, furchterregend

terrifier [tɛʀifje] in Angst und Schrecken versetzen

territoire *m* [tɛʀitwaʀ] **1** *von Staaten usw.*: Gebiet *n*, Territorium *n* **2** *von Tieren*: Revier *n* **3** ***les ~s d'outre-mer*** → ***TOM***

terroir *m* [tɛʀwaʀ] (heimische) Region

terroriser [tɛʀɔʀize] **1** verängstigen **2** einschüchtern; *schlimmer*: terrorisieren

▸ **terrorisme** *m* [tɛʀɔʀism] Terrorismus *m*

terroriste[1] *m,f* [tɛʀɔʀist] Terrorist(in) *m(f)*

terroriste[2] [tɛʀɔʀist] terroristisch, Terror…

tes [te] deine

t'es [tɛ] *umg.* = ***tu es***

test *m* [tɛst] **1** Test *m* **2** MED ***le ~ de dépistage du sida*** der Aidstest

testament *m* [tɛstamɑ̃] Testament *n*

▸ **tester** [tɛste] testen

testicule *m* [tɛstikyl] Hoden *m*

tétanos *m* [△ tetanos] Tetanus *m*, Wundstarrkrampf *m*

▸ **tête** *f* [tɛt] **1** Kopf *m*; ***calculer de ~*** im Kopf rechnen **2** ***par ~***, *umg.* ***par ~ de pipe*** pro Kopf, pro Nase **3** (*Aussehen*) ***elle a une ~ sympathique*** sie sieht nett aus; ***il a une sale ~*** er sieht schlecht aus **4** (*vorderes Ende*) Spitze *f*, Anfang *m*; ***en ~*** an der Spitze; ***être en ~*** in Führung liegen; ***être à la ~ d'une entreprise*** ein Unternehmen leiten **5** *feste Ausdrücke*: ***une femme de ~*** e-e zielstrebige *od.* fähige Frau **6** *mit Verben*: ***se casser la ~*** sich den Kopf zerbrechen; ***faire la ~*** schmollen; FUSSBALL ***faire une ~*** e-n Kopfball machen; ***tenir ~ à qn*** j-m die Stirn bieten **7** *Wendungen*: ***il a la ~ dure*** er ist ein Dickkopf; ***il a la grosse ~*** er ist eingebildet; ***elles se sont payé ma ~*** sie haben mich auf den Arm genommen; ***je ne sais plus où donner de la ~*** ich weiß nicht mehr, wo mir der Kopf steht; *umg.* ***j'en ai par-dessus la ~*** ich habe die Nase voll

tête-à-queue *m* [tɛtakø] ⟨*unv.*⟩ Drehung *f* um die eigene Achse

tête-à-tête *m* [tɛtatɛt] ⟨*unv.*⟩ **1** Gespräch *n* unter vier Augen **2** *von Verliebten*: Rendezvous *n*

téter [tete] ⟨**-è-**⟩ (*Baby*) saugen, trinken; ***le bébé tète sa mère*** das Baby wird von der Mutter gestillt

tétine *f* [tetin] **1** Schnuller *m* **2** *am Fläschchen*: Sauger *m*

têtu(e) [tɛty] eigensinnig, dickköpfig

▸ **texte** *m* [tɛkst] Text *m*

textile¹ [tɛkstil] Textil…

textile² *m* [tɛkstil] Textilindustrie *f*

texto® *m* [tɛksto] SMS *f*; ***envoyer un ~ à qn*** j-m e-e SMS schicken

textuellement [tɛkstɥɛlmɑ̃] wörtlich

texture *f* [tɛkstyʀ] Struktur *f*

▸ **TGV** *m* [teʒeve] (*Abk. für* train à grande vitesse) *frz. Hochgeschwindigkeitszug*

Le TGV

TGV ist die Abkürzung für **train à grande vitesse**, den französischen Hochgeschwindigkeitszug, der Spitzengeschwindigkeiten von bis zu 300 km/h erreicht. Er verbindet Paris mit anderen französischen Großstädten, wie z.B. Lyon, Bordeaux, Nantes und Rennes. Das Streckennetz wird außerdem ständig ausgebaut.

Für den **TGV** benötigt man einen Zuschlag (**un supplément**) und eine Platzreservierung (**une réservation**).

Thaïlande [tajlɑ̃d] ***la ~*** Thailand *n*

▸ **thé** *m* [te] (schwarzer) Tee (⚠ Kräutertee = ***tisane*** *f*, ***infusion*** *f*)

théâtral(e) [teɑtʀal] ⟨*m Pl* **-aux**⟩ **1** Theater…, Bühnen… **2** (*Verhalten usw.*) theatralisch

▸ **théâtre** *m* [teɑtʀ] **1** Theater *n* **2** *von Ereignissen*: Schauplatz *m*

théière *f* [tejɛʀ] Teekanne *f*

thème *m* [tɛm] **1** Thema *n* **2** Übersetzung *f* in die Fremdsprache, Hinübersetzung *f*

théorème *m* [teɔʀɛm] Lehrsatz *m*

théoric|ien *m*, **~ienne** *f* [teɔʀisjɛ̃, -jɛn] Theoretiker(in) *m(f)*

théorie *f* [teɔʀi] Theorie *f*

théorique [teɔʀik] theoretisch

thérapeute *m,f* [⚠ teʀapøt] Therapeut(in) *m(f)*

thérapie *f* [teʀapi] Therapie *f*

thermomètre *m* [tɛʀmɔmɛtʀ] Thermometer *n*

thermos® *m od. f* [⚠ tɛʀmos] Thermosflasche® *f*

thèse *f* [tɛz] **1** These *f*, Behauptung *f* **2** UNI Doktorarbeit *f*, Dissertation *f*

▸ **thon** *m* [tõ] Thunfisch *m*

thorax *m* [tɔʀaks] Brustkorb *m*

thym *m* [tɛ̃] Thymian *m*

thyroïde *f* [tiʀɔid] Schilddrüse *f*

tibia *m* [tibja] Schienbein *n*

tic *m* [tik] Tick *m*

▸ **ticket** *m* [⚠ tikɛ] **1** Fahrkarte *f*, Fahrschein *m* **2** KINO, SPORT *usw.* Eintrittskarte *f* **3** ***le ~ de caisse*** der Kassenzettel

▸ **tiède** [tjɛd] lauwarm

tiédeur *f* [tjedœʀ] laue *od.* wohlige Wärme

tiédir [tjediʀ] lauwarm werden

tien, **tienne** [tjɛ̃, tjɛn] **1** ▸ ***le tien, la tienne*** deine(r); deins; ***les tiens, les tiennes*** deine **2** ***les tiens*** deine Familie **3** *umg.* ***à la tienne!*** auf dein Wohl!, zum Wohl! **4** ***tu y mets du tien*** du tust, was du kannst **5** ***tu as encore fait des tiennes!*** du hast dir wieder was geleistet!, du hast wieder was angestellt!

tiens [tjɛ̃] → ***tenir***

tierce [tjɛʀs] → ***tiers***¹

tiercé *m* [tjɛʀse] Dreierwette *f*

tiers¹, **tierce** [tjɛʀ, tjɛʀs] **1** dritte(r, -s) **2** ***une tierce personne*** ein Dritter

tiers² *m* [tjɛʀ] **1** *Person*: ***un ~*** ein Dritter, ein Außenstehender **2** *Teil*: ▸ ***un tiers*** ein Drittel; ***les deux ~*** zwei Drittel

▸ **tiers-monde** *m* [tjɛʀmõd] Dritte Welt

tige *f* [tiʒ] **1** BOT Stängel *m*, Stiel *m*; *von Getreide*: Halm *m* **2** *aus Metall*: Stift *m*; *größer*: Stange *f*

tignasse *f* [tiɲas] Mähne *f*, Schopf *m*

▸ **tigre** *m* [tigʀ] Tiger *m*

tigré(e) [tigʀe] getigert

tigresse *f* [tigʀɛs] **1** Tigerin *f* **2** *Frau*: Furie *f*

tilleul *m* [⚠ tijœl] **1** Linde *f* **2** *Getränk*: Lindenblütentee *m*

tilt *m* [tilt] ***ça a fait ~*** der Groschen ist gefallen, es hat gefunkt

timbale *f* [tɛ̃bal] **1** MUS Pauke *f* **2** *zum Trinken*: Becher *m* **3** *für Pasteten*: Pastetenform *f* **4** GASTR Pastete *f*

▸ **timbre** *m* [tɛ̃bʀ] **1** Marke *f*, Briefmarke *f*; ***le ~ fiscal*** die Gebührenmarke **2** *von Post, Behörden usw.*: Stempel *m* **3** *am Fahrrad*: Klingel *f* **4** *von Instrumenten, Stimmen*: Klangfarbe *f*, Timbre *n*

timbré(e) [tɛ̃bʀe] **1** (*Brief*) frankiert **2** *umg.* übergeschnappt

timbre-poste *m* [tɛ̃bʀəpɔst] ⟨*Pl* ***timbres-poste***⟩ Briefmarke *f*

timbrer [tɛ̃bʀe] **1** frankieren (*Brief*) **2** abstempeln (*Dokument*)

▸ **timide** [timid] schüchtern, Ⓐ gschamig

timidité *f* [timidite] Schüchternheit *f*

timoré(e) [timɔʀe] ängstlich

tint [tɛ̃] → ***tenir***

tintamarre *m* [tɛ̃tamaʀ] Lärm *m*, Krach *m*

tinter [tɛ̃te] **1** (*Glocke*) läuten; (*Klingel, Münzen usw.*) klingeln **2** (*Glas*) klirren, klingen

tique *f* [tik] Zecke *f*

tir *m* [tiʀ] **1** *Aktion*: Schießen *n*; ***les ~s au but*** das Elfmeterschießen **2** *Ergebnis*: Schuss *m*

tirade *f* [tiʀad] **1** THEAT (langer) Monolog **2** *abw.* Tirade *f*, Wortschwall *m*

tirage *m* [tiʀaʒ] **1** *von Büchern, Zeitungen*: Auflage *f* **2** FOTO Abzug *m* **3** *von Lottozahlen*: Ziehung *f*; ***le ~ au sort*** die Auslosung **4** *von Schecks*: Ausstellung *f* **5** *beim Kamin usw.*: Zug *m*

tiraillements *m Pl* [tiʀɑjmɑ̃] **1** *Schmerz*: Ziehen *n* **2** *Streit*: Reibereien *f Pl*, Hickhack *n od. m*

tirailler [tiʀɑje] ***être tiraillé entre deux choses*** zwischen zwei Dingen hin und her gerissen werden

tiré(e) [tiʀe] ***il a les traits tirés*** er sieht abgespannt aus

tire-au-flanc *m* [tiʀoflɑ̃] ⟨*unv.*⟩ Drückeberger *m*

▸ **tire-bouchon** *m* [tiʀbuʃõ] ⟨*Pl* ***tire-bouchons***⟩ Korkenzieher *m*; ***une queue en ~*** ein Ringelschwänzchen

tire-fesses *m* [tiʀfɛs] ⟨*unv.*⟩ *umg.* Schlepplift *m*

tirelire *f* [tiʀliʀ] Sparbüchse *f*

▸ **tirer** [tiʀe] **1** ziehen; ***~ les cheveux à qn*** j-n an den Haaren ziehen; ***~ sur sa cigarette*** an seiner Zigarette ziehen; ***~ qn du sommeil*** j-n aus dem Schlaf reißen **2** auf- *bzw.* zuziehen (*Vorhang*) **3** herausziehen (*Schublade, Brett*) **4** herausholen (*Geld*) **5** ableiten (*Wort*) **6** gewinnen (*Produkt*) **7** *mit der Waffe, dem Fußball*: schießen; ***~ une flèche*** e-n Pfeil abschießen; ***~ un coup de feu*** e-n Schuss abgeben; ***~ une balle*** e-e Kugel abfeuern **8** (*Haut*) spannen **9** *umg.* aushalten; absitzen (*Zeit*) **10** ***~ à sa fin*** dem Ende zugehen **11** ***~ un chèque*** e-n Scheck ausstellen **12** ***elle lui a tiré les cartes*** sie hat ihm die Karten gelegt **13** ***~ un livre*** *usw.* ***à dix mille exemplaires*** von e-m Buch *usw.* zehntausend Exemplare drucken **14** ***cette couleur tire sur le bleu*** diese Farbe geht ins Blau(e) **15** ***se ~ d'affaire*** sich aus der Affäre ziehen; ***s'en ~*** davonkommen **16** *umg.* ***se ~*** abhauen, sich verziehen

tiret *m* [tiʀɛ] **1** Trennungsstrich *m* **2** Gedankenstrich *m*

tireur *m* [tiʀœʀ] **1** Schütze *m* **2** *von Schecks*: Aussteller *m*

▸ **tiroir** *m* [tiʀwaʀ] Schublade *f*

tiroir-caisse *m* [tiʀwaʀkɛs] ⟨*Pl* ***tiroirs-caisses***⟩ Registrierkasse *f*

tisane *f* [tizan] Kräutertee *m*

tisser [tise] **1** weben (*Stoff*) **2** spinnen (*Spinnennetz, Intrigen*)

tisserand *m* [tisʀɑ̃] Weber *m*

▸ **tissu** *m* [tisy] **1** Stoff *m*, Gewebe *n* **2** *von Zellen, Nerven usw.*: Gewebe *n* **3** ***un ~ de mensonges*** ein Lügengespinst **4** ***le ~ social*** das soziale Gefüge

tissu-éponge *m* [tisyepõʒ] ⟨*Pl* ***tissus-éponges***⟩ Frottee *n od. m*

▸ **titre** *m* [titʀ] **1** (*Überschrift, Name*) Titel *m* **2** PRESSE ***les gros ~s*** die Schlagzeilen **3** *vor dem Namen*: Titel *m* (*a.* SPORT) **4** *Dokument*: Urkunde *f* **5** ***le ~ de transport*** der Fahrausweis **6** (*Aktie*) Wertpapier *n* **7** *Wendungen*: ***à ~ d'exemple*** als Beispiel; ***à ce ~*** als solche(r, -s); ***à juste ~*** zu Recht; ***à ~ définitif*** endgültig; ***à ~ exceptionnel*** ausnahmsweise; ***à ~ gratuit*** kostenlos

tituber [titybe] taumeln, torkeln

titulaire[1] [titylɛʀ] beamtet

titulaire[2] *m,f* [titylɛʀ] *von Ämtern, Titeln usw.*: Inhaber(in) *m*(*f*); ***le ~ du compte*** der Kontoinhaber; ***le ~ du permis de conduire*** der Führer-

T

scheinbesitzer

toboggan *m* [tɔbɔgɑ̃] Rutschbahn *f*, Rutsche *f*

toc *m* [tɔk] (billige) Imitation *f*

tohu-bohu *m* [tɔybɔy] Tumult *m*

▸**toi** [twa] **1** ***c'est ~?*** bist du es?; ***~ non plus*** du auch nicht **2** ***avec ~*** mit dir; ***pour ~*** für dich **3** ***on parle de ~*** man spricht von dir *od.* über dich **4** ***figure-~*** ... stell dir vor ...; ***sers-~!*** bedien dich!

toile *f* [twal] **1** *bes.* Leinen *n* **2** Tuch *n*, Stoff *m*; ***la ~ cirée*** das Wachstuch **3** ***la ~ d'araignée*** das Spinnennetz **4** Gemälde *n*; *bes.*: Ölgemälde *n* **5** SCHIFF Segel *n* **6** ***la ~ de fond*** der Hintergrund **7** INTERNET ***la Toile*** das Web

toilette *f* [twalɛt] **1** Körperpflege *f*, Waschen *n*; ***faire sa ~*** sich waschen (*a. Katze*) **2** *meist festlich, bes. für Frauen*: Kleidung *f* **3** (*WC*) ▸ ***les toilettes*** (⚠ *Plural*) die Toilette; ***aller aux ~s*** auf die Toilette gehen

toi-même [twamɛm] **1** (du) selbst **2** ***de ~*** von selbst, von dir aus

toise *f* [twaz] Messstab *m*, Messlatte *f*

toiser [twaze] ansehen, mustern

toison *m* [twazɔ̃] **1** *beim Schaf*: Fell *n*, Wolle *f* **2** *beim Menschen*: dichtes Haar

▸**toit** *m* [twa] Dach *n*; ***le ~ ouvrant*** das Schiebedach

toiture *f* [twatyʀ] Bedachung *f*, Dach *n*

tôle *f* [tol] Blech *n*

tolérance *f* [tɔleʀɑ̃s] Toleranz *f*

tolérant(e) [tɔleʀɑ̃(t)] tolerant

tolérer [tɔleʀe] ⟨-è-⟩ **1** tolerieren, dulden **2** vertragen (*Medikament*)

tollé *m* [tɔle] Protest *m*, Aufruhr *m*

TOM *m Pl* [tɔm] (*Abk. für* territoires d'outre-mer) französische Überseegebiete *n Pl*

▸**tomate** *f* [tɔmat] Tomate *f*, Ⓐ Paradeiser *m*

▸**tombe** *f* [tɔ̃b] Grab *n*

tombeau *m* [tɔ̃bo] ⟨*Pl* ***~x***⟩ **1** Grabmal *n*, Grab *n* **2** *fig.* ***il roule à ~ ouvert*** er rast wie ein Irrer

tombée *f* [tɔ̃be] ***à la ~ du jour*** (*od.* ***de la nuit***) ⚠ *beides*: bei Einbruch der Dunkelheit

▸**tomber** [tɔ̃be] ⟨*1, 2, 4-6, 8-11 mit* ***être***⟩ **1** fallen; (*Dinge*) umfallen; (*Menschen*) hinfallen; *von oben*: herunterfallen; (*Blätter, Früchte*) abfallen; (*Haare, Zähne*) ausfallen; (*Bergsteiger, Flugzeug*) abstürzen **2** (*Temperatur, Preise usw.*) fallen, sinken, zurückgehen; (*Wind*) nachlassen **3** ***faire ~*** umwerfen; *von oben*: herunterwerfen **4** (*Blitz*) einschlagen **5** ***la nuit tombe*** es wird Nacht **6** ***mon anniversaire tombe un lundi*** mein Geburtstag fällt auf e-n Montag **7** *umg.* ***laisse ~!*** (*gib's auf*) vergiss es! **8** ***~ amoureux*** sich verlieben; ***~ malade*** krank werden **9** (unerwartet) kommen; ***ça tombe bien*** das trifft sich gut **10** ***~ juste*** (*Rechnung*) aufgehen; ***tu es tombé juste*** du hast es erraten **11** ***~ sur qn*** j-n zufällig treffen; ***~ sur qc*** (zufällig) auf etw stoßen *od.* treffen

tome *m* [tɔm] *von Büchern*: Band *m*

▸**ton¹** [tɔ̃] dein(e)

ton² *m* [tɔ̃] **1** (*Klang, Ausdruck*) Ton *m*; MUS *a.* Tonart *f*; ***donner le ~*** den Ton angeben (*a. fig.*) **2** ***de bon ~*** geschmackvoll **3** *von Farben*: Ton *m*; ***~ sur ~*** Ton in Ton

tonalité *f* [tɔnalite] **1** Klang *m* **2** MUS Tonart *f* **3** TEL Freizeichen *n*, Wählton *m*

tondeuse *f* [tɔ̃døz] **1** Haarschneider *m* **2** *für Tiere*: Schermaschine *f* **3** ***une ~ à gazon*** ein Rasenmäher

▸**tondre** [tɔ̃dʀ] ⟨*wie* ***rendre***⟩ **1** scheren (*Fell, Haar*) **2** mähen (*Rasen*)

tonifier [tɔnifje] stärken, kräftigen

tonique¹ [tɔnik] **1** (*Mittel, Getränk*) belebend, stärkend **2** (*Silbe, Vokal*) betont

tonique² *m* [tɔnik] Tonikum *n*, Stärkungsmittel *n*

▸**tonne** *f* [tɔn] Tonne *f*

tonneau *m* [tɔno] ⟨*Pl* ***~x***⟩ **1** Fass *n* **2** *Maßeinheit*: Registertonne *f* **3** ***la voiture a fait un ~*** das Auto hat sich überschlagen

tonnelle *f* [tɔnɛl] Laube *f*

tonner [tɔne] donnern

▸**tonnerre** *m* [tɔnɛʀ] **1** Donner *m*; ***le coup de ~*** der Donnerschlag **2** ***un ~ d'applaudissements*** donnernder Beifall **3** *umg.* ***du ~*** toll, super

tonton *m* [tɔ̃tɔ̃] *Kinderspr.* Onkel *m*

topo *m* [tɔpo] *umg.* **1** (kurze) Darstellung **2** *fig.* ***je connais le ~*** ich weiß schon, wie das abläuft

toque *f* [tɔk] *bes. für Köche*: Mütze *f*

toqué(e) [tɔke] *umg.* bescheuert

torche *f* [tɔʀʃ] **1** Fackel *f* **2** ***la ~ (électrique)*** die Taschenlampe

torcher [tɔʀʃe] *umg.* **1** abputzen, abwischen **2 ~ *un travail*** e-e Arbeit hinhauen **3 *se* ~** sich den Hintern abwischen **4 *bien torché*** (gut) gelungen

torchon *m* [tɔʀʃõ] **1** Geschirrtuch *n* **2** *umg.* (*Text*) Geschmiere *n*, Wisch *m* **3** *fig.* ***le ~ brûle*** es herrscht dicke Luft

tordant(e) [tɔʀdɑ̃(t)] *umg.* (*lustig*) zum Schießen, zum Schreien

tordre [tɔʀdʀ] ⟨*wie **rendre***⟩ **1** drehen, verdrehen **2** auswringen (*Wäsche*) **3** biegen, verbiegen **4** verzerren (*Gesicht, Mund*) **5** *umg.* ***~ le cou à qn*** j-m den Hals umdrehen **6 *se* ~** *vor Schmerzen*: sich krümmen; *vor Lachen*: sich biegen **7 *se ~ la cheville*** sich den Knöchel verrenken

tordu(e) [tɔʀdy] **1** krumm, verbogen **2** (*Gesicht*) verzerrt **3** *umg.* (*verrückt*) übergeschnappt

tornade *f* [tɔʀnad] (⚠ la tornade) Tornado *m*

torpeur *f* [tɔʀpœʀ] Benommenheit *f*

torpille *f* [tɔʀpij] MIL Torpedo *m*

torpiller [tɔʀpije] torpedieren

torréfier [tɔʀefje] rösten (*Kaffee*)

▸**torrent** *m* [tɔʀɑ̃] **1** Wildbach *m*, Gebirgsbach *m* **2** *von Dingen*: Strom *m*, Flut *f* **3 *il pleut à ~s*** es gießt in Strömen

torride [tɔʀid] glühend (heiß)

tors(e) [tɔʀ(s)] **1** (*Säule, Faden usw.*) gedreht **2** (*Beine*) krumm

torsade *f* [tɔʀsad] **1** Kordel *f* **2** *Frisur*: gedrehter Zopf **3 *un pull à ~s*** ein Pulli mit Zopfmuster

torse *m* [tɔʀs] **1** Oberkörper *m* **2** *als Skulptur*: Torso *m*

torsion *f* [tɔʀsjõ] Verdrehung *f*

▸**tort** *m* [tɔʀ] **1** Unrecht *n*; ***à ~*** zu Unrecht **2** (*Verschulden*) Fehler *m* **3** ▸***avoir tort*** unrecht haben; ***il a ~ de le faire*** es ist falsch von ihm, das zu machen **4 *il est dans son ~*** er ist im Unrecht, er ist schuld **5 *il parle à ~ et à travers*** er redet einfach drauflos **6** (*Nachteil*) Schaden *m*

torticolis *m* [tɔʀtikɔli] steifer Hals

tortiller [tɔʀtije] **1** zusammendrehen, zwirbeln (*Haare*) **2 *se* ~** zappeln, sich winden, hin und her rutschen

tortue *f* [tɔʀty] **1** Schildkröte *f* **2 *comme une* ~** wie e-e Schnecke, im Schneckentempo

tortu|eux, ~euse [tɔʀtɥø, -øz] **1** (*Weg, Straße*) krumm, gewunden **2** (*Aktionen*) undurchsichtig

torture *f* [tɔʀtyʀ] **1** Folter *f* **2** *fig.* Qual *f*

torturer [tɔʀtyʀe] **1** foltern **2** *fig.* quälen **3 *se ~ l'esprit*** sich das Hirn zermartern

▸**tôt** [to] **1** früh **2** *Wendungen*: ***plus ~*** früher; ***au plus ~*** frühestens; ***le plus ~ possible*** so früh *od.* so bald wie möglich; ***~ ou tard*** früher oder später

total *m* [tɔtal] ⟨*Pl **-aux***⟩ **1** Gesamtzahl *f*, Gesamtbetrag *m*; ***faire le ~ des points*** die Punkte zusammenzählen **2 *au* ~** insgesamt, alles in allem

total(e) [tɔtal] ⟨*m Pl **-aux***⟩ **1** (*ganz*) völlig, vollständig, total **2** (*für alle geltend*) gesamt, Gesamt…

totale *f* [tɔtal] *umg.* ***c'est la ~!*** das ist die Härte!

▸**totalement** [tɔtalmɑ̃] vollkommen, völlig

totaliser [tɔtalize] **1** (insgesamt) erreichen (*Punktzahl*); auf sich vereinigen (*Stimmen bei e-r Wahl*) **2** zusammenzählen, zusammenrechnen (*Punkte usw.*)

totalitaire [tɔtalitɛʀ] totalitär

totalité *f* [tɔtalite] Gesamtheit *f*; ***en ~*** ganz, vollständig

toubib *m* [tubib] *umg.* Arzt *m*, Doktor *m*

touchant(e) [tuʃɑ̃(t)] rührend

▸**touche** *f* [tuʃ] **1** Taste *f* **2** *beim Malen*: Strich *m*, Pinselstrich *m* **3** SPORT ***la (rentrée en) ~*** der Einwurf; ***la (ligne de) ~*** die Seitenlinie **4** *umg.* ***faire une ~*** e-e Eroberung machen

▸**toucher**[1] [tuʃe] **1 ~ (*à*)** berühren; *mit der Hand a.*: anfassen **2 ~ (*à*)** (*nehmen*) anrühren **3 *cela m'a touché*** *gefühlsmäßig*: das hat mich gerührt; *stärker*: das hat mich getroffen **4 *~ une somme d'argent*** e-e Geldsumme bekommen **5** *mit e-r Waffe*: treffen **6** *telefonisch, schriftlich*: erreichen **7** betreffen, angehen **8 *~ à sa fin*** dem Ende zugehen **9 *~ une maison*** *usw.* an ein Haus *usw.* angrenzen **10 *se* ~** sich berühren; (*Dinge*) aneinanderstoßen, aneinandergrenzen

toucher[2] *m* [tuʃe] Tastsinn *m*; ***c'est doux au ~*** das fühlt sich weich an

touffe *f* [tuf] Büschel *n*

touffu(e) [tufy] **1** (*Haar, Hecke*) dicht **2** (*Angelegenheit*) unübersichtlich, ver-

T

wickelt

▸ **toujours** [tuʒuʀ] **1** immer; **~ moins** immer weniger; **depuis ~** schon immer **2** noch immer, immer noch; **il l'aime ~** er liebt sie immer noch **3** (*immerhin*) wenigstens, jedenfalls; *umg.* **c'est ~ ça!** das ist immerhin etwas!; **~ est-il qu'elle ne m'a rien dit** jedenfalls hat sie mir nichts gesagt

▸ **tour**[1] *f* [tuʀ] (⚠ la tour) **1** Turm *m* (*a. beim Schach*) **2** Hochhaus *n*

▸ **tour**[2] *m* [tuʀ] (⚠ le tour) **1** Fahrt *f*, Reise *f*; *kleiner*: Ausflug *m*, Tour *f*; *zu Fuß*: Spaziergang *m*; **faire un petit ~** e-n kleinen Spaziergang machen **2** Runde *f*, Rundgang *m*; **faire le ~ de la maison** um das Haus herumgehen, -fahren **3** *von Ereignissen, Worten*: Wendung *f* **4** Umfang *m*; **le ~ de poitrine** der Brustumfang **5** (*Rotation*) Drehung *f*, Umdrehung *f* **6** **le ~ de scrutin** der Wahlgang **7** **c'est mon ~** ich bin an der Reihe, ich bin dran; **à ~ de rôle** der Reihe nach

tour[3] *m* [tuʀ] **1** *fig.* Streich *m* **2** (*Kniff*) Trick *m*

tourbière *f* [tuʀbjɛʀ] Torfmoor *n*

tourbillon *m* [tuʀbijõ] **1** Luftwirbel *m* **2** *im Wasser*: Strudel *m* **3** *von Ereignissen usw.*: Trubel *m*, Wirbel *m*

tourbillonner [tuʀbijɔne] (herum)wirbeln

▸ **tourisme** *m* [tuʀism] Tourismus *m*, Fremdenverkehr *m*

▸ **touriste** *m,f* [tuʀist] Tourist(in) *m(f)*

touristique [tuʀistik] Fremdenverkehrs..., Touristen...; **le guide ~** der Reiseführer

tourmenté(e) [tuʀmɑ̃te] **1** (*Zeit*) unruhig; (*Leben*) bewegt **2** (*Landschaft*) wild, zerklüftet; (*Meer*) stürmisch

tourmenter [tuʀmɑ̃te] *lit.* **1** quälen **2** **se ~** sich Sorgen machen

tournage *m* [tuʀnaʒ] Dreharbeiten *f Pl*

tournant *m* [tuʀnɑ̃] **1** Kurve *f*, Biegung *f* **2** *von Ereignissen*: Wende *f*, Wendepunkt *m*

tourne-disque *m* [tuʀnədisk] ⟨*Pl* **tourne-disques**⟩ Plattenspieler *m*

tournée *f* [tuʀne] **1** *vom Wachmann, Briefträger*: Rundgang *m*, Runde *f* **2** *von Vertretern*: Geschäftsreise *f* **3** *von Künstlern*: Tournee *f* **4** *umg. im Lokal*: Runde *f*

▸ **tourner** [tuʀne] **1** sich drehen; **j'ai la tête qui tourne** mir dreht sich alles im Kopf **2** drehen, herumdrehen; **~ une page** e-e Seite umschlagen *od.* umblättern; **~ un steak** ein Steak wenden; **~ la salade** den Salat mischen *od.* umrühren **3** ▸ **se tourner** sich umdrehen **4** (*Motor usw.*) laufen **5** **~ en ridicule** ins Lächerliche ziehen **6** **~ vers ...** auf ... richten; **se ~ vers ...** sich ... zuwenden **7** abbiegen; **~ dans une rue** in e-e Straße einbiegen **8** *fürs Kino usw.*: filmen; **~ un film** e-n Film drehen **9** (*Angelegenheit, Vorgang*) ablaufen, sich entwickeln, ausgehen; **~ bien** gut laufen, gut ausgehen; **~ mal** (*Sache*) schiefgehen; (*Mensch*) auf die schiefe Bahn geraten **10** *aus Metall*: drehen; *aus Holz*: drechseln **11** **le lait a tourné** die Milch ist geronnen *od.* sauer geworden

tournesol *m* [tuʀnəsɔl] Sonnenblume *f*

tournevis *m* [tuʀnəvis] Schraubenzieher *m*

tourniquet *m* [tuʀnikɛ] **1** *am Eingang*: Drehkreuz *n*, Drehtür *f* **2** *im Garten*: Rasensprenger *m* **3** *für Postkarten, Bücher usw.*: Drehständer *m*

tournis *m* [tuʀni] *umg.* **ça me donne le ~** davon wird mir schwindlig

tournoi *m* [tuʀnwa] Turnier *n*

tournure *f* [tuʀnyʀ] **1** (*Entwicklung*) Wendung *f* **2** Redewendung *f*, Redensart *f* **3** (*Erscheinung*) Aussehen *n*

tourte *f* [tuʀt] (gefüllte) Pastete

tourterelle *f* [tuʀtəʀɛl] Turteltaube *f*; **la ~ roucoule** die Taube gurrt

tous [⚠ tu], *alleinstehend u. als Pronomen* [tus] → **tout**[1]

▸ **Toussaint** [tusɛ̃] **la ~** Allerheiligen *n*

▸ **tousser** [tuse] husten

toussoter [tusɔte] hüsteln

▸ **tout**[1], **toute** [⚠ tu], *vor Vokal u. stummem h*: [tut], *feminin*: [tut] ⟨*m Pl* **tous**⟩ **1** ▸ **tout le temps** die ganze Zeit; **toute la journée** den ganzen Tag; **tout l'argent** das ganze Geld; **toute la France** ganz Frankreich; ▸ **tout le monde** alle, jeder **2** **tous nos amis** all(e) unsere Freunde; **toutes les portes** alle Türen; **tous les trois** alle drei **3** *bei Zeitangaben*: **tous les dimanches** jeden Sonntag; **tous les deux ans** alle zwei Jahre **4** **à tout âge** in jedem Alter; **tout autre que lui** jeder andere (als er) **5** *alleinstehend*: **tout** alles;

c'est tout? ist das alles?; ***c'est tout ou rien*** alles oder nichts; ***tout ce que ..., tout ce qui ...*** alles, was ...; ***tous, toutes*** alle; ***nous tous*** wir alle **6** *mit Adj.*: ganz; ***une toute autre affaire*** e-e ganz andere Sache **7** ***tout à côté*** gleich nebenan **8** ***tout malin qu'il est*** so schlau er auch ist

tout² [tu] *in festen Wendungen* **1** ***~ d'abord*** zuallererst; ***~ autrement*** ganz anders; ***~ comme ...*** genau wie ... **2** ***en ~*** insgesamt **3** ***elle est mignonne comme ~*** sie ist unheimlich süß **4** ***~ en marchant, il me racontait ...*** im Gehen erzählte er mir ...; ***~ en étant très connu, il vit simplement*** obwohl er sehr berühmt ist, lebt er einfach **5** *mit* ***à***: ▸ ***tout à coup*** plötzlich, auf einmal; ▸ ***tout à fait*** ganz und gar; ***~ à fait!*** stimmt genau!; ***~ à l'heure*** gleich, gerade eben; ***à ~ à l'heure!*** bis gleich!; ***~ au plus*** allerhöchstens **6** *mit* ***de***: ***~ d'un coup*** plötzlich; ***~ de même*** trotzdem; ▸ ***tout de suite*** gleich, sofort

tout³ *m* [tu] **1** ***le ~*** das Ganze; ***un ~*** ein Ganzes **2** ***le ~ est de ne pas s'énerver*** Hauptsache, man regt sich nicht auf **3** *in Verneinungen*: überhaupt; ***ne ... pas du ~*** überhaupt nicht; ***ne ... rien du ~*** überhaupt nichts

tout-à-l'égout *m* [tutalegu] ⟨*unv.*⟩ Kanalisation *f*

toutefois [tutfwa] doch, jedoch

tout-terrain [tutɛʀɛ̃] ⟨*Pl* ***tout-terrains***⟩ Gelände...; ***le véhicule ~*** der Geländewagen; ***le vélo ~*** das Mountainbike

toux *f* [tu] Husten *m*

toxicomane *m,f* [tɔksikɔman] Drogenabhängige(r) *f(m)*

toxique [tɔksik] giftig, Gift...

T.P. *m Pl* [tepe] (*Abk. für* <u>t</u>ravaux <u>p</u>ratiques) praktische Übungen *f Pl* im Unterricht

trac *m* [tʀak] Lampenfieber *n*

tracas *m* [tʀaka] Sorgen *f Pl*, Ärger *m*

tracasser [tʀakase] **1** beunruhigen **2** ***se ~*** sich Sorgen machen

tracasseries *f Pl* [tʀakasʀi] Scherereien *f Pl*, Schikanen *f Pl*

▸ **trace** *f* [tʀas] Spur *f*

tracé *m* [tʀase] **1** *von Straßen usw.*: Verlauf *m* **2** (*Kontur*) Umrisse *m Pl*

tracer [tʀase] ⟨**-ç-**⟩ zeichnen (*Plan*); ziehen (*Linie, Spur*)

trachée(-artère) *f* [tʀaʃe(aʀtɛʀ)] ⟨*Pl* ***trachées(-artères)***⟩ Luftröhre *f*

tract *m* [tʀakt] Flugblatt *n*

tracter [tʀakte] schleppen, ziehen

tracteur *m* [tʀaktœʀ] **1** Traktor *m* **2** *Lastwagen*: Sattelschlepper *m*

traction *f* [tʀaksjõ] **1** Zugkraft *f*; *von Fahrzeugen*: Antrieb *m* **2** SPORT Klimmzug *m*; *am Boden*: Liegestütz *m*

tradition *f* [tʀadisjõ] Tradition *f*

traditionn|el, ~elle [tʀadisjɔnɛl] (⚠ traditio<u>nn</u>el) traditionell

traducteur *m* [tʀadyktœʀ] Übersetzer *m*

▸ **traduction** *f* [tʀadyksjõ] Übersetzung *f*

traductrice *f* [tʀadyktʀis] Übersetzerin *f*

▸ **traduire** [tʀadɥiʀ] ⟨*wie* ***conduire***⟩ **1** übersetzen **2** zum Ausdruck bringen (*Gefühle usw.*) **3** ***se ~*** zum Ausdruck kommen, sich äußern **4** ***se ~ par ...*** mit ... übersetzt werden

trafic *m* [tʀafik] **1** Verkehr *m* **2** *im negativen Sinn*: Schwarzhandel *m*, illegaler Handel; ***le ~ de drogues*** der Drogenhandel

trafiquant(e) *m(f)* [tʀafikɑ̃(t)] Schwarzhändler(in) *m(f)*; *von Drogen*: Dealer(in) *m(f)*

trafiquer [tʀafike] **1** mit ... Schwarzhandel treiben **2** verändern, verfälschen; fälschen (*Pass*); frisieren (*Motor*); panschen (*Wein*) **3** *umg.* ***qu'est-ce que tu trafiques là?*** was treibst du denn da?

tragédie *f* [tʀaʒedi] Tragödie *f*

tragique¹ [tʀaʒik] **1** tragisch **2** ***un auteur ~*** ein Tragödiendichter

tragique² *m* [tʀaʒik] (⚠ <u>le</u> tragique) Tragik *f*; ***prendre <u>au</u> ~*** tragisch nehmen

▸ **trahir** [tʀaiʀ] **1** verraten **2** ***mes forces m'ont trahi*** meine Kräfte haben mich verlassen *od.* im Stich gelassen

trahison *f* [tʀaizõ] Verrat *m*

▸ **train¹** *m* [tʀɛ̃] **1** Zug *m*, Eisenbahn *f*; ***le ~ supplémentaire*** der zusätzliche Zug **2** *Spielzeug*: ***le ~ électrique*** die elektrische Eisenbahn **3** ***le ~ fantôme*** die Geisterbahn **4** FLUG ***le ~ d'atterrissage*** das Fahrwerk

train² *m* [tʀɛ̃] **1** (*Geschwindigkeit*) Tempo *n*; ***au ~ où vont les choses*** wenn das so weitergeht **2** (*Verlauf*) Gang *m*; ***être en ~*** im Gange sein; ***mettre***

T

en ~ in Gang bringen **3 *être en ~ de faire qc*** (gerade) dabei sein etw zu tun; ***je suis en ~ de lire, de travailler*** *usw.* ich lese, arbeite *usw.* gerade **4 *le ~ de vie*** der Lebensstandard

traînard(e) *m(f)* [tʀɛnaʀ(d)] Nachzügler(in) *m(f)*

traîne *f* [tʀɛn] **1** *am Kleid*: Schleppe *f* **2 *rester à la ~*** zurückbleiben, hinten sein

traîneau *m* [tʀɛno] ⟨*Pl* **~x**⟩ Schlitten *m*

traînée *f* [tʀɛne] (lange) Spur, Streifen *m*

▸**traîner** [tʀɛne] **1** ziehen, schleppen, hinter sich herziehen; ***il traîne les pieds*** er schlurft (mit den Füßen) **2** mitschleppen, mit sich (herum-) schleppen **3 *ma jupe traîne par terre*** mein Rock schleift über den Boden **4** (*Dinge*) herumliegen; ***laisser ~*** herumliegen lassen **5** (*Menschen*) herumlungern, herumhängen; *unterwegs*: ***elle traîne*** sie trödelt, sie bleibt zurück **6 *se ~*** sich hinziehen **7 *se ~ au téléphone*** *usw.* sich zum Telefon *usw.* schleppen

train-train *m* [tʀɛ̃tʀɛ̃] Trott *m*; ***le ~ quotidien*** der Alltagstrott

traire [tʀɛʀ] ⟨*prés.*: ***nous trayons, vous trayez***; *imparf.*: ***je, tu trayais, il trayait***; *impér.*: ***trayez!***; *p/pr*: ***trayant***⟩ melken

trait *m* [tʀɛ] **1** Strich *m*; ***tirer un ~ sur qc*** e-n Schlussstrich unter etw ziehen; ***le ~ d'union*** der Bindestrich **2** (*Eigenschaft*) Merkmal *n*, Zug *m*; ***le ~ de caractère*** der Charakterzug **3 *les ~s (du visage)*** die Gesichtszüge **4** *beim Trinken*: Zug *m*; ***d'un (seul) ~*** auf einmal, in e-m Zug

traite¹ *f* [tʀɛt] Melken *n*

traite² *f* [tʀɛt] **1** *Zahlung*: Rate *f* **2** *Dokument*: Wechsel *m* **3 *d'une seule ~*** in e-m Rutsch, ohne Unterbrechung **4 *la ~ des blanches*** der Mädchenhandel; ***la ~ des noirs*** der Sklavenhandel

▸**traité** *m* [tʀete] **1** POL Vertrag *m* **2** *über ein Thema*: Abhandlung *f*

▸**traitement** *m* [tʀɛtmɑ̃] **1** Behandlung *f*; ***les mauvais ~s*** die Misshandlungen **2** *von Beamten*: Gehalt *n*, Bezüge *m Pl* **3** *bes.* TECH Bearbeitung *f*, Aufbereitung *f*; ***le ~ d'information*** (*od.* ***de données***) die Datenverarbeitung; ▸ ***le traitement de texte*** die Textverarbeitung

▸**traiter** [tʀete] **1** behandeln **2 *il m'a traité de menteuse*** er hat mich e-e Lügnerin genannt **3 *~ (une affaire)*** (über e-e Sache) verhandeln **4** *bes.* TECH bearbeiten, aufbereiten; verarbeiten (*Daten*) **5 *ce livre traite de ...*** in diesem Buch geht es um ...

traiteur *m* [tʀɛtœʀ] **1** Feinkosthändler *m* **2** Feinkostgeschäft *n* (*in dem es fertig zubereitete Gerichte zum Mitnehmen gibt*)

traître¹ *m*, **traîtresse** *f* [tʀɛtʀ, tʀɛtʀɛs] Verräter(in) *m(f)*; ***il m'a pris en traître*** er hat mich überrumpelt

traître², **traîtresse** [tʀɛtʀ, tʀɛtʀɛs] **1** gefährlich, tückisch **2 *il a été traître à sa patrie*** er hat sein Vaterland verraten **3 *pas un traître mot*** kein einziges Wort

traîtrise *f* [tʀɛtʀiz] **1** Verrat *m* **2** *von Menschen*: Hinterhältigkeit *f*, Heimtücke *f*; *von Dingen*: Gefährlichkeit *f*, Tücke *f*

trajectoire *f* [tʀaʒɛktwaʀ] Flugbahn *f*; *von Fahrzeugen*: Kurs *m*

▸**trajet** *m* [tʀaʒɛ] Strecke *f*, Weg *m*, Fahrt *f*

▸**tram** *m* [tʀam] *umg.* Straßenbahn *f*, (CH) Tram *f*

trame *f* [tʀam] **1** *im Stoff*: Schuss *m*, Schussfaden *m*; ***usé jusqu'à la ~*** abgewetzt, fadenscheinig **2** *e-r Geschichte*: Handlungsgerüst *n* **3** TECH Raster *n*

tramer [tʀame] aushecken

trampoline *m* [tʀɑ̃pɔlin] Trampolin *n*

tramway *m* [⚠ tʀamwɛ] Straßenbahn *f*, (CH) Tram *f*

tranchant *m* [tʀɑ̃ʃɑ̃] Schneide *f*

tranchant(e) [tʀɑ̃ʃɑ̃(t)] (*Messer usw.*) scharf

▸**tranche** *f* [tʀɑ̃ʃ] **1** *von Brot, Fleisch usw.*: Scheibe *f* **2** (*Teil*) Abschnitt *m*, Stufe *f*; ***la ~ d'âge*** die Altersstufe **3** *von Zahlen*: Gruppe *f* **4 *un livre doré sur ~*** ein Buch mit Goldschnitt

tranché(e) [tʀɑ̃ʃe] klar, bestimmt

tranchée *f* [tʀɑ̃ʃe] Graben *m*; *im Krieg*: ***les ~s*** die Schützengräben

trancher [tʀɑ̃ʃe] **1** abschneiden, durchschneiden **2** entscheiden (*Frage*) **3** (*kontrastieren*) sich abheben (***sur, avec*** gegen, von)

▸**tranquille** [⚠ tʀɑ̃kil] **1** ruhig **2 *laisse-moi ~!*** lass mich in Ruhe! **3 *tu peux***

T

être ~! du kannst unbesorgt sein!
tranquillisant *m* [⚠ tʀɑ̃kilizɑ̃] Beruhigungsmittel *n*
tranquilliser [⚠ tʀɑ̃kilize] beruhigen
tranquillité *f* [⚠ tʀɑ̃kilite] Ruhe *f*
transcription *f* [tʀɑ̃skʀipsjõ] **1** Abschrift *f*, Niederschrift *f* **2** ***la ~ phonétique*** die Lautschrift, die phonetische Umschrift
transcrire [tʀɑ̃skʀiʀ] ⟨*wie* ***écrire***⟩ **1** (*abschreiben*) übertragen **2** *in e-e Liste*: eintragen **3** *phonetisch*: umschreiben
transe *f* [tʀɑ̃s] (⚠ transe) **1** *bei Hypnose usw.*: Trance *f* **2** ***elle est dans les ~s*** sie steht Todesängste aus
transférer [tʀɑ̃sfeʀe] ⟨**-è-**⟩ **1** *an e-n anderen Ort*: verlegen; überführen (*Leichnam*) **2** übertragen (*Eigentum*)
transfert *m* [tʀɑ̃sfɛʀ] (⚠ transfert) **1** *an e-n anderen Ort*: Verlegung *f*; *e-r Leiche*: Überführung *f* **2** *von Eigentum*: Übertragung *f* **3** SPORT Transfer *m*
transfigurer [tʀɑ̃sfigyʀe] verklären
transformation *f* [tʀɑ̃sfɔʀmasjõ] **1** (*Änderung*) Umwandlung *f*, Verwandlung *f* **2** *von Materialien*: Verarbeitung *f* **3** ***les ~s*** *am Haus*: der Umbau
▸ **transformer** [tʀɑ̃sfɔʀme] **1** (*ändern*) umwandeln, verwandeln **2** umgestalten (*Einrichtung*); umbauen (*Haus*) **3** verarbeiten (*Materialien*)
transfuser [tʀɑ̃sfyze] ***on l'a transfusé*** man hat ihm Blut übertragen
transgresser [tʀɑ̃sgʀɛse] gegen … verstoßen
transistor *m* [tʀɑ̃zistɔʀ] **1** Kofferradio *n* **2** *elektrisches Element*: Transistor *m*
transiter [tʀɑ̃zite] **1** (*Person*) reisen, kommen (***par*** durch, über) **2** (*Waren*) im Transitverkehr befördert werden
transit|if, ~ive [tʀɑ̃zitif, -iv] GR transitiv
transition *f* [tʀɑ̃zisjõ] Übergang *m*, Überleitung *f*
transitoire [tʀɑ̃zitwaʀ] vorübergehend; ***la période ~*** die Übergangszeit
translucide [tʀɑ̃slysid] durchscheinend, lichtdurchlässig
transmettre [tʀɑ̃smɛtʀ] ⟨*wie* ***mettre***⟩ **1** weitergeben, weiterleiten, übermitteln (*Nachricht*) **2** BIOL vererben **3** PHYS, RAD, TV übertragen (*a. Krankheit, Rechte usw.*) **4** ***se ~*** sich übertragen; (*Virus, Krankheit usw.*) übertragen werden; BIOL vererbt werden
transmissible [tʀɑ̃smisibl] **1** (*Krankheit*) übertragbar **2** BIOL vererbbar
transmission *f* [tʀɑ̃smisjõ] **1** Übertragung *f*; ***la ~ de pensée*** die Gedankenübertragung **2** *von Nachrichten*: Übermittlung *f*; *von Wissen*: Weitergabe *f*, Vermittlung *f* **3** BIOL Vererbung *f*
transparaître [tʀɑ̃spaʀɛtʀ] ⟨*wie* ***connaître***⟩ durchscheinen
transparence *f* [tʀɑ̃spaʀɑ̃s] Durchsichtigkeit *f*, Transparenz *f*; ***regarder par ~*** gegen das Licht betrachten
transparent(e) [tʀɑ̃spaʀɑ̃(t)] durchsichtig, transparent
transpercer [tʀɑ̃spɛʀse] ⟨**-ç-**⟩ **1** (*Nagel usw.*) durchbohren **2** (*Kälte, Nässe usw.*) durchdringen
transpiration *f* [tʀɑ̃spiʀasjõ] **1** Schwitzen *n* **2** *Flüssigkeit*: Schweiß *m*
transpirer [tʀɑ̃spiʀe] **1** schwitzen; ***il transpire des mains*** er schwitzt an den Händen **2** *lit.* (*Geheimnis usw.*) durchsickern
transplanter [tʀɑ̃splɑ̃te] **1** umpflanzen, versetzen (*Pflanze*) **2** transplantieren (*Organ*)
▸ **transport** *m* [tʀɑ̃spɔʀ] **1** Transport *m* **2** ***les ~s*** die Verkehrsmittel; ▸ ***les transports publics*** (*od.* ***en commun***) die öffentlichen Verkehrsmittel
transportable [tʀɑ̃spɔʀtabl] transportierbar; (*Kranker*) transportfähig
▸ **transporter** [tʀɑ̃spɔʀte] **1** transportieren, befördern **2** ***~ à une autre époque*** in e-e andere Zeit versetzen **3** ***~ de joie*** mit Freude erfüllen
transporteur *m* [tʀɑ̃spɔʀtœʀ] Spediteur *m*
transposer [tʀɑ̃spoze] *an e-n anderen Ort*: übertragen, versetzen
transversal(e) [tʀɑ̃svɛʀsal] ⟨*m Pl* ***-aux***⟩ Quer…
transversalement [tʀɑ̃svɛʀsalmɑ̃] quer
trapèze *m* [tʀapɛz] Trapez *n*
trapéziste *m,f* [tʀapezist] Trapezkünstler(in) *m(f)*
trappe *f* [tʀap] **1** Falltür *f*, Klappe *f*; THEAT Versenkung *f* **2** *für Tiere*: Fallgrube *f*
trappeur *m* [tʀapœʀ] Trapper *m*
trapu(e) [tʀapy] stämmig, untersetzt
traquer [tʀake] hetzen, jagen
traumatisant(e) [tʀomatizɑ̃(t)] traumatisch

traumatiser [tʀomatize] schockieren; ***il est traumatisé*** er hat e-n Schock *od.* ein Trauma erlitten

traumatisme *m* [tʀomatism] **1** MED Verletzung *f* **2** PSYCH Trauma *n*, Schock *m*

▸ **travail** *m* [tʀavaj] ⟨*Pl* ***-aux***⟩ **1** Arbeit *f*; ***le ~ à la chaîne*** die Fließbandarbeit **2** *iron.* ***c'est du beau ~!*** das ist ja e-e schöne Bescherung! **3** ***les travaux*** die Arbeiten; *bes.* **4** SCHULE ***les travaux dirigés*** freies Arbeiten unter Aufsicht; ***les travaux pratiques*** praktische Übungen, Experimente (*z.B.* PHYS, CHEM *usw.*) **5** ***des travaux d'approche*** Annäherungsversuche *m Pl*

▸ **travailler** [tʀavaje] **1** arbeiten; ***~ au noir*** schwarzarbeiten, Ⓐ pfuschen **2** *für die Schule*: lernen **3** bearbeiten (*a. Person*) **4** kneten (*Teig*) **5** SPORT trainieren **6** üben (*Musikstück, Bewegung*)

travaill|eur[1] *m*, **~euse** *f* [tʀavajœʀ, -øz] Arbeiter(in) *m*(*f*)

travaill|eur[2], **~euse** [tʀavajœʀ, -øz] fleißig, arbeitsam

travée *f* [tʀave] **1** *von Stühlen, Tischen*: Reihe *f* **2** *in e-m Gewölbe*: Joch *n*

travers[1] [tʀavɛʀ] **1** ▸ ***à travers ...*** *od.* ***au travers de ...*** durch ... (hindurch); ***à ~ les vitres, les siècles*** *usw.* durch die Fensterscheiben, Jahrhunderte *usw.* (hindurch) **2** ***de ~*** schief, schräg; ***comprendre de ~*** falsch verstehen; ***avaler de ~*** sich verschlucken; ***marcher de ~*** schwanken, torkeln **3** ***en ~*** quer; ***en ~ du lit, de la table*** *usw.* quer über dem Bett, dem Tisch *usw.*

travers[2] *m* [tʀavɛʀ] (*Fehler*) Schwäche *f*

traverse *f* [tʀavɛʀs] **1** Querbalken *m* **2** *bei Geleisen*: Schwelle *f* **3** ***le chemin de ~*** die Abkürzung

▸ **traversée** *f* [tʀavɛʀse] **1** *von Straßen, Flüssen usw.*: Überquerung *f*; *von Städten, Wäldern usw.*: Durchquerung *f* **2** *fig.* ***une ~ du désert*** e-e Durststrecke

▸ **traverser** [tʀavɛʀse] **1** überqueren (*Straße, Fluss usw.*); durchqueren (*Stadt, Wald usw.*) **2** *zeitlich*: durchlaufen, durchmachen **3** (*Regen, Nagel usw.*) durch ... gehen, durch ... dringen; ***une idée lui a traversé l'esprit*** e-e Idee ging ihm durch den Kopf

traversin *m* [tʀavɛʀsɛ̃] (lange) Nackenrolle

travesti *m* [tʀavɛsti] Transvestit *m*

se travestir [sətʀavɛstiʀ] sich verkleiden

trébucher [tʀebyʃe] stolpern

trèfle *m* [tʀɛfl] **1** Klee *m* **2** *Spielkartenfarbe*: Kreuz *n*

treille *f* [tʀɛj] Weinlaube *f*

treize[1] [tʀɛz] **1** dreizehn **2** ***vendredi ~*** Freitag der Dreizehnte, am Freitag den Dreizehnten

treize[2] *m* [tʀɛz] (⚠ le treize) Dreizehn *f*

tréma *m* [tʀema] Trema *n*

tremble *m* [tʀɑ̃bl] Espe *f*, Zitterpappel *f*

tremblement *m* [tʀɑ̃bləmɑ̃] **1** Zittern *n* **2** ▸ ***un tremblement de terre*** ein Erdbeben

▸ **trembler** [tʀɑ̃ble] **1** zittern **2** (*Erde*) beben **3** (*Licht*) flackern

trembloter [tʀɑ̃blɔte] (leicht) zittern

se trémousser [sətʀemuse] (herum-)hampeln, (herum)zappeln

trempe *f* [tʀɑ̃p] **1** *umg.* (Tracht *f*) Prügel *Pl* **2** *im Wesen*: Art *f*; ***il est de la même ~*** er ist vom gleichen Kaliber *od.* Schlag

trempé(e) [tʀɑ̃pe] **1** durchnässt; (*Boden*) aufgeweicht **2** (*Stahl*) gehärtet

tremper [tʀɑ̃pe] **1** (*Regen usw.*) durchnässen; ***je suis trempé*** ich bin (ganz) durchnässt; ***je me suis fait ~*** ich bin nass geworden **2** *ins Wasser usw.*: tauchen, eintauchen **3** einweichen (*Gemüse, Brot, Wäsche*) **4** ***il a trempé dans cette affaire*** er war in diese Sache verwickelt

tremplin *m* [tʀɑ̃plɛ̃] Sprungbrett *n*

trentaine *f* [tʀɑ̃tɛn] **1** ***une ~ (de livres)*** ungefähr dreißig (Bücher) **2** ***elle a la ~*** sie ist um die dreißig

trente [tʀɑ̃t] **1** dreißig **2** ***le ~ décembre*** der dreißigste Dezember, am dreißigsten Dezember

trépidant(e) [tʀepidɑ̃(t)] schnell, hektisch

trépied *m* [tʀepje] **1** *Schemel*: Dreifuß *m* **2** FOTO Stativ *n*

trépigner [tʀepiɲe] trampeln, mit den Füßen stampfen

▸ **très** [tʀɛ] sehr; ***~ intéressant*** sehr interessant; ***il est ~ au courant*** er ist bestens informiert; ***j'ai ~ faim*** ich habe großen Hunger; ***fais ~ attention!*** pass

T

gut auf!
▸ **trésor** *m* [tʀezɔʀ] **1** Schatz *m* (*a. Kosewort*) **2** ***le Trésor (public)*** die Staatskasse (⚠ Tresor = ***coffre-fort*** *m*)
trésor|ier *m*, **~ière** *f* [tʀezɔʀje, -jɛʀ] *in e-m Verein*: Kassenwart *m*; *in e-r Partei*: Schatzmeister(in) *m(f)*
tressaillir [tʀesajiʀ] ⟨*wie* ***assaillir***⟩ zusammenzucken
tresse *f* [tʀɛs] **1** Zopf *m* **2** *Band*: Tresse *f*, Litze *f*
tresser [tʀese] flechten
tréteau *m* [tʀeto] ⟨*Pl* ***~x***⟩ *für Tische usw.*: Bock *m*
treuil *m* [tʀœj] Seilwinde *f*, Winde *f*
trêve *f* [tʀɛv] **1** Waffenruhe *f* **2** *fig.* Ruhe *f*, Ruhepause *f*; ***sans ~ (ni repos)*** ununterbrochen, pausenlos **3** ***~ de ...!*** Schluss mit ...!; ***~ de plaisanteries!*** Spaß beiseite!
Trèves [tʀɛv] Trier *n*
tri *m* [tʀi] Sortieren *n*, Aussortieren *n*; ***faire un ~*** e-e Auswahl treffen; ***faire le ~*** etw sortieren *od.* aussortieren
triangle *m* [tʀijɑ̃gl] **1** Dreieck *n*; ***en ~*** dreieckig **2** ***le ~ de présignalisation*** das Warndreieck **3** MUS Triangel *m*
triangulaire [tʀijɑ̃gylɛʀ] dreieckig
tribal(e) [tʀibal] ⟨*m Pl* ***-aux***⟩ Stammes...
tribord *m* [tʀibɔʀ] Steuerbord *n*
tribu *f* [tʀiby] **1** Stamm *m*, Volksstamm *m* **2** *iron.* (*Familie*) Sippe *f*
▸ **tribunal** *m* [tʀibynal] ⟨*Pl* ***-aux***⟩ Gericht *n*, Gerichtshof *m*
tribune *f* [tʀibyn] **1** Tribüne *f* **2** *Veranstaltung*: Podiumsdiskussion *f*
tributaire [tʀibytɛʀ] angewiesen (***de*** auf), abhängig (***de*** von)
tricentenaire *m* [tʀisɑ̃t(ə)nɛʀ] Dreihundertjahrfeier *f*
triche *f* [tʀiʃ] *umg.* Betrug *m*; *beim Spiel*: Mogeln *n*, Schummeln *n*; SPORT *usw.* Schiebung *f*
▸ **tricher** [tʀiʃe] schummeln, mogeln
tricherie *f* [tʀiʃʀi] Schummelei *f*, Mogelei *f*
trich|eur *m*, **~euse** *f* [tʀiʃœʀ, -øz] *beim Spiel*: Schummler(in) *m(f)*, Mogler(in) *m(f)*
tricolore [tʀikɔlɔʀ] **1** dreifarbig; ▸ ***les feux*** *m Pl* ***tricolores*** die Verkehrsampel **2** *als frz. Nationalfarbe*: blauweißrot
tricot *m* [tʀiko] **1** Stricken *n*; ***elle fait du ~*** sie strickt **2** *Kleidungsstück*: Strickjacke *f*, Pullover *m* **3** ***une veste en ~*** e-e Strickjacke **4** ***le ~ de corps*** das Unterhemd (⚠ Trikot = ***maillot*** *m*)
▸ **tricoter** [tʀikɔte] stricken
tricycle *m* [tʀisikl] Dreirad *n*
trier [tʀije] **1** sortieren, aussortieren **2** verlesen (*Gemüse*) **3** sieben (*Kandidaten*)
trimbal(l)er [tʀɛ̃bale] *umg.* **1** mit sich herumschleppen **2** ***elle se trimbale en bagnole*** sie kutschiert herum **3** ***qu'est-ce qu'il trimballe!*** der ist vielleicht doof!
trimer [tʀime] *umg.* schuften
▸ **trimestre** *m* [tʀimɛstʀ] Vierteljahr *n*, Quartal *n*
trimestri|el, ~elle [tʀimɛstʀijɛl] **1** vierteljährlich, Vierteljahres... **2** dreimonatig
tringle *f* [tʀɛ̃gl] Stange *f*
Trinité *f* [tʀinite] Dreifaltigkeit *f*
trinquer [tʀɛ̃ke] **1** *mit dem Glas*: anstoßen (***à*** auf) **2** *umg.* es ausbaden müssen
triomphal(e) [tʀijɔ̃fal] ⟨*m Pl* ***-aux***⟩ triumphal
triomphe *m* [tʀijɔ̃f] **1** Triumph *m* **2** triumphaler Erfolg, glänzender Sieg **3** ***ils ont porté le vainqueur en ~*** sie haben den Sieger auf den Schultern getragen
triompher [tʀijɔ̃fe] **1** triumphieren (***de*** über) **2** siegen (***de*** über); ***faire ~ qn*** j-m zum Sieg verhelfen **3** Erfolg haben, Triumphe feiern
tripes *f Pl* [tʀip] **1** Eingeweide *n Pl* **2** GASTR Kaldaunen *f Pl*, Kutteln *f Pl* **3** *umg.* ***cette histoire vous prend aux ~*** diese Geschichte geht einem an die Nieren
triple¹ [tʀipl] dreifach, Drei...
triple² *m* [tʀipl] ***le ~*** das Dreifache, dreimal so viel; ***en ~*** dreifach
tripler [tʀiple] **1** verdreifachen **2** sich verdreifachen
triplé(e)s *m(f) Pl* [tʀiple] Drillinge *m Pl*
tripoter [tʀipɔte] *umg.* **1** betatschen, an ... herumfummeln **2** ***~ dans qc*** in etw herumwühlen
trique *f* [tʀik] Knüppel *m*
triste [tʀist] **1** traurig **2** (*Wetter*) trist, trüb; (*Landschaft*) trostlos **3** *fig.*, *immer vor dem Subst.*: armselig, kläglich
tristesse *f* [tʀistɛs] **1** Traurigkeit *f*,

Trauer *f* **2** *e-r Landschaft usw.*: Trostlosigkeit *f*
triturer [tʀityʀe] **1** *(zerkleinern)* zerreiben; *(Zähne)* zermalmen **2** zerknüllen *(Stoff)* **3** kneten *(Muskeln usw.)* **4** *umg.* ***se ~ la cervelle*** sich das Hirn zermartern
trivial(e) [tʀivjal] ⟨*m Pl* **-aux**⟩ ordinär, unanständig, vulgär (⚠ *dt.* trivial = ***banal***)
troc *m* [tʀɔk] Tausch *m*, Tauschhandel *m*
troglodyte *m* [tʀɔglɔdit] **1** Höhlenbewohner *m*, Höhlenmensch *m* **2** ZO Zaunkönig *m*
trognon *m* [tʀɔɲõ] Kerngehäuse *n*
trois[1] [tʀwa] **1** drei **2** ***le ~ octobre*** der dritte Oktober, am dritten Oktober **3** ***à ~*** zu dritt
trois[2] *m* [tʀwa] (⚠ le trois) Drei *f*
troisième[1] [tʀwazjɛm] dritte(r, -s)
troisième[2] *f* [tʀwazjɛm] SCHULE ≈ neunte Klasse
troisièmement [tʀwazjɛmmɑ̃] drittens
trolley(bus) *m* [tʀɔlɛ(bys)] Oberleitungsbus *m*
trombe *f* [tʀõb] **1** ***la ~ d'eau*** der Wolkenbruch **2** ***en ~*** blitzschnell
trombone *m* [tʀõbɔn] **1** Büroklammer *f* **2** Posaune *f*
trompe *f* [tʀõp] **1** MUS Horn *n*; ***la ~ de chasse*** das Jagdhorn **2** ZO Rüssel *m*
▸ **tromper** [tʀõpe] **1** betrügen *(j-n)* **2** ▸ ***se tromper*** sich irren, sich täuschen; ***si je ne me trompe*** wenn ich mich nicht irre; ***se ~ de date*** sich im Datum irren **3** *mit e-m Trick*: überlisten **4** *(anders sein)* täuschen; ***les apparences trompent*** der Schein trügt, das täuscht; ***ça ne trompe pas*** das ist ein sicheres Zeichen **5** ***elle lui ressemble à s'y ~*** sie sieht ihm zum Verwechseln ähnlich
tromperie *f* [tʀõpʀi] Betrug *m*, Täuschung *f*
trompette *f* [tʀõpɛt] (⚠ trompette) Trompete *f*; ***il joue de la ~*** er spielt Trompete, er trompetet
trompettiste *m,f* [tʀõpɛtist] Trompeter(in) *m(f)*
tromp|eur, ~euse [tʀõpœʀ, -øz] trügerisch, falsch; ***les apparences sont trompeuses*** der Schein trügt
▸ **tronc** *m* [tʀõ] **1** *vom Baum*: Stamm *m* **2** *Körperteil*: Rumpf *m* **3** *in der Kirche*: Opferstock *m* **4** SCHULE ***le ~ commun*** die Pflichtfächer
tronche *f* [tʀõʃ] *umg.* *(Gesicht)* Visage *f*
tronçon *m* [tʀõsõ] **1** *abgeschnitten*: (langes) Stück **2** *(Teil e-r Strecke)* Abschnitt *m*, Teilstück *n*
tronçonner [tʀõsɔne] (in Stücke) zersägen
tronçonneuse *f* [tʀõsɔnøz] Kettensäge *f*
trône *m* [tʀon] Thron *m*
trôner [tʀone] thronen
tronquer [tʀõke] verstümmeln
▸ **trop** [tʀo] **1** zu viel; ***c'est ~*** das ist zu viel; ***~ de choses, de travail*** *usw.* zu viele Dinge, zu viel Arbeit *usw.* **2** *mit Adj. u. Adv.*: zu …; ***~ difficile, ~ étroit*** *usw.* zu schwierig, zu eng *usw.*; ***~ peu*** zu wenig **3** ***manger de ~*** zu viel essen; ***avoir des kilos en ~*** überflüssige Pfunde haben; ***je me sens de ~*** ich komme mir überflüssig vor **4** ***pas ~*** *(nicht sehr)* nicht besonders; ***je ne sais pas ~*** ich weiß nicht recht
trophée *m* [tʀɔfe] (⚠ le trophée) Trophäe *f*
tropical(e) [tʀɔpikal] ⟨*m Pl* **-aux**⟩ tropisch, Tropen…
tropique *m* [tʀɔpik] **1** ***les ~s*** die Tropen; ***sous les ~s*** in den Tropen **2** *Breitengrad*: Wendekreis *m*
troquer [tʀɔke] **1** tauschen (***contre*** gegen) **2** *(ersetzen)* vertauschen (***contre*** mit)
trot *m* [tʀo] **1** Trab *m* **2** *umg.* ***allez, au ~!*** dalli, dalli!
trotter [tʀɔte] **1** *(Pferd)* traben **2** *(Kind)* laufen; *(Maus)* huschen **3** ***cet air me trotte dans la tête*** diese Melodie geht mir nicht aus dem Kopf
trotteuse *f* [tʀɔtøz] Sekundenzeiger *m*
trottiner [tʀɔtine] trippeln, trappeln
trottinette *f* [tʀɔtinɛt] *für Kinder*: Roller *m*
▸ **trottoir** *m* [tʀɔtwaʀ] **1** Gehsteig *m*, Bürgersteig *m* **2** ***le ~ roulant*** das Laufband **3** ***elle fait le ~*** sie geht auf den Strich
▸ **trou** *m* [tʀu] **1** Loch *n*; ***le ~ d'ozone*** das Ozonloch **2** *umg.* *(Ort)* Kaff *n* **3** *umg.* *(Gefängnis)* Knast *m*; ***mettre au ~*** einlochen **4** *(Fehlendes)* Lücke *f* *(a. zeitlich)*; ***un ~ de mémoire*** e-e Ge-

T

dächtnislücke **5** ***il a fait son ~*** er seinen Platz (*im Leben, im Beruf usw.*) gefunden

troublant(e) [tʀublɑ̃(t)] **1** *negativ*: verwirrend, beunruhigend; (*Ähnlichkeit*) verblüffend **2** *positiv*: verführerisch, aufregend

trouble[1] *m* [tʀubl] **1** Verwirrung *f* **2** POL ***les ~s*** die Unruhen **3** MED ***des ~s respiratoires*** Atembeschwerden *f Pl*; ***des ~s de la vue*** Sehstörungen *f Pl*; ***quels ~s avez-vous?*** Welche Beschwerden haben Sie?

trouble[2] [tʀubl] **1** (*Flüssigkeit*) trüb **2** (*Bild usw.*) verschwommen, unscharf **3** (*Angelegenheit*) undurchsichtig, zwielichtig

troublé(e) [tʀuble] **1** durcheinander, verwirrt **2** ***une époque troublée*** e-e unruhige Zeit

trouble-fête *m,f* [tʀubləfɛt] ⟨*unv.*⟩ Spielverderber(in) *m(f)*

troubler [tʀuble] **1** trüben (*Wasser, Himmel*) **2** stören (*Ruhe, Schlaf*) **3** verwirren, verunsichern (*Menschen*) **4** ***se ~*** (*Menschen*) unsicher werden, in Verwirrung geraten

trouer [tʀue] **1** ***~ qc*** ein Loch *od.* Löcher in etw machen **2** ***se ~*** ein Loch *od.* Löcher bekommen

trouillard(e) *m(f)* [tʀujaʀ(d)] *umg.* Angsthase *m*

trouille *f* [tʀuj] *umg.* ***avoir la ~*** Schiss haben

troupe *f* [tʀup] **1** Gruppe *f*, Schar *f* **2** *von Schauspielern*: Truppe *f*, Ensemble *n* **3** MIL Truppe *f*

▸ **troupeau** *m* [tʀupo] ⟨*Pl ~x*⟩ Herde *f*

trousse *f* [tʀus] **1** Mäppchen *n*, Etui *n*; ***la ~ de toilette*** der Kulturbeutel **2** ***la police est à ses ~s*** die Polizei ist ihm auf den Fersen

trousseau *m* [tʀuso] ⟨*Pl ~x*⟩ **1** ***le ~ de clés*** der Schlüsselbund **2** Wäscheausstattung *f*; *für die Braut, früher*: Aussteuer *f*

trouvaille *f* [tʀuvaj] **1** (glücklicher) Fund; *beim Einkaufen*: Schnäppchen *n* **2** guter Einfall, Geistesblitz *m*

▸ **trouver** [tʀuve] **1** finden **2** (*entdecken*) herausfinden; ***j'ai trouvé!*** ich hab's! **3** (*beurteilen*) finden; ***je trouve que …*** ich finde, dass …; ***je trouve bon que …*** ich finde es gut, dass … **4** ***aller ~ qn*** zu j-m gehen **5** ▸ ***se trouver*** sein, sich befinden; ***le bistrot se trouve en face de l'église*** das Lokal ist *od.* liegt gegenüber der Kirche **6** ***se ~ bien*** sich wohlfühlen; ***se ~ mal*** ohnmächtig werden **7** *förmlich* ***il se trouve que …*** es trifft sich, dass …; *umg.* ***si ça se trouve*** womöglich **8** ***se ~ puni, attrapé*** *usw.* bestraft, hereingelegt *usw.* werden **9** ***c'est tout trouvé*** es ist alles schon klar; ***cette solution est toute trouvée*** diese Lösung bietet sich an

truand *m* [tʀyɑ̃] Gangster *m*, Ganove *m*

truander [tʀyɑ̃de] *umg.* reinlegen, übers Ohr hauen

▸ **truc** *m* [tʀyk] *umg.* **1** Ding *n*, Dingsbums *n* **2** (*Kniff*) Trick *m*

trucage *m* [tʀykaʒ] Trickaufnahme *f*

truculent(e) [tʀykylɑ̃(t)] urwüchsig, (CH) urchig

truelle *f* [tʀyɛl] Maurerkelle *f*

truffe *f* [tʀyf] **1** BOT, GASTR Trüffel *f* **2** *beim Hund*: Nase *f*

truffé(e) [tʀyfe] **1** GASTR mit Trüffeln, Trüffel… **2** ***un texte truffé de fautes*** ein Text voller Fehler

truie *f* [tʀɥi] Sau *f*

▸ **truite** *f* [tʀɥit] Forelle *f*

truquage *m* [tʀykaʒ] Trickaufnahme *f*

truquer [tʀyke] **1** fälschen **2** ***~ les cartes*** die Karten zinken

tsar *m*, **tsarine** *f* [dzaʀ, dzaʀin] *od.* [tsaʀ, tsaʀin] Zar(in) *m(f)*

T.S.V.P. (*Abk. für* tourner, s'il vous plaît) b. w. (bitte wenden)

TTC [tetese] (*Abk. für* toutes taxes comprises) inkl. MwSt.

▸ **tu**[1] [ty] (⚠ *vor Vokal u. stummem* h *kann in der Umgangssprache auch* ***t'*** *stehen*) ***tu écris***, *umg.* ***t'écris*** du schreibst

tu[2] [ty] → ***se taire***

tuant(e) [tɥɑ̃(t)] anstrengend

tuba *m* [tyba] (⚠ le tuba) **1** MUS Tuba *f* **2** *zum Tauchen*: Schnorchel *m*

tube *m* [tyb] (⚠ le tube) **1** Röhre *f*, Rohr *n* **2** *für Creme, Klebstoff, Senf usw.*: Tube *f* **3** *für Tabletten*: Röhrchen *n* **4** *Argot* (*Schlager*) Hit *m* **5** *umg.* ***il roule à pleins ~s*** er drückt auf die Tube **6** ***le ~ digestif*** der Verdauungstrakt

tuberculose *f* [tybɛʀkyloz] Tuberkulose *f*

tué(e) *m(f)* [tɥe] Todesopfer *n*, Tote(r) *f(m)*; *im Krieg*: Gefallene(r) *f(m)*

▸ **tuer** [tɥe] **1** töten, umbringen; BIBEL ***tu ne tueras point*** du sollst nicht töten; ***~ d'un coup de fusil*** erschießen; ***~ à coups de couteau*** erstechen **2** (*Metzger, Schlachter*) schlachten **3** ***~ le temps*** die Zeit totschlagen **4** *umg.* (*Anstrengung, Arbeit, Erlebnis usw.*) umbringen, fertigmachen **5** ▸ ***se tuer*** *freiwillig*: sich umbringen, sich das Leben nehmen; *unfreiwillig*: ums Leben kommen, umkommen; ***elle s'est tuée en voiture*** sie ist mit dem Auto tödlich verunglückt; ***il s'est fait ~*** *od.* ***il a été tué*** er ist ums Leben gekommen **6** ***il se tue au travail*** er arbeitet sich tot **7** *umg.* ***je me tue à lui dire que ...*** ich sage ihm tausendmal, dass ...

tuerie *f* [tyʀi] Blutbad *n*

tue-tête [tytɛt] ***il crie à ~*** er schreit aus Leibeskräften; ***elle chante à ~*** sie singt aus vollem Hals

tu|eur *m*, **~euse** *f* [tɥœʀ, -øz] **1** Mörder(in) *m(f)*; ***un tueur à gages*** ein Killer **2** *im Schlachthaus*: Schlachter(in) *m(f)*

tuile *f* [tɥil] **1** Dachziegel *m* **2** *umg.* ***quelle ~!*** so ein Pech!

tulipe *f* [tylip] Tulpe *f*

tuméfié(e) [tymefje] geschwollen

tumeur *f* [tymœʀ] (⚠ la tumeur) Tumor *m*

tumulte *m* [tymylt] Tumult *m*

tumultu|eux, **~euse** [tymyltɥø, -øz] stürmisch, turbulent

tuner *m* [⚠ tynɛʀ] *der Stereoanlage*: Tuner *m*

tunique *f* [tynik] *Kleidung*: Tunika *f*

Tunisie [tynizi] ***la ~*** Tunesien *n*

tunis|ien, **~ienne** [tynizjɛ̃, -jɛn] tunesisch

Tunis|ien *m*, **~ienne** *f* [tynizjɛ̃, -jɛn] Tunesier(in) *m(f)*

▸ **tunnel** *m* [⚠ tynɛl] Tunnel *m*; ***le ~ sous la Manche*** der Kanaltunnel

turbot *m* [tyʀbo] ZO Steinbutt *m*

turbulent(e) [tyʀbylɑ̃(t)] (*Kind*) wild, sehr lebhaft

turc, **turque** [tyʀk] **1** türkisch **2** ***le W.-C. à la turque*** das Stehklo

T

Turc *m* [tyʀk] Türke *m*; ***fort comme un ~*** stark wie ein Löwe

turf *m* [tyʀf] *od.* [tœʀf] Pferderennsport *m*

turfiste *m,f* [tyʀfist] *od.* [tœʀfist] Wetter(in) *m(f)* beim Pferderennen

turque [tyʀk] → ***turc***

Turque *f* [tyʀk] Türkin *f*

Turquie *f* [tyʀki] Türkei *f*

turquoise[1] *f* [tyʀkwaz] (⚠ la turquoise) Türkis *m*

turquoise[2] [tyʀkwaz] ⟨*unv.*⟩ türkis

tutelle *f* [tytɛl] **1** Vormundschaft *f* **2** *im negativen Sinn*: Bevormundung *f* **3** *förmlich*: Schutz *m* **4** *amtlich*: Aufsicht *f*, Kontrolle *f*

tuteur *m* [tytœʀ] Vormund *m*

tutoyer [tytwaje] ⟨***-oi-***⟩ duzen

tutrice *f* [tytʀis] Vormund *m*

tutu *m* [tyty] Ballettröckchen *n*

▸ **tuyau** *m* [tɥijo] ⟨*Pl* ***~x***⟩ **1** *hart*: Rohr *n*, Röhre *f*; ***le ~ d'échappement*** das Auspuffrohr **2** *weich*: Schlauch *m*; ***le ~ d'arrosage*** der Gartenschlauch **3** ***le ~ d'orgue*** die Orgelpfeife **4** *umg.* (*Hinweis*) Tipp *m*

▸ **TVA** *f* [tevea] (*Abk. für* taxe sur la valeur ajoutée) Mehrwertsteuer *f*

tympan *m* [tɛ̃pɑ̃] ANAT Trommelfell *n*

▸ **type**[1] *m* [⚠ tip] **1** (*Art*) Typ *m* (*a. Mensch*); ***elle a le ~ nordique*** sie ist ein nordischer Typ **2** *umg.* (*Kerl*) Typ *m*, Type *f* **3** AUTO *usw.* Modell *n* **4** (*Sorte*) Art *f*; ***de ce ~*** dieser Art, in dieser Art

type[2] [⚠ tip] typisch; ***une erreur ~*** ein typischer Fehler

typhon *m* [tifõ] Taifun *m*

▸ **typique** [⚠ tipik] typisch (***de*** für)

tyran *m* [⚠ tiʀɑ̃] Tyrann *m*

tyrannie *f* [⚠ tiʀani] Tyrannei *f*, Gewaltherrschaft *f*

tyrannique [⚠ tiʀanik] tyrannisch

tyranniser [⚠ tiʀanize] tyrannisieren

tzigane [dzigan] *od.* [tsigan] Zigeuner...

Tzigane *m,f* [dzigan] *od.* [tsigan] Zigeuner(in) *m(f)*

U

UDF *f* [ydeɛf] (*Abk. für* Union pour la démocratie française) *bürgerlich-liberales Parteienbündnis in Frankreich*
UE *f* [yə] (*Abk. für* Union européenne) EU *f*
UHT [yaʃte] (*Abk. für* ultra-haute température) ***le lait ~*** die H-Milch
ulcère *m* [ylsɛʀ] Geschwür *n*
ulcéré(e) [ylseʀe] wütend, gekränkt
ulcérer [ylseʀe] ⟨-è-⟩ sehr kränken
ultérieur(e) [ylteʀjœʀ] spätere(r, -s), weitere(r, -s), künftige(r, -s)
ultérieurement [ylteʀjœʀmɑ̃] später
ultime [yltim] (*Kraft usw.*) allerletzte(r, -s)
ultramoderne [yltʀamɔdɛʀn] supermodern
ultrasensible [yltʀasɑ̃sibl] (*Film usw.*) hochempfindlich
ultrason *m* [yltʀasõ] Ultraschall *m*
ultraviol|et, ~ette [yltʀavjɔlɛ, -ɛt] ultraviolett
UMP *f* [yɛmpe] (*Abk. für* Union pour un mouvement populaire) *rechtskonservative frz. Partei*
▸ **un**[1], **une** [œ̃, yn] (*m a. oft* [ɛ̃]) **1** *Zahl*: eins **2** *a. Artikel*: ein(e) **3** ***un de mes amis*** ein Freund von mir; ***un à un*** einer nach dem anderen; ***l'un d'eux*** einer von ihnen
un[2] *m* [œ̃], *a. oft* [ɛ̃] (⚠ le un) Eins *f*
unanime [ynanim] **1** (*Entscheidung, Wahl*) einstimmig **2** (*Meinungen usw.*) übereinstimmend
unanimité *f* [ynanimite] **1** *bei Wahlen usw.*: Einstimmigkeit *f*; ***être élu à l'~*** einstimmig gewählt werden **2** *von Meinungen usw.*: Einmütigkeit *f*, Einhelligkeit *f*; ***faire l'~*** allgemeine Zustimmung finden
une[1] [yn] → ***un***[1]
une[2] *f* [yn] **1** Eins *f* **2** PRESSE Titelseite *f*, erste Seite **3** TV erstes Programm; *umg.* ***sur la Une*** im Ersten **4** *fig.* ***c'était moins ~*** das war haarscharf
uni(e) [yni] **1** (*Stoff*) einfarbig **2** (*Fläche*) glatt, eben **3** (*zusammen*) vereint
unième [ynjɛm] ***vingt et ~*** einundzwanzigste(r, -s); ***cent ~*** hunderterste(r, -s)
unification *f* [ynifikasjõ] **1** *von Tarifen usw.*: Vereinheitlichung *f* **2** *von Ländern*: Einigung *f*, Vereinigung *f*
unifier [ynifje] **1** vereinheitlichen (*Tarife usw.*) **2** einigen (*Land, Partei usw.*)
▸ **uniforme**[1] *m* [yniفɔʀm] (⚠ un uniforme) Uniform *f*
uniforme[2] [ynifɔʀm] **1** (*einheitlich*) gleichartig, gleichförmig **2** (*monoton*) einförmig, eintönig
uniformément [ynifɔʀmemɑ̃] einheitlich
uniformité *f* [ynifɔʀmite] **1** (*Übereinstimmung*) Gleichartigkeit *f*, Einheitlichkeit *f* **2** (*Monotonie*) Einförmigkeit *f*, Eintönigkeit *f*
unilatéral(e) [ynilateʀal] ⟨*m Pl* **-aux**⟩ einseitig (*a. fig.*); ***le stationnement unilatéral*** das Parken auf nur e-r Straßenseite
▸ **union** *f* [ynjõ] **1** (*Zusammenschluss*) Union *f*, Verband *m*, Bund *m* **2** Verbindung *f*, Vereinigung *f* **3** ***l'~ libre*** die Ehe ohne Trauschein **4** (*Verständnis*) Einigkeit *f*
▸ **unique** [ynik] **1** (*alleinig*) einzig **2** einheitlich; (*Preis, Partei usw.*) Einheits… **3** (*unvergleichlich*) einzigartig; (*Gelegenheit usw.*) einmalig **4** ***un enfant ~*** ein Einzelkind **5** ***une rue à sens ~*** e-e Einbahnstraße
uniquement [ynikmɑ̃] nur, einzig und allein
unir [yniʀ] **1** (*zusammenschließen*) vereinigen, vereinen **2** verbinden (***à*** mit) **3** trauen (*Paar*) **4** ▸ ***s'unir*** sich zusammenschließen, sich verbünden
unitaire [ynitɛʀ] einheitlich, Einheits…
▸ **unité** *f* [ynite] **1** Einheit *f*; ***l'~ monétaire*** die Währungseinheit **2** Maßeinheit *f* **3** (*Geschlossenheit*) Einheitlichkeit *f* **4** MATH Einer *m* **5** *Ware*: Stück *n*; ***à l'~*** einzeln **6** *beim Computer*: Gerät *n*, Einheit *f*; ***l'~ centrale*** die Zentraleinheit
univers *m* [ynivɛʀ] **1** Universum *n*, Weltall *n* **2** *fig.* Welt *f*
univers|el, ~elle [ynivɛʀsɛl] **1** (*generell*) universal, allgemein **2** weltweit, Welt…
universitaire[1] [ynivɛʀsitɛʀ] Universi-

täts…
universitaire[2] *m,f* [ynivɛʀsitɛʀ] Hochschullehrer(in) *m(f)*
▸ **université** *f* [ynivɛʀsite] Universität *f*
uranium *m* [⚠ yʀanjɔm] Uran *n*
urbain(e) [yʀbɛ̃(-ɛn)] städtisch, Stadt…
urbanisation *f* [yʀbanizasjõ] Verstädterung *f*
urbanisme *m* [yʀbanism] Städtebau *m*
urgence *f* [yʀʒɑ̃s] **1** Dringlichkeit *f*; ***en cas d'~*** in dringenden Fällen; ***il y a ~*** es eilt **2** ***d'~*** dringend, sofort **3** MED Notfall *m*; *im Krankenhaus*: ***le service des ~s*** die Notaufnahme
▸ **urgent(e)** [yʀʒɑ̃(t)] dringend, eilig
urine *f* [yʀin] (⚠ *f*) Urin *m*
uriner [yʀine] urinieren
urinoir *m* [yʀinwaʀ] Pissoir *n*
urne *f* [yʀn] **1** Wahlurne *f* **2** *zur Bestattung*: Urne *f*
us *m Pl* [⚠ ys] ***les ~ et coutumes*** die Sitten und Gebräuche
▸ **usage** *m* [yzaʒ] **1** Brauch *m*, Sitte *f*; ***il est d'~ de le faire*** es ist üblich, das zu tun **2** (*Benutzung*) Gebrauch *m*, Verwendung *f*, Anwendung *f*; ***à l'~ des étudiants*** für die Schüler (zum Gebrauch); ***à ~ externe*** (*Medikament*) zur äußeren Anwendung; ***faire ~ de qc*** etw verwenden *od.* gebrauchen **3** *umg.* ***faire de l'~*** (*Kleidung usw.*) lange halten **4** *in der Sprache*: Gebrauch *m*, Sprachgebrauch *m*; ***une expression en ~*** ein gebräuchlicher Ausdruck
usagé(e) [yzaʒe] **1** gebraucht; (*Kleider*) getragen **2** (*Glas, Kleider*) Alt…
usager *m* [yzaʒe] Benutzer(in) *m(f)*; ***les ~s de la route*** die Verkehrsteilnehmer
▸ **usé(e)** [yze] **1** abgenutzt, verschlissen; (*Kleidung*) abgetragen; (*Reifen*) abgefahren **2** (*Mensch*) verbraucht **3** (*Ausdruck*) abgegriffen, abgedroschen
user [yze] **1** abnutzen, verschleißen (*Kleidung usw.*); ***s'~*** sich abnutzen, verschleißen **2** ***~ les yeux*** die Augen verderben **3** verbrauchen (*Benzin usw.*) **4** zermürben, aufreiben (*Person*) **5** ***~ de qc*** etw anwenden, von etw Gebrauch machen
▸ **usine** *f* [yzin] Fabrik *f*, Werk *n*
ustensile *m* [ystɑ̃sil] Gerät *n*, Utensil *n*
usu|el, ~elle [yzɥɛl] üblich, gebräuchlich
usure[1] *f* [yzyʀ] Abnutzung *f*, Verschleiß *m*
usure[2] *f* [yzyʀ] *bei Krediten*: Wucher *m*
usurper [yzyʀpe] sich widerrechtlich aneignen; sich anmaßen (*Rechte*); an sich reißen (*Macht*)
ut *m* [⚠ yt] MUS c, C *n*
utérus *m* [yteʀys] Gebärmutter *f*
▸ **utile** [ytil] **1** nützlich (***à*** für), zweckmäßig; ***se rendre ~*** sich nützlich machen **2** ***en temps ~*** zu gegebener Zeit
utilisable [ytilizabl] verwendbar, brauchbar, benutzbar
utilisateur *m* [ytilizatœʀ] Benutzer *m*, Anwender *m*
▸ **utilisation** *f* [ytilizasjõ] **1** Verwendung *f*, Benutzung *f* **2** *von Energie usw.*: Nutzung *f*; *von Resten*: Verwertung *f* **3** *von Methoden usw.*: Anwendung *f*
utilisatrice *f* [ytilizatʀis] Benutzerin *f*, Anwenderin *f*
▸ **utiliser** [ytilize] **1** verwenden, benutzen **2** ausnutzen (*Raum usw.*); nutzen (*Mittel, Energie*); verwerten (*Reste*) **3** anwenden (*Methode*)
utilitaire [ytilitɛʀ] Nutz…, Gebrauchs…
utilité *f* [ytilite] **1** Nützlichkeit *f*, Brauchbarkeit *f*, Nutzen *m* **2** ***d'~ publique*** (*Verein usw.*) gemeinnützig
utopie *f* [ytɔpi] Utopie *f*
utopique [ytɔpik] utopisch
UV *m Pl* [yve] (*Abk. für* ultraviolets) UV-Strahlen *m Pl*

U

V

va [va] → ***aller***[1]

▸ **vacances** *f Pl* [vakɑ̃s] Ferien *Pl*, Urlaub *m*

vacanc|ier *m*, **~ière** *f* [vakɑ̃sje, v-jɛʀ] Urlauber(in) *m(f)*, Feriengast *m*

vacant(e) [vakɑ̃(t)] **1** (*Stelle*) frei **2** (*Wohnung*) frei, leer stehend

vacarme *m* [vakaʀm] Lärm *m*, Krach *m*

vaccin *m* [⚠ vaksɛ̃] Impfstoff *m*

vaccination *f* [vaksinasjɔ̃] Impfung *f*

vacciner [vaksine] impfen (***contre*** gegen)

▸ **vache**[1] *f* [vaʃ] **1** Kuh *f*; ***la ~ laitière*** die Milchkuh **2** ***la (maladie de la) ~ folle*** der Rinderwahnsinn **3** Rindsleder *n* **4** *umg.* ***la ~!*** Mensch!, Donnerwetter!

vache[2] [vaʃ] *umg.* gemein (***avec*** *od.* ***envers*** zu)

vachement [vaʃmɑ̃] *umg.* (*sehr*) unheimlich, wahnsinnig; ***~ bien*** unheimlich gut, saugut

vacherie *f* [vaʃʀi] *umg.* Gemeinheit *f*

vacillant(e) [vasijɑ̃(t)] (*Gang*) taumelnd, wankend

vaciller [vasije] **1** *beim Gehen*: wanken, taumeln **2** (*Flamme*) flackern

va-et-vient *m* [vaevjɛ̃] ⟨*unv.*⟩ **1** Kommen und Gehen *n* **2** ELEK Wechselschalter *m* **3** *bei e-r Schaukel, e-m Mechanismus*: Hin und Her *n*, Auf und Ab *n*

vagabond *m* [vagabɔ̃] Landstreicher *m*

vagabondage *m* [vagabɔ̃daʒ] **1** Herumziehen *n*, Herumstreifen *n* **2** Landstreicherei *f*

vagabonde *f* [vagabɔ̃d] Landstreicherin *f*

vagabonder [vagabɔ̃de] **1** (*Menschen*) herumziehen, herumstreifen **2** (*Gedanken*) umherschweifen, umherwandern

vagin *m* [vaʒɛ̃] Scheide *f*, Vagina *f*

▸ **vague**[1] *f* [vag] Welle *f* (*a. von Hitze, Kälte usw.*), Woge *f*; ***la ~ de fond*** die Flutwelle; POL *usw.* der Erdrutsch

vague[2] [vag] **1** (*Formen, Geräusch*) verschwommen, undeutlich **2** (*Gefühl, Idee, Antwort*) unklar, unbestimmt, vage **3** *abw.* ***un ~ chanteur*** irgendein (unbedeutender) Sänger **4** (*Kleidung*) weit **5** ***un terrain ~*** ein unbebautes Gelände

vague[3] *m* [vag] **1** Undeutlichkeit *f* **2** ***regarder dans le ~*** ins Leere blicken **3** ***rester dans le ~*** sich nur vage äußern

vaguement [vagmɑ̃] **1** vage, undeutlich **2** (*etwas*) ungefähr, leicht

vaillance *f* [vajɑ̃s] *lit.* Tapferkeit *f*

vaillant(e) [vajɑ̃(t)] *lit.* tapfer, beherzt

vaille [vaj] → ***valoir***

vain(e) [vɛ̃ (vɛn)] **1** vergeblich, unnütz **2** ▸ ***en vain*** umsonst, vergebens

▸ **vaincre** [vɛ̃kʀ] ⟨*prés.*: ***je vaincs, il vainc, nous vainquons***; *imparf.*: ***je vainquais***; *p/s*: ***je vainquis***; *fut.*: ***je vaincrai***; *subj.*: ***je vainque***; *p/pr*: ***vainquant***; *p/p*: ***vaincu***⟩ **1** siegen **2** ***~ qn*** j-n besiegen *od.* schlagen **3** überwinden (*Angst, Hindernis usw.*); besiegen (*Krankheit*)

vaincu(e) [vɛ̃ky] besiegt, geschlagen

vainement [vɛnmɑ̃] umsonst, vergeblich

▸ **vainqueur** *m* [vɛ̃kœʀ] Sieger(in) *m(f)*

vais [vɛ] → ***aller***[1]

vaisseau[1] *m* [vɛso] ⟨*Pl* ***~x***⟩ ***les ~x sanguins*** die Blutgefäße

vaisseau[2] *m* [vɛso] ⟨*Pl* ***~x***⟩ **1** *lit.* Schiff *n* **2** ***le ~ spatial*** das Raumschiff

▸ **vaisselle** *f* [vɛsɛl] Geschirr *n*

val *m* [val] ⟨⚠ *Pl* ***vaux*** *od.* ***~s***⟩ Tal *n* (⚠ *das Wort erscheint heute nur noch in einigen Ortsnamen wie*: ***Val de Loire*** *usw., sonst heißt* Tal = ***vallée*** *f*)

valable [valabl] **1** (*Ausweis usw.*) gültig **2** (*Entschuldigung, Lösung*) annehmbar, brauchbar **3** (*Mitarbeiter*) tüchtig

valet *m* [valɛ] **1** Diener *m*; *auf dem Bauernhof*: Knecht *m* **2** *Spielkarte*: Bube *m*, Bauer *m*

▸ **valeur** *f* [valœʀ] **1** Wert *m*; ***les ~s (mobilières)*** die Wertpapiere **2** *von Personen, Werken*: Bedeutung *f* **3** *Menge*: ***la ~ d'une cuillère à café de sucre*** ungefähr ein Teelöffel Zucker **4** ***mettre en ~*** zur Geltung bringen, hervorheben

validation *f* [validasjɔ̃] **1** Gültigkeitserklärung *f* **2** *von Fahrkarten*: Entwertung *f*

valide [valid] **1** (*Mensch*) gesund, kräf-

tig **2** (*Ausweis usw.*) gültig
valider [valide] entwerten (*Fahrschein*)
validité *f* [validite] Gültigkeit *f*
► **valise** *f* [valiz] Koffer *m*
► **vallée** *f* [vale] Tal *n*
► **valoir** [valwaʀ] ⟨*prés.*: ***je vaux, il vaut, nous valons***; *imparf.*: ***je valais***; *p/s*: ***je valus***; *fut.*: ***je vaudrai***; *subj.*: ***je vaille, nous valions***; *p/pr*: ***valant***; *p/p*: ***valu***⟩ **1** wert sein; ***cela vaut son pesant d'or*** das ist Gold wert; *iron.* das ist unbezahlbar **2** kosten; ***cela vaut cher*** das ist teuer **3** ***~ mieux*** besser sein (***que*** als); ***il vaut mieux le dire*** es ist besser, es zu sagen **4** ***cela vaut la peine***, *umg.* ***ça vaut le coup*** das lohnt sich **5** (*betreffen*) gelten; ***cela vaut pour tous*** das gilt für alle **6** ***cela m'a valu une amende*** das hat mir e-e Geldstrafe eingebracht **7** ***ça ne me dit rien qui vaille*** das lässt mich nichts Gutes ahnen **8** ***faire ~ ses droits*** seine Rechte geltend machen **9** ***vaille que vaille*** egal was passiert, so oder so
valoriser [valɔʀize] aufwerten
valse *f* [vals] (⚠ la valse) Walzer *m*
valser [valse] Walzer tanzen
valve *f* [valv] **1** Ventil *n* **2** *von Muscheln*: Schale *f*
vampire *m* [vɑ̃piʀ] (⚠ vampire) Vampir *m*
vanille *f* [vanij] Vanille *f*
vanité *f* [vanite] Eitelkeit *f*; ***elle en tire ~*** sie bildet sich etwas darauf ein
vanit|eux, ~euse [vanitø, -øz] eingebildet, eitel
vanné(e) [vane] *umg.* völlig fertig, total kaputt
vannerie *f* [vanʀi] **1** Korbflechterei *f* **2** ***des ~s*** Korbwaren *f Pl*
vantard(e) [vɑ̃taʀ(d)] angeberisch
vantardise *f* [vɑ̃taʀdiz] Angeberei *f*
vanter [vɑ̃te] **1** loben, preisen **2** ► ***se vanter*** (*prahlen*) angeben (***de*** mit)
va-nu-pieds *m,f* [vanypje] ⟨*unv.*⟩ Landstreicher(in) *m(f)*, Stadtstreicher(in) *m(f)*
vapes *f Pl* [vap] *umg.* ***je suis (encore) dans les ~*** ich bin (noch) ganz weggetreten
► **vapeur¹** *f* [vapœʀ] Dampf *m*, Dunst *m*; ***cuit à la ~*** gedämpft, gedünstet
vapeur² *m* [vapœʀ] Dampfer *m*
vapor|eux, ~euse [vapɔʀø, -øz] (*Stoff, Haar*) duftig
vaporisateur *m* [vapɔʀizatœʀ] Zerstäuber *m*
vaporiser [vapɔʀize] zerstäuben, sprühen
vaquer [vake] ***~ à ses occupations*** seiner Beschäftigung nachgehen
variable [vaʀjabl] veränderlich, wechselnd
variante *f* [vaʀjɑ̃t] Variante *f*
variation *f* [vaʀjasjɔ̃] **1** Schwankung *f*, Veränderung *f*, Wechsel *m* **2** BIOL, MUS *usw.* Variation *f*
varice *f* [vaʀis] Krampfader *f*
varicelle *f* [vaʀisɛl] Windpocken *Pl*
► **varié(e)** [vaʀje] **1** verschiedenartig, abwechslungsreich; (*Programm*) bunt **2** *im Plural*: verschiedene, unterschiedliche
varier [vaʀje] **1** (*wechseln*) sich ändern, sich verändern **2** (*verschieden sein*) variieren; (*Preise*) schwanken **3** abwechslungsreich gestalten, Abwechslung in … bringen (*Programm, Ernährung usw.*)
variété *f* [vaʀjete] **1** Abwechslung *f* **2** (*Verschiedenartigkeit*) Vielfalt *f* **3** BIOL Art *f*, Abart *f*, Sorte *f* **4** *Show*: ***les ~s*** das Varietee; ***une émission de ~s*** e-e Unterhaltungssendung
variole *f* [vaʀjɔl] Pocken *Pl*
Varsovie [vaʀsɔvi] Warschau *n*
► **vase¹** *m* [vɑz] (⚠ le vase) **1** Gefäß *n* **2** *für Blumen*: Vase *f*
vase² *f* [vɑz] Schlamm *m*
vas|eux, ~euse [vɑzø, -øz] **1** schlammig **2** *umg.* (*Ideen usw.*) schwammig **3** *umg.* ***je me sens vaseux*** ich fühl' mich daneben, ich bin nicht fit
vasistas *m* [⚠ vazistɑs] Guckfenster *n*
vaste [vast] **1** (*Gebiet*) weit, weitläufig, ausgedehnt; (*Zimmer*) geräumig **2** (*Thema usw.*) umfassend, umfangreich
vaudra [vodʀa] → ***valoir***
vaurien *m* [voʀjɛ̃] Bengel *m*
vaurienne *f* [voʀjɛn] Göre *f*
vaut [vo] → ***valoir***
vautour *m* [votuʀ] Geier *m*
se vautrer [səvotʀe] sich wälzen; *auf e-m Sofa usw.*: sich hinlümmeln
vaux¹ [vo] → ***valoir***
vaux² [vo] *Pl von* → ***val***
va-vite [vavit] ***à la ~*** auf die Schnelle
► **veau** *m* [vo] ⟨*Pl* ***~x***⟩ **1** Kalb *n* **2** Kalbfleisch *n* **3** Kalbsleder *n*

vécu [veky] → ***vivre***[1]

▸ **vedette**[1] *f* [vədɛt] **1** THEAT, KINO *usw.* Star *m*, Hauptdarsteller(in) *m(f)* **2** ***mettre en ~*** in den Vordergrund *od.* Mittelpunkt stellen **3** SPORT ***le match ~*** das Spitzenspiel

vedette[2] *f* [vədɛt] Schnellboot *n*

végétal(e) [veʒetal] ⟨*m Pl* ***-aux***⟩ Pflanzen…, pflanzlich

végétar|ien *m*, **~ienne** *f* [veʒetaʀjɛ̃, -jɛn] Vegetarier(in) *m(f)*

végétation *f* [veʒetasjõ] Vegetation *f*

végéter [veʒete] ⟨***-è-***⟩ dahinvegetieren

véhémence *f* [veemɑ̃s] Heftigkeit *f*

véhément(e) [veemɑ̃(t)] (*Vorwürfe*) heftig; (*Rede*) feurig

▸ **véhicule** *m* [veikyl] Fahrzeug *n*; ***le ~ tout terrain*** der Geländewagen

veille[1] *f* [vɛj] **1** Vortag *m*; ***la ~*** tags zuvor **2** ***la ~ de mon départ*** am Tag *od.* Abend vor meiner Abreise **3** ***la ~ au soir*** am Abend vorher **4** ***la ~ de Noël*** der Heilige Abend

veille[2] *f* [vɛj] **1** (↔ *Schlafen*) Wachsein *n* **2** Nachtwache *f*, Wache *f*

veillée *f* [veje] **1** *bei e-m Kranken usw.*: Wache *f* **2** *Zeit*: Abendstunden *f Pl* **3** *Treffen*: abendliches Beisammensein

veiller [veje] **1** (↔ *schlafen*) wach sein; (↔ *ins Bett gehen*) aufbleiben **2** Wache halten; ***~ un malade*** bei e-m Kranken wachen **3** ***~ à qc*** für etw sorgen, auf etw achten **4** ***elle veille sur lui*** sie passt auf ihn auf

veilleur *m* [vɛjœʀ] ***le ~ de nuit*** der Nachtwächter

veilleuse *f* [vɛjøz] **1** Nachtlicht *n* **2** AUTO Standlicht *n* **3** ***mettre en ~*** dunkler einstellen (*Lampe*); klein stellen (*Flamme*)

veinard(e) *m(f)* [vɛnaʀ(d)] *umg.* Glückspilz *m*, Glückskind *n*

veine[1] *f* [vɛn] Glück *n*; *umg.* Schwein *n*

veine[2] *f* [vɛn] **1** Vene *f* **2** *im Stein*: Ader *f*; *im Holz*: Maserung *f* **3** künstlerische Ader

véliplanchiste *m,f* [veliplɑ̃ʃist] Windsurfer(in) *m(f)*, Surfer(in) *m(f)*

▸ **vélo** *m* [velo] Fahrrad *n*, Rad *n*, Ⓒⓗ Velo *n*; ***faire du ~*** (mit dem) Rad fahren; ***le ~ de course*** das Rennrad; ***le ~ tout-terrain*** das Mountainbike

vélodrome *m* [velodʀom] Radrennbahn *f*

▸ **vélomoteur** *m* [velɔmɔtœʀ] Moped *n*

velours *m* [v(ə)luʀ] **1** Samt *m* **2** ***le ~ côtelé*** der Cord, Ⓐ der Schnürlsamt

velouté *m* [vəlute] Cremesuppe *f*

velouté(e) [vəlute] samtweich

velu(e) [vəly] behaart, haarig

vénal(e) [venal] ⟨*m Pl* ***-aux***⟩ käuflich, bestechlich

vendanges *f Pl* [vɑ̃dɑ̃ʒ] Weinlese *f*

▸ **vend|eur** *m*, **~euse** *f* [vɑ̃dœʀ, -øz] Verkäufer(in) *m(f)*

▸ **vendre** [vɑ̃dʀ] ⟨*wie* ***rendre***⟩ **1** verkaufen **2** ***~ aux enchères*** versteigern **3** *für Geld*: verraten (*Menschen*)

vendredi *m* [vɑ̃dʀədi] **1** Freitag *m* **2** ***le ~*** freitags **3** ***le Vendredi saint*** der Karfreitag

vénén|eux, **~euse** [venenø, -øz] giftig

vénérable [veneʀabl] ehrwürdig

vénération *f* [veneʀasjõ] Verehrung *f*

vénérer [veneʀe] ⟨***-è-***⟩ verehren

vengeance *f* [vɑ̃ʒɑ̃s] Rache *f*

venger [vɑ̃ʒe] ⟨***-ge-***⟩ **1** rächen **2** ▸ ***se venger*** sich rächen (⚠ ***de qn*** an j-m, ***de qc*** für etw)

venim|eux, **~euse** [vənimø, -øz] giftig, Gift…

venin *m* [vənɛ̃] Gift *n*

▸ **venir** [v(ə)niʀ] ⟨*prés.*: ***je viens, il vient, nous venons, ils viennent***; *imparf.*: ***je venais***; *p/s*: ***je vins, nous vînmes***; *fut.*: ***je viendrai***; *subj.*: ***je vienne, nous venions***; *p/pr*: ***venant***; *p/p*: ***venu***; *mit* ***être***⟩ **1** kommen **2** herkommen, stammen (***de*** von, aus) **3** ▸ ***venir de faire qc*** etw gerade getan haben; ***ce livre vient de paraître*** das Buch ist soeben erschienen **4** ***en ~ à une question*** auf e-e Frage zu sprechen kommen; ***en ~ aux mains*** handgreiflich werden; ***où veut-il en ~?*** worauf will er hinaus? **5** ***les générations à ~*** die kommenden Generationen

Venise [vəniz] Venedig *n*

▸ **vent** *m* [vɑ̃] **1** Wind *m*; ***il y a*** (*od.* ***il fait***) ***du ~*** es ist windig **2** ***un instrument à ~*** ein Blasinstrument **3** *Wendungen*: ***c'est dans le ~*** das ist modern, das ist in; ***il a eu ~ de l'affaire*** er hat Wind von der Sache bekommen; ***c'est du ~*** das ist leeres Gerede

▸ **vente** *f* [vɑ̃t] **1** Verkauf *m* **2** ***la ~ aux enchères*** die Versteigerung **3** ***en ~*** (*Produkt*) erhältlich; (*Haus usw.*) zu verkaufen; ***en ~ libre*** frei verkäuflich

venter [vɑ̃te] ***il vente*** es ist windig

vent|eux, ~euse [vɑ̃tø, -øz] windig
ventilateur *m* [vɑ̃tilatœʀ] Ventilator *m*
ventilation *f* [vɑ̃tilasjõ] **1** Belüftung *f*, Lüftung *f* **2** *von Geldern usw.*: Verteilung *f*
ventiler [vɑ̃tile] **1** belüften, lüften (*Raum usw.*) **2** verteilen (*Gelder usw.*)
ventouse *f* [vɑ̃tuz] Saugnapf *m*
▸ **ventre** *m* [vɑ̃tʀ] **1** Bauch *m* **2** ***le bas ~*** der Unterleib **3** ***à plat ~*** auf dem (*bzw.* den) Bauch
ventriloque *m,f* [vɑ̃tʀilɔk] Bauchredner(in) *m(f)*
venu [v(ə)ny] → ***venir***
venu(e) *m(f)* [v(ə)ny] **1** ***le nouveau venu, la nouvelle venue*** der Neuankömmling **2** ***le premier venu, la première venue*** der, die Erstbeste
venue *f* [v(ə)ny] Kommen *n*, Ankunft *f*
vêpres *f Pl* [vɛpʀ] *in der Kirche*: Vesper *f*
ver *m* [vɛʀ] **1** Wurm *m*, Made *f* **2** ***le ~ de terre*** der Regenwurm
verbal(e) [vɛʀbal] ⟨*m Pl* ***-aux***⟩ **1** mündlich **2** GR Verb…, Verbal…
▸ **verbe** *m* [vɛʀb] **1** GR Verb *n*; ***les ~s pronominaux*** die reflexiven Verben **2** BIBEL ***le Verbe*** das Wort **3** ***il a le ~ haut*** er spricht sehr laut; (*er gibt an*) er führt das große Wort
verb|eux, ~euse [vɛʀbø, -øz] wortreich
verdict *m* [⚠ vɛʀdikt] Urteil *n*, Urteilsspruch *m*
verdir [vɛʀdiʀ] **1** (*Bäume usw.*) grün werden **2** *vor Angst*: blass *od.* bleich werden
verdure *f* [vɛʀdyʀ] **1** *in der Natur*: Grün *n* **2** *zum Essen*: Rohkost *f*; *umg.* Grünzeug *n*
vér|eux, ~euse [veʀø, -øz] **1** (*Obst*) wurmstichig **2** (*Angelegenheit usw.*) faul
verge *f* [vɛʀʒ] **1** Stock *m*, Rute *f* **2** *vom Mann*: Penis *m*, Glied *n*
verger *m* [vɛʀʒe] Obstgarten *m*
verglacé(e) [vɛʀglase] vereist
▸ **verglas** *m* [vɛʀglɑ] Glatteis *n*
vergogne *f* [vɛʀgɔɲ] ***sans ~*** schamlos, unverschämt
véridique [veʀidik] wahrheitsgetreu, wahr
vérification *f* [veʀifikasjõ] Überprüfung *f*
▸ **vérifier** [veʀifje] **1** (*kontrollieren*) überprüfen, nachprüfen **2** ***se ~*** sich bestätigen
▸ **véritable** [veʀitabl] **1** (*wahr*) wirklich, richtig **2** *nachgestellt bei Materialien*: echt; ***en cuir ~*** aus echtem Leder
▸ **vérité** *f* [veʀite] **1** Wahrheit *f* **2** *bei e-m Porträt usw.*: Ähnlichkeit *f*, Naturtreue *f* **3** ***je lui ai dit ses quatre ~s*** ich habe ihm richtig die Meinung gesagt
verlan *m* [vɛʀlɑ̃] *bes. bei Jugendlichen beliebte „Geheimsprache", in der die Silben der Wörter vertauscht werden*
verm|eil, ~eille [vɛʀmɛj] (leuchtend) rot, purpurrot
vermicelles *m Pl* [vɛʀmisɛl] Fadennudeln *f Pl*
vermillon *m* [vɛʀmijõ] Zinnoberrot *n*
vermine *f* [vɛʀmin] Ungeziefer *n*
vermisseau *m* [vɛʀmiso] ⟨*Pl* ***~x***⟩ Würmchen *n*, kleiner Wurm
vermoulu(e) [vɛʀmuly] (*Holz usw.*) wurmstichig
verni(e) [vɛʀni] **1** lackiert; (*Tonwaren*) glasiert; (*Gemälde*) gefirnisst; ***des chaussures*** *f Pl* ***vernies*** Lackschuhe **2** *umg.* ***il est verni*** er ist ein Glückspilz
vernir [vɛʀniʀ] lackieren; firnissen (*Bild*)
vernis *m* [vɛʀni] Lack *m*; *für Tonwaren*: Glasur *f*; *für Gemälde*: Firnis *m*
vernissage *m* [vɛʀnisaʒ] (⚠ le vernissage) *e-r Ausstellung*: Eröffnung *f*, Vernissage *f*
verra [vɛʀa] → ***voir***
verrat *m* [vɛʀa] Eber *m*
▸ **verre** *m* [vɛʀ] **1** *Material, Behälter, Inhalt*: Glas *n* **2** ***je te paie un ~!*** ich geb (dir) einen aus!; ***boire un petit ~*** ein Gläschen trinken **3** ***les ~s de contact*** die Kontaktlinsen

Unterscheide:

un verre d'eau, de vin	ein Glas Wasser, Wein
un verre à eau, à vin	ein Wasserglas, Weinglas

verrerie *f* [vɛʀʀi] **1** Glasfabrik *f*, Glashütte *f* **2** Glaswaren *f Pl* **3** Glasherstellung *f*
verrou *m* [vɛʀu] **1** Riegel *m* **2** ***il est sous les ~s*** er sitzt hinter Schloss

und Riegel
verrouillage *m* [veʀujaʒ] **1** Versperren *n*, Verriegelung *f* **2** AUTO ***le ~ central*** die Zentralverriegelung
verrouiller [veʀuje] verriegeln, zuriegeln
verrue *f* [veʀy] Warze *f*
▸ **vers**[1] [vɛʀ] **1** *Richtung*: gegen, nach, auf … zu; ***~ le nord*** gegen Norden, nach Norden (hin); ***aller ~ qn*** auf j-n zugehen; ***regarder ~ qn*** zu j-m hinsehen **2** *zeitlich*: gegen; ***~ la fin*** gegen Ende
vers[2] *m* [vɛʀ] Vers *m*, Verszeile *f*
versant *m* [vɛʀsɑ̃] Abhang *m*, Hang *m*; ***le ~ nord*** der Nordhang; ***le ~ suisse*** die Schweizer Seite *(e-s Bergs)*
versatile [vɛʀsatil] launenhaft, unbeständig
verse [vɛʀs] ***il pleut à ~*** es gießt in Strömen
Verseau *m* [vɛʀso] ⟨*Pl* ***~x***⟩ ASTR Wassermann *m*
versement *m* [vɛʀsəmɑ̃] Zahlung *f*; *aufs Konto*: Einzahlung *f*
▸ **verser** [vɛʀse] **1** gießen, eingießen *(Flüssiges)*; füllen, einfüllen, schütten *(Zucker, Reis usw.)*; ***~ (à boire)*** einschenken **2** vergießen *(Blut, Tränen)* **3** zahlen, einzahlen *bzw.* auszahlen *(Geld)* **4** *(Auto usw.)* umstürzen
verset *m* [vɛʀsɛ] BIBEL Vers *m*
verseuse *f* [vɛʀsøz] Kaffeekanne *f*
version *f* [vɛʀsjõ] **1** Version *f*; *bei Filmen a.*: Fassung *f*; ***~ originale sous-titrée*** Original mit Untertiteln **2** *bei Texten*: Übersetzung *f* aus der Fremdsprache, Herübersetzung *f*
verso *m* [vɛʀso] Rückseite *f*
vert *m* [vɛʀ] **1** *Farbe*: Grün *n* **2** ***le feu passe au ~*** die Ampel schaltet auf Grün
▸ **vert(e)** [vɛʀ(t)] **1** *Farbe*: grün **2** *(Obst, Gemüse)* unreif, grün **3** *vor Angst*: blass, kreidebleich; *vor Ärger, Neid*: grün **4** POL grün **5** *(noch gut in Form)* rüstig **6** ***des légumes m Pl verts*** Frischgemüse **7** ***un espace vert*** e-e Grünanlage **8** ***partir en classe verte*** ins Schullandheim fahren
vertèbre *f* [vɛʀtɛbʀ] *Knochen*: Wirbel *m*
vertical(e) [vɛʀtikal] ⟨*m Pl* ***-aux***⟩ senkrecht; *(Haltung)* aufrecht
verticale *f* [vɛʀtikal] Senkrechte *f*, Lot *n*
vertige *m* [vɛʀtiʒ] **1** Schwindel *m* **2** ***j'ai le ~*** mir ist schwindlig
vertigin|eux, ~euse [vɛʀtiʒinø, -øz] schwindelerregend
Verts *m Pl* [vɛʀ] ***les ~*** *Partei*: die Grünen
vertu *f* [vɛʀty] **1** *(gute Eigenschaft)* Tugend *f* **2** Kraft *f*, Wirkung *f*; ***en ~ de la loi*** kraft des Gesetzes
verveine *f* [vɛʀvɛn] Eisenkraut *n*
vésicule *f* [vezikyl] **1** ***la ~ (biliaire)*** die Gallenblase **2** *auf der Haut*: Bläschen *n*
vessie *f* [vesi] Blase *f*, Harnblase *f*
▸ **veste** *f* [vɛst] **1** Jacke *f* **2** *für Männer*: Jackett *n*, Sakko *m od. n* (⚠ Weste = ***gilet*** *m*)
vestiaire *m* [vɛstjɛʀ] *Raum im Theater, Restaurant*: Garderobe *f*; *im Schwimmbad, Stadion*: Umkleideraum *m*
vestibule *m* [vɛstibyl] Diele *f*, Flur *m*
vestiges *m Pl* [vɛstiʒ] Spuren *f Pl*, Überreste *m Pl*; *von Gebäuden*: Ruinen *f Pl*
veston *m* [vɛstõ] Sakko *m od. n*, Jackett *n*
▸ **vêtement** *m* [vɛtmɑ̃] **1** Kleidungsstück *n*, Ⓐ Gewand *n* **2** ***les ~s*** die Kleidung
vétérinaire *m,f* [veteʀinɛʀ] Tierarzt *m*, Tierärztin *f*
vétille *f* [vetij] Lappalie *f*, Kleinigkeit *f*
se vêtir [səvɛtiʀ] ⟨*prés.*: ***je me vêts, il se vêt***; *impér.*: ***vêts-toi!***; *p/p*: ***vêtu***⟩ sich anziehen, sich ankleiden
vêtu, vêtue [vety] angezogen, bekleidet
▸ **veuf**[1] *m* [vœf] Witwer *m*
veuf[2], **veuve** [vœf, vœv] verwitwet
veuille [vœj], **veulent** [vœl], **veut** [vø] → ***vouloir***
▸ **veuve**[1] *f* [vœv] Witwe *f*
veuve[2] [vœv] → ***veuf***[2]
veux [vø] → ***vouloir***
vexant(e) [vɛksɑ̃(t)] **1** *(Bemerkung usw.)* beleidigend, kränkend **2** *(Ereignis usw.)* ärgerlich
vexation *f* [vɛksasjõ] Beleidigung *f*, Kränkung *f*
▸ **vexer** [vɛkse] **1** beleidigen, kränken **2** ***se ~*** beleidigt *od.* gekränkt sein
viabilité *f* [vjabilite] **1** *von Straßen*: Befahrbarkeit *f* **2** *von Menschen, Unter-*

V

nehmen: Lebensfähigkeit *f* **3** *von Plänen*: Durchführbarkeit *f*
viable [vjabl] lebensfähig
viaduc *m* [vjadyk] (⚠ *Endung*) Viadukt *n*
▸ **viande** *f* [vjɑ̃d] Fleisch *n*
vibration *f* [vibʀasjõ] Vibration *f*, Vibrieren *n*, Schwingung *f*; *der Luft*: Flimmern *n*
vibrer [vibʀe] **1** vibrieren, schwingen **2** *emotional*: ***faire ~*** ergreifen
vicaire *m* [vikɛʀ] Kaplan *m*, Vikar *m*
vice *m* [vis] **1** Fehler *m*, Mangel *m*; ***un ~ de fabrication*** ein Fabrikationsfehler **2** *lit.* Laster *n*, Untugend *f* **3** *umg.* ***c'est du ~*** das ist abartig
vice- … [vis] *in Zusammensetzungen*: Vize…
vice versa [vis(e)vɛʀsa] ***et ~*** und umgekehrt
vicié(e) [visje] (*Luft*) verbraucht
vici|eux, ~euse [visjø, -øz] **1** (*Pferd*) störrisch **2** *sexuell*: geil
▸ **victime** *f* [viktim] **1** Opfer *n* **2** *im Krieg, bei Unfällen a.*: Todesopfer *n*
▸ **victoire** *f* [viktwaʀ] Sieg *m*
victori|eux, ~euse [viktɔʀjø, -øz] Sieger…, siegreich
victuailles *f Pl* [viktɥaj] Lebensmittel *n*
vidange *f* [vidɑ̃ʒ] **1** *vom Tank usw.*: Entleerung *f* **2** AUTO Ölwechsel *m*
vidanger [vidɑ̃ʒe] ⟨***-ge-***⟩ **1** entleeren (*Tank usw.*) **2** e-n Ölwechsel machen
▸ **vide**[1] [vid] **1** leer **2** ***~ de …*** ohne …; ***~ de sens*** sinnlos
vide[2] *m* [vid] **1** Leere *f* **2** (*luftleerer Raum*) Vakuum *n*; ***sous ~*** vakuumverpackt **3** Zwischenraum *m*, Lücke *f* **4** (*Tiefe*) Abgrund *m* **5** ***il parle dans le ~*** er redet ins Blaue hinein
vidé(e) [vide] **1** geleert, leer **2** *umg.* (*Mensch*) fertig, geschafft
▸ **vidéo** *f* [video] (⚠ la vidéo) Video *n*
vidéocassette *f* [videokasɛt] Videokassette *f*
vidéoclub *m* [⚠ videoklœb] Videothek *f*
vidéophone *m* [videofɔn] Bildtelefon *n*
vide-ordures *m* [vidɔʀdyʀ] ⟨*unv.*⟩ Müllschlucker *m*
vidéothèque *f* [videotɛk] Videothek *f*
vide-poches *m* [vidpɔʃ] ⟨*unv.*⟩ AUTO Ablage *f*
▸ **vider** [vide] **1** leeren, ausleeren, leer machen **2** austrinken (*Flasche, Glas*) **3** ausräumen (*Schrank, Zimmer*); räumen (*Saal*) **4** *umg.* rausschmeißen (*Personen*) **5** (*auslaugen*) schaffen (*Personen*) **6** ***se ~*** sich leeren; (*Behälter*) auslaufen
videur *m* [vidœʀ] *im Lokal*: Rausschmeißer *m*
▸ **vie** *f* [vi] **1** Leben *n*; ***c'est la ~*** so ist das Leben; ***de ma ~*** in meinem ganzen Leben; ***jamais de la ~!*** nie im Leben!; ***en ~*** am Leben; ***sans ~*** leblos **2** (*Temperament*) Lebendigkeit *f*, Lebhaftigkeit *f* **3** ▸ ***gagner sa vie*** seinen Lebensunterhalt verdienen **4** *umg.* ***elle lui fait la ~*** sie macht ihm die Hölle heiß **5** ***à ~*** auf Lebenszeit, lebenslänglich
vieil [vjɛj] → ***vieux***[1]
vieillard *m* [vjɛjaʀ] **1** alter Mann, Greis *m* **2** ***les ~s*** die alten Leute, die Alten
vieille[1] [vjɛj] → ***vieux***[1]
vieille[2] *f* [vjɛj] **1** alte Frau, Alte *f* **2** *umg.* ***ma ~!*** meine Liebe!
vieilleries *f Pl* [vjɛjʀi] alter Kram
▸ **vieillesse** *f* [vjɛjɛs] (hohes) Alter
vieillir [vjɛjiʀ] **1** alt *od.* älter werden, altern **2** ***un mot vieilli*** ein veraltetes Wort **3** älter machen *od.* erscheinen lassen
vieillissement *m* [vjɛjismɑ̃] **1** Altern *n*, Altwerden *n* **2** *der Bevölkerung*: Überalterung *f*
vieill|ot, ~otte [vjɛjo, -ɔt] altmodisch
vienne [vjɛn] → ***venir***
Vienne [vjɛn] Wien *n* (⚠ *a. in Südfrankreich gibt es e-e Stadt namens* ***Vienne!***)
viens [vjɛ̃], **vient** [vjɛ̃] → ***venir***
vierge[1] [vjɛʀʒ] **1** (*Frau*) jungfräulich **2** (*Öl*) kalt gepresst, naturrein; ***la laine ~*** die Schurwolle **3** (*Papier*) unbeschrieben, leer; (*Musikkassette*) unbespielt, leer; (*Film*) unbelichtet **4** ***la forêt ~*** der Urwald
vierge[2] *f* [vjɛʀʒ] **1** Jungfrau *f* **2** KUNST ***une Vierge*** e-e Madonna, ein Marienbild **3** REL ***la Vierge Marie*** die Jungfrau Maria
Vierge *f* [vjɛʀʒ] ASTR Jungfrau *f*
▸ **vieux**[1], **vieil**, **vieille** [vjø, vjɛj] alt; ***un vieil homme*** ein alter Mann
vieux[2] *m* [vjø] **1** alter Mann, Alte(r) *m* **2** *umg.* ***mon ~!*** mein Lieber!
vif[1], **vive** [vif, viv] **1** *im Temperament*:

V

lebendig, lebhaft (*a. Wunsch, Fantasie usw.*); (*Blick*) wach **2** (*Mensch, Schmerz*) heftig; (*Diskussion*) hitzig; (*Farbe*) kräftig; (*Licht*) hell; (*Hang*) stark; ***à feu vif*** bei starker Hitze **3** (*Luft*) frisch und kalt **4** (*Tempo*) flott **5** ***de vive voix*** mündlich **6** (↔ *tot*) lebendig, lebend; ***brûler vif, vive*** bei lebendigem Leib verbrennen

vif² *m* [vif] **1** ***prendre une photo sur le ~*** e-n Schnappschuss machen **2** ***piqué au ~*** zutiefst getroffen **3** ***entrer dans le ~ du sujet*** zum Kern der Sache kommen **4** ***une plaie à ~*** e-e offene Wunde

vigie *f* [viʒi] SCHIFF Ausguck *m*

vigilance *f* [viʒilɑ̃s] Wachsamkeit *f*

vigilant(e) [viʒilɑ̃, viʒilɑ̃t] wachsam

vigile *m* [viʒil] Wachmann *m*

▸ **vigne** *f* [viɲ] **1** Weinrebe *f* **2** Weinberg *m*

vigner|on *m*, **~onne** *f* [viɲ(ə)ʀõ, -ɔn] Winzer(in) *m(f)* Ⓐ Weinhauer *m*

vignette *f* [viɲɛt] **1** Gebührenmarke *f* **2** AUTO Steuerplakette *f*, Vignette *f*

vignoble *m* [viɲɔbl] Weinberg *m*

vigour|eux, ~euse [viguʀø, -øz] **1** (*stark*) kräftig **2** (*tatkräftig*) energisch

vigueur *f* [vigœʀ] **1** Kraft *f*, Stärke *f* **2** ***en ~*** (*Gesetz usw.*) in Kraft, gültig

VIH *m* [veiaʃ] *Aidsvirus*: HIV *n*

vilain(e) [vilɛ̃(-ɛn)] **1** (*unartig*) ungezogen, böse **2** (↔ *schön*) hässlich; (*Wetter*) scheußlich **3** (*Verletzung usw.*) schlimm **4** (*Wort, Foto usw.*) unanständig

▸ **village** *m* [vilaʒ] Dorf *n*

villageois(e) *m(f)* [vilaʒwa(z)] Dorfbewohner(in) *m(f)*

▸ **ville** *f* [vil] **1** Stadt *f* **2** ***la ~ jumelée*** die Partnerstadt **3** ***la vieille ~*** die Altstadt

▸ **vin** *m* [vɛ̃] Wein *m*

▸ **vinaigre** *m* [vinɛgʀ] Essig *m*

vinaigrette *f* [vinɛgʀɛt] Salatsoße *f* (*mit Essig u. Öl*); Vinaigrette *f*

vindicat|if, ~ive [vɛ̃dikatif, -iv] rachsüchtig

vingt [vɛ̃] (⚠ *vor Vokal u. stummem* h *u. in zusammengesetzten Zahlen wird* vingt [vɛ̃t] *ausgesprochen*: ***vingt ans*** [vɛ̃t‿ɑ̃], ***vingt-deux*** [vɛ̃tdø] *usw.*) **1** zwanzig **2** ***le ~ avril*** der zwanzigste April, am zwanzigsten April

vingtaine *f* [vɛ̃tɛn] ***une ~*** (***de personnes***) ungefähr zwanzig (Personen)

vinicole [vinikɔl] Wein…, Weinbau…

vint [vɛ̃] → ***venir***

viol *m* [vjɔl] Vergewaltigung *f*

violation *f* [vjɔlasjõ] **1** *von Gesetzen*: Verletzung *f* **2** *von Gräbern*: Schändung *f* **3** ***la ~ de domicile*** der Hausfriedensbruch

violemment [⚠ vjɔlamɑ̃] heftig

▸ **violence** *f* [vjɔlɑ̃s] **1** Gewalt *f*, Gewalttätigkeit *f* **2** (*Intensität*) Heftigkeit *f* **3** ***se faire ~*** sich zwingen

▸ **violent(e)** [vjɔlɑ̃(t)] **1** (*Person*) gewalttätig; brutal (*a. Tat*) **2** (*Tod*) gewaltsam **3** (*intensiv*) heftig

violer [vjɔle] **1** verletzen, brechen (*Gesetz, Vertrag usw.*) **2** vergewaltigen (*Frau*) **3** schänden (*Grab*)

viol|et, ~ette [vjɔlɛ, -ɛt] violett

violette *f* [vjɔlɛt] Veilchen *n*

▸ **violon** *m* [vjɔlõ] Geige *f*, Violine *f*

violoncelle *m* [vjɔlõsɛl] Violoncello *n*, Cello *n*

violoncelliste *m,f* [vjɔlõselist] Cellist(in) *m(f)*

violoniste *m,f* [vjɔlɔnist] Geiger(in) *m(f)*

vipère *f* [vipɛʀ] Viper *f*, Otter *f*

▸ **virage** *m* [viʀaʒ] **1** *auf der Straße usw.*: Kurve *f* **2** *Aktion*: Wenden *n*; *mit Skiern*: Bogen *m*; SCHIFF Wende *f* **3** (*Wechsel*) Umschwung *m*, Wende *f*

viral(e) [viʀal] ⟨*m Pl* ***-aux***⟩ Virus…

virée *f* [viʀe] *umg.* Spritztour *f*

virement *m* [viʀmɑ̃] Überweisung *f*

virer [viʀe] **1** sich drehen **2** e-e Kurve fahren; ***~ à droite*** nach rechts abbiegen; ***~ de bord*** (*Segelboot*) wenden **3** ***~ au rouge, bleu*** *usw.* rot, blau *usw.* werden **4** überweisen (*Geld*)

virevolter [viʀvɔlte] sich schnell drehen

▸ **virgule** *f* [viʀgyl] Komma *n*

viril(e) [viʀil] **1** männlich **2** *sexuell*: potent **3** *fig.* unerschrocken

virilité *f* [viʀilite] **1** Männlichkeit *f* **2** *sexuell*: Potenz *f* **3** *fig.* Unerschrockenheit *f*

virtu|el, ~elle [viʀtɥɛl] virtuell (*a.* IT); theoretisch möglich

virtuose *m,f* [viʀtɥoz] Virtuose *m*, Virtuosin *f*

virtuosité *f* [viʀtɥozite] Virtuosität *f*

virulence *f* [viʀylɑ̃s] Heftigkeit *f*, Schärfe *f*

virulent(e) [viʀylɑ̃(t)] (*Kritik usw.*) heftig, scharf

virus *m* [⚠ viʀys] Virus *n*
vis *f* [⚠ vis] Schraube *f*
▸ **visa** *m* [viza] (⚠ le visa) **1** Visum *n* **2** *auf Dokumenten*: Sichtvermerk *m*
▸ **visage** *m* [vizaʒ] (⚠ le visage) Gesicht *n*
vis-à-vis [vizavi] gegenüber; ***en ~*** einander gegenüber
viscères *m Pl* [visɛʀ] Eingeweide *Pl*
visées *f Pl* [vize] Absichten *f Pl*, Pläne *m Pl*
viser [vize] **1** *mit e-r Waffe usw.*: auf … zielen **2** (*erreichen wollen*) abzielen (***à*** auf) **3** anstreben (*Ziele*) **4** (*Maßnahme, Bemerkung usw.*) angehen, betreffen
viseur *m* [vizœʀ] **1** FOTO Sucher *m* **2** *bei Waffen*: Visier *n*
visibilité *f* [vizibilite] Sicht *f*, Sichtverhältnisse *n Pl*
visible [vizibl] **1** (*erkennbar*) sichtbar **2** (*merklich*) sichtlich
visiblement [viziblәmɑ̃] offensichtlich
visière *f* [vizjɛʀ] *am Helm*: Visier *n*; *an der Mütze*: Schirm *m*
vision *f* [vizjõ] **1** Sehen *n*, Sehvermögen *n* **2** (*Vorstellung*) Auffassung *f*, Ansicht *f* **3** *übernatürlich*: Vision *f*, Erscheinung *f*
visionneuse *f* [vizjɔnøz] Diabetrachter *m*, Bildbetrachter *m*
▸ **visite** *f* [vizit] **1** Besuch *m*; ▸ ***rendre visite à qn*** j-n besuchen **2** *vom Arzt im Krankenhaus*: Visite *f*; *zu Hause*: Hausbesuch *m*; ***la ~ médicale*** die ärztliche Untersuchung **3** *im Museum usw.*: Besichtigung *f*; ***la ~ guidée*** die Führung
▸ **visiter** [vizite] **1** *beruflich*: besuchen (*Patienten, Kunden usw.*) **2** besichtigen (*Museum*); besuchen (*Land, Stadt*)
▸ **visit|eur** *m*, **~euse** *f* [vizitœʀ, -øz] Besucher(in) *m(f)*; *privat a.*: Gast *m*
vison *m* [vizõ] Nerz *m*
visqu|eux, **~euse** [viskø, -øz] **1** (*Flüssigkeit*) zäh, zähflüssig **2** *abw.* (*Fisch, Mensch*) schleimig
visser [vise] **1** (*befestigen*) anschrauben, festschrauben **2** (*verschließen*) zuschrauben, verschrauben
visuel[1] *m* [vizɥɛl] IT Display *n*, Monitor *m*
visu|el[2], **~elle** [vizɥɛl] Seh…; (*Gedächtnis usw.*) visuell
vit [vi] → ***voir, vivre***[1]
vital(e) [vital] ⟨*m Pl* ***-aux***⟩ **1** Lebens… **2** (*Problem, Organ*) lebenswichtig; (*Interesse usw.*) existenziell, vital
vitalité *f* [vitalite] Vitalität *f*, Lebenskraft *f*
vitamine *f* [vitamin] (⚠ la vitamine) Vitamin *n*
▸ **vite** [vit] **1** schnell, rasch; ***au plus ~*** *od.* ***le plus ~ possible*** so schnell wie möglich; *umg.* ***et plus ~ que ça!*** aber dalli!, aber ein bisschen plötzlich! **2** bald
▸ **vitesse** *f* [vitɛs] **1** Geschwindigkeit *f*, Schnelligkeit *f*; ***prendre de la ~*** beschleunigen **2** AUTO Gang *m*; ***changer de ~*** schalten **3** *Wendungen*: ***à toute ~*** schleunigst, möglichst schnell; ***à la ~ grand V*** mit Höchstgeschwindigkeit; *umg.* ***en ~*** schnellstens, schleunigst; *umg.* ***en quatrième ~*** mit Volldampf, mit Karacho
viticole [vitikɔl] Wein…, Weinbau…
viticul|teur *m*, **~trice** *f* [vitikyltœʀ, -tʀis] Winzer(in) *m(f)*, Ⓐ Weinhauer *m*
viticulture *f* [vitikyltyʀ] Weinbau *m*
vitrail *m* [vitʀaj] ⟨*Pl* ***-aux***⟩ *bes. in Kirchen*: buntes Fenster
▸ **vitre** *f* [vitʀ] **1** Fensterscheibe *f*, Scheibe *f* **2** Fenster *n*
vitré(e) [vitʀe] Glas…, verglast
vitrier *m* [vitʀije] Glaser *m*
▸ **vitrine** *f* [vitʀin] **1** *von Geschäften*: Schaufenster *n* **2** *Möbel*: Glasschrank *m*, Vitrine *f*
vitupérer [vitypeʀe] ⟨***-è-***⟩ schimpfen
vivable [vivabl] *umg.* akzeptabel, annehmbar; ***pas ~*** unerträglich; (*Mensch*) *a.* unausstehlich
vivace [vivas] **1** (*Hass, Vorurteil*) hartnäckig; (*Erinnerung*) unzerstörbar, bleibend **2** (*Pflanze*) mehrjährig
vivacité *f* [vivasite] **1** *Temperament*: Lebhaftigkeit *f* **2** ***la ~ d'esprit*** die rasche Auffassungsgabe **3** *im Verhalten, von Gefühlen*: Heftigkeit *f* **4** *von Farben*: Leuchtkraft *f*
vivant *m* [vivɑ̃] ***de son ~*** zu seinen (*bzw.* ihren) Lebzeiten
▸ **vivant(e)** [vivɑ̃(t)] **1** (↔ *tot*) lebend (*a. Sprache*); lebendig; ***un être vivant*** ein Lebewesen **2** (*temperamentvoll*) lebhaft **3** (*Beschreibung usw.*) lebendig **4** (*Straße*) belebt
vivement [vivmɑ̃] **1** schnell, rasch **2** ~

V

les vacances! wären doch schon die Ferien da!
vivier *m* [vivje] **1** Fischteich *m*, Fischbecken *n* **2** *fig.* Zuchtstätte *f* (**de** für)
▸ **vivre**[1] [vivʀ] ⟨*prés.*: ***je vis, il vit, nous vivons***; *imparf.*: ***je vivais***; *p/s*: ***je vécus***; *fut.*: ***je vivrai***; *subj.*: ***je vive***; *p/pr*: ***vivant***; *p/p*: ***vécu***⟩ **1** leben **2** erleben (*Ereignis, Tag usw.*); verleben (*Zeit*)
vivre[2] *m* [vivʀ] **1** ***des ~s*** Lebensmittel, Proviant **2** ***couper les ~s*** den Geldhahn zudrehen
vlan [vlɑ̃] ***~!*** peng!
VO *f* [veo] (*Abk. für* version originale) *bei Filmen*: Originalfassung *f*
▸ **vocabulaire** *m* [vɔkabylɛʀ] **1** *beim Sprechen*: Wortschatz *m*, Vokabular *n* **2** *Liste, Buch*: Wörterverzeichnis *n*, Glossar *n*
vocation *f* [vɔkasjõ] **1** *für e-n Beruf usw.*: Berufung *f* **2** (*Bestimmung*) Aufgabe *f*
vœu *m* [vø] ⟨*Pl* ***~x***⟩ **1** Wunsch *m*; ***faire un ~*** e-n Wunsch sagen, (sich) etw wünschen **2** ▸ ***les vœux*** die Glückwünsche; ***meilleurs ~x!*** *od.* ***tous mes ~x!*** alles Gute! **3** REL Gelübde *n*
vogue *f* [vɔg] Beliebtheit *f*; ***en ~*** in Mode, in
voici [vwasi] hier ist (*bzw.* sind) …, da ist (*bzw.* sind) …
▸ **voie** *f* [vwa] **1** Weg *m*, Straße *f*; ***la ~ d'accès*** der Zubringer **2** ***la ~ lactée*** die Milchstraße **3** *auf der Straße*: Fahrspur *f*, Spur *f* **4** *für Züge*: Gleis *n*; ***la ~ ferrée*** das Bahngleis **5** *bes. organisch*: Weg *m*; ***les ~s respiratoires*** die Atemwege **6** *im Leben usw.*: Weg *m* **7** SCHIFF ***la ~ d'eau*** das Leck
▸ **voilà** [vwala] **1** da ist (*bzw.* sind) …, hier ist (*bzw.* sind) …; ***me ~*** da *od.* hier bin ich **2** ***~!*** da!; ***(et) ~!*** das wär's!; ***(et) ~ tout*** das ist alles; ***en ~ assez!*** jetzt reichts aber! **3** *beim Vorstellen*: ***~ ma sœur*** das ist meine Schwester **4** ***la maison que ~*** das *od.* dieses Haus da **5** ***~ ce que c'est de faire trop vite*** das kommt davon, wenn man zu schnell macht **6** ***~ pourquoi il est parti*** deshalb ist er gegangen **7** ***~ un an que je ne l'ai pas vu*** ich habe ihn schon ein Jahr nicht gesehen
▸ **voile**[1] *f* [vwal] **1** Segel *n* **2** *Sport*: Segeln *n*, Segelsport *m*; ***faire de la ~*** segeln **3** *umg.* ***il a mis les ~s*** er ist verduftet
voile[2] *m* [vwal] **1** Schleier *m* **2** *Stoff*: Voile *m*
voilé(e)[1] [vwale] **1** (*Frau, Blick, Himmel*) verschleiert **2** (*Stimme*) heiser, belegt **3** (*Anspielung*) versteckt
voilé(e)[2] [vwale] (*Rad*) verbogen
voiler [vwale] **1** verschleiern (*Gesicht*) **2** verhüllen (*Statue*)
se voiler[1] [səvwale] **1** (*Frau*) verschleiert sein **2** (*Blick, Himmel*) sich bedecken
se voiler[2] [səvwale] (*Rad*) sich verbiegen
voilette *f* [vwalɛt] Hutschleier *m*, Schleier *m*
voilier *m* [vwalje] Segelschiff *n*, Segelboot *n*
▸ **voir** [vwaʀ] ⟨*prés.*: ***je vois, il voit, nous voyons, ils voient***; *imparf.*: ***je voyais***; *p/s*: ***je vis***; *fut.*: ***je verrai***; *subj.*: ***je voie***; *p/pr*: ***voyant***; *p/p*: ***vu***⟩ **1** sehen; ***se faire ~*** sich sehen lassen; ***~ page 20*** siehe Seite 20 **2** erblicken, bemerken **3** ansehen (*Film usw.*); ***aller ~ qc*** sich etw ansehen **4** (*begreifen*) verstehen; ***tu vois ce que je veux dire*** du verstehst, was ich meine **5** (*prüfen*) nachsehen, durchsehen; ***elle va ~ ce qui se passe*** sie sieht nach, was los ist **6** erleben, durchmachen; ***elle en a vu dans sa vie*** sie hat in ihrem Leben viel mitgemacht; ***j'en ai vu bien d'autres*** ich habe schon Schlimmeres erlebt **7** ▸ ***faire voir*** zeigen; ***fais ~!*** zeig mal! **8** ***laisser ~*** sehen lassen; ***il ne laisse pas ~ sa joie*** er lässt sich seine Freude nicht anmerken **9** ▸ ***aller voir qn*** j-n besuchen; ***aller ~ le médecin*** zum Arzt gehen; ***viens me ~ samedi!*** komm mich am Samstag besuchen! **10** ***se ~*** zu sehen sein; ***cela se voit*** das sieht man **11** ***avoir qc à ~ avec …*** mit … zu tun haben
voire [vwaʀ] sogar
▸ **voisin(e)**[1] *m(f)* [vwazɛ̃(-in)] Nachbar(in) *m(f)*
voisin(e)[2] [vwazɛ̃(-in)] **1** benachbart, Nachbar… **2** ähnlich (***de qc*** e-r Sache); verwandt (**de** mit)
voisinage *m* [vwazinaʒ] **1** Nachbarschaft *f* **2** Nähe *f*, (unmittelbare) Umgebung
voisine *f* [vwazin] Nachbarin *f*

▸**voiture** *f* [vwatyʀ] **1** Auto *n*, Wagen *m*; ***la ~ particulière*** (*od.* ***de tourisme***) der Pkw, der Personenwagen; ***la ~ d'occasion*** der Gebrauchtwagen **2** BAHN Wagen *m*, Waggon *m* **3** ***la ~ piégée*** die Autobombe **4** ***la ~ de course*** der Rennwagen, das Rennauto

▸**voix** *f* [vwɑ] **1** Stimme *f*; ***à ~ basse*** (*bzw.* ***haute***) leise (*bzw.* laut); ***de vive ~*** mündlich **2** GR ***la ~ active*** das Aktiv; ***la ~ passive*** das Passiv

▸**vol**[1] *m* [vɔl] **1** Flug *m*, Fliegen *n*; ***le ~ direct*** der Direktflug; ***le ~ régulier*** (*od.* ***de ligne***) der Linienflug; ***le ~ de correspondance*** der Anschlussflug; ***le ~ de nuit*** der Nachtflug **2** *von Vögeln*: Schwarm *m* **3** ***cent kilomètres à ~ d'oiseau*** hundert Kilometer Luftlinie

vol[2] *m* [vɔl] Diebstahl *m*

volaille *f* [vɔlaj] Geflügel *n*

▸**volant**[1] *m* [vɔlɑ̃] Lenkrad *n*, Steuer *n*

volant[2] *m* [vɔlɑ̃] **1** *Spiel, Ball*: Federball *m* **2** *am Kleid usw.*: Volant *m od. n*, Besatz *m*

volant(e) [vɔlɑ̃(t)] **1** fliegend, Flug… **2** (*Brücke usw.*) beweglich; (*Blatt Papier*) lose

volatil(e) [vɔlatil] CHEM flüchtig

se volatiliser [səvɔlatilize] **1** CHEM verdunsten, sich verflüchtigen **2** (*verschwinden*) sich in Luft auflösen

vol-au-vent *m* [vɔlovɑ̃] ⟨*unv.*⟩ Blätterteigpastete *f*

volcan *m* [vɔlkɑ̃] (⚠ volcan) Vulkan *m*

volée *f* [vɔle] **1** *von Vögeln*: Schwarm *m* **2** *von Geschossen*: Hagel *m* **3** ***une ~ (de coups)*** e-e Tracht Prügel **4** SPORT Volley *m*, Flugschlag *m* **5** ***lancer à toute ~*** mit vollem Schwung werfen

▸**voler**[1] [vɔle] **1** *in der Luft*: fliegen **2** ***faire ~ de la poussière*** Staub aufwirbeln **3** ***~ en éclats*** zersplittern, zerspringen

▸**voler**[2] [vɔle] **1** stehlen (*Dinge*) **2** bestehlen (*Leute*); ***il s'est fait ~ sa valise*** ihm ist der Koffer gestohlen worden **3** betrügen; ausnehmen (*Kunden usw.*) **4** *umg.* ***il ne l'a pas volé*** das geschieht ihm ganz recht

▸**volet** *m* [vɔlɛ] **1** Fensterladen *m* **2** *von Papieren usw.*: Teil *m*, Blatt *n* **3** TECH Klappe *f*

voleter [vɔl(ə)te] ⟨***-tt-***⟩ flattern

▸**vol|eur** *m*, **~euse** *f* [vɔlœʀ, -øz] **1** Dieb(in) *m*(*f*); ***au voleur!*** haltet den Dieb! **2** *fig.* ***c'est un voleur*** *Händler usw.*: das ist ein Halsabschneider

volière *f* [vɔljɛʀ] Vogelhaus *n*, Voliere *f*

volley-ball *m* [⚠ vɔlɛbol] Volleyball *m*

volontaire[1] [vɔlɔ̃tɛʀ] **1** (*willensstark*) energisch **2** (*Helfer usw.*) freiwillig **3** (*beabsichtigt*) absichtlich, vorsätzlich

volontaire[2] *m,f* [vɔlɔ̃tɛʀ] Freiwillige(r) *f*(*m*) (⚠ Volontär(in) *e-r Zeitung* = ***stagiaire*** *m,f*)

▸**volonté** *f* [vɔlɔ̃te] **1** Wille *m*, Wunsch *m* **2** (*Energie*) Wille *m*, Willensstärke *f* **3** ***vin*** *usw.* ***à ~*** Wein *usw.* nach Belieben

▸**volontiers** [vɔlɔ̃tje] gern

volte-face *f* [vɔltəfas] ⟨*unv.*⟩ Kehrtwendung *f* (*a. fig.*); ***il fait ~*** er dreht sich um

voltige *f* [vɔltiʒ] **1** *im Zirkus*: Trapez-, Seilakrobatik *f* **2** Kunstreiten *n* **3** Kunstfliegen *n*

voltiger [vɔltiʒe] ⟨***-ge-***⟩ herumfliegen

volubile [vɔlybil] gesprächig, redselig

volubilité *f* [vɔlybilite] Gesprächigkeit *f*

volume[1] *m* [vɔlym] **1** Volumen *n* **2** *fig.* Umfang *m*, Menge *f* **3** RAD *usw.* Lautstärke *f*

volume[2] *m* [vɔlym] *Buch*: Band *m*

volumin|eux, ~euse [vɔlyminø, -øz] umfangreich, voluminös

volupté *f* [vɔlypte] *lit.* **1** Genuss *m*, Wonne *f* **2** *bes. sexuell*: Lust *f*, Wollust *f*

vomir [vɔmiʀ] **1** sich übergeben **2** erbrechen (*Nahrung*)

vomissement *m* [vɔmismɑ̃] **1** (*Sichübergeben*) Erbrechen *n* **2** Erbrochene(s) *n*

vont [vɔ̃] → ***aller***[1]

vorace [vɔʀas] gefräßig, gierig

voracité *f* [vɔʀasite] Gefräßigkeit *f*, Gier *f*

vos [vo] **1** *wenn man j-n duzt*: eure **2** *wenn man j-n siezt*: Ihre

Vosges *f Pl* [⚠ voʒ] Vogesen *Pl*

votant(e) *m*(*f*) [vɔtɑ̃(t)] Wähler(in) *m*(*f*)

▸**vote** *m* [vɔt] **1** Wahl *f*, Abstimmung *f* **2** Stimme *f*, Votum *n* **3** *von Gesetzen*: Verabschiedung *f*

▸**voter** [vɔte] **1** wählen, abstimmen; ***~ pour*** (*bzw.* ***contre***) ***qc*** für (*bzw.* gegen) etw stimmen **2** verabschieden (*Gesetz, Haushalt usw.*)

V

▸ **votre** [vɔtʀ] **1** *wenn man j-n duzt*: euer, eure **2** *wenn man j-n siezt*: Ihr(e)
vôtre [votʀ] **1** *wenn man j-n duzt*: ▸ ***le, la vôtre*** eure(r, -s); der, die, das eure; ***les ~s*** *a.* eure Familie; ***je suis des ~s*** ich mache mit, ich komme mit **2** *wenn man j-n siezt*: ***le, la ~*** Ihre(r, -s); der, die, das Ihre; ***les ~s*** *a.* Ihre Familie **3** ***à la ~!*** zum Wohl!, auf Ihr Wohl!
voudra [vudʀa] → ***vouloir***
vouer [vwe] **1** bestimmen (***à*** zu); ***voué à l'échec*** zum Scheitern verurteilt **2** widmen, weihen (*Leben*, *Zeit*) **3** geloben (*Liebe usw.*) **4** ***se ~ à qc*** sich e-r Sache verschreiben
▸ **vouloir** [vulwaʀ] ⟨*prés.*: ***je veux, il veut, nous voulons, ils veulent***; *imparf.*: ***je voulais***; *p/s*: ***je voulus***; *fut.*: ***je voudrai***; *subj.*: ***je veuille, nous voulions***; *p/pr*: ***voulant***; *p/p*: ***voulu***⟩ **1** wollen; ***je voudrais du pain*** ich möchte *od.* hätte gern Brot; ***comme tu voudras*** wie du willst **2** ▸ ***en vouloir à qn*** auf j-n böse sein; ***ne m'en veux pas!*** sei mir nicht böse! **3** ***je ne veux pas de vos excuses*** ich will von euren Entschuldigungen nichts wissen **4** ***je veux bien!*** gern!; *iron.* ***moi, je veux bien*** von mir aus; *umg.* ***je veux!*** allerdings! **5** ▸ ***vouloir dire*** bedeuten; ***cela veut dire*** das bedeutet, das heißt **6** ***je veux dire que …*** ich meine, dass … **7** ***il se veut social*** er will sozial sein **8** *als Höflichkeitsformel*: ***veuillez fermer la fenêtre!*** würden Sie bitte das Fenster schließen!
voulu(e) [vuly] **1** (*Alter usw.*) erforderlich, vorgeschrieben **2** (*Tat usw.*) gewollt, beabsichtigt
▸ **vous** [vu] **1** *wenn man j-n duzt*: ***êtes-~ contents?*** seid ihr zufrieden?; ***je ~ l'ai dit*** ich habe es euch gesagt; ***elle ~ a vus*** sie hat euch gesehen **2** *wenn man j-n siezt*: ***êtes-~ contents?*** sind Sie zufrieden?; ***je ~ l'ai dit*** ich habe es Ihnen gesagt; ***il ~ a vu*** er hat Sie gesehen
vous-même [vumɛm] **1** (Sie) selbst **2** ***de ~*** von selbst, von sich aus
vous-mêmes [vumɛm] **1** (ihr) selbst **2** (Sie) selbst **3** ***de ~*** von selbst, von euch aus, von sich aus
voûte *f* [vut] Gewölbe *n*, Wölbung *f*
voûté(e) [vute] **1** (*Keller*) mit Gewölbe **2** (*Rücken*, *Haltung*) gebeugt, krumm
se voûter [səvute] krumm werden, sich krümmen
vouvoyer [vuvwaje] ⟨***-oi-***⟩ siezen
▸ **voyage** *m* [vwajaʒ] **1** Reise *f* **2** *zum Transport*: Fahrt *f*, Tour *f*
▸ **voyager** [vwajaʒe] ⟨***-ge-***⟩ **1** reisen **2** (*Waren*) transportiert werden
▸ **voyag|eur** *m*, **~euse** *f* [vwajaʒœʀ, -øz] **1** Reisende(r) *f*(*m*); BAHN, *im Bus*: Fahrgast *m*; FLUG, SCHIFF Passagier(in) *m*(*f*) **2** ***un voyageur (de commerce)*** ein Handelsvertreter
voyagiste *m* [vwajaʒist] Reiseveranstalter *m*
voyant *m* [vwajɑ̃] Kontrolllicht *n*
voyant(e)[1] [vwajɑ̃(t)] auffallend, auffällig; (*Farbe*) *a.* grell
voyant(e)[2] *m*(*f*) [vwajɑ̃(t)] **1** (*Wahrsager*[*in*]) Hellseher(in) *m*(*f*) **2** (↔ *Blinde*[*r*]) Sehende(r) *f*(*m*)
voyelle *f* [vwajɛl] Vokal *m*
voyons [vwajõ] → ***voir***
voyou *m* [vwaju] **1** Gauner *m*, Ganove *m* **2** (*Halbstarker*) Rowdy *m*
vrac [vʀak] ***en ~*** durcheinander; (*Waren*) lose, offen, unverpackt
vrai *m* [vʀɛ] **1** ***le ~*** das Wahre, die Wahrheit **2** ***à dire ~*** offen gestanden
▸ **vrai(e)** [vʀɛ] **1** (⚠ *nachgestellt*) wahr; ***il dit vrai*** er sagt die Wahrheit **2** (⚠ *vorangestellt*) echt, richtig, wirklich; ***cela fait vrai*** das sieht echt aus **3** (⚠ *nachgestellt*) FILM *usw.* lebensecht **4** ***il est vrai qu'il y a du soleil, mais il fait froid*** die Sonne scheint zwar, aber es ist kalt
▸ **vraiment** [vʀɛmɑ̃] wirklich, wahrhaftig
vraisemblable [vʀɛsɑ̃blabl] **1** wahrscheinlich **2** (*plausibel*) einleuchtend
vraisemblance *f* [vʀɛsɑ̃blɑ̃s] Wahrscheinlichkeit *f*
vrille *f* [vʀij] **1** BOT Ranke *f* **2** TECH Nagelbohrer *m*
vrombir [vʀõbiʀ] (*Motor*) dröhnen
VRP *m* [veɛʀpe] (*Abk. für* voyageur, représentant, placier) Handelsvertreter *m*
VTT *m* [vetete] (*Abk. für* vélo tout terrain) Mountainbike *n*
vu[1] *m* [vy] ***au ~ et au su de tous*** vor aller Augen
vu[2] [vy] in Anbetracht; ***~ le temps*** bei dem Wetter
vu(e) [vy] **1** → ***voir*** **2** ***elle est bien*** (*bzw.*

mal) vue de ses collègues sie ist bei ihren Kollegen beliebt (*bzw.* unbeliebt)

▸ **vue** *f* [vy] **1** *Sinn*: Sehen *n*, Sehkraft *f*, Sehvermögen *n*; ***il a une bonne ~*** er sieht gut **2** (*Sehen*, *Ansehen*) Blick *m*, Sicht *f*; ***grandir à ~ d'œil*** zusehends größer werden; ***à première ~*** auf den ersten Blick; ***à la ~ de tous*** vor aller Augen; ***je la connais de ~*** ich kenne sie vom Sehen; ***il l'a perdu de ~*** er hat ihn aus den Augen verloren; ***en ~*** in Sicht; (*Person*) sehr bekannt **3** (*Panorama*) Aussicht *f*, Ausblick *m*, Blick *m* **4** Anblick *m*; ***à la ~ de ma sœur il s'est mis à rire*** als er meine Schwester sah, fing er an zu lachen **5** *auf Bildern usw.*: Ansicht *f* **6** ***les ~s*** die Ansichten, die Meinung **7** (*Intention*) Absicht *f*; ***avoir qc en ~*** (*haben wollen*) etw im Auge haben; ***il a un poste en ~*** er hat e-e Stelle in Aussicht **8** ***la seconde*** (*od.* ***double***) **~** (*Hellsehen*) das Zweite Gesicht

vulgaire [vylgɛʀ] **1** (⚠ *vorangestellt*) einfach, gewöhnlich **2** *abw.* ordinär; *stärker*: vulgär **3** (*Bezeichnung usw.*) allgemein üblich, geläufig

vulgairement [vylgɛʀmɑ̃] *abw.* ordinär; *stärker*: vulgär

vulgariser [vylgaʀize] allgemein verständlich machen, darstellen *usw.*

vulnérabilité *f* [vylneʀabilite] **1** Verwundbarkeit *f* **2** *fig. a.*: Verletzlichkeit *f*

vulnérable [vylneʀabl] **1** verwundbar **2** *fig. a.*: verletzlich

vulve *f* [vylv] Vulva *f*, (weibliche) Scham

W

▸ **wagon** *m* [vagõ] Waggon *m*, Eisenbahnwagen *m*

▸ **wagon-lit** *m* [vagõli] ⟨*Pl* ***wagons-lits***⟩ Schlafwagen *m*

▸ **wagon-restaurant** *m* [vagõʀɛstɔʀɑ̃] ⟨*Pl* ***wagons-restaurants***⟩ Speisewagen *m*

wall|on, ~onne [walõ, -ɔn] wallonisch, aus Wallonien

Wall|on *m*, **~onne** *f* [walõ, -ɔn] Wallone *m*, Wallonin *f*

Wallonie [walɔni] ***la Wallonie*** Wallonien *n* (*französischsprachiger Teil Belgiens*)

water-polo *m* [watɛʀpɔlo] Wasserball *m*

▸ **W.-C.** *m Pl* [vese] *od.* [dubləvese] (⚠ *Plural!*) WC *n*

Web *m* [wɛb] (*Abk. für* <u>W</u>orld <u>W</u>ide <u>W</u>eb) Web *n*

webmestre *m* [wɛbmɛstʀ] Webmaster *m*

▸ **week-end** *m* [wikɛnd] ⟨*Pl* ***week-ends***⟩ Wochenende *n*

western *m* [wɛstɛʀn] Western *m*

X, Y

xénophobe [⚠ gzenɔfɔb] ausländerfeindlich, fremdenfeindlich

xylophone *m* [gzilɔfɔn] *od.* [ksilɔtɔn] MUS Xylophon *n*

▸ **y** [i] **1** *gibt den Ort an*: da(hin), dort (-hin) **2** *ersetzt e-e Konstruktion mit* ***à***: dazu, daran, darauf, dabei, darin *usw. je nach Verb* **3** ***il ~ a …*** es gibt …; *zeitlich*: vor …, seit …

yacht *m* [⚠ jɔt] (⚠ <u>le</u> yacht) Jacht *f*

▸ **yaourt** *m* [⚠ jauʀt] Joghurt *m od. n*

yeux [jø] *Pl von* → ***œil***

Yougoslavie [jugɔslavi] ***la ~*** Jugoslawien *n*

Z

zapper [zape] zappen, hin und her schalten
zèbre *m* [zɛbʀ] Zebra *n*
zébrure *f* [zebʀyʀ] **1** *vom Zebra usw.*: Streifen *m* **2** *auf der Haut*: Striemen *m*
zèle *m* [zɛl] Eifer *m*, Fleiß *m*; ***faire du ~*** übereifrig sein
zélé(e) [zele] eifrig, voll Eifer
zénith *m* [zenit] **1** *am Himmel*: Zenit *m* **2** *fig*. Höhepunkt *m*, Gipfel *m*
zéro[1] [zeʀo] null
zéro[2] *m* [zeʀo] (⚠ le zéro) **1** *Zahl, Nummer usw.*: Null *f* **2** *fig*. Nichts *n*, Null *f* (*a. Mensch*) **3** *bei der Temperatur*: Nullpunkt *m*, Gefrierpunkt *m* **4** *Schulnote*: Sechs *f*
zeste *m* [zɛst] ***le ~ de citron, d'orange*** die Zitronen-, Orangenschale
zézayer [zezɛje] 〈***-ay-*** *od.* ***-ai-***〉 lispeln
zigouiller [ziguje] *umg*. abmurksen, umlegen
zigzag *m* [zigzag] Zickzack *m*
zigzaguer [zigzage] im Zickzack gehen, fahren, laufen *usw.*
zinc *m* [⚠ zɛ̃g] **1** Zink *n* **2** *umg*. Theke *f*
zip *m* [zip] Reißverschluss *m*
zodiaque *m* [zɔdjak] ASTR Tierkreis *m*
zone *f* [zon] **1** Zone *f*, Gebiet *n*, Bereich *m*; ***la ~ euro*** das Euroland **2** *bes.*: soziale Randbezirke *m Pl*, sozialer Brennpunkt **3** IT ***la ~ de dialogue*** die Dialogbox, das Dialogfenster
zoo *m* [zo] *od.* [zoo] Zoo *m*
zoologique [zɔɔlɔʒik] zoologisch
zozoter [zɔzɔte] *umg*. lispeln
ZUP *f*, **Zup** *f* [zyp] (*Abk. für* zone à urbaniser en priorité = vorrangig zu bebauende Zone) *umg*. Neubaugebiet *n*; *oft abw.*: Hochhausviertel *n*
zut [zyt] *umg*. ***~ (alors)!*** verflixt!, Mist!

Deutsch – Französisch

A

Aachen *n* Aix-la-Chapelle
Aal *m* anguille *f*
Aargau *m* l'Argovie *f*
Aas *n* **1** charogne *f* **2** ***so ein (freches) ~!*** quelle (petite) peste!
ab[1] **1** *räumlich*: ***von hier ~*** à partir d'ici; ***~ Köln*** à partir de Cologne **2** *zeitlich*: ***~ zehn Uhr*** à partir de dix heures; ***von jetzt ~*** à partir de maintenant **3** ***Kinder ~ sechs Jahren*** enfants à partir de six ans
ab[2] **1** ***~ ins Bett!*** allez, au lit! **2** ***~ und zu*** de temps en temps **3** ***~ sein*** (*weg sein, fehlen*) être parti, manquer
abartig pervers
abbauen **1** démonter (*Zelt, Maschine usw.*) **2** extraire (*Bodenschätze*) **3** supprimer, réduire (*Arbeitsplätze*); diminuer, réduire (*Steuern, Personal*) **4** supprimer (*Vorurteile*)
abbeißen mordre
abbekommen **1** (*bekommen*) avoir, en avoir **2** attraper (*Schläge, Spritzer usw.*)
abbestellen **1** décommander; ***ein Zimmer, e-n Tisch*** *usw.* ***~*** annuler la réservation d'une chambre, d'une table *usw.* **2** ***die Zeitung ~*** se désabonner au journal
abbiegen **1** ***nach rechts*** (*bzw.* ***links***) ***~*** tourner à droite (*bzw.* à gauche); ***von der Hauptstraße ~*** quitter la rue principale; ***in e-e Seitenstraße ~*** prendre une rue latérale **2** éviter (*Streit*)
Abbiegespur *f die rechte*: file *f* de droite; *die linke*: file *f* de gauche
Ab|biegung *f* tournant *m*; **~bildung** *f* illustration *f*
ab|blättern (*Lack, Putz*) s'écailler; **~blenden** AUTO se mettre en code
Abblendlicht *n* codes *m Pl*; ***mit ~ fahren*** rouler en code
abbrechen **1** ***ein Stück ~*** détacher un morceau (***von*** de); ***ein Stück Schokolade*** (*bzw.* ***Brot***) ***~*** casser un morceau de chocolat (de pain) **2** (*kaputtgehen*) se casser; ***die Spitze ist abgebrochen*** la pointe s'est cassée **3** démonter (*Zelt, Gerüst usw.*); démolir (*Haus*) **4** rompre (*Beziehungen, Verhandlungen*); arrêter (*Sitzung, Reise, Spiel*); abandonner (*Studium, Schule*) **5** ***die Verbindung zwischen ihnen brach ab*** ils ont perdu contact **6** ***ich habe mir einen abgebrochen, um ihn zu überreden*** *umg.* je me suis crevé à le convaincre
abbrennen **1** brûler; ***das Haus ist völlig abgebrannt*** la maison a entièrement brûlé **2** ***etw ~*** brûler qc; ***ein Feuerwerk ~*** tirer un feu d'artifice
abbringen: ***j-n von etw ~*** détourner (*od.* dissuader) qn de qc; ***er lässt sich nicht davon ~*** on ne peut pas lui enlever cette idée de la tête
Abbruch *m* **1** *e-s Gebäudes*: démolition *f* **2** *e-r Verhandlung, Beziehung*: rupture *f*; *e-s Gesprächs, Wettkampfs, des Studiums*: arrêt *m*
abbuchen: ***etw (vom Konto) ~*** prélever qc (sur le compte)
Abbuchung *f* prélèvement *m* (***von*** sur)
Abc *n* alphabet *m* (⚠ *frz.* abc *m* = *nur fig.* ***Einmaleins, Grundlagen***)
abdanken **1** (*König*) abdiquer **2** (*Minister*) démissionner
abdichten colmater
abdrehen **1** fermer (*Wasser-, Gashahn*) **2** (*Schiff, Flugzeug*) changer de cap
Abdruck[1] *m* (*Spur*) empreinte *f*
Abdruck[2] *m von Texten*: reproduction *f*
abdrucken imprimer, reproduire
abdrücken **1** (*schießen*) tirer **2** ***Fußspuren haben sich im Sand abgedrückt*** des pieds ont laissé des empreintes dans le sable
Abend *m* **1** soir *m*; *Veranstaltung, Abend im Verlauf*: soirée *f*; ***guten ~!*** bonsoir! (⚠ *in e-m Wort*); ***e-n schönen ~ noch!*** bonne soirée! **2** ***zu ~ essen*** dîner **3** ***am ~*** le soir **4** ***am ~ vorher*** la veille au soir; ***am ~ vor ihrer Abreise*** la veille de son départ; ***am nächsten ~*** le lendemain soir **5** ***der Heilige ~*** la veille de Noël
Abendbrot *n* dîner *m*; ***~ essen*** dîner

Abend|essen *n* dîner *m*; **~kleid** *n* robe *f* du soir; **~rot** *n* soleil *m* couchant
abends le soir; ***um acht Uhr ~*** à *huit heures du soir; ***montags*** *usw.* **~** les lundis *usw.* soir (⚠ soir *bekommt kein* -s)
Abendschule *f* cours *m Pl* du soir
Abenteuer *n* aventure *f*
abenteuerlich 1 (*Geschichte, Reise usw.*) plein d'aventures **2** (*Idee, Gedanke usw.*) extravagant, fantastique
Abenteuer|spielplatz *m* terrain *m* d'aventures; **~urlaub** *m* vacances--aventures *f Pl*
aber 1 (*jedoch*) mais **2** (*wirklich*) ***das ist ~ hübsch!*** comme c'est joli!; ***du kommst ~ früh heute*** *a. iron.* tu arrives bien tôt aujourd'hui **3** ***~ sicher!*** mais, bien sûr!; ***~ ja!*** mais oui!
Aberglaube(n) *m* superstition *f*
abergläubisch superstitieux/-ieuse
abfahren 1 (*abreisen*) partir **2** (*abtransportieren*) enlever, transporter **3** ***sie fährt voll auf … ab*** *umg.* elle s'emballe pour …
Abfahrt *f* **1** (*Abreise*) départ *m* **2** *von der Autobahn*: sortie *f* **3** *beim Skilaufen*: descente *f*
Abfall *m* déchets *m Pl*
Abfalleimer *m* poubelle *f*
abfallen 1 (*herunterfallen*) tomber **2** (*Gelände*) descendre **3** (*übrig bleiben*) rester, être de reste **4** ***seine Leistungen sind im letzten Schuljahr stark abgefallen*** ses résultats scolaires ont beaucoup baissé l'année dernière
abfälschen détourner (*Ball*)
abfangen 1 intercepter (*Brief, Ball, j-n*) **2** amortir (*Stoß*); *beim Boxen, Fechten*: parer (*Schlag*)
abfärben déteindre
abfertigen 1 expédier (*Briefe, Pakete*); enregistrer (*Gepäck*); *beim Zoll*: dédouaner **2** servir (*Kunden am Schalter*); *bei der Pass-, Zollkontrolle*: contrôler **3** *im negativen Sinn*: ***j-n kurz ~*** expédier qn
Abfertigung *f von Briefen, Paketen*: expédition *f*; *von Gepäck*: enregistrement *m*; *beim Zoll*: dédouanement *m*
abfinden 1 ***sich mit etw ~*** (*akzeptieren*) s'arranger de qc; (*resignieren*) se résigner à qc **2** ***j-n ~*** indemniser qn (***mit …*** en lui donnant …)
Ab|findung *f* dédommagement *m*; (*bes. Summe*) indemnité *f*; **~flug** *m* départ *m*
Abfluss *m* **1** *im Waschbecken usw.*: tuyau *m* d'écoulement **2** (*Abfließen*) écoulement *m*
abfragen: *e-n Schüler ~* interroger un élève; ***j-n Vokabeln ~*** faire réciter le vocabulaire à qn
abführen emmener; (*zur Wache bringen*) mener à la police
Abführmittel *n* laxatif *m*
abfüllen *in Flaschen*: mettre en bouteilles; *in Dosen*: mettre en boîtes; *in Tüten*: mettre en sachets (⚠ *in Fässer usw. entsprechend*: mettre en + *Subst.*)
Abgabe *f* **1** *e-r Klausur, e-s Stimmzettels usw.*: remise *f* **2** SPORT passe *f* **3** (*Steuer*) taxe *f*
abgängig Ⓐ disparu
Ab|gangszeugnis *n* diplôme *m* de fin d'études; **~gas** *n* gaz *m* d'échappement
abgeben 1 donner; ***etw bei j-m ~*** donner qc à qn **2** faire (*Erklärung, Gutachten*) **3** ***seine Stimme ~*** donner sa voix (***für*** pour) **4** SPORT faire une passe; ***den Ball ~*** passer la balle **5** dégager (*Wärme, Energie*) **6** *in Anzeigen*: ***Fahrrad billig abzugeben*** vélo à céder à bas prix **7** ***e-n Schuss ~*** tirer (***auf*** sur) **8** ***sich mit j-m*** (*bzw.* ***etw***) ***~*** (*sich befassen*) s'occuper de qn (*bzw.* de qc)
abgehackt (*Worte*) *haché; (*Rhythmus*) saccadé
abgehärtet aguerri (***gegen*** contre, à)
abgehen 1 (*weggehen*) partir (*a. Post, Waren*); (*Schauspieler*) sortir; (*Turner[in]*) descendre; ***von der Schule ~*** quitter l'école **2** (*abzweigen*) ***hier geht die Straße nach Köln ab*** là, la route bifurque en direction de Cologne **3** (*sich ablösen*) partir, se détacher
abgelegen éloigné, à l'écart
abgemacht convenu; ***~!*** d'accord!
Abgeordnete(r) *f(m)* député(e) *m(f)*
abgesehen: *~ von …* à l'exception de …; ***~ davon*** à part cela; ***~ davon, dass …*** mis à part le fait que … (+ *Ind.*)
abgewöhnen: *sich etw ~* perdre l'habitude de qc; ***er hat sich das Rauchen abgewöhnt*** il a arrêté de fumer
Abgrund *m* abîme *m*
abgucken 1 SCHULE ***sie hat es von*** *od.* ***bei mir abgeguckt*** elle a copié sur

moi **2** (*nachmachen*) ***ich habe meiner Mutter abgeguckt, wie sie diesen Kuchen bäckt*** j'ai regardé comment ma mère faisait ce gâteau

abhalten[1] **1** (*schützen vor*) protéger de; (*weghalten*) retenir, éloigner **2** (*hindern*) empêcher; ***sie hält mich von der Arbeit ab*** elle m'empêche de travailler

abhalten[2] (*veranstalten*) célébrer (*Feier, Gottesdienst*); faire (*Kurs, Probe*); donner (*Pressekonferenz*)

Abhang *m* pente *f*; *e-s Bergs*: versant *m*

abhängen[1] ***von j-m*** (*bzw.* ***etw***) ~ dépendre de qn (*bzw.* de qc)

abhängen[2] **1** (↔ *aufhängen*) décrocher **2** (*abschütteln*) ***seine Verfolger*** ~ semer ses poursuivants

abhängig **1** dépendant (***von*** de); ***das ist vom Wetter*** ~ cela dépend du temps **2** (*drogenabhängig*) toxicomane

Abhängigkeit *f* **1** dépendance *f* **2** (*Drogenabhängigkeit*) toxicomanie *f*

abhärten **1** endurcir (***gegen*** à) **2** ***sich*** ~ s'endurcir (***gegen*** à)

abhauen **1** couper (*Ast usw.*) **2** (*verschwinden*) *umg.* se tirer, *umg.* se barrer; ***hau ab!*** *umg.* barre-toi!; *umg.* fiche-moi le camp!

abheben **1** (*hoch-, wegnehmen*) enlever **2** (***den Hörer***) ~ décrocher (le téléphone) **3** *beim Kartenspiel*: couper **4** retirer (*Geld*) **5** (*Flugzeug*) décoller

abheften ranger dans un classeur

abholen (*holen gehen od. fahren*) aller chercher; (*holen kommen*) venir chercher; ***hol mich morgen von der Schule ab*** viens me chercher demain à la sortie des cours

abhören **1** (*abfragen*) interroger; ***j-n die Vokabeln*** ~ faire réciter le vocabulaire à qn **2** (*überwachen*) ***j-n*** ~ mettre qn sur écoute; ***ein Telefongespräch*** ~ écouter une conversation téléphonique **3** (*Arzt*) ausculter

Abi *n umg.* bac *m*; ~ ***machen*** faire le bac; ***sie macht dieses Jahr*** ~ *a.* elle est en terminale

Abitur *n* baccalauréat *m*; ***das*** ~ ***machen*** passer le baccalauréat; ***sie hat*** ~ elle a le (*od.* son) baccalauréat

Abiturient(in) *m(f)* **1** *vor, während der Prüfung*: candidat(e) *m(f)* au baccalauréat **2** *nach bestandenem Abitur*: bachelier *m*, -ière *f*

Abitur|prüfung *f* épreuves *f Pl* du baccalauréat; **~zeugnis** *n* diplôme *m* du baccalauréat

abkapseln: ***sich*** ~ s'isoler

abkaufen **1** (*kaufen*) ***j-m etw*** ~ acheter qc à qn **2** (*glauben*) ***das kauf ich dir nicht ab!*** tu ne me feras pas croire ça!

abklingen s'affaiblir

abknicken **1** (*abbrechen*) casser **2** (*abgebrochen werden*) se casser **3** (*knicken*) plier **4** (*geknickt werden*) se plier

Abkommen *n* accord *m*

abkühlen **1** refroidir **2** ***sich*** ~ se refroidir; (*Wetter, Beziehungen*) se rafraîchir

Abkühlung *f* refroidissement *m*; *beim Wetter*: rafraîchissement *m*

abkürzen **1** raccourcir (*Weg*) **2** abréger (*Wort, Gespräch, Aufenthalt*)

Abkürzung *f* **1** *von Wörtern*: abréviation *f* **2** *Weg*: raccourci *m*

abladen décharger (*Wagen, Ladung*)

Ablage *f* **1** *für Akten, Briefe*: classeur *m* **2** *im Bad*: tablette *f* **3** *in der Garderobe*: vestiaire *m* **4** AUTO vide-poche *m* **5** (CH) (*Verkaufs-, Annahmestelle*) dépôt *m*; (*Zweigstelle*) succursale *f*

ablagern: ***sich*** ~ se déposer (***auf*** sur, ***in*** dans)

Ablagerung *f* dépôt *m*

ablassen **1** laisser écouler (*Wasser, Flüssigkeit*) **2** vider (*Teich, Becken usw.*) **3** laisser échapper (*Dampf, Luft usw.*) **4** ***Dampf*** ~ *fig.* se défouler

ablaufen[1] **1** (*Flüssigkeit*) s'écouler **2** (*Becken, Teich usw.*) se vider **3** (*herunterlaufen*) ***von*** *od.* ***an etw*** ~ couler de (*od.* sur) qc

ablaufen[2] **1** (*Film*) se dérouler; (*CD*) tourner **2** (*Frist, Parkuhr, Ausweis*) expirer **3** (*Ereignisse, Programm*) se dérouler

ablecken lécher

ablegen **1** classer, ranger (*Akten usw.*) **2** *beim Kartenspiel*: écarter **3** (***vom Ufer***) ~ (*Boot usw.*) appareiller **4** ***ein Geständnis*** ~ faire des aveux; ***die Prüfung*** ~ passer l'examen; *mit Erfolg*: réussir l'examen **5** (*Mantel usw.*) enlever

Ableger *m* BOT bouture *f*

ablehnen **1** (*zurückweisen, nicht genehmigen*) refuser, rejeter (*Angebot, Vorschlag*) **2** (*nicht gut finden*) désapprouver

Niemals!

Wer keine Lust oder keine Zeit hat, kann einen Vorschlag wie folgt ablehnen:

Ich habe keine Zeit.
Je n'ai pas le temps.

Ich habe keine Lust, ins Kino zu gehen.
Je n'ai pas envie d'aller au cinéma.

Das geht mir ziemlich auf die Nerven.
Ça m'embête beaucoup.

Tut mir leid, ich bin sehr beschäftigt.
Je regrette, je suis très occupé(e).

ablenken 1 détourner (*Verdacht, Aufmerksamkeit*) **2** ***j-n von etw ~*** (*daran hindern*) empêcher qn de faire qc; ***die Kinder werden durchs Fernsehen abgelenkt*** la télévision dérange les enfants **3** *mit Vergnügungen usw.*: distraire, divertir; ***komm mit uns ins Kino, das lenkt (dich) ab!*** viens avec nous au cinéma, ça va te distraire **4** ***lenk nicht (vom Thema) ab!*** ne fais pas diversion!

Ablenkung *f* **1** (*Unterhaltung*) distraction *f* **2** (*Störung*) diversion *f*

Ablenkungsmanöver *n* manœuvre *f* de diversion

ablesen 1 lire (*Text*) **2** relever (*Zähler, Strom, Gas usw.*)

ablösen[1] **1** (*abmachen*) détacher, enlever **2** ***sich ~*** (*abgehen*) se détacher, s'enlever

ablösen[2] *bei der Arbeit usw.*: ***j-n ~*** relayer qn

Ablösesumme *f* SPORT somme *f* de transfert

Ablösung *f bei der Arbeit usw.*: relève *f*

abmachen[1] (*los-, wegmachen*) enlever

abmachen[2] **1** (*vereinbaren*) convenir de; ***e-n Termin mit j-m ~*** fixer une date avec qn; ***das war abgemacht*** c'était convenu **2** ***abgemacht!*** d'accord!, entendu!

Abmachung *f* arrangement *m*, accord *m*

abmagern maigrir

Abmagerungskur *f*: ***e-e ~ machen*** suivre un régime amaigrissant

abmelden 1 ***sich ~*** *vor dem Weggehen*: prévenir de son départ (***bei j-m*** qn); *aus e-m Kurs*: faire radier son inscription **2** ***sein Auto ~*** faire une déclaration de non-utilisation de véhicule; ***sein Telefon (den Fernseher*** *usw.*) ***~*** résilier son abonnement de téléphone (de télévision *usw.*) **3** ***er ist bei mir abgemeldet!*** il n'existe plus pour moi

Abmeldung *f* **1** *aus e-m Kurs, von der Schule*: radiation *f* **2** *des Telefons, Radios usw.*: résiliation *f* d'abonnement; *des Autos*: déclaration *f* de non-utilisation de véhicule **3** *beim Umzug*: déclaration *f* de changement de domicile

abnehmen 1 (*wegnehmen*) ***j-m etw ~*** enlever qc à qn **2** (***den Hörer***) ***~*** décrocher (le téléphone) **3** *an Gewicht*: ***sie hat abgenommen*** elle a maigri; ***er hat fünf Kilo abgenommen*** il a perdu cinq kilos **4** (*weniger werden*) diminuer **5** (*Mond*) décroître **6** *beim Stricken*: diminuer, faire des diminutions **7** (*glauben*) croire; ***das nimmt dir keiner ab*** personne ne te croira

abnutzen 1 user **2** ***sich (mit der Zeit) ~*** s'user (avec le temps)

Abo *n*, **Abonnement** *n* abonnement *m* (***für*** à)

Abonnent(in) *m(f)* abonné(e) *m(f)* (***e-r Zeitung*** à un journal)

abonnieren: ***e-e Zeitung*** *usw.* ***~*** s'abonner à un journal *usw.*

abpfeifen: ***das Spiel ~*** siffler la fin du match

Abpfiff *m* coup *m* de sifflet final

abprallen 1 (*Geschoss*) ricocher (***von*** sur) **2** ***der Ball prallte an*** *od.* ***von der Mauer ab*** le ballon a rebondi sur le mur

abputzen 1 essuyer (*Schmutz, Staub usw.*) **2** nettoyer, essuyer (*Tisch usw.*); ***sich die Schuhe ~*** s'essuyer les pieds

abräumen 1 (*leer räumen*) débarrasser; ***den Tisch ~*** *nach dem Essen*: desservir (la table) **2** (*wegräumen*) enlever

abreagieren: ***sich ~*** décompenser

abrechnen 1 *zum Abschluss*: faire les comptes; ***mit j-m ~*** faire les comptes avec qn (*a. fig.*) **2** (*abziehen*) déduire (***von*** de) **3** (*sich rächen*) ***mit j-m ~*** régler ses comptes avec qn

Abrechnung *f* **1** (*Rechnungsabschluss*) règlement *m* d'un compte; ***die ~ machen*** faire les comptes **2** (*Rache*) règlement *m* de comptes

abregen: *sich ~* se calmer

Abreise *f* départ *m* (***nach*** pour)

abreisen partir (***nach*** pour)

abreißen **1** (*herunter-, wegreißen*) arracher **2** déchirer (*Eintrittskarte usw.*); enlever (*Kalenderblatt*) **3** démolir (*Gebäude*) **4** (*durchreißen*) se déchirer **5** (*aufhören*) cesser, s'arrêter

abrunden arrondir (*Kante, Summe usw.*); ***nach oben*** (*bzw.* ***unten***) ***~*** arrondir au chiffre supérieur (*bzw.* inférieur)

abrüsten désarmer

Abrüstung *f* désarmement *m*

abrutschen glisser; ***er ist mit dem Fuß abgerutscht*** son pied a glissé

ABS *n* ABS *m*

Abs. **1** *Absender*: exp. **2** *Absatz*: alinéa

Absage *f* (↔ *Zusage*) réponse *f* négative

absagen **1** ***e-n Besuch*** (***e-e Veranstaltung*** *usw.*) ***~*** annuler une visite (une manifestation *usw.*) **2** (*sich entschuldigen*) (***j-m***) ***~*** se décommander (chez qn)

Absatz[1] *m am Schuh*: talon *m*

Absatz[2] *m* **1** *im Text*: paragraphe *m*; ***e-n ~ machen*** commencer un nouveau paragraphe **2** *e-r Treppe, im Gelände*: palier *m*; *e-r Mauer*: saillie *f*

abschaffen abolir

abschalten **1** éteindre (*Radio, Fernseher, Heizung usw.*); arrêter (*Maschine, Gerät, Motor*) **2** (*sich entspannen*) se relaxer **3** (*nicht mehr zuhören*) *umg.* décrocher

abschätzen estimer, évaluer

ab|scheulich horrible, affreux/-euse; **~schicken** envoyer; **~schieben** *aus e-m Land*: expulser

Abschiebung *f aus e-m Land*: expulsion *f*

Abschied *m* adieu *m*, *oft im Pl*: adieux; ***von j-m ~ nehmen*** faire ses adieux à qn; ***beim ~*** en faisant ses adieux, en se quittant; ***sich zum ~ küssen*** s'embrasser en se quittant

Abschieds|brief *m* lettre *f* d'adieu; **~kuss** *m* baiser *m* d'adieu

abschießen **1** tirer (*Kugel*) **2** lancer (*Pfeil, Rakete*) **3** abattre (*Vogel, Wild, Flugzeug*)

abschlagen **1** casser (*Henkel, Ecke usw.*); abattre (*Putz, Äste*) **2** ***j-m e-n Wunsch*** *od.* ***e-e Bitte ~*** refuser un souhait (*od.* une demande) à qn **3** ***den Ball ~*** remettre le ballon en jeu

abschleppen **1** remorquer (*Fahrzeug*) **2** ***j-n ~*** *den man kennengelernt hat*: *umg.* draguer qn

Abschlepp|seil *n* câble *m* de remorquage; **~wagen** *m* dépanneuse *f*

abschließen **1** (*zuschließen*) fermer à clé **2** (*beenden*) terminer **3** conclure (*Vertrag, Kauf usw.*); ***e-e Versicherung ~*** prendre une assurance; ***e-e Wette ~*** faire un pari

Abschluss *m* **1** (*Schluss*) fin *f*; ***zum ~*** pour finir, pour terminer **2** (*Vertrags-, Geschäftsabschluss*) conclusion *f* **3** (*Schul-, Universitätsabschluss*) diplôme *m*

Abschluss|ball *m* bal *m* de clôture; **~feier** *f* cérémonie *f* de clôture; **~klasse** *f* classe *f* terminale; **~prüfung** *f* examen *m* final; **~zeugnis** *n* diplôme *m* de fin d'études

abschmecken **1** (*schmecken*) goûter **2** (*würzen*) assaisonner (***mit*** avec)

abschminken **1** ***sich ~*** se démaquiller **2** ***das kannst du dir ~!*** *umg.* tu peux faire une croix là-dessus!

abschnallen **1** enlever (*Gürtel, Rucksack, Schlittschuhe usw.*) **2** ***sich ~*** détacher sa ceinture **3** ***da schnallst du ab!*** *umg.* là, tu es scié!

abschneiden **1** couper **2** ***j-m das Wort ~*** couper la parole à qn **3** ***gut*** (*bzw.* ***schlecht***) ***bei etw ~*** s'en tirer bien (*bzw.* mal) de qc

Abschnitt *m* **1** (*Stück*) morceau *m*; (*Teil*) partie *f* **2** *zeitlich*: période *f*, époque *f* **3** *in e-m Text*: passage *m*, partie *f* **4** *e-r Eintrittskarte usw.*: coupon *m*; *e-s Formulars*: volet *m*

abschrauben dévisser

abschrecken **1** rebuter; (*entmutigen*) décourager **2** ***die Eier ~*** tremper les œufs dans l'eau froide

abschreckend rebutant; (*entmutigend*) décourageant; ***ein ~es Beispiel*** un exemple à ne pas suivre

abschreiben copier (***von j-m*** sur qn;

aus e-m Buch dans un livre)

abschürfen: ***sich die Haut ~*** s'érafler, s'écorcher; ***sich die Knie ~*** s'écorcher les genoux

Abschürfung *f* écorchure *f*, éraflure *f*

abschüssig (*Gelände, Straße*) en pente

abschütteln 1 faire tomber (*Staub, Krümel, Schnee*) **2** secouer (*Pullover, Teppich*) **3** se débarrasser de (*Müdigkeit, Verfolger*)

abschwellen désenfler

absehen 1 ***er hat es darauf abgesehen mich zu ärgern*** il est bien décidé à m'agacer; ***er hat es auf mich abgesehen*** c'est après moi qu'il en a, c'est à moi qu'il s'en prend **2** SCHULE *usw.* copier (**bei** sur)

abseits 1 à l'écart **2** SPORT *hors-jeu

Abseits *n* *hors-jeu *m*

Absender(in) *m(f)* expéditeur *m*, -trice *f*

Absenz *f* (CH) absence *f*

absetzen 1 ôter, enlever (*Hut*) **2** poser (*Glas, Flasche*) **3** déposer, laisser (*Mitfahrer[in]*) **4** ***ein Medikament ~*** arrêter un médicament **5** destituer (*Beamte, Minister usw.*) **6** ***von der Steuer ~*** déduire de ses impôts **7** THEAT ***ein Stück vom Spielplan ~*** retirer une pièce du répertoire **8** (*sich ablagern*) ***sich ~*** se déposer **9** ***er hat sich abgesetzt*** (*ist geflüchtet*) il a fiché le camp

Absicht *f* **1** intention *f* **2** ***mit ~*** exprès

absichtlich exprès

absolut absolu

abspeichern mémoriser

absperren 1 barrer (*Straße*); ***ein abgesperrtes Gebiet*** une région interdite **2** couper (*Wasser, Gas, Strom*) **3** (*abschließen*) fermer à clé

Absperrung *f* barrage *m*

abspielen 1 (***den Ball***) ***~*** faire une passe (***an*** à) **2** passer (*CD usw.*) **3** ***sich ~*** se dérouler, se passer

absplittern sauter en éclats

Absprache *f* accord *m*, arrangement *m* (***mit*** avec)

absprechen: ***etw mit j-m ~*** se mettre d'accord avec qn sur qc; ***sie haben sich vorher abgesprochen*** ils se sont mis d'accord à l'avance

abspringen 1 (*herunterspringen*) sauter (***von*** de); ***mit dem Fallschirm ~*** sauter en parachute **2** *beim Weitsprung usw.*: ***mit dem linken Bein ~*** partir du pied gauche **3** (*abgehen*) sauter (***von*** de) **4** (*nicht mehr mitmachen*) ***sie ist abgesprungen*** elle a laissé tomber

Absprung *m* **1** (*Herunterspringen*) saut *m* **2** *fig.* ***den ~ schaffen*** (*bzw.* ***verpassen***) saisir (*bzw.* rater) sa chance

abspulen *von e-r Spule*: désembobiner, débobiner; *von e-r Rolle*: dérouler

abspülen 1 (*entfernen*) enlever (à l'eau) (*Schmutz*) **2** (*reinigen*) laver; (*nachspülen*) rincer

abstammen descendre (***von*** de)

Abstammung *f* origine *f*

Abstand *m* **1** *räumlich*: distance *f* **2** *zeitlich*: intervalle *m*; ***in regelmäßigen Abständen*** à intervalles réguliers **3** AUTO ***~ halten*** garder sa distance **4** ***sie ist mit ~ die Größte*** elle est de loin la plus grande

abstauben 1 épousseter (*Möbel usw.*) **2** (*mitgehen lassen*) *umg.* chiper **3** (*schnorren*) *umg.* carotter

Abstecher *m*: ***e-n ~ machen*** faire un crochet (*od.* un saut) (***nach*** jusqu'à)

abstehen (*Kragen, Haare usw.*) rebiquer; ***er hat ~de Ohren*** il a les oreilles décollées

absteigen 1 *nach unten*: descendre (*a. in e-m Hotel*) **2** (*Fußballverein usw.*) être déclassé

abstellen 1 (*hinstellen*) poser; *an e-n bestimmten Ort*: déposer **2** (*wegstellen*) ranger; garer (*Fahrzeug*) **3** (*abschalten*) arrêter (*Maschine, Motor*); éteindre (*Radio, Heizung*); couper (*Klingel, Strom, Wasser*) **4** (*abschaffen*) supprimer

Abstell|kammer *f*, **~raum** *m* débarras *m*

abstempeln 1 timbrer (*Brief*) **2** oblitérer (*Briefmarke*) **3** ***j-n als Betrüger ~*** cataloguer qn comme escroc

absterben (*Pflanze*) mourir

abstimmen 1 *bei e-r Wahl*: voter; ***über etw ~*** procéder au vote de qc **2** ***etw mit j-m ~*** convenir de qc avec qn; ***etw*** (***miteinander***) ***~*** s'accorder sur qc **3** ***die Farben sind aufeinander abgestimmt*** les couleurs sont assorties

Abstimmung *f* (*Wahl*) vote *m*, scrutin *m* (***über*** sur)

abstoßen 1 ***sich ~*** *vom Ufer usw.*: s'éloigner (d'une poussée); *vom Boden*: prendre son élan **2** ***abgestoßen***

(*beschädigt*) abîmé
abstrakt abstrait
abstreiten nier
Abstrich *m* MED frottis *m*
abstufen **1** dégrader (*Farbtöne*) **2** disposer en gradins (*od.* en terrasses) (*Gelände*) **3** (*staffeln*) échelonner
Abstufung *f* **1** *von Farbtönen*: dégrade *m* **2** (*Nuance*) nuance *f* **3** (*Staffelung*) gradation *f*
abstumpfen **1** (*gleichgültig werden*) devenir insensible, devenir indifférent **2** (*Sinn, Gefühl*) s'émousser
Absturz *m* **1** chute *f* **2** IT *umg.* plantage *m*
abstürzen **1** (*Flugzeug*) s'abattre, s'écraser **2** (*Person*) faire une chute **3** ***der Computer ist abgestürzt*** *umg.* l'ordinateur s'est planté
abstützen: ***sich ~*** s'appuyer (***an*** à)
absurd absurde
abtasten **1** tâter, palper (*a.* MED) **2** ***j-n nach e-r Waffe ~*** fouiller qn à la recherche d'une arme **3** TECH, *mit Scanner o. ä.*: explorer
abtauen **1** (*tauen*) fondre **2** ***den Kühlschrank ~*** dégivrer le frigidaire
Abteil *n* compartiment *m*
abteilen séparer
Abteilung *f* **1** *in Firmen, Behörden, Krankenhäusern*: service *m* **2** *in Kaufhäusern*: rayon *m*
Abteilungsleiter(in) *m(f)* **1** *im Büro*: chef *m* de service **2** *im Kaufhaus*: chef *m* de rayon (⚠ *frz.* chef *ist nur m*)
abtransportieren transporter
abtreiben[1] (*Schiff, Flugzeug*) dériver; ***er wurde von der Strömung*** (*bzw.* ***vom Ufer***) ***abgetrieben*** il a été entraîné par le courant (*bzw.* vers le large)
abtreiben[2]: ***sie hat*** (***das Kind***) ***abgetrieben*** elle a avorté, elle s'est fait avorter
Abtreibung *f* avortement *m*; ***sie hat e-e ~ gemacht*** elle a avorté, elle s'est fait avorter
abtreten **1** (*Minister, Beamte usw.*) démissionner; (*Regierung*) se retirer **2** ***j-m etw ~*** céder qc à qn **3** user (*Schuhsohlen, Treppe*) **4** ***sich die Füße ~*** s'essuyer les pieds
abtrocknen **1** essuyer (*Hände, Geschirr usw.*); ***ich trockne gerade ab*** je suis en train d'essuyer la vaisselle **2** ***sich die Hände ~*** s'essuyer les mains
abtropfen **1** (*Wasser*) dégoutter, s'égoutter **2** ***den Salat*** *usw.* ***~ lassen*** laisser égoutter la salade *usw.*
abwählen **1** abandonner (*Schulfach*) **2** destituer (par vote) (*j-n*)
abwandeln modifier
Abwart *m* (CH) gardien *m* (d'immeuble)
abwarten attendre; ***warten wir*** (***mal***) ***ab!*** attendons un peu!; ***mal ~, ob …*** reste à voir si …
abwärts **1** vers le bas; ***~ führen, laufen*** descendre; → ***abwärtsfahren***; ***es geht ~*** ça descend; (*die Lage verschlechtert sich*) cela empire **2** ***vom Chef*** (***an***) ***~*** depuis le patron jusqu'au bas de l'échelle
abwärtsfahren descendre
Abwasch *m* vaisselle *f*
abwaschbar lavable
abwaschen **1** (*reinigen*) laver; *mit klarem Wasser*: rincer **2** (*entfernen*) enlever **3** (***Geschirr***) ***~*** faire la vaisselle
abwechseln **1** (*sich ablösen*) se relayer **2** (*aufeinanderfolgen*) s'alterner
abwechselnd **1** à tour de rôle **2** ***~ rot und blass werden*** pâlir et rougir tour à tour
Abwechslung *f* **1** (*Zerstreuung*) diversion *f* **2** (*Veränderung*) changement *m*; ***zur ~*** pour changer, pour varier **3** *bei der Ernährung, in e-r Darstellung usw.*: variété *f*, diversité *f*
abwechslungsreich varié
Abwehr *f bes.* SPORT défense *f*
Abwehr|kräfte *f Pl* défenses *f Pl* immunitaires; **~spieler(in)** *m(f)* joueur *m* de la défense; FUSSBALL arrière *m*
abweichen **1** *vom Kurs, Thema usw.*: s'écarter, s'éloigner **2** (***voneinander***) ***~*** différer, diverger
Abweichung *f* **1** (*Unterschied*) différence *f* **2** *von e-r Regel usw.*: écart *m*
abwerfen **1** (*herunterwerfen*) jeter; ***das Pferd hat ihn abgeworfen*** son cheval l'a désarçonné; ***Ballast ~*** jeter du lest; ***j-n mit dem Fallschirm ~*** parachuter qn, lâcher qn en parachute **2** ***e-e Karte ~*** se défausser d'une carte
abwerten **1** dévaluer (*Währung*) **2** (*schlechtmachen*) dévaloriser, dénigrer
abwesend **1** (*nicht da, geistig abwesend*) absent **2** ***er sah mich ~ an*** il me regarda d'un air absent (*od.* d'un

air distrait)
abwickeln 1 (↔ *aufwickeln*) dérouler **2** régler (*Angelegenheit*); exécuter (*Auftrag, Programm usw.*)
abwiegen peser
abwimmeln: *j-n* ~ *umg.* envoyer promener qn
abwinkeln plier
abwinken (*nein sagen*) faire signe que non, refuser (d'un signe de la main); ***bis zum Abwinken*** jusqu'à n'en plus pouvoir
abwischen 1 nettoyer, essuyer (*Tisch, Boden usw.*) **2** essuyer (*Schmutz, Staub usw.*)
abwürgen 1 *den Motor* ~ caler **2 *die Diskussion* ~** étouffer la discussion
abzahlen 1 *den Fernseher* ~ payer la télévision à tempérament (*od.* à crédit) **2 *monatlich 50 Euro* ~** payer des mensualités de cinquante euros
abzählen compter
Abzeichen *n* insigne *m*
Abziehbild *n* décalcomanie *f*
abziehen 1 enlever (*Ring, Bettbezug usw.*); retirer (*Schlüssel, Hut*) **2** retirer (*Truppen, Polizei*) **3** (*fotokopieren*) tirer **4** MATH soustraire; ***15 von 40*** **~** enlever (*od.* ôter) quinze de quarante **5** *von e-r Summe*: **~ *von*** déduire de **6** (*Rauch*) s'échapper, sortir; (*Gewitter*) s'éloigner **7** (*Personen*) *umg.* filer, *umg.* se tirer; ***zieh ab!*** tire-toi!
abzocken: *j-n* ~ *umg.* plumer qn
Abzug *m* **1** (*Foto*) épreuve *f*; (*Kopie*) copie *f* **2** *am Gewehr*: détente *f*, gâchette *f* **3** (*Öffnung*) sortie *f* **4** *von e-m Betrag*: déduction *f*; *vom Preis a.*: rabais *m* (***von*** sur); *vom Gehalt*: retenue *f* (***von*** sur)
abzweigen 1 (*Straße*) bifurquer **2 *Geld von etw* ~** prélever de l'argent sur qc
Abzweigung *f* bifurcation *f*, embranchement *m*
ach 1 ah; **~, *ist das schön!*** oh! que c'est beau! **2 ~ *was!*, ~ *wo!*** allons donc!, pas du tout! **3 ~ *so!*** ah bon! **4** *klagend*: *hélas **5** *sehnsüchtig, bedauernd*: oh!; **~ *ja!*** oh oui! **6** *zweifelnd*: **~ *ja?*** ah oui?; **~ *wirklich?*** ah vraiment?
Ach *n*: ***mit ~ und Krach*** péniblement
Achse *f* **1** axe *m* (⚠ *im Frz. m*); *bei e-m Fahrzeug*: essieu *m* **2 *sich um die eigene ~ drehen*** tourner autour de son axe; (*Erde, Person*) *a.* tourner sur soi-même **3 *sie ist immer auf ~*** *umg.* elle est toujours en vadrouille
Achsel *f* **1** aisselle *f* **2 *die ~n zucken*** *hausser les épaules
acht[1] 1 *huit; ***alle ~ Wochen*** toutes les *huit semaines **2 *er ist ~*** (***Jahre alt***) il a *huit ans **3 *um ~ Uhr*** à *huit heures
acht[2]: ***zu ~*** à *huit; ***wir waren zu ~*** nous étions *huit
Acht[1] *f* *huit *m* (*a. Buslinie, Spielkarte usw.*)
Acht[2] *f* **1 *sich in ~ nehmen*** prendre garde (***vor*** à) **2 ~ *geben*** (*aufpassen*) faire attention; ***gib ~, dass du nicht fällst!*** fais attention à ne pas tomber! **3 *etw außer ~ lassen*** négliger qc
achte(r, -s) 1 *huitième **2** *im Datum*: *huit; ***der ~ Januar*** le *huit janvier **3 *die ~ Klasse*** la quatrième
achteinhalb *huit et demi
Achtel *n* *huitième *m*
Achtel|finale *n* *huitième *m* de finale; **~note** *f* MUS croche *f*
achten 1 (*aufpassen*) ***auf etw*** (*bzw.* ***j-n***) **~** faire attention à qc (*bzw.* à qn) **2** (*beachten*) ***sie achtet gar nicht auf ihn*** elle ne lui prête aucune attention **3** (*beobachten*) ***achte mal auf den Mann da drüben*** regarde bien l'homme là-bas **4** (*respektieren*) ***j-n* ~** respecter qn
achtens *huitièmement
Achter *m* → ***Acht[1]***
Achterbahn *f* montagnes *f Pl* russes, grand *huit *m*
achtgeben → ***Acht[2]***
achthundert *huit cents; *zusammengesetzte Zahlen ohne* -s: ***achthunderteins*** *usw.* *huit cent un *usw.*
acht|jährig (*Kind, Krieg usw.*) de *huit ans; **~mal** *huit fois; **~tausend** *huit mille
Achtung *f* **1** (*Vorsicht*) attention *f*; **~, *Stufe!*** attention à la marche!; *bei Durchsagen*: **~, ~!** attention, s'il vous plaît! **2 ~, *fertig, los!*** à vos marques! prêts! partez! **3** (*Respekt*) respect *m* (***vor*** pour); ***alle ~!*** *umg.* chapeau!
achtzehn dix-huit
Achtzehnjährige(r) *f*(*m*) jeune *m*, jeune fille *f* de dix-huit ans
achtzig quatre-vingts
Achtzigerjahre *n Pl*: ***die ~*** les années *f Pl* quatre-vingt
Acker *m* champ *m*
Ackerbau *m* agriculture *f*

ackern *umg.* bûcher, *umg.* trimer
Acryl *n* acrylique *m* (⚠ *Endung*)
Actionfilm *m* film *m* d'action
Adapter *m* adaptateur *m*
addieren additionner, faire l'addition de
Addition *f* addition *f*
ade *bes. süddeutsch*: au revoir
Adel *m* noblesse *f*
adelig noble
Adelige(r) *f(m)* noble *m,f*
Ader *f* veine *f*
Adjektiv *n* adjectif *m*
Adler *m* aigle *m*
adlig noble
adoptieren adopter
Adoption *f* adoption *f*
Adoptiv... adoptif/-ive; ***Adoptiveltern*** parents *m Pl* adoptifs; ***Adoptivsohn*** fils *m* adoptif; ***Adoptivtochter*** fille *f* adoptive
Adressbuch *n* répertoire *m* d'adresses
Adresse *f* **1** adresse *f*; ***ich bin unter folgender ~ zu erreichen*** on peut me joindre à l'adresse suivante **2** ***da bist du bei mir an der falschen ~*** *fig.* là, tu te trompes d'adresse
adressieren: ***e-n Brief ~*** mettre l'adresse sur une lettre; ***der Brief ist an mich adressiert*** cette lettre m'est adressée; ***ein adressierter Umschlag*** une enveloppe avec l'adresse
Advent *m* **1** (*Adventszeit*) avent *m*; ***im ~*** pendant l'avent **2** *Sonntag*: ***der erste*** (***zweite*** *usw.*) **~** le premier (deuxième *usw.*) dimanche de l'avent
Advents|kalender *m* calendrier *m* de l'avent; **~kranz** *m* couronne *f* de l'avent; **~sonntag** *m* dimanche *m* de l'avent; **~zeit** *f* avent *m*
Adverb *n* adverbe *m*
adverbial adverbial; ***e-e ~e Bestimmung*** (***der Art und Weise, des Orts*** *usw.*) un complément circonstanciel (de manière, de lieu *usw.*)
Aerobic *n* aérobic *f*
Affäre *f* affaire *f*; ***sich aus der ~ ziehen*** se tirer d'affaire
Affe *m* **1** singe *m* **2** ***ich glaub, mich laust der ~!*** *umg.* ça me scie! **3** ***dieser blöde ~!*** *umg.* cet espèce de crétin!, ce minus!; ***du eingebildeter ~!*** *umg.* crâneur!
affig **1** (*geziert*) maniéré **2** (*lächerlich, albern*) ridicule

Afghanistan *n* l'Afghanistan *m*
Afrika *n* l'Afrique *f*
Afrikaner(in) *m(f)* Africain(e) *m(f)*
afrikanisch africain, d'Afrique
Aftershave *n* après-rasage *m*
AG *f* (*Aktiengesellschaft*) SA *f* (*Abk. für*: société anonyme)
Agent(in) *m(f)* **1** agent *m* spécial (*im Frz. nur m*) **2** (*Spion[in]*) espion *m*, espionne *f*
Agentur *f* agence *f*
Aggression *f* **1** (*feindselige Haltung*) agressivité *f* **2** (*Angriff*) agression *f*
aggressiv agressif/-ive
Ägypten *n* l'Égypte *f*
Ägypter(in) *m(f)* Égyptien *m*, -ienne *f*
ägyptisch égyptien/-ienne
ah *verstehend, genießerisch*: ah, oh
äh **1** *bei Sprechpausen*: euh **2** *angeekelt*: berk!, beurk!
aha **1** (*ach so*) ah, bon! **2** (*na also*) ah! **3** *überrascht, bes. iron.* tiens, tiens!
Aha-Erlebnis *n*: ***das war für mich ein*** (***richtiges***) **~** cela a été une révélation pour moi; *umg.* ça a fait tilt
ähneln **1** ***j-m ~*** ressembler à qn **2** ***sich ~*** se ressembler
ahnen **1** (*vorausahnen*) pressentir; (*vermuten*) se douter de; ***als ob sie es geahnt hätte*** comme si elle l'avait senti (*od.* pressenti) **2** ***das konnte ich doch nicht ~!*** comment aurais-je pu le savoir? **3** ***du ahnst nicht, wie schön das ist!*** tu ne peux pas t'imaginer comme c'est beau! **4** ***du ahnst es nicht!*** c'est inimaginable!
ähnlich **1** semblable; *bes. im Aussehen*: ressemblant; ***das sieht ~ aus wie ...*** cela ressemble à ... **2** ***so ~ wie ...*** qui ressemble à ... **3** ***... oder so ~*** ... ou qc comme ça **4** ***er sieht seinem Bruder ~*** il ressemble à son frère **5** ***das sieht ihm ~!*** ça, c'est bien lui!
Ähnlichkeit *f* ressemblance *f* (***mit*** avec); ***sie hat ~ mit ...*** elle ressemble à ...
Ahnung *f* **1** ***hast du e-e ~, wann sie kommt?*** tu sais quand elle va arriver? **2** (*Vorgefühl, Befürchtung*) pressentiment *m* **3** ***er hat keine*** (***blasse***) **~** ***vom Angeln*** il n'a aucune idée de comment on pêche à la ligne; ***ich habe keine ~, wie man das macht*** je ne sais pas du tout comment on fait **4** ***davon hatte ich keine ~*** (*das wusste ich*

nicht) je ne m'en doutais pas **5** ***keine ~!*** aucune idée!
ahnungslos: ***er ist völlig ~*** il ne se doute de rien
Ahorn *m* érable *m*
Ähre *f* épi *m*
Aids *n* sida *m*
Aidstest *m* test *m* du sida
Airbag *m* airbag *m*
Airline *f* compagnie *f* aérienne
Akademie *f* académie *f*
akklimatisieren: ***sich ~*** s'acclimater (⚠ *Endung*)
Akkord[1] *m* MUS accord *m*
Akkord[2] *m*: ***im ~ arbeiten*** travailler à la pièce
Akkordeon *n* accordéon *m*
Akku *m* *umg.* accus *m Pl*
Akkusativ *m* accusatif *m*
Akkusativobjekt *n* *im Frz. entspricht meist*: complément *m* d'objet direct
Akne *f* acné *f*
Akrobat(in) *m(f)* acrobate *m,f*
Akt[1] *m* THEAT acte *m*
Akt[2] *m* KUNST nu *m*
Akte *f* dossier *m*; ***die ~n*** *zu e-m Fall*: le dossier
Akten|koffer *m* attaché-case *m*; **~ordner** *m* classeur *m*; **~tasche** *f* serviette *f*
Aktie *f* action *f* (⚠ *Endung*)
Aktiengesellschaft *f* société *f* anonyme, société *f* par actions
Aktion *f* **1** (*Handlung*) action *f* **2** *der Polizei, Werbung usw.*: opération *f* **3** ***in ~ sein*** (*bzw.* ***treten***) être (*bzw.* entrer) en action
aktiv **1** actif/-ive; ***sie ist politisch ~*** elle est politiquement engagée **2** ***das ~e Wahlrecht*** le droit de vote
Aktiv *n* GR actif *m*
Aktivität *f* activité *f*
Aktualität *f* actualité *f*
aktuell actuel/-elle
Akupressur *f* digitopuncture *f*
Akupunktur *f* acuponcture *f*
Akustik *f* acoustique *f*
akustisch **1** acoustique; ***ein ~es Signal*** un signal sonore **2** ***das habe ich ~ nicht verstanden*** je n'ai pas bien entendu
akut **1** (*Problem, Frage*) actuel/-elle **2** (*Gefahr*) imminent
Akzent *m* accent *m*
akzentfrei sans accent
akzeptabel acceptable
akzeptieren accepter
Alarm *m* alarme *f*, alerte *f*; ***~ schlagen*** donner l'alarme (*od.* l'alerte); ***das war blinder ~*** c'était une fausse alerte
Alarmanlage *f* alarme *f* automatique, dispositif *m* de sécurité
alarmieren **1** (*warnen*) alerter **2** (*beunruhigen*) alarmer
Alaska *n* l'Alaska *m*
Albaner(in) *m(f)* Albanais(e) *m(f)*
Albanien *n* l'Albanie *f*
albanisch albanais
albern **1** (*kindisch*) nigaud; ***sei doch nicht so ~!*** ne fais pas l'enfant! **2** (*dumm*) bête, niais; (***das ist doch***) ***~es Geschwätz*** (mais ce sont) des bêtises *f Pl* **3** (*unbedeutend*) idiot; ***du und deine ~en Briefmarken!*** toi et tes timbres! (⚠ ***albern*** *wird nicht übersetzt*)
Albino *m* albinos *m,f*
Albtraum *m* cauchemar *m* (*a. fig.*)
Album *n* album *m*
Alge *f* algue *f*
Algebra *f* algèbre *f*
Algerien *n* l'Algérie *f*
Algerier(in) *m(f)* Algérien *m*, -ienne *f*
algerisch algérien/-ienne
Alibi *n* alibi *m*
Alkohol *m* alcool *m*
alkoholfrei sans alcool; (*Bier usw.*) *a.* non-alcoolisé
Alkoholiker(in) *m(f)* alcoolique *m,f*
alkoholisch alcoolique; (*Getränk*) *a.* alcoolisé
All *n* univers *m*
alle (*weg, verbraucht*) fini; *umg.* parti; ***die Milch*** *usw.* ***ist ~*** il n'y a plus de lait *usw.*
alle(r, -s) **1** tout/toute; *vor dem Subst. immer mit* le, la *usw.*: ***~ Kraft*** toute la force; *Plural*: ~ tous/toutes; ***~ Männer*** tous les hommes **2** ***~ beide*** (***drei*** *usw.*) tous *bzw.* toutes les deux (trois *usw.*); ***wir ~*** nous tous *bzw.* nous toutes; ***~ mal herhören!*** écoutez tous! **3** ~ (*alle Leute*) tous, tout le monde; ***~ aussteigen!*** tout le monde descend! **4** ***das ~s*** tout cela; ***~s andere*** tout le reste; ***~s Mögliche*** tout ce qu'on peut imaginer **5** ***das ist ~s*** c'est tout; ***was es nicht ~s gibt!*** on aura tout vu! **6** ***trotz ~m*** malgré tout **7** ***vor ~m*** avant tout **8** ***~s in ~m*** tout compte fait **9** ***~s***

Gute! meilleurs souhaits!; *weiterhin*: bonne continuation! **10** *oft a. unübersetzt*: ***wer kommt ~s?*** qui va venir?; ***was hat sie ~s gesagt?*** qu'est-ce qu'elle a raconté? **11** ***du hast sie wohl nicht mehr ~!*** *umg.* tu débloques! **12** ***~ vier Monate*** (***Meter*** *usw.*) tous les quatre mois (mètres *usw.*)

Allee *f* avenue *f*; *bes. in Parks*: allée *f*

allein **1** seul **2** ***das hat er ganz ~ gemacht*** il l'a fait tout seul **3** ***von ~*** de soi-même; ***die Schmerzen sind von ~ weggegangen*** les douleurs sont parties d'elles-mêmes **4** (*nur*) ***~ der Gedanke daran*** rien que d'y penser **5** → ***alleinerziehend***

alleinerziehend: ***e-e ~e Mutter*** une mère seule

allerdings **1** (*aber*) mais, à vrai dire; ***ich muss ~ gestehen, dass …*** à vrai dire, je dois avouer que … (+ *Ind.*); ***ich schwimme gern, ~ nur im Sommer*** j'aime bien nager, mais seulement en été **2** (*und ob*) ***~!*** bien sûr!

Allergie *f* allergie *f* (***gegen*** à)

Allergietest *m* test *m* allergénique

Allergiker(in) *m(f)* allergique *m,f*

allergisch allergique (***gegen*** à)

allerhand **1** (*viel*) pas mal de choses, toutes sortes de choses; ***~ Gepäck*** toutes sortes de bagages **2** (*unerhört*) ***das ist ja ~!*** c'est énorme!; c'est trop fort!

Allerheiligen *n* la Toussaint

allerletzte(r, -s) **1** ***der, die Allerletzte*** le dernier de tous, la dernière de toutes **2** ***das ist ja wirklich das Allerletzte!*** c'est vraiment le comble!

allerneueste(r, -s) **1** ***das Allerneueste*** (*Neuigkeit*) la tout dernière nouvelle **2** ***die ~ Mode*** la dernière mode

alles → ***alle(r, -s)***

Alleskleber *m* colle *f* universelle

allgemein **1** général; ***zur ~en Überraschung*** à la surprise générale; ***e-n ~en Überblick geben*** donner une vue d'ensemble **2** ***im Allgemeinen*** en général **3** ***~ beliebt sein*** être aimé de tout le monde

Allgemeinbildung *f* culture *f* générale

Allgemeinheit *f*: ***im Interesse der ~*** dans l'intérêt général; ***der ~ zugänglich*** ouvert au public

allgemeinverständlich → ***verständlich***

Alligator *m* alligator *m*

allmählich **1** peu à peu **2** (*langsam*) ***ich werde ~ müde*** je commence à être fatigué **3** ***es wird ~ Zeit!*** il est temps! **4** (*kontinuierlich*) ***e-e ~e Besserung*** une amélioration progressive; ***der Pfad steigt ~ an*** le sentier monte lentement

Alltag *m* quotidien *m*, vie *f* quotidienne

alltäglich **1** (*gewöhnlich*) ordinaire; ***das ist etw ganz Alltägliches*** c'est tout à fait courant **2** (*täglich*) quotidien/-ienne, de tous les jours

allzu trop

Alm *f* alpage *m*

Alpen *Pl* Alpes *f Pl*

Alphabet *n* alphabet *m*

alphabetisch **1** (*Ordnung usw.*) alphabétique **2** ***etw ~ ordnen*** classer qc par ordre alphabétique

Alptraum *m* cauchemar *m* (*a. fig.*)

als **1** *zeitlich*: quand, lorsque; ***gerade ~ ich gehen wollte*** juste au moment où je voulais partir **2** *in Vergleichen*: que; *vor Zahlenangaben*: de **3** (*in der Eigenschaft von*) comme; ***schon ~ Kind hatte ich …*** déjà enfant, j'avais … **4** ***~ ob …, ~ wenn …*** comme si …; ***er tat, ~ ob er schlafen würde*** il faisait semblant de dormir; ***es sieht so aus, ~ ob es regnet*** on dirait qu'il pleut

also **1** (*folglich*) donc, par conséquent; ***~ doch!*** c'était donc bien ça!; ***na ~!*** eh bien! **2** (*das heißt*) c'est à dire **3** alors; ***~ bis heute Abend!*** alors, à ce soir!; ***~, so e-e Unverschämtheit!*** *umg.* ça alors, quel culot!; ***~, so was!*** non, mais alors!; ***~ gut!*** bon!; ***~ dann!*** bon, allez! **4** (*nun gut*) bon; ***~, wenn du mich fragst …*** eh bien, si tu veux mon avis …; ***~, das Spiel geht so: …*** bon, alors, on joue comme ça: …

alt **1** (↔ *jung, neu*) vieux/vieille (⚠ *m Sg vor Vokal od. stummem h*: vieil; *alle Formen stehen im Frz. vor dem Subst.*); ***~ werden*** vieillir **2** *höflicher für Personen a.*: âgé **3** *bei Altersangaben*: ***wie ~ bist du?*** tu as quel âge?; ***sie ist fünfzehn Jahre ~*** elle a quinze ans; ***ein vier Jahre ~es Kind*** un enfant de quatre ans **4** (*historisch*) ancien/-ienne; ***das Alte Testament*** l'Ancien Testament *m* **5** (*ehemalig*) ancien/-ienne (⚠ *immer vor dem Subst.*) **6** ***es bleibt alles beim Alten*** tout reste comme par le passé **7** ***wenn das nicht***

Wie alt bist du?

Wenn man wissen möchte, wie alt jemand ist, kann man fragen:

Wie alt bist du?	**Tu as quel âge?**
Wie alt sind Sie?	**Vous avez quel âge?**
Wie alt ist sie/er?	**Elle/Il a quel âge?**
Ich bin achtzehn.	**J'ai dix-huit ans.**
Sie/er ist sechzehn.	**Elle/Il a seize ans.**

klappt, sieht sie ganz schön ~ aus si ça ne marche pas, elle va être dans un drôle de pétrin

Altar *m* autel *m*

Altbau *m* immeuble *m* ancien

Alten|heim *n* maison *f* de retraite; **~pfleger(in)** *m(f)* infirmier *m*, -ière *f* de gériatrie

Alter *n* **1** (*Anzahl von Jahren*) âge *m*; ***er ist in meinem ~*** il est de mon âge **2** (↔ *Jugend*) vieillesse *f*

älter 1 plus vieux/plus vieille (⚠ *m Sg vor Vokal od. stummem h*: plus vieil); (*Person*) *a.* plus âgé **2** *bei Geschwistern*: aîné **3** *bei Altersangaben*: ***mein Bruder ist zwei Jahre ~ als ich*** mon frère a deux ans de plus que moi **4** ***ein ~er Mann*** un homme d'un certain âge; (*ein alter Mann*) un homme âgé

alternativ 1 alternatif/-ive **2** (*Energie, Technologie*) *a.* doux/douce

Alternative *f* alternative *f*

Altersschwäche *f*: ***an ~ sterben*** mourir de vieillesse

Altersunterschied *m* différence *f* d'âge

älteste(r, -s) 1 le plus vieux/la plus vieille (⚠ *m Sg vor Vokal od. stummem h*: le plus vieil); (*Personen*) *a.* le plus âgé/la plus âgée **2** *bei Geschwistern*: aîné

Alt|glas *n* verre *m* usagé; **~glascontainer** *m* conteneur *m* pour verre perdu; **~kleidersammlung** *f* collecte *f* de vêtements

alt|klug précoce; **~modisch** démodé

Alt|papier *n* vieux papiers *m Pl*; **~stadt** *f* vieille ville *f*

Alu *n umg.* alu *m*

Alufolie *f umg.* papier *m* d'alu

Aluminium *n* aluminium *m*

Alzheimer *m* maladie *f* d'Alzheimer

am[1] (= *an dem*) → ***an***[1]

am[2] *bei Superlativen*: **1** *mit* sein: le, la plus ...; ***er ist ~ langsamsten*** (***schnellsten*** *usw.*) il est le plus lent (le plus rapide *usw.*) **2** *mit anderen Verben*: ***er fährt ~ langsamsten*** il roule le plus lentement

Amalgam *n* amalgame *m*

Amateur(in) *m(f)* amateur *m* (⚠ *im Frz. nur m*)

Amboss *m* enclume *f* (*a.* ANAT)

ambulant 1 (*Behandlung*) ambulatoire; (*Patient*) non hospitalisé **2** ***j-n ~ behandeln*** donner des soins ambulatoires à qn

Ambulanz *f* **1** (*Krankenwagen*) ambulance *f* **2** *im Krankenhaus*: consultations *f Pl* externes

Ameise *f* fourmi *f*

Ameisenhaufen *m* fourmilière *f*

amen 1 amen **2** ***er sagt zu allem Ja und Amen*** il dit amen à tout

Amerika *n* **1** *Kontinent*: l'Amérique *f* **2** (*USA*) les États-Unis *m Pl*

Amerikaner(in) *m(f)* Américain(e) *m(f)*

amerikanisch américain

Amnestie *f* amnistie *f*

Amöbe *f* amibe *f*

Amok *m*: ***gestern ist jemand in der Stadt ~ gelaufen*** hier en ville, qn a eu un accès de folie meurtrière

Amok|läufer *m* fou furieux *m*; **~schütze** *m* tireur *m* fou

Ampel *f* feu *m* (rouge)

Amphibie *f* amphibien *m* (⚠ *im Frz. m*)

Ampulle *f* ampoule *f*

amputieren amputer

Amsel *f* merle *m*

Amt *n* **1** (*Dienststelle*) service *m*, administration *f*; *Gebäude*: bureaux *m Pl* **2** *Tätigkeit*: fonctions *f Pl*, charge *f*; ***im ~ sein*** être en fonction, être en exercice; ***sein ~ niederlegen*** démissionner de ses fonctions

Amulett *n* amulette *f* (⚠ *im Frz. f*)

amüsieren 1 amuser 2 ***sich ~*** s'amuser 3 ***sich über j-n*** (*bzw.* ***etw***) ~ se moquer de qn (*bzw.* de qc)

an[1] 1 *räumlich*: à; ***nahe ~*** près de, proche de; ***am Meer*** au bord de la mer, à la mer; ***~ dieser Schule*** dans cette école; ***etw am Griff anfassen*** prendre qc par le manche 2 *Städte an Flüssen*: sur; ***Frankfurt am Main*** Francfort-sur--le-Main 3 *zeitlich*: à (⚠ *bei Zeit- u. Datumsangaben oft ohne Präp.*); ***~ Ostern*** à Pâques; ***~ Weihnachten*** à Noël; ***am Abend*** le soir; ***am Morgen*** le matin; ***am ersten Tag*** le premier jour; ***am Montag*** lundi 4 ***am Anfang*** au début; ***am Ende*** à la fin 5 ***was mir ~ dir so gefällt*** ce que j'aime chez toi 6 ***~ und für sich*** au fond 7 ***von … ~*** à partir de …

an[2]: ***~ sein*** (*Licht, Radio, Heizung*) être allumé; (*Maschine, Motor*) être en marche

analog 1 analogue (***zu*** à) 2 (*Rechner, Uhr*) analogique (⚠ *Endung*)

Analphabet(in) *m(f)* analphabète *m,f*

Analyse *f* analyse *f*

analysieren analyser

Ananas *f* ananas *m*

Anarchie *f* anarchie *f*

Anarchist(in) *m(f)* anarchiste *m,f*

Anbau[1] *m Gebäude*: annexe *m*

Anbau[2] *m* LANDW culture *f*

anbauen[1] *ans Haus*: agrandir la maison (***ein Zimmer*** d'une pièce); ***sie haben e-e Garage ans Haus angebaut*** ils ont ajouté un garage à leur maison

anbauen[2] LANDW cultiver

anbehalten garder, ne pas enlever

anbeißen 1 (*Fisch*) mordre à l'hameçon, mordre 2 ***sie sieht zum Anbeißen aus*** *fig.* elle est jolie à croquer 3 ***er hat*** (***darauf***) ***angebissen*** *fig.* il a mordu à l'hameçon; *umg.* il a gobé l'hameçon

anbellen: *der Hund hat mich angebellt* le chien a aboyé après moi

anbeten adorer

anbezahlen: *etw ~* payer un acompte sur qc

anbieten 1 offrir 2 ***sich ~*** se proposer; (*Möglichkeit*) se présenter; (*Lösung, Erklärung*) s'imposer

anbinden attacher (***an*** à)

Anblick *m* 1 (*das Anblicken*) vue *f* 2 (*Bild*) spectacle *m*

an|braten faire revenir (***in Öl*** dans l'huile); **~brechen** entamer (*Essbares, Geld usw.*)

anbrennen 1 (*Essen*) brûler; (*Milch, Brei*) attacher 2 (*anzünden*) allumer

anbringen 1 (*befestigen*) mettre, placer 2 faire (*Bemerkung, Kritik usw.*); placer (*Zitat*) 3 (*herbeibringen*) rapporter (*Dinge*); ramener (*Personen, Tiere*)

anbrüllen 1 *Mensch*: ***j-n ~*** *umg.* engueuler qn 2 *Tier*: ***der Löwe*** *usw.* ***hat mich angebrüllt*** le lion *usw.* a rugi à ma vue

andauernd 1 continuel/-elle, permanent 2 ***~ lachen*** (***schimpfen*** *usw.*) rire (rouspéter *usw.*) sans arrêt

Andenken *n* souvenir *m*; ***zum*** *od.* ***als ~*** en (*od.* comme) souvenir

andere(r, -s) 1 autre; ***~ Leute*** *usw.* d'autres gens *usw.*; ***alle ~n*** tous les autres 2 ***jemand ~s*** qn d'autre 3 ***etw ~s*** autre chose 4 ***alles ~*** tout le reste 5 ***unter ~m*** entre autres 6 ***mit ~n Worten*** en d'autres termes 7 (*nächste*) ***am ~n Morgen*** le lendemain matin

andererseits d'autre part, de l'autre côté

ändern 1 changer (***an*** à); (*abändern*) modifier 2 retoucher (*Kleidung*) 3 ***sich ~*** changer (⚠ *ohne* se: se changer = ***sich umziehen***)

anders 1 ***~ sein als*** être différent de 2 ***das muss man ~ übersetzen*** il faut traduire cela autrement (*od.* différemment); ***~ ausgedrückt*** autrement dit 3 ***es geht nicht ~*** on ne peut pas faire autrement; ***ich konnte nicht ~*** je ne pouvais pas faire autrement 4 (*sonst*) ***wer ~?*** qui d'autre? 5 ***irgendwo ~*** quelque part ailleurs, autre part 6 ***mir wird ganz ~*** (*unwohl*) je me sens tout drôle

andersherum dans l'autre sens

anderthalb un et demi, une et demie

Änderung *f* 1 changement *m* (***an*** à); (*Abänderung*) modification *f* (***an*** à) 2 *an Kleidung*: retouche *f* (***an*** à)

andeuten 1 (*zu verstehen geben*) ***j-m etw ~*** laisser entendre qc à qn 2 (*erwähnen*) ***etw ~*** faire allusion à qc 3 *zeichnerisch*: esquisser 4 ***sich ~*** (*sich abzeichnen*) s'annoncer

Andeutung *f* (*Anspielung*) allusion *f* (***auf*** à)

Andorra *n* l'Andorre *f*

Andrang *m von Menschen*: affluence *f*
andrehen: ***j-m etw ~*** *umg.* refiler qc à qn
aneinander **1** ***die Stühle stehen zu dicht ~*** les chaises sont trop rapprochées les unes des autres; ***zwei Sachen ~ binden*** attacher deux choses bout à bout **2** *zwei Personen*: l'un (*bzw.* l'une) à l'autre **3** *mehrere Personen*: les uns (*bzw.* les unes) aux autres **4** ***sie reden ~ vorbei*** ils ne se comprennent pas, c'est un dialogue de sourds
Anekdote *f* anecdote *f*
anekeln dégoûter
Anemone *f* anémone *f*
anerkannt reconnu
anerkennen **1** reconnaître **2** apprécier (*Leistung*) **3** ***ein ~der Blick*** un regard admiratif
anfahren **1** (*losfahren*) se mettre en marche, démarrer **2** (*heranfahren*) ***er kam angefahren*** il est arrivé (***mit dem Auto, Fahrrad*** *usw.* en voiture, à vélo *usw.*) **3** ***sie hat e-n Fußgänger angefahren*** elle a accroché (*od.* *heurté) un piéton **4** ***j-n*** (***grob***) **~** (*beschimpfen*) engueuler qn
Anfall *m* **1** *Fieber, Husten, Wut, Lachen*: accès *m* **2** *Epilepsie, Asthma*: crise *f* **3** ***sie kriegt gleich e-n ~*** *umg.* elle va piquer une crise
anfallen (*angreifen*) attaquer
Anfang *m* **1** début *m*; ***~ Mai*** début mai **2** ***er ist ~ sechzig*** il a la soixantaine **3** ***aller ~ ist schwer*** il n'y a que le premier pas qui coûte
anfangen **1** commencer (***mit*** par); ***sie fing an zu weinen*** elle s'est mise à pleurer **2** ***Streit ~*** chercher querelle (***mit*** à) **3** ***von vorn ~*** *od.* ***wieder ~*** recommencer **4** ***das fängt ja gut an!*** *iron.* ça commence bien!, ça promet! **5** ***damit kann ich nichts ~*** ça ne me dit rien; (*das hilft mir nicht*) ça ne me sert à rien **6** ***mit ihm ist heute nichts anzufangen*** aujourd'hui, il ne faut rien lui demander
Anfänger(in) *m(f)* débutant(e) *m(f)*
anfangs au début
Anfangsbuchstabe *m* **1** première lettre *f*; ***mit großem*** (*bzw.* ***kleinem***) ***~n*** avec une majuscule (*bzw.* minuscule) **2** *e-s Namens*: initiale *f*
anfassen **1** (*berühren*) toucher **2** (*an die Hand nehmen*) prendre par la main **3** ***fass mal mit an!*** donne-moi (*bzw.* donne-nous) un coup de main!
an|feuchten humecter; **~feuern** encourager; **~fordern** demander; *bei e-r Firma o. ä.*: commander, faire venir
Anforderung *f* (*Anspruch*) exigence *f*; ***sie stellt hohe ~en an ihre Schüler*** elle exige beaucoup de ses élèves
anfreunden **1** ***sich*** (***mit j-m***) **~** se lier d'amitié (avec qn) **2** ***damit kann ich mich nicht ~*** je ne peux pas m'y faire
anfühlen: ***sich hart*** (***weich, angenehm*** *usw.*) **~** être dur (doux, agréable *usw.*) au toucher
Anführer(in) *m(f)* **1** chef *m* (⚠ *im Frz. nur m*) **2** *im negativen Sinn*: meneur *m*, -euse *f*
Anführungszeichen *n Pl* guillemets *m Pl*; *beim Diktieren*: **~ *unten*** (*bzw.* ***oben***) ouvrez (*bzw.* fermez) les guillemets
Angabe[1] *f* indication *f*; *statistisch*: donnée *f*; (*Auskunft*) information *f*
Angabe[2] *f* (*Angeberei*) crânerie *f*, vantardise *f*
angeben[1] **1** (*nennen*) indiquer; ***seinen Namen ~*** donner son nom **2** ***etw beim Zoll ~*** déclarer qc à la douane **3** donner (*Ton, Tempo, Takt usw.*)
angeben[2] (*prahlen*) crâner, se vanter (***mit*** de); ***gib nicht so an!*** tu te vantes!
Angeber(in) *m(f)* crâneur *m*, -euse *f*
angebissen (*Brot, Apfel usw.*) entamé
angeblich **1** ***sie ist ~ verreist*** il paraît qu'elle est en voyage; ***er hat ~ kein Geld bei sich*** il prétend n'avoir pas d'argent sur lui **2** (*vorgegeben*) prétendu, soi-disant (⚠ *immer vor dem Subst.*); ⚠ soi-disant *a. im Feminin*: ***seine ~e Verlobte*** sa soi-disant fiancée
Angebot *n* **1** offre *f* **2** (*Sonderangebot*) promotion *f*, offre *f* spéciale
an|gebracht opportun, indiqué; **~gebrannt** brûlé
angehen[1] **1** (*betreffen*) concerner, regarder **2** ***was ihn*** (***das Auto*** *usw.*) ***angeht*** quant à lui (la voiture *usw.*)
angehen[2] (*Licht, Heizung usw.*) s'allumer; (*Motor, Maschine*) se mettre en marche
angehören **1** ***e-r Gruppe ~*** faire partie d'un groupe **2** ***e-m Verein*** (*bzw.* ***e-r Partei***) **~** être membre d'une association (*bzw.* d'un parti)

Angehörige(r) *f(m)* **1** parent(e) *m(f)*; **die ~n** les proches *m Pl*; **meine ~n** les miens *m Pl*, ma famille; **ohne ~** sans famille **2** (*Mitglied*) membre *m*
Angeklagte(r) *f(m)* accusé(e) *m(f)*
Angel *f zum Fischen*: canne *f* à pêche; *aber*: **die ~ auswerfen** lancer la ligne
Angelegenheit *f* affaire *f*
Angelhaken *m* hameçon *m*
angeln pêcher
Angelschein *m* permis *m* de pêche
an|genehm agréable; **~gesehen** considéré, estimé
angespannt **1** (*Lage*) tendu; (*Arbeit*) assidu, intense **2 ~ arbeiten** (**überlegen** *usw.*) travailler (réfléchir *usw.*) intensément
angestellt employé
Angestellte(r) *f(m)* employé(e) *m(f)*; **leitender ~r** cadre *m* directeur
angewiesen: ~ sein auf dépendre de, avoir besoin de
angewöhnen **1 sich etw ~** prendre l'habitude de faire qc **2 j-m etw ~** habituer qn à qc
Angewohnheit *f* habitude *f*
angezogen: er ist gut (**schlecht, warm** *usw.*) **~** il est bien (mal, chaudement *usw.*) habillé
Angina *f* angine *f*
Angler(in) *m(f)* pêcheur *m*, -euse *f*
Angola *n* l'Angola *m*
Angorawolle *f* laine *f* angora
angreifen **1** (*attackieren*) attaquer (*a.* SPORT) **2** fatiguer (*Herz, Nerven*); ébranler (*Gesundheit*)
Angreifer(in) *m(f)* attaquant(e) *m(f)* (*a.* SPORT)
Angriff *m* **1** attaque *f* (**auf, gegen** contre) **2 etw in ~ nehmen** s'attaquer à qc
angriffslustig agressif/-ive
Angst *f* peur *f*; **~ bekommen** prendre peur
Angsthase *m umg.* froussard(e) *m(f)*
ängstlich **1** craintif/-ive **2** (*feige*) peureux/-euse **3** (*besorgt*) anxieux/-ieuse
Angstschweiß *m* sueur *f* froide
angucken: (**sich**) **etw ~** regarder qc
anhaben **1** (*angezogen haben*) porter, avoir mis **2** (*eingeschaltet haben*) **er hatte das Radio** (**den Motor** *usw.*) **an** sa radio (son moteur *usw.*) marchait
anhalten **1** (*stehen bleiben*) s'arrêter **2 ein Fahrzeug ~** (faire) arrêter un véhicule **3 die Luft** *od.* **den Atem ~** retenir son souffle **4** (*andauern*) durer, continuer
Anhalter(in) *m(f)* auto-stoppeur *m*, -euse *f*; **per ~ fahren** faire de l'auto-stop
Anhaltspunkt *m* indice *m*
anhand: ~ von au moyen de, en s'appuyant sur
Anhang *m* **1** *e-s Buches*: appendice *m* **2** (*Verwandte*) famille *f*
anhängen **1** suspendre (*Schild, Gewichte usw.*) (**an** à) **2** accrocher (*Fahrzeug, Waggon usw.*) (**an** à) **3 j-m etw ~** *umg.* mettre qc sur le dos de qn
Anhänger *m* **1** *am Fahrzeug*: remorque *f* **2** *an e-r Kette*: pendentif *m* **3** *an Koffern*: étiquette *f*
Anhänger(in) *m(f)* **1** *e-r Partei*: partisan(e) *m(f)* **2** SPORT supporter *m* (⚠ *im Frz. nur m*)
Anhängerkupplung *f* attelage *m* de remorque
anhänglich affectueux/-euse
anheben **1** (*hochheben*) soulever (un peu) **2** relever (*Gehälter, Preise*)
Anhieb *m*: **auf ~** tout de suite
anhimmeln adorer; (*schwärmerisch anschauen*) regarder avec adoration
anhören **1** (*zuhören*) écouter; **ich habe mir die Sendung im Radio angehört** j'ai écouté l'émission à la radio **2** (*mithören*) **das habe ich nur zufällig mit angehört** je l'ai entendu par *hasard **3 das hört sich gut** (*bzw.* **nicht gut**) **an** *fig.* ça n'a pas l'air mal (*bzw.* bien); **es hört sich an, als ob …** on dirait que … (+ *Ind.*) **4 man hört ihm an, dass er krank ist** cela s'entend à sa voix qu'il est malade **5 die Zeugen ~** (*vernehmen*) entendre les témoins
Animateur(in) *m(f)* animateur *m*, -trice *f*
Anis *m* anis *m*
ankämpfen lutter (**gegen** contre)
Anken *m* (CH) beurre *m*
Anker *m* ancre *f* (⚠ *im Frz. f*); **vor ~ liegen** mouiller; **vor ~ gehen** jeter l'ancre, mouiller; **den ~ lichten** lever l'ancre
ankern mouiller
anketten enchaîner (*Gegenstand, Sträfling*); mettre à la chaîne (*Hund*) (**an** à)
Anklage *f* accusation *f*; **gegen j-n ~**

erheben inculper qn; ***sie steht unter ~*** elle est mise en accusation, elle est inculpée

an|klagen accuser (***wegen*** de); **~kleben** coller (***an*** à *od.* sur); **~klopfen** frapper (***an die Tür*** à la porte)

ankommen 1 arriver **2** (*Anklang finden*) (***gut***) **~** avoir du succès **3** (*abhängen*) dépendre (***auf*** de); ***es kommt*** (***ganz***) ***darauf an*** cela dépend, c'est selon **4** (*wichtig sein*) ***es kommt darauf an zu ...*** il importe de ..., l'important, c'est de ... (+ *Inf.*); ***darauf kommt es nicht an*** ce n'est pas ce qui compte; ***wenn es darauf ankommt*** au moment où il faut **5** ***sie lässt es drauf ~*** elle prend le risque; ***man kann es auf e-n Versuch ~ lassen*** on peut (toujours) essayer **6** ***gegen j-n*** (*bzw.* ***etw***) **~** venir à bout de qn (*bzw.* qc)

an|kreuzen marquer d'une croix; *auf e-r Liste usw.*: cocher; **~kündigen** annoncer

Ankündigung *f* annonce *f*

Ankunft *f* arrivée *f*

anlächeln: ***j-n ~*** sourire à qn

anlachen 1 ***j-n ~*** regarder qn en riant **2** ***sich j-n ~*** se trouver qn

Anlage *f* **1** (*Parkanlage*) espace *m* vert **2** (*Stereoanlage*) chaîne *f* *hi-fi **3** (*technische Einrichtung*) installation *f*; *Vorrichtung*: dispositif *m* **4** (*Veranlagung*) disposition *f* (***zu*** à) **5** (*Geldanlage*) placement *m* **6** *in Briefen*: pièce *f* jointe, annexe *m*; ***in der ~*** ci-joint

Anlass *m* **1** (*Grund*) raison *f* (***zu*** de), motif *m* (***zu*** de) **2** (*Gelegenheit*) occasion *f*; ***bei besonderen Anlässen*** pour des occasions particulières; ***beim geringsten ~ wird er böse*** il se fâche pour un rien

anlassen 1 (*anbehalten*) ***den Mantel*** *usw.* **~** garder son manteau *usw.* **2** (*eingeschaltet lassen*) laisser allumé (*Radio, Licht, Motor usw.*) **3** (*starten*) ***den Motor ~*** faire démarrer le moteur

Anlasser *m* AUTO démarreur *m*

anlässlich à l'occasion de

Anlauf *m* **1** SPORT élan *m*; ***sie nimmt ~*** elle prend son élan **2** (*Versuch*) essai *m*; ***beim ersten ~*** du premier coup; ***er hat die Prüfung erst beim dritten ~ geschafft*** il n'a été reçu à l'examen qu'au troisième essai

anlaufen 1 (*Aktion, Motor, Maschine usw.*) démarrer **2** (*Film*) sortir **3** (*Metall, Spiegel*) se ternir **4** ***er lief rot an*** il est devenu tout rouge **5** ***sie kam angelaufen*** elle a accouru *od.* elle est accourue **6** ***e-n Hafen*** (*bzw.* ***Hamburg***) **~** (*Schiff*) faire escale dans un port (*bzw.* à Hambourg)

anlegen 1 aménager (*Garten, Straße usw.*); commencer (*Album*); faire (*Liste, Akte usw.*) **2** placer (*Geld*) **3** (*Schiff*) ***im Hafen ~*** accoster **4** ***sich mit j-m ~*** (*Streit anfangen*) se disputer avec qn, chercher querelle avec qn

anlehnen 1 ***die Tür ~*** laisser la porte entrouverte **2** ***etw an die Wand ~*** appuyer qc au mur (*od.* contre le mur) **3** ***sich ~*** s'appuyer (***an*** contre); *mit dem Rücken*: s'adosser (***an*** à)

anliegen 1 (***eng***) **~** (*Kleidung*) être ajusté **2** ***was liegt an?*** qu'est-ce qu'il y a à faire?

anlocken attirer

anlügen: ***j-n ~*** mentir à qn

anmachen 1 allumer (*Feuer, Licht, Radio, Elektrogerät*) **2** assaisonner (*Salat*) **3** (*begeistern, erregen*) ***das macht mich an*** ça m'excite **4** ***j-n ~*** (*aufreißen*) *umg.* draguer qn **5** (*provozieren*) ***mach mich nicht an!*** *umg.* tu me cherches! **6** (*beschimpfen*) ***sie hat mich blöd angemacht*** *umg.* elle m'a engueulé; *umg.* elle m'a râlé après

anmalen peindre

Anmeldeformular *n* formulaire *m* d'inscription

anmelden 1 inscrire (*j-n*); ***sich ~*** *bei e-m Kurs, in der Schule usw.*: se faire inscrire (***zu, bei, an*** à) **2** *beim Arzt usw.*: ***sich ~*** prendre rendez-vous; ***ich bin angemeldet*** j'ai rendez-vous **3** déclarer (*Radio, Fernsehen*); ***sein Auto ~*** faire immatriculer sa voiture

Anmeldeschluss *m* clôture *f* des inscriptions

Anmeldung *f* **1** *zu e-m Kurs, für e-e Schule*: inscription *f* **2** *beim Arzt*: rendez-vous *m* **3** (*Anmeldestelle*) inscriptions *f Pl*; *beim Arzt*: secrétariat *m* **4** (*Anmeldeformular*) formulaire *m* d'inscription **5** *beim Umzug*: déclaration *f* de résidence (⚠ *in Frankreich gibt es keine polizeiliche Meldepflicht*)

anmerken 1 ***man merkt ihm an, dass ...*** on voit que ... (+ *Ind.*), on remarque

que … (+ *Ind.*) **2** ***sie ließ sich nichts ~*** elle fit semblant de rien; ***sie ließ sich nicht ~, wie enttäuscht sie war*** elle ne montra pas sa déception
annähen coudre (**an** à)
Annäherungsversuche *m Pl* avances *f Pl*
Annahme *f* (*Vermutung*) supposition *f*, hypothèse *f*
annehmen[1] **1** prendre (*Namen, Gewohnheit, Aussehen usw.*) **2** accepter (*Geschenk, Angebot usw.*) **3** adopter (*Antrag, Gesetz*)
annehmen[2] (*vermuten, voraussetzen*) supposer; ***nehmen wir an*** *od.* ***angenommen, dass …*** supposons (*od.* admettons) que … (+ *Subj.*); ***ich nehme es an*** je suppose, je pense
Annonce *f* annonce *f*
annoncieren: (***etw***) ***in der Zeitung ~*** mettre une annonce (pour qc) dans le journal
anöden *umg.* barber, *umg.* raser
anonym anonym<u>e</u>
Anorak *m* anorak *m*
anordnen **1** (*befehlen*) ordonner **2** (*ordnen*) arranger, classer
Anordnung *f* **1** (*Anweisung*) ordre *m* **2** (*Ordnung*) classement *m* (**nach** par)
anorganisch <u>in</u>organique (⚠ *Vorsilbe*)
anpassen **1** ***sich ~*** s'adapter (**an** à) **2** TECH ajuster (*a. Kleidung*) **3** (*angleichen*) adapter
anpassungsfähig capable de s'adapter
anpfeifen: (***das Spiel***) **~** donner le coup de sifflet d'envoi
Anpfiff *m* **1** SPORT coup *m* de sifflet d'envoi **2** ***e-n ~ kriegen*** se faire engueuler
anpflanzen **1** (*anbauen*) cultiver **2** (*pflanzen*) planter
anpöbeln: ***j-n ~*** apostropher qn; *umg.* chercher qn
anprobieren essayer
Anrainer *m* Ⓐ riverain *m*
anrechnen **1** (*gutschreiben, berücksichtigen*) tenir compte de; ***etw auf die Gesamtsumme ~*** décompter qc de la somme totale **2** ***ich rechne ihr hoch an, dass sie sich entschuldigt hat*** je lui sais gré de s'être excusée
Anrecht *n* droit *m* (**auf** à)
Anrede *f* **1** formule *f* pour s'adresser à qn **2** (*Titel*) titre *m*
anreden **1** (*ansprechen*) adresser la parole à **2** *mit Namen, Titel*: appeler; ***er hat sie mit „Susi" angeredet*** il l'a appelée «Susi»; ***wie muss ich die Direktorin ~?*** comment s'adresse-t-on au directeur? **3** ***j-n mit du*** (*bzw.* ***mit Sie***) **~** tutoyer (*bzw.* vouvoyer) qn
anregen stimuler (*Appetit, Fantasie usw.*)
anregend stimulant
Anregung *f* **1** (*Vorschlag*) suggestion *f*, idée *f* **2** *des Appetits, der Fantasie usw.*: stimulation *f*
Anreise *f* **1** (*Reise*) voyage *m* **2** (*Ankunft*) arrivée *f*
anreisen **1** (*reisen*) voyager **2** (*ankommen*) arriver
Anreiz *m* attrait *m* (**zu** de)
anrempeln bousculer
anrichten **1** (*zubereiten*) préparer; (*garnieren*) dresser **2** causer (*Verwirrung, Schaden usw.*) **3** *iron.* ***da hast du was Schönes angerichtet!*** tu as fait du beau!
Anruf *m* appel *m* téléphonique, coup *m* de téléphone; *umg.* coup *m* de fil
Anrufbeantworter *m* répondeur *m*
anrufen: ***j-n ~*** téléphoner à qn, appeler qn
anrühren[1] **1** (*berühren*) toucher **2** (*nehmen*) toucher <u>à</u>; ***er rührt keinen Alkohol an*** il ne touche pas à l'alcool
anrühren[2] (*mischen*) délayer
ans (= *an das*) → **an**[1]
Ansage *f* TV *usw.* présentation *f*
ansagen **1** TV *usw.* (***e-e Sendung***) **~** présenter (une émission) **2** (*ankündigen*) annoncer
Ansager(in) *m(f)* présentateur *m*, -trice *f*
Ansatz *m* **1** (*Lösungsansatz*) approche *f* **2** (*Anfang*) début *m* **3** (*Haaransatz usw.*) racine *f*
anschaffen **1** (***sich***) ***etw ~*** (s')acheter qc **2** *als Prostituierte*: ***~ gehen*** faire le trottoir
an|schalten allumer (*Licht, Radio, Elektrogerät*); mettre en marche (*Maschine*); **~schauen** regarder; → ***ansehen***
anschaulich **1** compréhensible; (*Beispiel, Bild*) concret/-ète **2** ***~ beschreiben*** décrire très clairement
an|scheinend appar<u>emm</u>ent, il paraît que (+ *Ind.*); **~schieben** pousser

Anschlag[1] *m* (*Aushang*) affiche *f*
Anschlag[2] *m* (*Attentat*) attentat *m*
Anschlag[3] *m* **1** *auf der Schreibmaschine*: frappe *f*; *auf dem Klavier*: toucher *m* **2** ***den Hebel bis zum ~ drehen*** tourner le levier jusqu'à la butée
anschlagen **1** afficher (*Ankündigung*); apposer (*Plakat*) **2** MUS frapper (*Gong, Taste*); faire vibrer (*Saite*); plaquer (*Akkord*) **3** (*Hund*) aboyer **4** ***sich den Kopf an der Tür ~*** se *heurter la tête contre la porte
anschließen **1** brancher (*Elektrogerät, Kabel*) (***an*** à); raccorder (*Telefon, Schlauch*) (***an*** à) **2** *mit e-m Schloss*: attacher (***an*** à) **3** ***sich e-r Partei*** *usw.* **~** rejoindre un parti *usw.*
anschließend ensuite, après
Anschluss *m* **1** *beim Zugfahren*: correspondance *f* **2** *von Gas, Wasser*: raccordement *m*; *von Strom*: branchement *m* **3** TEL ***kein ~ unter dieser Nummer*** le numéro que vous demandez n'est pas en service actuellement **4** (*Verbindung*) contact *m* (***an*** avec); ***den ~ verlieren*** perdre le contact **5** (*persönliche Kontakte*) ***~ finden*** se faire des connaissances
anschnallen **1** attacher **2** ***sich ~*** AUTO s'attacher, mettre sa ceinture; FLUG attacher sa ceinture
anschneiden **1** entamer (*Brot, Wurst usw.*) **2** ***die Blumen ~*** couper la tige des fleurs **3** couper (*Ball, Kurve*) **4** aborder (*Frage, Problem*)
anschreiben **1** ***etw*** (***an der Tafel***) **~** écrire qc (au tableau) **2** marquer (*Punkte beim Spiel*)
anschreien: ***j-n ~*** crier après qn
Anschrift *f* adresse *f*
anschwellen gonfler, enfler
ansehen **1** regarder; *oft a. nur*: voir; ***das habe ich selbst mit angesehen*** je l'ai vu moi-même **2** ***sich etw ~*** regarder qc; ***sich e-n Film ~*** voir un film **3** ***ich kann es nicht mehr mit ~*** je ne peux plus supporter cela **4** ***sieh*** (***mal***) ***einer an!*** tiens, tiens!, voyez donc!; ***sieh dir das*** (***mal***) ***an!*** regarde-moi ça! **5** ***man sieht ihm an, dass er sich freut*** on voit qu'il est content **6** (*halten für*) considérer (***als*** comme); *irrtümlich*: prendre (***für*** pour)
Ansehen *n* réputation *f*; *großes*: prestige *m*
an sein → ***an***[2]
ansetzen **1** porter aux lèvres (*Glas, Flasche usw.*); emboucher (*Blasinstrument*) **2** (*einplanen*) compter **3** fixer (*Termin, Sitzung*) **4** ***j-n auf etw ~*** mettre qn sur qc; ***e-n Detektiv auf j-n ~*** lancer un détective sur la piste de qn **5** ***zum Sprung ~*** se préparer à sauter, se disposer à sauter; ***zur Landung ~*** amorcer l'atterrissage
Ansicht *f* **1** (*Meinung*) opinion *f*, avis *m*; ***moderne*** *usw.* ***~en haben*** avoir des idées modernes *usw.*; ***meiner ~ nach*** à mon avis **2** (*Anblick*) vue *f*
Ansichtskarte *f* carte *f* postale
anspannen **1** tendre (*Muskeln*) **2** atteler (*Pferde, Wagen*)
Anspielung *f* allusion *f* (***auf*** à)
anspitzen tailler (*Stift*)
anspornen (*ermuntern*) stimuler
ansprechbar: ***er war den ganzen Tag nicht ~*** (*zu beschäftigt*) il a été pris toute la journée
ansprechen **1** (*anreden*) ***j-n ~*** adresser la parole à qn; *auf der Straße o. ä.*: aborder qn **2** ***j-n mit dem Vornamen ~*** appeler qn par son prénom **3** (*zur Sprache bringen*) ***etw ~*** aborder qc; ***hast du ihn schon darauf angesprochen?*** tu lui en as déjà parlé? **4** ***sie fühlte sich angesprochen*** elle s'est senti visée
Ansprechpartner(in) *m(f)* interlocuteur *m*, -trice *f*; ***wer ist der ~ für …?*** à qui s'adresser pour …?
anspringen **1** (*Motor, Fahrzeug*) démarrer; ***das Auto springt nicht an*** la voiture ne démarre pas **2** (*Hund usw.*) ***j-n ~*** sauter sur qn
Anspruch *m* **1** (*Forderung*) exigence *f*; ***Ansprüche stellen*** être exigeant (***an j-n*** envers qn; ***an etw*** pour qc); être difficile **2** ***in ~ nehmen*** (*annehmen, gebrauchen*) recourir à **3** (*Anrecht*) droit *m* (***auf*** à); ***sie hat ~ auf Schadensersatz*** elle a droit à des indemnités
anspruchsvoll **1** (*Mensch*) exigeant **2** (*Film, Buch usw.*) difficile, de *haut niveau
anständig **1** (*ehrlich*) honnête **2** (*ordentlich, wie es sich gehört*) convenable; (*Benehmen*) *a.* correct; ***benehmt euch ~!*** tenez-vous convenablement! **3** ***ich habe nichts Anständiges zum Anziehen*** je n'ai rien de mettable

an|starren regarder fixement; **~statt** au lieu de, à la place de

anstecken 1 ***er hat mich mit der Grippe angesteckt*** il m'a passé sa grippe; ***ich habe mich bei ihr angesteckt*** j'ai attrapé sa maladie **2** ***ihr Lachen steckte an*** son rire était contagieux **3** agrafer (*Brosche usw.*) **4** mettre au doigt (*Ring*) **5** allumer (*Zigarette*)

ansteckend (*Krankheit, Lachen usw.*) contagieux/-ieuse

anstehen 1 (*Schlange stehen*) faire la queue **2** (*Probleme, Fragen usw.*) se poser, être à traiter; ***was steht an?*** qu'est-ce qu'il y a (à faire)?; ***morgen steht e-e Englischarbeit an*** demain il y a un contrôle d'anglais

ansteigen monter

anstelle: ~ (von) à la place de

anstellen 1 allumer (*Radio, Fernseher, Heizung usw.*); mettre en marche (*Motor*); ouvrir (*Wasser, Gas*) **2** *beruflich*: ***j-n ~*** engager qn, embaucher qn; ***sie ist fest angestellt*** elle a un emploi **3** *in der Schlange*: ***sich ~*** faire la queue; ***stellen Sie sich hinten an!*** mettez-vous à la queue! **4** (*anrichten*) ***etw ~*** faire des bêtises; ***was hat sie wieder angestellt?*** *umg.* qu'est-ce qu'elle a encore fabriqué? **5** (*machen*) ***wie hast du das angestellt?*** comment tu t'y es pris? **6** ***sich dumm*** (***ungeschickt*** *usw.*) **~** s'y prendre bêtement (maladroitement *usw.*) (***bei etw*** pour faire qc) **7** ***stell dich nicht so an!*** ne fais pas l'idiot!

Anstieg *m* **1** montée *f* **2** *der Temperatur, der Preise*: *hausse *f*

anstiften: *j-n zu etw ~* inciter qn à (faire) qc

Anstoß *m* SPORT coup *m* d'envoi

anstoßen 1 ***etw ~*** donner un coup à qc; ***j-n ~*** pousser qn; *versehentlich*: *heurter qn **2** (***mit dem Fuß, dem Kopf*** *usw.*) ***an etw ~*** *heurter qc (du pied, de la tête *usw.*) **3** (*prosten*) trinquer; ***auf j-n ~*** trinquer à la santé de qn; ***auf etw ~*** trinquer à qc

Anstößer *m* Ⓒⓗ riverain *m*

anstreichen 1 *mit Farbe, Pinsel*: peindre **2** marquer (*Fehler, Textstelle usw.*); ***e-n Fehler rot ~*** marquer une faute en rouge; ***e-n Tag im Kalender rot ~*** marquer un jour d'une pierre blanche

Anstreicher(in) *m(f)* peintre *m,f* en bâtiment

anstrengen 1 ***sich ~*** (*sich bemühen*) se donner du mal; *a. körperlich*: faire des efforts; ***streng dich ein bisschen an!*** fais un effort! **2** (*anstrengend sein*) ***das strengt an*** c'est fatigant; ***das Sprechen strengt ihn an*** cela le fatigue de parler

anstrengend fatigant, pénible

Anstrengung *f* **1** (*Bemühung*) effort *m* **2** (*Strapaze*) fatigue *f*

Ansturm *m* ruée *f* (***auf*** sur)

Antarktis *f* Antarctique *m* (⚠ *im Frz. m*)

Anteil *m* **1** (*Teil*) part *f* (***an*** de) **2** (*Beteiligung, Interesse*) ***an etw ~ nehmen*** prendre part à qc

Antenne *f* antenne *f*

Antialkoholiker(in) *m(f)* antialcoolique *m,f*

antiautoritär anti-autoritaire

Antibabypille *f* pilule *f* (contraceptive)

Antibiotikum *n* antibiotique *m*

antik 1 (*Antiquität*) ancien/-ienne **2** *nur*: (*aus der Antike*) antique

Antike *f* Antiquité *f* (⚠ *Endung*)

Antikörper *m* anticorps *m*

Antillen *Pl* Antilles *f Pl*

Antilope *f* antilope *f*

Antipathie *f* antipathie *f*

Antiquität *f einzelne*: objet *m* d'art ancien; **~en** *a.* antiquités *f Pl*

antisemitisch antisémite

Antisemitismus *m* antisémitisme *m*

antörnen (*Drogen*) *umg.* faire flipper; (*Musik usw.*) exciter

Antrag *m* demande *f* (***auf*** de)

antreiben 1 ***j-n zu etw ~*** pousser (*od.* inciter) qn à faire qc **2** faire avancer (*Tier*) **3** actionner, entraîner (*Maschine*); propulser (*Flugzeug, Rakete usw.*)

antreten 1 (*sich aufstellen*) s'aligner, se ranger **2** ***zu e-m Wettkampf ~*** se présenter à une épreuve **3** (*übernehmen*) ***e-e Stelle ~*** commencer un nouvel emploi; ***ein Amt ~*** ses fonctions; ***ein Erbe ~*** recueillir un héritage **4** (*beginnen*) ***e-e Strafe ~*** commencer à purger une peine; ***e-e Reise ~*** partir en voyage; ***den Rückzug ~*** battre en retraite

Antrieb *m* **1** *e-r Maschine*: commande *f* **2** *e-s Fahrzeugs, Flugzeugs, e-r Rakete*: propulsion *f* **3** (*Motivation*) impulsion *f*; ***aus eigenem ~*** de sa propre initiative

antun 1 (*tun*) faire; ***tu mir das nicht an!***

ne me fais pas ça! **2** ***sich etw ~*** (*sich umbringen*) se tuer
Antwort *f* **1** réponse *f* (***auf*** à) **2** (***j-m***) ***etw zur ~ geben*** répondre qc (à qn) **3** ***er ist nie um e-e ~ verlegen*** il a réponse à tout
antworten répondre (***auf*** à); ***mit Ja*** (*bzw.* ***Nein***) **~** répondre par oui (*bzw.* par non)
anvertrauen: ***j-m etw ~*** confier qc à qn
anwachsen[1] (*festwachsen*) prendre; (*Pflanze*) prendre racine
anwachsen[2] (*zunehmen*) augmenter, s'accroître
Anwalt *m*, **Anwältin** *f* avocat(e) *m*(*f*)
anwärmen chauffer
anwenden **1** (*verwenden*) employer, utiliser **2** appliquer (*Methode, Verfahren, Gesetz*) (***auf*** à)
An|wender(in) *m*(*f*) utilisateur *m*; **~wendung** *f* emploi *m*, utilisation *f*
anwesend présent
Anwesende(r) *f*(*m*) personne *f* présente
Anwesenheit *f* présence *f*
Anwesenheitsliste *f* feuille *f* de présence
anwidern dégoûter, écœurer
anwinkeln plier (*Beine, Arme*)
Anzahl *f* nombre *m*
anzahlen **1** ***50 Euro ~*** verser un acompte de cinquante euros **2** ***ich habe den Videorekorder angezahlt*** j'ai versé un acompte (*od.* des arrhes) pour le magnétoscope
Anzahlung *f* acompte *m*, arrhes *f Pl*
Anzeichen *n* **1** signe *m* **2** ***alle ~ deuten darauf hin, dass …*** tout tend à prouver que … (+ *Ind.*)
Anzeige[1] *f* **1** (*Inserat*) annonce *f* **2** (*Geburts-, Heirats-, Todesanzeige usw.*) faire-part *m*
Anzeige[2] *f* (*Strafanzeige*) plainte *f* (***gegen*** contre); ***~ erstatten*** porter plainte (***gegen*** contre)
Anzeige[3] *f bei e-m Gerät*: affichage *m*
anzeigen[1]: ***j-n ~*** porter plainte contre qn
anzeigen[2] (*zeigen, angeben*) indiquer
anziehen[1] **1** ***sich ~*** s'habiller **2** (***sich***) ***etw ~*** mettre qc **3** ***ein Kind*** (***die Puppe*** *usw.*) **~** habiller un enfant (la poupée *usw.*)
anziehen[2] **1** attirer (*Insekten, Neugierige, Blicke usw.*) **2** serrer (*Schraube, Bremse*); tendre (*Seil, Saite*)
Anziehungskraft *f* (*Reiz*) attrait *m*
Anzug *m* costume *m*, complet *m*
anzünden **1** allumer (*Zigarette, Feuer, Kerze*) **2** (*in Brand stecken*) mettre le feu à, incendier
Apartheid *f* apartheid *m* (⚠ *im Frz. m*)
Apartment *n* studio *m* (⚠ *frz.* appartement *m* = ***Wohnung*** *mit mehreren Zimmern*)
apathisch apathique
aper Ⓐ, ⒸⒽ sans neige
Aperitif *m* apéritif *m*
Apfel *m* pomme *f*
Apfel|baum *m* pommier *m*; **~kuchen** *m* tarte *f* aux pommes; **~mus** *n* compote *f* de pommes; **~saft** *m* jus *m* de pomme
Apfelsine *f* orange *f*
Apfelsinensaft *m* jus *m* d'orange
Apfel|strudel *m* strudel *m* (aux pommes); **~tasche** *f* chausson *m* aux pommes
Apostel *m* apôtre *m*
Apostroph *m* apostrophe *f* (⚠ *im Frz. f*)
Apotheke *f* pharmacie *f*
Apotheker(in) *m*(*f*) pharmacien *m*, -ienne *f*
Apparat *m* **1** appareil *m* (⚠ *Endung*) **2** TEL ***wer ist am ~?*** qui est à l'appareil?; *als Antwort*: ***am ~!*** c'est lui-même *bzw.* c'est elle-même!; ***bleiben Sie am ~!*** ne quittez pas!
Appartement *n* studio *m* (⚠ *frz.* appartement *m* = ***Wohnung*** *mit mehreren Zimmern*)
Appell *m* (*Aufruf*) appel *m* (***an*** à)
appellieren: ***~ an*** faire appel à (⚠ *frz.* appeler = ***rufen, nennen***)
Appenzell *n* l'Appenzell
Appetit *m* appétit *m*; ***~ auf etw haben*** avoir de l'appétit pour qc, avoir envie de manger qc; ***guten ~!*** bon appétit! (⚠ *in Frankreich weniger üblich vor dem Essen*)
appetitlich appétissant
applaudieren applaudir; ***j-m ~*** applaudir qn
Applaus *m* applaudissements *m Pl*
Aprikose *f* abricot *m* (⚠ *im Frz. m*)
April *m* **1** avril *m*; ***im ~*** en avril, au mois d'avril **2** *Datumsangaben*: ***der zweite*** (***dritte*** *usw.*) **~** le deux (trois *usw.*) avril; ***am 10. ~*** le dix avril **3** ***~, ~!*** poisson d'avril!

April, April!

Der 1. April ist auch in Frankreich ein Tag der Spaßvögel: Vor allem Kinder versuchen, anderen Leuten kleine, aus Papier ausgeschnittene Fische, **des poissons d'avril**, auf den Rücken zu heften, ohne dass diese es merken. Statt *April, April!* rufen die Franzosen daher **poisson d'avril!**

Aprilscherz *m* poisson *m* d'avril
Aquarell *n* aquarelle *f*
Aquarium *n* aquarium *m*
Äquator *m* équateur *m*
Araber(in) *m(f)* Arabe *m,f*
Arabien *n* l'Arabie *f*
arabisch arabe
Arbeit *f* **1** travail *m* **2** (*Klassenarbeit*) contrôle *m*
arbeiten 1 travailler (***an etw*** à qc) **2** ***für e-e Prüfung ~*** préparer un examen
Arbeiter(in) *m(f)* travailleur *m*, -euse *f*; *in der Industrie*: ouvrier *m*, -ière *f*
Arbeiterklasse *f* classe *f* ouvrière
Arbeitgeber *m* employeur *m*; ***die ~*** *a.* le patronat, les patrons *m Pl*
Arbeitnehmer(in) *m(f)* salarié(e) *m(f)*; ***die ~*** le salariat, les salariés
Arbeits|amt *n* ≈ Office *m* du travail; *in Frankreich*: ANPE *f* (*Abk. für*: Agence nationale pour l'emploi); **~buch** *n* livre *m* d'exercices; **~erlaubnis** *f* autorisation *f* de travail; **~gemeinschaft** *f* **1** groupe *m* de travail **2** SCHULE (*freiwilliges Fach*) ≈ cours *m* facultatif; **~gruppe** *f* groupe *m* de travail (⚠ *frz.* groupe *ist m*); **~heft** *n* cahier *m* de contrôles; **~kleidung** *f* vêtements *m Pl* de travail; **~klima** *n* ambiance *f* de travail
Arbeitskraft *f* **1** *Person*: travailleur *m*, -euse *f*; *in der Industrie*: ouvrier *m*, -ière *f*; ***ungelernte Arbeitskräfte*** la main-d'œuvre **2** (*j-s Leistungsfähigkeit*) puissance *f* de travail
Arbeits|kreis *m* groupe *m* de travail; **~lager** *n* camp *m* de travail
arbeitslos: ***~ sein*** être au chômage; ***~ werden*** être mis au chômage; ***sie hat sich ~ gemeldet*** elle s'est inscrite au chômage
Arbeitslose(r) *f(m)* chômeur *m*, -euse *f*
Arbeitslosengeld *n* allocation *f* de chômage
Arbeitslosigkeit *f* chômage *m*
Arbeits|platz *m* **1** (*Stellung*) emploi *m* **2** (*Büro, Sitzplatz*) poste *m*, lieu *m* de travail **3** *zu Hause*: coin *m* travail; **~speicher** *m* IT mémoire *f* vive; **~stelle** *f* **1** (*Stellung*) emploi *m* **2** *allg. Ort*: lieu *m* de travail **3** (*Arbeitsplatz*) poste *m*; **~teilung** *f* répartition *f* du travail; **~unfall** *m* accident *m* du travail
Arbeitszeit *f* **1** (*Zeit, in der gearbeitet wird*) heures *f Pl* de travail **2** ***gleitende ~*** horaire *m* individualisé, horaire *m* variable **3** (*Zeit, die man für etw braucht*) temps *m* de travail
Arbeitszimmer *n* bureau *m*
Archäo|loge *m*, **~login** *f* archéologue *m,f*
Archäologie *f* archéologie *f*
archäologisch archéologique
Arche *f* arche *f*; ***die ~ Noah*** l'arche de Noé
Architekt(in) *m(f)* architecte *m,f*
Architektur *f* architecture *f*
Archiv *n* archives *f Pl* (⚠ *im Frz. f u. Pl*)
archivieren archiver
Arena *f* arène *f*
Argentinien *n* l'Argentine *f*
Ärger *m* **1** (*Verstimmung*) irritation *f*; (*Zorn*) colère *f* **2** (*Unannehmlichkeiten*) ennuis *m Pl*
ärgerlich 1 (*unerfreulich*) fâcheux/-euse; *umg.* embêtant **2** (*verärgert, wütend*) fâché (***auf j-n*** contre qn; ***über etw*** de qc)
ärgern 1 (*necken*) agacer **2** (*zornig machen*) mettre en colère **3** (*verärgern*) contrarier, fâcher; ***es ärgert mich, dass ...*** cela m'enerve que ... (+ *Subj.*) **4** ***sich ~*** être fâché (***über j-n*** contre qn; ***über etw*** de qc); ***ärgere dich nicht!*** ne te fâche pas!
Argument *n* argument *m*
Argumentation *f* argumentation *f*
argumentieren argumenter
Arie *f* aria *f*
Arktis *f* Arctique *m* (⚠ *im Frz. m*)
arm 1 (↔ *reich*) pauvre (⚠ *nach dem Subst.*) **2** (*bedauernswert*) pauvre (⚠ *vor dem Subst.*) **3** ***er ist ~ dran*** il est à plaindre
Arm *m* **1** bras *m*; ***ein Kind auf den ~ nehmen*** prendre un enfant dans ses

bras; ***er legte den ~ um ihre Schultern*** il a entouré ses épaules de son bras **2** ***~ in ~*** bras dessus bras dessous **3** ***j-m in die ~e laufen*** tomber sur qn **4** ***sie nimmt dich auf den ~*** (*hereinlegen*) elle te fait marcher **5** *finanziell*: ***j-m unter die ~e greifen*** tirer qn d'affaire (***mit*** avec)

Armaturenbrett *n* tableau *m* de bord

Armband *n* bracelet *m*

Armbanduhr *f* montre-bracelet *f*

Armee *f* armée *f*

Ärmel *m* **1** manche *f* **2** ***die ~ hochkrempeln*** retrousser ses manches (*a. fig.*)

Ärmelkanal *m* Manche *f*

ärmellos sans manches

Armut *f* pauvreté *f*

Aroma *n* arôme *m*

aromatisch aromatique

arrangieren arranger (*a.* MUS)

arrogant arrogant

Arroganz *f* arrogance *f*

Art *f* **1** (*Methode*) manière *f*, façon *f* **2** (*Sorte*) genre *m*, sorte *f*; ***e-e ~ (von) ...*** une espèce de ..., une sorte de ...; ***... aller ~*** ... de toutes sortes **3** (*Natur, Wesen*) genre *m*, nature *f*; ***das ist nicht ihre ~*** ce n'est pas son genre **4** BIOL espèce *f* **5** (*Benehmen*) manières *f Pl*, façons *f Pl*; ***das ist doch keine ~!*** ce ne sont pas des façons à faire!

Artenschutz *m* protection *f* des espèces

Arterie *f* artère *f* (⚠ *Endung*)

artig sage, gentil/-ille (⚠ *das Adv. zu* gentil *heißt* gentiment)

Artikel *m* **1** PRESSE article *m* **2** GR ***der bestimmte*** (*bzw.* ***unbestimmte***) ~ l'article défini (*bzw.* indéfini)

Artist(in) *m(f)* acrobate *m,f*, artiste *m,f* de cirque (⚠ *frz.* artiste *m,f allein* = *allgemein*: ***Künstler[in]***)

Arznei *f* médicament *m*

Arzt *m*, **Ärztin** *f* médecin *m*, docteur *m* (⚠ *beide im Frz. nur m*)

Arzthelferin *f* assistante *f* médicale

As → ***Ass***

Asbest *m* amiante *m*

Asche *f* cendre *f*, cendres *f Pl*

Aschen|bahn *f* piste *f* cendrée; **~becher** *m* cendrier *m*

Aschen|brödel *n*, **~puttel** *n* Cendrillon *f*

Aschermittwoch *m* mercredi *m* des Cendres

Asiat(in) *m(f)* Asiatique *m,f* (⚠ *Endung*)

asiatisch asiatique

Asien *n* l'Asie *f*

Asphalt *m* asphalte *m*, bitume *m*

asphaltieren bitumer, asphalter; (*teeren*) goudronner

Ass *n* **1** *Spielkarte*: as *m* **2** (*Könner*) as *m*; *umg.* crack *m*

Assistent(in) *m(f)* assistant(e) *m(f)*

assistieren: *j-m ~* assister qn

Ast *m* branche *f*

Aster *f* aster *m* (⚠ *im Frz. m*)

ästhetisch esthétique

Asthma *n* asthme *m*

Astro|loge *m*, **~login** *f* astrologue *m,f*

Astrologie *f* astrologie *f*

Astronaut(in) *m(f)* astronaute *m,f*

Asyl *n* asile *m*

Asylbewerber(in) *m(f)* demandeur *m*, -euse *f* d'asile

Atelier *n* **1** (*Foto-, Filmatelier*) studio *m* **2** *e-s Künstlers*: atelier *m*

Atem *m* souffle *m*; ***~ holen*** respirer; ***außer ~*** à bout de souffle; ***schlechten ~ haben*** avoir mauvaise haleine

atemlos **1** (*Person*) essoufflé **2** ***~e Stille*** un silence absolu **3** ***~ zuhören*** écouter en retenant son souffle

Atemzug *m* **1** souffle *m* **2** ***im selben*** *od.* ***in e-m ~*** en même temps

Atheist(in) *m(f)* athée *m,f* (⚠ *Endung*)

Athen *n* Athènes (⚠ *Endung*)

Äthiopien *n* l'Éthiopie *f*

Athlet(in) *m(f)* athlète *m,f*

Atlantik *m* Atlantique *m*, océan *m* Atlantique

Atlas *m* atlas *m*

atmen respirer

Atmosphäre *f* atmosphère *f*

Atom *n* atome *m*

Atom..., atomar atomique, nucléaire

Atom|bombe *f* bombe *f* atomique; **~energie** *f* énergie *f* atomique, énergie *f* nucléaire; **~gegner(in)** *m(f)* antinucléaire *m,f*; **~kraftwerk** *n* centrale *f* nucléaire, centrale *f* atomique; **~krieg** *m* guerre *f* nucléaire, guerre *f* atomique; **~reaktor** *m* réacteur *m* nucléaire; **~test** *m*, **~versuch** *m* essai *m* nucléaire; **~waffe** *f* arme *f* nucléaire, arme *f* atomique

atomwaffenfrei: *~e Zone* zone *f* dénucléarisée

ätsch: *~!* *iron.* bien fait!

Attachment *n* IT fichier *m* joint
Attentat *n* attentat *m*
Attentäter(in) *m(f)* auteur *m* d'un attentat (⚠ *im Frz. nur m*)
Attest *n* certificat *m*
Attraktion *f* attraction *f*
attraktiv **1** (*Person*) attirant, séduisant **2** (*Angebot, Preis*) séduisant, attractif/-ive
Attrappe *f* imitation *f* (⚠ *frz.* attrape *f* = ***Scherzartikel***)
Attribut *n* GR épithète *f* (⚠ *frz.* attribut *m* = ***prädikative Ergänzung***)
au **1** *bei Schmerzen*: **~!** aïe!, ouille! **2** *begeistert*: **~ *ja!*** oh oui!; **~ *fein!*** génial!
aua: **~!** aïe!, ouille!
auch **1** (*ebenfalls*) aussi, également; ***ich ~*** moi aussi; ***es ~ tun*** en faire autant **2** *verneint*: **~ *nicht*** (pas) non plus; ***ich ~ nicht*** moi non plus **3** ***nicht nur …, sondern ~ …*** non seulement …, mais aussi …; ***sowohl … als ~ …*** aussi bien … que …, non seulement …, mais aussi … **4** (*sogar*) même; **~ *wenn …*** même si … **5** (*außerdem*) encore; **~ *noch*** encore; **~ *das noch!*** il ne manquait plus que ça! **6** ***so schlimm ist es ~ wieder nicht*** n'exagérons pas!; ***das ist aber ~ zu dumm!*** c'est vraiment trop bête! **7** *zweifelnd*: ***ist das ~ wahr?*** est-ce bien vrai?; ***hast du es dir ~ gut überlegt?*** tu as vraiment bien réfléchi?
Audienz *f* audience *f*
auf[1] **1** (↔ *unter*) sur; **~ *der Straße* (*dem Hof, der Treppe*)** dans la rue (la cour, l'escalier); **~ *den Boden fallen*** tomber par terre; **~ *dieser Seite*** de ce côté; *im Buch*: sur cette page **2** *allg. Ortsangaben*: à; **~ *dem Land*** à la campagne; **~ *der Welt sein*** être au monde **3** *bei Inseln meist*: à; *nur bei femininen Inseln*: en **4** **~ *Besuch*** en visite; **~ *der Durchreise*** de passage; **~ *der Flucht*** en fuite **5** **~ *diese Art*** de cette façon; **~ *Deutsch*** en allemand **6** ***bis ~ …*** (*ausgenommen*) excepté …, sauf …, à part … **7** **~ *und ab gehen*** aller et venir
auf[2] **1** (*offen*) ouvert; ***Augen ~!*** ouvre tes yeux *bzw.* ouvrez vos yeux! **2** (*aufgestanden*) **~ *sein*** être debout **3** (*aufgesetzt*) ***Brille* (*Mütze* usw.) *~!*** mets tes lunettes (ton bonnet *usw.*)! **4** (*los*) **~ *geht's!*** allons-y!; **~ *ins Freibad!*** en route pour la piscine!
aufatmen respirer; ***erleichtert ~*** pousser un soupir de soulagement
aufbacken rechauffer (*od.* passer) au four
Aufbau *m* **1** *von Häusern, Firmen*: construction *f* **2** (*das Aufbauen*) montage *m* **3** (*Gliederung, Struktur*) structure *f*
aufbauen **1** construire (*Gebäude*) **2** monter (*Gerüst, Zelt usw.*) **3** ***die Geschenke auf dem Tisch ~*** disposer les cadeaux sur la table **4** créer, monter (*Partei, Firma usw.*) **5** (*gliedern, strukturieren*) structurer **6** ***sich ~ aus*** (*sich zusammensetzen aus*) se composer de
aufbäumen: ***sich ~*** se cabrer
aufbauschen **1** gonfler (*Segel usw.*) **2** (*übertreiben*) exagérer, monter en épingle
aufbekommen[1] *als Hausaufgabe*: avoir à faire comme devoir; ***wir haben e-n Aufsatz ~*** on nous a donné une rédaction
aufbekommen[2] (*öffnen können*) arriver à ouvrir
auf|bewahren conserver, garder; **~blasen** gonfler (*Luftballon usw.*)
aufbleiben **1** (*Tür, Geschäft usw.*) rester ouvert **2** (*nicht ins Bett gehen*) rester debout
aufbrechen[1] **1** forcer (*Tür, Schloss, Safe usw.*) **2** briser (*Siegel, Eis*)
aufbrechen[2] (*weggehen*) partir, s'en aller
Aufbruch *m* départ *m*
aufdecken **1** découvrir (*Bett*) **2** retourner (*Spielkarte*) **3** découvrir (*Zusammenhänge, Hintergründe usw.*); élucider (*Rätsel*)
aufdonnern: ***sich ~*** se donner un look tape-à-l'œil
aufdrängen **1** ***sich (j-m) ~*** (*Person, Verdacht usw.*) s'imposer (à qn) **2** ***sie hat mir ihr Geld förmlich aufgedrängt*** elle m'a pratiquement forcé à prendre son argent
aufdrehen **1** ouvrir (*Heizung, Wasserhahn usw.*) **2** mettre plus fort (*Radio usw.*) **3** remonter (*Spielzeugauto, Spieluhr*)
aufdringlich **1** (*Person*) indiscret/-ète **2** (*Geruch, Parfüm*) tenace
Aufdruck *m* texte *m* imprimé
auf|drucken imprimer (***auf*** sur); **~drücken** ouvrir (en poussant) (*Tür usw.*)

aufeinander **1** (*übereinander*) l'un *bzw.* l'une sur l'autre; *mehrere*: les uns (*bzw.* les unes) sur les autres **2** (*gegenseitig*) ***sie sind ~ angewiesen*** ils dépendent l'un de l'autre *bzw.* elles dépendent l'une de l'autre

Aufenthalt *m* **1** séjour *m* **2** *während der Fahrt*: arrêt *m*

Aufenthalts|genehmigung *f* permis *m* de séjour; **~raum** *m* foyer *m*

Auferstehung *f* résurrection *f*

aufessen **1** (*alles essen*) manger tout **2** (*zu Ende essen*) finir; ***iss dein Brot auf!*** mange (*od.* finis) ton pain!; ***hast du aufgegessen?*** tu as fini ton assiette?

auffahren **1** (*aufprallen*) ***auf ein Auto*** *usw.* **~** rentrer dans une voiture *usw.* **2** ***zu dicht*** **~** suivre de trop près (***auf etw*** qc) **3** (*aufschrecken*) sursauter

Auffahrt *f* **1** *zur Autobahn*: bretelle *f* **2** *vor Gebäuden*: rampe *f* (d'accès)

Auffahrunfall *m* télescopage *m*

auffallen **1** (*Person*) se faire remarquer (***durch*** par); ***sie fällt auf*** on la remarque; ***er ist unangenehm aufgefallen*** il s'est fait (désagréablement) remarquer **2** (*Dinge*) se voir, se remarquer; ***das fällt auf*** (*das wird man merken*) cela se remarquera **3** ***mir ist aufgefallen, dass …*** j'ai remarqué que … (+ *Ind.*); ***ist dir nichts an ihm*** (*bzw.* ***an ihr***) ***aufgefallen?*** tu n'as rien remarqué chez lui (*bzw.* chez elle)?

auffallend **1** (*Aussehen, Erscheinung*) frappant **2** (*Kleidung, Farbe*) voyant **3** (*besonders*) ***er ist ~ still*** il est particulièrement silencieux **4** ***stimmt ~!*** tout à fait!, exact!

auffällig **1** (*auffallend*) frappant; (*Farbe, Kleidung*) voyant **2** (*verdächtig*) suspect

auffangen **1** attraper (*Ball usw.*) **2** recueillir (*Flüssigkeit*) **3** voir (*Blick*); entendre (*Wort, Satz*) **4** amortir (*Schlag, Stoß, Hieb*)

auffassen: **~** ***als*** prendre pour

Auffassung *f* **1** (*Ansicht*) opinion *f* **2** (*Vorstellung*) ***ihre ~ von Freundschaft*** sa conception de l'amitié

auffordern **1** (*bitten, verlangen*) prier **2** (*ermuntern*) inviter **3** ***j-n*** (***zum Tanzen***) **~** inviter qn (à danser)

Aufforderung *f* **1** demande *f* **2** *zum Tanz*: invitation *f*

auffressen (*bes.wilde Tiere*) dévorer

aufführen **1** représenter, jouer (*Theaterstück*) **2** (*aufzählen*) énumérer (*Beispiele, Gründe*); mentionner (*Namen usw. in e-r Liste*) **3** ***sich ~*** se comporter, se conduire

Aufführung *f* THEAT représentation *f*

auffüllen remplir (*Behälter, Regale usw.*)

Aufgabe *f* **1** MATH *usw.* problème *m* **2** (*Übung*) exercice *m* **3** (*Hausaufgabe*) devoir *m* **4** (*Auftrag*) tâche *f*, mission *f* **5** (*Pflicht*) devoir *m*

aufgabeln *umg.* ramasser, pêcher

Aufgabenheft *n* cahier *m* de textes

aufgeben[1] **1** donner (*Hausaufgabe*) **2** ***j-m ein Rätsel ~*** poser une devinette à qn **3** ***e-n Brief*** *usw.* **~** expédier une lettre *usw.* **4** ***sein Gepäck ~*** faire enregistrer ses bagages **5** ***e-e Anzeige*** (*bzw.* ***Bestellung***) **~** passer une annonce (*bzw.* une commande)

aufgeben[2] **1** abandonner (*Plan, Vorhaben usw.*); SPORT *usw.* ***er hat aufgegeben*** il a abandonné **2** ***die Hoffnung ~*** perdre espoir **3** ***sein Geschäft ~*** fermer **4** ***sie hat das Rauchen aufgegeben*** elle a arrêté de fumer **5** ***gib's auf!*** laisse tomber!

aufgehen[1] **1** (*Sonne, Mond*) se lever **2** (*sich öffnen*) s'ouvrir; (*Vorhang*) se lever **3** (*Knoten, Schleife, Zopf usw.*) se défaire; (*Naht*) se découdre **4** (*Teig*) lever **5** ***plötzlich ging mir auf, was er gemeint hatte*** j'ai compris soudain ce qu'il avait voulu dire **6** ***in Flammen ~*** prendre feu

aufgehen[2] (*Rechnung usw.*) tomber juste

aufgeilen: ***sich an etw ~*** *a. fig.* s'exciter sur qc

aufgeklärt *sexuell*: averti; ***bist du schon ~?*** tu es déjà au courant des choses de la vie?

auf|gekratzt excité; **~geregt** excité; (*nervös*) énervé; **~geschlossen** ouvert (***für*** à)

aufgeschmissen *umg.* fichu; *etw stärker umg.*: foutu; ***ohne meine Uhr bin ich ~*** je ne peux rien faire sans ma montre

aufgliedern diviser, décomposer (***in*** en)

aufgrund: **~** ***von …*** en raison de …, vu …

Aufguss *m* infusion *f*
aufhaben[1] **1** ***e-n Hut*** (***e-e Brille*** *usw.*) **~** porter un chapeau (des lunettes *usw.*) **2** ***ich habe die Fenster auf*** mes fenêtres sont ouvertes; ***du hast das Hemd auf*** ta chemise est ouverte **3** ***hat die Bäckerei noch auf?*** la boulangerie est encore ouverte?
aufhaben[2] SCHULE avoir à faire; ***was hast du in Erdkunde auf?*** qu'est-ce que tu as (à faire) en géographie?
aufhalten **1** (*geöffnet halten*) tenir (*od.* garder) ouvert; ***j-m die Tür*** **~** tenir la porte à qn; ***die Augen*** **~** garder les yeux ouverts **2** (*verzögern*) arrêter; (*zurückhalten*) retenir; ***diese Arbeit hat ihn zwei Stunden aufgehalten*** ce travail lui a pris deux heures **3** ***sich irgendwo*** **~** (*sein*) être quelque part; (*bleiben*) rester quelque part **4** ***sich*** **~** (*Zeit verlieren*) perdre son temps (***mit*** avec)
aufhängen **1** suspendre (*Gegenstände*); accrocher (*Mantel, Bild*); étendre (*Wäsche*) **2** (*erhängen*) pendre; ***er hat sich aufgehängt*** il s'est pendu
Aufhänger *m* **1** (*am Mantel, Handtuch, Bilderrahmen usw.*) crochet *m* **2** (*Ansatzpunkt*) point *m* de départ (***für*** de)
aufheben[1] **1** *vom Boden*: ramasser **2** (*anheben*) soulever
aufheben[2] (*aufbewahren*) garder
aufheben[3] **1** (*abschaffen*) supprimer (*Geschwindigkeitsbegrenzung usw.*); lever (*Strafe, Urteil, Verbot*); abroger (*Gesetz*) **2** clore, clôturer (*Versammlung*); lever (*Sitzung, Blockade*) **3** ***sich gegenseitig*** **~** s'annuler réciproquement
aufheizen **1** (faire) chauffer (*Ofen usw.*) **2** chauffer (*Stimmung*) **3** ***sich*** **~** chauffer (⚠ *ohne* se)
aufhetzen: ***j-n*** **~** dresser qn (***gegen*** contre)
aufheulen **1** *vor Wut, Schmerz usw.*: *hurler **2** (*Motor*) s'emballer
aufholen **1** SPORT ***sie hat aufgeholt*** elle a regagné du terrain **2** rattraper (*Verspätung, Rückstand*); ***j-s Vorsprung*** **~** rattraper qn **3** récupérer (*versäumte Arbeitszeit*)
aufhören **1** s'arrêter **2** ***mit etw*** **~** arrêter qc; **~** ***zu arbeiten*** arrêter (*od.* s'arrêter) de travailler; ***hör mit dem Krach auf!*** arrête de faire du bruit!; ***hör auf damit!*** arrête!, arrête ça! **3** ***da hört doch alles auf!*** c'est trop fort!
aufklappen ouvrir (*Buch, Fenster*); déplier (*Liegestuhl*)
aufklären **1** tirer au clair (*Zusammenhang, Irrtum usw.*); éclaircir (*Missverständnis*); élucider (*Verbrechen*) **2** (*informieren*) ***j-n*** **~** ***über*** informer qn de **3** *sexuell*: ***j-n*** **~** donner une éducation sexuelle à qn **4** ***sich*** **~** (*Wetter, Himmel*) s'éclaircir
Aufklärung *f* **1** (*Erklärung*) explication *f* **2** *e-s Missverständnisses*: éclaircissement *m*; *e-s Verbrechens*: élucidation *f* **3** *sexuell*: éducation *f* sexuelle **4** *Zeitalter*: ***die*** **~** le siècle des lumières
aufkleben coller (***auf*** sur)
Aufkleber *m* autocollant *m*
aufknöpfen déboutonner
aufkommen **1** (*Regen, Nebel*) survenir; (*Sturm*) se lever; (*Gewitter*) se former **2** (*Gefühle, Zweifel usw.*) naître; (*Langeweile, Gerücht*) surgir **3** *mit Geld*: ***für etw*** **~** payer qc; ***für j-n*** **~** subvenir aux besoins de qn
aufladen **1** (↔ *abladen*) charger (***auf*** sur) **2** ***j-m etw*** **~** charger qn de qc **3** ***e-e Batterie*** **~** recharger une pile **4** ***sich*** **~** (*Batterie*) se recharger **5** ***sich elektrisch*** **~** (*Teppich, Haare usw.*) s'électriser
Auflage *f* **1** (*Bedingung*) condition *f*; (*Verpflichtung*) obligation *f* **2** *e-s Buchs*: tirage *m*
auflassen **1** laisser ouvert (*Tür, Fenster*); ne pas fermer (*Mantel, Jacke*) **2** garder (*Mütze, Brille*)
auflauern: ***j-m*** **~** guetter qn
Auflauf[1] *m Überbackenes*: gratin *m*; *feinerer, mit Eischnee*: soufflé *m*
Auflauf[2] *m von Menschen*: rassemblement *m*
auflegen **1** (***den Hörer***) **~** raccrocher **2** mettre (*CD, Platte*) **3** éditer (*Buch*)
aufleuchten s'allumer
auflockern **1** détendre (*Atmosphäre*); aérer (*Programm*); ***den Unterricht*** **~** rendre le cours plus vivant **2** assouplir (*Muskeln*) **3** (*Bewölkung*) ***sich*** **~** se disperser
auflösen **1** *in Flüssigkeit*: dissoudre; ***e-e Tablette in Wasser*** **~** *a.* faire fondre un comprimé dans de l'eau **2** résoudre (*Rätsel, Gleichung*) **3** fermer (*Konto*) **4** liquider (*Firma, Haushalt*)

5 ***sich ~*** *in Flüssigkeit*: se dissoudre; (*Zucker, Tablette*) fondre **6** ***sich ~*** (*Nebel*) se dissiper; ***sich in nichts ~*** *a. fig.* se dissiper complètement **7** ***sich ~*** (*Rätsel, Widersprüche*) se résoudre; (*Missverständnisse*) se dissiper **8** ***sich ~*** (*Gruppe, Verein usw.*) se dissoudre

Auflösung *f* **1** *e-s Rätsels, e-r Rechenaufgabe*: solution *f* **2** *e-r Gruppe, e-s Vereins usw.*: dissolution *f*

aufmachen **1** (*öffnen*) ouvrir; ***mach mal auf!*** ouvre! **2** défaire (*Knopf, Knoten, Paket*) **3** (*eröffnen*) ouvrir

aufmerksam **1** (*konzentriert*) attentif/-ive **2** ***~ werden auf*** remarquer; ***er machte mich auf die Diebin*** (***auf das Buch*** *usw.*) ~ il a attiré mon attention sur la voleuse (sur le livre *usw.*); ***j-n darauf ~ machen, dass …*** faire remarquer à qn que … (+ *Ind.*) **3** (*rücksichtsvoll*) ***das war sehr ~ von dir*** ça a été très gentil (*od.* aimable) de ta part

Aufmerksamkeit *f* **1** *Verhalten*: attention *f* **2** (*Geschenk*) ***e-e kleine ~*** un petit cadeau

aufmuntern: ***j-n ~*** (*aufheitern*) égayer qn; (*trösten*) réconforter qn; ***das wird dich etwas ~*** ça va te remonter un peu

aufmüpfig rebelle

Aufnahme[1] *f* **1** (*Foto*) photographie *f*, photo *f*; ***e-e ~ machen*** faire une photo, prendre une photo (***von*** de); ***ein Film mit 36 ~n*** une pellicule de 36 poses **2** *auf Kassette, Video usw.*: enregistrement *m* **3** FILM prise *f* de vue(s); ***Achtung, ~!*** silence, on tourne!

Aufnahme[2] *f* **1** (*Empfang*) accueil *m*, réception *f* **2** (*Empfangsraum*) accueil *m* **3** *in e-e Schule, e-n Verein usw.*: admission *f* **4** *e-s Protokolls*: établissement *m*; *e-s Unfalls*: constat *m*

Aufnahmeantrag *m* demande *f* d'admission

aufnahmefähig réceptif/-ive (***für*** à); ***ich bin nicht mehr ~*** je ne peux plus me concentrer

Aufnahme|prüfung *f* examen *m* d'admission (*od.* d'entrée); **~studio** *n* studio *m*; **~taste** *f* touche *f* d'enregistrement

aufnehmen **1** (*fotografieren*) ***j-n*** (*bzw.* ***etw***) ~ prendre qn (*bzw.* qc) en photo, faire une photo de qn (*bzw.* de qc) **2** *auf Kassette, Video usw.*: enregistrer; (*filmen*) filmer **3** ***mit j-m Kontakt*** *od.* ***Verbindung ~*** prendre contact avec qn, entrer en contact avec qn **4** (*empfangen*) accueillir (***bei sich*** chez soi) **5** *in e-e Schule, e-n Verein usw.*: admettre; ***ins Krankenhaus ~*** hospitaliser **6** THEAT *usw.* ***ins Programm ~*** mettre au programme **7** (*vom Boden aufheben*) ramasser **8** prendre (*Nahrung*); absorber (*Feuchtigkeit*) **9** prendre (*Nachricht, Bestellung*); accueillir (*Vorschlag*) **10** ***e-n Kredit ~*** prendre un crédit; ***tausend Euro ~*** emprunter mille euros à la banque **11** (*beginnen*) commencer (*Tätigkeit, Ermittlungen usw.*) **12** (*Polizei*) ***e-n Unfall ~*** faire le constat d'un accident; ***ein Protokoll ~*** dresser un procès-verbal **13** *beim Stricken*: ***Maschen ~*** reprendre des mailles

Aufnehmer *m* (*Scheuertuch*) serpillière *f*

aufopfern: ***sich für j-n*** (*bzw.* ***etw***) ~ se sacrifier pour qn (*bzw.* à qc)

aufpassen **1** (*aufmerksam sein*) faire attention (***auf*** à) **2** (*beaufsichtigen*) ***auf j-n*** (*bzw.* ***etw***) ~ surveiller qn (*bzw.* qc), prendre garde à qn (*bzw.* à qc) **3** (*dafür sorgen*) ***~, dass …*** faire attention que … (+ *Subj.*)

aufplatzen (*Naht*) craquer; (*Kissen, Tüte, Würstchen*) éclater; (*Wunde*) se rouvrir

Aufprall *m* choc *m*

aufprallen: (***auf etw***) ~ *heurter violemment qc

aufpumpen gonfler

aufputschen exciter; *mit Medikamenten*: doper

Aufputschmittel *n* dopant *m*

aufraffen: ***sich ~*** faire un gros effort (***etw zu tun*** pour faire qc); ***er hat sich zu e-m Entschluss aufgerafft*** il a enfin réussi à prendre une décision

aufräumen **1** ***die Bücher*** (***den Schrank, die Küche*** *usw.*) ~ ranger les livres (l'armoire, la cuisine *usw.*) **2** ***im Keller*** *usw.* ~ ranger dans la cave *usw.*, faire de l'ordre dans la cave *usw.*

aufrecht **1** (*stehend*) debout; ***der ~e Gang*** *des Menschen*: la station verticale **2** (*gerade*) droit

aufregen **1** ***sich ~*** s'énerver (***über j-n*** de qn; ***über etw*** à cause de qc) **2** énerver (*j-n*)

aufregend excitant

Aufregung *f* **1** (*Durcheinander*) agitation *f* **2** (*Spannung, Nervosität*) excitation *f*

aufreihen **1** (*in e-r Reihe aufstellen*) ***er reihte die CDs nebeneinander*** (*bzw.* ***hintereinander***) ***auf*** il a rangé les disques les uns à côté des autres (*bzw.* derrière les autres) **2** *auf e-n Faden*: ***Perlen ~*** enfiler des perles

aufreißen **1** (*öffnen*) ouvrir (rapidement *od.* brusquement) **2** (*zerreißen*) déchirer; ***sich die Hose ~*** se déchirer le pantalon (***an etw*** après qc) **3** ***die Straße ~*** défoncer la rue **4** ***die Augen ~*** ouvrir de grands yeux **5** ***j-n ~*** (*anmachen*) *umg.* draguer qn

aufrichten **1** redresser **2** ***sich ~*** se redresser

aufrollen **1** (*zusammenrollen*) rouler **2** ***etw ~*** enrouler qc (***auf*** autour de); *auf e-e Rolle, Spule*: embobiner qc **3** (*auseinander rollen*) dérouler

aufrücken **1** (*Platz machen*) se pousser; ***rück*** (***mal***) ***auf!*** pousse-toi (un peu)! **2** (*vorrücken*) avancer

Aufruf *m* appel *m* (***an, zu*** à)

aufrufen **1** appeler (*j-n, Daten, Programm usw.*) **2** désigner (*Schüler*) **3** ***zum Widerstand*** (***zum Boykott*** *usw.*) ***~*** lancer un appel à la résistance (au boycottage *usw.*)

aufrunden arrondir au chiffre supérieur

aufs (= *auf das*) → ***auf***[1]

auf|sagen réciter (*Gedicht*); **~sammeln** ramasser

aufsässig rebelle

Aufsatz *m* **1** SCHULE rédaction *f*; *in den höheren Klassen*: dissertation *f* **2** *wissenschaftlich*: essai *m* (*a.* PHILOS)

aufsaugen **1** absorber (*Flüssigkeit usw.*) **2** *mit dem Staubsauger*: aspirer

aufscheuchen effaroucher, effrayer (*Tier usw.*)

aufschieben **1** (*verschieben*) remettre (***auf*** à); ***aufgeschoben ist nicht aufgehoben*** ce n'est que partie remise **2** ouvrir (*Schiebetür usw.*)

Aufschlag *m* **1** (*Aufprall*) *heurt *m*, choc *m* **2** TENNIS service *m*; ***du hast ~*** tu sers **3** *auf den Preis*: supplément *m* **4** *am Ärmel, Hosenbein*: revers *m*

aufschlagen **1** (*aufprallen*) ***auf etw ~*** *heurter violemment qc; *von oben*: s'écraser sur qc; ***er schlug mit der Stirn auf dem Tisch auf*** son front *heurta violemment la table **2** TENNIS servir **3** monter (*Zelt*) **4** ouvrir (*Buch, Augen*); ***schlag bitte Seite fünf auf*** ouvre à la page cinq, s'il te plaît **5** casser (*Nuss, Ei*) **6** ***sich das Knie ~*** se blesser au genou **7** retrousser (*Ärmel, Hosenbein*); ***die Bettdecke ~*** découvrir le lit

aufschließen ouvrir (avec une clé)

aufschlussreich révélateur/-trice

aufschnappen **1** (*auffangen*) attraper, *happer **2** *umg.* pêcher (*Wort usw.*); entendre (*Gerücht*)

aufschneiden **1** (*öffnen*) ouvrir **2** (*auseinander schneiden*) couper **3** couper en tranches (*Brot, Wurst usw.*); découper (*Fleisch, Kuchen*)

Aufschnitt *m Wurst bzw. Käse*: assortiment *m* de charcuterie (*bzw.* de fromage) en tranches

aufschrauben dévisser

aufschreiben noter, écrire; ***sich etw ~*** noter qc

Aufschrift *f* inscription *f* (***auf*** sur)

aufschürfen: ***sich die Haut*** (***das Knie*** *usw.*) ***~*** s'érafler, s'écorcher la peau (le genou *usw.*)

Aufsehen *n* sensation *f*; ***~ erregen*** faire sensation

Aufseher(in) *m(f)* gardien *m*, -ienne *f*

aufsetzen **1** ***etw ~*** poser qc (***auf*** sur) **2** mettre (*Brille, Hut*) **3** GASTR ***Wasser ~*** mettre de l'eau à bouillir; ***Kartoffeln*** *usw.* ***~*** mettre des pommes de terre *usw.* sur le feu **4** rédiger (*Brief, Rede usw.*) **5** ***sich ~*** s'asseoir **6** (*landen*) atterrir (***auf*** sur)

Aufsicht *f* **1** (*Überwachung*) surveillance *f*; ***~ führen*** être de surveillance, être de garde **2** *Person*: surveillant(e) *m(f)*

Aufsichtsamt *n* inspection *f*

aufspannen ouvrir (*Schirm*); tendre (*Tuch, Netz*)

aufsperren **1** (*aufmachen*) ouvrir tout grand **2** (*aufschließen*) ouvrir

aufspielen: ***sich ~*** faire l'important; ***sich als Held*** *usw.* ***~*** jouer au *héros *usw.*

aufspießen piquer; *mit Gabel, Spieß, Hörnern usw.*: embrocher

aufspringen **1** (*hochspringen*) bondir **2** ***auf etw ~*** sauter sur qc **3** (*Tür, Fenster*) s'ouvrir (brusquement); (*Deckel*) sauter **4** (*Lippen, Haut*) gercer

Aufstand *m* **1** (*Revolte*) révolte *f*, insurrection *f* **2** ***mach hier keinen ~!*** *umg.* ne fais pas de cinéma ici!
auf|stapeln empiler; **~stehen** se lever
aufsteigen 1 *in die Luft*: monter, s'élever **2** *aufs Rad, auf den Berg usw.*: monter (***auf*** sur) **3** SPORT monter (en division supérieure) **4** *beruflich*: avoir de l'avancement, avoir une promotion; (***bis***) ***zum Direktor ~*** arriver jusqu'au poste de directeur
Aufsteiger *m* **1** *Mensch*: ***er ist ein ~*** il est arrivé **2** SPORT ***die ~ dieser Saison sind ...*** les équipes montées en division supérieure cette saison sont ...
aufstellen 1 (*hinstellen*) mettre, placer (*Gegenstände*); installer (*Möbel*) **2** (*aufbauen*) dresser (*Gerüst*); monter (*Zelt, Maschine*); ériger (*Denkmal*) **3** ***sich ~*** se poster, se placer; ***sich im Kreis ~*** se ranger en cercle **4** (*aufrecht hinstellen*) relever **5** SPORT ***e-e Mannschaft ~*** former une équipe; ***j-n ~*** *als Spieler*: faire jouer qn; ***e-n Rekord ~*** établir un record **6** POL ***Kandidaten ~*** présenter des candidats **7** (*machen*) établir (*Programm, Regel*); poser (*Gleichung*); ***e-e Behauptung ~*** avancer une affirmation (*od.* une thèse)
Aufstellung *f* **1** (*Verzeichnis*) liste *f*; (*Tabelle*) tableau *m* **2** SPORT formation *f*
Aufstieg *m* **1** *in die Luft, auf e-n Berg*: ascension *f* **2** SPORT montée *f* (en division supérieure) **3** *beruflich*: promotion *f*, avancement *m*
aufstöbern (*entdecken*) dénicher
aufstoßen 1 ouvrir (*Tür, Fenster usw.*) **2** (*rülpsen*) avoir un renvoi; (*Baby*) faire son rot; ***mir stößt der Paprika auf*** les poivrons me donnent des renvois **3** ***sich die Knie*** (*bzw.* ***Ellbogen***) ***~*** se cogner les genoux (*bzw.* les coudes)
aufstützen 1 ***sich ~*** s'appuyer (***auf*** sur); ***sich mit den Ellbogen ~*** s'accouder (***auf*** à) **2** ***die Arme auf dem Tisch ~*** s'appuyer sur la table
auftanken: (***das Auto*** *usw.*) ***~*** faire le plein
auftauchen 1 (*sichtbar werden*) apparaître; *plötzlich*: surgir (*a. Probleme, Fragen*) **2** *aus dem Wasser*: émerger, apparaître (à la surface) **3** (*gefunden werden*) réapparaître
auftauen 1 dégeler (*Gefrorenes*); décongeler (*tiefgekühlte Lebensmittel*) **2** ***etw taut auf*** qc dégèle **3** *fig.* (*jemand*) se dégeler
aufteilen 1 (*teilen, verteilen*) partager, répartir (***unter*** entre) **2** (*einteilen*) répartir, diviser (***in Gruppen*** en groupes)
Auftrag *m* **1** (*Anordnung*) mission *f*; ***j-m den ~ erteilen etw zu tun*** charger qn de faire qc **2** ***im ~ von*** sur l'ordre de; (*im Namen von*) au nom de **3** (*Bestellung*) commande *f* **4** ***etw in ~ geben*** commander qc
auftragen 1 mettre (*Farbe, Creme usw.*) (***auf*** sur) **2** ***dick ~*** (*übertreiben*) exagérer
auftreiben dénicher; *umg.* dégoter
auftreten 1 *mit dem Fuß*: poser le pied (sur le sol) **2** (*auf die Bühne kommen*) entrer en scène; (*e-e Vorstellung geben*) donner une représentation; (*spielen*) jouer; ***als Hamlet ~*** jouer Hamlet (*od.* le rôle d'Hamlet) **3** (*sich verhalten*) ***sicher*** (***energisch*** *usw.*) ***~*** se montrer sûr de soi (énergique *usw.*) **4** (*Probleme, Gefahren usw.*) apparaître
Auftritt *m* **1** *in e-m Theaterstück*: entrée *f* en scène **2** *e-s Künstlers, Sängers usw.*: apparition *f* sur scène
auftrumpfen 1 ***mit etw ~*** parader avec qc **2** *schadenfroh*: triompher
auf|wachen se réveiller; **~wachsen** grandir
Aufwand *m* **1** (*Einsatz*) dépense *f* (***an*** de); ***das lohnt den ~ nicht*** cela ne vaut pas la peine **2** ***der zeitliche ~*** le temps (***für*** nécessaire *od.* consacré à) **3** (*Ausgaben*) dépenses *f Pl*
aufwändig → ***aufwendig***
aufwärmen 1 réchauffer (*Essen*) **2** ***sich ~*** se réchauffer; SPORT s'échauffer
aufwärts 1 vers le *haut; ***~ führen, laufen*** *usw.* monter; → ***aufwärtsfahren***; ***es geht ~*** ça monte; (*die Lage verbessert sich*) cela s'arrange **2** ***vom einfachen Arbeiter*** (***an***) ***~*** depuis le simple ouvrier jusqu'en *haut de l'échelle
aufwärtsfahren monter
aufwecken réveiller
aufweichen 1 (*weich machen*) ramollir **2** (*weich werden*) se ramollir **3** ***der Regen hat die Wege aufgeweicht*** la pluie a détrempé les chemins
aufwendig 1 (*teuer*) coûteux/-euse **2** (*arbeitsintensiv*) qui demande beau-

coup de travail
auf|werfen soulever (*Frage, Problem*); **~wickeln** enrouler; *auf e-e Spule*: embobiner; **~wiegen** compenser, contrebalancer
aufwirbeln: ***Staub ~*** soulever un nuage de poussière; *fig.* faire du bruit
auf|wischen essuyer (*Schmutz, Staub*); nettoyer (*Boden usw.*); **~zählen** énumérer
Aufzählung *f* énumération *f*
aufzeichnen **1** (*aufmalen*) dessiner (***auf*** sur) **2** *schriftlich*: noter **3** *auf Band, Video usw.*: enregistrer
Aufzeichnung *f* **1** *auf Video, Band usw.*: enregistrement *m* **2** TV émission *f* en différé **3** ***~en*** (*Notizen*) notes *f Pl*
aufzeigen **1** montrer, mettre en évidence (*Problem usw.*) **2** SCHULE (*sich melden*) lever la main
aufziehen **1** (*öffnen*) ouvrir **2** remonter (*Uhr, Spielzeug*) **3** (*großziehen*) élever (*Kinder, Jungtiere*) **4** (*ärgern*) ***j-n ~*** *umg.* faire marcher qn (***mit*** *od.* ***wegen etw*** avec qc) **5** ***neue Saiten auf die Gitarre*** *usw.* ***~*** monter des cordes neuves sur la guitare *usw.* **6** ***ein Gewitter zieht auf*** un orage se prépare; ***Wolken sind aufgezogen*** des nuages sont arrivés
Aufzug *m* **1** (*Lift*) ascenseur *m* **2** (*Kleidung*) tenue *f* **3** *im Drama*: acte *m*
Auge *n* **1** œil *m* **2** *auf dem Würfel*: point *m* **3** ***ich hab's mit eigenen ~n gesehen*** je l'ai vu de mes propres yeux; ***das springt ins ~*** ça saute aux yeux **4** *vor Staunen*: ***große ~n machen*** ouvrir (*od.* faire) de grands yeux; ***er traute seinen ~n nicht*** il n'en a pas cru ses yeux **5** ***hast du keine ~n im Kopf?*** tu ne vois pas clair?; ***ich habe ja schließlich ~n im Kopf!*** j'ai des yeux pour voir!; ***ich habe doch hinten keine ~n!*** je n'ai pas des yeux derrière la tête! **6** ***ihr fielen*** (***vor Müdigkeit***) ***die ~n zu*** ses yeux se fermaient de sommeil; ***ich habe die ganze Nacht kein ~ zugetan*** je n'ai pas fermé l'œil de la nuit **7** ***die ~n offen halten*** ouvrir l'œil; ***ich lasse ihn*** (*bzw.* ***es***) ***nicht aus den ~n*** je ne le quitterai pas des yeux; ***ich behalte sie im ~*** je ne la (*bzw.* les) perdrai pas de vue; ***ich habe ihn aus den ~n verloren*** je l'ai perdu de vue **8** ***er hat ein ~ auf sie geworfen*** il a des vues sur elle **9** ***ein ~ zudrücken*** fermer les yeux (***bei*** sur) **10** ***unter vier ~n*** en tête à tête
Augen|arzt *m*, **~ärztin** *f* ophtalmologue *m,f*
Augenblick *m* **1** moment *m*, instant *m* **2** ***im ~*** (*momentan*) en ce moment; (*vorerst*) pour l'instant **3** ***in diesem ~*** (*da*) à ce moment(-là), à cet instant; ***in dem ~, als*** *od.* ***wo …*** au moment où … **4** ***sie muss jeden ~ kommen*** elle doit arriver d'un moment à l'autre; ***er kam im letzten ~*** il est venu au dernier moment
augenblicklich **1** (*derzeitig*) actuel/-elle **2** (*sofortig*) immédiat, instantané **3** (*sofort*) à l'instant, immédiatement
Augen|braue *f* sourcil *m*; **~lid** *n* paupière *f*
Augenmaß *n*: ***nach ~*** à vue d'œil; ***er hat kein ~*** il n'a pas le compas dans l'œil
Augen|tropfen *m Pl* collyre *m*; **~zeuge** *m*, **~zeugin** *f* témoin *m* oculaire (⚠ *im Frz. nur m*)
August *m* **1** août *m*; ***im ~*** en août; au mois d'août **2** *Datumsangaben*: ***der zweite*** (***dritte*** *usw.*) ***~*** le deux (trois *usw.*) août; ***am 15. ~*** le 15 août
Auktion *f* vente *f* aux enchères
Aula *f* salle *f* des fêtes
Aupairmädchen *n* jeune fille *f* au pair
aus[1] **1** de; ***der Zug ~ Rennes*** le train de Rennes **2** *räumlich*: de; ***~ dem Haus gehen*** sortir de la maison **3** *Material*: en **4** *Ursache, Grund*: par; ***~ Angst*** (***Liebe, Versehen*** *usw.*) par peur (amour, mégarde *usw.*); ⚠ *aber*: ***~ Wut*** de colère **5** ***von … ~*** de …, depuis …; ***von hier ~*** d'ici **6** ***von mir ~ kannst du bleiben*** si tu y tiens, reste
aus[2] **1** (*Radio, Fernseher, Licht usw.*) éteint; (*Motor, Maschine*) arrêté; ***den Schalter auf „~" stellen*** mettre le commutateur sur «arrêt» **2** (*zu Ende*) fini, terminé; ***die Schule ist um eins ~*** les cours finissent à une heure; ***es ist ~ und vorbei*** c'est fini et bien fini **3** (*vorbei*) fini; ***jetzt ist alles ~*** (*verloren*) maintenant tout est perdu **4** ***gestern war sie mit ihrem Freund ~*** hier, elle est sortie avec son copain
Aus *n*: ***den Ball ins ~ schlagen*** envoyer la balle *bzw.* le ballon en dehors du terrain; ***der Ball ging ins ~*** la balle est sortie du terrain

ausarbeiten élaborer, rédiger (*Rede, Vertrag*); mettre au point (*System, Methode, Verfahren*)
ausatmen **1** expirer (***durch die Nase*** par le nez) **2** ***Rauch ~*** rejeter de la fumée
ausbauen **1** (*entfernen*) démonter (***aus*** de) **2** (*umbauen*) aménager (***zu*** *od.* ***als*** en) **3** (*erweitern*) consolider (*Beziehungen, Position, Vorsprung*); développer (*Verkehrsnetz usw.*)
ausbessern réparer; (*flicken*) raccommoder
ausbeulen **1** (*Beulen entfernen*) débosseler; ***den Kotflügel ~*** redresser l'aile **2** (*Beulen machen*) ***sich ~*** se déformer; ***deine Hose hat ausgebeulte Knie*** ton pantalon a des poches aux genoux
ausbeuten exploiter
Ausbeutung *f* exploitation *f*
ausbilden **1** ***j-n ~*** former qn **2** ***er lässt sich zum Krankenpfleger ~*** il suit une formation d'infirmier **3** (*entwickeln*) développer
Ausbildung *f* formation *f* (***zu*** de)
ausblasen éteindre (*Kerze*)
Ausblick *m* vue *f*
ausbrechen **1** (*Gefangener*) s'évader; *a.* (*Tier*) s'échapper **2** (*Krieg, Krankheit*) éclater; (*Seuche, Brand usw.*) se déclarer; ***e-e Panik brach aus*** un mouvement de panique s'est produit **3** (*Vulkan*) entrer en éruption **4** ***in Gelächter ~*** éclater de rire; ***in Tränen ~*** fondre en larmes **5** ***mir brach der Schweiß aus*** je me suis mis à transpirer **6** (*wegbrechen*) enlever (***aus*** de)
Ausbrecher(in) *m(f)* évadé(e) *m(f)*
ausbreiten **1** étaler (*Dinge, Decke, Landkarte*) **2** étendre (*Arme*); déployer (*Flügel*); ***mit ausgebreiteten Armen*** les bras écartés **3** ***sich ~*** (*Seuche, Feuer*) se propager; (*Rauch, Nebel*) s'étendre; (*Nachricht, Mode*) se répandre
Ausbreitung *f von Seuchen*: propagation *f*
Ausbruch *m* **1** *e-s Kriegs, e-r Revolution*: début *m*; *e-r Epidemie*: apparition *f*; ***bei ~ des Kriegs*** lorsque la guerre a éclaté **2** *e-s Vulkans*: éruption *f* **3** *aus dem Gefängnis*: évasion *f*
ausbrüten couver (*a. Krankheit*)
ausbürgern: ***j-n ~*** déclarer qn déchu de sa nationalité; ***sie wurde ausgebürgert*** elle a été déchue de sa nationalité
Ausbürgerung *f* déchéance *f* de la nationalité
Ausdauer *f* persévérance *f*; SPORT endurance *f*
ausdehnen **1** (*größer machen*) agrandir; ***sich ~*** (*größer werden*) s'agrandir; PHYS se dilater **2** ***sich ~*** (*Epidemie, Feuer usw.*) s'étendre, se propager **3** *zeitlich*: prolonger; ***sich ~*** se prolonger
ausdenken: ***sich etw ~*** (*sich vorstellen*) s'imaginer qc; (*erfinden*) inventer qc
Ausdruck[1] *m* **1** (*Bezeichnung*) expression *f*; *wissenschaftlicher*: terme *m* **2** ***etw zum ~ bringen*** exprimer qc; ***zum ~ kommen*** s'exprimer
Ausdruck[2] *m* (*gedruckter Text*) texte *m* imprimé; (*Computerausdruck*) listage *m*
ausdrucken imprimer; *bes. am PC*: lister; faire un listage (***etw*** de qc)
ausdrücken[1] **1** *durch Worte*: exprimer; ***etw in Worten*** (***Zahlen*** *usw.*) ***~*** exprimer qc en mots (chiffres *usw.*); ***anders ausgedrückt*** autrement dit, en d'autres termes **2** ***sie drückt sich nicht richtig aus*** elle s'exprime mal
ausdrücken[2] **1** presser (*Schwamm, Tube, Zitrone usw.*) **2** exprimer, extraire (*Saft*) **3** écraser (*Zigarette*)
ausdrücklich **1** (*Verbot, Erlaubnis, Befehl usw.*) exprès/-esse; (*Bestimmung, Bedingung*) explicite; ***mit seiner ~en Erlaubnis*** avec sa permission expresse **2** ***etw ~ verbieten*** (***erlauben*** *usw.*) interdire (permettre *usw.*) qc expressément; ***sie hat es nicht ~ erwähnt*** elle ne l'a pas mentionné explicitement
Ausdrucksweise *f* façon *f* de s'exprimer
auseinander **1** (*räumlich entfernt, getrennt*) séparé; ***schreibt man das ~?*** cela s'écrit en deux mots?; ***die beiden Dörfer liegen vier Kilometer ~*** les deux villages sont à quatre kilomètres l'un de l'autre **2** (*zeitlich entfernt*) ***die beiden Ereignisse liegen drei Wochen ~*** les deux évènements ont eu lieu à trois semaines d'intervalle **3** (*eins aus dem anderen*) l'un *bzw.* l'une de l'autre; *mehrere*: les uns *bzw.* les unes des autres **4** → ***auseinanderbrechen***, ***auseinandergehen*** *usw.*

auseinanderbrechen casser; ***etw bricht auseinander*** qc se casse
auseinandergehen 1 (*sich trennen*) se séparer, rompre; ***unsere Beziehung ist auseinandergegangen*** nous avons rompu **2** (*Straßen, Ansichten*) diverger
auseinander|halten (*nicht verwechseln*) distinguer; **~nehmen** démonter (*Maschine usw.*)
auseinanderreißen 1 (*zerreißen*) déchirer **2** séparer (*Familie*)
auseinandersetzen: *sich mit e-m Problem ~* réfléchir à un problème; ***sich mit etw kritisch ~*** étudier qc; ***sich mit j-m ~*** avoir une discussion avec qn
Auseinandersetzung *f* **1** (*Streit*) dispute *f* **2** *bei Kämpfen, im Krieg*: conflit *m* **3** (*Beschäftigung*) étude *f* (***mit*** de)
Ausfahrt *f der Autobahn*: sortie *f*; *vor Häusern*: sortie *f* de véhicules; ***~ frei halten!*** sortie de véhicules
ausfallen 1 (*Haare, Zähne*) tomber; ***ihm fallen die Haare aus*** il perd ses cheveux **2** (*nicht stattfinden*) n'avoir pas lieu; ***die Vorstellung fällt morgen aus*** la représentation de demain est supprimée; ***heute fällt die Schule aus*** il n'y a pas classe (*od.* cours) aujourd'hui; ***die sechste Stunde fällt aus*** la sixième heure tombe; ***ich lasse das Essen heute ~*** aujourd'hui je ne mange pas **3** (*Maschine usw.*) tomber en panne, s'arrêter; (*Bremse*) ne pas fonctionner; ***der Strom ist ausgefallen*** il y a eu une coupure de courant **4** (*fehlen*) SPORT *usw.* ***er fällt aus, weil er krank ist*** il ne joue pas parce qu'il est malade **5** ***etw fällt gut*** (*bzw.* ***schlecht***) ***aus*** qc est bon (*bzw.* mauvais); ***wie ist deine Prüfung ausgefallen?*** quel est le résultat de ton examen?
ausflippen *umg.* **1** *vor Wut*: piquer une crise **2** *vor Freude*: halluciner **3** *durch Drogen*: se défoncer
Ausflug *m* excursion *f*; (*Wanderung*) randonnée *f*
Ausflugslokal *n* restaurant *m*; (*Gasthof*) auberge *f*
ausfragen: *j-n ~* questionner qn (***über*** sur)
ausfransen s'effranger, s'effilocher
ausführen 1 (*exportieren*) exporter **2** promener (*Hund*) **3** (*verwirklichen*) réaliser, exécuter (*Plan usw.*)
ausführlich 1 détaillé **2** ***etw ~ erklären*** (*bzw.* ***behandeln***) expliquer (*bzw.* traiter) qc en détail
ausfüllen 1 remplir (*Raum, Loch, Formular usw.*) **2** (*befriedigen*) ***meine Arbeit füllt mich nicht aus*** mon travail ne me satisfait pas
Ausgabe *f* **1** *e-s Buchs, e-r Zeitschrift*: édition *f* **2** (↔ *Einnahme*) dépense *f* **3** *Schalter*: guichet *m*
Ausgang *m* **1** (↔ *Eingang*) sortie *f* **2** (*Ende*) fin *f* **3** (*Ergebnis*) issue *f*
Ausgangs|basis *f* base *f* de départ; **~punkt** *m* point *m* de départ
ausgeben 1 dépenser (*Geld*) **2** (*zu etw einladen*) ***ich gebe einen aus*** c'est moi qui invite **3** ***sich ~ als*** se faire passer pour; ***er gab ihn als seinen Bruder aus*** il l'a fait passer pour son frère **4** distribuer (*Essen, Medikamente*); remettre (*Gepäck*); délivrer (*Papiere, Fahrkarten usw.*)
ausgebucht 1 (*Hotel, Flug usw.*) complet/-ète **2** ***sie ist ständig ~*** elle est toujours prise
ausgefallen (*Kleidung, Geschmack, Ideen usw.*) original; (*Hobby*) peu ordinaire
ausgeglichen équilibré
ausgehen 1 (*weggehen*) sortir (*bes. abends*) **2** ***~ von*** partir de **3** ***ich gehe davon aus, dass …*** je suppose que, je présume que … (+ *Ind.*) **4** (*enden*) finir, se terminer; ***wie ist die Sache ausgegangen?*** comment s'est terminée l'affaire?; ***wie sind die Wahlen ausgegangen?*** quelle a été l'issue des élections? **5** (*Feuer, Licht, Fernseher, Heizung usw.*) s'éteindre; (*Motor, Maschine*) s'arrêter **6** ***mir gehen die Haare aus*** je perds mes cheveux **7** ***mir ist das Salz*** *usw.* ***ausgegangen*** je n'ai plus de sel *usw.*
ausgelassen (*Stimmung*) gai, plein d'entrain
ausgenommen 1 (*außer*) à part, sauf **2** (*außer wenn*) sauf si (+ *Ind.*)
aus|gerechnet justement, précisément; **~geschlossen** exclu
ausgeschnitten (*Kleid, Pulli usw.*) décolleté; ***tief ~*** au décolleté profond
ausgesprochen 1 (*sehr*) vraiment, tout à fait **2** (*ausgeprägt*) prononcé,

marqué **3** ***das ist ~ schade*** c'est vraiment dommage
ausgestorben **1** BOT, ZO disparu **2** ***die Straße war wie ~*** la rue était déserte
aus|gewachsen (*Tier*) adulte; **~gewogen** équilibré
ausgezeichnet excellent; ***~!*** parfait!
ausgießen vider (*Flüssigkeit, Gefäß*)
Ausgleich *m* **1** compensation *f*; ***zum ~ für …*** pour compenser …, en compensation de … **2** SPORT ***den ~ erzielen*** égaliser
ausgleichen **1** (*kompensieren*) compenser (***durch*** par) **2** ***sich ~*** s'équilibrer **3** SPORT égaliser
Ausgleichs|sport *m* sport *m* de compensation; **~tor** *n*, **~treffer** *m* but *m* égalisateur
ausgraben **1** déterrer (*Knochen, Pflanze*) **2** *archäologisch*: mettre à jour
Ausgrabungen *f Pl Ort, Funde*: fouilles *f Pl*
Ausguss *m* **1** (*Becken*) évier *m* **2** (*Abfluss*) trou *m* d'écoulement
aushalten **1** (*ertragen*) supporter; ***das ist ja nicht zum Aushalten!*** c'est insupportable! **2** ***ich halte es vor Schmerzen nicht mehr aus*** je n'en peux plus, tellement j'ai mal **3** (*durchhalten*) tenir (le coup)
Aushang *m* affiche *f*
aushängen **1** (*bekannt machen*) afficher **2** (*ausgehängt sein*) ***der Plan hängt aus*** le plan est affiché **3** déboîter (*Tür*)
aushelfen **1** ***j-m ~*** aider qn (***mit*** avec) **2** ***bei j-m ~*** aider chez qn
Aushilfe *f* **1** *Arbeit*: intérim *m*; ***er arbeitet hier zur ~*** il travaille ici comme intérimaire **2** *Person*: intérimaire *m,f*
Aushilfskraft *f* intérimaire *m,f*
aushöhlen creuser, évider (*bes. Früchte*)
ausholen **1** *zum Schlag*: lever le bras *bzw.* la main **2** *beim Vortrag*: ***weit*** (*bzw.* ***ein bisschen***) ***~*** remonter très loin (*bzw.* un peu plus loin)
auskennen **1** ***sich ~*** s'y connaître (***mit*** <u>en</u>); ***damit kenne ich mich aus*** je m'y connais **2** *an e-m Ort*: ***er kennt sich (gut) in Wien aus*** il connaît bien Vienne; ***ich kenne mich hier nicht aus*** je suis étranger ici
ausklappen déplier
auskommen **1** (*genug haben*) ***mit etw ~*** s'en tirer avec qc **2** (*sich verstehen*) ***mit j-m gut ~*** s'entendre bien avec qn **3** (*zurechtkommen*) ***ohne … ~*** se débrouiller sans …; ***ich komme nicht ohne meine Uhr aus*** je ne peux pas me passer de ma montre
Auskunft *f* **1** (*Information*) renseignement *m*, information *f*; ***j-m ~ geben*** renseigner qn (***über*** sur) **2** (*Auskunftsstelle, a.* TEL) renseignements *m Pl*
auskurieren guérir complètement (*Grippe usw.*)
auslachen: *j-n ~* se moquer de qn
ausladen[1] décharger (*Ladung, Fahrzeug*)
ausladen[2] décommander (*Gäste*)
Ausland *n* étranger *m*
Ausländer(in) *m(f)* étranger *m*, -ère *f*
ausländerfeindlich xénophobe
Ausländerfeindlichkeit *f* xenophobie *f*
ausländisch étranger/-ère
Auslandsaufenthalt *m* séjour *m* à l'étranger
auslassen **1** (*weglassen*) omettre; (*überspringen*) sauter; ***er ließ keine Gelegenheit aus uns zu ärgern*** il ne laissait pas passer une occasion de nous taquiner **2** ***sie lässt ihre schlechte Laune an ihm aus*** elle passe sa mauvaise humeur <u>sur</u> lui **3** (*ausgeschaltet lassen*) laisser éteint (*Lampe, Fernseher, Heizung*); laisser arrêté (*Motor, Maschine*)
auslaufen **1** (*Schiff*) partir, sortir **2** (*Gefäß, Behälter*) se vider; (*Flüssigkeit*) couler **3** (*Farben in der Wäsche*) déteindre **4** (*Frist, Vertrag usw.*) expirer
aus|lecken lécher (*Teller, Inhalt usw.*); **~leeren** vider (*Behälter, Flasche, Inhalt*)
auslegen **1** mettre (*Köder*); tendre (*Netz*) **2** étaler (*Ware*) **3** (*bedecken*) recouvrir (***mit*** de); ***e-e Schachtel mit Papier ~*** garnir une boîte de papier **4** ***Geld ~*** (*vorschießen*) avancer <u>de</u> l'argent **5** (*deuten*) interpréter (***als*** comme)
ausleiern **1** (*Gummi usw.*) se distendre **2** (*Gewinde*) avoir du jeu
Ausleihe *f* **1** *in e-r Bücherei usw.*: salle *f* de prêt **2** (*das Ausleihen*) prêt *m*

ausleihen 1 (*verleihen*) **(*j-m*) *etw* ~** prêter qc (à qn) **2** (*entleihen*) **(*sich*) *etw* ~** emprunter qc (**von *j-m*** à qn)
auslesen finir de lire; ***er hat das Buch in e-m Tag ausgelesen*** il a lu le livre en un jour
ausliefern 1 livrer (*Waren*) **2** *Personen*: extrader **3 *ich war ihm völlig ausgeliefert*** *fig.* j'étais à sa merci
ausloggen IT ***sich* ~** se déconnecter
auslosen tirer au sort
auslösen 1 déclencher (*Mechanismus, Kamera*); ***e-n Schuss* ~** faire partir un coup **2** (*bewirken*) déclencher, provoquer (*Diskussion, Krieg, Wut usw.*) **3** dégager (*Pfand*)
Auslöser *m* **1** *an der Kamera*: déclencheur *m* **2** (*Anlass*) point *m* de départ (**für** de)
ausmachen 1 éteindre (*Licht, Fernseher, Heizung, Kerze usw.*); arrêter (*Motor, Maschine*) **2** (*vereinbaren*) ***etw* ~** convenir de qc **3** (*bilden, darstellen*) constituer **4** (*stören*) ***das macht mir nichts aus*** cela ne me fait rien; ***macht es dir was aus, wenn ich rauche?*** cela te dérange que je fume? (*Subj.*) **5** (*ins Gewicht fallen*) ***bei der Menge macht das nicht viel aus*** vu la quantité cela ne fait rien
ausmalen 1 *mit Farbe*: colorier, peindre (*Raum usw.*) **2 *sich etw* ~** s'imaginer qc
ausmessen mesurer
Ausnahme *f* exception *f*; ***die* ~ *von der Regel*** l'exception à la règle; ***mit* ~ *von ...*** à l'exception de ...
ausnahmslos sans exception
ausnahmsweise exceptionnellement
aus|nutzen, ~nützen 1 profiter de (*Gelegenheit, Wetter usw.*) **2** *im negativen Sinn*: exploiter, abuser de
auspacken 1 déballer (*Paket*) **2 *seine Koffer* ~** défaire ses valises
aus|pfeifen siffler, *huer; **~pressen** presser (*Frucht, Schwamm*); **~probieren** essayer
Auspuff *m* pot *m* d'échappement
auspumpen 1 pomper (*Luft, Wasser*) **2** vider (*Keller usw.*) **3 *j-m den Magen* ~** faire un lavage d'estomac à qn
ausquartieren: *j-n* ~ loger qn ailleurs
ausradieren gommer, effacer
ausrasten 1 TECH décliqueter **2** (*durchdrehen*) *umg.* disjoncter; ***sie ist völlig ausgerastet*** elle a complètement disjoncté
ausrauben dévaliser
ausräumen 1 (*herausräumen*) sortir **2** (*leer räumen*) vider
ausrechnen 1 calculer **2 *sich Chancen* ~** penser avoir de bonnes chances (***bei*** auprès de)
Ausrede *f* excuse *f*, prétexte *m*; ***e-e faule* ~** une mauvaise excuse
ausreden 1 (*zu Ende reden*) finir de parler **2 *j-m etw* ~** dissuader qn de qc
ausreichen suffire; ***es reicht aus, dass ...*** il suffit que ... (+ *Subj.*)
ausreichend *Schulnote*: passable; *im frz. Punktesystem* ≈ dix (sur vingt)
Ausreise *f* sortie *f* (**aus** de)
ausreisen: *aus Frankreich* *usw.* **~** sortir de France *usw.*
ausreißen[1] (*weglaufen*) faire une fugue
ausreißen[2] (*herausreißen*) arracher
ausrenken: *sich den Arm* ~ se démettre le bras
ausrotten 1 BOT, ZO exterminer **2** détruire (*Aberglaube, Vorurteile*)
Ausrufezeichen *n* point *m* d'exclamation
ausruhen: *sich* ~ se reposer
ausrüsten équiper (**mit** de)
Ausrüstung *f* équipement *m*
ausrutschen glisser
Ausrutscher *m umg.* gaffe *f*, faux pas *m*
Aussage *f* **1** JUR déposition *f*; ***die* ~ *verweigern*** refuser de déposer **2** (*Äußerung*) déclaration *f* **3** *e-s Kunstwerks*: message *m*
aussagen 1 JUR déposer; ***er sagte aus, dass ...*** il a déclaré dans sa déposition que ... (+ *Ind.*) **2** (*zum Ausdruck bringen*) vouloir dire
ausschaffen (CH) (*ausweisen*) expulser
ausschalten 1 éteindre (*Licht, Heizung, Radio, Fernseher*); arrêter (*Maschine, Motor*) **2** éliminer (*Gegner, Konkurrent, Zweifel usw.*)
ausscheiden 1 SPORT *usw.* être éliminé **2** (*nicht in Betracht kommen*) être exclu, être *hors de question **3 *aus e-r Firma*** *usw.* **~** quitter une entreprise *usw.*
ausscheren (*Fahrzeug*) déboîter
ausschimpfen: *j-n* ~ fâcher qn, gronder qn

ausschlafen récupérer; ***gut ausgeschlafen sein*** être reposé
Ausschlag[1] *m* MED éruption *f*; ***~ haben*** avoir des boutons; ***ich bekomme e-n ~ davon*** ça me donne des boutons
Ausschlag[2] *m*: ***das gab den ~*** cela a été décisif (***für*** pour)
ausschlagen **1** (*Pendel, Zeiger usw.*) dévier **2** (*Pferd*) ruer **3** (*herausschlagen*) casser (*Zahn, Stück usw.*) **4** ***ein Angebot*** (***e-e Einladung*** *usw.*) ***~*** refuser une offre (une invitation *usw.*)
ausschlaggebend décisif/-ive (***für etw*** pour qc)
ausschließen **1** (*aussperren*) ***j-n ~*** fermer qn dehors; ***ich habe mich ausgeschlossen*** je me suis fermé dehors **2** (*nicht mitmachen lassen*) exclure (***von, aus*** de) **3** (*für unmöglich halten*) exclure; ***es ist nicht auszuschließen, dass …*** il n'est pas exclu que … (+ *Subj.*)
aus|schließlich (*nur*) exclusivement; **~schneiden** découper (***aus*** dans)
Ausschnitt *m* **1** *am Kleid, Pullover usw.*: décolleté *m* **2** *aus der Zeitung*: coupure *f* (de presse) **3** (*Teil*) partie *f*; *aus e-m Buch, Film*: extrait *m*; *e-s Bilds*: détail *m*
ausschreiben **1** (*ganz schreiben*) écrire en toutes lettres **2** faire (*Scheck, Rechnung, Quittung*); délivrer (*Attest, Bescheinigung, Pass usw.*); prescrire (*Rezept*) **3** mettre au concours (*Stelle, Preis, Belohnung*); ouvrir (*Wettbewerb*)
Ausschuss *m* comité *m*, commission *f*
aus|schütteln secouer; **~schütten** vider (*Gefäß, Inhalt*)
aussehen **1** *mit Adj.*: avoir l'air, paraître; ***hübsch*** (***hässlich*** *usw.*) ***~*** *a.* être joli (laid *usw.*); ***du siehst nicht gut aus*** (*krank aussehen*) tu as mauvaise mine **2** ***~ wie*** ressembler à; ***wie sieht e-e Amsel aus?*** ça ressemble à quoi, un merle?; ***wie siehst du denn aus!*** *iron.* te voilà arrangé! **3** ***es sieht so aus, als ob …*** il paraît que … (+ *Subj.*); ***es sieht ganz danach aus*** ça en a tout l'air; ***es sieht nach Regen aus*** on dirait qu'il va pleuvoir **4** ***na, wie sieht's aus, bist du fertig?*** alors, où en es-tu, tu es prêt? **5** *hum.* ***sehe ich*** (***etwa***) ***so aus?*** tu me prends pour qui?; ***so siehst du*** (***gerade***) ***aus!*** tu penses!
Aussehen *n* apparences *f Pl*; *von Dingen a.*: aspect *m*
außen dehors, à l'extérieur
Außenbordmotor *m* moteur *m* *hors-bord
Außendienst *m* service *m* extérieur; ***er ist im ~*** il est représentant
Außen|minister(in) *m*(*f*) ministre *m,f* des Affaires étrangères; **~politik** *f* politique *f* extérieure
Außenseiter(in) *m*(*f*): ***er ist ein ~*** il ne fait pas partie du groupe
außer **1** (*abgesehen von*) sauf, à part **2** (*zusätzlich*) outre, en plus de **3** ***~ wenn …*** sauf si … (+ *Ind.*), à moins que … (+ *Subj.*) **4** *hors; ***~ Betrieb*** *hors service; ***~ Gefahr*** *hors de danger **5** ***sie war ~ sich vor Freude*** elle était folle de joie
außerdem en plus, en outre
äußere(r, -s) extérieur, externe; ***~ Verletzungen*** blessures *f Pl* externes; ***die ~n Umstände*** les circonstances *f Pl* extérieures
außergewöhnlich extraordinaire
außerhalb **1** ***~*** (***von***) ***…*** en dehors de … **2** ***von ~ kommen*** venir de l'extérieur
außerirdisch extraterrestre
äußerlich extérieur, externe
äußerst extrêmement
außerstande: ***~ sein etw zu tun*** être incapable de faire qc
äußerste(r, -s) **1** extrême **2** ***bis zum Äußersten gehen*** aller jusqu'au bout
Äußerung *f* remarque *f*
aussetzen **1** (*Herz, Motor usw.*) s'arrêter **2** *beim Spiel*: ***einmal ~*** laisser passer son tour **3** abandonner (*Kind, Tier usw.*) **4** ***etw auszusetzen haben*** trouver à redire (***an*** à) **5** ***e-e Belohnung ~*** promettre une récompense (***auf*** pour)
Aussicht *f* **1** (*Blick*) vue *f* (***auf*** sur) **2** (*Chance*) chance *f* (***auf*** de) **3** *beim Wetterbericht*: ***die ~en für morgen*** les prévisions *f Pl* pour demain **4** ***das sind ja schöne ~en!*** *umg.* ça promet!
aussichtslos sans aucune chance de succès; (*Versuch*) vain; ***ein ~er Fall*** un cas désespéré
Aussichts|punkt *m* point *m* de vue; **~turm** *m* belvédère *m*
ausspannen **1** (*entspannen*) se détendre **2** (*wegnehmen*) ***er hat ihm seine Freundin ausgespannt*** *umg.* il lui a piqué sa copine
aussperren **1** ***j-n ~*** fermer qn dehors

(***unabsichtlich*** sans le vouloir) **2** ***sich ~*** se fermer dehors **3** lock-outer (*streikende Arbeiter*)
ausspielen **1** ***e-e Karte ~*** jouer une carte **2** (*als Erster spielen*) commencer à jouer; ***wer spielt aus?*** à qui de jouer? **3** ***sie hat Max und Paul gegeneinander ausgespielt*** elle s'est servi de Max contre Paul et inversement
ausspionieren espionner
Aussprache *f* **1** (*Artikulation*) prononciation *f* **2** (*Unterredung*) explication *f*
Ausspracheangabe *f* notation *f* phonétique
aussprechen **1** (*artikulieren*) prononcer; ***deutlich ~*** articuler **2** (*zu Ende sprechen*) finir de parler **3** (*laut sagen*) dire **4** ***sich für*** (*bzw.* ***gegen***) ***etw ~*** se prononcer pour (*bzw.* contre) qc **5** ***sich mit j-m ~*** s'expliquer avec qn **6** exprimer (*sein Bedauern, seinen Dank usw.*)
ausspucken **1** cracher **2** ***spuck's aus!*** (*sag es*) *umg.* alors, crache le morceau!
ausspülen rincer
ausstehen: ***j-n*** (*bzw.* ***etw***) ***nicht ~ können*** ne pas pouvoir supporter qn (*bzw.* qc)
aussteigen **1** AUTO, BAHN *usw.* descendre (***aus*** de) **2** *aus der Gesellschaft*: drop(p)er; *aus der Firma, e-m Geschäft usw.*: se retirer
ausstellen **1** exposer (*Gemälde, Waren*) **2** (*ausmachen*) éteindre (*Radio, Fernseher, Heizung*); arrêter (*Wecker, Gerät, Motor*) **3** faire (*Scheck, Rechnung, Quittung*); délivrer (*Zeugnis, Bescheinigung, Pass usw.*); prescrire (*Rezept*)
Ausstellung *f* exposition *f*
aussterben (*Pflanzen, Tiere, Sprache*) disparaître; ***vom Aussterben bedroht sein*** être en voie d'extinction
Ausstieg *m* sortie *f*
ausstopfen **1** *mit Papier, Watte usw.*: bourrer, remplir **2** empailler, naturaliser (*Tiere*)
ausstrahlen **1** diffuser (*Sendung*) **2** ***Ruhe*** (***Kraft*** *usw.*) ***~*** dégager une impression de calme (de force *usw.*)
ausstrecken **1** tendre (*Hand, Arm*); allonger (*Beine*) **2** ***die Fühler ~*** étendre les antennes; *fig.* tâter le terrain **3** ***sich ~*** s'étendre de tout son long
aussuchen: (***sich***) ***etw ~*** choisir qc
Austausch *m* échange *m*
austauschen échanger (***gegen*** contre)
Austauschschüler(in) *m(f)* élève *m,f* qui fait l'échange
austeilen distribuer (***an*** à)
Auster *f* huître *f*
Austernpilz *m* pleurote *m*
austoben (*Kinder usw.*) ***sich ~*** se défouler
austragen **1** distribuer (*Zeitung, Post*) **2** disputer (*Kampf*) **3** régler (*Konflikt*)
Australien *n* l'Australie *f*
Australier(in) *m(f)* Australien *m*, -ienne *f*
australisch australien/-ienne
austreten **1** ***~ aus*** quitter **2** (*zur Toilette gehen*) aller aux toilettes; ***darf ich mal ~?*** je peux sortir? **3** (*Gas, Rauch*) s'échapper (***aus*** de)
austrinken **1** vider son verre (*bzw.* sa tasse) **2** finir (*Saft, Milch, Bier usw.*)
austrocknen (*Haut, Erde usw.*) se dessécher; (*Flussbett, See*) s'assécher
Ausverkauf *m* (*Schlussverkauf*) soldes *m Pl*; (*Totalausverkauf*) liquidation *f*; ***ich habe die Hose im ~ gekauft*** j'ai acheté le pantalon en solde (⚠ *hier im Singular*)
ausverkauft (*Ware*) épuisé
Auswahl *f* **1** choix *m* (***an*** de) **2** ***zur ~ stehen*** être au choix **3** SPORT (*Mannschaft*) sélection *f*
Aus|wanderer *m*, **~wanderin** *f* **1** émigrant(e) *m(f)* **2** (*schon Ausgewanderte[r]*) émigré(e) *m(f)*
auswandern émigrer
auswärts **1** (*nicht am Ort*) à l'extérieur **2** SPORT ***~ spielen*** jouer en déplacement **3** (*nicht zu Hause*) ***~ essen*** manger au restaurant
Auswärtsspiel *n* match *m* en déplacement
auswaschen **1** laver (*Kleidung, Tasse, Wunde*) **2** enlever (*Fleck*)
auswechseln **1** changer (***gegen*** contre) **2** (*ersetzen*) remplacer (***gegen*** par) **3** SPORT remplacer (*Spieler*)
Auswechselspieler(in) *m(f)* remplaçant(e) *m(f)*
Ausweg *m* issue *f* (***aus*** de); ***ich weiß keinen ~ mehr*** je ne sais plus comment m'en sortir (*od.* m'en tirer)
ausweichen **1** éviter; ***nach rechts*** (*bzw.* ***links***) ***~*** se déporter sur la droite (*bzw.* sur la gauche) **2** ***j-m*** (***e-r Frage***

usw.) ~ éviter qn (une question *usw.*)
Ausweis *m* **1** (*Mitgliedsausweis*) carte *f* **2** (*Personalausweis*) carte *f* d'identité
ausweisen *aus e-m Land*: expulser
ausweiten **1** élargir (*Pulli usw.*) **2** ***sich ~ zu ...*** *fig.* se transformer en ...
aus|wendig par cœur; **~werten** exploiter (*Statistik*); dépouiller (*Fragebogen*)
auswirken: *sich ~* avoir des conséquences (***auf*** sur)
Auswirkung *f* (*Folge*) conséquence *f* (***auf*** sur)
auswischen **1** effacer (*Tafel, Geschriebenes*) **2** essuyer (*Gläser usw.*) **3** ***j-m eins ~*** *umg.* faire une crasse (*od.* une vacherie) à qn
auswringen tordre
auszahlen **1** payer (*Gehalt usw.*); ***etw ausgezahlt bekommen*** toucher qc **2** ***das zahlt sich nicht aus*** (*lohnt sich nicht*) cela ne paie pas
auszählen **1** compter **2** ***e-n Boxer ~*** compter un boxeur k.o.
ausziehen[1] **1** (*entkleiden*) déshabiller; ***sich ~*** se déshabiller **2** (***sich***) ***die Kleider ~*** enlever ses vêtements
ausziehen[2] **1** ouvrir (*Bett, Sofa*) **2** ***den Tisch ~*** mettre les rallonges **3** faire coulisser (*Leiter*)
ausziehen[3] *aus e-r Wohnung*: déménager
Auszug *m* **1** *aus e-r Wohnung*: déménagement *m* **2** *aus e-m Buch usw.*: extrait *m* **3** (*Kontoauszug*) relevé *m*
Auto *n* **1** voiture *f*, auto *f* **2** ***~ fahren*** faire de la voiture; *als Fahrer*: conduire **3** ***mit dem ~ fahren*** aller en voiture; (*das Auto nehmen*) prendre la voiture

Achtung: **Autos** sind im Französischen – im Gegensatz zum Deutschen – immer weiblich:

der Renault	**la Renault** [ʀɘno]
der Citroen	**la Citroën** [sitʀɔɛn]
der VW	**la Volkswagen** [vɔlksvagɛn]
ein Mercedes	**une Mercedes** [mɛʀsedɛs]
mein Peugeot	**ma Peugeot** [pøʒo]

Autobahn *f* autoroute *f*
Autobahn|auffahrt *f* bretelle *f* d'accès; **~ausfahrt** *f* sortie *f* d'autoroute; **~dreieck** *n*, **~kreuz** *n* échangeur *m*
Autodidakt(in) *m(f)* autodidacte *m,f*
Auto|fahrer(in) *m(f)* automobiliste *m,f*; **~fahrt** *f kürzere*: trajet *m* en voiture; *längere*: voyage *m* en voiture
autogen: *~es Training* training *m* autogène
Autogramm *n* autographe *m* (⚠ *Endung*)
Auto|kino *n* drive-in *m*; ciné-parc *m*; **~marke** *f* marque *f* d'automobile
Automat *m* **1** (*Apparat*) automate *m* **2** (*Verkaufsautomat, Geldautomat*) distributeur *m* (automatique) **3** (*Spielautomat*) machine *f* à sous
Automatik *f* automatisme *m* (⚠ *Endung*); ***ein Wagen mit ~*** une voiture à embrayage automatique
automatisch automatique
Automechaniker *m* mécanicien *m* de voiture
autonom autonome
Autonomie *f* autonomie *f*
Autonummer *f* numéro *m* d'immatriculation
Autopilot *m* pilote *m* automatique
Autor *m* auteur *m*
Auto|radio *n* autoradio *m*; **~reifen** *m* pneu *m* de voiture; **~rennen** *n* course *f* automobile
Autorin *f* auteur *m* (⚠ *im Frz. m*)
autoritär autoritaire
Autorität *f* autorité *f*
Auto|schlüssel *m* clé *f* de voiture; **~skooter** *m* auto *f* tamponneuse; **~telefon** *n* téléphone *m* de voiture; **~tür** *f* portière *f*; **~unfall** *m* accident *m* de voiture; **~werkstatt** *f* garage *m* (⚠ *frz.* garage *ist m*)
Axt *f* *hache *f*
Azubi *m,f* apprenti(e) *m(f)*

B

Baby *n* bébé *m*
babysitten faire du baby-sitting
Babysitter(in) *m(f)* baby-sitter *m,f*
Bach *m* ruisseau *m*
Backbord *n* bâbord *m*
Backe *f* **1** (*Wange*) joue *f* **2** ***au ~!*** *umg.* mince alors!, zut alors! **3** (*Pobacke*) fesse *f*
backen 1 faire de la pâtisserie, faire des gâteaux **2** ***etw ~*** faire qc; *im Backofen*: faire cuire qc au four; *in Fett*: faire frire qc; ***e-n Kuchen ~*** faire un gâteau
Backenzahn *m* molaire *f*
Bäcker(in) *m(f)* boulanger *m*, -ère *f*
Bäckerei *f* **1** boulangerie *f* **2** (*mit Konditorei*) boulangerie-pâtisserie *f*
Back|form *f* moule *m*; **~hendl** *n* Ⓐ poulet *m* pané; **~ofen** *m* four *m*; **~rohr** *n bes.* Ⓐ four *m*
Bad *n* **1** bain *m* **2** (*Badezimmer*) salle *f* de bains **3** (*Badeort*) station *f* balnéaire **4** (*Schwimmbad*) piscine *f*
Bade|anzug *m* maillot *m* de bain; **~hose** *f* caleçon *m* de bain, slip *m* de bain; **~kappe** *f* bonnet *m* de bain; **~mantel** *m* peignoir *m* de bain; **~meister** *m* maître *m* nageur
baden 1 (***sich***) **~** se baigner; *in der Wanne*: prendre un bain **2** ***Baden verboten*** baignade interdite **3** ***ein Baby ~*** baigner un bébé **4** ***mit e-m Projekt ~ gehen*** *umg.* se planter dans un projet
Baden-Württemberg *n* le Bade-Wurtemberg
Bade|tuch *n* drap *m* de bain; **~wanne** *f* baignoire *f*; **~zimmer** *n* salle *f* de bains
Badminton *n* badminton *m*
baff: ***da waren wir ~*** *umg.* nous en sommes restés babas
Bafög *n*: ***er bekommt ~*** il a une bourse d'État
Bagger *m* excavateur *m*
Bahn *f* **1** (*Eisenbahn*) chemin *m* de fer; (*Zug*) train *m*; ***mit der ~ fahren*** prendre le train **2** SPORT piste *f*; *einzelne*: couloir *m* **3** (*Weg*) chemin *m*, voie *f*; ***freie ~ haben*** avoir le champ libre **4** *e-s Planeten*: orbite *f* **5** ***er ist auf die schiefe ~ geraten*** il a mal tourné
Bahnhof *m* **1** gare *f*; *der U-Bahn*: station *f* **2** ***ich verstehe nur ~*** *umg.* je n'y pige que dalle
Bahn|steig *m* quai *m*; **~übergang** *m* passage *m* à niveau
Bahre *f* brancard *m*; *bes. für Tote*: civière *f*
Bakterie *f* microbe *m*, bactérie *f*
Balance *f* équilibre *m* (⚠ *frz.* balance *f* = ***Waage***)
balancieren se tenir en équilibre (***auf*** sur) (⚠ *frz.* balancer = ***schaukeln, hin und her schwingen***; *umg.* ***werfen***)
bald 1 bientôt, prochainement; ***so ~ wie möglich*** le plus tôt possible; ***wird's ~?*** *umg.* alors, ça vient? **2** (*fast*) ***ich wäre ~ gefallen*** j'ai failli tomber
Balkan *m* Balkans *m Pl*
Balken *m* **1** poutre *f* (*a.* SPORT) **2** *e-r Waage*: fléau *m* **3** MUS barre *f*
Balkon *m* balcon *m* (*a.* THEAT *usw.*)
Ball[1] *m* **1** (*Fußball, Handball usw.*) ballon *m*; ***am ~ bleiben*** coller au ballon; ***den ~ abgeben*** passer le ballon **2** TENNIS *usw.* balle *f* **3** ***~ spielen*** jouer à la balle (*bzw.* au ballon) **4** (*Schneeball*) boule *f*
Ball[2] *m* (*Tanzfest*) bal *m*
Ballabgabe *f* FUSSBALL *usw.* passe *f*
Ballast *m* **1** SCHIFF, FLUG lest *m* **2** (*unnütze Last*) fatras *m* (⚠ *frz.* ballast *m* = ***Schotter*** *auf Bahngleisen*)
Ballaststoffe *m Pl in der Nahrung*: fibres *f Pl*
ballen 1 ***die Fäuste ~*** serrer les poings **2** ***sich ~*** (*Wolken*) s'accumuler
Ballett *n* ballet *m*; ***sie ist beim ~*** elle est danseuse classique
Ballettschule *f* école *f* de danse classique
Ballon *m* ballon *m* (*a. Luftballon*)
Ballungsgebiet *n* agglomération *f* urbaine
Baltikum *n* pays *m Pl* baltes
Bambus *m* bambou *m* (⚠ *Endung*)
Bammel *m*: ***~ haben*** *umg.* avoir la trouille (*od.* la frousse)
banal banal
Banane *f* **1** banane *f* **2** *Pflanze*: bananier *m*
Bananenschale *f* peau *f* de banane
Band[1] *n* **1** ruban *m* **2** (*Schnur*) cordon

B

m **3** *zum Zusammenbinden*: lien *m* **4** *am Knochen*: tendon *m* **5** (*Tonband*) bande *f* (magnétique) **6** (*Fließband*) chaîne *f* **7** ***am laufenden ~*** sans arrêt, sans cesse

Band[2] *m* volume *m*; *e-s Buchs a.*: tome *m*

Band[3] *f* **1** *Musikgruppe*: orchestre *m* **2** *Popgruppe usw.*: groupe *m*

Bande[1] *f* (*Gruppe*) bande *f*

Bande[2] *f* **1** *beim Billard usw.*: bande *f* **2** *e-s Spielfelds*: bord *m*, bordure *f*

bändigen **1** dompter (*Tiere*) **2** calmer (*Kind*) **3** maîtriser (*Leidenschaften*)

Bandit *m* **1** bandit *m*, brigand *m* **2** ***einarmiger ~*** machine *f* à sous

Bandscheibenvorfall *m* *hernie *f* discale

bange **1** inquiet/-iète **2** ***mir ist ~ vor der Klausur*** j'ai peur à cause du contrôle

Bank[1] *f* **1** (*Sitzbank*) banc *m*; *gepolsterte*: banquette *f* **2** (*Werkbank*) établi *m*

Bank[2] *f* (*Geldinstitut, in der Spielbank*) banque *f*

Bank|angestellte(r) *f*(*m*) employé(e) *m*(*f*) de banque; **~automat** *m* distributeur *m* (automatique) de billets; **~konto** *n* compte *m* en banque; **~leitzahl** *f* code *m* de l'établissement bancaire; **~note** *f* billet *m* de banque

bankrott: ***~ sein*** être en faillite

Bankrott *m* faillite *f*, banqueroute *f*; → ***bankrottgehen***

bankrottgehen faire faillite, faire banqueroute

Banküberfall *m* hold-up *m*, *umg.* braquage *m* (d'une banque)

bannen **1** conjurer (*Gefahr, Geister*) **2** (*faszinieren*) ***er war wie gebannt*** il était fasciné; ***etw wie gebannt anstarren*** regarder qc fixement

bar **1** ***~es Geld*** de l'argent liquide **2** ***in ~*** (*nicht als Scheck usw.*) en espèces; *sofort*: ***ich zahle ~*** je paie (au) comptant **3** ***50 Euro ~ auf die Hand*** *umg.* cinquante euros cash

Bar *f* **1** (*Theke*) bar *m* **2** (*Nachtbar*) boîte *f* (de nuit)

Bär *m* **1** ZO ours *m* **2** ASTR ***der Große ~*** la Grande Ourse (⚠ *im Frz. e-e Bärin*) **3** ***sie hat dir e-n ~en aufgebunden*** *umg.* elle t'a monté un bateau

barbarisch barbare

Bärenhunger *m*: ***e-n ~ haben*** avoir une faim de loup

bärenstark **1** (*sehr stark*) fort comme un bœuf **2** (*toll, super*) *umg.* super, *umg.* giga

barfuß nu-pieds, pieds nus

Bargeld *n* espèces *f Pl*, argent *m* liquide

bärig Ⓐ *umg.* super, giga

Bärin *f* ourse *f*

Barke *f* barque *f*

barock baroque (⚠ *Endung*)

Barock *n* baroque *m* (⚠ *Endung*)

Barometer *n* baromètre *m*

Barren *m* **1** *Gold usw.*: lingot *m* **2** SPORT barres *f Pl* parallèles

Barriere *f* barrière *f*

Barrikade *f* **1** barricade *f* **2** ***auf die ~n gehen*** monter au créneau (***für*** pour)

barsch **1** brusque, rude **2** ***~ antworten*** (***reagieren*** *usw.*) répondre (réagir *usw.*) brusquement (*od.* rudement)

Barscheck *m* chèque *m* non barré

Bart *m* **1** barbe *f*; ***er hat e-n ~*** il porte la barbe **2** (*Schnurrbart*) moustache *f*

Basar *m* **1** *im Orient*: bazar *m* **2** (*Wohltätigkeitsverkauf*) vente *f* de charité

Baseball *m Spiel*: base-ball *m*

Basel *n* Bâle

Basis *f* base *f*

Baske *m*, **Baskin** *f* Basque *m,f*

Basken|land *n* Pays *m* basque; **~mütze** *f* béret *m* basque

Basketball *m* **1** *Spiel*: basket(-ball) *m* **2** *Ball*: ballon *m* de basket

baskisch basque

Bass *m* **1** *Stimme, a. Person*: basse *f* **2** *Instrument*: contrebasse *f* **3** ***die Bässe*** *im Lautsprecher usw.*: les basses

Bast *m zum Flechten*: raphia *m*

basta: ***~!*** suffit!, assez!

basteln bricoler (***an etw*** qc)

Bastmatte *f* natte *f* de raphia

Batik *f* batik *m*

Batterie *f* **1** pile *f* **2** *größere, bes.* AUTO batterie *f*

Bau *m* **1** (*das Bauen*) construction *f* **2** (*Gebäude*) construction *f*, bâtiment *m* **3** (*Aufbau*) structure *f* **4** (*Baustelle*) chantier *m* **5** *e-s Tiers*: terrier *m*; *e-s Fuchses*: tanière *f*

Bau|arbeiten *f Pl* travaux *m Pl*; **~arbeiter** *m* ouvrier *m* du bâtiment

Bauch *m* **1** ventre *m* (*a. e-s Schiffs, e-r Flasche*) **2** ***e-e Wut im ~ haben*** bouillir de colère **3** ***sich vor Lachen den ~ halten*** avoir mal au ventre de rire

Bauchlandung *f* atterrissage *m* sur le ventre; ***e-e ~ machen*** (*Flugzeug*) se poser sur le ventre; *fig.* (*jemand, mit e-m Plan*) se casser la figure
Bauch|nabel *m* nombril *m*; **~schmerzen** *m Pl* mal *m* de ventre
bauen **1** construire, bâtir (*Haus usw.*); ***wir ~*** nous faisons construire **2** ***ein Nest ~*** (*Vogel*) faire son nid **3** ***ich baue auf dich*** je compte sur toi **4** ***Mist ~*** *umg.* faire une connerie; ***er hat e-n Unfall gebaut*** *umg.* il a fait un accident
Bauer[1] *m* **1** paysan *m*; *der e-n Hof hat*: fermier *m* **2** *beim Schach*: pion *m*; *beim Kartenspiel*: valet *m*
Bauer[2] *n od m* (*Vogelkäfig*) cage *f*
Bäuerin *f* paysanne *f*; *die e-n Hof hat*: fermière *f*
bäuerlich paysan/-anne
Bauern|haus *n* ferme *f*; **~hof** *m* ferme *f*
baufällig délabré
Bau|industrie *f* industrie *f* du bâtiment; **~jahr** *n* **1** *bei Häusern*: année *f* de construction **2** *bei Maschinen usw.*: année *f* de fabrication
Bauklotz *m* **1** *Spielzeug*: cube *m* **2** ***Bauklötze staunen*** *umg.* en rester baba
Baum *m* arbre *m*

Bäume

1. Laubbäume:

der Ahorn	**l'érable** *m*
die Birke	**le bouleau**
die Buche	**le hêtre**
die Eiche	**le chêne**
die Linde	**le tilleul**
die Pappel	**le peuplier**
die Trauerweide	**le saule pleureur**
die Weide	**le saule**

2. Nadelbäume:

die Fichte	**l'épicéa** *m*
die Kiefer	**le pin**
die Lärche	**le mélèze**
die Pinie	**le pin parasol**
die Tanne	**le sapin**
der Tannenzapfen	**la pomme de pin**

baumeln **1** *umg.* pendouiller **2** ***mit den Beinen ~*** balancer les jambes
Baum|haus *n* cabane *f* dans un arbre; **~stamm** *m* tronc *m* d'arbre; **~wolle** *f* coton *m*; **~wollpulli** *m* pull *m* en coton
Bau|platz *m* **1** *Grundstück*: terrain *m* à bâtir **2** (*Baustelle*) chantier *m*; **~satz** *m* kit *m*
bauschen **1** (*Wind*) (faire) gonfler (*Segel*) **2** faire bouffer (*Stoff*) **3** ***sich ~*** se gonfler; (*Stoff*) bouffer
Bau|sparvertrag *m* contrat *m* d'épargne-logement; **~stein** *m* **1** *zum Bauen*: pierre *f* de construction **2** *Spielzeug*: cube *m* **3** (*wichtiger Bestandteil*) élément *m* (constitutif); **~stelle** *f* chantier *m* (de construction); **~werk** *n* **1** *Gebäude*: bâtiment *m* **2** *Brücke, Staudamm usw.*: ouvrage *m* d'art
Bayer(in) *m(f)* Bavarois(e) *m(f)*
Bayern *n* la Bavière
bayrisch bavarois
beabsichtigen **1** ***er beabsichtigt zu gehen*** il a l'intention (*od.* il envisage) de partir **2** ***was beabsichtigst du mit dieser Frage?*** où veux-tu en venir en posant cette question? **3** ***das war nicht beabsichtigt*** ce n'était pas voulu (*od.* fait exprès)
beachten **1** faire attention à (*Person usw.*) **2** observer (*Regel*) **3** (*bedenken*) prendre en considération
beachtlich **1** (*beträchtlich*) considérable **2** (*Leistung usw.*) appréciable
Beachtung *f* (*Aufmerksamkeit*) intérêt *m*
Beamte(r) *m*, **Beamtin** *f* fonctionnaire *m,f*
beängstigend inquiétant
beanspruchen **1** (*fordern*) revendiquer (*Recht*) **2** demander (*Kraft*); prendre (*Zeit, Platz*) **3** occuper (*Personen*)
beanstanden **1** critiquer (*Zustand*) **2** contester (*Wahl*) **3** incriminer (*Mängel*)
be|antragen demander (*Erlaubnis usw.*); **~antworten** répondre à
bearbeiten **1** travailler (*Material*) **2** cultiver (*Boden*) **3** étudier (*Antrag, Thema*) **4** (*beeinflussen*) ***j-n ~*** *umg.* travailler qn au corps
Beat *m* MUS beat *m*
beatmen: ***er wurde (künstlich) beatmet*** on a pratiqué la respiration artificielle sur lui

B

beaufsichtigen **1** surveiller (*Leute, Arbeiten usw.*) **2** (*hüten*) garder (*Kinder, Tiere*)
beauftragen charger
beben (*Erde, Mensch*) trembler
Becher *m* **1** gobelet *m* **2** *für Joghurt usw.*: pot *m* **3** *zum Würfeln*: cornet *m*
Becken *n* **1** bassin *m* (*a. Körperteil*) **2** (*Waschbecken*) lavabo *m*; (*Spülbecken*) évier *m* **3** MUS cymbale *f* **4** (*Taufbecken*) fonts *m Pl* baptismaux
bedächtig **1** (*langsam*) lent **2** (*umsichtig*) circonspect
bedanken: ***sich*** (***bei j-m***) **~** remercier qn (***für*** de *od.* pour)
Bedarf *m* besoin *m*, besoins *m Pl* (***an*** en); ***bei*** **~** s'il le faut
bedauern **1** regretter (*Sache*) **2** plaindre (*Person*) **3** ***bedaure!*** je regrette!
bedeckt (re)couvert (***mit*** de)
bedenken: ***etw*** **~** considérer qc
Bedenken *n Pl* doutes *m Pl*
bedeuten **1** (*heißen*) signifier, vouloir dire **2** (*sein*) représenter **3** (*mit sich bringen*) entraîner **4** (*hindeuten auf*) ***das hat etw zu*** **~** cela veut dire qc; ***das bedeutet nichts Gutes*** cela n'annonce rien de bon **5** (*wichtig sein*) ***das hat nichts zu*** **~** cela n'a pas d'importance **6** ***er bedeutet mir viel*** je tiens beaucoup à lui; ***er bedeutet mir nichts*** il ne m'est rien
bedeutend **1** (*wichtig*) important **2** *mengenmäßig*: considérable **3** ***sie ist*** **~** ***besser*** (***als er***) elle est nettement meilleure (que lui)
Bedeutung *f* **1** (*Sinn*) sens *m*, signification *f*; ***in übertragener*** **~** au sens figuré **2** (*Wichtigkeit*) importance *f*; ***von*** **~** d'importance; ***nicht von*** **~** sans importance
bedienen **1** servir (*Gäste, Kunden*) **2** manœuvrer, faire marcher (*Gerät, Maschine*) **3** *beim Kartenspiel*: jouer (dans) la couleur; ***Kreuz*** **~** fournir à trèfle **4** ***sich*** **~** *beim Essen*: se servir **5** ***ich bin bedient*** *iron.* j'en ai marre
Bedienung *f* **1** service *m* **2** (*Kellner*) garçon *m*; (*Kellnerin*) serveuse *f*
Bedienungsanleitung *f* mode *m* d'emploi
Bedingung *f* **1** (*Forderung*) condition *f* **2** (*Voraussetzung*) ***unter diesen*** **~*en*** dans ces circonstances; ***unter der*** **~*, dass …*** à (la) condition que … (+ *Subj.*)
bedingungslos **1** (*Kapitulation*) sans condition(s) **2** ***etw*** **~** ***akzeptieren*** accepter qc sans réserve
bedrängen: ***j-n mit Fragen*** **~** *harceler qn de questions
bedrohen **1** menacer **2** ***vom Aussterben bedroht sein*** BOT, ZO être menacé de disparition
bedrohlich menaçant
Bedrohung *f* menace *f*
bedrücken: ***es bedrückt sie, dass …*** cela la chagrine que … (+ *Subj.*); ***du machst ein bedrücktes Gesicht*** tu n'a pas l'air gai
Bedürfnis *n* besoin *m* (***nach*** de)
beeilen: ***sich*** **~** se dépêcher, se presser
beeindrucken **1** impressionner (*Person*) **2** ***er hat mich stark beeindruckt*** il m'a fait une forte impression
beeinflussen influencer
beeinträchtigen **1** compromettre (*Erfolg*) **2** (*behindern*) gêner (*Person*) **3** (*mindern*) diminuer (*Fähigkeit usw.*)
beenden **1** finir, terminer (*Arbeit usw.*) **2** (faire) cesser (*Krach, Streit usw.*)
beerdigen enterrer
Beerdigung *f* enterrement *m*
Beere *f* **1** baie *f* **2** *e-r Traube*: grain *m*
Beet *n* plate-bande *f*
befahren[1] **1** emprunter (*Straße*) **2** naviguer sur (*Meer usw.*)
befahren[2]: ***e-e stark*** **~*e Straße*** une route très fréquentée
Befehl *m* **1** (*Auftrag, Kommando*) ordre *m* **2** IT commande *f*
befehlen ordonner, commander
befestigen **1** (*anbringen*) ***etw*** **~** attacher (*od.* fixer) qc (***an*** à) **2** stabiliser (*Straße, Ufer*)
befeuchten **1** humidifier (*Luft, Boden*) **2** humecter (*Lippen, Finger, Wäsche*)
befinden: ***sich*** **~** se trouver, être
befolgen **1** suivre (*Rat*) **2** observer (*Vorschrift, Gebot*)
befördern **1** (*transportieren*) transporter **2** (*verschicken*) expédier **3** *im Beruf*: ***j-n*** **~** donner de l'avancement à qn; ***ich bin befördert worden*** j'ai eu de l'avancement
Beförderung *f* **1** transport *m* **2** (*Verschickung*) expédition *f* **3** *im Beruf*: avancement *m*, promotion *f*
befragen **1** questionner (*j-n*) **2** interroger (*Zeugen*)

befreien 1 *aus Zwängen, Gefangenschaft*: libérer, délivrer (***aus, von*** de) **2** *von Steuern usw.*: exempter **3** *vom Turnen usw.*: dispenser **4** ***sich ~*** se libérer (***aus, von*** de)
befreit 1 (*frei*) libéré **2** (*erleichtert*) soulagé **3** *vom Turnen usw.*: dispensé
Befreiung *f* libération *f* (***aus, von*** de); *aus der Not a.*: délivrement *m* (***aus, von*** de)
befreunden: *sich ~* devenir amis (***mit*** avec); ***eng befreundet sein*** être amis intimes
befriedigen 1 satisfaire (*Person, Bedürfnis, Neugier usw.*) **2** *sexuell*: ***sich ~*** se masturber
befriedigend 1 satisfaisant **2** (*Schulnote*) assez bien
befriedigt satisfait
befristet: *der Vertrag ist auf ein Jahr ~* c'est un contrat d'un an
Befruchtung *f* **1** fécondation *f* **2** ***künstliche ~*** insémination *f* artificielle
befürchten 1 craindre, redouter (*etw Unangenehmes*) **2** ***ich befürchte, dass er es erfährt*** je crains qu'il ne l'apprenne (⚠ *immer* ne + *Subj. nach* craindre) **3** ***das hatte ich befürchtet*** c'est bien ce que je craignais
befürworten 1 (*gutheißen*) approuver **2** (*unterstützen*) soutenir
begabt doué (***für*** pour); ***hoch ~*** surdoué; ***er ist vielseitig*** (*bzw.* ***künstlerisch***) ***~*** il a des dons multiples (*bzw.* artistiques)
Begabtenförderung *f* bourses *f Pl* accordées aux élèves et aux étudiants particulièrement doués
Begabung *f* dispositions *f Pl*, don *m*
begegnen 1 ***j-m ~*** rencontrer qn **2** ***so etw ist mir noch nie begegnet*** je n'ai jamais vu une chose pareille
Begegnung *f* rencontre *f* (*a.* SPORT)
begehen 1 (*gehen auf*) aller (*od.* marcher) sur **2** commettre (*Fehler, Verbrechen usw.*); faire (*Dummheit*) **3** ***Selbstmord ~*** se suicider
begehrt recherché
begeistern: *sich für etw ~* s'enthousiasmer pour qc
begeistert 1 enthousiaste **2** ***~ sein von*** être enthousiasmé par **3** ***~ zuhören*** écouter avec passion
Begeisterung *f* enthousiasme *m*
begierig avide (***auf, nach*** de)
Beginn *m* commencement *m*, début *m*
beginnen commencer
beglaubigen certifier; ***e-e beglaubigte Kopie*** une copie certifiée conforme
begleiten 1 accompagner (*a.* MUS) **2** *zum Schutz, als Gefolge*: escorter **3** ***j-n nach Hause ~*** raccompagner qn
Begleiter(in) *m(f)* compagnon *m*, compagne *f*
Begleitung *f* **1** MUS accompagnement *m* **2** ***er war in ~*** il n'était pas seul
beglückwünschen: *j-n ~* féliciter qn
begnügen: *sich mit etw ~* se contenter de qc
begraben 1 (*beerdigen*) enterrer; ***~ liegen*** reposer **2** (*verschütten*) ***die Lawine begrub das ganze Dorf unter sich*** l'avalanche ensevelit le village entier **3** (*aufgeben*) abandonner (*Pläne usw.*)
Begräbnis *n* enterrement *m*
begreifen (*verstehen*) comprendre
begreiflich compréhensible; ***j-m etw ~ machen*** faire comprendre qc à qn
Begriff *m* **1** (*Bezeichnung*) notion *f* **2** (*Vorstellung*) idée *f* **3** ***für meine ~e*** à mon sens **4** ***schwer von ~ sein*** *umg.* être dur à la détente, *umg.* avoir la comprenette difficile **5** ***im ~ sein etw zu tun*** être sur le point de faire qc
begründen 1 (*den Grund angeben für*) ***etw ~*** (***mit***) motiver qc (par) **2** (*rechtfertigen*) justifier
begründet: *sachlich ~ sein* être objectivement fondé
Begründung *f* **1** motifs *m Pl*, raison *f*; ***mit der ~, dass …*** en donnant comme raison que … (+ *Ind.*) **2** (*Rechtfertigung*) justification *f*
begrüßen 1 ***j-n ~*** saluer qn **2** (*gut finden*) accueillir favorablement (*Vorschlag usw.*)

Begrüßung auf Französisch

Guten Morgen!	**Bonjour!**
Guten Tag!	**Bonjour!**
Guten Abend!	**Bonsoir!**

Wenn man jemanden siezt, kann man auch sagen:

Bonjour, Monsieur! *bzw.* **Bonjour, Madame!**

B

Freunde begrüßt man mit:

Bonjour, ça va?	Hallo,
oder **Salut, ça va?**	wie geht's?

Zu einem Arzt sagt man:

Bonjour, docteur!

Begrüßung *f* salutation *f*, accueil *m*
begünstigen **1** favoriser (*Entwicklung*) **2** privilégier, avantager (*Person*)
begutachten *fachlich*: expertiser (*Kunstwerk usw.*)
behaart poilu; *sehr*: velu
behaglich (*Zimmer, Wohnung usw.*) accueillant; (*bequem*) confortable
behalten **1** garder **2** ***im Gedächtnis ~*** retenir
Behälter *m* **1** récipient *m* **2** *für Wasser*: réservoir *m* **3** (*Container*) conteneur *m*
behandeln **1** traiter (*Thema*) **2** traiter (*j-n*); soigner (*Krankheit*) **3** ***schlecht ~*** maltraiter
Behandlung *f* traitement *m* (*a.* MED) (***mit*** à)
behaupten **1** (*beteuern*) soutenir **2** (*versichern*) assurer **3** (*vorgeben*) prétendre **4** ***sich ~*** s'affirmer
Behauptung *f* **1** affirmation *f* **2** MATH, PHILOS hypothèse *f*
beheben **1** réparer (*Schaden usw.*) **2** supprimer (*Missstände*) **3** écarter (*Zweifel*)
beherrschen **1** régner sur (*Land*) **2** contrôler (*Situation*); garder le contrôle de (*Fahrzeug*) **3** maîtriser (*Gefühle, Sprache, Technik*) **4** (*Firma*) ***den Markt*** *usw.* **~** être leader sur le marché *usw.* **5** ***sich ~*** se maîtriser
Beherrschung *f* **1** *e-r Situation, Technik usw.*: maîtrise *f* **2** ***die ~ verlieren*** perdre son sang-froid
behindern gêner
behindert *handicapé
Behinderte(r) *f(m)* *handicapé(e) *m(f)*; ***ein geistig ~r*** un *handicapé mental
Behörde *f* administration *f*, autorité *f*
behüten garder (***vor der Gefahr*** du danger)
bei **1** *räumlich*: près de; *bei Personen*: auprès de **2** (*zu Hause*) ***~ mir*** *usw.* chez moi *usw.*; ***~m Friseur*** chez le coiffeur **3** ***~ Tag*** (*bzw.* ***Nacht***) de jour (*bzw.* de nuit); ***~ der Kälte*** par ce froid; ***~ dem Unfall*** dans l'accident **4** ***sie hat e-n Freund ~ sich*** elle est avec un ami; ***er hat Geld ~ sich*** il a de l'argent sur lui **5** *mit Verben*: en; ***~m Sprechen*** en parlant **6** ***~ ihrer Intelligenz*** avec son intelligence **7** (*trotz*) malgré, avec
beibehalten conserver, garder
beibringen **1** (*lehren, mitteilen*) apprendre **2** (*zufügen*) infliger (*Niederlage*)
Beichte *f* confession *f*
beichten **1** se confesser (***bei*** à) **2** (*zugeben*) avouer (*Schuld, Tat*)
beide **1** les deux; ***wir ~*** nous deux; ***meine ~n Schwestern*** mes deux sœurs **2** ***alle ~*** tous (*bzw.* toutes) les deux **3** ***e-r von ~n*** (l')un des deux; ***keine von ~n*** ni l'une ni l'autre **4** ***~s ist möglich*** les deux choses sont possibles **5** ***fünfzehn ~*** TENNIS quinze partout
beieinander **1** ***~ sein*** être tous *bzw.* toutes ensemble **2** ***er ist*** (***nicht***) ***gut ~*** il est (n'est pas) en forme
Beifahrer(in) *m(f)* **1** *im Auto*: passager *m*, -ère *f* avant **2** *im LKW*: aide-conducteur *m* **3** *beim Motorrad*: passager *m*, -ère *f*
Beifall *m* **1** applaudissements *m Pl*; *Zurufe*: acclamations *f Pl* **2** (*Zustimmung*) approbation *f*
beige beige
beigeben: ***klein ~*** céder, baisser le ton
Beigeschmack *m* arrière-goût *m*; ***die Suppe hatte e-n komischen ~*** la soupe avait un petit goût
Beil *n* *hache *f*; (*Hackbeil*) couperet *m*
Beilage *f* **1** PRESSE supplément *m* **2** GASTR garniture *f*
beiläufig en passant
beilegen **1** *e-m Brief*: joindre (à), inclure **2** (*beenden*) régler (*Streit*)
Beileid *n* condoléances *f Pl*; ***sie sprach ihm ihr ~ aus*** elle lui a présenté ses condoléances
Bein *n* **1** jambe *f*; ***er hat mir ein ~ gestellt*** il m'a fait un croche-pied; ***den ganzen Tag auf den ~en sein*** être toute la journée sur ses jambes; ***ich kann mich kaum noch auf den ~en halten*** je ne tiens plus sur mes jambes **2** ZO patte *f* **3** (*Tischbein*) pied *m* **4** (*Hosenbein*) jambe *f* **5** ***sie reißt sich kein ~ aus*** *umg.* elle ne se foule pas; ***dem***

mach ich ~e! *umg*. je vais le secouer **6** ***er steht auf eigenen ~en*** il est indépendant; ***etw auf die ~e stellen*** mettre qc sur pied

beinahe **1** presque **2** ***~ zwanzig Personen*** près de vingt personnes **3** ***er wäre ~ ertrunken*** il a failli se noyer

Beipackzettel *m e-s Medikaments*: notice *f*

Beiried *n* Ⓐ rosbif *m*

beirren: ***sie lässt sich nicht ~*** elle ne se déconcerte pas

beiseite **1** ***Scherz ~!*** trêve de plaisanteries!; → ***beiseiteschieben*** **2** THEAT en aparté

beiseiteschieben repousser (*Dinge, Bedenken*)

Beispiel *n* **1** exemple *m* (***für*** de); ***zum ~*** par exemple **2** *moralisch*: ***sich an j-m ein ~ nehmen*** prendre exemple sur qn; ***nimm dir ein ~ daran!*** que cela te serve d'exemple!

beispielsweise par exemple

beißen **1** mordre **2** (*kauen*) mâcher **3** (*kratzen, jucken*) (*Rauch usw.*) piquer **4** ***sich ~*** (*Farben*) jurer

beißend **1** ***~e Kälte*** un froid mordant **2** ***ein ~er Geruch*** une odeur âcre **3** (*Kritik usw.*) incisif/-ive

Beistrich *m* Ⓐ (*Komma*) virgule *f*

Beitrag *m* **1** (*Mitwirkung*) contribution *f*, participation *f* **2** PRESSE article *m* (***zu, über*** sur) **3** (*Mitgliedsbeitrag usw.*) cotisation *f*

beitragen: ***~ zu*** contribuer à

Beiwagen *m am Motorrad*: side-car *m*

bejahen **1** répondre oui à (*Frage*) **2** (*befürworten*) approuver

bekämpfen lutter contre, combattre

bekannt **1** connu (***für*** pour); (*berühmt*) célèbre; ***diese Melodie kommt mir ~ vor*** cet air me dit qc **2** ***mit j-m ~ sein*** connaître qn **3** ***etw ~ geben*** annoncer qc; ***etw ~ machen*** faire connaître qc; *öffentlich*: rendre qc public

Bekannte(r) *f(m)* connaissance *f*

bekanntgeben → ***bekannt***

bekanntlich comme chacun sait

bekanntmachen → ***bekannt***

Bekanntschaft *f* connaissance *f*

bekehren: **(*sich*) ~** (se) convertir (***zu*** à)

bekennen **1** avouer **2** ***sich ~ zu*** revendiquer la responsabilité de

Bekenntnis *n* **1** (*Eingeständnis*) aveu *m* **2** (*Religion*) confession *f*

beklagen **1** déplorer (*Verlust, Toten usw.*) **2** ***sich über etw ~*** se plaindre de qc (***bei*** auprès de)

beklauen: ***j-n ~*** voler qn

bekleckern: **(*sich*) ~** (se) tacher

Bekleidung *f* vêtements *m Pl*

beklemmend (*Gefühl usw.*) oppressant

beklommen oppressé

bekommen **1** (*erhalten*) recevoir, avoir; ***etw geschenkt ~*** recevoir qc en cadeau **2** *mit Mühe*: obtenir **3** ***Hunger*** (*bzw.* ***Durst***) ***~*** commencer à avoir faim (*bzw.* soif); ***Angst ~*** prendre peur; ***e-e Erkältung ~*** prendre froid **4** ***sie bekommt ein Baby*** elle attend un bébé **5** (*finden*) ***wo bekommt man …?*** où peut-on trouver …? **6** ***sie ~ etw zu essen*** on leur donne à manger **7** ***ich bekam gesagt …*** on m'a dit … **8** ***Fisch bekommt ihm nicht*** le poisson ne lui convient pas; ***vom Fernsehen bekomme ich Kopfschmerzen*** la télévision me donne mal à la tête

bekömmlich léger/-ère, digeste

bekreuzigen: ***sich ~*** se signer

bekümmert **1** (*betrübt*) peiné, attristé **2** (*besorgt*) soucieux/-ieuse

beladen charger (***mit*** de)

Belag *m* **1** (*Schicht*) couche *f* **2** *der Straße usw.*: revêtement *m* **3** (*Brems-, Kupplungsbelag*) garniture *f* **4** (*Zahnbelag*) tartre *m*, plaque *f* dentaire

belagern assiéger

Belagerung *f* siège *m*

belanglos sans importance, sans intérêt

belasten **1** *mit Gewicht*: charger (***mit*** de) **2** *mit Gift, Schadstoffen*: polluer **3** (*Sorgen usw.*) peser (sur) (*Person*) **4** JUR ***j-n ~*** charger qn

belästigen **1** (*stören*) ennuyer, déranger **2** *sexuell*: *harceler

Belästigung *f* **1** ennuis *m Pl* **2** ***sexuelle ~*** *harcèlement *m* sexuel

Belastung *f* **1** charge *f* **2** ***e-e seelische ~*** un fardeau moral; ***die ~ durch den Beruf*** les contraintes *f Pl* professionnelles **3** TECH effort *m*

belauschen **1** écouter (*Gespräch usw.*) **2** épier (*Personen*)

belebt (*Straße usw.*) animé

Beleg *m* (*Quittung*) quittance *f*

belegen **1** recouvrir (*Fußboden usw.*) (***mit*** de) **2** garnir (*Brote usw.*) (***mit***

de) **3** occuper (*Sitzplatz, Platz in e-r Rangfolge*) **4** (*beweisen*) prouver (*Behauptung*)
Belegschaft *f* personnel *m*
belegt 1 (**voll**) **~ sein** (*Hotel usw.*) afficher complet **2** (*Zunge*) chargé; (*Stimme*) voilé **3 ~es Brötchen** sandwich *m*
belehren: j-n ~ instruire qn (**über** de)
beleidigen 1 offenser, insulter **2** (*beschimpfen*) injurier **3** (*kränken*) blesser
beleidigt 1 offensé **2** (*gekränkt*) vexé, blessé **3 ~ sein** se vexer
Beleidigung *f* offense *f*, insulte *f*
beleuchten éclairer; *festlich*: illuminer
Beleuchtung *f* éclairage *m*
Belgien *n* la Belgique
Belgier(in) *m(f)* Belge *m,f*
belgisch belge
beliebig 1 e-e ~e Zahl un nombre quelconque **2 jeder Beliebige** n'importe qui **3 ~ lange** (**schnell** *usw.*) aussi longtemps (rapide *usw.*) que l'on veut
beliebt 1 (*geschätzt*) aimé (**bei** par *od.* de); **sich ~ machen** se faire aimer (**bei** de) **2** (*oft benutzt*) populaire
beliefern fournir (**mit** en)
bellen aboyer
belohnen: j-n ~ récompenser qn (**für** pour, de)
Belohnung *f* récompense *f*
belügen: j-n ~ mentir à qn
bemalen peindre; *bunt*: colorier
bemängeln critiquer
bemerkbar 1 sensible, perceptible **2 sich ~ machen** (*Person*) se faire remarquer; (*Sache*) se faire sentir
bemerken 1 (*wahrnehmen*) remarquer, s'apercevoir de (*Sache*) **2** (*sagen*) remarquer, observer
bemerkenswert remarquable
Bemerkung *f* remarque *f*
bemitleiden avoir pitié de, plaindre
bemühen 1 (*sich anstrengen*) **sich ~** faire un effort; **sich ~ etw zu tun** s'efforcer de faire qc **2** (*sich kümmern*) **sich um j-n ~** s'occuper de qn
Bemühung *f* effort *m*
benachrichtigen: j-n ~ informer qn (**von** de)
benachteiligen 1 désavantager **2** (*unrecht tun*) faire du tort à
benehmen: sich ~ se conduire, se comporter
Benehmen *n* comportement *m*, conduite *f*
beneiden envier; **j-n** (**um etw**) **~** envier (qc à) qn
benommen étourdi
benoten donner une note à (*Schüler, Arbeit*)
benötigen: ich benötige ... il me faut ..., j'ai besoin de ...
benutzen 1 utiliser **2** profiter de (*Gelegenheit*) **3** prendre (*Auto, Bus, Zug usw.*)
benutzerfreundlich 1 pratique **2** IT convivial
Benzin *n* essence *f* (⚠ *frz.* benzine *f* = **Waschbenzin**)
beobachten 1 observer **2** (*überwachen*) surveiller
Beobachtung *f* **1** observation *f* **2 er steht unter ~** il est surveillé
bequatschen 1 etw ~ bavarder de qc **2 er hat sie bequatscht** (*überredet*) *umg.* il l'a baratinée
bequem 1 confortable; (*praktisch*) commode; (*mühelos*) aisé; **~ zu erreichen sein** être facile d'accès **2** (*Person*) paresseux/-euse **3 es sich ~ machen** se mettre à l'aise; **sitzt du ~?** tu es bien assis? **4 das schaffe ich ~** j'y arrive facilement
beraten 1 j-n ~ conseiller qn; **ich lasse mich von ihm ~** je lui demande conseil **2** *gemeinsam*: discuter, conférer; *bes. Parlament*: délibérer; (**über**) **etw ~** discuter (de) qc, conférer sur qc (**mit** avec) **3 sich ~** se consulter
Berater(in) *m(f)* conseiller *m*, -ère *f*
Beratung *f* consultation *f*
berauschend 1 grisant **2 nicht gerade ~** *umg.* pas vraiment exaltant
berechnen 1 (*rechnen*) calculer **2** (*auf die Rechnung setzen*) facturer
berechtigen autoriser (**zu** à)
berechtigt 1 (*Kritik, Frage usw.*) justifié **2** (*Anspruch, Forderung*) légitime **3 ~ sein etw zu tun** avoir le droit de faire qc
Bereich *m* **1** (*Gebiet*) zone *f* **2** (*Sachgebiet*) domaine *m* **3** (*Aufgaben-, Zuständigkeitsbereich*) ressort *m*
bereichern 1 enrichir (**mit** de) **2** *abw.* **sich ~** s'enrichir (**an** avec)
bereit 1 prêt (**zu** à) **2 sich ~ erklären etw zu tun** accepter de faire qc **3 ~ machen** préparer; **sich ~ machen** se préparer **4** → **bereithalten**, **bereitliegen**

usw.
bereiten 1 préparer (*Essen usw.*) **2** causer (*Freude, Sorge*); réserver (*Überraschung*) **3 *Mühe ~*** donner du mal
bereiterklären → ***bereit***
bereithalten 1 *etw ~* avoir qc préparé **2 *sich ~*** être prêt, être préparé
bereitliegen être prêt, être préparé
bereitmachen → ***bereit***
bereits déjà
Bereitschaftsdienst *m*: ***~ haben*** (*Arzt, Krankenschwester*) être de garde; (*Polizist usw.*) être en permanence
bereitstehen 1 (*bereit sein*) être prêt **2 *für j-n ~*** (*Sache*) être à la disposition de qn
bereitstellen: *etw für j-n ~* mettre qc à la disposition de qn
bereitwillig 1 (*Helfer*) serviable **2** (*Auskunft*) donné de bonne grâce
bereuen se repentir de
Berg *m* **1** montagne *f*; *in Namen*: mont *m*; ***in den ~en*** à la montagne **2** (*Menge*) montagne *f*, tas *m* **3 *er ist über den ~*** il a passé le cap **4 *über alle ~e sein*** être (bien) loin
bergab 1 *~ gehen* (*fahren* *usw.*) descendre; ***es geht ~*** ça descend **2 *es geht mit ihm ~*** *gesundheitlich*: sa santé décline; *finanziell*: ses affaires périclitent
bergauf 1 *~ gehen* (*fahren* *usw.*) monter; ***es geht ~*** ça monte **2 *es geht mit ihr wieder ~*** *gesundheitlich, finanziell*: elle remonte la pente
bergen 1 sauver **2** dégager (*Verschüttete*) **3** *aus dem Wasser*: repêcher
Berg|mann *m* mineur *m*; **~rutsch** *m* glissement *m* de terrain; **~steigen** *n* alpinisme *m*; **~steiger(in)** *m*(*f*) alpiniste *m,f*; **~werk** *n* mine *f*
Bericht *m* **1** rapport *m* **2** *Erzählung*: récit *m* **3** PRESSE reportage *m* **4 *~ erstatten*** faire un rapport (***über*** sur)
berichten 1 *j-m* (*über*) *etw ~* informer qn de qc **2 *wie die Presse berichtet ...*** selon la presse, ...
berichtigen 1 rectifier **2** corriger (*Fehler*) **3** (*richtigstellen*) mettre au point
Berlin *n* Berlin
Berliner de Berlin; ***~ Pfannkuchen*** ≈ beignet *m*
Berliner(in) *m*(*f*) Berlinois(e) *m*(*f*)
Bern *n* Berne
Bernhardiner *m* saint-bernard *m*

berüchtigt 1 (*Verbrecher*) de mauvaise réputation **2** (*Ort*) mal famé
berücksichtigen prendre en considération
Beruf *m* profession *f*, métier *m*
berufen: *sich auf etw ~* se réclamer de qc; ***du kannst dich auf mich ~*** tu peux te recommander (*od.* te réclamer) de moi
beruflich 1 professionnel/-elle **2 *~ erfolgreich sein*** réussir dans sa profession (*od.* dans son métier)
Berufs|ausbildung *f* formation *f* professionnelle; **~schule** *f* ≈ centre *m* de formation professionnelle; **~schüler(in)** *m*(*f*) élève *m,f* d'un centre de formation professionnelle
berufstätig: *~ sein* travailler
Berufstätige(r) *f*(*m*): ***die ~n*** les actifs *m Pl*, la population active
Berufsverkehr *m* circulation *f* aux heures de pointe
Berufung *f* **1** *für ein Amt*: nomination *f* (***zu, an*** à) **2** *innere*: vocation *f* (***zu*** de) **3** JUR appel *m*; ***~ einlegen*** faire appel **4 *unter ~ auf*** (*sich beziehend auf*) en se référant à
beruhigen 1 calmer; (*von Sorgen befreien*) rassurer **2 *sich ~*** se calmer
Beruhigung *f* **1 *zur ~*** pour me (te *usw.*) calmer **2** (*Erleichterung*) soulagement *m* **3** (*Entspannung*) détente *f*
berühmt célèbre (***für*** pour)
berühren 1 (*anfassen*) toucher **2** aborder (*Thema usw.*) **3** (*beeindrucken*) toucher; ***das hat mich peinlich berührt*** cela m'a laissé une impression pénible
Berührung *f* contact *m*; ***mit j-m in ~ kommen*** entrer en contact (*od.* en rapport) avec qn
besänftigen calmer, apaiser
Besatzung *f* **1** FLUG, SCHIFF équipage *m* **2** MIL occupation *f*
beschädigen endommager
beschaffen: *sich etw ~* se procurer qc
beschäftigen 1 employer (*Mitarbeiter*) **2 *das beschäftigt mich*** (*macht mir Sorgen*) cela me préoccupe **3 *sich ~ mit*** s'occuper de
Beschäftigung *f* **1** (*Tätigkeit*) occupation *f* **2** *beruflich*: emploi *m* **3** *mit e-m Thema usw.*: étude *f* (***mit*** de)
beschämen faire *honte à
beschatten (*verfolgen*) filer

Bescheid *m* **1** (*Auskunft*) information *f*; ***j-m ~ geben** od.* **sagen** informer qn **2 ~ wissen** être au courant (**über** de) **3** *amtlicher*: avis *m*
bescheiden modeste, simple
Bescheidenheit *f* modestie *f*, simplicité *f*
bescheinigen certifier, attester
Bescheinigung *f* certificat *m*, attestation *f*
bescheren: *beschert werden* avoir (*od.* recevoir) des cadeaux (pour Noël)
Bescherung *f* **1** *zu Weihnachten*: distribution *f* des cadeaux (de Noël) **2 *da haben wir die ~!*** *iron.* nous voilà dans de beaux draps!
bescheuert 1 (*Person*) *umg.* dingue **2** (*Sache*) stupide
beschimpfen insulter, injurier
beschissen *umg.* dégueulasse
beschlagen[1]: ***meine Brille ist ~*** mes lunettes se sont couvertes de buée
beschlagen[2] ferrer (*Pferd*)
beschleunigen 1 accélérer **2** avancer (*Abreise*)
beschließen 1 (*entscheiden*) décider **2** voter (*Gesetz*) **3** (*beenden*) terminer
Beschluss *m* **1** décision *f* **2** *gemeinsamer*: résolution *f* (*a.* POL)
beschmutzen salir, tacher
beschränken 1 *sich ~ auf* se borner à, se limiter à **2 *beschränkt sein*** *geistig, moralisch*: être borné
beschreiben 1 (*schildern*) décrire **2** indiquer (*Weg*) **3** écrire sur (*Blatt Papier*)
Beschreibung *f* **1** description *f* **2** (*Gebrauchsanweisung*) notice *f* explicative
beschuldigen: *j-n ~* accuser qn (***e-r Sache*** de qc)
beschützen: *j-n ~* protéger qn (***vor etw*** de qc, ***vor j-m*** contre qn)
Beschwerde *f* **1** (*Klage*) plainte *f*; (*Kritik*) réclamation *f*; *vor Gericht*: ***~ einlegen*** déposer une plainte (***gegen*** contre) **2 *~n*** (*Schmerzen*) troubles *m Pl*
beschweren[1] **1** alourdir (*Papiere usw.*) **2** (*belasten*) charger (*Gedächtnis*)
beschweren[2]: ***sich ~*** se plaindre (***über*** de)
beschwerlich pénible, fatigant
beschwichtigen apaiser, calmer
beschwipst *umg.* éméché, gris
beschwören 1 (*inständig bitten*) conjurer **2** charmer (*Schlange*); invoquer (*Geister*) **3** évoquer (*Vergangenheit*)
beseitigen 1 éliminer (*Abfall*) **2** enlever (*Fleck, Schmutz*) **3** aplanir (*Schwierigkeiten*) **4** (*töten*) *umg.* liquider
Besen *m* balai *m*
besessen 1 *~ sein von* être obsédé par **2 *er arbeitet wie ~*** il travaille comme un fou
besetzen 1 occuper (*Platz*); *für andere*: réserver **2** THEAT distribuer (*Rollen*) **3** MIL occuper (*Gebiet*) **4** squatter (*Haus*)
besetzt 1 (*Platz, Toilette usw.*) occupé; (*Tisch im Café*) pris **2 *es ist ~*** TEL la ligne est occupée **3 *voll ~*** (*Zug, Hotel*) complet
besichtigen visiter
Besichtigung *f* visite *f*
besiegen 1 vaincre (*a. fig.*) **2** (*schlagen*) SPORT, *im Spiel*: battre
besinnen: *sich ~* 1 (*sich erinnern*) se souvenir (***auf*** de) **2** (*wieder zur Vernunft kommen*) reprendre ses esprits **3** (*überlegen*) réfléchir
Besinnung *f* **1** (*Bewusstsein*) connaissance *f* **2** (*Vernunft*) raison *f*; ***zur ~ kommen*** reprendre ses esprits
Besitz *m* **1** possession *f*; *von Waffen*: détention *f*; ***etw in ~ nehmen*** prendre possession de qc **2** (*Besitztum*) propriété *f*, bien *m*
besitzen posséder, avoir
Besitzer(in) *m(f)* propriétaire *m,f*
besoffen *umg.* soûl
besondere(r, -s) 1 particulier/-ière **2** (*außergewöhnlich*) exceptionnel/-elle
besonders 1 (*vor allem*) particulièrement, surtout; ***ganz ~*** spécialement **2 *~ gut*** (***schlecht*** *usw.*) particulièrement bon (mauvais *usw.*) **3 *das war nicht ~*** ce n'était pas fameux; ***mir geht's nicht ~*** je ne vais pas très bien **4** (*gesondert, extra*) spécialement, à part
besorgen 1 s'occuper de (*Haushalt usw.*) **2** (*kaufen*) acheter **3** (*beschaffen*) procurer; ***sich etw ~*** se procurer qc
Besorgnis *f* inquiétude *f*; → ***besorgniserregend***
besorgniserregend inquiétant
besorgt 1 (*sorgenvoll*) soucieux/-ieuse **2** (*fürsorglich*) attentionné **3 *sie ist***

um ihn ~ elle se fait du souci (*od.* s'inquiète) pour lui
Besorgung *f*: ***~en machen*** faire des courses (*od.* des achats)
Bespannung *f am Schläger*: cordes *f Pl*
besprechen **1** discuter, débattre **2** critiquer (*Film, Buch*) **3** ***wie besprochen*** comme convenu
besser **1** meilleur (⚠ *meistens vor dem Subst.*) **2** ***es geht mir ~*** je vais mieux **3** (*lieber*) plutôt **4** ***umso ~!*** tant mieux!; ***je eher, desto ~*** le plus tôt sera le mieux
bessern: ***sich ~*** **1** (*Zustand*) s'améliorer **2** (*Wetter*) se mettre au beau
Besserung *f* amélioration *f*; *bei Kranken*: ***gute ~!*** bon rétablissement!
Besserwisser(in) *m(f)*: ***er ist ein ~*** il sait toujours tout (mieux que tout le monde)
beständig **1** (*dauerhaft*) durable **2** (*verlässlich*) solide **3** (*gleichmäßig*) constant
Bestandteil *m* élément *m*, composante *f*
bestätigen **1** confirmer, vérifier (*Theorie*) **2** ***dein Verdacht hat sich bestätigt*** ton soupçon s'est confirmé
Bestätigung *f* confirmation *f*
Bestattung *f* inhumation *f*
beste(r, -s) **1** meilleur (⚠ *steht immer vor dem Subst.*) **2** ***~n Dank!*** merci beaucoup! **3** ***am ~n*** le mieux
Beste(r) *f(m)* **1** *Person*: ***der, die ~*** le meilleur, la meilleure **2** ***der, die erste ~*** le premier venu, la première venue
Beste(s) *n* **1** ***das ~*** le mieux **2** ***sie will nur dein ~s*** elle ne veut que ton bien
Besteck *n zum Essen*: couvert *m*
bestehen **1** être reçu à, réussir (à) (*Prüfung*) **2** ***ein Abenteuer ~*** se sortir d'une aventure **3** (*existieren, vorhanden sein*) exister; ***es besteht keine Gefahr mehr*** il n y a plus de danger **4** ***~ aus*** se composer de **5** ***er besteht auf seiner Meinung*** il reste sur ses positions; ***ich bestehe darauf, dass ...*** j'exige que ... (*Subj.*)
bestellen **1** commander (*Essen, Waren*); appeler (*Taxi*); retenir, réserver (*Eintrittskarten*) **2** ***j-n zu sich ~*** convoquer qn chez soi **3** (*ausrichten*) ***j-m etw ~*** faire savoir qc à qn; ***bestell ihr schöne Grüße*** dis-lui bien des choses de ma part
Bestellschein *m* bon *m* de commande
Bestellung *f* commande *f*
bestenfalls au mieux
bestens parfaitement
Bestform *f*: ***in ~ sein*** être en excellente forme
Bestie *f* bête *f* sauvage
bestimmen **1** (*festlegen*) fixer, déterminer; ***über etw ~*** décider de qc **2** (*befehlen*) commander; ***über j-n ~*** disposer de qn **3** (*vorsehen*) destiner (***für*** à); ***sie sind füreinander bestimmt*** ils sont faits l'un pour l'autre
bestimmt **1** (*speziell*) déterminé, certain; ***~e Leute*** certaines gens **2** (*entschieden*) (*Ton*) ferme; (*Worte*) énergique **3** ***der ~e Artikel*** l'article *m* défini **4** ***niemand weiß etwas Bestimmtes*** personne ne sait rien de précis **5** (*vermutlich*) ***das ist ~ nicht richtig*** c'est certainement faux, c'est sûrement faux **6** (*sicher*) ***ganz ~ (nicht)*** certainement (pas)
bestrafen **1** punir (***mit*** de) **2** (*verurteilen*) condamner (***mit*** à)
bestrahlen **1** *mit Scheinwerfern*: éclairer **2** MED traiter par les rayons
Bestrahlung *f* MED rayons *m Pl*
bestreiten (*leugnen*) contester
Bestseller *m* best-seller *m*; succès *m* de librairie
bestürmen assaillir (***mit Fragen*** de questions)
bestürzt consterné (***über*** de)
Bestzeit *f* SPORT **1** *relative*: meilleur temps *m* **2** *absolute*: record *m*
Besuch *m* **1** visite *f*; ***sie ist bei uns zu ~*** elle est en visite chez nous; ***er kommt zu ~*** il viendra nous voir **2** (*Gast*) invité(e) *m(f)*; ***er hat ~*** il a de la visite, il a des invités
besuchen **1** aller (*bzw.* venir) voir; rendre visite à **2** visiter (*Museum, Stadt, Land usw.*) **3** fréquenter (*Schule usw.*)
Besucher(in) *m(f)* **1** visiteur *m*, -euse *f* **2** *Gast*: invité(e) *m(f)* **3** THEAT *usw.* spectateur *m*, -trice *f*
betätigen actionner (*Schalter*)
betäuben **1** *Narkose*: anesthésier; *örtlich*: insensibiliser **2** *durch Lärm*: assourdir; *durch e-n Schlag, Schock*: étourdir
Betäubung *f* anesthésie *f*; *örtliche*: insensibilisation *f*

B

beteiligen: ***sich ~*** participer, prendre part (***an*** à)
Beteiligung *f* participation *f*
beten prier, faire sa prière; ***ein Vaterunser ~*** dire un Notre Père
beteuern protester de (*seine Unschuld*); ~, ***dass …*** affirmer que … (+ *Subj.*)
Beton *m* béton *m*
betonen **1** accentuer (*Laut, Note*) **2** (*hervorheben*) mettre l'accent sur
Betonung *f* **1** accentuation *f* **2** (*Ton*) accent *m* **3** (*Hervorhebung*) mise *f* en relief
Betracht *m* **1** ***in ~ kommen*** entrer en considération; entrer en ligne de compte **2** ***etw in ~ ziehen*** prendre qc en considération, tenir compte de qc **3** ***etw außer ~ lassen*** laisser qc de côté
betrachten **1** regarder; *aufmerksam*: contempler; *prüfend*: considérer **2** ***genau betrachtet*** tout compte fait; ***so betrachtet*** vu sous cet angle **3** (*halten für*) ***sie betrachtet mich als Freundin*** elle me considère comme une amie
beträchtlich considérable
Betrag *m* somme *f*, montant *m*
betragen[1]: ***die Summe beträgt …*** la somme s'élève à …
betragen[2]: ***sich ~*** (*sich benehmen*) se conduire, se comporter
Betragen *n* conduite *f*, comportement *m*
betreffen (*angehen*) **1** concerner, toucher **2** ***was … betrifft*** en ce qui concerne …, quant à …
betreiben **1** exercer (*Gewerbe*) **2** ***elektrisch betrieben*** (*Zug, Maschine usw.*) à traction électrique
betreten[1] **1** entrer dans (*Haus, Raum*); pénétrer dans (*Gelände*); ***Betreten verboten*** défense d'entrer **2** (*treten auf*) marcher sur (*Rasen usw.*) **3** ***die Bühne ~*** entrer en scène
betreten[2] **1** (*Person*) embarrassé **2** (*Stille, Schweigen*) gêné **3** ***er schwieg ~*** il s'est tu, embarrassé (*od.* gêné)
betreuen **1** s'occuper de (*Kinder, Tiere usw.*) **2** animer, encadrer (*Gruppe*)
Betreuer(in) *m(f)* **1** responsable *m,f* **2** *e-r Gruppe*: animateur *m*, -trice *f*; *e-r Jugendgruppe*: moniteur *m*, -trice *f* **3** SPORT entraîneur *m*
Betrieb *m* **1** (*Firma*) entreprise *f* **2** ***landwirtschaftlicher ~*** exploitation *f* agricole **3** (*Funktionieren*) marche *f*, fonctionnement *m* **4** ***in ~ nehmen*** (*bzw.* ***sein***) mettre (*bzw.* être) en service; ***außer ~*** *hors service **5** (*lebhaftes Treiben*) ***es herrschte viel ~*** il y avait beaucoup de monde
Betriebs|anleitung *f* mode *m* d'emploi; **~system** *n* IT système *m* d'exploitation; **~wirtschaft** *f* économie *f* d'entreprise
betrinken: ***sich ~*** s'enivrer
betroffen **1** concerné, affecté; ***ich bin nicht ~*** cela ne me concerne pas **2** (*erschüttert*) ébranlé **3** ***sie macht ein ~es Gesicht*** elle a l'air accablé
betrübt attristé (***über*** de)
Betrug *m* **1** tromperie *f* **2** *krimineller*: escroquerie *f* **3** *beim Spiel*: tricherie *f*
betrügen **1** tromper (*Person*) **2** *beim Spiel*: tricher
Betrüger(in) *m(f)* escroc *m*
betrunken ivre; *umg.* soûl
Bett *n* **1** lit *m*; ***sein ~ machen*** faire son lit; ***j-n ins ~ bringen*** mettre qn au lit; ***ins ~ gehen*** aller se coucher **2** ***mit j-m ins ~ gehen*** *umg.* coucher avec qn
Bettdecke *f* **1** *Deckbett*: couverture *f* **2** *Tagesdecke*: couvre-lit *m*
betteln mendier (***um etw*** qc)
Bett|flasche *f* (CH) bouillotte *f*; **~laken** *n* drap *m* (de lit)
Bettler(in) *m(f)* mendiant(e) *m(f)*
Bett|tuch *n* drap *m* (de lit); **~wäsche** *f* **1** linge *m* (de lit) **2** (*Laken*) draps *m Pl* (de lit)
beugen **1** plier (*Knie, Körper*) **2** pencher (*Kopf*) **3** ***sie beugte sich über mich*** (*bzw.* ***zu mir***) elle s'est penchée sur moi (*bzw.* vers moi)
Beule *f* bosse *f*
beunruhigen inquiéter
beunruhigend inquiétant
beunruhigt inquiet/-iète
beurteilen juger (de)
Beute *f* **1** butin *m* **2** *e-s Raubtiers*: proie *f*
Beutel *m* **1** sac *m*; *kleiner*: sachet *m* **2** *beim Känguru*: poche *f* (marsupiale)
bevölkern **1** ***sich ~*** se peupler **2** ***bevölkert mit …*** peuplé de …
Bevölkerung *f* population *f*
Bevölkerungsexplosion *f* explosion *f* (*od.* poussée *f*) démographique
bevor avant que (+ *Subj.*); avant de (+

Inf.)
bevorstehen être en vue, se préparer; ***unmittelbar ~*** être imminent
bevorzugen **1** préférer (*Dinge*) **2** favoriser, avantager (*Personen*)
bewachen garder, surveiller
bewahren **1** (*behalten*) garder, conserver; ***Ruhe ~*** garder son calme **2** (*schützen*) préserver (***vor*** de); ***Gott bewahre!*** Dieu m'en garde!
bewähren: ***sich ~*** (*Dinge, Personen*) faire ses preuves
Bewährung *f* **1** (*Probe*) épreuve *f* **2** *bei Strafen*: ***mit ~*** avec sursis **3** (*Bewährungsfrist*) probation *f*
bewältigen **1** venir à bout de, surmonter (*Problem*) **2** assumer (*Vergangenheit*) **3** couvrir (*Entfernung, Strecke*)
bewegen **1** bouger, remuer; (*in Bewegung versetzen*) faire bouger, agiter **2** (*rühren*) émouvoir, toucher **3** (*beschäftigen*) occuper **4** ***sich ~*** remuer, bouger
beweglich **1** mobile **2** *geistig*: alerte
Bewegung *f* **1** mouvement *m*; (*Geste*) geste *m*; ***keine ~!*** ne bougez pas! **2** POL mouvement *m* **3** *innere*: agitation *f*; émotion *f* **4** ***sich in ~ setzen*** se mettre en marche (*od.* en mouvement)
bewegungslos immobile
Beweis *m* **1** preuve *f* (***für*** de); ***aus Mangel an ~en*** faute de preuves **2** MATH démonstration *f*
beweisen **1** prouver **2** MATH démontrer **3** faire preuve de (*Mut usw.*)
bewerben: ***sich ~*** poser sa candidature (***bei*** chez)
Bewerbung *f* candidature *f* (***auf, um*** à)
Bewerbungsschreiben *n* lettre *f* de candidature (*od.* de motivation)
bewerten **1** évaluer, estimer; ***zu hoch ~*** surévaluer **2** SPORT, SCHULE noter; ***etw mit „gut" ~*** donner l'appréciation «bien» à qc
Bewertung *f* **1** évaluation *f* **2** SPORT, SCHULE note *f*, points *m Pl*
be|wirken (*verursachen*) causer; **~wohnen** habiter, occuper
Bewohner(in) *m(f)* **1** (*Einwohner[in]*) habitant(e) *m(f)* **2** *e-s Hauses a.*: occupant(e) *m(f)*
bewölken: ***der Himmel bewölkt sich*** le ciel se couvre (de nuages)
bewundern admirer
bewundernswert admirable
Bewunderung *f* admiration *f*
bewusst **1** conscient; ***sich e-r Sache ~ sein*** (*bzw.* ***werden***) avoir (*bzw.* prendre) conscience de qc; ***sich etw ~ machen*** se rendre compte de qc **2** (*absichtlich*) ***~ etw machen*** faire exprès qc; ***~ auf etw verzichten*** renoncer délibérément à qc **3** (*bekannt*) en question; ***an dem ~en Tag*** *a.* ce jour-là; *iron.* ce fameux jour
bewusstlos inconscient; ***~ werden*** perdre connaissance, s'évanouir
bewusstmachen → ***bewusst***
Bewusstsein *n* **1** ***das ~ verlieren*** perdre connaissance, s'évanouir; ***wieder zu ~ kommen*** reprendre connaissance **2** (*Einsicht*) conscience *f*
bewusstwerden → ***bewusst***
bezahlen **1** payer **2** ***sich bezahlt machen*** rapporter
Bezahlung *f* **1** *das Bezahlen*: paiement *m*, payement *m* **2** (*Lohn*) rémunération *f*
bezaubernd charmant, ravissant
bezeichnen (*benennen*) désigner
bezeichnend typique (***für*** de)
beziehen **1** *mit Stoff*: recouvrir (***mit*** de) **2** ***das Bett frisch ~*** changer les draps **3** ***auf sich ~*** prendre pour soi (*Bemerkung*) **4** ***e-e Wohnung ~*** emménager **5** (*bekommen*) toucher (*Gehalt, Lohn*) **6** ***bezogen auf*** par rapport à
Beziehung *f* **1** (*Verbindung*) relation *f*, rapport *m* **2** (*Verhältnis*) rapport *m*; ***in dieser ~*** sous ce rapport, de ce point de vue; ***in jeder ~*** à tout point de vue **3** *freundschaftliche*: liens *m Pl*; (*Liebe*) ***sie hat e-e ~ mit Max*** elle a une relation avec Max **4** (*einflussreiche Bekannte*) ***sie hat ~en*** elle a des relations
beziehungsweise **1** (*oder*) respectivement, ou **2** (*genauer gesagt*) ou plus exactement
Bezirk *m* **1** district *m* **2** (*Wahlbezirk*) circonscription *f*
Bezug[1] *m* **1** (*Bettbezug*) *housse *f* de couette **2** (*Kopfkissenbezug*) taie *f* (d'oreiller)
Bezug[2] *m* (*Beziehung*) rapport *m* (***zu*** avec); ***in ~ auf*** en ce qui concerne, concernant; *in Briefen*: en référence à
bezweifeln douter de, mettre en doute
BH *m* soutien-gorge *m*
Bibel *f* **1** *Werk*: Bible *f* (⚠ *großgeschrieben*) **2** *Buch*: bible *f*

Biber *m* castor *m*
Bibliothek *f* bibliothèque *f* (⚠ *Endung*)
Bibliothekar(in) *m(f)* bibliothécaire *m,f*
biblisch biblique, de la Bible
biegen **1** courber; (*zusammenbiegen*) plier **2** ***sich*** ~ se courber; (*sich krümmen*) se tordre **3** ***um die Ecke*** ~ tourner au coin de la rue
biegsam flexible, souple
Biegung *f* **1** courbe *f* **2** (*Weg-, Flussbiegung*) tournant *m*; ***der Weg*** *usw.* ***macht e-e*** ~ le chemin *usw.* tourne
Biene *f* abeille *f*
Bienenstock *m* ruche *f*
Bier *n* **1** bière *f* (⚠ *im Frz. f*); ***helles*** (*bzw.* ***dunkles***) ~ bière *f* blonde (*bzw.* brune) **2** *im Lokal*: ***ein ~ vom Fass*** une pression
Biest *n* **1** *Tier*: bête *f* **2** ***sie ist ein richtiges*** ~ *umg. Frau*: c'est une vraie garce
bieten **1** offrir (*Anblick, Geld usw.*); présenter (*Gelegenheit*) **2** ***wer bietet mehr?*** *bei Versteigerungen*: qui dit mieux? **3** ***sich*** ~ (*Gelegenheit*) s'offrir, se présenter **4** ***das lasse ich mir nicht ~!*** *umg.* je ne me laisserai pas faire!
Bikini *m* deux-pièces *m*; *seltener*: bikini *m*
Bild *n* **1** image *f*; *in Büchern usw.*: illustration *f* **2** (*Gemälde*) tableau *m* **3** (*Vorstellung*) idée *f*; ***sich ein ~ von etw machen*** se faire une idée de qc **4** *sprachliches*: image *f*, métaphore *f*
bilden **1** (*formen*) former, faire; construire (*Satz*); ***sich e-e Meinung*** ~ se faire une opinion (***über*** sur) **2** (*hervorbringen*) produire **3** (*darstellen, sein*) constituer **4** ***sich*** ~ (*entstehen*) se former
Bilder|buch *n* livre *m* d'images; **~rahmen** *m* cadre *m*; **~rätsel** *n* rébus *m*
Bildfläche *f* **1** plan *m*; (*Leinwand*) écran *m* **2** ***von der ~ verschwinden*** disparaître (*umg.* de la circulation)
Bildhauer(in) *m(f)* sculpteur *m*, femme *f* sculpteur
bildlich: ~ ***gesprochen*** au figuré, au sens figuré
Bildschirm *m* TV, IT écran *m*; ***am ~ arbeiten*** travailler sur écran
Bildschirm|schoner *m* économiseur *m* d'écran; **~text** *m in Frankreich* ≈ minitel® *m*
bildschön splendide, magnifique
Bildung *f* **1** (*Entstehung*) formation *f* **2** *geistige*: culture *f* **3** (*Schulbildung*) instruction *f*
Bildungslücke *f* lacune *f* (de culture générale)
Bildungsweg *m*: ***das Abitur auf dem zweiten ~ machen*** passer son baccalauréat en suivant des cours pour adultes
Billard *n* billard *m*
Billett *n* (CH) billet *m*
billig **1** *im Preis*: bon marché, pas cher/chère **2** (*minderwertig*) de mauvaise qualité **3** (*Ausrede usw.*) mauvais; (*Trick*) primitif/-ive
billigen approuver; ***etw nicht*** ~ désapprouver de qc
Binde *f* **1** (*Verband*) bandage *m*, bande *f* **2** (*Armschlinge*) écharpe *f* **3** (*Armbinde*) brassard *m* **4** (*Monatsbinde*) serviette *f* hygiénique
binden **1** (*festbinden*) attacher **2** (*zusammenbinden*) lier; faire (*Strauß, Kranz*); nouer (*Schal, Krawatte*) **3** *frz. Aussprache*: faire la liaison **4** ***sich*** ~ (*Personen*) s'engager, se lier; ***er ist gebunden*** il n'est pas libre **5** ***ein gebundenes Buch*** un livre relié
Bindestrich *m* trait *m* d'union
Bindfaden *m* ficelle *f*
Bindung *f* **1** *gefühlsmäßig*: liens *m Pl* (***an*** avec); attachement *m* (***an*** à) **2** *zwischen frz. Wörtern*: liaison *f* **3** *am Ski*: fixation *f*
Bio *n Schulfach*: sciences *f Pl* nat
Bio|chemie *f* biochimie *f*; **~gemüse** *n* légumes *m Pl* biologiques
Biografie *f*, **Biographie** *f* biographie *f*
Bio|haus *n* maison *f* biologique; **~laden** *m* magasin *m* de produits biologiques
Bio|loge *m*, **~login** *f* biologiste *m,f*
Biologie *f* **1** biologie *f* **2** *Schulfach*: sciences *f Pl* naturelles
biologisch **1** biologique **2** ~ ***abbaubar*** biodégradable
Biosphäre *f* biosphère *f*
Biotop *n* biotope *m*
Birke *f* bouleau *m*
Birne *f* **1** poire *f* **2** *Baum*: poirier *m* **3** (*Kopf*) *umg.* caboche *f* (⚠ *frz. umg.* poire *f* = ***Gesicht, Visage***) **4** *Glühbirne*: ampoule *f*

bis **1** jusque; **~ *dahin*** jusque-là; **~ *hierher*** jusqu'ici **2** *beim Abschied*: **~ *morgen!*** à demain!; **~ *gleich!*** à tout à l'heure! **3 *von ... ~ ...*** de ... à ... **4 ~ *auf*** (*ausschließlich*) sauf; (*einschließlich*) jusqu'à; **~ *in drei Monaten*** d'ici trois mois **5 *zehn ~ zwölf Personen*** (de) dix à douze personnes; ***in zwei ~ drei Tagen*** dans deux ou trois jours; ***vier- ~ fünfmal*** quatre à cinq fois **6 *warte, ~ sie da ist*** attends qu'elle soit là (⚠ *Subj.*)

Bischof *m* évêque *m*

bisher **1** jusqu'à présent, jusqu'ici **2 *wie ~*** comme toujours

Biskuit *m od. n Gebäck*: biscuit *m* (de Savoie), gâteau *m* sec

Biss *m* **1** morsure *f* **2 *keinen ~ haben*** *fig.* (*Nudeln*) être trop cuit; (*Person, Spiel*) manquer d'entrain

bisschen **1 *ein ~*** un peu; ***ein ~ Geld*** un peu d'argent; ***kein ~!*** pas le moins du monde! **2 (*ach*) *du liebes ~!*** mon Dieu!

Bissen *m* bouchée *f*, morceau *m*; ***ich bringe keinen ~ hinunter*** je ne peux rien avaler

bissig **1 *~er Hund!*** chien méchant **2** *fig.* (*Laune, Bemerkung*) mordant

Bit *n* IT bit *m*

bitte **1** *Wunsch, Aufforderung*: s'il vous plaît; *wenn man sich duzt*: s'il te plaît **2** *als Antwort auf Entschuldigung, Bitte, Dank*: je vous en prie *bzw.* je t'en prie; (***hier***) ***~!*** voilà! **3** *als Frage*: (***wie***) ***~?*** pardon?; TEL ***ja, ~?*** allô! **4 *na ~!*** vous voyez *bzw.* tu vois! **5 *ja ~!*** (*gern*) je veux bien; (*herein!*) entrez!

Bitte *f* **1** demande *f* (***um*** de) **2** *inständige*: prière *f* (***um*** de) **3 *ich habe e-e ~ an dich*** j'ai un service à te demander

Bitte!

Mit **s'il te plaît** bittet man eine Person, die man duzt, um einen Gefallen.

Mach bitte das Fenster auf!
Ouvre la fenêtre, s'il te plaît!

Für mehrere Personen oder eine Person, die man siezt, verwendet man **s'il vous plaît**:

Kommt bitte herein! / Kommen Sie bitte herein!
Entrez, s'il vous plaît!

bitten **1** demander (***j-n um etw*** qc à qn); ***j-n ~ zu kommen*** demander à qn de venir; ***um Hilfe ~*** demander de l'aide **2** *förmlich, inständig*: prier **3 *darf ich ~?*** *zum Tanz*: vous dansez?

bitter **1** amer/amère (*a. fig.*); **~ *schmecken*** avoir un goût amer **2** (*Not*) extrême; (*Wahrheit*) cruel/-elle **3 *er hat das ~ nötig*** il a bien besoin de ça

bitterböse: ***sie war ~*** (*sehr verärgert*) elle était furieuse

bitterkalt: ***es ist ~*** il fait très froid

Blackout *m* PSYCH trou *m*

blähen **1** gonfler (*Segel*) **2** (*Erbsen, Bohnen usw.*) donner des ballonnements

Blähung *f*: ***~en haben*** avoir des ballonnements

Blamage *f*: ***so e-e ~!*** quelle *honte!

blamieren **1 *j-n ~*** ridiculiser qn **2 *sich ~*** se ridiculiser (***vor j-m*** auprès de qn) (⚠ *frz.* blâmer qn = ***j-n tadeln***)

blank **1** (*glänzend, poliert*) reluisant; **~ *putzen*** faire reluire **2 *~er Unsinn*** absurdité *f* **3 *das ist der ~e Neid*** ce n'est rien que de l'envie **4** (*pleite*) (***völlig***) **~ *sein*** *umg.* être à sec

blankputzen → ***blank***

Blase *f* **1** *Luft-, Seifenblase*: bulle *f*; ***~n werfen*** se boursoufler **2** *auf der Haut*: ampoule *f* **3** *Harnblase*: vessie *f*

blasen **1** souffler **2 *auf dem Horn ~*** sonner du cor

Blasinstrument *n* instrument *m* à vent

blass **1** pâle; **~ *werden*** pâlir; (*Farben*) *a.* passer **2 ~ *vor Neid sein*** être dévoré d'envie

Blässe *f* pâleur *f*

Blatt *n* **1** BOT feuille *f* **2** *Papier*: feuille *f*; ***ein ~ Papier*** une feuille de papier **3** (*Notenblatt*) page *f* (de musique) **4** (*Spielkarten*) ***ein gutes ~*** un bon jeu

blättern: ***in e-m Buch*** *usw.* **~** feuilleter un livre *usw.*

blau **1** bleu **2 *ein ~er Fleck*** un bleu; ***ein ~es Auge*** un œil au beurre noir **3** (*betrunken*) ***er ist ~*** *umg.* il est noir **4 *ein ~er Brief*** SCHULE un avertissement **5** → ***blaumachen***

Blaubeere *f* myrtille *f*

B

Blaue(s) *n* **1** *Färbung*: bleu *m* **2** ***e-e Fahrt ins ~*** une excursion à l'aventure **3** ***er hat das ~ vom Himmel gelogen*** il a menti comme un arracheur de dents **4** ***sie hat mir das ~ vom Himmel versprochen*** elle m'a promis monts et merveilles
blaugrün vert bleu
Blaukraut *n* chou *m* rouge
Blaulicht *n* gyrophare *m*; ***er fährt mit ~*** il a mis le gyrophare
blaumachen: ***er macht blau*** (*er geht nicht arbeiten*) *umg.* il ne va pas au boulot; (*er geht nicht zur Schule*) il ne va pas en cours; ***sie hat e-n Tag blaugemacht*** elle a manqué une journée
Blazer *m* blazer *m*
Blech *n* **1** *Material*: tôle *f*; (*Weißblech*) fer-blanc *m* **2** (*Blechplatte*) tôle *f*, plaque *f*
Blechbüchse *f* boîte *f* en fer-blanc
Blei *n* **1** *Metall*: plomb *m* **2** (*Senkblei*) fil *m* à plomb
bleiben **1** rester; ***stehen ~*** rester debout; ***sitzen ~*** rester assis; ***liegen ~*** rester couché **2** ***wo ist meine Tasche geblieben?*** où est passé mon sac?; ***wo bleibst du denn (so lange)?*** tu en mets du temps! **3** TEL ***~ Sie am Apparat!*** ne quittez pas! **4** ***am Leben ~*** rester en vie **5** ***bei der Wahrheit ~*** s'en tenir à la vérité **6** ***ich bleibe dabei, dass …*** je maintiens que … (+ *Ind.*) **7** ***etw ~ lassen*** (*aufhören*) arrêter de faire qc
bleibenlassen → ***bleiben***
bleich **1** livide **2** (*Licht, Himmel*) blafard
bleichen blanchir (*Wäsche*)
bleifrei (*Benzin*) sans plomb
Bleistift *m* crayon *m*
Blende *f der Kamera*: diaphragme *m*
blenden **1** (*Licht, Sonne*) aveugler, éblouir **2** ***sich ~ lassen*** *abw.* se laisser éblouir (***von*** par)
blendend **1** (*Licht*) éblouissant **2** ***mir geht es ~*** je me porte comme un charme
Blick *m* **1** regard *m*; ***e-n ~ werfen auf*** jeter un regard sur **2** ***das sehe ich auf den ersten ~*** je le vois du premier coup d'œil; ***es war Liebe auf den ersten ~*** c'était le coup de foudre **3** (*Aussicht*) vue *f*; ***mit ~ aufs Meer*** avec vue sur la mer **4** (*Gefühl*) ***e-n ~ für etw haben*** avoir le sens de qc
blicken **1** ***~ auf*** regarder **2** ***finster*** (*bzw.* ***freundlich***) ***~*** avoir l'air sombre (*bzw.* aimable) **3** ***sich ~ lassen*** se montrer; ***lass dich mal wieder ~!*** passe un de ces jours!
blickenlassen → ***blicken***
blind **1** aveugle (***auf e-m Auge*** d'un œil) **2** ***bist du ~?*** *umg.* (*kannst du nicht aufpassen?*) tu ne peux pas faire attention? **3** ***ein ~er Passagier*** un passager clandestin
Blinddarmentzündung *f* appendicite *f*
Blinde(r) *f(m)* aveugle *m,f*
blinken **1** (*glänzen*) briller; (*funkeln*) étinceler **2** (*Warnlichter*) clignoter
Blinker *m* AUTO clignotant *m*; ***den ~ setzen*** mettre son clignotant
blinzeln **1** cligner des yeux **2** *als Zeichen*: faire un clin d'œil
Blitz *m* éclair *m*; (*Blitzschlag*) foudre *f*; ***vom ~ getroffen werden*** être frappé par la foudre
blitzen **1** ***es blitzt*** il y a un éclair (*bzw.* des éclairs) **2** (*funkeln*) étinceler; (*glänzen*) briller **3** (*fotografieren*) photographier au flash
Blitzlicht *n* flash *m*
Block *m* **1** *aus Stein, Holz, Papier usw.*: bloc *m* **2** (*Häuserblock*) îlot *m*
Blockade *f* blocus *m*; WIRTSCH embargo *m*
blocken SPORT bloquer (*Ball usw.*)
Blockflöte *f* flûte *f* à bec
blockieren **1** bloquer **2** obstruer (*Straße*)
Blockstunde *f*: ***e-e ~*** deux heures *f Pl* de cours groupées
blöd(e) **1** (*dumm*) bête; *umg., stärker*: con/conne **2** (***so ein***) ***~er Kerl!*** (quel) con!; (***so e-e***) ***~e Kuh!*** (quelle) conne! (⚠ con/conne *ist ziemlich stark!*) **3** (*ärgerlich*) embêtant; *umg.* chiant; ***so was Blödes!*** *umg.* c'est chiant!, zut alors!
Blödsinn *m* bêtise *f*; *umg. stärker*: connerie *f*; *umg.* conneries *f Pl*
blond blond
bloß **1** (*nackt*) nu; ***mit ~em Auge erkennen*** distinguer à l'œil nu **2** (*einfach*) simple, seul **3** (*nur*) seulement, uniquement; ***wenn ich ~ daran denke*** rien que d'y penser; ***ich habe ihn ~ berührt*** je n'ai fait que le toucher **4** *verstärkend in Fragen*: donc **5** ***tu das***

~ *nicht!* ne fais surtout pas ça!
bluffen *umg.* bluffer
blühen **1** (*Pflanzen*) fleurir, être en fleur(s) **2** (*Geschäft usw.*) prospérer **3** (*bevorstehen*) ***das kann dir auch*** **(*noch*)** ~ *umg.* ça risque de te pendre au nez
Blume *f* fleur *f*
Blumen|kohl *m* chou-fleur *m*; **~laden** *m* boutique *f* de fleuriste; **~strauß** *m* bouquet *m* de fleurs
Bluse *f* chemisier *m* (⚠ *frz.* blouse *f* (de travail) = ***Arbeitskittel***)
Blut *n* **1** sang *m*; ***ich kann kein ~ sehen*** j'ai horreur du sang **2** **(*immer*) *ruhig ~!*** du calme!
Blut|bad *n* bain *m* de sang; **~druck** *m* tension *f*, pression *f* artérielle
Blüte *f* **1** fleur *f* **2** (*Blütezeit*) floraison *f*; ***in voller ~*** en fleur(s) **3** (*falsche Banknote*) faux billet *m*
bluten **1** saigner **2** (*Baum*) perdre sa sève
Blut|erguss *m* hématome *m*, bleu *m*; **~gruppe** *f* groupe *m* sanguin
blutig **1** (*blutbefleckt*) taché de sang **2** (*Schlacht*) sanglant **3** (*Steak*, *Fleisch*) saignant
Blut|orange *f* orange *f* sanguine; **~probe** *f* prise *f* de sang; **~spende** *f* **1** *Aktion*: don *m* du sang **2** (*gespendetes Blut*) dose *f* de sang
Blutung *f* **1** saignement *m* **2** (*Monatsblutung*) règles *f Pl*
Blut|vergiftung *f* septicémie *f*; **~wurst** *f* boudin *m* (noir)
BMX-Rad *n* vélo *m* (de) cross
Bö *f* rafale *f*
Bob *m Schlitten*: bobsleigh *m*
Bock *m* **1** ZO bouc *m* **2** SPORT cheval *m* de saut **3** ***hast du ~ auf …?*** *umg.* …, ça te dit?; ***ich habe null ~*** **(*auf Schule*)** *umg.* ça me fait suer (d'aller en cours)
bocken **1** (*Tier*) être rétif/-ive **2** (*Motor*) *umg.* cafouiller
bockig **1** (*stur*) têtu, buté **2** (*Tier*) rétif/-ive
Bockwurst *f* ≈ saucisse *f* de Francfort
Boden *m* **1** (*Erde*) sol *m*, terre *f*; (*Terrain*) terrain *m*; ***auf dem ~ liegen*** être par terre (*od.* sur le sol); ***auf den ~ fallen*** tomber par terre **2** (*Fußboden*) sol *m*, plancher *m* **3** *e-s Gefäßes*, *e-r Torte usw.*: fond *m*; *e-r Flasche a.*: cul *m* **4** (*Speicher*) grenier *m* **5** *fig.* ***am ~ zerstört sein*** être anéanti; *vor Scham*: **(*am liebsten*) *im ~ versinken wollen*** vouloir rentrer sous terre
bodenlos **1** (*Abgrund*) sans fond **2** (*Gemeinheit*, *Leichtsinn usw.*) inouï
Bodenschätze *m Pl* ressources *f Pl* minières, richesses *f Pl* du sous-sol
Bodensee *m* lac *m* de Constance
Body *m Kleidungsstück*: body *m*
Bodybuilding *n* culturisme *m*; *umg.* gonflette *f*
Bogen *m* **1** courbe *f*; (*Biegung*) courbure *f*; ***e-n ~ machen*** tourner; ***um j-n e-n*** **(*großen*)** ***~ machen*** éviter qn **2** MATH, ARCH arc *m*; *an Brücken*: arche *m* **3** (*Geigenbogen*) archet *m* **4** MUS liaison *f* **5** ***ein ~ Papier*** une feuille de papier **6** *Wendungen*: ***in hohem ~ hinausfliegen*** *umg.* se faire virer; ***den ~ raushaben*** *umg.* avoir trouvé la combine (pour faire qc)
Bohne *f* **1** *Gemüse*: *haricot *m*; ***grüne ~n*** des *haricots verts; ***nicht die ~!*** pas du tout! **2** (*Kaffeebohne*) grain *m*
bohren **1** percer, creuser (*Loch usw.*); ***nach Öl ~*** faire des sondages pour rechercher du pétrole **2** (*Zahnarzt*) passer la roulette
Bohrer *m* **1** *Gerät*: perceuse *f*; *beim Zahnarzt*: fraise *f* **2** *Einsetzteil*: mèche *f*
Bohrmaschine *f* perceuse *f*
Boje *f* bouée *f*, balise *f* (flottante)
Bolivien *n* la Bolivie
bombardieren **1** bombarder **2** ***mit Fragen ~*** bombarder de questions
Bombe *f* **1** bombe *f* **2** ***die Nachricht schlug wie e-e ~ ein*** *umg.* la nouvelle a éclaté comme une bombe
Bomben|anschlag *m* attentat *m* à la bombe (***auf*** contre); **~erfolg** *m* succès *m* fou
Bombenform *f*: ***in ~ sein*** (*Sportler usw.*) être en pleine forme
bombensicher **1** (*gewiss*) ***das ist ~*** *umg.* c'est sûr et certain **2** (*Alibi*) en béton
bombig *umg.* (*Fest usw.*) du tonnerre
Bon *m* **1** (*Gutschein*) bon *m* **2** (*Kassenzettel*) ticket *m* de caisse
Bonbon *n od. m* bonbon *m*
bongen: *ist gebongt!* *umg.* d'acc!
Bonus *m* **1** (*Prämie*) prime *f* **2** SPORT *handicap *m*
Boot *n* **1** bateau *m*; (*Ruderboot*) barque

f; (*Motorboot*) canot *m* **2** *fig.* ***wir sitzen alle im selben ~*** nous sommes tous logés à la même enseigne
Bootssteg *m* passerelle *f* d'embarquement
Bord[1] *n* (*Brett*) rayon *m*, étagère *f*
Bord[2] *m* **1** ***an ~*** SCHIFF, FLUG à bord; ***an ~ gehen*** s'embarquer, monter à bord; ***von ~ gehen*** débarquer **2** ***über ~ gehen*** passer par-dessus bord
Bordstein *m* bord *m* du trottoir
borgen 1 ***etw von j-m ~*** emprunter qc à qn **2** ***j-m etw ~*** prêter qc à qn
Borke *f* écorce *f*
Börse *f* **1** (*Geldbörse*) porte-monnaie *m* **2** WIRTSCH Bourse *f* (⚠ *großgeschrieben*)
Börsenmakler(in) *m(f)* agent *m* de change, courtier *m*, -ière *f* en valeurs
bösartig 1 (*Mensch, Tier*) méchant **2** (*Krankheit, Tumor*) malin/-igne
Böschung *f* **1** talus *m*, pente *f* **2** *am Ufer a.*: berge *f*
böse 1 (*gemein*) méchant; ***ein ~s Kind*** un enfant vilain **2** (*verärgert*) fâché; ***~ werden*** se fâcher; ***j-m ~ sein*** être fâché avec qn, en vouloir à qn; ***sei mir deswegen nicht ~*** *umg.* ne m'en veux pas pour cela **3** ***e-e ~ Grippe*** une mauvaise grippe **4** *Situation*: ***das sieht ~ aus*** ça a l'air sérieux; ***das nimmt ein ~s Ende*** cela va finir mal **5** ***ich hab's nicht ~ gemeint*** c'était pour rire; *förmlich*: je n'ai pas pensé à mal
boshaft méchant
Bosheit *f* méchanceté *f*
Bosnien *n* la Bosnie
Bosnier(in) *m(f)* Bosniaque *m,f* (⚠ *Endung*)
bosnisch bosniaque (⚠ *Endung*)
Boss *m* **1** *e-r Firma*: patron *m* **2** *e-r Bande*: chef *m*
Botanik *f* botanique *f*
Bote *m*, **Botin** *f* **1** messager *m*, -ère *f* **2** *berufsmäßig*: commissionnaire *m,f*
Botschaft *f* **1** (*Nachricht*) message *m* **2** (*Landesvertretung*) ambassade *f*
Bottich *m* **1** cuve *f* **2** *zum Waschen*: baquet *m*
Box *f* **1** (*Stallbox, Garagenbox*) box *m* **2** (*Lautsprecher*) enceinte *f* acoustique
boxen boxer
Boxer[1] *m* SPORT boxeur *m*
Boxer[2] *m* zo boxer *m*
Boxershorts *Pl* boxer *m*
Boxkampf *m* match *m* de boxe
Boygroup *f* boys band *m*
boykottieren boycotter
Branche *f* **1** (*Geschäftszweig*) branche *f*, secteur *m* **2** (*Fachgebiet*) spécialité *f*
Brand *m* incendie *m*, feu *m*; ***in ~ geraten*** prendre feu; ***etw in ~ stecken*** mettre le feu à qc
brandaktuell d'une actualité brûlante
Brandanschlag *m* incendie *m* criminel (***auf*** de)
Brandenburg *n Bundesland*: le Brandebourg
brandneu flambant neuf/neuve
Brand|stifter(in) *m(f)* incendiaire *m,f*; **~stiftung** *f* incendie *m*
Brandung *f* déferlement *m* des vagues
Brandwunde *f* brûlure *f*
Brasilianer(in) *m(f)* Brésilien *m*, -ienne *f*
brasilianisch brésilien/-ienne
Brasilien *n* le Brésil
braten 1 faire cuire; *im Ofen, am Spieß*: faire rôtir; (*grillen*) faire griller; faire sauter (*Kartoffeln*) **2** ***das Fleisch brät im Backofen*** la viande cuit au four **3** (*sich sonnen*) ***in der Sonne ~*** se rôtir au soleil
Braten *m* rôti *m*
Brat|hähnchen *n* **1** *gebratenes*: poulet *m* rôti **2** *zum Braten*: poulet *m* à rôtir; **~hendl** *n* Ⓐ poulet *m* rôti; **~kartoffeln** *f Pl* pommes *f Pl* de terre sautées; **~pfanne** *f* poêle *f*; **~wurst** *f* ≈ saucisse *f*; *gebratene*: saucisse *f* grillée
Brauch *m* coutume *f*, tradition *f*
brauchbar utile (***für*** à); utilisable
brauchen 1 avoir besoin de (*Sache*); ***ich brauche etw*** *a.* il me faut qc; ***ich brauche nichts*** je n'ai besoin de rien **2** ***e-e Stunde ~*** mettre une heure (***für*** pour) **3** (*gebrauchen*) se servir de; ***kannst du das noch ~?*** est-ce que cela peut te servir? **4** *verneint*: ***er braucht nicht zu kommen*** ce n'est pas la peine qu'il vienne (⚠ *Subj.*); ***du brauchst gar nicht zu lachen*** à ta place, je ne rigolerais pas, il n'y a pas de quoi rire; ***das braucht niemand zu wissen*** ça ne regarde personne **5** ***du brauchst es nur zu sagen*** (***tun*** *usw.*) tu n'as qu'à le dire (le faire *usw.*)
braun 1 marron **2** ***~ werden*** bronzer; ***~ gebrannt*** bronzé **3** (*dunkelbraun*) brun (*bes. Haare, Haut*); ***sie hat ~e***

Haare elle a les cheveux bruns

Braunbär *m* ours *m* brun

bräunen **1** (*Sonne*) brunir, bronzer (*Haut*) **2** faire revenir (*Mehl, Butter, Zwiebeln*)

Braunkohle *f* lignite *m*

Brause *f* **1** (*Dusche*) douche *f* **2** *Pulver*: poudre *f* effervescente

brausen **1** (*Sturm, Meer, Wind*) mugir **2** (*Fahrzeuge*) rouler à toute vitesse

Braut *f* **1** *am Hochzeitstag*: mariée *f* **2** (*Mädchen*) *umg.* nana *f*

Bräutigam *m am Hochzeitstag*: marié *m*

brav (*Kind*) sage (⚠ *frz.* brave = ***tapfer, anständig***)

bravo: ***~ rufen*** applaudir

BRD: ***die ~*** la RFA (République fédérale d'Allemagne)

brechen **1** casser (*Arm usw.*) **2** rompre (*Vertrag, Schweigen*) **3** *in mehrere Stücke*: briser (*a. Eis, Wellen, Widerstand*) **4** violer (*Recht*) **5** forcer (*Blockade*) **6** battre (*Rekord*) **7** ***sich ~*** (*Licht*) se réfracter **8** ***das bricht ihm das Herz*** cela lui brise (*bzw.* lui fend) le cœur **9** ***~d voll*** plein à craquer

Brei *m* **1** *Mehl, Grieß usw.*: bouillie *f* **2** *Kartoffeln, Erbsen usw.*: purée *f*

breit **1** large; ***zwei Meter ~ sein*** avoir deux mètres de large **2** (*Hüften*) fort **3** → ***breitmachen***

Breite *f räumlich*: largeur *f*

Breitengrad *m*: ***auf dem 20. ~*** à vingt degrés de latitude

breitmachen: ***sich ~*** *umg.* s'étaler

Bremen *n* Brême

Bremse *f* frein *m*; ***auf die ~ treten*** donner un coup de frein

bremsen freiner

Brems|licht *n* feu *m* de stop; **~pedal** *n* pédale *f* de frein

brennbar **1** combustible **2** ***leicht ~*** inflammable **3** ***nicht ~*** ininflammable

brennen **1** brûler; (*Ofen*) *a.* marcher **2** (*Gerät*) marcher; ***das Licht brennt*** la lumière est allumée **3** ***meine Augen ~*** les yeux me brûlent; (*Rauch usw.*) ***in den Augen ~*** piquer les yeux **4** cuire (*Ton, Ziegel*); distiller (*Schnaps*) **5** ***es brennt!*** il y a le feu!; ***wo brennt's denn?*** *fig.* qu'est-ce qui ne va pas? **6** ***ich brenne vor Neugier*** je brûle de curiosité; ***darauf ~, etw zu tun*** brûler de faire qc

Brenn|nessel *f* ortie *f*; **~punkt** *m* **1** MATH, OPT foyer *m* **2** (*Blick-, Mittelpunkt*) centre *m*; **~stab** *m atomar*: barre *f* de combustible; **~stoff** *m* combustible *m*

brenzlig **1** (*bedenklich*) délicat **2** ***es wird ~*** ça devient dangereux

Brett *n* **1** planche *f* **2** ***das Schwarze ~*** le tableau d'affichage **3** (*Schachbrett*) échiquier *m*; (*Damebrett*) damier *m*

Brettchen *n* planchette *f*

Brezel *f* bretzel *m*

Brief *m* lettre *f*

Brieffreund(in) *m(f)* correspondant(e) *m(f)*

Briefkasten *m* **1** boîte *f* aux lettres **2** ***der ~ wird um vier Uhr geleert*** la levée est à quatre heures

Brief|kopf *m* en-tête *m* (de lettre); **~marke** *f* timbre(-poste) *m*; **~öffner** *m* coupe-papier *m*; **~papier** *n* papier *m* à lettres; **~tasche** *f* portefeuille *m*; **~taube** *f* pigeon *m* voyageur; **~träger(in)** *m(f)* facteur *m*, -trice *f*; *moderner*: préposé(e) *m(f)*; **~umschlag** *m* enveloppe *f*

Brikett *n* briquette *f* (⚠ *frz.* briquet *m* = ***Feuerzeug***)

brillant brillant

Brille *f* **1** lunettes *f Pl* (⚠ *immer Plural*) **2** (*Klobrille*) lunette *f* (⚠ *Singular*)

bringen **1** ⚠ *Sachen*: (*mitbringen*) apporter; (*hinbringen*) emporter; (*zurückbringen*) rapporter **2** ⚠ *Personen*: (*mitbringen*) amener; (*hinbringen*) emmener, conduire; (*zurückbringen*) ramener; ***j-n nach Hause ~*** raccompagner qn chez lui; ***j-n ins Bett ~*** mettre qn au lit **3** PRESSE publier (*Artikel, Anzeige usw.*); TV ***was bringt das Zweite Programm heute?*** qu'est-ce qu'il y a sur la deux aujourd'hui? **4** (*verursachen*) causer (*Schaden, Probleme*); apporter (*Vorteile*); ***Glück ~*** porter bonheur **5** ***es weit ~*** faire son chemin; ***es zu nichts ~*** ne parvenir à rien; ***j-n zum Lachen*** (***Weinen*** *usw.*) ***~*** faire rire (pleurer *usw.*) qn; ***das bringe ich einfach nicht*** je n'y arrive pas **6** ***es mit sich ~, dass*** avoir pour conséquence que (+ *Ind.*)

Brise *f* brise *f*

Brite *m*, **Britin** *f* Britannique *m,f*

britisch **1** britannique **2** ***die Britischen Inseln*** les îles *f Pl* Britanniques

B

Brocken *m* **1** *Brot*: morceau *m* **2** ***ein paar ~*** *fig.* quelques bribes *f Pl*
brodeln bouillonner
Brokkoli *m* brocoli *m*
Brombeere *f* mûre *f* (sauvage)
Bronchitis *f* bronchite *f*
Brosche *f* broche *f*
Broschüre *f* brochure *f*
Brösel *m* miette *f*
Brot *n* **1** pain *m*; ***e-e Scheibe ~*** une tranche de pain **2** (*Butterbrot*) tartine *f*; *zugeklapptes*: sandwich *m*; ***ein ~ schmieren*** beurrer une tartine
Brötchen *n* **1** petit pain *m* **2** ***belegtes ~*** sandwich *m*
Brotzeit *f*: ***~ machen*** faire la pause casse-croûte
Browser *m* INTERNET navigateur *m*
Bruch *m* **1** rupture *f* (*a. fig.*) **2** (*Knochenbruch*) fracture *f* **3** (*Bruchstelle*) cassure *f* **4** MATH fraction *f* **5** (*Zerbrochenes*) casse *f* **6** ***zu ~ gehen*** se casser, se briser; ***in die Brüche gehen*** (*Beziehung usw.*) se briser
Bruch|rechnen *n* calcul *m* des fractions; **~teil** *m* fraction *f*; **~zahl** *f* nombre *m* fractionnaire
Brücke *f* **1** pont *m* **2** (*Schiffsbrücke*) passerelle *f* **3** *Teppich*: carpette *f* **4** (*Zahnbrücke*) bridge *m*
Bruder *m* frère *m*; ***der jüngere ~*** le frère cadet; ***der ältere ~*** le frère aîné
brüderlich **1** fraternel/-elle **2** ***etw ~ teilen*** partager qc en frères
Brühe *f* **1** (*Fleischbrühe*) bouillon *m*; *konzentrierte*: consommé *m* **2** *abw.* (*Wasser*) eau *f* sale; (*Kaffee, Tee usw.*) *umg.* jus *m*
brüllen **1** (*schreien*) *hurler; *umg.* gueuler; (*Baby*) *umg.* brailler **2** (*Kuh, Stier*) mugir; (*Löwe*) rugir
brummen **1** (*Motor usw.*) ronfler; (*Flugzeug*) vrombir **2** (*Bär*) grogner; (*Insekt*) bourdonner **3** *Mensch*: grommeler; ***etw vor sich hin ~*** marmonner qc entre ses dents **4** ***mir brummt der Kopf*** j'ai mal à la tête
brummig (*Person*) grincheux/-euse
Brunnen *m* **1** fontaine *f*; (*Ziehbrunnen*) puits *m* **2** (*Heilquelle*) source *f*
Brüssel *n* Bruxelles
Brust *f* **1** poitrine *f* **2** *der Frau*: sein *m* **3** (*Hühnerbrust*) blanc *m*; (*Rinder-, Kalbsbrust*) poitrine *f* **4** *Schwimmen*: ***200 Meter ~*** deux cents mètres *m Pl* brasse
Brust|beutel *m* bourse *f* portée autour du cou; **~schwimmen** *n* brasse *f*
Brüstung *f* parapet *m*, balustrade *f*
brutal brutal, rude
brüten **1** (*Vögel*) couver **2** (*grübeln*) ruminer (***über etw*** qc)
brutto **1** brut **2** ***sie verdient 3000 Euro ~*** son salaire brut est de trois mille euros
Brutto|gehalt *n*, **~lohn** *m* salaire *m* brut
BSE *f* ESB *f* (*Abk. für*: encéphalopathie spongiforme bovine)
Btx *in Frankreich*: minitel® *m*
Bub *m bes.* Ⓐ garçon *m*
Bube *m Spielkarte*: valet *m*
Buch *n* **1** livre *m* **2** **(*genau*) *~ führen über*** tenir le compte (un compte exact) de **3** ***er redet wie ein ~*** *umg.* c'est un moulin à paroles
Buche *f* *hêtre *m*
buchen **1** réserver (*Reise usw.*); ***e-n Flug ~*** réserver une place d'avion **2** ***auf ein Konto ~*** porter en compte (*Geld usw.*)
Bücherei *f* bibliothèque *f*
Bücher|regal *n* étagère *f*; *großes, in der Bücherei a.*: rayonnage *m*; **~schrank** *m* bibliothèque *f*; **~wurm** *m* rat *m* de bibliothèque
Buch|halter(in) *m(f)* comptable *m,f*; **~handlung** *f* librairie *f*
Buchs(baum) *m* buis *m*
Büchse *f* **1** boîte *f* **2** *Konserve*: boîte *f* de conserve **3** *Gewehr*: carabine *f*
Büchsen|milch *f* lait *m* concentré (en boîte) (⚠ *in Frankreich meistens gezuckert*); **~öffner** *m* ouvre-boîtes *m*
Buchstabe *m* **1** lettre *f* **2** ***großer ~*** majuscule *f*; ***kleiner ~*** minuscule *f*
buchstabieren épeler
buchstäblich littéralement
Bucht *f* **1** baie *f* **2** *kleine*: anse *f*
Buchung *f e-r Reise usw.*: réservation *f*
Buckel *m* **1** bosse *f*; ***e-n ~ haben*** être bossu **2** ***e-n ~ machen*** (*Katze*) faire le gros dos **3** ***du kannst mir den ~ herunterrutschen!*** *umg.* fiche-moi la paix! **4** *kleiner Hügel*: tertre *m*, butte *f*
bücken: *sich* (*nach etw*) ~ se baisser (pour ramasser qc)
buddeln creuser
Bude *f* **1** (*Kiosk*) kiosque *m* **2** (*Bretterbude, a. abw. für Haus*) baraque *f* **3** (*Wohnung, Zimmer*) *umg.* piaule *f*;

Leben in die ~ bringen mettre de l'ambiance

Büfett *n* **1** *Geschirrschrank*: buffet *m* **2** ***das kalte ~*** GASTR le buffet froid

Büffel *m* buffle *m*

büffeln *umg.* bûcher

Bug *m* SCHIFF proue *f*

Bügel *m* **1** (*Kleiderbügel*) cintre *m* **2** *e-r Brille*: branche *f* **3** (*Steigbügel*) étrier *m*

Bügeleisen *n* fer *m* à repasser

bügeln repasser

buh **1** *hou! **2** (*pfui*) berk!

Bühne *f* **1** *im Theater*: scène *f*; plateau *m*; ***auf der ~ stehen*** être en scène **2** (*Theater*) théâtre *m*; planches *f Pl* **3** ***etw über die ~ bringen*** (*erfolgreich zu Ende bringen*) terminer qc

Bühnenbild *n* décors *m Pl*

Bulgare *m*, **Bulgarin** *f* Bulgare *m,f*

Bulgarien *n* la Bulgarie

bulgarisch bulgare

Bull|auge *n* *hublot *m*; **~dogge** *f* bouledogue *m*

Bulle *m* **1** ZO taureau *m* **2** (*Polizist*) *umg.* flic *m*, *umg.* poulet *m*

Bumerang *m* boomerang *m*

bummeln **1** (*umherschlendern*) flâner **2** (*trödeln*) lambiner **3** (*faulenzen*) *umg.* flemmarder

bums: ***~!*** boum!, patatras!

bumsen **1** *Geräusch*: faire boum **2** *an e-e Tür*: taper (*od.* frapper) (***an*** contre) **3** ***sie ist gegen die Wand gebumst*** elle s'est cognée au mur

Bund[1] *m* **1** (*Verein, Verband*) union *f*, association *f* **2** *staatlicher*: fédération *f*; *in Deutschland*: ***~ und Länder*** le Bund et les Länder *m Pl* **3** (*Bundeswehr*) armée *f* allemande; ***beim ~ sein*** être à l'armée

Bund[2] *n* **1** ***ein ~ Karotten*** (***Radieschen*** *usw.*) une botte de carottes (de radis *usw.*) **2** ***ein ~ Petersilie*** (***Schnittlauch*** *usw.*) un bouquet de persil (de ciboulette *usw.*)

Bund[3] *m am Rock, an der Hose*: ceinture *f* (⚠ *frz.* ceinture *a.* = ***Gürtel***)

Bündel *n* **1** ***~ Briefe*** (***Wäsche*** *usw.*) paquet *m* de lettres (de linge *usw.*) **2** *Reisig usw.*: fagot *m* **3** *Strahlen*: faisceau *m*

Bundes|bürger(in) *m(f)* citoyen *m*, -enne *f* de la RFA; **~hauptstadt** *f* capitale *f* fédérale; **~kanzler** *m* chancelier *m* de la République fédérale

Bundesland *n* Land *m*; ***die alten*** (*bzw.* ***neuen***) ***Bundesländer*** les Länder ouest-allemands (*bzw.* les nouveaux Länder)

Bundes|liga *f* première division *f*; **~minister(in)** *m(f)* ministre *m* fédéral, ministre *f* fédérale (***für*** de); **~präsident(in)** *m(f)* **1** *in Deutschland, Österreich*: président *m* de la République fédérale **2** *in der Schweiz*: président *m* de la Confédération

Bundesrat[1] *m* **1** *in Deutschland*: Bundesrat *m* **2** Ⓐ, Ⓒⓗ Conseil *m* fédéral

Bundes|rat[2] *m*, **~rätin** *f* Ⓒⓗ ministre *m,f*

Bundesrepublik *f* république *f* fédérale; ***die ~ Deutschland*** la République fédérale d'Allemagne

Bundes|tag *m* Parlement *m* fédéral; **~wehr** *f* Bundeswehr *f*

Bündnis *n* alliance *f*, pacte *m*

Bungalow *m* bungalow *m*

Bungeejumping *n* saut *m* à l'élastique

Bunker *m* **1** (*Luftschutzbunker*) abri *m* antiaérien **2** (*Gefängnis*) *umg.* trou *m*; *Argot*: taule *f*

bunt **1** (*farbig*) en couleurs **2** (*mehrfarbig*) multicolore **3** ***ein ~er Abend*** une soirée de variétés **4** ***etw ~ anmalen*** peindre qc de diverses couleurs **5** ***~ gemischt*** très varié **6** ***jetzt wird's mir aber zu ~!*** *umg.* c'est trop fort!; ***er treibt es zu ~*** il exagère, il va trop loin

Buntstift *m* crayon *m* de couleur

Burg *f* château *m* fort

Bürger(in) *m(f)* citoyen *m*, -enne *f*

Bürger|initiative *f* comité *m* d'action (de citoyens); **~krieg** *m* guerre *f* civile

bürgerlich **1** (*staatsbürgerlich*) civil; ***im ~en Leben*** dans le civil; ***das Bürgerliche Gesetzbuch*** le Code civil **2** (*des Bürgertums*) bourgeois

Bürger|meister(in) *m(f)* **1** maire *m* **2** *in Deutschland, Belgien u. Holland a.*: bourgmestre *m*; **~recht** *n* droit *m* civique; **~rechtler(in)** *m(f)* défenseur *m* des droits civiques (*im Frz. nur m*); **~steig** *m* trottoir *m*

Büro *n* bureau *m*

Büro|angestellte(r) *f(m)* employé(e) *m(f)* de bureau; **~arbeit** *f* travail *m* de bureau; **~klammer** *f* trombone *m*

bürokratisch bureaucratique

Bursche *m* **1** garçon *m*, jeune *m* **2** ***ein toller ~*** un type épatant

C

Bürste *f* brosse *f*
bürsten brosser
Bus *m* autobus *m*, bus *m*; (*Überland-, Reise-, Schulbus*) autocar *m*, car *m*
Busbahnhof *m* gare *f* routière
Busch *m* **1** buisson *m* **2** (*Buschland*) brousse *f* **3** ***da ist was im ~*** il y a anguille sous roche
Büschel *n* touffe *f*
Busen *m* poitrine *f*
Bus|fahrer(in) *m(f)* conducteur *m*, -trice *f* de bus, machiniste *m,f*; **~haltestelle** *f* arrêt *m* d'autobus
Bussard *m* buse *f*
Buße *f* REL pénitence *f*; ***~ tun*** faire pénitence
büßen **1** (**für**) ***etw ~*** expier qc (*Schuld, Verbrechen usw.*) **2** ***das wird er mir ~!*** il me le paiera!
Bußgeld *n* amende *f*, contravention *f*
Büste *f* buste *m*
Büstenhalter *m* soutien-gorge *m*
Bustier *n* bustier *m*
Butter *f* **1** beurre *m*; ***mit ~ bestreichen*** beurrer **2** (***es ist***) ***alles in ~*** *umg.* ça baigne
Butter|brot *n* tartine *f* beurrée; **~keks** *m* petit-beurre *m*
Button *m* badge *m*
Byte *n* IT octet *m*

C

ca. environ
Cabrio *n* cabriol<u>et</u> *m* (⚠ *Endung*)
Café *n* salon *m* de thé
Cafeteria *f* caf<u>été</u>ria *f*; *umg.* caf<u>è</u>t' *f*
campen faire <u>du</u> camping, camper
Camper(in) *m(f)* campeur *m*, -euse *f*
Camping *n* camping *m*
Campingplatz *m* terrain *m* de camping, camping *m*
Caravan *m* (*Wohnwagen*) caravan<u>e</u> *f* (⚠ *im Frz. f*)
Cartoon *m* dessin *m* humoristique
Cashew|kern *m*, **~nuss** *f* noix *f* de cajou
CD *f* CD *m*, disque *m* compact
CD|-Brenner *m* graveur *m* de CD; **~-Laufwerk** *n* lecteur *m* de CD; **~-Player** *m* platine *f* laser
CD-ROM *f* CD-ROM *m*
CDU *f* C.D.U. *f*, Union *f* chrétienne-démocrate
Cello *n* violoncelle *m*
Cellulite *f* cellulite *f*
Celsius: ***vier Grad ~*** quatre degrés centigrade
Cent *m* *Währung der EU*: cent *m*, centime *m*
Chalet *n* (CH) chalet *m* suisse
Chamäleon *n* cam<u>éléo</u>n *m*
Champignon *m* champignon *m* de Paris (⚠ *frz.* champignon *ohne Ergänzung* = ***Pilz***)
Champion *m* champion *m*, -ionne *f*
Chance *f* **1** chance *f*; ***ich hatte keine ~ zu entkommen*** je n'ai pas pu me sauver **2** (*Aussichten*) ***meine ~n stehen gut*** (*bzw.* ***schlecht***) j'ai de bonnes chances (*bzw.* j'ai peu de chances) de réussir; ***bei j-m ~n haben*** avoir <u>ses</u> chances auprès de qn
Chaos *n* chaos *m*; (*Durcheinander, Unordnung*) bazar *m*; *umg.* bordel *m*
Chaot(in) *m(f)* **1** (*chaotischer Mensch*) *umg.* bordélique *m,f* **2** POL *umg.* anar *m,f* **3** *Randalierer auf Demos a.*: casseur *m* (*im Frz. nur m*)
chaotisch chaotique
Charakter *m* caract<u>ère</u> *m*
charakterisieren caract<u>é</u>riser
Charter|flug *m* vol *m* charter; **~flugzeug** *n* avion *m* charter, charter *m*
Charts *Pl* charts *m Pl*
Chat *m* INTERNET chat *m*
Chatroom *m* INTERNET salon *m* de conversation
chatten INTERNET chatter, bavarder en ligne
Chauvi *m* *umg.* macho *m*
checken **1** (*nachprüfen*) contrôler **2** (*kapieren*) *umg.* piger
Checkliste *f* liste *f* (de contrôle)
Chef(in) *m(f)* **1** (*Anführer[in]*) chef *m* (*im Frz. nur m*) **2** *e-s Betriebs*: patron *m*, -onne *f* **3** (*Leiter[in] e-r Abteilung*) directeur *m*, -trice *f*
Chef|arzt *m*, **~ärztin** *f* mé<u>de</u>cin-chef *m* (*im Frz. nur m*)
Chemie *f* chimie *f*

Chemikalie *f* produit *m* chimique
Chemiker(in) *m(f)* chimiste *m,f*
chemisch **1** chimique **2** ***~e Reinigung*** nettoyage *m* à sec
Chicorée *m od. f* endive *f* (⚠ *frz.* chicorée *f* = ***Endiviensalat***)
Chile *n* le Chili
China *n* la Chine
Chinese *m*, **Chinesin** *f* Chinois(e) *m(f)*
chinesisch chinois
Chinesisch *n Sprache*: le chinois
Chip *m* **1** IT puce *f* **2** (*Spielmarke*) jeton *m*
Chips *m Pl* (*Kartoffelchips*) chips *f Pl*
Chirurg(in) *m(f)* chirurgien *m*, -ienne *f* (⚠ *Endung*)
Chlor *n* chlore *m*
chlorfrei sans chlore
Cholesterin *n* cholestérol *m* (⚠ *Endung*)
Chor *m* **1** chœur *m* **2** *als Verein*: chorale *f*
Christ *m* chrétien *m*
Christbaum *m* arbre *m* de Noël
Christentum *n* christianisme *m*
Christin *f* chrétienne *f*
Christkind *n* enfant Jésus *m*
Christkindl *n* Ⓐ **1** enfant Jésus *m* **2** (*Weihnachtsgeschenk*) cadeau *m* de Noël
christlich chrétien/-ienne
Christus *m* **1** le Christ **2** *Zeitangabe*: ***vor*** (*bzw.* ***nach***) ~ avant (*bzw.* après) Jésus-Christ
Chrom *n* chrome *m*
Chromosom *n* chromosome *m*
Chronik *f* chronique *f*
chronisch chronique
chronologisch chronologique
circa environ
City *f* centre-ville *m*; ***in der ~*** au centre-ville
clean: ***~ sein*** *von Drogen*: être désintoxiqué
clever malin/maligne, habile
Clip *m* **1** (*Ohrclip*) boucle *f* d'oreille **2** (*Haarclip*) pince *f* à cheveux, barrette *f* **3** (*Videoclip*) clip *m*
Clique *f* **1** *Freundeskreis*: bande *f* (des copains) **2** *abw.* clique *f*
Clown *m* clown *m*
Club *m* club *m*
Cockpit *n* FLUG cockpit *m*
Cocktail *m* cocktail *m*
codieren coder
Codierung *f* codage *m* (⚠ *Endung*)
Cola *f od. n* coca *m*
Comeback *n* come-back *m*
Comic *m* bande *f* dessinée; *umg.* BD *f*
Computer *m* ordinateur *m*; ***am ~ arbeiten*** travailler sur ordinateur

Der Computer

abstürzen	**se planter**
anklicken	**cliquer sur**
Befehl	**l'instruction** *f*
Bildschirm	**l'écran** *m*
Bildschirmschoner	**l'économiseur** *m* **d'écran**
CD-ROM	**le CD-ROM** [sedeʀɔm]
CD-ROM-Laufwerk	**le lecteur de CD-ROM**
Computer	**l'ordinateur** *m*
Computerspiel	**le jeu vidéo**
Cursor	**le curseur**
Datei	**le fichier**
Daten	**les données** *f Pl*
Diskette	**la disquette**
Diskettenlaufwerk	**le lecteur de disquettes**
Dokument	**le document**
Drucker	**l'imprimante** *f*
Festplatte	**le disque dur**
Hardware	**le matériel**
installieren	**installer**
klicken	**cliquer**
Laufwerk	**le lecteur**
löschen	**effacer**
markieren	**marquer**
Maus	**la souris**
Mausklick	**le clic**
Mauspad	**le tapis de souris**
Modem	**le modem**
Passwort	**le mot de passe**
PC	**le PC** [pese]
Programm	**le programme**
Scanner	**le scanner**
Software	**le logiciel**
Tastatur	**le clavier**

Computer|programm *n* logiciel *m*; **~spiel** *n* jeu *m* vidéo; **~tisch** *m* desserte *f* informatique
Container *m* **1** conteneur *m* **2** *für Müll*: benne *f* à ordures
cool **1** (*lässig*) *umg.* cool **2** (*super*) *umg.* super
Copyshop *m* centre *m* de photocopies
Cordhose *f* pantalon *m* en velours côtelé
Corner *m* Ⓐ, ⒸⒽ corner *m*
Couch *f* canapé *m*
Couchtisch *m* table *f* de salon
Countdown *m* compte *m* à rebours; ***der ~ läuft*** le compte à rebours a commencé
Coup *m* coup *m*; ***e-n ~ landen*** réussir un coup
Courage *f* courage *m* (⚠ *im Frz. m*)
Cousin(e) *m(f)* cousin(e) *m(f)*
Cover *n e-r CD*, *Zeitschrift*: couverture *f*
Cowboy *m* cow-boy *m*
Crack *m* SPORT champion *m*
Cracker *m* cracker *m*
Creme *f* crème *f*
Crew *f* **1** FLUG, SCHIFF équipage *m* **2** (*Mannschaft*) équipe *f*
CSU *f* C.S.U. *f*, Union *f* chrétienne-sociale
Cup *m* SPORT coupe *f*
Curry *n* curry *m*
Currywurst *f* saucisse *f* grillée au curry (⚠ *in Frankreich ganz unbekannt*)
Cursor *m* IT curseur *m*
CVJM *m* Union *f* chrétienne de jeunes gens
CVP *f* ⒸⒽ P.D.C. *m* (*Abk. für*: Parti démocrate-chrétien)
Cyberspace *m* cybermonde *m*

D

da[1] **1** *räumlich*: là; ***~ oben*** là-haut; ***~ unten*** là-bas; ***~ entlang*** par là; ***das Buch ~*** ce livre-là; ***hier und ~*** ça et là **2** ***~ sein*** être là; (*anwesend sein*) être présent; ***ich bin gleich wieder ~*** je reviens tout de suite **3** (*vorhanden*) ***es ist noch Milch*** *usw.* ***~*** il y a (*od.* il reste) encore du lait *usw.* **4** *zeitlich*: alors, à ce moment-là; (*damals*) à cette époque; ***von ~ an*** à partir de ce moment-là **5** ***~ ist …*** *bzw.* ***~ sind …*** voilà …; *näher*: voici …; ***~ kommt er ja!*** le voilà (qui vient)!; ***~ bin ich!*** me voici!, me voilà! **6** (*in diesem Fall*) dans (*od.* en) ce cas, alors **7** *als Füllwort*: ***ich habe ~ e-e Idee*** j'ai peut-être une idée **8** *verstärkend*: ***nichts ~!*** *umg.* pas question!
da[2] (*weil*) comme, puisque
dabei **1** *räumlich*: à côté; (***nahe***) ***~*** tout près **2** *zeitlich*: ***~ sah er mich an*** en même temps il me regardait **3** ***~ sein*** (*teilnehmen*) y être, assister (***bei*** à); ***ich bin ~*** (*ich mache mit*) je suis de la partie **4** (***gerade***) ***~ sein zu lesen*** *usw.* être (justement) en train de lire *usw.* **5** (*doch*) pourtant, cependant **6** ***es bleibt ~*** (c'est) entendu; ***ich bleibe ~*** je reste sur mes positions **7** ***es ist nichts ~*** (*es ist nicht schlimm*) ce n'est pas grave; (*es ist nicht schwierig*) ce n'est pas bien sorcier
dabeihaben **1** avoir sur soi (*Gegenstand, Geld usw.*) **2** ***sie wollen mich nicht ~*** ils ne veulent pas de moi
dableiben rester
Dach *n* **1** toit *m* **2** ***er hat kein ~ über dem Kopf*** il est à la rue **3** ***er steigt mir aufs ~*** *umg.* il me passe un savon; ***sie bekommt eins aufs ~*** *umg.* elle en prend pour son grade
Dach|boden *m* combles *m Pl*, grenier *m*; **~decker** *m* couvreur *m*; **~fenster** *n* lucarne *f*; **~gepäckträger** *m* galerie *f*; *für Skier*: porte-skis *m*; *für Räder*: porte-vélos *m*; **~geschoss** *n* étage *m* mansardé; **~rinne** *f* gouttière *f*
Dackel *m* teckel *m*
dadurch **1** *räumlich*: par là **2** *als Mittel, Grund, Umstand*: de cette façon; ***~ kam alles anders*** c'est ainsi que tout a pris une autre tournure **3** ***~, dass*** comme, du fait que (+ *Ind.*)
dafür **1** (*zugunsten*) ***~ sein*** être pour; ***ich bin nicht ~, dass …*** je n'approuve pas que … (+ *Subj.*) **2** pour cela; ***ich habe zehn Euro ~ bezahlt*** *a.* je l'ai payé dix euros **3** *als Tausch*: en échange; *zum Ausgleich*: en retour, en re-

vanche 4 ***ich kann nichts ~*** je n'y peux rien, ce n'est pas ma faute
dagegen 1 contre, contre cela; ***sie ist ~*** elle est contre; ***ich habe nichts ~*** je n'ai rien contre; ***hast du was ~, wenn ich gehe?*** est-ce que cela t'ennuie si je pars? 2 ***das ist gar nichts ~*** ce n'est rien en comparaison 3 (*jedoch*) par contre; ***sie ist fleißig, er ~ ist faul*** elle, elle travaille, lui par contre, c'est un paresseux
daheim *bei mir*: chez moi; *bei uns*: chez nous; *bei anderen*: chez toi, lui, elle *usw.*
daher 1 *räumlich*: de là, en 2 ***das kommt ~, dass …*** cela vient de ce que … (+ *Ind.*) 3 (*deshalb*) c'est pourquoi, voilà pourquoi
dahin 1 *räumlich*: là, y; ***bis ~*** jusque-là 2 *zeitlich*: ***bis ~*** d'ici là, jusque-là 3 (*vergangen*) passé
dahinten là-bas (derrière)
dahinter 1 (là-)derrière 2 ***sie steckt ~*** elle est derrière; ***da steckt etw ~*** il y a qc là-dessous 3 ***da steckt nicht viel ~*** il n'y a pas grand-chose derrière
Dahlie *f* dahlia *m*
dalli: ~, ~! *umg.* et plus vite que ça!
Dalmatiner *m* zo dalmatien *m*
damals alors, à cette époque; ***seit ~*** depuis lors; ***von ~*** d'autrefois
Dame *f* 1 dame *f* 2 *Anrede*: ***meine ~n!*** mesdames! (⚠ *immer zusammengeschrieben*); ***meine ~n und Herren!*** mesdames et messieurs!; *umg.* messieurs dames! 3 *in Briefen*: ***Sehr geehrte ~n und Herren!*** Madame, Monsieur, … 4 SPORT ***die Abfahrt der ~n*** la descente dames (⚠ *ohne Artikel*) 5 *Spielkarte*, *Spielstein*: dame *f* 6 *Schachfigur*: reine *f*
Damebrett *n* damier *m*
Damen|rad *n* vélo *m* de femme; **~toilette** *f* toilettes *f Pl* pour dames
damit[1] 1 ***ich bin ~ einverstanden*** je suis d'accord (avec cela) 2 ***was macht er ~?*** qu'est-ce qu'il en fait?; ***Schluss ~!*** (en voilà) assez! 3 ***was willst du ~ sagen?*** qu'est-ce que tu veux dire par là? 4 ***nur her ~!*** donne (*bzw.* donnez) toujours!
damit[2] pour que (+ *Subj.*); ***er hat ihr geschrieben, ~ sie kommt*** il lui a écrit pour qu'elle vienne
dämlich *umg.* bête
Damm *m* 1 (*Staudamm*) barrage *m* 2 (*Deich*) digue *f* 3 (*Bahndamm*) remblai *m*
dämmern: *es dämmert* *morgens*: il commence à faire jour; *abends*: il commence à faire nuit
Dämmerung *f* 1 *morgens*: aube *f* 2 *abends*: crépuscule *m*
Dämon *m* démon *m*
dämonisch démoniaque, diabolique
Dampf *m* 1 vapeur *f* 2 ***~ ablassen*** *umg.* vider son sac; (*sich abreagieren*) se défouler 3 ***j-m ~ machen*** *umg.* secouer qn
dampfen dégager de la vapeur; (*Essen*) *a.* fumer
dämpfen 1 amortir (*Stoß*); assourdir (*Geräusch*); tamiser (*Licht*); ***mit gedämpfter Stimme*** à voix basse, à mi-voix 2 tempérer (*Begeisterung usw.*)
Dampfer *m* vapeur *m*; (*Ozeandampfer*) paquebot *m*
Dampfkochtopf *m* cocotte-minute® *f*, autocuiseur *m*
danach 1 *zeitlich*: après (cela); ***der Tag ~*** le lendemain 2 *räumlich*: après, derrière 3 (*entsprechend*) y, en; ***es sieht ganz ~ aus*** cela en a tout l'air 4 ***ich habe ihn ~ gefragt*** je le lui ai demandé
Däne *m* Danois *m*
daneben 1 *räumlich*: à côté 2 (*außerdem*) à côté de cela
danebengehen 1 (*misslingen*) rater 2 (*Schuss*) rater le but
Dänemark *n* le Danemark
Dänin *f* Danoise *f*
dänisch danois
dank grâce à
Dank *m* remerciement *m*; ***vielen ~!*** merci beaucoup!; ***Gott sei ~!*** Dieu merci!
dankbar reconnaissant (***für*** de); ***er ist ihr sehr ~*** il lui est très reconnaissant
danke: ~! merci!; ***~ sehr!*** merci beaucoup!; ***~ schön!*** merci bien!; ***nein ~!*** non, merci!
danken 1 ***j-m ~*** remercier qn (***für ein Geschenk*** pour un cadeau; ***für die Hilfe*** de son aide) 2 *Antwort*: ***nichts zu ~!*** de rien!
Dankeschön *n* merci *m*
dann 1 *zeitlich*: alors, puis; ***und ~?*** et puis?, et après? 2 (*in diesem Fall*) dans

ce cas

daran 1 à cela, y, en; ***ich denke ~*** j'y pense; ***es liegt ~, dass ...*** cela vient de ce que ... (+ *Ind.*) **2** (*dadurch*) ***sie ist ~ gestorben*** elle en est morte **3** ***nah ~*** *örtlich*: tout près; *zeitlich*: aussitôt après

D

darauf 1 *räumlich*: sur cela, là-dessus **2** *zeitlich*: après, puis; ***kurz ~*** peu après; ***am Tag ~*** le lendemain **3** ***ich verlasse mich ~*** j'y compte **4** ***ich komme nicht ~*** cela ne me revient pas; ***wie kommst du ~?*** d'où te vient cette idée?

daraus de cela, par là, en (*a. fig.*); ***ich mache kein Geheimnis ~*** je n'en fais pas (un) mystère; ***ich mache mir nichts ~*** (*ich mag es nicht*) je n'y tiens pas; (*das ist mir egal*) ça m'est égal

darin 1 *räumlich*: (là-)dedans; ***mitten ~*** en plein milieu **2** *fig.* y; ***ich sehe keinen Unterschied ~*** je n'y vois pas de différence

Darm *m beim Menschen*: intestin *m*

darstellen représenter

Darsteller(in) *m(f)* acteur *m*, -trice *f*

Darstellung *f* représentation *f*

darüber 1 *räumlich*: (là-)dessus, au-dessus **2** de cela, en, y; ***ich freue mich ~*** j'en suis très content; ***ich denke ~ nach*** je vais y réfléchir

darum 1 *räumlich*: autour **2** (*deswegen*) pour cela; *als Antwort*: ***~!*** parce que! **3** ***~ geht's nicht*** ce n'est pas la question

darunter 1 *räumlich*: (là-)dessous, au-dessous, en dessous **2** (*weniger*) ***11 Grad und ~*** onze degrés et en dessous **3** (*dabei*) dont; ***10 Personen, ~ der Lehrer*** dix personnes, dont le professeur **4** ***~ leiden*** en souffrir **5** ***was verstehst du ~?*** qu'est-ce que tu entends par là?

das[1] *Artikel*: → ***der***

das[2] *Pronomen*: **1** ce, ceci, cela; *umg.* ça; ***~, was*** ce que **2** ***was ist ~?*** qu'est-ce que c'est?, c'est quoi?; ***~ ist ...*** c'est ... **3** ***wer ist ~?*** qui c'est?, c'est qui?; ***~ ist mein Freund*** c'est mon copain **4** ***~ hier*** *maskulin*: celui-ci; *feminin*: celle-ci; ***~ da*** *maskulin*: celui-là; *feminin*: celle-là

dasjenige → ***derjenige*** *usw.*

dass 1 que (⚠ *je nach Verb mit Ind. od. Subj.*) **2** ***so ~*** → ***sodass***

dasselbe 1 la même chose; ***das ist ~*** c'est la même chose, c'est pareil **2** → *a.* ***derselbe***

Datei *f* fichier *m*; (*Textdatei*) document *m*

Dateimanager *m* IT gestionnaire *m* de fichiers

Daten *n/pl* IT données *f Pl*

Daten|autobahn *f* autoroute *f* de l'information; **~bank** *f* banque *f* de données; **~schutz** *m* protection *f* des données; **~verarbeitung** *f* traitement *m* de données

Dativ *m* datif *m*

Dativobjekt *n im Frz. entspricht meist*: complément *m* d'objet indirect

Dattel *f* datte *f*

Dattelpalme *f* dattier *m*

Datum *n* date *f*; ***welches ~ ist heute?*** le combien sommes-nous aujourd'hui?

Dauer *f* **1** (*Zeitraum*) durée *f*; ***auf die ~*** à la longue **2** (*Dauerhaftigkeit*) durabilité *f*; ***von ~ sein*** être durable

Dauerkarte *f* abonnement *m*, carte *f* d'abonnement

Dauerlauf *m* course *f* d'endurance; ***im ~*** au pas de gymnastique

dauern 1 durer **2** ***lange ~*** mettre longtemps

dauernd 1 continuel/-elle, permanent **2** ***er stört ~*** il dérange continuellement

Dauerwelle *f* permanente *f*

Daumen *m* **1** pouce *m*; ***am ~ lutschen*** sucer son pouce **2** ***ich drück dir die ~*** je te souhaite bonne chance

Daune *f*: ***die ~n*** le duvet

davon 1 en; ***~ hat er nichts gesagt*** il n'en a rien dit **2** (*dadurch*) de cela, en; ***~ wird man krank*** cela rend malade; ***das kommt ~!*** voila ce que c'est! **3** ***zwölf Meter ~ entfernt*** à douze mètres de là

davonlaufen s'enfuir, se sauver

davor 1 *örtlich*: devant, devant cela **2** *zeitlich*: avant, avant cela **3** *wegen etw*: de cela, en; ***ich fürchte mich nicht ~*** je n'en ai pas peur

dazu 1 *Zweck*: à cela, pour cela **2** ***~ kommen etw zu tun*** (*die Zeit haben*) trouver le temps de faire qc; ***wie kommst du ~, so etw zu sagen?*** comment peux-tu dire cela? **3** (*darüber*) en; ***was sagst du ~?*** qu'est-ce que tu en dis? **4** (*zusätzlich*) en outre, de plus **5** ***~ passen*** *umg.* aller avec

dazutun ajouter, rajouter

dazwischen 1 *räumlich*: entre les deux;

umg. entre; (*darunter*) parmi eux (*bzw.* elles) **2** *zeitlich*: entre-temps
dazwischenkommen (*passieren*) intervenir, survenir; ***mir ist was dazwischengekommen*** j'ai eu un contretemps
DDR *f* RDA *f* (*Abk. für*: République *f* démocratique allemande)
Deal *m* affaire *f*, transaction *f*
dealen *umg.* dealer; ***er dealt mit Kokain*** il fait du trafic de cocaïne
Dealer(in) *m(f)* revendeur *m*, -euse *f* de drogue(s), dealer *m*
Debatte *f* **1** débat *m*, discussion *f* (***über*** sur) **2** ***zur ~ stehen*** être à débattre, être à discuter; ***das steht nicht zur ~*** il n'en est pas question
Debüt *n* débuts *m Pl* (⚠ *im Frz. Plural*)
Deck *n* **1** SCHIFF pont *m*; ***an ~*** sur le pont **2** (*Parkdeck*) niveau *m*
Decke[1] *f* **1** *zum Zudecken*: couverture *f*; (*Daunendecke*) couette *f* **2** ***sie steckt mit ihm unter e-r ~*** *umg.* elle est de mèche avec lui
Decke[2] *f* **1** (↔ *Fußboden*) plafond *m* **2** ***an die ~ gehen*** *umg.* sauter au plafond
Deckel *m* **1** couvercle *m* **2** *e-s Buchs*: couverture *f* **3** (*Bierdeckel*) dessous-de-verre *m* **4** ***sie hat eins auf den ~ gekriegt*** *umg.* elle en a pris pour son grade
decken **1** couvrir (*Dach, Bedarf, Kosten*) **2** ***den Tisch ~*** mettre la table (*od.* le couvert) **3** ***ein Tuch über etw ~*** recouvrir qc d'un drap **4** ***gut ~*** (*Farbe*) couvrir bien **5** (*schützen*) ***j-n ~*** couvrir qn **6** SPORT marquer (*Spieler*) **7** ***sich ~*** (*Aussagen*) se recouper
Deckenlampe *f* plafonnier *m*
Deckung *f* **1** (*Schutz*) couverture *f*, protection *f*; ***in ~ gehen*** se mettre à l'abri **2** FUSSBALL marquage *m*
defekt (*beschädigt*) endommagé
defensiv **1** défensif/-ive **2** SPORT ***~ spielen*** avoir un jeu défensif
definieren définir
Definition *f* définition *f*
Defizit *n* déficit *m*
Degen *m* épée *f*
dehnbar élastique (*a. fig.*)
dehnen **1** étendre; étirer (*Stoffe*) **2** ***sich ~*** s'étendre; (*Stoffe*) s'élargir
Deich *m* digue *f*
dein(e) **1** ton, ta; *Pl* ***~e*** tes **2** ***ist das Buch ~s?*** ce livre est à toi? **3** *am Briefschluss oft unübersetzt*: ***~e Nicole*** Nicole
Deka(gramm) *n* Ⓐ décagramme *m*; ***10 ~ Käse*** cent grammes de fromage
Deklination *f* déclinaison *f* (⚠ *Endung*)
deklinieren GR décliner
Dekoration *f* **1** décoration *f* **2** THEAT décors *m Pl*
dekorieren décorer (***mit*** avec *od.* de)
Delegation *f* délégation *f*
Delegierte(r) *f(m)* délégué(e) *m(f)*
Delfin *m* ZO dauphin *m*
Delikt *n* délit *m*
Delle *f* creux *m*, bosse *f*
Delphin *m* ZO dauphin *m*
Delphinschwimmen *n* brasse *f* papillon
dementieren démenter (⚠ *Endung*)
demnächst sous peu, prochainement
Demo *f* *umg.* manif *f*
Demokrat(in) *m(f)* démocrate *m,f*
Demokratie *f* démocratie *f*
demokratisch **1** (*Person*) démocrate **2** (*Sache*) démocratique
Demonstrant(in) *m(f)* manifestant(e) *m(f)*
Demonstration *f* **1** (*Kundgebung*) manifestation *f* (***für*** pour; ***gegen*** contre) **2** (*Vorführung*) démonstration *f*
Demonstrativpronomen *n* pronom *m* (*beim Subst.*: adjectif *m*) démonstratif
demonstrieren **1** *öffentlich*: manifester (***für*** pour; ***gegen*** contre) **2** (*zeigen, vorführen*) démontrer
demütigen humilier
Demütigung *f* humiliation *f*
Den Haag *n* La Haye
denken **1** penser (***an*** à) **2** (*überlegen*) raisonner; (*nachdenken*) réfléchir **3** ***denk daran, dass …*** n'oublie pas que …; ***wenn ich nur daran denke*** rien que d'y penser; ***ich denke nicht daran, ihm mein Fahrrad zu leihen*** pas question de lui prêter mon vélo! **4** ***denkste!*** *umg.* tu parles!; ***denk mal an!*** figure-toi!; ***wo denkst du hin?*** quelle idée! **5** (*glauben*) croire; ***das hätte ich nie von ihr gedacht!*** je n'aurais jamais cru cela d'elle; ***ich denke schon*** je pense que oui **6** ***e-e gedachte Linie*** une ligne imaginaire
Denk|fehler *m* faute *f* de raisonnement; **~mal** *n* monument *m* (*a. fig.*)
Denkmalschutz *m*: ***unter ~ stehen*** être classé monument historique

D

D

denkwürdig (*Tag, Ereignis*) mémorable

Denkzettel *m*: ***j-m e-n ~ verpassen*** donner une bonne leçon à qn

denn 1 *begründend*: car **2** *als Zusatz*: donc; ***was ~?*** quoi donc?; ***warum ~ (nicht)?*** et pourquoi (pas)? **3** ***es sei ~, dass …*** à moins que … (+ *Subj.*); sauf si … (+ *Ind.*)

dennoch cependant, pourtant

denunzieren dénoncer (***bei*** à)

Deo *n* déodorant *m*

Deo|roller *m* déodorant *m* bille; **~spray** *n* déodorant *m* en aérosol

deplatziert déplacé

Deponie *f* décharge *f*, dépotoir *m*

deponieren 1 déposer (*Wertsachen usw.*) **2** mettre à la décharge (*Müll*)

Depot *n* **1** (*Lager*) entrepôt *m*; *für Busse usw.*: dépôt *m* **2** *in der Bank*: dépôt *m* **3** Ⓒⓗ (*Pfand für Entliehenes*) gage *m*

Depression *f* dépression *f*; *umg.* déprime *f*

deprimieren 1 déprimer, accabler **2** ***ich bin deprimiert*** j'ai le cafard

der, die, das 1 *Artikel*: le, la; *vor Vokal u. stummem h*: l'; *Pl* ***die*** les **2** *hinweisend*: ce, cette (ce *wird vor Vokal u. stummem h zu* cet); *Pl* ***die*** ces; *alleinstehend*: celui-ci, celle-ci; *Pl* ***die*** ceux-ci, celles-ci **3** *Relativpronomen Subjekt*: qui; *direktes Objekt*: que

derart 1 de telle façon, tellement **2** ***sie war ~ wütend, dass …*** elle était tellement en colère que … (+ *Ind.*)

derartig 1 tel/telle, pareil/-eille **2** ***er war ~ beleidigt*** il a été tellement vexé

derb 1 (*fest, kräftig*) solide **2** (*grob*) grossier/-ière

derjenige, diejenige, dasjenige 1 *vor Subst.*: ce, cette (ce *wird vor Vokal u. stummem* h *zu*: cet); *Pl* ***diejenigen*** ces **2** ***derjenige, der*** (***diejenige, die*** *usw.*) celui qui (celle qui *usw.*); *Pl* ***diejenigen, die*** ceux (*bzw.* celles) qui

derselbe, dieselbe, dasselbe 1 le, la même **2** ***das ist ein und derselbe*** (*bzw.* ***dieselbe***) c'est une seule et même personne

Deserteur *m* déserteur *m*

desertieren déserter

deshalb 1 à cause de cela, pour cela **2** ***~ gehe ich*** c'est (*od.* voilà) pourquoi je pars

Design *n* **1** design *m* **2** (*Muster*) dessin *m* **3** *als Unterrichtsfach*: stylisme *m*

Designer(in) *m(f)* styliste *m,f*

Designermode *f* mode *f* de styliste

Desinfektionsmittel *n* désinfectant *m*

desinfizieren désinfecter

desinteressiert indifférent (⚠ *frz.* désintéressé = ***uneigennützig***)

Dessert *n* dessert *m*

desto 1 ***je eher, ~ besser*** le plus tôt sera le mieux **2** ***je länger sie warten musste, ~ ärgerlicher wurde sie*** plus elle attendait, plus elle était en colère

deswegen → ***deshalb***

Detail *n* détail *m*

Detektiv(in) *m(f)* détective *m,f*

Detonation *f* détonation *f*

deuten 1 interpréter (*Traum, Text usw.*) **2** (*zeigen*) (***mit dem Finger*** *usw.*) ***auf etw ~*** indiquer qc (du doigt *usw.*) **3** ***alles deutet darauf hin, dass …*** tout porte à croire que … (+ *Ind.*)

deutlich 1 (*klar*) clair, net/nette **2** (*leicht zu unterscheiden*) distinct **3** (*ausgeprägt*) marqué **4** (*spürbar*) sensible **5** ***ich höre es ganz ~*** je l'entends très distinctement; ***er schreibt ~*** il écrit lisiblement **6** (*unverblümt*) ***klar und ~*** clairement; ***sie hat sich ~ ausgedrückt*** elle a parlé franchement

deutsch allemand; HIST ***die Deutsche Mark*** le mark allemand

Deutsch *n* **1** *Sprache*: l'allemand *m*; ***auf ~, ins ~e*** en allemand **2** *Schulfach*: l'allemand *m*; ***er ist gut in ~*** il est bon en allemand

Deutscharbeit *f* contrôle *m* d'allemand

Deutsche(r) *f(m)* Allemand(e) *m(f)*

deutsch-französisch 1 franco-allemand; ***die ~e Grenze*** la frontière franco-allemande **2** ***ein ~es Wörterbuch*** un dictionnaire allemand-français

Deutsch|klausur *f* contrôle *m* d'allemand; **~kurs** *m* cours *m* d'allemand

Deutschland *n* **1** l'Allemagne *f* **2** ***die Bundesrepublik ~*** la République fédérale d'Allemagne

Deutschlehrer(in) *m(f)* professeur *m* d'allemand (⚠ *im Frz. nur m*); *umg.* prof *m,f* d'allemand

Deutschstunde *f* cours *m* d'allemand

Devise *f* devise *f*

Devisen *f Pl Geld*: devises *f Pl*

Dezember *m* **1** décembre *m*; ***im ~*** en décembre, au mois de décembre **2** *Da-*

tumsangaben: ***der zweite*** (***dritte*** *usw.*) ~ le deux (trois *usw.*) décembre; ***am 6. ~*** le 6 décembre
Dezimeter *m* décimètre *m*
d. h. c.-à-d., c'est-à-dire
Dia *n* diapositive *f*; *umg.* diapo *f*
Diabetes *m* diabète *m*
Diagnose *f* diagnostic *m* (⚠ *Endung*)
diagonal 1 diagonal **2** ***~ lesen*** *umg.* lire en diagonale
Diagonale *f* diagonale *f*
Dialekt *m* dialecte *m*; (*Mundart*) patois *m* (⚠ *frz.* dialecte *ist eher neutral*, patois *wird oft abw. gebraucht*)
Dialog *m* dialogue *m*
Diamant *m* diamant *m*
Diaprojektor *m* projecteur *m* (de diapositives)
Diät *f* régime *m* (alimentaire); ***~ halten*** être au régime, suivre un régime
dich 1 te; *vor Vokal u. stummem h*: t' **2** *betont*: ***'~ habe ich gesucht*** c'est toi que je cherchais; *mit Präp.*: ***man spricht über ~*** on parle de toi
dicht 1 épais/épaisse (*a. Haar*) **2** (*Nebel, Menge, Verkehr*) dense **3** (*Regen, Gewebe*) serré **4** (*Wald*) touffu **5** (*Gefäß*) étanche; ***~ schließen*** fermer hermétiquement **6** *örtlich*: ***~ beim Haus*** tout près de la maison; ***~ dahinter*** juste derrière **7** *zeitlich*: ***... steht ~ bevor*** on est à la veille de ... **8** ***bist du nicht ganz ~?*** *umg.* tu n'es pas un peu fêlé?
dichten[1] (*schreiben*) composer, écrire
dichten[2] TECH boucher (*Loch*); colmater (*Fuge, Ritze*)
Dichter(in) *m(f)* poète *m* (*im Frz. nur m*)
dichthalten garder bouche cousue
Dichtung[1] *f Kunst, Werk*: poésie *f*
Dichtung[2] *f* TECH joint *m*
dick 1 épais/épaisse (*a. dickflüssig*); ***ein 3 cm ~es Brett*** une planche de trois centimètres d'épaisseur **2** (*Mensch, Tier*) gros/grosse; ***~ werden*** (*Mensch*) grossir; ***~ machen*** (*Essen*) faire grossir; (*Kleid*) grossir
Dickicht *n* fourré *m*, taillis *m*
Dickkopf *m umg.* tête *f* de mule
dickköpfig têtu; *umg.* cabochard
dickmachen → ***dick***
Dickmilch *f* lait *m* caillé
die → ***der***
Dieb(in) *m(f)* voleur *m*, -euse *f*
diebisch: ***sich ~ freuen*** jubiler
Diebstahl *m* vol *m*; *leichter*: larcin *m*
Diebstahlsicherung *f* AUTO antivol *m*
diejenige → ***derjenige*** *usw.*
Diele *f* (*Flur*) vestibule *m*, entrée *f*
dienen 1 *als Diener(in)*: ***j-m ~*** servir qn **2** MIL faire son service militaire
Diener *m* **1** domestique *m*, serviteur *m* **2** (*Verbeugung*) ***e-n ~ machen*** faire une révérence
Dienerin *f* domestique *f*, servante *f*
Dienst *m* **1** service *m*; ***ich habe heute ~*** aujourd'hui, je suis de service (*als Arzt*: de garde); ***sie ist im ~*** elle est de service **2** ***im öffentlichen ~*** dans la fonction publique
Dienstag *m* **1** mardi *m* **2** ⚠ *immer ohne* le *bzw. Präp.*: **(am) ~** mardi; ***nächsten ~*** mardi prochain
dienstagabends les mardis soir
dienstags le mardi, tous les mardis
Dienst|auto *n*, **~wagen** *m* voiture *f* de fonction
dies ceci, cela; *umg.* ça; ***~ und das*** ceci et cela, toutes sortes de choses
diese(r, -s) 1 *adjektivisch*: ce, cette (ce *wird vor Vokal u. stummem* h *zu*: cet); *Pl* ces **2** *alleinstehend*: celui-ci, celle-ci; ***~s*** ceci, cela
Diesel *m* **1** *Kraftstoff*: gasoil *m*, gazole *m* **2** *Auto, Motor*: diesel *m*
dieselbe → ***derselbe*** *usw.*
Dieselmotor *m* diesel *m*
diesig brumeux/-euse
diesmal cette fois-ci
Differenz *f* (*Unterschied*) différence *f*
digital digital
Digitaluhr *f* montre *f* digitale
Diktat *n* dictée *f*; ***ein ~ schreiben*** faire une dictée
Diktator *m* dictateur *m*
Diktatur *f* dictature *f*
diktieren dicter (*Text, Brief usw.*)
Dimension *f* dimension *f*
Dimmer *m* variateur *m* de lumière
Ding *n* **1** (*Sache*) chose *f* **2** (*Gegenstand*) objet *m* **3** (*Angelegenheit*) affaire *f* **4** (*Dingsda*) *umg.* machin *m*; *umg.* truc *m* **5** ***vor allen ~en*** avant toutes choses, avant tout **6** ***das ist ja ein ~!*** *umg.* tu parles d'un truc!
Dings(bums) *m,f,n umg.* truc *m*, *umg.* machin *m*; *Person*: **der** *bzw.* **die ~** *umg.* Machin *bzw.* Machine
Dinkel *m* épeautre *m*
Dinosaurier *m* dinosaure *m*

D

D

Diplom *n* diplôme *m*
Diplomat(in) *m(f)* diplomate *m,f*
Diplomatie *f* diplomatie *f*
diplomatisch **1** (*Dienst, Beziehungen*) diplomatique **2** (*Person*) diplomate
dir **1** te; *vor Vokal u. stummem h*: t' **2** *betont*: à toi **3** *nach Präp.*: toi
direkt **1** direct **2** ***ich gehe ~ zur Schule*** je vais directement au lycée (*bzw.* au collège *usw.*) **3** TV, RAD (*live*) ***~ übertragen*** diffuser (*od.* retransmettre) en direct **4** (*unmittelbar*) juste; ***~ vor dem Haus*** juste devant la maison
Direktor(in) *m(f)* **1** directeur *m*, -trice *f* **2** *e-s Gymnasiums*: proviseur *m* (⚠ *im Frz. nur m*)
Dirigent(in) *m(f)* chef *m* d'orchestre (⚠ *frz.* dirigeant(e) *m(f)* = ***Führungskraft, Chef[in]***)
dirigieren diriger, conduire (*Orchester, Chor*)
Dirndl *n* Ⓐ **1** (*Mädchen*) jeune fille *f* **2** (*Trachtenkleid*) robe *f* tyrolienne
Diskette *f* IT disquette *f*
Diskettenlaufwerk *n* lecteur *m* de disquettes
Diskjockey *m* disc-jockey *m*
Disko *f umg.* boîte *f*
Diskothek *f* discothèque *f*
diskret discret/-ète
diskriminieren discriminer
diskriminierend discriminatoire
Diskriminierung *f* discrimination *f*
Diskus *m* disque *m*
Diskussion *f* discussion *f* (***über*** sur); ***ich stelle diese Idee zur ~*** je soumets cette idée à la discussion; ***zur ~ stehen*** être à débattre
Diskuswerfen *n* lancer *m* du disque
diskutieren **1** discuter (*Thema, Problem*) **2** ***über etw ~*** discuter sur (*od.* de) qc
disqualifizieren SPORT disqualifier
Distanz *f* distance *f*
Distel *f* chardon *m*
Disziplin *f* discipline *f*
diszipliniert discipliné
dividieren diviser
Division *f* MATH, MIL division *f*
DJ *m* disc-jockey *m*
doch **1** donc, bien; ***pass ~ auf!*** fais donc attention!; ***du weißt ~, dass sie kommt*** tu sais bien qu'elle va venir; ***das ist ~ zu albern!*** c'est vraiment trop bête! **2** *als Antwort*: ***~!*** si! **3** (*aber, dennoch*) pourtant, quand même; ***also ~!*** alors, c'est vrai?
Docht *m* mèche *f*
Dock *n* dock *m*
Dogge *f* dogue *m* (⚠ *im Frz. m*)
Dohle *f* choucas *m*
Doktor *m* **1** (*Arzt*) docteur *m*, médecin *m* **2** *in der Anrede*: ***Herr*** *bzw.* ***Frau ~*** *bei Ärzten*: docteur; *bei anderen*: Monsieur *bzw.* Madame **3** ***den ~ haben*** avoir un doctorat; ***er macht seinen ~*** il passe son doctorat
Doktorarbeit *f* thèse *f* de doctorat
Dokument *n* document *m*
Dokumentarfilm *m* (film *m*) documentaire *m*
Dokumentation *f* documentation *f* (***über*** *od.* ***zu*** sur)
Dolch *m* poignard *m*
Dole *f* Ⓒⓗ bouche *f* d'égout
doll **1** (*großartig*) formidable **2** (*verrückt*) *umg.* dingue **3** (*schlimm*) terrible **4** (*sehr*) terriblement
Dollar *m* dollar *m*
dolmetschen traduire (oralement) (*Gespräch, Interview*)
Dolmetscher(in) *m(f)* interprète *m,f*
Dom *m* cathédrale *f* (*frz.* le dôme = ***Kuppel, Kuppeldach***)
dominant **1** dominant **2** (*Macht, Charakter*) dominateur/-trice
Domino *n Spiel*: dominos *m Pl*
Dominostein *m Spielstein*: domino *m*
Donau *f* Danube *m* (⚠ *im Frz. m*)
Döner(kebab) *m* kebab *m*
Donner *m* tonnerre *m*
donnern **1** ***es donnert*** il tonne **2** (*Kanone*) tonner **3** (*Zug*) passer avec un bruit de tonnerre **4** (*prallen*) ***der Ball ist gegen die Tür gedonnert*** le ballon a violemment *heurté la porte **5** (*werfen*) *umg.* flanquer
Donnerstag *m* **1** jeudi *m* **2** ⚠ *immer ohne* le *bzw. Präp.*: (**am**) **~** jeudi; ***nächsten ~*** jeudi prochain
donnerstags le jeudi, tous les jeudis
Donnerwetter *n* (*heftige Vorwürfe*) *umg.* engueulade *f*; ***das gibt ein ~*** *umg.* ça va barder
doof **1** bête, idiot **2** (*langweilig*) *umg.* rasant, assommant
dopen doper
Doping *n* dopage *m* (⚠ *Endung*)
Dopingkontrolle *f* contrôle *m* antidopage

Doppel *n* SPORT double *m*
Doppel|bett *n* lits *m Pl* jumeaux; **~-CD** *f* double CD *m*; **~gänger(in)** *m(f)* sosie *m*; **~klick** *m* IT double-clic *m*
doppelklicken IT double-cliquer (***auf*** sur)
Doppel|name *m* nom *m* double; **~punkt** *m* deux points *m Pl*
Doppelstunde *f*: ***e-e ~ Latein*** deux heures de latin
doppelt **1** double **2** ***~ so viel*** deux fois plus **3** ***das zählt ~*** cela compte double; ***~ und dreifach*** *fig.* doublement
Doppelzimmer *n* chambre *f* double
Dorf *n* village *m*; ***auf dem ~*** à la campagne
Dorn *m* épine *f*
dornig épineux/-euse
dort **1** là **2** *bei vorher genanntem Ort*: y; ***er ist gestern ~ gewesen*** il y est allé hier **3** ***~ drüben*** là-bas; ***~ entlang*** par là
DOS *n* IT DOS *m*
Dose *f* boîte *f*
dösen somnoler, sommeiller
Dosen|milch *f* lait *m* concentré (⚠ *in Frankreich meistens gezuckert*); **~öffner** *m* ouvre-boîte *m*
Dosis *f* dose *f*
Dotter *m od. n* jaune *m* d'œuf
Double *n* **1** FILM doublure *f* (⚠ *Endung*) **2** (*Doppelgänger*) sosie *m*
down: ***~ sein*** *umg.* déprimer
downloaden INTERNET télécharger
Dr. Dr (⚠ *meistens ohne Punkt*)
Drache *m im Märchen*: dragon *m*
Drachen *m* **1** *aus Papier od. Stoff*: cerf-volant *m*; ***e-n ~ steigen lassen*** lancer un cerf-volant **2** SPORT deltaplane® *m*
Draht *m* **1** fil *m* métallique; *aus Eisen*: fil *m* de fer **2** (*Leitung*) fil *m* électrique **3** ***auf ~ sein*** *umg.* être à la coule
Drama *n* drame *m* (*a. fig.*)
dramatisch dramatique
dran **1** ***ich bin*** (***du bist*** *usw.*) ***~!*** c'est mon (ton *usw.*) tour!, c'est à moi (toi *usw.*)! **2** ***du bist früh*** (*bzw.* ***spät***) ***~*** tu es en avance (*bzw.* en retard); ***er ist gut*** (*bzw.* ***schlecht***) ***~*** il a de la chance (*bzw.* il n'a pas de chance); ***sie ist arm ~*** elle est à plaindre **3** *an Gerüchten usw.*: ***da ist was ~*** il y a du vrai à cela; ***da ist nichts ~*** c'est faux **4** → *a.* ***daran***
dranbleiben: ***bleiben Sie dran!*** TEL ne quittez pas!
Drang *m* **1** (*Druck*) pression *f* **2** (*Antrieb*) élan *m* (***nach, zu*** vers); (*Bedürfnis*) besoin *m* (***nach, zu*** de)
drängeln pousser, bousculer
drängen **1** ***j-n ~*** pousser qn **2** ***sich ~*** (*Menschen*) se bousculer, se presser, se pousser (***um*** autour de) **3** ***die Zeit drängt*** le temps presse
drankommen **1** ***du kommst dran*** c'est à toi; ***als Erster ~*** passer en premier **2** *im Unterricht*: être interrogé
drannehmen **1** *im Unterricht*: interroger **2** (*Arzt*) prendre
drauf **1** ***achtzig Sachen ~ haben*** (*Auto, Motorrad*) faire du quatre-vingt **2** ***ich bin gut ~*** *umg.* j'ai la pêche; ***sie ist nicht gut ~*** elle n'est pas en forme **3** ***er ist ~ und dran zu gehen*** il est sur le point de partir **4** → *a.* ***darauf***
Draufgänger(in) *m(f)* *umg.* fonceur *m*, -euse *f*, tête *f* brûlée
draufgehen **1** ***dabei geht viel Zeit drauf*** ça prend beaucoup de temps; ***dabei geht viel Geld drauf*** cela demande beaucoup d'argent **2** (*sterben*) *umg.* y rester
draufkommen: ***ich komm nicht drauf*** ça ne me revient pas
draus: ***mach dir nichts ~!*** ne t'en fais pas, laisse faire!; → *a.* ***daraus***
draußen **1** dehors; ***nach ~ gehen*** sortir **2** (*im Freien*) en plein air
Dreck *m* **1** (*Schmutz*) boue *f*, saleté *f* **2** (*Abfälle*) ordures *f Pl* **3** ***sich über jeden ~ ärgern*** se fâcher pour un rien; ***ich muss mich um jeden ~ kümmern*** il faut que je m'occupe de tout
dreckig **1** sale (*a. fig.*) **2** ***es geht ihm ~*** *umg.* il est dans la mouise
Dreh *m* **1** *umg.* truc *m*; *umg.* combine *f*; ***sie hat den ~ raus*** *umg.* elle a trouvé le truc **2** ***um den ~*** à peu près
Drehbuch *n* scénario *m*
drehen **1** tourner (*a. Film*); rouler (*Zigarette*); ***das Radio lauter ~*** mettre la radio plus fort **2** (*Auto, Wind*) tourner; (*Schiff*) virer de bord **3** ***sich ~*** tourner **4** ***mir dreht sich alles*** (***im Kopf***) la tête me tourne **5** ***alles dreht sich um …*** tout tourne autour de … **6** ***sich ~ um*** (*sich handeln um*) s'agir de; ***worum dreht es sich?*** de quoi est-ce qu'il s'agit?
Drehung *f* tour *m*, rotation *f*; ***halbe ~***

D

demi-tour *m*; ***ganze ~*** tour *m* complet
drei **1** trois; ***alle ~ Monate*** toutes les trois mois **2** ***sie ist ~*** (***Jahre alt***) elle a trois ans **3** ***um ~ Uhr früh*** à trois heures du matin **4** ***~ Viertel*** trois quarts (***von*** de); *Zeitangabe*: ***~ viertel eins*** (***vier*** *usw.*) une heure (quatre heures *usw.*) moins le quart
Drei *f* **1** trois *m* (*a. Buslinie, Spielkarte usw.*) **2** *Schulnote*: assez bien; *im frz. Punktesystem* ≈ douze (sur vingt); ***sie hat e-e ~*** ≈ elle a douze sur vingt
Drei|akter *m* THEAT pièce *f* en trois actes; **~bettzimmer** *n* chambre *f* à trois lits
dreidimensional en trois dimensions, tridimensionnel/-elle
Dreieck *n* triangle *m*
drei|eckig triangulaire; **~einhalb** trois et demi
dreierlei: ***~ Käse*** (***Brot*** *usw.*) trois sortes *f Pl* de fromage (pain *usw.*)
dreifach triple
dreihundert trois cents; *zusammengesetzte Zahlen ohne* -s: ***dreihunderteins*** *usw.* trois cent un *usw.*
dreijährig de trois ans
Drei|kampf *m* triathlon *m*; **~klang** *m* triple accord *m*; **~königsfest** *n* fête *f* des Rois
dreimal trois fois
Drei|meterbrett *n* trois mètres *m*, deuxième plongeoir *m*; **~rad** *n* tricycle *m*; **~satz** *m* règle *f* de trois; **~sprung** *m* triple saut *m*
dreispurig à trois voies
dreißig trente; ***etwa ~*** (***Personen***) une trentaine (de personnes)
dreist effronté, impudent
Dreitagebart *m* barbe *f* de trois jours
dreitausend trois mille; ***dreitausendeins*** *usw.* trois mille un *usw.*
dreiteilig en trois parties
dreiund|neunzig quatre-vingt-treize; **~siebzig** soixante-treize
Dreiviertelstunde *f*: ***e-e ~*** trois quarts *m Pl* d'heure
Dreivierteltakt *m* mesure *f* à trois temps
dreizehn treize
Drei|zehnjährige(r) *f*(*m*) garçon *m*, fille *f* de treize ans; **~zimmerwohnung** *f* appartement *m* de trois pièces, trois-pièces *m*
Dresden *n* Dresde
dressieren dresser
Dressing *n* sauce *f* (de salade)
Dressur *f* dressage *m* (⚠ *Endung*)
dribbeln SPORT dribbler
Drilling *m*: **~e** triplés *m Pl*, triplées *f Pl*
drin **1** ***in der Tasche sind keine Bücher mehr ~*** il n'y a plus de livres dans le sac **2** (*möglich*) ***das ist bei mir nicht ~*** pas avec moi **3** → *a.* ***darin***
dringen (*gelangen*) ***~ aus*** sortir de; ***~ durch*** traverser; ***~ in*** entrer dans; (*Gift, Wasser usw.*) pénétrer dans
dringend **1** urgent, pressant; ***ein ~er Verdacht*** un lourd soupçon **2** ***ich brauche ihn ~*** j'ai urgemment besoin de lui **3** ***ich rate dir ~ still zu sein*** je te conseille vivement de te taire
drinnen dedans, à l'intérieur
dritt: ***zu ~*** à trois; ***zu ~ sein*** être trois
drittbeste(r, -s) troisième
dritte(r, -s) **1** troisième **2** *im Datum*: trois **3** ***die Dritte Welt*** le Tiers Monde **4** ***im ~n Programm*** sur la troisième chaîne; ***im Dritten*** *umg.* sur la trois
Drittel *n* **1** tiers *m*; ***zwei ~*** deux tiers **2** *Eishockey, Spielzeit*: période *f*
drittens troisièmement, en troisième lieu
drittgrößte(r, -s) troisième (de taille)
Droge *f* drogue *f*; ***er steht unter ~n*** il est drogué; ***~n nehmen*** se droguer
drogensüchtig toxicomane; *umg.* toxico
Drogerie *f* droguerie *f*
drohen **1** ***j-m ~*** menacer qn (***mit*** de) **2** ***die Mauer droht einzustürzen*** le mur menace de s'écrouler
drohend menaçant
dröhnen **1** résonner, retentir; (*Motor*) vrombir **2** ***mir dröhnt der Kopf*** j'ai la tête qui bourdonne
Drohung *f* menace *f*
drollig drôle, amusant
Dromedar *n* dromadaire *m* (⚠ *Endung*)
Drops *m* bonbon *m* acidulé
Drossel *f* grive *f*
drosseln **1** mettre au ralenti (*Motor*) **2** limiter (*Geschwindigkeit*) **3** baisser (*Heizung*)
drüben de l'autre côté, au-delà
drüber → ***darüber***
Druck[1] *m* **1** pression *f*; (*Belastung*) poids *m* **2** *seelisch*: oppression *f* **3** ***e-n ~ im Magen spüren*** avoir des pe-

santeurs d'estomac **4** ***ich bin im ~*** (*habe wenig Zeit*) je suis bousculé **5** ***er hat sie unter ~ gesetzt*** il a fait pression sur elle

Druck[2] *m* **1** *e-s Buchs usw.*: impression *f*; ***im ~ sein*** (*Buch usw.*) être sous presse **2** (*Kunstdruck*) gravure *f*, estampe *f*

Druckbuchstabe *m* caractère *m* d'imprimerie

drucken imprimer

drücken **1** presser; ***auf e-n Knopf ~*** appuyer sur un bouton **2** ***j-m die Hand ~*** serrer la main à qn; ***etw*** (*bzw.* ***j-n***) ***an sich ~*** serrer qc (*bzw.* qn) contre soi **3** abaisser (*Niveau, Preise, Noten*) **4** (*zu eng sein*) serrer **5** (*lasten*) peser (***auf*** sur) **6** ***sich vor etw ~*** se dérober à qc; ***er hat sich gedrückt*** *umg.* il s'est défilé

drückend (*Hitze, Schweigen*) lourd; *Wetter*: ***es ist ~*** il fait lourd

Drucker *m Gerät*: imprimante *f*

Druckerei *f* imprimerie *f*

Druck|fehler *m* faute *f* d'impression; **~knopf** *m an Kleidungsstücken*: bouton-pression *m*

Druckschrift *f*: ***in ~*** en capitales, en lettres d'imprimerie

drum: ***~ herumreden*** tourner autour du pot; ***das ganze Drum und Dran*** et tout ce qui s'ensuit; → *a.* ***darum***

drunter: ***es ging alles ~ und drüber*** tout était sens dessus dessous

Drüse *f* glande *f*

Dschungel *m* jungle *f* (*a. fig.*)

du **1** *beim Verb*: tu **2** *alleinstehend od. betont*: toi; ***~ hast es getan*** c'est toi qui as fait ça **3** ***~ sagen zu*** tutoyer

Dübel *m* cheville *f*

dübeln cheviller; ***etw an die Wand ~*** accrocher qc au mur avec des chevilles

ducken: ***sich ~*** se baisser, rentrer la tête

Dudelsack *m* cornemuse *f*

Duell *n* duel *m*

Duett *n* duo *m* (de chant)

Duft *m* odeur *f* agréable, parfum *m*

duften sentir bon; ***es duftet nach Kuchen*** (***Rosen*** *usw.*) ça sent (bon) le gâteau (la rose *usw.*)

Duftkerze *f* bougie *f* parfumée

dulden tolérer, souffrir, supporter

dumm **1** bête; *stärker*: stupide, idiot; ***~es Zeug reden*** raconter des bêtises; ***frag nicht so ~!*** ne pose pas des questions idiotes! **2** (*unwissend*) ignorant **3** ***sich ~ stellen*** faire l'idiot **4** ***j-n für ~ verkaufen*** prendre qn pour un idiot

dummerweise **1** (*leider*) malencontreusement **2** (*aus Dummheit*) bêtement

Dummheit *f* bêtise *f*; *stärker*: stupidité *f*

dumpf **1** (*Geräusch, Schmerz*) sourd **2** (*Gefühl, Ahnung*) confus, vague

Düne *f* dune *f*

düngen fertiliser, engraisser

Dünger *m* engrais *m*

dunkel **1** sombre, obscur; ***es wird ~*** il commence à faire nuit; ***im Dunkeln*** dans l'obscurité **2** (*Farben, Haare*) foncé; (*Brillengläser*) teinté **3** (*unklar*) obscur; (*Ahnung*) vague **4** ***im Dunkeln tappen*** *a. fig.* tâtonner **5** ***ich erinnere mich ~*** je me souviens vaguement (***an*** de)

dunkel... *mit Farben, Haarfarben*: foncé; ***dunkelblau*** bleu foncé

dunkelhaarig brun

Dunkelheit *f* obscurité *f*

Dunkelkammer *f* chambre *f* noire

dünn **1** (*schlank*) mince; (*mager*) maigre **2** (*Papier, Taille*) fin **3** (*Stoff, Kaffee*) léger/-ère **4** (*Haare, Luft*) rare **5** (*Faden*) ténu **6** ***Creme ~ auftragen*** appliquer une mince couche de crème **7** ***~ besiedelt*** peu peuplé

dünsten cuire à l'étuvée

dunstig: ***es ist ~*** il y a de la brume

Duo *n* MUS duo *m* (*a. Paar*)

Dur *n* mode *m* majeur

durch[1] **1** *räumlich*: par; (***quer***) ~ à travers; ***~ die Stadt gehen*** traverser la ville; *spazieren*: se promener à travers la ville **2** ***geteilt ~ zwei*** divisé par deux **3** *zeitlich*: ***das ganze Jahr ~*** (durant) toute l'année **4** (*mittels*) par

durch[2] **1** (*fertig*) ***ich bin mit dem Buch ~*** j'ai fini le livre **2** (*gar*) bien cuit **3** (*zerrissen*) ***die Hose ist ~*** le pantalon est troué (*od.* percé) **4** (*vorbei*) ***es ist 6 Uhr ~*** il est six heures passées **5** ***~ und ~*** complètement

durch|arbeiten étudier à fond (*Text, Buch*); **~aus** absolument; **~blättern** feuilleter (*Zeitschrift*)

Durchblick *m*: ***sie hat den*** (***absoluten***) ***~*** elle s'y connaît (très bien)

durchblicken **1** ***er hat ~ lassen, dass ...*** il a fait comprendre que ... (+ *Ind.*) **2** ***da blicke ich nicht durch*** je n'y comprends rien; *umg.* je n'y pige rien

Durchblutung *f* irrigation *f* sanguine

durchboxen **1** réussir à imposer (*Entscheidung*) **2** ***sich ~*** jouer des coudes

durchbrennen **1** (*Sicherung*) sauter; (*Glühbirne*) griller **2** (*weglaufen*) *umg.* faire une fugue

durchbringen **1** faire passer (*Gesetz*) **2** sauver (*Kranke*) **3** dissiper (*Vermögen*)

durchdrehen **1** (*Räder*) patiner **2** (*Person*) *umg.* disjoncter

durcheinander **1** (*ungeordnet*) pêle-mêle, en désordre **2** → ***durcheinanderbringen*** **3** ***ich bin ganz ~*** je ne sais plus où j'ai la tête

Durcheinander *n* **1** (*Unordnung*) désordre *m* **2** (*Wirrwarr*) confusion *f*

durcheinanderbringen (*verwechseln*) confondre, embrouiller

durchfahren **1** ***wir sind die ganze Nacht durchgefahren*** nous avons roulé toute la nuit **2** *an der Ampel*: ***bei Rot ~*** brûler un feu rouge **3** ***durch e-e Stadt ~*** traverser une ville

Durchfahrt *f* **1** *Weg*: passage *m* **2** (*Durchfahren*) traversée *f*; ***wir sind auf der ~*** nous sommes de passage

Durchfall *m* MED diarrhée *f*

durchfallen **1** (*hindurchfallen*) tomber à travers **2** *in e-r Prüfung*: échouer (***in*** à), *umg.* être collé (***in*** à)

durchführen **1** réaliser (*Plan*); effectuer (*Arbeit*); organiser (*Veranstaltung usw.*) **2** ***~ durch*** (*Weg*) passer par

Durchgang *m* **1** passage *m* **2** *bei Wahlen, Wettkämpfen usw.*: tour *m*

durchgeben communiquer, transmettre

durchgehen **1** (*hindurchgehen, -passen*) passer (***durch*** par) **2** ***~ bis*** (*Weg*) aller jusqu'à **3** *ohne Pause*: durer (sans interruption) **4** examiner (point par point) (*Text, Aufsatz*); ***noch einmal ~*** repasser **5** ***etw ~ lassen*** laisser passer (*od.* passer sur) qc **6** (*Pferd*) s'emballer

durchgehend **1** (*Zug, Bus*) direct **2** (*Geschäft usw.*) ***~ geöffnet*** ouvert sans interruption

durchgeknallt *umg.* givré; ***er ist völlig ~*** *umg.* il a complètement pété les plombs

durchgreifen: (***hart***) ***~*** intervenir énergiquement

durchhalten **1** tenir bon, tenir jusqu'au bout **2** ***sie haben zwei Wochen durchgehalten*** ils ont tenu deux semaines; ***das halte ich nicht länger durch*** je ne supporterai plus cela longtemps

durchkommen **1** *durch die Menge usw.*: passer à travers **2** (*Sonne, Pflanzen*) percer **3** TEL passer **4** *bei der Prüfung*: réussir **5** *mit Sprachkenntnissen*: se débrouiller; ***damit kommst du bei ihm nicht durch*** tu n'y arriveras pas comme ça avec lui **6** ***er wird ~*** (*überleben*) *umg.* il va s'en tirer

durch|kreuzen contrarier (*Plan*); **~lassen** laisser passer

Durchlauf *m bei e-m Wettkampf*: tour *m*

durchlesen **1** *ganz*: lire en entier **2** *flüchtig*: parcourir

durchmachen **1** (*erleiden*) subir, traverser; ***sie hat schon viel durchgemacht*** *umg.* elle en a vu de toutes les couleurs **2** ***die Nacht ~*** fêter toute la nuit

Durchmesser *m* diamètre *m*

durch|nehmen étudier, traiter; **~queren** traverser; **~rechnen** calculer

Durchreise *f* passage *m*; ***wir sind auf der ~*** nous sommes de passage

durchreißen **1** déchirer (*Papier usw.*) **2** ***etw reißt durch*** qc se déchire

durchrosten rouiller entièrement

Durchsage *f* communiqué *m*, message *m*

durchschauen percer à jour, pénétrer (*Pläne, Absichten*); ***ich durchschaue dich*** je devine tes pensées; ***du bist durchschaut!*** (*du bist ertappt*) tu es pris!

durchschlafen **1** dormir d'une traite **2** ***den Vormittag ~*** passer la matinée à dormir

durchschlagen **1** (*durchlöchern*) percer **2** ***sich ~*** (*zurechtkommen*) se débrouiller

durchschneiden couper en deux, trancher

Durchschnitt *m* moyenne *f*; ***im ~*** en moyenne

durchschnittlich **1** moyen/-enne **2** ***sie arbeitet ~ vier Stunden am Tag*** elle travaille en moyenne quatre heures par jour

Durchschnittsnote *f* moyenne *f*

durchsehen **1** *durch Glas usw.*: voir à

travers **2** *flüchtig*: parcourir **3** *prüfend*: examiner, corriger (*Aufsatz usw.*)

durchsetzen **1** faire adopter (*Meinung, Willen*); ***es ~, dass …*** obtenir que … (+ *Subj.*) **2** ***sich ~*** arriver à ses fins; *im Leben*: se faire respecter; (*sich behaupten*) s'imposer

durch|sichtig transparent (*a. fig.*); **~stehen** supporter, surmonter

durchsteigen: ***da steige ich nicht mehr durch*** *umg.* je n'y pige plus rien

durch|stieren Ⓒⓗ réussir à imposer; **~streichen** barrer, rayer, biffer; **~suchen** fouiller (***nach*** à la recherche de)

Durchsuchung *f* fouille *f*; *im Gelände*: battue *f*

durch|wachsen (*Fleisch*) persillé; (*Speck*) maigre; **~wählen** TEL faire le numéro directement

durchwühlen **1** creuser (*Erde*) **2** (*durchsuchen*) ***etw ~*** fouiller dans qc (***nach*** à la recherche de)

durchzählen compter un à un

durchziehen **1** *durch e-n Ort, ein Gebiet*: passer **2** passer (*Faden usw.*) **3** tirer (*Linie usw.*) **4** (*zu Ende führen*) ***etw ~*** mener qc à son terme

Durchzug *m* **1** (*Luftzug*) courant *m* d'air **2** (*Durchziehen*) passage *m*

dürfen **1** ***etw*** (***tun***) ***~*** avoir la permission de faire qc; ***etw nicht*** (***tun***) ***~*** ne pas devoir faire qc; ***darf ich?*** je peux?; ***darf ich zu ihm?*** je peux le voir?; ***darfst du das?*** tu en as le droit? **2** ***das dürfte stimmen*** cela devrait (*od.* doit) être juste **3** ***das darf doch nicht wahr sein!*** mais ce n'est pas vrai!

dürr **1** (*Ast, Pflanze usw.*) sec/sèche **2** (*Mensch*) maigre

Durst *m* soif *f* (***auf*** de); (***großen***) ***~ haben*** avoir (très) soif; ***~ bekommen*** commencer à avoir soif; ***ich habe ~ auf e-e Limo*** j'ai envie de boire une limonade

durstig assoiffé (***auf*** de); ***ich bin ~*** j'ai soif

Dusche *f* douche *f*

duschen: (***sich***) ***~*** se doucher, prendre une douche

Dusch|gel *n* gel *m* douche; **~vorhang** *m* rideau *m* de douche

Düse *f* tuyère *f*

Düsenflugzeug *n* avion *m* à réaction

düster **1** sombre (*a. fig.*) **2** (*bedrückend*) morne

Dutzend *n* douzaine *f*; **~e** *od.* ***dutzende*** (***von***) … (*viele*) des dizaines de …

duzen tutoyer

DVD *f* DVD *m*

DVD-Laufwerk *n* lecteur *m* de DVD

dynamisch dynamique (*a. Mensch*)

Dynamit *n* dynamite *f*

Dynamo *m* dynamo *f*

D-Zug *m früher*: train *m* rapide, rapide *m*

E

Ebbe *f* (*zurückgehendes Wasser*) marée *f* descendante; (*Niedrigwasser*) marée *f* basse; ***~ und Flut*** marée *f*; ***es ist ~*** c'est la marée basse

eben[1] (*flach*) plat; (*glatt*) lisse

eben[2] **1** (*genau, gerade*) justement, précisément; ***ja, ~!*** oui, justement!; ***das ist es ja ~*** c'est cela même **2** ***das ist ~ so*** c'est comme ça

eben[3] **1** (*soeben*) justement; *als Vergangenheit mit venir*: ***sie hat ~ erst angefangen*** elle vient justement de commencer **2** (*jetzt gleich*) *mit aller*: ***das wollte ich ~ sagen*** j'allais justement le dire

Ebene *f* **1** (*Gelände*) plaine *f* **2** MATH, TECH plan *m*; ***e-e schiefe ~*** un plan incliné **3** ***auf politischer ~*** sur le plan politique

ebenfalls également, pareillement

E-Book *n* e-book *m*

EC *m* BAHN E.C. *m*; eurocity *m*

Echo *n* écho *m*

Echse *f* saurien *m*

echt **1** (*wahr, wirklich*) vrai, véritable **2** (*Gemälde*) authentique; (*Leder, Gold, Silber usw.*) véritable; (*Perlen, Haare*) naturel/-elle **3** (*typisch*) ***~ bayrisch*** bien bavarois, typiquement bavarois **4** ***das war ~ toll*** (*bzw.* ***blöd***) c'était super (*bzw.* débile)

EC-Karte *f* carte *f* eurochèque

Eckball *m* corner *m*
Ecke *f* **1** coin *m*; ***Mozartstraße, ~ Haagstraße*** au coin de la Mozartstraße et de la Haagstraße **2** ***e-e ~ Käse*** un morceau de fromage **3** ***j-n um die ~ bringen*** (*umbringen*) *umg.* descendre qn **4** SPORT corner *m*
eckig anguleux/-euse
Eckstoß *m* SPORT corner *m*
E
Ecuador *n* l'Équateur *m*
edel 1 (*Metalle, Steine*) précieux/-ieuse **2** (*Menschen, Gefühle*) noble
Edel|stein *m* pierre *f* précieuse; **~weiß** *n* edelweiss *m*
EDV *f* **1** traitement *m* électronique de données **2** *oft a. allg.*: informatique *f*
EDV-... informatique
Efeu *n* lierre *m*
Effekt *m* effet *m* (⚠ *Endung*)
effektiv 1 (*wirksam*) efficace **2** (*tatsächlich*) effectif/-ive
egal égal; ***das ist ~*** c'est pareil; ***das ist mir ~*** ça m'est égal
Egoismus *m* égoïsme *m*
Egoist(in) *m(f)* égoïste *m,f*
egoistisch égoïste
eh[1] (*sowieso*) de toute façon
eh[2]: ***seit ~ und je*** depuis toujours; ***wie ~ und je*** comme toujours
Ehe *f* mariage *m*; ***die ~ wurde geschieden*** les époux ont divorcé
Ehe|bruch *m* adultère *m*; **~frau** *f* femme *f*, épouse *f*
ehemalig ancien/-ienne (⚠ *immer vorangestellt*)
Ehe|mann *m* mari *m*, époux *m*; **~paar** *n* couple *m*, ménage *m*
eher 1 (*früher*) plus tôt; ***er war ~ da als du*** il était là avant toi **2** (*mehr*) plutôt **3** (*lieber*) plutôt **4** (*wahrscheinlicher*) ***das ist ~ möglich*** c'est plus vraisemblable
Ehering *m* alliance *f*
Ehre *f* honneur *m*
ehren: *j-n ~* honorer qn, rendre hommage à qn
ehrenamtlich 1 (*Tätigkeit*) bénévole **2** ***etw ~ tun*** faire qc bénévolement (*od.* à titre bénévole)
Ehren|bürger(in) *m(f)* citoyen *m*, -enne *f* d'honneur; **~gast** *m* invité(e) *m(f)* d'honneur
Ehrenrunde *f*: ***e-e ~ drehen*** SPORT faire un tour d'honneur; SCHULE (*sitzen bleiben*) redoubler
Ehrenwort *n* parole *f* d'honneur; (***mein***) ***~!*** parole (d'honneur)!
Ehrgeiz *m* ambition *f*
ehrgeizig ambitieux/-ieuse
ehrlich 1 (*aufrichtig*) franc/franche, sincère **2** (*rechtschaffen*) honnête **3** ***wenn ich ~ sein soll, ...*** pour être franc, ...; ***~ gesagt*** pour parler franchement **4** ***er meint es ~ mit dir*** il est sincère avec toi **5** ***er hat sich ~ bemüht*** il s'est vraiment donné du mal
Ehrlichkeit *f* **1** (*Aufrichtigkeit*) sincérité *f* **2** (*Rechtschaffenheit*) honnêteté *f*
Ei *n* **1** œuf *m*; ***ein weiches ~*** un œuf mollet (*sehr weich*: à la coque); ***ein hartes ~*** un œuf dur **2** ***~er legen*** pondre des œufs; ***aus dem ~ schlüpfen*** (*Küken*) sortir de l'œuf, éclore **3** ***ach, du dickes ~!*** *umg.* mince alors! **4** (*Eizelle*) ovule *m*
Eiche *f* chêne *m*
Eichel *f* gland *m*
Eichhörnchen *n* écureuil *m*
Eid *m* serment *m*; ***unter ~*** sous serment
Eidechse *f* lézard *m*
Eidotter *m od. n* jaune *m* d'œuf
Eier|becher *m* coquetier *m*; **~likör** *m* liqueur *f* aux œufs
eiern: *das Rad eiert* la roue est voilée
Eier|schale *f* coquille *f* d'œuf; **~schwammerl** *n* Ⓐ chanterelle *f*; **~stock** *m* ovaire *m*; **~tomate** *f* olivette *f*; **~uhr** *f* sablier *m*
Eifer *m* **1** zèle *m* **2** ***im ~ des Gefechts*** dans le feu de l'action
Eifersucht *f* jalousie *f* (***auf*** contre)
eifersüchtig jaloux/-ouse (***auf*** de)
Eiffelturm *m* tour *f* Eiffel
eifrig zélé; (*fleißig*) appliqué
Eigelb *n* jaune *m* d'œuf
eigen[1] **1** (*j-m gehörend*) propre; à moi (toi, elle *usw.*); ***sie hat ein ~es Zimmer*** elle a une chambre à elle, elle a sa chambre **2** ***das habe ich mit ~en Augen gesehen*** j'ai vu ça de mes propres yeux **3** ***auf ~e Verantwortung*** sous ma (ta *usw.*) propre responsabilité; ***auf ~e Gefahr*** à mes (tes *usw.*) risques et périls
eigen[2] (*sonderbar*) particulier/-ière; ***er ist ein bisschen ~*** il est un peu spécial
eigenartig étrange, bizarre
Eigenname *m* nom *m* propre
Eigenschaft *f* **1** qualité *f* **2** (*Charakterzug*) trait *m* de caractère

Eigenschaftswort *n* adjectif *m*
eigensinnig entêté, obstiné
eigentlich[1] **1** (*in Wirklichkeit*) en réalité **2** (*genau genommen*) à vrai dire; ***~ sollte sie kommen, aber …*** en fait elle devait venir mais … **3** (*übrigens*) ***weißt du ~, dass …?*** à propos, sais-tu que … (+ *Ind.*)? **4** (*überhaupt*) au juste; ***was ist das ~?*** qu'est-ce que c'est au juste?
eigentlich[2] (*tatsächlich*) vrai; ***das ~e Problem*** le vrai problème
Eigentor *n*: ***ein ~ schießen*** marquer un but contre sa propre équipe
Eigentum *n* propriété *f*
Eigentümer(in) *m(f)* propriétaire *m,f*
Eigentumswohnung *f* appartement *m* en copropriété
eignen **1** ***das eignet sich*** (***gut***) ***als …*** cela convient (parfaitement) comme … **2** ***er eignet sich nicht zum Lehrer*** *usw.* il n'est pas fait pour être enseignant *usw.*
Eilbrief *m* lettre *f* exprès
Eile *f* *hâte *f*; ***ich bin*** (***sehr***) ***in ~*** je suis (très) pressé
eilig **1** (*Dinge*) pressant, urgent **2** ***ich hab's ~*** je suis pressé
Eimer *m* **1** seau *m* **2** ***im ~ sein*** (*kaputt sein*) *umg.* être fichu, *umg.* être foutu
ein[1] **1** *Zahl, Artikel*: un, une; ***~es Abends*** un soir **2** ***~e von beiden*** l'une des deux; ***~er nach dem anderen*** l'un après l'autre, à tour de rôle **3** ***was für ~er*** (*bzw.* ***~e, ~s***)***?*** lequel *bzw.* laquelle? **4** *Uhrzeit*: ***es ist ~ Uhr*** il est une heure **5** ***~ bis zwei Tage*** un à deux jours; ***~ für alle Mal*** une fois pour toutes
ein[2] *an Geräten*: marche
einatmen respirer
Ein|bahnstraße *f* rue *f* à sens unique; **~band** *m e-s Buchs*: reliure *f*
einbauen **1** monter, installer (*Geräte*) **2** incorporer, encastrer (*Möbel*)
Einbau|küche *f* cuisine *f* intégrée; **~schrank** *m* placard *m*
einbiegen: ***in e-e Straße ~*** tourner (*od.* s'engager) dans une rue
einbilden **1** (*vorstellen*) ***sich etw ~*** s'imaginer (*od.* se figurer) qc; ***das bildest du dir nur ein*** tu te fais des idées **2** ***sie ist eingebildet*** elle s'en croit; *positiv*: ***darauf kannst du dir was ~*** tu peux en être fier; ***was bildest du dir eigentlich ein?*** mais enfin, qu'est-ce que tu t'imagines?
Einbildung *f* **1** (*Fantasie*) imagination *f* **2** (*Illusion, Täuschung*) illusion *f* **3** (*Arroganz*) prétention *f*
einbrechen **1** ***in ein Haus ~*** cambrioler une maison **2** ***er ist auf dem Eis eingebrochen*** la glace a cédé sous lui **3** ***das Dach ist eingebrochen*** le toit s'est ecroulé
Einbrecher *m* cambrioleur *m*
Einbruch *m* **1** *in ein Haus*: effraction *f*, cambriolage *m* (**in** de) **2** ***bei ~ der Dunkelheit*** à la nuit tombante
einbürgern: ***j-n ~*** naturaliser qn
Eincentstück *n* pièce *f* d'un cent (*od.* d'un centime)
eincremen **1** ***sich ~*** se mettre de la crème **2** ***sein Gesicht ~*** se mettre de la crème sur le visage
eindecken **1** ***sich mit Getränken*** *usw.* ***~*** faire provision de boissons *usw.* **2** ***ich bin mit Arbeit eingedeckt*** je suis submergé de travail
eindeutig clair, net/nette
Eindruck *m* **1** (*Wirkung*) impression *f*; ***das machte keinen ~ auf sie*** cela ne l'a pas impressionnée; cela ne lui a pas fait d'effet **2** ***ich habe den ~, dass …*** j'ai l'impression que … (+ *Ind.*)
eindrucksvoll impressionnant
eineiig: ***~e Zwillinge*** *Jungen*: vrais jumeaux *m Pl*; *Mädchen*: vraies jumelles *f Pl*
eineinhalb un et demi/une et demie
einerseits: ***~ …, andererseits …*** d'un côté …, de l'autre …
Eineurostück *n* pièce *f* d'un euro
einfach[1] **1** (*leicht*) facile **2** (*problemlos, unkompliziert*) simple **3** (*schlicht*) modeste, simple **4** ***ich hab ihn ~ gefragt*** je lui ai simplement demandé **5** *in Ausrufen*: ***es ist ~ unglaublich!*** c'est absolument incroyable!; ***~ herrlich!*** tout simplement magnifique!; ***ich versteh ihn ~ nicht!*** je ne le comprends tout simplement pas!
einfach[2] (↔ *doppelt*) simple
Einfahrt *f* entrée *f*; *auf Schildern*: ***~ frei halten!*** sortie de voitures
Einfall *m* idée *f*
einfallen **1** (*Gedanken*) venir à l'esprit; ***sein Name fällt mir nicht ein*** son nom ne me revient plus; ***dabei fällt mir ein, dass …*** cela me fait penser que … (+

E

Ind.) **2** *empört*: ***was fällt dir ein!*** qu'est-ce qui te prend? **3** (*Licht*) entrer; (*Strahlen*) tomber **4** (*einstürzen*) s'écrouler, s'effondrer
Einfamilienhaus *n* maison *f* individuelle, maison *f* particulière
einfarbig d'une couleur; (*Stoff*) uni
Einfluss *m* influence *f* (***auf*** sur)
einfrieren **1** congeler (*Lebensmittel*) **2** (*zufrieren*) geler
einfügen insérer (***in*** dans)
Einfügetaste *f* touche *f* d'insertion
Einfuhr *f* importation *f*
einführen **1** introduire (*j-n, etw*) (***in*** dans) **2** (*importieren*) importer (***in*** en *bzw.* au)
Eingabe *f* **1** *in den Computer*: saisie *f* **2** (*das Eingegebene*) entrée *f*
Eingabefehler *m* erreur *f* de saisie
Eingang *m* entrée *f*
eingeben **1** ***Daten in den Computer ~*** entrer (*od.* saisir) des données dans l'ordinateur **2** donner (*Medikament*)
eingebildet prétentieux/-ieuse
Eingeborene(r) *f(m)* indigène *m,f*
eingehen[1] **1** (*Pflanzen, Tiere*) mourir, dépérir **2** (*Stoff*) rétrécir, se rétrécir
eingehen[2] **1** ***auf ein Angebot ~*** accepter une offre; ***auf Einzelheiten ~*** entrer dans les détails; ***auf j-n ~*** être attentif à qn **2** ***ein Risiko ~*** courir un risque; ***e-e Verpflichtung ~*** prendre un engagement; ***darauf gehe ich jede Wette ein!*** j'en mets ma main au feu!
eingeschnappt vexé
eingewöhnen: *sich ~* s'habituer (***in*** dans)
ein|gießen verser; **~greifen** intervenir
Eingriff *m* intervention *f* (*a.* MED)
einhalten tenir (*Versprechen*); respecter (*Termin*); observer (*Bedingung*)
einhängen **1** TEL raccrocher **2** ***sich bei j-m ~*** prendre le bras de qn
Einheimische(r) *f(m)*: ***ein ~r*** quelqu'un du pays; ***die ~n*** les gens *m Pl* du pays
Einheit *f* unité *f* (*a. Maßeinheit*); ***e-e ~ bilden*** former un tout
einheitlich **1** (*in sich geschlossen*) homogène **2** (*für alle gleich*) unique; (*Kleidung*) uniforme
einholen **1** rejoindre (*Person, Fahrzeug usw.*) **2** amener (*Segel, Flagge*)
einhundert cent
einig: *sich ~ sein* être d'accord (***mit*** avec, ***über*** sur)
einige **1** *mit Subst.*: quelques **2** *alleinstehend*: quelques-uns *bzw.* quelques-unes **3** ***vor ~r Zeit*** il y a quelque temps
einigen: *sich ~* se mettre d'accord (***über*** sur)
einigermaßen **1** ***das hat ~ geklappt*** ça a à peu près marché **2** (*so lala*) comme ci comme ça
einiges **1** quelque chose **2** (*ziemlich viel*) pas mal de choses; ***das wird ~ kosten*** ça va coûter pas mal d'argent
Einigung *f* accord *m*
Einkauf *m* achat *m*
einkaufen **1** acheter **2** ***~ (gehen)*** (aller) faire les courses (*od.* les commissions) (⚠ faire des courses = ***etw erledigen, Besorgungen machen***)
Einkaufsbummel *m*: ***e-n ~ machen*** faire des achats
Einkaufs|wagen *m* chariot *m*, caddie® *m*; **~zentrum** *n* centre *m* commercial; **~zettel** *m* liste *f* des courses
einklammern mettre entre parenthèses
Einkommen *n* revenus *m Pl*
einladen[1]: ***Kisten*** *usw.* ***~*** charger des caisses *usw.* (***in*** dans)
einladen[2] inviter (*Gäste usw.*)
Einladung *f* invitation *f*
einlassen **1** (*eintreten lassen*) laisser entrer **2** ***Wasser in die Wanne ~*** faire couler de l'eau dans la baignoire **3** ***sich auf krumme Sachen ~*** s'embarquer dans des affaires louches
einlaufen[1] (*Stoff*) rétrécir, se rétrécir
einlaufen[2] **1** ***neue Schuhe ~*** briser ses chaussures neuves **2** (*hineinlaufen*) arriver (*a. Zug*) **3** SPORT ***ins Ziel ~*** franchir la ligne d'arrivée **4** ***das Wasser ~ lassen*** faire couler l'eau (***in*** dans) **5** ***sich ~*** SPORT s'échauffer
einleben: *sie hat sich (gut) bei uns eingelebt* elle s'est bien habituée chez nous
einlegen **1** (*hineinlegen*) mettre **2** *in Essig*: conserver dans du vinaigre; (*marinieren*) mariner **3** AUTO ***den vierten Gang ~*** passer en quatrième **4** ***e-e Pause ~*** faire une pause **5** JUR ***Berufung ~*** faire appel (***gegen*** de); ***Einspruch ~*** faire opposition (***gegen*** à)
Einleitung *f im Buch usw.*: introduction *f*

einliefern: ***j-n ins Krankenhaus ~*** hospitaliser qn
einloggen IT ***sich ~*** se connecter
einlösen **1** encaisser (*Scheck*) **2** retirer (*Pfand*) **3** tenir (*Versprechen*)
Einmachglas *n* bocal *m*
einmal[1] **1** une fois; ***noch ~*** encore une fois **2** ***noch ~ so groß*** *usw.* deux fois plus grand *usw.* (***wie ...*** que ...) **3** ***auf ~*** (*plötzlich*) tout à coup, soudain; (*gleichzeitig*) à la fois **4** ***warst du schon ~ in Kanada?*** tu as déjà été au Canada? **5** *in Märchen*: ***es war ~ ...*** il était une fois ...
einmal[2] **1** ***sie hat es nicht ~ gesehen*** elle ne l'a même pas vu **2** ***darüber muss ich erst ~ nachdenken*** il faut d'abord que j'y réfléchisse (⚠ *Subj. nach* il faut que)
Einmaleins *n*: ***das kleine ~*** les tables *f Pl* de multiplication de un à dix
Einmeterbrett *n im Schwimmbad*: tremplin *m* d'un mètre; ***er ist vom ~ gesprungen*** il a sauté du un mètre
einmischen: ***sich ~*** se mêler (***in*** de)
einmünden (*Straße*) déboucher (***in*** sur)
Einnahme *f* (↔ *Ausgabe*) recette *f*
einnehmen **1** encaisser (*Geld*) **2** prendre (*Medikament, seinen Platz usw.*)
einordnen **1** (*einräumen*) classer, ranger **2** *im Straßenverkehr*: ***sich links*** (*bzw.* ***rechts***) ***~*** se ranger dans la file de gauche (*bzw.* de droite)
einpacken **1** (*einwickeln*) emballer, envelopper (***in*** dans) **2** *in e-n Koffer usw.*: mettre **3** ***da können wir ~*** *umg.* nous n'avons plus qu'à remballer
einparken: (***sein Auto***) ***~*** se garer; ***rückwärts ~*** faire un créneau
ein|pflanzen planter (***in*** dans); **~planen** prévoir; **~rahmen** encadrer; **~räumen** ranger (*Dinge, Schrank usw.*)
einreden **1** ***er versucht uns einzureden, dass ...*** il essaie de nous persuader que ... (+ *Ind.*) **2** ***sie redet sich ein, dass sie zu dick ist*** elle s'imagine qu'elle est trop grosse **3** ***auf j-n ~*** essayer de persuader qn
einreiben frictionner (***mit*** avec); *mit Creme, Öl a.*: enduire (***mit*** de)
Einreise *f* entrée *f* (***in*** dans *od.* en)
einreißen **1** (*kaputtgehen*) se déchirer **2** (*kaputt machen*) ***Papier*** *usw.* ***~*** déchirer du papier *usw.* **3** ***ein Gebäude ~*** démolir un bâtiment
einrenken **1** remettre (*Arm usw.*) **2** ***das wird sich schon wieder ~*** *fig.* cela s'arrangera
einrichten[1] **1** ***seine Wohnung ~*** installer son appartement **2** ***sie hat sich neu eingerichtet*** elle s'est installée de neuf
einrichten[2] **1** (*arrangieren*) disposer, arranger; ***es so ~, dass ...*** faire en sorte que ... (+ *Subj.*) **2** ***darauf sind wir nicht eingerichtet*** (*vorbereitet*) nous ne sommes pas préparés à cela
Einrichtung *f* **1** (*Möbel*) mobilier *m* **2** (*Institution, Schule*) institution *f*
eins **1** un, une **2** *Uhrzeit*: ***es ist halb ~*** il est midi et demie; ***Punkt ~*** *umg.* à une heure pile **3** SPORT ***~ zu ~*** un but partout; ***wir haben ~ zu Null gewonnen*** (*bzw.* ***verloren***) nous avons gagné (*bzw.* perdu) par un à zéro **4** ***~ a*** (***Qualität***) de première qualité **5** ***das ist mir*** (***alles***) ***~*** *umg.* je m'en fiche; ***~, zwei, drei*** *umg.* (*im Nu*) en moins de deux
Eins *f* **1** un *m* (*a. Buslinie usw.*) **2** *Schulnote*: très bien; *im frz. Punktesystem* ≈ 17, 18 (sur 20); ***sie hat e-e ~*** elle a 17 sur 20
einsam **1** (*Person*) solitaire, seul **2** (*Insel usw.*) désert **3** ***~e Spitze!*** *umg.* génial!, *umg.* super!
Einsamkeit *f* solitude *f*
einsammeln ramasser
Einsatz[1] *m* (*Einsetzteil in ein Gerät usw.*) élément *m* encastrable
Einsatz[2] *m* **1** (*Spiel-, Wetteinsatz*) mise *f*, enjeu *m* **2** ***seinen ~ verpassen*** MUS oublier de jouer; THEAT manquer sa réplique **3** (*Gebrauch*) emploi *m* **4** (*Feuerwehr-, Polizeieinsatz usw.*) intervention *f*; ***im ~*** en action
einscannen scanner
einschalten **1** allumer (*Licht, Radio usw.*); mettre en marche (*Gerät, Maschine*) **2** ***j-n ~*** faire intervenir qn **3** ***sich ~*** (*eingreifen*) intervenir
Einschaltquote *f* audimat *m*
ein|schätzen juger, estimer; **~schicken** envoyer
einschlafen **1** s'endormir **2** (*Arm, Bein usw.*) s'engourdir
einschläfern **1** (*müde machen*) endormir **2** ***~ lassen*** faire euthanasier; *umg.* piquer (*Tier*)
einschlagen **1** enfoncer, planter (*Nagel*); enfoncer, casser (*Fensterscheibe*)

2 (*einwickeln*) envelopper, emballer **3** s'engager dans, prendre (*Weg, Richtung*) **4** (*Blitz, Geschoss*) tomber **5** *fig.* (*Erfolg haben*) réussir

einschließen **1** enfermer à clé **2** *zur Aufbewahrung*: mettre sous clé **3** (*umfassen*) comprendre, renfermer **4** ***sich ~*** s'enfermer à clé

einschließlich **1** (y) compris, inclus **2** ***bis ~*** jusqu'à

einschmeicheln: ***sich bei j-m ~*** s'insinuer auprès de qn

ein|schneiden couper (*Fleisch usw.*); **~schneidend** (*Veränderung*) radical

Einschnitt *m* **1** coupure *f*, incision *f* **2** *Ereignis*: événement *m* décisif; (*Wendepunkt*) tournant *m*

Einschränkung *f* **1** réduction *f*, restriction *f* **2** ***ohne ~*** sans réserve; ***mit der ~, dass ...*** sous réserve que ... (+ *Subj.*)

Einschreiben *n* lettre *f* recommandée

einschüchtern intimider

Einschulung *f* scolarisation *f*

einsehen **1** (*begreifen*) comprendre; (*erkennen*) voir **2** reconnaître (*Fehler, Unrecht usw.*)

einseifen savonner

einseitig **1** (*auf e-r Seite*) d'un (seul) côté **2** POL, JUR unilatéral **3** ***e-e ~e Darstellung*** une version tendancieuse **4** (*parteiisch*) ***~ urteilen*** juger avec partialité

einsenden envoyer

Einsendeschluss *m bei Preisausschreiben*: date *f* limite des envois

einsetzen **1** mettre, placer; ***e-e Fensterscheibe ~*** poser une vitre **2** faire intervenir (*Polizei, Truppen*) **3** utiliser, employer (*Maschinen*) **4** constituer (*Gremium, Ausschuss*) **5** ***sich ~ für*** soutenir, défendre

ein|sinken *im Schlamm usw.*: s'enfoncer; **~sperren** enfermer; *ins Gefängnis*: mettre en prison

Einspruch *m* opposition *f* (***gegen*** à); ***~ erheben gegen*** faire opposition à

einspurig (*Straße*) à une seule voie

Einstand *m* TENNIS égalité *f*

einstecken **1** mettre (***in*** dans); ***Geld ~*** prendre de l'argent **2** mettre à la boîte (*Brief*) **3** *umg.* encaisser (*Schläge*); avaler (*Beleidigung, Vorwurf*)

einsteigen *in ein Fahrzeug*: monter

einstellen **1** (*hineinstellen*) mettre (***in*** dans) **2** régler (*Maschine, Fernseher, Radio*) **3** engager, embaucher (*Arbeitskräfte*) **4** égaler (*Rekord*) **5** (*beenden*) cesser; suspendre (*gerichtliches Verfahren*) **6** ***sich ~ auf*** se préparer à

Einstellung[1] *f* (*Meinung*) point *m* de vue; (*Haltung*) attitude *f*

Einstellung[2] *f e-s Geräts*: réglage *m*

Einstich *m* piqûre *f*

Einstieg *m* entrée *f*

einstimmig **1** (*Beschluss*) unanime; ***etw ~ beschließen*** décider qc à l'unanimité **2** MUS à une voix

einstürzen s'écrouler, s'effondrer

Eintagsfliege *f* éphémère *m*

eintausend mille

einteilen **1** diviser (***in*** en, ***nach*** selon); *in Gruppen, Abschnitte*: répartir (*a. Zeit, Geld*); *in Klassen*: classer **2** ***seine Zeit gut ~*** organiser son temps

eintönig monotone

Eintrag *m* **1** (*Vermerk*) mention *f* **2** *im Wörterbuch*: entrée *f*

eintragen: ***sich in e-e Liste ~*** s'inscrire sur une liste

Eintragung *f* inscription *f*; (*Vermerk*) mention *f*

eintreffen **1** arriver **2** (*Voraussage usw.*) se réaliser, s'accomplir

eintreten **1** entrer; ***treten Sie ein!*** entrez! **2** *in e-n Verein usw.*: entrer **3** (*eindrücken*) enfoncer d'un coup de pied (*Tür*) **4** (*Ereignis*) arriver; (*Tod*) survenir **5** ***~ für*** défendre

Eintritt *m* entrée *f*

Eintrittskarte *f* billet *m* d'entrée, entrée *f*

einverstanden d'accord

Ein|wanderer *m*, **~wanderin** *f* immigrant(e) *m*(*f*); *schon eingewandert*: immigré(e) *m*(*f*)

einwandern immigrer

Einweg|flasche *f* bouteille *f* non consignée; **~verpackung** *f* emballage *m* perdu

einweichen faire tremper

einweihen **1** inaugurer (*Gebäude, Denkmal*) **2** ***die neue Wohnung ~*** pendre la crémaillère **3** ***j-n in ein Geheimnis ~*** confier un secret à qn; ***er hat mich in seinen Plan eingeweiht*** il m'a mis au courant de son projet

Einweihung *f* inauguration *f*

einweisen **1** *in ein Heim*: envoyer; ***ins Krankenhaus ~*** (faire) hospitaliser **2** ***in e-e Arbeit ~*** initier à un travail

einwerfen 1 mettre à la boîte (*Brief*); ***Geld ~*** *in den Automaten*: introduire de la monnaie, mettre des pièces (***in*** dans) **2** remettre en jeu (*Ball*) **3** casser, briser (*Fensterscheibe usw.*)
einwickeln *in Papier usw.*: envelopper
Ein|wohner(in) *m(f)* habitant(e) *m(f)*; **~wurf** *m* FUSBALL *usw.* touche *f*; **~zahl** *f* singulier *m*
Einzahlungsschein *m* Ⓒⓗ formule *f* de virement
Einzel *n bes.* TENNIS simple *m*
Einzelgänger(in) *m(f)* solitaire *m,f*
Einzelheit *f* détail *m*
Einzelkind *n* enfant *m* unique
einzeln **1** (*allein*) seul **2** (*nicht zusammengehörend*) dépareillé **3** (*nacheinander*) un à un *bzw.* une à une **4** (*gesondert*) à part, séparément **5** (*genau, besonders*) particulier/-ière **6** (*einige*) ***~e Zuschauer gingen weg*** quelques spectateurs sont sortis **7** ***jeder Einzelne*** chacun en particulier **8** ***im Einzelnen*** en détail
Einzelzimmer *n* chambre *f* individuelle
einziehen **1** *in e-e Wohnung*: emménager (***in*** dans); ***bei j-m ~*** venir habiter (*od.* aller loger) chez qn **2** (*hineinziehen*) (faire) entrer (***in*** dans) **3** (*Öl, Creme*) pénétrer **4** rentrer (*Krallen, Bauch*); amener (*Fahne, Segel*); ***den Kopf ~*** rentrer la tête dans les épaules **5** *zum Wehrdienst*: appeler (sous les drapeaux)
einzig **1** seul, unique **2** ***kein Einziger*** personne, pas un seul **3** ***das ist das Einzige, was wir tun können*** c'est la seule chose que nous puissions faire (*Subj.*); ***das ~ Richtige*** la seule chose à faire **4** ***~ und allein*** uniquement
Einzug *m* **1** *in e-e neue Wohnung*: emménagement *m* **2** *e-r Armee, Prozession usw.*: entrée *f* **3** *im Text*: retrait *m*, renfoncement *m*
Eis *n* **1** glace *f* **2** (*Speiseeis*) glace *f*; (*nur Fruchteis*) sorbet *m*; (*nur Milcheis*) crème *f* glacée; ***ein ~ am Stiel*** un esquimau; ***welche Sorten ~ haben Sie?*** quels parfums avez-vous? **3** (*Eiswürfel*) glaçon *m* **4** → ***eislaufen***
Eis|bär *m* ours *m* polaire (*od.* blanc); **~becher** *m* coupe *f* glacée
Eiscafé *n* glacier *m*; ***im ~*** chez le glacier
Eis|creme *f* glace *f*; (*Milcheis*) crème *f* glacée; **~diele** *f* glacier *m*
Eisen *n* fer *m*
Eisenbahn *f* **1** (*Zug*) train *m* **2** *System*: chemins *m Pl* de fer **3** ***es ist höchste ~*** *umg.* ça urge
Eisfach *n* compartiment *m* congélateur
eisgekühlt glacé
Eishockey *n* *hockey *m* sur glace
eisig glacial
Eiskaffee *m* café *m* liégeois
eiskalt **1** (*Wind, Wasser*) glacial **2** (*Lebensmittel, Hände usw.*) glacé **3** ***es lief mir ~ über den Rücken*** cela m'a fait froid dans le dos **4** *fig.* (*gefühllos*) impitoyable
Eis|krem *f* glace *f*; (*Milcheis*) crème *f* glacée; **~kunstlauf** *m* patinage *m* artistique; **~lauf** *m* patinage *m*
eislaufen patiner
Eis|läufer(in) *m(f)* patineur *m*, -euse *f*; **~mann** *m* marchand *m* de glace
Eisprung *m* ovulation *f*
Eis|schnelllauf *m* patinage *m* de vitesse; **~stadion** *n* patinoire *f*; **~tee** *m* thé *m* glacé; **~würfel** *m* glaçon *m*; **~zapfen** *m* glaçon *m*; **~zeit** *f* ère *f* glaciaire
eitel vaniteux/-euse
Eiter *m* pus *m*
eitern suppurer, secréter du pus
eitrig purulent
Ei|weiß *n* **1** *im Ei*: blanc *m* d'œuf **2** (*Protein*) protéine *f*; **~zelle** *f* ovule *f*
Ekel[1] *m* dégoût *m*; (*Übelkeit*) nausée *f*
Ekel[2] *n Person*: dégoûtant(e) *m(f)*; ***du ~!*** espèce de dégoûtant!
ekelhaft dégoûtant
ekeln **1** ***ich ekle mich vor Spinnen*** j'ai horreur des araignées **2** ***sie haben ihn aus der Gruppe geekelt*** ils l'ont fait partir du groupe
EKG *n* électrocardiogramme *m*
eklig dégoûtant
Ekuador *n* l'Équateur *m*
elastisch élastique
Elch *m* élan *m*
Elefant *m* éléphant *m*
elegant **1** élégant **2** ***~ gekleidet*** élégamment habillé
Elektriker(in) *m(f)* électricien *m*, -ienne *f*
elektrisch **1** électrique **2** ***~ geheizt*** chauffé à l'électricité; ***~ geladen*** chargé d'électricité statique
Elektrizität *f* électricité *f*
Elektroauto *n* voiture *f* électrique
Elektrode *f* électrode *f*

E

Elektro|gerät *n* appareil *m* électrique; **~herd** *m* cuisinière *f* électrique; **~motor** *m* moteur *m* électrique
Elektron *n* électron *m*
elektronisch électronique
Elektrotechnik *f* électrotechnique *f*
Element *n* élément *m*
elend **1** misérable **2** ***du ~er Schuft!*** *umg.* espèce de salaud!
Elend *n* **1** misère *f* **2** ***es ist schon ein ~ mit ihm!*** c'est à désespérer avec lui!; ***sie sitzt da wie ein Häufchen ~*** elle est là, comme une pauvre malheureuse
Elendsviertel *n* bidonville *m*
elf **1** onze **2** ***sie ist ~ Jahre alt*** elle a onze ans **3** ***um ~ Uhr*** à onze heures
Elf *f* onze *m* (*a. Buslinie, Fußballelf usw.*)
Elfenbein *n* ivoire *m*
Elfer *m* → ***Elf***
elfhundert onze cents
Elf|jährige(r) *f(m)* garçon *m*, fille *f* de onze ans; **~meter** *m* penalty *m*; **~meterschießen** *n* tirs *m Pl* au but
elft: ***zu ~*** à onze
elfte(r, -s) onzième
Ell(en)bogen *m* coude *m*
ellenlang extrêmement long/longue
Ellipse *f* ellipse *f*
Elsass *n* Alsace *f*
elsässisch alsacien/-ienne
Elster *f* pie *f*
Eltern *Pl* parents *m Pl*
Eltern|abend *m* rencontre *f* parents-professeurs; **~haus** *n* maison *f* paternelle; **~teil** *m* parent *m*
E-Mail *f Nachricht*: e-mail *m*, message *m* électronique; *Einrichtung*: courrier *m* électronique
E-Mail-Adresse *f* adresse *f* e-mail, adresse *f* électronique
Emanzipation *f* émancipation *f*
emanzipiert emancipé
Embargo *n* embargo *m*
Embryo *m* embryon *m* (⚠ *Endung*)
Emigrant(in) *m(f)* émigrant(e) *m(f)*; *schon ausgewandert*: émigré(e) *m(f)*
Emigration *f* émigration *f*
emigrieren émigrer
Emotion *f* émotion *f*
emotional émotionnel/-elle
Empfang *m* réception *f*; ***etw in ~ nehmen*** recevoir qc
empfangen **1** recevoir, accueillir (*Personen*) **2** (*bekommen*) recevoir
Empfänger *m* **1** *Person*: destinataire *m* **2** *Gerät*: récepteur *m*
Empfängnisverhütung *f* contraception *f*
Empfangsbescheinigung *f* récépissé *m*
empfehlen recommander
empfehlenswert recommandé
Empfehlung *f* recommandation *f*
empfinden **1** ressentir, éprouver **2** (*lieben*) ***ich empfinde etwas für sie*** je l'aime bien; ***ich empfinde nichts für ihn*** il m'est indifférent
empfindlich **1** sensible (***gegen*** à); (*Material, Magen*) fragile **2** (*leicht zu beleidigen*) susceptible **3** ***es ist ~ kalt*** il fait très froid
Empore *f* galerie *f*
empört indigné, outré
Empörung *f* indignation *f*
Endausscheidung *f* finale *f*
Ende *n* **1** *räumlich*: fin *f*; (*Spitze, Ausläufer*) bout *m*, extrémité *f* **2** *zeitlich*: fin *f*; ***~ Februar*** fin février; ***zu ~ gehen*** finir; ***zu ~ sein*** être fini, être terminé; ***~ gut, alles gut*** tout est bien qui finit bien **3** (*womöglich*) ***am ~ verlangst du noch …*** tu finiras par demander … **4** ***er ist (mit den Nerven) am ~*** *umg.* il est au bout du rouleau; ***ich bin mit meiner Geduld am ~*** je suis à bout de patience **5** ***Arbeit ohne ~*** du travail à n'en plus finir
Endeffekt *m*: ***im ~*** en fin de compte
enden finir, cesser, se terminer
Endergebnis *n* résultat *m* définitif
endgültig définitif/-ive
Endivie(nsalat) *f(m)* chicorée *f* (⚠ *frz.* endives *f Pl* = ***Chicorée***)
endlich enfin
endlos sans fin; ***~ lange*** interminable
End|runde *f* poule *f* finale; **~spiel** *n* finale *f*; **~spurt** *m* sprint *m* final, finish *m*; **~station** *f* terminus *m*
Endung *f* terminaison *f*
Energie *f* énergie *f*
Energie… d'énergie; ***Energiequelle*** source *f* d'énergie; ***Energieverschwendung*** gaspillage *m* d'énergie
energisch énergique
eng **1** étroit **2** ***~ schreiben*** écrire serré **3** ***das darfst du nicht so ~ sehen*** tu prends tout au pied de la lettre
engagieren[1] (*einstellen*) engager

engagieren[2]: ***sich ~*** s'engager (***für*** pour)
Engel *m* ange *m*
England *n* l'Angleterre *f*
Engländer(in) *m(f)* Anglais(e) *m(f)*
englisch anglais
Englisch *n* **1** *Sprache*: l'anglais *m*; ***auf ~, ins ~e*** en anglais **2** *Schulfach*: l'anglais *m*; ***sie ist gut in ~*** elle est bonne en anglais
Englischlehrer(in) *m(f)* professeur *m* d'anglais (⚠ *im Frz. nur m*); *umg.* prof *m,f* d'anglais
Enkel(in) *m(f)* petit-fils *m*, petite-fille *f*; ***die ~*** *a.* les petits-enfants *m Pl*
Enkelkind *n* → ***Enkel(in)***
enorm **1** énorme **2** ***~ gut*** (***dick*** *usw.*) énormément bien (gros *usw.*)
Entbindung *f* accouchement *m*
entdecken **1** découvrir **2** (*finden*) trouver **3** (*bemerken*) s'apercevoir de
Entdeckung *f* découverte *f*
Ente *f* **1** canard *m* **2** ***e-e lahme ~*** *Person*: un mollasson, une mollassonne
enterben déshériter
Entertainer(in) *m(f)* animateur *m*, -trice *f*
Enter-Taste *f* touche *f* d'entrée
entfernen **1** enlever (*Fleck, Etikett usw.*) **2** ***sich ~*** s'éloigner; (*weggehen*) s'absenter
entfernt **1** éloigné (*a. Verwandte*); ***weit ~*** lointain; ***vier Kilometer von hier ~*** à quatre kilomètres d'ici; ***400 Meter voneinander ~ sein*** être distants de quatre cent mètres **2** (*Ähnlichkeit*) vague **3** ***ich erinnere mich ~ an sie*** je me souviens vaguement d'elle
Entfernung *f* distance *f*
entführen **1** enlever, kidnapper (*Person*) **2** détourner (*Flugzeug*)
Entführer(in) *m(f)* **1** ravisseur *m*, -euse *f* **2** (*Flugzeugentführer[in]*) pirate *m* de l'air (⚠ *im Frz. nur m*)
Entführung *f* **1** enlèvement *m* **2** (*Flugzeugentführung*) détournement *m*
entgegen **1** *Richtung*: vers **2** (*gegen, wider*) contre **3** → ***entgegengehen, entgegenkommen***
entgegengehen: ***j-m ~*** aller à la rencontre de qn
entgegengesetzt opposé
entgegenkommen **1** ***j-m ~*** venir à la rencontre de qn **2** ***ein Auto kam mir entgegen*** une voiture est arrivée en face de moi **3** ***er ist mir sehr entgegengekommen*** il a été très complaisant; *im Gespräch*: il a été très coopératif
entgegnen répondre
entgehen **1** ***e-m Unfall*** *usw.* ***~*** échapper à un accident *usw.* **2** ***dieser Fehler ist mir entgangen*** cette faute m'a échappé **3** ***sich e-e Gelegenheit ~ lassen*** laisser échapper une occasion, manquer une occasion; ***das lasse ich mir nicht ~*** je ne veux pas manquer cela
entgeistert effaré
entgleisen (*Zug*) dérailler
enthalten[1] *als Inhalt*: contenir; ***das ist mit ~*** c'est inclus (*od.* compris)
enthalten[2]: ***sich*** (***der Stimme***) ***~*** *bei Wahlen usw.*: s'abstenir
Enthaltung *f* abstention *f*
Enthüllung *f* **1** *e-s Denkmals*: dévoilement *m* **2** *von Geheimnissen*: révélation *f*
enthusiastisch enthousiaste
entkalken détartrer
ent|kernen épépiner; **~kommen** s'échapper, se sauver
entladen **1** décharger (*Lastwagen*) **2** ***sich ~*** (*elektrisch*) se décharger; (*Batterie*) se vider
entlang **1** ***am*** *od.* ***den Fluss ~*** le long de la rivière **2** ***hier ~!*** par ici!
entlanggehen: ***~ an*** marcher le long de, suivre
entlarven: ***j-n ~*** démasquer qn (***als*** comme)
entlassen **1** *von der Arbeit*: licencier **2** ***aus der Haft ~*** remettre en liberté **3** ***sie ist aus dem Krankenhaus ~ worden*** elle est sortie de l'hôpital
Entlassung *f* **1** *von der Arbeit*: licenciement *m* **2** *aus der Haft*: mise *f* en liberté
entlasten **1** *bei der Arbeit*: aider, assister **2** JUR décharger **3** TECH soulager, décharger
Entlastung *f* **1** *bei der Arbeit*: aide *f*, assistance *f* **2** JUR décharge *f* **3** *von e-r Verantwortung*: dégagement *m*
entlaufen s'échapper; ***„Katze ~"*** «chat perdu»
entmutigen décourager, démoraliser
entnehmen **1** (*herausnehmen*) prendre (***aus*** de *od.* dans) **2** *als Probe, bes.* MED, TECH prélever (***aus*** sur), retirer

(**aus** de) **3** (*schließen*) conclure (**aus** de)
entnervt énervé; ***er gab ~ auf*** exaspéré, il a laissé tomber
entrüstet indigné (***über*** par)
Entrüstung *f* indignation *f*
entschädigen: ***j-n ~*** dédommager qn (***für*** de); *mit Geld*: indemniser qn (***für*** de)
Entschädigung *f* **1** dédommagement *m*; *mit Geld*: indemnisation *f* **2** *Summe*: indemnité *f* **3** (*Ausgleich*) compensation *f*; (*Trost*) ***als ~ bekommst du ein Eis*** pour te consoler, tu auras une glace
entscheiden 1 ***sich ~*** se décider (***für*** pour, ***gegen*** contre) **2** ***es entscheidet sich morgen, ob wir gehen können oder nicht*** on saura demain si on peut partir ou non **3** (***über***) ***etw ~*** décider (de) qc
entscheidend décisif/-ive
Entscheidung *f* décision *f*
Entscheidungsspiel *n* match *m* décisif, belle *f*
entschließen: ***ich habe mich entschlossen, es zu tun*** je me suis décidé à le faire, j'ai décidé de le faire
entschlossen 1 décidé, résolu **2** ***kurz ~*** sans plus hésiter
Entschluss *m* décision *f*
entschuldigen 1 ***sich ~*** s'excuser (***für*** de); ***er hat sich bei ihr entschuldigt*** il s'est excusé auprès d'elle **2** ***etw ~*** excuser qc

Sich entschuldigen

Du hast jemanden aus Versehen angestoßen?
So kannst du dich entschuldigen:

Pardon!
Excuse-moi!
(*wenn du die Person duzt*)
bzw.
Pardon, Monsieur!
Pardon, Madame!
Excusez-moi!
(*wenn du die Person siezt*)

Und so kannst du einen Fremden um eine Auskunft bitten:

Entschuldigen Sie bitte, können Sie mir sagen, wo der Bahnhof ist?
Pardon, Madame (*bzw.* **Monsieur), pourriez-vous me dire où se trouve la gare?**

Tipp:
Es ist unhöflich zu sagen: **Je m'excuse!** (Ich entschuldige mich!), weil es nicht an dir liegt, dein Verhalten zu entschuldigen, sondern an der Person, die du um Entschuldigung bittest.

Entschuldigung *f* **1** excuse *f*; ***j-n um ~ bitten*** faire ses excuses à qn (***wegen*** pour); ***~!*** pardon!, excusez-moi! **2** SCHULE mot *m* d'excuse
Entsetzen *n* horreur *f* (***über*** de)
entsetzlich 1 épouvantable, horrible, affreux/-euse **2** ***~ dumm*** (***spät*** *usw.*) terriblement bête (tard *usw.*)
entsorgen (*Abfälle*) collecter et traiter; (*deponieren*) mettre en décharge; ***ich habe meinen alten Kühlschrank entsorgt*** je me suis débarrassé de mon vieux frigidaire
entspannen 1 ***sich ~*** se détendre **2** (*Muskeln usw.*) se relaxer, se décontracter **3** ***ganz entspannt sein*** être tout décontracté
Entspannung *f* détente *f* (*a.* POL)
entsprechen 1 ***das entspricht den Tatsachen*** cela correspond aux faits **2** ***das entspricht meinen Erwartungen*** (*bzw.* ***Anforderungen***) cela répond à ce que j'attends (*bzw.* à ce que j'exige)
entsprechend 1 (*analog, passend*) correspondant; (*Antwort*) approprié **2** (*gemäß*) conformément à, selon; ***den Umständen ~*** selon les circonstances **3** ***~ mehr*** (*bzw.* ***weniger***) proportionnellement plus (*bzw.* moins)
ent|springen 1 (*Fluss*) prendre sa source (***in*** à) **2** (*entstehen*) sortir, naître; **~stehen** naître; (*sich entwickeln*) se produire
Entstehung *f* naissance *f*; (*Bildung*) formation *f*
ent|steinen dénoyauter; **~stellen** défigurer, déformer
entstellt (*Gesicht usw.*) défiguré
enttäuschen décevoir

Enttäuschung *f* déception *f*
entweder 1 ~ ... oder ... ou (bien) ... ou (bien) ..., soit ... soit ... **2 ~ - oder!** de deux choses l'une!
entwerfen ébaucher (*Plan, Vertrag*); projeter (*Programm*); esquisser (*Muster*); croquer (*Skizze*)
entwerten 1 composter (*Fahrkarte*) **2** dévaloriser (*Geld*)
Entwerter *m* composteur *m* (⚠ *in Frankreich müssen a. Zugfahrkarten entwertet werden*)
entwickeln 1 développer (*Idee, Film*); concevoir (*Produkt*) **2 sich ~** se développer; (*Wärme, Gas usw.*) se dégager **3 sich ~ zu** devenir
Entwicklung *f* développement *m*; (*Fortschritt*) progrès *m*; (*Weiterentwicklung*) évolution *f*
Entwicklungs|helfer(in) *m(f)* coopérant(e) *m(f)*; **~hilfe** *f* coopération *f*; **~land** *n* pays *m* en voie de développement
entwischen s'échapper
Entwurf *m* **1** projet *m*, plan *m* **2** *e-s Musters, Gemäldes usw.*: ébauche *f*
Entziehungskur *f* cure *f* de désintoxication
entziffern déchiffrer
entzückend ravissant; (*niedlich*) mignon/-onne
entzückt ravi (**über** de)
Entzug *m von Drogen*: sevrage *m*; ***er ist auf ~*** il fait une cure de désintoxication
Entzugserscheinung *f*: ***ich habe ~en*** je suis en manque (*od.* en état de manque)
entzünden 1 (*anzünden*) allumer **2 sich ~** (*Feuer fangen*) prendre feu **3** MED **sich ~** s'enflammer
entzündet MED enflammé
Entzündung *f* MED inflammation *f*
Enzian *m* gentiane *f*
Enzyklopädie *f* encyclopédie *f*
Epidemie *f* épidémie *f*
Epileptiker(in) *m(f)* épileptique *m,f*
epileptisch: *ein ~er Anfall* une attaque d'épilepsie
Episode *f* épisode *m* (⚠ *im Frz. m*)
Epoche *f* époque *f*
Epos *n* épopée *f*
er 1 *beim Verb*: il **2** *alleinstehend od. betont*: lui; ***~ allein*** lui seul; ***~ selbst*** lui-même **3** ⚠ *wenn das Subst. im Frz. f ist, a.*: elle; ***der Apfel ist unreif, ~ schmeckt sauer*** la pomme est encore verte, elle a un goût acide
erbärmlich 1 lamentable; (*kläglich*) déplorable; (*jämmerlich*) pitoyable **2** (*schlecht*) *umg.* minable **3** (*Hunger, Angst*) terrible, horrible **4 *~ frieren*** avoir terriblement froid
erbarmungslos impitoyable, sans pitié
Erbe[1] *m* héritier *m*
Erbe[2] *n* héritage *m*
erben: *etw von j-m ~* hériter qc de qn; ***etw ~*** hériter de qc
Erbin *f* héritière *f*
erbrechen: (*sich*) ~ vomir, rendre
Erbrechen *n* **1** MED vomissements *m Pl* **2** *fig.* ***bis zum ~*** *umg.* jusqu'au ras-le-bol
Erbschaft *f* héritage *m*
Erbse *f* pois *m*; ***grüne ~n*** petits pois
erbsengroß gros/grosse comme un pois
Erbsensuppe *f* soupe *f* de pois
Erbteil *n* part *f* d'héritage
Erd|achse *f* axe *m* terrestre; **~anziehung** *f* attraction *f* terrestre; **~apfel** *m* Ⓐ pomme *f* de terre; **~beben** *n* tremblement *m* de terre; **~beere** *f* fraise *f*
Erdbeer|eis *n* glace *f* à la fraise; **~kuchen** *m* tarte *f* aux fraises; **~marmelade** *f* confiture *f* de fraises; **~torte** *f* gâteau *m* aux fraises
Erdboden *m* **1** sol *m* **2 *meine Brille ist wie vom ~ verschluckt*** mes lunettes ont disparu comme par enchantement; ***ich wäre am liebsten im ~ versunken*** j'aurais voulu rentrer sous terre
Erde *f* **1** terre *f*; (*Erdboden*) *a.* sol *m*; ***auf der ~*** sur (la) terre; ***auf die ~ fallen*** tomber par terre; ***etw auf die ~ werfen*** jeter qc par terre **2** ⚠ *als Planet großgeschrieben*: Terre *f*
erden mettre (*od.* relier) à la terre
Erd|erwärmung *f* réchauffement *m* de la planète; **~gas** *n* gaz *m* naturel; **~geschoss** *n*, Ⓐ **~geschoß** *n* rez-de-chaussée *m*; **~kunde** *f* géographie *f*; **~mittelpunkt** *m* centre *m* de la terre; **~nuss** *f* cacahouète *f*; **~nussbutter** *f* beurre *m* de cacahouète; **~nussöl** *n* huile *f* d'arachide; **~oberfläche** *f* surface *f* de la terre; **~öl** *n* pétrole *m*
er|drosseln étrangler; **~drücken** écra-

ser

Erd|rutsch *m* glissement *m* de terrain; **~teil** *m* continent *m*

erdulden endurer, souffrir

Erd|umdrehung *f* rotation *f* de la terre; **~umlaufbahn** *f* orbite *f* autour de la terre

ereignen: ***sich ~*** se passer; (*Unfall*) arriver

E

Ereignis *n* événement *m*

Erektion *f* érection *f*

erfahren[1] (*mitgeteilt bekommen*) apprendre, savoir

erfahren[2] (*reich an Erfahrung*) expérimenté; (*fachkundig*) expert

Erfahrung *f* **1** expérience *f*; ***aus (eigener) ~*** par expérience **2** ***etw in ~ bringen*** réussir à savoir qc

Erfahrungsaustausch *m* échange *m* de vues

erfassen **1** (*begreifen*) saisir **2** IT ***e-n Text*** (***Daten*** *usw.*) ***~*** saisir un texte (des données *usw.*) **3** (*registrieren*) enregistrer; ***statistisch ~*** chiffrer statistiquement **4** ***sie wurde von e-m Auto erfasst*** elle a été renversée par une voiture

erfinden **1** inventer (*Erfindung*) **2** imaginer (*Geschichten usw.*)

Erfinder(in) *m(f)* inventeur *m*, -trice *f*

erfinderisch inventif/-ive

Erfindung *f* **1** *Forschung*: invention *f*; ***e-e ~ machen*** inventer qc **2** (*Ausgedachtes*) fiction *f*

Erfolg *m* **1** succès *m*; ***~ versprechend*** prometteur; ***mit*** (*bzw.* ***ohne***) ***~*** avec (*bzw.* sans) succès; ***das war ein voller ~*** cela a été un plein succès **2** *a. iron.* ***viel ~!*** bonne chance! **3** (*Folge*) résultat *m*; ***mit dem ~, dass alle lachten*** avec, pour résultat, un éclat de rire général

erfolglos **1** (*Bemühung usw.*) vain; (*Person*) ***er war ~*** il n'a pas réussi **2** ***sie hat ~ versucht ihn zu überreden*** elle a essayé de le convaincre, sans succès (*od.* en vain)

erfolgreich **1** (*Bemühung usw.*) couronné de succès; (*Person*) ***sie war ~*** elle a réussi **2** ***e-e Prüfung ~ bestehen*** réussir à un examen

Erfolgs|aussichten *f Pl* chances *f Pl* de succès; **~erlebnis** *n* réussite *f*, succès *m*

erforschen explorer (*unbekanntes Land*); *wissenschaftlich*: étudier

erfreulich réjouissant; ***es ist ~, zu sehen ...*** c'est un plaisir de voir ...

erfreut: ***~ sein*** être enchanté, être ravi (***über*** de)

erfrieren **1** (*Person*) mourir de froid **2** (*Pflanze, Körperteil*) geler

erfrischen **1** rafraîchir **2** ***sich ~*** se rafraîchir

erfrischend rafraîchissant

Erfrischung *f* rafraîchissement *m*

Erfrischungstuch *n* pochette *f* rafraîchissante

erfüllen **1** remplir (*Aufgabe, Versprechen, Bedingung*) **2** ***j-m e-n Wunsch ~*** exaucer le souhait de qn **3** ***mein Traum hat sich erfüllt*** mon rêve s'est réalisé

Erfüllung *f e-s Wunschs, Traums*: réalisation *f*; ***mein Wunsch ist in ~ gegangen*** mon souhait a été exaucé; ***mein Traum ist in ~ gegangen*** mon rève s'est réalisé

ergänzen **1** compléter **2** ***sie ~ sich*** ils se complètent

Ergänzung *f* complément *m*

ergeben[1] **1** *als Ergebnis usw.*: donner; ***die Umfrage hat ~, dass ...*** le sondage a révélé que ... (+ *Ind.*); ***das ergibt keinen Sinn*** cela n'a aucun sens **2** (*folgen*) ***daraus ergibt sich, dass ...*** il en résulte que ... (+ *Ind.*) **3** ***wenn es sich ergibt*** si ça se trouve; ***es ergab sich so*** c'est arrivé comme ça

ergeben[2] *im Kampf*: ***sich ~*** se rendre (***der Polizei*** *usw.* à la police *usw.*)

Ergebnis *n* résultat *m*

ergehen **1** ***etw über sich ~ lassen*** supporter (*od.* subir) qc **2** ***wie ist es dir seither ergangen?*** qu'est-ce que tu es devenu depuis?

ergreifen **1** saisir (*Gegenstand*) **2** arrêter (*Verbrecher*) **3** prendre (*Maßnahme*)

ergriffen ému, touché

erhalten[1] **1** (*bekommen*) recevoir, avoir **2** *als Ergebnis od. Endprodukt*: obtenir

erhalten[2] **1** conserver (*Kunstwerk*) **2** maintenir (*Frieden*) **3** ***am Leben ~*** maintenir en vie

erhalten[3]: ***gut ~*** bien conservé

erhältlich en vente

erhängen **1** ***sich ~*** se pendre **2** ***j-n ~*** pendre qn

erheben **1** (*hochheben*) lever **2** ***sich ~*** (*aufstehen*) se lever; (*Flugzeug, Berg*) s'élever **3** percevoir (*Steuern*) **4** soulever (*Einwände*); élever (*Protest*); ***Anklage gegen j-n ~*** accuser qn; ***Anspruch auf etw ~*** prétendre à qc **5** recueillir, rassembler (*Daten*)
erhitzen (faire) chauffer (*Essen usw.*)
erhöhen **1** (*höher machen*) rendre plus *haut **2** augmenter (*Preise, Geschwindigkeit, Spannung usw.*) **3** ***erhöhte Temperatur haben*** avoir un peu de température **4** ***sich ~*** augmenter
erholen **1** ***sich ~*** *nach e-r Anstrengung, Krankheit*: se remettre, se rétablir **2** ***sich ~*** (*sich ausruhen*) se reposer; (*sich entspannen*) se détendre
Erholung *f* repos *m*
erinnern **1** ***sich ~ an*** se souvenir de, se rappeler **2** ***sie erinnert mich an j-n*** elle me rappelle qn **3** ***erinnere mich daran, Milch zu kaufen*** rappelle-moi d'acheter du lait, fais-moi penser à acheter du lait
Erinnerung *f* souvenir *m* (***an*** de); ***ich habe sie noch gut in ~*** je me souviens bien d'elle
erkälten: ***sich ~*** prendre froid, s'enrhumer
erkältet: ***er ist ~*** il est enrhumé
Erkältung *f* coup *m* de froid; (*Schnupfen*) rhume *m*
erkennen **1** reconnaître (***an*** à); *auf e-m Foto usw.*: ***er*** (*bzw.* ***es***) ***ist deutlich zu ~*** il est (*bzw.* c'est) facile à reconnaître **2** ***es ist deutlich zu ~, dass ...*** *fig.* cela ressort clairement que ... (+ *Ind.*) **3** (*wahrnehmen*) percevoir, discerner (*Absicht usw.*)
Erkenntnis *f* **1** (*das Erkennen*) connaissance *f* **2** ***die neuesten wissenschaftlichen ~se*** les découvertes les plus récentes de la science
erklären[1] (*erläutern*) expliquer
erklären[2] **1** (*mitteilen*) déclarer **2** ***j-m den Krieg ~*** déclarer la guerre à qn **3** ***sich mit etw einverstanden ~*** donner son accord à qc; ***sie hat sich bereit erklärt das zu tun*** elle s'est déclarée prête à faire ça
Erklärung[1] *f* (*Erläuterung, Grund*) explication *f* (***für*** pour)
Erklärung[2] *f* (*Mitteilung*) déclaration *f*
erkundigen: ***sich ~*** s'informer (***nach*** de), se renseigner (***nach*** sur)
erlauben **1** (↔ *verbieten*) permettre **2** ***sich etw ~*** se permettre qc **3** ***erlaube mal!*** *empört*: dis-donc!; ***was erlaubt er sich eigentlich?*** pour qui il se prend, celui-là?
Erlaubnis *f* permission *f*; ***j-n um ~ bitten*** demander la permission à qn
erleben **1** voir; ***ich habe es oft erlebt, dass ...*** j'ai souvent vu que ... (+ *Ind.*) **2** *Drohung*: ***dann kannst du was ~!*** tu vas voir!, alors là, gare à toi!
Erlebnis *n* événement *m*
erledigen **1** faire, régler (*Angelegenheit*); exécuter (*Auftrag*); accomplir (*Formalitäten*) **2** ***das Problem hat sich erledigt*** le problème est réglé
erledigt **1** ***ich bin ~*** (*erschöpft*) *umg.* je suis crevé; (*ruiniert*) *umg.* je suis fichu **2** ***er ist für mich ~*** il n'existe plus pour moi
erleichtert **1** soulagé **2** ***~ aufatmen*** pousser un soupir de soulagement
ermahnen **1** (*zurechtweisen*) faire des remontrances à **2** (*auffordern*) exhorter (***zu*** à)
Ermahnung *f* **1** (*Zurechtweisung*) remontrance *f* **2** (*Aufforderung*) exhortation *f*
ermäßigt réduit
Ermäßigung *f* réduction *f*; ***gibt es e-e ~ für Schüler?*** il y a un tarif réduit pour élèves?
ermitteln **1** calculer (*Summe, Wert*) **2** (*finden, feststellen*) trouver, découvrir **3** JUR ***gegen j-n ~*** instruire (*od.* informer) contre qn
Ermittlungen *f Pl* JUR enquête *f*
er|möglichen rendre possible, permettre; **~morden** assassiner
Ermordung *f* assassinat *m*, meurtre *m*
ermuntern, **ermutigen** encourager
ernähren **1** nourrir, alimenter **2** ***sich ~*** se nourrir (***von*** de) **3** *im Krankenhaus*: ***er wird künstlich ernährt*** il est alimenté artificiellement
Ernährung *f* alimentation *f*
ernennen nommer; ***j-n zum Botschafter*** *usw.* ***~*** nommer qn ambassadeur *usw.*
erneuern **1** (*reparieren*) refaire, remettre à neuf **2** (*austauschen*) changer, remplacer **3** renouveler (*Ausweis, Vertrag usw.*)
ernst **1** (↔ *lustig*) sérieux/-ieuse; ***~ bleiben*** garder son sérieux **2** ***er meint es ~***

E

(*mit der Drohung*) il est sérieux, il ne plaisante pas; ***das ist nicht ~ gemeint*** c'est pour rire **3** ***j-n*** (*bzw.* ***etw***) ***~ nehmen*** prendre qn (*bzw.* qc) au sérieux **4** (*gefährlich*) grave, sérieux/-ieuse; ***die Lage ist ~*** la situation est grave; ***jetzt wird es ~!*** maintenant c'est sérieux!
Ernst *m* **1** (*Ernsthaftigkeit*) sérieux *m* **2** ***allen ~es*** pour de bon; ***im ~*** sérieusement **3** ***ist das dein ~?*** tu es sérieux?; ***das ist doch wohl nicht dein ~!*** tu plaisantes!
Ernte *f* récolte *f*; *von Getreide*: moisson *f*
ernten récolter (*a. fig.*); moissonner (*Getreide*)
erobern conquérir
Eroberung *f* conquête *f*
eröffnen **1** ouvrir (*Geschäft*, *Konto*, *Testament usw.*) **2** inaugurer (*Ausstellung*) **3** engager (*Kampf*, *Verhandlungen*)
Eröffnung *f e-s Geschäfts*: ouverture *f*; *e-r Ausstellung*: inauguration *f*
erotisch érotique
erpressen **1** ***j-n ~*** faire du chantage à qn (***mit*** avec) **2** ***Geld*** (***ein Geständnis*** *usw.*) ***von j-m ~*** extorquer de l'argent (un aveu *usw.*) à qn
Erpresser *m* maître *m* chanteur
Erpresserbrief *m* lettre *f* de chantage
Erpressung *f* chantage *m*
erraten deviner; ***~!*** bien deviné!
Erregung *f* excitation *f*
erreichen **1** atteindre (*Gegenstand*, *Ort*, *Alter*); ***Paris ist mit dem Zug leicht zu ~*** on va facilement en train à Paris **2** attraper (*Zug usw.*) **3** ***j-n telefonisch ~*** joindre qn par téléphone **4** ***bei j-m etw ~*** obtenir qc de qn; ***ich habe nichts bei ihm erreicht*** je ne suis arrivé à rien avec lui
Ersatz *m*: ***als ~ für …*** en remplacement de …, pour remplacer …
Ersatz|mann *m* remplaçant *m*; **~teil** *n* pièce *f* de rechange
erscheinen **1** (*sichtbar werden*) paraître; (*Mensch*, *Geist*) apparaître **2** (*Zeitung*, *Buch usw.*) paraître **3** (*anwesend sein*) se présenter **4** ***es erscheint mir merkwürdig, dass …*** il me semble (*od.* il me paraît) étonnant que … (+ *Subj.*)
erschießen **1** tuer d'un coup de feu, abattre **2** (*hinrichten*) fusiller **3** ***sich ~*** se tuer d'un coup de feu
erschlagen[1] **1** tuer (***mit e-r Axt*** à coups de *hache) **2** ***er wurde vom Blitz ~*** il a été foudroyé
erschlagen[2] *umg.* (*erschöpft*) claqué
erschöpft épuisé, exténué
Erschöpfung *f* épuisement *m*
erschrecken **1** ***j-n ~*** effrayer qn, faire peur à qn **2** (***sich***) ***~*** s'effrayer (***vor*** de)
erschrocken effrayé
ersetzen **1** (*austauschen*) remplacer (***durch*** par); ***A durch B ~*** substituer B à A; ***nicht zu ~ sein*** être irremplaçable **2** rembourser (*Kosten*); réparer (*Schaden*); compenser (*Verlust*); ***j-m etw ~*** indemniser qn de qc
Ersparnis *f* économie *f*
erst **1** (*zuerst*) d'abord **2** (↔ *schon*) seulement, ne … que; ***ich bin eben ~ angekommen*** je viens seulement d'arriver, je ne fais qu'arriver **3** (*nur*) ***ich habe ~ drei Seiten gelesen*** je n'ai lu que trois pages **4** ***und ich ~!*** et moi donc! **5** ***jetzt ~ recht!*** plus que jamais!
erstatten **1** rembourser (*Kosten*) **2** ***Anzeige ~*** porter plainte (***gegen*** contre) **3** ***Bericht ~*** faire un rapport (***über*** sur)
erstaunen étonner
erstaunlich **1** étonnant **2** ***er ist ~ dumm*** c'est étonnant ce qu'il est bête
erstaunt étonné
erstbeste(r, -s): ***der, die Erstbeste*** le premier venu, la première venue; ***das ~ Auto*** la voiture la première venue
erste(r, -s) **1** premier/-ière **2** TV ***im Ersten*** *umg.* sur la Une
er|stechen poignarder, tuer à coups de couteau; **~sticken** étouffer; **~tappen** surprendre
erteilen donner (*Unterricht*, *Auskunft*, *Erlaubnis*); ***e-r Firma e-n Auftrag ~*** passer une commande à une entreprise
ertragen supporter
erträglich supportable, tolérable
er|tränken noyer; **~trinken** se noyer
erwachsen adulte
Erwachsene(r) *f*(*m*) adulte *m*,*f*; ***die ~n*** *a.* les grandes personnes *f Pl*
erwähnen mentionner
erwärmen **1** chauffer, faire chauffer; ***auf 50 Grad ~*** porter à une température de cinquante degrés **2** ***sich ~*** se réchauffer; ***sich auf 40 Grad ~*** atteindre quarante degrés

erwarten 1 (*warten auf*) attendre; ***er kann es kaum ~, dass sie kommt*** il lui tarde qu'elle vienne (⚠ *Subj.*) **2** (*rechnen mit*) s'attendre à; ***ich erwarte, dass er bald kommt*** je m'attends à ce qu'il vienne bientôt (⚠ *Subj.*) **3** ***sie erwartet ein Baby*** elle attend un bébé
erweitern 1 élargir, étendre (*a. Gebiet, Befugnisse*); agrandir (*Geschäft, Fabrik*) **2** ***sich ~*** s'élargir
Erweiterung *f* élargissement *m*; *der Befugnisse, Kenntnisse*: extension *f*
erwerben acquérir
erwidern (*antworten*) répondre (***auf*** à)
erwischen 1 attraper **2** ***ihn hat's erwischt*** (*er ist krank*) ça l'a eu; (*er ist verliebt*) il est amoureux
erwürgen étrangler
Erz *n* minerai *m*
erzählen 1 raconter; ***erzähl mir (etwas) von deinen Eltern!*** parle-moi de tes parents! **2** ***dem werd ich was ~!*** il aura de mes nouvelles!
Erzähler(in) *m(f)* narrateur *m*, -trice *m*
Erzählung *f* **1** récit *m* **2** (*Geschichte, Märchen*) conte *m*, histoire *f* **3** (*Novelle*) nouvelle *f*
erzeugen produire
Erzeugnis *n* produit *m*
erziehen élever; ***ihre Eltern haben sie zur Selbstständigkeit erzogen*** ses parents lui ont appris à se prendre en charge
Erzieher(in) *m(f)* éducateur *m*, -trice *f*
Erziehung *f* éducation *f*
Erziehungsurlaub *m* congé *m* parental (d'éducation)
erzwingen forcer, obtenir de force
es[1] *Subjekt* **1** *je nachdem, ob das zugehörige Subst. im Frz. m od. f ist*: il *bzw.* elle **2** *mit sein*: ***~ ist …*** il est …; *vor Artikel od. Possessivpronomen*: c'est …; ***~ ist Zeit*** il est temps; ***~ ist ein Mädchen*** c'est une fille **3** *beim Wetter*: il; ***~ regnet*** il pleut; ***~ ist warm (kalt*** *usw.*) il fait chaud (froid *usw.*) **4** (*jemand*) on; ***~ klingelt*** on sonne
es[2] *Objekt* **1** *je nachdem, ob das zugehörige frz. Subst. m od. f ist*: le *bzw.* la; *vor Vokal u. stummem* h: l' **2** ⚠ *nach bestimmten Verben a.*: en; y; ***ich habe ~ satt*** j'en ai assez; ***ich bin ~ gewöhnt*** j'y suis habitué **3** *mit Pronomen*: ce; ***ich bin's (er ist's*** *usw.*) c'est moi (lui *usw.*)
Escape-Taste *f* touche *f* d'échappement
Esel *m* **1** âne *m* **2** ***du ~!*** espèce d'âne!
Eselsbrücke *f* truc *m* mnémotechnique
Eselsohr *n in e-m Buch*: corne *f*; ***ein Buch mit ~en*** un livre écorné
Eskimo *m* Esquimau *m*, -aude *f*
esoterisch ésotérique
Essecke *f* coin *m* repas
essen 1 manger; ***ich esse gern Pizza*** j'aime la pizza **2** ***zu Mittag ~*** déjeuner; ***zu Abend ~*** dîner **3** ***~ gehen*** aller au restaurant; ***chinesisch ~ gehen*** aller dans un restaurant chinois **4** ***sich satt ~*** manger à sa faim **5** ***iss deinen Teller leer!*** vide ton assiette!
Essen *n* **1** *Mahlzeit*: repas *m*; ***das ~ hier ist gut*** on mange bien ici; ***das ~ wird kalt*** le repas refroidit **2** ***j-n zum ~ einladen*** *mittags*: inviter qn à déjeuner; *abends*: inviter qn à dîner **3** *Nahrung*: nourriture *f*
Essig *m* vinaigre *m*
Esslöffel *m* **1** *Gegenstand*: cuillère *f* à soupe **2** *Menge*: ***ein ~ Zucker*** une cuillerée à soupe de sucre
Ess|tisch *m* table *f* (de salle à manger); **~zimmer** *n* salle *f* à manger
Estland *n* l'Estonie *f*
Estrich *m* (CH) grenier *m*
Etage *f* étage *m* (⚠ *im Frz. m*)
Etagenbett *n* lits *m Pl* superposés
Etappe *f* étape *f*
Etikett *n* étiquette *f* (⚠ *im Frz. f*)
Etui *n* étui *m*
etwa 1 (*ungefähr*) environ, à peu près **2** (*zum Beispiel*) par exemple **3** (*vielleicht*) peut-être; ***bist du ~ krank?*** serais-tu malade par *hasard? **4** ***will er ~ damit sagen, dass …?*** *empört*: il ne va quand même pas nous dire que … (+ *Ind.*)?
etwas 1 quelque chose; ***~ Komisches (Schönes*** *usw.*) quelque chose de curieux (de beau *usw.*); ***das ist ~ anderes*** c'est autre chose **2** ⚠ *in verneinten Sätzen immer*: rien; ***ohne ~ zu sagen*** sans rien dire **3** ***so ~ Dummes!*** quelle idiotie!; ***nein, so ~!*** ça alors! **4** (*ein wenig*) un peu (de)
EU *f* Union *f* européenne
euch vous
euer 1 votre **2** *Pl* ***eure*** vos **3** ***der, die,***

das Eure le *bzw.* la vôtre
Eukalyptus *m* eucalyptus *m*
Eule *f* chouette *f*
Euro *m Währung*: euro *m*
Europa *n* l'Europe *f*
Europäer(in) *m(f)* Européen *m*, -éenne *f*
europäisch **1** européen/-éenne, d'Europe **2** ***die Europäische Union*** l'Union *f* européenne
Europa|meisterschaft *f* championnat *m* d'Europe; **~parlament** *n* Parlement *m* européen; **~pokal** *m* coupe *f* d'Europe; **~rat** *m* Conseil *m* de l'Europe (⚠ *der Europarat sitzt in Straßburg im Elsass*); **~wahlen** *f Pl* élections *f Pl* européennes
europaweit dans toute l'Europe
Euter *n* pis *m*
evakuieren évacuer
evangelisch protestant
Evangelium *n* Évangile *m*
eventuell **1** (*möglich*) éventuel/-elle **2** (*vielleicht*) éventuellement
ewig **1** éternel/-elle **2** (*für immer*) éternellement; ***das dauert ja ~*** cela met une éternité
Ewigkeit *f* éternité *f*
Ex... ex-...; ***mein Exfreund*** mon ex-copain; ***seine Exfrau*** son ex-femme
exakt **1** exact **2** ***~ um vier Uhr*** à quatre heures précises; *umg.* à quatre heures pile **3** ***~!*** exactement!
Examen *n* examen *m*
Exemplar *n* exemplaire *m*
Exil *n* exil *m*; ***ins ~ gehen*** s'exiler
Existenz *f* **1** (*Vorhandensein*) existence *f* (**von** de) **2** *finanziell*: ***e-e sichere ~*** une situation sûre
Existenzminimum *n* minimum *m* vital
existieren **1** exister **2** (*leben*) vivre
exklusiv **1** (*Mode usw.*) de luxe; (*Klub*) distingué **2** (*ausschließlich*) exclusivement
Exklusivbericht *m* reportage *m* en exclusivité (**über** sur)
exotisch exotique
Expedition *f* expédition *f*
Experiment *n* expérience *f* (**mit** avec; (*!*) *mit Lebewesen*: sur)
experimentieren expérimenter; faire des expériences (**mit** *Materialien*: avec; *mit Lebewesen*: sur)
Experte *m*, **Expertin** *f* expert(e) *m(f)*
explodieren exploser (⚠ *Endung*), détoner
Explosion *f* explosion *f*, détonation *f*
Export *m* exportation *f* (⚠ *Endung*)
Exporteur *m* exportateur *m*
exportieren exporter
Expressionismus *m* expressionnisme *m*
extra **1** (*gesondert*) à part **2** (*eigens*) exprès, spécialement **3** (*besonders*) très, particulièrement **4** (*zusätzlich*) en plus **5** (*absichtlich*) exprès; ***das hat sie ~ gemacht*** elle l'a fait exprès
Extrawurst *f*: ***er will immer e-e ~ haben*** il veut toujours quelque chose de plus que les autres
extrem **1** extrême **2** ***~ schnell*** *usw.* extrêmement vite *usw.*
Extrem *n* extrême *m*
Extremist(in) *m(f)* *bes.* POL extrémiste *m,f*
extremistisch *bes.* POL extrémiste
extrovertiert extraverti
exzentrisch excentrique
Exzess *m* excès *m*; ***etw bis zum ~ treiben*** pousser qc à l'extrême

F

Fabel *f* fable *f*
fabelhaft génial
Fabrik *f* usine *f* (⚠ *frz.* fabrique *f ist viel kleiner, eher ein Handwerksbetrieb*)
Fabrikarbeiter(in) *m(f)* ouvrier *m*, -ière *f* d'usine
Fabrikat *n* **1** (*Produkt*) produit *m* **2** (*Marke*) marque *f*
Fach[1] *n* **1** (*Schul-, Studienfach*) matière *f* **2** (*Spezialgebiet*) spécialité *f*, domaine *m*; ***er ist vom ~*** il est du métier
Fach[2] *n* **1** *e-r Tasche, Brieftasche usw.*: compartiment *m* **2** *in e-m Schrank, Regal usw.*: rayon *m* **3** (*Ablagefach*) casier *m*
Fach|abitur *n* baccalauréat *m* professionnel; **~arzt** *m*, **~ärztin** *f* (médecin *m*) spécialiste *m,f* (**für** en); **~ausdruck**

m terme *m* technique; **~buch** *n* livre *m* spécialisé
Fächer *m* éventail *m*
Fach|frau *f* spécialiste *f*; **~gebiet** *n* spécialité *f*, domaine *m*; **~geschäft** *n* maison *f* spécialisée; **~handel** *m* commerce *m* spécialisé; **~hochschule** *f* ≈ IUT *m* (*Abk. für*: Institut Universitaire de Technologie); **~idiot** *m* spécialiste *m* borné; **~lehrer(in)** *m(f)* professeur *m* (***für*** de); **~mann** *m* spécialiste *m*; **~richtung** *f* discipline *f*; **~schule** *f* école *f* professionnelle; **~sprache** *f* langage *m* technique; **~werkhaus** *n* maison *f* à colombages; **~wort** *n* terme *m* technique
Fackel *f* torche *f*
fad(e) **1** (*Essen, Geschmack, Geruch*) fade, insipide **2** *bes.* Ⓐ (*langweilig*) ennuyeux/-euse
Faden *m* **1** fil *m*; ***die Fäden ziehen*** (*Arzt*) enlever les fils **2** ***der rote ~*** le fil conducteur, le fil rouge; *beim Reden*: ***den ~ verlieren*** perdre le fil
Fagott *n* basson *m* (⚠ *frz.* fagot *m* = ***Reisigbündel***)
fähig capable (***zu*** de)
Fähigkeit *f* capacité *f*; *geistige*: faculté *f*
fahnden: ***~ nach*** rechercher
Fahnder(in) *m(f)* investigateur *m*, -trice *f*
Fahndung *f* recherches *f Pl*, investigations *f Pl*
Fahne *f* **1** drapeau *m* **2** *vom Alkohol*: ***er hat e-e ~*** il sent l'alcool à plein nez
Fahrbahn *f* **1** (*Straße*) chaussée *f* **2** (*Fahrspur*) voie *f*
Fähre *f* (*Autofähre*) (car-)ferry *m*; *kleinere*: bac *m*
fahren **1** (*Person*) aller; (*am Steuer sitzen*) conduire; ***ein Auto ~*** conduire une voiture; *aber*: ***sie fährt e-n Opel*** (*sie besitzt ihn*) elle a une Opel; ***wir ~ mit dem Taxi*** nous prenons un taxi **2** (*Fahrzeug, Person im Auto*) rouler, aller; ***50 km/h ~*** faire du (*od.* rouler à) cinquante à l'heure; ***er fährt gern schnell*** il aime aller vite **3** ***durch die Stadt ~*** traverser la ville; ***rechts ~*** conduire (*od.* rouler) à droite **4** (*in Ordnung sein, funktionieren*) marcher **5** ***Fahrrad*** (***Ski, Rollschuh*** *usw.*) ***~*** faire du vélo (du ski, du patin à roulettes *usw.*) **6** (*abfahren, abreisen*) partir (***nach*** pour); ***in Urlaub ~*** partir en vacances **7** (*befördern*) conduire, emmener (*Personen*); transporter (*Sachen*); ***j-n zum Bahnhof ~*** conduire qn à la gare **8** ***was ist bloß in dich gefahren?*** qu'est-ce qui t'a pris?
Fahrer(in) *m(f)* **1** *e-s Autos usw.*: conducteur *m*, -trice *f* **2** *e-s Rennwagens, Motorrads*: pilote *m,f* **3** *als Beruf*: chauffeur *m* (⚠ *im Frz. nur m*)
Fahrerflucht *f*: ***~ begehen*** commettre un délit de fuite
Fahrkarte *f* billet *m*; *für Bus, U-Bahn, Straßenbahn*: ticket *m*; ***e-e einfache ~*** un aller simple
Fahrkarten|automat *m* distributeur *m* de billets (*bzw.* de tickets); **~schalter** *m* guichet *m*
Fahr|kosten *Pl* frais *m Pl* de transport; **~lehrer(in)** *m(f)* moniteur *m*, -trice *f* d'auto-école; **~plan** *m* horaire *m*; **~prüfung** *f* épreuve *f* de conduite
Fahrrad *n* vélo *m*, bicyclette *f*; (***mit dem***) ***~ fahren*** rouler en vélo, rouler à bicyclette; *als Sport, zum Spaß*: faire

Das Fahrrad

das Fahrradschloss	**l'antivol** *m*
die Gangschaltung	**le dérailleur**
der Gepäckträger	**le porte-bagages**
die Kette	**la chaîne**
die Klingel	**la sonnette**
die Lenkstange	**le guidon**
das Pedal	**la pédale**
der Radweg	**la piste cyclable**
der Reifen	**le pneu**
das Rücklicht	**le feu arrière**
der Schlauch	**la chambre à air**
die Speichen	**les rayons** *m Pl*
der Sattel	**la selle**
der Ständer	**la béquille**
das Vorderlicht	**le phare avant**
Rad fahren	**faire du vélo**
mit dem Fahrrad fahren	**aller en vélo/ à bicyclette**

F

du vélo (*bzw.* de la bicyclette); *mit Ortsangabe*: ***ich fahre mit dem ~ zur Schule*** je vais en classe en vélo

Fahrrad|fahrer(in) *m(f)* cycliste *m,f*; **~flickzeug** *n* trousse *f* d'outillage; **~geschäft** *n* magasin *m* de cycles; **~kette** *f* chaîne *f* de vélo; **~ständer** *m* **1** *am Fahrrad*: béquille *f* **2** *für mehrere Fahrräder*: râtelier *m* à vélos; **~tour** *f* balade *f* à vélo, randonnée *f* à bicyclette; **~verleih** *m* location *f* de vélos

F

Fahrschein *m in Bus, U-Bahn, Straßenbahn*: ticket *m*

Fahrschein|automat *m* distributeur *m* de tickets; **~entwerter** *m* composteur *m*

Fahr|schule *f* auto-école *f*; **~spur** *f* voie *f*; **~stuhl** *m* ascenseur *m*; **~stunde** *f* leçon *f* de conduite

Fahrt *f* **1** (*Reise*) voyage *m*; ***auf der ~ nach …*** en allant à …; ***gute ~!*** bon voyage!, bonne route! **2** (*Ausflug, Tagesfahrt*) excursion *f* **3** (*das Fahren*) marche *f*; ***in voller ~*** à toute vitesse **4** ***in ~ sein*** (*in Schwung sein*) être remonté

Fährte *f* traces *f Pl*

Fahrtkosten *Pl* frais *m Pl* de transport

Fahrzeug *n* véhicule *m*

fair **1** (*Verhalten*) correct; *bes.* SPORT régulier/-ière; fair-play **2** ***das ist nicht ~*** ce n'est pas juste

Fairness *f* fair-play *m*, sportivité *f*, franc-jeu *m*

Faktor *m* facteur *m*

Falke *m* faucon *m*

Fall[1] *m* **1** cas *m* (*a.* JUR, GR); ***im schlimmsten ~*** au pire; ***von ~ zu ~*** au cas par cas **2** ***auf jeden ~, auf alle Fälle*** en tout cas, de toute façon **3** *verneint*: ***auf keinen ~*** en aucun cas **4** ***gesetzt den ~, dass …*** supposons que … (+ *Subj.*) **5** ***der ~ ist für mich erledigt*** pour moi, l'affaire est classée **6** *von Menschen*: ***sie ist ein hoffnungsloser ~*** *hum.* c'est un cas perdu; ***er ist nicht mein ~*** *umg.* il n'est pas mon type

Fall[2] *m* (*Sturz*) chute *f*

Falle *f* **1** piège *m*; ***in die ~ gehen*** tomber dans le piège **2** ***j-m e-e ~ stellen*** tendre un piège à qn

fallen **1** (*um-, hin-, herunterfallen*) tomber (***auf den Boden*** par terre) **2** ***~ lassen*** laisser tomber (*a. j-n, Bemerkung, Plan*) **3** ***j-m um den Hals ~*** sauter au cou de qn **4** (*sinken*) baisser **5** ***ein Schuss fiel*** un coup est parti; ***ein Tor fiel*** il y a eu un but; ***die Entscheidung ist gefallen*** la décision est prise **6** ***Licht fällt ins Zimmer*** la lumière éclaire la pièce **7** ***er ist durch die Prüfung gefallen*** il a raté l'examen **8** (*Wahl, Verdacht usw.*) ***auf j-n ~*** tomber sur qn **9** *zeitlich*: ***der erste Mai fällt auf e-n Montag*** le 1er mai tombe un lundi (⚠ *ohne Präp.*)

fällen abattre (*Baum*)

fallenlassen → ***fallen***

falls **1** si (+ *Ind.*); au cas où (+ *Konditional*); ***~ er kommt*** s'il vient **2** ***~ nicht, bleibe ich hier*** sinon, je reste ici

Fallschirm *m* parachute *m*

Fallschirmspringer(in) *m(f)* parachutiste *m,f*

falsch **1** (↔ *richtig, echt*) faux/fausse; ***das ist ~*** c'est faux **2** (*Mittel, Richtung, Seite usw.*) mauvais **3** ***~ machen*** (***aussprechen, verstehen*** *usw.*) mal faire (prononcer, comprendre *usw.*); ⚠ *aber*: ***~ singen*** chanter faux **4** ***die Uhr geht ~*** la montre n'est pas juste **5** → ***falschliegen*** **6** ***~ herum*** dans le mauvais sens **7** ***~ verbunden!*** c'est une erreur!

fälschen falsifier (*Papiere, Unterschrift*)

Fälscher *m* **1** faussaire *m* **2** (*Geldfälscher*) faux-monnayeur *m*

Falschgeld *n* fausse monnaie *f*

falschliegen (*sich irren*) se tromper

Fälschung *f* KUNST *usw.* faux *m*

Falte *f* **1** *in Stoff, Papier usw.*: pli *m*; ***~n werfen*** faire des plis; ***in ~n legen*** plisser **2** *der Haut*: ride *f*

falten **1** plier (*Papier, Stoff usw.*) **2** ***die Hände ~*** joindre les mains

faltig **1** (*Stoff, Papier*) à plis; (*zerknittert*) froissé **2** (*Haut*) ridé

Familie *f* famille *f*; ***~ Grand*** les Grand

Familien|betrieb *m* entreprise *f* familiale; **~feier** *f* fête *f* de famille; **~leben** *n* vie *f* de famille; **~name** *m* nom *m* de famille; **~vater** *m* père *m* de famille

Fan *m* fan *m,f*; SPORT supporter *m* (⚠ *im Frz. nur m*)

fanatisch fanatique

Fanclub *m* club *m* des fans

Fanfare *f* clairon *m*, fanfare *f* (⚠ *frz.* fanfare = *a.* ***Blaskapelle***)

fangen **1** attraper (*Ball, j-n, Tier*) **2** prendre (*Fisch*)
Fanklub *m* club *m* des fans
Fantasie *f* **1** (*Einbildungskraft*) imagination *f*; ***sie hat ~*** elle a de l'imagination **2** (*Einfallsreichtum*) fantaisie *f* (⚠ *Endung*)
fantasieren **1** rêver (**von** de) **2** *im Fieber*: divaguer **3** (*Unsinn reden*) radoter
fantastisch **1** fantastique **2** (*unwirklich*) invraisemblable **3** (*großartig*) formidable **4** ***sie tanzt ~*** (*toll*) elle danse formidablement bien
Farbe *f* **1** couleur *f* (*a. bei Spielkarten*) **2** (*Mal-, Wandfarbe*) peinture *f*
färben teindre, colorer
farbenblind daltonien/-ienne
Farb|fernseher *m umg.* télévision *f* couleur; **~film** *m* **1** FOTO pellicule *f* (en) couleur **2** TV, KINO film *m* en couleur; **~foto** *n* photo *f* (en) couleur
farbig de couleur; (*bunt*) multicolore
Farbige(r) *f(m)* homme *m*, femme *f* de couleur
Farb|kasten *m* boîte *f* de couleurs; **~kopierer** *m* copieur *m* couleur
farblos incolore
Farb|stift *m* crayon *m* de couleur; **~stoff** *m* colorant *m*; **~ton** *m* teinte *f*, ton *m*
Färbung *f* **1** (*Farbton*) couleur *f* **2** (*Tönung*) coloration *f*; *leichte*: teinte *f* **3** (*das Färben*) teinture *f*
Farn *m* fougère *f*
Fasan *m* faisan *m*
faschieren Ⓐ *hacher (*Fleisch*)
Faschierte(s) *n* Ⓐ *hachis *m*
Fasching *m* carnaval *m*
Faschingsdienstag *m* mardi *m* gras
Faschist(in) *m(f)* fasciste *m,f*
faschistisch fasciste
Fass *n* tonneau *m*
Fassade *f* façade *f* (⚠ *mit Cédille*)
fassen **1** (*greifen*) prendre; (*packen*) saisir; ***in etw ~*** mettre la main dans qc **2** (*festnehmen*) ***j-n ~*** arrêter qn **3** (*begreifen, glauben*) ***ich kann es noch gar nicht ~*** je n'en reviens pas; ***sie konnte ihr Glück nicht ~*** elle n'en croyait pas son bonheur; ***es ist nicht zu ~!*** (*unglaublich*) c'est incroyable! **4** prendre (*Entschluss, Vorsatz, Vertrauen*) **5** ***der Eimer fasst drei Liter*** le sceau peut contenir trois litres **6** ***sie hat sich wieder gefasst*** elle s'est reprise, elle a repris son sang-froid
Fassung[1] *f* **1** *e-r Glühbirne, Sicherung*: douille *f* **2** *e-r Brille, e-s Edelsteins*: monture *f*
Fassung[2] *f* (*Bearbeitung*) version *f*
Fassung[3] *f* **1** (*Beherrschung*) sang-froid *m*; ***die ~ verlieren*** perdre contenance, perdre son sang-froid **2** ***sie hat mich aus der ~ gebracht*** elle m'a fait perdre contenance
fassungslos stupéfait
fast **1** presque; *vor Zahlen a.*: près de **2** ⚠ *bei Verben meist mit* faillir: ***er wäre ~ hingefallen*** il a failli tomber
fasten ne rien manger, jeûner; (*e-e Diät machen*) être à la diète
Fastnacht *f* **1** (*Karneval*) carnaval *m* **2** (*Fastnachtsdienstag*) mardi *m* gras
faszinieren fasciner
fauchen (*Katze*) feuler
faul[1] **1** (*verfault*) pourri; ***ein ~er Zahn*** une dent gâtée **2** ***an der Sache ist was ~*** il y a quelque chose de louche dans cette affaire **3** ***e-e ~e Ausrede*** une mauvaise excuse; ***ein ~er Kompromiss*** un compromis boîteux
faul[2] (↔ *fleißig*) paresseux/-euse
faulen pourrir
faulenzen fainéanter
Faulenzer(in) *m(f)* paresseux *m*, -euse *f*
Faulheit *f* paresse *f*
Faulpelz *m* fainéant(e) *m(f)*
Faust *f* **1** poing *m*; ***e-e ~ machen*** fermer le poing; ***die Fäuste ballen*** serrer les poings **2** *Wendungen*: ***das passt wie die ~ aufs Auge*** (*passt gar nicht*) ça détonne; (*passt genau*) ça va parfaitement ensemble; ***etw auf eigene ~ tun*** faire qc de son propre chef
Fausthandschuh *m*, **Fäustling** *m* moufle *f*
Faustregel *f* règle *f* générale
Fax *n* fax *m*
faxen faxer
Faxgerät *n* fax *m*
FDP *f* **1** *in Deutschland*: F.D.P. *m*, parti *m* libéral allemand **2** *in der Schweiz*: P.R.D. *m*, Parti *m* radical-démocrate
Feber *m* Ⓐ février *m*; → ***Februar***
Februar *m* **1** février *m*; ***im ~*** en février, au mois de février **2** *Datumsangaben*: ***der zweite*** (***dritte*** *usw.*) **~** le deux (trois *usw.*) février; ***am 14. ~*** le 14 février

F

fechten SPORT faire de l'escrime
Feder[1] *f* (*Vogel-*, *Schreibfeder*) plume *f*
Feder[2] *f* *Spirale*: ressort *m*
Feder|ball *m* *Spiel*, *Ball*: volant *m*; **~mäppchen** *n* trousse *f*
federn **1** (*Material*, *Boden*, *Sitz usw.*) faire ressort **2** ***in den Knien ~*** prendre la position genoux fléchis **3** ***der Wagen ist gut*** (*bzw.* ***schlecht***) ***gefedert*** la voiture a une bonne (*bzw.* mauvaise) suspension
Fee *f* fée *f*
fegen **1** *mit Besen*: balayer **2** (CH) (*scheuern*) nettoyer **3** ***den Schornstein ~*** ramoner la cheminée
Fehlalarm *m* fausse alerte *f*
Fehlanzeige *f*: ***~!*** néant!
fehlen **1** (*nicht da sein*) manquer; (*Person*) *a.* être absent; ***sie fehlt schon seit zwei Tagen in der Schule*** elle manque le cours déjà depuis deux jours **2** (*vermisst werden*) ***es fehlt ein Buch*** il manque un livre **3** *jemand*: ***er/sie fehlt mir sehr*** (*ich vermisse ihn/sie*) il/elle me manque beaucoup **4** *gesundheitlich*: ***was fehlt ihr denn?*** qu'est-ce qu'elle a?, qu'est-ce qui ne va pas?; ***ihm fehlt nichts*** il n'a rien **5** ***das hat gerade noch gefehlt!*** il ne manquait plus que ça!
Fehler *m* **1** faute *f* (*a.* SPORT) **2** (*Irrtum*) erreur *f* **3** *e-r Ware*, *im Charakter*: défaut *m*
Fehl|geburt *f* fausse couche *f*; **~start** *m* SPORT faux départ *m*
Feier *f* **1** fête *f* **2** ***zur ~ des Tages*** *hum.* en l'honneur de ce grand jour
Feierabend *m* **1** sortie *f* du travail; ***sie hat um fünf ~*** elle sort de son travail à cinq heures; ***er hat ~*** il a fini son travail; ***nach ~*** après le travail **2** ***jetzt ist aber ~!*** (*Schluss*) maintenant ça suffit!
feierlich **1** solennel/-elle **2** ***das ist nicht mehr ~!*** *hum.* ce n'est plus drôle du tout!
feiern **1** (***ein Fest***) **~** faire une fête **2** ***etw*** (*bzw.* ***j-n***) **~** fêter qc (*bzw.* qn); ***das muss gefeiert werden!*** ça se fête!
Feiertag *m* jour *m* férié; ***ein gesetzlicher*** (*bzw.* ***kirchlicher***) **~** une fête légale (*bzw.* religieuse)
feige lâche
Feige *f* figue *f*
Feigling *m* lâche *m,f*; ***du ~!*** espèce de lâche!
Feile *f* lime *f*
feilen limer
feilschen: ***um etw ~*** *abw.* marchander qc
fein **1** (↔ *grob*) fin; ***~ gemahlen*** moulu fin **2** (*vornehm*) distingué **3** (*Unterschied*) subtil **4** (*nett*) ***sie*** (*bzw.* ***er***) ***ist ein ~er Kerl*** *umg.* c'est une chic fille (*bzw.* un chic type) **5** ***sich ~ machen*** *für ein Fest usw.*: se faire beau **6** ***au ~!*** parfait!; *umg.* chouette!
Feind(in) *m(f)* ennemi(e) *m(f)*
feindlich **1** ennemi **2** (*feindselig*) hosti-

Feiertage in Frankreich

le 1er janvier	**le jour de l'An**	Neujahrstag
mars/avril	**Pâques** (*immer ohne Artikel!*)	Ostern
le 1er mai	**la Fête du Travail**	Tag der Arbeit
le 8 mai	**le Jour de la Victoire** (der Siegestag)	Ende des 2. Weltkriegs
mai	**l'Ascension**	Christi Himmelfahrt
mai/juin	**la Pentecôte**	Pfingsten
le 14 juillet	**la fête nationale**	französischer Nationalfeiertag (1789: Eroberung der Bastille)
le 15 août	**l'Assomption**	Mariä Himmelfahrt
le 1er novembre	**la Toussaint**	Allerheiligen
le 11 novembre	**l'Armistice** (der Waffenstillstand)	Ende des 1. Weltkriegs
le 25 décembre	**Noël** (*immer ohne Artikel!*)	Weihnachten

le
Feindschaft *f* hostilité *f*
feindselig hostile
feinfühlig sensible
Feinheit *f* finesse *f*; (*Zartheit*) délicatesse *f*
feinmachen → ***fein***
Feinschmecker(in) *m(f)* gourmet *m* (⚠ *im Frz. nur m*)
feixen ricaner
Feld *n* **1** (*Acker*) champ *m* **2** (*Spielfeld*) terrain *m* **3** *auf Formularen, auf dem Spielbrett*: case *f* **4** MATH, PHYS champ *m* **5** *bei Radrennen*: peloton *m*; ***das ~ anführen*** être en tête
Feld|salat *m* mâche *f*; **~zug** *m* campagne *f*
Felge *f* jante *f*
Fell *n* **1** *von lebenden Tieren*: poil *m*; *abgezogenes*: peau *f*; (*Pelz*) fourrure *f* **2** ***er hat ein dickes ~*** *umg. fig.* c'est un dur à cuire
Fels(en) *m* rocher *m*
felsenfest: ***sie ist ~ davon überzeugt*** elle en est convaincue fermement
felsig rocheux/-euse
Felsspalte *f* crevasse *f*
feminin féminin
Femininform *f* forme *f* féminine
Feminismus *m* féminisme *m*
Feminist(in) *m(f)* féministe *m,f*
feministisch féministe
Fenchel *m* fenouil *m*
Fenster *n* **1** fenêtre *f* (*a.* IT); ***aus dem ~ sehen*** (***springen, werfen*** *usw.*) regarder (sauter, jeter *usw.*) par la fenêtre **2** ***sein Geld zum ~ hinauswerfen*** jeter son argent par les fenêtres (⚠ *Plural*) **3** ***er ist weg vom ~*** *umg.* (*nicht mehr dabei*) il n'est plus dans la course
Fenster|bank *f* rebord *m* de fenêtre; **~platz** *m* BAHN, FLUG place *f* côté fenêtre; **~scheibe** *f* vitre *f*
Ferien *Pl* vacances *f Pl*
Ferien... de vacances; ***Ferienhaus*** maison *f* de vacances, chalet *m*; ***Ferienjob*** job *m* de vacances; ***Ferienlager*** camp *m* de vacances; ***Ferienwohnung*** appartement *m*
Ferkel *n* **1** ZO porcelet *m* **2** ***du ~!*** *umg.* cochon *bzw.* cochonne!
fern **1** lointain **2** ***von ~*** de loin; ***~ von*** loin de **3** → ***fernhalten***
Fern|bedienung *f* télécommande *f*; **~fahrer(in)** *m(f)* routier *m*, -ière *f*; **~gespräch** *n* communication *f* interurbaine; *mit dem Ausland*: communication *f* internationale
ferngesteuert téléguidé
Fern|glas *n* jumelles *f Pl*; **~licht** *n* feux *m Pl* de route; *umg.* phares *m Pl*; **~rohr** *n* télescope *m*
fernhalten: ***~ von*** tenir éloigné de
Fernsehansager(in) *m(f)* présentateur *m*, -trice *f* de télévision
fernsehen regarder la télévision
Fernsehen *n* télévision *f*; *umg.* télé *f*; ***im ~ übertragen*** téléviser
Fernseher *m* téléviseur *m*; *umg.* télé *f*
Fernseh|film *m* téléfilm *m*, long métrage *m*; **~programm** *n* **1** *Sendungen*: programme *m* de télévision **2** *Heft, Zeitschrift*: programme *m* de la télévision **3** (*Fernsehkanal*) chaîne *f*; **~sender** *m* chaîne *f*; **~sendung** *f* émission *f* de télévision; **~serie** *f* série *f* télévisée; **~turm** *m* tour *f* de la télévision; **~werbung** *f* publicité *f* à la télévision; **~zeitschrift** *f* programme *m* de télévision; **~zuschauer(in)** *m(f)* téléspectateur *m*, -trice *f*
Fernsteuerung *f* télécommande *f*
Ferse *f* talon *m*
fertig **1** (*bereit*) prêt (***zu, für*** à); ***sich ~ machen*** se préparer (***für, zu*** pour, à) **2** (*beendet*) fini, terminé; ***ich bin*** (***mit meiner Arbeit***) ***~*** j'ai fini mon travail; ***etw ~ machen*** finir (*od.* terminer) qc **3** (*erschöpft*) ***er war völlig ~*** *umg.* il était à plat **4** ***j-n ~ machen*** → ***fertigmachen*** **5** ***etw ~ bringen*** → ***fertigbringen*** **6** ***sie wird mit der Trennung nicht ~*** elle n'a pas surmonté la séparation **7** ***mit der*** (*bzw.* ***mit dem***) ***werde ich schon ~*** je viendrai bien à bout d'elle (*bzw.* de lui)
fertigbringen: ***etw ~ bringen*** *od.* ***es ~ bringen, etw zu tun*** (*es schaffen*) être capable de faire qc, arriver à faire qc; (*sich trauen*) oser faire qc
Fertig|gericht *n* plat *m* cuisiné; **~haus** *n* maison *f* préfabriquée
fertigmachen: ***j-n ~*** (*kritisieren, beschimpfen, verprügeln*) *umg.* démolir qn; → *a.* ***fertig***
fesch Ⓐ **1** (*schick, flott*) chic **2** (*nett, freundlich*) gentil/-ille
fesseln **1** ***j-n ~*** ligoter qn (***an*** à) **2** ***j-m die Hände ~*** lier les mains de qn
Fesseln *f Pl Stricke*: liens *m Pl*

F

fest **1** (↔ *weich*) ferme **2** (*Material, Stoff, Schuhe*) solide **3** (↔ *locker*) serré; (↔ *wackelig*) stable; **~ *sitzen*** tenir; **~ *stehen*** être stable; ***e-e Schraube ~ anziehen*** serrer une vis à fond **4** (*Schlag*) fort; (*Griff, Druck, Stimme, Schritt*) ferme **5** (*Kosten, Termin, Wohnsitz*) fixe; (*Einkommen*) régulier/-ière **6** (*Entschluss, Absicht, Wille*) ferme **7** ***ein ~er Freund*** un copain; ***e-e ~e Freundin*** une copine **8** **~ *angestellt sein*** avoir un emploi **9** **~ *glauben*** croire fermement (***an*** à); ***sich etw ~ vornehmen*** prendre la ferme résolution de faire qc **10** **~ *schlafen*** dormir profondément

F

Fest *n* fête *f*; ***frohes ~!*** Joyeux Noël!
festbinden attacher (***an*** à)
Fest|essen *n* festin *m*, banquet *m*; **~halle** *f* salle *f* des fêtes
festhalten **1** ***etw ~*** tenir qc **2** ***sich an etw ~*** se tenir à qc
Festiger *m fürs Haar*: fixateur *m*
festkleben coller (***an*** à)
Festland *n* **1** (↔ *Insel*) continent *m* **2** (↔ *Meer*) terre *f* ferme
festlegen **1** fixer (*Ort, Zeit, Termin*); établir (*Regeln*) **2** immobiliser (*Geld*) **3** ***sich ~*** s'engager (***auf*** à)
festlich **1** (*Stimmung, Kleidung usw.*) de fête **2** **~ *geschmückt sein*** (*Saal usw.*) être décoré (pour la fête); **~ *gekleidet*** en habits de fête
festmachen **1** (*befestigen*) fixer, attacher (***an*** à) **2** (*vereinbaren*) fixer (*Termin usw.*) **3** (*Schiff*) amarrer (***an*** à)
Festnahme *f* arrestation *f*
festnehmen arrêter
Festplatte *f* IT disque *m* dur
festschrauben visser (***an*** à)
festsetzen **1** fixer (*Zeit, Ort, Preis usw.*) **2** établir (*Regeln*) **3** ***sich ~*** (*Schmutz usw.*) se déposer
Festspiele *n Pl* festival *m* (⚠ *Singular*)
feststehen être certain; ***es steht fest, dass …*** il est établi que … (+ *Ind.*); ***mein Entschluss steht fest*** ma décision est prise; ***der Termin steht fest*** la date est fixée
feststellen **1** (*bemerken, ermitteln*) constater **2** (*untersuchen*) vérifier
Feststellung *f* (*Bemerkung*) constatation *f*
Festtag *m* jour *m* de fête
Festung *f* forteresse *f*
Festzelt *n* tente *f* (de la fête)
Fete *f* fête *f*; *umg.* boum *f*
fett **1** (*dick*) gros/grosse, obèse **2** *Speisen*: gras/grasse **3** *Text*: **~ *gedruckt*** (imprimé) en caractères gras
Fett *n* graisse *f*
fettarm (*Käse*) maigre; (*Joghurt usw.*) allégé; (*Milch*) écrémé
Fettfleck *m* tache *f* de graisse
fettig gras/grasse
Fettnäpfchen *n*: ***ins ~ treten*** mettre les pieds dans le plat, gaffer
Fetzen *m* (*Stückchen*) bout *m*; *bes. von Stoff*: lambeau *m*
fetzig: ***ein ~es Lied*** *umg.* une chanson qui déménage
feucht **1** humide **2** (*Hände, Stirn*) moite
Feuchtigkeit *f* humidité *f*
feudal féodal
Feuer *n* **1** feu *m*; ***~!*** au feu!; **~ *fangen*** prendre feu; ***in der Scheune brach ein ~ aus*** le feu se déclara dans la grange **2** (*Brand*) incendie *m* **3** ***j-m ~ geben*** donner du feu à qn; ***hast du ~?*** tu as du feu? **4** ***sie ist ~ und Flamme*** elle est tout feu tout flamme (***für*** pour) **5** (*Gewehrfeuer usw.*) feu *m* **6** ***das olympische ~*** la flamme olympique
Feueralarm *m* alerte *f* d'incendie
feuerfest (*Glas, Porzellan*) à feu; (*Geschirr*) résistant au feu
Feuer|löscher *m* extincteur *m*; **~melder** *m* avertisseur *m* d'incendie
feuern **1** (*schießen*) faire feu (***auf*** sur) **2** (*werfen*) *umg.* balancer; ***sie feuerte ihre Tasche in die Ecke*** *umg.* elle a balancé son sac dans le coin **3** (*entlassen*) *umg.* virer, flanquer à la porte; ***er wurde gefeuert*** *umg.* il s'est fait virer
feuerrot **1** (*leuchtend rot*) rouge sang **2** *im Gesicht*: rouge comme une tomate
Feuerschlucker *m* cracheur *m* de feu
Feuerwehr *f* pompiers *m Pl*; ***die freiwillige ~*** les sapeurs-pompiers *m Pl* volontaires
Feuerwehr|auto *n* voiture *f* des pompiers; **~mann** *m* pompier *m*
Feuer|werk *n* feu *m* d'artifice; **~zeug** *n* briquet *m*
Fichte *f* épicéa *m*
Fieber *n* fièvre *f*; **~ *messen*** prendre la température (***bei j-m*** de qn)
fieberhaft: **~ *nach etw suchen*** chercher qc fébrilement

Fieberthermometer *n* thermomètre *m* médical
fies (*widerlich, gemein*) *umg.* dégueulasse; (*gemein*) *umg.* vache
Figur *f* **1** (*Körper*) silhouette *f*; ***sie hat e-e gute ~*** elle est bien faite **2** SPORT, MATH, KUNST figure *f* **3** (*Schachfigur*) pièce *f* **4** *im Roman, Film*: personnage *m*
Filet *n* filet *m*
Filiale *f* succursale *f* (⚠ *frz.* filiale *f* = ***Tochterfirma***)
Filialleiter(in) *m(f)* gérant(e) *m(f)* de succursale
Film[1] *m* **1** (*Kino-, Fernsehfilm*) film *m* **2** FOTO pellicule *f* **3** (*Filmbranche*) cinéma *m*; ***er ist beim ~*** il travaille pour le cinéma
Film[2] *m* (*dünne Schicht, dünner Überzug*) pellicule *f*; *von Öl a.*: film *m*
Filmaufnahme *f* prise *f* de vue
Filmemacher(in) *m(f)* cinéaste *m,f*
filmen filmer
Film|industrie *f* industrie *f* du cinéma; **~kamera** *f* caméra *f*; **~musik** *f* musique *f* de film; *e-s bestimmten Films*: musique *f* du film; **~schauspieler(in)** *m(f)* acteur *m*, -trice *f* de cinéma; **~star** *m* vedette *f* de cinéma (⚠ *im Frz. nur f*); **~studio** *n* studio *m* de cinéma
Filter *m* filtre *m*
Filterkaffee *m* café *m* filtre
filtern filtrer
Filter|tüte *f* filtre *m* en papier; **~zigarette** *f* cigarette *f* à bout filtre
Filz *m* feutre *m*
Filzstift *m* feutre *m*, crayon-feutre *m*
Finale *n* **1** SPORT finale *f* **2** MUS final(e) *m*
Finanzamt *n* **1** *Gebäude*: perception *f* **2** *Behörde*: fisc *m*
Finanzen *f Pl* finances *f Pl*
finanziell **1** (*Interessen, Verhältnisse usw.*) financier/-ière (⚠ *Endung*) **2** (*finanziell gesehen*) sur le plan financier **3** ***j-n ~ unterstützen*** aider qn matériellement
finanzieren financer
Finanzminister(in) *m(f)* ministre *m,f* de Finances
Findelkind *n* enfant *m* trouvé
finden **1** trouver **2** (*meinen, beurteilen*) trouver; ***findest du?*** tu trouves? **3** ***ich finde nichts dabei*** je n'y vois pas de mal

Finderlohn *m* récompense *f*
Finger *m* **1** doigt *m* **2** ***~ weg!*** laisse (*bzw.* laissez) ça!; *umg.* bas les pattes!; ***lass die ~ davon!*** ne t'en mêle pas! **3** *Wendungen*: ***sie darf es nicht in die ~ kriegen*** il ne faut pas que ça lui tombe entre les mains (*Subj. nach* il faut que); ***j-n um den (kleinen) ~ wickeln*** mener qn par le bout du nez; ***sie hat die ~ im Spiel*** elle est derrière ça; ***er macht keinen ~ krumm*** il ne lève pas le petit doigt

Die Finger

der Daumen	**le pouce**
der Zeigefinger	**l'index** *m*
der Mittelfinger	**le majeur**
der Ringfinger	**l'annulaire** *m*
der kleine Finger	**le petit doigt**

Fingerabdruck *m* empreinte *f* digitale
Fingerhut[1] *m zum Nähen*: dé *m* (à coudre)
Fingerhut[2] *m* BOT digitale *f*
Finger|nagel *m* ongle *m*; **~spitze** *f* bout *m* du doigt; **~spitzengefühl** *n* doigté *m*; *fig. a.* tact *m*
Fink *m* **1** ZO pinson *m* **2** Ⓒⓗ (*Lump, Taugenichts*) vaurien *m* **3** Ⓒⓗ (*Schmutz-, Schmierfink*) cochon *m*
Finne *m*, **Finnin** *f* Finnois(e) *m(f)*, Finlandais(e) *m(f)*
finnisch finlandais
Finnisch *n* le finnois
Finnland *n* la Finlande
finster sombre
Firma *f* entreprise *f*
Firmung *f* confirmation *f*
Fisch *m* **1** ZO poisson *m*; ***stumm wie ein ~*** muet comme une carpe **2** ASTR ***~e*** Poissons *m Pl*
fischen **1** pêcher **2** (*herausholen*) ***etw aus der Schublade*** *usw.* ***~*** tirer qc du tiroir *usw.*
Fischer(in) *m(f)* pêcheur *m*, -euse *f*
Fischer|boot *n* barque *f* de pêche; **~netz** *n* filet *m* de pêche
Fisch|fang *m* pêche *f*; **~filet** *n* filet *m* de poisson; **~geschäft** *n* poissonnerie *f*; **~gräte** *f* arête *f* de poisson; **~stäbchen** *n* bâtonnet *m* de poisson; **~suppe** *f* soupe *f* de poisson

F

Fisolen *f Pl* Ⓐ *haricots *m Pl* verts
fit **1** en forme **2** *geistig*: ***sie ist ~ in Mathe*** elle a un bon niveau en maths
Fitness *f* forme *f*, pleine forme *f*
Fitness|center *n*, **~studio** *n* centre *m* de remise en forme
fix **1** (*schnell*) rapide; ***~ arbeiten*** *usw.* travailler *usw.* vite **2** ***~ und fertig*** (*vorbereitet*) fin prêt; (*total erschöpft*) *umg.* crevé, *umg.* claqué **3** ***e-e ~e Idee*** une idée fixe
Fixer(in) *m(f)* *umg.* toxico *m,f* (qui se pique)

F

fixieren **1** fixer (*a. mit dem Blick*) **2** ***er ist fixiert auf ...*** ..., c'est son idée fixe
Fjord *m* fjord *m*
FKK naturisme *m*, nudisme *m*
FKK-Strand *m* plage *f* de nudistes
flach **1** plat **2** (*Gewässer*) peu profond **3** (*Gebäude, Ball*) bas/basse **4** ***~ atmen*** respirer faiblement
Fläche *f* surface *f*
Flächenmaß *n* mesure *f* de surface
flachfallen (↔ *stattfinden*) tomber à l'eau
Flachland *n* pays *m* plat
flackern vaciller, trembloter
Fladen *m* **1** (*Brotfladen*) ≈ galette *f* **2** (*Kuhfladen*) bouse *f*
Flädlisuppe *f* Ⓒⓗ ≈ bouillon *m* garni de crêpes coupées en lanières
Flagge *f* drapeau *m*; *von Schiffen*: pavillon *m*
flambieren flamber
Flamenco *m* flamenco *m*
Flamingo *m* flamant *m* rose (⚠ *Endung*)
flämisch flamand (⚠ *Endung*)
Flamme *f* **1** flamme *f*; ***in ~n aufgehen*** (*Feuer fangen*) s'enflammer; (*verbrennen*) devenir la proie des flammes; ***in ~n stehen*** être en flammes **2** *am Herd*: feu *m* ***auf kleiner ~*** *kochen lassen*: à petit feu
Flandern *n* la Flandre
Flanell *m* flanelle *f* (⚠ *im Frz. f*)
Flanke *f* **1** (*Seite*) flanc *m* **2** FUSSBALL centre *m*
Fläschchen *n* **1** petite bouteille *f* **2** *für Babys*: biberon *m*
Flasche *f* **1** bouteille *f* **2** *für Babys*: biberon *m* **3** (*Versager*) *umg.* nouille *f*, nullard(e) *m(f)*
Flaschen|öffner *m* ouvre-bouteille *m*, décapsuleur *m*; **~pfand** *n* consigne *f*; **~post** *f* bouteille *f* à la mer; **~zug** *m* poulie *f*
flattern **1** (*fliegen*) voleter **2** ***mit den Flügeln ~*** battre des ailes **3** (*Segel, Fahne*) battre; (*Kleider, Haare usw.*) flotter (***im Wind*** au vent)
Flaum *m* duvet *m*
flaumig duveteux/-euse
flechten tresser (*Haar, Korb usw.*); (***sich***) ***Zöpfe ~*** faire des nattes
Fleck *m* **1** (*Schmutz-, Farbfleck*) tache *f* **2** (*Stelle, Ort*) endroit *m*; ***blauer ~*** bleu *m* **3** ***er kommt nicht vom ~*** il n'avance pas (d'un pouce); ***rühr dich nicht vom ~!*** ne bouge pas!
fleckig taché
Fledermaus *f* chauve-souris *f*
Flegel *m* mufle *m*, goujat *m*
Fleisch *n* **1** *Lebensmittel*: viande *f* **2** *am Körper, von Obst*: chair *f* **3** ***damit schneidest du dir ins eigene ~*** là, tu te fais du tort à toi-même **4** ***~ fressend*** carnivore

Fleisch

Beim Übersetzen des Wortes *Fleisch* ins Französische muss man Folgendes beachten: Das Fleisch, das der Mensch am Körper hat, heißt **la chair**. Das Fleisch von Tieren, das zum Verzehr gedacht ist, ist **la viande**.

das Rindfleisch	**le bœuf**
das Schweinefleisch	**le porc**
das Kalbfleisch	**le veau**
das Lammfleisch	**l'agneau** *m*
das Geflügel	**la volaille**
das Hähnchenfleisch	**le poulet**
das Putenfleisch	**la dinde**
der Braten	**le rôti**
der Schinken	**le jambon**
der Speck	**le lard**
das Schnitzel	**l'escalope** *f*
das Kotelett	**la côtelette**
das Hackfleisch	**la viande hachée**

Fleischbrühe *f* bouillon *m* de viande
Fleischer *m* boucher *m*; *bes für Wurstwaren*: charcutier *m*
Fleischerei *f* boucherie *f*; *bes. für Wurstwaren*: charcuterie *f*
fleischfressend carnivore
Fleischhauer *m* Ⓐ boucher *m*; *bes. für Wurstwaren*: charcutier *m*
fleischig charnu
Fleisch|klößchen *n*, Ⓐ **~laiberl** *n* boulette *f* de viande (*hachée); **~wolf** *m* *hachoir *m* (à viande); **~wurst** *f* ≈ cervelas *m*
Fleiß *m* application *f*; ***ohne ~ kein Preis*** on n'a rien sans peine
fleißig 1 (*Schüler, Arbeit*) appliqué; (*Sammler, Leser usw.*) assidu **2 ~ *lernen*** bien travailler; **~ *üben*** s'exercer avec application
flexibel flexible
Flexibilität *f* flexibilité *f*
flicken 1 raccommoder (*Kleidungsstück, Stoff, Netz*) **2** réparer (*Fahrradschlauch*)
Flicken *m* **1** *auf Kleidern*: pièce *f* **2** *am Radschlauch*: rustine *f*
Flieder *m* lilas *m*
Fliege *f* **1** zo mouche *f* **2** *Kleidungsstück*: nœud *m* papillon **3 *sie kann keiner ~ etw zuleide tun*** elle ne ferait pas de mal à une mouche **4 *zwei ~n mit e-r Klappe schlagen*** faire d'une pierre deux coups
fliegen 1 voler; *mit dem Flugzeug a.*: prendre l'avion **2 *ein Flugzeug ~*** piloter un avion **3** *hum.* ***ich kann doch nicht ~!*** *umg.* je ne peux pas aller plus vite que la musique! **4** (*fallen*) tomber **5** (*geschleudert werden*) ***aus dem Fenster ~*** passer par la fenêtre; ***aus der Kurve ~*** sortir du virage **6 *in die Luft ~*** (*explodieren*) sauter **7** (*hinausgeworfen werden*) ***von der Schule ~*** être renvoyé du collège (*bzw.* du lycée *usw.*) **8 *auf etw ~*** (*begeistert sein von*) *umg.* flipper pour qc
Fliegenpilz *m* amanite *f* tue-mouches
fliehen fuir, s'enfuir; ***vor etw*** (*bzw.* ***j-m***) **~** fuir qc (*bzw.* qn); ***zu j-m ~*** se réfugier chez qn
Fliese *f* carreau *m*; *große*: dalle *f*
fliesen carreler
Fliesenleger *m* carreleur *m*
Fließband *n* chaîne *f* (de montage)
fließen 1 couler (***in*** dans; ***aus*** de) **2** (*Flüsse*) couler; ***die Seine fließt durch Paris*** la Seine traverse Paris **3** (*Strom*) circuler, passer **4 *der Verkehr fließt*** (*stockt nicht*) la circulation est fluide **5 → *ineinanderfließen***
fließend 1 *~es Wasser* de l'eau *f* courante **2 ~ *französisch*** *usw.* ***sprechen*** parler couramment français *usw.* **3 *ein ~er Übergang*** une transition insensible; ***die Grenzen sind ~*** la frontière n'est pas nette
Flimmerkiste *f umg.* téloche *f*
flimmern (*Licht*) trembloter; (*Bildschirm*) papilloter
Flipper *m* flipper *m*
Flitterwochen *f Pl* lune *f* de miel; *als Reise*: voyage *m* de noces
flitzen *umg.* filer
Flocke *f* flocon *m*
Floh *m* puce *f*
Flohmarkt *m* marché *m* aux puces
Flop *m* (*Film, Veranstaltung*) *umg.* bide *m*; ***das war ein ~*** *umg.* ça a fait un bide
Floskel *f* phrase *f* toute faite
Floß *n* radeau *m*
Flosse *f* **1** *bei Fischen*: nageoire *f* **2** (*Schwimmflosse*) palme *f*
Flöte *f* flûte *f*
flöten 1 (*Flöte spielen*) jouer de la flûte **2 *e-e Melodie ~*** jouer un air à la flûte **3** (*Vogel, Pfeife, Kessel usw.*) siffler **4 ~ *gehen*** *umg.* se perdre
flott 1 (*schnell*) rapide **2 *etw ~ tun*** faire qc vite **3** (*Musik, Tanz*) entraînant **4** (*Kleidung, Auto usw.*) chic
Flotte *f* SCHIFF flotte *f*
Fluch *m* **1** (*Schimpfwort*) juron *m* **2** (*Verwünschung*) malédiction *f*
fluchen jurer, dire des jurons
Flucht *f* fuite *f* (***vor*** devant, ***aus*** de); ***die ~ ergreifen*** prendre la fuite; ***auf der ~ sein*** être en fuite
Fluchtauto *n* voiture *f* du fugitif; *von mehreren Flüchtenden*: voiture *f* des fugitifs
flüchten 1 fuir, s'enfuir **2 *vor etw*** (*bzw.* ***j-m***) **~** fuir qc (*bzw.* qn) **3 *zu j-m ~*** se réfugier chez qn
flüchtig 1 fugitif/-ive **2** (*kurz*) rapide; (*oberflächlich*) superficiel/-ielle **3 *ich kenne ihn nur ~*** je le connais vaguement
Flüchtigkeitsfehler *m* faute *f* d'inattention
Flüchtling *m* réfugié(e) *m*(*f*)

F

Fluchtversuch *m* tentative *f* d'évasion

Flug *m* **1** vol *m*; ***auf dem ~ nach England*** dans l'avion pour l'Angleterre **2** ***die Zeit verging*** (***wie***) ***im ~*** le temps a passé comme dans un rêve

Flug|bahn *f* trajectoire *f*; **~blatt** *n* tract *m*

Flügel[1] *m* **1** *zum Fliegen*: aile *f*; ***mit den ~n schlagen*** battre des ailes **2** *e-r Partei, e-s Gebäudes*: aile *f* **3** *e-s Fensters*: battant *m* **4** *e-s Altars*: volet *m*

Flügel[2] *m* MUS piano *m* à queue

Flug|gesellschaft *f* compagnie *f* aérienne; **~hafen** *m* aéroport *m*; **~kapitän** *m* commandant *m* de bord; **~platz** *m* aérodrome *m*; **~reise** *f* voyage *m* en avion; **~schein** *m* **1** (*Flugticket*) billet *m* d'avion **2** (*Flugerlaubnis*) brevet *m* de pilote; **~schreiber** *m* boîte *f* noire; **~ticket** *n* billet *m* d'avion

Flugzeug *n* avion *m*; ***mit dem ~ fliegen*** prendre l'avion

Flur *m* **1** (*Hausflur, Diele*) entrée *f*, vestibule *m* **2** (*Gang*) couloir *m*

Fluss *m* **1** fleuve *m*; *kleinerer, Zufluss e-s größeren Flusses*: rivière *f* **2** (*das Fließen*) fluidité *f*

Fluss|bett *n* lit *m* du fleuve (*bzw.* de la rivière); **~diagramm** *n* ordinogramme *m*

flüssig **1** (↔ *fest*) liquide (*a. Geld*) **2** (*Stil, Verkehr*) fluide **3** ***~ sprechen*** s'exprimer avec aisance

Flüssigkeit *f* **1** *Substanz*: liquide *m* **2** *Zustand*: liquidité *f* **3** *des Stils*: facilité *f*; *e-r Rede usw.*: aisance *f*

Fluss|mündung *f* embouchure *f*; **~pferd** *n* hippopotame *m*; **~ufer** *n* rive *f*; *steiles*: berge *f*

flüstern **1** chuchoter **2** ***das kann ich dir ~!*** (*das stimmt genau*) tu l'as dit!

Flut *f* **1** (*Hochwasser*) marée *f* *haute; (*steigendes Wasser*) marée *f* montante; ***Ebbe und ~*** marée *f*; ***es ist ~*** c'est la marée *haute **2** *von Fragen, Hinweisen usw.*: flot *m*

Flutlicht *n* lumière *f* des projecteurs; *Fußballspiel usw.*: ***bei ~*** en nocturne

Fohlen *n* poulain *m*

Föhn[1] *m* (*Haartrockner*) sèche-cheveux *m*, séchoir *m*

Föhn[2] *m* (*warmer Wind*) fœhn *m*

föhnen: ***sich die Haare ~*** se sécher les cheveux, se passer le sèche-cheveux (*od.* le séchoir)

Folge *f* **1** (*Reihe, Serie*) suite *f*, succession *f* **2** *e-r Fernsehserie*: épisode *m* (⚠ *im Frz. m*); séquence *f* **3** (*Ergebnis*) suite *f*, conséquence *f*; ***die ~ davon ist, dass ...*** il en résulte que ... (+ *Ind.*)

folgen **1** (*hinterhergehen*) suivre; *gedanklich*: ***kannst du mir ~?*** tu me suis? **2** (*danach kommen*) ***auf j-n*** (*bzw.* ***etw***) ***~*** succéder à qn (*bzw.* à qc) **3** (*sich ergeben*) résulter (***aus*** de) **4** (*gehorchen*) ***j-m ~*** obéir à qn

folgend **1** suivant; ***es handelt sich um Folgendes*** voilà ce dont il s'agit **2** ***am ~en Tag*** le lendemain

folgendermaßen **1** (*so, auf diese Art*) de la manière suivante **2** ***es war ~: ...*** ça s'est passé comme ça: ...

folgerichtig logique

Folie *f* **1** (*Plastikfolie*) feuille *f* de plastique; *dünner*: film *m* plastique **2** (*Alufolie*) feuille *f* d'alu **3** *e-s Overheadprojektors*: transparent *m*

Folklore *f* folklore *m* (⚠ *im Frz. m*)

Folter *f* **1** torture *f* (*a. fig.*) **2** ***spann mich nicht auf die ~!*** *fig.* ne me mets pas à la torture!

Folterkammer *f* chambre *f* des tortures

foltern torturer

Folterung *f* torture *f*

Fön® *m* → ***Föhn***[1]

Fondue *n od. f* fondue *f*; *mit Fleisch*: fondue *f* bourguignonne; *mit Käse*: fondue *f* savoyarde

fönen → ***föhnen***

Fontäne *f* jet *m* d'eau (⚠ *frz.* fontaine *f* = ***Brunnen, Springbrunnen***)

Förderkurs *m* cours *m* de rattrapage

fordern **1** (*verlangen*) demander; *stärker*: exiger, revendiquer **2** ***j-n ~*** *z. B.* SPORT pousser qn (à donner le maximum)

fördern[1] **1** (*unterstützen*) encourager; (*Schüler*) *a.* pousser **2** (*sponsern*) sponsoriser **3** favoriser (*Entwicklung*)

fördern[2] **1** extraire (*Erz, Kohle usw.*) **2** ***etw zutage ~*** *fig.* mettre qc à jour

Forderung *f* demande *f*, réclamation *f*; *stärker*: exigence *f*; (*Gehaltsforderung usw.*) revendication *f*; ***e-e ~ an j-n stellen*** demander qc à qn; *stärker*: exiger qc de qn

Förderung[1] *f* **1** (*Unterstützung*) encouragement *m* **2** (*Sponsoring*) sponsoring *m*

Förderung[2] *f von Erz usw.*: extraction *f*

Förderunterricht *m* cours *m* de rattrapage
Forelle *f* truite *f*
Form *f* **1** forme *f* **2** (*Art und Weise*) ***in aller ~*** en bonne et due forme; ***der ~ halber*** pour la forme **3** (*Kondition*) forme *f*; ***in ~ sein*** être en forme **4** (*Kuchen-, Gussform*) moule *m*
formal formel/-elle
Formalität *f* formalité *f*
Format *n* **1** format *m* **2** ***sie hat ~*** (*Stil*) elle a de la classe
formatieren *bes.* IT formater
Formel *f* **1** formule *f* (⚠ *Endung*) **2** *Autosport*: ***die ~ 1*** la formule 1
Formel-1-Rennen *n* course *f* de formule 1
formen former; (*modellieren*) *a.* modeler; ***etw zu e-r Kugel*** (***zu e-m Viereck*** *usw.*) ~ faire une boule (un carré *usw.*) avec qc
förmlich **1** (*Atmosphäre, Anlass usw.*) cérémonieux/-ieuse, officiel/-ielle **2** (*in aller Form*) dans les formes, en bonne et due forme **3** (*buchstäblich*) littéralement
Formular *n* formulaire *m*
formulieren formuler
Formulierung *f* formulation *f*, formule *f*
forschen **1** *wissenschaftlich*: faire des recherches (***nach*** sur) **2** (*suchen*) ***nach etw*** (*bzw.* ***j-m***) ~ rechercher qc (*bzw.* qn)
Forscher(in) *m(f)* chercheur *m*, -euse *f*
Forschung *f* recherche *f* (scientifique); ***sie arbeitet in der ~*** elle fait de la recherche
Forst *m* forêt *f*
Förster(in) *m(f)* garde *m* forestier (⚠ *im Frz. nur m*)
fort[1] **1** (*weg*) parti **2** (*verschwunden*) ***~ sein*** avoir disparu **3** ***weit ~*** très loin
fort[2] **1** ***in e-m ~*** sans cesse, sans arrêt **2** ***und so ~*** et ainsi de suite
Fort|bewegungsmittel *n* moyen *m* de locomotion; **~bildung** *f* formation *f* continue; **~bildungskurs** *m* cours *m* de formation continue
fortbringen **1** ***j-n ~*** emmener qn **2** ***etw ~*** emporter qc
fortfahren[1] (*wegfahren*) partir (en voiture, à bicyclette *usw.*)
fortfahren[2] (*weitermachen*) continuer (***mit etw*** qc)
fortgehen s'en aller, partir
fortgeschritten avancé; ***Französisch für Fortgeschrittene*** *Sprachkurs*: français *m* pour apprenants avancés
Fortgeschrittenenkurs *m* cours *m* supérieur
fort|laufen partir en courant; (*flüchten*) se sauver, s'enfuir; **~müssen** devoir partir, devoir s'en aller
fortpflanzen: ***sich ~*** se reproduire
Fortpflanzung *f* reproduction *f*
Fortschritt *m* **1** progrès *m* **2** ***~e machen*** (*jemand*) faire des progrès; (*Arbeit usw.*) progresser, avancer
fortschrittlich **1** (*Technik, Idee*) avancé **2** (*Mensch, Ideen usw.*) progressiste
Fortsetzung *f* **1** *e-s Romans, Films*: suite *f*; *von Fernsehserien a.*: episode *m* (⚠ *im Frz. m*) **2** ***~ folgt*** à suivre **3** *e-r Tätigkeit*: poursuite *f*, continuation *f*
Fossil *n* fossile *m*
Foto *n* photo *f*
Foto|album *n* album *m* de photos; **~apparat** *m* appareil *m* photo; **~atelier** *n* atelier *m* de photographie
fotogen photogénique (⚠ *Endung*)
Fotograf(in) *m(f)* photographe *m,f*
Fotografie *f* photographie *f*
fotografieren **1** faire, prendre des photos; *als Hobby*: faire de la photo **2** (*ein einzelnes Bild machen*) faire, prendre une photo **3** ***j-n*** (*bzw.* ***etw***) ~ photographier qn (*bzw.* qc), faire une photo de qn (*bzw.* de qc)
Fotokopie *f* photocopie *f*
fotokopieren photocopier
Fotomontage *f* photomontage *m* (⚠ *im Frz. m*)
fotzen Ⓐ ***j-m e-e ~*** *umg.* flanquer une baffe à qn
Foul *n* faute *f*
foulen commettre une faute (***j-n*** contre qn)
Frage *f* **1** question *f* **2** GR interrogation *f* **3** (*Angelegenheit, Problem*) problème *m* **4** ***die ~ ist, ob*** (***wie, wann, warum*** *usw.*) la question est de savoir si (comment, quand, pourquoi *usw.*); ***es ist noch die ~, ob er kommt*** reste à savoir s'il viendra (*Futur*); ***es ist nur noch e-e ~ der Zeit*** ce n'est plus qu'une question de temps **5** (***das***) ***kommt nicht in ~!*** (il n'en est) pas question!, (c'est) *hors de question! **6** ***etw in ~***

stellen remettre qc en question
Fragebogen *m* questionnaire *m*
fragen 1 ***etw ~*** demander qc; ***j-n (nach) etw ~*** demander qc à qn, interroger qn sur qc **2** ***frag nicht so dumm!*** ne pose pas de question idiote!
Frage|pronomen *n* pronom *m* interrogatif; **~satz** *m* proposition *f* interrogative; **~wort** *n* interrogatif *m*; **~zeichen** *n* point *m* d'interrogation
fraglich 1 (*unsicher*) incertain, douteux/-euse **2** (*betreffend*) en question
Fraktion *f* groupe *m* parlementaire
Franken[1] *n Gegend*: la Franconie
Franken[2] *m Währung*: franc *m* (suisse)
Frankfurt *n* Francfort; ***~ am Main*** Francfort-sur-le-Main; ***~ an der Oder*** Francfort-sur-l'Oder
frankieren affranchir
Frankreich *n* la France
Franse *f* frange *f*
Franzose *m* Français *m*
Französin *f* Française *f*
französisch 1 français **2** ***die Französische Republik*** la République française; ***die Französische Revolution*** la Révolution française (⚠ *im Frz. wird oft nur der erste Teil e-s zusammengesetzten Namens großgeschrieben*)
Französisch *n Sprache*: le français; ***~ lernen*** apprendre le français; ***auf ~*** en français; ***sie ist gut in ~*** elle est bonne en français
Französisch|arbeit *f*, **~klausur** *f* contrôle *m* de français; **~kurs** *m* cours *m* de français; **~lehrer(in)** *m(f)* professeur *m* de français (⚠ *im Frz. nur m*); *umg.* prof *m,f* de français
französischsprachig francophone
Französisch|stunde *f* cours *m* de français; **~unterricht** *m* cours *m* de français
Frau *f* **1** femme *f*; *unbekannte, beliebige a.*: dame *f* **2** (*Ehefrau*) ***seine ~*** sa femme **3** *vor Namen*: Madame; ***~ Meier*** Madame Meier **4** *in der Anrede immer ohne den Namen*: ***guten Tag, ~ Huber usw.!*** bonjour Madame! **5** *Anrede mit Titel*: ***~ Direktor*** Madame la Directrice; *im Frz. a. oft mit maskuliner Bezeichnung*: ***~ Ministerin*** Madame le Ministre; *bei e-r Ärztin*: ***~ Doktor!*** docteur! **6** *Anrede im Brief*: ***Liebe ~ Horn! …*** Chère Madame, …; *förmlicher*: ***Sehr geehrte ~ Horn! …*** Madame, …
Frauchen *n* (*Tierbesitzerin*) maîtresse *f*
Frauen|arzt *m*, **~ärztin** *f* gynécologue *m,f*; **~beauftragte** *f* déléguée *f* à la condition féminine; **~haus** *n* centre *m* d'accueil pour femmes
Fräulein *n* **1** (*junge Frau*) demoiselle *f* **2** *vor Namen*: Mademoiselle **3** *in der Anrede ohne den Namen*: ***Guten Tag, ~ Müller!*** bonjour Mademoiselle!
…freak (*Fan*) *umg.* accro *m,f* de; *umg.* mordu(e) *m(f)*
frech 1 (*Person, Antwort usw.*) insolent (***zu*** avec, envers) **2** (*Kleidung, Frisur*) coquin
Frechdachs *m* petit(e) insolent(e) *m(f)*
Frechheit *f* insolence *f*
frei 1 libre **2** (*Tag, Stunde, Zeit*) libre **3** (↔ *besetzt*) libre; ***~e Stelle*** emploi *m* vacant **4** (↔ *gefangen*) en liberté **5** (*kostenlos*) gratuit, libre **6** (*Film*) ***~ ab 16*** interdit aux moins de 16 ans **7** ***~ von Konservierungsstoffen*** *usw.* sans agents conservateurs *usw.* **8** ***~e Fahrt haben*** avoir la voie libre; ***~e Sicht haben*** avoir la vue dégagée; ***die ~e Wahl haben*** être libre de choisir **9** ***~ sprechen*** parler sans notes; ***~ übersetzen*** traduire librement; ***~ erfunden*** inventé de toutes pièces **10** ***e-n Tag ~ bekommen*** avoir un jour de congé; ***er hat zwei Stunden ~ bekommen*** on lui a donné deux heures de libre **11** ***~ geben*** → ***freigeben*** **12** ***ich hab heute frei*** *von der Schule*: je n'ai pas cours aujourd'hui; *von der Arbeit*: j'ai congé aujourd'hui; ***e-e Stunde ~ haben*** avoir une heure de libre; ***zwei Tage ~ haben*** avoir deux jours de congé; SCHULE ***wir haben die erste Stunde frei*** nous n'avons pas cours en première heure **13** ***sich ~ machen*** *beim Arzt*: se déshabiller
Freibad *n* piscine *f* en plein air
freibekommen → ***frei***
Freiburg *n* **1** *in der Schweiz*: Fribourg **2** *in Deutschland*: Fribourg (en Brisgau)
Freie(s) *n*: ***im ~n*** dehors, en plein air; ***ins ~ gehen*** aller dehors
freigeben 1 libérer (*Weg, Gefangene*) **2** ***e-e Straße für den Verkehr ~*** ouvrir une route à la circulation **3** ***j-m (e-n Tag) ~*** donner (un jour de) congé à qn
freihaben → ***frei***
freihalten garder (*Stuhl, Platz usw.*)

freihändig: ~ ***Rad fahren*** faire du vélo sans tenir le guidon
Freiheit *f* **1** liberté *f* **2** ***dichterische ~*** licence *f* poétique
Freiheitskampf *m* lutte *f* pour la liberté
Freikarte *f* billet *m* gratuit
freilassen **1** relâcher (*Gefangene*) **2** remettre en liberté (*Tiere*)
freilich **1** (*allerdings*) à vrai dire **2** (*selbstverständlich*) bien sûr, évidemment; (***ja***) ***~!*** mais oui!
Freilicht|museum *n* écomusée *m*; **~theater** *n* théâtre *m* de plein air
freimachen → ***frei***
freinehmen: ***sich e-n Tag ~*** *von der Arbeit*: prendre un jour de congé
Freischwimmer *m*: ***den ~ machen*** passer son brevet de natation
freisprechen acquitter (*Angeklagte*)
Frei|spruch *m* acquittement *m*; **~stil** *m* **1** *Schwimmen*: nage *f* libre **2** *Ringen*: lutte *f* libre; **~stoß** *m* FUSSBALL coup *m* franc; **~stunde** *f* heure *f* creuse
Freitag *m* vendredi *m*; ⚠ *immer ohne* le *od. Präp.*: (***am***) ~ vendredi; ***nächsten ~*** vendredi prochain
Freitagabend *m* vendredi *m* soir; *Zeitangabe*: (***am***) ~ vendredi soir
freitagabends les vendredis soir
freitags le vendredi, les vendredis
freiwillig **1** volontaire; (*Teilnahme*, *Versicherung*) facultatif/-ive **2** ***etw ~ machen*** faire qc volontairement (*od.* de plein gré)
Frei|willige(r) *f(m)* volontaire *m,f*; **~zeichen** *n* TEL tonalité *f*
Freizeit *f* loisirs *m Pl*, temps *m* libre; ***in ihrer ~*** dans son temps libre
Freizeit|beschäftigung *f* activité *f* de loisirs; **~zentrum** *n* centre *m* socio-culturel; *für Jugendliche*: Maison *f* des jeunes
fremd **1** *Land*, *Regierung*, *Sprache*: étranger/-ère **2** (*unbekannt*) inconnu, étranger/-ère; ***~e Leute*** des inconnus *m Pl*, des étrangers *m Pl* **3** ***ich bin hier ~*** je ne suis pas d'ici
Fremde(r) *f(m)* **1** (↔ *Einheimischer*) étranger *m*, -ère *f* **2** (*Unbekannter*) inconnu(e) *m(f)*
Fremden|führer(in) *m(f)* guide *m,f*; **~verkehr** *m* tourisme *m*
Fremd|sprache *f* langue *f* étrangère; **~wort** *n* mot *m* étranger
Frequenz *f* fréquence *f*
fressen **1** (*Tiere*) manger; ***j-m aus der Hand ~*** manger dans la main de qn **2** *im negativen Sinn* (*Menschen*) *umg.* bouffer; (*viel essen*) *umg.* s'empiffrer, se goinfrer **3** ***sie werden dich schon nicht ~!*** ils ne te mangeront pas! **4** ***ich habe dich zum Fressen gern!*** je t'adore! **5** ***sich durch*** *od.* ***in etw ~*** (*Rost*, *Säure usw.*) pénétrer dans qc
Fressen *n* nourriture *f*
Fressnapf *m* écuelle *f*
Freude *f* **1** joie *f* (***an, über*** de) **2** *bes.* (*Vergnügen*) plaisir *m* (***an*** de) **3** ***j-m e-e ~ machen*** faire plaisir à qn (***mit*** avec)
Freudensprung *m* saut *m*; ***Freudensprünge machen*** sauter de joie
freudestrahlend l'air rayonnant
freuen **1** ***sich ~*** être content, se réjouir (***über*** de); ***er hat sich über dein Geschenk gefreut*** ton cadeau lui a fait plaisir; ***ich freue mich*** (***darüber***), ***dass sie kommt*** je suis content qu'elle vienne (*Subj.*) **2** ***sich auf Weihnachten*** *usw.* ~ se réjouir en pensant à Noël *usw.*; ***ich freue mich auf die Ferien*** (*bzw.* ***auf dich***) je suis content d'être bientôt en vacances (*bzw.* de te voir); ***ich freue mich schon darauf*** je m'en réjouis à l'avance **3** ***es freut mich, dass sie kommt*** je suis content qu'elle vienne (*Subj.*); ***das freut mich*** j'en suis content
Freund(in) *m(f)* ami(e) *m(f)*; *enger*: copain *m*, copine *f*; ***wir sind gute ~e*** on est très amis; ***das ist e-e ~in von mir*** c'est une de mes amies (*od.* de mes copines)
Freundeskreis *m* cercle *m* d'amis; ***sie hat e-n großen ~*** *a.* elle a beaucoup d'amis
freundlich **1** (*Person*) aimable, gentil/-ille; ***~ zu j-m sein*** être aimable avec qn **2** (*Empfang*, *Ton*) aimable; (*Wetter*) agréable; (*Atmosphäre*) sympathique; (*Farbe*) gai **3** *am Briefschluss*: ***mit ~en Grüßen*** veuillez agréer, Madame *bzw.* Monsieur, l'expression de mes sentiments distingués
freundlicherweise aimablement
Freundschaft *f* amitié *f*; ***~ schließen mit*** devenir ami *bzw.* amie avec
freundschaftlich amical
Freundschaftsspiel *n* match *m* amical

F

Frieden *m* **1** paix *f* **2** ***j-n in ~ lassen*** laisser qn en paix (***mit*** avec); ***lass mich in ~!*** laisse-moi tranquille!; *umg.* fiche-moi la paix!
Friedens|bewegung *f* mouvement *m* de la paix; **~nobelpreis** *m* prix *m* Nobel de la paix; **~verhandlungen** *f Pl* négociations *f Pl* pour la paix
Friedhof *m* cimetière *m*
friedlich **1** (*ohne Krieg, Gewalt*) pacifique **2** (*ruhig*) paisible **3** ***die Demo verlief ~*** la manif s'est déroulé dans le calme
frieren **1** (*Kälte fühlen*) avoir froid **2** (*kalt sein*) ***es friert*** il gèle **3** (*gefrieren*) geler
Frikadelle *f* boulette *f* (de viande *hachée); *in Belgien a.:* fricadelle *f*
Frikassee *n* fricassée *f* (⚠ *im Frz. f*)
Frisbee(scheibe)® *n(f)* frisbee® *m*
frisch **1** frais/fraîche **2** (*kühl*) frais/fraîche; ***es ist ~*** il fait frais **3** ***~ gewaschene Wäsche*** du linge qu'on vient de laver; ***~ gebackenes Brot*** du pain qui sort du four, du pain frais; ***~ gestrichen!*** attention à la peinture! **4** ***sich ~ machen*** faire un brin de toilette
Frisch|haltefolie *f* film *m* plastique alimentaire; **~käse** *m* fromage *m* frais
frischmachen → ***frisch***
Friseur(in) *m(f)* coiffeur *m*, -euse *f*
frisieren **1** coiffer (*Haare*) (⚠ *frz.* friser = ***sich kräuseln***) **2** ***sich ~*** se coiffer **3** (*schönen*) maquiller (*Zahlen, Bilanz*) **4** *umg.* ***ein Moped ~*** gonfler le moteur d'un vélomoteur
Frist *f* délai *m*; ***e-e ~ setzen*** fixer un délai
frist|gemäß, **~gerecht** dans les délais; **~los** sans préavis
Frisur *f* coiffure *f* (⚠ *frz.* frisure *f* = ***Kräuselung, Kraushaar***)
Frittatensuppe *f* Ⓐ ≈ potage *m* garni de crêpes coupées en lanières
Fritten *f Pl umg.* frites *f Pl*
Fritteuse *f* friteuse *f*
frittieren frire
Frl. Mlle, Mlle
froh **1** (*fröhlich*) joyeux/-euse **2** (*erfreut, glücklich*) content, heureux/-euse (***über*** de); ***sei ~, dass du nicht hier bist!*** estime-toi heureux de ne pas être ici! **3** ***~e Ostern!*** joyeuses Pâques!
fröhlich **1** gai **2** ***~e Weihnachten!*** joyeux Noël!
fromm pieux/pieuse
Fronleichnam *m* Fête-Dieu *f*
Front *f* **1** (*Vorderseite*) façade *f* **2** (*Kriegsfront*) front *m*
Frosch *m* **1** grenouille *f* **2** ***ich habe e-n ~ im Hals*** j'ai un chat dans la gorge **3** ***sei kein ~!*** allez, ne fais pas de manières!
Froschmann *m* homme-grenouille *m*
Frost *m* gelée *f*
Frottee *n* tissu *m* éponge
Frotteehandtuch *n* serviette *f* éponge
Frucht *f* fruit *m*
fruchtbar fécond; (*Boden*) fertile
Frucht|bonbon *n* bonbon *m* acidulé; **~fleisch** *n* pulpe *f*, chair *f*
Fruchtgeschmack *m* goût *m* de fruits; ***mit ~*** fruité
fruchtig fruité; ***~ schmecken*** avoir un goût fruité
Fruchtsaft *m* jus *m* de fruits
früh **1** (↔ *spät*) tôt **2** (*morgens*) ***heute ~*** ce matin; ***morgen ~*** demain matin; ***Montag*** *usw.* ***~*** lundi *usw.* matin **3** ***am ~en Morgen*** de bon matin; ***am ~en Vormittag*** (*bzw.* ***Abend***) tôt dans la matinée (*bzw.* soirée) **4** (*frühzeitig*) précoce; (*vorzeitig*) prématuré **5** ***von ~ bis spät*** du matin au soir
Frühaufsteher(in) *m(f) umg.* lève-tôt *m,f*
früher **1** (*damals*) autrefois **2** (*eher*) plus tôt **3** ***~ oder später*** tôt ou tard
frühere(r, -s) **1** (*vergangen, vorbei*) passé **2** (*ehemalig*) ancien/-ienne; (⚠ *vor dem Subst.*)
frühestens au plus tôt
Frühjahr *n*, **Frühling** *m* printemps *m*; ***im Frühling*** au printemps
Frühlings... printanier/-ière, de (*od.* du) printemps; ***Frühlingsanfang*** début *m* du printemps
Frühlingsrolle *f* pâté *m* impérial
Frühstück *n* petit-déjeuner *m*
frühstücken **1** prendre son petit-déjeuner **2** ***etw ~*** manger qc au petit-déjeuner
Frust *m* frustration *f*
frustrieren frustrer
frustrierend frustrant
Fuchs *m* renard *m*
Fuge *f in der Mauer o. ä.:* joint *m*
fühlen **1** (*spüren*) sentir; (*empfinden*) ressentir, éprouver (*Gefühle, Schmerzen*) **2** (*berühren*) toucher; ***fühl mal!***

touche! **3** ***ich fühle mich nicht gut*** je ne me sens pas bien; ***sich verantwortlich ~*** se sentir responsable (***für*** de) **4** (*abfühlen, tasten*) tâter; ***j-m den Puls ~*** tâter le pouls à qn

Fühler *m* **1** *von Insekten*: antenne *f*; *von Schnecken*: corne *f* **2** ***die ~ ausstrecken*** *fig*. tâter le terrain

führen 1 mener; *bes*. (*herumführen*) guider; *an e-n bestimmten Ort*: conduire; ***die Gäste durchs Haus ~*** montrer la maison aux invités **2** (*leiten*) diriger, gérer (*Unternehmen usw.*) **3** (*in Führung liegen*) mener **4** mener (*Verhandlung, Untersuchung*); ***ein Gespräch ~*** avoir un entretien (***mit*** avec) **5** ***e-n Prozess gegen j-n ~*** être en procès avec qn **6** ***über etw Buch ~*** tenir le compte de qc **7** ***Krieg ~*** faire la guerre (***gegen*** à) **8** ***der Weg führt durch den Wald*** le chemin passe par la forêt **9** ***das führt zu nichts*** cela ne mène à rien

Führer *m Buch*: guide *m* (***über*** de)

Führer(in) *m(f)* **1** (*Reiseführer[in]*) guide *m,f* **2** (*Leiter[in]*) chef *m* (⚠ *im Frz. nur m*)

Führerschein *m* permis *m* de conduire

Führung *f* **1** *für Touristen*: visite *f* guidée **2** (*Leitung*) direction *f* **3** ***in ~ liegen*** *im Rennen, in der Tabelle*: être en tête; *im Spiel*: mener; ***in ~ gehen*** prendre la tête

füllen 1 remplir (***mit*** de); ***in Flaschen*** (***Säcke*** *usw.*) ***~*** mettre en bouteilles (en sacs *usw.*) **2** ***sich ~*** se remplir

Füller *m* stylo *m*

Füllung *f* **1** (*Zahnfüllung*) plombage *m* **2** *in e-m Braten usw.*: farce *f* **3** *Kuchen, Bonbons*: ***mit ~*** fourré **4** *in Kissen usw.*: rembourrage *m*

fummeln 1 (***an etw***) ***~*** tripoter qc **2** *an j-m*: ***hör auf zu ~!*** *umg*. arrête de me peloter!

Fundament *n* **1** *e-s Gebäudes*: fondations *f Pl* **2** (*Grundlage*) base *f*; *bes. e-s Staates, e-r Theorie*: fondement *m*

fundamental fondamental

Fundamentalismus *m* fondamentalisme *m*; REL intégrisme *m*

Fund|amt *n*, **~büro** *n* bureau *m* des objets trouvés

fünf 1 cinq; ***alle ~ Wochen*** toutes les cinq semaines **2** ***sie ist ~*** (***Jahre alt***) elle a cinq ans **3** ***um ~ Uhr*** à cinq heures

Fünf *f* **1** cinq *m* (*a. Buslinie, Spielkarte usw.*) **2** *Schulnote, im frz. Punktesystem* ≈ six (sur vingt); ***sie hat e-e ~*** ≈ elle a six sur vingt

Fünfcentstück *n* pièce *f* de cinq cents

fünf|eckig pentagonal; **~einhalb** cinq … et demi

Fünfer *m* **1** *bes. süddeutsch*: → ***Fünf*** **2** *Geldstück*: pièce *f* de cinq cents, de cinq centimes

Fünfeuroschein *m* billet *m* de cinq euros

fünfhundert cinq cents; *zusammengesetzte Zahlen ohne* -s: ***fünfhunderteins*** *usw.* cinq cent un *usw.*

Fünfhunderteuroschein *m* billet *m* de cinq cents euros

fünf|jährig de cinq ans; **~mal** cinq fois

fünfstellig (*Zahl usw.*) de cinq chiffres

fünft: *zu ~* à cinq

Fünftagewoche *f* semaine *f* de cinq jours

fünftausend cinq mille

fünfte(r, -s) 1 cinquième **2** *im Datum*: cinq; ***der ~ August*** le cinq août **3** ***die ~ Klasse*** le cours moyen, deuxième année (⚠ *gehört noch zur frz. Grundschule*)

Fünftel *n* cinquième *m*

fünftens cinquièmement, en cinquième lieu

fünfund|neunzig quatre-vingt-quinze; **~siebzig** soixante-quinze

fünfzehn 1 quinze **2** ***ungefähr ~*** (***Personen***) une quinzaine (de personnes)

Fünfzehnjährige(r) *f(m)* jeune *m*, fille *f* de quinze ans

fünfzig 1 cinquante **2** ***ungefähr ~*** (***Personen***) une cinquantaine (de personnes)

Fünfzig... *Geld*: ***Fünfzigcentstück*** pièce *f* de cinquante cents; ***Fünfzigeuroschein*** billet *m* de cinquante euros; ***Fünfzigfrankenschein*** billet *m* de cinquante francs

Fünfzimmerwohnung *f* appartement *m* de cinq pièces, cinq-pièces *m*

Funk *m* radio *f*

Funke *m* étincelle *f*

funkeln étinceler; (*Diamanten usw.*) scintiller

funken 1 lancer (*Nachricht*) **2** ***es hat bei ihr gefunkt*** (*sie hat es verstanden, sie hat sich verliebt*) *umg*. ça a fait tilt

F

Funk|gerät *n* **1** *größeres*: poste *m* émetteur-récepteur de radio **2** (*Funksprechgerät*) talkie-walkie *m*; **~haus** *n* maison *f* de la radio; **~spruch** *m* message *m* radio; **~telefon** *n* radiotéléphone *m*
Funktion *f* fonction *f*
funktionieren fonctionner, marcher
Funktionstaste *f* la touche de fonction
für **1** pour; ***das ist ~ dich*** c'est pour toi **2** ***was ~ ...?*** quel, quelle ...? **3** **~ *sich*** seul; ***sie bleibt lieber ~ sich*** elle préfère rester seule
Furche *f* sillon *m*
Furcht *f* peur *f*
furchtbar **1** (*schrecklich*) terrible, affreux/-euse **2** (*groß, heftig*) terrible **3** (*sehr*) très, terriblement
fürchten **1** ***sich ~*** avoir peur (***vor*** de) **2** ***ich fürchte, dass ...*** j'ai peur (*od.* je crains) que ... (+ *Subj.*)
fürchterlich → ***furchtbar***
fürs **1** → ***für*** **2** **~ *Erste*** pour le moment
Fürst(in) *m(f)* prince *m*, -esse *f*
Fuß *m* **1** pied *m* (*a. von Möbeln, Bergen usw.*); ***zu ~ gehen*** aller à pied, marcher **2** ***auf eigenen Füßen stehen*** être indépendant **3** ***auf freiem ~ sein*** être en liberté; ***j-n auf freien ~ setzen*** relâcher qn **4** ***er kriegte plötzlich kalte Füße*** *umg.* il s'est dégonflé tout à coup **5** *zum Hund*: ***bei ~!*** au pied! **6** *Längenmaß*: pied *m*
Fuß|abdruck *m* empreinte *f* de pied; **~ball** *m* **1** *Spiel*: football *m*; *umg.* foot *m* **2** *Ball*: ballon *m* de football
Fußball... de football; ***Fußballfan*** supporter *m* de football; ***Fußballmannschaft*** equipe *f* de football; ***Fußballspiel*** match *m* de football; ***Fußballspieler***, ***Fußballspielerin*** joueur *m*, -euse *f* de football; ***Fußballverein*** club *m* de football
Fuß|boden *m* plancher *m*, sol *m*; **~ende** *n e-s Betts usw.*: pied *m*
Fußgänger(in) *m(f)* piéton *m*
Fußgänger|überweg *m* passage *m* pour piétons; **~zone** *f* rues *f Pl* piétonnes
Fuß|matte *f* paillasson *m*; **~nagel** *m* ongle *m*; **~sohle** *f* plante *f* du pied; **~spitze** *f* pointe *f* du pied; **~tritt** *m* coup *m* de pied
futsch (*weg*) *umg.* fichu
Futter[1] *n für Tiere*: nourriture *f*
Futter[2] *n e-s Mantels usw.*: doublure *f*
futtern *umg.* bouffer
füttern[1] **1** donner à manger à (*Tiere*) **2** ***das Baby ~*** faire manger le bébé **3** ***den Computer mit Daten*** *usw.* **~** alimenter l'ordinateur en données *usw.*
füttern[2] doubler (*Mantel usw.*) (***mit*** de)
Futternapf *m* écuelle *f*
Futur *n* futur *m*

G

Gabe *f* **1** (*Spende*) don *m* **2** (*Geschenk*) présent *m* **3** (*Begabung*) don *m*
Gabel *f* **1** *zum Essen*: fourchette *f* **2** (*Heu-, Mist-, Fahrradgabel*) fourche *f*
Gabelstapler *m* chariot *m* élévateur
gackern **1** (*Hühner*) caqueter **2** (*kichern*) glousser
gaffen *umg.* regarder bouche bée
Gag *m* **1** truc *m* **2** FILM gag *m*
Gage *f* cachet *m* (⚠ *frz.* gage *m* = ***Pfand***)
gähnen bâiller
Galerie *f* galerie *f*
Galgen *m* potence *f*, gibet *m*
Galgen|frist *f* dernier sursis *m*; **~humor** *m* humour *m* macabre
Galle *f* **1** *Organ*: vésicule *f* biliaire **2** *Flüssigkeit*: bile *f*
Gallenstein *m* calcul *m* biliaire
Gallien *n* la Gaule
Gallier(in) *m(f)* Gaulois(e) *m(f)*
gallisch gaulois
Galopp *m* galop *m*
galoppieren galoper
gammelig **1** (*Kleider, Möbel*) miteux/-euse **2** (*Lebensmittel*) pourri
gammeln **1** (*Personen*) *umg.* glander, traîner **2** ***vor sich hin ~*** (*Lebensmittel*) être en train de pourrir
Gämse *f* chamois *m*
Gang[1] *m* **1** (*das Gehen*) marche *f*; (*Gehweise*) démarche *f*; ***der aufrechte ~*** la station verticale **2** (*Besorgung*) ***e-n ~ zur Post machen*** aller à la poste **3**

in ~ kommen (*Maschine usw.*) se mettre en marche; ***wieder in ~ kommen*** (*Diskussion usw.*) reprendre son cours **4** ***im ~ sein*** être en cours; ***das Fest ist in vollem ~*** la fête bat son plein; ***gegen ihn ist etw im ~*** il se prépare qc contre lui

Gang[2] *m* **1** (*Flur*) couloir *m* **2** (*Durchgang*) passage *m*; *zwischen Sitzreihen*: allée *f* **3** *unterirdischer*: galerie *f*

Gang[3] *m beim Essen*: plat *m*

Gang[4] *m* AUTO vitesse *f*; ***den ersten ~ einlegen*** passer en première; ***im dritten ~ fahren*** rouler en troisième (vitesse)

gängig (*Methode*, *Ausdruck*) courant

Gangschaltung *f* changement *m* de vitesses; *am Fahrrad a.*: dérailleur *m*

Gangster *m* gangster *m*

Gans *f* **1** zo oie *f* **2** ***sie ist e-e dumme ~*** *umg.* c'est une oie

Gänseblümchen *n* pâquerette *f*

Gänsefüßchen *n* guillemets *m Pl*; ***in ~*** entre guillemets

Gänsehaut *f* chair *f* de poule; ***davon bekomme ich e-e ~*** cela me donne la chair de poule

ganz **1** (↔ *kaputt*) entier/-ière, intact **2** (*völlig*) complètement **3** (*sehr*) tout à fait; tout **4** (*ziemlich*) assez **5** ***das hatte ich ~ vergessen*** je l'ai complètement oublié; ***das ist etw ~ anderes*** c'est tout autre chose **6** ***~ und gar nicht*** pas du tout

ganze(r, -s) **1** (*gesamt*) entier/-ière **2** (*alles*) ***die ~ Klasse*** (***Zeit*** *usw.*) toute la classe (tout le temps *usw.*) **3** ***e-e ~ Menge Geld*** *usw. umg.* pas mal d'argent *usw.* **4** ***im Großen und Ganzen*** dans l'ensemble

Ganze(s) *n* **1** tout *m*, ensemble *m* **2** *umg.* ***aufs ~ gehen*** aller droit au but

Ganztagsschule *f* établissement *m* scolaire avec des cours le matin et l'après-midi (⚠ *in Frankreich ist die Ganztagsschule die Regel, meistens haben die Schüler nur e-n Nachmittag in der Woche frei*)

gar[1] (*Essen*) à point, cuit

gar[2]: ***~ nicht*** pas du tout; ***~ nichts*** rien du tout

Garage *f* garage *m* (⚠ *im Frz. m*)

Garantie *f* **1** *bei Waren*: garantie *f* **2** ***das ist unter ~ gelogen!*** c'est sûrement des mensonges!

garantieren **1** garantir **2** ***ich garantiere für ihn*** je me porte garant pour lui; ***ich garantiere für seine Sicherheit*** je réponds de sa sécurité

garantiert **1** ***~ reine Wolle*** garanti pure laine **2** ***das ist ~ gelogen*** c'est sûrement des mensonges

Garderobe *f* **1** (*Kleidung*) garde-robe *f*, vêtements *m Pl* **2** *Kleiderständer*: portemanteau *m* **3** THEAT *usw.* vestiaire *m* **4** *Umkleideraum*: loge *f*

Garderobenständer *m* portemanteau *m*

Gardine *f* rideau *m*

gären fermenter

Garn *n* fil *m*

Garnele *f* crevette *f*

garnieren garnir (***mit*** de)

Garnitur[1] *f* (*Verzierung*) garniture *f*

Garnitur[2] *f* **1** *Wäsche, bes. Damenwäsche*: parure *f* **2** *Möbel*: ensemble *m*

Garten *m* jardin *m*

Gärtner(in) *m(f)* **1** jardinier *m*, -ière *f* **2** *der a. verkauft*: horticulteur *m*, -trice *f*

Gärtnerei *f* pépinière *f*

Gas *n* **1** gaz *m* **2** ***~ geben*** accélérer; *umg.* appuyer sur le champignon

Gas|heizung *f* chauffage *m* au gaz; **~herd** *m* cuisinière *f* à gaz; **~maske** *f* masque *m* à gaz; **~pedal** *n* accélérateur *m*

Gasse *f* rue *f*; *kleine Straße*: ruelle *f*

Gassi: ***mit dem Hund ~ gehen*** sortir le chien

Gast *m* **1** *eingeladener*: invité(e) *m(f)*; ***zu ~ sein bei*** être l'invité, l'invitée de **2** (*Besucher*) visiteur *m*, -euse *f* **3** *e-s Restaurants, Hotels usw.*: client(e) *m(f)*

Gastarbeiter(in) *m(f)* travailleur *m* immigré, travailleuse *f* immigrée

Gäste|-WC *n* deuxième W.-C. *m*; **~zimmer** *n* chambre *f* d'hôte(s); *privates*: chambre *f* d'ami(s)

Gastfamilie *f* famille *f* d'accueil

gastfreundlich hospitalier/-ière

Gast|freundschaft *f* hospitalité *f*; **~geber(in)** *m(f)* hôte *m*, -esse *f*; **~geschenk** *n* cadeau *m*; **~haus** *n* **1** (*Hotel*) hôtel *m* **2** (*Restaurant*) restaurant *m*; *einfaches*: bistrot *m* **3** (*Gasthof*) auberge *f*; **~hof** *m bes. feinerer*: auberge *f*

gastieren donner des représentations (***in*** à)

Gast|mannschaft *f* SPORT visiteurs *m*

G

Pl; **~stätte** *f*, **~wirtschaft** *f* restaurant *m*
Gaswerk *n* usine *f* à gaz
Gattung *f* BIOL, KUNST genre *m*
Gaumen *m* palais *m*
Gauner *m* escroc *m*
geb. né
Gebäck *n* pâtisserie *f*; *verschiedene Stücke a.*: gâteaux *m Pl*
gebannt: (**wie**) **~** fasciné
Gebärde *f* geste (⚠ *im Frz. m*)
Gebärmutter *f* utérus *m*
Gebäude *n* bâtiment *m*; *bes. großes*: édifice *m*; (*Hochhaus*) immeuble *m*
Gebell *n* aboiements *m Pl*

G

geben 1 donner (*a. Karten*); ***j-m e-n Kuss* ~** embrasser qn; ***j-m ein Zeichen* ~** faire un signe à qn; ***wer gibt?*** *Kartenspiel*: à qui la donne? **2** TEL ***gib mir bitte mal Herrn Weiß!*** tu peux me passer Monsieur Weiß, s'il te plaît? **3** (*veranstalten*) ***ein Konzert* ~** donner un concert **4** ***Milch* ~** (*Kuh*) produire du lait **5** (*machen*) ***das gibt Flecken*** ça fait des taches **6** ***das gibt Ärger!*** *umg.* ça va barder! **7** ***der hat es ihm aber gegeben!*** *mit Worten*: il lui a dit ses quatre vérités! **8** ***sich* ~** (*nachlassen*) se calmer; ***das wird sich schon* ~** ça s'arrangera **9** ***das gibt's doch nicht!*** *umg.* c'est pas possible! **10** ***es gibt ...*** il y a ..., il existe ...; ***was gibt es Neues?*** quoi de neuf?; ***was gibt es heute zu essen?*** qu'est-ce qu'on mange aujourd'hui?
Gebet *n* prière *f*
Gebiet *n* **1** (*Gegend*) région *f* **2** (*Bereich, Sachgebiet*) domaine *m*
Gebilde *n Gegenstand*: objet *m*
gebildet cultivé
Gebirge *n* montagnes *f Pl*
Gebiss *n* **1** (*Zähne*) dents *f Pl* **2** (*künstliche Zähne*) dentier *m*
geblümt (*Stoff, Tapete usw.*) à fleurs
gebogen courbé, recourbé
gebongt: ***ist* ~!** *umg.* d'acc!
geboren 1 *~ werden* naître; ***sie wurde am 11. Mai* ~** elle est née le onze mai **2** (*gebürtig*) né; ***er ist der ~e Schauspieler*** c'est un acteur-né
geborgen: ***ich fühle mich* (*bei ihm*) ~** je me sens protégé (auprès de lui)
Geborgenheit *f* sécurité *f*
Gebot *n* **1** ***die Zehn ~e*** BIBEL les dix commandements *m Pl* **2** *bei Versteigerungen*: offre *f*; ***ein höheres* ~** une enchère
Gebrauch *m* usage *m*; *e-s Geräts, Worts usw.*: emploi *m*; ***etw in ~ haben*** utiliser qc
gebrauchen 1 (*benutzen, verwenden*) employer, utiliser; ***er ist zu nichts zu* ~** il n'est bon à rien; ***das ist zu nichts zu* ~** cela ne sert à rien **2** (*benötigen*) ***das kann ich gut* ~** cela me sera bien utile
gebräuchlich 1 courant, usuel/-elle **2** (*Wort*) usité, courant
Gebrauchsanweisung *f* mode *m* d'emploi
gebraucht 1 (*benutzt*) usagé **2** (*Auto, Kleider usw.*) d'occasion
Gebrauchtwagen *m* voiture *f* d'occasion
Gebrüll *n* **1** (*Geschrei*) *hurlements *m Pl* **2** (*Schimpfen*) vociférations *f Pl* **3** *e-s Babys*: braillements *m Pl* **4** *von Löwen*: rugissements *m Pl*
Gebühr *f* **1** taxe *f* **2** **~en** taxes *f Pl*; TV, RAD redevance *f*; (*Postgebühren*) tarif *m*
gebührenpflichtig 1 soumis à une taxe (*bzw.* redevance), taxé **2** ***~e Verwarnung*** contravention *f*
gebunden 1 *durch Versprechen, Vertrag*: lié, engagé **2** (*Buch*) relié
Geburt *f* **1** naissance *f* **2** (*Entbindung*) accouchement *m* **3** ***vor*** (*bzw.* ***nach***) ***Christi* ~** avant (*bzw.* après) Jésus-Christ
Geburts|anzeige *f* faire-part *m* de naissance; **~datum** *n* date *f* de naissance; **~jahr** *n* année *f* de naissance; **~name** *m von Frauen*: nom *m* de jeune fille; **~ort** *m* lieu *m* de naissance
Geburtstag *m* anniversaire *m*; ***ich habe heute* ~** c'est mon anniversaire aujourd'hui; ***alles Gute zum ~!*** bon anniversaire!
Geburtstags|feier *f* fête *f* d'anniversaire; **~geschenk** *n* cadeau *m* d'anniversaire
Geburtstagskind *n*: ***das* ~** celui *bzw.* celle qui fête son anniversaire aujourd'hui
Geburtsurkunde *f* acte *m* de naissance; *als Abschrift*: extrait *m* d'acte de naissance
Gebüsch *n* buissons *m Pl*
Gedächtnis *n* mémoire *f*

gedämpft **1** (*Geräusch*) assourdi, étouffé; ***mit ~er Stimme*** à mi-voix **2** (*Licht*) tamisé
Gedanke *m* **1** (*Einfall, Idee*) idée *f*; ***j-n auf andere ~n bringen*** changer les idées de (*od.* à) qn; ***auf dumme ~n kommen*** faire des bêtises **2** (*Überlegung*) pensée *f*; **(*ganz*) *in ~n sein*** être perdu dans ses pensées, avoir la tête ailleurs **3** ***sich ~n machen*** (*nachdenken*) réfléchir (***über*** à); (*sich sorgen*) se faire du souci (***über*** pour); ***mach dir*** (***darüber***) ***keine ~n!*** ne t'en fais pas!
gedankenlos **1** (*Person*) inconscient; (*zerstreut*) distrait **2** (*Handlung*) irréfléchi
Gedankenstrich *m* tiret *m*
Gedeck *n* couvert *m*
gedeckt **1** ***der Tisch war ~*** le couvert était mis **2** ***der Scheck war nicht ~*** le chèque était sans provision
gedeihen **1** (*Pflanzen usw.*) pousser bien; (*Kinder*) bien grandir **2** (*Firma*) prospérer
Gedicht *n* **1** poème *m* **2** ***das Essen war ein ~!*** le repas était divin!
Gedichtinterpretation *f* commentaire *m* de poème
Gedränge *n* (*Menschenmenge*) cohue *f*, bousculade *f*
gedruckt: ***er lügt wie ~*** il ment comme il respire
Geduld *f* patience *f*
gedulden: ***sich ~*** patienter, prendre patience
geduldig **1** patient **2** ***~ warten*** attendre patiemment (*od.* avec patience)
geehrt *im Brief*: ***Sehr ~e Frau Meier!*** Madame, ...; ***Sehr ~er Herr Bauer!*** Monsieur, ...
geeignet bon/bonne (***für*** pour); (*Augenblick, Maßnahme*) approprié, convenable; (*Person*) apte (***für*** à)
Gefahr *f* **1** danger *m* **2** ***auf die ~ hin, alles zu verlieren*** au risque de tout perdre; ***auf eigene ~*** à ses risques et périls
gefährden **1** ***j-n ~*** mettre qn en danger; *im Straßenverkehr a.*: être un danger pour qn **2** compromettre (*Plan, Frieden, Sicherheit*)
gefährdet: ***~ sein*** (*Person*) être en danger; (*Frieden usw.*) être compromis
Gefahrenzone *f* zone *f* dangereuse
gefährlich dangereux/-euse
Gefährte *m*, **Gefährtin** *f* compagnon *m*, compagne *f*
gefallen[1] **1** (*gut gefallen*) plaire (***j-m*** à qn); ***mir gefällt es in München*** j'aime beaucoup Munich; ***es gefällt mir, wie er tanzt*** j'aime sa façon de danser **2** *neutral*: ***wie gefällt dir ...?*** comment tu trouves ...?
gefallen[2]: ***das lasse ich mir nicht ~!*** je ne me laisserai pas faire!
Gefallen *m* service *m*, faveur *f*; ***j-m e-n ~ tun*** rendre (un) service à qn; ***tu mir den ~ und sei still!*** sois gentil et tais-toi!
Gefälligkeit *f* service *m*, faveur *f*
gefälligst: ***halt ~ den Mund!*** fais-moi le plaisir de te taire!; ***machen Sie ~ die Tür zu!*** fermez la porte, s'il vous plaît!
gefangen **1** prisonnier/-ière; (*in Haft*) détenu **2** ***j-n ~ halten*** détenir qn; ***j-n ~ nehmen*** faire qn prisonnier
Gefangene(r) *f*(*m*) prisonnier *m*, -ière *f*; (*Häftling*) détenu(e) *m*(*f*)
Gefangenschaft *f* captivité *f*
Gefängnis *n* prison *f*; ***ins ~ kommen*** aller en prison
Gefängnis|strafe *f* peine *f* de prison; **~wärter(in)** *m*(*f*) gardien *m*, -ienne *f* de prison
Gefäß *n* **1** (*Behälter*) récipient *m* **2** (*Blutgefäß*) vaisseau *m*
gefasst **1** (*beherrscht*) calme **2** ***der kann sich auf was ~ machen!*** *umg.* il ne perd rien pour attendre!
Gefecht *n* combat *m*
Gefieder *n* plumage *m*
gefleckt **1** tacheté, moucheté **2** ***rot*** (***blau*** *usw.*) ***~*** avec des taches rouges (bleues *usw.*)
Geflügel *n* volaille *f*
gefragt: ***sehr ~ sein*** être très demandé
gefräßig vorace
gefreut (CH) **1** (*erfreulich, befriedigend, angenehm*) satisfaisant **2** (*sympathisch*) sympathique
gefrieren geler
Gefrierfach *n* compartiment *m* congélateur
Gefrierpunkt *m* **1** (↔ *Siedepunkt*) point *m* de congélation **2** ***zehn Grad über*** (*bzw.* ***unter***) ***dem ~*** dix degrés au-dessus (*bzw.* au-dessous) de zéro
Gefriertruhe *f* congélateur *m*
Gefühl *n* **1** (*Empfindung*) sentiment *m*; (*Emotion, Rührung*) émotion *f* **2**

G

(*Wahrnehmung*) sensation *f* **3** (*Ahnung, Vermutung*) sentiment *m*, impression *f* **4** (*Gespür*) sens *m* (**für** de); ***das habe ich im ~*** je le sens; ***das macht er nach ~*** il fait ça intuitivement

gefühl|los insensible; **~voll** sentimental; (*Lied*) avec beaucoup de sentiment

gefüllt **1** *mit Fleisch*: farci **2** (*Bonbons, Gebäck*) fourré

gefüttert (*Mantel, Briefumschlag usw.*) doublé; ***mit Pelz ~*** fourré

gegebenenfalls le cas échéant

gegen **1** (↔ *für*) contre **2** *zeitlich*: vers; ***~ sieben Uhr*** vers (les) sept heures

Gegenbeispiel *n* contre-exemple *m*

Gegend *f* région *f*; *e-r Stadt*: quartier *m*

gegeneinander l'un *bzw.* l'une contre l'autre; *mehrere*: les uns *bzw.* les unes contre les autres

Gegenfahrbahn *f* voie *f* opposée; ***der Wagen auf der ~*** la voiture venant dans le sens inverse

Gegenfrage *f*: ***e-e ~ stellen*** poser une question en retour; ***sie antwortete mit e-r ~*** elle a répondu par une question

Gegen|gift *n* contrepoison *m*; **~leistung** *f* contrepartie *f*

Gegenlicht *n*: ***im ~*** à contre-jour

Gegen|maßnahme *f* contre-mesure *f*; **~mittel** *n* antidote *m*; **~probe** *f* contre-épreuve *f*

Gegensatz *m* **1** (*Unterschied*) contraste *m* **2** (*Gegenteil*) contraire *m* **3** ***im ~ stehen*** contraster, faire un contraste (**zu** avec) **4** ***im ~ zu ...*** contrairement à ..., au contraire de ...; ***im ~ dazu*** par contre **5** ***Gegensätze ziehen sich an*** les extrêmes s'attirent

gegensätzlich contraire, opposé

Gegenseite *f* **1** *räumlich*: côté *m* opposé **2** (*Gegenpartei*) partie *f* adverse

gegenseitig **1** (*wechselseitig*) réciproque, mutuel/-elle **2** ***sich ~ helfen*** s'aider mutuellement

Gegenseitigkeit *f* réciprocité *f*; ***das beruht auf ~*** c'est réciproque

Gegenstand *m* objet *m*

Gegenstimme *f bei der Wahl usw.*: voix *f* contre; ***sie ist ohne ~ gewählt worden*** elle a été élue à l'unanimité

Gegenstück *n* pendant *m* (**zu** de)

Gegenteil *n* contraire *m*; ***(ganz) im ~*** (bien) au contraire

gegenteilig contraire, opposé

Gegen|tor *n*, **~treffer** *m* but *m* marqué par l'adversaire

gegenüber **1** *örtlich*: en face, vis-à-vis (**von** de) **2** (*zu*) envers **3** (*im Vergleich zu*) par rapport à, comparé à

Gegenverkehr *m*: ***es herrschte starker ~*** en sens inverse, la circulation était dense

Gegenvorschlag *m* contre-proposition *f*

Gegenwart *f* **1** *Zeit*: présent *m*, époque *f* actuelle **2** GR présent *m* **3** (*Anwesenheit*) présence *f* (**von** de)

gegenwärtig **1** actuel/-elle **2** (*zurzeit*) actuellement, à présent

Gegenwind *m* vent *m* contraire; ***wir haben ~*** le vent vient d'en face

Gegner(in) *m(f)* adversaire *m,f*

gegnerisch (*Mannschaft usw.*) adverse

gehabt: ***wie ~*** comme d'habitude

Gehackte(s) *n* viande *f* *hachée

Gehalt[1] *n* salaire *m*

Gehalt[2] *m* **1** CHEM teneur *f* (**an** de) **2** *e-s Texts usw.*: contenu *m*

Gehaltserhöhung *f* augmentation *f* de salaire

gehässig méchant

Gehässigkeit *f* méchanceté *f*

gehäuft **1** ***ein ~er Teelöffel Salz*** une bonne cuillère à café de sel **2** ***~ auftreten*** se multiplier

Gehäuse *n* **1** *e-r Uhr usw.*: boîtier *m* **2** *bei Schnecken*: coquille *f*

gehbehindert à mobilité réduite

Gehege *n* enclos *m*; *im Tierpark*: enceinte *f*

geheim **1** secret/-ète; ***im Geheimen*** en secret, secrètement **2** (*geheimnisvoll*) mystérieux/-ieuse **3** ***etw ~ halten*** tenir (*od.* garder) qc secret; ***etw vor j-m ~ halten*** cacher qc à qn

Geheimdienst *m* services *m Pl* secrets

Geheimnis *n* **1** secret *m*; ***das ist ein offenes ~*** c'est un secret de Polichinelle **2** (*Rätsel, Wunder*) mystère *m*; ***sie macht ein ~ daraus*** elle en fait un mystère; ***das ist das ganze ~!*** c'est tout!

geheimnisvoll mystérieux/-ieuse

Geheim|tipp *m umg.* tuyau *m*; **~zahl** *f* code *m* confidentiel

gehemmt complexé

gehen[1] **1** aller; *zu Fuß*: marcher, aller à pied; ***vier Kilometer ~*** faire quatre kilomètres (à pied) **2** *örtlich*: **~ in** entrer dans; **~ aus** sortir de; **durch den Ort** *usw.* **~** passer par le village *usw.*; **über die Straße ~** traverser la rue **3** (*weggehen*) s'en aller, partir **4** *mit Verb*: aller; **schlafen (einkaufen, tanzen** *usw.*) **~** aller se coucher (faire des courses, danser *usw.*) **5** (*Maschine, Uhr usw.*) marcher **6** (*hineinpassen*) entrer; **das geht nicht in meinen Koffer** cela n'entre pas dans ma valise **7 das Spiel** (**die Melodie** *usw.*) **geht so** ce jeu (cet air *usw.*), c'est comme ça; **wie geht dieses Spiel?** comment on joue ce jeu? **8 das Wetter ging ja noch, aber das Hotel war furchtbar** le temps, passe encore, mais l'hôtel était affreux **9 das geht** (*ist möglich*) c'est possible; (*klappt*) ça va **10 Jürgen geht mit Eva** Jürgen sort avec Eva; **die beiden ~ miteinander** ils sortent ensemble **11 sie geht mir bis an die Schulter** elle m'arrive à l'épaule **12 geh nicht an meine Sachen!** ne touche pas à mes affaires! **13 in sich ~** faire un retour sur soi-même **14 was geht hier vor?** qu'est-ce qui se passe ici? **15 das geht zu weit** ça va trop loin, ça dépasse les limites **16 er lässt sich ~** il se laisse aller

gehen² *mit* **es 1** (*funktionieren*) **es geht** ça marche, ça fonctionne; **es geht nicht anders** on ne peut pas faire autrement **2** (*ergehen*) **wie geht es dir?** comment tu vas?; **wie geht's?** ça va?; **es geht (so)** ça va; **es geht mir gut** (*bzw.* **schlecht**) je vais bien (*bzw.* mal); **so geht es mir auch** c'est pareil pour moi **3** (*sich handeln*) **es geht um …** il s'agit de …; **worum geht's denn?** de quoi il s'agit?; **es geht darum, wer zuerst ankommt** c'est à qui arrivera le premier; **ihm geht es nur ums Geld** il n'y a que l'argent qui l'intéresse; **darum geht es doch gar nicht** ce n'est pas du tout la question **4 es geht immer alles nach dir** il faut toujours que tout aille comme tu veux (*Subj. nach* il faut que); **wenn es nach mir ginge** si ça dépendait de moi

Gehirn *n* cerveau *m*

Gehirn|erschütterung *f* commotion *f* cérébrale; **~wäsche** *f* lavage *m* de cerveau

Gehör *n* **1** *Gehörsinn*: ouïe *f* **2 ein gutes ~ haben** MUS avoir de l'oreille

gehorchen obéir (**j-m** à qn)

gehören¹ 1 *als Besitz*: **das Buch gehört mir** ce livre m'appartient, ce livre est à moi **2** *als Teil*: **~ zu** faire partie de; (*zählen*) compter parmi **3 dazu gehört Zeit** (**Mut** *usw.*) il faut du temps (du courage *usw.*) pour cela, cela demande du temps (du courage *usw.*) **4 diese Sachen ~ in den Schrank** ces choses-là se rangent dans l'armoire; **du gehörst ins Bett** tu devrais être au lit **5** (*Bemerkung usw.*) **das gehört nicht hierher** cela n'a rien à voir avec ça

gehören²: **das gehört sich nicht** cela ne se fait pas

gehörig: **j-m ~ die Meinung sagen** dire à qn sa façon de penser

gehörlos (*taub*) sourd

gehorsam obéissant

Gehorsam *m* obéissance *f*

Gehsteig *m* trottoir *m*

Gehtnichtmehr: **das habe ich doch bis zum ~ getan!** c'est ce que je me suis tué à le faire!

Gehweg *m* trottoir *m*

Geier *m* **1** vautour *m* **2 weiß der ~!** aucune idée!; **hol's der ~!** *umg.* la barbe!

Geige *f* violon *m*

geigen 1 (*Geige spielen*) jouer du violon **2 e-e Melodie ~** jouer un air au violon

Geiger(in) *m(f)* violoniste *m,f*

geil 1 (*toll*) *umg.* cool **2 sie ist ganz ~ auf Motorradfahren** *umg.* elle est dingue de la moto **3** *sexuell*: lubrique

Geisel *f* otage *m*; **j-n als ~ nehmen** prendre qn en otage

Geiselnehmer *m* preneur *m* d'otages

Geist¹ *m* **1** (*Intellekt, Verstand*) esprit *m* **2 er geht mir mit seinen Fragen auf den ~** *umg.* il me tape sur les nerfs (*od.* sur le système) avec ses questions **3 seinen ~ aufgeben** (*kaputtgehen*) rendre l'âme

Geist² *m* **1** (*Naturgeist*) esprit *m*; (*Gespenst*) fantôme *m*, spectre *m* **2 der Heilige ~** le Saint-Esprit

Geister|bahn *f* train *m* fantôme; **~fahrer(in)** *m(f)* *auf der Autobahn*: automobiliste *m,f* roulant à contresens (sur l'autoroute)

geistern 1 errer (**durch** dans) **2 diese**

G

Idee geistert immer noch in ihren Köpfen cette idée les *hante toujours
geistesabwesend absent
Geistesgegenwart *f* présence *f* d'esprit
geistes|gegenwärtig avec présence d'esprit; **~gestört** déséquilibré; **~krank** malade mental, aliéné
geistig 1 intellectuel/-elle **2 *er ist ~ zurückgeblieben*** il est retardé mental, il est débile
Geistliche(r) *m* ecclésiastique *m*
geistreich plein d'esprit
Geiz *m* avarice *f*
Geizhals *m* avare *m,f*
geizig avare
Gejammer *n* lamentations *f Pl*
Gekicher *n* gloussements *m Pl*
Geklimper *n* pianotage *m*
geknickt démoralisé, abattu
gekonnt parfait
gekränkt vexé, offensé
Gekritzel *n* gribouillis *m*
gekünstelt maniéré; *Benehmen, Lächeln a.*: affecté
Gel *n* gel *m*
Gelächter *n* rire *m*, rires *m Pl*
geladen 1 (*Gewehr usw.*) chargé **2 *sie ist ~*** (*wütend*) elle est furieuse, elle va exploser
gelähmt paralytique, paralysé
Gelähmte(r) *f(m)* paralysé(e) *m(f)*
Gelände *n* terrain *m*
Geländer *n* **1** (*Treppengeländer*) rampe *f* **2** *e-s Balkons usw.*: balustrade *f*; *e-r Brücke*: garde-fou *m*
Geländewagen *m* tout-terrain *m*
gelangen 1 *ans Ziel ~* parvenir (*od.* arriver) au but **2 *zu Reichtum ~*** faire fortune
gelangweilt 1 *sie ist ~* elle s'ennuie **2 *er macht ein ~es Gesicht*** il a l'air de s'ennuyer (⚠ *frz.* ennuyé = ***verärgert, beunruhigt***)
gelassen 1 (*Person*) calme, tranquille **2** (*mit Gelassenheit*) avec calme, tranquillement
geläufig courant
gelaunt: *gut* (*bzw.* ***schlecht***) ***~ sein*** être de bonne (*bzw.* de mauvaise) humeur
gelb 1 jaune **2** *bei e-r Ampel*: orange; ***es ist ~*** le feu est à l'orange
Gelb *n* **1** *Farbe*: jaune *m* **2 *die Ampel steht auf ~*** le feu est à l'orange
Gelbe(s) *n* **1** jaune *m* **2 *das ist nicht das ~ vom Ei*** *umg.* ce n'est pas génial
gelblich jaunâtre
Gelbsucht *f* jaunisse *f*
Geld *n* **1** argent *m*; ***das große ~ machen*** faire fortune **2 *~er*** *finanzielle Mittel*: fonds *m Pl*; *Zuschüsse*: subventions *f Pl*
Geld|automat *m* distributeur *m* de billets; **~beutel** *m*, **~börse** *f* porte-monnaie *m*, bourse *f*; **~buße** *f* amende *f*
geldgierig rapace, cupide
Geld|schein *m* billet *m* (de banque); **~strafe** *f* amende *f*; **~stück** *n* pièce *f* de monnaie; **~verschwendung** *f* gaspillage *m* d'argent; **~wechsel** *m* change *m*
Gelee *n* gelée *f*
gelegen[1] *örtlich*: situé
gelegen[2] **1 *das kommt mir ~*** cela tombe bien, cela m'arrange; ***du kommst sehr ~*** tu arrives juste au bon moment **2 *mir ist daran ~, dass …*** je tiens à ce que … (+ *Subj.*)
Gelegenheit *f* **1** occasion *f* **2 *bei ~*** à l'occasion; ***bei passender ~*** quand l'occasion se présentera; ***bei jeder ~*** à tout propos **3 *für besondere ~en*** (*Geschirr usw.*) pour les grandes occasions
Gelegenheitskauf *m* occasion *f*
gelegentlich 1 occasionel/-elle **2** (*von Zeit zu Zeit*) de temps en temps
gelehrt savant, érudit
Gelenk *n* articulation *f* (*a.* TECH)
gelenkig souple
gelernt: *er ist ~er Schlosser* il a appris le métier de serrurier
Geliebte *f* maîtresse *f*
Geliebte(r) *m Mann*: amant *m*
gelingen 1 (*Plan usw.*) réussir; ***der Kuchen ist mir gut gelungen*** j'ai bien réussi le gâteau; ***das ist mir nicht gelungen*** je n'ai pas réussi, je n'y suis pas arrivé **2 *es gelang mir, das zu tun*** j'y suis arrivé
gellend (*Schrei*) perçant
gelten 1 (*wert sein*) valoir **2** (*gültig sein*) être valable; (*Regelung usw.*) être en vigueur; ***das gilt nicht*** (*ist gegen die Spielregel*) ce n'est pas de jeu; (*zählt nicht*) cela ne compte pas; ***etw nicht ~ lassen*** ne pas accepter qc **3 *als gefährlich ~*** être considéré comme dangereux; ***er gilt als schwierig*** il passe

pour être difficile **4** ***das gilt für alle*** cela vaut (*od.* est valable) pour tous
Geltung *f* **1** (*Gültigkeit*) validité *f* **2** (*Wirkung*) valeur *f*; ***zur ~ bringen*** mettre en valeur, faire valoir
gelungen 1 (*gut*) réussi **2** (*witzig*) drôle
gemächlich tranquillement
Gemälde *n* tableau *m*
gemäß selon, suivant, d'après
Gemecker *n* râleries *f Pl*
gemein méchant; *umg.* vache
Gemeinde *f* **1** (*Ort*) commune *f* **2** (*Pfarrei*) paroisse *f* **3** *im Gottesdienst*: fidèles *m Pl*
gemeingefährlich: ***~ sein*** être un danger public
Gemeinheit *f* **1** *Eigenschaft*: méchanceté *f* **2** *Handlung*: sale tour *m*; *umg.* vacherie *f* **3** ***so e-e ~!*** *umg.* zut alors!
gemeinnützig: ***ein ~er Verein*** une association reconnue d'utilité publique
gemeinsam 1 commun **2** (*zusammen*) ensemble; ***das Haus gehört ihnen ~*** la maison leur appartient en commun **3** ***sie hat viel mit mir ~*** elle et moi, nous avons beaucoup de choses en commun
Gemeinsamkeit *f*: ***~en haben*** avoir des points communs
Gemeinschaft *f* communauté *f*, collectivité *f*
Gemeinschafts|arbeit *f* **1** *Vorgang*: travail *m* d'équipe **2** *Ergebnis*: projet *m* commun; **~kunde** *f* ≈ instruction *f* civique; **~produktion** *f* coproduction *f*
gemessen: ***~ an*** comparé à
Gemetzel *n* massacre *m*, carnage *m*
Gemisch *n* mélange *m*
gemischt 1 mêlé, mélangé **2** (*Chor, Klasse usw.*) mixte; ***das ~e Doppel*** le double mixte **3** ***ein ~es Eis*** une glace panachée **4** ***ein ~er Salat*** une salade composée **5** ***mit ~en Gefühlen*** avec des sentiments mitigés
Gemse *f* chamois *m*
Gemurmel *n* murmures *m Pl*
Gemüse *n* **1** *Sorte*: légume *m* **2** *als Sammelbegriff*: légumes *m Pl*
Gemüse|händler *m* marchand *m* de fruits et légumes; *auf der Straße*: marchand *m* des quatre-saisons; **~suppe** *f* soupe *f* de légumes
gemustert (*bedruckt*) imprimé; (*mit eingewebtem Muster*) façonné
gemütlich 1 (*Wohnung, Zimmer usw.*) accueillant; (*Lokal, Hotel*) intime; *umg.* sympa **2** (*bequem*) confortable; (*zwanglos*) convivial **3** ***ein ~er Abend*** une soirée sympathique; ***hier ist es ~*** c'est très agréable ici, c'est sympathique ici **4** (*Tempo*) lent **5** ***es sich ~ machen*** s'installer confortablement, se mettre à l'aise
Gen *n* gène *m*
genau 1 (*exakt*) exact; (*Darstellung usw.*) précis; ***~ in der Mitte*** exactement (*od.* juste) au milieu; ***ich weiß nichts Genaues*** je ne sais rien de précis **2** (*sorgfältig*) ***er ist sehr ~*** il est très méticuleux (*od.* minutieux) **3** (*ausführlich*) détaillé **4** ***etw ~ angeben*** *usw.* indiquer *usw.* qc exactement; ***~ befolgen*** s'en tenir strictement à (*Befehl usw.*) **5** ***ich kenne ihn ~*** je le connais (très) bien; ***das weiß ich ~*** je le sais très bien **6** *zeitlich*: ***~ um drei Uhr*** à trois heures justes (*umg.* pile) **7** ***etw ganz ~ nehmen*** prendre qc au pied de la lettre; ***~ genommen*** à vrai dire; ***sie nimmt es mit der Pünktlichkeit nicht so ~*** la ponctualité n'est pas son fort **8** ***das reicht ~ für vier*** ça suffit tout juste pour quatre **9** ***~!*** tout à fait, exactement!; ***ganz ~!*** absolument!
Genauigkeit *f* **1** (*Exaktheit*) précision *f*, exactitude *f* **2** (*Sorgfalt*) minutie *f*
genauso 1 (*auf dieselbe Art*) ***sie macht es ~*** elle le fait de même (*od.* pareillement) **2** ***ich denke ~*** c'est aussi mon avis **3** ***das ist ~ gut*** (***groß*** *usw.*) c'est tout aussi bien (grand *usw.*) (***wie ...*** que ...)
genehmigen 1 (*erlauben*) autoriser; *bes. amtlich*: approuver **2** ***sich etw ~*** s'offrir qc
Genehmigung *f* autorisation *f*; *bes. amtlich*: approbation *f*
General *m* général *m*
General|direktor *m* directeur *m* général; *in Frankreich oft*: président-directeur *m* général; *abgekürzt*: P-DG *m*; **~probe** *f* THEAT répétition *f* générale
Generation *f* génération *f*
Generationsunterschied *m* différence *f* de génération
generell 1 général **2** (*im Allgemeinen*) généralement, en général
genetisch génétique
Genf *n* Genève
Genfer See *m* lac *m* Léman

Genforschung *f* génétique *f*
genial génial
Genick *n* nuque *f*
Genie *n* génie *m*
genieren: ***sich ~*** être (*od.* se sentir) gêné (***vor j-m*** devant qn); ***er genierte sich, etw zu sagen*** il n'a pas osé dire qc
genießbar (*Essen*) mangeable; (*Getränk*) buvable
genießen **1** ***ich habe das Fest*** (***den Film***) ***sehr genossen*** j'ai pris beaucoup plaisir à cette fête (à voir ce film); ***diesen Kuchen muss man ~*** il faut savourer ce gâteau **2** (*essen, trinken*) manger *bzw.* boire (avec plaisir) **3** ***er ist heute nicht zu ~*** *umg.* il est imbuvable aujourd'hui
Genitiv *m* génitif *m*
Genmanipulation *f* manipulation *f* génétique
genormt normalisé, standardisé
Gentechnik *f* ingénierie *f* génétique
gentechnisch **1** génétique **2** ***~ verändert*** génétiquement modifié
Gen|technologie *f* ingénierie *f* génétique; **~test** *m* test *m* génétique
genug **1** assez; (*ausreichend*) suffisamment; ***das ist ~*** c'est assez, c'est suffisant **2** ***dafür bist du noch nicht alt ~*** tu es encore trop jeune pour cela **3** ***jetzt habe ich aber ~*** (***davon***)***!*** (*jetzt reicht es*) j'en ai assez!
genügen suffire, être suffisant
genügend **1** suffisant **2** ***~ Zeit haben*** avoir suffisamment de temps
Genus *n* GR genre *m*
Genuss *m* **1** (*Wohlbehagen*) plaisir *m* **2** *von Alkohol, Tabak usw.*: consommation *f*
Geodreieck® *n* équerre *f*
geöffnet (*Geschäft*) ouvert
Geografie *f*, **Geographie** *f* géographie *f*
geografisch, **geographisch** géographique
Geologie *f* géologie *f*
Geometrie *f* géométrie *f*
geometrisch géométrique
geordnet en ordre, réglé
Gepäck *n* bagages *m Pl*
Gepäck|aufbewahrung *f* consigne *f*; **~schein** *m* bulletin *m* d'enregistrement; **~stück** *n* colis *m*; **~träger** *m am Fahrrad usw.*: porte-bagages *m*; **~wagen** *m* fourgon *m* (à bagages)
Gepard *m* guépard *m*
gepflegt **1** soigné; (*Sprache*) *a.* choisi **2** (*Haus, Garten, Park*) (bien) entretenu
gerade[1] **1** (↔ *krumm, schief*) droit **2** ***etw ~ biegen*** redresser qc; → *a.* ***geradebiegen*** **3** ***e-e ~ Zahl*** un nombre pair
gerade[2] **1** (*jetzt*) maintenant, justement; ***sie ist ~ dabei, sich zu waschen*** elle est en train de se laver **2** (*soeben*) ***er ist ~ angekommen*** *usw.* il vient d'arriver *usw.* **3** ***ich wollte es ~ sagen*** j'allais juste (*od.* justement) le dire; ***ich wollte ~ gehen*** j'étais sur le point de partir
gerade[3] **1** (*genau*) juste, justement, précisément; ***~, als …*** juste (*od.* précisément) au moment où … **2** (*knapp*) juste; ***~ noch rechtzeitig*** juste à temps **3** (*ausgerechnet*) justement **4** (*besonders*) précisément, particulièrement **5** (*erst recht*) ***jetzt tut er es ~*** il le fait exprès maintenant
Gerade *f* **1** MATH droite *f* **2** *e-r Rennstrecke*: ligne *f* droite **3** *Boxen*: direct *m*
geradeaus tout droit
geradebiegen (*in Ordnung bringen*) arranger; → *a.* ***gerade***[1]
gerädert: ***ich bin wie ~*** j'ai des courbatures
geradewegs directement
gerammelt: ***~ voll*** plein à craquer; *umg.* archiplein
Geranie *f* géranium *m*
Geraschel *n* froissement *m*
Gerät *n* **1** *Haushalts-, Küchengerät*: ustensile *m*; ***elektrische ~e*** appareils *m Pl* électriques **2** *Werkzeug usw.*: outil *m*; TECH instrument *m* **3** *Radio-, Fernsehgerät*: poste *m* **4** ***die ~e*** SPORT les agrès *m Pl*
geraten **1** (*zufällig gelangen*) (*Sachen*) arriver, passer **2** (*Personen*) ***in Gefahr ~*** se trouver en danger; ***in Not ~*** tomber dans la misère; ***in Panik ~*** paniquer **3** ***an j-n ~*** tomber sur qn **4** (*gelingen*) (*Kuchen usw.*) réussir; ***schlecht ~*** rater
Geräteturnen *n* gymnastique *f* aux agrès
geräumig spacieux/-ieuse, vaste
Geräusch *n* bruit *m*
gerecht **1** (*Urteil usw.*) juste **2** (*angemessen*) justifié
Gerechtigkeit *f* justice *f*
Gerede *n* **1** (*Tratsch*) bavardages *m Pl* **2**

(*Gerücht*) rumeurs *f Pl*
gereizt **1** agacé, irrité **2** ***warum reagierst du so ~?*** pourquoi est-ce que tu t'énerves?
Gericht[1] *n* tribunal *m*; ***vor ~ gehen*** se pourvoir en justice; ***vor ~ stehen*** être jugé
Gericht[2] *n* (*Essen*) plat *m*
gerichtlich judiciaire
Gerichts|saal *m* salle *f* d'audience; **~urteil** *n* jugement *m* du tribunal; **~verfahren** *n* procédure *f* (judiciaire); **~verhandlung** *f* débats *m Pl* (judiciaires); **~vollzieher** *m* huissier *m* (de justice)
gering **1** (*klein*) petit; (*Unterschied, Abstand, Höhe, Temperatur usw.*) faible; ***von ~em Wert*** de peu de valeur; ***~e Aussichten auf Erfolg haben*** avoir des chances minimes de réussir **2** (*unwichtig*) peu important **3** ***der, die ~ste ...*** le, la moindre ...; ***beim ~sten Anlass*** pour un rien **4** ***nicht das Geringste*** absolument rien, rien du tout; ***nicht im Geringsten*** pas le moins du monde
gerinnen (*Blut*) (se) coaguler; (*Milch*) (se) cailler
Gerippe *n* **1** (*Skelett*) squelette *m* **2** *fig.*, TECH charpente *f*
gerissen (*schlau*) rusé
Germ *m od. n* Ⓐ levure *f*
Germane *m*, **Germanin** *f* Germain(e) *m(f)*
Germanien *n* la Germanie
germanisch germanique
Germknödel *m* Ⓐ ≈ grosse boule *f* de pâte levée fourrée à la confiture de prune
gern(e) **1** (*mit Vergnügen*) volontiers; ***~ lesen (tanzen** usw.**)*** aimer (bien) lire (danser *usw.*); ***etw ~ mögen (essen, trinken)*** aimer qc; ***ich bin ~ in Paris*** j'aime Paris **2** *als Antwort*: ***~!*** volontiers!, je veux bien!; ***~ geschehen!*** pas de quoi! **3** ***ich hätte ~ ...*** je voudrais (bien) ...; ***ich möchte ~ ins Kino gehen*** j'aimerais bien aller au cinéma, j'ai envie d'aller au cinéma **4** → ***gernhaben***
gernhaben: ***j-n ~*** aimer (bien) qn; ***etw ~*** aimer qc
Geröll *n* éboulis *m*
Gerste *f* orge *f*
Geruch *m* odeur *f* (***nach*** de)
Gerücht *n* bruit *m*, rumeurs *f Pl*; ***das halte ich für ein ~!*** ce ne sont que des on-dit!
gerührt *seelisch*: touché, ému
Gerümpel *n* bric-à-brac *m*
Gerüst *n* **1** *an Häusern usw.*: échafaudage *m* **2** *e-s Texts*: structure *f*
gesalzen **1** (*Speise*) salé **2** (*Rechnung*) salé; (*Preise*) excessif/-ive
Gesamtbetrag *m* total *m*, montant *m* total
gesamte(r, -s) total
Gesamtschule *f* ≈ établissement *m* scolaire regroupant collège et lycée (⚠ *das frz. Schulsystem hat keine Dreigliederung der Sekundarstufe: dort gehen alle Schüler bis zur 9. Klasse aufs collège u. anschließend, wenn es die Noten erlauben, die drei letzten Jahre aufs lycée*)
Gesang *m* chant *m*
geschafft: ***ich bin (ganz) ~*** *umg.* je suis (complètement) crevé
Geschäft[1] *n* **1** affaire *f*; *bei der Bank, Börse*: transaction *f*, opération *f* **2** ***~e machen mit*** faire des affaires avec **3** (*Handel*) commerce *m*, affaires *f Pl*
Geschäft[2] *n* **1** (*Laden*) magasin *m*; *kleineres*: boutique *f* **2** (*Betrieb*) entreprise *f*, affaire *f*
geschäftlich **1** commercial; ***~e Beziehungen*** des relations *f Pl* d'affaires **2** ***er hat ~ in Rom zu tun*** il est à Rome pour affaires
Geschäfts|brief *m* lettre *f* d'affaires; **~frau** *f* femme *f* d'affaires; **~führer(in)** *m(f)* gérant(e) *m(f)*; **~führung** *f*, **~leitung** *f* **1** *Tätigkeit*: gérance *f*, gestion *f* (d'affaires) **2** *Personen*: direction *f*; **~leute** *Pl* hommes *m Pl* d'affaires; **~mann** *m* homme *m* d'affaires; **~partner(in)** *m(f)* partenaire *m,f* en affaires; **~reise** *f* voyage *m* d'affaires; **~schluss** *m* (*Ladenschluss*) fermeture *f* des magasins; **~straße** *f* rue *f* commerçante
geschehen **1** (*sich ereignen*) se passer, arriver **2** ***als wäre nichts ~*** comme si de rien n'était **3** ***es muss etwas ~*** il faut faire qc **4** ***das geschieht ihr ganz recht*** c'est bien fait pour elle **5** ***gern ~!*** il n'y a pas de quoi!
gescheit **1** (*klug*) intelligent **2** (*vernünftig*) raisonnable; ***du bist wohl nicht ganz ~!*** *umg.* tu es tombé sur

G

la tête! **3** ***ich habe nichts Gescheites zum Anziehen*** je n'ai rien de convenable à me mettre
Geschenk *n* cadeau *m*
Geschenk|gutschein *m* chèque-cadeau *m*; **~papier** *n* papier-cadeau *m*
Geschichte[1] *f* **1** (*Erzählung*) histoire *f*; (*Märchen*) conte *m* **2** (*Angelegenheit*) histoire *f*, affaire *f*
Geschichte[2] *f* histoire *f* (*a. Schulfach*)
Geschicklichkeit *f* habileté *f*, adresse *f*
Geschicklichkeitsspiel *n* jeu *m* d'adresse
geschickt **1** habile **2** ***sich ~ aus der Affäre ziehen*** se tirer habilement d'affaire

G

geschieden **1** divorcé **2** ***seine ~e Frau*** son ex-femme; ***ihr ~er Mann*** son ex--mari
Geschirr *n* vaisselle *f*
Geschirr|spülmaschine *f* lave-vaisselle *m*; **~spülmittel** *n* liquide *m* vaisselle; **~tuch** *n* torchon *m*
geschlagen: ***e-e ~e Stunde warten*** attendre une heure entière, attendre une heure, montre en main
Geschlecht *n* **1** BIOL sexe *m* **2** GR genre *m*
Geschlechts|krankheit *f* maladie *f* vénérienne; **~organe** *n Pl* organes *m Pl* génitaux
Geschlechtsteil *n* sexe *m*; ***die ~e*** *a.* les parties *f Pl* génitales
geschlossen **1** (↔ *geöffnet*) fermé **2** (*gemeinsam*) en bloc; ***~ für etw stimmen*** voter en bloc pour qc **3** ***e-e ~e Gesellschaft*** une réunion privée
Geschmack *m* **1** goût *m* **2** *Wendungen*: ***auf den ~ kommen*** y prendre goût; ***die Geschmäcker sind verschieden*** chacun ses goûts **3** (*Stil*) ***sie hat (e-n guten) ~*** elle a du goût
geschmacklos **1** (*Essen usw.*) sans goût, fade **2** (*Dinge*) de mauvais goût; ***das ist ~!*** c'est d'un mauvais goût! **3** ***du bist ~*** tu manques de goût; (*taktlos*) tu manques de tact
Geschmackssache *f*: ***das ist ~*** c'est une question de goût
geschmackvoll **1** (*Essen usw.*) de bon goût **2** ***sich ~ anziehen*** s'habiller avec beaucoup de goût
geschmeidig souple; (*Teig usw.*) malléable
geschnitten: ***eng ~*** serré; ***weit ~*** ample
Geschöpf *n* créature *f*
Geschoss[1] *n*, Ⓐ **Geschoß**[1] *n Kugel usw.*: projectile *m*
Geschoss[2] *n*, Ⓐ **Geschoß**[2] *n* (*Stockwerk*) étage *m* (⚠ *im Frz. m*)
Geschrei *n* cris *m Pl*; *stärker*: *hurlements *m Pl*
Geschwätz *n* bavardages *m Pl*; ***dummes ~*** *umg.* conneries *f Pl*
geschwätzig bavard
Geschwindigkeit *f* vitesse *f*
Geschwindigkeitsbegrenzung *f* limitation *f* de vitesse
Geschwister *Pl* frères *m Pl* et sœurs *f Pl*; ⚠ *auf Frz. muss immer genau angegeben werden, wie viele Brüder u. Schwestern es sind, z. B.*: ***ich habe drei ~*** j'ai un frère et deux sœurs *od.* j'ai une sœur et deux frères *usw.*
geschwollen (*Knöchel usw.*) enflé; (*Augen, Lippen*) gonflé
Geschworene(r) *f(m)* juré *m*
Geschwür *n* ulcère *m*
Geselchte(s) *n* Ⓐ jambon *m* fumé
Geselle *m im Handwerk* ≈ artisan *m*
gesellig **1** (*Personen*) sociable **2** (*Abend, Zusammensein*) convivial
Gesellschaft *f* **1** *politisch, sozial*: société *f* **2** *von Gästen*: réunion *f* **3** (*Umgang, Zusammensein*) compagnie *f*; ***j-m ~ leisten*** tenir compagnie à qn
gesellschaftlich **1** social **2** ***~ anerkannt*** accepté par la société
Gesellschafts|spiel *n* jeu *m* de société; **~system** *n* système *m* social
Gesetz *n* **1** loi *f* **2** ***das ~ der Serie*** la loi des séries
Gesetzbuch *n* code *m*; ***das Bürgerliche ~*** le Code civil
gesetzlich **1** légal; (*Erbe*) légitime; ***~er Feiertag*** fête *f* légale **2** ***~ geschützt*** (*z. B. Markenzeichen*) breveté
gesetzwidrig illégal, contraire à la loi
Gesicht *n* **1** visage *m*, figure *f* **2** ***ein trauriges ~ machen*** avoir l'air triste **3** ***~er schneiden*** faire des grimaces **4** ***den Tatsachen ins ~ sehen*** *fig.* voir les choses en face **5** ***j-m etw ins ~ sagen*** dire ouvertement qc à qn
Gesichts|ausdruck *m* air *m*, mine *f*; **~punkt** *m* point *m* de vue
gespannt **1** (*neugierig*) ***~ sein*** être curieux (***auf etw*** de savoir *od.* de connaître qc) **2** ***~ zuhören*** écouter avec intérêt **3** (*ungeduldig*) impatient **4** (↔ *ent-*

spannt) tendu

Gespenst *n* fantôme *m*, revenant *m*, spectre *m*; ***du siehst ~er!*** *fig.* tu te fais des idées!

gesperrt **1** (*Straße usw.*) barré, interdit **2** (*Schrift*) ***~ gedruckt*** espacé

Gespräch *n* **1** conversation *f*, entretien *m* **2** (*Telefongespräch*) communication *f*, conversation *f*; ***ein ~ für Sie*** (*bzw.* ***dich***)***!*** on vous (*bzw.* te) demande au téléphone

gesprächig bavard

Gesprächsthema *n* sujet *m* de conversation

Gestalt *f* **1** (*äußere Erscheinung*) forme *f*; ***in ~ von ...*** sous la forme de ... **2** (*Figur in e-m Roman usw.*) personnage *m*

gestalten **1** organiser (*Abend, Freizeit, Leben usw.*) **2** dessiner (*Garten, Produkte usw.*); décorer (*Schaufenster*) **3** *schöpferisch*: créer, réaliser **4** (*formen, bilden*) former

Gestaltung *f* **1** *der Freizeit usw.*: organisation *f* **2** *e-s Raumes usw.*: décoration *f* **3** *e-r Sache a.*: forme *f*

Geständnis *n* **1** *bei der Polizei, bei Gericht*: aveux *m Pl* **2** ***ich muss dir ein ~ machen*** je dois t'avouer qc

Gestank *m* puanteur *f*

gestatten **1** permettre **2** ***es ist nicht gestattet, hier hinauszugehen*** il est interdit de sortir par ici

Geste *f* geste *m* (⚠ *im Frz. m*)

gestehen **1** avouer (*Verbrechen*) **2** ***offen gestanden hat es mir nicht gefallen*** pour parler franchement (*od.* à vrai dire), cela ne m'a pas plu

Gestein *n* **1** roches *f Pl* **2** (*Gesteinsart*) roche *f*

Gestell *n* **1** *Gerüst*: carcasse *f* **2** *Brillengestell*: monture *f* **3** *Wäschegestell*: étendoir *m* **4** *Regal*: étagère *f*

gestern **1** hier; ***~ Abend*** hier soir; ***~ vor e-r Woche*** ça fait *huit jours hier **2** ***ich bin doch nicht von ~*** je ne suis pas né de la dernière pluie

gestikulieren gesticuler, faire des gestes

gestört **1** (***geistig***) ~ dérangé **2** ***er hat ein ~es Verhältnis zu seinem Chef*** il ne s'entend pas avec son patron; ***sie hat ein ~es Verhältnis zu Autos*** elle est fâchée avec les voitures

gestreift rayé, à rayures; ***blau*** (***rot*** *usw.*) ~ à rayures bleues (rouges *usw.*)

Gestrüpp *n* broussailles *f Pl*

Gestüt *n* *haras *m*

Gesuch *n* requête *f*

gesund **1** (↔ *krank*) ***~ sein*** être en bonne santé; ***~ werden*** guérir, se rétablir **2** ***j-n ~ machen*** guérir qn **3** (*Essen usw.*) sain; ***Salat ist sehr ~*** la salade, c'est bon pour la santé **4** ***e-n ~en Appetit haben*** avoir bon appétit **5** ***der ~e Menschenverstand*** le bon sens

Gesundheit *f* **1** santé *f* **2** ***~!*** *beim Niesen*: à tes (*bzw.* vos) souhaits!

gesundheitlich de santé

gesundheitsschädlich dangereux/-euse pour la santé

Gesundheitszeugnis *n* certificat *m* de santé

gesundmachen → ***gesund***

getönt (*Glas*) teinté

Getöse *n* vacarme *m*

Getränk *n* boisson *f*

Getränke|automat *m* distributeur *m* de boissons; **~dose** *f* boîte *f*; **~karte** *f* carte *f* des boissons; **~stand** *m* buvette *f*

Getreide *n* céréales *f Pl*

getrennt **1** séparé **2** ***etw ~ tun*** faire qc séparément; ***~ zahlen*** régler séparément l'addition **3** ***sie leben ~*** ils se sont séparés **4** ***etw ~ schreiben*** écrire qc en deux mots

Getriebe *n* **1** AUTO boîte *f* de vitesses **2** TECH mécanisme *m* de transmission; *von Rädern*: engrenage *m*

Getto *n* ghetto *m*

Getue *n* manières *f Pl*, chichis *m Pl*

Getuschel *n* chuchotements *m Pl*

geübt (*Auge, Ohr*) exercé

Gewächs *n* **1** (*Pflanze*) plante *f* **2** (*Krebs*) tumeur *f* (⚠ *im Frz. f*)

gewachsen **1** ***er ist ihr*** (***nicht***) ~ il est (il n'est pas) de taille à se mesurer avec elle **2** ***sie ist dieser Aufgabe nicht ~*** elle n'est pas à la *hauteur de cette tâche

Gewächshaus *n* serre *f*

gewagt risqué, osé

Gewähr *f* garantie *f*

gewähren (*bewilligen*) accorder

Gewalt *f* **1** (*Kraft*) force *f*; ***e-e Tür*** *usw.* ***mit ~ öffnen*** forcer une porte *usw.* **2** (*Zwang, Brutalität*) violence *f* **3** (*Macht*) pouvoir *m*; ***j-n*** (*bzw.* ***etw***) ***in seine ~ bringen*** s'emparer de qn (*bzw.* de qc) **4** (*Kontrolle*) ***die ~ verlie-***

ren über perdre le contrôle de **5** ***höhere ~*** un cas de force majeure
Gewaltenteilung *f* séparation *f* des pouvoirs
gewaltfrei non-violent; POL pacifique
Gewaltherrschaft *f* tyrannie *f*
gewaltig **1** (*riesig*) énorme **2** (*eindrucksvoll*) impressionant **3** (*sehr*) énormément, extrêmement
gewaltlos non-violent
gewaltsam **1** (*Trennung, Vertreibung usw.*) forcé **2** ***ein ~er Tod*** une mort violente **3** ***e-e Tür*** *usw.* ***~ öffnen*** forcer une porte *usw.*
Gewalttat *f* acte *m* de violence
gewalttätig violent
Gewaltverbrecher(in) *m(f)* criminel *m*, -elle *f*
Gewand *n* **1** robe *f*, habit *m* **2** Ⓐ (*Kleidungsstück*) vêtement *m* **3** Ⓐ (*Kleidung*) vêtements *m Pl*
gewandt (*geschickt*) adroit, habile
Gewässer *n* eaux *f Pl* (*immer Pl*)
Gewebe *n* tissu *m* (*a.* BIOL)
Gewehr *n* fusil *m*
Geweih *n* bois *m Pl*, ramure *f*
Gewerbegebiet *n* zone *f* industrielle
Gewerkschaft *f* syndicat *m* (⚠ *a. die frz. Arbeitgeberverbände heißen:* syndicat)
Gewerkschafter(in) *m(f)* **1** *Funktionär:* syndicaliste *m,f* **2** *Mitglied:* syndiqué(e) *m(f)*
Gewicht *n* **1** poids *m*; ***der Koffer hat ein ~ von zwanzig Kilo*** la valise pèse vingt kilos **2** (*Wichtigkeit*) importance *f*; ***auf etw ~ legen*** attacher de l'importance à qc **3** ***das fällt überhaupt nicht ins ~*** cela n'entre pas en ligne de compte
Gewichtheben *n* poids et haltères *m Pl*
Gewichtheber(in) *m(f)* haltérophile *m,f*
Gewinn *m* **1** (↔ *Verlust*) profit *m*, bénéfice *m*, gain *m*; ***~ und Verlust*** pertes *f Pl* et profits *m Pl*; ***~ bringen*** rapporter un bénéfice; ***~ bringend*** → ***gewinnbringend*** **2** *bei der Lotterie usw.:* gain *m*; ***jedes zweite Los ist ein ~*** il y a un numéro gagnant sur deux **3** ***sie ist ein ~ für die Gruppe*** elle apporte beaucoup au groupe
gewinnbringend lucratif/-ive
gewinnen **1** (↔ *verlieren*) gagner **2** (*erzeugen*) extraire, tirer (***aus*** de) **3** ***an Höhe ~*** FLUG prendre de l'altitude
Gewinner(in) *m(f)* gagnant(e) *m(f)*
Gewinn|nummer *f* numéro *m* gagnant; **~spanne** *f* marge *f* bénéficiaire
gewiss **1** (*sicher*) certain, sûr (⚠ *frz.* sur *ohne Akzent =* ***auf***) **2** (*sicherlich*) certainement, sûrement; ***ganz ~*** sans aucun doute
gewisse(r, -s) certain (⚠ *immer vorangestellt*); ***ein ~r Herr Tix*** un certain Monsieur Tix
Gewissen *n* **1** conscience *f* **2** ***j-n auf dem ~ haben*** (*umgebracht haben*) avoir qn sur la conscience
gewissenhaft consciencieux/-ieuse, scrupuleux/-euse
gewissenlos sans scrupules
Gewissensbisse *m Pl* remords *m Pl*; ***sich wegen etw ~ machen*** avoir mauvaise conscience d'avoir fait qc
gewissermaßen en quelque sorte
Gewissheit *f* certitude *f*
Gewitter *n* orage *m*
Gewitterwolke *f* nuage *m* d'orage
gewöhnen **1** ***sich ~ an*** s'habituer à **2** ***j-n an etw ~*** habituer qn à (faire) qc
Gewohnheit *f* habitude *f*
gewöhnlich **1** (*normal*) ordinaire **2** (*gewohnt*) habituel/-elle **3** (*nicht besonders*) banal; (*vulgär*) commun **4** (***für***) ~ d'habitude, habituellement
gewohnt **1** habituel/-elle **2** ***er ist es ~ lange zu arbeiten*** il est habitué à travailler longuement **3** ***wie ~*** comme d'habitude
gewöhnt: ***ich bin an ihn ~*** je me suis habitué à lui
gewölbt **1** bombé **2** (*Decke*) voûté
Gewürz *n* épice *f*; (*Gewürzmischung, -zubereitung*) *a.* condiment *m*
Gewürzgurke *f* cornichon *m*
Gezeiten *Pl* (*Ebbe u. Flut*) marée *f*
gezielt **1** (*Frage*) précis; (*Maßnahme*) ciblé **2** ***bei etw ~ vorgehen*** faire qc systématiquement
Gezwitscher *n* gazouillement *m*
gezwungen (*Lächeln*) forcé, contraint
gezwungenermaßen: ***etw ~ tun*** être forcé de faire qc
Ghetto *n* ghetto *m*
Gicht *f* goutte *f*
Giebel *m* pignon *m*
Gier *f* **1** avidité *f* **2** (*Fressgier*) voracité *f*, gloutonnerie *f*
gierig **1** avide (***nach*** de); *beim Essen:* glouton/-onne, vorace **2** ***~ essen*** man-

ger avec voracité

gießen **1** (*eingießen*) verser **2** ***die Blumen ~*** arroser les plantes **3** couler (*Metall, Wachs usw.*) **4** ***es gießt*** **(*in Strömen*)** il pleut à verse

Gießkanne *f* arrosoir *m*

Gift *n* **1** poison *m*; *von Schlangen, Spinnen usw.*: venin *m* **2** ***das ist ~ für ihn*** c'est très mauvais pour lui **3** ***darauf kannst du ~ nehmen!*** *umg.* tu peux parier tout ce que tu veux!

giftig **1** (*Pflanze*) vénéneux/-euse **2** (*Schlange, Spinne usw.*) venimeux/-euse **3** (*Abfall, Flüssigkeit usw.*) toxique **4** (*gehässig*) venimeux/-euse

Gift|müll *m* déchets *m Pl* toxiques; **~pilz** *m* champignon *m* vénéneux; **~schlange** *f* serpent *m* venimeux; **~wolke** *f* nuage *m* toxique

gigantisch gigantesque (⚠ *Endung*); (*Erfolg usw.*) fabuleux/-euse

Gipfel *m* **1** *Berg*: sommet *m*, cime *f* **2** (*Höhepunkt*) sommet *m*, apogée *m* **3** ***das ist*** **(*doch*)** ***der ~!*** c'est le comble!; *umg.* c'est le bouquet! **4** (*Gipfelkonferenz*) sommet *m*

Gipfel|konferenz *f* conférence *f* au sommet; **~kreuz** *n* croix *f* (sur le sommet); **~treffen** *n* rencontre *f* au sommet

Gips *m* **1** MED, TECH plâtre *m* **2** *Gestein*: gypse *m*

Gips|bein *n* jambe *f* plâtrée; **~verband** *m* plâtre *m*

Giraffe *f* girafe *f*

Girlande *f* guirlande *f*, feston *m*

Girokonto *n* compte *m* courant

Gischt *f* écume *f*

Gitarre *f* guitare *f*

Gitarrist(in) *m(f)* guitariste *m,f*

Gitter *n* **1** grille *f* **2** ***hinter ~n*** en prison; *Argot*: en taule

Glanz *m* **1** *der Sonne, von Gold usw.*: éclat *m* **2** *von Haaren*: brillant *m*

glänzen briller (*a. fig.*)

glänzend **1** brillant **2** (*hervorragend*) excellent **3** ***die Prüfung ~ bestehen*** réussir (*od.* être reçu) brillamment à son examen **4** ***mir geht's ~*** je vais très bien

Glanzleistung *f*: ***e-e ~*** une brillante performance (*oft a. iron.*)

Glarus *n* Glaris

Glas[1] *n Material*: verre

Glas[2] *n* **1** (*Trinkglas*) verre *m* **2** *für Marmelade, Senf usw.*: pot *m*

Glasbläser(in) *m(f)* souffleur *m* du verre

Glaser(in) *m(f)* vitrier *m*

gläsern en verre, de verre

Glasfaser *f* fibre *f* de verre, fibre *f* optique

glasieren **1** glacer (*Kuchen usw.*) **2** vernisser (*Keramik usw.*)

glasig vitreux/-euse (*a. Augen*)

Glas|scheibe *f* vitre *f*; **~scherbe** *f* tesson *m*; **~splitter** *m* éclat *m* de verre

Glasur *f* **1** *auf Ton*: vernis *m*, émail *m* **2** (*Zuckerglasur*) glaçage *m*

glatt **1** (↔ *rau*) lisse (*a. Haar*); (*poliert*) poli; ***etw ~ streichen*** *od.* ***ziehen*** lisser qc **2** (*Rechnung, Zahl usw.*) rond; SCHULE ***e-e ~e Eins*** ≈ vingt sur vingt **3** (*glitschig*) glissant; (*eisglatt*) verglacé **4** (*ohne Zwischenfälle*) sans incident; → ***glattgehen*** **5** ***~ rechts stricken*** tricoter tout au point mousse **6** ***das ist e-e ~e Lüge*** c'est un pur mensonge **7** ***das habe ich ~ vergessen*** je l'ai carrément oublié

Glatteis *n* verglas *m*

glätten **1** lisser **2** Ⓒⓗ (*bügeln*) repasser

glattgehen: ***es ist alles glattgegangen*** tout a marché comme sur des roulettes

glatt|streichen, ~ziehen → ***glatt***

Glatze *f* tête *f* chauve

Glaube *m* **1** foi *f* (***an j-n*** en qn; ***an etw*** à qc); ***sie hat den ~n daran verloren*** elle n'y croit plus **2** (*Vertrauen*) confiance *f*

glauben **1** croire (***an j-n*** en qn; ***an etw*** à qc); ***das glaubt sie doch selbst nicht!*** tu ne vas pas me dire qu'elle croît ça? **2** ***j-m ~*** croire qn; ***ich glaube es dir*** je te crois *od.* je le crois; ***das kannst du mir ~*** tu peux me croire, tu peux le croire **3** ***ich glaube, ja*** (*bzw.* ***nein***) je crois que oui (*bzw.* que non); ***ich glaube schon*** je crois bien **4** ***das ist nicht zu ~!*** c'est incroyable!; ***du glaubst gar nicht, wie …*** tu ne peux pas savoir comme … **5** ***er musste dran ~*** (*er musste es tun*) il a fallu qu'il y passe; (*er musste sterben*) il y est passé

Glauben *m* → ***Glaube***

Glaubensbekenntnis *n* profession *f* de foi

glaubhaft **1** crédible, croyable **2** ***er hat mir ~ versichert, dass …*** il m'a assuré de façon crédible que …

Anders als das deutsche Verb **glauben** kann das französische Verb **croire** immer nur ein Objekt haben. Man kann also entweder sagen:

Ich glaube diesem Mann.
Je crois cet homme.
oder
Ich glaube die Geschichte.
Je crois l'histoire.

Will man beide Objekte in einem Satz haben, kann man den Trick mit dem Relativsatz anwenden:

Ich glaube diesem Mann die Geschichte.
Je crois l'histoire que cet homme a racontée.

G

gläubig croyant
Gläubiger(in) *m(f)* créancier *m*, -ière *f*
glaubwürdig digne de foi
gleich[1] **1** ***der*** *bzw.* ***die*** *bzw.* ***das ~e ...*** le *bzw.* la même ...; ***das Gleiche*** la même chose **2** (*genauso aussehend*) pareil/pareille **3** (*gleichwertig*) égal **4** (*genauso*) de la même façon, de la même manière **5** *vergleichend*: aussi **6** (*egal*) ***das ist mir*** (***völlig***) ~ cela m'est (complètement) égal **7** ***zwei mal drei ~ sechs*** deux fois trois font six
gleich[2] **1** (*sofort*) tout de suite **2** (*bald*) bientôt; ***es ist ~ zehn Uhr*** il est presque dix heures; ***bis ~!*** à tout à l'heure! **3** *örtlich*: juste
gleich[3] *in Fragen*: déjà; ***wie heißt sie doch ~?*** comment s'appelle-t-elle déjà?
gleichaltrig du même âge
gleichberechtigt: ***wir sind ~*** nous avons les mêmes droits
Gleichberechtigung *f* égalité *f* des droits (***von Mann und Frau*** des hommes et des femmes)
gleichen 1 ***sie gleicht ihrer Schwester*** elle ressemble à sa sœur **2** ***sich ~*** se ressembler
gleichfalls: ***danke, ~!*** merci, (à) toi *bzw.* (à) vous aussi!, pareillement!
Gleichgewicht *n* équilibre *m*
gleichgültig 1 indifférent (***gegenüber*** à) **2** ***das ist mir ~*** cela m'est égal
Gleichheit *f* égalité *f*
gleichmäßig 1 (*regelmäßig*) régulier/-ière **2** (*Bewegung*) uniforme, constant **3** (*Verteilung usw.*) égal
Gleichnis *n bes.* BIBEL parabole *f*
gleichsehen: ***das sieht ihm gleich!*** cela lui ressemble bien!, c'est bien lui!
Gleichstand *m* **1** *an Punkten*: égalité *f* de points **2** *an Toren*: égalité *f* de buts **3** ***den ~ erzielen*** (*ausgleichen*) égaliser
Gleichung *f* équation *f*; ***die ~ geht nicht auf*** le calcul est faux
gleichwertig équivalent; (*Gegner usw.*) de la même valeur; ***sie ist ihm ~*** elle le vaut
Gleichzeichen *n* signe *m* égal
gleichzeitig 1 simultané **2** ***etw ~ tun*** faire qc simultanément (*od.* en même temps)
Gleis *n* **1** (*Schienen*) voie *f* (ferrée), rails *m Pl* **2** (*Bahnsteig*) quai *m*; ***~ 4*** quai quatre
gleiten 1 glisser; ***ins Wasser ~*** entrer doucement dans l'eau **2** *beim Fliegen*: planer
Gleit|schirm *m* parapente *m*; **~zeit** *f* horaire *m* à la carte
Gletscher *m* glacier *m*
glibberig gluant
Glied *n* **1** *Körperteil*: membre *m*; (*Fingerglied, Zehenglied*) phalange *f* **2** *e-r Kette*: maillon *m*, chaînon *m* **3** (*Satzglied*) membre *m*, élément *m*
gliedern 1 (*unterteilen*) diviser (***in*** en) **2** (*strukturieren*) structurer
Gliederung *f* **1** (*Unterteilung*) division *f* **2** (*Struktur*) structure *f*
Glimmstängel *m umg.* clope *f*
glimpflich: ***~ davonkommen*** s'en tirer à bon compte
glitschig glissant
glitzern scintiller, étinceler
Glitzern *n* scintillement *m*
global 1 (*weltweit*) mondial **2** (*umfassend*) global
Globalisierung *f* mondialisation *f*
Globus *m* **1** *Gerät*: globe *m*, mappemonde *f* **2** *Erdkugel*: globe *m* (terrestre)
Glocke *f* **1** cloche *f* **2** (*Klingel*) sonnette *f* **3** (*Käse-, Kuchenglocke usw.*) cloche *f*
Glocken|blume *f* campanule *f*; **~spiel** *n* **1** *an Gebäuden*: carillon *m* **2** *Instru-*

ment: jeu *m* de cloches
Glotze *f umg.* télé *f*; *stärker umg.* téloche *f*
glotzen faire des yeux ronds; *umg.* zieuter
Glück *n* **1** (*Glücklichsein*) bonheur *m*; ***das bringt ~*** ça porte bonheur **2** (↔ *Pech*) chance *f* **3** ***viel ~!*** bonne chance! **4** ***zum ~*** heureusement; ***zu meinem ~*** heureusement pour moi **5** *iron.* ***sie weiß noch nichts von ihrem ~*** elle ne sait pas encore ce qui l'attend
glücken réussir; ***es ist mir geglückt, ihn zu überzeugen*** j'ai réussi à le convaincre
glücklich **1** heureux/-euse; ***ich bin ~, dass ...*** je suis heureux que ... (+ *Subj.*) **2** ***wunschlos ~ sein*** être comblé **3** ***er ist ~ verheiratet*** il est heureux en ménage
Glückliche(r) *f(m)* heureux *m*, -euse *f*; ***wer ist denn der ~?*** qui est l'heureux élu?; ***du ~!*** tu en as, de la chance!
glücklicherweise heureusement
Glücks|klee *m* trèfle *m* porte-bonheur; **~pilz** *m* chanceux *m*, -euse *f*; *umg.* veinard(e) *m(f)*
Glückssache *f*: ***das ist reine ~!*** c'est uniquement une question de chance!
Glücksspiel *n* jeu *m* de *hasard
Glückstag *m*: ***heute ist mein ~*** c'est mon jour de chance aujourd'hui
Glückwunsch *m* félicitations *f Pl* (***zu*** pour); ***~!*** (mes) félicitations!; ***herzlichen ~ zum Geburtstag!*** bon anniversaire!
Glückwunschkarte *f* carte *f* de félicitations
Glühbirne *f* ampoule *f* (électrique)
glühen **1** (*Kohlen, Metall usw.*) être rouge **2** ***mein Gesicht glüht*** mon visage est tout rouge **3** (*Sonne*) brûler
glühend **1** (*Kohlen, Metall usw.*) rouge **2** ***~ heiß*** (*Gegenstand*) brûlant; (*Wetter, Hitze*) torride **3** ***~ verehren*** être en adoration devant (*Popstar usw.*)
Glüh|wein *m* vin *m* chaud; **~würmchen** *n* ver *m* luisant
Glut *f* **1** *des Feuers*: braise *f* **2** (*Hitze*) chaleur *f* torride
GmbH *f* SARL *f* (*Abk. für*: Société à responsabilité limitée)
Gnade *f* **1** grâce *f* **2** (*Erbarmen*) pitié *f*
Gnadenfrist *f* délai *m* de grâce
gnadenlos impitoyable
gnädig **1** (*milde*) clément; (*nachsichtig*) indulgent **2** (*wohlwollend*) bienveillant **3** (*herablassend*) condescendant
Gokart *m* kart *m*
Gokartrennen *n* course *f* de karting
Gold *n* **1** or *m* **2** ***~ gewinnen*** SPORT gagner de l'or **3** ***das ist ~ wert*** cela vaut son pesant d'or; (*Information*) c'est précieux
Goldbarren *m* lingot *m* d'or
goldbraun mordoré
golden **1** (*aus Gold*) en or, d'or; ***e-e ~e Uhr*** une montre en or **2** *Farbe*: doré **3** ***~e Hochzeit*** noces *f Pl* d'or **4** ***die ~e Mitte*** le juste milieu
Golden Goal *n* but *m* en or
Goldfisch *m* poisson *m* rouge
goldgelb jaune d'or
Gold|gräber *m* chercheur *m* d'or; **~hamster** *m* *hamster *m* (doré)
goldig charmant; *bes. von Kindern a.*: mignon/-onne
Gold|medaille *f* médaille *f* d'or; **~münze** *f* pièce *f* en or
goldrichtig très juste
Goldschmied(in) *m(f)* orfèvre *m,f*
Golf[1] *m* (*Meeresbucht*) golfe *m*; ***Persischer ~*** golfe *m* Persique
Golf[2] *n* SPORT golf *m*
Golf|ball *m* balle *f* de golf; **~platz** *m* terrain *m* de golf; **~schläger** *m* club *m* de golf; **~staaten** *m Pl* pays *m Pl* du golfe Persique; **~strom** *m* Gulf Stream *m*
Gondel *f* **1** SCHIFF gondole *f* **2** *e-r Seilbahn*: cabine *f* **3** *e-s Ballons*: nacelle *f*
Gong *m* gong *m*
gönnen **1** ***ich gönne es ihr*** je ne le lui envie pas **2** ***sich etw ~*** s'offrir qc, s'accorder qc
Gör(e) *n(f) umg.* gosse *m,f*
Gorilla *m* gorille *m*
Gotik *f Epoche, Kunst*: époque *f* gothique
gotisch gothique
Gott *m* **1** *christlicher*: Dieu *m* (⚠ *großgeschrieben*); ***der liebe ~*** le bon Dieu **2** *e-r von mehreren*: dieu *m* **3** *in Ausrufen*: ***~ sei Dank!*** Dieu merci!, heureusement!; ***lieber ~!, mein ~!*** mon Dieu!; ***um ~es willen!*** pour l'amour de Dieu!; ***weiß ~, wie (wo usw.) ...!*** Dieu sait comment (où *usw.*) ...! **4** ***er kennt ~ und die Welt*** il connaît tout le monde

G

Gottes|dienst *m* **1** *katholisch*: messe *f* **2** *protestantisch*: service *m*, culte *m*; **~lästerung** *f* blasphème *m*
Gottheit *f* divinité *f*
Göttin *f* déesse *f*
göttlich divin (*a. fig.*)
Grab *n* **1** tombe *f*; (*Grabmal*) tombeau *m* **2** ***er würde sich im ~ herumdrehen, wenn er das wüsste*** s'il savait ça, il se retournerait dans sa tombe **3** ***sie schweigt wie ein ~*** elle est muette comme une tombe **4** ***der bringt mich noch mal ins ~!*** il veut ma mort!
graben creuser
Graben *m* fossé *m*
Grab|mal *n* tombeau *m*; **~stein** *m* pierre *f* tombale
Grabung *f* **1** excavation *f* **2** *archäologische*: fouilles *f Pl*
Grad[1] *m* **1** *auf e-r Skala*: degré *m* **2** *Temperatur*: ***zwei ~ Celsius*** deux degrés centigrades; ***bei zehn ~ plus*** à dix degrés; ***bei minus zehn ~*** à moins dix degrés **3** ***bis zu e-m gewissen ~*** jusqu'à un certain degré (*od.* point)
Grad[2] *m* MIL grade *m*
Graf *m* comte *m*
Grafik *f* (*Illustration*) graphique *m*
Grafiker(in) *m(f)* graphiste *m,f*, dessinateur *m* industriel, dessinatrice *f* industrielle
Grafikkarte *f* IT carte *f* graphique
Gräfin *f* comtesse *f*
grafisch **1** graphique **2** ***etw ~ darstellen*** représenter graphiquement qc **3** ***~er Zeichner*** dessinateur *m* industriel, graphiste *m*
Grafschaft *f* comté *m*
Gramm *n* gramme *m*
Grammatik *f* grammaire *f* (⚠ *Endung*)
grammatisch grammatical
Granat *m Stein*: grenat *m*
Granatapfel *m* grenade *f*
Granate *f* **1** obus *m* **2** (*Handgranate*) grenade *f*
Granit *n* granit(e) *m*
Grant *m* Ⓐ mauvaise humeur *f*; ***e-n ~ haben*** être fâché
grantig grincheux/-euse
Grapefruit *f* pamplemousse *m*
Graphik *f* **1** *Kunst, Technik*: arts *m Pl* graphiques **2** *Kunstwerk*: gravure *f* **3** (*Illustration usw.*) graphique *m*
Graphiker(in) *usw.* → ***Grafiker(in)*** *usw.*
grapschen: ***nach etw ~*** attraper avidement qc
Gras *n* **1** herbe *f* **2** ***das ~ mähen*** tondre le gazon **3** ***darüber ist längst ~ gewachsen*** c'est de l'histoire ancienne
Grasbüschel *n* touffe *f* d'herbe
grasen (*Vieh*) brouter, brouter l'herbe
grasgrün vert-pomme
Gras|halm *m* brin *m* d'herbe; **~hüpfer** *m* sauterelle *f*
grassieren (*Krankheit*) sévir
grässlich horrible, affreux/-euse
Grat *m* (*Bergkamm*) arête *f*
Gräte *f* arête *f*
gratis **1** ***~ sein*** être gratuit **2** ***etw ~ bekommen*** recevoir qc gratuitement
Gratisprobe *f* échantillon *m* gratuit
Grätsche *f* position *f* jambes écartées; ***in die ~ gehen*** écarter les jambes
grätschen: ***die Beine ~*** écarter les jambes
Gratulation *f* félicitations *f Pl*
gratulieren **1** ***j-m ~*** féliciter qn (***zu*** de) **2** ***ich gratuliere dir zum Geburtstag*** (*bzw.* ***zum Namenstag***) je te souhaite un bon anniversaire (*bzw.* une bonne fête) **3** ***gratuliere!*** félicitations!
grau gris
graublau gris bleu
Graubrot *n* pain *m* bis
Graubünden *n* les Grisons *m Pl*
Gräuel *n* **1** atrocité *f* **2** ***das*** (*bzw.* ***er***) ***ist mir ein ~*** j'ai ça (*bzw.* je l'ai) en horreur
grauen: ***mir graut vor Prüfungen*** j'ai horreur des examens; ***davor graut mir*** cela me fait horreur
Grauen *n* horreur *f* (***vor*** de)
grauenhaft horrible, épouvantable
grauhaarig aux cheveux gris
gräulich[1] (*schrecklich*) atroce, horrible
gräulich[2] (*grau*) grisâtre
grausam **1** (*brutal*) cruel/-elle **2** (*schrecklich*) terrible, horrible
Grausamkeit *f* cruauté *f*
gravieren graver (***in*** dans)
Graz *n* Graz
graziös **1** gracieux/-ieuse **2** ***sich ~ bewegen*** mouvoir gracieusement
greifen **1** (*ergreifen*) saisir, prendre; ***nach etw ~*** saisir (*od.* prendre) qc **2** ***in die Tasche ~*** porter la main à la poche **3** ***e-n Akkord ~*** plaquer un accord **4** ***zu e-r Maßnahme ~*** recourir à une mesure **5** ***um sich ~*** (*Feuer, Mode usw.*) se propager **6** ***zum Greifen***

nah à portée de la main
Greifvogel *m* oiseau *m* de proie, rapace *m*
grell 1 (*Licht*) cru; (*blendend*) éblouissant **2** (*Farben*) criard **3** (*Laut, Ton*) perçant, strident
Gremium *n* comité *m*, commission *f*
Grenze *f* **1** frontière *f*; ***die ~ zu Frankreich*** la frontière avec la France **2** (*Begrenzung*) frontière *f*, limite *f* **3** ***die Schwierigkeiten hielten sich in ~n*** les difficultés étaient supportables
grenzen 1 ***~ an*** toucher (à); (*Länder*) *a.* confiner à **2** ***das grenzt an Wahnsinn*** *fig.* ça frise la folie
grenzenlos 1 sans limites, illimité **2** (*sehr groß*) immense **3** ***~ dumm sein*** être d'une bêtise sans bornes
Grenz|übergang poste *m* frontière; **~wert** *m* **1** taux *m* limite **2** MATH limite *f*
Greuel, greulich → ***Gräuel, gräulich***[1]
Grieche *m*, **Griechin** *f* Grec *m*, Grecque *f*
Griechenland la Grèce
griechisch grec/grecque
Grieß *m* semoule *f*
Grießbrei *m* bouillie *f* de semoule
Griff[1] *m* **1** *an der Tür, am Fenster*: poignée *f* **2** *am Messer, Schirm, Topf*: manche *m* **3** *Stiel e-r Pfanne*: queue *f*
Griff[2] *m* **1** (*Handgriff*) geste *m* (⚠ *im Frz. m*) **2** ***er hat die Sache im ~*** (*unter Kontrolle*) il maîtriser l'affaire; ***etw in den ~ bekommen*** apprendre à maîtriser qc **3** SPORT prise *f*
Grill *m* gril *m*, barbecue *m*
Grille *f* ZO grillon *m* (⚠ *frz.* grille *f* = ***Gitter, Rost***)
grillen 1 faire un barbecue **2** ***etw ~*** (faire) griller qc
Grillfest *n* barbecue *m*
Grimasse *f* grimace *f*
grimmig 1 furieux/-ieuse **2** ***~ schauen*** avoir l'air furieux
grinsen ricaner
Grinsen *n* ricanement *m*
Grippe *f* grippe *f*
Grips *m umg.* jugeote *f*
grob 1 (↔ *fein*) grossier/-ière; (*Feile, Sand usw.*) gros/grosse **2** ***ein ~er Fehler*** une grosse faute **3** (*Mensch*) grossier/-ière; (*Benehmen*) rude **4** ***j-n ~ behandeln*** traiter qn avec rudesse **5** ***~ gemahlen*** moulu grossièrement **6** ***~ geschätzt*** en gros, approximativement
grölen beugler
Grönland *n* le Groenland
Groschen *m* **1** HIST *in Österreich*: groschen *m* **2** HIST *in Deutschland*: pièce *f* de dix pfennigs **3** *fig.* ***der ~ ist endlich bei ihm gefallen*** *umg.* il a enfin pigé
groß 1 grand; *dem Volumen nach oft*: gros/grosse (⚠ *beide meistens vorangestellt*); ***der ~e Zeh*** le gros orteil; ***der ~e Zeiger*** *der Uhr*: la grande aiguille **2** ***wie ~ bist du?*** tu mesures combien?; ***ich bin eins sechzig ~*** je fais (*od.* je mesure) un mètre soixante; ***sie sind*** (***etwa***) ***gleich ~*** ils sont (à peu près) de la même taille **3** (*älter, erwachsen*) grand; ***mein ~er Bruder*** mon grand frère; ***~ werden*** (*wachsen*) grandir **4** ***~e Angst*** (*bzw.* ***~en Hunger, ~en Durst***) ***haben*** avoir très peur (*bzw.* faim, soif) **5** ***~er Buchstabe*** majuscule *f* **6** (*schlimm*) gros/grosse **7** ***im Großen und Ganzen*** dans l'ensemble, en somme, somme toute **8** ***darin ist er ~*** c'est sa spécialité **9** ***etw ~ feiern*** faire une grande fête pour qc
Großalarm *m* alerte *f* générale
großartig magnifique
Groß|aufnahme *f* gros plan *m*; **~britannien** *n* la Grande-Bretagne; **~buchstabe** *m* majuscule *f*
Größe *f* **1** (*das Großsein, Großartigkeit*) grandeur *f* **2** (*Maße*) taille *f*; ***Steine*** *usw.* ***in allen ~n*** des pierres *f Pl usw.* de toutes les tailles **3** (*Kleidergröße*) taille *f*; (*Schuhgröße*) pointure *f*; ***ich habe ~ 38*** *bei Kleidern*: je fais du trente-huit; *bei Schuhen*: je chausse du trente-huit
Großeltern *Pl* grands-parents *m Pl*
Größen|unterschied *m* différence *f* de taille; **~wahn** *m* mégalomanie *f*
größenwahnsinnig mégalomane
größer 1 plus grand; ***~ machen*** agrandir; ***~ werden*** (*wachsen*) grandir; (*Familie, Firma usw.*) s'agrandir **2** (*ziemlich groß*) ***e-e ~e Summe*** une assez grosse somme
Groß|familie *f* grande famille *f*; **~format** *n* grand format *m*; **~handel** *m* commerce *m* en gros; **~händler(in)** *m(f)* grossiste *m,f*; **~maul** *n umg.* grande gueule *f*; **~mutter** *f* grand-mère *f*; **~onkel** *m* grand-oncle *m*

Großraum *m* agglomération *f*; ***der ~ Paris*** l'agglomération parisienne
großschreiben: ***ein Wort ~*** écrire un mot avec une majuscule; ***... wird großgeschrieben*** ... prend une majuscule
Groß|stadt *f* grande ville *f*; **~tante** *f* grand-tante *f*
größte(r, -s) 1 le plus grand/la plus grande **2** ***der ~ Teil*** *e-r Gruppe*: la plupart; ***der ~ Teil der Gäste*** la plupart des invités
größtenteils pour la plupart
Großvater *m* grand-père *m*
großziehen élever
großzügig 1 (*spendabel*) généreux/-euse **2** (*tolerant*) large d'esprit, large de vues **3** (*Wohnung usw.*) spacieux/-ieuse
Großzügigkeit *f* **1** (*Freigebigkeit*) générosité *f* **2** (*Toleranz*) largeur *f* d'esprit (*od.* de vues)
Grotte *f* grotte *f*
grottenschlecht *sehr umg.* nul/nulle à chier
Grübchen *n im Gesicht*: fossette *f*
Grube *f* **1** fosse *f* **2** *Bergbau*: mine *f* **3** ***wer andern e-e ~ gräbt, fällt selbst hinein*** tel est pris qui croyait prendre
grübeln ruminer; ***über etw ~*** ruminer qc
grüezi (CH) **1** *morgens, tagsüber*: bonjour **2** *abends*: bonsoir
grün 1 vert (*a.* POL) **2** ***es ist ~*** *bei e-r Ampel*: le feu est au vert **3** ***sich ~ und gelb ärgern*** se fâcher tout rouge
Grün *n* **1** *Farbe*: vert *m* **2** ***die Ampel steht auf ~*** le feu est au vert **3** ***das ist dasselbe in ~*** c'est du pareil au même
Grünanlage *f* espace *m* vert
Grund[1] *m* **1** (*Begründung*) raison *f*; (*Motiv*) motif *m*; ***das ist der ~, warum sie es getan hat*** c'est la raison pour laquelle elle l'a fait **2** ***das ist kein ~ zur Aufregung*** il n'y a pas de quoi s'affoler **3** ***auf ~ von*** en raison de; ***auf ~ von Indizien*** sur des indices **4** ***aus welchem ~?*** pour quelle raison?
Grund[2] *m* **1** (*Grundlage, Hintergrund*) fond *m*; ***von ~ auf*** (*gründlich*) à fond **2** ***im ~e (genommen)*** au fond **3** ***der Sache auf den ~ gehen*** aller au fond des choses
Grundausbildung *f*: ***die ~ machen*** MIL faire ses classes
Grundbesitz *m* propriété *f* foncière
gründen fonder (*Stiftung, Familie usw.*); créer, fonder (*Firma*)
Gründer(in) *m(f)* fondateur *m*, -trice *f*
Grund|farbe *f* **1** *Farbenlehre*: couleur *f* primaire **2** (*Grundierung*) fond *m*; **~fläche** *f* surface *f* de base, base *f*; **~gesetz** *n* constitution *f*; **~kenntnisse** *f Pl* connaissances *f Pl* élémentaires; **~kurs** *m* **1** cours *m* de débutants **2** *in der Oberstufe* ≈ cours *m* de base
Grundlage *f* base *f*, fondement *m*; ***auf der ~ von ...*** sur la base de ...
grundlegend 1 fondamental, de base **2** ***etw ~ ändern*** *usw.* changer qc radicalement
gründlich 1 (*Arbeit, Untersuchung*) bien fait, consciencieux/-ieuse; (*Kenntnisse*) solide **2** (*Person*) consciencieux/-ieuse **3** ***etw ~ machen*** faire qc à fond (*od.* consciencieusement) **4** (*sehr*) tout à fait, complètement; ***da hast du dich ~ geirrt*** *umg.* là, tu t'es complètement planté (*od.* gouré)
grundlos sans raison, sans motif
Grundnahrungsmittel *n* aliment *m* de base
Gründonnerstag *m* jeudi *m* saint
Grund|riss *m* **1** *e-s Gebäudes*: plan *m* **2** (*Schema, Grundzug*) grandes lignes *f Pl*; **~satz** *m* principe *m*
grundsätzlich 1 (*grundlegend*) fondamental **2** (*aus Prinzip*) par principe **3** (*im Prinzip*) en principe **4** ***ich bin ~ gegen ...*** je suis fondamentalement contre ...
Grund|schule *f* école *f* primaire; **~schüler(in)** *m(f)* écolier *m*, -ière *f*; **~schullehrer(in)** *m(f)* instituteur *m*, -trice *f*, *seit 1990 a.* professeur *m* des écoles; **~stück** *n* terrain *m*
Gründung *f* fondation *f*
Grundwasser *n* nappe *f* phréatique
Grundwortschatz *m* vocabulaire *m* de base; ***der französische ~*** *a.* le français fondamental
Grundzahl *f* (*Kardinalzahl*) nombre *m* cardinal
Grüne(r) *f(m)* *Parteimitglied*: Vert(e) *m(f)*; ***die ~n*** les Verts
Grüne(s): ***im ~n*** dans la nature; ***ins ~ fahren*** aller dans la nature
Grün|fläche *f* espace *m* vert; **~kohl** *m* chou *m* vert, chou *m* frisé

grünlich verdâtre
Grün|pflanze *f* plante *f* verte; **~span** *m* vert-de-gris *m*
grunzen grogner
Grünzeug *n* verdure *f*
Gruppe *f* groupe *m* (⚠ *im Frz. m*); ***in ~n*** en groupes, par groupes
Gruppenarbeit *f* travail *m* de groupe
Gruppierung *f* groupement *m*
Gruselfilm *m* film *m* d'épouvante
gruselig qui donne le frisson
gruseln **1** ***sich ~ vor*** avoir horreur de **2** ***es gruselt mich*** j'ai la chair de poule; ***ich grusele mich davor*** j'en ai la chair de poule
Gruß *m* **1** *Wort, Geste*: salut *m* **2** ***bestell ihm*** *bzw.* ***ihr schöne Grüße (von mir)!*** donne-lui le bonjour de ma part; *etw höflicher*: fais-lui mes amitiés!; ***viele Grüße von Eva*** Eva t'envoie le bonjour
grüßen **1** ***j-n ~*** (*begrüßen*) dire bonjour à qn, saluer qn **2** ***sie lässt dich ~*** elle t'envoie le bonjour; ***grüß ihn von mir!*** (*Grüße bestellen*) donne-lui le bonjour de ma part; *etw höflicher*: fais-lui mes amitiés **3** *bes.* Ⓐ ***grüß Gott!*** *morgens, tagsüber*: bonjour!; *abends*: bonsoir!; ***grüß dich!*** salut!
gschamig Ⓐ **1** (*schamhaft*) pudique **2** (*schüchtern*) timide
Guatemala le Guatemala
gucken **1** (*sehen*) regarder; ***guck mal!*** regarde!; ***lass mich mal ~!*** fais voir!, montre! **2** (*aussehen*) ***böse*** *usw.* ***~*** avoir l'air méchant *usw.*
Gugelhupf *m* Ⓐ kouglof *m*
Güggeli *n* Ⓒⓗ poulet *m* rôti
Guinea *n* la Guinée
Gulasch *n od. m* goulache *m od. f*
Gulden *m* HIST florin *m*
Gülle *f* Ⓒⓗ purin *m*, lisier *m*
Gully *m* bouche d'égout *f*
gültig valable
Gültigkeit *f* validité *f*
Gummi[1] *m od. n* (*Material*) caoutchouc *m*
Gummi[2] *m* (*Radiergummi*) gomme *f*
Gummi|(band) *n* élastique *m*; **~bärchen** *n* ourson *m* (en gomme gélifiée); **~boot** *n* canot *m* pneumatique; **~handschuh** *m* gant *m* en (*od.* de) caoutchouc; **~stiefel** *m* botte *f* en (*od.* de) caoutchouc
Gunst *f* faveur *f*; ***zu meinen (deinen*** *usw.*) ***~en*** en ma (ta *usw.*) faveur
günstig **1** favorable **2** (*Angebot, Preis*) intéressant, avantageux/-euse **3** ***sich ~ auswirken auf*** avoir une influence positive sur **4** (*billig*) ***etw ~ kaufen*** acheter qc à un prix intéressant (*od.* à un prix avantageux)
Gurgel *f* gorge *f*
gurgeln se gargariser
Gurke *f* **1** (*Salatgurke*) concombre *m* **2** ***saure ~*** cornichon *m*
Gurt *m* **1** sangle *f* **2** (*Sicherheitsgurt*) ceinture *f*
Gürtel *m* ceinture *f*
Gürteltasche *f* banane *f*
Guru *m e-r Sekte usw.*: gourou *m*
Guss *m* **1** *aus Zucker, Schokolade*: glaçage *m* **2** (*Regenguss*) ondée *f*, averse *f*
gut **1** bon/bonne **2** ***~es Wetter*** beau temps *m* **3** *Schulnote*: bien (⚠ *entspricht in Frankreich etwa 14-15 Punkten*); ***sehr ~*** très bien (⚠ *entspricht in Frankreich etwa 16-20 Punkten*) **4** *Grüße, Glückwünsche*: ***~en Morgen, ~en Tag!*** bonjour!; ***~en Abend!*** bonsoir!; ***~e Nacht!*** bonne nuit!; ***~e Reise!*** bon voyage!; ***alles Gute!*** meilleurs souhaits!; *weiterhin*: bonne continuation! **5** ***~ singen (schwimmen*** *usw.*) bien chanter (nager *usw.*) **6** ***etw riecht ~*** qc sent bon; ***das gefällt mir ~*** ça me plaît beaucoup **7** ***~ gelaunt*** de bonne humeur **8** ***jetzt ist es aber ~!*** *umg.* (*jetzt reichts*) ça commence à bien faire!; ***mach's ~!*** salut! **9** ***es geht mir ~*** je vais bien; ***mir ist nicht ~*** j'ai mal au cœur **10** ***es ist noch mal ~ gegangen*** ça a failli mal finir **11** ***du hast ~ lachen*** tu peux bien rire; ***du hast ~ reden*** tu en parles à ton aise **12** ***du hast es ~!*** tu en as, de la chance! **13** ***das tut mir ~*** cela me fait du bien **14** ***~ aussehend*** bien de sa personne, beau *bzw.* bel/belle **15** ***~ und gern*** au moins **16** ***~ (so)!*** bien!; (***also***) ***~!*** bon!, bien!; ***schon ~!*** allons, allons! **17** ***~ zehn Minuten*** dix bonnes minutes **18** ***ich bin so ~ wie fertig*** j'ai presque fini **19** (***wie***) ***~, dass du gekommen bist!*** heureusement que tu es venu! (⚠ *Ind.*)
Gut *n* **1** *Besitz*: bien *m* **2** *Landgut*: domaine *m*; *Gutshof*: ferme *f* **3** (*Ware*) marchandise *f*, marchandises *f Pl*
Gutachten *n* expertise *f*
Gutachter(in) *m(f)* expert(e) *m(f)*

G

gutartig (*Tier*) pas méchant
Gute(s) *n* **1** ***etw ~s*** qc de bon **2** *Glückwunsch*: ***alles ~!*** bonne chance!; *zu Neujahr*: meilleurs vœux!; *bei Schwierigkeiten*: bon courage!; ***alles ~ zum Geburtstag*** bon anniversaire
Güte *f* **1** bonté *f* **2** ***ach du liebe ~!*** bon Dieu!
Güter|bahnhof *m* gare *f* de marchandises; **~zug** *m* train *m* de marchandises
gutgehen → ***gut***
gutgläubig de bonne foi
Guthaben *n auf der Bank*: avoir *m*
gütig bon/bonne
gutmachen réparer (*Fehler*); rattraper, regagner (*Versäumtes, Verlust*); ***wie kann ich das (wieder) ~?*** comment pourrais-je te (*bzw.* vous) remercier?
gutmütig bon/bonne; ***er ist ~*** il a bon caractère; *umg.* c'est une bonne pâte
Gutschein *m* bon *m* (***für, auf*** pour)
gutschreiben: ***e-n Betrag e-m Konto ~*** créditer un compte d'une somme
Gutschrift *f auf Konto*: crédit *m*, avoir *m*
Guyana *n* **1** la Guyana **2** ***Französisch-~*** la Guyane française
Gymnasiast(in) *m(f)* lycéen *m*, -éenne *f*; *bis zur Mittelstufe*: collégien *m*, -ienne *f*
Gymnasium *n* lycée *m* (⚠ *nur die letzten drei Klassen gehören in Frankreich zum* lycée; *bis zur neunten Klasse entspricht frz.* le collège)
Gymnastik *f* gymnastique *f*
Gynäko|loge *m*, **~login** *f* gynécologue *m,f*

H

Haar *n* **1** (*Kopfhaar*) cheveu *m*; (*die Haare*) cheveux *m Pl*; *langes a.*: chevelure *f* **2** (*Körperhaar, Tierhaar*): poil *m* **3** ***an den ~en herbeigezogen*** (*Ausrede usw.*) tiré par les cheveux **4** ***sie sind sich in die ~e geraten*** *umg.* ils se sont volés (*bzw.* elles se sont volées) dans les plumes **5** ***um ein ~ wäre es schiefgegangen*** *umg.* un peu plus, et ça y était
Haar|band *n* serre-tête *m*; **~bürste** *f* brosse *f* à cheveux
haaren (*Tiere*) perdre ses poils
Haar|farbe *f* couleur *f* des cheveux; **~festiger** *m* fixateur *m*; **~gel** *n* gel *m* (capillaire)
haargenau exact; ***das stimmt ~*** c'est exactement ça
Haargummi *n* élastique *m* (pour les cheveux)
haarig **1** poilu; *Körperteil*: velu **2** (*heikel*) délicat
Haarnadelkurve *f* virage *m* en épingle à cheveux
haarscharf: ***das ging ~ daneben*** ça a manqué de justesse (*od.* de peu)
Haar|schnitt *m* coupe *f* de cheveux; **~spange** *f* barrette *f*; **~spray** *n* laque *f*
haarsträubend **1** *Erlebnis, Geschichte*: inouï, effarant **2** (*skandalös*) scandaleux/-euse
Haarwasser *n* lotion *f* capillaire
haben **1** avoir; (*besitzen*) *a.* posséder **2** ***Ferien ~*** être en vacances; ***er hat Geburtstag*** c'est son anniversaire **3** ***sie hat viel zu tun*** elle a beaucoup de travail; ***der (das*** *usw.*) ***hat hier nichts zu suchen*** il (ça *usw.*) n'a rien à faire ici; ***das hat nichts zu sagen*** cela ne veut rien dire **4** ***hab dich nicht so!*** ne fais pas tant de façons!; ***da hast du's!*** voilà, ça y est! **5** ***ich habe etw gegen ihn*** j'ai qc contre lui **6** ***ich hab's*** (*gefunden*) j'ai trouvé, ça y est!; ***jetzt hab ich dich!*** (*erwischt*) je te tiens! **7** ***er hat es gut*** il a de la chance; ***sie hat es schwer*** elle n'a pas la vie facile; ***er hat es eilig*** il est pressé **8** ***er*** (*bzw.* ***sie***) ***ist noch zu ~*** il (*bzw.* elle) est encore libre; ***für so was bin ich nicht zu ~*** *umg.* ça ne me dit rien **9** *Eigenschaft usw.*: ***er hat das von seinem Vater*** il tient cela de son père **10** ***die Geschichte hat es in sich*** ce n'est pas si simple **11** (*Arbeit, Prüfung usw.*) ***ich habe es noch vor mir*** il me reste encore à faire cela; ***ich habe es hinter mir*** j'en ai fini avec
Habgier *f* cupidité *f*, rapacité *f*

habgierig cupide, rapace
Habicht *m* autour *m*
Hachse *f vom Schwein, Kalb*: jarret *m*
Hackbrett *n* MUS tympanon *m*
Hacke[1] *f* **1** (*Gartenhacke*) *houe *f*, binette *f* **2** Ⓐ (*Beil*) *hache *f*
Hacke[2] *f* (*Absatz, Ferse*) talon *m*
hacken 1 *mit dem Beil usw.*: *hacher; *im Garten*: biner **2** ***Holz ~*** casser du bois **3** (*Vogel*) donner un coup de bec (***nach*** à)
Hacker(in) *m(f)* IT pirate *m,f*
Hack|fleisch *n* viande *f* *hachée; **~steak** *n* steak *m* *haché
Hafen *m* port *m*
Hafen|becken *n* bassin *m* portuaire; **~rundfahrt** *f* visite *f* du port; **~stadt** *f* ville *f* portuaire; **~viertel** *n* quartier *m* du port
Hafer *m* avoine *f*
Haferflocken *f Pl* flocons *m Pl* d'avoine
Haferl *n*, **Häferl** *n* Ⓐ **1** (*größere Tasse*) gobelet *m*, tasse *f* américaine **2** (*Töpfchen*) pot *m*
Haft *f* **1** détention *f* **2** (*Gefängnishaft*) emprisonnement *m* **3** ***aus der ~ entlassen*** remettre en liberté, relâcher
haften[1] **1** adhérer (***an*** à); (*kleben*) coller (***an*** à); ***an j-m ~*** (*Geruch*) tenir sur qn **2** ***im Gedächtnis ~ bleiben*** rester gravé dans la mémoire
haften[2] JUR **1** ***für etw ~*** répondre de (*od.* être responsable) de qc **2** ***für j-n ~*** (*bürgen*) être responsable de qn
haftenbleiben → ***haften***[1]
Häftling *m* détenu(e) *m(f)*
Haftnotiz *f* post-it® *m*
Haftpflichtversicherung *f* assurance *f* de responsabilité civile; AUTO assurance *f* au tiers
Haftung *f* JUR responsabilité *f*
Hagebuttentee *m* tisane *f* d'églantier
Hagel *m* grêle *f*
hageln 1 ***es hagelt*** il grêle, il tombe de la grêle **2** ***es hagelte Vorwürfe*** (*bzw.* ***Kritik***) les reproches (*bzw.* les critiques) pleuvaient
hager (*Mensch, Figur*) sec/sèche
Hahn[1] *m* ZO coq *m*
Hahn[2] *m* (*Wasser-, Gashahn*) robinet *m*
Hähnchen *zum Essen*: poulet *m*
Hai(fisch) *m* requin *m*
Häkchen *n auf e-r Liste usw.*: signe *m*, trait *m*
häkeln 1 faire du crochet **2** ***etw ~*** faire qc au crochet
Häkelnadel *f* crochet *m*
haken 1 (*klemmen*) coincer, être coincé **2** (*festhaken*) accrocher (***an*** à)
Haken *m* **1** crochet *m* (*a. im Boxen*) **2** (*Kleiderhaken*) patère *f* **3** (*Angelhaken*) hameçon *m* **4** ***die Sache hat e-n ~*** *umg.* il y a un *hic
Hakenkreuz *n* croix *f* gammée
halb 1 *Uhrzeit*: ***es ist ~ vier*** il est trois heures et demie **2** *als Adv.*: à moitié, à demi; ***~ leer*** (***voll, fertig*** *usw.*) à moitié vide (plein, fini *usw.*); ***~ nackt*** à demi nu **3** ***~ so groß*** *usw.* deux fois moins grand *usw.*; ***es ist ~ so schlimm*** ce n'est pas (si) grave **4** ***~ ..., ~ ...*** moitié ..., moitié ..., mi-..., mi-...
Halbdunkel *n* pénombre *f*
Halbe *f*: ***e-e ~*** (***Bier***) un demi-litre de bière (*in Frankreich eher unüblich*)
halbe(r, -s) 1 la moitié de, demi-, mi-; ***ein ~r Liter*** un demi-litre; ***auf ~m Weg*** à mi-chemin **2** *in Zeitangaben*: ***e-e ~ Stunde*** une demi-heure; ***ein ~s Jahr*** six mois
halbfett 1 ***~e Milch*** du lait mi-écrémé **2** (*Käse, Joghurt usw.*) allégé
Halbfinale *n* demi-finale *f*
halbieren 1 partager en deux **2** (*durchschneiden*) couper en deux **3** réduire de moitié (*Kosten, Summe usw.*)
Halb|insel *f* presqu'île *f*; *große*: péninsule *f*; **~jahr** *n* semestre *m*, six mois *m Pl*; **~kreis** *m* demi-cercle *m*; **~kugel** *f* hémisphère *m*
halb|lang mi-long/-gue; **~leer** → ***halb***
Halbmond *m* croissant *m* (de lune)
halb|nackt → ***halb***; **~offen** → ***offen***
Halb|pension *f* demi-pension *f*; **~schuh** *m* chaussure *f* basse
halbtags à mi-temps
Halbton *m* MUS demi-ton *m*
halb|voll → ***halb***; **~wegs** (*ganz gut*) passablement; (*in etwa*) à peu près
Halbzeit *f* SPORT mi-temps *f*
Hälfte *f* moitié *f*
Halfter *m od. n für Pferde*: licou *m*
Halle *f* **1** (grande) salle *f* **2** (*Bahnhofshalle*) *hall *m* **3** (*Markthalle*) *halle *f* **4** (*Turnhalle*) gymnase *m*; (*Tennishalle*) court *m* couvert **5** (*größere Sporthalle*) stade *m* couvert
hallen résonner, faire écho
Hallenbad *n* piscine *f* couverte

hallo 1 ***~!*** *Gruß*: salut! 2 ***~!*** TEL allô? 3 *Überraschung*: ***aber ~!*** tiens, tiens!
Halm *m* 1 (*Grashalm*) tige *f*; *kleiner*: brin *m* 2 (*Strohhalm*) paille *f*
Hals *m* 1 cou *m* 2 (*Kehle*) gorge *f*; ***im ~ stecken bleiben*** (*Bissen*, *Wort*) rester dans la gorge 3 ***aus vollem ~ lachen*** rire aux éclats; ***aus vollem ~ schreien*** crier à tue-tête 4 ***etw in den falschen ~ kriegen*** (*falsch verstehen*) prendre mal qc, prendre qc de travers 5 ***es hängt mir zum ~ heraus*** *umg*. j'en ai plein le dos; *umg*. j'en ai marre 6 ***sie ist ~ über Kopf abgereist*** elle est parti précipitamment; ***er hat sich ~ über Kopf in sie verliebt*** il a eu le coup de foudre pour elle 7 *e-r Flasche*: col *m* 8 *e-r Geige*, *Gitarre*: manche *m*
Hals|band *n* collier *m*; **~kette** *f* collier *m*; *längere*: chaîne *f*
Hals-Nasen-Ohren|-Arzt *m*, **~-Ärztin** *f* oto-rhino-laryngologiste *m,f*
Hals|schmerzen *m Pl* mal *m* de gorge; **~tuch** *n* foulard *m*
halt[1]: ***~!*** stop!, arrête! (*bzw*. arrêtez!); ***~! warte mal!*** attends un peu!
halt[2]: ***das ist ~ so*** eh bien, c'est comme ça; ***dann gehe ich ~ nach Hause*** alors je rentre chez moi
Halt *m* 1 (*Haltestelle*) arrêt *m*; ***~ machen*** s'arrêter 2 *für die Füße*, *Hände*: appui *m*; ***ich habe keinen ~*** je n'ai rien pour me tenir; ***~ finden*** trouver un appui; ***den ~ verlieren*** perdre l'équilibre 3 *innerlicher*: soutien *m*
haltbar 1 (*Lebensmittel*) qui se conserve; ***~ sein*** se conserver; ***~ machen*** conserver 2 (*Material*) solide, résistant
Haltbarkeitsdatum *n* date *f* limite de consommation
halten[1] 1 tenir (***in der Hand*** dans la main; ***an der Hand*** par la main); ***er hält sich den Bauch vor Lachen*** il se tient le ventre de rire 2 ***etw warm ~*** tenir qc au chaud 3 ***e-e Rede ~*** faire un discours; ***Diät ~*** faire un régime; ***Wache ~*** monter la garde 4 ***sein Wort*** (*bzw*. ***Versprechen***) ***~*** tenir sa parole (*bzw*. sa promesse) 5 (*beibehalten*) garder (*Ton*, *Gleichgewicht*, *Vorsprung*); maintenir (*Geschwindigkeit*, *Frieden*); détenir (*Rekord*) 6 (*Kleidung*, *Gerät usw*.) ***lange ~*** durer; ***die Naht hat nicht gehalten*** la couture n'a pas tenu 7 (*zurückhalten*) retenir; ***er war nicht mehr zu ~*** on ne pouvait plus le tenir; ***mich hält hier nichts*** rien ne me retient ici 8 ***~ für*** considérer comme, tenir pour; *fälschlich*: prendre pour; ***wofür hältst du mich eigentlich?*** pour qui me prends-tu? 9 ***was hältst du von ...?*** qu'est-ce que tu penses de ...?; ***ich halte viel von ihr*** je l'estime beaucoup 10 ***zu j-m ~*** être solidaire de qn
halten[2] 1 (*anhalten*, *stehen bleiben*) s'arrêter; ***halt (mal)!*** *umg*. minute!, attends un peu! 2 (*stoppen*) arrêter (*Schuss*, *Ball*)
halten[3] 1 ***sich ~*** (*gleich bleiben*) se maintenir 2 ***sich ~*** (*Lebensmittel*) se conserver, se garder; (*Blumen*) tenir 3 *Körperhaltung*: ***sich aufrecht*** (***schlecht*** *usw*.) ***~*** se tenir debout (mal *usw*.) 4 ***sich rechts*** (*bzw*. ***links***) ***~*** tenir sa droite (*bzw*. sa gauche); ***sich hinter j-m ~*** se tenir derrière qn 5 ***sich an die Vorschriften ~*** s'en tenir aux règles
Halterung *f* support *m*
Haltestelle *f* arrêt *m*; *vom Bus*: arrêt *m* d'autobus; *der Straßenbahn*: arrêt *m* de tram
Halteverbot *n* 1 ***ich stehe im ~*** je suis en arrêt interdit 2 ***hier ist ~*** l'arrêt est interdit ici
haltmachen → ***Halt***
Haltung *f* 1 (*Körperhaltung*) tenue *f*; ***e-e gute*** (*bzw*. ***schlechte***) ***~ haben*** se tenir bien (*bzw*. mal) 2 (*Einstellung*) attitude *f* 3 (*inneres Gleichgewicht*, *Fassung*) contenance *f*; ***~ bewahren*** garder bonne contenance
Hamburg *n* *Hambourg
Hamburger *m* 1 *Essen*: *hamburger *m* 2 *aus Hamburg*: *hambourgeois
hämisch 1 méchant; (*Ton*, *Bemerkung*) fielleux/-euse 2 ***~ grinsen*** ricaner méchamment
Hammer *m* 1 marteau *m* 2 ***das ist der ~!*** (*das ist toll*) *umg*. c'est génial!; (*das ist das Letzte*) *umg*. c'est le bouquet!; ***das war vielleicht ein ~!*** *Überraschung*: tu parles d'une surprise!
hämmern 1 *mit dem Hammer*: donner des coups de marteau 2 (*schlagen*) taper; (*Herz*) battre (fort); ***mit der Faust gegen die Tür ~*** tambouriner contre la porte
Hampelmann *m* pantin *m* (*a. fig*.)

hampeln s'agiter; *umg.* gigoter
Hamster *m* *hamster *m*
Hand *f* **1** main *f*; ***sie gehen ~ in ~*** ils vont la main dans la main **2** ***er hat zwei linke Hände*** il est la maladresse en personne **3** ***e-e ~ voll Reis*** (***Sand*** *usw.*) une poignée de riz (de sable *usw.*) **4** ***Hände hoch!*** *haut les mains!; ***Hände weg von …!*** ne touche (*bzw.* ne touchez) pas à …! **5** ***sie ist in festen Händen*** elle est casée; ***mit leeren Händen dastehen*** rester là les mains vides **6** ***unter der ~*** en sous-main; *im Brief*: ***zu Händen von …*** à l'attention de … **7** ***an ~ von*** → ***anhand***
Handarbeit *f* **1** *Schulfach*: travaux *m Pl* manuels **2** (*etw Handgemachtes*) ***das ist ~*** c'est fait à la main
Hand|ball *m* **1** *Sportart*: *handball *m* **2** *Ball*: ballon *m* de *handball; **~besen** *m* balayette *f*; **~bremse** *f* frein *m* à main
Händchen *n* **1** petite main *f* **2** ***~ halten*** se tenir par la main
Handel *m* **1** commerce *m*; *bes. illegaler, mit Drogen*: trafic *m* (***mit*** de) **2** (*Geschäft, Vereinbarung*) marché *m*
handeln[1] **1** (*Handel treiben*) ***er handelt mit Software*** *usw.* il vend des logiciels *usw.* **2** (*feilschen*) ***um etw ~*** marchander qc
handeln[2] **1** (*etw tun, eingreifen*) agir **2** ***es handelt sich um …*** il s'agit de …; ***es handelt sich darum, ob …*** il s'agit de savoir si …; ***worum handelt es sich?*** de quoi est-ce qu'il s'agit? **3** (*Buch, Film*) ***~ von*** traiter de
Handels|klasse *f* catégorie *f*; **~schule** *f* école *f* commerciale (*od.* de commerce); **~schüler(in)** *m(f)* élève *m,f* de l'école commerciale
Handfeger *m* balayette *f*
handfest **1** (*Mahlzeit, Beweis usw.*) solide **2** (*Skandal, Streit*) gros/grosse **3** (*Lüge*) grossier/-ière
Handfläche *f* paume *f*
handgearbeitet fait (à la) main
Hand|gelenk *n* poignet *m*; **~gepäck** *n* bagages *m Pl* à main; **~granate** *f* grenade *f* à main
Handgriff *m* **1** ***mit wenigen ~en*** *umg.* en deux temps et trois mouvements **2** *an Koffern, Geräten*: poignée *f*
Handikap *n* *handicap *m*
Handlanger *m im negativen Sinn*: homme *m* de main (***für*** de)
Händler(in) *m(f)* marchand(e) *m(f)*
handlich **1** (*Format usw.*) maniable, commode **2** (*kleinerer Gegenstand*) *a.* bien en main **3** (*Buch*) d'un format pratique
Handlung *f* **1** (*Tat*) acte *m*; ***e-e strafbare ~ begehen*** commettre un délit **2** *e-s Romans usw.*: action *f*
Hand|rücken *m* dos *m* de la main; **~schellen** *f Pl* menottes *f Pl*; **~schrift** *f* **1** écriture *f* **2** *altes Buch*: manuscrit *m*
handschriftlich **1** (*Text, Brief usw.*) manuscrit **2** ***etw ~ hinzufügen*** ajouter qc à la main
Handschuh *m* **1** gant *m* **2** (*Fausthandschuh*) moufle *f*
Hand|schuhfach *n* boîte *f* à gants; **~spiel** *n* FUSSBALL faute *f* des mains; **~tasche** *f* sac *m* à main; **~tuch** *n* **1** serviette *f* (de toilette) **2** *zum Händetrocknen*: essuie-mains *m*
Handumdrehen *n*: ***im ~*** en un tour de main, en cinq sec
Handvoll *f* → ***Hand***
Handwerk *n ein bestimmtes*: métier *m*; *Kunsthandwerk*: artisanat *m*
Handwerker(in) *m(f)* artisan *m* (⚠ *im Frz. nur m*)
Handy *n* (téléphone *m*) portable *m*
Hang[1] *m* (*Abhang*) pente *f*, talus *m*
Hang[2] *m* **1** (*Neigung*) tendance *f* (***zu*** à) **2** (*Vorliebe*) penchant *m* (***zu*** pour)
Hänge|brücke *f* pont *m* suspendu; **~matte** *f* *hamac *m*
hängen **1** (*herunterhängen*) pendre, être suspendu (***von der Decke*** au plafond) **2** ***an der Wand ~*** être accroché au mur; ***~ bleiben*** rester accroché (***an*** à); (*haften bleiben*) rester fixé (***an*** à) **3** (*aufhängen*) pendre, suspendre (*Gegenstand*); ***das Kleid*** *usw.* ***in den Schrank ~*** pendre la robe *usw.* dans l'armoire **4** ***~ lassen*** laisser pendre (*Arme, Beine usw.*) **5** ***er hängt aus dem Fenster*** il est penché à la fenêtre; ***sie hängt am Telefon*** elle est collée au téléphone **6** ***an j-m ~*** (*j-n mögen*) être attaché à qn; ***ich hänge an diesem Pulli*** je tiens à ce pull **7** (*abhängen*) dépendre; ***es hängt alles an ihr*** tout dépend d'elle; ***die ganze Arbeit bleibt an mir ~*** tout le travail retombe sur moi **8** ***sich ~ lassen*** (*sich gehen lassen*) se laisser aller **9** ***sie hat ihn ~ lassen***

H

(*im Stich gelassen*) *umg.* elle l'a laissé en plan **10** ***j-n ~*** (*hinrichten*) pendre qn
hängen|bleiben, ~lassen → ***hängen***
hänseln: ***j-n ~*** se moquer de qn (***wegen*** à cause de)
Hantel *f* haltère *m*
hantieren: ***mit etw ~*** manier qc, manipuler qc
hapern: ***in Chemie hapert's noch bei mir*** *umg.* je coince encore en chimie
Happen *m* bouchée *f*; ***e-n ~ essen*** manger qc
happig exagéré; (*Preis*) *a.* fantaisiste
Happy-End *n* fin *f* heureuse; ***gibt's ein*** (*bzw.* ***kein***) ***~?*** cela finit bien (*bzw.* mal)?
Hardware *f* IT matériel *m*
Harfe *f* *harpe *f*
Harke *f* râteau *m*
harmlos **1** (*ungefährlich*) inoffensif/-ive **2** (*Verletzung*) sans gravité; (*Krankheit*) bénin/-igne **3** (*Bemerkung*) anodin
Harmonie *f* harmonie *f*
harmonisch harmonieux/-ieuse (⚠ *Endung*)
Harn *m* urine *f*
Harnblase *f* vessie *f*
hart **1** dur; ***~ werden*** durcir **2** ***ein ~es*** (*od.* ***~ gekochtes***) ***Ei*** un œuf dur **3** (*Los, Schicksal*) cruel/-elle **4** (*streng*) dur **5** (*Strafe, Urteil*) sévère; ***j-n ~ bestrafen*** punir qn sévèrement **6** ***~ arbeiten*** travailler dur **7** ***~ bleiben*** (*nicht nachgeben*) rester inflexible **8** ***~ an der Grenze*** à la limite (***zu*** de) **9** ***e-e ~e Währung*** une monnaie forte **10** ***~e Drogen*** drogues *f Pl* dures **11** ***wenn's ~ auf ~ kommt*** en cas de coup dur
Härte *f* **1** dureté *f* **2** *e-s Urteils*: sévérité *f* **3** SPORT rudesse *f* **4** ***das ist die ~!*** *positiv*: *umg.* c'est le pied!; *negativ*: quelle horreur!
härten durcir, tremper (*Metall*)
hartherzig (*Mensch, Benehmen*) insensible
hartnäckig **1** opiniâtre; (*eigensinnig*) obstiné, têtu **2** ***er schweigt ~*** il garde un silence obstiné
Hartnäckigkeit *f* obstination *f*, tenacité *f*
Harz *n an Bäumen*: résine *f*
haschen (*Haschisch rauchen*) *umg.* fumer du *hasch
Hascherl *n* Ⓐ pauvre *m,f*; ***armes ~!*** pauvre chou!
Haschisch *n od. m* *haschisch *m*
Hase *m* lièvre *m*; (*Stallhase*) lapin *m*
Haselnuss *f Nuss*: noisette *f*; *Strauch*: noisetier *m*
Hass *m* **1** *haine *f* (***gegen*** *od.* ***auf*** de) **2** (*Wut*) ***ich habe e-n ~ auf ihn*** je le déteste
hassen *haïr; (*verabscheuen*) détester
hässlich **1** laid **2** (*gemein*) détestable **3** (*Wetter, Lage*) vilain
Hast *f* *hâte *f*
hasten **1** (*sich beeilen*) se *hâter, se dépêcher **2** (*rennen*) courir
hastig **1** pressé; (*Bewegung*) brusque **2** ***~ sprechen*** *usw.* parler *usw.* avec précipitation **3** ***nicht so ~!*** pas si vite!
hätscheln **1** (*liebkosen*) caresser **2** (*verwöhnen*) gâter, choyer
hatschen Ⓐ **1** (*schleppend gehen*) marcher d'un pas lourd (*bzw.* traînant) **2** (*hinken*) boîter, clopiner
Haube *f* **1** bonnet *m*; (*Schwestern-, Trachtenhaube*) coiffe *f* **2** (*Motorhaube*) capot *m*
Hauch *m* **1** souffle *m* **2** (*dünne Schicht*) fine couche *f* **3** ***ein ~ Puder*** *usw.* un soupçon de poudre *usw.*
hauchdünn **1** (*Porzellan, Stoff usw.*) très fin **2** (*minimal*) (*Mehrheit, Vorsprung*) très léger/-ère
hauchen souffler
hauen **1** (*schlagen*) frapper; *umg.* taper **2** ***sie haben sich gehauen*** (*sich geprügelt*) ils se sont battus **3** ***Nägel in die Wand ~*** enfoncer des clous dans le mur **4** ***das haut mich glatt vom Hocker!*** *umg.* je n'en reviens pas!
Haufen *m* **1** tas *m* **2** (*Menge*) ***ein ~ Leute*** (***Freunde*** *usw.*) un tas de gens (d'amis *usw.*) **3** (*viel*) ***ein ~ Arbeit*** (***Geld*** *usw.*) beaucoup de travail (d'argent *usw.*) **4** ***j-n über den ~ fahren*** *umg.* écrabouiller qn **5** ***das wirft ihren Plan über den ~*** *umg.* ça va chambarder son projet
häufen: ***sich ~*** **1** (*Sachen*) s'entasser, s'amasser **2** (*Beschwerden, Ereignisse usw.*) se multiplier
haufenweise *umg.* en masse; ***~ CDs*** des tas *m Pl* de CD
häufig **1** fréquent (*a. Fehler*) **2** ***das passiert ziemlich ~*** cela arrive assez souvent *od.* fréquemment
Häufigkeit *f* fréquence *f*

Haupt *n* tête *f*
Haupt... principal; ***Haupteingang*** entrée *f* principale
Haupt|bahnhof *m* gare *f* centrale; **~darsteller(in)** *m(f)* acteur *m* principal, actrice *f* principale; (*Star*) vedette *f* (⚠ *im Frz. nur f*)
Häuptelsalat *m* Ⓐ laitue *f*
Haupt|fach *n* matière *f* principale; **~figur** *f e-s Romans*: personnage *m* principal; **~film** *m* grand film *m*; **~gericht** *n* plat *m* de résistance; **~gewinn** *m* gros lot *m*
Häuptling *m* chef *m* de tribu
Haupt|mann *m* MIL capitaine *m*; **~person** *f* FILM *usw.* personnage *m* principal; **~post(amt)** *f(n)* poste *f* centrale; **~quartier** *n* quartier *m* général; **~rolle** *f* premier rôle *m*
Hauptsache *f* **1** principal *m*, essentiel *m*; ***das ist die ~*** c'est ce qui importe, c'est ce qui compte **2 *~, du bist hier*** l'essentiel, c'est que tu sois là (⚠ *Subj.*)
hauptsächlich surtout
Haupt|saison *f* pleine saison *f*; **~satz** *m* (↔ *Nebensatz*) proposition *f* principale, principale *f*; **~schulabschluss** *m in Frankreich* ≈ certificat *m* de fin d'études primaires; **~schule** *f* ≈ cycle *m* d'enseignement primaire long (⚠ *diesen Schultyp gibt es in Frankreich nicht: dort gehen alle Schüler bis zur neunten Klasse aufs collège, danach eventuell noch drei Jahre aufs lycée*); **~stadt** *f* capitale *f*; **~straße** *f* grand-rue *f*, rue *f* principale; **~treffer** *m* gros lot *m*; **~verkehrszeit** *f* heures *f Pl* de pointe
Haus *n* **1** maison *f*; *in Namen großgeschrieben*: ***das Weiße ~*** la Maison Blanche **2 *zu, nach ~(e)*** à la maison; chez moi (toi, nous *usw.*); ***bei mir*** (***dir, uns*** *usw.*) ***zu ~(e)*** chez moi (toi, nous *usw.*); ***ich fühle mich hier*** (***wie***) ***zu ~(e)*** ici, je me sens (comme) chez moi; ***zu mir*** (***dir*** *usw.*) ***nach ~(e)*** chez moi (chez toi *usw.*) **3** *e-r Schnecke*: coquille *f*
Haus|apotheke *f* pharmacie *f* (familiale); **~arbeit** *f* **1** (*Hausaufgabe*) devoir *m*; *oft Pl*: devoirs *m Pl* **2** (*Arbeit im Haushalt*) travaux *m Pl* ménagers **3** (*längere schriftliche Arbeit*) dissertation *f*, mémoire *m*; **~arzt** *m*, **~ärztin** *f* médecin *m* de famille (⚠ *im Frz. nur m*)
Hausaufgabe *f* devoir *m*; ***~n machen*** faire ses devoirs
Haus|besetzer(in) *m(f)* squatteur *m* (⚠ *im Frz. nur m*); **~besetzung** *f* squat *m*; **~besitzer(in)** *m(f)* propriétaire *m,f*; **~boot** *n* péniche *f*
Häuschen *n* **1** petite maison *f*; (*Ferienhäuschen*) chalet *m*; *Hütte*: cabane *f* **2 *er ist ganz aus dem ~*** *vor Freude*: il ne se sent plus de joie
Häusel *n* Ⓐ *umg.* petit coin *m*
hausen (*wohnen*) habiter; *umg.* crécher
Häuserblock *m* pâté *m* de maisons
Haus|flur *m* vestibule *m*, entrée *f*; **~frau** *f* ménagère *f*; (*nicht berufstätige Frau*) femme *f* au foyer
hausgemacht (*Kuchen usw.*) (fait) maison
Haushalt *m* **1** *privater*: foyer *m*; ménage *m* **2** (*Hausarbeit*) ***den ~ führen*** tenir le ménage; ***er hilft im ~ mit*** il aide dans la maison **3** *öffentlicher*: budget *m*
Haushalts|geld *n* argent *m* du ménage; **~waren** *f Pl* articles *m Pl* ménagers
Hausherr(in) *m(f)* **1** (*Besitzer[in]*) propriétaire *m,f* **2** (*Gastgeber[in]*) hôte *m*,-esse *f*
haushoch **1** (*Verlust, Sieg usw.*) immense **2 *sie ist ihm ~ überlegen*** elle lui est largement supérieure **3** SPORT ***sie haben ~ verloren*** ils ont été écrasés
Hausierer *m* démarcheur *m*
Häusl *n* Ⓐ *umg.* petit coin *m*
Haus|mann *m* homme *m* au foyer; **~meister(in)** *m(f)* concierge *m,f*; **~mittel** *n* remède *m* de bonne femme; **~nummer** *f* numéro *m*; **~ordnung** *f* règlement *m* intérieur
Hausschlüssel *m*: ***der ~*** la clé de la maison; *aber*: ***mein*** (***dein*** *usw.*) ***~*** ma (ta *usw.*) clé de maison
Haus|schuh *m* pantoufle *f*; **~stauballergie** *f* allergie *f* à la poussière domestique; **~tier** *n* animal *m* domestique; **~tür** *f* porte *f* de la maison; **~wirtschaft** *f als Schulfach*: enseignement *m* ménager
Haut *f* **1** peau *f*; ***er ist nur noch ~ und Knochen*** il n'a plus que la peau sur les os **2** *e-r Frucht*: peau *f*; *e-r Zwiebel*: pelure *f* **3 *sich auf die faule ~ legen*** *umg.* se la couler douce **4 *ich fühle mich wohl*** (*bzw.* ***nicht wohl***) ***in meiner ~***

H

je suis bien (*bzw.* mal) dans ma peau **5** ***ich möchte nicht in ihrer ~ stecken*** je ne voudrais pas être à sa place
Haut|arzt *m*, **~ärztin** *f* dermatologue *m,f*
hauteng *Kleidung*: collant, moulant
Hautfarbe *f* couleur *f* de la peau; (*Gesichtsfarbe*) teint *m*
Havarie *f* **1** SCHIFF, FLUG avarie *f* **2** Ⓐ (*Verkehrsunfall*) accident *m* **3** Ⓐ (*Unfallschaden*) dommages *m Pl*
Hebamme *f* sage-femme *f*
Hebel *m* levier *m*
heben **1** soulever (*Last, Vorhang*) **2** lever (*Arm, Glas usw.*) **3** (*verbessern*) améliorer (*Ansehen*); relever (*Niveau*); faire monter (*Stimmung*) **4** ***sich ~*** (*Vorhang, Nebel*) se lever **5** ***sich ~*** (*Ansehen, Stimmung*) s'améliorer **6** ***e-n Koffer*** *usw.* ***vom Wagen ~*** prendre une valise *usw.* sur la voiture
hebräisch hébraïque, hébreu
hecheln (*Hund*) *haleter
Hecht *m Fisch*: brochet *m*
hechten plonger, faire un plongeon (***nach etw*** derrière qc)
Hechtsprung *m* plongeon *m*; ***er macht e-n ~ ins Becken*** il plonge tête première dans la piscine
Heck *n* arrière *m*; SCHIFF poupe *f*
Hecke *f* *haie *f*
Heckenschütze *m* tireur *m* isolé
Heckscheibe *f* lunette *f* arrière
Heer *n* armée *f*
Hefe *f* **1** (*Backhefe*) levain *m* **2** (*Bierhefe*) levure *f* de bière
Hefeteig *m* pâte *f* levée
Heft *n* **1** (*Schreibheft*) cahier *m*; *kleines*: carnet *m* **2** *e-r Zeitschrift*: numéro *m*
Heftchen *n* **1** petit cahier *m*, carnet *m* **2** (*Comic, Roman*) revue *f*
heften **1** (*befestigen*) attacher; *mit Reißzwecken*: fixer; *mit Klammern*: agrafer (*alle drei*: ***an*** à) **2** faufiler (*Saum*); bâtir (*Naht*)
Hefter *m* **1** (*Ordner, Mappe*) chemise *f* (avec relieur) **2** (*Gerät*) agrafeuse *f*
heftig **1** (*Stoß, Schmerz, Kritik usw.*) violent **2** ***ein ~er Regen*** une forte pluie **3** ***sie reagierte ~*** elle a réagi violemment
Heft|klammer *f* agrafe *f*; **~pflaster** *n* sparadrap *m*; **~zwecke** *f* punaise *f*
Hehler(in) *m(f)* receleur *m*, -euse *m*
Hehlerei *f* recel *m*

Heide[1] *f* **1** *Landschaft*: lande *f* **2** *Kraut*: bruyère *f*
Heide[2] *m*, **Heidin** *f* païen *m*, -enne *f*
Heidekraut *n* bruyère *f*
Heidelbeere *f* myrtille *f*
heikel **1** (*Thema, Frage*) délicat **2** (*wählerisch*) ***sie ist ~*** elle est difficile
heil **1** (*ganz*) intact **2** (*gesund*) ***ist dein Bein wieder ~?*** ta jambe est guérie? **3** (*unverletzt*) ***etw ~ überstehen*** (*Mensch*) sortir indemne de qc **4** ***e-e ~e Welt*** *fig.* un monde intact
Heiland *m* Sauveur *m* (⚠ *großgeschrieben*)
heilbar (*Mensch*) guérissable; (*Krankheit*) curable
heilen **1** guérir (*j-n, Krankheit*) **2** ***die Wunde heilt schon*** la blessure se cicatrise
heilfroh très soulagé
heilig **1** saint **2** *in Namen*: ***der Heilige Vater*** le Saint-Père; ***der Heilige Geist*** le Saint-Esprit **3** ***die Heiligen Drei Könige*** les Rois *m Pl* mages **4** → ***heiligsprechen*** **5** (*Gott geweiht*) sacré **6** ***ihr ist nichts ~*** elle ne respecte rien
Heiligabend *m* veille *f* de Noël
Heilige(r) *f(m)* saint(e) *m(f)*
Heiligenschein *m* auréole *f*
heiligsprechen canoniser
Heiligtum *n Ort, Gebäude*: sanctuaire *m*
Heil|kräuter *n Pl* herbes *f Pl* médicinales; **~mittel** *n* remède *m*; (*Arznei*) médicament *m* (***gegen*** contre; ***für*** pour); **~praktiker(in)** *m(f)* praticien *m*, -ienne *f* de médecines parallèles
heilsam (*Klima, Erfahrung*) salutaire
Heilung *f* guérison *f*
heim (*nach Hause*) à la maison
Heim *n* **1** (*das Zuhause*) maison *f*, foyer *m*, chez soi *m* **2** (*Kinderheim, Wohnheim*) foyer *m* **3** (*Altersheim*) maison *f* de retraite **4** (*Obdachlosenheim*) asile *m* de nuit
Heimat *f* **1** (*Heimatgegend*) pays *m* natal; ***in meiner ~*** dans mon pays **2** (*Vaterland*) patrie *f* **3** (*Herkunftsort*) lieu *m* d'origine
Heimat|dorf *n* village *m* natal; **~land** *n* **1** *von Menschen*: pays *m* natal **2** (*Herkunftsland*) pays *m* d'origine
heimatlos sans patrie
Heimat|ort *m* (*Herkunftsort*) lieu *m* d'origine; **~stadt** *f* ville *f* natale; **~ver-**

triebene(r) *f(m)* personne *f* déplacée
heimfahren **1** rentrer chez soi (en voiture, par le train *usw.*) **2** ***j-n ~*** ramener qn chez soi
Heimfahrt *f* retour *m*, voyage *m* de retour
heimgehen rentrer (*od.* retourner) chez soi, rentrer (*od.* retourner) à la maison
heimisch **1** (*Bevölkerung, Industrie usw.*) du pays **2** (*Pflanze, Tier*) indigène **3** ***sich ~ fühlen*** se sentir chez soi
Heimkehr *f* retour *m* (chez soi)
heim|kehren, ~kommen rentrer, revenir, retourner chez soi (*bzw.* au pays)
heimlich **1** secret/-ète **2** *illegal*: clandestin **3** ***er hat es ~ getan*** il l'a fait en secret
Heimreise *f* voyage *m* de retour; ***auf der ~*** au retour, en rentrant
Heimspiel *n* SPORT match *m* sur son propre terrain
heimtückisch **1** (*Mensch, Handlung*) sournois; (*Mord*) lâche **2** ***e-e ~e Krankheit*** une maladie insidieuse
Heimweg *m* chemin *m* du retour
Heimweh *n* **1** mal *m* du pays **2** ***ich habe ~ nach Bonn*** *usw.* Bonn *usw.* me manque, j'ai la nostalgie de Bonn *usw.*
heimzahlen: ***sie hat es ihm heimgezahlt*** elle lui a rendu la pareille; ***das werde ich dir ~!*** tu me le paieras!
Heirat *f* mariage *m*
heiraten **1** se marier **2** ***j-n ~*** épouser (*od.* se marier avec) qn
Heiratsantrag *m* demande *f* en mariage; ***er hat mir e-n ~ gemacht*** il m'a demandé en mariage
Heiratsanzeige *f* annonce *f* matrimoniale
heiser (*Stimme, Hals*) enroué; (*Stimme, Schrei*) rauque; ***ich bin ~*** j'ai la voix rauque, je suis enroué
Heiserkeit *f* enrouement *m*
heiß **1** (très) chaud; ***kochend ~*** bouillant; ***~ machen*** (faire) chauffer (*Wasser usw.*) **2** ***mir ist ~*** j'ai chaud **3** ***glühend ~*** brûlant **4** (*Diskussion, Streit*) acharné; ***es ging ~ her*** *umg.* ça chauffait **5** (*aufreizend*) excitant; ***e-e ~e Jeans*** des jeans *m Pl* cool; ***~e Musik*** une musique qui chauffe **6** (*heikel, gefährlich*) délicat; ***ein ~es Thema*** *a.* un sujet brûlant **7** ***ein ~er Tipp*** un tuyau sûr **8** ***sie ist (ganz) ~ auf …*** *umg.* elle est une mordue de … **9** ***sie liebt ihn ~ und innig*** elle l'adore **10** ***es lief mir ~ und kalt den Rücken hinunter*** *umg.* j'en ai eu des sueurs froides
heißen **1** (*jemand*) s'appeler; ***wie heißt du?*** comment tu t'appelles?; ***ich heiße Ute*** je m'appelle Ute; ***sie heißt mit Nachnamen Haag*** son nom de famille est Haag **2** *Wort*: ***wie heißt das?*** comment on dit?; ***was heißt … auf französisch?*** comment on dit … en français? **3** (*bedeuten*) signifier, vouloir dire; ***was soll das ~?*** qu'est-ce que cela veut dire?; ***das will nichts ~*** cela ne veut rien dire **4** *erklärend*: ***das heißt …*** c'est-à-dire … **5** ***es heißt, (dass) sie geht*** il paraît qu'elle part
Heißhunger *m*: ***e-n ~ haben auf …*** avoir des envies de …
heiter **1** (*Mensch, Musik usw.*) gai **2** (*Szene, Geschichte usw.*) amusant **3** (*Himmel*) serein **4** *iron.* ***das kann ja ~ werden!*** ça promet, ça commence bien!
Heiterkeit *f* gaieté *f*
heizen chauffer
Heizkörper *m* radiateur *m*
Heizung *f* chauffage *m*
Hektik *f* agitation *f*, effervescence *f*
hektisch **1** (*jemand*) nerveux/-euse, énervé **2** (*Eile, Aktivität*) fiévreux/-euse **3** ***nicht so ~!*** doucement!
Held *m* *héros *m*
heldenhaft héroïque
Heldin *f* héroïne *f*
helfen **1** ***j-m ~*** aider qn (***bei*** dans); ***sie ~ sich gegenseitig*** ils s'entraident **2** (*Mittel, Maßnahme usw.*) servir; ***das Mittel hilft gegen Zahnweh*** ce remède est efficace contre le mal de dents **3** ***das hilft nichts*** cela ne sert à rien; ***es hilft alles nichts*** il n'y a rien à faire **4** ***sie weiß sich zu ~*** *umg.* elle sait se débrouiller
Helfer(in) *m(f)* aide *m,f*
hell **1** (↔ *dunkel*) clair **2** *Tageslicht*: ***es wird ~*** il commence à faire jour; ***es bleibt lange ~*** il fait jour longtemps **3** (*leuchtend*) lumineux/-euse; ***ein ~er Stern*** une étoile brillante **4** (*Klang, Stimme*) clair; ***~ klingen*** (*Instrument*) rendre un son clair **5** ***~ leuchten*** (*Lampe usw.*) éclairer bien; (*Mond, Sterne*) briller; ***~ glänzen*** jeter un vif éclat **6** ***~er Wahnsinn*** de la pure

folie **7** (*Bier*) ***ein Helles, bitte!*** une bière blonde, s'il vous plaît!

hell... *mit Farben*: clair; ***hellblau*** bleu clair; ***hellblond*** blond clair; ***hellgrün*** vert clair; ***hellrot*** rouge clair

hellhörig **1** (*Wohnung*) bruyant **2** ***~ werden*** (*aufhorchen*) devenir attentif

Helligkeit *f* clarté *f*, luminosité *f*

Hellseher(in) *m(f)* voyant(e) *m(f)*; ***ich bin doch kein ~!*** je ne peux pas deviner!

hellwach tout à fait éveillé

Helm *m* casque *m*

Hemd *n* **1** chemise *f* **2** (*Unterhemd*) *für Männer*: maillot *m* de corps; *für Frauen*: chemisette *f* **3** ***nass bis aufs ~*** trempé jusqu'aux os

Hemdbluse *f* chemisier *m*

hemmen **1** (*bremsen*) freiner (*Bewegung*); retarder (*Entwicklung*); (*verzögern*) ralentir **2** gêner (*j-n*)

Hemmung *f* **1** ***~en haben*** avoir des complexes *m Pl*; ***er hat keine ~en*** il est sans-gêne, il n'a pas de scrupules **2** ***ich habe ~en etw zu tun*** je n'ose pas faire qc

hemmungslos **1** (*Gewalt, Zorn usw.*) déchaîné **2** ***sie weinte ~*** elle a pleuré sans retenue

Hendl *n bes.* Ⓐ poulet *m*

Hengst *m* étalon *m*

Henkel *m* anse *f*

Henker *m* bourreau *m*

Henna *f od. n Färbemittel*: *henné *m*

Henne *f* poule *f*

her **1** (*hierher*) ici **2** ***~ damit!*** donne-le-moi (*bzw.* donnez-le-moi)! **3** ***von ... ~*** (du côté) de ...; ***von weit ~*** de loin; ***von früher ~*** d'autrefois **4** ***es ist lange ~*** il y a longtemps; ***das ist ein Jahr ~*** cela fait un an **5** ***wo ist er ~?*** d'où est-il, d'où vient-il? **6** ***sie ist hinter ihm ~*** (*sie ist in ihn verliebt*) *umg.* elle court après lui; ***er ist hinter ihrem Geld ~*** il en a après son argent

herab: ***von oben ~*** d'en *haut

herablassend (*Bemerkung, Verhalten, Art*) condescendant

herabsehen: ***auf j-n ~*** regarder qn de *haut

herabsetzen **1** baisser (*Preis*); réduire (*Geschwindigkeit*) **2** (*abw.*) minimiser (*j-s Leistung, Wert*)

heran: **(*dicht*) *~ an*** (tout) près de

heranfahren: **(*dicht*) *~*** s'approcher (tout près) (***an*** de)

herangehen **1** ***~ an*** s'approcher de; ***näher ~*** se rapprocher **2** *fig.* ***an ein Problem*** (***e-e Sache*** *usw.*) ***~*** s'attaquer à un problème (une affaire *usw.*)

herankommen **1** ***an etw ~*** (*etw mit der Hand erreichen*) atteindre qc; (*etw bekommen können*) avoir accès à qc **2** ***ich komme nicht an ihn heran*** (*ich erreiche ihn nie*) je n'arrive pas à le joindre; (*er ist verschlossen*) je ne sais comment l'aborder

heranlassen: ***sie lässt niemanden an sich heran*** elle est très fermée

heranrücken **1** approcher (*Stuhl usw.*) **2** ***näher ~*** se rapprocher (***an*** de)

heranwachsen grandir

herauf: ***hier*** (*bzw.* ***da***) ***~!*** par ici! (*bzw.* par là!); ***von unten ~*** d'en bas; ***die Treppe ~*** par l'escalier

herauf|kommen monter; **~setzen** augmenter (*Preis usw.*)

heraufziehen **1** remonter (*Anker, Last usw.*) **2** (*Gewitter*) approcher

heraus **1** dehors **2** ***~ damit!*** donne! *bzw.* donnez!, montre! *bzw.* montrez!; ***~ mit der Sprache!*** parle! *bzw.* parlez! **3** ***er ist aus dem Alter ~*** il n'a plus l'âge

herausbekommen **1** *Wechselgeld*: ***ich bekomme noch fünf Cent heraus*** vous me devez encore cinq cents **2** arriver à enlever (*Splitter, Fleck*) **3** (*herausfinden*) (parvenir à) trouver (*Lösung*); (parvenir à) résoudre (*Aufgabe*); ***was hast du ~?*** qu'est-ce que tu as découvert? **4** *Geheimnis usw.*: ***aus ihm ist nichts herauszubekommen*** on ne peut rien tirer de lui

herausbringen **1** (*veröffentlichen*) sortir, lancer (*Buch, CD*) **2** ***er brachte kein Wort heraus*** il n'a pas pu sortir un mot

heraus|fahren sortir (***aus*** de); **~fallen** tomber (***aus*** de)

herausfinden **1** découvrir (*Fehler usw.*); ***hast du herausgefunden, wie es funktioniert?*** tu as trouvé comment ça marche? **2** *aus e-m Gebäude*: trouver la sortie

herausfordern **1** défier, provoquer (*j-n*) (***zu*** à); ***er hat mich dazu herausgefordert*** il m'a provoqué **2** provoquer, susciter (*Kritik, Gefahr usw.*)

Herausforderung *f* **1** défi *m* **2** (*Provo-

kation) provocation *f*
herausgeben 1 (*aushändigen*) restituer (*Besitz usw.*); libérer (*Geiseln*) **2** *als Wechselgeld*: rendre la monnaie; ***können Sie mir auf 50 Euro ~?*** pouvez-vous me rendre la monnaie de cinquante euros? **3** (*veröffentlichen*) publier (*Zeitschrift, Buch usw.*)
herausgehen 1 *aus dem Haus usw.*: sortir (**aus** de) **2 *der Fleck geht nicht mehr heraus*** la tache ne part plus **3 *aus sich ~*** *fig.* sortir de sa réserve, s'extérioriser
heraushaben 1 avoir trouvé (*Rätsel, Rechenaufgabe usw.*) **2 *sie hat den Trick heraus*** elle a compris le truc
heraushalten: *sich ~ aus* ne pas se mêler de
herausholen 1 *aus der Tasche usw.*: sortir **2** SPORT ***e-n Vorsprung ~*** réussir à avoir une avance **3** tirer (*Antwort, Gewinn*) (**aus** de)
herauskommen 1 sortir (***aus dem Haus*** de la maison *usw.*); ***aus e-r Straße ~*** déboucher d'une rue **2** (*neues Produkt*) sortir; (*Buch*) *a.* être publié; ***groß ~*** (*als Star*) être lancé **3** (*Geheimnis*) se savoir; ***es ist alles herausgekommen*** tout s'est su **4** (*Lösung usw.*) résulter (***bei*** de); ***was ist (dabei) herausgekommen?*** quel est le résultat? **5 *dabei kommt nichts heraus*** (*das führt zu nichts*) cela ne mène à rien; ***das kommt auf dasselbe heraus*** cela revient au même
herausnehmen 1 prendre (**aus** dans); retirer, enlever (**aus** de) **2 *sie nimmt sich zuviel heraus*** elle se permet un peu trop
herausreden: *sich ~* trouver des excuses; *mit Erfolg*: s'en tirer par de belles paroles
herausreißen arracher (*Pflanze, Haare*)
herausrücken 1 (*hergeben*) donner; ***rück das wieder heraus!*** rends-moi ça! **2 *mit der Sprache ~*** parler; (*gestehen*) *umg.* lâcher le morceau
herausrutschen 1 glisser (**aus** de) **2** (*Wort usw.*) échapper; ***das ist mir nur so herausgerutscht*** ça m'a échappé
heraus|sehen, ~schauen regarder (***aus dem Fenster*** par la fenêtre)
herausspringen 1 (*Sicherung*) sauter **2** *als Gewinn*: ***was springt dabei für mich heraus?*** qu'est-ce que ça m'apporte?
herausstellen 1 (*betonen*) mettre en évidence, souligner (*wichtige Punkte usw.*) **2 *sich ~ als*** se révéler, s'avérer; ***es hat sich herausgestellt, dass …*** il s'est avéré que … (+ *Ind.*) **3 *das wird sich bald ~*** on le saura bientôt
heraus|strecken tirer (*Kopf, Zunge*) (**aus** de); **~suchen** chercher (**aus** dans)
herb 1 (*Geschmack*) âpre; (*Wein*) sec **2** (*Enttäuschung, Verlust*) amer/-ère **3** (*Kritik, Worte*) sévère
herbeieilen accourir
herbeiführen 1 entraîner (*Entscheidung*) **2** causer, provoquer (*Ereignis, Niederlage, Tod usw.*) **3** ménager (*Begegnung*)
herbeilaufen accourir
herbekommen se procurer (*Ersatz usw.*)
Herbergs|mutter *f* mère *f* aubergiste; **~vater** *m* père *m* aubergiste
herbringen apporter, amener (*Person*); se procurer (*Ersatz usw.*)
Herbst *m* automne *m*; ***im ~*** en automne
Herbst… d'automne; ***Herbstanfang*** début *m* de l'automne; ***Herbstferien*** vacances *f Pl* d'automne
Herd *m* **1** (*Küchenherd*) cuisinière *f* **2** *von Bränden, Seuchen*: foyer *m*
Herde *f* troupeau *m*
herein 1 *von draußen*: du dehors; ***zum Fenster ~*** par la fenêtre **2** *wenn es klopft*: ***~!*** entrez!
hereinfallen 1 (*Licht usw.*) entrer **2** (*betrogen werden*) *umg.* se faire avoir (***auf*** par); ***ich bin auf sie hereingefallen*** *umg.* elle m'a roulé (dans la farine), *umg.* je me suis fait avoir par elle
hereinkommen 1 entrer **2** (*Waren*) arriver
hereinlassen laisser entrer; *als Befehl*: faire entrer
hereinlegen: *j-n ~* *umg.* avoir qn; rouler qn (dans la farine)
hereinplatzen entrer à l'improviste
herfahren: *vor j-m ~* précéder qn; ***hinter j-m ~*** suivre qn; ***neben j-m ~*** rouler à côté de qn
Herfahrt *f*: ***auf der ~*** en venant (ici)
herfallen 1 *über j-n ~* (*j-n verprügeln*) se jeter sur qn; *fig.* (*ihn kritisieren*)

tomber sur qn **2** *hungrig*: ***über sein Essen ~*** se jeter sur la nourriture
hergeben 1 (*reichen, weggeben*) donner; ***gib mal her!*** donne! **2** ***wieder ~*** redonner, rendre **3** ***sich für etw ~*** se prêter à qc
hergehen 1 ***vor*** (*bzw.* ***hinter***) ***j-m ~*** précéder (*bzw.* suivre) qn; ***neben j-m ~*** marcher à côté de qn **2** ***gestern Abend ging es hoch her*** *beim Fest*: *umg.* ça chauffait hier soir
herhaben: ***wo hast du das her?*** où as-tu pris (*umg.* pêché) ça?
herhören écouter
Hering[1] *m Fisch*: *hareng *m*
Hering[2] *m* (*Zeltpflock*) piquet *m* (de tente)
herkommen 1 (*herbeikommen*) venir (ici); ***komm her!*** viens (ici)! **2** ***wo kommst du her?*** d'où viens-tu?
Herkunft *f von j-m, etw*: origine *f*; *e-r Ware a.*: provenance *f*
herlaufen: ***neben*** (*bzw.* ***vor, hinter***) ***j-m ~*** courir à côté de (*bzw.* devant, derrière) qn
hermachen 1 ***viel*** (*bzw.* ***wenig***) ***~*** (*Geschenk usw.*) faire beaucoup (*bzw.* peu) d'effet **2** ***sich über sein Essen ~*** se jeter sur la nourriture
Heroin *n Droge*: héroïne *f*
heroinsüchtig héroïnomane
Herpes *m* herpès *m*
Herr *m* **1** monsieur *m* **2** *vor dem Namen großgeschrieben*: Monsieur; ***ein ~ Grand hat angerufen*** un certain Monsieur Grand a appelé **3** *in der Anrede*: ***Guten Tag, ~ Preuß!*** Bonjour Monsieur! (⚠ *ohne den Namen*); ***~ Direktor, Präsident*** *usw.!* Monsieur le Directeur, le Président *usw.!*; ***Meine ~en!*** Messieurs!; *zum Arzt*: ***~ Doktor!*** docteur! **4** *in Briefen immer ohne Namen*: ***Sehr geehrter ~ Meier!*** Monsieur, …; ***Lieber ~ Schmidt!*** Cher Monsieur, … **5** SPORT ***die ~en*** les hommes *m Pl*; ***die Abfahrt der ~en*** la descente hommes **6** (*Besitzer, Meister*) maître *m* **7** (*Gott*) Seigneur *m*
Herrchen *n e-s Hunds*: maître *m*
herrenlos 1 (*Gepäck, Tier usw.*) abandonné **2** ***~ herumliegen*** traîner
Herren|rad *n* vélo *m* d'homme; **~toilette** *f* toilettes *f Pl* pour hommes
herrichten 1 préparer (*Essen, Betten usw.*) **2** (*säubern, in Ordnung bringen*) arranger (*Zimmer*); aménager (*Haus*)
Herrin *f* maîtresse *f*
herrisch impérieux/-ieuse
herrlich 1 splendide, magnifique **2** (*Essen*) excellent
Herrschaft *f* **1** (*Regierung, Regierungszeit*) règne *m* **2** (*Macht*) domination *f* (***über*** sur *od.* de) **3** (*Kontrolle*) contrôle *m*; ***er verlor die ~ über sein Auto*** il a perdu le contrôle de sa voiture **4** ***meine ~en!*** Mesdames et Messieurs!
herrschen 1 ***~ über*** gouverner, dominer sur; (*Fürst*) régner sur **2** ***es herrschte Nebel*** il y avait du brouillard **3** ***es herrschte Frieden*** (*bzw.* ***gute Stimmung***) la paix (*bzw.* une bonne ambiance) règnait
herrschend: ***die ~e Meinung*** l'opinion *f* courante; ***die ~en Vorurteile*** les préjugés *m Pl* en cours
Herrscher(in) *m(f)* souverain(e) *m(f)*
herrschsüchtig tyrannique
hersehen 1 regarder; ***sieh mal her!*** regarde un peu! **2** ***hinter j-m ~*** suivre qn des yeux (*od.* du regard)
herstellen 1 fabriquer (*Waren*) **2** établir (*Kontakt, Verbindung, Gleichgewicht usw.*) **3** ***wieder ~*** rétablir (*Frieden, Gesundheit*)
Hersteller(in) *m(f)* fabricant(e) *m(f)*; (*Produzent[in]*) producteur *m*, -trice *f*
Herstellung *f* production *f*; *industrielle a.*: fabrication *f*
herüber de ce côté-ci; *Richtung*: ***hier ~*** vers ici
herüberkommen 1 (*herkommen*) venir; ***komm doch mal herüber!*** viens donc par là! **2** *umg.* (*verstanden werden*) être compris
herum 1 *örtlich*: ***um … ~*** autour de …; ***rund ~*** tout autour; ***um die Ecke ~*** au coin de la rue (*bzw.* de la maison *usw.*); ***hier ~!*** par ici!; ***links ~*** à gauche; ***rechts ~*** à droite **2** *zeitlich*: ***um vier Uhr ~*** vers quatre heures **3** (*ungefähr*) environ **4** *Kleidung*: ***richtig ~*** du bon côté; ***du hast deinen Pulli verkehrt ~ an*** (*mit der Innenseite nach außen*) tu portes ton pull à l'envers; (*mit der hinteren Seite nach vorn*) tu portes ton pull devant derrière **5** ***es ist genau anders ~*** c'est exactement le contraire **6** ***~ sein*** (*vorbei sein*) être fini
herumdrehen 1 tourner, retourner (*Verdrehtes*) **2** ***sich ~*** se retourner

(***zu*** vers); faire volte-face
herumfahren **1** *örtlich*: ***um etw ~*** contourner qc **2** *ohne Ziel*: circuler **3** ***erschrocken ~*** se retourner terrifié
herumführen **1** ***um etw ~*** (*Weg*, *Straße usw.*) contourner qc **2** *als Führer*: ***j-n in der Stadt ~*** guider qn dans la ville; montrer la ville à qn
herumgehen **1** *ziellos*: marcher **2** (*Zeit*) passer **3** ***~ lassen*** faire circuler (*Gegenstand*) **4** (*Gerücht usw.*) courir; ***das geht mir im Kopf herum*** (*Problem*, *Melodie*) cela me trotte dans la tête
herumhacken: ***alle hacken auf ihm herum*** tout le monde lui tombe dessus
herumhängen traîner; *umg.* glander
herumkommen **1** *in e-m Land*: circuler; *in der Welt*: voyager **2** ***ich komme nicht um … herum*** (*Arbeit*, *Prüfung*) je ne peux pas éviter …
herumkriegen **1** ***die Zeit ~*** tuer le temps **2** (*überreden*) faire céder (*Person*); ***sie hat ihn herumgekriegt*** elle l'a eu
herumlaufen **1** ***um etw ~*** tourner autour de qc **2** *ziellos*: se promener **3** ***frei ~*** (*Tiere*, *Mörder usw.*) être en liberté
herumliegen **1** (*Sachen*) traîner **2** ***er liegt den ganzen Tag nur auf dem Bett herum*** il passe ses journées sur son lit
herumreden: ***um etw ~*** parler de qc en faisant des détours; ***darum ~*** tourner autour du pot
herumreisen voyager; *ziellos*: ***in der Welt ~*** courir le monde
herumrennen *ziellos*: courir (par-ci, par-là)
herumschlagen **1** ***sich mit j-m ~*** se battre avec qn **2** ***sich mit Problemen ~*** se débattre avec des problèmes
herumsprechen **1** ***sich ~*** (*Gerücht*) s'ébruiter, se savoir; ***bei uns spricht sich alles im Nu herum*** chez nous, tout se sait très vite **2** ***es hat sich herumgesprochen, dass …*** tout le monde a su que … (+ *Ind.*)
herumstehen **1** ***~ um*** faire (le) cercle autour de **2** *untätig*: rester là sans rien faire **3** (*Dinge*) traîner
herumstöbern *umg.* farfouiller (***in*** dans)
herumstreiten: ***sich mit j-m ~*** se disputer avec qn
herumtreiben: ***sich ~*** traîner, glander; ***wo hast du dich in der letzten Zeit herumgetrieben?*** où as-tu traîné ces derniers temps?
herunter **1** en bas; ***von oben ~*** d'en *haut; ***hier ~*** par ici **2** ***~ sein*** (*Jalousien*, *Autofenster*) être baissé **3** ***er ist mit den Nerven ganz ~*** il est à bout des nerfs
herunterdrücken baisser (*Türklinke*); appuyer sur (*Taste*, *Knopf*)
herunterfallen tomber (par terre); ***die Treppe ~*** tomber du *haut de l'escalier; ***mir ist das Buch heruntergefallen*** j'ai laissé tomber mon livre
heruntergehen **1** descendre; ***geh da herunter!*** descends de là! **2** (*Preise*, *Temperatur*, *Fieber*) baisser **3** ***mit dem Preis ~*** baisser le prix
heruntergekommen **1** *Aussehen*: débraillé **2** (*Gebäude*) délabré
herunterhängen pendre, tomber (***von*** de)
herunterkommen **1** descendre **2** *von der Droge*: *umg.* décrocher
herunter|laden INTERNET télécharger; **~lassen** baisser (*Rollladen usw.*); **~leiern** débiter (*Text usw.*)
herunternehmen: ***etw vom Tisch*** (***vom Schrank, vom Teller*** *usw.*) ***~*** enlever (*od.* prendre) qc de la table (de l'armoire, dans l'assiette *usw.*)
herunterspielen *fig.* dédramatiser (*Angelegenheit*); minimiser (*Risiko usw.*)
hervor|heben faire ressortir (*Wichtiges*); souligner (*a. Kleidung*, *Farbe*); **~holen** sortir (***aus*** de)
hervorkommen **1** *aus e-m Versteck*: sortir (***aus*** de) **2** (*Sonne*, *Mond*) apparaître
hervorragend **1** excellent, remarquable **2** MUS, SPORT *usw.* ***sie hat ~ gespielt*** elle a joué d'une façon extraordinaire
hervorrufen (*verursachen*) faire naître, provoquer; susciter (*Ärger*)
hervortun: ***sich ~*** se distinguer
Herz *n* **1** cœur *m* **2** *Spielkartenfarbe*: cœur *m* **3** ***sie sind ein ~ und e-e Seele*** ils sont inséparables **4** ***j-m sein ~ ausschütten*** confier ses soucis à qn **5** ***das liegt mir am ~en*** cela me tient à cœur; ***sie hat etw auf dem ~en*** elle a qc sur le cœur; ***er bringt es nicht übers ~*** il

H

n'a pas le cœur de le faire; ***sie nimmt es sich sehr zu ~en*** elle prend cela vraiment à cœur
Herz|anfall *m* crise *f* cardiaque; **~ass** *n* as *m* de cœur
herzeigen montrer; ***zeig mal her!*** montre!, fais voir!
herzensgut très bon/bonne
Herzfehler *m* malformation *f* cardiaque
herziehen 1 ***etw zu sich ~*** tirer qc vers soi; ***etw hinter sich ~*** traîner qc derrière soi **2** ***wir sind vor kurzem hergezogen*** nous nous sommes installés ici depuis peu **3** ***über j-n ~*** casser du sucre sur le dos de qn
herzig mignon/-onne
Herzinfarkt *m* infarctus *m* du myocarde
Herzklopfen *n*: ***mit ~*** le cœur battant; ***ich habe ~*** mon cœur bat, j'ai le cœur qui bat (***vor Aufregung*** d'emotion)
herzkrank: ***~ sein*** être cardiaque
herzlich 1 amical, cordial; (*Lächeln, Empfang*) chaleureux/-euse **2** ***~en Dank!*** un grand merci!; ***~en Glückwunsch!*** félicitations!; ***~e Grüße*** mes amitiés (***an*** à); *am Briefende a.*: bien amicalement **3** ***seid ~ willkommen!*** soyez les bienvenus; ***du bist ~ eingeladen*** tu es invité de tout cœur **4** (*sehr*) très; ***~ gern*** très volontiers; ***~ wenig*** bien peu **5** ***~ lachen*** rire de bon cœur
Herzlichkeit *f* chaleur *f*, cordialité *f*
herzlos sans cœur
Herzog(in) *m(f)* duc *m*, duchesse *f*
Herzogtum *n* duché *m*
Herzschlag *m* **1** (*Herzklopfen*) battements *m Pl* de cœur; *einzelner*: battement *m* de cœur **2** (*Herzversagen*) crise *f* cardiaque
Hessen *n* la *Hesse
Hetz *f* Ⓐ (*Spaß, Vergnügen*) amusement *m*, plaisir *m*
Hetze *f* **1** (*Eile*) course *f* (perpétuelle) **2** *bei der Arbeit usw.*: pression *f*, stress *m* **3** (*Stimmungsmache*) propos *m Pl* *haineux (***gegen*** contre)
hetzen 1 (*jagen, verfolgen*) chasser **2** (***sich***) ~ (*sich beeilen*) se dépêcher **3** (*antreiben*) presser, précipiter **4** ***den Hund auf j-n ~*** lâcher le chien sur qn **5** ***gegen j-n ~*** exciter la *haine contre qn
Heu *n* **1** foin *m* **2** ***sie hat Geld wie ~*** *umg.* elle est pleine aux as
Heuchelei *f* hypocrisie *f*
heucheln 1 faire l'hypocrite **2** (*vortäuschen*) feindre
Heuchler(in) *m(f)* hypocrite *m,f*
heuer Ⓐ, Ⓒⓗ cette année
heulen 1 (*Hund, Sirene usw.*) *hurler **2** (*weinen*) pleurer; *stärker*: *hurler **3** ***es ist zum Heulen*** c'est à pleurer
heurig Ⓐ de cette année; (*Wein*) nouveau
Heurige(r) *m* Ⓐ *Wein*: vin *m* nouveau
Heu|schnupfen *m* rhume *m* des foins; **~schrecke** *f* sauterelle *f*
heute 1 aujourd'hui; ***~ in acht Tagen*** aujourd'hui en *huit; ***~ vor drei*** (*bzw.* ***vor vierzehn***) ***Tagen*** il y a aujourd'hui trois (*bzw.* quinze) jours; ***~ ist Freitag*** nous sommes vendredi **2** ***~ früh, ~ Morgen*** ce matin; ***~ Mittag*** aujourd'hui à midi; ***~ Abend*** ce soir
heutzutage aujourd'hui, actuellement
Hexe *f* sorcière *f*
hexen 1 être sorcier/-ière **2** *fig.* ***ich kann doch nicht ~!*** je ne peux pas faire de miracles!
Hexerei *f* sorcellerie *f*
Hieb *m* coup *m* (*a. mit e-r Waffe*)
hieb- und stichfest (*Alibi, Beweis*) solide
hier 1 ici; ***~ oben*** *usw.* ici; ***~ entlang*** par ici, par là; ***~ und da*** ça et là **2** ***der*** (*bzw.* ***die***) ~ celui-ci, celle-ci; ***das ~*** ceci, cela; ***die ~*** *Plural*: ceux-ci, celles-ci **3** *mit e-m Subst.*: ce …-ci, cette …-ci; *Plural*: ces …-ci; ***das Buch ~*** ce livre-ci **4** ***~ ist*** (*bzw.* ***sind***) ***…*** voici …, voilà …; ***~ sind deine Sachen*** voilà tes affaires; ***~ bin ich!*** me voici! **5** TEL ***~ Frank*** c'est Frank à l'appareil **6** ***~ (nimm)!*** tiens!, prends!; ***~ hast du fünf Euro*** voilà cinq euros **7** (*in diesem Punkt*) là **8** ***es steht mir bis ~ (oben)*** *umg.* j'en ai jusque-là
Hierarchie *f* *hiérarchie *f*
hierher ici, par ici; ***komm ~!*** viens ici!, viens là!
hierhin ici; ***~ und dorthin*** ça et là
hiermit 1 → ***damit***[1] **2** ***~ bewerbe ich mich um die Stelle als …*** j'aimerais (*etw förmlicher*: je me permets de) poser ma candidature pour le poste de …
hierzu → ***dazu***
Hi-Fi-Anlage *f* chaîne *f* *hi-fi
high: ***~ sein*** *von Drogen*: *umg.* planer

Highlight *n* temps *m* fort (***des Abends, der Party*** *usw.* de la soirée, de la fête *usw.*)
Hightech-Industrie *f* industrie *f* aux technologies de pointe
Hilfe *f* **1** aide *f*; (*Unterstützung*) assistance *f*; ***j-m zu ~ kommen*** venir en aide à qn **2** *in der Not*: secours *m*; ***~!*** au secours!; ***um ~ rufen*** appeler au secours **3** ***Erste ~ leisten*** *beim Unfall*: donner les premiers soins **4** ***mit ~ von j-m*** avec l'aide de qn; ***mit ~ von etw*** à l'aide de qc
hilflos **1** (*schutzlos*) sans défense; (*machtlos*) impuissant **2** (*unbeholfen*) maladroit
Hilfsarbeiter(in) *m(f)* ouvrier *m* non spécialisé, ouvrière *f* non spécialisée
hilfsbereit serviable
Hilfskraft *f* aide *m,f*, auxiliaire *m,f*
Himbeere *f* framboise *f*
Himbeer|kuchen *m* tarte *f* aux framboises; **~torte** *f* gâteau *m* aux framboises
Himmel *m* **1** ciel *m*; ***am ~*** (*Sterne, Wolken usw.*) dans le ciel **2** REL ciel *m*; ***im ~*** au ciel; ***in den ~ kommen*** aller (*od.* monter) au ciel **3** ***unter freiem ~*** en plein air **4** ***etw aus heiterem ~ tun*** (*ohne Warnung*) faire qc sans crier gare **5** ***er ist im siebten ~*** il est au septième ciel **6** *Ausrufe*: ***ach, du lieber ~!*** bonté divine!, mon Dieu!; ***um ~s willen!*** pour l'amour du ciel!
Himmelbett *n* lit *m* à baldaquin
himmelblau bleu ciel
Himmelfahrt *f* **1** (***Christi***) **~** l'Ascension *f* **2** ***Mariä ~*** l'Assomption *f*
Himmelsrichtung *f* **1** point *m* cardinal **2** ***aus allen ~en*** de toutes les directions

Himmelsrichtungen

Norden	**nord**
Süden	**sud**
Westen	**ouest**
Osten	**est**

Achtung: die Abkürzung **O** steht im Französischen nicht für Osten, sondern für **ouest** (Westen); für Osten (**est**) steht **E**.

hin[1] **1** *räumlich, zeitlich*: vers; ***nach … ~*** vers; ***wo bist du ~?*** où es-tu allé?; ***nichts wie ~!*** qu'est-ce qu'on attend? **2** ***auf seine Bitte ~*** à sa demande; ***auf ihre Anzeige ~*** en réponse à son annonce **3** ***vor sich ~ singen*** chantonner **4** ***~ und zurück*** aller et retour; *bei Fahrkarten*: ***zweimal Lyon ~ und zurück*** deux allers et retours Lyon **5** ***~ und wieder*** de temps en temps
hin[2] **1** (*kaputt*) ***~ sein*** *umg.* être fichu **2** ***er ist von ihr ganz ~ und weg*** *umg.* il est emballé par elle
hinab: ***den Fluss ~*** en aval
hinauf **1** *mit Verben*: en *haut **2** ***hier ~*** par ici; ***die Treppe ~*** par l'escalier **3** ***bis zum Gipfel ~*** jusqu'au sommet **4** ***die Straße ~*** en montant la rue; ***den Fluss ~*** en amont, en remontant la rivière
hinaufgehen monter, aller en *haut; ***die Treppe ~*** monter l'escalier
hinaufklettern grimper (***auf*** sur)
hinaufkommen monter; ***ich komme nicht hinauf*** je n'arrive pas à monter (là)
hinauf|steigen monter (***auf*** sur); **~tragen** monter (*Koffer usw.*)
hinaufziehen **1** monter, *hisser (*j-n, etw*) **2** ***der Weg zieht sich den Abhang hinauf*** le sentier suit la pente
hinaus **1** *mit Verben*: dehors **2** ***hier ~*** par ici, par là; ***zum Fenster ~*** par la fenêtre; ***zur Straße ~*** (*Zimmer, Fenster*) donnant sur la rue; ***aufs Land ~*** à la campagne; ***~!*** sors! *bzw.* sortez! **3** *zeitlich*: ***auf Monate ~*** pour des mois **4** ***darüber ~*** (*außerdem*) de plus
hinausbringen **1** sortir (*Sache*) **2** (*hinausbegleiten*) (r)accompagner (jusqu'à la porte)
hinausekeln: ***j-n ~*** dégoûter qn (pour le faire partir)
hinausfahren **1** *aus der Garage usw.*: sortir (***aus*** de) **2** (*wegfahren*) ***~ nach …*** se mettre en route pour …
hinausfinden trouver la sortie (***aus*** de)
hinausgehen **1** *jemand*: sortir (***aus dem Haus*** de la maison); aller dehors **2** ***die Tür geht auf den Hof hinaus*** la porte donne sur la cour
hinauskommen: ***über etw nicht ~*** ne pas dépasser qc
hinauslaufen **1** *jemand*: sortir (en courant) **2** *als Ergebnis*: ***das läuft auf dasselbe hinaus*** cela revient au même

hinaus|schieben remettre à plus tard; **~sehen** regarder dehors
hinausstellen 1 mettre dehors (*Gegenstand*) **2** SPORT expulser (*Spieler*)
hinauswachsen: ***über sich selbst ~*** *fig.* se surpasser
hinauswerfen 1 jeter (dehors) (*Dinge*) **2** ***e-n Blick ~*** jeter un coup d'œil dehors **3** ***j-n ~*** *umg.* flanquer qn à la porte
hinauswollen 1 *ins Freie*: vouloir sortir **2** ***worauf willst du hinaus?*** *fig.* à quoi tu veux en venir?
hinauszögern retarder (*Termin usw.*)
hinbringen: ***ich bring dich hin*** je t'y amène
hindenken: ***wo denkst du hin!*** tu n'y penses pas!, jamais de la vie!
hindern empêcher (***an etw*** de faire qc); (*behindern*) gêner, déranger (***bei etw*** dans qc)
Hindernis *n* obstacle *m* (*a.* SPORT)
Hindernis|lauf *m*, **~rennen** *n* course *f* d'obstacles, course *f* de *haies
hindurch 1 *räumlich*: ***durch den Wald ~*** à travers la forêt; ***er geht mitten ~*** il passe à travers **2** *zeitlich*: ***das ganze Jahr*** *usw.* **~** (pendant *od.* durant) toute l'année *usw.*
hinein 1 *räumlich*: ***in etw ~*** dans qc; ***da ~*** par là **2** *zeitlich*: ***bis spät in die Nacht ~*** jusque tard dans la nuit
hineinfahren 1 entrer **2** ***in die Straße ~*** s'engager dans la rue
hineinfallen: ***~ in*** tomber dans
hineingehen 1 (*eintreten*) entrer (***in*** dans) **2** (*Platz finden*) tenir
hineingeraten: ***~ in*** tomber dans; ***wie bist du da ~?*** comment tu es tombé là-dedans?
hineinpassen: ***~ in*** tenir (*od.* rentrer) dans; ***das passt da nicht hinein*** ça ne tient pas là-dedans
hineinsehen: ***~ in*** regarder dans
hineinstecken 1 ***etw in die Tasche*** *usw.* **~** mettre qc dans sa poche *usw.* **2** ***Geld in etw ~*** engager de l'argent dans qc; ***ich habe viel Arbeit hineingesteckt*** j'ai investi beaucoup de travail (là-dedans)
hineinversetzen: ***sich in j-n ~*** se mettre à la place de qn
hineinwerfen: ***etw ~ in*** jeter qc dans
hinfahren 1 ***fährst du hin?*** tu y vas?; ***wo fährt dieser Zug hin?*** où va ce train? **2** ***j-n ~*** emmener qn (***zu*** à)
Hinfahrt *f* aller *m*; ***Hin- und Rückfahrt*** aller et retour *m*
hinfallen 1 (*Mensch*) tomber **2** (*Gegenstand*) tomber par terre; ***mir ist ein Glas hingefallen*** j'ai fait tomber un verre
hinfliegen *mit dem Flugzeug*: aller en avion; ***wann fliegt ihr hin?*** quand est-ce que vous y allez?
Hingabe *f*, **Hingebung** *f* dévouement *m*
hingehen 1 aller (***zu*** à, vers); ***da gehe ich nicht hin*** je n'y vais pas **2** ***wo geht dieser Weg hin?*** où mène ce chemin?
hingerissen: ***~ sein*** (*begeistert*) être ravi, être enthousiasmé (***von*** par); (*gefesselt*) être fasciné (***von*** par)
hinhalten 1 ***j-m die Hand*** (***ein Buch*** *usw.*) **~** tendre la main (un livre *usw.*) à qn **2** ***j-n ~*** (*warten lassen*) faire attendre qn
hinhauen 1 (*klappen*) *umg.* coller; ***das haut nicht hin*** *umg.* ça ne marche pas **2** *umg.* saloper (*Aufsatz, Arbeit*)
hinhören écouter
Hinkelstein *m* menhir *m*
hinken 1 boiter; *nur leicht*: boitiller; ***über die Straße ~*** traverser la rue en boitillant **2** ***der Vergleich hinkt*** la comparaison cloche
hinknien: ***sich ~*** se mettre à genoux, s'agenouiller
hinkommen 1 (*Mensch*) venir (***zu*** à; ***zu j-m*** chez qn); ***wie kommst du hin?*** comment tu y vas? **2** (*hingehören*) ***wo kommt das Buch hin?*** où faut-il mettre le livre? **3** ***wo ist die Tasche hingekommen?*** où est passé le sac? **4** (*stimmen*) ***das kommt genau*** (*bzw.* ***ungefähr***) ***hin*** ça correspond exactement (*bzw.* à peu près)
hinkriegen 1 ***das hat sie gut hingekriegt*** (*das ist ihr gelungen*) elle s'est très bien débrouillée **2** (*in Ordnung bringen*) ***etw wieder ~*** arranger qc
hinlegen 1 poser, mettre (*Gegenstand*) **2** ***sich ~*** *aufs Bett, Sofa usw.*: s'allonger; *ins Bett*: se coucher
hinnehmen 1 (*ertragen*) supporter **2** (*akzeptieren*) accepter (***als selbstverständlich*** comme allant de soi)
Hinreise *f* aller *m*
hinreißend 1 ***~ aussehen*** être ravissant **2** ***~ spielen*** jouer superbement
hinrichten exécuter

Hinrichtung *f* exécution *f*
hinschmeißen: *alles ~* *umg.* tout plaquer
hinsehen: *zu j-m ~* regarder qn; ***ich kann gar nicht ~*** je ne veux pas voir ça
hinsetzen 1 poser, mettre (*Sache*) **2** asseoir (*j-n*) **3 *sich ~*** s'asseoir
Hinsicht *f*: ***in dieser ~*** à cet égard, sur ce point; ***in jeder ~*** à tout point de vue; ***in gewisser ~*** dans un certain sens, d'un certain point de vue
Hinspiel *n* SPORT match *m* aller
hinstellen 1 (*abstellen*) mettre, poser **2 *sich ~*** se mettre (debout) **3** (*darstellen*) ***er stellt uns immer als Versager hin*** il nous présente toujours comme des ratés
hinten 1 à l'arrière, derrière **2** *in der Reihe*: au bout **3** (*am Ende*) à la fin; ***~ im Buch*** à la fin du livre; ***~ im Auto*** à l'arrière (*od.* au fond) de la voiture; ***~ im Zug*** en queue du train **4** *bei Kleidern*: dans le dos, derrière **5 *weiter ~*** plus loin (*a. im Buch usw.*) **6 *von ~*** par (*od.* de) derrière; ***von vorn bis ~*** du début à la fin; ***das stimmt ~ und vorne nicht*** c'est entièrement faux
hintenherum 1 *~ gehen* passer par derrière **2 *er hat's ~ erfahren*** il l'a appris d'une façon détournée
hinter 1 derrière **2** *Reihenfolge*: après **3** *zeitlich*: ***etw ~ sich bringen*** (*Prüfung usw.*) en finir avec qc; ***sie hat es ~ sich*** (*Arbeit, Prüfung usw.*) elle en a fini avec
Hinterbein *n* patte *f* de derrière; *bes. e-s Pferdes*: jambe *f* de derrière
hintere(r, -s) 1 de derrière; ***das ~ Ende*** le derrière, le bout; *e-s Zugs*: la queue **2** dernier/-ière; ***die ~n Reihen*** les derniers rangs
hintereinander 1 *räumlich*: l'un *bzw.* l'une derrière l'autre; *mehrere*: les uns *bzw.* les unes derrière les autres **2** *zeitlich*: l'un *bzw.* l'une après l'autre; *mehrere*: les uns *bzw.* les unes après les autres **3 *dreimal ~*** trois fois de suite
Hintergedanke *m* arrière-pensée *f*
Hintergrund *m* **1** fond *m* (*a. e-s Bilds*, THEAT); ***im ~*** au fond **2** *Perspektive*: arrière-plan *m* **3 *er bleibt lieber im ~*** *fig.* il préfère rester dans l'ombre
Hinterhalt *m* embuscade *f*
hinterhältig (*Mensch*) sournois; (*Methode usw.*) perfide
hinterher 1 (*danach*) après **2** *räumlich, Rangfolge*: derrière, après
Hinter|hof *m* arrière-cour *f*; **~kopf** *m* occiput *m*; **~land** *n* arrière-pays *m*
hinterlassen 1 laisser **2 *j-m etw ~*** (*vererben*) léguer qc à qn
hinterlegen déposer
Hinterlist *f* perfidie *f*, sournoiserie *f*
hinterlistig perfide, sournois
Hintermann *m* **1** (↔ *Vordermann*) personne *f* qui est derrière qn; SCHULE voisin *m* de derrière **2** (*verborgener Drahtzieher*) personne *f* qui tire les ficelles
Hintern *m* **1** derrière *m*; *umg.* postérieur *m* **2 *j-n in den ~ treten*** *umg.* botter le derrière à qn
hinterrücks par derrière
Hinterseite *f* derrière *m*, arrière *m*, dos *m*
hinterste(r, -s) dernier/-ière
Hinter|teil *n* **1** derrière *m* **2** (*Hintern*) *umg.* postérieur *m*; **~treppe** *f* escalier *m* de service; **~tür** *f* porte *f* de derrière
hinterziehen: *Steuern ~* frauder le fisc
hintun mettre
hinüber 1 de l'autre côté **2 *über die Straße ~*** par-dessus la rue **3 *bis zum anderen Ufer ~*** jusqu'à l'autre rive **4** (*kaputt*) *umg.* fichu **5** (*verdorben*) ***die Milch ist ~*** le lait a tourné **6** (*weggetreten*) ***sie war völlig ~*** elle était complètement partie
hinübergehen 1 *über die Straße* (***Brücke*** *usw.*) ***~*** traverser la rue (le pont *usw.*) **2 *auf die andere Seite ~*** aller de l'autre côté
hinüberspringen sauter (***über*** par-dessus)
hinüberwerfen 1 lancer, jeter (***über*** par-dessus) **2 *wirf mal e-n Blick hinüber*** jette un coup d'œil de l'autre côté
hin- und herfahren 1 aller et revenir **2** (*Zug, Bus usw.*) faire l'aller et retour, faire la navette
hin- und hergehen marcher de long en large; *nervös*: faire les cent pas
hinunter 1 *mit Verben*: en bas **2 *da ~*** par là; ***die Treppe ~*** par l'escalier; ***die Straße*** (*bzw.* ***den Fluss***) ***~*** en descendant la rue (*bzw.* la rivière)
hinunter|fahren descendre (en voiture, à bicyclette *usw.*); **~fallen** tomber (***von*** du *haut de); **~führen** (*Weg, Straße usw.*) conduire (jusqu')en bas, descen-

dre; **~gehen** descendre; **~laufen** descendre en courant; **~schlucken** avaler (*Essen, Tablette usw.*)
hinunterspringen sauter en bas; ***er ist von der Brücke hinuntergesprungen*** il a sauté du *haut du pont
hinunter|steigen descendre (***den Berg*** de la montagne); **~tragen** descendre
hinweg 1 *zeitlich*: ***über Jahre ~*** durant des années **2** *örtlich*: ***über das Haus ~*** par-dessus la maison **3** ***sie entscheidet über unsere Köpfe ~*** elle décide sans nous demander
Hinweg *m* aller *m*
hinwegkommen: ***über die Enttäuschung ~*** surmonter sa déception; ***über den Verlust ~*** se consoler de la perte
Hinweis *m* **1** (*Mitteilung*) indication *f* **2** (*Anzeichen*) signe *m* (***auf*** de)
hinweisen: ***j-n auf etw ~*** indiquer qc à qn; ***darauf ~, dass …*** signaler que, faire remarquer que … (+ *Ind.*)
hinwerfen 1 ***etw ~*** jeter qc (par terre); ***sie wirft ihm die Schlüssel hin*** elle lui lance les clés **2** ***sie hat den ganzen Kram hingeworfen*** *umg.* elle a tout plaqué
hinwollen: ***wo willst du hin?*** tu vas où?; ***da will ich nicht hin*** je ne veux pas y aller
hinziehen 1 (*umziehen*) s'y installer; ***wo ist er hingezogen?*** où est-il allé? **2** ***sich ~*** (*lange dauern*) traîner en longueur
hinzu|fügen ajouter (***zu*** à); **~kommen** s'y ajouter; *überraschend*: survenir
Hip-Hop *m* *hip-hop *m*
Hippie *m* *hippie *m,f*
Hirn *n* **1** *Masse*: cervelle *f* **2** *Organ*: cerveau *m* **3** ***streng mal dein ~ an!*** *fig.* fais marcher ta cervelle!
Hirnhautentzündung *f* méningite *f*
hirnverbrannt *umg.* cinglé; (*Idee usw.*) complètement dingue
Hirsch *m* cerf *m*
Hirschkuh *f* biche *f*
Hirte *m*, **Hirtin** *f* berger *m*, -ère *f*
hissen *hisser
Historiker(in) *m(f)* historien *m*, -ienne *f*
historisch historique
Hit *m* **1** MUS *umg.* tube *m* **2** (*Renner*) ***ein ~*** un succès; ***das ist der ~*** *umg.* c'est le must
Hitparade *f* palmarès *m*; *als Sendung a.*: *hit-parade *m* (⚠ *im Frz. m*)
Hitze *f* **1** (grosse) chaleur *f* **2** ***Reis*** *usw.* ***bei schwacher ~ kochen*** cuire le riz *usw.* à feu doux
hitzebeständig réfractaire, thermostable
hitzefrei SCHULE ***~ haben*** avoir congé à cause de la chaleur
Hitzewelle *f* vague *f* de chaleur
hitzig 1 (*wütend*) furieux/-ieuse; (*erregt*) excité **2** (*Diskussion usw.*) passionné
Hitzschlag *m*: ***e-n ~ bekommen*** avoir un coup de chaleur
HIV|-infiziert contaminé par le VIH (*Abk. für*: Virus de l'Immunodéficience Humaine); **~-positiv** séropositif/-ive
H-Milch *f* lait *m* UHT
Hobby *n* *hobby *m*, passe-temps *m*
Hobbyraum *m* atelier *m* (de bricolage)
Hobel *m* *Werkzeug*: rabot *m*
hobeln 1 raboter (*Holz usw.*) **2** râper (*Käse, Möhren usw.*)
hoch 1 *haut; ***die Mauer ist zwei Meter ~*** le mur a deux mètres de *haut; ***das Haus ist vier Stockwerke ~*** la maison a quatre étages; ***wie ~ ist der Montblanc?*** quelle est la *hauteur du mont Blanc? **2** ***~ oben*** tout en *haut; ***~ über …*** très *haut au-dessus de … **3** ***~ stehen*** (*Sonne, Wasser*) être *haut **4** ***der Schnee liegt ~*** (*bzw.* ***e-n Meter ~***) il y a beaucoup de neige (*bzw.* un mètre de neige) **5** (*Alter, Geschwindigkeit, Zahl*) grand; (*Fieber*) fort **6** (*Preis, Zahl, Gewicht*) élevé **7** (*Verluste, Strafe*) lourd **8** MUS ***ein hoher Ton*** un son aigu **9** ***auf hoher See*** en *haute mer **10** ***~ singen*** chanter *haut **11** SPORT ***~ gewinnen*** remporter une grande victoire; ***~ verlieren*** essuyer une lourde défaite **12** MATH ***~ zwei*** au carré; ***~ drei*** au cube; ***~ vier*** (***fünf*** *usw.*) puissance quatre (cinq *usw.*) **13** ***das ist mir zu ~*** *umg.* c'est trop calé pour moi **14** ***wenn es ~ kommt*** tout au plus **15** ***er hat es mir ~ und heilig versprochen*** il me l'a promis solennellement **16** *Ausruf*: ***Hände ~!*** *haut les mains!; *aufmunternd*: ***Kopf ~!*** courage!
Hoch *n* **1** *Wetter*: anticyclone *m* **2** *Lob*: ***Ein ~ auf …!*** Vive …!
hochachtungsvoll *am Briefschluss*:

veuillez agréer, Monsieur *bzw.* Madame, l'expression de mes sentiments très distingués
Hochbegabtenförderung *f* bourses *f Pl* accordées aux élèves extrêmement doués
Hochbetrieb *m*: ***es herrscht ~*** *auf der Straße usw.*: il y a un monde fou
hochdeutsch *haut allemand
Hoch|druck *m* TECH, *Wetter*: *haute pression *f*; **~druckgebiet** *n* anticyclone *m*, zone *f* de *haute pression; **~ebene** *f* *haut plateau *m*
hocherfreut ravi, enchanté (***über*** de)
Hochform *f*: ***in ~*** en pleine forme
Hochgebirge *n* *haute montagne *f*
hochgehen **1** ***die Treppe ~*** monter l'escalier **2** (*Vorhang*) se lever **3** (*Bombe, Mine usw.*) sauter **4** (*wütend werden*) exploser
Hochgeschwindigkeitszug *m* train *m* à grande vitesse; *Frankreich*: TGV *m*
Hochglanz *m*: ***auf ~ polieren*** faire briller (*Schuhe usw.*); ***auf ~ bringen*** polir (*Auto usw.*)
hochhackig: ***~e Schuhe*** talons *m Pl* *hauts
hochhalten **1** lever **2** ***er hält den Arm hoch*** il a le bras levé, il tient son bras levé
Hochhaus *n* immeuble *m*
hochheben **1** soulever (*Last*) **2** relever (*Kleid usw.*) **3** lever (*Hand, Arm*)
hochinteressant très intéressant
hochkant **1** ***~ stellen*** mettre de chant (*Kiste usw.*) **2** ***~ rausfliegen*** *umg. fig.* être flanqué à la porte
hochklappen relever
hochkommen **1** *nach oben*: monter; (*aufstehen*) se lever **2** *nach e-r Niederlage*: ***wieder ~*** refaire surface **3** ***mir kommt das Essen wieder hoch*** *vor Ekel*: cela me donne la nausée
hochkrempeln retrousser (*Ärmel usw.*)
Hoch|land *n* *hauts plateaux *m Pl*; **~leistungssport** *m* sport *m* de compétition *haut niveau
hochmodern ultramoderne
Hochmut *m* orgueil *m*
hochmütig orgueilleux/-euse
hochnäsig arrogant, prétentieux/-ieuse
Hoch|rechnung *f bei Wahlen*: estimation *f*; **~saison** *f* (*Urlaubszeit*) pleine saison *f*; **~schulabschluss** *m* diplôme *m* universitaire; **~schule** *f* **1** établissement *m* d'enseignement supérieur **2** (*Universität*) université *f*
hochschwanger: ***sie war ~*** elle était à la fin de sa grossesse
Hoch|see *f* *haute mer *f*, large *m*; **~sitz** *m e-s Jägers*: affût *m* perché
Hochsommer *m*: ***im ~*** en plein été
Hochspannung *f* **1** ELEK *haute tension *f* **2** ***es herrschte ~*** *fig.* l'atmosphère était électrique
Hochspannungs|leitung *f* ligne *f* à *haute tension; **~mast** *m* pylône *m*
hochspringen (*hinaufspringen*) sauter; ***der Hund sprang an ihm hoch*** le chien a sauté après lui
Hochsprung *m* saut *m* en *hauteur
höchst extrêmement, très
Hochstapler(in) *m(f)* escroc *m* (⚠ *im Frz. nur m*)
höchste(r, -s) **1** ***der ~ Turm der Stadt*** la tour la plus élevée de la ville **2** ***die ~ Temperatur*** la température maximale **3** ***dieser Berg ist am ~n*** c'est la montagne la plus *haute **4** ***in ~r Gefahr sein*** être en très grand danger **5** ***es ist ~ Zeit, dass …*** il est grand temps que … (+ *Subj.*)
höchstens **1** (↔ *mindestens*) ***~ fünfzehn Leute*** quinze personnes tout au plus **2** (*außer*) ***~ im Urlaub*** sauf dans les vacances
Höchstgeschwindigkeit *f* vitesse *f* maximum
Hochstimmung *f*: ***in ~ sein*** être d'excellente humeur
Höchstleistung *f* SPORT *usw.* meilleure performance *f*
höchst|persönlich en personne; **~wahrscheinlich** très probablement
Hochtour *f*: ***auf ~en laufen*** (*Maschine*) tourner à plein régime; (*Vorbereitungen, Wahlkampf usw.*) battre son plein
Hochwasser *n* **1** *e-s Flusses*: crue *f*; ***der Fluss hat ~*** le fleuve est en crue **2** *bei Flut*: marée *f* *haute
hochwertig (*Ware*) de qualité supérieure
Hochzahl *f* MATH exposant *m*
Hochzeit *f* mariage *m*, noces *f Pl*
Hochzeits|feier *f* noce *f*, noces *f Pl*; **~nacht** *f* nuit *f* de noces; **~reise** *f* voyage *m* de noces
hochziehen **1** monter (*Last*); *hisser (*Fahne*); lever (*Vorhang*) **2** *hausser

H

(*Schultern*); ***die Nase ~*** renifler
Hocke *f Stellung*: position *f* accroupie; ***in die ~ gehen*** s'accroupir
hocken **1** être accroupi (***auf dem Boden*** par terre) **2** *umg.* (*sitzen*) ***er hockt die ganze Zeit zu Hause*** il reste tout le temps à la maison; ***sich vor den Fernseher ~*** s'installer devant la télé
Hocker *m* tabouret *m*
Höcker *m* bosse *f* (*a. e-s Kamels*)
Hockey *n* *hockey *m*
Hockeyschläger *m* crosse *f* (de *hockey)
Hoden *m* testicule *m*
Hof *m* **1** *e-s Hauses*: cour *f* **2** (*Bauernhof*) ferme *f* **3** *e-s Fürsten*: cour *f*
hoffen espérer; ***ich hoffe es*** j'espère bien; ***ich hoffe nicht!*** j'espère que non!
hoffentlich: ***~ geht er bald*** j'espère qu'il va bientôt partir (⚠ *Ind.*) *bzw.* espérons qu'il parte bientôt (⚠ *Subj.*)
Hoffnung *f* **1** espoir *m* (***auf*** de, en); espérance *f*; ***es besteht ~, dass er überlebt*** il a des chances de survivre **2** *verneint*: ***mach dir keine ~en!*** ne te fais pas d'illusions!
hoffnungslos désespéré, sans espoir; ***ein ~er Fall*** un cas désespéré; *iron.* (*Mensch*) un cas perdu
hoffnungsvoll **1** (*zuversichtlich*) confiant **2** (*viel versprechend*) prometteur/-euse
höflich poli, courtois
Höflichkeit *f* politesse *f*, courtoisie *f*
hohe(r, -s) → ***hoch***
Höhe *f* **1** *hauteur *f*; ***auf gleicher ~*** à la même *hauteur (***mit*** que); ***etw in die ~ werfen*** jeter qc en l'air **2** *über dem Meer*: altitude *f*; ***in 1000 Meter ~*** à mille mètres d'altitude **3** *e-r Summe*: montant *m* **4** ***die Preise gingen in die ~*** les prix ont augmenté **5** ***das ist die ~!*** *fig.* c'est le comble!
Höhenunterschied *m* différence *f* de niveau
Höhepunkt *m* **1** *e-r Reise, e-s Fests usw.*: apothéose *f* **2** *e-r Epoche usw.*: apogée *m* **3** *sexueller*: orgasme *m* **4** *e-r Krise*: paroxysme *m*
höher **1** plus *haut, plus élevé (***als*** que) **2** (*Etage, Temperatur, Geschwindigkeit usw.*) supérieur (***als*** à) **3** ***sie wohnt zwei Etagen ~*** elle habite deux étages au-dessus **4** (*besser*) ***etw ~ benoten*** mieux noter qc
hohl **1** creux/creuse (*a. Klang usw.*) **2** ***die ~e Hand*** le creux de la main
Höhle *f* **1** grotte *f* (*bes. künstliche*); caverne *f* **2** *von wilden Tieren*: tanière *f*
Höhlenmensch *m* homme *m* des cavernes
Hohl|maß *n* mesure *f* de capacité; **~raum** *m* cavité *f*, vide *m*
Hohn *m* **1** (*Spott*) sarcasme *m* **2** (*Verachtung*) mépris *m* **3** ***das ist der reinste ~*** c'est une pure dérision
höhnisch **1** (*Miene, Bemerkung*) sarcastique **2** ***~ lachen*** ricaner
Hokuspokus *m* **1** *Zauberformel*: abracadabra *m* **2** (*Schwindel*) ***das ist doch ~*** c'est un attrape-nigaud
holen **1** aller chercher, aller prendre **2** (*abholen*) venir chercher, venir prendre **3** ***ein Buch aus der Tasche ~*** sortir un livre de son sac **4** *umg.* remporter (*Punkte*); décrocher (*Preis*) **5** ***ich habe mir e-n Schnupfen geholt*** j'ai attrapé un rhume
Holland *n* la *Hollande
Holländer(in) *m(f)* *Hollandais(e) *m(f)*
holländisch *hollandais
Hölle *f* **1** enfer *m*; ***in die ~ kommen*** aller en enfer **2** ***es war die ~*** (*es war schrecklich*) c'était un enfer; ***es war die ~ los*** (*es war chaotisch*) c'était l'enfer, c'était infernal **3** ***j-m die ~ heiß machen*** *umg.* mener une vie infernale à qn
Höllenlärm *m umg.* tapage *m* infernal
Holler *m* Ⓐ **1** *Strauch*: sureau *m* **2** *Beeren*: baies *f Pl* de sureau
höllisch **1** (*Schmerzen usw.*) atroce **2** ***~e Angst haben*** avoir une peur affreuse **3** ***ein ~er Lärm*** un bruit infernal **4** ***es tut ~ weh*** cela fait affreusement (*od.* atrocement) mal
holpern **1** (*Wagen*) cahoter **2** *beim Sprechen, Lesen*: trébucher (sur les mots)
holprig **1** (*Weg usw.*) cahoteux/-euse **2** ***er liest ~*** il lit d'une façon saccadée **3** ***mein Französisch ist etwas ~*** je parle un français hésitant
Holunder *m* **1** *Strauch*: sureau *m* **2** *Beeren*: baies *f Pl* de sureau
Holz *n* bois *m*; ***aus ~*** en bois
hölzern en (*od.* de) bois
holzig ligneux/-euse; (*Spargel, Obst*

usw.) filandreux/-euse
Holz|kohle *f* charbon *m* de bois; **~schnitt** *m* KUNST gravure *f* sur bois; **~schuh** *m* sabot *m*; **~stapel** *m*, **~stoß** *m* pile *f* de bois
Holzweg *m*: ***da bist du auf dem ~*** là, tu fais fausse route
Homebanking *n* banque *f* à domicile
Homepage *f* page *f* d'accueil
Homöopathie *f* homéopathie *f*
homöopathisch **1** (*Arznei*) homéopathique **2** ***ein ~er Arzt, e-e ~e Ärztin*** un, une homéopathe
Homosexualität *f* homosexualité *f*
homosexuell homosexuel/-elle
Honig *m* miel *m*
Honig|brot *n* tartine *f* de miel; **~kuchen** *m* pain *m* d'épice
Honorar *n* honoraires *m Pl*
hopp: **~, ~!** allez, *hop!
hoppeln (*Hase*) sautiller
hoppla: **~!** *hop là!
hopsen sautiller, gambader
hörbar **1** audible, perceptible **2** ***~ seufzen*** soupirer audiblement
Hörbuch *n* livre-cassette *m*
horchen écouter, prêter l'oreille
Horde *f* (*Schar*) *horde *f*, bande *f*
hören **1** entendre; ***ich habe gehört, dass ...*** j'ai entendu dire que ... (+ *Ind.*) **2** (*an-, zuhören*) écouter; ***Radio*** (*bzw.* ***Musik***) **~** écouter la radio (*bzw.* de la musique); ***hör doch mal!*** écoute! **3** ***auf j-n ~*** écouter qn **4** *Neuigkeiten*: **(*etwas*)** ***von j-m ~*** avoir des nouvelles de qn; ***lass bald von dir ~*** donne-nous bientôt de tes nouvelles **5** ***also hör mal!*** dis donc!

hören:
écouter oder entendre?

Hier muss man zwischen bewusstem Hinhören (Zuhören) und zufälligem Hören (Wahrnehmen) unterscheiden:

Radio hören	**écouter la radio**
ein komisches Geräusch hören	**entendre un bruit étrange**

Hörer *m* (*Telefonhörer*) combiné *m*
Hörer(in) *m(f)* auditeur *m*, -trice *f*
Hörgerät *n* prothèse *f* auditive
Horizont *m* **1** horizon *m* **2** ***das geht über seinen ~*** *fig.* ça le dépasse
horizontal horizontal
Hormon *n* hormone *f* (⚠ *im Frz. f*)
Horn *n* **1** ZO corne *f* **2** MUS cor *m* **3** (*Hupe*) corne *f*, avertisseur *m*
Hörnchen *n* *Gebäck*: croissant *m*
Hornhaut *f* **1** (*harte Haut*) callosité *f* **2** *im Auge*: cornée *f*
Hornisse *f* frelon *m*
Horoskop *n* horoscope *m*
Horror *m* horreur *f*
Horrorfilm *m* film *m* d'épouvante
Hör|saal *m* UNI salle *f* de cours; **~spiel** *n* RAD pièce *f* radiophonique
Hort *m* (*Kinderhort*) garderie *f*
horten stocker (*Waren, Lebensmittel*)
Hörweite *f*: ***in*** (*bzw.* ***außer***) **~** à (*bzw.* *hors de) portée de la voix
Höschen *n* **1** (*kurze Hose*) culotte *f* **2** (*Unterhose*) slip *m*
Hose *f* **1** *lange*: pantalon *m*; ***kurze ~*** short *m* **2** (*Höschen*) culotte *f* **3** ***er macht sich vor Angst in die ~*** *umg.* il fait dans sa culotte de peur **4** ***in die ~ gehen*** (*schiefgehen*) *umg.* foirer **5** ***hier ist tote ~*** (*hier ist nichts los*) c'est mort ici
Hosen|anzug *m* tailleur-pantalon *m*; **~rock** *m* jupe-culotte *f*; **~träger** *m Pl* bretelles *f Pl*
Hostie *f* hostie *f*
Hotdog *m* *hot-dog *m*
Hotel *n* hôtel *m*
Hotel|halle *f* *hall *m* de l'hôtel; **~zimmer** *n* chambre *f* d'hôtel
Hotline *f* ligne *f* directe
Hubraum *m* cylindrée *f*
hübsch **1** joli **2** (*ziemlich*) ***ein ~es Stück Arbeit*** *umg.* pas mal de travail **3** ***das lässt du ~ bleiben!*** t'en garde bien!
Hubschrauber *m* hélicoptère *m*
huckepack: ***j-n ~ tragen*** *od.* ***nehmen*** porter qn à califourchon sur son dos
Huf *m* sabot *m*
Hufeisen *n* fer *m* (à cheval)
Hüfte *f* *hanche *f*
Hügel *m* **1** colline *f*, coteau *m* **2** *kleinerer*: butte *f*
hügelig vallonné
Huhn *n* **1** poule *f*; *junges*: poulet *m*; *gemästetes*: poularde *f* **2** ***da lachen ja die Hühner*** *fig.* c'est tout simplement ridicule **3** *Person*: ***ein verrücktes ~***

umg. un foufou, une fofolle
Hühnchen *n* **1** poulet *m*, poulette *f* **2** ***mit dem hab ich (noch) ein ~ zu rupfen*** *fig.* j'ai un compte à régler avec lui
Hühner|auge *n* MED cor *m* (au pied); **~brühe** *f* bouillon *m* de poulet; **~stall** *m* poulailler *m*
Hülle *f* **1** enveloppe *f*; *für Möbel, Kleidung*: *housse *f* **2** *e-r CD, Platte*: pochette *f* **3** (*Futteral*) étui *m* **4** ***in ~ und Fülle*** en abondance, à profusion
hüllen envelopper (***in*** dans); ***in Papier*** *usw.* ***gehüllt*** enveloppé de papier *usw.*
Hülse *f* **1** *e-r Patrone usw.*: douille *f* **2** *von Bohnen, Erbsen*: cosse *f*, gousse *f*
human **1** humain **2** ***j-n ~ behandeln*** traiter qn humainement (*od.* avec humanité)
humanistisch: *ein ~es Gymnasium* ≈ un lycée à sections de langues mortes
humanitär humanitaire
Hummel *f* bourdon *m*
Hummer *m* *homard *m*
Humor *m* humour *m* (⚠ *frz.* humeur *f* = ***Laune***, *bes.* ***schlechte Laune***); ***er hat ~*** il a le sens de l'humour
humor|los sans humour; **~voll** plein d'humour
humpeln boiter, clopiner
Hund *m* **1** chien *m* **2** ***ein armer ~*** (*ein armer Kerl*) un pauvre diable; ***so ein blöder ~!*** *umg.* quel imbécile!; *stärker umg.* quel salaud! **3** ***das ist ein dicker ~!*** (*ein grober Fehler*) *umg.* c'est une grosse boulette!; (*e-e Unverschämtheit*) quel culot!
Hunde|hütte *f* niche *f* (à chien); **~leine** *f* laisse *f*
hundemüde *umg.* crevé; *umg.* claqué
hundert **1** cent **2** ***ungefähr ~*** (***Schüler, Meter*** *usw.*) une centaine (d'élèves, de mètres *usw.*) **3** ***ein paar ~ Leute*** quelques centaines de personnes
Hundert[1] *f* cent *m*, nombre *m* cent
Hundert[2] *n* centaine *f*; ***~e von Personen*** des centaines de personnes; ***zu ~en*** par centaines
hunderteins cent un
Hunderter *m* **1** *Zahl*: cent *m*, nombre *m* cent **2** *Geldschein*: billet *m* de cent
Hunderteuroschein *m* billet *m* de cent euros
hundertfach centuple; ***die ~e Menge*** cent fois plus
Hundertfrankenschein *m* billet *m* de cent francs
hundert|jährig **1** (*hundert Jahre alt, lang*) de cent ans **2** (*Jubiläum, Baum*) centenaire; **~mal** cent fois (*a. fig.*)
Hundert|markschein *m* HIST billet *m* de cent marks; **~meterlauf** *m* course *f* de cent mètres
hundertprozentig à cent pour cent
hundertste(r, -s) centième
Hundertstel *n* centième *m*
Hundertstelsekunde *f* centième *m* de seconde
hunderttausend cent mille
Hündin *f* chienne *f*
Hüne *m* géant *m*
Hünengrab *n* tombe *f* mégalithique
Hunger *m* faim *f*; ***ich habe (großen) ~*** j'ai (très) faim; ***ich bekomme (bald) ~*** je commence à avoir faim
hungern **1** (*Hunger leiden*) souffrir de la faim **2** (*nichts zu essen bekommen*) rester sans manger **3** *freiwillig*: jeûner
Hungersnot *f* famine *f*
Hungerstreik *m*: ***in den ~ treten*** faire la grève de la faim
hungrig **1** ***ein ~er Junge*** (***~es Mädchen*** *usw.*) un garçon (une fille *usw.*) qui a faim **2** ***ich bin ~*** j'ai faim (***auf*** de); ***das macht ~*** cela donne faim
Hupe *f* klaxon® *m*, avertisseur *m*
hupen klaxonner
hüpfen **1** (*jemand*) sauter; *vergnügt*: sautiller **2** (*Ball*) bondir
Hürde *f* **1** SPORT *haie *f* **2** ***e-e ~ nehmen*** franchir une *haie; *fig.* franchir un obstacle
Hürdenlauf *m* course *f* de *haies
Hure *f vulg.* putain *f*, prostituée *f*
hurra *hourra
huschen **1** ***ins Zimmer ~*** se glisser dans la pièce; ***über den Gang ~*** traverser furtivement le couloir **2** (*Schatten, Licht usw.*) passer (rapidement) (***über*** sur)
hüsteln toussoter, tousser légèrement
husten tousser
Husten *m* toux *f*; ***~ haben*** tousser
Husten|anfall *m* quinte *f* de toux; **~bonbon** *n* bonbon *m* contre la toux; **~saft** *m* sirop *m* contre la toux
Hut[1] *m* **1** chapeau *m* **2** ***damit habe ich nichts am ~*** *umg.* ce n'est pas mon truc, ce n'est pas ma tasse de thé
Hut[2] *f*: ***auf der ~ sein*** être sur ses gardes
hüten **1** garder (*Tiere, Kinder, Haus*

usw.) **2 *sich ~ vor*** se garder de, prendre garde à
Hütte *f* **1** cabane *f*; (*Bambus-, Lehm-, Strohhütte*) case *f* **2** (*Berghütte*) chalet *m*; (*Schutzhütte*) refuge *m*
Hyäne *f* hyène *f*
Hyazinthe *f* jacinthe *f*
Hydrant *m* bouche *f* d'eau (*od.* d'incendie)
Hydrokultur *f* hydroculture *f*
Hygiene *f* hygiène *f*
hygienisch hygiénique
Hymne *f* hymne *m* (⚠ *im Frz. m*)
Hypnose *f* hypnose *f*
hypnotisieren hypnotiser
Hypothek *f* hypothèque *f*; ***e-e ~ aufnehmen*** prendre une hypothèque
Hysterie *f* hystérie *f*
hysterisch hystérique; ***ein ~er Anfall*** une crise de nerfs

I

i **1** (*igitt*) pouah! **2 *~ wo!*** *umg.* mais non!, pas du tout!
IC® *m* (*Abk. für*: ***Intercity***) train *m* rapide intervilles
ICE® *m* (*Abk. für*: ***Intercity Express***) ≈ TGV *m* (*Abk. für*: train à grande vitesse)
ich **1** je, *vor Vokal u. stummen h*: j' **2** *betont, als Antwort*: moi; ***~ bin's!*** c'est moi! **3** *unbetont*: me; ***hier bin ~!*** me voici!; me voilà!
Ich-Erzähler(in) *m(f)* narrateur *m* à la première personne (⚠*im Frz. nur m*)
ideal idéal
Ideal *n* idéal *m*
Idee *f* **1** idée *f* **2** ***e-e fixe ~*** une idée fixe **3** (*ein bisschen*) ***e-e ~ dunkler*** un rien plus sombre
identifizieren **1** identifier **2 *sich ~ mit*** s'identifier à
identisch identique (***mit*** à)
Idiot(in) *m(f)* *umg.* idiot(e) *m(f)*
Idol *n* idole *f* (⚠ *im Frz. f*)
Igel *m* *hérisson *m*
igitt: *~!* *umg.* berk!, beurk!
Iglu *m od. n* iglou *od.* igloo *m*
ihm **1** lui **2** *nach Präp.*: lui
ihn **1** le; *vor Vokal u. stummem h*: l' **2** *nach Präp.*: lui
ihnen **1** leur **2** *nach Präp.*: eux *m*, elles *f* **3** *als Antwort*: à eux *m*, à elles *f*
Ihnen **1** vous **2** *Antwort, unverbunden*: à vous
ihr¹ *Personalpronomen*: *Dativ von* ***sie***: **1** lui **2** *nach Präp.*: elle **3** *als Antwort, unverbunden*: à elle
ihr² *Personalpronomen*: *2. Person Pl*: vous
ihr³ *Possessivpronomen*: **1** son *m*, sa *f*, *Pl* ses **2** *von mehreren Leuten*: leur, *Pl* leurs **3 *der*** *bzw.* ***die*** *bzw.* ***das ~e*** le sien *bzw.* la sienne; *bei mehreren Leuten*: le leur *bzw.* la leur; ***ist das ~es?*** c'est le sien (*bzw.* le leur)?
Ihr votre; ***~e*** *Pl* vos
ihrer **1** (*von ihr*) de son *bzw.* de sa; *Pl* de ses; ***zwei ~ Freunde*** deux de ses amis **2** (*von ihnen*) de leur, *Pl* de leurs; ***vier Schüler und e-r ~ Lehrer*** quatre élèves et un de leurs professeurs
ihretwegen **1** (*wegen ihr*) à cause d'elle; (*ihr zuliebe*) pour elle **2** (*wegen ihnen*) à cause d'eux *bzw.* d'elles; (*ihnen zuliebe*) pour eux *bzw.* pour elles
Ihretwegen (*wegen Ihnen*) à cause de vous; (*Ihnen zuliebe*) pour vous
illegal **1** illégal **2 *~ einreisen*** passer la frontière illégalement
Illusion *f* illusion *f*
Illustration *f* illustration *f*
Illustrierte *f* revue *f*, magazine *m*
im dans le *bzw.* dans la; *aber*: ***~ Ausland*** à l'étranger; ***~ Regen*** sous la pluie; → *a.* ***in¹***
Image *n* image *m* (de marque)
Imbiss *m* casse-croûte *m*
Imbissbude *f* buvette *f*
immer **1** toujours; ***~ wieder*** tout le temps **2 *~ besser*** de mieux en mieux; ***~ mehr*** de plus en plus **3 *~ wenn …*** toutes les fois (*od.* chaque fois) que … (+ *Ind.*)
Immergrün *n* pervenche *f*
immerhin **1** tout de même, après tout (⚠ *oft vorangestellt mit Komma*: après tout, …) **2 *~!*** tout de même!
immerzu continuellement
Immobilienmakler(in) *m(f)* agent *m*

immobilier (⚠ *im Frz. nur m*)
immun **1** MED immunisé (***gegen*** contre) **2** POL **~ *sein*** jouir de l'immunité parlementaire (*bzw.* diplomatique)
Immunsystem *n* système *m* immunitaire
Imperativ *m* impératif *m*
impfen vacciner (***gegen*** contre)
Impfpass *m* carnet *m* de vaccinations
imponieren: *j-m* ~ impressionner (*od.* en imposer à) qn (***mit*** avec)
Import *m* importation *f*
importieren importer
impotent impuissant (⚠ *frz.* impotent = ***unbeweglich, steif***)
Impressionismus *m* impressionnisme *m*
improvisieren improviser
Impuls *m* impulsion *f* (⚠ *Endung*)
imstande: ~ *sein zu* être capable de (+ *Inf.*)
in[1] **1** (*innerhalb*) dans **2** *Ortsangabe*: à; *bei weiblichen Ländernamen*: en; ***~ die Stadt gehen*** aller en ville **3** *bei Straßen unübersetzt*: ***sie wohnt ~ der Rue de la Gare*** elle habite rue de la Gare **4** *zeitlich*: ***~ drei Tagen*** dans trois jours; ***~ diesem Jahr*** cette année; ***~ den Ferien*** pendant les vacances **5** *mit Farben*: ***sie kam ~ Rot*** *usw.* elle était habillée en rouge *usw.* **6** (*pro*) par; ***1000 Euro im Monat*** mille euros par mois
in[2]: ***~ sein*** être à la mode
indem (*dadurch, dass*) en + *Gérondif*: ***öffne die Tür, ~ du den Riegel zurückschiebst*** ouvre la porte en tirant le verrou
Inder(in) *m(f)* Indien *m*, -ienne *f*
Indianer(in) *m(f)* Indien *m*, -ienne *f* (d'Amérique)
Indianer|reservat *n* réserve *f* d'Indiens; **~stamm** *m* tribu *f* d'Indiens
indianisch indien/-ienne
Indien *n* l'Inde *f*
Indikativ *m* indicatif *m*
indirekt **1** indirect **2 *etw ~ beeinflussen*** influencer qc indirectement
indisch indien/-ienne
indiskutabel inacceptable (⚠ *frz.* indiscutable = ***unbestreitbar***)
Individualist(in) *m(f)* individualiste *m,f*
individuell individuel/-elle
Individuum *n* individu *m*
Industrie *f* industrie *f*
Industrie... *in Zusammensetzungen oft*: industriel/-ielle; ***Industriegebiet*** *e-r Stadt*: zone *f* industrielle; *e-s Landes*: région *f* industrielle; ***Industriezweig*** secteur *m* industriel
ineinander **1** *örtlich*: l'un (*bzw.* l'une)

in (bei Ortsangaben): à, à la, au, aux oder en?

à:		
Städte	**à Paris, à Berlin**	in Paris, in Berlin
	aber: **en ville**	in der Stadt
à la, au, aux:		
männliche Ländernamen	**au Danemark**	in Dänemark
	au Canada	in Kanada
Ländernamen im Plural	**aux Pays-Bas**	in den Niederlanden
	aux États-Unis	in den USA
Gebäude	**à la banque**	in der Bank
	au musée	im Museum
en:		
weibliche Ländernamen	**en Belgique**	in Belgien
	en France	in Frankreich
männliche Ländernamen, die mit Vokal beginnen	**en Afghanistan**	in Afghanistan
	en Iran	im Iran

dans l'autre; *bei mehreren*: les uns (*bzw.* les unes) dans les autres **2** ***sie sind ~ verliebt*** ils sont amoureux **3** → ***ineinanderfließen***; ***~ übergehen*** (*Farben*) se confondre **4** ***etw ~ stecken*** assembler (*od.* emboîter) qc
ineinanderfließen (*Farben usw.*) se mélanger
Infektion *f* contagion *f*
Infinitiv *m* infinitif *m*
infizieren **1** infecter, contaminer **2** ***sich ~ mit*** attraper (*Krankheit*)
Inflation *f* inflation *f*
Inflationsrate *f* taux *m* d'inflation
Informatik *f* informatique *f*
Informatiker(in) *m(f)* informaticien *m*, -ienne *f*
Information *f* **1** information *f* (***über*** sur); ***~en einholen*** s'informer, se renseigner **2** (*Auskunftsstelle*) bureau *m* de renseignements; (*Infostand*) stand *m* d'informations
Informations|material *n* documentation *f* (***über*** sur); **~zentrum** *n* centre *m* d'information
informativ instructif/-ive
informieren **1** informer (***über*** sur *od.* de), renseigner (***über*** sur) **2** ***sich ~*** s'informer (***über*** de), se renseigner (***über*** sur)
Infostand *m* stand *m* d'informations
Infra|rot *n* infrarouge *m*; **~struktur** *f* infrastructure *f*
Infusion *f* perfusion *f* (⚠ *Vorsilbe*; *frz.* l'infusion = ***Kräutertee***)
Ingenieur(in) *m(f)* ingénieur *m* (⚠ *im Frz. nur m*)
Inhaber(in) *m(f)* **1** (*Besitzer[in]*) propriétaire *m,f* **2** *e-r Wohnung*: occupant(e) *m(f)* **3** *e-s Amts, Passes, Kontos*: titulaire *m,f* **4** *von Aktien, e-s Rekords*: détenteur *m*, -trice *f*
Inhalt *m* contenu *m*
inhaltlich **1** ***ein ~es Problem*** un problème de fond **2** ***der Aufsatz ist ~ gut*** quant au fond, la dissertation est bonne
Inhalts|angabe *f* résumé *m*, sommaire *m*; **~verzeichnis** *n* table *f* des matières
Initiative *f* **1** initiative *f* **2** (*Bürgerinitiative*) comité *m* d'action; *gegen etw*: comité *m* de défense
Injektion *f* injection *f*
injizieren injecter
inklusive y compris; ***~ Lieferung*** *a.* livraison comprise
Inland *n* intérieur *m* du pays
Inlandflug *m* vol *m* intérieur
Inline-Skate *m* roller *m*
inlineskaten faire du roller
Inline-Skater(in) *m(f)* rolleur *m*, -euse *f*
innehalten s'arrêter
innen dedans, à l'intérieur
Innen... *in Zusammensetzungen oft*: intérieur; ***Innenhof*** cour *f* intérieure; ***Innenkante*** bord *m* intérieur
Innen|minister(in) *m(f)* ministre *m,f* de l'Intérieur; **~politik** *f* politique *f* intérieure; **~seite** *f* côté *m* intérieur, face *f* intérieure; *e-s Stoffs*: envers *m*; **~stadt** *f* centre-ville *m*, centre *m*; **~tasche** *f* poche *f* intérieure; **~wand** *f* cloison *f*
innere(r, -s) **1** intérieur **2** (*Verletzungen usw.*) interne
Innere(s) *n* **1** intérieur *m* **2** *seelisch*: ***in meinem Innern*** dans mon for intérieur
innerhalb **1** *örtlich*: à l'intérieur **2** *zeitlich*: **~ (von)** en
innerlich intérieur, interne
innerste(r, -s) intime; ***in ihrem Innersten*** dans son for intérieur
innert (CH) (*innerhalb von*) en
innig **1** (*Beziehung usw.*) intime **2** ***ihr ~ster Wunsch*** son vœu le plus cher
innovativ innovateur/-trice (⚠ *Endung*)
Innung *f* corps *m* de métier
inoffiziell **1** officieux/-ieuse **2** ***das hat sie mir nur ~ gesagt*** elle me l'a dit officieusement
in petto: ***etw ~ haben*** avoir qc en réserve
in punkto: ***~ Geld*** (***Autos*** *usw.*) pour ce qui est de l'argent (des voitures *usw.*)
Input *m* IT entrée *f* (de données)
ins **1** dans la *bzw.* dans le **2** en; ***~ Englische übersetzen*** traduire en anglais **3** *bei femininen Ortsangaben*: à la; *bei maskulinen Ortsangaben*: au
Insasse *m*, **Insassin** *f* **1** AUTO, FLUG passager *m*, -ère *f* **2** *e-s Gefängnisses*: détenu(e) *m(f)*
insbesondere en particulier
Inschrift *f* inscription *f*
Insekt *n* insecte *m*
Insekten|spray *n* bombe *f* insecticide; **~stich** *m* piqûre *f* d'insecte

Insel *f* île *f*
Inserat *n* annonce *f*
ins|geheim en secret, secrètement; **~gesamt** en tout, au total
Insider(in) *m(f)* initié(e) *m(f)*
insofern **1** (*was das angeht*) ***~ hat er recht*** sur ce point il a raison **2** ***~, als ...*** dans la mesure où ...
Inspektor(in) *m(f)* *Beamter, Beamtin*: ≈ inspecteur *m*, -trice *f* (⚠ *frz.* inspecteur, -trice *a.* = **Kontrolleur[in]**)
instabil instable
Instabilität *f* instabilité *f*
Installateur(in) *m(f)* plombier *m* (⚠ *im Frz. nur m*); *für Heizungen*: chauffagiste *m,f*
Installation *f* installation *f*
installieren **1** installer **2** ***ein neues Computerprogramm ~*** implémenter un nouveau logiciel
Installierung *f* installation *f*
instand: ***~ halten*** entretenir; ***~ setzen*** remettre en état
Instand|haltung *f* entretien *m*; **~setzung** *f* remise *f* en état
Instanz *f* instance *f*
Instinkt *m* instinct *m*
instinktiv **1** instinctif/-ive; (*unwillkürlich*) spontané **2** ***etw ~ tun*** faire qc instinctivement
Institut *n* institut *m*; (*Lehranstalt*) institution *f*
Instrument *n* instrument *m*; MUS instrument *m* de musique
Instrumentalist(in) *m(f)* instrumentiste *m,f* (⚠ *Endung*)
Insulin *n* insuline *f* (⚠ *im Frz. f*)
inszenieren mettre en scène
Inszenierung *f* mise *f* en scène
intakt intact
Integration *f* intégration *f*
integrieren intégrer
intellektuell intellectuel/-elle
intelligent intelligent
Intelligenz *f* intelligence *f*
Intelligenztest *m* test *m* d'intelligence
intensiv **1** intensif/-ive **2** ***sich ~ beschäftigen mit*** s'occuper intensivement de **3** ***~ nachdenken*** réfléchir intensément
Intensivkurs *m* cours *m* intensif
interaktiv (*CD usw.*) interactif/-ive
Intercity *m* train *m* rapide intervilles; ***~ Express*** ≈ TGV *m* (*Abk. für*: train à grande vitesse)
interessant intéressant; ***sich ~ machen*** faire l'intéressant
interessanterweise curieusement
Interesse *n* **1** intérêt *m*; ***~ haben an*** s'intéresser à **2** ***gemeinsame ~n haben*** avoir des goûts communs **3** ***j-s ~n vertreten*** défendre les intérêts de qn
Interessen|gruppe *f* groupe *m* d'intérêts; **~konflikt** *m* conflit *m* d'intérêts
interessieren **1** intéresser **2** ***sich ~ für*** s'intéresser à; ***wofür interessierst du dich?*** qu'est-ce qui t'intéresse?
interessiert **1** ***~ sein an*** s'intéresser pour, être intéressé par **2** (*wissbegierig*) curieux/-ieuse d'apprendre **3** ***~ zuschauen*** (***zuhören*** *usw.*) regarder (écouter *usw.*) avec intérêt
interkontinental intercontinental
Intermezzo *n* MUS intermède *m* (⚠ *Endung*)
Internat *n* pensionnat *m*; ***er ist im ~*** il est en pension, il est interne
international international
Internatsschüler(in) *m(f)* interne *m,f*
Internet *n* Internet *m* (⚠ *häufig ohne Artikel*); ***im ~ surfen*** naviguer sur Internet; ***über das ~*** via Internet

Internet-Begriffe

Browser	**le navigateur**
chatten	**chatter**
Cyberspace	**le cybermonde**
E-Mail	(*Nachricht*) **l'e-mail** *m* [imɛl] (*Einrichtung*) **le courrier électronique**
E-Mail-Adresse	**l'adresse** *f* **e-mail**
herunterladen	**télécharger**
Homepage	**la page d'accueil**
Internet	**Internet** *m*
im Internet surfen	**naviguer sur Internet**
Internet-Provider	**le fournisseur d'accès**
Internet-Surfer(in)	**l'internaute** *m,f*
Modem	**le modem**
Netz	**le Net**
offline	**hors ligne**
online	**en ligne**

Onlinedienst	**le service en ligne**
Passwort	**le mot de passe**
Server	**le serveur**
Suchmaschine	**le moteur de recherche**
surfen	**naviguer**
Web	**le Web, la Toile**
Website	**le site Web**

Internet|adresse *f* adresse *f* Internet; **~anschluss** *m* connexion *f* Internet; **~-Café** *n* cybercafé *m*; **~-Provider** *m* fournisseur *m* d'accès; **~-Surfer(in)** *m(f)* internaute *m,f*; **~zugang** *m* accès *m* à Internet
Interpretation *f* **1** *e-s Texts*: commentaire *m* de texte **2** THEAT, MUS *usw*. interprétation *f*
interpretieren **1** commenter (*Text, Gedicht usw.*) **2** interpréter (*Musikstück*)
Interpunktion *f* ponctuation *f*
Interrailkarte *f* carte *f* inter-Rail
Interregio *m* train *m* interrégional rapide
Interrogativpronomen *n* pronom *m* interrogatif; *adjektivisch verwendet*: adjectif *m* interrogatif
Interview *n* interview *f* (⚠ *im Frz. f*)
interviewen: ***j-n ~*** interviewer qn
intim intime
intolerant intolérant (***gegenüber*** envers)
Intoleranz *f* intolérance *f*
intransitiv GR intransitif/-ive
Intrige *f* intrigue *f*
introvertiert introverti (⚠ *Endung*)
Intuition *f* intuition *f*
intus **1** ***~ haben*** (*verstanden haben*) *umg*. avoir pigé **2** ***er hatte drei Bier ~*** *umg*. il avait sifflé trois bières
Invalide *m*, **Invalidin** *f* invalide *m,f*
Invasion *f* invasion *f*
Inventar *n* équipement *m*; (*Einrichtung*) mobilier *m*
investieren investir (***in*** dans)
Investition *f* investissement *m*
inzwischen entre-temps
IOK *n* CIO *m* (*Abk. für*: Comité international-olympique)
i-Punkt *m* point *m* sur le i
IQ *m* QI *m* (*Abk. für*: quotient intellectuel)
Irak *m* Irak *m*
Iran *m* Iran *m*
Ire *m* Irlandais *m*
irgend: ***~ so ein Buch*** un livre quelconque; ***~ so ein Dummkopf*** *umg*. une espèce d'imbécile
irgendein **1** n'importe quel/quelle **2** *alleinstehend*: ***~e(r)*** quelqu'un; (*egal wer*) n'importe qui
irgendetwas **1** quelque chose; ***kauf ihm ~ Schönes*** achète-lui quelque chose de joli **2** (*egal was*) n'importe quoi
irgendjemand **1** quelqu'un **2** (*egal wer*) n'importe qui
irgendwann **1** (*egal wann*) n'importe quand **2** (*ich weiß nicht wann*) ***sie kam ~*** elle est venue je ne sais pas quand **3** (*eines Tages*) un jour
irgendwas → ***irgendetwas***
irgendwer **1** (*egal wer*) n'importe qui **2** (*jemand*) quelqu'un
irgendwie n'importe comment; ***~ wird's schon gehen*** on fera avec, on s'arrangera; *oft unübersetzt*: ***~ freue ich mich schon darauf*** je commence à m'en réjouir
irgend|wo quelque part; **~woher** quelque part; **~wohin** quelque part
Irin *f* Irlandaise *f*
Iris *f* ANAT, BOT iris *m* (⚠ *im Frz. m*)
irisch irlandais
Irland *n* l'Irlande *f*
Ironie *f* ironie *f*
ironisch **1** ironique **2** ***sie lächelte ~*** elle sourit ironiquement
irrational irrationnel/-elle
irre **1** (*verrückt*) fou/folle (⚠ *m Sg vor Vokal u. stummem h*: fol); *umg*. dingue **2** (*toll*) ***ein ~r Typ*** *umg*. un type dingue **3** ***~ komisch*** *umg*. vachement drôle; ***~ gut*** *umg*. giga
Irre *f*: ***j-n in die ~ führen*** égarer qn; *fig*. induire qn en erreur; ***der Weg führt in die ~*** le chemin ne mène nulle part
Irre(r) *f(m)* fou *m*, folle *f*
irreal irréel/-elle
irreführen: ***j-n ~*** induire qn en erreur
irreführend trompeur/-euse
irregulär irrégulier/-ière
irremachen déconcerter, dérouter
irren **1** errer (***durch die Stadt*** *usw.* à travers la ville *usw.*) **2** ***sich ~*** se tromper; ***er hat sich im Datum*** (***in der Straße*** *usw.*) ***geirrt*** il s'est trompé de

date (de rue *usw.*)

Irrenhaus *n* maison *f* de fous

irritieren: ***das irritiert mich*** (*das stört mich*) ça me dérange; (*das ärgert mich*) ça m'agace, ça m'irrite

irrsinnig *fig.* terrible; ***ich habe ~en Durst*** j'ai une soif terrible; ***das ist ~ komisch*** *umg.* c'est vachement drôle

Irrtum *m* erreur *f*; ***~!*** faux!

ISDN *n* RNIS *m* (*Abk. für*: réseau numérique à intégration de services)

Islam *m* islam *m*

Island *n* l'Islande *f*

Isolation → ***Isolierung***

Isolierband *n* ruban *m* isolant

isolieren isoler

Isolierkanne *f* thermos® *m*

Isolierung *f* **1** isolement *m* (*a.* ELEK) **2** *für Wärme, Schall*: isolation *f*

Isomatte *f* natte *f* isolante

Israel *n* Israël *m*

Israeli *m,f* Israélien *m*, -ienne *f*

israelisch israélien/-ienne

Italien *n* l'Italie *f*

Italiener(in) *m(f)* Italien *m*, -ienne *f*

italienisch italien/-ienne

Italienisch *n* **1** *Sprache*: l'italien *m* **2** *Schulfach*: l'italien *m*

IWF *m* FMI *m* (*Abk. für*: Fonds monétaire international)

J

ja 1 oui; ***~ sagen zu*** consentir à; ***ich glaube ~*** je crois que oui **2** *feststellend*: ***da ist sie ~!*** mais la voilà! **3** *verstärkend*: ***~ sogar*** et même; ***tu das ~ nicht!*** ne fais surtout pas ça! **4** *einleitend*: donc; ***~, weißt du denn nicht, dass sie krank ist?*** mais tu ne sais donc pas qu'elle est malade? **5** ***oh ~!*** oh que oui!; ***ach ~?*** ah bon?; ***na ~*** *zögernd*: eh bien; *tröstend*: allons; *bedauernd*: tant pis

Ja *n* oui *m*; ***ich habe mit ~ gestimmt*** j'ai voté pour

Jacht *f* yacht *m*

Jacke *f* veste *f*; *sportliche*: blouson *m*

Jackett *n* veston *m*, veste *f* (⚠ *frz.* jaquette *f* = ***Schutzumschlag*** *e-s Buchs*)

Jagd *f* chasse *f*

jagen 1 chasser, aller à la chasse **2** (*verfolgen*) poursuivre **3** ***etw in die Luft ~*** (*sprengen*) faire sauter qc **4** (*rennen*) courir à toute vitesse; *umg.* foncer

Jäger(in) *m(f)* chasseur *m*, -euse *f*

Jaguar *m* jaguar *m* (*Auto*: la Jaguar)

Jahr *n* **1** an *m*, année *f*; ***ein halbes ~*** six mois **2** *als Dauer*: année *f* **3** (*Kalenderjahr*) an *m*; ***im ~ 2005*** en 2005; ***die neunziger ~e*** les années quatre-vingt-dix **4** *beim Alter*: an *m*; ***ich bin sechzehn ~e alt*** j'ai seize ans **5** ***ein gutes neues ~!*** bonne année!

jahrelang 1 ***~e Erfahrung*** des années d'expérience **2** ***~ warten*** attendre des années; ***~ suchen*** chercher pendant des années; ***ich habe sie ~ nicht mehr gesehen*** je ne l'ai pas vue depuis des années

Jahres... 1 (*jährlich*) annuel/-elle; ***Jahreskarte*** carte *f* annuelle; ***Jahresurlaub*** congé *m* annuel **2** (*Jahresend...*) de fin d'année; ***Jahresabrechnung*** comptes *m Pl* de fin d'année

Jahres|tag *m* anniversaire *m*; **~zeit** *f* saison *f*

Jahrgang *m* **1** *von Personen*: année *f*; ***sie ist ~ 1990*** elle est née en 1990, elle est de 1990 **2** *e-r Zeitschrift*: année *f* **3** *vom Wein*: millésime *m*

Jahrhundert *n* siècle *m*; ***im 21. ~*** au vingt et unième siècle

jährlich 1 annuel/-elle **2** (*pro Jahr*) tous les ans; ***zweimal ~*** deux fois par an

Jahr|markt *m* foire *f*, kermesse *f*; **~tausend** *n* millénaire *m*; **~zehnt** *n* décennie *f* (⚠ *frz.* décade *f* = ***Zeitraum von zehn Tagen***)

Jalousie *f* store *m* vénitien (⚠ *frz.* jalousie *f* = ***Eifersucht***)

Jamaika *n* la Jamaïque

Jammer *m* **1** (*Klagen*) plaintes *f Pl* **2** ***es ist ein ~, dass ...*** c'est une pitié que ... (+ *Subj.*)

jammern 1 (*sich beklagen*) se plaindre (***über*** de) **2** (*klagen*) gémir

jammerschade vraiment dommage

Jänner *m* Ⓐ janvier *m*; → ***Januar***

Januar *m* **1** janvier *m*; ***im ~*** en janvier **2**

Datumsangaben: **der erste ~** le premier janvier; ⚠ *alle folgenden mit Grundzahlen*: **am 10. ~** le dix janvier
Japan *n* le Japon
Japaner(in) *m(f)* Japonais(e) *m(f)*
japanisch japonais
Japanisch *n Sprache*: le japonais
Jasmin *m* jasmin *m*
Jasmintee *m* thé *m* au jasmin
Jastimme *f* vote *m* pour
jäten sarcler (*Beet, Feld*); **Unkraut ~** arracher les mauvaises herbes
Jauche *f* purin *m*
jaulen (*Hund, Wolf*) glapir
Jause *f* Ⓐ casse-croûte *m*, goûter *m*
jausnen Ⓐ casse-croûter
Jazz *m* jazz *m*
je 1 *zeitlich*: jamais **2 seit eh und ~** depuis toujours **3** *vor Zahlen*: **~ zwei und zwei** deux par deux, deux à la fois; **die kosten ~ drei Euro** c'est trois euros la pièce **4** (*pro*) par **5 ~ nach** selon, suivant; **~ nachdem** c'est selon, ça dépend **6** *mit desto*: plus; **~ größer es ist, desto schwerer ist es** plus c'est grand, plus c'est lourd; **~ mehr, desto besser** plus il y en a, plus ça vaut; **~ eher, desto besser** le plus tôt sera le mieux **7 o ~!** mon Dieu!
Jeans *f(Pl)* jean *m*, jeans *m Pl*
Jeansjacke *f* veste *f* en jean
jede(r, -s) 1 chacun **2** *vor Subst.*: chaque; (*alle*) tout; **~r andere** tout autre **3** *verallgemeinernd*: **~r, der** quiconque, tous ceux qui; **das kann ~m passieren** ça peut arriver à tout le monde **4** *mit Zahlen*: **~s dritte** (**vierte** *usw.*) **Haus** une maison sur trois (quatre *usw.*) **5** *nach* sans, *in Vergleichen*: aucun; **ohne ~n Zweifel** sans aucun doute
jedenfalls en tout cas, de toute façon
jederzeit à tout moment
jedesmal chaque fois
jemals jamais
jemand 1 quelqu'un; **~ anderes** quelqu'un d'autre **2** *verneint*: personne; **ich treffe nie ~** je ne rencontre jamais personne
jene(r, -s) 1 *alleinstehend*: celui-là *m*, celle-là *f*; **~** *Pl* ceux-là, celles-là **2** *mit Subst.*: ce …-là, cette …-là (⚠ *vor Vokal u. stummem* h *wird* ce *zu* cet)
jenseits de l'autre côté (**von** de); *fig.* au-delà (**von** de)
Jenseits *n* autre monde *m*, au-delà *m*
Jerusalem *n* Jérusalem
Jesus *m* Jésus *m*; **~ Christus** Jésus-Christ *m*
jetzt maintenant; **~ gleich** tout de suite
jeweils (à) chaque fois; **zwei Pausen von ~ zehn Minuten** deux pauses de dix minutes chacune
Jh. (*Abk. für*: **Jahrhundert**) s. (siècle *m*)
JH (*Abk. für*: **Jugendherberge**) A.J. *f* (auberge *f* de jeunesse)
Job *m umg.* boulot *m*, job *m*
jobben *umg.* faire des petits boulots; **sie jobbt bei Siemens** elle bosse chez Siemens
Jobsharing *n* partage *m* de poste
Joch *n* **1** joug *m* **2** (*Bergjoch*) col *m*
Jod *n* iode *m*
Jodsalz *n* sel *m* iodé
Joga *n* yoga *m*
joggen faire du jogging, jogger
Jogginganzug *m* jogging *m*
Joghurt *m od. n* yaourt *m*, yoghourt *m*
Johannisbeere *f* **1** *Rote, Weiße*: groseille *f* **2 Schwarze ~n** cassis *m Pl*
johlen *hurler; (*buhen*) *huer
Jo-Jo *n* yo-yo *m*
Joker *m* joker *m*
Jordanien *n* la Jordanie
Journalist(in) *m(f)* journaliste *m,f*
Joystick *m* IT manette *f*
Jubel *m* allégresse *f*, jubilation *f*
jubeln pousser des cris de joie; **~ über** se réjouir vivement de
Jubiläum *n* anniversaire *m*; **das fünfzigjährige ~** le cinquantenaire; **das hundertjährige ~** le centenaire
jucken 1 démanger; *umg.* gratter; **es juckt mich am Arm** j'ai le bras qui me démange (*umg.* me gratte) **2 sich ~** se gratter **3 es juckt mich, das auszuprobieren** j'ai bien envie (*od.* ça me tente) d'essayer **4 denkst du, das juckt mich?** *umg.* si tu crois que ça m'intéresse!
Jude *m* Juif *m*
Judenverfolgung *f* persécution *f* des Juifs
Jüdin *f* Juive *f*
jüdisch juif/juive
Judo *n* judo *m*
Jugend *f* **1** jeunesse *f* **2** (↔ *Kindheit*) adolescence *f* **3** (*junge Leute*) jeunesse *f*, jeunes *m Pl*

J

Jugend|arbeitslosigkeit *f* chômage *m* des jeunes; **~buch** *n* livre *m* pour la jeunesse
jugendfrei (*Film usw.*) autorisé (*od.* permis) aux mineurs
Jugend|gruppe *f* groupe *m* de jeunes; **~herberge** *f* auberge *f* de jeunesse; **~herbergsausweis** *m* carte *f* des auberges de jeunesse; **~kriminalität** *f* délinquance *f* juvénile; **~lager** *n* camp *m* de jeunesse; **~leiter(in)** *m(f)* moniteur *m*, -trice *f*
jugendlich (encore) jeune; ***~ aussehen*** avoir l'air jeune, faire jeune
Jugendliche(r) *f(m)* adolescent(e) *m(f)*; ***die ~n*** les jeunes *m Pl*; *umg.* les ados *m Pl*
Jugend|mannschaft *f* équipe *f* de jeunes; **~richter** *m* juge *m* pour enfants; **~schutz** *m* protection *f* des mineurs; **~stil** *m* KUNST art *m* nouveau
Jugendwerk *n*: ***das Deutsch-Französische ~*** l'Office *m* franco-allemand pour la jeunesse
Jugendzentrum *n* maison *f* des jeunes
Jugoslawien *n* la Yougoslavie
juhu: ***~!*** *hourra!; *umg.* youpi!
Juli *m* **1** juillet *m*; ***im ~*** en juillet, au mois de juillet **2** *Datumsangaben*: ***der zweite*** (***dritte*** *usw.*) ***~*** le deux (trois *usw.*) juillet; ***am 14. ~*** le 14 juillet
jung jeune
Junge *m* **1** garçon *m* **2** ***~, ~!*** *umg.* ça alors!
Junge(s) *n e-s Tiers*: petit *m*
jünger **1** plus jeune **2** (*Geschwister*) cadet/-ette **3** ***er ist ein Jahr ~ als ich*** il a un an de moins que moi **4** ***du siehst ~ aus*** tu ne fais pas ton âge
Jünger *m* BIBEL disciple *m*
Jung|frau *f* **1** vierge *f* **2** ASTR Vierge *f*; **~geselle** *m* célibataire *m*
jüngste(r, -s) **1** le, la plus jeune; ***meine ~ Schwester*** ma plus jeune sœur, la plus jeune de mes sœurs **2** REL ***das Jüngste Gericht*** le Jugement dernier
Juni *m* **1** juin *m*; ***im ~*** en juin **2** *Datumsangaben*: ***der zweite*** (***dritte*** *usw.*) ***~*** le deux (trois *usw.*) juin; ***am vierten ~*** le quatre juin
Junior *m* **1** *Sohn*: junior *m* **2** SPORT ***die ~en*** les juniors
Juniorchef *m* fils *m* du patron
Juniorenmannschaft *f* équipe *f* junior
Junkie *m umg.* junkie *m*
Jura[1] droit *m*; ***~ studieren*** faire des études de droit
Jura[2] *m* GEOG Jura *m*
Jurist(in) *m(f)* **1** juriste *m,f* **2** *Student(in)*: étudiant(e) *m(f)* en droit
juristisch juridique (⚠ *Endung*)
Jury *f* jury *m* (⚠ *im Frz. m*)
Jus *n* Ⓐ, Ⓒⓗ droit *m*
Juso *m* jeune socialiste *m* (allemand)
Justiz *f* justice *f*
Justizminister(in) *m(f)* ministre *m,f* de la justice
Juwel *n* joyau *m*, bijou *m*
Juwelier(in) *m(f)* joaillier *m*, -ière *f*, bijoutier *m* (⚠ *im Frz. nur m*)
Jux *m umg.* blague *f*; ***aus ~*** pour blaguer

K

Kabarett *n* **1** cabaret *m* **2** *politisches a.*: chansonniers *m Pl*
Kabarettist(in) *m(f)* chansonnier *m*, -ière *f*
Kabel *n* câble *m*
Kabelfernsehen *n* télévision *f* par câble(s)
Kabeljau *m* cabillaud *m*, morue *f*
Kabine *f* cabine *f*
Kabinenbahn *f* télécabine *f*
Kabinett *n* **1** POL cabinet *m* **2** Ⓐ (*kleines Zimmer*) petite pièce *f*
Kabrio(lett) *n* (voiture *f*) décapotable *f*, cabriolet *m*
Kachel *f* carreau *m*
Kachelofen *m* poêle *m* en faïence
Kacke *f sehr umg.* merde *f*
Kadaver *m* cadavre *m*
Käfer *m* **1** ZO coléoptère *m*; *oft a.*: insecte *m* **2** *Auto*: coccinelle *f*
Kaff *n umg.* trou *m*, *umg.* bled *m*
Kaffee *m* **1** café *m*; ***~ trinken*** prendre (*od.* boire) un café; *am Nachmittag*: prendre le café **2** ***das ist doch kalter ~!*** *umg. fig.* c'est du réchauffé!
Kaffee|bohne *f* grain *m* de café; **~filter**

m filtre *m* à café; **~kanne** *f* cafetière *f*; **~maschine** *f* cafetière *f* électrique; **~satz** *m* marc *m* de café; **~tasse** *f* tasse *f* à café (⚠ *frz.* une tasse de café = ***e-e Tasse Kaffee***)
Käfig *m* cage *f*
kahl **1** (*Kopf*) chauve; (*kahl rasiert*) rasé **2** (*Baum*, *Wand*) nu, dénudé
Kahn *m* barque *f*; (*Lastkahn*) péniche *f*
Kai *m* quai *m*
Kairo *n* Le Caire
Kaiser(in) *m(f)* empereur *m*, impératrice *f*
Kaiser|reich *n* empire *m*; **~schmarrn** *m* Ⓐ ≈ crêpe *f* épaisse coupée en morceaux mélangée à des raisins secs (*une spécialité autrichienne*); **~schnitt** *m* césarienne *f*
Kajak *m* kayak *m*
Kajal *n* khôl *m*
Kajüte *f* SCHIFF cabine *f*
Kakadu *m* cacatoès *m*
Kakao *m* *Pulver*: cacao *m*; *Getränk*: chocolat *m*
Kaktee *f*, **Kaktus** *m* cactus *m*
Kalauer *m* calembour *m*
Kalb *n* veau *m*
Kalbfleisch *n* veau *m*
Kalbsschnitzel *n* escalope *f* de veau
Kalender *m* calendrier *m*; (*Taschenkalender*) agenda *m*
Kalifornien *n* la Californie
Kalk *m* **1** *Gestein*: calcaire *m* **2** *Material*: chaux *f*
kalkhaltig calcaire
Kalkulation *f* calculs *m Pl*
Kalorie *f* calorie *f*
kalorienarm **1** (*Lebensmittel*) pauvre en calories **2** ***~ essen*** manger léger, manger basses calories
kalt **1** froid; ***~ werden*** (*Essen usw.*) se refroidir **2** *Wetter*: ***es ist ~*** (***draußen***) il fait froid (dehors) **3** ***mir ist ~*** j'ai froid; ***mir wird ~*** je commence à avoir froid **4** ***kriegst du ~e Füße?*** *fig., umg.* tu as la trouille? **5** ***~ duschen*** prendre une douche froide **6** ***die Getränke*** *usw.* ***~ stellen*** mettre les boissons *usw.* au frais **7** ***das lässt mich ~*** cela me laisse froid
kaltblütig **1** (*Person usw.*) sans scrupules **2** ***~ vorgehen*** agir avec sang-froid (*od.* froidement)
Kaltblütigkeit *f* sang-froid *m*
Kälte *f* **1** froid *m* **2** *Gefühlskälte*: froideur *f*
Kaltfront *f* front *m* froid
kaltmachen: ***j-n ~*** *umg.* descendre qn
Kaltmiete *f* loyer *m* sans charges
kaltschnäuzig froid
kaltstellen → ***kalt***
Kalzium *n* calcium *m*
Kamel *n* ZO chameau *m*
Kamelhaar *n* poil *m* de chameau
Kamera *f* **1** (*Fotoapparat*) appareil *m* photo **2** FILM, TV caméra *f*
Kamerad(in) *m(f)* camarade *m,f*
Kameradschaft *f* camaraderie *f*
Kamerun *n* le Cameroun
Kamille *f* camomille *f*
Kamillentee *m* infusion *f* de camomille; camomille *f*
Kamin *m* **1** cheminée *f* **2** ***deine 100 Euro kannst du in den ~ schreiben*** *umg.* tu peux faire ton deuil de tes cent euros
Kamin|feger *m*, **~kehrer** *m* ramoneur *m*
Kamm *m* **1** peigne *m* **2** (*Gebirgs-, Wellen-, Hahnenkamm*) crête *f*
kämmen peigner; ***er kämmt sich*** (***die Haare***) il se peigne
Kammer *f* **1** (*Schlafzimmer*) chambre *f* **2** (*kleines Zimmer*) petite pièce *f* **3** JUR, POL chambre *f*
Kammer|musik *f* musique *f* de chambre; **~orchester** *n* orchestre *m* de chambre
Kampagne *f* campagne *f*
Kampf *m* **1** MIL, SPORT combat *m* **2** POL, *innerer oft*: lutte *f* **3** ***e-r Sache*** (*bzw.* ***j-m***) ***den ~ ansagen*** *fig.* déclarer la guerre à qc (*bzw.* à qn)
kämpfen **1** se battre (***mit*** avec) **2** ***gegen j-n ~*** combattre qn **3** POL, *mit sich selbst usw.*: lutter; ***mit dem Schlaf ~*** lutter contre le sommeil; ***mit den Tränen ~*** retenir ses larmes **4** ***~ für*** (*sich einsetzen für*) se battre pour, militer pour
Kämpfer(in) *m(f)* **1** combattant(e) *m(f)* **2** ***sie ist e-e ~in*** *charakterlich*: elle a un esprit batailleur
Kampfhund *m* chien *m* de combat
kampieren camper
Kanada *n* le Canada
Kanadier(in) *m(f)* Canadien *m*, -ienne *f*
kanadisch canadien/-ienne
Kanal *m* **1** canal *m* **2** ***der ~*** (*Ärmelka-*

K

nal) la Manche
Kanalinseln *f Pl*: ***die ~*** les îles *f Pl* Anglo-Normandes
Kanalisation *f* égouts *m Pl*
Kanaltunnel *m* tunnel *m* sous la Manche
Kanarienvogel *m* canari *m*, serin *m*
kanarisch: ***die Kanarischen Inseln*** les Canaries *f Pl*
Kandidat(in) *m(f)* candidat(e) *m(f)*
Kandidatur *f* candidature *f*
kandidieren poser sa candidature, se porter candidat (***für*** à)
Känguru *n* kangourou *m*
Kaninchen *n* lapin *m*
Kanister *m* bidon *m*, jerrycan *m*
Kanne *f* **1** (*Krug*) pot *m*; (*Milchkanne*) pot *m* à lait **2** (*Kaffeekanne*) cafetière *f*; (*Teekanne*) théière *f*
Kannibale *m*, **Kannibalin** *f* cannibale *m,f*
Kanone *f* **1** MIL canon *m* **2** *Person*: as *m*; *umg.* crack *m* **3** ***das ist unter aller ~!*** *umg.* c'est minable!, c'est au-dessous de tout
Kante *f* **1** (*Rand, Bettkante*) bord *m*; *als Linie*: arête *f* **2** *am Ski*: carre *f*
Kantine *f* cantine *f*
Kanton *m* canton *m* (suisse)
Kanu *n* canoë *m* (⚠ *Endung*)
Kanzel *f in der Kirche*: chaire *f*
Kanzlei *f* **1** *e-s Anwalts*: cabinet *m* **2** *e-s Notars*: étude *f* **3** *am Gericht*: greffe *m*
Kanzler *m* chancelier *m*
Kanzlerkandidat *m* candidat *m* chancelier
Kap *n* cap *m*
Kapazität *f* **1** *e-s Behälters usw.*: capacité *f* **2** *Person*: sommité *f* (***in*** de)
Kapelle[1] *f* (*kleine Kirche*) chapelle *f*
Kapelle[2] *f* MUS orchestre *m*
kapieren comprendre; *umg.* piger; ***kapiert?*** tu as compris?, *umg.* t'as pigé?
Kapital *n* capitaux *m Pl*, fonds *m Pl*; *einzelnes, bestimmtes*: capital *m*
Kapitalanlage *f* placement *m* de capitaux, investissement *m* de capitaux
Kapitalismus *m* capitalisme *m*
Kapitalist(in) *m(f)* capitaliste *m,f*
kapitalistisch capitaliste
Kapitän *m* **1** SCHIFF commandant *m* **2** FLUG commandant *m* de bord **3** *e-r Mannschaft*: capitaine *m*
Kapitel *n* **1** *e-s Buchs*: chapitre *m* **2** ***das ist ein anderes ~*** *fig.* c'est une autre histoire; ***das ist ein ~ für sich*** c'est toute une histoire
Kapitulation *f* capitulation *f* (***vor*** devant)
kapitulieren capituler (***vor*** devant)
Kaplan *m* vicaire *m*
Kappe *f* **1** (*Mütze*) bonnet *m* **2** (*Verschlusskappe*) capuchon *m*; *e-r Flasche*: bouchon *m* **3** ***etw auf seine (eigene) ~ nehmen*** prendre qc sous son bonnet
Kapsel *f* capsule *f*
kaputt **1** (*entzwei*) *umg.* cassé **2** (*erschöpft*) *umg.* crevé, *umg.* claqué; ***ich bin total ~*** je suis crevé **3** ***ein ~er Typ*** *umg.* (*verrückt*) un mec foutu **4** ***e-e ~e Ehe*** un ménage qui marche mal **5** ***was ist denn jetzt ~?*** qu'est-ce qui s'est passé encore? **6** ***~ machen*** → ***kaputtmachen***
kaputtgehen **1** (*Dinge*) se casser **2** (*Beziehungen*) se détériorer
kaputtlachen: ***sich ~*** se tordre de rire; *umg.* se marrer
kaputtmachen démolir, casser
Kapuze *f* capuchon *m*
Karacho *n*: ***mit ~*** *umg.* à toute pompe
Karaffe *f* carafe *f*
Karambolage *f von Fahrzeugen*: collision *f*; *umg.* carambolage *m* (⚠ *im Frz. m*)
Karamell *m* caramel *m*
Karat *n* carat *m*
Karate *n* karaté *m*
Karawane *f* caravane *f*
Kardinal *m* cardinal *m*
Kardinalzahl *f* nombre *m* cardinal
Karfiol *m* Ⓐ chou-fleur *m*
Karfreitag *m* Vendredi *m* saint
kärglich maigre, pauvre
Karibik *f*: ***die ~*** la mer des Antilles, la mer des Caraïbes
karibisch caraïbe; ***die Karibischen Inseln*** les îles *f Pl* Caraïbes, les Antilles *f Pl*
kariert **1** (*Stoff*) à carreaux; ***blau-weiß ~*** à carreaux bleus et blancs **2** (*Papier, Heft*) quadrillé **3** ***guck nicht so ~!*** *umg.* ne prends pas cet air idiot!
Karies *f* carie *f*
Karikatur *f* caricature *f*
Karneval *m* carnaval *m*
Kärnten *n* la Carinthie
Karo *n* carreau *m*
Karosserie *f* carrosserie *f*

K

Karotte *f* carotte *f*
Karottensalat *m* carottes *f Pl* rapées
Karpfen *m* carpe *f*
Karre(n) *f(m)* **1** charrette *f* **2** *für Gepäck*: chariot *m* **3** (*Auto*) *umg.* bagnole *f*
Karriere *f* carrière *f*
Karrierefrau *f* femme *f* qui fait (*bzw.* qui a fait) carrière
Karsamstag *m* Samedi *m* saint
Karte *f* **1** carte *f*; (*Postkarte*) carte *f* postale; (*Landkarte*) carte *f* géographique **2 *~n spielen*** jouer aux cartes; ***mit offenen ~n spielen*** *fig.* jouer cartes sur table **3** (*Eintrittskarte*) billet *m*; ***ich habe zwei ~n reserviert*** j'ai retenu deux places **4** (*Fahrkarte, Flugticket*) billet *m* **5** *für Bus, U-Bahn*: ticket *m* **6** (*Speisekarte*) carte *f*, menu *m* **7 *die Gelbe*** (*bzw.* ***Rote***) *~* FUSSBALL le carton jaune (*bzw.* rouge); ***j-m die Rote ~ zeigen*** *a. fig.* montrer à qn le carton rouge
Kartei *f* fichier *m*
Kartei|karte *f* fiche *f*; **~kasten** *m* fichier *m*
Karten|spiel *n* **1** (*Spielart, Spielkarten*) jeu *m* de cartes **2** *Partie*: partie *f* de cartes; **~telefon** *n* téléphone *m* à carte; **~vorverkauf** *m* réservation *f* des places
Kartoffel *f* pomme *f* de terre
Kartoffel|brei *m* purée *f* de pommes de terre; **~chips** *m Pl* chips *f Pl*; **~püree** *n* purée *f* de pommes de terre; **~salat** *m* salade *f* de pommes de terre; **~stock** *m* ⒸⒽ purée *f* de pommes de terre
Karton *m* carton *m*
Karussell *n* manège *m*; ***~ fahren*** faire un tour de manège
Karwoche *f* semaine *f* sainte
Kaschmir *m* cachemire *m*
Käse *m* **1** fromage *m*; ***mit ~*** (*Brot, Auflauf usw.*) au fromage **2 *so ein ~!*** (*Unsinn*) *sehr umg.* quelle connerie!
Käse|brot *n* sandwich *m* au fromage; **~fondue** *n* fondue *f*; **~kuchen** *m* gâteau *m* au fromage blanc; **~platte** *f* **1** *mit Käse*: plateau *m* de fromages **2** *für Käse*: plateau *m* à fromages
Kaserne *f* caserne *f*
käsig (*blass*) pâle
Kasino *n* (*Spielkasino*) casino *m*
Kasper(le)theater *n* guignol *m*
Kassa *f* Ⓐ, **Kasse** *f* **1** caisse *f*; THEAT *a.* bureau *m* de location **2 *er ist*** (***gut***) ***bei Kasse*** *fig.* il est en fonds **3 *sie machen gemeinsame Kasse*** ils font bourse commune **4 *j-n zur Kasse bitten*** (*zahlen lassen*) présenter la facture à qn
Kassen|arzt *m*, **~ärztin** *f* médecin *m* conventionné (⚠ *im Frz. nur m*); **~bon** *m* ticket *m* de caisse; **~schlager** *m* FILM film *m* à succès; THEAT pièce *f* à succès; **~stand** *m* état *m* de la caisse; **~zettel** *m* ticket *m* de caisse
Kassette[1] *f Behälter*: coffret *m*, cassette *f*
Kassette[2] *f Video, Musikkassette*: cassette *f*
Kassettenrekorder *m* lecteur *m* de cassettes
kassieren encaisser (*a. fig.*)
Kassierer(in) *m(f)* caissier *m*, -ière *f*
Kastanie[1] *f* (*Frucht*) chataigne *f*; *bes. essbare*: marron *m*
Kastanie[2] *f* **1** *allg.*: (*Kastanienbaum*) châtaignier *m* **2** (*Rosskastanie*) marronnier *m* (d'Inde)
Kästchen *n* **1** *Behälter*: coffret *m* **2** *auf Listen, Formularen usw.*: case *f*
Kasten *m* **1** *Behälter*: boîte *f*; *größerer*: caisse *f* (*a. Bierkasten usw.*) **2** (*Briefkasten*) boîte *f* aux lettres **3** SPORT plinth *m* **4** Ⓐ (*Schrank*) armoire *f* **5 *was auf dem ~ haben*** *umg.* être calé
kastrieren castrer; *Tier a.*: châtrer
Kasus *m* cas *m*
Katalog *m* catalogue *m*
Katalysator *m* **1** CHEM catalyseur *m* (⚠ *Endung*) **2** AUTO pot *m* catalytique
Katamaran *m* catamaran *m*
katastrophal catastrophique (⚠ *Endung*)
Katastrophe *f* **1** catastrophe *f* **2** (*Brand, Flut, Erdbeben*) sinistre *m*
Katastrophengebiet *n* région *f* sinistrée
Kategorie *f* catégorie *f*
Kater[1] *m* ZO chat *m* (mâle), matou *m*
Kater[2] *m fig.* ***e-n ~ haben*** avoir la gueule de bois
Kathedrale *f* cathédrale *f*
Katholik(in) *m(f)* catholique *m,f*
katholisch catholique
Kätzchen *n* **1** petit chat *m*, petite chatte *f*, chaton *m* **2** BOT chaton *m*
Katze *f* chat *m* (⚠ *im Frz. m*); *weibliche a.*: chatte *f*
Katzenauge *n* (*Reflektor am Fahrrad*) catadioptre *m*, cataphote *m*

K

Katzenbuckel *m*: ***e-n ~ machen*** faire le gros dos
Katzensprung *m*: ***es ist nur ein ~ (von hier)*** c'est à deux pas d'ici
Katzenwäsche *f fig.* toilette *f* de chat
kauen **1** mâcher, mastiquer **2** ***an den Nägeln ~*** se ronger les ongles
kauern **1** être accroupi, être blotti **2** ***sich ~*** s'accroupir, se blottir (***an*** contre)
Kauf *m* **1** achat *m*; ***etw zum ~ anbieten*** mettre qc en vente **2** ***etw in ~ nehmen*** (*riskieren*) prendre son parti de qc
kaufen **1** acheter (***beim Bäcker*** *usw.* chez le boulanger *usw.*) **2** ***ich habe es (mir) für zehn Euro gekauft*** je l'ai acheté pour dix euros **3** ***den kauf ich mir!*** il me le paiera!
Käufer(in) *m(f)* **1** acheteur *m*, -euse *f* **2** (*Kunde*) client(e) *m(f)*
Kauf|frau *f* **1** *als Beruf*: employée *f* de commerce **2** (*Händlerin*) commerçante *f*; **~haus** *n* grand magasin *m*, grande surface *f*; **~kraft** *f* pouvoir *m* d'achat; **~laden** *m* épicerie *f*; **~mann** *m* **1** *als Beruf*: employé *m* de commerce **2** (*Händler*) commerçant *m*; (*Großhändler*) négociant *m*; **~preis** *m* prix *m* d'achat; **~vertrag** *m* contrat *m* de vente
Kaugummi *m od. n* chewing-gum *m*
Kaulquappe *f* têtard *m*
kaum **1** à peine, ne … guère; ***es ist ~ zu glauben*** c'est à peine (*od.* ce n'est guère) croyable; ***es besteht ~ Hoffnung*** il n'y a guère d'espoir **2** ***ich kann es ~ erwarten zu kommen*** j'ai *hâte de venir **3** ***wohl ~*** *als Antwort*: certainement pas
Kaution *f* caution *f*
Kautschuk *m* caoutchouc *m*
Kavalier *m* **1** galant homme *m*, gentleman *m* (⚠ *frz.* cavalier *m* = ***Reiter***) **2** ***ein ~ am Steuer*** un conducteur courtois; ***er ist ein echter ~*** il est vraiment galant
Kefir *m* kéfir *od.* képhir *m*
Kegel *m* **1** *beim Kegeln*: quille *f* **2** MATH cône *m* (*a. Bergkegel*)
Kegelbahn *f* piste *f* de quilles
kegeln jouer aux quilles
Kehle *f* gorge *f*; ***aus voller ~*** à pleine gorge
Kehlkopf *m* larynx *m*
kehren[1] (*fegen*) balayer
kehren[2] **1** ***j-m den Rücken ~*** tourner le dos à qn **2** ***das Oberste zuunterst ~*** mettre tout sens dessus dessous **3** ***sie ist in sich gekehrt*** elle est pensive (*od.* songeuse)
Kehrseite *f* **1** (*Rückseite*) dos *m*; (*Po*) *umg.* postérieur *m* **2** ***die ~ der Medaille*** le revers de la médaille
Kehrwert *m* nombre *m* inverse
Keil *m* **1** *zum Spalten*: coin *m* **2** *zum Unterlegen*: cale *f*
Keilriemen *m* courroie *f*
Keim *m* germe *m*
keimen germer
keimfrei aseptique; (*entkeimt*) stérilisé
Keimzelle *f* gamète *m*
kein **1** ne … pas de; *ohne Verb*: pas de; ***~ Mensch ist gekommen*** personne n'est venu; ***ich habe ~ Geld*** je n'ai pas d'argent **2** *mit* ***mehr***: ne … plus de; ***er hat ~ Geld mehr*** il n'a plus d'argent **3** *alleinstehend*: aucun … ne; *bei Personen*: personne … ne; ***~er weiß es*** personne ne le sait; ***es war ~e von ihnen*** ce n'était aucune d'elles **4** *als Antwort*: ***ich habe ~s (davon)*** je n'en ai pas **5** *als Angabe auf Fragebögen*: ***~e*** néant
keinerlei: ***er macht ~ Fortschritte*** il ne fait aucun progrès
keinesfalls en aucun cas
keineswegs en aucune façon, nullement; ***ich bin ~ einverstanden*** je ne suis absolument pas d'accord (***mit*** avec)
keinmal ne … pas une seule fois
Keks *m* **1** biscuit *m*, gâteau *m* sec **2** ***du gehst mir auf den ~!*** *umg.* tu me casses les pieds!
Kelch *m* **1** *Trinkgefäß*: coupe *f*; *in der Kirche*: calice *m* **2** BOT calice *m*
Kelle *f* **1** (*Schöpfkelle*) louche *f* **2** (*Maurerkelle*) truelle *f* **3** (*Signalkelle*) signal *m*
Keller *m* **1** cave *f* **2** ***in den ~ gehen*** (*Preise, Aktien usw.*) dégringoler
Kellner(in) *m(f)* garçon *m*, serveuse *f*
Kenia *n* le Kenya
kennen **1** connaître **2** ***~ lernen*** → ***kennenlernen***
kennenlernen: ***j-n ~*** faire la connaissance de qn; ***wir haben uns voriges Jahr kennengelernt*** nous nous sommes connus (*od.* nous avons fait connaissance) l'année dernière

K

Kenner(in) *m(f)* connaisseur *m*, -euse *f*
Kenntnis *f* **1** connaissance *f* **2** ***etw zur ~ nehmen*** prendre connaissance de qc
Kennwort *n* **1** *geheimes*: mot *m* de passe **2** *in Briefen an Rundfunk, Zeitungen usw.*: mot *m* code
Kennzeichen *n* **1** (*Merkmal*) marque *f* distinctive, caractéristique *f* **2** ***unveränderliche ~*** *im Pass*: signes *m Pl* particuliers **3** AUTO numéro *m* d'immatriculation
kennzeichnen marquer, indiquer
Kennziffer *f* numéro *m* d'identification
kentern chavirer
Keramik *f* céramique *f*
Kerbe *f* entaille *f*, encoche *f*
Kerl *m* **1** *umg.* type *m*, *umg.* gars *m* **2** ***ein blöder ~*** un idiot
Kern *m* **1** noyau *m*; *von Obst*: pépin *m* **2** (*Inneres*) cœur *m*; ***der ~ des Problems ist …*** le cœur du problème c'est …
Kern|energie *f*, **~kraft** *f* énergie *f* nucléaire
kerngesund en parfaite santé
Kernkraft|befürworter(in) *m(f)* partisan *m* du nucléaire; **~gegner(in)** *m(f)* antinucléaire *m,f*; **~werk** *n* centrale *f* nucléaire
Kerze *f* **1** bougie *f*, chandelle *f* **2** SPORT chandelle *f* **3** (*Zündkerze*) bougie *f*
Kerzenleuchter *m* chandelier *m*
Kerzenlicht *n* éclairage *m* aux bougies (*od.* aux chandelles); ***bei ~*** à la lumière des chandelles
Kerzenständer *m* chandelier *m*
Kessel *m* **1** (*Teekessel*) bouilloire *f* **2** *der Heizung*: chaudière *f*
Ketschup *m od. n* ketchup *m*
Kette[1] *f* **1** chaîne *f* **2** ***j-n in ~n legen*** enchaîner qn, mettre qn aux fers **3** (*Laden-, Hotelkette*) chaîne *f* **4** ***e-e ~ von Ereignissen*** une suite d'événements
Kette[2] *f Schmuck*: chaîne *f*; (*Hals-, Perlenkette usw.*) collier *m*
Kettenreaktion *f* réaction *f* en chaîne
Ketzer(in) *m(f)* hérétique *m,f*
keuchen *haleter
Keuchhusten *m* coqueluche *f*
Keule *f* **1** *Waffe*: massue *f* **2** *vom Lamm*: gigot *m*; *vom Hähnchen*: cuisse *f*; *vom Schwein*: jarret *m*
Kfz *n* véhicule *m* automobile
Kfz-Werkstatt *f* garage *m* (⚠ *im Frz. m*)
kg kg (*Abk. für*: kilogramme)
KG *f* société *f* en commandite
kichern glousser, risoter
Kick *m* **1** (*Nervenkitzel*) grand frisson *m* **2** FUSSBALL coup *m*
Kickboard *n* trottinette *f*
kicken *umg.* (*Fußball spielen*) jouer au foot, faire du foot
Kicker *m* footballeur *m*
kidnappen kidnapper
Kidnapper(in) *m(f)* kidnappeur *m*, -euse *f*
Kiefer[1] *f* BOT pin *m*
Kiefer[2] *m* ANAT mâchoire *f*
Kieker *m*: ***er hat mich auf dem ~*** (*er beobachtet mich*) *umg.* il m'a à l'œil; (*er kritisiert mich dauernd*) *umg.* il m'a dans le collimateur
Kiel *m* SCHIFF quille *f*
Kiemen *f Pl* branchies *f Pl*
Kies *m* **1** gravier *m*, graviers *m Pl*; *grober*: cailloux *m Pl* **2** (*Geld*) *umg.* fric *m*; *Argot*: pognon *m*
Kieselstein *m* galet *m*, caillou *m*
kikeriki cocorico
killekille guili-guili
killen *umg.* descendre (*j-n*)
Killer *m* tueur *m*
Kilo *n* kilo *m*
Kilo|byte *n* kilo-octet *m*; **~gramm** *n* kilogramme *m*; **~meter** *m* kilomètre *m*; **~meterzähler** *m* compteur *m* kilométrique
Kind *n* enfant *m*; *Mädchen a.*: enfant *f*; ***von ~ auf*** dès l'enfance; ***das weiß doch jedes ~*** tout le monde le sait; ***~er, ~er!*** mes enfants!
Kinder|arbeit *f* travail *m* des enfants; **~arzt** *m*, **~ärztin** *f* pédiatre *m,f*; **~ausweis** *m* carte *f* d'identité pour enfant (⚠ *in Frankreich gibt es keine besonderen Ausweise für Kinder*); **~bett** *n* lit *m* d'enfant; **~buch** *n* livre *m* pour enfants, livre *m* d'enfant; **~ermäßigung** *f* réduction *f* enfant (*od.* pour enfants)
kinder|feindlich (*Umgebung usw.*) hostile aux enfants; **~freundlich** (*Umgebung, Möbel, Hotel usw.*) adapté aux enfants
Kinder|funk *m* RAD, TV émissions *f Pl* enfantines; **~garten** *m* école *f* maternelle; *privater*: jardin *m* d'enfants; **~gärtner(in)** *m(f)* **1** jardinier *m*, -ière *f* d'enfants **2** *in Frankreich*: instituteur *m*, -trice *f* d'école maternelle; **~geld** *n* allocations *f Pl* familiales; **~heim** *n*

maison *f* d'enfants, foyer *m* d'enfants; **~krankheit** *f* maladie *f* infantile; **~lähmung** *f* poliomyélite *f*
kinder|leicht enfantin; **~lieb** qui aime les enfants
Kindermädchen *n* bonne *f* d'enfants
kinderreich: ***e-e ~e Familie*** une famille nombreuse
Kinder|spiel *n* jeu *m* d'enfant (*a. fig.*); **~stunde** *f* RAD, TV émission *f* enfantine; **~tagesstätte** *f* garderie *f*; **~wagen** *m* voiture *f* d'enfant; (*Buggy*) poussette *f*; **~zimmer** *n* chambre *f* d'enfant(s)
Kindheit *f* enfance *f*
kindisch **1** puéril, naïf/naïve **2** *im Alter*: gâteux/-euse **3** ***sich ~ benehmen*** faire l'enfant; ***sei nicht ~!*** ne fais pas l'enfant!
kindlich enfantin
Kinn *n* menton *m*
Kinnhaken *m* crochet *m* à la mâchoire
Kino *n* cinéma *m*
Kiosk *m* kiosque *m*
Kipferl *n* Ⓐ croissant *m*
Kippe *f* **1** (*Müllkippe*) décharge *f* (publique) **2** (*Zigarettenstummel*) *umg.* mégot *m*; (*Zigarette*) *umg.* clope *f* **3** ***auf der ~ stehen*** (*ungewiss sein*) être incertain **4** ***er steht auf der ~*** SCHULE il n'est pas sûr de passer dans la classe supérieure
kippen **1** (*umwerfen*) faire basculer, culbuter **2** (*umfallen*) basculer **3** (*schütten*) verser; ***e-n ~*** *umg.* boire un coup
Kirche *f* **1** *Gebäude*: église *f* **2** ***die ~*** *Institution*: l'Église *f* (⚠ *großgeschrieben*)
Kirchen|lied *n* cantique *m*; **~uhr** *f* horloge *f* de l'église
Kirchhof *m* cimetière *m*
kirchlich **1** de l'Église, ecclésiastique **2** ***ein ~er Feiertag*** une fête religieuse **3** ***sie haben ~ geheiratet*** ils se sont mariés à l'église
Kirchturm *m* clocher *m*
Kirchweih *f* kermesse *f*
Kirmes *f* kermesse *f*, fête *f* foraine
Kirschbaum *m* cerisier *m*
Kirsche *f Frucht*: cerise *f*
Kirtag *m* Ⓐ kermesse *f*
Kissen *n* coussin *m*; (*Kopfkissen*) oreiller *m*
Kissenschlacht *f* bataille *f* de polochons
Kiste *f* **1** *Behälter*: caisse *f*; *kleinere*: boîte *f* **2** (*Auto*) *umg.* bagnole *f* **3** (*Bett*) *umg.* plumes *f Pl*
Kitsch *m* kitsch *m*
kitschig kitsch
Kittel *m* **1** (*Arbeitskittel*) blouse *f* **2** *für Kinder*: tablier *m* **3** Ⓐ (*Rock*) jupe *f*
Kitz *n* (*Rehkitz*) faon *m*
Kitzel *m* (*Reiz*) attrait *m*
kitzelig chatouilleux/-euse
kitzeln chatouiller
Kiwi *f Frucht*: kiwi *m* (⚠ *im Frz. m*)
Klacks *m* **1** ***ein ~ Sahne*** (***Butter*** *usw.*) un peu de chantilly (de beurre *usw.*) **2** ***das ist nur ein ~*** (*e-e Kleinigkeit*) c'est une babiole
klaffen: ***~de Wunde*** plaie *f* béante
kläffen japper, glapir
Klage *f* **1** plainte *f* **2** JUR plainte *f*, action *f*
klagen **1** se plaindre, se lamenter (***über*** de) **2** JUR **~** ***gegen*** porter plainte (*od.* déposer une plainte) contre
klamm **1** (*Wäsche*) froid et humide **2** (*Finger*) engourdi
Klammer *f* **1** pince *f*; (*Haarklammer*) pince *f* à cheveux; (*Wäscheklammer*) pince *f* à linge **2** (*Büroklammer*) trombone *m*; (*Heftklammer*) agrafe *f* **3** *beim Schreiben*: parenthèse *f*; ***eckige ~*** crochet *m*; ***~ auf, … ~ zu*** ouvrez la parenthèse, … fermez la parenthèse **4** (*Zahnklammer*) appareil *m* dentaire
Klammeraffe *m* IT arobase *f*
klammern: ***sich ~ an*** se cramponner à, s'accrocher à
Klamotten *f Pl* **1** (*Kleider*) *umg.* fringues *f Pl* **2** (*Kram*) bric-à-brac *m*
Klang *m* son *m*
Klappe *f* **1** clapet *m*, abattant *m* **2** (*Mund*) *umg.* gueule *f*; ***halt die ~!*** *umg.* boucle-la!, ferme-la!
klappen[1] **1** ***nach oben ~*** relever **2** ***nach unten ~*** rabattre **3** ***zur Seite ~*** rabattre sur le côté
klappen[2] (*gelingen*) marcher; ***das hat nicht geklappt!*** ça n'a pas marché!
klappern **1** (*Fensterläden, Absätze*) claquer **2** ***sie klappert mit den Zähnen*** elle claque des dents
Klapperschlange *f* serpent *m* à sonnettes
klapprig (*Tisch usw.*) branlant
Klappstuhl *m* chaise *f* pliante

K

Klaps *m* (*leichter Schlag*) petite tape *f*
klar **1** clair **2** (*deutlich*) net/nette **3** (*offenbar*) évident; ***das ist mir ~*** je le sais bien, je comprends bien; **(*na*) *~!*** bien sûr!; ***alles ~?*** c'est compris?; (*in Ordnung*) ça va? **4** ***er ist nicht ganz ~ im Kopf*** *umg.* ça ne tourne pas rond chez lui **5** ***darüber bin ich mir im Klaren*** je m'en rends (bien) compte
klären **1** éclaircir (*Unklarheit*); élucider (*Problem*); clarifier (*Situation*); tirer au clair (*Frage*) **2** épurer (*Abwasser usw.*)
Klarheit *f* clarté *f*
Klarinette *f* clarinette *f*
klarkommen **1** ***ich komme mit ihr nicht klar*** je ne m'entends pas (bien) avec elle **2** ***kommst du* (*damit*) *klar?*** *umg.* tu t'en sors?
klarmachen **1** ***j-m etw ~*** expliquer (*od.* faire comprendre) qc à qn **2** ***sich etw ~*** se rendre compte de qc
Klarsichtfolie *f* film *m* transparent
klarstellen: ***etwas ~*** mettre les choses au clair
Klärwerk *n* station *f* d'épuration
klasse (*toll*) *umg.* super; ***~!*** *umg.* chouette!; ***das ist ~!*** *umg.* c'est super!; ***ein ~ Auto*** une voiture formidable
Klasse *f* **1** classe *f* (*a.* SCHULE) **2** ***das ist große ~!*** *umg.* c'est super! **3** BAHN ***erster*** (*bzw.* ***zweiter***) ***~ fahren*** voyager en première (*bzw.* en deuxième)
Klassenarbeit *f* contrôle *m*; ***e-e ~ in Mathe schreiben*** faire un contrôle de maths
Klassen|buch *n* cahier *m* de classe; **~fahrt** *f* voyage *m* scolaire; **~kamerad(in)** *m(f)* camarade *m,f* de classe; **~lehrer(in)** *m(f)* professeur *m* principal (⚠ *im Frz. nur m*); **~sprecher(in)** *m(f)* délégué(e) *m(f)* de classe; **~zimmer** *n* salle *f* de classe
Klassik *f* **1** *Epoche*: classicisme *m*, période *f* classique **2** *Musik*: musique *f* classique
klassisch classique
Klatsch *m* commérage *m*
klatschen[1] **1** (***Beifall***) **~** applaudir (***j-m*** qn) **2** ***in die Hände ~*** taper dans ses mains
klatschen[2] (*schwätzen*) radoter
Klaue *f* **1** griffe *f*; *bei Raubvögeln*: serre *f* **2** (*Schrift*) ***ihre ~ kann niemand lesen*** personne ne peut lire ses pattes de mouche
klauen *umg.* faucher, *umg.* piquer
Klausur *f* **1** (*Klassenarbeit*) contrôle *m*; ***e-e ~ in Englisch schreiben*** faire un contrôle d'anglais **2** *an der Uni, im Abitur*: épreuve *f* écrite
Klavier *n* piano *m* (⚠ *frz.* clavier *m* = ***Tastatur***)
Klavierunterricht *m* cours *m Pl* de piano
Klebeband *n* ruban *m* adhésif
kleben **1** coller **2** ***j-m e-e ~*** *umg.* coller une baffe à qn
Kleber *m* colle *f*
Klebestift *m* bâton *m* de colle
klebrig poisseux/-euse
Klebstoff *m* colle *f*
kleckern faire des taches
Klecks *m* **1** (*Fleck*) tache *f* **2** *von Senf, Ketschup usw.*: giclée *f*
klecksen faire des taches; (*Stift*) cracher
Klee *m* trèfle *m*
Kleeblatt *n* **1** ***vierblättriges ~*** trèfle *m* à quatre feuilles **2** *drei Freunde*: trio *m*
Kleid *n* **1** robe *f* **2** ***~er*** (*Kleidung*) vêtements *m Pl*
kleiden **1** ***sich ~*** s'habiller **2** ***der Anzug kleidet ihn gut*** ce costume lui va bien
Kleider|bügel *m* cintre *m*; **~schrank** *m* armoire-penderie *f*; **~ständer** *m* portemanteau *m*
Kleidung *f* vêtements *m Pl*
Kleidungsstück *n* vêtement *m*
klein **1** petit; ***winzig ~*** minuscule; ***~er Buchstabe*** minuscule *f*; ***das ~e Einmaleins*** la table de multiplication de un à dix; *fig.* le b a ba **2** ***~, aber fein*** petit mais raffiné; ***~, aber oho*** petit mais un peu là **3** ***haben Sie es ~?*** *beim Bezahlen*: vous avez la monnaie? **4** ***ein ~ wenig*** un petit peu **5** ***~ schneiden*** couper en petits morceaux **6** ***~ anfangen*** débuter modestement
Klein|buchstabe *m* lettre *f* minuscule, minuscule *f*; **~bus** *m* minibus *m*, petit car *m*
Kleingedruckte(s) *n*: ***das ~*** *in Verträgen usw.*: les petits caractères *m Pl*
Kleingeld *n* monnaie *f*
Kleinigkeit *f* **1** ***das ist e-e ~*** c'est un rien (*od.* une bagatelle) **2** ***e-e ~*** (*e-e kleine Sache, ein kleines Geschenk usw.*) un petit quelque chose
kleinkariert (*kleinlich*) mesquin

K

Klein|kind *n* petit enfant *m*, bébé *m*; **~kram** *m* babioles *f Pl*
kleinkriegen: ***j-n ~*** venir à bout de qn
kleinlich 1 (↔ *großzügig*) mesquin **2** (*übergenau*) pointilleux/-euse
kleinschneiden → ***klein***
kleinschreiben: ***Adjektive schreibt man klein*** les adjectifs prennent une minuscule
Klein|stadt *f* petite ville *f*; **~wagen** *m* petite cylindrée *f*
Klementine *f* clémentine *f*
Klemme *f* **1** TECH pince *f*; ELEK borne *f* **2** ***er sitzt in der ~*** *umg.* il est coincé
klemmen 1 serrer, coincer **2** ***die Tür*** (***Schublade*** *usw.*) ***klemmt*** la porte (le tiroir *usw.*) coince **3** ***sich ~*** se pincer; ***sich die Finger in der Tür ~*** se coincer les doigts dans la porte **4** (***sich***) ***die Mappe unter den Arm ~*** mettre sa serviette sous son bras
Klempner *m* plombier *m*
Klette *f* **1** BOT bardane *f* **2** ***er hängt wie e-e ~ an ihr*** *umg.* il lui colle au train
klettern grimper
Klettverschluss® *m* bande *f* auto-grippante
klick clic; ***da machte es ~*** (***bei mir***) ça a fait tilt
klicken 1 *Geräusch*: faire clic **2** IT cliquer (***auf*** sur)
Klima *n* climat *m*
Klimaanlage *f* climatiseur *m*, climatisation *f*; ***mit ~*** climatisé
Klimbim *m umg.* tralala *m*
Klimmzug *m* traction *f*
klimpern 1 ***mit etw ~*** faire sonner (*od.* tinter) qc **2** ***auf dem Klavier ~*** pianoter
Klinge *f* lame *f*
Klingel *f* sonnette *f*
klingeln 1 sonner **2** ***es klingelt*** on sonne
klingen 1 (*Glocke, Glas usw.*) tinter; (*Stimme*) résonner **2** ***das klingt gut*** ça sonne bien (à l'oreille); ***das klingt, als ob geschossen würde*** on dirait des coups de feu **3** ***das klingt seltsam*** cela paraît étrange; ***das klingt wie ein Märchen*** cela ressemble à un conte des fées
Klinik *f* **1** *öffentliche*: hôpital *m* **2** *private*: clinique *f*
Klinke *f* poignée *f* de (la) porte
klipp: ***~ und klar*** très clairement
Klippe *f* écueil *m*
klirren 1 (*Ketten, Waffen*) cliqueter **2** (*Geschirr, Gläser*) s'entrechoquer
klitzeklein minuscule
Klo *n* W.-C. *m Pl*; *umg.* cabinets *m Pl*; ***ich muss mal aufs ~*** *umg.* j'ai envie d'aller au petit coin
klobig (*Gegenstand*) massif/-ive
Klobrille *f* lunette *f* des W.-C.
klonen cloner
Klopapier *n* papier *m* hygiénique
klopfen 1 (*Herz, Puls*) battre **2** ***an die Tür ~*** frapper (*od.* taper) à la porte; ***es klopft*** on frappe
Kloß *m* **1** grosse quenelle *f* **2** ***ich habe e-n ~ im Hals*** j'ai la gorge serrée, j'ai un nœud dans la gorge
Klößchen *n* quenelle *f*
Kloster *n für Mönche*: monastère *m*; *für Nonnen*: couvent *m*
Klotz *m* **1** (*Bauklotz*) cube *m* **2** (*Holzklotz*) bloc *m* de bois
Klub *m* club *m*
Kluft¹ *f* **1** (*Kleidung*) *umg.* fringues *f Pl* **2** (*Uniform*) uniforme *m* (⚠ *im Frz. m*)
Kluft² *f* fossé *m* (***zwischen*** entre)
klug 1 intelligent; (*weise*) sage; ***der Klügere gibt nach*** c'est le plus sage qui cède **2** ***ich werde nicht ~ aus ihm*** je ne le comprends pas
Klumpen *m* morceau *m*; *in Soße usw.*: grumeau *m*
km km (*Abk. für*: kilomètre)
km/h km/h (*Abk. für*: kilomètre par heure)
knabbern grignoter (***an etw*** qc)
Knabe *m* (jeune) garçon *m*
Knäckebrot *n* pain *m* suédois
knacken 1 casser (*Nuss*); forcer (*Safe*); cambrioler (*Auto*) **2** déchiffrer (*Geheimkode*) **3** *Geräusch*: craquer **4** ***an etw zu ~ haben*** *umg.* en baver avec qc
knackig 1 (*Apfel usw.*) croquant **2** (*Person, Po usw.*) à croquer
Knacks *m* (*Riss*) fêlure *f*; ***sie hat e-n ~*** *umg.* elle est un peu fêlée
Knall *m* **1** *e-s Schusses*: détonation *f* **2** *e-r Bombe, e-s Reifens*: éclatement *m* **3** *e-r Tür usw.*: claquement *m* **4** ***du hast e-n ~!*** *umg.* tu es cinglé!
knallen 1 *Geräusch*: péter; (*Tür, Peitsche usw.*) claquer **2** ***j-m e-e ~*** *umg.* flanquer une baffe à qn **3** ***an*** *od.* ***gegen etw ~*** se *heurter violemment contre qc
knalleng (*Hose usw.*) moulant

Knallkörper *m* pétard *m*
knallrot d'un rouge éclatant; **~ *werden*** devenir rouge comme une tomate
knallvoll bondé
knapp 1 (*Lebensmittel, Geld usw.*) rare **2** (*Kleidungsstück*) très juste **3 ~ *hinter*** (***vor*** *usw.*) juste derrière (devant *usw.*) **4 *ein ~es Ergebnis*** un résultat très juste; ***mit ~er Mehrheit*** avec une faible majorité
knarren (*Holz, Diele usw.*) craquer
Knast *m Argot*: taule *f*
knattern (*Motorrad*) pétarader; (*Maschinengewehr*) crépiter; (*Fahne*) claquer
Knäuel *n* (*Garn-, Wollknäuel*) pelote *f*
knauserig *umg.* radin, pingre
knautschen 1 *etw ~* froisser qc **2** (*Stoff*) se froisser
Knautschzone *f* zone *f* rétractable
Knebel *m* bâillon *m*
knebeln bâillonner
kneifen 1 pincer **2** (*sich drücken*) se dégonfler (***vor*** devant)
Kneifzange *f* tenailles *f Pl* (de menuisier)
Kneipe *f umg.* bistro(t) *m*
Knete *f* **1** (*Knetmasse*) pâte *f* à modeler **2** (*Geld*) *umg.* fric *m*, *umg.* t(h)une *f*; *Argot*: pognon *m*
kneten 1 pétrir (*Teig*) **2 *etw aus Ton ~*** modeler qc en terre
Knetgummi *m od. n* pâte *f* à modeler
knicken plier (*Papier usw.*); briser (*Zweige*)
Knicks *m* génuflexion *f*
Knie *n* **1** genou *m*; ***in die ~ gehen*** (*umfallen*) tomber à genoux; (*sich knien*) se mettre à genoux **2 *er hatte weiche ~*** ses genoux se dérobaient sous lui
Kniebeuge *f* flexion *f* de genoux
knien 1 être à genoux **2 *sich ~*** s'agenouiller, se mettre à genoux **3 *sich in die Arbeit ~*** se plonger dans son travail
Kniestrumpf *m* chaussette *f* (montante)
Kniff *m* (*Trick*) truc *m*
knifflig délicat, difficile
knipsen 1 (*fotografieren*) prendre une photo (*bzw.* des photos); ***etw ~*** photographier qc **2** poinçonner (*Fahrkarte usw.*)
knirschen 1 (*Sand, Schnee usw.*) crisser **2 *mit den Zähnen ~*** grincer des dents
knistern (*Feuer*) pétiller; (*Papier*) crisser
knittern (*Stoff*) se froisser, se chiffonner
Knoblauch *m* ail *m*
Knoblauch|butter *f* beurre *m* à l'ail; **~presse** *f* presse-ail *m*; **~zehe** *f* gousse *f* d'ail
Knöchel *m am Fuß*: cheville *f*; *am Finger*: jointure *f* du doigt
Knochen *m* os *m*; ***mir tun alle ~ weh*** j'ai les membres rompus
Knochen|bruch *m* fracture *f*; **~mark** *n* moelle *f* osseuse
Knödel *m* grosse quenelle *f*
Knopf *m* bouton *m*
Knopfloch *n* boutonnière *f*
Knorpel *m* cartilage *m*
Knospe *f* (*Blütenknospe*) bouton *m*; (*Blattknospe*) bourgeon *m*
Knoten *m* nœud *m*
Know-how *n* savoir-faire *m*
Knüller *m* produit *m* vedette; *Film, Buch*: film *m bzw.* livre *m* à succès
Knüppel *m* **1** gourdin *m*, trique *f*; *der Polizei*: matraque *f* **2** AUTO levier *m* de vitesse
knurren 1 (*Hund, Mensch*) gronder **2** (*Magen*) gargouiller; ***mir knurrt der Magen*** j'ai l'estomac qui gargouille
knusprig croustillant
knutschen *umg.* se bécoter
Knutschfleck *m* suçon *m*
k. o. 1 *Boxen*: K.-O.; ***j-n ~ schlagen*** mettre qn K.-O. **2 *ich bin*** (***total***) **~** *umg.* je suis à plat
Koalition *f* coalition *f* (***mit*** avec)
Koch *m* cuisinier *m*
Kochbuch *n* livre *m* de cuisine
kochen 1 (*gekocht werden*) cuire; (*Wasser*) bouillir **2** (*das Essen kochen*) faire la cuisine, cuisiner **3** (*zubereiten*) faire; ***was kochst du heute?*** que fais-tu à manger aujourd'hui? **4 *Wasser ~*** faire bouillir de l'eau **5 *er kochte vor Wut*** il bouillait de rage
Köchin *f* cuisinière *f*
Koch|löffel *m* cuillère *f* en bois; **~rezept** *n* recette *f* de cuisine; **~topf** *m* casserole *f*
Kode *m* code *m*
Köder *m* appât *m* (*a. fig.*)
ködern appâter (*a. fig.*)
kodieren coder
Koffein *n* caféine *f* (⚠ *im Frz. f*)

K

koffeinfrei décaféiné
Koffer *m* (*Handkoffer*) valise *f*; (*großer Reisekoffer*) malle *f* (⚠ *frz.* coffre *m* = ***Kofferraum***)
Koffer|radio *n* radio *f* portative; **~raum** *m* coffre *m*
Kohl *m* chou *m*
Kohldampf *m*: ***ich habe ~*** *umg.* j'ai la dent
Kohle *f* **1** charbon *m*; (*Steinkohle*) *houille *f*; (*Braunkohle*) lignite *m*; (***wie***) ***auf glühenden ~n sitzen*** être sur des charbons ardents **2** (*Geld*) *umg.* fric *m*, *Argot* pognon *m*
Kohlen|dioxid *n* gaz *m* carbonique; **~hydrate** *n Pl* hydrates *m Pl* de carbone
Kohlenpott *m*: ***der ~*** la Ruhr
Kohlensäure *f in Getränken*: gaz *m* carbonique; ***Mineralwasser mit*** (*bzw.* ***ohne***) ***~*** eau *f* minérale gazeuse (*bzw.* non gazeuse)
Kohletablette *f* pastille *f* de charbon
kohlrabenschwarz noir comme du jais (*od.* du charbon)
Kohl|rabi *m* chou-rave *m*; **~sprossen** *f Pl* Ⓐ chou *m* de Bruxelles
Kokain *n* cocaïne *f* (⚠ *Schreibung*)
Kokosnuss *f* noix *f* de coco, coco *m*
Koks *m* **1** (*Kohle*) coke *m* **2** (*Kokain*) *umg.* coke *f*
Kolben *m* **1** TECH piston *m* **2** *am Gewehr*: crosse *f* **3** *Mais, Schilf usw.*: épi *m*
Kolik *f* colique *f*
Kolleg *n* cours *m* (à l'université *usw.*)
Kollege *m*, **Kollegin** *f* collègue *m,f*
Kollegstufe *f* ≈ classes *f Pl* de lycée
Köln *n* Cologne
Kolonie *f* colonie *f*
Kolonne *f* **1** colonne *f*; *von Autos*: file *f*; ***~ fahren*** *im Stau*: rouler au pas **2** (*Arbeitskolonne*) équipe *f*
Koloss *m* colosse *m*
kolossal 1 (*riesig*) colossal **2** ***~ wichtig*** énormément important
Kolumbien *n* la Colombie
Kolumne *f* PRESSE chronique *f*
Koma *n* coma *m*; ***im ~ liegen*** être dans le coma
Kombi *m* commerciale *f*, break *m*
Kombination *f* **1** combinaison *f* (⚠ *Endung*) **2** (*Herrenanzug*) ensemble *m* **3** *Skisport*: ***die alpine*** (*bzw.* ***nordische***) ***~*** le combiné alpin (*bzw.* nordique) (⚠ *Endung*)
kombinieren 1 combiner (***mit*** avec) **2** *gedanklich*: déduire
Kombizange *f* pince *f* universelle
Komet *m* comète *f* (⚠ *im Frz. f*)
Komfort *m* confort *m*
komfortabel confortable
Komik *f* comique *m* (⚠ *im Frz. m*)
Komiker(in) *m(f)* **1** *Schauspieler(in)*: comique *m,f* **2** *Unterhalter(in)*: amuseur *m*, -euse *f* **3** (*Witzbold*) *umg.* rigolo *m*, -ote *f*
komisch 1 (*lustig*) comique, drôle **2** (*seltsam*) étrange, bizarre
Komitee *n* comité *m*
Komma *n* **1** virgule *f*; ***drei ~ fünf*** trois virgule cinq **2** ***in null ~ nix*** *umg.* en moins de deux
Kommafehler *m* faute *f* de virgule
kommandieren commander
Kommando *n* **1** (*Befehl*) commandement *m* **2** (*Sondereinheit*) commando *m*
kommen 1 venir; ***wie komme ich zum Bahnhof?*** quel est le chemin de la gare?; ***e-n Arzt*** (*bzw.* ***e-e Pizza***) ***~ lassen*** faire venir un médecin (*bzw.* une pizza) **2** (*an-, herkommen*) arriver; ***ich komm ja schon!*** j'arrive!; ***da kommt er ja!*** le voilà! **3** ***wie weit bist du mit deiner Arbeit*** *usw.* ***gekommen?*** où en es-tu de ton travail *usw.*? **4** ***die Vase kommt auf den Tisch*** le vase se met sur la table **5** ***das musste ja so ~*** *umg.* ça n'a pas raté **6** ***komm mir*** (***bloß***) ***nicht mit …*** ne viens pas encore me dire que … **7** ***komm, gib her!*** allez, donne!; ***komm, komm!*** *als Ermahnung*: allons, allons! **8** ***wie kommt es, dass …?*** comment se fait-il que … (+ *Subj.*)?; ***so weit kommt es noch*** il ne manquerait plus que ça; ***es kam zu e-r Schießerei*** il y a eu des coups de feu **9** ***da kommst du nie drauf*** tu ne trouveras jamais; ***wie kommst du darauf?*** qu'est-ce qui t'a donné cette idée? **10** ***hinter etw ~*** découvrir qc **11** ***zu etw ~*** (*Zeit finden für*) trouver le temps de faire qc
kommend: ***~e Woche*** la semaine prochaine
Kommentar *m* commentaire *m*
kommentieren commenter
kommerziell commercial

Kommissar(in) *m(f)* commissaire *m* (⚠ *im Frz. nur m*)
Kommissariat *n* commissariat *m*
Kommode *f* commode *f*
Kommunalwahl *f* élection *f* municipale (*od.* communale)
Kommune *f* **1** *Gemeinde*: commune *f* **2** (*WG*) communauté *f*
Kommunikation *f* communication *f*
Kommunikationsmittel *n Pl* moyens *m Pl* de communication
Kommunion *f* communion *f*; *erste*: première communion *f*; ***zur ~ gehen*** (aller) communier
Kommunionkind *n* premier communiant *m*, première communiante *f*
Kommunist(in) *m(f)* communiste *m,f*
kommunistisch communiste
Komödie *f* comédie *f*
kompakt compact
Kompaktanlage *f* MUS minichaîne *f*
Komparativ *m* comparatif *m*
Kompass *m* boussole *f* (⚠ *frz.* compas *m* = ***Zirkel***)
kompatibel IT compatible (***mit*** avec)
kompetent compétent; (*fähig*) capable
Kompetenz *f* compétence *f*
komplett **1** complet/-ète **2** ***wir sind ~*** nous sommes au complet **3** ***das ist ~er Wahnsinn*** *umg.* c'est absolument dingue
komplex complexe
Komplex *m* **1** *von Fragen, Gebäuden usw.*: ensemble *m* **2** PSYCH complexe *m*
Komplikation *f* complication *f*
Kompliment *n* compliment *m*
Komplize *m*, **Komplizin** *f* complice *m,f*
kompliziert compliqué
Komplott *n* complot *m*
Komponente *f* **1** (*Bestandteil*) composant *m* **2** (*Aspekt*) composante *f*
komponieren composer (⚠ *Endung*)
Komponist(in) *m(f)* compositeur *m*, -trice *f* (⚠ *Endung*)
Kompost *m* compost *m*
Kompott *n* compote *f*
Kompromiss *m* compromis *m* (***zwischen*** entre)
Kondensmilch *f* lait *m* concentré (⚠ *in Frankreich meistens gezuckert*)
Kondition *f* condition *f*, forme *f*; ***ich habe keine ~*** je ne suis pas en forme
Konditional *m* conditionnel *m*
Konditor *m* pâtissier *m*
Konditorei *f* pâtisserie *f*
Kondom *n* préservatif *m*
Kondukteur(in) *m(f)* (CH) contrôleur *m*, -euse *f* (⚠ *frz.* conducteur *m*, -euse *f* = ***Fahrer[in]***)
Konferenz *f* conférence *f*; (*Lehrerkonferenz*) conseil *m* de classe
Konfession *f* religion *f*, confession *f*
Konfetti *n* confettis *m Pl*
Konfirmand(in) *m(f)* confirmand(e) *m(f)*
Konfirmation *f* confirmation *f*
Konfitüre *f* confiture *f*
Konflikt *m* conflit *m*
konfrontieren: ***j-n ~ mit*** confronter qn à
konfus **1** (*Dinge, Aussage usw.*) embrouillé, confus **2** ***ich bin ganz ~*** j'ai l'esprit confus
Kongo *m* Congo *m*
Kongress *m* congrès *m*
König *m* roi *m* (*a. im Kartenspiel*); ***die Heiligen Drei ~e*** les Rois mages
Königin *f* reine *f* (*a. im Kartenspiel*)
Königreich *n* royaume *m*
Konjugation *f* conjugaison *f* (⚠ *Endung*)
konjugieren conjuguer (*Verb*); ***konjugiert werden*** se conjuguer
Konjunktion *f* conjonction *f*
Konjunktiv *m* subjonctif *m* (⚠ *frz.* tissu *m* conjonctif = ***Bindegewebe***)
Konjunktur *f* conjoncture *f* (économique)
konkret concret; ***~e Formen annehmen*** se concrétiser
Konkurrent(in) *m(f)* concurrent(e) *m(f)*, compétiteur *m*, -trice *f*
Konkurrenz *f* **1** concurrence *f*; ***außer ~*** *hors concours; ***j-m ~ machen*** faire concurrence à qn **2** ***die ~*** (*die Konkurrenten*) les concurrents *m Pl*
konkurrenzfähig compétitif/-ive
Konkurs *m* faillite *f*; ***~ machen*** faire faillite (⚠ *frz.* concours *m* = ***Wettbewerb***)
können **1** (*fähig sein*) pouvoir; ***ich kann nicht anders*** je ne peux pas faire autrement **2** (*gelernt haben*) savoir **3** (*dürfen*) pouvoir **4** ***es kann sein, dass sie krank ist*** il se peut qu'elle est malade; ***das kann nicht sein*** c'est impossible; ***kann sein*** c'est possible; ***er kann jeden Augenblick kommen*** il peut arriver d'un moment à l'autre **5** ***man kann nie wissen*** on ne sait ja-

K

mais **6** ***es*** (***gut***) ***mit j-m ~*** bien s'entendre avec qn **7** ***ich kann nichts dafür*** je n'y peux rien; ***ich kann nichts dafür, dass es regnet*** ce n'est pas ma faute s'il pleut **8** ***du kannst mich mal!*** *umg.* tu peux (toujours) courir!

können:
pouvoir oder savoir?

savoir wird verwendet, wenn es sich um etwas Erlerntes handelt, **pouvoir**, wenn die äußeren Umstände es zulassen:

savoir lire	lesen können (*weil man es gelernt hat*)
pouvoir lire	lesen können (*weil z.B. die Schrift groß genug ist*)

Könner(in) *m(f)* as *m*
konsequent **1** (*folgerichtig*) logique, conséquent **2** (*beharrlich*) résolu, ferme
Konsequenz *f* **1** (*Folgerichtigkeit*) logique *f* **2** (*Folge*) conséquence *f*; ***die ~en ziehen*** tirer les conséquences (***aus*** de)
konservativ POL conservateur/-trice (⚠ *Endung*)
Konserve *f* conserve *f*
Konservendose *f* boîte *f* de conserve
konservieren conserver
Konservierungsstoff *m* agent *m* de conservation, conservateur *m*
Konsonant *m* consonne *f* (⚠ *Endung*)
konstruieren construire
Konstruktion *f* construction *f*
Konstruktionsfehler *m* défaut *m* de construction
Konsulat *n* consulat *m*
Konsum *m* consommation *f*
Konsument(in) *m(f)* consommateur *m*, -trice *f* (⚠ *Endung*)
konsumieren consommer (⚠ *frz.* consumer = ***verbrennen, verzehren***)
Kontakt *m* contact *m* (***mit*** avec); ***mit j-m ~ aufnehmen*** entrer (*od.* se mettre) en contact avec qn
Kontaktlinse *f* lentille *f* de contact
Kontext *m* contexte *m*
Kontinent *m* continent *m*
kontinuierlich continu
Konto *n* **1** compte *m* **2** ***das geht auf ihr ~*** *umg.* (*sie ist schuld*) c'est sa faute
Konto|auszug *m* relevé *m* de compte; **~nummer** *f* numéro *m* de compte; **~stand** *m* état *m* de compte
Kontra *n* contre *m*; ***j-m ~ geben*** répondre à qn à sa façon
Kontrast *m* contraste *m*; ***das steht im ~ dazu*** cela fait contraste
kontrastieren contraster (***mit*** avec)
Kontrollabschnitt *m* coupon *m* de contrôle
Kontrolle *f* contrôle *m*; ***etw unter ~ haben*** contrôler qc; ***außer ~ geraten*** échapper au contrôle
Kontrolleur(in) *m(f)* contrôleur *m*, -euse *f*
kontrollieren contrôler
Konvoi *m* convoi *m*
Konzentration *f* concentration *f*
Konzentrations|fähigkeit *f* capacité *f* de concentration; **~lager** *n* camp *m* de concentration
konzentrieren: (***sich***) **~** (se) concentrer (***auf*** sur)
konzentriert **1** *Material*: concentré **2** ***~ arbeiten*** travailler avec concentration
Konzept *n* **1** (*Entwurf*) brouillon *m* (⚠ *frz.* concept *m* = ***Begriff, Idee***) **2** (*Plan*) plan *m*, idée *f* **3** ***aus dem ~ kommen*** perdre le fil, s'embrouiller; ***du hast mich aus dem ~ gebracht*** tu m'as fait perdre le fil **4** ***das passt mir nicht ins ~*** cela ne rentre pas dans mes projets
Konzeptpapier *n* papier *m* brouillon
Konzern *m* groupe *m*, trust *m*
Konzert *n* **1** *Veranstaltung*: concert *m* **2** *Komposition*: concerto *m*
Konzertsaal *m* salle *f* de concert
Koordinate *f* coordonnée *f* (⚠ *Endung*)
Koordinatensystem *n* système *m* de coordonnées (⚠ *Endung*)
koordinieren coordonner (⚠ *Endung*)
Kopenhagen *n* Copenhague
Kopf[1] *m* **1** *Körperteil*: tête *f*; ***mit dem ~ nicken*** faire oui de la tête; ***den ~ schütteln*** *verneinend*: faire non de la tête; *missbilligend*: secouer la tête **2** ***von ~ bis Fuß*** de la tête aux pieds **3** ***aus dem ~*** (*auswendig*) de mémoire **4** ***im ~ rechnen*** calculer de tête (*od.* mentalement); ***sie hat nur das im ~*** elle n'a que ça en tête **5** ***er ist nicht ganz richtig im ~*** il a un grain **6** ***das hältst***

du im ~ nicht aus! *umg.* c'est à devenir dingue! **7** ***e-n roten ~ bekommen*** rougir **8** ***sie wird dir schon nicht den ~ abreißen!*** *umg.* elle ne te mangera pas! **9** ***er ist nicht auf den ~ gefallen*** il a du plomb dans la cervelle **10** ***sich etw durch den ~ gehen lassen*** réfléchir à (*od.* sur) qc **11** ***ich bin e-n ~ größer*** (*bzw.* **kleiner**) ***als er*** j'ai une tête de plus (*bzw.* de moins) que lui **12** ***das Bild*** *usw.* ***steht auf dem ~*** le tableau *usw.* est à l'envers **13** ***alles auf den ~ stellen*** *um es zu durchsuchen*: mettre tout sens dessus dessous **14** ***j-n vor den ~ stoßen*** choquer (*od.* brusquer) qn **15** ***ich weiß nicht, wo mir der ~ steht*** je ne sais pas où donner de la tête **16** ***~ hoch!*** courage! **17** ***pro ~*** par personne, par tête

Kopf² *m* (*Briefkopf*) en-tête *m*

Kopf³ *m auf Münzen*: face *f*; ***~ oder Zahl?*** pile ou face?

Kopfball *m* FUSSBALL tête *f*

Köpfchen *n*: ***sie hat ~*** *umg.* elle est intelligente (*od.* ingénieuse)

Kopf|ende *n* tête *f*; *am Bett*: tête *f* du lit; **~hörer** *m* écouteurs *m Pl*; **~kissen** *n* oreiller *m*

Köpfler *m* Ⓐ **1** (*Kopfsprung*) plongeon *m* **2** (*Kopfball*) tête *f*

Kopf|rechnen *n* calcul *m* mental; **~salat** *m* laitue *f*; **~schmerzen** *m Pl* mal *m* de tête; **~sprung** *m* plongeon *m*; **~stand** *m* poirier *m*; **~stütze** *f* AUTO repose-tête *m*; **~tuch** *n* foulard *m*; **~weh** *n* mal *m* de tête

Kopie *f* **1** (*Nachahmung*) copie *f*, imitation *f* **2** (*Fotokopie*) photocopie *f*

kopieren **1** (*Fotokopien machen*) photocopier **2** (*nachmachen*) copier, imiter

Kopier|er *m*, **~gerät** *n* photocopieur *m*, photocopieuse *f*

Kopilot(in) *m(f)* copilote *m,f*

Koppel *n für Pferde*: pâturage *m*

koppeln **1** coupler; *in der Raumfahrt*: amarrer (***an*** à) **2** *fig.* associer (***an*** à)

Koralle *f* corail *m*

Koran *m* Coran *m*

Korb *m* **1** corbeille *f*; *Einkaufskorb*: panier *m* **2** *Basketball*: panier *m* **3** *Material*: rotin *m*, osier *m*

Körbchen *n* **1** (*kleiner Korb*) petite corbeille *f*, petit panier *m* **2** (*Hundekörbchen*) corbeille *f* **3** *beim BH*: bonnet *m*

Korbmöbel *n Pl* meubles *m Pl* en rotin (*od.* en osier)

Kord *m* velours *m* côtelé

Korea *n* la Corée

Korinthe *f* raisin *m* de Corinthe

Kork *m* liège *m*

Korken *m* bouchon *m*

Korkenzieher *m* tire-bouchon *m*

Korn¹ *n* **1** *frisch gedroschenes*: grain *m*, grains *m Pl* **2** (*einzelnes Korn*) grain *m* (*a. Sand, Staub*) **3** (*Samenkorn*) graine *f*

Korn² *m* (*Schnaps*) eau-de-vie *f* de grain

Kornblume *f* bleuet *m*

Körper *m* **1** corps *m* **2** GEOM solide *m*

Körper|bau *m* stature *f*; **~behinderte(r)** *f(m)* *handicapé(e) *m(f)* physique

körperlich **1** corporel/-elle **2** *des menschlichen Körpers*: physique

Körper|pflege *f* soins *m Pl* corporels; **~teil** *m* partie *f* du corps

korrekt (*richtig*) exact; (*Verhalten, Kleidung*) correct

Korrektur *f* correction *f* (⚠ *Endung*)

Korrespondent(in) *m(f)* PRESSE correspondant(e) *m(f)*

Korrespondenz *f* correspondance *f*

Korridor *m* couloir *m*, corridor *m*

korrigieren corriger

korrupt corrompu

Korsika *n* la Corse

Kortison *n* cortisone *f* (⚠ *im Frz. f*)

Kose|name *m* petit nom *m*; **~wort** *n* terme *m* d'affection

Kosinus *m* cosinus *m*

Kosmetik *f* **1** *Pflege*: soins *m Pl* de beauté **2** *Produkte*: cosmétiques *m Pl*

Kosmetikerin *f* esthéticienne *f*

kosmisch cosmique

Kosmos *m* cosmos *m*

Kost *f* nourriture *f*; (***freie***) ***~ und Logis haben*** être logé et nourri

kostbar précieux/-ieuse

kosten¹ **1** coûter; ***viel ~*** coûter cher; ***wenig ~*** ne pas coûter cher, être bon marché **2** ***Überwindung ~*** *fig.* coûter; ***koste es, was es wolle*** à tout prix, coûte que coûte

kosten² (*probieren*) goûter

Kosten *Pl* **1** frais *m Pl*; (*Ausgaben*) dépenses *f Pl*; ***auf ~ der Firma*** aux frais (*od.* à la charge) de l'entreprise **2** ***auf seine ~ kommen*** trouver son compte (***bei*** à)

kostenlos gratuit
köstlich délicieux/-ieuse
Kostüm *n* **1** THEAT, *im Karneval*: costume *m* **2** (*Damenkostüm*) tailleur *m* (⚠ *frz*. costume *a*. = ***Herrenanzug***)
Kot *m* excréments *m Pl*
Kotelett *n* côtelette *f*
Kotflügel *m* aile *f*
kotzen *vulg*. dégobiller
Krabbe *f* **1** *Krebs*: crabe *m* (⚠ *im Frz. m*) **2** (*Garnele*) crevette *f*
krabbeln 1 (*Kinder*) marcher à quatre pattes **2** (*Ameisen usw.*) courir; *durcheinander*: grouiller
Krach *m* **1** (*Lärm*) bruit *m* **2** (*Streit*) dispute *f*; ***mit j-m ~ haben*** être en brouille (*od*. être brouillé) avec qn
krachen 1 (*Krach machen*) faire du bruit; ***er schlug die Tür zu, dass es krachte*** il claqua la porte avec fracas **2** (*stoßen*) ***gegen e-e Mauer*** *usw*. **~** (*Fahrzeug*) s'écraser contre un mur *usw*. **3** ***auf der Autobahn hat es wieder gekracht*** *umg*. ça a encore cartonné sur l'autoroute
Kracherl *n* Ⓐ limonade *f*
krächzen 1 (*Rabe, Krähe*) croasser; (*Papagei*) crier **2** *heiser*: être enroué
Kraft *f* **1** force *f*; ***aus eigener ~*** tout seul; ***mit aller ~*** de toutes mes (tes *usw.*) forces; ***mit letzter ~*** avec mes (tes *usw.*) dernières forces; ***mit vereinten Kräften*** tous ensemble **2** ***die treibende ~*** *fig*. le moteur **3** ***in ~ sein*** (*bzw*. ***treten***) (*Gesetz, Regelung usw.*) être (*bzw*. entrer) en vigueur
Kraft|fahrer(in) *m(f)* **1** automobiliste *m,f* **2** (*LKW-Fahrer[in]*) routier *m*, -ière *f*; **~fahrzeug** *n* véhicule *m* automobile
kräftig 1 (*Person*) fort, vigoureux/-euse **2** (*Nahrung*) substantiel/-ielle **3** (*Farbton*) vif/vive **4** ***ein ~er Schluck*** une grande gorgée
kraftlos sans force, faible
Kraft|probe *f* épreuve *m* de force; **~stoff** *m* **1** carburant *m* **2** (*Benzin*) essence *f*; **~werk** *n* centrale *f* électrique; (*Kernkraftwerk*) centrale *f* nucléaire
Kragen *m* **1** *am Hemd usw.*: col *m* **2** ***mir platzt gleich der ~*** *umg*. je vais piquer une crise **3** ***es geht ihm an den ~*** ça va aller mal pour lui
Krähe *f* corneille *f*
krähen (*Hahn*) chanter
Krake *f* pieuvre *f*, poulpe *m*
krakelig: ***e-e ~e Schrift*** une écriture tremblée
Kralle *f* griffe *f*; *bei Raubvögeln*: serre *f*
Kram *m* **1** *Dinge*: *umg*. fourbi *m* **2** *Angelegenheiten*: choses *f Pl* (à régler); ***mach doch deinen ~ alleine!*** débrouille-toi tout seul! **3** ***das passt mir nicht in den ~*** ça ne m'arrange pas (du tout)
kramen: ***in der Tasche*** *usw*. **~** fouiller dans son sac *usw*.
Krampf *m* crampe *f*
krampfhaft 1 ***sich ~ festklammern*** s'accrocher désespérément (***an*** à) (*a. fig.*) **2** ***sich ~ bemühen etw zu tun*** se donner un mal fou pour faire qc
Krampus *m* Ⓐ père *m* Fouettard
Kran *m* **1** *Maschine*: grue *f* **2** (*Wasserhahn*) robinet *m*
Kranich *m* grue *f*
krank malade; **~ *werden*** tomber malade
Kranke(r) *f(m)* malade *m,f*
kränken blesser, vexer
Krankengymnastik *f* kinésithérapie *f*
Krankenhaus *n* hôpital *m*; ***j-n ins ~ einliefern*** hospitaliser qn
Kranken|kasse *f* caisse *f* (de) maladie; **~pfleger** *m* infirmier *m*; **~schein** *m* feuille *f* de maladie; **~schwester** *f* infirmière *f*; **~versicherung** *f* assurance *f* maladie; **~wagen** *m* ambulance *f*
krankhaft maladif/-ive (*a. fig.*)
Krankheit *f* maladie *f*
kranklachen: ***sich ~*** mourir de rire, se tordre de rire (***über*** à propos de)
krankmelden: ***sich ~*** se faire porter malade
krankschreiben: ***krankgeschrieben sein*** être en arrêt de travail
Kranz *m* couronne *f*
krass 1 (*Unterschied*) gros/grosse **2** (*Gegensatz*) vif/vive **3** (*Widerspruch*) flagrant (⚠ *frz*. crasse *f* = ***Dreck***)
Krater *m* cratère *m*
kratzen 1 gratter **2** ***sich ~*** se gratter (***am Kopf*** la tête) **3** ***das kratzt mich nicht*** *fig*. ça me laisse froid
Kratzer *m an Möbeln usw.*: rayure *f*; *auf der Haut*: égratignure *f*
kraulen[1] *zärtlich*: gratter doucement
kraulen[2] *Schwimmen*: nager le crawl
kraus 1 (*Haar*) crépu **2** (*Salat usw.*) frisé **3** → ***krausziehen***

K

kräuseln: ***sich ~*** *(Haar)* friser
krausziehen: ***die Stirn ~*** froncer les sourcils
Kraut *n* **1** herbe *f*, plante *f* herbacée **2** ***Kräuter*** *(Würzkräuter)* fines herbes *f Pl* **3** *bes. süddeutsch (Kohl)* chou *m* **4** ***hier sieht's aus wie ~ und Rüben*** c'est un vrai bazar
Krawall *m* **1** *(Aufruhr, Protest)* bagarre *f*, émeute *f* **2** *(Lärm)* tapage *m*, chahut *m*
Krawatte *f* cravate *f*
kreativ créatif/-ive
Kreativität *f* créativité *f*
Kreatur *f* créature *f*
Krebs[1] *m* **1** ZO crabe *m*; *(Flusskrebs)* écrevisse *f* **2** ASTR Cancer *m*
Krebs[2] *m* MED cancer *m*; ***sie hat ~*** elle a le *(od.* un) cancer; ***~ erregend*** → ***krebserregend***
krebserregend cancérigène
Krebsforschung *f* cancérologie *f*
krebskrank cancéreux/-euse
Krebsvorsorge *f* dépistage *m* du cancer
Kredit *m* crédit *m*; ***e-n ~ aufnehmen*** recourir *(od.* avoir recours) à un crédit
Kreditkarte *f* carte *f* de crédit
Kreide *f* craie *f*
Kreis *m* **1** cercle *m*; ***im ~ herumgehen*** tourner en rond **2** ***in politischen ~en*** dans les milieux politiques **3** VERW district *m*
kreischen **1** *(Mensch)* crier, pousser des cris perçants **2** *(Möwe usw.)* crier **3** *(Säge)* grincer; *(Reifen)* crisser
Kreisel *m Kinderspielzeug*: toupie *f*
kreisen **1** tourner (**um** autour de) **2** *(Flasche, Becher)* circuler à la ronde
kreisförmig circulaire
Kreislauf *m* **1** *(Blutkreislauf)* circulation *f* **2** *in der Natur*: cycle *m*
Kreislauf|kollaps *m* collapsus *m*; **~störungen** *f Pl* troubles *m Pl* circulatoires *(od.* de la circulation)
Kreissäge *f* scie *f* circulaire
Kreißsaal *m* salle *f* d'accouchement
Kreisverkehr *m* **1** *Platz*: rond-point *m* **2** *Verkehr*: sens *m* giratoire
Krempel *m umg.* fourbi *m*
Kren *m* Ⓐ raifort *m*
krepieren *vulg.* crever
Kresse *f* cresson *m* (⚠ *Endung*)
Kreta *n* la Crète
kreuz: ***~ und quer*** dans tous les sens
Kreuz[1] *n* **1** croix *f*; ***das Rote ~*** la Croix--Rouge **2** ***über ~*** en croix **3** *Spielkartenfarbe*: trèfle *m* **4** MUS dièse *m*
Kreuz[2] *n* **1** *Körperteil*: reins *m Pl* **2** ***j-n aufs ~ legen*** *umg.* avoir *(od.* rouler) qn
kreuzen croiser; ***sich ~*** *(Wege, Linien usw.)* se croiser
Kreuzfahrt *f* croisière *f*
Kreuzotter *f* vipère *f* (commune)
Kreuzschmerzen *m Pl*: ***ich habe ~*** j'ai mal aux reins
Kreuz|spinne *f* épeire *f* diadème; **~stich** *m* point *m* de croix
Kreuzung *f* **1** croisement *m* **2** *von Straßen a.*: carrefour *m* **3** BOT, ZO hybride *m*
Kreuz|weg *m* **1** *(Kreuzung)* croisement *m* **2** *christlich*: chemin *m* de la Croix; **~worträtsel** *n* mots *m Pl* croisés; **~zeichen** *n* signe *m* de (la) croix; **~zug** *m* croisade *f*
kribbelig *(nervös, unruhig)* nerveux/-euse, énervé
kribbeln **1** *(jucken)* picoter **2** *(wimmeln)* grouiller
kriechen ramper
Kriechspur *f auf der Autobahn*: voie *f* pour véhicules lents
Krieg *m* **1** guerre *f* **2** ***e-m Land den ~ erklären*** déclarer la guerre à un pays **3** ***der kalte ~*** la guerre froide
kriegen **1** *(bekommen)* avoir, recevoir; ***ich kriege Hunger*** je commence à avoir faim **2** ***sie kriegt ein Kind*** elle attend un enfant **3** attraper *(Fliehende, Krankheit usw.)* **4** ***du kriegst gleich ein paar!*** tu veux une claque?
Kriegs|dienstverweigerer *m* objecteur *m* de conscience; **~spielzeug** *n* jouets *m Pl* guerriers; **~verbrechen** *n* crime *m* de guerre
Krimi *m* roman *m* policier; *umg.* polar *m*
Kriminalität *f* criminalité *f*; *(Straffälligkeit)* délinquance *f*
Kriminal|polizei *f* police *f* judiciaire; **~roman** *m* roman *m* policier
kriminell criminel/-elle; ***er fährt wirklich ~*** il a un style de conduite meurtrier
Kriminelle(r) *f(m)* criminel *m*, -elle *f*
Krimskrams *m* babioles *f Pl*
Kringel *m* **1** *(Kreis)* petit rond *m*, petit cercle *m* **2** *(Schnörkel)* fioriture *f*

K

kringeln 1 **sich ~** (*Haare usw.*) boucler, frisotter 2 **sich (vor Lachen) ~** se tordre de rire
Kripo *f umg.* PJ *f*; Police *f* judiciaire
Krippe *f* 1 (*Futterkrippe*) mangeoire *f* 2 (*Kinderkrippe*) crèche *f* 3 *an Weihnachten*: crèche *f* (de Noël)
Krise *f* crise *f*
kriseln: es kriselt il y a des problèmes
Kristall *m* cristal *m*
Kriterium *n* critère *m* (**für** de) (⚠ *Endung*)
Kritik *f* 1 critique *f* (**an** de); **~ üben an** critiquer 2 **das ist unter aller ~** c'est au-dessous de tout
Kritiker(in) *m(f)* critique *m,f*
kritisch 1 critique 2 **etw ~ betrachten** considérer qc d'un œil critique
kritisieren critiquer
kritzeln griffonner, gribouiller
Kroate *m*, **Kroatin** *f* Croate *m,f*
Kroatien *n* la Croatie
kroatisch croate
Krokant *m* nougatine *f* (⚠ *frz.* croquant = **knusprig, knackig**)
Krokette *f* croquette *f*
Krokodil *n* crocodile *m*
Krokus *m* crocus *m*
Krone[1] 1 *e-s Königs*: couronne *f*; **das setzt allem die ~ auf** *fig.* c'est le comble 2 *am Zahn*: couronne *f*
Krone[2] *f Währung*: couronne *f*
krönen 1 couronner (*a. fig.*) 2 **der ~de Abschluss** le bouquet final
Kron|korken *m* capsule *f*; **~leuchter** *m* lustre *m*; **~prinz** *m* prince *m* héritier
Krönung *f* couronnement *m* (*a. fig.*)
Kron|zeuge *m*, **~zeugin** *f* témoin *m* principal (⚠ *im Frz. nur m*)
Kröte *f* 1 ZO crapaud *m* 2 **ein paar ~n** (*Geld*) *umg.* quelques sous
Krücke 1 béquille *f*; **auf** *od.* **an ~n gehen** marcher avec des béquilles 2 (*Versager[in]*) *umg.* minable *m,f*, *umg.* nul *m*, nulle *f*
Krug *m* cruche *f*; *kleiner*: pichet *m*; (*Bierkrug*) chope *f*; (*Milchkrug*) pot *m*
Krümel *m* miette *f*
krumm 1 pas droit; (*gebogen*) courbe; (*Bein*) arqué; (*Nase*) tordu; **ein ~er Rücken** un dos rond 2 **ein ~es Ding drehen** faire qc de louche
krümmen 1 courber 2 **sich vor Schmerzen ~** se tordre de douleur
Kruste *f* croûte *f*
Kruzifix *n* crucifix *m*
Kuba *n* Cuba
Kübel *m* baquet *m*; (*Blumenkübel*) caisse *f*
Kubikmeter *m* mètre *m* cube
Küche *f* cuisine *f*
Kuchen *m* 1 *mit Schokolade, Nüssen usw.*: gâteau *m* 2 *Obstkuchen*: tarte *f*
Kuchen|form *f* moule *m* à gâteau; **~gabel** *f* fourchette *f* à gâteau
Küchen|maschine *f* robot *m* ménager; **~messer** *n* couteau *m* de cuisine
kuckuck: ~! coucou!
Kuckuck *m* 1 coucou *m* 2 **(das) weiß der ~!** va savoir! 3 **wo, zum ~, ist sie?** *umg.* où est-elle, nom d'une pipe?
Kufe *f* 1 *am Schlitten, Flugzeug*: patin *m* 2 *am Schlittschuh*: lame *f*
Kugel *f* 1 boule *f*; **sie schiebt e-e ruhige ~** *umg.* elle se la coule douce 2 (*Gewehrkugel usw.*) balle *f*; (*Kanonenkugel*) boulet *m* 3 *Kugelstoßen*: poids *m* 4 *im Kugellager, Kugelschreiber*: bille *f* 5 MATH sphère *f*
Kugellager *n* roulement *m* à billes
kugelrund tout rond
Kugel|schreiber *m* stylo *m* (à) bille; **~stoßen** *n* lancer *m* du poids
Kuh *f* vache *f*
Kuhfladen *m* bouse *f* de vache
kühl 1 frais/fraîche 2 *fig.* froid; **e-n ~en Kopf bewahren** garder la tête froide
Kühlbox *f* glacière *f*
kühlen 1 TECH refroidir 2 réfrigérer (*Lebensmittel*)
Kühler *m* AUTO radiateur *m*
Kühl|schrank *m* réfrigérateur *m*, frigidaire® *m*; *umg.* frigo *m*; **~tasche** *f* sac *m* isotherme; **~truhe** *f* congélateur-bahut *m*
Kuhmilch *f* lait *m* de vache
kühn *hardi
Küken *n* poussin *m*
Kukuruz *m* Ⓐ maïs *m*
Kuli *m* (*Kugelschreiber*) stylo *m*
Kulisse *f* 1 (*Bühnendekoration*) décors *m Pl* 2 *Raum hinter der Bühne*: coulisse *f*, coulisses *f Pl*; **hinter den ~n** dans les coulisses
kullern rouler
Kult *m* culte *m*
Kult|figur *f* idole *f* (⚠ *im Frz. f*); **~film** *m* film *m* culte
kultig *umg.* branché, *umg.* in

K

Kultur *f* **1** *e-s Volkes usw.*: civilisation *f* **2** *Bildung, Lebensweise e-s Menschen*: culture *f* **3** BIOL, CHEM culture *f*
Kultur|amt *n e-r Stadt*: service *m* culturel; **~beutel** *m* trousse *f* de toilette
kulturell culturel/-elle
Kultur|tasche *f* trousse *f* de toilette; **~zentrum** *n* centre *m* culturel
Kultusminister(in) *m(f)* ministre *m,f* des Affaires culturelles (⚠ *es entspricht in Frankreich*: ministre *m,f* de l'Éducation nationale)
Kümmel *m* carvi *m*
Kummer *m* chagrin *m*
kümmerlich **1** (*schwächlich*) chétif/-ive **2** (*nicht ausreichend*) maigre
kümmern **1** ***sich um j-n*** (*bzw.* ***etw***) **~** (*sorgen für*) s'occuper de qn (*bzw.* de qc); ***sich darum ~, dass ...*** faire en sorte que (*od.* veiller à ce que) ... (+ *Subj.*) **2** (*beachten*) ***er kümmert sich nicht um sie*** il ne se soucie pas d'elle
Kumpel *m* (*Kamerad[in]*) copain *m*, copine *f*; *umg.* pote *m*
Kunde *m* client *m*
Kunden|dienst *m* service *m* après-vente; **~karte** *f e-s Geschäfts*: carte *f* de fidélité; *e-r Bank*: carte *f* badge
Kundgebung *f* manifestation *f*
kündigen **1** ***j-m ~*** *von der Arbeit*: licencier qn **2** ***e-m Mieter ~*** donner congé à un locataire **3** (*Angestellte, Mieter*) ***ich habe gekündigt*** j'ai donné mon congé; ***er hat seine Wohnung gekündigt*** il a donné son congé à son propriétaire **4** résilier, dénoncer (*Vertrag*)
Kündigung *f* **1** (*Entlassung*) licenciement *m* **2** *der Wohnung*: congé *m* **3** *e-s Vertrags*: résiliation *f*
Kundin *f* cliente *f*
Kundschaft *f* clientèle *f*; ***ich habe ~*** j'ai des clients
künftig **1** (*zukünftig*) futur, à venir **2** (*in Zukunft*) désormais
Kunst *f* art *m*; ***das ist doch keine ~!*** ce n'est pas difficile!
Kunst|ausstellung *f* exposition *f* d'œuvres d'art; **~druck** *m* impression *f* d'art; **~dünger** *m* engrais *m* chimique; **~erziehung** *f Schulfach*: dessin *m*; **~faser** *f* fibre *f* synthétique; **~galerie** *f* galerie *f* d'art; **~leder** *n* cuir *m* artificiel
Künstler(in) *m(f)* artiste *m,f*
künstlerisch **1** (*Person*) artiste **2** (*Sache*) artistique
Künstlername *m* pseudonyme *m*
künstlich **1** artificiel/-ielle **2** ***sich ~ aufregen*** s'énerver inutilement
Kunst|rasen *m* gazon *m* artificiel; **~sammlung** *f* collection *f* d'objets d'art; **~stoff** *m* matière *f* plastique, plastique *m*
Kunststück *n* **1** *Geschicklichkeit*: tour *m* d'adresse; *Zauberkunststück*: tour *m* de prestidigitation, tour *m* de passe-passe **2** (*Glanzleistung*) tour *m* de force **3** ***das ist kein ~*** ce n'est pas sorcier; *iron.* ***~!*** ce n'est pas étonnant!
Kunst|turnen *n* gymnastique *f* artistique; **~werk** *n* œuvre *f* d'art
Kupfer *n* cuivre *m*
Kupferstich *m* gravure *f* sur cuivre
Kuppe *f* **1** (*Fingerkuppe*) bout *m* **2** (*Bergkuppe*) sommet *m*
Kuppel *f* **1** *von innen*: coupole *f* (⚠ *Endung*) **2** *von außen gesehen*: dôme *m*
Kupplung *f* **1** *beim Auto, Motorrad usw.*: embrayage *m*; ***die ~ treten*** débrayer **2** *für Anhänger*: attelage *m* **3** TECH accouplement *m*
Kur *f* cure *f*
Kür *f* **1** *im Eiskunstlauf*: figures *f Pl* libres **2** *im Turnen*: exercices *m Pl* libres
Kurbel *f* manivelle *f*
kurbeln tourner la manivelle
Kürbis *m* courge *f*; *großer*: potiron *m*
Kur|gast *m* curiste *m,f*; **~haus** *n* établissement *m* thermal
Kurier *m* courrier *m*
Kurierdienst *m* service *m* de transport par courrier
kurieren guérir
kurios curieux/-ieuse, bizarre
Kurort *m* (*Bad*) station *f* thermale; (*Luftkurort*) station *f* climatique
Kurs *m* **1** (*Lehrgang*) cours *m* **2** SCHIFF route *f*; FLUG cap *m* **3** *fig.* cap *m*, orientation *f* **4** *an der Börse*: cours *m*
Kurs|leiter(in) *m(f)* professeur *m* (⚠ *im Frz. nur m*); **~system** *n in Schulen*: système *m* de cours; **~teilnehmer(in)** *m(f)* élève *m,f* du cours, participant(e) *m(f)* au cours
Kursus *m* cours *m*
Kurve *f* **1** *e-r Straße*: virage *m*, tournant *m* **2** *im Schaubild*: courbe *f* **3** ***er hat die ~ nicht gekriegt*** *fig.* il n'y est pas arrivé **4** ***ich kratz die ~*** *umg.* je file, *umg.*

K

je me tire
kurz **1** *räumlich*: court; **~ hinter Paris** un peu après Paris **2** *zeitlich*: court, bref/brève; **in ~er Zeit** en peu de temps; **vor ~em** il y a peu de temps; **~ danach** peu après **3 ~ und bündig** sans détours, clairement; **~ und gut** bref, en un mot; **~ und schmerzlos** sans ménagement **4 sie war sehr ~ angebunden** elle était peu aimable; **~ entschlossen** sans réfléchir longtemps **5 zu ~ kommen** ne pas avoir son compte (**bei** de)
Kurzarbeit *f* chômage *m* partiel
kurzarbeiten: ~ müssen être en chômage partiel
kurzärmelig à manches courtes
Kürze *f*: **in ~** (*sehr bald*) sous peu
kürzen **1** raccourcir (*Hose, Rock usw.*) **2** réduire, diminuer (*Ausgaben, Stellen*) **3** abréger (*Text, Buch*) **4** simplifier (*Bruch*)
kürzer **1** plus court; **~ machen** raccourcir; **~ werden** raccourcir, se raccourcir **2** → **kürzertreten** **3 er hat den Kürzeren gezogen** il ne s'en est pas tiré à son avantage
kürzertreten *finanziell*: réduire ses dépenses
Kurzfassung *f* version *f* abrégée
kurzfristig à court terme
Kurzgeschichte *f* nouvelle *f*, conte *m*
kürzlich récemment, dernièrement
Kurzschluss *m* court-circuit *m*
kurzsichtig myope
Kurzsichtigkeit *f* **1** myopie *f* **2** *im negativen Sinn*: manque *m* de perspicacité
Kürzung *f* **1** raccourcissement *m* **2** *von Stellen, Ausgaben usw.*: réduction *f*, diminution *f* **3** *e-s Texts*: abrègement *m*
Kurz|welle *f* onde *f* courte; **~zeitgedächtnis** *n* mémoire *f* à court terme
kuschelig (*Stoff*) doux/douce
kuscheln **1** se blottir l'un (*bzw.* l'une) contre l'autre **2 sich ~** se blottir (**in** dans; **an j-n** contre qn)
Kuscheltier *n* animal *m* en peluche, peluche *f*
kuschen: (**vor j-m**) **~** ramper (devant qn)
Kusine *f* cousine *f*
Kuss *m* baiser *m*
Küsschen *n* bisou *m*
küssen **1 etw ~** baiser qc **2 j-n ~** embrasser qn, donner un baiser à qn (⚠ *umg. frz.* baiser qn = **mit j-m schlafen, j-n bumsen**)
Küste *f* côte *f*
Küster *m* sacristain *m*
Kutsche *f* **1** *früher, bes.* (*Postkutsche*) diligence *f*; *offene*: calèche *f* **2** (*Auto*) *umg.* bagnole *f*
Kutscher *m* cocher *m*
kutschieren **1 j-n ~** promener qn (en voiture) **2 sie sind mit dem Wohnmobil durch Frankreich kutschiert** ils ont parcouru la France en camping-car
Kutte *f* froc *m*
Kutteln *f Pl* tripes *f Pl*
Kutter *m* (*Fischerboot*) chalutier *m*
Kuvert *n* (*Briefumschlag*) enveloppe *f* (⚠ *frz.* couvert *m* = **Gedeck**)
Kuwait *n* le Koweït

L

labern *umg.* jacter
Labor *n* laboratoire *m*
Labyrinth *n* labyrinthe *m*
Lachanfall *m* fou rire *m*
lächeln sourire (**über** de)
Lächeln *n* sourire *m*
lachen **1** rire (**über** de) **2** (*sich lustig machen*) **~ über** se moquer de **3 du hast gut ~** *fig.* tu peux toujours rire **4 sie hat nichts zu ~** elle n'est pas couchée sur des roses **5 wer zuletzt lacht, lacht am besten** rira bien qui rira le dernier **6 dass ich nicht lache!** cela me fait rire! **7 das wäre doch gelacht, wenn das nicht klappen würde!** ce serait bien la meilleure si ça ne marchait pas! (⚠ *Imparfait nach* si!) **8** → **kaputtlachen, schieflachen**
Lachen *n* rire *m*
lächerlich **1** ridicule **2 j-n ~ machen** ridiculiser qn, rendre qn ridicule; **sich ~ machen** se couvrir de ridicule **3 das**

ist ja ~! (*unsinnig*) mais c'est absurde! **4** ***~ wenig*** ridiculement peu
Lachkrampf *m* fou rire *m*
Lachs *m* saumon *m*
Lack *m* **1** *farbloser*: vernis *m*; *farbiger*: laque *f* **2** (*Nagellack*) vernis *m* à ongles **3** (*Autolack*) peinture *f*
Lackerl *n* Ⓐ **1** (*kleine Menge*) ***ein ~ Milch*** *usw.* un peu de lait *usw.* **2** (*Pfütze*) flaque *f*
lackieren **1** laquer, vernir **2** peindre (*Auto*) **3** **(*sich*)** ***die Nägel ~*** se vernir les ongles
Lackschuhe *m Pl* chaussures *f Pl* vernies
laden **1** charger (*Batterie, Waffe*) **2** ***Kisten*** *usw.* ***auf e-n Lkw ~*** charger des caisses *usw.* sur un camion
Laden *m* **1** boutique *f*; *größerer*: magasin *m* **2** (*Firma, Lokal usw.*) *umg.* boîte *f*
Ladendiebstahl *m* vol *m* à l'étalage
Ladung *f* **1** *Waren, Güter*: charge *f* **2** (*Wagenladung*) chargement *m* **3** *Strom, Munition*: charge *f*
Lage *f* **1** *räumlich*: situation *f*, position *f* **2** (*Umstände, Verhältnisse*) situation *f* **3** (*Schicht*) couche *f* **4** ***in der ~ sein etw zu tun*** être en état de faire qc; (*dazu fähig sein*) être capable de faire qc
Lageplan *m* plan *m* topographique
Lager *n* **1** (*Nacht-, Ferienlager usw.*) camp *m* **2** (*Warenlager*) magasin *m*, dépôt *m* **3** (*Vorratslager*) stock *m*, réserve *f*; ***etw auf ~ haben*** avoir qc en stock; *fig.* ***er hat immer e-n Witz auf ~*** il a toujours une bonne blague à raconter
Lager|feuer *n* feu *m* de camp; **~halle** *f*, **~haus** *n* entrepôt *m*, dépôt *m*
lagern **1** emmagasiner, stocker (*Waren*) **2** (*aufbewahren*) ***kühl ~!*** conserver au frais! **3** (*gelagert sein*) être en magasin **4** (*kampieren*) camper, bivouaquer
lahm **1** (*gelähmt*) paralysé **2** (*kraftlos*) mou/molle; ***so ein ~er Typ!*** *umg.* quel mollasson! **3** (*langweilig*) *umg.* barbant **4** → ***lahmlegen***
lähmen paralyser
lahmlegen paralyser
Lähmung *f* paralysie *f*
Laib *m*: ***ein ~ Brot*** une miche de pain; *a.* un pain
Laiberl *n* Ⓐ **1** (*Brot*) ***ein ~ Brot*** un pain **2** (*Fleisch*) pâté *m* de viande rond
Laie *m* **1** (↔ *Experte*) profane *m* **2** *im Zusammenhang mit Kirche*: laïque *m*, laïc *m*
Laken *n* drap *m*
Lakritze *f* réglisse *f*
lala: ***so ~*** *umg.* comme-ci comme-ça
lallen bégayer, balbutier
lamentieren se lamenter, gémir
Lametta *n*: ***silbernes*** (*bzw.* ***goldenes***) **~** lamelles *f Pl* d'argent (*bzw.* d'or)
Lamm *n Tier, Fleisch, Fell*: agneau *m*
lammfromm sage comme une image
Lamm|keule *f* gigot *m* d'agneau; **~kotelett** *n* côtelette *f* d'agneau; *im Restaurant a.*: côte *f* d'agneau
Lampe *f* lampe *f*
Lampenfieber *n* trac *m*
Lampion *m* lanterne *f* vénitienne
Land *n* **1** (*Staat*) pays *m* **2** (↔ *Stadt*) campagne *f* **3** (↔ *Meer*) terre *f*; ***an ~ gehen*** débarquer; ***~ in Sicht!*** terre! **4** (*Grund u. Boden*) terre *f* **5** ***~ sehen*** *fig.* voir le bout du tunnel **6** ***an ~ ziehen*** *umg.* décrocher (*j-n, etw*)
Landbrot *n* pain *m* de campagne
Lande|bahn *f* piste *f* d'atterrissage; **~manöver** *n* manœuvre *m* d'atterrissage
landen **1** (*Flugzeug, Raumschiff*) atterrir **2** (*Schiff*) toucher terre, aborder **3** (*ankommen*) atterrir, échouer **4** ***e-n Treffer ~*** réussir un coup
Länderspiel *n* match *m* international
Landes|grenze *f* frontière *f* du pays; **~kunde** *f* géographie *f* et civilisation *f* d'un pays; **~regierung** *f BRD*: gouvernement *m* du land
Land|karte *f* carte *f* géographique; **~kreis** *m* ≈ district *m*
Landschaft *f* paysage *m*
Land|straße *f* **1** route *f* **2** *amtlich entspricht*: route *f* départementale; **~streicher(in)** *m(f)* vagabond(e) *m(f)*
Landung *f* **1** FLUG atterrissage *m* **2** SCHIFF accostage *m*
Land|wirt(in) *m(f)* agriculteur *m*, -trice *f*; **~wirtschaft** *f* agriculture *f*
landwirtschaftlich agricole
Landzunge *f* presqu'île *f*
lang[1] **1** *räumlich*: long/longue; ***20 Meter ~*** long de vingt mètres, d'une longueur de vingt mètres; ***gleich ~ sein*** avoir la même longueur; ***ein ~es Gesicht machen*** *umg.* faire une mine de dix pieds de long **2** *zeitlich*: ***seit ~em***

depuis longtemps **3** ***ein Jahr ~*** pendant (*od.* durant) une année; ***den ganzen Tag ~*** toute la journée **4** ***~ und breit*** *fig.* en long et en large

lang[2] **1** (*entlang*) le long de **2** ***hier ~!*** par ici!

langärmelig à manches longues

lange 1 *zeitlich*: longtemps **2** ***wie ~ ...*** combien de temps ...? **3** (*bei weitem*) ***er ist noch ~ nicht fertig*** *mit der Arbeit*: il est loin d'avoir terminé; *zum Ausgehen*: il est loin d'être prêt; ***es ist ~ nicht so gut*** c'est beaucoup moins bon

Länge *f* **1** *räumlich*: longueur *f*; ***der ~ nach*** en longueur **2** *zeitlich a.*: durée *f*; ***etw in die ~ ziehen*** faire traîner qc en longueur

langen[1] (*greifen*) ***nach dem Salz*** *usw.* ***~*** prendre le sel *usw.*; ***sie langte in die Tasche*** elle porta la main à la poche

langen[2]: ***jetzt langts!*** ça suffit!; ***mir langts!*** j'en ai assez!

Längen|grad *m* degré *m* de longitude; **~maß** *n* mesure *f* de longueur

länger 1 *räumlich*: plus long/longue **2** ***~ machen*** allonger; (*Kleid usw.*) rallonger; ***~ werden*** s'allonger **3** *zeitlich*: ***~ dauern*** durer plus longtemps; ***ein Tag ~*** un jour de plus **4** (*ziemlich lange*) assez longtemps

Langeweile *f* ennui *m*; ***ich habe ~*** je m'ennuie

langfristig à long terme

Langlauf *m* (*Skifahren*) ski *m* de fond

länglich *in der Form*: oblong/oblongue, allongé

längs 1 (*entlang*) ***~ der Straße*** le long de la rue (*bzw.* route) **2** (↔ *quer*) ***das Brot*** *usw.* ***~ durchschneiden*** couper le pain *usw.* dans le sens de la longueur

langsam 1 (↔ *schnell*) lent **2** (*allmählich*) graduel/-elle **3** ***~ essen (sprechen*** *usw.*) manger (parler *usw.*) lentement; ***~, aber sicher*** lentement mais sûrement

Langschläfer(in) *m(f)* lève-tard *m,f*

längst 1 (*schon lange*) depuis longtemps, il y a longtemps **2** (*bei weitem*) ***~ nicht so hübsch*** beaucoup moins joli

Langstrecken|flug *m* vol *m* à longue distance; **~lauf** *m* course *f* de fond; **~läufer(in)** *m(f)* coureur *m*, -euse *f* de fond

langweilen 1 ennuyer **2** ***ich langweile mich*** je m'ennuie

langweilig ennuyeux/-euse; ***mir ist (es) ~*** je m'ennuie; ***hier ist es ~*** ici on s'ennuie

Langwelle *f* RAD grande onde *f*

Lappen *m zum Wischen usw.*: chiffon *m*

läppern: *das läppert sich* ça s'accumule

läppisch (*Summe, Geschichte usw.*) ridicule

Laptop *m od. n* portable *m*, ordinateur *m* portable

Lärche *f Baum*: mélèze *m*

Lärm *m* bruit *m*

Larve *f* zo, *Maske*: larve *f*

lasch 1 (*kraftlos*) mou/molle (⚠ *m Sg vor Vokal od. stummem h*: mol) **2** (*nicht streng*) laxiste

Lasche *f an Schuhen*: languette *f*

Laser *m* laser *m*

Laser|drucker *m* imprimante *f* laser; **~show** *f* spectacle *m* laser; **~strahl** *m* rayon *m* laser

lassen 1 laisser; ***fallen ~*** laisser tomber (*a. j-n, Bemerkung, Plan*) **2** (*in Auftrag geben, veranlassen*) faire; ***machen ~*** faire faire **3** ***j-m Zeit ~ zu ...*** laisser (*od.* donner) à qn le temps de (+ *Inf.*); ***~ Sie sich Zeit!*** prenez votre temps! **4** ***er lässt alles mit sich machen*** on fait de lui ce qu'on veut **5** *als Aufforderung*: ***lass das (sein)!*** laisse ça!, arrête!; ***lasst uns gehen!*** partons! **6** ***der Stoff lässt sich gut waschen*** le tissu se lave bien, le tissu est facile à laver

lässig 1 (*Kleidung*) décontracté; (*Haltung*) désinvolte **2** ***das schaffst du ~*** tu y arriveras sans peine

Last *f* **1** (*Traglast*) charge *f*; *schwere*: fardeau *m*, poids *m* **2** ***j-m zur ~ fallen*** importuner qn

Laster[1] *m* camion *m*

Laster[2] *n* mauvaise habitude *f*

lästern dire du mal, médire (***über*** de)

lästig 1 (*hinderlich*) gênant **2** (*unangenehm*) ennuyeux/-euse **3** (*Person*) pénible; *stärker*: assommant; ***er wird mir langsam ~*** il commence à m'énerver

Last-Minute|-Angebot *n* offre *f* de dernière minute; **~-Flug** *m* vol *m* de dernière minute

Lastwagen *m* camion *m*; *kleiner*: ca-

mionnette *f*
Latein *n* le latin, la langue latine
Lateinamerika *n* l'Amérique *f* latine
lateinisch latin
Laterne *f* **1** (*Straßenlaterne*) réverbère *m* **2** (*Handlaterne*) lanterne *f*
latschen marcher; *langsam*: traîner
Latte *f* **1** (*Brett*) latte *f* **2** SPORT barre *f* **3** *lange Person*: ***e-e lange ~*** *umg.* une asperge
Latz *m*, **Lätzchen** *n* bavoir *m*, bavette *f*
Latzhose *f* salopette *f*
Laub *n* feuilles *f Pl*, feuillage *m*
Laubbaum *m* arbre *m* feuillu
Lauch *m* poireau *m*
Lauer *f*: ***auf der ~*** aux aguets
Lauf[1] *m* **1** (*das Laufen*) course *f* (*a.* SPORT); ***der 100-Meter-~*** la course de cent mètres **2** (*Ablauf*) cours *m*; ***im ~ des Monats*** dans le courant du mois; ***im ~ der Zeit*** avec le temps
Lauf[2] *m* **1** (*Flusslauf*) cours *m* **2** (*Gewehrlauf*) canon *m*
Laufbahn *f* carrière *f*
laufen **1** (*rennen*) courir **2** (*gehen*) aller, marcher; ***~ lernen*** apprendre à marcher **3** ***es lief mir kalt über den Rücken*** *fig.* cela m'a fait froid dans le dos **4** ***Ski ~*** faire du ski **5** (*Rad*) tourner; (*Motor, Maschine*) fonctionner, marcher **6** (*Wasser, Wasserhahn usw.*) couler; ***mir läuft die Nase*** j'ai le nez qui coule **7** ***j-n ~ lassen*** (*freilassen*) relâcher qn **8** ***wie läuft's denn so?*** comment ça va?; ***die Sache läuft*** (***gut***) ça marche (bien); ***wie ist es gelaufen?*** comment ça s'est passé? **9** ***die Sache ist gelaufen*** (*vorbei*) c'est trop tard
laufend **1** courant; ***am ~en Band*** sans arrêt **2** (*ständig*) ***sie meckert ~*** elle râle tout le temps **3** ***auf dem Laufenden sein*** (*informiert sein*) être au courant; ***ich halte dich auf dem Laufenden*** je te tiens au courant
laufenlassen → ***laufen***
Läufer[1] *m im Schach*: fou *m*
Läufer[2] *m Teppich*: tapis *m* de couloir
Läufer(in) *m(f)* SPORT coureur *m*, -euse *f*
Lauf|masche *f* maille *f* filée; **~werk** *n* IT lecteur *m*
Lauge *f* **1** CHEM solution *f* alcaline **2** *Waschlauge*: lessive *f*
Laune *f* **1** (*Stimmung*) humeur *f*; ***sie hat gute*** (*bzw.* ***schlechte***) ***~*** elle est de bonne (*bzw.* de mauvaise) humeur **2** (*Einfall o. ä.*) caprice *m*, lubie *f*
launenhaft, **launisch** capricieux/-ieuse, lunatique
Laus *f* pou *m*
lauschen (*horchen*) tendre l'oreille, être aux écoutes
laut[1] **1** (*Stimme, Musik*) fort **2** (*Geräusch, Gruppe von Leuten*) bruyant **3** (*mit lauter Stimme*); ***~ singen*** (***lesen*** *usw.*) chanter (lire *usw.*) à *haute voix; ***~ sprechen*** *a.* parler *haut; ***~ denken*** penser tout *haut
laut[2]: ***~ Fahrplan*** d'après l'horaire
Laut *m* son *m*
lauten (*Antwort, Bemerkung*) être; ***wie lautet ihre Antwort?*** quelle est sa réponse?
läuten **1** sonner; ***es läutet*** *an der Tür*: on sonne **2** ***es läutet drei Uhr*** trois heures sonnent
lauter **1** (*viele*) ***hier sind ~ Bücher*** (***Papiere*** *usw.*) ici, c'est plein de livres (papiers *usw.*) **2** (*nur*) ***das ist ~ Unsinn*** ce n'est rien que des absurdités
lautlos sans bruit, sans faire du bruit
Laut|schrift *f* transcription *f* phonétique; **~sprecher** *m* *haut-parleur *m*; **~sprecherbox** *f* baffle *m*; **~stärke** *f* intensité *f*, volume *m*
lauwarm tiède
Lava *f* lave *f*
Lavendel *m* lavande *f* (⚠ *Endung*)
Lawine *f* avalanche *f*
leasen: ***ein Auto*** *usw.* ***~*** acheter une voiture *usw.* en crédit-bail
leben **1** (*lebendig sein*) vivre **2** (*wohnen*) vivre, habiter **3** ***sie lebt vegetarisch*** elle est végétarienne
Leben *n* **1** vie *f*; ***am ~ sein*** être en vie; ***nie im ~!*** jamais de la vie! **2** (*Lebhaftigkeit*) vivacité *f*; (*Stimmung*) ***sie bringt ~ in die Bude*** *umg.* elle met un peu de vie dans la baraque **3** *Leben u. Tod*: ***ums ~ kommen*** périr; ***sich das ~ nehmen*** se suicider; ***sie hat ihm das ~ gerettet*** elle lui a sauvé la vie; ***es geht um ~ und Tod*** il y va de la vie; c'est une question de vie ou de mort
lebendig **1** (*lebend*) vivant **2** (*lebhaft*) vif/vive
Lebens|erwartung *f* espérance *f* de vie; **~freude** *f* joie *f* de vivre; **~gefahr** *f* danger *m* de mort

L

lebensgefährlich **1** très dangereux/-euse; (*Krankheit*) *a.* grave **2** ***sie ist ~ verletzt*** elle est gravement (*od.* grièvement) blessée

Lebens|gefährte *m*, **~gefährtin** *f* compagnon *m*, compagne *f*

lebenslänglich (*Strafe*) à perpétuité, à vie; ***~ bekommen*** être condamné à perpétuité

Lebens|lauf *m geschriebener*: CV *m*, curriculum vitae *m*; **~mittel** *n Pl* aliments *m Pl*, produits *m Pl* alimentaires; **~mittelgeschäft** *n* épicerie *f*, magasin *m* d'alimentation

lebensmüde dégoûté de la vie; ***bist du ~?*** c'est du suicide!

Lebens|standard *m* niveau *m* de vie; **~stil** *m* style *m* de vie

Lebensunterhalt *m* subsistance *f*, entretien *m*; ***er verdient seinen ~ mit Musikstunden*** il gagne sa vie en donnant des leçons de musique

lebenswichtig d'importance vitale

Leber *f* foie *m*

Leberfleck *m* grain *m* de beauté

Leberwurst *f* **1** pâté *m* de foie **2** ***er spielt die beleidigte ~*** il boude

Lebewesen *n* être *m* vivant; *bes.* BIOL organisme *m*

lebhaft **1** (*Person*) vif/vive; (*Kind a.*) vivant **2** (*Unterhaltung*) animé; (*Verkehr*) intense; ***sie hat e-e ~e Fantasie*** elle a une imagination débordante **3** ***das kann ich mir ~ vorstellen*** je me l'imagine très bien

Lebkuchen *m* pain *m* d'épice

Leck *n Fass*: fuite *f*; SCHIFF voie *f* d'eau

lecken lécher

lecker délicieux/-ieuse; ***das schmeckt ~*** c'est délicieux

Leder *n* cuir *m*

ledig célibataire

leer **1** vide; (*geleert*) vidé **2** (↔ *besetzt*) inoccupé, libre **3** (*Seite, Blatt*) blanc/blanche **4** ***~e Versprechungen*** promesses *f Pl* en l'air **5** ***er ist ~ ausgegangen*** il s'est retrouvé les mains vides

Leere *f* vide *m* (*a. fig.*)

leeren **1** vider (*Glas, Flasche, Mülltonne usw.*) **2** ***der Briefkasten wird dreimal pro Tag geleert*** il y a trois levées par jour

Leerlauf *m Motor*: point *m* mort

Leerung *f* vidage *m*; *Briefkasten*: levée *f*

legal légal

Legastheniker(in) *m(f)* dyslexique *m,f*

legen **1** mettre, poser, placer **2** poser (*Leitungen, Fußboden, Minen usw.*); installer (*Gas, Wasser usw.*) **3** ***Eier ~*** pondre des œufs **4** (***großen***) ***Wert ~ auf*** attacher une grande importance à **5** ***sich ins Bett ~*** se coucher, aller au lit; ***sich aufs Bett ~*** s'allonger (*od.* s'étendre) sur le lit **6** (*Wind, Sturm; Begeisterung*) ***sich ~*** se calmer

Legende *f* légende *f*

Leggings *Pl* caleçon *m*

Legierung *f von Metallen*: alliage *m*

legitim légitime

Leguan *m* iguane *m*

Lehm *m* glaise *f*, terre *f* glaise

Lehne *f* **1** (*Rückenlehne*) dos *m*, dossier *m* **2** (*Armlehne*) bras *m*, accoudoir *m*

lehnen **1** ***etw an die Wand*** *usw.* ***~*** appuyer (*od.* adosser) qc au mur (*od.* contre le mur) **2** ***sich an etw ~*** s'appuyer (*od.* s'adosser) à qc; ***sich aus dem Fenster ~*** se pencher par la fenêtre **3** ***das Brett lehnt an der Wand*** *usw.* la planche est appuyée contre le mur

Lehrbuch *n* manuel *m* (**für** de)

Lehre[1] *f* **1** *nur im Handwerk*: apprentissage *m* **2** *in anderen Bereichen, z. B. Bank, Handel*: ***sie macht e-e ~*** elle prépare un brevet professionnel

Lehre[2] *f* **1** (*Lehrmeinung*) doctrine *f*, théorie *f* **2** (*Erfahrung*) ***das soll dir e-e ~ sein*** *fig.* cela t'aura servi de leçon **3** *e-r Fabel*: morale *f*

Lehrer(in) *m(f)* **1** *an höheren Schulen, in der Volkshochschule usw.*: professeur *m* (⚠ *im Frz. nur m*); *umg.* prof *m,f* **2** *an Grundschulen*: instituteur *m*, -trice *f*, *seit 1990 a.* professeur *m* des écoles **3** *allg.* (*Lehrkraft*) enseignant(e) *m(f)*

Lehrer|konferenz *f* conseil *m* de classe; **~zimmer** *n* salle *f* des professeurs

Lehrgang *m* cours *m*

Lehrling *m* **1** *im Handwerk*: apprenti(e) *m(f)* **2** *in anderen Bereichen, z. B. in Banken*: stagiaire *m,f*

Lehr|plan *m* ≈ programme *m* d'études; **~stelle** *f* place *f* d'apprenti; **~tochter** *f* (CH) apprentie *f*

Leib *m* **1** (*Körper*) corps *m* **2** ***er ist mit ~***

L

und Seele dabei il s'y donne de tout son cœur (***bei*** à)
Leibchen *n* Ⓐ, Ⓒⓗ, **Leiberl** *n* Ⓐ **1** (*Unterhemd*) maillot *m* de corps **2** (*Trikot*) maillot *m*
Leib|gericht *n*, **~speise** *f*: ***mein Leibgericht, meine Leibspeise*** mon plat préféré
Leibwächter *m* garde *m* du corps
Leiche *f* **1** cadavre *m*, corps *m* **2** ***er geht über ~n*** il est sans scrupules; ***nur über meine ~!*** il faudra me passer sur le corps!
leichenblass pâle comme un mort, livide
leicht[1] **1** *im Gewicht*: léger/-ère **2** (*schwach*) ***ein ~er Wind*** un vent léger **3** (*Essen*) digeste, facile à digérer **4** ***~ gekleidet*** habillé légèrement
leicht[2] **1** (*einfach, mühelos*) facile; ***es ist ganz ~*** *a.* c'est tout simple **2** ***er hat es ~*** *im Leben*: il a la vie facile **3** (*schnell*) ***er wird ~ böse*** il se fâche facilement **4** ***das fällt ihr nicht ~*** cela n'est pas facile pour elle **5** ***er macht es sich ~*** il ne se complique pas la vie **6** ***nimm's ~!*** ne t'en fais pas!
Leicht|athlet(in) *m(f)* athlète *m,f*; **~athletik** *f* athlétisme *m*
Leichtigkeit *f* facilité *f*; ***mit ~*** aisément, *haut la main
Leichtsinn *m* insouciance *f*; *stärker*: imprudence *f*
leichtsinnig insouciant; *stärker*: imprudent
leichtverdaulich → ***verdaulich***
leid 1 ***ich bin es ~ zu …*** je suis las de … (+ *Inf.*) **2** → ***leidtun***
Leid *n* **1** (*Schmerz*) douleur *f* **2** (*Kummer*) chagrin *m* **3** → ***leidtun***
leiden[1] (*ertragen*) souffrir (***an, unter*** de)
leiden[2] (*gernhaben*) ***ich kann ihn gut ~*** je l'aime bien; ***ich kann ihn nicht ~*** je ne peux pas le supporter
Leidenschaft *f* passion *f*
leidenschaftlich 1 (*Mensch, Gefühl, Diskussion usw.*) passionné **2** ***etw ~ gern tun*** adorer faire qc
leider malheureusement; ***~ muss ich gehen*** je regrette de devoir partir; ***~ nein!*** *hélas non!
leidtun: ***er tut mir leid*** je le plains; *stärker*: il me fait pitié; ***es tut mir leid*** je le regrette; *stärker*: j'en suis désolé

leihen 1 (*verleihen*) prêter; *gegen Gebühr*: louer **2** (*entleihen*) emprunter; *gegen Gebühr*: louer (***von*** à)

> **leihen:**
> **emprunter oder prêter?**
>
> *leihen* kann im Deutschen sowohl *ausleihen* als auch *verleihen* bedeuten.
> Im Französischen muss man sehr genau unterscheiden, ob man etwas ausleiht (**emprunter**), oder ob man etwas verleiht (**prêter**):
>
> Ich habe mir Geld von Marie geliehen.
> **J'ai emprunté de l'argent à Marie.**
>
> Ich habe Jean mein Auto geliehen.
> **J'ai prêté ma voiture à Jean.**

Leine *f* **1** (*Seil*) corde *f* **2** (*Hundeleine*) laisse *f* **3** ***zieh ~!*** (*verschwinde*) *umg.* dégage!
Leinen *n* lin *m*; *Stoff a.*: toile *f*
Leinwand *f* **1** *für Filme, Dias*: écran *m* **2** *Stoff, zum Malen*: toile *f*
leise 1 (↔ *laut*) bas/basse; ***~ singen*** chanter à voix basse; *aber*: ***~ sprechen*** parler bas, parler doucement **2** ***die Musik*** (***das Radio*** *usw.*) ***~r stellen*** baisser la musique (la radio *usw.*) **3** ***~ gehen*** *usw.* marcher *usw.* sans bruit **4** ***er hat nicht die ~ste Ahnung*** il n'a pas la moindre idée (***von*** de)
leisten 1 (*vollbringen*) faire **2** ***j-m Gesellschaft ~*** tenir compagnie à qn **3** *finanziell*: ***er leistet sich ein neues Auto*** il se paie (*od.* il s'offre) une voiture neuve; ***das kann ich mir nicht ~*** je ne peux pas me le permettre
Leistung *f* **1** (*das Geleistete*) performance *f*; (*Ergebnis*) résultat *m* **2** *e-r Fabrik, Maschine*: rendement *m*, production *f*; *e-s Motors*: puissance *f*
leistungsfähig 1 (*Person*) performant; *körperlich a.*: en forme **2** (*Auto, Firma*) performant **3** (*Motor, Maschine*) puissant
Leistungs|kurs *m* ≈ matière *f* à option à programme renforcé (⚠ *im frz. lycée gibt es keine Leistungskurse, sondern*

L

nur bestimmte Fachkombinationen in der Abschlussklasse terminale); **~sport** *m* sport(s) *m(Pl)* de compétition

Leitartikel *m* PRESSE éditorial *m*

leiten[1] **1** (*führen*) diriger (*Gruppe, Firma, Chor usw.*); ***sie leitet die Band*** elle est le leader du groupe **2** présider (*Sitzung, Verhandlung usw.*) **3** ***sich ~ lassen von*** se laisser guider par (*Gefühle, Ideen usw.*)

leiten[2] conduire (*Strom, Wärme*)

Leiter *f* échelle *f*

Leiter(in) *m(f)* **1** *e-r Firma, Abteilung*: directeur *m*, -trice *f*; *e-r Filiale*: gérant(e) *m(f)* **2** *e-r Schule*: chef *m* d'établissement; *e-s* lycée: proviseur *m* (⚠ *beide im Frz. nur m*)

Leitplanke *f* glissière *f* de sécurité

Leitung[1] *f* (*Führung*) **1** *e-r Firma, e-s Orchesters usw.*: direction *f* **2** *e-r Sitzung usw.*: présidence *f*

Leitung[2] *f* **1** (*Wasser-, Gasleitung*) conduite *f* **2** (*Strom-, Telefonleitung*) ligne *f* **3** ***er hat e-e lange ~*** *umg.* il a la comprenette difficile

Leitungswasser *n* eau *f* du robinet

Lektion *f* leçon *f*

Lektüre *f* lecture *f*

lenken **1** conduire (*Auto*); piloter (*Rennwagen, Flugzeug*) **2** ***die Blicke*** (*bzw.* ***die Aufmerksamkeit***) ***auf sich ~*** attirer les regards (*bzw.* l'attention) sur soi

Lenker *m am Fahrrad*: guidon *m*

Lenk|rad *n* volant *m*; **~stange** *f beim Fahrrad*: guidon *m*

Lenkung *f Autos usw.*: direction *f*

Leopard *m* léopard *m*

Lepra *f* lèpre *f*

Lerche *f* alouette *f*

lernen **1** apprendre; ***lesen*** (***schwimmen*** *usw.*) **~** apprendre à lire (à nager *usw.*) **2** *für die Schule*: étudier; *für die Klausur, Prüfung*: travailler

Lesbe *f* lesbienne *f*

lesbisch lesbien/-ienne

Lesebuch *n* livre *m* de lecture

lesen **1** lire **2** ***j-s Gedanken ~*** lire dans les pensées de qn

Leser(in) *m(f)* lecteur *m*, -trice *f*

Leserbrief *m* lettre *f* de lecteur; **~e** *als Rubrik*: courrier *m* des lecteurs

leserlich **1** lisible **2** ***~ schreiben*** écrire lisiblement

Lesezeichen *n* signet *m*

lettisch letton/-onne

Lettland *n* la Lettonie

letzte(r, -s) **1** *in e-r Reihe*: dernier/-ière **2** (*vorherig*) ***~n Sonntag*** dimanche dernier; ***in ~r Zeit*** ces derniers temps **3** ***der, die Letzte*** le dernier, la dernière **4** ***das ist doch das Letzte!*** (*unverschämt*) c'est la fin de tout!, c'est en dessous de tout!

letztens **1** (*vor kurzem*) dernièrement, récemment **2** (*neulich*) l'autre jour **3** *in Aufzählungen*: en dernier lieu, en dernier

leuchten **1** (*Lichter, Sterne, Kerzen usw.*) briller **2** (*funkeln*) étinceler **3** *schwach, in der Ferne*: luire

leuchtend **1** lumineux/-euse **2** (*Farben*) vif/vive, éclatant

Leucht|farbe *f* couleur *f* phosphorescente; **~stift** *m* surligneur *m*; **~turm** *m* phare *m*

leugnen **1** (*nicht zugeben*) nier, dénier **2** (*bestreiten*) contester

Leukämie *f* leucémie *f*

Leute *Pl* **1** gens *m Pl*; ***alle ~*** tout le monde; ***viele ~*** beaucoup de monde; ***etwa 30 ~*** environ trente personnes **2** ***meine ~*** (*meine Familie*) ma famille, les miens **3** ***die alten ~*** les vieilles gens (⚠ *f Pl*) **4** ***fremde ~*** des étrangers *m Pl*

Leutnant *m* sous-lieutenant *m* (⚠ *frz.* lieutenant *m* = ***Oberleutnant***)

Lexikon *n allgemeines*: encyclopédie *f*; (*Fachlexikon*) lexique *m*

libanesisch libanais

Libanon *m* Liban *m*

Libelle *f* libellule *f* (⚠ *Endung*)

liberal libéral

Libero *m* FUSSBALL libéro *m*

Libyen *n* la Libye

Licht *n* **1** lumière *f*; ***~ machen*** faire de la lumière, allumer **2** (*Tageslicht*) jour *m*; ***etw gegen das ~ halten*** tenir qc à contre-jour **3** ***ans ~ kommen*** *fig.* apparaître au grand jour **4** ***da ging mir ein ~ auf*** j'ai vu clair tout d'un coup

lichtempfindlich (*Film usw.*) photosensible

Lichtgeschwindigkeit *f*: ***mit ~*** à la vitesse de la lumière

Licht|jahr *n* année-lumière *f*; **~orgel** *f* batterie *f* de projecteurs; **~schalter** *m* commutateur *m*, interrupteur *m*; **~schutzfaktor** *m bes. bei Sonnencre-*

mes: indice *m* de protection (solaire)
Lichtung *f im Wald*: clairière *f*
Lid *n* paupière *f*
Lidschatten *m* fard *m* à paupières
lieb **1** (*nett, freundlich*) gentil/-ille; ***das ist ~ von dir*** c'est gentil à toi **2** ***ich hab ihn*** (*bzw.* ***sie***) **~** je l'aime bien **3** (*artig*) sage; ***sei ~!*** sois sage! **4** *in Briefen*: ***Liebe Sabine!*** Chère Sabine, … **5** (*angenehm*) ***es wäre mir ~, wenn …*** j'aimerais que … (+ *Subj.*) **6** ***~er Gott!*** mon Dieu!; ***ach, du ~e Güte!*** bonté divine!
Liebe *f* **1** amour *m* (***zu j-m*** pour qn; ***zu etw*** de qc); ***aus ~ zu …*** par amour pour … **2** ***es war ~ auf den ersten Blick*** c'était le coup de foudre **3** ***~ macht blind*** l'amour rend aveugle **4** *jemand*: ***er war ihre große ~*** il a été l'amour de sa vie
lieben **1** aimer; *stärker*: adorer; ***sie ~ sich*** ils s'aiment **2** ***ich liebe Kino*** j'adore le cinéma **3** ***sich ~*** (*miteinander schlafen*) faire l'amour
liebens|wert charmant; **~würdig** aimable
lieber **1** ***ich trinke ~ Wein als Bier*** j'aime mieux le vin que la bière, je préfère le vin à la bière; ***das ist mir ~*** j'aime mieux ça, je préfère ça **2** (*besser*) plutôt, mieux; ***bleiben wir ~ hier!*** restons plutôt ici!
Liebes|brief *m* lettre *f* d'amour; **~kummer** *m* chagrin *m* d'amour; **~lied** *n* chanson *f* d'amour; **~paar** *n* couple *m* d'amoureux
liebevoll (*Mensch, Geste*) affectueux/-euse
Liebhaber *m* **1** (*Geliebter*) amant *m* **2** *von Kunstwerken usw.*: amateur *m*
Liebling *m* **1** *j-s*: préféré(e) *m*(*f*) (de) **2** ***~!*** *zu e-m Mann*: mon chéri!; *zu e-r Frau*: ma chérie!
Lieblings… préféré; ***mein Lieblingsbuch*** mon livre préféré; ***mein Lieblingsfach*** ma matière préférée
liebste(r, -s) **1** favori/-ite, préféré; ***meine ~ CD*** mon disque préféré **2** ***das mag ich am ~n*** c'est ce que je préfère; ***er geht am ~n abends spazieren*** c'est le soir qu'il préfère se promener **3** ***am ~n würde ich schlafen*** si je pouvais, je me coucherais
Liechtenstein *n* le Liechtenstein
Lied *n* chanson *f*
liefern **1** (*zustellen*) livrer **2** fournir (*Beweis, Vorwand*) **3** *bes.* SPORT ***sich e-n Kampf ~*** se livrer un combat **4** (*kaputt*) *umg.* foutu; ***wenn sie das erfährt, ist er geliefert*** *umg.* si elle l'apprend, il est foutu
Lieferschein *m* bon *m* de livraison
Lieferung *f* livraison *f*
Lieferwagen *m* camionnette *f*
Liege *f* **1** (*Liegestuhl*) chaise *f* longue **2** (*Klappbett*) lit *m* pliant
liegen **1** (*Mensch*) *im Bett*: être couché; *auf dem Bett, Sofa usw.*: être allongé, être étendu; ***er liegt im Bett*** il est au lit, il est couché **2** *Dinge*: (*sich befinden*) être; (↔ *stehen*) être couché; ***auf dem Boden ~*** être par terre **3** (*gelegen sein*) être situé, se trouver **4** ***es liegt Schnee*** il y a de la neige **5** ***an etw ~*** être dû à qc; ***das liegt daran, dass …*** cela est dû au fait que … (+ *Ind.*) **6** ***an j-m ~*** être la faute de qn; ***an wem liegt es?*** à qui la faute? **7** (*wichtig sein*) ***mir liegt daran, dass du kommst*** je tiens à ce que tu viennes (*Subj.*) **8** *Begabung*: ***Mathe liegt ihr*** elle est douée pour les maths **9** ***die Entscheidung liegt bei dir*** c'est à toi de décider **10** **~ *bleiben*** *im Bett usw.*: rester couché; *auf dem Boden*: rester par terre **11** ***etw ~ lassen*** (*vergessen*) oublier **12** ***das Auto ist ~ geblieben*** la voiture est tombée en panne **13** ***die Arbeit bleibt ~*** le travail ne se fait pas
liegen|bleiben, ~lassen → ***liegen***
Liegestuhl *m* chaise *f* longue
Liege|stütz *m* traction *f*; **~wagen** *m* BAHN couchettes *f Pl*; **~wagenplatz** *m* BAHN couchette *f*
Lift *m* **1** (*Fahrstuhl*) ascenseur *m* **2** (*Schlepplift*) remonte-pente *m*; (*Sessellift*) télésiège *m*
Liga *f* ligue *f*; SPORT *a.* division *f*
Likör *m* liqueur *f*
lila lilas; *dunkler*: violet/-ette; *heller*: mauve
Lilie *f* lis *m od.* lys *m*
Liliputaner(in) *m*(*f*) lilliputien *m*, -ienne *f* (⚠ *Endung*)
Limonade *f* limonade *f*
Linde *f* tilleul *m*
Lineal *n* règle *f*
Linie *f* **1** ligne *f* **2** *Bus, Straßenbahn usw.*: ***nehmen Sie die ~ 12*** prenez le douze **3** ***in erster*** (***zweiter*** *usw.*) **~** en

L

premier (deuxième *usw.*) lieu
Linienflug *m* vol *m* régulier
Link *m* INTERNET lien *m*
Linke *f* **1** (*linke Hand, Seite*) gauche *f* **2** POL gauche *f*
Linke(r) *f(m) Mensch*: homme *m*, femme *f* de gauche; ***die ~n*** les gens *m Pl* de gauche
linke(r, -s) gauche; ***auf der ~n Seite*** à gauche
links **1** à gauche (***von*** de); ***~ fahren, sich ~ halten*** tenir sa (*od.* la) gauche; ***~ abbiegen*** (*bzw.* ***überholen***) tourner (*bzw.* doubler) à gauche **2** POL ***~ sein*** être de gauche **3** *bei Kleidern*: à l'envers
Linksaußen *m* SPORT ailier *m* gauche
Links|händer(in) *m(f)* gaucher *m*, -ère *f*; **~kurve** *f* virage *m* à gauche
linksradikal d'extrême gauche
Linse[1] *f Hülsenfrucht*: lentille *f*
Linse[2] *f* **1** *Kontaktlinse usw.*: lentille *f* **2** *im Auge*: cristallin *m*
Lippe *f* lèvre *f*
Lippenstift *m* rouge *m* à lèvres
lispeln zézayer
Lissabon *n* Lisbonne
List *f* ruse *f*, astuce *f*
Liste *f* liste *f*
listig rusé
Litauen *n* la Lituanie
litauisch lituanien/-ienne
Liter *m* litre *m*
Literatur *f* littérature *f* (⚠ *mit* tt!)
literweise: ***~ Milch*** des litres de lait
Litfaßsäule *f* colonne *f* Morris
Litschi *f* litchi *m*
live en direct
Live-Sendung *f* émission *f* en direct
Lkw *m*, **LKW** *m* camion *m*
Lob *n* éloge *m*
loben: ***j-n ~*** féliciter qn (***für etw*** de *od.* pour qc)
Loch *n* **1** trou *m* **2** (*Behausung*) taudis *m* **3** (*Gefängnis*) *umg.* trou *m*; *Argot*: taule *f*
lochen **1** perforer (*Papier*) **2** poinçonner (*Fahrkarte, Blech*)
Locher *m für Papier usw.*: perforateur *m*
löchrig troué
Locke *f* boucle *f*; ***sie hat ~n*** elle a les cheveux bouclés
locken **1** (*anlocken*) appâter (*Tier*); ***j-n in e-e Falle ~*** attirer qn dans un piège **2** (*verlocken*) attirer (*j-n*); ***die Idee lockt mich*** (*reizt mich*) l'idée me tente
locker **1** (*Seil, Gewebe usw.*) lâche; ***~ lassen*** relâcher **2** (*Schraube*) desserré **3** (*Zahn*) branlant; ***der Zahn ist ~*** la dent branle **4** (*Brot, Teig usw.*) léger/-ère **5** (*Haltung, Stimmung*) décontracté; *bei Gymnastik usw.*: ***ganz ~!*** en souplesse! **6** (*Person*) *umg.* relax; ***~ bleiben*** relaxer **7** ***das schaff ich ~*** j'y arriverai facilement
lockerlassen: ***sie lässt nicht locker*** elle s'obstine, elle insiste
lockern **1** relâcher (*Zügel, Seil*) **2** desserrer (*Schraube, Knoten*) **3** assouplir, détendre (*Muskeln*)
lockig (*Haare*) bouclé
Löffel[1] *m* **1** *Besteck*: cuiller *f od.* cuillère *f* **2** *Menge*: ***zwei ~ Zucker*** deux cuillerées de sucre
Löffel[2] *m* (*Ohr*) oreille *f*
Logik *f* logique *f*
logisch logique; (***ist doch***) ***~!*** c'est exact!
logo: (***ist doch***) ***~!*** c'est exact!
Lohn *m* **1** (*Arbeitslohn*) salaire *m* **2** (*Belohnung*) récompense *f*
lohnen **1** ***sich ~*** valoir la peine **2** ***hat es sich für dich gelohnt?*** tu en as profité?
Lohnsteuer *f* impôt *m* sur les salaires
Loipe *f* piste *f* de ski de fond
Lok *f* locomotive *f*
Lokal *n* **1** (*Gaststätte*) restaurant *m* **2** (*Kneipe*) café *m*, bar *m* (⚠ *frz.* local *m* = ***Raum, Räumlichkeit***)
Lokalsender *m* **1** RAD radio *f* locale **2** TV télévision *f* locale
Lokomotive *f* locomotive *f*
Lokomotivführer *m* mécanicien *m*
London *n* Londres (⚠ *Endung*)
Lorbeer *m* laurier *m*; *als Gewürz*: feuilles *f Pl* de laurier
los[1] **1** ***was ist ~?*** qu'est-ce qui se passe?; ***hier ist was ~*** (*passiert was*) il se passe qc ici; (*es sind viele Leute da*) il y a beaucoup de monde ici **2** ***was ist denn mit dir ~?*** *umg.* qu'est-ce qui t'arrive?
los[2] **1** (*Knopf usw.*) détaché **2** ***j-n ~ sein*** (*losgeworden*) être débarrassé de qn **3** ***sie ist alle Sorgen ~*** elle n'a plus à se faire des soucis **4** ***mein Geld bin ich ~*** (*es ist weg*) j'en suis pour mon argent
los[3] **1** ***~!*** allons! *bzw.* allez!; ***~, ~!*** vite,

vite! **2 *auf die Plätze - fertig - ~!*** à vos marques - prêts? - partez!
Los *n* **1** (*Lotterielos*) billet *m* de loterie **2** (*Gewinnlos*) lot *m*; ***das große ~ ziehen*** *a. fig.* gagner le gros lot
losbinden détacher
Löschblatt *n* papier *m* buvard, buvard *m*
löschen 1 éteindre (*Feuer, Licht*) **2 *den Durst ~*** étancher la soif **3** effacer (*Text, Computerprogramm*)
Lösch|papier *n* papier *m* buvard, buvard *m*; **~taste** *f* touche *f* d'effacement
lose 1 (*locker*) lâche; (*Schraube*) desserré **2 *~ Blätter*** feuilles *f Pl* volantes **3 *etw ~ befestigen*** attacher qc sans serrer
Lösegeld *n* rançon *f*
losen tirer au sort; ***um etw ~*** tirer qc au sort
lösen[1] 1 (*ablösen*) détacher; ***sich ~*** se détacher **2** (*lockern*) desserrer; défaire (*Geschnürtes*); ***sich ~*** se desserrer (*bzw.* se défaire) **3 (*sich*) *im Wasser ~*** (se) dissoudre dans l'eau
lösen[2] résoudre (*Aufgabe, Rätsel*)
lösen[3] prendre (*Fahrkarte*)
losgehen[1] 1 (*sich ablösen*) se détacher **2** (*Geschnürtes*) se défaire
losgehen[2] (*weggehen*) partir, y aller; ***gehen wir los?*** on y va?
losgehen[3] (*anfangen*) commencer; ***ich glaub, es geht los!*** je crois que ça commence!; (*jetzt reichts aber!*) *umg.* ça va pas la tête?
loslassen lâcher; ***lass mich los!*** lâche-moi!
los|legen *umg.* démarrer; **~machen** défaire, détacher
losreißen 1 détacher; *mit Gewalt*: arracher **2 *sich ~ von*** s'arracher à
Lösung *f* solution *f*
loswerden se débarrasser de
Lot *n Werkzeug*: fil *m* à plomb
Lotion *f* lotion *f*
Lotse *m*, **Lotsin** *f* pilote *m,f*
Lotterie *f* loterie *f*
Lotto *n* loto *m*
Lotto|schein *m* bulletin *m* de loto; **~zahlen** *f Pl* numéros *m Pl* gagnants
Löwe *m* **1** ZO lion *m* **2** ASTR Lion *m*
Löwenzahn *m* pissenlit *m*
Löwin *f* lionne *f*
Luchs *m* lynx *m*
Lücke *f* lacune *f*
Luft *f* **1** air *m* **2** (*Atem*) souffle *m*; **(*tief*) *~ holen*** respirer (à fond); ***keine ~ bekommen*** étouffer; ***ihr blieb die ~ weg*** *vor Staunen*: elle en a eu le souffle coupé **3 *in die ~ fliegen*** sauter **4 *sie geht immer gleich in die ~*** *umg.* elle pique tout de suite des colères **5 *er hat sich in ~ aufgelöst*** il s'est volatilisé **6 *die ~ ist rein*** (*wir können gehen*) le champ est libre **7 *es herrscht dicke ~*** (*es gibt Ärger*) il y a de l'orage en l'air
Luftballon *m* ballon *m*
luftdicht (*Gefäß*) hermétique
Luftdruck *m* pression *f* atmosphérique
lüften aérer (*Zimmer, Kleider usw.*)
Luft|fahrt *f* navigation *f* aérienne; **~gewehr** *n* carabine *m* à air comprimé; **~kissenfahrzeug** *n* aéroglisseur *m*; **~kurort** *m* station *f* climatique
Luftlinie *f*: ***zwei Kilometer ~*** deux kilomètres à vol d'oiseau
Luft|loch *n* **1** *Öffnung*: évent *m* **2** *beim Fliegen*: trou *m* d'air; **~masche** *f* maille *f* en l'air; **~matratze** *f* matelas *m* pneumatique
Luftpost *f* poste *f* aérienne; ***mit ~*** par avion
Luft|postbrief *m* lettre *f* par avion; **~pumpe** *f fürs Fahrrad*: pompe *f* à vélo; **~röhre** *f* trachée *f*; **~sprung** *m* gambade *f*; **~verschmutzung** *f* pollution *f* de l'air; **~waffe** *f* armée *f* de l'air; **~zug** *m* courant *m* d'air
Lüge *f* mensonge *m*
lügen mentir; ***das ist gelogen!*** c'est un mensonge!; ***er lügt wie gedruckt*** *umg.* il ment comme il respire
Lügner(in) *m(f)* menteur *m*, -euse *f*
Lumpen[1] *m Pl* (*zerlumpte Kleider*) guenilles *f Pl*, *haillons *m Pl*
Lumpen[2] *m* (*Lappen*) chiffon *m*
Lunge *f* poumon *m*
Lungen|braten *m* Ⓐ filet *m* de bœuf; **~entzündung** *f* pneumonie *f*; **~krebs** *m* cancer *m* du poumon
Lupe *f* **1** loupe *f* **2 *etw unter die ~ nehmen*** (*genau prüfen*) examiner qc de près
Lust *f* **1** (*Verlangen*) envie *f* **2** *sexuell*: plaisir *m*
lustig 1 (*fröhlich, vergnügt*) gai **2** (*komisch, witzig*) drôle, amusant **3** *iron.* ***das kann ja ~ werden!*** *umg.* ça promet!; ***das finde ich gar nicht ~*** je n'aime pas ça du tout **4 *sich ~ machen***

L

über se moquer de
Lustspiel *n* comédie *f*
lutschen sucer (***an etw*** qc)
Lutscher *m* sucette *f*
Luxemburg *n* **1** *Stadt*: Luxembourg **2** *Land*: le Luxembourg
luxemburgisch luxembourgois
luxuriös luxueux/-euse (⚠ *frz.* luxurieux = ***lüstern***)
Luxus *m* luxe *m*
Luxushotel *n* hôtel *m* de luxe
Luzern *n* Lucerne
lynchen lyncher
Lyrik *f* poésie *f* (lyrique)

M

m² m² (*Abk. für*: mètre carré)
m³ m³ (*Abk. für*: mètre cube)
machbar réalisable, faisable
machen **1** faire; ***noch einmal ~*** refaire **2** ***was macht sie?*** qu'est-ce qu'elle fait? (*beruflich*: dans la vie); (*wie geht's ihr?*) comment va-t-elle? **3** ***j-m ein Geschenk ~*** faire un cadeau à qn; ***j-m Arbeit ~*** donner du travail à qn; ***j-m Sorgen ~*** donner (*od.* causer) du souci à qn **4** ***etw macht Spaß*** qc est agréable; ***sie macht*** (***nur***) ***Spaß*** elle plaisante **5** *mit* lassen: ***sich ein Kleid ~ lassen*** se faire faire une robe **6** *mit Adj. oft*: rendre; ***das macht dick*** ça fait grossir; ***mach's dir bequem!*** mets-toi à l'aise! **7** *bei Rechnungen*: faire; ***wie viel macht das?*** ça fait combien?; ***zwei mal zwei macht vier*** deux fois deux font quatre **8** ***ich mache mir nichts aus …*** … me laisse froid; ***mach dir nichts draus*** (*sei nicht traurig*) ne t'en fais pas **9** ***das macht nichts*** ça ne fait rien; ***da ist nichts zu ~*** il n'y a plus rien à faire **10** *als Gruß, Aufforderung*: ***mach's gut!*** *umg.* salut!; ***nun mach schon!*** dépêche-toi!
Macho *m* macho *m*
Macht *f* **1** pouvoir *m* **2** (*Kraft*) force *f*; ***mit aller ~*** de toute ma (*bzw.* ta, sa *usw.*) force **3** *bes.* POL (*mächtiger Staat*) puissance *f*
Machthaber *m*: ***die ~*** les détenteurs *m Pl* du pouvoir
mächtig **1** (*Staat, König*) puissant **2** (*sehr groß*) énorme **3** (*sehr*) énormément
Macht|kampf *m* lutte *f* pour le pouvoir; **~probe** *f* épreuve *f* de force
Macke *f* **1** *an e-r Sache*: défaut *m* **2** (*Tick*) tic *m* **3** ***er hat e-e ~*** *umg.* il est un peu fêlé
Macker *m umg.* mec *m*
Mädchen *n* **1** fille *f* **2** ***er*** (*bzw.* ***sie***) ***ist ~ für alles*** il est l'homme (*bzw.* elle est la femme) à tout faire
Mädchenname *m* **1** *Vorname*: nom *m* de fille, prénom *m* féminin **2** *Geburtsname*: nom *m* de jeune fille
Made *f* asticot *m*; (*Wurm*) ver *m*
Mädel *n* fille *f*
madigmachen: *j-m etw ~* dégoûter qn de qc
Madrid *n* Madrid
Mafia *f* maf(f)ia *f*
Magazin *n* **1** (*Zeitschrift*) magazine *m* **2** (*Lager*) dépôt *m*, magasin *m* **3** *e-r Waffe, für Dias*: magasin *m* (⚠ *Endung*)
Magen *m* **1** estomac *m*; ***auf nüchternen ~*** à jeun; ***mir knurrt der ~*** *vor Hunger*: j'ai un creux; ***ich habe mir den ~ verdorben*** j'ai une indigestion **2** ***diese Geschichte liegt mir im ~*** je n'ai toujours pas digéré cette histoire; ***dabei dreht sich mir der ~ um*** j'en ai la nausée
Magenknurren *n*: ***ich habe ~*** *vor Hunger*: j'ai un creux
Magenschmerzen *m Pl*: ***sie hat ~*** elle a mal à l'estomac
mager maigre
Mager|milch *f* lait *m* écrémé; **~quark** *m* fromage *m* blanc maigre; **~sucht** *f* anorexie *f*
magersüchtig anorexique
Magie *f* magie *f*
magisch magique
Magister *m* **1** *Prüfung* ≈ maîtrise *f* **2** Ⓐ *Person* ≈ titulaire *m,f* d'une maîtrise; ⚠ *Titel werden in der frz. Anrede weggelassen*: ***~ Müller*** Monsieur Müller
Magnet *m* aimant *m*
magnetisch magnétique

Mahagoni *n* acajou *m*
mähen¹ faucher (*Gras*); tondre (*Rasen*)
mähen² (*Schafe*) bêler
mahlen moudre; *zu Pulver*: pulvériser
Mahlzeit *f* repas *m*; *~! umg.* bon appétit!; ***prost ~!*** *umg.* ça promet!; *umg.* bonjour les dégâts!
Mähne *f* crinière *f* (*a. Haare*)
mahnen **1** (*ermahnen, warnen*) avertir **2** *wegen e-r Zahlung*: ***j-n ~*** réclamer un paiement à qn
Mahnung *f* **1** (*Ermahnung, Warnung*) avertissement *m* **2** *wegen e-r Zahlung*: rappel *m*
Mai *m* **1** mai *m*; ***im ~*** en mai, au mois de mai **2** *Datumsangaben*: ***der zweite (dritte*** *usw.*) **~** le deux (trois *usw.*) mai; ***am 7. ~*** le sept mai **3** *Feiertag*: ***der Erste ~*** le Premier mai
Mai|glöckchen *n* muguet *m*; **~käfer** *m* *hanneton *m*
Mail *f od. n* mail *m*
Mailbox *f* IT boîte *f* aux lettres
mailen: ***j-m ~*** envoyer un e-mail à qn; ***j-m etw ~*** envoyer qc à qn par e-mail
Mais *m* maïs *m*
Maiskolben *m* épi *m* de maïs
Majestät *f* **1** majesté *f*; ***Seine ~ der König*** Sa Majesté le roi **2** *Anrede des frz. Königs, Kaisers*: Sire!; *der frz. Königin, Kaiserin*: Madame!
Majonäse *f* mayonnaise *f*
Majoran *m* marjolaine *f*
mäkeln: ***an etw ~*** critiquer mesquinement qc
Make-up *n* maquillage *m*
Makkaroni *Pl* macaronis *m Pl*
Makler(in) *m(f)* **1** courtier *m* **2** (*Immobilienmakler[in]*) agent *m* immobilier **3** *Börse*: agent *m* de change
Makrele *f* maquereau *m*
mal¹ **1** MATH ***zwei ~ drei ist sechs*** deux fois trois font six **2** FOTO ***im Format 9 ~ 13*** dans le format neuf sur treize
mal² *oft unübersetzt*: ***sieh ~!*** regarde!; ***warte ~!*** attends un peu; ***zeig ~ (her)!*** fais voir!; → *a.* ***einmal***²
Mal¹ *n zeitlich*: fois *f*; ***jedes ~*** chaque fois; ***mit e-m ~*** tout d'un coup
Mal² *n* **1** (*Zeichen*) signe *m*, marque *f* **2** (*Muttermal*) tache *f* de vin
malen peindre
Maler(in) *m(f)* *als Kunst, Handwerk*: peintre *m* (⚠ *im Frz. nur m*)
Malkasten *m* boîte *f* de couleurs
Mallorca *n* (l'île *f* de) Majorque
malnehmen multiplier (***mit*** par)
Malzeichen *n* signe *m* de multiplication
Mama *f*, **Mami** *f* maman *f* (⚠ *frz.* mamie *f* = ***Oma***)
mampfen *umg.* bouffer
man **1** on; *nach* si, ou, où, et, que *oft*: l'on **2** *oft mit* se: ***so etw tut ~ nicht*** ça ne se fait pas **3** ***~ muss es glauben*** il faut le croire **4** *bei Rezepten*: ***~ nehme ...*** prendre ...
Management *n* direction *f*
managen **1** ***e-n Sportler ~*** être le manager d'un sportif **2** gérer (*Firma, Krise*)
Manager(in) *m(f)* manager *m* (⚠ *im Frz. nur m*)
manche(r, -s) **1** **~** certains **2** ***~ Leute*** certains *m Pl*, certaines personnes *f Pl* **3** (***so***) ***~s*** bien des choses *f Pl*
manchmal quelquefois, parfois
Mandant(in) *m(f)* JUR client(e) *m(f)*
Mandarine *f* mandarine *f*
Mandatar(in) *m(f)* Ⓐ député(e) *m(f)*
Mandel¹ *f Frucht*: amande *f*
Mandel² *f Organ*: amygdale *f*
Mandelentzündung *f* angine *f*
Manege *f* **1** *im Zirkus*: piste *f* **2** *in der Reitschule*: manège *m* (⚠ *im Frz. m*)
Mangel¹ *m* **1** (*das Fehlen*) manque *m* (***an*** de); ***aus ~ an Beweisen*** par manque (*od.* en l'absence) de preuves **2** (*Fehler*) défaut *m*
Mangel² *f* **1** machine *f* à repasser, repasseuse *f* **2** ***in die ~ nehmen*** *umg.* cuisiner (*j-n*)
mangelhaft **1** (*unvollkommen*) imparfait; (*fehlerhaft*) défectueux/-euse **2** *Schulnote*: insuffisant
Mango *f* mangue *f*
Mangold *m* b(l)ette *f*
Manieren *Pl* manières *f Pl*
manierlich: ***~ essen*** *usw.* manger *usw.* comme il faut
Manifest *n* manifeste *m*
Maniküre *f* manucure *f*
Manipulation *f* manipulation *f*
manipulieren manipuler
Mann *m* **1** homme *m* **2** (*Ehemann*) ***mein, dein*** *usw.* **~** mon, ton *usw.* mari **3** ***ein ~, ein Wort*** chose promise, chose due; ***selbst ist der ~!*** on n'est jamais si bien servi que par soi-même! **4** *in Ausrufen*: ***los, ~!*** allons, dépêche-toi!; ***oh***

~! *umg.* ben, alors!; (*oh weh*) aïe!, mince! **5** (*Person*) ***pro ~*** par tête; ***~ über Bord!*** un homme à la mer!; ***alle ~ ins Bett!*** tout le monde au lit! **6** ***etw an den ~ bringen*** (*verkaufen, loswerden*) placer qc

Männchen *n* **1** (*kleiner Mann*) petit homme *m* **2** ***~ malen*** dessiner des (petits) bonhommes **3** (*männliches Tier*) mâle *m* **4** ***~ machen*** (*Hund*) faire le beau

Manndeckung *f* FUSSBALL marquage *m*; ***auf ~ spielen*** marquer son adversaire

Mannequin *n* mannequin *m*

Männlein *n* petit bonhomme *m*

männlich **1** (*Person, Substantiv*) masculin **2** (*Tiere, Pflanzen usw.*) mâle

Mannschaft *f* **1** SPORT, *bei der Arbeit*: équipe *f* **2** FLUG, SCHIFF équipage *m* **3** *fig.* ***der Lehrer hat ihn vor versammelter ~ gelobt*** le professeur l'a félicité devant toute la classe

Mannschaftsführer *m* capitaine *m* de l'équipe

Manöver *n* manœuvre *f*

Manschette *f an Hemden*: manchette *f*

Manschettenknopf *m* bouton *m* de manchette

Mantel *m* manteau *m*

Manuskript *n* manuscrit *m* (⚠ *Endung*); *e-r Rede*: texte *m*

Mäppchen *n* (*Schreibmäppchen*) trousse *f* (d'écolier)

Mappe *f* **1** (*Schulmappe*) cartable *m*; *in Belgien*: mallette *f* **2** (*Aktentasche*) serviette *f* **3** (*Sammelmappe*) dossier *m*, chemise *f*

Maracuja *f* maracuja *m*

Marathon(lauf) *m* marathon *m*

Märchen *n* **1** conte *m* (de fées) **2** (*Lüge*) histoire *f*

Märchenprinz *m* prince *m* charmant

Marder *m* martre *f* (⚠ *im Frz. f*)

Margarine *f* margarine *f*

Margerite *f* marguerite *f*

Marienkäfer *m* coccinelle *f*

Marille *f* Ⓐ abricot *m*

Marine *f* marine *f*

Marionette *f* marionnette *f*

Mark[1] *f* HIST mark *m* (allemand), deutsche mark *m*

Mark[2] *n* **1** *im Knochen*: moelle *f*; ***dieses Geräusch ging mir durch ~ und Bein*** ce bruit m'a fait grincer des dents **2** (*Fruchtmark*) pulpe *f*

Marke *f* **1** (*Briefmarke*) timbre *m*, timbre-poste *m* **2** (*Spielmarke*) jeton *m* **3** (*Wert-, Essensmarke usw.*) ticket *m* **4** (*Warenzeichen*) marque *f* de fabrique

Marken|artikel *m* article *m* de marque; **~butter** *f* beurre *m* de qualité

Markenzeichen *n* **1** *e-r Ware*: insigne *m*, griffe *f* **2** *fig.* ***die roten Haare sind ihr ~*** les cheveux roux sont son trait caractéristique

Marker *m Stift*: marqueur *m*

markieren (*kennzeichnen*) marquer

Markise *f* store *m* (⚠ *frz.* marquise *f* = ***Marquise***, *ein Adelstitel*)

Markstück *n* HIST pièce *f* de un mark

Markt *m* **1** marché *m*; ***ein Produkt auf den ~ bringen*** commercialiser un produit **2** *in Europa*: ***der Gemeinsame ~*** le Marché commun

Markt|lücke *f* créneau *m*; **~platz** *m* place *f* du marché

Marmelade *f* confiture *f* (⚠ *frz.* marmelade *f* = ***Kompott***)

Marmor *m* marbre *m*

Marokkaner(in) *m(f)* Marocain(e) *m(f)*

marokkanisch marocain

Marokko *n* le Maroc

Mars: ***der ~*** Mars *m* (*immer ohne* le); planète *f* Mars (⚠ *frz.* mars *kleingeschrieben = der Monat* ***März***)

marsch **1** ***~ hinaus!*** *hors d'ici!, dehors! **2** ***an die Arbeit, ~!*** et maintenant, au travail!

Marsch *m* marche *f* (⚠ *im Frz. f*)

marschieren marcher

Marschmusik *f* musique *f* militaire

Marsmensch *m* Martien *m*, -ienne *f*

Märtyrer(in) *m(f)* martyr(e) *m(f)*

Marxismus *m* marxisme *m*

marxistisch marxiste

März *m* **1** mars *m*; ***im ~*** en mars, au mois de mars **2** *in Datumsangaben*: ***der zweite, dritte*** *usw.* ***~*** le deux, trois *usw.* mars; ***am 5. ~*** le 5 mars

Marzipan *n* pâte *f* d'amandes

Masche *f* **1** *beim Stricken*: maille *f* **2** (*Trick*) *umg.* combine *f*; ***seine neueste ~*** *umg.* son nouveau dada

Maschine *f* **1** machine *f* **2** (*Flugzeug*) appareil *m*; (*Motorrad*) *umg.* moto *f*

Maschinen|bau *m* **1** construction *f* mécanique **2** *als Lehrfach*: études *f Pl* d'ingénieur mécanicien; **~gewehr** *n*

M

mitrailleuse *f*; **~pistole** *f* mitraillette *f*
Masern *Pl* rougeole *f*
Maske *f* **1** *Verkleidung*: masque *m* (⚠ *im Frz. m*) **2** IT grille *f* **3** THEAT maquillage *m*
Maskenball *m* bal *m* masqué (*od.* costumé)
maskieren: *sich* ~ se masquer; (*sich verkleiden*) se déguiser
Maskottchen *n* mascotte *f*, porte-bonheur *m*
maskulin masculin
Maskulinform *f* forme *f* masculine
Maß *n* **1** mesure *f*; ***~ nehmen*** prendre les mesures (***bei*** de); ***nach ~*** sur mesure **2** ***in gewissem*** (*bzw.* ***hohem***) **~** dans une certaine (*bzw.* large) mesure **3** ***das ~ ist voll!*** la coupe est pleine!, ça dépasse les bornes!
Massage *f* massage *m* (⚠ *im Frz. m*)
Massaker *n* massacre *m* (⚠ *Endung*)
Masse *f* **1** (*Material, Brei*) masse *f*; ***e-e klebrige ~*** une pâte gluante; ***e-e undefinierbare ~*** une substance indéfinissable **2** (*Menge*) *umg.* tas *m*; ***die ~ macht's*** c'est la quantité qui compte
Maßeinheit *f* unité *f* de mesure
Massenarbeitslosigkeit *f* chômage *m* généralisé
massenhaft *umg.* en masse
Massen|karambolage *f* collision *f* en chaîne; **~medien** *Pl* mass media *m Pl*; **~tierhaltung** *f* élevage *m* industriel; **~tourismus** *m* tourisme *m* de masse
massenweise → ***massenhaft***
Masseur(in) *m(f)* masseur *m*, -euse *f*
maßgebend **1** (*bestimmend*) déterminant; (*entscheidend*) décisif/-ive **2** (*Urteil, Einfluss, Buch*) qui fait autorité
maßgeblich **1** (*entscheidend*) décisif/-ive **2** ***sie war ~ daran beteiligt*** elle y a joué un rôle décisif
maßgeschneidert sur mesure
massieren masser
mäßig **1** (*maßvoll*) modéré **2** (*mittelmäßig, nicht gut*) médiocre
massiv **1** (*Gold, Holz, Druck usw.*) massif/-ive **2** (*aus e-m Stück*) monobloc (⚠ *ohne* -s *im Pl*) **3** (*Kritik, Drohung*) violent
maßlos **1** extrême; (*Übertreibung, Ansprüche*) démesuré **2** ***sie übertreibt ~*** elle exagère terriblement
Maßnahme *f* mesure *f*
Maßstab *m* **1** *auf Landkarten usw.*: échelle *f* **2** ***in großem ~*** sur une grande échelle **3** (*Norm*) norme *f*, règle *f*; ***zum ~ nehmen*** prendre pour modèle (*j-n, etw*)
Mast *f* **1** (*Schiffs-, Fahnen- Zeltmast*) mât *m* **2** (*Hochspannungsmast*) pylône *m*
Match *n* Ⓐ, Ⓒⓗ match *m*
Matchball *m* TENNIS balle *f* de match
Material *n* **1** (*Stoff*) matière *f* **2** (*Werkstoffe*) matériaux *m Pl*; *einzelner*: matériau *m* **3** (*Ausrüstung*) matériel *m* **4** (*Unterlagen*) matériel *m*
materiell matériel/-ielle
Mathe *f umg.* maths *f Pl* (⚠ *Plural*)
Mathelehrer(in) *m(f)* professeur *m* de mathématiques (⚠ *im Frz. nur m*); *umg.* prof *m,f* de maths
Mathematik *f* mathématiques *f Pl* (⚠ *nur im Plural*)
Matratze *f* matelas *m*
Matrose *m* matelot *m*, marin *m*
Matsch *m* **1** (*breiige Masse*) bouillie *f* **2** (*Schlamm*) boue *f*, gadoue *f*
matschig **1** (*breiig*) en marmelade; (*Obst*) blet/blette **2** (*schlammig*) boueux/-euse
matt **1** (↔ *glänzend*) mat **2** (*erschöpft*) épuisé, exténué **3** (*Lächeln, Stimme usw.*) faible **4** *beim Schach*: mat; ***j-n ~ setzen*** faire qn mat
Matte *f* **1** natte *f* (⚠ *mit* n-) **2** (*Fußmatte*) paillasson *m* **3** SPORT tapis *m*
Mattscheibe *f* (*Bildschirm*) écran *m*
Matura *f* Ⓐ, Ⓒⓗ ≈ baccalauréat *m*; *umg.* bac *m*
Maturant(in) *m(f)* Ⓐ ≈ bachelier *m*, -ière *f*
maturieren Ⓐ ≈ passer le baccalauréat; *umg.* passer le bac
Mauer *f* mur *m*; ***die Berliner ~*** le mur de Berlin; ***die Chinesische ~*** la Grande Muraille de Chine
mauern **1** maçonner (*Wand usw.*) **2** FUSSBALL faire le mur **3** *beim Kartenspiel*: garder ses meilleures cartes
Maul *n* gueule *f*
Maul|korb *m* muselière *f*; **~tier** *n* mulet *m*; **~wurf** *m* taupe *f*; **~wurfshügel** *m* taupinière *f*
Maurer *m* maçon *m*
Maus *f* **1** ZO souris *f* **2** *als Kosewort*: (mon) petit rat *m* **3** IT souris *f* **4** *Geld*: ***hundert Mäuse*** *umg.* cent balles *f Pl*

mauscheln *umg.* magouiller
Mausefalle *f* souricière *f*
Mauser *f* mue *f*
mausetot raide mort
Maus|klick *m* clic *m* de la souris; **~pad** *n* tapis *m* de souris; **~taste** *f* bouton *m* de souris
Maut *f* Ⓐ péage *m*
Maxi-CD *f* maxi CD *m* (⚠ *im Frz. m*)
maximal 1 maximal **2** ***~ fünf Personen*** cinq personnes au maximum
mechanisch 1 mécanique **2** *fig.* (*automatisch*) machinal
Mechanismus *m* mécanisme *m*
meckern 1 (*Ziege*) bêler **2** (*nörgeln*) *umg.* râler, *umg.* rouspéter
Mecklenburg-Vorpommern *n* le Mecklembourg-Poméranie occidentale
Medaille *f* médaille *f*
Medien *Pl* médias *m Pl*
Medienlandschaft *f* paysage *m* audiovisuel
medienwirksam médiatique
Medikament *n* médicament *m* (***gegen*** contre)
Meditation *f* méditation *f*
meditieren méditer (***über*** sur)
Medium *n* **1** *in der Kommunikation*: média *m* **2** *Esoterik*: médium *m*
Medizin *f* **1** (*Arzneimittel*) médicament *m* (***gegen*** contre) **2** (*Heilkunde*) médecine *f*
Medizinball *m* médecine-ball *m*
medizinisch 1 (*ärztlich*) médical **2** (*arzneilich*) médicinal
Meer *n* mer *f*; ***am ~*** au bord de la mer
Meerenge *f* détroit *m*
Meeres|früchte *f Pl* fruits *m Pl* de mer; **~spiegel** *m* niveau *m* de la mer
Meer|rettich *m* raifort *m*; **~schweinchen** *n* cochon *m* d'Inde, cobaye *m*
Megabyte *n* méga-octet *m*
Megafon *n* mégaphone *m* (⚠ *Endung*)
Mehl *n* farine *f*
mehlig farineux/-euse
Mehlspeise *f* Ⓐ **1** (*Süßspeise*) entremets *m* **2** (*Kuchen*) pâtisserie *f*
mehr 1 plus; ***sieben Euro ~*** sept euros de plus **2** *im Vergleich*: plus; *vor Subst. u. Zahlwörtern*: plus de; ***~ als 20 Euro*** plus de vingt euros **3** *verneint*: ***nicht ~*** plus, *im Satz*: ne ... plus; ***nichts ~*** ne ... plus rien; ***es war niemand ~ da*** il n'y avait plus personne **4** ***je ~ ... desto*** ... plus ... plus ... ... **5** ***~ oder weniger*** plus ou moins
mehrere 1 plusieurs **2** (*verschiedene*) divers
Mehrfamilienhaus *n* petit immeuble *m*
Mehrheit *f* majorité *f*
mehrmals plusieurs fois
mehrsprachig (*Mensch, Buch usw.*) plurilingue, multilingue
mehrstellig (*Zahl, Summe usw.*) à plusieurs chiffres
mehrstöckig (*Gebäude*) de plusieurs étages
mehrtägig de plusieurs jours
Mehr|teiler *m* TV feuilleton *m*; **~wegflasche** *f* bouteille *f* consignée; **~wertsteuer** *f* TVA *f*, taxe *f* à la valeur ajoutée; **~zahl** *f* **1** (*Plural*) pluriel *m* (⚠ *Endung*) **2** (*Mehrheit*) majeure partie *f*
mein(e) 1 mon, ma; *Pl* ***~e*** mes **2** ***das ist ~s*** c'est à moi
Meineid *m* parjure *m*
meinen 1 (*glauben*) croire **2** (*denken*) penser **3** (*der Meinung sein*) ***~, dass ...*** être d'avis que ... (+ *Ind.*) **4** (*sagen*) dire **5** (*sagen wollen*) vouloir dire, entendre; ***~ Sie das ernst?*** vous parlez sérieusement?; ***es war nicht so gemeint*** je ne voulais pas te (*bzw.* vous) vexer **6** *als Ziel*: ***damit bist du gemeint*** c'est à toi que cela s'adresse **7** ***ich habe es gut gemeint*** je croyais bien faire
meinetwegen 1 (*was mich betrifft*) quant à moi **2** (*von mir aus*) ***~!*** d'accord!
Meinung *f* **1** opinion *f*, avis *m*; ***meiner ~ nach*** à mon avis **2** ***j-m die ~ sagen*** dire à qn ses quatre vérités

Meinung

1. So kann man ausdrücken, dass es sich um die persönliche Meinung handelt:

Meiner Meinung nach ...
À mon avis ...
Ich bin der Meinung, dass ...
Je suis d'avis que (+ *Subj.*)

2. So kann man ausdrücken, dass man für etwas ist:

Ich bin für Alains Vorschlag.
Je suis pour la proposition d'Alain.
Ich finde deine Idee großartig.
Je trouve que ton idée est fantastique.

3. So kann man ausdrücken, dass man gegen etwas ist:

Ich bin dagegen.
Je suis contre.
Ich bin damit nicht einverstanden.
Je ne suis pas d'accord avec ça.

Meinungs|umfrage *f* sondage *m* d'opinion; **~verschiedenheit** *f* divergence *f* d'opinions, désaccord *m*
Meise *f* **1** *Vogel*: mésange *f* **2** ***sie hat ne ~*** *umg.* elle est dingue
meist → ***meistens***
meiste(n) **1** ***die ~n Leute*** (***Lehrer*** *usw.*) la plupart des gens (des professeurs *usw.*) **2** ***das ~*** le plus, la plus grande partie **3** ***am ~n*** le plus
meistens la plupart du temps, le plus souvent
Meister(in) *m(f)* **1** *im Handwerk*: patron *m*, -onne *f*, maître *m*; ***seinen ~ machen*** devenir maître artisan **2** SPORT champion *m*, -ionne *f*
Meisterprüfung *f* brevet *m* de maîtrise
Meisterschaft *f* SPORT championnat *m*
Melanzani *Pl* Ⓐ aubergines *f Pl*
melden **1** (*ankündigen*) annoncer; (*mitteilen*) ***j-m etw ~*** informer qn de qc; ***sie ist als vermisst gemeldet*** elle est portée disparue **2** ***sich ~*** SCHULE lever la main; TEL, *auf e-e Anzeige*: répondre; ***sich auf e-e Anzeige ~*** répondre à une annonce **3** ***wenn es dir zu kalt wird, melde dich!*** si tu as trop froid, dis-le! **4** ***er hat sich nie mehr gemeldet*** il n'a plus donné de signe de vie
Meldung *f* **1** (*Ankündigung*) annonce *f* **2** (*Zeitungs-, Radiomeldung*) information *f* **3** (*Anmeldung*) inscription *f*
melken traire (*Kuh*)
Melodie *f* air *m*, mélodie *f*
Melone *f* **1** melon *m* **2** (*Wassermelone*) pastèque *f*
Menge *f* **1** (*Anzahl*) quantité *f*, grand nombre *m* **2** ***e-e ganze ~ Bücher*** *usw. umg.* un tas de livres *usw.*; ***jede ~ Autos*** *umg.* un tas de voitures; ***in rauen ~n*** *umg.* en masse **3** *von Menschen*: foule *f* **4** MATH ensemble *m*
Mengenangabe *f* indication *f* de quantités
Meniskus *m* ménisque *m*
Mensa *f* restaurant *m* universitaire; *umg.* resto *m* U
Mensch *m* **1** homme *m*; *einzelner a.*: être *m* humain; ***jeder ~*** chacun, tout le monde **2** *verneint*: ***kein ~*** personne; *im Satz mit* ne: ***kein ~ war da*** il n'y avait personne **3** *in Ausrufen oft unübersetzt*: ***~, das gibt's doch nicht!*** *umg.* c'est pas vrai!, *umg.* tu blagues!
menschenleer (*Straße usw.*) dépeuplé
Menschen|menge *f* foule *f* (de gens); **~rechte** *n Pl* droits *m Pl* de l'homme; **~rechtsverletzung** *f* atteinte *f* aux droits de l'homme
menschenscheu (*Person*) peu sociable
Menschenseele *f*: ***es war keine ~ da*** il n'y avait pas un chat
Menschenskind *n*: ***~(er)!*** *umg.* ça alors!
Menschenverstand: ***der gesunde ~*** le bon sens
Menschheit *f* humanité *f*
menschlich humain
Menstruation *f* règles *f Pl*
Mentalität *f* mentalité *f*
Menü *n* menu *m* (*a.* IT)
Merkblatt *n* notice *f*; aide-mémoire *m*
merken **1** ***etw ~*** remarquer (*od.* s'apercevoir de) qc; ***davon habe ich nichts gemerkt*** je ne me suis rendu compte de rien, je n'ai rien aperçu **2** ***sich etw ~*** (*nicht vergessen*) retenir qc; *drohend*: ***das werde ich mir ~!*** je m'en souviendrai!
Merkmal *n* (*Kennzeichen*) marque *f*, signe *m*; ***besondere ~e*** signes *m Pl* particuliers
merkwürdig étrange, bizarre
Mess|becher *m* gobelet *m* gradué; **~diener** *m* enfant *m,f* de chœur
Messe *f* **1** (*Gottesdienst*) messe *f* **2** (*Ausstellung*) exposition *f*, foire *f*
Messehalle *f* pavillon *m* de l'exposition (*od.* de la foire)
messen **1** mesurer, prendre la mesure de **2** ***Fieber ~*** prendre la température (***bei*** de)

M

Messer *n* couteau *m*
Messerstich *m* coup *m* de couteau
Messestand *m* stand *m*
Messing *n* laiton *m*, cuivre *m* jaune
Messinstrument *n* instrument *m* de mesure
Messung *f* mesurage *m*
Metall *n* métal *m*
metallic métallisé (⚠ *Endung*)
Metallindustrie *f* industrie *f* métallurgique (⚠ *Endung*)
metallisch métallique
Metapher *f* métaphore *f* (⚠ *Endung*)
Meteor *m* météore *m*
Meteorit *m* météorite *m od. f*
Meter *m* mètre *m*
meterhoch **1** (*e-n Meter hoch*) d'un mètre (de *haut) **2** (*mehrere Meter hoch*) de plusieurs mètres (de *haut)
Metermaß *n* **1** mètre *m* **2** (*Bandmaß*) mètre *m* à ruban **3** (*Zollstock*) mètre *m* pliant, centimètre *m* (de construire)
Methode *f* méthode *f*
Metro *f Paris*: métro *m* (⚠ *im Frz. m*)
Metzger(in) *m(f)* boucher *m*, -ère *f*
Metzgerei *f* boucherie *f*
Meuterei *f* **1** *auf Schiffen*: mutinerie *f* **2** (*Aufruhr*) émeute *f*
meutern se mutiner, se révolter
Mexikaner(in) *m(f)* Mexicain(e) *m(f)*
mexikanisch mexicain
Mexiko *n* le Mexique (⚠ *Endung*)
mg mg (*Abk. für*: milligramme)
miau miaou
miauen miauler
mich **1** me; *vor Vokal u. stummem h*: m' **2** *betont, mit Präp.*: moi
mickrig **1** *Mensch*: *umg.* maigrichon/-onne **2** *Sache*: *umg.* riquiqui
miefen *umg.* puer
Miene *f* mine *f*
mies **1** (*schlecht*) *umg.* moche; ***ich fühle mich ~*** je me sens mal fichu **2** (*gemein*) *umg.* moche; ***das war ~ von dir*** ça a été moche de ta part **3** → ***miesmachen***
miesmachen: ***j-m etw ~*** dégoûter qn de qc
Miete *f* (*Mietkosten*) loyer *m*
mieten louer (*Wohnung, Auto usw.*)
Mieter(in) *m(f)* locataire *m,f*
Mietshaus *n* immeuble *m* de rapport
Miet|vertrag *m* contrat *m* de location; *bes. bei Wohnungen, Häusern usw.*: bail *m*; **~wagen** *m* voiture *f* de location; **~wohnung** *f* appartement *m* loué; *noch zu vermieten*: appartement *m* à louer
Mieze *f umg.* minet *m*, -ette *f*
Migräne *f* migraine *f*
Mikro *n* micro *m*
Mikro|chip *m* puce *f*; **~elektronik** *f* micro-électronique *f*
Mikrofon *n* microphone *m* (⚠ *Endung*)
Mikroskop *n* microscope *m*
Mikrowelle(nherd) *f(m)* four *m* à micro-ondes, micro-ondes *m*
Milch *f* lait *m*
Milchflasche *f* bouteille *f* de lait
milchig laiteux/-euse
Milch|kaffee *m* café *m* au lait; *im Café a.*: café *m* crème, crème *m*; **~produkte** *n Pl* produits *m Pl* laitiers; **~reis** *m* riz *m* au lait; **~schokolade** *f* chocolat *m* au lait; **~straße** *f* Voie *f* lactée; **~tüte** *f* brique *f* de lait; **~zahn** *m* dent *f* de lait
mild **1** (*Strafe*) léger/-ère; (*Kritik*) peu sévère **2** (*Klima, Wetter usw.*) doux/douce **3** **~ *gewürzt*** peu épicé
mildern **1** adoucir (*Wirkung, Schmerzen*) **2** ***~de Umstände*** circonstances *f Pl* atténuantes
Milieu *n* milieu *m*
Militär *n* armée *f*
Militär|dienst *m* service *m* militaire; **~diktatur** *f* dictature *f* militaire
militärisch militaire
Milliardär(in) *m(f)* milliardaire *m,f*
Milliarde *f* milliard *m* (⚠ *im Frz. m*)
Milli|gramm *n* milligramme *m*; **~liter** *m* millilitre *m*; **~meter** *m* millimètre *m*
Million *f* million *m* (⚠ *im Frz. m*)
Millionär(in) *m(f)* millionnaire *m,f*
Millionenstadt *f* ville *f* d'un million (*bzw.* de plusieurs millions) d'habitants
Milz *f* rate *f*
Mimose *f* mimosa *m* (⚠ *im Frz. m*)
Minderheit *f* minorité *f*
minderjährig mineur
Minderjährige(r) *f(m)* mineur(e) *m(f)*
minderwertig d'une valeur inférieure
Minderwertigkeitskomplex *m* complexe *m* d'infériorité
Mindest... minimum; ***Mindestalter*** âge *m* minimum (requis)
mindeste(r, -s) le, la moindre; ***nicht im ~n*** pas le moins du monde, nullement
mindestens au moins; (*wenigstens*) au

M

minimum
Mindesthaltbarkeitsdatum *n* date *f* limite de conservation
Mine[1] *f beim Bleistift*: mine *f*; *beim Kugelschreiber*: recharge *f*
Mine[2] *f Sprengkörper*: mine *f*
Mine[3] *f* (*Bergwerk*) mine *f*
Mineral *n* minéral *m*
Mineralwasser *n* eau *m* minérale
Minigolf *n* minigolf *m*
Minimum *n* minimum *m* (***an*** de)
Minirock *m* minijupe *f*
Minister(in) *m(f)* ministre *m,f* (***für*** de)
Ministerium *n* ministère *m* (⚠ *Endung*)
Ministrant(in) *m(f)* enfant *m,f* de chœur
minus moins
Minus|punkt *m* **1** *Benotung*: point *m* en moins **2** (*Nachteil*) *handicap *m*; **~zeichen** *n* signe *m* moins
Minute *f* minute *f*
mir **1** me; *vor Vokal u. stummem h*: m' **2** *betont*: à moi **3** *nach Präp.*: moi **4** ***von ~ aus*** si tu veux *bzw.* si vous voulez
mischen **1** (*vermischen*) mêler, mélanger **2** battre, mêler (*Karten*) **3** ***sich ~*** (*sich vermischen*) se mélanger, se mêler
Mischmasch *m umg.* salade *f*, *umg.* méli-mélo *m*
Mischung *f* mélange *m*; *von Pralinen usw.*: assortiment *m*
miserabel **1** (*schlecht*) lamentable (⚠ *frz.* misérable = ***unglücklich, armselig***) **2** ***ich fühle mich*** (*od.* ***mir geht's***) **~** je me sens terriblement mal
missachten **1** (*gering schätzen*) mépriser **2** (*nicht beachten*) ne pas respecter, ignorer
missbilligen désapprouver
Missbrauch *m* **1** abus *m*; (*falscher Gebrauch*) mauvais usage *m* **2** ***sexueller ~*** viol *m*
missbrauchen **1** abuser de (*Sachen*) **2** (*ausnützen*) profiter de (*j-n*) **3** *sexuell*: abuser de, violer (*j-n*)
Misserfolg *m* échec *m*
missglücken → ***misslingen***
misshandeln maltraiter; *stärker*: brutaliser
Misshandlung *f* mauvais traitements *m Pl*; *stärker*: brutalités *f Pl*
Missionar(in) *m(f)* missionnaire *m,f*
misslingen (*Versuch usw.*) ne pas réussir; (*Plan*) échouer; (*Kuchen usw.*) rater; ***es ist uns misslungen*** nous n'avons pas réussi, on n'a pas réussi
misstrauen: *j-m* (*bzw.* ***e-r Sache***) **~** se méfier de qn (*bzw.* de qc)
Misstrauen *n* méfiance *f*
misstrauisch méfiant (***gegenüber*** à l'égard de)
Missverständnis *n* malentendu *m*
missverstehen mal comprendre
Mist *m* **1** (*Misthaufen*) fumier *m* **2** (*Schund*) *umg.* camelote *f*, *umg.* cochonnerie *f* **3** **~ *bauen*** *umg.* faire des conneries **4** (***so ein***) **~!** *umg.* zut alors!, *umg.* mince!
Mistkübel *m* Ⓐ poubelle *f*
mit **1** (*zusammen mit*) avec **2** *Angabe des Inhalts*: de **3** *Hilfsmittel*: ***~ Bleistift schreiben*** écrire au crayon; ***~ dem Finger berühren*** toucher du doigt; ***~ der Post*** par la poste; ***~ Scheck bezahlen*** payer par chèque **4** *Verkehrsmittel*: ***~ dem Auto*** en voiture; ***~ dem Fahrrad*** à (*od.* en) vélo **5** *Art u. Weise*: à; ***~ Absicht*** à dessein; ***~ Gewalt*** de force; ***~ Vergnügen*** avec plaisir **6** *Aussehen*: ***die Frau ~ den roten Haaren*** la femme aux cheveux roux **7** *Altersangabe*: ***~ zwanzig Jahren*** à vingt ans **8** ***was ist ~ ihr?*** qu'est-ce qui lui est arrivé?
Mit|arbeit *f* collaboration *f*; **~arbeiter(in)** *m(f)* collaborateur *m*, -trice *f*
mitbekommen **1** (*bekommen*) recevoir **2** (*verstehen*) *umg.* piger
Mitbestimmung *f im Betrieb*: cogestion *f*
mitbringen **1** amener (*Personen, Tiere*) **2** apporter, rapporter (avec soi) (*Dinge*)
Mitbringsel *n* petit cadeau *m*; (*Andenken*) souvenir *m*
mitdürfen (*mitkommen dürfen*) pouvoir venir aussi
Mitesser *m* point *m* noir
mitfahren: (***mit j-m***) **~** accompagner qn; ***kann ich ~?*** je peux venir aussi?
mitgeben donner (***auf die Reise*** pour le voyage)
mitgehen **1** ***mit j-m ~*** aller avec qn; *zur Begleitung*: accompagner qn; ***ich gehe mit*** je vais t'accompagner (*bzw.* vous accompagner) **2** **~ *lassen*** *umg.* (*klauen*) faucher **3** (*begeistert sein*) être enthousiasmé (***mit*** par)

Mitglied *n* membre *m*
Mitgliedsausweis *m* carte *f* de membre
mithaben: ***ich habe kein Geld mit*** je n'ai pas d'argent sur moi
mitkommen **1** ***mit j-m ~*** venir avec qn, accompagner qn; ***kommst du mit?*** tu viens aussi? **2** *geistig, in der Schule*: suivre; ***da komm ich nicht mit*** ça me dépasse
mitkriegen **1** (*bekommen*) recevoir **2** (*verstehen*) *umg.* piger
Mitleid *n* pitié *f*, compassion *f*
mitleidig avec pitié
mitmachen **1** (*dabeisein*) être de la partie **2** ***~ bei*** prendre part à, participer à **3** ***da mache ich nicht mit!*** *umg.* je ne marche pas! **4** (*erleiden*) subir; ***er hat viel mitgemacht*** il a eu beaucoup d'épreuves
mitnehmen **1** emmener (*Personen, Dinge*); emporter (*nur Dinge*) **2** ***der Tod seiner Mutter hat ihn sehr mitgenommen*** la mort de sa mère l'a beaucoup frappé
mitreden: ***~ können*** avoir son mot à dire; ***nicht ~ können*** n'avoir rien à dire (***bei*** à, sur)
mitschreiben **1** prendre des notes **2** ***etw ~*** noter qc, prendre des notes de qc
Mitschüler(in) *m(f)* camarade *m,f* d'école
mitspielen **1** prendre part, participer (***bei*** à); ***spielst du mit?*** tu joues aussi? **2** THEAT jouer **3** ***wenn das Wetter mitspielt*** si le temps le permet
Mitspracherecht *n* droit *m* d'intervention
Mittag *m* **1** (*Mittagszeit*) midi *m* (⚠ *immer ohne* le) **2** ***heute ~*** aujourd'hui à midi **3** (*Nachmittag*) après-midi *m od. f* **4** ***zu ~ essen*** déjeuner
Mittagessen *n* déjeuner *m*
mittags **1** (*um 12 Uhr*) à midi **2** (*am Nachmittag*) dans l'après-midi
Mittagspause *f* pause *f* de midi; ***sie hat ~*** elle est allée déjeuner
Mitte *f* **1** milieu *m*; ***in der ~*** au milieu; ***die goldene ~*** le juste milieu **2** *mit Monaten*: mi-; ***~ Januar*** (à la) mi-janvier **3** ***sie ist ~ Dreißig*** elle a dans les trente-cinq ans **4** (*Mittelpunkt*), POL centre *m*
mitteilen: ***j-m etw ~*** informer qn de qc
Mittel[1] *n* **1** (*Hilfsmittel*) moyen *m*; ***mit allen ~n*** par tous les moyens **2** (*Heilmittel*) remède *m* (***gegen*** à) **3** (*Putzmittel usw.*) produit *m* **4** (*Gelder*) fonds *m Pl*
Mittel[2] *n Wert*: moyenne *f*
Mittel|alter *n* Moyen(-)Âge *m*; **~amerika** *n* l'Amérique *f* centrale; **~europa** *n* l'Europe *f* centrale; **~feldspieler(in)** *m(f)* FUSSBALL milieu *m* de terrain; **~finger** *m* majeur *m*
mittel|groß de taille moyenne; **~mäßig** médiocre
Mittelmeer *n* Méditerranée *f*
Mittelpunkt *m* centre *m*; ***im ~ stehen*** être au centre de l'intérêt
Mittel|stufe *f* **1** classes *f Pl* 8 à 10 du lycée allemand **2** *bei Sprachkursen usw.*: cours *m* moyen; **~stürmer(in)** *m(f)* FUSSBALL avant-centre *m*; **~welle** *f* onde *f* moyenne
mitten **1** ***~ auf der Straße*** au (beau) milieu de la rue (*bzw.* la route); ***~ in Paris*** en plein Paris; ***~ in der Nacht*** en pleine nuit **2** ***der Weg geht ~ durch den Wald*** le chemin passe en plein milieu de la forêt **3** ***~ durchbrechen*** se casser en deux
Mitternacht *f* minuit *m*
mittlere(r, -s) **1** *räumlich*: du milieu **2** (*durchschnittlich*) moyen/-enne
mittlerweile entre-temps
Mittwoch *m* **1** mercredi *m* **2** ⚠ *immer ohne* le *bzw. Präp.*: (**am**) ~ mercredi; ***nächsten ~*** mercredi prochain
mittwochs le mercredi, tous les mercredis
mixen **1** mélanger (*Getränk*) **2** RAD *usw.* mixer (*Musik, Geräusche*)
Mixer *m* GASTR mixeur *m*
mm mm (*Abk. für*: millimètre)
mobben *harceler sur le lieu de travail
Mobbing *n* *harcèlement *m* sur le lieu de travail
Möbel *n* meuble *m*
Möbelwagen *m* camion *m* de déménagement
mobil mobile; ***~ machen*** mobiliser
Mobile *n* mobile *m*
Mobilfunk *m* radiotéléphonie *f*
mobilisieren mobiliser
Mobiltelefon *n* téléphone *m* mobile
möblieren meubler
möchte → ***mögen***
Mode *f* mode *f*; ***in ~ sein*** être à la mode; ***aus der ~ kommen*** passer de mode

M

Model *n* mannequin *m*
Modell *n* **1** modèle *m* (*a. Vorbild*) **2** (*verkleinerter Nachbau*) maquette *f*
Modellbau *m* modélisme *m* (⚠ *Endung*)
modellieren modeler
Modem *n* modem *m*
Moderator(in) *m(f)* présentateur *m*, -trice *f*
moderieren présenter, animer (*Sendung, Show usw.*); ***heute moderiert ...*** aujourd'hui, c'est ... qui anime l'émission (⚠ *frz.* modérer = ***dämpfen, mäßigen***)
moderig moisi; ***es riecht ~*** ça sent le moisi
modern **1** moderne **2** (*modisch*) à la mode
modernisieren moderniser
Mode|schmuck *m* bijoux *m Pl* fantaisie; **~schöpfer(in)** *m(f)* styliste *m,f* (de mode); *nur m*: grand couturier *m*
Mofa *n* cyclomoteur *m*, mobylette® *f*
Mofafahrer(in) *m(f)* cyclomotoriste *m,f*
Mogelei *f* tricherie *f*
mogeln tricher
mögen **1** (*gernhaben*) aimer; ***ich mag dich*** je t'aime bien **2** (*Lust haben*) ***ich mag heute nicht*** aujourd'hui, je n'ai pas envie **3** ***etw lieber ~*** aimer mieux qc **4** ***ich möchte*** je voudrais; ***ich möchte nach Hause*** je voudrais rentrer à la maison; ***möchtest du etw essen?*** tu veux manger qc?
möglich **1** possible **2** ***so schnell*** (***so gut*** *usw.*) ***wie ~*** le plus vite (le mieux *usw.*) possible **3** ***alles ~e*** tout; *im negativen Sinn*: n'importe quoi; ***alle ~en Spiele*** toutes sortes de jeux
Möglichkeit *f* **1** possibilité *f* **2** ***es gab keine ~ zu halten*** il n'y avait pas moyen de s'arrêter **3** ***nach ~*** si possible
möglichst: ***~ schnell*** (***gut*** *usw.*) le plus vite (bon *usw.*) possible
Mohn *m* **1** *Pflanze, Blume*: pavot *m*; (*Klatschmohn*) coquelicot *m* **2** *Körner*: graines *f Pl* de pavot
Möhre *f*, **Mohrrübe** *f* carotte *f*
Mole *f* môle *m* (⚠ *im Frz. m*), jetée *f*
Molekül *n* molécule *f*
Moll *n* mode *m* mineur
mollig **1** (*rundlich*) rondelet/-ette **2** (*weich*) douillet/-ette **3** ***~*** (***warm***) bien chaud

Moment *m* (*Augenblick*) moment *m*, instant *m*; ***im ~*** en ce moment, pour l'instant; ***in diesem ~*** à ce moment-là, à cet instant; ***sie muss jeden ~ kommen*** elle doit arriver d'un moment à l'autre; ***~ mal!*** attends (*bzw.* attendez) un peu!
momentan pour l'instant, en ce moment
Monarchie *f* monarchie *f*
Monat *m* **1** mois *m* **2** ***sie ist im vierten ~*** (***schwanger***) elle est enceinte de trois mois (⚠ *in Frankreich zählen nur die abgeschlossenen Monate*)
monatlich **1** mensuel/-elle **2** (*im Monat*) par mois
Monats|blutung *f* règles *f Pl*; **~karte** *f* carte *f* mensuelle
Mönch *m* moine *m*
Mond *m* **1** lune *f* (⚠ *im Frz. weiblich, dafür ist die* ***Sonne*** *männlich*: le soleil) **2** *als Planet immer großgeschrieben*: Lune *f* **3** ***sie lebt hinter dem ~*** *fig.* elle vit en dehors du temps
Mond|finsternis *f* éclipse *f* de Lune; **~landschaft** *f* paysage *m* lunaire; **~landung** *f* atterrissage *m* sur la Lune, *a.* alunissage *m*; **~schein** *m* clair *m* de lune
Monitor *m* (*Bildschirm*) écran *m* (⚠ *frz.* moniteur *m* = ***Betreuer, Fahrlehrer, Skilehrer*** *usw.*)
mono en mono
Monolog *m* monologue *m*
Monopol *n* monopole *m* (***auf*** de)
monoton monotone
Monster *n* monstre *m*
Montag *m* **1** lundi *m* **2** ⚠ *immer ohne* le *bzw. Präp.*: (***am***) ***~*** lundi; ***nächsten ~*** lundi prochain
Montage *f* **1** TECH montage *m* (⚠ *im Frz. m*) **2** (*das Zusammenbauen*) assemblage *m* **3** ***er ist auf ~*** il travaille sur un chantier
Montagmorgen *m*: ***am ~*** lundi matin
montags le lundi; (*immer montags*) tous les lundis
Montblanc *m* mont *m* Blanc
Monte Rosa *m* mont *m* Rose
montieren **1** TECH monter **2** (*zusammenbauen*) assembler
Moor *n* marais *m*, marécage *m*
moorig marécageux/-euse
Moos *n* **1** BOT mousse *f* **2** (*Geld*) *umg.* fric *m*

M

Moped *n* vélomoteur *m*
Moral *f* **1** *e-r Fabel*: morale *f*, moralité *f* **2** (*Sittenlehre*) morale *f* **3** (*Stimmung*) moral *m* (⚠ *im Frz. m*)
Mord *m* meurtre *m*, assassinat *m* (**an** de)
Mordanschlag *m* attentat *m*
Mörder(in) *m(f)* meurtrier *m*, -ière *f*
mörderisch *fig.* terrible; (*Geschwindigkeit*) infernal
Mordsärger *m*: ***das gibt e-n ~*** ça va barder
Mordshunger *m*: ***ich hab e-n ~*** j'ai une faim de loup
Mordsspaß *m* plaisir *m* fou
Mordswut *f*: ***e-e ~ haben*** avoir la *haine
morgen demain; ***~ früh*** demain matin; ***~ Mittag*** demain à midi; ***~ Abend*** demain soir; ***bis ~!*** à demain!
Morgen *m* **1** matin *m*; ***am ~*** le matin; ***heute ~*** ce matin; ***gestern ~*** hier matin **2** (*Vormittag*) matinée *f* **3** ***guten ~!*** bonjour!
Morgen|essen *n* Ⓒⓗ petit-déjeuner *m*; **~grauen** *n* aube *f*
Morgenmuffel *m*: ***er ist ein ~*** les matins il est de mauvaise humeur
morgens le matin; ***um acht Uhr ~*** à huit heures du matin
morsch (*verfault*) pourri; (*wurmstichig*) vermoulu
Mörtel *m* mortier *m*, gâchis *m*
Mosaik *n* mosaïque *f* (⚠ *Endung*)
Mosambik *n* le Mozambique
Moschee *f* mosquée *f*
Mosel *f* Moselle *f*
mosern *umg.* râler, *umg.* rouspéter
Moskau *n* Moscou
Moskito *m* moustique *m*
Moslem(in) *m(f)* musulman(e) *m(f)*
moslemisch musulman
Most *m* **1** (*Apfelmost*) cidre *m*; *unvergorener*: jus *m* de pomme **2** (*Birnenmost*) poiré *m*; *unvergoren*: jus *m* de poire
Motiv *n* **1** (*Grund*) motif *m*; *für ein Verbrechen*: mobile *m* **2** MUS, KUNST motif *m*
motivieren motiver (*j-n*)
Motor *m* moteur *m*
Motor|boot *n* bateau *m* à moteur; **~haube** *f* capot *m*; **~rad** *n* motocyclette *f*, moto *f*; **~radfahrer(in)** *m(f)* motocycliste *m,f*; **~roller** *m* scooter *m*
Motte *f* mite *f* (⚠ *frz.* motte *f* = ***Erdklumpen***)
Motto *n* **1** devise *f*; *e-s Buchs usw.*: épigraphe *f*; *e-s Fests usw.*: thème *m*; ***unter dem ~ ... stehen*** avoir comme thème ... **2** ***nach dem ~ ...*** *fig.* d'après le principe que ... (+ *Ind.*)
motzen *umg.* râler, ronchonner
Mountainbike *n* VTT *m*, vélo *m* tout(-)terrain
Möwe *f* mouette *f*; *große Möwe*, *Raubmöwe*: goéland *m*
Mozzarella *m* mozzarella *f*
MTA *m,f* laborantin(e) *m(f)*
Mücke *f* **1** moustique *m* **2** ***aus e-r ~ e-n Elefanten machen*** faire une montagne de qc **3** ***die ~ machen*** *umg.* ficher le camp, *umg.* filer
Mückenstich *m* piqûre *f* de moustique
mucksmäuschenstill **1** ***es ist ~*** on entendrait voler une mouche **2** ***sie waren ~*** ils *bzw.* elles n'ont pas pipé (mot)
müde fatigué; ***~ machen*** fatiguer; ***~ werden*** se fatiguer
Müdigkeit *f* fatigue *f*
muffig: ***ein ~er Geruch*** une odeur de renfermé; ***hier riecht es ~*** ça sent le renfermé ici
Mühe *f* **1** peine *f*, mal *m*; ***mit Müh und Not*** à grand-peine; ***~ machen*** donner de la peine (*od.* du mal) **2** (*Anstrengung*) effort *m*; ***sich ~ geben*** se donner de la peine, se donner du mal (***bei, mit*** pour) **3** ***gib dir keine ~!*** *umg.* laisse tomber!
mühelos sans peine
Mühle *f* moulin *m*
mühsam pénible
Mulde *f* (*Vertiefung*) creux *m*
Mull *m* (*Verbandmull*) gaze *f*
Müll *m* (*Hausmüll*) ordures *f Pl* (ménagères); ***etw in den ~ werfen*** jeter qc à la poubelle
Müll|abfuhr *f* service *m* de nettoiement, éboueurs *m Pl*; **~beutel** *m* sac *m* poubelle
Mullbinde *f* bande *f* de gaze
Müll|deponie *f* décharge *f* publique; **~eimer** *m* poubelle *f*; **~kippe** *f* dépôtoir *m*; **~mann** *m* éboueur *m*; **~schlucker** *m* vide-ordures *m*; **~tonne** *f* poubelle *f*; **~trennung** *f* tri *m* des ordures
mulmig: ***mir ist ~*** je suis mal à l'aise
multikulturell multiculturel/-elle

M

Multimillionär(in) *m(f)* multimillionnaire *m,f*
Multiplechoice-Test *m* questionnaire *m* à choix multiple
Multiplikation *f* multiplication *f* (***mit*** par)
multiplizieren multiplier (***mit*** par)
Multivitaminsaft *m* jus *m* (de fruits) mulitvitaminé
Mumie *f* momie *f*
Mumm *m*: **~ *haben*** *umg.* avoir du cran
Mumps *m* oreillons *m Pl*
München *n* Munich
Mund *m* **1** bouche *f* **2** ***halt den ~!*** tais-toi!; *umg.* ferme-la!
münden: ~ *in* se jeter dans
Mund|geruch *m* mauvaise haleine *f*; **~harmonika** *f* harmonica *m* (⚠ *im Frz. m*)
mündig **1** (*volljährig*) majeur **2 *~e Bürger*** citoyens *m Pl* responsables
mündlich **1** (*Nachricht, Versprechen usw.*) verbal **2 *~e Prüfung*** oral *m*
Mündung *f* **1** *e-s Flusses*: embouchure *f* **2** *e-s Gewehrs usw.*: gueule *f*
Mundwasser *n* eau *f* dentifrice
Munition *f* munitions *f Pl* (⚠ *Plural*)
munter **1** (*fröhlich*) gai **2** (*lebhaft*) vif/vive **3** (*wach*) éveillé
Münze *f* pièce *f*; **~*n*** *a.* de la monnaie
Münz|telefon *n* téléphone *m* à pièces; **~wechsler** *m* changeur *m* de monnaie
mürbe (*Gebäck*) friable; (*Fleisch*) tendre
Mürbteig *m* pâte *f* brisée
Murmel *f* bille *f*
murmeln murmurer, susurrer
Murmeltier *n* marmotte *f*
mürrisch (*Mensch*) grognon/-onne
Mus *n* **1** *aus Obst*: compote *f*, marmelade *f* **2** (*Kartoffelmus*) purée *f*
Muschel *f* **1** coquillage *m* **2** (*Miesmuschel*) moule *f* **3** *Schale*: coquille *f*
Museum *n* musée *m* (⚠ *Endung*)
Musical *n* comédie *f* musicale
Musik *f* musique *f*
musikalisch **1** musical, de musique **2** (*musikbegabt*) musicien/-ienne
Musiker(in) *m(f)* musicien *m*, -ienne *f*
Musik|instrument *n* instrument *m* de musique; **~kassette** *f* cassette *f* de musique; **~lehrer(in)** *m(f)* professeur *m* de musique (⚠ *im Frz. nur m*); *umg.* prof *m,f* de musique; **~schule** *f* école *f* de musique
Muskel *m* muscle *m*
Muskelkater *m* courbature *f*, courbatures *f Pl*
Muskulatur *f* musculature *f*
muskulös musclé (⚠ *Endung*)
Müsli *n* mu(e)sli *m*
müssen **1** devoir; *oft a.*: il faut que … (*immer mit Subj.*); ***das muss sein*** c'est nécessaire, il le faut **2** *verneint*: ***das muss nicht sein*** ce n'est pas nécessaire **3** *als Vermutung*: ***sie muss krank sein*** elle doit être malade **4** *unwillkürlich*: ***ich musste lachen, als ich ihn sah*** je n'ai pas pu m'empêcher de rire en le voyant (*Gérondif*) **5** (*gehen müssen*) ***ich muss zur Schule*** il faut que j'aille au cours **6** ***ich muss mal*** *zur Toilette*: *umg.* il faut que j'aille au petit coin
Muster *n* **1** modèle *m* (***für*** de) **2** *bei Stoffen, Papier usw.*: dessin *m* **3** (*Warenmuster*) échantillon *m*
Musterbeispiel *n* exemple *m* typique (***für*** de)
mustern **1** (*ansehen*) ***j-n ~*** dévisager (*od.* toiser) qn; ***etw ~*** examiner qc **2** *für den Wehrdienst*: ***j-n ~*** faire passer le conseil de révision à qn
Musterschüler(in) *m(f)* élève *m,f* modèle
Musterung *f* MIL conseil *m* de révision
Mut *m* courage *m*; ***j-m ~ machen*** encourager qn
mutig courageux/-euse
mutlos sans courage, découragé
Mutprobe *f* épreuve *f* de courage
Mutter[1] *f* mère *f*
Mutter[2] *f* (*Schraubenmutter*) écrou *m*
Muttergottes *f* Madone *f*
mütterlich maternel/-elle
Mutter|mal *n* tache *f* de vin; **~milch** *f* lait *m* maternel
Mutter|schaftsurlaub *m*, **~schutz** *m* congé *m* de maternité
mutterseelenallein absolument seul
Mutter|sprache *f* langue *f* maternelle; **~tag** *m* fête *f* des mères
Mutti *f* maman *f*
Mütze *f* bonnet *m*; *mit Schirm*: casquette *f*
mysteriös mystérieux/-ieuse
mystisch mystique
Mythologie *f* mythologie *f*
Mythos *m* mythe *m*

N

na **1** *neugierig*: alors, eh bien **2** *überrascht, verärgert*: **~ so was!** par exemple!, ça alors! **3 ~ ja** *zögernd*: ben; *tröstend*: allons; **~ gut** bon, si tu veux *bzw.* si vous voulez **4** *beschwichtigend*: allons!; **~, ~!** allons, allons!; **~ und?** et alors?; **~ also!** tu vois (*bzw.* vous voyez) bien! **5** *ungeduldig*: **~ endlich!** ah, enfin!; **~ los!** vas-y *bzw. bei mehreren*: allez! **6** *drohend*: **~ warte!** attends un peu!

Nabe *f am Fahrrad usw.*: moyeu *m*

Nabel *m* nombril *m*

Nabelschnur *f* cordon *m* ombilical

nach **1** *mit Richtungsangabe*: vers, à **2** *mit Ortsangabe*: à, pour; **sie fährt ~ Paris** elle va à Paris; **e-e Fahrkarte ~ Paris** un billet pour Paris **3** *mit Ländern*: en *bzw.* au; **~ Belgien** en Belgique; **~ Kanada** au Canada **4** *mit Zeitangabe*: après, plus tard; **~ drei Tagen** trois jour après (*od.* plus tard) **5** *Uhrzeit*: **es ist zwanzig ~ fünf** il est cinq heures vingt **6** *Reihenfolge*: après; **der Reihe ~** à tour de rôle; **~ und ~** peu à peu, petit à petit **7** (*gemäß, wie*) d'après, selon; **meiner Meinung ~** d'après moi, à mon avis **8 es riecht ~ Gas** (**Rauch, Rosen** *usw.*) ça sent le gaz (la fumée, les roses *usw.*) **9 das schmeckt ~ Vanille** (**Pfeffer** *usw.*) cela a un goût de vanille (de poivre *usw.*) **10 ~ wie vor** toujours

nachahmen imiter

Nachahmung *f* imitation *f*

Nachbar... voisin

Nachbar(in) *m(f)* voisin(e) *m(f)*

Nachbarschaft *f* voisinage *m*

nachblicken: j-m ~ suivre qn des yeux

nachdem **1** *zeitlich*: après que … (+ *Ind.*); *oft a. mit Inf.*: **~ sie geredet hatte, setzte sie sich** après avoir parlé, elle s'est assise **2** *begründend*: puisque **3 je ~, ob es warm oder kalt wird** selon qu'il fera chaud ou froid; **je ~!** ça dépend, c'est selon

nachdenken réfléchir (**über** à)

nachdenklich **1** pensif/-ive, songeur/-euse **2 das machte mich ~** cela m'a fait réfléchir

nachdrücklich énergique

nacheinander **1** (*hintereinander*) *zwei*: l'un (*bzw.* l'une) après l'autre; *mehrere*: les uns (*bzw.* les unes) après les autres **2 zweimal** (**an drei Tagen** *usw.*) **~** deux fois (trois jours *usw.*) de suite; **kurz ~** en peu de temps

Nacherzählung *f* compte *m* rendu; SCHULE compte *m* rendu de lecture orale

nachfahren: j-m ~ suivre qn (en voiture *usw.*)

Nachfolger(in) *m(f)* successeur *m* (⚠ *im Frz. nur m*)

nachforschen faire des recherches (**e-r Sache** sur qc)

Nachforschung *f*: **~en anstellen** faire des recherches (**über** sur)

Nachfrage *f* demande *f* (**nach** de)

nachfragen **1** (*sich erkundigen*) s'informer (**nach** de); se renseigner (**nach** sur) **2** (*noch einmal fragen*) insister (pour savoir)

nachfüllen remplir de nouveau (*Behälter, Flasche*); remettre (*Wasser, Salz usw.*)

Nachfüllpackung *f* recharge *f*

nachgeben (*Person, Material*) céder

nachgehen **1** (*folgen*) suivre (**j-m** qn) **2 meine Uhr geht nach** ma montre retarde, ma montre est en retard **3 dieser Sache** *usw.* **gehe ich nach** je vais m'occuper de cela

Nachgeschmack *m* arrière-goût *m*

nachgiebig **1** (*Material*) flexible, élastique, souple **2** (*Personen*) souple, facile

nachhause → **Haus**

Nachhauseweg *m*: **auf dem ~** sur le chemin de retour, en rentrant

nachher après; (*später*) plus tard; **bis ~!** à toute à l'heure!

Nachhilfe *f* leçons *f Pl* particulières

Nachhilfestunde *f* leçon *f* particulière, cours *m* particulier

nachholen rattraper (*Versäumtes*)

nachkommen **1** (*folgen*) suivre (**j-m** qn) **2** (*später kommen*) **ich komme nach** je viendrai plus tard

Nachlass *m im Preis*: réduction *f*

nachlassen **1** diminuer; (*Schmerz, Wind, Sturm*) se calmer; (*Wind a.*) fai-

blir **2** (*Gehör, Gedächtnis usw.*) faiblir; (*Augen*) baisser **3** (*Aufmerksamkeit, Interesse*) se relâcher **4** (*Leistung*) baisser; ***sie hat in der Schule nachgelassen*** son niveau en classe a baissé
nachlässig **1** négligent **2** ***sich ~ kämmen*** se peigner négligemment
Nachlässigkeit *f* négligence *f*
nachlaufen: ***j-m ~*** courir après qn (*a. fig.*)
nachmachen **1** (*nachahmen*) imiter; ***etw ~*** *a.* copier qc; ***sie macht mir alles nach*** elle fait tout ce que je fais, elle me copie tout le temps **2** (*fälschen*) imiter **3** (*später machen*) faire plus tard
Nachmittag *m* **1** après-midi *m od. f*; ***am ~*** l'après-midi; *im Verlauf*: dans l'après-midi **2** ***heute ~*** cet après-midi
nachmittags **1** *e-s bestimmten Tages*: (dans) l'après-midi **2** *regelmäßig*: l'après-midi **3** ***um vier Uhr*** *usw.* ~ à quatre heures *usw.* de l'après-midi
Nachname *m* nom *m* de famille
nachprüfen vérifier, contrôler
Nachprüfung *f* SCHULE *usw.* session *f* de rattrapage
Nachricht *f* **1** (*Neuigkeit*) nouvelle *f* **2** (*Botschaft*) message *m* **3** RAD, TV ***~en*** journal *m*, informations *f Pl*
Nachrichten|satellit *m* satellite *m* de télécommunications; **~sprecher(in)** *m(f)* TV, RAD présentateur *m*, -trice *f*
Nachsaison *f* arrière-saison *f*
nachschauen **1** ***j-m ~*** suivre qn des yeux **2** (*prüfen*) aller voir **3** *in e-m Buch*: chercher
nachschicken **1** réexpédier (*Brief usw.*) **2** (*später schicken*) ***er schickt es mir nach*** il me l'envoie plus tard
nachschlagen: ***ein Wort*** **(*im Wörterbuch*)** ~ chercher un mot (dans le dictionnaire); ***im Lexikon ~*** regarder dans le dictionnaire encyclopédique
Nachschub *m* ravitaillement *m*
nachsehen **1** (*nachblicken*) ***j-m ~*** suivre qn des yeux **2** (*prüfen*) vérifier, aller voir **3** (*nachschlagen*) ***sieh mal im Wörterbuch nach*** cherche dans le dictionnaire
Nachsilbe *f* suffixe *m*
nachsitzen: ***~ müssen*** *umg.* avoir une retenue (*umg.* une colle)
Nachspeise *f* dessert *m*
nachspionieren: ***j-m ~*** espionner qn
nach|sprechen (*wiederholen*) répéter; **~spülen** rincer (*Geschirr, Haare*)
nächstbeste(r, -s) **1** *Reihenfolge*: second **2** ***wir nehmen das ~ Hotel*** nous prenons le premier hôtel venu
nächste(r, -s) **1** *örtlich*: ***der*** *bzw.* ***die*** *bzw.* ***das Nächste*** le, la plus proche; ***die ~ Straße rechts*** la première rue à droite **2** *zeitlich*: prochain **3** ***am ~n Tag*** le lendemain, le jour suivant **4** ***in ~r Zeit*** prochainement, bientôt **5** (*nächstbeste[r, -s]*) ***bei der ~n Gelegenheit*** à la première occasion
Nächstenliebe *f* amour *m* du prochain, charité *f*
Nacht *f* **1** nuit *f*; ***es ist ~*** il fait nuit; ***bei ~*** de nuit, la nuit; ***in der ~*** pendant la nuit; ***über ~*** pendant la nuit; *fig.* du jour au lendemain **2** ***heute ~*** cette nuit; ***gestern*** (*bzw.* ***morgen***) ~ dans la nuit d'hier (*bzw.* de demain) **3** ***gute ~!*** bonne nuit!; *iron.* **(*na*) *dann gute ~!*** eh bien, alors, bonjour!
Nachtdienst *m*: ***~ haben*** (*Arzt, Apotheke usw.*) être de garde
Nachteil *m* **1** désavantage *m*, inconvénient *m* **2** ***sie ist im ~*** elle est désavantagée
nachteilig désavantageux/-euse
Nacht|essen *n* (CH) dîner *m*; *regional*: souper *m*; **~hemd** *n* chemise *f* de nuit
Nachtigall *f* rossignol *m*
Nachtisch *m* dessert *m*
Nachtmahl *n* (A) dîner *m*; *regional*: souper *m*
nachtragen **1** ***j-m etw ~*** (*übel nehmen*) garder rancune à qn de qc **2** *schriftlich*: ***etw ~*** rajouter qc
nachtragend rancunier/-ière
nachträglich postérieur, ultérieur
nachts pendant la nuit, dans la nuit
Nachtschicht *f*: ***er hat ~*** il est de nuit
Nacht|tisch *m* table *f* de nuit; **~wächter** *m* gardien *m* de nuit; **~zug** *m* train *m* de nuit
nach|vollziehbar concevable, compréhensible; **~vollziehen** comprendre
Nachweis *m* preuve *f*
nachweisen **1** montrer (*Fehler usw.*) **2** (*beweisen*) prouver, démontrer; ***sie konnte ihm nichts ~*** elle n'a rien pu prouver contre lui
Nach|wort *n* postface *f*; **~wuchs** *m* **1** (*Kinder*) progéniture *f* **2** (*die Jüngeren*) jeunes *m Pl*, nouvelle génération *f*

N

nach|zahlen *im Zug*: payer un supplément; **~zählen** compter, recompter
nachziehen 1 retracer (*Linie*) **2** refaire (*Augenbrauen*) **3** resserrer (*Schraube*) **4** ***ein Bein ~*** traîner la jambe
Nachzügler(in) *m(f)* retardataire *m,f*
Nacken *m* nuque *f*
Nackenstütze *f* AUTO *usw.* repose-tête *m*
nackt nu
Nadel *f* **1** aiguille *f* (*a. Tannennadel usw.*) **2** (*Haar-, Stecknadel*) épingle *f*
Nadel|baum *m* conifère *m*; **~öhr** *n* chas *m*, trou *m* de l'aiguille
Nagel[1] *m aus Metall*: clou *m*
Nagel[2] *m* (*Finger-, Zehennagel*) ongle *m*
Nagel|feile *f* lime *f* à ongles; **~lack** *m* vernis *m* à ongles; **~lackentferner** *m* dissolvant *m*
nageln clouer (***an die Wand*** au mur)
nagelneu flambant neuf/neuve
Nagelschere *f* ciseaux *m Pl* à ongles
nagen ronger (***an etw*** qc)
Nager *m*, **Nagetier** *n* rongeur *m*
nah(e) 1 *mit Subst.*: proche; ***der Nahe Osten*** le Proche-Orient **2** *mit Verb od. Präp.*: près; ***~e an*** *od.* ***bei*** près de; ***von ~em*** de près **3** ***~e daran sein zu ...*** être sur le point de ..., faillir ... (+ *Inf.*) **4** ***er war den Tränen ~e*** il était au bord des larmes
Nähe *f* **1** proximité *f* (***zu*** de) **2** (*Umgebung*) environs *m Pl* **3** (***hier***) ***in der ~*** près d'ici; ***in der ~ von*** à proximité de, près de; ***er muss hier in der ~ sein*** il doit être par ici **4** ***etw aus der ~ betrachten*** regarder qc de près
nähen coudre (***mit der Maschine*** à la machine)
näher 1 plus près; *beim Subst., nachgestellt*: plus proche **2** ***die ~e Umgebung*** le voisinage, les alentours *m Pl* **3** ***etw ~ ansehen*** regarder qc de plus près **4** ***kennst du ihn ~?*** tu le connais bien? **5** ***~ kommen*** s'approcher (*a. Termin usw.*) **6** → ***näherkommen***
näherkommen: *sich ~* *fig.* se rapprocher
nähern: *sich ~* s'approcher (***j-m, e-r Sache*** de qn, de qc)
nahezu presque, pratiquement
Näh|garn *n* fil *m* à coudre; **~maschine** *f* machine *f* à coudre; **~nadel** *f* aiguille *f*
Nahost le Proche-Orient

Nahrung *f* nourriture *f*
Nahrungsmittel *n Pl* aliments *m Pl*, produits *m Pl* alimentaires
Naht *f* **1** *im Stoff*: couture *f* **2** (*Schweißnaht*) soudure *f* **3** *e-r Wunde*: suture *f*
Nah|verkehr *m* trafic *m* de banlieue; **~verkehrszug** *m* train *m* de banlieue
Nähzeug *n* nécessaire *m* à couture
naiv naïf/naïve
Naivität *f* naïveté *f*
Name *m* **1** nom *m*; ***~ und Anschrift*** les nom et adresse; ***mein ~ ist ...*** je m'appelle ...; ***ich kenne ihn nur dem ~n nach*** je le connais seulement de nom **2** ***in meinem ~n*** en mon nom **3** (*Ruf*) réputation *f*
Namensschild *n* **1** *an Haustüren*: plaque *f* **2** *an der Kleidung*: badge *m*, macaron *m* **3** *auf Tischen*: écriteau *m*
Namenstag *m* fête *f*; ***sie*** (*bzw.* ***er***) ***hat heute ~*** c'est sa fête aujourd'hui
nämlich 1 (*und zwar*) c'est à dire **2** *begründend*: c'est que (+ *Ind.*)
nanu: *~!* ça alors!
Napf *m für Tiere*: jatte *f*, écuelle *f*
Narbe *f* cicatrice *f*
Narkose *f* anesthésie *f*
Narr *m* **1** fou *m* **2** ***j-n zum ~en halten*** se moquer de qn
narrensicher (*Gerät*) d'utilisation simple
närrisch fou/folle (⚠ *vor Vokal u. stummem* h *wird* fou *zu* fol)
Narzisse *f* narcisse *m* (⚠ *im Frz. m*); *gelbe a.*: jonquille *f*
Nasallaut *m* nasale *f* (⚠ *im Frz. f*)
naschen 1 ***wer hat vom Kuchen genascht?*** qui a grignoté le gâteau? **2** ***sie nascht gern*** elle aime (*od.* adore) les friandises, elle est gourmande
Nase *f* **1** nez *m*; ***sich die ~ putzen*** se moucher **2** ***auf die ~ fallen*** *a. fig., umg.* se casser le nez **3** ***j-n an der ~ herumführen*** *fig.* duper qn **4** (***direkt***) ***vor deiner ~*** devant (*od.* sous) ton nez; ***der Bus ist mir vor der ~ weggefahren*** l'autobus m'a filé sous le nez **5** ***die ~ vorn haben*** *fig.* avoir une longueur d'avance **6** ***ich hab die ~ voll!*** *umg.* j'en ai ras le bol
naselang: *alle ~* à tout bout de champ
Nasenbluten *n*: ***sie hat ~*** elle saigne du nez
Nasen|loch *n* narine *f*; **~spitze** *f* bout *m* du nez; **~spray** *n* spray *m* nasal

N

Nashorn *n* rhinocéros *m*
nass 1 mouillé **2 ~ machen** mouiller; **~ werden** se mouiller **3 ich war ~ geschwitzt** j'étais trempé de sueur, j'étais en nage
Nässe *f* humidité *f*
nass|machen, **~schwitzen** → **nass**; **~spritzen** → **spritzen**
Nastuch *n* (CH) mouchoir *m*
Nation *f* nation *f*; **die Vereinten ~en** les Nations *f Pl* Unies
national national
National|elf *f* équipe *f* nationale de football; **~feiertag** *m* fête *f* nationale; **~hymne** *f* hymne *m* national (⚠ *frz.* hymne *ist m*)
Nationalität *f* nationalité *f*
Nationalmannschaft *f* équipe *f* nationale
Nationalrat[1] *m* (*Parlament*) **1** (CH) Conseil *m* national **2** (A) ≈ Assemblée *f* nationale
National|rat[2] *m*, **~rätin** *f* (*Parlamentsmitglied*) **1** (CH) membre *m* du Conseil national (⚠ *im Frz. nur m*) **2** (A) député(e) *m(f)* de l'Assemblée nationale
Nationalsozialismus *m* national-socialisme *m*
nationalsozialistisch national-socialiste
NATO *f* OTAN *f* (*Abk. für*: Organisation *f* du traité de l'Atlantique Nord)
Natostaat *m* État *m* membre de l'OTAN
Natrium *n* sodium *m*
Natur *f* **1** nature *f* **2** (*Wesen, Beschaffenheit*) nature *f*; **von ~ aus** de nature, naturellement
Natur|freund(in) *m(f)* ami(e) *m(f)* de la nature; **~heilkunde** *f* naturopathie *f*, médecines *f Pl* naturelles; **~kostladen** *m* magasin *m* de produits naturels
natürlich[1] **1** (*naturbelassen*) naturel/-elle **2** (*ungekünstelt*) simple
natürlich[2] **1** (*selbstverständlich*) naturellement, évidemment; **(aber) ~!** bien sûr!; **~ nicht!** bien sûr que non!, évidemment pas; **~ kam er nicht** bien sûr qu'il n'est pas venu **2** (*zwar*) bien sûr
Naturpark *m* parc *m* naturel
Naturschutz *m* protection *f* de la nature; **unter ~ stehen** être protégé
Naturschutzgebiet *n* réserve *f* naturelle
naturtrüb (*Apfelsaft*) non filtré
Naturwissenschaft *f* **1** *einzelne*: science *f* **2 ~en** *als Ganzes*: sciences *f Pl* physiques et naturelles
Naturwissenschaftler(in) *m(f)* scientifique *m,f*
naturwissenschaftlich scientifique
Nazi *m umg., abw.* nazi *m*
n. Chr. apr. J.-C. (*Abk. für*: après Jésus-Christ)
Nebel *m* brouillard *m*, brume *f*; **bei ~** par temps de brouillard
neben 1 *örtlich*: à côté de, auprès de; **rechts** (*bzw.* **links**) **~ der Tür** à droite (*bzw.* à gauche) de la porte **2** (*verglichen mit*) par rapport à, comparé à **3** (*zusätzlich zu*) outre
nebenan 1 das Haus (**Zimmer** *usw.*) **~** la maison (la pièce *usw.*) d'à côté **2 sie wohnt ~** elle habite à côté
nebenbei 1 (*beiläufig*) en passant; **~ gesagt** soit dit en passant **2** (*außerdem*) en outre, de plus **3 sie verdient etw ~** elle gagne un peu d'argent à côté
Nebeneffekt *m* effet *m* secondaire
nebeneinander 1 *örtlich*: l'un (*bzw.* l'une) à côté de l'autre; *mehrere*: les uns (*bzw.* les unes) à côté des autres **2** *zeitlich*: simultanément, en même temps
Neben|einander *n* coexistence *f*; **~fach** *n* SCHULE matière *f* secondaire; **~fluss** *m* affluent *m*
nebenher à côté; **sie läuft ~** elle marche à côté de moi (de lui *usw.*)
Neben|job *m umg.* boulot *m* supplémentaire; **~kosten** *Pl der Miete*: charges *m Pl*; **~rolle** *f* rôle *m* secondaire
Nebensache *f*: **das ist ~** c'est secondaire
nebensächlich secondaire
Neben|saison *f* période *f* creuse; **~satz** *m* subordonnée *f*; **~zimmer** *n* pièce *f* voisine
neblig brumeux/-euse
nee (*nein*) non
Neffe *m* neveu *m*
negativ négatif/-ive
Negativ *n* FOTO négatif *m*
nehmen 1 prendre; **etw vom Tisch** (**aus dem Schrank** *usw.*) **~** prendre qc sur la table (dans l'armoire *usw.*); **da, nimm!** tiens! **2** *beim Essen*: se servir; **nimm dir!** sers-toi! **3** (*wegnehmen*) ôter, retirer **4 sich Zeit ~** prendre son

N

temps **5** ***an sich*** (*od.* ***zu sich***) ~ prendre **6** ***auf sich*** ~ assumer, prendre sur soi (*Verantwortung, Schuld usw.*)

Neid *m* envie *f*, jalousie *f* (***auf*** de)

neidisch envieux/-ieuse (***auf*** de)

neigen 1 (*beugen*) pencher; ***den Kopf*** ~ incliner la tête **2** ***sich*** ~ (*Gelände*) s'incliner **3** ***er neigt zu Übergewicht*** il a tendance à grossir

Neigung *f* **1** *Lage*: inclinaison *f*, pente *f* **2** (*Vorliebe*) inclination *f* (***zu*** pour, à); *oft im negativen Sinn*: penchant *m* (***zu*** pour, à)

nein non

Nein *n* non *m*; ***mit*** ~ ***antworten*** répondre non, répondre négativement; ***mit*** ~ ***stimmen*** voter contre

Neinstimme *f* non *m*

Nelke *f* **1** *Blume*: œillet *m* **2** (*Gewürznelke*) girofle *m*

nennen 1 *mit e-m Namen*: appeler, nommer **2** ***sie hat mich e-e Ratte genannt*** elle m'a traité de vieux rat **3** (*angeben*) indiquer (*Adresse, Preis usw.*); donner (*Grund*)

Neonazi *m* néonazi *m*

Neonlicht *n* lumière *f* au néon

Nepp *m* arnaque *f*

Nerv *m* **1** nerf *m* **2** ***die ~en verlieren*** (*bzw.* ***behalten***) perdre (*bzw.* garder) son sang-froid **3** ***der hat*** (***vielleicht***) ***~en!*** *umg.* il ne manque pas de culot, celui-là! **4** ***er geht mir auf die ~en*** il m'embête

nerven 1 ***du nervst!*** *umg.* tu m'énerves! **2** ***das nervt!*** c'est énervant!; *stärker*: j'en ai marre!

Nervenkitzel *m*: ***sie liebt*** ~ elle aime les sensations fortes

Nervensäge *f umg.* casse-pieds *m*

Nervenzusammenbruch *m* **1** *Anfall, a. aus Wut, Ärger*: ***e-n*** ~ ***kriegen*** piquer une crise de nerfs **2** *schwerer*: dépression *f* nerveuse

nervös nerveux/-euse; (*aufgeregt*) agité; ***er macht mich*** ~ il m'énerve

Nervosität *f* nervosité *f*; (*Aufgeregtheit*) agitation *f*

Nessel *f* ortie *f*; ***sich in die ~n setzen*** *fig.* se faire mal vu

Nest *n* **1** (*Vogelnest*) nid *m* **2** (*Dorf*) *umg.* trou *m*; *umg.* patelin *m*

nett 1 (*freundlich*) gentil/-ille; ***sei so*** ~ ***und mach die Tür zu!*** sois gentil, ferme la porte! **2** (*angenehm*) agréable **3** (*hübsch*) joli **4** *iron.* joli

netto net; ***wieviel verdienst du*** ~***?*** combien gagnes-tu au net?

Netz *n* (*Straßen-, Bahn-, Telefonnetz usw.*) réseau *m*

Netz|gerät *n* adaptateur *m* secteur; **~haut** *f* rétine *f*

neu 1 (*neu gemacht*) neuf/neuve **2** (*modern, neuartig*) nouveau/nouvelle; ***das ist mir*** ~ c'est nouveau pour moi, je ne savais pas **3** ***was gibt's Neues?*** quoi de neuf? **4** ***der, die Neue*** *in der Klasse usw.*: le nouveau, la nouvelle **5** ***das ~e Jahr*** la nouvelle année, l'année nouvelle **6** ***das Neue Testament*** le Nouveau Testament **7** *zeitlich*: ***seit ~estem*** depuis peu, depuis quelque temps; ***von ~em*** à (*od.* de) nouveau

Neu|ankömmling *m* nouveau venu *m*, nouvelle venue *f*; **~bau** *m* (*neu gebautes Haus*) immeuble *m* neuf, maison *f* neuve; **~baugebiet** *n* nouveaux quartiers *m Pl*

Neuenburg *n* Neuchâtel

Neugeborene(s) *n* nouveau-né *m*

Neugier(de) *f* curiosité *f*

neugierig curieux/-ieuse (***auf etw*** de voir qc); ***ich bin ~, ob er kommt*** je suis curieux de savoir s'il viendra (⚠ *Futur*)

Neuheit *f* (*neues Produkt*) nouveauté *f*

Neuigkeit *f* nouvelle *f*

Neujahr *n* nouvel an *m*; ***prosit ~!*** bonne année!

neulich dernièrement, récemment, l'autre jour

Neuling *m* **1** (*Neuer, Neue*) nouveau *m*, nouvelle *f* **2** (*Anfänger[in]*) débutant(e) *m(f)*

neumodisch de maintenant

Neumond *m* nouvelle lune *f*

neun 1 neuf **2** ***er ist*** ~ (***Jahre alt***) il a neuf ans **3** ***um*** ~ ***Uhr*** à neuf heures

Neun *f* neuf *m* (*a. Buslinie, Spielkarte usw.*)

Neuner *m* → ***Neun***

neunhundert neuf cents; *zusammengesetzte Zahlen ohne* -s: ***neunhunderteins*** *usw.* neuf cent un *usw.*

neun|jährig de neuf ans; **~mal** neuf fois

neunt: *zu* ~ à neuf

neuntausend neuf mille

neunte(r, -s) 1 neuvième **2** *im Datum*: neuf; ***der*** ~ ***Juli*** le neuf juillet **3** ***die*** ~ ***Klasse*** la troisième

Neuntel *n* neuvième *m*
neuntens neuvièmement
neunzehn dix-neuf
Neunzehnjährige(r) *f(m)* jeune *m*, jeune fille *f* de dix-neuf ans
neunzig quatre-vingt-dix; ⚠ *in Belgien, in der Schweiz*: nonante
Neunzigerjahre *n Pl*: ***in den ~n*** dans les années quatre-vingt-dix
Neurodermitis *f* névrodermite *f*
Neurose *f* névrose *f*
neurotisch 1 (*Menschen, Tiere*) névrosé **2** (*Verhalten*) névrotique
Neuschnee *m*: ***es ist ~ gefallen*** il est tombé de la neige fraîche
Neuseeland *n* la Nouvelle-Zélande
neuseeländisch néo-zélandais
neusprachlich *am Gymnasium*: ***der ~e Zug*** *in Frankreich entspricht* ≈ la section littéraire
neutral neutre (⚠ *Endung*)
Neutralität *f* neutralité *f*
Neutrum *n* neutre *m* (⚠ *Endung*)
Neuzeit *f* temps *m Pl* modernes
nicht 1 *ohne Verb*: pas; ***gar ~, überhaupt ~*** pas du tout **2** ***bitte ~!*** non, s'il vous (*bzw.* s'il te) plaît **3** *mit Verb*: ne … pas (⚠ ne *steht vor der Verbform*, pas *danach*; *vor Vokal u. stummem* h *wird* ne *zu* n') **4** ***~ mehr*** ne … plus **5** ***~ wahr?*** n'est-ce pas?
Nichte *f* nièce *f*
Nicht|raucher(in) *m(f)* non-fumeur *m*, -euse *f*; **~raucherzone** *f* zone *f* non-fumeurs
nichts 1 *ohne Verb*: rien **2** *mit Verb*: ne … rien; ⚠ ne *steht vor der Verbform*, rien *danach*; *vor Vokal u. stummem* h *wird* ne *zu* n': ***das macht ~*** ça ne fait rien; ***es gibt ~ mehr*** il n'y a plus rien **3** ***das ist ~ für mich*** ce n'est pas pour moi, ça **4** ***mir ~, dir ~*** sans plus de façons; ***für ~ und wieder ~!*** (tout ça) pour rien!
Nichts *n* **1** (*Leere*) néant *m*; ***plötzlich aus dem ~ auftauchen*** apparaître tout à coup **2** (*Nichtigkeit*) ***ein ~*** un rien
nicken: **(*mit dem Kopf*) ~** *grüßend*: faire signe de la tête; *zustimmend*: faire un signe de tête affirmatif
nie 1 *ohne Verb*: jamais **2** *mit Verb*: ne … jamais (⚠ *vor Vokal u. stummem* h *wird* ne *zu* n') **3** ***noch ~*** jamais; ***~ im Leben!*** jamais de la vie!
niedere(r, -s) 1 (*Tisch usw.*) bas/basse **2** (*Klasse, Pflanze, Tier usw.*) inférieur
nieder|geschlagen abattu; (*entmutigt*) découragé; **~knien** se mettre à genoux
Niederlage *f* défaite *f*
Niederlande *n Pl* Pays-Bas *m Pl*
Niederländer(in) *m(f)* Néerlandais(e) *m(f)*
niederländisch néerlandais
niederlegen 1 ***die Arbeit ~*** (*streiken*) se mettre en grève **2** ***sein Amt ~*** (*zurücktreten*) démissionner de ses fonctions
Nieder|sachsen *n* la Basse-Saxe; **~schlag** *m* précipitations *f Pl*
niedlich mignon/-onne
niedrig bas/basse (*Tisch, Preis usw.*); ***e-e ~e Zahl*** un petit nombre
niemals (ne) … jamais; → *a.* ***nie***
niemand 1 *ohne Verb*: personne; ***~ anderes (als)*** personne d'autre (que) **2** *als Subjekt e-s Satzes*: personne … ne ⚠ *vor Vokal u. stummem* h *wird* ne *zu* n': ***es war ~ da*** il n'y avait personne **3** *als Objekt*: ne … personne
Niemandsland *n fig.* zone *f* neutre
Niere *f Organ*: rein *m*; ⚠ *auf der Speisekarte*: rognons *m Pl*
Nierenstein *m* calcul *m* rénal
Niesanfall *m* crise *f* d'éternuements
nieseln: ***es nieselt*** il bruine
Nieselregen *m* crachin *m*, bruine *f*
niesen éternuer
Niete[1] *f* **1** *Los*: numéro *m* perdant **2** (*Versager*) *umg.* minable *m,f*
Niete[2] *f aus Metall*: rivet *m*
Nigeria *n* le Nigeria
Nikolaus *m* **1** *Gestalt*: Saint-Nicolas *m* **2** *Tag*: la Saint-Nicolas
Nikotin *n* nicotine *f* (⚠ *im Frz. f*)
nikotinarm pauvre en nicotine
Nilpferd *n* hippopotame *m*
nimmer: ***nie und ~!*** jamais!
nippen: ***~ an*** siroter (*Getränk*)
nirgends, nirgendwo *ohne Verb*: nulle part; *mit Verb*: ne … nulle part; ⚠ *vor Vokal u. stummem* h *wird* ne *zu* n': ***ich habe deine Brille nirgendwo gesehen*** je n'ai vu tes lunettes nulle part
Nische *f* niche *f*
nisten nicher, faire son nid
Niveau *n* **1** niveau *m* **2** ***das ist unter meinem ~*** (*das mache ich nicht*) ce serait me rabaisser **3** ***sie hat ~*** elle a de la classe
nix → ***nichts***

N

nobel **1** (*großzügig*) généreux/-euse **2** (*luxuriös*) de luxe; (*Haus, Einrichtung usw.*) élégant
Nobelpreis *m* prix *m* Nobel (**für** de)
noch **1** encore **2** *gesteigert*: **~ schöner** (**einfacher** *usw.*) encore plus beau (simple *usw.*); *aber*: **~ mehr** même plus **3** *verneint*: **~ nicht** pas encore; **~ nie** jamais (⚠ *Sätze mit Verben brauchen* ne *bzw.* n') **4** **immer ~** toujours **5** **nur ~** ne … plus que **6** **weder … ~** ni … ni (⚠ *Sätze mit Verben brauchen* ne *bzw.* n') **7** (*außerdem*) **~ etwas** autre chose **8** *iron.* **das fehlte gerade ~!** il ne manquait plus que ça
nochmal encore une fois
Nockerl *n* Ⓐ quenelle *f*
Nomade *m*, **Nomadin** *f* nomade *m,f*
Nomen *n* nom *m*, substantif *m*
Nominativ *m* nominatif *m*
Nonne *f* religieuse *f*
Nord… du nord; POL du Nord
Nord|afrika *n* l'Afrique *f* du Nord; **~amerika** *n* l'Amérique *f* du Nord; **~deutschland** *n* l'Allemagne *f* du Nord, le nord de l'Allemagne
Norden *m* nord *m*; *Abk.*: N; **im ~** au nord (**von** de)
Nordirland *n* l'Irlande *f* du Nord
nördlich **1** du nord; POL du Nord; **~e Halbkugel** hémisphère *m* Nord **2** (*im Norden*) au nord
Nord|osten *m* nord-est *m*; *Abk.*: NE (⚠ *frz.* NO *steht für* nord-ouest!); **~pol** *m* pôle *m* Nord
Nordrhein-Westfalen *n* la Rhénanie-du-Nord-Westphalie
Nord|see *f* mer *f* du Nord; **~westen** *m* nord-ouest *m*; *Abk.*: NO (⚠ *die frz. Abk. für Nordosten ist* NE)
nörgeln *umg.* râler, *umg.* rouspéter
Norm *f* norme *f*, standard *m*
normal **1** normal **2** **ist der noch ganz ~?** *umg.* il est un peu cinglé, non?
Normalbenzin *n* essence *f* (ordinaire)
normalerweise normalement
Norwegen *n* la Norvège
Norweger(in) *m(f)* Norvégien *m*, -ienne *f*
norwegisch norvégien/-ienne
Not *f* **1** (*Elend*) misère *f*, besoin *m* **2** **mit Mühe und ~** à grand-peine **3** **zur ~** (*notfalls*) à la rigueur
Notar(in) *m(f)* notaire *m* (⚠ *im Frz. nur m*)
Not|arzt *m*, **~ärztin** *f* médecin *m* de garde; *in der Notaufnahme*: médecin *m* des urgences (*frz.* médecin *ist nur m*); **~aufnahme** *f im Krankenhaus*: urgences *f Pl*; **~ausgang** *m* sortie *f* de secours; **~bremse** *f* signal *m* d'alarme, frein *m* de secours
Notdienst *m* service *m* de garde; **er** *bzw.* **sie hat ~** il *bzw.* elle est de garde
Note[1] *f* SCHULE *usw.* note *f*; *in Frankreich a.*: point *m*
Note[2] *f* MUS note *f*; **halbe ~** blanche *f*; **ganze ~** ronde *f*
Notendurchschnitt *m* moyenne *f*
Notenschlüssel *m* MUS clef *f*
Notfall *m* urgence *f*, cas *m* de besoin
notfalls **1** (*im Notfall*) en cas de besoin **2** (*schlimmstenfalls*) au pire
notieren: (**sich**) **etw ~** noter (*od.* prendre note de) qc
nötig **1** nécessaire **2** **es ist ~, dass …** il faut que (⚠ *immer mit Subj.*) **3** **wenn ~** le cas échéant **4** **etw ~ haben** (*brauchen*) avoir besoin de qc **5** **das habe ich nicht ~** je n'ai pas besoin de ça **6** **das Nötigste** le strict nécessaire
Notiz *f* note *f* (⚠ *frz.* notice *f* = **kurze Darstellung, Hinweis**); **sich ~en machen** prendre des notes
Notiz|block *m* bloc-notes *m*; **~buch** *n* carnet *m*, calepin *m*
Not|lage *f* situation *f* difficile; **~landung** *f* atterrissage *m* forcé; **~lösung** *f* solution *f* de fortune; **~lüge** *f* pieux mensonge *m*; **~ruf** *m* appel *m* d'urgence
Notwehr *f* légitime défense *f*; **in ~** à mon (son *usw.*) corps défendant; JUR en état de légitime défense
notwendig nécessaire
Notwendigkeit *f* nécessité *f*
Nougat *m od. n* praliné *m*
Novelle *f Erzählung*: nouvelle *f*
November *m* **1** novembre *m*; **im ~** en novembre **2** *Datumsangaben*: **der zweite** (**dritte** *usw.*) **~** le deux (trois *usw.*) novembre; **am 11. ~** le onze novembre
Nr. N°, numéro
Nu *n*: **im ~** en un clin d'œil
nüchtern **1** (*mit leerem Magen*) à jeun **2** (*nicht betrunken*) **er ist ~** il n'a pas bu **3** (*Stil*) sobre
Nudel *f* **1** **~n** pâtes *f Pl*, nouilles *f Pl* **2** **e-e ulkige ~** *umg.* un rigolo, une rigo-

lote
Nudelsalat *m* salade *f* de pâtes
Nugat *m od. n* praliné *m*
nuklear nucléaire
null **1** zéro; **~ Uhr zehn** zéro heure dix **2** **~ Komma zwei** zéro virgule deux; **in ~ Komma nichts** en moins de deux **3** **ich habe ~ Ahnung** je n'ai aucune idée
Null *f* **1** zéro *m* **2** (*Versager[in]*) *umg.* nul *m*, nulle *f*, zéro *m*
Nullpunkt *m* zéro *m*; (*Gefrierpunkt*) point *m* de congelation
Nummer *f* **1** numéro *m* (⚠ *frz.* nombre *m* = **Zahl, Anzahl**) **2** **er geht auf ~ sicher** il ne prend aucun risque
nummerieren numéroter (⚠ *Endung*)
Nummernschild *n* plaque *f* minéralogique, plaque *f* d'immatriculation
nun **1** (*jetzt*) maintenant **2** **~?** alors?; (**und**) **was sagst du ~?** alors, qu'est-ce que tu dis? **3** **das ist ~ mal so** c'est comme ça, il n'y a rien à faire
nur[1] **1** (*ausschließlich*) seulement **2** *in ganzen Sätzen oft*: ne … que **3** *vorangestellt*: **~ er** *bzw.* **~ sie …** lui seul *bzw.* elle seule … **4** **nicht ~ …, sondern auch** non seulement …, mais encore
nur[2] **1** *bei Wünschen*: seulement **2** *verstärkend*: **~ zu!** vas-y! *bzw.* allez-y!; **lass ~!** laisse donc!; **sieh ~!** regarde!; **wenn ich ~ daran denke, …** rien que d'y penser … **3** *fragend*: mais; **was treibt er ~?** mais qu'est-ce qu'il fabrique?
Nürnberg *n* Nuremberg
nuscheln parler indistinctement, manger ses mots
Nuss *f* **1** (*Walnuss*) noix *f* **2** (*Haselnuss*) noisette *f* **3** **doofe ~** *umg.* gourde *f*, *umg.* nouille *f*
Nuss|baum *m* noyer *m*; **~eis** *n* glace *f* à la noisette; **~knacker** *m* casse-noix *m*
Nüsslisalat *m* (CH) mâche *f*, doucette *f*
Nussschokolade *f* chocolat *m* aux noisettes
Nüstern *f Pl* narines *f Pl*, naseaux *m Pl*
Nutte *f vulg.* putain *f*
nütze: zu nichts ~ sein ne servir à rien
nutzen, nützen **1** **j-m nützen** servir (*od.* être utile) à qn (**zu** pour) **2** **das nutzt nichts** cela ne sert à rien **3** (*benutzen*) utiliser **4** **die Gelegenheit nutzen** profiter de (*od.* saisir) l'occasion
Nutzen *m* (*Nützlichkeit, Wert*) utilité *f*; (*Vorteil*) avantage *m*
nützlich **1** utile **2** **sich ~ machen** se rendre utile
nutzlos inutile
Nylon® *n* nylon® *m*
Nylonstrümpfe *m Pl* bas *m Pl* nylon
Nymphe *f* nymphe *f*

O

o: **~!** **1** oh!; **~ ja** (*bzw.* **~ nein**)**!** oh oui (*bzw.* oh non)! **2** **~ doch!** mais si! **3** **~ Gott!, ~ je!** mon Dieu!
Oase *f* oasis *f*
ob **1** si, *vor i*: s' (+ *Ind.*) **2** *am Satzanfang*: que, *vor Vokal u. stummem* h: qu' (+ *Subj.*); **~ er will oder nicht** qu'il le veuille ou non **3** **als ~** comme si; **es ist, als ~ …** on dirait que … (+ *Subj.*); **mir ist, als ~ …** il me semble que … (+ *Subj.*); **sie tut so, als ~ sie schläft** elle fait semblant de dormir **4** **und ~!** *umg.* et comment!, tu penses!
obdachlos sans domicile fixe
Obdachlose(r) *f(m)* sans domicile fixe *m,f*, SDF *m,f*
O-Beine *n Pl* jambes *f Pl* arquées
oben **1** en *haut; **links ~** en *haut à gauche; **auf Seite 4 ~** en *haut de la page quatre; **da ~** là-haut **2** **nach ~** vers le *haut; **nach ~ gehen** monter **3** (*auf der Oberfläche*) à la surface **4** *auf der Liste*: **~ stehen** être en tête **5** **von ~** (**herab**) d'en *haut; *fig.* de *haut; **j-n von ~ bis unten mustern** regarder qn de la tête aux pieds **6** *im Text*: **siehe ~** voir ci-dessus **7** **~ ohne** seins nus **8** **mir stehts bis hier ~!** *umg.* j'en ai ras le bol!
obendrein de plus
Ober *m* garçon *m*; **Herr ~!** Monsieur!
Oberarm *m* *haut *m* du bras
Oberbürgermeister(in) *m(f)* maire *m*, mairesse *f* (⚠ *man unterscheidet nicht zwischen Bürgermeister und Oberbürgermeister*)

obere(r, -s) **1** supérieur **2** (*darüber*) d'en *haut, du *haut, de dessus
Oberfläche *f* **1** surface *f* **2** (*Wasseroberfläche*) surface *f* (de l'eau) **3** (*Ausdehnung*) superficie *f*
oberflächlich superficiel/-ielle (*a. Person*)
Ober|geschoss *n*, Ⓐ **~geschoß** *n* étage *m* supérieur (⚠ *frz.* étage *ist m*)
oberhalb **1** en *haut **2** ***~ von ...*** au-dessus de ...; (*flussaufwärts*) en amont de ...
Oberhaupt *n* chef *m*; *e-r Partei a.*: leader *m*
oberirdisch au-dessus du sol
Ober|kiefer *m* mâchoire *f* supérieure; **~körper** *m* buste *m*, torse *m*; **~lippe** *f* lèvre *f* supérieure; **~österreich** *n* la *Haute-Autriche
Obers *n* Ⓐ **1** (*Sahne*) crème *f* **2** (*Schlagsahne*) crème *f* Chantilly
Ober|schenkel *m* cuisse *f*; **~schicht** *f der Gesellschaft*: classes *f Pl* supérieures (de la société); **~schule** *f die unteren Klassen*: ≈ collège *m*; *Oberstufe*: lycée *m*; **~seite** *f* côté *m* supérieur, face *f* supérieure
Oberst *m* MIL colonel *m*
oberste(r, -s) **1** *höchst gelegen*: le plus *haut/la plus *haute, supérieur **2** (*höchste*[*r, -s*]) suprême **3** ***an ~r Stelle*** *e-r Liste*: en première place
Ober|stufe *f* **1** SCHULE classes *f Pl* 11 à 13 du lycée allemand; *in Frankreich*: ≈ lycée *m* **2** *bei Sprachkursen*: cours *m* supérieur; **~teil** *n* **1** partie *f* supérieure, dessus *m* **2** *e-s Bikinis, Kostüms usw.*: *haut *m*
Objekt *n* **1** (*Ding*) obj<u>et</u> *m* **2** GR complément *m* (d'objet)
objektiv **1** objecti<u>f</u>/-ive **2** (*unparteiisch*) impartial **3** ***~ urteilen*** juger impartialement
Objektiv *n e-r Kamera*: objecti<u>f</u> *m*
Oblate *f* **1** (*Hostie*) hostie *f* **2** *Gebäck* ≈ gaufrette *f*
Oboe *f* *hautbois *m*
Obst *n* fruits *m Pl*

Obst

der Apfel	**la pomme**
die Birne	**la poire**
die Kirsche	**la cerise**
der Pfirsich	**la pêche**
die Nektarine	**la nectarine**
die Aprikose	**l'abricot** *m*
die Pflaume	**la prune**
die Feige	**la figue**
die Weintraube	**le raisin**
die Johannisbeere	**la groseille**
die Brombeere	**la mûre**
die Himbeere	**la framboise**
die Erdbeere	**la fraise**
die Zitrone	**le citron**
die Orange	**l'orange** *f*
die Mandarine	**la mandarine**
die Grapefruit	**le pamplemousse**
die Ananas	**l'ananas** *m*
die Banane	**la banane**
die Dattel	**la datte**
die Kokosnuss	**la noix de coco**

Obst|baum *m* arbre *m* fruitier; **~kuchen** *m* <u>tarte</u> *f* aux fruits (⚠ *in Frankreich meistens flach u. ohne Guss*); **~salat** *m* salade *f* de fruits
O-Bus *m* trolleybus *m*
obwohl bien que, malgré que, *förmlicher*: quoique (<u>*alle*</u> + *Subj.*)
Occasion *f* ⒸⒽ **1** occasion *f* **2** (*gebrauchtes Auto*) voiture *f* d'occasion
Ochse *m* bœuf *m*
öde **1** (*Ort, Gegend*) désert, désertique **2** (*eintönig*) monotone; (*langweilig*) ennuyeux/-euse
oder **1** ou (⚠ *ohne Akzent*; *frz.* où = ***wo!***) **2** *fragend*: n'est-ce pas?; ***er ist doch Arzt, ~?*** il est bien méd<u>e</u>cin, n'est-ce pas? **3** ***entweder ... ~ ...*** ou ... ou ..., soit ..., soit ...
Ofen *m* **1** (*Heizofen*) poêle *m* **2** (*Backofen*) four *m*; (*Herd*) fourneau *m* **3** ***jetzt ist der ~ aus*** (*jetzt ist es vorbei*) *umg.* maintenant c'est fichu
offen **1** (*geöffnet*) ouvert **2** ***halb ~*** (*Tür usw.*) entrebaîllé **3** (*Jacke, Hemd*) déboutonné; (*Schuh*) découvert; (*Auto*) décapoté **4** ***auf ~er Straße*** <u>en</u> pleine rue; ***auf ~er See*** <u>au</u> large **5** (*freimütig*) franc/franche; ***~ gesagt*** pour parler franchement **6** (*aufgeschlossen*) ***~ sein für*** être ouvert <u>à</u> **7** ***es ist noch alles ~***

rien n'est décidé **8** ***ein ~es Geheimnis*** un secret de polichinelle
offenbar 1 (*Lüge, Absicht*) évident, manifeste **2** (*anscheinend*) apparemment
Offenheit *f* franchise *f*
offensichtlich 1 évident **2** (*anscheinend*) ***du hast ~ geträumt*** tu dois avoir rêvé
offensiv 1 offensif/-ive **2** SPORT ***~ spielen*** prendre l'offensive
öffentlich 1 public/-ique; ***die ~en Verkehrsmittel*** les transports *m Pl* publics; ***der ~e Dienst*** la fonction publique **2** ***~ auftreten*** apparaître en public **3** ***~ machen*** rendre public, divulguer (*Skandal usw.*)
Öffentlichkeit *f* **1** (*Publikum*) public *m* **2** (*Öffentlichsein*) publicité *f*
offiziell officiel/-ielle
Offizier *m* officier *m*
offline *hors ligne
öffnen 1 ouvrir **2** décapsuler (*Flasche*); déboucher (*Flasche mit Korken*) **3** ***sich ~*** s'ouvrir
Öffner *m* **1** *für Dosen*: ouvre-boîte *m* **2** *für Flaschen*: ouvre-bouteille *m*
Öffnung *f* ouverture *f*; (*Loch*) trou *m*
oft 1 souvent **2** ***wie ~ ...?*** combien de fois ...?; ***wie ~ ...!*** que de fois ...!
öfter 1 (*häufig*) assez souvent **2** ***~ als*** plus souvent que **3** ***je ~ ich ihn sehe, desto besser gefällt er mir*** plus je le vois, plus il me plaît
öfters assez souvent
oh: ***~!*** oh!
ohne 1 sans **2** ***das ist ~ weiteres möglich*** c'est tout à fait possible **3** ***~ dass er es weiß*** sans qu'il le sache (⚠ *Subj.*) **4** ***das ist nicht ~*** (*eher schwierig*) c'est plutôt difficile; (*nicht schlecht*) ce n'est pas mal
Ohnmacht *f* **1** (*Bewusstlosigkeit*) évanouissement *m*; ***in ~ fallen*** s'évanouir **2** (*Machtlosigkeit*) impuissance *f*
ohnmächtig 1 (*bewusstlos*) évanoui; ***~ werden*** s'évanouir **2** (*machtlos*) impuissant
Ohr *n* **1** oreille *f*; ***sich die ~en zuhalten*** se boucher les oreilles **2** ***gute*** (*bzw.* ***schlechte***) ***~en haben*** entendre bien (*bzw.* mal) **3** ***er hat mich übers ~ gehauen*** *umg.* il m'a roulé **4** ***sie hat viel um die ~en*** elle est débordée
ohrenbetäubend assourdissant
Ohrenschmerzen *m Pl*: ***ich habe ~*** j'ai mal aux oreilles
Ohr|feige *f* gifle *f*; **~läppchen** *n* lobe *m* de l'oreille
Ohropax® *n* ≈ boules *f Pl* Quiès®
Ohrring *m* boucle *f* d'oreille
oje: ***~!*** mon Dieu!
okay 1 ***~!*** d'accord!; *umg.* d'ac! **2** ***das geht ~*** *umg.* c'est d'accord
Öko|bauer *m* agriculteur *m* biologique; **~laden** *m* magasin *m* de produits biologiques
Ökologie *f* écologie *f*
ökologisch écologique
Ökosystem *n* écosystème *m*
Oktave *f* MUS octave *f*
Oktober *m* **1** octobre *m*; ***im ~*** en octobre **2** *Datumsangaben*: ***der zweite*** (***dritte*** *usw.*) ***~*** le deux (trois *usw.*) octobre; ***am 5. ~*** le cinq octobre
ökumenisch œcuménique
Öl *n* **1** huile *f* **2** (*Heizöl*) mazout *m*, fuel *m* **3** (*Erdöl*) pétrole *m* **4** ***in ~*** (*a. Bild*) à l'huile **5** AUTO ***~ wechseln*** faire la vidange d'huile
Oldie *m* vieux succès *m* (*Lied*: de la chanson, *Film*: de l'écran)
Oldtimer *m* voiture *f* ancienne
ölen 1 huiler **2** graisser (*Rad, Motor*)
Öl|farbe *f* peinture *f* à l'huile; **~heizung** *f* chauffage *m* au mazout
ölig huileux/-euse
Olive *f* olive *f*
Oliven|baum *m* olivier *m*; **~öl** *n* huile *f* d'olive
olivgrün vert olive
Öl|jacke *f* ciré *m*; **~pest** *f* marée *f* noire; **~sardine** *f* sardine *f* à l'huile; **~tanker** *m* pétrolier *m*; **~wechsel** *m* vidange *f*
Olympiade *f* **1** *heutzutage*: Jeux *m Pl* olympiques **2** *im Altertum*: olympiade *f*
Olympiastadion *n* stade *m* olympique
Oma *f* **1** *umg.* mamie *f* **2** (*alte Frau*) *umg., abw.* mémé *f*
Omnibus *m* **1** autobus *m*, bus *m* **2** (*Reise-, Überlandbus*) autocar *m*, car *m* (⚠ *frz.* omnibus *m* = ***Nahverkehrszug***)
One-Night-Stand *m* aventure *f* d'une nuit
Onkel *m* oncle *m*
online en ligne
Online|-Banking *n* banque *f* en ligne; **~-Dienst** *m* service *m* en ligne
Opa *m* **1** *umg.* papi *m* **2** (*alter Mann*)

umg., abw. pépé *m*
Open-Air-... en plein air
Oper *f* **1** *Werk*: opéra *m* (⚠ *im Frz. m*) **2** *Gebäude*: Opéra *m* (⚠ *großgeschrieben*)
Operation *f* opération *f*
Operationssaal *m* bloc *m* opératoire
Operette *f* opérette *f*
operieren opérer
Opfer *n* **1** *von Unfällen, Verbrechen*: victime *f* **2** (*Verzicht*) sacrifice *m* **3** (*Opfergabe*) offrande *f*
opfern **1** sacrifier (*a. Zeit, Geld usw.*) **2** ***sich ~*** se sacrifier (***für*** pour)
Opium *n* opium *m*
Opposition *f* opposition *f*
Optiker(in) *m(f)* opticien *m*, -ienne *f* (⚠ *Endung*)
optimal optimal
Optimismus *m* optimisme *m*
optimistisch optimiste
optisch optique
orange orange, orangé
Orange *f* orange *f*
Orangensaft *m* jus *m* d'orange
Orchester *n* orchestre *m*
Orchidee *f* orchidée *f*
Orden[1] *m Auszeichnung*: décoration *f*
Orden[2] *m Gemeinschaft*: ordre *m*
ordentlich **1** (*Zimmer, Mensch*) ordonné **2** (*anständig*) sérieux/-ieuse; ***sich ~ benehmen*** se conduire convenablement **3** (*ganz gut, reichlich*) bon/bonne; ***ein ~es Stück*** *umg.* un bon morceau
Ordinalzahl *f* nombre *m* ordinal
ordinär vulgaire (⚠ *frz.* ordinaire = ***gewöhnlich***)
Ordination *f* Ⓐ **1** (*Arztpraxis*) cabinet *m* médical **2** (*ärztliche Sprechstunde*) consultation *f* médicale
ordnen **1** mettre en ordre (*Papiere usw.*); ranger (*Bücher usw.*) **2** (*sortieren*) ranger, classer (***alphabetisch*** *usw.* par ordre alphabétique *usw.*)
Ordner *m* (*Aktenordner*) classeur *m*
Ordner(in) *m(f)* membre *m* du service d'ordre (⚠ *im Frz. nur m*)
Ordnung *f* **1** ordre *m* **2** ***etw in ~ bringen*** mettre qc en ordre; (*regeln*) régler qc; ***sein Zimmer in ~ bringen*** (*aufräumen*) ranger sa chambre **3** ***in ~ sein*** (*Ausweis, Dokument*) être en règle; (*Gerät, Maschine*) fonctionner; ***es ist alles wieder in ~*** tout s'est arrangé **4** ***er ist in ~*** (*nett*) il est bien **5** ***ich finde das nicht in ~*** (*nicht gut*) je ne suis pas d'accord avec cela **6** ***in ~!*** *umg.* d'accord!
Ordnungszahl *f* nombre *m* ordinal
Oregano *m* origan *m*
ORF *m* radio et télévision autrichiennes
Organ *n* ANAT organe *m*
Organisation *f* organisation *f*
organisch organique
organisieren **1** organiser (*Fest, Treffen usw.*) **2** ***etw ~*** (*beschaffen*) se procurer qc
Organismus *m* organisme *m*
Orgasmus *m* orgasme *m*
Orgel *f* orgue *m*
Orgelpfeife *f* tuyau *m* d'orgue
Orient *m* Orient *m* (*frz.* l'orient = ***Osten***)
orientalisch oriental
orientieren: ***sich ~*** *in e-r Stadt usw.*: s'orienter, se repérer
Orientierung *f* orientation *f*; ***ich habe die ~ verloren*** je n'arrive plus à m'orienter
orientierungslos désorienté
original **1** original **2** (*echt*) ***ein ~ französischer Käse*** un véritable fromage français
Original *n* original *m*
originell original (⚠ *frz.* originel = ***ursprünglich***)
Orkan *m* ouragan *m*
Ornament *n* ornement *m*
Ort *m* **1** lieu *m*, endroit *m* **2** (*Ortschaft*) localité *f*, village *m* **3** ***an ~ und Stelle*** sur place, sur les lieux
orten repérer
Orthografie *f*, **Orthographie** *f* orthographe *m* (⚠ *im Frz. m*)
Orthopäde *m*, **Orthopädin** *f* orthopédiste *m,f*
örtlich local
Ortsgespräch *n* communication *f* urbaine
Ortszeit *f* heure *f* locale; ***um vier Uhr ~*** à quatre heures, heure locale
Öse *f* œillet *m*
Ost... de l'est; POL de l'Est; GEOG *oft* oriental
Ostdeutschland *n* l'est *m* de l'Allemagne; *früher*, POL l'Allemagne *f* de l'Est
Osten *m* **1** est *m*; *Abk.*: E (⚠ *frz.* O *steht für* ouest!); ***im ~*** à l'est (***von*** de) **2** POL Est *m* **3** GEOG Orient *m*

O

Oster|ei *n* œuf *m* de Pâques (*a. aus Schokolade*); **~ferien** *Pl* vacances *f Pl* de Pâques; **~glocke** *f* jonquille *f*; **~hase** *m* lapin *m* de Pâques
Ostern *n* **1** Pâques *m od. f Pl* (⚠ *immer ohne Artikel*) **2** ***frohe ~!*** joyeuses Pâques!
Österreich *n* l'Autriche *f*
Österreicher(in) *m(f)* Autrichien *m*, -ienne *f*
österreichisch autrichien/-ienne
Osteuropa *n* l'Europe *f* de l'Est
östlich **1** de l'est; POL de l'Est; oriental **2** (*im Osten*) à l'est
Ostsee *f* mer *f* Baltique
out: ***das ist ~*** c'est passé de mode
Outfit *n* **1** (*Kleidung*) *umg.* fringues *f Pl* **2** (*Ausrüstung*) équipement *m*
oval ovale
Overall *m* combinaison *f*
Overheadprojektor *m* rétroprojecteur *m*
Ozean *m* océan *m*; ***der Atlantische ~*** l'océan Atlantique
Ozon *n* ozone *m*
Ozon|loch *n* trou *m* dans la couche d'ozone; **~schicht** *f* couche *f* d'ozone; **~wert** *m* taux *m* d'ozone

P

paar **1** *mit Subst.*: ***ein ~*** quelques; ***ein ~ Mal*** quelques fois; ***ein ~ hundert Bücher*** quelques centaines de livres **2** *ohne Subst.*: quelques-uns, quelques-unes
Paar *n* **1** *von Sachen*: paire *f* **2** *Personen*: couple *m*
paaren **1** ***sich ~*** (*Tiere*) s'accoupler **2** ***gepaart mit*** *fig.* allié à
paarmal → ***paar***
paarweise deux par deux, par paires
Pacht *f* **1** bail *m* **2** *e-s Geschäfts, Lokals*: gérance *f*
pachten **1** prendre à bail **2** prendre en gérance (*Geschäft*)
Pächter(in) *m(f)* **1** preneur *m*, -euse *f* à bail **2** *e-s Geschäfts, Lokals*: gérant(e) *m(f)*
Pack *m* (*kleiner Packen*) paquet *m*
Päckchen *n* **1** (petit) paquet *m* **2** *bei der Post*: (petit) colis *m* postal
packen **1** (***seine Koffer***) **~** faire ses valises, faire ses bagages **2** (*legen, stecken*) mettre (***in*** dans) **3** (*ergreifen*) saisir **4** (*fesseln*) captiver **5** (*schaffen*) ***er hat's doch noch gepackt*** il y est finalement arrivé; ***sie hat die Prüfung nicht gepackt*** elle n'a pas réussi (à) l'examen
Packen *m* (gros) paquet *m*
Packpapier *n* papier *m* d'emballage
Packung *f* **1** (*Verpackung*) emballage *m* **2** *von Waren*: paquet *m*, boîte *f*
Paddel *n* pagaie *f*
Paddelboot *n* **1** (*Kanu*) canoë *m* **2** (*Kajak*) kayak *m*
paffen **1** (*nicht inhalieren*) fumer sans inhaler **2** (*rauchen*) fumer
Pagenkopf *m* cheveux *m Pl* coupés à la Jeanne d'Arc
Paket *n* **1** paquet *m* **2** *bei der Post*: colis *m* postal
Pakistan *n* le Pakistan
Pakt *m* pacte *m*, accord *m*
Palast *m* palais *m*
Palästina *n* la Palestine
Palästinenser(in) *m(f)* Palestinien *m*, -ienne *f*
Palatschinke *f* Ⓐ crêpe *f* épaisse à la confiture (*une specialité autrichienne*)
Palette *f* **1** *für Farben, zum Stapeln*: palette *f* **2** *fig.* ***e-e ganze ~ an …*** tout un éventail de …
Palme *f* **1** palmier *m* (⚠ la palme = ***Palmzweig*** *od.* ***Schwimmflosse***) **2** ***sie bringt mich ständig auf die ~*** *umg.* elle me fait monter la moutarde au nez
Palmsonntag *m* dimanche *m* des Rameaux
Pampelmuse *f* pamplemousse *m* (⚠ *im Frz. m*)
pampig *umg.* insolent
panieren paner
Paniermehl *n* chapelure *f*, panure *f*
Panik *f* panique *f*; ***in ~ geraten*** paniquer, s'affoler
Panikmache *f* alarmisme *m*
panisch panique; ***~e Angst haben*** être affolé, avoir une peur bleue

P

Panne *f* panne *f*
Pannenhilfe *f* dépannage *m*
Pant(h)er *m* panthère *f* (⚠ *im Frz. f*)
Pantoffel *m* pantoufle *f*
Pantomime *f* pantomime *f*
Panzer *m* **1** MIL char *m* (d'assaut), blindé *m* **2** ZO carapace *f*
Panzerschrank *m* coffre-fort *m*
Papa *m* papa *m*
Papagei *m* perroquet *m*
Papaya *f* papaye *f*
Papi *m* papa *m* (⚠ *frz.* papi *m* = ***Opa***)
Papier *n* **1** papier *m* **2** ***~e*** (*Ausweise usw.*) papiers *m Pl*
Papier|korb *m* corbeille *f* à papier; **~taschentuch** *n* mouchoir *m* en papier
Pappbecher *m* gobelet *m* en carton
Pappe *f* carton *m*
Pappel *f* peuplier *m*
papperlapapp: ***~!*** taratata!, à d'autres!
Pappkarton *m* boîte *f* en carton
Pappmaschee *n* papier *m* mâché
Paprika *m* **1** *Gemüse*: poivron *m* **2** *Gewürz*: paprika *m*
Papst *m* pape *m*
päpstlich du pape
Parabel *f* parabole *f* (⚠ *Endung*)
Parade *f* défilé *m*, revue *f*
Paradeiser *m* Ⓐ tomate *f*
Paradies *n* paradis *m*
paradiesisch paradisiaque
Paragliding *n* parapente *m*
Paragraph *m* **1** (*Absatz*) paragraphe *m* **2** JUR article *m*
parallel parallèle (***mit, zu*** à)
Parallele *f* **1** parallèle *m* (⚠ *im Frz. m*) **2** MATH parallèle *f* (⚠ *nur in der Mathematik f*)
Parallel|klasse *f* classe *f* parallèle; **~straße** *f* rue *f* parallèle
parat prêt; ***sie hat immer e-e Antwort ~*** elle a réponse à tout
Pärchen *n* couple *m*
Parfüm *n* parfum *m*
Parfümerie *f* parfumerie *f*
parfümieren: ***sich ~*** se mettre du parfum, se parfumer
Paris *n* Paris
Pariser[1] de Paris, parisien/-ienne
Pariser[2] *m* (*Kondom*) préservatif *m*
Pariser(in) *m(f)* Parisien *m*, -ienne *f*
Park *m* parc *m*
Parka *m* parka *f* (⚠ *im Frz. f*)
Parkbank *f* banc *m* public (⚠ *frz.* banque *f* = ***Bank, Geldinstitut***)
parken **1** stationner, se garer **2** ***das Auto*** *usw.* ***~*** garer (*od.* parquer) la voiture *usw.* **3** ***Parken verboten*** *auf Schildern*: stationnement interdit
Parkett *n* **1** *Fußboden*: parquet *m* **2** THEAT *usw.* parterre *m*, orchestre *m*
Park|gebühr *f* taxe *f* de stationnement; **~haus** *n* parking *m* couvert
parkieren Ⓒⓗ → ***parken***
Parklücke *f* créneau *m*
Parkplatz *m* **1** *für viele Autos*: parking *m*, parc *m* de stationnement **2** (*Parkmöglichkeit*) ***e-n ~ suchen*** chercher une place pour se garer
Park|scheibe *f* disque *m* (de stationnement); **~schein** *m* ticket *m* de stationnement; **~scheinautomat** *m* horodateur *m*; **~uhr** *f* parcmètre *m*
Parkverbot *n* **1** *auf Schildern*: défense de stationner **2** ***ich stehe im ~*** je suis en stationnement interdit
Parlament *n* parlement *m*
Parlamentarier(in) *m(f)* parlementaire *m,f*
parlamentarisch parlementaire
Parlamentswahl(en) *f* (*Pl*) élections *f Pl* législatives
Parodie *f* parodie *f* (***auf*** de)
Parole *f* **1** slogan *m* **2** (*Motto*) devise *f* (⚠ *frz.* parole *f* = ***Wort***)
Partei *f* **1** POL parti *m* (⚠ *im Frz. m*) **2** JUR partie *f* **3** ***~ ergreifen*** prendre parti (***für*** *bzw.* ***gegen*** pour *bzw.* contre)
parteiisch **1** partial **2** ***~ urteilen*** juger avec partialité
parteilos sans appartenance politique
Parterre *n* rez-de-chaussée *m*
Partie *f* **1** MUS, SPORT *usw.* partie *f* **2** ***mit von der ~ sein*** être de la partie
Partizip *n*: ***~ Präsens*** (*bzw.* ***Perfekt***) participe *m* présent (*bzw.* passé)
Partner(in) *m(f)* **1** partenaire *m,f* **2** (*Lebenspartner[in]*) compagnon *m*, compagne *f* **3** *beim Tanzen*: cavalier *m*, -ière *f*
Partnerlook *m*: ***im ~*** habillés pareil
Partnerschaft *f* **1** *geschäftliche*: association *f* **2** *von Städten*: jumelage *m*
Partnerstadt *f* ville *f* jumelée (***von*** à)
Party *f* fête *f*; *umg.* boum *f*
Partyservice *m* traiteur *m*
Pass[1] *m* (*Reisepass*) passeport *m*
Pass[2] *m* (*Bergpass*) col *m*
Pass[3] *m* SPORT passe *f*
Passage *f* **1** (*Durchgang, Abschnitt*)

passage *m* (⚠ *im Frz. m*) **2** (*überdachte Straße*) galerie *f*, passage *m* couvert

Passagier *m* passager *m*

Passbild *n* photo *f* d'identité

passen 1 aller; ***der Rock passt dir*** (***gut***) la jupe te va (bien) **2 ~ *an*** (***auf, zu*** *usw.*) (*Schlüssel usw.*) aller avec; ***zusammen ~*** aller ensemble **3 *in etw ~*** rentrer dans qc **4 ~ *zu*** *fig.* convenir à, s'accorder avec; ***das passt nicht hierher*** c'est déplacé **5** (*anwendbar sein*) ***die Beschreibung passt genau auf dich*** la description correspond tout à fait à toi **6** (*recht sein*) convenir, aller (***j-m*** à qn); ***dieser Termin passt mir nicht*** cette date ne me convient pas; ***passt dir das so?*** ça te va comme ça? **7 *das könnte dir so ~!*** *umg.* c'est ça, et puis quoi encore? **8** *beim Kartenspiel*: passer

passend 1 (*Ersatzteil usw.*) bon/bonne **2** (*Kleidung*) qui va bien, juste **3** (*harmonierend*) assorti (***zu*** à) **4 *bei ~er Gelegenheit*** lorsque la situation se présentera (*Futur*)

Passfoto *n* photo *f* d'identité

passieren[1] **1** arriver, se passer; ***was ist passiert?*** qu'est-ce qui est arrivé?, qu'est-ce qui s'est passé? **2 *hör auf, sonst passiert was!*** arrête, ou gare à toi!

passieren[2] passer (*Zoll, Grenze, Fluss usw.*)

passiv passif/-ive

Passiv *n* GR passif *m*

Passkontrolle *f* contrôle *m* des passeports

Passwort *n* IT mot *m* de passe

Paste *f* pâte *f*

Pastete *f* **1** *Blätterteig*: vol-au-vent *m* **2** *aus Fisch usw.*: terrine *f*; *im Teigrand*: pâté *m* en croûte

Pastor *m* pasteur *m*

Pastorin *f* **1** femme *f* pasteur **2** (*Pastorsfrau*) femme *f* du pasteur

Pate *m* parrain *m*

Paten|kind *n* filleul(e) *m(f)*; **~onkel** *m* parrain *m*

Patent *n* brevet *m*

Patentante *f* marraine *f*

Patentlösung *f* solution *f* passe-partout

Pater *m* *Pfarrer*: père *m*; *als Anrede*: Père!

Patient(in) *m(f)* **1** malade *m,f* **2** *bei Operationen*: patient(e) *m(f)*

Patin *f* marraine *f*

Patrone *f* cartouche *f*

Patsche *f*: ***er sitzt in der ~*** *umg.* il est dans le pétrin; ***ich helfe dir aus der ~*** je vais te tirer d'affaire

patschnass trempé comme une soupe

patt: *~ sein* *im Schach*: être pat

patzen 1 (*e-n Fehler machen*) faire une faute **2** (*klecksen*) faire des taches

Patzer *m* *umg.* gaffe *f*; *umg.* bavure *f*

patzig insolent

Pauke *f* **1** grosse caisse *f*, timbale *f* **2 *auf die ~ hauen*** (*feiern*) faire la noce

pauken *umg.* bosser, *umg.* bûcher

Pauker(in) *m(f)* *umg.* prof *m,f*

pausbäckig joufflu

Pauschale *f* *Summe*: forfait *m*

Pause *f* **1** pause *f* **2** SCHULE récréation *f*; *umg.* récré *f*; ***die kurze ~*** l'interclasse *m*; ***es klingelt zur ~*** la récréation sonne **3** THEAT entracte *m*

Pausenbrot *n* goûter *m*

pausenlos sans cesse

Pausen|stand *m* SPORT score *m* à la mi-temps; **~zeichen** *n* MUS pause *f*

Pauspapier *n* papier *m* calque

Pavian *m* babouin *m*

Pazifik *m* Pacifique *m*

PC *m* micro-ordinateur *m*

PDS *f* P.D.S. *m*, Parti *m* du socialisme démocratique

Pech *n* **1** poix *f*; ***sie halten wie ~ und Schwefel zusammen*** *umg.* ils sont comme cul et chemise **2** (*Unglück*) *umg.* poisse *f*; ***ich hatte ~*** je n'ai pas eu de chance; ***~ für dich!*** *umg.* pas de chance!, tant pis pour toi!

pechschwarz noir comme du jais

Pech|strähne *f* série *f* noire; **~vogel** *m* *umg.* malchanceux *m*, -euse *f*

Pedal *n* pédale *f* (⚠ *im Frz. f*)

peilen 1 sonder, mesurer (*Wassertiefe usw.*) **2** relever (*Richtung*) **3 *die Lage ~*** tâter le terrain (*a. fig.*) **4 *über den Daumen gepeilt*** à vue de nez; *umg.* au pif

peinlich gênant, désagréable; ***es war ihr ~, ihn zu sehen*** elle était gênée de le voir

Peitsche *f* fouet *m*; (*Reitpeitsche*) cravache *f*

peitschen 1 fouetter; *beim Reiten*: cravacher **2** (*Schüsse*) claquer, éclater

Pekinese *m* *Hund*: pékinois *m*

P

Peking *n* Pékin

Pelle *f* **1** *von Kartoffeln, Obst*: pelure *f*; (*Wursthaut*) peau *f* **2** ***sie rückt ihm ständig auf die ~*** *umg.* elle lui colle

pellen **1** peler (*Orange*); éplucher (*Kartoffeln, Eier*) **2** ***sich ~*** (*Haut*) peler; ***meine Haut pellt sich*** je pèle

Pellkartoffel *f* pomme *f* de terre en robe de chambre (*od.* en robe des champs)

Pelz *m* **1** *der Tiere*: pelage *m*, poil *m* **2** (*Kleidungsstück*) fourrure *f*

pelzig **1** (*Pfirsich usw.*) duveté, velouté **2** (*Zunge*) râpeux/-euse

Pelzmantel *m* manteau *m* de fourrure

Penalty *m* CH penalty *m*

Pendel *n* **1** pendule *m* **2** *e-r Uhr*: balancier *m*

pendeln **1** osciller; (*Beine usw.*) se balancer **2** (*Zug, Person*) faire la navette (***zwischen*** entre)

Pendler(in) *m(f)* *aus e-m Vorort*: banlieusard(e) *m(f)*

peng: ***~!*** paf!, vlan!

penibel méticuleux/-euse (⚠ *frz.* pénible = ***mühsam, schmerzlich, lästig***)

Penis *m* pénis *m*

Penizillin *n* pénicilline *f*

pennen *umg.* roupiller, *umg.* pioncer

Penner(in) *m(f)* clochard(e) *m(f)*

Pension[1] *f* **1** (*Ruhestand*) retraite *f*; ***sie geht in ~*** elle prend sa retraite **2** (*Ruhegehalt*) (pension *f* de) retraite *f*

Pension[2] *f* *Ferienunterkunft*: pension *f* (de famille)

Pensionär(in) *m(f)* retraité(e) *m(f)* (⚠ *frz.* pensionnaire *m,f* = ***Internatsschüler[in]***)

pensionieren **1** ***j-n ~*** mettre qn à la retraite **2** ***er ist pensioniert*** il est à la retraite

Pensionierung *f* retraite *f*

Pensum *n* **1** tâche *f*, devoir *m* **2** (*Lehrstoff*) programme *m* (scolaire)

Peperoni *f* piment *m*

per par; ***~ Post*** par la poste

perfekt **1** (*vollkommen*) parfait, complet/-ète **2** (*Vertrag usw.*) conclu

Perfekt *n* GR passé *m* composé

Perfektion *f* perfection *f*

Periode *f* **1** (*Zeitabschnitt*) période *f* **2** (*Monatsblutung*) règles *f Pl*

Perle *f* **1** perle *f* **2** *von Sekt*: bulle *f*

perlen **1** (*Sekt usw.*) pétiller **2** (*Schweiß*) perler

Perlmutt *n* nacre *f*

perplex (*verwirrt*) perplexe, stupéfait; (*verblüfft*) *umg.* soufflé

Perserkatze *f* chat *m* persan, persan *m*

Person *f* **1** personne *f*; *einzelne a.*: individu *m*; ***in (eigener) ~*** en personne **2** THEAT, *in Romanen*: personnage *m*

Personal *n* personnel *m* (⚠ *Endung*)

Personal|abbau *m* réduction *f* de personnel; **~ausweis** *m* carte *f* d'identité

Personalien *Pl* identité *f*; ***seine ~ angeben*** décliner son identité

Personalpronomen *n* pronom *m* personnel

Personen|waage *f* balance *f*, pèse-personne *m*; **~wagen** *m* → ***Pkw***; **~zug** *m* train *m* de voyageurs

persönlich **1** personnel/-elle, individuel/-elle **2** ***~ kommen*** venir en personne; ***ich hafte ~ dafür*** j'en suis personnellement responsable **3** ***ich ~ …*** quant à moi, je … **4** ***er nimmt es ~*** (*nimmt es übel*) il le prend pour lui

Persönlichkeit *f* **1** *Charakter*: personnalité *f* (⚠ *Endung*) **2** ***e-e historische ~*** un personnage historique

Perspektive *f* **1** MATH, KUNST perspective *f* **2** (*Sichtweise*) point *m* de vue

Peru *n* le Pérou

Perücke *f* perruque *f*

pervers pervers; (*Person a.*) vicieux/-ieuse

Pessimist(in) *m(f)* pessimiste *m,f*

pessimistisch pessimiste

Pest *f* **1** peste *f* **2** ***er hasst sie wie die ~*** *umg.* il la déteste comme la peste **3** ***das stinkt wie die ~*** *umg.* ça pue, *umg.* ça empeste

Peter *m* **1** ***Schwarzer ~*** *Spiel*: pouilleux *m* **2** ***sie hat mir den schwarzen ~ zugeschoben*** *fig.* elle m'a fait porter le chapeau

Petersilie *f* persil *m*

Petze *f* rapporteur *m*, -euse *f*

petzen rapporter

Pfad *m* sentier *m*

Pfadfinder *m* **1** éclaireur *m* **2** *Mitglied der Jugendorganisation*: scout *m*

Pfadfinderin *f* *Mitglied der Jugendorganisation*: guide *f*

Pfahl *m* **1** pieu *m* **2** (*Pfosten*) poteau *m* **3** (*Zaunpfahl*) palis *m*

Pfalz *f* Palatinat *m*

Pfand *n* **1** *bei Spielen*: gage *m* **2** *für Flaschen*: consigne *f*

pfänden saisir
Pfandflasche *f* bouteille *f* consignée
Pfanne *f* **1** poêle *f* **2** ***j-n in die ~ hauen*** *umg.* démolir qn
Pfannkuchen *m* **1** (*Eierkuchen*) crêpe *f* **2** (*Krapfen*) beignet *m*
Pfarrei *f* paroisse *f*
Pfarrer *m* **1** *katholisch*: curé *m* **2** *evangelisch*: pasteur *m*, ministre *m* du culte
Pfarrerin *f* *evangelisch*: pasteur *m* (⚠ *im Frz. m*)
Pfau *m* paon *m*
Pfeffer *m* poivre *m*
Pfefferminze *f* menthe *f*
Pfefferminztee *m* infusion *f* à la menthe (⚠ *frz.* thé *m* à la menthe = ***grüner Tee mit frischer Minze und Zucker***)
pfeffern **1** GASTR poivrer **2** (*werfen*) *umg.* balancer **3** ***sie hat ihm e-e gepfeffert*** *umg.* elle lui a flanqué une tarte
Pfeife *f* **1** *zum Rauchen*: pipe *f* **2** (*Trillerpfeife*) sifflet *m*; ***alles tanzt nach seiner ~*** tous lui obéissent à la baguette **3** (*Versager*) *umg.* minable *m,f*, nullard(e) *m(f)*
pfeifen **1** siffler (*Lied usw.*); *leise*: siffloter **2** (*Wind, Vogel usw.*) siffler **3** (*anpfeifen*) donner le coup de sifflet; ***ein Spiel ~*** (*Schiedsrichter*) arbitrer un jeu **4** ***ich pfeife darauf*** *umg.* je m'en fiche
Pfeil *m* flèche *f*
Pfeiler *m* pilier *m*; *e-r Brücken*: pile *f*
Pfennig *m* **1** HIST pfennig *m* **2** *fig.* ***ich habe keinen ~ mehr*** je n'ai plus un centime (*od.* un sou)
pferchen: ***sich zu sechst ins Auto ~*** s'entasser à six dans la voiture
Pferd *n* **1** cheval *m*; ***ein ~ reiten*** monter un cheval **2** *Turngerät*: cheval *m* d'arçons **3** *Schachfigur*: cavalier *m*
Pferde|koppel *f* parc *m* à chevaux; **~rennen** *n* course *f* de chevaux; **~schwanz** *m* queue *f* de cheval (*a. die Frisur*); **~stall** *m* écurie *f*
Pfiff *m* **1** *Geräusch*: sifflement *m*; *mit e-r Pfeife*: coup *m* de sifflet **2** (*Reiz*) chic *m*; ***das hat ~*** *umg.* ça a de l'allure
Pfifferling *m* girolle *f*, chanterelle *f*
pfiffig **1** (*Person*) futé **2** ***e-e ~e Lösung*** une solution originale
Pfingsten *n* la Pentecôte
Pfingstferien *Pl* vacances *f Pl* de la Pentecôte
Pfirsich *m* pêche *f*
Pflanz *m* Ⓐ (*Schwindel*) tricherie *f*
Pflanze *f* plante *f*
pflanzen[1] planter (***in*** dans)
pflanzen[2] Ⓐ ***j-n ~*** (*hereinlegen*) se payer la tête de qn
pflanzlich végétal
Pflaster *n* **1** (*Heftpflaster*) sparadrap *m* **2** (*Straßenpflaster*) pavé *m*
Pflaume *f* **1** prune *f*; *gedörrte*: pruneau *m* **2** *Mensch*: *umg.* nouille *f*
Pflege *f* **1** *von Personen, des Körpers*: soins *m Pl* **2** *von Autos, Maschinen usw.*: entretien *m* **3** *von Daten*: mise *f* à jour **4** ***in ~ nehmen*** prendre en pension (*Kind, Tier usw.*)
Pflege|eltern *Pl* parents *m Pl* nourriciers; **~kind** *n* enfant *m* en nourrice
pflegeleicht **1** (*Sache*) d'entretien facile **2** *hum.* (*Person*) facile à vivre
Pflegemutter *f* nourrice *f*
pflegen **1** soigner; donner des soins à **2** entretenir (*Garten, Maschinen usw.*) **3** ***sich ~*** se soigner
Pfleger(in) *m(f)* garde-malade *m,f*
Pflegevater *m* père *m* nourricier
Pflicht *f* **1** devoir *m* **2** (*Verpflichtung*) obligation *f* **3** *im Eiskunstlauf*: figures *f Pl* imposées
pflichtbewusst: ***~ sein*** avoir le sens du devoir
Pflicht|bewusstsein *n* sens *m* du devoir; **~fach** *n* SCHULE matière *f* obligatoire
Pflock *m* piquet *m*
pflücken cueillir
Pflug *m* charrue *f*
pflügen labourer
Pforte *f* porte *f* (*a. fig.*)
Pförtner(in) *m(f)* portier *m* (⚠ *im Frz. nur m*), concierge *m,f*
Pfosten *m* poteau *m* (*a.* FUSSBALL)
Pfote *f* patte *f* (*a. fig.*)
Pfropfen *m* bouchon *m*
pfui: ***~ Teufel!*** berk!, beurk!
Pfund *n* **1** *Gewicht*: livre *f*, demi-kilo *m* **2** *Währung*: livre *f* (⚠ *frz.* livre *m* = ***Buch***)
Pfusch *m* **1** *umg.* (*schlechte Arbeit*) travail *m* raté, bâclage *m* **2** Ⓐ (*Schwarzarbeit*) travail *m* au noir
pfuschen **1** *umg.* (*schlecht arbeiten*) faire du travail raté, bâcler son travail **2** (*mogeln*) tricher **3** Ⓐ (*schwarzarbeiten*) travailler au noir
Pfütze *f* flaque *f* (d'eau); *größere*: mare

P

f
Phänomen *n* phénomène *m*
Phantasie *usw.* → ***Fantasie*** *usw.*
Phantom *n* (*Gespenst*) fantôme *m*
Pharao *m* pharaon *m* (⚠ *Endung*)
Phase *f* **1** CHEM, PHYS phase *f* **2** (*Stadium*) stade *m*, degré *m*
Philharmonie *f Gebäude*: salle *f* de concert
Philosoph(in) *m(f)* philosophe *m,f*
Philosophie *f* philosophie *f*
pH-Wert *m* pH *m*
Physik *f* physique *f*
physikalisch physique
Physiker(in) *m(f)* physicien *m*, -ienne *f*
Pi *n*: ***~ mal Daumen*** *umg.* au pif(omètre)
Pianist(in) *m(f)* pianiste *m,f*
Pick *m* Ⓐ (*Klebstoff*) colle *f*
Pickel[1] *m* MED bouton *m*
Pickel[2] *m* **1** (*Spitzhacke*) pioche *f*, pic *m* **2** (*Eispickel*) piolet *m*
pickelig boutonneux/-euse
picken[1] (*Vögel, Hühner*) picorer, picoter
picken[2] Ⓐ (*kleben*) coller
Pickerl *n* Ⓐ (*Aufkleber*) autocollant *m*
Picknick *n* pique-nique *m*
picknicken pique-niquer
Picknickkorb *m* panier *m* de pique-nique
picobello *umg.* nickel
piekfein très chic
pieksen piquer
Piep *m*: ***er sagte keinen ~*** *umg.* il n'a pas ouvert le bec; *umg.* il n'a pas pipé (mot)
piepegal: ***das ist mir ~*** *umg.* je m'en balance, *umg.* je m'en fiche
piepen **1** ***bei dir piept's wohl?*** *umg.* ça (ne) va pas la tête? **2** ***das ist zum Piepen*** *umg.* c'est tordant
Piepser *m* (*Funkempfänger*) *umg.* bip-bip *m*
Piepton *m* bip *m* sonore
Pier *m od. f* môle *m*, jetée *f*
Piercing *n* piercing *m*
piesacken *umg.* asticoter
Pik[1] *n Spielkartenfarbe*: pique *m*
Pik[2] *m*: ***e-n ~ auf j-n haben*** avoir une dent contre qn
pikant: ***~*** (***gewürzt***) (*Essen*) très épicé
Pikass *n Spielkarte*: as *m* de pique
piken piquer
pikiert vexé (***über*** par)
Pikkoloflöte *f* piccolo *m*
piksen piquer
Pilger(in) *m(f)* pèlerin *m*, femme *f* pèlerin
pilgern faire un pèlerinage (***nach*** à)
Pille *f* pilule *f* (⚠ *Endung*); ***sie nimmt die ~*** elle prend la pilule
Pilot(in) *m(f)* pilote *m,f*
Pilotprojekt *n* projet-pilote *m*
Pils *n Bier*: pils *f* (⚠ *im Frz. f*)
Pilz *m* **1** champignon *m* (⚠ ***Champignon*** = *frz.* le champignon de Paris) **2** (*Hautpilz*) mycose *f*
pingelig méticuleux/-euse; *umg.* pinailleur/-euse
Pingpong *n* ping-pong *m*
Pinguin *m* manchot *m*, pingouin *m*
Pinie *f* pin *m* parasol
pink rose
pinkeln *umg.* faire pipi
Pinnwand *f* panneau *m* d'affichage
Pinsel *m* pinceau *m*
Pinzette *f* pince *f*
Pipapo *n*: ***mit allem ~*** *umg.* avec tout le tralala
Pipi *n Kinderspr.* pipi *m*
Pirat *m* pirate *m*
Pistazie *f* pistache *f*
Piste *f* piste *f*
Pistole *f* **1** pistolet *m* (⚠ *Endung*), revolver *m* **2** ***er antwortete wie aus der ~ geschossen*** il a répondu sans hésitation
pitschnass trempé comme une soupe
Pizza *f* pizza *f*
Pizzeria *f* pizzeria *f*
Pkw *m* voiture *f* particulière, voiture *f* de tourisme
Plafond *m* Ⓒⓗ plafond *m*
Plage *f* **1** tourment *m*; (*Übel*) mal *m* **2** (*Landplage*) fléau *m*, calamité *f* **3** ***er ist e-e echte ~*** *umg.* ce type est une plaie
plagen **1** ***j-n ~*** (*Gedanke*) *hanter qn; (*Sorgen*) tourmenter qn **2** ***sich ~*** peiner (***mit*** sur)
Plakat *n* affiche *f*; ***~e ankleben verboten*** défense d'afficher
Plakette *f* (*Abzeichen*) badge *m*
Plan[1] *m* **1** (*Absicht*) dessein *m*, projet *m* **2** (*Stundenplan, Fahrplan*) horaire *m* **3** ***auf dem ~ stehen*** être au programme, être prévu
Plan[2] *m* (*Karte, Stadtplan*) plan *m*
planen **1** faire des projets **2** projeter

P

(*Reise, Fest usw.*) **3** prévoir (*Maßnahme, Investition usw.*)

Planet *m* planète *f* (⚠ *im Frz. f*)

Planetarium *n* planétarium *m*

Planke *f* planche *f*

planlos **1** sans ordre **2** (*aufs Geratewohl*) au *hasard

planmäßig **1** (*Abfahrt, Ankunft*) prévu **2** (*Arbeit, Arbeitsweise*) méthodique, systématique **3** **~ *ankommen*** (*Zug*) arriver à l'heure

planschen barboter

Plantage *f* plantation *f* (⚠ *Endung*)

plantschen barboter

Planung *f* **1** planification *f* **2** *im Betrieb usw.*: planning *m* **3** ***in der ~ sein*** être en projet

plappern (*Kind*) babiller

plärren **1** (*bes. Baby*) *umg.* piailler **2** (*Radio*) *umg.* brailler

Plastik[1] *n* plastique *m*

Plastik[2] *f* *Kunstobjekt*: sculpture *f*

Plastiktüte *f* sac *m* de (*od.* en) plastique

Platane *f* platane *m* (⚠ *im Frz. m*)

platsch: ***~!*** flac!, floc!, plouf!

plätschern clapoter

platt **1** (*flach*) plat **2** (*Reifen*) à plat **3** *vor Staunen*: *umg.* épaté; ***da war ich ~*** *umg.* j'en suis resté baba **4** ***~ drücken*** aplatir

Platt(deutsch) *n* bas allemand *m*

plattdrücken aplatir

Platte *f* **1** *aus Glas, Metall*: plaque *f*; *aus Stein*: dalle *f* **2** (*Kochplatte*) plaque *f* (électrique) **3** (*Servierplatte*) plat *m* **4** (*Schallplatte*) disque *m*

Plattenspieler *m* platine *f* disques

Plattform *f* plateforme *f*

Plättli *n* (CH) carreau *m*

Platz *m* **1** place *f*; (*Ort, Stelle*) endroit *m*, lieu *m* **2** (*Sitzplatz*) place *f*; ***~ nehmen*** prendre place, s'asseoir **3** (*Sportplatz*) terrain *m* (de sport); (*Tennisplatz*) court *m* **4** ***fehl am ~*** (*Bemerkung, Benehmen usw.*) déplacé **5** (*Stellung*) place *f*, poste *m* **6** ***auf ~ zwei*** (***drei*** *usw.*) en deuxième (troisième *usw.*) position; ***auf die Plätze - fertig - los!*** à vos marques - prêts? - partez! **7** (*Raum*) ***~ haben in*** tenir dans **8** *zum Hund*: ***~!*** assis!, couché!

Platzanweiser(in) *m*(*f*) placeur *m*, ouvreuse *f*

Plätzchen *n* *Gebäck*: gâteau *m* sec, biscuit *m*

platzen **1** (*Luftballon usw.*) crever; (*Reifen*) éclater **2** ***ich platze vor Neugier*** je crève de curiosité **3** (*Plan*) échouer **4** ***ins Haus*** (***Zimmer*** *usw.*) **~** faire irruption dans la maison (la pièce *usw.*)

platzieren **1** placer (*j-n, Ball, Produkt usw.*) **2** SPORT ***sich als Vierter*** *usw.* **~** se classer quatrième *usw.*

Platzkarte *f* place *f*; ***wir haben ~n*** nous avons des places réservées

Platz|reservierung *f* réservation *f* de place; **~verweis** *m* SPORT expulsion *f*

Platzwunde *f* plaie *f* (ouverte), déchirure *f*

plaudern causer, bavarder

plazieren → ***platzieren***

pleite **1** en faillite; ***er ist ~*** il a fait faillite **2** ***ich bin ~*** (*habe gerade kein Geld*) *umg.* je suis fauché

Pleite *f* **1** WIRTSCH faillite *f* **2** (*Misserfolg*) déconfiture *f*

plemplem *umg.* cinglé

Plombe *f* *im Zahn*: plombage *m*

plombieren plomber

plötzlich **1** tout à coup; ***aber ein bisschen ~!*** *umg.* et que ça saute! **2** (*Bewegung usw.*) subit

plump **1** (*schwerfällig*) lourd **2** (*ungeschickt*) maladroit **3** (*Lüge, Fälschung*) grossier/-ière

plumps: ***~!*** pouf!; *im Wasser*: plouf!

plumpsen: ***auf den Boden ~*** tomber par (*od.* à) terre; ***ins Wasser ~*** faire plouf dans l'eau

Plunder *m* (*Kram*) *umg.* bazar *m*

plündern **1** piller (*Ort*) **2** *hum.* (*leeren*) vider (*Kühlschrank usw.*)

Plural *m* pluriel *m* (⚠ *Endung*)

plus **1** plus; ***zwei ~ drei ist fünf*** deux plus trois font cinq **2** ***bei zehn Grad ~*** par dix degrés

Plus *n* **1** *Zeichen*: plus *m* **2** (*Vorteil*) avantage *m*, plus *m* **3** (*Überschuss*) surplus *m*

Plüschtier *n* animal *m* en peluche

Pluspunkt *m* bon point *m*, point *m*

Po *m* derrière *m*; *umg.* postérieur *m*

pochen **1** (*Herz*) battre **2** ***auf sein Recht ~*** faire valoir ses droits

Pocken *Pl* variole *f*, petite vérole *f*

Podest *n*, **Podium** *n* **1** estrade *f* **2** *für Redner*: tribune *f* **3** *für Dirigenten*: pupitre *m*

Podiumsdiskussion *f* table *f* ronde

P

Poesie *f* poésie *f*
Poesiealbum *n* album *m* de poésies
poetisch poétique
Pokal *m* coupe *f* (*a.* SPORT)
Pokalspiel *n* match *m* de coupe
Poker *n* poker *m*
pokern **1** jouer au poker **2** ***hoch ~*** *fig.* risquer gros
Pol *m* pôle *m*
Polar|kreis *m* cercle *m* polaire; **~stern** *m* Étoile *f* polaire
Pole *m* Polonais *m*
Polen *n* la Pologne
polieren **1** faire briller (*Möbel*) **2** brunir (*Gold, Silber*)
Polin *f* Polonaise *f*
Politesse *f* contractuelle *f* (⚠ *frz.* politesse *f* = ***Höflichkeit***)
Politik *f* politique *f*
Politiker(in) *m(f)* homme *m*, femme *f* politique; *a.* politicien *m*, -ienne *f*
politisch **1** politique **2** ***sich ~ engagieren*** s'engager dans la politique **3** ***~ korrekt*** politiquement correct
Politur *f für Möbel usw.*: vernis *m*
Polizei *f* police *f*
Polizei|beamter *m*, **~beamtin** *f* agent *m* de police (⚠ *im Frz. nur m*); **~einheiten** *f Pl* forces *f Pl* de police; **~einsatz** *m* intervention *f* de la police; **~kontrolle** *f* contrôle *m* de police; **~wache** *f* poste *m* de police
Polizist(in) *m(f)* agent *m* de police (⚠ *im Frz. nur m*)
polnisch polonais
Polohemd *n* polo *m*
Polster *n* **1** (*Kissen*) coussin *m* **2** (*Schulterpolster*) épaulette *f*
Polterabend *m*: ***~ feiern*** enterrer sa vie de célibataire
poltern **1** (*Sachen*) faire du bruit (en tombant, en roulant) **2** (*laut sein*) *umg.* faire du tapage **3** (*schimpfen*) tonner
Pomade *f* pommade *f* (pour les cheveux), gomina® *f*
Pommes frites *Pl* pommes *f Pl* de terre frites; *umg.* frites *f Pl*
Pony[1] *n* zo poney *m*
Pony[2] *m Frisur:* frange *f*
Poolbillard *n* billard *m* américain
Pop *m* musique *f* pop
Popcorn *n* pop-corn *m*
popelig (*mickerig*) *umg.* minable
Pop|gruppe *f* groupe *m* pop; **~musik** *f* musique *f* pop
Popo *m* derrière *m*; *umg.* postérieur *m*
Popstar *m* star *f* de la pop
populär populaire
Pore *f* pore *m* (⚠ *im Frz. m*)
Porree *m* poireau *m*
Portal *n* portail *m* (⚠ *Endung*)
Portemonnaie *n* porte-monnaie *m*, bourse *f*
Portier *m* portier *m*
Portion *f* **1** (*bestimmte Menge*) portion *f* **2** (*Anteil*) part *f*
Portmonee → ***Portemonnaie***
Porto *n* port *m*, taxe *f* postale
Porträt *n* portrait *m*
Portugal *n* le Portugal
Portugiese *m*, **Portugiesin** *f* Portugais(e) *m(f)*
portugiesisch portugais
Porzellan *n* porcelaine *f*
Posaune *f* trombone *m*
Position *f* position *f*, situation *f*
positiv **1** positif/-ive **2** (*bejahend*) *a.* affirmatif/-ive
Possessivpronomen *n* pronom *m* (*beim Subst.:* adjectif *m*) possessif
Post® *f* **1** (*Postdienste*) poste *f* **2** (*Postamt*) bureau *m* de poste, poste *f* **3** (*Sendung, Briefe*) courrier *m*; ***war die ~ schon da?*** le facteur est déjà passé? **4** ***ab die ~!*** c'est parti!

Auf der Post

der Briefkasten	**la boîte aux lettres**
die Briefmarke	**le timbre**
einen Brief aufgeben	**expédier une lettre**
einen Brief freimachen	**affranchir une lettre**
das Einschreiben	**la lettre recommandée**
das Fax	**le fax**
eine Nachricht faxen	**faxer un message**
mit Luftpost	**par avion**
das Päckchen	**le petit paquet**
das Paket	**le colis**
auf der Post	**à la poste**
die Postkarte	**la carte postale**
der Schalter	**le guichet**

P

der Stempel	**le cachet**
das Telefon	**le téléphone**
die Telefonkarte	**la télécarte**
die Telefonzelle	**la cabine téléphonique**

Post|amt *n* bureau *m* de poste; **~auto** *n* voiture *f* des postes; **~bote** *m* facteur *m*, -trice *f*, préposé(e) *m(f)*
Posten *m* **1** (*Stellung*) poste *m* **2** (*Wachtposten*) factionnaire *m*
Poster *n* poster *m*
Post|fach *n* boîte *f* postale; **~karte** *f* carte *f* postale; **~leitzahl** *f* code *m* postal; **~paket** *n* colis *m* postal; **~sparbuch** *n* livret *m* de caisse d'épargne postale
postwendend tout de suite
Potenz *f* **1** MATH puissance *f* **2** *des Mannes*: virilité *f* (⚠ *frz.* potence *f* = ***Galgen***)
Pott *m* **1** (*Topf*) pot *m* **2** (*Schiff*) rafiot *m*
potthässlich *umg.* laid comme un pou
Powidl *m* Ⓐ compote *f* de prune
Pracht *f* **1** magnificence *f* **2** (*Aufwand*) luxe *m* **3** (*Glanz*) éclat *m* **4** ***es war e-e wahre ~*** *umg., iron.* c'était réussi
prächtig **1** (*prunkvoll*) magnifique **2** (*großartig*) superbe
Prachtstück *n*: ***ein ~*** un superbe exemplaire
Prädikat *n* GR verbe *m*
Prag *n* Prague (⚠ *Endung*)
prägen **1** estamper (*Metall, Leder*) **2** gaufrer (*Papier*) **3** ***j-n (sehr) ~*** (beaucoup) influencer qn
prahlen **1** *umg.* frimer **2** ***mit etw ~*** se vanter de qc
Praktikant(in) *m(f)* stagiaire *m,f*
Praktikum *n* stage *m*
praktisch **1** pratique **2** ***ein ~er Arzt, e-e ~e Ärztin*** un, une généraliste **3** (*fast*)

Schöne Grüße aus dem Urlaub!

Quiberon, den 10. Mai 2006

Liebe Caroline,

die bretonische Küste ist wirklich beeindruckend. Vom Cap Fréhel aus kann man riesige Wellen sehen, die gegen die Felsen branden. Mir gefallen die weiten Strände, die nicht überlaufen sind.

Morgen machen wir einen Ausflug nach Carnac, wo wir die prähistorischen Steinreihen besichtigen.

Liebe Grüße und bis bald,

Ute

Quiberon, le 10 mai 2006

Chère Caroline,

Le littoral breton est véritablement impressionnant. Du Cap Fréhel, on peut voir d'énormes vagues qui déferlent sur les rochers. J'aime bien les vastes plages où il y a très peu de monde.

Demain, nous ferons un tour à Carnac où nous visiterons les alignements préhistoriques.

Grosses bises et à bientôt,

Ute

P

er macht ~ alles il fait pratiquement tout

Praline *f* chocolat *m* (⚠ *frz.* praline *f* = ***gebrannte Mandel***)

prall 1 (*straff*) ferme **2** (*Körperteil*) rebondi **3** ***in der ~en Sonne*** en plein soleil **4** ***~ gefüllt*** bondé

prallen: ***der Ball prallte an die Mauer*** le ballon rebondit contre le mur

Prämie *f* **1** (*Belohnung*) prime *f* **2** *beim Sparen*: prime *f* **3** *im Lotto*: lot *m*

Präposition *f* préposition *f*

Prärie *f* prairie *f*

Präsenz|diener *m* Ⓐ (*Soldat im Grundwehrdienst*) recrue *f* (⚠ *im Frz. f*); **~dienst** *m* Ⓐ (*Grundwehrdienst*) service *m* militaire

Präservativ *n* préservatif *m*

Präsident(in) *m(f)* président(e) *m(f)*

prasseln crépiter

Praxis[1] *f* **1** (↔ *Theorie*) pratique *f*; ***in der ~*** en pratique; ***e-e Idee in die ~ umsetzen*** mettre en pratique une idée **2** (*Übung*) expérience *f*

Praxis[2] *f* **1** *e-s Arzts*: cabinet *m* médical **2** *e-s Anwalts*: cabinet *m*

präzise précis, exact

predigen prêcher

Predigt *f* sermon *m*

Preis *m* **1** *e-r Ware*: prix *m*; ***zum ~ von 50 Euro*** au prix de cinquante euros **2** *Auszeichnung*: prix *m* **3** (*Belohnung*) récompense *f* **4** ***um jeden ~*** *fig.* à tout prix; ***um keinen ~*** à aucun prix; ***Freiheit hat ihren ~*** la liberté se paie

Preisausschreiben *n* concours *m*

Preiselbeere *f* airelle *f* (rouge)

Preis|erhöhung *f* augmentation *f* des prix; **~frage** *f* **1** (*Preisaufgabe*) question *f* de concours **2** (*Geldfrage*) question *f* de prix

preisgekrönt couronné

Preis|liste *f* liste *f* des prix; **~nachlass** *m* remise *f*; **~rätsel** *n* concours *m* d'énigmes; **~schild** *n* étiquette *f*; **~vergleich** *m* comparaison *f* des prix

preiswert bon marché

prellen 1 faire rebondir (*Ball usw.*) **2** ***sie hat sich das Knie geprellt*** elle a des contusions au genou **3** (*betrügen*) ***j-n ~*** tromper qn

Prellung *f* contusion *f*

Premiere *f* première *f*

Premierminister(in) *m(f)* premier ministre *m* (⚠ *im Frz. nur m*)

preschen 1 foncer **2** ***nach vorne ~*** se précipiter en avant

Presse[1] *f Zeitungen usw.*: presse *f*

Presse[2] *f für Saft*: presse *f*; *größere, bes. für Wein*: pressoir *m*

Pressefreiheit *f* liberté *f* de la presse

pressen 1 (*drücken*) presser (*Person*); ***er presste sie an sich*** il la serra contre lui **2** (*zusammenpressen*) comprimer (*Gegenstand*) **3** (*auspressen*) presser (*Zitrone, Orange usw.*); ***den Saft aus e-r Zitrone ~*** extraire le jus d'un citron

Pressenotiz *f* entrefilet *m*

pressieren Ⓐ **1** presser, être urgent; ***es pressiert*** c'est urgent **2** ***mir pressiert's*** je suis pressé

Preußen *n* la Prusse

preußisch prussien/-ienne

prickeln 1 picoter **2** (*Sekt*) pétiller

Priester(in) *m(f)* prêtre *m*, -esse *f*

prima 1 formidable, *umg.* super **2** (*Person*) *umg.* chic

Primaballerina *f* première danseuse *f*

Primar|arzt *m*, **~ärztin** *f* Ⓐ médecin-chef *m* (⚠ *im Frz. nur m*)

Primel *f* primevère *f*

primitiv *a. abw.* primitif/-ive

Primzahl *f* nombre *m* premier

Prinz *m* prince *m*

Prinzessin *f* princesse *f*

Prinzip *n* principe *m*; ***im ~*** en principe; ***aus ~*** par principe

prinzipiell 1 ***ein ~er Unterschied*** une différence fondamentale **2** (*aus Prinzip*) ***so etwas tut er ~ nicht*** il ne fait pas une chose pareille par principe

Prise *f*: ***e-e ~ Salz*** (***Zucker*** *usw.*) une pincée de sel (de sucre *usw.*)

privat 1 privé, particulier/-ière **2** (*persönlich*) personnel/-elle **3** ***ich möchte ihn ~ sprechen*** je voudrais lui parler en privé; ***ich bin ~ hier*** je suis ici à titre privé

Privat... privé; ***Privatfernsehen*** chaîne *f* (de télévision) privée; ***Privatinitiative*** initiative *f* privée; ***Privatpatient(in)*** client(e) *m(f)* privé(e)

Privatsache *f*: ***das ist meine ~*** ça, c'est mon affaire

Privat|schule *f* **1** école *f* privée **2** *in Frankreich, bes. kirchliche*: école *f* libre; **~stunde** *f* leçon *f* particulière; **~unterricht** *m* cours *m* particulier

Privileg *n* privilège *m* (⚠ *Endung*)

pro[1] (*für*) pour
pro[2] (*je*) par; ***zweimal*** *usw.* ***~ Stunde*** deux fois *usw.* par heure
Probe *f* **1** (*Prüfung*) test *m*, essai *m*; ***auf ~*** à l'essai (⚠ *frz.* preuve *f* = ***Beweis***) **2** (*Erprobung*) épreuve *f*; ***j-n auf die ~ stellen*** mettre qn à l'épreuve **3** THEAT répétition *f* **4** (*kleine Menge*) échantillon *m* (***von*** de)
Probe|alarm *m* exercice *m* d'alerte; **~fahrt** *f* essai *m*
proben THEAT répéter
Probezeit *f* période *f* d'essai
probieren **1** (*versuchen*) essayer **2** goûter (*Speisen*); déguster (*Wein*)
probiotisch probiotique
Problem *n* problème *m* (⚠ *Endung*)
problematisch problématique
problemlos **1** facile **2** ***die Stunde verlief ~*** le cours s'est passé sans accroc
Produkt *n* **1** (*Erzeugnis*) produit *m* **2** (*Ergebnis*) résultat *m*
Produktion *f* **1** production *f* **2** (*Leistung*) rendement *m*
produktiv productif/-ive
Produktivität *f* productivité *f*
produzieren **1** (*herstellen*) produire, faire **2** ***sich ~*** *im negativen Sinn*: s'exhiber
professionell professionnel/-elle
Professor(in) *m(f)* professeur *m* d'université (⚠ *im Frz. nur m*, ⚠ *frz.* professeur *allein* = ***Lehrer[in]***)
Profi *m umg.* pro *m,f*
Profifußball *m* football *m* professionnel
Profil *n* **1** (*seitliche Ansicht*) profil *m*; ***im ~*** au profil **2** *von Reifen*: sculptures *f Pl*
profilieren: *sich ~* s'imposer
Profit *m* profit *m*, bénéfice *m*
profitieren profiter (***von*** *od.* ***bei*** de)
Prognose *f a.* MED pronostic *m*, prévision *f*
Programm *n* **1** programme *m*; ***auf dem ~ stehen*** être au programme **2** TV, RAD chaîne *f*
programmieren IT programmer
Programmierer(in) *m(f)* IT programmeur *m*, -euse *f*
Programmkino *n* ≈ ciné-club *m*
Projekt *n* projet *m*
Projektor *m* projecteur *m*
Promille *n* **1** (*Tausendstel*) pour mille **2** (*Alkohol im Blut*) ***sie hatte 1,5 ~*** elle avait un gramme cinq d'alcoolémie
prominent **1** (*Person*) éminent **2** (*Rolle*) important
Prominenz *f* notables *m Pl*
prompt **1** prompt **2** (*sofort*) ***er ist ~ gekommen*** il est arrivé immédiatement **3** (*wie zu erwarten*) ***und ~ fing es an zu regnen*** et comme de bien entendu il s'est mis à pleuvoir
Pronomen *n* **1** *alleinstehend*: pronom *m* **2** *beim Subst.*: adjectif *m* (*possessif, démonstratif usw.*)
Propaganda *f* propagande *f*
Propeller *m* hélice *f*
Prophet(in) *m(f)* prophète *m*, prophétesse *f*
prophezeien **1** prophétiser (*Zukunft, Unglück usw.*) **2** ***das kann ich dir ~!*** *iron.* je te le promets!
proppenvoll plein à craquer; *umg.* archiplein
Prosa *f* prose *f*
Prospekt *m* (*Werbeschrift*) **1** prospectus *m* **2** *gefalteter*: dépliant *m* **3** *als Zeitungsbeilage*: encart *m*
prost: *~!* à votre santé!
Prostituierte *f* prostituée *f*
Protein *n* protéine *f*
Protest *m* protestation *f* (⚠ *Endung*); ***~ erheben*** protester (***gegen*** contre)
Protestaktion *f* campagne *f* de protestation
Protestant(in) *m(f)* protestant(e) *m(f)*
protestantisch protestant
protestieren protester (***gegen*** contre)
Protestkundgebung *f* meeting *m* de protestation
Prothese *f* prothèse *f*
Protokoll *n* **1** procès-verbal *m* **2** (*Strafzettel*) contravention *f* (⚠ *frz.* protocole *m* = *diplomatische usw.* ***Etikette***)
protzen *umg.* frimer, *umg.* faire de l'épate
protzig **1** prétentieux/-ieuse **2** (*luxuriös*) d'un luxe ostentatoire
Provence *f* Provence *f*
provenzalisch provençal
Proviant *m* provisions *f Pl* (de voyage)
Provider *m* fournisseur *m* d'accès
Provinz *f* province *f*
Provision *f* commission *f*
provisorisch provisoire
provokant provocant
provozieren **1** provoquer (*Person*) **2** faire de la provocation
Prozedur *f* **1** ***es war e-e langwierige ~***

P

ça a été toute une histoire **2** (*Verfahren*) procédé *m* (⚠ *frz.* procédure *f* = ***juristisches Verfahren***)
Prozent *n* **1** (*Hundertstel*) pour cent *m* **2** ***~e bekommen*** (*Gewinn*) recevoir un pourcentage; (*Rabatt*) recevoir une réduction
Prozess *m* **1** JUR procès *m*; ***e-n ~ führen gegen*** être en procès avec **2** (*Vorgang*) processus *m*; (*Verfahren*) procédé *m* **3** ***mit j-m kurzen ~ machen*** en finir avec qn
Prozession *f* procession *f*
Prozessor *m* IT processeur *m*
prüfen **1** examiner; (*überprüfen*) vérifier **2** ***er hat mich in Englisch geprüft*** il m'a fait passer l'examen d'anglais
Prüfer(in) *m(f)* examinateur *m*, -trice *f*
Prüfung *f* **1** examen *m*; ***mündliche ~*** oral *m*; ***schriftliche ~*** écrit *m*; ***e-e ~ machen*** passer un examen **2** TECH contrôle *m*, test *m* **3** SPORT épreuve *f*
Prügel *Pl*: ***~ bekommen*** recevoir une volée (*od.* une raclée)
Prügelei *f* bagarre *f*, rixe *f*
prügeln **1** ***j-n ~*** donner des coups à qn **2** ***sich ~*** se battre
Prunk *m* **1** pompe *f* **2** (*Aufwand*) luxe *m*
PS *n* **1** *e-s Motors*: ch (*Abk. für*: cheval-vapeur) **2** *am Briefende*: P-S (*Abk. für*: post-scriptum)
pst: ***~!*** (*sei still, seid still*) chut!
Psychiater(in) *m(f)* psychiatre *m,f*
psychisch psychique
Psycho|loge *m*, **~login** *f* psychologue *m,f*
Psychologie *f* psychologie *f*
psychologisch psychologique
Pubertät *f* puberté *f*; ***in der ~ sein*** être en pleine adolescence
Publikum *n* public *m*
Puck *m beim Eishockey*: palet *m*
Pudding *m* flan *m*
Pudel *m* caniche *m*
Pudelmütze *f* bonnet *m* de laine
Puder *m* poudre *f* (⚠ *im Frz. f*)
pudern poudrer
Puderzucker *m* sucre *m* glace
Puff[1] *m* (*Stoß*) coup *m*, tape *f*
Puff[2] *m* (*Bordell*) *umg.* bordel *m*
Puffer *m von Waggons*: tampon *m*
Puffreis *m* riz *m* soufflé
puh: ***~!*** **1** *bei Ekel*: *umg.* berk!, beurk! **2** *bei Erleichterung*: ouf!
Pulle *f* bouteille *f*
Pulli *m* pull *m*
Pullover *m* pull-over *m*; *dicker*: chandail *m*
Puls *m* pouls *m*
Pult *n* pupitre *m*
Pulver *n* poudre *f*
Pulverschnee *m* neige *f* poudreuse
pummelig potelé
Pumpe *f* pompe *f*
pumpen **1** pomper (*Wasser*) **2** ***er hat Geld von mir gepumpt*** *umg.* il m'a tapé
Punker(in) *m(f)* punk *m,f*
Punkt *m* **1** point *m*; ***nach ~en führen*** (*bzw.* ***gewinnen***) SPORT mener (*bzw.* gagner) aux points **2** (*genau*) pile; ***~ zwölf Uhr*** à midi pile **3** ***das ist ihr wunder ~*** c'est son point sensible **4** ***den toten ~ überwinden*** surmonter un passage à vide **5** ***etw auf den ~ bringen*** formuler l'essentiel de qc **6** ***nun mach aber mal nen ~!*** ça suffit maintenant!
punktieren pointiller (*Linie usw.*)
pünktlich **1** ponctuel/-elle **2** ***~ sein*** (*bzw.* ***kommen***) être (*bzw.* arriver) à l'heure **3** (*rechtzeitig*) à temps
Pünktlichkeit *f* ponctualité *f*, exactitude *f*
Punkt|sieg *m* victoire *f* aux points; **~wertung** *f* SPORT pointage *m*
Pupille *f* pupille *f*
Puppe *f* **1** *Spielzeug*: poupée *f* **2** (*Kasperpuppe*) guignol *m* **3** (*Schaufensterpuppe*) mannequin *m* **4** ZO chrysalide *f* **5** ***bis in die ~n schlafen*** faire la grasse matinée
pur pur; ***ein Whisky ~*** un whisky nature
Püree *n* purée *f*; *von Obst a.*: compote *f*
purpurn, **purpurrot** pourpre
Purzelbaum *m* culbute *f*
purzeln dégringoler (***von*** de)
Puste *f* souffle *m*, haleine *f*; ***außer ~*** essoufflé
pusten souffler; *beim Alkoholtest*: souffler dans le ballon
Pute *f* dinde *f* (⚠ *frz.* pute *f* = ***Hure***)
Puter *m* dindon *m*
Putz *m* **1** *zum Verputzen*: enduit *m* **2** ***auf den ~ hauen*** (*feiern*) *umg.* faire la nouba (*od.* la java)
putzen **1** nettoyer (*Fenster, Boden usw.*); essuyer (*Brille*) **2** éplucher (*Gemüse, Salat*) **3** ***sich die Nase ~*** se moucher **4** ***sich die Zähne ~*** se laver les

P

dents **5** ***sich ~*** (*Katze, Vogel*) faire sa toilette
Putzfrau *f* femme *f* de ménage
putzig mignon/-onne
Putz|lappen *m* chiffon *m*; *für den Boden*: serpillière *f*; **~mittel** *n* produit *m* de nettoyage
putzmunter en pleine forme, très gai
Puzzle *n* puzzle *m*
Pyjama *m* pyjama *m*
Pyramide *f* pyramide *f*
Pyrenäen *Pl* Pyrénées *f Pl*

Q

Quadrat *n* carré *m*
Quadrat... carré; ***Quadratmeter*** mètre *m* carré; ***Quadratwurzel*** racine *f* carrée (***aus*** de)
quadratisch carré
Quai *m od. n* Ⓒⓗ quai *m*
quaken (*Frosch*) coasser; (*Ente*) cancaner
quäken **1** (*Baby*) piailler; *laut*: brailler **2** (*Radio usw.*) glapir
Qual *f* **1** tourment *m*, supplice *m* **2** ***die ~ der Wahl haben*** avoir l'embarras du choix
quälen **1** tourmenter **2** (*Ängste, Sorgen usw.*) ***j-n ~*** tracasser qn **3** ***sich ~ (mit)*** (*sich abmühen*) se donner de la peine (avec); (*darunter leiden*) peiner (sur)
quälend **1** (*Schmerz, Hitze*) accablant **2** (*Sorgen*) obsédant
Quälerei *f* supplice *m*, torture *f*
Qualifikation *f* qualification *f*
qualifizieren: ***sich ~*** se qualifier (***für*** pour)
Qualität *f* qualité *f*
Qualitätskontrolle *f* contrôle *m* de qualité
Qualle *f* méduse *f*
Qualm *m* fumée *f* (épaisse)
qualmen fumer
Quark *m* **1** fromage *m* blanc **2** (*Quatsch*) bêtise *f*; ***so ein ~!*** c'est du flan!
Quarte *f* MUS quarte *f*
Quartett *n* **1** MUS quatuor *m* **2** *Spielkarten*: carré *m*
Quartier *n* **1** (*Unterkunft*) logement *m* **2** Ⓒⓗ (*Stadtviertel*) quartier *m*
Quarz *m* quartz *m*
Quarzuhr *f* montre *f* à quartz
quasseln jacasser
Quatsch *m* bêtise *f*; *umg., stärker*: connerie *f*
quatschen **1** (*reden*) bavarder, papoter **2** (*dummes Zeug reden*) *umg.* déconner
Quecksilber *n* mercure *m*
Quelle *f* **1** source *f*; *eingefasste*: fontaine *f* **2** (*Ursprung*) origine *f* **3** (*Informationsquelle*) source *f*
quellen[1] (*spritzen*) jaillir (***aus*** de)
quellen[2] (*aufquellen*) gonfler
Quellwasser *n* eau *f* de source
quengeln **1** (*Baby usw.*) pleurnicher **2** (*nörgeln*) râler
quer **1** (*schief*) de travers; (*diagonal*) en diagonale **2** ***~ gestreift*** à rayures transversales **3** ***~ durch*** (*bzw.* ***über***) ***...*** à travers ...; ***kreuz und ~*** dans tous les sens **4** → ***querlegen***
Quere *f*: ***j-m in die ~ kommen*** être sur le chemin de qn
querfeldein à travers champs
Quer|flöte *f* flûte *f* traversière; **~latte** *f* SPORT barre *f* transversale
querlegen: ***sich ~*** *fig.* s'opposer
Querpass *m* SPORT transversale *f*
Querschnitt *m* **1** section *f*, coupe *f* transversale (***durch*** de) **2** (*Überblick*) aperçu *m*; ***ein repräsentativer ~*** un échantillon représentatif
querschnittsgelähmt paraplégique
Querstraße *f* rue *f* transversale
quetschen **1** (*zerdrücken*) écraser **2** (*hineinquetschen*) tasser; *umg.* fourrer (***in*** dans) **3** ***sich e-n Finger in der Tür ~*** se coincer le doigt dans la porte **4** ***sich ins Auto ~*** entrer de force dans la voiture
Quetschung *f* contusion *f*
quicklebendig vif/vive, alerte
quieken couiner
quietschen (*Tür, Bremse*) grincer
Quinte *f* MUS quinte *f*
Quirl *m* GASTR batteur *m*
quirlen battre
quirlig remuant

quitt: ***sie sind ~*** ils sont quittes
Quitte *f* coing *m*
Quittung *f* quittance *f*, reçu *m*
Quiz *n* *Sendung*: jeu *m* télévisé
Quizmaster *m* animateur *m*
Quote *f* (*Anteil*) quote-part *f*; *festgelegte*: contingent *m*, quota *m*

R

Rabatt *m* ristourne *f*, rabais *m* (***auf*** sur), remise *f*
Rabbi(ner) *m* rabbin *m*
Rabe *m* corbeau *m*
Rabenmutter *f* mère *f* dénaturée, marâtre *f*
rabenschwarz noir comme du jais
Rabenvater *m* père *m* dénaturé, parâtre *m*
rabiat (*grob*) brutal
Rache *f* vengeance *f*; ***~ nehmen*** se venger (***an*** de)
Racheakt *m* acte *m* de vengeance
Rachen *m* **1** *bei Menschen*: gorge *f* **2** *bei Tieren*: gueule *f*
rächen **1** ***sich ~*** se venger **2** ***sich für etw an j-m ~*** se venger de qc sur qn **3** ***j-n*** (*bzw.* ***etw***) ~ venger qn (*bzw.* qc)
rachsüchtig vindicatif/-ive
Rad *n* **1** *am Auto, Fahrrad usw.*: roue *f* **2** (*Fahrrad*) vélo *m*, bicyclette *f*; ***~ fahren*** faire du vélo; ***mit dem ~ fahren*** *mit Ortsangabe*: aller en vélo (*od.* à vélo), aller à bicyclette (***nach*** à *bzw.* en) **3** SPORT ***ein ~ schlagen*** faire la roue
Radar *n od. m* radar *m*
Radarkontrolle *f* contrôle-radar *m*
Radau *m umg.* boucan *m*, raffut *m*
radeln **1** (*Rad fahren*) faire du vélo **2** *mit Ortsangabe*: aller en vélo
Rad|fahrer(in) *m(f)* cycliste *m,f*; **~fahrweg** *m* piste *f* cyclable
Radi *m* Ⓐ radis *m* blanc
Radicchio *m* salade *f* de Trévise
radieren **1** (*ausradieren*) gommer, effacer **2** KUNST graver à l'eau-forte
Radiergummi *m* gomme *f*
Radierung *f* KUNST gravure *f* à l'eau-forte, eau-forte *f*
Radieschen *n* radis *m*
radikal **1** (*tiefgreifend*) radical **2** POL extrémiste
Radikale(r) *f(m)* POL extrémiste *m,f* (⚠ *die frz. Partei* les Radicaux *rechnet sich eher zur linken Mitte*)
Radio *n* **1** *Gerät*: radio *f* (⚠ *im Frz. f*) **2** (*Rundfunk*) radio *f*; ***im ~*** à la radio **3** ***im ~ übertragen*** radiodiffuser
radioaktiv radioactif/-ive
Radioaktivität *f* radioactivité *f*
Radio|rekorder *m* radiocassette *m od. f*; **~sender** *m* station *f* de radio; **~wecker** *m* radioréveil *m*
Radius *m* rayon *m*
Radler *m* *Getränk*: panaché *m*
Radler(in) *m(f)* cycliste *m,f*
Radlerhose *f* cycliste *m*
Rad|rennen *n* course *f* cycliste; **~rennfahrer(in)** *m(f)* coureur *m* cycliste (⚠ *im Frz. nur m*); **~tour** *f* excursion *f* à vélo, tour *m* en vélo; *kleinere*: balade *f* à vélo; **~weg** *m* piste *f* cyclable
raffen **1** ***etw an sich ~*** s'emparer de qc **2** draper (*Vorhang, Stoff*) **3** raccourcir (*Zeit, Text*) **4** (*kapieren*) *umg.* piger; ***er hat's endlich gerafft*** il a enfin pigé
raffiniert **1** (*Mensch*) rusé, malin/-igne **2** (*Plan usw.*) ingénieux/-ieuse
Rafting *n* rafting *m*
Ragout *n* ragoût *m*
Rahm *m* Ⓒⓗ crème *f* fraîche (liquide)
Rahmen *m* **1** *e-s Bilds, Fahrrads*: cadre *m* **2** (*Fensterrahmen*) châssis *m* **3** ***im ~ von*** dans le cadre de **4** ***in großem ~*** sur une grande échelle **5** ***aus dem ~ fallen*** sortir de l'ordinaire; (*sich schlecht benehmen*) détonner
Rakete *f* **1** fusée *f* (⚠ *frz.* raquette *f* = ***Tennisschläger***) **2** MIL missile *m*, roquette *f* **3** ***wie e-e ~*** (*sehr schnell*) comme un bolide
Rallye *f* rallye *m*
rammen **1** ***etw ~*** rentrer dans (*od.* tamponner) qc **2** ***etw in den Boden ~*** enfoncer qc dans la terre
Rampe *f* **1** rampe *f* **2** (*Plattform*) plate-forme *f*
ramponiert abîmé
Ramsch *m* (*Kram*) *umg.* camelote *f*
ran: ***jetzt aber ~!*** allez-hop!; → *a.* ***heran***

R

Rand *m* **1** bord *m*; ***am ~ der Stadt*** aux abords de la ville **2** (*Einfassung*) bordure *f* **3** *in Büchern, Heften*: marge *f* **4** ***am ~*** (*nebenbei*) en passant **5** ***sie ist vor Freude außer ~ und Band*** elle ne se sent plus de joie
randalieren **1** (*lärmen*) faire du chahut, *umg.* faire du tapage **2** (*Sachen zerstören*) *umg.* faire de la casse
Randgruppe *f* groupe *m* marginal
Rang[1] *m* **1** (*Stellung, a. gesellschaftliche*) rang *m* **2** MIL grade *m*
Rang[2] *m* **1** THEAT balcon *m*; *ganz oben*: galerie *f* supérieure **2** *im Stadion*: ***die Ränge*** les gradins *m Pl*
rangehen **1** TEL ***gehst du mal ran?*** tu y vas? **2** *umg.* ***der geht aber ran!*** il ne perd pas de temps, celui-là!
rangieren **1** manœuvrer (*Waggons*) **2** *in e-r Rangordnung*: se placer; ***an erster*** (***zweiter*** *usw.*) ***Stelle ~*** occuper la première (deuxième *usw.*) place
Rangordnung *f* *hiérarchie *f*, ordre *m* *hiérarchique
ranhalten: ***sich ~*** se dépêcher; (*nicht nachlassen*) s'accrocher (***an, mit*** à)
Ranke *f* vrille *f*
ranken: ***~de Pflanzen*** plantes *f Pl* grimpantes
ranklotzen *bei der Arbeit*: s'y mettre sérieusement; *umg.* abattre du boulot
Ranzen *m* cartable *m*; *in Belgien*: mallette *f*
ranzig rance
Rap *m* rap *m*
rappeln (*Tür*) claquer; (*Wecker*) sonner
rappen rapper
Rappen *m Geldstück*: centime *m*
Rapper(in) *m(f)* rappeur *m*, -euse *f*
Raps *m* colza *m*
rar **1** (*selten*) rare **2** → ***rarmachen***
rarmachen: ***sich ~*** se faire rare (comme les beaux jours)
rasant **1** (*Tempo, Entwicklung usw.*) vertigineux/-euse **2** ***~ zunehmen*** s'accroître à une vitesse vertigineuse **3** ***~ fahren*** *umg.* rouler à fond la caisse
rasch **1** rapide **2** ***ich gehe ~ zum Bäcker*** je vais faire un saut chez le boulanger **3** (*Antwort*) prompt
rascheln (*Papier, Stoff usw.*) crisser
rasen **1** (*eilen*) aller à toute vitesse **2** ***er raste gegen e-n Baum*** il s'est écrasé contre un arbre **3** ***das Auto raste in die Kurve*** la voiture a foncé dans le virage **4** *vor Zorn*: tempêter
Rasen *m* **1** gazon *m* **2** (*Rasenplatz*) pelouse *f* (*a.* SPORT)
rasend **1** (*Tempo, Geschwindigkeit*) vertigineux/-euse **2** *vor Wut*: furieux/-ieuse; ***das*** (*bzw.* ***sie***) ***macht mich ~!*** ça (*bzw.* elle) m'énerve! **3** (*Schmerzen*) violent
Rasenmäher *m* tondeuse *f* à gazon
Raser(in) *m(f)* fou *m* du volant (⚠ *im Frz. nur m*)
Rasierapparat *m* rasoir *m* électrique
rasieren **1** raser **2** ***sich ~*** se raser
Rasier|klinge *f* lame *f* de rasoir; **~wasser** *n* lotion *f* après rasage
raspeln râper
Rasse *f* race *f*
Rassen... racial
Rassismus *m* racisme *m*
rassistisch raciste
Rastalocken *f Pl* dreadlocks *f Pl*
Rast|platz *m* aire *m* de repos; **~stätte** *f* restaurant *m od.* relais *m* (d'autoroute), restoroute® *m*
Rat *m* **1** (*Ratschlag*) conseil *m*, avis *m*; ***sie hat mich um ~ gefragt*** elle m'a demandé un conseil **2** *Gremium*: conseil *m* **3** *Mitglied e-s Gremiums*: conseiller *m*
Rate[1] *f* (*Teilzahlung*) versement *m*; ***auf ~n kaufen*** acheter à tempérament, acheter à crédit
Rate[2] *f Wachstum, Inflation*: taux *m*
raten[1] (*erraten*) deviner; ***rate mal!*** devine!; ***dreimal darfst du ~*** devine!
raten[2]: ***j-m etw ~*** conseiller qc à qn
Rathaus *n* hôtel *m* de ville; *in kleinen Orten, in den Pariser Stadtteilen*: mairie *f*
Ration *f* ration *f*
rational rationnel/-elle
rationalisieren rationaliser
rationell **1** rationnel/-elle **2** (*Arbeitsweise*) efficace
ratlos perplexe
Rätsel *n* **1** (*unerklärliche Sache*) énigme *f*; ***es ist mir ein ~, wie er das gemacht hat*** je me demande comment il a fait ça **2** (*Rätselspiel*) devinette *f*
rätselhaft **1** (*geheimnisvoll*) énigmatique, mystérieux/-ieuse **2** ***mir ist ~, wie das geschehen konnte*** je me demande comment cela a pu arriver
Ratte *f* rat *m*

rattern **1** faire du bruit **2** (*Motor*) pétarader **3** (*Maschinengewehr*) crépiter **4** (*Zug, Karren*) rouler avec fracas
ratzfatz *umg.* à la vitesse grand V
rau **1** (*Stoff, Wolle*) rêche, rugueux/-euse **2** (*Stimme*) rauque, enroué **3** (*Klima*) rigoureux/-euse **4** (*unfreundlich*) bourru, revêche; (*grob*) rude **5** ***in ~en Mengen*** *umg.* en masse, *umg.* à gogo
Raub *m* **1** *Tat*: vol *m* **2** (*Beute*) butin *m*
Räuber *m* **1** (*Dieb*) voleur *m*; (*Einbrecher*) cambrioleur *m* **2** (*Straßenräuber*) brigand *m* **3** *hum.* garnement *m*
Raub|katze *f* fauve *m*; **~mord** *m* crime *m* crapuleux; **~tier** *n* prédateur *m*; **~tierkäfig** *m* cage *f* aux fauves; **~überfall** *m* vol *m* à main armée; *bes. auf e-e Bank*: *hold-up *m*; **~vogel** *m* oiseau *m* de proie, rapace *m*
Rauch *m* fumée *f*
rauchen **1** fumer (***e-e Zigarette*** une cigarette) **2** ***Rauchen verboten*** défense de fumer **3** ***mir raucht der Kopf*** j'ai la tête qui bourdonne
Raucher(in) *m(f)* fumeur *m*, -euse *f*
Raucherabteil *n* compartiment *m* fumeur
Räucherlachs *m* saumon *m* fumé
räuchern fumer (*Fisch, Fleisch*)
Räucherstäbchen *n* bâtonnet *m* d'encens
Rauchfleisch *n* viande *f* fumée
rauchig **1** (*verräuchert*) enfumé **2** (*Stimme*) rauque
Rauch|melder *m* détecteur *m* de fumée; **~verbot** *n* interdiction *f* de fumer; *auf Schildern*: défense de fumer; **~wolke** *f* nuage *m* de fumée
rauf **1** ***da ~*** par là; ***die Treppe ~*** par l'escalier **2** → ***herauf, hinauf***
Raufbold *m* bagarreur *m*
raufen: (***sich***) **~** se bagarrer, se battre; (*Kinder*) *umg.* se chamailler
Rauferei *f* bagarre *f*
rauh → ***rau***
Raum *m* **1** espace *m* **2** (*Platz*) place *f* **3** (*Zimmer*) pièce *f* **4** ***im ~ Köln*** dans la région de Cologne
Raumanzug *m* combinaison *f* spatiale, scaphandre *m*
räumen **1** enlever (*Minen*) **2** ***etw in den Schrank ~*** ranger qc dans l'armoire **3** (*verlassen*) quitter, abandonner **4** ***den Saal ~ lassen*** faire évacuer la salle
Raum|fähre *f* navette *f* spatiale; **~fahrt** *f* navigation *f* spatiale
räumlich **1** dans l'espace, qui concerne l'espace **2** (*dreidimensional*) à trois dimensions **3** ***~ sehen*** voir en relief
Raumschiff *n* vaisseau *m* spatial
raunzen Ⓐ (*nörgeln*) râler
Raupe *f* **1** zo chenille *f* **2** *Fahrzeug*: véhicule *m* à chenilles, chenillé *m*
Raureif *m* givre *m*, gelée *f* blanche
raus **1** dehors; → *a.* ***heraus*** **2** ***~ mit dir*** (*bzw.* ***mit euch***)***!*** dehors!, sors (*bzw.* sortez)!
Rausch *m* ivresse *f*; ***e-n ~ haben*** être ivre; *umg.* être soûl
rauschen **1** (*Wind, Blätter*) bruire; (*Bach*) murmurer **2** (*Tonband usw.*) faire un bruit de fond **3** ***sie rauschte aus dem Laden*** elle sortit en trombe du magasin
Rauschgift *n* stupéfiant *m*, drogue *f*
Rauschgifthändler *m* trafiquant *m* de stupéfiants (*od.* de drogue)
rauschgiftsüchtig drogué, toxicomane
rausfliegen *umg.* être flanqué à la porte; *aus der Firma*: *umg.* être viré
raushalten: ***sich ~*** ne pas s'y mêler; ***halt dich da raus!*** ne te mêle pas de ça!
rauskriegen **1** (*erfahren*) apprendre **2** trouver (*Rätsel usw.*)
räuspern: ***sich ~*** se racler la gorge
rausschmeißen: ***j-n ~*** *umg.* flanquer qn à la porte; *aus der Firma*: *umg.* virer qn
Raute *f* losange *m*
Rave *m* rave *f*
Raver(in) *m(f)* raveur *m*, -euse *f*
Razzia *f* rafle *f*
Reagenzglas *n* éprouvette *f*
reagieren réagir (***auf*** à)
Reaktion *f* réaction *f* (***auf*** à)
Reaktor *m* réacteur *m*
real **1** (*wirklich*) réel/réelle, effectif/-ive **2** (*konkret*) concret/-ète
realisieren réaliser
Realist(in) *m(f)* réaliste *m,f*
realistisch réaliste
Realität *f* réalité *f*
Realschule *f* ≈ collège *m*
Rebe *f* vigne *f*
Rebell(in) *m(f)* rebelle *m,f*
rebellieren se rebeller, se révolter (***gegen*** contre)

R

Rebellion *f* rebellion *f*, révolte *f*
Rechen|aufgabe *f* problème *m* d'arithmétique; **~fehler** *m* erreur *m* de calcul, faute *f* de calcul
Rechenschaft *f*: ***j-n zur ~ ziehen*** demander des comptes à qn (***für etw*** sur qc)
Rechenzentrum *n* centre *m* informatique
rechnen 1 MATH calculer **2** (*zählen*) ***von heute an gerechnet*** à compter (*od.* à partir) d'aujourd'hui **3** ***mit etw ~*** s'attendre à qc **4** ***mit j-m ~*** compter sur qn
Rechnen *n* calcul *m*, arithmétique *f*
Rechner *m* **1** calculateur *m*; (*Computer*) ordinateur *m* **2** (*Taschenrechner*) calculatrice *f*, calculette *f*
Rechnung *f* **1** MATH calcul *m* **2** (*Abrechnung*) compte *m* **3** *e-r Firma*: facture *f* **4** *im Restaurant*: addition *f* **5** ***das geht auf meine ~*** c'est moi qui paie
recht 1 (*richtig*) juste **2** (*sehr*) bien; ***~ gut*** assez bien **3** (*gelegen, passend*) à point; ***zur ~en Zeit*** au bon moment **4** ***das ist mir ~*** cela me va; ***das ist mir nicht ~*** cela ne m'arrange pas; ***wenn's euch ~ ist*** si cela vous arrange, si cela vous convient **5** ***das geschieht dir ~*** c'est bien fait pour toi; ***ich glaub, ich hör nicht ~!*** je n'en reviens pas! **6** ***jetzt erst ~*** à plus forte raison; ***jetzt erst ~ nicht*** bien moins encore **7** ***schlecht und ~*** tant bien que mal **8** ***das geht nicht mit ~en Dingen zu*** cela (me) paraît louche **9** ***nach dem Rechten sehen*** aller voir si tout va bien
Recht *n* **1** droit *m* (***auf*** à); ***ich bin im ~*** je suis dans mon droit **2** ***recht haben*** avoir raison; ***recht behalten*** avoir finalement raison; ***ich gebe ihr recht*** je lui donne raison **3** ***mit ~*** avec raison; ***zu ~*** à bon droit, à juste titre **4** ***von ~s wegen*** de par la loi
Rechte *f* **1** (*rechte Hand, Seite*) droite *f* **2** POL droite *f*
Rechte(r) *f(m) Mensch*: homme *m*, femme *f* de droite; ***die ~n*** les gens *m Pl* de droite
rechte(r, -s) droit; ***~ Seite*** côté *m* droit, droite *f*; *bei Kleidern*: endroit *m*; ***auf der ~n Seite*** à droite
Rechteck *n* rectangle *m*
recht|eckig rectangulaire; **~fertigen** justifier
Rechtfertigung *f* justification *f*
recht|haberisch ergoteur/-euse; **~mäßig** légal, légitime
rechts 1 à droite (***von*** de); *bei Kleidern*: à l'endroit; *auf Schildern usw.*: ***~ vor links*** priorité à droite; ***~ fahren, sich ~ halten*** tenir sa (*od.* la) droite **2** POL ***~ sein*** être de droite
Rechts|anwalt *m*, **~anwältin** *f* avocat(e) *m(f)*; **~außen** *m* SPORT ailier *m* droit
Rechtschreib|fehler *m* faute *f* d'orthographe; **~reform** *f* réforme *f* de l'orthographe
Rechtschreibung *f* orthographe *f*
Rechtsextremismus *m* extrémisme *m* de droite
rechtsextremistisch d'extrême droite
Rechts|händer(in) *m(f)* droitier *m*, -ière *f*; **~kurve** *f* virage *m* à droite
Rechtsprechung *f* jurisprudence *f*
rechtsradikal d'extrême droite
Rechts|radikale(r) *f(m)* extrémiste *m,f* de droite, droitiste *m*; **~staat** *m* État *m* de droit
rechtswidrig illégal
recht|winklig rectangle; **~zeitig** à temps
Reck *n* barre *f* fixe
recken 1 ***den Hals ~*** allonger le cou, tendre le cou **2** ***sich ~*** s'étirer
recyceln recycler
Recycling *n* recyclage *m*
Redakteur(in) *m(f)* rédacteur *m*, -trice *f*
Redaktion *f* rédaction *f*
Rede *f* **1** (*Ansprache*) discours *m* **2** *Textanalyse*: ***(in)direkte ~*** discours *m* (in-)direct; ***erlebte ~*** style *m* indirect libre **3** ***j-n zur ~ stellen*** demander à qn de s'expliquer (***wegen*** sur) **4** ***das ist nicht der ~ wert*** cela ne vaut pas la peine d'en parler **5** ***davon ist nicht die ~*** il n'en est pas question
reden 1 (*sprechen*) parler (***über, von*** de; ***mit*** avec) **2** ***sie ~ nicht mehr miteinander*** ils ne se parlent plus **3** ***du hast gut ~*** tu peux parler, tu en parles à ton aise **4** ***gar nicht zu ~ von …!*** sans compter …!
Redensart *f* tournure *f*, façon *f* de parler
Redewendung *f* expression *f*, tournure *f*; *in der Linguistik*: locution *f*
Redner(in) *m(f)* orateur *m* (⚠ *im Frz.*

R

nur m); (*Vortragende*[*r*]) conférencier *m*, -ière *f*
Rednerpult *n* pupitre *m*
redselig bavard
reduzieren réduire (***auf*** à)
Reeder *m* armateur *m*
Reederei *f* compagnie *f* de navigation
reell (*wirklich*) réel/réelle
Referat[1] *n* **1** (*Vortrag*) conférence *f* **2** SCHULE exposé *m*
Referat[2] *n* (*Abteilung*) section *f*
Referendar(in) *m*(*f*) SCHULE professeur *m* stagiaire
reflektieren (*Licht*) réfléchir, refléter
Reflektor *m* réflecteur *m*
Reflex *m* **1** *von Licht usw.*: reflet *m* **2** *körperlich*: reflexe *m* (*a. fig.*)
reflexiv **1** (*Pronomen*) réfléchi **2** (*Verb*) pronominal
Reflexivpronomen *n* pronom *m* réfléchi
Reform *f* réforme *f*
Reformhaus *n* ≈ magasin *m* de régime
reformieren réformer
Refrain *m* refrain *m*
Regal *n* étagère *f*, rayonnage *m*
Regatta *f* régates *f Pl*
Regel *f* **1** règle *f* **2** ***in der ~*** (*normalerweise*) normalement, d'habitude **3** (*Monatsblutung*) règles *f Pl*
regelmäßig **1** régulier/-ière **2** ***wir treffen uns ~*** nous nous rencontrons régulièrement **3** (*sehr oft*) ***der Bus kommt ~ zu spät*** l'autobus est toujours en retard
regeln régler (*Temperatur, Verkehr usw.*)
regelrecht (*sehr*) vraiment
Regelung *f* **1** *e-r Angelegenheit*: règlement *m* **2** *gesetzliche*: réglementation *f* **3** TECH réglage *m*
regelwidrig contraire à la règle
regen: ***sich ~*** bouger, remuer
Regen *m* **1** pluie *f*; ***bei ~*** par temps de pluie; ***im ~*** sous la pluie **2** ***der saure ~*** les pluies *f Pl* acides **3** ***vom ~ in die Traufe kommen*** tomber de mal en pis
Regen|bogen *m* arc-en-ciel *m*; **~mantel** *m* imperméable *m*; **~schauer** *m* averse *f*; **~schirm** *m* parapluie *m*; **~tropfen** *m* goutte *f* de pluie; **~wald** *m* forêt *f* pluvieuse; **~wetter** *n* temps *m* pluvieux; **~wurm** *m* ver *m* de terre, lombric *m*; **~zeit** *f* saison *f* des pluies
Reggae *m* reggae *m*
Regie *f* **1** THEAT *usw.* mise *f* en scène, réalisation *f* (⚠ *frz.* régie *f* = ***Aufnahmeleitung***); ***~ führen*** faire la mise en scène (***bei*** de) **2** ***unter der ~ von*** sous la direction de
regieren **1** (*die Macht haben*) être au pouvoir **2** (*Minister, Präsident*) gouverner; (*König*) régner (***über*** sur)
Regierung *f* **1** gouvernement *m* **2** ***an der ~ sein*** être au pouvoir **3** (*Regierungszeit e-s Königs*) règne *m*
Regierungs|erklärung *f* déclaration *f* gouvernementale; **~sprecher(in)** *m*(*f*) porte-parole *m* du gouvernement
Regimekritiker(in) *m*(*f*) dissident(e) *m*(*f*)
Regiment *n* MIL régiment *m*
Region *f* région *f*
regional régional
Regisseur(in) *m*(*f*) THEAT *usw.* metteur *m* en scène, réalisateur *m*, -trice *f* (⚠ *frz.* régisseur *m* = ***Aufnahmeleiter***)
Register *n* **1** registre *m* (*a.* MUS) **2** *e-s Buchs*: index *m*
registrieren **1** enregistrer **2** (*bemerken*) constater
Regler *m* TECH régulateur *m*
reglos immobile, inerte
regnen pleuvoir
regnerisch pluvieux/-ieuse
regulär **1** (*vorschrifts-, regelmäßig*) régulier/-ière **2** (*normal, üblich*) habituel/-elle, ordinaire
regulieren **1** régler (*Gerät, Lautstärke*); (*einstellen*) ajuster **2** régulariser (*Verkehr, Fluss*) **3** (*steuern*) contrôler
Reh *n* chevreuil *m*
Rehkitz *n* faon *m*
Reibe *f* GASTR râpe *f*
reiben **1** (*aneinander reiben, einreiben*) frotter, frictionner **2** GASTR râper
Reibung *f* friction *f*
reibungslos sans difficultés
reich riche (***an*** en)
Reich *n* **1** POL, HIST empire *m*, règne *m*; ***das Römische ~*** l'Empire *m* romain **2** (*Königreich*) royaume *m* **3** ***das ~ der Tiere*** (*bzw.* ***Pflanzen***) le règne animal (*bzw.* végétal)
Reiche(r) *f*(*m*) riche *m,f*
reichen **1** (*geben*) donner, tendre **2** (*gehen*) ***~ bis*** aller jusqu'à; *in der Fläche*: s'étendre jusqu'à…; *in die Höhe*: monter (*od.* s'élever) jusqu'à… **3** (*genü-*

R

gen) être suffisant, suffire **4** ***jetzt reichts*** (***mir***) ***aber!*** j'en ai assez!; *umg.* j'en ai marre!
reichhaltig **1** (*Essen usw.*) riche, abondant **2** (*Angebot*) varié
reichlich (*viel*) largement, abondamment, à profusion
Reichtum *m* richesse *f* (***an*** en); (*Überfluss*) abondance *f* (***an*** en)
Reichweite *f* **1** portée *f* **2** ***in ~*** à portée de main **3** ***außer ~*** *hors de portée, *hors d'atteinte
reif **1** mûr; ***~ werden*** mûrir **2** ***die Zeit ist ~ für …*** c'est le moment de (+ *Inf.*) **3** ***e-e ~e Leistung*** *iron.* une belle performance **4** ***~ für die Klapsmühle*** *umg.* bon pour l'asile
Reife *f* **1** maturité *f* **2** ***mittlere ~*** *in Frankreich* ≈ brevet *m* des collèges
Reifen *m* AUTO *usw.* pneu *m*
Reifenpanne *f* crevaison *f*
Reifeprüfung *f* → ***Abitur, Matura***
Reigen *m* ronde *f*, branle *m*
Reihe *f* **1** *hintereinander:* file *f* **2** *nebeneinander:* rang *m*, rangée *f*; ***sich in e-r ~ aufstellen*** se mettre en rang **3** (*Anzahl, Folge*) suite *f*, série *f* **4** ***ich bin*** (***du bist*** *usw.*) ***an der ~*** c'est mon (ton *usw.*) tour **5** ***der ~ nach*** l'un (*bzw.* l'une) après l'autre; ***erzähl mal der ~ nach*** raconte un peu dans l'ordre **6** ***aus der ~ tanzen*** se distinguer
Reihenfolge *f* suite *f*; ***in alphabetischer ~*** par ordre alphabétique
Reihenhaus *n* maison *f* mitoyenne
Reiher *m* *héron *m*
Reim *m* rime *f* (***auf*** en) (⚠ *im Frz. f*)
reimen rimer (***auf*** en)
rein[1] **1** (*unvermischt*) pur **2** (*sauber*) propre, net/nette; ***etw ins Reine schreiben*** mettre qc au propre **3** ***ich habe ein ~es Gewissen*** j'ai la conscience nette **4** (*nichts als*) ***das ist der ~ste Wahnsinn*** c'est de la folie pure; ***das war ~er Zufall*** c'était un pur *hasard **5** ***~ gar nichts*** absolument rien
rein[2] → ***herein, hinein***
Rein *f* Ⓐ casserole *f*
Reindl *n* Ⓐ petite casserole *f*
Reinfall *m* échec *m*, fiasco *m*
reinfallen **1** *umg.* tomber dans le panneau **2** ***ich bin auf ihn reingefallen*** *umg.* il m'a bien eu
reinhauen **1** *beim Essen:* dévorer **2** ***ich hab ihm e-e reingehauen*** *umg.* je lui ai flanqué une baffe
reinigen nettoyer; ***chemisch ~*** nettoyer à sec
Reinigung *f* **1** (*das Reinigen*) nettoyage *m*; ***chemische ~*** nettoyage *m* à sec **2** *Laden:* pressing *m*
Reinigungsmilch *f* lait *m* démaquillant
reinlegen *umg.* avoir, rouler (*j-n*)
reinziehen **1** ***sich e-n Hamburger*** (***e-e Cola*** *usw.*) ***~*** *umg.* s'enfiler (*od.* s'envoyer) un *hamburger (un coca *usw.*) **2** ***sich e-n Film*** (***e-n Krimi*** *usw.*) ***~*** *umg.* se taper un film (un polar *usw.*)
Reis *m* riz *m*
Reise *f* **1** voyage *m*; ***auf die ~ gehen*** partir en voyage **2** (*Rundreise*) tour *m*
Reise|andenken *n* souvenir *m*; **~büro** *n* agence *f* de voyages; **~bus** *m* autocar *m* de tourisme; **~führer** *m* *Buch:* guide *m*; **~führer(in)** *m(f)* *Person:* guide *m,f*; **~gruppe** *f* voyage *m* organisé; **~leiter(in)** *m(f)* guide *m,f*
reisen **1** voyager **2** ***nach Paris*** (*bzw.* ***Frankreich***) ***~*** faire un voyage à Paris (*bzw.* en France) **3** (*abreisen*) partir (***nach*** pour) **4** ***~ durch*** traverser
Reise|pass *m* passeport *m*; **~scheck** *m* chèque *m* de voyage; **~tasche** *f* sac *m* de voyage
Reiskorn *n* grain *m* de riz
reißen **1** (*ziehen*) tirer (fortement *od.* violemment) (***an etw*** sur qc); ***etw an sich ~*** tirer qc à soi; *fig.* s'emparer de qc; ***j-m etw aus der Hand ~*** arracher qc de la main de qn **2** (*Stoff, Papier*) se déchirer; (*Schnur*) (se) rompre **3** ***etw in Stücke ~*** mettre qc en pièces, déchirer qc **4** ***sich um etw ~*** s'arracher qc **5** ***hin und her gerissen sein*** se sentir (*od.* être) tiraillé
reißerisch (*Werbung usw.*) tapageur/-euse
Reiß|nagel *m* punaise *f*; **~verschluss** *m* fermeture *f* éclair®, **fermeture** *f* à glissière; *breiter:* zip® *m*; **~zwecke** *f* punaise *f*
reiten **1** monter à cheval; ***ein Pferd ~*** monter un cheval **2** ***Schritt*** (*bzw.* ***Trab, Galopp***) ***~*** aller au pas (*bzw.* au trot, au galop) **3** SPORT faire du cheval, faire de l'équitation **4** ***~ nach*** aller à cheval

R

à

Reiter(in) *m(f)* cavalier *m*, -ière *f*

Reit|hose *f* culotte *f* de cheval; **~pferd** *n* cheval *m* de selle, monture *f*; **~stall** *m* écurie *f*; **~stiefel** *m* botte *f* d'équitation; **~unterricht** *m* cours *m Pl* d'équitation

Reiz *m* **1** *körperlicher, optischer*: excitation *f*; *unangenehmer*: irritation *f* **2** (*Anziehungskraft*) attrait *m* **3** *e-r Sache a.*: charme *m*, intérêt *m*

reizbar (*erregbar*) irritable

reizen 1 (*anziehen*) attirer; (*locken*) tenter **2** (*ärgern*) agacer, exciter (*bes. Tier*) **3** (*herausfordern*) provoquer **4** irriter (*bes. Haut*)

reizend ravissant; (*süß, niedlich*) mignon/-onne

Reizung *f* excitation *f*; *bes. der Haut*: irritation *f*

reizvoll 1 (*hübsch*) plein de charme **2** (*Aufgabe*) intéressant, attrayant

rekeln: sich ~ s'étirer

Reklame *f* (*Werbung*) publicité *f*

Rekord *m* record *m* (**in** de)

Rekordgeschwindigkeit *f* vitesse *f* record

Rekrut *m* recrue *f* (⚠ *im Frz. f*)

Rektor(in) *m(f)* **1** *e-r Schule*: directeur *m*, -trice *f* **2** *e-s frz.* collège *od.* lycée: proviseur *m* (⚠ *im Frz. nur m*)

relativ 1 relatif/-ive **2** ***das war ~ einfach*** (*bzw.* ***schwierig***) cela a été relativement facile (*bzw.* difficile)

Relativ|pronomen *n* pronom *m* relatif; **~satz** *m* (proposition *f*) relative *f*

Religion *f* **1** religion *f* **2** *als Schulfach*: instruction *f* religieuse

Religionszugehörigkeit *f* confession *f*

religiös 1 religieux/-ieuse **2** (*Mensch*) pieux/pieuse

R

Reling *f* bastingage *m*

Remis *n beim Schach*: partie *f* nulle (⚠ *frz.* remis = *Partizip von* remettre)

Remmidemmi *n umg.* raffut *m*, boucan *m*

Remoulade *f* rémoulade *f*

rempeln bousculer; *bes.* FUSSBALL charger

Ren *n* renne *m*

Renn|auto *n* voiture *f* de course, bolide *m*; **~bahn** *f* **1** *für Pferderennen*: champ *m* de courses, hippodrome *m* **2** *für Autorennen*: circuit *m*, autodrome *m* **3** *für Radrennen*: vélodrome *m*

rennen (*schnell laufen*) courir

Rennen *n* **1** (*Wettrennen*) course *f*; ***das ~ machen*** gagner la course; ***gut im ~ liegen*** être en bonne position **2** ***das ~ ist gelaufen*** *fig.* c'est trop tard

Renner *m*: ***das ist ein*** *od.* ***der ~*** (*Erfolg*) c'est un (grand) succès

Renn|fahrer(in) *m(f)* coureur *m* (automobiliste *bzw.* cycliste *bzw.* motocycliste); **~pferd** *n* cheval *m* de course; **~rad** *n* vélo *m* de course

renovieren: *das Haus* *usw.* **~** rénover (*od.* refaire) la maison *usw.*, remettre la maison *usw.* à neuf

Renovierung *f* rénovation *f*, remise *f* à neuf, refection *f*

rentabel rentable, lucratif/-ive

Rente *f* retraite *f*; ***in ~ gehen*** prendre sa retraite

Rentier *n* renne *m*

rentieren: *etw rentiert sich* (***nicht***) qc (ne) vaut (pas) la peine

Rentner(in) *m(f)* retraité(e) *m(f)*

Reparatur *f* réparation *f* (**an** de) (⚠ *Endung*); ***etw zur ~ geben*** donner qc à réparer

Reparaturwerkstatt *f für Autos*: garage *m*

reparieren réparer, arranger

Reportage *f* reportage *m* (⚠ *im Frz. m*) (**über** sur)

Reporter(in) *m(f)* reporter *m* (*im Frz. nur m*)

repräsentieren représenter

Reptil *n* reptile *m*

Republik *f* république *f*

republikanisch républicain

resch Ⓐ (*Brot usw.*) croustillant

Reservat *n* réserve *f*

Reserve[1] *f* **1** (*Vorrat*) réserve *f* (**an** de); ***die eiserne ~*** les dernières réserves (⚠ *Plural*) **2** ***etw in ~ haben*** avoir qc en réserve **3** SPORT réserve *f*

Reserve[2] *f* (*Zurückhaltung*) réserve *f*, retenue *f*; ***j-n aus der ~ locken*** faire sortir qn de sa réserve

Reserve|bank *f* banc *m* remplaçants (⚠ *frz.* banc *ist m*); **~rad** *n* roue *f* de secours; **~reifen** *m* pneu *m* de rechange; **~spieler(in)** *m(f)* SPORT remplaçant(e) *m(f)*

reservieren réserver, retenir (*Platz usw.*)

Reservierung *f* réservation *f*

Residenz *f* résidence *f*

resignieren se résigner
resigniert résigné
resolut résolu, décidé
Respekt *m* **1** respect *m* **2** **~!** *umg.* chapeau!
respektieren respecter
respekt|los sans respect, irrespectueux/-euse; **~voll** respectueux/-euse
Rest *m* **1** reste *m* **2** ***das gab ihm den ~*** *umg.* cela l'a achevé **3** *zur Bedienung*: ***der ~ ist für Sie*** gardez le change
Restaurant *n* restaurant *m*
restaurieren restaurer (*Möbel, Haus*)
restlich (*übrig*) de reste, restant
restlos complètement, entièrement
Resultat *n* résultat *m*
retten **1** sauver (***aus, vor*** de) **2** ***bist du noch zu ~?*** *umg.* tu perds la tête? **3** (*vor j-m, e-r Gefahr*) ***sich ~*** se sauver (***vor*** de); ***rette sich, wer kann!*** sauve qui peut!; ***sie rettete sich ins Haus*** elle s'est réfugiée dans la maison **4** ***ich kann mich vor Arbeit kaum ~*** j'ai du travail par-dessus la tête
Retter(in) *m(f)* **1** (*Lebensretter[in]*) sauveteur *m* (⚠ *im Frz. nur m*) **2** (*Befreier[in], Retter in der Not*) sauveur *m* (⚠ *im Frz. nur m*)
Rettich *m* radis *m*
Rettung *f* **1** sauvetage *m* **2** Ⓐ (*Rettungsdienst, -wagen*) ambulance *f* **3** ***du bist meine letzte ~*** *iron.* tu es ma planche de salut
Rettungs|boot *n* canot *m* de sauvetage; **~mannschaft** *f* équipe *f* de sauvetage (*od.* de sauveteurs); **~ring** *m* bouée *f* de sauvetage; **~wagen** *m* ambulance *f*
Reue *f* repentir *m*
reuevoll, reumütig repentant; (*zerknirscht*) contrit
Revanche *f* revanche *f*
revanchieren: ***ich werde mich bei ihm dafür ~*** *als Dank*: je le lui rendrai; *a. als Rache*: je le lui revaudrai
Revers *n* revers *m*
Revier *n* **1** (*Polizeistation*) commissariat *m*, poste *m* de police **2** (*Polizeibezirk*) quartier *m* **3** (*Jagdrevier*) chasse *f* **4** *von Tieren*: territoire *m*
Revision *f gegen ein Urteil*: cassation *f*; ***~ einlegen*** se pourvoir (*od.* aller) en cassation
Revolte *f* révolte *f*
revoltieren se révolter (***gegen*** contre)
Revolution *f* révolution *f* (⚠ *mit* Révolution *großgeschrieben ist meistens die frz. Revolution von 1789 gemeint*)
revolutionär révolutionnaire (*a. fig.*)
Revolutionär(in) *m(f)* révolutionnaire *m,f*
Revolver *m* revolver *m*
Rezept *n* **1** GASTR recette *f* **2** *vom Arzt*: ordonnance *f*
rezeptfrei (*Medikament*) sans ordonnance, en vente libre
Rezeption *f im Hotel*: réception *f*
rezeptpflichtig (*Medikament*) délivré seulement sur ordonnance
Rhabarber *m* rhubarbe *f*
Rhein *m* Rhin *m*
Rheinland *n* Rhénanie *f*
Rheinland-Pfalz *n* la Rhénanie-Palatinat
Rhone *f* Rhône *m* (⚠ *im Frz. m*)
rhythmisch rythmique; (*Bewegung a.*) rythmé
Rhythmus *m* rythme *m*
Ribisel *f* Ⓐ **1** (*Rote Johannisbeere*) groseille *f* **2** (*Schwarze Johannisbeere*) cassis *m*
richten[1] **1** (*lenken*) diriger, orienter (***auf*** sur, ***gegen*** vers); braquer (*Waffe, Fotoapparat usw.*) (***auf*** sur); porter, tourner (*Blick*) (***auf*** sur) **2** ***e-e Frage*** (***e-n Brief*** *usw.*) ***an j-n ~*** adresser une question (une lettre *usw.*) à qn **3** ***sich auf etw ~*** (*Blicke, Aufmerksamkeit*) se fixer (*od.* se concentrer) sur qc **4** ***sich nach j-m ~*** se régler sur qn; ***ich werde mich danach ~*** j'agirai en conséquence
richten[2] **1** (*ausrichten*) aligner **2** (*einstellen*) régler **3** (*in Ordnung bringen, ausbessern*) arranger **4** (*herrichten, aufräumen*) ranger (*Zimmer usw.*)
Richter(in) *m(f)* juge *m,f*
Richter-Skala *f* échelle *f* de Richter
richtig **1** (*nicht falsch*) juste, correct; **~!** c'est ça!, c'est juste!; ***ganz ~!*** parfaitement!, tout à fait! **2** (*geeignet*) bon/bonne **3** (*echt, wirklich*) vrai, véritable **4** ***sie war ~ verlegen*** elle était vraiment embarrassée **5** ***~ liegen*** avoir raison, être dans le vrai; ***etw ~ stellen*** corriger qc, rectifier qc
Richtige(r) *f(m)* **1** ***er ist genau der ~*** c'est l'homme qu'il nous faut (***für*** pour) **2** ***er hat sechs ~ im Lotto*** il a gagné au loto

R

Richtige(s) *n*: ***sie hat nichts ~s gegessen*** (*bzw.* ***gelernt***) elle n'a pas mangé (*bzw.* appris) grand-chose
Richtlinie *f* directive *f*
Richtung *f* **1** direction *f*, sens *m* **2** (*Tendenz*) tendance *f*
riechen **1** sentir; ***riech mal*** (***daran***)***!*** sens (cela)! **2** ***etw riecht gut*** (*bzw.* ***schlecht***) qc sent bon (*bzw.* mauvais) **3** ***nach etw ~*** sentir qc **4** ***ich kann ihn nicht ~*** (*ich mag ihn nicht*) je ne peux pas le sentir; *umg.* je l'ai dans le nez **5** ***das kann ich doch nicht ~!*** (*wissen*) je ne peux pas le deviner!
Riege *f* SPORT équipe *f*
Riegel[1] *m zum Schließen*: verrou *m*
Riegel[2] *m Schokolade*: barre *f* (de chocolat)
Riemen *m* **1** (*Leder-, Schuhriemen*) lacet *m* **2** TECH courroie *f*
Riese *m* géant *m*
rieseln **1** (*Schnee*) tomber (doucement) **2** (*Sand*) couler **3** (*Wasser*) ruisseler
Riesenerfolg *m* succès *m* fou
riesengroß **1** géant **2** (*gewaltig*) énorme
Riesenhunger *m*: ***ich habe e-n ~*** j'ai une faim de loup
Riesen|rad *n auf Jahrmärkten*: grande roue *f*; **~slalom** *m* slalom *m* géant
riesig **1** (*riesengroß*) géant **2** (*gewaltig*) énorme **3** (*super*) *umg.* super; *umg.* génial **4** ***sie hat sich ~ gefreut*** ça lui a fait terriblement plaisir
Rille *f* rainure *f*; *bei Platten*: sillon *m*
Rind *n* bœuf *m*
Rinde *f* **1** *e-s Baums*: écorce *f* **2** (*Brotrinde, Käserinde*) croûte *f*
Rinder|braten *m* rôti *m* de bœuf; **~wahn(sinn)** *m* maladie *f* de la vache folle
Rind|fleisch *n* bœuf *m*; **~vieh** *n* (*Dummkopf*) âne *m*, imbécile *m,f*
Ring *m* **1** anneau *m* **2** *Fingerring*: bague *f*; (*Ehering*) alliance *f* **3** ***~e um die Augen haben*** avoir les yeux cernés
Ringbuch *n* classeur *m*
Ringel|natter *f* couleuvre *f* à collier; **~spiel** *n* Ⓐ manège *m*
ringen **1** *allg.*, SPORT lutter (***mit*** contre) **2** ***die Hände ~*** se tordre les mains
Ringen *n* SPORT lutte *f* (*a. fig.*)
Ringer *m* SPORT lutteur *m*
Ring|finger *m* annulaire *m*; **~kampf** *m* SPORT lutte *f*; **~richter** *m* arbitre *m*
rings: **~** ***um*** tout autour de
ringsherum tout autour
Rinne *f* rigole *f*
rinnen couler (lentement)
Rinnstein *m* caniveau *m*
Rippe *f* **1** côte *f* **2** *im Blatt*: nervure *f*
Risiko *n* risque *m*; ***ein ~ eingehen*** courir un risque
Risiko|faktor *m* facteur *m* de risque; **~gruppe** *f* groupe *m* à risques
riskant risqué
riskieren risquer; ***es ~*** risquer le coup
Riss *m* **1** *in Stoff, Papier, Haut usw.*: déchirure *f* **2** *durch Hängenbleiben*: accroc *m* **3** *in Holz, Eis, Mauerwerk*: fissure *f* **4** *in Lack, Verputz*: craquelure *f*
rissig **1** crevassé **2** (*Haut, Lippen*) *a.* gercé **3** (*Holz usw.*) fissuré **4** (*Lack, Verputz*) craquelé
Ritt *m* tour *m* (*od.* promenade *f*) à cheval
Ritter *m* chevalier *m*
Ritterrüstung *f* armure *f*
Ritual *n* rituel *m*
Ritze *f* fente *f*, fissure *f*
ritzen **1** rayer, égratigner (*Haut*) **2** (*einritzen*) graver (***in*** dans)
Rivale *m*, **Rivalin** *f* rival(e) *m*(*f*)
Rivalität *f* rivalité *f*
Robbe *f* phoque *m*
robben ramper
Roboter *m* robot *m*
robust robuste
Rock[1] *m Kleidungsstück*: jupe *f*
Rock[2] *m* MUS rock *m*
Rocker *m umg.* rockeur *m*, -euse *f*
Rock|gruppe *f* groupe *m* de rock; **~musik** *f* musique *f* rock; **~sänger(in)** *m*(*f*) chanteur *m*, -euse *f* de rock
Rodel *f* Ⓐ luge *f*
Rodelbahn *f* piste *f* de luge
rodeln faire de la luge
Roggen *m* seigle *m*
Roggenbrot *n* pain *m* de seigle
roh **1** (*ungekocht*) cru **2** (*Material, Öl usw.*) brut **3** (*brutal*) brutal; (*grob*) grossier/-ière **4** ***mit ~er Gewalt*** brutalement
Roh|bau *m Hausbau*: gros œuvre *m*; **~kost** *f Gemüse, Salat*: crudités *f Pl*
Rohr[1] *n* **1** tuyau *m*, tube *m* **2** (*Leitungsrohr*) conduite *f* **3** Ⓐ (*Backofen*) four *m*
Rohr[2] *n* (*Bambusrohr*) canne *f*
Röhrchen *n* **1** (*Behälter*) petit tube *m* **2**

R

(*Trinkhalm*) paille *f*
Röhre *f* **1** (*Leitungsröhre*) tuyau *m* **2** (*Behälter*) tube *m* **3** (*Backofen*) four *m* **4** *fig*. ***in die ~ gucken*** *umg*. être de la revue
Rohrzucker *m* sucre *m* de canne
Rohstoff *m* matière *f* première
Rolle[1] *f* **1** (*Gerolltes*) rouleau *m* **2** (*Spule*) bobine *f*
Rolle[2] *f* **1** THEAT rôle *m* (⚠ *im Frz. m*) **2** ***e-e ~ spielen*** (*wichtig sein*) jouer un rôle (***bei*** dans) **3** ***aus der ~ fallen*** *umg*. gaffer, faire une bévue
Rolle[3] *f* *Turnen*: roulade *f*
rollen **1** rouler **2** ***ins Rollen bringen*** *fig*. faire démarrer **3** (*Donner*) gronder
Rollenspiel *n* jeu *m* de rôles
Roller *m* **1** (*Motorrad*) scooter *m* **2** *für Kinder*: trottinette *f*, patinette *f*
Rolli *m* pull *m* à col roulé
Roll|kragen *m* col *m* roulé; **~kragenpulli** *m* pull *m* à col roulé; **~laden** *m* volet *m* roulant, store *m*
Rollo *n* store *m* (enrouleur)
Roll|schuh *m* patin *m* à roulettes; **~stuhl** *m* fauteuil *m* roulant; **~stuhlfahrer(in)** *m(f)* *handicapé(e) *m(f)* (dans un fauteuil roulant); **~treppe** *f* escalier *m* roulant
Rom *n* Rome
Roman *m* roman *m*
romanisch ARCH, KUNST roman
Romantik *f* romantisme *m*
romantisch romantique
Römer(in) *m(f)* Romain(e) *m(f)*
römisch romain
Rommee *n* *Kartenspiel*: rami *m*
röntgen radiographier
Röntgen|bild *n* radiographie *f*, radio *f*; **~strahlen** *m Pl* rayons X *m Pl*
rosa rose
rosarot rouge rose
Rose *f* *Blume*: rose *f*
Rosenkohl *m* chou *m* de Bruxelles
Rosenkranz *m* rosaire *m*; ***den ~ beten*** dire son chapelet
Rosenmontag *m* veille *f* du Mardi gras
Roséwein *m* rosé *m*
rosig **1** (*Farbe*) (de) rose, rosé **2** (*Zukunft*, *Lage*) brillant
Rosine *f* raisin *m* sec
Rosmarin *m* romarin *m*
Rosskastanie *f* **1** *Frucht*: marron *m* d'Inde **2** *Baum*: marronnier *m* d'Inde
Rost[1] *m* *auf Eisen usw.*: rouille *f*
Rost[2] *m* **1** (*Bratrost*) gril *m* **2** (*Gitterrost*) grille *f*
Rost|braten *m* **1** grillade *f* **2** Ⓐ (*Hochrippe*) entrecôte *f*; **~bratwurst** *f* saucisse *f* grillée
rosten rouiller *od*. se rouiller
rösten **1** griller (*Brot*, *Fleisch usw.*) **2** rissoler (*Kartoffeln*) **3** torréfier (*Kaffee*)
rostfrei (*Metall*) inoxydable
Rösti *f* Ⓒⓗ galette *f* de pommes de terre râpées et rissolées
rostig rouillé
Röstkartoffeln *f Pl* pommes *f Pl* de terre rissolées
Rostschutzmittel *n* agent *m* antirouille
rot **1** *Farbe*: rouge (*a*. POL) **2** ***die Ampel ist ~*** le feu est au rouge, c'est rouge **3** (*Haar*) roux/rousse **4** ***der ~e Faden*** *fig*. le fil rouge, le fil conducteur **5** *in Namen großgeschrieben*: ***das Rote Meer*** la mer Rouge; ***das Rote Kreuz*** la Croix-Rouge **6** SPORT ***die Rote Karte*** le carton rouge
Rot *n* rouge *m*; ***er ist bei ~ über die Ampel gefahren*** il a grillé un feu rouge
Röteln *Pl* rubéole *f*
röten: *sich ~* rougir (⚠ *ohne* se)
rothaarig roux/rousse
rotieren **1** (*sich drehen*) tourner, pivoter (sur son axe) **2** (*hektisch sein*) *umg*. paniquer
Rot|kehlchen *n* rouge-gorge *m*; **~kohl** *m*, **~kraut** *n* chou *m* rouge
rötlich rougeâtre
rotsehen *vor Wut*: voir rouge
Rotwein *m* vin *m* rouge
Rotz *m* morve *f*
rotzfrech *umg*. culotté
Rouge *n* rouge *m* (à joues)
Roulade *f* tranche *f* de viande roulée et farcie; *bes. vom Kalb*: paupiette *f* (⚠ *frz*. roulade *f* *meistens* = ***Purzelbaum***)
Roulette *n* *Glücksspiel*: roulette *f*
Route *f* itinéraire *m*, route *f* (⚠ *frz*. route *f* *a*. = ***Landstraße***)
Routine *f* **1** (*Erfahrung*, *Übung*) expérience *f* **2** (*Gewohnheit*) routine *f*
Routineuntersuchung *f* contrôle *m* habituel
Rowdy *m* vandale *m*, casseur *m*
Rubbellos *n* billet *m* de loterie avec grattage
rubbeln **1** frotter **2** *in der Lotterie*: grat-

R

ter

Rübe *f* **1** ***Weiße*** ~ navet *m* **2** ***Rote*** ~ betterave *f* **3** *bes. süddeutsch*: ***Gelbe*** ~ carotte *f* **4** (*Kopf*) *umg.* caboche *f*, cafetière *f*

Rubel *m Währung*: rouble *m*

rüber → ***herüber***, ***hinüber***

Rubin *m* rubis *m*

Ruck *m* **1** saccade *f*; (*Stoß*) secousse *f* **2** ***mit e-m*** ~ d'un (seul) coup **3** ***sich e-n*** ~ ***geben*** *fig.* faire un effort

ruckartig (*plötzlich*) tout d'un coup

Rück|blende *f* FILM *usw.* retour *m* en arrière, flash-back *m*; **~blick** *m* rétrospective *f* (***auf*** sur *od.* de)

rücken **1** (*verrücken*) déplacer; (*bewegen*) remuer, bouger; ***den Tisch ans Fenster*** ~ pousser la table vers la fenêtre **2** (*sich bewegen*) ***nach vorn*** ~ (s)avancer; ***nach hinten*** ~ reculer **3** ***rück mal*** (***ein bisschen nach links***)***!*** pousse-toi (un peu à gauche)! **4** ***näher*** ~ se rapprocher

Rücken *m* dos *m* (*a. Hand-, Buchrücken usw.*)

Rücken|lehne *f* dossier *m*, dos *m*; **~mark** *n* moelle *f* épinière

Rückenschmerzen *m Pl*: ***ich habe*** ~ j'ai mal au dos

Rückenschwimmen *n* nage *f* sur le dos

Rückenwind *m*: ~ ***haben*** avoir le vent dans le dos (*fig.* le vent en poupe)

Rück|fahrkarte *f* billet *m* de retour; *für Hin- u. Rückfahrt*: aller et retour *m*; **~fahrt** *f* retour *m*; **~fall** *m* **1** *e-s Kranken*: rechute *f* **2** *e-s Kriminellen*: récidive *f*

rückfällig (*Krimineller*) récidiviste; ~ ***werden*** récidiver

Rück|flug *m* vol *m* (de) retour; **~gabe** *f* restitution *f*, remise *f*; **~gang** *m* recul *m*, baisse *f* (***der Verkaufszahlen*** des ventes)

rückgängig: ~ ***machen*** annuler; revenir sur (*Entscheidung*)

Rück|grat *n* épine *f* dorsale; **~hand** *f* TENNIS revers *m*

Rück|kehr *f* retour *m*; *nach Hause*: rentrée *f*; **~licht** *n* feu *m* arrière; **~reise** *f* (voyage *m* de) retour *m*

Rucksack *m* sac *m* à dos

Rück|schlag *m* **1** (*Niederlage*) revers *m*, échec *m* **2** *nach e-r Krankheit*: rechute *f*; **~seite** **1** derrière *m* **2** *bei Stoffen*: envers *m* **3** *bei Münzen*: revers *m* **4** *e-s Blatts Papier*: verso *m*

Rücksicht *f* **1** égards *m Pl*, considération *f* **2** ***auf etw*** ~ ***nehmen*** tenir compte de qc **3** ***auf j-n*** ~ ***nehmen*** (*j-n schonen*) avoir des égards envers qn **4** ***ohne*** ~ ***auf Verluste*** sans se soucier des conséquences

rücksichtslos sans égards, sans ménagements

Rücksichtslosigkeit *f* manque *m* d'égards

rücksichtsvoll plein d'égards, prévenant (***gegenüber*** envers)

Rück|sitz *m* siège *m* arrière; **~spiegel** *m* rétroviseur *m*; **~spiel** *n* match *m* de retour

Rückstand[1] *m* (*Rest*) résidu *m*

Rückstand[2] *m* **1** ***im*** ~ ***sein*** *mit der Arbeit usw.*: être en retard (***mit*** dans) **2** SPORT ***mit e-m Tor im*** ~ ***sein*** avoir un but en moins

Rück|strahler *m* réflecteur *m*, catadioptre *m*; **~taste** *f* touche *f* de retour arrière

Rücktritt[1] *m von e-m Amt*: démission *f*

Rücktritt[2] *m am Fahrrad*: rétropédalage *m*

rückwärts en arrière; → ***rückwärtsgehen***

Rückwärtsgang *m* AUTO marche *f* arrière

rückwärtsgehen marcher à reculons, reculer

Rückweg *m* (chemin *m* de) retour *m*

Rückzieher *m* **1** ***e-n*** ~ ***machen*** (*seinen Entschluss zurücknehmen*) revenir sur sa décision **2** FUSSBALL retourné *m*

ruck, zuck en deux temps trois mouvements

Rucola *m* roquette *f*

Rudel *n* **1** *von Hirschen*: *harde *f* **2** *von Wölfen*: bande *f*

Ruder *n* **1** *bei Booten*: rame *f*, aviron *m* **2** (*Steuerruder*) gouvernail *m*

Ruderboot *n* canot *m*, barque *f*

rudern ramer; SPORT faire de l'aviron

Ruf *m* **1** (*Schrei*) cri *m*, appel *m* **2** (*Ansehen*) réputation *f*

rufen **1** (*herbeirufen*) appeler **2** (*ausrufen, laut rufen*) crier **3** ***das kommt wie gerufen*** ça tombe bien

Ruf|name *m* prénom *m* usuel; **~nummer** *f* numéro *m* de téléphone

Rüge *f* réprimande *f*; (*Tadel*) blâme *m*

Ruhe *f* **1** (*Stille*) silence *m* **2** (*Gelassen-*

heit) calme *m* **3** (*Erholung*) repos *m* **4** (*Ungestörtheit*) calme *m*, tranquillité *f*; ***lass mich in ~!*** laisse-moi tranquille! **5** ***immer mit der ~!*** du calme!, doucement!
ruhen 1 (*ausruhen*) se reposer **2** (*Verhandlungen, Arbeit usw.*) être suspendu, être arrêté; (*Waffen*) se taire
Ruhe|pause *f* pause *f*; **~stand** *m* retraite *f*; **~störung** *f* perturbation *f* (de l'ordre public), trouble *m*
Ruhetag *m* jour *m* de repos; *auf Schildern*: ***Dienstag ~*** fermé le mardi
ruhig[1] **1** (*still, leise*) silencieux/-ieuse **2** (*gelassen*) tranquille, calme; ***ich hab ein ~es Gewissen*** j'ai la conscience tranquille **3** (*friedlich, ungestört*) calme, paisible **4** (*in Ruhe*) ***~ schlafen*** dormir tranquillement
ruhig[2] *verstärkend*: ***du könntest dich ~ entschuldigen*** tu ferais bien de t'excuser, tu pourrais bien t'excuser
Ruhm *m* gloire *f*
Rührei *n* œufs *m Pl* brouillés
rühren 1 *mit dem Löffel usw.*: remuer; ***etw in den Teig*** (***in die Suppe*** *usw.*) **~** mélanger qc à la pâte (au potage *usw.*) **2** ***sich ~*** se remuer, bouger **3** *vom Gefühl her*: toucher, émouvoir
rührend touchant, émouvant
Rührung *f* émotion *f*, attendrissement *m*
Ruin *m* ruine *f*
Ruine *f* ruine *f*
ruinieren 1 *finanziell*: ruiner **2** (*beschädigen*) gâter, abîmer
rülpsen *umg.* roter; (*Baby*) faire son rot
Rülpser *m umg.* rot *m*
rum *usw.* → ***herum*** *usw.*
Rum *m* rhum *m*
Rumäne *m*, **Rumänin** *f* Roumain(e) *m*(*f*)
Rumänien *n* la Roumanie
rumänisch roumain
rumkriegen 1 (*überreden*) persuader, manœuvrer (*j-n*) **2** tuer (*Zeit*)
Rummel *m* (*Jahrmarkt*) foire *f*
Rumpelkammer *f* débarras *m*
rümpfen: *die Nase ~* faire la grimace (***über*** devant)
Rumpsteak *n* romsteck *m*
rums: *~!* boum!
rumtreiben: *sich ~* traîner
rund[1] **1** rond; (*abgerundet*) arrondi **2** (*Gesicht, Wangen*) plein **3** ***e-e ~e Summe*** *fig.* un compte rond **4** ***das ist e-e ~e Sache*** *umg.* c'est impeccable
rund[2] **1** ***~ um etw*** (***herum***) tout autour de qc **2** ***~ um die Uhr*** vingt-quatre heures sur vingt-quatre **3** (*etwa*) environ
Rundbrief *m* circulaire *f*
Runde *f* **1** (*Rundgang*) ronde *f* **2** (*Gruppe*) compagnie *f* **3** *Getränke*: tournée *f* **4** *beim Boxen*: round *m*, reprise *f* **5** *bei Rennen*: tour *m* **6** *bei Spielen*: partie *f* **7** ***die ~ machen*** (*Gerücht, Nachricht*) faire le tour
Rund|fahrt *f* circuit *m*, tour *m*; **~flug** *m* circuit *m* aérien
Rundfunk *m* **1** radiodiffusion *f* **2** ***im ~*** à la radio
Rund|funksender *m* **1** *Gerät*: poste *m* émetteur de radio **2** *Sendeanstalt*: station *f* de radiodiffusion; **~gang** *m* **1** tour *m*; *dienstlich*: ronde *f* **2** (*Besichtigung*) visite *f* guidée
rundgehen: *hier geht's rund, es geht rund* *umg.* c'est le coup de feu ici
rundherum 1 (*ringsum*) tout autour (***um*** de) **2** ***sie ist ~ zufrieden*** elle est parfaitement contente
rundlich (*Person*) rondelet/-ette
Rund|reise *f* tour *m*, circuit *m*; **~schreiben** circulaire *f*; **~stück** *n* *bes. norddeutsch*: petit pain *m*; **~wanderweg** *m* circuit *m* pédestre
runter 1 → ***herunter, hinunter*** **2** ***~ da!*** descends de là!
runterhauen: *j-m e-e ~* *umg.* flanquer une gifle à qn
runterkriegen (arriver à) avaler (*beim Essen, Trinken*); ***ich krieg nichts runter*** je ne peux rien avaler
runzeln: *die Stirn ~* froncer les sourcils
Rüpel *m* mufle *m*, malotru *m*
ruppig (*Person, Benehmen*) grossier/-ière; (*Ton*) brusque
Rüsche *f* ruche *f*
Ruß *m* suie *f*
Russe *m* Russe *m*
Rüssel *m* *von Elefanten, Insekten*: trompe *f*
rußen (*Kerze*) filer, fumer
Russin *f* Russe *f*
russisch russe
Russland *n* la Russie
Rüstung *f* **1** (*Ritterrüstung*) armure *f* **2** (*das Aufrüsten*) armements *m Pl*
Rüstungsindustrie *f* industrie *f* d'ar-

mement

Rute *f* baguette *f*, bâton *m*

Rutsch *m* **1** ***in e-m ~*** (*auf einmal*) d'un (seul) coup **2** ***guten ~ (ins neue Jahr)!*** bonne année!

Rutschbahn *f* toboggan *m*

rutschen **1** glisser **2** ***hin und her ~*** bouger (à droite et à gauche) **3** ***rutsch mal ein Stück!*** pousse-toi (un peu)!

Rutscher *m* Ⓐ saut *m*

rutschig glissant

rütteln secouer

S

Saal *m* salle *f*

Saarland *n* Sarre *f*

Sabbat *m* sabbat *m*

Sabotage *f* sabotage *m* (⚠ *im Frz. m*)

Sachbearbeiter(in) *m(f)* adjoint *m* administratif, adjointe *f* administrative; ***die zuständige ~in*** la personne compétente

Sachbuch *n* ouvrage *m* pratique

Sache *f* **1** (*Ding*) chose *f* **2** (*Kleider, Dinge*) ***seine ~n*** ses affaires *f Pl* **3** (*Angelegenheit*) affaire *f*; ***die ~ ist die: ich habe dich belogen*** voilà: je t'ai menti **4** ***sie versteht etw von der ~*** elle s'y connaît; ***er ist nicht bei der ~*** il est distrait, il pense à autre chose **5** ***jetzt sag mir mal, was ~ ist!*** et maintenant, dis-moi vraiment ce qu'il en est; ***komm endlich zur ~!*** où veux-tu en venir? **6** ***er ist sich seiner ~ sicher*** il est sûr de son fait; ***sie hat ihre ~ gut gemacht*** elle s'en est bien tirée **7** ***er fährt mit hundert ~n über die Landstraße*** *umg.* il fonce à cent à l'heure sur la route

Sach|gebiet *n* domaine *m*; **~kunde** *f* ≈ activités *f Pl* d'éveil

sachlich **1** (*Einrichtung, Stil*) sobre **2** (*realistisch, nüchtern*) réaliste **3** (*objektiv*) objectif/-ive **4** ***das ist ~ richtig*** c'est théoriquement juste

sächlich neutre

Sachschaden *m* dommages *m Pl*, dégât *m* matériel

Sachsen *n* la Saxe

Sachsen-Anhalt *n* la Saxe-Anhalt

sächsisch saxon/-onne

Sack *m* sac *m*

Sackgasse *f* cul-de-sac *m*, impasse *f* (*a. fig.*)

Sadist(in) *m(f)* sadique *m,f* (⚠ *Endung*)

sadistisch sadique (⚠ *Endung*)

säen semer

Safari *f* safari *m* (⚠ *im Frz. m*)

Safe *m* coffre-fort *m*

Saft *m* **1** (*Fruchtsaft*) jus *m* **2** (*Hustensaft*) sirop *m* **3** (*Bratensaft*) jus *m*

saftig **1** (*Obst, Fleisch*) juteux/-euse **2** (*Preis, Rechnung*) salé **3** ***e-e ~e Ohrfeige*** *fig.* une gifle magistrale

Saft|laden *m umg.* sale boîte *f*; **~presse** *f* presse-fruits *m*

Sage *f* légende *f*

Säge *f* scie *f*

Sägemehl sciure *f* de bois

sagen **1** dire **2** ***das kannst du laut ~!*** tu l'as dit!; ***ich hab's ja gleich gesagt!*** je le disais bien! **3** ***na, wer sagt's denn!*** alors, tu vois!; ***wem sagst du das!*** à qui tu le dis! **4** ***sag bloß!*** dis donc!; ***sag bloß, du kannst nicht kommen!*** *umg.* tu ne vas pas me dire que tu ne peux pas venir! **5** ***sag mal, hast du Birgit gesehen?*** dis-moi, tu as vu Birgit? **6** ***~ zu*** (*nennen*) appeler **7** (*befehlen*) ***er hat hier nichts zu ~*** ce n'est pas lui qui commande ici **8** ***es gab sage und schreibe …*** figure-toi (*bzw.* figurez-vous) qu'il y avait … **9** ***das ist leichter gesagt als getan*** c'est plus facile à dire qu'à faire **10** ***besser gesagt*** ou plutôt; ***wie gesagt*** comme je l'ai dit

sägen scier

sagenhaft formidable (*a. iron.*)

Sahara *f* Sahara *m* (⚠ *im Frz. m*)

Sahne *f* **1** *flüssige*: crème *f* **2** (*Schlagsahne*) crème *f* fouettée, crème *f* Chantilly

Saite *f e-r Gitarre, Geige usw.*: corde *f*

Saiteninstrument *n* instrument *m* à cordes

Sakko *m od. n* veston *m*

Sakrament *n* sacrement *m*

Sakristei *f* sacristie *f*

Salamander *m* salamandre *f* (⚠ *im Frz. f*)
Salami *f* ≈ saucisson *m*
Salär *n* ⒸⒽ salaire *m*
Salat *m* **1** salade *f* (⚠ *im Frz. f*) **2** ***da haben wir den ~!*** *fig.* nous voilà dans de beaux draps
Salbe *f* pommade *f*
Salbei *m* sauge *f*
Salmonellen *Pl* salmonelles *f Pl*; ***ich hatte ~*** j'ai eu une salmonellose
salopp décontracté (⚠ *frz.* salope *f ist sehr umg.* = ***Schlampe***)
Salto *m* saut *m* périlleux
Salz *n* sel *m*
salzen saler
salzig salé
Salz|kartoffeln *f Pl* pommes *f Pl* de terre à l'anglaise; **~stange** *f* baguette *f* salée; **~wasser** *n* eau *f* salée
Samen *m* **1** graine *f* **2** (*Sperma*) sperme *m*
Samen|erguss *m* éjaculation *f*; **~korn** *n* graine *f*
Sammel|band *m* recueil *m*; **~mappe** *f* chemise *f*
sammeln **1** collectionner (*Autogramme, Briefmarken usw.*) **2** ramasser (*Pilze, Altpapier*) **3** collecter (*Spenden*)
Sammelsurium *n* capharnaüm *m*, bric-à-brac *m*
Sammler(in) *m(f)* collectionneur *m*, -euse *f*
Sammlung *f* **1** *von Briefmarken, Kunstwerken usw.*: collection *f* **2** *von Geld, Spenden*: collecte *f* **3** *von Texten, Gesetzen usw.*: recueil *m*
Samstag *m* samedi *m*; ***(am) ~*** samedi (⚠ *ohne* le *od. Präp.*)
Samstagabend *m* samedi soir *m*
samstagabends les samedis soir
Samstagnachmittag *m*: ***(am) ~*** samedi après-midi
samstagnachmittags les samedis après-midi
samstags le samedi, tous les samedis
samt (*mit*) avec
Samt *m* velours *m*
sämtlich (*alle*) tous/toutes les
Sanatorium *n* maison *f* de santé; *für Lungenkranke*: sanatorium *m*
Sand *m* **1** sable *m* **2** ***Diskotheken*** *usw.* ***gibt's wie ~ am Meer*** les discothèques *usw.*, il y en a en veux-tu en voilà **3** ***er hat die Prüfung in den ~ gesetzt*** il a raté son examen
Sandale *f* sandale *f*
Sand|bank *f* banc *m* de sable (⚠ *m*); **~burg** *f* château *m* de sable
sandig **1** sablonneux/-euse **2** (*voll Sand*) plein de sable
Sand|kasten *m* bac *m* à sable; **~männchen** *n* marchand *m* de sable; **~strand** *m* plage *f* de sable; **~uhr** *f* sablier *m*
sanft **1** (*zart, weich*) doux/douce **2** (*zärtlich*) tendre **3** (*Wind, Wellen*) léger/-ère
Sänger(in) *m(f)* chanteur *m*, -euse *f*
sanieren **1** rénover (*Haus usw.*) **2** réhabiliter (*Stadtviertel*)
Sanierung *f* **1** *e-s Hauses*: rénovation *f* **2** *e-s Stadtviertels*: réhabilitation *f*
sanitär: *~e Anlagen* installations *f Pl* sanitaires
Sanitäter(in) *m(f)* secouriste *m,f*
Sankt Gallen *n* Saint-Gall
Sardelle *f* anchois *m*
Sardine *f* sardine *f*
Sardinien *n* la Sardaigne
Sarg *m* cercueil *m*
Satellit *m* satellite *m*
Satelliten|fernsehen *n* télévision *f* par satellite; **~foto** *n* photo *f* satellite; **~schüssel** *f* antenne *f* parabolique
Satin *m* satin *m*
Satire *f* satire *f* (***auf, über*** contre)
satirisch satirique
satt **1** *vom Essen*: rassasié; ***~ machen*** être nourrissant; ***sich ~ essen*** manger à sa faim; ***danke, ich bin ~*** non merci, je n'ai plus faim **2** ***ich habe es ~*** (***ihn immer zu fragen***) j'en ai assez (de toujours lui demander) **3** → ***sattsehen*** **4** ***es gab Sonne*** (***Eis*** *usw.*) **~** il y avait du soleil (de la glace *usw.*) à volonté
Sattel *m* selle *f*
satteln seller (*Pferd*)
Sattel|schlepper *m* semi-remorque *m*; **~tasche** *f* sacoche *f*
sättigend nourrissant
sattmachen → ***satt***
sattsehen: *ich kann mich daran nicht ~* je ne me lasse pas de voir cela
Saturn *m* Saturne *m* (⚠ *immer ohne* le)
Satz[1] *m* **1** phrase *f*; GR *a.* proposition *f* **2** MUS mouvement *m* **3** (*Serie, Set*) série *f*, jeu *m* **4** TENNIS set *m* **5** (*Kaffeesatz*) marc *m*
Satz[2] *m* (*Sprung*) saut *m*, bond *m*

Satz|bau *m* construction *f* de la phrase; **~gefüge** *n* phrase *f* complexe; **~teil** *m* élément *m* de phrase
Satzung *f* statuts *m Pl*
Satzzeichen *n* signe *m* de ponctuation
Sau *f* truie *f*
sauber 1 (*rein*) propre **2** (*Schrift, Arbeit usw.*) soigné, impeccable **3 ~ machen** nettoyer (*Zimmer usw.*) **4 e-e ~e Lösung** *fig.* une bonne solution **5 du bist wohl nicht ganz ~!** *umg.* tu es complètement dingue!
Sauberkeit *f* propreté *f*
säuberlich soigneusement, avec soin
saubermachen → ***sauber***
säubern nettoyer
Saudi-Arabien *n* l'Arabie *f* Saoudite
sauer[1] 1 acide; *unangenehm*: aigre **2** (*verdorben*) aigri; ***die Milch ist ~*** le lait a tourné **3 *saure Gurken*** cornichons *m Pl* au vinaigre **4 *saurer Regen*** pluies *f Pl* acides
sauer[2] (*verärgert*) fâché (***auf*** contre)
Sauer|kraut *n* choucroute *f*; **~stoff** *m* oxygène *m*; **~stoffflasche** *f* bouteille *f* d'oxygène
saufen 1 (*Tier*) boire **2** (*Alkohol trinken*) boire (beaucoup); *umg.* picoler
saugen 1 sucer (***an etw*** qc) **2** (*Baby, Tierkind*) téter **3 *Staub ~*** passer l'aspirateur; ***ich muss noch den Teppich ~*** il faut que je passe l'aspirateur sur le tapis (⚠ *Subj.*) **4 *sich voll Wasser ~*** s'imbiber d'eau
Sauger *m* **1** *am Milchfläschchen*: tétine *f* **2** (*Staubsauger*) aspirateur *m*
Säugetier *n* mammifère *m*
Säugling *m* nourrisson *m*
Saugnapf *m* ventouse *f*
saukalt: *es ist ~* *umg.* il fait un froid de chien
Säule *f* colonne *f*
Saum *m an Stoffen, Kleidern usw.*: ourlet *m*
säumen ourler (*Stoff, Kleid usw.*)
Sauna *f* sauna *m* (⚠ *im Frz. m*)
Säure *f* **1** CHEM acide *m* **2** *Geschmack*: acidité *f*; *unangenehm*: aigreur *f*
Saurier *m* dinosaure *m*
sausen 1 (*rennen*) foncer **2 *der Pfeil sauste durch die Luft*** la flèche traversa l'air **3 *es saust mir in den Ohren*** j'ai les oreilles qui sifflent **4 *~ lassen*** laisser tomber
sausenlassen → ***sausen***

S

Sauwetter *n* temps *m* de chien
Saxophon *n* saxophone *m*
S-Bahn *f* train *m* de banlieue; *in Paris a.*: RER *m*
S-Bahn-Station *f* gare *f* de banlieue; *in Paris a.*: station *f* de RER
Scanner *m* scanner *m*
Schabe *f Insekt*: blatte *f*, cafard *m*
schaben racler, gratter
schäbig 1 (*abgenutzt*) usé **2** (*ärmlich*) minable **3** (*gemein*) mesquin
Schablone *f* modèle *m*
Schach *n* **1** *Spiel*: échecs *m Pl*, jeu *m* d'échecs (⚠ *frz.* échec *m Sg* = ***Niederlage, Scheitern***) **2 *~!*** échec au roi!
Schachbrett échiquier *m*
Schachfigur *einzelne*: pièce *f*; ***die ~en*** *im Set*: les échecs *m Pl*
schachmatt 1 *Schachspiel*: échec et mat **2** (*erschöpft*) à plat
Schachspiel *n* jeu *m* d'échecs
Schacht *m* **1** *e-s Bergwerks*: puits *m* **2** (*Aufzugschacht*) cage *f* **3** (*Luftschacht*) gaine *f* d'aération
Schachtel *f* **1** boîte *f* **2 *e-e ~ Zigaretten*** un paquet de cigarettes
schade 1 *~!* (c'est) dommage!; ***~, dass er nicht kommen kann!*** dommage qu'il ne puisse pas venir! (*Subj.*) **2 *das Kleid ist zu ~ zum Arbeiten*** c'est dommage de mettre cette robe pour travailler
Schädel *m* crâne *m*
schaden 1 *e-r Sache* (*bzw.* ***j-m***) ***~*** nuire à qc (*bzw.* à qn) **2 *das schadet nichts*** ça ne fait rien, ce n'est pas grave
Schaden *m* **1** (*Sachschaden*) dommage *m*; *durch Unwetter, Feuer usw.*: dégâts *m Pl* **2** (*Nachteil*) préjudice *m*
Schaden|ersatz *m* dommages-intérêts *m Pl*, indemnisation *f*; **~freude** *f* joie *f* maligne
schadenfroh 1 *sei nicht so ~* ne te réjouis pas du malheur des autres **2 *~ lachen*** rire avec une joie maligne
schädlich nuisible (***für*** à)
Schädling *m* parasite *m*
Schadstoff *m* polluant *m*; (*Giftstoff*) substance *f* toxique
schadstoffarm peu polluant
Schadstoffbelastung *f* taux *m* (*od.* degré *m*) de pollution
schadstofffrei non polluant
Schaf *n* **1** mouton *m*; *weibliches*: brebis *f* **2 *das schwarze ~*** *fig.* la brebis ga-

...leuse

Schäfer(in) *m(f)* berger *m*, -ère *f*

Schäferhund *m* **1** chien *m* de berger **2** ***ein deutscher ~*** un berger allemand

schaffen **1** (*Erfolg haben*) ***es ~*** (y) arriver; ***etw ~*** réussir (à) qc; ***das schaffst du nie!*** tu n'y arriveras jamais! **2** (*fertig werden mit*) ***er hat seine Arbeit geschafft*** il a terminé son travail **3** (*erschaffen*) créer, faire; ***sie ist dafür wie geschaffen*** elle est faite pour cela **4** ***Ordnung ~*** mettre de l'ordre; ***Platz ~*** faire de la place **5** ***der Fußball hat mich geschafft*** *umg.* le football m'a crevé **6** ***j-m zu ~ machen*** donner du mal à qn; ***du schaffst mich*** *umg.* tu me pompes **7** ***der Dieb machte sich an der Tür zu ~*** le voleur essayait d'ouvrir la porte **8** ***damit habe ich nichts zu ~*** je n'ai rien à voir avec cela; ***er hat hier nichts zu ~*** il n'a rien à faire ici

Schaffhausen *n* Schaffhouse

Schaffner(in) *m(f)* contrôleur *m*, -euse *f*

Schafskäse *m* fromage *m* de brebis

Schal *m* écharpe *f* (⚠ *frz.* châle *m* = ***Schultertuch***)

schal fade (*a. fig.*)

Schale[1] *f* **1** *von Obst, Gemüse*: peau *f*; *abgeschälte*: pelure *f* **2** *von Orangen, Zitronen*: écorce *f* **3** *von Nüssen, Eiern, Muscheln*: coquille *f*; *von Krebsen*: carapace *f* **4** ***sich in ~ werfen*** se mettre sur son trente et un

Schale[2] *f* **1** (*Schüssel*) coupe *f* **2** (*Trinkschale*) bol *m*

schälen **1** peler (*Obst usw.*); écaler (*Nüsse, Eier usw.*) **2** ***meine Haut schält sich*** je pèle

Schall *m* son *m*

Schalldämpfer *m* amortisseur *m* de son; *bes. bei Gewehren*: silencieux *m*

schalldicht insonorisé

schallen retentir, résonner

Schallgeschwindigkeit *f* vitesse *f* du son

Schallmauer *f*: ***die ~ durchbrechen*** franchir le mur du son

Schallplatte *f* disque *m*

schalten **1** ELEK mettre en circuit, brancher **2** ***auf „aus"*** (*bzw.* ***„ein"***) ***~*** mettre sur «arrêt» (*bzw.* sur «marche»); ***ins erste Programm ~*** mettre la première chaîne **3** *beim Auto, Fahrrad*: changer de vitesse; ***in den dritten Gang ~*** passer en troisième **4** (*es begreifen*) *umg.* piger

Schalter[1] *m für Licht, Strom*: interrupteur *m*

Schalter[2] *m in der Post usw.*: guichet *m*

Schalterstunden *f Pl* heures *f Pl* d'ouverture

Schaltjahr *n* année *f* bissextile

Schaltung *f* **1** ELEK mise *f* en circuit, branchement *m* **2** *am Fahrrad*: dérailleur *m*; AUTO changement *m* de vitesse

schämen: *sich ~* avoir *honte

schamlos impudent

Schande *f* *honte *f*

Schanze *f Skispringen*: tremplin *m*

Schar *f* groupe *m*; ***~en von Menschen*** une foule de gens; ***in ~en kommen*** venir en masse

scharenweise en foule, en masse

scharf **1** (*Messer usw.*) tranchant, coupant; (*Zähne, Nägel, Krallen*) acéré **2** (*Gewürz, Senf*) fort; (*Essen*) relevé **3** (*Foto, Umrisse*) net/nette; (*Linie*) marqué; (*Kante*) vif/vive **4** ***e-e ~e Kurve*** un virant en épingle de cheveux **5** (*Brille, Fernglas*) fort; ***~ stellen*** mettre au point **6** (*Ohr*) fin; (*Auge*) perçant **7** (*Kontrolle, Urteil*) rigoureux/-euse, sévère **8** (*Worte*) sec/sèche, tranchant **9** ***das ~e S*** le «ß» **10** ***j-n ~ ansehen*** regarder qn d'un œil sévère **11** ***~ aufpassen*** faire bien attention **12** ***~ bremsen*** freiner brutalement; ***~ rechts fahren*** serrer à droite **13** ***~ schießen*** tirer à balles **14** ***sie ist (ganz) ~ darauf, die Fotos zu sehen*** elle a très envie de voir les photos

Schärfe *f* **1** *e-s Messers usw.*: tranchant *m* **2** *des Essens*: goût *m* relevé **3** *e-s Fotos*: netteté *f*

schärfen aiguiser

Scharfschütze *m* tireur *m* d'élite

scharfsinnig fin, subtil

scharfstellen → ***scharf***

Scharlach *m Krankheit*: scarlatine *f*

Scharnier *n* charnière *f*

scharren gratter

Schatten *m* **1** ombre *f*; ***~ werfen*** faire de l'ombre (***auf*** à) **2** ***er kann nicht über seinen ~ springen*** il ne peut pas se refaire

schattig ombragé

Schatz *m* **1** trésor *m* **2** *Kosewort*: chéri(e) *m(f)*; ***mein ~*** *a.* mon trésor **3**

du bist ein ~! tu es un ange!
schätzen **1** estimer, apprécier **2** ***wie alt schätzt du sie?*** quel âge lui donnes-tu?; ***schätz mal!*** devine un peu! **3** ***das weiß ich zu ~*** j'apprécie **4** ***ich schätze, dass es morgen regnet*** je pense qu'il va pleuvoir demain
Schätzung *f* estimation *f*, appréciation *f*
schätzungsweise approximativement
Schau *f* **1** (*Ausstellung*) exposition *f* **2** ***sie hat mir die ~ gestohlen*** elle m'a volé la vedette **3** ***er hat gestern vielleicht e-e ~ abgezogen!*** hier, il a fait tout un cinéma
schauen **1** (*sehen*) regarder; ***schau mal!*** regarde! **2** ***fröhlich*** (***traurig*** *usw.*) ***~*** avoir l'air gai (triste *usw.*) **3** (*sich kümmern*) ***nach j-m ~*** s'occuper de qn; (*sehen, was los ist*) ***schau mal nach den Kindern!*** va voir ce que font les enfants! **4** ***schau, dass du nicht hinfällst!*** fais attention à ne pas tomber!
Schauer *m* *Regen*: averse *f*, ondée *f*
Schaufel *f* pelle *f*
schaufeln **1** pelleter; ***Schnee ~*** enlever la neige **2** creuser (*Grab*)
Schaufenster *n* vitrine *f*
Schaufensterbummel *m*: ***e-n ~ machen*** faire du lèche-vitrines
Schaufensterpuppe *f* mannequin *m*
Schaukel *f* balançoire *f*
schaukeln **1** se balancer **2** (*Schiff*) rouler
Schaukel|pferd *n* cheval *m* à bascule; **~stuhl** *m* fauteuil *m* à bascule
Schaulustige(r) *f*(*m*) curieux *m*, -euse *f*
Schaum *m* **1** écume *f* **2** *auf Bier, von Seife*: mousse *f*
Schaumbad *n* bain *m* mousse
schäumen **1** (*Wasser, Wellen*) écumer (*a. fig.*) **2** (*Seife, Bier, Sekt*) mousser
Schaum|festiger *m* mousse *f* coiffante; **~stoff** *m* mousse *f*, caoutchouc *m* mousse®
Schau|spiel *n* pièce *f* de théâtre; **~spieler(in)** *m*(*f*) acteur *m*, -trice *f*; THEAT *a.* comédien *m*, -ienne *f*
Scheck *m* chèque *m* (***über 50 Euro*** de cinquante euros)
Scheckkarte *f* carte *f* bancaire
Scheibe *f* **1** disque *m* (*a. Platte, CD*) **2** *von Brot, Wurst usw.*: tranche *f*; *kleine*: rondelle *f* **3** ***davon kannst du dir e-e ~ abschneiden*** *umg.* tu peux en prendre de la graine **4** *am Fenster*: vitre *f*; AUTO glace *f*
Scheibenwischer *m* essuie-glace *m*
Scheich *m* cheik *m*
Scheide *f* **1** ANAT vagin *m* **2** (*Futteral*) gaine *f*
scheiden **1** ***sich ~ lassen*** divorcer (***von*** de); ***sie haben sich ~ lassen*** ils ont divorcé **2** ***sie ist geschieden*** elle est divorcée **3** ***die Ehe wurde im Dezember geschieden*** le divorce a été prononcé en décembre
Scheidung *f* divorce *m*; ***sie leben in ~*** ils sont en instance de divorce
Schein[1] *m* **1** *Bescheinigung*: certificat *m* **2** *Bestellschein*: bon *m* **3** *Empfangs-, Gepäckschein usw.*: reçu *m* **4** *Waffen-, Führerschein*: permis *m* **5** *Geld*: billet *m*
Schein[2] *m* (*Lichtschein*) lumière *f*
Schein[3] *m* **1** (*Anschein*) apparence *f*; ***der ~ trügt*** il ne faut pas se fier aux apparences **2** (***nur***) ***zum ~*** pour la forme
scheinbar **1** (*zum Schein*) ***nur ~ auf etw eingehen*** faire semblant d'accepter qc **2** ***das sind ~e Widersprüche*** les contradictions ne sont qu'apparentes
scheinen[1] (*Sonne, Mond*) briller
scheinen[2] (*den Anschein haben*) sembler, paraître; ***wie es scheint, ist er gegangen*** à ce qu'il semble (*od.* paraît), il est parti; ***das scheint nur so*** ce n'est qu'une apparence
scheinheilig hypocrite
Scheinwerfer *m* **1** projecteur *m* **2** AUTO phare *m*
Scheiße *f* *vulg.* merde *f*
Scheitel *m* raie *f*
Scheiterhaufen *m* bûcher *m*
scheitern échouer (***an*** à cause de)
Schelle *f* **1** (*Glöckchen*) grelot *m* **2** (*Klingel*) sonnette *f*
schellen sonner
Schelm *m* farceur *m*, -euse *f*
Schema *n* **1** (*Muster*) modèle *m* **2** ***nach ~ F*** sur le même modèle **3** (*Abbildung*) schéma *m*
schematisch schématique
Schemel *m* tabouret *m*
Schenkel *m* (*Oberschenkel*) cuisse *f*; (*Unterschenkel*) bas *m* de la jambe
schenken **1** offrir, donner (en cadeau)

S

2 ***das ist ja geschenkt!*** c'est donné! **3** (*sparen*) ***das kann ich mir ~*** je peux m'en dispenser **4** ***das möchte ich nicht geschenkt haben*** je n'en voudrais pour rien au monde

Scherbe *f* **1** morceau *m*; (*Glas-, Tonscherbe*) tesson *m* **2** ***in ~n gehen*** se casser, se briser

Schere *f* **1** *Werkzeug*: ciseaux *m Pl* **2** *vom Krebs*: pince *f*

Scherenschnitt *m* silhouette *f*

Scherereien *f Pl* ennuis *m Pl*

Schermaus *f* Ⓒⓗ taupe *f*

Scherz *m* **1** plaisanterie *f*, blague *f*; ***im*** *od.* ***zum ~*** pour rire, pour plaisanter; ***ohne ~!*** sans blague! **2** ***es ging um … und solche ~e*** il s'agissait de … et d'autres plaisanteries du même genre

scherzen plaisanter

Scherzfrage *f* devinette *f*

scheu **1** (*Tier*) farouche; ***~ machen*** effaroucher **2** (*schüchtern*) timide

scheuchen chasser

scheuen (*Pferd*) s'effaroucher

scheuern **1** (*reinigen*) nettoyer, frotter (*Fußboden*); récurer (*Töpfe*) **2** (*reiben*) frotter, gratter **3** ***ich hab ihr e-e gescheuert*** *umg.* je lui ai flanqué une baffe **4** ***sich wund ~*** s'écorcher

Scheuklappe *f* œillère *f*

scheumachen → ***scheu***

Scheune *f* grange *f*

Scheusal *n* monstre *m*

scheußlich horrible, épouvantable

Schi *m* Ⓐ ski *m*; ***~ laufen*** *od.* ***fahren*** faire du ski

Schicht[1] *f* **1** (*Lage*) couche *f* **2** (*Gesellschaftsschicht*) couche *f* sociale

Schicht[2] *f Arbeit*: ***zur ~ gehen*** aller au travail; ***~ haben*** être de service

schick élégant, chic (⚠ *kein -s im Pl*)

schicken **1** envoyer **2** ***j-n nach Hause ~*** renvoyer qn chez lui

Schicksal *n* sort *m*, destin *m*

Schicksalsschlag *m* coup *m* de sort

Schiebedach *n* toit *m* ouvrant

schieben **1** *vor sich her*: pousser **2** → ***beiseiteschieben***; ***in den Ofen ~*** enfourner **3** ***sich zwischen … ~*** se glisser entre …; ***sich vorwärts ~*** avancer (lentement) **4** ***die Schuld auf j-n ~*** rejeter la faute sur qn

Schiebung *f*: (***das ist***) ***~!*** *umg.* c'est des magouilles!

schiech Ⓐ laid, moche

Schiedsrichter(in) *m*(*f*) arbitre *m,f*

schief **1** (*schräg*) oblique; (*geneigt*) incliné **2** ***der Tisch steht ~*** la table est bancale; ***der Bilderrahmen hängt ~*** le cadre n'est pas droit; ***du hältst das Foto ~*** tu tiens la photo de travers **3** ***der Vergleich ist ~*** *fig.* la comparaison cloche **4** → ***schiefgehen*** **5** ***j-n ~ ansehen*** regarder qn de travers

schiefgehen aller de travers, tourner mal; ***wird schon ~ !*** ça va marcher!

schieflachen: *sich ~* se tordre de rire

schielen loucher

Schienbein *n* tibia *m*

Schiene *f* **1** *Gleis*: rail *m* **2** *technische Vorrichtung*: glissière *f* **3** *für e-n gebrochenen Arm usw.*: attelle *f*

schienen: *den Arm* *usw.* ***~*** mettre une attelle au bras *usw.*

schier: *es war ~ unmöglich* c'était quasiment impossible

schießen[1] **1** tirer (***mit e-m Gewehr*** *usw.* avec un fusil *usw.*) **2** FUSSBALL tirer; ***ein Tor ~*** marquer un but **3** ***ein Foto ~*** faire une photo **4** ***das ist zum Schießen!*** c'est tordant!

schießen[2] **1** ***er schoss aus dem Haus*** il sortit à toute vitesse de la maison **2** ***die Preise schossen in die Höhe*** le prix sont montés en flèche **3** ***die Tränen schossen ihr in die Augen*** ses yeux se sont remplis de larmes **4** (*schnell wachsen*) pousser rapidement; (*Salat*) monter

Schießerei *f*: ***es gab e-e ~*** il y a eu des coups de feu

Schieß|scheibe *f* cible *f*; **~stand** *m* tir *m*

Schiff *n* **1** bateau *m*, embarcation *f*; (*großes Seeschiff*) navire *m* **2** ***klar ~ machen*** régler l'affaire

Schiff|bruch *m* naufrage *m*; **~brüchige(r)** *f*(*m*) naufragé(e) *m*(*f*); **~fahrt** *f* navigation *f*; **~schaukel** *f* balançoire *f*

Schiffsfahrt *f Ausflug*: excursion *f* en bateau

Schikane *f* **1** chicane *f* (*a.* SPORT) **2** (*Auto usw.*) ***mit allen ~n*** avec tous les équipements

schikanieren chicaner, tracasser

Schild[1] *n* **1** panneau *m* (*a. Verkehrsschild*) **2** *an Läden, Gasthäusern usw.*: enseigne *f* **3** (*Namens-, Nummernschild*) plaque *f*

Schild[2] *m* **1** *für Ritter*: bouclier *m* **2** *an e-r Mütze*: visière *f*

Schilddrüse *f* (glande *f*) thyroïde *f*

schildern décrire, dépeindre

Schilderung *f* description *f*

Schildkröte *f* tortue *f*

Schilf *n* roseaux *m Pl*

schillern chatoyer, miroiter

Schilling *m* HIST schilling *m*

Schimmel[1] *m Pferd*: cheval *m* blanc

Schimmel[2] *m* (*Schimmelpilz*) moisi *m*, moisissure *f*

schimmelig moisi

schimmeln moisir

Schimmelpilz *m* moisissure *f*

Schimmer *m*: ***er hat keinen blassen ~ davon*** *umg.* il n'en a pas la moindre idée

Schimpanse *m* chimpanzé *m*

schimpfen **1** ***mit j-m ~*** fâcher qn **2** ***über*** *od.* ***auf j-n*** (*bzw.* ***etw***) **~** se fâcher contre qn (*bzw.* qc); ***vor sich hin ~*** râler **3** ***und so was schimpft sich Freundin!*** *umg.* et ça se dit copine!

Schimpfwort *n* injure *f*

Schinken *m* **1** jambon *m* **2** *umg.* (*dickes Buch*) pavé *m* **3** *umg., Gemälde*: croûte *f*

Schirm *m* **1** (*Regenschirm*) parapluie *m*; (*Sonnenschirm*) parasol *m* **2** (*Lampenschirm*) abat-jour *m* **3** *an e-r Mütze*: visière *f*

Schirm|herr(in) *m*(*f*) protecteur *m*, -trice *f*; **~mütze** *f* casquette *f*; **~ständer** *m* porte-parapluies *m*

Schiss *m*: ***~ haben*** *umg.* avoir la trouille (*od.* la frousse)

schizophren schizophrène

schlabbern **1** *beim Essen*: se salir, baver **2** (*Kleider*) flotter

Schlacht *f* bataille *f* (***bei*** de)

schlachten tuer, abattre

Schlachter *m*, **Schlächter** *m* boucher *m*

Schlachterei *f* boucherie *f*

Schlachtfeld *n* champ *m* de bataille

Schlaf *m* **1** sommeil *m*; ***sie redet im ~*** elle parle en dormant **2** ***das kann ich im ~*** j'y arrive les yeux fermés

Schlafanzug *m* pyjama *m*

Schläfe *f* tempe *f*

schlafen **1** dormir **2** ***~ gehen*** (aller) se coucher; ***ich schlafe heute bei meinen Großeltern*** je couche ce soir chez mes grands-parents **3** ***mit j-m ~*** (*Sex haben*) coucher avec qn **4** (*nicht aufpassen*) être dans la lune, rêver

schlaff **1** (*locker*) lâche **2** (*weich*) mou/molle (⚠ *m Sg vor Vokal od. stummem h*: mol); (*Haut*) flasque **3** (*Haltung, Art*) mou/molle

schlaflos privé de sommeil, sans sommeil; ***e-e ~e Nacht*** une nuit blanche

Schlaf|losigkeit *f* insomnie *f*; **~mittel** *n* somnifère *m*; **~mütze** *f* **1** (*Langschläfer[in]*) lève-tard *m* **2** (*Tranfunzel*) endormi(e) *m*(*f*)

schläfrig somnolent

Schlaf|sack *m* sac *m* de couchage; **~tablette** *f* comprimé *m* de somnifère; **~wagen** *m* wagon-lit *m*

schlafwandeln être somnambule

Schlaf|wandler(in) *m*(*f*) somnambule *m,f*; **~zimmer** *n* chambre *f* à coucher

Schlag[1] *m* **1** coup *m* **2** (*Stromschlag*) décharge *f* **3** (*Schlaganfall*) attaque *f*; ***ich habe geglaubt, mich trifft der ~!*** *umg.* j'en suis resté estomaqué **4** (*Herzschlag*) battement *m*; (*Pulsschlag*) pulsation *f* **5** (*Schicksalsschlag*) coup *m*; ***ein schwerer ~ für ihn*** un coup dur pour lui **6** ***ein ~ ins Wasser*** (*Misserfolg*) un coup d'épée dans l'eau **7** ***auf e-n ~*** d'un (seul) coup; ***~ auf ~*** coup sur coup **8** ***sie tut keinen ~*** *umg.* elle n'en fout pas une

Schlag[2] *m* Ⓐ (*Schlagobers, Schlagsahne*) (crème *f*) Chantilly *f*

Schlag|ader *f* artère *f*; **~anfall** *m* attaque *f*

schlagartig (*plötzlich*) tout d'un coup

schlagen **1** battre (*a. Herz, Puls*); ***mit der Faust auf den Tisch ~*** taper du poing sur la table **2** ***sich mit j-m ~*** se battre avec qn (***um*** pour) **3** fouetter (*Sahne, Eier*) **4** ***e-n Nagel in die Wand ~*** planter (*od.* enfoncer) un clou dans le mur **5** (*besiegen*) battre **6** ***ein Rad ~*** faire la roue **7** ***den Takt ~*** battre la mesure **8** ***an*** *od.* ***gegen etw ~*** cogner contre qc, *heurter qc **9** (*Uhr*) sonner; ***e-e geschlagene Stunde*** une heure entière **10** ***ein Bein übers andere ~*** croiser les jambes

Schlager *m* chanson *f* (à succès)

Schläger[1] *m* (*Raufbold*) bagarreur *m*

Schläger[2] *m* **1** *Tischtennis, Tennis*: raquette *f* **2** *Hockey, Eishockey*: crosse *f* **3** *Golf*: club *m*, crosse *f*

Schlägerei *f* rixe *f*, bagarre *f*
Schlagersänger(in) *m(f)* chanteur *m*, -euse *f* de variétés
schlagfertig **1** (*Person*) ***sie ist ~*** elle a de la repartie facile, elle a réponse à tout **2** ***~ antworten*** répondre du tac au tac
Schlag|obers *n* Ⓐ, **~sahne** *f* (crème *f*) Chantilly *f*; **~zeile** *f* manchette *f*, gros titre *m*; **~zeug** *n* batterie *f*
Schlamm *m* boue *f*; (*Schlick*) vase *f*
Schlamperei *f* **1** négligence *f* **2** (*Unordentlichkeit*) désordre *m*; *umg*. pagaille *f*
schlampig **1** (*Arbeit usw.*) bâclé **2** (*unordentlich*) négligent **3** (*ungepflegt*) négligé
Schlange *f* **1** ZO serpent *m* **2** (*Reihe*) *von Menschen*: queue *f*, file *f*; *von Autos nur*: file *f*; ***~ stehen*** faire la queue
schlank mince
schlapp **1** (*schlaff*) lâche, mou/molle (⚠ *m Sg vor Vokal u. stummem h* mol) **2** (*abgespannt*) fatigué, fourbu
schlappmachen *umg*. flancher
Schlaraffenland *n* Pays *m* de cocagne
schlau **1** (*listig*) astucieux/-ieuse, malin/-igne **2** ***daraus*** (*bzw*. ***aus ihm***) ***werde ich nicht ~*** je ne le comprends pas
Schlauch *m* **1** tuyau *m* souple **2** *am Fahrrad*: chambre *f* à air **3** ***ich stehe auf dem ~*** *umg*. je ne pige rien du tout
Schlauchboot *n* canot *m* pneumatique
Schlaufe *f* **1** (*Schlinge*) boucle *f* **2** (*Gürtelschlaufe*) passant *m*
schlecht **1** mauvais; (*Arbeit*) mal fait; (***das ist***) ***nicht ~!*** (ce n'est) pas mal! **2** ***~ werden*** (*Lebensmittel*) s'abîmer, se gâter **3** ***mir ist ~*** j'ai mal au cœur **4** ***~ schreiben*** (***kochen*** *usw.*) écrire (cuisiner *usw.*) mal **5** (*schwer, kaum*) ***morgen geht es ~*** demain ça ne m'arrange pas; ***das kann ich ~ sagen*** je suis incapable de le dire **6** ***j-n*** (*bzw*. ***etw***) ***~ machen*** dire du mal de qn (*bzw*. de qc) **7** ***es geht ihr ~*** elle va mal, elle ne va pas bien
schleichen **1** (*leise gehen*) aller à pas de loup **2** *heimlich*: se glisser, se faufiler; ***aus dem Zimmer ~*** sortir furtivement de la chambre **3** ***ums Haus ~*** rôder autour de la maison
Schleich|weg *m* (*Abkürzung*) raccourci *m*; **~werbung** *f* publicité *f* clandestine
Schleier *m* voile *m* (⚠ la voile = ***Segel***)
schleierhaft: *es ist mir ~, wie …* c'est un mystère pour moi, comment …
Schleife *f* **1** boucle *f*; *gebundene*: nœud *m* **2** FLUG boucle *f* **3** *beim Fluss* boucle *f*
schleifen[1] **1** aiguiser (*Messer, Schere*) **2** tailler (*Glas, Edelsteine*)
schleifen[2] (*ziehen*) traîner
Schleim *m* mucosités *f Pl*; (*Nasenschleim*) morve *f*
Schleimhaut *f* muqueuse *f*
schleimig **1** (*Masse, Brei*) visqueux/-euse **2** (*jemand*) mielleux/-euse
schlendern flâner
schlenkern: *mit den Armen* (*bzw*. ***Beinen***) ***~*** balancer les bras (*bzw*. les jambes)
Schleppe *f* traîne *f*
schleppen **1** (*ziehen, schleifen, tragen*) traîner **2** ***er konnte sich noch bis ans Telefon ~*** il a pu se traîner jusqu'au téléphone **3** (*abschleppen*) remorquer
Schlepplift *m* téléski *m*
Schleswig-Holstein *n* le Schleswig-Holstein
Schleuder *f* **1** *Wurfgerät*: lance-pierre *m* **2** (*Wäscheschleuder*) essoreuse *f*
schleudern **1** (*hoch-, wegschleudern*) lancer; ***das Auto wurde aus der Kurve geschleudert*** la voiture est sortie du virage; ***der Fahrer wurde aus dem Wagen geschleudert*** le conducteur a été éjecté de la voiture **2** essorer (*Wäsche*) **3** ***ins Schleudern kommen*** (*Auto usw.*) déraper **4** ***bei seinen Fragen kam ich ins Schleudern*** ses questions m'ont dérouté
Schleudersitz *m* siège *m* éjectable
schleunigst en vitesse
Schleuse *f* écluse *f*
schleusen **1** écluser (*Schiff*) **2** ***j-n durch die Stadt ~*** piloter qn à travers la ville; ***etw*** (***heimlich***) ***ins Ausland ~*** faire passer qc clandestinement à l'étranger
schlicht **1** (*einfach*) simple **2** ***~ und einfach*** purement et simplement
schließen **1** (*zumachen*) fermer **2** (*beenden*) terminer (*Sitzung, Computerprogramm usw.*) **3** faire, conclure (*Vertrag, Pakt*) **4** ***Freundschaft ~*** se lier d'amitié (***mit*** avec); ***Frieden ~*** faire la paix (***mit*** avec) **5** ***mit geschlossenen Füßen*** à pieds joints **6** (*folgern*)

S

conclure

Schließfach *n* **1** *bei der Bank*: coffre *m* **2** BAHN casier *m*; *auf Schildern*: ***Schließfächer*** consigne automatique **3** *bei der Post*: boîte *f* postale

schließlich (*endlich*) finalement, en fin de compte

Schließung *f e-s Betriebs*: fermeture *f*

schlimm **1** grave **2** ***~er*** pire **3** ***das Schlimmste ist, dass …*** le pire est que … (+ *Ind.*)

Schlinge *f* **1** (*Schlaufe*) boucle *f* **2** (*Armschlinge*) écharpe *f*

schlingen[1] **1** ***sich um etw ~*** s'enrouler autour de qc **2** ***die Arme um j-n ~*** passer les bras autour de qn **3** ***sich e-n Schal um den Hals ~*** mettre une écharpe autour de son cou

schlingen[2] *beim Essen*: avaler, engloutir

Schlips *m* **1** cravate *f* **2** ***j-m auf den ~ treten*** vexer qn

Schlittelbahn *f* (CH) piste *f* de luge

schlitteln (CH) faire de la luge

Schlitten *m* **1** *zum Rodeln*: luge *f*; ***~ fahren*** faire de la luge **2** (*Pferde-, Hundeschlitten*) traîneau *m* **3** *umg.*, *Auto*: grosse bagnole *f*

Schlittschuh *m* patin *m* (à glace); ***~ laufen*** patiner, faire du patin à glace

Schlitz *m* fente *f*

Schlögel *m* (A) *vom Lamm*: gigot *m*; *vom Schwein*: jarret *m*; *vom Reh*: cuisse *f*

Schloss[1] *n* **1** (*Türschloss*) serrure *f*; ***die Tür fiel ins ~*** la porte s'est fermée **2** (*Vorhängeschloss*) cadenas *m* **3** *für Fahrrad, Lenkrad usw.*: antivol *m* **4** ***hinter ~ und Riegel sein*** (*im Gefängnis*) être sous les verrous

Schloss[2] *n Gebäude*: château *m*

Schlosser *m* serrurier *m*

schlottern *vor Angst, Kälte*: trembler (***vor*** de)

Schlucht *f* gorge *f*, ravin *m*

schluchzen sangloter

Schluck *m* gorgée *f*

Schluckauf *m* *hoquet *m*

schlucken avaler

Schluckimpfung *f* vaccination *f* orale

schlüpfen **1** *als Bewegung*: se glisser **2** ***aus dem Ei ~*** sortir de l'œuf, éclore

Schlüpfer *m* culotte *f*

schlurfen traîner les pieds

schlürfen: ***etw ~*** faire du bruit en buvant qc

Schluss[1] *m* **1** (*Ende*) fin *f*; ***zum ~*** finalement, à la fin **2** ***~ machen*** finir (***mit etw*** qc); ***ich muss jetzt ~ machen*** il faut que j'arrête; *im Brief a.*: il faut que je termine **3** ***~ damit!*** ça suffit!; ***~ für heute!*** ça suffit pour aujourd'hui! **4** ***Ina hat mit Boris ~ gemacht*** Ina a cassé avec Boris

Schluss[2] *m* (*Folgerung*) conclusion *f*; ***daraus ziehe ich den ~, dass …*** j'en conclus que … (+ *Ind.*)

Schlussakkord *m* accord *m* final

Schlüssel *m* clé *f*

Schlüssel|anhänger *m* porte-clés *m*; **~bein** *n* clavicule *f*; **~bund** *m od. n* trousseau *m* de clés; **~dienst** *m* clé-minute *m*; **~erlebnis** *n* expérience *f* clé; **~frage** *f* question *f* clé; **~loch** *n* trou *m* de la serrure

Schlussfolgerung *f* conclusion *f*

schlüssig (*Argument*) pertinent, concluant; (*Beweis*) probant

Schluss|licht *n* **1** *am Fahrzeug*: feu *m* arrière **2** *fig., bes.* SPORT lanterne *f* rouge; **~pfiff** *m* coup *m* de sifflet final

Schlussstrich *m*: ***e-n ~ ziehen*** tirer un trait (***unter*** sur)

Schlussverkauf *m* soldes *m Pl*

schmal **1** (*Weg, Tal usw.*) étroit **2** (*Figur*) fluet/-ette; (*Hüften, Lippen*) mince; (*Gesicht*) fin

Schmalz *n* graisse *f* fondue; (*Schweineschmalz*) saindoux *m*

schmalzig (*Lied usw.*) à l'eau de rose

Schmarotzer *m* parasite *m*

Schmarr(e)n *m* **1** (A) (*Unsinn*) ânerie *f* **2** (A) *Mehlspeise*: crêpe *f* sucrée

schmatzen *beim Essen*: faire du bruit en mangeant

schmecken **1** ***das schmeckt gut*** (*bzw.* ***schlecht***) (*Essen*) c'est bon (*bzw.* mauvais), ça a bon (*bzw.* mauvais) goût; (***wie***) ***schmeckt es dir?*** c'est bon?, tu aimes?; ***wie schmeckt dir die Suppe?*** comment tu trouves la soupe?; ***mir schmeckt es*** (***gut***) je trouve que c'est bon **2** ***das schmeckt nach Fisch*** ça a un goût de poisson; ***das schmeckt süß*** (***salzig*** *usw.*) c'est sucré (salé *usw.*), ça a un goût sucré (salé *usw.*) **3** (*Geschmack empfinden*) goûter; ***ich schmecke nichts mehr*** j'ai perdu le goût **4** ***lasst es euch ~!*** bon appétit!

S

Schmeichelei *f* flatterie *f*
schmeichelhaft flatteur/-euse
schmeicheln: *j-m* ~ flatter qn; *um etw zu erreichen a.*: cajoler qn
schmeißen 1 (*werfen*) jeter, lancer; *umg.* flanquer **2** (*abbrechen*) ***er hat die Schule geschmissen*** il a lâché l'école
schmelzen 1 (*flüssig werden*) fondre **2** (*flüssig machen*) (faire) fondre
Schmelzkäse *m* fromage *m* fondu
Schmerz *m* douleur *f*
schmerzen 1 *körperlich*: faire mal (à) **2** *seelisch*: faire de la peine (à), chagriner
Schmerzensgeld *n* indemnisation *f*
schmerzhaft douloureux/-euse
Schmerz|mittel *n* analgésique *m*; **~tablette** *f* cachet *m* pour la douleur
Schmetterling *m* papillon *m*
schmettern 1 (*schleudern*) jeter, lancer (avec violence) **2** TENNIS smasher **3** chanter à pleine voix (*Lied*) **4** (*Trompete usw.*) éclater, retentir
Schmied *m* forgeron *m*
schmieden 1 forger (*Metall*) **2 *Pläne* ~** faire des projets
schmieren 1 *Butter* (*Honig* *usw.*) *aufs Brot* ~ tartiner du beurre (du miel *usw.*) sur le pain **2 *Brote* ~** faire des tartines **3 *sich Creme ins Gesicht* ~** se mettre une bonne couche de crème sur la figure **4** lubrifier (*Gewinde, Maschinen usw.*) **5** *beim Schreiben*: gribouiller; *beim Malen*: barbouiller **6 *j-m e-e* ~** *umg.* flanquer une gifle à qn **7** (*bestechen*) ***j-n* ~** *umg.* graisser la patte à qn
Schmiergeld *n* pot-de-vin *m*
schmierig 1 (*schmutzig*) poisseux/-euse **2** *Person*: mielleux/-euse
Schmierpapier *n* papier *m* brouillon
Schminke *f* fard *m*
schminken 1 *sich* ~ se maquiller **2 *j-n* ~** maquiller qn **3 *sich die Lippen* ~** se mettre du rouge à lèvres
Schmirgelpapier *n* papier *m* émeri
Schmöker *m*: ***ein dicker* ~** *umg.* un gros bouquin
schmökern *umg.* bouquiner
schmollen bouder
schmoren 1 faire braiser (*Braten usw.*) **2 *der Braten schmort im Ofen*** le rôti cuit au four **3 *in der Sonne* ~** rôtir au soleil **4 *lass ihn ruhig noch* ~** laisse-le encore un peu moisir
Schmuck *m* bijoux *m Pl*
schmücken décorer (***mit*** de)
Schmuckstück *n* bijou *m*
schmuddelig un peu sale; *stärker*: crasseux/-euse
Schmuggel *m* contrebande *f*
schmuggeln 1 faire de la contrebande **2 *etw über die Grenze* ~** faire passer qc en contrebande **3 *geschmuggelte Zigaretten* *usw.*** des cigarettes *f Pl usw.* de contrebande
Schmuggler(in) *m(f)* contrebandier *m*, -ière *f*
schmunzeln sourire (***über*** de)
schmusen 1 *miteinander*: *umg.* se faire des câlins **2 *mit j-m* ~** faire des câlins à qn
Schmutz *m* **1** (*Schmutzigkeit*) saleté *f* **2** *an Schuhen, vom Boden usw.*: boue *f*
schmutzig 1 (*nicht sauber*) sale **2** (*unanständig*) cochon/-onne
Schnabel *m* **1** bec *m* **2 *halt deinen* ~!** *umg.* ferme ton bec!
Schnalle *f am Gürtel usw.*: boucle *f*
schnallen 1 *enger* ~ serrer; ***weiter* ~** relâcher **2** (*begreifen*) *umg.* piger; ***er hat's geschnallt*** il a pigé
schnappen 1 (*nehmen*) attraper, saisir **2** attraper (*Ball, Dieb*) **3 *der Hund hat nach mir geschnappt*** le chien a voulu me mordre; ***der Hund schnappte nach dem Ball*** le chien a essayé d'attraper la balle **4** (***frische***) ***Luft* ~** prendre l'air
Schnappschuss *m* instantané *m*
Schnaps *m* eau-de-vie *f*
Schnapsidee *f* idée *f* saugrenue
schnarchen ronfler
schnattern 1 (*Gänse*) criailler **2** (*schwatzen*) jacasser **3 *vor Kälte* ~** grelotter de froid
schnauben 1 (*Pferd*) s'ébrouer **2 *vor Wut* ~** écumer de rage
schnaufen *laut*: respirer bruyamment; *schwer*: respirer difficilement
Schnauz(bart) *m* (CH) moustache *f*
Schnauze *f* **1** *von Hund, Katze usw.*: museau *m* **2** *vom Schwein*: groin *m*
schnauzen *umg.* gueuler
schnäuzen: *sich* ~ se moucher
Schnauzer *m* **1** *Hund*: griffon *m* **2** *Schnurrbart*: moustache *f*, moustaches *f Pl*
Schnecke *f* **1** *mit Haus*: escargot *m* **2**

S

ohne Haus: limace *f* **3** ***j-n zur ~ machen*** *umg.* dire ses quatre vérités à qn
Schneckenhaus *n* coquille *f* d'escargot
Schneckentempo *n*: ***im ~*** comme un escargot
Schnee *m* neige *f*
Schnee|ball *m* boule *f* de neige; **~ballschlacht** *f* bataille *f* de boules de neige; **~besen** *m* fouet *m*; **~flocke** *f* flocon *m* de neige; **~gestöber** *n* tourmente *f* de neige; **~glöckchen** *n* perce-neige *m*; **~kette** *f* chaînes *f Pl* (à neige); **~mann** *m* bonhomme *m* de neige; **~matsch** *m* neige *f* fondante; **~pflug** *m* chasse-neige *m*; **~regen** *m* neige *f* fondue
schneesicher (*Skigebiet*) skiable
Schneesturm *m* tempête *f* de neige
schneeweiß blanc/blanche comme neige
Schneewittchen *n* Blanche-Neige
Schneid(e)brett *n* planchette *f*
schneiden 1 couper (***in Stücke, Scheiben*** *usw.* en morceaux, tranches *usw.*) **2** ***sich ~*** se couper (***in den Finger*** au doigt) **3** ***Grimassen ~*** faire des grimaces **4** ***j-n ~*** (*ignorieren*) ignorer qn
Schneider[1] *m Beruf*: tailleur *m*
Schneider[2] *m Insekt*: faucheux *m*
Schneiderin *f* couturière *f*
Schneidersitz *m*: ***im ~*** en tailleur, à la turque
Schneidezahn *m* dent *f* incisive
schneien neiger; ***es schneit*** il neige
schnell 1 rapide **2** ***~ gehen*** (***arbeiten, essen*** *usw.*) aller (travailler, manger *usw.*) vite **3** ***mach ~!*** dépêche-toi!
Schnelle *f*: ***auf die ~*** *umg.* à la va-vite
Schnell|hefter *m* chemise *f*; **~imbiss** *m* snack *m*
schnellstens au plus vite
Schnell|straße *f* voie *f* express; **~zug** *m* train *m* rapide
Schnickschnack *m* babioles *f Pl*
schniefen renifler
schnippisch (*Person, Bemerkung*) impertinent
Schnipsel *m* petit morceau *m*, petit bout *m*
Schnitt *m* **1** *mit der Schere*: coup *m* de ciseaux; *mit dem Messer*: coup *m* de couteau **2** *Wunde*: coupure *f*; *tiefe*: entaille *f* **3** (*Einschnitt*) incision *f* **4** (*Haar-, Kleiderschnitt*) coupe *f* **5** (*Durchschnitt*) moyenne *f*; ***im ~*** en moyenne
Schnitte *f* **1** (*Brotscheibe*) tranche *f* **2** (*Butterbrot*) tartine *f*
schnittig (*Auto usw.*) élégant, racé
Schnitt|lauch *m* ciboulette *f*; **~muster** *n* patron *m*; **~stelle** *f* IT interface *f*; **~wunde** *f* coupure *f*; *tiefe*: entaille *f*
Schnitzel *n Fleischstück*: escalope *f*
Schnitzeljagd *f* jeu *m* de piste
schnitzen sculpter (***aus Holz*** sur bois); tailler (*Stock*)
Schnitzer *m Fehler*: bévue *f*; *umg.* gaffe *f*
Schnorchel *m* tuba *m*
schnorcheln nager avec un tuba
Schnörkel *m* fioriture *f*
schnorren: *sie schnorrt laufend Kaugummis bei mir* *umg.* elle me taxe toujours de chewing-gum
schnüffeln 1 (*riechen*) renifler; *Tiere a.*: flairer; ***an etw ~*** renifler qc; *Tiere a.*: flairer qc **2** ***er hat in meinen Sachen geschnüffelt*** *umg.* il a fouiné (*od.* fouillé) dans mes affaires
Schnüffler(in) *m(f)* fouineur *m*, -euse *f*
Schnuller *m* sucette *f*
Schnupfen *m* rhume *m*; ***sie hat ~*** elle est enrhumée
Schnupfenspray *n* spray *m* nasal
schnuppe: *das ist mir ~* *umg.* je m'en fiche; *stärker*: je m'en fous
schnuppern (*Tier*) flairer (***an etw*** qc)
Schnur *f dünne*: ficelle *f*; *dickere*: cordon *m*
schnurlos: *~es Telefon* téléphone *m* sans fil
Schnürl|regen *m* Ⓐ forte pluie *f*; **~samt** *m* Ⓐ velours *m* côtelé
Schnurrbart *m* moustache *f*
schnurren (*Katze*) ronronner
Schnürsenkel *m* lacet *m*
Schock *m* choc *m*; ***unter ~ stehen*** être en état de choc
schocken, schockieren choquer
Schokolade *f* chocolat *m*
Schokoladen|eis *n* glace *f* au chocolat; **~guss** *m* nappage *m* au chocolat
Schokoriegel *m* barre *f* de chocolat
Scholle[1] *f Fisch*: carrelet *m*
Scholle[2] *f* **1** (*Eisscholle*) glaçon *m* **2** (*Erdscholle*) motte *f* (de terre)
schon 1 (*bereits*) déjà **2** ***~ wieder*** encore **3** (*inzwischen*) toujours **4** (*sogar*) ***e-e Minute reicht ~*** une seule minute

suffit **5** (*sowieso*) ***das ist ~ teuer genug*** c'est déjà assez cher **6** ***er wird ~ kommen*** il va bien finir par arriver; ***du wirst ~ sehen!*** tu verras bien!; ***das ist ~ wahr, aber ...*** c'est bien vrai, mais ... **7** *Aufforderung*: ***komm ~!*** viens donc!; ***nun sag ~!*** mais enfin, dis-le! **8** ***~ gut!*** allons, allons! **9** *du nicht?* ***- ich ~!*** moi si! **10** ***wenn ~, denn ~!*** quant à faire!

schön **1** beau/belle; ***sich ~ machen*** se faire beau **2** (*gut*) ***~, dass du da bist*** ça me fait plaisir que tu sois là (*Subj.*); ***das Schöne daran ist, dass ...*** ce qu'il y a de bien, c'est que ... **3** ***~ und gut, aber ...*** tout cela est bien beau, mais ... **4** *iron.* ***das ist ja e-e ~e Bescherung!*** c'est du joli!; ***das wird ja immer ~er!*** c'est de mieux en mieux!; ***das wäre ja noch ~er!*** ce serait le comble! **5** ***danke ~!*** merci bien!; ***~e Grüße an ...*** bien des choses à ... **6** *mit Adj.*: ***~ warm*** tout chaud; ***~ dick*** assez gros; ***er ist (ganz) ~ dumm*** il est vraiment bête **7** ***er hat uns ganz ~ angelogen*** il nous a joliment menti **8** (***also***) ***~!*** bon, d'accord!

schonen **1** ménager (*j-n*) **2** ***sich ~*** se ménager

Schönheit *f* beauté *f* (*a. Person*)

schönmachen → ***schön***

Schopf *m* (*Haarschopf*) chevelure *f*

Schöpfer[1] *m* (*Schöpfkelle*) louche *f*

Schöpfer[2] *m* **1** (*Erschaffer*) créateur *m*, auteur *m* **2** (*Gott*) Créateur *m*

Schornstein *m* cheminée *f*

Schornsteinfeger *m* ramoneur *m*

Schoß *m*: ***auf j-s ~ sitzen*** être assis sur les genoux de qn

Schote *f* **1** *bei Erbsen, Bohnen*: cosse *f*; *bei Vanille*: gousse *f* **2** ***zwei ~n Paprika*** deux poivrons *m Pl*

Schotte *m* Écossais *m*

Schottenmuster *n* écossais *m*

Schotter *m* **1** *auf Straßen*: empierrement *m* **2** *umg.* (*Geld*) fric *m*

Schottin *f* Écossaise *f*

schottisch écossais

Schottland *n* l'Écosse *f*

schraffieren *hachurer

schräg **1** (*Linie, Fläche usw.*) oblique **2** (*seltsam*) bizarre, drôle **3** ***j-n ~ ansehen*** regarder qn de travers **4** ***den Kopf ~ halten*** avoir la tête inclinée **5** ***~ gegenüber*** (***von ...***) en face, mais un peu à gauche *bzw.* à droite (de ...)

Schräge *f* **1** (*Dachschräge*) pente *f* **2** *als Fläche*: plan *m* incliné

Schrägstrich *m* barre *f* oblique

Schramme *f* égratignure *f*; *auf Gegenständen a.*: rayure *f*

schrammen égratigner

Schrank *m* armoire *f*; (*Wandschrank*) placard *m*

Schranke *f* barrière *f*

Schraube *f* **1** vis *f* **2** *am Propeller*: hélice *f* **3** *im Kunstflug*: tonneau *m* **4** ***bei dir ist ne ~ locker*** *umg.* tu as une case de vide

schrauben **1** (*an-, festschrauben*) visser (***an*** à *od.* sur) **2** (*abschrauben*) dévisser

Schrauben|schlüssel *m* clé *f*; **~zieher** *m* tournevis *m*

Schreck *m* **1** frayeur *f* **2** ***ich bekam e-n ~*** j'ai eu peur **3** ***ach du ~!*** bon sang!, ce n'est pas vrai!

Schrecken *m* **1** (*Schreck*) frayeur *f* **2** (*Entsetzen*) terreur *f*, horreur *f* **3** (*Angst*) peur *f*

schreckhaft craintif/-ive

schrecklich **1** terrible, épouvantable; (*Anblick, Unfall*) affreux/-euse **2** ***~ erkältet*** (***dumm*** *usw.*) terriblement enrhumé (bête *usw.*) **3** ***~ viel Geld*** énormément d'argent, un argent fou

Schreckschraube *f* chipie *f*

Schrei *m* **1** cri *m* **2** ***das ist der letzte ~*** (*die neueste Mode*) c'est le dernier cri

Schreibblock *m* bloc-notes *m*

schreiben **1** écrire (***über, auf*** sur) **2** ***richtig ~*** orthographier correctement; ***falsch ~*** mal orthographier; ***wie schreibt man ...?*** comment s'écrit ...? **3** ***wir ~ morgen e-e Klausur*** (***in Englisch***) demain nous avons un contrôle (d'anglais)

Schreiben *n* **1** (*Brief*) lettre *f* **2** (*Schriftstück*) écrit *m*

schreibfaul: ***ich bin ~*** je n'aime pas écrire

Schreib|maschine *f* machine *f* à écrire; **~schrift** *f* écriture *f* manuscrite; **~tisch** *m* bureau *m*; **~warenladen** *m* papeterie *f*

schreien **1** crier **2** ***das war zum Schreien!*** c'était à mourir de rire!

Schreihals *m* criard(e) *m*(*f*)

Schreiner(in) *m*(*f*) menuisier *m* (⚠ *im Frz. nur m*); (*Möbelschreiner*[*in*]) *a.* ébéniste *m,f*

Schreinerei *f* menuiserie *f*
Schrift *f* **1** (*Handschrift*) écriture *f* **2** ***die lateinische ~*** l'alphabet *m* latin **3** *Buchstaben*: caractères *m Pl* **4** ***die Heilige ~*** (*Bibel*) l'Écriture *f* sainte
schriftlich **1** écrit **2** ***die ~e Prüfung*** les épreuves *f Pl* écrites, l'écrit *m* **3** ***j-n ~ informieren*** informer qn par écrit
Schriftsprache *f* langue *f* écrite
Schriftsteller(in) *m(f)* écrivain *m* (⚠ *im Frz. nur m*)
schrill **1** (*Geräusch*) aigu/aiguë, perçant; (*Lachen*) strident **2** (*Aussehen*) bizarre
Schritt[1] *m* **1** pas *m* (*a. beim Pferd*) **2** ***den ersten ~ machen*** *zur Versöhnung*: faire le premier pas **3** ***(im) ~ fahren*** rouler au pas **4** ***auf ~ und Tritt*** à chaque pas; ***er folgt ihr auf ~ und Tritt*** il la suit comme son ombre
Schritt[2] *m e-r Hose*: entrejambes *m*
schrittweise progressivement
schroff **1** (*Felsen*) escarpé, abrupt **2** (*Art*) brusque; (*Ton*) cassant **3** (*Übergang*) brusque
Schrott *m* **1** ferrailles *f Pl*, *von Autos, Maschinen*: casse *f* **2** (*Kram*) *umg.* camelote *f*
schrottreif bon/bonne pour la casse
schrubben frotter
Schrubber *m* balai-brosse *m*
schrumpeln (*Apfel usw.*) se ratatiner
schrumpfen se rétrécir
Schub|karre *f* brouette *f*; **~lade** *f* tiroir *m*
schubsen pousser; *stärker*: bousculer
schüchtern timide
schuften se crever de travail
Schuh *m* **1** chaussure *f*, soulier *m* **2** ***j-m etw in die ~e schieben*** *fig.* mettre qc sur le dos de qn
Schuhcreme *f* cirage *m*
Schuhgröße *f* pointure *f*; ***welche ~ hast du?*** quelle pointure fais-tu?; ***ich habe ~ 39*** je chausse (*od.* je fais) du 39
Schuh|karton *m* boîte *f* à chaussures; **~löffel** *m* chausse-pied *m*; **~riemen** *m regional*: lacet *m*; **~sohle** *f* semelle *f*
Schul|abschluss *m* diplôme *m* de fin d'études; **~anfang** *m nach den Ferien*: rentrée *f* (des classes); **~arbeit** *f*, **~aufgabe** *f* **1** (*Hausaufgabe*) devoir *m* **2** (*Klassenarbeit*) contrôle *m*; **~ausflug** *m* excursion *f* scolaire, excursion *f* de classe; **~buch** *n* livre *m* de classe, manuel *m* scolaire; **~bus** *m* autocar *m* de ramassage scolaire; **~chor** *m* chorale *f* (du collège, du lycée *usw.*) (⚠ *Endung*)
schuld: ***wer ist ~?*** à qui la faute?; ***ich bin ~ daran, dass ...*** c'est ma faute si... (+ *Ind.*); ***sie ist an allem ~*** tout ça, c'est sa faute
Schuld *f* (*Verantwortung*) faute *f*
schulden: ***j-m etw ~*** devoir qc à qn
Schulden *Pl* dettes *f Pl*; ***ich habe bei ihm 50 Euro ~*** je lui dois cinquante euros
schuldig **1** coupable; **2** ***j-m etw ~ sein*** devoir qc à qn; ***das bin ich ihr einfach ~*** je lui dois bien cela **3** → ***schuldigsprechen***
Schuldige(r) *f(m)* coupable *m,f*
schuldigsprechen: ***er wurde schuldiggesprochen*** il a été jugé coupable
Schule *f* **1** école *f* (*bes. Grundschule bzw. in Namen*), établissement *m* scolaire; ***etw macht ~*** *fig.* qc fait école **2** (*Unterricht*) cours *m Pl*; *bes. Grundschule*: classe *f* **3** ***in der ~*** (*im Unterricht*) en cours *bzw.* en classe; (*in e-r bestimmte Schule*) au collège *bzw.* au lycée *usw.*; ***in die ~ gehen*** (*in den Unterricht*) aller en cours *bzw.* en classe; (*in e-e bestimmte Schule*) aller au collège *bzw.* au lycée *usw.* (⚠ *frz.* je vais à l'école = ***ich gehe in die Grundschule!***)
Schüler *m* élève *m*; (*Grundschüler a.*) écolier *m*
Schüler|austausch *m* échange *m* scolaire; **~ausweis** *m* carte *f* d'élève
Schülerin *f* élève *f*; (*Grundschülerin a.*) écolière *f*
Schüler|lotse *m* patrouilleur *m* scolaire; **~mitverwaltung** *f* → ***SMV***; **~zeitung** *f* journal *m* scolaire
Schul|fach *n* matière *f*, discipline *f*; **~ferien** *Pl* vacances *f Pl* scolaires
schulfrei: ***heute ist ~*** il n'y a pas cours *bzw.* classe aujourd'hui
Schul|freund(in) *m(f)* copain *m*, copine *f* de classe; **~heft** *n* cahier *m* (d'écolier); **~hof** *m* cour *f* de récréation; **~jahr** *n* année *f* scolaire; **~klasse** *f* classe *f*; **~landheim** *n* ≈ classe *f* verte; **~leiter(in)** *m(f)* directeur *m*, -trice *f*; *am frz.* lycée: proviseur *m* (⚠ *im*

Frz. nur m); **~sachen** *f Pl* affaires *f Pl* (pour le cours *bzw.* pour la classe)
Schulschluss *m* **1** (*Unterrichtsende*) sortie *f* des classes *bzw.* des cours **2** (*Ferienbeginn*) ***am 31. Juli ist ~*** le dernier jour de classe est le 31 juillet
Schul|sprecher(in) *m(f)* délégué(e) *m(f)* des élèves; **~stunde** *f* heure *f* de cours; *in der Grundschule*: heure *f* de classe; **~tasche** *f* cartable *m*, serviette *f*; *in Belgien*: mallette *f*
Schulter *f* épaule *f*
schulterlang: ***~es Haar*** cheveux *m Pl* qui arrivent aux épaules
Schulter|polster *n* épaulette *f*; **~tasche** *f* sac *m* en bandoulière
Schulung *f* formation *f*
Schulweg *m* chemin *m* de l'école *bzw.* du collège *bzw.* du lycée
Schulzeit *f* scolarité *f*; *aber*: ***Erinnerungen an meine ~*** mes souvenirs *m Pl* d'école
Schulzeugnis *n* bulletin *m* scolaire
schummeln tricher
schummrig **1** (*Licht*) faible, pâle **2** (*Raum*) sombre, faiblement éclairé
Schund *m* **1** *umg.*, *Ware*: camelote *f* **2** *Buch, Film usw.*: ***~ sein*** être nul/nulle
Schuppe *f* **1** *beim Fisch*: écaille *f* **2** *beim Menschen*: pellicules *f Pl*
Schuppen *m Hütte*: remise *f*
Schuppenflechte *f* psoriasis *m*
schürfen **1** érafler, écorcher **2** ***sich*** (***die Haut***) ~ s'écorcher, s'érafler
Schürfwunde *f* éraflure *f*, écorchure *f*
Schürze *f* tablier *m*
Schuss *m* **1** *aus e-m Gewehr usw.*: coup *m* (***auf*** sur); ***ein ~ fiel*** on a entendu une détonation **2** FUSBALL tir *m* (***aufs Tor*** au but) **3** ***ein ~ Essig*** (***Wein*** *usw.*) un peu de vinaigre (de vin *usw.*) **4** *beim Skilaufen*: ***~ fahren*** descendre en schuss **5** ***noch gut in ~*** encore en bon état **6** ***er hat e-n ~*** (***weg***)***!*** *umg.* il est siphonné! **7** ***sie wohnt weit vom ~*** *umg.* elle habite à perpète
Schüssel *f* **1** plat *m* creux; *aus Steingut*: terrine *f* **2** (*Salatschüssel*) saladier *m* **3** (*Suppenschüssel*) soupière *f*
Schusswaffe *f* arme *f* à feu
Schuster *m* **1** *Reparateur*: cordonnier *m* **2** *Hersteller*: bottier *m*
Schutt *m* décombres *m Pl*, débris *m Pl*
Schüttelfrost *m* frissons *m Pl*
schütteln **1** secouer **2** agiter (*Gefäß, Flasche*) **3** ***j-m die Hand ~*** serrer la main à qn **4** ***den Kopf ~*** *verneinend*: faire non de la tête **5** ***sich ~*** *vor Ekel*: avoir un frisson d'horreur; ***sich vor Lachen ~*** se tordre de rire
schütten **1** verser (*Flüssigkeit*); ***sich Saft über die Hose ~*** renverser du jus sur son pantalon **2** mettre (*Mehl, Salz, Sand usw.*) (***in*** dans) **3** ***es schüttet*** (*regnet*) il tombe des cordes
Schüttstein *m* (CH) évier *m*
Schutz *m* **1** protection *f* (***vor, gegen*** contre) **2** ***j-n in ~ nehmen*** défendre qn (***vor*** contre)
Schutzblech *n* garde-boue *m*
Schütze *m* **1** *mit Pistole, Gewehr*: tireur *m* **2** (*Bogenschütze*) archer *m* **3** SPORT (*Torschütze*) buteur *m* **4** ASTR Sagittaire *m*
schützen **1** protéger (***vor*** de, ***gegen*** contre) **2** ***sich ~*** se protéger (***vor*** de, ***gegen*** contre)
Schutz|engel *m* ange *m* gardien; **~geld** *n* argent *m* de racket; **~gelderpressung** *f* racket *m*; **~impfung** *f* vaccination *f* préventive; **~umschlag** *m um ein Buch*: couvre-livre *m*
schwabbelig flasque
Schwabe *m*, **Schwäbin** *f* Souabe *m,f*
schwäbisch souabe
schwach **1** faible **2** (*machtlos*) impuissant **3** (*schlecht*) faible; (*Ergebnis, Film, Sportler, Leistung usw.*) médiocre **4** (*Gedächtnis, Augen*) mauvais **5** (*Verben, Adj. usw.*) régulier/-ière **6** ***bei Eis*** *usw.* ***werde ich immer ~*** je ne peux pas résister devant une glace *usw.* **7** ***mach mich nicht ~!*** (*verführ mich nicht*) ne me tente pas!; (*das glaube ich nicht*) ce n'est pas vrai!
Schwäche *f* **1** faiblesse *f* **2** (*j-s schwache Seite*) côté *m* faible (de) **3** ***sie hat ~n in Deutsch*** elle est faible en allemand **4** (*Vorliebe*) faible *m* (***für*** pour)
Schwächeanfall *m* malaise *m*
schwächen affaiblir (*a. fig.*)
Schwächling *m* mou *m*
Schwachsinn *m* **1** *Krankheit*: débilité *f* mentale **2** (*Unsinn*) bêtises *f Pl*
schwachsinnig **1** *krank*: débile mental **2** (*unsinnig*) idiot, débile
Schwachstelle *f* point *m* faible
schwafeln radoter
Schwager *m* beau-frère *m*

Schwägerin *f* belle-sœur *f*
Schwalbe *f* hirondelle *f*
Schwall *m* flot *m* (**von** de)
Schwamm *m* éponge *f*; **~ drüber!** *fig.* n'en parlons plus
Schwammerl *n* Ⓐ champignon *m*
schwammig 1 (*Gesicht usw.*) bouffi **2** (*Aussage, Begriff*) vague
Schwan *m* cygne *m*
schwanger enceinte; **~ werden** tomber enceinte; **sie ist im sechsten Monat ~** elle est enceinte de cinq mois (⚠ *in Frankreich zählen nur die abgeschlossenen Monate*)
Schwangere *f* femme *f* enceinte
Schwangerschaft *f* grossesse *f*
Schwangerschaftstest *m* test *m* de grossesse
schwanken 1 vaciller; (*wanken*) chanceler; *betrunken*: tituber **2** (↔ *stabil, fest sein*) varier, osciller **3** (*zögern*) hésiter (**zwischen** entre)
Schwankung *f* variation *f*
Schwanz *m* queue *f*
schwänzen: (**die Schule**) **~** sécher le cours (*bzw.* la classe)
Schwarm[1] *m* **1** *von Bienen, Heuschrecken*: essaim *m* **2** *von Vögeln, Insekten*: nuée *f* **3** *von Fischen*: banc *m*
Schwarm[2] *m*: **Uli ist ihr (großer) ~** *umg.* elle est amoureuse de Uli
schwärmen 1 für etw ~ raffoler de qc **2 für j-n ~** *umg.* craquer pour qn **3 von etw ~** raconter avec enthousiasme de qc
schwarz 1 noir; **~ auf weiß** noir sur blanc; **das Schwarze Meer** la mer Noire **2** (*illegal*) illégal; **3 für unser Fest sehe ich ~** je ne suis pas très optimiste pour notre fête **4 da kann er warten, bis er ~ wird** *umg.* il peut attendre jusqu'à la saint-glinglin **5** → **schwarzärgern, schwarzmalen**
Schwarz *n* **1** *Farbe*: noir *m* **2 in ~** *gekleidet*: en noir; (*in Trauer*) en deuil
Schwarz|afrika *n* l'Afrique *f* Noire; **~arbeit** *f* travail *m* au noir
schwarzarbeiten travailler au noir
Schwarzarbeiter(in) *m(f)* travailleur *m*, -euse *f* au noir
schwarzärgern: ich habe mich schwarzgeärgert *umg.* j'étais furieux
Schwarzbrot *n* pain *m* noir
Schwarze(s) *n*: **ins ~ treffen** *a. fig.* mettre dans le mille
Schwarze(r) *f(m)* Noir(e) *m(f)*
schwarzfahren voyager sans billet; *umg.* resquiller
Schwarz|fahrer(in) *m(f)* voyageur *m*, -euse *f* sans billet; *umg.* resquilleur *m*, -euse *f*; **~geld** *n* argent *m* sale
schwarzhaarig aux cheveux noirs
schwarzmalen *fig.* voir tout en noir
Schwarz|markt *m* marché *m* noir; **~wald** *m* Forêt-Noire *f* (⚠ *im Frz. f u. mit Bindestrich*)
schwarz-weiß noir et blanc/noire et blanche
Schwarzweißfilm *m* **1** FOTO pellicule *f* en noir et blanc **2** TV film *m* en noir et blanc
schwatzen, schwätzen bavarder
Schwätzer(in) *m(f)* **1** bavard(e) *m(f)* **2** (*Angeber[in]*) *umg.* baratineur *m*, -euse *f*
Schwebebalken *m* poutre *f* horizontale
schweben 1 *in der Luft*: planer **2** *im Wasser*: flotter **3 in Gefahr ~** être en danger
Schwede *m*, **Schwedin** *f* Suédois(e) *m(f)*
Schweden *n* la Suède
schwedisch suédois
Schwefel *m* soufre *m*
schweigen 1 se taire **2 ganz zu ~ von …** sans parler de …, sans compter …
Schweigen *n* **1** silence *m* **2 er brachte ihn zum ~** il l'a fait taire
schweigsam silencieux/-ieuse
Schwein *n* **1** ZO cochon *m*, porc *m* **2** GASTR porc *m* **3** *umg.* (*schmutzige Person*) cochon *m*, -onne *f*; (*gemeiner Mensch*) *vulg.* salaud *m*, salope *f* **4 kein ~ war da** *fig.* il n'y avait pas un chat **5 er ist ein armes ~** *umg.* c'est un pauvre type **6** (*Glück*) **da hast du noch mal ~ gehabt!** *umg.* tu as eu du pot!
Schweine|braten *m* rôti *m* de porc; **~fleisch** *n* porc *m*
Schweinerei *f* **1** (*Schmutz, Unordnung*) *umg.* saloperie *f*, *umg.* cochonnerie *f* **2 so e-e ~!** (*Gemeinheit*) *umg.* quelle saloperie!, quelle vacherie!
Schweineschnitzel *n* escalope *f* de porc
Schweiß *m* **1** sueur *f*; **in ~ gebadet** trempé de sueur, en nage **2 mir bricht der ~ aus** je commence à transpirer

Schweißband *n am Arm*: bracelet *m*
schweißen souder
Schweißfüße *m Pl*: ***er hat ~*** il transpire des pieds
schweißgebadet en nage, trempé de sueur
Schweiz *f* Suisse *f*
Schweizer(in) *m(f)* Suisse *m,f*
Schweizer, **schweizerisch** suisse
Schwelle *f* **1** (*Türschwelle*) seuil *m* **2** (*Eisenbahnschwelle*) traverse *f*
Schwellung *f* enflure *f*, gonflement *m*
schwenken **1** (*schwingen*) agiter **2** TECH faire pivoter **3** tourner (*Kamera*) **4** (*ausspülen*) rincer
schwer[1] **1** *im Gewicht*: lourd; ***~ sein*** peser lourd **2** (*Motorrad*) gros/grosse **3** (*Essen, Parfüm usw.*) lourd
schwer[2] **1** (*schwierig*) difficile **2** (*Arbeit usw.*) fatigant; (*Aufgabe, Amt, Pflicht*) lourd **3** ***~ arbeiten*** travailler dur; ***~ atmen*** respirer difficilement; ***~ hören*** être dur d'oreille **4** ***es ~ haben*** n'avoir pas la vie facile; ***j-m das Leben ~ machen*** rendre la vie dure à qn **5** → ***schwertun*** **6** ***es fällt mir ~, etw zu tun*** (*ich mache es ungern*) cela me fait peine de faire qc
schwer[3] **1** (*schlimm*) grave (*bes. Krankheit*); (*Verlust*) lourd; (*Strafe*) sévère **2** ***~ verunglücken*** avoir un grave accident **3** ***~ krank*** gravement malade; ***~ verwundet*** grièvement blessé **4** (*sehr*) beaucoup, énormément; ***sie war ~ enttäuscht*** elle a été profondément déçue **5** ***das will ich ~ hoffen*** j'y compte sérieusement **6** ***sie ist ~ in Ordnung*** *umg.* elle est vachement bien
Schwerelosigkeit *f* apesanteur *f*
schwerfällig lourd
Schwergewicht(ler) *n(m)* SPORT poids *m* lourd
schwerhörig dur d'oreille
Schwerkraft *f* pesanteur *f*, gravité *f*
schwerkrank → ***schwer***[3]
schwermachen → ***schwer***[2]
Schwerpunkt *m* **1** PHYS centre *m* de gravité **2** *fig.* accent *m* **3** SCHULE *usw.* ***mit ~ Mathematik*** à dominante mathématiques
Schwert *n* épée *f*
schwertun: *sich ~* avoir des difficultés (***mit*** avec)
Schwerverbrecher(in) *m(f)* grand criminel *m*, grande criminelle *f*
schwerverdaulich → ***verdaulich***
Schwerverletzte(r) *f(m)* grand(e) blessé(e) *m(f)*
schwer|verständlich → ***verständlich***; **~verwundet** → ***schwer***[3]
schwerwiegend (*Problem usw.*) grave
Schwester *f* **1** sœur *f* **2** *Krankenschwester*: infirmière *f*; ***~ Helga!*** mademoiselle! *bzw.* madame! **3** *Nonne*: (bonne) sœur *f*
Schwieger... beau-/belle-; ***Schwiegereltern*** beaux-parents *m Pl*; ***Schwiegermutter*** belle-mère *f*; ***Schwiegersohn*** beau-fils *m*, gendre *m*; ***Schwiegertochter*** belle-fille *f*; ***Schwiegervater*** beau-père *m*
Schwiele *f* callosité *f*, durillon *m*
schwierig difficile
Schwierigkeit *f* difficulté *f*
Schwimm|bad *n* piscine *f*; **~becken** *n* piscine *f*
schwimmen **1** (*Menschen, Tiere*) nager **2** (*schweben*) (***im Wasser***) ***~*** flotter (dans l'eau) **3** ***sie schwimmt im Geld*** elle roule sur l'or
Schwimmer(in) *m(f)* nageur *m*, -euse *f*
Schwimm|flosse *f* palme *f*; **~meister** *m* maître *m* nageur; **~reifen** *m* bouée *f*; **~weste** *f* gilet *m* de sauvetage
Schwindel[1] *m Kreislaufstörung*: vertige *m*
Schwindel[2] *m* **1** (*Betrug*) escroquerie *f* **2** (*Lüge, Erfundenes*) *umg.* bobards *m Pl*
schwindelfrei: *ich bin nicht ~* j'ai le vertige
schwindeln *umg.* raconter des bobards
schwindlig **1** ***mir ist ~*** j'ai le vertige **2** ***j-n ~ machen*** donner le vertige à qn
schwingen **1** (*schwenken*) balancer; agiter (*Fahne*); brandir (*Schwert, Keule*) **2** (*Pendel*) osciller **3** (*Saite*) vibrer **4** ***sich über die Mauer ~*** sauter par-dessus le mur **5** ***sich aufs Fahrrad ~*** enfourcher son vélo
Schwips *m*: ***er hat e-n ~*** il est pompette
schwirren **1** (*Pfeil, Kugeln*) siffler; ***durch die Luft ~*** fendre l'air en sifflant **2** (*Insekten*) bourdonner
schwitzen transpirer
schwören jurer
schwul *umg.* pédé, gay
schwül lourd; ***es ist ~*** il fait lourd
Schwule(r) *m umg.* pédé *m*, gay *m*

Schwung *m* **1** *beim Rad usw.*: mouvement *m* rapide **2** (*Energie, Elan*) entrain *m*, élan *m* **3** ~ ***holen*** prendre son élan **4** ***ein*** ~ ***Hefte*** une pile de cahiers
Schwur *m* serment *m*
Schwyz *n* Schwyz
Science-Fiction *f* science-fiction *f*
sechs **1** six; ***alle*** ~ ***Monate*** tous les six mois **2** ***er ist*** ~ (***Jahre alt***) il a six ans **3** ***um*** ~ ***Uhr*** à six heures
Sechs *f* **1** six *m* (*a. Buslinie, Spielkarte usw.*) **2** *Schulnote*: insuffisant; *im frz. Punktesystem* ≈ trois, deux, un, zéro (sur vingt); ***er hat e-e*** ~ ***plus*** ≈ il a eu trois sur vingt
Sechseck *n* hexagone *m*
sechseckig hexagonal
sechseinhalb six et demi; ~ ***Stunden*** six heures *f Pl* et demie
Sechser *m* → ***Sechs***
sechshundert six cents, *zusammengesetzte Zahlen ohne -s*: ***sechshunderteins*** *usw.* six cent un *usw.*
sechs|jährig (*Kind usw.*) de six ans; **~mal** six fois
sechsstellig (*Zahl, Betrag*) de six chiffres
sechst: ***zu*** ~ à six
sechstausend six mille
sechste(r, -s) **1** sixième **2** *im Datum*: six; ***der*** ~ ***Dezember*** le six décembre **3** ***die*** ~ ***Klasse*** la sixième
Sechstel *n* sixième *m*
sechstens sixièmement
sechsund|neunzig quatre-vingt-seize; **~siebzig** soixante-seize
sechzehn seize
Sechzehnjährige(r) *f(m)* jeune *m*, fille *f* de seize ans
sechzig **1** soixante **2** ***etwa*** ~ (***Kinder***) une soixantaine (d'enfants)
Sechzigerjahre *n Pl*: ***in den*** ~***n*** aux années soixante
Secondhandladen *m* magasin *m* d'occasion
See[1] *m* lac *m*
See[2] *f* (*Meer*) mer *f*; ***an die*** ~ ***fahren*** aller au bord de la mer; ***in*** ~ ***stechen*** prendre le large
See|hund *m* phoque *m*; **~igel** *m* oursin *m*
seekrank: ~ ***sein*** (*bzw.* ***werden***) avoir le mal de mer
Seekrankheit *f* mal *m* de mer
Seele *f* **1** âme *f* **2** ***er ist e-e*** ~ ***von Mensch*** *umg.* c'est une bonne pâte **3** ***das tut mir in der*** ~ ***weh*** *oft iron.* cela me fend le cœur
seelenruhig imperturbable
seelisch **1** moral **2** (*psychisch*) mental, psychique
See|luft *f* air *m* marin; **~mann** *m* marin *m*; **~meile** *f* mille *m* marin
Seenot *f*: ***in*** ~ en perdition
See|räuber *m* pirate *m*, corsaire *m*; **~reise** *f* voyage *m* en mer; (*Kreuzfahrt*) croisière *f*; **~rose** *f* nénuphar *m*; **~stern** *m* étoile *f* de mer; **~tang** *m* goémon *m*, varech *m*; **~zunge** *f* sole *f*
Segel *n* voile *f* (⚠ le voile = ***Schleier***)
Segel|boot *n* bateau *m* à voiles; **~flugzeug** *n* planeur *m*
segeln **1** SPORT faire de la voile; ***nach Korsika*** ~ aller en Corse à la voile **2** (*Schiff*) naviguer (***nach*** à) **3** (*Flugzeug*) planer **4** (*fallen*) ***auf den Boden*** ~ *umg.* se ramasser par terre **5** ***sie ist durch die Prüfung gesegelt*** *umg.* elle a été collée à son examen
Segelschiff *n* bateau *m* à voiles, voilier *m*
Segen *m* **1** bénédiction *f* **2** (*Glück*) bonheur *m*
segnen **1** bénir, donner sa bénédiction à (*j-n, etw*) **2** ***gesegnete Mahlzeit!*** bon appétit!
sehen **1** voir; ***das sieht man!*** ça se voit **2** ***gut*** (*bzw.* ***schlecht***) ~ avoir de bons yeux (*bzw.* de mauvais yeux) **3** (*ansehen*) regarder; ***sieh mal!*** regarde! **4** ***aus dem Fenster*** ~ regarder par la fenêtre; ***auf die Uhr*** ~ regarder l'heure **5** ***lass mal*** ~***!*** fais voir! **6** ***siehst du!*** tu vois!; ***sieh mal e-r an!*** *umg.* voyez-moi ça!; ***mal*** ~, ***ob …*** voyons si …; *in Zukunft*: on verra bien si … **7** ***siehe oben*** voir ci-dessus; ***siehe unten*** voir ci-dessous; ***siehe Seite 11*** voir page 11 **8** (*erkennen*) reconnaître **9** (*treffen*) voir; ***wann*** ~ ***wir uns?*** quand est-ce qu'on se voit? **10** ~ ***nach*** (*sich kümmern um*) s'occuper de; (*kontrollieren*) aller voir **11** ***er hat sich nie wieder*** ~ ***lassen*** on ne l'a plus revu; ***deine Arbeit kann sich*** ~ ***lassen*** (*ist gut*) ton travail est bien fait **12** ***ich kann ihn nicht mehr*** ~ *umg.* je ne peux plus le sentir **13** ***so gesehen, …*** vu comme

S

ça, …; ***das sehe ich anders*** je vois les choses autrement

Sehen *n*: ***j-n vom ~ kennen*** connaître qn de vue

sehenlassen → ***sehen***

sehenswert: *diese Kirche ist ~* cette église vaut la peine d'être vue

Sehenswürdigkeit *f* curiosité *f*, attraction *f* touristique

Sehne *f* **1** *im Körper*: tendon *m* **2** *an e-m Bogen*: corde *f*

sehnen: *sich ~ nach* s'ennuyer de (*j-m*); désirer ardemment (*Sachen*); avoir la nostalgie de (*Heimat, frühere Zeiten*)

Sehnsucht *f nach Vergangenem*: nostalgie *f* (***nach*** de); ***ich habe ~ nach meinen Eltern*** mes parents me manquent

sehnsüchtig 1 *e-n ~en Blick werfen auf* jeter un regard d'envie sur **2 *~ erwarten*** attendre avec impatience (*j-n, Ereignis*)

sehr 1 *vor Adj., Adv.*: très **2 *~ viel*** beaucoup **3** *vor Verben*: beaucoup, bien **4 *so ~*** tant, tellement; ***nicht so ~*** (ne …) pas tellement **5 *zu ~*** trop **6 *bitte ~!*** s'il te *bzw.* s'il vous plaît!; *als Antwort*: je t'en prie! *bzw.* je vous en prie! **7 *danke ~!*** merci beaucoup

Sehtest *m* examen *m* de la vue

seicht 1 (*Wasser*) bas/basse **2** *fig.* superficiel/-ielle

Seide *f* soie *f*

Seidenmalerei *f* peinture *f* sur soie

seidig soyeux/-euse

Seife *f* savon *m*

Seifen|blase *f* bulle *f* de savon; **~oper** *f* feuilleton *m* télévisé

Seil *n* corde *f*

Seilbahn *f* funiculaire *m*

seil|hüpfen, ~springen sauter à la corde

Seiltänzer(in) *m(f)* funambule *m,f*

sein 1 être; ***was ist das?*** qu'est-ce que c'est? **2** *beim Wetter*: ***es ist kalt*** (***schön*** *usw.*) il fait froid (beau *usw.*) **3** *beim Rechnen*: ***zwei und drei sind fünf*** deux et trois font cinq **4** *Möglichkeit*: ***kann ~*** c'est possible, peut-être **5 *muss das ~?*** est-ce bien nécessaire? **6 *was ist (los)?*** qu'est-ce qu'il y a?; ***was ist mit dir?*** qu'est-ce que tu as?; ***ist was?*** il y a qc qui ne va pas? **7 *ich bin's!*** c'est moi!; ***hier bin ich!*** me voici!; ***das wär's!*** voilà! **8** *beim Alter*: ***ich bin sechzehn*** j'ai seize ans; ***wie alt bist du?*** quel âge as-tu? **9 *was darf's ~?*** que désirez-vous? **10 *wie wär's mit e-m Spaziergang?*** si on faisait une promenade?

sein(e) 1 son, sa; *Pl* ***~e*** ses **2 *das ist ~s*** c'est à lui

seinetwegen 1 (*wegen ihm*) à cause de lui **2** (*ihm zuliebe*) pour lui

seinlassen → ***lassen***

seit 1 depuis **2** *vor Sätzen*: ***~ ich ihn kenne, …*** depuis que je le connais

seitdem 1 depuis **2** → ***seit*** *2*

Seite[1] *f* **1** côté *m*; ***die vordere ~*** le devant; ***die hintere ~*** le derrière, le dos **2 *auf*** *od.* ***an die ~ gehen*** s'écarter; ***etw zur ~ legen*** mettre qc de côté **3** (*Aspekt*) aspect *m* **4 *auf der e-n ~ …, auf der anderen (~) …*** d'une part je le trouve bon, d'autre part c'est très difficile

Seite[2] *f* **1** *von Büchern, Zeitungen*: page *f* **2 *die Gelben ~n***® TEL les pages jaunes

Seitensprung *m* infidélité *f*

Seitenstechen *n*: ***~ haben*** avoir des points de côté

Seitenstraße *f* rue *f* latérale

seitenverkehrt à l'envers

Seitenwind *m* vent *m* de côté

seither depuis, depuis lors

Sekretariat *n* secrétariat *m*

Sekretärin *f* secrétaire *f*

Sekt *m* (vin *m*) mousseux *m*

Sekte *f* secte *f*

Sektglas *n* verre *m* à champagne

Sekundarstufe *f*: ***~ I*** (*bzw.* ***II***) premier (*bzw.* second) cycle *m*

Sekunde *f* **1** seconde *f* **2 *es ist auf die ~ (genau) zehn Uhr*** il est dix heures précises

Sekunden|kleber *m* colle *f* à prise rapide; **~zeiger** *m* aiguille *f* des secondes, trotteuse *f*

selbe(r, -s) même

selber → ***selbst***[1]

selbst[1] **1** (*persönlich*) même; ***ich ~*** (***er ~*** *usw.*) moi-même (lui-même *usw.*) **2** (*in Person*) en personne **3** (*ohne fremde Beteiligung*) tout seul; ***das geht von ~*** cela se fait tout seul; ***er spricht mit sich ~*** il parle tout seul **4 *das versteht sich von ~*** ça va de soi, ça va sans dire **5** *als Gegenfrage*: ***und ~?***

et toi? *bzw.* et vous?
selbst² (*sogar*) même
selbständig → ***selbstständig***
Selbstbedienung *f* libre-service *m*
Selbstbedienungsrestaurant *n* self--service *m*; self *m*
Selbstbeherrschung *f* maîtrise *f* de soi; ***ich habe die ~ verloren*** j'ai perdu mon sang-froid
selbstbewusst sûr de soi
Selbstbewusstsein *n* confiance *f* en soi, assurance *f*
Selbstgespräch *n* monologue *m*; ***er führt ~e*** il parle tout seul
Selbst|hilfegruppe *f* groupe *m* d'entraide; **~kritik** *f* autocritique *f*
selbstkritisch: ***~ sein*** être critique envers soi-même
Selbstmitleid *n*: ***~ haben*** s'apitoyer sur son sort
Selbstmord *m* suicide *m*; ***~ begehen*** se suicider, se tuer
Selbstmörder(in) *m(f)* **1** *der, die sich umbringen will*: suicidaire *m,f* **2** *der, die sich umgebracht hat*: suicidé(e) *m(f)*
selbstmordgefährdet suicidaire
Selbst|mordversuch *m* tentative *f* de suicide; **~portrait** *n* autoportrait *m*
selbstsicher (*Person*) sûr de soi; (*Haltung*) assuré
selbstständig **1** (*unabhängig*) indépendant **2** *im Beruf*: à son compte; ***sich ~ machen*** se mettre à son compte; ***sie ist ~*** elle travaille à son compte **3** (*ohne Hilfe*) ***~ arbeiten*** travailler seul
Selbstständigkeit *f* indépendance *f*
selbsttätig: ***die Tür schließt ~*** la porte se ferme automatiquement
selbstverständlich **1** ***das ist doch ~*** cela va de soi, cela va sans dire **2** ***~!*** bien sûr!; ***~ habe ich das gesehen*** bien sûr que je l'ai vu
Selbstverständlichkeit *f*: ***das ist doch e-e ~*** cela va de soi, cela va sans dire
Selbst|verteidigung *f* autodéfense *f*; **~vertrauen** *n* confiance *f* en soi
selig **1** (*überglücklich*) ravi **2** REL béatifié **3** ***~ lächeln*** sourire d'un air béat **4** ***wer's glaubt, wird ~!*** *umg.* mon œil!
Sellerie *m od. f* céleri *m*
selten **1** (*Pflanze, Tier*) rare **2** (↔ *oft*) rarement; ***so ~ wie möglich*** le moins possible
Seltenheit *f* rareté *f*
seltsam étrange, curieux/-ieuse
Semester *n* semestre *m*; ***sie ist im dritten ~*** elle est en deuxième année (⚠ *in Frankreich gibt es nur Studienjahre!*)
Semesterferien *Pl* vacances *f Pl* universitaires
Semikolon *n* point-virgule *m*
Seminar *n* **1** *an der Uni usw.*: séminaire *m*; *in Frankreich meistens*: cour *m* **2** *Institut*: institut *m*
Semmel *f* **1** petit pain *m* rond **2** ***diese Stiefel gehen weg wie warme ~n*** ces bottes se vendent comme des petits pains
sempern Ⓐ (*nörgeln*) râler
Senat *m* sénat *m*
senden **1** RAD, TV émettre; RAD *a.* diffuser **2** *über Funk*: transmettre **3** (*schicken*) envoyer
Sender *m* **1** TECH émetteur *m* **2** RAD station *f* de radio; TV station *f* de télévision
Sendeschluss *m* fin *f* des programmes
Sendung¹ *f* **1** RAD, TV émission *f* **2** ***er ist auf ~*** (*macht gerade e-e Sendung*) il est sur (*od.* à) l'antenne
Sendung² *f Brief usw.*: envoi *m*
Senegal *m* Sénégal *m*
Senf *m* **1** moutarde *f* **2** ***er muss immer seinen ~ dazugeben*** il faut toujours qu'il mette son grain de sel (⚠ *Subj. nach il faut que*)
senior: ***Herr Stein ~*** monsieur Stein père
Senior(in) *m(f)* **1** ***die ~en*** le troisième âge **2** SPORT senior *m*
senken **1** baisser **2** faire baisser (*Fieber*) **3** ***sich ~*** baisser; (*Vorhang*) tomber
senkrecht vertical
Sensation *f* sensation *f*
sensationell sensationnel/-elle
Sense *f* **1** *Gerät*: faux *f* **2** ***dann ist ~!*** *umg.* (*Schluss*) et après, c'est tout!
sensibel sensible
sentimental sentimental
separat **1** (*getrennt*) séparé **2** (*extra*) ***~ aufbewahren*** (***waschen*** *usw.*) garder (laver *usw.*) à part
September *m* **1** septembre *m*; ***im ~*** en septembre **2** *Datumsangaben*: ***der zweite*** (***dritte*** *usw.*) ***~*** le deux (trois *usw.*) septembre; ***am 5. ~*** le cinq sep-

S

tembre
Serbe *m*, **Serbin** *f* Serbe *m,f*
Serbien *n* la Serbie
serbisch serbe
Serie *f* **1** série *f* **2** TV feuilleton *m*, série *f* télévisée
seriös sérieux/-ieuse
Serpentine *f* lacet *m*
Service[1] *n* (*Geschirr*) service *m*
Service[2] *m* (*Bedienung, Kundendienst*) service *m*
servieren servir
Serviertochter *f* Ⓒⓗ serveuse *f*
Serviette *f* serviette *f* (de table)
Servolenkung *f* AUTO direction *f* assistée
servus Ⓐ **~!** salut!
Sessel *m* **1** fauteuil *m* **2** Ⓐ (*Stuhl*) chaise *f*
Sessel|bahn *f*, **~lift** *m* télésiège *m*
Set *n* **1** *von verschiedenen Dingen*: lot *m* (de) **2** (*Tischset*) set *m* de table
setzen[1] **1** ***sich ~*** s'asseoir; ***setz dich!*** assieds-toi! **2** ***sich ins Auto*** (***aufs Fahrrad*** *usw.*) **~** monter en voiture (à vélo *usw.*)
setzen[2] **1** (*platzieren*) mettre; (*legen, stellen*) poser **2** *j-n*: mettre, placer **3** ***etw in die Zeitung ~*** insérer qc dans le journal **4** ***j-m ein Ziel ~*** fixer un but à qn **5** *bei Wetten*: miser (***auf*** sur)
Seuche *f* épidémie *f*
seufzen soupirer
Seufzer *m* soupir *m*
Sex *m* rapports *m Pl* sexuels
Sexualität *f* sexualité *f*
Sexualkunde *f* éducation *f* sexuelle
sexuell sexuel/-elle
Shampoo *n* shampo(o)ing *m*
Shift-Taste *f* touche *f* de majuscule
Shorts *Pl* short *m* (⚠ *im Frz. Singular*)
Show *f* spectacle *m* de variété, show *m*
Showmaster *m* animateur *m*
Shuttlebus *m* navette *f*
Sibirien *n* la Sibérie
sich **1** *beim Verb meistens*: se; *vor Vokal u. stummem h*: s' **2** *Singular mit Präp.*: lui *m*, elle *f*; ***er ist bei ~*** (***zu Hause***) il est chez lui **3** *Plural mit Präp.*: eux *m Pl*, elles *f Pl* **4** *unpersönlich*: soi; ***~ selbst*** soi-même **5** ***an und für ~*** en fait, au fond
Sichel *f* **1** *Werkzeug*: faucille *f* **2** *des Mondes*: croissant *m* (de lune)
sicher **1** sûr (⚠ sur *ohne Akzent* = ***auf***) **2** (*gewiss*) certain **3** (*selbstbewusst*) sûr de soi; ***~ auftreten*** avoir de l'assurance **4** (*geschützt*) en sûreté, en sécurité; ***~ sein vor*** être à l'abri de **5** (*Erfolg, Zukunft, Stellung*) assuré; (*Gewinn*) garanti **6** ***er geht auf Nummer sicher*** il ne prend aucun risque; ***~ ist ~*** deux précautions valent mieux qu'une **7** (*sicherlich*) sûrement; ***ganz ~*** certainement **8** (***aber***) ***~!*** bien sûr!; ***~ nicht!*** sûrement pas!, bien sûr que non!
sichergehen s'assurer; ***um sicherzugehen*** pour être sûr de son fait
Sicherheit *f* **1** (*Sichersein*) sûreté *f*; (*Schutz*) *a.* sécurité *f* **2** ***etw in ~ bringen*** mettre qc en lieu sûr; ***sich in ~ bringen*** se mettre à l'abri **3** (*Gewissheit*) certitude *f*; ***mit ~!*** certainement! **4** *im Auftreten*: assurance *f*
Sicherheits|gurt *m* ceinture *f* de sécurité; **~nadel** *f* épingle *f* de sûreté
sichern **1** (*schützen*) protéger, garantir (***vor*** de, ***gegen*** contre) **2** IT sauvegarder (*Daten*)
Sicherung *f* **1** ELEK fusible *m*; ***die ~ ist durchgebrannt*** les plombs ont sauté **2** ***bei ihr ist e-e ~ durchgebrannt*** *fig.* elle a disjoncté **3** *von Daten*: sauvegarde *f*
Sicht *f* **1** (*das Sehen*) vue *f*; ***in ~ kommen*** apparaître **2** (*Sichtverhältnisse*) visibilité *f* **3** (*Meinung, Ansicht*) vue *f*; ***aus meiner*** (***deiner*** *usw.*) **~** à mon (ton *usw.*) avis **4** ***auf lange ~*** à long terme
sichtbar **1** visible **2** ***~ werden*** apparaître; *fig.* se manifester
Sichtweite *f* **1** ***außer ~*** *hors de vue **2** ***in ~*** en vue
sie[1] *für e-e Frau*: **1** *als Subjekt*: elle **2** *als Objekt*: la; *vor Vokal u. stummem h*: l' **3** *mit Präp.*: elle
sie[2] *Plural*: **1** *als Subjekt*: ils *m*, elles *f* **2** *als Objekt*: les (*a. f*) **3** *mit Präp.*: eux *m*, elles *f*
Sie *Anrede*: vous
Sieb *n* **1** tamis *m*; (*Durchschlag*) passoire *f* **2** ***er hat ein Gedächtnis wie ein ~*** sa mémoire est une vraie passoire
sieben[1] **1** sept; ***alle ~ Jahre*** tous les sept ans **2** ***er ist ~*** (***Jahre alt***) il a sept ans **3** ***um ~ Uhr*** à sept heures
sieben[2]: ***etw ~*** passer qc au crible (*a. fig.*)

S

Sieben *f* sept *m* (*a. Buslinie, Spielkarte usw.*)
siebeneinhalb sept et demi; ~ ***Tage*** sept jours et demi
Siebener *m regional*: → **Sieben**
siebenhundert sept cents; *zusammengesetzte Zahlen ohne -s*: ***siebenhunderteins*** *usw.* sept cent un *usw.*
sieben|jährig de sept ans; **~mal** sept fois; **~tausend** sept mille
siebt: ***zu*** ~ à sept
siebte(r, -s) **1** septième **2** *im Datum*: sept; ***der ~ Mai, am ~n Mai*** le sept mai **3** ***die ~ Klasse*** la cinquième
Siebtel *n* septième *m*
siebtens septièmement, en septième lieu
siebzehn dix-sept
Siebzehnjährige(r) *f(m)* jeune *m*, fille *f* de dix-sept ans
siebzig soixante-dix
Siedlung *f* **1** *Wohngebiet*: lotissement *m* **2** (*Niederlassung*) colonie *f*
Sieg *m* victoire *f*
Siegel *n* cachet *m*
siegen **1** ~ ***über*** l'emporter sur, vaincre **2** (*gewinnen*) gagner
Sieger(in) *m(f)* vainqueur *m* (*im Frz. nur m*); SPORT *a.* gagnant(e) *m(f)*
Siegerehrung *f* remise *f* des prix (*bzw.* des médailles)
siezen: ***j-n*** ~ vouvoyer qn, dire vous à qn; ***sie ~ sich*** ils se vouvoient
Signal *n* signal *m*
signieren **1** dédicacer (*Bücher*) **2** (*unterschreiben*) signer (*Dokumente*)
Silbe *f* syllabe *f*
Silbentrennung *f* césure *f*
Silber *n* argent *m*
silbergrau gris argenté
Silbermedaille *f* médaille *f* d'argent
silbern **1** (*aus Silber*) en argent **2** (*wie Silber*) argenté **3** ***~e Hochzeit*** noces *f Pl* d'argent
Silhouette *f* silhouette *f*
Silvester *m od. n* **1** *Tag*: la Saint-Sylvestre **2** ***~ feiern*** faire le réveillon du nouvel an
Simbabwe *n* le Zimbabwe
simsen *Handy*: ***j-m*** ~ envoyer un SMS à qn
simultan **1** simultané **2** ***~ übersetzen*** traduire simultanément
Sinfonie *f* symphonie *f*
singen chanter
Single *m* célibataire *m,f*
Singular *m* singulier *m* (⚠ *Endung*)
Singvogel *m* oiseau *m* chanteur
sinken **1** (*heruntergehen, fallen*) baisser **2** (*Schiff usw.*) couler **3** (*Thermometer*) descendre
Sinn *m* **1** *zur Wahrnehmung*: sens *m* **2** (*Bedeutung*) sens *m*, signification *f* **3** ***das hat doch keinen ~*** cela ne sert à rien **4** ***er hat keinen ~ für Humor*** il n'a pas le sens de l'humour **5** ***ohne ~ und Verstand*** sans rime ni raison
Sinnesorgan *n* organe *m* des sens
sinngemäß **1** ***e-n Text ~ wiedergeben*** rendre le sens général d'un texte **2** ***~ übersetzt*** (*nicht wörtlich*) traduit librement
sinnlich **1** (*Mensch, Gefühl*) sensuel/-elle **2** (*Wahrnehmung*) sensoriel/-ielle
Sinnlichkeit *f* sensualité *f*
sinnlos **1** (*zwecklos*) inutile, vain **2** (*unsinnig*) absurde **3** ***~ betrunken*** ivre mort
sinnvoll **1** (*zweckmäßig*) utile **2** (*vernünftig*) raisonnable **3** (*logisch*) judicieux/-ieuse **4** (*Arbeit usw.*) qui a un sens **5** (*befriedigend*) satisfaisant
Sintflut *f* déluge *m*
Sirene *f* sirène *f*
Sirup *m* sirop *m*
Sitte *f* coutume *f*, usage *m*
Situation *f* situation *f*
Sitz *m* **1** siège *m* (*a. Amtssitz, Parlamentssitz*); KINO *a.* place *f* **2** *e-r Firma*: siège *m* social
sitzen **1** être assis **2** ***beim Essen ~*** être à table; ***ich sitze beim Frühstück*** *usw.* je suis en train de prendre mon petit déjeuner *usw.* **3** ***die Firma sitzt in Paris*** l'entreprise a son siège à Paris **4** ***die Hose sitzt gut*** (*bzw.* ***schlecht***) le pantalon va bien (*bzw.* ne va pas) **5** ***der Nagel sitzt fest*** (*bzw.* ***locker***) le clou tient bien (*bzw.* mal) **6** ***~ bleiben*** *auf dem Stuhl usw.*: rester assis; SCHULE redoubler **7** ***das hat gesessen!*** (*Bemerkung usw.*) ça a porté!; ***das lass ich nicht auf mir ~!*** je ne laisserai pas passer ça! **8** ***sie hat ihn ~ lassen*** (*sie hat ihn verlassen*) elle l'a planté là; (*sie ist nicht gekommen*) *umg.* elle lui a posé un lapin **9** *zum Hund*: ***sitz!*** assis!
sitzen|bleiben, ~lassen → ***sitzen***
Sitz|gelegenheit *f* siège *m*; **~platz** *m*

S

place *f* assise
Sitzung *f* **1** conférence *f*, réunion *f* **2** *des Parlaments*: séance *f*
Sizilien *n* la Sicile
Skala *f* **1** *beim Thermometer usw.*: graduation *f* **2** RAD cadran *m* **3** (*Farbskala*) gamme *f*
Skandal *m* scandale *m* (***um*** au sujet de)
skandalös scandaleux/-euse
Skandinavien *n* la Scandinavie
skandinavisch scandinave
Skateboard *n* planche *f* à roulettes
skaten **1** (*inlineskaten*) faire du roller **2** (*Skateboard fahren*) faire de la planche à roulettes
Skelett *n* squelette *m*
skeptisch sceptique
Ski *m* ski *m*; ***~ laufen*** (*od.* ***fahren***) faire du ski, skier
Ski|anzug *m* combinaison *f* de ski; **~fahrer(in)** *m(f)* skieur *m*, skieuse *f*; **~gebiet** *n* domaine *m* skiable; **~kurs** *m* cours *m* de ski; **~langlauf** *m* ski *m* de fond; **~läufer(in)** *m(f)* skieu *mr*, skieuse *f*; **~lehrer(in)** *m(f)* moniteur *m*, -trice *f* de ski; **~lift** *m* remontée *f* mécanique; **~schuh** *m* chaussure *f* de ski; **~springen** *n* saut *m* à skis; **~stock** *m* bâton *m* de ski
Skizze *f* esquisse *f*
skizzieren esquisser
Sklave *m*, **Sklavin** *f* esclave *m,f*
Skorpion *m* **1** ZO scorpion *m* **2** ASTR Scorpion *m*
Skrupel *m* scrupule *m* (⚠ *Endung*)
skrupellos sans scrupules (⚠ *frz.* scrupuleux, -euse = ***gewissenhaft***)
Skulptur *f* sculpture *f*
S-Kurve *f* virage *m* en S
Slalom *m* slalom *m*
Slip *m* slip *m*
Slowake *m*, **Slowakin** *f* Slovaque *m,f*
Slowakei *f* Slovaquie *f*
slowakisch slovaque
Slowene *m*, **Slowenin** *f* Slovène *m,f*
Slowenien *n* la Slovénie
slowenisch slovène
Slum *m* bidonville *m*
Smaragd *m* émeraude *f*
Smog *m* smog *m*
Smogalarm *m* alerte *f* au smog
SMS *f* SMS *m*; ***j-m e-e ~ schicken*** envoyer un (message) SMS à qn
SMV *f* (*Schülermitverwaltung*) ≈ participation *f* des élèves à la gestion de l'établissement (⚠ *es gibt keine direkte Entsprechung in Frankreich*)
Snowboard *n* **1** *Brett*: surf *m* **2** ***~ fahren*** faire du surf des neiges
so¹ **1** (*in dieser Weise*) ainsi, comme ça; ***~ ist es!*** c'est ça!, exactement! **2** ***~ ein Auto*** une telle voiture, une voiture pareille; ***ich möchte ~ eins*** j'en veux un comme ça; ***~ jemand*** qn comme ça; ***~ etwas*** une chose pareille; ***na, ~ was!*** *umg.* ça, alors!; ***~ ein Dummkopf!*** quel imbécile! **3** *in Vergleichen*: aussi; ***sie ist ~ groß*** (***hübsch*** *usw.*) ***wie du*** elle est aussi grande (jolie *usw.*) que toi **4** *während man etw zeigt*: ***das war ~ lang*** *usw.* c'était long *usw.* comme ça **5** *in Ausrufen*: tellement **6** ***es fror ~ (sehr), dass …*** il gelait si fort que … (+ *Ind.*) **7** ***das erfährt er ~ oder ~*** de toute façon, il le saura **8** ***Golf, Segeln, Tennis und ~*** du golf, de la voile, du tennis, et autres; ***und ~ weiter*** et cétera; et ainsi de suite **9** (*ungefähr*) ***~ (an die) fünf Euro*** à peu près cinq euros; ***er hieß Olivio oder ~ (ähnlich)*** il s'appelait Olivio ou quelque chose comme ça **10** ***wie geht's dir ~?*** comment ça va? **11** ***~ genannt*** → ***sogenannt*** **12** ***~ viel*** tant; ***~ viel wie*** autant que; ***~ viel wie möglich*** autant que possible **13** ***~ wenig*** aussi peu (***wie*** que); ***~ wenig wie möglich*** le moins possible **14** ***ich bin ~ weit*** (*fertig*) je suis prêt
so² **1** (*also, nun*) bon **2** (*aha*) (***ach***) ***~!*** ah bon! **3** *erstaunt*: ***~?*** vraiment?
sobald dès que (+ *Ind.*)
Socke *f* **1** chaussette *f* **2** ***sich auf die ~n machen*** *umg.* filer **3** ***er war völlig von den ~n*** *umg.* il etait époustouflé
Sockel *m* socle *m*
sodass de sorte que (+ *Subj.*)
soeben à l'instant, tout à l'heure; ⚠ *im Satz oft a.*: venir de: ***er ist ~ angekommen*** il vient d'arriver
Sofa *n* canapé *m*
sofort **1** tout de suite, immédiatement **2** (***ich komme***) ***~!*** j'arrive! **3** ***er war ~ tot*** il est mort sur le coup
Softeis *n* glace *f* à l'italienne
Softie *m* tendre *m*; *im negativen Sinn* mou *m*
Software *f* logiciel *m*
sogar même
sogenannt dit, appelé; (*angeblich*) soi-

S

disant; ***die ~en Extremsportarten*** les sports *m Pl* dits (*od.* appelés) extrêmes; ***deine ~en Freundinnen*** tes soi-disant amies

Sohle *f* **1** (*Schuhsohle*) semelle *f* **2** (*Fußsohle*) plante *f* (du pied)

Sohn *m* fils *m*

Soja *n* soja *m*

Sojasoße *f* sauce *f* au soja

solange 1 (*während*) ***~ ich zur Schule gehe*** tant que j'irai en classe *bzw.* en cours **2** ***ich warte ~*** j'attends

Solarenergie *f* énergie *f* solaire

Solarium *n* solarium *m*

Solarzelle *f* pile *f* solaire

solche(r, -s) 1 (*so*) tel/telle, pareil/-eille **2** (*so groß, stark usw.*) ***ich hab ~n Hunger*** j'ai une de ces faims; ***ich hätte ~ Lust den Film zu sehen*** j'aimerais tellement voir ce film

Soldat(in) *m(f)* soldat *m*, femme *f* soldat

solidarisch solidaire (***mit*** de)

solide 1 (*Haus, Bauweise, Möbel*) solide **2** (*Mensch, Beruf, Firma*) sérieux/-ieuse

Solist(in) *m(f)* soliste *m,f*

sollen[1] **1** devoir; *oft a.*: il faut que (+ *Subj.*); ***du sollst kommen*** tu dois venir, il faut que tu viennes; ***das hättest du nicht sagen ~*** tu n'aurais pas dû dire ça; ***du hättest sein Gesicht sehen ~!*** il fallait voir sa tête! **2** ***soll ich dir mal sagen, wo …?*** veux-tu que je te dise où …? (*Subj.*) **3** *Rat, Vorschlag*: ***man sollte ihn bestrafen*** on devrait le punir, il faudrait le punir **4** *Absicht, Vermutung*: ***morgen soll es schön werden*** il paraît qu'il fera beau demain **5** *erstaunt, ungläubig*: ***soll das für mich sein?*** c'est pour moi? **6** *ratlos*: ***was soll ich nur tun?*** qu'est-ce que je fais?; ***wie soll das denn funktionieren?*** comment ça marche? **7** *Drohung*: ***der soll (mir) nur kommen!*** qu'il vienne! (*Subj.*) **8** *Gerücht*: ***sie soll krank sein*** on dit qu'elle est malade; ***ich soll das gesagt haben?*** j'aurais dit cela, moi?

sollen[2] *ohne anderes Verb*: **1** ***der Brief soll auf die Post*** il faut porter la lettre à la poste; ***was soll ich denn da?*** que veux-tu que je fasse là-bas? (*Subj.*) **2** ***soll ich?*** d'accord?, je peux? **3** ***was solls?*** tant pis! **4** ***soll er doch!*** comme il voudra!

solo 1 MUS solo **2** ***ich bin zur Zeit ~*** en ce moment, je n'ai pas de copain *bzw.* de copine

Solo *n* solo *m*

Sommer *m* été *m*; ***im ~*** en été

Sommer|anfang *m* début *m* de l'été; **~ferien** *Pl* grandes vacances *f Pl*; **~fest** *n* fête *f* d'été; **~pause** *f* vacances *f Pl* d'été; **~reifen** *m* pneu *m* standard; **~schlussverkauf** *m* soldes *m Pl* d'été

Sommerspiele *n Pl*: ***die Olympischen ~*** les Jeux *m Pl* olympiques d'été

Sommer|sprossen *f Pl* taches *f Pl* de rousseur; **~zeit** *f* **1** *Uhrzeit*: heure *f* d'été **2** *Jahreszeit*: été *m*

Sonder… spécial

Sonderangebot *n* offre *f* spéciale, promotion *f*; ***die Tasche war im ~*** le sac a été en promotion

sonderbar étrange, bizarre

Sonder|marke *f* timbre *m* de collection; **~müll** *m* déchets *m Pl* dangereux

sondern 1 mais **2** ***nicht nur …, ~ auch …*** non seulement …, mais aussi … **3** *als Nachfrage*: ***Er war nicht in Paris. - Sondern wo?*** Il n'était pas ici. - Où donc, alors?

Sonderschule *f* établissement *m* d'éducation spécialisée

Sonett *n Gedicht*: sonnet *m*

Sonnabend *m* samedi *m*; ***(am) ~*** samedi (⚠ *ohne* le *od. Präp.*)

sonnabends le samedi, tous les samedis

Sonne *f* soleil *m* (⚠ *im Frz. männlich, dafür ist der **Mond** weiblich*: la lune); ***an der ~, in der ~*** au soleil

sonnen: *sich ~* prendre un bain de soleil

Sonnenaufgang *m* lever *m* du soleil; ***bei ~*** au lever du soleil

Sonnen|blume *f* tournesol *m*; **~brand** *m* coup *m* de soleil; **~brille** *f* lunettes *f Pl* de soleil (⚠ *Plural*); **~creme** *f* crème *f* solaire; **~energie** *f* énergie *f* solaire; **~finsternis** *f* éclipse *f* de Soleil

sonnenklar: *ist doch ~!* c'est clair comme le jour!, c'est évident!

Sonnen|kollektor *m* capteur *m* solaire; **~licht** *n* lumière *f* du soleil; **~öl** *n* huile *f* solaire

Sonnenschein *m* soleil *m*; ***bei ~*** quand il fait du soleil

Sonnen|schirm *m* parasol *m*; **~stich** *m*

insolation *f*; **~strahl** *m* rayon *m* de soleil; **~system** *n* système *m* solaire; **~uhr** *f* cadran *m* solaire

Sonnenuntergang *m* coucher *m* du soleil; ***bei ~*** au coucher du soleil

sonnig ensoleillé

Sonntag *m* **1** dimanche *m*; **(*am*)** **~** dimanche (⚠ *ohne* le *od. Präp.*) **2** ***an Sonn- und Feiertagen*** les dimanches et jours fériés

sonntags le dimanche, tous les dimanches; **~ *geschlossen*** fermé le dimanche

sonst[1] **1** (*außerdem*) à part cela; ***~ etwas*** autre chose; ***~ nichts*** rien d'autre; ***hast du ~ noch Fragen?*** à part ça, tu as d'autres questions? **2** (*andernfalls*) sinon, autrement; ***beeil dich, ~ ...*** dépêche-toi, sinon ... **3** ***wer ~?*** qui d'autre?; ***wann*** **(*wo, wozu*** *usw.*) ***~?*** quand (où, pourquoi *usw.*) donc?

sonst[2] **1** (*normalerweise*) d'habitude **2** (*früher*) autrefois

sooft **1** (*jedes Mal wenn*) toutes les fois que (+ *Ind.*) **2** (*wann a. immer*) ***~ du willst*** (***kannst*** *usw.*) aussi souvent que tu voudras (pourras *usw.*) (⚠ *Futur*)

Sopran *m* soprano *m* (⚠ *Endung*)

Sorge *f* **1** souci *m*; ***~n*** du souci (⚠ *im Frz. immer Singular*); ***er macht mir ~n*** il me donne du souci **2** ***keine ~!*** ne te fais pas de souci! **3** ***du hast ~n!*** *iron.* j'aimerais bien avoir tes problèmes!

sorgen **1** ***sich ~*** (*sich Sorgen machen*) se faire du souci (***wegen, um*** pour) **2** **~ *für*** (*sich kümmern um*) s'occuper de **3** ***dafür ~, dass ...*** faire en sorte que ... (+ *Subj.*)

Sorgfalt *f* soin *m*

sorgfältig **1** soigneux/-euse **2** ***~ arbeiten*** *usw.* travailler *usw.* avec soin

sorglos **1** (*unbekümmert*) insouciant **2** (*achtlos, nachlässig*) négligent

Sorte *f* **1** (*Art*) sorte *f*, espèce *f* **2** (*Marke*) marque *f* **3** *Eis*: parfum *m*

sortieren trier, classer (***nach*** par) (⚠ *frz.* sortir = ***hinausgehen, -tragen, ausgehen***)

Soße *f* sauce *f*

Sound|karte *f* IT carte *f* son; **~track** *m* bande *f* sonore

Souterrain *n* sous-sol *m* (⚠ *frz.* (passage *m*) souterrain *m* = ***unterirdischer Gang***)

Souvenir *n* souvenir *m*

soviel, soweit autant que (+ *Subj.*); ***soviel ich weiß, ist sie krank*** elle est malade, autant que je sache; ***soweit ich es beurteilen kann*** autant que je puisse en juger; → *a.* ***so***[1] *14*

sowenig aussi peu

sowie **1** (*und*) ainsi que **2** (*sobald*) dès que

sowieso de toute façon

Sowjetunion *f* l'Union *f* Soviétique

sowohl: ***~ ... als auch ...*** non seulement ... mais aussi ...

sozial social

Sozial|amt *n* bureau *m* d'aide sociale; **~demokrat(in)** *m(f)* social-démocrate *m,f*; **~hilfe** *f* aide *f* sociale

Sozialismus *m* socialisme *m*

Sozialist(in) *m(f)* socialiste *m,f*

sozialistisch socialiste

Sozial|kunde *f* instruction *f* civique; **~pädagoge** *m*, **~pädagogin** *f* assistant(e) *m(f)* social(e); **~staat** *m* État *m* social; **~versicherung** *f* sécurité *f* sociale; **~wohnung** *f* *HLM *m od. f*

sozusagen pour ainsi dire

Spag(h)etti *Pl* spaghetti(s) *m Pl*

Spalt *m* **1** fente *f* **2** ***die Tür e-n ~ offen lassen*** laisser la porte entrouverte

Spalte *f in der Zeitung usw.*: colonne *f*

spalten **1** fendre (*Holz usw.*) **2** *in zwei Teile*: partager en deux **3** diviser (*Partei, Gruppe usw.*) **4** ***sich ~*** se fendre; *in zwei Teile*: se partager en deux; (*Gruppe, Partei usw.*) se diviser, se scinder

Spaltung *f* **1** division *f* **2** *in e-r Partei*: scission *f*

Spange *f* **1** *im Haar*: barrette *f* **2** (*Zahnspange*) appareil *m* dentaire

Spanien *n* l'Espagne *f*

Spanier(in) *m(f)* Espagnol(e) *m(f)*

spanisch **1** espagnol **2** ***das kommt mir ~ vor*** *fig.* ça me paraît étrange (*stärker*: louche)

Spanisch *n* l'espagnol *m*

spannen **1** tendre (*Stoff, Seil usw.*) **2** ***das Hemd spannt*** la chemise tire

spannend **1** (*Film, Buch*) passionant, palpitant **2** ***mach's nicht so ~!*** raconte!, arrête le suspense

Spannung *f* **1** FILM *usw.* suspense *m* **2** ***etw mit ~ erwarten*** attendre qc avec impatience **3** (*gespannte Stimmung*) tension *f* **4** ELEK tension *f*; ***unter ~ ste-***

S

hen être sous tension
Spar|buch *n* livret *m* de caisse d'épargne; **~büchse** *f*, **~dose** *f* tirelire *f*
sparen 1 économiser (*Geld, Zeit*) **2** ***diese Bemerkung kannst du dir ~*** tu peux garder cette remarque pour toi; ***spar dir die Mühe!*** *oft iron.* épargne-toi cette peine!
Spargel *m Pflanze*: asperge *f*; *als Gemüse im Plural*: asperges *f Pl*
Sparkasse *f* caisse *f* d'épargne
sparsam 1 (*Person*) économe **2** (*Waschmaschine, Elektrogerät usw.*) économique
Sparschwein *n* tirelire *f*
Spaß *m* **1** (*Vergnügen*) plaisir *m* **2** (*Scherz*) plaisanterie *f*, blague *f*; ***zum ~*** pour rire; ***da hört der ~ auf*** ça va trop loin **3** ***viel ~!*** *wenn man j-n duzt*: amuse-toi bien!; *wenn man j-n siezt od. bei mehreren Personen*: amusez-vous bien! **4** ***~ beiseite!*** soyons sérieux!
Spaß|verderber(in) *m(f)* rabat-joie *m* (⚠ *frz. nur m*); **~vogel** *m umg.* rigolo *m*, -ote *f*
spät 1 tard **2** ***sie kam zu ~*** elle était en retard **3** ***wie ~ ist es?*** quelle heure est-il?
Spaten *m* bêche *f*
später 1 plus tard; ***früher oder ~*** tôt ou tard **2** ***bis ~!*** à tout à l'heure!
spätestens au plus tard
Spatz *m* **1** *Vogel*: moineau *m* **2** *Kosewort*: **(mein)** ***~!*** mon lapin!
spazieren: ***~ gehen*** (aller) se promener, faire une promenade
Spaziergang *m* promenade *f*
SPD *f* S.P.D. *m*, Parti *m* social-démocrate allemand
Specht *m* pic *m*
Speck *m* **1** lard *m* **2** *bei Menschen*: graisse *f*
Spedition *f* entreprise *f* de transport
Speer *m* javelot *m*
Speerwerfen *n* lancer *m* du javelot
Speiche *f beim Fahrrad*: rayon *m*
Speichel *m* salive *f*
Speicher *m* **1** (*Lager*) entrepôt *m*, dépôt *m* **2** (*Dachboden*) grenier *m* **3** IT mémoire *f*
Speicherkapazität *f* IT capacité *f* de mémoire
speichern 1 emmagasiner (*Waren*); stocker (*Vorräte*) **2** enregistrer (*Daten usw.*); *im Computer*: mémoriser **3** garder (*Wärme*)
Speise|karte *f* carte *f*, menu *m*; **~röhre** *f* œsophage *m*; **~saal** *m im Hotel*: salle *f* à manger; *im Internat, Kloster*: réfectoire *m*; **~wagen** *m* wagon-restaurant *m*
Spektakel *m* (*Lärm*) *umg.* raffut *m*, *umg.* tapage *m* (⚠ *frz.* spectacle *m* = **Anblick** *bzw.* **Veranstaltung, Vorstellung**)
Spekulation *f* **1** *an der Börse*: spéculation *f* (**mit** sur) **2** (*Vermutung*) spéculation *f*
spekulieren 1 spéculer (**mit, über** sur) **2** *an der Börse*: jouer à la bourse
Spende *f* don *m*
spenden donner
spendieren: ***j-m ein Bier*** *usw.* ***~*** offrir (*od.* payer) une bière *usw.* à qn
Sperma *n* sperme *m*
sperrangelweit: ***~ offen stehen*** être grand ouvert
Sperre *f* **1** (*Schranke*) barrière *f*; (*Straßensperre*) barrage *m* **2** *an Maschinen usw.*: arrêt *m*, blocage *m* **3** SPORT suspension *f*
sperren 1 barrer (*Weg, Zugang*) **2** couper (*Gas, Strom*) **3** bloquer (*Konto*) **4** suspendre (*Sportler*) **5** ***in den Keller*** (***in den Schrank*** *usw.*) ***~*** enfermer dans la cave (dans l'armoire *usw.*); ***ins Gefängnis ~*** mettre en prison **6** ***sich ~ gegen*** s'opposer à
sperrig encombrant
Sperrmüll *m* encombrants *m Pl*
Sperrung *f e-r Straße*: barrage *m*
Spezi[1] *m*, **Spezl** *m* Ⓐ *umg.* pote *m*
Spezi[2] *n Getränk*: panaché *m* de coca-cola et limonade
Spezialgebiet *n* spécialité *f*
spezialisieren: ***sich ~*** se spécialiser (***auf*** dans)
Spezialist(in) *m(f)* spécialiste *m,f* (**für** de)
Spezialität *f* spécialité *f*, particularité *f*
speziell 1 spécial, particulier/-ière **2** (*besonders, vor allem*) spécialement, particulièrement
spicken *umg.* (*abschreiben*) copier
Spickzettel *m umg.* pompe *f*
Spiegel *m* **1** glace *f*, miroir *m* **2** AUTO rétroviseur *m*
Spiegel|bild *n* reflet *m*; **~ei** *n* œuf *m* sur le plat

S

spiegelglatt **1** (*Boden, Parkett*) glissant **2** (*gefroren*) verglacé
spiegeln **1** (*das Licht zurückwerfen*) réfléchir **2** (*glänzen*) briller; (*blenden*) éblouir **3** ***etw ~*** refléter (*od.* réfléchir) qc **4** ***sich ~*** se refléter (***in*** dans)
Spiegelschrift *f* écriture *f* spéculaire, écriture *f* en miroir
Spiegelung *f* **1** réfléchissement *m* **2** (*Spiegelbild*) reflet *m* (**von** de)
spiegelverkehrt inversé
Spiel *n* **1** jeu *m* **2** ***das ~ ist aus*** *bes. fig.* les jeux sont faits **3** SPORT match *m*, partie *f* **4** ***die Olympischen ~e*** les Jeux olympiques **5** *fig.* ***auf dem ~ stehen*** être en jeu; ***etw aufs ~ setzen*** mettre qc en jeu; ***lass ihn aus dem ~!*** laisse-le en dehors de ça!
Spielautomat *m* machine *f* à sous
spielen **1** jouer (***mit j-m*** avec qn); ***mit Puppen ~*** jouer à la poupée **2** jouer de (*Musikinstrumente*) **3** jouer à, faire de (*Spiel, Ballspiel, Tennis usw.*); ***Schach ~*** jouer aux échecs **4** ***um Geld ~*** jouer de l'argent **5** (*Handlung*) se passer, se dérouler
Spieler(in) *m(f)* joueur *m*, -euse *f*
Spiel|feld *n* **1** terrain *m* **2** TENNIS court *m*; **~film** *m* long métrage *m*; **~halle** *f* maison *f* de jeux; **~karte** *f* carte *f* à jouer; **~platz** *m* terrain *m* de jeux; **~regel** *f* règle *f* du jeu; **~sachen** *f Pl* jouets *m Pl*; **~stand** *m* score *m*; **~verderber(in)** *m(f)* rabat-joie *m* (⚠ *frz. nur m*); **~zeug** *n* **1** *einzelnes*: jouet *m* **2** (*Spielsachen*) jouets *m Pl*
Spieß *m* **1** (*Bratspieß*) broche *f*; *kleiner*: brochette *f* **2** *Waffe*: pique *f*; *zum Werfen*: javelot *m* **3** ***er schreit wie am ~*** il crie comme si on l'écorchait
Spießer *m* petit-bourgeois *m*; *umg.* beauf *m*
Spießerin *f* petite-bourgeoise *f*
spießig petit-bourgeois
Spinat *m* épinards *m Pl*
Spinne *f* araignée *f*
spinnen **1** filer (*Wolle*) **2** (*verrückt sein*) *umg.* être dingue; *umg.* être cinglé **3** ***ich glaub, ich spinne!*** *umg.* c'est pas possible!, *umg.* c'est pas vrai!
Spinnennetz *n* toile *f* d'araignée
Spinnweben *f Pl* fils d'araignée
Spion *m* espion *m*
Spionage *f* espionnage *m* (⚠ *im Frz. m*)
spionieren **1** (*Spion*) faire de l'espionnage **2** (*schnüffeln*) espionner
Spionin *f* espionne *f*
Spirale *f* **1** spirale *f* **2** *zur Empfängnisverhütung*: stérilet *m*
Spirituosen *Pl* spiritueux *m Pl*
Spital *n* Ⓐ, Ⓒⓗ hôpital *m*
spitz **1** (*spitzig*) pointu; (*Winkel*) aigu/aiguë **2** ***ein ~er Schrei*** un cri perçant **3** ***e-e ~e Bemerkung machen*** envoyer (*od.* lancer) une pique (***zu*** à)
spitze: *das ist* (***echt***) ***~!*** *umg.* c'est super, *umg.* c'est génial!
Spitze[1] *f* **1** (*spitzes Ende*) pointe *f* **2** *e-s Bergs*: sommet *m* **3** (*Schuh-, Finger-, Nasenspitze*) bout *m* **4** (*vorderste Position*) tête *f* **5** → *a.* ***spitze***
Spitze[2] *f Gewebe*: dentelle *f*
Spitzel *m* indicateur *m*
spitzen **1** tailler (*Bleistift*) **2** ***die Ohren ~*** (*Mensch*) dresser l'oreille; (*Tier*) dresser les oreilles
Spitzen|kandidat(in) *m(f)* tête *f* de liste, candidat(e) *m(f)* numéro un; **~reiter** *m* leader *m*; **~technologie** *f* technologie *f* de pointe
Spitzer *m für Bleistifte*: taille-crayon *m*
Spitzname *m* surnom *m*, sobriquet *m*
Splitter *m* **1** *aus Holz, Glas*: éclat *m* **2** *in der Haut*: écharde *f*
splittern **1** (*zerbrechen*) voler en éclats **2** (*Splitter bilden*) se fendiller
splitternackt tout nu
sponsern sponsoriser
Sponsor(in) *m(f)* sponsor *m* (*im Frz. nur m*)
spontan spontané
Sport *m* **1** sport *m* **2** *Schulfach*: EPS *f*, éducation *f* physique et sportive
Sport|abzeichen *n* brevet *m* sportif; **~art** *f* sport *m*; **~fest** *n* fête *f* du Sport; **~halle** *f* stade *m* couvert; **~lehrer(in)** *m(f)* professeur *m* d'EPS (⚠ *im Frz. nur m*); *umg.* prof *m,f* d'EPS
Sportler(in) *m(f)* sportif *m*, -ive *f*
sportlich **1** sportif/-ive **2** (*Kleidung*) sport
Sport|platz *m* terrain *m* de sport; **~stadion** *n* stade *m*; **~unterricht** *m* éducation *f* physique et sportive, EPS *f*; **~verein** *m* club *m* sportif; **~verletzung** *f* blessure *f* de sport; **~wagen** *m* **1** *Auto*: voiture *f* de sport **2** *Kinderwagen*: poussette *f*

S

Egal ob Sommer oder Winter: **Sport** macht Spaß und hält fit!	
Fußball spielen	**jouer au football**
Tennis spielen	**jouer au tennis**
inlineskaten	**faire du roller, du patin en ligne**
schwimmen gehen	**aller nager**
segeln	**faire de la voile**
Fallschirm springen	**faire du parachutisme**
Rad fahren	**faire du vélo**
wandern	**faire des randonnées**
reiten	**faire du cheval**
Ski fahren	**faire du ski**
Schlittschuh laufen	**patiner**

Spott *m* moquerie *f*
spottbillig très bon marché
spotten se moquer (***über*** de)
spöttisch (*Blick, Miene, Bemerkung usw.*) moqueur/-euse
Sprache *f* **1** langue *f* **2** (*Sprechweise*) langage *m* **3** ***raus mit der ~!*** explique-toi! *bzw.* expliquez-vous!
Sprachfehler *m* défaut *m* de prononciation
Sprachgefühl *n*: ***~ haben*** avoir le sens de la langue
Sprachkenntnisse *f Pl*: ***er hat gute französische*** *usw.* ***~*** il a de bonnes connaissances *f Pl* en français *usw.*
Sprach|kurs *m* cours *m* de langue; **~labor** *n* laboratoire *m* de langue
sprachlos (*verblüfft*) sans voix
Spray *n* aérosol *m*, spray *m*
Spraydose *f* bombe *f*
Sprechblase *f* bulle *f*
sprechen **1** parler (***über, von*** de; ***mit*** avec); ***miteinander ~*** se parler **2** ***j-n ~*** parler à qn; ***kann ich Sie kurz ~?*** je peux vous dire un mot? **3** ***das spricht für*** (*bzw.* ***gegen***) ***ihn*** cela joue en sa faveur (*bzw.* contre lui) **4** ***wir ~ noch darüber*** nous en reparlerons (*Futur*) **5** ***sie ist nicht gut auf ihn zu ~*** elle est fâchée avec lui
Sprecher(in) *m(f)* **1** personne *f* qui parle **2** (*Redner[in]*) orateur *m*,-trice *f* **3** *e-r Gruppe, Partei*: porte-parole *m* **4** (*Ansager*) présentateur *m*, -trice *f*
Sprechstunde *f beim Arzt*: heures *f Pl* de consultation; ***hat Dr. Müller heute ~?*** le cabinet du docteur Müller est ouvert aujourd'hui?
Sprech|stundenhilfe *f* secrétaire *f* médicale; **~zimmer** *n beim Arzt*: cabinet *m* de consultation
spreizen écarter (*Beine, Finger*)
sprengen[1] **1** (*zum Platzen bringen*) faire éclater **2** ***in die Luft ~*** faire sauter
sprengen[2] arroser (*Rasen, Beet*)
Sprengstoff *m* explosif *m*
Sprichwort *n* proverbe *m*
Springbrunnen *m* fontaine *f*
springen[1] **1** sauter **2** ***die Ampel springt auf Rot*** le feu passe au rouge **3** ***das springt in die Augen*** ça saute aux yeux **4** ***wenn sie ruft, springt er*** quand elle siffle, il accourt **5** ***er ließ tausend Euro ~*** *umg.* il s'est fendu de mille euros
springen[2] **1** (*Glas, Porzellan*) se fêler, se fissurer; (*Holz*) se fendre **2** ***in Stücke ~*** voler en éclats
Springer *m* **1** SPORT sauteur *m* **2** *Schachfigur*: cavalier *m*
Springseil *n* corde *f* à sauter
Sprint *m* sprint *m*
sprinten sprinter
Sprit *m* (*Benzin*) essence *f*
Spritze *f* **1** *Instrument*: seringue *f* **2** (*Injektion*) piqûre *f*; ***ich habe e-e ~ bekommen*** on m'a fait une piqûre
spritzen **1** (*heraus-, hochspritzen*) jaillir, gicler; (*heißes Fett*) sauter **2** injecter (*Medikament*) **3** (*bespritzen*) éclabousser; ***nass ~*** arroser **4** *mit Gift*: ***e-e Pflanze ~*** traiter une plante (avec des pesticides)
Spritzer *m* **1** *Schmutz*: éclaboussure *f* **2** ***ein paar ~ Wasser*** (***Wein*** *usw.*) quelques gouttes *f Pl* d'eau (de vin *usw.*)

S

Spritztour *f umg.* virée *f*
spröde **1** (*Material*) cassant **2** (*Haut, Lippen*) sec/sèche
Spross *m* BOT pousse *f*
Spruch *m* **1** (*Ausspruch*) formule *f*; (*Lehrspruch*) maxime *f* **2** (*Parole*) slogan *m* **3** (*Urteilsspruch e-r Jury*) verdict *m* **4** ***er klopft immer nur Sprüche*** *umg.* il cause, il cause
Sprudel *m* **1** (*Mineralwasser*) eau *f* minérale gazeuse **2** *bes. süddeutsch*: ***süßer ~*** limonade *f*
sprudeln **1** (*Sekt usw.*) pétiller **2** *kochendes Wasser*: bouillonner **3** (*herausquellen*) jaillir (**aus** de)
sprühen **1** lancer (*Wasser*); vaporiser, atomiser (*Parfüm*) **2** ***Funken ~*** jeter des étincelles
Sprung[1] *m* **1** saut *m* **2** *ins Wasser*: plongeon *m*; ***das war ein ~ ins kalte Wasser*** *fig.* c'était se jeter à l'eau **3** ***ich komme auf e-n ~ bei dir vorbei*** je ferai un saut chez toi
Sprung[2] *m* **1** *in Glas, Porzellan*: fêlure *f*, fissure *f* **2** *im Holz*: fente *f*
Sprung|brett *n* tremplin *m*; **~schanze** *f* tremplin *m* de saut; **~turm** *m* plongeoir *m*
Spucke *f* **1** salive *f* **2** ***da bleibt mir die ~ weg!*** *umg.* j'en reste baba!
spucken **1** cracher **2** (*erbrechen*) vomir
Spuk *m* fantômes *m Pl*, revenants *m Pl*
spuken **1** ***in diesem Haus spukt es*** cette maison est *hantée **2** ***diese Idee spukt mir im Kopf herum*** *fig.* cette idée me trotte dans la tête
Spülbecken *n*, **Spüle** *f* évier *m*
Spule *f* bobine *f*
spülen **1** laver (*Geschirr usw.*); ***(das) Geschirr ~*** *a.* faire la vaisselle **2** (*ausspülen*) rincer **3** ***ans Ufer ~*** jeter sur le rivage (*Schiff, Schiffbrüchige*)
Spül|maschine *f* lave-vaisselle *m*; **~mittel** *n* liquide *m* vaisselle
Spur *f* **1** trace *f*; (*Fußabdruck*) empreinte *f* **2** (*Fährte*) piste *f*; ***j-m auf der ~ sein*** être sur la piste de qn **3** ***e-r Sache auf die ~ kommen*** (*etw herausfinden*) découvrir qc **4** (*Fahrspur*) voie *f*; ***die ~ wechseln*** changer de file **5** (*Tonspur*) piste *f* **6** ***keine ~!*** (*überhaupt nicht*) pas du tout!
spüren sentir
spurlos: ***sie ist ~ verschwunden*** elle a disparu sans laisser de traces
Spurt *m* sprint *m*
spurten sprinter
Squash *n* squash *m*
SRG *f Schweizer Radiosender*: SSR *f* (*Abk. für*: Société suisse de radiodiffusion et télévision)
Staat *m* **1** État *m* (*wird im Frz. immer großgeschrieben*; ⚠ l'état = ***Zustand***) **2** *von Bienen, Ameisen usw.*: colonie *f*
staatlich **1** de l'État; (*Schule, Behörde, Betrieb usw.*) public/-ique **2** ***~ geprüft*** diplômé
Staats|angehörige(r) *f(m)* citoyen *m*, -enne *f*; **~angehörigkeit** *f* nationalité *f*; **~anwalt** *m*, **~anwältin** *f* procureur *m* (⚠ *im Frz. nur m*); **~beamter** *m*, **~beamtin** *f* fonctionnaire *m,f*; **~besuch** *m* visite *f* officielle; **~bürger(in)** *m(f)* ressortissant(e) *m(f)*; **~examen** *n* ≈ diplôme *m* d'État; ⚠ *frz. Lehrer brauchen für das Lehramt an Gymnasien*: C.A.P.E.S. *m* (*Abk. für*: Certificat d'Aptitude professionnelle à l'enseignement secondaire); **~geheimnis** *n* secret *m* d'État; **~mann** *m* homme *m* d'État; **~oberhaupt** *n* chef *m* d'État
Stab[1] *m* **1** (*Stock*) bâton *m*; *bes. für Dirigenten*: baguette *f* **2** (*Gitterstab*) barreau *m* **3** *beim Stabhochsprung*: perche *f*; *beim Staffellauf*: témoin *m*
Stab[2] *m von Mitarbeitern*: équipe *f*
Stäbchen *n* baguette *f* (*bes. Essstäbchen*)
Stabhochsprung *m* saut *m* à la perche
stabil **1** (↔ *wacklig*) solide **2** (*Gleichgewicht, Wirtschaft usw.*) stable
Stabilität *f* stabilité *f*
Stachel *m* **1** BOT épine *f* **2** *von Mücken, Skorpionen*: aiguillon *m*, dard *m* **3** *vom Igel, am Stacheldraht*: piquant *m*
Stachel|beere *f* groseille *f* à maquereau; **~draht** *m* barbelé *m*
stachelig **1** piquant **2** BOT épineux/-euse **3** (*Igel*) *hérissé
Stadel *m* (CH) grange *f*
Stadion *n* stade *m*
Stadium *n* phase *f*, stade *m*
Stadt *f* **1** *Ort*: ville *f*; ***die ~ Berlin*** la ville de Berlin; ***ich gehe in die ~*** je vais en ville **2** (*Stadtverwaltung*) municipalité *f*, ville *f*; ***sie ist bei der ~ (angestellt)*** elle est employée municipale
Stadtbibliothek *f* bibliothèque *f* municipale
Stadtbummel *m*: ***e-n ~ machen*** faire

S

un tour (*od.* une promenade) en ville
Städtepartnerschaft *f* jumelage *m*
Stadt|führer *m* guide *m* de la ville; **~halle** *f* salle *f* municipale; *oft a.*: salle *f* polyvalente
städtisch municipal, de la ville
Stadt|mauer *f* remparts *m Pl*; **~mitte** *f* centre *m* ville; **~park** *m* parc *m* municipal; **~plan** *m* plan *m* de la ville
Stadtrand *m* périphérie *f*; ***am ~ wohnen*** habiter à la périphérie
Stadt|teil *m* quartier *m*; **~verwaltung** *f* municipalité *f*
Staffel *f* **1** (*Staffellauf*) relais *m* **2** (*Mannschaft*) équipe *f*
Staffelei *f* chevalet *m*
Staffellauf *m* course *f* de relais
staffeln échelonner (***nach*** sur)
Stahl *m* **1** acier *m* **2** ***hart wie ~*** (*Sache*) très dur; (*Person*) impitoyable
Stall *m* **1** (*Kuhstall*) étable *m* **2** (*Pferdestall*) écurie *f* **3** (*Schweinestall*) porcherie *f* **4** (*Hühnerstall*) poulailler *m* **5** (*Schafstall*) bergerie *f*
Stamm[1] *m* (*Baumstamm*) tronc *m*
Stamm[2] *m* (*Volksstamm*) tribu *f*
Stamm[3] *m e-s Worts*: thème *m*
Stammbaum *m von jemand*: arbre *m* généalogique
stammeln bégayer, balbutier
stammen **1** ***sie stammt aus Österreich*** elle est d'origine autrichienne **2** ***das Bild stammt von Picasso*** c'est un tableau de Picasso; ***der Vorschlag stammt nicht von mir*** ce n'est pas moi qui ai fait cette proposition **3** *zeitlich*: ***aus dem 12. Jahrhundert ~*** dater du douzième siècle **4** ***das Wort Paradies stammt aus dem Persischen*** le mot paradis est dérivé du persan
Stamm|gast *m* habitué(e) *m(f)*; **~kneipe** *f* bistrot *m* habituel; **~platz** *m* place *f* habituelle
stampfen **1** *mit den Füßen*: taper du pied; *wiederholt*: trépigner; ***mit dem Fuß auf die Erde ~*** frapper le sol du pied; ***rhythmisch ~*** battre la mesure avec les pieds **2** (*zerstampfen*) broyer; écraser (*Kartoffeln*) **3** ***etw aus dem Boden ~*** créer qc de toutes pièces
Stand[1] *m* **1** *im Freien*: étal *m* **2** (*Messestand, Informationsstand*) stand *m*
Stand[2] *m* **1** (*Wasserstand*) niveau **2** ***der ~ auf dem Zähler*** *usw.* ***ist …*** le compteur *usw.* indique … **3** (*Spielstand*) score *m* **4** (*Entwicklungsstufe*) ***der heutige ~*** l'état *m* actuel; ***etw auf den neuesten ~ bringen*** mettre qc à jour
Stand[3] *m* (*Stehen*) ***aus dem ~ springen*** sauter à pieds joints
Standard *m* standard *m*
Ständer *m* **1** support *m*; (*Gestell*) chevalet *m* **2** (*Kleiderständer*) portemanteau *m* **3** (*Notenständer*) pupitre *m* **4** *am Fahrrad*: béquille *f* **5** *vulg.* ***e-n ~ haben*** bander
Ständerat *m* (CH) Conseil *m* des États
Standesamt *n* bureau *m* de l'état civil (⚠ *in Frankreich heiratet man auf der* Mairie)
standesamtlich **1** ***~e Hochzeit*** mariage *m* civil **2** ***~ heiraten*** se marier civilement
standhaft ferme, résolu; ***~ bleiben*** tenir ferme, tenir bon
standhalten **1** tenir bon, tenir ferme **2** ***der Kritik ~*** résister à la critique
ständig **1** (*andauernd*) constant, continuel/-elle **2** ***~ stören*** (***kichern*** *usw.*) déranger (rire *usw.*) sans cesse **3** ***der ~e Wohnsitz*** le domicile fixe
Standl *n* (A) stand *m* de vente
Stand|licht *n* feux *m Pl* de position; **~ort** *m* position *f*
Standpunkt *m* point *m* de vue, avis *m*; ***ich stehe auf dem ~, dass …*** je suis d'avis que … (+ *Subj.*)
Stand|spur *f auf der Autobahn*: bande *f* d'arrêt d'urgence; **~uhr** *f* horloge *f*, pendule *f*
Stange *f* **1** barre *f*; (*Kleiderstange*) tringle *f* **2** ***e-e ~ Zigaretten*** une cartouche de cigarettes **3** ***e-e ~ Geld kosten*** *umg.* coûter pas mal de fric **4** ***bei der ~ bleiben*** tenir bon; ***ich tu alles, um ihn bei der ~ zu halten*** je fais tout pour qu'il reste motivé
Stängel *m* tige *f*
Stapel *m* (*Stoß*) pile *f*
stapeln **1** empiler **2** ***sich ~*** s'empiler
stapelweise en tas, en pile
Star[1] *m* zo étourneau *m*
Star[2] *m* (*Filmstar usw.*) star *f*, vedette *f* (⚠ *beide f*)
Star[3] *m* MED: ***grauer ~*** cataracte *f*; ***grüner ~*** glaucome *m*
stark **1** fort (*a. Kaffee, Tee, Schmerzen*) **2** (*Motor, Maschine*) puissant **3** (*Ab-*

S

neigung, Interesse) grand **4** (*Erkältung*) gros/grosse **5** (*viel, sehr*) beaucoup, très; **~ *verdünnt*** fortement dilué

Stärke[1] *f* **1** (*Kraft*) force *f* **2** ***meine ~*** mon fort, mon point fort

Stärke[2] *f* (*Stärkemehl*) fécule *f*

stärken **1** fortifier **2** ***sich ~*** se fortifier; *durch Essen u. Trinken*: se restaurer

Stärkung *f* **1** (*das Stärken*) renforcement *m* **2** ***zur ~*** comme remontant

starr **1** (*steif*) raide, rigide **2** (*Blick*) fixe; (*Ausdruck, Miene, Lächeln*) figé

starren: **~ *auf*** regarder fixement

Start *m* **1** départ *m* (*a.* SPORT) **2** FLUG décollage *m* **3** *beim Motor*: démarrage *m* **4** (*Startlinie*) ***an den ~ gehen*** se rendre sur la ligne de départ

starten **1** partir (***zu*** pour); SPORT prendre le départ **2** (*Flugzeug*) décoller; (*Rakete*) être lancé **3** ***das Auto ~*** faire démarrer la voiture; ***den Motor ~*** mettre en marche le moteur **4** lancer (*Rakete, Kampagne*)

Start|erlaubnis *f* **1** SPORT autorisation *f* de participer **2** FLUG autorisation *f* de décoller; **~schuss** *m* signal *m* de départ

Start-up(-Unternehmen) *n* start-up *f*

Station *f* **1** (*Rundfunk-, Forschungsstation usw.*) station *f* **2** *der U-Bahn*: station *f* **3** *im Krankenhaus*: service *m* **4** (*Zwischenstation*) étape *f*; ***in Paris ~ machen*** s'arrêter (*od.* faire étape) à Paris

Statistik *f* statistique *f*

statistisch **1** statistique **2** ***das ist ~ erwiesen*** c'est prouvé statistiquement (*od.* par les statistiques)

Stativ *n* support *m*, trépied *m*

statt **1** au lieu de; **~ *dessen*** au lieu de cela **2** **~ *j-m*** à la place de qn

stattfinden avoir lieu

Statue *f* statue *f*

Statussymbol *n* signe *m* extérieur de réussite sociale

Stau *m* bouchon *m*, embouteillage *m*; ***wir stehen im ~*** nous sommes pris dans un bouchon

Staub *m* **1** poussière *f*; **~ *saugen*** passer l'aspirateur; **~ *wischen*** enlever la poussière **2** **~ *aufwirbeln*** soulever un nuage de poussière; *fig.* faire du bruit **3** ***sich aus dem ~ machen*** *umg.* filer, se tirer

staubig poussiéreux/-euse; ***hier ist es ~*** ici, c'est plein de poussière

staubsaugen **1** ***sie staubsaugt gerade*** elle est en train de passer l'aspirateur **2** ***das Wohnzimmer*** (***den Teppich*** *usw.*) **~** passer l'aspirateur dans le séjour (sur le tapis *usw.*)

Staub|sauger *m* aspirateur *m*; **~tuch** *n* chiffon *m* (à poussière)

Staudamm *m* barrage *m*

stauen **1** ***sich ~*** (*Verkehr*) former un bouchon; (*Wasser, Eis*) s'amasser **2** retenir (*Wasser*); endiguer (*Fluss*)

staunen s'étonner (***über*** de); ***da staunst du, was?*** *umg.* ça te sidère, hein?

Staunen *n* étonnement *m*

Stausee *m* lac *m* de retenue

Steak *n* steak *m*

stechen **1** (*Biene, Nadel usw.*) piquer; ***e-e Biene hat ihn in den Fuß gestochen*** une abeille l'a piqué au pied **2** ***sich*** (***in den Finger***) **~** se piquer (le doigt) **3** ***ein ~der Schmerz*** une douleur lancinante **4** *beim Kartenspiel*: prendre; *mit e-m Trumpf*: couper

Stechmücke *f* moustique *m*

Steck|brief *m* avis *m* de recherche; **~dose** *f* prise *f* de courant

stecken **1** (*hineinstecken*) mettre (***in*** dans) **2** ***etw durch den Schlitz*** *usw.* **~** passer qc par la fente *usw.* **3** (*befestigen*) attacher, fixer (***an*** à); *mit e-r Nadel*: épingler (***an*** à) **4** (*festsitzen*) ***im Boden ~*** être enfoncé dans le sol; ***der Nagel steckt im Holz fest*** le clou est planté solidement dans le bois; ***der Schlüssel steckt*** (***in der Tür***) la clé est sur la porte **5** (*sein*) ***wo steckt sie denn?*** *umg.* qu'est-ce qu'elle fait?; ***wo hast du nur gesteckt?*** *umg.* où étais-tu passé?; ***wer steckt dahinter?*** qui est derrière?

Stecken *m bes. süddeutsch*: bâton *m*

Stecker *m* fiche *f*, prise *f* de courant

Stecknadel *f* épingle *f*

Steg *m* **1** *Bootssteg usw.*: passerelle *f* **2** MUS chevalet *m* **3** *e-r Brille*: arcade *f*

stehen **1** (↔ *sitzen, liegen*) être debout; **~ *bleiben*** rester debout; ***gerade ~*** se tenir droit; *im Wasser*: ***hier kann ich noch ~*** là, j'ai encore pied **2** (*sich befinden*) être, se trouver; ***da muss ein Komma ~*** là, il faut mettre une virgule **3** (*stillstehen*) ***meine Uhr steht*** *od.* ***ist ~ geblieben*** ma montre s'est arrêtée; *im Gespräch*: ***wo sind wir ~ geblieben?***

S

où en sommes-nous restés? **4** (*geschrieben sein*) ***es steht nichts in der Zeitung*** rien n'est dans le journal; ***er steht auf der Liste*** il figure sur la liste **5** ***~ bleiben*** (*übrig bleiben*) rester **6** ***~ lassen*** laisser; laisser passer (*Fehler*); ***alles ~ und liegen lassen*** tout laisser tomber; ***das Essen ~ lassen*** ne pas toucher au repas; ***sie hat ihn einfach ~ lassen*** elle l'a tout bonnement planté là **7** (*anzeigen*) ***der Zeiger steht auf ein Uhr*** l'aiguille marque une heure; ***die Ampel steht auf Rot*** le feu est au rouge; ***das Barometer steht auf Regen*** le baromètre est à la pluie **8** ***wie steht das Spiel?*** où en est le match (*bzw.* la partie)?; ***es steht 4 zu 5*** le score est de quatre à cinq **9** ***das Kleid steht dir gut*** (*bzw.* ***nicht***) la robe te va bien (*bzw.* mal) **10** ***wie stehts?*** ça va? **11** ***auf etw ~*** (*etw mögen*) *umg.* être fana de qc; ***auf j-n ~*** *umg.* en pincer pour qn **12** ***wie stehst du dazu?*** qu'en penses-tu? **13** ***es steht mir bis hier*** *umg.* j'en ai ras le bol

stehen|bleiben, **~lassen** → ***stehen***

Stehlampe *f* lampadaire *m*

stehlen **1** voler **2** ***der kann mir gestohlen bleiben*** qu'il aille se faire voir! (*Subj.*)

Stehplatz *m* place *f* debout

Steiermark *f* Styrie *f*

steif **1** raide **2** ***~ schlagen*** fouetter (*Sahne, Eiweiß*) **3** (*linkisch*) gauche, raide **4** ***sie behauptet ~ und fest, dass ...*** *umg.* elle soutient mordicus que ... (+ *Ind.*) **5** ***~ gefroren*** raidi par le gel

steifschlagen → ***steif***

Steigbügel *m* étrier *m*

steigen **1** *hinauf*: monter; (*klettern*) grimper **2** *hinunter, heraus*: descendre (***von, aus*** de) **3** (*einsteigen*) monter **4** (*ansteigen*) monter (*a. Spannung*) **5** ***e-n Drachen ~ lassen*** faire voler un cerf-volant

steigern **1** (*erhöhen*) augmenter **2** GR mettre au comparatif *bzw.* au superlatif (*Adjektiv*) **3** ***sich ~*** augmenter (⚠ *ohne* se)

Steigerung *f* **1** augmentation *f* **2** GR degrés *m Pl* de comparaison

Steigung *f* pente *f*, inclinaison *f*

steil **1** raide, escarpé **2** ***~ abfallen*** (*Fels, Hang*) tomber à pic

Stein *m* **1** pierre *f* **2** (*Obstkern*) noyau *m* **3** (*Spielstein*) pion *m* **4** (*Nieren-, Blasenstein*) calcul *m* **5** ***mir fällt ein ~ vom Herzen*** *fig.* me voilà soulagé d'un grand poids

Stein|bock *m* **1** zo bouquetin *m* **2** ASTR Capricorne *m*; **~bruch** *m* carrière *f*

steinhart dur comme (la) pierre

Steinpilz *m* cèpe *m*

steinreich richissime

Steinzeit *f* âge *m* de la pierre

Stellage *f* Ⓐ étagère *f*

Stelle *f* **1** place *f*, lieu *m*; (*bestimmter Bereich*) endroit *m* **2** (*Arbeitsstelle*) place *f*, poste *m*; ***e-e ganze*** (*bzw.* ***halbe***) ***~*** un travail à plein temps (*bzw.* à mi-temps) **3** *Reihenfolge*: ***an erster*** (*bzw.* ***letzter***) ***~ kommen*** venir en premier (*bzw.* dernier) lieu; *beim Wettkampf*: ***an vierter ~ liegen*** être en quatrième place (*od.* position) **4** ***an ~ von*** au lieu de, à la place de; ***an deiner ~*** à ta place **5** *im Text*: passage *m* **6** ***auf der ~*** (*sofort*) tout de suite; ***sie war auf der ~ tot*** elle est morte sur le coup **7** ***auf der ~ treten*** (*nicht weiter kommen*) piétiner

stellen **1** mettre; *aufrecht*: mettre debout **2** (*abstellen*) poser **3** ***sich ~*** (*sich hinstellen*) se mettre; *aufrecht*: se mettre debout **4** (*einstellen*) mettre; ***stell das Radio lauter*** (*bzw.* ***leiser***) mets la radio plus fort (*bzw.* moins fort) **5** ***die Getränke kalt ~*** mettre les boissons au frais **6** poser (*Frage, Bedingung usw.*); formuler (*Forderung*); ***j-m e-e Aufgabe ~*** donner une tâche à qn **7** ***sich der Polizei ~*** se constituer prisonnier; ***sich der Kritik ~*** faire face à la critique **8** ***sich hinter j-n ~*** se mettre du côté de qn; ***sich gegen j-n ~*** s'opposer à qn **9** ***sich dumm*** (***krank, tot*** *usw.*) ***~*** faire l'idiot (le malade, le mort *usw.*)

Stellenangebot *n* offre *f* d'emploi

Stellplatz *m* *fürs Auto*: place *f* de parking

Stellung *f* **1** position *f* **2** *Arbeit*: poste *m*, situation *f* **3** ***~ nehmen*** prendre position (***zu*** sur)

Stellungnahme *f* prise *f* de position, commentaire *m* (***zu*** au sujet de)

stellvertretend: ***~ für j-n*** à la place de qn

Stellvertreter(in) *m(f)* **1** *e-s Direktors*

S

usw.: adjoint(e) *m(f)* **2** (*Ersatz*) remplaçant(e) *m(f)*
Stelze *f* échasse *f*
stemmen **1** (*hochstemmen*) élever, soulever (*Gewicht, Last*) **2** ***sich ~ gegen*** s'appuyer contre
Stempel *m* cachet *m*, tampon *m*
stempeln timbrer; apposer un tampon sur (*Brief*); oblitérer (*Briefmarke*)
Stengel → ***Stängel***
Steppdecke *f* couverture *f* matelassée et surpiquée
Steppe *f* steppe *f*
Stepptanz *m* claquettes *f Pl*
Sterbehilfe *f* euthanasie *f*
sterben **1** mourir (***an*** de) **2** ***sie ist für mich gestorben*** *fig.* je ne veux plus entendre parler d'elle
sterblich mortel/-elle
stereo en stéréo
Stereoanlage *f* chaîne *f* stéréo
steril stérile
sterilisieren stériliser
Stern *m* **1** étoile *f* **2** *nach e-m Schlag*: ***~e sehen*** en voir trente-six chandelles
Sternbild *n* constellation *f*
Sternchen *im Text*: astérisque *m*
Stern|schnuppe *f* étoile *f* filante; **~warte** *f* observatoire *m*
Sternzeichen *n* signe *m* (du zodiaque); ***welches ~ hast du*** (*od.* ***bist du***)***?*** tu es de quel signe?

Sternzeichen

Widder	**le Bélier**
Stier	**le Taureau**
Zwillinge	**les Gémeaux** *m Pl*
Krebs	**le Cancer**
Löwe	**le Lion**
Jungfrau	**la Vierge**
Waage	**la Balance**
Skorpion	**le Scorpion**
Schütze	**le Sagittaire**
Steinbock	**le Capricorne**
Wassermann	**le Verseau**
Fische	**les Poissons** *m Pl*

Sternzeichen werden im Französischen immer großgeschrieben.

Welches Sternzeichen bist du?	**Tu es de quel signe?**
Ich bin (ein) Löwe.	**Je suis Lion.**
Ich bin (ein) Fisch.	**Je suis Poissons.**

stets toujours
Steuer[1] *n* **1** AUTO volant *m* **2** FLUG gouvernail *m* **3** SCHIFF barre *f*
Steuer[2] *f* **1** impôt *m* **2** *auf bestimmte Waren*: taxe *f* (***auf*** sur)
Steuerberater(in) *m(f)* conseiller *m* fiscal, conseillère *f* fiscale
Steuerbord *n* tribord *m*
Steuer|erklärung *f* déclaration *f* d'impôts; **~hinterziehung** *f* fraude *f* fiscale
Steuerknüppel *m* manche *f* à balai
steuern **1** conduire (*Auto*) **2** piloter (*Flugzeug*) **3** diriger, conduire (*Boot*) **4** *technische Geräte usw.*: commander
Steuerung *f* (*Vorrichtung*) commande *f*
Steuerungstaste *f* IT touche *f* de contrôle
Steward *m* steward *m*
Stewardess *f* hôtesse *f* (de l'air)
stibitzen (*stehlen*) *umg.* piquer
Stich *m* **1** (*Nadel-, Insektenstich*) piqûre *f* **2** (*Messerstich*) coup *m* de couteau **3** *beim Nähen*: point *m* **4** *Schmerz*: ***ich habe ~e in der Seite*** j'ai des points *m Pl* de côté **5** *beim Kartenspiel*: pli *m* **6** ***j-n im ~ lassen*** *ohne Hilfe*: délaisser qn
Stichflamme *f* jet *m* de flamme
stichhaltig (*Argument*) solide, valable
Stichprobe *f* **1** ***e-e ~ machen*** faire un contrôle ponctuel **2** ***e-e repräsentative ~*** un échantillon représentatif
Stichtag *m* jour *m* fixé, date *f* fixée
Stichwort *n* **1** *im Wörterbuch*: entrée *f* **2** (*Notiz*) ***ich habe mir ein paar ~e aufgeschrieben*** j'ai pris quelques notes
sticken broder
Sticker *m* (*Aufkleber*) autocollant *m*
stickig étouffant, suffocant
Stickstoff *m* azote *m*
Stief… **1** beaux-/belle-; ***Stiefmutter*** belle-mère *f*; ***Stiefsohn*** beau-fils *m*; ***Stieftochter*** belle-fille *f*; ***Stiefvater*** beau-père *m* **2** demi-; ***Stiefbruder*** demi-frère *m*; ***Stiefschwester*** demi-sœur *f*
Stiefel *m* botte *f*
Stiefmütterchen *n Blume*: pensée *f*

Stiege *f* Ⓐ escalier *m*
Stiel *m* **1** (*Griff*) manche *m*; *e-r Pfanne a.*: queue *f* **2** *e-r Blume*: tige *f*; *am Blatt, an Kirschen*: queue *f* **3** *e-s Glases*: pied *m* **4** ***ein Eis am ~*** un esquimau
Stielaugen *n Pl*: ***~ machen*** ouvrir de grands yeux, ecarquiller les yeux
Stier *m* **1** zo taureau *m* **2** ASTR Taureau *m*
Stierkampf *m* corrida *f*
Stift *m zum Schreiben usw.*: crayon *m*
stiften **1** fonder (*Kirche, Museum, Preis usw.*) **2** (*spenden*) offrir **3** ***Unruhe*** (*bzw.* ***Verwirrung***) ***~*** provoquer des troubles (*bzw.* la confusion)
Stifter(in) *m(f)* fondateur *m*, -trice *f*
Stil *m* **1** (*Art*) style *m* **2** ***sie hat ~*** elle a de la classe **3** ***in großem ~*** sur une grande échelle
still **1** (*ruhig*) tranquille **2** (*Luft, Gewässer*) calme **3** (*schweigsam*) silencieux/-ieuse; ***sei ~!*** tais-toi! **4** ***~ halten, ~ sitzen*** ne pas bouger, se tenir tranquille **5** ***der Stille Ozean*** l'océan *m* Pacifique, le Pacifique **6** ***im Stillen*** (*heimlich*) secrètement
Stille *f* **1** (*Ruhe*) tranquillité *f*, calme *m* **2** (*Schweigen*) silence *m*
stillen **1** allaiter (*Baby*); ***sie stillt gerade ihr Baby*** elle donne le sein à son bébé **2** ***den Hunger*** (*bzw.* ***Durst, Schmerz***) ***~*** apaiser la faim (*bzw.* la soif, la douleur) **3** arrêter (*Blutung*)
Stillleben *n* nature *f* morte
still|legen fermer (*Fabrik usw.*); ***~sitzen*** → ***still***
Stillstand *m* arrêt *m*; ***zum ~ bringen*** arrêter (*Maschine*); paralyser (*Verkehr*)
stillstehen **1** (*anhalten*) s'arrêter **2** (↔ *sich bewegen*) ne pas bouger **3** (*Verkehr*) être paralysé
Stimmbänder *n Pl* cordes *f Pl* vocales
Stimmbruch *m* mue *f*; ***er ist im ~*** il mue
Stimme *f* **1** voix *f* **2** *bei Wahlen*: ***seine ~ abgeben*** donner sa voix, voter; ***sich der ~ enthalten*** s'abstenir
stimmen[1] **1** (*richtig sein*) ***das stimmt*** c'est juste; ***stimmt!*** c'est ça!, c'est exact! **2** (*wahr sein*) être vrai; ***stimmt es, dass ...?*** c'est vrai que ...? (+ *Ind.*) **3** ***da stimmt was nicht*** il y a qc qui cloche **4** *beim Bezahlen*: ***stimmt so!*** gardez la monnaie!
stimmen[2] (*abstimmen*) voter (***für*** pour; ***gegen*** contre)
stimmen[3] accorder (*Instrument*)
Stimmgabel *f* diapason *m*
stimm|haft (*Konsonant*) sonore; ***~los*** (*Konsonant*) sourd
Stimmrecht *n* droit *m* de vote
Stimmung *f* **1** (*Laune*) humeur *f*; ***in guter*** (*bzw.* ***schlechter***) ***~ sein*** être de bonne (*bzw.* de mauvaise) humeur; ***ich bin nicht in der ~ mit ihm zu reden*** je ne suis pas d'humeur à parler avec lui **2** (*gute Laune, Atmosphäre*) ambiance *f* **3** (*Propaganda*) ***~ machen für*** (*bzw.* ***gegen***) faire campagne pour (*bzw.* contre)
Stimmzettel *m* bulletin *m* (de vote)
Stinkbombe *f* boule *f* puante
stinken **1** *umg.* puer **2** ***es stinkt mir, dass ...*** *umg.* j'en ai marre que ... (+ *Ind.*)
stinkig **1** (*stinkend*) *umg.* puant **2** (*schlecht gelaunt*) en rogne
stink|langweilig *umg.* rasoir; ***~normal*** *umg.* hypernormal
Stipendium *n* bourse *f*
Stirn *f* front *m*; ***die ~ runzeln*** froncer les sourcils
Stirnband *n* bandeau *m*
stöbern fouiller (***in*** dans)
stochern piquer (***in*** dans)
Stock[1] *m* (*Stab*) bâton *m*; (*Taktstock*) baguette *f*; (*Spazierstock*) canne *f* (⚠ *frz.* stock *m* = ***Lagerbestand, Vorrat***)
Stock[2] *m* (*Stockwerk*) étage *m* (⚠ *im Frz. m*) (⚠ *frz.* stock *m* = ***Lagerbestand, Vorrat***)
Stöckelschuh *m* talon *m Pl* aiguille
stocken **1** (*zögern*) hésiter **2** (*innehalten*) s'arrêter; (*Gespräch*) s'interrompre **3** (*Verkehr*) ralentir
Stockerl *n* Ⓐ (*Hocker*) tabouret *m*
stocksauer *umg.* furax
Stock|werk *n* étage *m* (⚠ *im Frz. m*); ***~zahn*** *m* Ⓐ, Ⓒⓗ molaire *m*
Stoff[1] *m* (*Gewebe*) tissu *m*, étoffe *f*
Stoff[2] *m* **1** (*Substanz*) substance *f* **2** *bes.* (*Droge*) *umg.* dope *f*
Stoff[3] *m* **1** (*Unterrichtsstoff*) programme *m* **2** (*Thema*) matière *f*, sujet *m*
Stofftier *n* animal *m* en peluche, peluche *f*
Stoffwechsel *m* métabolisme *m*
stöhnen **1** *vor Schmerz*: gémir **2** (*sich beklagen*) se plaindre (***über*** de)
Stollen[1] *m am Fußballschuh*: crampon

m

Stollen[2] *m im Bergwerk:* galerie *f*

Stollen[3] *m* gâteau *m* aux raisins

stolpern 1 faire un faux pas **2** ***über etw ~*** trébucher sur qc; *fig.* découvrir qc

stolz 1 fier/fière (***auf*** de) **2** (*überheblich*) orgueilleux/-euse

Stolz *m* **1** fierté *f*; ***voll ~*** très fier/fière **2** *übertriebener:* orgueil *m*

stopfen 1 (*hineinstopfen*) fourrer (***in*** dans) **2** (*zustopfen*) boucher (*Loch*)

stopp: ***~!*** stop!

Stopp *m* arrêt *m*, stop *m*

stoppen 1 (*anhalten*) stopper **2** *mit der Stoppuhr:* chronométrer

Stopp|schild *n* (panneau *m*) stop *m*; **~taste** *f am Rekorder:* touche *f* d'arrêt; **~uhr** *f* chronomètre *m*

Stöpsel *m* bouchon *m*; *im Waschbecken usw.:* bonde *f*

Storch *m* cigogne *f*

stören 1 déranger; ***bitte nicht ~!*** prière de ne pas déranger! **2** *im Unterricht:* perturber le cours **3** (*missfallen*) déplaire

Störenfried *m* trouble-fête *m*

stornieren annuler (*Flug*, *Reise*)

störrisch (*Person*) entêté, têtu

Störung *f* **1** dérangement *m*; ***entschuldige die ~, aber …*** excuse-moi de te déranger, mais … **2** (*Unterbrechung*) interruption *f* **3** *beim Wetter:* perturbation *f*

Stoß[1] *m* **1** coup *m* **2** (*Erschütterung*) secousse *f* **3** *beim Schwimmen:* brassée *f*

Stoß[2] *m* (*Stapel*) pile *f*

Stoßdämpfer *m* amortisseur *m*

stoßen 1 ***j-n ~*** pousser (*heftiger:* *heurter) qn; (*anrempeln*) bousculer qn; ***von der Leiter ~*** faire tomber de l'échelle **2** ***gegen*** (*od.* ***an***) ***etw ~*** se cogner (*od.* se *heurter) contre qc **3** ***sich ~*** se *heurter, se cogner (***an*** contre)

Stoß|stange *f* pare-chocs *m*; **~zahn** *m* défense *f*; **~zeit** *f* heures *f Pl* de pointe

stottern bégayer

Stövchen *n* réchaud *m*

Str. rue (*im Frz. nicht abgekürzt*)

Straf|arbeit *f* punition *f*; **~bank** *f* banc *m* de pénalisation

strafbar 1 ***e-e ~e Handlung*** un délit **2** ***sich ~ machen*** commettre un délit

Strafe *f* **1** (*Bestrafung*) punition *f*; ***zur ~ für …*** en punition de … **2** *gerichtliche:* peine *f* **3** (*Geldstrafe*) amende *f*

strafen punir

straff (*Seil usw.*) ~ (***gespannt***) raide; ***~ spannen*** tendre fortement, raidir

straffällig: ***ein ~er Jugendlicher*** un jeune délinquant

straffen 1 (*straff spannen*) raidir **2** condenser (*Text*) **3** ***sich ~*** se raidir

Sträfling *m* prisonnier *m*, -ière *f*; *früher:* forçat *m*

Straf|mandat *n im Verkehr:* contravention *f*; **~predigt** *f* sermon *m*; **~punkt** *m* point *m* de pénalisation; **~raum** *m* FUSSBALL surface *f* de réparation; **~recht** *n* droit *m* pénal; **~stoß** *m* penalty *m*; **~tat** *f* délit *m*; **~zettel** *m* contravention *f*

Strahl *m* **1** *der Sonne, des Lichts usw.:* rayon *m* **2** (*Wasserstrahl*) jet *m*

strahlen 1 (*Sonne, Licht usw.*) rayonner **2** ***sie strahlte über das ganze Gesicht*** elle avait le visage radieux **3** *radioaktiv:* irradier

strahlenverseucht irradié

Strahler *m* **1** *Lampe:* spot *m* **2** (*Heizstrahler*) radiateur *m* **3** *am Fahrrad:* réflecteur *m*

Strahlung *f* **1** rayonnement *m* **2** *radioaktive:* radiation *f*

Strähne *f* mèche *f*

stramm 1 (*straff*) (fortement) tendu; raide **2** (*fest*) serré; ***~ sitzen*** (*Kleider*) être serré **3** (*Disziplin*) sévère

Strampelhose *f* grenouillère *f*

strampeln 1 (*Baby*) gigoter **2** *beim Radfahren:* pédaler

Strand *m* plage *f*

Strandcafé *n* café *m* sur la plage; *als Name:* Café *m* de la Plage

Strapaze *f* fatigue *f*

strapazieren 1 mettre à l'épreuve (*Geduld, Nerven*) **2** abîmer (*Kleidung, Möbel usw.*)

strapazierfähig robuste

Straßburg *n* Strasbourg

Straße *f* **1** *in der Stadt:* rue *f*; ***auf der ~*** dans la rue **2** (*Land-, Autostraße*) route *f*; ***auf der ~*** sur la route

Straßen|bahn *f* tram *m*; **~fest** *n* fête *f* de quartier; **~karte** *f* carte *f* routière; **~rand** *m* bord *m* de la route

Strategie *f* stratégie *f*

strategisch stratégique

sträuben: ***sich ~*** (*sich widersetzen*) résister (***gegen*** à)

Strauch *m* buisson *m*; *niedriger:* arbus-

S

te *m*
Strauß[1] *m Blumen*: bouquet *m*
Strauß[2] *m* zo autruche *f*
strawanzen Ⓐ traîner
Streber(in) *m(f)* SCHULE bûcheur *m*, -euse *f*
Strecke *f* **1** (*Entfernung*) distance *f* **2** *im Verlauf*: trajet *m*, parcours *m* **3** (*Eisenbahnstrecke*) ligne *f* **4** (*Rennstrecke*) parcours *m* **5** ***auf der ~ bleiben*** *fig*. (*Mensch*) échouer; (*Pläne usw.*) rater; *umg*. louper
strecken **1** (*ausstrecken*) tendre (***nach*** vers; ***durch*** à travers *usw.*) **2** (*dehnen*) allonger **3** ***sich ~*** (*sich recken*) s'étirer, s'étendre
Streich *m* **1** tour *m*; ***j-m e-n ~ spielen*** jouer un (mauvais) tour à qn **2** ***auf e-n ~*** d'un seul coup
streicheln caresser
streichen **1** (*anmalen*) peindre **2** (*durchstreichen*) barrer; (*ausstreichen*) rayer (***von der Liste*** de la liste) **3** (*wegfallen lassen*) supprimer; ***ihre Eltern haben ihr das Taschengeld gestrichen*** ses parents l'ont privée d'argent de poche **4** (*schmieren*) ***ein Brot ~*** beurrer une tartine; ***Butter*** (***Honig*** *usw.*) ***aufs Brot ~*** étaler du beurre (du miel *usw.*) sur la tartine **5** ***mit der Hand über etw ~*** passer la main sur qc; ***er strich ihr über die Haare*** il lui a caressé les cheveux **6** ***sie strich sich die Haare aus dem Gesicht*** elle a écarté les cheveux de son visage
Streich|holz *n* allumette *f*; **~holzschachtel** *f* boîte *f* d'allumettes; **~instrument** *n* instrument *m* à cordes
Streichung *f* **1** *im Text usw.*: rature *f* **2** (*Abschaffung*) suppression *f*
Streife *f* ronde *f*, patrouille *f*
streifen (*leicht berühren*) effleurer, frôler
Streifen *m* **1** *farbiger*: raie *f*, rayure *f* **2** *aus Stoff, Papier*: bande *f*
Streifenwagen *m* voiture *f* de police
Streik *m* grève *f*
Streikbrecher *m* briseur *m* de grève
streiken **1** être en grève, faire la grève **2** (*Gerät, Motor usw.*) être en panne **3** ***ich streike*** (*ich mache nicht mehr mit*) *umg*. je ne marche plus; (*ich kann nicht mehr*) je n'en peux plus
Streikposten *m* piquet *m* de grève
Streit *m* **1** dispute *f* (***über*** au sujet de, à propos de) **2** ***wir haben ~*** nous sommes fâchés (*bzw.* fâchées) **3** ***er fing ~ mit mir an*** il s'est attaqué à moi (***wegen*** sur le sujet de); ***suchst du ~ (mit mir)?*** tu me cherches?
streiten **1** se disputer (***mit*** avec) **2** ***sich mit j-m ~*** se quereller avec qn (***über*** au sujet de) **3** ***sie haben sich um den Ball*** *usw.* ***gestritten*** ils se sont disputés le ballon *usw.*
Streitgespräch *n* discussion *f*
streng **1** (*Person*) sévère **2** (*Regeln, Prinzipien*) strict **3** ***~ bestrafen*** punir sévèrement **4** ***~ verboten*** strictement interdit **5** ***~ genommen*** à vrai dire
Stress *m* stress *m*; ***ich bin (schwer) im ~*** je suis (très) stressé
stressen stresser; ***das stresst*** *a.* c'est stressant
stressig (*Arbeit, Tag usw.*) stressant
streuen **1** (*verstreuen*) répandre *od.* épandre (*Salz, Reis usw.*) **2** (***die Straße***) ***~*** *mit Sand*: sabler la route
Strich *m* **1** trait *m*; (*Gedankenstrich*) tiret *m*; (*Bindestrich*) trait *m* d'union; (*Querstrich*) barre *f* **2** ***j-m e-n ~ durch die Rechnung machen*** saboter les projets de qn **3** ***unter dem ~*** (*am Ende*) en fin de compte **4** (*Fell usw.*) ***gegen den ~ bürsten*** brosser à contre-poil **5** ***auf den ~ gehen*** *umg*. faire le trottoir
Strich|code *m*, **~kode** *m* code-barres *m*; **~männchen** *n* petit bonhomme *m* dessiné; **~punkt** *m* point-virgule *m*
Strick *m* corde *f*
stricken tricoter
Strick|jacke *f* veste *f* en tricot, cardigan *m*; **~leiter** *f* échelle *f* de corde; **~nadel** *f* aiguille *f* à tricoter
striegeln étriller (*Pferd*)
strikt **1** rigoureux/-euse, strict **2** ***ich bin ~ dagegen*** j'y suis farouchement opposé
Strippe *f* **1** (*Schnur*) ficelle *f* **2** ***sie hängt dauernd an der ~*** elle est toujours pendue au bout du téléphone
Striptease *m* strip-tease *m*
Stroh *n* paille *f*
Strohhalm *m* **1** *vom Stroh*: brin *m* de paille **2** (*Trinkhalm*) paille *f*
Strom[1] *m* **1** (*Elektrizität*) courant *m* **2** (*Spannung*) tension *f*; ***unter ~ stehen*** être sous tension
Strom[2] *m* **1** (*Fluss*) fleuve *m* **2** *von*

Menschen: flot *m*, foule *f* **3** ***es regnete in Strömen*** il pleuvait à verse (*od.* à torrents) **4** ***mit dem ~ schwimmen*** suivre le courant; ***gegen den ~ schwimmen*** *a. fig.* nager à contre-courant
Stromausfall *m* panne *f* d'électricité
strömen **1** (*Regen*, *Wasser*) couler **2** (*Menschen*) ***in den Saal ~*** affluer dans la salle; ***aus dem Bahnhof*** *usw.* **~** sortir en foule de la gare *usw.*
Stromkreis *m* circuit *m* électrique
stromlinienförmig aérodynamique
Stromschlag *m* décharge *f* électrique
Stromschnelle *f* rapide *m*
Stromstoß *m* impulsion *f* électrique
Strömung *f* courant *m*
Stromzähler *m* compteur *m* électrique
Strophe *f* strophe *f*, couplet *m*
strubbelig **1** (*Haare*) ébouriffé **2** (*Fell e-s Tiers*) hirsute
Strudel[1] *m im Wasser*: tourbillon *m*
Strudel[2] *m Süßspeise*: strudel *m*
Struktur *f* structure *f*
Strumpf *m* **1** chaussette *f* **2** (*Damenstrumpf*) bas *m*
Strumpfhose *f* collant *m*
struppig *hérissé
Stube *f* (CH) (*Wohnzimmer*) salon *m*, séjour *m*
Stubenhocker(in) *m(f)* *umg.* pantouflard(e) *m(f)*
stubenrein (*Hund*, *Katze usw.*) propre
Stubsnase *f* nez *m* retroussé
Stück[1] *n* **1** pièce *f* **2** *abgeschnittenes*, *abgebrochenes*: morceau *m*; ***am ~*** en morceau **3** ***ein ~ Papier*** (***Schnur*** *usw.*) un bout de papier (de ficelle *usw.*) **4** ***das ist ja ein starkes ~!*** *umg.* ça, c'est gonflé!
Stück[2] *n* **1** THEAT pièce *f* **2** MUS morceau *m* **3** *e-s Texts*: passage *m*
Student(in) *m(f)* étudiant(e) *m(f)*
Studentenfutter *n* mélange *m* de noix et de raisins
Studien|fach *n* matière *f*, spécialité *f*; **~fahrt** *f* voyage *m* d'études; **~platz** *m* place *f* à l'université
studieren **1** UNI faire ses études; ***ich studiere*** *a.* je suis étudiant **2** ***was studiert er?*** qu'est-ce qu'il fait comme études?; ***sie studiert Geografie in Bonn*** elle fait des études de géographie à Bonn **3** (*genau lesen*, *untersuchen*) étudier
Studio *n* studio *m* (⚠ *frz.* studio *a.* = ***Einzimmerappartement***)
Studium *n* études *f Pl*
Stufe *f* **1** *e-r Treppe*, *Leiter*: marche *f*; ***Vorsicht, ~!*** attention à la marche! **2** (*Rang*, *Grad*) degré *m*, échelon *m* **3** *im Gelände*: niveau *m* **4** *Entwicklung*: stade *m*
Stufenbarren *m* barres *f Pl* asymétriques
stufenlos: **~ *verstellbar*** réglable sans paliers
Stuhl *m* **1** chaise *f* **2** ***der elektrische ~*** la chaise électrique **3** ***ich bin fast vom ~ gefallen, als ...*** ça m'a renversé quand ... (+ *Ind.*) **4** ***der Film hat mich nicht gerade vom ~ gerissen*** *umg.* le film ne m'a pas emballé
Stulle *f* tartine *f*
stumm muet/muette
Stummel *m* bout *m*
Stummfilm *m* film *m* muet
stumpf **1** (*Messer*, *Schere*, *Bleistift*) émoussé **2** (*Nadel*) sans pointe
stumpfsinnig **1** (*Arbeit usw.*) monotone **2** (*Mensch*, *Blick usw.*) hébété
Stunde *f* **1** heure *f* **2** *im Unterricht*: heure *f* de cours
Stundenkilometer *m*: ***50 ~*** cinquante kilomètres à l'heure
stundenlang **1** (*Warten usw.*) qui dure des heures (entières) **2** ***es dauerte ~*** ça a duré des heures; ***sie sitzt ~ am Computer*** elle passe des heures devant l'ordinateur
Stunden|lohn *m* salaire *m* horaire; **~plan** *m* emploi *m* du temps; **~zeiger** *m e-r Uhr*: aiguille *f* des heures
stündlich toutes les heures
Stuntgirl *n* cascadeuse *f*
Stuntman *m* cascadeur *m*
Stups *m* (*leichter Stoß*) bourrade *f*
stupsen pousser légèrement
Stupsnase *f* nez *m* retroussé
stur entêté, têtu
Sturm *m* **1** tempête *f*; (*Gewitter*) orage *m* **2** **~ *läuten*** sonner le tocsin
stürmen[1]: ***es stürmt*** il y a de la tempête
stürmen[2] **1** *im Krieg*: ***e-e Stadt*** *usw.* **~** prendre d'assaut une ville *usw.* **2** ***die Fans stürmten die Bühne*** les fans ont envahi la scène; ***die Kunden stürmten das Geschäft*** les clients ont pris d'assaut le magasin **3** SPORT attaquer

S

Stürmer(in) *m(f)* SPORT avant *m*
stürmisch **1** (*Wetter*) orageux/-euse **2** (*Beifall*) frénétique **3** ***er wurde ~ begrüßt*** on l'a salué avec enthousiasme **4** ***nicht so ~!*** doucement!
Sturz *m* **1** (*Fall*) chute *f* **2** *der Regierung, e-s Ministers*: renversement *m*
stürzen **1** (*fallen*) tomber, faire une chute **2** (*eilen*) se précipiter **3** ***sich ~ auf*** se précipiter sur, se jeter sur (*j-n, etw*); ***sie hat sich aus dem Fenster gestürzt*** elle s'est jetée par la fenêtre **4** ***die Regierung*** (***e-n Minister*** *usw.*) **~** renverser le gouvernement (un ministre *usw.*) **5** ***sich in Unkosten ~*** se mettre en frais
Sturzhelm *m* casque *m*
Stute *f* jument *f*
Stutz *m* Ⓒⓗ (*steiler Hang*) pente *f* escarpée
Stütze *f* **1** appui *m*, support *m* **2** (*Arbeitslosengeld*) allocation *f* de chômage
stutzen *erstaunt*: rester interdit
stützen **1** (*ab-, unterstützen*) soutenir **2** (***sich***) **~** ***auf*** (s')appuyer sur
Styropor® *n* polystyrène *m* expansé
Subjekt *n e-s Satzes usw.*: sujet *m*
subjektiv subjectif/-ive
Substantiv *n* substantif *m*, nom *m*
Substanz *f* substance *f*
subventionieren subventionner (*Firma, Branche usw.*)
Suche *f* recherche *f*
suchen **1** **~** (***nach***) chercher; *intensiver*: rechercher; ***sie wird von der Polizei gesucht*** elle est recherchée par la police **2** ***er hat hier nichts zu ~*** il n'a rien à faire ici
Sucher *m* FOTO viseur *m*
Suchmaschine *f* INTERNET moteur *m* de recherche
Sucht *f* **1** (*Abhängigkeit*) dépendance *f*; *nach Drogen*: toxicomanie *f* **2** *sonst*: manie *f* (***nach*** de)
süchtig **1** dépendant (***nach*** de); *nach Drogen a.*: toxicomane **2** ***ich bin ~ nach Fernsehen*** (***Süßigkeiten*** *usw.*) je ne peux pas me passer de télé (de sucreries *usw.*)
Süd... du sud; POL du Sud
Süd|afrika *n* l'Afrique *f* du Sud; **~amerika** *n* l'Amérique *f* du Sud; **~deutschland** *n* l'Allemagne *f* du Sud, le sud de l'Allemagne
Süden *m* **1** sud *m*; *Abk.*: S; ***im ~*** au sud (***von*** de) **2** POL Sud *m*
Südfrankreich *n* le Midi (de la France)
südlich **1** du sud; POL du Sud; ***die ~e Halbkugel*** l'hémisphère *m* Sud **2** (*im Süden*) au sud; ***~ von Rom*** au sud de Rome
Süd|osten *m* sud-est *m*; *Abk.*: SE (⚠ *frz.* SO *steht für* sud-ouest); **~pol** *m* pôle Sud *m*; **~westen** *m* sud-ouest *m*; *Abk.*: SO (⚠ *die frz. Abk. für Südosten ist* SE); **~wind** *m* vent *m* du sud
Sultan *m* sultan *m*
Sülze *f* viande *f* (poisson *m usw.*) en aspic
Summe *f* somme *f*
summen **1** (*Biene*) bourdonner **2** fredonner (*Lied, Melodie*) **3** (*Gerät*) ronronner
Sumpf *m* marais *m*; *bes. größerer*: marécage *m*
Sünde *f* péché *m*
Sündenbock *m* bouc *m* émissaire
Sünder(in) *m(f)* pécheur *m*, pécheresse *f*
sündigen pécher
super *umg.* super, génial, giga
Super *n Benzin*: super *m*
Superlativ *m* superlatif *m*
Super|macht *f* POL superpuissance *f*; **~mann** *m umg.* superman *m*; **~markt** *m* supermarché *m*; *größerer*: hypermarché *m*
superschnell hyperrapide
Suppe *f* **1** soupe *f*; *feinere*: potage *m* **2** ***da hat er uns e-e schöne ~ eingebrockt*** *umg.* il nous a mis dans un beau pétrin
Suppen|kelle *f* louche *f*; **~löffel** *m* cuillère *f* à soupe; **~teller** *m* assiette *f* creuse
Surfbrett *n* **1** *beim Windsurfen*: planche *f* à voile **2** *beim Wellenreiten*: planche *f* à surf, surf *m*
surfen **1** (*windsurfen*) faire de la planche à voile **2** (*wellenreiten*) faire du surf **3** ***im Internet ~*** naviguer sur Internet
Surfen *n* **1** (*Windsurfen*) planche *f* à voile **2** (*Wellenreiten*) surf *m*
Surfer(in) *m(f)* **1** (*Windsurfer[in]*) véliplanchiste *m,f* **2** (*Wellenreiter[in]*) surfeur *m*, -euse *f*
surren (*Motor, Gerät*) ronronner
suspekt suspect; ***das ist mir sehr ~*** *a.*

ça me paraît louche

süß **1** doux/douce **2** (*gesüßt, gezuckert*) sucré **3** (*niedlich*) mignon/-onne; ***oh, wie ~!*** (oh, que) c'est mignon! **4** ***träum ~!*** fais de beaux rêves!

süßen sucrer

Süßigkeiten *f Pl* friandises *f Pl*

süßsauer *Geschmack*: aigre-doux/aigre-douce

Süß|stoff *m* sucrette *f*; *Fachwort, Aufschrift auf Waren*: édulcorant *m*; **~wasser** *n* eau *f* douce

Sweatshirt *n* sweat-shirt *m*

Swimmingpool *m* piscine *f*

Symbol *n* symbole *m* (**für** de)

symbolisch symbolique

symmetrisch symétrique

Sympathie *f* sympathie *f* (**für** pour)

sympathisch sympathique; ***sie ist mir*** (***sehr***) **~** je la trouve (très) sympathique; ***sie ist mir nicht ~*** je ne l'aime pas beaucoup

Symptom *n* symptôme *m* (**für** de)

Synagoge *f* synagogue *f*

synchron synchrone

synchronisieren **1** doubler (*Schauspieler*) **2** synchroniser (*Film*)

Synonym *n* synonyme *m*

Syntax *f* syntaxe *f*

Synthese *f* synthèse *f*

Synthesizer *m* synthétiseur *m*

synthetisch synthétique

Syrien *n* la Syrie

System *n* système *m*; ***das hat ~*** c'est systématique

systematisch **1** systématique **2** ***etw ~ tun*** faire qc systématiquement (*od.* avec système)

Szene *f* **1** scène *f*; ***die ~ betreten*** entrer en scène **2** (*Streit*) ***j-m e-e ~ machen*** faire une scène à qn **3** *Leute*: ***die Münchner*** *usw.* **~** les milieux *m Pl* branchés de Munich *usw.*

Szenekneipe *f* café *m* branché, bistrot *m* branché

Szenenwechsel *m* changement *m* de décors

T

Tabak *m* tabac *m*

Tabakladen *m* bureau *m* de tabac

Tabelle *f* **1** (*Übersicht*) barème *m*, tableau *m* **2** SPORT classement *m*

Tablett *n* plateau *m*

Tablette *f* comprimé *m* (⚠ *frz.* tablette *f* = ***Tafel, Täfelchen***)

tabu: ***~ sein*** être tabou

Tabu *n* tabou *m*

Tabulator *m* tabulateur *m*

Tabulatortaste *f* touche *f* de tabulation

Tacho(meter) *m* AUTO compteur *m* de vitesse

Tadel *m* **1** blâme *m* (*a.* SCHULE) **2** (*Rüge*) réprimande *f* **3** (*Vorwurf*) reproche *m*

tadellos **1** (*fehlerlos*) sans défauts, parfait, impeccable **2** ***der Rock sitzt ~*** la jupe te (*bzw.* vous) va parfaitement

tadeln **1** ***etw ~*** réprouver qc **2** ***j-n ~*** (*rügen*) réprimander qn (***wegen*** pour)

Tafel *f* **1** tableau *m*; SCHULE *a.* tableau *m* noir **2** (*Schautafel, Schild*) panneau *m* **3** (*Tabelle*) tableau *m*, table *f* **4** ***e-e ~ Schokolade*** une tablette de chocolat **5** (*Tisch*) table *f*

Taft *m* taffetas *m*

Tag *m* **1** jour *m*; ***e-s ~es*** un jour; ***~ für ~*** jour après jour; ***von e-m ~ auf den anderen*** d'un jour à l'autre; ***was ist heute für ein ~?*** quel jour sommes-nous aujourd'hui? **2** ***in vierzehn ~en*** (*zwei Wochen*) dans quinze jours; ***heute in acht ~en*** aujourd'hui en *huit **3** *im Verlauf*: journée *f*; ***den ganzen ~*** (***lang***) toute la journée **4** ***guten ~!*** bonjour! **5** (↔ *Nacht*) ***am ~*** de jour, pendant la journée; ***es ist ~*** il fait jour; ***es wird ~*** le jour se lève **6** ***~ und Nacht*** nuit et jour; ***ein Unterschied wie ~ und Nacht*** une différence totale **7** ***der ~ vor …*** la veille de …; ***der ~ nach …*** le lendemain de …; ***am ~ davor*** la veille; ***am nächsten ~*** le lendemain **8** *besondere Tage*: ***der ~ der deutschen Einheit*** le jour de l'Unité allemande; ***der ~ der offenen Tür*** la journée portes ouvertes **9** ***es kommt alles an den ~*** tout finit par se savoir

Tage *Pl* (*Periode*) ***sie hat ihre ~*** elle a ses règles

T

Tagebuch *n* journal *m* intime
tagelang des jours entiers
tagen 1 (*Ausschuss usw.*) siéger **2** (*Partei*) *a.* tenir ses assises
Tages|ausflug *m* excursion *f* d'une journée; **~creme** *f* crème *f* de jour; **~karte** *f* **1** *Fahr-, Eintrittskarte*: billet *m* (*bzw.* carte *f*) valable pour la journée **2** *im Restaurant*: menu *m* du jour
Tageslicht *n* **1** lumière *f* du jour, jour *m* **2** ***bei ~*** en plein jour
Tagesordnung *f* ordre *m* du jour; ***auf der ~ stehen*** figurer à l'ordre du jour
Tages|schau *f* TV journal *m* télévisé; **~zeit** *f* heure *f* du jour; **~zeitung** *f* quotidien *m*
täglich 1 (*alltäglich*) quotidien/-ienne **2** (*jeden Tag*) tous les jours **3** (*pro Tag*) ***zweimal ~*** deux fois par jour
tags(über) pendant la journée
Tagung *f* congrès *m*
Taille *f* taille *f*
Takt[1] *m* **1** MUS mesure *f*; ***im ~ bleiben*** garder la mesure **2** *beim Tanzen, Rudern*: rythme *m*, cadence *f*
Takt[2] *m*, **Taktgefühl** *n* tact *m*
Taktik *f* tactique *f*
taktisch 1 tactique, stratégique **2** ***~ vorgehen*** agir stratégiquement
taktlos sans tact, qui manque de tact
Tal *n* vallée *f*
Talent *n* don *m*, talent *m*; ***sie hat ~*** elle est douée, elle a du talent
talentiert doué
Talisman *m* porte-bonheur *m*, talisman *m*
Talk-Show *f* débat *m* télévisé
Tal|sperre *f* barrage *m*; **~station** *f* station *f* inférieure
Tamburin *n* tambourin *m*
Tampon *m* tampon *m*
Tandem *n* tandem *m*
Tandler(in) *m(f)* Ⓐ (*Trödler[in]*) brocanteur *m*, -euse *f*
Tang *m* goémon *m*, varech *m*
Tango *m* tango *m*
Tank *m* réservoir *m* (*a.* AUTO)
tanken 1 (***Benzin***) ~ prendre de l'essence; → ***volltanken*** **2** ***Sonne ~*** faire provision de soleil
Tanker *m* pétrolier *m*
Tank|stelle *f* station-service *f*; **~wagen** *m* camion-citerne *m*; **~wart** *m* pompiste *m*
Tanne *f* sapin *m*
Tannenbaum *m* **1** sapin *m* **2** (*Weihnachtsbaum*) arbre *m* de Noël
Tante *f* tante *f*
Tanz *m* **1** danse *f*; ***j-n zum ~ auffordern*** inviter qn à danser **2** *Veranstaltung*: bal *m*
tanzen danser
Tänzer(in) *m(f)* danseur *m*, -euse *f*
Tanzfläche *f* piste *f* de danse
Tanzkurs *m*: ***er macht e-n ~*** il suit un cours de danse
Tanz|musik *f* musique *f* de danse; **~partner(in)** *m(f)* cavalier *m*, -ière *f*; **~schule** *f* école *f* de danse; **~stunde** *f* cours *m* de danse
Tapete *f* papier *m* peint
tapezieren tapisser
tapfer 1 brave, vaillant, courageux/-euse **2** ***etw ~ ertragen*** supporter qc vaillamment
Tapferkeit *f* **1** bravoure *f*, vaillance *f* **2** (*Mut*) courage *m*
tappen 1 (*stapfen*) marcher d'un pas maladroit **2** ***in die Falle ~*** tomber dans le piège **3** ***im Dunkeln ~*** *fig.* être en plein brouillard
Tarantel *f* tarantule *f* (⚠ *Endung*)
Tarif *m* (*Gebühr*) tarif *m*
tarnen 1 camoufler (***mit*** par; ***als*** en) **2** ***sich ~*** se camoufler
Tarnung *f* camouflage *m*
Tasche *f* **1** sac *m* **2** (*Hosen-, Jackentasche usw.*) poche *f* **3** ***etw aus eigener ~ bezahlen*** payer qc de sa poche **4** ***sie steckt alle in die ~*** *fig.* elle les met tous dans sa poche
Taschen... de poche; ***Taschenbuch*** livre *m* de poche; ***Taschendieb*** pickpocket *m*; ***Taschengeld*** argent *m* de poche; ***Taschenlampe*** lampe *f* de poche
Taschen|messer *n* couteau *m* de poche, canif *m*; **~rechner** *m* calculatrice *f* de poche, calculette *f*; **~tuch** *n* mouchoir *m*
Tasse *f* **1** tasse *f* **2** ***er hat nicht alle ~n im Schrank*** *umg.* il a une case en moins
Tastatur *f* clavier *m* (⚠ ***Klavier*** = *frz.* le piano)
Taste *f* **1** touche *f* **2** *beim Klavier*: ***die schwarzen ~n*** les noires *f Pl*; ***die weißen ~n*** les blanches *f Pl*
tasten 1 (*ertasten*) tâter, palper **2** (*tastend suchen*) tâtonner; ***nach etw ~*** chercher qc à tâtons

T

Tastentelefon *n* téléphone *m* à touches
Tat *f* **1** action *f*, acte *m* **2** ***j-n auf frischer ~ ertappen*** prendre qn sur le fait **3** ***in der ~*** en effet
Täter(in) *m(f)* auteur *m* (⚠ *im Frz. nur m*); (*Schuldige[r]*) coupable *m,f*
tätig **1** (*berufstätig*) actif/-ive; ***sie ist als Ärztin*** *usw.* **~** elle travaille comme médecin *usw.* **2** ***ein ~er Vulkan*** un volcan en activité
Tätigkeit *f* **1** (*Aktivität*) activité *f* **2** (*Arbeit, Beruf, Aufgabe*) profession *f*, fonction *f*
Tatort *m* lieu *m* du crime
tätowieren **1** tatouer **2** ***sich ~ lassen*** se faire tatouer
Tätowierung *f* tatouage *m*
Tatsache *f* **1** fait *m*; ***vollendete ~*** fait *m* accompli; **~ *ist, dass …*** le fait est que … **2** ***~?*** c'est vrai?; ***~!*** c'est un fait!
tatsächlich **1** réel/réelle **2** ***er schläft ~*** il dort vraiment **3** ***~?*** vraiment?; ***~!*** ça alors!
tätscheln caresser, tapoter
Tattoo *n* tatouage *m*
Tatze *f* patte *f*
Tau[1] *m* rosée *f*
Tau[2] *n* **1** (*Seil*) corde *f* **2** SCHIFF cordage *m*
taub **1** sourd (***auf e-m Ohr*** d'une oreille); ***sich ~ stellen*** faire la sourde oreille **2** (*gefühllos*) engourdi
Taube *f* **1** ZO pigeon *m* **2** *als Friedenssymbol*: colombe *f*
Taubheit *f* **1** (*Gehörlosigkeit*) surdité *f* **2** (*Gefühllosigkeit*) engourdissement *m*
taubstumm sourd-muet/sourde-muette
tauchen **1** plonger (***in*** dans) **2** ***nach Perlen ~*** pêcher des perles **3** ***e-e Minute lang ~*** rester sous l'eau une minute
Taucher(in) *m(f)* plongeur *m*, -euse *f*
Taucherbrille *f* lunettes *f Pl* de plongée
tauen **1** ***es taut*** il dégèle **2** (*schmelzen*) fondre **3** (*auftauen lassen*) faire fondre
Taufe *f* baptême *m*
taufen baptiser
Tauf|pate *m*, **~patin** *f* parrain *m*, marraine *f*
taugen **1** (*geeignet sein*) être bon/bonne (***zu*** à); ***der Kuli taugt nicht zum Zeichnen*** on ne peut pas dessiner avec ce stylo-bille **2** (*wert sein*) valoir; ***das taugt nichts*** cela ne vaut rien **3** Ⓐ ***j-m ~*** (*passen, recht sein*) plaire à qn
taumeln chanceler, tituber
Tausch *m* échange *m*; ***im ~ gegen …*** en échange de …
tauschen **1** échanger, changer (***gegen*** contre) **2** ***die Rollen ~*** inverser les rôles **3** ***ich möchte nicht mit ihr ~*** *fig.* je ne voudrais pas être à sa place
täuschen **1** (*betrügen*) tromper, duper **2** ***sich ~*** se tromper (***in*** sur) **3** SPORT feinter **4** (*mogeln*) tricher
Täuschung *f* **1** (*Betrug*) tromperie *f*, duperie *f* **2** (*Mogelei*) tricherie *f* **3** ***optische ~*** illusion *f* d'optique
tausend mille
Tausend *n* **1** mille *m*, millier *m* **2** ***~e von …*** des milliers de …; ***zu ~en*** par milliers
Tausender *m* billet *m* de mille
Tausendfüßler *m* mille-pattes *m*
tausendmal mille fois
tausendste(r, -s) millième
tausendstel: ***zwei ~ Millimeter*** deux millièmes de millimètre
Tauwetter *n* dégel *m*
Taxi *n* taxi *m*
Taxi|fahrer(in) *m(f)* chauffeur *m* de taxi (⚠ *im Frz. nur m*); **~stand** *m* station *f* de taxis
Team *n* équipe *f*
Technik *f* **1** technique *f* **2** (*Verfahren*) procédé *m*, méthode *f* **3** (*technische Abteilung*) service *m* technique
Techniker(in) *m(f)* technicien *m*, -ienne *f*
technisch **1** technique **2** ***sie ist ~ begabt*** elle est douée pour la technique **3** ***aus ~en Gründen*** pour des raisons matérielles
Techno *m od. n* MUS techno *f*
Technologie *f* technologie *f*
Teddybär *m* ours *m* en peluche
Tee *m* **1** (*schwarzer Tee*) thé *m*; ***~ mit Zitrone*** thé au citron **2** (*Kräutertee, Früchtetee*) infusion *f*, tisane *f*
Tee|beutel *m* sachet *m* de thé; **~kanne** *f* théière *f*; **~löffel** *m* petite cuillère *f*
Teenager(in) *m(f)* adolescent(e) *m(f)*
Teenie *m umg.* préado *m,f*
Teer *m* goudron *m*
teeren goudronner
Teetasse *f* tasse *f* à thé (⚠ *frz.* une tasse de thé = ***e-e Tasse Tee***)
Teich *m* étang *m*
Teig *m* pâte *f*
Teil[1] *m e-s Ganzen*: partie *f*; ***zum (gro-***

T

ßen)* ~** en (grande) partie; ***der größte* ~** la plupart (von*** de); ***zum größten* ~** pour la plupart

Teil[2] *m od. n* **1** (*Anteil*) part *f*; ***zu gleichen* ~*en*** à parts égales **2** (*Beitrag*) contribution *f*; ***seinen* ~ *beitragen*** apporter sa contribution (***zu*** à)

Teil[3] *n* (*Einzelteil, Stück*) pièce *f*, partie *f*

teilbar divisible (***durch*** par)

Teilchen *n* **1** *umg.* (*Gebäck*) pâtisserie *f* **2** PHYS *usw.* particule *f*

teilen 1 (*zerteilen, dividieren*) diviser (***durch*** par); ***in zwei*** (***drei*** *usw.*) ***Stücke* ~** *a.* couper en deux (trois *usw.*) **2** (*aufteilen*) partager; ***sich etw* ~** se partager qc (***mit*** avec) **3** partager (*Meinungen, Gefühle*); ***geteilter Meinung sein*** être d'avis différents **4 *sich* ~** (*auseinandergehen*) se diviser; (*Straße*) bifurquer

Teilnahme *f* **1** participation *f* (***an*** à) **2** (*Anteilnahme*) intérêt *m*, sympathie *f* (***an*** pour)

teilnehmen participer, prendre part (***an*** à); ***an e-m Kurs* ~** *a.* suivre un cours

Teilnehmer(in) *m(f)* **1** participant(e) *m(f)* **2** *an Wettkämpfen*: concurrent(e) *m(f)*

teils 1 en partie **2 ~, ~** oui et non

Teilung *f* **1** division *f* **2** (*Aufteilung*) partage *m*

Teilungsartikel *m* GR article *m* partitif

teilweise en partie

Teilzeit... à temps partiel

Telefax *n* **1** *Gerät*: téléfax *m* **2** *Schreiben*: télécopie *f*, fax *m*

Telefon *n* **1** téléphone *m* **2 *ans* ~ *gehen*** aller (répondre) au téléphone; ***du wirst am* ~ *verlangt*** on te demande au téléphone

Telefon|anruf *m* appel *m* téléphonique, coup *m* de téléphone; **~buch** *n* annuaire *m*

telefonieren 1 téléphoner, donner un coup de télephone (***mit*** à) **2 *nach Paris* ~** téléphoner à Paris

Telefon|karte *f* télécarte *f*; **~nummer** *f* numéro *m* de téléphone; **~zelle** *f* cabine *f* téléphonique

Telegramm *n* télégramme *m*

Teleobjektiv *n* téléobjectif *m*

Teleskop *n* télescope *m*

Teller *m* assiette *f*

Tempel *m* temple *m*

Temperament *n* **1** (*Wesensart*) tempérament *m* **2** (*Schwung*) vivacité *f*; ***sie hat* ~** elle est pleine de vie (*od.* de vivacité)

temperamentvoll plein de vie

Temperatur *f* **1** température *f* **2** (*leichtes Fieber*) **~ *haben*** avoir (*od.* faire) de la température

Tempo *n* **1** (*Geschwindigkeit*) vitesse *f*, allure *f*; ***das* ~ *verringern*** ralentir (l'allure); ***hier gilt* ~ *30*** ici, la vitesse est limitée à trente kilomètres par heure (30 km/h); (***nun aber***) **~!** allez, vite! **2** (*Rhythmus*) rythme *m*, cadence *f* **3** MUS tempo *m*, mouvement *m*

Tempolimit *n* limitation *f* de vitesse

Tempotaschentuch® *n* mouchoir *m* en papier

Tendenz *f* tendance *f* (***zu*** à)

Tennis *n* tennis *m*

Tennis|ball *m* balle *f* de tennis; **~platz** *m* court *m* (de tennis); **~schläger** *m* raquette *f* (de tennis); **~spiel** *n* match *m* de tennis

Tenor *m* MUS ténor *m*

Teppich *m* **1** tapis *m* **2** *kleinerer*: carpette *f*

Teppichboden *m* moquette *f*

Termin *m* **1** *Tag*: date *f* **2** (*vereinbarte Zeit*) rendez-vous *m* **3 *e-n* ~ *vereinbaren*** *Tag*: fixer une date; *Zeit*: fixer un rendez-vous; *beim Arzt*: prendre (un) rendez-vous (***bei*** chez)

Terminkalender *m* agenda *m* (⚠ *im Frz. m*)

Terrasse *f* terrasse *f*

Terrine *f* soupière *f* (⚠ *frz.* terrine *f* = ***Pastete*** *mit Fleisch, Fisch od. Leber*)

Territorium *n* territoire *m*

Terror *m* **1** (*Entsetzen*), POL terreur *f* (⚠ *im Frz. f*) **2 ~ *machen*** *umg.* faire tout un cirque; ***mach hier keinen* ~!** arrête ton cirque!

terrorisieren 1 terroriser **2** (*belästigen*) tourmenter, mettre au supplice

Terrorismus *m* terrorisme *m*

Terrorist(in) *m(f)* terroriste *m,f*

Terz *f* MUS tierce *f*

Tesafilm® *m* ruban *m* adhésif

Tessin *n* Tessin *m*

Test *m* test *m*

Testament *n* **1** testament *m* **2 *das Alte*** (*bzw.* ***Neue***) **~** l'Ancien (*bzw.* le Nouveau) Testament

T

testen tester; ***j-n ~** a.* soumettre qn à un test *bzw.* à des tests
teuer **1** cher/chère, coûteux/-euse; ***wie ~ ist das?*** combien ça coûte? **2** ***etw ~ bezahlen*** payer qc cher
Teufel *m* **1** diable *m*; ***er fährt wie der ~*** *fig.* il conduit comme un beau diable; ***ach, geh zum ~!*** *umg.* va te faire voir! **2** ***pfui ~!*** berk! **3** ***auf ~ komm raus*** à tout prix **4** ***wo zum ~ steckt sie eigentlich?*** mais où est-elle encore passée?
Teufelskreis *m* cercle *m* vicieux
teuflisch **1** *(Mensch, Plan usw.)* diabolique **2** *(groß, schrecklich)* terrible **3** ***es tut ~ weh*** ça fait un mal de chien
Text *m* **1** texte *m* **2** *e-s Liedes*: paroles *f Pl* **3** *zu e-r Abbildung*: légende *f* **4** ***weiter im ~!*** continuez!
texten **1** *Werbung*: rédiger **2** ***ein Lied ~*** composer les paroles d'une chanson
Texter(in) *m(f)* **1** *von Liedern*: parolier *m* **2** *in der Werbung*: rédacteur *m*, -trice *f* publicitaire
Textilien *Pl* textiles *m Pl*
Text|marker *m* surligneur *m*; **~stelle** *f* passage *m* (d'un texte); **~verarbeitung** *f* traitement *m* de texte
Thailand *n* la Thaïlande
thailändisch thaïlandais
Theater *n* **1** théâtre *m*; ***~ spielen*** faire du théâtre **2** ***ins ~ gehen*** aller au théâtre (*od.* au spectacle) **3** *(Aufheben, Geschrei)* ***ein großes ~ machen*** *umg.* faire tout un cinéma (***wegen*** à propos de)
Theater|karte *f* billet *m* de théâtre; **~stück** *n* pièce *f* (de théâtre)
Theke *f* comptoir *m*
Thema *n* **1** *e-s Gesprächs, Texts usw.*: sujet *m*; ***sie hat das ~ verfehlt*** elle n'a pas traité le sujet **2** *(Grundgedanke)* thème *m* **3** ***das ist für mich kein ~ mehr*** pour moi, c'est une affaire classée
Theo|loge *m*, **~login** *f* théologien *m*, -ienne *f*
Theologie *f* théologie *f*
theoretisch **1** théorique (⚠ *Endung*) **2** ***~ stimmt das*** théoriquement c'est correct
Theorie *f* théorie *f*
Therapeut(in) *m(f)* thérapeute *m,f*; *umg.* psy *m,f*
Therapie *f* thérapie *f* (***gegen*** contre)
Thermometer *n* thermomètre *m* (⚠ *Endung*)
Thermosflasche® *f* bouteille *f* thermos®
These *f* thèse *f*
Thriller *m* thriller *m*
Thron *m* trône *m*
thronen trôner (*a. fig.*)
Thunfisch *m* thon *m*
Thurgau *m* Thurgovie *f*
Thüringen *n* la Thuringe
Thymian *m* thym *m*
Tick *m* **1** *(komische Eigenart)* manie *f* **2** ***ein nervöser ~*** un tic nerveux
ticken **1** *(Uhr)* faire tic tac **2** ***du tickst wohl nicht richtig!*** *(du bist verrückt) umg.* tu n'es pas un peu fêlé?
Ticket *n* ticket *m*
tief **1** *(Loch, See, Tal usw.)* profond; ***sechs Meter ~ sein*** avoir six mètres de profondeur; ***wie ~ ist …?*** quelle est la profondeur de …? **2** ***~ unten*** tout en bas; ***~ fliegen*** voler très bas **3** ***~e Temperaturen*** températures *f Pl* basses **4** *(Stimme, Ton)* grave; *aber*: ***~ singen*** chanter bas **5** ***~ graben*** (***schlafen*** *usw.*) creuser (dormir *usw.*) profondément **6** ***das lässt ~ blicken*** ça en dit long **7** *(spät)* ***~ in der Nacht*** très tard dans la nuit
Tief *n* **1** *Wetter*: zone *f* de basse pression **2** *bes. seelisches*: dépression *f*
Tiefdruckgebiet *n* zone *f* de basse pression
Tiefe *f* profondeur *f*; ***in 100 m ~*** à cent mètres de profondeur
Tief|ebene *f* plaine *f* basse; **~garage** *f* garage *m* souterrain (⚠ *frz.* garage *ist m*)
tiefgekühlt surgelé
Tiefkühl|fach *n* compartiment *m* congélateur; **~truhe** *f* congélateur *m*
Tiefpunkt *m* point *m* le plus bas
Tier *n* **1** animal *m* **2** (↔ *Mensch*) bête *f* **3** ***ein hohes ~*** *umg.* une grosse légume
Tier|arzt *m*, **~ärztin** *f* vétérinaire *m,f*; **~heim** *n* fourrière *f*
tierisch **1** *(vom Tier)* animal **2** ***e-e ~e Hitze*** une chaleur abominable **3** ***ich hatte ~e Angst*** j'ai eu une de ces peurs
Tier|kreiszeichen *n* signe *m* du zodiaque; **~kunde** *f* zoologie *f*
tierlieb: ***~ sein*** aimer les animaux
Tier|medizin *f* médecine *f* vétérinaire; **~park** *m* jardin *m* zoologique; **~quälerei** *f* cruauté *f* envers les animaux;

~schutzverein *m* société *f* protectrice des animaux; SPA *f*; **~versuche** *m Pl* expérimentation *f* animale
Tiger(in) *m(f)* tigre *m*, tigresse *f*
timen minuter
Timing *n* minutage *m*
Tinte *f* **1** encre *f* **2** ***wir sitzen in der ~*** *umg.* nous sommes dans le pétrin
Tinten|fisch *m* seiche *f*; **~killer®** *m* effaceur *m*; **~klecks** *m* tache *f* d'encre
Tipp *m* (*Hinweis*) *umg.* tuyau *m*
tippen **1** taper (*Brief, Text usw.*); *am Computer*: taper à l'ordinateur **2** *mit dem Finger*: ***an*** *od.* ***gegen etw ~*** toucher qc du bout du doigt **3** *im Lotto usw.*: jouer (*Zahl*) **4** ***ich tippe auf Heike*** *od.* ***ich tippe darauf, dass es Heike war*** je parie que c'était Heike
Tippfehler *m* faute *f* de frappe
tipptopp **1** (*sauber*) *umg.* impec **2** ***das Zimmer ist ~ aufgeräumt*** c'est rangé impec dans la pièce
Tirol *n* le Tyrol
Tisch *m* **1** table *f*; ***den ~ decken*** mettre la table, mettre le couvert (*od.* les couverts) **2** ***das Problem ist vom ~*** (*erledigt*) le problème est réglé
Tisch|decke *f* nappe *f*; **~fußball** *m* baby-foot *m*; **~gebet** *n* **1** *vor dem Essen*: bénédicité *m* **2** *nach dem Essen*: grâces *f Pl*
Tischler *m* menuisier *m*
Tisch|tennis *n* tennis *m* de table, ping-pong *m*; **~tuch** *n* nappe *f*
Titel *m* **1** *e-s Buchs, Texts*: titre *m* **2** (*Musikstück, Song*) morceau *m*
Titelbild *n e-r Zeitschrift*: couverture *f*
Titelseite *f e-r Zeitung*: première page *f*; ***auf der ~*** à la une
Titelverteidiger(in) *m(f) bei Wettkämpfen*: défenseur *m* du titre (⚠ *im Frz. nur m*)
tja: ***~!*** **1** *erstaunt*: eh bien! **2** *ratlos*: que veux-tu? *bzw.* que voulez-vous?
Toast *m* toast *m*, pain *m* grillé
Toastbrot *n* pain *m* de mie
toasten griller
Toaster *m* grille-pain *m*
Tobel *m od. n* (CH), (A) ravin *m*
toben **1** ***vor Wut ~*** être en rage, être furieux **2** ***der Sturm tobt*** la tempête s'est déchaînée **3** (*lärmen, herumtollen*) être déchaîné, se défouler
Tochter *f* fille *f*
Tod *m* **1** mort *f* **2** ***zum ~e verurteilen*** condamner à mort **3** ***es geht um Leben und ~*** il y va de la vie **4** ***ich bin zu ~e erschrocken*** j'ai eu une peur mortelle **5** ***sie langweilt sich zu ~e*** elle s'ennuie à mourir **6** ***sich zu ~e schämen*** mourir de *honte
todernst *umg.* **1** (*jemand*) sérieux/-ieuse comme un pape **2** ***ich meine es ~!*** c'est sérieux!; *stärker*: je ne plaisante pas!
Todes|opfer *n* mort(e) *m(f)*; *oft a.*: victime *f*; **~strafe** *f* peine *f* de mort; **~urteil** *n* condamnation *f* à mort
Todfeind(in) *m(f)* pire ennemi(e) *m(f)*
todlangweilig *umg.* rasoir
tödlich **1** (*Krankheit, Gefahr*) mortel/-elle **2** ***~ verunglücken*** être tué dans un accident **3** ***~ beleidigt*** profondément vexé
todmüde mort de fatigue
todsicher **1** (*Sache, Trick usw.*) absolument sûr **2** ***er kommt ~*** il viendra à coup sûr
Töff *m od. n* (CH) (*Motorrad*) moto *f*
Togo *n* le Togo
Toilette *f* (*WC*) toilettes *f Pl*
Toilettenpapier *n* papier *m* hygiénique
Tokio *n* Tokyo
tolerant tolérant
Toleranz *f* tolérance *f*
toll **1** (*großartig*) formidable; ***das ist ja ~!*** *umg.* c'est super! **2** (*verrückt*) *umg.* dingue **3** ***das hast du ~ gemacht*** *umg.* tu as fait ça comme un chef (*a. iron.*)
Tollpatsch *m* maladroit(e) *m(f)*
Tollwut *f* rage *f*
Tomate *f* **1** tomate *f* **2** ***~n auf den Augen haben*** *umg.* être bigleux **3** ***treulose ~!*** *umg.* lâcheur! *bzw.* lâcheuse!
Tomatensaft *m* jus *m* de tomate
Tombola *f* tombola *f*
Ton[1] *m* **1** (*Laut, Klang*) son *m* **2** *e-r Tonleiter*: ton *m*; ***ein halber ~*** un demi-ton; ***den ~ angeben*** MUS donner le ton; *fig.* donner le la **3** (*Umgangston*) ton *m*; ***red nicht in diesem ~ mit mir!*** ne me parle pas sur ce ton-là! **4** (*Farbton*) teinte *f*, ton *m* **5** (*Äußerung*) mot *m*; ***keinen ~ herausbringen*** être incapable de sortir un mot **6** ***große Töne spucken*** *fig. umg.* frimer
Ton[2] *m* **1** (*Tonerde*) argile *f* **2** *zum Töpfern*: (terre *f*) glaise *f*; ***gebrannter ~*** terre *f* cuite
Ton|art *f* MUS tonalité *f*; **~band** *n* bande *f*

magnétique
tönen **1** (*leicht färben*) teinter; ***sich die Haare ~*** faire un rinçage (*od.* une coloration) **2** (*klingen*) sonner; (*widerhallen*) résonner **3** ***groß ~*** (*prahlen*) *umg.* frimer
Tonleiter *f* MUS gamme *f*
Tonne *f* **1** *Gefäß*: tonneau *m*, tonne *f* **2** *Gewicht*: tonne *f*
Tönung *f der Haare*: rinçage *m*, coloration *f*
Topf *m* **1** pot *m* **2** (*Kochtopf*) marmite *f*; *mit Stiel*: casserole *f* **3** ***alles in e-n ~ werfen*** mettre tout dans le même sac
Topfen *m* Ⓐ (*Quark*) fromage *m* blanc
Töpferei *f* poterie *f*
töpfern **1** faire de la poterie **2** ***etw ~*** fabriquer qc
Topf|lappen *m* gant *m* de cuisine; **~pflanze** *f* plante *f* en pot
Tor *n* **1** porte *f*; *großes*: portail *m* **2** SPORT but *m*; ***ein ~ schießen*** marquer un but; ***im ~ stehen*** être dans les buts (⚠ *Plural*)
Torf *m* tourbe *f*
Tor|hüter *m* SPORT gardien *m* de but, goal *m*; **~jäger** *m* SPORT buteur *m*
torkeln tituber, zigzaguer
Tor|latte *f* SPORT barre *f* (transversale); **~linie** *f* SPORT ligne *f* de but
Tornado *m* tornade *f* (⚠ *im Frz. f*)
Torpedo *m* torpille *f* (⚠ *Endung*)
Torpfosten *m* poteau *m*
Törtchen *n* tartelette *f*
Torte *f* gâteau *m* (⚠ *frz.* tarte *f* = ***flacher Obstkuchen***)
Tortenheber *m* pelle *f* à gâteau
Torwart *m* gardien *m* de but
tosen **1** ***der Sturm tost*** la tempête est déchaînée **2** ***~der Beifall*** applaudissements *m Pl* frénétiques
tot **1** mort; ***~ umfallen*** tomber raide mort **2** ***sich ~ stellen*** faire le mort **3** TEL ***die Leitung ist ~*** il n'y a plus de courant **4** ***das Tote Meer*** la mer Morte
total **1** total **2** ***ich hab's ~ vergessen*** je l'ai totalement (*od.* complètement) oublié
totalitär totalitaire
totärgern: ***ich könnte mich ~*** *umg.* ça me met en rogne; *über mich selbst a.*: je m'en veux
Tote(r) *f(m)* mort(e) *m(f)*; ***bei dem Unfall gab es drei ~*** l'accident a fait trois morts (*od.* victimes)
töten tuer; ***getötet werden*** être tué, se faire tuer
Totenkopf *m* tête *f* de mort
totlachen **1** ***wir haben uns totgelacht*** *umg.* nous nous sommes fendus la pipe **2** ***das ist zum Totlachen*** *umg.* c'est tordant
Tour[1] *f* **1** (*Rundreise*) tour *m* (⚠ *frz.* tour *f* = ***Turm***); (*Ausflug*) excursion *f*; (*Wanderung*) randonnée *f* **2** ***auf ~ gehen*** (*Theater usw.*) aller en tournée
Tour[2] *f* **1** ***auf vollen ~en laufen*** *fig.* battre son plein; ***auf ~en kommen*** (*in Fahrt kommen*) se mettre en train **2** ***in e-r ~*** sans cesse, sans s'arrêter
Tour[3] *f* (*Methode*) **1** ***die alte ~*** *umg.* le vieux truc **2** ***krumme ~en*** *umg.* magouilles *f Pl* **3** ***er vermasselt mir die ~*** *umg.* il me casse la baraque
Tourenrad *n* vélo *m* de tourisme
Tourismus *m*, **Touristik** *f* tourisme *m*
Tourist(in) *m(f)* touriste *m,f*
Tournee *f* tournée *f*; ***auf ~ gehen*** (*bzw.* ***sein***) partir (*bzw.* être) en tournée
Trab *m* **1** trot *m*; **(*im*) *~ reiten*** aller au trot **2** ***sie ist immer auf ~*** elle ne s'arrête jamais; ***er bringt uns alle auf ~*** *umg.* il nous secoue tous
traben trotter
Tracht[1] *f* (*Kleidung*) costume *m*
Tracht[2] *f*: ***e-e ~ Prügel*** une raclée
trächtig (*Tier*) pleine
Tradition *f* tradition *f*
Trafik *f* Ⓐ (*Tabakgeschäft*) bureau *m* de tabac
Trafikant(in) *m(f)* Ⓐ buraliste *m,f*
Tragbahre *f* civière *f*, brancard *m*
tragbar (*Fernseher, Kleidung*) portable
träge **1** (*lustlos*) indolent, sans entrain **2** (*langsam*) lent
tragen **1** porter (***in der Hand*** à la main) **2** *Kleidung, Frisur*: ***sie trägt das Haar kurz*** (***lang*** *usw.*) elle a les cheveux courts (longs *usw.*); ***er trägt schwarz*** il porte du noir **3** ***Sie ~ die Verantwortung*** vous portez la responsabilité (***für*** de) **4** (*ertragen*) supporter **5** ***das Eis trägt*** la glace porte
Träger *m* **1** *am Kleid usw.*: bretelle *f* **2** *Bauteil*: support *m*; *Balken*: poutre *f*
Tragfläche *f* FLUG surface *f* portante
tragisch **1** tragique **2** ***~ enden*** finir tragiquement **3** ***das ist (doch) nicht so ~*** ce n'est (quand même) pas si grave; ***nimm's nicht so ~!*** ne le prends pas

T

au tragique!
Tragödie *f* tragédie *f*
Trainer(in) *m(f)* entraîneur *m* (⚠ *nur m; frz.* l'entraîneuse *f* = ***Animierdame*** *z. B. in e-r Bar*)
trainieren **1** s'entraîner **2** entraîner (*Mannschaft, Gedächtnis*) **3** s'entraîner à (*Sportart*)
Training *n* entraînement *m*
Trainingsanzug *m* survêtement *m* (de sport)
Traktor *m* tracteur *m*
trällern fredonner
Tram(bahn) *f* CH tramway *m*
trampeln **1** *auf der Stelle*: trépigner **2** *im Gehen*: marcher d'un pas lourd
trampen faire de l'auto-stop
Tramper(in) *m(f)* autostoppeur *m*, -euse *f*
Trampolin *n* trampoline *m*
Träne *f* **1** larme *f* **2** ***~n lachen*** rire aux larmes **3** ***mir kommen gleich die ~n*** *iron.* je vais sortir mon mouchoir
tränen: ***meine Augen ~, mir ~ die Augen*** j'ai les yeux qui pleurent
Tränengas *n* gaz *m* lacrymogène
Tränke *f* abreuvoir *m*
tränken **1** abreuver (*Tiere*) **2** imbiber (*Watte*) (***mit*** de)
Transfer *m* transfert *m*
transitiv GR transitif/-ive
Transparent *n* **1** (*Spruchband*) banderole *f* **2** *Bild*: transparent *m*
Transplantation *f* transplantation *f*
transplantieren transplanter
Transport *m* transport *m*
transportieren transporter
Trapez *n* trapèze *m* (⚠ *Endung*)
Trara *n*: ***viel ~ machen*** *umg.* faire beaucoup de chichis (***um*** pour)
Tratsch *m umg.* ragots *m Pl*
tratschen cancaner, potiner
Traube *f* **1** (*Weintraube*) raisin *m*; ***~n essen*** manger du raisin (⚠ *Singular*) **2** (*Blütentraube, mehrere Beeren am Stiel*) grappe *f* **3** (*einzelne Beere*) grain *m* du raisin
Trauben|saft *m* jus *m* de raisin; **~zucker** *m* glucose *m* (⚠ *im Frz. m*)
trauen[1] (*vertrauen*) **1** ***ich traue ihm*** j'ai confiance en lui; ***ich traue ihr nicht*** je me méfie d'elle **2** ***ich traute meinen Augen nicht*** je n'en croyais pas mes yeux
trauen[2] **1** ***sich ~*** (*etw wagen*) oser; ***sie traut sich nicht ins Wasser*** elle n'ose pas entrer dans l'eau **2** ***du traust dich ja doch nicht!*** *umg.* chiche!
trauen[3] marier (*Brautpaar*); ***sich kirchlich ~ lassen*** se marier à l'église
Trauer *f* **1** *um Tote usw.*: deuil *m* (***um*** de) **2** (*Traurigkeit*) tristesse *f*
Trauerfeier *f* funérailles *f Pl*
trauern **1** être affligé **2** ***um etw ~*** regretter qc **3** ***um j-n ~*** pleurer qn
Trauer|spiel *n* tragédie *f*; **~weide** *f* saule *m* pleureur
Traum *m* **1** rêve *m* **2** ***aus der ~!*** finies les illusions! **3** ***das fällt mir nicht im ~ ein*** (*ich denke nicht daran*) je suis loin d'y penser **4** ***ein ~ von e-m Kleid*** (***Auto*** *usw.*) une robe (une voiture *usw.*) de rêve
Traum... de mes (tes *usw.*) rêves; ***ihr Traumhaus*** la maison de ses rêves; ***mein Traummann, meine Traumfrau*** l'homme *m*, la femme de mes rêves
träumen **1** rêver (***von*** de); ***davon ~ etw zu tun*** rêver de faire qc; ***du träumst wohl!*** tu rêves! **2** ***träum was Schönes!*** fais de beaux rêves!; ***ich habe schlecht geträumt*** j'ai fait un mauvais rêve **3** ***das hätte ich mir nie ~ lassen!*** je ne m'y serais jamais attendu!
Träumer(in) *m(f)* rêveur *m*, -euse *f*
traumhaft (*herrlich, toll*) fantastique
traurig **1** triste (***über*** de) **2** ***das macht mich ~*** ça m'attriste; ***~ werden*** s'attrister (***über*** sur)
Traurigkeit *f* tristesse *f*
Trauung *f* mariage *m*; ***kirchliche ~*** mariage à l'église
Treff *m* **1** *Ort*: lieu *m* de rencontre **2** (*Treffen*) rendez-vous *m*; *umg.* rencard *m*
treffen[1] **1** (*begegnen*) rencontrer **2** ***sich ~*** se rencontrer **3** ***das trifft sich gut*** (*das passt gut*) cela tombe bien
treffen[2] **1** toucher, frapper (*Ziel*); ***sie hat getroffen!*** elle a touché juste! **2** *auf Fotos, Bildern*: ***er*** *bzw.* ***sie ist gut getroffen*** son portrait est bien ressemblant
treffen[3] prendre (*Entscheidung, Verabredung*); ***Vorbereitungen ~*** faire des préparations (***für*** pour)
Treffen *n* **1** (*Begegnung*) rencontre *f* (*a.* SPORT) **2** (*Verabredung*) rendez-vous *m*
Treffer *m* **1** coup *m* réussi **2** (*Tor*) but *m* **3** *Los*: billet *m* gagnant

T

Treffpunkt *m* lieu *m* de rendez-vous
treiben[1] **1** *vor sich her*: pousser, chasser **2** ***Sport*** **~** pratiquer du sport **3** ***was treibst du so?*** qu'est-ce que tu deviens? **4** ***er treibt es immer auf die Spitze*** il pousse les choses à l'extrême; ***treib es nicht zu weit!*** ne vas pas trop loin! **5** (*Pflanze*) pousser; ***Blüten*** **~** produire des fleurs
treiben[2] (*getrieben werden*) **1** ***auf dem Wasser*** **~** flotter à la dérive **2** ***im Wind*** **~** dériver au gré du vent **3** ***an Land*** *bzw.* ***ans Ufer*** **~** s'échouer **4** ***sie lässt sich*** **~** *fig.* elle va a la dérive
Treib|gas *n* gaz *m* propulseur; **~haus** *n* serre *f*; **~hauseffekt** *m* effet *m* de serre; **~stoff** *m* carburant *m*
Trekkingrad *n* VTC *m*, vélo *m* tout chemin
Trend *m* **1** (*Tendenz*) tendance *f* (**zu** à) **2** (*Mode*) mode *f*; ***im*** **~** à la mode
Trendwende *f* revirement *m* (*a.* POL)
trennbar séparable
trennen **1** séparer (**von** de); (*abtrennen*) détacher (**von** de) **2** couper (*Wort*) **3** TEL ***wir sind getrennt worden*** nous avons été coupés **4** (*unterscheiden*) ***das muss man*** **~** il faut distinguer cela **5** (*sortieren*) trier; ***Abfall*** **~** trier les déchets **6** ***sich*** **~** se séparer (**von** de), se quitter; ***sie hat sich von ihm getrennt*** elle l'a quitté, elle s'est séparée de lui
Trennung *f* **1** (*Getrenntsein*) séparation *f* **2** (*Unterscheidung*) distinction *f* **3** *e-s Wortes*: division *f*, césure *f*
Treppe *f* **1** escalier *m*; ***auf der*** **~** dans l'escalier **2** ***sie wohnt e-e*** **~** ***höher*** elle habite un étage plus *haut **3** (*Freitreppe*) perron *m*
Treppen|absatz *m* palier *m*; **~haus** *n* cage *f* d'escalier
Tresor *m* coffre-fort *m* (⚠ *frz.* trésor *m* = ***Schatz***)
Tretboot *n* pédalo *m*
treten **1** ***j-n*** **~** donner un coup de pied à qn; ***sie hat mich getreten*** *aus Versehen auf den Fuß*: elle m'a marché sur le pied **2** *mit Ortsangabe*: ***ans Fenster*** **~** s'approcher de la fenêtre; ***aus dem Haus*** **~** sortir de la maison; ***ins Zimmer*** **~** entrer dans la pièce; ***in e-e Pfütze*** **~** marcher dans une flaque (d'eau) **3** ***auf die Bremse*** **~** appuyer sur le frein; *beim Radfahren*: ***in die Pedale*** **~** pédaler **4** ***in Aktion*** **~** entrer en action; ***in Kraft*** **~** (*Gesetz*) entrer en vigueur **5** ***j-m zu nahe*** **~** froisser qn
treu fidèle
Treue *f* fidélité *f*; (*Ergebenheit*) loyauté *f*
treuherzig **1** candide, naïf/naïve **2** ***er schaut so*** **~** il a une expression tellement naïve et confiante
treulos infidèle
Triangel *m* triangle *m*
Tribüne *f* tribune *f*, estrade *f*
Trichter *m* entonnoir *m*
Trick *m* **1** *umg.* truc *m*; *umg.* combine *f* **2** ***das ist der ganze*** **~** ***dabei*** c'est toute l'astuce **3** ***faule*** **~s** *umg.* magouilles *f Pl*
Trickfilm *m* dessins *m Pl* animés
tricksen **1** *umg.* goupiller **2** SPORT feinter **3** ***das werden wir schon*** **~** (*hinkriegen*) *umg.* on se débrouillera
Trieb[1] *m* (*innerer Drang*) impulsion *f*; *sexueller*: pulsion *f*
Trieb[2] *m* BOT pousse *f*, jet *m*
Trieb|täter *m* maniaque *m* sexuel; **~werk** *n* moteur *m*; FLUG propulseur *m*, réacteur *m*
triefen **1** (*Wasser, Regen usw.*) dégoutter (**von** de) **2** **~d *nass*** trempé
Trikot *n* SPORT maillot *m* (⚠ *frz.* tricot *m* = ***Stricken, Strickjacke***)
Trillerpfeife *f* sifflet *m* à roulette
trinkbar buvable; (*Wasser*) potable
trinken **1** boire; *Kaffee, Tee a.*: prendre **2** ***aus e-m Glas*** **~** boire dans un verre; ***aus der Flasche*** **~** boire à (même) la bouteille **3** (***gehen wir***) ***e-n*** **~** (allons) boire un coup; ***gehen wir e-n Kaffee*** **~** allons prendre un café **4** ***wir*** **~** ***auf dein Wohl*** nous buvons à ta santé

trinken

Das Wort *trinken* heißt auf Französisch **boire**. Das ist nicht weiter schwierig. Aufpassen muss man allerdings, wenn man die zugehörige Präposition übersetzen will:

Jeanne trinkt ihren Whisky *aus* einem Glas.
Jeanne boit son whisky dans un verre.

Alain trinkt seinen Tee *aus* einer Tasse.
Alain boit son thé dans une tasse.

Thierry trinkt immer *aus* der Flasche.
Thierry a l'habitude de boire à la bouteille.

Trinker(in) *m(f)* buveur *m*, -euse *f*
Trink|geld *n* pourboire *m*; **~halm** *m* paille *f*; **~wasser** *n* eau *f* potable

In französischen Lokalen bekommt man die Rechnung meistens auf einem Tellerchen serviert. In dieses legt man das Geld, das die Bedienung dann abholt. Nachdem sie das Wechselgeld gebracht hat, kann man ein **Trinkgeld** in dem Tellerchen liegen lassen – falls man mit Essen und Service zufrieden war!

Trio *n* MUS *usw.* trio *m*
Trip *m* **1** (*kurze Reise*) voyage *m*, virée *f* **2** (*Drogenrausch*) *umg.* défonce *f*
Tritt *m* **1** (*Fußtritt*) coup *m* de pied **2** (*Gang, Schritt*) pas *m*
Trittbrett *n* marchepied *m*
Triumph *m* triomphe *m* (***über*** sur)
triumphieren triompher (***über*** de)
trocken **1** sec/sèche **2** ***~ aufbewahren*** conserver au sec **3** (*Wein*) sec; (*Champagner*) brut **4** ***im Trockenen*** au sec; (*in Sicherheit vor Regen usw.*) à l'abri
Trockenheit *f* sécheresse *f*
trocknen **1** (*Wäsche usw.*) sécher **2** (*austrocknen, vertrocknen*) se dessécher **3** (*trocknen lassen*) (faire) sécher
Trockner *m* **1** *für Hände*: sèche-mains *m* **2** *für Wäsche*: sèche-linge *m*
Trödel *m* bric-à-brac *m*
Trödelmarkt *m* marché *m* aux puces
trödeln traîner
Trödler(in) *m(f)* brocanteur *m*, -euse *f*
Trommel *f* tambour *m*
Trommelfell *n* tympan *m*
trommeln **1** (*Trommel spielen*) battre le tambour **2** ***er trommelt mit den Fingern auf den Tisch*** il tambourine avec les doigts sur la table
Trompete *f* trompette *f*
trompeten **1** jouer de la trompette **2** (*Elefant*) barrir
Tropen *Pl* tropiques *m Pl* (⚠ *Endung*); ***in den ~*** sous les tropiques
Tröpfchen *n* gouttelette *f*
tröpfeln, tropfen **1** goutter **2** ***es tropft vom Dach*** il y a de l'eau qui goutte du toit **3** (*tropfen lassen*) verser goutte à goutte (***in*** dans)
Tropfen *m* goutte *f*
Trophäe *f* trophée *m* (⚠ *im Frz. m*)
tropisch tropical (⚠ *Endung*)
Trost *m* **1** consolation *f*, réconfort *m* **2** ***als*** *od.* ***zum ~*** à titre de consolation **3** ***du bist wohl nicht (ganz) bei ~!*** *umg.* tu dérailles!
trösten **1** consoler, réconforter (*j-n*) (***mit*** par) **2** ***sich ~*** se consoler (***mit*** par); ***tröste dich!*** *umg.* ne t'en fais pas!
trostlos **1** (*Wetter, Anblick*) désolant **2** (*Gegend*) triste, morne
Trostpreis *m* prix *m* de consolation
Trott *m* (*Routine*) train-train *m*
Trottel *m* imbécile *m*
trotz malgré, en dépit de
Trotz *m* **1** entêtement *m*, obstination *f* **2** ***aus ~*** par dépit
trotzdem quand même, tout de même
trotzig **1** (*eigensinnig*) obstiné **2** (*störrisch*) récalcitrant
Trouble *m* (*Ärger*) *umg.* emmerdes *f Pl*
trüb(e) **1** (*Flüssigkeit*) trouble **2** (*Licht*) sans éclat **3** (*Wetter*) sombre, gris; ***es ist ~*** il fait gris **4** (*Stimmung*) morne
Trubel *m* agitation *f*
trüben **1** troubler (*a. fig.*) **2** ***j-s Freude ~*** gâter la joie de qn **3** ***sich ~*** (*Flüssigkeit*) se troubler; (*Himmel*) s'assombrir
Trüffel *f od. m* truffe *f*
trügen **1** (*täuschen*) tromper **2** ***der Schein trügt*** les apparences sont trompeuses
Truhe *f* coffre *m*
Trümmer *Pl* **1** débris *m Pl* **2** *von Gebäuden*: ruines *f Pl*, décombres *m Pl*
Trumpf *m* atout *m* (*a. fig.*)
Trupp *m* **1** ***ein ~ Arbeiter*** une équipe de travailleurs **2** ***ein ~ Soldaten*** un détachement de soldats
Truppe *f* **1** troupe *f* **2** ***die ~*** (*die Streit-*

T

kräfte) l'armée *f* **3** *von Schauspielern*: troupe *f*, compagnie *f*
Truthahn *m* dindon *m*
Tscheche *m*, **Tschechin** *f* Tchèque *m,f*
Tschechien *n* la République tchèque
tschechisch tchèque
tschüs(s) *umg.* salut!
T-Shirt *n* tee-shirt *m*
Tube *f* **1** tube *m* (⚠ *im Frz. m*) **2** ***auf die ~ drücken*** (*Gas geben*) *umg.* appuyer sur le champignon
Tuberkulose *f* tuberculose *f*
Tuch *n* **1** drap *m* **2** (*Kopf-, Halstuch*) foulard *m* **3** (*Gewebe*) tissu *m*
tüchtig **1** (*leistungsfähig*) bon/bonne; (*fähig*) capable; ***sie ist e-e ~e Ärztin*** c'est un excellent médecin **2** (*viel*) ***er arbeitet ~*** il travaille beaucoup (*od.* bien)
Tücke *f* **1** (*Hinterhältigkeit*) perfidie *f* **2** ***das Gerät hat seine ~n*** cet appareil ne marche pas comme on veut
tuckern (*Motor*) faire teuf-teuf
tückisch (*hinterhältig*) perfide
tüfteln: ***~ an*** **1** (*basteln*) bricoler sur, fignoler **2** *an Rätseln*: chercher une solution ingénieuse à
Tugend *f* vertu *f*
Tüll *m* tulle *m*
Tulpe *f* tulipe *f*
tummeln **1** ***sich ~*** (*herumtollen*) folâtrer; (*viele Leute*) grouiller **2** ***tummel dich!*** (*beeil dich*) dépêche-toi!
Tumor *m* tumeur *f* (⚠ *im Frz. f*)
Tümpel *m* mare *f*
Tumult *m* **1** (*Lärm*) tumulte *m*, vacarme *m* **2** (*Aufruhr*) agitation *f*
tun **1** (*machen*) faire **2** (*an e-n Ort tun*) mettre **3** *mit j-m*: ***ich habe mit ihr zu ~*** j'ai affaire à (*od.* avec) elle; ***er bekommt es mit mir zu ~, wenn …*** (*er bekommt Ärger mit mir*) il aura des ennuis avec moi si … (+ *Ind.*) **4** *Zusammenhang*: ***zu ~ haben mit …*** avoir qc à faire avec…; ***das hat damit nichts zu ~*** cela n'a rien à voir avec ça; ***damit habe ich nichts zu ~*** cela ne me concerne pas **5** *mit es bzw. das*: ***es tut sich was*** il se passe qc; ***das tut man nicht*** cela ne se fait pas; ***das Radio tut's nicht mehr*** la radio ne marche plus; ***das tut es auch*** (*das geht auch, genügt auch*) cela fera aussi l'affaire **6** *mit so*: ***nur so ~*** faire semblant; ***er tut so, als ob er schläft*** il fait semblant de dormir; ***tu doch nicht so!*** ne prends pas ces airs-là! **7** ***tu, was du nicht lassen kannst!*** si tu ne peux pas faire autrement, fais-le! **8** (*wehtun*) ***der Hund tut (dir) nichts*** le chien n'est pas méchant; ***was hat er dir denn getan?*** qu'est-ce qu'il t'a donc fait?
tünchen badigeonner
Tuner *m* tuner *m*
Tunesien *n* la Tunisie
tunesisch tunisien/-ienne
Tunfisch *m* thon *m*
Tunnel *m* tunnel *m*
tupfen *mit Watte, Lappen*: tamponner
Tupfen *m* pois *m*, point *m*
Tür *f* **1** porte *f* **2** (*Autotür*) portière *f* **3** ***vor verschlossener ~ stehen*** trouver porte close; ***hinter verschlossenen ~en*** (*geheim*) à *huis clos **4** ***sie haben ihn vor die ~ gesetzt*** (*hinausgeworfen*) *umg.* ils l'ont flanqué à la porte **5** ***Weihnachten*** (***Ostern*** *usw.*) ***steht vor der ~*** Noël (Pâques *usw.*) approche
Turban *m* turban *m*
Türfalle *f* Ⓒⓗ poignée *f* de porte
Türke *m*, **Türkin** *f* Turc *m*, Turque *f*
Türkei *f* Turquie *f*
türkis turquoise
türkisch turc/turque
Türklinke *f* poignée *f* de la porte
Turm *m* **1** tour *f* (⚠ *frz.* tour *m* = ***Runde, Tour, Drehung***) **2** *e-r Kirche*: clocher *m*
türmen[1]: ***sich ~*** (*Bücher, Hefte usw.*) s'entasser, s'empiler
türmen[2] (*weglaufen*) *umg.* ficher le camp
Turnbeutel *m* sac *m* de sport
turnen **1** faire de la gymnastique; ***am Barren ~*** faire des barres parallèles **2** (*klettern*) grimper
Turnen *n* **1** gymnastique *f* **2** (*Turnunterricht*) éducation *f* physique et sportive
Turner(in) *m(f)* gymnaste *m,f*
Turn|geräte *n Pl* agrès *m Pl*; **~halle** *f* gymnase *m*
Turnier *n* **1** SPORT *usw.* concours *m*, compétition *f* **2** HIST tournoi *m*
Turn|schuh *m* **1** tennis *m*; *knöchelhoher*: basket *f* **2** *Leichtathletik*: chaussure *f* de gymnastique; **~zeug** *n* affaires *f Pl* de gymnastique
Tusch *m* fanfare *f*

Tusche *f* encre *f* de Chine
tuscheln chuchoter
tuschen: *sich die Wimpern* ~ se farder les cils
Tussi *f umg.* nana *f*, *umg.* nénette *f*
Tüte *f* **1** sac *m* **2** (*Papiertüte*) sac *m* en papier; *spitze*: cornet *m* **3** (*Plastiktüte*) sac *m* en plastique
TÜV *m* ≈ contrôle *m* technique; ***sein Auto durch den ~ bringen*** faire passer le contrôle technique à sa voiture
Typ *m* **1** (*Modell*) type *m* **2** ***sie ist nicht mein ~*** *umg.* ce n'est pas mon genre **3** ***ihr ~*** (*ihr Freund*) *umg.* son mec **4** ***dein ~ wird verlangt*** c'est toi qu'on réclame **5** (*Mann*) *umg.* mec *m*; ***ein komischer ~*** *umg.* un drôle de zèbre
typisch **1** typique, caractéristique (***für*** de); ***das ist ~ für dich*** (ça) c'est bien toi **2** ***typisch ~*** typiquement allemand
Tyrann *m* tyran *m*
tyrannisch tyrannique
tyrannisieren tyranniser

U

u. a. **1** (*und andere*) et autres **2** (*unter anderem*) entre autres
U-Bahn *f* métro *m* (⚠ *im Frz. m*)
U-Bahn-Zug *m* rame *f* de métro
übel **1** ***ein übler Kerl*** un sale type **2** ***mir ist ~, mir wird ~*** j'ai mal au cœur, j'ai envie de vomir **3** (***gar***) ***nicht ~!*** pas mal (du tout)! **4** ***wohl oder ~*** bon gré, mal gré **5** ***j-m etw ~ nehmen*** en vouloir à qn de qc
Übel *n* **1** mal *m* **2** ***zu allem ~*** pour couronner le tout **3** ***das kleinere ~*** le moindre mal
Übelkeit *f* mal *m* au cœur, nausée *f*
übelnehmen → ***übel***
Übeltäter(in) *m(f)* malfaiteur *m*, -trice *f*; *bei e-r bestimmten Tat*: coupable *m,f*
üben **1** faire des exercices **2** ***Geige*** (***Klavier*** *usw.*) ~ jouer du violon (du piano *usw.*), travailler le violon (le piano *usw.*) **3** SPORT ***Kopfstand*** *usw.* ~ s'entraîner à faire le poirier *usw.*
über[1] **1** (*oberhalb von*) au-dessus de **2** (*auf*) sur **3** ***~ die Straße*** (***Brücke*** *usw.*) ***gehen*** traverser la rue (le pont *usw.*) **4** ***~ Köln nach Bonn fahren*** aller à Bonn en passant par Cologne **5** *zeitlich*: ***~ Nacht*** pendant la nuit; ***~ Weihnachten*** (***Ostern*** *usw.*) pour Noël (pour Pâques *usw.*) **6** ***ein Buch*** (***ein Film*** *usw.*) ***~ ...*** un livre (un film *usw.*) sur ...; ***~ j-n*** (*bzw.* ***etw***) ***reden*** parler de qn (*bzw.* de qc) **7** ***ein Scheck ~ 50 Euro*** un chèque de cinquante euros **8** ***das geht ~ meine Kräfte*** c'est au-dessus de mes forces; ***das geht ~ meinen Verstand*** cela me dépasse **9** ***~ und ~*** partout; ***sie ist ~ und ~ bekleckert*** elle est pleine de taches
über[2] (*mehr als*) plus de, au-dessus de; ***Jugendliche ~ sechzehn*** les jeunes *m Pl* de plus de seize ans
über[3] (*übrig*) ***~ sein*** rester
überall partout
überanstrengen: *sich* ~ se surmener
Überanstrengung *f* surmenage *m*
überarbeiten[1] (*umarbeiten, umschreiben*) remanier, retoucher (*Aufsatz usw.*)
überarbeiten[2]**: *sich* ~** se surmener; ***ich bin total überarbeitet*** je suis éreinté, je me surmène
über|backen gratiner; **~belichten** surexposer; **~bewerten** surestimer, surévaluer
überbieten **1** (*mehr Geld bieten*) ***j-n ~*** enchérir sur qn **2** *fig.* surpasser; battre (*Rekord*)
überbleiben rester, être de reste
Überbleibsel *n* reste *m*
Überblick *m* **1** (*Aussicht, Orientierung*) vue *f* d'ensemble (***über*** de) **2** (*kurze Darstellung*) aperçu *m* (***über*** de), tour *m* d'horizon **3** ***er hat den ~ verloren*** il ne sait plus où il en est
überborden Ⓒⓗ **1** (*Freude, Erregung, Temperament*) dépasser la mesure **2** (*Fluss*) déborder **3** ***ein ~der Verkehr*** une circulation folle
überbrücken **1** surmonter (*Schwierigkeiten, Zeitraum*) **2** concilier (*Gegensätze*)
über|dacht (*mit Dach*) couvert; **~dehnen** distendre; **~denken** reconsidérer;

~dimensional surdimensionné
Überdosis *f* surdose *f*; *von Drogen a.*: overdose *f*
überdreht (*aufgeregt, nervös*) surexcité
überdurchschnittlich 1 au-dessus de la moyenne **2** (*außergewöhnlich*) extraordinaire **3 *~ gut*** supérieur à la moyenne; ***~ schnell*** *usw.* plus rapide *usw.* que la moyenne
über|eifrig trop zélé; **~eilen** précipiter, *hâter
übereinander 1 l'un *bzw.* l'une sur l'autre; *mehrere*: les uns *bzw.* les unes sur les autres **2 *die beiden reden nie ~*** les deux ne parlent jamais l'un *bzw.* l'une de l'autre
übereinstimmen 1 *mit j-m ~* être d'accord avec qn (***in*** sur) **2** (*sich entsprechen*) correspondre (***mit*** avec)
überfahren 1 écraser (*Tier, Mensch*); ***er wurde von e-m LKW ~*** il s'est fait écraser par un camion **2 *die Ampel*** (***bei Rot***) ~ brûler le feu rouge **3** (*überrumpeln*) bousculer
Überfall *m* attaque *f* (***auf*** de)
überfallen 1 (*angreifen*) attaquer (*a. Bank*) **2 *j-n mit Fragen ~*** assaillir qn de questions **3** (*überraschend besuchen*) surprendre **4** (*Müdigkeit, Gefühl*) ***j-n ~*** s'emparer de qn
überfliegen survoler (*a. Text usw.*)
Überfluss *m* **1** abondance *f*, profusion *f* (***an*** de); ***im ~*** en abondance, à profusion **2 *zu allem ~*** par-dessus le marché
überflüssig 1 superflu **2 *ich glaube, ich bin hier ~*** (*unerwünscht*) j'ai l'impression d'être de trop ici
überfluten inonder, submerger
überfordern 1 *j-n ~* trop exiger de qn, trop demander à qn **2 *er ist überfordert*** il est dépassé (***mit*** par)
Überführung *f* passage *m* à niveau supérieur; *für Fußgänger*: passerelle *f*
überfüllt (*Raum, Bus usw.*) comble, bondé; (*Klasse, Kurs*) surchargé
Übergabe *f* **1** *von Papieren, e-r Wohnung usw.*: remise *f*, transmission *f* **2** *e-s Amts*: passation *f* des pouvoirs
Übergang *m* **1** *Stelle*: passage *m* **2** (*Wechsel*) passage *m* (***von … zu …*** de … à …) **3** (*Veränderung*) transition *f*
übergeben[1] **1** (*geben*) remettre, transmettre **2 *sein Amt ~*** procéder à la passation des pouvoirs
übergeben[2]: ***sich ~*** vomir
übergehen[1] **1 *~ zu*** passer à **2** (*sich verwandeln*) ***~ in*** se changer en, se transformer en **3 *ineinander ~*** (*sich mischen*) se fondre
übergehen[2] **1** (*nicht beachten*) ignorer **2** (*auslassen*) omettre
übergeordnet 1 (*Satz*) principal **2** (*Begriff*) générique
Übergepäck *n* FLUG excédent *m* de bagages
übergeschnappt *umg.* cinglé; ***bist du ~?*** *umg.* tu disjonctes?
Übergewicht *n* **1 *~ haben*** être trop gros; ***sie hat 5 Kilo ~*** elle a un surpoids de cinq kilos **2 *~ bekommen*** (*das Gleichgewicht verlieren*) perdre l'équilibre
überglücklich extrêmement heureux/-euse; *sichtlich*: radieux/-ieuse
überhaben: *etw ~* en avoir marre de qc
überhaupt 1 (*eigentlich*) mais; au juste (*nachgestellt*) **2 *~ nicht*** pas du tout; ***~ nichts*** rien du tout, absolument rien **3 *es waren 30 Leute da, wenn ~*** il y avait trente personnes tout au plus; ***wenn ich ~ hingehe, bleibe ich nicht lange*** si jamais j'y vais, je ne resterai pas longtemps **4** (*im Allgemeinen*) généralement, en général
überheblich arrogant
überholen[1] doubler, dépasser (*Fahrzeug*)
überholen[2] TECH réviser
Überholspur *f* file *f* (*od.* voie *f*) de gauche
überholt (*veraltet*) dépassé
überhören 1 ne pas entendre; ***das muss ich wohl überhört haben*** cela m'a sans doute échappé **2 *das will ich überhört haben!*** (*nicht gehört haben*) ai-je bien entendu?
über|irdisch surnaturel/-elle; **~kochen** (*Milch usw.*) déborder
überkreuzen 1 croiser (*Beine*) **2 *sich ~*** se croiser
überlassen 1 (*geben*) laisser **2** (*anvertrauen*) confier **3** (*verkaufen*) céder **4** (*entscheiden lassen*) ***das überlasse ich dir*** c'est toi qui décides; ***überlass das mir*** laisse-moi m'en occuper **5 *sie ist sich selbst ~*** elle est livrée à elle-même
überlastet (*Person, Netz usw.*) surchargé

U

überlaufen[1] (*Gefäß, Flüssigkeit*) déborder
überlaufen[2] (*Ort*) envahi (**von** de)
überleben 1 survivre (***e-n Unfall*** *usw.* à un accident *usw.*); ***niemand hat überlebt*** il n'y a aucun survivant **2** *hum.* ***das überlebe ich nicht!*** je ne m'en remettrai pas!; ***du wirst es schon ~!*** tu n'en mourras pas!
Überlebende(r) *f(m)* survivant(e) *m(f)*
überlegen[1] **1** (*nachdenken*) réfléchir **2** ***sich etw ~*** réfléchir à (*od.* sur) qc; ***überleg dir das gut!*** réfléchis bien! **3** ***ich hab's mir anders überlegt*** j'ai changé d'avis
überlegen[2] (*besser, stärker usw.*) **1** ***sie ist mir*** (***deutlich***) **~** elle m'est (nettement) supérieure **2** ***sie haben ~ gewonnen*** ils ont gagné souverainement
Überlegung *f* réflexion *f*
über|listen duper, tromper; **~morgen** après-demain
übermüdet ereinté
übernächste(r, -s) 1 *zeitlich*: ***am ~n Tag*** le surlendemain; ***~n Freitag*** *usw.* vendredi *usw.* en quinze; ***~s Jahr*** dans deux ans **2** *räumlich*: ***der ~ Platz*** la deuxième place à partir d'ici; ***an der ~n Haltestelle*** à deux arrêts d'ici **3** *in der Warteschlange*: ***ich bin der Übernächste*** il y a une personne avant moi
übernachten passer la nuit, coucher (***bei*** chez; ***im Hotel*** à l'hôtel)
übernächtigt: *~ sein* avoir trop peu dormi, avoir passé une nuit blanche
Übernachtung *f* **1** nuit *f* **2** *im Hotel*: nuitée *f*; *aber*: ***zwei ~en mit Frühstück*** deux nuits avec petit déjeuner
übernehmen 1 se charger de (*Arbeit, Kosten usw.*); ***das übernehme ich*** je m'en charge **2** assumer (*Amt, Aufgabe usw.*) **3** *als Nachfolger*: reprendre (*Firma, Fall*) **4** prendre (*Macht, Kommando*) **5** adopter (*Meinung, Standpunkt*) **6** ***er hat sich übernommen*** il en a trop fait
überprüfen 1 (*untersuchen*) examiner **2** (*kontrollieren*) contrôler **3** (*nachprüfen*) vérifier **4** TECH réviser
Überprüfung *f* **1** (*Untersuchung*) examen *m* **2** (*Kontrolle*) contrôle *m* **3** (*Nachprüfung*) vérification *f* **4** TECH révision *f*
überqueren traverser (*Fluss, Brücke*)
überraschen 1 ***j-n ~*** surprendre qn (***bei etw*** à faire qc) **2** ***lassen wir uns ~!*** attendons voir!, on verra bien!
überraschend 1 (*erstaunlich*) surprenant, étonnant **2** ***sie kamen ~*** ils sont venus par surprise
überrascht surpris
Überraschung *f* surprise *f*; ***das war vielleicht e-e ~!*** *umg.* tu parles d'une surprise!
über|reden persuader (***zu etw*** de faire qc); **~rumpeln** surprendre, bousculer
übersät parsemé (***mit*** de)
überschätzen 1 surestimer **2** ***sich ~*** se surestimer
überschlagen 1 ***sich ~*** (*Auto usw.*) se retourner; *umg.* faire un tonneau; (*Mensch*) faire une culbute **2** ***seine Stimme überschlug sich*** sa voix a déraillé **3** ***die Ereignisse ~ sich*** les événements se précipitent **4** sauter (*Buchseite*) **5** (*abschätzen*) estimer, évaluer (approximativement)
überschnappen *umg.* débloquer, *umg.* dérailler
überschneiden: *sich ~* *zeitlich*: coïncider; *räumlich*: se croiser; (*Linien a.*) se couper
Über|schrift *f* titre *m*; **~schuss** *m* excédent *m*, surplus *m*
über|schwappen déborder; **~schwemmen** inonder
Überschwemmung *f* inondation *f*
Übersee: *in od. nach ~* outre-mer; ***aus ~*** d'outre-mer
übersehen 1 (*nicht bemerken*) ne pas voir, ne pas remarquer; ***das habe ich ~*** cela m'a échappé; ***mit ihren roten Haaren ist sie nicht zu ~*** avec ses cheveux roux, on ne peut pas ne pas la voir **2** *absichtlich*: ignorer, faire semblant de ne pas voir
übersetzen traduire
Übersetzer(in) *m(f)* traducteur *m*, -trice *f*
Übersetzung *f* **1** traduction *f* (***in*** en) **2** *in die Fremdsprache*: thème *m*; *aus der Fremdsprache*: version *f*
Übersicht *f* **1** (*Überblick*) vue *f* d'ensemble (***über*** de); ***ich habe die ~ verloren*** je ne m'y retrouve plus **2** *Darstellung*: aperçu *m* (***über*** de); *als Tafel*: tableau *m* synoptique
übersichtlich 1 (*Darstellung*) clair, net/nette **2** (*Gelände*) dégagé

überspielen 1 ***auf Kassette*** *usw.* **~** enregistrer sur cassette *usw.* (*Lied, Musikstück*) **2** ***neu*** **~** repiquer (*Kassette, Video usw.*) **3** masquer (*Unsicherheit*)

überspringen[1] (*auslassen*) sauter

überspringen[2] **1** (*Funke*) sauter (***auf*** à) **2** *fig.* se communiquer (***auf*** à)

überstehen[1] **1** surmonter (*Krankheit, Schwierigkeiten*); échapper à (*Gefahr*) **2** (*überleben*) survivre à **3** ***das wäre überstanden!*** ouf, ça y est!

überstehen[2] (*herausragen*) dépasser

überstimmen mettre en minorité

Überstunden *f Pl*: **~** ***machen*** faire des heures supplémentaires

überstürzen 1 ***etw*** **~** précipiter qc **2** ***sich*** **~** (*Ereignisse*) se précipiter

übertönen couvrir, dominer

Übertopf *m* cache-pot *m*

übertragen[1] **1** transmettre, passer (*Krankheit*) (***auf*** à) **2** RAD, TV retransmettre, diffuser **3** (*anwenden*) appliquer (***auf*** à)

übertragen[2]: ***~e Bedeutung*** sens *m* figuré

Übertragung *f* **1** RAD, TV retransmission *f* **2** *e-r Krankheit*: transmission *f*

übertreffen 1 surpasser (*Konkurrenten*) (***an*** *bzw.* ***in*** en) **2** dépasser (*Hoffnungen, Erwartungen*)

übertreiben exagérer

Übertreibung *f* exagération *f*

übertreten[1] **1** *im Weitsprung*: mordre sur la ligne **2** ***zu e-r anderen Partei*** **~** changer de parti; ***zum Islam*** **~** se convertir à l'islam

übertreten[2] enfreindre (*Gesetz*)

über|trieben exagéré; **~wachen** surveiller

überwältigen vaincre, maîtriser (*Dieb usw.*)

überwältigend 1 (*Gefühl, Anblick*) impressionnant, grandiose **2** ***mit ~er Mehrheit*** à une majorité écrasante **3** ***nicht*** **~** (*Leistung*) pas fameux

überweisen virer (*Geld*)

Überweisung *f von Geld*: virement *m*

überwiegend principalement, surtout

überwinden 1 surmonter (*Schwierigkeit, Krise*) **2** vaincre (*Misstrauen, Bedenken*) **3** dominer (*Angst, Ekel*) **4** ***er konnte sich nicht ~, es zu tun*** il n'a pas pu se forcer à faire ça

überzeugen 1 convaincre **2** ***sich*** **~** se convaincre **3** ***ich will mich selbst*** **~** (*es selbst sehen*) je veux m'en assurer moi-même

überzeugt 1 convaincu **2** ***sehr von sich ~ sein*** être imbu de soi-même

Überzeugung *f* conviction *f*

überziehen[1] **1** (*beziehen, bedecken*) recouvrir (***mit*** de) **2** ***sein Konto*** **~** mettre son compte à découvert **3** *zeitlich*: (***5 Minuten***) **~** dépasser le temps (de cinq minutes)

überziehen[2] (*anziehen*) mettre, passer

überzogen (*Kritik*) exagéré

üblich 1 courant, habituel/-elle **2** ***das ist so*** **~** c'est l'usage **3** ***wie*** **~** comme d'habitude

U-Boot *n* sous-marin *m*

übrig 1 **~** ***sein*** être de reste; ***ist noch Milch ~?*** il reste du lait?; ***ich habe Geld*** **~** il me reste de l'argent **2** ***die Übrigen*** (*anderen*) les autres; ***alles Übrige*** tout le reste **3** → ***übrighaben*** **4** **~** ***bleiben*** *als Rest*: rester **5** ***es blieb mir nichts anderes ~, als zu gehen*** il ne m'est resté rien d'autre à faire qu'à partir **6** **~** ***lassen*** laisser

übrigbleiben → ***übrig***

übrigens 1 (*außerdem*) d'ailleurs **2** (*nebenbei bemerkt*) à propos

übrighaben: ***für j-n etw*** **~** avoir de la sympathie pour qn; ***dafür hab ich nichts übrig*** cela ne me plaît pas du tout

Übung *f* **1** exercice *m* **2** (*Geübtheit, Training*) ***er hat*** **~** il a de la pratique **3** ***ich bin aus der ~ gekommen*** je manque d'exercice

Ufer *n* bord *m*; *von Seen, Flüssen a.*: rive *f*

Ufo *n* ovni *m* (*Abk. für*: objet volant non identifié)

Uhr *f* **1** (*Turm-, Standuhr usw.*) horloge *f* **2** (*Armbanduhr, Taschenuhr*) montre *f*; ***auf die ~ sehen*** regarder l'heure **3** *Zeit*: ***wie viel ~ ist es?*** quelle heure est-il?; ***es ist ein*** **~** il est une heure; ***um wie viel ~?*** à quelle heure? **4** ***rund um die*** **~** vingt-quatre heures sur vingt-quatre

Uhrzeiger *m* aiguille *f*

Uhrzeigersinn *m*: ***im*** (*bzw.* ***gegen den***) **~** dans le sens (*bzw.* en sens inverse) des aiguilles d'une montre

Uhrzeit *f* heure *f*

Uhu *m* zo grand duc *m*

UKW FM *f*
ulkig *umg.* rigolo/-ote; *umg.* marrant
Ultimatum *n* ultimatum *m*; ***er hat mir ein ~ gestellt*** il m'a adressé un ultimatum
Ultraschall *m* ultrason *m*
um[1] **1** *örtlich*: **~ ... (*herum*)** autour de ...; ***er kam ~ die Ecke*** il a tourné au coin de la rue **2** *Zeitpunkt*: à; *ungefähr*: vers **3** (*etwa*) autour de, environ
um[2] *mit Verb*: **1 ~ *zu*** pour **2 ~ *sein*** (*vorbei sein*) être passé; ***die Pause ist ~*** la pause est finie **3 *es geht ~ ...*** il s'agit de ...
umarmen prendre dans ses bras; ***sich ~*** se tomber dans les bras (⚠ *frz.* s'embrasser = ***sich küssen***)
Umbau *m* transformation *f*
umbauen **1** transformer (***zu*** en) **2 *wir bauen um*** *am Haus usw.*: nous faisons des transformations
um|benennen rebaptiser; **~biegen** recourber, replier
umbinden: (***sich***) ***e-e Krawatte ~*** (se) mettre une cravate
umblättern tourner (*Seite*)
umbringen **1** tuer; (*ermorden*) assassiner **2 *sich ~*** se tuer, se suicider
umdrehen **1** retourner **2** tourner (*Schlüssel*) **3 *sich ~*** se retourner (***nach*** vers) **4** (*umkehren*) faire demi-tour
Umfahrung *f* Ⓐ **1** (*Umleitung*) déviation *f*, contournement *m* **2** (*Umgehungsstraße*) bretelle *f* de contournement, rocade *f*
umfallen (*umkippen*) se renverser; *bes.* (*Personen*) tomber
Umfang *m* **1** (*Größe, Ausmaß*) étendue *f* **2** *Kreis*: circonférence *f*
Umfrage *f* sondage *m*, enquête *f*
Umgang *m* **1** *mit Menschen*: relations *f Pl*, rapports *m Pl* **2** *mit Dingen*: manipulation *f*, maniement *m* (***mit*** de)
Umgangssprache *f* langage *m* familier
umgangssprachlich familier/-ière (⚠ *im Wörterbuch immer mit „umg." abgekürzt*)
umgeben entourer (***mit*** de)
Umgebung *f* **1** *Landschaft*: alentours *m Pl*, environs *m Pl* **2** *Leute*: entourage *m*
umgehen[1] **1 ~ *mit*** *mit Geräten*: manipuler; *mit Werkzeug, Waffen*: manier **2 *sie kann gut mit Kindern ~*** elle sait s'y prendre avec les enfants **3 *er kann nicht mit Geld ~*** il ne sait pas gérer son budget
umgehen[2] **1** esquiver, éviter (*Hindernis*) **2** contourner (*Gesetz*)
Umgehungsstraße *f* route *f* de contournement, rocade *f*
umgekehrt **1** (*umgedreht*) inverse **2 *es ist genau ~*** c'est exactement le contraire **3** (*verkehrt*) à l'envers **4 *... und ~ ...*** et vice versa
umgucken **1 *sich ~*** jeter un coup d'œil autour de soi **2 *der wird sich noch ~!*** il ne sais pas ce qui l'attend!
umhaben porter (*Mantel, Schal usw.*)
Umhang *m* pèlerine *f*, cape *f*
umhängen: (***sich***) ***e-e Tasche ~*** se mettre un sac en bandoulière
umhauen **1** abattre (*Baum*) **2 *das hat mich umgehauen*** *fig.* ça m'a renversé, *umg.* j'en suis tombé raide
umkehren **1** (*zurückgehen*) retourner, faire demi-tour **2** *ins Gegenteil*: renverser
umkippen **1** (*umfallen*) se renverser, culbuter **2** (*umwerfen*) renverser **3** (*ohnmächtig werden*) *umg.* tourner de l'œil **4** *ökologisch*: ***der See ist umgekippt*** le lac est complètement pollué
umklappen rabattre
Umkleide|kabine *f* **1** *im Kaufhaus*: cabine *f* d'essayage **2** *im Schwimmbad*: cabine *f* de bain; **~raum** *m* vestiaire *m*
umknicken **1 *etw ~*** plier qc, replier qc **2** (*umgeknickt werden*) se plier, se replier **3 *ich bin mit dem Fuß umgeknickt*** je me suis foulé le pied
umkommen **1** mourir (***bei*** dans) **2 *vor Langeweile*** *usw.* ***fast ~*** mourir d'ennui *usw.*
Umkreis *m*: ***im ~ von 100 Metern*** dans un rayon de cent mètres
umkreisen cercler
umkrempeln **1** retrousser (*Ärmel*) **2** (*grundlegend ändern*) transformer de fond en comble
Umlauf[1] *m* **1 *im ~ sein*** (*Geld*) circuler; (*Gerücht*) courir **2 *in ~ bringen*** mettre en circulation (*Geld*); faire courir (*Gerücht*)
Umlauf[2] *m* (*Rundbrief*) circulaire *f*
Umlaufbahn *f* orbite *m*; ***in der ~ sein*** (*Satellit usw.*) être sur orbite
Umlaut *m* voyelle *f* infléchie

umlegen 1 mettre (*Schal usw.*) 2 actionner, manœuvrer (*Hebel, Schalter*) 3 AUTO ***die Rücksitze ~*** baisser la banquette arrière 4 remettre (*Termin*) (***auf*** à) 5 ***die Kosten ~*** répartir les frais (***auf*** entre) 6 (*ermorden*) *umg.* descendre

umleiten 1 ***den Verkehr ~*** dévier la circulation 2 détourner (*Fluss, Kanal*)

Umleitung *f* déviation *f*

umlernen 1 *beruflich*: se recycler 2 ***~ müssen*** devoir changer de méthode

ummelden: ***sich ~*** faire une déclaration de changement de domicile

umorganisieren réorganiser

umranden border, encadrer

Umrandung *f* bordure *f*, encadrement *m*

umräumen 1 arranger autrement (*Bücher, Möbel*) 2 ***das Zimmer ~*** changer la disposition de la pièce

umrechnen: ***~ in*** convertir en; ***das sind umgerechnet 100 Euro*** cela équivaut à cent euros

Um|rechnungskurs *m* taux *m* de change; **~riss** *m* contours *m Pl*

umrühren remuer

ums (= *um das*) → ***um***[1]

Umsatz *m* chiffre *m* d'affaires

umschalten 1 RAD changer de poste; ***auf UKW ~*** mettre sur FM 2 TV changer de chaîne

Umschalttaste *f* IT touche *f* de majuscule

umschauen → ***umsehen***

Umschlag *m* 1 (*Briefkuvert*) enveloppe *f* 2 *für Bücher*: jaquette *f*; *für Hefte*: protège-cahier *m* 3 *an der Hose, am Ärmel*: revers *m*

umschlagen 1 rabattre (*Aufschlag, Kragen*) 2 tourner (*Seite*) 3 (*sich verändern*) changer; (*Wind*) tourner 4 ***ins Gegenteil ~*** changer du tout au tout

umschmeißen renverser

umschreiben[1] *mit anderen Worten*: exprimer par une périphrase

umschreiben[2] (*neu schreiben*) récrire

Umschreibung *f* périphrase *f*

Umschrift *f*: ***die phonetische ~*** la transcription phonétique

umschulen 1 *beruflich*: recycler, reconvertir (***zu*** dans le métier de) 2 *in e-e andere Schule*: ***er wird umgeschult*** on le changera d'école

Um|schulung *f beruflich*: recyclage *m*, reconversion *f* (***zu*** dans le métier de); **~schwung** *m* changement *m* brusque

umsehen 1 ***sich ~*** (*zurückschauen*) se retourner (***nach*** sur); *ringsherum*: regarder autour de soi 2 *in e-m Geschäft*: ***ich möchte mich nur ~*** je voudrais juste jeter un coup d'œil 3 ***sich ~ nach*** (*suchen*) chercher 4 ***du wirst dich noch ~!*** *fig.* tu ne sais pas ce qui t'attend!

umsetzen 1 *an e-n anderen Platz*: déplacer; ***sich ~*** changer de place 2 (*verwirklichen*) ***etw (in die Praxis) ~*** mettre qc en pratique

umso 1 (*desto*) plus; ***je ..., ~ ...*** plus ..., plus ... 2 ***~ besser!*** tant mieux!

umsonst 1 (*kostenlos*) gratuit 2 (*vergebens*) en vain, inutilement; ***alles war ~*** tout a été inutile 3 ***ich habe es ~ bekommen*** je l'ai eu gratuitement

umspringen (*Ampel*) ***auf Rot ~*** passer au rouge

Umstand *m* 1 (*Tatsache*) fait *m* 2 (*Gegebenheit*) circonstance *f*; ***mildernde Umstände*** circonstances atténuantes; ***es geht ihr den Umständen entsprechend gut*** elle va relativement bien 3 ***unter diesen Umständen*** dans ces circonstances; ***unter Umständen*** (*vielleicht*) éventuellement 4 ***unter allen Umständen*** à tout prix; ***unter gar keinen Umständen*** à aucun prix 5 ***mach dir keine Umstände!*** ne te dérange pas!; ***das macht doch keine Umstände*** ça ne dérange en aucune façon

umständlich (*Bericht, Erklärung*) trop minutieux/-ieuse

Umstandswort *n* adverbe *m*

umsteigen *im Zug, Bus usw.*: changer (de train, d'autobus *usw.*)

umstellen 1 (*woanders hinstellen*) déplacer 2 (*anders anordnen*) arranger différemment; ***er hat alles umgestellt*** (*geändert*) il a tout changé 3 ***seine Uhr ~*** changer l'heure de sa montre 4 (*anpassen*) adapter (***auf*** à); ***ich musste mich ~*** j'ai dû m'adapter (à la nouvelle situation) 5 ***auf EDV ~*** informatiser (*Betrieb, Archiv*)

Umstellung *f* 1 changement *m* 2 (*Anpassung*) adaptation *f* (***auf*** à)

umstoßen renverser

um|stritten controversé; **~stürzen** (*umfallen*) tomber

Umwelt

Altglascontainer	**conteneur** *m* **à verre**
Altpapier	**vieux papiers** *m Pl*
Autoabgase	**gaz** *m Pl* **d'échappement**
Erderwärmung	**réchauffement** *m* **de la planète**
FCKW	**CFC** [seɛfse] *m Pl*
Luftverschmutzung	**pollution** *f* **de l'air**
Mülldeponie	**décharge** *f* **publique**
Mülltrennung	**tri** *m* **sélectif des ordures/déchets**
Ozonloch	**trou** *m* **dans la couche d'ozone**
Ozonschicht	**couche** *f* **d'ozone**
saurer Regen	**pluies** *f Pl* **acides**
Treibhauseffekt	**effet** *m* **de serre**
Umweltverschmutzung	**pollution** *f* **de l'environnement**
Waldsterben	**dépérissement** *m* **des forêts**
wiederverwertbar	**recyclable**

Umtausch *m* **1** *von Waren*: échange *m* **2** *von Geld*: change *m*

umtauschen **1** échanger (*Waren*) (***gegen*** contre) **2** changer (*Geld*)

Umwälzung *f* bouleversement *m*

umwandeln transformer (***in*** en)

Umweg *m* détour *m* (***über*** par)

Umwelt *f* **1** *ökologisch*: environnement *m* **2** (*Mitmenschen*) entourage *m*

Umweltbelastung *f* pollution *f*

umwelt|bewusst respectueux/-euse de l'environnement; **~freundlich** écologique; (*Autos, Waschmittel, Verpackung usw.*) *a.* non polluant

Umwelt|katastrophe *f* catastrophe *f* écologique; **~papier** *n* papier *m* recyclé; **~politik** *f* politique *f* de l'environnement; **~schutz** *m* protection *f* de l'environnement; **~schützer(in)** *m(f)* écologiste *m,f*; **~verschmutzung** *f* pollution *f* (de l'environnement); **~zerstörung** *f* destruction *f* de l'environnement (*od.* des milieux naturels)

umwerfen **1** (*umstoßen, erschüttern*) renverser **2** bouleverser (*Pläne*)

umwerfend **1** ***du siehst ~ aus*** tu es irrésistible (*od.* resplendissant) **2** ***~ komisch*** renversant

umziehen[1]: ***sich ~*** se changer

umziehen[2] déménager (***nach*** à *bzw.* en)

umzingeln encercler, cerner

Umzug[1] *m* (*Wohnungswechsel*) déménagement *m* (***nach*** à)

Umzug[2] *m* (*Festzug*) cortège *m*, défilé *m*

UN *Pl* Nations *f Pl* Unies

unabhängig **1** indépendant (***von*** de) **2** ***~ davon, ob ...*** (***wann ..., wie ...*** *usw.*) indépendamment de si ... (de quand ..., de comment ... *usw.*)

Unabhängigkeit *f* indépendance *f* (***von*** de)

unabsichtlich **1** (*Bewegung usw.*) involontaire **2** ***ich habe es ~ getan*** je ne l'ai pas fait exprès, je l'ai fait sans intention

unangenehm **1** désagréable; (*ärgerlich*) fâcheux/-euse; (*peinlich*) gênant **2** ***~ auffallen*** faire (une) mauvaise impression

Unannehmlichkeiten *f Pl* ennuis *m Pl*

unanständig **1** indécent **2** ***ein ~es Wort*** un gros mot

unappetitlich **1** (*Essen*) peu appétissant **2** (*ekelhaft*) dégoûtant

unartig (*Kind, Benehmen*) vilain, pas sage

unauffällig **1** discret/-ète **2** (*kaum sichtbar*) à peine visible

un|aufhörlich sans cesse, sans arrêt; **~aufmerksam** inattentif/-ive; **~ausgeglichen** mal équilibré

un|ausstehlich insupportable; **~beabsichtigt** involontaire

unbedeutend **1** insignifiant **2** (*Ereignis*) sans importance **3** (*Einzelheit*) négligeable

U

unbedingt **1** *(auf jeden Fall)* absolument **2** ***nicht ~*** pas forcément **3** Ⓐ, Ⓒⓗ *(ohne Bewährung)* ***zwei Jahre ~*** deux ans de prison ferme

unbeeindruckt: ***sie waren völlig ~*** ça les a laissés complètement indifférents

un|befangen naturel/-elle; *umg.* sans complexes; **~befriedigend** peu satisfaisant; **~begabt** pas doué (***für, zu*** pour); **~begrenzt** illimité; **~begründet** non fondé; *(ungerechtfertigt)* injustifié

unbehaglich: ***mir war ganz ~ zumute*** je me suis senti très mal à l'aise

unbehandelt *(Obst usw.)* non traité

unbeholfen maladroit

unbekannt **1** inconnu **2** ***sie ist mir ~*** je ne la connais pas **3** ***das ist mir ~*** je l'ignore

Unbekannte(r) *f(m)* inconnu(e) *m(f)*

un|beliebt impopulaire; **~bemannt** *(Raumschiff)* non habité

unbemerkt sans être remarqué; ***~ bleiben*** passer inaperçu

unbequem **1** *(Sessel usw.)* inconfortable, peu confortable **2** *(Frage)* gênant **3** *(Mensch)* dérangeant

un|berechenbar *(Person, Stimmung, Ereignis usw.)* imprévisible; **~berechtigt** *(Forderung usw.)* injustifié; **~beschränkt** illimité

unbeschreiblich **1** indescriptible **2** ***~ schnell*** *usw.* extraordinairement rapide *usw.*

unbesorgt sans souci; ***sei (ganz) ~!*** sois tranquille!

unbespielt *(Kassette)* vierge

unbeständig **1** *(Wetter, Frieden usw.)* instable **2** *(Mensch)* inconstant; *in der Leistung*: irrégulier/-ière

unbestechlich incorruptible

unbestimmt **1** *(nicht festgelegt)* indéterminé **2** GR indéfini; ***der ~e Artikel*** l'article *m* indéfini **3** *(Ahnung, Gefühl)* vague

unbeteiligt **1** ***~e Zuschauer*** témoins *m Pl* non impliqués **2** *(gleichgültig)* indifférent

un|betont *(Wort)* inaccentué; **~bewacht** *(Parkplatz usw.)* non gardé; **~bewaffnet** sans arme(s)

unbeweglich **1** immobile **2** *(Miene)* impassible **3** *(steif)* raide

unbewohnt inhabité

unbewusst **1** inconscient; *(Bewegung)* involontaire **2** ***etw ~ tun*** faire qc inconsciemment

unbezahlbar **1** *(zu teuer)* *hors de prix **2** *(Preis)* exorbitant **3** *(unersetzlich)* ***unser Hausmeister ist ~*** notre concierge n'a pas de prix

unbrauchbar **1** *(Dinge, Methode)* inutilisable **2** *(Person)* inapte (***für*** à)

unbürokratisch: ***~ entscheiden*** *(bzw.* ***helfen****)* décider *(bzw.* aider) sans passer par les instances en place

und **1** et **2** *in verneinten Sätzen*: ni; ***ich habe kein Brot ~ keinen Käse*** je n'ai ni pain ni fromage **3** ***~ so weiter*** et cetera, et ainsi de suite **4** ***na ~?*** et alors?, et après?; ***~ wie!*** et comment!

undankbar ingrat

Undankbarkeit *f* ingratitude *f*

un|definierbar indéfinissable; **~demokratisch** antidémocratique

undeutlich **1** *(Umriss, Aussprache)* indistinct **2** *(Vorstellung)* vague, confus **3** *(Schrift)* peu lisible **4** ***sie spricht ~*** elle parle indistinctement, elle articule mal

undicht **1** *(Behälter, Material)* ***~ sein*** ne pas être étanche, fuir **2** ***e-e ~e Stelle*** une fuite **3** ***ein ~es Fenster*** une fenêtre qui joint mal

Unding *n* absurdité *f*

undurchlässig imperméable

undurchsichtig **1** *(Stoff, Material)* opaque **2** *(Geschichte, Mensch)* louche

uneben inégal

unecht *(falsch, imitiert)* faux/fausse; ⚠ *immer nachgestellt*: ***~er Schmuck*** bijoux *m Pl* faux

unehrlich malhonnête

Unehrlichkeit *f* malhonnêteté *f*

uneinheitlich hétérogène

uneinig: ***(sich) ~ sein*** être en désaccord

unempfindlich **1** *(strapazierfähig)* résistant **2** *(widerstandsfähig)* robuste **3** *(gefühllos)* insensible (***gegenüber*** à)

unendlich **1** infini **2** *(sehr)* infiniment

Unendlichkeit *f* infinité *f*

unentbehrlich indispensable

unentschieden **1** SPORT nul/nulle; ***~ spielen*** faire match nul **2** *(noch nicht entschieden)* indécis; *(Angelegenheit) a.* en suspens **3** *(Person)* indécis, irrésolu

unentschlossen irrésolu, indécis

unentschuldigt: ***er fehlt ~*** il est absent sans excuse
un|entwegt sans cesse; **~erfahren** inexpérimenté
Unerfahrenheit *f* inexpérience *f*
unerfreulich désagréable; (*Angelegenheit, Geschichte*) fâcheux/-euse
unerhört inouï
unerlässlich indispensable
unerlaubt 1 non autorisé, illicite; (*illegal*) illégal **2** ***etw ~ tun*** faire qc sans autorisation
unerreichbar *hors d'atteinte (***für*** de)
unersättlich insatiable
un|erschütterlich inébranlable; (*Mensch, Miene*) *a.* imperturbable; **~erschwinglich** *hors de prix
unersetzlich 1 (*Person, Sache*) irremplaçable **2** (*Schaden*) irréparable
unerträglich insupportable
unerwartet 1 inattendu; (*plötzlich*) soudain **2** ***das kam für mich sehr ~*** je ne m'y attendais pas
unerwünscht 1 (*Besuch, Wirkung*) indésirable **2** ***du bist hier ~*** *a.* on ne veut pas de toi ici
UNESCO *f* Unesco *f*
unfähig incapable (***zu*** de)
unfair 1 déloyal (***gegen*** envers) **2** ***das ist ~!*** c'est injuste!
Unfall *m* accident *m*
Unfall|ort *m*, **~stelle** *f* lieu *m* de l'accident
unfehlbar 1 (*Papst usw.*) infaillible **2** (*Geschmack, Instinkt*) sûr
unförmig (*Ding, Masse*) informe
unfreiwillig 1 (*erzwungen*) forcé **2** (*unbeabsichtigt*) involontaire
unfreundlich 1 peu aimable; ***er ist ~ zu mir*** il n'est pas aimable avec moi **2** (*Klima, Wetter*) désagréable
unfruchtbar 1 (*Mensch usw.*) stérile **2** (*Boden*) infécond
Unfug *m* bêtise *f*
Ungar(in) *m(f)* *Hongrois(e) *m(f)*
ungarisch *hongrois
Ungarn *n* la *Hongrie
un|gebildet inculte; **~gebunden** (*frei*) libre
Ungeduld *f* impatience *f*
ungeduldig 1 impatient **2** ***~ werden*** s'impatienter **3** ***~ warten*** attendre impatiemment (*od.* avec impatience)
ungeeignet inadapté
ungefähr 1 à peu près, environ **2** ***~ um elf (Uhr)*** vers onze heures **3** ***~ dreißig (Leute)*** une trentaine (de personnes) **4** ***e-e ~e Vorstellung haben*** avoir une idée approximative
ungefährlich non dangereux/-euse, sans danger (***für*** pour)
ungeheuer 1 (*riesig*) énorme, immense **2** (*Wissen*) vaste **3** ***~ wichtig*** extrêmement important **4** ***sie liest ~ viel*** elle lit énormément
Ungeheuer *n* monstre *m* (*a. fig.*)
ungehorsam désobéissant
ungeklärt 1 (*Problem, Rätsel*) non résolu **2** (*Umstände*) obscur
ungekürzt (*Text usw.*) complet/-ète; ***~e Fassung*** version *f* intégrale
un|gelernt (*Arbeiter*) non qualifié; **~gelogen** sans mentir
ungenau 1 (*Angabe*) imprécis **2** (*Messung, Werte*) inexact
ungeniert 1 (*Benehmen*) sans-gêne **2** ***~ gähnen*** bâiller avec sans-gêne
ungenießbar 1 (*Essen*) immangeable; (*Getränk*) imbuvable **2** (*Pilz*) non comestible **3** (*Mensch*) *umg.* imbuvable
ungenügend 1 insuffisant (*a. als Schulnote*) **2** ***~ vorbereitet*** insuffisamment préparé
ungepflegt 1 (*Mensch, Garten*) négligé **2** (*Haare, Hände*) mal soigné
un|gerade (*Zahl*) impair; **~gerecht** injuste (***gegenüber*** envers)
Ungerechtigkeit *f* injustice *f*
ungern 1 à contrecœur, contre mon (ton *usw.*) gré **2** ***ich tue es nur ~*** je ne le fais pas volontiers
ungeschickt 1 maladroit **2** ***sich ~ anstellen*** s'y prendre maladroitement
ungeschminkt 1 (*Gesicht*) sans maquillage **2** ***sie war ~*** elle ne s'est pas maquillée
ungesetzlich illégal
ungestört 1 tranquille **2** ***~ reden*** parler tranquillement; ***~ arbeiten*** travailler en paix
ungestraft: ***~ davonkommen*** s'en tirer impunément
ungesund malsain; (*Klima, Luft usw.*) insalubre; ***Rauchen ist ~*** fumer est mauvais pour la santé
Ungetüm *n* monstre *m*
ungewiss 1 (*Zukunft usw.*) incertain **2** ***es ist ~, ob er kommt*** on ne sait pas s'il viendra (*Futur*)
ungewöhnlich 1 inhabituel/-elle, inso-

lite **2 ~ *schnell* (*gut*** *usw.*) extraordinairement vite (bon *usw.*)
ungewohnt (*Anblick usw.*) inaccoutumé
Ungeziefer *n* vermine *f*
un|gezogen (*Kind, Benehmen*) mal élevé; **~gezwungen** (*locker*) décontracté
ungläubig 1 (*Blick usw.*) incrédule **2** ***sie lächelt ~*** elle sourit d'un air incrédule
unglaublich 1 incroyable; (*unerhört*) inouï **2 ~ *schnell*** incroyablement vite
ungleich 1 (*Größe, Kampf usw.*) inégal **2** (*Schuhe, Socken usw.*) dépareillé **3** ***sie sind ein ~es Paar*** c'est un couple mal assorti **4 ~ *lang* (*groß*** *usw.*) de longueur (grandeur *usw.*) inégale
Unglück *n* **1** malheur *m* **2** (*Pech*) malchance *f* **3** (*Unfall*) accident *m*; *schlimmer*: catastrophe *f* **4 ~ *bringen*** porter malheur **5 *zu allem ~*** pour comble de malheur
unglücklich 1 malheureux/-euse **2** (*Zufall, Umstand*) malencontreux/-euse **3 ~ *enden*** finir mal
unglücklicherweise malheureusement
ungültig 1 (*Fahrkarte usw.*) non valable **2** (*Ausweis usw.*) périmé **3** *bei Wahlen*: ***~e Stimme*** bulletin *m* nul **4 *für ~ erklären*** annuler
ungünstig 1 (*Bedingungen, Wetter*) défavorable **2** (*Termin*) mal choisi
ungut: *ich habe ein ~es Gefühl dabei* cela ne me dit rien qui vaille
unheilbar (*Krankheit, Kranke*) incurable
unheimlich 1 (*Ort, Mensch*) sinistre; (*Erlebnis usw.*) inquiétant **2 *sie ist mir ~*** je la trouve inquiétante **3 *ich hab ~en Hunger*** j'ai une de ces faims **4** (*sehr*) vraiment; *umg.* drôlement, *umg.* vachement
un|höflich (*Mensch, Art*) impoli; **~hygienisch** peu hygiénique
Uni *f umg.* fac *f*; ***an der ~*** en fac
UNICEF *f* Unicef *m*
Uniform *f* uniforme *m* (⚠ *im Frz. m*)
un|interessant inintéressant, sans intérêt; **~interessiert** indifférent (***an*** à)
Union *f* **1** union *f* **2** POL ***die ~*** (*CDU*) le parti chrétien-démocrate allemand
Universität *f* université *f*
Universum *n* univers *m*
unklar 1 (*Umrisse, Gedanken*) imprécis, vague, peu clair **2 *es ist ~, ob*** il n'est pas clair si (+ *Ind.*) **3** (*unerklärlich*) ***mir ist völlig ~, wie …*** je ne comprends (*od.* je ne vois) pas du tout comment …
un|klug (*Mensch, Plan*) imprudent; **~kompliziert** (*Apparat, Mensch*) simple
Unkosten *Pl* frais *m Pl*; ***sich in ~ stürzen*** faire des frais (***für*** pour)
Unkraut *n* mauvaise herbe *f*
unkritisch (*Mensch*) sans esprit critique
unleserlich 1 illisible **2 *sie schreibt ~*** elle écrit illisiblement
un|lini(i)ert (*Papier*) sans lignes; **~logisch** illogique; **~lösbar** (*Problem*) insoluble
Unmenge *f* **1 *e-e ~ von …*** une quantité énorme de … **2 *es gab Eis*** *usw.* ***in ~n*** il y avait de la glace *usw.* en pagaille
unmenschlich 1 inhumain **2** (*Hitze, Schmerz*) insupportable **3 *j-n ~ behandeln*** traiter qn de façon inhumaine
unmittelbar 1 immédiat **2** *zeitlich*: ***~ danach*** (*bzw.* ***davor***) immédiatement après (*bzw.* avant) **3 ~ *bevorstehen*** (*Ereignis, Termin*) être imminent
un|möbliert (*Wohnung usw.*) non meublé; **~modern** démodé
unmöglich 1 impossible **2 *er benimmt sich ~*** il est impossible **3 *das kann ich ~ machen*** je ne peux pas faire cela, c'est impossible
unmoralisch immoral
unmusikalisch: *sie ist ~* elle n'est pas musicienne
unnormal anormal
unnötig 1 inutile, superflu **2 *du beklagst dich ~*** tu te plains inutilement
unnötigerweise inutilement
unnütz inutile, superflu
UNO *f* ONU *f* (*Abk. für*: Organisation des Nations Unies)
unordentlich 1 (*Zimmer usw.*) en désordre **2** (*Mensch*) désordonné; (*nachlässig*) négligent
Unordnung *f* désordre *m*
unparteiisch 1 impartial **2 *etw ~ beurteilen*** juger qc impartialement
unpassend 1 (*Benehmen*) inconvenant **2** (*Bemerkung*) déplacé **3** (*Zeitpunkt*) mal choisi

unpersönlich impersonnel/-elle
unpraktisch **1** (*Mensch*) **~ sein** manquer d'esprit pratique **2** (*Gerät*) peu pratique
unpünktlich **1** (*Bus, Zug usw.*) en retard **2** ***er ist immer ~*** il n'est jamais à l'heure, il est inexact
unrasiert non rasé
unrecht: ***du tust ihr*** *bzw.* ***ihm ~*** tu es injuste envers elle *bzw.* envers lui
Unrecht *n* **1** tort *m* **2** ***im ~ sein, ~ haben*** avoir tort; *vor Gericht*: être dans son tort **3** ***zu ~*** à tort
unregelmäßig **1** irrégulier/-ière **2** ***er kommt*** (***atmet*** *usw.*) **~** il vient (respire *usw.*) irrégulièrement
unrein **1** (*Haut*) boutonneux/-euse **2** ***ins Unreine schreiben*** écrire au brouillon
Unruhe *f* **1** (*Besorgnis*) inquiétude *f* **2** (*Nervosität*) agitation *f* **3** **~n** (*Krawalle*) troubles *m Pl*
unruhig **1** (*besorgt*) inquiet/-iète; ***ich werde langsam ~*** je commence à m'inquiéter **2** (*nervös*) agité, nerveux/-euse
uns (à) nous
un|schädlich (*Mittel*) inoffensif/-ive; **~scharf** (*Foto, Bild*) flou
Unschuld *f* innocence *f*
unschuldig **1** innocent; ***~ sein an*** ne pas être coupable de **2** ***tu nicht so ~!*** ne fais pas l'innocent! **3** ***er lächelte sie ~ an*** il lui sourit innocemment
unselbstständig: ***er ist ~*** il manque d'indépendance
unser **1** *Singular*: notre **2** ⚠ *Plural*: nos **3** *ohne Subst.*: ***das ist uns(e)rer, uns(e)re, uns(e)res*** c'est le, la nôtre
unseretwegen **1** (*wegen uns*) à cause de nous **2** (*uns zuliebe*) pour nous **3** (*von uns aus*) quant à nous
unsicher **1** (*ungewiss*) incertain; (*nicht sicher*) peu sûr **2** (*zögernd*) hésitant **3** ***er ist ~*** il manque d'assurance **4** ***~ lächeln*** sourire timidement
Unsicherheit *f* **1** incertitude *f* **2** *von Menschen*: manque *m* d'assurance
unsichtbar invisible
Unsinn *m* bêtises *f Pl*
un|sinnig (*Behauptung, Idee*) insensé; (*Forderung*) déraisonnable; **~sozial** antisocial
unsportlich **1** ***er ist eher ~*** il n'est pas très sportif **2** (*unfair*) ***ihr Verhalten war ~*** son comportement n'était pas fair-play
unsterblich **1** immortel/-elle **2** ***~ verliebt*** follement amoureux (***in*** de)
unsympathisch antipathique
untätig **1** inactif/-ive **2** ***bei etw ~ zusehen*** regarder qc sans intervenir
untauglich inapte
unten **1** en bas; ***da ~*** là-bas; ***links ~*** en bas à gauche; ***ganz ~ im Schrank*** tout en bas de l'armoire; ***auf Seite 10 ~*** en bas de la page dix **2** ***nach ~*** vers le bas; ***nach ~ gehen*** (*bzw.* ***tragen***) descendre **3** *im Text*: ***siehe ~*** voir ci-dessous **4** *in e-r Rangfolge*: ***ganz ~ anfangen*** commencer au bas de l'échelle **5** ***die ist bei mir ~ durch*** *fig.* elle ne compte plus pour moi
unter **1** sous **2** (*unterhalb*) au-dessous de; ***vier Grad ~ Null*** quatre degrés au-dessous de zéro; *Kinder*: ***~ zwölf Jahren*** au-dessous de douze ans **3** (*weniger als*) moins de; ***ein Buch ~ 30 Euro*** un livre de moins de trente euros **4** (*zwischen*) entre, parmi; ***das bleibt ~ uns*** que cela reste entre nous **5** ***~ anderem*** entre autres **6** ***~ der Woche*** pendant la semaine
Unterarm *m* avant-bras *m*
unterbelichtet FOTO sous-exposé
Unterbewusstsein *n* subconscient *m*
unter|bezahlt (*Arbeit, Arbeitskraft*) sous-payé, mal payé; **~bieten** battre (*Rekord*)
unterbrechen **1** interrompre **2** suspendre (*Sitzung, Diskussion*) **3** couper (*Telefonleitung*)
Unterbrechung *f* interruption *f*; *zeitweilige*: suspension *f*
unterbringen **1** caser (*Dinge*) **2** loger (*Gäste usw.*)
unterdrücken **1** opprimer (*Menschen*) **2** réprimer (*Aufstand, Gefühle, Gähnen*)
untere(r, -s) **1** *räumlich, im Rang*: inférieur **2** *darunter*: ***die ~ Wohnung*** l'appartement *m* du bas (*od.* de dessous) **3** SCHULE ***die ~n Klassen*** les petites classes *f Pl*
untereinander **1** *räumlich*: l'un *bzw.* l'une au-dessous de l'autre; *mehrere*: les uns (*bzw.* les unes) au-dessous des autres **2** *zwischen Personen*: entre nous (*bzw.* vous, eux, elles); *oft unübersetzt*: ***sie kennen sich ~*** ils *bzw.*

elles se connaissent **3** *(gegenseitig)* mutuellement
unter|entwickelt sous-développé; **~ernährt** sous-alimenté
Unterführung *f* passage *m* souterrain
Untergang *m* **1** *von Sonne, Mond*: coucher *m* **2** *e-s Schiffs*: naufrage *m* **3** *(das Zugrundegehen)* ruine *f*, perte *f*
untergehen **1** *(Sonne, Mond)* se coucher **2** *(Schiff, Gegenstand)* couler **3** *(Zivilisation usw.)* disparaître **4** *(sich verlieren)* se perdre (***in der Menge*** dans la foule)
Unter|geschoss *n*, Ⓐ **~geschoß** *n* sous-sol *m*
Untergewicht *n*: ***sie hat zwei Kilo ~*** il lui manque deux kilos
Untergrund *m* POL clandestinité *f*
unterhalb **1** en bas **2** ***~ von*** au-dessous de; *(flussabwärts)* en aval de
Unterhalt *m* **1** ***~ zahlen*** payer une pension alimentaire (***für*** à) **2** *(Instandhaltung)* entretien *m*
unterhalten[1] **1** ***sich mit j-m ~*** s'entretenir avec qn (***über*** de) **2** ***er hat sich gut ~*** il s'est bien amusé
unterhalten[2] *(instand halten)* entretenir
unterhaltsam amusant, distrayant
Unterhaltung *f* **1** *(Gespräch)* entretien *m*, conversation *f* **2** *(Vergnügen)* distraction *f*, divertissement *m*; ***gute ~!*** amuse-toi bien *bzw.* amusez-vous bien!
Unter|hemd *n für Männer*: maillot *m* de corps; *für Frauen*: chemisette *f*; **~hose** *f* **1** slip *m* **2** *(Boxershorts)* caleçon *m*
unterirdisch souterrain
Unterkiefer *m* mâchoire *f* inférieure
unterkommen *(Unterkunft finden)* trouver à se loger (***bei*** chez); *(Arbeit finden)* trouver un emploi (***bei*** chez)
Unterkörper *m* partie *f* inférieure du corps
unterkriegen: ***sich nicht ~ lassen*** ne pas se décourager
Unterkunft *f* logement *m*
Unterlage *f* **1** support *m* **2** ***die ~n*** *(Papiere)* dossier *m*, documentation *f*
unterlegen: ***ich bin ihr ~*** je suis moins fort qu'elle
Unter|legenheit *f* infériorité *f*; **~leib** *m* bas-ventre *m*; **~leibchen** *n* Ⓐ maillot *m* de corps; **~lippe** *f* lèvre *f* inférieure
Untermiete *f*: ***sie wohnt zur ~*** elle est sous-locataire (***bei*** chez)
Untermieter(in) *m(f)* sous-locataire *m,f*
unternehmen **1** entreprendre **2** ***es ist Zeit, etw zu ~*** il est temps de faire qc (***gegen*** contre)
Unternehmen *n* entreprise *f*
Unternehmer(in) *m(f)* chef *m* d'entreprise (⚠ *im Frz. nur m*); *a.* entrepreneur *m*, -euse *f*
unternehmungslustig actif/-ive
Unterricht *m* **1** SCHULE cours *m(Pl)*; *in der Grundschule*: classe *f* **2** *privat*: cours *m Pl*, leçons *f Pl*
unterrichten[1] *(lehren)* enseigner
unterrichten[2] informer (***über*** de)
Unterrichts|fach *n* matière *f*, discipline *f*; **~stunde** *f* cours *m*, classe *f*
Unter|rock *m* jupon *m*; **~satz** *m* support *m*
unterschätzen sous-estimer
unterscheiden **1** distinguer (***von*** de) **2** ***~ zwischen*** faire la différence *(od.* la distinction) entre **3** ***sich ~*** se distinguer (***durch*** par; ***von*** de)
Unter|schenkel *m* jambe *f*; **~schicht** *f* classes *f Pl* inférieures
Unterschied *m* **1** différence *f* **2** *(Unterscheidung)* distinction *f* **3** ***e-n ~ machen zwischen*** faire la différence *(od.* la distinction) entre **4** ***im ~ zu*** à la différence de
unterschiedlich **1** différent **2** ***er behandelt sie ~*** il les traite différemment
unterschlagen **1** *(veruntreuen)* détourner *(Geld)*; soustraire *(Brief, Dokumente)* **2** *(verheimlichen)* cacher, dissimuler
Unterschlupf *m* refuge *m*, abri *m*
unterschreiben signer *(Brief, Scheck usw.)*
Unterschrift *f* signature *f*
Unterschriftenliste *f* pétition *f*
Untersetzer *m für Gläser*: dessous-de-verre *m*
unterste(r, -s) le plus bas/la plus basse
unterstellen[1] **1** *(aufräumen)* ***etw im Keller*** *usw.* ***~*** ranger qc à la cave *usw.* **2** ***sich ~*** *bei Regen*: se mettre à l'abri, s'abriter
unterstellen[2] **1** *(annehmen)* supposer **2** ***er hat mir e-e Lüge unterstellt*** il a insinué que j'aie menti

U

unterstreichen souligner
Unterstufe *f*: ***Unter- und Mittelstufe*** ≈ premier cycle *m* (⚠ *in Frankreich vier Klassen*: *6.-9.*, *die Grundschule hat 5 Klassen*)
unterstützen **1** soutenir (*Person*, *Vorschlag*) **2** *finanziell*: aider financièrement; *bes. staatlich*: subventionner **3** encourager, appuyer (*Plan*)
Unterstützung *f* **1** (*Hilfe*) soutien *m*, appui *m* **2** *finanzielle*: aide *f* financière; *staatliche*: subvention *f*
untersuchen **1** examiner **2** (*erforschen*) étudier **3** (*Polizei*) enquêter sur (*Fall*, *Verbrechen*)
Untersuchung *f* **1** examen *m* **2** *wissenschaftliche*: étude *f* **3** *polizeiliche*, *gerichtliche*: enquête *f*
Unter|suchungshaft *f* détention *f* provisoire; **~tasse** *f* soucoupe *f*
untertauchen **1** *unter Wasser*: plonger **2** *in der Menge*: disparaître **3** ***untergetaucht sein*** (*im Verborgenen leben*) se cacher
Unterteil *n* partie *f* inférieure
unterteilen diviser (***in*** en)
Untertitel *m* sous-titre *m*
untertreiben minimiser
Unterwäsche *f* sous-vêtements *m Pl*
unterwegs **1** (*auf dem Weg*) en chemin, en route (***nach*** à) **2** (*auf der Reise*) en cours de route **3** (*nicht zu Hause*) ***er ist ~*** il est sorti **4** ***für ~*** *Proviant usw.*: pour la route
Unterwelt *f* **1** (*Welt der Verbrecher*) milieu *m*, pègre *f* **2** *Mythologie*: enfers *m Pl*
unterwerfen **1** soumettre (*Völker*, *Länder*) **2** ***sich ~*** se soumettre
unter|würfig (*Verhalten*) servile; **~zeichnen** signer
untrennbar inséparable
untreu **1** *j-m*: infidèle **2** ***seinen Prinzipien ~ werden*** s'écarter de ses principes
un|typisch peu typique (***für*** de); **~überlegt** irréfléchi
unübersehbar **1** (*Fehler usw.*) manifeste **2** (*Folgen*, *Probleme*) incalculable
unübersichtlich **1** (*Kurve*) sans visibilité; (*Gelände*) sans vue dégagée **2** (*Darstellung*) confus
un|übertrefflich insurpassable, inégalable; **~üblich** inhabituel/-elle
ununterbrochen **1** (*ohne Pause*) ininterrompu **2** (*andauernd*, *ständig*) sans cesse, sans arrêt
unveränderlich invariable, constant
unverantwortlich **1** (*Mensch*, *Verhalten*) irresponsable **2** (*Leichtsinn*) inexcusable
unverbesserlich incorrigible
unverblümt: ***j-m ~ seine Meinung sagen*** *umg.* dire à qn ses quatre vérités
unverdient **1** (*Lob*, *Ehre usw.*) immérité **2** (*Tadel*, *Strafe*, *Vorwürfe*) injuste
un|vereinbar incompatible (***mit*** avec); **~verfroren** effronté, sans-gêne; **~vergesslich** inoubliable; **~verheiratet** célibataire; **~verhofft** (*Besuch usw.*) inattendu; **~verletzt** indemne; **~vermeidbar**, **~vermeidlich** inévitable; **~vernünftig** déraisonnable
unverschämt **1** (*Mensch*, *Benehmen*) insolent **2** ***ein ~er Preis*** un prix scandaleux; ***wir hatten ~es Glück*** nous avons eu une chance inouïe
Unverschämtheit *f* insolence *f*
unverständlich **1** (*unbegreiflich*) incompréhensible **2** (*Worte*) inintelligible
un|verwechselbar unique; **~verwundbar** invulnérable; **~vollendet** inachevé; **~vollkommen** imparfait; **~vollständig** incomplet/-ète
unvorbereitet **1** (*Rede*, *Unterricht*) improvisé **2** ***ich war völlig ~*** je n'étais pas préparé du tout
unvorsichtig imprudent; (*unüberlegt*) irréfléchi
Unvorsichtigkeit *f* imprudence *f*
unvorstellbar **1** inimaginable **2** ***~ schnell*** *usw.* incroyablement vite *usw.*
unwahr faux/fausse
Unwahrheit *f* mensonge *m*; ***die ~ sagen*** mentir
unwahrscheinlich **1** invraisemblable, improbable **2** (*Glück usw.*) incroyable
Unwetter *n* **1** (*Sturm*) tempête *f* **2** (*Gewitter*) orage *m*
unwichtig insignifiant, peu important
unwiderstehlich irrésistible
unwillkürlich **1** (*Bewegung usw.*) involontaire **2** ***~ zusammenzucken*** tressaillir involontairement (*od.* sans le vouloir)
un|wirklich irréel/-elle, fantastique; **~wissend** ignorant
Unwissenheit *f* ignorance *f*
unwohl: ***ich fühle mich ~*** (*nicht ge-

sund) je ne me sens pas bien; (*unbehaglich*) je suis mal à l'aise
Unzahl *f*: ***e-e ~ von*** une multitude de
unzählbar, unzählige innombrable
Unze *f Maßeinheit*: once *f*
un|zerbrechlich incassable; **~zerstörbar** indestructible
un|zertrennlich inséparable; **~zufrieden** mécontent (***mit*** de)
Unzufriedenheit *f* mécontentement *m*
un|zugänglich inaccessible; **~zumutbar** intolérable; **~zurechnungsfähig** irresponsable
unzuverlässig **1** (*Gerät, Maschine*) peu fiable **2** ***er ist ~*** on ne peut se fier à lui, on ne peut pas compter sur lui
üppig **1** (*Vegetation*) luxuriant **2** (*Essen, Körper*) plantureux/-euse
Ur... *bei Verwandten*: arrière-...
Urahn(in) *m(f)* ancêtre *m,f*
uralt **1** (*Mensch*) très vieux/vieille (*m Sg vor Vokal u. stummem* h: vieil) **2** (*Tradition, Sitte usw.*) très ancien/-ienne
Uran *n* uranium *m* (⚠ *Endung*)
uraufführen **1** créer (*Theaterstück*) **2** ***der Film wurde in Cannes uraufgeführt*** la première du film a eu lieu à Cannes
Uraufführung *f* création *f*
urchig ⓒⓗ **1** (*urwüchsig, urig*) original, typique **2** (*unverfälscht, markig*) truculent
Ureinwohner(in) *m(f)* aborigène *m,f*
Urenkel(in) *m(f)* arrière-petit-fils *m*, arrière-petite-fille *f*; ***die ~*** les arrière-petits-enfants *m Pl*
Ur|geschichte *f* préhistoire *f*; **~großmutter** *f* arrière-grand-mère *f*; **~großvater** *m* arrière-grand-père *m*
urig **1** (*sonderbar*) (*Typ*) original **2** (*urwüchsig*) (*Mensch*) truculent; ***e-e echt ~e Kneipe*** un bistrot typique bien sympa
Urin *m* urine *f* (⚠ *im Frz. f*)
urkomisch *umg.* impayable
Urkunde *f* document *m*, acte *m*
Urlaub *m* **1** *von der Arbeit*: congé *m* **2** (*Ferien*) vacances *f Pl*; ***in ~ fahren*** partir en vacances
Urlauber(in) *m(f)* vacancier *m*, -ière *f*
Urlaubs|foto *n* photo *f* de vacances; **~reise** *f* voyage *m* de vacances
Urne *f* (*Grab-, Wahlurne*) urne *f*
Ur|oma *f* arrière-grand-mère *f*; **~opa** *m* arrière-grand-père *m*
urplötzlich tout à coup
Ursache *f* **1** cause *f*, raison *f* (***für*** de) **2** ***keine ~*** il n'y a pas de quoi
Ursprung *m* origine *f*
ursprünglich **1** (*anfänglich*) initial, premier/-ière **2** (*Zustand, Landschaft*) naturel/-elle **3** (*anfangs*) à l'origine, initialement, au début
Urteil *n* **1** *vor Gericht*: jugement *m* **2** (*Bewertung*) jugement *m*, opinion *f*
urteilen juger (***über*** de)
Urwald *m* forêt *f* vierge
Urzeit *f* **1** préhistoire *f*, ère *f* préhistorique **2** ***seit ~en*** (*schon immer*) depuis des temps immémoriaux
USA *f* États-Unis *m Pl*
usw. etc. (*Abk. für*: et cetera)
Utopie *f* utopie *f*
utopisch utopique
UV-Strahlen *m Pl* rayons *m Pl* ultraviolets

V

Vagabund(in) *m(f)* vagabond(e) *m(f)*
vage **1** vague **2** ***ich erinnere mich ~ daran*** je m'en souviens vaguement
Vagina *f* vagin *m* (⚠ *im Frz. m*)
Vakuum *n* vide *m*
Vampir *m* vampire *m*
Vanille *f Gewürz*: vanille *f*
Vanille|eis *n* glace *f* à la vanille; **~pudding** *m* flan *m* à la vanille
Variante *f* variante *f*
Vase *f* vase *m* (⚠ *frz.* vase *f* = ***Schlamm***)
Vater *m* **1** père *m* **2** ***der Heilige ~*** le Saint-Père
Vater|land *n* patrie *f*; **~tag** *m* fête *f* des Pères
Vaterunser *n* Notre-Père *m*
Vati *m* papa *m* (⚠ *frz.* papi *m* = ***Opa***)
Vatikan *m* Vatican *m*
V-Ausschnitt *m* col *m* en V
v. Chr. av. J.-C. (*Abk. für*: avant Jésus-

-Christ)

Vegetarier(in) *m(f)* végétarien *m*, -ienne *f*

vegetarisch végétarien/-ienne

Veilchen *n* **1** BOT violette *f* **2** (*blaues Auge*) *umg.* œil *m* au beurre noir

Velo *n* (CH) (*Fahrrad*) vélo *m*

Vene *f* veine *f*

Venedig *n* Venise

Ventil *n* **1** soupape *f* **2** *am Reifen, Fahrradschlauch*: valve *f* **3** MUS piston *m*

Ventilator *m* ventilateur *m*

verabreden **1** ***sich mit j-m ~*** donner rendez-vous à qn; ***ich bin heute Abend verabredet*** j'ai rendez-vous ce soir (***mit*** avec) (⚠ *frz.* rendez-vous *ist ganz allgemein*) **2** ***etw ~*** convenir de qc; ***e-n Termin*** (***ein Treffen*** *usw.*) ***~*** fixer une date (un rendez-vous *usw.*); ***wir haben verabredet, dass ...*** nous avons décidé que … (+ *Ind.*)

Verabredung *f* **1** (*Treffen*) rendez-vous *m* **2** (*Abmachung*) accord *m*; ***das ist gegen die ~!*** c'est contre ce qu'on a convenu

verabschieden **1** ***sich ~*** dire au revoir (***von*** à) **2** ***ein Gesetz ~*** voter une loi

verachten **1** mépriser **2** ***das ist nicht zu ~*** ce n'est pas mal

Verachtung *f* mépris *m*

verallgemeinern généraliser

Verallgemeinerung *f* m généralisation *f*

veraltet vieilli

Veranda *f* m véranda *f*

verändern **1** changer, modifier **2** ***sich ~*** changer (⚠ *ohne* se), se modifier

Veränderung *f* changement *m*

veranschaulichen illustrer

veranstalten **1** organiser (*Fest, Ausstellung, Kongress*) **2** faire (*Umfrage, Lärm*)

Veranstaltung *f* **1** *Ereignis*: manifestation *f* **2** *im Theater, Zirkus usw.*: spectacle *m* **3** (*Durchführung*) organisation *f*

verantworten: ***etw ~*** répondre de qc

verantwortlich responsable (***für*** de)

Verantwortung *f* **1** responsabilité *f* (***für*** de) **2** ***etw auf eigene ~ tun*** prendre le risque de faire qc

verantwortungslos (*Person, Handlung*) irresponsable; (*Person*) *a.* insouciant

verantwortungsvoll **1** (*Person, Handeln*) responsable **2** (*Aufgabe, Position*) de responsabilité

veräppeln: ***j-n ~*** se moquer de qn

verarbeiten **1** (*verwenden*) ***etw zu ... ~*** employer (*od.* utiliser) qc pour faire … **2** (*bearbeiten*) travailler, traiter (***zu etw*** pour en faire qc) **3** (*bewältigen*) assimiler (*Verlust, Probleme*)

verärgert fâché (***wegen*** à cause de)

verarschen: ***j-n ~*** *umg.* se payer la gueule de qn; ***willst du mich ~?*** *sehr umg.* tu te fous de moi?

verarzten soigner (*Wunde usw.*)

verausgaben: ***sich*** (***total***) ***~*** se dépenser (à fond)

Verb *n* verbe *m*

Verband[1] *m für Wunden usw.*: pansement *m*

Verband[2] *m* (*Vereinigung*) fédération *f*, association *f*

Verbands|kasten *m im Auto usw.*: mallette *f* de premiers soins; **~zeug** *n* pansements *m Pl*

verbannen bannir

Verbannung *f* **1** (*das Verbannen*) bannissement *m* **2** *Ort*: exil *m*; ***in der ~*** en exil

verbarrikadieren: (***sich***) ***~*** (se) barricader

verbauen **1** masquer, boucher (*Aussicht*) **2** consommer dans la construction (*Material*) **3** ***sich die Zukunft ~*** gâcher son avenir

verbeißen: ***sich das Lachen ~*** étouffer un rire

verbergen cacher (***vor*** à)

verbessern **1** (*besser machen*) améliorer; ***sich ~*** s'améliorer **2** (*berichtigen*) corriger **3** ***sich ~*** se corriger; *beim Sprechen*: se reprendre

Verbesserung *f* **1** amélioration *f* **2** (*Berichtigung*) correction *f*

verbeugen: ***sich ~*** s'incliner (***vor*** devant)

Verbeugung *f* révérence *f* (***vor*** devant)

verbeulen bosseler, cabosser

verbiegen **1** tordre, déformer **2** ***sich ~*** se tordre, se déformer

verbieten **1** *bes. offiziell, gesetzlich*: interdire **2** ***j-m etw ~*** défendre qc à qn **3** ***das ist verboten*** c'est défendu, c'est interdit

verbilligt à prix réduit

verbinden[1] **1** (*zusammenfügen*) joindre, lier, réunir (***mit*** à) **2** relier (*Ge-*

trenntes, Entferntes) (**mit** à) 3 TEL **~ Sie mich bitte mit …!** passez-moi …, s'il vous plaît!; **Moment, ich verbinde!** un moment, je vous le *bzw.* la passe!; (**Sie sind**) **falsch verbunden** vous avez fait un mauvais numéro **4** (*verknüpfen*) combiner, joindre (**mit** à) **5 mit Kosten verbunden sein** entraîner des frais **6 sich ~** (*sich vereinigen*) s'unir (**mit** à)

verbinden[2] **1** panser (*Wunde*) **2 j-m die Augen ~** bander les yeux de qn

Verbindung *f* **1** (*Zusammenhang*) rapport *m*, lien *m* **2** *zwischen Personen*: **sich in ~ setzen mit** prendre contact avec, contacter (*jemand*); **mit j-m in ~ stehen** (*bzw.* **bleiben**) être (*bzw.* rester) en contact avec qn **3** (*Beziehung*) relation *f* **4** *zwischen zwei Orten*: liaison *f* (**nach** avec) **5** TEL communication *f* **6** CHEM combinaison *f*

verbissen 1 (*Kampf, Widerstand*) acharné **2 ein ~es Gesicht machen** avoir l'air tendu **3 das darfst du nicht so ~ sehen** il faut prendre ça d'une façon plus décontractée

verbittert amer/amère

verblassen pâlir; (*Farben, Stoff*) passer; (*Erinnerung*) s'estomper

verblödet abruti

verblüffen stupéfier, ébahir

verblüffend 1 stupéfiant, ahurissant **2 sie sehen sich ~ ähnlich** ils ont une ressemblance frappante

verblüfft stupéfait, ébahi

Verblüffung *f* stupéfaction *f*

ver|blühen se faner; **~bluten** mourir d'une hémorragie

verbogen tordu, déformé

verborgen caché

Verbot *n* défense *f*, interdiction *f*

verboten 1 défendu, interdit; **Rauchen ~!** défense de fumer! **2** (*unmöglich*) *umg.* impossible; **darin sieht er ~ aus** *umg.* il a une touche pas possible comme ça!

Verbrauch *m* consommation *f* (**an** de)

verbrauchen 1 consommer (*a. Benzin*) **2** (*aufbrauchen*) épuiser

Verbraucher(in) *m(f)* consommateur *m*, -trice *f*

Verbrechen *n* crime *m*

verbrechen: was hat er denn verbrochen? qu'est-ce qu'il a encore fabriqué?

Verbrecher(in) *m(f)* criminel *m*, -elle *f*

verbreiten 1 (*ausbreiten, verteilen*) répandre **2** propager (*Nachricht, Ideen, Gerücht, Krankheit*) **3 sich ~** se répandre; (*Ideen, Gerücht, Krankheit usw.*) se propager

verbrennen 1 brûler **2 es riecht verbrannt** ça sent le brûlé

Verbrennung *f* **1** *Verletzung*: brûlure *f* **2** TECH combustion *f* **3** *von Abfällen usw.*: incinération *f*

verbringen passer (*Zeit, Tag, Ferien usw.*)

verbrühen: sich die Hand *usw.* **~** se brûler la main *usw.* avec de l'eau bouillante

verbunden: falsch ~! vous avez fait le mauvais numéro

verbünden: sich ~ s'allier (**mit** à)

Verbündete(r) *f(m)* allié(e) *m(f)*

Verdacht *m* soupçon *m*; **~ schöpfen** commencer à avoir des soupçons; **in ~ geraten** se rendre suspect

verdächtig 1 suspect; (*Angelegenheit, Verhalten a.*) louche **2 es war ~ ruhig** le calme était trompeur

Verdächtige(r) *f(m)* suspect(e) *m(f)*

verdächtigen soupçonner; *etw stärker*: suspecter

verdammt 1 (*verflixt*) *umg.* sacré, *umg.* fichu (⚠ *beide immer vorangestellt*) **2 ~ (noch mal)!** *umg.* zut (alors)!; *umg. stärker*: merde (alors)! **3 es tut ~ weh** *umg.* ça fait vachement mal

verdanken 1 j-m etw ~ devoir qc à qn **2 das hast du dir selbst zu ~!** tu ne peux t'en prendre qu'à toi!

verdattert stupéfait, soufflé

verdauen digérer (*a. Überraschungen*)

verdaulich: (**leicht**) **~** digeste; **schwer ~** indigeste

Verdauung *f* digestion *f*

Verdeck *n* capote *f*

verdecken 1 (*verstecken*) cacher **2** (*zudecken*) couvrir

verderben 1 (*Lebensmittel*) s'abîmer **2** (*unbrauchbar machen*) abîmer **3** gâcher (*Urlaub, Fest, Freude usw.*) **4 ich hab mir den Magen verdorben** j'ai l'estomac barbouillé

verdeutlichen expliquer

verdienen 1 gagner (*Geld*) **2** mériter (*Lob, Strafe usw.*); **womit hab ich das verdient?** qu'est-ce que j'ai fait pour mériter ça?

Verdienst[1] *m* **1** (*Einkommen*) salaire *m* **2** (*Gewinn*) gain *m*, profit *m*
Verdienst[2] *n* mérite *m*; ***es ist sein ~, dass ...*** c'est grâce à lui que ... (+ *Ind.*)
verdonnern: ***sie hat mich dazu verdonnert, abzuwaschen*** elle m'a collé de corvée de vaisselle
verdoppeln **1** doubler **2** ***sich ~*** doubler (⚠ *ohne* se)
Verdopplung *f* **1** multiplication *f* par deux **2** *von Kräften usw.*: redoublement *m*
verdorben (*Lebensmittel*) avarié; (*Käse*) *a.* moisi
verdrängen **1** refouler (*Gefühl, Erinnerungen*) **2** (*wegdrängen*) évincer **3** (*nach u. nach ersetzen*) supplanter
verdreckt crasseux/-euse
verdrehen **1** (*verbiegen*) tordre **2** ***sie verdrehte die Augen*** elle roulait des yeux **3** déformer (*Sachverhalt, Fakten*)
verdreht **1** tordu **2** (*verwirrt*) embrouillé
verdreifachen tripler
verdreschen: ***j-n ~*** *umg.* flanquer une raclée à qn
verdrücken **1** ***etw ~*** (*essen*) *umg.* s'envoyer qc **2** ***sich ~*** (*abhauen*) *umg.* se tirer, *umg.* filer
verduften *umg.* (*abhauen*) se barrer, filer
verdünnen **1** diluer (*Flüssigkeit, Farbe usw.*) **2** allonger (*Getränk, Soße*)
verdunsten s'évaporer
verdursten mourir de soif
verdutzt ébahi; *umg.* baba
verehren **1** (*bewundern*) admirer; *stärker*: porter aux nues **2** vénérer (*Gottheit, Prophet usw.*)
Verein *m* **1** association *f* **2** *bes.* SPORT club *m*
vereinbar compatible (***mit*** avec)
vereinbaren **1** convenir de **2** concilier (*zwei Dinge miteinander*) (***mit*** avec)
vereinbart convenu
Vereinbarung *f* **1** accord *m* **2** *beim Arzt usw.*: ***Termine nach ~*** consultations sur rendez-vous
vereinfachen simplifier
Vereinfachung *f* simplification *f*
vereinheitlichen uniformiser
vereinigen **1** réunir (***mit*** à) **2** ***sich ~*** se réunir; (*sich verbünden*) s'unir, s'allier (***mit*** à)
vereinigt **1** uni **2** ***die Vereinigten Staaten von Amerika*** les États-Unis *m Pl* d'Amérique
vereint **1** uni **2** ***die Vereinten Nationen*** les Nations Unies *f Pl*
vereist **1** (*Straße, Skipiste usw.*) verglacé **2** (*Gewässer*) pris par les glaces **3** (*Fensterscheibe, Tragfläche*) givré
vereitern suppurer
ver|eitert purulent; **~erben** laisser, léguer (*Geld, Besitz*)
Vererbung *f* hérédité *f*
verfahren[1] (*vorgehen*) procéder
verfahren[2]: ***sich ~*** (*falsch fahren*) se tromper de route
verfahren[3] (*Situation*) sans issue; (*Angelegenheit*) embrouillé; ***die Situation ist völlig ~*** nous sommes dans une impasse
Verfahren *n* **1** (*Arbeitsweise*) méthode *f* **2** TECH procédé *m* **3** JUR procédure *f*
verfallen[1] **1** (*Gebäude*) se délabrer **2** (*Fahrkarten usw.*) se périmer
verfallen[2] (*Gebäude, Ruine*) délabré
verfallen[3]: ***darauf ~, etw zu tun*** avoir l'idée de faire qc
Verfallsdatum *n* date *f* de péremption
verfälschen falsifier
verfärben: ***sich ~*** changer de couleur
verfassen écrire
Verfasser(in) *m(f)* auteur *m* (⚠ *im Frz. nur m*)
Verfassung[1] *f e-s Staats*: Constitution *f*
Verfassung[2] *f* **1** (*Zustand*) état *m* **2** *körperliche*: condition *f*, forme *f*
verfassungswidrig contraire à la constitution
verfaulen (*Lebensmittel usw.*) pourrir
verfault pourri
verfehlen **1** manquer (*Ziel, Zweck*) **2** ***sie haben sich verfehlt*** ils se sont ratés *bzw.* elles se sont ratées **3** ***er hat seinen Beruf verfehlt*** il a raté sa vocation **4** *im Aufsatz usw.*: ***sie hat das Thema verfehlt*** elle n'a pas traité le sujet
verfilmen adapter à l'écran (*Roman, Story*)
Verfilmung *f* adaptation *f* cinématographique
verfilzt **1** (*Wolle*) feutré **2** (*Haar*) emmêlé
verfliegen **1** (*Duft*) se dissiper; (*Parfüm*) se volatiliser **2** (*Zorn*) passer **3** (*Zeit*) voler
verflixt **1** (*Gegenstand, Geschichte*)

V

umg. fichu (⚠ *vorangestellt*); (*Gegenstand*) *umg.* sacré (⚠ *vorangestellt*) **2** **~!** *umg.* zut!, *umg.* mince!

verfluchen maudire

verflucht maudit

verfolgen **1** (*einholen wollen*) poursuivre (*j-n*) **2** suivre (*Spur, Angelegenheit usw.*) **3** ***j-n politisch ~*** persécuter qn pour ses idées politiques; ***politisch verfolgt werden*** être persécuté pour ses idées politiques **4** poursuivre (*Absicht, Ziel*) **5** (*beobachten*) observer **6** (*zuhören*) suivre **7** ***dieser Gedanke verfolgt mich*** cette idée me poursuit **8** ***vom Pech verfolgt*** poursuivi par la malchance

Verfolger(in) *m(f)* poursuivant(e) *m(f)*

Verfolgung *f* **1** *von Flüchtenden*: poursuite *f* **2** *politische*: persécution *f*

Verfolgungs|jagd *f* *umg.* rodéo *m*; **~wahn** *m* manie *f* de la persécution

ver|formen déformer; **~fressen** glouton/-onne

verfügbar disponible

Verfügung *f* **1** ***j-m etw zur ~ stellen*** mettre qc à la disposition de qn **2** ***etw steht mir (uns*** *usw.*) ***zur ~*** qc est à ma (notre *usw.*) disposition

verführen **1** *sexuell*: séduire **2** (*verleiten*) inciter (***zu*** à) **3** (*überreden*) persuader

verführerisch **1** (*Person, Duft usw.*) séduisant; (*Lächeln*) séducteur **2** ***er lächelte ~*** il souriait de façon irresistible

vergammelt **1** (*Lebensmittel*) pourri **2** ***ein ~er Typ*** *umg.* un mec crade

vergangen (*Zeit*) passé

Vergangenheit *f* passé *m*

vergeben[1] **1** accorder (*Stipendium*) (***an*** à); décerner (*Preis*) (***an*** à) **2** ***e-e Stelle an j-n ~*** donner un poste à qn; ***die Stelle ist schon ~*** le poste est déja occupé **3** ***sie ist schon ~*** (*sie hat schon e-n Partner*) elle a déjà qn

vergeben[2] (*verzeihen*) pardonner

vergebens en vain

vergeblich **1** vain, inutile **2** (*vergebens*) en vain

vergehen **1** (*Zeit, Schmerz*) passer **2** (*verschwinden*) disparaître; (*Zorn*) se dissiper **3** ***mir ist die Lust dazu vergangen*** je n'en ai plus envie; ***mir ist der Appetit vergangen*** ça m'a coupé l'appétit

Vergehen *n* délit *m*

vergessen **1** oublier **2** ***das kannst du ~!*** *umg.* tu peux toujours courir!; ***vergiss es!*** *umg.* laisse tomber! **3** ***das vergesse ich ihm nie*** *aus Dankbarkeit*: je n'oublierai jamais ce qu'il a fait pour moi; *aus Rache*: je lui garde un chien de ma chienne

vergesslich distrait

vergeuden gaspiller

vergewaltigen violer

Vergewaltigung *f* viol *m*

vergewissern: *sich ~, ob …* vérifier que … (+ *Ind.*)

vergiften **1** empoisonner (*j-n*) **2** ***sich ~*** s'empoisonner; *bes. versehentlich*: s'intoxiquer

Vergiftung *f* intoxication *f*

vergilbt jauni

Vergissmeinnicht *n* myosotis *m*

Vergleich *m* **1** comparaison *f*; ***im ~ mit*** *od.* ***zu*** par comparaison à, en comparaison de **2** *vor Gericht*: accord *m*, arrangement *m*

vergleichbar comparable

vergleichen **1** comparer (***mit*** à *od.* avec) **2** ***vergleiche Seite vier*** voir (aussi) page quatre **3** ***verglichen mit …*** comparé à …

vergleichsweise relativement

vergnügen: *sich ~* s'amuser, se divertir (***mit*** à *od.* avec)

Vergnügen *n* **1** plaisir *m*; ***zum ~*** pour le plaisir **2** ***mit ~!*** avec plaisir!; ***viel ~!*** *wenn man j-n duzt*: amuse-toi bien!; *wenn man j-n siezt od. bei mehreren*: amusez-vous bien! **3** ***das war ein teures ~*** ça m'a coûté une fortune

vergnügt gai

Vergnügungspark *m* parc *m* d'attractions

ver|goldet doré; **~graben** enterrer

vergrößern **1** agrandir (*bes. Fotos*) **2** *mit der Lupe, im Mikroskop*: grossir **3** ***sich ~*** (*größer werden*) s'agrandir; (*wachsen*) grossir

Vergrößerung *f* **1** *Foto*: agrandissement *m* **2** *durch die Lupe usw.*: grossissement *m*

Vergrößerungsglas *n* loupe *f*

vergucken: *sich ~ in* (*verlieben in*) tomber amoureux de

Vergünstigung *f* **1** (*Vorteil*) avantage *m* **2** (*Ermäßigung*) réduction *f* **3** (*Vorrecht*) privilège *m*

verhaften arrêter

Verhaftung *f* arrestation *f*
verhalten 1 *sich ~* (*sich benehmen*) se comporter; ***sich ruhig ~*** se tenir tranquille **2** (*beschaffen sein*) être; ***die Sache verhält sich so: ...*** il s'agit de la chose suivante: ... **3 *A verhält sich zu B wie C zu D*** A est à B ce que C est à D
Verhalten *n* comportement *m*
verhaltensgestört (*Kind*) caractériel/-ielle; (*Tier*) perturbé
Verhältnis[1] *n* **1** (*Größenverhältnis*) rapport *m*, proportion *f* **2 *im ~ zu ...*** par rapport à ...; ***im ~ 1:3*** dans un rapport de un à trois **3** (*Beziehung*) relation *f*; ***er hat ein gutes ~ zu ihr*** il s'entend très bien avec elle
Verhältnis[2] *n* (*Liebesverhältnis*) liaison *f* (amoureuse)
Verhältnis[3] *n*: ***die ~se*** (*die Lage*) la situation; (*die Umstände*) les circonstances *f Pl*, les conditions *f Pl*
verhältnismäßig relativement
verhandeln négocier; ***mit j-m über etw ~*** négocier qc avec qn
Verhandlung *f* **1** négociation *f* (***über*** sur) **2** *vor Gericht*: audience *f*
verharmlosen minimiser
verhärten: *sich ~* se durcir; *fig.* s'endurcir, se raidir
verhaspeln: *sich ~* *beim Sprechen*: s'embrouiller
verhasst odieux/-ieuse, détesté
verhätscheln gâter, dorloter
verhauen 1 (*verprügeln*) rosser **2** *umg.* louper (*Prüfung usw.*)
verheddern 1 *sich ~* s'emmêler (*Fäden, Seil usw.*) **2 *sich in etw ~*** se prendre (*od.* s'empêtrer) dans qc **3 *sich ~*** *beim Sprechen*: s'embrouiller
verheilen (*Wunde usw.*) guérir
verheimlichen cacher, dissimuler
verheiratet marié (***mit*** avec)
verhext: *es ist wie ~!* (*alles geht schief*) tout va de travers!; *umg.* ce n'est pas croyable une poisse pareille!
ver|hindern empêcher (*Unglück usw.*); **~höhnen** se moquer de
Verhör *n* interrogatoire *m*
verhören[1] interroger (*j-n*)
verhören[2]: ***sich ~*** mal entendre
verhungern mourir de faim
verhüten 1 empêcher **2** *mit der Pille usw.*: employer un contraceptif
Verhütung *f e-r Schwangerschaft*: contraception *f*
Verhütungsmittel *n* contraceptif *m*
verirren: *sich ~* s'égarer, se perdre
verjagen chasser
verjährt (*Verbrechen*) prescrit
verkabeln câbler
verkalkt 1 (*Kaffeemaschine, Rohr usw.*) entartré **2** (*Mensch, Arterie*) sclérosé
verkalkulieren: *sich ~* se tromper dans ses calculs; *umg.* se gourer
verkannt méconnu
verkappt déguisé
Verkauf *m* vente *f*
verkaufen 1 vendre **2 *sich gut ~*** (*Waren*) vendre bien *od.* bien se vendre **3 *er verkauft sich gut*** (*stellt sich gut dar*) il sait bien se vendre
Verkäufer(in) *m(f)* vendeur *m*, -euse *f*
Verkehr *m* **1** (*Straßenverkehr*) circulation *f*; *bes. starker*: trafic *m* **2 *der öffentliche ~*** les transports *m Pl* publics **3** *von Geld, Waren usw.*: circulation *f*; ***etw aus dem ~ ziehen*** retirer qc de la circulation
verkehren 1 (*Bahnen, Busse usw.*) circuler; ***der Bus verkehrt stündlich*** il y a un bus toutes les heures **2 *mit j-m ~*** fréquenter qn
Verkehrs|chaos *n* embouteillages *m Pl*; **~funk** *m* radioguidage *m*; **~hindernis** *n* obstacle *m* à la circulation; **~insel** *f* ilôt *m*; *für Fußgänger*: refuge *m*; **~kontrolle** *f* contrôle *m* de police (⚠ *frz.* contrôle *ist m*); **~meldung** *f* RAD message *m* d'informations routières
Verkehrsmittel *n* **1** moyen *m* de transport **2 *die öffentlichen ~*** les transports *m Pl* en commun
Verkehrs|schild *n* panneau *m* de signalisation; **~unfall** *m* accident *m* (de la route)
verkehrt 1 (*umgekehrt*) à l'envers (→ *a.* ***herum***) **2** (*falsch*) faux/fausse; (*Weg, Richtung*) mauvais; ***wir sind hier ~*** on s'est trompé (de chemin *bzw.* de route) **3 *etw ~ machen*** *falsch*: faire qc de travers; *umgekehrt, in falscher Reihenfolge*: faire qc à l'envers
verklagen: *j-n ~* porter plainte contre qn
verklebt (*klebrig*) collant
verkleiden: *sich ~* se déguiser (***als*** en)
Verkleidung *f* **1** (*Kostüm*) déguisement *m* **2** *an Wänden*: revêtement *m*
verkleinern 1 *im Maßstab*: réduire (*z. B. Fotos*) **2** (*kleiner erscheinen las-*

V

sen) rapetisser **3** ***sich ~*** (*kleiner werden*) se réduire, diminuer
Verkleinerung *f im Maßstab*: réduction *f*
verklemmt **1** (*festgeklemmt*) coincé **2** PSYCH coincé
verknallen **1** ***er hat sich verknallt*** il est tombé amoureux (***in*** de) **2** ***sie ist total verknallt in Michel*** elle est folle de Michel
verkneifen: ***sich das Lachen ~*** réprimer un rire; ***ich konnte mir diese Bemerkung nicht ~*** je n'ai pas pu me retenir de faire cette remarque
verkniffen **1** (*Gesicht*) pincé **2** ***das darfst du nicht so ~ sehen*** tu ne dois pas voir les choses d'une manière aussi butée
verknoten nouer (*Schnur usw.*)
verkohlen **1** (*zu Kohle werden*) se carboniser **2** ***sie verkohlt dich*** (*legt dich rein*) *umg.* elle te fait bien marcher
verkommen **1** (*verwahrlost*) laissé à l'abandon **2** (*Gebäude*) délabré
verkomplizieren rendre plus compliqué
verkörpern incarner
verkrachen: ***sie haben sich verkracht*** ils se sont brouillés
verkraften supporter
verkrampfen: ***sich ~*** (*Muskel, Hand usw.*) se contracter, se crisper; (*Person*) se crisper
verkrampft crispé, tendu
verkratzt (*Möbel, Auto usw.*) égratigné
verkriechen **1** ***sich ~*** (*Tiere*) se terrer **2** ***er verkroch sich ins Bett*** il s'est réfugié au lit
verkrümeln: ***sich ~*** *umg.* filer
verkrüppelt **1** (*Mensch, Hand usw.*) estropié **2** (*Baum, Strauch*) rabougri
verkrustet **1** (*Wunde*) ***~ sein*** être couvert d'une croûte **2** (*Strukturen*) sclérosé
verkünden **1** annoncer; *öffentlich*: publier, proclamer **2** prononcer (*Urteil*) **3** promulguer (*Gesetz*)
verkürzen **1** raccourcir **2** réduire (*Zeit*)
Verlag *m* maison *f* d'édition
verlagern **1** déplacer (*Gewicht*) **2** *an e-n anderen Ort*: transférer **3** ***sich ~*** (*Gewicht*) se déplacer
verlangen **1** (*haben wollen*) demander, vouloir (***für*** pour) **2** (*fordern*) exiger; revendiquer, réclamer (*Rechte usw.*) **3** ***du wirst am Telefon verlangt*** on te demande au téléphone **4** ***das ist zuviel verlangt*** c'est trop demander
verlängern **1** (*länger machen*) allonger, rallonger **2** prolonger (*Strecke, Zeit, Urlaub*) (***um*** de); ***ein verlängertes Wochenende*** un long week-end **3** proroger (*Pass, Ausweis*) **4** ***sich ~*** s'allonger; *zeitlich*: se prolonger
Verlängerung *f* **1** (*Längermachen*) rallongement *m* **2** *zeitlich*: prolongation *f*; SPORT prolongations *f Pl* **3** *Kabel, Schnur*: rallonge *f*
Verlängerungskabel *n* rallonge *f*
Verlass *m*: ***auf sie ist kein ~*** on ne peut pas compter sur elle
verlassen[1] **1** (*weggehen von*) quitter **2** (*im Stich lassen*) abandonner
verlassen[2] **1** ***sich ~ auf*** compter sur **2** ***du kannst dich darauf ~*** tu peux y compter **3** ***worauf du dich ~ kannst!*** pour ça, fais-moi confiance!
verlassen[3] **1** (*Haus*) abandonné **2** (*Person*) délaissé **3** (*Ort, Gegend*) désert
Verlauf *m* cours *m*; (*Ablauf*) déroulement *m*
verlaufen[1] **1** (*vor sich gehen*) se passer, se dérouler **2** (*Weg, Straße usw.*) passer **3** (*Farben*) se fondre
verlaufen[2]: ***ich habe mich ~*** je me suis perdu, je me suis égaré
verleben passer (*Ferien usw.*)
verlegen[1] **1** *an e-n anderen Ort*: déplacer, transférer **2** ajourner, reporter (*Termin*) (***auf*** à) **3** poser (*Teppichboden, Kabel usw.*) **4** ***etw verlegt haben*** (*nicht mehr finden*) avoir égaré qc
verlegen[2] **1** (*schüchtern*) embarrassé, gêné **2** ***sie ist nie um e-e Antwort ~*** elle a réponse à tout
Verlegenheit *f* embarras *m*
Verleger(in) *m(f)* éditeur *m*, -trice *f*
verleihen **1** (*ausleihen*) prêter; *gegen Bezahlung*: louer **2** (*übertragen, geben*) conférer (*Titel, Amt*); décerner (*Preis*)
verleiten: ***j-n zu etw ~*** inciter qn à faire qc
verlernen perdre, oublier
verlesen[1] (*vorlesen*) lire (à *haute voix) (*Erklärung usw.*)
verlesen[2]: ***ich hab mich ~*** (*falsch gelesen*) je me suis trompé en lisant
verletzen **1** blesser; ***tödlich verletzt***

V

mort dans un accident **2** ***sich*** **~** se blesser (***am Kopf*** *usw.* à la tête *usw.*) **3** (*kränken*) blesser, offenser
Verletzte(r) *f*(*m*) blessé(e) *m*(*f*)
Verletzung *f* blessure *f*
verleugnen renier (*Person, Überzeugung*)
verleumden calomnier, diffamer
Verleumdung *f* calomnie *f*, diffamation *f*
verlieben: ***sich*** **~** tomber amoureux (***in*** de)
verliebt amoureux/-euse (***in*** de)
verlieren **1** perdre **2** ***hier hast du nichts verloren*** tu n'as rien à faire ici
Verlierer(in) *m*(*f*) perdant(e) *m*(*f*)
verloben: ***sich*** **~** se fiancer
verlobt fiancé
Verlobte(r) *f*(*m*) fiancé(e) *m*(*f*)
Verlobung *f* fiançailles *f Pl*
verlogen faux/fausse, menteur/-euse
verloren **1** perdu **2** **~** ***gehen*** se perdre; (*Briefe*) *a.* s'égarer **3** ***an ihm ist ein Schauspieler*** **~** ***gegangen*** il aurait fait un excellent acteur
verlorengehen → ***verloren***
verlosen: ***etw*** **~** tirer qc au sort
Verlosung *f* tirage *m* au sort
Verlust *m* perte *f*; ***mit*** **~** à perte
vermachen: ***j-m etw*** **~** léguer qc à qn
vermarkten commercialiser (*Produkt*)
vermasseln: ***j-m die Ferien*** (***den Abend*** *usw.*) **~** gâcher à qn ses vacances (sa soirée *usw.*)
vermehren **1** *mengenmäßig*: augmenter **2** ***sich*** **~** (*mehr werden*) augmenter **3** ***sich*** **~** (*sich fortpflanzen*) se reproduire
Vermehrung *f* **1** augmentation *f* **2** (*Fortpflanzung*) reproduction *f*
ver|meiden éviter; **~merken** noter
vermiesen: ***j-m etw*** **~** gâcher qc à qn
vermieten louer
Vermieter(in) *m*(*f*) propriétaire *m,f*
Vermietung *f* location *f*
vermischen **1** mélanger **2** ***sich*** **~** se mélanger
vermissen **1** (*nicht mehr finden*) ***ich vermisse meinen Schirm*** *usw.* je ne retrouve plus mon parapluie *usw.* **2** remarquer l'absence de (*Personen*); ***sie wird*** (***seit Sonntag***) ***vermisst*** elle a disparu (depuis dimanche) **3** ***ich vermisse dich sehr*** tu me manques tellement
vermisst disparu; ***j-n als*** **~** ***melden*** porter qn disparu
Vermisstenanzeige *f* avis *m* de recherche
vermitteln **1** procurer (*Stelle, Geschäft*); arranger (*Treffen*) **2** **~** ***zwischen*** servir de médiateur *bzw.* de médiatrice entre **3** établir (*Telefongespräch*) **4** transmettre (*Wissen Kenntnisse*) **5** ***e-n Eindruck*** **~** donner une impression
Vermittlung *f* **1** entremise *f*; (*Eingreifen*) intervention *f* **2** *von Wissen*: transmission *f* **3** (*Telefonzentrale*) central *m*
vermodern pourrir, se décomposer
Vermögen *n* **1** fortune *f*, biens *m Pl* **2** ***das hat mich ein*** **~** ***gekostet*** ça m'a coûté une fortune
vermummt (*Demonstranten*) masqué
vermuten **1** (*annehmen*) présumer, supposer **2** ***ich vermute: ja*** je suppose que oui **3** ***das habe ich fast vermutet*** (*mir fast gedacht*) je m'en doutais
vermutlich **1** ***der*** **~*e*** ***Täter*** le coupable présumé **2** (*wahrscheinlich*) probablement
Vermutung *f* **1** présomption *f*, supposition *f* **2** ***meine*** **~** ***ist, dass …*** je suppose que (+ *Ind.*) **3** ***ich habe e-e*** **~** (*e-n Verdacht*) j'ai mon idée là-dessus
vernachlässigen négliger
Vernachlässigung *f* négligence *f*; (*Verwahrlosung*) abandon *m*
vernarbt (*Wunde*) cicatrisé
vernaschen **1** dépenser en friandises (*sein Taschengeld*) **2** ***j-n*** **~** *umg.* se taper qn
verneinen **1** ***er verneinte*** il a répondu (que) non **2** ***sie verneinte die Frage*** elle a répondu négativement à la question **3** ***ein verneinter Satz*** une phrase à la forme négative, une négative
Verneinung *f* GR négation *f*
vernichten **1** (*zerstören*) détruire **2** (*ausrotten*) exterminer **3** supprimer (*Arbeitsplätze*)
vernichtend **1** (*Niederlage*) écrasant **2** (*Kritik*) impitoyable
Vernichtung *f* **1** (*Zerstörung*) destruction *f* **2** (*Ausrottung*) extermination *f*
Vernunft *f* raison *f*; ***j-n wieder zur*** **~** ***bringen*** ramener qn à la raison; ***wieder zur*** **~** ***kommen*** redevenir raisonnable
vernünftig **1** raisonnable **2** (*Preis usw.*)

convenable, acceptable
veröffentlichen publier
Veröffentlichung *f* publication *f*
verordnen **1** (*befehlen, anordnen*) ordonner **2** *ärztlich*: prescrire
verpacken emballer
Verpackung *f* emballage *m*
verpassen[1] manquer, rater (*Zug, Bus usw.*)
verpassen[2]: ***ich hab ihm e-e verpasst*** *umg.* je lui ai flanqué une baffe
verpatzen rater; *umg.* louper
verpennen **1** ***ich hab verpennt*** *umg.* j'ai eu une panne d'oreiller **2** rater; *umg.* louper (*Termin, Verabredung*)
verpetzen *umg.* cafarder (***bei*** auprès de)
verpflegen **1** nourrir (*j-n*) **2** ***sich selbst ~*** *im Urlaub usw.*: s'acheter et se faire à manger
Verpflegung *f* **1** (*Essen*) nourriture *f* **2** (*Proviant*) provisions *f Pl*
verpflichten **1** ***sich ~*** s'engager (***zu*** à *od.* à faire …) **2** ***j-n zu etw ~*** engager qn à faire qc
verpflichtet: ***sich ~ fühlen, etw zu tun*** se sentir obligé de faire qc
Verpflichtung *f* **1** obligation *f*, engagement *m* **2** *moralische*: devoir *m*
verpfuschen **1** bâcler, bousiller (*Arbeit usw.*) **2** ***er hat sein Leben verpfuscht*** il a gâché sa vie
verpissen: ***verpiss dich!*** *sehr umg.* fous le camp!; *umg.* casse-toi!
verplempern perdre (*Zeit, Geld*)
verprügeln: ***j-n ~*** passer qn à tabac
ver|quollen (*Gesicht, Augen*) bouffi; **~rammeln** barricader (*Tür usw.*)
Verrat *m* trahison *f* (***an*** de)
verraten **1** trahir **2** ***ich verrate dir ein Geheimnis*** je vais te confier un secret **3** (*sagen*) ***kannst du mir ~, wie das geht?*** tu peux me dire comment ça fonctionne? **4** ***sie hat sich ~*** elle s'est trahie (***durch*** par)
Verräter(in) *m(f)* traître *m*, -esse *f*
verrechnen **1** ***sich ~*** se tromper dans ses calculs **2** ***da hast du dich aber verrechnet!*** *fig. umg.* là, tu te fourres le doigt dans l'œil! **3** ***mit etw ~*** déduire de qc
Verrechnungsscheck *m* chèque *m* barré
verregnet (*Tag, Fest usw.*) arrosé
verreisen **1** partir en voyage (***nach*** à, en ***nach***) **2** ***sie ist verreist*** elle est en voyage
verrenken **1** ***sich ~*** se contorsionner **2** ***sich den Arm ~*** se tordre le bras
Verrenkung *f* **1** contorsion *f* **2** *Verletzung a.*: entorse *f*
verriegeln verrouiller (*Tür usw.*)
verringern: (***sich***) **~** diminuer
ver|rosten rouiller, se rouiller; **~rücken** déplacer
verrückt **1** fou/folle (⚠ *m Sg vor Vokal u. stummem* h: fol; *m Pl* fous) **2** ***~ nach*** fou de **3** ***ich werd ~!*** (*das glaube ich nicht*) je rêve!, je n'arrive pas à y croire! **4** ***mach dich nicht ~!*** arrête de te tourmenter! **5** ***das Wetter spielt ~*** le temps se détraque **6** ***er schrie wie ~*** il criait comme un fou
Verrückte(r) *f(m)* fou *m*, folle *f*
verrühren mélanger
Vers *m* vers *m*
versagen **1** (*Stimme, Kräfte*) manquer **2** (*Motor*) rater, rester en panne **3** ***er hat versagt*** il a échoué
Versager(in) *m(f)* raté(e) *m(f)*
versalzen (*Essen, Suppe usw.*) trop salé
versammeln: ***sich ~*** s'assembler; *regelmäßig*: se réunir
Versammlung *f* **1** *Treffen*: réunion *f* **2** (*die Versammelten*) assemblée *f*
Versandhaus *n* entreprise *f* de vente par correspondance
versäumen manquer, rater (*Termin, Unterricht, Zug usw.*)
verschaffen **1** ***j-m Geld*** (***e-e Stelle*** *usw.*) **~** procurer de l'argent (un emploi *usw.*) à qn **2** ***sich Geld*** *usw.* **~** se procurer de l'argent *usw.*
verschärfen **1** aggraver **2** renforcer (*Kontrolle, Bestimmungen*) **3** ***sich ~*** (*Lage usw.*) s'aggraver
verschätzen: ***sich ~*** se tromper (dans son estimation)
verschenken donner (en cadeau)
verscherzen: ***sich etw ~*** perdre qc (par sa faute)
verscheuchen chasser
verschieben **1** *räumlich*: déplacer **2** *zeitlich*: remettre, reporter (***auf*** à) **3** ***sich ~*** se déplacer; (*verrutschen*) glisser **4** ***der Termin hat sich verschoben*** le rendez-vous a été reporté
verschieden **1** (*unterschiedlich*) différent **2** ***~e*** (*mehrere*) plusieurs, divers/diverses **3** ***~ groß*** (***hoch*** *usw.*) d'une

taille (d'une *hauteur *usw.*) différente
Verschiedene(s) *n* **1** *auf der Tagesordnung*: questions *f Pl* diverses **2** PRESSE faits *m Pl* divers
verschimmeln moisir
verschlafen[1] **1** (**sich**) **~** se réveiller trop tard **2** (*vergessen*) (complètement) oublier (*Termin usw.*) **3** ***den ganzen Vormittag ~*** dormir toute la matinée
verschlafen[2] **1** (*schläfrig*) mal réveillé **2** (*Stimme, Blick usw.*) ensommeillé
verschlagen **1** ***das verschlug ihr die Sprache*** cela lui a coupé le souffle **2** ***es hat ihn nach Kanada ~*** il s'est retrouvé au Canada
verschlampen (*verlieren*) *umg.* paumer
verschlechtern: *sich ~* se détériorer; *stärker*: s'aggraver
Verschleiß *m* usure *f*
verschleißen **1** user (*Ding*) **2** (**sich**) **~** s'user
verschließen **1** (*schließen*) fermer; *mit e-m Schlüssel*: fermer à clé **2** (*einschließen*) enfermer (***in*** dans)
verschlimmern **1** aggraver **2** ***sich ~*** s'aggraver
verschlingen dévorer (*a. fig.*)
verschlissen (*Kleidungsstück usw.*) usé
verschlossen **1** fermé (à clé); ***vor ~er Tür stehen*** trouver porte close **2** (*Mensch, Wesensart*) renfermé
verschlucken **1** avaler (*a. Silben, Wörter*) **2** ***sich*** (***an etw***) **~** avaler (qc) de travers
verschlungen **1** (*Ornamente, Bänder*) entrelacé, enlacé **2** (*Wege, Gedanken*) tortueux/-euse
Verschluss *m* **1** fermeture *f* **2** *e-r Flasche*: bouchon *m* **3** *e-s Schmuckstücks*: fermoir *m*
verschlüsseln coder, chiffrer
verschmiert sali; (*bes. Gesicht, Mund*) barbouillé
verschmitzt **1** futé **2** ***sie lächelte ~*** elle souriait d'un air malicieux
verschmutzt **1** (*schmutzig*) sale **2** (*Luft, Wasser usw.*) pollué
Verschmutzung *f der Umwelt, der Luft, des Wassers usw.*: pollution *f*
verschnaufen reprendre son souffle
Verschnaufpause *f*: ***e-e ~ machen*** faire une pause pour souffler
verschneit enneigé
verschnörkelt orné de fioritures
verschnupft **1** (*erkältet*) enrhumé **2** (*beleidigt*) vexé
verschnüren ficeler
verschollen disparu
verschonen **1** épargner; ***j-n mit etw ~*** épargner qc à qn **2** ***verschone mich mit …!*** fais moi grâce de …!
verschränken: *die Arme* (*bzw.* ***Beine***) **~** croiser les bras (*bzw.* les jambes)
verschreckt effrayé
verschreiben **1** ordonner, prescrire (*Medikament*) **2** ***sich ~*** (*falsch schreiben*) faire une faute d'orthographe
verschrotten: *sein Auto ~ lassen* mettre sa voiture à la casse
verschrumpelt (*Apfel usw.*) ratatiné
verschulden[1]: ***e-n Unfall ~*** provoquer un accident
verschulden[2]: ***sich ~*** s'endetter
verschütten **1** (*vergießen*) répandre **2** *bei Erdbeben*: ***verschüttet werden*** être enseveli
verschweigen: *etw ~* cacher qc
verschwenden gaspiller
verschwenderisch (*Mensch*) dépensier/-ière, gaspilleur/-euse
Verschwendung *f* gaspillage *m*
verschwimmen (*undeutlich werden*) devenir flou; (*Umrisse*) s'estomper
verschwinden **1** disparaître **2** (*abhauen*) *umg.* filer, décamper; ***verschwinde!*** *umg.* tire-toi!, file! **3** ***etw ~ lassen*** (*Dieb, Zauberer usw.*) escamoter qc
verschwitzen (*vergessen*) *umg.* louper
verschwitzt **1** mouillé de sueur (*Kleidungsstück*) **2** ***ich bin ganz ~*** je suis en nage
verschwommen **1** (*Bild, Umriss*) flou **2** (*Vorstellung*) vague, confus
verschwören: *sich ~ gegen* conspirer (*od.* se conjurer) contre
Verschwörung *f* conspiration *f*
verschwunden disparu
Versehen *n* **1** (*Irrtum*) erreur *f*; (*Unachtsamkeit*) inadvertance *f* **2** ***aus ~*** par mégarde, par inadvertance
versenken **1** *im Wasser*: immerger **2** *in e-r Grube*: descendre
versessen **1** ***er ist ganz ~ auf Pralinen*** *usw.* il raffole de chocolats *usw.* **2** ***sie ist ganz ~ darauf, dich kennenzulernen*** elle brûle d'envie de te rencontrer
versetzen **1** SCHULE ***versetzt werden*** passer dans la classe supérieure **2** mu-

V

ter (*Beamte, Soldaten usw.*) **3** déplacer (*Möbel usw.*) **4** ***versetz dich mal in meine Lage!*** mets-toi à ma place! **5** ***sie hat mich versetzt*** (*ist nicht gekommen*) *umg*. elle m'a posé un lapin

Versetzung *f* **1** SCHULE passage *m* (dans la classe supérieure) **2** *von Beamten, Soldaten usw.*: mutation *f*

verseuchen contaminer

versichern[1] **1** ***sich ~ gegen*** s'assurer contre **2** ***mein Haus ist gegen Brand versichert*** ma maison est assurée contre l'incendie

versichern[2] (*beteuern*) assurer, affirmer

Versicherung *f* **1** assurance *f* (***gegen*** contre) **2** *Firma*: compagnie *f* d'assurances

ver|silbert argenté; **~sinken** s'enfoncer

Version *f* version *f*

versöhnen: ***sich ~*** se réconcilier (***mit*** avec)

Versöhnung *f* réconciliation *f*

versorgen **1** (*betreuen*) s'occuper de (*Haushalt, Kinder usw.*) **2** ***j-n ~ mit*** pourvoir qn de; *mit Essen, Vorräten usw.*: approvisionner qn en **3** ***mit Strom*** (***Gas*** *usw.*) **~** alimenter en électricité (en gaz *usw.*)

verspannt (*Rücken usw.*) contracté

verspäten: ***sich ~*** (*Mensch*) être en retard; (*Zug, Bus usw.*) avoir du retard

Verspätung *f* **1** retard *m* **2** ***~ haben*** (*Zug, Bus usw.*) avoir du retard; (*jemand*) être en retard **3** ***mit ~ abfahren*** (*bzw.* ***ankommen***) partir (*bzw.* arriver) en retard

versperren **1** barrer (*Straße, Weg usw.*) **2** boucher (*Aussicht, Blick*)

verspielen **1** ***Geld ~*** perdre de l'argent au jeu **2** ***bei mir hat er verspielt*** *umg.* il est grillé auprès de moi

verspielt **1** (*Tier*) joueur/-euse **2** (*Kind*) enjoué, espiègle

verspotten se moquer de (*j-n, etw*)

versprechen[1] **1** promettre **2** ***sich viel ~ von*** attendre beaucoup de

versprechen[2]: ***sich ~*** (*falsch sprechen*) faire un lapsus

Versprechen *n* promesse *f*

Versprecher *m* lapsus *m*

versprühen pulvériser, vaporiser

Verstand *m* **1** (*Denkfähigkeit*) intelligence *f*; ***das geht über meinen ~*** cela me dépasse **2** (*Vernunft*) raison *f*; ***er bringt mich noch um den ~*** il va finir par me rendre fou **3** ***ohne Sinn und ~*** sans rime ni raison

verständigen **1** ***sich ~*** *z. B. in der Fremdsprache*: se faire comprendre (***mit*** par) **2** ***sich ~*** (*sich absprechen*) tomber d'accord (***mit*** avec) **3** ***j-n ~*** (*informieren*) informer qn

Verständigung *f* **1** *mit anderen Leuten*: communication *f* **2** *akustisch*: audibilité *f*

verständlich **1** (*deutlich*) intelligible **2** (*begreiflich*) compréhensible; ***allgemein ~*** à la portée de tout le monde; ***schwer ~*** difficile à comprendre **3** ***j-m etw ~ machen*** faire comprendre qc à qn **4** ***sich ~ machen*** s'expliquer

Verständnis **1** compréhension *f* **2** ***~ zeigen*** se montrer compréhensif (***für*** vis-à-vis de); ***dafür habe ich kein ~*** je ne tolère pas celà

verständnislos: ***sie sah mich ~ an*** elle me regardait sans comprendre

verständnisvoll **1** ***er ist sehr ~*** il est plein de compréhension **2** ***er lächelte ~*** il m'a adressé un sourire bienveillant

verstärken **1** renforcer **2** ELEK, MUS amplifier

Verstärker *m* amplificateur *m*

Verstärkung *f* **1** renforcement *m* (***durch*** par) **2** *Personen*: renforts *m Pl*

verstauchen: ***ich hab mir den Fuß verstaucht*** je me suis fait une entorse au pied, je me suis foulé le pied

Verstauchung *f* entorse *f*

Versteck *n* **1** cachette *f* **2** ***~ spielen*** jouer à cache-cache

verstecken **1** cacher **2** ***sich ~*** se cacher (***vor*** à)

verstehen **1** (*begreifen, Verständnis haben für*) comprendre **2** (*hören*) entendre, comprendre; ***man kann sein eigenes Wort nicht ~*** on ne s'entend plus **3** *Sinn, Bedeutung*: comprendre, entendre **4** (*können*) savoir, connaître; ***ich verstehe nichts davon*** je ne m'y connais pas **5** ***sich mit j-m*** (***gut***) **~** (bien) s'entendre avec qn **6** ***versteht sich!*** bien sûr!; ***das versteht sich von selbst!*** ça va de soi!

versteigern vendre aux enchères

Versteigerung *f* vente *f* aux enchères

versteinert **1** (*Pflanzen, Tiere*) fossilisé **2** ***er stand wie ~ da*** il restait là comme pétrifié

verstellbar réglable
verstellen 1 (*anders einstellen*) régler; (*falsch stellen*) dérégler **2** (*von der Stelle rücken*) déplacer **3** ***j-m den Weg ~*** barrer le chemin à qn **4** déguiser (*Stimme, Handschrift usw.*) **5** ***sich ~*** (*so tun, als ob*) simuler, faire semblant
versteuern: ***etw ~*** déclarer qc au fisc
verstimmt 1 (*Musikinstrument*) désaccordé **2** (*jemand*) fâché, contrarié
verstohlen (*Blick usw.*) furtif/-ive
verstopfen 1 boucher (*Loch usw.*) **2** encombrer (*Straße*)
verstopft 1 (*Abfluss, Rohr usw.*) bouché **2** (*Straße*) encombré, embouteillé **3** (*Nase*) bouché
Verstopfung *f* constipation *f*; ***~ haben*** être constipé
verstört effaré, bouleversé
Verstoß *m gegen Gesetze usw.*: infraction *f* (***gegen*** à)
verstoßen: ***~ gegen*** ne pas observer (*e-e Regel*); transgresser (*ein Gesetz*); ***das verstößt gegen die Regeln*** c'est contraire au règlement
verstrahlt *radioaktiv*: irradié
verstreichen[1] étaler (*Farbe, Salbe usw.*)
verstreichen[2] **1** (*Zeit*) passer **2** (*Termin, Frist*) expirer
verstreut dispersé
verstümmeln mutiler
verstummen 1 (*Person*) se taire **2** (*Geräusch*) s'arrêter
Versuch *m* **1** tentative *f*, essai *m* **2** (*Experiment*) expérience *f* (***mit, an*** sur) (⚠ *Endung*) **3** ***es ist e-n ~ wert*** ça vaut la peine de tenter le coup
versuchen 1 essayer, tenter; ***versuch mal, ob …*** essaie de voir si … (+ *Ind.*); ***versuchs mal mit Öl*** essaie avec un peu d'huile **2** goûter (à) (*Essen*)
Versuchs|kaninchen *n* cobaye *m*; **~person** *f* sujet *m* d'expérience
versunken: ***in Gedanken ~*** absorbé dans ses pensées
vertagen ajourner (***auf*** à), remettre (***auf*** à)
vertauschen 1 (*tauschen*) échanger (***mit*** contre) **2** (*verwechseln*) confondre
verteidigen 1 *a.* SPORT défendre **2** ***sich ~*** se défendre
Verteidiger(in) *m(f) a.* SPORT défenseur *m* (*im Frz. nur m*)
Verteidigung *f a.* SPORT défense *f*
verteilen 1 (*austeilen*) distribuer (***an*** à) **2** (*aufteilen*) répartir (***auf, unter*** entre); ***mit verteilten Rollen*** avec un rôle pour chacun **3** (*verstreichen, ausbreiten*) étaler (***auf*** sur) **4** ***sich ~*** se répartir
vertiefen 1 (*tiefer machen*) approfondir **2** ***sich in ein Buch*** *usw.* ***~*** se plonger dans un livre *usw.*
Vertiefung *f Stelle*: creux *m*
vertikal vertical
Vertikale *f* verticale *f*
vertippen: ***sich ~*** faire une faute de frappe
Vertrag *m* **1** contrat *m* **2** POL traité *m*
vertragen 1 supporter (*Kritik, Hitze, Stress usw.*) **2** *beim Essen*: ***sie verträgt keinen Fisch*** *usw.* le poisson *usw.* ne lui réussit pas **3** ***sich mit j-m ~*** (*sich verstehen*) s'entendre avec qn **4** ***sie ~ sich wieder*** (*sie haben sich versöhnt*) ils se sont réconciliés *bzw.* elles se sont réconciliées
vertrauen 1 ***j-m ~*** avoir confiance en qn **2** ***auf etw ~*** se fier à qc
Vertrauen *n* **1** confiance *f* (⚠ ***in, zu*** en, *bei Subst. mit Artikel od. mit Possessivpronomen* dans) **2** ***~ erweckend*** → ***vertrauenerweckend***
vertrauenerweckend: ***sie sieht nicht sehr ~ aus*** elle n'inspire pas vraiment confiance
vertraulich 1 (*Akte, Mitteilung usw.*) confidentiel/-ielle **2** ***etw ~ behandeln*** traiter qc confidentiellement
vertraut 1 (↔ *fremd*) familier/-ière **2** ***sich ~ machen mit*** *e-r Idee usw.*: se familiariser avec; *mit Akten usw.*: prendre connaissance de
vertreiben 1 (*verjagen*) chasser **2** ***sich die Zeit mit etw ~*** passer son temps à faire qc
vertreten[1] **1** (*ersetzen*) remplacer **2** représenter (*Firma usw.*) **3** défendre (*j-s Rechte, Interessen*) **4** ***~ sein*** (*anwesend sein*) être représenté
vertreten[2]: ***sich die Beine ~*** se dégourdir les jambes
Vertreter(in) *m(f)* **1** *in e-r Hierarchie*: suppléant(e) *m(f)* **2** (*Ersatz*) remplaçant(e) *m(f)* **3** *e-r Firma*: représentant(e) *m(f)* (***für*** de)
Vertretung *f* **1** remplacement *m* **2** *Person*: suppléant(e) *m(f)*; remplaçant(e)

V

m(f) **3** *e-r Firma*: représentation *f*
vertrocknen sécher, se dessécher
vertrösten: ***j-n ~*** faire patienter qn (***auf morgen*** *usw.* jusqu'à demain *usw.*)
vertun: ***sich ~*** (*sich irren*) se tromper; *umg.* se gourer
ver|tuschen étouffer (*Skandal*); **~üben** commettre (*Verbrechen*)
verunglücken **1** avoir un accident; ***er ist mit dem Auto verunglückt*** il a eu un accident de voiture **2** ***sie ist tödlich verunglückt*** elle s'est tuée dans un accident
verunsichern **1** ***j-n ~*** déconcerter qn **2** ***ich bin total verunsichert*** je ne suis plus du tout sûr de moi
verursachen causer
verurteilen **1** *gerichtlich*: condamner (***zu*** à) **2** (*kritisieren*) condamner, réprouver
Verurteilte(r) *f(m)* condamné(e) *m(f)*
Verurteilung *f* condamnation *f*
vervielfältigen faire des copies de (*Text*)
vervollständigen compléter
verwackelt (*Foto*) flou
verwählen: ***sich ~*** faire un mauvais numéro, se tromper de numéro
verwahrlost (*Mensch*, *Aussehen*) très négligé
verwalten **1** administrer (*Stadt*, *Behörde*) **2** gérer (*Firma*, *Haus*, *Vermögen*)
Verwaltung *f* **1** *e-r Stadt*, *e-s Staats usw.*: administration *f* **2** *e-r Firma usw.*: gestion *f*
verwandeln **1** changer, transformer (***in*** en) **2** (*verzaubern*) métamorphoser (***in*** en) **3** ***sich ~*** se transformer (***in*** en) **4** ***sie war wie verwandelt*** elle avait complètement changé
Verwandlung *f* transformation *f* (***in*** en); *bes. im Märchen*: métamorphose *f* (***in*** en)
verwandt **1** parent (***mit*** de, avec); ***sie ist mit mir ~*** (elle et moi), nous sommes parents *bzw.* parentes **2** (*Sprachen*, *Begriffe usw.*) apparenté (***mit*** à)
Verwandte(r) *f(m)* **1** ***die ~n*** la famille **2** ***er ist ein ~r*** *bzw.* ***sie ist e-e ~ von mir*** c'est quelqu'un de ma famille
Verwandtschaft *f* **1** parenté *f* (***mit*** avec) **2** (*die Verwandten*) famille *f*
Verwarnung *f* avertissement *m*
verwaschen (*Jeans usw.*) délavé
verwechseln **1** confondre (***mit*** avec) **2** ***ich hab dich mit Eva verwechselt*** je t'ai prise pour Eva **3** ***sie sehen sich zum Verwechseln ähnlich*** (*Zwillinge usw.*) ils *bzw.* elles se ressemblent à s'y méprendre
Verwechslung *f* **1** (*das Verwechseln*) confusion *f* **2** *bes. von Personen*: méprise *f*
verweigern **1** refuser **2** ***er hat den Wehrdienst verweigert*** il est objecteur de conscience
Verweis *m* **1** SCHULE avertissement *m* **2** (*Hinweis*) renvoi *m* (***auf*** à)
verweisen **1** (*schicken*) ***sie hat mich an dich verwiesen*** elle m'a dit de m'adresser à toi **2** (*hinweisen*) ***~ auf*** renvoyer à **3** ***j-n von der Schule ~*** renvoyer qn du collège (du lycée *usw.*)
verwelken (*Blumen*) se faner
verwelkt fané
verwenden employer, utiliser (***für*** à, ***als*** comme, ***zu*** pour)
Verwendung *f* **1** emploi *m*, utilisation *f* (***von*** de) **2** ***hast du ~ dafür?*** ça peut te servir?
verwerten **1** utiliser **2** récupérer (*Altmaterial*) **3** exploiter (*Erfindung*, *Beweis usw.*)
verwesen se décomposer
verwickeln **1** (*Garn*, *Wolle*) ***sich ~*** s'embrouiller, s'enchevêtrer **2** ***j-n in etw ~*** impliquer qn dans qc
verwickelt (*Situation usw.*) compliqué, embrouillé
verwildert **1** (*Garten*) laissé à l'abandon **2** (*Tier*) redevenu sauvage
verwirklichen **1** réaliser (*Idee*, *Traum usw.*) **2** ***sich ~*** se réaliser (***im Beruf*** *usw.* dans son travail *usw.*)
verwirren rendre confus, déconcerter
verwirrend troublant, déconcertant
verwirrt confus, déconcerté
Verwirrung *f* confusion *f*
verwischen **1** effacer **2** ***sich ~*** (*Unterschiede usw.*) s'effacer, s'estomper
verwittert (*Stein*, *Inschrift*) érodé
verwöhnen gâter; *zu sehr*: dorloter
verwöhnt (*bes. Kind*) gâté, dorloté
verwunden blesser
verwundet blessé
Verwundung *f* blessure *f*
verwünschen **1** (*verfluchen*) maudire **2** *im Märchen*: jeter un sort à, ensorceler
verwüsten **1** ravager, dévaster (*Land*)

2 mettre à sac (*Gebäude*)
verzählen: ***sich ~*** se tromper en comptant
verzaubern **1** ensorceler **2** (*verwandeln*) métamorphoser (***in*** en)
Verzeichnis *n* **1** liste *f* **2** IT répertoire *m*
verzeihen **1** pardonner **2** ***~ Sie, bitte, wo ...*** *usw.* excusez-moi, où ... *usw.*
Verzeihung *f* **1** pardon *m*; ***j-n um ~ bitten*** demander pardon à qn **2** ***~!*** pardon!, excusez-moi!
verzerren **1** déformer (*Bild, Ton, Tatsachen usw.*) **2** ***sich ~*** (*Gesicht*) se décomposer; *vor Schmerz*: se crisper
Verzicht *m* renoncement *m* (***auf*** à)
verzichten **1** ***~ auf*** renoncer à **2** ***~ können auf*** pouvoir se passer de **3** *iron.* ***ich verzichte auf deine Hilfe*** je n'ai pas besoin de ton aide
verziehen[1] **1** ***das Gesicht ~*** *unzufrieden*: faire la moue; *vor Ekel*: faire une grimace **2** ***den Mund ~*** tordre la bouche **3** ***er verzog keine Miene*** il n'a pas sourcillé
verziehen[2] (*verhätscheln*) gâter
verziehen[3] **1** ***sich ~*** (*Wolken, Gewitter*) disparaître, se dissiper **2** ***ich verzieh mich*** *umg.* je me tire, *umg.* je me casse
verzieren décorer, orner (***mit*** de)
Verzierung *f* décoration *f*, ornement *m*
verzogen (*Kind*) gâté, dorloté
verzögern **1** (*aufschieben, hinausschieben*) retarder **2** (*verlangsamen*) ralentir
ver|zollen dédouaner; **~zweifeln** désespérer
verzweifelt **1** désespéré **2** ***er versuchte ~ sich zu befreien*** il a essayé désespérément de se libérer
Verzweiflung *f* désespoir *m*; ***du bringst mich noch zur ~*** tu vas finir par me désespérer; ***aus ~*** en désespoir de cause
Vetter *m* cousin *m*
vgl. cf. (*Abk. für*: confer)
VHS *f* ≈ université *f* populaire
Video *n* vidéo *f* (⚠ *im Frz. f*); ***etw auf ~ aufnehmen*** faire une vidéo de qc
Video|film *m* film *m* vidéo; **~kamera** *f* caméscope *m*, caméra *f* vidéo; **~kassette** *f* vidéocassette *f*, cassette *f* vidéo; **~rekorder** *m* magnétoscope *m*; **~text** *m* Télétex® *m*
Videothek *f* vidéothèque *f*
Vieh *n* **1** bétail *m* **2** *einzelnes*: bête *f*
Viehzucht *f* élevage *m*
viel[1] **1** beaucoup **2** ***sehr ~e*** un très grand nombre (de) **3** ***~e andere*** bien d'autres **4** ***so ~*** tant, tellement (de) **5** ***zu ~*** trop (de) **6** ***~ zu ...*** beaucoup trop ...; ***~ zu wenig*** beaucoup trop peu; ***~ zu viel*** beaucoup trop **7** *beim Komparativ*: beaucoup, bien **8** ***~en Dank!*** merci beaucoup! **9** ***~ Glück!*** bonne chance! **10** ***~ Spaß!*** amuse-toi bien; *wenn man j-n siezt, bei mehreren Leuten*: amusez-vous bien!
viel[2] (*oft*) souvent
Vielfraß *m* glouton *m*, -onne *f*, goinfre *m*
vielleicht **1** (*möglicherweise*) peut-être **2** (*ungefähr, etwa*) à peu près, environ **3** (*etwa*) par *hasard; ***hilfst du mir ~ mal?*** *ärgerlich*: tu pourrais m'aider un peu? **4** (*wirklich, sehr*) ***das war ~ heiß!*** qu'est-ce qu'il faisait chaud!
vier **1** quatre; ***alle ~ Wochen*** toutes les quatre semaines **2** ***er ist ~ (Jahre alt)*** il a quatre ans **3** ***um ~ Uhr*** à quatre heures **4** ***auf allen ~en*** à quatre pattes
Vier *f* **1** quatre *m* (*a. Buslinie, Spielkarte usw.*) **2** *Schulnote*: passable; *im frz. Punktesystem* ≈ dix (sur vingt); ***er hat e-e ~*** ≈ il a dix sur vingt
Vier|beiner *m* quadrupède *m*; **~bettzimmer** *n* chambre *f* à quatre lits
vierblättrig: ***ein ~es Kleeblatt*** un trèfle à quatre feuilles
Viereck *n* (*Rechteck*) rectangle *m*; (*Quadrat*) carré *m*
viereckig rectangulaire; (*quadratisch*) carré
viereinhalb quatre et demi; ***~ Stunden*** quatre heures *f Pl* et demie
Vierer *m* → **Vier**
vierfach quadruple
vierhändig à quatre mains
vierhundert quatre cents; *zusammengesetzte Zahlen ohne -s*: ***vierhunderteins*** *usw.* quatre cent un *usw.*
Vierlinge *m Pl* quadruplé(e)s *m(f) Pl*
viermal quatre fois
viert: ***zu ~*** à quatre
viertausend quatre mille; ***viertausendeins*** quatre mille un
vierte(r, -s) **1** quatrième **2** *im Datum*: quatre; ***der ~ Januar, am ~n Januar*** le quatre janvier
Viertel *n* **1** quart *m*; ***drei ~*** trois quarts **2** *Zeitangaben*: ***~ nach eins*** une heure et

quart; **~ vor eins** une heure moins le quart **3** (*Stadtviertel*) quartier *m*
Viertel|finale *n* quart *m* de finale; **~liter** *m* quart *m* de litre; **~note** *f* MUS noire *f*; **~stunde** *f* quart *m* d'heure
viertens quatrièmement
vierund|neunzig quatre-vingt-quatorze; **~siebzig** soixante-quatorze
Viervierteltakt *m* mesure *f* à quatre temps
Vierwaldstätter See *m* lac *m* des Quatre-Cantons
vierzehn **1** quatorze **2** **~ Tage** (*zwei Wochen*) quinze jours
Vierzehnjährige(r) *f(m)* jeune *m*, fille *f* de quatorze ans
Vierzeiler *m* quatrain *m*
vierzig **1** quarante **2** **ungefähr ~ (Schüler)** une quarantaine (d'élèves)
Vierzimmerwohnung *f* appartement *m* de quatre pièces, quatre-pièces *m*
Villa *f* villa *f*
violett violet/-ette
Violine *f* violon *m* (⚠ *Endung*)
VIP *m umg.* VIP *m*
Virus *m od. n* virus *m* (*a.* IT)
visieren Ⓒⓗ (*abzeichnen*) certifier conforme
Visitenkarte *f* carte *f* (de visite)
Visum *n* **1** visa *m* (⚠ *Endung*) **2** Ⓒⓗ (*Unterschrift*) signature *f*
Vitamin *n* vitamine *f* (⚠ *im Frz. f*)
Vitrine *f* vitrine *f*
Vizepräsident(in) *m(f)* vice-président(e) *m(f)*
Vlies *n Stoff*: non-tissé *m*
Vogel *m* **1** oiseau *m* **2** **du hast nen ~** *umg.* tu es cinglé **3** **er hat mir den ~ gezeigt** il m'a traité de cinglé (⚠ *die Geste ist in Frankreich unüblich*)
Vogel|käfig *m* cage *f* (d'oiseau); **~nest** *n* nid *m* d'oiseau; **~scheuche** *f* épouvantail *f*; **~spinne** *f* mygale *f*
Vogerlsalat *m* Ⓐ mâche *f*, doucette *f*
Vogesen *Pl* Vosges *f Pl*
Vokabel *f* mot *m* (⚠ le vocable *ist veraltet*)
Vokabel|heft *n* carnet *m* de vocabulaire; **~test** *m* test *m* de vocabulaire
Vokal *m* voyelle *f* (⚠ *im Frz. f*)
Volk *n* peuple *m*
Völkerball *m* ballon *m* prisonnier
Volks|abstimmung *f* référendum *m*, plébiscite *m*; **~begehren** *n* initiative *f* populaire; **~fest** *n* fête *f* populaire, foire *f*; **~hochschule** *f* université *f* populaire; **~lied** *n* chanson *f* populaire; **~musik** *f* musique *f* populaire
Volksrepublik: die ~ China la République populaire de Chine
Volks|schule *f* école *f* primaire; **~zählung** *f* recensement *m* (de la population)
voll[1] **1** (↔ *leer*) plein **2** *mit Leuten*: **brechend ~** (*Saal, Bus usw.*) plein à craquer; **war es sehr ~?** y avait-il beaucoup de monde? **3** (*komplett*) complet/-ète, entier/-ière; **ein ~er Erfolg** un succès complet; **er musste den ~en Preis bezahlen** il a dû payer le plein tarif; **~e zwei Wochen** deux semaines entières **4** (*gefüllt mit*) **~** (*od.* **~er**) **Wasser** *usw.* plein d'eau *usw.*, rempli d'eau *usw.* **5** (*bedeckt mit*) **~** (*od.* **~er**) **Flecken** *usw.* plein de taches *usw.*, couvert de taches *usw.* **6** **er nimmt dich nicht für ~** il ne te prend pas au sérieux **7** (*betrunken*) *umg.* bourré **8** **er hat die Hosen ~** (*er hat Angst*) *umg.* il a la trouille **9** → *a.* **volllaufen, vollmachen, volltanken**
voll[2] *mit Adj.*: **~ gut, ~ geil** *umg.* génial; *umg.* giga
vollautomatisch entièrement automatique
Vollbart *m* barbe *f*
Vollbremsung *f*: **e-e ~ machen** freiner à mort, bloquer les freins
Volldampf *m*: **mit ~** à toute vitesse
voller → **voll**[1] *4, 5*
Volleyball *m* **1** *Spiel*: volley-ball *m* **2** *Ball*: ballon *m* de volley-ball
Vollgas *n*: **mit ~** à pleins gaz; **~ geben** *umg.* appuyer sur le champignon
völlig **1** (*vollständig*) entier/-ière, total **2** (*ganz, total*) complètement, totalement **3** **du hast ~ recht** tu as tout à fait raison
volljährig majeur; **~ werden** atteindre sa majorité
Volljährigkeit *f* majorité *f*
vollkommen **1** (*perfekt*) parfait **2** (*völlig*) **das ist ~ falsch** c'est complètement faux
Vollkornbrot *n* pain *m* complet
volllaufen: sich ~ lassen *umg.* se bourrer la gueule
vollmachen remplir (**mit** de)
Voll|macht *f* pouvoir *m*; **~milch** *f* lait *m* entier; **~milchschokolade** *f* chocolat

m au lait; **~mond** *m* pleine lune *f*; **~narkose** *f* anesthésie *f* générale; **~pension** *f* pension *f* complète
vollständig 1 complet/-ète 2 (*total*) complètement, totalement
volltanken faire le plein
Volltreffer *m* 1 coup *m* dans le mille 2 **~!** *fig.* en plein dans le mille
Vollversammlung *f* assemblée *f* plénière
Vollwert... *Essen*: complet/-ète
vollzählig 1 complet/-ète 2 ***sind wir ~?*** tout le monde est là?
Volumen *n* volume *m*
vom, von 1 de (⚠ de *verschmilzt mit* le *zu* du, *vor Vokal u. stummem* h *wird* de *zu* d') 2 ***das ist ein Freund von mir*** c'est un ami à moi, c'est un de mes copains 3 *zeitlich*: ***von heute*** (*bzw.* ***morgen***) ***an*** à partir d'aujourd'hui (*bzw.* de demain); ***von da an*** dès lors, depuis lors; ***von nun an*** désormais, dorénavant; ***vom 1. bis zum 10. Juni*** du premier au dix juin 4 *als Ursache, beim Passiv*: par 5 ***das ist nett von dir*** c'est gentil de ta part, c'est gentil à toi 6 ***ich kenne sie vom Sehen*** je la connais de vue 7 ***von mir aus!*** soit!, si tu veux! *bzw.* si vous voulez! 8 ***von wegen!*** penses-tu!
vor 1 *räumlich*: devant 2 *zeitlich*: avant 3 ***~ allem*** avant tout 4 (*e-e Zeit her*) il y a 5 *Uhrzeit*: moins; ***fünf*** (***Minuten***) ***~ vier*** quatre heures moins cinq 6 *Ursache*: de; ***~ Freude weinen*** pleurer de joie
vorangehen 1 marcher en tête; ***j-m ~*** marcher devant qn; ***gehen Sie voran!*** passez devant! 2 ***es geht*** (***gut***) ***voran*** on avance
vorankommen 1 *bei e-r Arbeit*: (***gut***) ***~*** avancer, faire des progrès 2 *im Beruf, Leben*: avancer
voraus 1 ***j-m weit ~ sein*** avoir beaucoup d'avance (*zeitlich*: être très en avance) sur qn 2 ***seiner Zeit ~ sein*** devancer son époque
Voraus: ***im ~*** d'avance, à l'avance
vorausfahren partir devant, partir avant les autres
vorausgesetzt: ***~*** (***dass***) ***...*** à condition que … (+ *Subj.*)
Voraussage *f* prédiction *f*, pronostics *m Pl*
voraussagen prédire, pronostiquer
voraussehen 1 prévoir 2 ***das war vorauszusehen*** il fallait s'y attendre
voraussetzen 1 (*als gegeben annehmen*) supposer; ***das hatte ich vorausgesetzt*** pour moi, ça allait de soi 2 ***diese Arbeit setzt Englischkenntnisse voraus*** ce travail demande des connaissances d'anglais
Voraussetzung *f* 1 (*Bedingung*) condition *f* (***für*** pour) 2 ***die ~en erfüllen*** satisfaire aux exigences 3 ***unter der ~, dass ...*** à condition que … (+ *Subj.*)
voraussichtlich probablement
vorbei[1] 1 (*zu Ende*) fini 2 ***es ist vier Uhr ~*** il est quatre heures passées 3 ***~ ist ~*** le passé est le passé
vorbei[2] 1 (*neben*) ***~ an*** à côté de 2 ***~!*** (*nicht getroffen*) raté!
vorbeigehen 1 ***~ an ...*** passer à côté de …, passer devant … 2 (*vorübergehen*) passer 3 ***~ bei*** (*besuchen*) passer chez, passer voir 4 (*danebengehen*) passer à côté
vorbeikommen 1 passer (***an etw*** qc) 2 ***~ bei*** (*besuchen*) passer voir, passer chez
vorbeilassen laisser passer
vorbereiten 1 préparer (***für*** pour) 2 ***sich ~*** se préparer (***auf*** à, ***für*** pour) 3 ***darauf war ich nicht vorbereitet*** (*das hatte ich nicht erwartet*) je ne m'y attendais pas
Vorbereitung *f* préparation *f* (***auf*** à); ***die ~en*** *für e-e Reise usw. a.*: les préparatifs *m Pl* (***für*** de, pour)
vorbestellen réserver (*Karten usw.*)
vorbestraft: ***~ sein*** avoir des antécédents judiciaires
vorbeugen[1] 1 ***sich ~*** se pencher en avant 2 ***den Kopf ~*** pencher la tête en avant
vorbeugen[2]: ***e-r Erkältung*** *usw.* ***~*** prévenir un rhume *usw.*
Vorbild *n* modèle *m*, exemple *m*
vorbildlich exemplaire, modèle
Vorderbein *n* patte *f* de devant, patte *f* antérieure; *von Pferden*: jambe *f* de devant
vordere(r, -s) de devant; *bes. bei Körperteilen*: antérieur
Vorder|eingang *m* entrée *f* de devant; **~grund** *m von Bildern usw.*: premier plan *m*; **~licht** *n am Fahrrad*: phare *m*
Vordermann *m*: ***mein*** (***dein*** *usw.*) ***~*** SCHULE mon (ton *usw.*) voisin de de-

vant; SPORT le joueur (qui est) devant moi (toi *usw.*)

Vorder|seite *f* devant *m*; **~sitz** *m* siège *m* avant; **~zahn** *m* dent *f* (de devant)

vordrängeln: ***sich ~*** se faufiler (pour passer) devant

voreilig **1** (*überstürzt*) précipité; (*zu früh*) prématuré **2** ***nicht so ~!*** doucement!

voreingenommen prévenu (***gegen*** contre); ***~ sein*** être de parti pris

vorerst pour l'instant

Vorfahre *m*, **Vorfahrin** *f* ancêtre *m,f*

vorfahren **1** *vorneweg, nach vorn*: avancer **2** *vorher*: partir avant les autres

Vorfahrt *f* priorité *f*; ***er hat mir die ~ genommen*** il m'a refusé la priorité

Vorfahrtsstraße *f* rue *f* prioritaire

Vorfall *m* incident *m*

Vorfreude *f* joie *f* anticipée

vorführen **1** (*zeigen*) présenter; faire la démonstration de (*Apparat*) **2** projeter (*Dias, Film*)

Vorführung *f* **1** *von Filmen, neuen Produkten*: présentation *f* **2** *von Apparaten*: démonstration *f* **3** KINO séance *f*

Vorgang *m* **1** (*Prozess, Ablauf*) processus *m* **2** (*Geschehen*) événement *m*

Vor|gänger(in) *m(f)* prédécesseur *m* (⚠ *im Frz. nur m*); **~garten** *m* jardin *m* devant la maison

vorgehen **1** (*zuerst weggehen*) partir devant, partir avant les autres **2** (*nach vorn gehen*) avancer **3** (*Uhr*) avancer; ***meine Uhr geht zwei Minuten vor*** ma montre avance de deux minutes **4** (*Vorrang haben*) avoir la priorité (***vor*** sur), passer devant **5** (*geschehen*) se passer **6** (*handeln*) agir, procéder; ***~ gegen*** prendre des mesures contre

Vorgeschmack *m* avant-goût *m* (***auf*** de)

Vorgesetzte(r) *f(m)* supérieur(e) *m(f)*

vorgestern avant-hier

vorhaben **1** (*planen*) projeter, avoir en vue; ***sie hat vor, nach Rom zu gehen*** elle a l'intention d'aller à Rome; ***was haben sie vor?*** quelles sont leurs intentions? **2** ***hast du heute abend schon was vor?*** tu as déjà prévu quelque chose pour ce soir?

Vorhand *f* TENNIS coup *m* droit

vorhanden **1** existant **2** (*verfügbar*) disponible **3** ***… ist*** *bzw.* ***sind ~*** *a.* il y a …

Vor|hang *m* rideau *m*; **~haut** *f* prépuce *m*

vorher avant

Vorhersage *f des Wetters*: prévisions *f Pl*

vorhersagen prédire, pronostiquer

vorhin tout à l'heure

vorige(r, -s) **1** (*Jahr, Woche, Monat usw.*) dernier/-ière **2** (*Besitzer, Wohnung usw.*) précédent

Vorkenntnisse *f Pl* connaissances *f Pl* préalables

vorkommen[1] (*herauskommen, nach vorn kommen*) avancer

vorkommen[2] **1** (*passieren*) arriver; ***das kommt nicht wieder vor!*** ça ne se reproduira plus! **2** (*vorhanden sein*) se rencontrer, se trouver; ***dieser Fall kommt selten vor*** ce cas se présente rarement **3** (*erscheinen*) sembler, paraître; ***sie kommt mir bekannt vor*** j'ai l'impression de la connaître; ***das kommt dir nur so vor!*** ce n'est qu'une impression! **4** (*fühlen*) ***sich einsam*** (***überflüssig*** *usw.*) ***~*** se sentir seul (de trop *usw.*); ***sich schlau ~*** se croire malin

Vorlage *f* **1** (*Muster*) modèle *m* **2** SPORT passe *f*

vorlassen *beim Anstehen*: ***j-n ~*** laisser qn passer devant

vorläufig **1** (*zunächst*) pour l'instant **2** (*ersatzweise*) provisoirement

vor|laut impertinent; **~lesen** lire (à *haute voix)

Vorlesung *f* cours *m* magistral

vorletzte(r, -s) avant-dernier/-ière

Vorliebe *f* préférence *f* (***für*** pour)

vormachen **1** (*zeigen*) montrer **2** (*täuschen*) ***j-m etw ~*** jouer la comédie à qn **3** ***du machst dir was vor*** tu te fais des illusions (*od.* des idées)

Vormittag *m* **1** matin *m*; ***heute ~*** ce matin **2** *im Verlauf*: matinée *f*; ***am ~*** dans la matinée

vormittags le matin; (*im Lauf des Vormittags*) dans la matinée; ***um elf Uhr ~*** à onze heures du matin

Vormund *m* tuteur *m*, -trice *f*

vorn **1** devant **2** ***~ im Schrank*** (***im Auto*** *usw.*) dans l'armoire (dans la voiture *usw.*), devant; ***~ im Buch*** (*am Anfang*) au début du livre **3** ***nach ~ kommen*** avancer **4** ***von ~ kommen*** arriver de face; ***von ~ bis hinten*** d'un bout à

l'autre **5** (***nochmal***) ***von ~ anfangen*** recommencer à zéro **6** (*im Vordergrund*) au premier plan, devant
Vorname *m* prénom *m*; ***wie heißt du mit ~n?*** quel est ton prénom?
vorne → ***vorn***
vornehm distingué
vornehmen: ***sich etw ~*** (*etw planen*) se proposer de faire qc; ***ich hatte mir vorgenommen, nie mehr ...*** j'avais l'intention de ne plus jamais ...
vornherein: ***von ~*** dès le début
Vorort *m* banlieue *f*; ***in e-m Pariser ~*** dans la banlieue parisienne
vorprogrammiert (*Schwierigkeiten*) inévitable; (*Erfolg*) programmé
Vorrang *m* priorité *f*
Vorrat *m* **1** réserves *f Pl* (**an** de) **2** *bes. Lebensmittel*: provisions *f Pl* (**an** de) **3** (***etw***) ***auf ~ kaufen*** faire des provisions (de qc)
vorrätig en stock; ***nicht mehr ~ sein*** être épuisé
Vorrichtung *f* dispositif *m*
vorrücken 1 (*nach vorn*) avancer **2** (*vorschieben*) pousser en avant
Vorrunde *f* SPORT qualifications *f Pl*
vors → ***vor***
vorsagen SCHULE ***j-m*** (***etw***) ***~*** souffler (qc) à qn
Vor|saison *f* avant-saison *f*; **~satz** *m* (*Entschluss*) résolution *f*; (*Absicht*) intention *f*
Vorschein *m*: ***zum ~ bringen*** faire apparaître; *aus der Tasche usw.*: sortir; ***zum ~ kommen*** apparaître
Vorschlag *m* proposition *f*
vorschlagen proposer
vorschreiben 1 (*anordnen*) prescrire; ***du kannst mir gar nichts ~!*** je n'ai pas d'ordre à recevoir de toi! **2** (*ins Unreine schreiben*) faire un brouillon de (*Aufsatz usw.*)
Vorschrift *f* **1** *einzelne*: prescription *f* **2** ***die ~en*** règlement *m* **3** ***j-m ~en machen*** commander (*od.* régenter) qn **4** ***Dienst nach ~ machen*** faire la grève du zèle
Vor|schule *f* ≈ école *f* maternelle; **~schuss** *m* avance *f* (***auf*** sur)
Vorsicht *f* **1** prudence *f*; *im Umgang mit Sachen*: précaution *f* **2** ***~!*** attention!
vorsichtig 1 prudent; ***sei ~!*** *a.* fais attention! **2** ***~ fahren*** conduire prudemment
vorsichtshalber par précaution
Vorsilbe *f* préfixe *m*
vorsingen: ***j-m etw ~*** chanter qc à qn
vorsintflutlich antédiluvien/-ienne (*a. fig.*)
Vor|sitzende(r) *f*(*m*) président(e) *m*(*f*); **~spann** *m* FILM générique *m*; **~speise** *f* entrée *f*
Vorspiel *n* **1** THEAT prologue *m* **2** *sexuelles*: préliminaires *m Pl*
vorspielen 1 (*vortragen*) jouer (*Musikstück*) **2** ***j-m etw ~*** (*vortäuschen*) jouer la comédie à qn
Vorsprung *m* **1** SPORT *usw.* avance *f* (***vor*** sur) **2** *in der Mauer, im Fels*: saillie *f*
vorspulen mettre sur avance rapide (*Kassette, Band, Film*)
Vorstand *m* **1** *Gremium*: comité *m* de direction; *e-r AG a.*: directoire *m* **2** (*Vorstandsmitglied*) membre *m* du comité de direction (*bzw.* du directoire)
vorstellen[1] **1** (*zeigen, bekannt machen*) présenter; ***ich möchte Ihnen ... ~*** je vous présente ... **2** ***sich*** (***j-m***) ***~*** se présenter (à qn)
vorstellen[2] **1** ***sich etw ~*** (s')imaginer qc, se figurer qc **2** ***stell dir vor, es würde schneien*** figure-toi qu'il neige; *stärker*: s'il neigeait! imagine-toi!; ***stell dir das*** (***mal***) ***vor!*** figure-toi!; *stärker*: tu te rends compte! **3** ***darunter kann ich mir nichts ~*** cela ne me dit rien **4** ***deinen Freund hab ich mir anders vorgestellt*** je me suis imaginé ton copain autrement
vorstellen[3] avancer (*Uhr, Fuß usw.*)
Vorstellung *f* **1** (*Bild, Begriff*) idée *f*, notion *f* (***von*** de); ***entspricht das deinen ~en?*** cela répond à ton attente? **2** (*Fantasie*) imagination *f*; ***das existiert nur in deiner ~*** ça n'existe que dans ta tête **3** KINO séance *f* **4** THEAT représentation *f*
Vorstellungs|gespräch *n* entretien *m* (d'embauche); **~kraft** *f* imagination *f*
Vorstrafe *f* condamnation *f* antérieure
vortäuschen simuler, feindre
Vorteil *m* **1** avantage *m*; ***er ist*** (***mir gegenüber***) ***im ~*** il est avantagé (par rapport à moi) **2** ***sie hat sich zu deinem ~ verrechnet*** elle s'est trompée à ton avantage
Vortrag *m* conférence *f*
vortragen 1 dire, réciter (*Gedicht*) **2** exécuter (*Musikstück*)

vortreten avancer, s'avancer
Vortritt *m* **1** ***j-m den ~ lassen*** céder le pas à qn **2** Ⓒⓗ (*Vorfahrt*) priorité *f*
vorübergehend **1** (*zeitweilig*) temporaire; (*kurz*) passager/-ère **2** ***~ geschlossen*** fermé temporairement
Vor|urteil *n* préjugé *m* (***gegen*** contre); **~verkauf** *m* location *f*
vorverlegen avancer (*Termin usw.*)
Vorwahl *f* TEL indicatif *m*
Vorwand *m* prétexte *m*
vorwarnen prévenir (*j-n*)
vorwärts **1** ***~ fahren*** *usw.* avancer **2** ***~!*** en avant! **3** → ***vorwärtsgehen***, ***vorwärtskommen***
vorwärts|gehen avancer; **~kommen** avancer, progresser; *fig.* faire des progrès
vorwerfen: ***j-m etw ~*** reprocher qc à qn
vorwiegend surtout
vorwitzig **1** (*neugierig*) trop curieux/-ieuse **2** (*frech*) impertinent
Vor|wort *n* préface *f*; **~wurf** *m* reproche *m*
vorwurfsvoll (*Blick*, *Ton*, *Miene*) réprobateur/-trice
Vorzeichen *n* signe *m* avant-coureur
vorziehen[1] (*nach vorn ziehen*) avancer
vorziehen[2] (*lieber mögen*) préférer
vulgär vulgaire
Vulkan *m* volcan *m*
VW *m* Volkswagen *f*, VW *f*

W

Waadt: ***der Kanton ~*** le canton de Vaud
Waage *f* **1** *Gerät*: balance *f* **2** ASTR Balance *f*
waagerecht **1** horizontal **2** ***~ stehen*** être à l'horizontale
wabbelig gélatineux/-euse
Wabe *f* rayon *m* (de miel)
wach **1** réveillé; ***ich war die ganze Nacht ~*** je n'ai pas dormi de la nuit **2** ***~ werden*** se réveiller **3** (*aufgeweckt*) vif/vive
Wache *f* **1** (*Wachdienst*) garde *f*; ***~ haben*** être de garde **2** (*Wachtposten*) garde *m* **3** (*Polizeiwache*) poste *m* de police **4** (*Nachtwache*) veillée *f*
wachen veiller (***über*** sur); ***bei j-m ~*** veiller qn
Wach|hund *m* chien *m* de garde; **~mann** *m* **1** gardien *m*, vigile *m* **2** Ⓐ (*Polizist*) agent *m* de police
Wacholder *m* genièvre *m*
Wachs *n* **1** cire *f* **2** (*Skiwachs*) fart *m*
wachsen[1] **1** (*Menschen*, *Tiere*) grandir; (*Pflanzen*, *Kinder*, *Bart*) pousser **2** (*zunehmen*) augmenter; (*sich ausdehnen*) s'étendre **3** (*Wirtschaft*) croître
wachsen[2] **1** *mit Wachs*: cirer **2** farter (*Ski*)
Wachstuch *n* toile *f* cirée
Wachstum *n* croissance *f*
Wächter(in) *m(f)* gardien *m*, -ienne *f*
Wachzimmer *n* Ⓐ poste *m* de police
wackelig **1** (*Zahn*, *Schraube usw.*) branlant **2** (*Stuhl*, *Tisch usw.*) boiteux/-euse **3** (*Mensch*) ***er ist noch ~ auf den Beinen*** il n'est pas encore solide sur ses jambes
Wackelkontakt *m* mauvais contact *m*
wackeln **1** (*Schraube*, *Zahn usw.*) branler; ***der Tisch wackelt*** la table est branlante **2** ***mit dem Kopf ~*** branler sa tête; ***mit den Hüften ~*** se déhancher
Wade *f* mollet *m*
Waffe *f* arme *m*
Waffel *f* gaufre *f*; *kleine*: gaufrette *f*
Waffeleisen *n* gaufrier *m*
Waffenstillstand *m* armistice *m*
wagemutig audacieux/-ieuse
wagen **1** oser **2** (*riskieren*) risquer (*sein Leben usw.*)
Wagen *m* **1** voiture *f* **2** BAHN wagon *m* **3** (*Einkaufswagen*) chariot *m*, caddie *m* **4** *Sternbild*: ***der Große ~*** la Grande Ourse
Wagenheber *m* cric *m*
Wag(g)on *m* wagon *m*
Wähe *f* Ⓒⓗ (*Kuchen*) tarte *f*
Wahl[1] *f* **1** (*Auswahl*) choix *m*; ***es bleibt keine andere ~*** on n'a pas le choix; ***die ~ fiel auf sie*** c'est elle qui a été choisie **2** (*Ware*) ***erster*** (***zweiter*** *usw.*) ***~*** de premier (deuxième *usw.*) choix
Wahl[2] *f* **1** élection *f*; (*Abstimmung*) vote *m*; (*geheime Wahl*) scrutin *m* **2** ***zur ~ gehen*** aller voter; ***sich zur ~ stellen*** être (*od.* se porter) candidat

W

wahlberechtigt: ~ ***sein*** avoir le droit de vote
Wahlbeteiligung *f* participation *f* électorale
wählen[1] (*auswählen*) choisir, faire son choix (***zwischen*** parmi)
wählen[2] composer (*Telefonnummer*)
wählen[3] **1** (*abstimmen*) voter **2** (*stimmen für*) voter pour (*j-n, e-e Partei*) **3** ***gewählt werden*** être élu
Wähler(in) *m(f)* électeur *m*, -trice *f*
wählerisch difficile (***in*** sur)
Wählerstimme *f* voix *f*, suffrage *m*
Wahl|fach *n* SCHULE matière *f* facultative; **~kampf** *m* campagne *f* électorale; **~lokal** *n* bureau *m* de vote
wahllos au *hasard
Wahlrecht *n* droit *m* de vote
wahlweise facultativement, au choix
Wahnsinn *m* **1** folie *f* **2** ***echt ~!*** (*toll*) *umg.* c'est dément!
wahnsinnig **1** fou/folle **2** *fig.* (*Hunger, Durst*) terrible; (*Schmerzen*) atroce; (*Tempo*) *umg.* dingue; ***ich hatte ~e Angst*** *umg.* j'avais une de ces peurs, j'avais la frousse **3** ***sie hat sich ~ gefreut*** ça lui a fait drôlement plaisir
wahr **1** (↔ *gelogen*) vrai; ***das darf doch nicht ~ sein!*** *umg.* c'est pas vrai! **2** (*echt*) vrai (⚠ *vorangestellt*); véritable; ***ein ~er Freund*** un véritable ami **3** ***~ werden*** (*Traum*) se réaliser **4** ***nicht ~?*** n'est-ce pas?
während **1** ***~ der Ferien*** pendant (*od.* durant) les vacances **2** *bei gleichem Subjekt mit verschiedenen Verben a.:* en + *Gérondif:* ***~ ich arbeite, höre ich Radio*** en travaillant j'écoute la radio **3** *bei verschiedenem Subjekt:* pendant que, tandis que (+ *Ind.*)
Wahrheit *f* verité *f*; ***in ~*** en vérité
wahrnehmen **1** *sinnlich:* percevoir; *flüchtig:* apercevoir, remarquer **2** profiter de, saisir (*Gelegenheit*)
wahrsagen prédire l'avenir
Wahrsager(in) *m(f)* voyant(e) *m(f)*
währschaft (CH) **1** (*Mahlzeit*) nourrissant **2** (*Mensch*) robuste **3** (*solide*) solide
wahrscheinlich **1** vraisemblable, probable **2** ***~ fährt er morgen*** il est probable qu'il partira demain, il part probablement demain
Wahrscheinlichkeit *f* vraisemblance *f*, probabilité *f*
Währung *f* monnaie *f*
Wahrzeichen emblème *m*, symbole *m*
Waise *f*, **Waisenkind** *n* orphelin(e) *m(f)*
Wal *m* baleine *f*
Wald *m* forêt *f*; *kleinerer:* bois *m*
Waldbrand *m* incendie *m* de forêt
waldig boisé
Waldlauf *m* jogging *m* (en forêt)
Waldorfschule *f* école *f* Waldorf
Wald|sterben *n* dépérissement *m* des forêts; **~weg** *m* chemin *m* forestier
Wales *n* pays *m* de Galles
Waliser(in) *m(f)* Gallois(e) *m(f)*
walisisch gallois
Walkman® *m* baladeur *m*, walkman® *m*
Wall *m* **1** remblai *m* **2** *e-r Burg:* rempart *m*
Wall|fahrer(in) *m(f)* pèlerin *m* (⚠ *im Frz. nur m, frz.* la pèlerine = ***Umhang***); **~fahrt** *f* pèlerinage *m*
Wallis *n* Valais *m*
Walnuss *f* noix *f*
Walnussbaum *m* noyer *m*
Walross *n* morse *m*
Walze *f* TECH cylindre *m*
wälzen **1** rouler (*Gegenstand usw.*) **2** ***sich ~*** se rouler (***am Boden*** par terre); ***sich hin und her ~*** se tourner et se retourner **3** ***Probleme ~*** tourner et retourner des problèmes
Walzer *m* valse *f*
Wälzer *m* (*dickes Buch*) *umg.* gros bouquin *m*; *umg.* pavé *m*
Wand *f* **1** mur *m*; (*Innenwand, Zwischenwand*) paroi *f*; (*Trennwand*) cloison *f* **2** *e-s Zelts, Gefäßes, im Fels:* paroi *f* **3** ***in meinen vier Wänden*** chez moi
Wandel *m* changement *m*
Wanderer *m*, **Wanderin** *f* randonneur *m*, -euse *f*
Wanderkarte *f* carte *f* topographique
wandern **1** (*Mensch*) faire de la marche; *umg.* se balader; ***durch Frankreich ~*** sillonner la France à pied **2** (*Sonne*) se déplacer; (*Wolken*) passer **3** ***in den Papierkorb*** (***ins Gefängnis*** *usw.*) ***~*** *umg.* atterrir dans la corbeille à papier (en prison *usw.*)
Wander|schuh *m* chaussure *f* de marche; **~tag** *m* SCHULE excursion *f* annuelle
Wanderung *f* **1** excursion *f* (à pied),

randonnée *f*, *umg.* balade *f* **2** (*Bergwanderung*) excursion *f* en montagne
Wanderweg *m* sentier *m* de randonnée
Wandschrank *m* placard *m*
Wange *f* (*Backe*) joue *f*
wanken 1 (*schwanken*) chanceler, vaciller; *betrunken*: tituber **2** (*unsicher werden*) être ébranlé
wann 1 quand **2** ***dann und ~*** de temps en temps
Wanne *f* **1** (*Badewanne*) baignoire *f* **2** TECH bassine *f*; *große*: cuve *f*
Wanze *f* **1** ZO punaise *f* **2** (*Abhörgerät*) micro *m* clandestin
Wappen *n* armoiries *f Pl*
Ware *f* **1** marchandise *f* **2** *einzelne*: article *m*; produit *m*
Waren|haus *n* grand magasin *m*; **~zeichen** *n* marque *f* déposée
warm 1 chaud **2** ***es ist ~*** il fait chaud; ***mir ist (zu) ~*** j'ai (trop) chaud **3** ***sich ~ anziehen*** s'habiller chaudement **4** ***~ werden*** se réchauffer; SPORT ***sich ~ laufen*** s'échauffer
Wärme *f* chaleur *f* (*a. Herzlichkeit*)
wärmen 1 (*Sonne*, *Feuer*) chauffer **2** (*Kleidung*) tenir chaud **3** faire chauffer (*Essen usw.*) **4** ***sich ~*** se réchauffer
Wärmflasche *f* bouillotte *f*
warmherzig chaleureux/-euse
Warndreieck *n* triangle *m* de présignalisation
warnen 1 ***vor e-r Gefahr ~*** avertir (*od.* prévenir) d'un danger **2** ***vor j-m ~*** mettre en garde contre qn **3** (*abraten*) ***davor ~, etw zu tun*** déconseiller fortement de faire qc **4** *drohend*: ***ich warne dich!*** je t'avertis!, je te préviens!
Warnstreik *m* grève *f* d'avertissement
Warnung *f* avertissement *m*
Warschau *n* Varsovie
Warteliste *f* liste *f* d'attente
warten[1] **1** attendre (***auf j-n*** *bzw.* ***auf etw*** qn *bzw.* qc) **2** ***mit etw ~*** remettre qc à plus tard **3** *Drohung*: ***warte nur!*** attends un peu!
warten[2] entretenir (*Maschine*, *Gerät usw.*)
Wärter(in) *m(f)* gardien *m*, -ienne *f*
Warte|saal *m im Bahnhof*: salle *f* d'attente; **~zimmer** *n beim Arzt*: salle *f* d'attente
warum pourquoi
Warze *f* verrue *f*
was[1] *Fragewort* **1** *betont*: quoi; *unbetont*: que; *vor Vokal u. stummem* h: qu' **2** *Frage nach dem Subjekt a.*: qu'est-ce qui **3** *Frage nach dem Objekt a.*: qu'est-ce que; ***~ ist das?*** qu'est-ce que c'est? **4** (*wie viel*) combien **5** ***~ für e-e Idee!*** quelle idée! **6** ***~?*** (*wie bitte?*) comment?; *umg.* quoi?; ***~, du kennst sie gar nicht?*** comment, tu ne la connais pas?
was[2] *in Relativsätzen* **1** *Subjekt*: ce qui **2** *als direktes Objekt*: ce que; *vor Vokal u. stummem* h: ce qu'
was[3] (*etw*) **1** quelque chose **2** ***~ anderes*** autre chose **3** ***ich will dir mal ~ sagen*** je vais te dire une chose
Waschbecken *n* lavabo *m*
Wäsche *f* **1** *Textilien*: linge *m*; (*Unterwäsche*) linge *m* (de corps) **2** ***~ waschen*** faire la lessive **3** (*das Waschen*) lavage *m*
Wäscheklammer *f* pince *f* à linge
waschen 1 laver (*Hände*, *Auto usw.*); ***sich ~*** se laver **2** (*Wäsche waschen*) faire la lessive **3** ***Geld ~*** blanchir de l'argent
Wäscherei *f* blanchisserie *f*
Wasch|lappen *m* gant *m* de toilette; **~maschine** *f* lave-linge *m*, machine *f* à laver; *Kanada*: laveuse *f*; **~mittel** *n* lessive *f*; **~raum** *m* cabinet *m* de toilette; **~salon** *m* laverie *f* (automatique)
Wasser *n* **1** eau *f* **2** (*Mineralwasser*) eau *f* minérale **3** ***ins ~ fallen*** tomber à l'eau (*a. fig.*) **4** ***unter ~*** sous l'eau; (*überschwemmt*) inondé **5** ***da läuft e-m das ~ im Mund zusammen*** cela fait venir l'eau à la bouche
Wasserball *m* **1** *Ball*: ballon *m* (de plage) **2** *Sportart*: water-polo *m*
wasserdicht 1 (*Uhr*) étanche **2** (*Kleidung*) imperméable **3** (*Alibi*) en béton
Wasserfall *m* cascade *f*, chute *f* d'eau
Wasserfarbe *f*: ***ein Bild mit ~n malen*** faire une peinture à l'eau, faire une aquarelle
Wasser|glas *n* verre *m* à eau (⚠ *frz.* un verre d'eau = ***ein Glas Wasser***); **~hahn** *m* robinet *m* (d'eau); **~kessel** *m* bouilloire *f*; **~leitung** *f* conduite *f* d'eau; **~mann** *m* ASTR Verseau *m*; **~melone** *f* pastèque *f*; **~pistole** *f* pistolet *m* à eau (⚠ *Endung*)
wasserscheu: ***er ist ~*** il a peur de l'eau, il n'aime pas l'eau
Wasser|ski *m Sportart*: ski *m* nautique;

~sport *m* sports *m Pl* nautiques; **~stoff** *m* hydrogène *m*; **~straße** *f* voie *f* navigable; **~turm** *m* château *m* d'eau; **~zeichen** *n im Papier*: filigrane *m*
wässrig 1 aqueux/-euse **2** (*Soße usw.*) insipide, sans goût
waten 1 patauger (***im Schlamm*** dans la boue) **2** ***durch den Fluss ~*** passer (*od.* traverser) la rivière à gué
Watsche(n) *f* Ⓐ gifle *f*
watschen Ⓐ gifler
Watt[1] *n* watt *m*
Watt[2] *n* ≈ plage *f* découverte à la marée descendante (⚠ *das Fachwort* l'estran *m ist in Frankreich nicht geläufig*)
Watte *f* ouate *f*, coton *m* hydrophile
Watte|bausch *m* tampon *m* d'ouate; **~stäbchen** *n* coton-tige® *m*
WC *n* W.-C. *m Pl*
Web-Browser *m* navigateur *m* Web
Webcam *f* webcam *f*
weben tisser
Web|master *m* webmestre *m*; **~site** *f* site *m* Web
Webstuhl *m* métier *m* (à tisser)
Wechsel[1] *m* **1** (*Veränderung*) changement *m* **2** (*das Abwechseln*) alternance *f* **3** (*Übergang*) passage *m* (***zu*** à) **4** (*Spielerwechsel*) remplacement *m*; (*Seitenwechsel*) changement *m* de camp
Wechsel[2] *m* (*Geldwechsel*) change *m*
Wechselgeld *n* monnaie *f*
wechselhaft 1 (*Wetter*) variable **2** (*Launen, Mensch*) changeant
Wechselkurs *m* cours *m* (du change)
wechseln 1 changer **2** (*austauschen*) échanger (***mit*** avec)
Wechsel|strom *m* courant *m* alternatif; **~stube** *f* bureau *m* de change; **~wirkung** *f* interaction *f*
wecken 1 (*aufwecken*) réveiller **2** éveiller, susciter (*j-s Interesse, Neugier*)
Wecken *m* Ⓐ **1** (*längliches Brot*) pain *m* blanc **2** (*Brötchen*) petit pain *m*
Wecker *m* **1** réveil *m* **2** ***er geht mir auf den ~*** *umg.* il me tape sur le système (*od.* sur les nerfs)
wedeln 1 ***mit dem Schwanz ~*** remuer la queue **2** *beim Skifahren*: godiller
weder 1 ***~ … noch …*** ni … ni … **2** *als Antwort*: ***~ noch*** ni l'un ni l'autre, aucun des deux
weg 1 *jemand*: (*nicht da, abwesend*) absent; (*gegangen*) ***sie ist schon ~*** elle est déjà partie (*bzw.* sortie) **2** ***mein Schlüssel ist ~*** ma clé a disparu **3** ***er war sofort ~*** (*eingeschlafen*) il s'est endormi tout de suite **4** ***sie ist ganz ~ von …*** (*begeistert*) elle est ravie par … **5** *örtlich*: ***weit ~*** loin (***von*** de) **6** ***ich bin drüber ~*** (*ich hab es überwunden*) je m'en suis remis **7** *in Ausrufen*: ***geh da ~!*** *umg.* tire-toi de là!; ***Kopf ~!*** gare à la tête!; ***Hände ~!*** bas les mains!; ***nichts wie ~ hier!*** *umg.* filons!
Weg *m* **1** chemin *m* (***nach*** de) **2** ***auf dem ~*** en route, en chemin (***nach*** pour); ***sich auf den ~ machen*** se mettre en route (***nach*** pour) **3** ***auf dem ~ zu …*** en allant à …; ***auf dem ~ von …*** en venant de … **4** (*Spur*) voie *f*; ***auf dem richtigen ~ sein*** être sur la bonne voie **5** *in Gärten, Parks*: allée *f* **6** (*Methode, Weise*) moyen *m*; ***auf diesem ~*** par ce moyen **7** ***j-m aus dem ~ gehen*** éviter qn **8** ***j-m im ~ sein*** gêner qn **9** ***ich traue ihr nicht über den ~*** je n'ai aucune confiance en elle
wegbleiben 1 ***lange ~*** rester longtemps parti **2** ***bleib da weg!*** ne t'approche pas!
wegbringen 1 emporter (*Sachen*) **2** emmener (*Personen*)
wegen 1 à cause de; ***~ mir*** (***dir*** *usw.*) *a.* pour moi (toi *usw.*) **2** (*bezüglich*) ***~ dieser Sache*** pour ce qui est de cette affaire **3** ***von ~!*** penses-tu! *bzw.* pensez-vous!
wegfahren partir (en voiture *usw.*)
wegfliegen 1 (*Vogel, Papiere usw.*) s'envoler **2** (*Flugzeug*) partir (***nach*** pour)
weggeben donner (*Tier, Möbel usw.*)
weggehen 1 s'en aller; (*abreisen*) partir **2** (*hinausgehen, ausgehen*) sortir **3** (*verschwinden*) disparaître; (*Fleck usw.*) partir
weggucken détourner les yeux
wegkommen 1 partir, s'en aller; ***mach, dass du wegkommst!*** *umg.* tire-toi! **2** *von Drogen usw.*: *umg.* décrocher (***von*** de) **3** (*verloren gehen*) disparaître **4** ***ich komme nicht drüber weg*** je n'arrive pas à m'en remettre **5** ***gut*** (*bzw.* ***schlecht***) ***~*** s'en tirer bien (*bzw.* mal) (***bei der Klausur*** pour le contrôle; ***bei der Diskussion*** pendant la discussion)
weglassen 1 laisser partir (*Person*) **2** (*auslassen*) *umg.* laisser tomber, sup-

W

primer
weg|laufen se sauver (***von*** de; ***vor*** devant); **~legen** (*beiseitelegen*) mettre de côté; **~machen** (*entfernen*) enlever, ôter; **~müssen** (*weggehen müssen*) (*Person, Brief*) devoir partir
wegnehmen **1** enlever, ôter (*Gegenstand*) **2** ***j-m etw ~*** prendre qc à qn
wegräumen **1** (*aufräumen*) ranger **2** écarter (*Hindernis*)
wegrennen se sauver, s'enfuir
wegschicken **1** envoyer, expédier (*Brief, Paket*) **2** renvoyer (*Person*)
weg|sehen (*wegschauen*) détourner les yeux; **~stecken** digérer (*Enttäuschung, Kritik*); **~stellen** mettre ailleurs; **~stoßen** repousser; **~tragen** emporter, enlever
Wegweiser *m* poteau *m* indicateur
wegwerfen **1** jeter **2** *in den Müll*: mettre à la poubelle, jeter (à la poubelle)
Wegwerfflasche *f* bouteille *f* non consignée
wegwischen essuyer, effacer
wegziehen **1** déménager (***von*** *od.* ***aus*** de) **2** retirer (*Hand, Gegenstand, j-n*)
weh → ***wehtun***
wehe: ***~, wenn …!*** gare à toi, si …! (+ *Ind.*)
wehen **1** (*Wind*) souffler **2** (*flattern*) (*Haare, Fahne usw.*) flotter
Wehen *f Pl bei der Geburt*: contractions *f Pl*
wehleidig douillet/-ette; pleurnicheur/-euse
Wehrdienst *m* service *m* militaire; ***~ leisten*** faire son service (militaire); ***er hat den ~ verweigert*** il est objecteur de conscience
Wehrdienstverweigerer *m* objecteur *m* de conscience
wehren: ***sich ~*** se défendre (***gegen*** contre)
wehrlos sans défense (*a. Tiere*)
Wehrpflicht *f* service *m* militaire obligatoire
wehtun **1** ***der Kopf*** (***der Fuß*** *usw.*) ***tut mir weh*** j'ai mal à la tête (au pied *usw.*) **2** ***j-m ~*** faire mal à qn
Weib *n* (*Frau*) femme *f*
Weibchen *n* zo femelle *f*
weiblich **1** féminin (*a.* GR) **2** BOT, zo femelle
weich **1** (↔ *hart*) mou/molle; ***~ machen*** ramollir **2** (*Haut, Fell, Wasser usw.*) doux/douce **3** (*Kissen, Wolle*) moelleux/-euse **4** ***ein ~es Ei*** un œuf à la coque; (*wachsweich*) un œuf mollet **5** ***~ werden*** (*nachgeben*) céder
Weiche *f am Gleis*: aiguillage *m*
weichmachen → ***weich***
Weichsel *f* Ⓐ (*Sauerkirsche*) griotte *f*
Weichspüler *m* adoucissant *m*
Weide[1] *f für Vieh*: pâturage *m*, pré *m*
Weide[2] *f* **1** *Baum*: saule *m* **2** (*Korbweide*) osier *m*
weiden (*Tiere*) paître
weigern: ***sich ~*** refuser (***zu*** de)
Weigerung *f* refus *m*
weihen **1** consacrer **2** ***zum Priester geweiht werden*** être ordonné prêtre
Weihnachten *n* Noël *m*; ⚠ *meistens ohne* le: ***an ~*** à Noël; ***zu ~ wünsche ich mir …*** je voudrais pour Noël …; ***fröhliche ~!*** joyeux Noël!
weihnachtlich **1** de Noël **2** ***~ geschmückt*** avec les décorations de Noël
Weihnachts|baum *m* arbre *m* de Noël; **~feier** *f* fête *f* de Noël; **~ferien** *Pl* vacances *f Pl* de Noël; **~fest** *n* fête *f* de Noël, Noël *m*; **~geschenk** *n* cadeau *m* de Noël; **~lied** *n* chanson *f* de Noël; **~mann** *m* père *m* Noël; **~markt** *m* marché *m* de Noël
Weihnachtstag *m*: ***der erste ~*** le jour de Noël (⚠ *der 26.12. ist in Frankreich kein Feiertag!*)
Weih|rauch *m* encens *m*; **~wasser** *n* eau *f* bénite
weil **1** parce que **2** (*da*) puisque
Weile *f* **1** ***e-e ~*** un moment **2** ***e-e ganze ~*** un bon moment
Wein *m* **1** *Getränk*: vin *m* **2** (*Weinrebe*) vigne *f*
Weinberg *m* vignoble *m*, vigne *f*
weinen pleurer (***über*** sur; ***vor*** de)
weinerlich **1** (*jemand*) pleurnicheur/-euse **2** (*Ton, Stimme*) larmoyant
Wein|glas *n* verre *m* à vin; **~hauer(in)** *m(f)* Ⓐ (*Winzer*) vigneron *m*, -onne *f*; **~lese** *f* vendange(s) *f(Pl)*; **~traube** *f Obst*: raisin *m*; *einzelne Beere*: grain *m* de raisin; *mehrere Beeren am Stiel*: grappe *f* de raisin
weise sage
Weise *f* manière *f*, façon *f*
Weisheit *f* **1** (*Klugheit*) sagesse *f* **2** (*Wissen*) savoir *m*, science *f*
weiß **1** blanc/blanche **2** ***das Weiße***

Haus la Maison Blanche **3** ***~e Weihnachten*** Noël *m* sous la neige
Weiß *n Farbe*: blanc *m*
Weißbrot *n* pain *m* blanc
Weiße(r) *f(m)* Blanc *m*, Blanche *f*
weißhaarig aux cheveux blancs
Weiß|wein *m* vin *m* blanc; **~wurst** *f* ≈ boudin *m* blanc
weit **1** loin **2** ***zwei Kilometer ~ entfernt*** à deux kilomètres; ***wie ~ ist es nach Lyon?*** combien de kilomètres y a-t-il jusqu'à Lyon? **3** ***~ und breit*** partout **4** *zeitlich*: ***~ nach Mitternacht*** bien après minuit; ***wie ~ bist du (mit deiner Arbeit)?*** où en es-tu (dans ton travail)?; ***ich bin so ~*** (*fertig*) je suis prêt **5** ***sie ist mir ~ überlegen*** elle me surpasse de loin **6** ***bei ~em der Größte*** de loin le plus grand **7** ***~ verbreitet*** très répandu, courant
weit[2] **1** (*ausgedehnt*) vaste, large **2** (*Reise*, *Weg*) long/longue **3** (*Kleidung*) large; (*weit geschnitten*) ample
Weite *f* **1** (↔ *Enge*) étendue *f* **2** (*Breite*) largeur *f* **3** *von Kleidern*: ampleur *f* **4** *Entfernung*: longueur *f*
weiten **1** élargir, agrandir (*Öffnung*) **2** ***sich ~*** s'élargir; (*Pupillen usw.*) se dilater
weiter **1** ***~!*** *od.* ***~ so!*** continue (*bzw.* continuez)!; ***und so ~*** et ainsi de suite **2** (*anschließend*) ensuite, après; ***und ~?*** *od.* ***was ~?*** et quoi encore? **3** (*außerdem*) ***nichts ~*** rien de plus; ***~ nichts?*** c'est tout?; ***~ niemand*** personne d'autre **4** ***~ vorn*** plus en avant
weiterarbeiten continuer de travailler
weitere(r, -s) **1** (*zusätzlich*) de plus, autre **2** ***ohne ~s*** sans plus **3** ***bis auf ~s*** jusqu'à nouvel ordre
weitererzählen **1** ***erzähl weiter*** continue à raconter **2** (*weitersagen*) répéter; ***erzähl's nicht weiter!*** ne le répète pas!
weiterfahren continuer sa route
weitergeben **1** transmettre (*Gegenstand*, *Nachrichten usw.*) **2** passer (*Ball*)
weitergehen **1** (↔ *stehen bleiben*) poursuivre (*od.* continuer) son chemin **2** (*vorbeigehen*) passer **3** (*sich fortsetzen*) continuer, se poursuivre
weiter|kommen avancer (***in*** *od.* ***mit*** dans); **~machen** continuer, poursuivre
weiters Ⓐ en outre, de plus
weitersagen répéter
weiterwissen: ***ich weiß nicht mehr weiter*** je ne sais plus que faire
weitgehend **1** large; (*beträchtlich*) considérable **2** *Adv.*: en grande partie
weitsichtig **1** *Augenfehler*: hypermétrope; *im Alter*: presbyte **2** *fig.* prévoyant
Weitsprung *m* saut *m* en longueur
Weizen *m* blé *m*, froment *m*
welche(r, -s)[1] *Fragepronomen* **1** *mit Subst.*: quel/quelle **2** *alleinstehend*: lequel/laquelle
welche(r, -s)[2] *Relativpronomen* **1** *als Subjekt*: qui **2** *als direktes Objekt*: que *bzw. vor Vokal u. stummem h*: qu' **3** *unbestimmte Menge*: en **4** ***~*** (*einige*) quelques-uns, quelques-unes
welken (*Blume*) se faner
Welle *f* **1** *im Meer usw.*: vague *f* **2** *von Licht, Schall usw.*: onde *f* **3** *im Haar, im Boden usw.*: ondulation *f* **4** *Ampel*: ***grüne ~*** feux *m Pl* synchronisés; ***grüne ~ haben*** avoir toujours le feu vert
wellen: ***sich ~*** (*Haare*) être ondulé
Wellenlänge *f* **1** longueur *f* d'onde **2** ***die gleiche ~ haben*** *fig.* être sur la même longueur d'onde (***wie*** que)
Wellensittich *m* perruche *f*
wellig (*Haare, Oberfläche*) ondulé
Welpe *m* (*junger Hund*) chiot *m*
Welt *f* **1** monde *m*; ***die Dritte ~*** le tiers monde **2** ***alle ~*** (*alle Leute*) tout le monde **3** ***auf der ~*** au monde; *aber*: ***auf der ganzen ~*** dans le monde entier; ***zur ~ bringen*** mettre au monde **4** ***er ist in der ~ herumgekommen*** il a beaucoup voyagé; *umg.* il a roulé sa bosse **5** ***nicht um alles in der ~ mach ich das!*** pour rien au monde je ne ferai ça! (*Futur*) **6** ***das kostet nicht die ~*** ça ne coûte pas les yeux de la tête
Weltall *n* univers *m*
weltbekannt connu dans le monde entier; *umg.* archiconnu
Weltcup *m* coupe *f* mondiale
weltfremd irréaliste
Weltkarte *f* mappemonde *f*, planisphère *m*
Weltkrieg *m*: ***der Erste*** (*bzw.* ***Zweite***) ***~*** la Première (*bzw.* la Seconde) Guerre mondiale
Welt|macht *f* puissance *f* mondiale; **~meister(in)** *m(f)* champion *m*, -ionne *f* du monde; **~meisterschaft** *f*

championnat *m* du monde; **~raum** *m* espace *m*; **~reise** *f* tour *m* du monde; **~rekord** *m* record *m* mondial; **~untergang** *m* fin *f* du monde

weltweit **1** mondial, universel/-elle **2** ***~ zunehmen*** augmenter dans le monde entier

Weltwirtschaft *f* économie *f* mondiale

wem[1] *Fragepronomen*: ***~ gehört das?*** c'est à qui?, à qui ça appartient?; ***von ~?*** de qui?; ***mit ~?*** avec qui?

wem[2] *Relativpronomen*: celui à qui, celle à qui

wem[3] (*jemandem*) à quelqu'un

wen[1] *fragend*: qui, qui est-ce que; ***an ~ denkst du?*** à qui (est-ce que) tu penses?

wen[2] *Relativpronomen*: celui que, celle que; ***frag, ~ du willst*** demande à qui tu voudras

wen[3] (*j-n*) quelqu'un

Wende *f* **1** virage *m* (*a.* SPORT) **2** (*Änderung, zeitliche Wende*) tournant *m*

Wendekreis *m* **1** GEOG tropique *m* **2** AUTO rayon *m* de braquage

wenden[1] **1** tourner (***nach rechts*** *usw.* à droite *usw.*); (*kehrtmachen*) faire demi-tour **2** tourner (*Kopf, Buchseite*)

wenden[2]: ***sich ~ an*** s'adresser à

Wendung *f* **1** tour *m*; (*Kehrtwendung*) demi-tour *m* **2** (*Veränderung*) changement *m*; (*Wende, Umschwung*) revirement *m* **3** (*Redewendung*) expression *f*, tournure *f*

wenig **1** peu; *mit Subst.*: peu de **2** ***einige ~e*** quelques-uns, quelques-unes; ***nicht ~e*** pas mal de gens; ***die ~sten*** très peu de gens **3** ***ein ~*** (*etwas*) un peu **4** ***zu ~*** trop peu (de)

weniger **1** moins; *mit Subst., Zahl*: moins de **2** ***eins*** (*bzw.* ***e-r***) ***~*** un de moins

wenigstens au moins, du moins

wenn **1** (*falls*) si; *vor i*: s' (⚠ si *immer mit dem Ind*) **2** ***außer ~ es regnet*** à moins qu'il ne pleuve (⚠ *Subj.*), sauf s'il pleut **3** *zeitlich*: quand, lorsque **4** ***jedes Mal ~*** chaque fois que (+ *Ind.*) **5** *Wunsch*: si **6** ***und ~ schon!*** qu'importe!

wer[1] *Fragepronomen* **1** qui, qui est-ce qui **2** ***~ von beiden?*** lequel/laquelle des deux?

wer[2] *Relativpronomen* **1** qui; *am Satzanfang*: celui/celle qui **2** ***~ auch immer*** quiconque

wer[3] (*jemand*) quelqu'un

Werbe|agentur *f* agence *f* de publicité; **~fernsehen** *n* publicité *f* télévisée

werben **1** faire de la publicité (***für*** pour) **2** recruter (*Mitglieder*)

Werbespot *m* spot *m* publicitaire

Werbung *f* publicité *f*; *umg.* pub *f*

werden[1] **1** devenir **2** ***mir wird kalt*** je commence à avoir froid; ***mir wird schlecht*** je ne me sens pas bien **3** ***krank ~*** tomber malade **4** ***alt ~*** vieillir **5** ***~ zu*** (*sich entwickeln zu*) se changer en, devenir; ***daraus wird nichts*** cela ne se fera pas **6** (*gelingen*) ***ist das Bild was geworden?*** la photo est réussie? **7** ***na, wird's bald?*** *umg.* il y en a encore pour longtemps?

werden[2] *im Passiv*: **1** être; ***sie wird geliebt*** elle est aimée **2** *oft a. mit* on *od.* se: ***wir ~ bezahlt*** on nous paie; ***das wird kalt getrunken*** cela se boit froid

werden[3] *im Futur*: ***ich werde es ihm sagen*** je le lui dirai; *zusammengesetztes Futur mit* aller: je vais le lui dire *usw.*

werden[4] *Konditional*: ***er würde kommen, wenn …*** il viendrait si … (*Imparfait*); ***würdest du bitte …*** voudrais-tu s'il te plaît …

werfen **1** jeter (*Stein, Ball usw.*); lancer (*Speer, Diskus usw.*); projeter (*Schatten*) **2** ***mit etw ~*** lancer (*od.* jeter) qc; ***er warf mit dem Buch nach ihr*** il lui a lancé le livre dessus; ***sie wirft mit Geld um sich*** elle dépense à tort et à travers **3** ***e-n Brief in den Kasten ~*** mettre une lettre à la boîte **4** (*würfeln*) ***e-e Sechs ~*** faire un six

Werft *f* chantier *m* naval, chantier *m* maritime

Werk *n* **1** (*Kunstwerk, Buch*) ouvrage *m* **2** (*Gesamtwerk*) œuvre *f* **3** (*Tat*) œuvre *f*, acte *m* **4** (*Fabrik*) usine *f*

Werken *n Schulfach*: éducation *f* manuelle

Werk|statt *f* **1** atelier *m* **2** (*Autowerkstatt*) garage *m* (⚠ *im Frz. m*); **~tag** *m* jour *m* ouvrable

werktags les jours ouvrables, en semaine

Werkzeug *n* **1** *einzelnes*: outil *m* **2** *gesamtes*: outils *m Pl*

Werkzeugkasten *m* boîte *f* à outils

wert **1** ***~ sein*** valoir **2** ***das ist mir viel ~***

j'y tiens beaucoup

Wert *m* **1** valeur *f* (*a. Messwert*); *finanzieller a.*: prix *m* **2** ***er legt großen ~ darauf*** il tient beaucoup à cela **3** ***das hat keinen ~*** (*keinen Zweck*) ça ne sert à rien

werten **1** (*einschätzen*) estimer, évaluer; (*beurteilen*) juger **2** SPORT noter; ***gewertet werden*** compter

wertlos sans valeur, dénué de valeur

Wertsache *f* objet *m* de valeur

Wertung *f* **1** (*Einschätzung*) estimation *f*, évaluation *f* **2** SPORT classement *m*; (*Einzelwertung*) note *f*

wertvoll précieux/-ieuse, de valeur

Wesen *n* **1** (*Art*) nature *f*, caractère *m* **2** (*Lebewesen*) être *m*

wesentlich **1** (*grundlegend*) essentiel/-ielle **2** ***ein ~er Bestandteil*** une partie intégrante **3** ***im Wesentlichen*** en substance, sur l'essentiel **4** (*bedeutend*) considérable, important **5** (*deutlich*) ***~ heller*** (***dümmer*** *usw.*) bien plus clair (bête *usw.*)

weshalb pourquoi

Wespe *f* guêpe *f*

Wespenstich *m* piqûre *f* de guêpe

wessen de qui; ***~ Sohn ist er?*** de qui est-il le fils?

West... de l'ouest; POL de l'Ouest

Westdeutschland *n* POL l'Allemagne *f* de l'Ouest; GEOG l'ouest *m* de l'Allemagne, l'Allemagne occidentale

Weste *f* gilet *m* (⚠ *frz.* veste *f* = ***Jacke, Jackett***)

Westen *m* **1** ouest *m*; ***im ~*** à l'ouest (***von*** de) **2** POL Ouest *m* **3** ***der Wilde ~*** le Far West

Western *m* western *m*

westlich **1** de l'ouest, d'ouest; POL de l'Ouest **2** (*im Westen*) à l'ouest

Westwind *m* vent *m* d'ouest

Wettbewerb *m* **1** *bes.* SPORT concours *m*, compétition *f* **2** WIRTSCH concurrence *f*, compétition *f*

Wette *f* **1** pari *m*; ***die ~ gilt!*** je tiens le pari! **2** ***sie laufen um die ~*** ils courent à qui mieux mieux

wetten parier, faire un pari; ***um etw ~*** parier qc; (***wollen wir***) ***~?*** on parie?; ***~, dass er kommt*** *umg.* on parie qu'il va venir?

Wetter *n* **1** temps *m*; ***bei Wind und ~*** par tous les temps **2** ***das ~ ist schön*** (*bzw.* ***schlecht***) il fait beau (*bzw.* mauvais)

Wetter

Die Sonne scheint.	**Il fait du soleil.**
Es ist warm.	**Il fait chaud.**
Es ist heiß.	**Il fait très chaud.**
Es ist schwül.	**Il fait lourd.**
Es ist kalt.	**Il fait froid.**
Es regnet.	**Il pleut.**
Es hagelt.	**Il grêle.**
Es schneit.	**Il neige.**
Es ist windig.	**Il fait du vent.**

Wetter|bericht *m* bulletin *m* météorologique, météo *f*; **~karte** *f* carte *f* météorologique; **~vorhersage** *f* prévisions *f Pl* météorologiques, météo *f*

Wett|kampf *m* compétition *f*, concours *m*; **~lauf** *m*, **~rennen** *n* course *f*

wetzen **1** aiguiser (*Messer*); affûter (*Werkzeug*) **2** (*rennen*) *umg.* filer

WG *f*: ***sie lebt in e-r ~*** elle partage un appartement avec d'autres, elle habite en colocation

Whirlpool® *m* bain *m* à remous

Whisky *m* whisky *m*

Wicht(el) *m* lutin *m*, gnome *m*

wichtig **1** important (***für*** pour) **2** (*wesentlich*) essentiel/-ielle **3** ***~ nehmen*** prendre au sérieux **4** → ***wichtigmachen***

Wichtigkeit *f* importance *f*

wichtigmachen: ***sich ~*** faire l'important

wickeln **1** enrouler (*Schnur usw.*) (***um*** autour de) **2** (*einwickeln*) envelopper (***in*** dans); ***etw in Papier ~*** emballer qc dans du papier **3** ***sich in e-e Decke ~*** s'enrouler dans une couverture **4** ***das Baby ~*** changer le bébé

Widder *m* **1** ZO bélier *m* **2** ASTR Bélier *m*

wider: ***~ Willen*** malgré moi (toi *usw.*)

wider|hallen retentir, résonner; **~legen** réfuter (*Behauptung, Theorie*)

widerlich (*Geruch usw.*) dégoûtant, écœurant

widerrufen **1** revenir sur (*Behauptung, Geständnis*) **2** démentir (*Nachricht*)

widerspenstig **1** (*störrisch*) rétif/-ive, récalcitrant **2** (*Haare*) rebelle

widerspiegeln: (***sich***) ***~*** (se) refléter (*a.*

fig.)

widersprechen **1** ***j-m*** (*bzw.* ***e-r Sache***) **~** contredire qn (*bzw.* qc) **2** ***sich ~*** (*Aussagen usw.*) se contredire

Widerspruch *m* **1** contradiction *f* (***in sich*** en soi) **2** ***keinen ~!*** (*Widerrede*) pas de discussion! **3** *vor Gericht*: ***~ einlegen*** faire opposition (***gegen*** à)

Widerstand *m* résistance *f*

widerstehen: ***er konnte nicht ~*** il n'a pas pu résister à la tentation

widerwärtig désagréable; *stärker*: repoussant, répugnant

Widerwille *m* répugnance *f* (***gegen*** pour)

widerwillig à contrecœur

widmen: ***j-m ein Buch*** *usw.* **~** dédier un livre *usw.* à qn

Widmung *f* dédicace *f* (***an*** à)

wie[1] **1** *fragend*: comment **2** ***~ viel*** combien; *mit Subst.*: combien de; ***~ oft …?*** combien de fois …? **3** ***~ viel Uhr*** *od.* ***~ spät ist es?*** quelle heure est-il? **4** ***~ alt bist du?*** tu as quel âge?, quel âge as-tu? **5** ***~ wär's mit e-m Spaziergang?*** et si nous faisions une promenade? **6** ***~ bitte?*** pardon?; *überrascht*: ce n'est pas vrai!; ***~, du kommst nicht?*** comment (*bzw.* quoi), tu ne viens pas? **7** ***~ schön!*** que c'est beau! **8** ***und ~!*** *umg.* et comment!

wie[2] *in Nebensätzen*: **1** ***~ du siehst*** comme tu le vois; ⚠ *oft mit Inf. übersetzt*: ***ich sah, ~ er aufstand*** je l'ai vu se lever **2** (*als*) lorsque

wie[3] *vergleichend*: **1** comme, tel/telle que **2** ***so groß ~*** aussi grand que **3** ***so gut ~*** (*fast*) presque, quasiment **4** ***~ du mir, so ich dir*** œil pour œil, dent pour dent

wieder **1** de nouveau, à nouveau, encore (une fois) **2** ***immer ~*** sans fin; ***hin und ~*** de temps en temps; ***nie ~!*** jamais plus; ***~ einmal*** une fois de plus **3** *bei Verben oft*: re…; ***~ anfangen*** recommencer **4** ***~ da sein*** être de retour; ***ich bin gleich ~ da*** je reviens tout de suite **5** ***wann war das ~?*** c'était quand, déjà?

wiederbekommen récupérer

Wiederbelebung *f* réanimation *f*

wiederbringen **1** rapporter **2** (*zurückgeben*) rendre **3** ramener (*Personen*)

wiedergeben **1** (*zurückgeben*) rendre **2** (*berichten, darstellen*) rendre **3** (*übersetzen*) traduire (***in*** en)

wieder|gewinnen regagner; **~herstellen** rétablir (*Kontakt usw.*)

wiederholen **1** répéter; réitérer (*Forderung*) **2** revoir, réviser (*Lernstoff*) **3** ***e-e Klasse ~*** redoubler (une classe) **4** rejouer (*Spiel*); rediffuser (*Sendung*) **5** ***sich ~*** se répéter; ***du wiederholst dich!*** tu te répètes!

Wiederholung *f* **1** répétition *f* **2** *von Lernstoff*: révision *f* **3** RAD, TV rediffusion *f* **4** THEAT, MUS reprise *f*

Wiederhören *n*: ***auf ~!*** TEL au revoir, Madame! *bzw.* au revoir, Monsieur

wiederkommen revenir; ***ich komme gleich wieder*** je reviens tout de suite

wiedersehen revoir; ***sich ~*** se revoir

Wiedersehen *n* revoir *m*; ***auf ~!*** au revoir!

Auf Wiedersehen!

Wenn man sich von Freunden verabschieden will, kann man außer **au revoir** (auf Wiedersehen) auch sagen:

à bientôt!	bis bald!
à tout à l'heure!	bis später!
salut!	tschüs!

adieu sagt man nur dann, wenn man sich für längere Zeit von jemandem verabschiedet.

Wiedervereinigung *f* réunification *f*

Wiederverwertung *f* **1** récupération *f*, réutilisation *f* **2** (*Recycling*) recyclage *m*

Wiege *f* berceau *m*

wiegen[1] peser

wiegen[2] (*sanft schaukeln*) bercer

wiehern (*Pferd*) *hennir

Wien *n* Vienne

Wiener **1** viennois **2** ***~ Schnitzel*** ≈ escalope *f* milanaise

Wiener(in) *m(f)* Viennois(e) *m(f)*

Wiese *f* pré *m*, prairie *f*

Wiesel *n* belette *f*

wieso pourquoi

wie viel → ***wie***[1]

wievielmal combien de fois

wievielt: ***zu ~ wart ihr?*** vous étiez combien?

wievielte(r, -s) 1 ***der ~ Band?*** *umg.* quel tome? **2** ***der Wievielte ist heute?*** *umg.* nous sommes le combien (aujourd'hui)?
wild 1 sauvage **2** (*Sturm, Kampf*) violent **3** (*Blick*) farouche **4** (*wütend*) furieux/-ieuse **5** ***das ist alles halb so ~*** ça n'est pas bien grave **6** (*begierig*) ***ganz ~ sein auf*** raffoler de **7** ***~ wachsen*** (*Pflanzen*) pousser à l'état sauvage **8** ***wie ~*** *schreien, toben usw.*: comme un possédé *bzw.* une possédée
Wild *n* gibier *m* (*a. als Fleisch*)
Wilderer *m* braconneur *m*
wildern braconner
wildfremd parfaitement inconnu
Wildleder *n* daim *m*
Wildnis *f* région *f* sauvage
Wildschwein *n* sanglier *m*
Wille *m* **1** volonté *f*; ***j-m seinen ~n lassen*** laisser faire qn **2** (*Absicht*) intention *f* **3** ***gegen deinen*** (***ihren*** *usw.*) ***~n*** contre ton (son *usw.*) gré **4** ***wider ~n*** à contrecœur **5** ***beim besten ~n*** avec la meilleure volonté du monde **6** ***ihr*** *bzw.* ***sein Letzter ~*** (*Testament*) ses dernières volontés *f Pl* (*immer Plural*)
willkommen 1 bienvenu; ***~ in Österreich!*** bienvenue en Autriche! **2** ***seid herzlich ~!*** soyez les bienvenus!
Willkür *f* arbitraire *m*
willkürlich (*beliebig*) arbitraire
wimmeln 1 (*kleine Tiere usw.*) grouiller, fourmiller, pulluler (***von*** de) **2** ***in diesem Text wimmelt es von Fehlern*** ce texte fourmille de fautes
Wimmerl *n* Ⓐ (*Pickel*) bouton *m*
Wimpel *m* fanion *m*, banderole *f*
Wimper *f* **1** cil *m* **2** ***ohne mit der ~ zu zucken*** (*ohne ein Gefühl zu zeigen*) sans sourciller, sans broncher
Wimperntusche *f* mascara® *m*, rimmel® *m*
Wind *m* **1** vent *m* **2** ***viel ~ um etw machen*** *umg.* faire tout un plat de qc **3** ***von etw ~ bekommen*** avoir vent de (*od.* flairer) qc
Windel *f* couche *f*
winden 1 ***sich um etw ~*** (*Pflanze*) s'enrouler autour de qc **2** ***sich vor Schmerz ~*** se tordre de douleur
Windenergie *f* énergie *f* éolienne
windig: ***es ist ~*** il fait du vent
Wind|jacke *f* anorak *m*; **~kraft** *f* énergie *f* éolienne; **~mühle** *f* moulin *m* à vent; **~pocken** *Pl* varicelle *f*; **~rad** *n* éolienne *f*; **~schutzscheibe** *f* pare-brise *m*
windstill: ***es ist ~*** il n'y a pas de vent
windsurfen faire de la planche à voile
Windsurfer(in) *m(f)* véliplanchiste *m,f*
Wink *m* (*Zeichen*) signe *m*; (*Hinweis*) indication *f*
Winkel *m* **1** GEOM angle *m* **2** (*Ecke, Plätzchen*) coin *m*
winken 1 ***j-m ~*** faire signe à qn (***mit der Hand*** de la main) **2** ***e-m Taxi ~*** *héler un taxi
winseln (*Hund*) gémir
Winter *m* hiver *m*; ***im ~*** en hiver
Winter... d'hiver, de l'hiver; ***Winteranfang*** début *m* de l'hiver; ***Wintergarten*** jardin *m* d'hiver
winterlich (*Wetter usw.*) d'hiver, hivernal
Winterreifen *m* pneu *m* neige
Winterschlaf *m* hibernation *f*; ***~ halten*** hiberner
Winterschlussverkauf *m* soldes *m Pl* d'hiver
Winterspiele *n Pl*: ***die Olympischen ~*** les Jeux *m Pl* olympiques d'hiver
Winter|sport *m* sports *m Pl* d'hiver; **~zeit** *f* **1** *Uhrzeit*: heure *f* d'hiver **2** *Jahreszeit*: hiver *m*
Winzer(in) *m(f)* vigneron *m*, -onne *f*
winzig: ~ (***klein***) minuscule
Wipfel *m e-s Baums*: cime *f*, faîte *m*
Wippe *f* bascule *f*, balançoire *f*
wippen 1 *auf der Wippe*: se balancer **2** ***mit dem Fuß ~*** balancer le pied
wir nous; ***~ drei*** nous trois; ***~ sind's*** c'est nous
Wirbel[1] *m* **1** (*im Sturm, Wasser usw.*) tourbillon *m* **2** *im Haar*: épi *m* **3** (*Aufheben*) bruit *m*; *umg.* cinéma *m*; ***mach nicht so e-n ~ darum*** ne fais pas tant d'histoires à cause de ça
Wirbel[2] *m Knochen*: vertèbre *f*
wirbeln 1 tourbillonner, tournoyer **2** ***etw durch die Luft ~*** faire tourbillonner qc
Wirbel|säule *f* colonne *f* vertébrale; **~sturm** *m*, **~wind** *m* tourbillon *m*
wirken 1 agir, avoir de l'effet (***auf j-n*** sur qn; ***gegen etw*** sur qc) **2** ***beruhigend ~*** calmer **3** (*scheinen*) avoir l'air
wirklich 1 réel/réelle **2** (*echt*) véritable; vrai **3** ***~?*** vraiment?, c'est vrai? **4** ***ich weiß es ~ nicht*** je ne le sais vraiment pas

Wirklichkeit *f* **1** réalité *f* **2** *~ werden* se réaliser
wirksam efficace (***gegen*** contre)
Wirkung *f* effet *m*, action *f*
wirr **1** (*verwirrt*) confus **2** (*durcheinander*) désordonné
Wirrwarr *m* confusion *f*
Wirsing *m* chou *m* frisé
Wirt(in) *m*(*f*) patron *m*, -onne *f*
Wirtschaft[1] *f* économie *f*
Wirtschaft[2] *f* (*Gastwirtschaft*) bistrot *m*
wirtschaftlich **1** économique **2** ***~ denken*** penser en termes d'économie
Wirtschafts... économique; ***Wirtschaftskrise*** crise *f* économique; ***Wirtschaftspolitik*** politique *f* économique
Wirtshaus *n* (*Gasthof*) bistrot *m*; *früher a.*: auberge *f*
Wisch *m* (*Stück Papier*) *umg.* papelard *m*
wischen **1** (*sauber machen*) nettoyer **2** (*wegwischen*) essuyer; ***Staub ~*** enlever la poussière **3** ***sich den Mund*** (***die Stirn*** *usw.*) ~ s'essuyer la bouche (le front *usw.*) **4** Ⓒⓗ (*kehren*) balayer **5** ***sie hat ihm e-e gewischt*** *umg.* elle lui a flanqué une gifle
Wischiwaschi *n umg.* blabla *m*
wispern chuchoter, murmurer
wissen **1** savoir; ***ich weiß*** (***es***) je (le) sais; ***ich weiß es nicht*** je ne sais pas (⚠ *ohne* le); ***wer weiß?*** qui sait?; ***was weiß ich!*** qu'est-ce que j'en sais? **2** (*kennen*) connaître **3** ***etw genau ~*** être sûr de qc **4** ***davon weiß ich nichts*** je l'ignore **5** ⚠ *Subj.*: ***soviel ich weiß*** autant que je sache; ***nicht, dass ich wüsste*** pas que je sache; ***damit du es nur weißt*** pour que tu le saches **6** ***er will nichts mehr von ihr ~*** il ne veut plus entendre parler d'elle **7** ***das braucht niemand zu ~*** cela ne regarde personne **8** ***weißt du was? ...*** écoute, ... **9** ***weißt du noch, als ...?*** tu te rappelles, quand ...?
Wissen *n* **1** savoir *m*; (*Kenntnisse*) connaissances *f Pl* **2** ***meines ~s*** à ma connaissance, autant que je sache **3** ***ohne mein ~*** à mon insu
Wissenschaft *f* science *f*
Wissenschaftler(in) *m*(*f*) scientifique *m,f*
wissenschaftlich scientifique
wissenswert intéressant, à savoir
wissentlich sciemment
Witwe(r) *f*(*m*) veuf *m*, veuve *f*
Witz *m* **1** histoire *f* (pour rire); *umg.* blague *f*; ***mach keine ~e!*** *umg.* arrête de plaisanter! **2** (*Scherz*) plaisanterie *f*; ***das ist ja wohl ein ~!*** non, mais, c'est une plaisanterie! **3** ***der ~ an der Sache ist ...*** le piquant de la chose c'est ... **4** ***sie hat ~*** (*ist geistreich*) elle a de l'esprit
Witzbold *m umg.* blagueur *m*
witzig **1** (*Sache*) amusant, drôle **2** (*geistreich*) spirituel/-elle **3** ***sehr ~!*** *iron.* quel esprit!
witzlos (*sinnlos, zwecklos*) inutile
WM *f* championnat *m* du monde
wo[1] **1** *örtlich*: où (⚠ *frz.* ou *ohne Akzent* = ***oder***) **2** *zeitlich*: ***jetzt, ~ du gehst*** maintenant que tu pars **3** (*da, obwohl*) puisque; ***~ wir nun mal hier sind ...*** puisque nous sommes ici ...
wo[2]: ***ach ~!*** mais non!; *umg.* penses-tu (*bzw.* pensez-vous)!
woanders ailleurs, autre part
wobei **1** (*bei welcher Gelegenheit*) à quelle occasion **2** *relativisch*: ***~ mir einfällt, dass ...*** ce qui me fait penser que ... (+ *Ind.*)
Woche *f* semaine *f*
Wochenende *n* fin *f* de semaine, week-end *m*; ***schönes ~!*** bon week-end!
Wochenkarte *f* carte *f* hebdomadaire
wochenlang des semaines entières
Wochenstunde *f*: ***vier ~n Englisch*** *usw.* ***haben*** avoir quatre heures d'anglais *usw.* par semaine
Wochentag *m* **1** jour *m* de la semaine **2** (*Werktag*) jour *m* ouvrable
wöchentlich **1** (*jede Woche*) chaque semaine, toutes les semaines **2** ***zweimal ~*** deux fois par semaine **3** *mit Subst.*: hebdomadaire
Wodka *m* vodka *f* (⚠ *im Frz. f*)
wodurch (*wie*) par quoi, comment
wofür **1** (*für was*) pour quoi, à quoi **2** (*für wen*) ***~ hält er sich?*** pour qui il se prend?
wogegen contre quoi
woher **1** *räumlich*: d'où **2** (*von wem, wie*) ***~ soll ich das wissen?*** comment veux-tu (*bzw.* voulez-vous) que je le sache? (⚠ *Subj.*) **3** ***ach, ~ denn!*** *umg.* penses-tu (*bzw.* pensez-vous)!
wohin **1** où **2** ***~ damit?*** qu'est-ce que je fais de ça?

wohl[1] **1** bien; ***ich fühle mich hier ~*** je suis bien ici; ***ich fühle mich nicht ~*** je ne me sens pas bien **2** ***leb ~!*** adieu! **3** ***~ oder übel*** bon gré, mal gré
wohl[2] **1** (*vermutlich*) sans doute, probablement **2** ***du bist ~ verrückt geworden!*** tu as perdu la tête?
Wohl *n* **1** bien *m* **2** (*Wohlbefinden*) bien-être *m* **3** ***wir trinken auf dein ~*** nous buvons à ta santé; ***zum ~!*** à ta (*bzw.* votre) santé!
Wohlfahrtsstaat État-providence *m*
wohlgemerkt bien entendu
wohlig (*Gefühl, Wärme usw.*) agréable
Wohlstand *m* prospérité *f*, aisance *f*
Wohlstandsgesellschaft *f* société *f* d'abondance
wohltätig **1** (*Person, Zweck*) charitable **2** (*Verein*) caritatif/-ive
wohlwollend **1** bienveillant **2** ***er sah uns ~ zu*** il nous a regardés avec bienveillance
wohnen **1** *ständig*: habiter; ***ich wohne in Bern, in der Kantstraße*** j'habite (à) Berne, (dans la) Kantstraße **2** *vorübergehend*: loger **3** ***in der Stadt ~*** habiter la ville (*bzw. im Zentrum*: en ville); ***auf dem Land ~*** habiter à la campagne
Wohn|gemeinschaft *f* → **WG**; **~heim** *n* foyer *m*; **~mobil** *n* camping-car *m*
Wohnung *f* appartement *m*
Wohn|viertel *n* quartier *m* résidentiel; **~wagen** *m* **1** *für den Urlaub*: caravane *f* **2** *Zirkuswagen*: roulotte *f*; **~zimmer** *n* salle *f* de séjour, séjour *m*, living *m*, salon *m*; **~zimmerschrank** *m* buffet *m*
Wolf *m*, **Wölfin** *f* loup *m*, louve *f*
Wolke *f* **1** nuage *m* (*a. von Staub, Rauch*) **2** (*Schwarm*) nuée *f* **3** ***aus allen ~n fallen*** tomber des nues
Wolken|bruch *m* pluie *f* torrentielle; **~kratzer** *m* gratte-ciel *m*
wolkenlos sans nuages
wolkig nuageux/-euse, couvert de nuages
Wolldecke *f* couverture *f* de laine
Wolle *f* **1** laine *f*; ***reine ~*** pure laine **2** ***sich in die ~ kriegen*** (*sich streiten*) s'empoigner
wollen **1** vouloir; ***das hab ich nicht gewollt*** ce n'est pas ce que je voulais; (*das war keine Absicht*) ce n'était pas mon intention **2** ***lieber ~*** aimer mieux, préférer **3** *zusammen mit gerade*: aller; ***ich wollte gerade weggehen*** j'allais partir **4** (*behaupten*) prétendre **5** ***das Auto will nicht anspringen*** la voiture ne démarre pas **6** ***wo willst du hin?*** tu vas où, là? **7** ***ich will nicht mehr!*** j'en ai assez!; ***meine Beine ~ nicht mehr*** (*können nicht mehr*) mes jambes n'en peuvent plus
womit avec quoi
wonach **1** après quoi **2** (*gemäß*) d'après quoi **3** ***~ fragt er?*** qu'est-ce qu'il demande?
woran à quoi
worauf **1** sur quoi **2** ***das Foto, ~ er zu sehen war*** la photo sur laquelle on le voyait
woraus **1** de quoi **2** *Material*: ***~ ist das?*** en quoi est-ce? **3** ***~ schließt du das?*** qu'est-ce qui te fait dire ça?
worin dans quoi, où
Workshop *m* atelier *m*
Wort *n* **1** *einzelnes*: mot *m*; ***~ für ~*** mot à mot; ***mit e-m ~*** en un mot **2** (*Ausdruck*) mot *m*, terme *m*; ***mit anderen ~en*** en d'autres termes **3** *gesprochenes, in Diskussionen*: parole *f*; ***das ~ haben*** (*bzw.* ***ergreifen***) avoir (*bzw.* prendre) la parole; ***er fällt mir ins ~*** il me coupe la parole; ***ich komme nicht zu ~*** je n'arrive pas à placer un mot; ***sie hat immer das letzte ~*** elle a toujours le dernier mot **4** (*Versprechen*) parole *f*; ***~ halten*** tenir parole; ***sein ~ brechen*** manquer à sa parole
Wortart *f* catégorie *f* de mots
Wörterbuch *n* dictionnaire *m*
Wortführer(in) *m(f)* porte-parole *m*
wörtlich **1** littéral; textuel/-elle **2** ***~ übersetzen*** traduire littéralement **3** ***etw ~ nehmen*** prendre qc à la lettre
Wortschatz *m* vocabulaire *m*
wortwörtlich mot à mot
worüber sur quoi, de quoi
worum **1** ***~ geht's?*** de quoi s'agit-il? **2** ***alles, ~ es sich handelt*** tout ce dont il s'agit
worunter **1** *räumlich*: sous quoi **2** (*woran*) ***~ leidet er?*** de quoi est-ce qu'il souffre?
wovon de quoi, d'où
wovor **1** devant quoi, de quoi **2** ***~ hast du Angst?*** de quoi as-tu peur?
wozu **1** à quoi **2** (*warum*) pourquoi, à quoi bon
Wrack *n* épave *f a. fig.* (*Mensch*)

wringen tordre, essorer (*Wäsche*)
Wucher *m* usure *f*; ***das ist doch ~!*** (*viel zu teuer*) c'est du vol!
wuchern (*Pflanze*, *Tumor*) proliférer
Wucht *f* **1** (*Kraft*) force *f*; (*Heftigkeit*) violence *f*; ***der Schlag traf ihn mit voller ~*** le coup l'a atteint de plein fouet **2** ***das ist e-e ~!*** *umg.* c'est épatant (*od.* chouette)!
wühlen fouiller (***in*** dans)
wund **1** (*Haut*, *Finger usw.*) blessé, écorché **2** ***sich etw ~ reiben*** s'écorcher qc **3** ***sein ~er Punkt*** *fig.* son point faible (*od.* son point névralgique)
Wunde *f* blessure *f*; (*Wundfläche*) plaie *f* (*beide a. fig.*)
Wunder *n* **1** miracle *m*, prodige *m* **2** (*Wunderwerk*) merveille *f* **3** ***kein ~!*** pas étonnant! **4** ***das wirkt ~*** (*Heilmittel*) c'est miraculeux **5** ***du wirst noch dein blaues ~ erleben!*** tu vas avoir une mauvaise surprise!
wunderbar merveilleux/-euse, splendide; (*großartig*) magnifique, superbe
Wunderkind *n* enfant *m,f* prodige
wundern **1** (*Sache*) étonner, surprendre **2** ***sich ~ über*** s'étonner de
wunderschön splendide, superbe
Wundertüte *f* pochette-surprise *f*
wundervoll (*herrlich*) merveilleux/-euse; (*großartig*) magnifique, splendide
wundreiben → ***wund***
Wunsch *m* **1** souhait *m*, vœu *m*; (*Verlangen*) désir *m* (***nach*** de) **2** ***auf ~*** sur demande; ***nach ~*** à souhait **3** (*Glückwunsch*) vœu *m*
Wünschelrute *f* baguette *f* de sourcier
wünschen **1** ***j-m etw ~*** souhaiter qc à qn **2** ***sich etw ~*** désirer qc, avoir envie de qc **3** ***ich wünsche mir zum Geburtstag ein Fahrrad*** je voudrais avoir un vélo pour mon anniversaire **4** ***das lässt einiges zu ~ übrig*** *iron.* ça laisse à désirer
Wunschzettel *m* liste *f* des cadeaux souhaités
Würde *f* **1** dignité *f* **2** ***das ist unter meiner ~*** c'est indigne de moi, ce serait déchoir
würdevoll digne
würdigen **1** (*anerkennen*) reconnaître, apprécier **2** ***sie würdigte mich keines Blicks*** elle n'a pas daigné me regarder
Wurf *m* **1** jet *m* **2** SPORT lancer *m* **3** *beim Würfeln*: coup *m* (de dés)
Würfel *m* **1** *Form*: cube *m* **2** *zum Spielen*: dé *m* **3** ***in ~ schneiden*** couper en dés
Würfelbecher *m* gobelet *m* (à dés)
würfeln[1] **1** *Spiel*: jouer aux dés **2** ***e-e Zwei ~*** faire un deux **3** ***um etw ~*** jouer qc aux dés
würfeln[2] (*klein schneiden*) couper en dés
Würfelzucker *m* sucre *m* en morceaux
würgen **1** ***j-n ~*** étrangler qn **2** *vor Ekel, Übelkeit*: avoir des nausées **3** *beim Essen*: avoir du mal à avaler
Wurm *m* **1** ver *m* **2** ***da ist der ~ drin*** *umg.* il y a qc qui cloche
wurst **1** ***das ist mir völlig ~*** *umg.* je m'en fiche (complètement) **2** ***er ist mir ~*** *umg.* je me fiche de lui
Wurst *f* **1** *zum Braten od. Kochen*: saucisse *f* **2** (*Hartwurst*) saucisson *m* **3** (*Wurstwaren, Aufschnitt*) charcuterie *f* **4** *umg.* ***es geht um die ~*** il va falloir s'accrocher
Würstchen *n* saucisse *f*
Würze *f* **1** *Geschmack*: saveur *f* **2** *Gewürz*: assaisonnement *m*
Wurzel *f* racine *f* (*a.* MATH)
würzen assaisonner, épicer (*Essen*) (***mit*** de)
würzig **1** épicé, assaisonné **2** (*Geschmack*) relevé **3** (*Duft*) aromatique
Wust *m* amas *m*, monceau *m*; *fig.* fatras *m*
wüst **1** (*öde*) désert **2** (*schlimm*) ***es herrschte ein ~es Durcheinander*** un désordre indescriptible régnait **3** ***~ schimpfen*** proférer des insultes *f Pl*
Wüste *f* désert *m*
Wut *f* **1** colère *f*, rage *f* **2** ***er hat e-e ~ auf dich*** il est furieux contre toi
Wutanfall *m* accès *m* de colère
wütend **1** furieux/-ieuse; ***sie ist ~ auf ihn*** elle est furieuse contre lui **2** ***~ werden*** se mettre en colère; ***das macht mich ~*** cela me met en colère
wutentbrannt furieux/-ieuse, furibond

X, Y

x **1** ***x Leute*** une foule de gens **2** ***Herr X*** Monsieur X
X-Beine *n Pl*: ***sie hat ~*** elle a les genoux *m Pl* cagneux
x-beliebig **1** ***e-e ~e Zahl*** n'importe quel chiffre, un chiffre quelconque **2** ***jeder x-Beliebige*** n'importe qui
x-mal cent fois; ***ich hab's ihm ~ gesagt*** je le lui ai dit x fois (*od.* je ne sais combien de fois)
x-te(r, -s) **1** énième **2** ***zum ~n Mal*** pour la énième fois
Xylophon *n* xylophone *m*
Yen *m Währung*: yen *m*
Yeti *m* yéti *m*
Yoga *n* yoga *m*
Ypsilon *n* i *m* grec
Yucca *f* yucca *m*
Yuppie *m* yuppie *m*

Z

zack: ***~!*** vlan!; ***~, ~!*** *umg.* et que ça saute!
Zack *m*: ***sie ist auf ~*** elle est dégourdie; *beruflich*: elle est à la *hauteur
Zacke *f* **1** *e-s Sterns, Steins usw.*: pointe *f* **2** *e-s Kamms, e-r Gabel*: dent *f*
zäh **1** (*ausdauernd*) résistant; (*hartnäckig*) tenace **2** (*Fleisch*) dur **3** (*Brei, Masse usw.*) visqueux/-euse
Zahl *f* **1** nombre *m* **2** (*Ziffer*) chiffre *m*
zahlen payer; ***bitte ~!*** l'addition, s'il vous plaît!
zählen **1** compter **2** (*wichtig sein*) compter **3** ***~ zu*** compter parmi
Zahlenschloss *n* serrure *f* à combinaison
Zähler1 *m für Strom, Gas usw.*: compteur *m*
Zähler2 *m bei e-m Bruch*: numérateur *m*
Zahlung *f* paiement *m od.* payement *m*; ***in ~ nehmen*** (*bzw.* ***geben***) prendre (*bzw.* donner) en paiement
Zählung *f* comptage *m*
Zahlwort *n* adjectif *m* numéral
zahm (*Tier*) apprivoisé
zähmen apprivoiser (*Tier*); *als Haustier*: domestiquer
Zahn *m* **1** dent *f* **2** ***die Zähne zusammenbeißen*** *bes. fig.* serrer les dents **3** ***die Zähne fletschen*** (*Hund usw.*) montrer les crocs **4** ***j-m auf den ~ fühlen*** sonder qn, sonder les intentions de qn **5** (*Schnelligkeit*) ***sie hat e-n ganz schönen ~ drauf*** elle fonce; *umg.* elle roule à fond la caisse; ***leg mal nen ~ zu!*** *umg.* mets les gaz!
Zahn|arzt *m*, **~ärztin** *f* dentiste *m,f*; **~arzthelferin** *f* assistante *f* dentaire; **~bürste** *f* brosse *f* à dents; **~creme** *f* dentifrice *m*; **~fleisch** *n* gencives *f Pl*; **~klammer** *f* appareil *m* dentaire; **~pasta** *f* dentifrice *m*; **~schmerzen** *m Pl* mal *m* aux dents; **~seide** *f* fil *m* dentaire; **~spange** *f* appareil *m* dentaire; **~stocher** *m* cure-dent *m*
Zange *f* pince *f*; *Werkzeug a.*: tenailles *f Pl*
zanken **1** (***sich***) **~** se disputer, se quereller (***mit*** avec) **2** ***sich um etw ~*** se disputer (pour) qc
Zäpfchen *n Medikament*: suppositoire *m*
zappeln s'agiter, gigoter
zappen TV zapper
zart **1** (*Fleisch, Gemüse*) tendre **2** (*Körper*) frêle, fragile **3** (*leicht*) leger/-ère
Zartbitterschokolade *f* chocolat *m* noir
zärtlich (*Mensch, Geste*) tendre
Zärtlichkeit *f* **1** *Art*: tendresse *f* **2** **~en** *Gesten*: des caresses *f Pl*
Zauber *m* charme *m*
Zauberei *f* magie *f*
Zauberer *m* **1** (*Hexer*) sorcier *m* **2** (*Zauberkünstler*) magicien *m*
zauberhaft ravissant
Zauberkünstler(in) *m(f)* magicien *m*, -ienne *f*
zaubern **1** pratiquer la magie; (*hexen*)

pratiquer la sorcellerie; (*Fee*) user de sortilèges **2** *Zaubertricks*: ***er kann ~*** il connaît des tours de magie **3** ***etw aus der Tasche ~*** faire sortir comme par enchantement qc de sa poche **4** ***ich kann doch nicht ~!*** je ne peux pas faire de miracle!
Zauber|spruch *m* formule *f* magique; **~stab** *m* baguette *f* magique; **~trick** *m* tour *m* de magie
Zaun *m* **1** clôture *f*, enclos *m* **2** *aus Pfählen*: palissade *f*
zaundürr Ⓐ maigre comme un clou
z. B. p. ex., par exemple
ZDF *n* deuxième chaîne *f* de la télévision allemande
Zebra *n* zèbre *m*
Zebrastreifen *m* passage *m* pour piétons
Zecke *f* tique *f*
Zeh *m*, **Zehe** *f bei Menschen*: orteil *m*; *bei Tieren*: doigt *m* de pied
Zehenspitze *f* pointe *f* du pied; ***auf ~n*** sur la pointe des pieds; (*sehr leise*) à pas de loup
zehn **1** dix; ***alle ~ Jahre*** tous les dix ans **2** ***sie ist ~*** (***Jahre alt***) elle a dix ans **3** ***um ~ Uhr*** à dix heures
Zehn *f* dix *m* (*a. Buslinie, Spielkarte*)
Zehncentstück *n* pièce *f* de dix cents
zehneinhalb dix et demi; ***~ Stunden*** dix heures *f Pl* et demie
Zehner *m* **1** → ***Zehn*** **2** *Münze*: pièce *f* de dix cents, de dix centimes **3** *Geldschein*: billet *m* de dix
Zehner|karte *f* **1** *Fahrschein*: billet *m* de dix trajets (⚠ *in der Pariser Métro gibt es Päckchen von zehn Fahrscheinen*: carnet *m* de dix) **2** *fürs Schwimmbad usw.*: billet *m* de dix entrées; **~packung** *f* paquet *m* de dix
Zehneuroschein *m* billet *m* de dix euros
zehnfach décuple
Zehnfrankenschein *m* billet *m* de dix francs
zehnjährig de dix ans
zehnmal dix fois
Zehnrappenstück *n* pièce *f* de dix centimes
zehnt: ***zu ~*** à dix
zehntausend dix mille
zehnte(r, -s) **1** dixième **2** *im Datum*: dix; ***der ~ Mai*** le dix mai **3** ***die ~ Klasse*** la seconde
Zehntel *n* dixième *m*
zehntens dixièmement
Zeichen *n* **1** signe *m* **2** *verabredetes*: signal *m* **3** (*Kennzeichen*) marque *f* **4** (*Anzeichen*) indice *m*
Zeichen|block *m* bloc *m* de papier à dessin; **~dreieck** *n* équerre *f*; **~setzung** *f* ponctuation *f*; **~sprache** *f* langage *m* des signes; **~trickfilm** *m* dessin *m* animé
zeichnen (*malen*) dessiner
Zeichner(in) *m*(*f*) dessinateur *m*, -trice *f*
Zeichnung *f* dessin *m*
Zeigefinger *m* index *m*
zeigen **1** ***etw ~*** montrer qc; ***~ auf*** montrer du doigt, désigner **2** ***zeig mal*** (***her***)***!*** fais voir! **3** ***j-m den Weg ~*** indiquer le chemin à qn **4** ***sich ~*** (*sich sehen lassen*) se montrer **5** (*sich herausstellen*) ***es wird sich ~, ob …*** nous verrons si … (+ *Ind.*)
Zeiger *m e-r Uhr*: aiguille *f*
Zeile *f im Text*: ligne *f*; ***neue ~!*** à la ligne!
Zeit *f* **1** temps *m*; ***ich habe keine ~*** je n'ai pas le temps; ***lass dir ~*** prends ton temps **2** (*Zeitalter*) temps *m*, époque *f*; ***in unserer ~*** de nos jours **3** (*Zeitpunkt*) moment *m*, temps *m*; ***es war höchste ~*** il était grand temps **4** (*Uhrzeit*) heure *f*; ***in der ~ von eins bis drei*** de une à trois heures **5** (*Frist*) délai *m* **6** *Dauer*: ***lange ~*** longtemps; ***e-e ~ lang*** pendant quelque temps; ***die ganze ~*** pendant tout le temps **7** ***die erste ~*** (*anfangs*) au début; ***in nächster ~*** prochainement; ***in letzter ~*** ces derniers temps **8** ***von ~ zu ~*** de temps en temps **9** (***ach***) ***du liebe ~!*** mon Dieu!
Zeit|alter *n* âge *m*, époque *f*; **~ansage** *f* **1** RAD heure *f* exacte **2** TEL horloge *f* parlante; **~bombe** *f* bombe *f* à retardement; **~gefühl** *n* notion *f* du temps; **~genosse** *m*, **~genossin** *f* contemporain(e) *m*(*f*)
zeitgenössisch contemporain
zeitig tôt, de bonne heure
Zeitlang *f* → ***Zeit***
zeitlich **1** ***in ~er Reihenfolge*** dans l'ordre chronologique **2** ***~ zusammenfallen mit*** coïncider avec **3** ***~ begrenzt sein*** être temporaire, être limité dans le temps

Z

Zeit|lupe *f* ralenti *m*; **~punkt** *m* moment *m*; (*Datum*) date *f*; **~raum** *m* période *f*
Zeitrechnung *f* **1** chronologie *f* **2** ***vor unserer ~*** avant notre ère
Zeit|schrift *f* revue *f*, magazine *m*; **~umstellung** *f* changement *m* d'heure
Zeitung *f* journal *m*
Zeitungs|anzeige *f* annonce *f*; **~artikel** *m* article *m* de journal; **~ausschnitt** *m* coupure *f* de journal
Zeit|verschiebung *f* décalage *m* horaire; **~verschwendung** *f* gaspillage *m* de temps
zeitweise par moments
Zeitwort *n* verbe *m*
Zelle *f* **1** *im Gefängnis usw.*: cellule *f* (△ *Endung*) **2** (*Telefonzelle*) cabine *f* téléphonique **3** BIOL cellule *f*; ***die kleinen grauen ~n*** la matière grise
Zellteilung *f* division *f* cellulaire
Zelt *n* tente *f*; ***im ~ schlafen*** coucher sous la tente
zelten faire du camping, camper
Zelt|lager *n* camp *m*, campement *m*; **~platz** *m* camping *m*, terrain *m* de camping
Zement *m* ciment *m*
zensieren SCHULE noter, donner une note à; ***seine Klausur ist mit gut zensiert worden*** il a eu un bien à son contrôle
Zensur *f* SCHULE note *f* (△ *frz.* censure *f* = ***Zensur*** *nur als Kontrolle von Büchern, Filmen usw.*)
Zentimeter *m* centimètre *m*
Zentimetermaß *n Band*: centimètre *m*
Zentner *m* **1** *BRD*: cinquante kilos *m Pl* **2** Ⓐ, ⒸⒽ (*100 Kilo*) quintal *m*
zentral central
Zentrale *f* **1** direction *f* centrale **2** (*Telefonzentrale*) standard *m*, central *m*
Zentralmassiv *n Gebirge*: Massif *m* central
Zentrum *n* centre *m*
Zeppelin *m* dirigeable *m*
Zepter *n* sceptre *m*
zerbrechen **1** (*kaputtgehen*) se casser; (*Ehe, Freundschaft usw.*) se briser **2** (*kaputt machen*) casser **3** ***sich den Kopf ~*** se casser la tête
zer|brechlich fragile; **~drücken** écraser
Zeremonie *f* cérémonie *f*
zerfallen **1** *in mehrere Teile*: se désagréger **2** (*Gebäude*) tomber en ruine **3** (*chemische Stoffe*) se décomposer; (*radioaktive Stoffe*) se désintégrer
zerfetzen déchirer
zergehen fondre; ***auf der Zunge ~*** (*Speise*) fondre dans la bouche
zerkleinern broyer
zer|knirscht contrit; **~knittern, ~knüllen** froisser, chiffonner; **~kratzen** égratigner; *mit Fingernägeln, Krallen*: griffer; **~krümeln** émietter
zerlegen **1** démonter (*Maschine usw.*) **2** découper (*Fleisch*) **3** ***etw in seine Bestandteile ~*** réduire qc à ses composants
zer|platzen crever, éclater; **~quetschen** écraser
zerreißen **1** ***etw ~*** déchirer qc **2** (*zerrissen werden*) se déchirer; ***der Stoff ist zerrissen*** l'étoffe s'est déchirée
zerren **1** (*ziehen*) tirer (***an*** sur) **2** ***sich e-n Muskel ~*** se froisser un muscle
Zerrung *f* claquage *m*; *schwächere*: froissement *m*
zerschellen s'écraser
zerschlagen[1] **1** casser **2** ***sich ~*** (*Plan, Sache*) être anéanti
zerschlagen[2]: ***ich fühle mich wie ~*** je suis rompu (*od.* moulu)
zer|schmettern fracasser, écraser; **~schneiden** couper, découper
zersetzen **1** décomposer **2** ***sich ~*** se décomposer
zer|springen se briser, se casser; **~stäuben** pulvériser, vaporiser
Zerstäuber *m* pulvérisateur *m*; *für Parfüm a.*: vaporisateur *m*
zerstören détruire
Zerstörung *f* destruction *f*
Zerstörungswut *f* vandalisme *m*
zerstreuen **1** (*verstreuen*) disperser, éparpiller **2** (*ablenken*) ***sich ~*** se distraire, se divertir **3** dissiper (*Zweifel, Bedenken usw.*)
zerstreut[1] (*verstreut*) dispersé, éparpillé; (*vereinzelt*) épars
zerstreut[2] (*unkonzentriert*) distrait
Zerstreutheit *f* distraction *f*
zer|stückeln mettre en morceaux; découper (*Leiche*); morceler (*Land*); **~treten** écraser (du pied)
zertrümmern démolir, détruire
zerzaust (*Haare*) ébouriffé
zetern pousser les *hauts cris; *umg.* gueuler

Zettel *m* bout *m* de papier; (*Notizzettel*) note *f*; *e-r Kartei*: fiche *f*
Zettelkasten *m* fichier *m*
Zeug *n* **1** (*Sachen*) affaires *f Pl* **2** (*Plunder*) *umg.* bazar *m* **3** (*Unsinn*) ***dummes ~*** des bêtises *f Pl* **4** (*Kleider*) vêtements *m Pl* **5** ***sie hat das ~ dazu*** (*ist dazu fähig*) elle en est capable
Zeuge *m* témoin *m* (**von** de)
zeugen[1] concevoir, engendrer (*Kind*)
zeugen[2]: ***von etw ~*** témoigner de qc
Zeugenaussage *f* déposition *f* du témoin *bzw.* des témoins
Zeugin *f* témoin *m* (⚠ *im Frz. m*)
Zeugnis *n* **1** SCHULE bulletin *m* scolaire **2** (*Bescheinigung*) certificat *m*, attestation *f* **3** (*Arbeitszeugnis*) ***sie hat ein sehr gutes ~ bekommen*** elle a eu d'excellentes références
Zeugung *f* BIOL conception *f*
zickig capricieux/-ieuse
Zickzack *m* zigzag *m*
Ziege *f* **1** zo chèvre *f* **2** ***e-e dumme ~*** *umg.* une dinde (⚠ *eigentlich*: **Pute**); ***eingebildete ~!*** *umg.* quelle pimbêche!
Ziegel *m* **1** (*Ziegelstein*) brique *f* **2** (*Dachziegel*) tuile *f*
Ziegenpeter *m* oreillons *m Pl*
ziehen **1** tirer (**an** sur); *hinter sich her a.*: traîner **2** (*herausziehen*) extraire (*Zahn*); ***etw aus der Tasche ~*** sortir qc de sa poche **3** ***etw durch etw ~*** passer qc par qc **4** (*anziehen*) mettre; ***zieh e-n Pulli über das T-Shirt*** mets (*od.* passe) un pull par-dessus le T-shirt **5** (*machen*) tirer, tracer (*Linie*); faire (*Scheitel*) **6** ***ein Gesicht ~*** faire la moue **7** *Brettspiele*: jouer; ***mit dem König*** *usw.* **~** jouer le roi *usw.* **8** ***etw nach sich ~*** (*zur Folge haben*) entraîner qc **9** (*umziehen*) ***aufs Land ~*** aller vivre à la campagne; ***in die Stadt ~*** s'installer (*od.* s'établir) en ville; ***sie zieht zu mir*** elle emménage chez moi **10** *Luftzug*: ***hier ziehts*** il y a un courant d'air **11** ***das zieht bei mir nicht*** (*ich spiele nicht mit*) cela ne prend pas avec moi
Ziehharmonika *f* accordéon *m*
Ziel *n* **1** but *m* **2** (*Zielort*) destination *f* **3** SPORT arrivée *f*; ***durchs ~ gehen*** franchir la ligne d'arrivée
zielen viser; ***auf etw ~*** viser quel-que chose; *fig.* viser à qc; ***auf j-n ~*** viser qn
Zielgerade *f* dernière ligne *f* droite
ziellos sans but
Zielscheibe *f* cible *f* (*a. fig.*)
zielstrebig résolu
ziemlich **1** assez; ***~ viele Leute*** pas mal de gens **2** (*ungefähr*) ***so ~*** à peu près
Zierfisch *m* poisson *m* d'aquarium
zierlich (*Person, Figur*) frêle, fin
Ziffer *f* chiffre *m*
Zifferblatt *n* cadran *m*
Zigarette *f* cigarette *f*
Zigaretten|automat *m* distributeur *m* de cigarettes; **~schachtel** *f* paquet *m* de cigarettes
Zigarillo *m od. n* cigarillo *m*
Zigarre *f* cigare *m* (⚠ *im Frz. m*)
zigfach **1** ***die ~e Menge*** cent fois la quantité **2** (*zigmal*) cent fois plus
zigmal *umg.* cent fois
zigtausend: ***~e Autos*** *usw.* des milliers de voitures *usw.*; ***Zigtausende waren gekommen*** des milliers de personnes étaient venus
Zimmer *n* **1** pièce *f* **2** (*Schlafzimmer, Hotelzimmer, Kinderzimmer*) chambre *f*
Zimmer|mädchen *n* femme *f* de chambre; **~mann** *m* charpentier *m*; **~nachbar(in)** *m(f)* voisin(e) *m(f)* de chambre; **~pflanze** *f* plante *f* d'appartement, plante *f* verte
zimperlich: ***sei nicht so ~!*** ne fais pas le délicat *bzw.* la délicate!
Zimt *m* cannelle *f*
Zink *n* zinc *m*
Zinke *f e-r Gabel, e-s Kamms*: dent *f*
Zinn *n* étain *m*
Zinne *f* créneau *m*
Zins *m* **1** *für geliehenes Geld*: intérêt *m* **2** Ⓐ (*Miete*) loyer *m*
Zipfel *m* **1** *aus Stoff o. ä.*: coin *m*, pointe *f* **2** *e-r Wurst*: bout *m*
Zipfelmütze *f* bonnet *m* à pointe
zirka environ
Zirkel *m Gerät*: compas *m*
Zirkus *m* **1** cirque *m* **2** ***so ein ~!*** *fig.* quelle comédie!, quel cinéma!
Zirkuszelt *n* tente *f* du cirque
zischen **1** *Geräusch*: siffler **2** ***durch die Luft ~*** traverser l'air en sifflant
Zitat *n* citation *f* (**aus** de) (⚠ *Endung*)
zitieren **1** citer (*Text, Autor usw.*) **2** ***j-n zu sich ~*** convoquer qn **3** ***j-n vor Gericht ~*** citer qn en justice
Zitrone *f Frucht*: citron *m* (⚠ *im Frz. m*); *Baum*: citronnier *m*

Zitronen|eis *n* glace *f* au citron; **~limonade** *f* limonade *f*; **~presse** *f* presse-citron *m*; **~saft** *m* jus *m* de citron
zittern trembler (**vor j-m** devant qn; **vor Kälte** de froid)
zittrig tremblotant; (*Schrift*) tremblé
Zivi *m* jeune homme *m* qui fait son service civil
zivil **1** civil **2** (*Preise*) raisonnable
Zivil *n Kleidung*: tenue *f* civile
Zivildienst *m* service *m* civil
Zivildienstleistende(r) *m* appelé *m* qui effectue son service civil (⚠ *in Frankreich ist der Zivildienst seltener als in Deutschland*)
Zivilisation *f* civilisation *f*
zivilisiert civilisé
Znüni *m od. n* (CH) pause-café *f*
zögern hésiter
Zoll[1] *m Abgabe, Behörde*: douane *f*
Zoll[2] *m Maßeinheit*: pouce *m*
Zoll|beamte(r) *m*, **~beamtin** *f* douanier *m* (*im Frz. nur m*)
zollfrei *hors taxes
Zoll|kontrolle *f* contrôle *m* douanier; **~stock** *m* mètre *m* pliant
Zombie *m* zombi(e) *m*
Zone *f* zone *f*
Zoo *m* zoo *m*
Zopf *m* **1** *Frisur*: natte *f*, tresse *f* **2** *Gebäck*: tresse *f*
Zorn *m* colère *f*
zornig **1** (*Person*) en colère, fâché **2** **ein ~er Blick** un regard chargé de colère; **~ blicken** avoir l'air fâché, avoir l'air en colère
zu[1] **1** *örtlich*: à; (*in Richtung auf*) vers; (*in j-s Nähe*) près de, auprès de **2** (*in j-s Wohnung, Geschäft usw.*) chez; **~ Haus(e) sein** être à la maison, être chez soi **bei mir** (**dir, uns** *usw.*) **~ Haus(e)** chez moi (toi, nous *usw.*); **3** *zeitlich*: à, en; **~ Mittag** à midi; **~r Zeit** en ce moment **4** *mit Inf.*: à, de (⚠ *oft a. unübersetzt*); **sie versprach ~ kommen** elle promit de venir; **Haus ~ verkaufen** maison à vendre **5** *Art u. Weise*: **~ meiner Überraschung** à ma surprise; **~ dritt kommen** venir à trois **6** *bei Zahlenangaben, Verhältnissen*: à; **vier ~ zwei gewinnen** gagner par quatre à deux **7** *Ziel, Zweck*: à, pour **8** *Ergebnis*: en; **~ Eis werden** se transformer en glace **9** (*über*) de **10** (*gegenüber*) envers, avec
zu[2] **1** (*geschlossen*) fermé **2** (*verstopft*) **meine Nase ist ~** j'ai le nez bouché
zu[3] (*allzu*) **1** trop; **~ viel** trop; *mit Subst.*: trop de; **~ wenig** trop peu; *mit Subst.*: trop peu de **2** **e-r ~ viel** un de trop; **e-e ~ wenig** une en moins **3** **ich krieg ~ viel!** *umg.* j'en ai marre!
zu[4]: **ab und ~** de temps en temps
zuallererst tout d'abord
zuallerletzt en tout dernier lieu
Zubehör *n* accessoires *m Pl*
zu|beißen mordre (dedans), *happer; **~bereiten** préparer, faire
Zubereitung *f* préparation *f*
zubinden attacher (pour fermer); (*verschnüren*) ficeler
Zucchini *Pl* courgettes *f Pl*
Zucht *f* **1** *von Tieren*: élevage *m* **2** *von Pflanzen u. Perlen*: culture *f*
züchten **1** faire l'élevage de (*Tiere*) **2** cultiver (*Pflanzen, Perlen usw.*)
Züchter(in) *m(f)* **1** *von Tieren*: éleveur *m*, -euse *f* **2** *von Pflanzen*: horticulteur *m*, -trice *f*
Züchtung *f Pflanze*: variété *f*
zucken **1** (*zusammenzucken*) tressaillir; (*aufschrecken*) sursauter **2** **die Achseln ~** *hausser les épaules
Zucker *m* **1** sucre *m* **2** *als Krankheit*: **~ haben** être diabétique
Zuckerguss *m* sucre *m* glacé; **mit ~** (*Kuchen usw.*) glacé
zuckerkrank diabétique
Zuckerkrankheit *f* diabète *m*
Zuckerl *n* (A) **1** (*Bonbon*) bonbon *m* **2** (*etwas Zusätzliches*) petit extra *m*
zuckersüß (*sehr süß*) très sucré
Zuckerwatte *f* barbe *f* à papa
zudecken **1** couvrir (**mit** de) **2** **sich ~** se couvrir (**mit** de)
zudringlich importun; **er wurde ~** il m'a importuné
zueinander: sie passen ~ ils vont bien ensemble, ils s'accordent bien; **seid nett ~!** soyez gentils!
zuerst **1** (*vor dem anderen*) d'abord **2** (*am Anfang*) au début **3** (*als Erster, als Erste*) le premier, la première
Zufahrt *f* accès *m*
Zufall *m* **1** *hasard *m* **2** (*zufälliges Zusammentreffen*) coïncidence *f*; **so ein ~!** quelle coïncidence!
zufallen **1** (*Tür, Deckel usw.*) se fermer (brusquement) **2** **mir fallen die Augen zu** je tombe de sommeil

zufällig **1** par *hasard **2** *manchmal unübersetzt*: ***weißt du ~, wie spät es ist?*** sais-tu quelle heure il est?
Zufallstreffer *m* coup *m* de chance
zufrieden **1** content; ***~ sein mit*** se contenter de **2** → ***zufriedenlassen*** **3** (*befriedigt*) satisfait; ***~ stellen*** → ***zufriedenstellen***
Zufriedenheit *f* contentement *m*; (*Befriedigung*) satisfaction *f*
zufriedenlassen: ***j-n ~*** laisser qn tranquille, laisser qn en paix
zufriedenstellen: ***j-n ~*** satisfaire qn
zufrieren (*See*) geler, se couvrir de glace
Zug[1] *m* **1** (*Bahn*) train *m* **2** ***der ~ ist abgefahren*** *fig*. c'est trop tard
Zug[2] *m* **1** (*Umzug*) défilé *m*; *feierlicher*: cortège *m* **2** (*Zugluft*) courant *m* d'air **3** (*Gesichts-, Charakterzug*) trait *m* **4** *Brettspiele*: coup *m*; ***du bist am ~*** c'est à toi de jouer; ***ich bin nicht zum ~ gekommen*** *fig*. je n'ai pas eu l'occasion d'agir **5** (*Schluck*) ***das Glas in e-m ~ austrinken*** vider le verre d'un trait (*od*. d'un seul coup) **6** *beim Rauchen*: bouffée *f* **7** ***in groben Zügen*** à grands traits **8** ***etw in vollen Zügen genießen*** savourer qc à fond
Zug[3] *n Kanton*: Zoug
Zugabe *f im Konzert*: bis *m*; ***~!*** bis!, encore!
Zugang *m* (*Weg, Zutritt*) accès *m*
zugeben **1** (*gestehen*) avouer **2** (*einräumen*) admettre, concéder; ***zugegeben, ich hab's gesehen, aber ...*** j'avoue que je l'ai vu, mais ... **3** (*hinzufügen*) ajouter
zugehen[1] (*Tür, Koffer usw.*) fermer, se fermer
zugehen[2] **1** ***~ auf*** aller vers, se diriger vers; ***dem Ende ~*** toucher à sa fin **2** (*geschehen*) arriver, se passer; ***wie ging das zu?*** comment ça s'est passé?
Zugehörigkeit *f* appartenance *f* (***zu*** à)
Zügel *m* bride *f*
zügeln Ⓒⓗ (*umziehen*) déménager
Zugeständnis *n* concession *f* (***an*** à)
zugestehen accorder, concéder
Zugführer *m bei der Bahn*: chef *m* de train
zügig **1** rapide **2** Ⓒⓗ (*zugkräftig*) à succès **3** (*rasch*) rapide
zugkräftig attirant, à succès
zugleich (*gleichzeitig*) en même temps; (*auf einmal*) à la fois
Zugluft *f* courant *m* d'air
zugreifen **1** (*etw packen*) prendre (*od*. saisir) qc **2** *bei Tisch*: se servir **3** (*die Gelegenheit ausnutzen*) saisir l'occasion
zugrunde[1]: ***~ gehen*** (*Mensch*) mourir (***an*** de); (*Kultur*) se perdre, périr
zugrunde[2]: ***etw*** (***e-r Sache***) ***~ legen*** prendre qc pour base (de qc)
zugunsten: ***~ von*** en faveur de
zuhalten tenir fermé (*Tür usw.*); boucher (*Öffnung, Ohren, Nase*); ***j-m den Mund ~*** fermer la bouche à qn
Zuhälter *m* souteneur *m*
zuhause → ***Haus***
zuhören écouter; ***j-m*** (***e-r Erzählung*** *usw.*) ***~*** écouter qn (un récit *usw.*); ***hör mal zu!*** écoute donc!
Zuhörer(in) *m*(*f*) auditeur *m*, -trice *f*
zuklappen **1** (*zufallen*) se fermer **2** ***etw ~*** fermer qc
zu|kleben coller; cacheter (*Briefumschlag*); **~knöpfen** boutonner; **~knoten** nouer, fermer par un nœud
zukommen **1** ***er kam auf mich zu*** il est venu vers moi **2** (*Ereignisse*) ***auf j-n ~*** attendre qn
Zukunft *f* **1** avenir *m*; ***in ~*** désormais; ***ein Beruf mit ~*** un métier d'avenir **2** GR futur *m*
zukünftig **1** futur **2** (*ab jetzt, von nun an*) désormais
Zukunftsaussichten *f Pl* perspectives *f Pl* d'avenir, débouchés *m Pl*
zulassen[1] laisser fermé (*Tür usw.*)
zulassen[2] **1** (*erlauben*) permettre **2** (*hineinlassen*) admettre; ***j-n zur Prüfung ~*** admettre qn à se présenter à l'examen **3** autoriser à circuler (*Auto usw.*); ***das Auto ist auf meinen Namen zugelassen*** la voiture est immatriculée à mon nom
zulaufen **1** ***auf j-n ~*** courir vers qn **2** ***uns ist ein Hund zugelaufen*** nous avons recueilli un chien perdu **3** ***spitz ~*** (*Klinge usw.*) se terminer en pointe
zuleide: ***j-m etw ~ tun*** faire du mal à qn
zuletzt **1** (*zum Schluss*) à la fin; (*am Ende*) finalement **2** (*zum letzten Mal*) pour la dernière fois **3** (*als Letzter, als Letzte*) le dernier, la dernière
zuliebe: ***mir*** (***dir, der Sache*** *usw.*) ***~*** pour moi (toi, l'affaire *usw.*)
zum (= *zu dem*) → ***zu***[1]

zumachen (*schließen*) fermer
zumindest du moins, pour le moins
zumute: ***mir ist komisch ~*** je me sens tout bizarre (*od.* tout chose)
zumuten **1** ***j-m viel ~*** demander beaucoup à qn **2** ***sie hat sich zu viel zugemutet*** elle a présumé de ses forces
Zumutung *f*: ***das ist e-e ~!*** c'est scandaleux!
zunächst **1** (*zuerst*) tout d'abord **2** (*vorläufig*) pour l'instant, pour le moment
Zu|nahme *f* augmentation *f*; **~name** *m* nom *m* de famille
zündeln Ⓐ jouer avec le feu
zünden **1** (*anzünden*) allumer; *von selbst*: s'allumer **2** ***e-e Rakete ~*** mettre le feu à une fusée **3** ***bei ihr hat es gezündet*** *umg.* elle a enfin pigé
Zünd|holz *n* allumette *f*; **~kerze** *f* bougie *f* (d'allumage); **~schloss** *n* contact *m*; **~schlüssel** *m* clé *f* de contact
Zündung *f* AUTO allumage *m*
zunehmen **1** (*dicker werden*) grossir; ***drei Kilo ~*** prendre (*od.* grossir de) trois kilos **2** (*mehr werden*) augmenter (***an*** de); (*Verkehr*) s'intensifier **3** (*wachsen*) s'accroître, grandir; (*Mond*) croître **4** *beim Stricken*: faire des augmentations; ***zwei Maschen ~*** ajouter deux mailles
Zunge *f* langue *f*; ***j-m die ~ herausstrecken*** tirer la langue à qn; ***auf der ~ zergehen*** (*Speise*) fondre dans la bouche; ***das Wort liegt mir auf der ~*** j'ai le mot sur le bout de la langue
Zungenbrecher *m* mot *m* (*bzw.* phrase *f*) difficile à prononcer
zunicken: ***j-m ~*** faire un signe de tête à qn
zupfen **1** (*ziehen*) tirer (***an*** sur) **2** pincer (*Gitarre, Harfe usw.*)
zur (= *zu der*) → ***zu***[1]
zurande: ***mit etw ~ kommen*** venir à bout de qc
zurechnungsfähig **1** responsable de ses actes **2** ***er ist nicht ganz ~*** (*er weiß nicht, was er tut*) il ne sait plus ce qu'il fait
zurechtfinden: ***sich ~*** s'orienter (***in*** dans)
zurechtkommen **1** (bien) se débrouiller (***mit etw*** avec qc); ***ich komme mit der Situation nicht zurecht*** je ne me fais pas à la situation **2** ***mit j-m ~*** s'arranger avec qn
zurechtweisen: ***j-n ~*** remettre qn à sa place
zureden: ***j-m (gut) ~*** (*ihn ermutigen*) encourager qn; (*ihn überreden*) essayer de persuader qn
Zürich *n* Zurich
zurück **1** (*zurückgekehrt*) de retour; ***ich bin gleich wieder ~*** je reviens tout de suite **2** (*zum Ausgangspunkt*) retour; ***hin und ~*** aller et retour **3** (*im Rückstand*) ***mit etw ~ sein*** être en retard dans qc
zurückbekommen récupérer; ***ich habe das Buch ~*** on m'a rendu le livre
zurückbleiben **1** (*nicht mitkommen*) rester en arrière **2** (*übrig bleiben*) rester
zurückblicken **1** (*nach hinten blicken*) regarder en arrière **2** *zeitlich*: ***auf etw ~*** se rappeler qc
zurückbringen rapporter (*Gegenstand*); ramener (*Person, Fahrzeug*); ***ich bringe dich zurück*** je te ramène
zurückfahren **1** (*rückwärtsfahren*) reculer, faire marche arrière **2** *an den Ausgangsort*: retourner; *nach Hause*: rentrer **3** ***j-n ~*** (*zurückbringen*) ramener qn (à la maison) **4** *vor Schreck*: reculer brusquement
zurückführen **1** (*Weg usw.*) retourner en arrière **2** ***auf etw zurückzuführen sein*** être dû à qc
zurück|geben rendre, restituer; **~geblieben** *geistig*: attardé
zurückgehen **1** (*zurückkehren*) retourner; ***etw ~ lassen*** renvoyer (*od.* retourner) qc **2** (*rückwärtsgehen*) reculer **3** (*Preise, Hochwasser*) baisser; (*Gewinne, Schwellung*) diminuer; (*Fieber*) tomber
zurückhalten **1** ***etw ~*** retenir qc **2** ***j-n davor ~, etw zu tun*** empêcher qn de faire qc **3** ***sich ~*** se retenir
zurückhaltend **1** (*Person, Kritik, Lob usw.*) réservé **2** (*Farbe, Muster usw.*) discret/-ète
zurückkommen **1** (*zurückkehren*) revenir **2** ***auf etw ~*** *im Gespräch*: revenir sur qc
zurücklegen[1] **1** (*nach hinten legen*) mettre (*od.* placer) en arrière **2** (*weglegen*) mettre de côté; (*reservieren*) réserver **3** ***etw an seinen Platz ~*** remettre qc à sa place **4** ***sich ~*** se renverser

Z

zurücklegen[2] parcourir (*Strecke*); faire (*Weg, Kilometer*)
zurückliegen **1** *zeitlich*: ***einige Jahre ~*** remonter à plusieurs années **2** (*im Rückstand sein*) être en arrière
zurücknehmen **1** reprendre (*Gegenstände*) **2** retirer (*Beleidigung, Behauptung*); ***sein Versprechen ~*** revenir sur sa promesse
zurückrufen **1** *bes.* TEL ***j-n ~*** rappeler qn **2** *als Antwort*: ***etw ~*** répondre qc (en criant)
zurück|schicken renvoyer; **~schrecken** reculer (***vor*** devant); **~spulen** rembobiner (*Kassette usw.*)
zurücktreten **1** *nach hinten*: reculer **2** (*Regierung, Minister usw.*) démissionner; ***von seinem Amt ~*** se démettre de ses fonctions
zurückweisen **1** repousser, rejeter (*Forderung, Vorschlag usw.*) **2** ***j-n ~*** refuser qn
zurückzahlen rembourser, rendre
zurückziehen **1** retirer (*Hand, Bewerbung, Angebot usw.*) **2** ***sich ~*** se retirer (***von*** de) **3** ***sich aus der Politik*** (***vom Theater*** *usw.*) **~** abandonner la politique (le théâtre *usw.*)
zurufen: ***j-m etw ~*** crier qc à qn
zurzeit actuellement
Zusage *f* **1** *auf e-e Einladung, auf ein Stellenangebot*: acceptation *f* **2** (*Einwilligung*) consentement *m*
zusagen[1] **1** (*versprechen*) promettre **2** ***er hat zugesagt*** *auf e-e Einladung usw.*: il a accepté
zusagen[2]: ***j-m ~*** (*gefallen*) convenir à qn
zusammen **1** (↔ *allein*) ensemble; ***gestern war ich mit Julia ~*** j'ai vu Julia hier **2** (*gemeinsam*) en commun **3** (*im Ganzen*) en tout, au total **4** ***hallo ~!*** *umg.* salut tout le monde!
Zusammenarbeit *f* collaboration *f*, coopération *f*
zusammenarbeiten: ***sie arbeiten zusammen*** ils travaillent ensemble, ils collaborent; ***mit j-m ~*** travailler avec qn
zusammen|beißen serrer (*Zähne*); **~bleiben** rester ensemble
zusammenbrechen **1** (*Mauer, Brücke, Gebäude*) s'écrouler; (*Gebäude*) s'effondrer **2** (*Person*) s'écrouler; *a. seelisch*: s'effondrer **3** (*Telefonnetz, Stromversorgung*) tomber en panne; (*Verkehr*) être paralysé **4** ***für sie brach e-e Welt zusammen*** tout son univers s'est écroulé
Zusammenbruch *m* **1** *e-s Systems usw.*: effondrement *m* **2** *finanzieller*: ruine *f* **3** PSYCH crise *f* de nerfs
zusammen|falten plier (*Papier, Stoff usw.*); **~fassen** résumer, récapituler
Zusammenfassung *f* résumé *m*
zusammengehören aller ensemble; (*ein Paar bilden*) faire la paire
zusammenhalten **1** ***sein Geld ~*** retenir son argent **2** (*sich unterstützen*) être solidaire
Zusammenhang *m* **1** (*Beziehung*) rapport *m*, relation *f* **2** (*Text-, Sinnzusammenhang*) contexte *m* **3** ***im ~ mit …*** à propos de …
zusammenhängen: ***mit etw ~*** être en rapport avec qc; ***das hängt damit zusammen, dass …*** cela tient au fait que … (+ *Ind.*)
zusammenklappen **1** plier, replier **2** (*in Ohnmacht fallen*) *umg.* tourner de l'œil **3** (*e-n Nervenzusammenbruch haben*) craquer
zusammenkommen **1** (*Leute*) se réunir **2** ***da kommt viel zusammen*** plusieurs choses se sont ajoutées
zusammennehmen **1** ***sich ~*** faire un effort sur soi-même; (*sich beherrschen*) se contenir **2** ***alles zusammengenommen*** à tout prendre, tout compte fait
zusammenpassen **1** (***gut***) **~** (*Personen, Dinge, Farben*) aller bien ensemble, être bien assorti **2** TECH s'adapter **3** ***das passt nicht zusammen*** *fig.* qc ne va pas; *umg.* ça ne tourne pas rond
zusammenreißen: ***sich ~*** se ressaisir, prendre sur soi; ***jetzt reiß dich aber zusammen!*** un peu de tenue!
zusammenschlagen **1** (*kaputtmachen, verprügeln*) démolir **2** (*falten*) plier **3** ***die Hände über dem Kopf ~*** *entsetzt*: lever les bras au ciel
zusammenschreiben *in e-m Wort*: écrire en un mot
zusammensetzen[1] **1** ***etw ~*** *aus Einzelteilen*: assembler, monter **2** ***sich ~ aus, zusammengesetzt sein aus*** se composer de
zusammensetzen[2] (*zueinander setzen*) ***sich ~*** s'asseoir l'un *bzw.* l'une

Z

à côté de l'autre
Zusammensetzung *f* **1** composition *f* **2** *Wort*: (mot *m*) composé *m*
zusammensitzen: ***sie sitzen zusammen*** ils sont assis l'un a côté de l'autre *bzw.* elles sont assises l'une à côté de l'autre
zusammenstehen être ensemble
zusammenstellen 1 composer (*Menü, Programm, Team usw.*); rassembler (*Unterlagen*); établir (*Übersicht, Liste*) **2** (*zueinander stellen*) mettre ensemble
Zusammenstellung *f* **1** *e-s Programms, Teams usw.*: composition *f*; *e-r Übersicht, Liste*: établissement *m* **2** (*Liste*) liste *f*; (*Tabelle*) table *f*
Zusammenstoß *m* choc *m*, *heurt *m*; *von Autos*: collision *f* (***mit*** avec)
zusammenstoßen se *heurter (***mit*** avec); (*Fahrzeuge*) entrer en collision (***mit*** avec); se tamponner; ***mit etw ~*** *a.* tamponner qc
zusammenzählen additionner
zusammenziehen 1 contracter, resserrer (*Netz, Schlinge*) **2** *in e-e gemeinsame Wohnung*: emménager ensemble **3** ***sich ~*** (*Muskeln usw.*) se contracter
zusammenzucken tressaillir (***vor Schreck*** *usw.* de peur *usw.*)
Zusatz *m* **1** addition *f*; (*Zusatzstoff*) additif *m* **2** (*Nachtrag*) complément *m*; *zu e-m Vertrag*: annexe *m*
zusätzlich supplémentaire, additionnel/-elle
Zuschauer(in) *m(f)* spectateur *m*, -trice *f*
zuschicken envoyer
zuschlagen 1 claquer (*Tür*); fermer (*Buch*) **2** (*drauflosschlagen*) frapper **3** *bei e-m Angebot*: profiter de l'occasion; *beim Essen*: *umg.* ne pas se gêner
zuschließen: ***etw ~*** fermer qc à clé
zuschnappen 1 (*zubeißen*) mordre **2** (*Tür usw.*) se fermer rapidement
Zuschuss *m* aide *f* (***zu*** à); *staatlicher a.*: subvention *f* (***zu*** à)
zusehen 1 regarder **2** ***sieh zu, dass …*** (*sorge dafür*) fais en sorte que … (+ *Subj.*); débrouille-toi pour … (*Inf.*)
zuspielen 1 SPORT ***j-m den Ball ~*** passer le ballon à qn **2** faire passer (*Informationen*)
Zustand *m* **1** (*Beschaffenheit, Verfassung*) état *m* **2** (*Lage*) état *m* de choses; (*Situation*) situation *f* **3** ***Zustände kriegen*** *umg.* (*wütend werden*) (aller) piquer une crise
zustande 1 ***etw ~ bringen*** réussir à faire qc **2** ***~ kommen*** se réaliser
zuständig 1 (*Person*) responsable (***für*** de); (*Abteilung usw.*) compétent **2** ***dafür ist er ~*** c'est de son ressort
zustimmen être d'accord, être du même avis
Zu|stimmung *f* consentement *m* (***zu*** à); **~tat** *f* ingrédient *m*
zutrauen 1 ***j-m etw ~*** croire qn capable de (faire) qc; ***ihr ist alles zuzutrauen*** elle est capable de tout **2** ***ich hätte ihm mehr Klugheit zugetraut*** je l'aurais cru plus intelligent
Zutrauen *n* confiance *f* (***zu*** en)
zutreffen 1 (*stimmen*) être exact, être juste **2** (*gelten*) ***~ für*** être valable pour
Zutritt *m* accès *m*, entrée *f*; ***~ verboten!*** *auf e-m Schild*: entrée interdite, défense d'entrer
zuverlässig 1 (*Freund usw.*) sûr; ***er ist absolut ~*** on peut compter sur lui **2** (*Arbeiter[in]*) consciencieux/-ieuse
zu viel → ***zu³***
zuwenden: ***j-m das Gesicht*** (*bzw.* ***den Rücken***) ***~*** tourner son visage vers (*bzw.* le dos à) qn
zu wenig → ***zu³***
zuwerfen 1 jeter, lancer (*Ball*) **2** lancer (*Blick*) **3** ***die Tür ~*** claquer la porte
zuwinken: ***j-m ~*** faire signe à qn; *als Gruß*: saluer qn
zuzeln Ⓐ **1** (*lutschen, saugen*) suçoter **2** (*langsam trinken*) siroter
zuziehen 1 tirer (*Vorhang*); fermer (*Tür*) **2** (*hierher umziehen*) s'établir ici
Zuzüger(in) *m(f)* Ⓒⓗ **1** (*neues Mitglied*) recrue *f*, nouveau membre *m* **2** (*Zuwanderer*) immigrant(e) *m(f)*
Zvieri *m od. n* Ⓒⓗ goûter *m*
Zwang *m* **1** obligation *f* (***zu etw*** de faire qc); ***tu dir keinen ~ an!*** ne te gêne pas! **2** (*Gewalt*) contrainte *f* **3** (*Zwangsvorstellung*) obsession *f*
zwängen 1 ***etw in e-e Kiste*** *usw.* ***~*** faire entrer qc de force dans une boîte *usw.* **2** ***etw durch e-e Öffnung*** *usw.* ***~*** faire passer qc de force à travers une ouverture *usw.*
zwanglos sans contrainte, sans façon
zwangsläufig forcément, inévitable-

ment

zwanzig **1** vingt **2** ***sie ist ~ Jahre alt*** elle a vingt ans **3** ***um ~ Uhr*** à vingt heures **4** ***etwa ~*** (***Kilo***) une vingtaine (de kilos)

Zwanzig|centstück *n* pièce *f* de vingt cents; **~euroschein** *m* billet *m* de vingt euros; **~frankenschein** *m* billet *m* de vingt francs

zwanzigtausend vingt mille

zwar **1** *einschränkend*: certes, il est vrai **2** (*nämlich*) ***und ~*** c'est-à-dire, et pour préciser

Zweck *m* **1** fin *f*; ***seinen ~ erfüllen*** remplir sa fonction **2** (*Ziel*) but *m* **3** ***das hat keinen ~*** c'est inutile, cela ne sert à rien

zwecklos inutile

zwei **1** deux; ***alle ~ Stunden*** toutes les deux heures **2** ***sie ist ~*** (***Jahre alt***) elle a deux ans **3** ***um ~ Uhr*** à deux heures

Zwei *f* **1** deux *m* (*a. Buslinie, Spielkarte usw.*) **2** *Schulnote*: bien; *im frz. Punktesystem* ≈ quatorze (sur vingt); ***sie hat e-e ~*** ≈ elle a eu quatorze sur vingt

Zwei|bettzimmer *n* chambre *f* à deux lits; **~centstück** *n* pièce *f* de deux cents

zweideutig ambigu/-uë

zweieiig: ***~e Zwillinge*** faux jumeaux *m Pl*

zweieinhalb deux et demi; ***~ Stunden*** deux heures *f Pl* et demie

Zweier *m* → ***Zwei***

zweierlei: ***~ Brot*** (***Käse*** *usw.*) deux sortes de pain (de fromage *usw.*)

Zweieurostück *n* pièce *f* de deux euros

zweifach double

Zweifamilienhaus *n* maison *f* pour deux familles

Zweifel *m* **1** doute *m* (***an*** sur); ***ich bin mir noch im ~, ob …*** je ne suis pas encore sûr de … (+ *Inf.*); ***mir kamen ~*** j'ai fini par avoir des doutes **2** ***ohne ~, ohne jeden ~*** sans aucun doute (⚠ *frz.* sans doute = ***wahrscheinlich***)

zweifellos sans aucun doute

zweifeln douter (***an etw, an sich selbst***) de qc, de soi-même; ***daran ist nicht zu ~*** c'est *hors de doute

Zweifrankenstück *n* pièce *f* de deux francs

Zweig *m* branche *f*

zweihändig *musizieren usw.*: à deux mains

zweihundert deux cents; *zusammengesetzte Zahlen ohne* -s: ***zweihunderteins*** *usw.* deux cent un *usw.*

zweijährig (*Kind usw.*) de deux ans

Zweikampf *m* duel *m*

zweimal deux fois

zweisprachig bilingue

zweispurig (*Straße*) à deux voies, à double voie

zweistellig (*Zahl, Betrag*) de deux chiffres

zweistimmig à deux voix

zweistündig de deux heures

zweit: ***zu ~*** à deux

zweitausend deux mille; ***zweitausendeins*** *usw.* deux mille un *usw.*

zweitbeste(r, -s) deuxième

zweite(r, -s) **1** *von mehreren*: deuxième **2** *von zweien*: second; ***der Zweite Weltkrieg*** la Seconde Guerre mondiale **3** *im Datum*: deux; ***der ~ Mai*** le deux mai **4** ***im Zweiten Programm, im Zweiten*** sur la deuxième chaîne; *umg.* sur la deux

zweitens deuxièmement, en second lieu

zweit|größte(r, -s) deuxième (de taille); **~letzte(r, -s)** avant-dernier/avant-dernière

zweiund|neunzig quatre-vingt-douze; **~siebzig** soixante-douze

Zweizimmerwohnung *f* appartement *m* de deux pièces, deux-pièces *m*

Zwerg(in) *m(f)* nain(e) *m(f)*

Zwetschge *f*, **Zwetschke** *f* Ⓐ quetsche *f*

zwicken **1** Ⓐ: pincer **2** Ⓐ (*stempeln*) composter (*Fahrkarte*)

Zwieback *m* biscotte *f*

Zwiebel *f* **1** *Gemüse*: oignon *m* **2** (*Blumenzwiebel*) bulbe *m*

Zwiebelsuppe *f* soupe *f* à l'oignon

Zwielicht *n* **1** (*Dämmerung*) demi-jour *m* **2** ***ins ~ geraten*** *fig.* devenir suspect

Zwilling *m* **1** *Junge*: jumeau *m*; *Mädchen*: jumelle *f*; ***sie sind ~e*** ils sont jumeaux *bzw.* elles sont jumelles **2** ***siamesische ~e*** frères *m Pl* siamois *bzw.* sœurs *f Pl* siamoises **3** ASTR ***~e*** Gémeaux *m Pl*

Zwillings|bruder *m* frère *m* jumeau; **~schwester** *f* sœur *f* jumelle

zwingen **1** ***j-n zu etw ~, j-n ~ etw zu tun*** forcer (*od.* obliger) qn à faire qc **2** ***sich zu etw ~*** se forcer à (faire) qc **3** ***ich bin gezwungen, das zu tun*** je suis obligé

(*od.* forcé) de le faire
zwinkern: (***mit den Augen***) **~** cligner des yeux
zwischen 1 entre **2** (*mitten unter*) parmi, au milieu de
zwischendurch entre-temps; ***iss nicht so viel ~*** ne mange pas autant entre les repas
Zwischen|ergebnis *n* résultat *m* provisoire; **~fall** *m* incident *m*
zwischenlanden faire escale (***in*** à)
Zwischenlandung *f* escale *f*
Zwischenraum *m* **1** *räumlich*: espace *m*, intervalle *m*; ***zwei Meter ~*** un écart de deux mètres **2** *zwischen Wörtern*: blanc *m* **3** *zeitlich*: intervalle *m*
Zwischenzeit *f*: ***in der ~*** durant (*od.* pendant) ce temps, entre-temps
zwitschern (*Vögel*) chanter
zwölf 1 douze **2** ***sie ist ~*** (***Jahre alt***) elle a douze ans **3** ***um ~ Uhr*** à douze heures; *mittags*: à midi; *nachts*: à minuit
Zwölf *f* douze *m* (*a. Buslinie usw.*)
zwölfeinhalb douze et demi; ***~ Jahre*** douze ans et demi
Zwölfer *m* → ***Zwölf***
zwölfhundert douze cents; *zusammengesetzte Zahlen ohne* -s: ***zwölfhunderteins*** *usw.* douze cent un *usw.*
zwölfjährig (*Kind usw.*) de douze ans
Zwölfjährige(r) *f*(*m*) garçon *m*, fille *f* de douze ans
zwölfmal douze fois
zwölft: ***zu ~*** à douze
zwölftausend douze mille
zwölfte(r, -s) douzième
Zylinder[1] *m Hut*: *haut-de-forme *m*
Zylinder[2] *m* TECH *usw.* cylindre *m*
Zypern *n* la Chypre

Anhang

Verbtabellen

1. Die Endungen der regelmäßigen Musterkonjugationen sind in Blau.

2. Die unregelmäßigen Verbformen sind ebenfalls in Blau.

3. Selten gebrauchte Formen sind eingeklammert.

4. Verzeichnis der aufgeführten Verben:

avoir	693	**faire**	701
être	694	**mettre**	702
donner	695	**mourir**	702
finir	696	**pouvoir**	703
recevoir	697	**prendre**	703
rendre	698	**savoir**	704
aller	699	**valoir**	704
boire	699	**venir**	705
connaître	700	**vivre**	705
devoir	700	**voir**	706
dire	701	**vouloir**	706

Avoir – haben

	INDICATIF			
	Présent	*Imparfait*	*Passé simple*	*Futur*
j'	**ai**	**avais**	**eus**	**aurai**
tu	**as**	**avais**	**eus**	**auras**
il, elle	**a**	**avait**	**eut**	**aura**
nous	**avons**	**avions**	**eûmes**	**aurons**
vous	**avez**	**aviez**	**eûtes**	**aurez**
ils	**ont**	**avaient**	**eurent**	**auront**

	SUBJONCTIF		*Impératif*		*Conditionnel*
que j'	**aie**	**(eusse)**		j'	**aurais**
que tu	**aies**	**(eusses)**	**aie**	tu	**aurais**
qu'il, elle	**ait**	**eût**		il, elle	**aurait**
que nous	**ayons**	**(eussions)**	**ayons**	nous	**aurions**
que vous	**ayez**	**(eussiez)**	**ayez**	vous	**auriez**
qu'ils	**aient**	**(eussent)**		ils	**auraient**

Participe présent: **ayant** *Participe passé*: **eu**

Zusammengesetzte Zeiten

	INDICATIF			
	Passé composé	*Plus-que-parfait*	*Passé antérieur*	*Futur antérieur*
j'	**ai eu**	**avais eu**	**eus eu**	**aurai eu**
tu	**as eu**	**avais eu**	**eus eu**	**auras eu**
il, elle	**a eu**	**avait eu**	**eut eu**	**aura eu**
nous	**avons eu**	**avions eu**	**eûmes eu**	**aurons eu**
vous	**avez eu**	**aviez eu**	**eûtes eu**	**aurez eu**
ils	**ont eu**	**avaient eu**	**eurent eu**	**auront eu**

	SUBJONCTIF			*Conditionnel passé*
que j'	**aie eu**	**(eusse eu)**	j'	**aurais eu**
que tu	**aies eu**	**(eusses eu)**	tu	**aurais eu**
qu'il, elle	**ait eu**	**eût eu**	il, elle	**aurait eu**
que nous	**ayons eu**	**(eussions eu)**	nous	**aurions eu**
que vous	**ayez eu**	**(eussiez eu)**	vous	**auriez eu**
qu'ils	**aient eu**	**(eussent eu)**	ils	**auraient eu**

Participe passé: **ayant eu** *Infinitif passé*: **avoir eu**

Être – sein

	INDICATIF			
	Présent	*Imparfait*	*Passé simple*	*Futur*
je	**suis**	j' **étais**	je **fus**	**serai**
tu	**es**	**étais**	**fus**	**seras**
il, elle	**est**	**était**	**fut**	**sera**
nous	**sommes**	**étions**	**fûmes**	**serons**
vous	**êtes**	**étiez**	**fûtes**	**serez**
ils	**sont**	**étaient**	**furent**	**seront**

	SUBJONCTIF		*Impératif*		*Conditionnel*
que je	**sois**	**(fusse)**		je	**serais**
que tu	**sois**	**(fusses)**	**sois**	tu	**serais**
qu'il, elle	**soit**	**fût**		il, elle	**serait**
que nous	**soyons**	**(fussions)**	**soyons**	nous	**serions**
que vous	**soyez**	**(fussiez)**	**soyez**	vous	**seriez**
qu'ils	**soient**	**(fussent)**		ils	**seraient**

Participe présent: **étant** *Participe passé*: **été**

Zusammengesetzte Zeiten

	INDICATIF			
	Passé composé	*Plus-que-parfait*	*Passé antérieur*	*Futur antérieur*
j'	**ai été**	**avais été**	**eus été**	**aurai été**
tu	**as été**	**avais été**	**eus été**	**auras été**
il, elle	**a été**	**avait été**	**eut été**	**aura été**
nous	**avons été**	**avions été**	**eûmes été**	**aurons été**
vous	**avez été**	**aviez été**	**eûtes été**	**aurez été**
ils	**ont été**	**avaient été**	**eurent été**	**auront été**

	SUBJONCTIF			*Conditionnel passé*
que j'	**aie été**	**(eusse été)**	j'	**aurais été**
que tu	**aies été**	**(eusses été)**	tu	**aurais été**
qu'il, elle	**ait été**	**eût été**	il, elle	**aurait été**
que nous	**ayons été**	**(eussions été)**	nous	**aurions été**
que vous	**ayez été**	**(eussiez été)**	vous	**auriez été**
qu'ils	**aient été**	**(eussent été)**	ils	**auraient été**

Participe passé: **ayant été** *Infinitif passé*: **avoir été**

1. Konjugation: Verben auf **-er**

Donner – *geben*

INDICATIF

	Présent	*Imparfait*	*Passé simple*	*Futur*
je	**donne**	**donnais**	**donnai**	**donnerai**
tu	**donnes**	**donnais**	**donnas**	**donneras**
il, elle	**donne**	**donnait**	**donna**	**donnera**
nous	**donnons**	**donnions**	**donnâmes**	**donnerons**
vous	**donnez**	**donniez**	**donnâtes**	**donnerez**
ils	**donnent**	**donnaient**	**donnèrent**	**donneront**

	SUBJONCTIF		*Impératif*		*Conditionnel*
que je	**donne**	**(donnasse)**		je	**donnerais**
que tu	**donnes**	**(donnasses)**	**donne**	tu	**donnerais**
qu'il, elle	**donne**	**donnât**		il, elle	**donnerait**
que nous	**donnions**	**(donnassions)**	**donnons**	nous	**donnerions**
que vous	**donniez**	**(donnassiez)**	**donnez**	vous	**donneriez**
qu'ils	**donnent**	**(donnassent)**		ils	**donneraient**

Participe présent: **donnant** *Participe passé*: **donné**

Zusammengesetzte Zeiten

INDICATIF

	Passé composé	*Plus-que-parfait*	*Passé antérieur*	*Futur antérieur*
j'	**ai donné**	**avais donné**	**eus donné**	**aurai donné**
tu	**as donné**	**avais donné**	**eus donné**	**auras donné**
il, elle	**a donné**	**avait donné**	**eut donné**	**aura donné**
nous	**avons donné**	**avions donné**	**eûmes donné**	**aurons donné**
vous	**avez donné**	**aviez donné**	**eûtes donné**	**aurez donné**
ils	**ont donné**	**avaient donné**	**eurent donné**	**auront donné**

	SUBJONCTIF			*Conditionnel passé*
que j'	**aie donné**	**(eusse donné)**	j'	**aurais donné**
que tu	**aies donné**	**(eusses donné)**	tu	**aurais donné**
qu'il, elle	**ait donné**	**eût donné**	il, elle	**aurait donné**
que nous	**ayons donné**	**(eussions donné)**	nous	**aurions donné**
que vous	**ayez donné**	**(eussiez donné)**	vous	**auriez donné**
qu'ils	**aient donné**	**(eussent donné)**	ils	**auraient donné**

Participe passé: **ayant donné** *Infinitif passé*: **avoir donné**

2. Konjugation: Verben auf -ir

Finir – *beenden*

INDICATIF

	Présent	*Imparfait*	*Passé simple*	*Futur*
je	**finis**	**finissais**	**finis**	**finirai**
tu	**finis**	**finissais**	**finis**	**finiras**
il, elle	**finit**	**finissait**	**finit**	**finira**
nous	**finissons**	**finissions**	**finîmes**	**finirons**
vous	**finissez**	**finissiez**	**finîtes**	**finirez**
ils	**finissent**	**finissaient**	**finirent**	**finiront**

	SUBJONCTIF		*Impératif*		*Conditionnel*
que je	**finisse**	(**finisse**)		je	**finirais**
que tu	**finisses**	(**finisses**)	**finis**	tu	**finirais**
qu'il, elle	**finisse**	**finît**		il, elle	**finirait**
que nous	**finissions**	(**finissions**)	**finissons**	nous	**finirions**
que vous	**finissiez**	(**finissiez**)	**finissez**	vous	**finiriez**
qu'ils	**finissent**	(**finissent**)		ils	**finiraient**

Participe présent: **finissant** *Participe passé*: **fini**

Zusammengesetzte Zeiten

INDICATIF

	Passé composé	*Plus-que-parfait*	*Passé antérieur*	*Futur antérieur*
j'	**ai fini**	**avais fini**	**eus fini**	**aurai fini**
tu	**as fini**	**avais fini**	**eus fini**	**auras fini**
il, elle	**a fini**	**avait fini**	**eut fini**	**aura fini**
nous	**avons fini**	**avions fini**	**eûmes fini**	**aurons fini**
vous	**avez fini**	**aviez fini**	**eûtes fini**	**aurez fini**
ils	**ont fini**	**avaient fini**	**eurent fini**	**auront fini**

	SUBJONCTIF			*Conditionnel passé*
que j'	**aie fini**	(**eusse fini**)	j'	**aurais fini**
que tu	**aies fini**	(**eusses fini**)	tu	**aurais fini**
qu'il, elle	**ait fini**	**eût fini**	il, elle	**aurait fini**
que nous	**ayons fini**	(**eussions fini**)	nous	**aurions fini**
que vous	**ayez fini**	(**eussiez fini**)	vous	**auriez fini**
qu'ils	**aient fini**	(**eussent fini**)	ils	**auraient fini**

Participe passé: **ayant fini** *Infinitif passé*: **avoir fini**

3. Konjugation: Verben auf -oir
Recevoir – *empfangen*

INDICATIF

	Présent	*Imparfait*	*Passé simple*	*Futur*
je	**reçois**	**recevais**	**reçus**	**recevrai**
tu	**reçois**	**recevais**	**reçus**	**recevras**
il, elle	**reçoit**	**recevait**	**reçut**	**recevra**
nous	**recevons**	**recevions**	**reçûmes**	**recevrons**
vous	**recevez**	**receviez**	**reçûtes**	**recevrez**
ils	**reçoivent**	**recevaient**	**reçurent**	**recevront**

	SUBJONCTIF		*Impératif*		*Conditionnel*
que je	**reçoive**	(**reçusse**)		je	**recevrais**
que tu	**reçoives**	(**reçusses**)	**reçois**	tu	**recevrais**
qu'il, elle	**reçoive**	**reçût**		il, elle	**recevrait**
que nous	**recevions**	(**reçussions**)	**recevons**	nous	**recevrions**
que vous	**receviez**	(**reçussiez**)	**recevez**	vous	**recevriez**
qu'ils	**reçoivent**	(**reçussent**)		ils	**recevraient**

Participe présent **recevant** *Participe passé*: **reçu**

Zusammengesetzte Zeiten

INDICATIF

	Passé composé	*Plus-que-parfait*	*Passé antérieur*	*Futur antérieur*
j'	**ai reçu**	**avais reçu**	**eus reçu**	**aurai reçu**
tu	**as reçu**	**avais reçu**	**eus reçu**	**auras reçu**
il, elle	**a reçu**	**avait reçu**	**eut reçu**	**aura reçu**
nous	**avons reçu**	**avions reçu**	**eûmes reçu**	**aurons reçu**
vous	**avez reçu**	**aviez reçu**	**eûtes reçu**	**aurez reçu**
ils	**ont reçu**	**avaient reçu**	**eurent reçu**	**auront reçu**

	SUBJONCTIF			*Conditionnel passé*
que j'	**aie reçu**	(**eusse reçu**)	j'	**aurais reçu**
que tu	**aies reçu**	(**eusses reçu**)	tu	**aurais reçu**
qu'il, elle	**ait reçu**	**eût reçu**	il, elle	**aurait reçu**
que nous	**ayons reçu**	(**eussions reçu**)	nous	**aurions reçu**
que vous	**ayez reçu**	(**eussiez reçu**)	vous	**auriez reçu**
qu'ils	**aient reçu**	(**eussent reçu**)	ils	**auraient reçu**

Participe passé: **ayant reçu** *Infinitif passé*: **avoir reçu**

4. Konjugation: Verben auf **-re**

rendre – *zurückgeben*

INDICATIF

	Présent	*Imparfait*	*Passé simple*	*Futur*
je	**rends**	**rendais**	**rendis**	**rendrai**
tu	**rends**	**rendais**	**rendis**	**rendras**
il, elle	**rend**	**rendait**	**rendit**	**rendra**
nous	**rendons**	**rendions**	**rendîmes**	**rendrons**
vous	**rendez**	**rendiez**	**rendîtes**	**rendrez**
ils	**rendent**	**rendaient**	**rendirent**	**rendront**

SUBJONCTIF			*Impératif*		*Conditionnel*
que je	**rende**	(**rendisse**)		je	**rendrais**
que tu	**rendes**	(**rendisses**)	**rends**	tu	**rendrais**
qu'il, elle	**rende**	**rendît**		il, elle	**rendrait**
que nous	**rendions**	(**rendissions**)	**rendons**	nous	**rendrions**
que vous	**rendiez**	(**rendissiez**)	**rendez**	vous	**rendriez**
qu'ils	**rendent**	(**rendissent**)		ils	**rendraient**

Participe présent: **rendant** *Participe passé*: **rendu**

Zusammengesetzte Zeiten

INDICATIF

	Passé composé	*Plus-que-parfait*	*Passé antérieur*	*Futur antérieur*
j'	**ai rendu**	**avais rendu**	**eus rendu**	**aurai rendu**
tu	**as rendu**	**avais rendu**	**eus rendu**	**auras rendu**
il, elle	**a rendu**	**avait rendu**	**eut rendu**	**aura rendu**
nous	**avons rendu**	**avions rendu**	**eûmes rendu**	**aurons rendu**
vous	**avez rendu**	**aviez rendu**	**eûtes rendu**	**aurez rendu**
ils	**ont rendu**	**avaient rendu**	**eurent rendu**	**auront rendu**

SUBJONCTIF				*Conditionnel passé*
que j'	**aie rendu**	(**eusse rendu**)	j'	**aurais rendu**
que tu	**aies rendu**	(**eusses rendu**)	tu	**aurais rendu**
qu'il, elle	**ait rendu**	**eût rendu**	il, elle	**aurait rendu**
que nous	**ayons rendu**	(**eussions rendu**)	nous	**aurions rendu**
que vous	**ayez rendu**	(**eussiez rendu**)	vous	**auriez rendu**
qu'ils	**aient rendu**	(**eussent rendu**)	ils	**auraient rendu**

Participe passé: **ayant rendu** *Infinitif passé*: **avoir rendu**

Aller – *gehen*

	INDICATIF			
	Présent	*Imparfait*	*Passé simple*	*Futur*
je	**vais**	**j' allais**	**allai**	**irai**
tu	**vas**	**allais**	**allas**	**iras**
il, elle	**va**	**allait**	**alla**	**ira**
nous	**allons**	**allions**	**allâmes**	**irons**
vous	**allez**	**alliez**	**allâtes**	**irez**
ils	**vont**	**allaient**	**allèrent**	**iront**

	SUBJONCTIF		*Impératif*	*Conditionnel*	
que j'	**aille**	**(allasse)**		j'	**irais**
que tu	**ailles**	**(allasses)**	**va (vas-y, va-t'en)**	tu	**irais**
qu'il, elle	**aille**	**allât**		il, elle	**irait**
que nous	**allions**	**(allassions)**	**allons**	nous	**irions**
que vous	**alliez**	**(allassiez)**	**allez**	vous	**iriez**
qu'ils	**aillent**	**(allassent)**		ils	**iraient**

Participe présent: **allant** *Participe passé*: **étant allé,-e** *Infinitif passé*: **être allé,-e**

Boire — *trinken*

	INDICATIF			
	Présent	*Imparfait*	*Passé simple*	*Futur*
je	**bois**	**buvais**	**bus**	**boirai**
tu	**bois**	**buvais**	**bus**	**boiras**
il, elle	**boit**	**buvait**	**but**	**boira**
nous	**buvons**	**buvions**	**bûmes**	**boirons**
vous	**buvez**	**buviez**	**bûtes**	**boirez**
ils	**boivent**	**buvaient**	**burent**	**boiront**

	SUBJONCTIF		*Impératif*	*Conditionnel*	
que je	**boive**	**(busse)**		je	**boirais**
que tu	**boives**	**(busses)**	**bois**	tu	**boirais**
qu'il, elle	**boive**	**bût**		il, elle	**boirait**
que nous	**buvions**	**(bussions)**	**buvons**	nous	**boirions**
que vous	**buviez**	**(bussiez)**	**buvez**	vous	**boiriez**
qu'ils	**boivent**	**(bussent)**		ils	**boiraient**

Participe présent: **buvant** *Participe passé*: **ayant bu** *Infinitif passé*: **avoir bu**

Connaître – *kennen*

	INDICATIF			
	Présent	*Imparfait*	*Passé simple*	*Futur*
je	**connais**	**connaissais**	**connus**	**connaîtrai**
tu	**connais**	**connaissais**	**connus**	**connaîtras**
il, elle	**connaît**	**connaissait**	**connut**	**connaîtra**
nous	**connaissons**	**connaissions**	**connûmes**	**connaîtrons**
vous	**connaissez**	**connaissiez**	**connûtes**	**connaîtrez**
ils	**connaissent**	**connaissaient**	**connurent**	**connaîtront**

	SUBJONCTIF		*Impératif*	*Conditionnel*	
que je	**connaisse**	**(connusse)**		je	**connaîtrais**
que tu	**connaisses**	**(connusses)**	**connais**	tu	**connaîtrais**
qu'il, elle	**connaisse**	**connût**		il, elle	**connaîtrait**
que nous	**connaissions**	**(connussions)**	**connaissons**	nous	**connaîtrions**
que vous	**connaissiez**	**(connussiez)**	**connaissez**	vous	**connaîtriez**
qu'ils	**connaissent**	**(connussent)**		ils	**connaîtraient**

Participe présent: **connaissant** *Participe passé*: **ayant connu**
Infinitif passé: **avoir connu**

Devoir – *müssen*

	INDICATIF			
	Présent	*Imparfait*	*Passé simple*	*Futur*
je	**dois**	**devais**	**dus**	**devrai**
tu	**dois**	**devais**	**dus**	**devras**
il, elle	**doit**	**devait**	**dut**	**devra**
nous	**devons**	**devions**	**dûmes**	**devrons**
vous	**devez**	**deviez**	**dûtes**	**devrez**
ils	**doivent**	**devaient**	**durent**	**devront**

	SUBJONCTIF		Impératif	*Conditionnel*	
que je	**doive**	**(dusse)**		je	**devrais**
que tu	**doives**	**(dusses)**	**dois**	tu	**devrais**
qu'il, elle	**doive**	**dût**		il, elle	**devrait**
que nous	**devions**	**(dussions)**	**devons**	nous	**devrions**
que vous	**deviez**	**(dussiez)**	**devez**	vous	**devriez**
qu'ils	**doivent**	**(dussent)**		ils	**devraient**

Participe présent: **devant** *Participe passé*: **ayant dû** *Infinitif passé*: **avoir dû**

Dire – *sagen*

	INDICATIF			
	Présent	*Imparfait*	*Passé simple*	*Futur*
je	**dis**	**disais**	**dis**	**dirai**
tu	**dis**	**disais**	**dis**	**diras**
il, elle	**dit**	**disait**	**dit**	**dira**
nous	**disons**	**disions**	**dîmes**	**dirons**
vous	**dites**	**disiez**	**dîtes**	**direz**
ils	**disent**	**disaient**	**dirent**	**diront**

	SUBJONCTIF		*Impératif*	*Conditionnel*	
que je	**dise**	**(disse)**		je	**dirais**
que tu	**dises**	**(disses)**	**dis**	tu	**dirais**
qu'il, elle	**dise**	**dît**		il, elle	**dirait**
que nous	**disions**	**(dissions)**	**disons**	nous	**dirions**
que vous	**disiez**	**(dissiez)**	**dites**	vous	**diriez**
qu'ils	**disent**	**(dissent)**		ils	**diraient**

Participe présent: **disant** *Participe passé*: **ayant dit** *Infinitif passé*: **avoir dit**

Faire – *machen*

* ⚠ Aussprache [fəz-]

	INDICATIF			
	Présent	*Imparfait*	*Passé simple*	*Futur*
je	**fais**	**faisais***	**fis**	**ferai**
tu	**fais**	**faisais***	**fis**	**feras**
il, elle	**fait**	**faisait***	**fit**	**fera**
nous	**faisons***	**faisions***	**fîmes**	**ferons**
vous	**faites**	**faisiez***	**fîtes**	**ferez**
ils	**font**	**faisaient***	**firent**	**feront**

	SUBJONCTIF		*Impératif*	*Conditionnel*	
que je	**fasse**	**(fisse)**		je	**ferais**
que tu	**fasses**	**(fisses)**	**fais**	tu	**ferais**
qu'il, elle	**fasse**	**fît**		il, elle	**ferait**
que nous	**fassions**	**(fissions)**	**faisons***	nous	**ferions**
que vous	**fassiez**	**(fissiez)**	**faites**	vous	**feriez**
qu'ils	**fassent**	**(fissent)**		ils	**feraient**

Participe présent: **faisant*** *Participe passé*: **ayant fait** *Infinitif passé*: **avoir fait**

Mettre – *setzen, stellen, legen*

INDICATIF

	Présent	*Imparfait*	*Passé simple*	*Futur*
je	**mets**	**mettais**	**mis**	**mettrai**
tu	**mets**	**mettais**	**mis**	**mettras**
il, elle	**met**	**mettait**	**mit**	**mettra**
nous	**mettons**	**mettions**	**mîmes**	**mettrons**
vous	**mettez**	**mettiez**	**mîtes**	**mettrez**
ils	**mettent**	**mettaient**	**mirent**	**mettront**

SUBJONCTIF			*Impératif*	*Conditionnel*	
que je	**mette**	**(misse)**		je	**mettrais**
que tu	**mettes**	**(misses)**	**mets**	tu	**mettrais**
qu'il, elle	**mette**	**mît**		il, elle	**mettrait**
que nous	**mettions**	**(missions)**	**mettons**	nous	**mettrions**
que vous	**mettiez**	**(missiez)**	**mettez**	vous	**mettriez**
qu'ils	**mettent**	**(missent)**		ils	**mettraient**

Participe présent: **mettant** *Participe passé*: **ayant mis** *Infinitif passé*: **avoir mis**

Mourir – *sterben*

INDICATIF

	Présent	*Imparfait*	*Passé simple*	*Futur*
je	**meurs**	**mourais**	**mourus**	**mourrai**
tu	**meurs**	**mourais**	**mourus**	**mourras**
il, elle	**meurt**	**mourait**	**mourut**	**mourra**
nous	**mourons**	**mourions**	**mourûmes**	**mourrons**
vous	**mourez**	**mouriez**	**mourûtes**	**mourrez**
ils	**meurent**	**mouraient**	**moururent**	**mourront**

SUBJONCTIF			*Impératif*	*Conditionnel*	
que je	**meure**	**(mourusse)**		je	**mourrais**
que tu	**meures**	**(mourusses)**	**meurs**	tu	**mourrais**
qu'il, elle	**meure**	**mourût**		il, elle	**mourrait**
que nous	**mourions**	**(mourussions)**	**mourons**	nous	**mourrions**
que vous	**mouriez**	**(mourussiez)**	**mourez**	vous	**mourriez**
qu'ils	**meurent**	**(mourussent)**		ils	**mourraient**

Participe présent: **mourant** *Participe passé*: **étant mort,-e**
Infinitif passé: **être mort,-e**

Pouvoir – *können*

	INDICATIF *Présent*	*Imparfait*	*Passé simple*	*Futur*
je	**peux (puis)**	**pouvais**	**pus**	**pourrai**
tu	**peux**	**pouvais**	**pus**	**pourras**
il, elle	**peut**	**pouvait**	**put**	**pourra**
nous	**pouvons**	**pouvions**	**pûmes**	**pourrons**
vous	**pouvez**	**pouviez**	**pûtes**	**pourrez**
ils	**peuvent**	**pouvaient**	**purent**	**pourront**

	SUBJONCTIF		*Impératif*	*Conditionnel*	
que je	**puisse**	**(pusse)**		je	**pourrais**
que tu	**puisses**	**(pusses)**	–	tu	**pourrais**
qu'il, elle	**puisse**	**pût**		il, elle	**pourrait**
que nous	**puissions**	**(pussions)**	–	nous	**pourrions**
que vous	**puissiez**	**(pussiez)**	–	vous	**pourriez**
qu'ils	**puissent**	**(pussent)**		ils	**pourraient**

Participe présent: **pouvant** *Participe passé*: **ayant pu** *Infinitif passé*: **avoir pu**

Prendre – *nehmen*

	INDICATIF *Présent*	*Imparfait*	*Passé simple*	*Futur*
je	**prends**	**prenais**	**pris**	**prendrai**
tu	**prends**	**prenais**	**pris**	**prendras**
il, elle	**prend**	**prenait**	**prit**	**prendra**
nous	**prenons**	**prenions**	**prîmes**	**prendrons**
vous	**prenez**	**preniez**	**prîtes**	**prendrez**
ils	**prennent**	**prenaient**	**prirent**	**prendront**

	SUBJONCTIF		*Impératif*	*Conditionnel*	
que je	**prenne**	**(prisse)**		je	**prendrais**
que tu	**prennes**	**(prisses)**	**prends**	tu	**prendrais**
qu'il, elle	**prenne**	**prît**		il, elle	**prendrait**
que nous	**prenions**	**(prissions)**	**prenons**	nous	**prendrions**
que vous	**preniez**	**(prissiez)**	**prenez**	vous	**prendriez**
qu'ils	**prennent**	**(prissent)**		ils	**prendraient**

Participe présent: **prenant** *Participe passé*: **ayant pris** *Infinitif passé*: **avoir pris**

Savoir – *wissen*

	INDICATIF			
	Présent	*Imparfait*	*Passé simple*	*Futur*
je	**sais**	**savais**	**sus**	**saurai**
tu	**sais**	**savais**	**sus**	**sauras**
il, elle	**sait**	**savait**	**sut**	**saura**
nous	**savons**	**savions**	**sûmes**	**saurons**
vous	**savez**	**saviez**	**sûtes**	**saurez**
ils	**savent**	**savaient**	**surent**	**sauront**

	SUBJONCTIF		*Impératif*	*Conditionnel*	
que je	**sache**	**(susse)**		je	**saurais**
que tu	**saches**	**(susses)**	**sache**	tu	**saurais**
qu'il, elle	**sache**	**sût**		il, elle	**saurait**
que nous	**sachions**	**(sussions)**	**sachons**	nous	**saurions**
que vous	**sachiez**	**(sussiez)**	**sachez**	vous	**sauriez**
qu'ils	**sachent**	**(sussent)**		ils	**sauraient**

Participe présent: **sachant** *Participe passé*: **ayant su** *Infinitif passé*: **avoir su**

Valoir – *wert sein, gelten*

	INDICATIF			
	Présent	*Imparfait*	*Passé simple*	*Futur*
je	**vaux**	**valais**	**valus**	**vaudrai**
tu	**vaux**	**valais**	**valus**	**vaudras**
il, elle	**vaut**	**valait**	**valut**	**vaudra**
nous	**valons**	**valions**	**valûmes**	**vaudrons**
vous	**valez**	**valiez**	**valûtes**	**vaudrez**
ils	**valent**	**valaient**	**valurent**	**vaudront**

	SUBJONCTIF		*Impératif*	*Conditionnel*	
que je	**vaille**	**(valusse)**		je	**vaudrais**
que tu	**vailles**	**(valusses)**	**vaux**	tu	**vaudrais**
qu'il, elle	**vaille**	**valût**		il, elle	**vaudrait**
que nous	**valions**	**(valussions)**	**valons**	nous	**vaudrions**
que vous	**valiez**	**(valussiez)**	**valez**	vous	**vaudriez**
qu'ils	**vaillent**	**(valussent)**		ils	**vaudraient**

Participe présent: **valant** *Participe passé*: **ayant valu** *Infinitif passé*: **avoir valu**

Venir – *kommen*

INDICATIF

	Présent	*Imparfait*	*Passé simple*	*Futur*
je	**viens**	**venais**	**vins**	**viendrai**
tu	**viens**	**venais**	**vins**	**viendras**
il, elle	**vient**	**venait**	**vint**	**viendra**
nous	**venons**	**venions**	**vînmes**	**viendrons**
vous	**venez**	**veniez**	**vîntes**	**viendrez**
ils	**viennent**	**venaient**	**vinrent**	**viendront**

SUBJONCTIF			*Impératif*	*Conditionnel*	
que je	**vienne**	**(vinsse)**		je	**viendrais**
que tu	**viennes**	**(vinsses)**	**viens**	tu	**viendrais**
qu'il, elle	**vienne**	**vînt**		il, elle	**viendrait**
que nous	**venions**	**(vinssions)**	**venons**	nous	**viendrions**
que vous	**veniez**	**(vinssiez)**	**venez**	vous	**viendriez**
qu'ils	**viennent**	**(vinssent)**		ils	**viendraient**

Participe présent: **venant** *Participe passé*: **étant venu,-e**
Infinitif passé: **être venu,-e**

Vivre – *leben*

INDICATIF

	Présent	*Imparfait*	*Passé simple*	*Futur*
je	**vis**	**vivais**	**vécus**	**vivrai**
tu	**vis**	**vivais**	**vécus**	**vivras**
il, elle	**vit**	**vivait**	**vécut**	**vivra**
nous	**vivons**	**vivions**	**vécûmes**	**vivrons**
vous	**vivez**	**viviez**	**vécûtes**	**vivrez**
ils	**vivent**	**vivaient**	**vécurent**	**vivront**

SUBJONCTIF			*Impératif*	*Conditionnel*	
que je	**vive**	**(vécusse)**		je	**vivrais**
que tu	**vives**	**(vécusses)**	**vis**	tu	**vivrais**
qu'il, elle	**vive**	**vecût**		il, elle	**vivrait**
que nous	**vivions**	**(vécussions)**	**vivons**	nous	**vivrions**
que vous	**viviez**	**(vécussiez)**	**vivez**	vous	**vivriez**
qu'ils	**vivent**	**(vécussent)**		ils	**vivraient**

Participe présent: **vivant** *Participe passé*: **ayant vécu** *Infinitif passé*: **avoir vécu**

Voir – *sehen*

INDICATIF

	Présent	*Imparfait*	*Passé simple*	*Futur*
je	**vois**	**voyais**	**vis**	**verrai**
tu	**vois**	**voyais**	**vis**	**verras**
il, elle	**voit**	**voyait**	**vit**	**verra**
nous	**voyons**	**voyions**	**vîmes**	**verrons**
vous	**voyez**	**voyiez**	**vîtes**	**verrez**
ils	**voient**	**voyaient**	**virent**	**verront**

SUBJONCTIF			*Impératif*	*Conditionnel*	
que je	**voie**	**(visse)**		je	**verrais**
que tu	**voies**	**(visses)**	**vois**	tu	**verrais**
qu'il, elle	**voie**	**vît**		il, elle	**verrait**
que nous	**voyions**	**(vissions)**	**voyons**	nous	**verrions**
que vous	**voyiez**	**(vissiez)**	**voyez**	vous	**verriez**
qu'ils	**voient**	**(vissent)**		ils	**verraient**

Participe présent: **voyant** *Participe passé*: **ayant vu** *Infinitif passé*: **avoir vu**

Vouloir – *wollen*

INDICATIF

	Présent	*Imparfait*	*Passé simple*	*Futur*
je	**veux**	**voulais**	**voulus**	**voudrai**
tu	**veux**	**voulais**	**voulus**	**voudras**
il, elle	**veut**	**voulait**	**voulut**	**voudra**
nous	**voulons**	**voulions**	**voulûmes**	**voudrons**
vous	**voulez**	**vouliez**	**voulûtes**	**voudrez**
ils	**veulent**	**voulaient**	**voulurent**	**voudront**

SUBJONCTIF			*Impératif*	*Conditionnel*	
que je	**veuille**	**(voulusse)**		je	**voudrais**
que tu	**veuilles**	**(voulusses)**	**veuille**	tu	**voudrais**
qu'il, elle	**veuille**	**voulût**		il, elle	**voudrait**
que nous	**voulions**	**(voulussions)**	**veuillons**	nous	**voudrions**
que vous	**vouliez**	**(voulussiez)**	**veuillez**	vous	**voudriez**
qu'ils	**veuillent**	**(voulussent)**		ils	**voudraient**

Participe présent: **voulant** *Participe passé*: **ayant voulu** *Infinitif passé*: **avoir voulu**

Großschreibung im Französischen

Allgemeines

Im Gegensatz zum Deutschen werden im Französischen auch Substantive in der Regel kleingeschrieben. Nur Eigennamen werden immer großgeschrieben, z. B.:

la Bretagne, la Seine, Paris, la tour Eiffel

Eine wichtige Ausnahme sind auch die Nationalitäts- und Einwohnerbezeichnungen:

un Français, une Allemande, un Autrichien, les Parisiens

Das dazugehörige Adjektiv wird aber kleingeschrieben, z. B.:

Elle est suisse. Mon copain est belge.
Nos amis parisiens sont arrivés.

Zweigliedrige Ausdrücke

Bei zweigliedrigen Bezeichnungen aus Substantiv und Adjektiv wird meistens nur der erste Bestandteil großgeschrieben, z. B.:

la République française	die Französische Republik
l'Assemblée nationale	die Nationalversammlung
le Parlement européen	das Europaparlament

Großschreibung mit unterschiedlicher Bedeutung

Bei einigen Wörtern hat das großgeschriebene Wort eine andere oder eingeschränkte Bedeutung, z. B.:

état „Zustand"	**État** „Staat"
église „Kirche" (Gebäude)	**Église** die Institution „Kirche"
terre „Erde, Boden, Land"	**Terre** der Planet „Erde"

Ähnlich wie **la Terre** bezeichnen auch **le Soleil** „Sonne" und **la Lune** „Mond" nur die Planeten:

Le soleil brille.	Die Sonne scheint.
Ils ont atterri sur la Lune.	Sie sind auf dem Mond gelandet.

Zeichensetzung im Französischen

Punkt, Strichpunkt, Doppelpunkt, Ausrufezeichen, Fragezeichen, Gedankenstrich und Klammern werden im Wesentlichen wie im Deutschen verwendet.

⚠ Die französischen Anführungszeichen sehen so aus: « »

Le film de Godard s'appelle « À bout de souffle ».

Folgende Besonderheiten sind zu erwähnen:

a) Vor Ausrufezeichen, Fragezeichen, Doppelpunkt und Strichpunkt sowie bei Anführungszeichen steht in der Regel ein Zwischenraum, z. B.:

Tu viens ?   Mais certainement !
Faites le calcul : 20 pour cent de 5000, cela fait 1000.

b) Kein Punkt steht nach Ordnungszahlen: **1er** bzw. **1ère**, **2e**, **3e** usw.

c) vor drei Pünktchen „...“ steht kein Zwischenraum:

et ainsi de suite...

⚠ Einige Abweichungen vom Deutschen gibt es beim <u>Gebrauch des Kommas</u>:

a) Adverbiale Bestimmungen am Satzanfang werden durch Komma abgetrennt:

A trois heures, il n'était toujours pas arrivé.
Avec lui, il faut se méfier.

b) Kein Komma steht aber bei:

Objektsätzen:	**Je sais qu'il a tort.**
indirekten Fragesätzen:	**Je me demande si elle n'est pas malade.**
nachgestellten Adverbialsätzen:	**J'irai le voir avant qu'il parte.**
notwendigen Relativsätzen:	**Le livre que tu m'as prêté ne me plaît pas.**
Infinitivgruppen:	**Elle m'a prié de l'aider.**

c) Vor „etc.“ steht im Französischen immer ein Komma:

Paris, Londres, Berlin, Bruxelles, etc.

Silbentrennung im Französischen

Die Worttrennung am Zeilenende orientiert sich im Französischen nach den Sprechsilben. Dabei gelten folgende Grundregeln:

1. Ein einzelner Konsonant zwischen zwei Vokalen wird immer zur folgenden Silbe gezählt:

   di-ri-ger, pay-san, la-va-bo, théo-lo-gi-que

   Ausnahme: Bei **x** zwischen zwei Vokalen darf nicht getrennt werden:

   maxi-mum, mixeur

2. Bei zwei oder mehr Konsonanten wird nur der letzte Konsonant zur folgenden Silbe gezählt:

   par-ler, ex-cur-sion, res-ter, chas-seur, ail-leurs, cons-cience, subs-tan-tif
   (bei gut erkennbaren Vorsilben ist auch die Trennung **sub-stan-tif, con-science** möglich, aber eher selten).

   Ausnahmen:
   a) Die Kombination von Konsonant + **l** oder Konsonant + **r** darf nicht getrennt werden:

   ci-ble, es-cla-ve, an-glais, dé-sas-tre, af-freux

   b) Zwei Konsonanten, die nur für einen Laut stehen wie **ch, gn, ph** und **th** dürfen nicht getrennt werden:

   ro-cher, ga-gner, or-tho-gra-phe

3. Aufeinander folgende Vokale dürfen nicht getrennt werden:
   théâ-tre, pous-sière, sec-tion, muet, voyant, croyons, louaient

   Ausnahme: Eine gut erkennbare Vorsilbe darf abgetrennt werden:

   pré-avis, anti-al-coo-li-que

4. Ein einzelner Vokal am Anfang eines Worts kann nicht abgetrennt werden:

   avec, oser, abré-ger, étang, iro-nie

   Ausnahme: Wenn vor dem Vokal ein Apostroph steht, ist die Trennung erlaubt:
   qu'a-vec, l'é-lève, d'au-tres

5. Direkt vor oder nach einem Apostroph darf nicht getrennt werden, es muss immer mindestens ein Buchstabe vorhergehen oder folgen:

   au-jour-d'hui, puis-qu'il, s'a-bais-ser

Empfohlene neue Schreibweisen im Französischen

Der *Conseil supérieur de la langue française* empfiehlt einige Änderungen zur französischen Rechtschreibung, die allerdings nicht verbindlich sind. Beide Schreibweisen, sowohl die alte als auch die neue, sind also korrekt. Es bleibt abzuwarten, ob sich die neuen Schreibweisen durchsetzen werden. Hier die wichtigsten Empfehlungen:

1. Zusammengesetzte Zahlen sollen immer mit Bindestrich geschrieben werden. Beispiele:

alte Schreibweise	*neue Schreibweise*
vingt et un	**vingt-et-un**
deux cents	**deux-cents**

2. Bei mit Bindestrich zusammengesetzten Wörtern des Typs *pèse-lettre* (Verb + Substantiv) oder *sans-abri* (Präposition + Substantiv) soll gelten:
Steht das Wort im Singular, so wird das zweite Element in der Singularform angegeben. Beispiel:

alte Schreibweise	*neue Schreibweise*
un brise-lames	**un brise-lame**

Steht das Wort im Plural, so wird das zweite Element in der Pluralform angegeben. Beispiel:

alte Schreibweise	*neue Schreibweise*
des après-midi	**des après-midis**

3. In den Futur- und Conditionnel-Formen der Verben, die wie *céder* konjugiert werden, soll der Accent aigu durch den Accent grave ersetzt werden. Beispiele:

alte Schreibweise	*neue Schreibweise*
je céderai	**je cèderai**
ils régleraient	**ils règleraient**

Auch bei den Schreibvarianten *événement* und *évènement* soll künftig die Form mit Accent grave (*évènement*) bevorzugt werden.

4. Auf i und u soll kein Accent circonflexe mehr gesetzt werden. Beispiele:

alte Schreibweise	*neue Schreibweise*
coût	**cout**
entraîner	**entrainer**

Ausnahmen: Der Accent circonflexe bleibt erhalten in
a) den Verbendungen des Subjonctif und des Passé simple;
b) einigen Wörtern, die durch den Verlust des Accent circonflexe nicht mehr eindeutig wären (z.B. *sur* ↔ *sûr*).

5. Verben auf -eler bzw. -eter sollen wie *peler* bzw. *acheter* konjugiert werden. Beispiel:

alte Schreibweise	*neue Schreibweise*
tu époussetteras	**tu époussèteras**

Ausnahmen: *appeler*, *jeter* und deren Zusammensetzungen (auch *interpeler*).

6. Der Plural von Fremdwörtern im Französischen soll genauso gebildet werden wie bei französischen Wörtern. Beispiel:

alte Schreibweise	*neue Schreibweise*
des matches	**des matchs**

Auch Akzente sollen in solchen Wörtern nach den gleichen Regeln gesetzt werden, wie sie für französische Wörter gelten. Beispiel:

alte Schreibweise	*neue Schreibweise*
revolver	**révolver**

7. Eine Reihe von Wörtern, die mit Bindestrich geschrieben werden, sollen künftig in einem Wort geschrieben werden, vor allem
a) mit *contre-* und *entre-* zusammengesetzte Wörter; Beispiel:

alte Schreibweise	*neue Schreibweise*
entre-temps	**entretemps**

b) Fremdwörter im Französischen; Beispiel:

alte Schreibweise	*neue Schreibweise*
week-end	**weekend**

8. Verben, die auf *-otter* enden, sollen künftig nur noch mit einem Konsonanten geschrieben werden. Beispiel:

alte Schreibweise	*neue Schreibweise*
grelotter	**greloter**

9. In den Buchstabenfolgen *-güe-* und *-güi-* soll das Trema künftig auf dem u stehen. Beispiele:

alte Schreibweise	*neue Schreibweise*
aiguë	**aigüe**
ambiguïté	**ambigüité**

10. Genauso wie das Participe passé von *faire* soll künftig auch das Participe passé von *laisser* unveränderlich sein, wenn es vor einem Infinitiv steht. Beispiel:

alte Schreibweise	*neue Schreibweise*
je les ai laissés partir	**je les ai laissé partir**

11. Darüber hinaus gibt es Empfehlungen zur Schreibweise einzelner Wörter:

alte Schreibweise	*neue Schreibweise*
allô	**allo**
s'asseoir	**s'assoir**
boursouflé(e)	**boursoufflé(e)**
chariot	**charriot**
combatif, combative	**combattif, combattive**
combativité	**combattivité**
interpeller	**interpeler**
joaillier, joaillière	**joailler, joaillère**
leader	**leadeur**
nénuphar	**nénufar**
oignon	**ognon**
pagaïe, pagaille	**pagaille**
papeterie	**papèterie**
se rasseoir	**se rassoir**
relais	**relai**
serpillière	**serpillère**

Ausführlichere Informationen auf Französisch findet man unter: www.orthographe-recommandee.info

Die französischen Departements

Die Kennziffer des Departements erscheint in den beiden letzten Ziffern der französischen Autonummern bzw. in den beiden ersten Ziffern der französischen Postleitzahlen.

01 l'Ain *m* [lɛ̃]
02 l'Aisne *f* [lɛn]
03 l'Allier *m* [lalje]
04 les Alpes-de-*Haute-Provence *f Pl* [lezalpdəotpʀɔvɑ̃s]
05 les *Hautes-Alpes *f Pl* [leotzalp]
06 les Alpes-Maritimes *f Pl* [lezalpmaʀitim]
07 l'Ardèche *f* [laʀdɛʃ]
08 les Ardennes *f Pl* [lezaʀdɛn]
09 l'Ariège *f* [laʀjɛʒ]
10 l'Aube *f* [lob]
11 l'Aude *f* [lod]
12 l'Aveyron *m* [lavɛʀɔ̃]
13 les Bouches-du-Rhône *f Pl* [buʃdyʀon]
14 le Calvados [kalvados]
15 le Cantal [kɑ̃tal]
16 la Charente [ʃaʀɑ̃t]
17 la Charente-Maritime [ʃaʀɑ̃tmaʀitim]
18 le Cher [ʃɛʀ]
19 la Corrèze [kɔʀɛz]
2A la Corse-du-Sud [kɔʀsdysyd]
2B la *Haute-Corse [laotkɔʀs]
21 la Côte-d'Or [kotdɔʀ]
22 les Côtes-d'Armor *f Pl* [kotdaʀmɔʀ]
23 la Creuse [kʀøz]
24 la Dordogne [dɔʀdɔɲ]
25 le Doubs [du]
26 la Drôme [dʀom]
27 l'Eure *f* [lœʀ]
28 l'Eure-et-Loir *m* [lœʀelwaʀ]
29 le Finistère [finistɛʀ]
30 le Gard [gaʀ]
31 la *Haute-Garonne [laotgaʀɔn]
32 le Gers [ʒɛʀ(s)]
33 la Gironde [ʒiʀɔ̃d]
34 l'Hérault *m* [leʀo]
35 l'Ille-et-Vilaine *f* [lilevilɛn]
36 l'Indre *f* [lɛ̃dʀ]
37 l'Indre-et-Loire *f* [lɛ̃dʀelwaʀ]
38 l'Isère *f* [lizɛʀ]

39 le Jura [ʒyʀa]
40 les Landes *f Pl* [lɑ̃d]
41 le Loir-et-Cher [lwaʀeʃɛʀ]
42 la Loire [lwaʀ]
43 la *Haute-Loire [laotlwaʀ]
44 la Loire-Atlantique [lwaʀatlɑ̃tik]
45 le Loiret [lwaʀɛ]
46 le Lot [lɔt]
47 le Lot-et-Garonne [lɔtegaʀɔn]
48 la Lozère [lɔzɛʀ]
49 le Maine-et-Loire [mɛnelwaʀ]
50 la Manche [mɑ̃ʃ]
51 la Marne [maʀn]
52 la *Haute-Marne [laotmaʀn]
53 la Mayenne [majɛn]
54 la Meurthe-et-Moselle [mœʀtemɔzɛl]
55 la Meuse [møz]
56 le Morbihan [mɔʀbiɑ̃]
57 la Moselle [mɔzɛl]
58 la Nièvre [njɛvʀ]
59 le Nord [nɔʀ]
60 l'Oise *f* [lwaz]
61 l'Orne *f* [lɔʀn]
62 le Pas-de-Calais [padkalɛ]
63 le Puy-de-Dôme [pɥidədom]
64 les Pyrénées-Atlantiques *f Pl* [piʀeneatlɑ̃tik]
65 les *Hautes-Pyrénées *f Pl* [leotpiʀene]
66 les Pyrénées-Orientales *f Pl* [piʀeneɔʀjɑ̃tal]
67 le Bas-Rhin [baʀɛ̃]
68 le *Haut-Rhin [ləoʀɛ̃]
69 le Rhône [ʀon]
70 la *Haute-Saône [laotson]
71 la Saône-et-Loire [sonelwaʀ]
72 la Sarthe [saʀt]
73 la Savoie [savwa]
74 la *Haute-Savoie [laotsavwa]
75 la Ville de Paris [vildəpaʀi]
76 la Seine-Maritime [sɛnmaʀitim]
77 la Seine-et-Marne [sɛnemaʀn]
78 les Yvelines *f Pl* [lez͜ivlin]
79 les Deux-Sèvres *f Pl* [døsɛvʀ]
80 la Somme [sɔm]
81 le Tarn [taʀn]
82 le Tarn-et-Garonne [taʀnegaʀɔn]
83 le Var [vaʀ]

84 le Vaucluse [voklyz]
85 la Vendée [vɑ̃de]
86 la Vienne [vjɛn]
87 la *Haute-Vienne [laotvjɛn]
88 les Vosges *f Pl* [voʒ]
89 l'Yonne *f* [ljɔn]
90 le Territoire-de-Belfort [ləteʀitwaʀdəbɛlfɔʀ]
91 l'Essonne *f* [lesɔn]
92 les *Hauts-de-Seine *m Pl* [leodsɛn]
93 la Seine-Saint-Denis [sɛnsɛ̃dəni]
94 le Val-de-Marne [valdəmaʀn]
95 le Val-d'Oise [valdwaz]

Zahlwörter

Grundzahlen

0 ***zéro*** [zeʀo]
1 ***un, une*** [ɛ̃ *oder* œ̃, yn]
2 ***deux*** [dø, døz‿]
3 ***trois*** [tʀwa, tʀwaz‿]
4 ***quatre*** [katʀə, kat]
5 ***cinq*** [sɛ̃k, sɛ̃]
6 ***six*** [sis, si, siz‿]
7 ***sept*** [sɛt]
8 ***huit*** [ɥit, ɥi]
9 ***neuf*** [nœf, nœv‿]
10 ***dix*** [dis, di, diz‿]
11 ***onze*** [õz]
12 ***douze*** [duz]
13 ***treize*** [tʀɛz]
14 ***quatorze*** [katɔʀz]
15 ***quinze*** [kɛ̃z]
16 ***seize*** [sɛz]
17 ***dix-sept*** [disɛt]
18 ***dix-huit*** [dizɥit, dizɥi]
19 ***dix-neuf*** [diznœf, diznœv‿]
20 ***vingt*** [vɛ̃]
21 ***vingt et un*** [vɛ̃teɛ̃]
22 ***vingt-deux*** [vɛ̃tdø]
30 ***trente*** [tʀɑ̃t]
40 ***quarante*** [kaʀɑ̃t]
50 ***cinquante*** [sɛ̃kɑ̃t]
60 ***soixante*** [swasɑ̃t]
70 ***soixante-dix*** [swasɑ̃tdis]
71 ***soixante et onze*** [swasɑ̃teõz]
72 ***soixante-douze*** [swasɑ̃tduz]
80 ***quatre-vingt(s)*** [katʀəvɛ̃]
81 ***quatre-vingt-un*** [katʀəvɛ̃ɛ̃]
90 ***quatre-vingt-dix*** [katʀəvɛ̃dis]
91 ***quatre-vingt-onze*** [katʀəvɛ̃õz]
100 ***cent*** [sɑ̃]
101 ***cent un*** [sɑ̃ɛ̃]

200 ***deux cent(s)*** [døsɑ̃]
211 ***deux cent onze*** [døzɑ̃ɔ̃z]
500 ***cinq cent(s)***[sɛ̃sɑ̃]
1000 ***mille*** [mil]
1001 ***mille un*** [milɛ̃]
1002 ***mille deux*** [mildø]
1100 ***onze cents*** [ɔ̃zsɑ̃]
2000 ***deux mille*** [dømil]
5000 ***cinq mille*** [sɛ̃mil]
100 000 ***cent mille*** [sɑ̃mil]
1 000 000 ***un million*** [miljɔ̃]

Ordnungszahlen

1er ***le premier*** [pʀəmje] der erste
1re ***la première*** [pʀəmjɛʀ] die erste
2e ***le, la deuxième*** [døzjɛm] der, die zweite
le second [zgɔ̃], ***la seconde*** [zgɔ̃d]
der, die zweite
3e ***le, la troisième*** [tʀwazjɛm]
4e ***quatrième*** [katʀijɛm]
5e ***cinquième*** [sɛ̃kjɛm]
6e ***sixième*** [sizjɛm]
7e ***septième*** [sɛtjɛm]
8e ***huitième*** [ɥitjɛm]
9e ***neuvième*** [nœvjɛm]
10e ***dixième*** [dizjɛm]
11e ***onzième*** [ɔ̃zjɛm]
12e ***douzième*** [duzjɛm]
13e ***treizième*** [tʀɛzjɛm]
14e ***quatorzième*** [katɔʀzjɛm]
15e ***quinzième*** [kɛ̃zjɛm]
16e ***seizième*** [sɛzjɛm]
17e ***dix-septième*** [disɛtjɛm]
18e ***dix-huitième*** [dizɥitjɛm]
19e ***dix-neuvième*** [diznœvjɛm]
20e ***vingtième*** [vɛ̃tjɛm]
21e ***vingt et unième*** [vɛ̃teynjɛm]
22e ***vingt-deuxième*** [vɛ̃tdøzjɛm]
30e ***trentième*** [tʀɑ̃tjɛm]
40e ***quarantième*** [kaʀɑ̃tjɛm]

50e ***cinquantième*** [sɛ̃kɑ̃tjɛm]
60e ***soixantième*** [swasɑ̃tjɛm]
70e ***soixante-dixième*** [swasɑ̃tdizjɛm]
71e ***soixante et onzième*** [swasɑ̃teɔ̃zjɛm]
72e ***soixante douzième*** [swasɑ̃tduzjɛm]
80e ***quatre-vingtième*** [katʀəvɛ̃tjɛm]
81e ***quatre-vingt-unième*** [katʀəvɛ̃ynjɛm]
90e ***quatre-vingt-dixième*** [katʀəvɛ̃dizjɛm]
91e ***quatre-vingt-onzième*** [katʀəvɛ̃ɔ̃zjɛm]
100e ***centième*** [sɑ̃tjɛm]
101e ***cent unième*** [sɑ̃ynjɛm]
200e ***deux centième*** [døsɑ̃tjɛm]
211e ***deux cent onzième*** [døsɑ̃ɔ̃zjɛm]
500e ***cinq centième*** [sɛ̃sɑ̃tjɛm]
1000e ***millième*** [miljɛm]
1001e ***mille unième*** [milynjɛm]
2000e ***deux millième*** [dømiljɛm]
5000e ***cinq millième*** [sɛ̃miljɛm]
10 000e ***dix millième*** [dimiljɛm]
1 000 000e ***millionième*** [miljɔnjɛm]

Zahladverbien

1° ***premièrement*** [pʀəmjɛʀmɑ̃], ***primo*** [pʀimo] erstens
2° ***deuxièmement*** [døzjɛmmɑ̃], ***secundo*** [zgɔ̃do] zweitens
3° ***troisièmement*** [tʀwazjɛmmɑ̃], ***tertio*** [tɛʀsjo] drittens
4° ***quatrièmement*** [katʀijɛmmɑ̃] viertens
5° ***cinquièmement*** [sɛ̃kjɛmmɑ̃] fünftens

Außerdem ist noch gebräuchlich:

en premier lieu [ɑ̃pʀəmjeljø] an erster Stelle = erstens, ***en second lieu, en troisième lieu*** usw.; ***en dernier lieu*** = letztens.

Bruchzahlen und Dezimalzahlen

$^{1}/_{2}$ ***(un) demi*** [(œ̃)dəmi] (ein) halb

$1^{1}/_{2}$ ***un et demi*** [œ̃edmi] eineinhalb, anderthalb

$^{1}/_{3}$ ***un tiers*** [œ̃tjɛʀ]

$^{2}/_{3}$ ***(les) deux tiers*** [(le)døtjɛʀ]

$^{1}/_{4}$ ***un quart*** [œ̃kaʀ]

$^{3}/_{4}$ ***(les) trois quarts*** [(le)tʀwakaʀ]

$^{1}/_{5}$ ***un cinquième*** [œ̃sɛ̃kjɛm]

$^{9}/_{10}$ ***(les) neuf dixièmes*** [(le)nœfdizjɛm]

0,5 ***zéro virgule cinq*** [zeʀoviʀgylsɛ̃k] null Komma fünf

7,35 ***sept virgule trente-cinq*** [sɛtviʀgyltʀɑ̃tsɛ̃k] sieben Komma drei fünf

Vervielfältigungszahlen

... fois autant [fwaotɑ̃] ...fach

... fois plus [fwaplys] ...mal mehr

deux fois autant zweifach

cinq fois autant fünffach

vingt fois plus zwanzigmal mehr

une quantité sept fois plus grande que ... das Siebenfache von ... *usw.*

Daneben sind gebräuchlich:

simple [sɛ̃pl] einfach

double [dubl] doppelt

triple [tʀipl] dreifach

quadruple [kwadʀypl] vierfach

quintuple [kɛ̃typl] fünffach

sextuple [sɛkstypl] sechsfach

centuple [sɑ̃typl] hundertfach

Sammelzahlen

une huitaine etwa 8 (*auch* 8 Tage)

une dizaine etwa 10

une douzaine ein Dutzend

une quinzaine etwa 15 (*auch* 14 Tage)

une vingtaine etwa 20

une trentaine etwa 30

une quarantaine etwa 40

une cinquantaine etwa 50

une soixantaine etwa 60

une centaine etwa 100

⚠ *aber:*

un millier 1000

Verzeichnis der Info-Fenster

Niemals! (**Ablehnung**) 364
aimer 31
aller: Zukunft und Sicherheit 32
Wie **alt** bist du? 372
ancien (Stellung) 35
April, April! 381
argot 40
Autos 396
En **avion** 49
Le **baccalauréat** – le bac 50
baguette 51
baiser 51
Bäume 399
Die Formen von **beau** 55
Begrüßung auf Französisch 401
beur 57
Faire la **bise** 58
Bitte! 411
cédille 74
chercher 79
collège 86
Computer 419
Les **couleurs** 99
La tour **Eiffel** 132
Sich **entschuldigen** 440
Est-ce que oder die Kunst des Fragens 145
Fahrrad 447
Feiertage in Frankreich 450
Die **Finger** 453
Fleisch 454
football 162
formulaire 164
fric 167
À la **gare** 171
glace 175
glauben 476
Les **Halles** 181
Hexagone 184
Himmelsrichtungen 495
hören: écouter oder entendre? 501
il y a 187
in (bei Ortsangaben): à, à la, au, aux oder en? 504
Internet-Begriffe 506
jour – oder etwa doch journée? 201
können: pouvoir oder savoir? 522
leihen: emprunter oder prêter? 533
lycée 212
Meinung 542
métro 222
Obst 558
péage 252
pétanque 256
Auf der **Post** 568
Postkarte 569
Québec 278
Le **sac**: Sack, Tasche, Beutel oder Tüte? 303
Sport 612
steak 319
Sternzeichen 617
une **tasse** de/à 326
télécarte 326
TGV 330
trinken 631
Trinkgeld 632
Umwelt 640
un **verre** de/à 348
Wetter 672
Auf **Wiedersehen**! 673

Abkürzungen und Symbole

a.	auch
Abk.	Abkürzung
abw.	abwertend
Adj.	Adjektiv
Adv.	Adverb
allg.	allgemein
ANAT	Anatomie
ARCH	Architektur
ASTR	Astronomie, Astrologie
AUTO	Kraftfahrzeuge
bes.	besonders
BIOL	Biologie
BOT	Botanik
bzw.	beziehungsweise
CHEM	Chemie
d.h.	das heißt
dt.	deutsch
e-e	eine
ELEK	Elektrotechnik
e-m	einem
e-n	einen
e-r	einer
e-s	eines
etw	etwas
f	feminin, weiblich
fig.	im übertragenen Sinn, figürlich
FLUG	Luftfahrt
FOTO	Fotografie
frz., Frz.	französisch, Französisch
fut.	Futur
GASTR	Gastronomie
GEOG	Geographie
GEOM	Geometrie
GR	Grammatik
HIST	Geschichte, historisch
hum.	humorvoll
imparf.	*imparfait*
impér.	*impératif*
Ind.	Indikatif
Inf.	Infinitiv
iron.	ironisch
IT	Computer, Informations-technologie
j-m	jemandem
j-n	jemanden
j-s	jemandes
JUR	Rechtswesen
Kinder-spr.	Kindersprache
LANDW	Landwirtschaft
lit.	literarisch
m	maskulin, männ-lich
MAL	Malerei
MATH	Mathematik
MED	Medizin
MIL	Militär
MUS	Musik
n	Neutrum, sächlich
od.	oder
OPT	Optik
PHILOS	Philosophie
PHYS	Physik
Pl	Plural, Mehrzahl